plurall

CB142263

Parabéns!
Agora você faz parte do **Plurall**, a plataforma digital do seu livro didático! Acesse e conheça todos os recursos e funcionalidades disponíveis para as suas aulas digitais.

Baixe o aplicativo do **Plurall** para Android e IOS ou acesse **www.plurall.net** e cadastre-se utilizando o seu código de acesso exclusivo:

AAPPGBDRU

Este é o seu código de acesso Plurall. Cadastre-se e ative-o para ter acesso aos conteúdos relacionados a esta obra.

@plurallnet

@plurallnetoficial

SOMOS EDUCAÇÃO

PROJETO MÚLTIPLO

Literatura

Ensino Médio

José De Nicola

Licenciado em Letras, com especialização em ensino de língua e literatura, foi professor de cursinhos e de escolas particulares, lecionando para turmas de Ensino Médio.
Autor de várias obras dedicadas ao ensino de língua, literatura e produção de textos para Ensino Médio, entre as quais se destacam:
Práticas de linguagem – leitura & produção de textos;
Gramática – palavra, frase, texto;
Literatura brasileira – das origens aos nossos dias;
Painel da literatura em língua portuguesa.

editora scipione

editora scipione

Diretoria editorial: Lidiane Vivaldini Olo

Editoria de Língua Portuguesa: Renato Luiz Tresolavy

Editoras: Juliana Lima Gonçalves, Valéria Franco Jacintho; Francisca Tarsiana Morais da Silva (estag.)

Supervisor de arte e produção: Sérgio Yutaka

Editor de arte: Claudio Faustino

Supervisor de arte e criação: Didier Moraes

Coordenadora de arte e criação: Andréa Dellamagna

Projeto gráfico: UC Produção Editorial e Andréa Dellamagna

Gerente de revisão: Hélia de Jesus Gonsaga

Equipe de revisão: Rosângela Muricy (coord.); Ana Paula Chabaribery Malfa, Ana Curci, Gloria Cunha, Luís Maurício Boa Nova e Vanessa de Paula Santos; Flávia Venézio dos Santos (estag.)

Supervisor de iconografia: Sílvio Kligin

Pesquisa iconográfica: Claudia Bertolazzi, Elena Ribeiro e Claudia Cristina Balista (assist.)

Tratamento de imagem: Cesar Wolf e Fernanda Crevin

Foto da capa: Staden/Coleção José Mindlin, São Paulo, SP.

Grafismos: Shutterstock/Glow Images

Ilustrações: Luiz Maia, Ulhôa Cintra e Vera Basile

Direitos desta edição cedidos à Editora Scipione S.A.

Avenida das Nações Unidas, 7221

3º andar, Setor D

Pinheiros – São Paulo – SP – CEP 05425-902

Tel.: 4003-3061

www.scipione.com.br / atendimento@scipione.com.br

Dados Internacionais de Catalogação na Publicação (CIP)
(Câmara Brasileira do Livro, SP, Brasil)

De Nicola, José
Projeto Múltiplo: Literatura, volume único : partes 1, 2 e 3 / José De Nicola. – 1. ed. – São Paulo: Scipione, 2014.

1. Literatura (Ensino médio) 2. Português (Ensino médio) 3. I. Título.

14-04504 CDD-869.07

Índice para catálogo sistemático:

1. Literatura : Português : Ensino médio 869.07

2023

ISBN 978 85 262 9346-5 (AL)

ISBN 978 85 262 9347-2 (PR)

CAE 502790 (AL)

CAE 502765 (PR)

Código da obra CL 738773

1ª edição

10ª impressão

Impressão e acabamento: Gráfica Eskenazi

Apresentação

O artista é um ser social que busca exprimir seu modo de estar no mundo na companhia dos outros seres humanos, reflete sobre a sociedade, volta-se para ela, seja para criticá-la, seja para afirmá-la, seja para superá-la.

Marilena Chauí. *Convite à filosofia*. 3. ed. São Paulo: Ática, 1995.

Ninguém é escritor por haver decidido dizer certas coisas, mas por haver decidido dizê-las de determinado modo.

Jean Paul Sartre. *Que é a literatura?*. 3. ed. São Paulo: Ática, 2004.

Os trechos citados ressaltam duas características fundamentais da obra literária: a leitura de mundo que o artista faz e o especial trabalho com a linguagem, característica de todo texto literário, levando-nos a desfrutar do prazer estético que essa leitura nos provoca.

Considerando que o texto literário é a materialização de uma ideia e se expressa por um arranjo especial da linguagem – o que nos permite afirmar que a obra de arte "significa", ou seja, fala, comunica –, podemos concluir que o sentido de uma obra é construído pelo artista, que a produz, e pelo leitor, que a lê, analisa, interpreta e, ao longo do tempo, faz suas escolhas, elege suas obras e seus autores preferidos.

O escritor Ítalo Calvino afirma que "a escola deve fazer com que o aluno conheça bem ou mal um certo número de clássicos dentre os quais (ou em relação aos quais) ele poderá reconhecer os 'seus' clássicos. A escola é obrigada a dar-lhe instrumentos para efetuar uma opção: mas as escolhas que contam são aquelas que ocorrem fora e depois de cada escola".

Neste livro, intentamos oferecer-lhe instrumentos que o auxiliem em suas escolhas. Eles são seus, faça bom uso deles.

Um abraço do autor

Neste livro você vai encontrar

CAPÍTULO 4 Os gêneros literários: a tradição aristotélica

Cena de *Ricardo III*, de William Shakespeare, em montagem de Marcelo Lazzaratto, em São Paulo, 2013. Na foto, o ator Chico Carvalho, como Ricardo III, e a atriz Mayara Magri, como a Rainha Elizabeth.

53

Abertura do capítulo

Imagens representativas do assunto a ser estudado no capítulo.

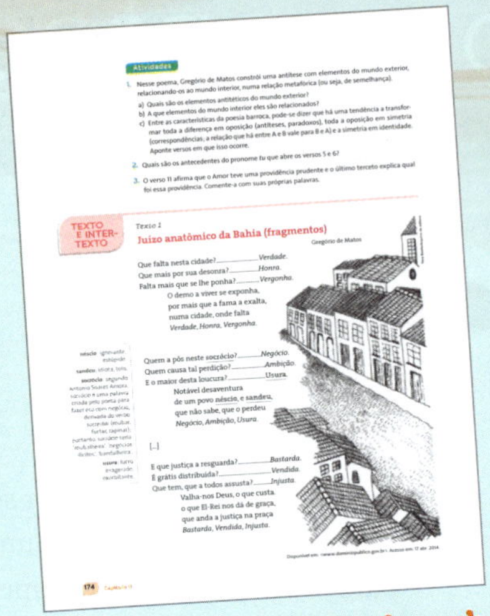
2. Quais são os antecedentes do pronome *tu* que abre os versos 5 e 6?

3. O verso 11 afirma que o Amor teve uma providência prudente e o último terceto explica qual foi essa providência. Comente-a com suas próprias palavras.

TEXTO E INTERTEXTO

Texto 1

Juízo anatômico da Bahia (fragmentos)

Gregório de Matos

Que falta nesta cidade?............Verdade.
Que mais por sua desonra?............Honra.
Falta mais que se lhe ponha?............Vergonha.
O demo a viver se exponha,
por mais que a fama a exalta,
numa cidade, onde falta
Verdade, Honra, Vergonha.

Quem a pôs neste socrócio?............Negócio.
Quem causa tal perdição?............Ambição.
E o maior desta loucura?............Usura.
Notável desaventura
de um povo néscio, e sandeu,
que não sabe, que o perdeu
Negócio, Ambição, Usura.

[...]

E que justiça a resguarda?............Bastarda.
É grátis distribuída?............Vendida.
Que tem, que a todos assusta?............Injusta.
Valha-nos Deus, o que custa,
o que El-Rei nos dá de graça,
que anda a justiça na praça
Bastarda, Vendida, Injusta.

174

Texto e intertexto

Trabalha a intertextualidade, ou seja, o diálogo que pode haver entre um texto e outro — da mesma época ou de épocas diferentes —, propondo a leitura de fragmentos em prosa ou de poemas das literaturas de expressão em língua portuguesa.

Era Clássica: Barroco

A escultura

A pintura

A arquitetura

Contexto histórico e cultural

Nas páginas iniciais, fotos de obras produzidas em linguagem visual são acompanhadas de comentários sobre o período para dar uma ideia do contexto histórico e cultural do assunto em estudo. Questões acompanham essa abertura procurando provocar uma reflexão sobre o contexto.

Este ícone indica os Objetos Educacionais Digitais relacionados aos conteúdos do livro. Disponíveis em: <www.projetomultiplo.com.br>.

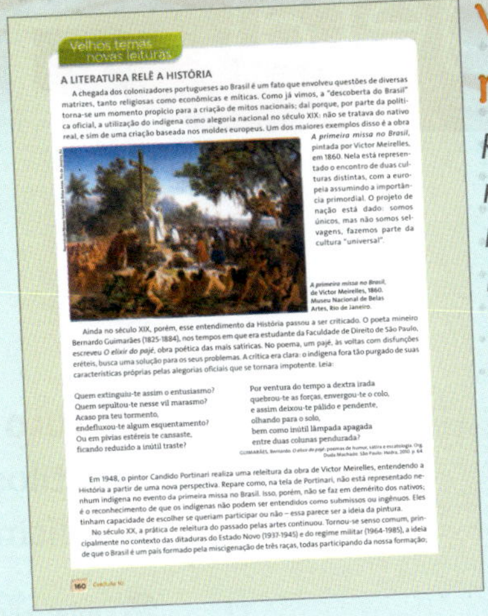

Velhos temas, novas leituras

Retomando um tema comentado no capítulo, a seção propõe reflexões contemporâneas inspiradas em textos em linguagem verbal ou em linguagem visual com a intenção de provocar seu posicionamento e levá-lo a expressar uma opinião, desenvolvendo ainda mais suas habilidades argumentativas.

Lendo o texto

Propõe textos representativos do estilo de época ou do assunto em questão, seguidos de roteiro de questões que levantam as características fundamentais dos recursos em estudo ou a estrutura do texto lido.

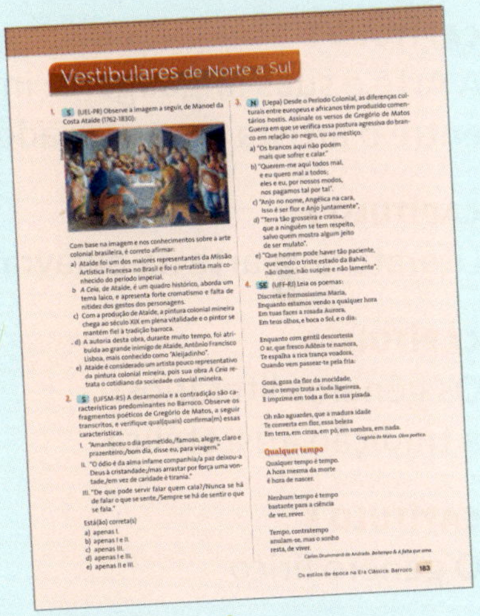

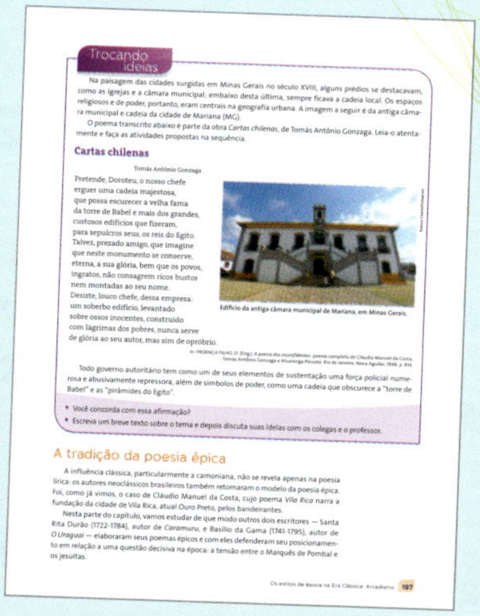

Trocando ideias

Propõe uma atividade baseada em troca de ideias, em argumentação oral. Um momento para falar com os colegas, apresentar sua opinião e ouvir a dos demais.

Vestibulares de Norte a Sul

Questões dos vestibulares das grandes universidades do país relacionadas aos assuntos trabalhados no capítulo.

Enem

Duas seções especiais vão ajudar você a se preparar para o Enem: ***Pensando no Enem*** *(questões comentadas) e* ***Caiu no Enem****. Com elas você vai aprimorar habilidades e competências para enfrentar esse e outros desafios!*

Sumário geral

Parte 1

Parte 2

Parte 3

Museu de Arte Contemporânea da USP, São Paulo, SP/Tarsila do Amaral Empreendimentos

Parte 1

CAPÍTULO

1 Intertextualidade: o diálogo entre os textos

Guernica full collor, de Francisco Munguía Villalta, 2010. (Detalhe.)

A primeira tela é Guernica, do espanhol Pablo Picasso (1881-1973), que a produziu em Paris, durante os meses de maio e junho de 1937, sob o impacto de notícias que chegavam de sua terra natal, envolvida em uma violenta guerra civil.

Um dos episódios mais marcantes dessa guerra foi a destruição da cidade basca de Guernica, bombardeada na tarde de 26 de abril de 1937 (era uma tarde de feira e as pessoas passeavam pelas ruas) pela aviação alemã, após um acordo entre Franco e Hitler: Franco eliminava seus adversários republicanos e Hitler treinava sua aviação para a Segunda Guerra Mundial.

A segunda tela é do artista plástico costa-riquenho Francisco Munguía Villalta (1976), que a pintou em 2010. Munguía tem se dedicado a parodiar pinturas famosas, ou seja, ele dialoga com obras consagradas, ora com muito humor, ora com acentuada dose de crítica social, ora expressando seus desejos de um mundo melhor. A paródia caracteriza-se, assim, como uma das práticas de intertextualidade.

Guernica, de Pablo Picasso, 1937.

Guernica full color, de Francisco Munguía Villalta, 2010.

- *E você, o que achou da paródia de Munguía?*
- *Considerando que paródia é a transformação de uma outra obra, que aspectos mais chamaram sua atenção ao comparar as duas telas?*
- *Se você não conhecesse a tela de Picasso, sua leitura seria outra?*
- *Você já havia notado que algumas obras retomam outras? Isso acontece nas artes plásticas, na literatura, no cinema... Você se lembra de algum exemplo? Compartilhe-o com os colegas e o professor.*

1 Todo texto é um hipertexto?

Todo texto é um intertexto; outros textos estão presentes nele, em níveis variáveis, sob formas mais ou menos reconhecíveis.

BARTHES, Roland. Apud CHARAUDEAU, Patrick; MAINGUENEAU, Dominique. *Dicionário de análise do discurso*. São Paulo: Contexto, 2004.

A produção de um texto está intimamente ligada à leitura, pois encontra nela sua fonte e seu objetivo, considerando que um texto só cumpre sua função se alguém o ler. Assim, o círculo que envolve a interação pela linguagem se constrói apoiado no já dito, no já lido e no já conhecido, podendo reiterar esses conceitos, reafirmá-los, reformulá-los, refutá-los.

É muito difícil encontrar um exemplo de texto totalmente inédito, criado do nada. É como se todo texto fosse um hipertexto que traz *links* explícitos ou implícitos com outros. A esse diálogo entre os textos chamamos **intertextualidade**, mais um recurso de que dispomos para compor significados e compreender textos.

A intertextualidade pode se dar entre diferentes gêneros textuais de uma mesma linguagem (um romance e uma poesia, por exemplo) e entre textos de diferentes linguagens (um romance e um filme, por exemplo).

Vejamos um caso muito interessante: Gilberto Gil gravou, em 1997, a canção "Pela internet". Leia a letra dessa música a seguir.

Pela internet

Gilberto Gil

Criar meu *web site*
Fazer minha *home-page*
Com quantos *gigabytes*
Se faz uma jangada
Um barco que veleje

Que veleje nesse infomar
Que aproveite a vazante da infomaré
Que leve um *oriki* do meu velho orixá
Ao porto de um disquete de um micro em Taipé

Um barco que veleje nesse infomar
Que aproveite a vazante da infomaré
Que leve meu *e-mail* até Calcutá
Depois de um *hotlink*
Num *site* de Helsinque
Para abastecer

Eu quero entrar na rede
Promover um debate
Juntar via internet
Um grupo de tietes de Connecticut

Ulhôa Cintra/Arquivo da editora

De Connecticut acessar
O chefe da Macmilícia de Milão
Um *hacker* mafioso acaba de soltar
Um vírus pra atacar programas no Japão

Eu quero entrar na rede pra contactar
Os lares do Nepal, os bares do Gabão
Que o chefe da polícia carioca avisa pelo celular
Que lá na praça Onze tem um videopôquer para se jogar

GIL, Gilberto. *Quanta*. Warner Music, 1997. Gilberto Gil © Gege Edições Musicais Ltda. (Brasil e América do Sul)/Preta Music (Resto do mundo). Disponível em <www.gilbertogil.com.br>. Acesso em: 7 mar. 2014.

Podemos ler esse texto e construir significados à luz das novidades tecnológicas, relacionando-o à ampliação da rede de comunicação pela internet ocorrida no Brasil no final dos anos 1990. Entretanto, o que nos interessa aqui é observar que essa canção, "Pela internet", que faz referência a possibilidades da comunicação atual, também nos remete a outra canção: "Pelo telefone", primeiro samba gravado, em 1916, com registro na Biblioteca Nacional em nome do compositor Donga. A semelhança entre os títulos das canções indica um diálogo entre elas. Leia a seguir a primeira estrofe da canção de Donga para confirmar essa "conversa" entre os textos:

O chefe da polícia
Pelo telefone manda me avisar
Que na Carioca tem uma roleta para se jogar
[...]

Disponível em: <www.youtube.com/watch?v=X99_DMzHPNg>. Acesso em: 15 out. 2014. Transcrição nossa a partir do áudio.

Arquivo/Folhapress

Ernesto Joaquim Maria dos Santos (1890-1974), compositor carioca que entrou para a história da música popular brasileira com o apelido de Donga.

Como você pode perceber, além do título, a última estrofe da canção de Gil estabelece um evidente diálogo com a primeira estrofe da canção de Donga, constituindo-se num caso de intertextualidade. Observe ainda que Gil faz algumas alterações na composição de Donga: o telefone agora é celular, a roleta é substituída por uma máquina de videopôquer, o jogo muda de endereço (do largo da Carioca para a praça Onze) e o que era substantivo próprio (largo da Carioca) vira adjetivo (polícia carioca).

O diálogo entre os dois textos amplia sensivelmente o significado da canção de Gilberto Gil, levando, por exemplo, à reflexão de que a questão do jogo com envolvimento de autoridades é algo que tem se perpetuado, além de mostrar um pouco da história do samba brasileiro. Ao ouvir um intérprete cantando a música de 1916, percebemos ainda que a melodia do trecho é semelhante à da canção de Gilberto Gil, ou seja, mesmo sonoramente o compositor procurou estabelecer a intertextualidade.

2 As relações intertextuais mais comuns

São inúmeras as relações de intertextualidade que se podem estabelecer. Vamos nos deter em três casos abrangentes:

Intertextualidade estrutural

Consiste no emprego de modelos de estrutura preexistentes para a produção de textos. Por exemplo:

- receita → enumeração de ingredientes + preparação;
- carta pessoal → local e data + saudação + corpo da carta + despedida + assinatura + P.S.;
- gibi → sequência de quadrinhos com as falas dos personagens em balõezinhos.

Intertextualidade temática

Consiste na abordagem de um mesmo assunto. Por exemplo:

- duas telas que retratem uma paisagem marinha; uma tela que retrate uma paisagem marinha e um texto que descreva uma paisagem marinha;
- um filme e a crítica feita a esse filme;
- uma propaganda de prevenção contra o mosquito da dengue e um artigo de uma revista especializada sobre esse mosquito.

Intertextualidade referencial

Consiste na citação de outros textos ou na alusão feita a eles. Por exemplo:

- depoimento de um cientista num artigo sobre descobertas em sua área de pesquisa;
- enquadramento do assunto tratado em um texto fazendo alusão a outro texto: "trata-se de um sintoma freudiano";
- denominação "Complexo de Édipo", proposta por Freud, para a inclinação erótica de um filho pela mãe, numa referência ao mito grego de Édipo Rei.

Observe agora um exemplo de intertextualidade nas artes plásticas:

Reprodução/Museu do Louvre, Paris

Monalisa, de Leonardo da Vinci, 1503-1506. Óleo sobre madeira.

akg-images/Ipress/Coleção particular

Monalisa com bigode, de Marcel Duchamp, 1930. Litografia.

Reprodução/Coleção particular

Monalisa, de Fernando Botero, 1978. Óleo sobre tela.

Trocando ideias

Reúna-se com alguns colegas e escolham um texto em que vocês observem relações intertextuais. Pode ser um conto, um poema, uma letra de música, uma HQ, etc. Apresentem aos colegas, em forma de uma exposição oral, esse trabalho, no dia combinado com o professor. Para isso, preparem-se:

- Escolham alguns textos e identifiquem as referências que fazem a outros. Selecionem, entre eles, o que considerarem mais proveitoso para o trabalho. Contem com o professor para ajudá-los nessa seleção.
- Pesquisem a obra desse autor, o contexto de sua produção. Façam o mesmo com os autores das demais produções que vocês perceberem que dialogam com esse texto.
- Pesquisem, mesmo em outras linguagens, o assunto tratado no texto literário escolhido, observem como isso acontece e se é possível estabelecer relações pertinentes.
- Preparem a apresentação oral: selecionem o que falar e organizem a exposição, lembrando que é preciso oferecer aos demais colegas a possibilidade de ler o texto discutido, assim como os demais que ele cita explícita ou implicitamente. Estabeleçam uma ordem de apresentação dos textos, da análise, etc.

Gênero textual: exposição oral

Em uma exposição oral apresenta-se um assunto sobre o qual um expositor tem domínio e os ouvintes, interesse. A exposição pode ocorrer em vários âmbitos além do escolar, tanto na esfera pública (instituições) como na particular (empresas), e exige certo grau de formalidade. Há fases a serem seguidas: uma abertura, na qual o expositor se apresenta, introduz o assunto e explicita o plano de sua exposição; o desenvolvimento, fase em que se expõe detalhadamente o conteúdo conforme o plano apresentado e se recapitulam os pontos fundamentais do assunto; finalmente, a conclusão, com as observações finais e os agradecimentos. O expositor deve ser objetivo e se manter atento à reação dos ouvintes. Pode falar de memória, ler em voz alta ou elaborar sua fala baseado em seu planejamento. Recursos visuais, audiovisuais ou multimídia costumam ser empregados para tornar a exposição mais atraente.

A intertextualidade como reiteração ou como subversão

A intertextualidade, assim como outros elementos que constituem um texto, deve ser analisada a partir da intenção comunicativa do produtor do texto: quando se constrói uma ponte entre dois textos, desloca-se significação de um contexto para outro e acrescenta-se algo, seja para reiterar, reafirmar, negar, subverter uma ideia, um conceito ou uma posição ideológica.

É o que ocorre, por exemplo, na tela *Olímpia*, de Édouard Manet (1832-1883), um dos mestres do impressionismo francês. O artista chocou grande parte do público interessado em arte de sua época ao reelaborar um dos quadros clássicos do Renascimento: a *Vênus de Urbino*, do mestre veneziano Ticiano (1485-1576).

A tela de Ticiano apresenta ao espectador os valores renascentistas: a retomada dos temas da cultura mitológica greco-romana, o equilíbrio formal, a idealização, a construção da cena por meio de vários planos (a impressão de perspectiva numa tela está intimamente ligada a conquistas da época: os estudos matemáticos e o recurso da tinta a óleo). No primeiro plano, Vênus, e na sucessão, o cachorro, as duas mulheres, a coluna grega, a paisagem além da janela. A pose de Vênus, na horizontal (costumava ser representada na vertical, reproduzindo as estátuas gregas), tornou-se um signo das artes plásticas.

Vênus de Urbino, de Ticiano, 1538.

Olímpia, de Édouard Manet, 1863.

Olímpia, de Édouard Manet, pintada em 1863 e exposta ao público em 1865 no Salão Oficial de Paris, provocou escândalo e discussões acirradas; foi reconhecida como marco inicial da modernidade na pintura apenas tempos depois. Nessa obra podemos perceber alguns aspectos fundamentais da linguagem da pintura: a composição (repare no equilíbrio dos elementos distribuídos no espaço da tela), as formas, as cores (note o jogo de claro e escuro, de luz e sombra, as diferentes tonalidades do preto).

Compare *Olímpia* à *Vênus* de Ticiano: a pose é a mesma; o cachorro é substituído por um gato; as criadas brancas dão lugar a uma negra; a mancha clara do lençol e do travesseiro continua lá, assim como o fundo escuro à esquerda. Manet retoma a mitologia ao associar sua Olímpia às representações da Vênus que, ao despertar, anuncia a primavera – as flores estão presentes no buquê e no xale estendido sobre o leito.

No entanto, as intenções comunicativas são absolutamente distintas: já foi dito que os artistas "corrigem a natureza" (ou seja, idealizam) quando pintam uma Vênus. Não foi essa a intenção de Manet: ele escolheu para ser Olímpia um tipo de moça comum, que poderia ser vista andando pelas ruas de Paris. É nessa escolha e na linguagem utilizada por Manet que reside a modernidade da tela.

TEXTO E INTERTEXTO

Observe as imagens a seguir e leia o poema para fazer as questões propostas.

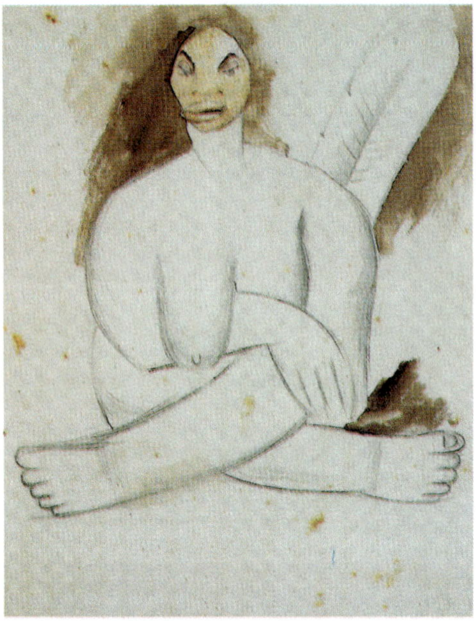

Esboço para A negra, de Tarsila do Amaral, 1923. Lápis e aquarela sobre papel, 24 cm x 18 cm. Coleção Mário de Andrade, IEB, USP.

Esboço para A negra, de Tarsila do Amaral, 1923. Lápis e aquarela sobre papel, 23,4 cm × 18 cm.

A Negra, de Tarsila do Amaral, 1923. Óleo sobre tela, 100 cm x 81,3 cm. MAC, USP.

A negra, de Tarsila do Amaral, 1923. Óleo sobre tela, 100 cm × 81,3 cm.

Pai João

A filha de Pai João tinha um peito de
Turina para os filhos de ioiô mamar:
Quando o peito secou a filha de Pai João
Também secou agarrada num
Ferro de engomar.
A pele do Pai João ficou na ponta
Dos chicotes.
A força de Pai João ficou no cabo
Da enxada e da foice.
A mulher de Pai João o branco
A roubou para fazer mucamas.

LIMA, Jorge de. *Poesia completa*. 2. ed.
Rio de Janeiro: Nova Fronteira, 1980. v. I, p. 110. (Fragmento.)

Atividades

1. As produções artísticas acima dialogam entre si. Os itens propostos a seguir vão ajudá-lo a perceber como isso acontece.
   a) Observe atentamente as duas pinturas, os títulos e as datas e responda: como se dá a intertextualidade entre elas?
   b) Como se dá a intertextualidade entre as telas e o poema?

2. Em relação às telas:
   a) qual é a provável atividade da negra retratada por Tarsila do Amaral?
   b) como poderíamos interpretar as pernas cruzadas da negra?
   c) *A negra* é considerada a primeira pintura efetivamente moderna realizada por um artista brasileiro. Foi esboçada e concluída em 1923, quando Tarsila do Amaral estudava pintura em Paris. No entanto, é uma obra tipicamente tropical. Que elemento da tela reforça essa ideia?

3. Considerando que "turina" é a denominação da fêmea de uma espécie de gado bovino leiteiro, que "ioiô" era o tratamento que os escravos davam ao senhor branco e que "mucama" designava a escrava jovem, ama de leite, que denúncia faz o poema do alagoano Jorge de Lima?

4. Considerando que o texto literário é fruto de uma especial seleção e arrumação das palavras, releia os dois últimos versos e:
   a) reescreva-os, colocando os termos na ordem direta;
   b) comente o efeito obtido pelo poeta com a ordem escolhida por ele.

Atividades

1. Édouard Manet, como vimos, reelaborou telas clássicas; da mesma forma, suas obras inspiraram o diálogo com artistas de vanguarda ao longo do século XX, como é o caso de René Magritte (1898-1967). Observe as duas telas abaixo e escreva um pequeno texto crítico destacando:
   a) as semelhanças e as diferenças entre as obras;
   b) as intenções dos artistas e a sensação que as telas lhe causam.

Reprodução/Museu d'Orsay, Paris

O balcão, de Édouard Manet, 1868-1869. Óleo sobre tela, 170 cm × 124,5 cm.

Museu van Hedendaagse Kunst, Antuérpia

Perspectiva II — O balcão de Manet, de René Magritte, 1950. Óleo sobre tela, 81 cm × 60 cm.

2. A seguir, leia os trechos de uma canção da compositora baiana Pitty e de um poema de Horácio (65 a.C.-8 a.C.), poeta latino.

Semana que vem

[...]
Esse pode ser o último dia de nossas vidas
Última chance de fazer tudo ter valido a pena
Diga sempre tudo o que precisa dizer
Arrisque mais pra não se arrepender
Nós não temos todo o tempo do mundo
E esse mundo já faz muito tempo
O futuro é o presente, e o presente já passou
O futuro é o presente, e o presente já passou

Não deixe nada pra depois, não deixe o tempo passar
Não deixe nada pra semana que vem
Porque semana que vem pode nem chegar
Pra depois, o tempo passar
Não deixe nada pra semana que vem
Porque semana que vem pode nem chegar
[...]

ADS

Capa do CD *Admirável* chip *novo*, de Pitty, 2003.

PITTY. Disponível em: <http://vagalume.com.br/>. Acesso em: 13 out. 2013.

O *carpe diem* horaciano ("Aproveite o dia")

Não queira saber nada do amanhã:
Credite à sua conta o dia de hoje.

HORÁCIO. *Odes*. Livro 1, ode 9. In: PIGNATARI, Décio. *31 poetas, 214 poemas*. São Paulo: Companhia das Letras, 1996, p. 37.

Só o presente é verdade, o mais, promessa...
O tempo, enquanto discutimos, foge:
colhe o teu dia, — não no percas! — hoje.

HORÁCIO. *Odes*. Livro 1, ode 11. In: HORÁCIO. *Odes e epodos*. Trad. e notas de Bento Prado de Almeida Ferraz. São Paulo: Martins Fontes, 2003, p. 39

a) O que há em comum entre esses textos, originários de contextos tão distantes?
b) Que tipo de intertextualidade podemos estabelecer entre eles? Justifique.
c) Pensando nos dois extremos da intertextualidade – reiteração (afirmação) ou subversão (negação) –, responda: na letra da música, o texto horaciano é afirmado ou refutado? Justifique citando trechos dos textos.
d) Você acha que *Carpe diem* seria um bom título para a música? Por quê?

3. A música "Semana que vem" faz parte do álbum *Admirável* chip *novo*, cujo título remete ao livro *Admirável mundo novo*, de Aldous Huxley, publicado em 1932.
a) Em que consiste a intertextualidade entre esses títulos?
b) De que maneira o reconhecimento dessa intertextualidade pode modificar a leitura que se faz do álbum de Pitty?

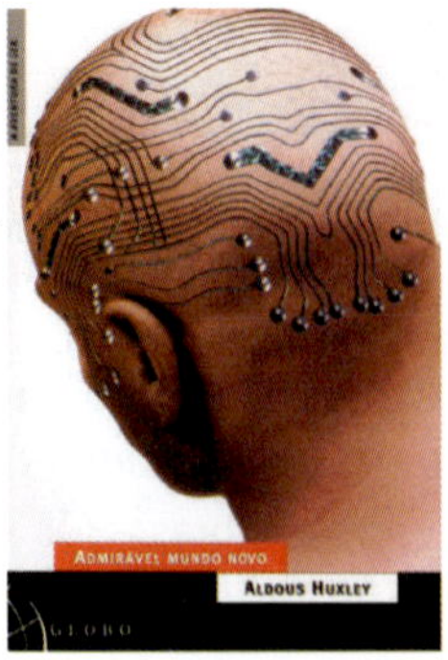

Capa da edição brasileira com a tradução do livro *Admirável mundo novo* (editora Globo), obra de ficção científica na qual Aldous Huxley (1894-1963) desenvolve uma perspectiva futura bem pouco otimista sobre a convivência entre humanos e máquinas. Nesse romance, encontra-se uma discussão pertinente ainda hoje: em que medida, em nome do bem comum, o Estado pode restringir a liberdade individual? Essa obra ganhou as telas do cinema em filme homônimo dirigido por Leslie Libman e Larry Williams, em 1998. Um romance brasileiro que dialoga com essa narrativa é *Não verás país nenhum*, de Ignácio de Loyola Brandão, lançado em 1998 (editora Global).

Pensando no Enem

Quem não passou pela experiência de estar lendo um texto e defrontar-se com passagens já lidas em outros? Os textos conversam entre si em um diálogo constante. Esse fenômeno tem a denominação de intertextualidade. Leia os seguintes textos:

Quando nasci, um anjo torto
Desses que vivem na sombra
Disse: Vai Carlos! Ser "gauche" na vida

(ANDRADE, Carlos Drummond de. *Alguma poesia*. Rio de Janeiro: Aguilar, 1964.)

Quando nasci veio um anjo safado
O chato dum querubim
E decretou que eu tava predestinado
A ser errado assim
Já de saída a minha estrada entortou
Mas vou até o fim.

(BUARQUE, Chico. *Letra e música*. São Paulo: Cia. das Letras, 1989.)

Quando nasci um anjo esbelto
Desses que tocam trombeta, anunciou:
Vai carregar bandeira.
Carga muito pesada pra mulher
Esta espécie ainda envergonhada.

(PRADO, Adélia. *Bagagem*. Rio de Janeiro: Guanabara, 1986.)

Adélia Prado e Chico Buarque estabelecem intertextualidade, em relação a Carlos Drummond de Andrade, por:

a) reiteração de imagens.
b) oposição de ideias.
c) falta de criatividade.
d) negação dos versos.
e) ausência de recursos.

Comentário

A partir de consagrados versos de Carlos Drummond de Andrade, do "Poema de sete faces", que abre seu primeiro livro, publicado em 1930 (e, exatamente por isso, tornaram-se fonte de inúmeros outros textos), a questão foi construída relacionando esses versos a um poema de Adélia Prado ("Com licença poética", do livro *Bagagem*) e à letra de uma canção de Chico Buarque ("Até o fim"), ambos os textos do final da década de 1980.

Os dois textos se apropriam da imagem do anjo presente no nascimento do eu poemático ("Quando nasci um anjo..."), mas a transformam segundo o sentido que cada um constrói para seu texto. Dessa forma, o anjo de Drummond é "gauche" (palavra derivada do francês que, segundo o Dicionário Houaiss, significa "indivíduo canhestro, inseguro, sem determinação"), o de Adélia Prado é esbelto, o de Chico é safado. Trata-se de uma transformação, mas que não chega a ser uma oposição de ideias, nem negação dos versos de Drummond. Cabe ainda observar que a intertextualidade não deve ser entendida como falta de criatividade ou mesmo ausência de recursos.

Resposta: **A**.

Vestibulares de Norte a Sul

1. **SE** (Fuvest)

Mais do que a mais garrida a minha pátria tem
Uma quentura, um querer bem, um bem
Um "libertas quae sera tamen"*
Que um dia traduzi num exame escrito:
"Liberta que serás também"
E repito!

Vinícius de Moraes, "Pátria minha", *Antologia poética*.

* A frase em latim traduz-se, comumente, por "liberdade ainda que tardia".

Considere as seguintes afirmações:

I. O diálogo com outros textos (intertextualidade) é procedimento central na composição da estrofe.
II. O espírito de contradição manifesto nos versos indica que o amor da pátria que eles expressam não é oficial nem conformista.
III. O apego do eu lírico à tradição da poesia clássica patenteia-se na escolha de um verso latino como núcleo da estrofe.

Está correto o que se afirma em:

a) I, apenas.
b) II, apenas.
c) I e II, apenas.
d) II e III, apenas.
e) I, II e III.

2. **CO** (UnB-DF-Adaptada.)

Cheguei a encarar a água, o Rio das Velhas passando seu muito, um rio é sempre sem antiguidade.

João Guimarães Rosa.

Ninguém mergulha duas vezes no mesmo rio.

Heráclito.

Considerando o fragmento de texto de João Guimarães Rosa e a citação do filósofo Heráclito, apresentados acima, julgue os itens subsequentes como certo(s) ou errado(s).

a) O fragmento de texto de Guimarães Rosa trata, de modo poético, da mesma concepção de tempo proposta por Heráclito na frase destacada acima, na qual o uso da palavra "rio", tal como no fragmento literário, é alusivo ao tempo que passa.
b) No fragmento do texto de Guimarães Rosa, a palavra "muito" foi empregada como substantivo.

3. **SE** (Unicamp-SP) Leia com atenção o poema de Carlos de Oliveira e responda às questões que seguem.

Lavoisier*

Na poesia,
natureza variável
das palavras,
nada se perde
ou cria,
tudo se transforma:
cada poema, no seu perfil
incerto
e caligráfico,
já sonha
outra forma.

* O princípio enunciado por Lavoisier diz que: "na natureza nada se cria, nada se perde, tudo se transforma".

a) O que teria levado Carlos de Oliveira a dar a esse poema o título de "Lavoisier"?
b) Como podem ser interpretados seus versos finais ("cada poema/no seu perfil/incerto/e caligráfico,/já sonha/outra forma")?

4. **NE** (UFPE)

Minha terra tem palmeiras
onde canta o sabiá
As aves que aqui gorjeiam
não gorjeiam como lá.

Do poema *Canção do exílio*, do romântico Gonçalves Dias, resultou uma série de paráfrases e paródias de poemas que cantam as saudades da terra. Uma delas foi a de Chico Buarque, da qual se apresenta um fragmento a seguir:

Sabiá

Vou voltar ainda vou voltar para meu lugar
E é ainda lá que eu hei de ouvir cantar uma sabiá...
Vou deitar à sombra de uma palmeira que já não há
Colher a flor que já não dá...

Considerando as semelhanças e diferenças entre os dois poemas, assinale a alternativa incorreta.

a) A musicalidade dos versos, a rima, a métrica e o sentimento de perda que compõem a poesia saudosista do Romantismo são retomados nos versos de Chico Buarque.
b) Assim como o texto atual, os versos do poeta maranhense fazem apologia da infância, dos amores vividos e das belezas naturais de seu país, preservadas pela ação dos nativos.
c) O primeiro poema, representando o Romantismo, apresenta uma visão otimista da pujança da natureza brasileira, enquanto o segundo, representando o Modernismo, atualiza criticamente o dito e expressa a consciência pessimista das carências e da destruição da natureza na terra natal.
d) Gonçalves Dias descreve a sua terra com formas verbais no tempo presente; Chico Buarque o faz numa tensão entre o futuro e o presente, que se mostra negativo.
e) Em ambos os poemas, o advérbio *lá* refere-se a um lugar de que estão distantes as vozes do eu poético.

5. **SE** (Unicamp-SP) Leia atentamente o poema abaixo, de autoria de Cacaso:

Há uma gota de sangue no cartão-postal

eu sou manhoso eu sou brasileiro
finjo que vou mas não vou minha janela é
a moldura do luar do sertão
a verde mata nos olhos verdes da mulata

sou brasileiro e manhoso por isso dentro
da noite e de meu quarto fico cismando
na beira de um rio
na imensa solidão de latidos e araras
lívido
de medo e de amor

BRITO, Antonio Carlos de (Cacaso). *Beijo na boca*. Rio de Janeiro: 7 Letras, 2000. p. 12.

a) Este poema de Cacaso (1944-1987) dialoga com várias vozes que falaram sobre a paisagem e o homem brasileiros. Justifique a referência ao "cartão-postal" do título, através de expressões usadas na primeira estrofe.
b) O poema se constrói sobre uma imagem suposta de brasileiro. Qual é essa imagem?
c) Quais as expressões poéticas que desmentem a felicidade obrigatória do eu do poema?

6. **NE** (UEPB)

Foi na verdade e de lá trouxe/ Três moedas de cruzado/ Sem dizer nada a ninguém,/Para não ser censurado:/no fiofó do cavalo/ Fez o dinheiro guardado [...]/ Disse o pobre: — Ele está magro,/ Só tem o osso e o couro,/Porém, tratando-se dele,/ Meu cavalo é um tesouro./ Basta dizer que defeca/ Níquel, prata, cobre e ouro.

(*História do cavalo que defecava dinheiro* – obra popular recolhida por Leonardo Mota.)

[...] — É mesmo, João, do jeito que as coisas vão eu não admiro mais nada!/— Pra uma pessoa cuja fraqueza é dinheiro e bicho, não vejo nada melhor do que um bicho que descome dinheiro.

(*Auto da Compadecida* – Editora Agir, 2005, p. 72.)

Os trechos citados tornam óbvia a interferência de uma obra sobre outra. Este recurso pode ser interpretado, no âmbito dos estudos literários:

I. Como *apropriação*, ou seja, uma determinada obra, tema, imagem é rearticulada por outro escritor/artista em outra época (ou até na mesma época), em outro espaço, como muito fizeram os modernistas no Brasil.
II. Como *plágio*, ou seja, em momento posterior à exibição/conhecimento de uma obra, alguém inadvertidamente se apropria da obra ou parte dela sem atribuir os valores de crédito a seu respectivo autor, como muito fizeram os modernistas no Brasil.
III. Como inteira *falta de criatividade* de um indivíduo, ou seja, alguém se apropria da obra (ou parte dela) de outrem e a reproduz "estetizando" uma simples paráfrase sem valor artístico.

Marque a alternativa correta:

a) Apenas a proposição III está correta.
b) Apenas a proposição II está correta.
c) Apenas a proposição I está correta.
d) Apenas as proposições I e III estão corretas.
e) Apenas as proposições II e III estão corretas.

7. **CO** (UFG-GO) Leia os fragmentos a seguir.

Lembrança de morrer

*No more! o never more!**
Shelley

Quando em meu peito rebentar-se a fibra
Que o espírito enlaça à dor vivente,
Não derramem por mim nem uma lágrima
Em pálpebra demente.

E nem desfolhem na matéria impura
A flor do vale que adormece ao vento:
Não quero que uma nota de alegria
Se cale por meu triste passamento.

Eu deixo a vida como deixa o tédio
Do deserto, o poente** caminheiro
– Como as horas de um longo pesadelo
Que se desfaz ao dobre de um sineiro;
[...]

Descansem o meu leito solitário
Na floresta dos homens esquecida,
À sombra de uma cruz, e escrevam nela:
– Foi poeta – sonhou – e amou na vida. –
[...]

* Não mais! Oh! Nunca mais!
** Palavra grafada "poento" na primeira edição (1853) e na maioria das edições posteriores.

AZEVEDO, Álvares de. Lira dos vinte anos. In: *Obra completa*. Org. de Alexei Bueno. Rio de Janeiro: Nova Aguilar, 2000. p. 188-189.

[...]
ÁLVARES
Você disse "lembrança de morrer"? Lembrança de morrer!? Mas então estou morto mesmo! Droga! A morte me tirou a memória... *(Pausa)* Quer saber de uma coisa?

ZÉ PAULO
O quê?

ÁLVARES
A morte é uma merda! Com ela, não me tornei nem uma coisa nem outra. Nem poeta nem bacharel de direito...

ZÉ PAULO
Tudo bem. Você escapou dessa.

ÁLVARES *(baixinho)*
Pra melhor?

ZÉ PAULO *(impaciente, agarra Álvares pelo braço e passa a conduzi-lo)*
Sim, pra melhor, pra melhor...
[...]

MARTINS, Alberto. *Uma noite em cinco atos*. São Paulo: Editora 34, 2009. p. 28-29.

Os textos transcritos evidenciam a intertextualidade da peça *Uma noite em cinco atos* com a poética de Álvares de Azevedo, revelando que, mesmo com diferentes pontos de vista, há uma aproximação entre a visão moderna e a visão ultrarromântica sobre o tema da morte. Com base nesta afirmativa, responda:

a) Que recurso de intertextualidade é utilizado em *Uma noite em cinco atos* para estabelecer a relação direta entre essa peça e o poema "Lembrança de morrer"?
b) Em que se assemelham as ideias sobre a morte expressas pelo eu lírico, na terceira estrofe do poema, e pela personagem Zé Paulo, no trecho da peça?

CAPÍTULO 2

A Arte e suas linguagens: interações entre o artista e o apreciador de arte

Uma senhora brasileira em seu lar, de Jean-Baptiste Debret, c. 1823. (Detalhe.)

Observe atentamente as duas litografias aquareladas desta página, pintadas por Debret no Rio de Janeiro pós-Independência.

Fundação Biblioteca Nacional, Rio de Janeiro

Uma senhora brasileira em seu lar, de Jean-Baptiste Debret, c. 1823.

Museu Castro Maya, Rio de Janeiro

Um funcionário a passeio com sua família, de Jean-Baptiste Debret, 1837-1839.

Jean-Baptiste Debret

O artista francês Jean-Baptiste Debret (1768-1848) foi um dos membros da Missão Artística Francesa trazida ao Brasil por D. João VI em 1816. Dizem que Debret gostava de andar pelas ruas do Rio de Janeiro e anotar tudo o que via: o trabalho escravo, os castigos sofridos pelos negros, a vida comercial, a vida doméstica das famílias brancas. De volta à França, em 1831, ele publicou suas representações do Brasil no livro *Viagem pitoresca e histórica ao Brasil*.

- *O que as obras têm em comum?*
- *Os títulos confirmam ou modificam a primeira impressão que você teve?*
- *Que tipo de sociedade elas retratam?*

1 Arte e sociedade

O que pensa que é um artista? Um idiota, que só tem olhos quando pintor, só ouvidos, quando músico, ou apenas uma lira para todos os estados de alma, quando poeta, ou só músculos quando lavrador? Pelo contrário! Ele é simultaneamente um ente político que vive constantemente com a consciência dos acontecimentos mundiais destruidores, ardentes ou alegres e que se formam completamente segundo a imagem destes. Como seria possível não ter interesse pelos outros homens e afastar-se numa indiferença de marfim de uma vida que se nos apresenta tão rica? Não, a pintura não foi inventada para decorar casas. Ela é uma arma de ataque e defesa contra o inimigo.

PICASSO, Pablo. In: WALTHER, Ingo F. *Picasso*. Colônia: Taschen, [s.d.].

O texto acima, de Picasso, aponta para um aspecto fundamental quando estamos no início de uma conversa sobre arte: a obra de arte é um produto social e, como tal, é produzida em determinado momento e lugar, ou seja, em determinada sociedade; por isso, expressa uma forma de ler essa sociedade, posiciona-se em relação a ela e, no limite, reafirma ou contesta seus valores. Isso resulta num jogo em que tanto a obra de arte como a sociedade são motores que acionam mudanças: a sociedade muda e gera uma obra de arte que expressa uma interpretação diferente dessa sociedade; a obra de arte, ao reafirmar ou questionar valores, gera mudanças sociais.

Ao falarmos em arte e sociedade, não podemos deixar de lado dois atores fundamentais: o artista e o apreciador da obra de arte. O artista deve ser visto como um ser talentoso, com uma sensibilidade muito apurada, que o leva a perceber o mundo à sua volta de maneira especial, com absoluto domínio de determinada linguagem, e, ao mesmo tempo, como um cidadão, um trabalhador, com todos os compromissos sociais de alguém que vive em uma sociedade organizada, com inúmeros direitos e deveres.

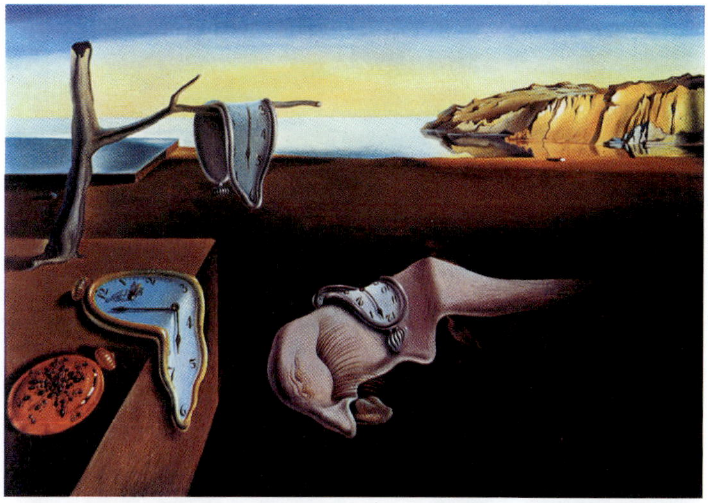

Reprodução/Museu de Arte Moderna de Nova York, EUA

A persistência da memória, de Salvador Dalí, 1931.

Finalmente, é preciso salientar o papel do apreciador da obra de arte, que deve promover uma leitura interativa. Ou seja, ele também deve estabelecer uma relação de dependência mútua e ininterrupta com a obra de arte, lembrando sempre que ela é a materialização de uma ideia e se expressa por uma linguagem, o que nos permite afirmar que ela "significa", ou seja, fala, comunica, pode e deve ser lida pelo outro. Assim, o sentido de uma obra é construído pelo artista, que a produz, e pelo apreciador da arte, que a lê, analisa, interpreta.

Reprodução/Coleção particular

Dissentigration of Salvadorian Bryce, de Shawn Sapp, 1998.

Antonio Candido, comentando a relação entre escritor e público, afirma: "A literatura é pois um sistema vivo de obras, agindo umas sobre as outras e sobre os leitores; e só vive na medida em que estes a vivem, decifrando-a, aceitando-a, deformando-a. A obra não é produto fixo, unívoco a qualquer público; nem este é passivo, homogêneo, registrando uniformemente o seu efeito. São dois termos que atuam um sobre o outro, e aos quais se junta o autor, termo inicial desse processo de circulação literária, para configurar a realidade da literatura atuando no tempo". O que vai dito pode ser deslocado para todas as manifestações artísticas.

As telas da página anterior exemplificam o fato de uma obra de arte ser produto de determinada sociedade: a tela de Salvador Dalí, datada de 1931, foi produzida sob o impacto do Surrealismo e das ideias de Freud; a composição de Shawn Sapp, uma releitura de Dalí datada de 1998, foi produzida sob o impacto da sociedade tecnológica, utilizando um programa de criação de imagens em 3D chamado Bryce – daí a brincadeira com o título do desenho: desintegração da tela de Salvador Dalí por Salvadorian Bryce (o nome do programa).

TEXTO E INTERTEXTO

Observe atentamente a releitura que o artista plástico brasileiro Waltercio Caldas faz da famosa obra *As meninas*, do espanhol Velázquez, utilizando recursos de computação gráfica.

As meninas, de Diego Velázquez, 1656.

Os Velázquez, de Waltercio Caldas, 1994.

Atividades

Discuta com seus colegas e o professor as seguintes questões:

1. Como já vimos, a intertextualidade apresenta, nas extremidades de um longo arco, duas motivações: **reiteração** (ou seja, afirmação do modelo) ou **subversão** (desqualificação, negação). Qual teria sido a motivação de Waltercio Caldas?

2. Observem e comparem as duas obras. Qual é a leitura de mundo de Velázquez? E a de Waltercio Caldas? Qual seria a importância que cada um deles dá à figura do artista e à obra de arte?

2 Estética e belas-artes

No século XVIII, com a Revolução Industrial e a decadência do velho modelo monárquico, formou-se um novo público consumidor de arte e surgiram novos conceitos. Dois, em particular, nos interessam:

- **estética**: conceito criado pelo filósofo alemão Alexander Baumgarten, na metade do século XVIII, a partir do grego *aisthetikos* ("o que pode ser percebido pelos sentidos"). Na filosofia, a reflexão sobre o belo e a criação artística; no uso informal, o que diz respeito à beleza, à beleza física, plástica.
- **belas-artes**: expressão que surge em oposição às artes utilitárias ou decorativas (as artes e ofícios); o filósofo Immanuel Kant afirmava, em 1790, que "as belas-artes são as artes do gênio". Outro filósofo do século XVIII, D'Alembert, um dos responsáveis pela *Enciclopédia* iluminista, relacionou as cinco manifestações artísticas que formavam as belas-artes: pintura, escultura, arquitetura, poesia e música (embora todos reconhecessem que arquitetura misturava beleza e utilidade). A partir do século XIX, o termo "poesia" passou a ser substituído por "literatura". No século XX, duas outras manifestações foram incorporadas: dança e cinema (por isso o cinema é considerado "a sétima arte").

LENDO O TEXTO

A lição de pintura

João Cabral de Melo Neto

Quadro nenhum está acabado,
disse certo pintor;
se pode sem fim continuá-lo,
primeiro, ao além de outro quadro
que, feito a partir de tal forma,
tem na tela, oculta, uma porta
que dá a um corredor
que leva a outra e a muitas outras.

MELO NETO, João Cabral de. *Poesia crítica (antologia)*. Rio de Janeiro: José Olympio, 1982. p. 8.

Atividades

1. João Cabral se utiliza de uma manifestação artística para falar de outra. Quais são, respectivamente, essas manifestações artísticas?
2. Como você entende o verso "Quadro nenhum está acabado"? E a "porta" que leva a "outras portas"?

3 As belas-artes e seus materiais

A unidade da arte reside no fato de que, não importa se com palavras, sons melódicos, cores ou massas, o artista cria imagens que exprimem seu sentimento profundo do mundo. [...] Certo número de atividades humanas – como a poesia, a pintura, a arquitetura, o teatro, a música, a escultura – cria imagens que exprimem um modo de sentir, o qual, por sua vez, se traduz numa forma correspondente [a obra de arte].

MANUEL, Pedro. In: *Arte no Brasil*. São Paulo: Abril Cultural, 1979.

O texto acima nos coloca outra questão fundamental, ou seja, as belas-artes têm em comum o fato de exprimirem a leitura de mundo que o artista faz, mas têm como característica particular as diferentes **linguagens** que utilizam. Assim, o artista literário se exprime pela palavra oral ou escrita; o pintor, pelas cores e formas; o escultor, pelas formas obtidas pela exploração das três dimensões: comprimento, largura e altura; o músico, pelo som e ritmo; o dançarino, pelos movimentos corporais; o cineasta, pela imagem em movimento.

4 A arte como representação

Na linguagem visual, o signo é a imagem. Assim como acontece com a linguagem verbal, há inúmeras maneiras de organizar os signos visuais, decorrentes da relação que o ser humano estabelece entre a realidade e sua representação. Os artistas procuram fazer com que o apreciador reaja diante dessa representação e levante questionamentos sobre o que é de fato real, o que é fantasia e, indo mais além, sobre a própria ordenação do real.

O Surrealismo, na primeira metade do século XX, levou a extremos a questão da representação do real. Sobre a pintura de Magritte, afirma o crítico Giulio Carlo Argan:

> Eis o contraste entre coisas e signos na vida cotidiana. [Magritte] representa um interior com um arco aberto para o mar: no aposento, há um cavalete e sobre o cavalete uma tela, onde está pintada uma marinha que dá continuidade à figura da praia, das ondas, do céu. No chão, uma bola; e o plano do pavimento continua na praia. Ambiguidade entre uma imagem da realidade (o quadro) e uma imagem de uma imagem da realidade (o quadro no quadro).
>
> *Arte Moderna*: do Iluminismo aos movimentos contemporâneos. São Paulo: Companhia das Letras, 1996. p. 480.

Reprodução/Galeria Isy Brachet, Bruxelas, Bélgica

A condição humana, de René Magritte, 1935.

Na tela apresentada, que compõe a série *A condição humana*, René Magritte (1898-1967), um dos mais importantes pintores do Surrealismo, questiona a relação entre a realidade e sua representação pictórica. O observador, colocado no interior do aposento, de frente para a janela, vê a imagem marinha real continuar na imagem criada pelo artista (ou seria o contrário?!); mas, se o observador da tela se afastar um pouco e "sair do aposento", perceberá que foi iludido e tomará ciência de que a imagem dita real, vislumbrada pelo vão da janela, não passa, ela também, de uma criação do artista, ou seja, de uma representação da realidade (isso porque temos uma tela dentro da tela, num jogo de ilusões – ou, como no caso do cachimbo, somos vítimas da "traição das imagens").

Trocando ideias

Em grupos, leiam atentamente o poema 10 da série "Nasce o poeta", de Ferreira Gullar:

a boca não fala
o ser (que está fora
de toda linguagem):
só o ser diz o ser
a folha diz folha
sem nada dizer
o poema não diz
o que a coisa é
mas diz outra coisa
que a coisa quer ser
pois nada se basta
contente de si
o poeta empresta
às coisas
sua voz – dialeto –
e o mundo
no poema
se sonha completo

GULLAR, Ferreira. *Toda poesia (1950-1999)*. 9. ed. Rio de Janeiro: José Olympio, 2000.

Ulhôa Cintra/Arquivo da editora

Como vocês perceberam, trata-se de um poema metalinguístico (ou metapoema), ou seja, um poema que tem como tema o próprio fazer poético. Discutam que características do fazer poético Ferreira Gullar destaca; a seguir, apresentem suas conclusões aos demais grupos.

5 O artista recriando a realidade

Cecília Meireles, em um de seus belos poemas, apresenta ao leitor um verso que soa como um refrão: "A vida só é possível reinventada". De fato, é da própria essência da arte a possibilidade de o artista recriar a realidade, transformando-se em criador de mundos, de sonhos, de ilusões, de verdades. O artista tem, dessa forma, um poder mágico em suas mãos: o de moldar a realidade segundo suas convicções, seus ideais, sua vivência.

O poeta e crítico de arte Ferreira Gullar assim se manifesta sobre essa transformação simbólica do mundo:

A arte é muitas coisas. Uma das coisas que a arte é, parece, é uma transformação simbólica do mundo. Quer dizer: o artista cria um mundo outro – mais bonito ou mais intenso ou mais significativo ou mais ordenado – por cima da realidade imediata.

Naturalmente, esse mundo outro que o artista cria ou inventa nasce de sua cultura, de sua experiência de vida, das ideias que ele tem na cabeça, enfim, de sua visão de mundo.

GULLAR, Ferreira. *Sobre arte*. Rio de Janeiro: Avenir/São Paulo: Palavra e Imagem, 1982.

Um caso que ilustra bem esse poder mágico é o do pintor Candido Portinari, que sempre demonstrou um profundo carinho pelos meninos de Brodósqui, sua cidade natal, no interior de São Paulo. Ao desenhá-los, colocava-os em balanços e gangorras. Quando perguntavam ao pintor por que a insistência com crianças em pleno voo, respondia: "Gosto de vê-los assim, no ar, feito anjos".

Crianças brincando, de Candido Portinari, 1940.

Portinari

Candido Portinari nasceu em Brodósqui, São Paulo, em dezembro de 1903, e faleceu em fevereiro de 1962, no Rio de Janeiro. Segundo Jorge Amado, "Portinari nos engrandeceu com sua obra de pintor. Foi um dos homens mais importantes de nosso tempo, pois de suas mãos nasceram a cor e a poesia, o drama e a esperança de nossa gente. Com seus pincéis, ele tocou fundo em nossa realidade. A terra e o povo brasileiros – camponeses, retirantes, crianças, santos e artistas de circo, os animais e as paisagens – são a matéria com que trabalhou e construiu sua obra imorredoura".

Portinari, entretanto, foi muito criticado por "deformar" suas figuras humanas; no início da década de 1940, sob o Estado Novo de Getúlio Vargas, era acusado de antinacionalista por retratar os trabalhadores com braços e pernas desproporcionais, como se sofressem de elefantíase. Na verdade, as telas de Portinari são verdadeiro hino de louvor àquelas pessoas, como nos explica o pintor:

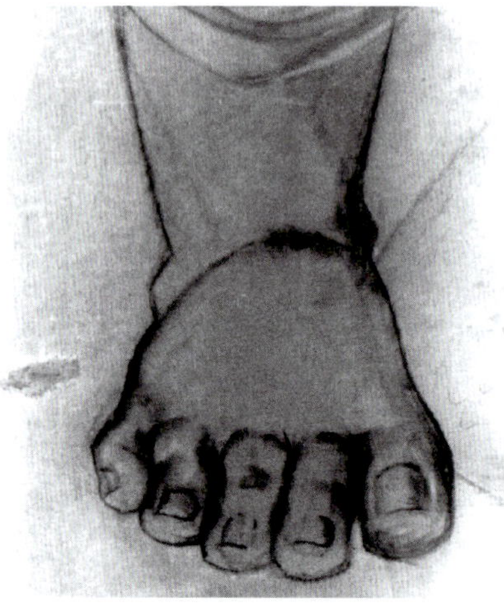

Imagem do acervo do Projeto Portinari. Disponível em: <www.portinari.org.br>.

> Impressionavam-me os pés dos trabalhadores das fazendas de café. Pés disformes. Pés que podem contar uma história. Confundiam-se com as pedras e os espinhos. Pés sofridos com muitos e muitos quilômetros de marcha. Pés que só os santos têm. Sobre a terra, difícil era distingui-los. Os pés e a terra tinham a mesma moldagem variada. Raros tinham dez dedos, pelo menos dez unhas. Pés que inspiravam piedade e respeito. Agarrados ao solo, eram como os alicerces, muitas vezes suportavam apenas um corpo franzino e doente. Pés cheios de nós que expressavam alguma coisa de força, terríveis e pacientes.

In: *Portinari*: retrospectiva. São Paulo: Masp, 1997.

Essa possibilidade de recriar a realidade, potencializando uma maneira particular de ler o mundo ou mesmo dando corpo a uma outra verdade, é que levou o pintor espanhol Pablo Picasso a afirmar: "A arte é uma mentira que revela a verdade".

6 Aleijadinho e seus materiais

Os materiais de Aleijadinho

Veja duas imagens esculpidas por Antônio Francisco Lisboa, conhecido por Aleijadinho, representante da arte produzida em Minas Gerais no fim do século XVIII.

Nos *Passos*, as figuras talhadas em madeira refletem as características do trabalho nesse material; têm algo de primitivo, atingindo por vezes o expressionismo e até o caricatural – sobretudo as personagens cruéis. Por outro lado, da figura de Cristo, assim como de Maria Madalena, emanam um divino ar de graça, um acabamento sublimado, como se o sobrenatural estivesse presente.

Nos *Profetas*, apesar de a pedra-sabão possibilitar modelado naturalista, as expressões das figuras têm tanta força que parecem ultrapassar os traços humanos: imprecam, testemunham, talvez protestem, possivelmente oram, e deixam cair cartelas com inscrições latinas.

KELLY, Celso. In: *Arte no Brasil*. São Paulo: Abril Cultural, 1979.

Carol do Valle/Arquivo da editora

Escultura que representa o profeta Isaías, o primeiro dos doze profetas esculpidos por Aleijadinho à entrada do Santuário do Bom Jesus de Matosinhos, na cidade de Congonhas do Campo, Minas Gerais.

Fabio Colombini/Acervo do fotógrafo

Jesus Cristo, figura central da escultura de Aleijadinho conhecida como *Passos da ceia*, que se encontra na cidade de Congonhas do Campo, Minas Gerais, esculpida entre 1796 e 1799. Representa o momento em que Cristo, rodeado pelos apóstolos, afirma: “Em verdade vos digo, um de vós me há de entregar”.

As “mentiras” de Aleijadinho

Veja este outro trabalho de Aleijadinho:

Haroldo Faria Castro/Arquivo da editora

Detalhe do *Passo da subida ao Calvário* ou *Cruz-às-costas*, que mostra Jesus Cristo a caminho do calvário, seguido por um cortejo. Faz parte do trabalho de Aleijadinho conhecido como *Os passos da Paixão*, no Santuário do Bom Jesus de Matosinhos, em Congonhas do Campo, Minas Gerais.

Observe nessa escultura que Cristo traz, além das marcas tradicionais (a coroa de espinhos, as marcas das quedas), uma outra criada pelo artista, de "mentira": a marca da forca no pescoço. É o poder mágico do artista: Cristo é Cristo, mas também Tiradentes, enforcado em 1792 (as 66 imagens dos *Passos* foram esculpidas entre 1796 e 1799). Muitas figuras de Aleijadinho, nas obras de Congonhas, foram inspiradas em pessoas que participaram da Inconfidência Mineira.

7 A intertextualidade em diferentes linguagens

Leia a seguir um interessante trabalho de intertextualidade realizado por dois grandes artistas brasileiros – Portinari e Carlos Drummond de Andrade – e um espanhol – Pablo Picasso – a partir do texto-mãe *Dom Quixote de la Mancha*, de Miguel de Cervantes. Note que Cervantes trabalha com a linguagem literária em prosa, Drummond explora os recursos da poesia, Picasso e Portinari se expressam pela pintura.

Dom Quixote, Rocinante, Sancho Pança e o asno

[...] Quatro dias levou a cismar que nome lhe poria, porque (segundo ele a si próprio se dizia) não era razão que um cavalo de tão famoso cavaleiro, e ele mesmo de si tão bom, ficasse sem nome aparatoso; [...] e assim, depois de escrever, riscar, e trocar muitos nomes, ajuntou, desfez, e refez na própria lembrança outros, até que acertou em o apelidar "Rocinante"...

Dom Quixote, de Pablo Picasso, 1955.

Posto a seu cavalo nome tanto a contento, quis também arranjar outro para si; nisso gastou mais oito dias; e ao cabo deparou em chamar-se Dom Quixote. [...]

Neste meio tempo, solicitou Dom Quixote a um lavrador seu vizinho, homem de bem (se tal título se pode dar a um pobre), e de pouco sal na moleira; tanto em suma lhe disse, tanto lhe martelou, que o pobre rústico se determinou em sair com ele, servindo-lhe de escudeiro. [...] Sancho Pança, que assim se chamava o lavrador, deixou mulher e filhos, e se assoldadou por escudeiro do fidalgo. [...] pensava em levar um asno que tinha muito bom, porque não estava acostumado a andar muito a pé. [...] Feito e cumprido tudo, sem se despedir Pança dos filhos e mulher, nem Dom Quixote da ama e da sobrinha, saíram uma noite do lugar sem os ver alma viva, e tão de levada se foram, que ao amanhecer já se iam seguros de que os não encontrariam, por mais que os rastejassem.

CERVANTES, Miguel de. *Dom Quixote de la Mancha*. Porto: Lello & Irmão, [s.d.].

Um em quatro

A Z
b y
A&b Z&y
Ab yZ
AbyZ
quadrigeminados
quadrimembra jornada
quadripartito anelo
quadrivalente busca
unificado anseio
umcavaleiroumcavaloumjumentoumescudeiro

Carlos Drummond de Andrade

Dom Quixote e Sancho Pança saindo para suas aventuras, de Candido Portinari, 1956.

O poema e o desenho acima fazem parte da obra *D. Quixote: Cervantes/Portinari/ Drummond*, publicada pela Editora Fontana, composta de 21 desenhos de Portinari e 21 poemas de Drummond que remetem a passagens do D. Quixote, de Miguel de Cervantes.

Antes de mais nada, pensemos nesses quatro artistas: Cervantes e Drummond trabalhando as palavras; Picasso e Portinari, as formas e as cores. Um único tema: Dom Quixote, um dos personagens mais fascinantes da literatura universal. No entanto, quatro estilos, quatro maneiras particulares de expressão.

Observe como Drummond explora ao máximo os significados e a disposição das palavras no papel (seria um poema-desenho?):

A é o cavaleiro D. Quixote;

b é Rocinante, cavalo de Quixote;

Z é Sancho Pança, escudeiro de Quixote;

y é o jumento de Sancho;

A sobre **b** = Quixote montado em Rocinante;

Z sobre **y** = Sancho montado no jumento;

A&b é o conjunto cavaleiro/cavalo;

Z&y é o conjunto escudeiro/jumento.

Belíssima é a unidade do grupo **AbyZ**, insana irmandade (quadrigêmeos que iniciam louca jornada em busca do sonhado); o anseio unifica os quatro, unificação representada graficamente por uma única palavra: **umcavaleiroumcavaloumjumentoumescudeiro**, ou seja, **AbyZ**.

LENDO OS TEXTOS

Veja a tela a seguir e leia a letra de música mais abaixo. Elas são a base das questões propostas no fim desta seção.

Proença Sigaud

Eugênio Proença Sigaud nasceu em Santo Antônio de Carangola, RJ, em 1899, e faleceu na cidade do Rio de Janeiro, em 1979. Pintor e gravador, Sigaud participou de um grupo de artistas plásticos conhecido como Núcleo Bernardelli, que procurou novos caminhos para a arte moderna na década de 1930, no Rio de Janeiro.

Acidente de trabalho, de Eugênio Proença Sigaud, 1944.

Construção

Chico Buarque

Amou daquela vez como se fosse a última
Beijou sua mulher como se fosse a última
E cada filho seu como se fosse o único
E atravessou a rua com seu passo tímido
Subiu a construção como se fosse máquina
Ergueu no patamar quatro paredes sólidas
Tijolo com tijolo num desenho mágico
Seus olhos embotados de cimento e lágrima
Sentou pra descansar como se fosse sábado
Comeu feijão com arroz como se fosse um príncipe
Bebeu e soluçou como se fosse um náufrago
Dançou e gargalhou como se ouvisse música
E tropeçou no céu como se fosse um bêbado
E flutuou no ar como se fosse um pássaro
E se acabou no chão feito um pacote flácido
Agonizou no meio do passeio público
Morreu na contramão atrapalhando o tráfego

Amou daquela vez como se fosse o último
Beijou sua mulher como se fosse a única
E cada filho seu como se fosse o pródigo
E atravessou a rua com seu passo bêbado
Subiu a construção como se fosse sólido
Ergueu no patamar quatro paredes mágicas
Tijolo com tijolo num desenho lógico
Seus olhos embotados de cimento e tráfego

Sentou pra descansar como se fosse um príncipe
Comeu feijão com arroz como se fosse o máximo
Bebeu e soluçou como se fosse máquina
Dançou e gargalhou como se fosse o próximo
E tropeçou no céu como se ouvisse música
E flutuou no ar como se fosse sábado
E se acabou no chão feito um pacote tímido
Agonizou no meio do passeio náufrago
Morreu na contramão atrapalhando o público

Amou daquela vez como se fosse máquina
Beijou sua mulher como se fosse lógico
Ergueu no patamar quatro paredes flácidas
Sentou pra descansar como se fosse um pássaro
E flutuou no ar como se fosse um príncipe
E se acabou no chão feito um pacote bêbado
Morreu na contramão atrapalhando o sábado

Disponível em: <www.chicobuarque.com.br>. Acesso em: 2 abr. 2014.

Wagner Santos/Arquivo da editora

O cantor, compositor e escritor Chico Buarque.

Atividades

1. A tela retrata uma cena urbana ou rural? Justifique sua resposta.
2. É sempre interessante perceber o ângulo pelo qual o artista retrata uma cena (na pintura e na fotografia, por exemplo) ou posiciona o narrador num texto literário (primeira ou terceira pessoa), pois esse será, também, o nosso ângulo. No caso da tela de Sigaud, onde o artista nos posiciona, isto é, de qual ângulo enxergamos a cena?
3. E no texto de Chico Buarque, como é posicionado o narrador?
4. Observe bem o trabalho de luz e sombra realizado pelo pintor e comente a localização do corpo estendido no chão.
5. No canto superior esquerdo da tela, percebemos alguns pássaros voando. Com qual verso do texto “Construção” você relacionaria essa imagem?
6. Observe que os corpos dos trabalhadores (canto superior direito da tela) são desproporcionais, se compararmos os membros às cabeças. Como você interpreta essa desproporcionalidade?
7. Pense na estrutura das três estrofes que compõem a letra da canção e nas palavras proparoxítonas que encerram os versos e responda: poderíamos dizer que Chico Buarque “construiu” seu texto “tijolo com tijolo num desenho mágico”, lógico? Por quê?
8. Poderíamos, ainda, afirmar que o texto de Chico Buarque apresenta um refrão. Qual é ele?

Trocando ideias

Discuta com seus colegas e o professor:

- Como você percebeu, os dois artistas – Sigaud e Chico Buarque – retratam realidades semelhantes. No entanto, cada um se expressou de uma forma, utilizou uma linguagem distinta. Comente a maneira pela qual cada artista se expressou.
- Se esse trabalhador do texto tivesse morrido numa segunda-feira e “na mão”, as pessoas o notariam? O que você acha?

Pensando no Enem

Candido Portinari (1903-1962), um dos mais importantes artistas brasileiros do século XX, tratou de diferentes aspectos da nossa realidade em seus quadros.

Fotos: Reprodução/Enem

Sobre a temática dos "Retirantes", Portinari também escreveu o seguinte poema:

Os retirantes vêm vindo com trouxas e embrulhos
Vêm das terras secas e escuras; pedregulhos
Doloridos como fagulhas de carvão aceso
Corpos disformes, uns panos sujos,
Rasgados e sem cor, dependurados
Homens de enorme ventre bojudo
Mulheres com trouxas caídas para o lado
Pançudas, carregando ao colo um garoto
Choramingando, remelento
[...]

Candido Portinari. *Poemas*. Rio de Janeiro: J. Olympio, 1964.

Das quatro obras reproduzidas, assinale aquelas que abordam a problemática que é tema do poema.

a) 1 e 2
b) 1 e 3
c) 2 e 3
d) 3 e 4
e) 2 e 4

Resposta: **C**.

Comentário

O fragmento de poema transcrito no enunciado da questão faz uma descrição dos retirantes, expulsos de seus locais de origem pela seca e pelas condições sociais. Os retirantes formam um grupo esfarrapado, com sua variada bagagem: trouxas, embrulhos e crianças de colo. O eu lírico ressalta as deformidades dos corpos castigados pela fome, a dor, o choro e a sujeira.

Nas imagens das telas 2 (*Retirantes*, de 1944) e 3 (*Retirantes*, 1959), percebemos a semelhança com esse grupo de pessoas que lembram uma família com membros de várias gerações: pelas trouxas e pelos embrulhos que carregam, pelos corpos magros e sofridos, pelos panos que trajam, pelos instrumentos de trabalho que provavelmente usavam nas terras agora secas.

A tela 1, *Baile na roça*, de 1923-4, mostra um grupo de pessoas também, mas em um ambiente de música e dança, que não lembra a tristeza e a miséria descrita pelo poema. A tela 4, *Cangaceiro sentado*, de 1958, retrata uma outra realidade do sertão: um cangaceiro com seu chapéu típico e sua arma.

Vestibulares de Norte a Sul

1. **S** (UEL-PR) Compare o poema narrativo de Jorge de Lima, "O grande desastre aéreo de ontem", com o quadro *Guernica*, de Pablo Picasso.

"Vejo sangue no ar, vejo o piloto que levava uma flor para a noiva, abraçado com a hélice. E o violinista, em que a morte acentuou a palidez, despenhar-se com sua cabeleira negra e seu estradivárius. Há mãos e pernas de dançarinas arremessadas na explosão. Corpos irreconhecíveis identificados pelo Grande Reconhecedor. Vejo sangue no ar, vejo chuva de sangue caindo nas nuvens batizadas pelo sangue dos poetas mártires. Vejo a nadadora belíssima, no seu último salto de banhista, mais rápida porque vem sem vida. Vejo três meninas caindo rápidas, enfunadas, como se dançassem ainda.
[...] Ó amigos, o paralítico vem com extrema rapidez, vem como uma estrela cadente, vem com as pernas do vento. Chove sangue sobre as nuvens de Deus. E há poetas míopes que pensam que Deus é o arrebol."

(LIMA, Jorge de. "Poesia". Nossos Clássicos 26. Rio de Janeiro: Agir, 1963. p. 64-65.)

arrebol: vermelhidão do pôr do sol.

Guernica, de Pablo Picasso, 1937. Óleo sobre tela, 349,3 cm × 776,6 cm.

Assinale a alternativa correta:

a) Tanto o poeta quanto o pintor acalentam esperanças ingênuas quanto à superação das tragédias do cotidiano no mundo moderno.
b) Ambos os artistas revelam conformismo diante dos acontecimentos trágicos, representados pelo desastre aéreo e pela guerra.
c) A quebra das figuras no quadro e a enumeração rápida das figuras no poema evidenciam uma opção estética que se pauta pela harmonia figurativa na pintura e pela linearidade discursiva no texto literário.
d) Em ambas as obras os artistas abdicam de uma ótica subjetiva, apresentando de maneira racional e neutra as tragédias do mundo moderno.
e) Cada uma das duas obras retrata, com linguagem distinta, o assombro dos artistas diante de realidades trágicas do mundo moderno.

Texto para a questão 2.

O olhar também precisa aprender a enxergar

Há uma historinha adorável, contada por Eduardo Galeano, escritor uruguaio, que diz que um pai, morador lá do interior do país, levou seu filho até a beira do mar. O menino nunca tinha visto aquela massa de água infinita. Os dois pararam sobre um morro. O menino, segurando a mão do pai, disse a ele: "Pai, me ajuda a olhar". Pode parecer uma espécie de fantasia, mas deve ser a exata verdade, representando a sensação de faltarem não só palavras mas também capacidade para entender o que é que estava se passando ali.

Agora imagine o que se passa quando qualquer um de nós para diante de uma grande obra de arte visual: como olhar para aquilo e construir seu sentido na nossa percepção? Só com auxílio mesmo. Não quer dizer que a gente não se emocione apenas por ser exposto a um clássico absoluto, um Picasso ou um Niemeyer ou um Caravaggio. Quer dizer apenas que a gente pode ver melhor se entender a lógica da criação.

(Luís Augusto Fischer, *Folha de S.Paulo*)

2. SE (Fuvest-SP) Relacionando a história contada pelo escritor uruguaio com "o que se passa quando qualquer um de nós para diante de uma grande obra de arte", o autor do texto defende a ideia de que:

a) o belo natural e o belo artístico provocam distintas reações de nossa percepção.
b) a educação do olhar leva a uma percepção compreensiva das coisas belas.
c) o belo artístico é tanto mais intenso quanto mais espelhe o belo natural.
d) a lógica da criação artística é a mesma que rege o funcionamento da natureza.
e) a educação do olhar devolve ao adulto a espontaneidade da percepção das crianças.

3. CO (UFG-GO) Observe o quadro *Abaporu* (1928) de Tarsila do Amaral, reproduzido na contracapa do livro *Tarsila*, de Maria Adelaide Amaral.

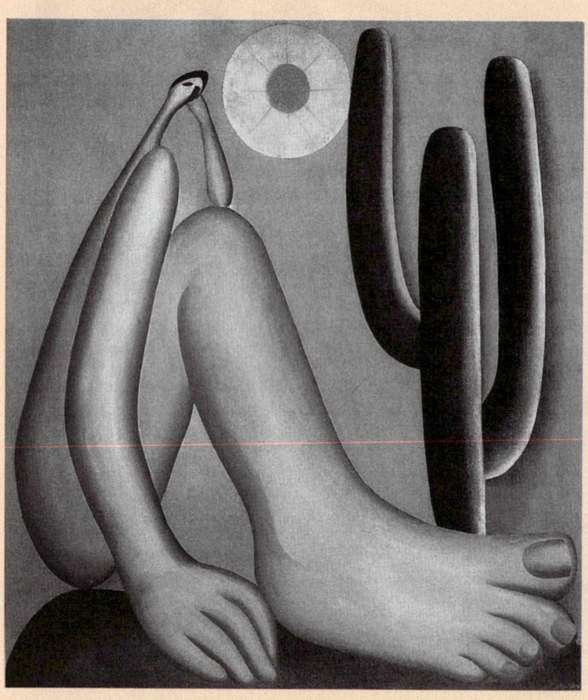

Na peça *Tarsila*, de Maria Adelaide Amaral, a protagonista presenteia Oswald por seu aniversário com o quadro *Abaporu*. Nessa ocasião, Mário de Andrade, diante da obra, refere-se a sua plasticidade, caracterizada por

a) elementos nacionais que marcam uma perspectiva artística.
b) figuras naturalistas que estabelecem um efeito de realidade.
c) desenhos infantis que resgatam elementos da cultura popular.
d) linhas simétricas que rompem com a tradição do Modernismo.
e) formas proporcionais que marcam o equilíbrio da paisagem.

4. CO (UEG-GO) Observe as imagens.

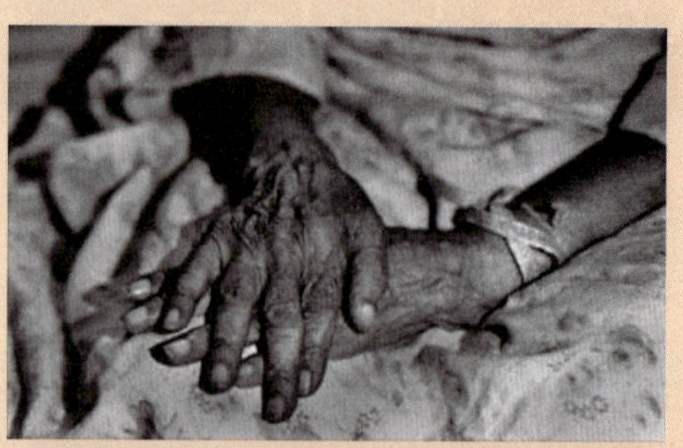

TEIXEIRA, Evandro. *Vidas secas*. Ensaio fotográfico, 2008. Disponível em: <http://g1.globo.com/platb/maquinadeescrever/2008/11/25/vidas-secas/>. Acesso em: 17 ago. 2012.

Em 2008, foi realizada uma homenagem a Graciliano Ramos pelos setenta anos de criação de *Vidas secas*. O fotógrafo Evandro Teixeira realizou um ensaio com locação nos lugares de origem dos personagens criados pelo escritor alagoano.

A produção incluiu atores com características físicas semelhantes às dos personagens do romance. O olhar poético do fotógrafo ainda registrou imagens que nos comunicam as condições dos migrantes, como

a) a alegria pelo abandono da terra e de suas tradições.
b) a felicidade alcançada pelo sucesso da mudança.
c) a aridez da pele das mãos semelhante à dureza do solo.
d) o vigor da vida florescendo nas terras do agreste nordestino.

CAPÍTULO

3 Literatura: a arte da palavra

Adamo Banelli/Corbis/ Latinstock

Escultura com livros, do projeto Biografias, da artista espanhola Alicia Martín, em Arezzo, Itália. 2013.

O livro é um objeto cultural bastante conhecido, que faz parte do cotidiano de muitas pessoas. Não só a literatura homenageia esse objeto que permite compartilhar cultura e emoções: há filmes sobre livros, músicas sobre eles, pinturas e instalações que têm como assunto fundamental os livros e seus leitores.

A seguir, reproduzimos duas obras visuais que têm o livro como base, mas permitem ao observador levantar questões distintas sobre esse objeto cultural. Com os colegas e o professor, veja e discuta as obras reproduzidas nesta página levando em conta as questões propostas mais abaixo.

Adamo Banelli/Corbis/ Latinstock

Escultura com livros, do projeto Biografias, de Alicia Martín, em Arezzo, Itália, 2013.

Lasar Segall, 1891 Vilna - 1957 São Paulo/Coleção particular

A leitura, de Lasar Segall, 1914.

- *Em sua opinião, a artista Alicia Martín, ao criar essa imagem, como se jorrassem dúzias de livros pela janela, leva o observador a que questionamentos?*
- *A tela de Lasar Segall apresenta pessoas de outra época, em um momento de leitura propriamente. O que ela ressalta a respeito do hábito da leitura?*
- *E você? Como chamaria a atenção das pessoas para a importância de ler? Qual é o seu hábito de leitura?*

1 A função poética da linguagem

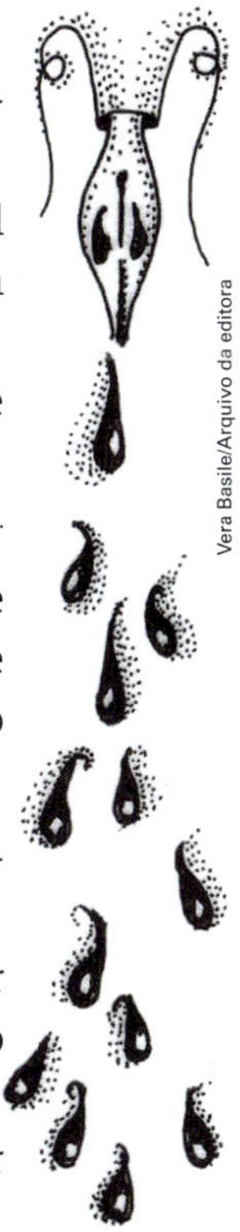

Vera Basile/Arquivo da editora

Grande literatura é simplesmente linguagem carregada de significado até o máximo grau possível. [...]

A literatura não existe no vácuo. Os escritores, como tais, têm uma função social definida, exatamente proporcional à sua competência como escritores. Essa é a sua principal utilidade. [...]

Um povo que cresce habituado à má literatura é um povo que está em vias de perder o pulso de seu país e o de si próprio.

POUND, Ezra. *ABC da Literatura*. São Paulo: Cultrix, 1977. p. 32, 36 e 38.

A literatura é uma manifestação artística. E, como vimos no capítulo anterior, difere das demais manifestações pela maneira como se expressa, pela matéria-prima com que trabalha: a linguagem verbal, a palavra. A esse respeito, assim se manifestou o crítico Alceu Amoroso Lima:

A distinção entre literatura e demais artes vai operar-se nos seus elementos intrínsecos, a matéria e a forma do verbo.

De que se serve o homem de letras para realizar seu gênio inventivo? Não é, por natureza, nem do movimento como o dançarino, nem da linha como o escultor ou o arquiteto, nem do som como o músico, nem da cor como o pintor. E sim da palavra.

A palavra é, pois, o elemento material intrínseco do homem de letras para realizar sua natureza e alcançar seu objetivo artístico.

LIMA, Alceu Amoroso. *A estética literária e o crítico*. Rio de Janeiro: Agir, 1954.

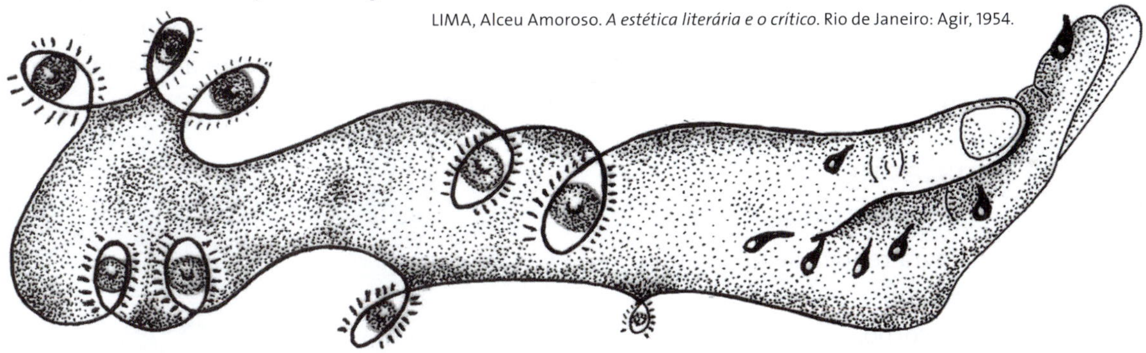

Entretanto, não é por utilizar a linguagem verbal que todo e qualquer texto pode ser considerado obra literária. O texto literário se caracteriza pelo especial trabalho com a palavra, pelo evidente predomínio da função poética da linguagem.

A **função poética** da linguagem ocorre quando a intenção do produtor do texto está voltada para a própria mensagem, quer na sua estrutura, quer na seleção e combinação das palavras, para "alcançar seu objetivo artístico". Dessa forma, a construção do texto tem o foco voltado para o trabalho com o aspecto material e concreto da mensagem, com a materialidade linguística do texto. Como afirma Roman Jakobson, a função poética "coloca em evidência o lado palpável, material dos signos". Por tal motivo, ela provoca estranhamento e, ao mesmo tempo, interesse pela mensagem por meio de um arranjo que visa ao estético, fruto de uma especial seleção e combinação dos termos; por meio do emprego de palavras em sentido figurado; por meio da combinação de sons, numa disposição melódica, etc.

Comentando o trabalho com a linguagem, o crítico Terry Eagleton afirma: "Talvez a literatura seja definível não pelo fato de ser ficcional ou 'imaginativa', mas porque emprega a linguagem de forma peculiar. [...] A literatura transforma e intensifica a linguagem comum, afastando-se sistematicamente da fala cotidiana".

O poeta Cassiano Ricardo nos faz refletir sobre o que é literatura e o que é ser artista da palavra por meio de duas interrogações/respostas essenciais:

Poética

Cassiano Ricardo

I

Que é a Poesia?
Uma ilha
cercada
de palavras
por todos
os lados.

II

Que é o Poeta?
Um homem
que trabalha o poema
com o suor do seu rosto.
Um homem
que tem fome
como qualquer outro
homem.

RICARDO, Cassiano. *Jeremias sem-chorar*. Rio de Janeiro: José Olympio, 1976. p. 11.

Na **primeira estrofe**, aparecem a Poesia e sua matéria-prima – a palavra. Repare que a imagem é forte: "a Poesia é uma ilha cercada de palavras por todos os lados". Isso significa que, tanto para aquele que produz poesia como para aquele que a lê, o fundamental é saber bracejar, é saber sobreviver, vencer os obstáculos desse mar de palavras; caso contrário, não se chega à ilha.

Na **segunda estrofe**, estamos diante da figura do poeta/ser humano que trabalha, que transpira e que tem necessidades básicas como qualquer outro ser humano.

Ampliando as reflexões sobre o trabalho que o poeta realiza com a palavra, temos este belo poema do moçambicano Eduardo White:

A palavra

Eduardo White

A palavra renova-se no poema.
Ganha cor,
ganha corpo,
ganha mensagem.
A palavra no poema não é estática,
pois, inteira e nua, se assume
no perfeito,
no perpétuo movimento
da incógnita que a adoça.

A palavra madura é espectáculo.
Canta.
Vive.
E respira. Para tudo isso
basta
uma mão inteligente que a trabalhe,
lhe dê a dimensão do necessário
e do sentido
e lhe amaine sobre o dorso
o animal que nela dorme destemido.

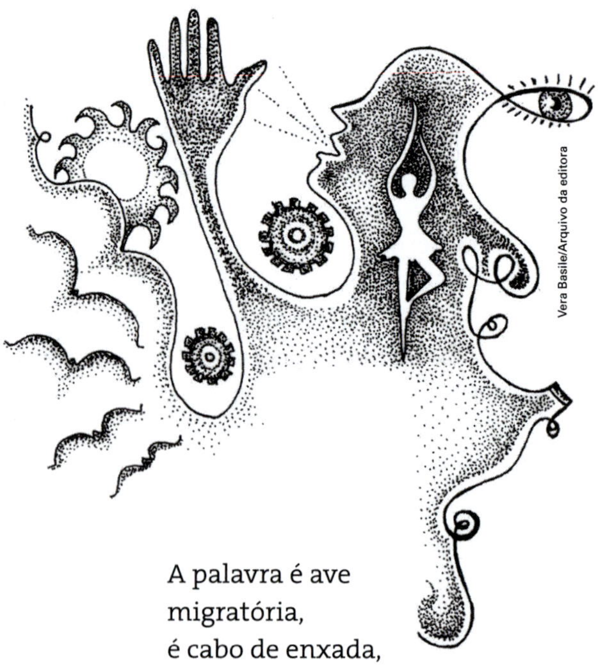

Vera Basile/Arquivo da editora

A palavra é ave
migratória,
é cabo de enxada,
é fuzil, é torno de operário,
a palavra é ferida que sangra,
é navalha que mata,
é sonho que se dissipa,
visão de vidente.

A palavra é assim tantas vezes
dia claro,
sinal de paisagem
e por isso é que à palavra se dá,
inteiramente,
um bom poeta
com os seus sonhos,
com os seus fantasmas,
com os seus medos
e as suas coragens,
porque é na palavra que muitas vezes está,
perdido ou escondido,
o outro homem que no poema reside.

In: SAÚTE, Nelson. *Nunca mais é sábado:* antologia de poesia moçambicana. Lisboa: Dom Quixote, 2004. p. 559-561.

Eduardo White

Eduardo White nasceu em Quelimane, região da Zambézia, Moçambique, em 1963. É considerado um dos mais importantes poetas da atual literatura africana em língua portuguesa; entre seus temas, destaca-se a reflexão sobre o fazer poético. Desde 1989, a poesia de Eduardo White pode ser apreciada em exposição permanente no museu Val-du-Marne, em Paris.

TEXTO E INTERTEXTO

Texto 1

Barulho

Ferreira Gullar

Todo poema é feito de ar
apenas:
a mão do poeta
não rasga a madeira
não fere
o metal
a pedra
não tinge de azul
os dedos
quando escreve manhã
ou brisa
ou blusa
de mulher.
O poema
é sem matéria palpável
tudo
o que há nele
é barulho
quando rumoreja
ao sopro da leitura.

Ulhôa Cintra/Arquivo da editora

GULLAR, Ferreira. *Toda poesia* (1950-1999). 9. ed. Rio de Janeiro: José Olympio, 2000. p. 373.

Texto 2

Meu povo, meu poema

Ferreira Gullar

Meu povo e meu poema crescem juntos
como cresce no fruto
a árvore nova

No povo meu poema vai nascendo
como no canavial
nasce verde o açúcar

No povo meu poema está maduro
como o sol
na garganta do futuro

Meu povo em meu poema
se reflete
como a espiga se funde em terra fértil

Ao povo seu poema aqui devolvo
menos como quem canta
do que planta

Ulhôa Cintra/Arquivo da editora

GULLAR, Ferreira. *Toda poesia* (1950-1999). 9. ed. Rio de Janeiro: José Olympio, 2000. p. 155.

Atividades

Sobre "Barulho".

1. No poema, Ferreira Gullar compara o trabalho realizado por artistas de diferentes manifestações. Quais são os artistas? Qual é a matéria-prima de cada um?
2. Os advérbios de negação que iniciam três versos determinam uma oposição no poema. Explique-a.
3. Sabemos que o signo linguístico se constitui da união entre um **significante** (os sinais sonoros ou gráficos) e um **significado** (o conceito). Ao comentar de que é feito o poema, a ênfase recai sobre qual das duas partes?
4. Considerando que o significante se realiza oralmente (sequência de fonemas) ou na escrita (sequência de letras), destaque palavras ou expressões selecionadas pelo poeta que nos remetem a uma e outra realização.
5. O que podemos entender por "matéria palpável"? Que matérias palpáveis são citadas no poema? Quais de nossos sentidos percebem o que é "sem matéria palpável"?

Sobre "Meu povo, meu poema".

6. O texto é estruturado por uma comparação: o poema se desenvolve **como** um vegetal, o que vai determinar a seleção de palavras desse campo semântico. Destaque essas palavras e expressões.
7. Ao contrário do que acontece no texto "Barulho", em "Meu povo, meu poema" o enunciador se mostra, o que pode ser comprovado com palavras do texto. Aponte-as e comente a importância delas para o entendimento do texto.
8. Comente o jogo **meu poema** (quatro primeiras estrofes) / **seu poema** (última estrofe).
9. Qual é a única palavra do texto que nos remete ao aspecto sonoro do poema?

Comparando e somando os textos.

10. Compare a última estrofe dos dois poemas e comente-as.

2 Modernidade e metapoemas

A reflexão sobre a arte literária e o ofício de escrever sempre foi uma preocupação dos grandes escritores, conscientes de seu trabalho. No entanto, essa necessidade de pensar o "fazer poético" tornou-se compromisso de escritores modernos, ao mesmo tempo que projeta o texto literário em outra dimensão, a partir de reflexões sobre a arte e a utilidade da poesia, sobre o trabalho do artista literário e sua função social.

Dessa forma, a metalinguagem passou a ser um componente fundamental da modernidade, na medida em que se opõe a conceitos cristalizados no imaginário do leitor de que um poema é fruto exclusivo de uma inspiração momentânea, luz que recai sobre o poeta. Como afirma Samira Chalhub, temos "a arquitetura das funções poética e metalinguística em oposição à naturalidade das funções referencial e emotiva".

Ao longo desses primeiros capítulos já deparamos com textos metalinguísticos que refletem ora sobre o poder da palavra, ora sobre a função social da arte e do artista, ora sobre a própria construção do poema. Apresentamos, a seguir, um metapoema do escritor cabo-verdiano Ovídio Martins que reflete sobre a tentativa de censura à produção poética. O poema foi escrito na época em que as colônias portuguesas na África lutavam pela independência e sofriam forte repressão de Portugal, governado pelo ditador António Salazar.

O único impossível

Ovídio Martins

para Baltazar Lopes

Mordaças
A um Poeta?

Loucura!

E por que não
Fechar na mão uma estrela
O Universo num dedal?
Era mais fácil
Engolir o mar
Extinguir o brilho aos astros

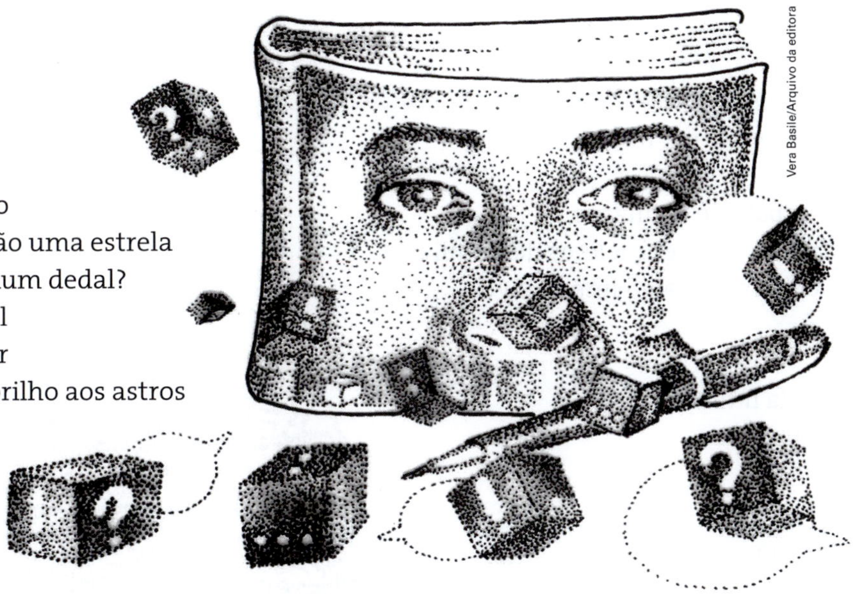

In: DÁSCALOS, Maria Alexandre et al. *Poesia africana de língua portuguesa*. Rio de Janeiro: Lacerda Editores, 2003. p. 153.

Ovídio Martins

Ovídio Martins (1928-1999) nasceu na ilha de São Vicente. Poeta e contista, seus textos são marcados pelo amor às ilhas e pela consciência da necessidade de reconstrução do país, como provam os versos finais de seu poema "Ilha a ilha": "Devagar, a reconstrução nacional avança. Ilha a ilha. Dor a dor. Amor a amor".

Texto comentado

Procura da poesia

Carlos Drummond de Andrade

Não faças versos sobre acontecimentos.
Não há criação nem morte perante a poesia.
Diante dela, a vida é um sol estático, não aquece nem ilumina.
As afinidades, os aniversários, os incidentes pessoais não contam.
Não faças poesia com o corpo,
esse excelente, completo e confortável corpo, tão infenso à efusão lírica.
Tua gota de bile, tua careta de gozo ou de dor no escuro
são indiferentes.
Nem me reveles teus sentimentos,
que se prevalecem do equívoco e tentam a longa viagem.
O que pensas e sentes, isso ainda não é poesia.

Não cantes tua cidade, deixa-a em paz.
O canto não é o movimento das máquinas nem o segredo das casas.
Não é música ouvida de passagem; rumor do mar nas ruas junto à linha de espuma.
O canto não é a natureza
nem os homens em sociedade.
Para ele, chuva e noite, fadiga e esperança nada significam.
A poesia (não tires poesia das coisas)
elide sujeito e objeto.

Não dramatizes, não invoques,
não indagues. Não percas tempo em mentir.
Não te aborreças.
Teu iate de marfim, teu sapato de diamante,
vossas mazurcas e abusões, vossos esqueletos de família
desaparecem na curva do tempo, é algo imprestável.

Não recomponhas
tua sepultada e merencória infância.
Não osciles entre o espelho e a
memória em dissipação.
Que se dissipou, não era poesia.
Que se partiu, cristal não era.

Penetra surdamente no reino das palavras.
Lá estão os poemas que esperam ser escritos.
Estão paralisados, mas não há desespero,
há calma e frescura na superfície intata.
Ei-los sós e mudos, em estado de dicionário.
Convive com teus poemas, antes de escrevê-los.
Tem paciência, se obscuros. Calma, se te provocam.
Espera que cada um se realize e consuma

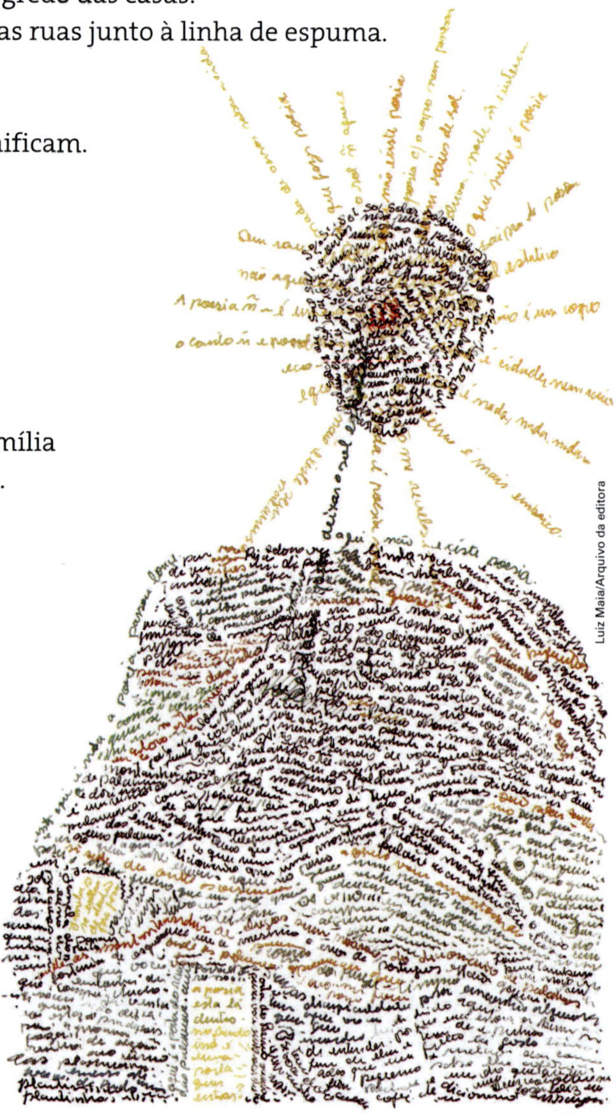

Luiz Maia/Arquivo da editora

com seu poder de palavra
e seu poder de silêncio.
Não forces o poema a desprender-se do limbo.
Não colhas no chão o poema que se perdeu.
Não adules o poema. Aceita-o
como ele aceitará sua forma definitiva e concentrada
no espaço.

Chega mais perto e contempla as palavras.
Cada uma
tem mil faces secretas sob a face neutra
e te pergunta, sem interesse pela resposta,
pobre ou terrível, que lhe deres:
Trouxeste a chave?

Repara:
ermas de melodia e conceito
elas se refugiaram na noite, as palavras.
Ainda úmidas e impregnadas de sono,
rolam num rio difícil e se transformam em desprezo.

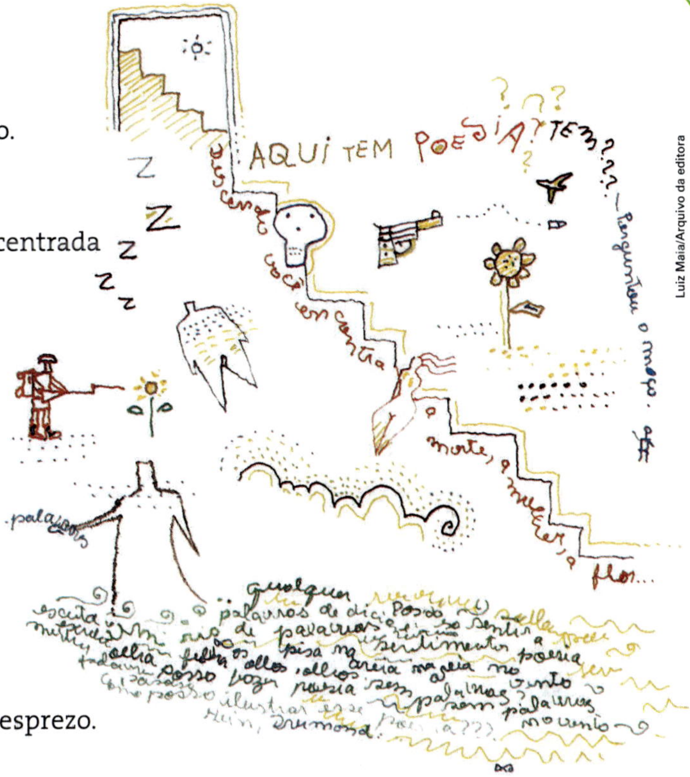

Luiz Maia/Arquivo da editora

ANDRADE, Carlos Drummond de. *Poesia completa & prosa*. Rio de Janeiro: José Aguilar, 1973.

O poeta, sua arte, sua época

"Procura da poesia" é um dos textos de abertura do livro *A rosa do povo*, que reúne poemas escritos entre 1943 e 1945, o que significa que Drummond tinha, como pano de fundo, os horrores da Segunda Guerra Mundial e, no plano interno, os últimos anos do Estado Novo de Getúlio Vargas. O outro texto de abertura é "Consideração do poema". O conjunto formado por esses dois metapoemas resulta numa das mais belas e profundas reflexões sobre o "fazer poético", ou seja, sobre a arte e a utilidade da poesia, sobre o trabalho do artista literário e sua função social.

Uma aula de poesia

O poema apresenta um falante que se dirige, em tom professoral, próprio de quem já refletiu muito sobre o assunto, a um hipotético interlocutor, que escreve (ou pretende escrever) poesia sem refletir sobre o "fazer poético". O falante se dirige ao interlocutor sempre empregando verbos no imperativo, na segunda pessoa do singular ("não faças", "não cantes", "penetra", "convive", "espera", "não forces", "não colhas", "não adules", "repara"). O interlocutor, no entanto, não tem voz, não contra-argumenta nem aceita. Apenas ouve!

Podemos, para fins didáticos, dividir o poema em duas partes: a primeira, marcada pelos imperativos negativos, que representa tudo aquilo que não deve ser feito por quem pretende escrever poesia; a segunda, marcada pelos imperativos afirmativos, que realça o trabalho com a matéria-prima do poeta – a palavra.

Uma especial seleção e combinação de palavras

Em um texto que exalta justamente a palavra, compete ao leitor compreender o significado exato das palavras e das imagens empregadas pelo poeta. Esse trabalho de pesquisa deve ser feito sempre que se lê um texto: buscar a etimologia de uma palavra, referências sobre personagens ou fatos mencionados, a compreensão de uma palavra usada em sentido conotativo ou de figuras de palavras. Apenas como sugestão, apresentamos a seguir um pequeno glossário.

- **infenso à efusão lírica**: *infenso* significa "adverso, contrário"; *efusão* significa "demonstração clara e sincera dos sentimentos íntimos"; o verso opõe corpo e sentimento.
- **bile**: é o mesmo que *bílis*, líquido esverdeado e amargo segregado pelo fígado; em sentido figurado, significa "mau humor, azedume".
- **elide**: forma do verbo *elidir*, que significa "suprimir, eliminar"; o verso afirma que a poesia elimina as relações entre sujeito e objeto.
- **Teu iate de marfim... esqueletos de família**: nesses versos, temos uma enumeração de posses (observe a força dos pronomes possessivos), numa sequência que abrange desde o objeto mais idealizado (iate de marfim) até o mais material (esqueletos de família); *mazurca* é uma dança polonesa de salão; *abusão* é o mesmo que "erro, ilusão", "crendice".
- **merencória**: é o mesmo que "melancólica".
- **ermas**: abandonadas; no verso, significa que as palavras estão **sem** melodia e conceito.

Ideias, sentimentos e palavras

O poeta nos ensina que não se faz literatura apenas falando sobre acontecimentos ou resgatando subjetivamente a infância ou idealizando. Literatura não se faz só com ideias e sentimentos: "O que pensas e sentes, isso ainda não é poesia". "**Ainda** não é poesia", mas pode vir a ser. Para isso, é preciso penetrar "surdamente no reino das palavras", "Lá estão os poemas que esperam ser escritos". **Ainda** não são poemas, porque "estão paralisados", "sós e mudos, em estado de dicionário". Pensemos: as palavras em estado de dicionário, ou seja, fora de contexto, têm apenas o sentido denotativo, frio e impessoal. Se contemplarmos as palavras atentamente, de perto, perceberemos que cada uma tem mil faces secretas (conotação) sob a face neutra (denotação).

Ora, se juntarmos as duas ideias, entenderemos que poesia não é apenas falar sobre algo, muito menos colocar palavra ao lado de palavra. Sem **melodia** e **conceito** as palavras se refugiam na noite. Só há canto, só há poesia, quando as palavras estão carregadas de melodia e conceito.

A matéria-prima do poeta

"Não faça versos sobre acontecimentos." – esse primeiro verso, tomado isoladamente, permite interpretações equivocadas. Drummond não está propondo uma poesia alheia aos fatos; ele apenas reitera o trabalho com a palavra, matéria-prima do poeta. É preciso entender o poema em seu contexto histórico: o mundo estava, literalmente, em decomposição – milhares de mortos, nações se esfacelando, a destruição de Hiroxima e Nagasáqui. No meio do turbilhão, como avaliar os acontecimentos, o que é efêmero, o que é permanente? A poesia pode (e deve) falar de qualquer coisa, mas o que a sustenta, o que a perpetua é o trabalho com a linguagem.

LENDO O TEXTO

O que é Literatura

Afrânio Coutinho

A Literatura, como toda arte, é uma transfiguração do real, é a realidade recriada através do artista e retransmitida através da língua para as formas, que são os gêneros, e com os quais ela toma corpo e nova realidade. Passa, então, a viver outra vida, autônoma, independente do autor e da experiência de realidade de onde proveio. Os fatos que lhe deram às vezes origem perderam a realidade primitiva e adquiriram outra, graças à imaginação do artista. São agora fatos de outra natureza, diferentes dos fatos naturais objetivados pela ciência ou pela história ou pelo social.

O artista literário cria ou recria um mundo de verdades que não são mensuráveis pelos mesmos padrões das verdades fatuais. Os fatos que manipula não têm comparação com os da realidade concreta. São as verdades humanas gerais, que traduzem antes um sentimento de experiência, uma compreensão e um julgamento das coisas humanas, um sentido da vida, e que fornecem um retrato vivo e insinuante da vida.

A Literatura é, assim, vida, parte da vida, não se admitindo que possa haver conflito entre uma e outra. Através das obras literárias, tomamos contato com a vida, nas suas verdades eternas, comuns a todos os homens e lugares, porque são as verdades da mesma condição humana.

COUTINHO, Afrânio. *Notas de teoria literária*. Rio de Janeiro: Civilização Brasileira, 1978.

Atividades

1. Aristóteles (384-322 a.C), filósofo grego clássico, afirmava que "a arte é imitação". Essa afirmação está de acordo com o texto acima? Justifique sua resposta.

2. O texto afirma que o artista, ao recriar a realidade, estabelece uma outra verdade. Como é essa outra verdade?

3. Cecília Meireles, poeta do Modernismo brasileiro, escreveu uma obra intitulada *Romanceiro da Inconfidência*, na qual nos reconta os episódios da Inconfidência Mineira. Leia este pequeno fragmento que fala "do ouro incansável":

   De seu calmo esconderijo,
   ouro vem, dócil e ingênuo;
   torna-se pó, folha, barra,
   prestígio, poder, engenho...
   É tão claro! – e turva tudo:
   honra, amor e pensamento.

   Os versos de Cecília Meireles comprovam o que é dito no segundo parágrafo do texto de Afrânio Coutinho? Justifique sua resposta.

4. Leia o seguinte poema de José Paulo Paes, poeta brasileiro contemporâneo.

Noturno

José Paulo Paes

O apito do trem perfura a noite.
As paredes do quarto se encolhem.
O mundo fica mais vasto.
Tantos livros para ler
tantas ruas por andar
tantas mulheres a possuir...
Quando chega a madrugada
o adolescente adormece por fim
certo de que o dia vai nascer especialmente para ele.

Vera Basile/Arquivo da editora

PAES, José Paulo. *Prosas seguidas de odes mínimas*. São Paulo: Companhia das Letras, 1992.

Os versos de José Paulo Paes comprovam o que foi dito no último período do texto? Justifique.

5. Leia este poema de Ronaldo Azeredo:

solitário	solidário	soli ário
solitário	solitário	soli ário
solidário	solitário	soli ário
solidário	solidário	soli ário

AZEREDO, Ronaldo. *Poetas do Modernismo:* antologia crítica. Brasília: INL, 1972. p. 196.

a) Com relação ao significante, qual é a distinção entre *solitário* e *solidário*?
b) Com relação ao significado, que tipo de relação se estabelece entre *solitário* e *solidário*?
c) No contexto em que aparecem as duas palavras, quais acepções dos verbetes do dicionário podemos atribuir a elas? Leia os verbetes para responder.

solitário

[Do lat. *solitariu*.]
Adjetivo.
1. Desacompanhado, isolado.
2. Que decorre em solidão.
3. Que gosta de estar só; que se sente impelido à solidão.
4. Que não se adapta à sociedade; misantrópico.
5. Que não convive com seus semelhantes.
6. Situado em lugar ermo, despovoado.
7. Abandonado de todos; reduzido à solidão.
[...]

solidário

[De *sólido* + *-ário*.]
Adjetivo.
1. Que responsabiliza cada um de muitos devedores pelo pagamento total de uma dívida.
2. Que concede a cada um de vários credores o direito de receber a totalidade da dívida.
3. **P. ext.** Que se encontra ligado por um ato solidário (1 e 2): ***credor solidário***.
4. Diz-se daqueles que têm responsabilidade ou interesse recíproco.
5. Aderido a causa, empresa, opinião, etc., de outro(s).
6. Que partilha o sofrimento alheio, ou se propõe mitigá-lo.
[...]

FERREIRA, Aurélio Buarque de Holanda. *Novo dicionário eletrônico Aurélio*. Versão 6.1. Ed. rev. e atual. Curitiba: Positivo/Positivo Informática, 2009.

d) O espaço em branco nas palavras da terceira coluna leva o leitor a ter efetiva participação na construção do poema (caberá a ele optar pelo fonema *t* ou pelo fonema *d*). Transformar o leitor em coautor é uma das características da poesia moderna. No entanto, pode-se afirmar que o autor, de forma sutil, explicita sua opção. Como ele faz isso?

Pensando no Enem

1. Érico Veríssimo relata, em suas memórias, um episódio da adolescência que teve influência significativa em sua carreira de escritor.

> Lembro-me de que certa noite – eu teria uns quatorze anos, quando muito – encarregaram-me de segurar uma lâmpada elétrica à cabeceira da mesa de operações, enquanto um médico fazia os primeiros curativos num pobre-diabo que soldados da Polícia Municipal haviam "carneado". [...] Apesar do horror e da náusea, continuei firme onde estava, talvez pensando assim: se esse caboclo pode aguentar tudo isso sem gemer, por que não hei de poder ficar segurando esta lâmpada para ajudar o doutor a costurar esses talhos e salvar essa vida? [...]
>
> Desde que, adulto, comecei a escrever romances, tem-me animado até hoje a ideia de que o menos que o escritor pode fazer, numa época de atrocidades e injustiças como a nossa, é acender a sua lâmpada, fazer luz sobre a realidade de seu mundo, evitando que sobre ele caia a escuridão, propícia aos ladrões, aos assassinos e aos tiranos. Sim, segurar a lâmpada, a despeito da náusea e do horror. Se não tivermos uma lâmpada elétrica, acendamos o nosso toco de vela ou, em último caso, risquemos fósforos repetidamente, como um sinal de que não desertamos nosso posto.
>
> VERÍSSIMO, Érico. *Solo de clarineta*. Porto Alegre: Globo, 1978. t. I.

Neste texto, por meio da metáfora da lâmpada que ilumina a escuridão, Érico Veríssimo define como uma das funções do escritor e, por extensão, da literatura

a) criar a fantasia.
b) permitir o sonho.
c) denunciar o real.
d) criar o belo.
e) fugir da náusea.

Comentário

Já no enunciado da questão fica claro que o episódio a ser lido influenciou a carreira de um escritor, Érico Veríssimo. Ao lermos o primeiro parágrafo do trecho reproduzido, percebemos que o fato narrado nas memórias de Veríssimo não está diretamente ligado ao trabalho literário, pois se trata de um episódio em que o então garoto Érico ajuda um médico a socorrer uma pessoa que foi ferida pelos soldados da Polícia Municipal. Ao narrar o episódio, o escritor indica que se tratou de uma injustiça social, pois caracteriza a pessoa machucada como "pobre-diabo". Ele também descreve sua própria náusea, contando que se espelhou na coragem do homem machucado para continuar exercendo seu papel auxiliar na cena.

No segundo parágrafo, ele constrói a metáfora ao relacionar esse episódio que marcou sua juventude com seu papel de romancista. Mostra perceber na função de romancista uma atuação significativa, a de quem "faz luz" numa sociedade repleta de injustiças, como a que constata em seu tempo. Assim, ele percebe a função do romancista como essencial na sociedade contemporânea. Não se trata de uma fuga, da náusea ou do que se vê ao redor; não se trata de incentivar o sonho nem a fantasia, nem de cultivar o belo, e sim de denunciar o real.

Resposta: **C**.

Texto para a questão 2.

> Desde dezoito anos que o tal patriotismo lhe absorbia e por ele fizera a tolice de estudar inutilidades. Que lhe importavam os rios? Eram grandes? Pois que fossem... Em que lhe contribuía para a felicidade saber o nome dos heróis do Brasil? Em nada... O importante é que ele tivesse sido feliz. Foi? Não. Lembrou-se das coisas do tupi, do *folk-lore*, das suas tentativas agrícolas... Restava disso tudo em sua alma uma satisfação? Nenhuma! Nenhuma!
>
> O tupi encontrou a incredulidade geral, o riso, a mofa, o escárnio; e levou-o à loucura. Uma decepção. E a agricultura? Nada. As terras não eram ferazes e ela não era fácil como diziam os livros. Outra decepção. E, quando o seu patriotismo se fizera combatente, o que achara? Decepções. Onde estava a doçura de nossa gente? Pois ele a viu combater como feras? Pois não a via matar prisioneiros, inúmeros? Outra decepção. A sua vida era uma decepção, uma série, melhor, um encadeamento de decepções.
>
> A pátria que quisera ter era um mito; um fantasma criado por ele no silêncio de seu gabinete.
>
> BARRETO, L. *Triste fim de Policarpo Quaresma*. Disponível em: <www.dominiopublico.gov.br>. Acesso em: 8 nov. 2011.

2. O romance Triste fim de Policarpo Quaresma, de Lima Barreto, foi publicado em 1911. No fragmento destacado, a reação do personagem aos desdobramentos de suas iniciativas patrióticas evidencia que

a) a dedicação de Policarpo Quaresma ao conhecimento da natureza brasileira levou-o a estudar inutilidades, mas possibilitou-lhe uma visão mais ampla do país.
b) a curiosidade em relação aos heróis da pátria levou-o ao ideal de prosperidade e democracia que o personagem encontra no contexto republicano.
c) a construção de uma pátria a partir de elementos míticos, como a cordialidade do povo, a riqueza do solo e a pureza linguística, conduz à frustação ideológica.
d) a propensão do brasileiro ao riso, ao escárnio, justifica a reação de decepção e desistência de Policarpo Quaresma, que prefere resguardar-se em seu gabinete.
e) a certeza da fertilidade da terra e da produção agrícola incondicional faz parte de um projeto ideológico salvacionista, tal como foi difundido na época do autor.

Comentário

Nesse trecho, identificamos a voz do narrador do romance de Lima Barreto, que expõe sua opinião sobre a atitude do personagem Policarpo Quaresma, protagonista do romance. Ainda que não se conheça o personagem, é possível perceber, pelo fragmento, que se trata de alguém com um objetivo: ser patriota. O narrador mostra sua opinião: não vê serventia nesse patriotismo – nem para a pessoa patriota, nem para a sociedade. A frustração, a decepção são a conquista do personagem. O item da questão que corresponde a isso é o c.

Resposta: **C**.

Vestibulares de Norte a Sul

1. **CO** (UFG) Leia o poema de Cora Coralina.

Aninha e suas pedras

Não te deixes destruir...
Ajuntando novas pedras
e construindo novos poemas.

Recria tua vida, sempre, sempre.
Remove pedras e planta roseiras e faz doces.
[Recomeça.

Faz de tua vida mesquinha
um poema.
E viverás no coração dos jovens
e na memória das gerações que hão de vir.

Esta fonte é para uso de todos os sedentos.
Toma a tua parte.
Vem a estas páginas
e não entraves seu uso
aos que têm sede.

CORALINA, Cora. *Melhores poemas*. Seleção de Darcy França Denófrio. São Paulo: Global, 2004. p. 243. (Coleção Melhores Poemas.)

A coletânea de poemas de Cora Coralina está organizada em sete núcleos temáticos, um dos quais é "Entre pedras e flores", que contém o presente poema, cujo eixo temático relaciona-se

a) ao trabalho do poeta que deve ser norteado pelo registro metalinguístico.
b) ao caráter metafórico que é constituído de elementos pitorescos.
c) ao verso prosaico que renova o modo tradicional de composição.
d) à educação pela arte que transmite valores estéticos restritos.
e) à arte poética que incentiva a função de pensar e reformular a vida factual.

2. **S** (PUC-PR) Identifique nos versos finais do poema "O assinalado", de Cruz e Sousa citados os elementos que caracterizam a poesia simbolista do autor. Depois assinale a alternativa correta.

Tu és o Poeta, o grande Assinalado
que povoas o mundo despovoado,
de belezas eternas, pouco a pouco.

Na Natureza prodigiosa e rica
Toda a audácia dos nervos justifica
Os teus espasmos imortais de louco!

a) A poesia é criação de belezas eternas.
b) A poesia é a linguagem que provoca a loucura do poeta.
c) O poeta se distingue dos mortais comuns porque é louco.
d) A natureza oculta a loucura do poeta.
e) O poeta á assinalado porque contribui para povoar o mundo.

3. **SE** (Fuvest-SP) Leia este trecho do poema de Vinicius de Moraes.

Mensagem à poesia

Não posso
Não é possível
Digam-lhe que é totalmente impossível
Agora não pode ser
É impossível
Não posso.
Digam-lhe que estou tristíssimo, mas não
[posso ir esta noite ao seu encontro.
Contem-lhe que há milhões de corpos a
[enterrar
Muitas cidades a reerguer, muita pobreza
[pelo mundo
Contem-lhe que há uma criança chorando
[em alguma parte do mundo
E as mulheres estão ficando loucas, e há
[legiões delas carpindo
A saudade de seus homens: contem-lhe que
[há um vácuo
Nos olhos dos párias, e sua magreza é extrema;
[contem-lhe
Que a vergonha, a desonra, o suicídio rondam
[os lares, e é preciso reconquistar a vida.
Façam-lhe ver que é preciso eu estar alerta,
[voltado para todos os caminhos
Pronto a socorrer, a amar, a mentir, a morrer
[se for preciso.

Vinicius de Moraes, *Antologia poética*.

No trecho, o poeta expõe alguns dos motivos que o impedem de ir ao encontro da poesia. Pela observação desses motivos, procure deduzir a concepção dessa poesia ao encontro da qual o poeta não poderá ir: como se define essa poesia? Quais suas características principais? Explique sucintamente.

4. **SE** (Aman-RJ) Leia o trecho abaixo:

Não tenho uma palavra a dizer. Por que não me calo, então? Mas se eu não forçar a palavra a mudez me engolfará para sempre em ondas. A palavra e a forma serão a tábua onde boiarei sobre vagalhões de mudez.

O fragmento, extraído da obra de Clarice Lispector, apresenta

a) uma reflexão sobre o processo de criação literária.
b) uma postura racional, antissentimental, triste e recorrente na literatura dessa fase.
c) traços visíveis da sensibilidade, característica presente na 2ª fase modernista.
d) a visão da autora, sempre preocupada com o valor da mulher na sociedade.
e) exemplos de neologismo, característica comum na 3ª fase modernista.

CAPÍTULO

4 Os gêneros literários: a tradição aristotélica

Divulgação

Cena de *Ricardo III*, de William Shakespeare, em montagem de Marcelo Lazzaratto, em São Paulo, 2013. Na foto, o ator Chico Carvalho, como Ricardo III, e a atriz Mayara Magri, como a Rainha Elizabeth.

Provavelmente você já conhece alguns dos três gêneros literários definidos por Aristóteles na Antiguidade clássica. Para comprovar, observe a imagem e leia o texto reproduzido nesta página. Com os colegas e o professor, responda às questões propostas mais abaixo.

Coleção particular

O francês Gustave Doré (1833-1883) produziu 375 desenhos para ilustrar uma edição de *Dom Quixote*, de Miguel de Cervantes. Essa narrativa, originalmente publicada em 1605, é considerada, por grande parte da crítica, o melhor texto ficcional já escrito.

É pois de saber que este fidalgo, nos intervalos que tinha de ócio (que eram os mais do ano) se dava a ler livros de cavalaria [...]

Em suma, tanto naquelas leituras se enfrascou, que as noites se lhe passavam a ler desde o Sol-posto até à alvorada, e os dias desde o amanhecer até o fim da tarde. E assim, do pouco dormir e do muito ler se lhe secou o cérebro, de maneira que chegou a perder o juízo.

Encheu-se-lhe a fantasia de tudo que achava nos livros, assim de encantamentos, como pendências, batalhas, desafios, feridas, requebros, amores, tormentas, e disparates impossíveis; e assentou-se-lhe de tal modo na imaginação ser verdade toda aquela máquina de sonhadas invenções que lia, que para ele não havia história mais certa no mundo.

CERVANTES, Miguel de. *O engenhoso fidalgo Dom Quixote de La Mancha*. Tradução dos Viscondes de Castilho e de Azevedo. Porto: Lello & Irmão, s/d.

- *O trecho acima reproduzido é parte do primeiro capítulo de* O engenhoso fidalgo Dom Quixote de La Mancha*; nele há referência a um gênero ficcional. Qual é esse gênero? Você conhece alguma obra que pertence a esse ele?*
- *Por que Quixote chegou "a perder o juízo"? Você acha correta a relação que Quixote, como leitor, estabeleceu com o texto ficcional?*
- *Pela ilustração de Doré, quem parece ser dom Quixote? Ele lembra um cavaleiro medieval? Parece que tipo de leitor?*
- *Volte à página anterior para rever a foto que está lá. Ela é um registro da encenação de uma peça clássica,* Ricardo III. *Não importa o assunto do texto literário ou de uma peça, nem quando foi publicado o primeiro e encenada a segunda. Nem mesmo se a prosa ou os versos constituem sua modalidade. O fato é que a literatura e o teatro trabalham com uma matéria-prima em comum. Qual?*

TEXTO E INTERTEXTO

A divina comédia é um longo poema que consumiu os últimos vinte anos da vida de Dante Alighieri, poeta que viveu na Florença pré-renascentista entre 1265 e 1321. Resgatando a matéria das epopeias, o poema, escrito em primeira pessoa e obedecendo a uma simetria perfeita, narra a viagem de um eu poético (projeção do próprio Dante) pelo Inferno, Purgatório e Paraíso. São três livros, cada um composto de 33 cantos (no "Inferno" há um canto a mais, que funciona como introdução), formados por estrofes de três versos (tercetos). Como assinala Manuel Bandeira, "o místico número 3 domina o poema". Esse misticismo do número 3 a que se refere Bandeira liga-se ao dogma cristão medieval. Esse número representa a essência divina, dividida nas três pessoas da Santíssima Trindade: Pai, Filho e Espírito Santo.

Texto 1

Nel mezzo del cammin di nostra vita
mi ritrovai per una selva oscura
ché la diritta via era smarrita.

Primeiro terceto do poema *A divina comédia*, de Dante Alighieri (no original).

Tradução literal

No meio do caminho de nossa vida
me reencontrei numa selva escura
já que o caminho certo havia perdido.

Texto 2

A meio caminhar de nossa vida
fui me encontrar em uma selva escura:
estava a reta minha via perdida.

Ah! que a tarefa de narrar é dura
essa selva selvagem, rude e forte,
que volve o medo à mente que a figura.

De tão amarga, pouco mais lhe é a morte,
mas, para tratar do bem que enfim lá achei,
direi do mais que me guardava a sorte.

Como lá fui parar dizer não sei;
tão tolhido de sono me encontrava,
que a verdadeira via abandonei.

ALIGHIERI, Dante. *A divina comédia* – Inferno (ed. bilíngue). Trad. Italo Eugenio Mauro. São Paulo: Editora 34, 1998. (Quatro primeiros tercetos do poema.)

Dante Alighieri, de Lucas Signorelli, 1499-1502. Afresco.

Texto 3

Ao meio da jornada da vida, tendo perdido o caminho verdadeiro, achei-me embrenhado em selva tenebrosa. Descrever qual fosse essa selva selvagem é tarefa assim dorida que na memória o pavor renova. Tão triste que na própria morte não haverá maior tristeza. Mas, para celebrar o bem ali encontrado, direi a verdade sobre as outras coisas vistas.

Não posso dizer como ali chegara, pois quando deixei — inadvertidamente — o caminho certo, trazia entorpecida a consciência.

ALIGHIERI, Dante. *A divina comédia*. Trad. Hernâni Donato. São Paulo: Abril Cultural, 1981. (Texto em prosa equivalente aos quatro primeiros tercetos reproduzidos no texto 2.)

Atividades

1. Após a leitura atenta dos três textos, responda: sob a perspectiva de que pessoa do discurso os textos foram construídos?

2. Pensando somente no aspecto formal dos textos lidos, reflita e responda: em que o texto 3 difere dos demais?

3. Sobre o texto 1.
   a) Considerando que **rima** é identidade de som na terminação de duas ou mais palavras, aponte os casos de rima no terceto transcrito.
   b) Entendendo a construção "*la diritta via*" como "a via reta", "o caminho correto", que expressão se opõe a ela, quer pelo significado, quer pela sonoridade? Considerando ainda que, de acordo com o poeta, o caminho correto estava perdido, o que poderia simbolizar essa outra expressão?

4. Sobre o texto 2.
   a) Qual é o esquema de rima desse texto?
   b) Que palavra denuncia, no segundo terceto, a forte emoção que domina o falante? Qual é a causa imediata dessa emoção?

5. Compare a estrutura sintática do primeiro terceto do texto 2 com a estrutura do primeiro período do texto 3 e comente-as.

6. A intertextualidade pode se manifestar de várias maneiras: de forma mais explícita, de maneira evidente ou de forma mais implícita, com sutileza; apenas no aspecto formal ou na retomada de uma frase, de uma ideia; como recriação ou como reelaboração. Comente a intertextualidade que é possível identificar entre os textos 2 e 3 em relação ao texto 1.

O que são gêneros literários?

A arte, que se faz com a ideia, e portanto com a palavra, tem duas formas – a poesia e a prosa. Poesia e prosa não se distinguem senão pelo ritmo.

PESSOA, Fernando. Poesia e prosa. In: *Fernando Pessoa*: obras em prosa. 4. ed. Rio de Janeiro: Nova Aguilar, 1985. p. 273.

Partindo da significação etimológica da palavra *gênero* (do latim *gènus*, *èris*, "nascimento, descendência, origem; raça, tronco"), o professor Massaud Moisés conclui que "em Literatura, [gênero] deve designar famílias de obras dotadas de atributos iguais ou semelhantes".

Tais modelos não são, entretanto, limitadores, apenas apresentam características que norteiam a construção do texto literário, existindo em função dessa prática artística:

[...] os gêneros não são espartilhos sufocantes nem moldes fixos, mas estruturas que a tradição milenar ensina serem básicas para a expressão do pensamento e de certas formas de ver a realidade circundante. Sua função é orientadora, guiadora e simplificadora.

MOISÉS, Massaud. *A criação literária*. São Paulo: Melhoramentos, 1971. p. 38.

Desde a Grécia Clássica (cerca de 350 a.C.), a classificação das obras literárias em gêneros tem sido um desafio para os estudiosos. O filósofo grego Aristóteles distinguiu três gêneros com base na análise das diferentes "maneiras da imitação": o **épico**, o **dramático** e o **lírico**. Desde essa época, sempre que os conceitos de arte e sua representação do mundo passam por questionamentos, rupturas, estabelecimento de uma nova ordem, o enquadramento da produção literária em gêneros volta a ser discutido. Foi o que ocorreu, por exemplo, na Roma de Horácio (cerca de 30 a.C.), no Renascimento (início do século XVI), no Romantismo (passagem do século XVIII para o XIX) e ao longo do século XX, com seus movimentos de ruptura.

Assim, chegamos a este início de século muito contaminados pela herança do que se convencionou chamar de arte moderna, que rompeu as barreiras que definiam as fronteiras entre um gênero e outro.

No entanto, ao longo dos séculos, sempre houve uma constante, quer seja para reafirmar, quer seja para contestar: a base para todas as reflexões tem sido a classificação aristotélica; e o tempo todo falamos em gênero lírico, épico e dramático.

A divisão aristotélica

Na Grécia clássica, os textos literários eram escritos em versos e, dependendo de suas estruturas e temas, dividiam-se em três gêneros, que representavam as manifestações literárias da época:

Poesia

- **O GÊNERO ÉPICO:** narrações de fatos grandiosos, centrados na figura de um herói. Segundo Aristóteles, a **palavra narrada**.
- **O GÊNERO DRAMÁTICO:** textos destinados para a representação cênica, ora na forma de tragédia, ora na forma de comédia. Segundo Aristóteles, a **palavra representada**.
- **O GÊNERO LÍRICO:** textos de caráter emocional, centrados na subjetividade dos sentimentos da alma. Segundo Aristóteles, a **palavra cantada**.

O gênero épico

Epopeia é uma narrativa de caráter sublime, em forma de poesia, que tem como eixo central a figura de um herói e façanhas grandiosas, misturando elementos da vida terrena com elementos lendários e mitológicos.

Características temáticas

- Aventura de um herói e suas façanhas guerreiras, tendo como pano de fundo a história de povos e civilizações.
- Aristóteles afirmava que a epopeia "era a imitação de homens superiores, em verso".
- Presença do maravilhoso: interferência dos deuses da mitologia greco-romana.

Características de estilo/estrutura

- Poema narrativo (narração em terceira pessoa de fatos passados), dividido em Cantos (ou Livros), marcado pela objetividade.
- Em geral, apresenta as seguintes partes: Introdução, Invocação, Narração e Epílogo.

Homero e Virgílio

Homero

Homero, poeta épico por excelência, é autor de duas obras que influenciaram a literatura universal: *Ilíada* e *Odisseia*, ambas tendo como pano de fundo as lendárias histórias da Guerra de Troia. Os heróis homéricos são agressivos e ferozes nas batalhas, mas pacíficos e justos na vida cotidiana. A propósito da *Odisseia*, Otto Maria Carpeaux considerou certa vez que a obra é "a bíblia estética, religiosa e política dos gregos que se transformou na bíblia literária da civilização ocidental inteira".

Os textos homéricos foram criados por volta do ano 750 a.C. e sobreviveram durante dois séculos graças aos aedos, poetas-cantores, que os reproduziam oralmente; só ganharam registro escrito por volta do ano 500 a.C. São eles:

- **Ilíada** (do grego *Ilias*, relativo a Ílion ou Troia):
  - **herói**: Aquiles, filho de Peleu e da deusa Tétis, foi o mais valoroso guerreiro grego.
  - **argumento**: *Ilíada* narra episódios do último ano da Guerra de Troia, centrados na cólera de Aquiles (o exército grego era comandado por Agamêmnon, irmão de Menelau; Agamêmnon se desentende com Aquiles, que abandona as lutas; ante várias derrotas sofridas pelos gregos, Aquiles retoma os combates e mata Heitor, filho mais velho de Príamo e principal guerreiro troiano).
  - **estrutura**: 15 693 versos distribuídos em 24 cantos.

Museu do Louvre, Paris/The Bridgeman/Keystone

Os amores de Helena e Páris, de Jacques-Louis David, c. 1788. O pintor francês retrata o casal Páris e Helena; ela, a famosa esposa de Menelau, rei de Esparta, considerada a mulher mais bela do mundo; ele, filho mais novo de Príamo, rei de Troia. O rapto de Helena por Páris durante a ausência de Menelau deu origem à Guerra de Troia e inspirou a *Ilíada*, de Homero.

- **Odisseia** (do grego *odusseia*, de *Odusseus*; em latim, *Ullyxes*; em português, Ulisses):
  - **herói**: Ulisses, rei de Ítaca, ilha grega no Mar Jônio.
  - **argumento**: o poema está dividido em duas partes: a primeira retrata o distanciamento do herói Ulisses de seu lar, as angústias de Telêmaco, o filho, e de Penélope, a esposa, que se via às voltas com inúmeros pretendentes; a segunda, a longa volta de Ulisses para casa. O herói ficou vinte anos longe de Ítaca: dez anos participando da Guerra de Troia e dez anos enfrentando os mais diversos obstáculos em sua viagem rumo a Ítaca, de volta.
  - **estrutura**: 12 110 versos distribuídos em 24 cantos.

Galeria de Arte e Museu de Aberdeen, Reino Unido

Penélope e os pretendentes, de John William Waterhouse, 1912. A tela do pintor inglês retrata a horda de pretendentes que se aproveitam da longa ausência de Ulisses para cortejar sua esposa Penélope.

Leia, a seguir, a estrofe da *Odisseia* em que Penélope discorre sobre a natureza dos sonhos; o Estrangeiro com quem ela dialoga é Ulisses, que acabara de retornar a Ítaca e se *disfarçara* de mendigo.

E então a sábia Penélope respondeu-lhe novamente:
"Estrangeiro, os sonhos são verdadeiramente confusos,
ambíguos e, para os homens, nem tudo se cumpre.
Pois são dois os portões dos tênues sonhos:
um é feito de chifre, e o outro de marfim.
Os sonhos que passam através do cerrado portão de marfim
enganam, trazendo promessas que não se cumprem;
mas, os que saem pelo polido portão de chifre,
esses se cumprem, para os mortais que os veem."

Disponível em: <http://greciantiga.org>. Acesso em: 8 abr. 2014.

Virgílio

Virgílio foi um dos mais importantes poetas latinos, de estilo erudito e evidente inspiração nas obras de Homero. Entre suas obras, destaque para o poema épico *Eneida*, que narra a lenda da fundação de Roma e exalta a grandeza do Império Romano.

Os heróis virgilianos são corajosos e especialmente piedosos. Costuma-se dizer que os versos de Virgílio apresentam três palavras de ordem: virtude, justiça e piedade.

- **Eneida** (de Eneias, príncipe troiano, figura central na lenda sobre a fundação da cidade de Roma):
  - **herói**: Eneias, troiano, filho de Anquises e da deusa Vênus, pai de Ascânio, fundador de Alba Longa, onde nasceram Remo e Rômulo.
  - **argumento**: Eneias, após combater ao lado de Heitor na Guerra de Troia e ver sua cidade arrasada pelos gregos, empreende longa viagem que termina nas margens do Rio Tibre. Aí é recebido por Latino, rei da região que mais tarde ficaria conhecida como Lácio, e desposa sua filha Lavínia. Após a morte do sogro, Eneias torna-se rei do Lácio. De sua descendência sairão os fundadores da cidade de Roma.
  - **estrutura**: 9 826 versos distribuídos em 12 Cantos.

Leia, a seguir, o trecho correspondente aos sete primeiros versos da *Eneida*, que funcionam como apresentação do tema a ser desenvolvido (pelas evidentes dificuldades de adaptar os versos latinos, o mais comum é encontrarmos o poema em prosa):

Canto as armas e o **varão** que, proveniente das praias de Troia, fugindo por força de seu próprio destino, foi o primeiro a chegar à Itália e aos litorais **lavínios**; foi ele atirado de um lado para outro, nas terras e no mar, pela força dos deuses, pela ira memorável da cruel **Juno**, e sofreu muito na guerra até que construísse uma cidade e introduzisse os deuses no **Lácio**, de onde procedem a geração latina, os velhos albanos e os muros da altiva Roma.

Disponível em: <paideumanet.t5.com.br>. Acesso em: 15 abr. 2014.

Juno: deusa do casamento, corresponde à grega Hera.

Lácio: região central da Itália, onde se ergue Roma.

lavínios: adjetivo derivado de Lavínio, cidade fundada por Eneias em homenagem à sua esposa, filha de Latino.

varão: homem destemido, venerável; herói.

O gênero épico atravessa os tempos

A epopeia clássica ocidental surgiu na Grécia antiga e se propagou pelo mundo latino. Homero e Virgílio são os modelos seguidos. Com o declínio dos grandes impérios ligados a Grécia e Roma, a cultura clássica entra em período de hibernação. As epopeias reaparecem por volta do século XI, na França, em forma de **canção de gesta**, poemas que louvavam os feitos maravilhosos dos cavaleiros da corte francesa. Ainda na Idade Média, agora em prosa, mas mantendo fortes traços das epopeias, desenvolvem-se as novelas de cavalaria.

A epopeia resgata, com o Renascimento, seu antigo prestígio clássico, que se estende até o século XVIII, com o Neoclassicismo (como já vimos, esse foi o período áureo do poema épico na literatura brasileira).

Com o Romantismo, inicia-se o que se pode chamar de "fase moderna" do gênero narrativo, com duas vertentes: uma, a mais importante, foi a adaptação de características da epopeia para criar o romance (ou narrativa de ficção); outra se deveu aos novos contornos dados aos poemas narrativos de caráter heroico, notadamente por Vítor Hugo, na França, que resultaram no poemeto épico romântico, de que são exemplos brasileiros *I-Juca Pirama*, de Gonçalves Dias, e *O navio negreiro*, de Castro Alves.

Em nossos dias, toda narração de fatos heroicos ou de fatos ligados ao nascimento de uma nação, ou à sina de um personagem, pode ser chamada de relato épico. São exemplos os filmes sobre a conquista do oeste norte-americano ou as letras de canções populares, como "Triste partida", de Patativa do Assaré, que conta a saga dos retirantes nordestinos, ou "Faroeste caboclo", de Renato Russo.

O gênero dramático

O teatro na Grécia antiga

O gênero dramático abrange os textos literários destinados à representação. O drama teve sua origem nas festas religiosas em homenagem ao deus grego Dioniso (na mitologia romana, Baco).

Características de estilo/estrutura

- Atores, em um espaço especial, apresentam, por meio de palavras e gestos, um acontecimento.
- Texto em forma de diálogos, dividido em atos e cenas.
- Ocultamento do "eu" (ou seja, não temos a voz do narrador que introduz as falas; temos apenas as falas, os gestos dos personagens; a cada fala, um personagem assume a primeira pessoa).
- Descrição do ambiente/situação antes de cada ato.
- Sequência da ação dramática constituída de exposição, conflito, complicação, clímax, desfecho.
- Para Aristóteles, a **tragédia** é a "imitação de uma ação de caráter elevado que suscita o terror e a piedade e tem por efeito a purificação dessas emoções"; a **comédia** é a "imitação de homens inferiores; não, todavia, quanto a toda a espécie de vícios, mas só quanto àquela parte do torpe que é o ridículo".

Elementos da poesia dramática

- **Protagonista**: personagem central da ação dramática.
- **Antagonista**: personagem que se opõe ao protagonista.
- **Coro**: conjunto de atores que comentam a ação ao longo da peça.

A **catarse**, vocábulo que vem do grego *katharsis* (purificação, purgação), era a marca do teatro clássico, pois acreditava-se que, por meio das emoções que as cenas passavam e das situações que apresentavam, o espectador poderia apaziguar suas angústias íntimas. Ou seja, o espectador purificaria seu espírito pela purgação, pelo alívio de suas paixões, seus medos, seus sentimentos de terror ou de piedade vivenciados na contemplação do espetáculo dramático.

 **Tragédia**	 **Comédia**
De caráter sério, solene.	De caráter cômico, ridículo.
Temática singular em que o protagonista tem de enfrentar a desgraça.	Temática do cotidiano, centrada na sátira da sociedade e dos defeitos humanos.
Registro mais formal.	Registro mais coloquial.
A estrutura interna da ação dramática consiste em uma situação inicial feliz, mas que acaba em um desfecho fatal.	A estrutura interna da ação dramática consiste em uma situação complicada inicial, mas que acaba em um final feliz.
Os personagens são seres humanos pertencentes às classes nobres: reis, príncipes, que sofrem nas mãos dos deuses e do Destino.	Os personagens são estereótipos das debilidades humanas: o rabugento, o avaro, o mesquinho, o apaixonado, etc.

Ellen Schuster/The Image Bank/Getty Images

Sófocles

Sófocles, poeta ateniense, juntamente com Ésquilo e Eurípedes, foi um dos mais importantes dramaturgos gregos. Escreveu mais de cem peças, entre as quais se destacam *Édipo Rei*, *Antígona* e *Electra*.

Em *Édipo Rei*, Laio, rei de Tebas, e sua esposa, Jocasta, temendo a realização de um oráculo (o filho mataria o pai, casaria com a mãe e provocaria muito luto e sangue), abandonam o filho recém-nascido em uma mata. O menino, Édipo, é criado pelo rei de Corinto.

Adulto, sabendo-se adotivo, Édipo vai em busca da verdade e sofre as desgraças inevitáveis de seu destino: encontra Laio em uma encruzilhada e o mata; ao chegar a Tebas, desposa Jocasta e passa a ocupar o lugar de Laio como rei de Tebas. Quando a verdade vem à tona, desesperada, Jocasta se mata; Édipo cega a si mesmo e parte para o exílio.

Museu do Louvre, Paris/The Art Archive/Other Images

Édipo e a esfinge, de Jean-Auguste Dominique Ingrès, 1808. Nessa tela, o artista pinta a cena em que Édipo é desafiado pela esfinge, monstro fabuloso com corpo de leão, asas e garras de harpia e cabeça e busto de mulher. A fim de livrar a cidade de Tebas da maldição da esfinge, que exigia sacrifícios humanos em troca de paz, Édipo enfrenta o enigma imposto pelo monstro: “Qual é o animal que de manhã tem quatro pés, ao meio-dia tem dois e à tarde tem três?”. Ao decifrar esse enigma, Édipo derrota o monstro, que se suicida, e livra Tebas do mal. Na cena pintada por Ingrès, note a posição das mãos de Édipo: a mão esquerda indica que a esfinge está fazendo uma pergunta, e a mão direita, ao apontar para si próprio, indica qual era a resposta: o animal é o homem, que engatinha quando criança, anda ereto ao longo da vida e, na velhice, apoia-se em um bastão.

Leia, no fragmento abaixo, as ações que se seguiram logo após Jocasta e Édipo, mãe e filho, descobrirem que o oráculo havia realmente se realizado, ou seja, Édipo matou o pai e se casou com a própria mãe. O diálogo se dá entre o Corifeu, o líder do coro, e um emissário, que acabara de presenciar a morte de Jocasta.

EMISSÁRIO: – Uma coisa fácil de dizer, como de ouvir: Jocasta, a nossa rainha, já não vive!

CORIFEU: – Oh! Que infeliz! Qual foi a causa de sua morte?

EMISSÁRIO: – Ela resolveu matar-se... E o mais doloroso vos foi poupado: vós não vistes o quadro horrendo de sua morte. Dir-vos-ei, no entanto, como sofreu a infeliz. Alucinada, depois de transpor o vestíbulo, atirou-se em seu leito nupcial, arrancando os cabelos em desespero. Em seguida, fechou violentamente as portas, e pôs-se a chamar em altos brados por Laio, recordando a imagem do filho que ela teve há tantos anos, o filho sob cujos golpes deveria o pai morrer, para que ela tivesse novos filhos, se é que estes merecem tal nome! Presa da maior angústia, ela se lastimava em seu leito, onde, conforme dizia tivera uma dupla e criminosa geração. Como teria morrido, não sei dizer, pois Édipo, aos gritos, precipitou-se com tal fúria, que não pude ver a morte da rainha.

Todos os nossos olhares voltaram-se para o rei, que, desatinado, corria ao acaso, ora pedindo um punhal, ora reclamando notícias da rainha, não sua esposa, mas sua mãe, a que deu à luz a ele, e a seus filhos. No seu furor invocou um deus – não sei dizer qual, pois isto foi longe de mim! Então, proferindo imprecações horríveis, como se alguém lhe indicasse um caminho, atirou-se no quarto. Vimos então, ali, a rainha, suspensa ainda pela corda que a estrangulava... Diante dessa visão horrenda, o desgraçado solta novos e lancinantes brados, desprende o laço que a sustinha, e a mísera mulher caiu por terra. A nosso olhar se apresenta, logo em seguida, um quadro ainda mais atroz: Édipo toma seu manto, retira dele os colchetes de ouro com que o prendia, e com a ponta recurva arranca das órbitas os olhos, gritando: "Não quero mais ser testemunha de minhas desgraças, nem de meus crimes! Na treva, agora, não mais verei aqueles a quem nunca deveria ter visto, nem reconhecerei aqueles que não quero mais reconhecer!". Soltando novos gritos, continua a revolver e macerar suas pálpebras sangrentas, de cuja cavidade o sangue rolava até o queixo e não em gotas, apenas, mas num jorro abundante. Assim confundiram, marido e mulher, numa só desgraça, as suas desgraças! Outrora gozaram uma herança de felicidade; mas agora nada mais resta senão a maldição, a morte, a vergonha, não lhes faltando um só dos males que podem ferir os mortais.

CORIFEU: – E o desgraçado rei está mais tranquilo agora?

EMISSÁRIO: – Ele grita que lhe abram as portas; que mostrem a todos os tebanos o parricida, o filho que... nem posso repetir-vos, cidadãos, as palavras sacrílegas que ele pronuncia... Quer sair, em rumo do exílio; não quer continuar no palácio depois da maldição terrível que ele mesmo proferiu. No entanto, ele precisa de um guia, e de um apoio, pois seu mal é grande demais para que sozinho o suporte. Ele aí vem, e vo-lo mostrará. Ides ver um espetáculo que comoveria o mais feroz inimigo...

[Entra ÉDIPO, ensanguentado, e com os olhos vazados]

CORIFEU: – Ó sofrimento horrível de ver-se! Eis o quadro mais horripilante que jamais tenho presenciado em minha vida! Que loucura – ó infeliz! – caiu sobre ti? Que divindade levou ao cúmulo o teu destino sinistro, esmagando-te ao peso de males que ultrapassam a dor humana?

Oh! Como és infeliz! Não tenho coragem, sequer, para volver meus olhos e contemplar-te assim; no entanto, eu quereria ouvir-te, interrogar-te, e ver-te! Tal é o arrepio de horror que tu me causas!

ÉDIPO [Caminhando sem rumo certo.]: – Pobre de mim! Para onde irei? Para que país? Onde se fará ouvir a minha voz? Ó meu destino, quando acabarás de uma vez?!...

CORIFEU: – Numa miséria extrema, que não poderemos ver, nem imaginar!

Disponível em: <www.dominiopublico.gov.br>.
Acesso em: 8 abr. 2014.

Divulgação

Os atores Gustavo Gasparani (à esquerda), Eliane Giardini e César Augusto em cena de montagem da peça *Édipo rei*, adaptada por Eduardo Wotzik e Fernanda Schnoor, em apresentação no Sesc Belenzinho, São Paulo, 2013.

Trocando ideias

Freud, em fins do século XIX, desenvolveu a teoria sobre o Complexo de Édipo. Discuta com seus colegas e o professor os pontos de contato entre a teoria freudiana e a tragédia de Sófocles.

LENDO O TEXTO

Calabar, o elogio da traição

Apresentamos, a seguir, um fragmento de *Calabar, o elogio da traição*, com texto e músicas de Chico Buarque e Ruy Guerra. O musical reconta um episódio do Brasil colônia: por ocasião da invasão holandesa, o pernambucano Domingos Fernandes Calabar, após lutar ao lado das tropas fiéis ao rei de Portugal, bandeou-se para o lado dos holandeses para lutar contra a dominação portuguesa. Com o auxílio de Calabar, "que vivia amancebado com uma mameluca chamada Bárbara", os holandeses alcançaram significativas vitórias. Calabar foi executado em 22 de julho de 1635, a mando de Mathias de Albuquerque.

LUZ EM MATHIAS E FREI MANOEL: – Frei Manoel, amanhã já não estarei mais aqui. É provável que nunca mais nos vejamos nestas terras. Portanto, antes de partir quero lhe fazer uma confissão (ajoelha-se): Eu, Mathias, de sangue e nome português, mas brasileiro por nascimento e afeição, às vezes tenho pensado neste meu país...

FREI: – Que Deus o perdoe...

MATHIAS: – Sim, Padre, tenho sofrido esta tentação. Às vezes tenho hesitado em deixar o meu país à sua sorte, o que não é sorte sua... Padre, às vezes, peco em pensamento, e as palavras quase me traem. E eu quase me surpreendo a contestar as ordens que me chegam não sei de onde ou em nome de quem...

FREI: – Que Deus o perdoe.

MATHIAS: – Oh, pecado infame, a infame traição de colocar o amor à terra em que nasci acima dos interesses do rei!

FREI: – Que Deus...

MATHIAS: – Me perdoe. Caso contrário eu não seria digno de enforcar um homem, brasileiro como eu, que se atreve a pensar e agir por conta própria.

FREI: – Que Deus o perdoe.

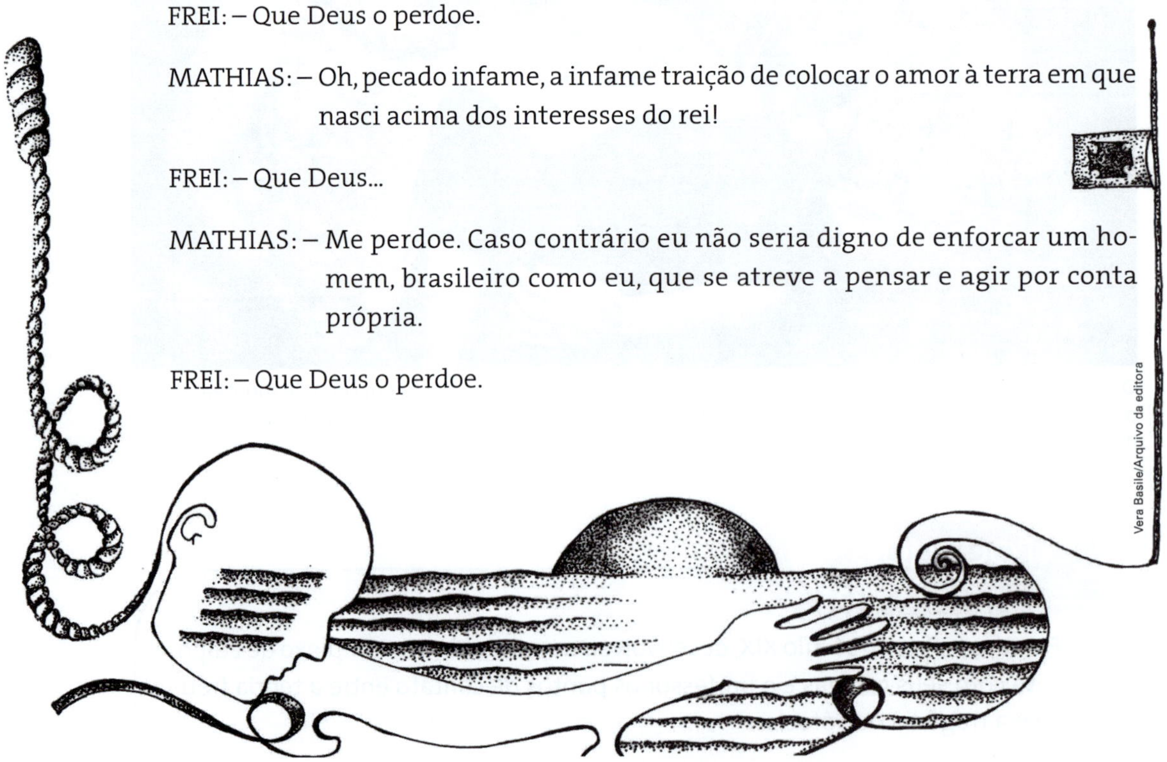

Vera Basile/Arquivo da editora

MATHIAS: – Sim, Padre, suplico a Deus que me perdoe a desgraça de ter sido fraco e hesitado, ainda que por instantes, em seguir as regras do jogo. Pois Deus sabe que...

FREI E MATHIAS: – O que é bom para Portugal é bom para o Brasil.

MATHIAS (ALIVIADO): – Obrigado, Padre. A penitência.

FREI: – Sua Excelência já me deu provas de extrema dedicação à sua terra natal e à metrópole. Deixar o Brasil já lhe é suficiente penitência.

OFICIAL (ENTRANDO): – Excelência.

MATHIAS (LEVANTANDO-SE): – Hum... sim... Bem, vamos abandonar Porto Calvo dentro de poucas horas. Calabar será executado sem a presença do povo, na calada da noite, para que não diga coisas que não devem ser escutadas. E que Deus e os homens nos perdoem dos nossos caminhos se terem cruzado assim.

FREI: – Deus certamente perdoa.

MATHIAS (PARA O OFICIAL): – Podem dar início à execução. (sai)

SUBITAMENTE ILUMINADA, BÁRBARA CANTA "TATUAGEM".

BÁRBARA: – Quero ficar no teu corpo feito tatuagem
Que é pra te dar coragem
Pra seguir viagem
Quando a noite vem.
E também pra me perpetuar
Em tua escrava
Que você pega, esfrega, nega
Mas não lava.
Quero brincar no teu corpo feito bailarina
Que logo se alucina,
Salta e te ilumina
Quando a noite vem.
E nos músculos exaustos
Do teu braço
Repousar frouxa, murcha, farta
Morta de cansaço.
Quero pesar feito cruz nas tuas costas
Que te retalha em postas
Mas no fundo gostas
Quando a noite vem.
Quero ser a cicatriz risonha e corrosiva,
Marcada a frio
A ferro e fogo
Em carne viva.
Corações de mãe, arpões,
Sereias e serpentes
Que te rabiscam o corpo todo mas não sentes.

Capa de *Calabar*, um dos álbuns em que foram gravadas as músicas da peça homônima de Chico Buarque e Ruy Guerra. Philips, 1973-1974.

RUFAR DE TAMBORES. EM CLARO-ESCURO, SOLDADOS TRAZEM UM HOMEM NUM CERIMONIAL DE EXECUÇÃO. OFICIAL LÊ A SENTENÇA ENTRECORTADA POR RUFOS DE TAMBOR.

OFICIAL: – ... por traidor e aleivoso à sua Pátria e ao Rei e Senhor... (rufos)... que seja morto de morte natural para sempre na forca... (rufos)... e seu corpo esquartejado, salgado e jogado aos quatro cantos... (rufos)... para que sirva de exemplo... (rufos)... e a sua casa derrubada pedra por pedra e salgado o seu chão para que nele não cresçam mais ervas daninhas... (rufos)... e os seus bens confiscados e seus descendentes declarados infames até a quinta geração... (rufos)... para que não perdurem na memória... (rufos)...

BUARQUE, Chico; GUERRA, Ruy.
Calabar, o elogio da traição. 5. ed. Rio de Janeiro: Civilização Brasileira, 1974.

Atividades

1. A que gênero literário pertence o fragmento transcrito? Justifique sua resposta apontando características do gênero.

2. Sobre as várias vozes presentes no fragmento:
   a) Quantos personagens temos na cena transcrita?
   b) De quem é a voz que está por trás da segunda fala do Oficial?
   c) Qual discurso está por trás das falas do Frei?

3. Fernando Pessoa, poeta português, afirmava que a grande marca da poesia dramática era o alto grau de despersonalização que o poeta atingia. Assim, o poeta não só sentia, mas **vivia** os estados de alma dos personagens.
   a) Quais personagens têm seus "estados de alma" bem caracterizados na cena transcrita?
   b) Mathias manifesta uma evidente contradição que o atormenta. Qual é a contradição? Como ele a classifica?
   c) Essa contradição vivida por Mathias contamina o conceito que ele faz de Calabar. Que frase denuncia essa quase absolvição de Calabar?
   d) Que pensamento justifica o ato de Mathias (execução de Calabar) e suprime sua contradição?
   e) Que sentimento domina Bárbara? De que forma ela tenta superar esse sentimento?

4. "Às vezes tenho hesitado em deixar o meu país **à sua sorte**, o que não é **sorte sua**...". Explique a diferença de significado que há entre as expressões destacadas.

5. "Tatuagem", a música cantada por Bárbara, pertence a que gênero literário? Justifique sua resposta.

6. Sobre a música "Tatuagem":
   a) Aponte indicadores gramaticais de primeira pessoa.
   b) Que palavras permitem identificar o eu poético como masculino ou feminino?
   c) Que palavras identificam o interlocutor do eu poético?
   d) Comente a relação existente entre o eu poético e seu interlocutor.

Trocando ideias

Comente com seus colegas o fato de os autores serem homens e o eu poético ser feminino. Você conhece outros textos com essas características? Quais?

Discutam o subtítulo da peça: *Calabar, o elogio da traição*.

Pensando no Enem

Texto para questão 1.

Gênero dramático é aquele em que o artista usa como intermediária entre si e o público a representação. A palavra vem do grego *drao* (fazer) e quer dizer ação. A peça teatral é, pois, uma composição literária destinada à apresentação por atores em um palco, atuando e dialogando entre si. O texto dramático é complementado pela atuação dos atores no espetáculo teatral e possui uma estrutura específica, caracterizada: 1) pela presença de personagens que devem estar ligados com lógica uns aos outros e à ação; 2) pela ação dramática (trama, enredo), que é o conjunto de atos dramáticos, maneiras de ser e de agir das personagens encadeadas à unidade do efeito e segundo uma ordem composta de exposição, conflito, complicação, clímax e desfecho; 3) pela situação ou ambiente, que é o conjunto de circunstâncias físicas, sociais, espirituais em que se situa a ação; 4) pelo tema, ou seja, a ideia que o autor (dramaturgo) deseja expor, ou sua interpretação real por meio da representação.

COUTINHO, A. *Notas de teoria literária*. Rio de Janeiro: Civilização Brasileira, 1973 (adaptado).

1. Considerando o texto e analisando os elementos que constituem um espetáculo teatral, conclui-se que
   a) a criação do espetáculo teatral apresenta-se como um fenômeno de ordem individual, pois não é possível sua concepção de forma coletiva.
   b) o cenário onde se desenrola a ação cênica é concebido e construído pelo cenógrafo de modo autônomo e independente do tema da peça e do trabalho interpretativo dos atores.
   c) o texto cênico pode originar-se dos mais variados gêneros textuais, como contos, lendas, romances, poesias, crônicas, notícias, imagens e fragmentos textuais, entre outros.
   d) o corpo do ator na cena tem pouca importância na comunicação teatral, visto que o mais importante é a expressão verbal, base da comunicação cênica em toda a trajetória do teatro até os dias atuais.
   e) a iluminação e o som de um espetáculo cênico independem do processo de produção/recepção do espetáculo teatral, já que se trata de linguagens artísticas diferentes, agregadas posteriormente à cena teatral.

Comentário

O texto que serve de base para a questão explica o que é o gênero dramático e do que se compõe. Considera-se a peça teatral uma composição literária que tem como finalidade a representação. Daí ser complementado pela atuação dos atores, a qual acontece em uma estrutura composta de: personagens, ação dramática, ambiente e tema. Trata-se de um trabalho em conjunto. As alternativas **a** e **b** podem ser excluídas de imediato quando se percebe que o espetáculo teatral depende do trabalho em equipe. A alternativa **d** mostra-se incorreta quando se nota, no texto do crítico, a relevância do trabalho com o corpo do ator em cena. A alternativa **e** revela-se equivocada por afirmar que a iluminação e o som independem do processo de produção e recepção do espetáculo.

Resposta: **C**.

Texto para a questão 2.

Teatro do Oprimido é um método teatral que sistematiza exercícios, jogos e técnicas teatrais elaboradas pelo teatrólogo brasileiro Augusto Boal, recentemente falecido, que visa à desmecanização física e intelectual de seus praticantes. Partindo do princípio de que a linguagem teatral não deve ser diferenciada da que é usada cotidianamente pelo cidadão comum (oprimido), ele propõe condições práticas para que o oprimido se aproprie dos meios do fazer teatral e, assim, amplie suas possibilidades de expressão. Nesse sentido, todos podem desenvolver essa linguagem e, consequentemente, fazer teatro. Trata-se de um teatro em que o espectador é convidado a substituir o protagonista e mudar a condução ou mesmo o fim da história, conforme o olhar interpretativo e contextualizado do receptor.

Companhia Teatro do Oprimido. Disponível em: www.ctorio.org.br. Acesso em: 1º jul. 2009 (adaptado).

2. Considerando-se as características do Teatro do Oprimido apresentadas, conclui-se que
   a) esse modelo teatral é um método tradicional de fazer teatro que usa, nas suas ações cênicas, a linguagem rebuscada e hermética falada normalmente pelo cidadão comum.
   b) a forma de recepção desse modelo teatral se destaca pela separação entre atores e público, na qual os atores representam seus personagens e a plateia assiste passivamente ao espetáculo.
   c) sua linguagem teatral pode ser democratizada e apropriada pelo cidadão comum, no sentido de proporcionar-lhe autonomia crítica para compreensão e interpretação do mundo em que vive.
   d) o convite ao espectador para substituir o protagonista e mudar o fim da história evidencia que a proposta de Boal se aproxima das regras do teatro tradicional para a preparação de atores.
   e) a metodologia teatral do Teatro do Oprimido segue a concepção do teatro clássico aristotélico, que visa à desautomação física e intelectual de seus praticantes.

Comentário

O fragmento explica o conceito de Teatro do Oprimido e sintetiza seu princípio ("a linguagem teatral não deve ser diferenciada da que é usada cotidianamente pelo cidadão comum"). A proposta do Teatro do Oprimido é harmonizar a linguagem teatral com a linguagem do público e trazer o público para o palco, deslocando o cidadão do papel de espectador para o de protagonista.

Resposta: **C**.

Vestibulares de Norte a Sul

1. **CO** (UnB-DF)

Texto 1

Vivendo provavelmente no século VIII a.C., costumava peregrinar pelas cortes e pelas ágoras, mercados públicos das cidades daquela época, a repetir, em estrofes candentes, entusiastas, cosendo os cantos uns nos outros, os memoráveis feitos dos aqueus, antepassados dos gregos.

Segundo o costume, apresentava-se em pé, apoiado em um bastão, narrando de memória e em voz alta, para que todos ouvissem, e, assim, preservava a memória dos combates e dos másculos heróis do passado. Teria sido ele o principal responsável por conferir unidade cultural a todo o povo de fala grega, o do continente da Ática, o da península do Peloponeso e o das ilhas do Mar Egeu. Para Hesíodo, foi Homero quem constituiu a teologia nacional da Grécia. É consenso, hoje, que nenhum poeta, nenhuma personalidade literária, ocupou na vida do seu povo lugar semelhante.

Homero narrou a epopeia da guerra de Troia em duas obras distintas: **Ilíada** (dedicada ao último ano da guerra) e **Odisseia** (narrativa das peripécias de Ulisses depois da guerra). Nelas, encontram-se não só a relação estreita dos homens com inúmeros deuses, mas também a exposição da cosmogonia grega, o que solidificou a posição dessas duas obras como expressão dos ideais de formação dos gregos (Paideia).

Disponível em: <http://educaterra.terra.com.br> (com adaptações).

Texto 2

Efetivamente, são esses [Hesíodo e Homero] que fizeram para os homens essas fábulas falsas — que contaram e continuam a contar —, nas quais os deuses lutam contra os deuses, que conspiram e combatem, pois nada disso é verdade. Nem se deve contar essas fábulas na nossa cidade se queremos que os futuros guardiões considerem uma grande vileza o odiarem-se uns aos outros por pouca coisa.

Platão. *A República*. Lisboa: Calouste Gulbenkian, 1993. p. 88-9 (com adaptações).

Considerando os textos acima, julgue certo ou errado o item abaixo:

A partir da leitura dos textos I e II, conclui-se que, embora as narrativas épicas, históricas ou epopeicas garantissem a preservação da memória cultural dos gregos, para Platão, as fábulas contadas por Hesíodo e Homero, por não serem exemplares, não possuíam conteúdo pedagógico.

2. **S** (UFSC) Leia os textos a seguir, assinale as alternativas corretas e, depois, some os valores atribuídos.

a) "Eu faço versos como quem chora
De desalento... de desencanto...
Fecha o meu livro, se por agora
Não tens motivo nenhum de pranto."

Manuel Bandeira

b) "Recebi os trocados a que tinha direito e fiquei procurando um novo emprego, noutro ramo."

Bento Silvério

c) "Um primeiro sobressalto de pânico apertou-lhe a garganta...
— Padre Estevão! – falou, alto, pensando que talvez houvesse alguém ali, em alguma parte."

Antônio Callado

(01) Os versos do fragmento **a** apresentam características líricas.
(02) O fragmento **b** está escrito em prosa, que tem, como unidade de composição básica, o parágrafo.
(04) O fragmento **c** está impregnado de características dramáticas.
(08) A estrofe é a unidade de composição básica da prosa.
(16) A prosa presta-se para a confissão amorosa, pessoal; e a poesia, para a criação de personagens e a estruturação de longas narrativas.

As questões de números 3 e 4 tomam por base a *Tragédia em um ato*, assinada pelo escritor, tradutor e desenhista Millôr Fernandes (1923-2012) e publicada pela primeira vez em *O pif-paf* (*O Cruzeiro*, 1945).

O capitalismo mais reacionário

Tragédia em um ato
Personagens: o patrão e o empregado
Época: atual
Ato único
EMPREGADO – Patrão, eu queria lhe falar seriamente. Há quarenta anos que trabalho na empresa e até hoje só cometi um erro.
PATRÃO – Está bem, meu filho, está bem. Mas de agora em diante tome mais cuidado.
(Pano rápido)

In: FERNANDES, Millôr. *Trinta anos de mim mesmo*. Rio de Janeiro: Nórdica, 1974. p. 15.

3. **SE** (Vunesp-SP) Essa tragédia-relâmpago de Millôr Fernandes, denominada *O capitalismo mais reacionário*, mobiliza o campo da sugestividade e, num clima de aparente humorismo, libera todo um universo de conceitos, situações e costumes subentendidos. Releia o texto apresentado e, na sua interpretação, responda:

a) O que está subentendido no discurso direto do patrão?
b) Por que este texto pode ser entendido como crítica de costumes?

4. **SE** (Vunesp-SP) A tragédia, no sentido clássico, é uma obra fortemente dramática, inspirada na lenda ou na história, e que põe em cena personagens envolvidos em situações que desencadeiam desgraças. Em sua função poética, destina-se também a infundir o terror e a piedade. Considerando essa definição, releia o texto de Millôr Fernandes e, a seguir:

a) interprete por que apenas esse diálogo entre os dois personagens poderia caracterizar uma tragédia, segundo o autor;
b) interprete um sentido conotativo da expressão "meu filho", nas palavras do personagem patrão.

CAPÍTULO

5 O gênero lírico

Moustafellou/IML/Keystone

Lira grega, instrumento de cordas conhecido desde a Antiguidade clássica. Simboliza a música e a arte poética.

A tela do pintor francês Gustave Boulanger (1824-1888), reproduzida nesta página, retoma um tema clássico: a relação entre as musas e outras divindades pagãs/a lira/a poesia. O poeta Tomás Antônio Gonzaga, em suas sugestivas *Liras – Marília de Dirceu* (escritas em Minas Gerais, na época da Inconfidência Mineira, século XVIII), também explora a relação poesia/ritmo/lira, como se percebe nos versos transcritos a seguir:

Pega na lira,
Sem que a **tempere**,
A voz levanta
E as cordas fere.

C'os doces pontos
A mão atina,
E a voz iguala
À voz divina.

PROENÇA FILHO, Domício (Org.). *A poesia dos inconfidentes:* poesia completa de Cláudio Manuel da Costa, Tomás Antônio Gonzaga e Alvarenga Peixoto. Rio de Janeiro: Nova Aguilar, 1996. p. 610.

tempere: o verbo temperar está empregado com o sentido de afinar; pontos = notas musicais.

The Bridgeman/Keystone

Poesia, de Gustave Boulanger, século XIX.

- *Pela leitura dos versos produzidos por Tomás Antônio Gonzaga, de que maneira esse escritor compreendia, no século XVIII, os poemas do gênero lírico?*

1 O gênero lírico

Quando sinto a impulsão lírica escrevo sem pensar tudo o que meu inconsciente me grita. Penso depois: não só para corrigir, como para justificar o que escrevi.

Mário de Andrade no prefácio ao livro *Pauliceia desvairada*. In: ANDRADE, Mário de. *Poesias completas*. Belo Horizonte: Villa Rica, 1993.

Pertence ao gênero lírico o poema que extravasa as emoções íntimas pela expressão verbal rítmica e melodiosa. Originalmente destinada ao canto e acompanhada do som de uma lira, essa forma literária encontrava sua inspiração nos sentimentos reais ou imaginários e na própria musicalidade. Para os antigos, o valor de uma poesia lírica estava não só na sua capacidade de expressar emoções, mas também de despertá-las.

Elementos da poesia lírica

- **Eu lírico**: voz que expressa suas emoções no poema, um eu poético, simulado, inventado pelo poeta e que não pode ser confundido com o próprio poeta.
- A subjetividade é a marca do lirismo.
- Se a poesia épica é a poesia da terceira pessoa do tempo passado, a lírica é a poesia da primeira pessoa do tempo presente.

2 Eu poético e autor

O gênero lírico é caracterizado por centrar-se na **subjetividade** e, por esse critério, se opõe ao gênero épico, centrado na objetividade. Se a poesia épica é uma narrativa em que o enunciador mantém distância do fato narrado, a lírica é a manifestação do mundo interior, que, para os antigos, se fazia pelo canto suave e era mais do que expressar emoções, era uma possibilidade de despertá-las, com um menor distanciamento entre o enunciador e o objeto cantado.

Assim, segundo o crítico Yves Stalloni:

No sentido moderno do termo, o **lirismo** será definido como a expressão pessoal de uma emoção demonstrada por vias ritmadas e musicais. [...] Mas convém acrescentar a essa particularidade uma outra: o lirismo é a emanação de um **eu** – que o romantismo gostava de confundir com a pessoa do poeta, mas que pode se apagar por detrás de uma de suas personagens.

STALLONI, Yves. *Os gêneros literários*. Rio de Janeiro: Difel, 2001. p. 151.

Por isso, reafirmamos uma ideia básica: não podemos confundir o enunciador de um poema (o eu poético) com o próprio poeta (o autor). Embora possa ocorrer, nem sempre a voz do enunciador mantém ponto de contato com o poeta; como já vimos no capítulo anterior, o eu poético (ser ficcional) de *A divina comédia* é uma projeção de Dante, mas não é o próprio Dante (ser real); da mesma forma, ao analisarmos a canção "Tatuagem", e como veremos mais adiante ao estudarmos a poesia medieval portuguesa, em que temos um eu poético feminino – ou seja, a voz enunciadora é de uma mulher –, mas autoria masculina.

3 O ritmo poético

A poesia, ou seja, os textos escritos em versos do gênero lírico, épico ou dramático, caracteriza-se pelo ritmo, a tal ponto que podemos afirmar que o ritmo é a sua "alma". Esse ritmo é obtido quando se produz um especial trabalho com a linguagem, em que o foco recai na seleção e na combinação de palavras e sons, numa disposição melódica, com a predominância da função poética da linguagem, como já vimos no capítulo 3.

Se voltarmos nossa atenção para a produção poética da Grécia clássica, perceberemos que a poesia, em sua origem, já apresentava versos estruturados em sílabas longas e breves, que resultavam em textos melódicos, próprios para ser cantados. E de fato era dessa maneira que aconteciam, por vezes acompanhados de instrumentos, por vezes apenas coro de vozes humanas. Assim, o canto suave das composições subjetivas era acompanhado pelo som de liras e flautas; o canto forte e guerreiro das narrativas épicas ganhava o reforço de tubas e tambores; o canto dos coros marcava os textos dramáticos.

Até o final da Idade Média, a poesia era acompanhada de instrumentos. Quando isso deixou de acontecer, os poetas passaram a se preocupar mais com a métrica, o ritmo das palavras, a divisão em estrofes, a rima, as figuras de linguagem que exploram o som.

No entanto, mesmo depois da separação entre poesia e música, permanece a tradição de fazer referência a alguns instrumentos característicos da épica e da lírica. Observe como Camões, em *Os lusíadas* (século XVI), trabalha esses conceitos ao pedir inspiração às Musas:

Dai-me uma fúria grande e sonorosa,
E não de agreste avena ou frauta ruda,
Mas de tuba canora e belicosa,
Que o peito acende e a cor ao gesto muda;
Dai-me igual canto aos feitos da famosa
Gente vossa, que a Marte tanto ajuda;
Que se espalhe e se cante no universo,
Se tão sublime preço cabe em verso.

CAMÕES, Luís Vaz de. *Os lusíadas*. São Paulo: Saraiva, 1960. p. 91 (estrofe 5, Canto I).

Para compor um canto épico, o poeta não quer o som suave da avena (antiga flauta pastoril feita, em geral, do talo da aveia) ou de qualquer outra "frauta ruda" (flauta rude, no sentido de rústica, simples), instrumentos associados ao canto lírico; ele pede a fúria, o som forte, belicoso da tuba (na tradição latina, trombeta de metal, formada por um simples tubo reto), instrumento associado aos poemas épicos.

Tomás Antônio Gonzaga, como já vimos na introdução, também explora a relação poesia/ritmo/instrumentos: nos versos abaixo, Dirceu (o dono da voz, o eu poético) dirige-se à mulher amada, Marília, e incita-a a vencer Cupido, que "a tudo faz tirana guerra":

Orpheus, de Franz von Stuck, 1891.

Lira XI

Tomás Antônio Gonzaga

Não toques, minha Musa, não, não toques
Na sonorosa lira,
Que às almas, como a minha, namoradas,
Doces canções inspira;
Assopra no clarim, que, apenas soa,
Enche de assombro a terra;
Naquele, a cujo som cantou Homero,
Cantou Virgílio a guerra.
Busquemos, ó Musa,
Empresa maior;
Deixemos as ternas
Fadigas de Amor.

PROENÇA FILHO, Domício. (Org.). *A poesia dos inconfidentes*: poesia completa de Cláudio Manuel da Costa, Tomás Antônio Gonzaga e Alvarenga Peixoto. Rio de Janeiro: Nova Aguilar, 1996. p. 589.

Nesse fragmento da "Lira XI", observe como o poeta relaciona a lira às doces canções e às almas enamoradas, e o clarim (como a tuba, feito de metal), aos poemas épicos de Homero e Virgílio.

Neste capítulo, analisaremos algumas características estruturais da poesia, como métrica, rima, refrão. Mas cuidado! Isso não significa que poesia, para ser poesia, precise apresentar rima, métrica, estrofe. Grande parte da poesia do Modernismo, por exemplo, desprezou esses conceitos e cultivou o verso livre (abandono da métrica), as estrofes irregulares e o verso branco, ou seja, o verso sem rima. O que também não impede que "subitamente na esquina do poema, duas rimas se encontrem, como duas irmãs desconhecidas".

Leia, em voz alta, a belíssima estrofe de Carlos Drummond de Andrade na abertura do poema intitulado "Consideração do poema". Observe a plasticidade do texto; é como se as palavras executassem um balé mágico:

Não rimarei a palavra sono
com a incorrespondente palavra outono.
Rimarei com a palavra carne
ou qualquer outra, que todas me convêm.
As palavras não nascem amarradas,
elas saltam, se beijam, se dissolvem,
no céu livre por vezes um desenho,
são puras, largas, autênticas, indevassáveis.

ANDRADE, Carlos Drummond de. *Poesia completa & prosa*.
Rio de Janeiro: José Aguilar, 1973.

Você percebeu o ritmo dessa estrofe? Pois é esse ritmo – o chamado **ritmo poético** – a grande marca da poesia. Uma poesia pode abrir mão de tudo – rima, estrofe, métrica –, menos do ritmo.

Métrica

Métrica é a medida de um verso, definida pelo número de sílabas poéticas. A **sílaba poética** nem sempre corresponde a uma sílaba gramatical, pois a divisão silábica de um verso leva em conta as emissões de voz do verso como um todo; além disso, conta-se até a última sílaba tônica do verso, desprezando-se as últimas sílabas pós-tônicas. Vamos fazer a escansão (ou seja, decompor as sílabas de um verso) dos seguintes versos de Vinicius de Moraes, do *Soneto de devoção*:

Essa mulher que a cada amor proclama
A miséria e a grandeza de quem ama
E guarda a marca dos meus dentes nela

Es / sa / mu / lher / que‿a / ca / da‿a / mor / pro / cla [ma]
1 2 3 4 5 6 7 8 9 10

A / mi / sé / ria‿e‿a / gran / de / za / de / quem / a [ma]
1 2 3 4 5 6 7 8 9 10

E / guar / da‿a / mar / ca / dos / meus / den / tes / ne [la]
1 2 3 4 5 6 7 8 9 10

Cada um dos versos tem dez sílabas poéticas; são versos decassílabos.

Refrão

Refrão ou **estribilho** é um verso (ou agrupamento de versos) que se repete ao final das estrofes. O refrão é responsável pelo ritmo marcado que o poema assume e, ao mesmo tempo, enfatiza determinada ideia. Na literatura universal, talvez o refrão mais famoso seja o empregado pelo norte-americano Edgar Allan Poe no poema "O corvo". O próprio Poe, ao explicar a composição de seu poema, diz que:

> [...] definido o tom de tristeza, foi levado a procurar uma curiosidade artística e empolgante que fosse chave na construção do poema. Passando em demorada revista todos os efeitos de arte conhecidos, não poderia deixar de ver logo que o estribilho é, entre todos, o mais empregado. [...] Decidido que estava a usar um estribilho, pareceu-me inevitável dividir o poema em estrofes para esse estribilho concluir cada estrofe. E para ser conclusão, remate forte, teria de ser sonoro e suscetível de ênfase prolongada.

POE, Edgar Allan. *Três poemas e uma gênese com traduções de Fernando Pessoa*. Lisboa: & etc. p. 40.

Transcrevemos, a seguir, as duas primeiras e as quatro últimas estrofes do poema, em tradução de Fernando Pessoa:

Numa meia-noite agreste, quando eu lia, lento e triste,
Vagos, curiosos tomos de ciências ancestrais,
E já quase adormecia, ouvi o que parecia
O som de alguém que batia levemente a meus umbrais
"Uma visita", eu me disse, "está batendo a meus umbrais.
É só isso e nada mais."

Ah, que bem disso me lembro! Era no frio dezembro,
E o fogo, morrendo negro, urdia sombras desiguais.
Como eu qu'ria a madrugada, toda a noite aos livros dada
P'ra esquecer (em vão) a amada, hoje entre hostes celestiais —
Essa cujo nome sabem as hostes celestiais,
Mas sem nome aqui jamais!

[...]

Fez-me então o ar mais denso, como cheio dum incenso
Que anjos dessem, cujos leves passos soam musicais.
"Maldito!", a mim disse, "deu-te Deus, por anjos concedeu-te
O esquecimento; valeu-te. Toma-o, esquece, com teus ais,
O nome da que não esqueces, e que faz esses teus ais!"
Disse o corvo, "Nunca mais".

"Profeta", disse eu, "profeta — ou demônio ou ave preta!
Pelo Deus ante quem ambos somos fracos e mortais,
Dize a esta alma entristecida se no Éden de outra vida
Verá essa hoje perdida entre hostes celestiais,
Essa cujo nome sabem as hostes celestiais!"
Disse o corvo, "Nunca mais".

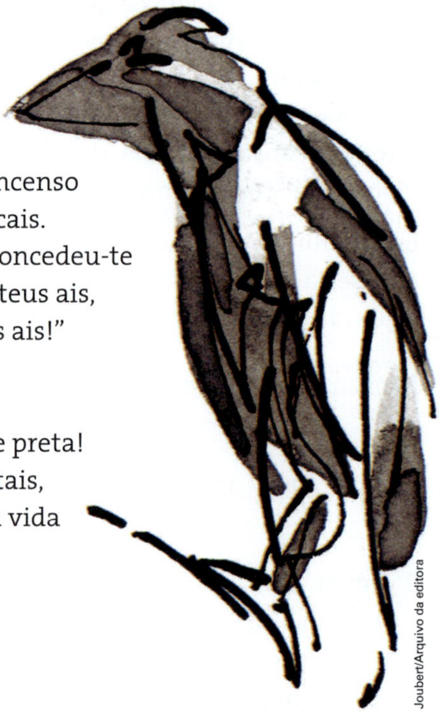

Joubert/Arquivo da editora

"Que esse grito nos aparte, ave ou diabo!", eu disse. "Parte!
Torna à noite e à tempestade! Torna às trevas infernais!
Não deixes pena que ateste a mentira que disseste!
Minha solidão me reste! Tira-te de meus umbrais!"
Disse o corvo, "Nunca mais".

E o corvo, na noite infinda, está ainda, está ainda
No alvo busto de Atena que há por sobre os meus umbrais.
Seu olhar tem a medonha dor de um demônio que sonha,
E a luz lança-lhe a tristonha sombra no chão mais e mais,
E a minh'alma dessa sombra, que no chão há mais e mais,
Libertar-se-á... nunca mais!

POE, Edgar Allan. *Três poemas e uma gênese com traduções de Fernando Pessoa*. Lisboa: & etc., 1985.

akg-images/Ipress

Edgar Allan Poe (1809-1849).

Trocando ideias

O poema "O corvo", no original em língua inglesa, se sustenta a partir do refrão: *Nothing more / Never more* (Allan Poe fundiu essa última expressão, empregando uma única palavra *nevermore*). As traduções, em língua portuguesa, apresentam o estribilho "Nada mais / Nunca mais".

Como Poe afirma que o tom do poema é de tristeza, comparando o refrão em inglês e em português, você acredita que o efeito é o mesmo? Houve perda ou houve ganho?

Discuta essa questão com seus colegas e o professor.

Formas fixas

O soneto

O soneto é um pequeno poema de forma fixa que teve origem no século XIII, início do Humanismo. Atribui-se a Giacomo da Lentini a conformação que conhecemos; Dante Alighieri, Petrarca e os mais importantes poetas do Renascimento cultivaram e difundiram o soneto. Sua limitação estrutural torna-se um desafio para o poeta, que deve expressar-se em 14 versos.

ATENÇÃO!

A palavra *soneto* vem do provençal *sonet* = "poema-canção", "cançoneta", e este do francês antigo *sonet*, diminutivo de *son* (som, composição melódica de um verso).

Características particulares

- Composto de 14 versos, divididos em dois quartetos e dois tercetos.
- Versos metrificados e rimados; em sua versão clássica, os versos são decassílabos ou alexandrinos.
- Estrutura interna: introdução ou exposição (nas duas quadras), um ponto central (no primeiro terceto) e um remate (no último terceto), especialmente marcado pelo último verso chamado de "chave de ouro".

Transcrevemos, a seguir, um soneto do poeta piauiense Da Costa e Silva (1885-1950); este soneto, originalmente publicado em 1919, realiza interessante trabalho de intertextualidade com a Carta de Caminha, além de brincar com as rimas e a métrica:

À margem de um pergaminho

Da Costa e Silva

De Pero Vaz Caminha, ei-la tal qual
A letra neste trecho exato e fiel
Da carta dirigida a D. Manuel,
– O Venturoso, Rei de Portugal.

"Pola manhã, Pedr'Alvares Cabral,
Ao longe... (Aqui a traça fez cruel
E terrível estrago no papel)
... que houve por bem denominar Paschoal"

1500. 22 de abril.
Aos primeiros rubores do arrebol,
Veem-se as altas palmeiras do Brasil.

E reza a Carta: "o céo he mais azul,
O mar mais verde, mais brilhante o sol"...
No coração da América do Sul.

DA COSTA E SILVA. *A literatura piauiense em curso*: Da Costa e Silva. Teresina: Corisco, 1997. p. 102.

O esquema de rima é ABBA ABBA CDC EDE; todos os versos são decassílabos, com destaque para o verso "1500. 22 de abril.", que, por extenso, mantém as dez sílabas poéticas

1		2		3		4		5		6		7		8		9		10
Mil	/	e	/	qui	/	nhen	/	tos.	/	Vin	/	te e	/	dois	/	de a	/	bril.

O haicai

Busto de Bashô, poeta japonês.

Tibor Bognar/Corbis/Latinstock

O haicai é um poema mínimo de origem japonesa que tenta captar, na sua concisão e simplicidade, um momento da natureza e o passar do tempo. Há uma estreita relação entre o haicai e o zen-budismo, uma vez que o poema nasce da observação da natureza, de uma profunda meditação; o grande desafio do poeta é captar um flagrante da natureza, perpetuar um instante fugidio em apenas três versos.

Os dois haicais a seguir são de Bashô (1644-1694), considerado o melhor poeta japonês.

O azeite de minha lâmpada
consumido. Na noite,
pela minha janela, a lua.

Este caminho
ninguém já o percorre,
salvo o crepúsculo.

BASHÔ. In: *O livro dos hai-kais*. Trad. Olga Savary. São Paulo: Aliança Cultural Brasil-Japão/Massao Ohno, 1987. p. 45 e 20.

O haicai seguinte é do poeta curitibano Paulo Leminski (1944-89).

Esta vida é uma viagem
pena eu estar
só de passagem

LEMINSKI, Paulo. *Melhores poemas de Paulo Leminski*. São Paulo: Global, 1996. p. 201.

Os dois haicais a seguir são de poetas de Cabo Verde, na África, que escrevem em língua portuguesa.

Adormecem as aves da tarde
e as acácias, como eu,
aguardam o instante das coisas.

VELHINHO, Valdemar Valentino. In: DÁSKALOS, Maria A. et. al. *Poesia africana de língua portuguesa (antologia)*. Rio de Janeiro: Lacerda, 2003.

Haicai agridoce

Ao mito

a flor de lótus, o mel de abelha, a borboleta exótica...
ainda que cuidemos do nosso jardim de sonhos
no vinagre dos dias haverá sol para o cravo do amanhecer?

ELÍSIO, Filinto. In: Idem, ibid.

TEXTO E INTERTEXTO

Canção amiga

Carlos Drummond de Andrade

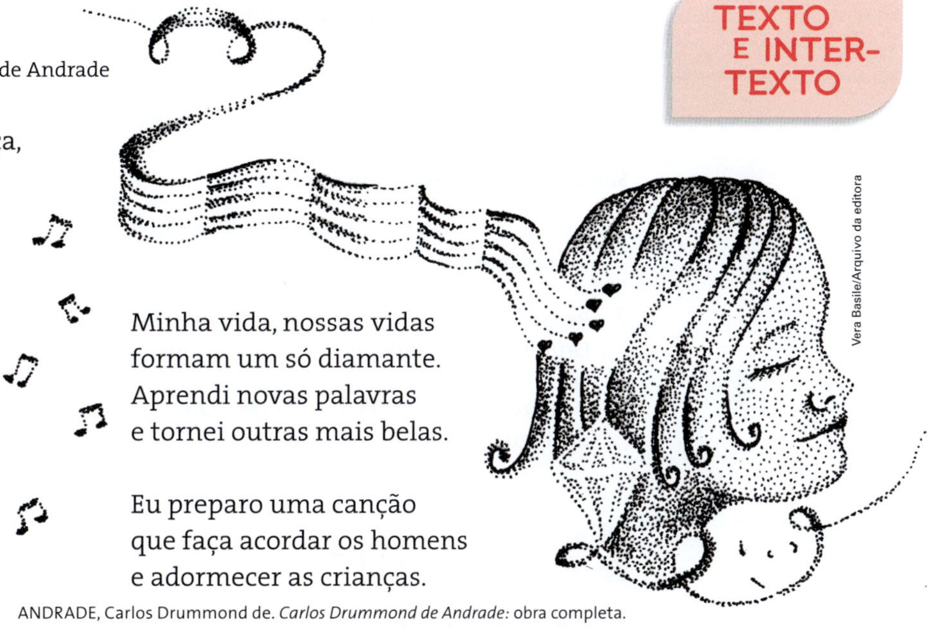

Eu preparo uma canção
em que minha mãe se reconheça,
todas as mães se reconheçam,
e que fale como dois olhos.

Caminho por uma rua
que passa em muitos países.
Se não me veem, eu vejo
e saúdo velhos amigos.

Eu distribuo um segredo
como quem ama ou sorri.
No jeito mais natural
dois carinhos se procuram.

Minha vida, nossas vidas
formam um só diamante.
Aprendi novas palavras
e tornei outras mais belas.

Eu preparo uma canção
que faça acordar os homens
e adormecer as crianças.

ANDRADE, Carlos Drummond de. *Carlos Drummond de Andrade:* obra completa. 2. ed. Rio de Janeiro: Aguilar, 1967.

Canção dos romances perdidos

Mário Quintana

Oh! o silêncio das salas de espera
Onde esses pobres guarda-chuvas lentamente escorrem...
O silêncio das salas de espera
E aquela última estrela...

Aquela última estrela
Que bale, bale, bale,
Perdida na enchente de luz...

Aquela última estrela
E, na parede, esses quadrados lívidos,
De onde fugiram os retratos...

De onde fugiram todos os retratos...

E esta minha ternura,
Meu Deus,
Oh! toda esta minha ternura inútil, desaproveitada!...

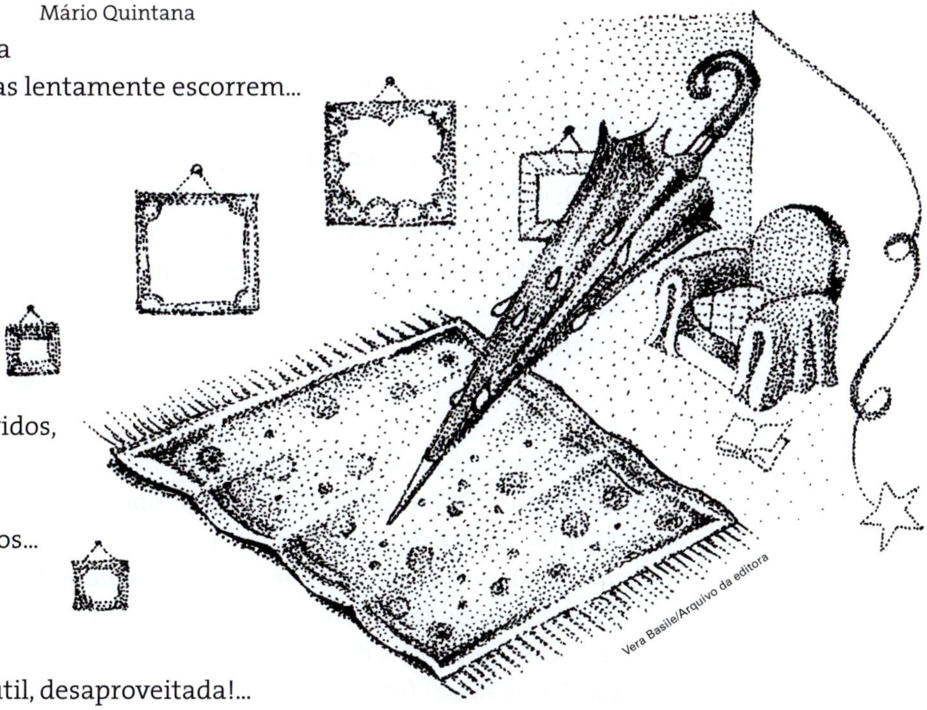

QUINTANA, Mário. *Poesias: Mario Quintana*. 7. ed. Rio de Janeiro: Globo, 1987.

Atividades

Sobre "Canção amiga", faça o que se pede.

1. Transcreva os versos em que o poeta faz referência direta à matéria-prima da literatura.
2. Que significado você atribui à palavra *diamante* nos versos "Minha vida, nossas vidas / formam um só diamante"?
3. Que tipo de relação se estabelece entre os dois últimos versos?

Sobre "Canção dos Romances Perdidos", responda:

4. A noção de perda aparece simbolicamente em várias passagens do poema. Destaque-as.
5. Comente o efeito de sentido produzido pelo uso das reticências.

Sobre os dois poemas acima, reflita:

6. Os dois poemas trabalham com a noção de espaço, mas com perspectivas bem distintas. Comente-as.
7. Pensando apenas na forma, aponte uma semelhança e uma diferença entre o poema de Carlos Drummond de Andrade e o de Mário Quintana.
8. É muito comum os poetas denominarem seus poemas de **canção**. Isso revela características da linguagem poética. Quais?

4 Os temas recorrentes da lírica

Atendendo a projeto de antiga editora que pretendia publicar antologias poéticas organizadas pelos próprios autores, Carlos Drummond de Andrade elaborou uma seleção, dividindo seus poemas em nove grupos temáticos. A seguir está um trecho do prefácio, onde ele relata os motivos de sua escolha:

> O texto foi distribuído em nove seções, cada uma contendo material extraído de diferentes obras, e disposto segundo uma ordem interna. O leitor encontrará, assim, como pontos de partida ou matéria de poesia: 1. O indivíduo ("um eu todo retorcido"); 2. A terra natal ("uma província: esta"); 3. A família ("a família que me dei"); 4. Amigos ("cantar de amigos"); 5. O choque social ("na praça de convites"); 6. O conhecimento amoroso ("amar-amaro"); 7. A própria poesia ("a poesia contemplada"); 8. Exercícios lúdicos ("uma, duas argolinhas"); 9. Uma visão, ou tentativa de, da existência ("tentativa de exploração e de interpretação do estar-no-mundo").

ANDRADE, Carlos Drummond de. *Antologia poética*. 18. ed. Rio de Janeiro: José Olympio, 1983.

Dessa relação de nove temas, podemos perceber que alguns são **recorrentes**, ou seja, vêm se repetindo ao longo do tempo e que, dependendo do momento em que são produzidos, do estilo de época a que se filiam, um ou outro se destaca: **o indivíduo**; **o choque social**; **o amor**; **o estar-no-mundo**; **a própria poesia**.

Lembramos, no entanto, como afirma Drummond, que alguns poemas poderiam se encaixar em mais de um tema, assim como poderíamos ampliar essa nossa relação. De qualquer forma, é apenas "um toque", uma tentativa de organizar caminhos de leitura.

Texto 1

Ao desconcerto do mundo

Luís de Camões

Os bons vi sempre passar
no mundo graves tormentos;
e, para mais me espantar,
os maus vi sempre nadar
em mar de contentamentos.

Cuidando alcançar assim
o bem tão mal ordenado,
fui mau, mas fui castigado:
Assim que só para mim
anda o mundo concertado.

CAMÕES, Luís de. *Rimas*. Coimbra: Atlântida Editora, 1973.

Reprodução/Coleção dos Herdeiros do Mar, Lisboa, Portugal.

Retrato de Luís Vaz de Camões (1524-1580) pintado em Goa, 1851, por artista não identificado.

Atividades

1. Como o eu poético entende a "ordem das coisas"?
2. Que jogo de palavras revela certa ironia em relação a essa "ordem das coisas"?
3. Nos três últimos versos, o poeta emprega duas conjunções fundamentais na construção do texto. Quais são e que ideias elas introduzem?
4. Entre os temas relacionados neste capítulo, em qual você encaixaria o poema de Camões?

Texto 2

O ferrageiro de Carmona

João Cabral de Melo Neto

Um ferrageiro de **Carmona**
que me informava de um balcão:
"Aquilo? É de ferro fundido,
foi a fôrma que fez, não a mão.

Só trabalho em ferro forjado
que é quando se trabalha ferro;
então, corpo a corpo com ele,
domo-o, dobro-o, até o onde quero.

O ferro fundido é sem luta,
é só derramá-lo na fôrma.
Não há nele a queda de braço
e o cara a cara de uma forja.

Existe grande diferença
do ferro forjado ao fundido;
é uma distância tão enorme
que não pode medir-se a gritos.

Conhece a **Giralda** em **Sevilha**?
De certo subiu lá em cima.
Reparou nas flores de ferro
dos quatro jarros das esquinas?

Pois aquilo é ferro forjado.
Flores criadas numa outra língua.
Nada têm das flores de fôrma
moldadas pelas das campinas.

Dou-lhe aqui humilde receita,
ao senhor que dizem ser poeta:
o ferro não deve fundir-se
nem deve a voz ter diarreia.

Forjar: domar o ferro à força,
não até uma flor já sabida,
mas ao que pode até ser flor
se flor parece a quem o diga".

MELO NETO, João Cabral de. *Museu de tudo e depois (1967-1987)*. Rio de Janeiro: Nova Fronteira, 1988.

Carmona e **Sevilha**: são duas cidades espanholas. Carmona é uma cidade próxima de Sevilha, capital da província de mesmo nome. Sevilha situa-se na Andaluzia, sul da Espanha, região que esteve sob domínio dos árabes de 712 a 1248. A influência árabe é fortíssima na arquitetura andaluz.

Giralda: é o minarete da antiga mesquita (templo muçulmano) de Sevilha, construído em 1184, hoje considerado um dos mais belos monumentos históricos da Espanha. Minarete é uma pequena torre de mesquita, de balcões salientes, de onde se anuncia aos muçulmanos a hora das orações. A Giralda tem balcão retangular, daí a referência aos jarros que enfeitam as quatro esquinas, isto é, os quatro cantos do balcão.

Torre da Giralda, Sevilha, Espanha.

Atividades

João Cabral de Melo Neto (Brasil, 1920-1999).

1. O texto é escrito em primeira pessoa. Caracterize-a. Caracterize também a terceira pessoa do discurso.
2. No poema, o que importa é a palavra do ferrageiro. Que recurso o poeta utilizou para evidenciar isso?
3. Explique com suas palavras a diferença entre o "ferro fundido" e o "ferro forjado".
4. A diferença do produto industrializado ao artesanato ("uma distância tão enorme que não pode medir-se a gritos") é praticamente a mesma que há de que ferro a que ferro?
5. Entre os temas relacionados na teoria apresentada, em qual você encaixaria o poema de João Cabral?

Trocando ideias

Em pequenos grupos, discutam as seguintes questões:

1. No texto 2, o ferrageiro nos passa a seguinte receita de poesia:

   o ferro não deve fundir-se
   nem deve a voz ter diarreia.

   Como vocês entendem essa receita?
2. Observe a tela ao lado, de Joan Miró (pintor espanhol, 1893-1983), intitulada *Sol vermelho*. Pode não ser o sol vermelho que estamos habituados a apreciar em alguns nascentes ou poentes. Mas é o sol! O sol de Miró.

   A que versos do texto 2 vocês relacionam esses comentários?

Sol vermelho, de Joan Miró, 1948.

Texto 3

Os inimigos

Pablo Neruda

Eles aqui trouxeram os fuzis repletos
de pólvora, eles ordenaram o cruel extermínio,
eles aqui encontraram um povo que cantava,
um povo por dever e por amor reunido,
e a frágil menina caiu com sua bandeira,
e o jovem sorridente rodou a seu lado ferido,
e o estupor do povo viu cair os mortos
com fúria e com dor.

Então, no lugar
onde caíram os assassinados,
desceram as bandeiras a empapar-se de sangue
para alçar-se de novo perante os assassinos.

Por esses mortos, nossos mortos,
peço castigo.

Para os que de sangue salpicaram a pátria,
peço castigo.

Para o verdugo que ordenou essa morte,
peço castigo.

Para o traidor que ascendeu sobre o crime,
peço castigo.

Para aquele que deu a ordem de agonia,
peço castigo.

Para aqueles que defenderam esse crime,
peço castigo.

Não quero que me deem a mão
empapada com nosso sangue.
Peço castigo.
Não os quero de Embaixadores,
tampouco em suas casas tranquilos,
quero vê-los aqui julgados,
nesta praça, neste lugar.

Quero castigo.

NERUDA, Pablo. *Canto general*. Buenos Aires: Seix Barral, 2003. (Tradução do autor).

akg-images/Ipress

Pablo Neruda (Chile, 1904-1973). O poema "Os inimigos" é um dos 231 poemas que fazem parte de *Canto geral*, um tributo à América Latina, uma homenagem a sua história, a suas lutas, e também um grito de resistência e de denúncia contra todo tipo de violência (fome, miséria, opressão). Nessa obra, temos o que pode ser considerada uma fusão de dois gêneros clássicos: o conjunto forma um poema épico composto de poemas líricos.

Atividades

1. Ao construirmos um texto, para torná-lo elegante, coeso, trabalhamos com a seleção lexical (relativa ao léxico, ao vocabulário). Ao mesmo tempo, a seleção vocabular nunca é aleatória; ao contrário, revela intencionalidade. Pensando nisso, responda:
   a) Como os *inimigos* do título são relacionados ao longo do poema?
   b) No final do poema, o verbo *pedir* é trocado pelo verbo *querer*. Qual a força expressiva dessa troca?
2. Destaque passagens em que o eu poético explicita total identidade com os assassinados. Qual o indicador gramatical disso?
3. **Anáfora** é uma figura de linguagem que consiste na repetição de uma ou mais palavras no início de vários versos. Aponte exemplos de anáfora no texto.
4. Entre os temas relacionados na teoria apresentada, em qual você encaixaria o poema de Pablo Neruda?

Trocando ideias

Para ler de manhã e à noite

Bertolt Brecht

Aquele que amo
Disse-me
Que precisa de mim.
Por isso
Cuido de mim

Olho meu caminho
E receio ser morta
Por uma só gota
de chuva.

BRECHT, Bertolt. *Poemas 1913-1956*. São Paulo: Editora 34, 2000.

Arquivo do jornal O *Estado de S. Paulo*/Agência Estado

Bertolt Brecht (Alemanha, 1898-1956).

Em pequenos grupos, discuta com seus colegas e o professor:

1. A relação entre o eu poético e o autor nesse poema.
2. Entre os temas relacionados neste capítulo, em qual vocês encaixariam o poema de Bertolt Brecht?

Sophie Bassouls/Corbis/Sygma/Latinstock

Tahar Ben Jelloun (Marrocos, 1946).

Texto 4

Eu era profeta da sabedoria e da verdade

Tahar Ben Jelloun

Eu era profeta da sabedoria e da verdade. Eu possuía as chaves da cidade. Mestre dos mares e dos pescadores. Hoje eu sou um cemitério de terracota. O mais belo dos cemitérios onde a loucura vem se desatar, onde dormem homens loucos de bondade, doentes de amor, doentes da razão.

Eu sou o louco de Aïcha
mais bela que a lua
pura como minha loucura
tivemos filhos que morreram com as flores
eles estão lá
suspensos em minha barba
sou o louco da Rahma
boa como o pão
fértil como a terra
pássaro nos meus olhos
dizem que sou louco
não é verdade
eu grito, eu choro e me calo
eu danço sobre a chama
e falo com os mortos
sou uma chave que treme
um livro aberto para as crianças que têm medo
eu sou o cemitério dos pobres
mas não sou uma aparição
dizem
desde que dormi entre os seios de Rouhania
ele é filho da solidão
sabe quando Nachoude, o velho pescador, morreu, levado pela espuma cinza
fizemos um funeral grandioso
os gatos choraram
o mar se retirou do canto e a lua velou longamente seu túmulo
eu sou o sono culpado e o exílio dos cachorros
tenho a amizade dos gatos e dos pobres

Vera Basile/Arquivo da editora

todas minhas esposas foram infiéis
afundadas em uma loucura fria
imagens e não almas
dizem que sou louco
mas sou apenas sozinho
um pouco triste
me escute
vou te contar...
eu dei a ele uma cabra...
não
não sou louco
me dê um cigarro e eu continuo a história...

Vera Basile/Arquivo da editora

JELLOUN, Tahar Ben. *As cicatrizes do Atlas*. Brasília: Ed. da UnB, 2003. (Poetas do mundo).

Atividades

1. Qual é a principal ideia do trecho inicial em prosa?
2. O eu poético conversa com um interlocutor. Quais são os indicadores gramaticais que se referem ao interlocutor?
3. Em algumas passagens, o eu poético abre espaço para a fala de outros lançando mão do discurso indireto. Cite uma dessas passagens. Como o eu poético recebe essas falas?
4. Entre os temas relacionados na teoria apresentada, em qual você encaixaria o poema de Tahar Ben Jelloun?

Trocando ideias

O texto 4 é um poema que se inicia com um trecho em prosa. No entanto, podemos afirmar que esse fragmento inicial é uma prosa marcada pelo ritmo poético.

Releia o fragmento em prosa, perceba seu ritmo e reescreva-o em versos. Em seguida, leia para seus colegas e o professor e discuta com eles a sua divisão.

Texto 5

Trinta e nove anos

Antônio Osório

É um bem que me roubem e explorem;
um bem que saibam quanto valho (nada);
um bem que espreitem, que circulem
incólumes, que amedrontem e persigam;
um bem que me desprezem e destruam
e um bem maior ainda que me ignorem,
porque é preciso pagar, e caro, a vida.

In: NEJAR, Carlos (Org.). *Antologia da poesia portuguesa contemporânea*. São Paulo: Massao Ono/Roswitha Kempf Editores, [s.d.].

Atividades

1. O poema apresenta dez formas verbais na terceira pessoa do plural. Qual é o sujeito dessas formas verbais? Por que o poeta teria optado por esse tipo de sujeito?
2. O que o poeta pretende destacar ao explorar o recurso da anáfora?
3. Que tipo de relação o último verso estabelece com os demais?
4. Entre os temas relacionados na teoria apresentada, em qual você encaixaria o poema de Antônio Osório?

Vestibulares de Norte a Sul

Texto para as questões 1 e 2.

Leia com atenção o poema de João Cabral de Melo Neto e responda às questões que seguem.

Sobre o sentar-/estar-no-mundo

A Fanor Cumplido Jr.

1. Onde quer que certos homens se sentem
2. sentam poltrona, qualquer o assento.
3. Sentam poltrona: ou tábua de latrina,
4. assento além de anatômico, ecumênico,
5. exemplo único de concepção universal,
6. onde cabe qualquer homem e a contento.

*

1. Onde quer que certos homens se sentem
2. sentam bancos ferrenhos de colégio;
3. por afetuoso e diplomata o estofado,
4. os ferem nós debaixo, senão pregos,
5. e mesmo a tábua-de-latrina lhes nega
6. o abaulado amigo, as curvas de afeto.
7. A vida toda, se sentam mal sentados,
8. e mesmo de pé algum assento os fere:
9. eles levam em si os nós-senão-pregos,
10. nas nádegas da alma, em efes e erres.

MELO NETO, J. C. de. A educação pela pedra. In: *Poesias completas*. Rio de Janeiro: Sabiá, 1968.

1. **SE** (FGV-SP) Nota-se no poema, um intenso trabalho com várias figuras de som: assonância, aliteração, coliteração, rima interna, onomatopeia, paronomásia, etc. que conferem expressividade significativa ao texto. Dentre elas, assinala-se a que se forma da relação entre *sentem* (última palavra do primeiro verso) e *sentam* (primeira palavra do segundo verso) para que seja respondido o seguinte:

a) Qual o nome da figura que determina a relação *sentem/sentam* no poema?

b) Explique os efeitos de sentido que essas figuras provocam na significação geral do poema.

2. **SE** (FGV-SP) Nos versos 2 e 3 da primeira estrofe ("sentam poltrona, qualquer o assento / Sentam poltrona: ou tábua de latrina,") e no verso 2 da segunda estrofe ("sentam bancos ferrenhos de colégio;"), a regência do verbo *sentar* é alterada, bem como a natureza de seus complementos. Explique essa ocorrência sintática e os efeitos de sentido que geram no conjunto do poema.

3. **NE** (UFBA)

Em maio

Já não há mais razão de chamar as lembranças
e mostrá-las ao povo
em maio.
Em maio sopram ventos desatados
por mãos de mando, turvam o sentido
do que sonhamos.
Em maio uma tal senhora liberdade se alvoroça,
e desce às praças das bocas entreabertas
e começa:
"Outrora, nas senzalas, os senhores..."
Mas a liberdade que desce à praça
nos meados de maio
pedindo rumores,
é uma senhora esquálida, seca, desvalida
e nada sabe de nossa vida.
A liberdade que sei é uma menina sem jeito,
vem montada no ombro dos moleques
e se esconde
no peito, em fogo, dos que jamais irão
à praça.
Na praça estão os fracos, os velhos, os decadentes
e seu grito: "Ó bendita Liberdade!"
E ela sorri e se orgulha, de verdade,
do muito que tem feito!

CAMARGO, Oswaldo de. Em maio. In: Quilombhoje (Org.). *Cadernos negros*: os melhores poemas. São Paulo: Quilombhoje, 1998. p. 112.

No poema, a voz poética

(01) contesta o significado atribuído a um relevante fato histórico do discurso oficial.

(02) evidencia uma consciência crítica que se rebela em decorrência de uma condição social imposta e consagrada pelos discursos constituídos.

(04) canta uma outra liberdade, sonhada e construída pelo cidadão negro.

(08) rejeita o ritual da praça por considerá-lo arbitrário e indicador de uma ideologia conservadora e autoritária.

(16) desloca-se para um contexto do qual ela será considerada como excluída.

(32) nega que senhores e escravos, no mundo de outrora, davam relevância à liberdade conquistada na praça.

(64) critica a coisificação consentida do ser negro, ou seja, a sua alienação.

4. **SE** (UFU-MG) Leia o poema transcrito abaixo.

A vida é uma viagem
Pena eu estar
Só de passagem

LEMINSKI, Paulo. *La vie em close*.

Assinale a alternativa correta.

a) O texto pode ser considerado um haicai, pois celebra a relação harmoniosa e equilibrada entre o homem e a natureza.

b) O eu poético não se manifesta nesse poema, uma vez que se trata de um haicai, gênero literário constituído de 17 sílabas poéticas.

c) Há uma tentativa do eu poético de refletir sobre a rápida passagem do tempo, preocupação comum a todo haicai contemporâneo.

d) Este texto pode ser considerado um haicai, mesmo não seguindo de forma tradicional as regras antigas da poética oriental.

CAPÍTULO

6 As literaturas em língua portuguesa: Brasil, Portugal, África

Lucia Mindlin Loeb e Élon Brasil/Arquivo da editora

Yemanjá, de Élon Brasil, 2006.

Observe as obras a seguir, que têm em comum o fato de representarem negros. O negro, que faz parte da origem do povo brasileiro, já foi retratado no século XIX como escravizado e também visto como trabalhador livre (por exemplo, em *A negra*, de Tarsila do Amaral, no capítulo 1 desta obra), entre outras representações.

A imagem mais antiga desta página é *Homem sendo transportado em rede por seus escravos*, do artista e viajante francês Jean-Baptiste Debret. A outra, intitulada *Yemanjá*, é do brasileiro Élon Brasil. Com base nessas obras e em outras que você conheça e que representem povos que estão na formação do brasileiro, converse com os colegas e o professor levando em conta as questões propostas nesta página.

Homem sendo transportado em rede por seus escravos, de Jean-Baptiste Debret, [s.d.].

Yemanjá, de Élon Brasil, 2006.

- *Explique que características de seus personagens cada artista mostra.*
- *Considerando essas obras e seu contexto histórico, qual é a ideia que cada artista parece ter dos negros em sua relação com a formação do povo brasileiro?*

1 Introdução

Conquanto um período seja, assim, uma secção de tempo à qual se atribui uma certa espécie de unidade, é óbvio que essa unidade só pode ser relativa. Ela significa apenas que durante esse período foi um certo número de normas realizado mais plenamente. Se a unidade de cada período fosse absoluta, os períodos estariam jacentes, colocados uns ao lado dos outros como blocos de pedra, sem continuidade ou desenvolvimento.

WELLEK, René; WARREN, Austin. *Teoria da literatura*. Lisboa: Europa-América, 1976. p. 332.

Nenhum estudo literário, assim como nenhuma história da literatura, pode se dizer completamente imparcial. O que se faz é sempre uma interpretação baseada em escolhas e omissões, na seleção e no esquecimento de autores e textos, mesmo no que se refere às obras consagradas ou entendidas como clássicas. Assim, o objetivo dos estudos sobre literatura não pode ser a memorização de nomes de autores, livros, personagens, resumos e características de época, mas sim estabelecer relações entre o texto literário e o momento de sua produção, situando aspectos do contexto histórico, social e político, além de relacionar informações sobre concepções artísticas, sentidos da literatura para as distintas épocas e procedimentos de construção do texto literário.

2 A literatura e sua matéria-prima

A língua é a matéria básica sobre a qual se faz a literatura; sem ela não existe linguagem, discurso, expressão, comunicação e criação artística. Dessa forma, este estudo se norteia, como não poderia deixar de ser, pela língua que falamos no Brasil, em Portugal e nas antigas colônias portuguesas na África. Isso não significa, porém, que autores que escreveram em outros idiomas estão excluídos; afinal, a literatura, como qualquer outra forma de manifestação artística, se baseia no contato com o diverso, em trocas de referências e formas de expressão.

Uma língua, como elemento que se constitui de forma relacional, está em constante transformação. Assim, o sentido das palavras, os meios materiais de circulação da língua e as formas de articulação do discurso devem ser entendidos como produtos históricos, resultados de conflitos sociais e políticos, carregados de ideologias.

A literatura, composta dessa matéria versátil, também é uma construção histórica. Seu sentido, ao longo do tempo, passou por transformações e ressignificações, por disputas e convenções. A proposta de estudo literário feita neste livro, portanto, se atém a essa forma de entender a literatura; não se trata, como qualquer manifestação artística, de algo estanque e distante da sociedade, mas de um elemento vivo, de uma forma de representação que parte da linguagem e das concepções de mundo.

Ao levar em conta essas considerações, fica clara a necessidade de, para entender a literatura em língua portuguesa de forma crítica, recuar no tempo, ir em busca de suas primeiras manifestações. Por conta disso é que iniciamos este estudo com a literatura medieval portuguesa; a proposta, se é cronológica, não é evolutiva. A intenção não é pensar em termos de um avanço da literatura, de uma positivação das criações literárias. A cronologia, em nosso caso, é um recurso de interpretação e uma organização das ideias, não uma verdade estabelecida. Além do mais, a literatura, independentemente da época, é representação e entendimento de mundo; por isso, para pensá-la, podemos – e devemos – levar em conta sempre nossa experiência, nossa vivência social e pessoal. Afinal, acima de tudo, somos leitores e produtores de textos, seres capazes de realizar interpretações que superam marcos temporais.

Para entender a literatura brasileira — literatura de um país surgido de uma colônia —, é preciso, portanto, pensar em termos de formação ao longo do tempo, o que só se consegue voltando o olhar para a literatura portuguesa. Da mesma forma, para se compreender os diálogos estabelecidos entre a literatura brasileira e a africana de língua portuguesa, é preciso pensar a constituição de ambas, todas as trocas e relações que estão em sua base. Se, por um lado, o desafio é grande, por outro, ele é necessário e prazeroso.

3 História da literatura, períodos e estilos

Antes de prosseguir os estudos de literatura, é necessário estabelecer uma rápida diferenciação entre arte literária, a linguagem carregada de significado, no dizer do poeta inglês Ezra Pound, e história da literatura. Vamos partir das primeiras acepções do verbete **literatura** do *Dicionário Aurélio eletrônico – Século XXI*:

literatura: [Do lat. *litteratura*.] S.f. 1. Arte de compor ou escrever trabalhos artísticos em prosa ou verso. 2. O conjunto de trabalhos literários dum país ou duma época.

A primeira definição de literatura – "arte de compor ou escrever trabalhos artísticos em prosa ou verso" – refere-se à arte literária; a segunda acepção – "o conjunto de trabalhos literários dum país ou duma época" – refere-se ao objeto de estudo da história da literatura.

José Veríssimo afirma:

> Obras e não livros, movimentos e manifestações literárias sérias e consequentes e não modas e rodas literárias, são, a meu ver, o imediato objeto da história da literatura.

VERÍSSIMO, José. *História da literatura brasileira*. Rio de Janeiro: José Olympio, 1954. p. 21.

Cumpre ao historiador da literatura, a partir de critérios teóricos e de sua posição ideológica, destacar esses movimentos sérios e consequentes, relacionando-os a determinado momento histórico, ou seja, a um momento econômico, político e social. Seria impossível isolar, por exemplo, o Romantismo da revolução burguesa e da Revolução Francesa; o Realismo das lutas proletárias, das transformações econômicas, políticas e sociais da segunda metade do século XIX; *Os lusíadas* da estética renascentista e da política expansionista do império português.

Esses movimentos, em determinado contexto histórico-cultural, apresentam características genéricas tanto no plano formal como no plano das ideias, resultando assim em **estilos de época** ou **escolas literárias**, pano de fundo para as produções artísticas. Cada escola literária representa as tendências estético-temáticas das obras literárias produzidas em determinada época, sob determinadas condições socio-históricas. Dessa forma, embora cada obra produzida por um artista constitua uma experiência única, com marcas próprias e inconfundíveis, ela será produto de determinada época.

O Romantismo, por exemplo, é marcado por uma visão de mundo subjetiva, não raro egocêntrica, por um forte nacionalismo, um exagerado sentimentalismo, uma postura rebelde, etc. Dificilmente encontraremos um autor que dê conta de todas essas marcas, o que nos permite concluir que um período se define, como afirma René Wellek, como um "sistema de normas, convenções e padrões literários", e nunca apenas por esta ou aquela característica.

Trocando ideias

As palavras têm história

A definição de *literatura* criada na contemporaneidade pode diferir do entendimento que se tinha, a respeito dela, em épocas anteriores; isso ocorre porque os significados de palavras e conceitos são construídos ao longo do tempo e sempre a partir do uso em situações práticas. Assim, conforme variam o contexto histórico e as formas de produção e circulação do conhecimento, o sentido dado a um termo pode mudar; em alguns casos, a palavra pode se transformar ou, até mesmo, cair em desuso. Na língua portuguesa, durante muito tempo, o próprio uso da palavra *literatura* não foi primordial; até meados do século XIX, empregava-se, com frequência, o termo *letradura*. Abaixo, relacionamos duas definições do adjetivo *literário*; a primeira de um dicionário português do fim do século XVIII, retirado daquele que é considerado a primeira sistematização moderna do léxico da língua portuguesa, e a segunda de um dicionário brasileiro da década de 1830.

Diccionario da lingua portugueza composto pelo padre D. Rafael Bluteau, reformado, e accrescentado por Antonio de Moraes Silva natural do Rio de Janeiro, publicado em Lisboa, no ano de 1789:

LITTERARIO, adj. que respeita às letras, sciencias, estudos, erudições, homens doutos.

Disponível em: <www.brasiliana.usp.br>.
Acesso em: 10 abr. 2014.

Diccionario de língua brasileira, de Luiz Maria da Silva Pinto, publicado em Ouro Preto, no ano de 1832:

LITERARIO, adj. De letras, concernente às letras, sciencias, etc.

Disponível em: <www.brasiliana.usp.br>.
Acesso em: 10 abr. 2014.

- Após a leitura das duas definições, busque em um dicionário atual o significado da palavra *literário*. Quais são as diferenças que existem entre as definições? A partir disso, é possível dizer o que mudou no sentido da literatura, do fim do século XVIII até os dias atuais?

Estilo individual

Como já vimos, cada obra é única, uma vez que cada autor imprime um tratamento particular, muito pessoal, às características genéricas de um período literário, resultando disso um estilo individual. Citemos um exemplo: fruto do contexto histórico-cultural do Romantismo brasileiro, o povo indígena foi tema de vários escritores (trata-se de uma característica genérica desse período); a abordagem de Gonçalves Dias, no entanto, difere da abordagem de José de Alencar (trata-se, agora, de uma questão individual). Isso se manifesta não só na forma de interpretar um tema (que reflete determinada leitura de mundo), mas também no trabalho com a linguagem. Segundo os críticos portugueses António José Saraiva e Óscar Lopes:

> É nas boas obras de ficção que os recursos linguísticos melhor se estruturam, e com mais evidência nos apercebemos de uma forma ou um estilo. A evidência de uma forma ou estilo próprio de certa obra ou autor tanto resulta, numa obra de ficção, da ordem ou organização dos temas como, por exemplo, dos ritmos das frases.

SARAIVA, António José; LOPES, Óscar. *História da literatura portuguesa*. 9. ed. Porto: Porto Editora, 1976. p. 8.

4 A literatura portuguesa

A literatura portuguesa, que abrange oito séculos de produção, pode ser dividida em três longos períodos, acompanhando as grandes transformações vividas pela Europa: **Era Medieval**, **Era Clássica** e **Era Romântica** ou Moderna. Essas três grandes eras apresentam-se subdivididas em fases menores, chamadas de **escolas literárias** ou **estilos de época**.

Eras e Idades

Observe que as eras literárias portuguesas praticamente coincidem com os grandes períodos da História, aquilo que se convencionou chamar "idades":

- Idade Média (até 1453) ⟶ Era Medieval (até 1502)
- Idade Moderna (de 1453 a 1789) ⟶ Era Clássica (1527 a 1825)
- Idade Contemporânea (a partir de 1789) ⟶ Era Romântica (a partir de 1825)

Na verdade, essa quase "coincidência" não é casual. Como você terá oportunidade de perceber ao longo de seus estudos literários, a produção cultural de um povo está estreitamente relacionada ao momento histórico por ele vivido.

No caso da literatura francesa, por exemplo, as datas que registram o início e o término das eras literárias se aproximam ainda mais das datas que marcam os períodos da História.

Monastério Real, Escorial, Espanha/Laurie Platt Winfrey/The Picture Desk/Other Images.

Iluminura datada do século XIII que retrata dois trovadores.

5 A literatura brasileira

Reprodução/Coleção particular

Lavagem de minério de ouro, de Johann Moritz Rugendas, c. 1835.

A literatura brasileira tem sua história dividida em duas grandes eras, que acompanham a evolução política e econômica do país: a Era Colonial e a Era Nacional, separadas por um curto período (1808-1836) que corresponde à emancipação política do Brasil.

A literatura em um país de passado colonial

Quando pensamos na literatura brasileira, surge uma questão: quando podemos falar em manifestações efetivamente nacionais? Ao longo do período colonial, as obras literárias foram produzidas, em parte, por portugueses e guardam um caráter utilitário, pois é quase impossível dissociar a produção cultural da administração colonial. Assim, até o fim do século XVIII, muito da literatura produzida na América portuguesa se confunde com textos políticos, administrativos, religiosos e relatos de viajantes. Entender até que ponto tais obras apresentam, de fato, traços de uma identidade nacional, ou mesmo de certo nativismo antimetropolitano, é uma questão espinhosa. Mais interessante é pensarmos como, no decorrer da colonização e durante o processo de formação do Estado nacional, foram sendo criadas as condições de estabelecimento de um sistema literário brasileiro, que envolve a produção de autores, a circulação de obras e a constituição de um público.

As datas, meros marcos

As datas que indicam o início e o fim de cada época têm de ser entendidas apenas como marcos. Toda época apresenta um período de ascensão, um ponto máximo e um período de decadência (que coincide com o período de ascensão da próxima época). Dessa forma, pode-se perceber, ao fim do Arcadismo, um período de Pré-Romantismo; ao fim do Romantismo, um Pré-Realismo, e assim por diante. O crítico português Vítor Manuel de Aguiar e Silva comenta o caráter dinâmico dos movimentos literários:

> Os períodos literários não se sucedem de modo rígido e abrupto, como se fossem entidades discretas, blocos monolíticos linearmente justapostos, mas sucedem-se através de zonas difusas de imbricação e de interpenetração. Como fenômenos históricos, os períodos literários transformam-se continuamente, podendo afirmar-se, com alguma razão, que é incorreta a designação de "períodos de transição", uma vez que todos os períodos são de transição. Todavia, também há fundamento para afirmar que, em certos segmentos do tempo histórico, se verifica uma acentuada estabilidade das convenções do sistema literário e que, mesmo em fases de célere alteração deste sistema – como no modernismo e vanguardas –, é possível detectar uma curta estabilização do código literário. Ora, um código literário não se extingue abruptamente, num determinado ano ou num determinado mês, como também não se constitui de um jacto, subitamente.

SILVA, Vítor Manuel de Aguiar. *Teoria da literatura*. 7. ed. Coimbra: Almedina, 1986. p. 420.

De todos esses momentos de transformação, caracterizados pela quebra das velhas estruturas, o mais significativo para a literatura brasileira foi o Pré-Modernismo (entre 1902 e 1922), em que se destacaram Euclides da Cunha, Monteiro Lobato, Augusto dos Anjos e Lima Barreto.

TEXTO E INTER-TEXTO

Texto 1

Prefácio aos Suspiros poéticos e saudades

Gonçalves de Magalhães

O fim deste Livro, ao menos aquele a que nos propusemos, que ignoramos se o atingimos, é o de elevar a Poesia à sublime fonte donde ela emana, como o eflúvio d'água, que da rocha se precipita, e ao seu cume remonta, ou como a reflexão da luz ao corpo luminoso; vingar ao mesmo tempo a Poesia das profanações do vulgo, indicando apenas no Brasil uma nova estrada aos futuros engenhos.

A Poesia, este aroma d'alma, deve de contínuo subir ao Senhor; som acorde da inteligência deve santificar as virtudes, e amaldiçoar os vícios. [...]

Seja qual for o lugar em que se ache o poeta, ou apunhalado pelas dores, ou ao lado de sua bela, embalado pelos prazeres; no cárcere, como no palácio; na paz, como sobre o campo da batalha, se ele é verdadeiro poeta, jamais deve esquecer-se de sua missão, e acha sempre o segredo de encantar os sentidos, vibrar as cordas do coração, e elevar o pensamento nas asas da harmonia até às ideias arquétipas.

O poeta sem religião, e sem moral, é como o veneno derramado na fonte, onde morrem quantos aí procuram aplacar a sede.

Disponível em: <www.dominiopublico.gov.b>.
Acesso em: 10 abr. 2014.

Texto 2

Antiode
(*Contra a poesia dita profunda*)

João Cabral de Melo Neto

Poesia, te escrevia:
flor! conhecendo
que és fezes. (Fezes
como qualquer,

gerando cogumelos
raros, frágeis, cogu-
melos) no úmido
calor de nossa boca.

Delicado, escrevia:
flor! (Cogumelos
serão flor? Espécie
estranha, espécie

extinta de flor, flor
não de todo flor,
mas flor, bolha
aberta no maduro).

Delicado, evitava
o estrume do poema,
seu caule, seu ovário,
suas intestinações.

Esperava as puras,
transparentes florações,
nascidas do ar, no ar,
como as brisas.

Ulhôa Cintra/Arquivo da editora

MELO NETO, João Cabral de. *João Cabral de Melo Neto*: obra completa. Rio de Janeiro: Nova Aguilar, 1994. p. 98.

Atividades

1. O texto 1 é parte do prefácio do livro *Suspiros poéticos e saudades*, publicado em Paris, em 1836, e passou a marcar o início do movimento romântico no Brasil; Gonçalves de Magalhães tem consciência de que seu prefácio tem caráter inovador. Que passagem do texto comprova essa afirmação?

2. Também nesse prefácio o poeta nos dá um conceito de poesia. Comente pelo menos duas características temáticas que prevaleceriam no Romantismo brasileiro.

3. Em outro trecho, Gonçalves de Magalhães afirma que alguns poetas "apenas curaram de falar aos sentidos; outros em quebrar todas as leis da decência!". Em oposição a isso, qual é a proposta de Magalhães?

4. "Antiode" (texto 2) pertence ao livro *Psicologia da composição*, que reúne poemas escritos em 1946-1947, já com as propostas do movimento modernista consolidadas. Sobre essa produção:
   a) Caracterize o eu poético e seu interlocutor.
   b) Responda: que tipo de conflito percebe-se no poema?

5. Pense na forma de "Antiode": como são os versos? A poesia é rimada?

6. Transcreva uma passagem do texto de Gonçalves de Magalhães que esteja em oposição à teoria defendida pelo eu poético de "Antiode".

6 A literatura africana de língua portuguesa

Ao pensar na África, a imagem equivocada que, por vezes, se concebe desse continente traz muito de uma concepção eurocêntrica de história e cultura, pautada em ideais de progresso e de razão. O colonialismo que grassou nessa região, imposto a ferro e a fogo pelos conquistadores europeus durante mais de cinco séculos, ainda enviesa o modo de olhar o continente. Corremos o risco de entender esse território como um todo compacto, indistinto e indomável, selvagem e perigoso. Muitas vezes, não se dá atenção às particularidades de cada região e de cada população que lá habita; por outro lado, a natureza é vista como fator fundamental para compreender e dividir o continente, gerando juízos de valor que priorizam as ideias de primitivo e de exótico. Isso, no entanto, não significa que os conhecimentos geográficos não sejam importantes para entender a África, mas eles têm de estar atrelados aos conhecimentos históricos. É preciso compreender, então, que a história desse continente não começa com a chegada dos navegantes portugueses que para lá rumaram com suas caravelas no século XV em busca do caminho das Índias. Nessa época, já havia ali povos com culturas, tradições e organizações sociais e políticas complexas e antigas, diferentes das existentes na Europa.

Esses breves comentários evidenciam a importância de se conhecer e estudar as culturas africanas a partir de suas características próprias; tal importância é ainda maior para o Brasil, onde, por conta dos longos anos de escravidão, tráfico negreiro e resistência escrava, as culturas afro-brasileiras se tornaram parte constituinte das manifestações artísticas nacionais. Em razão de fatores históricos e linguísticos, a literatura africana será abordada, nesta obra, a partir de suas manifestações lusófonas. Ou seja, por meio das obras escritas em língua portuguesa por autores nascidos ou radicados em países surgidos de colônias portuguesas: Angola, Moçambique, Guiné-Bissau, Cabo Verde e São Tomé e Príncipe.

LENDO O TEXTO

Tomás Medeiros

Tomás Medeiros (1931) nasceu na ilha de São Tomé. Tem inúmeros poemas publicados em antologias, revistas e jornais culturais, mas, curiosamente, ainda não teve sua obra reunida em livro.

Meu canto Europa

Agora,
agora que todos os contactos estão feitos,
as linhas dos telefones sintonizadas,
as linhas dos morses ensurdecidas,
os mares dos barcos violados,
os lábios dos risos esfrangalhados,
os filhos incógnitos germinados,
os frutos do solo encarcerados,
os músculos definhados
e o símbolo da escravidão determinado.

Agora,
agora que todos os contactos estão feitos,
com a coreografia do meu sangue coagulada,
o ritmo do meu tambor silenciado,
os fios do meu cabelo embranquecidos,
meu coito denunciado e o esperma esterilizado,
meus filhos de fome engravidados,
minha ânsia e meu querer amordaçados,
minhas estátuas de heróis dinamitadas,
meu grito de paz com chicotes abafado,
meus passos guiados como passos de besta,
e o raciocínio embotado e manietado,

Ulhôa Cintra/Arquivo da editora

Agora,
agora que me estampaste no rosto
os primores da tua civilização,
eu te pergunto, Europa,
eu te pergunto: AGORA?

MEDEIROS, Tomás. Meu canto Europa. In: DÁSKALOS, Maria A. et al. *Poesia africana de língua portuguesa (antologia).* Rio de Janeiro: Lacerda, 2003. p. 276.

Atividades

1. Exceção feita à última estrofe, que recurso dá extrema expressividade ao poema "Meu canto Europa"?

2. Os versos nos quais aparecem os efeitos maléficos da intervenção europeia ("primores da tua civilização") encaminham uma pergunta para o interlocutor (a Europa). Qual é o significado da palavra "Agora" nesse contexto?

DESCONSTRUIR O OLHAR EUROCÊNTRICO, UMA DIFÍCIL TAREFA

A periodização e a divisão cronológica da literatura são elementos que nos auxiliam a pensar a produção literária ao longo do tempo; no entanto, como já vimos, elas não devem ser tomadas como portadoras de uma verdade estabelecida. Pelo contrário, toda organização do conhecimento é – para o bem ou para o mal – arbitrária. Repare, por exemplo, como a divisão temporal feita no capítulo, na maior parte das vezes, toma como referência eventos relacionados à Europa.

Isso, porém, não pode limitar nosso olhar; dessa forma, além de compreender a formação da literatura brasileira, temos também a intenção de ampliar os horizontes e estudar a literatura africana de língua portuguesa. Realizar essa busca por vozes esquecidas é algo fundamental para mudar nossa perspectiva; é preciso derrubar preconceitos e compreender como as literaturas de língua portuguesa se constituem de forma conflitiva e sincrética.

Por que, então, a África fica fora de periodizações históricas e literárias? Um fator pode ser buscado no imenso valor que creditamos à cultura de matriz europeia, à cultura escrita, o que, consequentemente, lança em descrédito as manifestações culturais orais. Ao longo da história da África pré-colonial, a palavra falada e cantada foi fundamental para a cultura de muitos povos. O olhar do colonizador, porém, desinteressado de entender o "outro", foi incapaz de reconhecer a importância disso. Assim, o imperialismo do século XIX, baseado em mitos nacionalistas, no capitalismo industrial e em teorias cientificistas, levou ao máximo os preconceitos e estereótipos criados desde o século XV, construções negativas que foram sustentadas pelos longos anos de tráfico negreiro e de trabalho escravo e reafirmadas pelo pensamento iluminista. O olhar eurocêntrico lançado sobre a África é um exemplo claro de como, muitas vezes, aquilo que é diferente pode ser tomado por inferior. De acordo com a historiadora Leila Leite Hernandez:

> Pela ocultação da complexidade e da dinâmica cultural próprias da África, torna-se possível o apagamento de suas especificidades em relação aos continentes europeu e mesmo americano. Quanto às diferenças, são tratadas segundo um modelo de organização social e política, bem como de padrões culturais, próprios da civilização europeia. Em outros termos: aproximando por analogia o desconhecido ao conhecido, considera-se que a África não tem povo, não tem nação e nem Estado; não tem passado – logo, não tem História. O problema posto nessa lógica interpretativa possibilita que o diverso, no caso a África, seja enquadrado no grau inferior de uma escala evolutiva que classifica os povos em primitivos e civilizados. Mas qual África?

HERNANDEZ, Leila Leite. *A África na sala de aula*: visita à história contemporânea. São Paulo: Selo Negro, 2005. p. 19.

Propaganda oficial portuguesa incentivando o turismo para as suas colônias africanas. A tônica da propaganda está nas ideias de maravilhoso, exótico e selvagem, o que pode ser percebido nas referências à natureza e aos animais silvestres.

Reprodução/Arquivo da editora

Propaganda oficial portuguesa veiculada na Guiné-Bissau e baseada na ideia da missão civilizadora do colonizador, que deveria, imbuído de conhecimento racional e científico, levar o progresso para a África. Tal missão resultou em uma violenta dominação colonial que só terminaria na década de 1970.

A partir das informações apresentadas anteriormente, leia os dois textos a seguir e, depois, responda às questões. O primeiro texto foi escrito por Joseph Ki-Zerbo (1922-2006), um historiador de Burkina Fasso. O segundo é um poema do escritor moçambicano Rui Knopfli (1932-1997).

Texto 1

A África tem uma história. Já foi o tempo em que nos mapas-múndi e portulanos, sobre grandes espaços, representando esse continente marginal e servil, havia uma frase lapidar que resumia o conhecimento dos sábios a respeito dele e que, no fundo, soava também como álibi: "Ibi sunt leones". Aí existem leões. Depois dos leões, foram descobertas as minas, grandes fontes de lucro, e as "tribos indígenas" que eram suas proprietárias, mas que foram incorporadas às minas como propriedades das nações colonizadoras. Mais tarde, depois das tribos indígenas, chegou a vez dos povos impacientes com a opressão, cujos pulsos já batiam no ritmo febril das lutas pela liberdade.

Com efeito, a história da África, como a de toda a humanidade, é a história de uma tomada de consciência. Nesse sentido, a história da África deve ser reescrita. E isso porque, até o presente momento, ela foi mascarada, camuflada, desfigurada, mutilada. Pela "força das circunstâncias", ou seja, pela ignorância e pelo interesse. Abatido por vários séculos de opressão, esse continente presenciou gerações de viajantes, de traficantes de escravos, de exploradores, de missionários, de procônsules, de sábios de todo tipo, que acabaram por fixar sua imagem no cenário da miséria, da barbárie, da irresponsabilidade e do caos. Essa imagem foi projetada e extrapolada ao infinito ao longo do tempo, passando a justificar tanto o presente quanto o futuro.

Não se trata de construir uma história-revanche, que relançaria a história colonialista como um bumerangue contra seus autores, mas de mudar a perspectiva e ressuscitar imagens "esquecidas" ou perdidas. Torna-se necessário retornar à ciência, a fim de que seja possível criar em todos uma consciência autêntica. É preciso reconstruir o cenário verdadeiro. É tempo de modificar o discurso.

KI-ZERBO, Joseph. Introdução geral. In: ______(Coord.). *História geral da África*. São Paulo: Ática; Paris: Unesco, 1982. v. 1. p. 21-22.

Texto 2

Hidrografia

Rui Knopfli

São belos os nomes dos rios
na velha Europa.
Sena, Danúbio, Reno são
palavras cheias de suaves inflexões,
lembrando em tardes de oiro fino,
frutos e folhas caindo, a tristeza
outoniça dos chorões.
O Guadalquivir carrega em si espadas
de rendilha prata,
como o Genil ao sol poente;

o sangue de Frederico.
E quantas histórias de terror
contam as escuras águas do Reno?
Quantas sagas de epopeia
não arrasta consigo a corrente
do Dniepre.
Quantos sonhos destroçados
navegam com detritos
à superfície do Sena?
Belos como os rios são
os nomes dos rios na velha Europa.
Desvenda, sua beleza flui
sem mistérios.
Todo mistério reside nos rios
da minha terra.
Toda poesia oculta é a dos rios
da minha terra.
Os que, cansados, sabem todas
as histórias do Sena
e do Guadalquivir, do Reno
e do Volga
ignoram a poesia corográfica
dos rios da minha terra.
Vinde acordar
as grossas veias da água grande!
Vinde aprender
os nomes de Uanéteze, Mazimechopes,
Massintonto e Sábiè.
Vinde escutar a música latejante
das ignoradas veias que mergulham
no vasto, coleante corpo do Incomáti,
o nome melodioso dos rios
da minha terra,
a estranha beleza das suas histórias
e das suas gentes altivas sofrendo
e lutando nas margens do pão e da fome.
Vinde ouvir,
entender o ritmo gigante do Zambeze,
colosso sonolento da planura,
traiçoeiro no bote como o jacaré,
acordando da profundeza epidérmica do sono
para galgar os matos
como cem mil búfalos estrondeantes
de verde espuma demoníaca
espalhando o imenso rosto líquido da morte.
Vede as margens barrentas, carnudas
do Púngoè, a tristeza doce do Umbelúzi,
à hora de anoitecer. Ouvi então o Lúrio,
cujo nome evoca o lírio europeu,
e que é lírico em seu manso murmúrio.
Ou o Rovuma acordando exóticas
lembranças de velhos, coloniais
navios de roda revolvendo águas pardacentas,
rolando memórias islâmicas de tráfico e
[escravatura.
Ah, ouvidos e olhos cansados de desolação
e de europeus sem mistérios,
provai a incógnita saborosa
deste fruto verde,
destes espaços frondosos ou abertos,
destes rios diferentes de nomes diferentes,
rios antigos de África nova,
correndo em seu ventre ubérrimo
e luxuriante.
Rios, seiva, sangue ebuliente,
veias, artérias vivificadas
dessa virgem morena e impaciente,
minha terra, nossa Mãe!

Ulhôa Cintra/Arquivo da editora

In: DÁSKALOS, Maria A. et al. *Poesia africana de língua portuguesa*: antologia. Rio de Janeiro: Lacerda: 2003. p. 278-281.

1. O que significa, para o poeta moçambicano, desvendar todo o mistério que reside nos rios da sua terra?

2. Quais são as ideias em comum presentes no texto de Joseph Ki-Zerbo e no poema de Rui Knopfli?

3. É possível dizer que o poema de Rui Knopfli é uma provocação e, ao mesmo tempo, um convite. Você concorda com essa afirmação? Dê sua opinião.

Vestibulares de Norte a Sul

1. **S** (Udesc) O movimento literário que retrata as manifestações literárias produzidas no Brasil à época de seu descobrimento, e durante o século XVI, é conhecido como Quinhentismo ou Literatura de Informação.

Analise as proposições em relação a este período.

I. A produção literária no Brasil, no século XVI, era restrita às literaturas de viagens e jesuíticas de caráter religioso.

II. A obra literária jesuítica, relacionada às atividades catequéticas e pedagógicas, raramente assume um caráter apenas artístico. O nome mais destacado é o do padre José de Anchieta.

III. O nome Quinhentismo está ligado a um referencial cronológico — as manifestações literárias no Brasil tiveram início em 1500, época da colonização portuguesa — e não a um referencial estético.

IV. As produções literárias neste período prendem-se à literatura portuguesa, integrando o conjunto das chamadas literaturas de viagens ultramarinas, e aos valores da cultura greco-latina.

V. As produções literárias deste período constituem um painel da vida dos anos iniciais do Brasil colônia, retratando os primeiros contatos entre os europeus e a realidade da nova terra.

Assinale a alternativa correta.

a) Somente as afirmativas I, IV e V são verdadeiras.
b) Somente a afirmativa II é verdadeira.
c) Somente as afirmativas I, II, III e V são verdadeiras.
d) Somente as afirmativas III e IV são verdadeiras.
e) Todas as afirmativas são verdadeiras.

2. **SE** (Ufscar-SP) Leia o texto:

Partimo-nos assim do santo templo
Que nas praias do mar está assentado,
Que o nome tem da terra, para exemplo,
Donde Deus foi em carne ao mundo dado.
Certifico-te, ó Rei, que se contemplo
Como fui destas praias apartado,
Cheio dentro de dúvida e receio,
Que a penas nos meus olhos ponho o freio.

Camões, *Os lusíadas*, Canto 4º, estrofe 87.

O trecho faz parte do poema épico *Os lusíadas*, escrito por Luís Vaz de Camões, e narra a partida de Vasco da Gama, para a viagem às Índias.

a) Em que estilo de época ou época histórica se situa a obra de Camões?
b) Para dizer que o nome do templo é Belém, Camões faz uso de uma perífrase: "Que o nome tem da terra, para exemplo, / Donde Deus foi em carne ao mundo dado". Em que outro trecho dessa estrofe Camões usa outra perífrase?

3. **NE** (UFBA) Leia o texto a seguir:

— Entende agora por que viemos aqui? Para você ver que em Tizangara não há dois mundos.

Ele que visse, por si, os vivos e os mortos partilharem da mesma casa. Como Hortência e seu sobrinho. E pensasse nisso quando procurasse os seus mortos.

— Por isso eu lhe pergunto, Massimo: qual vila o senhor está visitando?

— Como assim, qual vila?

— É porque aqui temos três vilas com seus respectivos nomes — Tizangara-terra, Tizangara-céu, Tizangara-água. Eu conheço as três. E só eu amo todas elas.

Sorri. Agora, quem carecia de tradução era eu. Nunca escutara Temporina tão acrescida de belezas. Ou ela se enfeitava, especial, para o visitante? Desconfiado, me retirei, pé ante pé, escadas afora. Deixei os dois na varanda e fiquei no pátio, a respeitosa distância. De longe, ainda vi como Temporina se sentava no colo do italiano e como seus corpos se enleavam. De súbito, o rosto dela se colocou em luz e eu me espantei: em flagrante de amor Temporina juvenescia. Toda ela era sem ruga, sem cicatriz do tempo. E recuei meus olhos, recolhi meu enleio. O italiano havia de descer e eu retomaria meus serviços.

Agora, por certo, ele não carecia de tradutor.

Na espera, adormeci. No dia seguinte, quando despertei já o italiano se passeava pelo quintal. Temporina falava para ele:

— Andei olhando você. Desculpa, Massimo, mas você não sabe andar.

— Como não sei andar?

— Não sabe pisar. Não sabe andar neste chão. Venha aqui: lhe vou ensinar a caminhar.

Ele riu, acreditando ser brincadeira. Porém, ela, grave, advertiu:

— Falo sério: saber pisar neste chão é assunto de vida ou morte. Venha, que eu lhe ensino.

O italiano cedeu. Aproximaram-se e sustiveram-se mãos nas mãos. [...]

COUTO, Mia. *O último voo do flamingo*. São Paulo: Companhia das Letras, 2005. p. 67-68.

O fragmento e/ou o romance revelam

(01) os vivos unidos aos mortos e, através desses, a força da tradição é transmitida.
(02) relatos, confissões e depoimentos do narrador Massimo sobre o passado de Moçambique.
(04) a personagem Temporina, no convívio com o tradutor e com o italiano, ensinando-lhes os valores tradicionais da terra, passados pelos mortos e pelos vivos.
(08) a obra inteira perpassada por elementos de uma realidade fantástica que se contrapõe ao realismo literário.
(16) uma ambiguidade da narrativa no fragmento destacado, o que constitui uma exceção no romance como um todo.
(32) uma visão da cultura africana, que tem em Hortência e Temporina duas representações.

CAPÍTULO 7

Os estilos de época na Era Medieval: Trovadorismo

The Art Archive/Alamy/Other Images

Pintura com dama e cavalheiro. Sem autoria e sem data. (Detalhe.)

Era Medieval: Trovadorismo

No tempo em que, na literatura portuguesa, os estilos de época eram o Trovadorismo (na poesia) e as novelas de cavalaria (na prosa), o estilo gótico se desenvolvia nas artes plásticas. Denomina-se arte gótica as manifestações artísticas ocorridas durante o feudalismo ou Idade Média (476-1453). Nesse período, prosperou a visão católica do cristianismo. Por isso as artes plásticas dessa época procuram exaltar o poder da Igreja católica em catedrais imponentes e as pinturas giram em torno de passagens bíblicas, sobretudo da vida de Jesus Cristo.

A pintura

Díptico de Wilton, autor anônimo. c. 1395. 46 cm × 29 cm cada painel, retábulo. Este díptico (duas placas ligadas por dobradiças formando um painel) nos dá a dimensão do espírito religioso medieval. Seu tema é a coroação de Ricardo II da Inglaterra, que, ajoelhado, é assistido por seus patronos: Santo Edmundo, Santo Eduardo e São João Batista (placa à esquerda do observador) e abençoado pelo próprio Cristo menino (placa à direita do observador). Em pleno século XIV, que mortal questionará o poder de um rei que tem santos e Cristo por patronos?

Pintura com dama e cavalheiro. Sem autoria e sem data.

- *O crítico português Alexandre Pinheiro Torres, ao refletir sobre a sociedade medieval e o amor, assim se manifestou:*

Em sociedade tão fechada, de estrutura medieval, o amor – o grande e eterno tema – vai ser uma manifestação de vassalagem feudal, já que as formas de vida e de pensamento também são feudais. O que significa que o feudalismo engendra uma maneira de pensar feudal, como hoje o capitalismo engendra uma maneira de pensar capitalista.

TORRES, Alexandre Pinheiro (Org.). *Antologia da poesia portuguesa (séc. XII-séc. XX)*. Porto: Lello & Irmão Editores, 1977. v. 1. p. 5.

Observe atentamente a imagem do cavalheiro e sua dama na pintura reproduzida ao lado. Explique, com base nela e no texto, de que modo ela retrata a maneira de pensar feudal.

A iluminura

Reprodução/Biblioteca Municipal, Dijon, França.

Iluminura é a arte decorativa medieval que consiste principalmente em ornamentar as letras capitulares ou as margens do texto com arabescos, ramagens, flores, sempre empregando cores vivas. Além de serem decorativas, as iluminuras cumpriam uma importante função para a leitura, pois refletiam a luz que incidia sobre elas no texto da página, algo de extrema importância para um tempo em que não havia luz elétrica e a iluminação era natural, durante o dia, e feita por velas, à noite. Nesta iluminura, detalhe de um manuscrito do século XII, vê-se a letra R decorada com cena religiosa em que cavaleiros matam um dragão (símbolo da maldade e do pecado no mundo ocidental).

A arquitetura

Blom UK/Getty Images

Vista aérea da catedral de Amiens (norte da França). Construída no século XIII, é um belo exemplo de arquitetura gótica. Observando a linha dos telhados, podemos perceber uma das características marcantes das plantas das igrejas góticas: a nave do templo em forma de cruz. Nas extremidades do braço maior, situam-se a porta e o altar principal; nas extremidades do braço menor, dois altares laterais. Outra inovação tecnológica introduzida pela arte gótica foram os arcos ogivais, que possibilitam a construção de paredes mais finas e, em consequência, a abertura de grandes janelas, através das quais entra luz abundante, filtrada pelos vitrais multicoloridos. O estilo gótico é a representação material de um mundo organizado a partir da concepção católica, cujo objetivo é a aproximação com a esfera do sagrado e a salvação. Daí a criação de uma arquitetura dividida em camadas, repleta de simbolismos e vertiginosamente vertical, que parte do chão e tenta tocar o céu.

- *Que sensação deve sentir uma pessoa que se posiciona diante da igreja mostrada acima? Como isso está ligado às concepções religiosas medievais?*
- *A partir da vista aérea dessa contrução, é possível dizer que a catedral tem uma posição de destaque na cidade de Amiens? Em sua cidade, que construções se sobressaem?*

1 A Era Medieval

Cantigas de portugueses
São como barcos no mar —
Vão de uma alma para outra
Com riscos de naufragar.

PESSOA, Fernando. Disponível em: <www.revista.agulha.com.br>. Acesso em: 11 abr. 2014.

O que se convencionou denominar Era Medieval, na literatura portuguesa, corresponde ao período histórico conhecido por "Baixa Idade Média", que se estende do século XI ao XV. Assiste-se, na Europa cristã, à substituição do modo de produção feudal pelas atividades mercantis; os traços dominantes da cultura medieval vão sendo questionados e gradativamente substituídos por valores da cultura clássica greco-romana.

Portugal forma-se como Estado independente exatamente nesse período e vive sob o governo de duas dinastias: de 1143 a 1383, reinou a Dinastia de Borgonha; em 1385, começa a Dinastia de Avis, que levaria Portugal à grande aventura marítima.

Nas palavras de António José Saraiva e Óscar Lopes:

Na época em que Portugal se constitui como Estado independente, em meados do século XII, encerra-se a chamada "Idade das Trevas", isto é, a idade em que a economia, a sociedade, a vida política e a cultura estiveram dominadas pela economia rural de autossubsistência. Começa a desenvolver-se a economia mercantil; em face dos castelos brotam as vilas e cidades povoadas de "burgueses". Os produtos da terra começam a ser lançados e procurados nos mercados pela gente citadina. Entre o senhor, que usufrui do rendimento da terra, e o servo, que o produz, novas classes se instituem, quer ligadas ao trabalho rural, como os pequenos proprietários e os rendeiros livres, quer a novas atividades econômicas, como os mercadores e os negociantes de dinheiro.

SARAIVA, A. J.; LOPES, O. *História da literatura portuguesa*. Porto: Porto Editora, 1976. p. 33.

Trocando ideias

Existe literatura na Idade Média?

Existe na Idade Média uma literatura? O próprio termo é desconhecido, pelo menos em sua acepção moderna. Em latim, *litteratura* tem o mesmo sentido que *grammatica* e designa, como esta palavra, ou a gramática propriamente dita ou a leitura comentada dos autores e o conhecimento que proporciona, mas não as obras em si. Seus derivados (*litteratus, illiteratus*), suas transposições em línguas vernáculas (*letreüre*, no francês antigo) remetem igualmente a uma aptidão, a da escrita, a um saber, o que é comunicado pelos textos e, por último, a um estatuto social, o do clérigo oposto ao leigo ou, no fim da Idade Média, o do letrado oposto ao da "gente simples". [...] Em francês, a palavra "poeta" só aparece no fim do século XIII [...]. Nada disso impede que se empregue a palavra "literatura" em relação à Idade Média no sentido em que entendemos hoje. Mas é então ambígua, ao mesmo tempo inadequada e insubstituível. [...] Em nosso espírito, a literatura opõe-se a outras disciplinas intelectuais, como a filosofia ou a história, para não falar das matemáticas ou das ciências da natureza. Ela supõe ao mesmo tempo, sem dúvida confusamente, o fictício e o gratuito. Essas oposições e associações não são verdadeiramente pertinentes para a Idade Média.

ZINK, Michel. Literatura(s). In: LE GOFF, Jacques; SCHMITT, Jean-Claude. *Dicionário temático do Ocidente medieval*. v. 2. Coord. da trad.: Hilário Franco Júnior. Bauru: Edusc, 2006. p. 79.

1. De acordo com o texto, quais são os sentidos da literatura na Idade Média?
2. Por que, no fim do texto, o autor afirma que o uso da palavra *literatura*, no que se refere à Idade Média, é ambíguo?

Para fins didáticos, dividimos a Era Medieval em dois grandes períodos literários:

- **Trovadorismo**, que se manifesta nos séculos XIII e XIV;
- **Humanismo**, que se manifesta no século XV e início do século XVI (principalmente os anos de 1400, daí ser chamado de Quatrocentismo).

2 Um pouco de história

Portugal assume a condição de Estado independente em 1143, quando o rei da Espanha, Afonso VII, reconhece Afonso Henriques, filho de D. Henrique de Borgonha, como rei de Portugal. Essa situação se consolida com a bula papal de 1179, em que a Santa Sé reconhece a monarquia portuguesa.

A primeira manifestação documentada da literatura portuguesa data de 1189 (ou 1198): a *Canção da Ribeirinha*, escrita por Paio Soares de Taveirós. Assim, do final do século XII até o início do século XVI ocorrem, em Portugal, manifestações literárias presas, com maior ou menor intensidade, a modelos medievais.

A língua

A língua falada nas regiões romanizadas era o latim vulgar, e foi dele que se originou a língua portuguesa. Em consequência de seu caráter oral, que o tornava mais aberto a transformações e diversificações, o latim vulgar foi sendo modificado pelos falares regionais e deu origem a vários dialetos, que receberam a denominação genérica de **romanço** (do latim *romanice*, que significa "falar à maneira dos romanos").

No século V, com as invasões germânicas e a queda do Império Romano no Ocidente, intensificou-se o aparecimento desses vários dialetos. No caso particular da península Ibérica, várias línguas e dialetos se formaram, entre eles o **galego-português**.

Na época da independência de Portugal, o galego-português limitava-se à região noroeste da península Ibérica, correspondendo ao atual território da Galícia e ao norte de Portugal, entre os rios Douro e Minho. Na região que hoje corresponde ao centro-sul de Portugal predominava o moçárabe (dialetos românicos falados nas regiões ocupadas pelos árabes).

Nas manifestações literárias do século XII ao XIV, predominou o galego-português. A partir do século XV, com a consolidação política de Portugal, o português vai lentamente se diferenciando do galego para, no século XVI, consagrar-se como língua oficial da nação.

3 O Trovadorismo

O período denominado **Trovadorismo** se estende do final do século XII ao início do século XV, quando Portugal inicia sua aventura marítima. Esse período, tipicamente medieval, reflete uma sociedade feudal organizada com base nas relações de vassalagem, uma extremada religiosidade (em que prevalece o pensamento de que Deus é o centro de tudo – teocentrismo) e as lutas da Reconquista (forças cristãs tentavam retomar o território ocupado pelos árabes).

D. João I, o Mestre de Avis (1357-1433), deu início à expansão marítima, que apoiou durante os seus 48 anos de reinado.

ED Trovadorismo

Terra *versus* dinheiro

Nos primórdios do feudalismo, a terra, sozinha, constituía a medida da riqueza do homem. Com a expansão do comércio, surgiu um novo tipo de riqueza – a riqueza em dinheiro. No início da era feudal, o dinheiro era inativo, fixo, imóvel; agora tornara-se ativo, vivo, fluido. No período feudal, a posse da terra, a única fonte de riqueza, implicava o poder de governar para o clero e a nobreza. Agora, a posse do dinheiro, uma nova fonte de riqueza, trouxera consigo a partilha do governo, para a nascente classe média.

HUBERMAN, Leo. *História da riqueza do homem*. Rio de Janeiro: Zahar, 1984.

Entre o oral e o escrito

A literatura medieval, até o século XIV, escapa aos limites da palavra escrita, sendo fundamentalmente oral. Dessa forma, eram os menestréis os principais divulgadores das cantigas, realizando apresentações nas quais a arte dramática e a música estavam diretamente relacionadas à poesia. Se, no entanto, a cultura oral era a mais difundida em meio a uma população majoritariamente analfabeta, a autoridade do conhecimento estava na materialidade da escrita.

Durante a Idade Média, a palavra escrita permaneceu sob o domínio da Igreja católica; assim, a conservação das escrituras sagradas e a cópia de obras da Antiguidade clássica estiveram a cargo de monges copistas, que realizavam um trabalho exaustivo e fisicamente danoso. O ensino — para os que tinham acesso à educação – também esteve a cargo da Igreja, com o latim servindo de língua básica para os estudos; as línguas vernáculas, vale lembrar, só começariam a se consolidar no final da Idade Média. Deve-se essencialmente a essas cópias medievais e às práticas de ensino o fato de parte das obras da Antiguidade terem chegado até nossos dias; é impossível medir quanto se perdeu, mas é inegável que a tensão existente entre uma visão católica de mundo e os estudos laicos foi um fator fundamental de preservação. De extrema importância para a perpetuação da cultura clássica foi também a atuação de pensadores árabes e persas, que, além de traduzir e divulgar obras, desenvolveram, com notável erudição, estudos antigos de astronomia, matemática e medicina.

TEXTO E INTERTEXTO

Texto 1

D. Dinis

Ai, flores, ai flores do verde pinheiro,
sabeis notícias do meu amigo?
Ai, Deus, onde ele está?

Ai, flores, ai flores do verde ramo,
sabeis notícias do meu amado?
Ai, Deus, onde ele está?

Sabeis notícias do meu amigo,
aquele que mentiu ao que me prometeu?
Ai, Deus, onde ele está?

Vera Basile/Arquivo da editora

Sabeis notícias do meu amado,
aquele que mentiu ao que me jurou?
Ai, Deus, onde ele está?

— Vós perguntais pelo vosso amigo?
E eu bem vos digo que é são e vivo.
Ai, Deus, onde ele está?

— Vós perguntais pelo vosso amado?
E eu bem vos digo que é vivo e são.
Ai, Deus, onde ele está?

E eu bem vos digo que é são e vivo,
e estará convosco quando o prazo findar.
Ai, Deus, onde ele está?

E eu bem vos digo que é vivo e são,
e estará convosco quando o prazo passar.
Ai, Deus, onde ele está?

Texto 2

D. Dinis

Um tal homem sei eu, ó mulher formosa,
que por vós tem a sua morte chegada;
vede quem é e não vos esqueçais:
eu, minha dona.

Um tal homem sei eu que perto sente
a sua morte chegada certamente;
vede quem é e tende em mente:
eu, minha dona.

Um tal homem sei eu – ouvi isto! –
que por vós morre e vós o afastai de vós;
vede quem é e não vos esqueçais dele:
eu, minha dona.

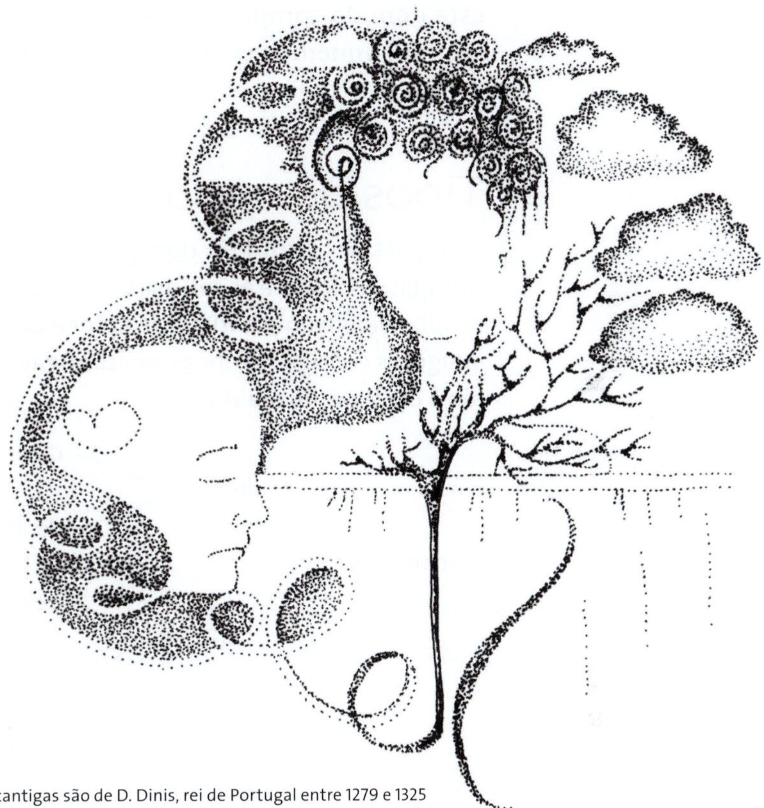

Vera Basile/Arquivo da editora

Ambas as cantigas são de D. Dinis, rei de Portugal entre 1279 e 1325 (adaptadas para o português moderno).

Atividades

1. **Eu poético** (ou eu lírico) é o sujeito da enunciação em um texto poético, ou seja, é o "dono" da voz, a voz que nos fala. Caracterize o eu poético de cada texto.
2. Em qual dos dois textos se percebe que o poeta atingiu um certo grau de despersonalização? Justifique a resposta em seu caderno.
3. Releia o primeiro texto e responda: quantas vozes ele apresenta de forma marcada, explícita?
4. Ainda em relação ao primeiro texto, responda:
   a) **refrão** ou **estribilho** é um verso (ou mais de um verso) que se repete ao final de cada estrofe. Qual é o refrão do poema? Qual é sua função no texto?
   b) o **paralelismo** é fruto de um apurado trabalho formal e se manifesta nos pares de estrofes e na repetição de um mesmo verso em diferentes estrofes, alterando sua posição. Quantos pares temos nesse poema? O que se modifica de uma estrofe para outra? E de um par para outro?
5. Considerando que apenas os nobres recebiam o tratamento de *dom* e *senhor* ("dono, proprietário, senhorio, pessoa a quem se presta vassalagem"), como se reflete o modo de pensar feudal no texto 2?

4 As cantigas trovadorescas

Todos os textos poéticos dessa primeira época medieval eram acompanhados por música. Costumavam ser cantados em coro, daí serem chamados de **cantigas**.

Os trovadores eram geralmente nobres. Compunham ou, pelo menos, escreviam as palavras para as canções que os jograis – homens do povo, mouros, judeus e alguns nobres de condição inferior – cantavam depois. Era igualmente de nobres, na sua grande maioria, o público ouvinte. Reis e outros membros da família real partilhavam este dom da composição poética: tal foi o caso de Sancho I e, especialmente, de D. Dinis, a quem se creditam umas cento e trinta e nove canções.

MARQUES, Oliveira. *História de Portugal*. Lisboa: Palas, 1978. v. 1. p. 146.

Tipos de cantigas

É possível distinguir dois grandes grupos de cantigas: as **líricas** e as **satíricas**. As cantigas líricas se subdividem em **cantigas de amor** e **cantigas de amigo**; as cantigas satíricas, em **cantigas de escárnio** e **cantigas de maldizer**.

- cantigas
  - líricas
    - de amor
    - de amigo
  - satíricas
    - de escárnio
    - de maldizer

Reprodução/Biblioteca Nacional, Paris, França.

As cantigas eram compostas pelos trovadores, em geral pertencentes à nobreza, e apresentadas por jograis, que tocavam e cantavam, e soldadeiras, que dançavam.

Cantigas líricas

Cantigas de amor

No período compreendido entre os séculos XI e XIII, desenvolveu-se na Provença, região do sul da França, a arte dos trovadores e o "amor cortês" que tanto influenciou as cantigas de amor em Portugal. D. Dinis, sexto rei de Portugal e famoso trovador, assim inicia uma de suas cantigas:

Quer' eu en maneira de proençal
fazer agora un cantar d'amor

Isso não significa, entretanto, que os trovadores portugueses se limitaram à mera imitação; ao contrário, as cantigas de amor ganham nova dimensão e mais sinceridade nas terras da Galícia e de Portugal; D. Dinis afirmava que os trovadores provençais não tinham a mesma paixão que ele pela mulher amada e que o seu sofrimento amoroso era mais sincero e, portanto, mais doído.

Ulhôa Cintra/Arquivo da editora

Várias são as causas do surgimento do lirismo provençal nas terras ocidentais da península Ibérica: a chegada de colonos franceses; as peregrinações a Santiago de Compostela, na Galícia; a vinda de cavaleiros franceses para lutar contra os mouros; o casamento de nobres portugueses com damas ligadas a Provença; o intenso comércio entre a França e a região ocidental da península, alcançando o Atlântico Norte.

As cantigas de amor são sempre escritas em primeira pessoa e o eu poético declara seu amor a uma dama, tendo como pano de fundo o ambiente palaciano. Daí a forma respeitosa, cortês, com que se dirige a ela (chamada de "senhor", isto é, senhora), mostrando uma servidão amorosa dentro dos mais puros padrões medievais de vassalagem.

Dessa forma, a mulher é vista como um ser inatingível, uma figura idealizada, a quem é dedicado um amor sublimado, igualmente idealizado. Essas características justificam a presença de um forte lirismo representado pela "coita d'amor" (o sofrimento amoroso; *coita*, em galego-português, significava "dor, aflição, desgosto" – especialmente por motivo de amor); para os trovadores, esse sofrimento é pior que a morte, e o amor é a única razão de viver.

Cantigas de amigo

As cantigas de amigo originaram-se do sentimento popular, na própria península Ibérica. Também em primeira pessoa, apresentam um grande diferencial: o eu poético é **feminino**, apesar de escritas por homens. Temos, agora, a expressão do sentimento feminino: a mulher sofre por se ver separada do amigo (amante ou namorado) e vive angustiada por não saber se o amigo voltará ou não, se a trocará por outra, etc. O ambiente descrito nas cantigas de amigo não é mais a corte, mas o campo; a mulher é sempre uma camponesa (as cantigas de amigo refletem a relação idealizada dos nobres com as plebeias e o marcante patriarcalismo da sociedade portuguesa).

Outro aspecto interessante a destacar é que, além da mulher que sofre, em geral as cantigas de amigo apresentam outros personagens, que servem de confidentes (a mãe, uma amiga ou mesmo um elemento da natureza que aparece personificado), montando-se uma estrutura de diálogo, o que resulta em um trabalho formal mais apurado em relação às cantigas de amor.

Na obra *A arte de trovar*, texto anônimo do século XIV, está explicitada a distinção entre as cantigas de amor e de amigo:

E porque algũas cantigas hi há en que falan eles e elas outrossi, por en he bem entenderdes se son d'amor se d'amigo, porque sabede que se elles falam he d'amor e se ellas falam he outrossi d'amigo.

TAVANI, Giuseppe. *Arte de trovar do cancioneiro da Biblioteca Nacional de Lisboa*. Lisboa: Edições Colibri, 1999.

Cantigas satíricas

Muitos eram os temas das cantigas satíricas: os costumes, notadamente do clero e dos vilões (camponeses livres); a covardia; a decadência da nobreza, que perdia espaço para a burguesia ascendente; o adultério feminino.

As **cantigas de escárnio** eram sátiras indiretas, que exploravam palavras e construções ambíguas, expressões irônicas, sem, contudo, revelar o nome da pessoa satirizada. Na obra anônima do século XIV, *A arte de trovar*, encontramos a seguinte definição:

Som aquelas que os trobadores fazem querendo dizer mal d'alguém en elas, e dizen-lho por palavras cubertas, que ajam dous entendimentos, para que lhe lo nom entenderem ligeiramente.

TAVANI, Giuseppe. *Arte de trovar do cancioneiro da Biblioteca Nacional de Lisboa*. Lisboa: Edições Colibri, 1999.

As **cantigas de maldizer** eram sátiras diretas, com citação nominal da pessoa ironizada. Seus temas prediletos eram o adultério e os amores interesseiros ou ilícitos (como no caso dos padres). Marcadas pela maledicência, usavam um vocabulário carregado de palavras obscenas e de erotismo. Eram definidas como "aquelas que fazem os trobadores mais descubertamente; en elas entram palavras que queren dizer mal e nom averão outro entendimento senom aquel que querem dizer chaãmente".

Maria Ema T. Ferreira explica a importância da poesia satírica como testemunho sobre a sociedade da época:

A poesia satírica galego-portuguesa oferece-nos um precioso testemunho sobre a Idade Média portuguesa e peninsular, na medida em que documenta os seus costumes, sem a idealização da cantiga de amor, e nos informa sobre os fatos históricos e sociais mais relevantes.

FERREIRA, Maria Ema Tarracha. *Poesia e prosa medievais*. Seleção, introdução e notas. Lisboa: Ulisseia, 1981.

Reprodução/Museu Britânico, Londres, Inglaterra.

O poder da nobreza e suas relações com a religiosidade são temas recorrentes nas iluminuras medievais.

Linguagem e sociedade

Nas **cantigas de amor**, a postura do homem diante da mulher e a seleção vocabular realizada pelo trovador reproduzem, em sua "servidão amorosa", os mais puros padrões da vassalagem feudal: assim como o cavaleiro jurava fidelidade e submissão a seu suserano, também o homem apaixonado jurava solenemente "servir" à mulher amada, que se elevava, desse modo, à condição de "senhor" (ou seja, proprietária, dona de seus sentimentos).

Observe como o trovador Afonso Eanes de Coton escreveu à sua "senhor", como se fosse um vassalo feudal dirigindo-se a seu suserano:

E que quería eu melhor
De seer seu vassalo
E ela mia senhor?

Portanto, a mulher é vista de modo idealizado, e a ela é dedicado um amor sublimado, igualmente idealizado. Essa idealização, expressa com forte lirismo, produz a *coita d'amor*, ou dor do amor (em galego-português, *coitado* significava "apaixonado", "aflito", "sofrido"): como a dama é inatingível, só resta ao trovador sofrer por ela. E o sofrimento amoroso era tão intenso que podia levá-lo a desejar a morte! Mais uma vez, com a palavra, D. Dinis:

En gran coita, senhor,
que peior que mort'é,
vivo, per bõa fé,
e polo vosso amor
esta coita sofr'eu
por vós, senhor, que eu
vi pelo meu gran mal

Vera Basile/Arquivo da editora

Por sua vez, as **cantigas de amigo** refletem outra faceta da sociedade medieval: o patriarcalismo. Agora é a mulher, uma camponesa, quem sofre por se ver separada do amigo (amante ou namorado); ele foi à caça ou ao "fossado" (lutar na Guerra Santa) e ela vive angustiada por não saber se voltará, se a trocará por outra, se a abandonará.

LENDO O TEXTO

Don Foão, que eu sei que **á preço de livão**,
vedes que fez en guerra – **daquesto soo certão**:
sol que viu os genetes, **come boi que fer tavão**,
sacudiu-se e revolveu-se, **al-**
çou rab'e foi sa via a Portugal.

Don Foão, que eu sei que **á preço de ligeiro**,
vedes que fez en a guerra – **daquesto sou verdadeiro**:
sol que viu os genetes, **come bezerro tenreiro**
sacudiu-se e revolveu-se, al-
çou rab' e foi sa via a Portugal.

Don Foão, que eu sei que **á prez de liveldade**,
vedes que fez en a guerra – sabede-o per verdade:
sol que viu os genetes, **come can que sal de grade**
sacudiu-se e revolveu-se, al-
çou rab'e foi sa via a Portugal.

TORRES, Alexandre Pinheiro (Org.). In: *Antologia da poesia portuguesa (séc. XII-séc. XX)*. Porto: Lello & Irmão Editores, 1977. v. 1. p. 74.

alçou rab' e foi sa via a Portugal: levantou o rabo e fugiu para Portugal. Note a brilhante rima utilizada pelo poeta nesse refrão: ele dividiu a palavra *alçou*, de modo que a sílaba *al-* encerra um verso e a sílaba *-çou* inicia outro. Dessa forma, o poeta obteve a rima *al- / Portugal*.
á preço de ligeiro: tem fama de leviano.
á preço de livão: tem fama de covarde.
á prez de liveldade: tem fama de medroso; leviano (*liveldade*: ligeireza ao fugir).
come bezerro tenreiro: como um bezerro novo.
come boi que fer tavão: como boi aferroado por um moscão (**tavão**: moscão, mosca-da-madeira).
come can que sal de grade: como cão que sai da prisão, da corrente.
daquesto soo certão: disto estou certo.
daquesto sou verdadeiro = daquesto soo certão: disso estou certo.
Don Foão: don Fulano; dessa forma, o trovador não nomeia a pessoa satirizada; sabe-se apenas que se trata de um fidalgo.
sol que viu os genetes: logo que viu os cavaleiros (mouros).
vedes que fez en guerra: vede o que fez durante a guerra.

Atividade

- Comente os recursos poéticos empregados na cantiga acima (rima, forma). Classifique a cantiga, justificando a resposta com elementos do texto.

A literatura medieval além da Europa

Um notório exemplo de escritor medieval não europeu é o de Omar Khayyam (c. 1050-1123), um matemático e astrônomo nascido na cidade de Nishapur, na Pérsia. Além de estudos científicos, dele conhecemos a impressionante obra *Rubaiyat* (palavra que, em persa, significa "quadras"), um conjunto de breves poemas, no qual estão expressos os dilemas do conhecimento, o pessimismo, as desilusões da vida e a busca do prazer como realização humana. Uma das traduções brasileiras da obra de Omar Khayyam foi feita pelo poeta modernista **Manuel Bandeira**. Segundo Bandeira:

> [...] a filosofia que impregna esses breves poemas caracteriza-se pelo seu agnosticismo: não se pode negar nem afirmar coisa alguma, devemos contentar-nos com saber que tudo é mistério – a criação do mundo e a nossa, o destino do mundo e o nosso, jamais saberemos nada, jamais elucidaremos um só dos mistérios do universo; pelo seu imediatismo: goza o momento que passa, não te preocupes com o passado nem com o futuro – o passado é um cadáver que se deve enterrar, o futuro é indevassável.

BANDEIRA, Manuel. Prefácio. In: KHAYYAM, Omar. *Rubaiyat*. Trad. e pref. Manuel Bandeira. Rio de Janeiro: Ediouro, 2004. p. 34.

Não posso evocar o dia
Do meu nascimento, nem
Dizer quando morrerei.
Que homem saberá fazê-lo?

Vem, minha amada! À embriaguez
Quero pedir que me faça
Esquecer que neste mundo
Jamais saberemos nada.

****

Convence-te disto:
Um dia tua alma
Deixará teu corpo
E serás lançado

Para trás do véu
Que há flutuando sempre
Entre este Universo
E o desconhecido.

Enquanto esse dia
Não chega, procura
Ser feliz. Esquece
Todo outro cuidado.

Pois não sabes de onde
Vens, tampouco sabes
Para onde irás
Depois de tua morte.

Idem, p. 34.

Vera Basile/Arquivo da editora

5 A prosa medieval (séculos XIII e XIV)

A transição de uma estrutura feudal para uma economia mercantil, com a consequente valorização da vida cortês (notadamente durante o reinado de D. Dinis – 1279-1325), a criação das primeiras universidades, a permanência do espírito guerreiro e aventureiro da época das lutas da Reconquista, a forte influência ainda exercida pelo clero: esse conjunto de situações apresenta as condições ideais para o aparecimento e desenvolvimento da prosa em Portugal, nos séculos XIII e XIV.

A mais importante manifestação em prosa foram as **novelas de cavalaria**. Originárias da Inglaterra e da França, derivam de poemas medievais cantados em linguagem popular e que celebravam feitos guerreiros.

No final do século XIII, foram traduzidas em Portugal três novelas, todas pertencentes ao chamado ciclo bretão ou arturiano (tinham como cenário o reino de Camelot e por heróis o rei Artur e os cavaleiros da távola redonda): *História de Merlin*, *José de Arimateia* e *A Demanda do Santo Graal*, a mais famosa e popular delas.

Reprodução/Museu Britânico, Londres, Inglaterra.

Cavaleiro medieval sendo armado pelas damas com clava e escudo e representando a cavalaria em sua forma mais elaborada: o cavaleiro servia a seu sustento, à religião cristã e a uma dama escolhida segundo ideais românticos.

A origem e a importância d'*A Demanda do Santo Graal*

Novela de cavalaria das mais importantes, gira em torno das aventuras dos cavaleiros da távola redonda, presidida pelo rei Artur, os quais saem em demanda do Santo Vaso, isto é, o cálice em que José de Arimateia teria recolhido o sangue que Cristo derramou na Cruz. [...] A lenda, até então pagã, é cristianizada, passando os seus símbolos (o Vaso, a Espada e outros) a ter valor místico. *A Demanda* torna-se, pois, uma novela de cavalaria mística e simbólica. Fazendo dos cavaleiros, na sua maioria, homens voltados para o símbolo da Comunhão, propicia a apenas um deles, Galaaz, a sua realização. O cavaleiro escolhido, cujo nome bíblico se liga a Galaad ("puro dos puros"; o próprio Messias), simboliza um novo Cristo, atingindo o fim almejado depois de penosa *via crucis* de aventuras que põem à prova todas as suas virtudes.

COELHO, Jacinto do Prado (Org.). *Dicionário das literaturas portuguesa, brasileira e galega*. 3. ed. Porto: Figueirinhas, 1978. p. 251.

LENDO OS TEXTOS

Transcrevemos, a seguir, duas passagens d'*A Demanda*: na primeira, Galaaz arranca a espada que aparecera encravada em uma pedra (todos os demais cavaleiros da távola redonda já haviam tentado arrancá-la, sem sucesso); na segunda, narra-se a aparição do Santo Graal.

aveio: aconteceu, ocorreu.
ca daqui mover haverão ora todos aqueles: porque agora terão de partir daqui todos aqueles.
cingiu-a: prendeu-a.
companha: comitiva.
dar cima: realizar, concluir.
de grado: de boa vontade.
filhou: pegou, tomou.
mui mester: muito necessária.
mogorão: punho.
padrão: pedra grande; no texto, é uma referência à pedra de mármore em que estava cravada a espada.
u: onde.

Capítulo III

Galaaz e a aventura da espada

[...] Então veio el-rei a Galaaz e disse-lhe:

– Senhor, vós sejades bem-vindo, ca muito tempo há que vos desejei a ver; e graças a Deus e a vós, que quisestes aqui vir.

– Senhor, disse ele, eu vim aqui, ca me convinha a fazer; **ca daqui mover haverão ora todos aqueles** que à demanda do Santo Graal queiram ir. E bem sei que cedo será começada.

– Senhor, disse el-rei, vossa vinda nos é **mui mester** por muitas aventuras maravilhosas a que nom podemos **dar cima**. E digo-vo-lo por uma que nos hoje **aveio**: ide-a ver, se vos aprouver.

E Galaaz disse que iria mui **de grado**.

Então o **filhou** el-rei pela mão e levou-o à ribeira do rio **u** o **padrão** estava. E os do paço forom todos com eles, por verem o que poderia ser. E quando a rainha viu que el-rei levava Galaaz pola mão ao padrão, saiu ela com grã **companha** de donas e de donzelas. E el-rei disse a Galaaz:

– Queredes sacar esta espada deste padrão, ca a nom quer nenhum provar de quantos aqui som, ca dizem que a aventura nom é sua. Provade-a, se vos aprouver; ca, se a vós nom provades, nom acharemos cavaleiro que a prove.

Então filhou Galaaz a espada pelo **mogorão** e tirou-a tão ligeiramente como se não tevesse em nada. E depois filhou a bainha e meteu-a dentro e **cingiu-a** logo e disse a el-rei:

– Senhor, ora hei já a espada, mais o escudo nom hei.

– Amigo, disse el-rei, pois Deus e a ventura vos a espada deu, nom tardará muito o escudo.

KPA Honorar & Belege/Alamy/Latinstock

Cena do filme *Rei Artur*, de Antoine Fuqua, inspirado nas lendas sobre o rei Artur e os cavaleiros da távola redonda, produzido em 2004.

Capítulo IV

Aparição do Santo Graal

Grande foi a **ledice** e o prazer que os cavaleiros da Távola Redonda houverom aquele dia, quando se virom todos juntos. E sabede que, depois que a Távola Redonda foi começada, que nunca todos assi forom reunidos; mas, aquele dia, sem falha, aveio que forom **i** todos, mas depois nunca i **er** forom.

Contra a noite, depois de vésperas, quando se assentarom às mesas, ouvirom vir um **torvão**, tão grande e tão espantoso, que lhes semelhou que todo o **paço** caía. E logo depois que o torvão deu, entrou uma tão grande claridade que fez o paço **dois tanto** mais claro ca era **ante**. E quantos no paço estavam, logo todos foram **compridos** da graça do Espírito Santo e começarom-se a **catar** uns aos outros, e virom-se mui mais **fremosos** **mui grã peça** que **soíam** a ser, e maravilharom-se **ende** muito desto que aveio, e non houve i tal que pudesse falar por **uma grã peça**, ante estavam calados e catavam-se uns aos outros.

E eles assi sendo, entrou no paço o Santo Graal, coberto de um **eixamete** branco, **mas nom houve i tal que visse quem no tragia**. E, tanto que entrou i, foi o paço todo comprido de bom odor, como se tôdalas espécias do mundo i fossem. E ele foi por meio do paço de uma parte e da outra e arredor das mesas. E por u passava, logo tôdalas mesas eram compridas de tal **manjar**, qual em seu coraçom desejava cada um. E depois houve cada um o que houve **mester** a seu prazer.

Saiu-se o Santo Graal do paço, que nenhum nom soube que fora dele nem por qual porta saíra. E os que ante nom podiam falar falarom então. E derom graças a Nosso Senhor, que lhes fazia tão grande honra e que os assi confortara e **avondara** da graça do Santo Vaso. Mas sobre todos aqueles que **ledos** eram, mais o era rei Artur, porque maior **mercê** lhe mostrara Nosso Senhor que a nenhum rei, que ante reinasse em **Logres**.

FERREIRA, Maria Ema Tarracha. *Poesia e prosa medievais*. Seleção, introdução e notas. Lisboa: Ulisseia, 1981. p. 143-144.

Reprodução/Museu de Aveiro, Portugal.

Na Idade Média, muitos cavaleiros partiam em busca do Santo Graal, cálice sagrado da Última Ceia, onde foi recolhido o sangue de Cristo depois que o retiraram da cruz. Até hoje esse tipo de taça é usado, durante a missa católica, como recipiente para o vinho, que simboliza o sangue de Jesus.

ante: antes.
avondara: enchera.
catar: olhar.
compridos: cheios.
contra a noite: ao anoitecer.
dois tanto: duas vezes.
eixamete: manto de veludo.
ende: a respeito de.
er: de novo, novamente.
fremosos: formosos, bonitos.
i: aí.
ledice: alegria.
ledos: alegres.
Logres: designação que se aplica à Grã-Bretanha, onde o rei Artur teria organizado a resistência celta contra os saxões, no fim do século V e princípio do século VI.
manjar: comida, alimento.
mas nom houve i tal que visse quem no tragia: mas não houve aí alguém que visse quem o trazia.
mester: necessidade.
mercê: graça.
mui grã peça: muito mais.
paço: palácio.
soíam: costumavam.
torvão: trovão.
uma grã peça: muito tempo.

Atividade

- A lenda sobre a demanda do Santo Graal era, originariamente, pagã. Por volta de 1220, por influência do clero, surgiu uma versão cristianizada.
  a) Aponte, nos dois fragmentos apresentados, passagens que comprovem a cristianização da lenda.
  b) Por que só Galaaz consegue retirar a espada do *padrão*?
  c) Comente a aparição do Santo Graal, destacando sua simbologia.

Velhos temas novas leituras

USOS E LEITURAS DA IDADE MÉDIA

Qualquer época ou Era é uma forma de dividir e interpretar a história, interpretação que pode estar ligada não somente a intenções didáticas, mas também a fatores ideológicos, políticos e nacionais. Assim, quando pensamos em Idade Média, é preciso ter sempre em mente que falamos de uma construção histórica.

A própria concepção de um período medieval, ou seja, um tempo que está no "meio" de algo, carrega um forte juízo de valores. Tal denominação foi usada por artistas e pensadores renascentistas que viam o período "medieval" como uma época de trevas e obscuridade, um lapso de tempo que os separava da beleza e do equilíbrio da Antiguidade clássica. Pense, por exemplo, nas imagens e estereótipos que, normalmente, criamos sobre a Idade Média: não se trata de representações sombrias, marcadas pela violência e barbárie?

No século XIX, quando se formavam os Estados nacionais europeus, a Idade Média foi ressignificada e passou a ser o tempo do mito de origem das nações, o período em que se formaram as tradições e o sentimento de identidade nacional. **Romances históricos** ambientados na Idade Média tornaram-se frequentes – obras de caráter épico, cujo objetivo era mitificar o passado, repensando-o com base em interesses nacionalistas.

Na primeira metade do século XX, o nacionalismo foi levado ao extremo, com os regimes totalitários; assim, a Idade Média, além de suposta origem nacional, passou a ser justificativa para a prática de violências e, até mesmo, para o mito da superioridade racial. Isso, porém, não impediu que ela também fosse usada como sátira; o melhor exemplo disso é o filme *O incrível exército de Brancaleone*, de 1966, dirigido por Mario Monicelli (1915-2010). A obra, uma comédia, acaba com qualquer possibilidade de resgate nacionalista do período medieval; a ideia é exatamente o oposto: mostrar a falsidade desse tipo de discurso.

A Idade Média, porém, representou muito mais para a cultura e a literatura modernas do que o resgate nacionalista do passado; os recursos poéticos, os temas reconfigurados, o jogo contínuo da releitura do passado com os olhos do presente e a leitura do presente com a experiência do passado mostraram-se como novos desafios para os poetas da modernidade. Os exemplos são muitos e variados, tanto na literatura portuguesa como na brasileira, de Fernando Pessoa (1888-1935) e Manuel Bandeira (1886-1968) a poetas contemporâneos. Selecionamos dois poemas – um do modernista brasileiro Mário de Andrade (1893-1945) e outro da poeta lisboeta Adilia Lopes (1960) – que retomam uma famosa cantiga de amigo de Martim Codax.

U.S. Army Art Collection, German War.

Hitler admirava certas composições que remetiam à Idade Média, notadamente a ópera *Rienzi*, do compositor alemão Richard Wagner (1813-1883), tida como inspiradora do nazismo.

Texto 1

Ondas do mar de **Vigo**,
se vistes meu amigo?
E ai Deus **se verrá cedo**!

Ondas do mar **levado**,
se vistes meu amado?
E ai Deus, se verrá cedo!

Se vistes meu amigo,
o por que eu sospiro?
E ai Deus, se verrá cedo!

Se vistes meu amado,
por que ei gran coidado?
E ai Deus, se verrá cedo!

CODAX, Martim. In: TORRES, Alexandre Pinheiro (Org.). *Antologia da poesia portuguesa* (séc. XII-séc. XX). Porto: Lello & Irmão, 1977. v. 1. p. 155.

levado: aqui, no sentido de "agitado".

o por que eu sospiro: por quem eu suspiro.

por que ei gran coidado: por quem tenho muito carinho, cuidado, atenção.

se verrá cedo: ele virá logo, ele virá em breve.

Vigo: famosa praia da região da Galícia, pouco ao norte do rio Minho.

Texto 2

Ruas do meu São Paulo,
Onde está o amor vivo,
Onde está?

Caminhos da cidade,
Corro em busca do amigo,
Onde está?

Ruas do meu São Paulo,
Amor maior que o **cibo**,
Onde está?

Ruas do meu São Paulo,
A culpa do insofrido,
Onde está?

Há de estar no passado,
Nos séculos malditos,
Aí está.

cibo: pequena porção de alimento.

Vera Basile/Arquivo da editora

Poema do livro *Lira paulistana*, publicado em 1945.
ANDRADE, Mário de. *Poesias completas*. São Paulo: Círculo do Livro, 1976.

Texto 3

Nas Ondas
do Mar de Vigo
tomo banho
com meu amigo

LOPES, Adilia. *Obra*. Lisboa: Mariposa Azual, 2000.

1. Quais são as semelhanças e as diferenças formais entre os poemas de Mário de Andrade e de Martim Codax?
2. Quais são as diferenças temáticas entre as cantigas de Martim Codax e de Mário de Andrade? Explique.
3. Já vimos que a intertextualidade pode ter como intenção, nos extremos, a reiteração ou a subversão. Como você analisa a intertextualidade do poema de Adilia Lopes? Justifique.

Vestibulares de Norte a Sul

1. N (Uepa) Assinale a frase que se refere a um momento do desenvolvimento tecnológico associável à época do Trovadorismo.

a) Antes da invenção da imprensa, os livros reproduziam-se pelo processo de cópia manuscrita em folhas de pergaminho.
b) Outras invenções e aperfeiçoamentos técnicos [...] surgem abrindo caminhos para a ciência conexamente matemática e experimental, que será um fato no final do século XVI com os trabalhos de Galileu.
c) Coimbra fica ligada, em 1864, à rede europeia do caminho de ferro (rede ferroviária).
d) A síntese dos compostos orgânicos, as primeiras descobertas da bioquímica, tudo isso sugeria com efeito a unidade material de todos os fenômenos.
e) A descoberta da tipografia em meados do século XV é estimulada pela existência de um público em crescimento.

SE (UPM-SP) **Textos para as questões de 2 a 5.**

Texto I

Ondas do mar de Vigo,
se vistes meu amigo!
E ai Deus, se **verrá** cedo!
Ondas do mar **levado**,
se vistes meu amado!
E ai Deus, se verrá cedo!

Martim Codax

verrá: virá.
levado: agitado.

Texto II

1. Me sinto com a cara no chão, mas a verdade precisa ser dita ao
2. menos uma vez: aos 52 anos eu ignorava a admirável forma lírica da
3. canção paralelística [...].
4. O "Cantar de amor" foi fruto de meses de leitura dos cancioneiros.
5. Li tanto e tão seguidamente aquelas deliciosas cantigas, que fiquei
6. com a cabeça cheia de "velidas" e "mha senhor" e "nula ren";
7. sonhava com as ondas do mar de Vigo e com romarias a San Servando.
8. O único jeito de me livrar da obsessão era fazer uma cantiga.

Manuel Bandeira

2. Assinale a afirmativa correta sobre o texto I.

a) Nessa cantiga de amigo, o eu lírico masculino manifesta a Deus seu sofrimento amoroso.
b) Nessa cantiga de amor, o eu lírico feminino dirige-se a Deus para lamentar a morte do ser amado.
c) Nessa cantiga de amigo, o eu lírico masculino manifesta às ondas do mar sua angústia pela perda do amigo em trágico naufrágio.
d) Nessa cantiga de amor, o eu lírico masculino dirige-se às ondas do mar para expressar sua solidão.
e) Nessa cantiga de amigo, o eu lírico feminino dirige-se às ondas do mar para expressar sua ansiedade com relação à volta do amado.

3. Assinale a alternativa correta sobre o texto I.

a) A estrutura paralelística é, neste poema, particularmente expressiva, pois reflete, no plano formal, o movimento de vai e vem das ondas.
b) Nesse texto, os versos livres e brancos são indispensáveis para assegurar o efeito musical da canção.
c) As repetições que marcam o desenvolvimento do texto opõem-se ao tom emotivo do poema.
d) No refrão, a voz das ondas do mar faz-se presente como contraponto irônico ao desejo do eu lírico.
e) É um típico vilancete de tradição popular, com versos em redondilha maior e estrofação irregular.

4. No texto II, o autor:

a) manifesta sua resistência à obrigatoriedade de ler textos medievais durante o período de formação acadêmica.
b) utiliza a expressão "cabeça cheia" (linha 06) para depreciar as formas linguísticas do galaico-português, como "mha senhor" e "nula ren" (linha 06).
c) relata circunstâncias que o levaram a compor um poema que recupera a tradição medieval.
d) emprega a palavra cancioneiros (linha 04) em substituição a "poetas", uma vez que os textos medievais eram cantados.
e) usa a expressão "deliciosas cantigas" (linha 05) em sentido irônico, já que os modernistas consideraram medíocres os estilos do passado.

5. Assinale a afirmativa correta com relação ao Trovadorismo.

a) Um dos temas mais explorados por esse estilo de época é a exaltação do amor sensual entre nobres e mulheres camponesas.
b) Desenvolveu-se especialmente no século XV e refletiu a transição da cultura teocêntrica para a cultura antropocêntrica.
c) Devido ao grande prestígio que teve durante toda a Idade Média, foi recuperado pelos poetas da Renascença, época em que alcançou níveis estéticos insuperáveis.
d) Valorizou recursos formais que tiveram não apenas a função de produzir efeito musical, como também a função de facilitar a memorização, já que as composições eram transmitidas oralmente.
e) Tanto no plano temático como no plano expressivo, esse estilo de época absorveu a influência dos padrões estéticos greco-romanos.

CAPÍTULO

8 Os estilos de época na Era Medieval: Humanismo

Imagebroker/Alamy/Other Images

Campanário de Santa Maria del Fiore, em Florença, projetado por Giotto em 1334. Essa obra rompe com os padrões da arte gótica.

Era Medieval: Humanismo

O Humanismo marca a transição de uma sociedade caracterizada por valores medievais para uma realidade mercantil, em que se percebe a ascensão dos ideais burgueses. Nas palavras de Nicolau Sevcenko, "surge assim a sociedade de mercadores, organizada por princípios como a liberdade de iniciativa, a cobiça e a potencialidade do homem [...]. Os humanistas voltavam-se para o aqui e o agora, para o mundo concreto dos seres humanos em luta entre si e com a natureza, a fim de terem um controle maior sobre o próprio destino." (SEVCENKO, Nicolau. *O renascimento*. 6. ed. São Paulo: Atual; Campinas, SP: Editora da Unicamp, 1988.)

A pintura

Reprodução/Capela dos Scrolegni, Pádua, Itália

Retiro de são Joaquim entre os pastores, de Giotto di Bondone, 1303-1305. O crítico de arte Lionello Venturi comenta sobre esta tela: "Giotto (1266-1337) pinta os seus homens maiores do que os carneiros a fim de chamar a atenção para os homens. Tendo mais significado, os homens devem ser maiores [...] um princípio se mantém firme: a proporção das imagens não depende da aparência das coisas na natureza, mas da sua importância no pensamento humano". Mais adiante, o crítico afirma: "Giotto encerra uma civilização pictural que se ocupa sobretudo de Deus e abre uma outra que se ocupa sobretudo do homem".

A escultura

Jozef Sedmak /Dreamstime.com/ Other Images

Escultura de são Marcos, de Donatello, c. 1411-1412. Esse trabalho em mármore encontra-se na Igreja Orsanmichele (Horta de São Miguel), em Florença, Itália. O início do século XV representa uma ruptura com a tradição da arte gótica: percebe-se a valorização do homem na imagem de são Marcos, com seu olhar firme, o corpo com movimento e expressividade, em postura de quem tem o domínio de suas ações. Curiosamente, a estátua está inserida em um nicho de arquitetura gótica, o que nos leva a concluir que o início dos anos Quatrocentos são marcados pelo declínio do chamado "gótico tardio" e pela ascensão do pensamento humanista.

Arte e ciência

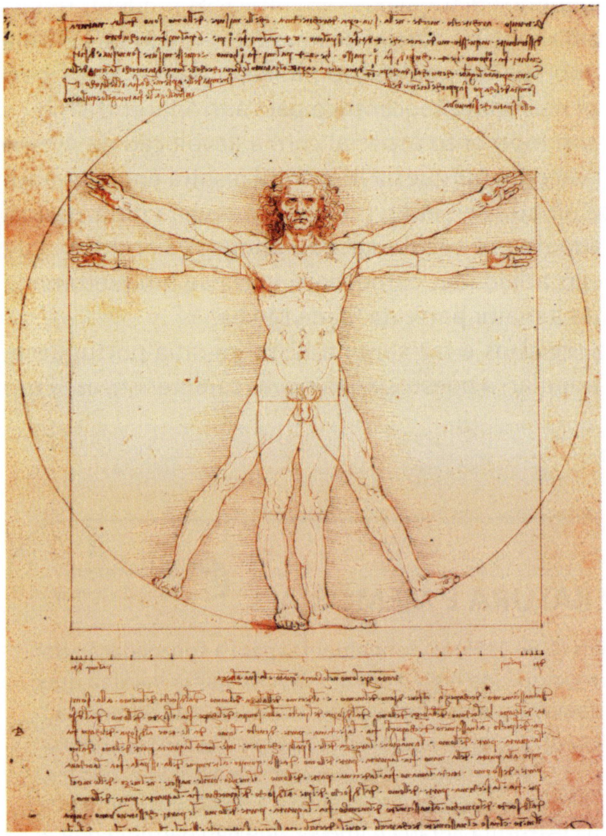

Reprodução/Galeria da Academia, Veneza, Itália

As medidas do corpo humano (1492), desenho de Leonardo da Vinci, é um marco do Humanismo e foi inspirado nas teorias do arquiteto romano Marcus Vitruvius Pollio, que viveu na época de Cristo. Vitruvius afirmava que a forma de um homem deitado de barriga para cima com as mãos e as pernas abertas poderia ser circunscrita num círculo e teria o umbigo como centro. Essa mesma forma poderia, também, estar contida num quadrado. Vitruvius faz uma longa relação das proporções do corpo humano (por exemplo: a altura de um homem equivale à medida de quatro antebraços; a distância entre o nascimento do cabelo e o queixo é um décimo da altura de um homem; a distância do topo da cabeça até o fundo do queixo é um oitavo da altura de um homem; a distância do topo da cabeça até os mamilos é um quarto da altura de um homem, etc. Esse padrão ficou conhecido como *O homem vitruviano*). A descoberta do *Tratado de Vitrúvio*, em 1415, foi fundamental para o desenvolvimento do pensamento humanista do século XV e do Renascimento.

Leonardo da Vinci

Nasceu na Itália, em 1452. Intelectual inquieto, é reconhecido como figura fundamental do Renascimento. Passeava por diversas áreas do saber: matemática, engenharia, ciências em geral, pintura, arquitetura, botânica, música, poesia... São conhecidos vários estudos seus da anatomia humana e diversos planejamentos de máquinas e inventos em geral. É considerado precursor da aviação e inventou uma bobina automática. Suas pinturas mais célebres são *Mona Lisa* (1503-1506) e *A última ceia* (1495-1507). Faleceu na França, em 1519.

Biblioteca Real, Turim

- *Que conhecimentos científicos foram necessários para elaborar as medidas do corpo humano, conforme a figura acima?*
- *Em sua opinião, qual pode ter sido a finalidade dos estudos de proporção realizados por Marcus Vitruvius Pollio e Leonardo da Vinci?*
- O homem vitruviano *é uma criação matemática que, apesar de significativa para a elaboração de estudos teóricos, não deve ser tomada como realidade. Qual é o risco de buscar proporções físicas ideais no mundo real?*

O Humanismo

Literatura em vídeo: Humanismo

O período conhecido na literatura portuguesa como **Humanismo** se estende do início do século XV ao início do século XVI, quando Portugal passa a cultivar os modelos renascentistas. Esse período representa uma ruptura parcial dos modelos medievais e uma transição para o Renascimento; como sua denominação indica, uma das principais marcas é a gradual substituição do pensamento teocêntrico pelo antropocentrismo.

No plano político, Portugal vive um momento especial com a Revolução de Avis. A consequente aliança entre o rei e a nascente burguesia mercantil resulta em uma nova ordem social; a partir de 1415, com a Tomada de Ceuta, primeira conquista ultramarina, Portugal inicia uma longa caminhada de um século até seu apogeu; a economia de subsistência feudal é substituída pelas atividades comerciais; inicia-se uma retomada da cultura clássica, esquecida durante a maior parte da Idade Média.

O momento histórico precisa de registros e faz surgir a historiografia portuguesa; desenvolve-se um teatro de caráter popular; a poesia ganha novas características: é um momento fértil para as artes.

Trocando ideias

Humanismo: linha do tempo

A REVOLUÇÃO DE AVIS, LITERATURA E MEMÓRIA

Momento decisivo na história portuguesa, a Revolução de Avis (1383-1385) foi fundamental para a consolidação do Estado lusitano e para o impulso das navegações. Ao mesmo tempo que, na região de Aljubarrota, numa batalha que ficou célebre, as tropas comandadas por Nuno Álvares Pereira espantavam a "sombra eterna" da ameaça de dominação espanhola e da perda de autonomia, o Estado português centralizava-se e organizava a política que lhe proporcionaria a expansão marítima. Como disse o historiador António Sérgio: "em Aljubarrota, mais que o embate de duas nações, há o choque de duas políticas e de duas classes". A questão central que surge com a revolução é a do desenvolvimento de uma mentalidade comercial em Portugal, a superação de uma estrutura agrária e imóvel, que não permitia que a burguesia nascente, a classe que possuía o poder financeiro, tivesse espaço para desenvolver sua atividade mercantil. No entanto, se podemos chamar a revolução de burguesa, porque realmente o desenvolvimento comercial passa a ocupar espaço importante nas discussões econômicas portuguesas, não podemos nos iludir: parte da nova nobreza lusitana acumulou grandes pedaços de terra, mantendo ainda as raízes de uma política de imobilismo. O próprio Nuno Álvares Pereira, herói militar da revolução, tornou-se, no fim dos conflitos, o maior proprietário de terras em Portugal.

Nunalvares Pereira

Fernando Pessoa

Que auréola te cerca?
É a espada que, volteando,
Faz que o ar alto perca
Seu azul negro e brando.

Mas que espada é que, erguida,
Faz esse halo no céu?
É Excalibur, a ungida,
Que o Rei Arthur te deu.

Sperança consumada,
S. Portugal em ser,
Ergue a luz da tua espada
Para a estrada se ver!

PESSOA, Fernando. *Obra poética.*
Rio de Janeiro: José Aguilar, 1969.

1. Releia o trecho da *Demanda do Santo Graal* reproduzido no capítulo anterior. É possível perceber como, no poema de Pessoa, Nuno Álvares Pereira é comparado ao personagem Galaaz. Qual é o objetivo disso?
2. Levando em conta o poema de Fernando Pessoa, quais são as intenções e os significados da forma criada pela torcida do Sporting de Lisboa?

arquibancadas pelo mundo/Just another WordPress.com weblog

Forma criada com as faixas pela torcida do Sporting de Lisboa, em jogo válido pelo campeonato europeu de clubes de 2010, contra o Atlético de Madri, time da capital espanhola. Nas faixas, colocadas abaixo de uma grande bandeira de Portugal, podem ser lidas as seguintes frases: "Reviver Aljubarrota..." e "Triunfar na Europa".

A crônica histórica de Fernão Lopes

As principais crônicas escritas por Fernão Lopes foram sobre os reis D. Pedro (1357-1367), D. Fernando (1367-1383) e D. João I (1385-1433), em cujas narrativas mesclou o saber erudito e a cultura popular. Em seus textos há traços de oralidade, com interjeições e constantes diálogos com o leitor, assim como influências de suas leituras de autores clássicos. A crônica de Fernão Lopes, segundo suas próprias palavras, buscava estabelecer a "verdade" dos fatos passados, o que seria alcançado ao se fazer um rigoroso trabalho com a documentação existente na Torre do Tombo. O cronista acreditava que as informações dos documentos garantiriam a necessária isenção ao seu trabalho, impedindo-o de se deixar influenciar pelos interesses da casa real. É fundamental perceber como a escrita de Fernão Lopes está, a um só tempo, em contato com a cultura medieval e com o Humanismo, situação paralela à de Portugal no século XV, período em que viveu o conflito entre uma mentalidade aristocrática e rural e uma política de expansão marítima e comercial.

Assim, o cronista nos dá uma visão de conjunto da sociedade portuguesa da época, analisando vários setores que a compunham e ressaltando a importância dos fatores econômicos e a participação do povo, a quem tratava de "arraia-miúda" ou "barrigas ao sol".

Fernão Lopes

Pouco se pode afirmar, com precisão, acerca da vida de Fernão Lopes: acredita-se que ele tenha nascido entre 1380 e 1390, em uma família de mestres de ofício lisboetas (provavelmente, era ourives), o que indica sua ascendência humilde. Tampouco se conhece a data de seu falecimento, mas o último documento oficial que lhe faz referência é de 1459. Sabe-se que era guardador das escrituras da Torre do Tombo, o arquivo do reino, onde passava certidões e autenticava cópias de testamentos e contratos. Foi nomeado pelo rei D. Duarte para o cargo de cronista-mor do reino; sua tarefa era a de "poer em crónica as estórias dos reis que antigamente em Portugal foram" (carta de D. Duarte a Fernão Lopes, de 19 de março de 1434).

LENDO O TEXTO

D. Pedro I foi o oitavo rei de Portugal, tendo governado por dez anos (1357-1367). Quando seu pai – Afonso IV – ainda reinava, viveu talvez o mais famoso drama de amor da história lusitana.

Na tela *D. Inês de Castro*, do pintor Costa Pinheiro (século XX), o sofrimento é simbolizado por duas solitárias lágrimas, que escorrem de seus olhos, corações invertidos.

Casado com D. Constança, D. Pedro apaixonou-se por Inês de Castro, dama pertencente à poderosa família de Castela. Após a morte da esposa, ele decide marcar núpcias com Inês de Castro. Contudo, o rei Afonso IV e os nobres portugueses, temerosos da influência castelhana, não aceitam o casamento do futuro rei com Inês. Afonso IV ordena, então, que ela seja assassinada.

Segundo a lenda, D. Pedro, inconformado, manda vestir a noiva com as roupas nupciais, senta o cadáver no trono e faz os nobres lhe beijarem a mão. Daí a afirmação de que a infeliz foi "rainha depois de morta". Na realidade, foi apenas seis anos após o assassinato que D. Pedro, então rei de Portugal, mandou trasladar os restos mortais de Inês, com pompas de rainha.

Esse romance e a figura de Inês de Castro transformaram-se em verdadeiro mito. Desde o século XV até nossos dias, Inês foi homenageada por inúmeros poetas, entre eles Camões, que lhe dedicou um episódio em *Os Lusíadas*, assim iniciado:

O caso triste e dino da memória
Que do sepulcro os homens desenterra,
Aconteceu da mísera e mesquinha
Que despois de ser morta foi rainha.

Transcrevemos a seguir um trecho do capítulo XXXI da *Crônica del-Rei D. Pedro I*, no qual Fernão Lopes narra a morte dos assassinos de Inês de Castro: Alvoro Gonçalvez, Pero Coelho e Diego Lopes. Os dois primeiros foram aprisionados e mortos cruelmente a mando de D. Pedro I; o terceiro conseguiu escapar, fato que deixou el-Rei completamente desolado.

O texto reproduz o manuscrito, de meados do século XV.

aazo: ocasião.
acoutados: asilados, abrigados, acoitados.
avudo: havido, tido (no sentido de "considerado").
contreele: contra ele.
desaviindos: desavindos (do verbo *desavir*), em desavença, em desacordo.
dita pelo meudo: contada em detalhes, em miúdos, em minúcias.
doorida: dolorida.
douvir: de ouvir.
Enes: Inês.
enfadousse: aborreceu-se, enfadou-se.

Crônica del-Rei D. Pedro I

Fernão Lopes

A Purtugal forom **tragidos** Alvoro Gonçalvez e Pero Coelho, e chegarom a Santarem onde elRei Dom Pedro **era**; e elRei, com prazer de sua viinda, porem **mal magoado** por que Diego Lopes fugira, os sahiu fora arreceber, e **sanha** cruel sem piedade lhos fez per sua maão **meter a tromento** querendo que lhe confessassem quaaes forom da morte de Dona **Enes** culpados, e que era o que seu **padre** **trautava** **contreele**, quando andavom **desaviindos** por **aazo** da morte dela; e nenhuum deles respondeo a taaes preguntas cousa que a elRei **prouvesse**; e elRei com queixume dizem que deu **huum açoute** no **rostro** a Pero Coelho, e ele se soltou entom contra elRei, em desonestas e feas palavras, chamando-lhe **treedor**, **fe prejuro**, algoz e carneceiro dos homeens; e elRei dizendo que lhe trouxessem cebola e vinagre pera o coelho, **enfadousse** deles e mandouhos matar. A maneira de su morte, seendo **dita pelo meudo**, seria mui estranha e crua de contar, ca mandou tirar o coraçom pelos peitos a Pero Coelho, e a Alvoro Gonçalvez pelas **espadoas**; e quaaes palavras ouve, e aquel que lho tirava que tal oficio avia pouco em costume, seeria bem **doorida** cousa **douvir**; emfim mandouhos queimar; e todo feito ante **os paaços** onde el pousava, de **guisa** que comendo oolhava quanto mandava fazer. Muito perdeo elRei de sua boa fama por tal escambo como este, o qual foi **avudo** em Purtugal e em Castela por mui grande mal, dizendo todo-los boons que o ouviam, que os Reis erravom mui muito hindu contra suas verdades, pois que estes cavaleiros estavom sobre segurança **acoutados** em seus reinos.

In: *Fernão Lopes – Crônicas*. Rio de Janeiro: Agir, 1968. p. 23.

era: estava.
espadoas: espáduas, costas.
fe prejuro: aquele que falta à fé jurada, que jurou falso; perjuro.
guisa: modo, maneira.
huum açoute: um açoite, uma chicotada.
mal magoado: muito magoado.
meter a tromento: torturar, infligir tormento.
os paaços: o palácio real, o paço.
padre: pai.
prouvesse: agradasse, aprouvesse (do verbo *aprazer*).
rostro: rosto.
sanha: fúria, ódio.
tragidos: trazidos.
trautava: tratava, acertava, combinava.
treedor: traidor.

Atividades

1. Atente para a narrativa de Fernão Lopes e suas interessantes construções, como no trecho em que narra a morte dos assassinos. Observe que o autor sugere que não irá contar em detalhes "a maneira das mortes". O que de fato ocorre? Justifique sua resposta com trechos do texto.
2. O que fazia el-Rei enquanto os dois homens eram assassinados? Justifique com uma passagem do texto.
3. A palavra *coelho* foi utilizada como substantivo próprio e também como substantivo comum. Que significados tem essa palavra no texto? Seu uso foi intencional? Justifique sua resposta.
4. Você concorda com a crítica que Fernão Lopes faz aos reis nas últimas linhas do texto? Por quê?
5. Cite e comente uma característica das crônicas de Fernão Lopes presente no texto.

A Torre do Tombo e a importância da palavra escrita

Estabelecida no fim do século XIV, a Torre do Tombo é uma das mais antigas instituições portuguesas. A história da Torre do Tombo revela uma questão fundamental para compreendermos nossa concepção de cultura: no final da Idade Média, a palavra escrita escapa dos limites impostos pela Igreja católica, tornando-se elemento primordial da administração pública e da prática comercial, uma ferramenta burocrática inevitável, um elemento de prova necessário aos novos tempos. Acompanhando o volume crescente da burocracia, a produção literária vai, da mesma forma, se tornar cada vez mais material, com o livro se tornando objeto de grande estima e valor; a qualidade da encadernação, do papel e da tinta passam a ser elementos relevantes. A circulação das obras aumenta, mas, por questões econômicas e pelos baixos índices de alfabetização, ainda é bastante limitada, o que mostra como a palavra escrita, além de um suporte do conhecimento e das práticas administrativas, passou a ser, definitivamente, um símbolo de poder.

Carlos Luis M. C da Cruz/Wikimedia Commons

Desde 1990, o arquivo da Torre do Tombo ocupa um moderno prédio na cidade universitária de Lisboa e tenta estar em dia com as mudanças tecnológicas.

O teatro de Gil Vicente

O teatro vicentino é basicamente caracterizado pela **sátira** ao comportamento de todas as camadas sociais: a nobreza, o clero e o povo. Apesar de sua profunda religiosidade, o tipo mais comumente criticado por Gil Vicente é o frade, que se entrega a amores proibidos (chegando a enlouquecer de amor), à ganância na venda de indulgências, ao exagerado misticismo, ao mundanismo, à depravação dos costumes. Não poupou também bispos, cardeais e mesmo o papa. Satirizou ainda aqueles que rezavam mecanicamente, os que, invocando Deus, solicitavam favores pessoais e os que assistiam à missa por obrigação social.

A baixa nobreza, representada pelo fidalgo decadente e pelo escudeiro, é outra classe social insistentemente criticada pelo autor. O teatro vicentino satiriza também o povo que abandona o campo em direção à cidade ou mesmo aqueles que sempre viveram na cidade, mas que, como os provenientes do campo, se deixam corromper pela perspectiva do lucro fácil.

Dessa forma, os personagens do teatro vicentino formam uma riquíssima galeria de **tipos humanos**: o velho apaixonado que se deixa roubar, a alcoviteira, a velha beata, o sapateiro que rouba o povo, o escudeiro fanfarrão, o médico incompetente, o judeu ganancioso, o fidalgo decadente, a mulher adúltera, o padre corrupto.

Outro aspecto a salientar no teatro de Gil Vicente, consequência natural do momento histórico, é que, ao lado de algumas características tipicamente medievais (religiosidade, uso de alegorias, uso de redondilhas, não obediência às três unidades do teatro clássico), percebem-se outras humanistas, como a presença de figuras mitológicas, a condenação à perseguição aos judeus e cristãos-novos, a crítica social.

Gil Vicente

Gil Vicente (1465[?]-1537[?]) é considerado o criador do teatro popular português com seu *Monólogo do vaqueiro*, em 1502 (por ter sido apresentado nos aposentos da rainha D. Maria, esposa do rei D. Manuel, quando do nascimento de seu primogênito, o futuro rei D. João III, ficou conhecido como *Auto da visitação*).

TEXTO E INTERTEXTO

Transcrevemos, a seguir, fragmentos de três autos de Gil Vicente. Leia-os e faça as atividades propostas.

Texto 1

Auto da barca do inferno
(*escrito em 1517*)

Gil Vicente

SAPATEIRO: Quantas missas eu ouvi,
nom me hão elas de prestar?
DIABO: Ouvir missa, então roubar –
é caminho per'aqui.

Texto 2

Auto da feira

(escrito em 1528)

Gil Vicente

DIABO: E há de homens ruins,
mais mil vezes que não bons,
como vós mui bem sentis.
E estes hão-de-comprar
disto que trago a vender,
que são artes de enganar,
e cousas para esquecer
o que deviam lembrar.
[...]
Toda a glória de viver
das gentes é ter dinheiro,
e quem muito quiser ter
cumpre-lhe de ser primeiro
o mais ruim que puder.
[...]
mas cada um veja o que faz,
porque eu não forço ninguém.
Se me vem comprar qualquer
clérigo, ou leigo, ou frade
falsas manhas de viver,
muito por sua vontade,
senhor, que lhe hei-de-fazer?

Texto 3

Auto da Lusitânia

(escrito em 1532)

Gil Vicente

Figuras: Ninguém, Todo o Mundo, Berzebu e Dinato.

[Estão em cena dois diabos, Berzebu e Dinato, este preparado para escrever.]

NINGUÉM: Como hás nome, cavaleiro?
TODO O MUNDO: Eu hei nome Todo o Mundo,
e meu tempo todo inteiro
sempre é buscar dinheiro
e sempre nisto me fundo.
NINGUÉM: E eu hei nome Ninguém,
e busco a consciência.

[Todo o Mundo para Ninguém]

TODO O MUNDO: E mais queria o Paraíso,
sem mo ninguém estrovar
NINGUÉM: E eu ponho-me a pagar
quanto devo pera isso.

[Berzebu para Dinato]

BERZEBU: Escreve com muito aviso.
DINATO: Que escreverei?
BERZEBU: Escreve

que Todo o Mundo quer paraíso,
e Ninguém paga o que deve.

[Todo o Mundo para Ninguém]

TODO O MUNDO: Folgo muito d'enganar,
e mentir nasceu comigo.
NINGUÉM: Eu sempre verdade digo,
sem nunca me desviar.

[Berzebu para Dinato]

BERZEBU: Ora escreve lá, compadre,
não sejas tu preguiçoso!
DINATO: Quê?
BERZEBU: Que Todo o Mundo é mentiroso,
e Ninguém diz a verdade.

VICENTE, Gil. *Gil Vicente*: obras completas. 5. ed. Lisboa: Sá da Costa, 1974.

Atividades

1. Nas falas de Berzebu, os personagens Todo o Mundo e Ninguém, bem como o diálogo travado entre eles, ganham novo significado. Por quê?

2. Os três textos de Gil Vicente são considerados "autos de moralidade". Após a leitura atenta dos fragmentos, como podemos entender a crítica que faz Gil Vicente?

O auto – de Gil Vicente a João Cabral

Auto é uma designação genérica para textos poéticos (normalmente em redondilhas) criados no final da Idade Média para representações teatrais.

A maioria dos autos tem caráter predominantemente religioso, embora a obra de Gil Vicente ofereça vários exemplos de temática profana e satírica (as farsas), sempre com preocupações moralizantes.

No Brasil, em pleno século XX, encontramos textos notáveis que revelam influência medieval. Tal situação é mais frequente nas regiões agrárias do país, onde, por conta da colonização voltada para a produção de gêneros tropicais em grandes propriedades, as relações sociais ficaram muito marcadas pelo personalismo dos fazendeiros, pela estrutura familiar patriarcal, pelo clientelismo, pela confusão entre público e privado e pelos interesses particulares. São exemplos de obras que retratam essas situações o *Auto da compadecida*, de Ariano Suassuna, o *Auto de Natal pernambucano* (mais conhecido como *Morte e vida severina*) e o *Auto do frade*, ambos de João Cabral de Melo Neto. Poderíamos citar, ainda, no campo da música popular, o *Auto da catingueira*, de Elomar Figueira Melo.

Morte e vida severina, de João Cabral, é um auto em versos curtos, com predomínio de redondilhas, apresentando vários diálogos, o que resulta num texto propício à encenação ou à leitura em voz alta. A religiosidade se manifesta nos nomes de alguns personagens (Maria e José, o carpinteiro) e na exaltação da vida, a partir do nascimento de uma criança nos mangues de Recife. Por essa razão, o poema traz como subtítulo *Auto de Natal pernambucano*.

Outro exemplo de relação entre a literatura brasileira e a medieval pode ser encontrado nas obras nordestinas de cordel, nas quais, além das tradições orais envolvidas na poética, estão presentes figuras como o Rei Arthur e Carlos Magno, assim como um catolicismo sincrético, que mistura práticas rituais pagãs e cristãs.

Adriana Corete/Agência Jornal do Brasil

Cena de *Morte e vida severina*, em montagem do Revivendo, grupo de terceira idade dirigido pela atriz Cristina Pereira.

LENDO O TEXTO

Farsa de Inês Pereira

Gil Vicente

A seguinte farsa de folgar foi representada ao muito alto e mui poderoso rei D. João o terceiro em Portugal, no seu Convento de Tomar. Era do Senhor de MDXXIII. O seu argumento é que, por quanto duvidavam certos homens de bom saber se o autor fazia de si mesmo estas obras, ou se as furtava de outros autores, lhe deram este tema sobre que fizesse, a saber, um exemplo comum que dizem "mais quero asno que me leve, que cavalo que me derrube". E sobre este motivo se fez esta farsa. Finge-se, na introdução, que Inês Pereira, filha de uma mulher de baixa sorte, muito fantesiosa, está lavrando em casa, e sua mãe é a ouvir missa, e ela diz:

Divulgação/Arquivo da editora

Cartaz da encenação da *Farsa de Inês Pereira* pela Companhia Municipal de Teatro da cidade de Mafra, Portugal.

INÊS: – Renego deste lavrar
e do primeiro que o usou
ao diabo que o eu dou,
que tão mau é de aturar;
ó Jesus! Que enfadamento,
e que raiva, e que tormento,
que cegueira e que canseira!
Eu hei de buscar maneira
de viver a meu contento.
Coitada, assim hei de estar
encerrada nesta casa
como panela sem asa
que sempre está num lugar?
Isto é vida que se viva?
Hei de estar sempre cativa
desta maldita costura?
Com dois dias de amargura
haverá quem sobreviva?

Hei de ir para os diabos
se continuo a coser.
Oh! como cansa viver
sozinha, no mesmo lugar.
Todas folgam, e eu não.
Todas vêm e todas vão
onde querem, menos eu.
Hui! que pecado é o meu,
ou que dor de coração?

Vem a Mãe da Igreja, e não a achando lavrando diz:

Logo eu adivinhei
lá na missa onde eu estava,
como a minha Inês lavrava
a tarefa que eu lhe dei.
Acaba esse travesseiro!
Hui! Nasceu-te algum unheiro?
Ou cuidas que é dia santo?

INÊS: – Praza a Deus que algum quebranto
me tire do cativeiro.

MÃE: – Tu estás mal-humorada?
Choram-te os filhos por pão?

INÊS: – Possa Deus me dar razão,
que é tempo de estar casada...

MÃE: – Olhade lá o mau pesar!
Como queres tu casar
com fama de preguiçosa?

INÊS: – Mas eu, mãe, sou prestimosa,
e vós sempre a demorar.

MÃE: – Ora espera, assim vejamos...

INÊS: – Quem já visse esse prazer!

Vera Basile/Arquivo da editora

VICENTE, Gil. *A farsa de Inês Pereira*. Estabelecimento de texto: Segismundo Spina. 6. ed. São Paulo: Brasiliense, 1973.

Atividades

1. Segundo a tradição aristotélica, a que gênero pertence o texto acima? Que características você destaca?

2. Rubrica, numa peça de teatro, é a indicação escrita de como deve ser uma fala, uma mudança de cenário, um movimento cênico, um gesto do ator, etc. Na rubrica inicial, temos algumas informações importantes: o local e a data da primeira encenação, a quem foi dedicada e a classificação ("farsa de folgar", que pode ser entendida como uma comédia de costumes). Há também uma explicação sobre a sua motivação. Qual teria sido ela?

3. Ainda na rubrica inicial, temos o emprego de uma palavra que caracteriza o caráter ficcional do texto. Qual?

4. De que se queixa Inês? Por que é definida na rubrica inicial como uma moça fantasiosa?

5. Como Inês espera mudar de vida?

Velhos temas novas leituras

AQUELES QUE VIVEM À MARGEM

No *Auto da barca do inferno* percebemos a vasta galeria de tipos humanos satirizados por Gil Vicente. Esses tipos são passageiros de duas barcas: uma delas comandada pelo Diabo, e a outra, por um Anjo. Os passageiros são submetidos a um interrogatório, após o qual embarcarão rumo ao Inferno ou ao Paraíso (simulando, assim, o Juízo Final).

A maioria deles, condenada por seu comportamento, vai para a barca do Diabo, superlotando-a. São eles: um fidalgo, um sapateiro, uma alcoviteira, um padre e sua amante, um judeu, um enforcado, um agiota, um corregedor e um procurador.

Apenas cinco passageiros – um parvo (indivíduo tolo, simplório) e quatro cavaleiros (representando um único tipo) – embarcam em companhia do Anjo. O parvo foi aceito pelo Anjo porque, se pecou em vida, o fez sem consciência, sem maldade. Já os quatro cavaleiros irão para o Paraíso porque morreram "pelejando por Cristo", ou seja, lutavam contra os "infiéis", na chamada Guerra Santa.

O *Auto da barca do inferno* é a mais famosa peça da trilogia das barcas, formada ainda pelo *Auto da barca do purgatório* e pelo *Auto da barca da glória*.

Levando em conta o sentido da obra, podemos perguntar: qual é a importância do parvo, que se intromete em todos os diálogos? Trata-se de um sujeito que escapa dos padrões de racionalidade e das proporções estéticas renascentistas (lembre-se das medidas e do equilíbrio do homem vitruviano); é um marginal, sem trabalho, sem necessidade de obedecer às aparências, desapegado de qualquer gesto regido pela utilidade ou pela ganância. Ou seja, trata-se de uma representação do oposto dos demais personagens. Repare como todos são identificados por seus trabalhos ou atividades, como são indissociáveis de uma finalidade material e do sentido do lucro. O parvo é tido como louco e não participa das convenções sociais, não age por vaidade ou interesse; dessa forma, consegue se distinguir dos outros. Mais do que isso: por estar excluído, ele consegue vislumbrar as coisas com outros olhos e, de sua perspectiva, desvenda a verdade das relações sociais. Logo, na trama do auto, além de ser um elemento de humor e sátira no texto, é justamente o tolo aquele que não tem nada de simplório e ingênuo.

A cura da loucura, de Hieronimus Bosch, 1485. No século XV, acreditava-se que a loucura era causada por uma pedra existente no cérebro dos doentes, o que impediria o bom funcionamento do órgão; assim, a cura só seria obtida pela remoção dessa pedra. Na pintura de Bosch, ao realizar a cirurgia, o médico encontra, em vez de uma pedra, uma flor, o que lança luz crítica ao conhecimento médico e aponta como o comportamento tachado de loucura era, muitas vezes, não uma doença, mas um desvio da conduta esperada pela sociedade.

No mundo das artes, são inúmeros os exemplos de desajustados e personagens marginais. Nas artes circenses, todo palhaço tem um pouco de parvo; não é estranho, portanto, o encanto que despertaram em artistas de variadas épocas. No teatro, são famosos os *clowns* de William Shakespeare, personagens que se assemelham aos de Gil Vicente, intervindo no desenrolar das peças como elementos de humor e denúncia. Na literatura, os vagabundos e desajustados passaram a ser tomados como exemplos de negação de uma vida regida pelos interesses do mercado e do triunfo econômico. Isso mostra como negar a rotina maquinal, os padrões de comportamento, a racionalidade da produção e o trabalho exaustivo pode ser uma forma de crítica e resistência.

Um dos mais notáveis casos de marginal é o de Carlitos, personagem criado pelo ator e diretor de cinema Charles Chaplin (1889-1977). Nos inúmeros filmes que compõem a série do inconfundível maltrapilho de bigodinho, bengala e chapéu-coco, ele foi mendigo, patinador, músico, soldado, artista de circo, operário, peregrino, mineiro, etc., sempre de forma desastrada e confusa, sempre revelando as desigualdades sociais, a falta de sensibilidade dos tempos modernos e os desmandos dos poderosos. Apesar de, em diversas situações, Carlitos ter sido maltratado e perseguido, nunca foi capaz de grandes maldades, nunca perdeu seu lirismo e sua ternura, assim como nunca se fixou em nenhum emprego nem obteve nenhuma propriedade. Esse personagem, portanto, é a negação do conceito burguês de indivíduo. Não é sem motivo que, nos anos 1950, durante um período de repressão política nos Estados Unidos, Charles Chaplin foi censurado, perseguido e obrigado a sair do país.

CinemaPhoto/Corbis/Latinstock

Charles Chaplin caracterizado como Carlitos.

Para estabelecer novas relações sobre o que foi dito, leia o seguinte fragmento do poema "Canto ao homem do povo Charles Chaplin", de Carlos Drummond de Andrade.

Canto ao homem do povo Charles Chaplin

Carlos Drummond de Andrade

Bem sei que o discurso, acalanto burguês, não te envaidece,
e costumas dormir enquanto os veementes inauguram estátua,
e entre tantas palavras que como carros percorrem as ruas,
só as mais humildes, de xingamento ou beijo, te penetram.

Não é saudação dos devotos nem dos partidários que te ofereço,
eles não existem, mas de homens comuns, numa cidade comum,
nem faço questão da matéria de meu canto ora em torno de ti
como um ramo de flores absurdas mandado por via postal ao inventor dos jardins.

[...]

Não é a saudação dos devotos nem dos partidários que te ofereço,
eles não existem, mas a de homens comuns, numa cidade comum,
nem faço muita questão da matéria de meu canto ora em torno de ti
como um ramo de flores absurdas mandado por via postal ao inventor dos jardins.

Falam por mim os que estavam sujos de tristeza e feroz desgosto de tudo,
que entraram no cinema com a aflição de ratos fugindo da vida,
são duas horas de anestesia, ouçamos um pouco de música,
visitemos no escuro as imagens – e te descobriram e salvaram-se.

Falam por mim os abandonados da justiça, os simples de coração,
os párias, os falidos, os mutilados, os deficientes, os recalcados,
os oprimidos, os solitários, os indecisos, os líricos, os cismarentos,
os irresponsáveis, os pueris, os cariciosos, os loucos e os patéticos.

E falam as flores que amam ser pisadas,
falam os tocos de vela, que comes na extrema penúria, falam a mesa, os botões,
os instrumentos do ofício e as mil coisas aparentemente fechadas,
cada troço, cada objeto do sótão, quanto mais obscuros mais falam.

[...]

Foi bom que te calasses.
Meditavas na sombra das chaves,
das correntes, das roupas riscadas, das cercas de arame,
juntavas palavras duras, pedras, cimento, bombas, invectivas,
anotavas com lápis secreto a morte de mil, a boca sangrenta
de mil, os braços cruzados de mil.
E nada dizias. E um bolo, um engulho
formando-se. E as palavras subindo.
Ó palavras desmoralizadas, entretanto salvas, ditas de novo.
Poder da voz humana inventando novos vocábulos e dando sopro aos exaustos.
Dignidade da boca, aberta em ira justa e amor profundo,
crispação do ser humano, árvore irritada, contra a miséria e a fúria dos ditadores,
ó Carlito, meu e nosso amigo, teus sapatos e teu bigode caminham numa estrada
[de pó e esperança.

ANDRADE, Carlos Drummond de. In: *Antologia poética*.
Rio de Janeiro: Record, 2003. p. 141-142.

1. O que o personagem de Charles Chaplin representa no poema?

2. Outro poeta modernista, Manuel Bandeira, num de seus poemas metalinguísticos, escreve "Quero antes [...] o lirismo dos *clowns* de Shakespeare. Não quero mais saber do lirismo que não é libertação". Como é possível relacionar a temática do parvo com esses versos de Manuel Bandeira?

Vestibulares de Norte a Sul

1. **CO** (Unemat-MT) O teatro de Gil Vicente faz parte de uma importante manifestação do Humanismo português do século XVI.

   Com relação à característica básica da sátira vicentina, assinale a alternativa **incorreta**.

   a) Enfoque na nobreza representada pelo fidalgo decadente.
   b) Retomada da análise do comportamento social do clero e do povo.
   c) Denúncia do comportamento dos frades que se entregavam a amores proibidos.
   d) Demonstração das atitudes do clero como uma solução para a decadência moral dos costumes.
   e) Mostra da desagregação dos costumes a partir da simplicidade da forma de composição.

2. **SE** (Fuvest-SP)

   E chegando à barca da glória, diz ao Anjo:

   Brísida: Barqueiro, mano, meus olhos,
   prancha a Brísida Vaz!
   Anjo: Eu não sei quem te cá traz...
   Brísida: Peço-vo-lo de giolhos!
   Cuidais que trago piolhos,
   anjo de Deus, minha rosa?
   Eu sou Brísida, a preciosa,
   que dava as moças aos molhos.
   A que criava as meninas
   para os cônegos da Sé...
   Passai-me, por vossa fé,
   meu amor, minhas boninas,
   olhos de perlinhas finas!
   [...]

   Gil Vicente, *Auto da barca do inferno*. (Texto fixado por S. Spina.)

   a) No excerto, a maneira de tratar o Anjo, empregada por Brísida Vaz, relaciona-se à atividade que ela exercera em vida? Explique resumidamente.
   b) No excerto, o tratamento que Brísida Vaz dispensa ao Anjo é adequado à obtenção do que ela deseja, isto é, levar o Anjo a permitir que ela embarque? Por quê?

3. **SE** (PUC-SP) Diabo, Companheiro do Diabo, Anjo, Fidalgo, Onzeneiro, Parvo, Sapateiro, Frade, Florença, Brísida Vaz, Judeu, Corregedor, Procurador, Enforcado e Quatro Cavaleiros são personagens de AUTO DA BARCA DO INFERNO, de Gil Vicente.

   Analise as informações a seguir e selecione a alternativa incorreta, cujas características não descrevam adequadamente a personagem.

   a) Onzeneiro idolatra o dinheiro, é agiota e usurário; de tudo que juntara, nada leva para a morte, ou melhor, leva a bolsa vazia.
   b) Frade representa o clero decadente e é subjugado por suas fraquezas: mulher e esporte; leva a amante e as armas de esgrima.
   c) Diabo, capitão da barca do inferno, é quem apressa o embarque dos condenados; é dissimulado e irônico.
   d) Anjo, capitão da barca do céu, é quem elogia a morte pela fé; é austero e inflexível.
   e) Corregedor representa a justiça e luta pela aplicação íntegra e exata das leis; leva papéis e processos.

4. **S** (UFRGS-RS) Em relação ao *Auto da Barca do Inferno*, de Gil Vicente, considere as seguintes afirmações.

   I Trata-se de um grande painel que satiriza a sociedade portuguesa de seu tempo.
   II Representa a transição da Idade Média para o Renascimento, guardando traços dos dois períodos.
   III Sugere que o Diabo, ao julgar justos e pecadores, tem poderes maiores que Deus.

   Quais estão corretas?

   a) Apenas I.
   b) Apenas I e II.
   c) Apenas I e III.
   d) Apenas II e III.
   e) I, II e III.

5. **N** (Uepa) Leia com atenção a seguinte fala do personagem central de *O velho da horta*, de Gil Vicente. Ele se dirige a Branca Gil.

   O caso é: Sobre meus dias,
   em tempo contra razão,
   veio amor sobre tenção,
   e fez de mim outro Mancias*
   tão penado
   que de muito namorado
   creio que me culpareis
   porque tomei tal cuidado;
   e do velho destampado
   zombareis.

   *trovador ibérico extremamente apaixonado

   Pelo que se depreende da leitura, o receio do velho, relativamente à opinião de Branca Gil sobre si próprio, demonstra que tanto na Idade Média, como hoje, não é comum se aceitar em nossa cultura:

   a) o namoro entre pessoas de idades muito diferentes.
   b) a prática do adultério.
   c) o relacionamento entre judeus e não judeus.
   d) o empréstimo de dinheiro a juros.
   e) a paixão descontrolada.

6. **SE** (Fuvest-SP) Na *Farsa de Inês Pereira*, Gil Vicente:

   a) retoma a análise do amor do velho apaixonado, desenvolvida em *O velho da horta*.
   b) mostra a humilhação da jovem que não pode escolher seu marido, tema de várias peças desse autor.
   c) denuncia a revolta da jovem confinada aos serviços domésticos, o que confere atualidade à obra.
   d) conta a história de uma jovem que assassina o marido para se livrar dos maus-tratos.
   e) aponta, quando Lianor narra as ações do clérigo, uma solução religiosa para a decadência moral de seu tempo.

CAPÍTULO 9 Os estilos de época na Era Clássica: Classicismo português

Cosmin – Constantin Sava/Dreamstime.com/Other Images

O juízo final, por Michelangelo, na Capela Sistina (Vaticano), 1536-1541. A figura divina, no centro, sintetiza o ideal artístico da época devido ao equilíbrio da composição e às formas exuberantes do corpo humano.

Renascimento e Classicismo

Renascimento é um movimento cultural desenvolvido na Europa entre 1300 e 1650. O "renascer" dos valores da Antiguidade clássica deu-se pela intenção de exaltar a figura humana e retratar a ela e a seu mundo da maneira mais "realista" possível, ou seja, buscou-se dar às imagens em duas dimensões (altura e largura), como a de uma tela, a semelhança de uma imagem em três dimensões (profundidade).

Renascimento e Classicismo são termos empregados para denominar os movimentos das artes plásticas do período assim como a literatura portuguesa produzida nesse momento.

A arquitetura

A cúpula da catedral de Florença, projetada por Filippo Brunelleschi entre 1420 e 1436, com suas formas arredondadas, clássicas, iria servir como padrão arquitetônico durante toda a Renascença. Sobre o papel desempenhado pela cidade de Florença, como berço do Renascimento, assim escreve o crítico de arte E. H. Gombrich: "Os italianos do século XIV acreditavam que a arte, ciência e erudição tinham florescido no período clássico, que todas essas coisas tinham sido destruídas pelos bárbaros do Norte e que lhes cumpria a missão de ajudar a reviver o glorioso passado e, portanto, a inaugurar uma nova era. Em nenhuma cidade esse sentimento de confiança e esperança era mais intenso do que em Florença, berço de Dante e de Giotto. Foi nessa próspera cidade de mercadores, nas primeiras décadas do século XV, que um grupo de artistas se dispôs deliberadamente a criar uma nova arte e a romper com as ideias do passado".

Mirec/Shutterstock/Glowimages

A escultura

Reprodução/Museu Nacional, Roma, Itália.

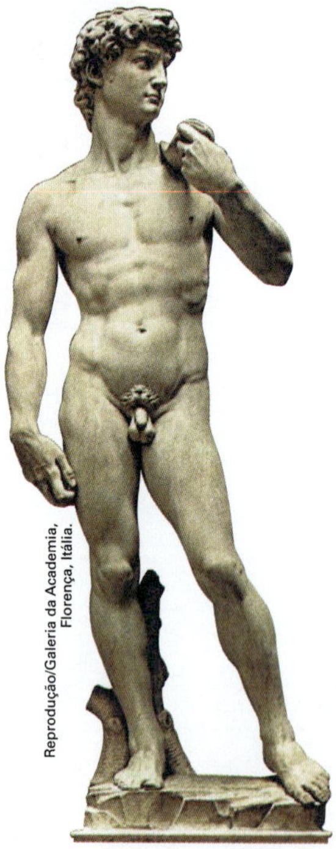

Reprodução/Galeria da Academia, Florença, Itália.

As obras ao lado pertencem a diferentes períodos da história da arte: o *Discóbolo* é uma escultura da Grécia antiga (cerca de 450 a.C.); o famoso *Davi*, de Michelangelo, é uma obra tipicamente renascentista (1504). Comparando-as, é fácil perceber como a estética renascentista se aproxima do ideal de arte da Antiguidade clássica, representada pelo atleta grego, embora quase 2000 anos as separem!

De fato, o Renascimento italiano representou a restauração dos valores da cultura clássica de Grécia e Roma, que exaltavam o indivíduo, suas qualidades físicas e espirituais, sua vocação natural para a ação e para a glória (em nítida oposição aos valores teocêntricos da Idade Média, que não reconheciam a individualidade). Davi, herói bíblico que derrotou o gigante Golias com uma pedra lançada por sua funda, constitui um modelo de coragem. Para Michelangelo e para os florentinos, Davi, feito sob encomenda e esculpido em um gigantesco bloco de mármore de 5,49 metros, simbolizava a própria Florença, que atravessava um período difícil, obrigada a estar sempre atenta contra ameaças externas. Com Davi, Michelangelo superou os próprios gregos e romanos da Antiguidade, pois, além da beleza formal e do vigor dos clássicos, imprimiu em seu herói uma poderosa expressividade e um grande significado.

- *Como você descreveria essas duas esculturas? Que características elas possuem em comum?*
- *Em sua opinião, como essas esculturas foram feitas? Quanto tempo você acredita que foi necessário para concluí-las? Quantas pessoas você imagina que estiveram envolvidas em todo o processo?*

A imprensa

Bettmann/Corbis/LatinStock

O impressor alemão Johann Gensfleish (1397-1468), conhecido como Gutenberg, não inventou a imprensa, que já era conhecida antes de ele nascer. Entretanto, foi ele o inventor da tipografia, isto é, do sistema de tipos móveis que tornou possível o desenvolvimento da imprensa; a partir de sua invenção, uma obra podia ser copiada em maior volume e em menor tempo, o que dinamizou a circulação de textos impressos. A ilustração retrata Gutenberg e seus auxiliares, ao lado de uma prensa, examinando uma folha que acabara de ser impressa.

A pintura

Reprodução/Museu do Louvre, Paris, França.

Mona Lisa, um óleo sobre madeira de apenas 77 cm × 53 cm, retrato da jovem esposa do rico florentino Francesco del Giocondo (daí ser conhecida como La Gioconda), transformou-se na mais emblemática pintura do Renascimento. Nela, percebemos algumas características que consagraram a pintura da época: a perspectiva, verdadeira revolução na arte de retratar, aumentando a ilusão de realidade; o novíssimo recurso da tinta a óleo; a técnica do *sfumato* (esfumaçado), num jogo de claro-escuro que cria zonas ambíguas no retrato, assim sintetizada por Leonardo: "a luz demasiado viva torna as coisas cruas, o demasiado sombrio não deixa ver, o médio é bom"; a valorização do indivíduo: *Mona Lisa* é considerado o primeiro estudo psicológico de um modelo (daí o realce aos olhos – "janelas da alma", segundo Leonardo – e ao sorriso enigmático).

- *Causa algum estranhamento a paisagem que está ao fundo da Mona Lisa? Qual teria sido a intenção de Leonardo da Vinci ao pintar essa paisagem?*
- *Que impressões o olhar, o sorriso e a postura de Mona Lisa podem causar no espectador da tela? Como os aspectos formais do quadro contribuem para isso?*

1 A Era Clássica

E ao imenso e possível oceano
Ensinam estas Quinas, que aqui vês,
Que o mar com fim será grego ou romano:
O mar sem fim é português.

PESSOA, Fernando. *Padrão*. Disponível em: <www.revista.agulha.nom.br>. Acesso em: 11 ago. 2014.

O que se convencionou denominar Era Clássica, na literatura europeia, corresponde a uma nova ordem socioeconômica que marca os séculos XVI, XVII e XVIII. A crise do feudalismo, a tomada de Constantinopla pelos turcos (1453), a expansão marítima e a revolução comercial, o desenvolvimento do capitalismo mercantil, as monarquias absolutistas formam o pano de fundo desse período. Assiste-se a uma retomada dos valores da Antiguidade clássica (daí a denominação), que passam a conviver com heranças esparsas dos modelos medievais. O período se estende até o estabelecimento de uma nova ordem socioeconômica, agora ditada pela Revolução Industrial e pelas conquistas políticas e sociais da Revolução Francesa.

Na Era Clássica predomina a poesia, tanto a lírica como a épica; musas ganham contornos e nomes que remetem à mitologia; Homero, Virgílio e Horácio são revisitados; exalta-se o bucolismo, o homem em seu estado natural, a vida pastoril.

Ecos dessas manifestações podem ser percebidos, com maior ou menor intensidade, na literatura produzida no Brasil dos séculos XVII e XVIII.

Para fins didáticos, dividimos a Era Clássica em três grandes estilos de época:

- **Classicismo**, que caracteriza a maior parte do século XVI (os anos de 1500, daí ser chamado de **Quinhentismo**);
- **Barroco**, que caracteriza o fim do século XVI e praticamente todo o século XVII (os anos de 1600, daí ser chamado de **Seiscentismo**);
- **Arcadismo** ou **Neoclassicismo**, que caracteriza o século XVIII (os anos de 1700, daí ser chamado de **Setecentismo**).

Os leitores e os leitores de livros

Quando pensamos nos tempos do Renascimento, é preciso levar em conta que grande parte das descobertas do período foram consequência da síntese entre os estudos da Antiguidade e o conhecimento que circulava à época. Leonardo da Vinci, por exemplo, não deve ser entendido como um gênio, mas como uma pessoa que teve a sensibilidade necessária para relacionar as teorias clássicas com o experimentalismo dos séculos XV e XVI. Essa prática experimental, no entanto, não era limitada a compêndios, academias ou escolas; ela existia difundida pela sociedade e diretamente ligada aos ofícios, aos trabalhos práticos e artesanais. Por conta disso é que os artistas renascentistas eram, além de pintores, escultores e escritores, também desenhistas, arquitetos, urbanistas, matemáticos e cientistas. Quando falamos em artes e literatura do século XVI, precisamos nos desapegar de nossas concepções contemporâneas; a cultura não era limitada pelos livros ou pelas instituições de ensino, pois estes eram privilégios de poucos. Como argumenta o linguista Steven Roger Fischer:

Em quase toda a Europa, do século XV ao XVIII, a maioria dos leitores de livros era composta por médicos, nobres, ricos comerciantes e integrantes do clero, assim como na Idade Média. [...] Possuir e ler um livro de verdade, um volume encadernado em couro refinado e impresso em papel de excelente qualidade, até esse momento, era privilégio de ricos e daqueles de elevado *status* social. A cultura da leitura de livros solidificou a divisão entre as classes sociais, destacando e apoiando os poucos que ainda controlavam os muitos. A leitura de livros ainda estava longe de se tornar uma prerrogativa pública.

FISCHER, Steven R. In: *História da leitura*. Trad. Claudia Freire. São Paulo: Ed. da Unesp, 2006. p. 206.

2 O Classicismo português

A expansão marítima e a intensificação do comércio iniciadas em meados do século XV ampliaram os contatos dos portugueses para além de Castela; percebe-se uma migração, notadamente para os grandes centros da Península Itálica, não só de comerciantes, mas também de estudantes. Esse contato permite a introdução em Portugal de novas formas de pensar, que caracterizaram o Renascimento. Ao mesmo tempo, como consequência do Humanismo, há uma reestruturação do ensino em Portugal; por iniciativa de D. Manuel ou de particulares, vários colégios são fundados; a partir de 1498 desenvolve-se a imprensa nacional.

A pujança econômica do reinado de D. Manuel e a introdução de novos conceitos de arte acabaram por gerar um estilo tipicamente lusitano, conhecido como Manuelino; sua principal característica é o acentuado caráter decorativo que associa elementos góticos a elementos mouriscos e renascentistas: ao lado de arcos e abóbadas, colunas retorcidas e um intenso rendilhado, como se percebe no conjunto arquitetônico formado pelo Mosteiro dos Jerônimos (1502) e pela Torre de Belém (1515), construídos na praia de onde partiram as caravelas portuguesas, na beira do rio Tejo.

Imagebroker/Alamy/Other Images

Mosteiro dos Jerônimos em Belém, Portugal.

A linguagem do Classicismo

OED Classicismo

A revolução cultural renascentista e suas características temáticas e formais determinam a linguagem do Classicismo: seus campos lexicais, a forte presença dos adjetivos e mesmo a estruturação das frases. Em primeiro lugar, é preciso relembrar que a língua portuguesa se uniformiza e adquire as características do português atual exatamente no século XVI, com a rica literatura renascentista (em particular, com a produzida por Camões). As duas primeiras gramáticas da língua portuguesa (1536 e 1540) refletem a filosofia renascentista; daí a latinização sintática dos textos literários.

Sá de Miranda

Francisco Sá de Miranda (1481-1558), após viver alguns anos na Itália, introduziu a poesia classicizante em Portugal, sendo um típico representante da poesia quinhentista lusitana. Em sua obra, convivem heranças medievais e humanismo renascentista, a medida velha (redondilha) e a medida nova (decassílabo). Reproduzimos, a seguir, uma famosa cantiga sua, primeira a apresentar o tema do **homem dividido** na literatura portuguesa:

Comigo me desavim,
Sou posto em todo perigo:
Não posso viver comigo
Nem posso fugir de mim.
Com dor da gente fugia,
Antes que esta assi crecesse:

Agora já fugiria
De mim, se de mim pudesse.
Que meio espero ou que fim
Do vão trabalho que sigo,
Pois que trago a mim comigo
Tamanho imigo de mim?

TORRES, Alexandre Pinheiro. *Antologia da poesia portuguesa*. Porto: Lello e Irmão. v. 1. p. 901.

3 A lírica camoniana

Conforme você estudou, o gênero lírico nasce na Grécia antiga, como uma forma de poesia feita para ser cantada ao som da lira. Por isso tem traços formais — como as rimas e a métrica — que procuram garantir a musicalidade dos versos. Sua característica fundamental, porém, é a presença de um **eu lírico**, uma voz em primeira pessoa que exprime sentimentos, conflitos ou ideias. A lírica de Camões é marcada pelo tema do amor, além de apresentar influência das cantigas trovadorescas e da filosofia platônica.

Apresentamos, a seguir, as características fundamentais da poesia lírica camoniana:

- **Poesia tradicional** – A herança das cantigas trovadorescas em Camões aparece principalmente nas redondilhas. O mar, a fonte, a natureza surgem constantemente em diálogos, lembrando as cantigas de amigo.
- **O Amor** – Um dos temas mais ricos da lírica camoniana, o Amor é visto como ideia e como manifestação de carnalidade. Assim, Camões retrata a mulher amada tanto de forma idealizada, recorrendo, para descrevê-la, a uma constante adjetivação – um ser superior, angelical, perfeito (como a Laura de Petrarca e a Beatriz de Dante Alighieri) –, quanto de maneira mais concreta (diríamos, do mundo sensível), cantando não mais um amor espiritualizado, mas um amor terreno, carnal, erótico (é a Vênus que aparece em inúmeras poesias líricas e em *Os Lusíadas*). A impossibilidade de obter uma síntese desses dois amores se revela na poesia camoniana algumas vezes pelo uso intenso de antíteses.
- **As ideias platônicas em Camões** – A filosofia de Platão marcou fortemente toda a produção literária do Renascimento. Assim, há uma constante busca do ideal, que não é mais do que uma tentativa de ascensão do mundo sensível (das realidades concretas, meras imitações particulares) ao mundo inteligível (da essência, a verdade universal). A partir do século XV, percebe-se uma tentativa de aproximar a filosofia platônica dos princípios do cristianismo.
- **O "desconcerto do mundo"** – Esse foi um dos temas que mais perturbaram o poeta português; está presente em poemas que tratam das injustiças, do prêmio aos maus e do castigo aos bons; da ambição e da tentativa de guardar bens que acabam no nada da morte; dos sofrimentos constantes que aniquilam as prováveis conquistas; enfim, de um **conflito violento entre o ser e o dever ser**.

A ilustração abaixo, uma representação de Camões em sua cela, evoca tanto seu trabalho intelectual (observe os papéis e o tinteiro sobre a mesa, a estante de livros, o mapa de navegação) quanto sua infeliz condição (note as correntes no chão, as barras na janela e a fachada da prisão, ilustrada em um "pergaminho" no canto superior esquerdo).

Luís Vaz de Camões

A vida de Camões permanece pontilhada de dúvidas. Admite-se como data mais provável de seu nascimento o ano de 1524. Descendente de uma família de fidalgos decadentes, teria frequentado por algum tempo a Universidade de Coimbra. Serviu como militar no norte da África, onde, ferido em combate, perdeu o olho direito. Em 1552 foi preso em Lisboa por ter agredido um oficial do rei e só foi posto em liberdade em 1553, indo direto para o exílio, que durou 17 anos. Durante esse período, viveu nas colônias portuguesas da África e da Ásia, chegando a morar em Macau, colônia portuguesa na China. Foram anos de dificuldades econômicas e algumas passagens pela cadeia. Camões só retornou a Portugal em 1570, já com os versos de *Os Lusíadas*, cuja primeira edição seria publicada dois anos depois. D. Sebastião, rei de Portugal a quem havia sido dedicado o poema, concede-lhe uma pensão de 15 mil réis por ano, quantia que o poeta recebeu sem regularidade.

Morreu na miséria em 10 de junho de 1580, sendo enterrado como indigente, em vala comum. Sua obra é composta de poesias líricas, uma poesia épica, três peças para teatro e algumas cartas.

LENDO OS TEXTOS

Voltas a mote alheio

Texto 1

Perdigão perdeu a pena,
Não há mal que lhe não venha.

Perdigão que o pensamento
Subiu a um alto lugar,
Perde a pena do voar,
Ganha a pena do tormento.
Não tem no ar nem no vento
Asas com que se sustenha:
Não há mal que lhe não venha.

Quis voar a ˜ua alta torre,
Mas achou-se desasado;
E, vendo-se depenado,
De puro penado morre.
Se a queixumes se socorre,
Lança no fogo mais lenha:
Não há mal que lhe não venha.

CAMÕES, Luís de, op. cit. p. 87.

Atividades

1. No texto, Camões trabalha com várias palavras de duplo significado. Cite dois exemplos.
2. O texto pode ser relacionado a um famoso provérbio. Qual?
3. Pesquise sobre os fatos que marcaram a vida política e econômica de Portugal no século XVI e responda: seria possível relacionar Perdigão com Portugal? Justifique sua resposta.

Texto 2

Busque Amor novas artes, novo engenho
Pera matar-me, e novas esquivanças,
Que não pode tirar-me as esperanças,
Que mal me tirará o que eu não tenho.

Olhai de que esperanças me mantenho!
Vede que perigosas seguranças!
Que não temo contrastes nem mudanças,
Andando em bravo mar, perdido o lenho.

Mas, conquanto não pode haver desgosto

Onde esperança falta, lá me esconde
Amor um mal, que mata e não se vê,

Que dias há que na alma me tem posto
Um não sei quê, que nasce não sei onde,
Vem não sei como e dói não sei por quê.

CAMÕES, Luís de, op. cit. p. 112.

Atividades

1. Podemos dividir o poema em duas partes distintas. Qual a palavra responsável pela mudança de tom do poema? Considerando o embate entre razão e sentimento, o que prevalece em cada parte?
2. Para sintetizar a luta do amante com o Amor, qual é a imagem lançada pelo poeta?

Trocando ideias

Quase todos os poetas, em todos os tempos, escreveram sobre o amor. Declame para seus colegas algumas palavras, escritas por um poeta ou por um compositor popular, relacionadas a esse tema, que tenham impressionado você. Justifique a escolha.

4 A épica camoniana

A épica, também chamada de epopeia, é uma narrativa escrita em versos que expõe grandes feitos heroicos, relacionados a determinado lugar e tempo. Tem caráter enaltecedor e pode tratar de fatos reais ou fictícios. Os clássicos poemas de Homero, a *Ilíada* e a *Odisseia*, são os mais antigos exemplos desse gênero.

Camões escreveu a epopeia *Os Lusíadas*, um dos mais importantes textos da Era Clássica. Nela, o autor engrandece a história de Portugal, o que tornou sua obra um símbolo nacional.

Os Lusíadas

O termo *lusíadas* significa "lusitanos" e já anuncia o herói coletivo do poema: o povo português.

Seguem algumas informações sobre a obra:

- **herói individualizado**: Vasco da Gama, comandante da expedição marítima que "descobriu" o caminho para as Índias em 1498;
- **argumento**: as façanhas dos navegantes portugueses, suas lutas, os perigos enfrentados durante a viagem de Portugal às Índias; no meio da narrativa, pela voz de Vasco da Gama, o leitor toma contato com a história de Portugal, desde a independência capitaneada por Afonso Henriques até o governo de D. Manuel, o Venturoso;
- **presença do maravilhoso pagão**: o destino dos navegadores é decidido pelos deuses no Concílio do Monte Olimpo;
- **estrutura**: 8 816 versos distribuídos em 10 Cantos. Divisão clássica em cinco partes: Proposição, Invocação, Dedicatória, Narração e Epílogo.

OS LVSIADAS
DE LVIS DE CAMÕES.
Agora de nouo impresso, com algũas Annotações, de diuersos Autores.
NON VI, SED INGENIO ET ARTE
Com licença do Supremo Conselho da Sancta & Geeral Inquisição, por Manoel de Lyra
Em Lisboa. Anno de 1584.

Frontispício da edição de *Os Lusíadas*, de 1584.

A mitologia grega e o Concílio dos deuses

Os deuses gregos mantinham uma relação com os homens que extrapolava as práticas religiosas. Constantemente, os deuses poderiam interferir na vida dos mortais; no teatro grego, é muito importante o recurso ao *deus ex-machina*, um deus distante da ação, mas que, em determinado momento da trama, intervém na peça e altera o destino dos personagens. Mais interessante ainda é compreender que os deuses gregos tinham aparência e sentimentos humanos; dessa forma, eles podiam se disfarçar e manter relações com pessoas comuns, assim como manifestar raiva, amor, inveja, ciúme. Todas essas características os tornam elementos fascinantes para a elaboração de obras literárias; no período do Renascimento, com a retomada da cultura clássica feita através de certo distanciamento temporal, os deuses pagãos se tornaram figuras constantes no campo das artes, tal como ocorre em *Os Lusíadas*.

akg-images/Ipress/Palácio Pitti, Florença, Itália.

A obra *Olimpo* (1819), de Luigi Sabatelli, retrata o Concílio dos deuses no monte Olimpo. A figura central é Júpiter (Zeus na mitologia grega); sentado à sua direita, segurando um tridente, Netuno; Vênus (Afrodite, para os gregos) aparece sentada à direita de Netuno, abraçando um jovem cupido.

Ao iniciar a narração, Camões apresenta o Concílio no Olimpo, monte situado na região centro-norte da Grécia, que, segundo a mitologia, os deuses habitavam.

- Júpiter é o pai dos deuses e soberano do Olimpo.
- Vênus é a deusa do amor, filha e amante de Júpiter. É a grande defensora dos lusitanos no Olimpo e protetora de Vasco da Gama durante toda a viagem.
- Baco é o deus do vinho. É contrário à viagem de Vasco da Gama, pois não quer perder seus domínios em terras africanas e asiáticas; incita as forças da Natureza a lutar contra os portugueses.
- Netuno, deus dos mares, também se manifesta contra os portugueses por se sentir invadido em seus domínios.
- Marte, deus da guerra, defende os portugueses por duas razões: deseja agradar Vênus, por quem nutre um profundo amor, e admira os navegadores, considerando-os nobres guerreiros.

TEXTO E INTERTEXTO

Texto 1

Os Lusíadas

(estrofes 88-93 do Canto IV)

Na passagem transcrita, é narrado, pela voz de Vasco da Gama, o embarque dos marinheiros e religiosos que empreenderiam a viagem às Índias. A frota partiu da praia do Restelo, às margens do rio Tejo, no dia 8 de julho de 1497, e navegou em direção ao sul da África. Vasco da Gama aportou na Índia no dia 20 de maio de 1498. O retorno ao Tejo se deu em setembro de 1499; nessa aventura marítima, metade dos homens que partiram não suportou as diferentes adversidades e faleceu.

88 A gente da cidade, aquele dia,
(Uns por amigos, outros por parentes,
Outros por ver somente) concorria,
Saudosos na vista e descontentes.
E nós, co'a virtuosa companhia
De mil religiosos diligentes,
Em procissão solene, a Deus orando,
Para os batéis viemos caminhando.

89 Em tão longo caminho e duvidoso,
Por perdidos as gentes nos julgavam;
As mulheres c'um choro piedoso,
Os homens com suspiros que arrancavam;
Mães, esposas, irmãs, que o temeroso
Amor mais desconfia, acrescentavam
A desesperação e frio medo
De já nos não tornar a ver tão cedo.

90 Qual vai dizendo: –"Ó filho, a quem eu tinha
Só para refrigério, e doce amparo
Desta cansada já velhice minha,
Que em choro acabará, penoso e amaro,
Por que me deixas, mísera e mesquinha?
Por que de mim te vás, ó filho caro,
A fazer o funéreo enterramento,
Onde sejas de peixes mantimento?"

91 Qual em cabelo: –"Ó doce e amado esposo,
Sem quem não quis Amor que viver possa,
Por que is aventurar ao mar iroso
Essa vida que é minha, e não é vossa?
Como, por um caminho duvidoso,
Vos esquece a afeição tão doce nossa?
Nosso amor, nosso vão contentamento,
Quereis que com as velas leve o vento?"

92 Nestas e outras palavras que diziam
De amor e de piedosa humanidade,
Os velhos e os meninos os seguiam,
Em quem menos esforço põe a idade.
Os montes de mais perto respondiam,
Quase movidos de alta piedade;
A branca areia as lágrimas banhavam,
Que em multidão com elas se igualavam.

93 Nós outros, sem a vista alevantarmos
Nem a mãe, nem a esposa, neste estado,
Por nos não magoarmos, ou mudarmos
Do propósito firme começado,
Determinei de assim nos embarcarmos
Sem o despedimento costumado,
Que, posto que é de amor usança boa,
A quem se aparta, ou fica, mais magoa.

CAMÕES, Luís de. *Os Lusíadas*. São Paulo: Saraiva, 1960. v. 1. p. 377-380.

Jose Fuste Raga/Corbis/Latinstock

Monumento em homenagem aos Descobrimentos, em Lisboa, foto de 2010.

Atividades

1. Qual é a função do que é dito entre parênteses nos versos 2 e 3 da estrofe 88?

2. A frota de Vasco da Gama era composta apenas de três navios e um barco de mantimentos; era, portanto, estrategicamente pequena para a tarefa a ser realizada (Cabral, em 1500, comandou uma frota de 13 navios). A partir dessas informações, responda: que figura de linguagem Camões utilizou no verso "De mil religiosos diligentes"?.

3. Camões foi um poeta que trabalhou, como poucos, a adjetivação, obtendo com isso uma força expressiva extraordinária. Analise a importância dos adjetivos *saudosos*, *descontentes*, *virtuosa*, *diligentes*, *solene* na construção de sentido da estrofe.

4. Diziam que as mães, as esposas, as namoradas, quando iam se despedir dos navegadores, vestiam luto antecipado. Que versos justificam essa postura das mulheres?

5. Sobre os versos "A branca areia as lágrimas banhavam, / Que em multidão com elas se igualavam":
   a) Coloque a frase na ordem direta.
   b) Que sentido podemos dar à palavra *multidão* nesse contexto?
   c) Com que termo a forma verbal *igualavam* estabelece concordância? Por que o poeta teria optado por essa forma?
   d) Considerando que a palavra *lágrimas* está sendo usada para representar o sofrimento do povo português, que figura de linguagem Camões está empregando?
   e) **Paráfrase** é um "modo diverso de expressar frase ou texto, sem que se altere o significado da primeira versão". Faça uma paráfrase dos versos.

6. Qual foi a razão invocada por Vasco da Gama para que os navegadores não se despedissem de seus parentes e amigos?

Texto 2

Mar portuguez

Fernando Pessoa

Ó mar salgado, quanto do teu sal
São lágrimas de Portugal!
Por te cruzarmos, quantas mães choraram,
Quantos filhos em vão rezaram!
Quantas noivas ficaram por casar
Para que fosses nosso, ó mar!

Valeu a pena? Tudo vale a pena
Se a alma não é pequena.
Quem quere passar além do Bojador
Tem que passar além da dor.
Deus ao mar o perigo e o abysmo deu,
Mas nelle é que espelhou o céu.

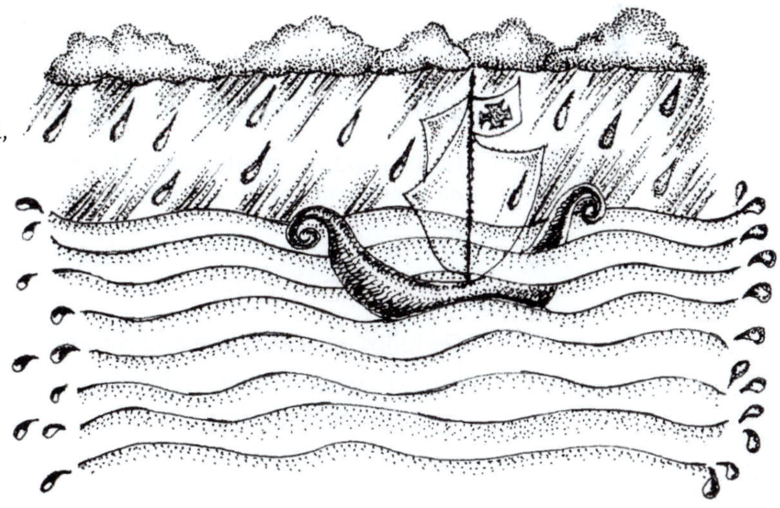

Vera Basile/Arquivo da editora

PESSOA, Fernando. *Fernando Pessoa*: obra poética. 3. ed. Rio de Janeiro: José Aguilar, 1969. p. 82.

Atividades

1. O poema "Mar portuguez" apresenta um apurado trabalho formal. Comente-o em seu caderno.

2. Em um tom grandiloquente e afetivo, o poeta realiza um interessante trabalho com as pessoas do discurso.

a) Caracterize a voz enunciadora da primeira estrofe e a quem ela se dirige.

b) Como o poeta trabalha as pessoas do discurso na segunda estrofe?

3. Nesse poema, Fernando Pessoa realiza um apurado e significativo trabalho com a linguagem. Que recurso estilístico o poeta utiliza para sugerir que a aventura náutica portuguesa se refere ao passado longínquo?

4. *Bojador* é um cabo localizado na costa oeste da África (veja o mapa abaixo) e era, até meados do século XV, o ponto extremo sul conhecido do território africano.

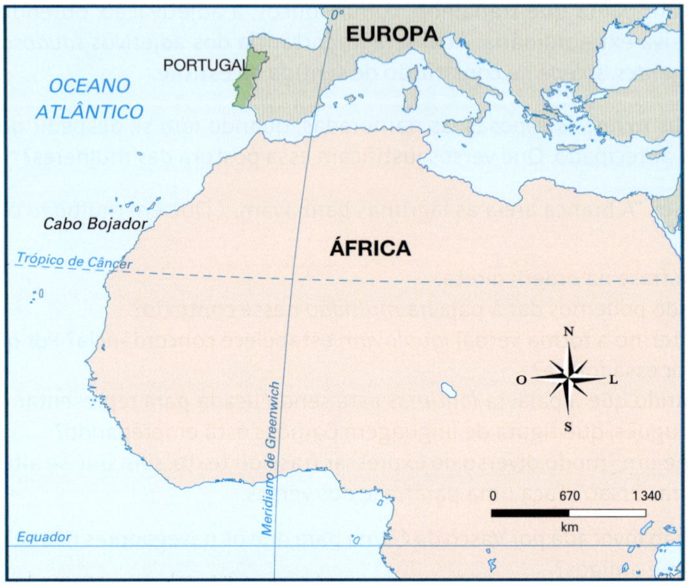

Adaptado de: *Atlas geográfico escolar*. Rio de Janeiro: IBGE, 2009.

Com as informações acima, explique os versos:

Quem quere (quer) passar além do Bojador
Tem que passar além da dor.

5. O texto centra-se em uma interrogativa: "Valeu a pena?". Explique, em seu caderno, os motivos que levam a essa interrogação e sua consequente resposta.

6. Como você entende o *céu* do último verso?

7. Há uma evidente intertextualidade entre o poema "Mar portuguez" e as estrofes apresentadas de *Os Lusíadas*. Que imagem Fernando Pessoa recupera do poema de Camões?

Camões hoje

De todos os poetas que escreveram em língua portuguesa, Camões foi o que deixou mais rica herança e um exército de seguidores, a tal ponto que seria muito difícil encontrarmos um poeta português ou brasileiro, de 1600 para cá, que não tenha sorvido do mel da poesia camoniana.

Para ficarmos apenas no século XX e em alguns autores extremamente significativos, impossível comentar a obra de Fernando Pessoa e de José Saramago sem relacioná-las a Camões: Fernando Pessoa, que se dizia um "supra-Camões", faz uma releitura de passagens de *Os Lusíadas* em seu livro *Mensagem*, em um trabalho de intertextualidade explícita; Saramago retoma, em um recorrente trabalho de intertextualidade, o simbolismo do Velho do Restelo (seja no romance *Memorial do convento*, seja em poesia); Saramago é autor de um texto dramático – *Que farei com este livro?* – que retrata a luta de Camões, após retornar das Índias, para publicar *Os Lusíadas*, tendo de enfrentar a mediocridade da Inquisição e da corte de Lisboa.

No Brasil, a influência camoniana pode ser constatada em sonetos de Vinícius de Morais e em inúmeras poesias de Manuel Bandeira e Murilo Mendes (que, referindo-se a Camões, confessa humilde: "Desde meninos mamamos / Nos rudes peitos da Lírica"), para citar alguns exemplos. O estilo camoniano é ainda parodiado em páginas de *Macunaíma*, de Mário de Andrade. No entanto, talvez a maior influência do poeta português se faça notar na obra de Carlos Drummond de Andrade e, em particular, naquele que é considerado um dos mais importantes poemas de nossa literatura: "A máquina do mundo", inspirado em uma passagem do Canto X de *Os Lusíadas*, em que o poeta português descreve a máquina do mundo.

Na estrofe 80 do canto X de *Os Lusíadas*, Tétis leva o Gama ao alto de um monte e de lá se descortina a máquina do Mundo:

Vês aqui a grande máquina do Mundo,
Etérea e elemental, que fabricada
Assi foi do Saber, alto e profundo,
Que é sem princípio e meta limitada.
Quem cerca em derredor este rotundo
Globo e sua superfície tão limada,
É Deus: mas o que é Deus ninguém o entende,
que a tanto o engenho humano não se estende.

A seguir, reproduzimos as primeiras estrofes do poema de Drummond:

A máquina do mundo

Carlos Drummond de Andrade

E como eu palmilhasse vagamente
uma estrada de Minas, pedregosa,
e no fecho da tarde um sino rouco

se misturasse ao som de meus sapatos
que era pausado e seco; e aves pairassem
no céu de chumbo, e suas formas pretas

lentamente se fossem diluindo
a escuridão maior, vinda dos montes
e de meu próprio ser desenganado,

a máquina do mundo se entreabriu
para quem de a romper já se esquivava
e só de o ter pensado se carpia.
[...]

Vera Basile/Arquivo da editora

ANDRADE, Carlos Drummond de. *Poesia completa*. Rio de Janeiro: José Aguilar, 2003. p. 301-305.

Velhos temas novas leituras

A LITERATURA E OS NAVEGANTES

A presença dos lusitanos na África começou a se dar em agosto de 1415, com a conquista de Ceuta, na parte africana do atual estreito de Gibraltar. Durante todo o século XV, navegadores portugueses, em busca do caminho para as Índias, margearam a costa ocidental da África e foram estabelecendo padrões em praias e ilhas atlânticas, tais como no arquipélago de Cabo Verde (1456-1460) e nas ilhas de São Tomé e Príncipe (1470). O oceano Índico só foi alcançado no final do século, quando a expedição comandada por Bartolomeu Dias cruzou o cabo da Boa Esperança. A partir daí, estava mapeada grande parte do caminho para as Índias; em 1498, após navegar costeando o litoral de Moçambique, lá aportou uma esquadra comandada por Vasco da Gama. Tal aventura marítima não foi obra fácil – houve mortes, guerras, tragédias, tanto para portugueses quanto para os povos que habitavam as regiões que iam sendo conquistadas.

Com as viagens marítimas, mudou o conhecimento que os europeus tinham do mundo; todas as regiões que antes jaziam, para eles, incógnitas ou obscurecidas por mitos agora começavam a ser empiricamente conhecidas. O mar, supostamente habitado por monstros e repleto de abismos, passou a ser espaço de explorações, expedições de reconhecimento e cenário de longas viagens. Para realizar as navegações foi necessária a criação de novos aparelhos, assim como o aprimoramento de antigas invenções. Tudo isso contribuía para que mudassem as formas de representação do mundo: aumentavam os mapas, as latitudes eram fixadas com maior precisão e as rotas marítimas eram identificadas e estudadas. A experiência prática da navegação contribuía, portanto, para aumentar o conhecimento e derrubar mitos. De acordo com o historiador Charles R. Boxer:

> Ao final do século XV, os melhores navegadores portugueses sabiam calcular de forma bastante precisa a sua posição no mar pela combinação da latitude observada com o cálculo, e possuíam excelentes guias práticos de navegação para a costa ocidental africana. Seus principais instrumentos eram a bússola (provavelmente originária da China e conhecida por intermédio dos marinheiros árabes e mediterrâneos), o astrolábio e o quadrante em suas formas mais simples. Também possuíam cartas náuticas razoavelmente adequadas, que, em parte, se baseavam em latitudes calculadas por observações efetuadas tanto em terra como no mar.

BOXER, Charles R. In: *O império marítimo português (1415-1825)*. Trad. Anna Olga de Barros Barreto. São Paulo: Companhia das Letras, 2002. p. 43-44.

Anônimo/Arquivo da editora

Este mapa português é conhecido como *Planisfério de Cantino*, porque, em 1502, foi copiado por (ou para) um espião italiano chamado Alberto Cantino. A versão original se perdeu. Destaca-se a precisão alcançada nos contornos do continente africano, principalmente da costa ocidental.

Mas que sentido atribuímos aos "descobrimentos"? Seria a falsa imagem de um mundo misterioso e obscuro que, por causa das navegações europeias, foi sendo progressivamente revelado e entendido? O mundo era descoberto por quem, e a partir de qual perspectiva? Aquilo que surgia como novo para os olhos europeus havia muito era conhecido por outros povos e culturas. Além do mais, as consequências dos supostos "descobrimentos" são sempre entendidas a partir da perspectiva europeia. O poeta cabo-verdiano Jorge Barbosa (1902-1971), no poema "Prelúdio", realiza uma interessante inversão de perspectiva, colocando no centro da ação o sentimento de quem era conquistado, trazendo-o até o presente.

Prelúdio

Jorge Barbosa

Quando o descobridor chegou à primeira ilha
nem homens nus
nem mulheres nuas
espreitando
inocentes e medrosos
detrás da vegetação.

Nem setas venenosas vindas no ar
nem gritos de alarme e de guerra
ecoando pelos montes.

Havia somente
as aves de rapina
de garras afiadas
as aves marítimas
de voo largo
as aves canoras
assobiando inéditas melodias.

E a vegetação
cujas sementes vieram presas
nas asas dos pássaros
ao serem arrastadas para cá
pela fúria dos temporais.

Quando o descobridor chegou
e saltou da proa do escaler varado na praia
enterrando
o pé direito na areia molhada
e se persignou
receoso ainda e surpreso
pensando n'El-Rei
nessa hora então
nessa hora inicial
começou a cumprir-se
este destino ainda de todos nós.

In: DÁSCALOS, Maria Alexandre et al. *Poesia africana de língua portuguesa*. Rio de Janeiro: Lacerda Editores, 2003. p. 128-129.

Esse poema, em que a conquista é revelada em toda sua violência, evidencia que o tema das navegações, com as consequentes conquistas e "descobertas", atravessou os séculos como assunto fundamental não só para a cultura europeia, principalmente portuguesa, mas também para a cultura daqueles que sofreram o processo de conquista e colonização.

Para entender melhor essas relações, leia os dois textos a seguir. O primeiro é o poema "Padrão", de Fernando Pessoa (1888-1935). O segundo, um poema do escritor angolano Ruy Duarte de Carvalho (1941-2010).

Texto 1

Padrão

Fernando Pessoa

O esforço é grande e o homem é pequeno.
Eu, Diogo Cão, navegador, deixei
Este padrão ao pé do areal moreno
E para deante naveguei.

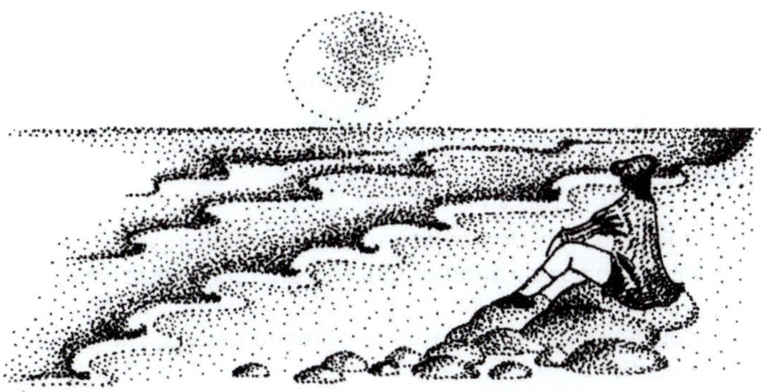

Vera Basile/Arquivo da editora

A alma é divina e a obra é imperfeita.
Este padrão signala ao vento e aos céus
Que, da obra ousada, é minha a parte feita:
O por-fazer é só com Deus.

E ao imenso e possível oceano
Ensinam estas Quinas, que aqui vês,
Que o mar com fim será grego ou romano:
O mar sem fim é portuguez.

E a cruz ao alto diz que o que me há na alma
E faz a febre em mim de navegar
Só encontrará de Deus eterna calma
O porto sempre por achar.

Vera Basile/Arquivo da editora

In: PESSOA, Fernando. *Mensagem*. À memória do Presidente-Rei Sidónio Pais. Quinto Império. Cancioneiro. Anotações de Maria Alice Galhoz. Rio de Janeiro: Nova Aguilar, 1976. p. 35.

Texto 2

Diogo Cão às portas do Zaire

Ruy Duarte de Carvalho

Deste lado da história
o rio morre aqui.
Do mar sabemos nós e aos capitães
a fama da conquista.

Faço-me ao Sul
porque pertenço ao Norte
e a costa só me serve p'ra cumprir
tarefas de abandono.

Meu fim é circular, ir mais além.
Por isso eu sei de estrelas
direcções
e nada sei do fruto
que se projecta e espera.

Cumpro tarefas, sim, porque viajo.
Assim nasci
sabendo o que me aguarda após a descoberta.
Fronteiras
só conheço as do meu lar
e sei amá-lo, só,
noutras distâncias.

De Deus, empreendi que mora aqui no mar,
porque sou eu
quem lhe constrói a face.
Ao Rei e a Vós
apenas dou notícia do rumo horizontal.
Pois que sabeis da vertical sagueza?

In: DÁSKALOS, Maria Alexandre et al. *Poesia africana de língua portuguesa*. Rio de Janeiro: Lacerda Editores, 2003. p. 88-89.

1. Sob que perspectiva o poema de Fernando Pessoa retrata as conquistas de Diogo Cão? Justifique.

2. No poema "Padrão", qual é o sentido da febre de navegar de Diogo Cão? Como é entendido o porvir dos conquistadores?

3. No poema de Ruy Duarte de Carvalho também aparece a ideia do eterno porvir do navegante, mas com sentido diferente do poema anterior. Qual é a diferença entre eles?

4. Os dois poemas são escritos em primeira pessoa, e a voz poética pertence ao navegador Diogo Cão. Qual é o sentido disso?

Vestibulares de Norte a Sul

1. **NE** (Uespi) Dentre os excertos de poemas abaixo, quais podem ser identificados como de Luís Vaz de Camões?

1. "Sete anos de pastor Jacó servia
Labão, pai de Raquel, serrana bela;
Mas não servia ao pai, servia a ela,
Que a ela só por prêmio pretendia".

2. "Mudam-se os tempos, mudam-se as vontades,
Muda-se o ser, muda-se a confiança;
Todo o mundo é composto de mudança,
Tomando sempre novas qualidades".

3. "Amor é fogo que arde sem se ver;
É ferida que dói e não se sente;
É um contentamento descontente;
É dor que desatina sem doer".

4. "A praia é tão longa! E a onda bravia
As roupas de gaza te molha de escuma;
De noite — aos serenos — a areia é tão fria,
Tão úmido o vento que os ares perfuma!.

5. "Froixo o verso talvez, pálida a rima
Por estes meus delírios cambeteia,
Porém odeio o pó que deixa a lima
E o tedioso emendar que gela a veia!

São de Luís Vaz de Camões apenas os excertos:

a) 1, 2 e 3
b) 1, 4 e 5
c) 2, 3 e 4
d) 3, 4 e 5
e) 2, 4 e 5

2. **S** (UFRGS-RS) Leia o soneto a seguir, de Luís de Camões.

Um mover de olhos, brando e piedoso,
sem ver de quê; um riso brando e honesto,
quase forçado, um doce e humilde gesto,
de qualquer alegria duvidoso;

um despejo quieto e vergonhoso;
um desejo gravíssimo e modesto;
uma pura bondade manifesto
indício da alma, limpo e gracioso;

um encolhido ousar, uma brandura;
um medo sem ter culpa, um ar sereno;
um longo e obediente sofrimento:

Esta foi a celeste formosura
da minha Circe, e o mágico veneno
que pôde transformar meu pensamento.

Em relação ao poema acima, considere as seguintes afirmações.

I. O poeta elabora um modelo de mulher perfeita e superior, idealizando a figura feminina.
II. O poeta não se deixa seduzir pela beleza feminina, assumindo uma atitude de insensibilidade.
III. O poeta sugere o desejo erótico ao se referir à figura mitológica de Circe.

Quais estão corretas?

a) Apenas I.
b) Apenas III.
c) Apenas I e II.
d) Apenas I e III.
e) I, II e III.

3. **N** (Uepa) A noção de inferioridade feminina é um aspecto cultural que tem resistido ao tempo. Expressa, às vezes, de um modo sutil, ela pode ser localizada nos seguintes versos de *Os Lusíadas*:

a) "Traziam-na os horríficos algozes
Ante o rei já movido à piedade;"

b) "Que furor consentiu que a espada fina
Que pôde sustentar o grande peso
Do furor mouro, fosse alevantada
Contra uma fraca dama delicada?"

c) "Aos montes ensinando e às ervinhas
O nome que no peito escrito tinhas."

d) "Ó tu, que tens de humano o gesto e o peito
[...]
A estas criancinhas tem respeito."

e) "Mas o povo, com falsas e ferozes
Razões, à morte crua o persuade."

4. **SE** (Ufscar-SP) Leia os textos I e II.

Texto I

Mudam-se os tempos, mudam-se as vontades,
Muda-se o ser, muda-se a confiança;
Todo o mundo é composto de mudança,
Tomando sempre novas qualidades.

Continuamente vemos novidades,
Diferentes em tudo da esperança;
Do mal ficam as mágoas na lembrança,
E do bem, se algum houve, as saudades.
[...]

Camões.

Texto II

O senhor... Mire veja: o mais importante e bonito, do mundo, é isto: que as pessoas não estão sempre iguais, ainda não foram terminadas – mas que elas vão sempre mudando. Afinam ou desafinam. Verdade maior. É o que a vida me ensinou. Isso que me alegra, montão. E, outra coisa: o diabo, é às brutas; mas Deus é traiçoeiro! Ah, uma beleza de traiçoeiro – dá gosto! A força dele, quando quer – moço! – me dá o medo pavor! Deus vem vindo: ninguém não vê. Ele faz é na lei do mansinho – assim é o milagre. E Deus ataca bonito, se divertindo, se economiza.

Guimarães Rosa, *Grande sertão*: veredas.

Comparando os textos I e II, identifique a ideia comum a ambos e transcreva uma informação de cada um deles para justificar a sua resposta.

Textos para a questão 5.

Texto 1

Alma minha gentil, que te partiste
Tão cedo desta vida, descontente,
Repousa lá no Céu eternamente
E viva eu cá na terra sempre triste.

Se lá no assento etéreo, onde subiste,
Memória desta vida se consente,
Não te esqueças daquele amor ardente
Que já nos olhos meus tão puro viste.

E se vires que pode merecer-te
Alguma coisa a dor que me ficou
Da mágoa, sem remédio, de perder-te,

Roga a Deus, que teus anos encurtou,
Que tão cedo de cá me leve a ver-te,
Quão cedo de meus olhos te levou.

In: CAMÕES, Luís de. *Obra completa*. Rio de Janeiro: Aguillar, 1963. p. 269.

Texto 2

A Carolina

Querida, ao pé do leito derradeiro
Em que descansas dessa longa vida,
Aqui venho e virei, pobre querida,
Trazer-te o coração do companheiro.

Pulsa-lhe aquele afeto verdadeiro
Que, a despeito de toda a humana lida,
Fez a nossa existência apetecida
E num recanto pôs um mundo inteiro.

Trago-te flores, – restos arrancados
Da terra que nos viu passar unidos
E ora mortos nos deixa e separados.

Que eu, se tenho nos olhos malferidos
Pensamentos de vida formulados,
São pensamentos idos e vividos.

(dedicatória de *Relíquias de Casa Velha* — 1906)
In: Assis, Machado de. *Relíquias de Casa Velha*, segunda ed., Civilização Brasileira/INL, 1977. p. 47.

Texto 3

Tijuca, 26 de fevereiro de 1906.

Meu prezado e ilustre amigo Sr. Machado de Assis.

Não fui o outro dia ao Garnier, depois da consulta do médico, porque achei no consultório a convicção que eu receava e me fez triste e incapaz de conversa nenhuma. O médico procurou iludir-me, mas a fisionomia dele e a indicação dos remédios disseram a verdade. Vim para a Tijuca com grande desalento, que ainda tenho hoje e agora terei sempre até o último dia. Momentos de prazer e de esquecimento de mim mesmo, devo-os ao seu livro, que trouxe e tenho lido com amor. Se o coração me permitir, escreverei alguma coisa sobre ele e que eu desejaria pudesse exprimir dignamente, superiormente, a minha admiração por esse e por todos os livros seus. Gostei de todas as "Relíquias" muito e muito, mas a página melhor é o soneto "A Carolina". Lembra-se do que me disse uma vez a respeito de "Alma minha gentil, que te partiste"? que tinha a simplicidade sublime de um recado mandado ao céu. É o que eu compreendo e sinto melhor que ao outro. Li-o e reli-o e o tenho de cor. Creio não ter desatendido à menor das palavras dele, que todas têm um sentido especial. "Que eu, se tenho nos olhos mal feridos, / Pensamentos de vida formulados, / São pensamentos idos e vividos". Todo este terceto é de uma beleza grande, que é de um grande poeta e de um grande artista.

Pretendo ir à cidade no dia primeiro, irei à Secretaria pedir notícias suas.

Abraços de seu amigo
Mário de Alencar

In: Assis, Machado de. *Obras Completas de Machado de Assis — Correspondência*, São Paulo, Mérito, 1962, pp. 223 - 24.

5. **SE** (Unesp-SP) Em sua carta, Mário de Alencar (filho do escritor José de Alencar) relembra o que Machado de Assis lhe dissera uma vez: que o poema de Camões "tinha a simplicidade sublime de um recado mandado ao céu". Isto parece confirmar que, na vida real como em suas obras literárias, Machado foi arguto intérprete e amargo observador da condição humana. Compare "Alma minha gentil, que te partiste" com "A Carolina" e explique as diferenças entre ambos os sonetos, no que concerne ao enfoque que cada poeta dá à sua própria morte.

Texto para a questão 6.

Reinando Amor em dois peitos,
tece tantas falsidades,
que, de conformes vontades,
faz desconformes efeitos.
Igualmente vive em nós;
mas, por desconcerto seu,
vos leva, se venho eu,
me leva, se vindes vós.

Camões.

6. **SE** (UPM-SP) No texto, o eu lírico:

a) chama a atenção do leitor para as artimanhas que as mulheres apaixonadas costumam tramar a fim de conquistar os homens.
b) dirige-se ao deus Amor, manifestando seu descontentamento com relação às falsas atitudes da amada.
c) manifesta poeticamente a ideia de que o Amor, atendendo a diferentes vontades, produz diferentes efeitos.
d) declara que, embora o amor esteja presente em todas as pessoas, nem todos o aceitam, fato que gera desentendimentos dolorosos.
e) dirige-se à pessoa amada para expressar seu entendimento a respeito dos aspectos contraditórios do sentimento amoroso.

CAPÍTULO

10 A descoberta do Brasil: Quinhentismo

Biblioteca Nacional de Paris, Paris.

Terra brasilis, mapa elaborado pelo cartógrafo Lopo Homem (com Pedro e Jorge Reinel), publicado no *Atlas Miller*, 1515-1519.

Quinhentismo

Com a nova realidade mercantil, em busca de rotas para o comércio com outros continentes, ganharam impulso as Grandes Navegações (entre os séculos XV e XVII), que permitiram aos europeus conhecer outras regiões do planeta, entre elas, a América. Com esse movimento, os portugueses chegaram às terras que hoje conhecemos como Brasil. Produzida em sua maior parte por viajantes europeus, a literatura sobre o Brasil, nesse momento denominado Quinhentismo, foi chamada de literatura de informação. Seu objetivo era registrar o olhar dos estrangeiros, ou seja, dos europeus, sobre estas terras e sua gente no século XVI.

O olhar estrangeiro sobre o Brasil

Biblioteca Municipal Mário de Andrade, São Paulo (SP).

Os indígenas americanos, no século XVI, eram vistos por dois prismas antagônicos: de um lado, como a materialização do mítico "bom selvagem", o homem em estado puro, habitante do Éden terrestre; de outro, como figuras demoníacas que viviam em pecado, com práticas antropofágicas e que, por isso mesmo, deveriam ser "salvas" pelos conquistadores europeus. As gravuras do holandês Theodore de Bry (nascido em 1528) retratam rituais de canibalismo dos Tupinambá. Era costume, entre vários povos indígenas, comer partes do corpo de seus adversários; acreditavam que, com isso, o espírito guerreiro do inimigo se incorporaria ao seu. Na imagem ao lado, o homem branco, que acompanha horrorizado as cenas em que os indígenas comem pedaços de carne humana, seria o alemão Hans Staden, que, em 1554, foi feito prisioneiro pelos Tupinambá no litoral de São Paulo.

Mulher Tapuia ou *Índia Tarairiú*, de Albert Eckhout, 1641. O holandês Albert Eckhout (nascido em 1610) veio para o Brasil a convite de Maurício de Nassau, na época em que este governou a região do atual estado de Pernambuco. Na tela ao lado, está retratada uma mulher do grupo dos Tarairiú, indígenas que habitavam o Rio Grande do Norte. Eckhout, em seus retratos, valoriza tanto o elemento humano como a paisagem tropical que o envolve. Observe nessa indígena alguns acréscimos e traços europeizantes, como as sandálias, e a ênfase à prática antropofágica: no cesto que carrega às costas, como se fosse um fruto tropical, há um pé humano. Ana Maria Beluzzo, em texto para o catálogo da XXIV Bienal de São Paulo, cujo tema foi "Antropofagia e histórias de canibalismo", comenta: "Na fabulação desencadeada com o ciclo das descobertas, o homem sonha com míticos Eldorados ao sul do equador. O Éden encontra-se na América, onde vive o bom selvagem. Em contrapartida, a quarta parte do universo recentemente descoberta corresponde aos mundos inferiores – *inferus* em grego, raiz da palavra *inferno* –, com seus monstros marinhos, abismos povoados de criaturas insólitas e tribos de comedores de carne humana. O bom *selvagem* e o *canibal*, a visão paradisíaca e a visão infernal, são efetivamente as metáforas mais frequentes reproduzidas pelos europeus sobre o homem e a terra americana ao longo dos séculos XVI e XVII".

Mulher Tapuia ou *Índia Tarairiú*, 1641, óleo sobre tela de Albert Eckhout, Museu Nacional da Dinamarca, Copenhague (Dinamarca).

- *O que mais chama sua atenção na gravura de Theodore de Bry? Por quê?*
- *Em sua opinião, para que público esse artista holandês fez suas gravuras? Como os indígenas e o homem branco estão representados nessas imagens?*
- *A pintura de Albert Eckhout causa certo estranhamento em você? Por quê?*

O olhar brasileiro sobre o estrangeiro

Museu Paulista da Universidade de São Paulo (SP).

A tela *Desembarque de Pedro Álvares Cabral em Porto Seguro em 1500*, pintada por Oscar Pereira da Silva em 1922, retrata a atracação da esquadra do comandante português da perspectiva de um observador que está em terra.

Banco Central do Brasil, Brasília (DF)/Reprodução autorizada por João Candido Portinari. *Descobrimento*, 1956, óleo sobre tela de Candido Portinari.

Descobrimento, de Candido Portinari, 1956. Em sua obra, Candido Portinari inverte o jogo do século XVI: se nos textos e desenhos dos viajantes mostra-se o ponto de vista do homem europeu, na tela do pintor brasileiro conhece-se o ponto de vista dos nativos. Note que o observador se encontra no continente, ao lado dos indígenas, que formam o primeiro plano, e os navios estão mais afastados (segundo plano); por isso, os nativos estão de costas ou de perfil e vemos a proa dos navios. É o ponto de vista do conquistado, do brasileiro. Na tela de Portinari, percebemos a reação dos indígenas à chegada das caravelas: os nativos apresentam um misto de espanto e curiosidade; um aponta o dedo indicador para as caravelas; outro cobre os olhos; em um sugestivo tom de azul, a criança parece aterrorizada, de frente para o observador. Outro detalhe: a primeira caravela, de proporções gigantescas, ameaçadora, dirige-se em alta velocidade à terra (repare na proa cortando a água).

- *Quais são as diferenças entre os portugueses e os indígenas representados na pintura de Oscar Pereira da Silva? Qual pode ter sido a intenção do artista ao produzir essa tela?*
- *Que diferenças você nota entre a pintura de Oscar Pereira da Silva e a de Candido Portinari?*

A Era das Grandes Navegações

1 A expansão ultramarina e o Brasil

Antes dos portugueses descobrirem o Brasil, o Brasil tinha descoberto a felicidade.

ANDRADE, Oswald de. *Manifesto antropófago*, 1928.

Quando trabalhamos com documentos históricos e literários, tais como a *Carta de Caminha* ou os relatos de viajantes e funcionários da Coroa lusitana que estiveram na América portuguesa, precisamos ter muita atenção na leitura. Como são textos elaborados em um período fundamental para se entender o início de um processo de formação cultural, podem ser tomados, equivocadamente, como representativos do surgimento de uma pretensa nacionalidade.

É indiscutível que a *Carta* reflete a visão de mundo do homem português, o que bastaria para colocá-la como mais um texto-documento da literatura portuguesa ligada à expansão ultramarina. Mas é essa visão de mundo do europeu que vai dominar, com maior ou menor intensidade, os três primeiros séculos de nossa literatura, em que o Brasil é colocado na condição de "objeto de uma cultura, o **outro** em relação à metrópole", como salienta Alfredo Bosi. Só a partir do século XIX, com o Romantismo, encontramos manifestações literárias genuinamente nacionais.

O encontro de distintas culturas

Em sua *História da província de Santa Cruz*, publicada em 1576, o copista Pero Magalhães Gandavo faz o seguinte comentário a respeito da língua falada por alguns nativos na região costeira do Brasil: "Carece de três letras, convém saber, não se acha nela *f*, nem *l*, nem *r*, coisa digna de espanto, porque assim não têm Fé, nem Lei, nem Rei. E desta maneira vivem desordenadamente sem terem além disto conta, nem peso, nem medida. Não adoram a coisa alguma, nem têm para si que há depois da morte glória para os bons, e pena para os maus". Gandavo se utiliza de um lugar-comum criado por viajantes e cronistas para se referirem aos nativos do Novo Mundo – a ideia de que não tinham fé, rei e lei –, para demonstrar seu espanto com o modo de organização social dos indígenas da região litorânea; essa postura demonstra muito do olhar que era lançado sobre os indígenas, um olhar de curiosidade e incompreensão, incapaz de entender uma sociedade não adequada ao modelo europeu de organização.

TEXTO E INTERTEXTO

Texto 1

Fragmento da *Carta a El-Rei Dom Manuel sobre o achamento do Brasil*, em que Pero Vaz de Caminha narra a primeira missa rezada em terras brasileiras, numa sexta-feira, 1º de maio de 1500.

E, segundo o que a mim e a todos o pareceu, esta gente não lhes **falece** outra coisa para ser toda cristã, senão entender-nos, porque assim tomavam aquilo que nos viam fazer, como nós mesmos; por onde nos pareceu a todos que nenhuma idolatria, nem adoração têm. E bem creio que, se Vossa Alteza aqui mandar quem entre eles mais devagar ande, que todos serão tornados ao desejo de Vossa Alteza. E por isso, se alguém vier, não deixe logo de vir clérigo para os batizar; porque já então terão mais conhecimento de nossa fé, pelos dois degredados que aqui entre eles ficam, os quais hoje também comungaram ambos.

falece: no português do século XVI, o verbo *falecer* era muito empregado no sentido de "faltar, carecer"; nessa acepção, é transitivo indireto.

Entre todos estes que hoje vieram, não veio mais que uma mulher moça, a qual esteve sempre à missa e a quem deram um pano com que se cobrisse. Puseram-lho a redor de si. Porém, ao assentar, não fazia grande memória de o estender bem, para se cobrir. Assim, Senhor, a inocência desta gente é tal, que a de Adão não seria maior – quanto a vergonha.

Ora veja Vossa Alteza quem em tal inocência vive se convertera ou não, ensinando-lhes o que pertence à sua salvação.

CORTESÃO, Jaime. *A Carta de Pero Vaz de Caminha*. Lisboa: Imprensa Nacional-Casa da Moeda, 1994.

Texto 2

Fragmento do capítulo "Cristão", do romance *O guarani*, de José de Alencar. A passagem relata o momento em que os Aimoré cercam a casa de D. Antônio de Mariz (pai de Ceci) e o fidalgo português propõe a Peri que salve sua filha.

O guarani (1857)

José de Alencar

D. Antônio, vendo a resolução que se pintava no rosto do selvagem, tornou-se ainda mais pensativo; quando, passado esse momento de reflexão, ergueu a cabeça, seus olhos brilhavam com um raio de esperança.

Atravessou o espaço que o separava de sua filha, e, tomando a mão de Peri, disse-lhe com uma voz profunda e solene:

— Se tu fosses cristão, Peri!...

O índio voltou-se extremamente admirado daquelas palavras.

— Por quê?... perguntou ele.

— Por quê?... disse lentamente o fidalgo. Porque se tu fosses cristão, eu te confiaria a salvação de minha Cecília, e estou convencido de que a levarias ao Rio de Janeiro, à minha irmã.

O rosto do selvagem iluminou-se; seu peito arquejou de felicidade; seus lábios trêmulos mal podiam articular o turbilhão de palavras que lhe vinham do íntimo d'alma.

— Peri quer ser cristão! exclamou ele.

D. Antônio lançou-lhe um olhar úmido de reconhecimento.

— A nossa religião permite, disse o fidalgo, que na hora extrema todo o homem possa dar o batismo. Nós estamos com o pé sobre o túmulo. Ajoelha, Peri!

O índio caiu aos pés do velho cavalheiro, que impôs-lhe as mãos sobre a cabeça.

— Sê cristão! Dou-te o meu nome.

Peri beijou a cruz da espada que o fidalgo lhe apresentou, e ergueu-se altivo e sobranceiro, pronto a afrontar todos os perigos para salvar sua senhora.

— Escuso exigir de ti a promessa de respeitares e defenderes minha filha. Conheço a tua alma nobre, conheço o teu heroísmo e a tua sublime dedicação por Cecília, mas quero que me faças um outro juramento.

— Qual? Peri está pronto para tudo.

— Jura que, se não puderes salvar minha filha, ela não cairá nas mãos do inimigo?

— Peri te jura que ele levará a senhora à tua irmã; e que se o Senhor do céu não deixar que Peri cumpra a sua promessa, nenhum inimigo tocará em tua filha; ainda que para isso seja preciso queimar uma floresta inteira.

— Bem; estou tranquilo. Ponho minha Cecília, sob tua guarda; e morro satisfeito. Podes partir.

Disponível em: <www.dominiopublico.gov.br>. Acesso em: 15 abr. 2014.

Reprodução/Arquivo da editora

Desenho de autoria desconhecida que ilustrou uma edição carioca fasciculada do romance *O guarani*, publicada em 1887 e 1888. Nele, Peri é representado como um herói grego no físico e na roupa.

Texto 3

Erro de português (1925)

Oswald de Andrade

Quando o português chegou
Debaixo duma bruta chuva
Vestiu o índio
Que pena!
Fosse uma manhã de sol
O índio tinha despido
O português

ANDRADE, Oswald de. *O Santeiro do Mangue e outros poemas*. São Paulo: Globo/ Secretaria de Estado da Cultura, 1991. p. 95.

Atividades

Sobre o fragmento da *Carta de Caminha*.

1. Em 1549, desembarcava no Brasil a primeira missão jesuítica, liderada pelo padre Manuel da Nóbrega, que, meio século depois de Caminha, comparou os nativos a uma folha de papel em branco: "... aqui poucas letras bastam, porque tudo é papel branco, e não há que fazer outra coisa, senão escrever à vontade as virtudes mais necessárias e ter zelo em que estas criaturas conheçam o seu Criador, a Jesus Cristo seu Redentor...".
   a) Em que trecho da *Carta* Caminha já apresentava semelhante conceito?
   b) Tanto para Caminha como para Nóbrega, o que era necessário para a cristianização dos indígenas?
2. Os dicionários nos explicam que *conversão* é "o ato de passar dum grupo religioso para outro, duma para outra seita ou religião". Segundo Caminha, haveria conversão dos nossos indígenas? Por quê?
3. Após a partida da esquadra de Cabral, quem ampliaria o conhecimento que os indígenas tinham da fé cristã?

Sobre o fragmento de *O guarani*.

4. O professor Alfredo Bosi, no artigo "Um mito sacrificial: o indianismo de Alencar" (In: *Dialética da colonização*, São Paulo: Companhia das Letras, 2000), afirma que "o esperável seria que o índio ocupasse, no imaginário pós-colonial, o lugar que lhe competia, o papel de rebelde. Era, afinal, o nativo por excelência em face do invasor; o americano, como se chamava, metonimicamente, *versus* o europeu. Mas não foi precisamente o que se passou em nossa ficção romântica mais significativa", como é o caso de *O guarani*.

   Baseado na leitura do fragmento de *O guarani*, explique como Alencar "vê" a relação nativo-europeu.

Sobre o poema de Oswald de Andrade.

5. O poema pode ser dividido em duas partes distintas: os três primeiros versos formam um bloco, os três últimos, outro, separados pelo quarto verso. Esses dois blocos foram construídos a partir de uma figura de linguagem. Que figura é essa? Transcreva palavras que justifiquem sua resposta.
6. Quais são as funções sintáticas desempenhadas pelas palavras *português* e *índio* em cada bloco? Isso reforça o que foi visto na atividade 5?
7. No primeiro bloco, os fatos são narrados como se deram; no segundo, como poderiam ter sido na hipótese de uma bela e calorenta manhã de sol. Que aspecto gramatical sustenta essas ideias?

8. O quarto verso, que separa os dois blocos, permite uma dupla leitura. Explique.

Sobre a *Carta* e o poema.

9. Que passagem da *Carta* de Caminha está em nítida oposição à ideia central do poema de Oswald de Andrade?

Sobre Alencar e Oswald.

10. Tanto Alencar, no século XIX, como Oswald, no século XX, voltam seus olhares para o primeiro contato dos nativos com os europeus (lembrando que as fontes são os textos dos cronistas e jesuítas do século XVI). Que diferença se observa na interpretação que os dois autores fazem desse contato?

11. Suponha que você desconhecesse as datas de produção dos três textos. Ainda assim, você seria capaz de descobrir a época em que eles foram produzidos? Por quê?

2 O Quinhentismo brasileiro

Quinhentismo é a denominação genérica de todas as manifestações literárias ocorridas no Brasil durante o século XVI e corresponde à introdução da cultura europeia em terras brasileiras. Nessa época, a Europa vive o auge do Renascimento, com a cultura humanística desmantelando os quadros rígidos da cultura medieval; o capitalismo mercantil avança com o desenvolvimento da manufatura e do comércio internacional; o êxodo rural provoca um surto de urbanização.

Em consequência dessa nova realidade econômica e social, o século XVI também marca uma crise na Igreja: de um lado, as novas forças burguesas rompendo com o medievalismo católico no movimento da Reforma Protestante; de outro, as forças tradicionais ligadas à cultura medieval e aos dogmas católicos – reafirmados no Concílio de Trento (1545), nos tribunais da Inquisição e em seu Índex (relação de livros proibidos) – no movimento conhecido como Contrarreforma.

Assim é que o homem europeu, especificamente o ibérico, apresenta em pleno século XVI duas preocupações distintas: a **conquista material**, resultante da política das Grandes Navegações, e a **conquista espiritual**, resultante, no caso português, do movimento de Contrarreforma.

A *Carta* de Caminha

Carta de Caminha

A *Carta* de Pero Vaz de Caminha é o primeiro documento histórico e literário que retrata o olhar estrangeiro sobre o Brasil. O texto inaugura a chamada **literatura de informação**, ou literatura informativa – principal gênero do Quinhentismo –, que abarca outros documentos escritos por portugueses no mesmo período com a finalidade de descrever a terra descoberta e os nativos que aqui viviam. Com esse propósito, a *Carta* mostra as impressões do autor a respeito do Novo Mundo, carregadas com os valores morais, estéticos, culturais e religiosos dos europeus.

Pero Vaz de Caminha

Escrivão da armada de Cabral, Pero Vaz de Caminha nasceu por volta de 1437, provavelmente na cidade do Porto; teve fim trágico na Índia (Calecute), ainda no ano de 1500, assassinado pelos árabes. Sua *Carta a El-Rei Dom Manuel sobre o achamento do Brasil*, além do inestimável valor histórico, é um trabalho de bom nível literário.

LENDO O TEXTO

Carta a El-Rei Dom Manuel sobre o achamento do Brasil

(fragmentos)

Pero Vaz de Caminha

E dali houvemos vista d' homens, que andavam pela praia, de 7 ou 8, segundo os navios pequenos disseram, por chegarem primeiro. [...] A feição deles é serem pardos, maneira d'avermelhados, de bons rostos e bons narizes, bem feitos. Andam nus, sem nenhuma cobertura, **nem estimam** nenhuma cousa cobrir nem mostrar suas **vergonhas**. E estão acerca disso com tanta inocência como têm em mostrar o rosto. [...]

Ali andavam entre eles três ou quatro moças, bem moças e bem gentis, com cabelos muito pretos, compridos, pelas espáduas; e suas vergonhas tão altas e tão **çarradinhas** e tão limpas das cabeleiras que de as nós muito bem olharmos não tínhamos nenhuma **vergonha**. [...]

E uma daquelas moças era toda **tinta**, de fundo a cima, daquela **tintura**, a qual, certo, era tão bem feita e tão redonda e sua vergonha, que ela não tinha, tão graciosa, que a muitas mulheres de nossa terra, vendo-lhe tais feições, fizera vergonha, por não terem a sua como ela. [...]

O capitão [Cabral], quando eles vieram, estava assentado em uma cadeira e uma **alcatifa** aos pés por estrado, e bem vestido, com um colar d'ouro mui grande ao pescoço. Acenderam tochas e entraram e não fizeram nenhuma menção de cortesia nem de falar ao capitão nem a ninguém. Um deles, porém, pôs olho no colar do capitão e começou d'acenar com a mão para a terra e despois para o colar, como que nos dizia que havia em terra ouro. E também viu um castiçal de prata e assim mesmo acenava para a terra e então para o castiçal, como que havia também prata. Mostraram-lhes um papagaio pardo, que aqui o capitão traz, tomaram-no logo na mão e acenaram para a terra, como que os havia aí. Mostraram-lhes um carneiro, não fizeram dele menção. Mostraram-lhes uma galinha, quase haviam medo dela e não lhe queriam pôr a mão, e despois a tomaram como espantados. [...]

Nela até agora não pudemos saber que haja ouro, nem prata, nem nenhuma cousa de metal, nem de ferro; nem lho vimos. A terra, porém, em si, é de muito bons ares. [...]

Parece-me gente de tal inocência que, se nós entendêssemos a sua fala e eles a nossa, seriam logo cristãos, visto que não têm nem entendem crença alguma, segundo as aparências. E portanto se os degredados que aqui hão de ficar aprenderem bem a sua fala e os entenderem, não duvido que eles, segundo a santa tenção de Vossa Alteza, se farão cristãos e hão de crer na nossa santa fé, à qual praza a Nosso Senhor que os traga, porque certamente esta gente é boa e de bela simplicidade. E imprimir-se-á facilmente neles qualquer cunho que lhe quiserem dar, uma vez que Nosso Senhor lhes deu bons corpos e bons rostos, como a homens bons. E o Ele nos para aqui trazer creio que não foi sem causa. E portanto

Vera Basile/Arquivo da editora

alcatifa: tapete.

çarradinhas: os estudiosos divergem sobre o significado dessa palavra (no original de Caminha, grafada *çaradinhas*): uns a traduzem por *saradinhas*, ou seja, sem doença (esta é a leitura que o modernista Oswald de Andrade faz); outros, como Jaime Cortesão, por *cerradinhas*, ou seja, densas.

nem estimam: nem se importam; nem se preocupam.

tinta: tingida.

tintura: Caminha parece ter ficado impressionado com o fato de os índios pintarem o corpo; em outras passagens, refere-se à tinta vermelha (provavelmente, uma tintura extraída do urucum) utilizada pelos nativos: "... trazia seu arco e setas, e andava tinto de tintura vermelha pelos peitos, espáduas, quadris, coxas e pernas até baixo, mas os vazios com a barriga e estômago eram de sua própria cor. E a tintura era assim que a água a não comia nem desfazia, antes, quando saía da água, parecia mais vermelha".

vergonha: no singular é vergonha mesmo.

vergonhas: no plural, os órgãos sexuais.

Vossa Alteza, pois tanto deseja acrescentar a santa fé católica, deve cuidar da salvação deles. E prazerá a Deus que com pouco trabalho seja assim! [...]

Mas o melhor fruto que nela se pode fazer me parece que será salvar esta gente. E esta deve ser a principal semente que Vossa Alteza em ela deve lançar. E que aí não houvesse mais que ter aqui esta pousada para esta navegação de Calecute, bastaria, quanto mais disposição para se nela cumprir e fazer o que Vossa Alteza tanto deseja, a saber, acrescentamento de nossa santa fé.

CAMINHA, Pero Vaz de. *Carta a El-Rei Dom Manuel.*
Introdução, atualização do texto e notas de N. Viegas Guerreiro. Lisboa: Imprensa Nacional, 1974.

Atividades

1. Como Caminha vê o nativo brasileiro em seu aspecto físico e em sua relação com a natureza?
2. Nos fragmentos apresentados, há indícios da preocupação portuguesa com a exploração material da nova terra?
3. Sérgio Buarque de Holanda, no livro *Visão do paraíso*, fala dos motivos edênicos (ou seja, a busca do Éden) no descobrimento e na colonização do Brasil. Destaque um trecho que revele a visão edênica que os portugueses tinham do Brasil.
4. Destaque um aspecto do texto que o caracterize como literatura informativa.

A mão de obra indígena

Após a ascensão de D. João III ao trono português, em 1521, a relação da metrópole com a colônia passaria por mudanças significativas. A organização econômica rudimentar de até então, baseada em trocas comerciais simples, na exploração do pau-brasil e no cultivo pouco significativo da terra a partir da iniciativa privada, daria lugar à centralização política nas mãos de um governador-geral, cujo poder era delegado pelo próprio rei, à burocracia colonial, à exploração sistemática da terra, com delimitação de propriedades e produção de açúcar, e à punição aos excessos cometidos por colonos. Os indígenas, desse momento em diante, deveriam ser convencidos a viver em aldeamentos formados próximos das povoações portuguesas. Lá seriam convertidos à fé cristã, seriam livres e trabalhariam em serviços internos do próprio aldeamento, para os colonos ou para a Coroa.

Os indígenas "bravios", que não se sujeitassem a fazer alianças com os colonos nem a viver nos aldeamentos e se converter à fé cristã, seriam combatidos nas chamadas "guerras justas" e escravizados legalmente, com o aval da Coroa e da Igreja. A questão da mão de obra indígena era fundamental para a administração colonial no século XVI, daí toda a preocupação em organizar os aldeamentos; as guerras contra os indígenas, assim como epidemias de sarampo e varíola, causavam problemas de fornecimento da mão de obra, o que passou, a partir da década de 1570, a ser resolvido com o lucrativo tráfico de escravos negros vindos da África.

Leia um poema produzido no século XX, pelo brasileiro José Paulo Paes, que procura expressar um ponto de vista sobre essa situação enfrentada pelos indígenas.

A mão de obra

José Paulo Paes

São bons de porte e finos de feição
E logo sabem o que se lhes ensina,
Mas têm o grave defeito de ser livres.

PAES, José Paulo. *Um por todos:* poesia reunida. São Paulo: Brasiliense, 1986. p. 150.

A LITERATURA RELÊ A HISTÓRIA

A chegada dos colonizadores portugueses ao Brasil é um fato que envolveu questões de diversas matrizes, tanto religiosas como econômicas e míticas. Como já vimos, a "descoberta do Brasil" torna-se um momento propício para a criação de mitos nacionais; daí porque, por parte da política oficial, a utilização do indígena como alegoria nacional no século XIX: não se tratava do nativo real, e sim de uma criação baseada nos moldes europeus. Um dos maiores exemplos disso é a obra *A primeira missa no Brasil*, pintada por Victor Meirelles, em 1860. Nela está representado o encontro de duas culturas distintas, com a europeia assumindo a importância primordial. O projeto de nação está dado: somos únicos, mas não somos selvagens, fazemos parte da cultura "universal".

A primeira missa no Brasil, de Victor Meirelles, 1860.

Ainda no século XIX, porém, esse entendimento da História passou a ser criticado. O poeta mineiro Bernardo Guimarães (1825-1884), nos tempos em que era estudante da Faculdade de Direito de São Paulo, escreveu *O elixir do pajé*, obra poética das mais satíricas. No poema, um pajé, às voltas com disfunções eréteis, busca uma solução para os seus problemas. A crítica era clara: o indígena fora tão purgado de suas características próprias pelas alegorias oficiais que se tornara impotente. Leia:

Quem extinguiu-te assim o entusiasmo?
Quem sepultou-te nesse vil marasmo?
Acaso pra teu tormento,
endefluxou-te algum esquentamento?
Ou em pívias estéreis te cansaste,
ficando reduzido a inútil traste?

Por ventura do tempo a dextra irada
quebrou-te as forças, envergou-te o colo,
e assim deixou-te pálido e pendente,
olhando para o solo,
bem como inútil lâmpada apagada
entre duas colunas pendurada?

GUIMARÃES, Bernardo. *O elixir do pajé*: poemas de humor, sátira e escatologia. Org. Duda Machado. São Paulo: Hedra, 2010. p. 64.

Em 1948, o pintor Candido Portinari realiza uma releitura da obra de Victor Meirelles, entendendo a História a partir de uma nova perspectiva. Repare como, na tela de Portinari, não está representado nenhum indígena no evento da primeira missa no Brasil. Isso, porém, não se faz em demérito dos nativos; é o reconhecimento de que os indígenas não podem ser entendidos como submissos ou ingênuos. Eles tinham capacidade de escolher se queriam participar ou não – essa parece ser a ideia da pintura.

No século XX, a prática de releitura do passado pelas artes continuou. Tornou-se senso comum, principalmente no contexto das ditaduras do Estado Novo (1937-1945) e do regime militar (1964-1985), a ideia de que o Brasil é um país formado pela miscigenação de três raças; assim, valoriza-se a participação de elementos diversos e escondem-se a existência de conflitos e a valoração arbitrária das culturas, gerando uma equívoca imagem harmônica. Apesar disso, no campo literário, as principais manifestações continuaram a ser de denúncia e de sátira. Para entender melhor tal situação, leia os textos a seguir, produzidos na primeira metade do século XX: um poema de Murilo Mendes (1902-1975) e um fragmento do poema "História", de Raul Bopp (1898-1984).

Reprodução autorizada por João Candido Portinari. Imagem do acervo do Projeto Portinari

A primeira missa no Brasil, de Candido Portinari, 1948.

Patrick Grosner/Folhapress

Monumento às três raças, escultura de bronze criada por Neusa Morais, em 1968, localizada na Praça Cívica, em Goiânia.

Texto 1

O farrista

Murilo Mendes

Quando o almirante Cabral
Pôs as patas no Brasil
O anjo da guarda dos índios
Estava passeando em Paris.
Quando ele voltou da viagem
O holandês já está aqui.
O anjo respira alegre:
"Não faz mal, isto é boa gente,
Vou arejar outra vez".
O anjo transpôs a barra,
Diz adeus a Pernambuco,
Faz barulho, vuco-vuco,
Tal e qual zepelim
Mas deu um vento no anjo,
Ele perdeu a memória...
E não voltou nunca mais.

MENDES, Murilo. In: *História do Brasil*. Org., intr. e notas Luciana Stegagno Picchio. Rio de Janeiro: Nova Fronteira, 1991. p. 12.

Texto 2

História

Raul Bopp

Nossa história é assim:
– Vamos pras Índias!
Dias e dias os horizontes se repetem.

– Olha! Melhor mesmo é buscar vento mais
[pro fundo.

Uma tarde um marujo disse:
– Ué! que terra é essa?

Velas baixaram. E desembarcaram.

– Terra como é teu nome?
Cortaram pau. Saiu sangue.
– Isso é brasil.

No outro dia
o sol do lado de fora assistiu missa.
Terra em que Deus anda de pés no chão!

Outros chegaram depois. Outros. Mais
[outros.
– Queremos ouro!
A floresta não respondeu.

Então
eles marcharam por uma geografia-do-sem-lhe-achar-fim.

Rios enigmáticos apontavam o Oeste.
A água obediente conduziu o homem.

Começou daí um Brasil sem-história-certa.
A terra acordou-se com o alarido de caça
de animais e de homens.

[...]

BOPP, Raul. In: *Poesia completa de Raul Bopp*. Org. Augusto Massi. Rio de Janeiro: José Olympio; São Paulo: Edusp, 1998. p. 242.

1. Como é representada a chegada da esquadra de Pedro Álvares Cabral ao Brasil no poema de Murilo Mendes?
2. Que sentido o leitor pode construir para o último verso do poema de Murilo Mendes?
3. No poema de Raul Bopp, a voz poética se manifesta na primeira pessoa do plural. Qual é o sentido disso, quando pensamos no tema do poema e na forma como ele é abordado?

Vestibulares de Norte a Sul

1. **S** (UEL-PR) A exuberância da natureza brasileira impressionou artistas e viajantes europeus nos séculos XVI e XVII. Leia o texto e observe a imagem a seguir:

Coleção particular/Arquivo da editora

(DEBRET, J. B. *Tribo Guaicuru em busca de novas pastagens*. 1834-1839)

[...] A América foi para os viajantes, evangelizadores e filósofos uma construção imaginária e simbólica.

Diante da absoluta novidade, como explicá-la? Como compreendê-la? Como ter acesso ao seu sentido? Colombo, Vespúcio, Pero Vaz de Caminha, Las Casas, dispunham de um único instrumento para aproximar-se do Mundo Novo: os livros. [...] O Novo Mundo já existia, não como realidade geográfica e cultural, mas como texto, e os que para aqui vieram ou os que sobre aqui escreveram não cessam de conferir a exatidão dos antigos textos e o que aqui se encontra.

CHAUI, M. apud FRANZ, T. S.
Educação para uma compreensão crítica da arte.
Florianópolis: Letras Contemporâneas Oficina Editorial, 2003. p. 95.

Com base no texto e na imagem, é correto afirmar:

I. O olhar do viajante europeu é contaminado pelo imaginário construído a partir de textos da Antiguidade e por relatos produzidos no contexto cultural europeu.

II. Os artistas viajantes produziram imagens precisas e detalhadas que apresentam com exatidão a realidade geográfica do Brasil.

III. Nas representações feitas por artistas estrangeiros coexistem elementos simbólicos e mitológicos oriundos do imaginário europeu e elementos advindos da observação da natureza e das coisas que o artista tinha diante de seus olhos.

IV. A imagem de Debret registra uma cena cotidiana e revela a capacidade do artista em documentar os costumes e a realidade do indígena brasileiro.

Assinale a alternativa que contém todas as afirmativas corretas.

a) I e II.
b) I e III.
c) II e IV.
d) I, III e IV.
e) II, III e IV.

2. **NE** (UFBA) Leia o texto:

Ali, por essa ocasião, não houve mais fala nem entendimento com eles, pois a algazarra era tamanhamente bárbara que ninguém mais se podia entender. Acenamos-lhes que fossem embora. Assim o fizeram e se encaminharam para o outro lado do rio. E saíram três ou quatro homens nossos dos batéis, encheram não sei quantos barris d'água que nós levávamos. Então, retornamos às naus. E quando dessa maneira vínhamos, nos fizeram sinal de voltar atrás.

Retornamos e então eles mandaram o degredado que não queriam que ficasse lá com eles, o qual levava uma bacia pequena e duas ou três carapuças vermelhas para dar de presente ao chefe, se um chefe ali existisse. Não se preocuparam de tomar-lhe coisa alguma, pelo contrário, mandaram-no de volta com todas as suas coisas. Mas então Bartolomeu Dias o fez retornar, ordenando que lhes desse tudo aquilo. Ele retornou à praia e deu todos os presentes, diante de nossos olhos, àquele que o agasalhara no primeiro encontro. Logo voltou e nós o trouxemos para bordo.

Esse que o agasalhara era já de idade e andava por galanteria cheio de penas pegadas pelo corpo, de tal maneira que parecia um São Sebastião cheio de flechas. Outros traziam carapuças de penas amarelas; outros ainda, de vermelhas; e outros mais, de verdes. E uma daquelas moças era toda tingida, de baixo a cima, daquela tintura; e certamente era tão bem feita e tão redonda, e sua vergonha – que ela não tinha! – tão graciosa, que a muitas mulheres de nossa terra, vendo-lhe tais feições, provocaria vergonha, por não terem as suas como a dela. Nenhum deles era circunciso, mas, ao contrário, todos eram assim como nós.

E com isto nos tornamos e eles se foram.

CASTRO, Sílvio. *A carta de Pero Vaz de Caminha.*
Porto Alegre: L&PM, 1996. p. 82-83.

No fragmento e no contexto da obra, evidencia-se:

(01) a relação de poder, desde o primeiro contato, do elemento europeu sobre o nativo brasileiro.
(02) a hostilidade do indígena em face da tentativa de o português desrespeitar os seus valores.
(04) um conjunto de aspectos socioculturais do cotidiano indígena, contrapondo-se, de forma amistosa, à cultura lusitana.
(08) a espontaneidade ingênua dos nativos como um diferencial ante as atitudes pensadas e calculadas dos futuros colonizadores.
(16) uma visão sobre os nativos centrada em valores europeus, desconsiderando diferenças culturais.
(32) a avaliação crítica e irônica do narrador, revelando-se um cronista sincero, até mesmo malicioso e com senso de humor.
(64) a existência de uma hierarquia rígida entre os nativos, o que os aproxima do padrão europeu de organização social.

Textos para a questão 3.

A terra

Esta terra, Senhor, me parece que, da ponta que mais contra o sul vimos até outra ponta que contra o norte vem, de que nós deste ponto temos vista, será tamanha que haverá nela bem vinte ou vinte e cinco léguas por costa. Tem, ao longo do mar, em algumas partes, grandes barreiras, algumas vermelhas, outras brancas; e a terra por cima toda chã e muito cheia de grandes arvoredos. De ponta a ponta é tudo praia redonda, muito chã e muito formosa. [...]

Nela até agora não pudemos saber que haja ouro, nem prata, nem coisa alguma de metal ou ferro; nem lho vimos. Porém a terra em si é de muito bons ares, assim frios e temperados como os de Entre-Douro e Minho. [...]

Águas são muitas; infindas. E em tal maneira é graciosa que, querendo-a aproveitar, dar-se-á nela tudo, por bem das águas que tem.

(CAMINHA, Pero Vaz de. *A Carta de Pero Vaz de Caminha*. Rio de Janeiro: Livros de Portugal, 1943, p. 204.)

Carta de Pero Vaz

A terra é mui graciosa,
Tão fértil eu nunca vi.
A gente vai passear,
No chão espeta um caniço,
No dia seguinte nasce
Bengala de castão de oiro.
Tem goiabas, melancias,
Banana que nem chuchu.
Quanto aos bichos, tem-nos muitos,
De plumagens mui vistosas.
Tem macaco até demais.
Diamantes tem à vontade,
Esmeralda é para os trouxas.
Reforçai, Senhor, a arca,
Cruzados não faltarão,
Vossa perna encanareis,
Salvo o devido respeito.
Ficarei muito saudoso
Se for embora daqui.

(MENDES, Murilo. *História do Brasil*. Rio de Janeiro: Nova Fronteira, 1991, p. 13.)

3. **SE** (ITA-SP) Os dois textos, representantes de dois períodos literários distantes, revelam duas perspectivas diferentes. Indique:

A diferença entre o texto original e o segundo, em função da descrição da terra.

4. **S** (UEL-PR) Considere as seguintes afirmações:

I. A aculturação dos indígenas era um dos objetivos do Padre Anchieta.
II. Em sua parte lírica, a poesia de Anchieta se manteve fiel às formas dos cancioneiros medievais.
III. O objetivo da catequese jesuítica, no século XVI, era incutir no índio o sentimento de resistência às violências do colonizador.

Está correto o que vem afirmado em

a) II, apenas.
b) I e II, apenas.
c) I e III, apenas.
d) II e III, apenas.
e) I, II e III.

5. **SE** (UFV-MG) Sobre José de Anchieta é INCORRETO afirmar que:

a) cultivou especialmente os autos, buscando, na alegoria, tornar mais acessíveis às mentes indígenas os conceitos e os dogmas do cristianismo.
b) no teatro, o "Auto de São Lourenço" destaca-se como obra catequética de influência medieval.
c) na poesia lírica encontram-se suas mais belas composições, expressivas de uma fé profunda.
d) apesar de pautada na língua e na cultura do índio, sua produção literária não se caracteriza como literatura já tipicamente brasileira.
e) sua obra teatral, marcadamente alegórica e anti-religiosa, moldou-se nos padrões renascentistas.

6. **S** (UEL-PR) À curiosidade geográfica e humana e ao desejo de conquista e domínio corresponde, inicialmente, o deslumbramento diante da paisagem exótica e exuberante da terra recém-descoberta, testemunhado pelos cronistas portugueses

a) Gonçalves de Magalhães e José de Anchieta.
b) Pero de Magalhães Gândavo e Gabriel Soares de Sousa.
c) Botelho de Oliveira e José de Anchieta.
d) Gabriel Soares de Sousa e Gonçalves de Magalhães.
e) Botelho de Oliveira e Pero de Magalhães Gândavo.

7. **SE** (UPM-SP) Assinale a alternativa INCORRETA.

a) Na obra de José de Anchieta, encontram-se poesias seguindo a tradição medieval e textos para teatro com clara intenção catequista.
b) A literatura informativa do Quinhentismo brasileiro empenha-se em fazer um levantamento da terra, daí ser predominantemente descritiva.
c) A literatura seiscentista reflete um dualismo: o ser humano dividido entre a matéria e o espírito, o pecado e o perdão.
d) O Barroco apresenta estados de alma expressos através de antíteses, paradoxos, interrogações.
e) O Conceptismo caracteriza-se pela linguagem rebuscada, culta, extravagante, enquanto o Cultismo é marcado pelo jogo de ideias, seguindo um raciocínio lógico, racionalista.

8. **S** (UCS-RS) Com base na *Carta do Achamento*, de Pero Vaz de Caminha, considere as seguintes afirmações.

I. Na Carta, o escrivão Caminha descreve o descobrimento de uma nova terra, chamando a atenção para a beleza natural, a fertilidade, a cordialidade dos índios e as riquezas.
II. No texto, é possível perceber um dos objetivos da expansão marítima de Portugal: catequização dos gentios para a ampliação do mundo cristão.
III. A *Carta*, um dos relatos que fazem parte da literatura informativa sobre o Brasil, é considerada mais um documento histórico do que uma obra literária.

Das afirmativas acima, pode-se dizer que

a) apenas I está correta.
b) apenas III está correta.
c) apenas I e II estão corretas.
d) apenas II e III estão corretas.
e) I, II e III estão corretas.

CAPÍTULO 11

Os estilos de época na Era Clássica: Barroco

Rubens Chaves/Pulsar Imagens

Daniel, de Antônio Francisco Lisboa, em Congonhas do Campo (MG), c. 1800-1805. Trata-se de um dos Doze Profetas esculpidos em pedra-sabão, em tamanho quase natural, para o adro dianteiro do Santuário do Senhor Bom Jesus do Matosinho.

Era Clássica: Barroco

A arte barroca europeia desenvolveu-se no século XVII acompanhando as transformações da região para a Idade Moderna. A Reforma protestante, (iniciada por Martinho Lutero na Alemanha) e a Contrarreforma (da Igreja católica) promoveram discussões calorosas sobre a fé e os valores de uma igreja. Tratava-se de um momento tenso, daí as obras do período mostrarem ornamentos rebuscados, buscando expressar emoções em seu limite.

No Brasil, as manifestações artísticas barrocas na arquitetura, na pintura e na música ganham espaço com um século de atraso, tanto na Bahia (a Igreja da Ordem Terceira de São Francisco, em Salvador, é de 1702) como, sobretudo, na região de Minas Gerais, graças à exploração do ouro. Na arquitetura e na pintura, destacou-se o trabalho de Antônio Francisco Lisboa, o Aleijadinho; na pintura, o de Manuel da Costa Ataíde, o Mestre Ataíde; e, na música, a obra de José Joaquim Américo Lobo de Mesquita.

A pintura

The Bridgeman/Keystone

Werner Hudhart/kino.com.br

Na pintura de Mestre Ataíde, no teto da nave central da Igreja de São Francisco de Assis, em Ouro Preto (MG), percebe-se a máxima expressão da arte pictórica do Barroco, com seu intenso cromatismo, valorização dos detalhes e profunda religiosidade.

A morte da Virgem, de Caravaggio, 1606. Caravaggio (1571-1610) é um dos artistas que definiram a estética da arte barroca. Na tela *A morte da Virgem*, vemos sintetizados temas excludentes, como a união entre o sagrado e o profano. O pintor se afasta de qualquer idealização ao retratar Maria, mãe de Jesus, despida de traços divinos. Ela é pintada morta em um cenário tenebroso, como um ser humano qualquer. Maria Madalena chora a seu lado, desesperada; ao redor da Virgem, os onze discípulos lançam olhares consternados. Segundo o crítico Lionello Venturi, Caravaggio estabelece uma nova relação entre as figuras e o espaço em que são mostradas; ao mesmo tempo, explora os volumes, as cores, a luminosidade, delimitando as formas por meio de violentos contrastes de luz e sombra, valorizando alguns detalhes e escondendo outros.

A escultura

Reprodução/Museu da Inconfidência, Ouro Preto, MG.

Pastor, escultura de Aleijadinho. O principal artista do Barroco feito na região de Minas Gerais foi Antônio Francisco Lisboa, o Aleijadinho. Profundamente religioso, vivia constantes conflitos ideológicos por causa da notoriedade alcançada pela fama e pelo dinheiro; também foram marcantes seus problemas de saúde, tudo contribuindo para a realização de uma obra na qual estão bem expressos os sofrimentos, as contradições e os dilemas da sociedade mineradora. Na figura do pastor ajoelhado (a peça seria parte de um presépio incompleto), traços marcantes da escultura de Aleijadinho: o corpo disforme, o nariz pontiagudo, os olhos esgarçados e a expressividade da pose.

A arquitetura

Milton Shirata/Arquivo da editora

A fachada de uma das entradas da Igreja da Ordem Terceira de São Francisco, em Salvador, Bahia, é representativa da ostentação e do rebuscamento típicos da arte barroca.

Fernando Vivas/Arquivo da editora

O altar da igreja é um exemplo do detalhamento, da valorização das minúcias, aliados ao ideal estético da "igreja toda de ouro" surgido em Lisboa e possível na colônia graças à abundância de ouro.

- *Quais são as sensações e ideias inspiradas pelo rebuscamento e ostentação das igrejas barrocas?*
- *Como você explicaria a decoração das igrejas barrocas? Em sua opinião, por que elas são marcadas por essa profusão de detalhes?*

1 O Barroco

Barroco

A ideologia barroca foi fornecida pela Contrarreforma e pelo Concílio de Trento, a que se deve o colorido peculiar da época, em arte, pensamento, religião, concepções sociais e políticas. Se encararmos a Renascença como um movimento de rebelião na arte, filosofia, ciências, literatura — contra os ideais da civilização medieval, ao lado de uma revalorização da Antiguidade clássica, não somente quanto às suas formas de arte, mas também no que concerne a sua filosofia racionalista e a sua concepção pagã e humanista do mundo, que instalou o antropocentrismo moderno —, podemos compreender o Barroco como uma contrarreação a essas tendências sob a direção da Contrarreforma católica, numa tentativa de reencontrar o fio perdido da tradição cristã, procurando exprimi-la sob novos moldes intelectuais e artísticos.

COUTINHO, Afrânio. *Introdução à literatura no Brasil*. Rio de Janeiro: Civilização Brasileira, 1976. p. 98.

Como estilo de época, **Barroco** designa o conjunto de manifestações artísticas (literatura, pintura, arquitetura, música) produzidas desde o final do século XVI até início do século XVIII e que representaram uma sensível transformação do conceito renascentista de arte.

O estilo barroco desenvolve-se, na península Ibérica, a partir da crise dos valores renascentistas ocasionada pelas lutas religiosas, pela importância de que se reveste a Companhia de Jesus e, no caso português, pela tragédia de Alcácer-Quibir. Afloram heranças da cultura medieval; no entanto, persistem conquistas renascentistas do início do século anterior. Assim, o homem seiscentista vivia um estado de tensão e desequilíbrio, do qual tentou evadir-se pelo culto exagerado da forma, produzindo textos extremamente torneados e sobrecarregando a poesia de figuras de linguagem, como a metáfora, a antítese, a hipérbole e a alegoria.

No caso específico da literatura, isso resulta no chamado "discurso engenhoso". Segundo António José Saraiva, trata-se de um discurso em que "interessava menos a representação do real do que a arte criada pelo puro engenho" (entendendo engenho como "habilidade, sutileza, argúcia").

Barroco

A origem da palavra *barroco* é controvertida. Alguns etimologistas afirmam que está ligada a um processo mnemônico (relativo à memória) que designava um silogismo aristotélico com conclusão falsa (num silogismo, a partir de duas premissas infere-se uma conclusão lógica; nesse caso, a conclusão seria falsa). Segundo outros, designaria um tipo de pérola de forma irregular, ou mesmo um terreno desigual, assimétrico. Em qualquer das hipóteses, é possível perceber relações com a estética barroca: jogo de ideias, rebuscamento, assimetria.

Portugal e Brasil sob domínio espanhol

O comércio e a expansão do império ultramarino levaram os portugueses a conhecer uma grandeza aparente. Ao mesmo tempo que Lisboa se tornava a capital mundial da pimenta, a agricultura lusa era abandonada. Além disso, as colônias, principalmente o Brasil, não deram a Portugal riquezas imediatas. Assim, com a decadência do comércio das especiarias orientais, era preciso dar novo sentido para a economia portuguesa.

Indo contra as necessidades mercantilistas da política ultramarina imperial portuguesa, cujos interesses estavam em reerguer o comércio de especiarias das Índias e incentivar os produtos agrícolas tropicais brasileiros, o rei D. Sebastião, em um arroubo cavaleiresco medieval, organizou uma cruzada militar para expulsar os muçulmanos do norte da África. Tal atitude resultaria em uma crise dinástica: em 1578, D. Sebastião esteve à frente do ataque a Alcácer-Quibir (Marrocos), onde desapareceu junto com a nata da aristocracia portuguesa; dois anos depois, Filipe II, da Espanha, consolidou a unificação da península Ibérica. Tal situação manteve-se até 1640, quando ocorreu a Restauração (Portugal recuperou sua autonomia).

A perda da autonomia e o desaparecimento de D. Sebastião originaram em Portugal o mito do Sebastianismo (crença segundo a qual D. Sebastião voltaria e transformaria Portugal em um grande império). O mais ilustre sebastianista foi, sem dúvida, o padre Antônio Vieira, que aproveitou a crença manifestada nas "trovas" de um sapateiro chamado Gonçalo Anes Bandarra.

A unificação da península veio favorecer a luta conduzida pela Companhia de Jesus em nome da Contrarreforma: o ensino tornou-se quase um monopólio dos jesuítas, e a censura eclesiástica, um obstáculo a qualquer avanço no campo científico-cultural. Enquanto uma parte da Europa vivia um período de efervescência no campo científico, com as pesquisas e descobertas de Francis Bacon, Galileu, Kepler e Newton, a península Ibérica permanecia dividida entre as práticas modernas e as heranças da cultura medieval.

O domínio espanhol respingou na vida política e econômica do Brasil. Isso porque, como as relações comerciais entre Espanha e Holanda eram tensas, os holandeses, na tentativa de defender seus interesses ligados à comercialização do açúcar, invadiram a área produtora do nordeste brasileiro. Ao mesmo tempo, intensificou-se a influência dos padres jesuítas na vida brasileira.

Trocando ideias

Tempo de mudanças

Entre os séculos XII e XIII, formou-se aquilo que conhecemos como Escolástica – um nome inventado posteriormente, com sentido pejorativo – e que teve seu desenvolvimento teórico na obra de São Tomás de Aquino. A base desse pensamento estava na síntese entre o conhecimento científico e filosófico grego e o cristianismo, o que impulsionou, em um primeiro momento, a ciência para além de uma simples redução à teologia. Com o avanço das reformas religiosas, porém, a Escolástica converteu-se em uma barreira para o conhecimento. O ataque a esse sistema de pensamento – o que resultaria em perseguições do Tribunal do Santo Ofício – viria de pensadores herdeiros do conhecimento renascentista, que defendiam uma ciência baseada na observação dos fenômenos naturais. Tal postura condizia com as necessidades dos tempos; afinal, as grandes navegações colocavam na ordem do dia a necessidade de aumentar os conhecimentos astronômicos, identificar e entender novos espaços geográficos. Segundo o historiador Josep Fontana:

> Foram estes homens que introduziram o empirismo, no qual circulava um cientista como Galileu, que se sentia distante da universidade e próximo do saber feito de experiência concreta que se difundia pelas ruas, praças e lojas de Florença. [...] Estes homens que pediam que, em vez de repetir o que diziam os velhos livros escolásticos, se estudasse "o grande livro do mundo", são os que colocaram os fundamentos do que se costuma denominar de "revolução científica do século XVII".

FONTANA, Josep. In: *Introdução ao estudo da História geral*. Trad. Heloísa Reichel. Bauru: Edusc, 2000. p. 328-329.

- Como você caracterizaria as diferenças entre o conhecimento letrado e os saberes práticos? Como você entende que devam se dar as relações entre eles?

Os holandeses em Pernambuco e em Angola

Na primeira metade do século XVII, deu-se um episódio dos mais marcantes da história brasileira: a invasão do Nordeste pelos holandeses. Grande parte do capital que financiava a produção de açúcar na colônia americana de Portugal vinha da Holanda, assim como era lá que se fazia o refino e a distribuição do açúcar na Europa. Em guerra com a Espanha, que na época tinha uma monarquia unificada com Portugal, os holandeses, que não estavam dispostos a perder o rico negócio do açúcar, tentam invadir a região canavieira nordestina, o que conseguem em 1630, com a conquista de Olinda. A presença holandesa vai perdurar até 1654. Fato muito importante foi que, além do nordeste brasileiro, os holandeses conquistaram também Angola (1641-1648) e ocuparam outros centros fornecedores de escravos na África. Na lógica do comércio colonial mercantilista, não fazia sentido controlar o centro de produção de açúcar sem ter o necessário suprimento de mão de obra escrava.

Rubens Chaves/Pulsar Imagens

Forte de Santa Cruz de Itamaracá, conhecido como Forte Orange. Foi erguido na ilha de Itamaracá, no litoral pernambucano, em 1631.

2 O estilo barroco: linguagem, influências

Linguagem

Todo o rebuscamento que aflora na arte barroca é reflexo de um dilema que muito atormenta o homem do século XVII: o conflito entre o terreno e o celestial, o homem e Deus (antropocentrismo e teocentrismo), o pecado e o perdão, o paganismo renascentista e a religiosidade medieval, o material e o espiritual. A arte assume, então, uma tendência sensorial, ligada ao mundo físico, ao mundo das percepções (daí o apelo às figuras de linguagem, a um vocabulário rico e raro, aos jogos sonoros; por isso, na pintura, a profusão de linhas, planos e cores, o jogo do claro-escuro, do alto e baixo-relevo, a busca do detalhe, a valorização do ornamento, etc.), que resulta num exagerado rebuscamento formal.

Corbis/Latinstock/Galeria Nacional, Londres, Inglaterra.

Susana e os velhos, tela do pintor italiano Guido Reni (1575-1642), retrata uma passagem bíblica: uma jovem judia é surpreendida por dois anciãos ao banhar-se; acusando-a de imoralidade, os homens tentam chantageá-la, ao que ela reage com indignação. A obra é um exemplo do *chiaroscuro* (o contraste entre luz e sombra), recurso muito explorado na pintura barroca. A alvura do corpo de Susana, que representa a pureza, em contraste com o fundo negro; o vermelho intenso da roupa do primeiro velho, que remete à paixão, à volúpia, ao pecado; a expressão de malícia dos homens, em oposição à inocência de Susana – todos esses elementos criam uma tensão própria da estética barroca.

As influências

Confira as características dos dois estilos que convivem no período, sob a influência dos espanhóis Góngora e Quevedo.

Luís de Góncora y Argote (1561-1627)	Francisco de Quevedo y Villegas (1580-1645)
Cultismo ou Gongorismo: • a poesia é sua melhor forma de expressão; • intenção moralizante por meio dos sentidos; • teor descritivo; • valorização da forma de expressão; • estilo opulento e suntuoso; • rebuscamento vocabular (neologismos forçados e latinismos), figuras de sintaxe (hipérbatos, anacolutos) e figuras de linguagem (metáforas, antíteses, sinestesias).	**Conceptismo ou Quevedismo:** • a prosa é sua melhor forma de expressão; • intenção educativa pelo convencimento e raciocínio lógico; • teor argumentativo, conceptual; • valorização do conteúdo; relações lógicas das ideias; • estilo conciso e ordenado; • aproveitamento das nuances semânticas: duplo sentido, associações inesperadas e engenhosas, paradoxos, comparações inusitadas.

Hulton Archive/Getty Images

Luís de Góncora y Argote

Hulton Archive/Getty Images

Francisco de Quevedo y Villegas

O Barroco hoje

Os dicionários registram duas acepções para o emprego contemporâneo da palavra *barroco*, nos dois casos, com o sentido figurado, ampliado: como adjetivo, é empregado como sinônimo de "irregular, extravagante, estrambótico"; como substantivo, designa "tendência do espírito, que se manifesta nas atividades culturais e/ou artísticas, tendo como constantes os traços característicos desse período", ou seja, que se manifesta em obra rebuscada, exagerada, extravagante. Caetano Veloso, em uma composição em que brinca com as palavras, escreve os seguintes versos: "muito bem mas barroco como eu / cérebro máquina palavras sentidos corações" ("Outras palavras").

Por sua vez, o poeta gaúcho Mário Quintana escreve:

Da riqueza de estilo

O estilo muito ornado lembra aqueles antigos altares barrocos, tão cheios de anjinhos que a gente mal conseguia enxergar o santo.

QUINTANA, Mário. *Caderno H*. Porto Alegre: Globo, 1983. p. 96.

Outro gaúcho, Luis Fernando Verissimo, brinca com a palavra *gongórico* em uma de suas tirinhas:

© Luis Fernando Verissimo/Acervo do cartunista

VERISSIMO, L. F. *As cobras 2*. São Paulo: Salamandra, 1987.

3 A lírica de Gregório de Matos

São atribuídos a Gregório de Matos mais de setecentos textos. Entre eles, poemas líricos, satíricos, eróticos e religiosos. Sua obra, marcada pela estética barroca, costuma ser mais frequentemente reconhecida pela sátira. Essa modalidade poética registra as críticas de Gregório à sociedade colonial baiana, bem como à política e à religiosidade da época. Por sua vez, a produção lírica desse autor é marcada pela sensualidade e pelo contraste de emoções.

Seu estilo apresenta traços do Gongorismo e do Quevedismo, como os jogos de palavras, as relações lógicas e o rebuscamento vocabular. Em sua poesia "Aos vícios", define:

Eu sou aquele, que os passados anos
Cantei na minha lira maldizente
Torpezas do Brasil, vícios e enganos.

Realmente, sua poesia satírica procura criticar o brasileiro, o administrador português, *El-Rei*, o clero e, em uma postura moralista, os costumes da sociedade baiana do século XVII (o que explica sua alcunha "Boca do Inferno"). É patente um sentimento nativista quando ele separa o que é brasileiro do que é exploração lusitana.

Gregório de Matos, o Boca do Inferno

Gregório de Matos nasceu em Salvador (BA). Adota-se o ano de 1636 como data mais provável de seu nascimento. Foi poeta e magistrado. Formou-se em estudos jurídicos em Portugal, fez votos religiosos e retornou ao Brasil. Devido a seu modo de vida boêmio e sua poesia de cunho satírico e, por vezes, erótico, é preso e levado ao exílio em Angola. Foi repatriado para Pernambuco e morreu em 1695.

LENDO OS TEXTOS

Texto 1

A Jesus Cristo Nosso Senhor

Gregório de Matos

Pequei, Senhor; mas não porque hei pecado,
Da vossa alta clemência me **despido**;
Porque, quanto mais tenho delinquido,
Vos tenho a perdoar mais empenhado.

Se basta a vos irar tanto pecado,
A abrandar-vos **sobeja** um só gemido:
Que a mesma culpa, que vos há ofendido,
Vos tem para o perdão lisonjeado.

Se uma ovelha perdida e já **cobrada**
Glória tal e prazer tão repentino
Vos deu, como afirmais na **Sacra História**:

cobrada: recuperada.
despido: despeço.
Sacra História: as Sagradas Escrituras.
sobeja: é necessário.

Eu sou, Senhor, a ovelha desgarrada,
Cobrai-a; e não queirais, Pastor divino,
Perder na vossa ovelha a vossa glória.

In: AMADO, James (Org.). *Gregório de Matos*: obra poética. Rio de Janeiro: Record, 1992. v. 1. p. 69.

Atividades

1. Considerando os aspectos formais do texto, responda:
   a) Qual é o nome desse tipo de composição poética?
   b) Qual é o esquema de rima utilizado pelo poeta?
2. Aponte três antíteses usadas por Gregório de Matos no poema. Elas se concentram em que estrofes? Qual é a importância disso para a construção do sentido do poema?
3. Percebe-se nitidamente que o texto teve origem num conflito vivido pelo eu poético. Explique-o.
4. O eu poético faz seu discurso para um interlocutor específico: Cristo. Quais são os indicadores gramaticais que justificam a afirmação?
5. O poema é construído a partir de um diálogo (intertextualidade) com uma passagem bíblica (Mateus, 18 v. 12-13):

   "O que vocês acham? Se um homem tem cem ovelhas, e uma delas se perde, será que ele não vai deixar as noventa e nove nas montanhas, para procurar aquela que se perdeu? Eu garanto a vocês: quando ele a encontra, fica muito mais feliz com ela, do que com as noventa e nove que não se perderam".

   Gregório de Matos faz uma interpretação muito curiosa dessa passagem bíblica. Comente-a.
6. *Silogismo*, palavra de origem grega, significa "argumento" e consiste em uma dedução formal estruturada com base em duas proposições que conduzem a uma conclusão lógica. Por exemplo:

   Todo homem é mortal; (proposição geral)
   Sócrates é homem; (proposição particular)
   Logo, Sócrates é mortal. (conclusão)

   Nos dois tercetos, o poeta monta um silogismo. A primeira proposição seria: "A recuperação da ovelha perdida deu glória e prazer ao Senhor". Qual seria a segunda proposição? E a conclusão?

Texto 2

Quis o poeta embarcar-se para a cidade e antecipando a notícia à sua senhora, lhe viu umas derretidas mostras de sentimento em verdadeiras lágrimas de amor.

Gregório de Matos

Ardor em coração firme nascido!
Pranto por belos olhos derramado!
Incêndio em mares de água disfarçado!
Rio de neve em fogo convertido!

Tu, que um peito abrasas escondido,
Tu, que em um rosto corres desatado,
Quando fogo em cristais aprisionado,
Quando cristal em chamas derretido.

Se és fogo como passas brandamente?
Se és neve, como queimas com porfia?
Mas ai! que andou Amor em ti prudente!

Pois para temperar a tirania,
Como quis que aqui fosse a neve ardente,
Permitiu parecesse a chama fria.

In: AMADO, James (Org.). *Gregório de Matos*: obra poética. Rio de Janeiro: Record, 1992. v. 1. p. 514.

Atividades

1. Nesse poema, Gregório de Matos constrói uma antítese com elementos do mundo exterior, relacionando-os ao mundo interior, numa relação metafórica (ou seja, de semelhança).
   a) Quais são os elementos antitéticos do mundo exterior?
   b) A que elementos do mundo interior eles são relacionados?
   c) Entre as características da poesia barroca, pode-se dizer que há uma tendência a transformar toda a diferença em oposição (antíteses, paradoxos), toda a oposição em simetria (correspondências; a relação que há entre A e B vale para B e A) e a simetria em identidade. Aponte versos em que isso ocorre.
2. Quais são os antecedentes do pronome *tu* que abre os versos 5 e 6?
3. O verso 11 afirma que o Amor teve uma providência prudente e o último terceto explica qual foi essa providência. Comente-a com suas próprias palavras.

TEXTO E INTERTEXTO

Texto 1

Juízo anatômico da Bahia (fragmentos)

Gregório de Matos

Vera Basile/Arquivo da editora

Que falta nesta cidade?.............................*Verdade*.
Que mais por sua desonra?....................*Honra*.
Falta mais que se lhe ponha?................*Vergonha*.
O demo a viver se exponha,
por mais que a fama a exalta,
numa cidade, onde falta
Verdade, *Honra*, *Vergonha*.

Quem a pôs neste **socrócio**?...............*Negócio*.
Quem causa tal perdição?.......................*Ambição*.
E o maior desta loucura?..........................**Usura**.
Notável desaventura
de um povo **néscio**, e **sandeu**,
que não sabe, que o perdeu
Negócio, *Ambição*, *Usura*.

[...]

E que justiça a resguarda?......................*Bastarda*.
É grátis distribuída?.................................*Vendida*.
Que tem, que a todos assusta?............*Injusta*.
Valha-nos Deus, o que custa.
o que El-Rei nos dá de graça,
que anda a justiça na praça
Bastarda, *Vendida*, *Injusta*.

Disponível em: <www.dominiopublico.gov.br>. Acesso em: 17 abr. 2014.

néscio: ignorante, estúpido.
sandeu: idiota, tolo.
socrócio: segundo Antonio Soares Amora, *socrócio* é uma palavra criada pelo poeta para fazer eco com negócio, derivada do verbo *socrestar* (roubar, furtar, rapinar); portanto, *socrócio* seria 'roubalheira', 'negócios ilícitos', 'bandalheira'.
usura: lucro exagerado, exorbitante.

Texto 2

Contextual

Glauco Mattoso

Falar dum "homem público" é comum
e nada de suspeito nos desperta,
mas quando é "mulher pública" já alerta
olhares que se dirigem ao bumbum.

Que coisa! O mesmo termo traduz um
sentido masculino que é, na certa,
resquício do machismo, enquanto aperta
o cerco à fêmea que não faz jejum!

Então a prostituta não merece
do povo a confiança que lhe renda
o voto que ao cacique se enderece?

Quem jura que um político não venda
a própria mãe e ao demo sua prece
não faça por um cargo na Fazenda?

Vera Basile/Arquivo da editora

MATTOSO, Glauco. In: *Poética na política*: cem sonetos panfletários. São Paulo: Geração Editorial, 2004. p. 46.

Glauco Mattoso

Glauco Mattoso é pseudônimo do paulistano Pedro José Ferreira da Silva, nascido em 1951. Poeta, contista, cronista, ensaísta e tradutor, Glauco Mattoso formou-se em biblioteconomia em 1972. Em seguida cursa letras na Universidade de São Paulo. Na década de 1970 colabora com diversas publicações, entre elas o jornal *O Pasquim*. Sua publicação poética de estreia ocorre em 1975, com o livro *Apocrypho apocalypse*. Seu primeiro livro de ficção, publicado em 1986, é o romance *Manual do podólatra amador*.

Carlos Cecconello/Folhapress

Atividades

1. Um aspecto da arquitetura dos poemas barrocos é a técnica da "disseminação e recolha" ou "semeadura e colheita"; trata-se da forma como alguns conceitos ou palavras são apresentados no texto: inicialmente, são disseminados (espalhados, semeados, plantados) ao longo do poema para, ao final, realizar-se a recolha, a colheita. A partir dessas informações, comente como está estruturado o poema de Gregório de Matos.

2 O texto 2 é de Glauco Mattoso, escritor e tradutor paulistano, cuja produção poética se destaca pela qualidade, notadamente dos sonetos. O pseudônimo adotado pelo poeta faz referência a Gregório de Matos e ao glaucoma que o levou à cegueira total (glaucomatoso é o termo usado para se referir aos que sofrem dessa doença).

Discuta com seus colegas e professor: que características em comum há entre o poema de Glauco Mattoso e o de Gregório de Matos? Quais são as diferenças? Argumente, exemplifique.

4 A oratória de Vieira

A obra de Antônio Vieira é constituída basicamente por sermões, produzidos com a finalidade de serem proferidos para catequizar ou doutrinar pessoas a respeito dos dogmas católicos. Por se tratar de textos feitos para serem falados, fazem parte do que se chama de oratória. Produzidos com a intenção de persuadir os ouvintes, os textos de Vieira são repletos de ricas figuras poéticas e retóricas típicas do estilo de época barroco, como a antítese, o paradoxo e a ironia, o que confere valor literário a esses textos.

Reprodução/Coleção Antônio Vieira, Salvador, BA.

Antônio Vieira

A biografia de Antônio Vieira confunde-se com a história de Portugal e do Brasil no século XVII. Nascido em Lisboa em 1608, veio para o Brasil com 7 anos e, com 15, ingressou no Colégio dos Jesuítas de Salvador (BA). Ordenado padre, vivenciando a unificação ibérica, as invasões holandesas, o trabalho escravo, a catequese dos indígenas e as disputas comerciais com a Companhia das Índias Ocidentais, fez importantes e exaltados sermões em que discutia questões políticas, econômicas e sociais. Com o fim do domínio espanhol, tornou-se confessor do rei D. João IV; propôs ao rei um plano de recuperação econômica e defendeu o capital dos cristãos-novos. A partir daí, sua vida dividiu-se entre Portugal e Brasil. Faleceu na Bahia em 1697.

Arquivo Ultramarino, Lisboa, Portugal.

Cuia Guimarães

Nas imagens, os dois espaços da ação de Vieira: a mata, palco de sua missão de catequese dos indígenas, e o púlpito, tribuna para seus comentários políticos. Segundo o crítico português Hernâni Cidade, "o púlpito, no tempo de Vieira, era mais de uma vez a válvula de escape do comentário político, sendo com frequência o sermão equivalente aos editoriais da imprensa do nosso tempo, de defesa ou ataque em face da situação, do fato, da providência governativa".

Doce inferno

No Sermão XIV, pregado na Bahia, em 1633, à irmandade dos pretos de um engenho de açúcar, o padre Antônio Vieira expressava a sua opinião de que a vinda dos negros escravizados para o Brasil era a operação de um milagre de Deus. Os negros seriam resgatados de seu passado de "idolatria" e "gentilidade" para ser introduzidos na fé cristã; para purgar-se, eles teriam que trilhar o seu calvário e levantar a sua cruz. Para Vieira, "não há trabalho, nem gênero de vida no mundo mais parecido à Cruz e Paixão de Cristo, que o vosso em um destes Engenhos [...]. Em um Engenho sois imitadores de Cristo crucificado [...], porque padeceis em um modo muito semelhante o que o mesmo Senhor padeceu na sua Cruz, e em toda a sua Paixão. [...] Por isso foi bem recebida aquela breve e discreta definição de quem chamou a um Engenho de açúcar doce inferno". A íntegra do sermão está disponível em: <www.dominiopublico.gov.br>. Acesso em: 17 abr. 2014.

LENDO OS TEXTOS

Texto 1

Sermão da sexagésima

Um dos principais sermões de Vieira é o *Sermão da sexagésima*, pregado na Capela Real de Lisboa em 1655 e conhecido também como *A palavra de Deus*. Polêmico, esse sermão resume a arte de pregar. Ao analisar "por que não frutificava a Palavra de Deus na terra", Vieira visava a seus adversários católicos – os gongóricos dominicanos. Conheça alguns de seus questionamentos lendo este trecho:

[...] Será por ventura o estilo que hoje se usa nos púlpitos? Um estilo tão dificultoso, um estilo tão afetado, um estilo tão encontrado a toda a arte e a toda natureza? Boa razão é também esta. O estilo há de ser muito fácil e muito natural. Por isso, Cristo comparou o pregar ao semear. Compara Cristo o pregar ao semear, porque o semear é uma arte que tem mais de natureza que de arte. [...]

Já que falo contra os estilos modernos, quero alegar por mim o estilo do mais antigo pregador que houve no Mundo. E qual foi ele? O mais antigo pregador que houve no Mundo foi o Céu. Suposto que o Céu é pregador, deve ter sermões e deve ter palavras. E quais são estes sermões e estas palavras do Céu? [...]

– As palavras são as estrelas, os sermões são a composição, a ordem, a harmonia e o curso delas. O pregar há de ser como quem semeia, e não como quem ladrilha ou azuleja. Não fez Deus o céu em xadrez de estrelas, como os pregadores fazem o sermão em xadrez de palavras. Se de uma parte está branco, de outra há de estar negro; se de uma parte está dia, de outra há de estar noite? Se de uma parte dizem luz, da outra hão de dizer sombra; se de uma parte dizem desceu, da outra hão de dizer subiu. Basta que não havemos de ver num sermão duas palavras em paz? Todas hão de estar sempre em fronteira com o seu contrário? [...]

Mas dir-me-eis: Padre, os pregadores de hoje não pregam do Evangelho, não pregam das Sagradas Escrituras? Pois como não pregam a palavra de Deus? – Esse é o mal. Pregam palavras de Deus, mas não pregam a Palavra de Deus. [...]

VIEIRA, Padre Antônio. Disponível em: <www.culturatura.com.br/obras/>. Acesso em: 17 abr. 2014.

Atividades

1. Observe o estilo utilizado pelo padre Vieira no desenvolvimento de seu sermão: um constante perguntar e responder que lhe permite encadear ideias; adequação de passagens bíblicas ao tema do sermão; retórica aprimorada. Como era chamado esse estilo no Período Barroco?

2. "Não fez Deus o céu em xadrez de estrelas, como os pregadores fazem o sermão em xadrez de palavras."
   a) A palavra *como* assume o papel de importante operador linguístico, responsável por uma figura de retórica muito comum nos sermões de Vieira. Que tipo de relação ela estabelece entre os dois membros da frase? Qual é a figura?
   b) Qual é o estilo criticado por Vieira na frase acima? Justifique sua resposta.

3. "Se de uma parte está branco, de outra há de estar negro; se de uma parte está dia, de outra há de estar noite? Se de uma parte dizem luz, da outra hão de dizer sombra; se de uma parte dizem desceu, da outra hão de dizer subiu. Basta que não havemos de ver num sermão duas palavras em paz?"
   a) A passagem transcrita apresenta um ritmo que se aproxima do ritmo poético. Releia-a em voz alta e responda: que recurso utilizou Vieira para obter esse ritmo?
   b) Em "Basta que não havemos de ver num sermão duas palavras em paz?", qual é a crítica feita por Vieira? Que figura ele utiliza para realçar sua crítica?

4. Observa-se que, em todo o fragmento apresentado, Vieira critica o jogo de palavras, mas, ao final, quando mais contundente é sua crítica, ele faz um jogo com a palavra "palavra" (usada com maiúscula e com minúscula). Explique.

Texto 2

Sermão a Santo Antônio

O Sermão a Santo Antônio, também conhecido como *Sermão aos peixes*, foi proferido em São Luís do Maranhão, em 1654, para a aristocracia colonial. Leia:

[...] Antes, porém, que vos vades, assim como ouvistes os vossos louvores, ouvi também agora as vossas repreensões. Servir-vos-ão de confusão, já que não seja de emenda. A primeira cousa que me desedifica, peixes, de vós, é que vos comeis uns aos outros. Grande escândalo é este, mas a circunstância o faz ainda maior. Não só vos comeis uns aos outros, senão que os grandes comem os pequenos. Se fora pelo contrário, era menos mal. Se os pequenos comeram os grandes, bastara um grande para muitos pequenos; mas como os grandes comem os pequenos, não bastam cem pequenos, nem mil, para um só grande. Olhai como estranha isto Santo Agostinho: *Homines pravis, praeversisque cupiditatibus facti sunt, sicut pisces invicem se devorantes:* "Os homens com suas más e perversas cobiças, vêm a ser como os peixes, que se comem uns aos outros." Tão alheia cousa é, não só da razão, mas da mesma natureza, que sendo todos criados no mesmo elemento, todos cidadãos da mesma pátria e todos finalmente irmãos, vivais de vos comer! Santo Agostinho, que pregava aos homens, para encarecer a fealdade deste escândalo, mostrou-lho nos peixes; e eu, que prego aos peixes, para que vejais quão feio e abominável é, quero que o vejais nos homens.

Olhai, peixes, lá do mar para a terra. Não, não: não é isso o que vos digo. Vós virais os olhos para os matos e para o sertão? Para cá, para cá; para a cidade é que haveis de olhar. Cuidais que só os Tapuias se comem uns aos outros? Muito maior açougue é o de cá, muito mais se comem os Brancos. Vedes vós todo aquele bulir, vedes todo aquele andar, vedes aquele concorrer às praças e cruzar as ruas; vedes aquele subir e descer as calçadas, vedes aquele entrar e sair sem quietação nem sossego? Pois tudo aquilo é andarem buscando os homens como hão-de comer e como se hão-de comer. Morreu algum deles, vereis logo tantos sobre o miserável a despedaçá-lo e comê-lo. Comem-no os herdeiros, comem-no os testamenteiros, comem-no os legatários, comem-no os acredores; comem-no os oficiais dos órfãos e os dos defuntos e ausentes; come-o o médico, que o curou ou ajudou a morrer; come-o o sangrador que lhe tirou o sangue; come-o a mesma mulher, que de má vontade lhe dá para a mortalha o lençol mais velho da casa; come-o o que lhe abre a cova, o que lhe tange os sinos, e os que, cantando, o levam a enterrar; enfim, ainda o pobre defunto o não comeu a terra, e já o tem comido toda a terra. [...]

Disponível em: <www.dominiopublico.gov.br>. Acesso em: 17 abr. 2014.

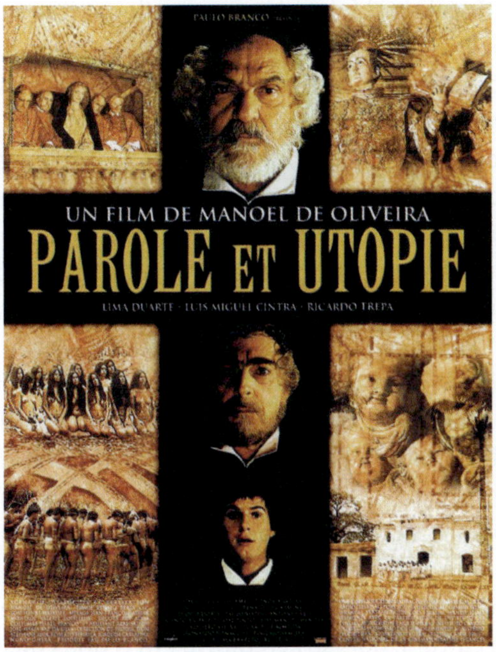

Divulgação

Capa do DVD de *Palavra e utopia*, do diretor português Manoel de Oliveira, produzido em 2000. Trata-se de filme inspirado na vida de Antônio Vieira e nas tensões sociais e religiosas enfrentadas na Europa e no Brasil.

Atividades

1. O sermão apresenta um interlocutor, um público-alvo bem delimitado (indicado, gramaticalmente, pelo pronome de segunda pessoa do plural). Defina esse público.
2. Num determinado momento, Vieira remete o ouvinte à constituição da pirâmide social maranhense, marcada pela desigualdade: uma base muito larga e um topo muito estreito. Transcreva o trecho.
3. A intertextualidade costuma ocorrer por alusão ou citação. Qual das duas formas de referência é empregada por Vieira?
4. Sabemos que metáfora é uma figura de linguagem que consiste em designar um objeto ou qualidade mediante uma palavra que designa outro objeto ou qualidade que tem, com o primeiro, uma relação de semelhança. Tanto a fala de Santo Agostinho como a de Vieira se sustentam na metáfora; no entanto, Vieira inverte a estratégia discursiva empregada por Santo Agostinho. Como ele faz isso? Qual teria sido a sua motivação?
5. Vieira, como autor exemplar do Barroco, brinca com palavras e estruturas sintáticas, como na seguinte passagem: "ainda o pobre defunto o não comeu a terra, e já o tem comido toda a terra".
   a) Coloque a frase na ordem direta.
   b) Comente o jogo feito com a palavra "terra".
6. Os sermões de padre Vieira podem ser considerados atuais? Por quê?

MINHA TERRA TEM PALMARES...

No regime de trabalho escravo, muitas eram as formas de resistência. A lentidão no trabalho e a sabotagem eram maneiras triviais de atrasar o ritmo da produção, mas havia também maneiras mais incisivas de negar a condição de escravizado, como os suicídios, infanticídios e assassinatos. Uma das formas mais comuns de resistência escrava foi a fuga; durante todo o período em que vigorou a escravidão no Brasil, foi comum o ajuntamento de negros fugidos em localidades de difícil acesso, onde se organizavam em comunidades e resistiam aos ataques perpetrados por expedições enviadas pelos senhores e autoridades coloniais. Nessas expedições foram utilizados negros e mulatos libertos, guerreiros indígenas e bandeirantes paulistas. Em quase todas as partes do Brasil rural foi criado o cargo de capitão do campo, ou capitão do mato, cuja responsabilidade era organizar a perseguição e captura de escravos fugidos; o pagamento se fazia por quantidade de escravos recuperados e pela distância percorrida na missão.

Essas comunidades de negros fugidos recebiam diversas denominações – mocambos, ladeiras, magotes ou quilombos – e sobreviviam por meio do plantio de subsistência, roubo de gado, assalto em estradas, invasões e extorsões. Segundo o historiador Stuart Schwartz, a palavra *quilombo* só apareceu em documentos no final do século XVII; antes, era mais comum o uso do termo *mocambo*. O poeta Gregório de Matos foi uma das poucas pessoas a empregar a palavra naquele século, usando-a para designar qualquer local onde os negros se congregassem. Locais esses que, segundo o poeta, os brancos frequentavam, mas faziam segredo disso na hora da confissão.

O mais conhecido de todos os quilombos do Brasil colonial foi o de Palmares, que existiu no interior de Alagoas durante quase todo o século XVII, resistindo a represálias tanto de portugueses quanto de holandeses. A última ofensiva contra Palmares se deu em fevereiro de 1694, com uma expedição comandada pelo bandeirante Domingos Jorge Velho; Zumbi, o líder, foi capturado e decapitado. A violência empregada contra os quilombos demonstra a ameaça que eles podiam representar para o regime escravista.

Ao longo dos anos, foi mudando o entendimento que se tinha do quilombo de Palmares, principalmente da figura de seu líder. Se, no século XIX, período de formação do Estado nacional, a influência das culturas negras foi negada por parte dos ideólogos da cultura, pois se acreditava em teorias racistas e se queria um país próximo das referências europeias, no século XX a perspectiva passou por mudanças.

No ano de 1965, a Companhia Teatro de Arena encenaria a peça *Arena conta Zumbi*, um marco da dramaturgia nacional. Na forma e no tema, a peça foi uma representação de liberdade e crítica política em tempos de exceção; Zumbi dos Palmares surgia como símbolo de luta e resistência em pleno início de ditadura militar. A seguir, reproduzimos o trecho inicial da peça:

O elenco do Arena começa a cantar:
1 – O Arena conta a história
pra você ouvir gostoso,
quem gostar nos dê a mão
e quem não, tem outro gozo.

2 – História de gente negra
da luta pela razão,
que se parece ao presente
pela verdade em questão,
pois se trata de uma luta
muito linda na verdade:
é luta que vence os tempos,
luta pela liberdade!

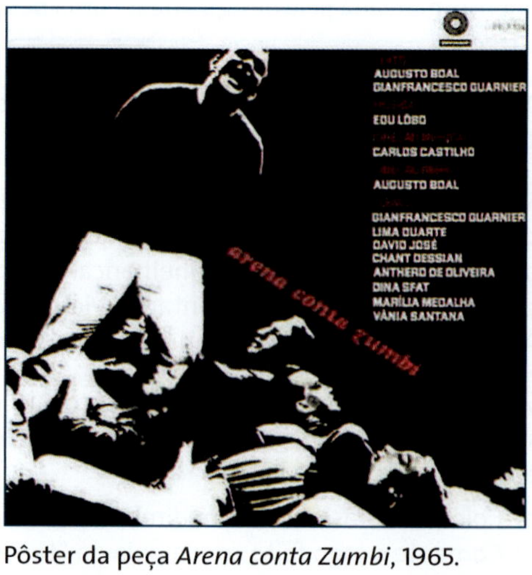

Reprodução/Arquivo da editora

Pôster da peça *Arena conta Zumbi*, 1965.

3 – A história que o Arena conta
É a epopeia de Zumbi;
tanto pró e tanto contra
juro em Deus que nunca vi.

4 – Os atores têm mil caras
fazem tudo neste conto
desde preto até branco
direitinho ponto por ponto.

5 – Há lenda e há mais lenda
há verdade e há mentira
de tudo usamos um pouco
mas de forma que servira
a entender nos dias de hoje
quem está com a verdade,
quem está com a verdade,
quem está com a mentira.

Disponível em: <http://pyndorama.com>. Acesso em: 17 abr. 2014.

Atualmente, o dia da morte de Zumbi – 20 de novembro – é reconhecido como o Dia da Consciência Negra, um importante momento para se pensar criticamente a história da escravidão e da resistência negra no Brasil, assim como temas culturais e sociais ligados às populações afro-brasileiras. Um fato tão significativo como a formação e resistência do quilombo de Palmares, assim como das demais comunidades de escravos fugidos, não poderia escapar a uma releitura, como ocorre nos dois textos abaixo. O primeiro é um trecho do poema "Palmares", de José Paulo Paes (1926-1998). O segundo, um poema de Cuti (pseudônimo de Luiz Silva, 1951).

Tânia Rêgo/ABr/Radiobrás

Monumento em homenagem a Zumbi dos Palmares, Rio de Janeiro.

Texto 1

Palmares (fragmento)

José Paulo Paes

[...]

Negra cidade
Da liberdade
Forjada na sombra
Da senzala, no medo
Da floresta, no sal
Do tronco, no verde
Cáustico da cana, nas rodas
Da moenda.
Sonhada no banzo,
Dançada na bumba,
Rezada na macumba.
Negra cidade
Da felicidade.

Onde a chaga se cura,
O grilhão se parte,
O pão se reparte
E o reino de Ogun,
Sangô, Olorun,
Instala-se na terra
E o negro sem dono,
O negro sem feitor,
Semeia seu milho,
Espreme sua cana,
Ensina seu filho
A olhar para o céu
Sem ódio ou temor.
[...]

PAES, José Paulo. In: *Um por todos*: poesia reunida. São Paulo: Brasiliense, 1986. p. 161.

Texto 2

Da agonia

Cuti

quilombos queimados...
hoje se dança uma alegria tonta
sobre a areia movediça da agonia

cachaça e mentira
enlameiam o terreiro
para o lucro alheio
e o samba bamboleia
meio bêbado
mulatas no picadeiro
showrando
um eterno fevereiro

pura necessidade: nossos ancestrais
vão acendendo seus olhos
nos porões de nossos poros.

Disponível em: <www.cuti.com.br>. Acesso em: 17 abr. 2014.

Vera Basile/Arquivo da editora

1. Como o quilombo de Palmares é entendido no poema de José Paulo Paes?
2. A primeira parte do poema apresenta as ideias divididas entre os versos; na segunda, os versos apresentam ideias completas, sem divisão. De acordo com o tema da poesia, como é possível interpretar esse recurso formal?
3. Que tipo de denúncia faz o poema de Cuti? Justifique.
4. Como o passado dos quilombolas é entendido no texto 2?

Procure saber se em sua cidade há algum monumento em homenagem a Zumbi dos Palmares. Caso exista, escreva um pequeno texto explicando criticamente a forma como ele está representado. Caso não haja algo assim, escreva um pequeno texto que expresse uma justificativa para que isso ocorra.

Vestibulares de Norte a Sul

1. **S** (UEL-PR) Observe a imagem a seguir, de Manoel da Costa Ataíde (1762-1830):

Coleção particular

Com base na imagem e nos conhecimentos sobre a arte colonial brasileira, é correto afirmar:

a) Ataíde foi um dos maiores representantes da Missão Artística Francesa no Brasil e foi o retratista mais conhecido do período imperial.
b) *A Ceia*, de Ataíde, é um quadro histórico, aborda um tema laico, e apresenta forte cromatismo e falta de nitidez dos gestos dos personagens.
c) Com a produção de Ataíde, a pintura colonial mineira chega ao século XIX em plena vitalidade e o pintor se mantém fiel à tradição barroca.
d) A autoria desta obra, durante muito tempo, foi atribuída ao grande inimigo de Ataíde, Antônio Francisco Lisboa, mais conhecido como "Aleijadinho".
e) Ataíde é considerado um artista pouco representativo da pintura colonial mineira, pois sua obra *A Ceia* retrata o cotidiano da sociedade colonial mineira.

2. **S** (UFSM-RS) A desarmonia e a contradição são características predominantes no Barroco. Observe os fragmentos poéticos de Gregório de Matos, a seguir transcritos, e verifique qual(quais) confirma(m) essas características.

I. "Amanheceu o dia prometido,/famoso, alegre, claro e prazenteiro;/bom dia, disse eu, para viagem."
II. "O ódio é da alma infame companhia/a paz deixou-a Deus à cristandade;/mas arrastar por força uma vontade,/em vez de caridade é tirania."
III. "De que pode servir falar quem cala?/Nunca se há de falar o que se sente,/Sempre se há de sentir o que se fala."

Está(ão) correta(s)

a) apenas I.
b) apenas I e II.
c) apenas III.
d) apenas I e III.
e) apenas II e III.

3. **N** (Uepa) Desde o Período Colonial, as diferenças culturais entre europeus e africanos têm produzido comentários hostis. Assinale os versos de Gregório de Matos Guerra em que se verifica essa postura agressiva do branco em relação ao negro, ou ao mestiço.

a) "Os brancos aqui não podem
mais que sofrer e calar."
b) "Querem-me aqui todos mal,
e eu quero mal a todos;
eles e eu, por nossos modos,
nos pagamos tal por tal".
c) "Anjo no nome, Angélica na cara,
Isso é ser flor e Anjo juntamente",
d) "Terra tão grosseira e crassa,
que a ninguém se tem respeito,
salvo quem mostra algum jeito
de ser mulato".
e) "Que homem pode haver tão paciente,
que vendo o triste estado da Bahia,
não chore, não suspire e não lamente".

4. **SE** (UFF-RJ) Leia os poemas:

Texto 1

Discreta e formosíssima Maria,
Enquanto estamos vendo a qualquer hora
Em tuas faces a rosada Aurora,
Em teus olhos, e boca o Sol, e o dia:

Enquanto com gentil descortesia
O ar, que fresco Adônis te namora,
Te espalha a rica trança voadora,
Quando vem passear-te pela fria:

Goza, goza da flor da mocidade,
Que o tempo trota a toda ligeireza,
E imprime em toda a flor a sua pisada.

Oh não aguardes, que a madura idade
Te converta em flor, essa beleza
Em terra, em cinza, em pó, em sombra, em nada.

Gregório de Matos. *Obra poética*.

Texto 2

Qualquer tempo

Qualquer tempo é tempo.
A hora mesma da morte
é hora de nascer.

Nenhum tempo é tempo
bastante para a ciência
de ver, rever.

Tempo, contratempo
anulam-se, mas o sonho
resta, de viver.

Carlos Drummond de Andrade. *Boitempo & A falta que ama*.

Comparando o poema de Gregório de Matos com o de Carlos Drummond de Andrade, pode-se afirmar que:

a) no primeiro prevalece o tema do *carpe diem* (aproveite o momento), característico do Barroco, enquanto no segundo se trata dos vários tempos da vida;
b) no primeiro, há um estímulo a gozar a vida, característica do Romantismo, enquanto no segundo se propõe a anulação do tempo e sua substituição pelo sonho;
c) no primeiro há um elogio à beleza de Maria, musa do Modernismo, enquanto no segundo existe um desejo de que a ciência reveja o sonho que resta de viver e o contratempo;
d) no primeiro há um estímulo a que se goze a beleza enquanto o tempo não a elimina, como no Simbolismo, enquanto no segundo se anula a beleza do tempo;
e) no primeiro existe um estímulo a gozar a mocidade, conforme o Realismo, enquanto no segundo se ressalta a diferença entre a hora de nascer e a hora de morrer.

Texto para a questão 5.

Navegava Alexandre em uma poderosa armada pelo Mar Eritreu a conquistar a Índia, e como fosse trazido à sua presença um pirata que por ali andava roubando os pescadores, repreendeu-o muito Alexandre de andar em tão mau ofício; porém, ele, que não era medroso nem lerdo, respondeu assim: – Basta, senhor, que eu, porque roubo em uma barca, sou ladrão, e vós, porque roubais em uma armada, sois imperador? – Assim é. O roubar pouco é culpa, o roubar muito é grandeza; o roubar com pouco poder faz os piratas, o roubar com muito, os Alexandres. Mas Sêneca, que sabia bem distinguir as qualidades e interpretar as significações, a uns e outros definiu com o mesmo nome: *"Eodem loco pone latronem et piratam, quo regem animum latronis et piratae habentem"*. Se o Rei de Macedônia, ou qualquer outro, fizer o que faz o ladrão e o pirata, o ladrão, o pirata e o rei, todos têm o mesmo lugar, e merecem o mesmo nome.

Fragmento do *Sermão do bom ladrão*, de Pe. Antonio Vieira

5. **SE** (PUC-RJ) Uma das mais importantes características da obra do Padre Antonio Vieira refere-se à presença constante em seus sermões das dimensões social e política, somadas à religiosa. Comente esta afirmativa em função do Texto 1 apresentado.

6. **S** (UFSM-RS)

Os holandeses no Brasil

A carta que João Fernandes Vieira, um dos heróis da Restauração Pernambucana, escreveu em 1654 ao rei de Portugal dom João IV relatando o fim do domínio holandês no Brasil foi entregue na segunda-feira 18 à Universidade Federal de Pernambuco. O documento pertencia ao professor inglês Charles Ralph, um dos principais estudiosos do período da expansão portuguesa, falecido no ano passado. Pela primeira vez, o documento ficará guardado no Brasil.

(*Isto É*, nº. 1656, 27 de junho de 2001.)

Quando, em 1640, os holandeses apertaram o cerco à cidade da Bahia, ameaçando invadi-la pela segunda vez, Padre Antônio Vieira, em seu "Sermão pelo bom sucesso das armas de Portugal contra as de Holanda", bradava aos céus, suplicando a proteção de Deus para a cidade de Salvador.

Assinale a alternativa que apresenta um fragmento desse Sermão.

a) Há de tomar o pregador uma só matéria, há de defini-la para que se conheça, há de dividi-la para que se distinga, há de prová-la com a Escritura, há de declará-la com a razão, há de confirmá-la com o exemplo, há de amplificá-la com as causas, com os efeitos, com as circunstâncias, com as conveniências que se hão de seguir, com os inconvenientes que se devem evitar [...]
b) Este foi, Cristãos, o amor de Cristo, esta a ciência e as ciências com que nos amou, e esta a ignorância e ignorâncias sobre que somos amados [...] Sirva-nos a sua ciência de espertador, para nunca deixar de amar; sirva-nos a nossa ignorância de estímulo, para sempre amar mais e mais a quem tanto nos amou [...]
c) Enquanto Páris, ignorante de si e da fortuna do seu nascimento, guardava as ovelhas do seu rebanho nos campos do monte Ida, dizem as histórias humanas que era objeto dos seus cuidados Enone, uma formosura rústica daqueles vales. Mas quando o encoberto príncipe se conheceu e soube que era filho de Príamo, rei de Troia, como deixou o cajado e o surrão, trocou também de pensamento [...]
d) Semeou uma semente só, e não muitas, porque o sermão há de ter uma só matéria, e não muitas matérias. Se o lavrador semeara primeiro trigo, e sobre trigo semeara centeio, e sobre o centeio semeara milho grosso e miúdo, e sobre o milho semeara cevada, que havia de nascer? – Uma mata brava, uma confusão verde [...]
e) Que a larga mão com que nos destes tantos domínios e reinos não foram mercês de vossa liberalidade, senão cautela e dissimulação de vossa ira, para aqui fora e longe de nossa Pátria nos matardes, nos destruirdes, nos acabardes de todo. Se esta havia de ser a paga e o fruto de nossos trabalhos, para que foi o trabalhar, para que foi o servir, para que foi o derramar tanto e tão ilustre sangue nestas conquistas? [...]

7. **SE** (ITA-SP) Leia o texto abaixo e as afirmações que se seguem:

Que falta nesta cidade? Verdade.
Que mais por sua desonra? Honra.
Falta mais que se lhe ponha? Vergonha.

O demo a viver se exponha,
Por mais que a fama a exalta,
Numa cidade onde falta
Verdade, honra, vergonha.

MATOS, G. de. *Os melhores poemas de Gregório de Matos Guerra*. Rio de Janeiro: Record, 1990.

I. mantém uma estrutura formal e rítmica regular.
II. enfatiza as ideias opostas.
III. emprega a ordem direta.
IV. refere-se à cidade de São Paulo.
V. emprega a gradação.

Então, pode-se dizer que são verdadeiras

a) apenas I, II, IV.
b) apenas I, II, V.
c) apenas I, III, V.
d) apenas I, IV, V.
e) todas.

CAPÍTULO

12 Os estilos de época na Era Clássica: Arcadismo

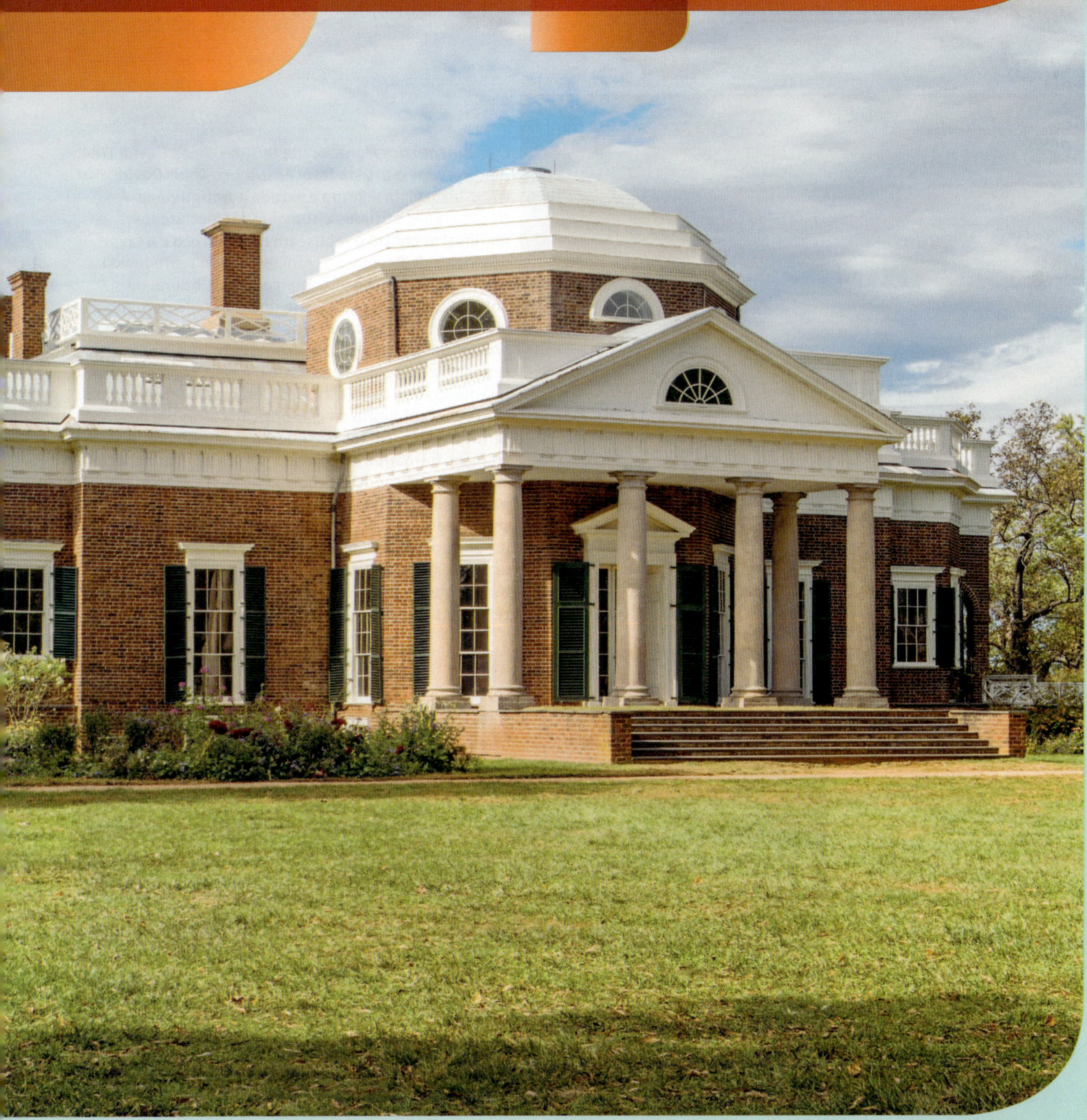

Janice e Nolan Braud/Alamy/Glow Images

Fachada do palacete Monticello, casa de campo construída por Thomas Jefferson, terceiro presidente dos Estados Unidos (1796-1806), na Virgínia, Estados Unidos.

Arcadismo

Entre a segunda metade do século XVIII e o início do século XIX as artes europeias retomaram os ideais da Antiguidade clássica, ou seja, os ideais greco-romanos de equilíbrio, simplicidade e beleza. Assim, a produção da época ficou conhecida como Neoclassicismo ou Arcadismo.

Nesse período, dois fatos transformaram o mundo europeu e o americano: a Revolução Industrial e a Revolução Francesa. Os desdobramentos desses movimentos desencadearam os processos de independência das colônias na América e a formação de centros urbanos voltados para a produção industrial. No Brasil, ajudaram especialmente a desencadear o movimento pela Independência conhecido como Inconfidência Mineira.

A pintura

akg-images/Ipress/Museu do Louvre, Paris, França.

O juramento dos Horácios, de Jacques-Louis David, 1784. Ainda jovem, o artista francês Jacques-Louis David (1748-1825) viaja a Roma e estuda a Antiguidade clássica. Suas atitudes e sua obra são declarados manifestos contra o rebuscamento barroco e a favor dos ideais da Revolução Francesa. A tela reproduzida valoriza um ideal de vida marcado pela honra; na antiga Roma, a disputa entre dois clãs pelo domínio da região do Lácio – os Horácios e os Curiácios – termina em um duelo em que se defrontariam três irmãos Horácios e três irmãos Curiácios. A cena reproduz o juramento que os três irmãos Horácios fazem a seu pai. Observe o equilíbrio da composição com o pai ao centro, os três irmãos à esquerda e as mulheres e as crianças formando um bloco à direita, com as cabeças curvadas, indicando a condição de submissão e passividade imposta a elas no período; ao fundo, colunas e arcos romanos; o jogo de luz e sombra, com a luz entrando em diagonal, por trás dos irmãos, ressalta as figuras em primeiro plano. Merecem destaque os braços prestando o juramento e as espadas no ponto central da tela.

The Bridgeman Art Library/Keystone/Museu de Belas Artes, Boston, EUA.

A perspectiva (vista através das árvores no Parque de Pierre Crozat), de Antoine Watteau, 1715. Óleo sobre tela. Na primeira metade do século XVIII, fugindo do estilo e dos temas barrocos, os artistas voltam-se aos temas bucólicos; a natureza passa a ser companheira e mestra.

A arquitetura

Robert Harding World Imagery/Alamy/Glow Images

Palacete construído por lorde Burlington em 1729, em Chiswick House, Londres. Observe a simplicidade das colunas, a simetria das linhas e a cúpula octogonal. Inspirado na Vila Capra, erguida pelo renascentista Andrea Palladio (1508-1580), é um exemplo da retomada dos ideais clássicos na arquitetura.

A escultura

Mimmo Jordice/Corbis/Latinstock

O veneziano Antonio Canova (1757-1822) produziu as melhores obras da escultura neoclássica, recuperando a simplicidade, a pureza e o equilíbrio das estátuas da Antiguidade. Em *Adônis e Vênus*, em que retoma a mitologia, podemos perceber o absoluto domínio da estética clássica, com destaque para a textura que imprimiu à pele dos modelos e para a suavidade e idealização dos traços das figuras humanas.

- *Compare a fachada do palacete inglês com a fachada do palacete norte-americano que abre este capítulo. Em sua opinião, o presidente Jefferson, responsável pela Declaração de Independência de seu país, publicada em 4 de julho de 1776, adota a simplicidade e a simetria das construções gregas, conforme a tendência europeia de então, apenas por uma questão estética, por gostar de linhas simples e de simetria? Ou esse foi um modo de deixar evidente seu alinhamento com os acontecimentos artísticos, filosóficos e políticos que ocorriam na Europa, como a Revolução Francesa e a formação de centros urbanos? Justifique sua resposta.*
- *Observe a escultura de Canova. Que sentimentos ela sugere ao observador? Como o material utilizado nesse trabalho – o mármore – e a técnica do artista contribuem para dar sentido à cena representada?*

1 O Arcadismo

Arcadismo

A partir do último quartel do século XVII, verificou-se nas literaturas europeias uma generalizada e forte reação antibarroca [...]. Verifica-se assim uma crescente difusão e aceitação da doutrina do Classicismo francês, primeiro de modo disperso, depois sob a forma de correntes arcádicas ou neoclássicas.

AGUIAR E SILVA, Vítor Manuel de. *Teoria da literatura*. Coimbra: Livraria Almedina, 1986.

Arcadismo, **Setecentismo** (a estética dos anos 1700) ou **Neoclassicismo** é o período que caracteriza principalmente a segunda metade do século XVIII, tingindo as artes de uma nova tonalidade burguesa. Vive-se, agora, o Século das Luzes, o Iluminismo, que prepara o caminho para a Revolução Francesa.

A primeira metade do século XVIII marcou a decadência do pensamento barroco, para a qual colaboraram vários fatores: a burguesia ascendente, voltada para as questões mundanas, deixava em segundo plano a religiosidade que permeava o pensamento barroco; além disso, o exagero da expressão barroca havia cansado o público, e a chamada arte cortesã, que se desenvolvera desde a Renascença, atingia um estágio estacionário e apresentava sinais de declínio, perdendo terreno para a arte burguesa, marcada pelo subjetivismo.

Ao mesmo tempo que se volta contra os abusos cometidos pela nobreza e pelo clero, a burguesia mostra-se conservadora e reticente quanto à ideia de promover e distribuir seus privilégios às classes menos favorecidas.

Muito além de livros

Mesmo com os avanços da produção tipográfica, no século XVIII os livros ainda continuavam sendo objeto de notoriedade e poder: tratava-se de um objeto individualizado, resultado de trabalho artesanal, o que ficava evidente no esmero com o caractere das letras e na disposição das linhas e gravuras. O leitor do Antigo Regime acolhia o livro como objeto de valor, atentando ao suporte material da literatura, bem como a seu conteúdo. Segundo o historiador Robert Darton, esse leitor

[...] manuseava o papel, para avaliar seu peso, transparência e elasticidade (existia todo um vocabulário para descrever as qualidades estéticas do papel que, usualmente, representava pelo menos metade dos custos de fabricação de um livro, antes do século XIX). Observaria o desenho do tipo, examinaria os espaços, conferiria o registro, apreciaria a diagramação e verificaria a regularidade da impressão. Provaria um livro da maneira como poderíamos provar um copo de vinho; porque olhava para as impressões no papel e não apenas através delas, buscaria o significado. E, quando estivesse inteiramente de posse do livro, em todos os seus aspectos materiais, se instalaria para lê-lo.

DARTON, Robert. *O grande massacre dos gatos*. Rio de Janeiro: Graal, 1986. p. 288.

Diante dessas informações, formula-se a questão: como ocorria a circulação das ideias iluministas? O público leitor que não tinha condições de adquirir livros entrava em contato com informações e teorias políticas através de jornais e panfletos; estes últimos eram produzidos com maior facilidade, menos recursos e circulavam com grande profusão. No século XVIII, a informação ia muito além de livros, pois era divulgada em impressos e manuscritos de vários tipos, canções populares e leituras públicas, boatos e rumores, ou seja, parte da população – letrada ou analfabeta – contribuía para difundir e ampliar conhecimentos e ideias.

2 Portugal e Brasil no século XVIII

Em Portugal, os primeiros indicativos da nova maneira de pensar são notados já no reinado de D. João V (de 1707 a 1750), com o apoio a uma proposta de modernização do ensino superior segundo os ideais iluministas. Após 1750, governa o país o rei D. José I, cujo mandato estendeu-se até 1777. Esse reinado tem como ministro o Marquês de Pombal, representante do despotismo esclarecido em Portugal. Em 1759, Pombal expulsa os jesuítas dos domínios portugueses. Tal fato acelera a marginalização do clero na vida lusitana e estabelece o fim da influência jesuítica na educação.

Em terras americanas, no ano de 1776 ocorre a Independência dos Estados Unidos, seguida da independência de vários países da América Latina, em um processo que se arrastaria até meados do século XIX.

Biblioteca do Congresso, Washington, EUA.

Dia 9 de julho de 1776, depois de ouvir a primeira leitura pública da Declaração de Independência, nova-iorquinos exaltados correm para o Parque Bowling Green e derrubam a estátua do rei inglês, Jorge III, que, depois de derretida, foi transformada em 1800 quilos de balas de chumbo.

No Brasil, os últimos cinco anos do século XVII assistem à morte de Antônio Vieira e de Gregório de Matos, as duas figuras máximas do Seiscentismo, que não encontram substitutos no século XVIII. A cultura jesuítica começa a ceder lugar ao Neoclassicismo; o pensamento iluminista francês encontra ampla repercussão no crescente sentimento de nativismo e na nova mentalidade dominante, provinda da área de mineração. De fato, o século XVIII registra um deslocamento fundamental na vida brasileira: o centro econômico transfere-se do Nordeste para a região de Minas Gerais e do Rio de Janeiro. Na esteira da economia vem a vida política, social e cultural. Minas Gerais, em particular Vila Rica, é o cenário dos acontecimentos mais significativos e dos personagens mais importantes dos anos Setecentos: a mineração, a Inconfidência, Tiradentes, os poetas do Arcadismo e Aleijadinho (daí o Arcadismo brasileiro receber também a denominação de **Escola Mineira**).

3 O estilo neoclássico: influências e linguagem

A influência de Horácio: *carpe diem, locus amoenus, fugere urbem, aurea mediocritas*

Um dos maiores influenciadores do pensamento e das atitudes do Arcadismo foi o poeta latino Horácio. O *carpe diem* horaciano, que consiste no princípio de viver o presente, "gozar o dia", foi uma postura comumente assumida durante o Arcadismo. Sua filosofia é aproveitar ao máximo o momento presente, pois o tempo corre célere.

Também por influência de Horácio, os árcades adotam a *aurea mediocritas* ("mediocridade dourada"), que consiste na exaltação do meio-termo, da simplicidade. Essa posição de equidistância entre dois polos opostos era buscada no contato com a natureza. Daí a proposta de fugir da cidade (*fugere urbem*) e procurar o *locus amoenus*, um refúgio ameno, uma vida simples, bucólica, do homem vivendo como os pastores, em oposição aos centros urbanos monárquicos; a luta do burguês culto contra a aristocracia se manifesta nessa busca da natureza. Observe como essa postura se manifesta nos versos de Cláudio Manuel da Costa:

Se sou pobre pastor, se não governo
Reinos, nações, províncias, mundo, e gentes;
Se em frio, calma, e chuvas inclementes
Passo o verão, outono, estio, inverno;

Nem por isso trocara o abrigo terno
Desta choça, em que vivo, co'as enchentes
Dessa grande fortuna: assaz presentes
Tenho as paixões desse tormento eterno.

In: PROENÇA FILHO, D. (Org.). *A poesia dos inconfidentes*: poesia completa de Cláudio Manuel da Costa, Tomás Antônio Gonzaga e Alvarenga Peixoto. Rio de Janeiro: Nova Aguilar, 1996. p. 53.

É preciso salientar, contudo, que esse objetivo configurava apenas um estado de espírito, uma posição política e ideológica, uma vez que todos os árcades viviam nos centros urbanos e, burgueses que eram, lá estavam seus interesses econômicos. Havia, portanto, uma contradição entre a realidade do progresso urbano e o mundo bucólico por eles idealizado. Por isso se justifica falar em **fingimento poético** no Arcadismo, fato que transparece no uso dos pseudônimos pastoris. São exemplos o pobre pastor Dirceu, pseudônimo adotado por Tomás Antônio Gonzaga, e o guardador de rebanhos Glauceste Satúrnio, pseudônimo de Cláudio Manuel da Costa.

Os pastores da Arcádia, de Nicolas Poussin, 1638-1640. O trabalho de Poussin é fruto de um profundo estudo das estátuas e dos temas clássicos. Nessa tela observa-se uma paisagem bucólica e, no primeiro plano, três pastores com seus cajados e uma jovem (observe o perfil da jovem e sua semelhança com as estátuas gregas). No centro da imagem, alvo de todas as atenções, um túmulo com a inscrição latina "*Et in Arcadia ego*", que pode ser assim traduzida: "Eu, que estou morto, também já estive na Arcádia", ou, ainda, "Eu, a Morte, também estou na Arcádia". Os pastores meditam sobre o significado da frase e, num misto de temor reverente e surpresa, parecem ter encontrado a primeira evidência de que a morte é um fato inevitável, que nossa vida é breve e, por isso mesmo, é preciso desfrutá-la. Portanto, o espírito árcade está presente não apenas na placidez da paisagem e nos personagens idílicos que a compõem, mas também na reflexão que ela suscita sobre a morte, a vida e a necessidade de "aproveitar o dia".

A linguagem do Arcadismo

A visão de mundo dos poetas árcades e a estética neoclássica se manifestam em um "estilo simples", em nítida oposição ao estilo barroco. A linguagem da nova poesia do Arcadismo perde o rebuscamento e os torneios verbais típicos do século XVII; agora prevalece a ordem direta, a expressão clara, inteligível; as frases adquirem uma suave melodia (a mesma melodia, a simplicidade e o ordenamento lógico encontrados na natureza, a grande mestra). Predominam os adjetivos que expressam suavidade e harmonia: tudo é ameno, suave, calmo, alegre, aprazível...

A seleção vocabular prende-se, fundamentalmente, a alguns campos lexicais:

- palavras, termos e expressões que retomam a Antiguidade clássica: mitologia, musas, conceitos; *locus amoenus*, *fugere urbem*, *inutilia truncat* (cortar as inutilidades); o próprio lema da bandeira de Minas Gerais, escolhido pelos poetas inconfidentes, reflete a postura neoclássica: *Libertas quae sera tamen* ("Liberdade ainda que tardia", frase do poeta latino Virgílio);
- a exaltação da natureza: árvores, riachos, prados, fontes, pastores e pastoras, montes de feno;
- o Amor idealizado e convencional.

TEXTO E INTERTEXTO

Texto 1

Lira XIV
Marília de Dirceu

Tomás Antônio Gonzaga

Minha bela Marília, tudo passa;
A sorte deste mundo é mal segura;
Se vem depois dos males a ventura,
Vem depois dos prazeres a desgraça.
[...]

Ah! enquanto os Destinos impiedosos
Não voltam contra nós a face irada,
Façamos, sim, façamos, doce amada,
Os nossos breves dias mais ditosos.
[...]

Ornemos nossas testas com as flores
E façamos de feno um brando leito;
Prendamo-nos, Marília, em laço estreito,
Gozemos do prazer de são Amores.
Sobre as nossas cabeças,
Sem que o possam deter, o tempo corre;
E para nós o tempo, que se passa,
Também, Marília, morre.
[...]

Que havemos d'esperar, Marília bela?
Que vão passando os florescentes dias?
As glórias, que vêm tarde, já vêm frias;
E pode enfim mudar-se a nossa estrela.
Ah! não, minha Marília,
Aproveite-se o tempo, antes que faça
O estrago de roubar ao corpo as forças,
E ao semblante a graça.

Vera Basile/Arquivo da editora

In: PROENÇA FILHO, D. (Org.). *A poesia dos inconfidentes:* poesia completa de Cláudio Manuel da Costa, Tomás Antônio Gonzaga e Alvarenga Peixoto. Rio de Janeiro: Nova Aguilar, 1996. p. 597-598.

Texto 2

Carpe diem

Mário Faustino

Que faço deste dia, que me adora?
Pegá-lo pela cauda, antes da hora
Vermelha de furtar-se ao meu festim?
Ou colocá-lo em música, em palavra,
Ou gravá-lo na pedra, que o sol lavra?
Força é guardá-lo em mim, que um dia assim
Tremenda noite deixa se ela ao leito
Da noite precedente o leva, feito
Escravo dessa fêmea a quem fugira
Por mim, por minha voz e minha lira.

(Mas já de sombras vejo que se cobre
Tão surdo ao sonho de ficar – tão nobre.
Já nele a luz da lua – a morte – mora,
De traição foi feito: vai-se embora.)

Vera Basile/Arquivo da editora

In: BOAVENTURA, M. N. (Org.). *O homem e sua hora – E outros poemas.* São Paulo: Companhia das Letras, 2009. p. 195.

Atividades

1. Os textos reproduzidos pertencem, respectivamente, às liras de *Marília de Dirceu*, de Tomás Antônio Gonzaga, poeta mineiro do século XVIII, e ao livro *O homem e sua hora*, que reúne poemas do escritor piauense Mário Faustino (1930-1962). Embora vivendo realidades distintas, esses poetas têm conceitos semelhantes sobre a vida e a passagem do tempo. Em linhas gerais, que posição eles assumem em relação a isso?

2. Como se percebe a influência horaciana nos textos?

3. Os versos de Gonzaga apresentam a estrutura de diálogo. Há, de fato, uma interlocução, uma conversação? Comente.

4. No *Dicionário eletrônico Houaiss da Língua Portuguesa*, encontramos as seguintes acepções para o adjetivo *bucólico*: "1. relativo aos pastores de qualquer tipo de rebanho e seus animais. 2. relativo à vida e costumes do campo; campestre. 3. *p. ext.* relativo à natureza, à vida natural. 4. *fig.* sem malícia; puro, ingênuo". Comente os versos de Gonzaga que podem ser considerados bucólicos.

5. Qual é o sentido da última estrofe do poema de Mário Faustino? Por que ela está indicada por parênteses?

A poesia lírica em Minas Gerais

Como já vimos, Minas Gerais passou a ser o principal palco de acontecimentos econômicos, políticos e sociais no Brasil no século XVIII. Portanto, lá viveram os mais notáveis representantes literários do período.

A poesia lírica mineira tem dois expoentes: Cláudio Manuel da Costa e Tomás Antônio Gonzaga, amigos com afinidades literária e política. A obra desses poetas inaugura o Arcadismo no Brasil, trabalhando os temas e as formas da poesia neoclássica, como a exaltação da natureza e do amor idealizado.

Cláudio Manuel da Costa

Newton Resende/Arquivo da editora

Cláudio Manuel da Costa nasceu nas proximidades de Mariana, Minas Gerais, em 1729. Após seus primeiros estudos com os jesuítas no Brasil, foi para Coimbra estudar Direito (1749). Por essa época, tomou contato com os ideais iluministas, absorveu o clima das primeiras manifestações árcades e adotou o pseudônimo pastoril de Glauceste Satúrnio.

Segundo o brasilianista Kenneth Maxwell: "Cláudio Manuel da Costa era, realmente, homem muito rico – tinha clientela importante, muitos escravos e sociedade em minas de ouro, possuindo uma fazenda de criação de gado e de porcos, além de um negócio de grandes proporções de concessão de créditos. Sua espaçosa mansão em Vila Rica era ponto de reunião da intelectualidade da capitania".

Participou da Inconfidência Mineira, foi preso e encontrado morto (enforcado) na cadeia, em 4 de julho de 1789.

Tomás Antônio Gonzaga

Acervo Iconographia/Reminiscências

Tomás Antônio Gonzaga nasceu na cidade do Porto, Portugal, em 1744. Bacharel em Direito por Coimbra, veio para Minas Gerais com os cargos de ouvidor e juiz. Manteve relação amorosa com Maria Doroteia Joaquina de Seixas Brandão, a Marília. Por participar da Inconfidência Mineira, foi preso e condenado ao degredo em Moçambique. Lá se casou com Juliana de Sousa Mascarenhas, "pessoa de muitas posses e poucas letras". Faleceu em 1810.

LENDO OS TEXTOS

Texto 1

Cláudio Manuel da Costa

Destes penhascos fez a natureza
O berço, em que nasci: oh! quem cuidara,
Que entre penhas tão duras se criara
Uma alma terna, um peito sem dureza!

Amor, que vence os tigres, por empresa
Tomou logo render-me; ele declara
Contra o meu coração guerra tão rara,
Que não me foi bastante a fortaleza.

Por mais que eu mesmo conhecesse o dano,
A que dava ocasião minha brandura,
Nunca pude fugir ao cego engano:

Vós, que ostentais a condição mais dura,
Temei, penhas, temei, que Amor tirano,
Onde há mais resistência, mais se apura.

Vera Basile/Arquivo da editora

In: PROENÇA FILHO, D. (Org.). *A poesia dos inconfidentes:* poesia completa de Cláudio Manuel da Costa, Tomás Antônio Gonzaga e Alvarenga Peixoto. Rio de Janeiro: Nova Aguilar, 1996. p. 95.

Atividades

1. Considerando forma e conteúdo, comente os aspectos clássicos do poema.
2. Em que se baseia a antítese que marca o primeiro quarteto?
3. Quem seriam "os tigres" citados no quinto verso?
4. Observando os indicadores gramaticais, pode-se dividir o poema em duas partes: as três primeiras estrofes se distinguem da última. Comente as características de cada parte.
5. Qual é o "consolo" do eu poético, expresso na última estrofe?

Texto 2

Cláudio Manuel da Costa

Quem deixa o **trato** pastoril, amado,
Pela ingrata, **civil correspondência**,
Ou desconhece o rosto da violência,
Ou do retiro a paz não tem provado.

Que bem é ver nos campos, **trasladado**
No gênio do Pastor, o da inocência!
E que mal é no trato, e na aparência
Ver sempre o **cortesão** dissimulado!

Ali respira amor sinceridade;
Aqui sempre a traição seu rosto encobre:
Um só trata a mentira, outro a verdade.

Ali não há fortuna que **soçobre**;
Aqui quanto se observa é **variedade**:
Oh! **ventura** do rico! Oh! bem do pobre!

In: PROENÇA FILHO, D. (Org.). *A poesia dos inconfidentes:* poesia completa de Cláudio Manuel da Costa, Tomás Antônio Gonzaga e Alvarenga Peixoto. Rio de Janeiro: Nova Aguilar, 1996.

civil correspondência: o comportamento urbano; a cidade.

cortesão: homem que vive na corte; aqui, o homem urbano.

soçobre: naufrague, afunde; perca-se; reduza-se a nada.

trasladado: transportado, transformado.

trato (do latim *tractu*): região; também pode ser entendido como comportamento; maneiras.

variedade: raridade.

ventura: destino, sorte.

Atividade

- Analise o soneto acima a partir das antíteses apresentadas. Como sugestão, faça uma lista das palavras que caracterizam o campo e outra das que caracterizam a cidade. Comente todas as oposições.

Entre pastores e ovelhas, uma arguta defesa dos valores burgueses

A concepção burguesa de vida e de amor está presente no principal trabalho de Tomás Antônio Gonzaga: as liras de *Marília de Dirceu*. Essa obra, inspirada em seu romance com Maria Doroteia, apresenta duas partes distintas. Na primeira, Gonzaga se posiciona como um abastado pastor que cultiva o ideal da vida campestre, vive intensamente o momento (*carpe diem*) e pinta, por meio de palavras, a natureza e Marília, a mulher amada. O tom do discurso poético, no entanto, sofre sensível alteração ao longo da obra, tendo como divisor de águas a prisão do poeta. Se, antes da cadeia, Gonzaga discorre sobre a iniciação amorosa, o namoro, a felicidade do amante, os sonhos de uma família, a defesa da tradição e da propriedade, sempre com postura patriarcalista, depois da prisão faz uma série de reflexões que tratam tanto da justiça da sociedade (ele se considera inocente; portanto, injustiçado) quanto dos caminhos do destino e da eterna consolação no amor que sente por Marília.

O livro *Cartas chilenas* completa a obra de Gonzaga. É composto de poemas satíricos, escritos em linguagem bastante agressiva, que circularam anonimamente em Vila Rica pouco antes da Inconfidência Mineira. A obra tem a estrutura de uma carta, assinada por Critilo (mais tarde identificado como Gonzaga) e endereçada a Doroteu (Cláudio Manuel da Costa). Nessas cartas, Critilo, habitante de Santiago do Chile (na verdade, Vila Rica), narra os desmandos e as arbitrariedades do governador chileno, um político sem moral, despótico e narcisista, o Fanfarrão Minésio (na realidade, Luís da Cunha Meneses, governador de Minas Gerais até pouco antes da Inconfidência).

LENDO OS TEXTOS

Texto 1

Marília de Dirceu

A relação amorosa de Gonzaga com Marília (que se inicia em 1787 e termina com a prisão do poeta, em maio de 1789, uma semana antes da data prevista para o casamento) é o pano de fundo das liras que formam as três partes de *Marília de Dirceu* (é entre a primeira e a segunda parte que ocorre a prisão do poeta, o que faz mudar sensivelmente o tom das liras). De acordo com o professor Rodrigues Lapa, a obra, escrita nos últimos anos do século XVIII, "documenta bem a passagem do Classicismo para o romantismo"; de fato, as Liras são marcadas ora pelos conceitos poéticos do Arcadismo, com um pastor exaltando a convivência com a natureza e invocando musas e deuses da mitologia pagã, ora pelos derramamentos sentimentais de um homem que vive em função do seu amor.

Ulhôa Cintra/Arquivo da editora

Lira I (1ª parte)

Tomás Antônio Gonzaga

Eu, Marília, não sou algum vaqueiro,
Que viva de guardar alheio gado;
De tosco trato, de expressões grosseiro,
Dos frios gelos e dos sóis queimado.
Tenho próprio **casal** e nele assisto:
Dá-me vinho, legume, fruta, azeite;
Das brancas ovelhinhas tiro o leite,
E mais as finas lãs, de que me visto.
Graças, Marília bela,
Graças à minha Estrela!

Coleção Arthur Cavaliere

casal: pequena propriedade rural; Dirceu diz que tira seu sustento da propriedade.

Marília de Dirceu, de Alberto Guignard, 1957. A personagem criada pelo poeta árcade serviu de inspiração a pintores, como o modernista Guignard.

Lira XIX (1ª parte)

Tomás Antônio Gonzaga

Enquanto pasta alegre o manso gado,
Minha bela Marília, nos sentemos
À sombra deste cedro levantado.
Um pouco meditemos
na regular beleza,
Que em tudo quanto vive nos descobre
A sábia Natureza.

Atende como aquela vaca preta
O novilhinho seu dos mais separa,
E o lambe, enquanto chupa a lisa teta.
Atende mais, ó cara,
Como a ruiva cadela
Suporta que lhe morda o filho o corpo,
E salte em cima dela.

Repara como, cheia de ternura,
Entre as asas ao filho essa ave aquenta,
Como aquela esgravata a terra dura,
E os seus assim sustenta;
Como se encoleriza,
E salta sem receio a todo o vulto,
Que junto deles pisa.

Que gosto não terá a esposa amante,
Quando der ao filhinho o peito brando,
E refletir então no seu semblante!
Quando, Marília, quando
Disser consigo: *"É esta
De teu querido pai a mesma barba,
A mesma boca, e testa."*

Lira XV (2ª parte)

Tomás Antônio Gonzaga

Eu, Marília, não fui nenhum Vaqueiro,
Fui honrado Pastor da tua Aldeia;
Vestia finas lãs e tinha sempre
A minha choça do preciso cheia.
Tiraram-me o casal e o manso gado,
Nem tenho, a que me encoste, um só cajado.

Lira XXI (2ª parte)

Tomás Antônio Gonzaga

Que diversas que são, Marília, as horas
Que passo na masmorra imunda, e feia,
Dessas horas felizes, já passadas
Na tua pátria aldeia!

In: PROENÇA FILHO, D. (Org.). *A poesia dos inconfidentes:* poesia completa de Cláudio Manuel da Costa, Tomás Antônio Gonzaga e Alvarenga Peixoto. Rio de Janeiro: Nova Aguilar, 1996.

Atividades

1. Faça uma análise da primeira estrofe da *Lira XIX* a partir dos adjetivos usados por Gonzaga.
2. Qual é a ideia básica que sustenta as três primeiras estrofes da *Lira XIX*? Qual é a relação destas com a quarta estrofe?
3. A partir da análise da quarta estrofe da *Lira XIX*, como é possível resumir a visão de mundo de Dirceu/Gonzaga? Justifique sua resposta.
4. A estrofe da *Lira XV* reproduzida dialoga com a primeira estrofe da *Lira I*, constituindo-se um caso de intertextualidade interna. No entanto, há uma evidente mudança de tom. Comente-a.

Trocando ideias

Na paisagem das cidades surgidas em Minas Gerais no século XVIII, alguns prédios se destacavam, como as igrejas e a câmara municipal; embaixo desta última, sempre ficava a cadeia local. Os espaços religiosos e de poder, portanto, eram centrais na geografia urbana. A imagem a seguir é da antiga câmara municipal e cadeia da cidade de Mariana (MG).

O poema transcrito abaixo é parte da obra *Cartas chilenas*, de Tomás Antônio Gonzaga. Leia-o atentamente e faça as atividades propostas na sequência.

Cartas chilenas

Tomás Antônio Gonzaga

Pretende, Doroteu, o nosso chefe
erguer uma cadeia majestosa,
que possa escurecer a velha fama
da torre de Babel e mais dos grandes,
custosos edifícios que fizeram,
para sepulcros seus, os reis do Egito.
Talvez, prezado amigo, que imagine
que neste monumento se conserve,
eterna, a sua glória, bem que os povos,
ingratos, não consagrem ricos bustos
nem montadas ao seu nome.
Desiste, louco chefe, dessa empresa:
um soberbo edifício, levantado
sobre ossos inocentes, construído
com lágrimas dos pobres, nunca serve
de glória ao seu autor, mas sim de opróbrio.

Rubens Chaves/Folhapress

Edifício da antiga câmara municipal de Mariana, em Minas Gerais.

In: PROENÇA FILHO, D. (Org.). *A poesia dos inconfidentes:* poesia completa de Cláudio Manoel da Costa, Tomás Antônio Gonzaga e Alvarenga Peixoto. Rio de Janeiro: Nova Aguilar, 1996. p. 814.

Todo governo autoritário tem como um de seus elementos de sustentação uma força policial numerosa e abusivamente repressora, além de símbolos de poder, como uma cadeia que obscurece a "torre de Babel" e as "pirâmides do Egito".

- Você concorda com essa afirmação?
- Escreva um breve texto sobre o tema e depois discuta suas ideias com os colegas e o professor.

A tradição da poesia épica

A influência clássica, particularmente a camoniana, não se revela apenas na poesia lírica: os autores neoclássicos brasileiros também retomaram o modelo da poesia épica. Foi, como já vimos, o caso de Cláudio Manuel da Costa, cujo poema *Vila Rica* narra a fundação da cidade de Vila Rica, atual Ouro Preto, pelos bandeirantes.

Nesta parte do capítulo, vamos estudar de que modo outros dois escritores — Santa Rita Durão (1722-1784), autor de *Caramuru*, e Basílio da Gama (1741-1795), autor de *O Uraguai* — elaboraram seus poemas épicos e com eles defenderam seu posicionamento em relação a uma questão decisiva na época: a tensão entre o Marquês de Pombal e os jesuítas.

Santa Rita Durão e a obra *Caramuru*

A produção literária de Santa Rita Durão que entrou para a história da literatura brasileira foi *Caramuru*, um poema épico em versos decassílabos e oitava rima camoniana. O título já antecipa o tema: o descobrimento e a conquista da Bahia pelo português Diogo Álvares Correia, o Caramuru, vítima de um naufrágio no litoral baiano. O poema revela o apoio de Durão à Companhia de Jesus e sua oposição ao Marquês de Pombal. Caracteriza-se pela exaltação da terra brasileira, incorrendo o autor em descrições de paisagens que lembram a literatura informativa do Quinhentismo. O indígena é visto sob o prisma informativo e é realçada sua condição de objeto de catequese (Paraguaçu, a heroína indígena, é batizada e casa-se com Diogo, em cerimônia religiosa na Europa). Veja alguns elementos dessa obra:

- **herói**: o português Diogo Álvares Correia, vítima de naufrágio no litoral da Bahia; ficou conhecido pela alcunha de Caramuru (filho do trovão), por possuir uma arma de fogo.
- **argumento**: as façanhas de Diogo Álvares Correia entre os indígenas e seus amores com Paraguaçu (com quem se casa e viaja para Paris) e Moema (que morre ao tentar acompanhar o navio em que viajava Diogo).
- **presença de forte religiosidade**: Santa Rita Durão era padre agostiniano.
- **marcas árcades**: exaltação da natureza, o indígena visto como "bom selvagem".
- **estrutura**: 6 672 versos distribuídos em 10 cantos. Divisão clássica em cinco partes: proposição, invocação, dedicatória, narração e epílogo.

Museu Histórico Nacional, Rio de Janeiro, RJ.

Santa Rita Durão

Frei José de Santa Rita Durão nasceu em Mariana, MG. Foi poeta, clérigo e teólogo. Deixou o Brasil em 1731 para estudar teologia e filosofia em Coimbra, Portugal. Defensor da Companhia de Jesus, o padre mineiro se indispôs com a política pombalista, que tolhia a atuação dos jesuítas na colônia portuguesa, fato que abordou na epopeia *Caramuru*, seu único poema publicado em livro.

A política pombalina e a expulsão dos jesuítas

No campo da cultura e da educação, a política pombalina visava formar uma elite administrativa e ilustrada para o império; daí a criação do moderno Colégio dos Nobres, em 1761. Essas medidas centralistas geraram sérias rusgas entre a política pombalina e a Companhia de Jesus, até então bastante influente na educação e na mentalidade lusitanas. Em 1759, chegou-se ao limite: os jesuítas foram expulsos de Portugal e de seus domínios, sendo suas propriedades confiscadas pela Coroa. No Brasil, a ação contra os religiosos esteve bastante ligada à consolidação das fronteiras da colônia, porque se acreditava que os indígenas, muitos até então reunidos em aldeamentos controlados pelos jesuítas, eram fundamentais para povoar as regiões distantes e fronteiriças. Em 1757 foram extintas de vez as possibilidades de escravizar indígenas; na região norte, muitas aldeias viraram vilas, e os aldeamentos passaram a ser controlados por civis. No sul, acusados de instigar uma rebelião indígena, os jesuítas de Sete Povos das Missões foram duramente atacados, o que gerou uma guerra, entre 1754 e 1756, que envolveu forças coloniais, expedições bandeirantes e os Guarani.

Basílio da Gama e a obra *O Uraguai*

O poema épico *O Uraguai*, de Basílio da Gama, tem como tema histórico a luta empreendida pelas tropas portuguesas, auxiliadas pelos espanhóis, contra os indígenas de Sete Povos das Missões, instigados pelos jesuítas; portanto, a culpa caberia aos jesuítas e não aos índios. Em consequência do Tratado de Madri (1750), a missão de Sete Povos passaria aos portugueses, ao passo que a de Sacramento, em terras uruguaias, seria concedida aos espanhóis. Daí o título do poema, que emprega a corruptela de *Uruguai*, o termo *Uraguai*.

Mesmo trabalhando um tema não adequado ao gênero épico, por ser um pouco grandioso e contemporâneo do autor, Basílio da Gama conseguiu criar uma obra de fôlego e de certa elegância poética, além de quebrar a estrutura camoniana. Embora fizesse a exaltação da natureza e do "bom selvagem", soube fugir aos lugares-comuns do bucolismo vigente.

Essa obra foi escrita com dois objetivos básicos: criticar os jesuítas, seus antigos mestres, e defender a política pombalina. São palavras de Basílio da Gama nas notas ao poema: "Os jesuítas nunca declamaram contra o cativeiro destes miseráveis racionais [os índios], senão porque pretendiam ser só eles os seus senhores".

Conheça alguns elementos dessa obra:

- **herói**: Gomes Freire de Andrade, comandante das tropas portuguesas.
- **argumento**: pelo Tratado de Madri, assinado entre Portugal e Espanha em 1750, os padres portugueses deveriam abandonar missões em território espanhol, e os espanhóis deveriam abandonar colônias em território português. Ocorreu que padres jesuítas espanhóis não quiseram sair de Sete Povos das Missões, região banhada pelo rio Uruguai. Os indígenas catequizados pelos espanhóis se rebelaram. Tropas portuguesas, comandadas por Andrade, combateram os indígenas e os padres espanhóis.
- presença do maravilhoso pagão.
- **personagens indígenas**: Cacambo, Sepé, Caitutu, Tanajura e Lindoia.
- **o vilão**: Balda, padre jesuíta.
- **marcas árcades**: exaltação da política de Marquês de Pombal e crítica aos jesuítas.
- **estrutura**: 1380 versos distribuídos em 5 cantos.

Exemplares antigos de *O Uraguai*.

Basílio da Gama

O poeta José Basílio da Gama nasceu em Tiradentes, MG. Estudou no Colégio dos Jesuítas, no Rio de Janeiro. Em 1760, mudou-se para o continente europeu, onde, oito anos depois, foi detido e acusado de simpatia pelos jesuítas, o que o fez abrir mão de seu envolvimento com a Companhia de Jesus sob ameaça de exílio. Basílio passou, então, a ser protegido do Marquês de Pombal, a quem dedicou sua obra *O Uraguai*.

LENDO OS TEXTOS

Texto 1

Transcrevemos a estrofe em que é apresentado o herói Diogo:

Caramuru

Santa Rita Durão

De um varão em mil casos agitado,
Que as praias decorrendo do Ocidente,
Descobriu o recôncavo afamado
Da capital brasílica potente;
De *Filho do Trovão* denominado,
Que o peito domar soube à fera gente,
O valor cantarei da adversa sorte,
Pois só conheço herói que nela é forte.

Trechos do Canto VI, em que é narrada a morte de Moema. Diogo Álvares, após definir-se por Paraguaçu, embarca com a esposa em um navio francês rumo à Europa. Várias índias nadam atrás do navio, mas uma se destaca: Moema.

Copiosa multidão da nau francesa
Corre a ver o espetáculo, assombrada;
E ignorando a ocasião da estranha empresa,
Pasma da turba feminil, que nada.
Uma que às mais precede em gentileza,
Não vinha menos bela, do que irada;
Era Moema, que de inveja geme,
E já vizinha à nau se apega ao leme.

[...]

– "Bárbaro (a bela diz:) tigre e não homem...
Porém o tigre, por cruel que brame,
Acha forças no amor, que enfim o domem;
Só a ti não domou, por mais que eu te ame.
Fúrias, raios, coriscos, que o ar consomem,
Como não consumis aquele infame?
Mas pagar tanto amor com tédio e asco...
Ah! que corisco és tu... raio... penhasco!

[...]

Enfim, tens coração de ver-me aflita,
Flutuar, moribunda, entre estas ondas;
A um ai somente, com que aos meus respondas.
Bárbaro, se esta fé teu peito irrita,
Nem o passado amor teu peito incita
(Disse, vendo-o fugir) ah! não te escondas
Dispara sobre mim teu cruel raio..."
E indo a dizer o mais, cai num desmaio.

[...]

Perde o lume dos olhos, pasma e treme,
Pálida a cor, o aspecto moribundo;
Com mão já sem vigor, soltando o leme,
Entre as salsas escumas desce ao fundo.
Mas na onda do mar, que, irado, freme,
Tornando a aparecer desde o profundo,
– Ah! Diogo cruel! – disse com mágoa, –
E sem mais vista ser, sorveu-se na água.

DURÃO, Santa Rita. *Caramuru*. Rio de Janeiro: Agir, 1977. p. 84-86.

Moema, de Vítor Meireles, 1866. A personagem feminina do poema de Durão inspirou o pintor acadêmico Vítor Meireles.

Texto 2

Trecho do canto IV, em que é narrada a morte de Lindoia. A índia, angustiada com a morte de Cacambo, "entrara no jardim triste e chorosa", "cansada de viver"; seu irmão, Caitutu, vai encontrá-la adormecida; enrolada em seu corpo, uma serpente venenosa.

O Uraguai

Basílio da Gama

... Mais de perto
Descobrem que se enrola no seu corpo
Verde serpente, e lhe passeia, e cinge
Pescoço e braços, e lhe lambe o seio.
Fogem de a ver assim, sobressaltados,
E param cheios de temor ao longe;
E nem se atrevem a chamá-la, e temem
Que desperte assustada, e irrite o monstro,
E fuja, e apresse no fugir a morte.
Porém o destro Caitutu, que treme
Do perigo da irmã, sem mais demora
Dobrou as pontas do arco, e quis três vezes
Soltar o tiro, e vacilou três vezes
Entre a ira e o temor. Enfim sacode
O arco e faz voar a aguda seta,
Que toca o peito de Lindoia, e fere
A serpente na testa, e a boca e os dentes
Deixou cravados no vizinho tronco.
Açouta o campo coa ligeira cauda
O irado monstro, e em tortuosos giros
Se enrosca no cipreste, e verte envolto
Em negro sangue o lívido veneno.
Leva nos braços a infeliz Lindoia
O desgraçado irmão, que ao despertá-la
Conhece, com que dor! no frio rosto
Os sinais do veneno, e vê ferido
Pelo dente sutil o brando peito.
Os olhos, em que Amor reinava, um dia,
Cheios de morte; e muda aquela língua
Que ao surdo vento e aos ecos tantas vezes
Contou a larga história de seus males.
Nos olhos Caitutu não sofre o pranto,
E rompe em profundíssimos suspiros,
Lendo na testa da fronteira gruta
De sua mão já trêmula gravado
O alheio crime e a voluntária morte.
E por todas as partes repetido
O suspirado nome de Cacambo.
Inda conserva o pálido semblante
Um não sei quê de magoado e triste,
Que os corações mais duros enternece.
Tanto era bela no seu rosto a morte!

GAMA, Basílio da. *O Uraguai*. Rio de Janeiro: Agir, 1972. p. 82-84.

Atividade

- A partir dos textos lidos, faça um quadro comparativo entre *Caramuru* e *O Uraguai*, salientando as semelhanças e as diferenças entre essas obras.

Bocage: a passagem do Neoclassicismo para o Romantismo

A obra do poeta português Bocage representa a transição do período neoclássico para o romântico. Uma parte de sua poesia demonstra adesão aos moldes árcades, notada, por exemplo, pela influência camoniana, ao passo que outra antecipa elementos característicos da escola literária que surgiria com mais força no século XIX.

Ao falarmos do trabalho de Bocage, é preciso considerar que houve "dois Bocages": o lírico e o satírico. A poesia satírica de Bocage, às vezes ácida, às vezes extremamente erotizada (para alguns, chula, pornográfica), é um retrato da falsa moral e de certos comportamentos da sociedade lusitana.

Por sua vez, o Bocage lírico deve ser entendido como representante de um momento literário em que há um progressivo abandono da postura árcade para a adoção de um modo romântico de se relacionar com o mundo. O subjetivismo, a valorização da vida interior, a autocomiseração e o tom confessional são as novidades introduzidas por um Bocage já absorvido pelos ideais consolidados com a Revolução Francesa. Leia:

Liberdade, onde estás? Quem te demora?
Quem te faz que o teu influxo em nós não caia?
Porque (triste de mim!) porque não raia
Já na esfera de Lísia a tua aurora?

Acervo Iconographia/Reminiscências

Bocage.

Bocage

Manuel Maria Barbosa du Bocage (1765-1805) nasceu em Setúbal, Portugal. Foi considerado um dos melhores e mais populares poetas lusitanos depois de Camões. Frequentou a Escola da Marinha Real em Lisboa. Em 1786, embarcou para a Índia e viveu lá por quatro anos. De volta a Portugal, foi preso em 1797, acusado de escrever um poema erótico e político. Após retratar-se, ganhou a liberdade. Além da qualidade de sua obra, Bocage foi reconhecido por sua personalidade irreverente.

LENDO OS TEXTOS

Texto 1

Segundo vários estudiosos da vida e da obra de Bocage, este soneto foi composto momentos antes de sua morte, tendo sido o último texto escrito pelo poeta. Dizem ainda esses biógrafos que outro soneto foi elaborado nessas circunstâncias, formando par com o texto apresentado. Esse outro soneto assim se inicia: "Já Bocage não sou!...".

Meu ser **evaporei** na **lida** **insana**
Do **tropel** de paixões, que me arrastava;
Ah! Cego eu cria, ah! mísero eu sonhava
Em mim quase imortal a essência humana.

De que inúmeros sóis a mente **ufana**
Existência **falaz** me não dourava!
Mas eis sucumbe Natureza escrava
Ao mal que a vida em sua origem dana.

evaporei: neste contexto, *evaporar* foi usado no sentido de "consumir", "gastar", "destruir".

falaz: enganadora, ilusória.

insana: insensata, louca.

lida: luta, esforço, trabalho; *lida* pode ser interpretada como o desgaste provocado pelas paixões.

tropel: grande confusão, tumulto.

ufana: vaidosa; que se vangloria.

Prazeres, sócios meus e meus tiranos!
Esta alma, que sedenta em si não coube,
No abismo vos sumiu dos desenganos.

Deus, oh! Deus!... Quando a morte à luz me roube,
Ganhe um momento o que perderam anos.
Saiba morrer o que viver não soube.

BOCAGE, M. M. Barbosa du. *Sonetos*. Lisboa: Livraria Bertrand, [s.d.]. p. 207.

Texto 2

Sobre este soneto e a relação Camões/Bocage, assim escreve Eloy do Amaral, em seu livro *Bocage*: "Camões e Bocage. Neste soneto o Poeta faz o paralelo das suas vidas. Na realidade podemos encontrar nelas uma curiosa semelhança: gênio, infortúnio e miséria. Foram soldados, entraram numa batalha, tiveram nos seus amores uma Natércia. Sofreram por muito amar. Foram à Índia, a Macau, conheceram a prisão e o terrível Adamastor. Sofreram um naufrágio, salvaram a nado os seus versos... Também paralelos podemos encontrar os dois maiores Poetas quanto à sua morte".

Camões, grande Camões, quão semelhante
Acho teu **fado** ao meu, quando os **cotejo**!
Igual causa nos fez, perdendo o **Tejo**,
Arrostar co'o sacrílego gigante;

Como tu, junto ao **Ganges** sussurrante,
Da **penúria** cruel no horror me vejo;
Como tu, gostos vãos, que em vão desejo,
Também **carpindo** estou, saudoso amante.

Ludíbrio como tu, da Sorte dura
Meu fim **demando** ao Céu, pela certeza
De que só terei paz na sepultura.

Modelo meu tu és... Mas, oh tristeza!...
Se te imito nos transes da ***Ventura***,
Não te imito nos dons da Natureza.

BOCAGE, M. M. Barbosa du. *Sonetos*. Lisboa: Livraria Bertrand, [s.d.].

arrostar: defrontar, encarar, olhar de frente.
carpindo: queixando-se, lamentando-se, lastimando-se.
cotejo: comparo.
demando: demandar tem, aqui, o sentido de "pedir", "rogar".
fado: destino.
Ganges: rio considerado sagrado pelos hindus. Benares, cidade da Índia cortada por esse rio, atrai diariamente milhares de peregrinos, em sua maioria doentes e extremamente pobres.
ludíbrio: objeto de zombaria, desprezo.
penúria: miséria, pobreza extremada.
Tejo: O rio Tejo é constantemente evocado na lírica portuguesa, muitas vezes simbolizando Portugal, como neste soneto de Bocage.
ventura: destino, sorte.

Atividades

1. No texto 2, o eu lírico cita um certo "sacrílego gigante". A que gigante da literatura portuguesa ele faz referência?

2. Que comparações ele faz entre seu destino e o de Luís de Camões?

3. Ao longo do texto 2, Bocage estabelece vários paralelos entre sua vida e a de Camões. No entanto, no último terceto, depois de afirmar que Camões é o seu modelo, ele se lamenta: "... Mas, oh tristeza!...". Explique o motivo de sua lamentação.

Velhos temas novas leituras

TIRADENTES, ENTRE A HISTÓRIA E O MITO

Em 1789, quando a extração de ouro nas Minas Gerais já estava em franco declínio, ocorreu o mais famoso movimento colonial contra a exploração metropolitana: a Inconfidência Mineira. A principal causa imediata da conspiração foi a cobrança forçada de impostos, conhecida como derrama. Desde as primeiras notícias sobre a possibilidade da derrama, membros das elites se articularam em uma conspiração. A principal intenção dos rebeldes era proclamar uma república baseada no modelo dos Estados Unidos, o que garantiria o fim da dominação metropolitana e da forte fiscalização, assim como o perdão aos devedores. Um ponto interessante diz respeito à escravidão: sobre esse assunto, os inconfidentes se dividiram. Alguns, mais entusiastas das ideias iluministas, defendiam a liberdade dos cativos; outros, por interesse em manter a estrutura produtiva e suas propriedades, defendiam a permanência da mão de obra escrava.

Joaquim Silvério dos Reis, um dos maiores devedores do fisco, delatou a conspiração em troca do abatimento de suas dívidas; assim, o movimento, que efetivamente tinha poucas chances de êxito, foi frustrado. É importante ter a dimensão elitista da Inconfidência, uma conspiração surgida das intenções de membros importantes da sociedade mineira, figuras que se sentiam lesadas pela política de fiscalização imposta pela Coroa, e cujo fim era oligárquico. Se, na prática, a Inconfidência foi bastante limitada, no campo simbólico ela adquiriu uma importância ímpar: foi entendida como um embrião de certo sentimento nacionalista, um marco das lutas brasileiras pela independência.

Dentre os conspiradores da Inconfidência Mineira que foram presos – em meio aos quais estavam os poetas árcades Cláudio Manuel da Costa e Tomás Antônio Gonzaga –, o único condenado à morte foi Joaquim José da Silva Xavier, mais conhecido como Tiradentes. Exceção entre os inconfidentes, Joaquim José vinha de família pobre, era órfão e entrara para a carreira militar no posto de alferes, o grau inicial do quadro de oficiais. Nos momentos em que não exercia sua função militar, dedicava-se ao ofício de dentista, daí o apelido. Todas essas características, junto de sua morte na forca e seu posterior esquartejamento, fizeram dele o mártir do movimento.

Ao longo da História, esses dramáticos eventos foram usados para promovê-lo ao posto de principal herói do Brasil; isso, no entanto, não foi feito de forma imediata. Sua conversão em mito só aconteceria com a proclamação da República. Segundo o historiador Boris Fausto:

> A proclamação da República favoreceu a projeção do movimento e a transformação da figura de Tiradentes em mártir republicano. Existia uma base real para isso. Há indícios de que o grande espetáculo, montado pela Coroa portuguesa para intimidar a população da Colônia, causou efeito oposto, mantendo viva a memória do acontecimento e a simpatia pelos inconfidentes. A atitude de Tiradentes, assumindo toda a responsabilidade pela conspiração, a partir de certo momento do processo, e o sacrifício final facilitaram a mitificação de sua figura, logo após a proclamação da República. O 21 de abril passou a ser feriado, e Tiradentes foi cada vez mais retratado com traços semelhantes às imagens mais divulgadas de Cristo.

FAUSTO, Boris. In: *História do Brasil*. São Paulo: Edusp, 2004. p. 118.

1. Vamos ver algumas imagens de Tiradentes, produzidas por diferentes artistas plásticos brasileiros ao longo do tempo, e procurar perceber de que maneira esse mito foi, por meio da linguagem visual, construído. Que valores se procuraram associar à sua figura? Reúna-se com alguns colegas para fazer esta atividade.
   a) Estas duas telas foram produzidas em 1893, por artistas diferentes. A Proclamação da República ocorreu em 1889, portanto, a imagem desta personalidade histórica ajudaria ou não a representar essa mudança de governo. Não foi à toa que dois artistas se preocuparam em retratar Tiradentes nesse momento. O retrato pintado de Tiradentes, nas duas telas, é semelhante: um homem quase loiro, de longa barba, magro.

Embora em uma composição esteja vivo e na outra, morto, a serenidade de sua figura foi ressaltada pelos dois artistas. Essa característica pertence a outro tipo de mártir, uma personalidade bem mais antiga e universal que Tiradentes. Qual? Por que esses artistas teriam procurado aproximar a imagem desses dois mártires?

O martírio de Tiradentes, de Aurélio de Figueiredo, 1893.

Tiradentes esquartejado, de Pedro Américo, 1893.

b) Estas representações de Tiradentes foram criadas nos anos 1940, quando diversos intelectuais brasileiros buscavam denunciar e discutir a situação da sociedade brasileira, como as dificuldades geradas pela seca no Nordeste, os problemas enfrentados pelos trabalhadores nas grandes cidades. Não se pretendia construir mitos, e sim mostrar os fatos da realidade para melhor discuti-la e transformá-la. Tendo em vista esse contexto, por que tanto J. W. Rodrigues quanto Portinari retrataram Tiradentes destacando o fato de ele ser um alferes? O que isso pode significar? Por que Portinari construiu um painel com tantas personagens, de maneira que a figura de Tiradentes não pareça central e seja até difícil de ser identificada?

Alferes Joaquim José da Silva Xavier, de José Washt Rodrigues, 1940.

Tiradentes, de Candido Portinari, 1948-1949 (detalhe). Observe que o painel apresenta vários momentos da história da Inconfidência. Destacamos o início do painel, à esquerda, em que são retratadas mulheres vestidas como inconfidentes e acorrentadas, ao lado de Tiradentes, retratado como alferes.

c) Observem a capa de um DVD do filme *Os inconfidentes*, de Joaquim Pedro de Andrade, produzido em 1972, quando o contexto era de indignação contra o Regime Militar. Em sua versão da história, o diretor contesta as versões oficiais do episódio da Inconfidência Mineira e discute o posicionamento de intelectuais diante da prática de políticas revolucionárias. Na foto, o ator José Wilker, que representou Tiradentes no filme. De que modo o ator está caracterizado para representar essa personalidade? Que tipo de cena foi escolhida para a capa do DVD?

Divulgação

Capa do DVD do filme *Os inconfidentes*, de Joaquim Pedro de Andrade, 1972. Produzido para o canal de televisão italiano RAI como parte da série intitulada *A América Latina vista por seus idealizadores*, o filme foi premiado no Festival de Veneza.

2. Os usos da figura de Tiradentes, portanto, são os mais variados. Durante o Regime Militar (1964-1985), por exemplo, ele foi abordado tanto para sustentar a ideologia da ditadura quanto para criticá-la. Diante de tanta riqueza temática, a Inconfidência Mineira, assim como a construção do mito de Tiradentes, não poderia escapar à releitura da história realizada pela literatura. Para entender melhor essa situação, leia o poema "Fala aos inconfidentes mortos", de Cecília Meireles (1901-1964), de sua obra *Romanceiro da Inconfidência*.

Fala aos inconfidentes mortos

Cecília Meireles

Treva da noite,
lanosa capa
nos ombros curvos
dos altos montes
aglomerados...
Agora, tudo
jaz em silêncio:
amor, inveja,
ódio, inocência,
no imenso tempo
se estão lavando...

Grosso cascalho
da humana vida...
Negros orgulhos,
ingênua audácia,
e fingimentos
e covardias
(e covardias!)
vão dando voltas
no imenso tempo,
– à água implacável
do tempo imenso,
rodando soltos,
com sua rude
miséria exposta...

Parada noite
suspensa em bruma:
não, não se avistam
os fundos leitos...
Mas, no horizonte
do que é memória
da eternidade,
referve o embate
de antigas horas,
de antigos fatos,
de homens antigos.

E aqui ficamos
todos contritos,
a ouvir na névoa
o desconforme,
submerso curso
dessa torrente
do purgatório...

Quais os que tombam,
em crimes exaustos,
quais os que sobem,
purificados?

MEIRELES, Cecília. *Cecília Meireles:* obra poética. 3. ed. Rio de Janeiro: Nova Aguilar, 1985.

a) Em qual tempo histórico está situada a voz poética do poema de Cecília Meireles? Justifique utilizando trechos da poesia.
b) Com que intenção a voz poética se distancia dos eventos, no poema de Cecília Meireles?

3. Procure saber se em sua cidade existe algum monumento em homenagem a Tiradentes. Caso exista, escreva um pequeno texto explicando criticamente a forma como ele está representado. Caso contrário, escreva um pequeno texto sobre os motivos de não haver um monumento dessa natureza.

Pensando no Enem

1. Leia o poema.

Torno a ver-vos, ó montes; o destino
Aqui me torna a pôr nestes outeiros,
Onde um tempo os gabões deixei grosseiros
Pelo traje da Corte, rico e fino.

Aqui estou entre Almendro, entre Corino,
Os meus fiéis, meus doces companheiros,
Vendo correr os míseros vaqueiros
Atrás de seu cansado desatino.

Se o bem desta choupana pode tanto,
Que chega a ter mais preço, e mais valia
Que, da Cidade, o lisonjeiro encanto,

Aqui descanse a louca fantasia,
E o que até agora se tornava em pranto
Se converta em afetos de alegria.

COSTA, Cláudio Manoel da.
In: Domício Proença Filho. *A poesia dos inconfidentes*.
Rio de Janeiro: Nova Aguilar, 2002, p. 78-79.

Considerando o soneto de Cláudio Manoel da Costa e os elementos constitutivos do Arcadismo brasileiro, assinale a opção correta acerca da relação entre o poema e o momento histórico de sua produção.

a) Os "montes" e "outeiros", mencionados na primeira estrofe, são imagens relacionadas à Metrópole, ou seja, ao lugar onde o poeta se vestiu com traje "rico e fino".
b) A oposição entre a Colônia e a Metrópole, como núcleo do poema, revela uma contradição vivenciada pelo poeta, dividido entre a civilidade do mundo urbano da Metrópole e a rusticidade da terra da Colônia.
c) O bucolismo presente nas imagens do poema é elemento estético do Arcadismo que evidencia a preocupação do poeta árcade em realizar uma representação literária realista da vida nacional.
d) A relação de vantagem da "choupana" sobre a "Cidade", na terceira estrofe, é formulação literária que reproduz a condição histórica paradoxalmente vantajosa da Colônia sobre a Metrópole.
e) A realidade de atraso social, político e econômico do Brasil Colônia está representada esteticamente no poema pela referência, na última estrofe, à transformação do pranto em alegria.

Comentário

Na primeira estrofe, percebemos que o eu lírico se dirige ao local ao qual está de volta: um ambiente ligado ao campo e rústico, que ele opõe à Corte. Na segunda estrofe, esse eu reconhece naqueles que fazem parte desse ambiente seus doces companheiros. Nas duas últimas estrofes, o eu lírico reconhece o bem que lhe faz esse ambiente mais rústico e rural, parece aceitar sua nova condição e perceber nela uma alegria, ainda que tenha, de alguma forma, se revoltado contra essa realidade. Assim, percebemos a contradição em que está envolvido esse eu lírico, entre o campo (ou a Colônia) e a cidade (ou a Metrópole).

Resposta: **B.**

Texto para a questão 2.

Ai, palavras, ai, palavras
que estranha potência a vossa!
Todo o sentido da vida
principia a vossa porta:
o mel do amor cristaliza
seu perfume em vossa rosa;
sois o sonho e sois a audácia,
calúnia, fúria, derrota...

A liberdade das almas,
ai! Com letras se elabora...
E dos venenos humanos
sois a mais fina retorta:
frágil, frágil, como o vidro
e mais que o aço poderosa!
Reis, impérios, povos, tempos,
pelo vosso impulso rodam...

MEIRELES, C. *Obra poética*. Rio de Janeiro: Nova Aguilar, 1985 (fragmento).

2. O fragmento destacado foi transcrito do *Romanceiro da Inconfidência*, de Cecília Meireles. Centralizada no episódio histórico da Inconfidência Mineira, a obra, no entanto, elabora uma reflexão mais ampla sobre a seguinte relação entre o homem e a linguagem:

a) A força e a resistência humanas superam os danos provocados pelo poder corrosivo das palavras.
b) As relações humanas, em suas múltiplas esferas, têm seu equilíbrio vinculado ao significado das palavras.
c) O significado dos nomes não expressa de forma justa e completa a grandeza da luta do homem pela vida.
d) Renovando o significado das palavras, o tempo permite às gerações perpetuar seus valores e suas crenças.
e) Como produto da criatividade humana, a linguagem tem seu alcance limitado pelas intenções e gestos.

Comentário

O fragmento destacado na questão, do livro *Romanceiro da Inconfidência*, apresenta uma análise reflexiva a respeito do ser humano e da linguagem. O trecho evidencia a força das palavras, uma vez que guardam o sentido da vida, a liberdade e os venenos humanos. As palavras são vistas, pelo eu poético, como frágeis e poderosas.

Resposta: **B.**

Vestibulares de Norte a Sul

Texto para a questão 1.

No Brasil, o homem de estudo, de ambição e de sala, que provavelmente era, encontrou condições inteiramente novas. Ficou talvez mais disponível, e o amor por Doroteia de Seixas o iniciou em ordem nova de sentimentos: o clássico florescimento da primavera no outono.

Foi um acaso feliz para a nossa literatura esta conjunção de um poeta de meia-idade com a menina de dezessete anos. O quarentão é o amoroso refinado, capaz de sentir poesia onde o adolescente só vê o embaraçoso cotidiano; e a proximidade da velhice intensifica, em relação à moça em flor, um encantamento que mais se apura pela fuga do tempo e a previsão da morte:

Ah! enquanto os destinos impiedosos
não voltam contra nós a face irada,
façamos, sim, façamos, doce amada,
os nossos breves dias mais ditosos.

Texto extraído de *Formação da Literatura Brasileira*, de Antonio Candido.

1. **SE** (Unifesp) Em seu texto, Antonio Candido refere-se ao poeta ■ que tornou ■ tema de sua lírica.

Os espaços [■] da frase devem ser preenchidos com:

a) renascentista Luís Vaz de Camões ... Inês de Castro.
b) árcade Tomás Antônio Gonzaga ... Marília.
c) romântico Gonçalves Dias ... a natureza.
d) romântico Álvares de Azevedo ... a morte.
e) árcade Bocage ... Marília.

2. **S** (UEM-PR) Sobre o fragmento abaixo e sobre a escola a que ele pertence, assinale a alternativa incorreta.

Minha bela Marília, tudo passa;
a sorte deste mundo é mal segura;
se vem depois dos males a ventura,
vem depois dos prazeres a desgraça.
Estão os mesmos deuses
sujeitos ao poder do ímpio fado:
Apolo já fugiu do céu brilhante,
já foi pastor de gado.

Marília de Dirceu – Tomás Antonio Gonzaga

a) O trecho acima alterna versos decassílabos com versos hexassílabos. Curiosamente, o tema da estrofe é a inconstância da sorte. É como se o encurtamento do verso, alternado com o verso mais longo, imitasse os altos e baixos do destino.
b) A referência ao deus grego Apolo é típica do Arcadismo, escola que pretendia uma espécie de retorno ao tempo mitológico da Grécia clássica. Além disso, segue-se a referência ao período em que o deus foi pastor, reforçando o elo com a escola árcade, na qual os poetas frequentemente adotavam um pseudônimo pastoril, como Glauceste ou Elmano.
c) Para o Arcadismo, a vida do pastor, singela e próxima da natureza, é bela e pura. No entanto os versos "Apolo já fugiu do céu brilhante / já foi pastor de gado" criam uma imagem dentro da qual estar no céu é o polo positivo (felicidade) e ser pastor é o polo negativo (degradação). Portanto a imagem contida nos versos é surpreendente quando percebemos que ela subverte o tema árcade da vida pastoril como ideal a ser buscado.
d) A imagem do deus Apolo fugindo do céu possui forte valor simbólico, explicável pelas características do Arcadismo: ela remete a um conceito de mundo como espaço democrático, aberto às mudanças. Fica implícito que, se um deus pode fugir do seu destino traçado (estar no céu), seja por vontade, seja por necessidade, um homem comum também pode mudar a própria condição de vida, tornando-se até mesmo rico e poderoso.
e) Os principais autores do Arcadismo, homens cultos e educados, escreviam poemas nos quais exaltavam a simplicidade e a vida em contato com a natureza. Gonzaga é, até certo ponto, coerente com isso, embora o eu lírico das Liras alterne poemas (ou estrofes) nos quais ele é "um triste pastor" com outros (ou outras) nos quais surge a figura do magistrado, diante de "altos volumes" sobre a mesa, decidindo processos jurídicos.

Texto para a questão 3.

Recreios campestres na companhia de Marília

Olha, Marília, as flautas dos pastores
Que bem que soam, como estão cadentes!
Olha o Tejo a sorrir-se! Olha, não sentes
Os Zéfiros brincar por entre as flores?

Vê como ali beijando-se os Amores
Incitam nossos ósculos ardentes!
Ei-las de planta em planta as inocentes,
As vagas borboletas de mil cores!

Naquele arbusto o rouxinol suspira,
Ora nas folhas a abelhinha para,
Ora nos ares sussurrando gira:

Que alegre campo! Que manhã tão clara!
Mas ah! Tudo o que vêz, se eu te não vira,
Mais tristeza que a morte me causara.

BOCAGE. *Obras de Bocage*. Porto: Lello & Irmão Editores, 1968. p. 152.

3. **SE** (Unesp-SP) No soneto acima citado, de Manuel Maria Barbosa du Bocage (1765-1805), verificam-se características do estilo neoclássico, de que Bocage é o máximo representante em Portugal. Indique duas dessas características, exemplificando cada uma delas com palavras, expressões ou passagens do poema.

Texto para a questão 4.

Lira XV

Eu, Marília, não fui nenhum Vaqueiro,
Fui honrado Pastor da tua aldeia;
Vestia finas lãs, e tinha sempre
A minha choça do preciso cheia.
Tiraram-me o casal, e o manso gado,
Nem tenho, a que me encoste, um só cajado.

Para ter que te dar, é que eu queria
De mor rebanho ainda ser o dono;
Prezava o teu semblante, os teus cabelos
Ainda muito mais que um grande Trono.
Agora que te oferte já não vejo
Além de um puro amor, de um são desejo.

Se o rio levantado me causava,
Levando a sementeira, prejuízo,
Eu alegre ficava apenas via
Na tua breve boca um ar de riso.
Tudo agora perdi; nem tenho o gosto
De ver-te aos menos compassivo o rosto.

Propunha-me dormir no teu regaço
As quentes horas da comprida sesta,
Escrever teus louvores nos olmeiros,
Toucar-te de papoulas na floresta.
Julgou o justo Céu, que não convinha
Que a tanto grau subisse a glória minha.

Ah! minha Bela, se a Fortuna volta,
Se o bem, que já perdi, alcanço, e provo;
Por essas brancas mãos, por essas faces
Te juro renascer um homem novo;
Romper a nuvem, que os meus olhos cerra,
Amar no Céu a Jove, e a ti na terra.

Fiadas comprarei as ovelhinhas,
Que pagarei dos poucos do meu ganho;
E dentro em pouco tempo nos veremos
Senhores outra vez de um bom rebanho.
Para o contágio lhe não dar, sobeja
Que as afague Marília, ou só que as veja.

Senão tivermos lãs, e peles finas,
Podem mui bem cobrir as carnes nossas

As peles dos cordeiros mal curtidas,
E os panos feitos com as lãs mais grossas.
Mas ao menos será o teu vestido
Por mãos de amor, por minhas mão cosido.

Nós iremos pescar na quente sesta
Com canas, e com cestos os peixinhos:
Nós iremos caçar nas manhãs frias
Com a vara envisgada os passarinhos.
Para nos divertir faremos quanto
Reputa o varão sábio, honesto e santo.

Nas noites de serão nos sentaremos
C'os filhos, se os tivermos, à fogueira;
Entre as falsas histórias, que contares,
Lhes contarás a minha verdadeira.
Pasmados te ouvirão; eu entretanto
Ainda o rosto banharei de pranto.

Quando passarmos juntos pela rua,
Nos mostrarão c'o dedo os mais Pastores;
Dizendo uns para os outros: "Olha os nosso
"Exemplos da desgraça, e sãos amores".
Contentes viveremos desta sorte,
Até que chegue a um dos dois a morte.

GONZAGA, Tomaz Antonio. *Marília de Dirceu*. Disponível em: <http://www.bibvirt.futuro.usp.br>. Acesso em: 25.out.2012.

4. **SE** (Cefet-MG) A Lira XV apresenta

a) influência barroca.
b) convenção pastoral.
c) linguagem rebuscada.
d) versos brancos e livres.

Texto para a questão 5.

A beleza da forma física feminina constituiu assunto predileto da poesia arcádica brasileira. Leia as seguintes estrofes da Lira 27 de *Marília de Dirceu*, de Tomás Antônio Gonzaga:

Vou retratar a Marília,
a Marília, meus amores;
porém como? se eu não vejo
quem me empreste as finas cores:
dar-mas a terra não pode;
não, que a sua cor mimosa
vence o lírio, vence a rosa,
o jasmim e as outras flores.

Ah! socorre, Amor, socorre
ao mais grato empenho meu!
Voa sobre os astros, voa,
Traze-me as tintas do céu.
[...]
Entremos, Amor, entremos,
entremos na mesma esfera;
venha **Palas**, venha **Juno**,
Venha a **deusa de Citera**.
Porém, não, que se Marília
no **certame** antigo entrasse,
bem que a **Páris** não peitasse,
a todas as três vencera.

Vai-te, Amor, em vão socorres
ao mais grato empenho meu:
para formar-lhe o retrato
não bastam tintas do céu.

Certame: disputa
Juno: deusa da mitologia romana, esposa de Júpiter
Palas: deusa da mitologia romana, presidia a guerra
Deusa de Citera: Afrodite, deusa do amor
Páris: príncipe troiano, responsável por escolher a deusa mais bela do Olimpo

5. **S** (UFSM-RS) Relacione as colunas e, na sequência, assinale a alternativa correspondente.

1. Estética barroca
2. Estética árcade

( ) Apresenta texto poético claro, conciso, objetivo, com estrutura frasal geralmente em ordem direta.

( ) Caracteriza-se por figuras de linguagem, tais como: metáfora, antítese, hipérbole, alegoria.

( ) Registra a ambiguidade, valorizando os detalhes, os jogos de palavras, a tensão entre os opostos e o conflito exposto pelos contrastes.

( ) Retoma o ideal de simplicidade, herdado do modelo clássico greco-romano, correspondente à tradição do equilíbrio e da racionalidade: a justa medida.

A sequência correta é

a) 1 – 1 – 2 – 2.
b) 2 – 1 – 1 – 2.
c) 1 – 2 – 2 – 1.
d) 2 – 1 – 2 – 2.
e) 1 – 2 – 1 – 2.

6. **SE** (ESPM-SP) Em todas as alternativas a seguir, há versos característicos do Arcadismo, exceto em:

a) "Eu vi o meu semblante numa fonte:
Dos anos inda não está cortado;
Os Pastores, que habitam este monte,
Respeitam o poder do meu cajado;"

b) "Ah! enquanto os Destinos impiedosos
Não voltam contra nós a face irada,
Façamos, sim façamos, doce amada,
Os nossos breves dias mais ditosos;"

c) "Os teus cabelos são uns fios d'ouro;
Teu lindo corpo bálsamos vapora.
Ah! não, não fez o Céu, gentil Pastora,
Para glória de Amor igual tesouro;"

d) "Se estou, Marília, contigo,
Não tenho um leve cuidado;
Nem me lembra se são horas
De levar à fonte o gado;"

e) "Ó florestas! ó relva amolecida,
A cuja sombra, em cujo doce leito
É tão macio descansar nos sonhos!
Arvoredo do vale! derramai-me
Sobre o corpo estendido na indolência
O tépido frescor e o doce aroma!"

7. **SE** (UFV-MG) Sobre o Arcadismo no Brasil, podemos afirmar que:

a) produziu obras de estilo rebuscado, pleno de antíteses e frases tortuosas, que refletem o conflito entre matéria e espírito.

b) não apresentou novidades, sendo mera imitação do que se fazia na Europa.

c) além das características europeias, desenvolveu temas ligados à realidade brasileira, sendo importante para o desenvolvimento de uma literatura nacional.

d) apresenta já completa ruptura com a literatura europeia, podendo ser considerado a primeira fase verdadeiramente nacionalista da literatura brasileira.

e) presente sobretudo em obras de autores mineiros como Tomás Antônio Gonzaga, Cláudio Manuel da Costa, Silva Alvarenga e Basílio da Gama, caracteriza-se como expressão da angústia metafísica e religiosa desses poetas, divididos entre a busca da salvação e o gozo material da vida.

8. **NE** (Cefet-CE) Coloque no parêntese B ou A conforme a característica seja do Barroco ou do Arcadismo.

( ) predominância da ordem inversa
( ) expressão de sentimentos universais e não individuais
( ) utilização de vocabulário simples
( ) grande número de antíteses
( ) preferência por temas religiosos

A sequência correta é:

a) A, A, B, B, B
b) A, B, B, A, B
c) B, A, B, A, B
d) A, A, A, B, B
e) B, A, A, B, B

Texto para a questão 9.

Voltaram à baila os deuses esquecidos, as ninfas esquivas, as náiades, as oréadas e os pastores enamorados, as pastoras insensíveis e os rebanhos numerosos das bucólicas de Teócrito e Virgílio.

(Ronald de Carvalho, *Pequena história de literatura brasileira*)

9. **SE** (Fatec-SP) O trecho acima refere-se ao seguinte movimento literário:

a) Romantismo.
b) Barroco.
c) Arcadismo.
d) Parnasianismo.
e) Naturalismo.

10. **S** (UPF-RS) Na poesia de Cláudio Manuel da Costa verifica-se um conflito entre as solicitações da poética neoclássica ou árcade, que o levam a conceber artificialmente uma paisagem ■, e o sentimento nativista do escritor, que o impele a aproveitar artisticamente a paisagem ■ de sua pátria.

A alternativa que completa **corretamente** as lacunas [■] do texto anterior é:

a) amena – bucólica
b) rústica – bucólica
c) bucólica – rústica
d) rústica – amena
e) bucólica – amena

Caiu no Enem

Textos para a questão 1.

Texto 1

O canto do guerreiro

Aqui na floresta
Dos ventos batida,
Façanhas de bravos
Não geram escravos,
Que estimem a vida
Sem guerra e lidar.
— Ouvi-me, Guerreiros,
— Ouvi meu cantar.
Valente na guerra,
Quem há, como eu sou?
Quem vibra o tacape
Com mais valentia?
Quem golpes daria
Fatais, como eu dou?
— Guerreiros, ouvi-me;
— Quem há, como eu sou?

Gonçalves Dias.

Texto 2

Macunaíma
(Epílogo)

Acabou-se a história e morreu a vitória.
Não havia mais ninguém lá. Dera tangolomângolo na tribo Tapanhumas e os filhos dela se acabaram de um em um. Não havia mais ninguém lá. Aqueles lugares, aqueles campos, furos puxadouros arrastadouros meios-barrancos, aqueles matos misteriosos, tudo era solidão do deserto... Um silêncio imenso dormia à beira do rio Uraricoera. Nenhum conhecido sobre a terra não sabia nem falar da tribo nem contar aqueles casos tão pançudos. Quem podia saber do Herói?

Mário de Andrade.

1. A leitura comparativa dos dois textos acima indica que:
   a) ambos têm como tema a figura do indígena brasileiro apresentada de forma realista e heroica, como símbolo máximo do nacionalismo romântico.
   b) a abordagem da temática adotada no texto escrito em versos é discriminatória em relação aos povos indígenas do Brasil.
   c) as perguntas "— Quem há, como eu sou?" (texto 1) e "Quem podia saber do Herói?" (texto 2) expressam diferentes visões da realidade indígena brasileira.
   d) o texto romântico, assim como o modernista, aborda o extermínio dos povos indígenas como resultado do processo de colonização no Brasil.
   e) os versos em primeira pessoa revelam que os indígenas podiam expressar-se poeticamente, mas foram silenciados pela colonização, como demonstra a presença do narrador, no segundo texto.

Texto para a questão 2.

A dança e a alma

A dança? Não é movimento,
súbito gesto musical.
É concentração, num momento,
da humana graça natural.
No solo não, no éter pairamos,
nele amaríamos ficar.
A dança – não vento nos ramos:
seiva, força, perene estar.
Um estar entre céu e chão,
novo domínio conquistado,
onde busque nossa paixão
libertar-se por todo lado...
Onde a alma possa descrever
suas mais divinas parábolas
sem fugir à forma do ser,
por sobre o mistério das fábulas.

Carlos Drummond de Andrade. *Obra completa*. Rio de Janeiro: Aguilar, 1964. p. 366.

2. O poema "A Dança e a alma" é construído com base em contrastes, como "movimento" e "concentração". Em uma das estrofes, o termo que estabelece contraste com solo é:
   a) éter
   b) seiva
   c) chão
   d) paixão
   e) ser

Texto para a questão 3.

Se os tubarões fossem homens

Se os tubarões fossem homens, eles seriam mais gentis com os peixes pequenos?
Certamente, se os tubarões fossem homens, fariam construir resistentes gaiolas no mar para os peixes pequenos, com todo o tipo de alimento, tanto animal como vegetal. Cuidariam para que as gaiolas tivessem sempre água fresca e adotariam todas as providências sanitárias.
Naturalmente haveria também escolas nas gaiolas. Nas aulas, os peixinhos aprenderiam como nadar para a goela dos tubarões. Eles aprenderiam, por exemplo, a usar a geografia para localizar os grandes tubarões deitados preguiçosamente por aí. A aula principal seria, naturalmente, a formação moral dos peixinhos. A eles seria ensinado que o ato mais grandioso e mais sublime é o sacrifício alegre de um peixinho e que todos deveriam acreditar nos tubarões, sobretudo quando estes dissessem que cuidavam de sua felicidade futura. Os peixinhos saberiam que este futuro só estaria garantido se aprendessem a obediência.
Cada peixinho que na guerra matasse alguns peixinhos inimigos seria condecorado com uma pequena Ordem das Algas e receberia o título de herói.

BRECHT, B. *Histórias do Sr. Keuner*. São Paulo: Ed. 34, 2006 (adaptado).

3. Como produção humana, a literatura veicula valores que nem sempre estão representados diretamente no texto, mas são transfigurados pela linguagem literária e podem até entrar em contradição com as convenções sociais e revelar o quanto a sociedade perverteu os valores humanos que ela própria criou. É o que ocorre na narrativa do dramaturgo alemão Bertolt Brecht mostrada. Por meio da hipótese apresentada, o autor:

a) demonstra o quanto a literatura pode ser alienadora ao retratar, de modo positivo, as relações de opressão existentes na sociedade.
b) revela a ação predatória do homem no mar, questionando a utilização dos recursos naturais pelo homem ocidental.
c) defende que a força colonizadora e civilizatória do homem ocidental valorizou a organização das sociedades africanas e asiáticas, elevando-as ao modo de organização cultural e social da sociedade moderna.
d) questiona o modo de organização das sociedades ocidentais capitalistas, que se desenvolveram fundamentadas nas relações de opressão em que os mais fortes exploram os mais fracos.
e) evidencia a dinâmica social do trabalho coletivo em que os mais fortes colaboram com os mais fracos, de modo a guiá-los na realização de tarefas.

Texto para a questão 4.

Quando os portugueses se instalaram no Brasil, o país era povoado de índios. Importaram, depois, da África, grande número de escravos. O Português, o Índio e o Negro constituem, durante o período colonial, as três bases da população brasileira. Mas no que se refere à cultura, a contribuição do Português foi de longe a mais notada.

Durante muito tempo o português e o tupi viveram lado a lado como línguas de comunicação. Era o tupi que utilizavam os bandeirantes nas suas expedições. Em 1694, dizia o Padre Antônio Vieira que "as famílias dos portugueses e índios em São Paulo estão tão ligadas hoje umas com as outras, que as mulheres e os filhos se criam mística e domesticamente, e a língua que nas ditas famílias se fala é a dos Índios, e a portuguesa a vão os meninos aprender à escola."

TEYSSIER, P. *História da língua portuguesa*. Lisboa: Livraria Sá da Costa, 1984 (adaptado).

4. A identidade de uma nação está diretamente ligada à cultura de seu povo. O texto mostra que, no período colonial brasileiro, o Português, o Índio e o Negro formaram a base da população e que o patrimônio linguístico brasileiro é resultado da:

a) contribuição dos índios na escolarização dos brasileiros.
b) diferença entre as línguas dos colonizadores e as dos indígenas.
c) importância do padre Antônio Vieira para a literatura de língua portuguesa.
d) origem das diferenças entre a língua portuguesa e as línguas tupi.
e) interação pacífica no uso da língua portuguesa e da língua tupi.

Textos para a questão 5.

Texto 1

Andaram na praia, quando saímos, oito ou dez deles; e daí a pouco começaram a vir mais. E parece-me que viriam, este dia, à praia, quatrocentos ou quatrocentos e cinquenta. Alguns deles traziam arcos e flechas, que todos trocaram por carapuças ou por qualquer coisa que lhes davam. [...] Andavam todos tão bem-dispostos, tão bem feitos e galantes com suas tinturas que muito agradavam.

CASTRO, S. *A carta de Pero Vaz de Caminha*. Porto Alegre: L&PM, 1996 (fragmento).

Texto 2

PORTINARI, C. *O descobrimento do Brasil*, 1956. Óleo sobre tela, 199 × 169 cm. Disponível em: <www.portinari.org.br>. Acesso em: 12 jun. 2013.

5. Pertencentes ao patrimônio cultural brasileiro, a carta de Pero Vaz de Caminha e a obra de Portinari retratam a chegada dos portugueses ao Brasil. Da leitura dos textos, constata-se que:

a) a carta de Pero Vaz de Caminha representa uma das primeiras manifestações artísticas dos portugueses em terras brasileiras e preocupa-se apenas com a estética literária.
b) a tela de Portinari retrata indígenas nus com corpos pintados, cuja grande significação é a afirmação da arte acadêmica brasileira e a contestação de uma linguagem moderna.
c) a carta, como testemunho histórico-político, mostra o olhar do colonizador sobre a gente da terra, e a pintura destaca, em primeiro plano, a inquietação dos nativos.
d) as duas produções, embora usem linguagens diferentes — verbal e não verbal —, cumprem a mesma função social e artística.
e) a pintura e a carta de Caminha são manifestações de grupos étnicos diferentes, produzidas em um mesmo momento histórico, retratando a colonização.

Respostas

Vestibulares de Norte a Sul

Capítulo 1

1. c.
2. a) Correta.
   b) Correta.
4. b.
6. c.

Capítulo 2

1. e.
2. b.
3. a.
4. c.

Capítulo 3

1. e.
2. a.
4. a.

Capítulo 4

1. Certo.
2. 01 + 02 + 04 = 07.

Capítulo 5

1. a) Paranomásia.
3. 01 + 02 + 04 + 08 + 64 = 79.
4. d.

Capítulo 6

1. c.
3. 01 + 04 + 08 + 32 = 45.

Capítulo 7

1. a.
2. e.
3. a.
4. c.
5. d.

Capítulo 8

1. d.
3. e.
4. e.
5. a.
6. c.

Capítulo 9

1. a.
2. d.
3. d.
6. e.

Capítulo 10

1. b.
2. 04 + 08 + 16 + 32= 60.
4. b.
5. e.
6. b.
7. e.
8. e.

Capítulo 11

1. c.
2. e.
3. d.
4. a.
6. e.
7. b.

Capítulo 12

1. b.
2. d.
4. b.
5. b.
6. e.
7. c.
8. e.
9. c.
10. c.

Caiu no Enem

1. c.
2. a.
3. d.
4. e.
5. c.

Sugestões de leitura, filmes e *sites*

Capítulo 1

Livros

- ***Admirável mundo novo***
  Aldous Huxley. São Paulo: Globo.
  Esta obra de ficção científica narra um futuro em que as pessoas são programadas para viver em harmonia com leis e regras sociais muito distintas das nossas.
- ***Poemas negros***
  Jorge de Lima. Rio de Janeiro: Record.
  Coletânea de quatro obras poéticas do alagoano Jorge de Lima. Por meio de versos engenhosos e profundos, o poeta revela em seus poemas toda sua versatilidade e verve lírica.

Filme

- ***Admirável mundo novo***
  Direção de Leslie Libman e Larry Willians. Estados Unidos, 1998.
  Adaptação para o cinema do romance homônimo de Aldous Huxley.

Capítulo 2

Livros

- ***Bananas podres***
  Ferreira Gullar. Rio de Janeiro: Casa da Palavra.
  Reunião de poemas manuscritos de Ferreira Gullar, acompanhados por uma série de pinturas e colagens feitas pelo autor para esta edição, que revelam interpretações visuais sobre sua vida e expressão.
- ***Dom Quixote***
  Miguel de Cervantes Saavedra. Michael Harrison (Adap.). São Paulo: Ática.
  A obra narra a história de um velho fidalgo que, de tanto ler novelas medievais, decide armar-se e vestir-se como um cavaleiro e sair pelo mundo para viver aventuras memoráveis.
- ***Museu de tudo***
  João Cabral de Melo Neto. Rio de Janeiro: Alfaguara Brasil.
  Oitenta poemas em que o universo do poeta é apresentado ao leitor por meio de diferentes abordagens para imagens e temas frequentes em sua obra, como a aspirina, o futebol, as viagens, as cidades, os amigos.

Filmes

- ***Bodas de sangue***
  Direção de Carlos Saura. Espanha e França, 1981.
  O filme mostra o ensaio de um espetáculo de dança flamenca baseado na peça homônima de Federico García Lorca. Narra-se assim, por meio da linguagem do cinema e da dança, a história de dois jovens impedidos por suas famílias de ficarem juntos e que, ao se reencontrarem mais tarde, selam um trágico triângulo amoroso.
- ***O homem de la Mancha***
  Direção de Arthur Hiller. Estados Unidos e Itália, 1972.
  Durante a Inquisição na Espanha, o escritor Miguel de Cervantes é preso, acusado de heresia por propagar pensamentos subversivos. Em um calabouço ocupado por criminosos, como ladrões e assassinos, Cervantes é "julgado" pelos demais prisioneiros. Para se defender, o personagem narra a história de um idoso, Dom Quixote de la Mancha, que passa dias e noites lendo e, ao notar o constante triunfo da injustiça, decide lutar contra ela. Durante seu "julgamento", Cervantes transforma-se no próprio Dom Quixote para construir sua defesa.

Capítulo 3

Livros

- ***Melhores poemas de Cassiano Ricardo***
  Luiza Franco Moreira (Org.). São Paulo: Global.
  Coletânea que reúne diversos poemas de Cassiano Ricardo, como "Relógio", "Eu no barco de Ulisses" e "Serenata sintética". Por meio dessa obra, é possível observar a versatilidade de um poeta que transitou do tradicionalismo parnasiano às construções modernas do concretismo e da poesia práxis.
- ***Poesia crítica***
  João Cabral de Melo Neto. Rio de Janeiro: José Olympio.
  Nessa antologia, o autor reuniu poemas seus cujos temas são a linguagem da criação poética e o fazer artístico de diferentes criadores, poetas ou não.
- ***Romanceiro da Inconfidência***
  Cecília Meireles. Porto Alegre: L&PM.
  Com sua poesia, Cecília Meireles recupera o importante episódio da Inconfidência Mineira, construindo e recriando com seus versos um novo lugar na memória nacional.

Filme

- ***Os inconfidentes***
  Direção de Joaquim Pedro de Andrade. Brasil e Itália, 1972.
  O filme aborda o processo da Inconfidência Mineira, evento do século XVIII que objetivava a independência do Brasil e que resultou no enforcamento de Joaquim José da Silva Xavier, o Tiradentes. Há diálogos que reproduzem fielmente passagens de obras poéticas, como *Cartas Chilenas* e *Marília de Dirceu*, de Tomás Antônio Gonzaga, e *Romanceiro da Inconfidência*, de Cecília Meireles.

Capítulo 4

Livros

- ***A divina comédia***
  Dante Alighieri. Italo Eugenio Mauro (Trad.). São Paulo: Editora 34.
  Escrita no século XIV, a comédia de Dante Alighieri – posteriormente apelidada de "divina" pela admiração que causou – é um extenso poema que trata do percurso do eu poético, projeção do próprio autor, por uma mítica viagem do inferno ao paraíso em busca de sua amada, enquanto divaga sobre a concepção moral e a cultura cristã de sua época.
- ***Édipo rei***
  Sófocles. Trajano Vieira (Trad.). São Paulo: Perspectiva.
  Édipo, atormentado pela profecia de que iria matar o pai e desposar a mãe, tenta fugir e lutar contra seu próprio destino.

- ***Eneida***
  Virgílio. Carlos Alberto Nunes (Trad.). São Paulo: Editora 34.
  Publicado no ano 19 a.C., o poema épico de Virgílio narra as múltiplas dimensões das aventuras de Eneias, fazendo um inventário dos mitos do mundo romano e avançando concepções de mundo que perduram por séculos.
- ***Ilíada***
  Homero. Frederico Lourenço (Trad.). São Paulo: Companhia das Letras.
  Assim como a Odisseia, este poema épico foi composto por volta do século VIII a.C. e é considerado gérmen da literatura ocidental. *Ilíada* narra a Guerra de Troia, envolvendo episódios marcantes, como a tragédia de Aquiles, um semideus que abandona uma batalha por um desentendimento com Agamenon, mas retorna depois, sedento por vingança, apesar das previsões dos oráculos.
- ***Odisseia***
  Homero. Trajano Vieira (Trad.). São Paulo: Editora 34.
  Poema épico composto por volta do século VIII a.C. que relata as peripécias e aventuras de Odisseu no regresso a Ítaca e a sua esposa, Penélope, após o fim da Guerra de Troia.

Filmes

- ***A odisseia***
  Direção de Andrei Konchalovskiy. Estados Unidos, Reino Unido, Grécia, Itália e Alemanha, 1997.
  Adaptação do poema épico de Homero que revela a persistência e bravura de Odisseu em sua luta para retornar ao lar e à sua esposa, Penélope.
- ***Troia***
  Direção de Wolfgang Petersen. Estados Unidos e Reino Unido, 2004.
  Quando o príncipe troiano Páris apaixona-se por Helena, rainha grega, e a afasta de seu marido Menelau, inicia-se uma sangrenta guerra, que dura mais de uma década. As esperanças de vencer essa guerra acabam se dividindo entre Aquiles, o maior herói da Grécia, e Hector, irmão de Páris e filho do rei Príamo.

Capítulo 5

Livro

- ***Antologia poética***
  Pablo Neruda. Rio de Janeiro: José Olympio.
  Poemas em que se evidencia a linguagem poética caracterizada tanto pela contenção retórica, quanto pela riqueza vocabular do famoso poeta chileno.

Filme

- ***O carteiro e o poeta***
  Direção de Michael Radford. Itália, 1994.
  Baseado no romance do escritor chileno Antonio Skármeta, o filme narra a amizade entre o poeta Pablo Neruda, exilado em uma ilha italiana nos anos 1950, e o carteiro Mario Ruoppolo, que começa a descobrir a poesia.

Capítulo 6

Livros

- ***Bom dia, camaradas***
  Ondjaki. São Paulo: Companhia das Letras.
  O livro narra o cotidiano de Luanda nos anos 1980, quando Angola acaba de se tornar independente e, de maneira quase obrigatória, começa a repensar as regras sociais e a desigualdade. Por meio do olhar lírico, mas realista, das personagens sobre pequenos acontecimentos do cotidiano, é possível perceber que, para as mudanças acontecerem, é necessário mais do que um decreto.
- ***Desmedida***
  Ruy Duarte de Carvalho. Rio de Janeiro: Língua Geral.
  Seguindo a estrutura narrativa das crônicas de viagem, o autor angolano registra o que se oferece de espetáculo, de estímulo e de espanto no roteiro de Luanda (capital angolana) à cidade de São Paulo, de lá até o rio São Francisco e, por fim, na volta para a casa.

Filmes

- ***Língua – Vidas em português***
  Direção de Victor Lopes. Portugal e Brasil, 2002.
  Documentário que aborda a língua portuguesa e a sua permanência entre diferentes culturas pelo planeta.
- ***Oxalá cresçam pitangas – Histórias de Luanda***
  Direção de Kiluanje Liberdade e Ondjaki. Angola, 2007.
  O filme revela a realidade social de Luanda por meio de dez personagens que, além do complexo espaço em que vivem, revelam também suas vidas, seus modos de agir em uma cidade em crescimento acelerado e que recria diariamente sua identidade.

Capítulo 7

Livro

- ***O rei Artur e os cavaleiros da Távola-Redonda***
  Howard Pyle. Rio de Janeiro: Zahar.
  Ao retirar uma espada cravada em uma bigorna, Artur consolida seu direito ao trono de Camelot. Neste livro, além das aventuras e lendas desse importante personagem medieval, são relatadas algumas de suas diversas batalhas, seu amor por Lady Guinevere e as origens da Távola-Redonda.

Filmes

- ***A rainha Margot***
  Direção de Patrice Chéreau. França, Itália e Alemanha, 1994.
  O filme conta a história do casamento de conveniência entre a católica Marguerite de Valois, a rainha Margot, e o protestante Henri de Navarre, no século XVI, com o objetivo de unir as duas religiões. No entanto, surgem muitas intrigas palacianas que culminam com a Noite de São Bartolomeu, evento em que milhares de protestantes foram mortos.
- ***Coração de cavaleiro***
  Direção de Brian Helgeland. Estados Unidos, 2001.
  Jovem escudeiro consegue forjar falsos documentos que lhe permitem ser considerado um cavaleiro autêntico e participar de torneios. Apesar de mesclar uma linguagem mais moderna com a reconstituição de época, o filme pode apresentar uma boa noção de alguns costumes europeus na Idade Média.
- ***Cruzada***
  Direção de Ridley Scott. Estados Unidos, Reino Unido, Espanha, Alemanha e Marrocos, 2005.
  Balian é um jovem ferreiro francês que guarda luto pela morte de sua esposa e de seu filho. Após receber a visita do nobre Godfrey de Ibelin, que lhe revela ser seu pai, Balian decide acompanhá-lo até Jerusalém e participar com ele das Cruzadas. Paralelamente, o jovem se apaixona pela princesa Sibylla, irmã do rei Balduíno IV.
- ***Excalibur***
  Direção de John Boorman. Estados Unidos e Reino Unido, 1981.
  Adaptação bastante fiel da narrativa medieval britânica sobre o rei Artur, Lancelot e os cavaleiros da Távola-Redonda. O roteiro é baseado na versão da lenda escrita por Thomas Malory, no século XV.

- ***Joana D'Arc***
  Direção de Luc Besson. França, 1999.
  É contada a história de Joana D'Arc, famosa heroína medieval que ajudou a libertar a França do jugo inglês, mas que teve um destino trágico.

Capítulo 8

Livros

- ***Gil Vicente: autos***
  Cleonice Berardinelli. Rio de Janeiro: Casa da Palavra.
  Compilação e apresentação dos principais autos do poeta e dramaturgo Gil Vicente, seguidos por um conjunto de ensaios da professora Cleonice Berardinelli sobre a obra desse dramaturgo, que é considerada um dos pilares da literatura em língua portuguesa.
- ***Morte e vida severina***
  João Cabral de Melo Neto. Rio de Janeiro: Alfaguara Brasil.
  O poema "Morte e vida severina (Auto de Natal pernambucano)" retrata a fuga da seca de retirantes que seguem o curso do rio Capibaribe. Além desse auto, o livro apresenta poemas como "O rio", "Paisagens com figuras" e "Uma faca sem lâmina".
- ***O auto da Compadecida***
  Ariano Suassuna. Rio de Janeiro: Nova Fronteira.
  No Nordeste brasileiro, João Grilo e Chicó vivem metendo-se em confusões, como o dia em que, aproveitando-se da morte de uma cadela para ganhar um trocado, organizam para ela um enterro de luxo, em latim. Parodiando os antigos autos, o texto teatral de Suassuna enfoca a condição humana diante da tradição de temas religiosos, como céu, inferno, pecado, redenção e morte.

Capítulo 9

Livro

- ***Sonetos de Camões***
  Luís Vaz de Camões. São Paulo: Ateliê.
  Volume com alguns dos melhores poemas de Camões, além de notas e comentários dos professores Izeti F. Torralvo e Carlos C. Minchillo.

Filme

- ***1492 — A conquista do paraíso***
  Direção de Ridley Scott. Espanha e França, 1992.
  O filme narra a história do navegador Cristóvão Colombo, desde suas ideias a respeito da forma esférica da Terra, seu empenho em conseguir apoio financeiro da Coroa espanhola para a expedição marítima em busca de uma rota para as Índias, a descoberta involuntária de um novo continente, até sua decadência na velhice.

Site

- **Instituto Camões**
  <www.instituto-camoes.pt>
  No *site*, é possível conhecer a vida e a obra de Luís Vaz de Camões e ter a acesso a sua extensa produção.

Capítulo 10

Livro

- ***Duas viagens ao Brasil***
  Hans Staden. Belo Horizonte: Itatiaia.
  No século XVI, o alemão Hans Staden naufraga na costa brasileira e, recolhendo-se à terra, consegue sobreviver entre os indígenas. O livro traz relatos do navegador e xilogravuras da época, produzidos em razão de seu convívio com os Tupinambá.

Filmes

- ***A missão***
  Direção de Roland Joffé. Reino Unido, 1986.
  Rodrigo Mendoza é um violento mercador de escravos espanhol que mata o próprio irmão em disputa por uma mulher. Atormentado pelo remorso, Rodrigo junta-se aos jesuítas nas matas brasileiras para defender os indígenas que antes escravizava.
- ***Caramuru: a invasão do Brasil***
  Direção de Guel Arres. Brasil, 2001.
  Diogo Álvares é um talentoso pintor contratado por Dom Jayme, cartógrafo do rei, para ilustrar os mapas das viagens de Pedro Álvares Cabral, mas acaba se envolvendo com uma sedutora francesa. Frequentadora da corte, sempre em busca de ouro e poder, Isabelle rouba o mapa de Diogo e desaparece. Como punição, o pintor é deportado ao Brasil, onde conhece a índia Paraguaçu e sua irmã Moema.

Capítulo 11

Livros

- ***Reunião de poemas***
  Gregório de Matos. Rio de Janeiro: BestBolso.
  Compilação, com seleção e prefácio de André Seffrin, que apresenta 112 poemas representativos do mais conhecido e polêmico poeta barroco brasileiro.
- ***Seleção de sermões de padre Antônio Vieira***
  Padre Antônio Vieira. São Paulo: Melhoramentos.
  Edição que apresenta cinco sermões do principal representante em língua portuguesa da prosa barroca. Nesses sermões escritos no século XVII, destacam-se o uso da retórica e do encadeamento de ideias e conceitos para construção de uma crítica à conduta dos fiéis e pregadores na época.

Filme

- ***Lutero***
  Direção de Eric Till. Alemanha e Estados Unidos, 2003.
  No século XVI, após quase ser atingido por um raio, Martim Lutero acredita ter recebido um chamado divino e se junta ao monastério, mas logo se vê atormentado pelas práticas adotadas pelos religiosos que faziam parte da Igreja católica na época. Por causa disso, entra em choque com a Igreja, sofre perseguição e inicia uma batalha para demonstrar seus ideais.

Site

- **Museu Aleijadinho**
  <www.museualeijadinho.com.br>
  Site que traz informações sobre a vida e a obra do escultor barroco Aleijadinho e, também, algumas fotografias do próprio museu, que fica na cidade de Ouro Preto, MG.

Capítulo 12

Livro

- ***Roteiro da poesia brasileira – Arcadismo***
  Domício Proença Filho (Org.). São Paulo: Global.
  Edição que reúne poemas dos principais nomes no Arcadismo brasileiro, estilo literário dominante no século XVIII que vincula traços do Iluminismo à convenção pastoril.

Literatura

Parte 2

Reprodução/Arquivo da editora

Vera Basile/Arquivo da editora

Erich Lessing/Album/Latinstock

CAPÍTULO 13

Os estilos de época da Revolução Industrial à Primeira Guerra: a poesia do Romantismo

John Baran/Alamy/Glow Images

O viajante sobre o mar de névoa, de Caspar David Friedrich, 1818.

Romantismo

Conforme você já estudou, o século XIX sofreu transformações desencadeadas pela Revolução Industrial e pela Revolução Francesa, como o fortalecimento do processo de urbanização. No Brasil, no início do século XIX, a Família Real portuguesa se deslocaria para o Rio de Janeiro, provocando mudanças particulares nestas terras.

A arte reflete essas transformações e o modo de o ser humano lidar com elas, evidenciando a complexidade de suas emoções. Na primeira metade desse século, alguns artistas sentiram que as propostas da arte neoclássica não lhes serviam mais e buscaram outros caminhos. Entre as tendências que então despontaram estão a retomada de alguns conceitos da arte gótica e a preocupação em retratar os fatos e a paisagem da época em que viviam.

A arquitetura

Rui Saraiva/Shutterstock

Parlamento Inglês. A retomada dos valores e da estética medievais ocorre não apenas na literatura, mas em praticamente todas as manifestações artísticas. No fim do século XVIII e início do século XIX, proliferam as construções que recuperam o estilo das catedrais góticas da Idade Média. O conjunto do Parlamento Inglês, no estilo neogótico, data de 1835, quando o edifício foi reconstruído. Um incêndio destruíra o antigo edifício, em 1834, e no ano seguinte o projeto de *Sir* Charles Barry fora eleito por uma comissão. Segundo Gombrich (*A história da arte*), Barry era um especialista em estilo renascentista, mas a comissão entendia "que as liberdades civis da Inglaterra se assentavam nas realizações da Idade Média, pelo que seria correto e adequado erigir o santuário da Liberdade Britânica no estilo gótico". Foi então contratado A. W. N. Pugin, um dos mais intransigentes defensores da ressurreição gótica. Barry cuidou do formato do edifício e Pugin, da decoração da fachada e do interior.

A música

Photos12/ Alamy/Latinstock

Cena do filme *Minha amada imortal*, de Bernard Rose, 1994. Na foto, o ator Gary Oldman interpretando o compositor alemão Ludwig van Beethoven (1770-1827), um dos principais concertistas de seu tempo e considerado um dos gênios do Romantismo. Inovou a técnica clássica, exprimindo-se com liberdade e vigor. Suas sequências harmônicas inusitadas causaram grande impacto no público. Segundo Arnold Hauser, em *História social da literatura e da arte*, "o Romantismo é a culminação da evolução que teve o seu início na segunda metade do século XVIII: a música passa agora a ser propriedade exclusiva da classe média. Não só as orquestras passam dos salões de banquetes, dos castelos e palácios para as salas de concertos, cheias de membros da classe média, mas também a música de câmara passa a ser acolhida, não nos salões aristocráticos, mas nas salas de recepção burguesas. As massas mais vastas, que professam pelas distrações musicais um interesse crescente, procuram, porém, uma música mais ligeira, mais atraente e popular, menos complicada".

A pintura

Os fuzilamentos de 3 de maio de 1808 (lendo uma pintura)

Reprodução/Museu do Louvre, Paris, França.

A liberdade guiando o povo, de Eugène Delacroix, 1831. Pintada na França do início do governo de Luís Filipe I, esta tela é considerada uma das mais emblemáticas do movimento romântico, tanto na defesa de ideias revolucionárias como na composição da pintura.

John Baran/Alamy/Glow Images

O viajante sobre o mar de névoa, de Caspar David Friedrich, 1818.

- *Pelo título da pintura de Delacroix, já sabemos que ela retrata um ideal da Revolução Francesa, a Liberdade. Esse ideal ganha, na tela, as formas de uma figura feminina. Identifique as características dessa figura conforme a pintou Delacroix e, assim, o conceito de Liberdade desse artista.*
- *Observe ainda outro elemento fundamental da pintura, que também está anunciado no título da obra: o povo. Descreva-o conforme pintado na tela e, a partir disso, a ideia que o artista parece ter do povo.*
- *Reveja a tela que abre este capítulo,* O viajante sobre o mar de névoa, *do pintor alemão Friedrich, produzida em 1818. Ela representa outros valores da arte romântica: nostalgia e certa revolta, a valorização de sentimentos e opiniões pessoais, a procura por emoções diferentes, o desprezo pelos valores da sociedade da época. Identifique elementos da tela que mostram que o artista defende esses valores em seu trabalho.*

1 Da Revolução Industrial à Primeira Guerra

O período que se estende da Revolução Industrial (e da posterior Revolução Francesa), no final do século XVIII, à Primeira Guerra Mundial, em 1914, corresponde a uma nova ordem socioeconômica, com profundos reflexos nos campos da arte, que se manifestam não só no papel dos produtores, ou seja, dos artistas, mas também na nova dimensão dos receptores, ou seja, do público.

Na segunda metade do século XVIII, o processo de industrialização havia modificado as antigas relações econômicas, criando na Europa uma nova forma de organização política e social, que muito influenciaria os tempos modernos. O grande marco dessas mudanças foi a Revolução Francesa, tão exaltada pelos românticos de primeira hora.

akg-images/Ipress

A pintura mostra a decapitação de Luís XVI, guilhotinado em 21 de janeiro de 1793. Era o fim do direito divino dos reis na França, que até então concentravam todo o poder, e a ascensão de uma nova classe social, a burguesia.

Almeida Garrett, romântico português de primeira hora, entendeu claramente o papel do escritor nesses novos tempos:

> Este é um século democrático; tudo o que se fizer há-de ser pelo povo e com o povo... ou não se faz. Os príncipes deixaram de ser, nem podem ser, Augustos. Os poetas fizeram-se cidadãos, tomaram parte na coisa pública como sua; querem ir, como Eurípedes e Sófocles, solicitar na praça os sufrágios populares, não, como Horácio e Virgílio, cortejar no paço as simpatias de reais corações. As cortes deixaram de ter Mecenas; os Médicis, Leão X, D. Manuel e Luís XIV já não são possíveis; não tinham favores que dar nem tesouros que abrir ao poeta e ao artista.

Disponível em: <www.ipv.pt>. Acesso em: 22 abr. 2014.

Estabelece-se, assim, a nítida distinção entre um conceito de arte, de artista e de público, segundo os valores clássicos, que marcou os séculos XVI, XVII e parte do XVIII, e um novo conceito burguês, romântico, marcado pelo individualismo, pelo apelo à imaginação, pelo nacionalismo, por uma liberdade formal e temática.

No período compreendido entre a Revolução Industrial e a Primeira Guerra, destacamos quatro grandes estilos de época:

- **Romantismo**, que caracteriza a primeira metade do século XIX;
- **Realismo/Naturalismo**, que caracteriza a segunda metade do século XIX;
- **Parnasianismo**, que caracteriza a virada do século XIX para o século XX;
- **Simbolismo**, que também caracteriza a virada do século XIX para o século XX, desenvolvendo-se paralelamente ao Parnasianismo.

A Primeira Guerra Mundial, a Revolução Russa (1917) e um intenso e multifacetado movimento artístico que buscava a renovação das artes abrem as portas para a modernidade do século XX.

Uma nova sociedade, um novo gosto, um novo público

O professor Antonio Candido assim percebe o novo público leitor do século XIX e as preocupações do escritor voltado para esse público:

No primeiro quartel do século XIX esboçaram-se no Brasil condições para definir tanto o público quanto o papel social do escritor em conexão estreita com o nacionalismo.

Decorre que os escritores, pela primeira vez, conscientes da sua realidade como grupo graças ao papel desempenhado no processo da Independência e ao reconhecimento da sua liderança no setor espiritual, vão procurar, como tarefa patriótica, definir conscientemente uma literatura mais ajustada às aspirações da jovem pátria, favorecendo entre criador e público relações vivas e adequadas à nova fase.

A posição do escritor e a receptividade do público serão decisivamente influenciadas pelo fato da [*sic*] literatura ser então encarada como algo a criar-se voluntariamente para exprimir a sensibilidade nacional, manifestando-se como ato de brasilidade. [...] Se as edições dos livros eram parcas, e lentamente esgotadas, a revista, o jornal, a tribuna, o recitativo, a cópia volante, conduziam as suas ideias ao público de homens livres, dispostos a vibrar na grande emoção do tempo.

CANDIDO, Antonio. *Literatura e sociedade*. São Paulo: Companhia Editora Nacional, 1965. p. 95.

Bruno de Nogues/Stone/Getty Images

A criação do Museu do Louvre, em Paris, foi proposta da Convenção de 1792 para incentivar as artes no período pós-Revolução Francesa.

Trocando ideias

Observe estas obras produzidas no século XIX por artistas europeus. De alguma maneira, elas representam tendências da relação das pessoas da época com os livros.

Reprodução/Arquivo da editora

Bancas de livros às margens do Sena em 1843, de William Parrot, [s.d.].

The Bridgeman Art Library/Keystone/Galeria Cristopher Wood, Londres, Inglaterra.

Senhora lendo um livro num jardim, de Frank Dicey, 1880-1888.

1. A obra de Parrot nos dá ideia da popularização da literatura ou de seu caráter de produto cultural da elite? Justifique sua opinião.

2. A pintura *Senhora lendo um livro num jardim* permite inferir algumas informações acerca de certos hábitos de leitura do século XIX. Quais informações você consegue obter?

2 O Romantismo

Hoje o Brasil é filho da Civilização francesa, e como Nação é filho dessa revolução famosa que abalou todos os tronos da Europa, e repartiu com os homens a púrpura e o cetro dos reis...

Gonçalves de Magalhães, em discurso sobre a história da literatura do Brasil. Manifesto publicado na *Niterói – Revista Brasiliense*, 1836, considerado o marco inicial do Romantismo brasileiro. Disponível em: <www.nead.unama.br>. Acesso em: 22 abr. 2014.

Ecos da Revolução Francesa em Portugal e no Brasil

Literatura em vídeo: Romantismo

A produção cultural e científica da segunda metade do século XVIII foi tão importante que ele ficou conhecido como o Século das Luzes, em uma referência ao conhecimento desenvolvido pelos intelectuais iluministas. Os filósofos e artistas passaram a atacar o modelo monárquico feudal e a defender a liberdade e a igualdade civil. Foi nesse ambiente que se preparou o terreno para a Revolução Francesa, ocorrida no final desse mesmo século.

O liberalismo europeu ecoou por toda a Europa, balançando os governos absolutistas, e pela América, influenciando os processos de independência ocorridos entre 1776 e 1825.

Reprodução/Acervo da Biblioteca do Congresso, Washington, EUA.

Em 9 de julho de 1776, depois de ouvir a primeira leitura pública da Declaração de Independência, nova-iorquinos exaltados correm para o Bowling Green e derrubam a estátua do rei inglês, Jorge III, para depois fundi-la e transformá-la em 1800 quilos de balas de chumbo.

No caso de Portugal e Brasil, o momento histórico que antecede a introdução do Romantismo é determinado pelos valores da Revolução Francesa e pela expansão napoleônica, decisiva para a história dos dois países: as tropas francesas invadem Portugal em novembro de 1807, o que levou a Família Real a transferir-se para o Brasil, aqui chegando no início de 1808. Os anos que seguem, em Portugal, são de crise monitorada ora pelos franceses invasores, ora pelos aliados ingleses, ora pela realeza instalada no Rio de Janeiro. Com a derrocada do império napoleônico, em 1815, os liberais portugueses se organizam em busca de uma nova ordem e promovem a Revolução Liberal do Porto, em 1820. Nas eleições que se seguiram, a burguesia obtém maioria e exige a volta da Família Real, o que de fato ocorre em 1821. Os acontecimentos entre 1808 e 1820 foram acompanhados de longe pelos principais artistas e pensadores portugueses que optaram por viver em Londres e Paris (ficaram conhecidos como "os exilados", entre eles, os escritores românticos do primeiro momento).

Os marcos

Em Portugal

Considera-se o marco inicial do Romantismo português a publicação, em 1825, do poema *Camões*, escrito por Almeida Garrett durante seu exílio em Paris; portanto, sob o impacto da vitória do liberalismo, do regresso de dom João VI e da perda do Brasil, a maior e mais produtiva colônia portuguesa. O Romantismo se estende até 1865, quando eclode a famosa Questão Coimbrã, iniciando o Realismo.

No Brasil

O Romantismo inicia-se no Brasil em 1836, quando Gonçalves de Magalhães publica, na França, a *Niterói – Revista Brasiliense* e lança, no mesmo ano, um livro de poemas românticos intitulado *Suspiros poéticos e saudades*. Portanto, os novos conceitos românticos são introduzidos no Brasil por um exilado quando o país vivia um período regencial, ainda sob o impacto da abdicação de dom Pedro I.

O ano de 1881 é considerado marco final do Romantismo, quando são lançados os primeiros romances de tendência naturalista e realista (*O mulato*, de Aluísio Azevedo, e *Memórias póstumas de Brás Cubas*, de Machado de Assis), embora desde 1870 já ocorressem manifestações do pensamento realista na Escola de Recife, em movimento liderado por Tobias Barreto.

As influências

Vale a pena conhecer alguns nomes da literatura europeia que influenciaram profundamente, por suas obras e suas ideias, a produção do Romantismo na Europa e no Brasil.

Goethe

Reprodução/Museu de Goethe, Frankfurt, Alemanha.

Johann Wolfgang Goethe (1749-1832), poeta e romancista alemão, nasceu em uma família culta e abastada. Estudou Direito e atuou na política, mas dedicou a maior parte de sua vida à literatura, tornando-se um de seus maiores expoentes no mundo, além de ter sido um dos grandes nomes do Romantismo alemão.

Publicou, em 1774, o romance *Os sofrimentos do jovem Werther*, verdadeiro marco do romance moderno. Narrado em primeira pessoa, como um monólogo, trata-se de um romance epistolar, ou seja, é estruturado na troca de cartas entre o protagonista, Werther, e seu amigo, Guilherme (Wilhelm, no alemão). O amor não correspondido por Carlota, a amada do jovem protagonista, e que, a rigor, não mostrou em nenhum momento alimentar as expectativas apaixonadas de Werther, provoca o suicídio do amante. Segundo Manuel Bandeira, esse é um "romance passional, de cor violentamente romântica".

Entre as obras de Goethe que entraram para a história da literatura também está o drama *Fausto*, no qual o autor trabalha o mito do homem moderno, que busca dar sentido a sua vida.

Lorde Byron

Hulton Archive/Getty Images

Lorde George Gordon Noel Byron (1788-1824), poeta inglês, teve sua obra tomada como modelo de ultrarromantismo. Daí falar-se em inspiração byroniana, geração byroniana. Filho de família aristocrata em ruínas, sua curta vida (morreu aos 36 anos) cheia de sobressaltos, turbulências e contradições é refletida na sua obra, que vai de um lirismo delicado a um cinismo mordaz.

O poema satírico *Don Juan*, baseado na lenda do conquistador espanhol, destaca-se como uma de suas mais notáveis obras, apesar de nunca ter sido terminado. O autor marcou a segunda fase do Romantismo brasileiro, principalmente a produção do escritor Álvares de Azevedo.

Victor Hugo

Time Life Pictures/Mansell/Getty Images

Victor Hugo (1802-1885), poeta, romancista e escritor francês, tratou, em sua obra literária, de questões políticas e sociais de seu tempo, inspirando a última geração de românticos. Daí falar-se em geração hugoana. Republicano convicto, defensor da liberdade e das massas oprimidas, escreveu *Notre-Dame de Paris* (O corcunda de Notre-Dame) e *Os miseráveis*, entre muitas outras obras.

Trocando ideias

1. Leia alguns fragmentos teóricos escritos por dois poetas que marcaram o início do estilo romântico no Brasil. Reúna-se com alguns colegas para fazer as atividades propostas.

Lede

Gonçalves de Magalhães

É um livro de poesias escritas segundo as impressões dos lugares; ora sentado entre as ruínas da antiga Roma, meditando sobre a sorte dos impérios; ora no cimo dos Alpes, a imaginação vagando no infinito como um átomo no espaço; ora na gótica catedral, admirando a grandeza de Deus e os prodígios do cristianismo; ora entre os ciprestes que espalham sua sombra sobre túmulos; ora, enfim, refletindo sobre a sorte da pátria, sobre as paixões dos homens, sobre o nada da vida. São poesias de um peregrino, variadas como as cenas da natureza, diversas como as fases da vida, mas que se harmonizam pela unidade do pensamento e se ligam como os anéis de uma cadeia; poesias d'alma e do coração, e que só pela alma e o coração devem ser julgadas.

[...]

Quanto à forma, isto é, à construção, por assim dizer, material das estrofes e de cada cântico em particular, nenhuma ordem seguimos, exprimindo as ideias como elas se apresentaram, para não destruir o acento da inspiração; além de que a igualdade dos versos, a regularidade das rimas e a simetria das estâncias produzem uma tal monotonia e dão certa feição de concertado artifício que jamais podem agradar. Ora, não se compõe uma orquestra só com sons doces e frautados; cada paixão requer sua linguagem própria, seus sons imitativos, e períodos explicativos.

[...]

Algumas palavras acharão neste livro que nos dicionários portugueses se não deparam; mas as línguas vivas se enriquecem com o progresso da civilização e das ciências, e uma nova ideia pede um novo termo.

[...]

Tu vais, ó livro, ao meio do turbilhão em que se debate nossa pátria; onde a trombeta da mediocridade abala todos os ossos, e desperta todas as ambições; onde tudo está gelado, exceto o egoísmo: tu vais, como uma folha no meio da floresta batida pelos ventos do inverno, e talvez tenhas de perder-te antes de ser ouvido, como um grito no meio da tempestade.

Vai; nós te enviamos cheios de amor pela pátria, de entusiasmo por tudo o que é grande e de esperanças em Deus e no futuro.

Adeus!

Paris, julho de 1836.

MAGALHÃES, Gonçalves de. Lede (prefácio do livro de poesias *Suspiros poéticos e saudades*). Disponível em: <http://objdigital.bn.br>. Acesso em: 22 abr. 2014.

Prólogo

Gonçalves Dias

Dei o nome de Primeiros Cantos às poesias que agora publico, porque espero que não serão as últimas.

Muitas delas não têm uniformidade nas estrofes, porque menosprezo regras de mera convenção; adotei todos os ritmos da metrificação portuguesa, e usei deles como me pareceram quadrar melhor com o que eu pretendia exprimir.

Não têm unidade de pensamento entre si, porque foram compostas em épocas diversas – debaixo de céu diverso – e sob a influência de impressões momentâneas. [...]

Com a vida isolada que vivo, gosto de afastar os olhos de sobre a nossa arena política para ler em minha alma, reduzindo à linguagem harmoniosa e cadente o pensamento que me vem de improviso, e as ideias que em mim desperta a vista de uma paisagem ou do oceano – o aspecto enfim da natureza. Casar assim o pensamento com o sentimento – o coração com o entendimento – a ideia com a paixão – cobrir tudo isto com a imaginação, fundir tudo isto com a vida e com a natureza, purificar tudo com o sentimento da religião e da divindade, eis a Poesia – a Poesia grande e santa – a Poesia como eu a compreendo sem a poder definir, como eu a sinto sem a poder traduzir.

[...]

DIAS, Gonçalves. Prólogo aos Primeiros Cantos. Disponível em: <http://objdigital.bn.br>. Acesso em: 22 abr. 2014.

2. Identifiquem, na concepção dos dois poetas, as principais características temáticas e formais das primeiras gerações românticas. Por exemplo: "sentado entre as ruínas da antiga Roma, meditando sobre a sorte dos impérios" pode ser interpretado como a negação do modelo clássico de cultura e de dominação imperial (note o peso da palavra **ruínas**); "na gótica catedral, admirando a grandeza de Deus e os prodígios do cristianismo" aponta para duas características: a religiosidade (observe a seleção vocabular: **grandeza**, **prodígios**) e o medievalismo (note o valor do adjetivo **gótica**, que remete à Idade Média).
3. Apresentem para os colegas e o professor suas conclusões e comparem-nas com as características encontradas pelos demais grupos.
4. Depois, quando chegarem a um consenso, relacionem as características no quadro e anotem-nas no caderno.

As características românticas

O primeiro passo para tentar estabelecer as características românticas é entender o Romantismo como um estilo de época delimitado no tempo, ou seja, como o período que se inicia nos últimos anos do século XVIII e se estende até meados do século XIX. Nesse espaço de tempo, percebe-se nitidamente uma evolução no comportamento dos autores românticos; a comparação entre os primeiros e os últimos representantes dessa escola revela traços peculiares a cada fase, mas discrepantes entre si, como veremos nos textos reproduzidos adiante.

Inicialmente, romântico era tudo aquilo que se opunha ao clássico. Os modelos da Antiguidade clássica são então substituídos pelos da Idade Média (notadamente de seus últimos séculos, que coincidem com o surgimento da burguesia); a uma arte de caráter erudito e nobre opõe-se uma arte de caráter popular, que valoriza o folclórico e o nacional; o indivíduo passa a ser o centro das atenções, voltando-se para a imaginação e para os sentimentos, do que resulta uma interpretação subjetiva da realidade.

A arte romântica, ao romper as muralhas da corte e ganhar as ruas, liberta-se das exigências dos nobres que financiavam a produção artística. As obras deixam de ter o caráter prático dos trabalhos de encomenda; o público agora é amplo e anônimo, o que leva a uma nova linguagem na literatura, na pintura, na música, na arquitetura.

Um dos acontecimentos mais importantes relacionados ao Romantismo foi o surgimento de um novo público consumidor, representado pelas mulheres e pelos estudantes; com isso, a literatura tornou-se mais popular, o que não havia acontecido nos períodos anteriores. Surge o romance, forma mais acessível de expressão literária; o teatro ganha novo impulso, abandonando as formas clássicas e se inspirando em temas nacionais (o teatro de Almeida Garrett, em Portugal, e o de Martins Pena, no Brasil, são bons exemplos). A prosa artística ganha um espaço que sempre lhe fora negado nas manifestações clássicas.

Quanto ao aspecto formal, a literatura romântica se desvincula dos padrões e normas estéticas do Classicismo; prevalece o "acento da inspiração", como afirma Gonçalves de Magalhães. Repare como o "acento da inspiração" pregado pelo poeta casa-se perfeitamente ao ideal romântico do individualismo, da expressão subjetiva, do primado da emoção.

Quanto ao conteúdo, os românticos cultivavam o nacionalismo, que se manifestava na exaltação da natureza pátria, no retorno ao passado histórico e na criação do herói nacional. Da exaltação do passado histórico nasce o culto à Idade Média, que, além de representar as glórias e tradições do passado, assume o papel de negar os valores da Antiguidade clássica, como o paganismo. Os heróis nacionais das literaturas europeias são belos e valentes cavaleiros medievais, que lutam por uma donzela, por Deus e pela pátria. Na literatura brasileira, os heróis são os índios, não menos belos, valentes e civilizados, como se pode observar em poemas de Gonçalves Dias e nos romances de José de Alencar.

A natureza assume múltiplos significados: ora é uma extensão da pátria, ora é um refúgio à vida atribulada dos centros urbanos do século XIX, ora é um prolongamento do próprio poeta e de seu estado emocional.

Outra característica marcante do Romantismo, e verdadeiro "cartão de visita" de todo o movimento, é o sentimentalismo, a supervalorização das emoções pessoais: é o mundo interior que conta, o subjetivismo. E à medida que essa busca dos valores pessoais se intensifica, com o culto do individualismo, perde-se a consciência do todo, do coletivo, do social. A excessiva valorização do "eu" gera o egocentrismo: o ego como centro do universo. Evidentemente, surge aí um choque entre a realidade objetiva e o mundo interior do poeta. A derrota inevitável do ego produz um estado de frustração e tédio, que leva à evasão romântica. Seguem constantes e múltiplas fugas da realidade: o álcool, o ópio, as "casas de aluguel" (os prostíbulos), a saudade da infância, as constantes idealizações da sociedade, do amor, da mulher. O romântico, enfim, foge no tempo e no espaço. Essas fugas têm, no entanto, ida e volta, exceção feita à maior de todas as fugas românticas: a morte.

Já no final do Romantismo, desenvolve-se uma literatura de caráter mais social, a partir das transformações econômicas, políticas e sociais que atingem toda a Europa (Segunda Revolução Industrial, publicação do *Manifesto do Partido Comunista*, movimentos populares), como bem atesta o romance *Os miseráveis*, de Victor Hugo, publicado em 1862. A literatura passa a refletir as grandes agitações, que, em Portugal, explodem na famosa Questão Coimbrã; no Brasil, a luta abolicionista, a Guerra do Paraguai e o ideal republicano resultam na poesia social de Castro Alves e em agitações nos centros acadêmicos (faculdades de Direito de Recife e de São Paulo). No fundo, era uma transição para o Realismo.

TEXTO E INTERTEXTO

Texto 1

Amar!

Florbela Espanca

Vera Basile/Arquivo da editora

Eu quero amar, amar perdidamente!
Amar só por amar: Aqui... além...
Mais Este e Aquele, o Outro e toda a gente...
Amar! Amar! E não amar ninguém!

Recordar? Esquecer? Indiferente!...
Prender ou desprender? É mal? É bem?
Quem disser que se pode amar alguém
Durante a vida inteira é porque mente!

Há uma Primavera em cada vida:
É preciso cantá-la assim florida,
Pois se Deus nos deu voz, foi pra cantar!

E se um dia hei-de ser pó, cinza e nada
Que seja a minha noite uma alvorada,
Que me saiba perder... pra me encontrar...

ESPANCA, Florbela. In: *Obras completas de Florbela Espanca*. Lisboa: Dom Quixote, 1985. v. 2. p. 189.

Texto 2

Eu sei que vou te amar

Tom Jobim e Vinicius de Morais

Eu sei que vou te amar
Por toda a minha vida, eu vou te amar
Em cada despedida, eu vou te amar
Desesperadamente
Eu sei que vou te amar

E cada verso meu será
Pra te dizer que eu sei que vou te amar
Por toda a minha vida

Eu sei que vou chorar
A cada ausência tua eu vou chorar
Mas cada volta tua há de apagar
O que esta ausência tua me causou

Eu sei que vou sofrer
A eterna desventura de viver
À espera de viver ao lado teu
Por toda a minha vida

JOBIM, Tom; MORAIS, Vinicius de.
In: *Tom canta Vinicius* (CD). Biscoito Fino, 2000.

Vera Basile/Arquivo da editora

Texto 3

Confronto

Carlos Drummond de Andrade

Bateu Amor à porta da Loucura.
"Deixa-me entrar – pediu – sou teu irmão.
Só tu me limparás da lama escura
a que me conduziu minha paixão."

A Loucura desdenha recebê-lo,
sabendo quanto Amor vive de engano,
mas estarrece de surpresa ao vê-lo,
de humano que era, assim tão inumano.

E exclama: "Entra correndo, o pouso é teu.
Mais que ninguém mereces habitar
minha casa infernal, feita de breu,

enquanto me retiro, sem destino,
pois não sei de mais triste desatino
que este mal sem perdão, o mal de amar."

ANDRADE, Carlos Drummond de. *A paixão medida*. 2. ed.
Rio de Janeiro: José Olympio, 1980. p. 43.

Atividades

Sobre “Amar!”

1. Florbela de Alma da Conceição Espanca, considerada o maior nome feminino da poesia portuguesa, viveu entre 1894 e 1930. Portanto, cronologicamente, pertenceu ao movimento modernista português. Considerando as ideias expostas no poema “Amar!”, como o eu poético se relaciona com o sentimento amoroso? Justifique sua resposta.

2. Observe o interessante trabalho que a poeta realiza com os pronomes nos dois últimos versos da primeira estrofe.
   a) Como você classificaria os pronomes *este*, *aquele* e *outro* no contexto do poema? Justifique o emprego das iniciais maiúsculas.
   b) Que pronomes se opõem aos pronomes citados no item *a*?

3. O eu poético universaliza seu sentimento. Que palavras expressam isso?

4. Aponte três antíteses presentes no texto.

5. Assinale o verso em que a autora utiliza o recurso da gradação. Trata-se de uma gradação crescente ou decrescente?

6. Observe atentamente a pontuação do texto de Florbela Espanca. O que chama sua atenção? O que a pontuação revela?

Sobre “Eu sei que vou te amar”

7. Como se dá a interlocução em “Eu sei que vou te amar”? Quem são os interlocutores?

8. Qual é a diferença entre a situação apresentada na primeira estrofe para a situação da segunda estrofe? Que verbo domina a primeira estrofe? E a segunda?

9. O ato de amar vem marcado por adjuntos adverbiais. Quais são? Que circunstâncias eles ressaltam?

10. Comparando a postura dos falantes dos textos 1 e 2 em relação ao ato de amar:
    a) destaque uma passagem do texto 1 que se coloca em nítida oposição ao que é falado no texto 2;
    b) diga de que maneira os dois textos se aproximam.

Sobre “Confronto”

11. Explique o título “Confronto”.

12. Destaque um verso caracterizado por uma antítese.

13. Justifique o emprego de iniciais maiúsculas para o Amor e para a Loucura.

14. Comente a interlocução no poema de Drummond.

15. No segundo verso, o Amor afirma que é irmão da Loucura. Você concorda com essa afirmação? Justifique.

16. A Loucura, muito compreensiva, abandona sua própria casa para que nela viva o Amor. O que levou a Loucura a esse procedimento?

Sobre os três textos

17. Faça uma descrição do trabalho formal dos três textos (tipo de poesia, estrofação, métrica, rima, etc.).

18. Como você definiria o ato de amar em cada um dos textos?

Velhos temas novas leituras

VICTOR HUGO E *O ÚLTIMO DIA DE UM CONDENADO*

Com o Romantismo, emerge o questionamento do conformismo e da imparcialidade; o artista romântico ideal, regido pela sensibilidade e criatividade, é um sujeito crítico e indignado, que se envolve em conflitos, manifestações políticas e lutas sociais; é um inadaptado ao mundo que o cerca e visa transformá-lo. Lorde Byron, por exemplo, morreu em 1824, enquanto lutava pela independência da Grécia. Dessa forma, muitos literatos passaram a ser homens de ação pública, o que, se, por um lado, é motivo de admiração para muitos, por outro vai lhes valer perseguições e punições, normalmente por questões políticas ou por conduta considerada imprópria em relação à moral vigente. Victor Hugo é um notório caso de artista envolvido com questões políticas e sociais de seu tempo. Uma de suas primeiras lutas, quando ainda era um jovem escritor, foi contra a pena de morte, por conta da qual escreveu, em 1829, o inovador romance *O último dia de um condenado*. No prefácio à edição de 1832 desse romance, o escritor assume uma faceta de polemista para defender suas ideias. A seguir, reproduzimos um trecho do texto.

Os que julgam e condenam dizem que a pena de morte é necessária. Primeiro porque é importante subtrair da comunidade social um membro que já a lesou e poderia lesá-la novamente. Se se tratasse apenas disso, a prisão perpétua bastaria. Para que a morte? Objetarão que se pode escapar de uma prisão. Façam melhor a sentinela. Se não acreditam na solidez das grades de ferro, como ousam ter zoológicos?

Nada de carrasco onde basta o carcereiro.

Mas, retorquirão, é preciso que a sociedade se vingue, que a sociedade puna. Nem uma coisa nem outra. Se vingar é próprio do indivíduo, punir é de Deus.

A sociedade está entre os dois. O castigo está acima dela, e a vingança, abaixo. Nada de tão grande ou de tão pequeno lhe convém. Ela não deve "punir para se vingar"; ela deve corrigir para melhorar. Transformem dessa maneira a fórmula dos criminalistas, nós a compreenderemos e a ela aderiremos.

Resta a terceira e última razão, a teoria do exemplo. É preciso dar o exemplo! É preciso assustar, por meio do espetáculo do fim reservado aos criminosos, os que seriam tentados a imitá-los!

Eis aí quase textualmente a frase eterna de que todos os requisitórios dos quinhentos tribunais da França são apenas variações mais ou menos sonoras. Pois bem! Negamos primeiramente que haja aí exemplo. Negamos que o espetáculo dos suplícios produza o efeito esperado. Longe de edificar o povo, ele o desmoraliza, e destrói toda sua sensibilidade, despedaçando qualquer virtude.

HUGO, Victor. *O último dia de um condenado*. Tradução de Joana Canêdo. São Paulo: Estação Liberdade, 2002. p. 177-178.

O texto de Victor Hugo deixa claro como a arte, em vez de um exercício diletante, está diretamente ligada ao mundo que a cerca; mais interessante ainda é perceber, quase dois séculos depois, a atualidade das ideias do escritor francês.

A partir dos argumentos de Victor Hugo, organizem, na sala de aula, um debate sobre a pena de morte no mundo atual. Para esclarecer melhor as ideias, pesquisem novos argumentos – a favor e contra – nos meios de comunicação, peçam a opinião de pessoas conhecidas e busquem informações acerca de países onde ainda existe a pena de morte.

Vestibulares de Norte a Sul

1. **N** (Uepa) Nas expressões artísticas brasileiras, há marcas evidentes da estética do período Romântico, quando, mesmo influenciados ainda pela Europa, buscava-se uma identidade nacional, como podemos ver na tela de Johann Moritz Rugendas e nos fragmentos de poemas de Gonçalves Dias, transcritos abaixo:

Da tribo pujante,
Que agora anda errante
Por fado inconstante,
Guerreiros, nasci;
Sou bravo, sou forte,
Sou filho do Norte;
Meu canto de morte,
Guerreiros, ouvi.

Pelas ondas do mar sem limites
Basta selva, sem folhas, aí vem;
Hartos troncos, robustos, gigantes;
Vossas matas tais monstros contêm.
Traz embira dos cimos pendente
– Brenha espessa de vário cipó –
Dessas brenhas contêm vossas matas,
Tais e quais, mas com folhas; e só!

As marcas românticas, evidentes tanto na pintura de Johann Moritz Rugendas como nos fragmentos da poesia de Gonçalves Dias, são as seguintes:

a) A idealização da figura do índio, o nacionalismo na valorização da paisagem tropical.
b) A valorização de cenas típicas da vida rural, o registro da vida simples do povo, a busca do modelo clássico greco-romano.
c) O indianismo como influência neoclássica, a valorização da paisagem exuberante, a presença da religiosidade.
d) Os costumes urbanos da corte, a sensualidade, o sentimentalismo associado à busca da nacionalidade.
e) A presença de valores clássicos do Renascimento, a busca do equilíbrio e da simplicidade na valorização do tema social.

2. **CO** (UFMT) Assinalé a alternativa cujo enunciado caracteriza o Romantismo enquanto desenvolvimento temático e tratamento estilístico.

a) Observação da realidade marcada pelo senso quase fatalista das forças naturais e sociais pesando sobre o homem; estilo nervoso, capaz de reproduzir o relevo das coisas e sublinhar com firmeza a ação dos homens.
b) Criação de uma realidade abstrata e intangível, presa aos temas da morte e das paisagens vagas, impregnadas de misticismo e espiritualidade; ritmos musicais, aliterativos e sinestésicos.
c) Gosto pela expressão dos sentimentos, sonhos e emoções que agitam o mundo interior do poeta; abandono gradual da linguagem lusitana em favor da brasileira, tanto no vocabulário quanto nas construções sintáticas.
d) Representação objetiva da sociedade como meio de crítica às instituições sociais decadentes (igreja, casamento); linguagem narrativa minuciosa, acúmulo de detalhes para criar impressão de realidade.
e) Necessidade de romper com velhas formas na primeira fase do movimento, chocar o público com novas ideias; liberdade de criação como princípio fundamental, privilégio dado à inspiração.

3. **SE** (UFV-MG) Assinale a alternativa falsa.

a) O Romantismo, como estilo, não é modelado pela individualidade do autor; a forma predomina sempre sobre o conteúdo.
b) O Romantismo é um movimento de expressão universal, inspirado nos modelos medievais e unificado pela prevalência de características comuns a todos os escritores da época.
c) O Romantismo, como Estilo de Época, consistiu, basicamente, num fenômeno estético-literário, desenvolvido em oposição ao intelectualismo e à tradição racionalista e clássica do século XVIII.
d) O Romantismo, ou melhor, o espírito romântico, pode ser sintetizado numa única qualidade: a imaginação. Pode-se creditar à imaginação a capacidade extraordinária dos românticos de criarem mundos imaginários.
e) O Romantismo caracterizou-se por um complexo de características como o subjetivismo, o ilogismo, o senso de mistério, o exagero, o culto da natureza e o escapismo.

CAPÍTULO

14 A poética do Romantismo: amores, índios e condores

Ponte de Santa Ifigênia, de Jean-Baptiste Debret, 1827. (Detalhe.)

Às vésperas da independência, um olhar europeu

Em 1816, com o Brasil já formando o Reino Unido de Portugal, Brasil e Algarve, d. João VI resolveu trazer para o Rio de Janeiro um grupo de artistas estrangeiros para lecionar na recém-criada Escola Real de Ciências, Artes e Ofícios (mais tarde transformada em Academia de Belas-Artes e, com a proclamação da República, na Escola Nacional de Belas-Artes). Tal grupo recebeu a denominação Missão Artística Francesa e dele faziam parte Jean-Baptiste Debret (1768-1848), Nicolas-Antoine Taunay (1755-1830) (avô de Afonso de Taunay, autor de *Inocência*) e o arquiteto Grandjean de Montigny (1776-1850), entre outros. A Missão Artística Francesa abriu as portas do Brasil para outros europeus, que ficaram fascinados com a flora, a fauna e as pessoas do mundo tropical.

As imagens que temos do Brasil dessa época, portanto, foram produzidas em geral por esses estrangeiros, representam esse olhar de quem não pertence à terra retratada e tem valores que não são os de quem faz parte da realidade que pinta. Assim, elas tanto podem valorizar fatos que passam despercebidos por quem é do lugar e já não repara em detalhes cotidianos como também podem estar carregadas de ideias preconcebidas, buscando aqui o que o produtor da obra e sua sociedade de origem consideravam fundamental lá em sua própria terra.

A pintura

O morro de Santo Antônio no Rio de Janeiro, de Nicolas-Antoine Taunay, óleo sobre tela (45 x 56,5 cm). Museu Nacional de Belas Artes, Rio de Janeiro, RJ.

O morro de Santo Antônio no Rio de Janeiro, de Nicolas-Antoine Taunay, 1816. Nicolas-Antoine Taunay (1755-1830) nasceu em Paris e veio para o Brasil liderando a Missão Francesa, em 1816, numa situação ambígua: o artista era seguidor de Napoleão e, com a queda do imperador, teve de partir para o exílio; curiosamente, pediu emprego à Coroa portuguesa, que estava no Rio de Janeiro fugida da invasão napoleônica. Profundamente impressionado com a paisagem carioca, produziu telas de delicado cromatismo, como é o caso dessa obra, em que há uma nítida oposição entre a metade superior, de tons claros, e a metade inferior, de tons mais escuros. O Rio de Janeiro representado por Taunay é europeizado, com raros escravos circulando pelas ruas.

Floresta virgem, de Charles Othon Frédéric Jean-Baptiste, Conde de Clarac, óleo sobre tela (53 x 75 cm), Coleção Aluizio de Rebelo Araújo e Ana Helena Americano Araújo.

Floresta virgem, do conde de Clarac, 1816. O conde de Clarac (1777-1847) esteve no Brasil em 1816 e retratou paisagens tropicais que o impressionaram pela riqueza da flora e da fauna, como é o caso dessa floresta, de intenso cromatismo. O naturalista alemão Alexander von Humboldt considerava esse trabalho do conde de Clarac a mais fiel representação da natureza tropical.

- *Em sua opinião, como a natureza é caracterizada em cada uma dessas telas? De que maneira os pintores a representaram?*

Ponte de Santa Ifigênia, de Jean-Baptiste Debret, 1827. O artista francês Debret (1768-1848) retratou, em desenhos e aquarelas, a vida cotidiana das várias camadas da população brasileira. Dizem que ele, andando pelas ruas, anotava tudo que via: a vida comercial, a vida doméstica das famílias brancas, as relações entre senhores e escravizados, o trabalho escravo. *Ponte de Santa Ifigênia* retrata uma paisagem do centro de São Paulo.

Sapataria, de Jean-Baptiste Debret, sem data.

Moenda de açúcar, de Johann Moritz Rugendas, sem data. A partir de 1821, o pintor e desenhista alemão Rugendas (1802-1858) viajou por várias regiões do Brasil, fixando aspectos da paisagem, tipos humanos, usos e costumes e atividades econômicas.

- *Observe as imagens reproduzidas nesta página. Os viajantes Debret e Rugendas registraram cenas do cotidiano destas terras. Nessas imagens, o que esses artistas destacaram da relação entre pessoas e da vida do trabalhador?*
- *E você? Que imagem de sua região você enviaria a um amigo que não a conhecesse para mostrar a paisagem predominante ou as relações entre as pessoas ou as relações de trabalho? Se possível, sob a orientação do professor, fotografem espaços e cenas do cotidiano que revelem seu olhar sobre a região e organizem, depois, essas fotos em um painel a ser exposto para a comunidade escolar.*

Romantismo: linha do tempo

1 As gerações poéticas do Romantismo brasileiro

As características do início do Romantismo são, em alguns casos, bastante distintas daquelas encontradas no final do movimento, pois no decorrer do período houve uma nítida mudança no comportamento dos autores: há semelhanças entre aqueles de uma mesma fase, mas a comparação entre os primeiros e os últimos representantes do período revela profundas diferenças. No caso brasileiro, por exemplo, há uma distância considerável entre a poesia de Gonçalves Dias e a de Castro Alves. Por isso, podemos reconhecer três gerações poéticas no Romantismo brasileiro: a geração nacionalista ou indianista, a geração "mal do século" e a geração condoreira.

Duelo após um baile de máscaras, de Jean Léon Gérome, 1857. Essa tela do artista francês Gérome (1824-1904) retrata uma cena bem ao gosto do imaginário romântico, carregada de dramaticidade. Como o título da obra indica, a cena mostra o desfecho de um duelo logo após um baile de máscaras (o Pierrô mortalmente ferido compõe uma trágica *pietà*; o Arlequim, também ferido, é carregado por seus padrinhos. E a Colombina, onde estará?). Observe a íntima relação entre a cena e a paisagem circundante, a natureza que serve de cenário e as emoções dos personagens.

Museu Hermitage, São Petersburgo, Rússia.

Primeira geração – geração nacionalista ou indianista

Foi marcada pela exaltação da natureza, a volta ao passado histórico, o medievalismo e a criação do herói nacional na figura do indígena, de onde surgiu a denominação "geração indianista". O sentimentalismo e a religiosidade são outras características presentes. Entre os principais autores destacam-se Gonçalves Dias, Gonçalves de Magalhães e Araújo Porto Alegre.

Segunda geração – geração do mal do século

Fortemente influenciada pela poesia de Lorde Byron e de Musset, é também chamada de "geração byroniana". Impregnada de egocentrismo, negativismo boêmio, pessimismo, dúvida, desilusão adolescente e tédio constante – características do ultrarromantismo, o verdadeiro mal do século –, seu tema preferido é a fuga da realidade, que se manifesta na idealização da infância, nas virgens sonhadas e na exaltação da morte. Os principais poetas dessa geração foram Álvares de Azevedo, Casimiro de Abreu, Junqueira Freire e Fagundes Varela.

Terceira geração – geração condoreira

Caracterizada pela poesia social e libertária, a terceira geração reflete as lutas internas da segunda metade do reinado de d. Pedro II. Esses artistas sofreram intensamente a influência de Victor Hugo e de sua poesia político-social, daí ser conhecida como "geração hugoana". Seu principal representante foi Castro Alves, seguido por Sousândrade. O termo *condoreirismo* deriva do símbolo de liberdade adotado pelos jovens românticos: o condor, águia que habita o alto da cordilheira dos Andes.

LENDO OS TEXTOS

Texto 1

Crioula! o teu seio escuro
Nunca deste ao beijo impuro!
Luzidio, firme, duro,
Guardaste p'ra um nobre amor.
Negra Diana selvagem,
Que escutas sob a ramagem
As vozes – que traz a aragem
Do teu rijo caçador!...

Salve, Amazona guerreira!
Que nas rochas da clareira,
– Aos urros da cachoeira
Sabes bater e lutar...
Salve! – nos cerros erguido
Ninho, onde em sono atrevido,
Dorme o condor... e o bandido!
A liberdade... e o jaguar!

Texto 2

Ó Guerreiros da Taba sagrada,
Ó Guerreiros da Tribo Tupi,
Falam Deuses nos cantos do Piaga,
Ó Guerreiros, meus cantos ouvi.

Texto 3

Pálida à luz da lâmpada sombria,
Sobre o leito de flores reclinada,
Como a lua por noite embalsamada,
Entre as nuvens do amor ela dormia!

Era a virgem do mar, na escuma fria
Pela maré das águas embalada!
Era um anjo entre nuvens d'alvorada
Que em sonhos se banhava e se esquecia!

Era mais bela! o seio palpitando...
Negros olhos as pálpebras abrindo...
Formas nuas no leito resvalando...

Não te rias de mim, meu anjo lindo!
Por ti – as noites eu velei chorando,
Por ti – nos sonhos morrerei sorrindo!

Atividades

O desafio destas atividades é perceber a qual geração romântica pertence cada fragmento poético reproduzido acima. Por isso não há indicação de autoria nem título de obra.

1. Que contexto social revela o texto 1? A que geração romântica pertence? Justifique a resposta com elementos tirados do próprio texto.
2. Os versos do texto 2 caracterizam qual geração romântica? Justifique a resposta.
3. O texto 3 pertence a qual geração romântica? Justifique, apontando com palavras ou frases do próprio texto características que comprovem a resposta.

2 A produção poética do Romantismo brasileiro

A poesia multifacetada de Gonçalves Dias

A obra de Gonçalves Dias marca o início da produção romântica no Brasil. Nela, ainda podemos ver alguns resquícios clássicos, como o rigor formal e a lírica amorosa, mas também a força dos grandes temas da primeira geração romântica, como o indianismo. Sua poesia também remonta, por vezes, à lírica trovadoresca, influência da tradição medieval portuguesa. Esse frequente diálogo com o passado literário e sua variada produção, que inclui poemas líricos, épicos e dramáticos, torna a poesia de Gonçalves Dias multifacetada e uma das melhores realizações da poesia romântica brasileira.

Reprodução/Coleção particular

Gonçalves Dias

Antônio Gonçalves Dias (1823-1864) é o mais importante poeta da primeira geração romântica. Estudou Direito na Universidade de Coimbra, onde conheceu a produção romântica dos portugueses Almeida Garrett (1799-1854) e Alexandre Herculano (1810-1877). Considerando-se uma espécie de síntese do brasileiro (seu pai era português e sua mãe era uma maranhense filha de negro e indígena), dedicou sua obra à expressão de um sentimento nacionalista por meio de poemas que exaltam os negros, o homem medieval português e, com especial destaque, os indígenas.

"Meu canto de morte, Guerreiros ouvi"

Gonçalves Dias foi o responsável pela consolidação do Romantismo no Brasil. De fato, o poeta maranhense trabalhou de forma brilhante todos os temas iniciais do Romantismo, como o indianismo, a natureza pátria ("Minha terra tem palmeiras / onde canta o sabiá"), a religiosidade, o medievalismo (deixou-nos as Sextilhas do frei Antão, poemas escritos em português arcaico), o sentimentalismo ("Casar o pensamento com o sentimento, a ideia com a paixão", pregava ele), o espírito de brasilidade. Merece destaque a perfeição formal e rítmica de seus poemas, com a utilização dos vários recursos da métrica, da rima, da musicalidade, como se percebe nos versos seguintes de "I-Juca Pirama", escritos em redondilha menor:

I-Juca Pirama

Gonçalves Dias

IV

Meu canto de morte,
Guerreiros, ouvi:
Sou filho das selvas,
Nas selvas cresci;
Guerreiros, descendo
Da tribo tupi.

Da tribo pujante,
Que agora anda errante
Por fado inconstante,
Guerreiros, nasci:
Sou bravo, sou forte,
Sou filho do Norte;
Meu canto de morte,
Guerreiros, ouvi.
[...]

DIAS, Gonçalves. *Obras poéticas de Antônio Gonçalves Dias*. São Paulo: Nacional, 1944. v. 2. p. 18.

Além de "I-Juca Pirama", destacam-se os poemas indianistas "Marabá", "Canção do tamoio", "O canto do piaga", "Leito de folhas verdes" e o poema épico inacabado *Os timbiras*. Leia alguns versos de "Marabá":

Marabá

Gonçalves Dias

Eu vivo sozinha; ninguém me procura!
Acaso feitura
Não sou de Tupá?
Se algum dentre os homens de mim não se esconde:
– "Tu és", me responde,
"Tu és Marabá!"

Meus olhos são garços, são cor das safiras,
Têm luz das estrelas, têm meigo brilhar;
Imitam as nuvens de um céu anilado,
As cores imitam das vagas do mar!

[...]

É alvo meu rosto da alvura dos lírios,
Da cor das areias batidas do mar;
As aves mais brancas, as conchas mais puras
Não têm mais alvura, não têm mais brilhar.
[...]

DIAS, Gonçalves. *Obras poéticas de Antônio Gonçalves Dias*. São Paulo: Nacional, 1944. v. 2. p. 38.

Marabá, de Rodolfo Amoedo, 1882. Óleo sobre tela (120,8 cm x 171,5 cm). Museu de Belas Artes. Rio de Janeiro, RJ.

Marabá, de Rodolfo Amoedo, 1882. Os versos de Gonçalves Dias inspiraram Rodolfo Amoedo na composição dessa tela (em tupi, *marabá* é o nome dado aos mestiços de indígenas com brancos). A bela mestiça, imaginada pelo poeta branca como os lírios, de olhos cor de safira, e, pelo pintor, morena de cabelos e olhos negros, expressa melancolia e solidão por ser rejeitada por seus irmãos índios.

A representação romântica do índio

Durante o período colonial, a relação com os colonizadores portugueses foi desastrosa para os povos indígenas. Na época da independência do Brasil, a população nativa já caíra drasticamente em número. Muitas tribos haviam se acabado, as doenças tinham varrido grupos inteiros, outros foram exterminados por serem "bravios"; a escravidão dos nativos, contida desde o século XVI e proibida em meados do XVIII, era uma mácula difícil de apagar. Para grande parte da população brasileira que vivia nas regiões litorâneas no século XIX, os indígenas eram espectros que pairavam distantes, embrenhados no sertão alto. No campo literário, apesar disso, ou exatamente por isso, foi a imagem do indígena – após passar por um trato civilizatório, ser enobrecido e aproximado da figura do branco e da cultura europeia – que passou a simbolizar a nacionalidade brasileira. Além de ser marca da originalidade nacional, representação das raízes exóticas e da pujança da natureza do Brasil, esse indígena fictício e transformado em herói era uma alternativa de identidade nacional para as elites luso-brasileiras; afinal, em um país independente e estruturado sob o regime de trabalho escravocrata, era preciso se diferenciar do português colonizador e, ao mesmo tempo, do negro cativo. O indígena romântico, a alegoria do Império brasileiro, a memória inventada – todos elementos que vêm à frente de um conjunto de representações acadêmicas que marcariam o Brasil independente.

LENDO OS TEXTOS

Texto 1

Leito de folhas verdes

Gonçalves Dias

Por que tardas, Jatir, que tanto a custo
À voz do meu amor moves teus passos?
Da noite a **viração**, movendo as folhas,
Já nos cimos do bosque rumoreja.

Eu sob a copa da mangueira altiva
Nosso leito gentil cobri zelosa
Com mimoso **tapiz** de folhas brandas,
Onde o frouxo luar brinca entre flores.

Do tamarindo a flor abriu-se, há pouco,
Já solta o **bogari** mais doce aroma!
Como prece de amor, como estas preces,
No silêncio da noite o bosque exala.

Brilha a lua no céu, brilham estrelas,
Correm perfumes no correr da brisa,
A cujo influxo mágico respira-se
Um **quebranto** de amor, melhor que a vida!

A flor que desabrocha ao romper d'alva
Um só giro do sol, não mais, vegeta:
Eu sou aquela flor que espero ainda
Doce raio do sol que me dê vida.

Sejam vales ou montes, lago ou terra,
Onde quer que tu vás, ou dia ou noite,
Vai seguindo após ti meu pensamento;
Outro amor nunca tive: és meu, sou tua!

Meus olhos outros olhos nunca viram,
Não sentiram meus lábios outros lábios,
Nem outras mãos, Jatir, que não as tuas
A **arazoia** na cinta me apertaram.

Do tamarindo a flor jaz entreaberta,
Já solta o bogari mais doce aroma
Também meu coração, como estas flores,
Melhor perfume ao pé da noite exala!

Não me escutas, Jatir! nem tardo acodes
À voz do meu amor, que em vão te chama!
Tupã! lá rompe o sol! do leito inútil
A brisa da manhã sacuda as folhas!

DIAS, Gonçalves. *Obras poéticas de Antônio Gonçalves Dias.* São Paulo: Nacional, 1944. v. 2. p. 16.

arazoia: saiote de penas usado pelas mulheres indígenas.

bogari: arbusto da família dos jasmins; produz flores brancas e muito perfumadas.

quebranto: feitiço; estado de relaxamento, de calma.

tapiz: tapete.

Tupã: divindade suprema na mitologia dos índios tupis.

viração: vento fresco e suave, brisa marinha.

Atividades

1. Comente o aspecto formal do poema.
2. Caracterize o eu poético e seu interlocutor.
3. Comente como os elementos tempo e espaço são trabalhados no poema.
4. A natureza desempenha papel fundamental na poética romântica: o eu poético ora vê a paisagem como extensão de seu estado emocional, ora se deixa influenciar pelo aspecto do ambiente. São comuns as metáforas com elementos da natureza, como ocorre no poema de Gonçalves Dias. Identifique a principal metáfora relacionando personagem e natureza.

Texto 2

Se se morre de amor

(fragmento)

Gonçalves Dias

Se se morre de amor! – Não, não se morre,
Quando é fascinação que nos surpreende
De ruidoso **sarau** entre os festejos;
Quando luzes, calor, orquestra e flores

sarau: festa noturna.

Vera Basile/Arquivo da editora

Assomos de prazer nos raiam n'alma,
Que embelezada e solta em tal ambiente
No que ouve, e no que vê prazer alcança!

Simpáticas feições, cintura breve,
Graciosa postura, porte **airoso**,
Uma fita, uma flor entre os cabelos,
Um quê mal definido, acaso podem
Num engano d'amor arrebatar-nos.
Mas isso amor não é; isso é delírio
Devaneio, ilusão, que se **esvaece**
Ao som final da orquestra, ao derradeiro
Clarão, que as luzes no morrer despedem:
Se outro nome lhe dão, se amor o chamam,
D'amor igual ninguém sucumbe à perda.

Amor é vida; é ter constantemente
Alma, sentidos, coração – abertos
Ao grande, ao belo; é ser capaz d'extremos,
D'altas virtudes, té capaz de crimes!
Compreender o infinito, a imensidade,
E a natureza e Deus; gostar dos campos,
D'aves, flores, murmúrios solitários;
Buscar tristeza, a **soledade**, o **ermo**,
E ter o coração em riso e festa;
E à branda festa, ao riso da nossa alma
Fontes de pranto intercalar sem custo;
Conhecer o prazer e a desventura
No mesmo tempo, e ser no mesmo ponto
O ditoso, o **misérrimo** dos entes:
Isso é amor, e desse amor se morre!

airoso: esbelto, elegante, delicado.
ermo: lugar deserto.
esvaece: do verbo esvaecer; apaga, dissipa.
misérrimo: superlativo absoluto sintético de mísero.
soledade: solidão.

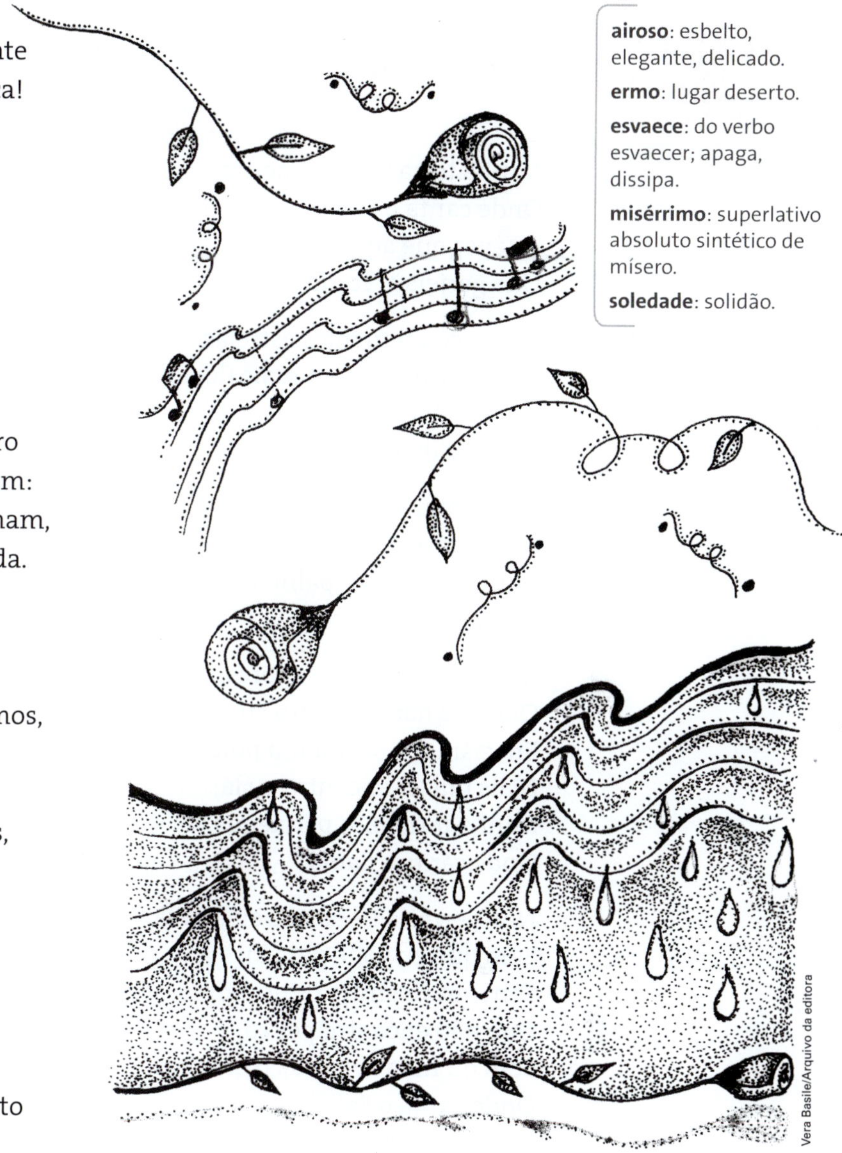
Vera Basile/Arquivo da editora

DIAS, Gonçalves. *Obras poéticas de Antônio Gonçalves Dias*. São Paulo: Nacional, 1944. v. 1. p. 358.

Atividades

1. Pode-se separar o texto em duas partes distintas: de um lado, as duas primeiras estrofes; de outro, a terceira. Que tipo de sentimento distingue cada parte? Como o poeta as caracteriza? Utilize o texto para comprovar sua resposta.
2. Considerando que antítese é a figura pela qual se evidencia a oposição entre duas ou mais palavras ou ideias, aponte no texto três exemplos de antíteses.
3. Em um dos famosos sonetos de Camões é dito que o Amor "é um contentamento descontente". Destaque os versos do poema em que se faz colocação semelhante.
4. O comportamento contraditório caracteriza a fascinação ou o amor? O que justifica esse comportamento evidenciado em vários poemas românticos?
5. Você concorda com a ideia contida na expressão "buscar tristeza"? Vale a **pena**?
6. Segundo o poeta, o que mata e o que não mata? Morre-se ou não de amor?

pena: do grego *poiné*: "castigo", "punição", "sofrimento", "padecimento".

TEXTO E INTERTEXTO

Canção do exílio

Gonçalves Dias
Coimbra, julho, 1843

Minha terra tem palmeiras,
Onde canta o Sabiá;
As aves que aqui gorjeiam,
Não gorjeiam como lá.

Nosso céu tem mais estrelas,
Nossas várzeas têm mais flores,
Nossas flores têm mais vida,
Nossa vida mais amores.

Em cismar sozinho, à noite,
Mais prazer encontro eu lá;
Minha terra tem palmeiras,
Onde canta o Sabiá.

Minha terra tem primores,
Que tais não encontro eu cá;
Em cismar – sozinho, à noite –
Mais prazer encontro eu lá;
Minha terra tem palmeiras,
Onde canta o Sabiá.

Não permita Deus que eu morra
Sem que eu volte para lá;
Sem que desfrute os primores
Que não encontro por cá;
Sem qu'inda aviste as palmeiras,
Onde canta o Sabiá.

DIAS, Gonçalves. *Obras poéticas de Antônio Gonçalves Dias*. São Paulo: Nacional, 1944. t. I. p. 21-22.

Uma canção

Mário Quintana

Minha terra não tem palmeiras...
E em vez de um mero sabiá,
Cantam aves invisíveis
Nas palmeiras que não há.

Minha terra tem relógios,
Cada qual com a sua hora
Nos mais diversos instantes...
Mas onde o instante de agora?

Mas onde a palavra "onde"?
Terra ingrata, ingrato filho,
Sob os céus da minha terra
Eu canto a Canção do Exílio!

QUINTANA, Mário. *Apontamentos de história sobrenatural*. Porto Alegre: Globo; IEL/SEC: Rio Grande do Sul, 1976. p. 117.

Sabiá

Tom Jobim e Chico Buarque

Vou voltar
Sei que ainda vou voltar
Para o meu lugar
Foi lá e é ainda lá
Que eu hei de ouvir cantar
Uma sabiá
Cantar uma sabiá

Vou voltar
Sei que ainda vou voltar
Vou deitar à sombra
De uma palmeira
Que já não há
Colher a flor
Que já não dá
E algum amor
Talvez possa espantar
As noites que eu não queria
E anunciar o dia

Vou voltar
Sei que ainda vou voltar
Não vai ser em vão
Que fiz tantos planos
De me enganar
Como fiz enganos
De me encontrar
Como fiz estradas
De me perder
Fiz de tudo e nada
De te esquecer

Vou voltar
Sei que ainda vou voltar
Para o meu lugar
Foi lá e é ainda lá
Que eu hei de ouvir cantar
Uma sabiá
Cantar uma sabiá

Disponível em: <www.chicobuarque.com.br>. Acesso em: 23 abr. 2014.

Vera Basile/Arquivo da editora

Atividades

1. Faça a escansão dos seguintes versos: "Minha terra tem palmeiras" e "Cantam aves invisíveis". Que relação pode ser estabelecida entre a métrica utilizada e o título dos poemas?
2. Sobre a "Canção do exílio":
   a) Aponte um aspecto temático da poesia lírica de Gonçalves Dias que se destaca no texto.
   b) Onde *é lá*? E *cá*?
3. Sobre "Uma canção":
   a) Onde se encontra o eu poético?
   b) O que está sendo relativizado nas duas interrogações introduzidas pela conjunção adversativa *mas*?
4. Anáfora é uma figura de construção que consiste na repetição integral ou parcial de um verso. Aponte ocorrências de anáfora no texto "Sabiá". Que ideia está sendo reiterada?
5. Nos versos "Fiz de tudo e nada / De te esquecer", da canção "Sabiá", identifique o referente do pronome *te*.
6. Os poemas apresentam duas noções de exílio distintas. Relacione-as às acepções encontradas no *Dicionário eletrônico Houaiss da língua portuguesa*:

   Exílio /z/ s.m. 1. ato ou efeito de exilar 2. expatriação forçada ou por livre escolha; degredo 3. *por metonímia* lugar em que vive o exilado 4. *sentido figurado* lugar longínquo, afastado, remoto 5. *sentido figurado* isolamento do convívio social; solidão
7. Poderíamos afirmar que os textos românticos são mais nacionalistas do que os modernistas? Justifique.

A dupla face da poesia de Álvares de Azevedo

O encontro da ironia e da sátira com o derramamento sentimental permite-nos comentar a dupla face da poesia de Álvares de Azevedo. O próprio poeta associa à sua obra a binomia, a duplicidade, como se percebe no prefácio à segunda parte de seu livro *Lira dos vinte anos*.

Álvares de Azevedo

Manuel Antônio Álvares de Azevedo (1831-1852) representa o ponto alto da segunda geração romântica no Brasil, produzindo uma obra influenciada por Byron – de quem foi leitor assíduo – e por Musset – de quem herdou as características do *spleen* (o sarcasmo, a autoironia). Desenvolveu intensa produção literária; em razão de sua morte prematura, aos 20 anos, a maior parte dessa produção foi publicada postumamente.

Reprodução/Coleção particular

"Foi poeta – sonhou – e amou na vida"

Álvares de Azevedo foi responsável pelos contornos definitivos do mal do século em nossa literatura; seus poemas falam de morte e de amor, este sempre idealizado, irreal, impregnado de imagens de donzelas ingênuas, filhas do céu, mulheres misteriosas, vultos que habitam seus sonhos adolescentes, mas nunca se materializam. Daí a frustração, o sofrimento e a dor, só acalmada pela lembrança da mãe e da irmã.

A morte foi presença constante: o falecimento prematuro de seu irmão, a morte de colegas de faculdade, a "dor no peito" que cedo o levaria. E é essa presença da morte, numa contradição compreensível, que mais lhe atiça a vontade de viver. Cumpre salien-

Caliban: em sua última produção, *A tempestade*, William Shakespeare explora a oposição entre Ariel e Caliban. Na peça do dramaturgo inglês, Ariel é apresentado como "gênio aéreo" e representa o bem, o sagrado, a beleza; Caliban, apresentado como "ser disforme e selvagem" representa o mal, o profano, a escuridão (o nome *Caliban* seria um anagrama de *canibal*). Álvares de Azevedo retirou daí suas referências para explicar a dupla face de seus escritos.

tar, entretanto, que na poesia de Álvares de Azevedo a morte também assume a conotação de fuga, pela sensação de impotência diante de um mundo conturbado.

O livro de poemas *Lira dos vinte anos* revela-nos uma duplicidade do jovem Álvares de Azevedo: de um lado, o poeta meigo, dócil, angelical; de outro, o satânico, corrosivo, que tanto ironiza os outros como a si mesmo. Ele próprio o dividiu em três partes, abrindo a segunda com um prefácio ao mesmo tempo didático e revolucionário:

> Cuidado, leitor, ao voltar esta página!
>
> Aqui dissipa-se o mundo visionário e platônico. Vamos entrar num mundo novo, terra fantástica, verdadeira ilha Baratária de D. Quixote, onde Sancho é rei [...].
>
> Quase que depois de Ariel esbarramos em **Caliban**.
>
> A razão é simples. É que a unidade deste livro funda-se numa binomia. Duas almas que moram nas cavernas de um cérebro pouco mais ou menos de poeta escreveram este livro, verdadeira medalha de duas faces.

Noite na taverna, livro de contos fantásticos, constitui um dos mais significativos exemplos da literatura mal do século. É um livro em prosa, em que seis estudantes, bêbados, narram suas aventuras mais estranhas: são histórias marcadas por sexo, bacanais, incestos, assassinatos, traições, mistérios e morte.

O poeta fez uma "tentativa para o teatro" com um drama intitulado *Macário*, obra confusa, como afirma o próprio autor: "esse drama é apenas uma inspiração confusa, rápida, que realizei à pressa, como um pintor febril e trêmulo". O texto nos apresenta um jovem chamado Macário, estudante de Direito, poeta, que vive uma dualidade: ora irônico e macabro, ora meigo e sentimental – ou seja, o próprio Álvares, anjo e demônio.

Spleen et Idéal, 1896, de Carlos Schwabe

Spleen et Idéal, tela do pintor alemão Carlos Schwabe, 1896. A origem da aplicação do termo *spleen* na literatura é curiosa. Essa palavra inglesa significa "baço", órgão ao qual era atribuída, no século XIX, a propriedade de determinar o estado melancólico ou depressivo de um indivíduo. Por extensão, passou a significar ainda "mau humor", "melancolia", tornando-se depois o nome de um comportamento típico dos jovens seguidores da vertente ultrarromântica, também conhecida como mal do século.

LENDO OS TEXTOS

Texto 1

Ideias íntimas

(fragmento)

Álvares de Azevedo

[...]
Oh! ter vinte anos sem gozar de leve
A ventura de uma alma de donzela!
E sem na vida ter sentido nunca
Na suave atração de um róseo corpo
Meus olhos turvos se fechar de gozo!
Oh! nos meus sonhos, pelas noites minhas
Passam tantas visões sobre meu peito!
Palor de febre meu semblante cobre,
Bate meu coração com tanto fogo!

palor: palidez.

Um doce nome os lábios meus suspiram,
Um nome de mulher... e vejo **lânguida**
No véu suave de amorosas sombras
Seminua, abatida, a mão no seio,
Perfumada visão romper a nuvem,
Sentar-se junto a mim, nas minhas pálpebras
O alento fresco e leve como a vida
Passar delicioso... Que delírios!
Acordo palpitante... inda a procuro;
Embalde a chamo, embalde as minhas lágrimas
Banham meus olhos, e suspiro e gemo...
Imploro uma ilusão... tudo é silêncio!
Só o leito deserto, a sala muda!
Amorosa visão, mulher dos sonhos,
Eu sou tão infeliz, eu sofro tanto!
Nunca virás iluminar meu peito
Com um raio de luz desses teus olhos?

[...]

Disponível em: <www.dominiopublico.gov.br>.
Acesso em: 23 abr. 2014.

embalde: inutilmente, em vão.

lânguida: sem força, sem energia, fraca.

Atividades

1. O texto apresenta basicamente três partes: a realidade, o sonho e novamente a realidade. Aponte o início e o fim de cada uma das partes.
2. Assinale todas as palavras que têm sentido de negação. Elas caracterizam quais partes?
3. Compare as duas partes relativas à realidade com a parte relacionada ao sonho.
4. Caracterize a mulher com que sonha o poeta.
5. Baseado em sua leitura do texto "Ideias íntimas", comente a trajetória típica do autor byroniano, da idealização à frustração.

Texto 2

Lembrança de morrer

(fragmentos)

Álvares de Azevedo

[...]

Quando em meu peito rebentar-se a fibra
Que o espírito enlaça à dor vivente,
Não derramem por mim nem uma lágrima
Em pálpebra demente.

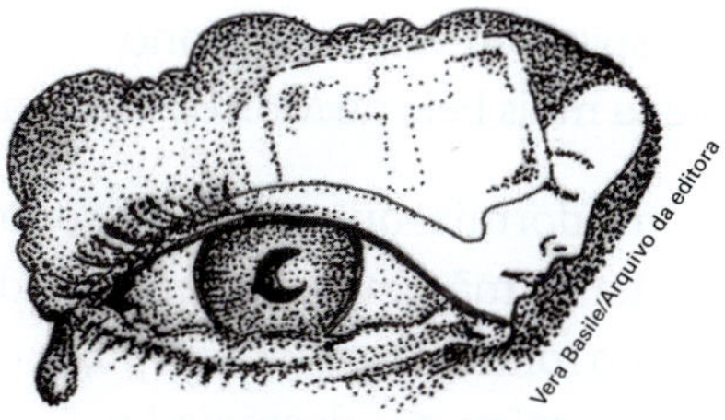
Vera Basile/Arquivo da editora

E nem desfolhem na matéria impura
A flor do vale que adormece ao vento:
Não quero que uma nota de alegria
Se cale por meu triste passamento.

Eu deixo a vida como deixa o tédio
Do deserto, o poento caminheiro...
– Como as horas de um longo pesadelo
Que se desfaz ao dobre de um sineiro...

[...]

Só levo uma saudade – é dessas sombras
Que eu sentia velar nas noites minhas...
De ti, ó minha mãe, pobre coitada
Que por minha tristeza te definhas!

[...]

Se uma lágrima as pálpebras me inunda,
Se um suspiro nos seios treme ainda
É pela virgem que sonhei!... que nunca
Aos lábios me encostou a face linda!

[...]

Beijarei a verdade santa e nua,
Verei cristalizar-se o sonho amigo...
Ó minha virgem dos errantes sonhos,
Filha do céu, eu vou amar contigo!

Descansem o meu leito solitário
Na floresta dos homens esquecida,
À sombra de uma cruz, e escrevam nela
Foi poeta – sonhou – e amou na vida.

[...]

Disponível em: <www.dominiopublico.gov.br>. Acesso em: 23 abr. 2014.

Atividades

1. Quais são os indicadores gramaticais do pessoalismo do texto?
2. Aponte três características da segunda geração romântica presentes no poema apresentado.
3. Releia a terceira estrofe e responda: com que sensação o eu lírico deixa a vida?
4. Em "Lembrança de morrer", como se concretiza o sonho do poeta?
5. Você concorda com o epitáfio (inscrição fúnebre) sugerido pelo poeta para ele mesmo? Justifique sua resposta.

Texto 3

É ela! É ela!

Álvares de Azevedo

É ela! é ela! – murmurei tremendo,
E o eco ao longe murmurou – é ela!...
Eu a vi... minha fada aérea e pura,
A minha lavadeira na janela!

Dessas águas-furtadas onde eu moro
Eu a vejo estendendo no telhado
Os vestidos de chita, as saias brancas...
Eu a vejo e suspiro enamorado!

Esta noite eu ousei mais atrevido
Nas telhas que estalavam nos meus passos
Ir espiar seu venturoso sono,
Vê-la mais bela de Morfeu nos braços!

Como dormia! que profundo sono!...
Tinha na mão o ferro do engomado...
Como roncava maviosa e pura!
Quase caí na rua desmaiado!

Afastei a janela, entrei medroso:
Palpitava-lhe o seio adormecido...
Fui beijá-la... roubei do seio dela
Um bilhete que estava ali metido...

Oh! De certo ... (pensei) é doce página
Onde a alma derramou gentis amores!...
São versos dela... que amanhã decerto
Ela me enviará cheios de flores...

Tremo de febre! Venturosa folha!
Quem pousasse contigo neste seio!
Como Otelo beijando a sua esposa,
Eu beijei-a a tremer de devaneio...

É ela! é ela! – repeti tremendo,
Mas cantou nesse instante uma coruja...
Abri cioso a página secreta...
Oh! meu Deus! era um rol de roupa suja!

Mas se Werther morreu por ver Carlota
Dando pão com manteiga às criancinhas,
Se achou-a assim mais bela... eu mais te adoro
Sonhando-te a lavar as camisinhas!

É ela! é ela! meu amor, minh'alma,
A Laura, a Beatriz que o céu revela...
É ela! é ela! – murmurei tremendo,
E o eco ao longe suspirou – é ela!

Disponível em: <www.dominiopublico.gov.br/>. Acesso em: 23 abr. 2014.

Atividades

1. Carlota é o grande amor de Werther, personagens do romance de Goethe; Laura é a musa idealizada de Petrarca, poeta humanista tido como o criador do soneto; Beatriz é a insuperável musa do eu poético da *Divina comédia*, de Dante Alighieri; Otelo, personagem de Shakespeare, é apaixonadíssimo pela esposa Desdêmona, símbolo de fidelidade. Como você definiria a musa do poema "É ela! é ela!"?

2. Qual é a principal característica desse poema?

Casimiro de Abreu e a volta ao passado

A poesia de Casimiro de Abreu é caracterizada pelo ritmo fácil, rima pobre e repetitiva, linguagem simples e emprego abusivo de pleonasmos, abordando temas comuns ao Romantismo. Cantou o saudosismo em diferentes situações: o saudosismo nacionalista, em que segue os passos de Gonçalves Dias, e a saudade nostálgica da infância pura, acrescida da fixação sentimental na mãe e na irmã, características marcantes da poesia de Álvares de Azevedo. Como se vê, abordou os mesmos temas que os maiores expoentes da época, mas faltou-lhe fôlego para obter os mesmos resultados. Justamente pelas características apontadas, entretanto, é um dos mais populares poetas da literatura brasileira.

Casimiro de Abreu

Casimiro José Marques de Abreu (1839-1860) alcançou grande popularidade graças a seus versos de ritmo fácil e linguagem simples. Foi em Lisboa que iniciou sua carreira literária, também precocemente encerrada pela tuberculose. O afastamento da família fez prevalecer em seus poemas os temas saudosistas: da pátria, da infância, das cenas familiares. A forte musicalidade e a melancolia de seus versos agradaram à sensibilidade do público, tornando-o um dos românticos mais conhecidos.

Reprodução/Arquivo da editora

De toda sua produção poética, reunida em um volume intitulado *As primaveras* (1859), a poesia mais popular e a mais revisitada pelos autores do Modernismo é indiscutivelmente "Meus oito anos".

LENDO O TEXTO

Meus oito anos

(fragmento)

Casimiro de Abreu

Lisboa, 1857

[...]

Oh! que saudades que tenho
Da aurora da minha vida,
Da minha infância querida
Que os anos não trazem mais!
Que amor, que sonhos, que flores,
Naquelas tardes fagueiras
À sombra das bananeiras,
Debaixo dos laranjais!

Como são belos os dias
Do despontar da existência!
– Respira a alma inocência
Como perfumes a flor;
O mar é – lago sereno,
O céu – um manto azulado,
O mundo – um sonho dourado,
A vida – um hino d'amor!

Que auroras, que sol, que vida,
Que noites de melodia
Naquela doce alegria,
Naquele ingênuo folgar!
O céu bordado d'estrelas,
A terra de aromas cheia,
As ondas beijando a areia
E a lua beijando o mar!

Oh! dias da minha infância!
Oh! meu céu de primavera!
Que doce a vida não era
Nessa risonha manhã!
Em vez das mágoas de agora,
Eu tinha nessas delícias
De minha mãe as carícias
E beijos de minha irmã!

Vera Basile/Arquivo da editora

Oh! que saudades que tenho
Da aurora da minha vida,
Da minha infância querida
Que os anos não trazem mais!
Que amor, que sonhos, que flores,
Naquelas tardes fagueiras
À sombra das bananeiras,
Debaixo dos laranjais!

[...]

Disponível em: <www.dominiopublico.gov.br>. Acesso em: 23 abr. 2014.

Atividades

1. Das dez classes de palavras, qual o poeta usa com mais insistência e ênfase? Por quê?

2. No livro *Cancioneiro*, Fernando Pessoa, poeta moderno, faz algumas reflexões sobre a infância e o passado:

   Pobre velha música!
   Não sei por que agrado,
   Enche-se de lágrimas
   Meu olhar parado.

   Recordo outro ouvir-te.
   Não sei se te ouvi
   Nessa minha infância
   Que me lembra em ti.

   Com que ânsia tão raiva
   Quero aquele outrora!
   E eu era feliz? Não sei:
   Fui-o outrora agora.

   PESSOA, Fernando. *Fernando Pessoa – Obra poética*. 3. ed. Rio de Janeiro: Nova Aguilar, 2005. p. 140.

   Explique os dois últimos versos.

3. Compare o texto de Casimiro de Abreu ("Meus oito anos") com o de Fernando Pessoa. Qual é a visão de cada um sobre o passado e a infância? Como cada poeta constrói seus versos?

O lirismo amoroso e a poesia social na obra de Castro Alves

Castro Alves, poeta da última geração, educado pela literatura de Victor Hugo, interessava-se não apenas pelos sentimentos e emoções pessoais (como bom romântico, Castro Alves cultivou o egocentrismo), mas também pela realidade que o rodeava. Cantou o amor, a mulher, a morte, o sonho, cantou a República, o abolicionismo, a igualdade, as lutas de classe, os oprimidos. Teve muitos amores, amou e foi amado por várias mulheres, mas, como bem lembra Jorge Amado em seu *ABC de Castro Alves*, a maior de todas as suas noivas foi a Liberdade.

Castro Alves já apresentava em sua temática tendências do Realismo, a escola literária que negaria o Romantismo; no entanto, foi perfeitamente romântico na forma, entregando-se a alguns exageros nas metáforas, comparações grandiosas, antíteses e hipérboles, típicos do condoreirismo.

Castro Alves

Antônio Frederico de Castro Alves (1847-1871) é o mais representativo poeta da terceira geração romântica. Fortemente influenciado por Victor Hugo, cultivou a poesia social; republicano de primeira hora, combateu a escravidão, um dos pilares em que se sustentava a Monarquia brasileira.

Reprodução/Arquivo Nacional, Rio de Janeiro, RJ.

A poesia lírico-amorosa de Castro Alves evolui de um campo de idealização para uma concretização das virgens sonhadas pelos românticos: agora existe uma mulher de carne e osso, sensual, individualizada em sua amante Eugênia Câmara. Essa paixão às vezes o torna irreverente, como neste verso: "Amar-te ainda é melhor que ser Deus", ou o mostra desesperadamente eufórico, arrebatado pela realidade material, como em: "Mulher! Mulher! Aqui tudo é volúpia".

Convivendo com esse sensualismo adulto, entretanto, percebemos o adolescente meigo, terno, criador de metáforas líricas. Observe este verso e compare-o com o anterior: "Tua boca era um pássaro escarlate".

O tempo histórico de Castro Alves foi pontuado de grandes transformações sociais no plano interno: a decadência da Monarquia, a luta abolicionista, a Guerra do Paraguai e o pensamento republicano.

Esse é o momento do Brasil vivenciado pelos jovens acadêmicos de Direito do Recife e de São Paulo, e que se reflete em suas manifestações:

A praça! A praça é do povo
como o céu é do condor
É o antro onde a liberdade
Cria águias em seu calor.

É essa liberdade, o condor voando nos picos andinos, o povo na praça, que vai marcar a poesia social de Castro Alves, denunciadora das grandes desigualdades:

Quebre-se o cetro do papa,
Faça-se dele uma cruz!
A púrpura sirva ao povo
p'ra cobrir os ombros nus.

A luta abolicionista de Castro Alves faz parte de um contexto mais amplo. Na realidade, o poeta buscava um grande ideal democrático, a solução de todos os problemas vividos pelo país: a República. Portanto, era importante a derrubada da Monarquia e de suas instituições, como o trabalho escravo. Mas foi justamente com os versos acerca dos escravos que o poeta alcançou maior sucesso, pois aí se encontram admiravelmente fundidas a efusão lírica e a eloquência condoreira, como bem atestam as poesias "Vozes d'África", "Canção do africano", "Saudação a Palmares", "Tragédia no lar" (de grande carga dramática e emotiva) e "O navio negreiro".

Fernando Vivas/Arquivo da editora

Praça Castro Alves em Salvador. "A praça Castro Alves é do povo / como o céu é do avião." (Caetano Veloso)

LENDO OS TEXTOS

Texto 1

Boa-noite

Castro Alves

Veux-tu donc partir? Le jour est encore éloigné;
C'était le rossignol et non pas l'alouette,
Dont le chant a frappé ton oreille inquiète:
Il chante la nuit sur les branches de ce grenadier,
*Crois-moi, cher ami, c'était le rossignol.**

Shakespeare

Boa-noite, Maria! Eu vou-me embora.
A lua nas janelas bate em cheio.
Boa-noite, Maria! É tarde... é tarde...
Não me apertes assim contra teu seio.

Boa-noite!... E tu dizes – Boa-noite.
Mas não digas assim por entre beijos...
Mas não mo digas descobrindo o peito
– Mar de amor onde vagam meus desejos.

Julieta do céu! Ouve... a **calhandra**
Já rumoreja o canto da matina.
Tu dizes que eu menti?... pois foi mentira...
... Quem cantou foi teu hálito, divina!

Se a estrela-d'alva os derradeiros raios
Derrama nos jardins do **Capuleto**,
Eu direi, me esquecendo d'alvorada:
"É noite ainda em teu cabelo preto..."

É noite ainda! Brilha na **cambraia**
– Desmanchado o roupão, a espádua nua –
O globo de teu peito entre os **arminhos**
Como entre as névoas se balouça a lua...

É noite, pois! Durmamos, Julieta!
Recende a alcova ao trescalar das flores,
Fechemos sobre nós estas cortinas...
– São as asas do arcanjo dos amores.

A frouxa luz da **alabastrina** lâmpada
Lambe voluptuosa os teus contornos...
Oh! Deixa-me aquecer teus pés divinos
Ao doudo afago de meus lábios mornos.

Mulher do meu amor! Quando aos meus beijos
Treme tua alma, como a lira ao vento,
Das teclas de teu seio que harmonias,
Que escalas de suspiros, bebo atento!

alabastrina: adjetivo derivado de alabastro, rocha translúcida usada em luminárias e em peças ornamentais.

arminho: pelo macio, fino e muito alvo com que se enfeitam peças de vestuário.

calhandra: cotovia.

cambraia: fino tecido com que se faz roupa de cama.

Capuleto: nome de família de Julieta; os Capuleto eram inimigos dos Montecchio, família de Romeu.

*Castro Alves usa como epígrafe a fonte de sua inspiração: a cena V de *Romeu e Julieta*, em que os amantes passam a primeira noite juntos.

"JULIETA: Quereis ir embora?... O dia ainda não está próximo... Era do rouxinol e não da cotovia a voz que feriu o fundo receoso de teu ouvido... Todas as noites canta naquela romãzeira. Acredita, meu amor, era o rouxinol." (SHAKESPEARE, William. *Obra completa*. Rio de Janeiro: Nova Aguilar, 1995.).

Ai! Canta a **cavatina** do delírio,
Ri, suspira, soluça, anseia e chora...
Marion! Marion!... É noite ainda.
Que importa os raios de uma nova aurora?!...

Como um negro e sombrio firmamento,
Sobre mim desenrola teu cabelo...
E deixa-me dormir balbuciando:
– Boa-noite! –, formosa Consuelo!...

ALVES, Castro. *Castro Alves – Obra completa*. 4. ed. Rio de Janeiro: Nova Aguilar, 2002. p. 123.

cavatina: pequena peça musical para um só instrumento ou uma só voz.

Atividades

1. Comente o trabalho formal realizado por Castro Alves.
2. Nesse poema, ocorre um caso de intertextualidade explícita. Como ela se dá e como o poeta a explora?
3. A noite e o amanhecer desempenham papel fundamental no poema; daí o poeta empregar palavras e expressões que pertencem ao campo semântico de um e outro momento, construindo o clima, dando as cores do cenário. Outras vezes, relaciona partes do corpo da mulher a elementos naturais. Destaque todas essas palavras e expressões.
4. Os poemas de Castro Alves são marcados mais pelos verbos de ação que pelos verbos de estado. "Boa-noite" é um belo exemplo disso, com o poeta obtendo interessantes curvas melódicas. Transcreva um verso que comprove o que foi dito.
5. Como se pode explicar a presença de quatro nomes femininos no poema?
6. Castro Alves pertence à última geração de românticos brasileiros. Gonçalves Dias e Álvares de Azevedo são românticos de primeira hora. Você percebe diferenças entre eles no modo de cantar o amor?

Texto 2

Vozes d'África

(fragmento)

Castro Alves

Deus! ó Deus! onde estás que não respondes?
Em que mundo, em qu'estrela tu t'escondes
Embuçado nos céus?
Há dois mil anos te mandei meu grito,
Que embalde desde então corre o infinito...
Onde estás, Senhor Deus?...

Qual **Prometeu** tu me amarraste um dia
Do deserto na rubra **penedia**
– Infinito: **galé**!...
Por abutre – me deste o sol candente,
E a terra de **Suez** – foi a corrente
Que me ligaste ao pé...

[...]

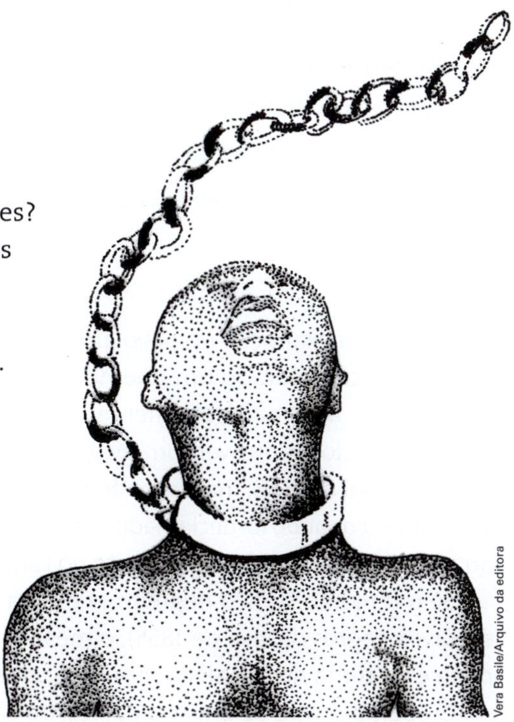
Vera Basile/Arquivo da editora

galé: no contexto, indivíduo sentenciado a trabalhos forçados.

penedia: rocha, penedo.

Prometeu: personagem mitológico ao qual coube a incumbência de criar o homem; por dar ao homem o domínio do fogo, foi castigado: por ordem de Zeus, foi acorrentado e levado ao Monte Cáucaso. Uma águia deveria bicar-lhe o fígado eternamente; devorado durante o dia, à noite o fígado se reconstituiria.

Suez: região a nordeste do Egito, que une o continente africano ao Oriente Próximo (local onde, hoje, existe o canal de Suez).

alimária: animal de carga, besta.

Cristo! embalde morreste sobre um monte...
Teu sangue não lavou de minha fronte
A mancha original.
Ainda hoje são, por fado adverso,
Meus filhos – **alimária** do universo,
Eu – pasto universal...

Hoje em meu sangue a América se nutre
– Condor que transformara-se em abutre,
Ave da escravidão,
Ela juntou-se às mais... irmã traidora
Qual de José os vis irmãos outrora
Venderam seu irmão.

Basta, Senhor! De teu potente braço
Role através dos astros e do espaço
Perdão p'ra os crimes meus!...
Há dois mil anos... eu soluço um grito...
Escuta o brado meu lá no infinito,
Meu Deus! Senhor, meu Deus!!...

ALVES, Castro. *Castro Alves – Obra completa*. 4. ed. Rio de Janeiro: Nova Aguilar, 2002. p. 255.

Feitores castigando negros. Debret, 1834-1839. Litografia colorida a mão. Coleção particular.

Feitores castigando negros, de Jean-Baptiste Debret, 1834-1839. As condições desumanas a que eram submetidos os negros levaram pessoas como Castro Alves a se engajar na causa abolicionista.

Atividades

1. Os versos de "Vozes d'África" apresentam uma interessante regularidade formal. Comente-a.
2. O poema é construído a partir de uma estrutura de diálogo: de quem é a voz enunciadora? Quem é o interlocutor? Ouve-se a voz desse interlocutor?
3. O grito lançado pela voz enunciadora foi ouvido? Que palavra do texto justifica sua resposta?
4. "Há dois mil anos" remonta à época do nascimento de Cristo. Que passagem do texto faz referência a essa época?
5. Justifique a referência a Prometeu. Que tipo de relação se estabelece?
6. Como se pode entender o verso "Meus filhos – *alimária* do universo"?
7. Que tipo de relação se estabelece entre *abutre* e *condor*? Que figura de linguagem se constitui?
8. Explique o verso "Hoje em meu sangue a América se nutre".

"O navio negreiro": um poema épico condoreiro

Por fazer a exaltação do povo africano e narrar um episódio de sua história, "O navio negreiro" é considerado um poemeto épico, forma de composição muito em moda no Romantismo. Mais particularmente, um poemeto épico condoreiro, segundo o modelo de Victor Hugo. Eloquente, verborrágico, marcado por imagens grandiosas, o poema foi escrito em 18 de abril de 1868, mas tornado público apenas (e não por acaso) no dia 7 de setembro daquele ano, quando foi declamado durante a sessão magna comemorativa da Independência, no auditório da Faculdade de Direito do Largo de São Francisco, em São Paulo.

Se o tema do tráfico negreiro já estava superado (afinal, o último desembarque de escravos negros datava de 1855), o mesmo não se pode afirmar da campanha abolicionista e do clima nacionalista: em 1868, o Brasil vivia o auge da Guerra do Paraguai.

O poema divide-se em seis partes, ou cantos, na linguagem épica.

1ª parte: O poeta faz uma descrição do cenário, exaltando o belo natural: “Stamos em pleno mar... Doudo no espaço / Brinca o luar”.

2ª parte: O poeta faz um elogio aos marinheiros, identificados pela nacionalidade; é a exaltação do belo humano: “... Nautas de todas as plagas! / Vós sabeis achar nas vagas / As melodias do céu...”.

3ª parte: Em franca oposição às estrofes anteriores, temos a visão do navio negreiro; ao belo do cenário e das figuras humanas dos marinheiros opõe-se um quadro de horror: “Que cena infame e vil!... Meu Deus! meu Deus! Que horror!”.

4ª parte: Aqui o poeta faz a descrição do navio negreiro e do sofrimento dos escravos: “Era um sonho dantesco...”.

5ª parte: Em oposição à desgraça dos negros aprisionados, a imagem desse povo livre em sua terra: “Ontem plena liberdade, / A vontade por poder... / Hoje... cúmulo de maldade / Nem são livres p’ra... morrer...”.

6ª parte: Aqui o poeta trabalha mais uma vez com a antítese: em oposição à África livre, a imagem de um país que se beneficia com a escravidão.

Negros no fundo do porão de navio, de Johann Moritz Rugendas. Litografia colorida a mão (35,5 cm x 51 cm). Coleção particular.

Negros no fundo do porão de navio, de Johann Moritz Rugendas, 1835. Os africanos eram transportados em condições subumanas nos navios negreiros.

A seguir, leia a transcrição, na íntegra, da sexta parte do poema.

LENDO O TEXTO

O navio negreiro

Castro Alves

[...]
E existe um povo que a bandeira empresta
P’ra cobrir tanta infâmia e cobardia!...
E deixa-a transformar-se nessa festa
Em manto impuro de **bacante** fria!...
Meu Deus! meu Deus! mas que bandeira é esta,
Que **impudente** na **gávea** **tripudia**?!...
Silêncio. Musa... chora, e chora tanto
Que o pavilhão se lave no teu pranto...

bacante: sacerdotisa de Baco (deus do vinho, na mitologia romana); mulher devassa, libertina.

gávea: o ponto mais alto do mastro principal do navio.

impudente: cínico, sem pudor.

tripudia: diverte-se; humilha.

Auriverde **pendão** de minha terra,
Que a brisa do Brasil beija e balança,
Estandarte que a luz do sol encerra,
E as promessas divinas da esperança...
Tu que, da liberdade após a guerra,
Foste hasteado dos heróis na lança,
Antes te houvessem roto na batalha,
Que servires a um povo de **mortalha**!...

Fatalidade atroz que a mente esmaga!
Extingue nesta hora o **brigue imundo**
O trilho que Colombo abriu nas vagas,
Como um íris no **pélago** profundo!...
Mas é infâmia demais!... Da **etérea plaga**
Levantai-vos, heróis do Novo Mundo!
Andrada! arranca este pendão dos ares!
Colombo! fecha a porta de teus mares!

ALVES, Castro. *Castro Alves – Obra completa*. 2. ed. Rio de Janeiro: José Aguilar, 1966.

Andrada: referência a José Bonifácio de Andrada e Silva (1763-1838), o "Patriarca da Independência".

brigue imundo: navio (*brigue*: antigo navio a vela) negreiro.

Colombo: referência a Cristóvão Colombo (1451-1506), descobridor da América.

etérea: celeste, sublime, pura, elevada.

mortalha: manto em que se envolve o cadáver.

pélago: mar alto, oceano, profundezas.

pendão: bandeira.

plaga: região, país, extensão de terra; *etérea plaga* é uma referência à região onde vivem os heróis mortos.

Atividades

1. Em "O navio negreiro", o poeta baiano, consciente do caráter épico de seu poema, presta uma homenagem a *Os Lusíadas*, de Camões. Essa homenagem se concretiza no plano formal (releia as estrofes de *Os Lusíadas* reproduzidas no capítulo 5). Aponte as semelhanças formais entre o fragmento apresentado e a epopeia lusitana.
2. O que sugere a sonoridade do verso "Que a brisa do Brasil beija e balança"?
3. A bandeira auriverde é peça fundamental no poema. Por quais outros nomes o poeta faz referência à bandeira?
4. A que povo o estandarte serve de mortalha?
5. Os dois últimos versos, de extremo vigor poético, são iniciados por vocativos: Andrada e Colombo. Explique a referência a essas figuras históricas.
6. Você afirmaria que esse texto é nacionalista? Justifique a resposta.
7. Qual é a relação com o abolicionismo nos versos "Extingue nesta hora o brigue imundo / O trilho que Colombo abriu na vaga"?
8. Após ler poemas de Gonçalves Dias (primeira geração), Álvares de Azevedo (segunda geração) e Castro Alves (terceira geração), escreva um breve texto comentando a linguagem de cada um (seleção vocabular, estrutura sintática, ritmo poético, figuras de linguagem, pontuação, etc.) e as sensações que provocaram em você.

A original poesia de Sousândrade

Na obra de Sousândrade, o primeiro aspecto a destacar é a originalidade de sua poesia, revolucionária para o padrão romântico, sendo por isso difícil enquadrá-lo nesse movimento. Sousândrade iniciou sua produção artística no período romântico, mas atravessou toda a segunda metade do século XIX; por suas preocupações sociais, aproxima-se da terceira geração.

Sua obra foi esquecida até a década de 1960, quando parte da crítica literária se dedicou a uma revisão de sua poesia, destacando o valor de seu estilo e a originalidade de seus versos. De fato, em seus poemas percebe-se uma ousadia de vocabulário – termos indígenas, palavras inglesas, neologismos – e também uma exploração de sonoridade que rompe com a métrica e o ritmo tradicionais.

Merece destaque seu longo poema narrativo "Guesa errante", construído a partir de uma lenda dos indígenas andinos: Guesa era o adolescente sacrificado pelos sacerdotes em oferenda aos deuses. No poema, Guesa (com o qual Sousândrade se identifica) escapa dos sacerdotes e foge para Wall Street; agora, os sacerdotes são os capitalistas de Nova York, os quais querem o sangue de Guesa. No dizer de Augusto e Haroldo de Campos, "Sousândrade identifica o seu destino pessoal de poeta com o fadário de um novo 'Guesa' no plano histórico-social, assimila a esse destino o do selvagem americano, sacrificado pelo conquistador branco".

Sousândrade

Joaquim de Sousa Andrade (1833-1902) nasceu no Maranhão, filho de grandes proprietários rurais, o que não o impediu de, desde jovem, questionar a aristocracia rural, abraçando as causas abolicionista e republicana. Abandona a terra natal em constantes viagens: vai para a Amazônia e, depois, para França (onde se formou em Letras, pela Universidade de Sorbonne), Inglaterra, países latino-americanos e Estados Unidos, fixando residência em Nova York por algum tempo. Sua poesia é, em grande parte, fruto das experiências vividas em suas viagens, que lhe permitiram um contato direto não só com o indígena amazônico, mas também com uma realidade bastante diversa da brasileira, como a crescente industrialização europeia e norte-americana e os avanços do capitalismo. Com a proclamação da República, volta a fixar residência no Maranhão, onde morre na miséria e completamente isolado.

LENDO O TEXTO

Guesa errante

(fragmento inicial do poema)

Sousândrade

Eia, imaginação divina!
Os Andes
Vulcânicos elevam cumes calvos,
Circundados de gelos, mudos, alvos,
Nuvens flutuando – que espetác'los grandes!
Lá, onde o ponto do condor negreja,
Cintilando no espaço como brilhos
D'olhos, e cai a prumo sobre os filhos
Do lhama descuidado; onde lampeja

Da tempestade o raio; onde deserto,
O azul sertão, formoso e deslumbrante,
Arde do sol o incêndio, delirante
Coração vivo em céu profundo aberto!
Nos áureos tempos, nos jardins da América
Infante adoração dobrando a crença
Ante o belo sinal, nuvem ibérica
Em sua noite a envolveu ruidosa e densa.

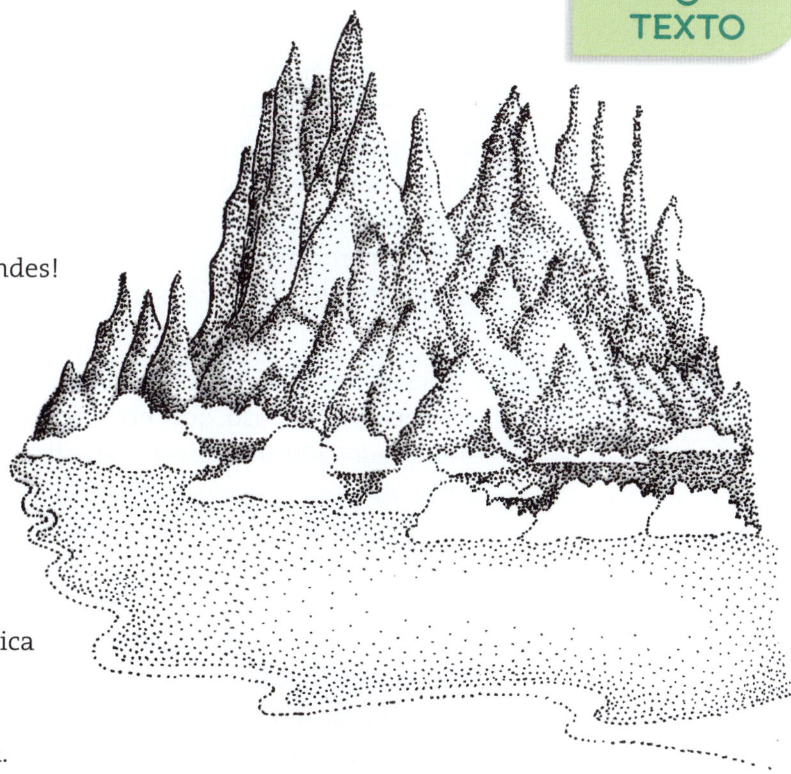

Vera Basile/Arquivo da editora

SOUSÂNDRADE. *Sousândrade – Poesia*. 2. ed. Rio de Janeiro: Agir, 1979. p. 30.

Atividades

1. No fragmento inicial do poema "Guesa errante", Sousândrade identifica a origem do personagem Guesa. Qual é ela? O que representa esse personagem?

2. No trecho apresentado, há um símbolo característico da terceira geração romântica; aponte-o.

3. Observe que o poeta caracteriza a América como a terra ensolarada; essa imagem é modificada com a chegada dos conquistadores europeus. Destaque os versos em que há referência à chegada dos estrangeiros. Que expressão marca a oposição à América ensolarada?

Divulgação/<http://poetaselvagemdancarino.blogspot.com.br>

Cena do espetáculo de dança *O inferno de Wall Street*, inspirado no poema de Sousândrade. Montagem do Núcleo de Dança Passo Livre, com direção e concepção de Eliana Cavalcante e de Sofia Cavalcante. Espaço Cariris, São Paulo, 2012.

Romantismo hoje

Não tenho nada com isso nem vem falar
eu não consigo entender sua lógica
minha palavra cantada pode espantar
e a seus ouvidos parecer exótica
[...]
canto somente o que não pode mais se calar
noutras palavras sou muito romântico.

Disponível em: <www.vagalume.com.br>. Acesso em: 23 abr. 2014.

Nesses versos de Caetano Veloso, da música "Muito romântico", observa-se um exemplo do uso que hoje se faz dos termos *romantismo/romântico*. Distanciados 200 anos do estilo artístico que se convencionou chamar de romantismo, utilizamos aqueles termos para designar comportamentos e reações que nos parecem de alguma forma associados àquela época: o predomínio da imaginação, dos sentimentos e das paixões humanas sobre a razão; a liberdade individual; a ruptura das tradições; o exotismo.

Permanecem, assim, as acepções que os termos *romantismo/romântico* ganham nos séculos XVII e XVIII: quimérico, ridículo, absurdo, pitoresco; o que agrada à imaginação, o que desperta o sonho e a comoção da alma; a melancolia, a languidez, a morbidez.

Velhos temas novas leituras

LITERATURA E CIÊNCIA

Prometeu acorrentado, de Heinrich Fueger, 1817.

Segundo o mito grego, Prometeu, um dos titãs, amigo e protegido de Zeus, despertou a fúria dos deuses após roubar o fogo do Olimpo e levá-lo aos homens. Por conta de seu crime, foi condenado a uma pena terrível: acorrentado a um monte, todos os dias uma águia devoraria seu fígado, que se regeneraria à noite – já que Prometeu era imortal –, renovando assim a punição. Esse mito – cuja versão mais conhecida é a da peça de Ésquilo, dramaturgo grego que viveu entre os século VI e V a.C. – versa, acima de tudo, sobre a relação do homem com o conhecimento; Prometeu foi punido por ter dado ao conhecimento dos homens algo que, antes, era de domínio exclusivo dos deuses. Foi baseada nesse mito que a escritora inglesa Mary Wollstonecraft Shelley (1797-1851) escreveu, em 1816, uma das mais famosas obras da literatura universal: *Frankenstein*. Romance símbolo das primeiras manifestações românticas, o livro conta a história do dr. Victor Frankenstein, um médico obcecado pela ideia de criar vida humana em seu laboratório. Para realizar seu feito, ele junta parte de cadáveres e realiza experimentos com energia elétrica. Ao fim, quando consegue realizar sua obra máxima, o cientista se vê insatisfeito com o resultado e abandona sua criação à própria sorte, esperando que ela morra. Aquele que se julga capaz de se igualar aos deuses precisa, no entanto, pagar o preço de sua ousadia: abandonada, a criatura passa a perseguir o médico e sua família. Ao cientista, resta o martírio fatal de tentar destruir sua criação. Não sem motivo o título completo do romance é *Frankenstein ou o Prometeu moderno*. A história criada por Mary Shelley retoma o tema da relação entre o homem e o conhecimento, agora pelo viés de um romantismo desiludido com os avanços tecnológicos da Revolução Industrial.

Retrato de Mary Shelley, de Richard Rothwell (pintura contemporânea ao livro de Mary Shelley).

Segundo a autora, *Frankenstein* foi escrito a partir de uma proposta feita pelo poeta lorde Byron a ela e seu marido, o também poeta Percy Bysshe Shelley: ver quem era capaz de elaborar a mais assustadora história de terror. Para criar seu assombroso Prometeu moderno, Mary instigou sua imaginação com os avanços científicos da época; o cientificismo que esteve na base da criação do romance é identificado no prefácio da edição de 1831:

> Foram muitas e longas as conversas entre lorde Byron e Shelley das quais eu era uma ouvinte devota, mas, praticamente, silenciosa. Ao longo de uma dessas conversas, várias doutrinas filosóficas foram discutidas – entre outras, o princípio da vida e se havia alguma probabilidade de se chegar à sua descoberta e divulgação. Falaram das experiências do dr. Darwin (refiro-me não ao que o doutor de fato fez ou disse ter feito, mas ao que então se dizia que ele havia feito, o que era mais próximo de meus objetivos), que guardou um pedaço de aletria num estojo de vidro até que a massa começou, por algum meio extraordinário, a movimentar-se com vontade própria. Não era assim, afinal de contas, que a vida seria criada. Talvez um cadáver pudesse ser reanimado – o galvanismo já dera indícios de tais coisas: talvez se pudessem manufaturar as partes componentes de uma criatura, juntá-las e prover-lhes o calor vital.

SHELLEY, Mary. Frankenstein ou o Prometeu moderno. In: SHELLEY, Mary; STOKER, Bram; STEVENSON, Robert Louis. *Frankenstein, Drácula & O médico e o monstro*. Trad. Adriana Lisboa. Rio de Janeiro: Ediouro, 2001. p. 25-26.

Reprodução/Museu do Prado, Madri, Espanha.

Burstein Collection/Corbis/Latinstock

Las chincillas, 1799 (à esquerda), e *Asta su muelo*, 1797. Essas duas imagens foram criadas pelo artista espanhol Francisco de Goya (1746-1828), que, como poucos, soube representar a violência das guerras e da ciência, o lado obscuro da humanidade e do progresso, conforme viam os pessimistas diante do rumo que a sociedade tomou depois da Revolução Industrial.

Fica claro, então, como a escritora se utilizou do mito clássico para pensar os dilemas do conhecimento de seu tempo. A desconfiança romântica de Mary Shelley com a ciência deixou, portanto, marcas profundas na literatura, que ficaram evidentes no século XX, tempo de intensos avanços tecnológicos e de usos destrutivos do conhecimento. Desde as impressionantes narrativas de Franz Kafka, nas quais o absurdo obedece a uma lógica sistêmica e burocrática, até as grandes obras de ficção científica escritas por Aldous Huxley, George Orwell e Ray Bradbury, todos repercutem as preocupações e reflexões românticas do início do século XIX, questões que devem ser sempre renovadas, ainda mais em tempos de meios de comunicação e tecnologias digitais. Para compreender melhor a relação entre literatura e ciência, leia os dois textos a seguir. O primeiro é um poema de Fernando Pessoa (1888-1935); o segundo, um pequeno conto do escritor austríaco Thomas Bernhard (1931-1989).

Texto 1

A ciência, a ciência, a ciência...
Ah, como tudo é nulo e vão!
A pobreza da inteligência
Ante a riqueza da emoção!
Aquela mulher que trabalha
Como uma santa em sacrifício,
Com quanto esforço dado ralha!
Contra o pensar, que é o meu vício!

A ciência! Como é pobre e nada!
Rico é o que alma dá e tem.

PESSOA, Fernando. *Fernando Pessoa – Obra poética*. Rio de Janeiro: Nova Aguilar, 2003. p. 180.

Texto 2

Sagaz e incapaz

Thomas Bernhard

O filósofo francês de renome internacional que durante décadas foi considerado o mais importante de seu tempo voltava de Moscou, onde estivera a convite da Academia de Ciências, para Viena, em cuja Academia de Ciências proferiria a mesma palestra feita em Moscou. Terminado o evento, fui convidado à casa de dois catedráticos e membros da Academia de Ciências de Viena que, como eu, haviam assistido à palestra do filósofo francês. Um deles caracterizou a exposição, e portanto também o filósofo francês, como sagaz, ao passo que o outro o considerou incapaz, e ambos lograram fundamentar efetiva e inequivocamente suas afirmações.

BERNHARD, Thomas. *O imitador de vozes*. Trad. Sergio Tellaroli. São Paulo: Companhia das Letras, 2009. p. 49.

1. Para a voz poética, a ciência e os esforços da inteligência são nulos e vãos. Qual é a razão dessa opinião tão enfática?
2. Na segunda estrofe do poema, surge um conflito de ideias. Qual é o sentido dessa contraposição?
3. O conto de Thomas Bernhard tem finalidades sarcásticas. Aponte uma característica formal do texto que indique isso. Explique.
4. No fim da narrativa, fica evidente uma contradição entre os catedráticos da Academia de Ciências de Viena. Para você, qual é o sentido desse conflito de opiniões?

Vestibulares de Norte a Sul

1. **NE** (UFPE-PE)

Texto 1

Gregório de Matos

Discreta e formosíssima Maria
Enquanto estamos vendo a qualquer hora
Em tuas faces a rosada Aurora,
Em teus olhos e boca, o sol e o dia:
....
Goza, goza da flor da mocidade
Que o tempo trata a toda ligeireza
E imprime em toda flor sua pisada.

Texto 2

Castro Alves

Boa-noite, Maria! Eu vou-me embora,
A lua nas janelas bate em cheio.
Boa-noite, Maria! É tarde...é tarde...
Não me apertes assim contra teu seio.
....
Mas não me digas descobrindo o peito
Mar de amor onde vagam meus desejos

Nos versos acima, o lirismo barroco, em Gregório de Matos, e o romântico, em Castro Alves, apresentam pontos de divergência e convergência, apesar de pertencerem a movimentos literários diferentes, distanciados por séculos. As convergências se devem a que:

a) a visão do amor, fundamentada na religiosidade contrarreformista, elimina a expressão do amor físico, sublimando o sentimento.
b) as relações amorosas são apresentadas de uma maneira sensual e ardente.
c) o tema do "Carpe diem" faz referência ao aproveitamento da vida e da beleza, na sua brevidade; esse tema aparece em ambos como uma reflexão sobre a transitoriedade das coisas.
d) utilizando o discurso direto, os poetas descrevem suas amadas recorrendo a metáforas alusivas a elementos da natureza.
e) em ambos os poemas, as mulheres são descritas como figuras contraditórias, simultaneamente angelicais e demoníacas.

2. **S** (CFTSC) Leia o poema a seguir, de Álvares de Azevedo, e escolha a afirmação CORRETA a seu respeito:

Pálida inocência

Por que, pálida inocência,
Os olhos teus em dormência
A medo lanças em mim?
No aperto de minha mão
Que sonho do coração
Tremeu-te os seios assim?

E tuas falas divinas
Em que amor lânguida afinas
Em que lânguido sonhar?
E dormindo sem receio
Por que geme no teu seio
Ansioso suspirar?

Inocência! quem dissera
De tua azul primavera
As tuas brisas de amor!
Oh! quem teus lábios sentira
E que trêmulo te abrira
Dos sonhos a tua flor!

Quem te dera a esperança
De tua alma de criança,
Que perfuma teu dormir!
Quem dos sonhos te acordasse,
Que num beijo t'embalasse
Desmaiada no sentir!

Quem te amasse! e um momento
Respirando o teu alento
Recendesse os lábios seus!
Quem lera, divina e bela,
Teu romance de donzela
Cheio de amor e de Deus!

a) Trata-se de um poema pertencente à terceira fase do Romantismo, na qual prevalece a poesia de cunho social, caracterizada pelo uso de linguagem inflamada e grandiloquente.
b) Trata-se de um poema pertencente à segunda fase do Romantismo, o que se pode perceber pela figura de mulher inacessível, virginal e infantilizada.
c) Trata-se de um poema pertencente à primeira fase do Romantismo, o que se pode perceber pelas referências à natureza brasileira ("azul primavera", "brisas de amor", "tua flor").
d) Trata-se de um poema pertencente ao Parnasianismo, o que se pode perceber pelo erotismo contido e pelo uso do metro de 10 sílabas.
e) Trata-se de um poema pertencente ao Arcadismo, como revelam tanto a figura feminina acessível (mulher companheira) quanto a natureza estilizada, artificial ("azul primavera").

3. **CO** (UFG) A poesia de Gonçalves Dias pode ser dividida em três grandes vertentes temáticas: a indianista, a saudosista e a lírico-amorosa.

A produção poética desse autor pode ser caracterizada da seguinte forma:

( ) na poesia indianista, predomina uma sensibilidade plástica singular, moldada por um cenário natural tipicamente brasileiro, no qual está inserido o primeiro habitante do País, o índio, numa representação quase sempre épica.

( ) na poesia saudosista, o poeta demonstra acentuadas marcas do nacionalismo vigente no Romantismo, como a exaltação do pitoresco nacional, em que se sobressai o tratamento exótico da natureza tropical.

( ) na poesia lírico-amorosa, pode-se encontrar um ultrarromantismo já convencional, detectado no sentimentalismo exagerado, que deforma os encantos da mulher amada, e em lamentos melodramáticos, provocados pelo sofrimento do amor irrealizado.

( ) em todas as vertentes da poesia de Gonçalves Dias, a natureza tem um caráter expressivo e dinâmico. Ela é o refúgio acolhedor e o ideal de evasão do eu-poético, estabelecendo, assim, uma interdependência entre paisagem e estado de alma.

Texto para as questões 4 e 5.

Ontem a Serra Leoa,
A guerra, a caça ao leão,
O sono dormido à toa
Sob as tendas d'amplidão!
Hoje... o porão negro, fundo,
Infecto, apertado, imundo,
Tendo a peste por jaguar...
E o sono sempre cortado
Pelo arranco de um finado,
E o baque de um corpo ao mar...
Ontem plena liberdade,
A vontade por poder...
Hoje... cúm'lo de maldade,
Nem são livres p'ra morrer...
Prende-os a mesma corrente
– Férrea, lúgubre serpente –
Nas roscas da escravidão.
E assim roubados à morte,
Dança a lúgubre coorte
Ao som do açoite... Irrisão!...

(Castro Alves. Fragmento de *O navio negreiro – Tragédia no mar.*)

4. SE (Unifesp) Considere as seguintes afirmações.

I. O texto é um exemplo de poesia carregada de dramaticidade, própria de um poeta-condor, que mostra conhecer bem as lições do "mestre" Victor Hugo.

II. Trata-se de um poema típico da terceira fase romântica, voltado para auditórios numerosos, em que se destacam a preocupação social e o tom hiperbólico.

III. É possível reconhecer nesse fragmento de um longo poema de teor abolicionista o gosto romântico por uma poesia de recursos sonoros.

Está correto o que se afirma em

a) I, apenas.
b) II, apenas.
c) III, apenas.
d) I e II, apenas.
e) I, II e III.

5. SE (Unifesp) Nesse fragmento do poema,

a) o poeta se vale do recurso ao paralelismo de construção apenas na primeira estrofe.
b) o eu-poemático aborda o problema da escravidão segundo um jogo de intensas oposições.
c) os animais evocados – leão, jaguar e serpente – têm, respectivamente, sentidos denotativo, denotativo e metafórico.
d) o tom geral assumido pelo poeta revela um misto de emoção, vigor e resignação diante da escravidão.
e) os versos são constituídos alternadamente por sete e oito sílabas poéticas.

6. No Romantismo brasileiro, o espírito nacionalista assumiu diversos enfoques. Na literatura, esses enfoques contribuíram para se configurar um discurso próprio da identidade nacional. Tomando como foco a poesia romântica e seus autores, analise o que segue.

Julgue V (verdadeiro) ou F (falso).

(0-0) A produção poética de Gonçalves Dias, Álvares de Azevedo e Castro Alves manifesta três vertentes próprias da literatura romântica nacional, respectivamente: a indianista, a byronista e a condoreira.

(1-1) Gonçalves Dias, em suas poesias indianistas, constrói uma imagem idealizada do índio, um bravo guerreiro que é violentamente subjugado pelos colonizadores. Uma de suas personagens mais conhecidas é Moacir, herói miscigenado, cujo nome significa "filho da dor".

(2-2) O 'Mal do Século' teve na poesia brasileira, como expoente, Álvares de Azevedo. As mulheres que avultam em sua poesia, todas brancas, são guerreiras que, junto a seus amantes, contribuíram para que a colonização portuguesa se realizasse a contento.

(3-3) A poesia condoreira foi representada no Brasil por Castro Alves. Contrariamente às suas boas intenções políticas, Castro Alves, em sua poesia abolicionista, mostra o africano como sujeito frágil, propenso ao domínio do homem europeu, geneticamente mais forte que o africano.

(4-4) Gonçalves Dias, Álvares de Azevedo e Castro Alves contribuíram para a construção dos três pilares que configuram o discurso romântico acerca da identidade étnica brasileira: o índio americano, o branco europeu e o negro africano.

CAPÍTULO

15 A prosa do Romantismo: a literatura se populariza

Reprodução/Pinacoteca do Estado de São Paulo, SP.

Leitura, de Almeida Júnior, 1892. (Detalhe.) Essa obra evidencia um hábito que ganhava força na época do Romantismo, a leitura, e mostra que o leitor era, em boa parte, do sexo feminino e pertencia às camadas economicamente privilegiadas.

Arrufos, de Belmiro Barbosa de Almeida, 1887.

ILLUSTRAÇÃO DO BRAZIL

Illustração do Brazil. Rio de Janeiro, jul. 1876. Primeira revista brasileira voltada para as camadas economicamente privilegiadas da população.

- *A imagem que a revista procura divulgar de família tem como modelo, conforme vemos na publicação ao lado, a princesa Isabel, o conde d'Eu e um dos filhos do casal, o príncipe Pedro de Alcântara, nascido em 1875. Por tal imagem, como é essa família e de que modo parece se comportar?*
- *A pintura de Belmiro Barbosa de Almeida apresenta um casal que também parece economicamente bem estabelecido, mas a situação se mostra diferente. O que o artista parece flagrar em sua pintura e como se comportam, na cena, os personagens?*
- *O termo* arrufos*, usado como título da tela de Belmiro Barbosa de Almeida, significa pequenos desentendimentos entre pessoas que se amam. A obra mostra que o artista escolheu retratar uma situação cotidiana, mas cheia de contradições e emoções. Pode-se dizer que essa tela reflete alguns valores românticos e outros realistas. Pelo que você já ouviu falar sobre valores românticos e realistas, procure justificar essa afirmativa.*

1 O romance romântico em Portugal

O romance histórico de Herculano: a defesa da Pátria, do Cristianismo e do Amor

As origens da nação portuguesa, a religiosidade e o amor romântico são temas privilegiados na obra de Alexandre Herculano. Apesar de ter sido também historiador e publicar obras de caráter não ficcional, é como romancista que chega ao ponto alto de sua carreira, introduzindo o romance histórico em Portugal. Em sua prosa, o autor mistura à sua criação narrativa a descrição detalhada de ambientes e a referência a costumes do passado. Para Herculano, comentar a política, as questões religiosas e os costumes do país era uma forma de explicar e refletir sobre a sociedade portuguesa.

Alexandre Herculano

Alexandre Herculano (1810-1877), historiador, poeta, jornalista e romancista português, participou ativamente das lutas liberais ao lado de Almeida Garrett durante a Guerra Civil portuguesa; entre 1831 e 1832, esteve exilado na Inglaterra e na França. Com a posterior vitória dos liberais, fundou, em 1836, a revista *Panorama* e publicou suas primeiras narrativas históricas, consolidando o Romantismo em Portugal. A partir de então, dedicou-se, com igual fervor, à literatura e à história.

Eurico, o presbítero

Leia o resumo do romance *Eurico, o presbítero*, de Alexandre Herculano, feito pelo professor Jacinto do Prado Coelho. Segundo ele, a obra

> [...] relata a história de Eurico, nobre **visigodo**, que, enamorado de Hermengarda, não pudera desposá-la, pois os preconceitos aristocráticos do pai dela tinham impedido essa união. Eurico professa, e na humilde e solitária paróquia de Carteia sublima o desespero amoroso [...]. Instruído por uma visão, Eurico pressente que está próximo o dia em que Deus enviará contra o "povo criminoso" um "anjo de extermínio". As profecias do presbítero tornam-se terríveis realidades: os árabes desbarataram os exércitos visigóticos junto do Críssus, apesar dos esforços sobre-humanos dum misterioso guerreiro, o Cavaleiro Negro. Enquanto Pelágio (irmão de Hermengarda) organiza a resistência cristã nas Astúrias, o Cavaleiro Negro, que é o presbítero Eurico, decide libertar Hermengarda, aprisionada pelos invasores árabes; ela, fortuitamente, descobre a identidade do seu libertador, é salva e conduzida a uma gruta de Covadonga. Nesse cenário selvagem, ambos recordam o passado e sentem renascer com violência o amor. Mas essa situação sacrílega não pode manter-se: a dignidade augusta do sacerdócio exige que os dois amantes se separem.

COELHO, Jacinto do Prado (Org.). *Dicionário de literatura*. Porto: Figueirinhas, 1978. v. 1. p. 317.

presbítero: sacerdote, padre.

visigodo: godo (antigo povo da Germânia) do Oeste.

Transcrevemos, a seguir, o "Prólogo do autor", que abre a narrativa, e o final do romance ("Conclusão"). Leia e responda às questões propostas.

LENDO O TEXTO

Eurico, o presbítero

Prólogo do autor

Alexandre Herculano

Para as almas, não sei se diga demasiadamente positivas, se demasiadamente grosseiras, o celibato do sacerdócio não passa de uma condição, de uma fórmula social aplicada a certa classe de indivíduos cuja existência ela modifica vantajosamente por um lado e desfavoravelmente por outro. A filosofia do celibato para os espíritos vulgares acaba aqui. Aos olhos dos que avaliam as coisas e os homens só pela sua utilidade social, essa espécie de insulação doméstica do sacerdote, essa indireta abjuração dos afetos mais puros e santos, os da família, é condenada por uns como contrária ao interesse das nações, como danosa em moral e em política, e defendida por outros como útil e moral. Deus me livre de debater matéria tantas vezes disputada, tantas vezes exaurida pelos que sabem a ciência do mundo e pelos que sabem a ciência do céu! Eu, por minha parte, fraco argumentador, só tenho pensado no celibato à luz do sentimento e sob a influência da impressão singular que desde verdes anos fez em mim a ideia da irremediável solidão da alma a que a igreja condenou os seus ministros, espécie de amputação espiritual, em que para o sacerdote morre a esperança de completar a sua existência na terra. Suponde todos os contentamentos, todas as consolações que as imagens celestiais e a crença viva podem gerar, e achareis que estas não suprem o triste vácuo da soledade do coração. Dai às paixões todo o ardor que puderdes, aos prazeres mil vezes mais intensidade, aos sentidos a máxima energia e convertei o mundo em paraíso, mas tirai dele a mulher, e o mundo será um ermo melancólico, os deleites serão apenas o prelúdio do tédio. [...]

Conclusão

[...]

Em frente da tosca ponte de pedras brutas lançadas sobre o rio, uma senda estreita e tortuosa atravessava a selva e, passando pela clareira, continuava por meio dos outeiros vizinhos, dirigindo-se, nas suas mil voltas, para as bandas da **Galécia**. Quatro cavaleiros, a pé e em fio, caminhavam por aquele apertado carreiro. Pelos trajos e armas, conhecia-se que eram três cristãos e um sarraceno. Chegados à clareira, este parou de repente e, voltando-se com aspecto carregado para um dos três, disse-lhe:

– Nazareno, ofereceste-nos a salvação, se te seguíssemos: fiamo-nos em ti, porque não precisavas de trair-nos. Estávamos nas mãos dos soldados de **Pelágio**, e foi a um aceno teu que eles cessaram de perseguir-nos. Porém o silêncio tenaz que tens guardado gera em mim graves suspeitas. – Quem és tu? Cumpre que sejas sincero, como nós. Sabes que tens diante de ti **Muguite**, o amir da cavalaria árabe, **Juliano**, o conde de Septum, e **Opas**, o bispo de Híspalis.

– Sabia-o – respondeu o cavaleiro: – por isso vos trouxe aqui. Queres saber quem sou? Um soldado e um sacerdote de Cristo!

– Aqui!?... – atalhou o amir, levando a mão ao punho da espada e lançando os olhos em roda. – Para que fim?

– A ti, que não eras nosso irmão pelo berço; que tens combatido lealmente conosco, inimigos da tua fé; a ti, que nos oprimes, porque nos venceste com esforço e à luz do dia, foi para te ensinar um caminho que te conduza em salvo às tendas dos teus soldados. É por ali!... A estes, que venderam a terra da pátria, que cuspiram no altar do seu

Galécia: embora Herculano afirme que não há rigor cronológico, a ação se passa no momento das primeiras incursões árabes abalando o Reino Visigótico em terras da Península Ibérica; portanto, em época anterior à formação de Portugal como Estado independente, daí as referências à Lusitânia e Galécia (Galícia, ao norte do atual território português).

Juliano: foi governador de Ceuta, norte da África; ficou marcado por seus atos de traição.

Muguite: em árabe, Mugueiz, chefe muçulmano (amir) a quem Eurico se entrega para o supremo sacrifício.

Opas: foi arcebispo de Sevilha (Híspalis); na narrativa, é considerado traidor, assim como Juliano.

Pelágio: na realidade, governou entre 718 e 737 e participou da Batalha de Covadonga, região das Astúrias, ao lado da Galícia. Na narrativa, é filho de Fávila e irmão de Hermengarda.

Deus, sem ousarem francamente renegá-lo, que ganharam nas trevas a vitória maldita da sua perfídia, é para lhes ensinar o caminho do inferno... Ide, miseráveis, segui-o!

E quase a um tempo dois pesados golpes de **franquisque** assinalaram profundamente os **elmos** de Opas e Juliano. No mesmo momento mais três ferros reluziram.

Um contra três! – Era um combate calado e temeroso. O cavaleiro da Cruz parecia desprezar Muguite: os seus golpes retiniam só nas armaduras dos dois godos. Primeiro o velho Opas, depois Juliano caíram.

Então, recuando, o guerreiro cristão exclamou:

– Meu Deus! Meu Deus! – Possa o sangue do mártir **remir** o crime do presbítero!

E, largando o franquisque, levou as mãos ao capacete de bronze e arrojou-o para longe de si.

Muguite, cego de cólera, vibrara a espada: o crânio do seu adversário rangeu, e um jorro de sangue salpicou as faces do sarraceno.

Como tomba o **abeto** solitário da encosta ao passar do furacão, assim o guerreiro misterioso do **Críssus** caía para não mais se erguer!...

Nessa noite, quando Pelágio voltou à caverna, Hermengarda, deitada sobre o seu leito, parecia dormir. Cansado do combate e vendo-a tranquila, o mancebo adormeceu, também, perto dela, sobre o duro pavimento da gruta. Ao romper da manhã, acordou ao som de cântico suavíssimo.

Era sua irmã que cantava um dos hinos sagrados que muitas vezes ele ouvira entoar na catedral de **Tárraco**. Dizia-se que seu autor fora um presbítero da diocese de Híspalis, chamado Eurico.

Quando Hermengarda acabou de cantar, ficou um momento pensando. Depois, repentinamente, soltou uma destas risadas que fazem eriçar os cabelos, tão tristes, soturnas e dolorosas são elas: tão completamente exprimem irremediável alienação de espírito.

A desgraçada tinha, de feito, enlouquecido.

Disponível em: <www.ebooksbrasil.org>. Acesso em: 29 abr. 2014.

abeto: árvore, espécie de pinheiro.

Críssus: antigo nome do atual rio Guadalete, que corta a Andaluzia (sul da Espanha).

elmo: nas armaduras, a parte que protegia a cabeça.

franquisque: arma que se assemelha a um machado.

remir: salvar, livrar das penas do inferno.

Tárraco: hoje, Tarragona, cidade na Catalunha, ao sul de Barcelona.

Atividades

1. Como é analisado o problema do celibato clerical? Justifique com palavras do próprio texto.
2. Para o autor, como se completa a existência na terra?
3. Aponte e comente três características românticas presentes no Prólogo.
4. Depois de narrar a morte de Eurico, Herculano, à maneira dos românticos, explora uma metáfora e um eufemismo. Identifique-os e comente a expressividade das duas figuras de linguagem.

A novela passional

Gênero narrativo da literatura de língua portuguesa consolidado por Camilo Castelo Branco, a novela passional, nas palavras de António José Saraiva, promove "o amor à categoria do sagrado, do incomensurável com a razão e com as normas morais correntes. [...] Há sempre uma grandeza trágica de paixões e situações, os personagens são penitentes do amor".

Na obra de Camilo, muitas das situações vividas pelos personagens refletem experiências efetivamente vividas pelo escritor, a ponto de um crítico literário, José-Augusto França, afirmar que "Camilo e os seus heróis vivem no mesmo universo dramático, de cores intensas, ao mesmo tempo sublime e sórdido".

Camilo Castelo Branco

Camilo Castelo Branco nasceu em Lisboa, em 1825. Aos oito anos, já era órfão de pai e mãe. Foi criado pela tia e casou-se pela primeira vez aos 16. Chega a frequentar o seminário e a ser preso por adultério, tendo passado por diversas relações amorosas. É no cárcere que escreve uma de suas principais obras, *Amor de perdição*. Camilo passou por épocas de muita dificuldade financeira e foi um dos primeiros escritores profissionais de Portugal, pois sustentou-se, por tempos, apenas de sua escrita. Suicida-se atormentado pela cegueira em 1890.

Amor de perdição, de Camilo Castelo Branco

Amor de perdição, publicado em 1862, tem como subtítulo *Memórias duma família*. De fato, Camilo narra episódios da família Correia Botelho, ou seja, da própria família. O protagonista é Simão Botelho, apresentado como tio do autor. A novela foi escrita durante quinze dias, em uma das celas da cadeia da cidade do Porto (Camilo e sua amante, Ana Plácido, estavam presos sob a acusação de adultério). A ação pode ser assim resumida: os jovens Simão Botelho e Teresa Albuquerque, ambos com quinze anos, apaixonam-se, mas as famílias são inimigas. Teresa está prometida para um primo seu, Baltasar Coutinho. Este, acompanhado de dois criados, arma uma tocaia para Simão, que mata os criados e fere Baltasar. O pai de Teresa a interna num convento da cidade do Porto; Simão refugia-se na casa de um ferreiro, João da Cruz, pai de Mariana, que se apaixona perdidamente por Simão. Num encontro, Simão mata Baltasar e é preso; Mariana, agora órfã, passa a viver em função de Simão. Teresa, interna e muito doente, e Simão, preso, trocam cartas. Simão é condenado ao degredo na Índia, Mariana o acompanha; na partida, Simão observa Teresa no mirante do convento. No meio da viagem, após ler a última carta de Teresa, Simão morre e seu corpo é lançado ao mar; Mariana também se joga e morre abraçada ao cadáver de Simão.

Transcrevemos, a seguir, a "Introdução", em que o narrador se posiciona em relação aos fatos que serão narrados.

LENDO O TEXTO

Amor de perdição

Introdução

Camilo Castelo Branco

Folheando os livros de antigos assentamentos, no cartório das cadeias da Relação do Porto, li, no das entradas dos presos desde 1803 a 1805, a folha 232, o seguinte:

Simão Antônio Botelho, que assim disse chamar-se, ser solteiro, e estudante na Universidade de Coimbra, natural da cidade de Lisboa, e assistente na ocasião de sua prisão na cidade de Viseu, idade de dezoito anos, filho de Domingos José Correia Botelho e de D. Rita Preciosa Caldeirão Castelo Branco; estatura ordinária, cara redonda, olhos castanhos, cabelo e barba preta, vestido com jaqueta de baetão azul, colete de fustão pintado e calça de pano pedrês. E fiz este assento, que assinei – Filipe Moreira Dias.

À margem esquerda deste assento está escrito:

Foi para a Índia em 17 de março de 1807.

Não seria fiar demasiadamente na sensibilidade do leitor, se cuido que o degredo de um moço de dezoito anos lhe há de fazer dó.

Dezoito anos! O arrebol dourado e escarlate da manhã da vida! As louçanias do coração que ainda não sonha em frutos, e todo se embalsama no perfume das flores! Dezoito anos! O amor daquela idade! A passagem do seio da família, dos braços de mãe, dos beijos das irmãs para as carícias mais doces da virgem, que se lhe abre ao lado como flor da mesma sazão e dos mesmos aromas, e à mesma hora da vida! Dezoito anos!... E degredado da pátria, do amor e da família! Nunca mais o céu de Portugal, nem liberdade, nem irmãos, nem mãe, nem reabilitação, nem dignidade, nem um amigo!... É triste!

O leitor decerto se compungiria; e a leitora, se lhe dissessem em menos de uma linha a história daqueles dezoito anos, choraria!

Amou, perdeu-se, e morreu amando.

É a história. E história assim poderá ouvi-la a olhos enxutos a mulher, a criatura mais bem formada das branduras da piedade, a que por vezes traz consigo do céu um reflexo da divina misericórdia?! Essa, a minha leitora, a carinhosa amiga de todos os infelizes, não choraria se lhe dissessem que o pobre moço perdera honra, reabilitação, pátria, liberdade, irmãs, mãe, vida, tudo, por amor da primeira mulher que o despertou do seu dormir de inocentes desejos?!

Chorava, chorava! Assim eu lhe soubesse dizer o doloroso sobressalto que me causaram aquelas linhas, de propósito procuradas, e lidas com amargura e respeito e, ao mesmo tempo, ódio. Ódio, sim... A tempo verão se é perdoável o ódio, ou se antes me não fora melhor abrir mão desde já de uma história que me pode acarear enojos dos frios julgadores do coração, e das sentenças que eu aqui lavrar contra a falsa virtude de homens, feitos bárbaros, em nome da sua honra.

CASTELO BRANCO, Camilo. *Amor de perdição*. São Paulo: Scipione, 2004. p. 9.

Atividades

1. Como se posiciona o narrador da novela?
2. Quem é o interlocutor preferencial do narrador?
3. Podemos dizer que os personagens de Camilo vivem sob as leis da "religião do amor" e se transformam em "mártires do amor". Que frase do texto sintetiza isso?
4. Por trás das palavras do narrador, temos valores defendidos por Camilo Castelo Branco. Cite ao menos dois.
5. Com certeza, você conhece a história de Romeu e Julieta. Que pontos em comum você percebe entre o texto de Shakespeare e as narrativas de *Eurico, o presbítero* e *Amor de perdição*?

O último capítulo do romance *Amor de perdição* é um típico exemplo do "grande final romântico" camiliano: em poucas páginas, assiste-se à morte dos três personagens que formam o triângulo amoroso – Simão, Teresa e Mariana.

No trecho reproduzido a seguir, Mariana acompanha os últimos momentos de seu amado, suicidando-se logo depois. Leia-o e responda às questões propostas.

LENDO O TEXTO

Amor de perdição

Camilo Castelo Branco

Ao romper da manhã apagara-se a lâmpada. Mariana saíra a pedir luz e ouvira um gemido estertoroso. Voltando às escuras, com os braços estendidos para tatear a face do agonizante, encontrou a mão convulsa, que lhe apertou uma das suas, e relaxou de súbito a pressão dos dedos.

Entrou o comandante com uma lâmpada, e aproximou-lhe da respiração, que não embaciou levemente o vidro.

– Está morto! – disse ele.

Mariana curvou-se sobre o cadáver, e beijou-lhe a face. Era o primeiro beijo. Ajoelhou depois ao pé do beliche com as mãos erguidas, e não orava nem chorava.

Algumas horas volvidas, o comandante disse a Mariana:

– Agora é tempo de dar sepultura ao nosso venturoso amigo... É ventura morrer quando se vem a este mundo com tal estrela. Passe a senhora Mariana ali para a câmara, que vai ser levado daqui o defunto.

Mariana tirou o maço das cartas debaixo do travesseiro, e foi a uma caixa buscar os papéis de Simão. Atou o rolo no avental, que ele tinha daquelas lágrimas dela, choradas no dia da sua demência, e cingiu o embrulho à cintura.

Foi o cadáver envolto num lençol, e transportado ao convés.

Mariana seguiu-o.

Do porão da nau foi trazida uma pedra, que um marujo lhe atou às pernas com um pedaço de cabo. O comandante contemplava a cena triste com os olhos úmidos, e os soldados que guarneciam a nau, tão funeral respeito os impressionara, que insensivelmente se descobriram.

Mariana estava, no entanto, encostada ao flanco da nau, e parecia estupidamente encarar aqueles empuxões que o marujo dava ao cadáver, para segurar a pedra na cintura.

Dois homens ergueram o morto ao alto sobre a amurada. Deram-lhe o balanço para o arremessarem longe. E, antes que o baque do cadáver se fizesse ouvir na água, todos viram, e ninguém já pôde segurar Mariana, que se atirara ao mar.

À voz do comandante desamarraram rapidamente o bote e saltaram homens para salvar Mariana.

Salvá-la!...

Viram-na, um momento, bracejar, não para resistir à morte, mas para abraçar-se ao cadáver de Simão, que uma onda lhe atirou aos braços. O comandante olhou para o sítio donde Mariana se atirara, e viu, enleado no cordame, o avental, e à flor da água, um rolo de papéis, que os marujos recolheram na lancha. Eram, como sabem, a correspondência de Teresa e Simão.

Idem, p. 111-112.

Atividades

1. Aponte, no texto, duas características típicas do ultrarromantismo.
2. É interessante notar que, no último parágrafo, temos a representação plena dos amores de Teresa/Simão e Mariana/Simão. Que recursos Camilo Castelo Branco utiliza para demonstrar isso?
3. Para um romântico, é possível viver sem a pessoa amada? E você, também acredita que "se morre de amor"?

Trocando ideias

Em pequenos grupos, leiam atentamente o texto do professor Alfredo Bosi reproduzido a seguir para fazer as atividades propostas aqui.

O romance foi, a partir do Romantismo, um excelente índice dos interesses da sociedade culta e semiculta do Ocidente. A sua relevância no século XIX se compararia, hoje, à do cinema e da televisão.

BOSI, Alfredo. *História concisa da literatura brasileira*. São Paulo: Cultrix, 1999. p. 106.

a) Montem um quadro comparativo das características do romance romântico e as das atuais telenovelas. Qual era o público dos romances do século XIX? Qual é o público das atuais telenovelas? Em geral, em que se centra o conflito? Como são trabalhadas as questões sociais nos romances românticos e nas telenovelas? Apresentem suas conclusões aos colegas e ao professor.
b) Individualmente, escreva um parágrafo argumentativo expondo sua opinião sobre as atuais telenovelas e sua influência junto ao público espectador.

O romance burguês

O Romantismo, como um todo, foi um movimento burguês. Produzidos, em grande parte, e direcionados ao público das camadas sociais economicamente privilegiadas, os romances românticos tinham por característica traços da ideologia burguesa e patriarcal, como o individualismo, o sentimentalismo e a liberdade. No entanto, alguns autores se detiveram mais em trabalhar a ambientação e a visão de mundo da burguesia em seus romances, preocupando-se em detalhar para o leitor cenas e conflitos dessa classe social. Entre eles, destaca-se o autor português Júlio Dinis.

Júlio Dinis

Júlio Dinis é o pseudônimo do médico Joaquim Guilherme Gomes Coelho, descendente de uma família burguesa da cidade do Porto. Nascido em 1839, morreu tuberculoso em 1871, aos 32 anos de idade.

Reagindo ao modismo dos romances históricos do Romantismo, Júlio Dinis retratou, em seus romances, cenas da vida portuguesa da segunda metade do século XIX. Surgiu, assim, o "romance contemporâneo", tendência que vingou no período realista (notadamente, na produção de Eça de Queirós). No entanto, um forte traço romântico ainda esteve presente nos romances de Júlio Dinis: a otimista visão de mundo da burguesia liberal portuguesa.

Cenas da vida do Porto

Uma família inglesa, publicado em 1868, tem como subtítulo *Cenas da vida do Porto*. A partir do mundo dos negócios de Mr. Richard Whitestone, abastado negociante inglês residente na cidade do Porto, o autor constrói interessante retrato da cidade que absorvia o ritmo capitalista da segunda metade do século XIX.

António José Saraiva e Óscar Lopes comentam que "Júlio Dinis, utilizando os processos do romance realista inglês e balzaquiano, é quem, pela primeira vez, descrevendo interiores ou cenas ao ar livre, cria entre nós ambientes integrados com as personagens, verdadeiras atmosferas que fazem corpo com elas".

Nesse mundo dos negócios há espaço para a realização amorosa: Carlos, filho de Mr. Whitestone, apaixona-se por Cecília, filha do guarda-livros do pai; as marchas e contramarchas do amor, as desigualdades sociais são superadas com a intervenção de Jenny, irmã de Carlos, definida como "o anjo bom da família". No final, superadas todas as dificuldades, Carlos e Cecília casam-se ("Preciso acrescentar que Carlos e Cecília viveram felizes?", pergunta o narrador nas últimas linhas do romance) e o pai de Cecília passa a ter participação nos negócios do antigo patrão. Um final feliz que revela o otimismo burguês de Júlio Dinis.

LENDO O TEXTO

Uma família inglesa

Um anjo familiar
(fragmento)

Júlio Dinis

[...]

Esta nossa cidade – seja dito para aquelas pessoas, que porventura a conhecem menos – divide-se naturalmente em três regiões, distintas por fisionomias particulares.

A região oriental, a central e a ocidental.

O bairro central é o portuense propriamente dito; o oriental, o brasileiro; o ocidental, o inglês.

No primeiro predominam a loja, o balcão, o escritório, a casa de muitas janelas e de extensas varandas, as crueldades arquitetônicas, a que se sujeitam velhos casarões, com o intento de os modernizar; o saguão, a viela independente das posturas municipais e à absoluta disposição dos moradores das vizinhanças; a rua estreita muito vigiada de polícias; as ruas, em cujas esquinas estacionam galegos armados de pau e corda e os cadeirinhas com o capote clássico; as ruas ameaçadas de procissões, e as mais propensas a lama; aquelas onde mais se compra e vende; onde mais se trabalha de dia, onde mais se dorme de noite. Há ainda neste bairro muitos ares do velho burgo do Bispo, não obstante as aparências modernas que revestiu.

O bairro oriental é principalmente brasileiro, por mais procurado pelos capitalistas que recolhem da América. Predominam neste umas enormes moles graníticas, a que chamam palacetes; o portal largo, as paredes de azulejo – azul, verde ou amarelo, liso ou de relevo; o telhado de beira azul; as varandas azuis e douradas; os jardins, cuja planta se descreve com termos geométricos e se mede a compasso e escala, adornados de estatuetas de louça, representando as quatro estações; portões de ferro, com o nome do proprietário e a era da edificação em letras também douradas; abunda a casa com janelas góticas e portas retangulares, e as janelas retangulares e portas góticas, algumas com ameias, e o mirante chinês. As ruas são mais sujeitas à poeira. Pelas janelas quase sempre algum capitalista ocioso.

O bairro ocidental é o inglês, por ser especialmente aí o *habitat* destes nossos hóspedes. Predomina a casa pintada de verde-escuro, de roxo-terra, de cor de café, de cinzento, de preto... até de preto! – Arquitetura despretensiosa, mas elegante, janelas retangulares; o peitoril mais usado do que a sacada. – Já uma manifestação de um viver mais recolhido, mais íntimo, porque o peitoril tem muito menos de indiscreto do que a varanda. Algumas casas ao fundo dos jardins, jardins assombrados de acácias, tílias e magnólias e cortados de avenidas tortuosas; as portas da rua sempre fechadas. Chaminés fumegando quase constantemente. Persianas e transparentes de fazerem desesperar curiosidades. Ninguém pelas janelas. Nas ruas encontra-se com frequência uma inglesa de cachos e um bando de crianças de cabelos loiros e de babeiros brancos.

Tais são nos seus principais caracteres as três regiões do Porto, sendo desnecessário acrescentar que nesta, como em qualquer outra classificação, nada há de absoluto. Desenhando o tipo específico, nem estabelecemos demarcações bem definidas, nem recusamos admitir algumas, e até numerosas exceções, hoje mais numerosas ainda do que então, em 1855.

[...]

DINIS, Júlio. *Uma família inglesa*. Disponível em: <http://bibliblogue.files.wordpress.com>. Acesso em: 29 abr. 2014.

Atividades

1. A partir das informações do texto, tente caracterizar cada um dos bairros, descrevendo seus aspectos arquitetônicos, o tipo de uso (comercial, residencial, etc.) e o tipo de usuário ou habitante.

2. Explique por que o bairro oriental é chamado de *brasileiro*.

2 O romance romântico no Brasil

Rio de Janeiro, o palco ideal

A urbanização da cidade do Rio de Janeiro, transformada em Corte, gerava uma sociedade consumidora representada pela aristocracia rural, pelos profissionais liberais e jovens estudantes, todos em busca de "entretenimento"; o espírito nacionalista exigia uma "cor local" para os romances, e não a mera importação ou tradução de obras estrangeiras; o jornalismo vivia seu primeiro grande impulso e crescia a divulgação em massa de folhetins; o teatro nacional avançava: esses foram alguns dos fatores que explicaram o aparecimento e o desenvolvimento do romance no Brasil.

Respondendo às exigências do público leitor, surgiram romances cujo enredo girava em torno da descrição dos costumes urbanos e de amenidades do campo, ou que apresentavam imponentes selvagens, personagens concebidos pela imaginação e ideologia românticas, com os quais o leitor se identificava, pois retratavam uma "realidade" que lhe convinha. Apenas poucas obras fugiram desse esquema, como *Memórias de um sargento de milícias*, de Manuel Antônio de Almeida, e mesmo *Inocência*, do Visconde de Taunay.

Jean-Baptiste Debret, Coleção particular

A gravura de Debret, com negros escravos transportando o produto a ser comercializado, registra a transição por que passava a cidade do Rio de Janeiro em meados do século XIX: uma sociedade estruturada a partir das grandes propriedades rurais e do regime escravocrata passa a conviver com o modelo capitalista mercantil.

José de Alencar, ao comentar seus romances urbanos, afirmava que seus personagens eram talhados "no tamanho da sociedade fluminense" e reconhecer isso era "o maior elogio" que lhe poderia ser feito. É importante observar, no entanto, que a sociedade fluminense vivia em estado de ebulição, matéria-prima dos romancistas do século XIX.

A rua do Ouvidor, símbolo maior do comércio do Rio de Janeiro, tornou-se o cenário ideal das narrativas do século XIX; da mesma forma, percebe-se a preocupação em citar o nome da modista, do alfaiate, do restaurante da moda. Machado de Assis afirmava que a rua do Ouvidor era o rosto do Rio de Janeiro. Em seus cafés e confeitarias praticava-se também outro tipo de comércio: o mercado matrimonial, cujo endereço comercial estendia-se a todos os salões e a todas as residências ricas. Para um filho da classe média, com diploma na mão, o casamento era, na maioria das vezes, o único caminho de ascensão social e, com certeza, o mais curto para uma promissora carreira política.

Reminiscências/Acervo Iconographia

Rua do Ouvidor em 1890.

Trocando ideias

- Analise a obra de Debret e a foto da rua do Ouvidor reproduzidas acima. Esses registros visuais apresentam características documentais importantes. Quais são as diferenças e semelhanças entre eles? O que nos informam acerca da sociedade que representam?

O romance urbano

O romance urbano do Rio de Janeiro dialoga diretamente com a classe média do século XIX, ainda em fase de estabilização. Joaquim Manuel de Macedo, um dos principais expoentes do gênero, transpõe para sua obra os tipos, as cenas e a vida dessa sociedade na tentativa de aproximar-se de seus leitores pela linguagem assim como pelos temas de seus romances, dando vazão aos sentimentos e às aspirações do burguês carioca.

Arquivo do jornal *O Estado de S. Paulo*/Agência Estado

Joaquim Manuel de Macedo

Joaquim Manuel de Macedo (1820-1882) foi o primeiro romancista brasileiro a alcançar sucesso junto ao novo público romântico formado por jovens senhoras e estudantes. Em 1844, ano em que se forma em Medicina pela Faculdade do Rio de Janeiro, publica seu primeiro romance, *A Moreninha*.

A vitória do amor

Seu primeiro e mais comentado romance é *A Moreninha*. Ambientada na Corte carioca, essa narrativa tem por personagens principais jovens estudantes de Medicina.

A obra de Macedo apresenta todo o esquema e desenvolvimento dos romances românticos iniciais: descrição de costumes da sociedade carioca, suas festas e tradições, estilo fluente e leve, linguagem simples, que beira o desleixo, tramas fáceis, pequenas intrigas de amor e mistério, final feliz, com a vitória do amor. Com essa receita, Macedo consegue ser o autor mais lido do Brasil no final da década de 1840 e início dos anos 1850, até sofrer a concorrência de Alencar e seu *O guarani* (1857).

Macedo foi, por excelência, o escritor da classe média carioca, em oposição à aristocracia rural. Sua pena tinha o "gosto burguês"; seus romances eram povoados de jovens estudantes idealizados, moçoilas casadoiras ingênuas e puras e outros tipos que perambulavam pela agitada cidade do Rio de Janeiro.

Conheça o enredo de *A Moreninha*:

Um grupo de rapazes combina um fim de semana festivo, na casa da avó de um deles. Augusto, considerado pelos colegas extremamente volúvel em questões de amor, aposta que não se apaixonará por nenhuma das belas jovens que, certamente, encontraria na festa. Apesar de seus firmes propósitos, não resiste à graça feiticeira de Carolina, a inteligente e brejeira Moreninha. Justificando seu comportamento leviano, Augusto confessa a D. Ana, avó de Carolina, ser apenas uma atitude de defesa o juramento de amor eterno, feito na infância a uma menina, que, desde então, perdera de vista. Depois de muitas peripécias, algumas até cômicas, Augusto descobre ser a Moreninha o seu primeiro amor. Cumpria-se o destino e o protagonista, muito feliz, perdia a aposta, cujo prêmio era escrever seu próprio romance.

PAES, José Paulo; MOISÉS, Massaud (Org.). *Pequeno dicionário de Literatura Brasileira*. São Paulo: Cultrix, 1969. p. 168.

Transcrevemos, a seguir, um fragmento do primeiro capítulo e o epílogo. Leia esses textos e faça as atividades propostas.

A Moreninha

Capítulo I – Aposta imprudente

Joaquim Manuel de Macedo

[...]

– Que vaidoso! ... te digo eu, exclamou Filipe.

– Ora, esta não é má!... Então vocês querem governar meu coração?...

– Não; porém, eu torno a afirmar que tu amarás uma de minhas primas durante todo o tempo que for da vontade dela.

– Que mimos de amor que são as primas deste senhor!...

– Eu te mostrarei.

– Juro que não.

– Aposto que sim.

– Aposto que não.

– Papel e tinta, escreva-se a aposta.

– Mas tu me dás muita vantagem e eu rejeitaria a menor. Tens apenas duas primas; é um número de feiticeiras muito limitado. Não sejam só elas as únicas magas que em teu favor invoquem para me encantar. Meus sentimentos ofendem, talvez, a vaidade de todas as belas e todas as belas, pois, tenham o direito de te fazer ganhar a aposta, meu valente campeão do amor constante!

– Como quiseres, mas escreve.

– E quem perder?...

– Pagarás a todos nós um almoço no Pharoux, disse Fabrício.

– Qual almoço! acudiu Leopoldo. Pagará um camarote no primeiro drama novo que representar o nosso João Caetano.

– Nem almoço, nem camarote, concluiu Filipe; se perderes, escreverás a história da tua derrota, e se ganhares, escreverei o triunfo da tua inconstância.

– Bem, escrever-se-á um romance, e um de nós dois, o infeliz, será o autor.

Augusto escreveu primeira, segunda e terceira vez o termo da aposta, mas depois de longa e vigorosa discussão, em que qualquer dos quatro falou duas vezes sobre a matéria, uma para responder e dez ou doze pela ordem; depois de se oferecerem quinze emendas e vinte artigos aditivos, caiu tudo por grande maioria, e entre bravos, apoiados e aplausos, foi aprovado, salva a redação, o seguinte termo:

"No dia 20 de julho de 18... na sala parlamentar da casa no.... da rua de..., sendo testemunhas os seguintes estudantes Fabrício e Leopoldo, acordaram Filipe e Augusto, também estudantes, que, se até o dia 20 de agosto do corrente ano, o segundo acordante tiver amado a uma só mulher durante quinze dias ou mais, será obrigado a escrever um romance em que tal acontecimento confesse; e, no caso contrário, igual pena sofrerá o primeiro acordante. Sala parlamentar, 20 de julho de 18... Salva a redação."

Como testemunhas: Fabrício e Leopoldo.

Acordantes: Filipe e Augusto.

E eram oito horas da noite quando se levantou a sessão.

Ulhôa Cintra/Arquivo da editora

Epílogo

A chegada de Filipe, Fabrício e Leopoldo veio dar ainda mais viveza ao prazer que reinava na gruta. O projeto de casamento de Augusto e D. Carolina não podia ser um mistério para eles, tendo sido, como foi, elaborado por Filipe, de acordo com o pai do noivo, que fizera a proposta, e com o velho amigo, que ainda no dia antecedente viera concluir os ajustes com a senhora D. Ana; e, portanto, o tempo que se gastaria em explicações, passou-se em abraços.

– Muito bem! muito bem! disse por fim Filipe; quem pôs o fogo ao pé da pólvora fui eu, eu que obriguei Augusto a vir passar o dia de Sant'Ana conosco.

– Então estás arrependido?...

– Não, por certo, apesar de me roubares minha irmã. Finalmente para este tesouro sempre teria de haver um ladrão; ainda bem que foste tu que o ganhaste.

– Mas, meu maninho, ele perdeu ganhando...

– Como?...

– Estamos no dia 20 de agosto: um mês!

– É verdade! um mês!... exclamou Filipe.

– Um mês!... gritaram Fabrício e Leopoldo.

– Eu não entendo isto! disse a senhora D. Ana.

– Minha boa avó, acudiu a noiva, isto quer dizer que, finalmente, está presa a borboleta.

– Minha boa avó, exclamou Filipe, isto quer dizer que Augusto deve-me um romance.

– Já está pronto, respondeu o noivo.

– Como se intitula?

– "A Moreninha".

Disponível em: <www.dominiopublico.gov.br>. Acesso em: 29 abr. 2014.

Atividades

1. *A Moreninha* apresenta uma descrição dos costumes do Rio de Janeiro imperial (à semelhança da maioria dos romances românticos urbanos, é o Rio de D. Pedro II). Aponte duas passagens do texto em que isso ocorre.

2. Observe que, entre o primeiro capítulo e o epílogo, o tempo transcorrido foi de apenas um mês (20 de julho a 20 de agosto de 18...); nesse curto espaço de tempo, o par romântico se conheceu, apaixonou-se e marcou o casamento. Você diria que *A Moreninha* está perfeitamente dentro dos valores românticos? Justifique a resposta.

José de Alencar e seu projeto de literatura nacional

Ao publicar *Sonhos d'ouro*, em 1872, José de Alencar escreveu um prólogo, sob o título de "Bênção paterna", que se tornaria célebre; nele, o romancista traça o que seria o grande plano de sua obra romanesca. Vale a pena a reprodução de alguns trechos:

Bênção paterna

José de Alencar

A literatura nacional que outra cousa é senão a alma da pátria, que transmigrou para este solo virgem com uma raça ilustre, aqui impregnou-se da seiva americana desta terra que lhe serviu de regaço [...]?

O período orgânico desta literatura conta já três fases.

A primitiva, que se pode chamar aborígine, são as lendas e mitos da terra selvagem e conquistada; são as tradições que embalaram a infância do povo, e ele escutava como o filho a quem a mãe acalenta no berço com as canções da pátria, que abandonou.

Iracema pertence a essa literatura primitiva [...].

O segundo período é histórico: representa o consórcio do povo invasor com a terra americana, que dele recebia a cultura, e lhe retribuía nos eflúvios de sua natureza virgem e nas reverberações de um solo esplêndido.

[...]

É a gestação lenta do povo americano, que devia sair da estirpe lusa, para continuar no novo mundo as gloriosas tradições de seu progenitor. Esse período colonial terminou com a independência.

A ele pertencem *O guarani* e *As minas de prata*.

A terceira fase, a infância de nossa literatura, começada com a independência política, ainda não terminou; espera escritores que lhe deem os últimos traços e formem o verdadeiro gosto nacional, fazendo calar as pretensões hoje tão acesas, de nos recolonizarem pela alma e pelo coração, já que não o podem pelo braço.

ALENCAR, José. *Sonhos d'ouro*. Disponível em: <www.ebooksbrasil.org>. Acesso em: 18 jun. 2014.

Ao analisarmos a obra de Alencar, percebemos nitidamente a intenção do autor em traçar um grande painel do Brasil, cobrindo-o por inteiro: o período colonial, com os romances *Ubirajara*, *Iracema*, *O guarani*, *As minas de prata*; a sociedade rural, com os romances *Til* e *O tronco do ipê*; o Norte, com *O sertanejo*; o Sul, com *O gaúcho*; o Rio de Janeiro urbano do século XIX, com *Cinco minutos*, *A viuvinha*, *A pata da gazela*, *Sonhos d'ouro*, *Encarnação*, *Lucíola*, *Diva* e *Senhora*.

José Martiniano de Alencar

José Martiniano de Alencar (1829-1877) nasceu no Ceará. Foi romancista, cronista, ensaísta, dramaturgo e político. Em seus primeiros anos de vida, viaja muito pelo Brasil devido à carreira política do pai. Cursou faculdade de Direito em São Paulo e Olinda, período em que publica artigos e crônicas em revistas literárias e jornais. Em 1857, escreve o romance *O guarani*, conquistando lugar de destaque no Romantismo e na tradição da literatura brasileira. Após a morte do pai, Alencar ingressa na carreira política pelo Partido Conservador, em 1860. *Iracema*, outra obra literária consagrada de sua autoria, é publicado em 1865; é alvo de críticas, na época, por representar excessiva liberdade com a língua portuguesa, segundo os critérios da época. Alencar morre no Rio de Janeiro, vítima da tuberculose.

Reprodução/Museu Histórico Nacional, Rio de Janeiro, RJ.

Iracema e a formação do povo brasileiro

Em seus romances indianistas, José de Alencar defende o "consórcio" entre o nativo e o europeu colonizador como uma troca de favores: uns ofereciam a natureza virgem, o solo esplêndido; outros, a cultura. Da soma desses fatores resultaria um Brasil independente. Isto se percebe claramente no romance *O guarani*, na relação entre Peri e a família de D. Antônio de Mariz, e no romance *Iracema*, na relação da índia com o português Martim: Moacir, filho de Iracema e Martim, é o primeiro brasileiro, fruto desse casamento de colonizadores e colonizados.

Iracema é um romance cearense; aliás, seu título completo é *Iracema – lenda do Ceará*. A dedicatória é coerente: "À Terra Natal – um filho ausente". No prólogo da primeira edição, o autor afirma: "O livro é cearense. Foi imaginado aí, na limpidez desse céu de cristalino azul, e depois vazado no coração cheio de recordações vivazes de uma imaginação virgem. Escrevi-o para ser lido lá, na varanda da casa rústica ou na fresca sombra do pomar, ao doce embalo da rede, entre os murmúrios do vento que crepita na areia ou farfalha nas palmas dos coqueiros".

A seguir, leia um trecho do segundo capítulo dessa obra e faça as atividades propostas.

LENDO O TEXTO

Iracema

Capítulo II

José de Alencar

Iracema, de José Maria de Medeiros, 1881.

Além, muito além daquela serra, que ainda azula no horizonte, nasceu **Iracema**.

Iracema, a virgem dos lábios de mel, que tinha os cabelos mais negros que a asa da graúna, e mais longos que seu talhe de palmeira.

O favo da **jati** não era doce como seu sorriso; nem a baunilha recendia no bosque como seu hálito perfumado.

Mais rápida que a ema selvagem, a morena virgem corria o sertão e as matas do **Ipu**, onde campeava sua guerreira tribo, da grande nação **tabajara**. O pé grácil e nu, mal roçando, alisava apenas a verde pelúcia que vestia a terra com as primeiras águas.

Um dia, ao pino do sol, ela repousava em um claro da floresta. Banhava-lhe o corpo a sombra da **oiticica**, mais fresca do que o orvalho da noite. Os ramos da acácia silvestre **esparziam** flores sobre os úmidos cabelos. Escondidos na folhagem, os pássaros ameigavam o canto.

Iracema saiu do banho; o **aljôfar** d'água ainda a **roreja**, como à doce **mangaba** que corou em manhã de chuva. Enquanto repousa, empluma das penas do **gará** as flechas de seu arco; e concerta com o sabiá da mata, pousado no galho próximo, o canto agreste.

A graciosa **ará**, sua companheira e amiga, brinca junto dela. Às vezes sobe aos ramos da árvore e de lá chama a virgem pelo nome; outras, remexe o **uru** de palha matizada, onde traz a selvagem seus perfumes, os alvos fios de **crautá**, as agulhas da **juçara** com que tece a renda, e as tintas de que matiza o algodão.

Rumor suspeito quebra a doce harmonia da **sesta**. Ergue a virgem os olhos, que o sol não deslumbra; sua vista perturba-se.

Diante dela e todo a contemplá-la, está um guerreiro estranho, se é guerreiro e não algum mau espírito da floresta. Tem nas faces o branco das areias que bordam o mar, nos olhos o azul triste das águas profundas. **Ignotas** armas e tecidos ignotos cobrem-lhe o corpo.

Foi rápido, como o olhar, o gesto de Iracema. A flecha embebida no arco partiu. Gotas de sangue borbulham na face do desconhecido.

De primeiro ímpeto, a mão **lesta** caiu sobre a cruz da espada; mas logo sorriu. O moço guerreiro aprendeu na religião de sua mãe, onde a mulher é símbolo de ternura e amor. Sofreu mais d'alma que da ferida.

O sentimento que ele pôs nos olhos e no rosto, não o sei eu. Porém a virgem lançou de si o arco e a **uiraçaba**, e correu para o guerreiro, sentida da mágoa que causara. A mão que rápida ferira, estancou mais rápida e compassiva o sangue que gotejava. Depois Iracema **quebrou a flecha** homicida; deu a haste ao desconhecido, guardando consigo a ponta farpada.

O guerreiro falou:

– Quebras comigo a flecha da paz?

– Quem te ensinou, guerreiro branco, a linguagem de meus irmãos? Donde vieste a estas matas, que nunca viram outro guerreiro como tu?

aljôfar: orvalho da manhã; pérola miúda.

ará: periquito; os indígenas, como aumentativo, usavam repetir a última sílaba da palavra e às vezes toda a palavra, como *murémuré*. *Muré*, "frauta", *murémuré*, "frauta grande". *Arara* vinha a ser, pois, o aumentativo de *ará*, e significaria a espécie maior do gênero.

crautá: bromélia vulgar de que se tiram fibras tão ou mais finas que as de linho.

esparziam: espalhavam, derramavam.

gará: ave aquática, de penas avermelhadas, conhecida por *guará*.

Ipu: assim chamam ainda hoje no Ceará a certa qualidade de terra muito fértil, que forma grandes coroas ou ilhas no meio dos tabuleiros e sertões, e é de preferência procurada para a cultura.

ignotas: desconhecidas.

Iracema: em guarani significa "lábios de mel" – de *ira*, "mel", e *tembe*, "lábios". *Tembe* na composição altera-se em *ceme*. Iracema é também anagrama da palavra *América* (notar que *Iracema* é a personificação do Novo Mundo americano; Martim, o guerreiro branco, é a personificação do conquistador europeu).

jati: pequena abelha que fabrica delicioso mel.

– Venho de bem longe, filha das florestas. Venho das terras que teus irmãos já possuíram, e hoje têm os meus.

– Bem-vindo seja o estrangeiro aos campos dos tabajaras, senhores das aldeias, e à cabana de Araquém, pai de Iracema.

ALENCAR, José de. *Iracema*. São Paulo: Scipione, 2004. p. 10-11.

juçara: palmeira de grandes espinhos, dos quais se servem ainda hoje para dividir os fios da renda.

lesta: rápida, ligeira, ágil.

mangaba: o fruto da mangabeira.

oiticica: árvore frondosa, apreciada pela deliciosa frescura que derrama sua sombra.

quebrar a flecha: era entre os indígenas a maneira simbólica de estabelecerem a paz entre as diversas tribos, ou mesmo entre dois guerreiros inimigos. Desde já advertimos que não se estranhe a maneira por que o estrangeiro se exprime falando com os selvagens; ao seu perfeito conhecimento dos usos e língua dos indígenas, e sobretudo a ter-se conformado com eles a ponto de deixar os trajes europeus e pintar-se, deveu Martins Soares Moreno a influência que adquiriu entre os índios do Ceará.

roreja: molha com pequenas gotas.

sesta: hora em que se descansa após o almoço.

tabajara: senhor das aldeias; de *taba*, "aldeia", e *jara*, "senhor".

uiraçaba: pequeno estojo para guardar as flechas.

uru: cestinho que servia de cofre às selvagens para guardar seus objetos de mais preço e valor.

Nota: Os verbetes sublinhados são do próprio José de Alencar, nas "Notas" ao romance *Iracema*.

Atividades

1. A descrição de Iracema caracteriza um personagem romântico? Por quê?
2. Que tipo de relação Alencar estabelece entre Iracema e a natureza?
3. Comente a linguagem utilizada pelo autor no fragmento apresentado.
4. Destaque do texto uma passagem caracterizada pela exaltação da natureza pátria.
5. O ato de quebrar a flecha, além de simbolizar a paz entre Iracema e o guerreiro, adquire outro significado. Qual?

Em *Senhora*, um perfil de mulher criado por Alencar

Nossa proposta é que você leia o trecho a seguir, um fragmento do capítulo IV de *Senhora*, em que Alencar descreve a "revolução" que se opera no espírito de Aurélia Camargo ao tratar de negócios. Para poder acompanhar o desenrolar da história, é fundamental saber que, no passado, Aurélia Camargo, moça pobre e órfã de pai, fica noiva de Fernando Seixas, rapaz de boa índole, mas desfibrado pelo desejo de carreira fácil e brilhante. Em parte pelo fato de ser pobre, em parte pela esperança de conseguir um bom partido, Fernando abandona a noiva, que se desilude dos homens.

Inesperadamente, morre o avô de Aurélia, deixando-a milionária. Movida por vários impulsos, a moça, mantendo segredo sobre seu nome, manda propor casamento a Fernando mediante o dote de cem contos, quantia avultadíssima na época. Envolvido em dificuldades financeiras, o rapaz aceita e só mais tarde descobre quem é a noiva. Na noite do casamento, Aurélia, manifestando profundo desprezo, comunica-lhe que viverão um casamento de aparência apenas. Fernando compreende o sentido da compra a que se sujeitara e toma consciência de sua leviandade.

Numa espécie de longo duelo, marido e mulher se põem à prova, até que Fernando consegue a soma necessária para devolver o que recebera e propõe a separação. Nesse meio-tempo, seu caráter se forjara, enquanto se abrandava a dureza de Aurélia. O desenlace é a reconciliação de ambos, cujo amor havia crescido com a experiência.

No excerto que você vai ler, observe que a jovem heroína assume comportamentos "masculinos" ao realizar tarefas que, na sociedade brasileira do século XIX, só competiam aos homens. Esse trecho nos oferece uma amostra de qual era o ponto de vista de José de Alencar sobre a sociedade da época.

LENDO O TEXTO

Senhora

Capítulo IV

José de Alencar

[...]

Quem observasse Aurélia naquele momento, não deixaria de notar a nova fisionomia que tomara o seu belo semblante e que influía em toda a sua pessoa.

Era uma expressão fria, pausada, inflexível, que jaspeava sua beleza, dando-lhe quase a gelidez da estátua. Mas no lampejo de seus grandes olhos pardos brilhavam

Vera Basile/Arquivo da editora

as irradiações da inteligência. Operava-se nela uma revolução. O princípio vital da mulher abandonava seu foco natural, o coração, para concentrar-se no cérebro, onde residem as faculdades especulativas do homem.

Nessas ocasiões seu espírito adquiria tal lucidez que fazia correr um calafrio pela medula do Lemos, apesar do lombo maciço de que a natureza havia forrado no roliço velhinho o tronco do sistema nervoso.

Era realmente de causar pasmo aos estranhos e susto a um tutor, a perspicácia com que essa moça de dezoito anos apreciava as questões mais complicadas; o perfeito conhecimento que mostrava dos negócios, e a facilidade com que fazia, muitas vezes de memória, qualquer operação aritmética por muito difícil e intrincada que fosse.

Não havia porém em Aurélia nem sombra do ridículo pedantismo de certas moças que, tendo colhido em leituras superficiais algumas noções vagas, se metem a tagarelar de tudo.

Bem ao contrário, ela recatava sua experiência, de que só fazia uso, quando o exigiam seus próprios interesses. Fora daí ninguém lhe ouvia falar de negócios e emitir opinião acerca de coisas que não pertencessem à sua especialidade de moça solteira.

[...]

ALENCAR, José de. *Senhora*. São Paulo: Scipione, 2004. p. 15.

Atividades

1. Comente a "revolução" que se operou em Aurélia.
2. Releia o penúltimo parágrafo e, a partir da expressividade dos adjetivos, estabeleça um paralelo entre Aurélia e "certas moças" da sociedade.
3. Em outro trecho do mesmo romance, assim se manifesta o narrador:

   Aurélia era órfã; tinha em sua companhia uma velha parenta, viúva, D. Firmina Mascarenhas, que sempre a acompanhava na sociedade.

   Mas essa parenta não passava de mãe de encomenda, para condescender com os escrúpulos da sociedade brasileira, que naquele tempo não tinha admitido ainda certa emancipação feminina.

   a) Pelos trechos lidos, como o narrador vê a emancipação da mulher?
   b) E como o narrador vê a sociedade brasileira?
4. Em um exercício de imaginação, cite três assuntos que pertençam à "especialidade de moça solteira".

TEXTO E INTERTEXTO

A democracia racial de Martius

No século XIX, uma das principais preocupações que atormentavam as elites brasileiras era a questão da delimitação de uma identidade nacional. Essa identidade estaria invariavelmente ligada à escrita da história e da literatura do Brasil, elementos fundamentais para a formação de uma cultura do Estado agora independente. Durante aproximadamente três séculos, o Brasil havia sido colônia de Portugal, terreno de uma exploração econômica voltada à exportação de gêneros tropicais para o mercado europeu, e onde portugueses, índios e negros, dispostos em torno de um sistema econômico e social dominado pelo elemento branco, misturaram-se dando origem a uma população mestiça e heterogênea. Durante o Império, as elites luso-brasileiras precisavam elaborar uma cultura para a jovem nação brasileira, que mostrasse um passado do qual pudessem se orgulhar. Carl F. P. von Martius – botânico bávaro, integrante de uma missão científica que percorreu o Brasil do Rio de Janeiro ao Amazonas durante os anos de 1817 e 1820, realizando pesquisas e coletando informações – foi o vencedor de um concurso realizado pelo Instituto Histórico e Geográfico Brasileiro, cujo tema era desenvolver uma tese sobre como se deveria escrever a história do Brasil. Em sua tese, Martius lançou as bases do que seria o mito da "democracia racial" brasileira. Para ele, a identidade brasileira deveria ser buscada no que mais singularizava o Brasil: a mescla de raças, mas com o detalhe de que essa mescla teria sempre o elemento branco como o principal fator. A metáfora a seguir é clara e apela à pujança da natureza brasileira: "O sangue português, em um poderoso rio, deverá absorver os pequenos confluentes das raças índias e etiópicas [...]". O texto de Martius, na maioria de suas propostas, atendia bem aos interesses das elites luso-brasileiras: propunha uma nação de padrão europeu, civilizada e sob o domínio dissimulado do branco.

O guarani

IV – Caçada

José de Alencar

Quando a **cavalgata** chegou à margem da clareira, aí se passava uma cena curiosa.

Em pé, no meio do espaço que formava a grande abóbada de árvores, encostado a um velho tronco decepado pelo raio, via-se um índio na flor da idade.

Uma simples túnica de algodão, a que os indígenas chamavam aimará, apertada à cintura por uma faixa de penas escarlates, caía-lhe dos ombros até ao meio da perna, e desenhava o talhe delgado e esbelto como um junco selvagem.

Sobre a alvura diáfana do algodão, a sua pele, cor do cobre, brilhava com reflexos dourados; os cabelos pretos cortados rentes, a tez lisa, os olhos grandes com os cantos exteriores erguidos para a fronte; a pupila negra, móbil, cintilante; a boca forte mas bem modelada e guarnecida de dentes alvos, davam ao rosto pouco oval a beleza inculta da graça, da força e da inteligência.

Tinha a cabeça cingida por uma fita de couro, à qual se prendiam do lado esquerdo duas plumas matizadas, que descrevendo uma longa espiral, vinham rogar com as pontas negras o pescoço flexível.

Era de alta estatura; tinha as mãos delicadas; a perna ágil e nervosa, ornada com uma **axorca** de frutos amarelos, apoiava-se sobre um pé pequeno, mas firme no andar e veloz na corrida. Segurava o arco e as flechas com a mão direita caída, e com a esquerda mantinha verticalmente diante de si um longo forcado de pau enegrecido pelo fogo.

[...]

ALENCAR, José de. *O guarani*. Disponível em: <www.educadores.diaadia.pr.gov.br>. Acesso em: 29 abr. 2014.

Macunaíma

Capítulo I

Mário de Andrade

No fundo do mato-virgem nasceu **Macunaíma**, herói de nossa gente. Era preto retinto e filho do medo da noite. Houve um momento em que o silêncio foi tão grande escutando o murmurejo do **Uraricoera**, que a índia **tapanhumas** pariu uma criança feia. Essa criança é que chamaram de Macunaíma.

Já na meninice fez coisas de **sarapantar**. De primeiro passou mais de seis anos não falando. Si o incitavam a falar exclamava:

– Ai! que preguiça!...

e não dizia mais nada. Ficava no canto da maloca, trepado no **jirau de paxiúba**,

axorca: argola usada como adorno nos braços e pernas.

cavalgata: o mesmo que cavalgada; reunião de pessoas a cavalo.

jirau de paxiúba: estrado de varas (jirau) feito com fibras de palmeira (paxiúba).

Macunaíma: figura da mitologia indígena, recolhida por Mário de Andrade no livro *Vom Roraima zum Orinoco*, do etnólogo alemão Theodor Koch--Grünberg, que, entre 1911 e 1913, fez pesquisas junto às tribos do extremo norte do Brasil. Segundo o alemão, "o nome do mais elevado herói da tribo, Macunaíma, contém como partes componentes a palavra *macku*, 'mau' e o sufixo aumentativo *-ima*, 'grande'".

sarapantar: espantar.

tapanhumas: povo indígena lendário, com características físicas de negros, em terras do Brasil.

Uraricoera: rio localizado no norte de Roraima. É um dos formadores do rio Branco.

Reprodução/Arquivo da editora

Água forte de Carybé para edição especial de *Macunaíma*.

espiando o trabalho dos outros e principalmente os dois manos que tinha, Maanape já velhinho e Jiguê na força de homem. O divertimento dele era decepar cabeça de saúva. Vivia deitado mas si punha os olhos em dinheiro, Macunaíma dandava pra ganhar vintém. E também espertava quando a família ia tomar banho no rio, todos juntos e nus. Passava o tempo do banho dando mergulho, e as mulheres soltavam gritos gozados por causa dos **guaimuns** diz-que habitando a água-doce por lá. No mucambo si alguma **cunhatã** se aproximava dele pra fazer festinha, Macunaíma punha a mão nas graças dela, cunhatã se afastava. Nos machos guspia na cara. Porém respeitava os velhos e frequentava com aplicação a murua a poracê o torê o bacorocô a cucuicogue, todas essas danças religiosas da tribo.

Quando era pra dormir trepava no **macuru** pequeninho sempre se esquecendo de mijar. Como a rede da mãe estava por debaixo do berço, o herói mijava quente na velha, espantando os mosquitos bem. Então adormecia sonhando palavras-feias, imoralidades estrambólicas e dava patadas no ar.

Nas conversas das mulheres no pino do dia o assunto era sempre as peraltagens do herói. As mulheres se riam muito simpatizadas, falando que "espinho que pinica, de pequeno já traz ponta", e numa pajelança Rei Nagô fez um discurso e avisou que o herói era inteligente.

ANDRADE, Mário de. *Macunaíma, o herói sem nenhum caráter*. 16. ed. São Paulo: Martins, 1973. p. 9-10.

cunhatã: moça.
guaimuns: (ou guaiamuns) espécie de caranguejo.
macuru: na Amazônia, balanço feito de pano e cipó, usado como berço.

Atividades

1. O primeiro fragmento apresentado, em que aparece o herói Peri, pertence ao romance romântico *O guarani*, de José de Alencar, publicado em 1857. O segundo, em que também se descreve um herói, é o início do romance modernista *Macunaíma*, de Mário de Andrade, publicado em 1928. Comente a concepção de herói de cada um.
2. É muito comum, no Romantismo, os autores se esforçarem para integrar os protagonistas à natureza. Destaque uma passagem do texto de Alencar em que isso ocorre.
3. Tanto os autores românticos como os modernistas procuravam se expressar em uma "língua brasileira", embora com concepções distintas. Para Mário de Andrade, quais são as características dessa "língua brasileira"? Dê um exemplo de construção de frase, um de vocabulário e outro de ortografia.
4. Mário de Andrade mistura os mais diferentes traços culturais que influenciaram o homem brasileiro. Na frase "numa pajelança Rei Nagô...", temos um exemplo de qual tipo de "mistura"?

O romance picaresco de Manuel Antônio de Almeida

Memórias de um sargento de milícias, escrito por Manuel Antônio de Almeida e publicado originalmente em 1854, é uma obra totalmente inovadora para sua época e pode ser considerada o verdadeiro romance de costumes do Romantismo brasileiro, pois abandona a visão da burguesia urbana para retratar o povo em toda a sua simplicidade. O romance é o documento de uma época, descrita com malícia, humor e sátira: o período de D. João VI no Brasil, justamente o momento das maiores transformações, da mudança da mentalidade colonial para a vida da corte.

As *Memórias* ferem a "sensibilidade romântica" já na figura de seu herói. Comparado aos modelos românticos, o protagonista Leonardinho é um anti-herói; melhor seria dizer um **herói picaresco**, aquele que está à margem da sociedade, que a vê sob outro ângulo, de baixo para cima.

Além de ser o primeiro romance urbano do país, revela-se uma das narrativas mais interessantes da literatura brasileira, publicada em folhetins semanais do suplemento "Pacotilha", do jornal *Correio Mercantil*. Segundo Mário de Andrade, "um dos grandes méritos das *Memórias de um sargento de milícias* é serem um tesouro muito rico das coisas e costumes das vésperas da Independência".

Reprodução/Arquivo da editora

Manuel Antônio de Almeida

Manuel Antônio de Almeida (1830-1861) nasceu no Rio de Janeiro. Cursou faculdade de Medicina entre 1849 e 1855. As dificuldades financeiras o levaram a atuar como jornalista e escritor. Entre os anos de 1852 e 1853, escreveu, anonimamente, os folhetins que compõem seu único romance, *Memórias de um sargento de milícias*, que o autor publica em livro pela primeira vez em 1854 com o pseudônimo de "Um brasileiro". Seu nome é registrado apenas na terceira edição, já póstuma, de 1863.

LENDO O TEXTO

Memórias de um sargento de milícias

Capítulo I – Origem, nascimento e batizado

(fragmento)

Manuel Antônio de Almeida

Sua história tem pouca cousa de notável. Fora Leonardo **algibebe** em Lisboa, sua pátria; aborrecera-se porém do negócio, e viera ao Brasil. Aqui chegando, não se sabe por proteção de quem, alcançou o emprego de que o vemos empossado, e que exercia, como dissemos, desde tempos remotos. Mas viera com ele no mesmo navio, não sei fazer o que, uma certa Maria-da-Hortaliça, quitandeira das praças de Lisboa, **saloia** rechonchuda e bonitona. O Leonardo, fazendo-se-lhe justiça, não era nesse tempo de sua mocidade mal apessoado, e sobretudo era **maganão**. Ao sair do Tejo, estando a Maria encostada à borda do navio, o Leonardo fingiu que passava distraído por junto dela, e com o ferrado sapatão assentou-lhe uma valente pisadela no pé direito. A Maria, como se já esperasse por aquilo, sorriu-se como envergonhada do gracejo, e deu-lhe também em ar de disfarce um tremendo beliscão nas costas da mão esquerda. Era isto uma declaração em forma, segundo os usos da terra; levaram o resto do dia de namoro cerrado; ao anoitecer passou-se a mesma cena de pisadela e beliscão, com diferença de serem desta vez um pouco mais fortes; e no dia seguinte estavam os dois amantes tão extremosos e familiares, que pareciam sê-lo de muitos anos.

algibebe: aquele que vende roupas baratas. O autor nos dá informações sobre o passado de Leonardo.

maganão: espertalhão, malicioso, conquistador.

saloia: empregada como substantivo, *saloia* é a camponesa dos arredores de Lisboa, mulher rústica; como adjetivo, significa "mulher ardilosa", "finória", "velhaca". Manuel A. de Almeida trabalha a palavra *saloia* nos dois sentidos: "saloia (camponesa) rechonchuda e bonitona"; "Afinal de contas a Maria sempre era saloia (ardilosa)".

Montagem do livro *Memórias de um sargento de milícias* sobre a caricatura de Belmonte.

Quando saltaram em terra começou a Maria a sentir certos **enojos**; foram os dois morar juntos; e daí a um mês manifestaram-se claramente os efeitos da pisadela e do beliscão; sete meses depois teve Maria um filho, formidável menino de quase três palmos de comprido, gordo e vermelho, cabeludo, esperneador e chorão; o qual, logo depois que nasceu, mamou duas horas seguidas sem largar o peito. E este nascimento é certamente de tudo o que temos dito o que mais nos interessa, porque o menino de quem falamos é o herói desta história.

enojos: náusea, enjoo. O autor inicia, assim, a sequência de fatos que indicam os "efeitos da pisadela e do beliscão" – a gravidez de Maria e o nascimento do herói.

Capítulo II – Primeiros infortúnios (fragmento)

[...]

Logo que pôde andar e falar tornou-se um **flagelo**; quebrava e rasgava tudo que lhe vinha à mão. Tinha uma paixão decidida pelo chapéu armado do Leonardo; se este o deixava por esquecimento em algum lugar ao seu alcance, tomava-o imediatamente, espanava com ele todos os móveis, punha-lhe dentro tudo que encontrava, esfregava-o em uma parede, e acabava por varrer com ele a casa; até que a Maria, exasperada pelo que aquilo lhe havia de custar aos ouvidos, e talvez às costas, arrancava-lhe das mãos a vítima infeliz. Era, além de **traquinas**, guloso; quando não traquinava, comia. A Maria não lhe perdoava; trazia-lhe bem maltratada uma região do corpo; porém ele não se emendava, que era também teimoso, e as travessuras recomeçavam mal acabava a dor das palmadas.

Assim chegou aos sete anos.

Afinal de contas a Maria sempre era saloia, e o Leonardo começava a arrepender-se seriamente de tudo que tinha feito por ela e com ela. E tinha razão, porque, digamos depressa e sem mais cerimônia, havia ele desde certo tempo concebido fundadas suspeitas de que era atraiçoado. Havia alguns meses atrás tinha notado que um certo sargento passava-lhe muitas vezes pela porta, e enfiava olhares curiosos através das **rótulas**: uma ocasião, recolhendo-se, parecera-lhe que o vira encostado à janela. Isto porém passou sem mais novidade.

Depois começou a estranhar que um certo colega seu o procurasse em casa, para tratar de negócios do ofício, sempre em horas desencontradas: porém isto também passou breve. Finalmente aconteceu por três ou quatro vezes esbarrar-se junto de casa com o capitão do navio em que tinha vindo de Lisboa, e isto causou-lhe sérios cuidados. Um dia de manhã entrou sem ser esperado pela porta adentro; alguém que estava na sala abriu precipitadamente a janela, saltou por ela para a rua, e desapareceu.

À vista disso nada a duvidar: o pobre homem **perdeu**, como se costumava dizer, **as estribeiras**; ficou cego de ciúme. Largou apressado sobre um banco uns **autos** que trazia embaixo do braço, e endireitou para Maria com os punhos cerrados.

autos: papéis, documentos, peças de um processo. Leonardo, o pai, era meirinho, isto é, oficial de Justiça, responsável pela entrega de documentos.

flagelo: pessoa que provoca desastres, que causa calamidades.

perder as estribeiras: expressão popular que significa "perder o controle da situação", ou seja, perder a paciência.

rótulas: grades feitas com sarrafos de madeira cruzados, que se colocavam nas aberturas das janelas (modernamente seriam as venezianas).

traquinas: travesso.

– Grandessíssima!...

E a injúria que ia soltar era tão grande que o engasgou... e pôs-se a tremer com todo o corpo.

A Maria recuou dous passos e pôs-se em guarda, pois também não era das que se receava com qualquer cousa.

– Tira-te lá, ó Leonardo!

– Não chames mais pelo meu nome, não chames... que tranco-te esta boca a socos...

– **Safe-se daí**! quem lhe mandou pôr-se aos namoricos comigo a bordo?

Isto exasperou o Leonardo; a lembrança do amor aumentou-lhe a dor da traição e o ciúme e a raiva de que se achava possuído transbordaram em socos sobre a Maria, que depois de uma tentativa inútil de resistência, desatou a correr, a chorar e a gritar:

– Ai... ai... acuda, Senhor Compadre... Senhor Compadre!...

Porém o compadre ensaboava nesse momento a cara de um freguês e não podia largá-lo. Portanto a Maria pagou caro e por junto todas as contas. Encolheu-se a choramingar em um canto.

O menino assistira a toda essa cena com imperturbável sangue-frio: enquanto a Maria apanhava e o Leonardo esbravejava, ele ocupava-se tranquilamente em rasgar as folhas dos autos que este tinha largado ao entrar, e em fazer delas uma grande coleção de cartuchos.

Quando, esmorecida a raiva, o Leonardo pôde ver alguma cousa mais do que ciúme, reparou então na obra meritória em que se ocupava o pequeno. Enfureceu-se de novo: suspendeu o menino pelas orelhas, fê-lo dar no ar uma meia-volta, ergue o pé direito, assenta-lhe em cheio sobre os glúteos, atirando-o sentado a **quatro braças** de distância.

– És filho de uma pisadela e de um beliscão; mereces que um pontapé te acabe a **casta**.

[...]

ALMEIDA, Manuel Antônio de. *Memórias de um sargento de milícias*.
Disponível em: <www.dominiopublico.gov.br>.
Acesso em: 29 abr. 2014.

casta: raça.

quatro braças: cerca de oito metros; braça é uma antiga unidade de medida, equivalente a aproximadamente dois metros.

safe-se daí: essa expressão tem valor de interjeição; normalmente exprime repugnância; *safar-se de* significa "livrar-se de um perigo"; "escapar".

Atividades

1. A partir da leitura dos fragmentos apresentados, comente o papel do narrador em *Memórias de um sargento de milícias* e transcreva uma passagem da narrativa para justificar a resposta.

2. "... o menino de quem falamos é o herói desta história". A partir dos fragmentos apresentados, caracterize o herói Leonardinho.

3. Você observou que Manuel A. de Almeida coloca Leonardinho, literalmente, como filho de uma brincadeira (pisadela e beliscão) e filho de uma... senhora de hábitos extraconjugais pouco ortodoxos. Nosso herói se relaciona com gente que vivia à margem da sociedade bem-posta do Rio de Janeiro que acabava de receber D. João VI e a Corte lusitana, aproximando-se de um tipo de personagem que fez sucesso na novelística espanhola: o **herói picaresco**.

   Você diria que essa caracterização está perfeitamente de acordo com os valores românticos? Justifique sua resposta.

4. "... arrancava-lhe das mãos a vítima infeliz." (primeiro parágrafo do capítulo II)

   Essa passagem nos oferece um bom exemplo do estilo leve do autor. Quem é a "vítima infeliz" da passagem acima?

5. Cite outros momentos hilariantes do texto.

6. Destaque uma passagem do texto que comprove ser a narrativa uma crônica de costumes.

Velhos temas novas leituras

O ROMANCE GANHA AS PÁGINAS DOS JORNAIS

Com as transformações surgidas a partir da Revolução Industrial, mudaram as formas de produção de mercadorias que passaram a se desenvolver de acordo com os avanços tecnológicos, a descoberta de novas fontes de energia e o aprimoramento dos meios de transporte. Como não poderia deixar de ser, tais mudanças interferiam também na criação, circulação e usufruto de obras artísticas. No campo literário, tornaram-se mais modernos e dinâmicos os meios de impressão e circulação de livros; além do mais, a consolidação da imprensa diária teve um efeito de grande repercussão para os literatos, que agora podiam atuar, como cronistas e redatores, nos meios jornalísticos. Surgia, assim, a figura do escritor profissional, capaz de viver com os rendimentos obtidos através do trabalho com as letras.

No século XIX, a narrativa romântica encontrou dois principais meios de difusão: o livro e o folhetim. O romance transformou-se, por excelência, na forma burguesa de literatura. Isso porque, em primeiro lugar, condizia plenamente com o ideal individualista da sociedade capitalista industrial. O romance é uma mercadoria completa, é um objeto a ser comprado e que, além de um aspecto material, possui também um conteúdo abstrato; mais ainda, o romance deve ser usufruído de forma solitária, calmamente, no momento de lazer e envolvido pelo conforto do espaço burguês. Há, na própria concepção de leitura de um romance, uma forma de distinção de classe. Em segundo lugar, o romance tornou-se gênero ideal para perscrutar a intimidade e o mundo privado; os personagens passaram, mais do que nunca, a ser criados a partir de seu imaginário particular. Não é sem motivo, portanto, que as narrativas românticas veiculadas na forma de romance encontraram público constante entre as mulheres e demais grupos oprimidos socialmente; a leitura transformou-se em um exercício de libertação, mas, em alguns casos, também de alienação.

Os folhetins, por sua vez, desenvolveram-se na França, como uma forma de aumentar as vendas dos jornais; o esquema era simples: as edições diárias traziam – a princípio no rodapé, depois com textos de página inteira – um capítulo de uma narrativa qualquer. O texto era interrompido em algum momento-chave e, para conhecer o resto da história, o leitor deveria comprar a próxima edição. Os folhetins baseavam-se, em grande parte, no dramalhão ou na ironia, explorando clichês românticos e situações humorísticas, sempre tentando trazer a história para perto do cotidiano do leitor. Forma característica da modernidade, que transita entre a cultura e o mercado, o folhetim deveria estar plenamente antenado com o leitor e atento a suas características e condições de leitura. De acordo com o sociólogo Renato Ortiz, no século XIX não se tratava mais de escrever uma literatura voltada para um leitor abstrato e universal – a literatura passava, agora, a ter uma função muito mais ideológica do que política e formativa (*Cultura e modernidade*. São Paulo: Brasiliense, 1991, p. 65). Dessa forma, a produção literária, ao mesmo tempo que ganha autonomia artística, também se transforma em mercadoria a ser consumida pelas pessoas letradas. Estes são dois processos que caminham em paralelo: é o escritor reconhecido como tal que, rompendo qualquer ideia de isolamento intelectual, vai passar a atuar na imprensa; é o literato profissional que, por dominar um recurso técnico, sabe o momento de fazer os cortes, a forma de criar os ganchos narrativos e acentuar as cargas dramáticas ou irônicas ao gosto do público leitor.

Como fica claro, pensar as condições materiais de produção e circulação da literatura é algo fundamental para realizar a própria interpretação dos textos. O romance e o folhetim criaram novas formas de relacionamento do escritor com o público, algo que permanece até os dias atuais – se pensarmos, por exemplo, no enorme sucesso alcançado pelas telenovelas. Para entender melhor essa nova forma de relação entre escritor e público, leia os dois textos a seguir. O primeiro é o prólogo do romance *O guarani*, de José de Alencar, que começou a ser publicado, em 1857, na forma de folhetim pelo *Diário do Rio de Janeiro*; o segundo, a sinopse do romance *A mentira*, de Nelson Rodrigues (1912-1980), que foi também publicado na forma de folhetim, em 1953, nas páginas do diário carioca *Jornal da Semana*.

Texto 1

O guarani (*Prólogo*)

Minha prima. – Gostou da minha história, e pede-me um romance; acha que posso fazer alguma coisa neste ramo de literatura.

Engana-se; quando se conta aquilo que nos impressionou profundamente, o coração é que fala; quando se exprime aquilo que outros sentiram ou podem sentir, fala a memória ou a imaginação.

Esta pode errar, pode exagerar-se; o coração é sempre verdadeiro, não diz senão o que sentiu; e o sentimento, qualquer que seja, tem a sua beleza.

Assim, não me julgo habilitado a escrever um romance, apenas de já ter feito um com a minha vida.

Entretanto, para satisfazê-la, quero aproveitar as minhas horas de trabalho em copiar e remoçar um velho manuscrito que encontrei em um armário desta casa, quando a comprei.

Estava abandonado e quase todo estragado pela umidade e pelo cupim, esse roedor eterno, que antes do dilúvio já se havia agarrado à arca de Noé, e pôde assim escapar ao cataclismo.

Previno-lhe que encontrará cenas que não são comuns atualmente; não as condene à primeira leitura, antes de ver as outras que as explicam. [...]

Adeus.

Minas, 12 de dezembro.

ALENCAR, José de. *O guarani*. São Paulo: Ateliê, 1999. p. 45.

Texto 2

Sinopse do romance A mentira

Miúda e linda, nos seus quatorze anos, Lúcia vem descendo a escada, quando experimenta uma vertigem. O pai, doutor Maciel, manda a pequena ao médico. Sabe-se, então, da verdade: Lúcia vai ser mãe! Doutor Maciel interpela a garota: "Quem é o pai?". Resposta: "Ninguém!". Mas o doutor Maciel está convicto de que um dos culpados mora em casa e deve ser um dos genros. Lúcia foge e impõe, para o retorno, que a família reconheça seu direito à maternidade. Doutor Maciel concorda. Ninguém sabe, porém, que um vizinho paralítico, Nonô, ama a menina. Dona Ana, mãe de Lúcia, revela ao doutor Maciel que a pequena não é filha dele. Doutor Maciel exclama: "Graças, oh graças!". Dona Ana quer afastar Lúcia do doutor Maciel. É, então, que ele propõe levar Lúcia para uma fazenda no interior, onde ela poderia ser mãe em paz e sem escândalo. Dona Ana protesta. Doutor Maciel resolve afastá-la do seu caminho. Diz para a família que a esposa sofre de um desequilíbrio mental. Desesperada, dona Ana, à queima-roupa, dá quatro tiros no marido. [...] O atentado parece confirmar a "loucura" que o velho descobrira. Dona Ana é internada. De novo interrogada, Lúcia conta que, numa festa recente, em casa do vizinho, bebera demais e adormecera num dos cantos da casa. Admite que, durante o sono, tenha conhecido tudo. [...] Enquanto isso, e sem que a família o saiba, descobre-se que o doutor Godofredo, médico que examinara Lúcia, enlouquecera. Na sua insanidade, julgava ver por toda parte mulheres em estado interessante. No seu consultório dizia para as clientes de qualquer idade: "Você vai ter neném". Doutor Maciel e Aparício têm uma conversa de vida ou morte.

Rio de Janeiro, 21 de junho a 31 de outubro de 1953.

RODRIGUES, Nelson. *A mentira*. São Paulo: Companhia das Letras, 2002. p. 135-136.

1. Tanto o prólogo quanto a sinopse acompanham os romances de folhetim. Na obra de Alencar, só há prólogo na versão veiculada no jornal e na primeira edição em livro. Qual é a função desses textos?
2. No prólogo do romance *O guarani*, estão presentes características da narrativa romântica. Quais?
3. Quais são os temas do romance de Nelson Rodrigues? Qual é a relação entre a forma de publicação do folhetim e o conteúdo da narrativa?

Vestibulares de Norte a Sul

1. **SE** (Unicamp-SP) Leia, abaixo, a letra de uma canção de Chico Buarque inspirada no romance de José de Alencar, *Iracema* – uma lenda do Ceará:

Iracema voou

Iracema voou
Para a América
Leva roupa de lã
E anda lépida
Vê um filme de quando em vez
Não domina o idioma inglês
Lava chão numa casa de chá

Tem saído ao luar
Com um mímico
Ambiciona estudar
Canto lírico
Não dá mole pra polícia
Se puder, vai ficando por lá
Tem saudade do Ceará
Mas não muita
Uns dias, afoita
Me liga a cobrar:
– É Iracema da América

(Chico Buarque, *As Cidades*. Rio de Janeiro: Marola Edições Musicais Ltda.,1998.)

a) Que papel desempenha Iracema no romance de José de Alencar? E na canção de Chico Buarque?
b) Uma das interpretações para o nome da heroína do romance de José de Alencar é de que seja um anagrama de "América". Isto é, o nome da heroína possui as mesmas letras de América dispostas em outra ordem. Partindo dessa interpretação, explique o que distingue a referência à América no romance daquela que é feita na canção.

2. **NE** (UFBA)

– Então nunca amou a outra?
– Eu lhe juro, Aurélia. Estes lábios nunca tocaram a face de outra mulher, que não fosse minha mãe. O meu primeiro beijo de amor, guardei-o para minha esposa, para ti...
Soerguendo-se para alcançar-lhe a face, não viu Seixas a súbita mutação que se havia operado na fisionomia de sua noiva.
Aurélia estava lívida, e a sua beleza, radiante há pouco, se marmorizara.
– Ou para outra mais rica!... disse ela retraindo-se para fugir ao beijo do marido, e afastando-o com a ponta dos dedos.
A voz da moça tomara o timbre cristalino, eco da rispidez e aspereza do sentimento que lhe sublevava o seio, e que parecia ringir-lhe nos lábios como aço.
– Aurélia! Que significa isto?
– Representamos uma comédia, na qual ambos desempenhamos o nosso papel com perícia consumada. Podemos ter este orgulho, que os melhores atores não nos excederiam. Mas é tempo de pôr termo a esta cruel mistificação, com que nos estamos escarnecendo mutuamente, senhor. Entremos na realidade por mais triste que ela seja; e resigne-se cada um ao que é, eu, uma mulher traída; o senhor, um homem vendido.
– Vendido! Exclamou Seixas ferido dentro d'alma.

ALENCAR, J. de. *Senhora*. In: *José de Alencar:* ficção completa e outros escritos. 3. ed. Rio de Janeiro: Aguilar, 1965, v. 1, p. 714.

Constitui uma afirmativa verdadeira sobre esse fragmento destacado do romance:

(01) Aurélia e Seixas são caracterizados como seres movidos pela razão.
(02) Os termos "ti" e "esposa", em "O meu primeiro beijo de amor, guardei-o para minha esposa, para ti..." (l. 3-4), equivalem-se semanticamente.
(04) A expressão "com a ponta dos dedos" (l. 9) acentua a delicadeza de Aurélia em relação ao marido.
(08) Aurélia, ao referir-se à sua relação matrimonial como "comédia" (l. 13), nega o drama por ela vivenciado.
(16) Constata-se, no fragmento, que Aurélia considera Seixas um marido interesseiro, um objeto de comércio.
(32) O fragmento reproduzido põe em cena as duas personagens como se vivessem numa representação, segundo avaliação da protagonista.

3. **CO** (UEG-GO)

Entregou-se portanto em corpo e alma ao caboclo da casa do mangue, o mais afamado de todos os do ofício. Tinha-se já sujeitado a uma infinidade de provas, que começavam sempre por uma contribuição pecuniária, e ainda nada havia conseguido; tinha sofrido fumigações de ervas sufocantes, tragado beberagens de sabor muito enjoativo; [...] ia depositar quase todas as noites em lugares determinados quantias e objetos com fim de chamar em auxílio, dizia o caboclo, as suas divindades; e apesar de tudo a cigana resistia ao sortilégio.

ALMEIDA, Manuel Antônio de. *Memórias de um sargento de milícias*. São Paulo: Saraiva, 2006. p. 26-27.

O trecho citado descreve um ritual religioso a que se submeteu Leonardo Pataca para conquistar o amor da cigana. Este ritual demonstra uma concepção de religiosidade, vigente no Brasil do início do século XIX, em que

a) a preocupação fundamental era a salvação da alma, conforme orientação dogmática propagada pelo catolicismo tridentino.
b) as crenças e os ritos religiosos africanos e protestantes possuíam liberdade legal de culto, apesar de o catolicismo ser a religião oficial.
c) o monopólio das práticas e rituais religiosos era exercido pelos qualificados sacerdotes da Igreja Católica Romana.
d) o sincretismo religioso entre práticas católicas e africanas era bastante comum no chamado "catolicismo popular".

CAPÍTULO

16 Os estilos de época da Revolução Industrial à Primeira Guerra: Realismo/Naturalismo

Archiv Gerstenberg/Glow Images

O quebra-pedras, de Gustave Courbet, 1849. (Detalhe.)

Realismo/Naturalismo

O processo de industrialização desencadeou transformações sociais. Na segunda metade do século XIX, alguns intelectuais consideraram que a arte não deveria criar formas ideais, mas sim que a beleza estava na realidade em si, como ela era. Deixaram de lado temas mitológicos e históricos, para se concentrar na realidade à sua frente. E perceberam também que a arte não deveria se preocupar apenas com a beleza: deveria ter um compromisso com a realidade, ser uma voz capaz de denunciar os problemas gerados pela industrialização.

Um dos grandes nomes que despontaram na pintura realista foi o do francês Gustave Courbet (1819-1877), interessado em retratar a realidade social e o cotidiano. Numa época em que o avanço tecnológico resultou na invenção da máquina fotográfica e propiciou novas características às tintas, os pintores realistas precisaram aprimorar suas técnicas e buscar, longe dos estúdios, motivação pelo contato direto com os temas. A literatura do período, tanto em Portugal como no Brasil, buscou também, a seu modo, retratar essa realidade, expor situações que procuravam mostrar diversos aspectos do ser humano e da vida em sociedade.

A pintura

Archiv Gerstenberg/Glow Images

O quebra-pedras, de Gustave Courbet, 1849.

The Bridgeman Art Library/Keystone/Museu de Arte Metropolitano, Nova York, EUA.

Carro de terceira classe, de Honoré Daumier, 1864.

Reprodução/Museu Histórico de Berlim, Alemanha.

A greve, de Robert Koehler, 1886.

- *As três pinturas reproduzidas nesta página têm uma camada da população como personagem principal, retratam seu cotidiano. Qual é essa camada da população?*
- *Podemos também dizer que uma dessas obras retrata o papel desempenhado por essa camada na sociedade, uma das outras duas revela um pouco suas condições psicológica ou física, ao passo que a terceira delas mostra uma das possíveis reações desse grupo às condições enfrentadas. Identifique essas relações e justifique suas escolhas.*
- *Dessa camada da população em especial, os artistas destacam, no caso de duas dessas telas, dois tipos de personagem especialmente frágeis para sensibilizar o observador a respeito da pobreza e da exploração cruel a que eram submetidas essas pessoas. Quais são esses tipos? Explique.*

A escultura

O ceifeiro (1895) e *O forjador* (1886), de Constantin Emile Meunier. O belga Constant Meunier (1831-1905) pode ser considerado o grande mestre do Realismo social na escultura. Seguindo a mesma orientação dos pintores realistas, Meunier transforma a classe trabalhadora em protagonista de sua obra, destacando a força física e moral de seus personagens. Na escultura, a revolução realista se dá muito mais na seleção temática do que na inovação formal.

O ceifeiro, de Constantin Emile Meunier, 1895. Bronze. Instituto de Arte de Chicago.

O forjador, de Constantin Emile Meunier, 1886. Bronze, 117,5 x 60 x 44 cm. Museu Nacional de Arte da Catalunha, Barcelona/Oronoz/Album/Latinstock.

A fotografia

Reprodução/Arquivo da editora

D. Pedro II, em foto de Carneiro & Gaspar, foto-pintura de J. Courtois, 1867.

- *Que imagem da classe trabalhadora o artista Meunier representa nas esculturas reproduzidas nesta página? Qual é o sentido político-social dessas imagens?*
- *O imperador d. Pedro II ficou muito impressionado com a arte e o processo fotográfico. Em 1840, depois de um abade lhe fazer uma demonstração da **daguerrotipia**, o monarca encomendou seu próprio daguerreótipo. A foto reproduzida acima mostra d. Pedro II em 1867. Por esse registro, que imagem se tem do imperador?*
- *Compare as três modalidades de artes visuais reproduzidas na página anterior e nesta: pintura, escultura e fotografia. Em sua opinião, qual delas parece mais adequada à intenção dos artistas realistas de maneira geral, isto é, reproduzir ou mostrar a realidade como ela é? Por quê?*

daguerrotipia: antigo processo de obtenção de imagens fotográficas por meio de um aparelho inventado pelo físico e pintor francês Daguerre (1787-1851), que fixava, em uma folha de prata sobre uma placa de cobre, as imagens obtidas na câmara escura.

Manchester na Era Industrial

1 A Revolução Industrial e o cientificismo

O Realismo é uma reação contra o Romantismo: o Romantismo era a apoteose do sentimento; — o Realismo é a anatomia do caráter. É a crítica do homem. É a arte que nos pinta a nossos próprios olhos — para condenar o que houver de mau na nossa sociedade.

Eça de Queirós, na Conferência "O Realismo como nova expressão da arte".

A Revolução Industrial, iniciada no século XVIII, entra em nova fase em meados do século XIX (a chamada Segunda Revolução Industrial), caracterizada pela utilização do aço, do petróleo e da eletricidade; ao mesmo tempo, o avanço científico leva a novas descobertas no campo da Física e da Química. O capitalismo se estrutura em moldes modernos, com o surgimento de grandes complexos industriais; por outro lado, a massa operária urbana avoluma-se, formando uma população marginalizada que não partilha os benefícios gerados pelo progresso industrial, mas, ao contrário, é explorada e sujeita a condições subumanas de trabalho.

Esse momento histórico contamina a leitura de mundo realizada pelos artistas e resulta em novas linguagens, novas formas de expressão.

Em 1865, as cidades de Coimbra e Lisboa, em Portugal, foram abaladas por uma polêmica literária conhecida como "Questão Coimbrã", que extrapolava os temas artísticos, como se percebe nas palavras pronunciadas por Antero de Quental, um dos líderes dos jovens realistas:

Todavia, quem pensa e sabe hoje na Europa, não é Portugal, não é Lisboa, cuido eu: é Paris, é Londres, é Berlim. Não é a nossa divertida Academia de Ciências que resolve, decompõe, classifica e explica o mundo dos fatos e das ideias. É o Instituto de França, é a Academia Científica de Berlim, são as escolas de Filosofia, de História, de Matemática, de Física, de Biologia, de todas as ciências e de todas as artes, em França, Inglaterra, em Alemanha.

QUENTAL, Antero de. *Bom senso e bom gosto*. Disponível em <www.gutenberg.org>. Acesso em: 24 jun. 2014.

Nota-se que, para o poeta português, o que importava era "resolver, decompor, classificar e explicar o mundo dos fatos e das ideias". Em outras palavras, ele defendia o pensamento científico. Essa postura intelectual é chamada de **cientificismo**.

Os variados "ismos"

O contexto histórico de meados do século XIX serve de pano de fundo para uma reinterpretação da realidade, que gera teorias de variadas posturas ideológicas. Em uma sequência cronológica, surgem:

- o **positivismo** de Augusto Comte, preocupado com o real-sensível, com o fato, defendendo o cientificismo no pensamento filosófico e a conciliação entre "ordem e progresso" (a expressão, utilizada na bandeira republicana do Brasil, é de inspiração positivista);
- o **socialismo científico** de Karl Marx e Friedrich Engels, a partir da publicação do *Manifesto Comunista*, em 1848, que define o materialismo histórico e a luta de classes ("O modo de produção da vida material condiciona o processo de vida social, político e intelectual em geral", Karl Marx);
- o **evolucionismo** de Charles Darwin, a partir da publicação, em 1859, de *A origem das espécies*, livro em que são expostos os estudos sobre a evolução das espécies pelo processo de seleção natural, negando, portanto, a origem divina defendida pelo cristianismo.

As influências

Alguns intelectuais apontaram outras possibilidades de interpretação da vida em sociedade e do desenvolvimento dos seres vivos em geral. Dois deles foram teóricos do socialismo: Karl Marx e Friedrich Engels; um terceiro foi um cientista voltado para o universo da Biologia: Charles Darwin.

Karl Marx e Friedrich Engels

Fotos: akg-images/Ipress

Karl Marx.

Karl Marx (1818-1883) nasceu na Alemanha. Foi um grande teórico do socialismo, que revolucionou o pensamento histórico, econômico e político da época. Entre suas principais obras está *O capital*, conjunto de livros em que analisa e critica o capitalismo.

Friedrich Engels (1820-1895), também pensador alemão, escreveu com Marx o *Manifesto Comunista*. Outro destaque de sua obra, engajada nas questões políticas e sociais, é o livro *A origem da família, da propriedade privada e do Estado*.

Por burguesia compreende-se a classe dos capitalistas modernos, proprietários dos meios de produção social, que empregam o trabalho assalariado. Por proletariado compreende-se a classe dos trabalhadores assalariados modernos que, privados de meios de produção próprios, se veem obrigados a vender sua força de trabalho para poder existir.

Nota de F. Engels à edição inglesa de 1888 do *Manifesto do Partido Comunista*.

Friedrich Engels.

Reprodução/Arquivo da editora

Marx e Engels acompanham a impressão do *Manifesto do Partido Comunista*. O *Manifesto* conclamava os operários da indústria a lutar contra o modo de produção capitalista burguês, considerado pelos filósofos altamente explorador e causador de pobreza e desigualdade irreversíveis.

Charles Darwin

Dr. Jeremy Burgess/SPL/Latinstock

Charles Darwin.

Nascido na Inglaterra, Charles Darwin (1809-1882) viajou ao redor do mundo a bordo de um navio por cinco anos para pesquisar animais, fósseis e plantas. O resultado foi a Teoria da Evolução e sua obra *A origem das espécies*.

A evolução é a ideia mais profunda e abrangente dos últimos dois séculos. Esse evento talvez represente a maior revolução intelectual experimentada pela humanidade. Foi descrita em detalhes pela primeira vez em 1859, no livro *A origem das espécies*, de Charles Darwin. Ele questionou não só a crença na constância do mundo mas também a causa da notável adaptação dos organismos e, de forma ainda mais chocante, a posição única do homem no mundo dos seres vivos. Ele também propôs uma explicação para a evolução que não se apoiava em poderes ou forças sobrenaturais. O pensamento evolucionista se disseminou durante a segunda metade do século XVIII e a primeira metade do século XIX, não apenas na Biologia, mas na Linguística, na Filosofia, na Sociologia, na Economia e em outros ramos do pensamento. Mesmo assim, permaneceu por longo tempo como um ponto de vista minoritário.

MAYR, Ernst. *O que é a evolução*. Rio de Janeiro: Rocco, 2009.

Na seção a seguir, reproduzimos dois textos. O primeiro é um fragmento do livro *O mundo de Sofia*, do escritor norueguês Jostein Gaarder (1956), no qual a personagem Sofia, de 14 anos, se corresponde com um filósofo. Nesse trecho está em discussão o que se chama de corrente naturalista. O segundo texto é uma passagem do romance *O crime do padre Amaro*, de Eça de Queirós, publicado em 1875 e considerado o primeiro romance realista de Portugal. Neste trecho, o jovem João Eduardo, ex-noivo de Amélia, vai ao consultório do dr. Gouveia, médico afinado com as mais recentes conquistas das ciências, queixar-se do comportamento do padre Amaro. Leia-os e responda às questões propostas na sequência.

LENDO OS TEXTOS

Texto 1

A corrente naturalista

(fragmento de *O mundo de Sofia*)

Jostein Gaarder

– [...] Vamos falar agora de Marx, Darwin ou Freud?

– Em termos bem gerais, podemos falar de uma corrente naturalista, que se estende de meados do século XIX até bem recentemente. Por “naturalismo” entende-se uma concepção de realidade que não aceita qualquer outra realidade a não ser a natureza e o mundo fenomenológico. Consequentemente, o naturalista considera o homem parte da natureza e o pesquisador natural parte exclusivamente de dados concretos da natureza, e não de especulações racionalistas ou de alguma outra forma de revelação divina.

– E isto vale tanto para Marx quanto Darwin e Freud?

– Exatamente. As palavras-chave da filosofia e da ciência em meados do século XIX eram “natureza”, “meio ambiente”, “história”, “evolução” e “crescimento”. Marx havia dito que a consciência humana era um produto da base material de uma sociedade. Darwin mostrou que o homem era o produto de uma longa evolução biológica e o estudo de Freud sobre o inconsciente deixou claro que as ações dos homens frequentemente são devidas a certos impulsos ou instintos “animais”, próprios de sua natureza.

– Acho que estou entendendo mais ou menos o que você está chamando de Naturalismo. [...]

United Archives GmbH/Alamy/Glow Images

Ao lado do ator Thomas von Brömssen, a atriz Silje Storstein, no papel da garota Sofia, em cena do filme *O mundo de Sofia*, inspirado no livro homônimo. Direção de Erik Gustavson, 1999.

– Vamos falar agora sobre Darwin. [...]

– Mas ele foi realmente um filósofo?

– Darwin era biólogo e pesquisador natural. Mas ele foi o cientista que, mais do que qualquer outro em tempos mais modernos, questionou e colocou em dúvida a visão bíblica sobre o lugar do homem na criação.

– Então seria bom você falar um pouco sobre a teoria da evolução de Darwin.

– [...] Em *A origem das espécies*, Darwin defendia duas teorias ou teses principais: em primeiro lugar, ele dizia que todas as espécies de plantas e animais que vivem hoje descendem de formas mais primitivas, que viveram em tempos passados. Ele pressupõe, portanto, uma evolução biológica. Em segundo, Darwin explica que esta evolução se deve à “seleção natural”.

– Só os mais fortes sobrevivem, não é isto?

GAARDER, Jostein. *O mundo de Sofia*. São Paulo: Companhia das Letras, 1998. p. 432-435.

Texto 2

O crime do padre Amaro

Eça de Queirós

– Olá! és tu, rapaz! Há novidade na Rua da Misericórdia? – João Eduardo corou.

– Não senhor, senhor doutor, queria falar-lhe em particular.

Seguiu-o ao gabinete – o conhecido gabinete do doutor Gouveia que, com o seu caos de livros, o seu tom poeirento, uma panóplia de flechas selvagens e duas cegonhas empalhadas, tinha na cidade a reputação duma "Cela de Alquimista".

O doutor puxou o seu cebolão.

– Um quarto para as duas. Sê breve.

A face do escrevente exprimiu o embaraço de condensar uma narração tão complicada.

– Está bom, disse o doutor, explica-te como puderes. Não há nada mais difícil que ser claro e breve; é necessário ter gênio. Que é?

Divulgação/Arquivo da editora

Capa do DVD do filme *O crime do padre Amaro*, de Carlos Carrera, 2010. Trata-se de uma adaptação livre do romance de Eça de Queirós, situando a ação no México de 2002.

João Eduardo então tartamudeou a sua história, insistindo sobretudo na perfídia do padre, exagerando a inocência de Amélia...

O doutor escutava-o, cofiando a barba.

– Vejo o que é. Tu e o padre, disse ele, quereis ambos a rapariga. Como ele é o mais esperto e o mais decidido, apanhou-a ele. É lei natural: o mais forte despoja, elimina o mais fraco; a fêmea e a presa pertencem-lhe.

Aquilo pareceu a João Eduardo um gracejo. Disse, com a voz perturbada:

– Vossa excelência está a caçoar, senhor doutor, mas a mim retalhaste-me o coração!

– Homem, acudiu o doutor com bondade, estou a filosofar, não estou a caçoar...

QUEIRÓS, Eça de. *O crime do padre Amaro*. Disponível em: <www.dominiopublico.gov.br>. Acesso em: 5 maio 2014.

Atividades

1. No texto do escritor norueguês Jostein Gaarder (1952), Marx, Darwin e Freud, diferentes "elos" do que ele denomina corrente naturalista, apresentam concepções que revelam o campo de atuação de cada um. Quais são esses campos? Releia o quarto parágrafo do texto 1 e cite uma palavra ou expressão que pertença ao campo lexical dessas áreas de atuação.

2. Segundo o texto 1, qual é a atitude básica do pesquisador natural? Ela se opõe radicalmente às atitudes típicas dos românticos? Por quê?

3. Sofia, a personagem destinatária do curso de Filosofia do livro *O mundo de Sofia*, acha que está "entendendo mais ou menos" o que se chama de Naturalismo. E você? Escreva com as próprias palavras uma definição de Naturalismo.

4. Pode-se afirmar que o dr. Gouveia, do texto 2, é naturalista? Justifique sua resposta.

5. O romance *O crime do padre Amaro* apresenta como cenário a provinciana, conservadora e clerical cidade de Leiria. Segundo o povo da cidade, o consultório do dr. Gouveia era uma "Cela de Alquimista". Considerando que alquimia é definida nos dicionários como a química da Idade Média, que procurava descobrir a panaceia universal, ou remédio contra todos os males físicos e morais, e a pedra filosofal, que deveria transformar os metais em ouro, responda: é justo esse rótulo que a população dava ao dr. Gouveia?

Realismo: linha do tempo

Literatura em vídeo: Realismo

2 O Realismo/Naturalismo

Os marcos em Portugal e no Brasil

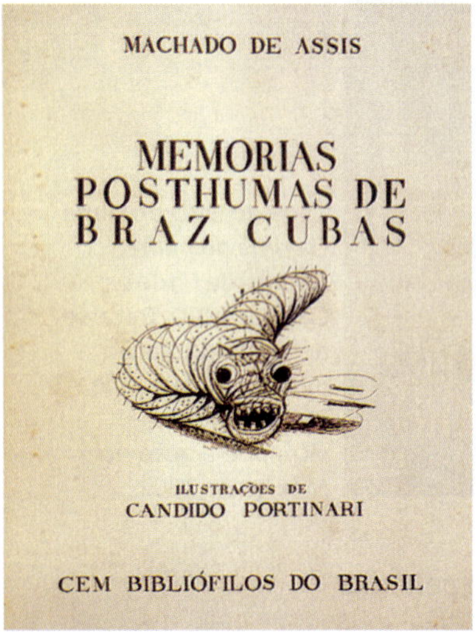

Capa de edição do livro *Memórias póstumas de Brás Cubas* com ilustrações de Candido Portinari.

O início do Realismo português está ligado à Questão Coimbrã, de 1865, às Conferências Democráticas do Casino Lisbonense, em 1871, e à publicação do romance *O crime do padre Amaro*, em 1875.

O fim da chamada Escola Realista em Portugal está relacionado ao ano de 1890, data em que Eugênio de Castro publica *Oaristos*, um livro de poesias inspiradas no Simbolismo francês.

Por sua vez, no Brasil, o ano inaugural do Realismo é 1881. De fato, esse foi um ano fértil para a literatura brasileira, com a publicação de três narrativas fundamentais que modificaram o curso de nossas letras: *O mulato*, de Aluísio Azevedo, considerado o primeiro romance naturalista brasileiro; *Memórias póstumas de Brás Cubas*, de Machado de Assis, o primeiro romance realista de nossa literatura, e *O alienista*, também de Machado de Assis, uma novela exemplar, publicada em capítulos na revista *A Estação*, de outubro de 1881 a março de 1882.

A velha ordem portuguesa em debate: a Questão Coimbrã e as Conferências Democráticas

A Questão Coimbrã

Desde o início da década de 1860, os jovens estudantes de Coimbra já estavam atentos a tudo o que acontecia de novo nos principais centros culturais da Europa. O acesso a essas informações tornou-os mais críticos em relação à literatura da chamada Escola de Lisboa, cuja romântica visão de mundo consideravam ultrapassada.

A partir de 1864, aprofundam-se as divergências entre os velhos mestres românticos de Lisboa e os estudantes de Coimbra. Nesse ano, Teófilo Braga publica *Visão dos tempos* e *Tempestades sonoras*, e Antero de Quental, *Odes modernas*. São poesias revolucionárias, preocupadas com o momento histórico, com nítida função social, como afirma o próprio Antero em *Nota às Odes modernas*:

> A Poesia Moderna é a voz da Revolução – porque Revolução é o nome que o sacerdote da história, o tempo, deixou cair sobre a fronte fatídica do nosso século. A Poesia que quiser corresponder ao sentimento mais fundo de seu tempo, hoje, tem forçosamente de ser uma poesia revolucionária. Que importa que a palavra não pareça poética às vestais literárias do culto da arte pela arte?

MOISÉS, Massaud. *A literatura portuguesa*. 3. ed. São Paulo: Cultrix, 1965. p. 262.

A palavra *vestais* é empregada ironicamente para designar pessoas que se consideram muito puras, no caso, os consagrados autores românticos, que acusam o golpe: em 1865, o romântico Pinheiro Chagas publica *Poema da mocidade*, obra dedicada a Antônio Feliciano de Castilho, velho professor e mentor da Escola de Lisboa. Em uma carta ao editor, inserida nesse livro, Castilho critica duramente a poesia de Teófilo Braga e de Antero de Quental. A partir de então, tem início a série de discussões literárias que ficou conhecida como Questão Coimbrã.

Antero responde imediatamente com um opúsculo intitulado *Bom senso e bom gosto*, em que defende o papel revolucionário da nova poesia realista e a independência dos realistas em relação aos velhos mestres.

As polêmicas prosseguem. Teófilo Braga lança seu folheto *Teocracias literárias*, em que critica a influência dos velhos românticos. Mais tarde, Camilo Castelo Branco defende a posição de Castilho no folheto *Vaidades irritadas e irritantes*. Inúmeros folhetos circulam em Portugal, ora defendendo as novas ideias realistas, ora defendendo o passadismo.

As Conferências Democráticas

A polêmica iniciada em 1865 só terminaria, de fato, em 1871, com o ciclo das Conferências Democráticas realizado no Casino Lisbonense. O programa dessas conferências foi publicado na edição de 18 de maio de 1871 do jornal *Revolução de Setembro*:

Abrir uma tribuna onde tenham voz as ideias e os trabalhos que caracterizam esse movimento do século, preocupando-nos sobretudo com a transformação social, moral e política dos povos;

Ligar Portugal com o movimento moderno, fazendo-o assim nutrir-se dos elementos vitais de que vive a humanidade civilizada;

Procurar adquirir a consciência dos fatos que nos rodeiam na Europa;

Agitar na opinião pública as grandes questões da Filosofia e da Ciência moderna;

Estudar as condições da transformação política, econômica e religiosa da sociedade portuguesa;

Tal é o fim das Conferências Democráticas.

Disponível em: <www.citi.pt>. Acesso em: 5 maio 2014.

Das dez conferências previstas inicialmente, apenas cinco foram pronunciadas; por abordarem temas como "Os historiadores críticos de Jesus", "O socialismo", "A república", "A instrução primária", "Dedução positiva da ideia democrática", cinco delas foram proibidas pelo governo; segundo as autoridades, "atacavam a religião e as instituições políticas do Estado".

A quarta conferência, intitulada "O Realismo como nova expressão da arte", foi pronunciada por Eça de Queirós. Nela, o escritor atacava o Romantismo e expunha os valores realistas, ressaltando o caráter social da literatura e seu valor como agente de transformação de uma sociedade obsoleta.

Machado de Assis e Eça de Queirós, críticos do Romantismo

Machado de Assis

Memórias póstumas de Brás Cubas, ao lado de inúmeras outras qualidades, apresenta uma narrativa absolutamente inovadora, além de uma interessante revisão crítica do Romantismo.

Uma das críticas mais eficazes, e que nos interessa particularmente por opor o Realismo nascente à escola anterior, está no capítulo XIV, em que Brás Cubas, o personagem-narrador, se descreve aos 17 anos de idade:

Retrato de Machado de Assis aos 25 anos, em 1864. Sobre Machado de Assis e sua obra, escreveu Drummond no poema "A um bruxo, com amor": "Estás sempre aí, bruxo alusivo e zombeteiro, que revolves em mim tantos enigmas".

Ao cabo, era um lindo garção, lindo e audaz, que entrava na vida de botas e esporas, chicote na mão e sangue nas veias, cavalgando um corcel nervoso, rijo, veloz, como o corcel das antigas baladas, que o romantismo foi buscar ao castelo medieval, para dar com ele nas ruas do nosso século. O pior é que o estafaram a tal ponto, que foi preciso deitá-lo à margem, onde o realismo o veio achar, comido de lazeira e vermes e, por compaixão, o transportou para os seus livros.

ASSIS, Machado de. *Memórias póstumas de Brás Cubas*. São Paulo: Scipione, 2004. p. 27.

Em outro momento, o narrador descreve Virgília, sua amante:

Era isto Virgília, e era clara, muito clara, faceira, ignorante, pueril, cheia de uns ímpetos misteriosos; muita preguiça e alguma devoção, – devoção, ou talvez medo; creio que medo. [Cap. XXVII]

ASSIS, Machado de. *Memórias póstumas de Brás Cubas*. São Paulo: Scipione, 2004. p. 45.

Para não chocar os leitores, o narrador já advertira que "isto não é romance em que o autor sobredoura a realidade e fecha os olhos às sardas e espinhas".

Outra passagem desse romance ainda merece destaque. No capítulo CXIV, Virgília se despede de Brás Cubas e parte para o Norte; no capítulo seguinte, o narrador confessa que não sentiu grandes emoções e aproveita para desferir outra estocada no cambaleante Romantismo e seus seguidores:

Não se irrite o leitor com esta confissão. Eu bem sei que, para titilar-lhe os nervos da fantasia, devia padecer um grande desespero, derramar algumas lágrimas, e não almoçar. Seria romanesco; mas não seria biográfico. A realidade pura é que almocei, como nos demais dias...

ASSIS, Machado de. *Memórias póstumas de Brás Cubas*. São Paulo: Scipione, 2004. p. 114.

Eça de Queirós

Desenho de João Abel Manta, retratando Eça de Queirós e seus personagens; em primeiro plano, os protagonistas de *O crime do padre Amaro*, com destaque para a gravidez de Amélia.

Maior nome da narrativa realista portuguesa, Eça de Queirós também se posicionou em relação à passagem do espírito romântico para os novos ventos realistas. Em cartas e comentários sobre seus romances, assim escreve:

O que queremos nós com o Realismo? Fazer o quadro do mundo moderno, nas feições em que ele é mau, por persistir em se educar segundo o passado; queremos fazer a fotografia, ia quase a dizer a caricatura, do velho mundo burguês, sentimental, devoto, católico, explorador, aristocrático, etc.

A minha ambição seria pintar a sociedade portuguesa, e mostrar-lhe, como num espelho, que triste país eles formam – eles e elas. É necessário acutilar o mundo oficial, o mundo sentimental, o mundo literário, o mundo agrícola, o mundo supersticioso – e, com todo respeito pelas instituições de origem eterna, destruir as falsas interpretações e falsas realizações que lhe dá uma sociedade podre. Não lhe parece você que um tal trabalho é justo?

QUEIRÓS, Eça de. *O primo Basílio*. São Paulo: Scipione, 2004. p. 290.

Trocando ideias

- Em pequenos grupos, releiam atentamente os fragmentos de *Memórias póstumas de Brás Cubas*, com a postura de um historiador e crítico da literatura que se debruça sobre documentos e obras. Nas passagens transcritas, identifiquem as oposições entre a narrativa romântica e a nova narrativa realista proposta por Machado de Assis. Compartilhem os resultados, para que cada um complete suas anotações.

Na seção seguinte, você vai ler dois fragmentos de romances distintos e de estilos literários diferentes sobre um mesmo assunto, para poder comparar essas concepções.

TEXTO E INTERTEXTO

Texto 1

Não é possível idear nada mais puro e harmonioso do que o perfil dessa estátua de moça.

Era alta e esbelta. Tinha um desses talhes flexíveis e lançados, que são hastes de lírio para o rosto gentil; porém na mesma delicadeza do porte esculpiam-se os contornos mais graciosos com firme nitidez das linhas e uma deliciosa suavidade nos relevos.

Não era alva, também não era morena. Tinha sua tez a cor das pétalas da magnólia, quando vão desfalecendo ao beijo do sol. Mimosa cor de mulher, se a aveluda a pubescência juvenil, e a luz coa pelo fino tecido, e um sangue puro a escumilha de róseo matiz. A dela era assim.

Uma altivez de rainha cingia-lhe a fronte, como diadema cintilando na cabeça de um anjo. Havia em toda a sua pessoa um quer que fosse de sublime e excelso que abstraía da terra. Contemplando-a naquele instante de enlevo, dir-se-ia que ela se preparava para sua celeste ascensão.

ALENCAR, José de. *Diva*. Disponível em: <www.dominiopublico.gov.br>. Acesso em: 5 maio 2014.

Texto 2

Era muito benfeita de quadris e de ombros. Espartilhada, como estava naquele momento, a volta enérgica da cintura e a suave protuberância, produziam nos sentidos de quem a contemplava de perto uma deliciosa impressão artística.

Sentia-se-lhe dentro das mangas do vestido a trêmula carnadura dos braços; e os pulsos apareciam nus, muito brancos, chamalotados de veiazinhas sutis, que se prolongavam serpeando. Tinha as mãos finas e bem-tratadas, os dedos longos e roliços, a palma cor-de-rosa e as unhas curvas como o bico de um papagaio.

Sem ser verdadeiramente bonita de rosto, era muito simpática e graciosa. Tez macia, de uma palidez fresca de camélia; olhos escuros, um pouco preguiçosos, bem guarnecidos e penetrantes; nariz curto, um nadinha arrebitado, beiços polpudos e viçosos, à maneira de uma fruta que provoca o apetite e dá vontade de morder. Usava o cabelo cofiado em franjas sobre a testa, e, quando queria ver ao longe, tinha de costume apertar as pálpebras e abrir ligeiramente a boca.

AZEVEDO, Aluísio. *Casa de pensão*. São Paulo: Scipione, 1995.

Atividade

- Os textos 1 e 2 têm em comum o fato de descreverem personagens femininas. Um confronto entre as duas descrições permite detectar o modo como cada uma é concebida pelo respectivo narrador, segundo os princípios estéticos do Romantismo e do Realismo/Naturalismo. Levando em conta isso, procure relacionar semelhanças e diferenças entre os dois textos com os princípios estéticos do Romantismo e do Realismo/Naturalismo.

Os temas recorrentes da poesia realista

A poesia social de Antero de Quental

Como defensor do movimento realista de renovação da literatura portuguesa, Antero de Quental acreditava na missão social da poesia. Buscava representar a realidade, contrapondo-se às poesias idealistas românticas.

Reprodução/Enciclopédia Britânica

Antero de Quental

Antero Tarquínio de Quental (1842-1891), principal participante da Questão Coimbrã, teve vida atribulada em razão do conflito entre os valores de uma educação tradicional, profundamente arraigados em seu espírito, e os novos valores, assimilados nos anos agitados de Coimbra (essa crise teve desfecho trágico: Antero se suicidou). Seus sonetos refletem ora seu posicionamento político-social, ora as crises pessoais, resultando em poesia de caráter metafísico.

LENDO O TEXTO

A um poeta

Antero de Quental

Tu que dormes, espírito sereno,
Posto à sombra dos cedros seculares,
Como um levita à sombra dos altares,
Longe da luta e do fragor terreno,

Acorda! é tempo! O sol, já alto e pleno,
Afugentou as larvas tumulares...
Para surgir do seio desses mares,
Um mundo novo espera só um aceno...

Escuta! é a grande voz das multidões!
São teus irmãos, que se erguem! são canções...
Mas de guerra... e são vozes de rebate!

Ergue-te, pois, soldado do Futuro,
E dos raios de luz do sonho puro,
Sonhador, faze espada de combate!

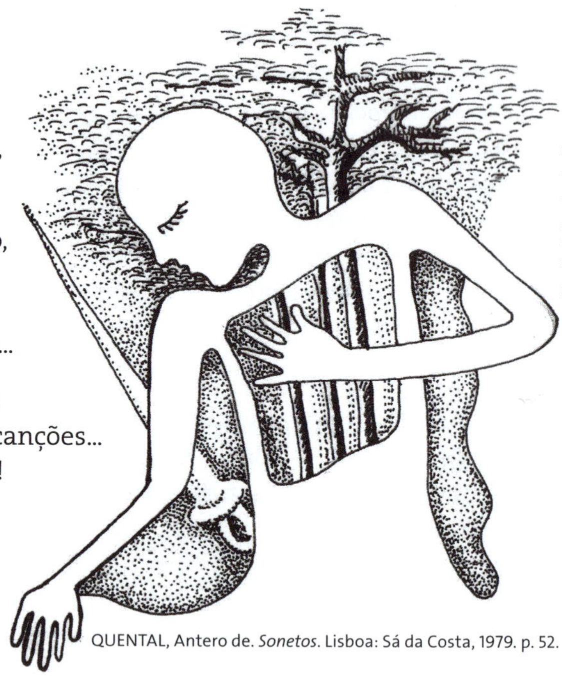

Vera Basile/Arquivo da editora

QUENTAL, Antero de. *Sonetos*. Lisboa: Sá da Costa, 1979. p. 52.

Atividades

1. O soneto está centrado na segunda pessoa do discurso (tu). Como essa pessoa é caracterizada?
2. Há no soneto um jogo de claro/escuro. Destaque do texto as palavras que indicam esse jogo. O que representa o claro? E o escuro?
3. Segundo o soneto "A um poeta", como deve ser a poesia? Qual é o papel desempenhado pelo poeta?

Trocando ideias

- Discuta com seus colegas e o professor a seguinte questão: qual deve ser a função do poeta na sociedade em que vive?

A poesia do cotidiano de Cesário Verde

Cesário Verde cantou o cotidiano das ruas de Lisboa, solidarizando-se com as vítimas das injustiças sociais. Sua poesia apresentava sensibilidade, naturalidade e, ao mesmo tempo, uma visão plástica e bastante realista do mundo.

Cesário Verde

José Joaquim Cesário Verde (1855-1886), poeta que ao longo do século XX teve seu valor reconhecido, era filho de lavrador e comerciante. Cesário foi um dos principais representantes da poesia realista e naturalista portuguesa, tendo influenciado muitos poetas de gerações posteriores. Fernando Pessoa, por exemplo, o reconhecia como um de seus mestres.

Reprodução/Coleção particular

LENDO O TEXTO

O sentimento dum ocidental

III

Ao gás

Cesário Verde

E saio. A noite pesa, esmaga. Nos
Passeios de lajedo arrastam-se as impuras.
Ó moles hospitais! Sai das embocaduras
Um sopro que arrepia os ombros quase nus.

Cercam-me as lojas, **tépidas**. Eu penso
Ver **círios** laterais, ver filas de capelas,
Com santos e fiéis, andores, ramos, velas,
Em uma catedral de um comprimento imenso.

As burguesinhas do Catolicismo
Resvalam pelo chão minado pelos canos;
E lembram-me, ao chorar doente dos pianos,
As freiras que os jejuns matavam de histerismo.

Num **cuteleiro**, de avental, ao torno,
Um forjador maneja um malho, rubramente;
E de uma padaria exala-se, inda quente,
Um cheiro salutar e honesto a pão no forno.

E eu que medito um livro que exacerbe,
Quisera que o real e análise mo dessem;
Casas de confecções e modas resplandecem;
Pelas vitrines olha um **ratoneiro** **imberbe**.

Longas descidas! Não poder pintar
Com versos magistrais, salubres e sinceros,
A esguia difusão dos vossos **reverberos**,
E a vossa palidez romântica e lunar!

Vera Basile/Arquivo da editora

círios: velas (particularmente aquelas usadas nas procissões).
cuteleiro: local onde se fabricam cutelos, facas.
imberbe: sem barba; jovem.
passeios de lajedo: calçadas.
ratoneiro: ladrão que comete pequenos furtos.
reverberos: reflexos.
tépidas: que têm pouco calor, mornas; fracas.

Que grande cobra, a **lúbrica** pessoa
Que **espartilhada** escolhe uns xales com **debuxo**!
Sua excelência atrai, magnética, entre luxo
Que ao longo dos balcões de mogno se amontoa.

E aquela velha, de **bandós**! Por vezes,
A sua ***traîne*** imita um leque antigo, aberto,
Nas barras verticais, a duas **tintas**. Perto,
Escarvam, à vitória, os seus **meclemburgueses**.

Desdobram-se tecidos estrangeiros;
Plantas ornamentais secam nos mostradores;
Flocos de pós de arroz pairam sufocadores,
E em nuvens de cetins requebram-se os caixeiros.

Mas tudo cansa! Apagam-se nas frentes
Os candelabros, como estrelas, pouco a pouco;
Da solidão **regouga** um **cauteleiro** rouco;
Tornam-se mausoléus as armações fulgentes.

"Dó da miséria!... Compaixão de mim!..."
E, nas esquinas, calvo, eterno, sem repouso,
Pede-me sempre esmola um homenzinho idoso,
Meu velho professor nas aulas de latim!

VERDE, Cesário. *O livro de Cesário Verde*. 14. ed. Lisboa: Minerva, [s.d.].

bandós: duas mechas de cabelo que, em certos penteados, assentam cada uma de um lado da testa.

cauteleiro: vendedor de bilhetes de loteria.

debuxo: desenho; esboço.

escarvam: cavam, procuram, catam.

espartilhada: apertada por espartilho, colete que era usado por mulheres para comprimir a região do tórax e a cintura.

lúbrica: sensual.

meclemburgueses: palavra provavelmente derivada de Mecklemburg, dinastia que governou a Suécia no século XIII. No texto, seriam cães pertencentes a essa raça.

regouga: fala ou grita com voz áspera.

tintas: cores.

traîne: do francês, designa a cauda do vestido.

Vera Basile/Arquivo da editora

Atividades

1. O texto de Cesário Verde está escrito na primeira pessoa do singular. O enunciador da poesia participa das ações ou é mero espectador? Justifique sua resposta.

2. Sobre a poesia de Cesário Verde, assim se manifesta o crítico António José Saraiva:

   Como ninguém, conseguiu dar expressão poética à realidade objetiva e cotidiana. Na sua obra ganham beleza e sentido as ruas de Lisboa, as vitrinas das lojas, as manhãs de trabalho e as noites alumiadas a candeeiros a gás. Tudo isto é dado de forma impressionantemente exata, sem véus de retórica, com aparente impassibilidade, numa linguagem que consegue ser corrente e comum. O poeta detesta as abstrações e sente-se feliz quando encontra "materiais", formas que os seus olhos, o seu olfato ou as suas mãos apalpam, que tangem os seus sentidos.

   SARAIVA, António José. *Iniciação na literatura portuguesa*. Sintra: Publicações Europa-América, 1984. p. 118.

   a) Aponte uma passagem em que o poeta torna explícita a sua procura por "materiais".
   b) Aponte passagens em que o poeta percebe o mundo pela visão, pelo olfato, pela audição.
   c) Explique o título "Ao gás".

3. O poeta nos apresenta diferentes tipos humanos. Aponte-os e agrupe-os segundo suas condições sociais.

A poesia filosófica de Machado de Assis

É praticamente um consenso que a poesia de Machado perde para a impecabilidade de sua prosa, no entanto, também em seus versos não falta a visão questionadora e filosófica da vida e da sociedade. Leia o poema a seguir e observe esse tom filosófico.

LENDO O TEXTO

Círculo vicioso

Machado de Assis

Bailando no ar, gemia inquieto vaga-lume:
– "Quem me dera que fosse aquela loura estrela,
Que arde no eterno azul, como uma eterna vela!"
Mas a estrela, fitando a lua, com ciúme:

– "Pudesse eu copiar o transparente **lume**,
Que, da grega coluna à **gótica** janela,
Contemplou, suspirosa, a fronte amada e bela!"
Mas a Lua, fitando o Sol, com azedume:

– "Mísera! tivesse eu aquela enorme, aquela
Claridade imortal, que toda a luz resume!"
Mas o Sol, inclinando a **rútila capela**:

– "Pesa-me esta brilhante **auréola** de **nume**...
Enfara-me esta azul e desmedida **umbela**...
Por que não nasci eu um simples vaga-lume?"

ASSIS, Machado de. Disponível em: <http://machado.mec.gov.br>. Acesso em: 5 maio 2014.

Vera Basile/Arquivo da editora

auréola: qualquer círculo luminoso que rodeia um objeto.

capela: aqui empregada em seu sentido original, ou seja, "pequena capa" (na forma masculina, *capelo*, nomeia o capuz de certos frades ou qualquer tipo de envoltório para a cabeça).

enfara-me: aborrece-me, enfada-me.

gótica: designação de um tipo de arte (a arte dos godos), que marcou a arquitetura essencialmente religiosa da Idade Média. "Da grega coluna à gótica janela" nos leva a entender que a Lua contemplou rostos apaixonados de pagãos (Grécia clássica) e cristãos (gótico medieval).

lume: brilho.

nume: relativo aos deuses, às divindades; auréola de nume: auréola divina.

rútila: muito brilhante.

umbela: qualquer objeto com a forma semelhante à de um guarda-chuva; no caso, trata-se de uma referência à "azul e desmedida" abóbada celeste.

Atividades

1. Faça a contagem de sílabas poéticas do segundo e do terceiro versos do soneto (lembre-se de que contamos as emissões de sons, desprezando as sílabas pós-tônicas da última palavra de cada verso).
2. Qual é o esquema de rima do soneto?
3. Quais são os quatro momentos do "círculo vicioso"?
4. Esse soneto é citado como exemplo do pessimismo machadiano. Você concorda com isso? Por quê?
5. Esse soneto apresenta características de uma fábula. Nesse caso, qual seria a moral?
6. Pense nos seres humanos e responda: você concorda com esse círculo vicioso?

Eça de Queirós: o intérprete realista de seu tempo

A crítica corrosiva de Eça de Queirós

Eça de Queirós, na sua fase realista, pinta o mais cruel retrato da sociedade da segunda metade do século XIX ao escrever as cenas da vida portuguesa, formadas por suas três grandes obras: *O crime do padre Amaro* – cenas da vida devota; *O primo Basílio* – episódios da vida doméstica; *Os Maias* – episódios da vida romântica. Em sua famosa conferência sobre o Realismo, Eça sintetizava: "A norma agora são as narrativas a frio, deslizando como as imagens na superfície de um espelho, sem intromissão do narrador. O romance tem de nos transmitir a natureza em quadros exatíssimos, flagrantes, reais".

Eça de Queirós

José Maria Eça de Queirós (1845-1900) foi romancista, crítico literário e jornalista português. Proferiu uma das Conferências Democráticas, tornando-se um dos responsáveis pela introdução do Realismo em Portugal. Foi o principal representante da prosa realista portuguesa, com a qual estabeleceu uma visão altamente crítica da sociedade.

A seguir, você vai ler fragmentos de dois romances de Eça de Queirós, para observar a habilidade crítica desse autor. Trata-se de um trecho do Capítulo I do romance *O primo Basílio*, em que se delineia o perfil da protagonista Luísa, casada com o engenheiro Jorge, e de um excerto do romance *O crime do padre Amaro*.

LENDO OS TEXTOS

Texto 1

O primo Basílio

Luísa

Eça de Queirós

Luísa espreguiçou-se. Que **seca** ter de se ir vestir! Desejaria estar numa banheira de mármore cor-de-rosa, em água tépida, perfumada, e adormecer! Ou numa rede de seda, com as janelas cerradas, embalar-se, ouvindo música! Sacudiu a chinelinha; esteve a olhar muito amorosamente o seu pé pequeno, branco como leite, com veias azuis, pensando numa infinidade de coisinhas: – em meias de seda que queria comprar, no **farnel** que faria a Jorge para a jornada, em três guardanapos que a lavadeira perdera...

Tornou a espreguiçar-se. E saltando na ponta do pé descalço, foi buscar ao aparador por detrás de uma compota um livro um pouco enxovalhado, veio estender-se na ***voltaire***, quase deitada, e, com o gesto acariciador e amoroso dos dedos sobre a orelha, começou a ler, toda interessada.

Era ***A dama das camélias***. Lia muitos romances; tinha uma assinatura, na **Baixa**, ao mês. Em solteira, aos dezoito anos entusiasmara-se por Walter Scott e pela Escócia; desejara então viver num daqueles castelos escoceses, que têm sobre as ogivas os brasões do clã, mobilados com arcas góticas e troféus de armas, forrados de largas tapeçarias, onde estão bordadas legendas heroicas, que o vento do lago agita e faz viver; e amara **Ervandalo, Morton e Ivanhoé**, ternos e graves, tendo sobre o gorro a pena de águia, presa ao lado pelo cardo de Escócia de esmeraldas e diamantes. Mas agora era o moderno que a cativava: Paris, as suas mobílias, as suas sentimentalidades. Ria-se dos trovadores, exaltara-se por **Mr. de Camors**; e os homens ideais apareciam-lhe de gravata branca, nas ombreiras das salas de baile, com um magnetismo no olhar, devorados de paixão, tendo palavras sublimes. Havia uma semana que se

A dama das camélias: romance do francês Alexandre Dumas Filho (1824-1895).

Baixa: elegante centro comercial de Lisboa.

Ervandalo, Morton e Ivanhoé: personagens de romances históricos de Walter Scott.

farnel: saco para provisões (o marido, Jorge, preparava-se para uma viagem).

Mr. de Camors: protagonista do romance *Monsieur de Camors*, de Octave Feuillet (1821-1890); representa um aristocrata inteligente, poderoso e sedutor.

seca: na expressão "que seca (ê)" significa chateação, amolação.

voltaire: palavra francesa que designa um tipo de poltrona, de assento baixo.

interessava por **Margarida Gautier**; o seu amor infeliz dava-lhe uma melancolia enevoada; via-a alta e magra, com o seu longo xale de caxemira, os olhos negros cheios de avidez da paixão e dos ardores da **tísica**; nos nomes mesmo do livro – **Júlia Duprat, Armando, Prudência**, achava o sabor poético de uma vida intensamente amorosa; e todo aquele destino se agitava, como numa música triste, com ceias, noites delirantes, aflições de dinheiro, e dias de melancolia no fundo de um cupê quando nas avenidas do Bois, sob um céu pardo e elegante, silenciosamente caem as primeiras neves.

– Até logo, Zizi – gritou Jorge do corredor, ao sair.

– Olha!

Ele veio com a bengala debaixo do braço, apertando as luvas.

– Não apareças muito tarde, hem? Escuta, traze-me uns bolos do **Baltresqui** para a D. Felicidade. Ouve. Vê se passas pela M.me François que me mande o chapéu. Escuta.

– Que mais, bom Deus?

– Ah! Não! Era para ires pelo livreiro que me mande mais romances... Mas está fechado!

Foi com duas lágrimas a tremer-lhe nas pálpebras que acabou nas páginas da *Dama das camélias*.

QUEIRÓS, Eça de. *O primo Basílio*. São Paulo: Scipione, 1994. p. 5.

Baltresqui: famosa e finíssima confeitaria de Lisboa.

Júlia Duprat, Armando, Prudência: personagens do romance *A dama das camélias*; Júlia e Prudência são amigas de Margarida; Armando, seu amante.

Margarida Gautier: protagonista do romance *A dama das camélias*.

tísica: tuberculose.

Atividades

1. Eça de Queirós era um artista das palavras e, como tal, selecionava-as e combinava-as brilhantemente, segundo suas intenções. Releia os dois primeiros parágrafos e responda:
   a) No primeiro parágrafo, Eça explora a força expressiva dos diminutivos para caracterizar o personagem e seu mundo, mesquinho, sem perspectivas. Aponte esses diminutivos e comente-os.
   b) A ironia é um recurso expressivo muito utilizado pelos escritores realistas. Há uma passagem muito irônica no primeiro parágrafo. Comente-a.
   c) Ainda no primeiro parágrafo, Luísa imagina-se vivendo uma situação ideal. Aponte alguns adjetivos ou locuções adjetivas empregadas pelo autor para realçar o clima de idealização.
   d) No segundo parágrafo, qual adjetivo é atribuído ao livro que Luísa lê? O que ele significa?
2. Eça, em uma carta em que comenta o romance, afirma que o enredo gira em torno "do encontro de uma mulher educada sentimentalmente com um maganão [conquistador] educado libertinamente: toda a desgraça provém dessas duas educações falsas".

   Pela leitura do fragmento apresentado, em que se sustenta a educação de Luísa?
3. Em certa passagem do romance, o narrador afirma que Luísa "sentira essa felicidade, que dão os amores ilegítimos, de que tanto se fala nos romances e nas óperas". Em que condição é colocada Luísa nessa passagem?
4. As heroínas românticas são descritas como pessoas muito ternas, delicadas, lânguidas, sentimentais.
   a) Destaque passagens do texto em que Luísa é descrita com essas qualidades.
   b) Qual é o modelo de homem com que sonha Luísa? Quem a desperta do sonho?
5. Eça afirma que *O primo Basílio* é um quadro doméstico da burguesia de Lisboa e que Luísa tem seu temperamento marcado pela ociosidade. Eça emprega duas vezes um verbo para realçar a ociosidade em que vive Luísa. Destaque-o.
6. Em certo momento do romance, há o seguinte diálogo:

   Sebastião chamou-a, aplacou-a:
   – Mas quem fala, tia Joana?
   – Quem? – E muito enfaticamente: – Toda a rua! Toda a rua! Toda a rua!

   Na passagem acima fica exposta uma das maiores preocupações da burguesia, tão criticada por Eça de Queirós. Comente-a.

Divulgação/Rede Globo

Os atores Giulia Gam (Luísa) e Marcos Paulo (Basílio) em cena da minissérie *O primo Basílio*, exibida na TV em 1988. Inspirada no romance homônimo de Eça de Queirós, a minissérie foi escrita por Gilberto Braga e Leonor Bassères, dirigida por Daniel Filho e produzida pela Rede Globo.

Texto 2

O crime do padre Amaro

Eça de Queirós

Mas na sua paixão havia às vezes grandes impaciências. Quando tinha estado, durante três horas da noite, recebendo o seu olhar, absorvendo a voluptuosidade que se exalava de todos os seus movimentos, – ficava tão carregado de desejos que necessitava conter-se "para não fazer um disparate ali mesmo na sala, ao pé da mãe". Mas depois, em casa, só torcia os braços de desespero: queria-a ali de repente, oferecendo-se ao seu desejo; fazia então combinações – escrever-lhe-ia, arranjariam uma casinha discreta para se amarem, planeariam um passeio a alguma **quinta**! Mas todos aqueles meios lhe pareciam incompletos e perigosos, ao recordar o olho finório da irmã do cônego, as Gansosos tão mexeriqueiras! E diante daquelas dificuldades que se erguiam como as muralhas sucessivas duma cidadela, voltavam as antigas lamentações: não ser livre! não poder entrar claramente naquela casa, pedi-la à mãe, possuí-la sem pecado, comodamente! Por que o tinham feito padre? Fora "a velha pega" da **Marquesa de Alegros**! Ele não abdicava voluntariamente a virilidade do seu peito! Tinham-no impelido para o sacerdócio como um boi para o curral!

Então, passeando excitado pelo quarto, levava as suas acusações mais longe, contra o **celibato** e a Igreja: por que proibia ela aos seus sacerdotes, homens vivendo entre homens, a satisfação mais natural, que até têm os animais? Quem imagina que desde que um velho bispo diz – serás casto – a um homem novo e forte, o seu sangue vai subitamente esfriar-se? e que uma palavra latina – ***accedo*** – dita a tremer pelo seminarista assustado, será o bastante para conter para sempre a rebelião formidável do corpo? E quem inventou isto? Um concílio de bispos decrépitos, vindos do fundo dos seus claustros, da paz das suas escolas, mirrados como pergaminhos, inúteis como **eunucos**! Que sabiam eles da Natureza e das suas tentações? Que viessem ali duas, três horas para o pé da Ameliazinha, e veriam, sob a sua capa de santidade, começar a revoltar-se-lhe o desejo! Tudo se ilude e se evita, menos o amor! E se ele é fatal, por que impediram então que o padre o sinta, o realize com pureza e com dignidade? É melhor talvez que o vá procurar pelas vielas obscenas! – Porque a carne é fraca!

A carne! Punha-se então a pensar nos três inimigos da alma – mundo, diabo e carne. E apareciam à sua imaginação em três figuras vivas: uma mulher muito formosa; uma figura negra de olho de brasa e pé de cabra; e o mundo, coisa vaga e maravilhosa (riquezas, cavalos, palacetes) – de que lhe parecia uma personificação suficiente o Sr. **Conde de Ribamar**! [...]

QUEIRÓS, Eça de. *O crime do padre Amaro*. Disponível em: <www.dominiopublico.gov.br>. Acesso em: 5 maio 2014.

accedo: palavra latina que os jovens seminaristas deveriam pronunciar, aceitando as imposições da Igreja; o mesmo que "aprovo, concordo".

celibato: é o estado de uma pessoa que se mantém solteira.

Conde de Ribamar: caracterizado como "o homem do Governo, estadista ilustre", símbolo do poder, é um nacionalista conservador, reacionário.

eunucos: homens castrados que, no Oriente, eram guardas de harém.

Marquesa de Alegros: personagem na casa da qual serviam os pais de Amaro; quando este fica órfão, é a marquesa que decide colocar Amaro no seminário.

quinta: propriedade rústica; no Brasil, seria equivalente a sítio.

Atividades

1. A partir da leitura do texto, é possível saber qual o conceito de amor defendido por Eça de Queirós?
2. "Não ser livre!", lamenta-se Amaro. A que se opõe a ideia de liberdade?
3. Em determinada passagem, estabelece-se uma verdadeira antítese entre os bispos e a Natureza. Identifique o trecho e comente a seleção vocabular feita por Eça para caracterizar os bispos. Como essa seleção vocabular se opõe à Natureza?
4. Releia o penúltimo parágrafo e perceba em que situação o autor faz referência a Ameliazinha. Nesse contexto, o que ela personifica?
5. Em Portugal, tendências realistas aparecem ao lado de tendências naturalistas. Aponte, no fragmento apresentado, algumas passagens que você considera naturalistas e comente-as.
6. A crítica ao materialismo da velha aristocracia ou da emergente burguesia é uma característica típica do Realismo. Em que passagem podemos percebê-la?

Velhos temas novas leituras

O SURGIMENTO DE UM GÊNERO: O ROMANCE POLICIAL

As narrativas realistas e naturalistas mudaram profundamente a forma de entendimento da literatura: questões sociais e cotidianas passaram a fazer parte do repertório literário, na tentativa de incorporar ao texto toda a complexidade do mundo moderno; as desigualdades sociais, a paisagem urbana, as multidões, os conflitos políticos, as teorias científicas, a situação da mulher na sociedade, a moral burguesa, dentre outros temas, foram expostos e desenvolvidos sem idealizações nas obras literárias da segunda metade do século XIX.

Uma característica marcante desse fazer literário realista era a atenção ao *detalhe*; nas descrições de personagens e paisagens, não era mais suficiente fazer generalizações e criar tipos comuns: era preciso dar conta de tudo aquilo que se apresentava aos olhos do escritor. Para representar o mundo real, era necessário captar o detalhe habitual e o detalhe dinâmico, identificar o que se deveria considerar relevante e, ao mesmo tempo, o que deveria ser entendido como excessivo e descartável. Segundo o crítico literário James Wood:

> A literatura é diferente da vida real porque a vida é cheia de detalhes, mas de maneira amorfa, e raramente ela nos conduz a eles, enquanto a literatura nos ensina a notar – a notar como a minha mãe, por exemplo, costuma enxugar a boca antes de me beijar; o som de britadeira que faz um táxi londrino quando o motor a *diesel* está em ponto morto; os riscos esbranquiçados numa jaqueta velha de couro que parecem estrias de gordura num pedaço de carne; como a neve fresca "range" sob os pés; como os bracinhos de um bebê são tão rechonchudos que parecem amarrados com linha (ah, os outros são meus, mas o último exemplo é de Tolstói).

WOOD, James. *Como funciona a ficção*. Tradução de Denise Bottman. São Paulo: Cosac Naify, 2012. p. 63.

A arte, portanto, é capaz de detectar e representar aquilo que escapa ao olhar distraído do cotidiano, assim como faz um detetive ou um crítico de arte. Dessa combinação entre percepção crítica, atenção ao detalhe e modernidade surgiu um gênero literário que se tornou verdadeiro fenômeno entre o público: a narrativa policial (vale lembrar que, da mesma forma, ganharam corpo as obras de ficção científica e terror).

A primeira experiência de sucesso nesse tipo de literatura foi a de Edgar Allan Poe (1809-1849), que, a partir de notícias veiculadas na imprensa, criou misteriosos casos investigativos. Seu personagem, Auguste Dupin, um jovem cavalheiro nascido em excelente família, mas reduzido à pobreza por fatores diversos, e com uma imensa capacidade analítica, é o protagonista de "Os crimes da rua Morgue", conto publicado em 1841.

A capacidade de Dupin era tão grande que ele conseguia resolver mistérios que ocorriam muito distantes de Paris, cidade onde morava. O espantoso talento analítico do personagem de Edgar Allan Poe fez escola e foi elevado ao máximo por meio dos detetives Sherlock Holmes, criado por Sir Arthur Conan Doyle (1859-1930), e Hercule Poirot, de Agatha Christie (1890-1976). Nas histórias desses investigadores, o objetivo é sempre a busca pela solução do mistério, na maior parte dos casos um assassinato; ou seja, uma investigação progressiva, cujo fim é estabelecer a verdade e realizar a justiça.

Rogue Pictures/Everett Collection/Latinstock

Cena do filme *O corvo*, de James McTeigue, 2012, inspirado nos últimos anos de vida do escritor Edgar Allan Poe, interpretado pelo ator John Cusack (na foto).

Para conhecer melhor as características do gênero policial, assim como as narrativas com esse enfoque escritas por autores brasileiros contemporâneos, nesta seção leia atentamente os textos reproduzidos a seguir. O primeiro é um comentário do crítico literário James Wood a respeito da narrativa do escritor francês Gustave Flaubert (1821-1880). O segundo, um trecho do livro *O silêncio da chuva* (1996), do escritor carioca Luiz Alfredo Garcia-Roza (1936), que descreve uma caminhada do delegado Espinosa, personagem da obra, pelas ruas do centro do Rio de Janeiro.

O ator Robert Downey Jr. (à direita) no papel do detetive Sherlock Holmes, em filme de Guy Ritchie (*Sherlock Holmes*), 2009. Esse detetive da Londres do século XIX foi criado pelo escritor e médico escocês *Sir* Arthur Conan Doyle (1859-1930). O ator Jude Law (à esquerda) faz o papel do dr. Watson, o companheiro do detetive em suas aventuras policiais.

Texto 1

É claro que naquela rua de Paris o tempo que a balconista passa bocejando não pode ser igual ao tempo que a roupa tremula ou que os jornais ficam nas mesas. Os detalhes de Flaubert são de marcações temporais diferentes, alguns instantâneos e outros recorrentes, mas todos se combinam no mesmo plano como se acontecessem simultaneamente.

Parece a vida real – de um modo belamente artificial. Flaubert sugere que esses detalhes, de certa forma, são ao mesmo tempo importantes e insignificantes: importantes porque estão todos misturados, como que vistos de relance; parecem chegar a nós como "a vida real". Daí deriva grande parte do relato moderno, como a reportagem de guerra. O escritor de livros policiais e o repórter de guerra apenas intensificam o contraste entre o detalhe importante e o insignificante, transformando-o numa tensão entre o pavoroso e o comum: um soldado morre e ao lado um menino vai para a escola.

WOOD, James. *Como funciona a ficção*. Trad. Denise Bottman. São Paulo: Cosac Naify, 2012. p. 45.

Texto 2

Retomou a caminhada, invadido pelo cheiro de tabaco que emanava da Charutaria Syria. Como se tivesse fumado um cigarro depois do almoço, coisa de que ainda sentia falta. Dobrou à esquerda na avenida Passos, atravessou a Presidente Vargas desembocando na Marechal Floriano, bem em frente ao Colégio Pedro II. Chegou a sentir na mão a pasta de couro cuja alça era mudada a cada ano para resistir ao peso dos novos livros e cadernos escolares. "Não carrego mais pasta, carrego cadáveres." Procurou afastar a imagem dos dedos da mãe de Rose espalhados pela mesa da sala. Deteve-se em frente à fachada de pedra e alvenaria do antigo colégio, com suas portas de madeira e ferro, belas escadarias de ferro fundido e mármore. Quantas vezes subira correndo aqueles degraus, atrasado para o início da aula. Rose não voltara a telefonar, ou melhor, o sequestrador não voltara a se utilizar de Rose para telefonar. Por que não telefonava ele próprio? [...] Continuava a andar pela Marechal Floriano em direção à rua Acre. E se estivessem telefonando agora para o apartamento ou para a delegacia? Se isso estivesse acontecendo, o inspetor estaria passeando pelo centro da cidade numa rememoração fora de momento e de propósito. Ao passar pela esquina da rua dos Andradas, olhou para a esquerda e esqueceu-se momentaneamente do que estava pensando. A rua formava um corredor de pequenos sobrados de meados do século passado, com seus minúsculos balcões em ferro batido, as calçadas quase se tocando na rua estreita, tendo ao fundo o morro do Santo Cristo iluminado pelo sol. A beleza do local era comovente. Dobrando à direita, na rua Leandro Martins, o espírito era o mesmo. "Naquele tempo os crimes eram notícia extraordinária, hoje são cometidos em série." Sem perceber, viu-se na rua Acre, estava praticamente na delegacia.

GARCIA-ROZA, Luiz Alfredo. *O silêncio da chuva*. São Paulo: Companhia das Letras, 1996. p. 228-229.

1. Para James Wood, tanto o texto de Gustave Flaubert quanto a literatura policial são exemplos de narrativa moderna. Quais elementos do trecho do romance de Luiz Alfredo Garcia-Roza podem ser relacionados com os comentários do crítico?

2. No texto 2 percebem-se, simultaneamente, acontecimentos que ocorrem no momento em que o delegado caminha pelas ruas e o fluxo da memória. Explique que efeito isso produz.

3. Hoje em dia, é possível encontrar inúmeros exemplos de narrativas de cunho policial, principalmente em seriados de televisão. Assista a um episódio de qualquer um desses seriados e pense nos aspectos formais da construção narrativa moderna. Como os detalhes são abordados nesses programas televisivos? Como os personagens e os cenários são caracterizados? As situações representadas têm que tipo de relação com a realidade? Compartilhe suas conclusões com seus colegas de classe e o professor.

Divulgação/Copacabana Filmes e Produções

Cena do filme *Bellini e a esfinge*, de Roberto Santucci, 2001, inspirado no romance homônimo escrito por Tony Belloto. O ator Fábio Assunção faz o papel do detetive Remo Bellini.

Vestibulares de Norte a Sul

1. **NE** (UFBA)

Fechava a fila das primeiras lavadeiras, o Albino, um sujeito afeminado, fraco, cor de espargo cozido e com um cabelinho castanho, deslavado e pobre, que lhe caía, numa só linha, até ao pescocinho mole e fino. Era lavadeiro e vivia sempre entre as mulheres, com quem já estava tão familiarizado que elas o tratavam como a uma pessoa do mesmo sexo; em presença dele falavam de coisas que não exporiam em presença de outro homem; faziam-no até confidente dos seus amores e das suas infidelidades, com uma franqueza que o não revoltava, nem comovia. Quando um casal brigava ou duas amigas se disputavam, era sempre Albino quem tratava de reconciliá-los, exortando as mulheres à concórdia. Dantes encarregava-se de cobrar o rol das colegas, por amabilidade; mas uma vez, indo a uma república de estudantes, deram-lhe lá, ninguém sabia por quê, uma dúzia de bolos, e o pobre-diabo jurou então, entre lágrimas e soluços, que nunca mais se incumbiria de receber os róis.

E daí em diante, com efeito, não arredava os pezinhos do cortiço, a não ser nos dias de carnaval, em que ia, vestido de dançarina, passear à tarde pelas ruas e à noite dançar nos bailes dos teatros. [...]

Naquela manhã levantara-se ainda um pouco mais lânguido que do costume, porque passara mal a noite. A velha Isabel, que lhe ficava ao lado esquerdo, ouvindo-o suspirar com insistência, perguntou-lhe o que tinha.

Ah! muita moleza de corpo e uma pontada do vazio que o não deixava!

A velha receitou diversos remédios, e ficaram os dois, no meio de toda aquela vida, a falar tristemente sobre moléstias.

E, enquanto, no resto da fileira, a Machona, a Augusta, a Leocádia, a Bruxa, a Marciana e sua filha conversavam de tina a tina, berrando e quase sem se ouvirem, a voz um tanto cansada já pelo serviço, defronte delas, separado pelos jiraus, formava-se um novo renque de lavadeiras, que acudiam de fora, carregadas de trouxas, e iam ruidosamente tomando lugar ao lado umas das outras, entre uma agitação sem tréguas, onde se não distinguia o que era galhofa e o que era briga. Uma a uma ocupavam-se todas as tinas. E de todos os casulos do cortiço saíam homens para as suas obrigações. [...]

AZEVEDO, A. *O cortiço*. São Paulo: Ática, 1999. p. 40-41. Edição Especial.

Considerando o fragmento transcrito e a obra de onde foi retirado,

- identifique os efeitos de sentido que a repetição do sufixo "inho" – cabel**inho**; pesco**cinho**; pez**inhos** – produz no entendimento da caracterização de Albino;
- justifique, do ponto de vista da escolha do vocabulário, a utilização do substantivo "**casulos**" no texto.

2. **SE** (Unifesp) Considere o trecho de *O cortiço*, de Aluísio Azevedo.

Uma aluvião de cenas, que ela [Pombinha] jamais tentara explicar e que até ali jaziam esquecidas nos meandros do seu passado, apresentavam-se agora nítidas e transparentes. Compreendeu como era que certos velhos respeitáveis, cuja fotografia *Léonie* lhe mostrou no dia que passaram juntas, deixavam-se vilmente cavalgar pela loureira, cativos e submissos, pagando a escravidão com a honra, os bens, e até com a própria vida, se a prostituta, depois de os ter esgotado, fechava-lhes o corpo. E continuou a sorrir, desvanecida na sua superioridade sobre esse outro sexo, vaidoso e fanfarrão, que se julgava senhor e que, no entanto, fora posto no mundo simplesmente para servir ao feminino; escravo ridículo que, para gozar um pouco, precisava tirar da sua mesma ilusão a substância do seu gozo; ao passo que a mulher, a senhora, a dona dele, ia tranquilamente desfrutando o seu império, endeusada e querida, prodigalizando martírios, que os miseráveis aceitavam contritos, a beijar os pés que os deprimiam e as implacáveis mãos que os estrangulavam.

– Ah! homens! homens! ... sussurrou ela de envolta com um suspiro.

No texto, os pensamentos da personagem

a) recuperam o princípio da prosa naturalista, que condena os assuntos repulsivos e bestiais, sem amparo nas teorias científicas, ligados ao homem que põe em primeiro plano seus instintos animalescos.
b) elucidam o princípio do determinismo presente na prosa naturalista, revelando os homens e as mulheres conscientes dos seus instintos em função do meio em que vivem e, sobretudo, capazes de controlá-los.
c) trazem uma crítica aos aspectos animalescos próprios do homem, mas, por outro lado, revelam uma forma de Pombinha submeter a muitos deles para obter vantagens: eis aí um princípio do Realismo rechaçado no Naturalismo.
d) constroem uma visão de mundo e do homem idealizada, o que, em certa medida, afronta o referencial em que se baseia a prosa naturalista, que define o homem como fruto do meio, marcado pelo apelo dos seus sentidos.
e) consubstanciam a concepção naturalista de que o homem é um animal, preso aos instintos e, no que dizem respeito à sexualidade, vê-se que Pombinha considera a mulher superior ao homem, e esse conhecimento é uma forma de se obterem vantagens.

CAPÍTULO

17 A narrativa realista/naturalista no Brasil

Proclamação da República, de Benedito Calixto, 1893. (Detalhe.)

O Realismo no Brasil

O final do século XIX, no Brasil, foi marcado por três acontecimentos fundamentais: a abolição da escravatura, a proclamação da República e o início do ciclo econômico do café, que disputaria o lugar com a economia baseada na produção de cana-de-açúcar.

As artes brasileiras, sobretudo a literatura, refletem essas transformações, além de se inspirarem nas teorias que estavam se desenrolando na Europa, onde a industrialização e o crescimento dos centros urbanos se tornavam uma realidade cada vez mais evidente.

A pintura

Proclamação da República, de Benedito Calixto, 1893.

Interior italiano, de Henrique Bernardelli, [s.d.].

Caipira picando fumo, de Almeida Júnior, 1893.

- *Observando os personagens escolhidos pelo artista Benedito Calixto em sua representação do episódio da proclamação da República, que aspecto do fato histórico ele evidencia?*
- *Nas duas outras telas reproduzidas nesta página, ficam evidentes novas forças de trabalho necessárias com o fim da escravidão. Quais são elas?*
- *Observe as três telas procurando entender de que modo cada artista acredita que retrata a realidade.*

1 O contexto histórico no Brasil

Acompanhando as transformações econômicas, políticas e sociais por que passa a Europa, o Brasil, embora com profundas diferenças materiais – enquanto lá se vivia o capitalismo industrial, aqui a sociedade se organizava em torno da produção agrícola e do binômio aristocracia/mão de obra escrava –, também passa por mudanças radicais nesses setores no período que corresponde ao início da prosa realista/naturalista (década de 1880):

- a campanha abolicionista intensifica-se a partir de 1850;
- a Guerra do Paraguai (1864-1870) tem como consequência o pensamento republicano – o Partido Republicano foi fundado no ano em que essa guerra acabou;
- a Monarquia, representada por d. Pedro II, que já estava no poder havia quarenta anos, vive uma vertiginosa decadência;
- a Lei Áurea, de 1888, não põe termo ao problema dos negros, mas cria uma nova realidade: o fim da mão de obra escrava e a sua substituição pela mão de obra assalariada (então representada pelas levas de imigrantes europeus que vinham trabalhar na lavoura cafeeira) originam uma economia voltada para o mercado externo, mas sem a estrutura colonialista.

2 O romance realista no Brasil

"A vida é uma ópera", dizia-me um velho tenor italiano que aqui viveu e morreu... E explicou-me um dia a definição, em tal maneira que me fez crer nela.

Machado de Assis, no romance *Dom Casmurro*.

Cada estação da vida é uma edição, que corrige a anterior, e que será corrigida também, até a edição definitiva, que o editor dá de graça aos vermes.

Machado de Assis, no romance *Memórias póstumas de Brás Cubas*.

Psicologia, ironia e crítica na obra de Machado de Assis

Literatura em vídeo: Machado de Assis

Costuma-se distinguir na obra de Machado de Assis duas fases: a primeira apresenta o autor ainda preso a alguns princípios da escola romântica, sendo, por isso, chamada de fase romântica ou de amadurecimento; a segunda apresenta o autor completamente definido dentro das ideias realistas, sendo, portanto, chamada de fase realista ou de maturidade. Machado foi romancista, contista e poeta, além de deixar algumas peças de teatro e inúmeras críticas, crônicas e correspondências.

Machado de Assis

Joaquim Maria Machado de Assis (1839-1908) foi, sem dúvida, a figura mais importante de nossas letras na virada do século XIX para o século XX: escritor respeitado por seus contemporâneos, primeiro presidente da Academia Brasileira de Letras, sua figura pairava acima dos acontecimentos. Assistiu à passagem da Monarquia para a República, ora manifestando um ligeiro saudosismo dos tempos do Império, ora ironizando a República, ora exaltando os novos tempos. Romancista, contista, poeta, cronista, publicou seus primeiros textos ainda seguindo o modelo romântico e, a partir de 1881, filiou-se ao Realismo e passou a escrever com "a pena da galhofa e a tinta da melancolia".

Visite o *site* organizado pela ABL para homenagear Machado de Assis: <www.machadodeassis.org.br>, acesso em: 7 maio 2014.

Reprodução/Academia Brasileira de Letras, Rio de Janeiro, RJ.

Primeira fase

Pertencem a essa fase os romances *Ressurreição*, *A mão e a luva*, *Helena* e *Iaiá Garcia*.

Machado de Assis foi um ótimo crítico literário, principalmente de sua própria obra. Portanto, ninguém melhor do que ele próprio para nos informar acerca da evolução de seus romances e contos, da fase romântica para a fase realista. Transcrevemos, a seguir, um trecho da apresentação que Machado fez a uma reedição do romance *Helena*:

Advertência

Esta nova edição de *Helena* sai com várias emendas de linguagem e outras, que não alteram a feição do livro. Ele é o mesmo da data em que o compus e imprimi, diverso do que o tempo me foi depois, correspondendo assim ao capítulo da história do meu espírito, naquele ano de 1876.

Não me culpeis pelo que lhe achardes romanesco. Dos que então fiz, este me era particularmente prezado. Agora mesmo, que há tanto me fui a outras e diferentes páginas, ouço um eco remoto ao reler estas, eco de mocidade e fé ingênua. É claro que, em nenhum caso, lhes tiraria a feição passada; cada obra pertence ao seu tempo.

MACHADO DE ASSIS. *Helena*.

Observa-se, portanto, que o próprio autor nos dá a dimensão exata das fases de sua obra, assumindo uma posição paternal ao comentar e se desculpar pelas obras da primeira fase, nostalgicamente relembradas como uma época de fé ingênua, ingenuidade esta perdida ao trilhar novos caminhos: "me fui a outras e diferentes páginas", ou seja, páginas realistas.

Apesar de romanescos, no entanto, os romances e contos dessa época já indicavam algumas características que mais tarde se consolidariam na obra de Machado: o amor contrariado, o casamento por interesse, uma ligeira preocupação psicológica e uma leve ironia. Afrânio Coutinho assim comenta as fases do autor:

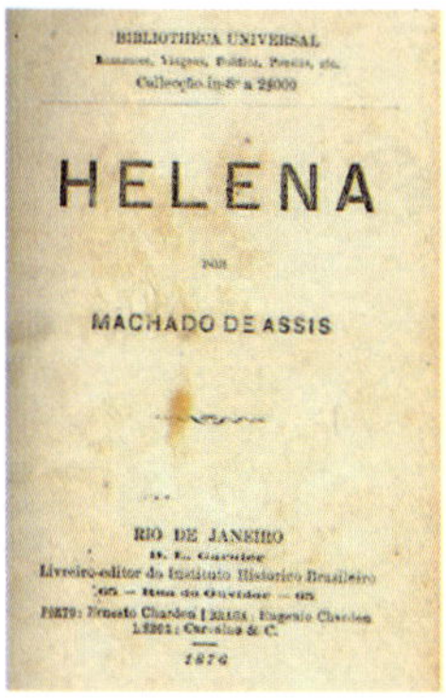

É uma noção corrente da crítica machadiana a de que a vida e a obra do escritor ofereciam uma divisão nítida, situada em torno de 1880, quando atravessara a crise dos 40 anos, inaugurando uma nova fase de sua carreira artística. [...] Não há como negar a existência de diferenças na estética do escritor antes e depois das *Memórias póstumas de Brás Cubas*. [...] Todavia, deve-se afastar, no exame do problema, a ideia de mutação repentina. Não há ruptura brusca entre as duas fases [...] E, se existe diferença, não há oposição, mas sim desabrochamento, amadurecimento.

COUTINHO, Afrânio. Machado de Assis na literatura brasileira. In: MACHADO DE ASSIS. *Machado de Assis – Obra completa*. Rio de Janeiro: Nova Aguilar, 1986. v. 1.

Segunda fase

A essa fase pertencem as obras-primas de Machado de Assis, como *Memórias póstumas de Brás Cubas*, *Quincas Borba* e *Dom Casmurro*. A análise psicológica dos personagens, o pessimismo, o negativismo, a linguagem correta, clássica, as frases curtas, a técnica dos capítulos curtos e da conversa com o leitor são as principais características dos textos realistas, ao lado da análise da sociedade e da crítica aos valores românticos.

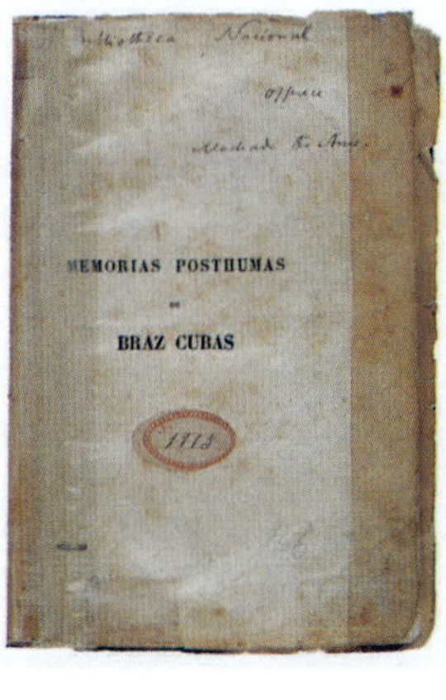

Primeira edição de *Memórias póstumas de Brás Cubas*, de Machado de Assis.

- *Memórias póstumas de Brás Cubas* – além de ser nosso primeiro romance realista, é uma obra inovadora, com uma série de características que distinguiriam as obras-primas machadianas. O livro é revolucionário a partir de sua própria estrutura: são memórias, mas póstumas! Ou seja, o narrador rememora sua vida após a morte, constituindo-se, dessa forma, um defunto-autor – a narração é feita em primeira pessoa. Qual é o objetivo de Machado ao criar um narrador que já está morto? Ora, para narrar sua vida com total isenção, Brás Cubas teria de estar totalmente desvinculado de qualquer relação com a sociedade, com a própria vida. A morte propicia um total descomprometimento, uma total sinceridade. Brás Cubas, ao iniciar a narração, já está morto, enterrado e... comido pelos vermes. Leia, a seguir, a dedicatória do livro e um fragmento do prólogo "Ao leitor". Observe o tempo usado no verbo *roer*: o passado, o que indica que Brás Cubas não é mais nada, não existe, não deve satisfações a ninguém, é livre, soberano absoluto para pintar a vida, as pessoas, a si próprio.

Ao verme que primeiro roeu as frias carnes do meu cadáver dedico com saudosa lembrança estas Memórias Póstumas.

Ao leitor

[...] Trata-se, na verdade, de uma obra difusa, na qual eu, Brás Cubas, [...] não sei se lhe meti algumas rabugens de pessimismo. Pode ser. Obra de finado. Escrevi-a com a pena da galhofa e a tinta da melancolia, e não é difícil antever o que poderá sair desse conúbio.

MACHADO DE ASSIS. *Memórias póstumas de Brás Cubas*. Disponível em: <http://machado.mec.gov.br>. Acesso em: 21 jun. 2014.

- *Quincas Borba* – romance narrado em terceira pessoa, é uma análise da desagregação psicológica e financeira de Rubião, humilde professor do interior de Minas Gerais, que recebe a herança de Quincas Borba, criador de um sistema filosófico chamado Humanitismo. A desagregação de Rubião – um dos raros personagens machadianos bons, honestos e decentes – até a loucura total e a miséria absoluta é, na prática, o Humanitismo em toda a sua essência (a teoria do Humanitismo está revelada em *Memórias póstumas de Brás Cubas*). Rubião morre pobre e louco, acreditando ser Napoleão. No auge da loucura, também conhece a plena lucidez: sua última frase encerra toda a sociedade e o Humanitismo – "Ao vencedor, as batatas...". Ou seja, numa sociedade composta de indivíduos egoístas e gananciosos, a ascensão de um se faz a partir da anulação do outro; ou, como explica o filósofo Quincas Borba: "a supressão de uma forma é a condição da sobrevivência da outra". Se duas tribos famintas disputam uma única plantação de batatas, só a tribo vitoriosa sobreviverá. Ao vencedor, as batatas...

- *Dom Casmurro* – é um retorno de Machado de Assis à narração em primeira pessoa; Bentinho/Dom Casmurro é o personagem-narrador que tenta "atar as duas pontas da vida, e restaurar na velhice a adolescência". À primeira vista, o romance parece girar em torno de um provável adultério: Bentinho é casado com Capitu; desconfia que Ezequiel, o filho, seja de Escobar, amigo do casal; o ciúme doentio de Bentinho leva à dissolução do casamento (eles se separam de fato, mas não socialmente – Capitu e o filho vivem na Europa a pretexto de um tratamento de saúde da mulher). Isso serve, entretanto, apenas de pano de fundo para a confecção de brilhantes perfis psicológicos e análises de comportamento.

Capitu, de Joaquim da Rocha Ferreira.

Quincas Borba, personagem de dois romances

O romance *Quincas Borba* ganhou versão definitiva, em forma de livro, em 1891, dez anos após a publicação das *Memórias póstumas de Brás Cubas*, de onde provêm alguns de seus principais elementos: o bizarro filósofo Quincas Borba, a sua filosofia do Humanitismo e certo capital herdado por ele. O narrador do romance *Quincas Borba* estabelece a intertextualidade logo no início da narrativa:

Este Quincas Borba, se acaso me fizeste o favor de ler as *Memórias póstumas de Brás Cubas*, é aquele mesmo náufrago da existência, que ali aparece, mendigo, herdeiro inopinado, e inventor de uma filosofia. Aqui o tens agora em Barbacena.

Vale lembrar que Joaquim Borba dos Santos, o Quincas, fora colega de escola de Brás Cubas; aliás, um brilhante aluno. E que anos mais tarde os dois se encontram vivendo situações diversas: Brás Cubas é um capitalista; Quincas Borba, um mendigo. Tempos depois, Quincas reaparece rico: havia herdado, inesperadamente, uma fabulosa quantia de um parente que vivia em Minas Gerais.

A seguir, leia alguns excertos do romance *Memórias póstumas de Brás Cubas*, inclusive o último parágrafo, denominado "Das negativas". Conheça também o trecho do capítulo VI do romance *Quincas Borba*, justamente aquele em que o personagem do filósofo e ex-mendigo explica a seu discípulo Rubião o que é o Humanitismo. No trecho reproduzido, o personagem está rico, filósofo e demente.

LENDO OS TEXTOS

Texto 1

Memórias póstumas de Brás Cubas

Capítulo XXIV — [A vida]

Talvez espante ao leitor a franqueza com que lhe exponho e realço a minha mediocridade; advirto que a franqueza é a primeira virtude de um defunto. Na vida, o olhar da opinião, o contraste dos interesses, a luta das cobiças obrigam a gente a calar os trapos velhos, a disfarçar os rasgões e os remendos, a não estender ao mundo as revelações que faz à consciência; e o melhor da obrigação é quando, à força de embaçar os outros, embaça-se um homem a si mesmo. Porque em tal caso poupa-se o vexame, que é uma sensação penosa, e a hipocrisia, que é um vício hediondo. Mas, na morte, que diferença! que desabafo! que liberdade! Como a gente pode sacudir fora a capa, deitar ao fosso as lantejoulas, despregar-se, despintar-se, desafeitar-se, confessar lisamente o que foi e o que deixou de ser! Porque, em suma, já não há vizinhos, nem amigos, nem inimigos, nem conhecidos, nem estranhos; não há plateia. O olhar da opinião, esse olhar agudo e judicial, perde a virtude, logo que pisamos o território da morte; não digo que ele se não estenda para cá, e nos não examine e julgue; mas a nós é que não se nos dá do exame nem do julgamento. Senhores vivos, não há nada tão incomensurável como o desdém dos finados.

Capítulos XVII e LXXXV [O amor]

... Marcela amou-me durante quinze meses e onze contos de réis, nada menos. [...]

Esse foi, cuido eu, o ponto máximo do nosso amor, o cimo da montanha, donde por algum tempo divisamos os vales de leste a oeste, e por cima de nós, o céu tranquilo e azul. Repousado esse tempo, começamos a descer a encosta, com as mãos presas ou soltas, mas a descer, a descer...

Capítulo CXVII — O Humanitismo

[Diz o personagem Quincas Borba, ex-mendigo:]

[... este mesmo frango...] Nutriu-se de milho, que foi plantado por um africano, suponhamos, importado de Angola. Nasceu esse africano, cresceu, foi vendido; um navio o trouxe, um navio construído de madeira cortada no mato por dez ou doze homens, levado por velas, que oito ou dez homens teceram, sem contar a cordoalha e outras partes do aparelho náutico. Assim, este frango, que eu almocei agora mesmo, é o resultado de uma multidão de esforços e lutas, executados com o único fim de dar mate ao meu apetite.

Vera Basile/Arquivo da editora

Humanitismo: sistema filosófico elaborado pelo ex-mendigo Quincas Borba (personagem de *Memórias póstumas de Brás Cubas* que serve de título a outro romance do autor). O fragmento transcrito representa uma de suas curiosas argumentações, cujo tema é o frango que Brás Cubas e Quincas Borba filosoficamente almoçavam.

Capítulo CLX — Das negativas

[...]

Este último capítulo é todo de negativas. Não alcancei a celebridade do emplastro, não fui ministro, não fui califa, não conheci o casamento. Verdade é que, ao lado dessas faltas, coube-me a boa fortuna de não comprar o pão com o suor do meu rosto. Mais; não padeci a morte de D. Plácida, nem a semidemência do Quincas Borba. Somadas umas cousas e outras, qualquer pessoa imaginará que não houve míngua nem sobra, e conseguintemente que saí quite com a vida. E imaginará mal; porque ao chegar a este outro lado do mistério, achei-me com um pequeno saldo, que é a derradeira negativa deste capítulo de negativas: – Não tive filhos, não transmiti a nenhuma criatura o legado da nossa miséria.

MACHADO DE ASSIS. Memórias póstumas de Brás Cubas. São Paulo: Scipione, 2004. p. 142-143.

Divulgação/Arquivo da editora

O ator Reginaldo Faria como o "defunto autor" na capa do DVD do filme *Memórias póstumas de Brás Cubas*, inspirado no romance homônimo de Machado de Assis, sob direção de André Klotzel, produzido em 2000.

Atividade

- Considerando que o personagem Quincas Borba e seu Humanitismo aparecem nas *Memórias póstumas*, como pode ser relacionado o "saldo" de Brás Cubas – a derradeira negativa – à filosofia de Quincas Borba?

Texto 2

Quincas Borba

– E que *Humanitas* é esse?

– *Humanitas* é o princípio. Mas não, não digo nada, tu não és capaz de entender isto, meu caro Rubião; falemos de outra cousa.

– Diga sempre.

Quincas Borba, que não deixara de andar, parou alguns instantes.

– Queres ser meu discípulo?

– Quero.

– Bem, irás entendendo aos poucos a minha filosofia; no dia em que a houveres penetrado inteiramente, ah! nesse dia terás o maior prazer da vida, porque não há vinho que embriague como a verdade. Crê-me, o Humanitismo é o remate das cousas;

contristador: que causa tristeza, compaixão.

Quincas Borba: nessa passagem, o filósofo faz referência a seu cão, também nomeado Quincas Borba. O filósofo assim se justifica: "se eu morrer antes, como presumo, sobreviverei no nome do meu bom cachorro" (o que, de fato, acontece, com o cão assumindo "o mesmo olhar meditativo do filósofo, quando examinava negócios humanos").

e eu que o formulei, sou o maior homem do mundo. Olha, vês como o meu bom **Quincas Borba** está olhando para mim? Não é ele, é *Humanitas*...

– Mas que *Humanitas* é esse?

– *Humanitas* é o princípio. Há nas cousas todas certa substância recôndita e idêntica, um princípio único, universal, eterno, comum, indivisível e indestrutível – ou, para usar a linguagem do grande Camões:

Uma verdade que nas cousas anda
Que mora no visíbil e invisíbil.

Pois essa substância ou verdade, esse princípio indestrutível é que é *Humanitas*. Assim lhe chamo, porque resume o universo, e o universo é o homem. Vais entendendo?

– Pouco, mas, ainda assim, como é que a morte de sua avó...

– Não há morte. O encontro de duas expansões, ou a expansão de duas formas, pode determinar a supressão de uma delas; mas, rigorosamente, não há morte, há vida, porque a supressão de uma é princípio universal e comum. Daí o caráter conservador e benéfico da guerra. Supõe tu um campo de batatas e duas tribos famintas. As batatas apenas chegam para alimentar uma das tribos, que assim adquire forças para transpor a montanha e ir à outra vertente, onde há batatas em abundância; mas, se as duas tribos dividirem em paz as batatas do campo, não chegam a nutrir-se suficientemente e morrem de inanição. A paz, nesse caso, é a destruição; a guerra é a conservação. Uma das tribos extermina a outra e recolhe os despojos.

Daí a alegria da vitória, os hinos, aclamações, recompensas públicas e todos os demais efeitos das ações bélicas. Se a guerra não fosse isso, tais demonstrações não chegariam a dar-se, pelo motivo real de que o homem só comemora e ama o que lhe é aprazível ou vantajoso, e pelo motivo racional de que nenhuma pessoa canoniza uma ação que virtualmente a destrói. Ao vencido, ódio ou compaixão; ao vencedor, as batatas.

– Mas a opinião do exterminado?

– Não há exterminado. Desaparece o fenômeno; a substância é a mesma. Nunca viste ferver água? Hás de lembrar-te que as bolhas fazem-se e desfazem-se de contínuo, e tudo fica na mesma água. Os indivíduos são essas bolhas transitórias.

– Bem; a opinião da bolha...

– Bolha não tem opinião. Aparentemente, há nada mais **contristador** que uma dessas terríveis pestes que devastam um ponto do globo? E, todavia, esse suposto mal é um benefício, não só porque elimina os organismos fracos, incapazes de resistência, como porque dá lugar à observação, à descoberta da droga curativa. A higiene é filha de podridões seculares; devêmo-la a milhões de corrompidos e infectos. Nada se perde, tudo é ganho. Repito, as bolhas ficam na água. Vês este livro? É *D. Quixote*. Se eu destruir o meu exemplar, não elimino a obra, que continua eterna nos exemplares subsistentes e nas edições posteriores. Eterna e bela, belamente eterna, como este mundo divino e supradivino.

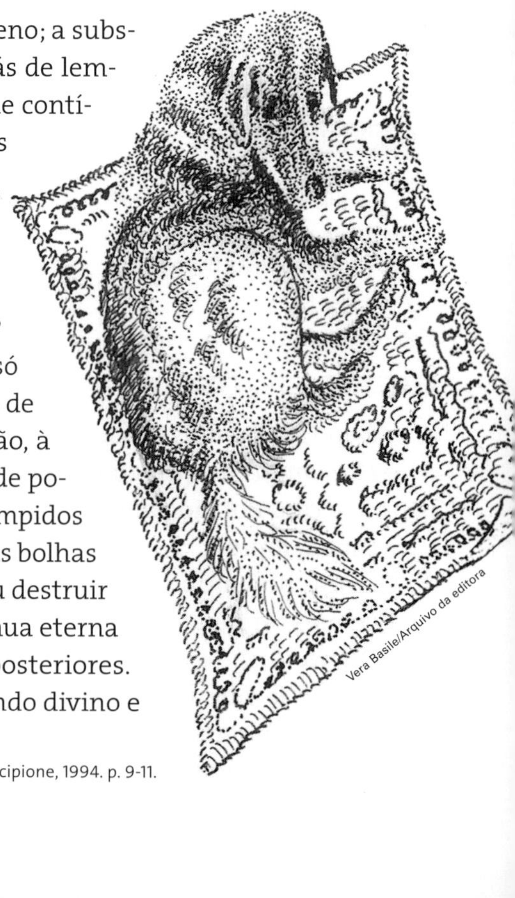
Vera Basile/Arquivo da editora

MACHADO DE ASSIS. *Quincas Borba*. São Paulo: Scipione, 1994. p. 9-11.

Atividades

1. *Humanitas* é palavra latina (pronuncia-se *Humânitas*) que dá origem à palavra *humanidade*. Leia, a seguir, a transcrição do verbete:

   Humanidade
   Substantivo feminino
   1. conjunto de características específicas à natureza humana.
   Ex.: a animalidade e a h. residem igualmente no homem.
   2. sentimento de bondade, benevolência, em relação aos semelhantes, ou de compaixão, piedade, em relação aos desfavorecidos.
   3. o conjunto dos seres humanos.
   4. qualidade de quem realiza plenamente a natureza humana.
   Ex.: adquiriu mais h. ao tornar-se mãe.

   HOUAISS, Antônio. Dicionário eletrônico. Versão 1.0.5a. Parte integrante do *Dicionário Houaiss da Língua Portuguesa*. Rio de Janeiro: Nova Fronteira, 2002.

   A ironia machadiana se mostra mais ferina se considerarmos qual das acepções listadas pelo dicionário?

2. Para o professor Antonio Candido, o mais atraente nos livros de Machado de Assis é "a transformação do homem em objeto do homem, que é uma das maldições ligadas à falta de liberdade verdadeira, econômica e espiritual". Como essa afirmação aparece na teoria de Quincas Borba?

O romance de formação de Raul Pompeia

O romance de formação tem como principal característica apresentar protagonistas que, durante o desenrolar da trama, traçam uma jornada de aprendizagem e amadurecimento. *O Ateneu*, de Raul Pompeia, é um exemplo desse tipo de narrativa.

Também se pode afirmar que esse romance é uma narrativa de caráter autobiográfico: impossível não estabelecer paralelismos entre Sérgio, o personagem/narrador, e Raul Pompeia; entre o internato Ateneu e o Colégio Abílio; entre o diretor Aristarco Argolo de Ramos e Abílio César Borges, o renomado pedagogo responsável pela educação dos filhos homens de boa parte da elite brasileira do Segundo Império.

No entanto, em sua dimensão de obra-prima, a narrativa de Raul Pompeia vai além dos limites de um texto personalista. Trata-se de um profundo corte no pernicioso modelo pedagógico do internato, agravado pela figura onipotente de seu diretor, que assume múltiplas facetas: ora autoritário, ora manso; ora pai, ora carrasco; ora professor, ora comerciante. Mais ainda: trata-se de um corte na decadente sociedade monárquica brasileira. Em várias passagens da narrativa, Raul Pompeia se refere ao internato como um microcosmo, ou seja, um pequeno espaço onde se reproduzem comportamentos, regras, atitudes que são característicos de uma sociedade mais ampla ou, como se dizia no Ateneu, "o grande mundo lá fora".

Raul Pompeia

Raul d'Ávila Pompeia (1863-1895), aos 10 anos, é matriculado como interno no Colégio Abílio, na cidade do Rio de Janeiro, dirigido pelo dr. Abílio César Borges, Barão de Macaúbas. Mais tarde, cursando Direito em São Paulo, participa ativamente da campanha abolicionista e engaja-se na causa republicana. Tem uma vida agitada, envolve-se em várias polêmicas, cria inimizades e atravessa crises depressivas.

A exemplo de Manuel Antônio de Almeida, Raul Pompeia pertence a um grupo de autores que entraram para a história da literatura graças a um único livro; no caso, *O Ateneu*.

A "lei da selva" prevalece no internato

Num colégio interno, onde só estudam meninos, prevalece a "lei da selva", o homossexualismo e a "proteção" dos meninos mais fortes aos mais fracos. Eis algumas palavras do veterano Rebelo ao calouro Sérgio:

> [...] Este que passou por nós, olhando muito, é o Cândido, com aqueles modos de mulher... ali vem o Ribas, está vendo? Primeira voz no orfeão, uma vozinha de moça...
>
> Um tropel de rapazes atravessou-nos a frente, provocando-me com surriadas.
>
> Viu aquele da frente, que gritou 'calouro'? Se eu dissesse o que se conta dele... aqueles olhinhos úmidos de Senhora das Dores... Olhe; um conselho; faça-se forte aqui, faça-se homem. Os fracos perdem-se.
>
> Isto é uma multidão; é preciso força de cotovelos para romper. Não sou criança, nem idiota; vivo só e vejo de longe; mas vejo. Não pode imaginar. Os gênios fazem aqui dois sexos como se fosse uma escola mista. Os rapazes tímidos, ingênuos, sem sangue, são brandamente impelidos para o sexo da fraqueza; são dominados, festejados, pervertidos como meninas ao desamparo. Quando, em segredo dos pais, pensam que o colégio é a melhor das vidas, com o acolhimento dos mais velhos, entre brejeiro e afetuoso, estão perdidos... Faça-se homem, meu amigo! Comece por não admitir protetores.

POMPEIA, Raul. *O Ateneu*. Disponível em: <www.dominiopublico.gov.br>. Acesso em: 21 jun. 2014.

Para os meninos submetidos à "lei da selva", o Ateneu é "um mundo de brutalidades"; Sérgio, levado pela necessidade, acaba aceitando as regras do microcosmo; os avisos de Rebelo não são suficientes:

> Perdeu-se a lição viril de Rebelo: prescindir de protetores. Eu desejei um protetor, alguém que me valesse, naquele meio hostil e desconhecido, e um valimento direto mais forte do que palavras.
>
> [...] eu notaria talvez que pouco a pouco me ia invadindo, como ele observara, a efeminação mórbida das escolas.

Idem.

Sérgio encontra o mundo no microcosmo do Ateneu, como lhe dissera o pai. Um mundo com regras e leis próprias: o normal, no Ateneu, é ser frustrado, complexado, homossexual. Se os meninos vivessem eternamente naquele mundo, não teriam consciência de seus problemas. Mas um dia abandonam o colégio e sentem o choque com o macrocosmo, o grande mundo, e aí percebem o mundo sórdido, degradante, que é o regime de internato. Raul Pompeia, depois do Colégio Abílio, estudou na Faculdade de Direito do Largo São Francisco: da sociedade mais fechada à sociedade mais aberta da época.

Para os internos só há uma solução: a eternidade do Ateneu, nunca abandonar aquele mundo e sua "normalidade". No entanto, ao final do livro, Raul Pompeia destrói o Ateneu: um dos meninos, Américo, provoca um incêndio; é a "vingança" de Raul Pompeia, a destruição daquele mundo e de seu criador, Aristarco.

A seguir, conheça os primeiros parágrafos dessa narrativa de Raul Pompeia (texto 1). Na sequência (textos 2 e 3), reproduzimos duas passagens em que estão frente a frente o menino Sérgio e Ema, esposa de Aristarco.

LENDO O TEXTO

O Ateneu (I)

Capítulo I

Raul Pompeia

"Vais encontrar o mundo", disse-me meu pai, à porta do Ateneu. "Coragem para a luta!"

Bastante experimentei depois a verdade deste aviso, que me despia, num gesto, das ilusões de criança educada exoticamente na estufa de carinho que é o regime do amor doméstico, diferente do que se encontra fora, tão diferente, que parece o poema dos cuidados maternos um artifício sentimental, com a vantagem única de fazer mais sensível a criatura à impressão rude do primeiro ensinamento, têmpera brusca da vitalidade na influência de um novo clima rigoroso. Lembramo-nos, entretanto, com saudade hipócrita, dos felizes tempos; como se a mesma incerteza de hoje, sob outro aspecto, não nos houvesse perseguido outrora e não viesse de longe a enfiada das decepções que nos ultrajam.

Eufemismo, os felizes tempos, eufemismo apenas, igual aos outros que nos alimentam a saudade dos dias que correram como melhores. Bem considerando, a atualidade é a mesma em todas as datas. Feita a compensação dos desejos que variam, das aspirações que se transformam, alentadas perpetuamente do mesmo ardor, sobre a mesma base fantástica de esperanças, a atualidade é uma. Sob a coloração cambiante das horas, um pouco de ouro mais pela manhã, um pouco mais de púrpura ao crepúsculo – a paisagem é a mesma de cada lado beirando a estrada da vida.

Eu tinha onze anos.

POMPEIA, Raul. *O Ateneu*: crônica de saudades. São Paulo: Scipione, 1995. p. 3.

Atividades

1. Este início de romance traz uma atmosfera carregada de prenúncios de fatos que vão balizar a vida do personagem.
   a) Qual ou quais os aspectos dominantes desses prenúncios?
   b) O narrador está dentro dos acontecimentos e no mesmo tempo da narração? Explique.
2. De acordo com o texto, pode-se concluir que a "atualidade" não se modifica nunca, permanecendo a mesma em todas as épocas.
   a) Mostre com o texto que a atualidade não se altera.
   b) O que é que se altera, então?
3. Como o narrador vê o amor materno? Como você encara a educação recebida pelo personagem?
4. Justifique o emprego das aspas no primeiro parágrafo.
5. "... lembramo-nos, entretanto, com saudade hipócrita, dos felizes tempos..."
   a) Qual o sentido de hipócrita?
   b) O que leva o narrador a dizer que a saudade é hipócrita?

O Ateneu (II)

Capítulo I

– Como se chama o amiguinho? – perguntou-me o diretor.

– Sérgio... dei o nome todo, baixando os olhos e sem esquecer o "seu criado" da estrita cortesia.

– Pois, meu caro Sr. Sérgio, o amigo há de ter a bondade de ir ao cabeleireiro deitar fora estes cachinhos...

Balzac: Honoré de Balzac (1799-1850), escritor francês de muito sucesso, é autor de *A mulher de trinta anos*, a que faz referência a passagem.

Ilustrações: Raul Pompeia/*O Ateneu*

Eu tinha ainda os cabelos compridos, por um capricho amoroso de minha mãe. O conselho era visivelmente salgado de censura. O diretor, explicando a meu pai, acrescentou com o risinho nasal que sabia fazer:

– Sim, senhor, os meninos bonitos não provam bem no meu colégio...

– Peço licença para defender os meninos bonitos...

Surpreendendo-nos com esta frase, untuosamente escoada por um sorriso, chegou a senhora do diretor, D. Ema. Bela mulher em plena prosperidade dos trinta anos de **Balzac**, formas alongadas por graciosa magreza, erigindo, porém, o tronco sobre quadris amplos, fortes como a maternidade; olhos negros, pupilas retintas, de uma cor só, que pareciam encher o talho folgado das pálpebras; de um moreno rosa que algumas formosuras possuem, e que seria também a cor do jambo, se jambo fosse rigorosamente o fruto proibido. Adiantava-se por movimentos oscilados, cadência de minueto harmonioso e mole que o corpo alternava. Vestia cetim preto justo sobre as formas, reluzente como pano molhado; e o cetim vivia com ousada transparência a vida oculta da carne. Esta aparição maravilhou-me.

Houve as apresentações de cerimônia, e a senhora com um nadinha de excessivo desembaraço sentou-se no divã perto de mim.

– Quantos anos tem? perguntou-me.

– Onze anos...

– Parece ter seis, com estes lindos cabelos.

Eu não era realmente desenvolvido. A senhora colhia-me o cabelo nos dedos:

– Corte e ofereça à mamãe, aconselhou com uma carícia –; é a infância que ali fica, nos cabelos louros... Depois, os filhos nada mais têm para as mães.

O poemeto de amor materno deliciou-me como uma divina música. Olhei furtivamente para a senhora. Ela conservava sobre mim as grandes pupilas negras, lúcidas, numa expressão de infinda bondade! Que boa mãe para os meninos, pensava eu. Depois, voltada para meu pai, formulou sentidamente observações a respeito da solidão das crianças no internato.

– Mas o Sérgio é dos fortes – disse Aristarco, apoderando-se da palavra – Demais, o meu colégio é apenas maior que o lar doméstico. O amor não é precisamente o mesmo, mas os cuidados de vigilância são mais ativos. São as crianças os meus prediletos. Os meus esforços mais desvelados são para os pequenos. Se adoecem e a família está fora, não os confio a um correspondente... Trato-os aqui, em minha casa. Minha senhora é a enfermeira. Queria que o vissem os detratores...

Enveredando pelo tema querido do elogio próprio e do Ateneu, ninguém mais pôde falar...

Idem. p. 12.

Alunos do Ateneu, em desenho de Raul Pompeia.

O Ateneu (III)

Capítulo IX

Uma atenção absorveu-me exclusiva e única. D. Ema reconheceu-me: era aquele pequeno das madeixas compridas! Conversou muito comigo. Um fiapo branco pousava-me ao ombro do uniforme; a boa senhora tomou-o finamente entre os dedos, soltou-o e mostrou-me, sorrindo, o fio levíssimo a cair lentamente no ar calmo... Estava desenvolvido! Que diferença do que era há dois anos. Tinha ideia de haver estado comigo rapidamente, no dia da exposição artística...

– Um peraltinha! interrompeu Aristarco, entre mordaz e condescendente, de uma janela a cujo vão conversava com o Professor Crisóstomo.

Eu quis inventar uma boa réplica sem grosseria, mas a senhora me prendia a mão nas dela, maternalmente, suavemente, de tal modo que me prendia a vivacidade também, prendia-me todo, como se eu existisse apenas naquela mão retida.

Depois da interrupção de Aristarco, não sei mais nada precisamente do que se passou na tarde.

Miragem sedutora de branco, fartos cabelos negros colhidos para o alto com infinita graça, uma rosa nos cabelos, vermelha como são vermelhos os lábios e os corações, vermelha como um grito de triunfo. Nada mais. Ramalhetes à mesa, um caldo ardente, e sempre a obsessão adorável do branco e a rosa vermelha.

Estava a meu lado, pertinho, deslumbrante, o vestuário de neve. Serviam-me alguns pratos, muitas carícias; eu devorava as carícias. Não ousava erguer a vista. Uma vez ensaiei. Havia sobre mim dois olhos perturbadores, vertendo a noite.

Idem. p. 103.

Aristarco, o diretor do Colégio Ateneu, em desenho de Raul Pompeia.

Ema, mulher de Aristarco, em desenho de Raul Pompeia.

Ilustrações: Raul Pompeia/*O Ateneu*

Atividades

1. *Anagrama* é a transposição de letras de uma palavra para formar outra palavra (já vimos que Iracema é anagrama de América). Que anagramas podemos formar com a palavra *Ema*?

2. Que tipo de impressão causa d. Ema no menino de 11 anos? E no menino de 13?

3. "Bela mulher em plena prosperidade dos trinta anos de Balzac." Essa reflexão é feita pelo menino Sérgio de 11 anos? Justifique sua resposta.

4. O internato é um mundo à parte, com as próprias regras. E um mundo homossexual: só estudavam meninos. Mas, nas palavras de um interno, "os gênios fazem aqui dois sexos, como se fosse uma escola mista". No primeiro capítulo do livro, ao receber o menino Sérgio, Aristarco torna explícita essa situação. Destaque a passagem em que isso ocorre.

5. Além de escritor, Raul Pompeia foi um bom desenhista. As ilustrações feitas por ele para *O Ateneu* e reproduzidas aqui não são meras ilustrações, elas são componentes do romance. Em sua opinião, por que o escritor fez das ilustrações uma parte importante de seu livro?

3 O romance naturalista no Brasil

O evolucionismo social de Aluísio Azevedo

Aluísio Azevedo rende-se aos princípios que nortearam a segunda metade do século XIX: o positivismo de Augusto Comte, o determinismo de Hypolite Taine, o evolucionismo biológico de Charles Darwin, do qual derivou o evolucionismo social de Herbert Spencer. Para Spencer, a sociedade assemelha-se a um organismo biológico em constante processo de evolução, de estágios mais primitivos para estágios mais complexos. O grande motor dessa evolução seria o conflito originado na luta pela sobrevivência. As leis são as mesmas da teoria da evolução: seleção natural; a lei do mais forte, do mais apto, do mais capaz. Nos romances de Azevedo, a representação do evolucionismo social se faz muito presente.

Sua obra *O mulato*, marco inicial do Naturalismo brasileiro, teve relativa aceitação no Sul, mas foi violentamente combatida no Nordeste. Vejamos uma crítica publicada em São Luís, transcrita por Aluísio Azevedo na segunda edição do romance:

> [...] a *Civilização* no seu número de 23 de julho de 1881 publicou um longo artigo de um dos seus redatores mais ilustres, o sr. Euclides Faria, no qual, entre muitas coisas, há o seguinte: "Eis aí um romance realista, o primeiro pepino que brota no Brasil. É muita audácia, ou muita ignorância, ou ambas as coisas ao mesmo tempo!... melhor seria fechar os livros, ir plantar batatas... Vá para a foice e o machado! Ele, que tanto ama a natureza, que não crê na metafísica, nem respeita a religião, que só tem entusiasmo pela saúde do corpo e pelo real sensível e material, devia abandonar essa vidinha de vadio escrivinhador e ir cultivar as nossas ubérrimas terras. À lavoura, meu estúpido! à lavoura! precisamos de braços e não de prosas em romances!".

AZEVEDO, Aluísio. *O mulato*.

Apesar de todo o conservadorismo do autor do artigo, não se pode negar sua capacidade de crítica. Ele capta, logo no romance de estreia, a nova tendência, suas principais características: o amor pela natureza, a negação da metafísica, o "desrespeito" pela religião, o entusiasmo pela saúde do corpo, o real-sensível e o materialismo.

Aluísio Azevedo

Aluísio Tancredo Gonçalves de Azevedo (1857-1913) foi romancista, contista, dramaturgo e desenhista. Nasceu em São Luís do Maranhão, cuja tradicional sociedade o autor chocou ao escrever seus primeiros artigos de jornal criticando os conservadores, o clero. Após publicar *O mulato*, ambientado em São Luís, com personagens preconceituosos e padres libertinos e assassinos, mudou-se para o Rio de Janeiro, cenário de seus dois melhores romances: *O cortiço* e *Casa de pensão*.

Quase toda a sua obra é vinculada a jornais, para os quais escrevia artigos, folhetins e também desenhava. Viajou o mundo como cônsul e vice-cônsul, passando por países como Espanha, Japão e País de Gales.

Romances "comerciais" e romances "artísticos"

Tentando profissionalizar-se como escritor, Aluísio Azevedo produziu uma obra propositalmente diversificada: de um lado, os romances românticos, que o próprio autor chamava de "comerciais"; de outro, os romances naturalistas, chamados de "artísticos".

Ao primeiro grupo pertencem *Memórias de um condenado, Mistérios da Tijuca, Filomena Borges, O esqueleto, A mortalha de Alzira* e o romance de estreia, *Uma lágrima de mulher*. São romances de consumo, que seguem perfeitamente a melhor receita folhetinesca.

Ao segundo grupo, entre outros, pertencem os três romances maiores do escritor: *O mulato, Casa de pensão* e *O cortiço*. Importante é notar que essa divisão não constitui fases, como no caso de Machado de Assis; os romances românticos se alternavam com os naturalistas.

É como naturalista que Aluísio Azevedo deve ser estudado. Seguindo as lições de Émile Zola e de Eça de Queirós, o autor escreve romances de tese, com clara conotação social; ou seja, parte de algumas proposições – existência de preconceito racial e corrupção clerical, em *O mulato* – que serão demonstradas ao longo da narrativa. Percebe-se nítida preocupação com as classes marginalizadas pela sociedade, criticando o conservadorismo e o clero, aliado à classe dominante. Destaque-se também a defesa do ideal republicano assumida pelo autor: em *O cortiço*, a República é proclamada em pleno decurso da narrativa, explicitando a posição do autor a respeito.

E, na melhor postura materialista positivista, Aluísio Azevedo valoriza sobremaneira os instintos naturais, comparando constantemente seus personagens a animais. Assim, uma mulher tem "ancas de vaca do campo"; um homem morre "estrompado como uma besta", puxando uma carroça; outro tem uma "verdadeira satisfação de animal no cio"; os trabalhadores produziam um rumor como "uma exalação de animais cansados". Por outro lado, os papagaios, "à semelhança dos donos, cumprimentavam-se ruidosamente", para citar alguns exemplos de *O cortiço*.

Apresentamos a seguir alguns trechos de *O cortiço*, com a recomendação de que se faça a leitura integral da obra.

Os ladrões e o asno, de Honoré Daumier, 1858. Ao compararem seus personagens a animais, os autores naturalistas são bem diferentes dos românticos. O romântico José de Alencar, por exemplo, escrevia que Iracema tinha "os cabelos mais negros que a asa da graúna..." e era "mais rápida que a ema selvagem...". Na narrativa romântica, os animais são invocados para realçar a beleza da heroína. As comparações dos naturalistas, por sua vez, enfatizam a animalidade do ser humano: "satisfação de animal no cio..."; "... estorceu-se toda, rangendo os dentes, grunhindo..." (trechos de *O cortiço*, de Aluísio Azevedo). Na tela de Honoré Daumier, que representa nas artes visuais a preocupação naturalista, os homens também lembram animais, pela postura dos corpos e pela expressão facial de um deles.

LENDO O TEXTO

O cortiço (I)

Capítulo I

Aluísio Azevedo

João Romão não saía nunca a passeio, nem ia à missa aos domingos; tudo que rendia a sua venda e mais a quitanda seguia direitinho para a caixa econômica e daí então para o banco. Tanto assim que, um ano depois da aquisição da crioula, indo em hasta pública algumas braças de terra situadas ao fundo da taverna, arrematou-as logo e tratou, sem perda de tempo, de construir três casinhas de porta e janela.

Que milagres de esperteza e de economia não realizou ele nessa construção! Servia de pedreiro, amassava e carregava barro, quebrava pedra; pedra, que o velhaco, fora de horas, junto com a amiga, furtavam à pedreira do fundo, da mesma forma que subtraíam o material das casas em obra que havia por ali perto.

Vera Basile/Arquivo da editora

[...]

"Estalagem de São Romão. Alugam-se casinhas e tinas para lavadeiras".

As casinhas eram alugadas por mês e as tinas por dia; tudo pago adiantado. O preço de cada tina, metendo a água, quinhentos réis; sabão à parte. As moradoras do cortiço tinham preferência e não pagavam nada para lavar.

Graças à abundância da água que lá havia, como em nenhuma outra parte, e graças ao muito espaço de que se dispunha no cortiço para estender a roupa, a concorrência às tinas não se fez esperar; acudiram lavadeiras de todos os pontos da cidade, entre elas algumas vindas de bem longe. E, mal vagava uma das casinhas, ou um quarto, um canto onde coubesse um colchão, surgia uma nuvem de pretendentes a disputá-los.

E naquela terra encharcada e fumegante, naquela umidade quente e lodosa, começou a minhocar, a esfervilhar, a crescer, um mundo, uma coisa viva, uma geração, que parecia brotar espontânea, ali mesmo, daquele lameiro, e multiplicar-se como larvas no esterco.

Capítulo XIX

Vera Basile/Arquivo da editora

Daí a dias, com efeito, a estalagem metia-se em obras. À desordem do desentulho do incêndio sucedia a do trabalho dos pedreiros; martelava-se ali de pela manhã até à noite, o que aliás não impedia que as lavadeiras continuassem a bater roupa e as engomadeiras reunissem ao barulho das ferramentas o choroso falsete das suas eternas cantigas.

[...]

João Romão, agora sempre de paletó, engravatado, calças brancas, colete e corrente de relógio, já não parava na venda, e só acompanhava as obras na folga das ocupações da rua. Principiava a tomar tino no jogo da Bolsa; comia em hotéis caros e bebia cerveja em larga camaradagem com capitalistas nos cafés do comércio.

Capítulo XX

Logo adiante era o quarto de um empregado do correio, pessoa muito calada, bem-vestida e pontual no pagamento; saía todas as manhãs e voltava às dez da noite invariavelmente; aos domingos só ia à rua para comer, e depois fechava-se em casa e, houvesse o que houvesse no cortiço, não punha mais o nariz de fora. E, assim como este, notavam-se por último na estalagem muitos inquilinos novos, que já não eram gente sem gravata e sem meias. A feroz engrenagem daquela máquina terrível, que nunca parava, ia já lançando os dentes a uma nova camada social que, pouco a pouco, se deixaria arrastar inteira lá para dentro. Começavam a vir estudantes pobres, com os seus chapéus desabados, uma pontinha de cigarro a queimar-lhes a penugem do buço, e as algibeiras muito cheias, mas só de versos e jornais; surgiram contínuos de repartições públicas, caixeiros de botequim, artistas de teatro, condutores de bondes, e vendedores de bilhetes de loteria. Do lado esquerdo, toda a parte em que havia varanda foi monopolizada pelos italianos; habitavam cinco a cinco, seis a seis no mesmo quarto, e notava-se que nesse ponto a estalagem estava já muito mais suja que nos outros. Por melhor que João Romão reclamasse, formava-se aí todos os dias uma esterqueira de cascas de melancia e laranja. Era uma comuna ruidosa e porca a dos demônios dos mascates!

[...]

João Romão conseguira meter o sobrado do vizinho no chinelo; o seu era mais alto e mais nobre, e então com as cortinas e com a mobília nova impunha respeito. Foi abaixo aquele grosso e velho muro da frente com o seu largo portão de cocheira, e a entrada da estalagem era agora dez braças mais para dentro, tendo entre ela e a rua um pequeno jardim com bancos e um modesto repuxo ao meio, de cimento, imitando pedra. Fora-se a pitoresca lanterna de vidros vermelhos; foram-se as iscas de fígado e as sardinhas preparadas ali mesmo à porta da venda sobre as brasas; e na tabuleta nova, muito maior que a primeira, em vez de "Estalagem de São Romão" lia-se em letras caprichosas:

"Avenida São Romão"

Capítulo XXII

E, como a casa comercial de João Romão, prosperava igualmente a sua avenida. Já lá se não admitia assim qualquer pé-rapado: para entrar era preciso carta de fiança e uma recomendação especial. Os preços dos cômodos subiam, e muitos dos antigos hóspedes, italianos principalmente, iam, por economia, desertando para o "Cabeça de Gato" e sendo substituídos por gente mais limpa. Decrescia também o número das lavadeiras, e a maior parte das casinhas eram ocupadas agora por pequenas famílias de operários, artistas e praticantes de secretaria. O cortiço aristocratizava-se.

AZEVEDO, Aluísio. *O cortiço*. São Paulo: Scipione, 2004. p. 5, 112, 130-131, 139-140, 152-153.

Capa criada pelo artista plástico Clóvis Graciano para *O cortiço* em publicação da editora Martins.

Atividades

1. Destaque uma passagem em que a caracterização do ambiente fornece ao leitor elementos para a caracterização das figuras humanas.
2. O narrador não interfere nos acontecimentos, mas se dá o direito de emitir juízos de valores e mostrar ao leitor de que lado está. Destaque uma passagem em que isso ocorre.
3. Em *O cortiço*, percebe-se nitidamente a influência da teoria do **evolucionismo social**, de Herbert Spencer. Releia o texto do início do item "O evolucionismo social de Aluísio Azevedo" e explique como isso se dá nos trechos lidos.
4. Que frase sintetiza a voracidade social do cortiço?

O cortiço (II)

Capítulo III

Eram cinco horas da manhã e o cortiço acordava, abrindo, não os olhos, mas a sua infinidade de portas e janelas alinhadas.

Um acordar alegre e farto de quem dormiu de uma assentada, sete horas de chumbo. Como que se sentiam ainda na indolência de neblina as derradeiras notas da última guitarra da noite antecedente, dissolvendo-se à luz loura e tenra da aurora, que nem um suspiro de saudade perdido em terra alheia.

A roupa lavada, que ficara de véspera nos coradouros, umedecia o ar e punha-lhe um **fartum** acre de sabão ordinário. As pedras do chão, esbranquiçadas no lugar da lavagem e em alguns pontos azuladas pelo anil, mostravam uma palidez grisalha e triste, feita de acumulações de espumas secas.

Entretanto, das portas surgiam cabeças congestionadas de sono; ouviam-se amplos bocejos, fortes como o marulhar das ondas; pigarreava-se grosso por toda a parte;

fartum: mau cheiro.

altercavam: do verbo *altercar*, "discutir"; "provocar polêmica".

ensarilhavam-se: do verbo *ensarilhar*, aqui empregado com o sentido de "enredar", "embaraçar", "misturar".

espanejando-se: do verbo *espanejar*, "sacudir (as aves) o pó das asas, batendo-as".

resingas: (nessa acepção, atualmente no dicionário como *rezinga*): disputas, resmungos.

traquinava: do verbo *traquinar*, "fazer travessuras".

começavam as xícaras a tilintar; o cheiro quente do café aquecia, suplantando todos os outros; trocavam-se de janela para janela as primeiras palavras, os bons dias; reatavam-se conversas interrompidas à noite; a pequenada cá fora **traquinava** já, e lá dentro das casas vinham choros abafados de crianças que ainda não andam. No confuso rumor que se formava, destacavam-se risos, sons de vozes que **altercavam**, sem se saber onde, grasnar de marrecos, cantar de galos, cacarejar de galinhas. De alguns quartos saíam mulheres que vinham pendurar cá fora, na parede, a gaiola do papagaio, e os louros, à semelhança dos donos, cumprimentavam-se ruidosamente, **espanejando-se** à luz nova do dia.

Daí a pouco, em volta das bicas era um zum-zum crescente; uma aglomeração tumultuosa de machos e fêmeas. Uns, após outros, lavavam a cara, incomodamente, debaixo do fio de água que escorria da altura de uns cinco palmos. O chão inundava-se. As mulheres precisavam já prender as saias entre as coxas para não as molhar; via-se-lhes a tostada nudez dos braços e do pescoço, que elas despiam, suspendendo o cabelo todo para o alto do casco; os homens, esses não se preocupavam em molhar o pelo, ao contrário metiam a cabeça bem debaixo da água e esfregavam com força as ventas e as barbas, fossando e fungando contra as palmas da mão. As portas das latrinas não descansavam, era um abrir e fechar de cada instante, um entrar e sair sem tréguas. Não se demoravam lá dentro e vinham ainda amarrando as calças ou as saias; as crianças não se davam ao trabalho de lá ir, despachavam-se ali mesmo, no capinzal dos fundos, por detrás da estalagem ou no recanto das hortas.

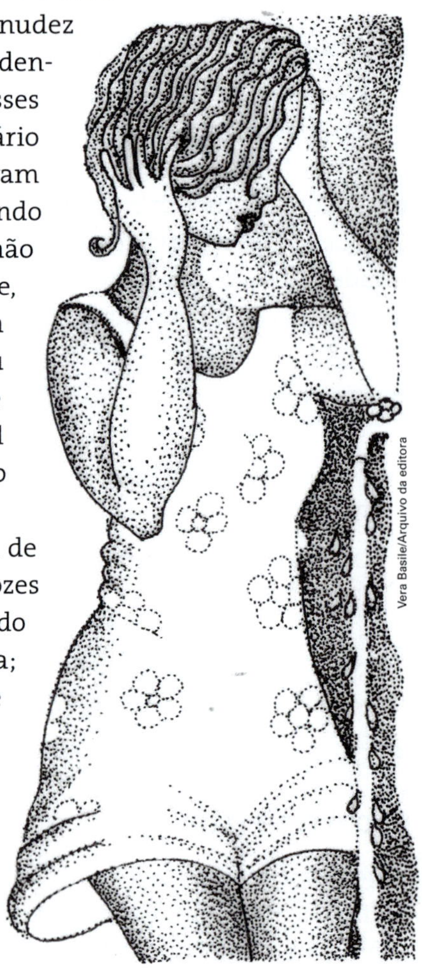
Vera Basile/Arquivo da editora

O rumor crescia, condensando-se; o zum-zum de todos os dias acentuava-se: já não se destacavam vozes dispersas, mas um só ruído compacto que enchia todo o cortiço. Começavam a fazer compras na venda; **ensarilhavam-se** discussões e **resingas**; ouviam-se gargalhadas e pragas; já se não falava, gritava-se. Sentia-se naquela fermentação sanguínea, naquela gula viçosa de plantas rasteiras que mergulham os pés vigorosos na lama preta e nutriente da vida, o prazer animal de existir, a satisfação de respirar sobre a terra.

Idem. p. 19-20.

Atividades

1. "O cortiço, como aglomerado habitacional, é alvo de antropomorfismo constante." (Sonia Brayner, em *A metáfora do corpo no romance naturalista*).

   Você concorda com a afirmação acima? Justifique sua resposta.

2. Ao lado de descrições tipicamente naturalistas, temos uma passagem que poderia figurar nos romances de Joaquim M. de Macedo ou de José de Alencar. Transcreva essa passagem.

3. Nos romances naturalistas, são comuns personagens dominados pelos instintos, "desertando a razão ao rebate dos sentidos". Aluísio Azevedo, porém, vai mais longe: não só os personagens

são seres sensitivos; o autor transforma também o leitor em um ser sensitivo. Leia mais uma vez o quarto parágrafo do capítulo III do texto apresentado e aponte passagens em que nós, leitores, percebemos o cortiço:

a) pela visão;
b) pela audição;
c) pelo tato;
d) pelo olfato.

4. Sinestesia é uma figura que se caracteriza por estabelecer relações entre os sentidos (apelando-se, por exemplo, para a audição e a visão, simultaneamente). Aponte um caso de sinestesia no quarto parágrafo do texto.

5. Posicione geograficamente o narrador no espaço do cortiço.

6. Destaque a passagem em que o autor "humaniza os animais".

7. "... o cabelo todo para o alto do *casco*;..."
"... não se preocupavam em molhar o *pelo*,..."
"... *fossando* e *fungando* contra as palmas da mão."
A que animais podemos relacionar os termos destacados?

8. Os naturalistas foram acusados de explorar "os aspectos mais sórdidos da sociedade, os ambientes viciosos em que as classes baixas aparecem na consumação de seus delitos instintivos". Você concorda com essa crítica? Por quê?

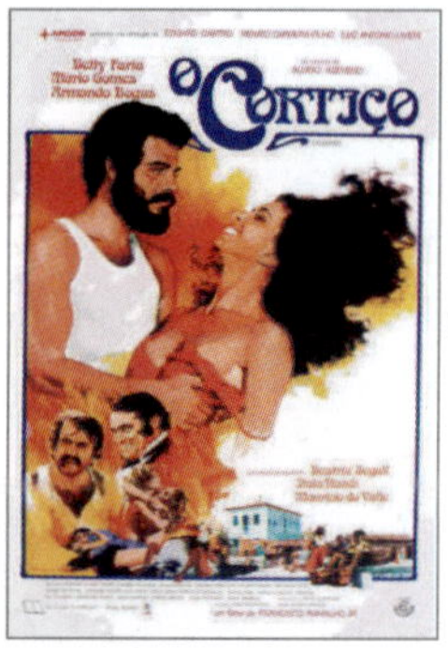

Divulgação/Arquivo da editora

Capa do DVD de *O cortiço*, filme inspirado na obra homônima de Aluísio Azevedo, dirigido por Francisco Ramalho, 1977. Com Betty Faria, Armando Bógus, Mário Gomes, entre outros atores.

TEXTO E INTERTEXTO

Texto 1

Memórias póstumas de Brás Cubas

Virgília?

Machado de Assis

Virgília? Mas então era a mesma senhora que alguns anos depois?... A mesma; era justamente a senhora, que em 1869 devia assistir aos meus últimos dias, e que antes, muito antes, teve larga parte nas minhas mais íntimas sensações. Naquele tempo contava apenas uns quinze ou dezesseis anos; era talvez a mais atrevida criatura da nossa raça, e, com certeza, a mais voluntariosa. Não digo que já lhe coubesse a primazia da beleza, entre as mocinhas do tempo, porque isto não é romance em que o autor sobredoura a realidade e fecha os olhos às sardas e espinhas; mas também não digo que lhe maculasse o rosto nenhuma sarda ou espinha, não. Era bonita, fresca, saía das mãos da natureza, cheia daquele feitiço, precário e eterno, que o indivíduo passa a outro indivíduo, para os fins secretos da criação. Era isto Virgília, e era clara, muito clara, faceira, ignorante, pueril, cheia de uns ímpetos misteriosos; muita preguiça e alguma devoção – devoção, ou talvez medo; creio que medo.

Aí tem o leitor, em poucas linhas, o retrato físico e moral da pessoa que devia influir mais tarde na minha vida; era aquilo com dezesseis anos. Tu que me lês, se ainda fores viva, quando estas páginas vierem à luz – tu que me lês, Virgília amada, não reparas na diferença entre a linguagem de hoje e a que primeiro empreguei quando te vi? Crê que era tão sincero então como agora; a morte não me tornou rabugento, nem injusto.

– Mas – dirás tu –, como é que podes assim discernir a verdade daquele tempo, e exprimi-la depois de tantos anos?

Ah! indiscreta! ah! ignorantona! Mas é isso mesmo que nos faz senhores da terra, é esse poder de restaurar o passado, para tocar a instabilidade das nossas impressões e a vaidade dos nossos afetos.

MACHADO DE ASSIS. *Memórias póstumas de Brás Cubas*. São Paulo: Scipione, 2004.

Texto 2

O cortiço

Rita Baiana

Aluísio Azevedo

Vera Basile/Arquivo da editora

E viu a Rita Baiana, que fora trocar o vestido por uma saia, surgir de ombros e braços nus, para dançar. A lua destoldara-se nesse momento, envolvendo-a na sua coma de prata, a cujo refulgir os meneios da mestiça melhor se acentuavam, cheios de uma graça irresistível, simples, primitiva, feita toda de pecado, toda de paraíso, com muito de serpente e muito de mulher.

Ela saltou em meio da roda, com os braços na cintura, rebolando as ilhargas e bamboleando a cabeça, ora para a esquerda, ora para a direita, como numa sofreguidão de gozo carnal, num requebrado luxurioso que a punha ofegante; já correndo de barriga empinada; já recuando de braços estendidos, a tremer toda, como se se fosse afundando num prazer grosso que nem azeite, em que se não toma pé e nunca se encontra o fundo. Depois, como se voltasse à vida, soltava um gemido prolongado, estalando os dedos no ar e vergando as pernas, descendo, subindo, sem nunca parar os quadris, e em seguida sapateava, miúdo e cerrado, freneticamente, erguendo e abaixando os braços, que dobrava, ora um, ora outro, sobre a nuca, enquanto a carne lhe fervia toda, fibra por fibra, titilando.

Em torno o entusiasmo tocava ao delírio; um grito de aplausos explodia de vez em quando, rubro e quente como deve ser um grito saído do sangue. E as palmas insistiam, cadentes, certas, num ritmo nervoso, numa persistência de loucura.

AZEVEDO, Aluísio. *O cortiço*. São Paulo: Scipione, 1995. p. 48-49.

Atividades

1. Segundo o crítico Massaud Moisés, o romance da segunda metade do século XIX tomou, entre outras, duas direções fundamentais: 1. realismo exterior, que defendia o aproveitamento das conquistas da Ciência, de molde a buscar o máximo de objetividade na fotografação da realidade concreta e que, na sua forma mais extrema, originou o Naturalismo; 2. realismo interior, que preconizava como realidade objetiva não a aparência, mas a essência, dos seres e das coisas, de onde procurasse vasculhar a psicologia íntima das personagens.

   Com base nessas afirmações, como você classificaria os textos 1 e 2?

2. Sobre os textos de Machado de Assis:
   a) Brás Cubas, o narrador, é "defunto-autor", ou seja, só escreveu após a morte. Transcreva uma passagem do texto que comprove a sua condição de defunto.
   b) Transcreva uma passagem em que se percebe uma crítica à educação religiosa recebida pelos jovens do século XIX.
   c) Ao descrever Virgília, o autor trabalha alguns adjetivos e imagens típicos da idealização romântica para, em seguida, produzir um anticlímax. Qual é a sequência responsável pelo anticlímax?

3. Em certa passagem do texto "Virgília?", o narrador afirma: "... isto não é romance em que o autor sobredoura a realidade e fecha os olhos às sardas e espinhas...".
   a) Que tipo de romance está sendo criticado?
   b) Como é o romance que o autor se propõe escrever?

4. Sobre o texto de Aluísio Azevedo:
   a) O narrador diz que Rita Baiana tinha "uma graça irresistível, simples, primitiva, feita toda de pecado, toda de paraíso, com muito de serpente e muito de mulher".
      Nessa passagem percebe-se uma postura contrária aos ensinamentos da educação religiosa. Comente-a.
   b) Aponte um caso de sinestesia no texto.
   c) Destaque uma passagem em que personagens se rendem aos instintos, às emoções, anestesiando a racionalidade.

Velhos temas novas leituras

QUE REI SOU EU? D. PEDRO II E A LITERATURA

No dia 18 de março de 1882, a corte foi sacudida por uma notícia no mínimo surpreendente; ainda não se sabia nada com certeza, mas, ao que tudo indicava, as joias da família real haviam sido roubadas de dentro da própria Quinta da Boa Vista, também chamada de palácio de São Cristóvão, uma das moradas oficiais do imperador. A *Gazeta de Notícias* assim relatou o evento, em sua edição de 19 de março:

> No dia 14 do corrente Sua Majestade a Imperatriz, depois de terminado o cortejo no Paço da Cidade, tirou as joias com que assistira a ele e mandou-as por um criado para o Paço de S. Cristóvão, dentro de uma pequena caixa. Suas Majestades, como é sabido, seguiram para Petrópolis. O criado, não tendo a chave do cofre destinado às joias, colocou a caixa em um armário que se acha numa das salas dos aposentos de Sua Majestade o Imperador. Ontem pela manhã pelo arrombamento da porta da sala se verificou que o armário havia sido arrombado com uma pua e subtraída a caixa. [...] A notícia deste acontecimento, apesar do interesse que havia em conservá-la em silêncio, espalhou-se pela cidade e institui-se o grande fato do dia. Nem era para menos. A autoridade procede com grande empenho às suas diligências. A colocação da sala em que se deu o roubo e as circunstâncias que o acompanham dão um certo cunho de realidade à percepção de que o gatuno conhecia perfeitamente a zona em que devia operar.

Apud GOES DE PAULA, Sergio. *Um monarca da fuzarca*: três versões para um escândalo na Corte. Rio de Janeiro: Relume Dumará, 1993. p. 10.

A notícia acabava de forma irônica e provocativa, apontando que, por trás do roubo, havia algo de escândalo: era gente de dentro da Quinta que perpetrara o crime. O desenrolar da história foi ainda mais confuso do que os primeiros indícios podiam apontar: alguns funcionários da Quinta chegaram a ser detidos pela polícia, mas, rapidamente, foram libertados; por fim, as joias, através de informações anônimas, foram recuperadas – estavam enterradas na casa de Manuel Paiva, mordomo do palácio, dentro de latas de manteiga – e o caso foi prontamente abafado.

Para um jovem estudante de direito, republicano convicto, com pendores de literato e atitudes radicais, a história do roubo das joias era um prato cheio. Raul Pompeia acerta a publicação de uma breve novela na *Gazeta de Notícias*, jornal abolicionista e republicano; assim, entre 30 de março e 1º de maio de 1882, os leitores do jornal depararam, alguns chocados, outros bem divertidos, com o impactante folhetim *As joias da Coroa*.

As descrições dos personagens, assim como seus nomes, não deixam dúvidas: foram inspirados nos envolvidos com o caso do roubo das joias; o escritor, ao tomar a realidade cotidiana como material para a ficção, transmuta a hierarquia e os símbolos em algo irônico e corrosivo, daí a força de sua novela. O conde d'Eu, marido da princesa Isabel, por exemplo, de forma hilária é apresentado aos leitores do folhetim como o marquês d'Etu.

O francês Luís Filipe Maria Fernando Gastão de Orléans, o conde d'Eu (1842-1922). Tornou-se príncipe do Brasil ao se casar com a Princesa Isabel (1846-1921), filha de d. Pedro II, em 1864.

A descrição do duque de Bragantina é ainda mais explícita; a referência, obviamente, é d. Pedro II. Leia o fragmento reproduzido a seguir.

Na idade de quatorze anos, tendo perdido o pai aos cinco, depois de uma educação viciada pela flexibilidade bajulatória de alguns dos seus educadores e pela violência ofensiva de outros, que deram ao menino uma duplicidade de gênio, ora arrogante para uns, ora humilde para outros, começou a imiscuir-se o jovem fidalgo na gerência da sua vida e dos seus haveres.

POMPEIA, Raul. *As joias da Coroa*. Introdução e comentários de José De Nicola. São Paulo: Scipione, 2005. p. 58.

Delfim da Câmara/ Museu Histórico Nacional, Rio de Janeiro, RJ.

D. Pedro II (1825-1891), segundo e último monarca do Império do Brasil. Reinou de 1831 a 1889, quando foi proclamada a República no Brasil.

Com sua narrativa, Raul Pompeia tece um jogo de claro e escuro: ao mesmo tempo que preserva a real identidade dos seus personagens, ele não faz questão de ser muito discreto. No que se refere ao duque de Bragantina, o escritor e jornalista preocupou-se em caricaturar algumas impressões correntes sobre o imperador:

Por alguns momentos de observação pode-se saber quem é o Duque de Bragantina. A roda de amigos que o envolve diz-nos que ele é rico e poderoso; o cumprimento galante à rapariguinha da janela indica-nos que ele é inclinado ao sexo das belas; a sua conversa mostra-nos, pelo objeto, que ele gosta da ciência; pela dissertação, que ele a não cultiva; pelo ar de imposição com que fala, conhece-se que ele não admite obstáculos adiante de si.

POMPEIA, Raul. *As joias da Coroa*. Introdução e comentários de José De Nicola. São Paulo: Scipione, 2005. p. 58.

Apesar de o folhetim poder ser encarado como um meio de cultura literária menor e propício a narrativas mais leves e fantasiosas, a novela *As joias da Coroa* utiliza-se desse espaço para mostrar como a degeneração atingia as esferas mais altas do poder; era na figura do próprio monarca que medrava a canalhice, imoralidade, corrupção e arbitrariedade. Esse texto de Raul Pompeia está na base de uma efetiva tradição de crítica e interpretação da figura de d. Pedro II nos meios literários, algo que foi muito comum na primeira metade do século XX.

Para conhecer exemplos dessa prática, leia os dois poemas transcritos a seguir. O primeiro foi escrito por Oswald de Andrade e publicado no livro *Pau Brasil* (1924); o segundo, por Murilo Mendes, publicado em 1932, no livro *História do Brasil*.

Texto 1

Senhor feudal

Oswald de Andrade

Se Pedro Segundo
Vier aqui
Com história
Eu boto ele na cadeia

ANDRADE, Oswald de. *Pau Brasil*. São Paulo: Globo, 1991. p. 88.

O paulistano José Oswald de Sousa Andrade (1890-1954) foi romancista, poeta, dramaturgo, ensaísta e jornalista. É considerado um dos principais expoentes da primeira fase do estilo de época conhecido como Modernismo, ocorrido na década de 1920. Em 1924, por exemplo, defende a valorização da "originalidade nativa" como fundamento da nova estética proposta em seu *Manifesto da poesia Pau-Brasil*. Trata-se de um período que marcou profundamente a produção literária brasileira procurando rever a identidade nacional, os valores de nossa cultura. Quanto ao modo de escrever, também contribuiu com inovações, escrevendo em tom coloquial e com humor.

Texto 2

O brasileiro d. Pedro II ou No Brasil não há pressa

Murilo Mendes

Uma vasta sonolência
Invade toda a fazenda.
Sucedem-se os ministérios,
As guerrilhas se sucedem
Pro povo se divertir.
A Corte faz pic-nics,
Ou organiza quadrilhas
Nos bailarecos reais.
A Inglaterra intervém
No mercado das finanças,
Todos acham muito bom.
Houve entrudos famosíssimos...
O imperador, de pijama,
Lê o Larousse na rede.
O fato é que com essa calma
Cinquenta anos se aguentou.

MENDES, Murilo. *História do Brasil*. Organização, introdução e notas de Luciana Stegagno Picchio. Rio de Janeiro: Nova Fronteira, 1991. p. 48.

O mineiro Murilo Monteiro Mendes (1901-1975) foi poeta, prosador e crítico de artes plásticas. Entre 1924 e 1929, publica poemas na *Revista de Antropofagia*, de São Paulo, que divulgava as produções literárias de um grupo de artistas representantes das novas linhas literárias do período. Nos primeiros poemas de Murilo Mendes percebem-se os temas e os recursos linguísticos mais usuais à produção desse grupo, os chamados modernistas. Assim, seus textos são construídos em tom coloquial e com humor e sua obra toca na questão do nacionalismo, da cultura popular brasileira.

1. Qual é o significado do título do poema de Oswald de Andrade, "Senhor feudal"?
2. Levando em conta a conjugação verbal e o uso do pronome, qual é o sentido da imagem presente no último verso do poema de Oswald de Andrade?
3. Como o imperador e o Brasil são caracterizados no poema de Murilo Mendes?
4. Que significados podem ser atribuídos aos títulos do poema de Murilo Mendes?

Vestibulares de Norte a Sul

Texto para a questão 1.

[...] No confuso rumor que se formava, destacavam-se risos, sons de vozes que altercavam, sem se saber onde, grasnar de marrecos, cantar de galos, cacarejar de galinhas. De alguns quartos saíam mulheres que vinham pendurar cá fora, na parede, a gaiola do papagaio, e os louros, à semelhança dos donos, cumprimentavam-se ruidosamente, espanejando-se à luz nova do dia.

Daí a pouco, em volta das bicas era um zunzum crescente; uma aglomeração tumultuosa de machos e fêmeas. Uns, após outros, lavavam a cara, incomodamente, debaixo do fio de água que escorria da altura de uns cinco palmos. O chão inundava-se. As mulheres precisavam já prender as saias entre as coxas para não as molhar; via-se-lhes a tostada nudez dos braços e do pescoço, que elas despiam, suspendendo o cabelo todo para o alto do casco; os homens, esses não se preocupavam em não molhar o pelo, ao contrário, metiam a cabeça bem debaixo da água e esfregavam com força as ventas e as barbas, fossando e fungando contra as palmas da mão. As portas das latrinas não descansavam, eram um abrir e fechar de cada instante, um entrar e sair sem tréguas. Não se demoravam lá dentro e vinham ainda amarrando as calças ou as saias; as crianças não se davam ao trabalho de lá ir, despachavam-se ali mesmo, no capinzal dos fundos, por detrás da estalagem ou no recanto das hortas.

AZEVEDO, Aluísio. *O cortiço*. Rio de Janeiro: Otto Pierre, 1979. p. 44-45.

1. **CO** (UFG-GO) No trecho, as escolhas lexicais caracterizam as personagens como

a) transgressoras, conforme relata o trecho "as crianças não se davam ao trabalho de lá ir, despachavam-se ali mesmo, no capinzal dos fundos".
b) seres inquietos, conforme indicam os sentidos produzidos pelos pares de valor semântico opositivo "abrir e fechar" e "entrar e sair".
c) contempladoras da natureza, conforme sugere a menção às aves em "grasnar de marrecos" e "cantar de galos".
d) animais, conforme demonstra a descrição das ações em "suspendendo o cabelo para o alto do casco" e "esfregavam com força as ventas".
e) indiferentes, conforme mostra a avaliação de seu comportamento em "uns, após outros, lavavam a cara, incomodamente, debaixo do fio de água".

2. **S** (UFRGS-RS) Considere as seguintes afirmações sobre o romance *Memórias Póstumas de Brás Cubas* de Machado de Assis.

I. Quando filiado a uma ordem religiosa, Brás contrariou sua natureza interesseira e sentiu-se verdadeiramente recompensado ao diminuir a desgraça alheia.
II. Baseado na constatação de que, ao olhar para o próprio nariz, o indivíduo deixa de invejar o que é dos outros, Brás teoriza sobre a utilidade da ponta do nariz para o equilíbrio das sociedades.
III. A teoria do Humanitismo de Quincas Borba foi fundamentada no episódio da borboleta negra, que morreu nas mãos do protagonista por não ser azul e bela.

Quais estão corretas?

a) Apenas I.
b) Apenas II.
c) Apenas I e II.
d) Apenas I e III.
e) I, II e III.

3. **NE** (UEPB) Leia as assertivas abaixo a respeito de *O Ateneu*:

I. *O Ateneu* é uma crítica ao romantismo, na medida em que estabelece uma crítica à ingenuidade da infância enquanto espaço idílico e importante para a construção imaginária dos românticos, o que o transforma num precursor do romance psicológico.
II. *O Ateneu* é ao mesmo tempo uma crítica ao modelo de educação posto em prática no internato e uma crítica ao autoritarismo das elites brasileiras sustentadas pelo modelo político monárquico. Em certo sentido, o internato é uma metonímia da monarquia brasileira.
III. Raul Pompeia utiliza-se das avaliações apaixonadas de Sérgio na infância para fazer um romance com fortes traços impressionistas e simbolistas, romance que também antecipa certos aspectos da vanguarda expressionista, sobretudo nas descrições de Aristarco e dos personagens alinhados com ele.

a) Apenas III é correta
b) Apenas I é correta
c) Apenas II é correta
d) Todas são corretas
e) Nenhuma é correta

4. **SE** (Unicamp-SP) Leia o seguinte capítulo do romance *Dom Casmurro*, de Machado de Assis:

Capítulo XL – Uma égua

Ficando só, refleti algum tempo, e tive uma fantasia. Já conheceis as minhas fantasias. Contei-vos a da visita imperial; disse-vos a desta casa do Engenho Novo, reproduzindo a de Matacavalos... A imaginação foi a companheira de toda a minha existência, viva, rápida, inquieta, alguma vez tímida e amiga de empacar, as mais delas capaz de engolir campanhas e campanhas, correndo. Creio haver lido em Tácito que as éguas iberas concebiam pelo vento; se não foi nele, foi noutro autor antigo, que entendeu guardar essa crendice nos seus livros. Neste particular, a minha imaginação era uma grande égua ibera; a menor brisa lhe dava um potro, que saía logo cavalo de Alexandre; mas deixemos de metáforas atrevidas e impróprias dos meus quinze anos. Digamos o caso simplesmente. A fantasia daquela hora foi confessar a minha mãe os meus amores para lhe dizer que não tinha vocação eclesiástica. A conversa sobre vocação tornava-me agora toda inteira, e, ao passo que me assustava, abria-me uma porta de saída. "Sim, é isto, pensei; vou dizer a mamãe que não tenho vocação, e confesso o nosso namoro; se ela duvidar, conto-lhe o que se passou outro dia, o penteado e o resto..."

(*Dom Casmurro*, em Machado de Assis, Obra Completa em quatro volumes. Rio de Janeiro: Nova Aguilar, 2008. p. 975.)

a) Explique a metáfora empregada pelo narrador, neste capítulo, para caracterizar sua imaginação.
b) De que maneira a imaginação de Bentinho, assim caracterizada, se relaciona com a temática amorosa neste capítulo? E no romance?

CAPÍTULO

18 O teatro no Brasil do século XIX

Real Theatro de São João, de Jean-Baptiste Debret, 1834. (Detalhe.)

No Brasil do século XIX abrem-se as portas do teatro nacional

No século XIX, com o aburguesamento de algumas cidades, ganharam espaço relevante os teatros recém-construídos, conforme a economia permitia e sua sociedade almejava.

A Arquitetura

O Real Theatro de São João foi inaugurado em outubro de 1813 por d. João VI, no Rio de Janeiro. Construído com material destinado à nova Sé, o teatro teve sua arquitetura inspirada no Teatro Nacional de São Carlos, em Lisboa. Depois de várias reformas, essa casa de espetáculos é conhecida como Teatro João Caetano, em homenagem a um grande ator brasileiro do século XIX.

Fachada do Teatro Arthur Azevedo, em São Luís, Maranhão, construído em 1816.

Fachada do Teatro de Santa Isabel, em Recife, inaugurado em 1850.

- *Na região em que você vive há um grande teatro antigo? Se houver, pesquise a história dessa construção. Se não houver, escolha um dos teatros mostrados aqui e pesquise a sua história.*
- *Qual é a programação atual dessa casa de espetáculos? Ela representa o gosto e as preferências de que camada social? O que você considera que deveria ser apresentado nesse local? Justifique sua resposta.*

1 O teatro romântico em Portugal

A principal característica do teatro romântico em Portugal é o cunho nacionalista. Iniciado por Almeida Garret, o projeto do teatro nacional português tinha por fim renovar a produção do gênero no país, adormecida desde Gil Vicente, no século XVI, dando às peças um caráter patriótico.

Almeida Garrett e o teatro nacional português

A Almeida Garrett (1799-1854), introdutor da poesia romântica em Portugal, deve-se outro fato pioneiro: foi ele quem iniciou o **teatro nacional** português, escrito em prosa e voltado ao passado histórico, exaltando, redimindo, mitificando figuras que ajudaram a construir a pátria lusitana. A partir de 1836, com os liberais no poder, Garrett participa de um programa para a criação e o desenvolvimento de um teatro renovado, de caráter nacional, e da criação do Conservatório Nacional de Teatro; por conta disso, escreve a peça *Um auto de Gil Vicente*, encenada em 1838, uma homenagem ao dramaturgo humanista (cabe lembrar que Gil Vicente inaugurou o **teatro popular**; Garrett inicia o teatro nacional) e uma volta ao período áureo do início do século XVI. No palco, entre outros personagens, há o dramaturgo Gil Vicente, o rei d. Manuel e o poeta Bernardim Ribeiro.

Frei Luiz de Souza

De Garrett é a peça *Frei Luiz de Souza,* drama em três atos que é considerado a melhor produção do teatro romântico português. Nesse trabalho, dando continuidade a seu projeto de teatro nacional, Garrett centra seu texto no período do desaparecimento de d. Sebastião em Alcácer-Quibir e ao posterior domínio espanhol. Centrado em figuras reais – d. Madalena de Vilhena, esposa de d. João de Portugal, e Manuel de Sousa Coutinho –, o drama defende o mito sebastianista, exalta a luta dos portugueses ante a dominação espanhola, fala-nos de honra, amor e religiosidade.

Os fatos verídicos: d. João de Portugal acompanhou d. Sebastião na empreitada de Alcácer-Quibir e foi dado como morto, deixando viúva d. Madalena de Vilhena, que nutria secreto amor por Manuel de Sousa Coutinho (1555-1632). Após sete anos de viuvez, Madalena e Manuel casam-se; do matrimônio nascem um filho e duas filhas. Em 1604, com o falecimento de uma filha e boatos que diziam estar d. João vivo, Manuel e Madalena resolvem entrar para a vida religiosa: ele, com o nome de Frei Luiz de Souza; ela, como sóror Madalena das Chagas.

FREI LUIZ DE SOUZA

DRAMA

Represetado, a primeira vez, em Lisboa, por uma sociedade particular, no theatro da quinta do Pinheiro em quatro de Julho de

MDCCCXIIII

PESSOAS.

MANUEL (FREI LUIZ) DE SOUZA.
DONA MAGDALENA DE VILHENA.
DONA MARIA DE NORONHA
FREI JORGE-COUTINHO.
O ROMEIRO.
TELMO-PAES.
O PRIOR DE BEMFICA.
O IRMÃO CONVERSO.
MIRANDA.
O ARCECBISPO DE LISBOA.
DOROTHEA.

Côro de frades de San'Domingos.

Clerigos do arcebispo, frades, criados, etc.

Logar da scena – Almada.

Acima, o programa da peça *Frei Luiz de Souza*, em sua primeira encenação. Ao lado, aquarela do pintor português Alberto de Sousa. Retrata a batalha de Alcácer-Quibir, norte de Marrocos, travada em 4 de agosto de 1578 e que resultou na morte de d. Sebastião, rei de Portugal, e de toda a nobreza que o acompanhava.

A passagem que reproduzimos a seguir ocorreu um pouco antes, em 1599. Com Lisboa tomada pela peste, os governantes que representavam Filipe III, da Espanha, resolvem se abrigar no castelo de Manuel, localizado em Almada (proximidades de Lisboa); para Manuel, abrigar os espanhóis seria uma ofensa e ele decide então incendiar seu próprio castelo.

LENDO O TEXTO

Frei Luiz de Sousa

Almeida Garrett

Primeiro ato

Cena IX

MANUEL DE SOUSA, MADALENA, TELMO, MIRANDA e outros criados entrando apressadamente

TELMO – Senhor, desembarcaram agora grande comitiva de fidalgos, escudeiros e soldados, que vêm de Lisboa e sobem a encosta para a vila. O arcebispo não é decerto, que já está há muito no convento; diz-se por aí...

MANUEL – Que são os governadores? (*Telmo faz um sinal afirmativo.*) Quiseram-me enganar, e apressam-se a vir hoje... parece que adivinharam... Mas não me colheram desapercebido. (*Chama à porta da esquerda.*) Jorge, Maria! (*Volta para a cena.*) Madalena, já, já, sem mais demora.

Cena X

MANUEL DE SOUSA, MADALENA, TELMO, MIRANDA e outros criados; JORGE e MARIA, entrando

MANUEL – Jorge, acompanha estas damas. Telmo, ide, ide com elas. (*Para os outros criados.*) Partiu já tudo, as arcas, os meus cavalos, armas e tudo o mais?

MIRANDA – Quase tudo foi já; o pouco que falta está pronto e sairá num instante... pela porta de trás, se quereis.

MANUEL – Bom; que saia. (*A um sinal de Miranda saem dois criados.*) Madalena, Maria: não vos quero ver aqui mais. Já, ide; serei convosco em pouco tempo.

Cena XI

MANUEL DE SOUSA, MIRANDA e os outros criados

MANUEL – Meu pai morreu desastrosamente caindo sobre a sua própria espada. Quem sabe se eu morrerei nas chamas ateadas por minhas mãos? Seja. Mas fique-se aprendendo em Portugal como um *homem* de honra e coração, por mais poderosa que seja a tirania, sempre lhe pode resistir, em perdendo o amor a coisas tão vis e precárias como são esses haveres que duas faíscas destroem num momento... como é esta vida miserável que um sopro pode apagar em menos tempo ainda! (*Arrebata duas tochas das mãos dos criados, corre à porta da esquerda, atira com uma para dentro; e vê-se atear logo uma labareda imensa. Vai ao fundo, atira a outra tocha, e sucede o mesmo. Ouve-se alarido de fora.*)

Cena XII

MANUEL DE SOUSA e criados; MADALENA, MARIA, JORGE e TELMO, acudindo

MADALENA – Que fazes? Que fizeste? Que é isto, oh meu Deus!

MANUEL (*tranquilamente*) – Ilumino a minha casa para receber os muito poderosos e excelentes senhores governadores destes reinos. Suas Excelências podem vir, quando quiserem.

MADALENA – Meu Deus, meu Deus!... Ai, e o retrato de meu marido!... Salvem-me aquele retrato! (*Miranda e outro criado vão para tirar o painel: uma coluna de fogo salta nas tapeçarias e os afugenta.*)

MANUEL – Parti! parti! As matérias inflamáveis que eu tinha disposto vão-se ateando com espantosa velocidade. Fugi!

MADALENA (*cingindo-se ao braço do marido*) – Sim, sim, fujamos.

MARIA (*tomando-o do outro braço*) – Meu pai, nós não fugimos sem vós.

TODOS – Fujamos! Fujamos!

(*Redobram os gritos de fora. Ouve-se rebate de sinos: cai o pano. Fim do primeiro ato.*)

Segundo ato

Cena I

MARIA e TELMO

MARIA – Há oito dias que aqui estamos nesta casa, e é a primeira noite que dorme com sossego. Aquele palácio a arder, aquele povo a gritar, o rebate dos sinos, aquela cena toda... oh! tão grandiosa e sublime, que a mim me encheu de maravilha, que foi um espetáculo como nunca vi outro de igual majestade!... A minha pobre mãe aterrou-a, não se lhe tira dos olhos; vai a fechá-los para dormir e diz que vê aquelas chamas enoveladas em fumo a rodear-lhe a casa, a crescer para o ar e a devorar tudo com fúria infernal. O retrato de meu pai, aquele do quarto de lavor, tão seu favorito, em que ele estava tão gentil homem, vestido de cavaleiro de Malta com a sua cruz branca no peito, aquele retrato não se pode consolar de que lho não salvassem, que se queimasse ali. Vês tu? Ela, que não cria em agouros, que sempre me estava a repreender pelas minhas cismas, agora não lhe sai da cabeça que a perda do retrato é prognóstico fatal de outra perda maior, que está perto, de alguma desgraça inesperada, mas certa, que a tem de separar de meu pai. E eu agora é que faço de forte e assisada, que zombo de agouros e de sinas... para a animar, coitada!... que aqui entre nós, Telmo, nunca tive tanta fé neles. Creio, oh, se creio! que são avisos que Deus nos manda para nos preparar. E há... oh! há grande desgraça a cair sobre meu pai... decerto! e sobre minha mãe também, que é o mesmo.

TELMO – (*disfarçando o terror de que está tomado*) – Não digais isso... Deus há-de fazê-lo por melhor, que lho merecem ambos (*cobrando ânimo e exaltando-se*). Vosso pai, D. Maria, é um português às direitas. Eu sempre o tive em boa conta; mas agora, depois que lhe vi fazer aquela ação, que o vi, com aquela alma de português velho, deitar as mãos às tochas e lançar ele mesmo o fogo à sua própria casa; queimar e destruir numa hora tanto de seu haver, tanta coisa de seu gosto, para dar um exemplo de liberdade, uma lição tremenda a estes nossos tiranos... Oh, minha querida filha, aquilo é um homem! A minha vida, que ele queira, é sua. E a minha pena, toda a minha pena é que o não conheci, que o não estimei sempre no que ele valia.

MARIA – (*com as lágrimas nos olhos, e tomando-lhe as mãos*) – Meu Telmo, meu bom Telmo, é uma glória ser filha de tal pai, não é? Dize!

TELMO – Sim, é; Deus o defenda!

GARRETT, Almeida. *Frei Luiz de Sousa*. Disponível em: <http://cdn.luso-livros.net>. Acesso em: 9 maio 2014.

Atividades

1. O crítico português Vitor Manuel de Aguiar e Silva assim comenta o texto de teatro: “No texto dramático fala um *eu* sempre em discurso direto, dialogando com um *tu* (com múltiplos *tus*).” Considerando apenas a cena XII do primeiro ato, transcreva passagens em que um *eu* dialoga com um *tu*, e passagens em que um *eu* dialoga com vários *tus*.

2. Segundo o *Dicionário Aurélio*, uma das acepções de *rubrica* é "indicação escrita de como deve ser executado um trecho musical, uma mudança de cenário, um movimento cênico, uma fala, um gesto do ator, etc.". Nos trechos apresentados, há rubricas para indicar basicamente duas situações da representação. Quais?

3. Releia atentamente a primeira frase da fala de Maria na cena I do segundo ato. Qual é a importância dessa frase para a encenação?

4. Pela voz de Manuel de Sousa Coutinho apresenta-se um conceito de comportamento e atitude que deveria prevalecer em Portugal, notadamente após a dominação francesa e, em meados do século XIX, sob influência econômica da Inglaterra. Qual é esse conceito?

5. No fragmento reproduzido, há uma fala marcada por extrema ironia. Transcreva-a.

6. Telmo é personagem destacado na peça (na primeira apresentação pública, em 1844, o próprio Garrett o representou): fora fiel escudeiro de d. João e agora servia a Manuel de Sousa Coutinho. Transcreva falas de Telmo que simbolizam um resgate do passado e suas estruturas sociais.

2 O teatro romântico no Brasil

Ishibashi/Folhapress

Também no Brasil, no tempo do predomínio do estilo de época romântico, define-se o teatro nacional, e deve-se a Gonçalves de Magalhães, mais uma vez, o papel de pioneiro: em 1838 era representado seu drama *Antônio José* ou *O poeta e a Inquisição*, considerado o marco inicial do teatro brasileiro. E, mais uma vez, repete-se o fenômeno: a Magalhães resta a glória de ter iniciado o teatro, mas a consolidação (como acontecera com Gonçalves Dias na poesia) se atribui a Martins Pena e suas comédias de costumes, bem como ao fundamental trabalho do ator João Caetano.

O ator João Caetano (1808-1863), em escultura de Francisco Manuel Chaves Pinheiro, 1860, na frente do teatro que leva seu nome em Niterói, Rio de Janeiro. O ator interpreta, nessa imagem, o personagem Oscar da tragédia francesa de Antoine Vicent Arnault, *Oscar, filho de Ossian*.

Martins Pena e a comédia de costumes

Martins Pena foi o primeiro autor de teatro no Brasil a alcançar popularidade, graças a suas **comédias de costumes**, que satirizam situações cômicas e cotidianas da sociedade brasileira de então. Segundo o professor Décio de Almeida Prado, "Não se sabe em que modelos [Martins Pena] se inspirou, onde foi buscar os seus processos cômicos. Mas o problema da filiação estética não tem maior significação, porque a sua obra, pela natureza e intenções, é por assim dizer a literária, desenvolvendo-se à margem das discussões teóricas [...] Nas pecinhas em um ato de Martins Pena sobressai o realismo ingênuo, natural, alterado aqui e ali pelo dom da sátira, pelo gosto da deformação cômica". (ALMEIDA PRADO. A evolução da literatura dramática. In: *A literatura no Brasil*, Rio de Janeiro: Editorial Sul Americana, 1971. v. 6.).

Martins Pena

Reprodução/Arquivo da editora

Luís Carlos Martins Pena (1815-1848) nasceu no Rio de Janeiro. Após completar o curso de comércio, ingressa na Academia de Belas Artes, passando a dedicar-se à música, à literatura, ao desenho, ao teatro e, entre outras coisas, às línguas, o que o levou à carreira diplomática. Faleceu em Lisboa, em consequência da tuberculose.

Suas comédias de costumes o consagraram como dramaturgo brasileiro, suas peças são encenadas até hoje. É patrono da cadeira 29 da Academia Brasileira de Letras.

LENDO O TEXTO

Os dois ou O inglês maquinista

Martins Pena

Comédia em 1 ato

PERSONAGENS
Clemência
Mariquinha, sua filha
Júlia, irmã de Mariquinha (10 anos)
Felício, sobrinho de Clemência
Gainer, inglês
Negreiro, negociante de negros novos

A cena passa-se no Rio de Janeiro, no ano de 1842.

Alberto Henschel/Coleção particular

Paisagem do bairro de Botafogo, no Rio de Janeiro, com o Pão de Açúcar ao fundo, em foto do século XIX.

Trajos para as personagens

CLEMÊNCIA – Vestido de chita rosa, lenço de seda preto, sapatos pretos e penteado de tranças.

MARIQUINHA – Vestido branco de escócia, de mangas justas, sapatos pretos, penteado de bandó e uma rosa natural no cabelo.

JÚLIA – Vestido branco de mangas compridas e afogado, avental verde e os cabelos caídos em cachos pelas costas.

NEGREIRO – Calças brancas sem presilhas, um pouco curtas, colete preto, casaca azul com botões amarelos lisos, chapéu de castor branco, guarda-sol encarnado, cabelos arrepiados e suíças pelas faces até junto dos olhos.

FELÍCIO – Calças de casimira cor de flor de alecrim, colete branco, sobrecasaca, botins envernizados, chapéu preto, luvas brancas, gravata de seda de cor, alfinete de peito, cabelos compridos e suíças inteiras.

GAINER – Calças de casimira de cor, casaca, colete, gravata preta, chapéu branco de copa baixa e abas largas, luvas brancas, cabelos louros e suíças até o meio das faces.

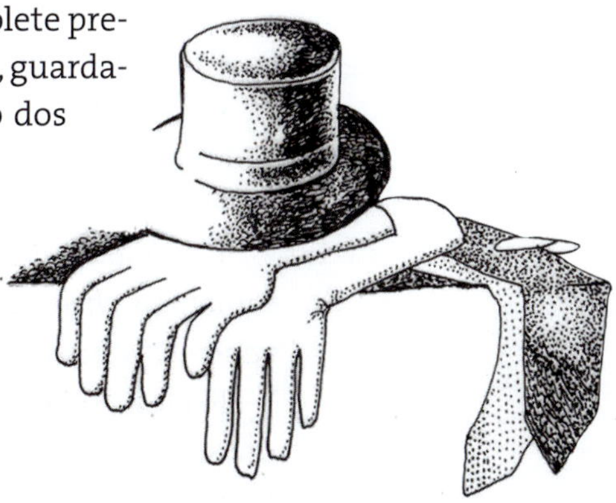
Vera Basile/Arquivo da editora

embirração: tanto pode significar "antipatia, aversão", como "insistência, teimosia".

Jornal do Comércio: o *Jornal do Commercio* é um diário tradicional do Rio de Janeiro, fundado em 1827, pelo francês Pierre Plancher.

loja de fazendas: loja de tecidos.

manuê: doce da culinária afro-brasileira feito à base de fubá de milho e mel.

unguento: medicamento pastoso que se usa sobre a pele; também usado para perfumar.

Ato único

O teatro representa uma sala. No fundo, porta de entrada; à esquerda, duas janelas de sacadas, e à direita, duas portas que dão para o interior. Todas as portas e janelas terão cortinas de cassa branca. À direita, entre as duas portas, um sofá, cadeiras, uma mesa redonda com um candeeiro francês aceso, duas jarras com flores naturais, alguns bonecos de porcelana; à esquerda, entre as janelas, mesas pequenas com castiçais de mangas de vidro e jarras com flores. Cadeiras pelos vazios das paredes. Todos estes móveis devem ser ricos.

Cena I

CLEMÊNCIA, NEGREIRO, MARIQUINHA, FELÍCIO. Ao levantar o pano, ver-se-á Clemência e Mariquinha sentadas no sofá; em uma cadeira junto destas Negreiro, e recostado sobre a mesa Felício, que lê o ***Jornal do Comércio*** e levanta às vezes os olhos, como observando a Negreiro.

CLEMÊNCIA – Muito custa viver-se no Rio de Janeiro! É tudo tão caro!

NEGREIRO – Mas o que quer a senhora em suma? Os direitos são tão sobrecarregados! Veja só os gêneros de primeira necessidade. Quanto pagam? O vinho, por exemplo, cinquenta por cento!

CLEMÊNCIA – Boto as mãos na cabeça todas as vezes que recebo as contas do armazém e da **loja de fazendas**.

NEGREIRO – Porém as mais puxadinhas são as das modistas, não é assim?

CLEMÊNCIA – Nisto não se fala! Na última que recebi vieram dois vestidos que já tinha pago, um que não tinha mandado fazer, e uma quantidade tal de linhas, colchetes, cadarços e retroses, que fazia horror.

FELÍCIO (*largando o jornal sobre a mesa com impaciência*) – Irra, já aborrece!

CLEMÊNCIA – O que é?

FELÍCIO – Todas as vezes que pego neste jornal, a primeira coisa que vejo é: "Chapas medicinais e **Unguento** Durand". Que **embirração**!

NEGREIRO (*rindo-se*) – Oh, oh, oh!

CLEMÊNCIA – Tens razão, eu mesmo já fiz este reparo.

NEGREIRO – As pílulas vegetais não ficam atrás, oh, oh, oh!

CLEMÊNCIA – Por mim, se não fossem os folhetins, não lia o Jornal. O último era bem bonito; o senhor não leu?

NEGREIRO – Eu? Nada. Não gasto o meu tempo com essas ninharias, que são só boas para as moças.

VOZ NA RUA – **Manuê** quentinho! (*Entra Júlia pela direita, correndo.*)

CLEMÊNCIA – Aonde vai, aonde vai?

JÚLIA (*parando no meio da sala*) – Vou chamar o preto dos manuês.

CLEMÊNCIA – E pra isso precisa correr? Vá, mas não caia. (*Júlia vai para janela e chama para rua dando psius.*)

NEGREIRO – A pecurrucha gosta dos doces.

JÚLIA (*da janela*) – Sim, aí mesmo. (*Sai da janela e vai para a porta, aonde momentos depois chega um preto com um tabuleiro com manuês, e descansando-o no chão, vende-os a Júlia. Os demais continuam a conversar.*)

FELÍCIO – Sr. Negreiro, a quem pertence o brigue Veloz Espadarte, aprisionado ontem junto quase da Fortaleza de Santa Cruz pelo cruzeiro inglês, por ter a seu bordo trezentos africanos?

NEGREIRO – A um pobre diabo que está quase maluco... Mas é bem feito, para não ser tolo. Quem é que neste tempo manda entrar pela barra um navio com semelhante carregação? Só um pedaço de asno. Há por aí além uma costa tão longa e algumas autoridades tão condescendentes!...

FELÍCIO – Condescendentes porque se esquecem de seu dever!

NEGREIRO – Dever? Perdoe que lhe diga: ainda está muito moço... Ora, suponha que chega um navio carregado de africanos e deriva em uma dessas praias, e que o capitão vai dar disso parte ao juiz do lugar. O que há de este fazer, se for homem cordato e de juízo? Responder do modo seguinte: Sim senhor, sr. capitão, pode contar com a minha proteção, contanto que V. S.ª... Não sei se me entende? Suponha agora que este juiz é um homem **esturrado**, destes que não sabem aonde têm a cara e que vivem no mundo por ver os outros viverem, e que ouvindo o capitão, responda-lhe com quatro pedras na mão: Não senhor, não consinto! Isto é uma infame infração da lei e o senhor insulta-me fazendo semelhante proposta! – E que depois deste **aranzel** de asneiras pega na pena e oficie ao Governo. O que lhe acontece? Responda.

FELÍCIO – Acontece o ficar na conta de íntegro juiz e homem de bem.

NEGREIRO – Engana-se; fica na conta de pobre, que é menos que pouca coisa. E no entanto vão os negrinhos para um depósito, a fim de serem ao depois distribuídos por aqueles de quem mais se depende, ou que têm maiores empenhos. Calemo-nos, porém, que isto vai longe.

FELÍCIO – Tem razão! (*Passeia pela sala.*)

NEGREIRO (*para Clemência*) – Daqui a alguns anos mais falará de outro modo.

CLEMÊNCIA – Deixe-o falar. A propósito, já lhe mostrei o meu **meia-cara**, que recebi ontem na Casa da Correção?

NEGREIRO – Pois recebeu um?

CLEMÊNCIA – Recebi, sim. Empenhei-me com minha comadre, minha comadre empenhou-se com a mulher do desembargador, a mulher do desembargador pediu ao marido, este pediu a um deputado, o deputado ao ministro e fui servida.

NEGREIRO – Oh, oh, chama-se isto transação! Oh, oh!

CLEMÊNCIA – Seja lá o que for; agora que tenho em casa, ninguém mo arrancará. Morrendo-me algum outro escravo, digo que foi ele.

FELÍCIO – E minha tia precisava deste escravo, tendo já tantos?

CLEMÊNCIA – Tantos? Quanto mais, melhor. Ainda eu tomei um só. E os que tomam aos vinte e aos trinta? Deixa-te disso, rapaz. Venha vê-lo, sr. Negreiro. (*Saem.*)

Vera Basile/Arquivo da editora

aranzel: discurso enfadonho, palavrório.

esturrado: intransigente.

meia-cara: escravizado que, depois de proibido o tráfico, era importado por contrabando, sem se pagarem direitos aduaneiros.

Cena II

FELÍCIO e MARIQUINHA

FELÍCIO – Ouviste, prima, como pensa este homem com quem tua mãe pretende casar-te?

MARIQUNHA – Casar-me com ele? Oh, não, morrerei antes!

FELÍCIO – No entanto é um casamento vantajoso. Ele é imensamente rico... Atropelando as leis, é verdade; mas que importa? Quando fores sua mulher...

MARIQUINHA – E é você quem me diz isto? Quem me faz essa injustiça? Assim são os homens, sempre ingratos!

FELÍCIO – Meu amor, perdoa. O temor de perder-te faz-me injusto. Bem sabes quanto eu te adoro; mas tu és rica, e eu um pobre empregado público; e tua mãe jamais consentirá em nosso casamento, pois supõe fazer-te feliz dando-te um marido rico.

MARIQUINHA – Meu Deus!

FELÍCIO – Tão bela e tão sensível como és, seres a esposa de um homem para quem o dinheiro é tudo! Ah, não, ele terá ainda que lutar comigo! Se supõe que a fortuna que tem adquirido com o contrabando de africanos há de tudo vencer, engana-se! A inteligência e o ardil às vezes podem mais que a riqueza.

MARIQUINHA – O que pode você fazer? Seremos sempre infelizes.

FELÍCIO – Talvez que não. Sei que a empresa é difícil. Se ele te amasse, ser-me-ia mais fácil afastá-lo de ti; porém ele ama o teu dote, e desta qualidade de gente arrancar um vintém é o mesmo que arrancar a alma do corpo... Mas não importa.

MARIQUINHA – Não vá você fazer alguma coisa com que mamã se zangue e fique mal com você...

FELÍCIO – Não, descansa. A luta há de ser longa, pois que não é este o único inimigo. As assiduidades daquele maldito Gainer já também inquietam-me. Veremos... E se for preciso... Mas não; eles se entredestruirão; o meu plano não pode falhar.

MARIQUINHA – Veja o que faz. Eu lhe amo, não me envergonho de o dizer; porém se for preciso para nossa união que você faça alguma ação que... (*Hesita.*)

FELÍCIO – Compreendo o que queres dizer... Tranquiliza-te.

JÚLIA (*entrando*) – Mana, mamã chama.

MARIQUINHA – Já vou. Tuas palavras animaram-me.

JÚLIA – Ande, mana.

MARIQUINHA – Que impertinência! (*Para Felício, à parte:*) Logo conversaremos...

FELÍCIO – Sim, e não te aflijas mais, que tudo se arranjará. (*Saem Mariquinha e Júlia.*)

Cena VII

FELÍCIO e GAINER

FELÍCIO – Estou admirado! Excelente ideia! Bela e admirável máquina!

GAINER (*contente*) – Admirável, sim.

FELÍCIO – Deve dar muito interesse.

GAINER – Muita interesse o fabricante. Quando este máquina tiver acabada, não precisa mais de cuzinheiro, de sapateira e de outras muitas ofícias.

FELÍCIO – Então a máquina supre todos estes ofícios?

GAINER – Oh, sim! Eu bota a máquina aqui no meio da sala, manda vir um boi, bota a boi na buraco da maquine e depois de meia hora sai por outra banda da maquine tudo já feita.

FELÍCIO – Mas explique-me bem isto.

GAINER – Olha. A carne do boi sai feita em *beef*, em *roast-beef*, em *fricandó* e outras muitas; do couro sai sapatas, botas...

FELÍCIO (*com muita seriedade*) – Envernizadas?

GAINER – Sim, também pode ser. Das chifres sai bocetas, pentes e cabo de faca; das ossas sai marcas...

FELÍCIO (*no mesmo*) – Boa ocasião para aproveitar os ossos para o seu açúcar.

GAINER – Sim, sim, também sai açúcar, balas da Porto e amêndoas.

FELÍCIO – Que prodígio! Estou maravilhado! Quando pretende fazer trabalhar a máquina?

GAINER – Conforme; falta ainda alguma dinheira. Eu queria fazer uma empréstima. Se o senhor quer fazer seu capital render cinquenta por cento dá a mim para acabar a maquine, que trabalha depois por nossa conta.

FELÍCIO (*à parte*) – Assim era eu tolo... (*Para Gainer:*) Não sabe quanto sinto não ter dinheiro disponível. Que bela ocasião de triplicar, quadruplicar, quintuplicar, que digo, centuplicar o meu capital em pouco! Ah!

GAINER (*à parte*) – Destes tolas eu quero muito.

FELÍCIO – Mas veja como os homens são maus. Chamarem ao senhor, que é o homem o mais filantrópico e desinteressado e amicíssimo do Brasil, especulador de dinheiros alheios e outros nomes mais.

GAINER – A mim chama especuladora? A mim? *By God*! Quem é a atrevido que me dá esta nome?

FELÍCIO – É preciso, na verdade, muita paciência. Dizerem que o senhor está rico com espertezas!

GAINER – Eu rica! Que calúnia! Eu rica? Eu está pobre com minhas projetos pra bem do Brasil.

FELÍCIO (*à parte*) – O bem do brasileiro é o estribilho destes malandros... (*Para Gainer:*) Pois não é isto que dizem. Muitos creem que o senhor tem um grosso capital no Banco de Londres; e além disto, chamam-lhe de velhaco.

GAINER (*desesperado*) – Velhaca, velhaca! Eu quero mete uma bala nas miolos deste patifa. Quem é estes que me chama velhaca?

FELÍCIO – Quem? Eu lho digo: ainda não há muito que o Negreiro assim disse.

GAINER – Negreira disse? Oh, que patifa de meia-cara... Vai ensina ele... Ele me paga. *Goddam*!

FELÍCIO – Se lhe dissesse tudo quanto ele tem dito...

GAINER – Não precisa dize; basta chama velhaca a mim pra eu mata ele. Oh, que patifa de meia-cara! Eu vai dize a *commander* do brigue Wizart que este patifa é meia-cara; pra segura nos navios dele. Velhaca! Velhaca! *Goddam*! Eu vai mata ele! Oh! (*Sai desesperado.*)

PENA, Martins. *Comédias de Martins Pena*. Rio de Janeiro: Ediouro, s.d. p. 106-116.

Atividades

1. Leia um levantamento feito pelo historiador Pedro Calmon: "A Rua do Ouvidor renova-se, engalana-se, resplandece. Havia naquele ano [1850], 23 casas de modistas, 4 de floristas, 77 de ourives, 33 de relojoeiros, 66 de sapateiros, 25 de tipógrafos, 8 de retratistas, 24 de fabricantes de carruagens... a aparelhagem de uma cidade grande, de hábitos complicados e nobres". Como esse aburguesamento do Rio de Janeiro se manifesta na peça?

2. Pela caracterização de Clemência, podemos dizer que ela representa a mentalidade gananciosa de uma burguesia nascente do Rio de Janeiro. Que elementos do texto comprovam isso?

3. Sobre o papel da mulher na época romântica, comenta Nelson Werneck Sodré: "Começava a receber a mulher uma educação em que apareciam certas prendas que predispunham a demonstração, a apresentação às visitas. Começava a figurar nos salões, a receber e a tratar com os convidados, a conviver com estranhos, a frequentar modistas, a visitar, a ler figurinos e, também, a ler romances".
   Como isso está retratado na peça?

4. O conflito entre Negreiro e Felício não se estabelece apenas no campo amoroso; ele se dá também na visão de mundo de cada um. Caracterize os dois personagens.

5. Qual é a estratégia de Felício para afastar os pretendentes de Mariquinha?

6. Na cena VII percebemos, em algumas passagens, que os personagens interrompem o diálogo e parecem se dirigir ao público. Reproduza ao menos duas dessas passagens.

7. Você acredita que uma peça de teatro, especialmente uma comédia, ajude a transformar a realidade? Argumente a favor ou contra.

Trocando ideias

1. Reúna-se com alguns colegas e pesquisem, em livros de História, o estágio do processo abolicionista no Brasil em 1842. Relacionem as informações obtidas na pesquisa com a conversa entre os personagens Negreiro e Felício sobre o tráfico negreiro.
2. Martins Pena faz um retrato dos costumes da sociedade brasileira de meados do século XIX. Pela comparação feita na atividade anterior, vocês diriam que as peças dele são muito datadas, isto é, devem ser lidas (e vistas) levando-se em conta a época em que foram escritas?
3. Apresentem para os colegas e professor suas conclusões.

Mercado de negros da rua do Valongo, de Jean-Baptiste Debret, sem data.

Mercado de negros da rua do Valongo, de Jean-Baptiste Debret, litografia colorida à mão (49 cm × 34 cm). Museus Castro Maya – IPHAN/MinC.

Roberto Loffel/Arquivo da editora

Cena da montagem da peça *O noviço*, de Martins Pena, dirigida por Brian Penido em 1994.

3 O teatro realista

No Brasil, o teatro realista se desenvolve sobretudo no Rio de Janeiro, tendo como principal influência o teatro francês. Retrata, em especial, os costumes e os valores da burguesia, que, no caso brasileiro, passava por um período de ascensão política e adaptação à ordem republicana, recém-instalada.

Artur Azevedo e os costumes da Capital Federal

Seguindo a trilha aberta por Martins Pena, o dramaturgo Artur Azevedo dedicou-se a retratar, em suas peças, a sociedade e os costumes do Rio de Janeiro imperial, transformado depois em Capital Federal da jovem República. Muito observador dos hábitos cotidianos cariocas, o autor fez das relações familiares, amorosas e das festividades alguns dos assuntos de sua obra.

Artur Azevedo

Artur Azevedo (1855-1908) e seu irmão Aluísio participaram da fundação da Academia Brasileira de Letras; Artur Azevedo ocupou a cadeira 29 e escolheu como patrono Martins Pena. Jornalista (ferrenho abolicionista), contista, frequentador das rodas literárias dos poetas parnasianos, foi, contudo, no teatro que ganhou maior notoriedade.

Arquivo do jornal *O Estado de S. Paulo*/Agência Estado

A capital federal: uma comédia de costumes brasileira

A capital federal é uma comédia-opereta – peça de teatro de caráter burlesco que apresenta trechos em verso para serem cantados – que retrata a capital da República no final do século XIX (a primeira encenação data de 1897), uma sociedade urbana em ascensão política, adequando-se a novos hábitos, costumes. Organiza-se em três atos e doze quadros.

Entre os personagens que desfilam pelos ambientes cariocas (notadamente pelo Grande Hotel), destacam-se uma família do interior de Minas Gerais (a típica mentalidade rural) que vem para o Rio de Janeiro atrás do noivo que prometeu casamento à filha do fazendeiro, cocotes (prostitutas), pseudopoetas, jogadores, os mais diversos serviçais. Décio de Almeida Prado afirma que "*A capital federal* é o fecho de um período do nosso teatro – o fecho do século dezenove, para falar a verdade". Até porque, a partir do século XX, o teatro enfrentaria a concorrência do cinema.

Bia Parreiras/Arquivo da editora

Reminiscências/Acervo Iconographia

Olavo Bilac, após assistir à estreia da peça, escreveu num jornal: "E há uma pancada seca no bombo e nos timbales da orquestra, e abre-se o fundo da cena, e, por uma tarde batida de sol, aparecem os arcos da Carioca [nas fotos ao lado], e, sobre eles, o bonde elétrico voando – numa esplêndida cenografia de Carrancini... E o pano cai, ao reboar dos aplausos".

A seguir, reproduzimos o fragmento da peça que trata da visita de um jovem com pretensões poéticas à casa de Lola, cortesã espanhola.

LENDO O TEXTO

A capital federal

Artur Azevedo

Ação: no Rio de Janeiro, no fim do século XIX

Ato III

Cena IV

DUQUINHA, LOURENÇO

CENÁRIO: a saleta de Lola

(*Duquinha tem dezoito anos e é muito tímido.*)

DUQUINHA – A senhora dona Lola está em casa?

LOURENÇO (*Muito respeitoso.*) – Sim, meu senhor... e pede a V. Ex.ª que tenha o obséquio de esperar alguns instantes.

DUQUINHA – Muito obrigado. (*À parte.*) É o cocheiro... não sei se deva...

LOURENÇO – Como diz V. Ex.ª?

DUQUINHA – Se não fosse ofendê-lo, pedia-lhe que aceitasse... (*Tira a carteira.*)

LOURENÇO – Oh! não!... Perdoe V. Ex.ª... não é orgulho; mas que diria a patroa se soubesse que eu...

DUQUINHA – Ah! nesse caso... (*Guarda a carteira.*)

LOURENÇO (*Que ia sair, voltando.*) – Se bem que eu estou certo que V. Ex.ª não diria nada à senhora dona Lola...

DUQUINHA – (*Tirando de novo a carteira.*) – Ela nunca o saberá. (*Dá-lhe dinheiro.*)

LOURENÇO – Beijo as mãos de V. Ex.ª. A senhora dona Lola é tão escrupulosa! (*À parte.*) Uma de trinta! O franguinho promete... (*Sai com muitas mesuras, levando o sobretudo e demais objetos.*)

Cena V

DUQUINHA – Estou trêmulo e nervoso... É a primeira vez que entro em casa de uma destas mulheres... Não pude resistir!... A Lola é tão bonita, e o outro dia, no Braço de Ouro, me lançou uns olhares tão meigos, tão provocadores, que tenho sonhado todas as noites com ela! Até versos lhe fiz, e aqui lhos trago... Quis comprar-lhe uma joia, mas receoso de ofendê-la, comprei apenas estas flores... Ai, Jesus! ela aí vem! Que lhe vou dizer?...

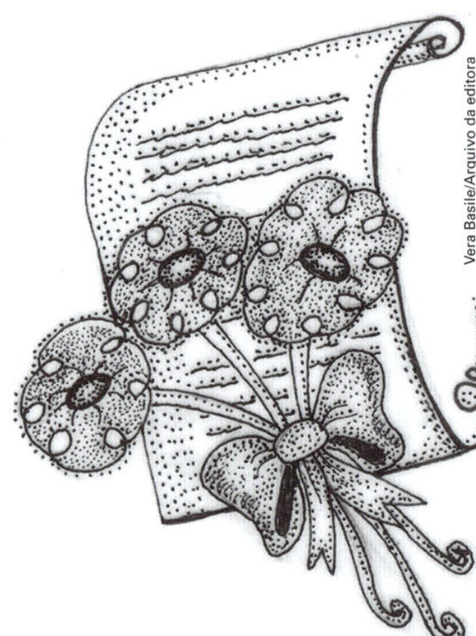

Vera Basile/Arquivo da editora

Cena VI

DUQUINHA e LOLA

LOLA – Não me engano: é o meu namorado do Braço de Ouro! (*Estendendo-lhe a mão.*) Como tem passado?

DUQUINHA – Eu... sim... bem, obrigado; e a senhora?

LOLA – Como tem as mãos frias!

DUQUINHA – Estou muito impressionado. É uma coisa esquisita: todas as vezes que fico impressionado... fico também com as mãos frias...

LOLA – Mas não se impressione! Esteja à sua vontade! Parece que não lhe devo meter medo!

DUQUINHA – Pelo contrário!

LOLA (*Arremedando-o.*) – Pelo contrário! (*Outro som.*) São minhas essas flores?

DUQUINHA – Sim... eu não me atrevia... (*Dá-lhe as flores.*)

LOLA – Ora essa! Por quê? (*Depois de aspirá-las.*) Que lindas são!

DUQUINHA – Trago-lhe também umas flores... poéticas.

LOLA – Umas quê?...

DUQUINHA – Uns versos.

LOLA – Versos? Bravo! Não sabia que era poeta!

DUQUINHA – Sou poeta, sim, senhora... mas poeta moderno, decadente...

LOLA – Decadente? Nessa idade?

DUQUINHA – Nós somos todos muito novos.

LOLA – Nós quem?

DUQUINHA – Nós, os decadentes. E só podemos ser compreendidos por gente da nossa idade. As pessoas de mais de trinta anos não nos entendem.

LOLA – Se o senhor se demorasse mais algum tempo, arriscava-se a não ser compreendido por mim.

DUQUINHA – Se dá licença, leio os meus versos. (*Tirando um papel da algibeira.*) Quer ouvi-los?

LOLA – Com todo o prazer.

DUQUINHA – (*Lendo.*)

Ó flor das flores, linda espanhola,
Como eu te adoro, como eu te adoro!
Pelos teus olhos, ó Lola! ó Lola!
De dia canto, de noite choro,
Linda espanhola, linda espanhola!

LOLA – Dir-se-ia que o trago de canto chorado!

DUQUINHA – Ouça a segunda estrofe:

És uma santa, santa das santas!
Como eu te adoro, como eu te adoro!
Meu peito enlevas, minh'alma encantas!
Ouve o meu triste canto sonoro,
Santa das santas, santa das santas!

LOLA – Santa? Eu!... Isto é que é liberdade poética!

DUQUINHA – A mulher amada pelo poeta é sempre santa para ele! Terceira e última estrofe...

LOLA – Só três? Que pena!

DUQUINHA (*Lendo.*)

Ó flor das flores! bela andaluza!
Como eu te adoro, como eu te adoro!
Tu és a minha pálida musa!
Desses teus lábios um beijo imploro,
Bela andaluza, bela andaluza!

LOLA – Perdão, mas eu não sou da Andaluzia: sou de Valladolid.

DUQUINHA – Pois há espanholas bonitas que não sejam andaluzas?

LOLA – Pois não! O que não há são andaluzas bonitas que não sejam espanholas.

DUQUINHA – Hei de fazer uma emenda.

LOLA – E que mais?

DUQUINHA – Como?

LOLA – O senhor trouxe-me flores... trouxe-me versos... e... não me trouxe mais nada?

DUQUINHA – Eu?

LOLA – Sim... Os versos são bonitos... as flores são cheirosas... mas há outras coisas de que as mulheres gostam muito.

DUQUINHA – Uma caixinha de marrons glacés?

LOLA – Sim, não digo que não... é uma boa gulodice... mas não é isso...

DUQUINHA – Então que é?

LOLA – Faça favor de me dizer para que se inventaram os ourives.

DUQUINHA – Ah! já percebo... Eu devia trazer-lhe uma joia!

LOLA – Naturalmente. As joias são o "Sésamo, abre-te" destas cavernas de amor.

DUQUINHA – Eu quis trazer-lhe uma joia, quis; mas receei que a senhora se ofendesse...

LOLA – Que me ofendesse?... Oh! santa ingenuidade!... Em que é que uma joia poderia ofender? Querem ver que o meu amiguinho me toma por uma respeitável mãe de família? Creia que um simples grampo de chapéu, com um bonito brilhante, produziria mais efeito que todo esse:

Como te adoro, como te adoro!
Linda espanhola, linda espanhola,
Santa das santas, santa das santas!

DUQUINHA – Vejo que lhe não agrada a escola decadente...

LOLA – Confesso que as joias exercem sobre mim uma fascinação maior que a literatura. E demais, não sou mulher a quem se ofereçam versos... Vejo que o senhor não é de opinião de Bocage...

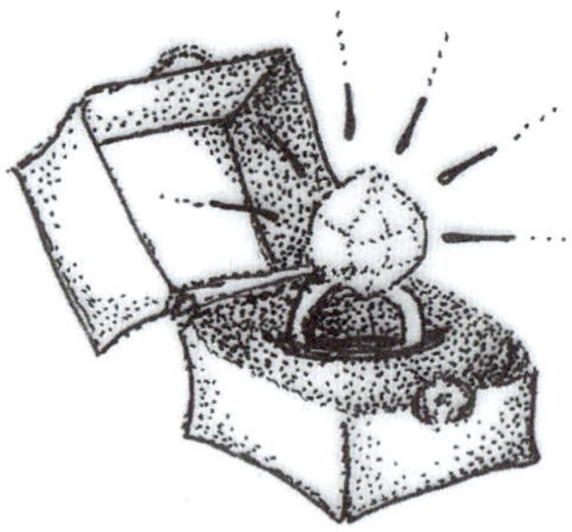
Vera Basile/Arquivo da editora

DUQUINHA – Oh! Não me fale em Bocage!

LOLA – Que mania essa de não nos tomarem pelo que somos realmente! Guarde os seus versos para as donzelinhas sentimentais, e, ande, vá buscar o "Sésamo, abre-te" e volte amanhã. (*Empurra-o para o lado da porta. Entra Lourenço.*)

DUQUINHA – Mas...

LOLA – Vá, vá! Não me apareça aqui sem uma joia. (*A Lourenço.*) Lourenço, conduza este senhor até a porta. (*Sai pela direita.*)

DUQUINHA – Não, não é preciso, não se incomode. (*À parte.*) Vou pedir dinheiro a mamãe. (*Sai.*)

AZEVEDO, Artur. *A capital federal*. Disponível em: <www.dominiopublico.gov.br>. Acesso em: 9 maio 2014.

Atividades

1. Duquinha, na flor de seus 18 anos, se coloca como um poeta moderno e "decadente". O decadentismo, segundo o *Pequeno dicionário de literatura brasileira*, designou, na França, "o movimento precursor do Simbolismo (o termo deriva de um artigo de jornal, de 1882, que chamava a atenção para a ideia de decadência perceptível na poesia de Baudelaire e Paul Verlaine. Os 'decadentes' pregavam a anarquia, o satanismo, as perversões, a morbidez, o pessimismo, a histeria, o horror da realidade banal, ao mesmo tempo que cultuavam os neologismos e os vocábulos raros ('abscôndito', 'hiemal', 'lactescente')".
   a) Tomando por base as três estrofes declamadas por Duquinha, você diria que ele é "realmente" um poeta decadente?
   b) Os versos de Duquinha têm características que os aproximam de que escola literária?
   c) Que características do texto justificam sua resposta à questão anterior?

2. Qual é a reação de Lola ao ouvir os versos de Duquinha? Era a reação esperada por ele? Aponte a fala dele que demonstra seu sentimento em relação à reação de Lola.

3. Bocage (1765-1805), poeta português, apresentou três facetas distintas em sua obra: árcade, pré-romântica e satírico-erótica. Lola não conhece o movimento decadentista, mas cita Bocage, o que horroriza Duquinha. O que justifica a aversão de Duquinha?

4. Duquinha e Lola representam dois polos de visão de mundo. Explicite-os e exemplifique-os com trechos do texto.

Velhos temas novas leituras

O TEATRO BRASILEIRO, O AMOR E O NEGRO

A comédia, a princípio malvista, começou a se tornar gênero praticado por diversos autores, inclusive por alguns de seus críticos, como José de Alencar, que, em meados do século XIX, escreveu uma comédia chamada *O demônio familiar*. A intenção de José de Alencar, em toda sua obra literária, era fomentar padrões morais em seu público, mostrando-lhe os perigos da modernização. No teatro, onde o contato com o público era mais próximo, essa proposta não poderia ser desperdiçada. Por conta disso, Alencar se esmerou em escrever uma comédia supostamente instrutiva, que fosse além de mero entretenimento.

No desenvolvimento da comédia, impressiona a forma como os parâmetros ideológicos de Alencar são expostos de forma explícita. O enredo da peça é bastante simples: as relações familiares e amorosas – no caso, o amor puro e moral – estão sempre postas em perigo por conta da ganância de alguns personagens corrompidos pela vida fútil da modernidade. O mais degenerado de todos é Pedro, um escravizado doméstico que, a partir de manobras astuciosas e irresponsáveis, visa concretizar seu sonho: tornar-se um cocheiro de elegante carril, desfilando pelas ruas do Rio de Janeiro. Para realizar seu intento, atrapalha as relações de amor verdadeiro de seus senhores – troca os destinatários de cartas e mensagens amorosas –, pois quer que eles arranjem casamentos com personagens de grandes posses. Na peça, não falta nenhum dos ingredientes da literatura alencariana: a idealização da mulher como um ser puro e doméstico, a crítica aos esnobes tão cheios de si e de galicismos, a valorização da cultura nacional em detrimento do que era importado, a defesa da moral, da família e do amor verdadeiro. Em uma passagem do texto, Eduardo, o protagonista da história, diz as seguintes palavras, emblemáticas, a sua mãe:

EDUARDO – É preciso conhecer o coração humano, minha mãe, para saber quanto as pequeninas circunstâncias influem sobre os grandes sentimentos. O amor, sobretudo, recebe a impressão de qualquer acidente, ainda o mais imperceptível. O coração que ama de longe, que concentra o seu amor por não poder exprimi-lo, que vive separado pela distância, irrita-se com os obstáculos, e procura vencê-los para aproximar-se. Nessa luta de paixão cega todos os meios são bons: o afeto puro muitas vezes degenera em desejo insensato e recorre a esses ardis de que um homem calmo se envergonharia; corrompe os nossos escravos, introduz a imoralidade no seio das famílias, devassa o interior da nossa casa, que deve ser sagrada como um templo, porque realmente é o templo da felicidade doméstica.

ALENCAR, José de. *O demônio familiar*. Campinas: Pontes, 2003. p. 56-57.

A proposta do autor é clara: a partir de um texto que toca em temas bastante próximos do público, passar uma lição moralizante. Aquilo que era sagrado, como o amor, a família e as relações escravocratas, quando corrompidas, degenerava em desejos insensatos, ardis desonestos e imoralidade. É preciso lembrar que, quando Alencar escreveu sua peça, o tráfico negreiro tinha sido proibido havia pouco e, além disso, avultavam os negócios financeiros na Corte, com uma volumosa inversão de capitais e consumo de mercadorias europeias. Ou seja, Alencar via um mundo em mudança e, conservador que era, não aprovava as novidades. O fim da história é emblemático e chocante; para Eduardo, um exemplo de conduta reacionária, já que as relações sagradas estavam abaladas, a única forma de resolver o problema era romper com a mais degenerada de todas elas, qual seja, a escravidão. Assim, o escravizado, o demônio familiar responsável pelas armações e confusões, como punição por suas atitudes, ganha sua alforria, a liberdade. Logo, a principal punição era retirar o escravizado do seio da família, lançá-lo ao mundo corrompido, expulsá-lo do paraíso para ganhar o pão com o suor de seu próprio rosto. Na comédia de José de Alencar, o elemento escravizado, quando distante da instituição que lhe dá significado social, torna-se negativo, um corruptor das virtudes puras e honradas. O escritor romântico, portanto, cria uma visão dominadora sobre o negro, que só se realizaria na condição de dependente e sujeito à moral dos senhores.

Passados cem anos da publicação e encenação da comédia de Alencar, o poeta Vinícius de Morais (1913-1980) também escreveria uma peça de teatro cujo enfoque seria o negro na sociedade brasileira, mas com perspectiva bastante distinta. Lançada em 1954, *Orfeu da Conceição* é uma peça de teatro em versos, que deu origem a uma opereta, cuja trilha sonora ficou a cargo do maestro Antônio Carlos Jobim (1927-1994). O texto de Vinícius de Morais é uma adaptação do mito de Orfeu e Eurídice para a realidade dos morros cariocas de meados do século XX. No mito original, Orfeu, que tem um exímio talento para a música, desce aos infernos para resgatar sua amada, Eurídice, morta por causa de uma trama motivada por ciúmes. Orfeu encanta os deuses do inferno com sua música e consegue autorização para resgatar sua amada, desde que jamais olhe para trás a fim de conferir se Eurídice o segue. Quando estão quase alcançando a superfície, Orfeu não resiste e vira o rosto na direção de Eurídice; dessa forma, sua adorada se perde para sempre, e Orfeu é assassinado pelas Bacantes, indignadas com a fidelidade do músico.

Na adaptação de Vinícius de Morais, o cenário é um morro carioca; Orfeu, um sambista; e o inferno, um clube noturno da cidade, onde, em uma terça-feira gorda, ocorre uma festa orgástica comandada por Plutão, o chefe do bloco de carnaval "Os maiorais do inferno". O inusitado e admirável da peça é exatamente essa confluência entre dois campos normalmente tidos como distantes: a alta cultura e a cultura popular. O mito grego e o samba, a linguagem oralizada da população, a paisagem dos morros e as mazelas sociais resultam em uma peça de rara poesia e beleza, um mito renovado, uma louvação da cultura popular e afro-brasileira, de imenso valor e alegria. Como diz Orfeu, em diálogo com a Dama Negra – ou seja, a morte:

Vá embora
Senhora Dama! eu lhe digo: vá embora!
No morro manda Orfeu! Orfeu é a vida
No morro ninguém morre antes da hora!
Agora o morro é vida, o morro é Orfeu
É a música de Orfeu! Nada no morro
Existe sem Orfeu e a sua viola!
Cada homem no morro e a sua mulher
Vivem só porque Orfeu os faz viver
Com sua música! Eu sou a harmonia
E a paz, e o castigo! Eu sou Orfeu
O músico!

MORAIS, Vinícius de. *Obra poética completa*. Rio de Janeiro: Nova Aguilar, 1968. p. 446.

Com duas obras dramáticas bastante distintas — e fundamentadas em propostas também distintas — José de Alencar e Vinícius de Morais abordam dois polos de uma mesma história. Alencar via como ameaçadoras as mudanças pelas quais o Brasil passava nos meados do século XIX, principalmente com o fim do tráfico negreiro, que situava no horizonte o final da própria escravidão e a crise de toda a sociedade brasileira. Vinícius de Morais, em meados do século XX, período também de intensa modernização, ressalta a situação de pobreza e marginalidade em que vivia a população afro-brasileira, lançada a sua própria sorte, sem a menor atenção dos serviços públicos. Para entender melhor as particularidades de cada uma dessas obras, estão transcritos, a seguir, dois trechos das peças. Leia-os atentamente e responda às questões propostas.

Texto 1

EDUARDO – Ah!... Escutem-me, senhores; depois me julgarão... é a nossa sociedade brasileira a causa única de tudo quanto se acaba de passar.

ALFREDO – Como?

VASCONCELOS – Tem razão, começo a entender!

EDUARDO – Os antigos acreditavam que toda casa era habitada por um demônio familiar, do qual dependia o sossego e a tranquilidade das pessoas que nela viviam. Nós, os brasileiros, realizamos infelizmente esta crença; temos no nosso lar doméstico esse demônio familiar. Quantas vezes não partilha conosco as carícias de nossas mães, os folguedos de nossos irmãos e uma parte das afeições da família! Mas vem um dia, como hoje, em que ele, na sua ignorância ou na sua malícia, perturba a paz doméstica; e faz do amor, da amizade, da reputação, e de todos esses objetos santos, um jogo de criança. Este demônio familiar de nossas casas, que todos conhecemos, ei-lo.

AZEVEDO – É uma grande verdade.

VASCONCELOS – Tem toda a razão; a ele é que ouvi!

ALFREDO – Sim, não há dúvida.

CARLOTINHA – Eu adivinhava!...

D. MARIA – Como? Foste tu?

PEDRO – Pedro confessa, sim senhora.

[...]

EDUARDO – Todos devemos perdoar-nos mutuamente; todos somos culpados por havermos acreditado ou consentido no fato primeiro, que é a causa de tudo isto. O único inocente é aquele que não tem imputação, e que fez apenas uma travessura de criança, levado pelo instinto da amizade. Eu o corrijo, fazendo do autômato um homem; restituo-o à sociedade, porém expulso-o do seio de minha família e fecho-lhe para sempre a porta de minha casa. (*a Pedro*) Toma: é a tua carta de liberdade, ela será a tua punição de hoje em diante, porque as tuas faltas recairão unicamente sobre ti; porque a moral e a lei te pedirão uma conta severa de tuas ações. Livre, sentirás a necessidade do trabalho honesto e apreciarás os nobres sentimentos que hoje não compreendes. (*Pedro beija-lhe a mão.*)

D. MARIA – Muito bem, meu filho! Adivinhaste o meu pensamento!

[...]

EDUARDO – E agora, meus amigos, façamos votos para que o demônio familiar das nossas casas desapareça um dia, deixando o nosso lar doméstico protegido por Deus e por esses anjos tutelares que, sob a forma de mães, de esposas e de irmãs, valerão sobre a felicidade de nossos filhos!...

ALENCAR, José de. *O demônio familiar*, cit. p. 89-92.

Texto 2

A primeira mulher
Foi assim: meu garoto vinha vindo
Da banca de engraxate (vocês sabem
Como ele, de levado, sobe o morro
Lá pela ribanceira...). Muito bem.
Vinha assim vindo. Estava escurecendo
Quando ele entrou na mata. De repente
Vê uma aparição! Esfrega os olhos:
Não, era Orfeu! Orfeu todo de branco
Como andava sempre, violão no peito
Braços abertos, boca com um sorriso
Como esperando alguém, alguém que veio
Porque ele olha pro lado de repente
Abre os braços assim e sai correndo

Vera Basile/Arquivo da editora

Vai embora. Meu filho segue ele
Mas Orfeu se escondeu quem sabe onde...
Pobrezinho. Tal qual alma penada...
Talvez pior, que está penando em vida!

A segunda mulher
E nunca mais ninguém ouviu um som
Sair do violão...

A terceira mulher
É. Não tá certo.
Desandou tudo nesse morro. Tudo.
Quantas brigas, meu deus, que tem saído
Quanta gente mudando para outros morros
Foi mau-olhado, foi...

A quarta mulher
Cala essa boca!
Não chama mais desgraça, criatura
Eu por mim vou-me embora. Aqui não fico.

[...]
Um homem
E lembrar desse morro há uma semana...
Nem parecia um morro da cidade!
Uma calma, um prazer, uma harmonia
Quanto samba de Orfeu de boca em boca
Quanta festa com Orfeu sempre presente
Quanta falta de briga...

Um outro homem
Eu que o diga!
Foi Orfeu que mudou a minha vida
Devo o que sou a ele. Antigamente
Era só valentia, briga à-toa
'Té que ele veio e conversou comigo.
Orfeu não era um homem, era um anjo...
Agora digam: vale a pena?... Qual!
Mulher é perdição...

Uma outra mulher
E não faltava nada pra ninguém.
Qualquer necessidade, não sei como
Orfeu sabia e logo aparecia
Um dinheirinho – tudo samba dele...
Uma tristeza em casa? uma quizília?

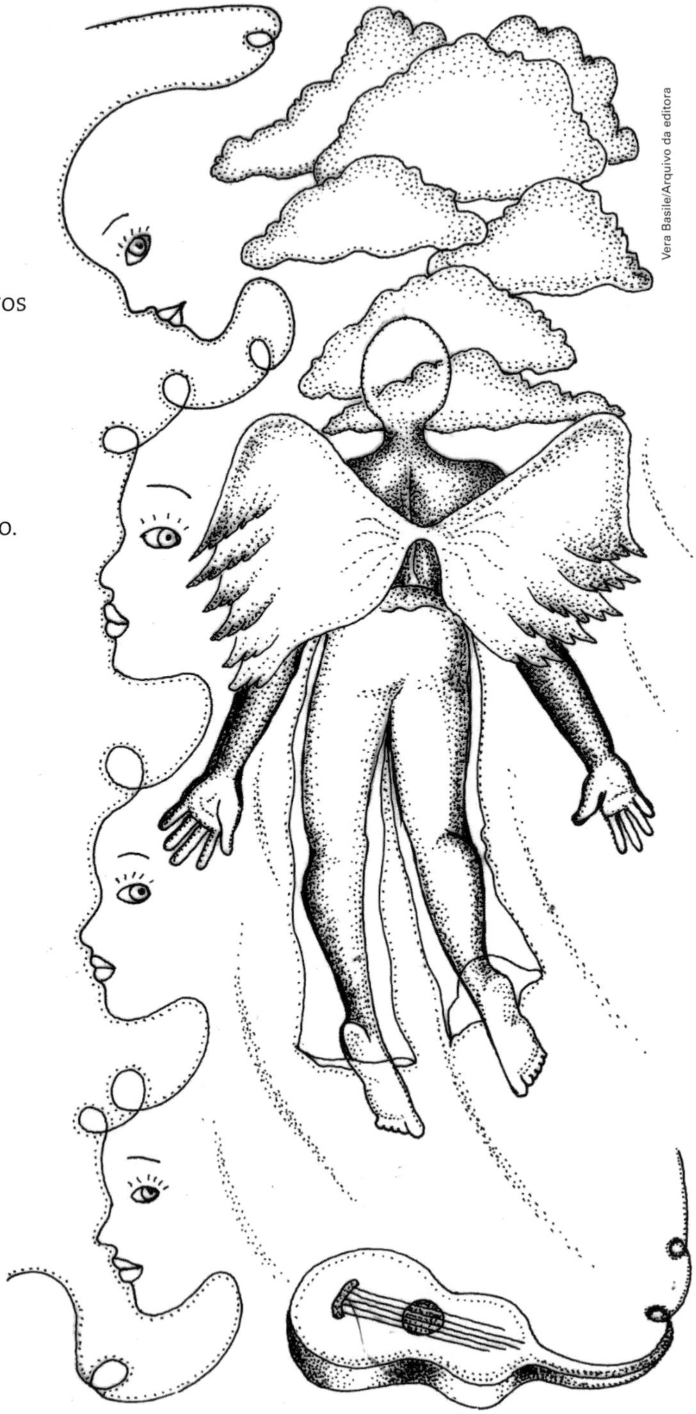

Vera Basile/Arquivo da editora

Ele vinha, mexia, se virava
Sapecava um sambinha de improviso
Brincava... Um anjo! Tinha pés de santo...
(*Uma mulher põe-se a chorar e sai correndo da cena.*)

MORAIS, Vinícius de. *Obra poética completa*, cit. p. 474-476.

1. De que maneira o escravizado Pedro é caracterizado na peça de José de Alencar?
2. Na perspectiva do personagem Eduardo, por que a alforria é entendida como uma punição para o escravizado? Nesse sentido, qual é o significado da rubrica do texto, na qual está dito que Pedro beija as mãos de seu senhor?
3. Como a família é entendida na peça de José de Alencar?
4. Explique, com suas palavras, o significado da primeira fala de Eduardo, quando ele diz que a culpa pelo sucedido é da sociedade brasileira.
5. Identifique alguns elementos de oralidade do texto de Vinícius de Morais.
6. De que modo Orfeu é caracterizado na peça de Vinícius de Morais?
7 Em sua opinião, qual é o sentido que Vinícius de Morais atribui à música popular?
8. Escreva um pequeno texto relacionando as cenas transcritas nesta seção com a situação dos afro-brasileiros hoje.

Trocando ideias

- A peça de teatro *Orfeu da Conceição* foi adaptada duas vezes para o cinema. A primeira, em 1959, como *Orfeu negro*, premiado filme do cineasta francês, Marcel Camus. A segunda, em 1999, quando o diretor brasileiro Cacá Diegues realizou o filme *Orfeu*. Com seus colegas, assista a um desses filmes e escreva um pequeno texto descrevendo a forma como a vida no morro é representada. Quais são os problemas que aparecem? Como eles são tratados? Discutam com os colegas da classe e o professor suas considerações, usando como base o texto elaborado por vocês.

Divulgação/Versátil Seleções

Cena do filme *Orfeu negro*, de Marcel Camus, 1959, inspirado na peça teatral *Orfeu da Conceição*, de Vinícius de Morais, com trilha sonora de Tom Jobim e Luís Bonfat.

Vestibulares de Norte a Sul

1. **S** (UFPR) As rubricas ou indicações cênicas são

> [...] textos que não se destinam a ser pronunciados no palco, mas que ajudam o leitor a compreender e a imaginar a ação e as personagens. Esses textos são igualmente úteis ao diretor e aos atores durante os ensaios, mesmo que eles não os respeitem.
>
> (RYNGAERT, Jean-Pierre. *Introdução à análise do teatro.* São Paulo: Martins Fontes, 1996, p. 44)

Entre as indicações cênicas a seguir – extraídas de *O Anjo Negro*, de Nelson Rodrigues – assinale a que se destina à leitura e interpretação do texto e não à sua encenação.

a) "Passaram-se dezesseis anos e nunca mais fez sol. Não há dia para Ismael e sua família." (Primeiro quadro do terceiro ato)

b) "No andar térreo, um velório. O pequeno caixão de 'anjo' – de seda branca – com os quatro círios, bem finos e longos acesos." (Primeiro quadro do primeiro ato)

c) "Em cima, de costas para a plateia, Virgínia, a esposa branca, muito alva; veste luto fechado." (Primeiro quadro do primeiro ato)

d) "Elias, meigo como nunca. A cama atual de Virgínia está revolvida, como a de solteira; um travesseiro no chão; metade do lençol para fora." (Segundo ato)

e) "Vê-se a silhueta de Ana Maria, no frenético e inútil esforço de libertação." (Segundo quadro do terceiro ato)

2. **SE** (Fuvest-SP)

I. Autor que levava no palco a sociedade portuguesa da primeira metade do século XVI, vivenciando, na expressão de António José Saraiva, o reflexo da crise.

II. Atuou na linha do teatro de costumes, associou o burlesco e o cômico em dramas e comédias ao retratar flagrantes da vida brasileira.

Os enunciados referem-se, respectivamente, aos teatrólogos:

a) Camilo Castelo Branco e José de Alencar

b) Machado de Assis e Miguel Torga

c) Gil Vicente e Nelson Rodrigues

d) Gil Vicente e Martins Pena

e) Camilo Castelo Branco e Nelson Rodrigues

3. **N** (UFPA) Marque a única alternativa certa a respeito de Martins Pena.

a) Escreveu peças de teatro rigorosamente de acordo com as leis do teatro clássico.

b) Deixou-nos excelentes poemas líricos.

c) Escreveu peças teatrais em que se constata influência do Romantismo.

d) Teve seus dramas históricos representados, na época, com grande sucesso.

e) Evitou em suas peças de teatro o uso de linguagem simples e direta.

Texto para a questão 4.

Rosa – Quando lhe dei a minha mão, poderia prever que ele seria um traidor? E a senhora, quando lhe deu a sua, que se unia a um infame?

Florência – Oh, não!

Rosa – E nós, suas desgraçadas vítimas, nos odiaremos mutuamente, em vez de nos ligarmos, para de comum acordo perseguirmos ao traidor?

Florência – Nem eu, nem a senhora temos culpa do que se tem passado; quisera viver longe da senhora... a sua presença aviva os meus desgostos, porém farei um esforço; aceito o seu oferecimento; unamo-nos e mostraremos ao monstro o que podem duas fracas mulheres quando se querem vingar...

PENA, Martins. O noviço. In: *Martins Pena. Teatro cômico.* São Paulo: Ed. Cultura, 1943, p. 311.

4. **N** (UFPA) Sobre o fragmento e o texto a que pertence, é correto afirmar que:

a) reforça a visão da mulher, incapaz de cuidar de si, vítima dos abusos masculinos. O texto é uma espécie de denúncia de Martins Pena, que criou, em nosso Romantismo, um teatro voltado para as causas sociais.

b) o acordo feito entre Rosa e Florência terá como sequência uma das cenas engraçadas da peça *O noviço*, a surra que ambas dão em Ambrósio, por quem foram enganadas, no momento em que ele põe a cabeça fora do armário onde se encontra preso.

c) o acordo feito entre Rosa e Florência aponta para o final da peça: Ambrósio é mandado para o convento no lugar de Carlos, o noviço. Dessa forma todos se sentem vingados.

d) as duas mulheres tramam a vingança contra Ambrósio, por quem foram enganadas, revelando que são elas as personagens centrais da peça, que, embora se intitule *O noviço*, não dá relevância a Carlos, o noviço da trama.

e) revela a linguagem de Martins Pena, desartificiosa, simples, natural, o que não foi aceito pelo público burguês da época, acostumado a rebuscamentos, a tiradas filosóficas e a arrebatamentos estilísticos.

CAPÍTULO

19 Os estilos de época da Revolução Industrial à Primeira Guerra: o Parnasianismo

Revista *Kósmos*. São Paulo, maio 1904. Olavo Bilac foi um dos principais colaboradores dessa publicação luxuosa da década de 1910.

A herança clássica nas artes brasileiras

A Academia Imperial de Belas-Artes, inaugurada no Rio de Janeiro em 1826, tinha como objetivo ensinar artes nestas terras de acordo com os moldes das academias artísticas europeias. Foi a primeira escola no Brasil a oferecer treinamento formal do ofício, com aulas de desenhos de observação e cópia de moldes, além de propiciar cultura humanística e científica aos alunos. Adotava, como modelos e valores, critérios dos estilos neoclássico e romântico, ligeiramente ambientados à natureza e à história daqui.

Outros estilos de época se formaram e se desenvolveram no Brasil desde então, mas isso não impediu que esses estilos valorizados pela Academia se propagassem paralelamente.

A pintura e o desenho

Reprodução/Museu Nacional de Belas Artes/IPHAN/MinC, Rio de Janeiro, RJ.

Batalha do Avaí, de Pedro Américo, 1877.

Coleção privada/Instituto de Arte de Chicago, EUA.

Desenho usado como peça publicitária, do artista tcheco Alfons Maria Mucha (1860-1939), um dos principais representantes da *art nouveau*.

Com os avanços advindos da Segunda Revolução Industrial, a sociedade capitalista atingiu um novo patamar de produção e consumo. Por meio da exploração de novas fontes de energia e recursos técnicos, as cidades cresceram, os meios de transporte ficaram mais dinâmicos, os produtos mais baratos e a prática comercial mais difundida. A partir da década de 1870, aqueles que tinham condições de participar da modernidade viveram tempos de otimismo com o futuro e com a realização da sociedade burguesa; tal período ficou conhecido como a *belle époque*. A principal manifestação artística dessa fase foi a *art nouveau* (arte nova), cujas características marcantes foram sua aplicação prática na arquitetura, no *design*, na decoração e na publicidade. No Brasil, essa manifestação artística dividiu o espaço e o interesse das pessoas com a arte acadêmica, que seguia valores clássicos, de acordo com os preceitos europeus da época em que foi montada aqui a Academia Brasileira de Belas-Artes.

- *Pedro Américo (1843-1905), um dos alunos da Academia Imperial de Belas-Artes que logo se destacou, consagrou-se como pintor de temas históricos do Segundo Império. Na tela* Batalha do Avaí, *que retrata um episódio da Guerra do Paraguai ocorrido em 1868, identifique, levando em conta o que você já estudou, critérios neoclássicos e/ou românticos.*
- *Quais são as características do desenho acima do artista Mucha?*

Art nouveau e ecletismo

A arquitetura

O ciclo da borracha, na região Norte, e o do café, no Vale do Paraíba, no eixo Rio-São Paulo, criam as condições materiais para a construção de imponentes edifícios na virada do século XIX para o XX. A arquitetura segue um estilo eclético com predomínio de linhas neoclássicas em suas fachadas, mas com certo rebuscamento nos detalhes.

Stefan Kolumban/Pulsar Imagens

Interior do Teatro Amazonas, em Manaus, construído em 1896.

Divulgação/<http://www.pindamonhangaba.sp.gov.br>

Solar do Barão de Lessa, projetado por Francisco Pereira de Carvalho, c. 1860, em Pindamonhangaba, São Paulo. Tombado, o edifício hoje abriga o Museu Histórico e Pedagógico d. Pedro e d. Leopoldina. Exemplo de construção eclética, em taipa de pilão e pau a pique, com terraço descoberto nos fundos, no nível do segundo pavimento.

A escultura

Alf Ribeiro/Folhapress

Fonte Monumental, de Nicolina Vaz de Assis, 1923, na praça Júlio Mesquita, em São Paulo.

- *Em sua opinião, os edifícios e a escultura reproduzidos nesta página valorizam o espaço público a que pertencem? Representam ostentação ou contenção? Justifique seu ponto de vista.*
- *No universo artístico brasileiro do início do século XX, havia poucas chances de inserção da mulher. A escultora Nicolina Vaz de Assis (1874-1941) está entre as raras que conquistaram reconhecimento profissional. Pesquise a obra e a biografia dessa artista.*

1 A virada do século

O momento histórico que marca a transição do século XIX para o século XX e a definição de um novo ordenamento mundial é extremamente complexo e se prolonga até a Primeira Guerra Mundial (1914-1918) e as agitações sociais ocorridas na Rússia (1917-1921).

O processo industrial burguês evoluía a passos largos, gerando a luta das grandes potências pelos mercados consumidores e fornecedores de matéria-prima. A unificação da Alemanha (1870) e da Itália (1871) alavanca o processo de industrialização desses países (chamados países de capitalismo tardio) e os posiciona na disputa por novos mercados. Essa situação leva alguns países europeus a fragmentar o continente africano e a ampliar suas influências sobre os territórios asiáticos. Desenvolve-se, assim, a política do neocolonialismo (na África) e do imperialismo (na Ásia) e toma corpo o fantasma de uma guerra envolvendo os países europeus.

Em consequência desse panorama, desenvolvem-se duas situações distintas:

- de um lado, gerava-se um clima de euforia motivado pelo progresso industrial e pela expansão do capitalismo, pelo aumento do consumo, pela moderna urbanização (Paris torna-se símbolo desse novo mundo); era a consagração das soluções racionalistas e a vitória definitiva do pensamento científico, que sustentavam o avanço tecnológico. Vivia-se a *belle époque*;
- de outro, havia um clima de insatisfação, insegurança e pessimismo motivado pelo acirramento dos conflitos sociais; o mesmo desenvolvimento industrial que levava ao consumismo criava massas de excluídos; o movimento operário se organiza, eclodem greves. Uma parte da intelectualidade começa a questionar o "paraíso" prometido pela Revolução Industrial e a crença de que a Razão e a Ciência teriam respostas para tudo.

Refletindo essa ambiguidade de experiências e emoções, a literatura, particularmente a poesia, percorre diferentes caminhos, daí resultando os movimentos **parnasiano**, que vamos comentar e analisar neste capítulo, e **simbolista**, tema do próximo capítulo.

2 Parnasianismo: o culto da forma

Só não se inventou uma máquina de fazer versos – já havia o poeta parnasiano.

ANDRADE, Oswald de. Manifesto Pau-Brasil. In: ______. *A utopia antropofágica*. São Paulo: Globo/Secretaria do Estado da Cultura, 1990. p. 41.

O estilo poético que marcou a elite literária brasileira do final do século XIX (entre os fundadores da Academia Brasileira de Letras, em 1897, a maioria absoluta dos poetas se filiava ao Parnasianismo) apresenta nítida influência francesa, como se percebe na própria denominação do movimento, que não passa de uma alusão às antologias publicadas na França, com o título de *Parnasse contemporain* (foram publicadas três antologias, em 1866, 1871 e 1876).

A principal característica da poesia parnasiana é a valorização da forma (o soneto, a métrica, a rima), o culto da arte pela arte. A seguir, leia a definição desse estilo conforme a expressa o escritor mais reconhecido por seus versos parnasianos, Olavo Bilac.

Profissão de fé

(fragmentos)

Olavo Bilac

[...]
Invejo o **ourives** quando escrevo:
Imito o amor
Com que ele, em ouro, o alto-relevo
Faz de uma flor.

Imito-o. E, pois, nem de **Carrara**
A pedra firo:
O alvo cristal, a pedra rara,
O **ônix** prefiro.

Por isso, corre, por servir-me,
Sobre o papel
A pena, como em prata firme
Corre o **cinzel**.

Corre; desenha, enfeita a imagem,
A ideia veste:
Cinge-lhe ao corpo a ampla roupagem
Azul-celeste.

Torce, aprimora, alteia, lima
A frase; e, enfim,
No **verso de ouro** engasta a rima,
Como um **rubim**.

Quero que a estrofe cristalina,
Dobrada ao jeito
Do ourives, saia da **oficina**
Sem um defeito:
E que o lavor do verso, acaso,
Por tão sutil,
Possa o lavor lembrar de um vaso
De **Becerril**.

E horas sem conto passo, mudo,
O olhar atento,
A trabalhar, longe de tudo,
O pensamento.

Porque o escrever – tanta perícia,
Tanta requer,
Que ofício tal... nem há notícia
De outro qualquer.
Assim procedo. Minha pena
Segue esta norma,
Por te servir, **Deusa** serena,
Serena **Forma**!

[...]

Celebrarei o teu ofício
No altar: porém,
Se inda é pequeno o sacrifício,
Morra eu também!
Caia eu também, sem esperança,
Porém tranquilo,
Inda, ao cair, vibrando a lança,
Em prol do Estilo!

BILAC, Olavo. *Olavo Bilac:* obra reunida. Rio de Janeiro: Nova Aguilar, 1996. p. 89.

PANUOSOPHO, PATEROMNIUM & Cia.
Grande Fabrica Internacional
DE
SONETOS, MADRIGAES, BALLADAS E QUADRINHAS
TRABALHO BEM ACABADO, GARANTIDO POR CINCO LEITURAS. RAPIDEZ E DISCREÇÃO.
FORNECEM-SE IDÉAS DE TODOS OS PREÇOS, CÔRES E TAMANHOS
Tabella Geral
Quadrinhas, desde $200 a .... 1$000
Balladas, desde 1$300 a .... 5$000
Madrigaes, epitaphios, acrosticos, etc. a preço de occasião.
Sonetos simples .... 1$200
Idem com rimas ricas .... 1$500
Idem com consoante de apoio .... 2$100
Idem com chaves de ouro .... 3$000
MAJORATION PROVISOIRE, 20 o/o
Para mais informações e detalhes peçam as nossas amostras e o nosso ultimo catalogo.
AGENTE PARA TODO O PAIZ: KLAXON

Alice Hattori/Arquivo da editora

Quarta capa do número 7 da revista *Klaxon*, porta-voz da Semana de Arte Moderna, ironizando a produção dos poetas parnasianos. Para os poetas do Modernismo, o modelo parnasiano era comparado a uma prisão, que resumia a arte a modelos, a formas.

Becerril: artesão romano.
Carrara: cidade italiana famosa pela qualidade de seu mármore.
cinzel: instrumento de aço, cortante, usado por escultores e joalheiros.
Deusa Forma: a divinização da forma como objetivo da postura do poeta parnasiano, da sua fé. Nas duas últimas estrofes, o trabalho do poeta é visto como um sacrifício religioso.
profissão de fé: declaração pública de uma crença; no caso, de um conceito sobre poesia.
oficina: o local de trabalho do poeta/ourives.
ônix: pedra preciosa. O poeta diz preferir as pedras raras ao mármore.
ourives: aquele que trabalha com ouro, burilando a forma; por extensão, joalheiro.
rubim: variante, por nasalação, de *rubi*. Observe a rima *enfim/rubim*, utilizando a forma menos usual da palavra *rubi*.
verso de ouro: o último verso de cada estrofe; para os parnasianos, a expressão mais comum era "chave de ouro": o poeta se esmerava em obter uma imagem de efeito.

Trocando ideias

- Em pequenos grupos, releiam atentamente o poema de Olavo Bilac e relacionem as principais características da poética parnasiana. Em seguida, apresentem-nas aos colegas e ao professor.
- Expliquem a afirmação de Oswald de Andrade (citada no item "Parnasianismo: o culto da forma") segundo a qual os parnasianos eram "máquinas de fazer versos".

Principais características da poética parnasiana

- A poética parnasiana baseia-se no binômio **objetividade temática/culto da forma**, numa postura totalmente antirromântica.
- **Perfeição formal**: forma fixa dos sonetos, a métrica dos versos alexandrinos (12 sílabas poéticas) e decassílabos perfeitos, a rima rica, rara e perfeita.
- A objetividade temática surge como negação ao sentimentalismo romântico, numa tentativa de atingir a **impassibilidade** e a **impessoalidade**.
- Opõe ao subjetivismo decadente o **universalismo** – daí resultar numa poesia carregada de descrições objetivas e impessoais.
- Retomada dos conceitos da Antiguidade clássica: **racionalismo** e **formas perfeitas**.
- Poesia de meditação; filosófica, mas artificial.

O "estilo clássico"

Neste fragmento de *Triste fim de Policarpo Quaresma*, Lima Barreto ironiza o "estilo clássico" dos poetas parnasianos:

De fato, ele estava escrevendo ou mais particularmente: traduzia para o "clássico" um grande artigo sobre "Ferimentos por arma de fogo". O seu último *truc* intelectual era este do clássico. Buscava nisto uma distinção, uma separação intelectual desses meninos por aí que escrevem contos e romances nos jornais. Ele, um sábio, e sobretudo um doutor, não podia escrever da mesma forma que eles. A sua sabedoria superior e o seu estilo "acadêmico" não podiam usar da mesma língua, dos mesmos modismos, da mesma sintaxe que esses poetastros e literatecos. Veio-lhe então a ideia do clássico. O processo era simples: escrevia do modo comum, com as palavras e o jeito de hoje, em seguida invertia as orações, picava o período com vírgulas e substituía incomodar por molestar, ao redor por derredor, isto por esto, quão grande ou tão grande por quamanho, sarapintava tudo de ao invés, em pós, e assim obtinha o seu estilo clássico que começava a causar admiração aos seus pares e ao público em geral.

BARRETO, Lima. *Triste fim de Policarpo Quaresma*. São Paulo: Scipione, 2004. p. 115.

Trocando ideias

- O polêmico dramaturgo, poeta e diretor de cinema francês Jean Cocteau (França, 1889-1963) dizia: "A poesia é indispensável. Se eu ao menos soubesse para quê...". Discuta com seu grupo e com o professor: deve o poeta debruçar-se sobre o texto e cultivar a "arte pela arte", como propunha Olavo Bilac, ou, como afirmava Carlos Drummond de Andrade, escrever palavras "duras", que façam o leitor "sofrer"? Compartilhe com os demais grupos os resultados da discussão.

3 A produção literária

Pode-se dizer que a produção literária parnasiana brasileira, muito influenciada pela francesa, tem seu marco inicial com a publicação de *Fanfarras*, do poeta nordestino Teófilo Dias (1854-1889); no entanto, é no Sudeste do país que o movimento se instaura firmemente, com Alberto de Oliveira, Raimundo Correia e Olavo Bilac, que formavam a chamada "tríade oficial" do movimento.

A forma de circulação da produção literária mais comum da época era por meio de periódicos. Os poemas parnasianos eram destinados a uma pequena parcela letrada e culta da população que podia apreciar os preciosismos linguísticos e as referências à Antiguidade clássica.

O descritivismo de Alberto de Oliveira

Embora tenha vivido 80 anos de profundas transformações políticas, econômicas e sociais, além de literárias, Alberto de Oliveira sempre permaneceu fiel ao Parnasianismo e à margem dos acontecimentos históricos. A partir de seu segundo livro, *Meridionais*, já segue os preceitos parnasianos, sendo mesmo considerado mestre dessa estética. Sua temática restringiu-se aos rígidos limites impostos pela Escola: uma poesia descritiva, cujos temas abrangiam desde a natureza até meros objetos, exaltando-lhes a forma (como nos sonetos "Vaso grego", "Vaso chinês" e "A estátua").

São características de seus poemas a impassibilidade (por vezes esquecida em alguns sonetos de tom mais intimista), o culto da arte pela arte e a exaltação da Antiguidade clássica. Destacam-se, ainda, a perfeição formal, a métrica rígida e a linguagem extremamente trabalhada, chegando por vezes ao rebuscamento, como exemplifica o fragmento que segue:

A estátua

Alberto de Oliveira

Às mãos o **escopro**, olhando o mármor: "Quero
– O estatuário disse – uma por uma
As perfeições que têm as formas de Hero
Talhar em pedra que o ideal resuma".

OLIVEIRA, Alberto de. *Alberto de Oliveira*: poesia. 2. ed. Rio de Janeiro: Agir, 1969. p. 21.

escopro: ferramenta metálica para lavrar pedras.

Reprodução/Arquivo da editora

Alberto de Oliveira

Antônio Mariano Alberto de Oliveira (1857-1937) travou amizade com Olavo Bilac e Raimundo Correia em 1883, todos já cultivando a estética parnasiana. Foi um dos fundadores da Academia Brasileira de Letras e, curiosamente, eleito Príncipe dos Poetas em 1924, sob o impacto dos acontecimentos da Semana de Arte Moderna de 22.

LENDO OS TEXTOS

Texto 1

Vaso grego

Alberto de Oliveira

Esta, de áureos relevos, trabalhada
De divas mãos, brilhante copa, um dia,
Já de aos deuses servir como cansada,
Vinda do **Olimpo**, a um novo deus servia.

Era o **poeta de Teos** que a suspendia
Então e, ora repleta ora **esvazada**,
A taça amiga aos dedos seus tinia
Toda de roxas pétalas **colmada**.

Museu Britânico, Londres

colmada: coberta, cheia.
esvazada: esvaziada.
Olimpo: segundo a mitologia grega, morada dos deuses.
poeta de Teos: referência a Anacreonte, poeta grego natural de Teos (século VI a.C.), famoso por suas canções de amor irônicas e melancólicas.

ignota: ignorada, desconhecida.

Depois... Mas o lavor da taça admira,
Toca-a, e do ouvido aproximando-a, às bordas
Finas hás de lhe ouvir, canora e doce,
Ignota voz, qual se da antiga lira
Fosse a encantada música das cordas,
Qual se essa a voz de Anacreonte fosse.

OLIVEIRA, Alberto de. *Alberto de Oliveira*: poesia. 2. ed. Rio de Janeiro: Agir, 1969. p. 22.

Atividades

1. Comente os aspectos formais do poema.
2. Como se posiciona a voz enunciadora? Como essa voz se relaciona com o motivo do poema?
3. Comente a seleção vocabular e a sintaxe do texto.
4. Releia o texto e explique a mudança de curso promovida pelo "Depois...", que inicia a terceira estrofe.

Texto 2

Aparição nas águas

Alberto de Oliveira

lônio: ou Jônico; referência ao mar que banha a parte ocidental da Grécia.

prístinos: antigos, de tempos remotos.

Vênus, a ideal pagã que a velha Grécia um dia
Viu esplêndida erguer-se à branca flor da espuma
– Cisne do mar **Iônio**
Desvendado da bruma,
Visão filha talvez da ardente fantasia
De um cérebro de deus:
Vênus, quando eu te vejo a resvalar tão pura
Do largo oceano à flor,
Das águas verde-azuis na úmida frescura,
Vem dos **prístinos** céus,
Vem da Grécia, que é morta,
Abre do azul a misteriosa porta
E em ti revive, ó pérola do Amor!

OLIVEIRA, Alberto de. *Alberto de Oliveira*: poesia. 2. ed. Rio de Janeiro: Agir, 1969.

Atividades

1. O poema exemplifica algumas características marcantes da lírica de Alberto de Oliveira. Comente ao menos duas delas.
2. Vênus é deusa romana que corresponde à Afrodite grega, filha de Urano, que teve seus testículos cortados por Cronos e atirados ao mar; daí falar-se que Afrodite é filha das espumas do mar e, em suas representações, aparecer como que saída de uma concha. Que passagens do poema fazem referência direta à origem de Vênus/Afrodite?

A reflexão filosófica de Raimundo Correia

Raimundo Correia estreou como romântico: o livro *Primeiros sonhos* revela influência de quase todos os poetas românticos brasileiros, de Gonçalves Dias a Castro Alves. Só assume o Parnasianismo a partir do livro *Sinfonias*, formando desde então a "tríade parnasiana", ao lado de Olavo Bilac e Alberto de Oliveira. Sua temática é a da moda da época: a natureza, a perfeição formal dos objetos, a cultura clássica; merece destaque apenas sua poesia filosófica, de meditação, marcada pela desilusão e por um forte pessimismo.

Raimundo Correia

Raimundo da Mota de Azevedo Correia (1859-1911), um dos componentes da "tríade parnasiana", foi acusado de se apropriar de alguns temas de poetas europeus. O crítico Otto Maria Carpeaux assim se manifesta: "Quanto à sua consumada arte do verso e à profundidade da emoção de Raimundo Correia, não há discussão; surgiram dúvidas, porém, quanto à sua originalidade.".

Um aspecto controvertido de sua obra foi levantado pelo crítico Luís Murat, desencadeando polêmica: foi Raimundo Correia um plagiador? Ou um "recriador"? A diferença é sutil. O que não pode negar nem o mais ferrenho defensor do poeta é a patente influência, às vezes exagerada, de autores europeus em sua obra. É o caso do soneto "As pombas", uma repetição literal das ideias apresentadas pelo francês Théophile Gautier (1811-1872) em "Mademoiselle de Maupin", ou do soneto "Mal secreto", "recriação" de um poema do italiano Metastásio (1698-1782). Deve-se destacar, entretanto, a força lírica de Raimundo Correia, principalmente ao cantar a natureza, quando produz belos versos impressionistas como este, do poema "As pombas": "Raia sanguínea e fresca a madrugada.". Leia ainda esta estrofe:

Anoitecer

Raimundo Correia

Esbraseia o Ocidente na agonia
O Sol... Aves em bandos destacados,
Por céus de oiro e de púrpura raiados,
Fogem... Fecha-se a pálpebra do dia...
[...]

Disponível em: <http://revistavilanova.com>. Acesso em: 24 jun. 2014.

LENDO OS TEXTOS

A "recriação" de Raimundo Correia: à esquerda, os versos de Metastásio; à direita, o soneto "Mal secreto", do poeta brasileiro.

Texto 1

Se a ciascun l'interno affanno
si leggesse in fronte scritto,
quanti mai, che invidia fanno,
ci farebbero pietà!
Si vedria che i lor nemici
hanno in seno; e si riduce
nel parere a noi
felici ogni lor felicità.

Disponível em: <http://guide.supereva.it>.
Acesso em: 13 maio 2014.

Se a cólera que espuma, a dor que mora
N'alma, e destrói cada ilusão que nasce,
Tudo o que punge, tudo o que devora
O coração, no rosto se estampasse;

Se se pudesse, o espírito que chora,
Ver através da máscara da face,
Quanta gente, talvez, que inveja agora
Nos causa, então piedade nos causasse!

Quanta gente que ri, talvez, consigo
Guarda um atroz, recôndito inimigo,
Como invisível chaga cancerosa!

Quanta gente que ri, talvez existe,
Cuja ventura única consiste
Em parecer aos outros venturosa!

CORREIA, Raimundo. *Raimundo Correia*: poesia.
Rio de Janeiro: Agir, 1958. p. 25.

Atividades

1. Um dos recursos construtivos muito utilizados pelos poetas parnasianos era o *enjambement*, que pode ser entendido como "prolongamento de um verso no verso seguinte"; segundo o *Dicionário Houaiss da Língua Portuguesa*, tal recurso "cria um efeito de coesão entre os versos, pois aquele onde começa o *enjambement* não pode ser lido com a habitual pausa descendente no final, e sim com entonação ascendente, que indica continuação da frase, e com uma pausa mais curta ou sem pausa". Aponte um exemplo de *enjambement* no soneto anterior de Raimundo Correia.
2. Qual é o esquema de rima adotado pelo poeta?
3. Você concorda com a reflexão feita pelo poeta? Justifique sua resposta.

Texto 2

As pombas

Raimundo Correia

Vai-se a primeira pomba despertada...
Vai-se outra mais... mais outra... enfim dezenas
De pombas vão-se dos pombais, apenas
Raia sanguínea e fresca a madrugada...

E à tarde, quando a rígida nortada
Sopra, aos pombais de novo elas, serenas,
Ruflando as asas, sacudindo as penas,
Voltam todas em bando e em revoada...

Vera Basile/Arquivo da editora

Também dos corações onde abotoam,
Os sonhos, um por um, céleres voam,
Como voam as pombas dos pombais;

No azul da adolescência as asas soltam,
Fogem... Mas aos pombais as pombas voltam,
E eles aos corações não voltam mais...

CORREIA, Raimundo. *Raimundo Correia*: poesia. Rio de Janeiro: Agir, 1958. p. 22.

Atividades

1. O poema é construído a partir de relações de semelhança. Identifique-as e comente-as.
2. O eu poético se mostra? É possível identificá-lo? O que isso revela?
3. Depois de ler "As pombas", você concorda com a caracterização de Raimundo Correia como "poeta filósofo"? Justifique sua resposta.

O lirismo amoroso de Olavo Bilac

Olavo Bilac tornou-se o mais popular dos poetas parnasianos. Colocou-se à margem dos grandes acontecimentos políticos e sociais de seu tempo (por exemplo, ignorou a campanha abolicionista e a Primeira Guerra Mundial).

No entanto, em outras produções, notam-se manifestações de outra faceta de Bilac. Os poemas em que ironizou o então ditador Floriano Peixoto são excelentes (Floriano é satirizado como "Hamleto, o príncipe das Alagoas"); as crônicas publicadas em jornais cariocas revelam o lado galhofeiro e insolente do escritor (segundo o professor Antônio Dimas, suas crônicas são "ideologicamente irregulares e ora apontam para soluções reacionárias, identificadas com o sistema vigente, ora para sua contestação").

Seu livro *Via láctea*, com 35 sonetos marcados por forte lirismo, proporcionou-lhe popularidade imediata. Dentre essas produções parnasianas, merece destaque o soneto XIII: "Ouvir estrelas". Em sua obra *Sarças de fogo* permanece o lirismo, a que se acrescenta agora o sensualismo. É famoso o soneto "Nel mezzo del camin...", com seus pleonasmos e inversões.

Panóplias é a publicação do poeta mais voltada para a Antiguidade clássica, basicamente para Roma. Pertencem a essa fase, entre outros, os sonetos "A sesta de Nero", "O incêndio de Roma" e "Lendo a Ilíada". Por sua vez, em *Alma inquieta* e em *Viagens* o poeta volta-se para os temas ditos filosóficos, ao gosto dos parnasianos.

Na obra *Viagens*, está o poema épico "O caçador de esmeraldas", que o próprio Bilac definiu como "episódio da epopeia sertanista no século XVII", e que narra a chegada dos bandeirantes a terras mineiras, com os paulistas individualizados na figura de Fernão Dias Pais.

Tarde é o livro em que se reúnem as produções de Bilac mais descritivas e profundamente nacionalistas. É exemplo significativo do descritivismo do poeta o soneto "Crepúsculo na mata", e bem atestam a volta ao passado nacional os sonetos "Anchieta" e "Vila Rica". O que mais chama a atenção do leitor em *Tarde* é, no entanto, a consciência do fim, a proximidade da morte: o crepúsculo do poeta.

Olavo Bilac

Olavo Brás Martins dos Guimarães Bilac (1865-1918), jornalista e poeta, foi o mais popular dos parnasianos. Publicou seu primeiro livro, *Poesias*, em 1888. Republicano e nacionalista, escreveu, em 1889, a letra do Hino à Bandeira; mais tarde, por fazer oposição ao governo de Floriano, foi exilado em Ouro Preto, Minas Gerais. Em 1907 elegeram-no o primeiro Príncipe dos Poetas; em 1915 iniciou suas campanhas cívicas: alfabetização e serviço militar obrigatório; no ano seguinte fundou a Liga de Defesa Nacional.

Reprodução/Arquivo da editora

LENDO O TEXTO

In extremis

Olavo Bilac

Nunca morrer assim! Nunca morrer num dia
Assim! de um sol assim!
Tu, desgrenhada e fria,
Fria! postos nos meus os teus olhos molhados,
E apertando nos teus os meus dedos gelados...

E um dia assim! de um sol assim! E assim a esfera
Toda azul, no esplendor do fim da primavera!
Asas, tontas de luz, cortando o firmamento!
Ninhos cantando! Em flor a terra toda! O vento
Despencando os rosais, sacudindo o arvoredo...

E, aqui dentro, o silêncio... E este espanto! E este medo!
Nós dois... e, entre nós dois, implacável e forte,
A arredar-me de ti, cada vez mais a morte...

Eu com o frio a crescer no coração, – tão cheio
De ti, até no horror do verdadeiro anseio!
Tu, vendo retorcer-se amarguradamente,
A boca que beijava a tua boca ardente,

Vera Basile/Arquivo da editora

A boca que foi tua!
E eu morrendo! E eu morrendo,
Vendo-te, e vendo o sol, e vendo o céu, e vendo
Tão bela palpitar nos teus olhos, querida,
A delícia da vida! a delícia da vida!

BILAC, Olavo. *Alma inquieta*. In: ______. *Olavo Bilac*: obra reunida. Rio de Janeiro: Nova Aguilar, 1996.

Atividades

1. O gerúndio anda muito mal falado nesses últimos tempos... Há até quem defenda seu fim!... Mas o gerúndio é imprescindível (como as demais formas verbais). O crítico Ivan Teixeira afirma que Olavo Bilac consegue, em vários poemas, "tirar extraordinário partido do fluxo gerundial". Comente o efeito do uso contínuo de gerúndios no poema.

2. Polissíndeto é uma figura que consiste na repetição de uma conjunção (síndeto), notadamente das coordenadas. Aponte uma passagem em que ocorre polissíndeto.

3. Anáfora é uma figura que consiste na repetição de uma palavra ou de um grupo de palavras ao longo de um texto. Aponte passagens em que ocorre anáfora.

4. Relacione o que foi visto nas questões anteriores ao assunto do poema.

TEXTO E INTERTEXTO

Ora (direis) ouvir estrelas!

Olavo Bilac

"Ora (direis) ouvir estrelas! Certo
Perdeste o senso!" Eu vos direi, no entanto,
Que, para ouvi-las, muita vez desperto
E abro as janelas, pálido de espanto...

E conversamos toda a noite, enquanto
A via láctea, como um pálio aberto,
Cintila. E, ao vir do sol, saudoso e em pranto,
Inda as procuro pelo céu deserto.

Direis agora: "Tresloucado amigo!
Que conversas com elas? Que sentido
Tem o que dizem, quando estão contigo?"

E eu vos direi: "Amai para entendê-las!
Pois só quem ama pode ter ouvido
Capaz de ouvir e de entender estrelas."

Vera Basile/Arquivo da editora

BILAC, Olavo. *Poesias*. In: ______. *Olavo Bilac*: obra reunida. Rio de Janeiro: Nova Aguilar, 1996.

Uvi strella

Juó Bananére

Che scuitá strella, nê meia strella!
Vucê stá maluco e io ti diró intanto,
Chi p'ra iscuitalas moltas veiz livanto,
I vô dá una spiada na gianella.

I passo as notte acunversando c'o ella.
Inguanto che as outra lá d'un canto
Stó mi spiano. I o sol come un brigliante
Nasce. Oglio p'ru çeu: – Cadê strella?!

Direis intó: – Ó migno inlustre amigo!
O chi é chi as strellas ti dizia
Quano illas viéro acunversá contigo?

E io ti diró: – Studi p'ra intendela,
Pois só chi giá studô Astrolomia,
É capaiz di intendê istas strella.

BANANÉRE, Juó. *La divina increnca*. 2. ed. São Paulo: Folco Masucci, 1966. p. 303.

Juó Bananére

Alexandre Ribeiro Marcondes Machado (1892-1933), conhecido como Juó Bananére, nasceu no interior de São Paulo. Poeta, cronista e engenheiro civil. Em 1924, seus poemas dispersos são recolhidos no volume *La divina increnca*. Cria o jornal semanal *Diário do Abax'o Piques* em 1933, que se mantém até a morte do autor. Usando uma linguagem macarrônica —supostamente inspirada na fala de imigrantes italianos estabelecidos em São Paulo —, Juó Bananére elabora textos de diversos gêneros. Em cartas, poemas, crônicas, anedotas, entrevistas, entre outros, satiriza aspectos da vida na São Paulo dos anos 1910.

Atividades

Sobre "Ora (direis) ouvir estrelas!"

1. O poema apresenta estrutura de diálogo. Quem são os interlocutores? Que tipo de postura cada um evidencia?
2. O poeta trabalhou tanto o discurso direto como o discurso indireto. Dê um exemplo de cada e identifique o dono da fala reproduzida.
3. O interlocutor é um adepto do racionalismo. Aponte, na seleção vocabular da fala do interlocutor, indicadores dessa postura.
4. Aponte uma passagem em que Bilac faz uso do recurso do ***enjambement*** ou **encadeamento**.
5. Considera-se **rima pobre** aquela que é feita entre palavras da mesma categoria gramatical, notadamente as que apresentam os mesmos sufixos ou terminações verbais. **Rima rica** é a rima entre palavras de categorias gramaticais diferentes, sem auxílio de sufixos. Quando a rima resulta de uma combinação muito especial, diz-se que é rica e rara. Aponte um exemplo de **rima rica e rara** no soneto de Bilac.
6. Embora os poetas parnasianos sejam considerados "impassíveis", objetivos, declaradamente antirromânticos, observam-se na poética de Olavo Bilac certos traços do Romantismo. O próprio poeta afirmou: "Aos chamados poetas parnasianos também se deu outro nome: 'impassíveis'. Quem pode conceber um poeta que não seja suscetível de padecimento? Ninguém e nada é impassível: nem sei se as pedras podem viver sem alma. Uma estátua, quando é verdadeiramente bela, tem sangue e nervos".

   Comprove essas afirmações a partir de elementos presentes no soneto "Ora (direis) ouvir estrelas!".

Relacionando Bilac e Bananére

7. O escritor paulistano Juó Bananére, utilizando-se da linguagem e do sotaque dos imigrantes italianos que viviam em São Paulo, ganhou fama ao publicar crônicas humorísticas e sátiras de poemas famosos em jornais e revistas e ao criar uma literatura engraçada e inovadora. Quais são as semelhanças e diferenças formais entre os poemas de Olavo Bilac e os de Juó Bananére?
8. O poema de Juó Bananére transcrito nesta seção é, evidentemente, uma sátira à escrita de Olavo Bilac. De que maneira Bananére produz efeito de sentido humorístico no poema?

Velhos temas novas leituras

A CIDADE E A LITERATURA

Do fim do século XIX para o início do seguinte, o crescimento da produção industrial e do consumo desencadeou algumas mudanças na organização do espaço urbano europeu. Segundo o ponto de vista das elites, era preciso criar um ambiente adequado para poderem usufruir dos novos benefícios promovidos pela Segunda Revolução Industrial; além do mais, as revoltas populares ocorridas nas principais cidades europeias, em meados do século XIX, comprovavam a necessidade de transformar o espaço urbano — ainda de feição medieval, repleto de vielas e construções irregulares, no qual as forças policiais tinham dificuldades de agir — em grandes e vistosas cidades, que representassem, materialmente, a ideologia da *belle époque*. O Brasil também sentiu, em seus centros urbanos, o reflexo dessa situação.

Essa ligeira modernização imposta às cidades não era suficiente, no entanto, para conter os ímpetos populares, as práticas cotidianas e os desvios à ordem burguesa estabelecida. O resultado era que a sociedade se transformava em uma gigantesca panela de pressão, cujo frequente apito já demonstrava a estreiteza dos limites ainda disponíveis para a sufocação social; apesar de todos os sinais da artificialidade do bem-estar elitista, a pressão continuava latente. Conforme alerta o historiador Nicolau Sevcenko:

> A constituição de uma sociedade predominantemente urbanizada e de forte teor burguês no início da fase republicana, resultado do enquadramento do Brasil nos termos da nova ordem econômica mundial instaurada pela Revolução Científico-Tecnológica (por volta de 1870), foi acompanhada de movimentos convulsivos e crises traumáticas, cuja solução convergiu insistentemente para um sacrifício cruciante dos grupos populares.

SEVCENKO, Nicolau. *A Revolta da Vacina*: mentes insanas em corpos rebeldes. São Paulo: Cosac Naify, 2010. p. 12.

Imagem de arquivo/Agência Estado

Vista aérea da avenida Rio Branco, no centro da cidade do Rio de Janeiro, em 1958.

Imagem de arquivo/Agência Estado

Praça Antônio Prado, no centro da capital paulista, no início do século XX.

O tema das cidades, no jornalismo ou na ficção, não podia escapar aos literatos da virada do século XIX para o XX. Até hoje, com a crescente urbanização do Brasil, as cidades são temas fundamentais para a literatura. Para entender melhor essa relação, leia os dois textos a seguir. O primeiro é uma breve crônica intitulada "Carris urbanos", de Raul Pompeia, publicada em 15 de abril de 1888, no *Jornal do Comércio*. O segundo, um trecho do conto "Abraçado ao meu rancor", do escritor paulista João Antônio (1937-1996).

Texto 1

Continuam estes veículos a percorrer em disparada as nossas estreitas ruas, atropelando tudo e a todos. As posturas municipais, de 11 de junho de 1853 e 17 de julho de 1872, são infringidas com o mais brutal abuso.

A direção desta exterminadora companhia nenhuma providência tomou, quanto ao seu célebre horário tão irracional quanto inexequível.

A *flor da gente*, esses bravos assalariados que se intitulam cocheiros, comandados por seu capitão, podem impunemente cometer toda a sorte de desvarios; para eles, *não há leis nem costumes nem governo e nem moral*... a vida do cidadão está à mercê dessa horda de vândalos.

Providências, Exmo. Sr. Chefe de Polícia, visto que as administrações só cuidam dos seus interesses.

POMPEIA, Raul. *Melhores crônicas de Raul Pompeia*. Seleção e prefácio de Cláudio Murilo Leal. São Paulo: Global, 2011. p. 39.

Texto 2

Gentes molambentas, caras enrugadas, pescoço de galinha, peles de fuligem de quem trabalha no puxe encalacrado e se raspa para viver. Ou escapar com vida, livrar a cara nesta selva complicada. Complicadinha.

Viver... Viver é assim, aturdir-se? Aqui se batalha e aqui não se para. É preciso, hoje mais amanhã, se aturdir pelo trabalho. Assim fazem as pessoas e será provavelmente para se esquecerem de que vivem aqui. E bom não é. Mas viver é isto?

[...]

Quantos cantos e extremos, além de quatro, terá esta cidade [São Paulo] que ninguém sabe quantos cantos tem? Sabido algum a conhece inteira, a ela que se joga em cinco partes, feito estrela e intrinca um centro complicado, planta favelas na horizontal à beira de seus três rios – Pinheiros, Tietê, Tamanduateí –, encarapita favelas nos morros e é dissimulada, envergonhada, dada às lordices nos cartões-postais. Como o Rio, como outras, trata de esconder suas mazelas. E mostra o vendável.

ANTÔNIO, João. *Abraçado ao meu rancor*. Rio de Janeiro: Guanabara, 1986. p. 81 e p. 112.

1. Quais são as principais características da crônica de Raul Pompeia?

2. Qual é o principal alvo da crítica de Raul Pompeia? Justifique.

3. Quais são as principais características da linguagem utilizada por João Antônio em seu conto?

4. Qual é o principal tema do conto de João Antônio? Justifique.

5. Você conhece a história de sua cidade? Já parou para pensar a respeito da forma como ela está organizada? Que tal seguir os exemplos de Raul Pompeia e João Antônio e escrever uma crônica ou conto a respeito de algum problema do lugar onde você vive? Para isso, realize pesquisas e procure conhecer a opinião de algumas pessoas que vivem o cotidiano da cidade. Depois, troque seu texto com o de seus colegas de classe e descubra se existem temas recorrentes entre os textos.

Vestibulares de Norte a Sul

Texto para a questão 1.

Música brasileira

Tens, às vezes, o fogo soberano
Do amor: encerras na cadência, acesa
Em requebros e encantos de impureza,
Todo o feitiço do pecado humano.

Mas, sobre essa volúpia, erra a tristeza
Dos desertos, das matas e do oceano:
Bárbara poracé, banzo africano,
E soluços de trova portuguesa.

És samba e jongo, xiba e fado, cujos
Acordes são desejos e orfandades
De selvagens, cativos e marujos:

E em nostalgias e paixões consistes,
Lasciva dor, beijo de três saudades,
Flor amorosa de três raças tristes.

Olavo Bilac. *Obra reunida.*
Rio de Janeiro: Nova Aguilar, 1996.

1. **CO** (UnB-DF) Com base na leitura do poema e sabendo que Olavo Bilac é um dos maiores expoentes da poesia parnasiana no Brasil, julgue os itens que se seguem.
   (1) São características do Parnasianismo, presentes no poema: a arte pela arte, a impassibilidade, a economia vocabular, a poesia descritiva, a revalorização da mitologia.
   (2) "Música brasileira" é um exemplo de poema de forma fixa.
   (3) Em "o fogo soberano / Do amor" (v. 1-2), tem-se um exemplo de metáfora.
   (4) O ritmo do verso 3 é binário, em uma alusão ao movimento dos quadris femininos.
   (5) A rima entre "cujos" (v. 9) e "marujos" (v. 11) classifica-se como rica.

As questões 2 e 3 tomam por base um poema do parnasiano brasileiro Júlio César da Silva (1872-1936).

Arte suprema

Tal como Pigmalião, a minha ideia
Visto na pedra: talho-a, domo-a, bato-a;
E ante os meus olhos e a vaidade fátua
Surge, formosa e nua, Galateia.

Mais um retoque, uns golpes... e remato-a;
Digo-lhe: "Fala!", ao ver em cada veia
Sangue rubro, que a cora e aformoseia...
E a estátua não falou, porque era estátua.

Bem haja o verso, em cuja enorme escala
Falam todas as vozes do universo,
E ao qual também arte nenhuma iguala:

Quer mesquinho e sem cor, quer amplo e terso,
Em vão não é que eu digo ao verso: "Fala!"
E ele fala-me sempre, porque é verso.

(Júlio César da Silva. *Arte de amar.*
São Paulo: Companhia Editora Nacional, 1961.)

2. **SE** (Unesp) O soneto "Arte suprema" apresenta as características comuns da poesia parnasiana. Assinale a alternativa em que as características descritas se referem ao parnasianismo.
   a) Busca da objetividade, preocupação acentuada com o apuro formal, com a rima, o ritmo, a escolha dos vocábulos, a composição e a técnica do poema.
   b) Tendência para a humanização do sobrenatural, com a oposição entre o homem voltado para Deus e o homem voltado para a terra.
   c) Poesia caracterizada pelo escapismo, ou seja, pela fuga do mundo real para um mundo ideal caracterizado pelo sonho, pela solidão, pelas emoções pessoais.
   d) Predomínio dos sentimentos sobre a razão, gosto pelas ruínas e pela atmosfera de mistério.
   e) Poesia impregnada de religiosidade e que faz uso recorrente de sinestesias.

3. **SE** (Unesp) O poema de Júlio César da Silva faz referência ao mito grego de Pigmalião, um escultor da ilha de Chipre que obteve da deusa Vênus a graça de transformar em uma mulher de verdade a belíssima estátua que havia esculpido. Esse aproveitamento do mito, todavia, tem um encaminhamento diferente no soneto.

   Aponte a alternativa que melhor descreve como o mito foi aproveitado no poema.
   a) O poema se serve do mito para apresentar uma defesa da poesia como arte superior em capacidade de comunicação e expressão à escultura e às demais artes.
   b) O eu-poemático aproveita o mito para demonstrar que a escultura, como arte visual, apresenta possibilidades expressivas que a poesia jamais poderá atingir.
   c) O desenvolvimento do poema conduz a uma exaltação da correspondência entre as artes, demonstrando que todas apresentam grande força expressiva.
   d) O mito de Pigmalião é usado para realçar o grande poder da arte da escultura, como também da poesia, que pode imitar a escultura.
   e) A lenda de Pigmalião e Galateia é utilizada para dividir o poema em duas partes, com a primeira associando Pigmalião à escultura e a segunda associando Galateia à poesia.

CAPÍTULO 20

Os estilos de época da Revolução Industrial à Primeira Guerra: o Simbolismo

Album/Akg-Images/Latinstock

O dia do Deus, de Paul Gauguin, 1894. (Detalhe.)

A virada do século

Na segunda metade do século XIX, as sociedades europeias começaram a ser envolvidas pelas linhas de trem que se instalavam entre outras novidades tecnológicas, que encurtavam distâncias, promovendo a velocidade e a agitação. Era possível ter a impressão de se viver em um mundo em permanente revolução. A arte nos mostra isso de diversas maneiras. Nessa época, ela se tornou tão complexa que várias tendências despontaram.

Muitos pintores trocaram os ateliês pelas ruas, pois queriam flagrar a vida onde e como ela acontecia, ou seja, ao ar livre. Desejavam estudar os efeitos da luz solar nos seres e nos objetos ao longo do dia, além de se interessarem por retratar as pessoas em seus movimentos diários.

Alguns artistas, porém, seguiram caminhos mais particulares em busca da realidade transitória. Entre eles, houve quem levasse em conta que, ao retratar a realidade, a subjetividade é fundamental, pois o como se vê alguma coisa influencia o que se registra dessa coisa; a realidade parecia ser particular, pessoal.

A pintura

1

The Bridgeman Art Library/Keystone/Museu D'Orsay, Paris, França.

Arearea, de Paul Gauguin, 1892.

3

Erich Lessing/Album/Latinstock

Passeio perto de Argenteuil, de Claude Monet, 1873.

2

Reprodução/Museu Nacional Gustave Moreau, Paris, França.

Salomé dançando diante de Herodes, de Gustave Moreau, 1875.

4

Reprodução/Museu Van Gogh, Amsterdã, Holanda.

Trigal com corvos, de Vincent van Gogh, 1890.

- *Identifique as características relacionadas a cada tela da página anterior e escreva o número adequado (de 1 a 4) entre parênteses.*

( ) *Ambiente pintado com o intuito de expressar mais emoções fortes do que propriamente reproduzir a natureza conforme ela pode ser percebida pelo órgão da visão. A cena, formada por pinceladas grossas de tintas, mostra uma paisagem turbulenta.*

( ) *Ambiente pintado pelo artista provavelmente ao ar livre, fora de seu ateliê. Com pinceladas grossas e rápidas, o pintor procura reproduzir a natureza em linhas gerais, mostrar o efeito da luz natural sobre a paisagem, sem se preocupar em definir as figuras de maneira detalhada, como se tentasse mostrar a cena cotidiana em movimento, captar o que passa com certa tranquilidade e que a tela e as tintas praticamente não podem reter.*

( ) *Ambiente que pode ser visto como exótico se comparado ao ambiente da sociedade europeia do fim do século XIX, com cores fortes, muitas vezes usadas de maneira não convencional, em desacordo com o que a natureza apresenta.*

( ) *Cena bíblica retratada com pouca luz, a qual vem da figura principal, que revela a ideia que determinado estilo de época tinha das mulheres, conforme definiu o crítico Alastair Mackintosh: "perversa e inocente, exótica e sensual, sedutora mas perigosa [...] distinta da visão que se tinha tornado um clichê literário na poesia romântica".*

Impressionismo, Simbolismo e outras tendências

O Impressionismo foi um movimento artístico que representou a mudança na forma de representar a realidade na passagem do século XIX para o XX. Na página anterior, a tela de Claude Monet (1840-1926) ilustra esse estilo. Veja como o mundo da arte europeia recebeu a nova tendência:

> A "natureza" ou o "motivo" muda de minuto a minuto, quando uma nuvem passa sob o sol ou o vento quebra o reflexo na água. O pintor que espera captar um aspecto característico não dispõe de tempo para misturar e combinar suas cores; ele tem que fixá-las imediatamente em sua tela, em pinceladas rápidas, cuidando menos de detalhes do que do efeito geral do todo. [...]
>
> Assim, resolveram [alguns jovens pintores] reunir-se em 1874 e organizar uma exposição. Continha uma tela de Monet que o catálogo descrevia como *Impressão: nascer do sol*; era a pintura de um porto visto através das névoas matinais. Um dos críticos achou esse título particularmente ridículo e referiu-se a todo o grupo de artistas como "os impressionistas". O rótulo pegou.

GOMBRICH, E. H. *História da arte*. Rio de Janeiro: Zahar, 1979. p. 410.

Nesse momento de efervescência, outras tendências se manifestaram, mais pessoais. Na página anterior, a tela de Gustave Moreau (1826-1898) representa a arte simbolista. A pintura de Paul Gauguin (1848-1903) exemplifica uma busca da linguagem da pintura mais pessoal, que brinca com as cores e o exotismo, entre outros elementos. Por sua vez, o trabalho de Van Gogh (1853-1890) mostra a essência das emoções, do subjetivismo nessa busca por expressão visual. Leia:

> O impressionismo foi, acima de tudo, a tentativa de integrar a arte num mundo em que a multiplicidade de informações e imagens era cada vez maior, por meio da exploração de todos os efeitos visuais

que o homem pudesse captar. Alguns artistas, entretanto, pretenderam desenvolver as conquistas impressionistas, acrescentando-lhes a representação do que há de irracional e espiritual no ser humano. Mais uma vez o subjetivo e o enigmático entram em cena: começa a fase dos simbolistas.

No dizer de seus adeptos, simbolismo seria a arte baseada na representação das imagens do mundo das ideias.

Eles propõem uma expressão, na pintura, que corresponda à usada na linguagem, ou seja, livre para misturar o concreto e o abstrato, o material e o ideal dentro de um todo único. Para os simbolistas, definir de forma absoluta o objeto é destruir o prazer do conhecimento gradativo e intuitivo de sua verdadeira natureza. As coisas devem, portanto, ser apresentadas não através de uma nomeação direta e definitiva, mas por meio de símbolos. Pois o símbolo é, em si mesmo, inesgotável.

Arte nos séculos. São Paulo: Abril Cultural, 1971. Fascículo 83.

A escultura

Gian Berto Vanni/Corbis/Latinstock

The Bridgeman Art Library/Keystone

Auguste Rodin (1840-1917) foi o revolucionário escultor da virada do século XIX para o século XX, estabelecendo uma nova linguagem. Numa época em que prevaleciam as descrições realistas e a fotografia se desenvolvia rapidamente, Rodin cria figuras que emergem da pedra ou do barro, ora com detalhes impressionantes, ora com formas apenas sugeridas. Em 1880, a convite, iniciou a sua *A porta do inferno* (acima, à direita), inspirada na *Divina comédia*, de Dante Alighieri; esse projeto se alongou por mais de vinte anos e deixou obras como *O pensador*, *Ugolino e seus filhos*, *O beijo*, *A sombra* e *A grande sombra* (acima, à esquerda), *Paolo e Francesca*. As figuras de Rodin – ao contrário das figuras renascentistas, de gestos largos, expansivos, "para fora" – são introspectivas, angustiadas, com gestos "para dentro".

- *Pesquise em livros ou na internet o trabalho dos artistas impressionistas. Alguns deles: Claude Monet, Edgar Degas, Auguste Renoir, Vincent van Gogh, Cézanne, Sisley.*
- *A escultura de Auguste Rodin acima causa algum desconforto ou estranhamento no observador? Explique sua resposta.*

1 O mundo fora dos eixos

O Simbolismo reflete um momento histórico extremamente complexo, marcando a transição para o século XX e a definição de um novo mundo, que se consolidaria a partir da segunda década desse século; basta lembrar que as últimas manifestações simbolistas e as primeiras produções das vanguardas modernistas são contemporâneas da Primeira Guerra Mundial e da Revolução Russa.

Nas duas últimas décadas do século XIX, já se percebe, em boa parte dos autores realistas, uma postura de desilusão e mesmo de frustração em consequência das infrutíferas tentativas de transformar a sociedade burguesa industrial. O crítico Alfredo Bosi sintetiza esse clima:

> Do âmago da inteligência europeia surge uma oposição vigorosa ao triunfo da coisa e do fato sobre o sujeito – aquele sujeito a quem o otimismo do século prometera o paraíso mas não dera senão um purgatório de contrastes e frustrações.
>
> BOSI, Alfredo. *História concisa da literatura brasileira*. 36. ed. São Paulo: Cultrix, 1999. p. 264.

Portugal oferece vários e significativos exemplos. Um deles é o de Antero de Quental, que, em meio a profundas crises existenciais, acabou por se suicidar. Curiosa também foi a trajetória da sociedade Vencidos da Vida, formada por antigos militantes do Realismo (Eça de Queirós, Ramalho Ortigão, Guerra Junqueiro, Oliveira Martins) que se reuniam frequentemente em jantares. Esses intelectuais, antes defensores dos ideais realistas, defendem agora (1888-1889) a família, a propriedade, a Monarquia e um nacionalismo ufanista.

O artista, oprimido pelo mundo material, vê-se abalado em meio a crises existenciais. Impotente para modificar o mundo exterior, a tendência natural é negá-lo e voltar-se para uma **realidade subjetiva**; as tendências espiritualistas renascem; o subconsciente e o inconsciente são valorizados, segundo a lição freudiana.

Na Europa, as origens do Simbolismo devem ser buscadas na França, com a publicação de *As flores do mal*, de Baudelaire, em 1857. A denominação foi usada pela primeira vez por Jean Moréas, em 1886, em seu manifesto literário no *Figaro Littéraire*, quando afirmou: "Inimiga do ensinamento, da declamação, da falsa sensibilidade, da descrição objetiva, a poesia simbolista procura vestir a Ideia duma forma sensível".

Três grandes poetas franceses produziram o que a Europa conheceu de melhor na estética simbolista: Stéphane Mallarmé, Paul Verlaine, Arthur Rimbaud.

Museu de Belas Artes, Boston.

No restaurante La Mie, de Toulouse-Lautrec, s.d.

2 As influências

Sigmund Freud

Hans Casparius/Hulton Archive/Getty Images

Sigmund Freud.

Sigmund Freud (1856-1939) nasceu no território da atual República Tcheca. Mudou-se com a família para Viena em 1860, onde cursa faculdade de medicina e trabalha no Hospital Geral de Viena, na área de neurofisiologia. Estuda, durante um tempo, o tratamento de hipnose, que impulsionou seu interesse pela mente humana. Em 1899, publica *A interpretação dos sonhos* e, desde então, passa a ser considerado o "pai" da Psicanálise.

O método de investigação proposto por Freud consiste essencialmente em evidenciar o significado inconsciente das palavras, das ações, das produções imaginárias (sonhos, fantasias, delírios) de um sujeito.

Freud confessava que "em nenhum momento sentia uma inclinação especial pela carreira de médico... e era movido, antes, por uma espécie de curiosidade dirigida para o gênero humano do que para os objetos naturais".

Etienne Carjat/Getty Images

Charles Baudelaire.

Charles Baudelaire

Charles Baudelaire (1821-1867) nasceu em Paris. Aos seis anos, ficou órfão de pai, e logo se viu com grandes dificuldades de entendimento com seu padrasto, o general Jacques Aupick. A consequência foi uma infância marcada por brigas familiares, que o levaram a abandonar os estudos e viajar para a Índia. Na volta, Baudelaire envolve-se nos movimentos revolucionários europeus que marcaram o ano 1848. Após esse período de agitação política, o poeta lança-se à vida boêmia parisiense, época em que conheceu diversos artistas que influenciaram sua obra.

Descendente direto do **Romantismo mal do século**, Baudelaire apresenta uma nova visão subjetiva do mundo. Segundo Manuel Bandeira, "sua poética se caracteriza pela inteligência crítica do destino humano e do seu próprio destino, pelo sentimento agudo da vida moderna, da vida de Paris de seu tempo".

Em 1857 publica *As flores do mal*, o que lhe valeu um processo pelo delito de ultraje à moral pública; condenado, teve de pagar uma multa e retirar seis poemas do livro, considerados imorais.

Para o poeta francês Paul Valéry: "Não há nelas [*As flores do mal*] nenhum discurso filosófico. A política está ausente por completo. As descrições, escassas, são sempre densas de significado. Mas no livro tudo é fascinação, música, sensualidade abstrata e poderosa".

Parnasianismo e Simbolismo: linha do tempo

3 Simbolismo, a arte da sugestão

Nomear um objeto é suprimir três quartos do prazer do poema, que consiste em ir adivinhando pouco a pouco: sugerir, eis o sonho. É a perfeita utilização desse mistério que constitui o símbolo: evocar pouco a pouco um objeto para mostrar um estado de alma, ou, inversamente, escolher um objeto e extrair dele um estado de alma, através de uma série de adivinhas.

Stéphane Mallarmé (1842-1898), poeta simbolista francês.

As características do estilo

O Simbolismo começa por repudiar o Realismo e suas manifestações. De fato, a nova estética rejeita o cientificismo, o materialismo e o racionalismo, valorizando, em contrapartida, as **manifestações metafísicas e espirituais**, o que equivale a dizer que ela corresponde à negação do Naturalismo e do Parnasianismo.

A realidade objetiva não interessa mais; o homem volta-se para uma **realidade subjetiva**, retomando um aspecto abandonado desde o Romantismo. O **eu** passa a ser o universo, mas não o eu superficial, sentimentaloide e piegas do romantismo: os simbolistas buscam a essência do ser humano, aquilo que ele tem de mais profundo e universal – a **alma**. Daí a **sublimação**: a oposição entre matéria e espírito, a purificação, por meio da qual o espírito atinge as regiões etéreas, o espaço infinito. Em última análise, trata-se de uma oposição entre corpo e alma em que a alma só se liberta quando se rompem as correntes que a aprisionam ao corpo, ou seja, com a morte. Leia este exemplo de poesia simbolista brasileira:

Cárcere das almas

Cruz e Sousa

Ah! Toda a alma num cárcere anda presa,
Soluçando nas trevas, entre as grades
Do calabouço olhando imensidades,
Mares, estrelas, tardes, natureza.

Tudo se veste de uma igual grandeza
Quando a alma entre grilhões as liberdades
Sonha e, sonhando, as imortalidades
Rasga no etéreo Espaço da Pureza.

Ó almas presas, mudas e fechadas
Nas prisões colossais e abandonadas,
Da Dor no calabouço, atroz, funéreo!

Nesses silêncios solitários, graves,
Que chaveiro do Céu possui as chaves
Para abrir-vos as portas do Mistério?!

CRUZ E SOUSA. *Obra poética*. Rio de Janeiro: José Aguilar, 1961.

Em consequência desse subjetivismo, dessa valorização do **inconsciente** e do **subconsciente**, dos **estados d'alma**, da busca do **vago**, do **diáfano**, do **sonho** e da **loucura**, o Simbolismo desenvolve uma linguagem carregada de símbolos (o *trópos*, isto é, o "desvio", a mudança de significado de uma palavra ou expressão), em clara oposição a uma linguagem literária mais seca e impessoal.

No Simbolismo, tudo é sugestão. "Sugerir, eis o sonho" era a palavra de ordem do poeta simbolista francês Stéphane Mallarmé. As palavras transcendem o significado, ao mesmo tempo que apelam para a totalidade da nossa percepção, ou seja, para todos os sentidos.

A **musicalidade** é uma das características mais destacadas da estética simbolista, segundo o ensinamento de um de seus mestres franceses, Paul Verlaine, que no poema intitulado "Art poétique" afirmou: "De la musique avant toute chose..." ("A música acima de tudo...").

O Simbolismo em Portugal

Considera-se que, em Portugal e no Brasil, o Simbolismo tenha sido uma estética importada da França; argumenta-se que os países mais afastados da luta imediata pelos mercados consumidores ou fornecedores de matéria-prima, não sentindo na própria pele a aproximação de um grande conflito, não apresentavam o clima ideal para o desenvolvimento dessa escola. Verdade é que Portugal vive a luta imperialista na África, com graves consequências: 1890 é o ano do Ultimato Inglês, que mergulhou a sociedade portuguesa num clima de frustração e pessimismo (isso sem contar a violenta crise econômica dos anos de 1890-1891 e o consequente descrédito do governo monarquista). Essa situação vem alimentar um saudosismo nacionalista e uma mentalidade colonialista.

Desde a repercussão de *As flores do mal*, de Baudelaire, jovens poetas portugueses passam a seguir tendências decadentistas, pré-simbolistas. Em 1889, no agitado ambiente de Coimbra, duas revistas acadêmicas, com sugestivos nomes, apontam para a estética simbolista: *Os Insubmissos* (apresentando um poema de Eugênio de Castro) e *Boêmia Nova*. No ano seguinte, a publicação de *Oaristos*, de Eugênio de Castro, marca o início oficial do Simbolismo em Portugal.

Em 1915, ainda sob o impacto da proclamação da República, no campo interno, do início da Primeira Guerra Mundial e dos movimentos de vanguarda, no campo externo, é publicado o primeiro número da revista *Orpheu*, inaugurando o Modernismo em Portugal.

Eugênio de Castro: a tentativa de conciliar teoria e prática

Em 1890, Eugênio de Castro publica, em Paris, o livro *Oaristos*, cujo prefácio constitui um verdadeiro programa da estética simbolista, representando o marco inicial do Simbolismo em Portugal. O escritor, portanto, alia a prática de escrever os poemas ao esforço teórico de definir o movimento literário a que pertencia.

Acervo Iconographia/Reminiscências

Eugênio de Castro

Eugênio de Castro e Almeida (1869-1944) nasceu, estudou e, formado, lecionou em Coimbra, na Faculdade de Letras. Conceituado na Europa (foi membro da Royal Academia da Bélgica), introduziu o Simbolismo em Portugal. Após 1910, abandonou os princípios simbolistas e voltou-se a uma poesia neoclássica marcada pelo nacionalismo.

LENDO O TEXTO

Oaristos

Poema XI (fragmentos)

Um sonho

Eugênio de Castro

Na **messe**, que enlourece, estremece
[a quermesse...
O sol, o celestial girassol, esmorece...
E as **cantilenas** de serenos sons amenos
Fogem fluidas, fluindo à fina flor dos fenos...

As estrelas em seus **halos**
Brilham com brilhos sinistros...
Cornamusas e **crotalos**,
Cítolas, cítaras, **sistros**,
Soam suaves, sonolentos,

cantilena: cantiga suave.

cítola: o mesmo que cítara, instrumento musical de cordas.

cornamusa: gaita de fole.

crotalo: antigo instrumento musical, semelhante a castanholas (os dicionários registram apenas a forma proparoxítona *crótalo*).

halo: coroa luminosa; disco luminoso que envolve alguns astros (principalmente as estrelas e a Lua).

messe: plantação em época de colheita.

sistro: antigo instrumento de percussão.

Sonolentos e suaves,
Em suaves,
Suaves, lentos lamentos
De acentos
Graves,
Suaves.

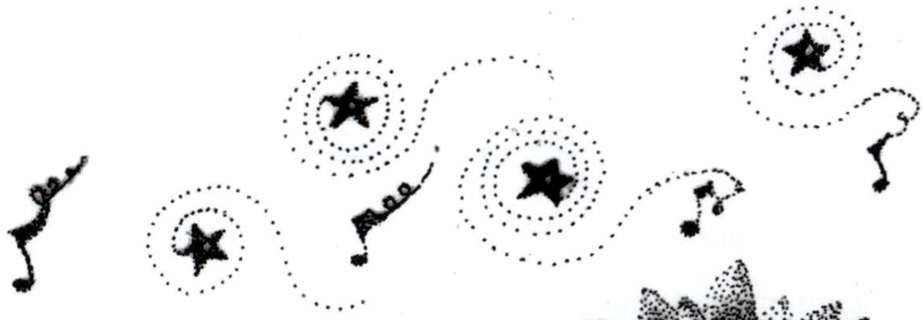

Flor! enquanto na messe estremece a quermesse
E o sol, o celestial girassol esmorece,
Deixemos estes sons tão serenos e amenos,
Fujamos, Flor! à flor destes floridos fenos...
[...]

Como aqui se está bem! Além **freme** a quermesse...
– Não sentes um gemer dolente que esmorece?
São os amantes delirantes que em amenos
Beijos se beijam, Flor! à flor dos frescos fenos...
[...]

Esmaiece na messe o rumor da quermesse...
– Não ouves este ai que esmaiece e esmorece?
É um noivo a quem fugiu a Flor de olhos amenos,
E chora a sua morta, absorto, à flor dos fenos...
[...]

Três da manhã. Desperto incerto... E essa
[quermesse?
E a Flor que sonho? e o sonho? Ah! tudo isso
[esmorece!
No meu quarto uma luz, luz com lumes amenos,
Chora o vento lá fora, à flor dos flóreos fenos...

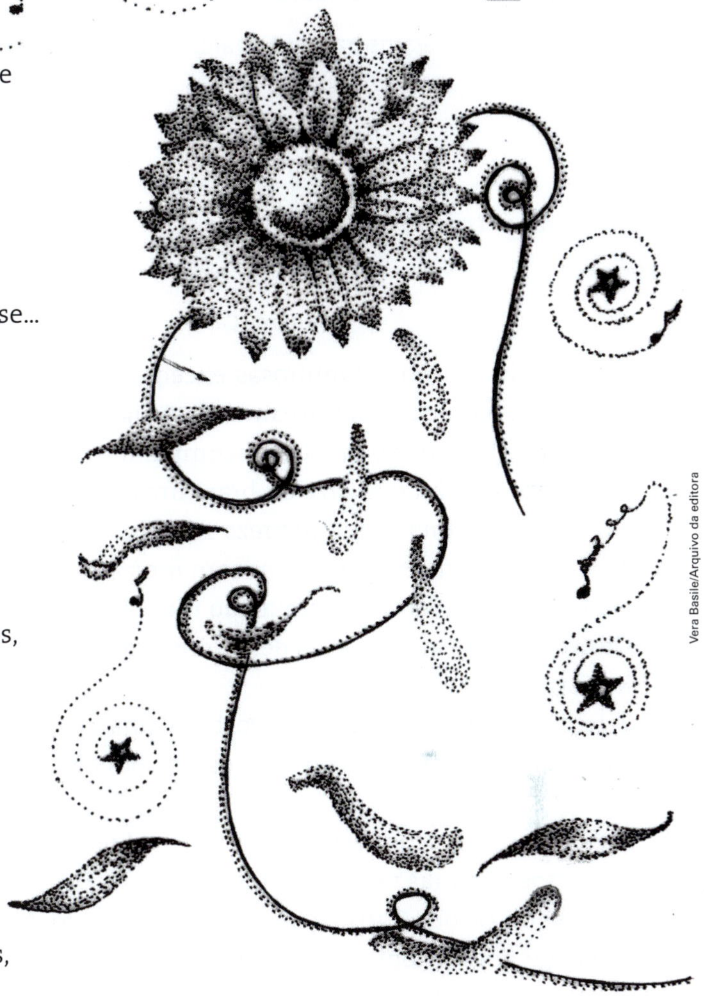

Vera Basile/Arquivo da editora

In: TORRES, Alexandre Pinheiro. *Antologia da poesia portuguesa*. Porto: Lello & Irmão, 1977. p. 1357-1358. v. 2.

esmaiece: mesmo que *esmaece*, do verbo *esmaecer*, "perder a cor, desmaiar".

freme: do verbo *fremir*, "soar ruidosamente, retumbar".

Atividades

1. No poema de Eugênio de Castro percebe-se a musicalidade e o mundo transcendental. Como essas duas características se manifestam no texto?

2. O eu poético emprega advérbios para situar campos diversos: "Como *aqui* se está bem! Além freme a quermesse...". Quais são esses campos?

3. Segundo os biógrafos de Eugênio de Castro, a paixão fatal e o amor não correspondido que predominam nos poemas de *Oaristos* ("diálogos íntimos entre esposos ou amantes") refletem a paixão do poeta por Helena Bordalo Pinheiro. Transcreva versos em que se percebe o amor não correspondido.

4. Quais as principais características das duas primeiras estrofes? Dê exemplos retirados do texto.

Trocando ideias

- Em pequenos grupos, leiam atentamente os fragmentos do prefácio de *Oaristos* (*oaristos* significa diálogos íntimos entre amantes) reproduzidos a seguir, mais uma vez com a postura de um historiador e crítico da literatura que se debruça sobre documentos e obras.
- Busquem, nas passagens transcritas, algumas das características da nova estética introduzida por Eugênio de Castro.

Oaristos

Prefácio da primeira edição

(1890)

Eugênio de Castro

[...] Com duas ou três luminosas exceções, a Poesia portuguesa contemporânea assenta sobre algumas dezenas de coçados e esmaiados lugares-comuns.

Tais são: olhos cor do céu, olhos comparados a estrelas, lábios de rosa, cabelos de ouro e de sol, crianças tímidas, tímidas gazelas, brancura de luar e de neve, [...] etc.

No tocante a rimas, uma pobreza franciscana: *lábios* rimando sempre com *sábios*, *pérolas* com *cérulas*, *sol* com *rouxinol*, *caminhos* com *ninhos*, [...] etc.

No tocante a vocabulário, uma não menos franciscana pobreza [...].

Os *Oaristos* são as primícias dessa nova maneira do Poeta.

Registrando:

Este livro é o primeiro que em Portugal aparece defendendo a liberdade do Ritmo contra os dogmáticos e estultos decretos dos velhos prosodistas.

[...]

Introduz-se o desconhecido processo da *aliteração* [...]. Ao contrário do que por aí se faz, ornaram-se os versos de rimas raras, rutilantes [...].

O vocabulário dos *Oaristos* é escolhido e variado. Algumas palavras menos vulgares darão certamente lugar aos comentários cáusticos da *crítica*.

O Poeta empregou esses raros vocábulos: em primeiro lugar, porque às fastidiosas perífrases prefere o termo preciso; em segundo lugar, porque pensa, como Baudelaire, que as palavras, independentemente da ideia que representam, têm a sua beleza própria. Assim: *gomil* é mais belo que *jarro*, *cerusa* mais belo que *alvaiade*, [...] etc.;

Tais são, sumariamente, as capitais inovações que este livro apresenta.

CASTRO, Eugênio de. Disponível em: <www.filoczar.com.br>. Acesso em: 16 maio 2014.

Camilo Pessanha: a mais pura expressão do Simbolismo português

Considera-se que Camilo Pessanha produziu a melhor poesia simbolista de Portugal. O poeta buscou inspiração na produção dos escritores franceses Baudelaire e Mallarmé, tornando-se exímio ao praticar a poética da sugestão e da musicalidade. Camilo foi também um modelo para a futura geração de poetas modernistas.

Camilo Pessanha

Camilo de Almeida Pessanha (1867-1926) nasceu em Coimbra e lá cursou a faculdade de Direito. Após se formar, vai para Macau (então colônia portuguesa encravada na China), onde vive em companhia de uma chinesa e enfrenta vários problemas de saúde física e mental. Seu único livro publicado levou o título de *Clepsidra* ("relógio de água"), e seus poemas refletem profunda melancolia e busca da transcendência: "Tenho sonhos cruéis; n'alma doente / sinto um vago receio prematuro. / Vou a medo na aresta do futuro / embebido em saudades do presente..."

Reprodução/Unicamp

LENDO O TEXTO

Ao longe os barcos de flores

Camilo Pessanha

Só, incessante, um som de flauta chora,
Viúva, **grácil**, na escuridão tranquila,
– Perdida voz que de entre as mais se exila,
– **Festões** de som dissimulando a hora.

Na orgia, ao longe, que em clarões cintila
E os lábios, branca, do **carmim** desflora...
Só, incessante, um som de flauta chora,
Viúva, grácil, na escuridão tranquila.

E a orquestra? E os beijos? Tudo a noite, fora,
Cauta, detém. Só **modulada** trila
A flauta **flébil**... Quem há-de **remi-la**?
Quem sabe a dor que sem razão **deplora**?

Só, incessante, um som de flauta chora.

PESSANHA, Camilo. *Clepsidra*. 6. ed. Lisboa: Ática, 1983.

Vera Basile/Arquivo da editora

carmim: vermelho muito vivo.

cauta: cautelosa.

deplora: lastima, chora.

festões: ramalhetes de flores, grinaldas.

flébil: lastimosa, lacrimosa, débil.

grácil: delgada, delicada, fina, sutil.

modulada: melodiosa, harmoniosa.

remi-la: tirá-la do cativeiro, livrá-la dos sofrimentos.

Atividades

1. Considerando que **aliteração** é uma figura de linguagem que consiste na repetição de fonemas para sugerir um som, transcreva um verso em que esse recurso é utilizado.

ED Figuras de linguagem

2. Rima rica é a rima obtida pela combinação de palavras de classes gramaticais diferentes ou por uma combinação muito especial. Transcreva um exemplo do segundo caso.

3. O poema centra-se numa oposição. Comente-a.

4. Podemos afirmar que o poema de Camilo Pessanha tem uma subida de tom até atingir um clímax? Comente.

5. A musicalidade é tema e recurso poético. É muito provável, no entanto, que provoque distintas emoções nos leitores. Considerando que o *Dicionário Aurélio* define *emoção* como "perturbação ou variação do espírito advinda de situações diversas, e que se manifesta como alegria, tristeza, raiva, etc.", que tipo de emoção cada um dos textos provoca em você?

Capa de *Broquéis*, livro que marcou o início do Simbolismo no Brasil.

O Simbolismo no Brasil

No Brasil, duas publicações de 1893, ambas de **Cruz e Sousa**, são consideradas o marco inicial da estética simbolista: *Missal*, com seus textos em prosa, e *Broquéis*, com seus poemas. O Simbolismo estende-se até o ano de 1922, data da Semana de Arte Moderna.

O início do Simbolismo não pode, no entanto, ser identificado com o término da escola antecedente, o Realismo. Na realidade, no final do século XIX e início do século XX três tendências caminhavam paralelamente: o Realismo e suas manifestações (romance realista, romance naturalista e poesia parnasiana); o Simbolismo, situado à margem da literatura acadêmica da época; e o Pré-Modernismo, com o aparecimento de alguns autores preocupados em denunciar a realidade brasileira, como Euclides da Cunha, Lima Barreto e Monteiro Lobato, entre outros.

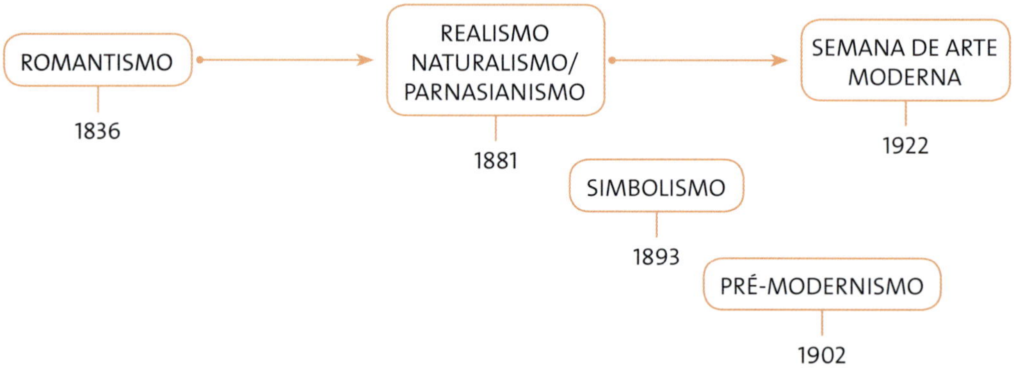

Eliseu d'Angelo Visconti (Itália, 1866-RJ, 1944) é considerado por muitos críticos o melhor pintor da virada do século produzindo no Brasil, criando telas de inspiração impressionista e os raros trabalhos de inspiração simbolista. Neste último caso, enquadram-se as telas *Gioventù* (à esquerda), de 1898, e *Sonho místico*, de 1897.

Cruz e Sousa: linguagem e musicalidade num mundo transcendental

A obra de Cruz e Sousa destaca-se pelo trabalho com a linguagem, mas também pelo caráter filosófico de seus questionamentos. Seu livro *Missal*, em prosa poética, e *Broquéis*, obra em versos, marcam o início do Simbolismo brasileiro. Nessa produção já se destacam recursos como a musicalidade, as imagens que expressam a exploração dos sentidos, o estado onírico.

Cruz e Sousa

João da Cruz (1861-1898) era filho de escravos na Ilha do Desterro (atual Florianópolis); o próprio poeta, ao nascer, sustentava a condição de escravo. O sobrenome Sousa foi herdado do proprietário de seus pais, que alforriou toda a família após a Guerra do Paraguai. Sua vida pessoal foi muito trágica: casou-se com Gavita, que também fora escrava; o casal teve quatro filhos, todos falecidos prematuramente; Gavita enlouqueceu e passou um longo tempo internada; por seus escritos abolicionistas, Cruz e Sousa sofreu perseguições; o poeta, tuberculoso, morreu aos 37 anos.

De maneira significativa, o poema que abre o livro *Broquéis* (versos cantados antes da obra) é "Antífona", transformando-se numa espécie de síntese da poética de Cruz e Sousa. Ele é reproduzido a seguir. O termo *antífona*, que serve de título a esse poema de Cruz e Sousa, nomeia o versículo recitado ou cantado antes ou depois de um salmo.

Neste poema percebem-se várias características da construção e os temas recorrentes desse poeta.

LENDO O TEXTO

Antífona

Cruz e Sousa

Ó Formas alvas, brancas, Formas claras
De luares, de neves, de neblinas!...
Ó Formas vagas, fluidas, cristalinas...
Incensos dos **turíbulos** das **aras**...

Formas do Amor, constelarmente puras,
De Virgens e Santas vaporosas...
Brilhos errantes, **mádidas** frescuras
E **dolências** de lírios e de rosas...

Indefiníveis músicas supremas,
Harmonias da Cor e do Perfume...
Horas do Ocaso, trêmulas, extremas,
Réquiem do Sol que a Dor da Luz resume...

Visões, salmos e cânticos serenos,
Surdinas de órgãos **flébeis**, soluçantes...
Dormências de **volúpicos** venenos
Sutis e suaves, mórbidos, radiantes...

Infinitos espíritos dispersos,
Inefáveis, **edênicos**, aéreos,
Fecundai o Mistério destes versos
Com a chama ideal de todos os mistérios.

Do Sonho as mais azuis **diafaneidades**
Que **fuljam**, que na Estrofe se levantem
E as emoções, todas as castidades
Da alma do Verso, pelos versos cantem.

Que o pólen de ouro dos mais finos astros
Fecunde e inflame a rima clara e ardente...
Que brilhe a correção dos **alabastros**
Sonoramente, luminosamente.

Forças originais, essência, graça
De carnes de mulher, delicadezas...
Todo esse **eflúvio** que por ondas passa
Do **Éter** nas róseas e áureas correntezas
Cristais diluídos de clarões **álacres**,

ara: pedra de altar, o próprio altar.

dolência: mágoa, dor.

edênico: relativo a Éden, paradisíaco.

flébil: choroso.

inefável: encantador; que não se pode exprimir por palavras.

mádida: úmida, molhada pelo orvalho.

réquiem: descanso; parte do ofício fúnebre; música desse ofício.

surdina: pequena peça que se adapta a um instrumento para abafar a sonoridade ou alterar o timbre.

alabastro: rocha branca e translúcida.
álacre: alegre, jovial.
cabalístico: misterioso; místico; secreto.
diafaneidade: qualidade do que é diáfano, isto é, transparente.
eflúvio: emanação invisível, exalação.
Éter: o espaço celeste.
fulgir: resplandecer, sobressair, ter fulgor.
fulva: amarelada, dourada.
tantálico: relativo a Tântalo, figura lendária condenada pelos deuses a jamais alcançar a água e os alimentos; por extensão, desejado e inacessível.
turbilhão: remoinho de vento; aquilo que impele violentamente.
turíbulo: vaso onde se queima incenso.
volúpico: o mesmo que *voluptuoso*; neologismo criado pelo autor.

Desejos, vibrações, ânsias, alentos,
Fulvas vitórias, triunfamentos acres,
Os mais estranhos estremecimentos...

Flores negras do tédio e flores vagas
De amores vãos, **tantálicos**, doentios...
Fundas vermelhidões de velhas chagas
Em sangue, abertas, escorrendo em rios...

Tudo! vivo e nervoso e quente e forte,
Nos **turbilhões** quiméricos do Sonho,
Passe, cantando, ante o perfil medonho
E o tropel **cabalístico** da Morte...

CRUZ E SOUSA. *Cruz e Sousa*: obra completa. Rio de Janeiro: José Aguilar, 1961. p. 69.

Atividades

1. Transcreva passagens do texto que exemplifiquem a fixação do poeta pelo branco.
2. Há referências, embora leves, à questão sexual. Localize-as e comente a visão do poeta.
3. "... Mistério... mistérios..." (quinta estrofe); "... Verso... versos..." (sexta estrofe). Comente o uso das maiúsculas.
4. **Sinestesia** é uma figura muito comum na poética simbolista. Sinestesia, literalmente, significa "mistura de sensações"; consiste numa relação subjetiva que apela a mais de um de nossos sentidos, como: "Tem cheiro a luz, a manhã nasce... / Oh sonora audição colorida do aroma!" (Alphonsus de Guimaraens), em que o poeta apela à audição, à visão e ao olfato. Ou: "Corre por toda ela um suor de pedrarias, / um murmúrio de cores" (Eugênio de Castro), em que se fundem as sensações tátil, auditiva e visual.
   Aponte, no poema "Antífona", versos em que ocorre sinestesia.
5. **Aliteração** é uma figura que consiste na repetição de fonemas para sugerir um som. Difere da onomatopeia uma vez que esta imita o som; a aliteração é sugestão: "Toda gente homenageia Januária na janela / até o mar faz maré cheia para chegar mais perto dela." (Chico Buarque); "Vozes veladas, veludosas vozes, / volúpias dos violões, vozes veladas, / vagam nos velhos vórtices vorazes / Dos ventos, vivas, vãs, vulcanizadas..." (Cruz e Sousa).
   Transcreva uma passagem caracterizada pela aliteração.
6. **Polissíndeto** é uma figura de sintaxe caracterizada pela repetição de conjunções, notadamente da conjunção aditiva. Transcreva um verso caracterizado por essa figura.
7. Quanto à forma:
   a) Qual é a métrica empregada por Cruz e Sousa? Escolha um verso e faça a escansão (divisão das sílabas poéticas).
   b) Qual é o esquema de rima?
8. Quanto à linguagem:
   a) Transcreva palavras ou expressões que remetam à noção de música, som.
   b) Transcreva palavras ou expressões que remetam a um mundo transcendental, etéreo, diáfano.
9. Como já afirmamos, "Antífona" apresenta temas recorrentes na obra de Cruz e Sousa. Tomando por base a última estrofe, destaque alguns desses temas.

TEXTO E INTERTEXTO

Música da morte

Cruz e Sousa

letárgica: do grego *lethe*, "esquecimento". Exprime estado de inconsciência.
Letes: no mito grego, rio entre o mundo dos vivos e o mundo dos mortos: os que o transpõem perdem a memória.

A Música da morte, a nebulosa,
estranha, imensa música sombria,
passa a tremer pela minh'alma e fria
gela, fica a tremer, maravilhosa...

Onda nervosa e atroz, onda nervosa,
Letes sinistro e torvo da agonia,
recresce a lancinante sinfonia,
sobe, numa volúpia dolorosa...

Sobe, recresce, tumultuando e amarga,
tremenda, absurda, imponderada e larga,
de pavores e trevas alucina...

E alucinando e em trevas delirando,
como um ópio letal, vertiginando,
os meus nervos, **letárgica**, fascina...

Idem.

Acrobata da dor

Cruz e Sousa

Gargalha, ri, num riso de tormenta,
Como um palhaço, que desengonçado,
Nervoso, ri, num riso absurdo, inflado
De uma ironia e de uma dor violenta.

Da gargalhada atroz, sanguinolenta,
Agita os **guizos**, e convulsionado
Salta, **gavroche**, salta ***clown***, varado
Pelo **estertor** dessa agonia lenta...

Pedem-te bis e um bis não se despreza!
Vamos! retesa os músculos, retesa
Nessas macabras piruetas d'aço...

E embora caias sobre o chão, fremente,
Afogado em teu sangue **estuoso** e quente
Ri! Coração, tristíssimo palhaço.

Idem. p. 92.

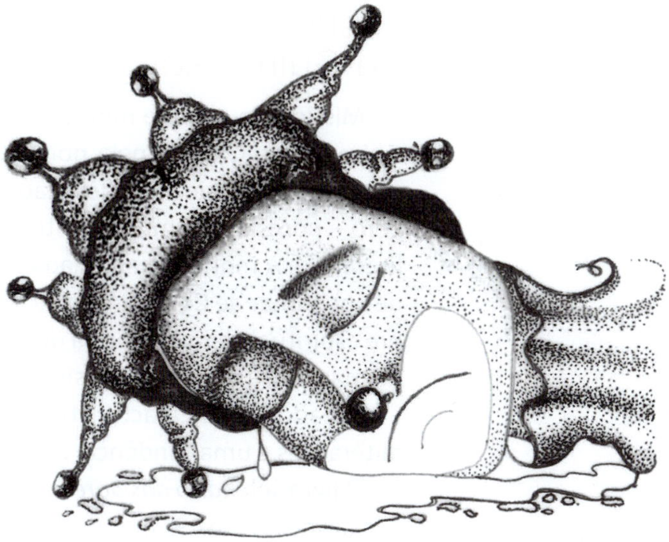

Vera Basile/Arquivo da editora

clown: ator cômico que usa maquiagem e trajes bizarros, divertindo o público; palhaço (originariamente do circo, o *clown* ganhou os palcos de teatro e, mais tarde, as telas de cinemas; Carlitos, criado por Charles Chaplin, é exemplo de *clown*).

gavroche: personagem do romance *Os miseráveis*, de Victor Hugo; Gavroche é um menino das ruas parisienses que luta e morre pela revolução popular. Seu uso faz referência àquele que vive miseravelmente e luta contra forças poderosas até ser abatido.

estertor: respiração ruidosa de pacientes terminais.

estuoso: que jorra fortemente, febril.

guizo: esferas de metal, ocas e com pequenos orifícios, com bolinhas em seu interior, que, agitadas, produzem som metálico.

Atividades

Sobre "Música da morte"

1. Quais são a métrica e o esquema de rima utilizados pelo poeta?
2. Você diria que esse poema tem algum ponto em comum com o Parnasianismo? Em caso afirmativo, qual?
3. Considerando **apenas** os dois primeiros versos, comente alguns recursos explorados na poesia.
4. Considere, agora, **todo** o poema e analise os recursos explorados pelo poeta.
5. Indique a passagem em que o poeta nos mostra o "desenlace", a Morte.

Sobre "Acrobata da dor"

6. Os poemas do Simbolismo refletem o fluir de imagens do inconsciente, são extremamente subjetivos, mas revelam, todavia, apurado trabalho formal, aproximando-se, nesse aspecto, dos poemas parnasianos. Isso pode ser comprovado no poema acima? Justifique.
7. Lendo em voz alta o poema (de preferência diante de um espelho), perceberemos um intenso movimento dos lábios e da língua. A que se deve isso?
8. A poesia simbolista, assim como a romântica, trabalha fundamentalmente com as relações de semelhança (comparações, metáforas). Qual relação serve de sustentação a este poema?

Sobre os dois poemas

9. Nos dois textos, a sonoridade é tema e recurso poético. É muito provável, no entanto, que provoquem distintas emoções nos leitores. Considerando que o *Dicionário Aurélio* define emoção como "perturbação ou variação do espírito advinda de situações diversas, e que se manifesta como alegria, tristeza, raiva, etc.", que tipo de emoção cada um dos textos provoca em você?
10. Ainda sobre a musicalidade dos textos, pode-se dizer que a "sinfonia" que caracteriza os poemas de Cruz e Sousa apresenta um crescimento que atinge um clímax, para depois morrer suavemente. Considere essa afirmativa válida e aponte a estrofe em que esse clímax é atingido em cada um dos poemas.

Misticismo, amor e morte na poesia de Alphonsus de Guimaraens

Misticismo, amor e morte – eis o triângulo que caracteriza a obra de Alphonsus de Guimaraens. O amor pela noiva, Constança, morta às vésperas do casamento, e sua profunda religiosidade e devoção pela Virgem geraram um misticismo que beira o exagero – por isso é comum a crítica literária considerá-lo o poeta mais místico de nossa literatura. A morte é trabalhada na obra como o único meio de atingir a sublimação e de aproximar de Constança e da Virgem o eu poético; daí o Amor, nos poemas, ser sempre espiritualizado. A própria decisão de se isolar na cidade de Mariana (MG), sua "torre de marfim", é uma postura simbolista.

Ao lado dessas características, destacam-se ainda a linguagem de sugestão, o uso de aliterações e uma tendência à autocompaixão.

O livro *Setenário das dores de Nossa Senhora* atesta o misticismo do poeta mineiro e sua devoção: são 49 sonetos divididos em sete grupos de sete sonetos cada, sendo cada um dos grupos dedicados a uma das sete dores de Nossa Senhora.

Acervo Iconographia/Reminiscências

Alphonsus de Guimaraens

Afonso Henriques da Costa Guimarães (1870-1921), o poeta simbolista Alphonsus de Guimaraens, teve sua vida marcada pela morte prematura da noiva, Constança. Esse amor irrealizado, bem como um misticismo religioso intenso, reflete-se em toda sua obra. O poeta mineiro viveu os últimos anos isolado na cidade de Mariana, em Minas Gerais.

LENDO OS TEXTOS

Texto 1

Ismália

Alphonsus de Guimaraens

Quando Ismália enlouqueceu,
Pôs-se na torre a sonhar...
Viu uma lua no céu,
Viu outra lua no mar.

No sonho em que se perdeu,
Banhou-se toda em luar...
Queria subir ao céu,
Queria descer ao mar...

E, no desvario seu,
Na torre pôs-se a cantar...
Estava perto do céu,
Estava longe do mar...

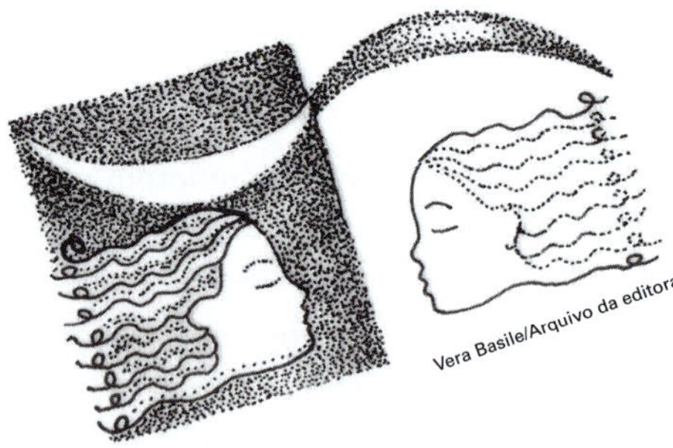
Vera Basile/Arquivo da editora

E como um anjo pendeu
As asas para voar...
Queria a lua do céu,
Queria a lua do mar...

As asas que Deus lhe deu
Ruflaram de par em par...
Sua alma subiu ao céu,
Seu corpo desceu ao mar...

GUIMARAENS, Alphonsus de. Disponível em: <www.releituras.com>. Acesso em: 16 maio 2014.

Atividades

1. Em todas as estrofes aparecem antíteses. Destaque-as. Elas culminam na oposição mais representativa. Qual é ela?

2. Como é tratada a loucura no texto? E o sonho? Qual é a relação entre eles?

3. Recordando o neoplatonismo: Platão concebia dois mundos – o mundo sensível em que habitamos e o mundo inteligível, das ideias puras. Neste, encontramos as divinas essências, as verdades; no mundo sensível, as realidades concretas são simples sombras ou reflexos das ideias puras. A constante busca do ideal não é mais do que uma tentativa de ascensão do mundo sensível ao mundo inteligível. A partir do século XV, percebe-se uma tentativa de aproximar a filosofia platônica dos princípios do cristianismo. Dessa forma, o mundo inteligível, as essências, as verdades corresponderiam, segundo a tradição cristã, ao céu e às criações divinas.

   A partir do que foi dito acima, explique a última estrofe do poema.

Texto 2

A catedral

Alphonsus de Guimaraens

Entre brumas ao longe surge a aurora,
O **hialino** orvalho aos poucos se evapora,
Agoniza o **arrebol**.
A catedral **ebúrnea** do meu sonho
Aparece na paz do céu risonho
Toda branca de sol.

E o sino canta em **lúgubres** **responsos**:
"Pobre Alphonsus! Pobre Alphonsus!"

O astro glorioso segue a eterna estrada.
Uma áurea seta lhe cintila em cada
Refulgente raio de luz.
A catedral ebúrnea do meu sonho,
Onde os meus olhos tão cansados ponho,
Recebe a bênção de Jesus.

E o sino clama em lúgubres responsos:
"Pobre Alphonsus! Pobre Alphonsus!"

Por entre lírios e lilases desce
A tarde esquiva: amargurada prece
Põe-se a lua a rezar.
A catedral ebúrnea do meu sonho
Aparece na paz do céu tristonho
Toda branca de luar.

E o sino chora em lúgubres responsos:
"Pobre Alphonsus! Pobre Alphonsus!"

arrebol: a cor avermelhada do crepúsculo.

ebúrnea: de marfim; que tem a aparência de marfim.

hialino: que se assemelha a vidro; transparente; translúcido.

lúgubre: que evoca a morte, funéreo, sinistro.

responso: conjunto de palavras pronunciadas ou cantadas nos ofícios da Igreja católica, alternadamente por uma ou mais vozes, de uma parte, e pelo coro, de outra parte.

O céu é todo trevas: o vento uiva.
Do relâmpago a cabeleira ruiva
Vem açoitar o rosto meu.
A catedral ebúrnea do meu sonho
Afunda-se no caos do céu medonho.
Como um astro que já morreu.

E o sino geme em lúgubres responsos:
"Pobre Alphonsus! Pobre Alphonsus!"

GUIMARAENS, Alphonsus de. *Alphonsus de Guimaraens:* poesia. Rio de Janeiro: Agir, 1963. p. 82.

Atividades

1. Quais são as principais características do poema quanto à forma (rima, métrica, estrofação)?
2. Há no poema quatro instantes. Quais são? Justifique a resposta com elementos do texto.
3. Qual é a relação entre o eu poético e a mudança do cenário que o envolve?
4. Como a relação mencionada na questão anterior se manifesta no badalar do sino?

Trocando ideias

- Observe as telas abaixo, pintadas pelo mesmo artista impressionista, Claude Monet, em momentos distintos do dia. Observando as diferenças entre essas obras, o que percebemos que o artista se preocupou em captar?

Museu D' Orsay, Paris, França.

A catedral de Rouen, pintada por Claude Monet em 1894, sob o impacto da luz natural em três diferentes momentos.

Velhos temas novas leituras

A MODERNIDADE, A MULTIDÃO E A LITERATURA

Como já vimos, os avanços tecnológicos da Segunda Revolução Industrial potencializaram a capacidade produtiva do capitalismo industrial, dinamizaram os meios de transporte, trouxeram melhorias nas práticas medicinais e de saúde pública; as cidades cresceram em tamanho e população, as práticas comerciais avultaram, aumentou o consumo de mercadorias, a multidão e a velocidade tornaram-se marcas das grandes metrópoles. Isso não garantiu, no entanto, o fim das desigualdades; pelo contrário, o fator econômico passou a ser determinante e excludente. A sociedade burguesa da segunda metade do século XIX, ao mesmo tempo que viu surgirem benefícios e melhorias, conheceu, mais do que nunca, a exclusão e o privilégio.

Uma das principais obras a retratar essa situação é *Folhas de relva*, publicada em 1855 pelo norte-americano Walt Whitman (1819-1892), que representa as mudanças pelas quais passavam os Estados Unidos da época, dando voz aos excluídos e aos marginais, atentando às transformações impostas ao cotidiano pela modernidade:

Por mim passam muitas vozes mudas há muito tempo,
Vozes das intermináveis gerações de escravos,
Vozes de prostitutas e pessoas deformadas,
Vozes de doentes e desesperados e dos ladrões e anões,
Vozes dos ciclos de preparação e acreção,
E dos fios que conectam as estrelas – e do útero e do sêmen paterno,
E dos direitos dos que são oprimidos pelos outros,
Dos deformados e insignificantes e tontos e imbecis e desprezados,
Do fogo no ar e besouros rolando bolas de bosta.
Por mim passam vozes proibidas,
Vozes dos sexos e luxúrias... vozes veladas, e eu removo o véu,
Vozes indecentes esclarecidas e transformadas por mim.

WHITMAN, Walt. *Folhas de relva*. Tradução e posfácio de Rodrigo Garcia Lopes. São Paulo: Iluminuras, 2007. p. 77.

Essa percepção de uma arte que precisava mudar para dar conta de toda a complexidade do mundo surgido com a modernidade também se deu com outro importante poeta, o francês Charles Baudelaire (1821-1867). Em seu famoso ensaio *O pintor da vida moderna*, publicado no final de 1863, Baudelaire analisou a obra do gravurista Constantin Guys (1802-1892) e identificou em suas imagens a capacidade de entender a dialética entre a multidão e o indivíduo, o fluido e o constante, o fugaz e o eterno. De acordo com o poeta, Guys era o perfeito *flâuneur*, um indivíduo capaz de flanar pela massa e se fundir ao todo, mas sem perder a capacidade de entender o particular.

Quando, enfim, encontrei-o, vi imediatamente que me defrontava não exatamente com um artista, mas, antes, com um homem do mundo. [...] Homem do mundo, isto é, homem do mundo inteiro, homem que compreende o mundo e as razões misteriosas e legítimas de todos os seus usos; artista, isto é, especialista, homem preso à sua palheta como o servo à sua gleba. O Sr. G. não gosta de ser chamado de artista. Não tem ele um pouco de razão? Ele se interessa pelo mundo inteiro; quer saber, compreender, apreciar tudo o que se passa na superfície de nosso esferoide.

BAUDELAIRE, Charles. *O pintor da vida moderna*. Tradução de Tomaz Tadeu. Belo Horizonte: Autêntica, 2010. (Coleção Mimo; 7). p. 22-24.

A concepção que Baudelaire faz de Constantin Guys é reveladora; não se trata de um artista, e sim de um homem do mundo. Em outras palavras, o crítico evidencia que a arte idealizada, até então, não era capaz de representar o mundo, de dar conta da diversidade e abrangência da multidão, de sair de sua torre de marfim e desbravar a sociedade que a cercava. Essa era a principal necessidade para renovar a arte, o artista precisava negar sua individualidade egoísta e ir para a rua.

Meeting in the park. Esta gravura e as outras duas desta página são obras do artista Constantin Guys (1802-1892), nas quais estão representados elementos populares e burgueses.

Dois soldados e três mulheres.

Coupé attelé d'un cheval.

No Brasil, muito provavelmente, o exemplo mais bem-acabado de *flâneur* foi o escritor e jornalista Paulo Barreto (1881-1921), mais conhecido por seu pseudônimo, que já traz em si a própria marca da cidade: João do Rio. Suas crônicas foram compiladas no livro *A alma encantadora das ruas*, lançado em 1908. Nas páginas de seus escritos, publicados em jornais cariocas e revistas literárias, pululavam os marginais, os desprovidos de voz, as religiões não católicas, os malandros. Em uma de suas mais belas crônicas, "A rua", João do Rio trata da própria condição de *flâneur*, ou seja, da condição de quem vaga pelas ruas e contempla aquilo que aparentemente é gratuito; o escritor mostra como isso tinha, e muito, a ver com as mudanças ocorridas na cultura da segunda metade do século XIX.

É vagabundagem? Talvez. Flanar é a distração do perambulador com inteligência. Nada como o inútil para ser artístico. Daí o desocupado *flâneur* ter sempre na mente dez mil coisas necessárias, imprescindíveis, que podem ficar eternamente adiadas. [...] Haveis de encontrá-lo numa bela noite ou numa noite muito feia. Não vos saberá dizer donde vem, que está a fazer, para onde vai. Pensareis decerto estar diante de um sujeito fatal? Coitado! O *flâneur* é o *bonhomme* possuidor de uma alma igualitária e risonha, falando aos notáveis e aos humildes com doçura, porque de ambos conhece a face misteriosa e cada vez mais se convence da inutilidade da cólera e da necessidade do perdão...

RIO, João do. *A alma encantadora das ruas*. Belo Horizonte: Crisálida, 2007. p. 18.

João do Rio, aprofundando experiências anteriores e antecipando as futuras, foi responsável por lançar a paisagem urbana e os personagens do povo na literatura brasileira. Para compreender melhor essa relação entre a rua e a literatura, leia os dois textos a seguir. O primeiro são trechos de uma crônica do próprio João do Rio, intitulada "A musa das ruas", e publicada em agosto de 1905. O segundo, um trecho da crônica "Recordação feliz", escrita por José Lins do Rego (1901-1957), em 1919.

Texto 1

E se os gregos asseguravam que a poesia é um delírio inspirado pelas musas às almas simples e virgens, se o Evangelho afirma pertencer o céu às crianças e ao que lhe perecem – por que teimaremos nós em dizer que a poesia preferiu o nosso cérebro ensandwichado em literaturas estrangeiras à alma simples do povo ignorante? Os poetas de calçada são as flores de todo o ano da cidade, são a sua graça anônima, a sua *coquetterie*, a sua vaidade anônima e sua sagração – porque afinal o próprio Platão, que julgava Homero um envenenador público, considerava o poeta um ser leve, alado e sagrado... É exatamente assim a nossa musa. [...]

A musa da cidade, a musa constante e anônima, que tange as cordas da vida e é como a alma da multidão, a musa triste é vagabunda, é livre, é pobre, é humilde. E por isso todos lhe sofrem a ingênua fascinação, por isso a voz de um vagabundo, nas noites de luar, enche de lágrimas os olhos dos mais frios, por isso ninguém há que não a ame – flor ideal nascida nas sarjetas, sonho perpétuo da cidade à margem da poesia, riso e lágrima, poesia da encantadora alma das ruas!...

RIO, João do. *A alma encantadora das ruas*. Belo Horizonte: Crisálida, 2007. p. 204 e p. 217-218.

Texto 2

Eram as 8 horas da noite, um silêncio sagrado de templo vivia naquele grande ambiente de estudo; uma voz maviosa, sinfônica, como a dolente música de sabiá, vinha arrancar a contemplação de meu espírito, que até então caído num estranho marasmo, parecia esquecido de si mesmo. Uma voz santamente artística, fugindo, paulatinamente, de uma garganta de marfim, comovia-me e, maviosa como o sopro de harmonia, penetrava em todas as fibras de meu ser e, na mais lânguida e nervosa recordação, fazia-me pensar na maravilhosa liberdade do lar paterno.

Era uma poesia descuidada que não possuía escola e, no entanto, tinha para mim mais sentimentalismo que todos os versos chorosos de Lamartine. Alexandre Herculano bem dizia: bendito seja o Deus que me deu o chorar.

E aquela sinfonia divina e triste, pouco a pouco aproximando-se, enchia-me de uma louca saudade de casa e quando se sumia perdida, na escuridão da noite, com os olhos molhados de lágrimas, voltava com o espírito forte, ao trabalho com mais coragem e amor. E sabem os leitores quem era este pássaro tão harmonioso? Uma pregoeira de pamonhas.

REGO, José Lins do. *Ligeiros traços*: escritos de juventude.
Sel., introdução e notas de César Braga-Pinto. Rio de Janeiro: José Olympio, 2007. p. 44.

1. Na primeira parte de sua crônica, que tipo de relação João do Rio estabelece entre as literaturas estrangeiras e a nacional?

2. Para João do Rio, quais são as principais características da poesia feita nas ruas?

3. Na crônica de José Lins do Rego, a situação narrada apresenta algo de inusitado, quase uma contraposição de ideias. Que efeito de sentido isso produz?

4. Comente a linguagem de José Lins do Rego ao descrever a música.

5. As duas crônicas têm um sentido comum. Qual é ele?

6. Ambos os textos, apesar de distantes mais de uma década, são crônicas. No que diz respeito aos aspectos narrativos, quais são as características comuns aos dois textos?

7. Que tal flanar pelas ruas de sua cidade ou bairro? Assim como fez João do Rio, passeie despreocupadamente, mas atentando aos detalhes e às situações inusitadas. Escolha um tema que despertou sua curiosidade e escreva uma breve crônica sobre o assunto. Lembre-se de adequar as questões de linguagem e de construção narrativa; expresse seu ponto de vista e estabeleça diálogos com o leitor. Após a elaboração do texto, mostre-o para seus colegas de classe; vocês podem montar uma antologia de crônicas, mostrando como também é encantadora a alma das ruas de sua cidade ou de seu bairro.

Vestibulares de Norte a Sul

1. SE (Unifesp) Leia o poema.

De linho e rosas brancas vais vestido,
sonho virgem que cantas no meu peito!...
És do Luar o claro deus eleito,
das estrelas puríssimas nascido.

Por caminho aromal, enflorescido,
alvo, sereno, límpido, direito,
segues radiante, no esplendor perfeito,
no perfeito esplendor indefinido...

As aves sonorizam-te o caminho...
E as vestes frescas, do mais puro linho
e as rosas brancas dão-te um ar nevado...

No entanto, ó Sonho branco de quermesse!
Nessa alegria em que tu vais, parece
que vais infantilmente amortalhado!

(Cruz e Sousa. *Sonho branco.*)

a) Identifique o movimento literário ao qual está associado o poema, apontando uma característica típica dessa tendência.
Transcreva um verso ou fragmento do poema que exemplifique sua resposta.

b) Liste, de um lado, dois substantivos e, de outro, quatro adjetivos, dispersos ao longo do poema para criar sua atmosfera luminosa e etérea, ao gosto do movimento literário em que se insere. Identifique os versos que, em certo momento, criam uma tensão em relação à trajetória pura e vivificante do poema, introduzindo uma nota sombria em sua atmosfera.

2. CO (UFG-GO) Leia os fragmentos do poema "Violões que choram...", de Cruz e Sousa.

[...]
Vozes veladas, veludosas vozes,
Volúpias dos violões, vozes veladas,
Vagam nos velhos vórtices velozes
Dos ventos, vivas, vãs, vulcanizadas.
[...]
Velhinhas quedas e velhinhos quedos,
Cegas, cegos, velhinhas e velhinhos,
Sepulcros vivos de senis segredos,
Eternamente a caminhar sozinhos;
[...]

SOUSA, Cruz e. *Broquéis, Faróis e Últimos sonetos*. 2. ed. reformulada. São Paulo: Ediouro, 2002. p. 78 e 81. (Coleção Super Prestígio).

Com base na leitura desses fragmentos, explicite a figura de linguagem predominante nas estrofes e explique sua função na estética simbolista.

3. S (PUC-PR) Assinale o que for **incorreto** a respeito da estética simbolista e da poesia de Cruz e Sousa.

a) Os poetas simbolistas se opunham ao objetivismo cientificista dos realistas/naturalistas.

b) Cruz e Sousa é o maior representante da estética simbolista no país. Porém, nas primeiras décadas do século XX, observa-se uma grande expansão do Simbolismo no Sul do Brasil, sendo o Paraná um dos estados com maior número de manifestações poéticas dessa escola, seja pelas revistas que foram criadas, seja pelos poetas que foram revelados.

c) Verifica-se na estética simbolista o culto à musicalidade do poema, em sintonia com a busca pela espiritualidade, um dos temas predominantes na poesia de Cruz e Sousa.

d) O Simbolismo brasileiro recupera de modo inequívoco os procedimentos e os temas do Romantismo, valorizando o sentimento nacionalista e as ideias abolicionistas.

e) Para os simbolistas, a poesia, experiência transcendente, é uma forma pela qual se alcança o sentido oculto das coisas e das vivências.

4. CO (UEG-GO) Leia o poema:

Últimos versos

Na tristeza do céu, na tristeza do mar,
eu vi a lua cintilar.
Como seguia tranquilamente
por entre nuvens divinais!
Seguia tranquilamente
como se fora a minh'Alma,
silente,
calma,
cheia de ais.
A abóboda celeste,
que se reveste
de astros tão belos,
era um país repleto de castelos.
E a alva lua, formosa castelã,
seguia
envolta num sudário alvíssimo de lã,
como se fosse
a mais que pura Virgem Maria...
Lua serena, tão suave e doce,
do meu eterno cismar,
anda dentro de ti a mágoa imensa
do meu olhar!

GUIMARAENS, Alphonsus de. *Melhores poemas*. Seleção de Alphonsus de Guimaraens Filho. São Paulo: Global, 2001. p. 161.

Entre as características poéticas de Alphonsus de Guimaraens, predomina no poema apresentado

a) o diálogo com a amada.
b) o poema-profanação.
c) as imagens de morte.
d) o poema-oração.

Caiu no Enem

Texto para a questão 1.

Soneto

Já da morte o palor me cobre o rosto,
Nos lábios meus o alento desfalece,
Surda agonia o coração fenece,
E devora meu ser mortal desgosto!

Do leito embalde no macio encosto
Tento o sono reter!... já esmorece
O corpo exausto que o repouso esquece...
Eis o estado em que a mágoa me tem posto!

O adeus, o teu adeus, minha saudade,
Fazem que insano do viver me prive
E tenha os olhos meus na escuridade.

Dá-me a esperança com que o ser mantive!
Volve ao amante os olhos por piedade,
Olhos por quem viveu quem já não vive!

AZEVEDO, A. *Obra completa*. Rio de Janeiro: Nova Aguilar, 2000.

1. O núcleo temático do soneto citado é típico da segunda geração romântica, porém configura um lirismo que o projeta para além desse momento específico. O fundamento desse lirismo é:
   a) a angústia alimentada pela constatação da irreversibilidade da morte.
   b) a melancolia que frustra a possibilidade de reação diante da perda.
   c) o descontrole das emoções provocado pela autopiedade.
   d) o desejo de morrer como alívio para a desilusão amorosa.
   e) o gosto pela escuridão como solução para o sofrimento.

Texto para a questão 2.

Abatidos pelo fadinho harmonioso e nostálgico dos desterrados, iam todos, até mesmo os brasileiros, se concentrando e caindo em tristeza; mas, de repente, o cavaquinho de Porfiro, acompanhado pelo violão do Firmo, romperam vibrantemente com um chorado baiano. Nada mais que os primeiros acordes da música crioula para que o sangue de toda aquela gente despertasse logo, como se alguém lhe fustigasse o corpo com urtigas bravas. E seguiram-se outras notas, e outras, cada vez mas ardentes e mais delirantes. Já não eram dois instrumentos que soavam, eram lúbricos gemidos e suspiros soltos em torrente, a correrem serpenteando, como cobras numa floresta incendiada; eram ais convulsos, chorados em frenesi de amor música feita de beijos e soluços gostosos; carícia de fera, carícia de doer, fazendo estala de gozo.

AZEVEDO, A. *O cortiço*. São Paulo: Ática, 1983 (fragmento).

2. No romance *O cortiço* (1890), de Aluizio Azevedo, as personagens são observadas como elementos coletivos caracterizados por condicionantes de origem social, sexo e etnia. Na passagem transcrita, o confronto entre brasileiros e portugueses revela prevalência do elemento brasileiro, pois:
   a) destaca o nome de personagens brasileiras e omite o de personagens portuguesas.
   b) exalta a força do cenário natural brasileiro e considera o do português inexpressivo.
   c) mostra o poder envolvente da música brasileira, que cala o fado português.
   d) destaca o sentimentalismo brasileiro, contrário à tristeza dos portugueses.
   e) atribui aos brasileiros uma habilidade maior com instrumentos musicais.

Texto para a questão 3.

Mal secreto

Se a cólera que espuma, a dor que mora
N'alma, e destrói cada ilusão que nasce,
Tudo o que punge, tudo o que devora
O coração, no rosto se estampasse;
Se se pudesse, o espírito que chora,
Ver através da máscara da face,
Quanta gente, talvez, que inveja agora
Nos causa, então piedade nos causasse!
Quanta gente que ri, talvez, consigo
Guarda um atroz, recôndito inimigo,
Como invisível chaga cancerosa!
Quanta gente que ri, talvez existe,
Cuja ventura única consiste
Em parecer aos outros venturosa!

CORREIA, R. In: PATRIOTA, M. *Para compreender Raimundo Correia*. Brasília: Alhambra, 1995.

3. Coerente com a proposta parnasiana de cuidado formal e racionalidade na condução temática, o soneto de Raimundo Correia reflete sobre a forma como as emoções do indivíduo são julgadas em sociedade. Na concepção do eu lírico, esse julgamento revela que:
   a) a necessidade de ser socialmente aceito leva o indivíduo a agir de forma dissimulada.
   b) o sofrimento íntimo torna-se mais ameno quando compartilhado por um grupo social.
   c) a capacidade de perdoar e aceitar as diferenças neutraliza o sentimento de inveja.
   d) o instinto de solidariedade conduz o indivíduo a apiedar-se do próximo.
   e) a transfiguração da angústia em alegria é um artifício nocivo ao convívio social.

4. Leia o texto e examine a ilustração.

Óbito do autor

[...] expirei às duas horas da tarde de uma sexta-feira do mês de agosto de 1869, na minha bela chácara de Catumbi. Tinha uns sessenta e quatro anos, rijos e próspero, era solteiro, possuía cerca de trezentos contos e fui acompanhado ao cemitério por onze amigos. Onze amigos! Verdade é que não houve cartas nem anúncios. Acresce que chovia — peneirava — uma chuvinha miúda, triste e constante, tão constante e tão triste, que levou um daqueles fiéis da última hora a intercalar esta engenhosa ideia no discurso que proferiu à beira de minha cova: — "Vós, que o conhecestes, meus senhores, vós podeis dizer comigo que a natureza parece estar chorando a perda irreparável de uma dos mais belos caracteres que tem honrado a humanidade. Este ar sombrio, estas gotas do céu, aquelas nuvens escuras que cobrem o azul como um crepe funéreo, tudo isto é a dor crua e má que lhe rói à natureza as mais íntimas entranhas; tudo isso é um sublime louvor ao nosso ilustre finado." [...]

Adaptado. Machado de Assis. *Memórias póstumas de Brás Cubas*. Ilustrado por Cândido Portinari. Rio de Janeiro: Cem Bibliófilos do Brasil, 1973. p. 1.

Enem/2005

Compare o texto de Machado de Assis com a ilustração de Portinari. É correto afirmar que a ilustração do pintor:

a) apresenta detalhes ausentes na cena descrita no texto verbal.
b) retrata fielmente a cena descrita por Machado de Assis.
c) distorce a cena descrita no romance.
d) expressa um sentimento inadequado à situação.
e) contraria o que descreve Machado de Assis.

Texto para a questão 5.

Gênero dramático é aquele em que o artista usa como intermediária entre si e o público a representação. A palavra vem do grego *drao* (fazer) e quer dizer ação. A peça teatral é, pois, uma composição literária destinada à apresentação por atores em um palco, atuando e dialogando entre si. O texto dramático é complementado pela atuação dos atores no espetáculo teatral e possui uma estrutura específica, caracterizada: 1) pela presença de personagens que devem estar ligados com lógica uns aos outros e à ação; 2) pela ação dramática (trama, enredo), que é o conjunto de atos dramáticos, maneiras de ser e de agir das personagens encadeadas à unidade do efeito e segundo uma ordem composta de exposição, conflito, complicação, clímax e desfecho; 3) pela situação ou ambiente, que é o conjunto de circunstâncias físicas, sociais, espirituais em que se situa a ação; 4) pelo tema, ou seja, a ideia que o autor (dramaturgo) deseja expor, ou sua interpretação real por meio da representação.

COUTINHO, A. *Notas de teoria literária*. Rio de Janeiro: Civilização Brasileira, 1973 (adaptado).

5. Considerando o texto e analisando os elementos que constituem um espetáculo teatral, conclui-se que:

a) a criação do espetáculo teatral apresenta-se como um fenômeno de ordem individual, pois não é possível sua concepção de forma coletiva.
b) o cenário onde se desenrola a ação cênica é concebido e construído pelo cenógrafo de modo autônomo e independente do tema da peça e do trabalho interpretativo dos atores.
c) o texto cênico pode originar-se dos mais variados gêneros textuais, como contos, lendas, romances, poesias, crônicas, notícias, imagens e fragmentos textuais, entre outros.
d) o corpo do ator na cena tem pouca importância na comunicação teatral, visto que o mais importante é a expressão verbal, base da comunicação cênica em toda a trajetória do teatro até os dias atuais.
e) a iluminação e o som de um espetáculo cênico independem do processo de produção/recepção do espetáculo teatral, já que se trata de linguagens artísticas diferentes, agregadas posteriormente à cena teatral.

Respostas

Vestibulares de Norte a Sul

Capítulo 13

1. a.
2. c.
3. a.

Capítulo 14

1. d.
2. b.
3. V — V — F — V.
4. e.
5. b.
6. V — F — F — F — V.

Capítulo 15

2. 02 + 16 + 32 = 50.
3. d.

Capítulo 16

2. e.

Capítulo 17

1. d.
2. b.
3. d.

Capítulo 18

1. a.
2. d.
3. c.
4. b.

Capítulo 19

1. F — V — V — F — V.
2. a.
3. a.

Capítulo 20

3. d.
4. c.

Caiu no Enem

1. b.
2. c.
3. a.
4. a.
5. c.

Sugestões de leitura, filmes e *sites*

Capítulo 13

Livro

- ***Os miseráveis***
  Victor Hugo. José Angeli (Trad.). São Paulo: Scipione.
  A obra retrata a pobreza e os maus-tratos infantis na conturbada França do século XX e mostra a luta de um povo contra a tirania de um regime político opressor.

Site

- ***Spectrum***
  <www.spectrumgothic.com.br/literatura/autores/byron.htm>. Acesso em: 23 jun. 2014.
  Neste *site*, é possível obter informações biográficas e alguns dos poemas e contos de *lord* Byron.

Capítulo 14

Livros

- ***Antologia de poesia brasileira — Romantismo***
  Vários autores. Antonio Carlos Olivieri e Valentim Facioli (Org.). São Paulo: Ática.
  Alguns dos poemas mais significativos de onze poetas do Romantismo brasileiro, como Álvares de Azevedo, Casimiro de Abreu, Castro Alves, Fagundes Varela e Gonçalves de Magalhães.
- ***Poesia lírica e indianista***
  Gonçalves Dias. São Paulo: Ática.
  A coletânea reúne os mais expressivos poemas indianistas e líricos de Gonçalves Dias (1823-1864).

Capítulo 15

Livros

- ***Amor de salvação***
  Camilo Castelo Branco. São Paulo: Ática.
  O autor retrata a situação de Afonso, que se divide entre o amor de Mafalda, a mulher-anjo, e de Teodora, a mulher-demônio.
- ***O guarani***
  José de Alencar. Porto Alegre: L&PM Editores.
  Perto das matas, vive Cecília, a filha de um fidalgo português. O índio Peri, um guarani alto e forte, adora a moça. No entanto, a vida dos dois é posta em risco por uma série de acontecimentos.

Filme

- ***Senhora***
  Direção de Geraldo Vietri. Brasil, 1976.
  Inspirado no romance homônimo de José de Alencar, a história do filme se passa na segunda metade do século XIX no subúrbio carioca.

Capítulo 16

Livros

- ***Melhores poemas de Antero de Quental***
  Benjamin Abdala Junior (Org.). São Paulo: Global.
  Antologia de poemas que retratam o conflito do eu interior do poeta e a situação política e econômica de Portugal.
- ***Poemas reunidos***
  Cesário Verde. Mario Higa (Org.). Cotia: Ateliê Editorial.
  Esta edição contém os poemas mais representativos desse poeta português.

Filme

- ***Madame Bovary***
  Direção de Claude Chabrol. França, 1991.
  Filme inspirado na trama do livro homônimo de Gustave Flaubert.

Capítulo 17

Livros

- ***Helena***
  Machado de Assis. São Paulo: Ática.
  A história trágica do envolvimento amoroso de Helena e Estácio, que acreditavam ser irmãos, é mostrada nesta obra de 1876.
- ***O mulato***
  Aluísio de Azevedo. São Paulo: Ática.
  Narrativa que procura retratar a sociedade maranhense da época.

Filme

- ***Memórias póstumas de Brás Cubas***
  Direção de André Klotzel. Brasil, 2000.
  Adaptação do romance *Memórias póstumas de Brás Cubas*, de Machado de Assis, para o cinema.

Capítulo 18

Livro

- ***Macário***
  Álvares de Azevedo. Porto Alegre: L&PM Editores.
  Em dois episódios, o autor emprega aspectos do teatro, da prosa narrativa e da intimidade própria dos diários pessoais, revelando o grande dramaturgo que poderia ter sido.

Capítulo 19

Livro

- ***Melhores poemas de Raimundo Correia***
  Telenia Hill (Org.). São Paulo: Global.
  Edição com os melhores poemas de um dos poetas mais importantes do Parnasianismo.

Capítulo 20

Livros

- ***Antologia poética***
  Cruz e Sousa. São Paulo: Ática.
  Nesta obra, reúnem-se poemas de *Broquéis*, *Faróis* e *Últimos sonetos*.
- ***Ismália***
  Alphonsus de Guimaraens. São Paulo: Cosac Naify.
  Trata-se de um projeto do artista Odilon Moraes que, com uma leitura extremamente autoral do poema, transformou-o em cor, tato e movimento neste livro-objeto.

Literatura

Parte 3

Antonio Gauderio/Arquivo da editora

Luciana Whitaker/Pulsar Imagens

CAPÍTULO 21

As vanguardas: a revolução artística do início do século XX

Bridgeman Images/Keystone

Les demoiselles d'Avignon, de Pablo Picasso, 1907.

As vanguardas europeias

Arte e literatura em vídeo: vanguardas europeias

A transição do século XIX para o século XX foi marcada pela industrialização, que proporcionou conforto, velocidade e novidades tecnológicas, mas também conflitos sociais.

O ser humano continuou sua busca por outras formas de expressão e pela reinvenção das modalidades conhecidas. Diversos movimentos se formaram questionando o papel e os limites da arte na sociedade, tornando presentes, sob vários pontos de vista, questões como "O que é arte?". Esses movimentos ficaram conhecidos como vanguardas.

A pintura

Bridgeman Images/Keystone

"O contato com trabalhos anteriores de Picasso ou de outros artistas radicais da época pouco há de ter preparado os que depararam com *Les demoiselles d'Avignon*, em Paris, no ano de 1907. Tratava-se de uma obra chocante e nada convencional. O quinteto de impudentes prostitutas nuas – duas delas monstruosamente deformadas e outras duas de implacáveis olhos arregalados – alinhava-se para defrontar o observador num espaço angular claustrofobicamente achatado. Mesmo depois de quase um século, esse quadro continua sendo perturbador tanto em sua sexualidade crua quanto na violência que perpetra contra as convenções da ilusão espacial, da integridade figural e da unidade compositiva."
COTTINGTON, David. *Cubismo*. São Paulo: Cosac Naify, 1999. p. 12.

Album/akg-images/André Held/Latinstock

Máscara de madeira do povo Bambara, do Mali, África, usada em cerimônias religiosas. Parte do continente africano foi colonizado por países europeus no século XIX. Diversos artistas da passagem desse século para o seguinte voltaram os olhos para a cultura dos povos dessa região do mundo.

Giraudon/Bridgeman Images/Keystone

Madame Cézanne em vermelho, de Paul Cézanne, 1890. Nesse trabalho, em que o pintor retratou sua esposa, observe como a cor vermelha do vestido toma conta da tela. Note o empenho do artista no uso das figuras geométricas ao compor o retrato: o corpo da moça é dividido pela linha da cintura e por uma linha vertical que segue até a gola; os braços têm a forma de cilindros e o rosto é oval.

A dança, de Henri Matisse, é uma das obras fundadoras da modernidade. Pintado em 1909-1910, o grande painel apresenta poucas cores, harmonia, surpreendente noção espacial e muita dinâmica, com as cinco dançarinas girando no sentido horário.

- *Vamos tentar observar algumas influências que costumam ser percebidas na obra do artista Pablo Picasso e que representam valores decisivos nos caminhos da arte no século XX de maneira geral. Para isso, reveja a tela* Les demoiselles d'Avignon, *pintada em 1907.*
  - *Preste atenção ao rosto das personagens dessa tela e compare cada caso com as imagens que propomos aqui: o rosto de madame Cézanne e a máscara africana. Quais dessas artes influenciaram Picasso? Levando em conta essas comparações, como se divide a tela do artista? Explique.*
  - *Observe o corpo das mulheres pintadas por Picasso. Ao desenhar os corpos, ele procurou deixar claro que se valeu das formas geométricas? Explique.*
- *Agora foque sua atenção na tela de Henri Matisse. Observe o desenho dos corpos, as formas um pouco mais arredondadas e volumosas, mas também baseadas em formas geométricas.*
  - *Quanto ao uso da cor, ela tem semelhanças e diferenças com a tela de Cézanne. Quais?*
  - *Tanto a tela de Picasso quanto a de Matisse mostram um grupo de mulheres. Qual delas trabalha sobretudo o movimento e a energia do grupo? Como?*

Ready-made

O termo *ready-made* foi criado pelo artista francês Marcel Duchamp (1887-1968) para designar objetos do cotidiano selecionados por ele – sem o uso de critérios estéticos – a serem expostos como obras de arte em espaços especializados (galerias e museus). Com essa atitude de Duchamp, objetos utilitários sem valor estético em si eram retirados de seu contexto original e ganhavam a condição de obra de arte.

Erich Lessing/Album Art/Latinstock

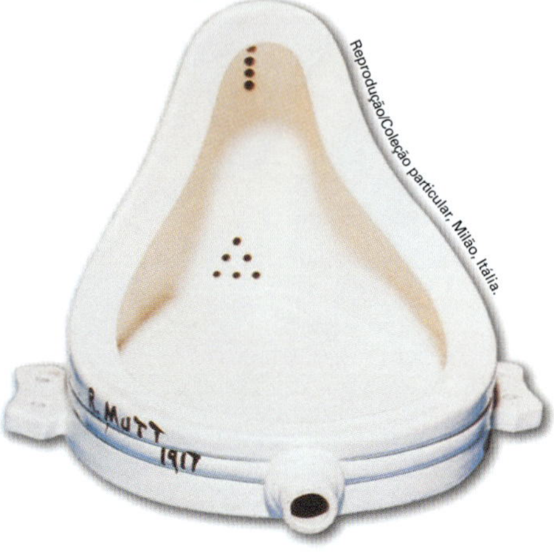

Reprodução/Coleção particular, Milão, Itália.

Réplicas de objetos expostos como *ready-made* por Marcel Duchamp: uma velha roda de bicicleta e um urinol. Retirado de um banheiro público, este sofreu uma inversão: o cano de entrada da água, que deveria ficar na parte superior e voltado para dentro da parede, foi deslocado para a parte inferior, virado para o observador: daí o título – *fonte*.

- *Esses objetos do cotidiano foram expostos em galeria de arte ou em museu. Em sua opinião, quais destas questões esse fato poderia provocar? Marque as alternativas adequadas.*
  ( ) O que se nomeia como arte é mesmo arte?
  ( ) Quem tem autoridade para classificar algo como um objeto artístico?
  ( ) Será que se trata realmente do objeto reconhecido, ou seja, de um cabide ou de um urinol? A representação corresponde à realidade?
- *Que outras questões você levantaria?*
- *Que objetos você acredita que, hoje em dia, se fossem expostos em galeria ou em museu, provocariam o frequentador desse espaço a levantar questões sobre arte? Por quê?*
- *Você frequenta espaços culturais?*
  – *Em caso de resposta afirmativa, o que eles apresentam que é de seu agrado? E o que você já viu em lugares como esses que, embora não fosse de seu agrado, o levou a refletir sobre a arte, sobre a vida em sociedade, sobre o ser humano...?*
  – *Em caso de resposta negativa, não frequenta por que não conhece ou por que não gosta? O que gostaria de encontrar em espaços como esses?*

1 Às portas da guerra

O momento histórico que marca a transição do século XIX para o século XX e a definição de um novo ordenamento mundial culminariam com a eclosão da Primeira Guerra Mundial (1914-1918) e as agitações sociais na Rússia (1917-1921).

O avanço tecnológico da sociedade burguesa industrial (luz e motores elétricos, o petróleo como fonte de energia e matéria-prima, os avanços das ciências) e a entrada da Alemanha e da Itália – países de capitalismo tardio – no processo industrial, disputando mercados com Inglaterra e França – países pioneiros –, são fatores que estimularam a luta neocolonial e imperialista (com a consequente partilha da Ásia e da África) e resultaram no chamado choque de imperialismo, que levaria o mundo à Primeira Guerra Mundial.

Paralelamente, significativas parcelas da população não se beneficiavam do capitalismo; pelo contrário, viviam cada vez mais à margem de todo esse processo. Acirraram-se as lutas proletárias com o avanço do socialismo, do anarquismo, do comunismo.

A Europa vivia, assim, um momento ambíguo: de um lado, um clima de euforia motivado pelo progresso industrial, pela expansão do capitalismo, pelo aumento do consumo e pela moderna urbanização (Paris tornou-se símbolo desse período de agitação eufórica da sociedade burguesa, batizado de ***belle époque***); de outro, um clima de insatisfação, insegurança e pessimismo motivado pelo acirramento dos conflitos sociais; o mesmo progresso industrial que levava ao consumismo criava massas de excluídos; o movimento operário se organizava, eclodiam greves.

Com esse pano de fundo, surgiam movimentos artísticos que questionavam o passado e buscavam novos caminhos. Costuma-se afirmar que o século XIX, na realidade, se prolongou até 1914; a afirmação pode valer para o campo da ordenação política e econômica, mas não vale para as artes, que se anteciparam: entre 1907 e 1910, obras e manifestos já anunciavam o que seria a modernidade artística. Surgiram, dessa forma, as **vanguardas**.

> Entende-se, com este termo – vanguarda –, um movimento que investe um interesse ideológico na arte, preparando e anunciando deliberadamente uma subversão radical da cultura e até dos costumes sociais, negando em bloco todo o passado e substituindo a pesquisa metódica por uma ousada experimentação na ordem estilística e técnica.

ARGAN, Giulio Carlo. *Arte moderna*. São Paulo: Companhia das Letras, 1992.

LENDO A PINTURA

O grito, Edvard Munch

1. Edvard Munch (1863-1944), pintor norueguês, foi um dos artistas mais importantes da virada do século, tendo colaborado de maneira decisiva na construção do conceito de arte moderna. A tela *O grito* transformou-se em verdadeiro marco de um processo de ruptura, promovido por alguns artistas, que desaguaria nas tendências de vanguarda do início do século XX.

   Um crítico assim analisou a obra de Munch: "Ele teve como objetivo estabelecer valores universais através dos individuais, pela cristalização das imagens das emoções mais profundas do homem – **amor**, **morte** e **angústia**, que retiveram suas propriedades primitivas evidentemente esquecidas pela civilização burguesa do seu tempo".

   Das três emoções profundas citadas pelo crítico, qual predomina na tela *O grito*?

O grito, de Edvard Munch, 1893.

2. Munch afirmava: "Não devemos pintar interiores com pessoas lendo e mulheres tricotando; devemos pintar pessoas que vivem, respiram, sentem, sofrem e amam."; "Uma obra de arte só pode provir do interior do homem. A arte é a forma da imagem formada dos nervos, do coração, do cérebro e do olho do homem.".

   Comente alguns detalhes da tela que comprovam a proposta de Munch.

3. "Passeava pela estrada com dois amigos, olhando o pôr do sol, quando o céu de repente se tornou vermelho como sangue. Parei, recostei-me na cerca, extremamente cansado – sobre o fiorde preto azulado e a cidade estendiam-se sangue e línguas de fogo. Meus amigos foram andando e eu fiquei, tremendo de medo – podia sentir um grito infinito atravessando a paisagem."

   Munch escreveu esse texto para explicar a tela, tornando público o exato momento da apreensão de uma realidade depois transformada em objeto de arte. A partir desse testemunho, como podemos entender a figura que aparece em primeiro plano?

Trocando ideias

- Reúnam-se em grupos de cinco alunos, atribuindo a cada integrante uma das letras A, B, C, D ou E. Discutam sobre esta questão: a arte deve sempre retratar as coisas belas, o mundo organizado e equilibrado? Por quê?
- Reorganizem-se, formando cinco novos grupos, compostos por um integrante de cada grupo anterior, A, B, C, D ou E, para que cada aluno possa relatar as ideias surgidas anteriormente e conhecer as demais opiniões.

2 O cubismo

Nascido com base em experiências dos artistas Pablo Picasso (1881-1973) e Georges Braque (1882-1963), o cubismo desenvolveu-se inicialmente na pintura, valorizando as formas geométricas (cones, esferas, cilindros, etc.) ao revelar um objeto em seus múltiplos ângulos. A pintura cubista surgiu em 1907 e conheceu seu declínio com a Primeira Guerra Mundial. A proposta cubista centrava-se na liberdade que o artista deveria ter para decompor e recompor a realidade a partir de seus elementos geométricos; segundo Picasso, "o trabalho do artista não é cópia nem ilustração do mundo real, mas um acréscimo novo e autônomo" (o que teria levado o pintor espanhol a afirmar que "a arte é uma mentira que nos faz perceber a verdade").

O movimento cubista foi, nas artes visuais, uma revolução tão completa que os meios pelos quais as imagens podiam ser formalizadas na pintura modificaram-se mais durante os anos de 1907 a 1914 do que se haviam modificado desde o Renascimento. Suas invenções corresponderam tão diretamente aos problemas artísticos críticos do início do século XX que o próprio cubismo mal havia aparecido quando seus recursos formais começaram a influenciar as outras artes, em particular a arquitetura e as artes aplicadas, mas também a poesia e a música.

CHIPP, Herschel B. *Teorias da arte moderna*. São Paulo: Martins Fontes, 1999. p. 195.

Reprodução/Galeria Tate, Londres, Inglaterra.

Mulher chorando, de Pablo Picasso, 1937, principal artista do cubismo, escola que valorizava as formas geométricas e explorava diferentes maneiras de representar a profundidade no plano. Ao mesmo tempo, questionava a leitura de mundo a partir de uma única perspectiva; assim, vários aspectos do que estava sendo retratado eram mostrados simultaneamente: a mulher está de perfil, mas o observador vê seus dois olhos, como se ela estivesse de frente.

Trocando ideias

- Leia os fragmentos a seguir, que tratam da relação entre arte e ciência. De acordo com os dois autores, a relação entre essas áreas é bastante intensa, ocorrendo influências e trocas de conhecimento entre ambas. Em sua opinião, o que há em comum na relação entre o artista, o cientista e a realidade?

Visão simultânea

Durante 500 anos, desde o início da Renascença italiana, os artistas tinham sido guiados pelos princípios da perspectiva matemática e científica, de acordo com os quais o artista via o seu modelo ou objeto de um único ponto de vista estacionário. Agora, é como se Picasso tivesse andado 180 graus em redor do seu modelo e tivesse sintetizado suas sucessivas impressões numa única imagem. O rompimento com a perspectiva tradicional resultaria, nos anos seguintes, no que os críticos da época chamaram visão "simultânea" – a fusão de várias vistas de uma figura ou objeto numa única imagem.

GOLDING, John. In: *Conceitos de arte moderna*. [Org. Nikos Stangos]. Rio de Janeiro: Jorge Zahar, 2000. p. 40.

Cubismo e relatividade

Com efeito, Picasso fez para a arte, em 1907, quase o mesmo que Einstein para a Física em seu ensaio "Eletrodinâmica", de 1905. Jogando com o que as pessoas querem dizer por "simultâneo", Einstein terminou dizendo que apenas a velocidade da luz era absoluta, e que todas as outras medidas poderiam variar em relação a ela. Nenhum observador tinha um ponto de vista privilegiado, e as observações, mesmo de vários pontos de vista, não eram suficientes para tornar a realidade determinada ou "objetiva". De maneira similar, Picasso pintara a quinta *Demoiselle* [a que está sentada, no canto direito do observador] de dois pontos de vista diametralmente opostos, simultaneamente, o que não só explodiu a convenção do Renascimento, mas também minou toda uma série de convenções pelas quais nós representamos a simultaneidade em um objeto artístico que não se move.

EVERDELL, William R. In: *Os primeiros modernos*. Trad. Cynthia Cortes e Paulo Soares. Rio de Janeiro: Record, 2000. p. 292.

LENDO AS PINTURAS

Analise atentamente as telas abaixo e responda às questões propostas na sequência.

O lanche (mulher com colher de chá), de Jean Metzinger (1883-1956), 1911.

Figura, de Ismael Nery (1900-1934), 1927-1928.

a) Que sensação elas provocam em você?

b) Que características cubistas elas apresentam? Como os artistas trabalharam a questão da simultaneidade?

O cubismo na literatura

Na literatura, o cubismo viveu seu primeiro momento com um manifesto-síntese assinado por Guillaume Apollinaire (1880-1918) e publicado em 1913. A literatura cubista valoriza a proposta da vanguarda europeia de aproximar ao máximo as várias manifestações artísticas (pintura, música, literatura, escultura), preocupando-se com a construção do texto e ressaltando a importância dos espaços em branco e em preto da folha de papel e da impressão tipográfica. Essa característica viria a influenciar Oswald de Andrade, na década de 1920, e a chamada poesia concreta da década de 1960 no Brasil.

Apollinaire defendia as "palavras em liberdade" e a "invenção de palavras", e propunha a "destruição das sintaxes já condenadas pelo uso", criando um texto marcado pelos substantivos soltos, aparentemente jogados de forma anárquica, e pelo menosprezo por verbos, adjetivos e pontuação. Pregava ainda a utilização do verso livre e a consequente negação da estrofe, da rima e da harmonia. Assim como na pintura, as colagens e o reaproveitamento de outros materiais passaram a ser incorporados pelos textos poéticos.

Como exemplo de texto cubista, reproduzimos a seguir um famoso poema de Apollinaire, "La colombe poignardée et le jet d'eau" (A pomba apunhalada e o jato de água). Ao lado, está a tradução realizada por Patrícia Galvão, a Pagu, no jornal *Diário de São Paulo*, edição de 18 de maio de 1947.

Tradução do poema:

Doces figuras apunhaladas – Caros lábios em flor – MIA MAREYE – YETTE LORIE – ANNIE e você MARIE – onde estão – vocês ó – meninas – Mas – junto a um – jacto de água que – chora e que suplica – esta pomba se extasia – Todas as recordações de outrora? – Onde estão Raynal Billy Dalize – Os meus amigos foram para a guerra – Os seus nomes se melancolizam – Esguicham para o firmamento – Como os passos numa igreja – E os seus olhares na água parada – Onde está Crémnitz que se alistou – Morrem melancolicamente – Pode ser que já estejam mortos – Onde estão Braque e Max Jacob – Minha alma está cheia de lembranças – Derain de olhos cinzentos como a aurora – O jacto de água chora sobre a minha pena – OS QUE PARTIRAM PARA A GUERRA AO NORTE SE BATEM AGORA – A noite cai O sangrento mar – Jardins onde sangra abundantemente o louro rosa flor guerreira

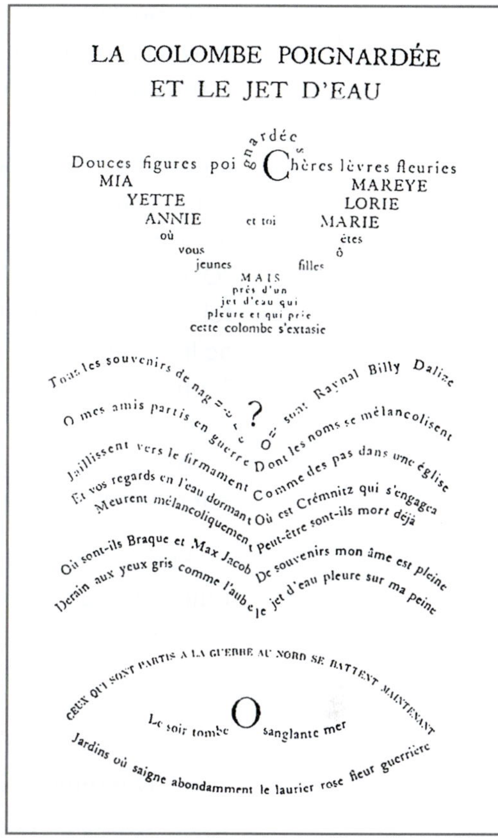

In: CAMPOS, Augusto de (Org.). *Pagu:* vida – obra. 2. ed. São Paulo: Brasiliense, 1982. p. 156.

No Brasil, o movimento da poesia concreta explora alguns conceitos da estética cubista, como se percebe no poema "AMORTEMOR", de Augusto de Campos, aqui reproduzido.

3 O futurismo

Em 20 de fevereiro de 1909 era publicado, na primeira página do jornal *Le Figaro*, de Paris, o manifesto de um movimento denominado futurismo, assinado pelo italiano Filippo Marinetti. O futurismo pregava uma absoluta sintonia entre a arte e o mundo moderno, regido por eletricidade, máquinas, motores, pelos grandes aglomerados urbano-industriais, pela velocidade.

De 1909 a 1914, oriundos de grupos radicados na França e na Itália, vários manifestos futuristas foram publicados, apresentando propostas para a pintura, a poesia, a arquitetura e a música. O movimento perdeu força em 1915, quando Marinetti, que exercia forte liderança sobre os grupos, defendeu a entrada da Itália na Guerra. Nos anos 1920, as propostas de Marinetti foram assimiladas pelo fascismo italiano, gerando a dispersão dos grupos de artistas.

Assim, pode-se entender a repugnância dos principais modernistas brasileiros pelo movimento de Marinetti, apesar de apresentarem uma série de pontos comuns com os futuristas; aceitavam suas ideias artísticas, mas repudiavam seu posicionamento político. Oswald de Andrade tomou conhecimento do futurismo em suas viagens à Europa, anteriores a 1919, não relacionando, portanto, o movimento com o fascismo. Por outro lado, a palavra *futurismo* passou a designar qualquer postura inovadora na arte, levando Oswald a saudar, em 1921, o jovem poeta Mário de Andrade com um artigo intitulado "O meu poeta futurista". Temendo uma identificação com o fascismo, Mário de Andrade foi a público negar, mais do que o movimento futurista, a figura de seu líder. No prefácio ao livro *Pauliceia desvairada*, afirma: "Não sou futurista (de Marinetti). Disse e repito-o. Tenho pontos de contacto com o futurismo. Oswald de Andrade, chamando-me de futurista, errou".

A seguir, leia fragmentos do manifesto do movimento futurista, conforme publicado por Marinetti em 1909.

Então, com o vulto coberto pela boa lama das fábricas – empaste de escórias metálicas, de suores inúteis, de fuligens celestes –, contundidos e enfaixados os braços, mas impávidos, ditamos nossas primeiras vontades a todos os homens vivos da terra:

1. Queremos cantar o amor do perigo, o hábito da energia e da temeridade.
2. A coragem, a audácia e a rebelião serão elementos essenciais da nossa poesia.
3. Até hoje a literatura tem exaltado a imobilidade pensativa, o êxtase e o sono. Queremos exaltar o movimento agressivo, a insônia febril, a velocidade, o salto mortal, a bofetada e o murro.
4. Afirmamos que a magnificência do mundo se enriqueceu de uma beleza nova: a beleza da velocidade. [...]
7. Já não há beleza senão na luta. Nenhuma obra que não tenha um caráter agressivo pode ser uma obra-prima. A poesia deve ser concebida como um violento assalto contra as forças ignotas para obrigá-las a prostrar-se ante o homem.
8. Estamos no promontório extremo dos séculos!... Por que haveremos de olhar para trás, se queremos arrombar as misteriosas portas do Impossível? O Tempo e o Espaço morreram ontem. Vivemos já o absoluto, pois criamos a eterna velocidade onipresente.
9. Queremos glorificar a guerra – única higiene do mundo –, o militarismo, o patriotismo, o gesto destruidor dos anarquistas, as belas ideias pelas quais se morre e o desprezo da mulher.
10. Queremos destruir os museus, as bibliotecas, as academias de todo tipo, e combater o moralismo, o feminismo e toda vileza oportunista e utilitária.
11. Cantaremos as grandes multidões agitadas pelo trabalho, pelo prazer ou pela sublevação; cantaremos a maré multicor e polifônica das revoluções nas capitais modernas; cantaremos o vibrante fervor noturno dos arsenais e dos estaleiros incendiados por violentas luas elétricas: as estações insaciáveis, devoradoras de serpentes fumegantes: as fábricas suspensas das nuvens pelos contorcidos fios de suas fumaças; as pontes semelhantes a ginastas gigantes que transpõem as fumaças, cintilantes ao sol com um fulgor de facas; os navios a vapor aventurosos que farejam o horizonte, as locomotivas de amplo peito que se empertigam sobre os trilhos como enormes cavalos de aço refreados por tubos e o voo deslizante dos aeroplanos, cujas hélices se agitam ao vento como bandeiras e parecem aplaudir como uma multidão entusiasta. [...]

Em verdade eu vos digo que a frequentação cotidiana dos museus, das bibliotecas e das academias (cemitérios de esforços vãos, calvários de sonhos crucificados, registros de lances truncados!...) é, para os artistas, tão ruinosa quanto a tutela prolongada dos pais para certos jovens embriagados por seu engenho e vontade ambiciosa. Para os moribundos, para os doentes, para os prisioneiros, vá lá: o admirável passado é talvez um bálsamo para tantos os seus males, já que para eles o futuro está barrado... Mas nós não queremos saber dele, do passado, nós, jovens e fortes futuristas!

Bem-vindos, pois, os alegres incendiários com seus dedos carbonizados! Ei-los!... Aqui!... Ponham fogo nas estantes das bibliotecas!... Desviem o curso dos canais para inundar os museus!... Oh, a alegria de ver flutuar à deriva, rasgadas e descoradas sobre as águas, as velhas telas gloriosas!... Empunhem as picaretas, os machados, os martelos e destruam sem piedade as cidades veneradas!

In: CHIPP, H. B. *Teorias da arte moderna*. São Paulo: Martins Fontes, 1999. p. 290-291.

O barulho da rua invade a casa, de Umberto Boccioni, 1911. Óleo sobre tela, 100 cm × 100 cm. Museu Sprengel, Hanover, Alemanha.

O barulho da rua invade a casa, de Umberto Boccioni, 1911. Um dos principais teóricos do futurismo, Boccioni (1882-1916) retrata, em suas telas e esculturas, a vida moderna plena de movimento, dinamismo e força. "Desejo pintar a novidade, o fruto da nossa idade industrial", anotou o artista em seu diário. O nervosismo febril da vida urbana, com seu ritmo alucinante, compõe o cenário tumultuoso da obra de Boccioni. Na tela aqui reproduzida, as formas parecem transparentes, interiores e exteriores interpenetram-se, há sobreposições simultâneas, tal como os acontecimentos que se desenrolam no edifício e na rua.

Ecos no Brasil

O poeta brasileiro Ronaldo Azeredo, do movimento da poesia concreta, também cantou a "beleza da velocidade".

V V V V V V V V V V
V V V V V V V V V E
V V V V V V V V E L
V V V V V V V E L O
V V V V V V E L O C
V V V V V E L O C I
V V V V E L O C I D
V V V E L O C I D A
V V E L O C I D A D
V E L O C I D A D E

AZEREDO, Ronaldo. In: AZEVEDO FILHO, Leodegário A. de. *Poetas do Modernismo*: antologia crítica. Brasília: INL, 1972. p. 195.

LENDO OS TEXTOS

Texto 1

Leia atentamente a estrofe a seguir, um fragmento do poema "Ode triunfal", assinado pelo engenheiro Álvaro de Campos, um dos heterônimos do poeta modernista português Fernando Pessoa.

Ode triunfal

Álvaro de Campos

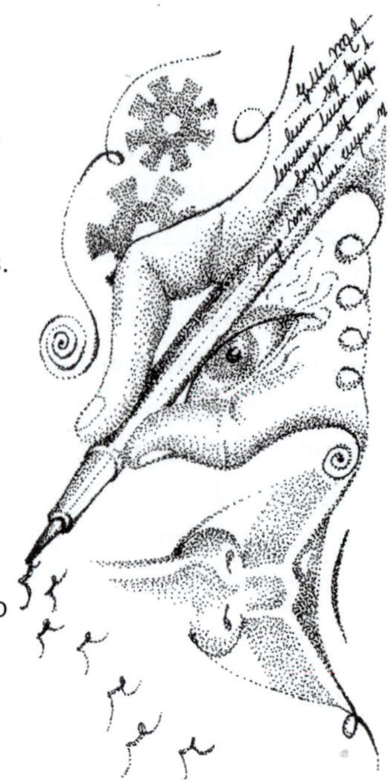
Vera Basile/Arquivo da editora

À dolorosa luz das grandes lâmpadas elétricas da fábrica
Tenho febre e escrevo.
Escrevo rangendo os dentes, fera para a beleza disto,
Para a beleza disto totalmente desconhecida dos antigos.
Ó rodas, ó engrenagens, r-r-r-r-r-r eterno!
Forte espasmo retido dos maquinismos em fúria!
Em fúria fora e dentro de mim,
Por todos os meus nervos dissecados fora,
Por todas as papilas fora de tudo com que eu sinto!
Tenho os lábios secos, ó grandes ruídos modernos,
De vos ouvir demasiadamente de perto,
E arde-me a cabeça de vos querer cantar com um excesso
De expressão de todas as minhas sensações,
Com um excesso contemporâneo de vós, ó máquinas!

Ah, poder exprimir-me todo como um motor se exprime
Ser completo como uma máquina!
Poder ir na vida triunfante como um automóvel último-modelo!
Poder ao menos penetrar-me fisicamente de tudo isto,
Rasgar-me todo, abrir-me completamente, tornar-me passento
A todos os perfumes de óleos e calores e carvões
Desta flora estupenda, negra, artificial e insaciável!

PESSOA, Fernando. *Fernando Pessoa – Obra poética*. Rio de Janeiro: Nova Aguilar, 1977. p. 306.

Atividades

1. O poeta explora a força de alguns vocativos, invocando seres superiores. Destaque três desses vocativos.
2. O poeta afirma que quer cantar as máquinas com a força "de todas as minhas sensações". Destaque os versos que expressam isso.
3. Aponte alguns aspectos característicos do movimento futurista.
4. Que tipo de relação se estabelece entre o enunciador e a máquina?

Texto 2

Leia um fragmento do poema "Carambola publicitária", do angolano António Cardoso (1933-2006). Por causa de sua participação na luta contra a dominação portuguesa, o poeta esteve preso no campo de concentração de Tarrafal, em Cabo Verde.

Carambola publicitária

António Cardoso

Não há nada como a "civilização" (deles) para nos escovar a seco
Ou molhado, nos dependurar na corda bamba em equilíbrios
De prestidigitador encartado, nos lembrar em cada beco
Os nossos dentes, a pele, a mulher, os filhos, o carro, em ludíbrios
Técnicos, cientificamente certos ou errados, qu'importa!,

Interessa era respirar, ver formigas, se ainda existem,
Saber como cheira a terra revoltada de um pomar ou de uma horta,
Provar se a chuva molha na pele e se os cheiros ainda persistem
Nas lavras, no tempo das flores, teimosamente infabricados...
Mesmo aqui na prisão sinto-me ilhado, apontado a dedo,
Espreitado, espevitado, empurrado pelos *slogans* gritados
Por todos os rótulos na memória ou que povoam o meu
degredo:

LUXO – Macio e absorvente!
SUPER VIM com DESINFECTINA!
SUPER PEPSODENTE com PL3 – brancura natural dos dentes!
EXTRA – ideal para roupa delicada! Pastilhas CORIFINA
Vitamina C para fumadores!

De todos os gostos e diferentes,
Mas todos iguais no resultado seguro: na mesma aparecer
Hemorroidas, riscos, nicotinas, nódoas, sub-reptícios cancros,
NA CIRANDA VIDA-E-MORTE.

In: DÁSKALOS, Maria Alexandre; APA, Lívia; BARBEITOS, Arlindo. *Poesia africana de língua portuguesa.* Rio de Janeiro: Lacerda Editores, 2003. p. 97-98.

Atividades

1. Quais são as semelhanças entre o fragmento de António Cardoso e a estrofe de Álvaro de Campos em relação à estética futurista?

2. Apesar de ser possível a aproximação do texto 2 com o futurismo, principalmente no seu aspecto antiburguês, existem algumas diferenças marcantes entre o texto e as propostas futuristas. Quais são elas?

3. A voz poética do segundo poema fala, efetivamente, a partir da cadeia, como fica evidente no décimo verso. Em termos mais gerais, é possível dizer que a voz poética fala de um determinado lugar social, de uma perspectiva própria. Qual seria ela?

4 O expressionismo

O movimento expressionista surgiu em 1910, na Alemanha, trazendo uma forte herança da arte do final do século XIX, preocupada com as manifestações do mundo interior e com a forma de expressá-las. Daí a importância da **expressão**, ou seja, da materialização, em uma tela ou folha de papel, de imagens nascidas em nosso mundo interior, pouco importando os conceitos então vigentes de belo e feio.

O crítico e historiador de arte Dietmar Elger assim abre seu volume sobre o expressionismo:

O termo expressionismo é, em todos os sentidos, multifacetado e vasto, sendo quase impossível defini-lo de forma precisa. Além disso parece ter várias origens. [...] não é possível falar de um estilo expressionista uniforme, com características típicas. [...] o expressionismo parece ser mais a expressão da forma de vida de uma geração jovem, a qual somente tinha um ponto em comum: a rejeição das estruturas políticas e sociais vigentes.

ELGER, Dietmar. *Expressionismo:* uma revolução alemã na arte. Colônia: Taschen, 1998. p. 7.

Reprodução/Museu Brüke, Berna, Suíça.

Numa rua de Berlim, de Ernst Ludwig Kirchner, 1913. Nessa obra, o artista expressionista alemão Kirchner exprime sua visão do mundo moderno, às portas da Primeira Guerra Mundial: os olhares perdidos e as feições distorcidas contrastando com a ostentação das vestimentas; o choque provocado pelas cores vibrantes das figuras em primeiro plano contrastando com a dispersão sombria da multidão.

O que parece ser consensual é que o expressionismo moderno já se manifestara em obras de Edvard Munch, Gauguin e Van Gogh, floresceu na Alemanha e teve seu melhor momento entre os anos de 1905 e 1920 (um crítico de arte, ao se referir à tela *O grito* e contrapô-la às obras impressionistas, teria empregado o termo "expressionismo" pela primeira vez; como já vimos na página 409, a obra foi pintada em 1893). Munch, Gauguin e Van Gogh já manifestavam emoções de medo, angústia, dor e ansiedade por meio do choque provocado por cores vibrantes, distorções e exageros de formas. Desse modo, as figuras humanas retratadas nas telas expressionistas não têm os traços bem definidos; pelo contrário, apresentam rostos e corpos distorcidos, assemelham-se a máscaras, a caricaturas. Exatamente por isso, a partir de 1933, acentua-se o declínio da estética expressionista com a ascensão de Hitler na Alemanha: segundo as novas diretrizes, buscava-se uma arte "pura", "limpa", que retratasse a "superioridade" germânica, jamais uma caricatura.

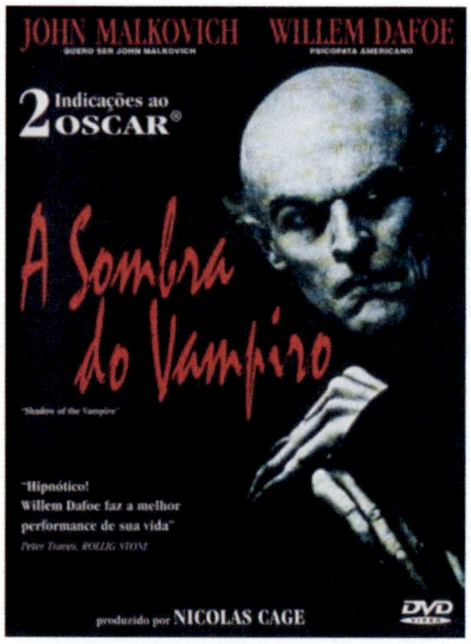

Divulgação/Arquivo da editora

Capa do DVD do filme *A sombra do vampiro*, dirigido por Elias Merhige, em 2000, em produção com os atores John Malkovich e Willem Dafoe. Trata-se de uma recriação da história do conde Drácula, um vampiro. Retoma o clássico filme *Nosferatu*, de F. W. Murnau, produzido em 1922.

Reprodução/Arquivo da editora

Operários no caminho de casa, de Conrad Felixmüller, 1921. Nessa tela, o pintor expressionista alemão Felixmüller registra o momento em que operários voltam para casa após uma jornada de trabalho nas minas de carvão. O sol próximo à linha do horizonte sugerindo a transição dia/noite; o contraste entre a luminosidade amarelo-avermelhada do canto direito superior e o escuro que domina a parte inferior da tela; a luminosidade fria da luz azulada do farol da locomotiva que se desloca no pátio da estação; a luminosidade esverdeada do interior das cabines do trem que se desloca (e corta a tela) da direita para a esquerda do observador; a fumaça do cachimbo: são apelos às sensações do observador, que o tornam participante da cena.

O expressionismo no Brasil

Em 1912, Anita Malfatti, uma jovem paulista de 16 anos, partiu para a Alemanha, já matriculada na Escola de Belas-Artes de Berlim. Lá, entrou em contato com o expressionismo alemão, retornando, maravilhada, em 1914, quando realizou sua primeira exposição, em São Paulo. Sua segunda exposição, em 1917, desencadeou uma série de reações e acabou sendo o fato gerador da mostra de arte moderna que se concretizaria em 1922.

A boba, de Anita Malfatti, 1917. Óleo sobre tela, 61 cm x 50,6 cm. Museu de Arte Contemporânea da USP, São Paulo.

A boba, de Anita Malfatti, 1915-1916. Comentando as primeiras telas consideradas expressionistas, Van Gogh afirmou que, ao distorcer uma imagem para exprimir a visão do artista, essas obras assemelhavam-se à caricatura. É o que se pode perceber, por exemplo, no óleo sobre tela da pintora brasileira reproduzido aqui.

5 O dadaísmo

Em fevereiro de 1916, sob os ruídos da guerra, o alemão Hugo Ball (1886-1927), poeta e filósofo, fundou uma sociedade artística denominada Cabaré Voltaire, que funcionava num bar localizado em um bairro marginal da cidade de Zurique, na neutra Suíça. Ali reuniam-se, entre outros, o francês Jean Arp (1886-1966) e o romeno Tristan Tzara (1896-1963). Eles iniciaram o movimento dadaísta, de caráter anárquico, antirracional, antiburguês, anti-imperialista.

Segundo a versão dadaísta da história, a escolha do nome do movimento reflete seu caráter ilógico e aleatório: enfiaram um estilete ao acaso entre as páginas de um dicionário e a palavra mais estranha daquela página foi a escolhida – o estilete entrou numa das páginas da letra D e lá estava a palavra *dada* (em francês, cavalinho de pau, brinquedo de criança). Nos Estados Unidos, encontrou eco em um grupo de artistas que já procuravam novas expressões e conceitos no campo das artes, como Marcel Duchamp e Francis Picabia (1879-1953).

Conheça alguns *slogans* dadaístas, lançados na cidade de Berlim, em 1919:

DADA
está ao lado
do Proletariado revolucionário
Abra finalmente sua cabeça
Deixe-a livre
para as exigências
de nossa época
Abaixo a arte
Abaixo o
intelectualismo burguês
A arte morreu
Viva
a arte-máquina
de **Tatlin**
DADA
é a destruição voluntária
do
mundo burguês das ideias

Vladimir Tatlin: artista russo engajado na Revolução de 1917, projetou uma imensa estrutura de vidro e ferro, com um cilindro central giratório, mais alta que a Torre Eiffel, que seria construída no centro de Moscou. O projeto não se concretizou.

Fruto de uma longa experiência, de Max Ernst, 1919. Foi em 1916 que o artista alemão Max Ernst (1891-1976) tomou contato com o grupo dadaísta. Em 1920, participou da Exposição Dadaísta da Cervejaria Winter, em Colônia, Alemanha, com a obra aqui reproduzida. A exposição foi fechada pela polícia sob o pretexto de ser obscena.

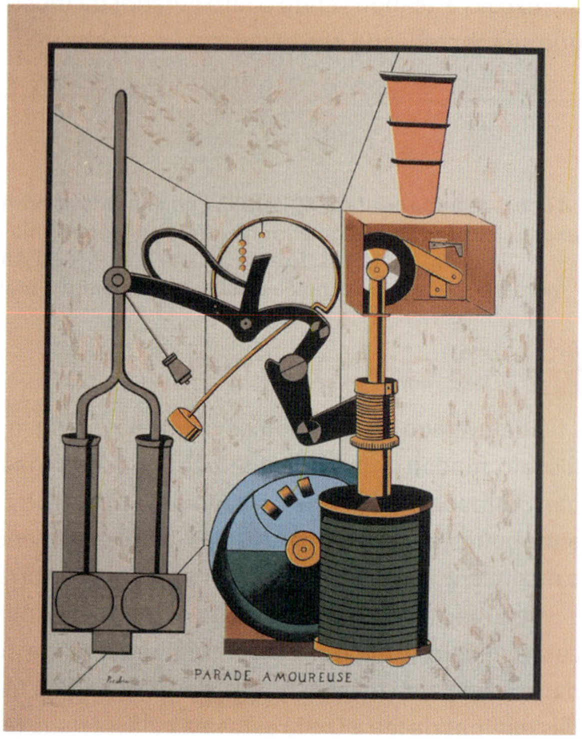

Parade amoureuse, de Francis Picabia, 1917.

Leia, a seguir, fragmentos do *Manifesto dadá*, publicado por Tristan Tzara, em 1918. Na sequência, leia uma "receita", do próprio Tzara, de como fazer um poema dadaísta.

Manifesto DADÁ, 1918

Tristan Tzara

Eu escrevo um manifesto e não quero nada, eu digo portanto certas coisas e sou por princípio contra os manifestos, como sou também contra os princípios [...].

DADÁ – eis uma palavra que conduz as ideias à caça; cada burguês é um pequeno dramaturgo, inventa conversações diferentes, em lugar de colocar as personagens convenientes ao nível de sua inteligência [...].

DADÁ NÃO SIGNIFICA NADA

Que cada homem grite: há um grande trabalho destrutivo, negativo, a executar. Varrer, limpar. A propriedade do indivíduo se afirma após o estado de loucura, de loucura agressiva, completa, de um mundo abandonado entre as mãos dos bandidos que rasgam e destroem os séculos. Sem objetivo nem plano, sem organização: a loucura indomável, a decomposição. [...]

Abolição da lógica, dança dos impotentes da criação: DADÁ; cada objeto, todos os objetos, os sentimentos e as obscuridades, as aparições e o choque preciso das linhas paralelas são meios para o combate: DADÁ; abolição da memória: DADÁ; abolição da arqueologia: DADÁ; abolição dos profetas: DADÁ; abolição do futuro: DADÁ.

Liberdade: DADÁ DADÁ DADÁ, uivos das dores crispadas, entrelaçamento dos contrários e de todas as contradições, dos grotescos, das inconsequências: A VIDA.

In: TELES, Gilberto Mendonça. *Vanguarda europeia e Modernismo brasileiro*. Petrópolis: Vozes, 1972. p. 108-116.

Para fazer um poema dadaísta

Tristan Tzara

Pegue um jornal.
Pegue a tesoura.
Escolha no jornal um artigo do tamanho que você deseja dar a seu poema.
Recorte o artigo.
Recorte em seguida com atenção algumas palavras que formam esse artigo e meta-as num saco.
Agite suavemente.
Tire em seguida cada pedaço um após o outro.
Copie conscienciosamente na ordem em que elas são tiradas do saco.
O poema se parecerá com você.
E ei-lo um escritor infinitamente original e de uma sensibilidade graciosa, ainda que incompreendido do público.

Idem.

Merzpicture 26,41. okola, de Kurt Schwitters, 1926. Colagem, 29 cm × 22,5 cm. Coleção particular.

Merzpicture 26,41. okola, de Kurt Schwitters, 1926. Esse artista dadaísta utilizava em seu trabalho restos de materiais, como madeira, corda, trapos, jornal, passagens de ônibus. Note a analogia da técnica usada nessa obra com os procedimentos recomendados por Tzara em "Para fazer um poema dadaísta". Observados tais procedimentos, o resultado foi um poema de feição casual e aleatória, como esta colagem.

6 O surrealismo

No período que se seguiu à Primeira Guerra Mundial, surge, em grande parte derivado do dadaísmo, o último dos grandes movimentos de vanguarda: o surrealismo. O primeiro manifesto surrealista é divulgado em 1924, assinado por André Breton (1896-1966), que havia participado das últimas rodas dadaístas. A crítica Dawn Ades afirma que:

[...] o Surrealismo nasceu de um desejo de ação positiva, de começar a reconstruir a partir das ruínas do Dadá. Pois, ao negar tudo, o Dadá tinha que terminar negando a si mesmo ("O verdadeiro dadaísta é contra o Dadá"), e isso levou a um círculo vicioso que era necessário romper.

In: STANGOS, N. (Org.). *Conceitos de arte moderna*. Rio de Janeiro: Zahar, 2000. p. 89.

André Breton era médico e tomara contato com os ensinamentos de Sigmund Freud. Segundo o historiador da arte Gombrich, "Os surrealistas ficaram altamente impressionados com os escritos de Sigmund Freud, os quais demonstraram que, quando os nossos pensamentos em estado de vigília são entorpecidos, a criança e o selvagem que existem em nós passam a dominar. Foi essa ideia que fez os surrealistas proclamarem que a arte nunca pode ser produzida pela razão inteiramente desperta. Admitem que a razão pode dar-nos a ciência mas afirmam que só a não razão pode dar-nos a arte". (GOMBRICH, E. H. *História da arte*. Rio de Janeiro: Zahar, 1979.)

Na conferência "Que é surrealismo", em 1934, Breton explica:

Ocupado como estava com Freud, nessa época, e familiarizado com seus métodos de exame, que eu tivera ocasião de praticar sobre doentes durante a guerra, resolvi obter de mim aquilo que se procura obter deles, ou seja, um monólogo que fluísse o mais rapidamente possível, sobre o qual o espírito crítico do sujeito não emita nenhum julgamento, que não se embarace, por conseguinte, com nenhuma reticência e que seja, tão exatamente quanto possível, o pensamento falado. [...]

Como a palavra *surrealismo* nos foi imposta, julguei indispensável, em 1924, defini-la de uma vez por todas:

SURREALISMO, *s.m.* Automatismo psíquico puro pelo qual se pretende exprimir, quer verbalmente, quer por escrito, quer por qualquer outra maneira, o funcionamento real do pensamento. Ditado do pensamento, na ausência de qualquer controle exercido pela razão, fora de qualquer preocupação estética ou moral.

ENCICL. FILOS. O surrealismo repousa na crença na realidade superior de certas formas de associações antes negligenciadas, na onipotência do sonho, no jogo desinteressado do pensamento. Tende a arruinar definitivamente todos os outros mecanismos psíquicos e substituí-los na resolução dos principais problemas da vida.

CHIPP, Herschel B. *Teorias da arte moderna*. São Paulo: Martins Fontes, 1999. p. 417.

Filosofia no Boudoir, de René Magritte, 1947. Óleo sobre tela. Coleção particular.

Filosofia no Boudoir, de René Magritte, 1947.

Na obra de outro surrealista, Salvador Dalí, a influência de Freud é marcante. São temas recorrentes em seus trabalhos: o sexo (e todas as suas atribuições: angústias, medos, frustrações, traumas), a memória (sua permanência ou dissipação, representada por relógios que se diluem), o sono e o sonho.

Reprodução/Museu Thyssen-Bornemisza, Madri, Espanha.

Sonho provocado pelo voo de uma abelha em torno de uma romã, um segundo antes de acordar, de Salvador Dalí, 1944. A romã e a abelha em pleno voo aparecem reduzidas na parte inferior da tela; no entanto, da projeção da romã, à esquerda, salta um peixe, expelindo dois tigres, que se projetam agressivos sobre a mulher, a qual dorme (e sonha). A mulher (um retrato de Gala, esposa do artista) levita, tendo ao fundo o mar azul da inconsciência; a baioneta calada, o elefante com longas pernas de pau e a pirâmide de cristal, que aprisiona uma mulher, são outros elementos freudianos que completam a cena.

O movimento surrealista sofre uma ruptura quando Breton faz uma opção pela arte revolucionária, influenciado que estava pelo marxismo. Muitos dos seguidores do movimento não admitiam o engajamento da arte, criando assim uma divisão entre os surrealistas comunistas e os não comunistas.

TEXTO E INTERTEXTO

Texto 1

Poeminha surrealista

Millôr Fernandes

Gostaria, querida,
De ser inesperado
Como uma madrugada amanhecendo
À noite
E engraçado, também,
Como um pato num trem.

© Millôr Fernandes/Acervo do cartunista

FERNANDES, Millôr. In: *Millôr Fernandes*. São Paulo: Abril Educação, 1980. p. 38. (Literatura Comentada).

Texto 2

Botafogo

Murilo Mendes

Desfilam algas sereias peixes e galeras
E legiões de homens desde a pré-história
Diante do Pão de Açúcar impassível.
Um aeroplano bica a pedra amorosamente
A filha do português debruçou-se à janela
Os anúncios luminosos leem seu busto
A enseada encerrou-se num arranha-céu.

MENDES, Murilo. *Murilo Mendes:* poesia completa & prosa. Rio de Janeiro: Nova Aguilar, 1994. p. 280.

Atividades

1. Destaque uma característica surrealista de cada um dos textos.

2. Assim como Millôr Fernandes ilustrou seu "Poeminha surrealista", em seu caderno, faça uma ilustração para o poema "Botafogo", de Murilo Mendes.

3. Leia o poema e responda à pergunta a seguir.

Noturno

João Cabral de Melo Neto

O mar soprava sinos
os sinos secavam as flores
as flores eram cabeças de santos.

Minha memória cheia de palavras
meus pensamentos procurando fantasmas
meus pesadelos atrasados de muitas noites.

De madrugada, meus pensamentos soltos
voaram como telegramas
e as janelas acesas toda a noite
o retrato da morta
fez esforços desesperados para fugir.

MELO NETO, João Cabral de. *João Cabral de Melo Neto – Obra completa*. Rio de Janeiro: Nova Aguilar, 1994. p. 45.

Você relacionaria o poema de João Cabral a qual das tendências de vanguarda que surgiram na Europa entre 1909 e 1924? Por quê?

4. Leia atentamente o texto abaixo.

O modernismo ou a vanguarda dos franceses é aqui apresentado sob o nome de ..., ou mais exatamente o de ... literário. Evita-se assim o problema da "exatidão terminológica". Não importa, porém, saber se o termo, nascido da observação de Matisse sobre um quadro de Braque, em 1908, deva ou não ser aplicado à literatura, como se, de direito, pertencesse apenas à pintura. Uma das características das artes neste século é justamente a da aproximação de todas elas, uma influenciando a outra e concorrendo todas para a popularização de novas técnicas e linguagens. Na época dos *-ismos*, pelo menos pintura, música, literatura e escultura estiveram juntas nas pesquisas de suas novas formas de expressão.

TELES, Gilberto Mendonça. *Vanguarda europeia e Modernismo brasileiro*. Petrópolis: Vozes, 1972.

a) O texto refere-se a qual tendência de vanguarda?
b) O texto trata de um dos mais importantes aspectos da arte moderna. Qual é ele?
c) Você diria que, nestes primeiros anos do século XXI, as artes ainda apresentam essa característica? Justifique.

Velhos temas novas leituras

AS VANGUARDAS E OS REGIMES TOTALITÁRIOS

Na virada do século XIX para o XX, o pensamento baseado na tradição iluminista encontrava-se em um momento de crise profunda, algo que estava diretamente ligado aos avanços científicos, às crises sociais, ao neocolonialismo e ao aumento da destruição causada pelos conflitos bélicos. A ideia de progresso havia lançado a Europa em um dilema: o crescimento econômico não implicava, necessariamente, melhorias sociais e garantia de paz e liberdade.

Mikhail Kuleshov/RIA Novosti/The Bridgeman Art Library/Keystone

O afiador de facas, de Kasimir Malevich, 1912.

Nesse sentido, não espanta que a inovação estética nas artes tenha sido, mais do que em qualquer outro lugar, extremamente profunda na Rússia revolucionária. Lá, a derrubada do Estado czarista foi acompanhada de profundas transformações sociais e artísticas. Era preciso criar uma nova forma de arte, uma representação e reflexão estética que atendesse aos interesses do povo. Por conta disso, na formação do Estado soviético, a arte de vanguarda esteve presente em diversos veículos oficiais, como nas agências de publicidade e propaganda públicas e nos teatros comunitários.

No entanto, como a arte de vanguarda, por seu potencial libertário, implicava uma ruptura radical com a tradição cultural anterior, em pouco tempo as propostas artísticas mais inovadoras passaram a ser malvistas pelos líderes da revolução. Em consequência, inúmeros artistas foram perseguidos, presos e humilhados publicamente, sendo desacreditados como "incompreensíveis para as massas". Com a ascensão de Josef Stalin (1878-1953) ao poder, a situação se complicou ainda mais; desde o início da década de 1940, o regime soviético impôs uma conduta estética e política aos seus artistas, o chamado "realismo soviético", cujas obras deveriam ser figurativas e didáticas, exaltando o regime bolchevique e o povo soviético. Dessa forma, a inovação dos anos revolucionários se perdeu, dando lugar a uma arte oficial e simplória.

Museu Nacional Russo, São Petersburgo/akg-images/Latinstock

Kirov inspeciona o Desfile do Esporte, de Alexandr Nikolaievich Samochvalov, 1935.

Na Alemanha de Adolf Hitler (1889-1945), a arte de vanguarda também foi perseguida. O Estado nazista, para além de determinado programa político, tinha um projeto estético para a Alemanha. A estética nazista previa a eliminação de grupos que se interpunham à simetria da desejada "pureza" nacional: as raças degradadas, os deficientes, os homossexuais, os liberais e os comunistas não tinham razão de ser nessa sociedade. A denominada "cultura bolchevique e judaica" deveria ser expurgada – era uma ameaça, uma perversão materializada em formas desfiguradas e em matizes gritantes, um símbolo de um mundo decadente, miscigenado e psicótico.

A arte de vanguarda era tida como uma doença que devia ser curada antes que atingisse a raça ariana; a "gravidade" do problema foi escancarada pela propaganda com a exposição "Arte degenerada", organizada em Munique no ano de 1937. Tal exposição utilizou um discurso apelativo e uma organização caótica: obras de artistas como Pablo Picasso, Paul Klee (1879-1940), Marc Chagall (1887-1985) e Piet Mondrian (1872-1944), entre outros, foram amontoadas, denegridas, com estatísticas que comparavam o avanço das doenças físicas e mentais com a difusão da arte moderna.

Para entender melhor as ideias expostas, leia os textos a seguir. O primeiro é um fragmento do poema "Ordem nº 2 ao exército das artes", publicado em 1921, por Vladimir Maiakóvski (1893-1930), um dos maiores expoentes das vanguardas russas. O segundo, um poema do escritor alemão Bertolt Brecht (1898-1956), chamado "Mau tempo para a poesia", foi escrito nos anos iniciais do regime nazista na Alemanha.

Album/akg-images/Latinstock

Anônimo/Universidade de Illinois, EUA.

Público, Hitler e oficiais nazistas visitam a exposição "Arte degenerada".

Texto 1

Ordem nº 2 ao exército das artes

Vladimir Maiakóvski

Basta!
Abaixo,
cuspi
no rimário,
nas árias,
nos róseos açafates
e mais minincolias
do arsenal das artes.
Quem se interessa
por ninharias
como estas "Ah pobre coitado!
Quanto amou sem ter sido amado..."?
Artífices,
é o que o tempo exige,
e não sermonistas de juba.
Ouvi
o gemido das locomotivas,
que lufa das frinchas, do chão:
"Dai-nos, companheiros,
carvão do Don!
Ao depósito, vamos,
serralheiros,
mecânicos!"
[...]

Perdidos em disputas monótonas,
buscamos o sentido secreto,
quando um clamor sacode os objetos:
"Dai-nos novas formas!"

Não há mais tolos boquiabertos,
esperando a palavra do "mestre".
Dai-nos, camaradas uma arte nova
– nova –
que arranque a República da escória.

In: *Poesia russa moderna*. Tradução de Augusto de Campos, Haroldo de Campos e Boris Schnaiderman. São Paulo: Perspectiva, 2001. (Signos; 33). p. 251-252.

Texto 2

Mau tempo para a poesia

Bertolt Brecht

Sim, eu sei: só o homem feliz
É querido. Sua voz
É ouvida com prazer. Seu rosto é belo.

A árvore aleijada no quintal
Indica o solo pobre, mas
Os passantes a maltratam por ser um aleijão
E estão certos.

Os barcos verdes e as velas alegres da baía
Eu não enxergo. De tudo
Vejo apenas a rede partida dos pescadores.
Por que falo apenas
Da camponesa de quarenta anos que anda curvada?
Os seios das meninas
São quentes como sempre.

Em minha canção uma rima
Me pareceria quase uma insolência.

Em mim lutam
O entusiasmo pela macieira que floresce
E o horror pelos discursos do pintor.
Mas apenas o segundo
Me conduz à escrivaninha.

In: BRECHT, Bertolt. *Poemas 1913-1956*. Seleção e tradução de Paulo César de Souza. São Paulo: Editora 34, 2000. p. 226.

1. Vladimir Maiakóvski integrou um grupo de artistas de vanguarda que se intitulavam "cubofuturistas"; a partir da leitura do poema, que principais características do cubofuturismo podem ser identificadas?
2. Qual é a intenção da voz poética no texto de Vladimir Maiakóvski?
3. No poema "Mau tempo para a poesia", quem é o "pintor"?
4. A partir de exemplos retirados do próprio texto, explique o significado do título do poema de Bertolt Brecht.
5. Explique o sentido dos seguintes versos do poema de Brecht: "Em minha canção uma rima / Me pareceria quase uma insolência".
6. Em 2009, o artista plástico alemão Ottmar Hoerl (1950) criou polêmica ao expor, em uma galeria de arte de Nuremberg, a escultura de um anão de jardim dourado fazendo a saudação nazista, reproduzida ao lado. Desde o fim da Segunda Guerra Mundial, qualquer referência ao nazismo é proibida na Alemanha; por isso, o artista chegou a ser motivo de uma investigação por parte das autoridades alemãs, porque, supostamente, poderia estar fazendo apologia ao nazismo. Em sua opinião, qual foi a intenção do artista ao criar tal obra? Você acredita que ele deveria ter sido punido?

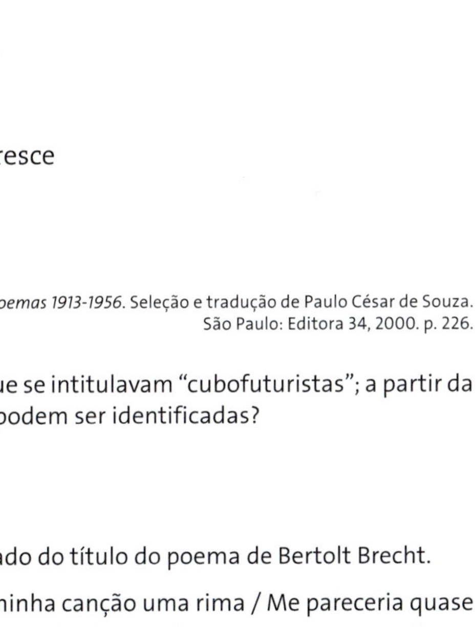

Michael Dalder/Reuters/Latinstock

Escultura de Ottmar Hoerl, 2009.

Vestibulares de Norte a Sul

1. S (UEL-PR) O crítico literário Antonio Candido, referindo-se ao modernismo brasileiro, afirma que muitas das ousadias da vanguarda europeia eram mais coerentes com a nossa tradição cultural do que com a deles.

O hábito que tínhamos do fetichismo negro, dos calungas, dos ex-votos, da poesia folclórica, nos predispunha a aceitar e assimilar processos artísticos que na Europa representaram ruptura profunda com o meio social e as tradições espirituais. Os nossos modernistas se informaram pois rapidamente da arte europeia de vanguarda, [...] e plasmaram um tipo ao mesmo tempo local e universal de expressão, reencontrando a influência europeia por um mergulho do detalhe brasileiro.

(CANDIDO, A. *Literatura e sociedade*. São Paulo: Ed. Nacional, 1965. p. 145.)

Com base no texto de Antonio Candido e nos conhecimentos sobre o tema, é correto afirmar:

I. O caráter primitivo do fetichismo negro, dos calungas, dos ex-votos e da poesia folclórica não representava uma ruptura profunda com o meio social e as tradições espirituais dos modernistas brasileiros porque a cultura brasileira é marcada, entre outras coisas, por um alto hibridismo cultural.

II. As vanguardas europeias conviviam com uma sociedade de tradição racionalista, em estágio de industrialização avançada e, por esta razão, o interesse destas vanguardas pelas culturas tidas como "primitivas" representava uma profunda ruptura com o seu meio social e, sobretudo, com sua tradição estética.

III. Embora a influência das vanguardas europeias esteja presente no modernismo brasileiro, ela tomou uma feição diversa porque foi adaptada às peculiaridades das nossas condições culturais, econômicas e políticas; consequentemente, os modernistas "plasmaram um tipo ao mesmo tempo local e universal de expressão".

IV. O modernismo brasileiro ignorou as ideias das vanguardas europeias, embora nossos artistas tenham se informado rapidamente sobre a nova arte produzida do outro lado do oceano Atlântico; mais que um movimento de renovação das artes, ele foi instrumento de manutenção ideológica da tradição colonialista e latifundiária brasileira.

Assinale a alternativa que contém todas as alternativas corretas.

a) I e II.
b) I e IV.
c) III e IV.
d) I, II e III.
e) II, III e IV.

2. CO (UnB-DF)

Na Europa, Oswald de Andrade conviveu com intelectuais, artistas e boêmios e, por intermédio deles, entrou em contato com o Manifesto Futurista, do escritor ítalo-francês Filippo Marinetti. Esse texto havia sido divulgado, três anos antes da chegada de Oswald à Europa, pelo jornal parisiense *Le Figaro* e ainda exercia enorme influência sobre a vanguarda europeia. O futurismo defendia uma arte que captasse o impacto das novas tecnologias no cotidiano. A velocidade do automóvel, o movimento da máquina, o ruído das engrenagens – tudo isso constituía a matéria que a poesia e a pintura deveriam celebrar, de maneira inovadora, original. As imagens na tela deveriam não mais tentar imitar a natureza, mas distorcê-la. As palavras estavam livres das regras de versificação.

IL VESTITO ANTINEUTRALE
Manifesto futurista

Internet: <www.moderneiros.files.wordpress.com>.

No Manifesto, constavam proposições como as apresentadas a seguir. "Já não há beleza senão na luta. Nenhuma obra que não tenha um caráter agressivo pode ser uma obra-prima. A poesia deve ser concebida como um violento assalto contra as forças ignotas para obrigá-las a prostrar-se ante o homem."

Internet: <www.historiadaarte.com.br/futurismo.html> (com adaptações).

Considerando a imagem e o texto, julgue os itens seguintes, colocando **C** para as afirmações corretas e **E** para as erradas.

( ) Depreende-se do texto que, na perspectiva do futurismo, o impacto das tecnologias, no início do século XX, no cotidiano da sociedade deveria ser representado, nas produções artísticas, não como imitação, mas de modo inusitado e distanciado dos modelos convencionais.

( ) O desenho impresso no manifesto é exemplo de imagem modernista, na qual fica evidenciada a negação de valores tradicionais da arte acadêmica.

( ) O movimento futurista mostrou-se revolucionário ao romper com a percepção humana do tempo: o futuro, antes condicionado pelo passado, pela tradição, passou a representar uma aventura completamente desconhecida. No âmbito da filosofia, esse novo valor atribuído ao tempo futuro serviu de fundamento para se rediscutir o conceito de liberdade.

( ) Opõe-se à ideia de beleza defendida no Manifesto Futurista, conforme se depreende do segundo parágrafo do texto a perspectiva filosófica de Nietzsche de que os seres, em geral, e o homem, em particular, são, de fato, movidos por uma vontade de potência, uma vontade originária que impulsiona os seres, vivos ou não, a continuarem seus movimentos de expansão em todos os sentidos possíveis, como as águas de um rio que inundam as margens que as oprimem e que a beleza consiste em assumir plenamente essa vontade de potência.

CAPÍTULO 22

O Modernismo em Portugal: Fernando Pessoa e seus heterônimos

Dudley Wood/Alamy/Latinstock

Escultura do poeta português Fernando Pessoa, de bronze, por Lagoa Henriques, em frente ao café A Brasileira, no Chiado, em Lisboa, Portugal.

As vanguardas e o Modernismo em Portugal

As vanguardas europeias chegaram a Portugal sobretudo por meio da revista *Orpheu*, que, em 1915, apresentou ao público português as discussões que ganhavam força em outros países da Europa, destacando-se por sua influência na literatura produzida a partir daquele momento no país.

Com essa publicação e as discussões desencadeadas por ela, despontariam os artistas decisivos do Modernismo português, entre eles Fernando Pessoa (1888-1935), Mário de Sá-Carneiro (1890-1916) e Almada Negreiros (1893-1970).

Cabeça cubofuturista, de Santa-Rita Pintor, 1910-1912.

A máscara do olho verde, de Amadeo de Sousa-Cardoso, 1915.

Autorretrato com boné, de Almada Negreiros, 1927.

- *As três obras aqui reproduzidas, de artistas portugueses, retratam rostos ou máscaras. Observe os traços, as cores e as composições como um todo e responda: que características dessas pinturas podem levar o observador a concluir que elas, produzidas entre as duas primeiras décadas do século XX, sofreram influência das vanguardas europeias?*

O Modernismo português

O Modernismo português teve, como marco inicial, a publicação do primeiro número de *Orpheu – Revista trimestral de literatura*, em março de 1915. Contando com a participação de, entre outros, Fernando Pessoa, Mário de Sá-Carneiro, Almada Negreiros e do brasileiro Ronald de Carvalho (1893-1935), a revista teve ainda um segundo e último número, datado de junho de 1915. O terceiro número, embora planejado, não chegou a ser editado, em razão do suicídio de Mário de Sá-Carneiro, responsável pelos compromissos financeiros da revista.

Os anos iniciais do Modernismo português coincidem com uma nova situação mundial, consequência da Primeira Guerra Mundial (1914-1918), da Revolução Russa (1917) e da afirmação dos Estados Unidos da América no cenário internacional.

Particularmente difíceis para Portugal foram os anos da guerra, uma vez que estavam em jogo as colônias ultramarinas, alvo da cobiça das grandes potências europeias desde o final do século XIX. Somava-se a isso uma crise na política interna, que datava da proclamação da República, em 1910.

Os primeiros anos do governo republicano foram marcados por sucessivas e violentas crises (o próprio Partido Republicano esfacelava-se em várias correntes). A iminência de uma guerra mundial e a disputa pelas colônias africanas completaram o quadro, despertando nos portugueses um profundo nacionalismo, manifestado em duas correntes: os saudosistas e os integralistas.

Houve, assim, uma volta ao passado, às Grandes Navegações, à grandiosidade do Império, ao sebastianismo, às glórias de *Os Lusíadas*. O próprio Fernando Pessoa chegou a mencionar, em 1912, um "supra-Camões":

> [...] deve estar para muito breve o inevitável aparecimento do poeta ou poetas supremos desta corrente e da nossa terra, porque fatalmente o Grande Poeta que este movimento gerará deslocará para segundo plano a figura até agora primacial de Camões. [...] Mas é precisamente por isso que mais concluível se nos afigura o próximo aparecer de um supra-Camões na nossa terra.
>
> PESSOA, Fernando. In: *Fernando Pessoa – Obras em prosa*. 4. ed. Rio de Janeiro: Nova Aguilar, 1985.

Revista *Orpheu*, n. 1, Lisboa, jan.-mar. 1915. Há testemunhos de violentas reações da opinião pública lusitana ante a publicação do primeiro número da revista *Orpheu*, tendo seus colaboradores sido chamados de "loucos, insanos" e apontados ameaçadoramente nas ruas de Lisboa.

Parte de painel tríptico *A partida dos emigrantes*, de Almada Negreiros, 1947-1949. José de Almada Negreiros foi, ao lado de Fernando Pessoa e Mário de Sá-Carneiro, um dos idealizadores da revista *Orpheu*. Pronunciou a primeira conferência futurista em Portugal. Pintor, desenhista, poeta e romancista, escreveu os mais polêmicos manifestos dos anos iniciais do Modernismo português.

Charge de Rafael Bordalo. Ilustra a situação das colônias portuguesas no fim do século XIX. Os inocentes cordeiros (colônias como Angola e Moçambique, entre outras) são espreitados por lobos famintos (outras nações europeias que cobiçavam esses territórios).

Foi nesse quadro de referências que se formou em Portugal um dos fenômenos literários mais fantásticos e polêmicos de todos os tempos: **Fernando Pessoa e seus heterônimos**.

Fernando Pessoa, criador de poetas

Navegadores antigos tinham uma frase gloriosa:
"Navegar é preciso; viver não é preciso."
Quero para mim o espírito desta frase, transformada a forma para casar com o que sou:
"Viver não é necessário; o que é necessário é criar."

Fernando Pessoa, poeta português, em *Palavras de pórtico*.

Todos os textos de Fernando Pessoa reproduzidos neste capítulo foram retirados de *Fernando Pessoa: obra poética*. Rio de Janeiro: Nova Aguilar, 1977.

Em carta ao escritor João Gaspar Simões, Fernando Pessoa se explica: "O ponto central de minha personalidade como artista é que sou um poeta dramático; tendo continuamente, em tudo quanto escrevo, a exaltação íntima do poeta e a despersonalização do dramaturgo. Voo outro – eis tudo".

A mais rica, densa e intrigante faceta de Pessoa é sua capacidade de se despersonalizar e se reconstruir em outros personagens, todos eles igualmente poetas. E a esses "vários poetas" Fernando Pessoa deu uma biografia, caracteres físicos, traços de personalidade, formação cultural... Assim é que, além de Fernando Pessoa ele mesmo, "nasceram" seus heterônimos: os poetas Alberto Caeiro, Ricardo Reis e Álvaro de Campos. É importante não confundir **heterônimo** com **pseudônimo**. Pseudônimo é um nome falso, sob o qual alguém se oculta. O heterônimo vai além: é outro nome, outra personalidade, outra individualidade – diferente, portanto, do criador.

Fernando Pessoa

Fernando Antônio Nogueira Pessoa (1888-1935), aos cinco anos, órfão de pai, acompanha sua mãe que vai viver em Durban, África do Sul. Só retorna definitivamente a Lisboa em 1905, matriculando-se no Curso Superior de Letras, que em breve abandonaria. Na década de 1910, colabora em várias revistas de caráter nacionalista, ao mesmo tempo que entra em contato com as vanguardas europeias. Em 1915, quando do lançamento da revista *Orpheu*, sua produção literária é intensa, notadamente no que se refere à criação dos heterônimos. Sua vida pessoal foi marcada por crises nervosas, excessos alcoólicos, solidão; falece aos 47 anos, vítima de cirrose hepática.

Na "Nota preliminar", reproduzida abaixo, Pessoa discorre sobre a criação de "um poeta que seja vários poetas".

Para entender melhor esse fenômeno da heteronímia, transcrevemos, no texto 2, trechos de uma carta enviada por Pessoa a seu amigo e crítico literário Adolfo Casais Monteiro (1908-1972), datada de 13 de janeiro de 1935. Nessa carta, o próprio Fernando Pessoa relata a origem dos heterônimos e as características de cada um deles. Acreditamos que sua leitura é fundamental.

Leia esses textos e faça as atividades propostas na sequência.

LENDO OS TEXTOS

Texto 1

Nota preliminar

Fernando Pessoa

O primeiro grau da poesia lírica é aquele em que o poeta, concentrado no seu sentimento, exprime esse sentimento. Se ele, porém, for uma criatura de sentimentos variáveis e vários, exprimirá como que uma multiplicidade de personagens, unificadas somente pelo temperamento e o estilo. Um passo mais, na escala poética, e temos o poeta que é uma criatura de sentimentos vários e fictícios, mais imaginativo do que sentimental, e vivendo cada estado de alma antes pela inteligência que pela emoção. Este poeta exprimir-se-á como uma multiplicidade de personagens, unificadas, não já pelo temperamento e o estilo, pois que o temperamento está substituído pela imaginação, e o sentimento pela inteligência, mas tão somente pelo simples estilo. Outro passo, na mesma escala de despersonalização, ou seja, de imaginação, e temos o poeta que em cada um dos seus estados mentais vários se integra de tal modo nele que de todo se despersonaliza, de sorte que, vivendo analiticamente esse estado da alma, faz dele como que a expressão de um outro personagem, e, sendo assim, o mesmo estilo tende a variar. Dê-se o passo final, e teremos um poeta que seja vários poetas. Um poeta dramático escrevendo em poesia lírica. Cada grupo de estados de alma mais aproximados insensivelmente se tornará uma personagem, com estilo próprio, com sentimentos porventura diferentes, até opostos, aos típicos do poeta na sua pessoa viva. [...]

Por qualquer motivo temperamental que me não proponho analisar, nem importa que analise, construí dentro de mim várias personagens distintas entre si e de mim, personagens essas a que atribuí poemas vários que não são como eu, nos meus sentimentos e ideias, os escreveria.

Assim têm estes poemas de Caeiro, os de Ricardo Reis e os de Álvaro de Campos que ser considerados. Não há que buscar em quaisquer deles ideias ou sentimentos meus, pois muitos deles exprimem ideias que não aceito, sentimentos que nunca tive. Há simplesmente que os ler como estão, que é aliás como se deve ler.

Disponível em: <http://arquivopessoa.net/textos/1728>. Acesso em: 16 ago. 2014.

Retrato de Fernando Pessoa, de Almada Negreiros, 1964.

Atividades

1. No texto 1, Fernando Pessoa fala sobre o processo de despersonalização do poeta. Para tanto, estabelece uma escala de quatro graus.

   Para melhor compreender o texto, responda:

   a) A partir de que grau o poeta passa a substituir o sentimento pela inteligência?

   b) A partir de que grau se concretiza o processo de despersonalização, variando, até mesmo, o estilo do poeta?

   c) No quarto e último grau dessa escala, dado o passo final, temos a completa despersonalização, que não é apenas a variação do estilo: o poeta "cria" outros poetas. Esses "outros poetas" têm a mesma visão de mundo do poeta criador?

   d) Considerando a escala proposta por Fernando Pessoa, faça as relações em seu caderno:

(1) 1º grau	(a) o temperamento varia, o estilo permanece único
(2) 2º grau	(b) o poeta se multiplica em outros poetas
(3) 3º grau	(c) a produção poética é unificada pelo temperamento e o estilo
(4) 4º grau	(d) o estilo e o temperamento variam

2. Quando um autor de teatro ou de romances cria personagens que pensam, agem, defendem suas ideias, enfim, têm uma vida própria (que não pode ser confundida com a do autor), você diria que ele está mais próximo de que grau, na escala estabelecida por Fernando Pessoa?

3. Em várias de suas composições, Chico Buarque assume uma persona feminina; são exemplos "Atrás da porta", "Tatuagem", "Com açúcar e com afeto", "Olhos nos olhos", entre outras. Nessas composições, por meio de um trabalho de imaginação e intelecto, o autor expressa sentimentos que não são seus, mas de variadas personagens femininas. Entretanto, em todas elas podemos reconhecer o estilo inconfundível de seu autor. Em que grau dessa escala você situaria Chico Buarque?

4. "[...] assim este tipo de poeta lírico é em geral monocórdio, e os seus poemas giram em torno de determinado número, em geral pequeno, de emoções. Por isso, neste gênero de poetas, é vulgar dizer-se, porque com razão, que um é 'um poeta do amor', outro 'um poeta da saudade', um terceiro 'um poeta da tristeza'." (Fernando Pessoa)

   A que grau dessa escala se refere o trecho acima?

5. No último parágrafo do texto, Fernando Pessoa situa sua obra poética em relação a essa escala. Em qual grau? Justifique.

Texto 2

Carta de Fernando Pessoa a Adolfo Casais Monteiro (fragmentos)

[...]

Passo agora a responder à sua pergunta sobre a gênese dos meus heterônimos. Vou ver se consigo responder-lhe completamente.

Começo pela parte psiquiátrica. A origem dos meus heterônimos é o fundo traço de histeria que existe em mim. Não sei se sou simplesmente histérico, se sou, mais propriamente, um histero-neurastênico. Tendo para esta segunda hipótese, porque há em mim fenômenos de abulia que a histeria, propriamente dita, não enquadra no registro dos seus sintomas. Seja como for, a origem mental dos meus heterônimos está na minha tendência orgânica e constante para a despersonalização e para a simulação. [...]

[...] Vou agora fazer-lhe a história direta dos meus heterônimos. Começo por aqueles que morreram, e de alguns dos quais já me não lembro – os que jazem perdidos no passado remoto da minha infância quase esquecida.

Desde criança que tive a tendência para criar em meu torno um mundo fictício, de me cercar de amigos e conhecidos que nunca existiram. (Não sei, bem entendido, se realmente não existiram, ou se sou eu que não existo. Nestas coisas, como em todas, não devemos ser dogmáticos.) Desde que me conheço como sendo aquilo a que chamo eu, me lembro de precisar mentalmente, em figura, movimentos, caráter e história, várias figuras irreais que eram para mim tão visíveis e minhas como as coisas daquilo a que chamamos, porventura abusivamente, a vida real. [...]

Lembro, assim, o que me parece ter sido o meu primeiro heterônimo, ou, antes, o meu primeiro conhecido inexistente – um certo Chevalier de Pas dos meus seis anos, por quem escrevia cartas dele a mim mesmo, e cuja figura, não inteiramente vaga, ainda conquista aquela parte da minha afeição que confina com a saudade. [...]

Esta tendência para criar em mim um outro mundo, igual a este mas com outra gente, nunca me saiu da imaginação. Teve várias fases, entre as quais esta, sucedida já em maioridade. Ocorria-me um dito de espírito, absolutamente alheio, por um motivo ou outro, a quem eu sou ou a quem suponho que sou. Dizia-o, imediatamente, espontaneamente, como sendo de certo amigo meu, cujo nome inventava, cuja história acrescentava, e cuja figura – cara, estatura, traje e gesto – imediatamente eu via diante de mim. E assim arranjei, e propaguei, vários amigos e conhecidos que nunca existiram, mas que ainda hoje, a perto de trinta anos de distância, oiço, sinto, vejo. Repito: oiço, sinto, vejo... E tenho saudades deles.

Alberto Caeiro, por Mário Botas.

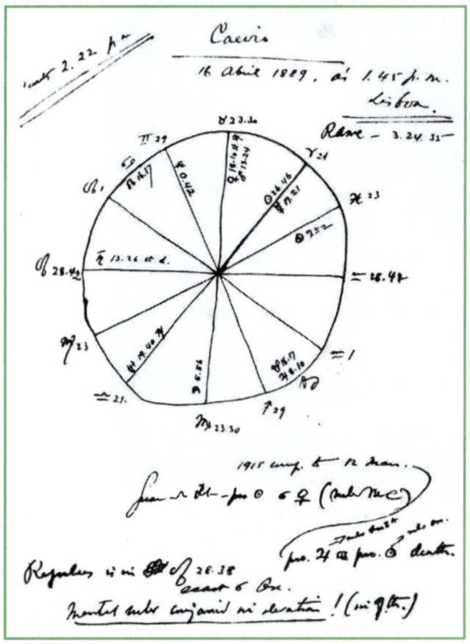

Horóscopo de Caeiro, feito por Fernando Pessoa.

[...] Basta de maçada para si, Casais Monteiro! Vou entrar na gênese dos meus heterônimos literários, que é afinal o que V. quer saber. Em todo o caso, o que vai dito acima dá-lhe a história da mãe que os deu à luz.

Aí por 1912, salvo erro (que nunca pode ser grande), veio-me à ideia escrever uns poemas de índole pagã. Esbocei umas coisas em verso irregular (não no estilo Álvaro de Campos, mas num estilo de meia regularidade), e abandonei o caso. Esboçara-se-me, contudo, numa penumbra mal urdida, um vago retrato da pessoa que estava a fazer aquilo. (Tinha nascido, sem que eu soubesse, o Ricardo Reis.)

Ano e meio, ou dois anos depois, lembrei-me um dia de fazer uma partida ao Sá-Carneiro – de inventar um poeta bucólico, de espécie complicada, e apresentar-lho, já me não lembro como, em qualquer espécie de realidade. Levei uns dias a elaborar o poeta mas nada consegui. Num dia em que finalmente desistira – foi em 8 de março de 1914 – acerquei-me de uma cômoda alta, e, tomando um papel, comecei a escrever, de pé, como escrevo sempre que posso. E escrevi trinta e tantos poemas a fio, numa espécie de êxtase cuja natureza não conseguirei definir. Foi o dia triunfal da minha vida, e nunca poderei ter outro assim. Abri com um título – "O Guardador de Rebanhos". E o que se seguiu foi o aparecimento de alguém em mim, a quem dei desde logo o nome de Alberto Caeiro. Desculpe-me o absurdo da frase: aparecera em mim o meu mestre. Foi essa a sensação imediata que tive. E tanto assim que, escritos que foram esses trinta e tantos poemas, imediatamente peguei noutro papel e escrevi, a fio, também, os seis poemas que constituem a "Chuva Oblíqua", de Fernando Pessoa. Imediatamente e totalmente... Foi o regresso de Fernando Pessoa Alberto Caeiro a Fernando Pessoa ele só. Ou melhor, foi a reação de Fernando Pessoa contra a sua inexistência como Alberto Caeiro.

Álvaro de Campos, por Mário Botas.

Ricardo Reis, por Mário Botas.

Aparecido Alberto Caeiro, tratei logo de lhe descobrir – instintiva e subconscientemente – uns discípulos. Arranquei do seu falso paganismo o Ricardo Reis latente, descobri-lhe o nome, e ajustei-o a si mesmo, porque nessa altura já o via. E, de repente, em derivação oposta à de Ricardo Reis, surgiu-me impetuosamente um novo indivíduo. Num jato, e à máquina de escrever, sem interrupção nem emenda, surgiu a "Ode Triunfal" de Álvaro de Campos – a Ode com esse nome e o homem com o nome que tem.

[...]

Mais uns apontamentos nesta matéria... Eu vejo diante de mim, no espaço incolor mas real do sonho, as caras, os gestos de Caeiro, Ricardo Reis e Álvaro de Campos. Construí-lhes as idades e as vidas. Ricardo Reis nasceu em 1887 (não me lembro do dia e mês, mas tenho-os algures), no Porto, é médico e está presentemente no Brasil. Alberto Caeiro nasceu em 1889 e morreu em 1915; nasceu em Lisboa, mas viveu quase toda a sua vida no campo. Não teve profissão nem educação quase alguma. Álvaro de Campos nasceu em Tavira, no dia 15 de outubro de 1890 (à 1:30 da tarde, diz-me o Ferreira Gomes; e é verdade, pois, feito o horóscopo para essa hora, está certo). Este, como sabe, é engenheiro naval (por Glasgow), mas agora está aqui em Lisboa em inatividade. Caeiro era de estatura média, e, embora realmente frágil (morreu tuberculoso), não parecia tão frágil como era. Ricardo Reis é um pouco, mas muito pouco, mais baixo, mais forte, mais seco. Álvaro de Campos é alto (1,75 de altura, mais dois centímetros do que eu), magro e um pouco tendente a curvar-se. Cara rapada todos – o Caeiro louro, sem cor, olhos azuis; Reis, de um vago moreno mate; Campos, entre branco e moreno, tipo vagamente de judeu português, cabelo, porém, liso e normalmente apartado ao lado, monóculo. Caeiro, como disse, não teve mais educação que quase nenhuma – só instrução primária; morreram-lhe cedo o pai e a mãe, e deixou-se ficar em casa, vivendo de uns pequenos rendimentos. Vivia com uma tia velha, tia-avó. Ricardo Reis, educado num colégio de jesuítas, é, como disse, médico; vive no Brasil desde 1919, pois se expatriou espontaneamente por ser monárquico; é um latinista por educação alheia e um semi-helenista por educação própria. Álvaro de Campos teve uma educação vulgar de liceu; depois foi mandado para a Escócia estudar engenharia, primeiro mecânica e depois naval. Numas férias, fez a viagem ao Oriente de onde resultou o "Opiário". Ensinou-lhe latim um tio beirão que era padre.

Como escrevo em nome desses três?... Caeiro por pura e inesperada inspiração, sem saber ou sequer calcular que iria escrever. Ricardo Reis, depois de uma deliberação abstrata, que subitamente se concretiza numa ode. Campos quando sinto um súbito impulso para escrever e não sei o quê. [...] Caeiro escrevia mal o português. Campos razoavelmente, mas com lapsos como dizer "eu próprio" em vez de "eu mesmo", etc. Reis melhor do que eu, mas com um purismo que considero exagerado. [...]

Disponível em: <http://arquivopessoa.net/textos/3007>. Acesso em: 21 maio 2014.

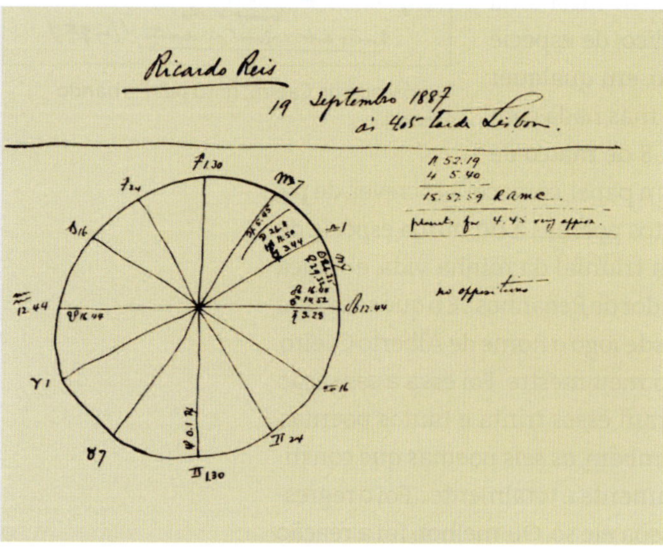

Horóscopo de Ricardo Reis, feito por Fernando Pessoa.

Atividades

1. A leitura da carta de Fernando Pessoa dá uma ideia desse fenômeno incrível vivido pelo poeta. Como diz o próprio Pessoa na continuação dessa carta, parece que estamos "em meio a um manicômio". Mas, acrescentaríamos: extremamente sadio, lógico e coerente. Difícil é acreditar que esses heterônimos de fato não existiram, já que são individualidades distintas: têm nome, profissão, escolaridade, parentes e ideologia, que se materializa em distintos discursos e leituras de mundo. Aliás, é isso que nos permite classificar Caeiro, Reis e Campos como heterônimos e não simples pseudônimos (nomes falsos).

   Releia atentamente a carta e levante características físicas, ideológicas e poéticas de cada um dos heterônimos de Pessoa.

2. Discuta com seus colegas e o professor esses dados e elaborem, em conjunto, um quadro. Guardem esse quadro, vocês vão usá-lo em uma atividade mais adiante neste capítulo.

Alberto Caeiro, o conceito direto das coisas

Para Alberto Caeiro, as coisas são como são. É o que Álvaro de Campos, recordando seu mestre, afirmava ser "o conceito direto das coisas". Por isso, seu mundo é o mundo do real-sensível (ou real-objetivo), é tudo aquilo que existe e que percebemos pelos sentidos. Engana-se, porém, aquele que vê nessa postura de Caeiro ausência de reflexão; ela é, ao contrário, apenas outra forma de pensar.

Acreditamos ser esta a principal característica da obra de Caeiro: a incessante e incansável descoberta de uma natureza em que tudo flui, tudo está em constante transformação (por isso é preciso olhar para as coisas como se fosse a primeira vez). Álvaro de Campos afirma ter ouvido a seguinte frase de Caeiro: "Toda a coisa que vemos, devemos vê-la sempre pela primeira vez, porque realmente é a primeira vez que a vemos".

LENDO OS TEXTOS

Texto 1

Poema II, de *O guardador de rebanhos*

Alberto Caeiro

O meu olhar é nítido como um girassol.
Tenho o costume de andar pelas estradas
Olhando para a direita e para a esquerda,
E de vez em quando olhando para trás...
E o que vejo a cada momento
É aquilo que nunca antes eu tinha visto,
E eu sei dar por isso muito bem...
Sei ter o pasmo essencial
que tem uma criança se, ao nascer,
Reparasse que nascera deveras...
Sinto-me nascido a cada momento
Para a eterna novidade do Mundo...

Creio no mundo como num malmequer,
Porque o vejo. Mas não penso nele
Porque pensar é não compreender...
O Mundo não se fez para pensarmos nele
(Pensar é estar doente dos olhos)
Mas para olharmos para ele e estarmos de acordo...

Eu não tenho filosofia: tenho sentidos...
Se falo na Natureza não é porque saiba o que ela é,
Mas porque a amo, e amo-a por isso,
Porque quem ama nunca sabe o que ama
Nem sabe por que ama, nem o que é amar...

Amar é a eterna inocência,
E a única inocência não pensar...

Texto 2

Poema IX, de *O guardador de rebanhos*

Alberto Caeiro

Sou um guardador de rebanhos.
O rebanho é os meus pensamentos
E os meus pensamentos são todos sensações.
Penso com os olhos e com os ouvidos
E com as mãos e os pés
E com o nariz e a boca.

Pensar uma flor é vê-la e cheirá-la
E comer um fruto é saber-lhe o sentido.

Por isso quando num dia de calor
Me sinto triste de gozá-lo tanto.
E me deito ao comprido na erva,
E fecho os olhos quentes,
Sinto todo o meu corpo deitado na realidade,
Sei a verdade e sou feliz.

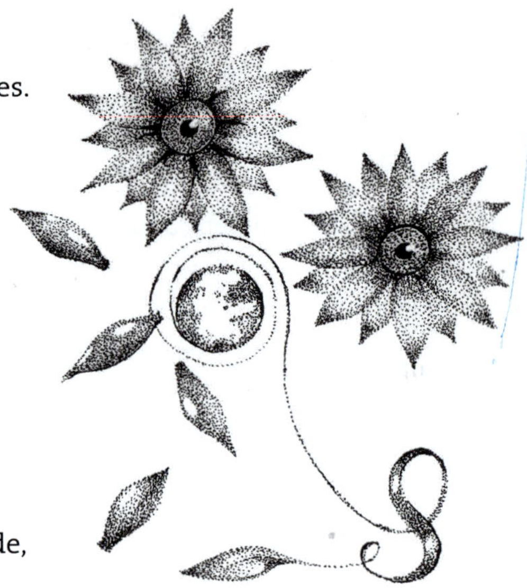

Vera Basile/Arquivo da editora

PESSOA, Fernando. In: *Fernando Pessoa – Obra poética*. 3. ed. Rio de Janeiro: José Aguilar, 1969.

Atividades

1. Uma das principais características de Caeiro é a sua maneira de "pensar". Comente-a e justifique com versos dos poemas transcritos.
2. Álvaro de Campos afirma ter ouvido a seguinte frase de Caeiro: "Toda a coisa que vemos, devemos vê-la sempre pela primeira vez, porque realmente é a primeira vez que a vemos". Com base na leitura dos poemas, comente essa afirmação de Caeiro.
3. Podemos afirmar que a postura de Caeiro é indicadora de ausência de reflexão? Comente.

Texto 3

Poema X, de *O guardador de rebanhos*

Alberto Caeiro

Olá, guardador de rebanhos,
Aí à beira da estrada,
Que te diz o vento que passa?

Que é vento, e que passa,
E que já passou antes,
E que passará depois,
E a ti o que te diz?

Muita cousa mais do que isso.
Fala-me de muitas outras cousas.
De memórias e de saudades
E de cousas que nunca foram.

Nunca ouviste passar o vento.
O vento só fala do vento.
O que lhe ouviste foi mentira,
E a mentira está em ti.

Idem.

Alberto Caeiro, em desenho de Almada Negreiros.

Atividades

1. O poema tem a estrutura de um diálogo. Caracterize os interlocutores e identifique a fala de cada um.

2. Caeiro era o mestre dos demais heterônimos e a natureza era sua mestra. Daí a valorização da ordem natural, dos sentidos e sua relação direta com as coisas ("O que nós vemos das cousas são as cousas. Por que veríamos nós uma cousa se houvesse outra?" nos ensina o poeta). Destaque um verso do poema que comprove essa afirmação.

Álvaro de Campos, um futurista inadaptado

Campos é um poeta futurista, um homem do século XX, das fábricas, da energia elétrica, das máquinas, da velocidade; é um inadaptado, vive à margem de qualquer conduta social. Daí ser o poeta do não, "histericamente histérico", no dizer de Fernando Pessoa, que ainda acrescenta: "Pus em Álvaro de Campos toda a emoção". Mas engana-se quem pensar que Campos é só emoção, sistema nervoso, febre; ele é, principalmente, lucidez.

LENDO O TEXTO

Lisbon revisited

(1923)

Álvaro de Campos

Não: não quero nada.
Já disse que não quero nada.

Não me venham com conclusões!
A única conclusão é morrer.

Não me tragam estéticas!
Não me falem em moral!

Tirem-me daqui a metafísica!
Não me apregoem sistemas completos, não me enfileirem conquistas
Das ciências (das ciências, Deus meu, das ciências!) –
Das ciências, das artes, da civilização moderna!

Que mal fiz eu aos deuses todos?

Álvaro de Campos, em desenho de Almada Negreiros.

Se têm a verdade, guardem-na!

Sou um técnico, mas tenho técnica só dentro da técnica.
Fora disso sou doido, com todo o direito a sê-lo.
Com todo o direito a sê-lo, ouviram?

Não me macem, por amor de Deus!

Queriam-me casado, fútil, quotidiano e tributável?
Queriam-me o contrário disto, o contrário de qualquer coisa?
Se eu fosse outra pessoa, fazia-lhes, a todos, a vontade.
Assim, como sou, tenham paciência!
Vão para o diabo sem mim,
Ou deixem-me ir sozinho para o diabo!
Para que havermos de ir juntos?

Não me peguem no braço!
Não gosto que me peguem no braço. Quero ser sozinho.
Já disse que sou sozinho!
Ah, que maçada quererem que eu seja de companhia!

Ó céu azul – o mesmo da minha infância –
Eterna verdade vazia e perfeita!
Ó macio Tejo ancestral e mudo,
Pequena verdade onde o céu se reflete!
Ó mágoa revisitada, Lisboa de outrora de hoje!
Nada me dais, nada me tirais, nada sois que eu me sinta.

Deixem-me em paz! Não tardo, que eu nunca tardo...
E enquanto tarda o Abismo e o Silêncio quero estar sozinho!

Idem.

Atividades

1. Como o eu poético se relaciona com os padrões sociais?
2. Que tipo de relação pode ser estabelecida entre o eu poético e Álvaro de Campos?
3. Observe que as frases de Campos, no texto, são curtas e, em sua maioria, exclamativas ou interrogativas. Justifique o uso desses sinais de pontuação no texto, relacionando-os ao conteúdo do poema.
4. Vários textos de Álvaro de Campos evocam uma melancólica saudade da infância, de tempos remotos, destruídos e irrecuperáveis. Destaque um verso do texto em que esse tipo de saudade se manifesta.

Ricardo Reis, a cultura clássica revisitada

Ricardo Reis é um poeta de inspiração neoclássica, horaciano na constante preocupação de "gozar o momento". Para ele, a vida se resume a breves momentos, a instantes volúveis; e "gozar o momento" significa estar atento a tudo o que a vida oferece, vivendo serenamente, sem excessos, "com o mínimo de dor ou gozo", conforme mostram os versos a seguir.

Mas tal como é, gozemos o momento,
Solenes na alegria levemente,
E aguardando a morte
Como quem a conhece.

Idem.

LENDO O TEXTO

Texto 1

Uns, com os olhos postos no passado,
Veem o que não veem; outros, fitos
os mesmos olhos no futuro, veem
O que não pode ver-se.

Por que tão longe ir pôr o que está perto –
A segurança nossa? Este é o dia,
Esta é a hora, este o momento, isto
É quem somos, e é tudo.

Perene flui a interminável hora
Que nos confessa nulos. No mesmo hausto
Em que vivemos, morreremos. Colhe
O dia, porque és ele.

Idem.

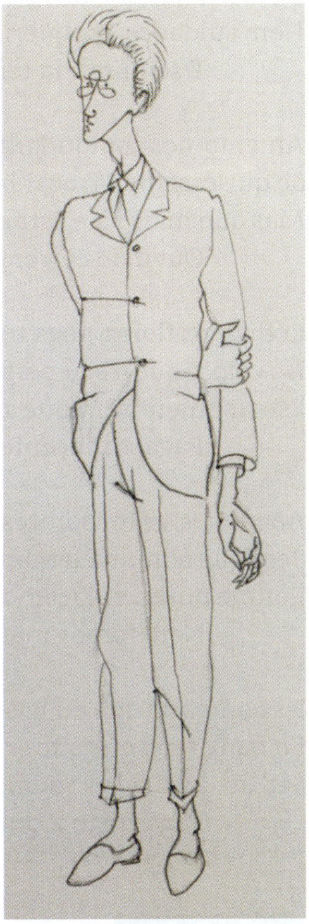

Ricardo Reis, em desenho de Almada Negreiros.

Atividades

1. São versos do poeta latino Horácio, que estudamos anteriormente: "Mesmo enquanto falamos, o tempo, / Malvado, nos escapa: aproveita o dia de hoje, e não te fies no amanhã". Por qual expressão latina ficou conhecida essa preocupação de aproveitar o momento presente?
2. O que se entende por "a interminável hora que nos confessa nulos"?
3. Justifique o emprego dos pronomes demonstrativos na segunda estrofe.
4. Observe as formas pronominais e verbais e comente o percurso que o enunciador faz em seu discurso.
5. Considerando que hausto significa "sopro", qual o argumento que o enunciador utiliza para justificar que "tu és o dia, colhe-o"?

Texto 2

Vem sentar-te comigo, Lídia, à beira do rio.
Sossegadamente fitemos o seu curso e aprendamos
Que a vida passa, e não estamos de mãos enlaçadas.
(Enlacemos as mãos.)

Depois pensemos, crianças adultas, que a vida
Passa e não fica, nada deixa e nunca regressa,
Vai para um mar muito longe, para ao pé do Fado,
Mais longe que os deuses.

Desenlacemos as mãos, porque não vale a pena cansarmo-nos.
Quer gozemos, quer não gozemos, passamos como o rio.
Mais vale saber passar silenciosamente
E sem desassossegos grandes.

Sem amores, nem ódios, nem paixões que levantam a voz,
Nem invejas que dão movimento demais aos olhos,
Nem cuidados, porque se os tivesse o rio sempre correria,
E sempre iria ter ao mar.

Amemo-nos tranquilamente, pensando que podíamos,
Se quiséssemos, trocar beijos e abraços e carícias,
Mas que mais vale estarmos sentados ao pé um do outro
Ouvindo correr o rio e vendo-o.

Colhamos flores, pega tu nelas e deixa-as
No colo, e que o seu perfume suavize o momento –
Este momento em que sossegadamente não cremos em nada,
Pagãos inocentes da decadência.

Ao menos, se for sombra antes, lembrar-te-ás de mim depois
Sem que a minha lembrança te arda ou te fira ou te mova,
Porque nunca enlaçamos as mãos, nem nos beijamos
Nem fomos mais do que crianças.

E se antes do que eu levares o óbolo ao **barqueiro sombrio**,
Eu nada terei que sofrer ao lembrar-me de ti.
Ser-me-ás suave à memória lembrando-te assim – à beira-rio.
Pagã triste e com flores no regaço.

Idem.

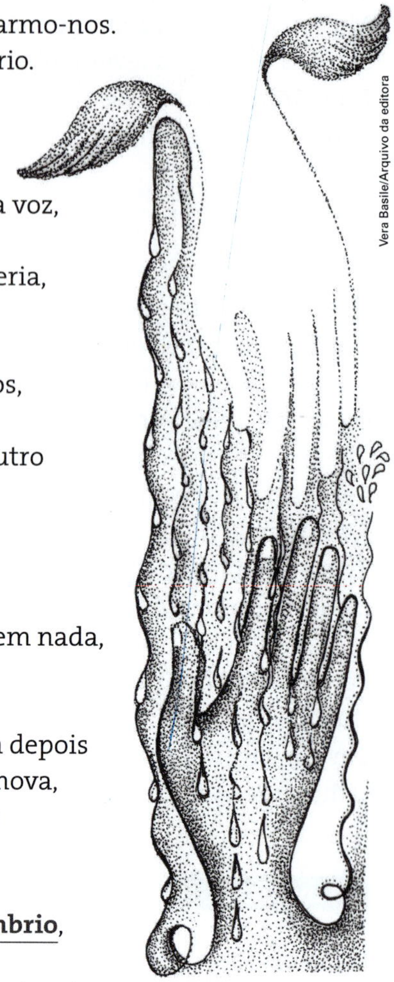
Vera Basile/Arquivo da editora

barqueiro sombrio: segundo a mitologia grega, quando alguém morria, era levado pelo deus Hermes até o Hades, onde bebia a água do rio Lete, que trazia o esquecimento da vida terrena, e atravessava o rio Estige em uma barca, conduzida pelo severo **Caronte**, o **barqueiro sombrio**. Como pagamento, o barqueiro recebia um **óbolo**, a moeda de menor valor, que os parentes colocavam na boca do falecido. O morto atravessava então os portões monumentais, eternamente guardados por **Cérbero**, cão de três cabeças e cauda de serpente, que permitia a entrada de todos, porém não deixava ninguém sair.

Atividades

1. Epicuro, filósofo grego que viveu entre 341 e 270 a.C., pregava que o homem devia procurar sobretudo uma vida calma e tranquila, sem prazeres violentos nem dependência dos outros. Você diria que Ricardo Reis é epicurista? Justifique a resposta com elementos do texto.

2. Percebe-se bucolismo na poesia de Ricardo Reis? Em caso positivo, justifique.

3. Nas duas últimas estrofes há, de forma eufemística, referências à morte. Aponte um eufemismo em cada estrofe do texto 2.

4. Após a morte de um dos parceiros (duas últimas estrofes), a lembrança não resultará em grande sofrimento. Por quê?

5. O crítico português Lino Moreira da Silva, comentando esse poema, afirma: "É integrado nesse cenário que o poeta se ocupa em esboçar a sua filosofia de vida. E fá-lo (instituindo como adjuvante a figura de Lídia) em quatro momentos distintos, que poderemos sintetizar do modo seguinte:

   1º momento – a vida é fugaz
   2º momento – (por isso) qualquer compromisso é inútil
   3º momento – deverá procurar-se a serenidade
   4º momento – (e assim) a morte não causará perturbação".

   O poema estrutura-se em oito estrofes; relacione-as a cada um dos quatro momentos citados.

Trocando ideias

- Retome o quadro, elaborado na atividade 2 da página 437, sobre as características dos heterônimos de Fernando Pessoa baseadas nos trechos da carta do poeta que você leu.
- Releia os poemas de cada um deles reproduzidos neste capítulo nas seções "Lendo os textos" e compare as características do eu lírico de cada um deles com os aspectos pessoais relativos à cultura dessas personalidades e às ideias que interessam a elas.
- Discuta com os colegas e o professor: há coerência nessas criações poéticas? Cada eu lírico se mostra coerente com as características pessoais percebidas pelo poeta em seus heterônimos?

Fernando Pessoa, ele mesmo, e a tradição da poesia lírica

A produção ortônima ("nome correto") apresenta-se multifacetada, aspecto reconhecido pelo próprio poeta, que dizia, sobre o *Cancioneiro*, título de tal produção: "*Cancioneiro* (ou outro título igualmente inexpressivo) reuniria vários dos muitos poemas soltos que tenho, e que são por natureza inclassificáveis".

Podem os poemas ser inclassificáveis, mas o título do livro não é tão inexpressivo, pois realça duas características da poesia ortônima: a tradição lírica lusitana (a palavra *cancioneiro* nos remete às cantigas medievais) e a musicalidade.

LENDO O TEXTO

Autopsicografia

Fernando Pessoa

O poeta é um fingidor.
Finge tão completamente
Que chega a fingir que é dor
A dor que **deveras** sente.

E os que leem o que escreve,
Na dor lida sentem bem,
Não as duas que ele teve,
Mas só a que eles não têm.

E assim nas **calhas de roda**
Gira, a entreter a razão,
Esse **comboio** de corda
Que se chama o coração.

Idem.

Reprodução/Centro de Estudos Pessoanos, Lisboa, Portugal.

Fernando Pessoa, em desenho de Almada Negreiros.

auto (do grego *autós*): "de si mesmo", "por si próprio" (usado sempre como elemento de composição); **psicografia** (do grego *psyché*, "intelecto", "espírito", "alma", "mente" + *graphein*, "escrita", "registro"): descrição da mente, análise psicológica.

calhas de roda: trilhos.

comboio: trem; comboio de corda: trenzinho movido a corda.

deveras: realmente, verdadeiramente.

Atividades

1. Na primeira estrofe do poema, Fernando Pessoa trabalha com um jogo de palavras. Quais são essas palavras? Que ideia o autor transmite?
2. O poema afirma que o poeta sente duas dores (terceiro verso da segunda estrofe). Explique quais são e como se manifestam.
3. Na segunda estrofe aparecem vários verbos, alguns no singular, outros no plural (*leem*, *escreve*, *sentem*, *teve*, *têm*). Interprete os vários sujeitos, substituindo os pronomes por substantivos.
4. Qual a relação estabelecida entre o poeta e os leitores?
5. Explique a relação estabelecida entre coração e razão, na última estrofe.

Fundação Calouste Gulbenkian, Lisboa, Portugal.

No detalhe dos óculos, a leitura de mundo de cada heterônimo: Álvaro de Campos, o eterno viajante, tem um navio estampado; Ricardo Reis, o neoclássico, tem uma escultura clássica; Alberto Caeiro, o bucólico pastor, tem uma árvore. Fernando Pessoa, em primeiro plano, tem um pássaro em pleno voo: "voo outro – eis tudo".

Fernando Pessoa, ele mesmo, revisitando Camões

Reprodução/<www.presidenciarepublica.pt>

Brasão português.

Mensagem, único livro do poeta publicado em vida, em língua portuguesa é constituído de 44 poemas – divididos em três partes: I. Brasão; II. Mar portuguez; III. O encoberto – e escrito numa linguagem que alterna construções contemporâneas com vocabulário e sintaxe quinhentistas.

Na primeira parte, o poeta toma como referencial o brasão português, representado por dois campos (espaços): sete castelos amarelos no campo vermelho e cinco quinas azuis no campo branco. Cada castelo corresponde a um personagem ligado à formação do Estado português, desde Ulisses (o fundador, segundo a lenda) até d. João I, o Mestre de Avis. Cada quina corresponde a um personagem ligado às navegações, desde d. Duarte até d. Sebastião.

Na segunda parte, Pessoa exalta os navegadores e seus esforços na conquista dos mares; essa conquista é encarada como uma missão que Portugal deveria cumprir.

Na terceira, o poeta manifesta sentimentos ambíguos: de um lado, a melancolia, a tristeza advinda do fato de Portugal ainda não ter cumprido sua missão; de outro, a esperança da realização dessa missão e da edificação do Quinto Império, sempre respaldada no mito sebastianista.

TEXTO E INTER-TEXTO

Apresentamos, a seguir, alguns pontos de intertextualidade entre *Mensagem*, de Fernando Pessoa, e *Os Lusíadas*, de Camões.

Texto 1

O mostrengo

(em* Mensagem, *parte II)

Fernando Pessoa

O mostrengo que está no fim do mar
Na noite de breu ergueu-se a voar;
À roda da nau voou trez vezes,
Voou trez vezes a chiar,
E disse, "Quem é que ousou entrar
Nas minhas cavernas que não desvendo,
Meus tectos negros do fim do mundo?"
E o homem do leme disse, tremendo,
"El-Rei D. João Segundo!"

"De quem são as velas onde me roço?
De quem as quilhas que vejo e ouço?"
Disse o mostrengo, e rodou trez vezes,
Trez vezes rodou imundo e grosso,
"Quem vem poder o que só eu posso,
Que moro onde nunca ninguém me visse
E escorro os medos do mar sem fundo?"
E o homem do leme tremeu, e disse,
"El-Rei D. João Segundo!"

Trez vezes do leme as mãos ergueu,
Trez vezes ao leme as reprendeu,
E disse no fim de tremer trez vezes,
"Aqui ao leme sou mais do que eu:
Sou um Povo que quer o mar que é teu;
E mais que o mostrengo, que me a alma teme
E roda nas trevas do fim do mundo,
Manda a vontade, que me ata ao leme,
De El-Rei D. João Segundo!"

Idem.

Vera Basile/Arquivo da editora

Texto 2

O gigante Adamastor

(em* Os Lusíadas, *estrofes 39 e 40 do Canto V)

Camões

Não acabava, quando uma figura
Se nos mostra no ar, robusta e válida,
De disforme e grandíssima estatura,
O rosto carregado, a barba esquálida,
Os olhos encovados, e a postura
Medonha e má, e a cor terrena e pálida,
Cheios de terra e crespos os cabelos,
A boca negra, os dentes amarelos.

Tão grande era de membros, que bem posso
Certificar-te, que este era o segundo
De Rodes estranhíssimo Colosso,
Que um dos sete milagres foi do mundo:
Com um tom de voz nos fala horrendo e grosso,
Que pareceu sair do mar profundo:
Arrepiam-se as carnes e o cabelo
A mim e a todos, só de ouvi-lo e vê-lo.

CAMÕES, Luís de. *Os Lusíadas*. São Paulo: Saraiva, 1960. v. 1.

Atividades

1. O poema "O mostrengo" remete imediatamente a um famoso episódio de *Os Lusíadas*: no Canto V, Vasco da Gama descreve a passagem pelo cabo das Tormentas, personificado na figura do Gigante Adamastor.
   a) O que representam o mostrengo e o Gigante Adamastor?
   b) O que representa o homem que está ao leme? Justifique a resposta com palavras do texto.

2. Em *Palavras de pórtico*, Fernando Pessoa recupera uma antiga frase que insuflava coragem aos marinheiros: "Navegar é preciso; viver não é preciso". Você diria que o espírito dessa frase está presente no poema? Justifique sua resposta.

3. Fernando Pessoa afirmava que as várias poesias de *Mensagem* deveriam ser lidas em conjunto, como se fossem um único poema. Associando essa afirmação à temática da obra (que, originalmente, se intitularia Portugal), você diria que o livro *Mensagem* se aproxima de que gênero literário?

4. Em *Os Lusíadas*, tendo Vasco da Gama como enunciador, escreve Camões:

   Eis aqui, quase cume da cabeça,
   De Europa toda, o Reino Lusitano,
   Onde a terra se acaba e o mar começa

   Idem.

   Em *Mensagem*, escreve Fernando Pessoa:

   ### Primeiro / O dos castelos

   A Europa jaz, posta nos cotovelos:
   De Oriente a Ocidente jaz, fitando,
   E toldam-lhe românticos cabelos
   Olhos gregos, lembrando.

   O cotovelo esquerdo é recuado;
   O direito é em ângulo disposto.
   Aquele diz Itália onde é pousado;
   Este diz Inglaterra onde, afastado,

   A mão sustenta, em que se apoia o rosto.
   Fita, com olhar sphyngico e fatal,
   O Ocidente, futuro do passado.

   O rosto com que fita é Portugal.

   PESSOA, Fernando. *Fernando Pessoa – Obra poética*, cit.

A Europa jaz..., desenho de Almada Negreiros, 1943.

   a) O que se percebe em comum na descrição que os dois poetas fazem da Europa?
   b) Os poemas de *Mensagem* promovem uma retomada da época áurea do Império português, carregada de misticismo, mas terminam sempre com certa melancolia porque "não se cumpriu o destino de Portugal". Que verso revela essa frustração?

Velhos temas novas leituras

A FICCIONAL HETERONÍMIA DE FERNANDO PESSOA COMO TEMA DE OUTRAS FICÇÕES

Um poeta que se desdobra em outros, criando "indivíduos" bem constituídos e com características próprias definidas, que possuem obras distintas e de alta qualidade – como se pode imaginar, esse fato psíquico-literário despertou enorme interesse da crítica. No entanto, não só os teóricos se intrigaram com o fenômeno; mais interessante é perceber como a heteronímia de Pessoa tornou-se matéria para a criação ficcional, sendo mote para a elaboração de interessantes obras literárias. Obras essas que, a partir da riqueza do assunto motivador, versam sobre a vida de Fernando Pessoa, sobre Portugal da primeira metade do século XX e sobre o próprio fazer literário.

Das obras ficcionais sobre os heterônimos de Fernando Pessoa, podemos citar duas bastante distintas entre si: o romance *O ano da morte de Ricardo Reis*, de José Saramago (1922-2010), publicado em 1984; e a pequena novela *Os três últimos dias de Fernando Pessoa, um delírio*, de Antonio Tabucchi (1943--2012). Esta última, um texto bastante curto e pontuado de informações biográficas acerca do poeta português – Tabucchi, além de importante literato, era um estudioso da obra de Pessoa –, foi baseada em uma interessante ideia: nos seus três últimos dias de vida, quando já está internado por conta de uma crise hepática, Fernando Pessoa recebe a visita de seus heterônimos, com os quais entabula diálogos acerca da literatura e da vida. No entanto, a novela peca pela falta de uma estrutura consistente e pela escrita muito elementar e ligeira.

Rebeca Yanke/Wikimedia Commons

Antonio Tabucchi.

O romance de José Saramago, por sua vez, é uma obra densa e notável. A trama gira em torno do heterônimo Ricardo Reis, que, após ter se exilado no Brasil quando da queda da monarquia portuguesa, volta a seu país natal ao saber, por meio de um telegrama enviado por Álvaro de Campos, da morte de Fernando Pessoa. O personagem, "duplamente ficcional", sujeito pacato e compositor de odes inspiradas nos clássicos gregos e latinos, depara com uma Europa posta em crise e pontuada pela ascensão de regimes totalitários. Em meio a inesperados e curiosos diálogos com um Fernando Pessoa já morto, Ricardo Reis vai, paulatinamente, mudando sua postura e entrando em contato com o mundo que o cerca, percebendo que não há como observar a vida a distância, pois a vida está sempre perto.

Oscar Elias/Alamy/Glow Images

José Saramago.

Texto 1

Os três últimos dias de Fernando Pessoa, um delírio

Antonio Tabucchi

Amou alguém realmente?, sussurrou Pessoa.

Amei realmente alguém, respondeu Campos em voz baixa.

Então o absolvo, disse Pessoa, absolvo-o, acreditava que você, em toda a sua vida, só tivesse amado a teoria.

Não, disse Campos achegando-se à cama, amei a vida também, e se em minhas odes futuristas e furibundas fiz pilhérias, se em minhas poesias niilistas destruí tudo, até a mim mesmo, saiba que em minha vida também amei, com dor consciente.

Pessoa levantou a mão e fez um gesto esotérico. Disse: Absolvo-o, Álvaro, vá com os deuses sempiternos, se você teve alguns amores, se teve um único amor, está absolvido, porque é uma pessoa humana, sua humanidade é que o absolve.

[...]

Sabe, Fernando, disse ele, tenho saudades de quando era poeta decadente, da época em que fiz aquela viagem de transatlântico pelos mares do Oriente, ah, naquela época teria sido capaz de escrever versos à lua, e asseguro-lhe, à noite, no convés, quando havia bailes a bordo, a lua era tão cenográfica, era tão minha. Mas naquela época eu era bobo, fazia ironia sobre a vida, não sabia gozar a vida que me era concedida, e assim perdi a chance, e a vida me escapou.

E depois?, perguntou Pessoa.

E depois dei de decifrar a realidade, como se a realidade fosse decifrável, e veio o desânimo. E com o desânimo, o niilismo. Depois, nunca mais acreditei em nada, nem sequer em mim mesmo. E hoje estou aqui, à sua cabeceira, como um trapo sem qualquer serventia, fiz as malas para lugar nenhum, e o meu coração é um balde esvaziado.

[...]

Bem, caro Fernando, disse ele, precisava dizer-lhe todas estas coisas agora que talvez estejamos para nos separar, tenho de ir, os outros também virão visitá-lo, eu sei, e a você não resta muito tempo, adeus.

Campos colocou a capa sobre os ombros, pôs o monóculo no olho direito, fez um rápido gesto de despedida com a mão, abriu a porta, deteve-se por um instante e repetiu: Adeus, Fernando. E depois sussurrou: Talvez nem todas as cartas de amor sejam ridículas. E fechou a porta.

TABUCCHI, Antonio. *Os três últimos dias de Fernando Pessoa, um delírio.* Trad. Roberta Barni. Rio de Janeiro: Rocco, 1997. p. 21-23.

Texto 2

O ano da morte de Ricardo Reis

José Saramago

Acomodado, recostado no sofá do escritório, Fernando Pessoa perguntou, trançando a perna, Quem era aquele seu amigo, Não é meu amigo, Ainda bem, só o cheiro que ele deitava, há cinco meses ando eu com este fato e esta camisa, sem mudar a roupa interior, e não cheiro assim, mas se não é amigo, quem é ele então, e o tal doutor-adjunto que tanto parece estimá-lo, São ambos da polícia, no outro dia fui chamado a perguntas, Supunha-o homem pacífico, incapaz de perturbar as autoridades, Sou, de facto, um homem pacífico, Alguma você terá feito para que o chamassem, Vim do Brasil, não fiz mais nada, Querem ver que a sua Lídia estava virgem e foi, triste e desonrada, queixar-se, Ainda que a Lídia fosse virgem e eu a deflorasse, não seria à Polícia de Vigilância e Defesa do Estado que iria levar queixa, Foi essa que o chamou a si, Foi, E eu a imaginar que tinha sido caso para polícia de costumes, Os meus costumes são bons, pelo menos não ficam desfavorecidos em comparação com a maldade dos costumes gerais, Você nunca me falou dessa história policiária, Não tive ocasião, e você deixou de aparecer, Fizeram-lhe mal, ficou preso, vai ser julgado, Não, tive apenas de responder a umas perguntas, que gente conheci no Brasil, por que foi que voltei, que relações criei em Portugal desde que cá estou, teria muita graça se lhes tivesse falado de mim, Teria muita graça eu dizer-lhes que de vez em quando encontro o fantasma de Fernando Pessoa, Perdão, meu caro Reis, eu não sou nenhum fantasma, Então, que é, Não lhe saberei responder, mas fantasma não sou, um fantasma vem do outro mundo, eu limito-me a vir do cemitério dos Prazeres, Enfim, é Fernando Pessoa morto, o mesmo que era Fernando Pessoa vivo, De certa e inteligente maneira, isso é exacto, Em todo caso, estes nossos encontros seriam difíceis de explicar à polícia, Você sabe que eu, um dia, fiz aí uns versos contra o Salazar, E ele, deu pela sátira, suponho que seria sátira, Que eu saiba, não, Diga-me, Fernando, quem é, que é este Salazar que nos calhou em sorte, é o ditador português, o protector, o pai, o professor, o poder manso, um quarto de sacristão, um quarto de sibila, um quarto de Sebastião, um quarto de Sidónio, o mais apropriado possível aos nossos hábitos e índole, Alguns pês e quatro esses, Foi coincidência, não pense que andei a procurar palavras que principiassem pela mesma letra, Há pessoas que têm essa mania, exultam com as aliterações, com as repetições aritméticas, cuidam que graças a elas ordenam o caos do mundo, Não devemos censurá-las, são gente ansiosa, como os fanáticos da simetria, O gosto da simetria, meu caro Fernando, corresponde a uma necessidade vital de equilíbrio, é uma defesa contra a queda, Como a maromba utilizada pelos equilibristas, Tal qual, mas, voltando ao Salazar, quem diz muito bem dele é a imprensa estrangeira, Ora, são artigos encomendados pela propaganda, pagos com dinheiro do contribuinte, lembro-me de ouvir dizer, Mas olhe que a imprensa de cá também se derrete em louvações, pega-se num jornal e fica-se logo a saber que este povo português é o mais próspero e feliz da terra, ou está para muito breve, e que as outras nações só terão a ganhar se aprenderem conosco, O vento sopra desse lado, Pelo que estou a ouvir, você não acredita muito nos jornais, Costumava lê-los, Diz essas palavras num tom que parece de resignação, Não, é apenas o que fica de um longo cansaço, você sabe como é, faz-se um grande esforço físico, os músculos fatigam-se, ficam lassos, apetece fechar os olhos e dormir, Tem sono, Ainda sinto o sono que tinha em vida, Estranha coisa é a morte, Mais estranho ainda, olhando-a do lado em que estou, é verificar que não há duas mortes iguais, estar morto não é o mesmo para todos os mortos, há casos em que transportamos para cá todos os fardos da vida. Fernando Pessoa fechou os olhos, apoiou a cabeça no encosto do sofá, pareceu a Ricardo Reis que duas lágrimas lhe assomavam entre as pálpebras [...]. De repente, Fernando Pessoa abriu os olhos, sorriu, Imagine você que sonhei que estava vivo, Terá sido ilusão sua, Claro que foi ilusão, como todo o sonho, mas o que é interessante não é um morto sonhar que está vivo, afinal ele conheceu a vida, deve saber do que sonha, interessante é um vivo sonhar que está morto, ele que não sabe o que é a morte, Não tarda muito e você me diga que morte e vida é tudo um, Exactamente, meu caro Reis, vida e morte é tudo um, Você já disse hoje três coisas diferentes, que não há morte, que há morte, agora diz-me que morte e vida são o mesmo, Não tinha outra maneira de resolver a contradição que as duas primeiras afirmações representavam, e dizendo isto Fernando Pessoa teve um sorriso sábio, é o mínimo que deste sorriso se poderia dizer, se tivermos em conta a gravidade e a importância do diálogo.

SARAMAGO, José. *O ano da morte de Ricardo Reis*. São Paulo: Companhia das Letras, 2011. p. 308-311.

1. No fragmento da novela de Antonio Tabucchi, como é possível caracterizar a postura de Álvaro de Campos? Explique.

2. A última fala de Álvaro de Campos, na novela de Tabucchi, faz referência a um famoso poema do heterônimo de Fernando Pessoa. Realize uma breve pesquisa e descubra que poema é esse. Depois, responda: em sua opinião, o sentido do poema condiz com a postura de Álvaro de Campos na novela?

3. Formalmente, a narrativa de José Saramago é marcada por um aspecto bastante peculiar. Qual é ele?

4. No trecho do romance de Saramago, como Fernando Pessoa entende a figura do ditador Salazar?

5. No diálogo entre Fernando Pessoa e Ricardo Reis, surge o tema da simetria, que possui um duplo sentido. Qual é esse duplo sentido?

6. No final do trecho do romance de Saramago, Fernando Pessoa resolve uma contradição afirmando que "vida e morte é tudo um". Como é possível conectar essa afirmação com os assuntos abordados por Pessoa em sua obra poética?

7. Na literatura brasileira contemporânea, um dos poetas de destaque foi o paulista José Paulo Paes (1926-1998), principalmente no que diz respeito a seus versos marcados pela intertextualidade. A seguir, reproduzimos um de seus poemas cujo sentido está diretamente ligado à obra de Fernando Pessoa e ao fenômeno da heteronímia.

Falso diálogo entre Pessoa e Caeiro

José Paulo Paes

– a chuva me deixa triste...
– a chuva me deixa molhado

PAES, José Paulo. *Um por todos:* poesia reunida. São Paulo: Brasiliense, 1986. p. 79.

a) O poema de José Paulo Paes é um "falso diálogo entre Pessoa e Caeiro". Atribua os versos a seus supostos falantes.
b) É possível afirmar que o poema de José Paulo Paes tem características humorísticas? Em caso afirmativo, quais são elas?
c) Agora é sua vez: não deixando de ressaltar as particularidades de suas obras poéticas, elabore um diálogo entre Alberto Caeiro e Fernando Pessoa.

Vestibulares de Norte a Sul

1. NE (UFPE) Fernando Pessoa é considerado o maior poeta do primeiro modernismo português, pela genial versatilidade de sua criação.

Leia o poema reproduzido abaixo e analise as questões seguintes.

Gato que brincas na rua
Como se fosse na cama,
Invejo a sorte que é tua
Porque nem sorte se chama.

Bom servo das leis fatais
Que regem pedras e gentes,
Que tens instintos gerais
E sentes só o que sentes.

És feliz porque és assim,
Todo o nada que és é teu.
Eu vejo-me e estou sem mim,
Conheço-me e não sou eu.

(Fernando Pessoa, *Obra Poética*.)

( ) Fernando Pessoa, o ortônimo, escreveu uma poesia diversificada. Além de seu cancioneiro, dialogou, por exemplo, com a literatura quinhentista, como no caso da obra *Mensagem*; compôs poemas dramáticos, poemas ingleses e quadras ao gosto popular.

( ) No poema lido, o olhar do eu lírico se move para as coisas ínfimas, para o pormenor, o que desperta a reflexão filosófica e faz encontrar nessas coisas significados maiores.

( ) Tal como em "Tabacaria", do heterônimo Álvaro de Campos, em que o poeta se fixa na rapariga que come chocolate, o poema destacado reflete um momento existencial do eu lírico, em que a atenção se foca na falta de preocupação do gato, que espanta o poeta e lhe inspira inveja.

( ) O sujeito do discurso sente inveja do gato porque o animal, seguindo a lei de seu destino, sente prazer em brincar sem ter disso consciência, o que nos permite remeter à filosofia do heterônimo Alberto Caeiro, para quem "a luz do sol vale mais que os pensamentos".

( ) Os dois últimos versos do poema encerram um lamento do eu lírico e permitem concluir que o gato, ao contrário do poeta, não se vê e está centrado em si; não se conhece, mas sabe o que é, ou seja, um gato.

2. S (UFRGS-RS) Assinale a alternativa INCORRETA em relação ao processo heteronímico do escritor português Fernando Pessoa.

a) Alberto Caeiro, poeta de pouca cultura literária e científica, dá muito valor às coisas concretas e recusa a metafísica.
b) Ricardo Reis é o poeta da temática e linguagem clássicas, sendo sua obra repleta de temas como o paganismo, o destino e a morte.
c) Álvaro de Campos é o poeta da temática futurista, vive a euforia, mas também a melancolia da modernidade.
d) Fernando Pessoa traz em sua poesia a temática da dor, do ceticismo, do idealismo, da melancolia e do tédio.
e) Bernardo Soares, o semi-heterônimo, é, a exemplo de Ricardo Reis, um poeta neoclássico preocupado com a brevidade da vida.

3. SE (Unifesp) Leia o poema:

A criança que pensa em fadas

A criança que pensa em fadas e acredita nas fadas
Age como um deus doente, mas como um deus.
Porque embora afirme que existe o que não existe
Sabe como é que as cousas existem, que é existindo,
Sabe que existir existe e não se explica,
Sabe que não há razão nenhuma para nada existir,
Sabe que ser é estar em algum ponto
Só não sabe que o pensamento não é um ponto qualquer.

Alberto Caeiro.

O teólogo Leonardo Boff, em entrevista à revista *Filosofia*, diz:

Eu me lembro agora, sábado, de um menino de oito anos, que veio e me disse: "Vô, por que as coisas existem?" A filosofia começa com isso. Respondi que elas existem porque existem. E aí até citei um poeta, Angelus Silesius:

"A flor floresce por florescer
Não pergunta se a olham
E sorri pro universo. A rosa é sem porquê."

E ele disse: "E eu? O que eu faço aqui nesse mundo?" Oito anos de idade e já colocou as questões da metafísica fundamentais.

Filosofia – ciência & vida. Ano 1, n. 5.

No poema de Caeiro, o ponto de vista de Silesius, com o qual concorda Boff, é:

a) confirmado, pois o eu lírico entende que a existência está ligada a um deus.
b) negado, pois o eu lírico entende que se deve evitar o questionamento da metafísica.
c) negado, pois o eu lírico entende que a existência é uma grande falta de razão.
d) confirmado, pois o eu lírico entende que o existir por si só já basta.
e) negado, pois o eu lírico entende que não se apreende a realidade senão por intermédio de um deus.

CAPÍTULO

23 O Brasil antes da Semana de Arte Moderna: a transição entre o passado e o moderno

Charge de Angelo Agostini sobre Antônio Conselheiro, publicada na *Revista Illustrada*. Rio de Janeiro, 1897.

Retratos do Brasil no início do século XX

Do fim do século XIX para o início do século XX, a sociedade brasileira esteve às voltas com a mudança de organização política: passou da monarquia para a república. Além disso, houve modernização de algumas capitais, a vinda de imigrantes europeus para se estabelecer aqui foi facilitada pelo governo devido ao fim do trabalho escravo e à industrialização crescente, várias revoltas e insatisfações ganharam força e se manifestaram pelo país. A imprensa mostrou-se mais forte, jornais e revistas divulgaram suas opiniões sobre a jovem república brasileira e um gênero jornalístico ganhou representatividade: a charge.

A pintura

Reprodução/Museu da República, Rio de Janeiro, RJ.

A pátria, de Pedro Bruno, 1919. A proclamação da República foi saudada, na última década do século XIX e nas duas primeiras do século XX, como a solução de todos os problemas nacionais. Na tela de Pedro Bruno, a jovem República está metonimicamente representada pela bandeira nacional.

A fotografia

Reprodução/Instituto Moreira Salles, Rio de Janeiro, RJ.

Bonde elétrico sobre os Arcos da Lapa, no antigo Aqueduto da Carioca, por Marc Ferrez, no início do século XX. Nos arredores, indícios da reforma urbanística de Pereira Passos.

Reprodução/Coleção Gilberto Ferrez/Instituto Moreira Salles, Rio de Janeiro, RJ.

O Pão de Açúcar, no Rio de Janeiro, por Marc Ferrez, *c.* 1885. Em primeiro plano, à esquerda, a Praia da Saudade (antigo porto de Martim Afonso) e, à direita, o prédio do Hospício D. Pedro II, inaugurado em 1852. Ao fundo, o prédio da Escola Militar.

- *Na tela de Pedro Bruno, a confecção da bandeira – ou da Pátria – é mostrada como se estivesse nas mãos de pessoas de uma família. Quais membros familiares estão envolvidos na cena? Em sua opinião, qual foi a intenção comunicativa do artista ao escolher esses personagens para confeccionar a bandeira da República?*
- *Observe as fotos do fotógrafo franco-brasileiro Marc Ferrez (1843-1923). Que aspectos da natureza ele selecionou? Que elementos escolheu mostrar do processo de urbanização do Rio de Janeiro?*

As charges e as caricaturas

Charges e caricaturas fizeram história ao longo do Segundo Império, ganharam fôlego com a proclamação da República e consolidaram-se com os fatos das primeiras décadas do século XX. A trajetória das charges está ligada ao desenvolvimento da imprensa no Brasil. Com o advento da República, iniciaram-se jornais que se tornariam grandes empresas – o *Jornal do Brasil*, do Rio de Janeiro, e *O Estado de S. Paulo* foram fundados em 1891 – e inúmeras revistas. A vida brasileira no início do século foi retratada nas páginas de *Dom Quixote*, *Revista da Semana*, *O Malho*, *Fon-Fon*, *Careta*, *O Pirralho*, em desenhos de Agostini, K. Lixto, J. Carlos, Voltolino, Di Cavalcanti e Belmonte, entre outros.

Charge de 1904, publicada na *Revista da Semana*, ironizando os confrontos entre a polícia e os populares que se opunham à vacinação obrigatória. Na charge, vemos, de um lado, o médico sanitarista Oswaldo Cruz "montado" em uma "bomba" mata-mosquito; de outro, a população e suas "armas": garfo, colher, machado, serrote, penico, vassoura, panelas. Observe que a linha de frente dos opositores é formada pelo povo, mas logo atrás há representantes da elite, seguidores do marechal Floriano Peixoto, que tentavam derrubar o governo de Rodrigues Alves.

Benedito Bastos Barreto, o Belmonte (1896-1947), foi um dos principais chargistas da primeira metade do século XX e ilustrou vários livros de Monteiro Lobato.

O PIRRALHO
S. Paulo, 12 de Agosto de 1911
NUMERO 1
Assignatura por Anno 10$000
Director-Proprietario: JOSÉ OSWALD N. DE ANDRADE
Secretario: OSWALDO JUNIOR
Representante no Rio: RENATO LOPES
Redacção: Rua 15 Novembro, 50 b

O semanário *O Pirralho* foi fundado pelo escritor Oswald de Andrade em 1911 e circulou até 1917. O caricaturista Voltolino, um dos principais colaboradores do jornal humorístico, criou Juó Bananére, um personagem que falava num dialeto ítalo-paulista (mais tarde, o personagem foi assumido pelo escritor Alexandre Ribeiro Marcondes Machado). *O Pirralho* foi também o primeiro local de trabalho do artista plástico Di Cavalcanti em São Paulo.

- *Na charge de Belmonte, lemos o pedido do pintor à modelo: "– Senhorita, não se mexa tanto, senão o retrato não sai parecido!". Note que a modelo segue uma linha clássica, mas é retratada à moda dos cubistas. Uma vez que uma charge se destaca pelo trabalho com a ironia, recurso no qual se diz uma coisa para se dizer o seu contrário, o que o artista está ironizando nesse trabalho?*

1 Que país é esse?

Pré-Modernismo

A pátria que quisera ter era um mito; era um fantasma criado por ele no silêncio do seu gabinete. Nem a física, nem a moral, nem a intelectual, nem a política que julgava existir, havia. [...]

E, bem pensando, mesmo na sua pureza, o que vinha a ser a Pátria? Não teria levado toda a sua vida norteado por uma ilusão?

Reflexões de Policarpo Quaresma, personagem de romance de Lima Barreto.

Foi a busca de uma resposta a essa pergunta que marcou a arte brasileira do século XX e que perdura até hoje. Já no Pré-Modernismo – período que antecedeu a realização da Semana de Arte Moderna e que se estendeu de 1902 a 1922 – percebia-se a preocupação de alguns autores em denunciar a realidade brasileira, descortinando um Brasil não oficial, dos marginalizados, desde o Sertão nordestino até os subúrbios cariocas, passando pelas áreas rurais do estado de São Paulo. A primeira obra que negou o Brasil idealizado pelos autores românticos foi *Os sertões*, de Euclides da Cunha, publicada em 1902. A partir do relato da Revolta de Canudos, liderada pela figura mística de Antônio Conselheiro, o autor escancarou os contrastes entre o Brasil europeizado, que "vive parasitariamente à beira do Atlântico", e aquele outro Brasil, dos "extraordinários patrícios" do Sertão nordestino.

Em 1911, Lima Barreto publicou *Triste fim de Policarpo Quaresma*, romance que mistura crítica, análise e humor, além de discutir o nacionalismo ao criar uma figura quixotesca – Policarpo Quaresma – como protagonista. O nacionalismo extremado desse personagem mostra-se perigoso quando manipulado por mãos férreas, como as do marechal Floriano.

Ainda na década de 1910, despontou a figura de Monteiro Lobato, um intelectual atuante em várias formas de expressão, sempre com um objetivo: entender o país, debater suas desigualdades e buscar caminhos para a construção do futuro. Assim, Monteiro Lobato foi pioneiro na área de exploração de minérios e na de edição de livros, produziu literatura adulta e infantil, criou personagens como Jeca Tatu e Emília, a boneca do Sítio do Pica-Pau-Amarelo.

A partir da Semana de Arte Moderna, as discussões sobre a realidade brasileira se intensificaram e percorreram novos rumos, como veremos nos próximos capítulos.

2 A jovem República e seus conflitos

Enquanto a Europa se preparava para a Primeira Guerra Mundial, o Brasil começava a viver, a partir de 1894, um novo período de sua história republicana: com a posse do paulista Prudente de Morais, primeiro presidente civil do país, iniciou-se, em substituição à "República da espada" (governos do marechal Deodoro e do marechal Floriano), a "República do café com leite" dos grandes proprietários rurais. Esse período foi marcado pelo auge da economia cafeeira no Sudeste, pela entrada no país de grandes levas de imigrantes (notadamente os italianos), pelo esplendor da Amazônia, com o ciclo da borracha, e pela urbanização de São Paulo.

Toda essa prosperidade, entretanto, acabou por acentuar os fortes contrastes da realidade brasileira já existentes. Por isso houve, nesse período, várias agitações sociais. Do Nordeste partiram os primeiros gritos de protesto: no final do século XIX, na Bahia, ocorreu a Revolta de Canudos, tema de *Os sertões*, de Euclides da Cunha; nos primeiros anos do século XX, o Ceará foi palco de conflitos que tiveram como figura central o padre Cícero, o famoso "Padim Ciço"; o Sertão viveu o tempo do cangaço, com a figura lendária de Lampião.

Em 1904, o Rio de Janeiro assistiu a uma rápida mas intensa revolta popular: usando como pretexto a luta contra a vacinação obrigatória idealizada por Oswaldo Cruz, a população protestava contra o alto custo de vida, o desemprego e os rumos da República. Em 1910, houve outra importante rebelião, dessa vez dos marinheiros, liderados por João Cândido, o "Almirante Negro", contra o castigo corporal – a Revolta da Chibata. Ao mesmo tempo, em São Paulo, as classes trabalhadoras, sob orientação anarquista, iniciavam os movimentos grevistas por melhores condições de trabalho.

Essas agitações eram sintomas da crise na "República do café com leite", que se tornaria mais evidente na década de 1920, servindo de cenário ideal para os questionamentos da Semana de Arte Moderna.

A Revolta da Armada

Em 1893, parte da Marinha brasileira se rebelou contra o governo de Floriano Peixoto, questionando sua legalidade. A Revolta também refletia uma disputa entre o Exército e a Marinha. Comandados pelo almirante Custódio de Melo, os revoltosos se organizaram no Sul e dirigiram-se à baía de Guanabara, apontando seus canhões para a Capital Federal. Em terra, os governistas respondiam. A Revolta da Armada terminou com a vitória do governo federal, em agosto de 1895.

O marechal Floriano Peixoto, vice-presidente, assumiu o governo após a renúncia do marechal Deodoro da Fonseca. Tal decisão foi considerada inconstitucional, já que o vice só poderia assumir se o presidente cumprisse dois anos de governo, o que não ocorreu. Pela lei, novas eleições deveriam ser realizadas; no entanto, Floriano superou todos os obstáculos, manteve-se no poder e governou com mão de ferro, colocando-se acima da Constituição. Floriano também é personagem do romance *Triste fim de Policarpo Quaresma*; assim o narrador comenta o primeiro encontro de Quaresma com Floriano:

> Quaresma pôde então ver melhor a fisionomia do homem que ia enfeixar em suas mãos, durante quase um ano, tão fortes poderes, poderes de Imperador Romano, pairando sobre tudo, limitando tudo, sem encontrar obstáculo algum aos seus caprichos, às suas fraquezas e vontades, nem nas leis, nem nos costumes, nem na piedade universal e humana.

LIMA BARRETO. *Triste fim de Policarpo Quaresma*. São Paulo: Scipione, 2004.

Marechal Floriano Peixoto e a Revolta da Armada, desenho de Angelo Agostini para a revista *Dom Quixote* de 29 de junho de 1895.

A Revolta de Canudos

Em 1896, num arraial formado à beira do rio Vaza-barris, norte da Bahia, onde viviam cerca de 25 mil pessoas lideradas por Antônio Conselheiro, ocorreu o mais trágico episódio da jovem República brasileira. O beato Conselheiro fazia uma pregação que concorria com a Igreja católica, arregimentava a antiga mão de obra de fazendeiros e, por não entender a separação entre Igreja e Estado, aprovada na Constituição de 1891, atacava a República. A repressão, estimulada por fazendeiros e religiosos, partiu do governo baiano, que teve suas forças derrotadas. O ocorrido ganhou contorno federal (era entendido como um "foco monarquista") e tropas do Exército intervieram lutando nas caatingas, onde foram igualmente derrotadas. Na expedição final, em outubro de 1897, tropas federais com mais de 10 mil homens fortemente armados destruíram o arraial e degolaram os prisioneiros. Até hoje não se sabe ao certo o número de mortos nos combates de Canudos.

Flávio de Barros/Museu da República, Rio de Janeiro, RJ.

Habitantes de Canudos, em sua maioria mulheres e crianças, como prisioneiros das tropas federais.

A Revolta da Vacina

Em 1904, no governo do presidente Rodrigues Alves, o Rio de Janeiro vivia três situações distintas, mas complementares: o então prefeito resolveu reurbanizar a cidade, promovendo inúmeras desapropriações; o médico sanitarista Oswaldo Cruz iniciou uma campanha de vacinação obrigatória para tentar combater a febre amarela e a varíola; os militares, seguidores de Floriano Peixoto, queriam derrubar Rodrigues Alves. Nesse clima, a população, contrariada com as obras do prefeito e com a carestia e influenciada pelos opositores que diziam que a vacinação apenas propagava as doenças, transformou Oswaldo Cruz no grande vilão e iniciou uma revolta que durou quatro dias. A cidade transformou-se num grande campo de batalha.

Reprodução/Coleção particular

Vista do Rio de Janeiro no princípio do século XX, após a reurbanização.

Reprodução/Fundação Biblioteca Nacional, Rio de Janeiro, RJ.

Caricatura alusiva à Revolta da Vacina (1904).

A Revolta da Chibata

O governo do marechal Hermes da Fonseca (1910--1914) foi abalado por vários movimentos sociais, tanto no Sertão nordestino como no Rio de Janeiro. Na então Capital Federal, os marinheiros se rebelaram contra os castigos corporais, prática ainda em vigor na Marinha. Em 22 de novembro de 1910, um marinheiro que servia no encouraçado Minas Gerais foi condenado a receber 250 chibatadas. Comandados por João Cândido, o "Almirante Negro", os marinheiros se rebelaram, tomaram vários navios e apontaram os canhões para o Rio de Janeiro. A revolta terminou com vários mortos entre os revoltosos, mas com o fim dos castigos corporais.

Acervo Iconographia/Reminiscências

Na foto, João Cândido lê o decreto que anistiava os participantes da Revolta da Chibata (1910), ordem que logo foi revogada, com a posterior prisão de vários marinheiros, entre eles João Cândido.

Essa questão inspirou vários artistas. Entre eles, os músicos João Bosco e Aldir Blanc, que compuseram uma canção em homenagem a João Cândido, líder da Revolta da Chibata. Leia um fragmento dela a seguir.

O mestre-sala dos mares

João Bosco e Aldir Blanc

[...]
Rubras cascatas
Jorravam das costas dos santos
Entre cantos e chibatas
Inundando o coração
Do pessoal do porão
[...]
Glória a todas as lutas inglórias
Que através da nossa história
Não esquecemos jamais
Salve o navegante negro
Que tem por monumento
As pedras pisadas do cais
[...]

Disponível em: <www.joaobosco.com.br>. Acesso em: 29 jun. 2014.

As greves proletárias urbanas

A greve de 1917

O crescimento das cidades e a diversificação de suas atividades foram os requisitos mínimos de constituição de um movimento da classe trabalhadora. As cidades concentraram fábricas e serviços, reunindo centenas de trabalhadores que participavam de uma condição comum. Sob este último aspecto, não havia muita diferença com as grandes fazendas de café. Mas nos centros urbanos a liberdade de circulação era muito maior, assim como era maior a circulação de ideias. [...] entre 1917 e 1920, um ciclo de greves de grandes proporções surgiu nas principais cidades do país, especialmente Rio de Janeiro e São Paulo. [...]

Dentre as três greves gerais do período, a de junho/julho de 1917 em São Paulo permaneceu mais forte na memória histórica. Começando por duas fábricas têxteis, ela abrangeu praticamente toda a classe trabalhadora da cidade, em um total de 50 mil pessoas. Durante alguns dias, os bairros operários do Brás, da Mooca e do Ipiranga estiveram em mãos dos grevistas.

FAUSTO, Boris. *História do Brasil*. São Paulo: Edusp, 1996. p. 297-300.

Trabalhadores da indústria têxtil Crespi, no bairro paulistano da Mooca, ponto de partida da greve de 1917. Na indústria têxtil, a maior parte da mão de obra era formada de mulheres e crianças, que trabalhavam em condições desumanas.

3 A produção literária

Euclides da Cunha, a denúncia de um crime

Quando estava na redação do jornal *O Estado de S. Paulo*, o jornalista Euclides da Cunha, ao escrever seus primeiros artigos sobre os acontecimentos da Revolta de Canudos, na Bahia, baseado em informações filtradas no Rio de Janeiro, tachava a rebelião liderada por Antônio Conselheiro de "foco monarquista", embora já demonstrasse preocupação com as condições subumanas da região. Só quando pisou o solo baiano, como correspondente de guerra do jornal paulista, é que o escritor compreendeu o drama de Canudos em toda a sua extensão e o porquê daquela rebelião: percebeu que não se tratava de uma luta por um sistema de governo, mas sim contra uma estrutura que já se arrastava por três séculos. Afirma o autor: "Aquela campanha lembra um refluxo para o passado. E foi, na significação integral da palavra, um crime. Denunciemo-lo".

Se a princípio o escritor pretendia apenas fazer um relato da luta, Euclides da Cunha acabou compondo um verdadeiro painel do Sertão nordestino denunciando o extermínio de aproximadamente 25 mil pessoas no interior baiano.

A obra *Os sertões* é dividida em três partes:

- **A terra** – uma detalhada descrição da região: sua geologia, seu clima (há um capítulo intitulado "Hipóteses sobre a gênese das secas"), seu relevo, sempre aproveitando sua formação em Ciências Naturais. Essa parte é ilustrada por mapas do relevo e da hidrografia feitos pelo próprio Euclides da Cunha.

- **O homem** – um elaborado trabalho sobre a etnologia brasileira: a ação do meio na fase inicial da formação das raças, a gênese dos mestiços; uma brilhante análise de tipos distintos, como o gaúcho e o jagunço; nesse cenário introduz a figura mística de Antônio Conselheiro. Ao falar sobre o homem do Sertão, Euclides da Cunha cunhou o bordão: "O sertanejo é, antes de tudo, um forte.".
- **A luta** – só na terceira parte da obra, Euclides relata o conflito; nas duas primeiras descreve o cenário e os personagens. Dessa forma, justifica a luta. Seu relato do dia a dia da guerra é a denúncia de um crime.

Euclides da Cunha

Euclides Rodrigues Pimenta da Cunha (1866-1909) formou-se em Engenharia e fez carreira militar, ainda nos anos finais da Monarquia. Positivista e republicano, foi expulso do Exército; mais tarde, com a proclamação da República, retornou para a Escola Superior de Guerra. Em 1896, discordando dos rumos dos governos republicanos, abandonou definitivamente a carreira militar. Em 1897, foi enviado a Canudos como correspondente do jornal *O Estado de S. Paulo*; na volta, escreveu *Os sertões*. Teve fim trágico: foi assassinado por motivos nunca devidamente esclarecidos, misturando-se vida pessoal e política.

Divulgação/Casa Euclides da Cunha

LENDO O TEXTO

Por que não pregar contra a República?

Euclides da Cunha

Pregava contra a República; é certo.

O antagonismo era inevitável. Era um derivativo à exacerbação mística; uma variante forçada ao delírio religioso.

Mas não traduzia o mais pálido intuito político: o jagunço é tão inapto para apreender a forma republicana como a monárquico-constitucional.

Ambas lhe são abstrações inacessíveis. É espontaneamente adversário de ambas. Está na fase evolutiva em que só é conceptível o império de um chefe sacerdotal ou guerreiro.

Insistamos sobre esta verdade: a guerra de Canudos foi um refluxo em nossa história. Tivemos, **inopinadamente**, **ressurreta** e em armas em nossa frente, uma sociedade velha, uma sociedade morta, **galvanizada** por um doido.

[...]

Vivendo quatrocentos anos no litoral vastíssimo, em que **palejam** reflexos da vida civilizada, tivemos de improviso, como herança inesperada, a República. Ascendemos, de chofre, arrebatados na caudal dos ideais modernos, deixando na penumbra secular em que jazem, no âmago do país, um terço da nossa gente. Iludidos por uma civilização de empréstimo; respigando, em **faina** cega de copistas, tudo o que de melhor existe nos códigos orgânicos de outras nações, tornamos, revolucionariamente, fugindo ao transigir mais ligeiro com as exigências da nossa própria nacionalidade, mais fundo o contraste entre o nosso modo de viver e o daqueles rudes patrícios mais estrangeiros nesta terra do que os imigrantes da Europa. Porque não no-los separa um mar, separam-no-los três séculos...

CUNHA, Euclides da. *Os sertões*. Rio de Janeiro: Francisco Alves, 1946. p. 204-5. Disponível em: <www.dominiopublico.gov.br>. Acesso em: 23 maio 2014.

faina: trabalho muito ativo, feito com muita pressa.

galvanizada: estimulada, reanimada.

inopinadamente: de modo não esperado, de modo imprevisto.

palejam: mostram-se de modo pálido.

ressurreta: que ressurgiu.

Atividades

1. Segundo Euclides da Cunha, qual a "consciência política" dos sertanejos?

2. Euclides da Cunha afirma que os sertanejos são "mais estrangeiros nesta terra do que os imigrantes da Europa". Explique essa afirmação.

3. Na música "Notícias do Brasil (Os pássaros trazem)", de Milton Nascimento e Fernando Brant, há os seguintes versos: "Uma notícia tá chegando lá do interior / não deu no rádio, no jornal ou na televisão / ficar de frente para o mar, de costas pro Brasil / não vai fazer desse lugar um bom país".

   Os compositores resgatam uma crítica feita por Euclides da Cunha sobre o que se convencionou chamar "os dois brasis". Comente-a.

TEXTO E INTERTEXTO

Reproduzimos, a seguir, o penúltimo capítulo de *Os sertões* – "Canudos não se rendeu" –, em que é narrado o fim da luta entre as tropas do exército e os quatro últimos defensores do arraial, no dia 5 de outubro de 1897. No dia 6, houve a derrubada das casas e a exumação do cadáver de Antônio Conselheiro. Em seguida, você vai ler "Cidadela maldita", crônica de Olavo Bilac publicada no jornal *O Estado de S. Paulo*, na edição de 9 de outubro de 1897.

expugnado: conquistado à força de armas; que tomba vencido, mas lutando. Observe a preocupação do autor com o sentido exato da palavra ao reforçar a expressão "expugnado palmo a palmo" com "na precisão integral do termo".

forremo-nos: do verbo *forrar-se*; significa "livremo-nos", "esquivemo-nos", "evitemos".

vinga: no caso, "atinge", "alcança".

Texto 1

Canudos não se rendeu

Euclides da Cunha

Fechemos este livro.

Canudos não se rendeu. Exemplo único em toda a história, resistiu até ao esgotamento completo. **Expugnado** palmo a palmo, na precisão integral do termo, caiu no dia 5, ao entardecer, quando caíram os seus últimos defensores, que todos morreram. Eram quatro apenas: um velho, dois homens feitos e uma criança, na frente dos quais rugiam raivosamente cinco mil soldados.

Forremo-nos à tarefa de descrever os seus últimos momentos. Nem poderíamos fazê-lo. Esta página, imaginamo-la sempre profundamente emocionante e trágica; mas cerramo-la vacilante e sem brilhos.

Vimos como quem **vinga** uma montanha altíssima. No alto, a par de uma perspectiva maior, a vertigem...

Ademais, não desafiaria a incredulidade do futuro a narrativa de pormenores em que se amostrassem mulheres precipitando-se nas fogueiras dos próprios lares, abraçadas aos filhos pequeninos?...

E de que modo comentaríamos, com a só fragilidade da palavra humana, o fato

O desenho de Alfredo Aquino, que ilustra uma edição de *Os sertões*, mostra militares degolando um sertanejo prisioneiro de Canudos.

singular de não aparecerem mais, desde a manhã de 3, os prisioneiros válidos colhidos na véspera, e entre eles aquele **Antônio Beatinho**, que se nos entregara, confiante – e a quem devemos preciosos esclarecimentos sobre esta fase obscura da nossa história?

Caiu o arraial a 5. No dia 6 acabaram de o destruir desmanchando-lhe as casas, 5 200, cuidadosamente contadas.

Idem.

Antônio Beatinho: segundo Euclides da Cunha, era "uma figura ridícula, mulato espigado, magríssimo, adelgaçado pelos jejuns, muito da privança de Conselheiro".

Texto 2

Cidadela maldita

Olavo Bilac

Enfim, arrasada a cidadela maldita! Enfim, dominado o antro negro, cavado no centro do **adusto** sertão, onde o Profeta das longas barbas sujas concentrava a sua força diabólica, feita de fé e de patifaria, alimentada pela superstição e pela rapinagem!

Cinco horas da madrugada, hoje. Num sobressalto, acordo, ouvindo um clamor de clarins e um rufo acelerado de caixas de guerra. Corro à janela, que defronta o palácio do governo.

Uma escura massa de gente, na escuridão da antemanhã, está agrupada na rua. Calam-se os clarins e as caixas de guerra. Há curto silêncio. E, logo, dos instrumentos de metal, estrompam, e dos tambores que se esfalfam rufando, como corações atacados de hipercinesia, rompe, alto e vibrante, o Hino Nacional. É uma banda militar, que toca à alvorada, em frente do palácio, para celebrar ainda uma vez a grande nova, transmitida ontem à nossa ansiedade pelo telégrafo. [...]

Como é bom despertar assim, em pleno júbilo, já com o coração livre daqueles sustos dos dias passados – quando a gente, abrindo os jornais, sentia o coração pressago, cheio de medo, temendo o horror de novas catástrofes, de novos morticínios, de novas derrotas!

Enfim, assaltada e vencida a **furna** lôbrega, onde a ignorância, ao mando da ambição, **se alapardava** perversa! Enfim, desmantelada a cidadela-igreja, onde o Bom Jesus facínora, como um cura Santa Cruz de nova espécie, oficiava, tendo sobre o espesso **burel** a coronha da pistola assassina!...

DIMAS, Antônio (Org.). *Vossa insolência:* crônicas. São Paulo: Companhia das Letras, 1996. p. 412-413.

adusto: queimado, ressequido.

burel: vestimenta rústica de alguns religiosos ou penitentes.

furna: caverna, gruta, esconderijo; no texto, empregada com o sentido de lugar isolado, escondido.

se alapardava: do verbo *alapardar-se*; significa "agachar para se esconder" (normalmente esse verbo é usado associado a alguma ação ilegal, como furto, assalto).

Atividades

1. No segundo parágrafo do texto "Canudos não se rendeu", percebe-se uma tomada de posição por parte do autor. Transcreva uma palavra ou frase que confirme o que foi dito.
2. Comente a linguagem de Euclides da Cunha, assim como a empregada por Olavo Bilac.
3. A crônica de Olavo Bilac é marcada por um aspecto simbólico. Identifique esse aspecto na crônica e comente-o.
4. Como podemos alinhar a interpretação que cada autor dá à derrota de Canudos com suas respectivas produções literárias? Explique.
5. Como você pode observar, a história do povo brasileiro registra alguns episódios sangrentos, com milhares de mortes. Além de Canudos, cite outro episódio de nossa história com essas características.

Cumpriu-se a profecia do beato que dizia que o Sertão ia virar mar

Leia algumas das profecias de Antônio Conselheiro:

Então o sertão virará praia e a praia virará sertão.

Profecia de Antônio Conselheiro, escrita num pequeno caderno encontrado em Canudos.

E o sertão vai virá mar e o mar virá sertão
o homem não pode ser escravo do homem
o homem tem que deixá as terra que não é dele
e buscá as terra verde do céu
quem é pobre vai ficá rico no lado de Deus
e quem é rico, vai ficá pobre nas profunda do inferno.

Profecia do beato Sebastião, personagem do filme *Deus e o Diabo na Terra do Sol*, de Glauber Rocha, inspirado na figura de Antônio Conselheiro.

Curiosamente, hoje, passados mais de 100 anos do episódio de Canudos, o Sertão virou mar: o arraial de Canudos, à beira do rio Vaza-barris, em pleno Sertão baiano, encontra-se submerso nas águas do açude de Cocorobó.

E mais: para reforçar a profecia do beato, outra imensa região do Sertão baiano virou mar. No vale do rio São Francisco foi construída a imensa barragem de Sobradinho, deixando submersas várias cidades. Esse fato inspirou a seguinte música da dupla Sá e Guarabyra:

Sobradinho

Sá e Guarabyra

O Homem chega e já desfaz a Natureza
Tira a gente põe represa, diz que tudo vai mudar
O São Francisco lá pra cima da Bahia
Diz que dia menos dia vai subir bem devagar
E passo a passo vai cumprindo a profecia do beato que dizia
Que o sertão ia alagar
O sertão vai virar mar, dá no coração
O medo que algum dia o mar também vire sertão
Vai virar mar, dá no coração
O medo que algum dia o mar também vire sertão

CD *Sá & Guarabyra – 10 anos juntos*. Sony & BMG, 1995.
Ouça a canção em: <www.mpbnet.com.br/musicos>. Acesso em: 23 maio 2014.

Lima Barreto, uma crítica ao nacionalismo exagerado e aos preconceitos

Lima Barreto deve ser estudado como um pré-modernista: é consciente de nossos verdadeiros problemas, ao mesmo tempo que critica o nacionalismo ufanista, exagerado, utópico, herdado do Romantismo. Seu estilo, tão duramente criticado pelos ainda parnasianos de sua época, é outro ponto de contato com o Modernismo: é leve, fluente, propositadamente frouxo para os padrões do final do século XIX, aproximando-se da linguagem jornalística, estilo que faria escola entre vários autores após 1922.

A leitura do romance *Triste fim de Policarpo Quaresma* já nos situa no universo de Lima Barreto: uma mistura de crítica, análise e humor. O tema central do livro é o nacionalismo de Policarpo Quaresma e as consequências que essa característica pode desencadear em determinado contexto. Lançado em 1911, o livro é uma profecia sobre os regimes autoritários nazifascistas que ganhariam corpo a partir da década de 1930.

Na próxima seção, você terá a oportunidade de ler diversos fragmentos dessa narrativa.

Lima Barreto

Afonso Henrique de Lima Barreto (1881-1922) era filho de pai português e mãe escrava. Chegou a cursar Engenharia na Escola Politécnica, mas foi obrigado a abandoná-la para cuidar de seu pai, que enfrentava distúrbios mentais. Mulato, pobre e socialista, vítima de toda espécie de preconceitos, com o pai louco, viveu intensamente todas as contradições do início do século XX e passou por profundas crises depressivas. Alcoólatra, teve passagens pelo Hospício Nacional. Escreveu artigos para jornal em que defendia a Revolução Russa e o voto feminino.

Reprodução/Coleção particular

LENDO O TEXTO

Policarpo Quaresma

Lima Barreto

Como de hábito, Policarpo Quaresma, mais conhecido por Major Quaresma, bateu em casa às quatro e quinze da tarde. Havia mais de vinte anos que isso acontecia. Saindo do Arsenal da Guerra, onde era subsecretário, bongava pelas confeitarias algumas frutas, comprava um queijo, às vezes, e sempre o pão da padaria francesa.

Não gastava nesses passos nem mesmo uma hora, de forma que, às três e quarenta, por aí assim, tomava o bonde, sem erro de um minuto, ia pisar a soleira da porta de sua casa, numa rua afastada de São Januário, bem exatamente às quatro e quinze, como se fosse a aparição de um astro, um eclipse, enfim um fenômeno matematicamente determinado, previsto e predito.

A vizinhança já lhe conhecia os hábitos e tanto que, na casa do Capitão Cláudio, onde era costume jantar-se aí pelas quatro e meia, logo que o viam passar, a dona gritava à criada: "Alice, olha que são horas; o Major Quaresma já passou".

E era assim todos os dias, há quase trinta anos. Vivendo em casa própria e tendo outros rendimentos além do seu ordenado, o Major Quaresma podia levar um trem de vida superior aos seus recursos burocráticos, gozando, por parte da vizinhança, da consideração e respeito de homem abastado.

Não recebia ninguém, vivia num isolamento monacal, embora fosse cortês com os vizinhos que o julgavam esquisito e misantropo. Se não tinha amigos na redondeza, não tinha inimigos, e a única desafeição que merecera, fora a do doutor Segadas, um clínico afamado no lugar, que não podia admitir que Quaresma tivesse livros: "Se não era formado, para quê? Pedantismo!"

O subsecretário não mostrava os livros a ninguém, mas acontecia que, quando se abriam as janelas da sala de sua livraria, da rua poder-se-iam ver as estantes pejadas de cima a baixo.

Eram esses os seus hábitos; ultimamente, porém, mudara um pouco; e isso provocava comentários no bairro. Além do compadre e da filha, as únicas pessoas que o visitavam até então, nos últimos dias, era visto entrar em sua casa, três vezes por semana e em dias certos, um senhor baixo, magro, pálido, com um violão agasalhado numa bolsa de camurça. Logo pela primeira vez o caso intrigou a vizinhança. Um violão em casa tão respeitável! Que seria?

O ator Paulo José, como Policarpo Quaresma, em cena do filme *Policarpo Quaresma, o herói do Brasil*, de Paulo Thiago, 1998, inspirado no romance de Lima Barreto.

E, na mesma tarde, uma das mais lindas vizinhas do major convidou uma amiga, e ambas levaram um tempo perdido, de cá para lá, a palmilhar o passeio, esticando a cabeça, quando passavam diante da janela aberta do esquisito subsecretário.

Não foi inútil a espionagem. Sentado no sofá, tendo ao lado o tal sujeito, empunhando o "pinho" na posição de tocar, o major, atentamente, ouvia: "Olhe, major, assim". E as cordas vibravam vagarosamente a nota ferida; em seguida, o mestre aduzia: "É 'ré', aprendeu?"

Mas não foi preciso pôr na carta; a vizinhança concluiu logo que o major aprendia a tocar violão. Mas que coisa? Um homem tão sério metido nessas malandragens!

O nacionalismo de Quaresma

A razão tinha que ser encontrada numa disposição particular de seu espírito, no forte sentimento que guiava sua vida. Policarpo era patriota. Desde moço, aí pelos vinte anos, o amor da Pátria tomou-o todo inteiro. Não fora o amor comum, palrador e vazio; fora um sentimento sério, grave e absorvente. Nada de ambições políticas ou administrativas; o que Quaresma pensou, ou melhor: o que o patriotismo o fez pensar, foi num conhecimento inteiro do Brasil, levando-o a meditações sobre os seus recursos, para depois então apontar os remédios, as medidas progressivas, com pleno conhecimento de causa.

Não se sabia bem onde nascera, mas não fora decerto em São Paulo, nem no Rio Grande do Sul, nem no Pará. Errava quem quisesse encontrar nele qualquer regionalismo; Quaresma era antes de tudo brasileiro. [...]

Logo aos dezoito anos quis fazer-se militar; mas a junta de saúde julgou-o incapaz. Desgostou-se, sofreu, mas não maldisse a pátria. O ministério era liberal, ele se fez conservador e continuou mais do que nunca a amar a "terra que o viu nascer". Impossibilitado de evoluir-se sob os dourados do Exército, procurou a administração e dos seus ramos escolheu o militar.

Era onde estava bem. No meio de soldados, de canhões, de veteranos, de papelada inçada de quilos de pólvora, de nomes de fuzis e termos técnicos de artilharia, aspirava diariamente aquele hálito de guerra, de bravura, de vitória, de triunfo que é bem o hálito da Pátria.

A biblioteca de Policarpo Quaresma

Estava num aposento vasto, com janelas para uma rua lateral, e todo ele era forrado de estantes de ferro.

Havia perto de dez, com quatro prateleiras, fora as pequenas com os livros de maior tomo. Quem examinasse vagarosamente aquela grande coleção de livros havia de espantar-se ao perceber o espírito que presidia a sua reunião.

Na ficção, havia unicamente autores nacionais ou tidos como tais: o Bento Teixeira, da *Prosopopeia*; o Gregório de Matos, o Basílio da Gama, o Santa Rita Durão, o José de Alencar (todo), o Macedo, o Gonçalves Dias (todo), além de muitos outros. Podia-se afiançar que nem um dos autores nacionais ou nacionalizados de oitenta pra lá faltava nas estantes do Major.

O requerimento

Policarpo Quaresma, cidadão brasileiro, funcionário público, certo de que a língua portuguesa é emprestada ao Brasil; certo também de que, por esse fato, o falar e o escrever em geral, sobretudo no campo das letras, se veem na humilhante contingência de sofrer continuamente censuras ásperas dos proprietários da língua; sabendo, além, que, dentro do nosso país, os autores e os escritores, com especialidade os gramáticos, não se entendem no tocante à correção gramatical, vendo-se, diariamente, surgir azedas polêmicas entre os mais profundos estudiosos do nosso idioma — usando do direito que lhe confere a Constituição, vem pedir que o Congresso Nacional decrete o tupi-guarani, como língua oficial e nacional do povo brasileiro.

O suplicante, deixando de parte os argumentos históricos que militam em favor de sua ideia, pede vênia para lembrar que a língua é a mais alta manifestação da inteligência de um povo, é a sua criação mais viva e original; e, portanto, a emancipação política do país requer como complemento e consequência a sua emancipação idiomática.

Demais, Senhores Congressistas, o tupi-guarani, língua originalíssima, aglutinante, é verdade, mas a que o polissintetismo dá múltiplas feições de riqueza, é a única capaz de traduzir as nossas belezas, de pôr-nos em relação com a nossa natureza e adaptar-se perfeitamente aos nossos órgãos vocais e cerebrais, por ser criação de povos que aqui viveram e ainda vivem, portanto possuidores da organização fisiológica e psicológica para que tendemos, evitando-se dessa forma as estéreis controvérsias gramaticais, oriundas de uma difícil adaptação de uma língua de outra região à nossa organização cerebral e ao nosso aparelho vocal — controvérsias que tanto empecem o progresso da nossa cultura literária, científica e filosófica.

Seguro de que a sabedoria dos legisladores saberá encontrar meios para realizar semelhante medida e cônscio de que a Câmara e o Senado pesarão o seu alcance e utilidade.

P. e E. deferimento.

Os subúrbios do Rio de Janeiro

Os subúrbios do Rio de Janeiro são a mais curiosa coisa em matéria de edificação de cidade. A topografia do local, caprichosamente montuosa, influiu decerto para tal aspecto, mais influíram, porém, os azares das construções.

Nada mais irregular, mais caprichoso, mais sem plano qualquer, pode ser imaginado. As casas surgiram como se fossem semeadas ao vento e, conforme as casas, as ruas se fizeram. Há algumas delas que começam largas como bulevares e acabam estreitas que nem vielas; dão voltas, circuitos inúteis e parecem fugir ao alinhamento reto com um ódio tenaz e sagrado.

[...]

Há pelas ruas damas elegantes, com sedas e brocados, evitando a custo que a lama ou o pó lhes empanem o brilho do vestido; há operários de tamancos; há peralvilhos à última moda; há mulheres de chita; e assim pela tarde, quando essa gente volta do trabalho ou do passeio, a mescla se faz numa mesma rua, num quarteirão, e quase sempre o mais bem-posto não é o que entra na melhor casa.

Além disto, os subúrbios têm mais aspectos interessantes, sem falar no namoro epidêmico e no espiritismo endêmico; as casas de cômodos (quem as suporia lá!) constituem um deles bem inédito. Casas que mal dariam para uma pequena família, são divididas, subdivididas, e os minúsculos aposentos assim obtidos, alugados à população miserável da cidade. Aí, nesses caixotins humanos, é que se encontra a fauna menos observada da nossa vida, sobre a qual a miséria paira com um rigor londrino.

Não se podem imaginar profissões mais tristes e mais inopinadas da gente que habita tais caixinhas. Além dos serventes de repartições, contínuos de escritórios, podemos deparar velhas fabricantes de rendas de bilros, compradores de garrafas vazias, castradores de gatos, cães e galos, mandingueiros, catadores de ervas medicinais, enfim uma variedade de profissões miseráveis que as nossas pequena e grande burguesia não podem adivinhar. Às vezes num cubículo desses se amontoa uma família, e há ocasiões em que os seus chefes vão a pé para a cidade por falta do níquel do trem.

LIMA BARRETO. *Triste fim de Policarpo Quaresma.*
São Paulo: Scipione, 2004. p. 5-8/63-64.

Atividades

1. O major Policarpo Quaresma é constantemente comparado à figura de Dom Quixote, da imortal obra de Miguel de Cervantes. Temos, a seguir, alguns fragmentos de *Dom Quixote de la Mancha*. Leia-os atentamente e destaque alguns pontos em comum entre os dois personagens – Quaresma e Quixote.

   O importante é saber que nos momentos de ócio – que eram muitos – o referido fidalgo se punha a ler livros de cavalaria com tanto empenho e prazer, que quase se esquecia por completo da caça e da administração da fazenda; e tanta era sua paixão por essas histórias que chegou a vender parte de suas terras para comprar livros de cavalaria, levando para casa todos os que pôde comprar. Encantado com a clareza da prosa e os volteios do estilo, o pobre cavaleiro foi perdendo o juízo [...]

   Foi assim que, já fraco do juízo, acudiu-lhe a mais estranha ideia que jamais ocorrera a outro louco neste mundo: pareceu-lhe conveniente e necessário, tanto para o aumento de seu prestígio como para o serviço da pátria, fazer-se cavaleiro andante, sair pelo mundo com armas e cavalo, em busca de aventuras e viver tudo o que havia lido sobre cavaleiros andantes.

   CERVANTES SAAVEDRA, Miguel de. *Dom Quixote de la Mancha*. Tradução de Ferreira Gullar. Rio de Janeiro: Revan, 2005.

2. Refletindo as transformações por que passou o Rio de Janeiro após a proclamação da República, os subúrbios também se modificam, cortiços viram vilas (lembre-se de *O cortiço*), pelas ruas convivem pessoas da classe média emergente e miseráveis. Justamente à classe média, Lima Barreto dirige suas críticas mais ácidas. Como são caracterizados os vizinhos de Quaresma?

3. Na biblioteca de Quaresma só havia autores nacionais ou tidos como tais; obra completa, entretanto, só a de dois autores: José de Alencar e Gonçalves Dias. Justifique a preferência de Policarpo Quaresma por esses dois autores.

4. Nos fragmentos apresentados, Lima Barreto ironiza um comportamento muito difundido em dois períodos literários do século XIX.

   a) Qual é o tipo de comportamento ironizado?
   b) Que períodos literários do século XIX cultivaram esse comportamento?

5. O historiador José Murilo de Carvalho afirma que "o imaginário social é constituído e se expressa por ideologias e utopias, sem dúvida, mas também por símbolos, alegorias, rituais, mitos". Nesse sentido, como podemos interpretar a postura de Policarpo Quaresma ao pedir que o tupi-guarani fosse tornado língua oficial do Brasil? Qual é a crítica que Lima Barreto está fazendo nessa passagem?

6. Transcreva uma passagem do fragmento sobre os subúrbios em que prevaleçam sequências descritivas.

7. No romance, a população do subúrbio é muito diversificada. Cite dois tipos humanos antagônicos presentes no texto, a partir do vestuário.

8. Entre as várias profissões dos moradores do subúrbio, há algumas "legalizadas" e outras, não. Cite um exemplo de cada caso.

Trocando ideias

- Em grupos, conversem sobre a questão do nacionalismo e suas implicações. O que é "ser nacionalista" no Brasil de hoje? Como seriam vistas as ideias de Policarpo Quaresma em tempos de globalização? Apresentem suas conclusões aos demais grupos.
- "Mandingueiro" aparece no texto como uma profissão. O dicionário explica que mandingueiro é aquele que faz mandingas, feitiçarias. Você concorda com o fato de essa atividade ser considerada uma profissão? Organize seus argumentos e defenda sua posição ante seus colegas.

Monteiro Lobato e suas metáforas do Brasil

Monteiro Lobato é estudado aqui como pré-modernista por duas características fundamentais de sua obra de ficção: o regionalismo e a denúncia da realidade brasileira. No entanto, no campo das artes plásticas, Lobato assumiu posições antimodernistas. É o que atesta seu artigo sobre a exposição de Anita Malfatti, em 1917, intitulado "Paranoia ou mistificação?", por meio do qual critica a pintura "caricatural" da artista. Esse artigo desempenhou importante papel na história do Modernismo brasileiro, pois, revoltados com o conservadorismo de Lobato, reuniram-se em defesa de Anita alguns nomes novos, como Oswald de Andrade, Mário de Andrade e Di Cavalcanti.

Como regionalista, o autor nos dá a dimensão exata do Vale do Paraíba paulista do início do século XX, sua decadência após a passagem da economia cafeeira, seus costumes e sua gente, tão bem retratados nos contos de *Cidades mortas*. Na população do Vale do Paraíba está o traço mais importante da ficção lobatiana: a descrição e a análise do tipo humano característico da região, o caboclo Jeca Tatu, a princípio chamado de vagabundo e indolente; porém, mais bem compreendido tempos depois, quando o autor denuncia a realidade daquela população subnutrida, socialmente marginalizada, sem acesso à cultura, acometida por toda sorte de doenças endêmicas.

Ao lado da chamada literatura adulta, Monteiro Lobato deixou extensa obra voltada para o público infantil, um campo até então pouco explorado em nossas letras. Seu primeiro livro para crianças foi publicado em 1921, com o título *A menina do narizinho arrebitado*, mais tarde rebatizado *Reinações de Narizinho*. A literatura infantil de Monteiro Lobato, além do caráter moralista e pedagógico, não abandona a luta pelos interesses nacionais empreendida pelo autor, com personagens representativos das várias facetas de nosso povo, que podem ser observados no Sítio do Pica-Pau-Amarelo, uma imagem do próprio Brasil. Em *O poço do Visconde*, por exemplo, ficção e realidade se misturam em torno da questão da exploração do petróleo.

Editora Monteiro Lobato & Cia.

Capa de Voltolino para *A menina do narizinho arrebitado*, primeiro livro infantil publicado por Monteiro Lobato, em 1921.

Reprodução/Arquivo da editora

Monteiro Lobato

José Bento Monteiro Lobato (1882-1948), formado em Direito, herdou uma fazenda de seu avô, localizada em sua região natal: o Vale do Paraíba paulista. Após o inverno seco de 1914, cansado de enfrentar as diversas queimadas praticadas por seus empregados, escreve um artigo intitulado "Velha Praga", que sai publicado no jornal *O Estado de S. Paulo*, logo seguido de outro, intitulado "Urupês". Nascia, assim, o seu primeiro livro e a figura simbólica de Jeca Tatu.

Lobato foi uma figura empreendedora em todos os sentidos: fundou a primeira editora nacional; impressionado com a importância do petróleo, fundou o Sindicato do Ferro e a Companhia Petróleos do Brasil e se dedicou à exploração mineral; criticou a política de exploração mineral do governo Getúlio Vargas, o que lhe valeu seis meses de detenção e o exílio na Argentina; produziu literatura tanto para o público adulto como para o infantil.

LENDO OS TEXTOS

Texto 1

Caboclismo

(fragmentos dos artigos: "Velha Praga" e "Urupês")

Monteiro Lobato

Este funesto parasita da terra é o CABOCLO, espécie de homem baldio, seminômade, inadaptável à civilização, mas que vive à beira dela na penumbra das zonas fronteiriças. À medida que o progresso vem chegando com a via férrea, o italiano, o arado, a valorização da propriedade, vai ele refugindo em silêncio, com o seu cachorro, o seu pilão, a **pica-pau** e o isqueiro, de modo a sempre conservar-se fronteiriço, mudo e **sorna**. Encoscorado numa rotina de pedra, recua para não adaptar-se.

[...]

Esboroou-se o balsâmico indianismo de Alencar [...]. Morreu Peri, incomparável idealização dum homem natural como o sonhava Rousseau, protótipo de tantas perfeições humanas que no romance, ombro a ombro com altos tipos civilizados, a todos sobreleva em beleza d'alma e corpo.

Contrapôs-lhe a cruel **etnologia** dos sertanistas modernos um selvagem real, feio e brutesco, anguloso e desinteressante, tão incapaz, muscularmente, de arrancar uma palmeira, como incapaz, moralmente, de amar Ceci. [...]

O indianismo está de novo a **deitar copa**, de nome mudado. Crismou-se de "caboclismo". O cocar de penas de arara passou a chapéu de palha rebatido à testa; a ocara virou rancho de sapé; o tacape afilou, criou gatilho e é hoje espingarda **troxada**; a tanga ascendeu a camisa aberta ao peito.

LOBATO, Monteiro. *Urupês*. São Paulo: Brasiliense, [s.d.]. p. 139-145.

deitar copa: no sentido de "estar crescendo", "estar se ramificando, brotando", como a árvore que, após a poda, volta a ter uma copa frondosa.

etnologia: no contexto, o estudo antropológico das sociedades indígenas.

pica-pau: espingarda de carregar pela boca, de pequeno alcance.

sorna: preguiçoso, indolente.

troxada: diz-se do cano de espingarda feito de uma fita de aço espiralada (a forma dicionarizada é *trochada*).

Reprodução/Pinacoteca do Estado de São Paulo, São Paulo, SP.

O violeiro, de Almeida Júnior, 1899.

Atividades

1. Qual é o grave problema brasileiro apontado por Monteiro Lobato? Explique resumidamente a natureza desse problema.

2. Quem é Peri, citado no artigo?

3. "As qualidades do homem no estado de natureza (o 'bom selvagem'): possui temperamento robusto, reforçado pela seleção natural, que elimina os fracos. Ignora o uso das máquinas, seu corpo é seu único instrumento. É audacioso e não tímido, pois tem consciência de sua força." Em que passagem do texto Lobato faz referência ao "bom selvagem"? Em que século foi sistematizado esse conceito?

4. Qual é a intenção de Lobato ao fazer menção ao trabalho dos sertanistas modernos?

Texto 2

Reproduzimos, a seguir, passagens que contam alguns fatos relacionados às origens de Emília.

Reinações de Narizinho

Monteiro Lobato

Páginas iniciais de *As reinações de Narizinho*, edição de 1931.

O grande cirurgião [doutor Caramujo] abriu com a faca a barriga do sapo e tirou com a pinça de caranguejo a primeira pedra. Ao vê-la à luz do sol sua cara abriu-se num sorriso caramujal.

— Não é pedra, não! — exclamou contentíssimo. É uma das minhas queridas pílulas! Mas como teria ela ido parar na barriga deste sapo?...

[...] A alegria do doutor foi imensa. Como não soubesse curar sem aquelas pílulas, andava com medo de ser demitido de médico da corte.

— Podemos agora curar a senhora Emília — declarou ele depois de costurar a barriga do sapo.

Veio a boneca. O doutor escolheu uma pílula falante e pôs-lhe na boca.

— Engula de uma vez! — disse Narizinho, ensinando a Emília como se engole pílula. E não faça tanta careta que arrebenta o outro olho.

Emília engoliu a pílula, muito bem engolida, e começou a falar no mesmo instante. A primeira coisa que disse foi: "Estou com um horrível gosto de sapo na boca!" E falou, falou, falou mais de uma hora sem parar. Falou tanto que Narizinho, atordoada, disse ao doutor que era melhor fazê-la vomitar aquela pílula e engolir outra mais fraca.

[Narizinho] Viu que a fala de Emília ainda não estava bem ajustada, coisa que só o tempo poderia conseguir. Viu também que era de gênio teimoso e asneirenta por natureza, pensando a respeito de tudo de um modo especial todo seu. — Melhor que seja assim, filosofou Narizinho. As ideias de vovó e tia Nastácia a respeito de tudo são tão sabidas que a gente já as adivinha antes que elas abram a boca. As ideias de Emília há de ser sempre novidades.

[...]

Dona Benta voltou-se para tia Nastácia.

— Esta Emília diz tanta asneira que é quase impossível conversar com ela. Chega a atrapalhar a gente.

— É porque é de pano, sinhá — explicou a preta — e dum paninho muito ordinário. Se eu imaginasse que ela ia aprender a falar, eu tinha feito ela de seda, ou pelo menos dum retalho daquele seu vestido de ir à missa. [...] Pois onde é que se viu uma coisa assim, sinhá, uma boneca de pano, que eu mesma fiz com estas pobres mãos, e de um paninho tão ordinário, falando, sinhá, falando que nem gente!... Qual, ou nós estamos caducando ou o mundo está perdido...

E as duas velhas olhavam uma para a outra, sacudindo a cabeça.

LOBATO, Monteiro. *Reinações de Narizinho*. São Paulo: Brasiliense, [s.d.]. p. 22-23, 25-26.

Atividades

1. A partir das informações sobre a origem e o comportamento de Emília, o que ela pode representar no conjunto de metáforas criadas por Lobato?
2. Como podemos entender a primeira fala de Emília?

Augusto dos Anjos: um singular poeta

A poesia de Augusto dos Anjos não encontra precedentes no contexto literário brasileiro da época. Com a publicação de seu livro de poemas *Eu*, em 1912, o poeta foi consagrado e reconhecido por sua originalidade. O pessimismo, o uso do vocabulário científico e as imagens de processos de decomposição são características que dão singularidade à obra de Augusto, cujo tema principal remete ao fracasso da subjetividade em meio a um período de relações sociais e políticas conturbado.

Reprodução/Coleção particular

Augusto dos Anjos

Augusto Carvalho Rodrigues dos Anjos (1884-1914), filho de uma família de proprietários de engenho, na Paraíba, assistiu à decadência da antiga estrutura latifundiária. Formado em Direito, dedicou-se ao magistério em Recife e, depois, no Rio de Janeiro. Aos 28 anos publicou *Eu*, seu único volume de poesias. Faleceu dois anos depois.

O famoso soneto "Psicologia de um vencido", revelador a partir do título, nos insere no universo poético de Augusto dos Anjos, em sua visão de mundo, suas imagens e palavras antipoéticas. É um sugestivo autorretrato, que se assemelha a uma caricatura e rompe com os limites estéticos do belo e do feio, em uma postura típica dos melhores expressionistas.

Psicologia de um vencido

Augusto dos Anjos

Eu, filho do carbono e do amoníaco,
Monstro de escuridão e rutilância,
Sofro, desde a epigênese da infância,
A influência má dos signos do zodíaco.

Profundissimamente hipocondríaco,
Este ambiente me causa repugnância...
Sobe-me à boca uma ânsia análoga à ânsia
Que se escapa da boca de um cardíaco.

Já o verme – este operário das ruínas –
Que o sangue podre das carnificinas
Come, e à vida em geral declara guerra,

Anda a espreitar meus olhos para roê-los,
E há de deixar-me apenas os cabelos,
Na frialdade inorgânica da terra!

Disponível em: <www.univesp.ensinosuperior.sp.gov.br>. Acesso em: 23 maio 2014.

De boa vontade suportei com paciência o meu mal em nome da arte e daqueles que amo!, de Egon Schiele, 1912. Nesta aquarela, o expressionista austríaco Schiele faz de si próprio um retrato que em muito se aproxima da poesia de Augusto dos Anjos.

LENDO OS TEXTOS

Texto 1

Versos íntimos

Augusto dos Anjos

Vês?! Ninguém assistiu ao formidável
Enterro de tua última quimera.
Somente a Ingratidão – esta pantera –
Foi tua companheira inseparável!

Acostuma-te à lama que te espera!
O Homem, que, nesta terra miserável,
Mora, entre feras, sente inevitável
Necessidade de também ser fera.

Toma um fósforo. Acende teu cigarro!
O beijo, amigo, é a véspera do escarro,
A mão que afaga é a mesma que apedreja.

Se a alguém causa inda pena a tua chaga,
Apedreja essa mão vil que te afaga,
Escarra nessa boca que te beija!

Disponível em: <www.dominiopublico.gov.br>. Acesso em: 23 maio 2014.

Atividades

1. Comente os aspectos formais do poema.
2. Comente a postura de Augusto dos Anjos em relação à vida e a seleção vocabular feita pelo poeta e relacione-a à temática do poema.
3. Em que sentido foi empregada a palavra *homem* na segunda estrofe?
4. O soneto foi construído como se o eu poético fosse um falante se dirigindo a um interlocutor.
   a) Há uma única palavra que nos passa mínima informação sobre a identidade do interlocutor. Qual é essa palavra? Que função sintática desempenha no texto?
   b) Como você caracterizaria o falante em relação ao interlocutor? Justifique sua resposta apontando os elementos gramaticais de que se vale o falante nos enunciados.

Texto 2

O morcego

Augusto dos Anjos

Meia-noite. Ao meu quarto me recolho.
Meu Deus! E este morcego! E, agora, vede:
Na bruta ardência orgânica da sede,
Morde-me a goela ígneo e escaldante molho.

"Vou mandar levantar outra parede..."
– Digo. Ergo-me a tremer. Fecho o ferrolho
E olho o teto. E vejo-o ainda, igual a um olho,
Circularmente sobre a minha rede!

Pego de um pau. Esforços faço. Chego
A tocá-lo. Minh'alma se concentra.
Que ventre produziu tão feio parto?!

A Consciência Humana é este morcego!
Por mais que a gente faça, à noite, ele entra
Imperceptivelmente em nosso quarto!

ANJOS, Augusto dos. *Toda a poesia; com um estudo crítico de Ferreira Gullar*. 2. ed. Rio de Janeiro: Paz e Terra, 1978.

O sono da razão produz monstros, gravura de Goya.

O sono da razão produz monstros, de Francisco de Goya, 1799, que retrata um mergulho profundo nas águas insólitas do inconsciente.

Atividades

1. Em que pessoa está escrito o soneto "O morcego"?
2. Como no poema anterior, é possível afirmar que esse texto é dirigido a uma segunda pessoa? Transcreva um verso que comprove a sua resposta.
3. Releia atentamente o primeiro verso de "O morcego". O que o poeta procura fixar logo nesse primeiro momento?
4. Comente a sequência explorada por Augusto dos Anjos ao longo das quatro estrofes.
5. O texto está todo centrado na utilização de uma figura de palavra. Que figura é essa?
6. Explique o emprego da expressão *a gente* no penúltimo verso.
7. Para o poeta, há alguma possibilidade de o homem fugir de sua própria consciência? Justifique com um trecho do soneto.

Velhos temas novas leituras

FUTEBOL E LITERATURA

Nos primórdios da República brasileira, diante da impossibilidade de exercer a cidadania pelos meios oficiais, a população marginal das grandes cidades passou a procurar novas formas de expressar suas demandas políticas e sociais; dentre as alternativas, destacavam-se manifestações culturais populares, como o Carnaval e o samba, e também o futebol, que, antes praticado por pessoas das elites, foi progressivamente sendo apropriado pelas classes populares.

Mesmo com sua popularização no Brasil, o futebol não foi, no entanto, aceito como unanimidade: um de seus adversários mais ferrenhos foi o escritor Lima Barreto. Em sua opinião, o futebol era vil por ser elitista e racista, alienígena e violento. A questão central para Lima Barreto, porém, era não haver um modo de os negros e mulatos se inserirem de forma original em um esporte marcado por estrangeirismos e introduzido no país pela elite branca. Aqueles que, eventualmente, conseguissem se "dar bem" estariam reproduzindo a ordem social opressora, e não a subvertendo; era o triunfo da ganância e do "jeitinho".

O repúdio do escritor ao esporte chegou a lances inusitados, como a criação, em 1919, da *Liga contra o Football*, uma associação cujo objetivo era desmascarar o jogo, evidenciando seus aspectos mais perversos. Além disso, outro fato o indignava: o uso de dinheiro público no financiamento de campeonatos, clubes e federações – assunto que não deixa de ser atual e vergonhoso.

Mesmo com todas as críticas de Lima Barreto, hoje o futebol é um elemento fundamental para a identidade brasileira. Como disse Nelson Rodrigues, a conquista da Copa do Mundo, na Suécia, em 1958, redimiu o Brasil de seu "complexo de vira-lata". A vitória no campeonato mundial representava a conquista da autoestima, a superação de traumas antigos, como o da derrota para o Uruguai em pleno Maracanã, na final da Copa de 1950. Ou seja, com a conquista da Copa, o Brasil encarou e fintou o "outro" externo que sempre lhe atormentara; mais do que isso, passou a ser admirado internacionalmente por sua interpretação única do futebol. Os fantasmas internos, no entanto, continuavam esquecidos e marginais, encontrando no samba e no futebol as únicas possibilidades de viver, quando não caindo no alcoolismo ou em cadeias e manicômios, como sucedeu com Lima Barreto. As críticas do escritor ao esporte deixam claro uma coisa: o futebol, em sua relação com o Brasil, só pode ser entendido sob o signo do paradoxo.

Para entender melhor as críticas de Lima Barreto ao futebol, assim como a importância que o esporte assumiu para a literatura brasileira, leia os dois textos a seguir. O primeiro é um trecho do romance *Clara dos Anjos*, de Lima Barreto, cuja versão final foi concluída no início de 1922. O segundo, um trecho da crônica "Meu personagem da semana: o escrete", de Nelson Rodrigues, publicada em 12 de julho de 1958, por ocasião da vitória do Brasil na Copa do Mundo daquele ano.

Texto 1

Clara dos Anjos

Lima Barreto

Ataliba do Timbó era um mulato claro, faceiro, bem-apessoado, mas antipático pela sua falsa arrogância e fatuidade. Havia sido operário em uma oficina do Estado. Meteu-se com Cassi e, aos poucos, abandonou o emprego, abandonou a mãe, de quem era único arrimo, e quis imitar o mestre até o fim. Foi infeliz. Arranjou uma complicação policial e matrimonial de donzelas, nas quais Cassi era useiro e vezeiro, e saiu-se mal. Obrigaram-no a casar; mas teve hombridade de ficar com a mulher, embora, resignadamente, ela sofresse toda espécie de privações, no horrível subúrbio de D. Clara [Estação D. Clara, na atual Praça do Patriarca, Madureira], enquanto ele andava sempre muito suburbanamente elegante e tivesse vários uniformes de futebol.

Tirava proveitos do jogo de dados ou campista, e também do futebol, em que era considerado bom jogador – "plêiel", como diziam lá. De vários clubes, havia sido expulso ou se havia demitido voluntariamente, porque os companheiros suspeitavam-no ser peitado pelos adversários, para facilitar estes fazer pontos. Ultimamente, era agente de jogo do bicho, e sua mulher viera gozar de mais algum conforto.

BARRETO, Lima. *Triste fim de Policarpo Quaresma/Clara dos Anjos*. São Paulo: Scipione, 1994. p. 16.

Texto 2

Meu personagem da semana: o escrete

Nelson Rodrigues

Dizem que o Brasil tem analfabetos demais. E, no entanto, vejam vocês: – a vitória final, no campeonato do mundo, operou o milagre. Se analfabetos existiam, sumiram-se na vertigem do triunfo. [...] Sujeitos que não sabiam se gato se escreve com "x" ou não iam ler a vitória no jornal, sucedeu esta coisa sublime: – analfabetos natos e hereditários devoravam vespertinos, matutinos, revistas e liam tudo com uma ativa, uma devoradora curiosidade, que ia do "lance a lance" da partida até os anúncios de missa. Amigos, nunca se leu e, digo mais, nunca se releu tanto no Brasil.

E a quem devemos tanto? Ao escrete, ao escrete, que, hoje, é meu personagem da semana, múltiplo personagem. Personagem meu, do Brasil e do mundo. Graças aos 22 jogadores, que formaram a maior equipe de futebol da Terra, em todos os tempos, graças a esses jogadores, dizia eu, o Brasil descobre-se a si mesmo. [...] Os 5 x 2, lá fora, contra tudo e contra todos, é um maravilhoso triunfo vital, de todos nós e de cada um de nós. [...] O povo já não se julga mais um vira-latas. Sim, amigos: – o brasileiro tem de si mesmo uma nova imagem; ele já se vê, na generosa totalidade de suas imensas virtudes pessoais e humanas. [...] Por fim, a lição do meu personagem. Ele ensinou que o brasileiro é, sim, quer queiram quer não, "o maior".

RODRIGUES, Nelson. *O berro impresso das manchetes*. Rio de Janeiro: Agir, 2007. p. 407-409.

Central Press/Getty Images

A seleção brasileira de futebol campeã da Copa do Mundo de 1958, com a taça Jules Rimet, após vitória de 5 a 2 sobre a Suécia, em Estocolmo, 1º de julho de 1958.

1. Como Lima Barreto caracteriza Ataliba do Timbó, o jogador de futebol?

2. Qual é a intenção de Lima Barreto ao retratar a forma como eram chamados os jogadores, "plêiel"?

3. Nelson Rodrigues foi um dos principais cronistas brasileiros do século XX, principalmente no que diz respeito aos textos esportivos. A partir da leitura, ressalte algumas das características de sua crônica.

4. Qual é a importância do futebol para o Brasil, de acordo com Nelson Rodrigues?

5. Levando em conta a distância temporal entre os dois textos, qual dos dois expressa, em sua opinião, uma imagem mais próxima do futebol brasileiro atual? Explique.

6. Nos dias atuais, a crônica esportiva continua ocupando um espaço importante nos meios jornalísticos, seja nas mídias impressas, seja na televisão. Levando em conta as considerações de Lima Barreto e de Nelson Rodrigues, pesquise alguma crônica futebolística atual; depois, compare as preocupações dos textos atuais com aquelas presentes nas obras dos dois autores. Existem semelhanças entre os textos? Quais são as principais diferenças?

Pensando no Enem

1. Leia o texto:

Desde dezoito anos que o tal patriotismo lhe absorbia e por ele fizera a tolice de estudar inutilidades. Que lhe importavam os rios? Eram grandes? Pois que fossem... Em que lhe contribuía para a felicidade saber o nome dos heróis do Brasil? Em nada... O importante é que ele tivesse sido feliz. Foi? Não. Lembrou-se das coisas do tupi, do *folklore*, das suas tentativas agrícolas... Restava disso tudo em sua alma uma satisfação? Nenhuma! Nenhuma!

O tupi encontrou a incredulidade geral, o riso, a mofa, o escárnio; e levou-o à loucura. Uma decepção. E a agricultura? Nada. As terras não eram ferazes e ela não era fácil como diziam os livros. Outra decepção. E, quando o seu patriotismo se fizera combatente, o que achara? Decepções. Onde estava a doçura de nossa gente? Pois ele a viu combater como feras? Pois não a via matar prisioneiros, inúmeros? Outra decepção. A sua vida era uma decepção, uma série, melhor, um encadeamento de decepções.

A pátria que quisera ter era um mito; um fantasma criado por ele no silêncio de seu gabinete.

BARRETO, L. *Triste fim de Policarpo Quaresma*. Disponível em: <http://www.dominiopublico.gov.br/download/texto/bn000013.pdf >. Acesso em: 23 maio 2014.

O romance *Triste fim de Policarpo Quaresma*, de Lima Barreto, foi publicado em 1911. No fragmento destacado, a reação do personagem aos desdobramentos de suas iniciativas patrióticas evidencia que:

a) A dedicação de Policarpo Quaresma ao conhecimento da natureza brasileira levou-o a estudar inutilidades, mas possibilitou-lhe uma visão mais ampla do país.
b) A curiosidade em relação aos heróis da pátria levou-o ao ideal de prosperidade e democracia que o personagem encontra no contexto republicano.
c) A construção de uma pátria a partir de elementos míticos, como a cordialidade do povo, a riqueza do solo e a pureza linguística, conduz à frustração ideológica.
d) A propensão do brasileiro ao riso, ao escárnio, justifica a reação de decepção e desistência de Policarpo Quaresma, que prefere resguardar-se em seu gabinete.
e) A certeza da fertilidade da terra e da produção agrícola incondicional faz parte de um projeto ideológico salvacionista, tal como foi difundido na época do autor.

Comentário

No primeiro parágrafo, o narrador em terceira pessoa deixa claro que o personagem foi absorvido pelo nacionalismo e que a dedicação a esse ideal nada lhe trouxe de útil. Não só a natureza brasileira o decepcionara como o brasileiro em si, que, no segundo parágrafo, é acusado pelo narrador de matar prisioneiros. No terceiro parágrafo do fragmento, é ainda o narrador quem esclarece que o personagem criara, em seu gabinete, um mito de sua pátria sem conhecê-la.

Resposta: **C**.

Textos para a questão 2.

Texto 1

Eu amo a rua. Esse sentimento de natureza toda íntima não vos seria revelado por mim se não julgasse, e razões não tivesse para julgar, que este amor assim absoluto e assim exagerado é partilhado por todos vós. Nós somos irmãos, nós nos sentimos parecidos e iguais; nas cidades, nas aldeias, nos povoados, não porque soframos, com a dor e os desprazeres, a lei e a polícia, mas porque nos une, nivela e agremia o amor da rua. É este mesmo o sentimento imperturbável e indissolúvel, o único que, como a própria vida, resiste às idades e às épocas.

RIO, J. A rua. In: *A alma encantadora das ruas*. São Paulo: Companhia das Letras, 2008 (fragmento).

Texto 2

A rua dava-lhe uma força de fisionomia, mais consciência dela. Como se sentia estar no seu reino, na região em que era rainha e imperatriz. O olhar cobiçoso dos homens e o de inveja das mulheres acabavam o sentimento de sua personalidade, exaltavam-no até. Dirigiu-se para a rua do Catete com o seu passo miúdo e sólido. [...] No caminho trocou cumprimento com as raparigas pobres de uma casa de cômodos da vizinhança. [...] E debaixo dos olhares maravilhados das pobres raparigas, ela continuou o seu caminho, arrepanhando a saia, satisfeita que nem uma duquesa atravessando os seus domínios.

BARRETO, L. Um e outro. In: *Clara dos Anjos*. Rio de Janeiro: Editora Mérito (fragmento).

2. A experiência urbana é um tema recorrente em crônicas, contos e romances do final do século XIX e início do XX, muitos dos quais elegem a rua para explorar essa experiência. Nos fragmentos I e II, a rua é vista, respectivamente, como lugar que:

a) desperta sensações contraditórias e desejo de reconhecimento.
b) favorece o cultivo da intimidade e a exposição dos dotes físicos.
c) possibilita vínculos pessoais duradouros e encontros casuais.
d) propicia o sentido de comunidade e a exibição pessoal.
e) promove o anonimato e a segregação social.

Comentário

Os fragmentos transcritos apresentam pontos de vista distintos a respeito da rua como um espaço de experiências. O texto 1 trata da rua como um campo de experiências que favorece a cumplicidade entre os seres humanos, aproximando-os. O texto 2 vê na rua um campo de experiências que pode fortalecer a segurança de uma mulher atraente, supondo que ela se sente favorecida ao despertar o desejo dos homens e a inveja das demais mulheres.

Resposta **D**.

Vestibulares de Norte a Sul

1. **S** (UEM-PR) Assinale o que for correto sobre o romance *Triste fim de Policarpo Quaresma*, de Lima Barreto, levando em consideração, também, o fragmento que segue.

Policarpo era patriota. Desde moço, aí pelos vinte anos, o amor da Pátria tomou-o todo inteiro. Não fora o amor comum, **palrador** e vazio; fora um sentimento sério, grave e absorvente. Nada de ambições políticas ou administrativas; o que Quaresma pensou, ou melhor: o que o patriotismo o fez pensar, foi num conhecimento inteiro do Brasil, levando-o a meditações sobre os seus recursos, para depois então apontar os remédios, as medidas progressivas, com pleno conhecimento de causa.

Palrador: que ou o que palra, falador, tagarela.

BARRETO, Lima. *Triste fim de Policarpo Quaresma*. 14. ed. São Paulo: Ática, 1995. p. 22.

(01) O romance é representativo do Romantismo, estilo de época caracterizado pela valorização da cor local, da paisagem, da gente brasileira, da sua capacidade de progredir e se desvencilhar política, espiritual, social e literariamente da influência de Portugal.

(02) A ideologia que subjaz à escritura do romance pressupõe, da parte do autor, um nacionalismo crítico capaz de olhar o país por um viés lúcido, denunciando-lhe as mazelas sociais, sobretudo aquelas relacionadas aos interesses políticos travestidos de patriotismo.

(04) O protagonista do romance é construído como um patriota ingênuo, capaz de acreditar que seria possível reformar o Brasil, a partir de aspectos que considera fundamentais, como a cultura, a agricultura e a política. Esses aspectos são correspondentes a empreitadas suas fadadas ao fracasso, já que erigidas sobre alicerces utópicos que não encontram referencial na realidade concreta e no interesse das autoridades, em cujas mãos está o poder.

(08) O "triste fim" do protagonista, referido no título do romance, remete à ideia trágica que marca o malogro de seu projeto inicial: o de reformar o país. Em vez de levar adiante a defesa de seus valores nacionalistas, acaba corrompido pela ideologia dominante, aliando-se aos poderosos para obter vantagens e sair da penúria financeira.

(16) O fragmento transcrito ilustra a concepção de linguagem literária adotada e defendida pelos escritores renovadores do período em que se insere o romance. Trata-se de uma linguagem simples, direta, objetiva, próxima ao falar cotidiano e/ou à linguagem característica do texto jornalístico.

2. **CO** (UFMT) A literatura praticada no Brasil no início do século XX, de modo geral, apresentava-se de olhos fechados para os mais sérios problemas da sociedade brasileira. No entanto, com obras que representam outra postura intelectual em face da nossa realidade sociocultural, alguns escritores expressaram uma visão crítica dos problemas brasileiros. A respeito dos principais escritores do Pré-Modernismo, assinale a afirmativa correta.

a) Euclides da Cunha, mesmo trabalhando magistralmente o assunto e a linguagem em *Os sertões*, não logrou construir uma obra literária, visto seu conteúdo não ser ficcional.
b) Lima Barreto, acusado de desleixo por seus contemporâneos, teve sua prosa simples e comunicativa valorizada pelos modernistas.
c) Monteiro Lobato, por sua formação clássica, foi importante mentor intelectual do movimento renovador de 22.
d) Euclides da Cunha, em *Os sertões*, revelou o sofrimento de uma família de retirantes fugindo da seca nordestina.
e) Lima Barreto, influenciado pela leitura de clássicos da língua portuguesa, marcou com um certo purismo linguístico a sua produção literária.

3. **SE** (Vunesp-SP)

Não temos contraste maior na nossa história. Está nele a sua feição verdadeiramente nacional. Fora disto mal a vislumbramos nas cortes espetaculosas dos governadores, na Bahia, onde imperava a Companhia de Jesus com o privilégio da conquista das almas, eufemismo casuístico disfarçando o monopólio do braço indígena.

EUCLIDES DA CUNHA. *Os sertões*. Edição crítica de Walnice Nogueira Galvão. 2. ed. São Paulo: Ática, 2001. p. 81-82.

Dentro das linhas de força do pré-modernismo, que levavam os escritores a uma nova e mais objetiva interpretação do país e de seus problemas, Euclides da Cunha, no último parágrafo do texto, levanta crítica à Companhia de Jesus, atribuindo-lhe, por exemplo, com ironia brotada do conhecimento histórico, a "conquista das almas", isto é, a catequese dos indígenas brasileiros. Releia esse parágrafo e, a seguir, explique o que quer significar o autor na sequência com a expressão "monopólio do braço indígena".

4. **S** (UFRGS-RS) Uma atitude comum caracteriza a postura literária de autores pré-modernistas, a exemplo de Lima Barreto, Graça Aranha, Monteiro Lobato e Euclides da Cunha. Pode ela ser definida como:

a) necessidade de superar, em termos de um programa definido, as estéticas românticas e realistas.
b) a pretensão de dar um caráter definitivamente brasileiro à nossa literatura, que julgavam por demais europeizada.
c) uma preocupação com o estudo e com a observação da realidade brasileira.
d) a necessidade de fazer crítica social, já que o Realismo havia sido ineficaz nessa matéria.
e) aproveitamento estético do que havia de melhor na herança literária brasileira, desde suas primeiras manifestações.

CAPÍTULO

24 O Brasil de 1922 a 1930: tupi *or not* tupi

Antropofagia, de Tarsila do Amaral, 1929.

Os artistas plásticos da Semana de 22

Em fevereiro de 1922, no Teatro Municipal de São Paulo, centro de entretenimento da elite cafeeira, uma série de eventos que ficou conhecida como Semana de Arte Moderna abalou os tradicionais conceitos de arte dessa elite. Assim se começou a dar voz ao Modernismo no Brasil, inspirado nas vanguardas europeias, mas com interpretações que levavam em conta a realidade brasileira e que procuravam pôr em discussão a identidade nacional. Alguns dos artistas decisivos para o Modernismo brasileiro das décadas de 1920 e 1930 estiveram presentes ou representados nessas apresentações; entre eles, Mário de Andrade (1893-1945), Oswald de Andrade (1890-1954), Manuel Bandeira (1886-1968), Anita Malfatti (1896-1964), Emiliano di Cavalcanti (1897-1976), Vicente do Rego Monteiro (1899-1970), Victor Brecheret (1894-1955) e Heitor Villa-Lobos (1887-1959).

A pintura

Antropofagia, de Tarsila do Amaral, 1929.

O homem amarelo, de Anita Malfatti, 1915-1916.

- *A tela de Tarsila do Amaral aqui reproduzida expressou em linguagem visual a ideia que o escritor Oswald de Andrade verbalizou em manifesto como* antropofagia. *Ele afirmou em seu manifesto, conforme você ainda vai estudar: "Só me interessa o que não é meu. Lei do homem. Lei do antropófago". Os dicionários costumam definir o termo* antropófago *como "aquele que come carne humana". Em sua opinião, que características da pintura em discussão podem ter a ver com essa ideia?*
- *No campo da pintura, Anita Malfatti foi a artista que suscitou as maiores discussões durante a Semana de 1922, além de ter sido, por ocasião de sua exposição individual em 1917, criticada por Monteiro Lobato. A tela reproduzida nesta página foi a que mais provocou indignação do público presente à exposição de 1917. Retomando o que estudou sobre as vanguardas europeias, que características dessa tela nos levam a relacioná-la com as vanguardas?*

Cinco moças de Guarantinguetá, de Di Cavalcanti, 1930.

Atirador de arco, de Vicente do Rego Monteiro, 1925.

Flagelação, de Vicente do Rego Monteiro, 1923.

- *Em* Cinco moças de Guaratinguetá, *o artista brasileiro Di Cavalcanti brinca com uma obra das vanguardas que você já observou neste livro:* Les demoiselles d'Avignon, *de Pablo Picasso. Que aspectos da tela nos mostram a preocupação de Di Cavalcanti com a identidade nacional?*
- *Observe as telas de Vicente do Rego Monteiro reproduzidas nesta página. Uma delas procura expressar a ideia de movimento, de velocidade. Qual delas e como isso é feito? E isso nos faz relacioná-la com que vanguarda europeia estudada? A outra tela apresenta inspiração de certa vanguarda europeia, que levou o artista a mostrar os volumes geométricos das coisas e dos seres pintados. Qual é essa outra vanguarda?*
- *De qual tela você mais gostou? Por quê?*

A escultura

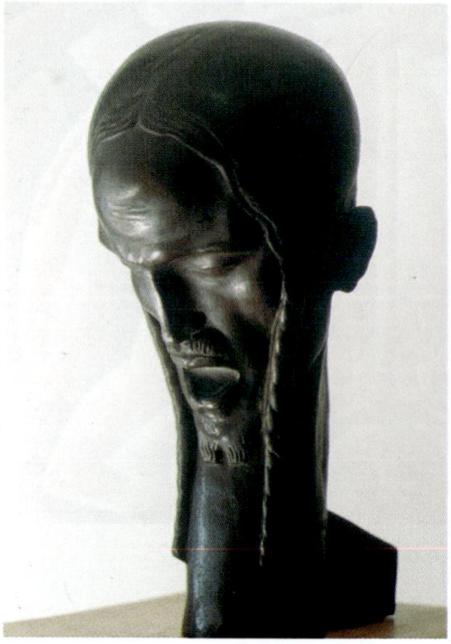

Regis Filho/Instituto de Estudos Brasileiros da USP, São Paulo, SP.

Cabeça de Cristo, de Victor Brecheret, 1920. Sobre o artista e sua obra, assim se refere Mário de Andrade na conferência "O movimento modernista": "Porque Brecheret era para nós no mínimo um gênio. Este era o mínimo com que podíamos nos contentar, tais os entusiasmos a que ele nos sacudia. E Brecheret ia ser em breve o gatilho que faria *Pauliceia desvairada* estourar. [...] Foi quando Brecheret me concedeu passar em bronze um gesto dele que eu adorava, uma cabeça de Cristo. Mas 'com que roupa'? eu devia os olhos da cara! Não hesitei, fiz mais conchavos financeiros e afinal pude desembrulhar em casa a minha *Cabeça de Cristo*. A notícia correu num átimo, e a parentada que morava pegado, invadiu a casa para ver. E pra brigar. Aquilo até era pecado mortal, onde se viu Cristo de trancinha! era feio, medonho!". O bronze *Cabeça de Cristo* foi uma das 12 peças expostas no Teatro Municipal, em 1922.

Antonio Gauderio/Arquivo da editora

Monumento às bandeiras, de Victor Brecheret, 1954. Verdadeiro símbolo da cidade de São Paulo, esse monumento teve sua primeira maquete apresentada em 1920.

A arquitetura

Reprodução/Coleção particular

Desenho de Antonio Garcia Moya. O artista espanhol (1891-1948) apresentou dezoito projetos arquitetônicos na Semana de Arte Moderna, com predomínio das linhas retas e de grandes volumes geométricos. Moya foi considerado pelos modernistas "o arquiteto da Semana".

A música

Reprodução/Agência Estado

O maestro Heitor Villa-Lobos (1887-1959), quando se apresentou na Semana de 22, já era um nome respeitado como compositor, o que não o livrou de críticas conservadoras. A obra de Villa-Lobos enquadra-se no espírito daqueles anos em busca de uma noção de brasilidade: "Sim, sou brasileiro e bem brasileiro. Na minha música eu deixo cantar os rios e os mares deste grande Brasil. Eu não ponho mordaça na exuberância tropical de nossas florestas e dos nossos céus, que eu transponho instintivamente para tudo que escrevo".

- *Escultura e arquitetura são artes que podem ser observadas nos espaços públicos, ajudam a construir o perfil de uma cidade, de uma região ou mesmo de um país. Sob a orientação do professor, reúna-se com alguns colegas para pesquisar os espaços públicos de seu município. Que esculturas expostas permanentemente em espaços públicos e que edifícios de sua cidade vocês consideram que mostram um pouco da personalidade, do modo de ser da cidade? Por quê? Se possível, fotografem as esculturas e as fachadas selecionadas e pesquisem a história desses objetos artísticos e/ou construções. Compartilhem com os demais colegas e o professor.*
- *Você já pensou que músicas exprimem a arte de seu tempo? Que compositores brasileiros você diria que refletem a sociedade atual? Por quê?*

1 A Semana de Arte Moderna

Modernismo 1

Manifestado especialmente pela arte, mas manchando também com violência os costumes sociais e políticos, o movimento modernista foi o prenunciador, o preparador e por muitas partes o criador de um estado de espírito nacional. A transformação do mundo, com o enfraquecimento gradativo dos grandes impérios, com a prática europeia de novos ideais políticos, a rapidez dos transportes e mil e uma outras causas internacionais, bem como o desenvolvimento da consciência americana e brasileira, os progressos internos da técnica e da educação, impunham a criação de um espírito novo e exigiam a reverificação e mesmo a remodelação da Inteligência nacional. Isto foi o movimento modernista, de que a Semana de Arte Moderna ficou sendo o brado coletivo principal.

Disponível em: <www.portalartes.com.br>. Acesso em: 27 maio 2014.

Assim, com o distanciamento de vinte anos, na conferência "O movimento modernista", pronunciada em 1942, Mário de Andrade sintetizava o ambiente e as condições em que se realizaram a Semana de Arte Moderna e as primeiras produções que dariam um novo rumo às artes brasileiras.

São Paulo, Teatro Municipal, 1922

Para entendermos a Semana de Arte Moderna e o modernismo dos anos 1920, um bom caminho é pensar em três fatos: o melhor palco para a Semana, indiscutivelmente, era a cidade de São Paulo; dentro da cidade, o melhor local era o Teatro Municipal; e o evento não poderia acontecer nem em 1921, nem em 1923 – necessariamente teria de ser em 1922.

O ano é fácil de entender: comemorava-se o primeiro centenário da Independência; uma independência política e não econômica e muito menos cultural. O Teatro Municipal, inaugurado em 1911, idealizado para as grandes apresentações de óperas, era orgulho da elite paulistana. E por que São Paulo?

Mário de Andrade, na conferência "O movimento modernista", pronunciada em 1942, explicava por que só São Paulo reunia as condições para sediar a Semana: "E só mesmo uma figura como ele [Paulo Prado] e uma cidade grande mas provinciana como São Paulo, poderiam fazer o movimento modernista e objetivá-lo na Semana".

E mais adiante:

São Paulo era espiritualmente muito mais moderna, porém, fruto necessário da economia do café e do industrialismo consequente. São Paulo estava, ao mesmo tempo, pela sua atualidade comercial e sua industrialização, em contato mais espiritual e mais técnico com a atualidade do mundo.

ANDRADE, Mário de. O movimento modernista. In: *Aspectos da literatura brasileira*. 5. ed. São Paulo: Livraria Martins Editora, 1974.

De fato, a massa urbana de São Paulo era constituída de tipos muito diversos; nem mesmo o operariado formava um grupo completamente homogêneo. Assim, poderíamos encontrar pela cidade, andando na mesma calçada do bairro dos

Acervo Fundação do Patrimônio Histórico da Energia de São Paulo

A São Paulo do início do século XX é uma cidade multifacetada, fruto da industrialização, da eletricidade, da modernidade, enfim. Oswald de Andrade, em seu livro de memórias, comenta a chegada dos bondes elétricos: "A cidade tomou um aspecto de revolução. Todos se locomoviam, procuravam ver. E os mais afoitos queriam ir até a temeridade de entrar no bonde, andar de bonde elétrico!".

Campos Elíseos, um "barão do café", um operário anarquista, um padre, um burguês, um nordestino, um professor, um negro, um comerciante, um advogado, um militar... realmente, uma "pauliceia desvairada", palco ideal para a realização de um evento que mostrasse uma arte inovadora, rompendo com velhas estruturas.

Aristocratas, burgueses, trabalhadores rurais, operários urbanos

Após os governos militares do início da República, os senhores rurais retornaram ao poder, fortalecidos então pela vigorosa economia do café, que girava em torno do eixo São Paulo-Minas Gerais. A partir do governo de Campos Sales (1898-1902) foi instituída a "política dos governadores", ou seja, os governadores apoiavam o governo federal e este apoiava os governos estaduais. Essa situação beneficiou os grandes proprietários rurais de São Paulo e Minas Gerais, que se revezavam no poder, resultando na famosa política do café com leite (ora um paulista ocupava a presidência, ora um mineiro), que perdurou até 1930.

Charge publicada no periódico anarquista *A Lanterna*, em 1916, combatendo o monarquismo e o clericalismo.

Além disso, as principais cidades brasileiras, em particular a cidade de São Paulo, conheceram uma rápida transformação em decorrência do avanço da indústria. Foi a Primeira Guerra Mundial (1914-1918) a responsável por esse surto de industrialização e consequente urbanização: em 1907, contávamos 3 358 indústrias no Brasil; em 1920, esse número chegava a 13 336. Isso desencadeou a formação de uma burguesia industrial que a cada dia ficava mais forte, mas se mantinha marginalizada pela política econômica do governo federal, voltada para a produção e a exportação do café.

Paralelamente aumentava de modo considerável o número de imigrantes europeus (sobretudo de italianos) que se dirigiam para as regiões economicamente prósperas, tanto na zona rural, onde havia o café, como na zona urbana, onde estavam as indústrias. No período de 1903 a 1914, o Brasil recebeu cerca de 1,5 milhão de imigrantes.

Nos centros urbanos, existia ainda uma larga faixa da população pressionada, por cima, pelos "barões do café" e pela alta burguesia e, por baixo, pelo operariado: era a pequena burguesia, de caráter reivindicatório, formada, entre outros, por funcionários públicos, comerciantes, militares e profissionais liberais.

Essas considerações indicam que, desde sua origem, a Semana de Arte Moderna no Teatro Municipal não só representava insatisfações dos artistas como também manifestava um lado político de ataque à aristocracia e à burguesia. Assim se pronuncia, em seu livro de memórias, Di Cavalcanti – que parece ter sido o primeiro a sugerir a realização de uma mostra modernista:

O lavrador de café, de Candido Portinari, 1939. Pintor sensível a temas sociais, Portinari (1903-1962) retratou o trabalhador braçal, o lavrador, o retirante.

> [...] Eu sugeri a Paulo Prado a nossa Semana, que seria uma semana de escândalos literários e artísticos, de meter os estribos na barriga da burguesiazinha paulistana.
>
> DI CAVALCANTI, Emiliano. *Viagem da minha vida*: primeiro testamento da alvorada. Rio de Janeiro: Civilização Brasileira, 1955. p. 115.

Os antecedentes da Semana

Mário de Andrade afirmou que as apresentações da Semana de 22 iniciaram a segunda fase do movimento modernista, que se estenderia de 1922 a 1930, marcado por seu caráter destruidor. O poeta dizia que "na verdade, o período... heroico fora aquele anterior, iniciado com a exposição de pintura de Anita Malfatti e terminado na 'festa' da Semana de Arte Moderna".

Destacamos, a seguir, os fatos decisivos que antecederam a Semana.

- **1917** – Oswald de Andrade conhece Mário de Andrade.
  - – Mário de Andrade, com o pseudônimo de Mário Sobral, publica o livro *Há uma gota de sangue em cada poema*.
  - – *O Pirralho*, semanário humorístico paulista financiado e dirigido por Oswald de Andrade, publica, na edição de 12 de maio, a primeira versão de *Memórias sentimentais de João Miramar*, com ilustrações de Di Cavalcanti.
  - – Um dos mais marcantes acontecimentos do ano de 1917 no setor cultural, a rumorosa exposição de Anita Malfatti é inaugurada em São Paulo, em 12 de dezembro, apresentando 53 trabalhos, entre os quais as telas *A estudante russa*, *O japonês*, *A mulher de cabelos verdes*, *O homem amarelo*, *A boba*.
  - – Monteiro Lobato publica artigo intitulado "Paranoia ou mistificação?", com o subtítulo "A propósito da Exposição Malfatti", desqualificando a obra de Anita. Foi um escândalo. Os jovens artistas de São Paulo aglutinaram-se em defesa de Anita e da arte moderna.

O japonês, de Anita Malfatti, 1915-1916.

- **1921** – Mário de Andrade escreve os poemas de *Pauliceia desvairada*.
  - – No mês de agosto de 1921, outro escândalo em nossas artes: Mário de Andrade publica uma série de sete artigos críticos sobre os poetas parnasianos, que ainda dominavam o ambiente literário oficial, intitulada *Mestres do passado*. Nesses artigos, entre outras ironias, afirma: "Malditos para sempre os Mestres do Passado! Que a simples recordação de um de vós escravize os espíritos no amor incondicional pela Forma! Que o Brasil seja infeliz porque vos criou! Que o Universo se desmantele porque vos comportou! E que não fique nada! nada! nada!".
  - – Em novembro, acontece a exposição de Di Cavalcanti, "Fantoches da meia-noite", ocasião em que ganha força a ideia de organizar a Semana de Arte Moderna.

Os três espetáculos da Semana

No final de janeiro de 1922, surgiram as primeiras notícias sobre a realização de um evento de arte moderna, criando um clima de expectativa em torno do acontecimento; tal fato explica a enorme afluência de público ao primeiro espetáculo, na noite de 13 de fevereiro. Espalhadas pelo saguão do Teatro Municipal de São Paulo, várias pinturas e esculturas provocaram reações de espanto e repúdio; os trabalhos mais visados foram os de Victor Brecheret e Anita Malfatti.

O espetáculo de 13 de fevereiro foi aberto com a conferência de Graça Aranha, intitulada "A emoção estética na arte moderna", acompanhada da música de Ernani Braga e da poesia de Ronald de Carvalho e de Guilherme de Almeida. A conferência de Graça Aranha não chegou a causar espanto, ao contrário da música de Ernani Braga, que fazia uma sátira a Chopin – o que levaria a pianista Guiomar Novaes a protestar publicamente contra os organizadores da Semana.

O segundo espetáculo, em 15 de fevereiro, anunciava como grande atração a pianista Guiomar Novaes, que, apesar do protesto, compareceu e se apresentou. Entretanto, a "atração" foi uma conferência de Menotti del Picchia sobre arte e estética, ilustrada com a leitura de textos de Oswald de Andrade, Mário de Andrade e Plínio Salgado, entre outros; a cada leitura, o público se manifestava com miados e latidos. Ronald de Carvalho lê "Os sapos", de Manuel Bandeira, uma crítica aberta ao modelo parnasiano; o público faz coro, ironizando o refrão "Foi! – Não foi!...".

Durante o intervalo, Mário de Andrade lê, das escadarias do teatro, trechos de *A escrava que não é Isaura*. Tímido, assim se manifestou mais tarde, sobre o episódio: "Mas como tive coragem pra dizer versos diante duma vaia tão barulhenta que eu não escutava no palco o que Paulo Prado me gritava da primeira fila das poltronas?... Como pude fazer uma conferência sobre artes plásticas, na escadaria do Teatro, cercado de anônimos que me caçoavam e ofendiam a valer?...".

Em 17 de fevereiro, realizou-se o "terceiro e último grande festival" da Semana de Arte Moderna, com a apresentação de músicas de Villa-Lobos. O público já não lotava o teatro e comportava-se mais respeitosamente. Exceto quando o maestro Villa-Lobos entrou em cena de casaca e... chinelos – o público interpretou a atitude como futurista, e vaiou. Mais tarde, o maestro explicaria que não se tratava de futurismo e sim de um calo arruinado...

Capa do catálogo da exposição de artes plásticas da Semana. O desenho, assinado por Di Cavalcanti com as iniciais D.C. no pedestal da figura, é realmente inovador, com os traços da figura feminina se misturando ao painel que forma o fundo do desenho. Percebem-se nitidamente influências cubistas e expressionistas nessa criação.

TEXTO E INTERTEXTO

Texto 1

"Ode ao burguês" é um dos poemas do livro *Pauliceia desvairada*, lançado em 1922. Reproduzimos o poema para que você o leia e o saboreie. Mas queremos lembrar que, no prefácio do *Pauliceia desvairada*, Mário diz que "versos não se escrevem para leitura de olhos mudos. Versos cantam-se, urram-se, choram-se. Quem não souber urrar não leia 'Ode ao burguês'".

Ode ao burguês

Mário de Andrade

Eu insulto o burguês! o burguês-níquel,
o burguês-burguês!
A digestão benfeita de São Paulo!
O homem-curva! o homem-nádegas!
O homem que sendo francês, brasileiro, italiano,
é sempre um cauteloso pouco a pouco!

Eu insulto as aristocracias cautelosas!
Os barões lampiões! os condes Joões! os duques zurros!
que vivem dentro de muros sem pulos,
e gemem sangue de alguns **mil-réis** fracos
para dizerem que as filhas da senhora falam o francês
e tocam os "**Printemps**" com as unhas!

Eu insulto o burguês-funesto!
O indigesto feijão com toucinho, dono das tradições!
Fora os que algarismam os amanhãs!
Olha a vida dos nossos setembros!
Fará Sol? Choverá? **Arlequinal**!
Mas à chuva dos rosais
o êxtase fará sempre Sol!

Morte à gordura!
Morte às adiposidades cerebrais!
Morte ao burguês-mensal!
ao burguês-cinema! ao burguês-**tílburi**!
Padaria Suíssa! Morte viva ao Adriano!
"– Ai, filha, que te darei pelos teus anos?
– Um colar... – Conto e quinhentos!!!
Mas nós morremos de fome!"

Come! Come-te a ti mesmo, oh! gelatina pasma!
Oh! purée de batatas morais!
Oh! cabelos nas **ventas**! oh! carecas!
Ódio aos temperamentos regulares!
Ódio aos relógios musculares! Morte à infâmia!
Ódio à soma! Ódio aos secos e molhados!

arlequinal: relativo a Arlequim, personagem de antigas comédias italianas, caracterizado por roupa multicolorida, geralmente feita de losangos.

Printemps ("prentan" = primavera): obra clássica do compositor francês Claude Le Jeune (1528-1601).

réis: na grafia oficial, *mil-réis*, unidade monetária brasileira até 1942.

tílburi: carro de passeio de duas rodas, puxado por um animal.

ventas: nariz.

Ulhôa Cintra/Arquivo da editora

giolhos: joelhos.

Ódio aos sem desfalecimentos nem arrependimentos,
sempiternamente as mesmices convencionais!
De mãos nas costas! Marco eu o compasso! Eia!
Dois a dois! Primeira posição! Marcha!
Todos para a Central do meu rancor inebriante!

Ódio e insulto! Ódio e raiva! Ódio e mais ódio!
Morte ao burguês de **giolhos**,
cheirando religião e que não crê em Deus!
Ódio vermelho! Ódio fecundo! Ódio cíclico!
Ódio fundamento, sem perdão!

Fora! Fu! Fora o bom burguês!...

ANDRADE, Mário de. *Mário de Andrade*: poesias completas.
Belo Horizonte: Villa Rica, 1993. p. 88.

Atividades

1. Considerando que *ode* é uma poesia entusiástica, de exaltação, comente o título do poema de Mário de Andrade e a "brincadeira" sonora feita pelo autor.
2. Os futuristas valorizavam o substantivo e diziam que os adjetivos e os advérbios deviam ser abolidos, eliminados. Transcreva dois casos em que Mário de Andrade empregou substantivos como adjetivos, relacionados a substantivos simples, e dois casos em que empregou substantivos compostos, com o segundo elemento sendo um substantivo funcionando como adjetivo.
3. Em dois momentos o poeta caracteriza as "filhas": primeiro, as filhas da aristocracia; depois, as da burguesia. Comente as duas situações.
4. Como o autor caracteriza o burguês?
5. Como você interpreta o verso "Fora os que algarismam os amanhãs!"?
6. Leia atentamente o trecho abaixo; é um diálogo entre um sapateiro e o diabo, da peça *Auto da barca do Inferno*, de Gil Vicente. A seguir, transcreva a passagem da poesia "Ode ao burguês" na qual Mário de Andrade faz uma crítica semelhante.

   Sapateiro — Quantas missas eu ouvi,
   não me hão elas de prestar?
   Diabo — Ouvir missa, então roubar,
   é caminho para aqui.

Texto 2

"A sociedade" é um dos contos de *Brás, Bexiga e Barra Funda – Notícias de São Paulo*, de Antônio de Alcântara Machado (1901-1935), publicado em 1927. Os contos desse livro falam, principalmente, dos imigrantes italianos, uma "raça aventureira, alegre, que pisou na terra paulista cantando e na terra brotou e se alastrou".

A sociedade

Antônio de Alcântara Machado

carcamano: termo depreciativo com que eram designados os imigrantes italianos, notadamente os comerciantes.

— Filha minha não casa com filho de **carcamano**!

A esposa do Conselheiro José Bonifácio de Matos e Arruda disse isso e foi brigar com o italiano das batatas. Teresa Rita misturou lágrimas com gemidos e entrou no seu quarto batendo a porta. O Conselheiro José Bonifácio limpou as unhas com o palito, suspirou e saiu de casa abotoando o fraque. [...]

— Olhe aqui, Bonifácio: se esse carcamano vem pedir a mão de Teresa para o filho, você aponte o olho da rua para ele, compreendeu?

— Já sei, mulher, já sei.

Mas era cousa muito diversa.

O **Cav. Uff.** Salvatore Melli alinhou algarismos torcendo a bigodeira. Falou como homem de negócios que enxerga longe. Demonstrou cabalmente as vantagens econômicas de sua proposta.

— O doutor...

— Eu não sou doutor, Senhor Melli.

— Parlo assim para facilitar. Non é para ofender. Primo o doutor pense bem. E **poi** me dê a sua resposta. **Domani, dopo domani**, na outra semana, quando quiser. Io resto à sua disposição. Ma pense bem!

Renovou a proposta e repetiu os argumentos pró. O conselheiro possuía uns terrenos em São Caetano. Cousas de herança. Não lhe davam renda alguma. O Cav. Uff. tinha a sua fábrica ao lado. 1200 teares. 36 000 fusos. Constituíam uma sociedade. O conselheiro entrava com os terrenos. O Cav. Uff. com o capital. Armavam os trinta alqueires e vendiam logo grande parte para os operários da fábrica. Lucro certo, mais que certo, garantidíssimo.

— É. Eu já pensei nisso. Mas sem capital o senhor compreende é impossível...

— Per Bacco, doutor! Mas io tenho o capital. O capital sono io. O doutor entra com o terreno, mais nada. E o lucro se divide no meio.

O capital acendeu um charuto. O conselheiro coçou os joelhos disfarçando a emoção. A negra de broche serviu o café.

— Dopo o doutor me dá a resposta. Io só digo isto: pense bem.

O capital levantou-se. Deu dois passos. Parou. Meio embaraçado. Apontou para um quadro.

— Bonita pintura.

Pensou que fosse obra de italiano. Mas era de francês.

— Francese? Não é feio non. Serve.

Embatucou. Tinha qualquer cousa. Tirou o charuto da boca, ficou olhando para a ponta acesa. Deu um balanço no corpo. Decidiu-se.

— Ia **dimenticando** de dizer. O meu filho fará o gerente da sociedade... Sob a minha direção, si capisce.

— Sei, sei... O seu filho?

— Si. O Adriano. O doutor... mi pare... mi pare que conhece ele?

O silêncio do Conselheiro desviou os olhos do Cav. Uff. na direção da porta.

— Repito un'altra vez: O doutor pense bem.

O **Isotta Fraschini** esperava-o todo iluminado.

— E então? O que devo responder ao homem?

— Faça como entender, Bonifácio...

— Eu acho que devo aceitar.

— Pois aceite.

E puxou o lençol.

Cav. Uff: título honorífico de *Cavaliere Ufficiale* da República italiana; alguns italianos novos-ricos compravam esse título.

dimenticando: esquecendo.

domani, dopo domani: amanhã, depois de amanhã.

Isotta Fraschini: tradicional marca de automóveis de luxo, com fábrica em Milão.

poi: depois.

A outra proposta foi feita de fraque e veio seis meses depois.

O Conselheiro José Bonifácio de Matos e Arruda e senhora têm a honra de participar a V. Ex.a e Ex.ma família o contrato de casamento de sua filha Teresa Rita com o Sr. Adriano Melli. Rua da Liberdade, n. 259-C.	O Cav. Uff. Salvatore Melli e senhora têm a honra de participar a V. Ex.a e Ex.ma família o contrato de casamento de seu filho Adriano com a Senhorinha Teresa Rita de Matos Arruda. Rua da Barra Funda, n. 427

S. Paulo, 19 de fevereiro de 1927.

No chá do noivado o Cav. Uff. Adriano Melli na frente de toda a gente recordou à mãe de sua futura nora os bons tempinhos em que lhe vendia cebolas e batatas, Olio di Lucca e bacalhau português, quase sempre fiado e até sem caderneta.

MACHADO, Antônio de Alcântara. *Novelas paulistanas*. 6. ed. Rio de Janeiro: José Olympio, 1979. p. 25-28.

Atividades

1. O título do conto permite uma dupla possibilidade de leitura. Como você o interpreta?
2. O que se pode depreender da situação econômica das duas famílias?
3. Sabemos que metonímia é uma figura de palavra que decorre de uma implicação entre conceitos (a parte pelo todo, o efeito pela causa, o continente pelo conteúdo, etc.). No conto há um emprego de metonímia, fundamental para a situação descrita. Aponte-a e comente a sua importância.
4. Que elementos da cidade de São Paulo e de sua sociedade o leitor pode inferir da leitura do conto?
5. Vamos comparar os textos "Ode ao burguês" e "A sociedade". O que a linguagem desses textos tem em comum?
6. Aponte um aspecto temático comum.

As revistas e os manifestos

Literatura em vídeo: Modernismo

As agitações ideológicas e estéticas provocadas com a realização da Semana de Arte Moderna deram vazão à publicação de periódicos que se tornariam os porta-vozes das diversas correntes antagônicas do modernismo brasileiro. O cenário intelectual da época foi, então, refletido nessa gama de revistas e manifestos que revelavam diferentes tendências políticas e culturais que surgiram e se ramificaram a partir de 1922.

Klaxon

A revista *Klaxon – Mensário de Arte Moderna* foi o primeiro periódico modernista, fruto das agitações do ano de 1921 e da grande festa que foi a Semana de Arte Moderna.

Seu primeiro número circulou com data de 15 de maio de 1922; a edição dupla, de números 8 e 9, a última da revista, saiu em janeiro de 1923.

Klaxon foi inovadora em todos os sentidos: desde o projeto gráfico, tanto da capa como das páginas internas, até a publicidade das contracapas e da quarta capa (propagandas sérias, como a dos chocolates Lacta, e propagandas satíricas, como a da "Panuosopho, Pateromnium & Cia." – uma grande fábrica internacional de... sonetos!). Na oposição entre o velho e o novo, na proposta de uma concepção estética diferente, enfim, em todos os aspectos, era uma revista que anunciava a modernidade, o século XX buzinando (*Klaxon* era o termo empregado para designar a buzina externa dos automóveis), pedindo passagem.

Capa da revista *Klaxon*, idealizada por Guilherme de Almeida e considerada um marco futurista. Observe a imensa letra *A* vermelha servindo a todos os "as" da capa e o número 1 em vermelho, "deitado".

Eis alguns trechos do "manifesto" que abriu o primeiro número da revista:

> *Klaxon* sabe que a vida existe. E, aconselhado por Pascal, visa o presente. *Klaxon* não se preocupará de ser **novo**, mas de ser **atual**. Essa é a grande lei da novidade.
>
> [...]
>
> *Klaxon* sabe que o progresso existe. Por isso, sem renegar o passado, caminha para diante, sempre, sempre. [...]
>
> *Klaxon* não é exclusivista. Apesar disso jamais publicará inéditos maus de bons escritores já mortos.
>
> *Klaxon* não é futurista.
>
> *Klaxon* é klaxista.
>
> [...]
>
> *Klaxon* cogita principalmente de arte. Mas quer representar a época de 1920 em diante. Por isso é polimorfo, onipresente, inquieto, cômico, irritante, contraditório, invejado, insultado, feliz.

Revista *Klaxon*. Edição fac-similar. São Paulo: Livraria Martins Editora/Secretaria da Cultura, Ciência e Tecnologia do Estado de São Paulo, 1976.

Manifesto da Poesia Pau-Brasil

> Nenhuma fórmula para a contemporânea expressão do mundo. Ver com olhos livres.

Oswald de Andrade, no manifesto *Poesia Pau-Brasil*.

O manifesto escrito por Oswald de Andrade foi inicialmente publicado no jornal *Correio da Manhã*, edição de 18 de março de 1924; no ano seguinte, uma forma reduzida e alterada do texto abria o livro de poesias *Pau-Brasil*. No manifesto e no livro *Pau-Brasil* (ilustrado por Tarsila do Amaral), Oswald propunha uma literatura extremamente vinculada à realidade brasileira, a partir da redescoberta do Brasil. Ou, como afirmou o cafeicultor e incentivador da arte modernista no Brasil Paulo Prado, ao prefaciar o livro: "Oswald de Andrade, numa viagem a Paris, do alto de um ateliê da Place Clichy – umbigo do mundo –, descobriu, deslumbrado, a sua própria terra. A volta à pátria confirmou, no encantamento das descobertas manuelinas, a revelação surpreendente de que o Brasil existia. Esse fato, de que alguns já desconfiavam, abriu seus olhos à visão radiosa de um mundo novo, inexplorado e misterioso. Estava criada a poesia 'pau-brasil'".

A seguir, reproduzimos alguns trechos do Manifesto Pau-Brasil. Leia-os.

Capa da primeira edição de *Pau-Brasil*, ilustrada por Tarsila do Amaral.

- A poesia existe nos fatos. Os casebres de açafrão e de ocre nos verdes da Favela, sob o azul cabralino, são fatos estéticos.
- A Poesia para os poetas. Alegria dos que não sabem e descobrem.
- A Poesia Pau-Brasil. Ágil e cândida. Como uma criança.
- A língua sem arcaísmos, sem erudição. Natural e neológica. A contribuição milionária de todos os erros. Como falamos. Como somos.
- Só não se inventou uma máquina de fazer versos – já havia o poeta parnasiano.
- A Poesia Pau-Brasil é uma sala de jantar domingueira, com passarinhos cantando na mata resumida das gaiolas, um sujeito magro compondo uma valsa para flauta e a Maricota lendo o jornal. No jornal anda todo o presente.
- Nenhuma fórmula para a contemporânea expressão do mundo. *Ver com olhos livres.*

ANDRADE, Oswald de. *A utopia antropofágica*. São Paulo: Globo/Secretaria de Estado da Cultura, 1990. p. 41.

Verde-Amarelismo

Em 1926, como uma resposta ao nacionalismo do Pau-Brasil, surge o grupo do Verde-Amarelismo, formado por Plínio Salgado (1895-1975), Menotti del Picchia (1892-1988), Guilherme de Almeida (1890-1969) e Cassiano Ricardo (1895-1974). O grupo criticava o "nacionalismo afrancesado" de Oswald de Andrade e apresentava como proposta um nacionalismo primitivista, ufanista e identificado com o fascismo, que evoluiria, no início da década de 1930, para o Integralismo de Plínio Salgado. Parte-se para a idolatria do tupi e elege-se a anta como símbolo nacional.

Oswald de Andrade contra-ataca em sua coluna Feira das Quintas, publicada no *Jornal do Comércio*, com o artigo "Antologia", datado de 24 de fevereiro de 1927. Nele, Oswald faz uma série de brincadeiras, utilizando palavras iniciadas ou terminadas com anta. Em 1928, o mesmo Oswald escreve o Manifesto Antropófago, ainda como resposta aos seguidores da Escola da Anta.

O grupo verde-amarelista também faria publicar um manifesto no jornal *Correio Paulistano*, edição de 17 de maio de 1929, intitulado "Nhengaçu Verde-Amarelo – Manifesto do Verde-Amarelismo ou da Escola da Anta", que, entre outras coisas, afirmava:

O grupo "verdamarelo", cuja regra é a liberdade plena de cada um ser brasileiro como quiser e puder; cuja condição é cada um interpretar o seu país e o seu povo através de si mesmo, da própria determinação instintiva; – o grupo "verdamarelo", à tirania das sistematizações ideológicas, responde com a sua alforria e a amplitude sem obstáculo de sua ação brasileira [...]

Aceitamos todas as instituições conservadoras, pois é dentro delas mesmo que faremos a inevitável renovação do Brasil, como o fez, através de quatro séculos, a alma da nossa gente, através de todas as expressões históricas.

Nosso nacionalismo é "verdamarelo" e tupi. [...].

Disponível em: <www.artes.com>. Acesso em: 30 jun. 2014.

Revista de Antropofagia

A *Revista de Antropofagia* teve duas fases (ou "dentições", segundo os antropófagos). A primeira contou com 10 números, publicados entre os meses de maio de 1928 e fevereiro de 1929, sob a direção de Antônio de Alcântara Machado e a gerência de Raul Bopp (1898-1984). A segunda apareceu nas páginas do jornal *Diário de S. Paulo* – foram 16 números publicados semanalmente, de março a agosto de 1929, e seu "açougueiro" (secretário) era Geraldo Ferraz (1905-1979).

O movimento antropofágico surgiu como uma nova etapa do nacionalismo Pau-Brasil e como resposta ao grupo verde-amarelista, que criara a Escola da Anta.

Em sua primeira "dentição", iniciada com o polêmico Manifesto Antropófago, assinado por Oswald de Andrade, a revista foi realmente um espelho da miscelânea ideológica em que o movimento modernista se transformara: ao lado de artigos de Oswald de Andrade, Alcântara Machado, Mário de Andrade e Carlos Drummond de Andrade (1902-1987), encontram-se textos de Plínio Salgado (em defesa da língua tupi) e poemas de Guilherme de Almeida, ou seja, de típicos representantes da Escola da Anta.

Por sua vez, a segunda "dentição" apresenta-se mais definida ideologicamente – houve, até mesmo, uma ruptura entre Oswald de Andrade e Mário de Andrade. Continuam antropófagos então Oswald de Andrade, Raul Bopp, Geraldo Ferraz, Tarsila do Amaral e a jovem escritora Patrícia Galvão, a Pagu (1910-1962). Os alvos das "mordidas" são Mário de Andrade, Alcântara Machado, Graça Aranha, Guilherme de Almeida, Menotti del Picchia e Plínio Salgado.

Do Manifesto Antropófago, transcrevemos alguns trechos:

- Só a antropofagia nos une. Socialmente. Economicamente. Filosoficamente.
- Única lei do mundo. Expressão mascarada de todos os individualismos, de todos os coletivismos. De todas as religiões. De todos os tratados de paz.
- *Tupi or not tupi, that is the question.*
- Foi porque nunca tivemos gramáticas, nem coleções de velhos vegetais. E nunca soubemos o que era urbano, suburbano, fronteiriço e continental. Preguiçosos no mapa-múndi do Brasil.
- Antes dos portugueses descobrirem o Brasil, o Brasil tinha descoberto a felicidade.
- Contra o índio de tocheiro. O índio filho de Maria, afilhado de Catarina de Médicis e genro de D. Antônio de Mariz.
- A alegria é a prova dos nove.
- Contra a realidade social, vestida e opressora, cadastrada por Freud – a realidade sem complexos, sem loucura, sem prostituição e sem penitenciária do matriarcado de Pindorama.

Oswald de Andrade. Em: Piratininga. Ano 374 da Deglutição do Bispo Sardinha.

ANDRADE, Oswald de. *A utopia antropofágica*. São Paulo: Globo/Secretaria de Estado da Cultura, 1990. p. 47.

Tarsila do Amaral Empreendimentos/Coleção Constantin/MALBA, Buenos Aires, Argentina.

Abaporu, de Tarsila do Amaral, 1928, obra que inspirou o movimento antropofágico e cujo título significa, em tupi, "aquele que come".

Capa da edição fac-similar reunindo os dezesseis números da *Revista de Antropofagia*. Lançamento da Metal Leve, 1977. Observe a inspiração para essa capa na gravura de Théodore de Bry reproduzida também nesta página.

Théodore de Bry, gravurista e pintor flamengo do século XVI, tornou-se famoso por sua grande coleção de trabalhos de viagem. Em suas passagens pelas Américas, registrou, em gravuras, diversas cenas como a reproduzida acima, retratando o encontro dos conquistadores com os índios nativos e seus rituais antropofágicos.

2 Características gerais do primeiro momento modernista

O período de 1922 a 1930 é o mais radical do movimento modernista, justamente em consequência da necessidade de definições e do **rompimento com todas as estruturas do passado**. Daí o **caráter anárquico** dessa primeira fase e seu forte **sentido destruidor**, assim definido por Mário de Andrade: "[...] se alastrou pelo Brasil o espírito destruidor do movimento modernista. Isto é, o seu sentido verdadeiramente específico. Porque, embora lançando inúmeros processos e ideias novas, o movimento modernista foi essencialmente destruidor. [...]".

Ao mesmo tempo que se buscava o moderno, o original e o polêmico, o nacionalismo se manifestava em suas múltiplas facetas: **volta às origens**, pesquisa de **fontes quinhentistas**, procura de uma **"língua brasileira"** (a língua falada pelo povo nas ruas), **paródias** – numa tentativa de repensar a história e a literatura brasileiras – e **valorização do índio verdadeiramente brasileiro**. É o tempo do Manifesto da Poesia Pau-Brasil e do Manifesto Antropófago, ambos nacionalistas, na linha comandada por Oswald de Andrade, e do Manifesto do Verde-Amarelismo ou da Escola da Anta, que já traz as sementes do nacionalismo fascista comandado por Plínio Salgado.

Como se percebe, já no final da década de 1920, a postura nacionalista apresenta duas vertentes distintas: de um lado, um **nacionalismo crítico**, consciente, de denúncia da realidade brasileira, politicamente identificado com as esquerdas; de outro, um **nacionalismo ufanista**, utópico, exagerado, identificado com as correntes políticas de extrema direita.

Trocando ideias

Reúna-se com alguns colegas e leiam o poema de Mário de Andrade. Busquem em dicionários o significado das palavras que desconhecerem e discutam as questões propostas na sequência.

Moça linda bem tratada

Mário de Andrade

Moça linda bem tratada,
Três séculos de família,
Burra como uma porta:
Um amor.

Grã-fino do despudor,
Esporte, ignorância e sexo,
Burro como uma porta:
Um coió.

Mulher gordaça, filó
De ouro por todos os poros
Burra como uma porta:
Paciência...

Plutocrata sem consciência,
Nada porta, terremoto
Que a porta do pobre arromba
Uma bomba.

ANDRADE, Mário de. *Mário de Andrade*: poesias completas. Belo Horizonte: Villa Rica, 1993. p. 380.

a) Cada estrofe é dedicada a um membro da família. Como eles são caracterizados?
b) Por que o plutocrata é “nada porta”?

3 A produção da geração dos anos 1920

Foi muito rica a produção literária da geração dos anos 1920. Os escritores que se destacaram mais foram Mário de Andrade, Oswald de Andrade, Manuel Bandeira e Alcântara Machado. Cada um deles com características particulares, conforme você pode acompanhar a seguir.

Mário de Andrade: “Minha obra badala assim: Brasileiros, chegou a hora de realizar o Brasil”

Leitor:
Está fundado o desvairismo.

Mário de Andrade, no prefácio a *Pauliceia desvairada*.

A poesia de Mário de Andrade manifesta-se modernista a partir do livro *Pauliceia desvairada*, que rompe com todas as estruturas ligadas ao passado. O livro tem como musa inspiradora, ou melhor, como objeto de análise e constatação, a cidade de São Paulo e seu provincianismo, o rio Tietê, o largo do Arouche, o Anhangabaú, a rua Aurora, a rua Lopes Chaves, a burguesia, a aristocracia, o proletariado; uma cidade multifacetada, uma colcha de retalhos, uma roupa de arlequim – uma cidade arlequinal. Inicia-se com os versos do poema “Inspiração” reproduzidos a seguir.

São Paulo! comoção de minha vida...
Os meus amores são flores feitas de original...
Arlequinal!... Traje de losangos... Cinza e ouro...
Luz e bruma... Forno e inverno morno...
Elegâncias sutis sem escândalos, sem ciúmes...
Perfumes de Paris... Arys!
Bofetadas líricas no Trianon... Algodoal!...
São Paulo! comoção de minha vida...
Galicismo a berrar nos desertos da América!

ANDRADE, Mário de. *Mário de Andrade*: poesias completas. Belo Horizonte: Villa Rica, 1993. p. 39.

Em busca de mostrar não ter sofrido influência nenhuma, Mário de Andrade dedica *Pauliceia desvairada* a seu grande mestre, seu guia, seu senhor: ele mesmo, Mário de Andrade!

Regis Filho/Coleção particular

Capa de Guilherme de Almeida para a primeira edição de *Pauliceia desvairada*, livro de poemas de Mário de Andrade publicado em 1922. A composição de losangos explora uma metáfora recorrente na obra de Mário de Andrade: São Paulo como cidade arlequinal, que, por sua vez, foi inspirada no personagem Arlequim das antigas comédias italianas (mais tarde assimilado pelo Carnaval brasileiro). A característica marcante desse personagem é seu traje de losangos feito de retalhos de diferentes panos, de diferentes cores. Para Mário de Andrade, a cidade de São Paulo era constituída de pessoas de diferentes extrações sociais, de diferentes origens, de diferentes cores: uma colcha de retalhos, arlequinal.

Os três princípios fundamentais do Modernismo, segundo Mário de Andrade

Passada a Semana de 22, já com o espírito mais tranquilo, Mário de Andrade assim destacaria os princípios fundamentais desse acontecimento artístico que na época escandalizou os frequentadores do Teatro Municipal de São Paulo:

[...] o espírito modernista que avassalou o Brasil, que deu o sentido histórico da Inteligência nacional desse período, foi destruidor.

Mas esta destruição não apenas continha todos os germes da atualidade, como era uma convulsão profundíssima da realidade brasileira. O que caracteriza esta realidade que o movimento modernista impôs é, a meu ver, a fusão de três princípios fundamentais: **o direito permanente à pesquisa estética**; **a atualização da inteligência artística brasileira** e **a estabilização de uma consciência criadora nacional**.

ANDRADE, Mário de. *Aspectos da literatura brasileira*. 5. ed. São Paulo: Livraria Martins Editora, 1974. p. 242.

Reprodução/Arquivo Mário de Andrade/Instituto de Estudos Brasileiros da USP São Paulo, SP

Mário de Andrade

Mário Raul de Morais Andrade era de família rica e aristocrática paulista. Exerceu com brilhantismo as funções de poeta, cronista, romancista, músico, crítico de arte e literatura e pesquisador do folclore brasileiro. Concluiu o curso de piano no Conservatório Dramático e Musical de São Paulo e atuou fortemente na construção do movimento modernista brasileiro, escrevendo com frequência nos periódicos da época. Foi um dos idealizadores da Semana de Arte Moderna de 22.

Mário, o chamado "papa do Modernismo", estreia em 1917 com *Há uma gota de sangue em cada poema*, sob o impacto da Primeira Guerra Mundial; são poemas que refletem influência parnasiana. A adesão absoluta aos padrões modernos se manifesta em *Pauliceia desvairada*, com poemas inspirados na cidade de São Paulo (o primeiro poema, "Inspiração", brada: "São Paulo, comoção de minha vida.../ Galicismo a berrar nos desertos da América!").

LENDO OS TEXTOS

Texto 1

Descobrimento

Mário de Andrade

Abancado à escrivaninha em São Paulo
Na minha casa da Rua Lopes Chaves
De supetão senti um friúme por dentro.
Fiquei trêmulo, muito comovido
Com o livro palerma olhando pra mim.

Não vê que me lembrei que lá no norte, meu Deus!
[muito longe de mim
Na escuridão ativa da noite que caiu
Um homem pálido magro de cabelo
[escorrendo nos olhos,
Depois de fazer uma pele com a
[borracha do dia,
Faz pouco se deitou, está dormindo.

Esse homem é brasileiro que nem eu.

ANDRADE, Mário de. *Mário de Andrade*: poesias completas. Belo Horizonte: Villa Rica, 1993. p. 203.

Vera Basile/Arquivo da editora

Atividades

1. Sobre o eu poético.
   a) Caracterize-o e justifique com palavras do texto.
   b) Aponte uma passagem em que uma referência muito específica permite ao leitor identificar, no eu poético, o próprio autor.
2. Sobre a linguagem.
   a) No "Prefácio interessantíssimo", Mário de Andrade afirma: "A gramática apareceu depois de organizadas as línguas. Acontece que meu inconsciente não sabe da existência de gramáticas, nem de línguas organizadas. Escrevo brasileiro". Destaque um verso que comprova o "escrever brasileiro".
   b) Aponte palavras ou expressões que fazem referência à Amazônia.
3. Identifique um exemplo de personificação. Explique o sentido que assume no contexto do poema.
4. Justifique o título do poema.

Texto 2

Garoa do meu São Paulo

Mário de Andrade

Garoa do meu São Paulo,
– Timbre triste de martírios –
Um negro vem vindo, é branco!
Só bem perto fica negro,
Passa e torna a ficar branco.

Meu São Paulo da garoa,
– Londres das neblinas finas –
Um pobre vem vindo, é rico!
Só bem perto fica pobre,
Passa e torna a ficar rico.

Garoa do meu São Paulo,
– Costureira de malditos –
Vem um rico, vem um branco,
São sempre brancos e ricos...
Garoa, sai dos meus olhos.

ANDRADE, Mário de. *Mário de Andrade*: poesias completas. Belo Horizonte: Villa Rica, 1993. p. 330.

Atividades

1. Esse poema foi publicado no livro póstumo *Lira paulistana*, de 1946; nele, podemos perceber São Paulo sob a influência não mais de Paris, mas de outra cidade. Comente essa influência.

2. Um pouco de gramática:
   a) Comente a organização sintática do primeiro verso das três estrofes.
   b) Qual é a função sintática dos segundos versos?
   c) O eu poético se revela em quais termos?
   d) Como podemos interpretar esses recursos gramaticais?

3. Com base nas formas verbais que indicam movimento ("vem vindo", "passa"), localize espacialmente o eu poético e explique a importância dessa localização para a interpretação do poema.

Macunaíma: um herói de nossa gente

Em *Macunaíma, o herói sem nenhum caráter*, está, talvez, a criação máxima de Mário de Andrade: a partir desse anti-herói, o autor enfoca o choque do índio amazônico (que nasceu preto e virou branco – síntese do povo brasileiro) com a tradição e a cultura europeia na cidade de São Paulo, valendo-se, para tanto, de profundos estudos de folclore. E Macunaíma, no seu "pensamento selvagem", faz as transformações que ele quer: um inglês vira o London Bank, a cidade de São Paulo vira uma preguiça (animal) e assim por diante, colocando todas as estruturas de pernas para o ar. Macunaíma é o próprio "herói de nossa gente", como faz questão de afirmar o autor logo na primeira linha do romance, para reiterar a ideia na última linha, procedimento contrário ao dos autores românticos, que jamais declaram a condição de herói de seus personagens, apesar de os criarem com essa finalidade.

Reproduzimos, a seguir, o trecho inicial do Capítulo IX, "Carta pras icamiabas", em que Mário de Andrade ironiza o estilo camoniano (por isso mesmo, respeitamos a grafia original):

Carta pras icamiabas

Mário de Andrade

Às mui queridas súbditas nossas, Senhoras Amazonas.

Trinta de Maio de Mil Novecentos e Vinte e Seis, São Paulo.

Senhoras:

Não pouco vos surpreenderá, por certo, o endereço e a literatura desta missiva. Cumpre-nos, entretanto, iniciar estas linhas de saùdade e muito amor, com desagradável nova. É bem verdade que na boa cidade de São Paulo – a maior do universo, no dizer de seus prolixos habitantes – não sois conhecidas por "icamiabas", voz espúria, sinão que pelo apelativo de Amazonas; e de vós, se afirma, cavalgardes ginetes belígeros e virdes da Hélade clássica; e assim sois chamadas. Muito nos pesou a nós, Imperator vosso, tais dislates da erudição porém heis de convir conosco que, assim, ficais mais heróicas e mais conspícuas, tocadas por essa plátina respeitável da tradição e da pureza antiga.

Mas não devemos esperdiçarmos vosso tempo fero, e muito menos conturbarmos vosso entendimento, com notícias de mau calibre; passemos pois, imediato, ao relato dos nossos feitos por cá.

Nem cinco sóis eram passados que de vós nos partíramos, quando a mais temerosa desdita pesou sobre Nós. Por uma bela noite dos idos de maio do ano translato, perdíamos a muiraquitã; que outrém grafara muraquitã, e, alguns doutos, ciosos de etimologias esdrúxulas, ortografam muyrakitan e até mesmo muraqué-itã, não sorriais! Haveis de saber que este vocábulo, tão familiar ás vossas trompas de Eustáquio, é quasi desconhecido por aqui. Por estas paragens mui civis, os guerreiros chamam-se polícias, grilos, guardas-cívicas, boxistas, legalistas, mazorqueiros, etc; sendo que alguns desses termos são neologismos absurdos – bagaço nefando com que os desleixados e petimetres conspurcam o bom falar lusitano. Mas não nos sobra já vagar para discretearnos "sub tegmine fagi", sobre a língua portuguesa, também chamada lusitana. O que vos interessará mais, por sem dúvida, é saberdes que os guerreiros de cá não buscam mavórticas damas para o enlace epitalâmico; mas antes as preferem dóceis e facilmente trocáveis por pequeninas e voláteis folhas de papel a que o vulgo chamará dinheiro – o "curriculum vitae" da Civilização, a que hoje fazemos ponto de honra em pertencermos. Assim a palavra *muiraquitã*, que fere já os ouvidos latinos de vosso Imperator, é desconhecida dos guerreiros, e de todos em geral que por estas partes respiram. Apenas alguns "sujeitos de importância em virtude e letras", como já dizia o bom velhinho e clássico frei Luís de Souza, citado pelo doutor Rui Barbosa, ainda sobre as muiraquitãs projectam as suas luzes, para aquilatá-las de medíocre valia, originárias da Ásia, e não de vossos dedos, violentos no polir.

ANDRADE, Mário de. *Macunaíma*. São Paulo: Livraria Martins Editora, 1978.

Reprodução/Condor Filmes

À direita, em primeiro plano, o ator Grande Otelo como o anti-herói Macunaíma, em cena do filme *Macunaíma*, de Joaquim Pedro de Andrade, 1969, inspirado na obra homônima de Mário de Andrade.

Oswald de Andrade: "Como poucos, eu amei a palavra liberdade e por ela briguei"

Só me interessa o que não é meu. Lei do homem. Lei do antropófago.

Oswald de Andrade, no Manifesto Antropófago.

Mais do que a de outros escritores, a vida de Oswald de Andrade é espelhada em sua obra, como afirma seu filho Rudá em carta ao crítico Antonio Candido: "Creio que a obra de Oswald não pode ser estudada desvinculada de sua vida". E aqui cabe chamar a atenção para dois fatos: primeiro, a vida de Oswald teve um verdadeiro divisor de águas – o ano de 1929 –, quando, fazendeiro de café, vai à falência; segundo, criou-se em torno dele a imagem de um "palhaço da burguesia", o que ofuscou em muito o brilho de sua obra e amargurou o escritor nos últimos anos de sua vida. A propósito, assim se manifestou o próprio Oswald:

Coleção particular/Tarsila Empreendimentos

Retrato de Oswald de Andrade, de Tarsila do Amaral, 1922. A artista plástica Tarsila do Amaral foi casada com o escritor Oswald de Andrade entre 1926 e 1929.

Quando, depois de uma fase brilhante em que realizei os salões do modernismo e mantive contato com a Paris de Cocteau e de Picasso, quando num só dia da *débâcle* do café, em 29, perdi tudo – os que se sentavam à minha mesa iniciaram uma tenaz campanha de desmoralização contra meus dias. Fecharam então num cochicho beiçudo o diz que diz que havia de isolar minha perseguida pobreza nas prisões e nas fugas. Criou-se então a fábula de que eu só fazia piada e irreverência, e uma cortina de silêncio tentou encobrir a ação pioneira que dera o Pau-Brasil e a prosa renovada de 22.

ANDRADE, Oswald de. *Ponta de lança*. São Paulo: Globo, 1991. p. 55.

Os poemas de Oswald de Andrade procuram, com humor e com imagens rápidas, discutir a identidade nacional, mostrando o valor da antropofagia literária em poemas que retomam fatos da história do país: a descoberta, a relação entre brancos e escravizados, a relação do brasileiro com a língua portuguesa, etc. Você pode ter uma ideia desse trabalho lendo os poemas dele reproduzidos em "Lendo os textos".

A prosa desse escritor segue caminho paralelo. Os romances de Oswald de Andrade, especialmente *Memórias sentimentais de João Miramar* e *Serafim Ponte Grande*, quebram toda a estrutura dos romances tradicionais, apresentando capítulos curtíssimos e semi-independentes, em um misto de prosa e poesia, que, ao final da leitura, formam um grande painel. Segundo os críticos Antonio Candido e Aderaldo Castello, *Memórias sentimentais de João Miramar* "é a história dum paulista de 'boa família' que, como os outros, estuda mais ou menos, cresce, vai à Europa, volta, casa com a prima, torna-se fazendeiro pouco eficiente, é explorado, entra em aventuras – em meio a um saboroso panorama da família e da classe em que vive". Na próxima seção, reproduzimos alguns capítulos do romance *Memórias sentimentais de João Miramar*.

Arquivo do jornal *O Estado de S. Paulo*/Agência Estado

Oswald de Andrade

José Oswald de Sousa Andrade foi figura fundamental dos principais acontecimentos da via cultural brasileira da primeira metade do século XX. Homem polêmico, irônico, gozador, teve vida atribulada não só no que diz respeito às artes como também à política e aos sentimentos: foi o idealizador dos principais manifestos modernistas, militante político de esquerda, teve profundas amizades e inimizades, rumorosos casos de amor e vários casamentos (com destaque para dois: com Tarsila do Amaral e com Patrícia Galvão, a Pagu).

LENDO OS TEXTOS

Poemas de Oswald de Andrade

amor

humor

Relicário

No baile da Corte
Foi o conde d'Eu quem disse
Pra Dona Benvinda
Que farinha de Suruí
Pinga de Parati
Fumo de Baependi
É comê bebê pitá e caí

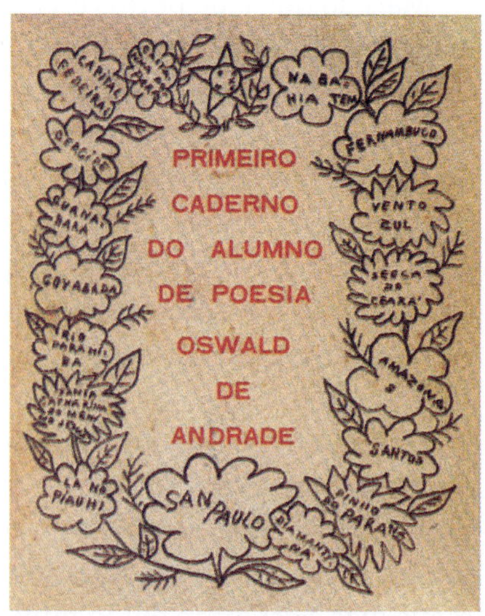

Reprodução/Arquivo da editora

Capa da primeira edição do *Primeiro caderno*, de Oswald de Andrade.

O capoeira

– Qué apanhá sordado?
– O quê?
– Qué apanhá?
Pernas e cabeças na calçada.

Azorrague

– Chega! Peredoa!
Amarrados na escada
A chibata preparava os cortes
Para a salmoura

Medo da senhora

A escrava pegou a filhinha nascida
Nas costas
E se atirou no Paraíba
Para que a criança não fosse judiada

O gramático

Os negros discutiam
Que o cavalo sipantou
Mas o que mais sabia
Disse que era
Sipantarrou

Vício na fala

Para dizerem milho dizem mio
Para melhor dizem mió
Para pior pió
Para telha dizem teia
Para telhado dizem teiado
E vão fazendo telhados

ANDRADE, Oswald de. *Poesias reunidas*. 5. ed. Rio de Janeiro: Civilização Brasileira, 1971. p. 89, 94, 95, 157, 166.

Atividades

1. Destaque duas características modernistas presentes nos textos acima.
2. Qual é a posição de Oswald de Andrade em relação à língua portuguesa?
3. No poema "Vício na fala", como pode ser interpretado o verso "E vão fazendo telhados"?
4. No poema "Azorrague" (açoite, chibata), ao empregar a palavra *chibata* na função de sujeito, o poeta trabalha com uma combinação de duas figuras: a personificação e a metonímia. Explique-as.

Fragmentos da prosa de Oswald de Andrade
Memórias sentimentais de João Miramar

27. Férias

Dezembro deu à luz das salas enceradas de tia Gabriela as três moças primas de óculos bem falados.

Pantico norte-americava.

E minha mãe entre médicos num leito de crise, decidiu o meu apressado conhecimento viajeiro do mundo.

56. Órfão

O céu jogava tinas de água sobre o noturno que me devolvia a São Paulo.

O comboio brecou lento para as ruas molhadas, furou a gare suntuosa e me jogou nos óculos menineiros de um grupo negro.

Sentaram-me num automóvel de pêsames.

Longo soluço empurrou o corredor conhecido contra o peito magro de tia Gabriela no ritmo de luto que vestia a casa.

66. Botafogo, etc.

Beiramarávamos em auto pelo espelho de aluguel arborizado das avenidas marinhas sem sol.

Losangos tênues de ouro bandeiranacionalizavam o verde dos montes interiores.

No outro lado azul da baía a Serra dos Órgãos serrava.

Barcos. E o passado voltava na brisa de baforadas gostosas. Rolah ia e vinha derrapava entrava em túneis.

Copacabana era um veludo arrepiado na luminosa noite varada pelas frestas da cidade.

131. Mais-que-perfeito

Eu tinha saído do laboratório da Itacolomi Film onde Rolah tinha dado uma hora preguiçosa de pose para observações contratuais.

Ela me tinha confessado pela manhã que seus amores anteriores com pastores não tinham passado de pequenos flertes de criança.

Agora quando tínhamos descido a escada longa eu me tinha baixado até os orquestrais cabelos louros.

E tínhamo-nos juntado no grande doce e carnoso grude dum grande beijo mudo como um surdo.

ANDRADE, Oswald de. *Memórias sentimentais de João Miramar*. 4. ed. São Paulo: Globo, 1993. p. 53, 62, 66, 91.

Atividade

- Após a leitura dos textos, relacione as características que você considera revolucionárias na obra de Oswald de Andrade.

Manuel Bandeira: "Não quero mais saber do lirismo que não é libertação"

Antes mesmo de tomar conhecimento dos ideais modernistas, Manuel Bandeira já antecipara o espírito do movimento em alguns de seus poemas, satirizando o Parnasianismo e buscando a simplicidade e a liberdade da composição rítmica. A vida cotidiana do Recife e certa melancolia foram sua inspiração para a poesia.

As fatalidades que marcaram a vida de Manuel Bandeira deixaram cicatrizes profundas na obra do poeta, levando o crítico Alfredo Bosi a afirmar: "A biografia de Manuel Bandeira é a história de seus livros. Viveu para as letras...".

Manuel Bandeira buscou na própria vida inspiração para seus grandes temas: de um lado, a família, a morte, a infância no Recife, o rio Capibaribe; de outro, a constante observação da rua por onde transitam os mendigos, as prostitutas, os pobres meninos carvoeiros, as Irenes pretas, os carregadores de feira livre, todos falando o português gostoso do Brasil. E, em tudo, o humor, certo ceticismo, uma ironia por vezes amarga, a tristeza e a alegria das pessoas, a idealização de um mundo melhor – enfim, um canto de solidariedade ao povo.

Retrato de Manuel Bandeira, de Candido Portinari, 1931.

Manuel Bandeira

Manuel Carneiro de Souza Bandeira Filho foi professor, poeta, cronista, crítico de literatura, cinema e artes plásticas, ensaísta e tradutor. Nasceu em Recife e morreu no Rio de Janeiro. Teve sua vida determinada por uma ocorrência: estudante de arquitetura em São Paulo, foi acometido de tuberculose, o que o levaria a afirmar que era "um tísico profissional". Desde os 18 anos de idade desenganado pelos médicos, viveu para as letras e preparando-se para a morte. Fez uma verdadeira peregrinação ao redor do Brasil e do mundo buscando uma cura para sua doença. Contrariando a expectativa de ter uma vida breve, viveu até os 82 anos. Ainda em vida, recebeu dois prêmios literários pelo conjunto de sua obra.

Arquivo do jornal O Estado de S. Paulo/Agência Estado

LENDO OS TEXTOS

Texto 1

Evocação do Recife

Manuel Bandeira

Recife
Não a **Veneza americana**
Não a **Mauritsstad** dos armadores das Índias Ocidentais
Não o **Recife dos Mascates**
Nem mesmo o Recife que aprendi a amar depois –
Recife das revoluções libertárias
Mas o Recife sem história nem literatura
Recife sem mais nada
Recife da minha infância
A rua da União onde eu brincava de **chicote-queimado** e
[partia as vidraças da casa de dona **Aninha Viegas**
Totônio Rodrigues era muito velho e botava o **pincenê** na
[ponta do nariz
Depois do jantar as famílias tomavam a calçada com cadeiras,
[mexericos, namoros, risadas
A gente brincava no meio da rua
Os meninos gritavam:
Coelho sai
Não sai!
A distância as vozes macias das meninas **politonavam**:
Roseira dá-me uma rosa
Craveiro dá-me um botão
(Dessas rosas muita rosa
Terá morrido em botão...)
De repente
nos longes da noite
um sino
Uma pessoa grande dizia:
Fogo em Santo Antônio!
Outra contrariava: São José!

Aninha Viegas, Totônio Rodrigues: figuras que povoaram a infância do poeta.

chicote-queimado: brincadeira infantil.

evocação: ato de chamar, de trazer à memória.

Mauritsstad: denominação dada à cidade do Recife à época da invasão holandesa; Cidade de Maurício (de Nassau).

pincenê: óculos sem haste.

politonavam: cantavam em vários tons.

Recife das revoluções libertárias: alusão às várias revoluções liberais ocorridas em Pernambuco nos anos de 1817, 1824 e 1848.

Recife dos Mascates: referência à Guerra dos Mascates (1710), que envolveu os comerciantes do Recife e a aristocracia de Olinda.

Veneza americana: denominação dada à cidade do Recife pelo fato de ter a área urbana cortada pelos canais dos rios Capibaribe e Beberibe.

Totônio Rodrigues achava sempre que era São José.
Os homens punham o chapéu saíam fumando
E eu tinha raiva de ser menino porque não podia ir ver o fogo
Rua da União...
Como eram lindos os nomes das ruas da minha infância
Rua do Sol
(Tenho medo que hoje se chame do Dr. Fulano de Tal)
Atrás de casa ficava a Rua da Saudade...
... onde se ia fumar escondido
Do lado de lá era o cais da Rua da Aurora...
... onde se ia pescar escondido
Capiberibe
– Capibaribe
Lá longe o sertãozinho de Caxangá
Banheiros de palha
Um dia eu vi uma moça nuinha no banho
Fiquei parado o coração batendo
Ela se riu
Foi o meu primeiro **alumbramento**
Cheia! As cheias! Barro boi morto árvores destroços
[redomoinho sumiu
E nos **pegões** da ponte do trem de ferro os caboclos
[destemidos em jangadas de bananeiras
Novenas
Cavalhadas
Eu me deitei no colo da menina e ela começou a passar
[a mão nos meus cabelos
Capiberibe
– Capibaribe
Rua da União onde todas as tardes passava a preta das bananas
Com o xale vistoso de pano da Costa
E o vendedor de roletes de cana
O de amendoim
que se chamava midubim e não era torrado era cozido
Me lembro de todos os **pregões**
Ovos frescos e baratos
Dez ovos por uma **pataca**
Foi há muito tempo...
A vida não me chegava pelos jornais nem pelos livros
Vinha da boca do povo na língua errada do povo
Língua certa do povo
Porque ele é que fala gostoso o português do Brasil
Ao passo que nós
O que fazemos
É macaquear
A **sintaxe lusíada**
A vida com uma porção de coisas que eu não entendia bem

alumbramento: deslumbramento, maravilhamento.

Capiberibe: o mesmo que Capibaribe, rio que banha Recife.

cavalhadas: brincadeira popular muito comum no Nordeste brasileiro; lembra os torneios medievais.

pataca: denominação genérica de várias moedas antigas.

pegões: grandes pilares que sustentam a armação de uma ponte.

pregões: reclames, propagandas, divulgação pública; no Nordeste, são característicos os pregões cantados.

sintaxe lusíada: no contexto, gramática portuguesa.

Terras que não sabia onde ficavam
Recife...
Rua da União...
A casa de meu avô...
Nunca pensei que ela acabasse!
Tudo lá parecia impregnado de eternidade
Recife...
Meu avô morto.
Recife morto, Recife bom, Recife brasileiro como a casa de meu avô

BANDEIRA, Manuel. *Poesia completa e prosa.* 4. ed. Rio de Janeiro: Nova Aguilar, 1985. p. 212.

Detalhe do painel *Eu vi o mundo, ele começava no Recife*, de Cícero Dias, c. 1929. Considerado um "anjo músico" por Mário de Andrade, o artista revela todo seu lirismo nessa obra, um misto de sonho e realidade que nos remete ao Recife de Manuel Bandeira.

Atividades

1. "Evocação do Recife" pode ser entendido como um poema-síntese da obra de Manuel Bandeira. Após a releitura do poema, cite quatro características marcantes de Manuel Bandeira. Justifique com palavras ou frases tiradas do texto.

2. Quanto ao aspecto formal, você diria que esse poema de Manuel Bandeira é um texto típico do Modernismo? Justifique sua resposta.

3. No início da poesia, por várias vezes Manuel Bandeira rejeita algumas qualificações atribuídas à cidade do Recife, rememorando-a em termos de sua vivência pessoal. Comente a posição do poeta em relação à sua cidade.

Texto 2

Tragédia brasileira

Manuel Bandeira

Misael, funcionário da Fazenda, com 63 anos de idade.

Conheceu Maria Elvira na Lapa – prostituída, com sífilis, dermite nos dedos, uma aliança empenhada e os dentes em petição de miséria.

Misael tirou Maria Elvira da vida, instalou-a num sobrado no Estácio, pagou médico, dentista, manicura... Dava tudo quanto ela queria.

Quando Maria Elvira se apanhou de boca bonita, arranjou logo um namorado.

Misael não queria escândalo. Podia dar uma surra, um tiro, uma facada. Não fez nada disso: mudou de casa.

Viveram três anos assim.

Toda vez que Maria Elvira arranjava namorado, Misael mudava de casa.

Os amantes moraram no Estácio, Rocha, Catete, Rua General Pedra, Olaria, Ramos, Bonsucesso, Vila Isabel, Rua Marquês de Sapucaí, Niterói, Encantado, Rua Clapp, outra vez no Estácio, Todos os Santos, Catumbi, Lavradio, Boca do Mato, Inválidos...

Por fim na Rua da Constituição, onde Misael, privado de sentidos e de inteligência, matou-a com seis tiros, e a polícia foi encontrá-la caída em decúbito dorsal, vestida de organdi azul.

1933.

BANDEIRA, Manuel. *Poesia completa e prosa*. 4. ed. Rio de Janeiro: Nova Aguilar, 1985. p. 238.

Atividades

1. O texto pertence, originariamente, ao livro de poesias *Estrela da manhã*. Você chamaria esse texto de poesia? Justifique.
2. Algumas vezes damos uma falsa solução para um determinado problema, colocando o dedo perto da ferida, e não na própria. Como se comporta Misael em relação ao seu "problema"?
3. O texto permite mais de uma leitura, isto é, podemos interpretá-lo de várias maneiras. A primeira leitura, mais superficial, nos remete a um drama passional, resultante de um adultério crônico. Outros aspectos, no entanto, chamam a atenção.
   a) Para quem trabalha Misael?
   b) A que classe social pertence Maria Elvira?
   c) Qual é a postura de Misael em relação a Maria Elvira?
   d) Onde foi cometido o crime?
   e) Qual é a situação política no Brasil em 1933? Qual é o principal acontecimento político de 1934?
   f) Qual é o significado do título do texto?

Divulgação/Arquivo da editora

Capa do álbum *Olivia Hime – Estrela da vida inteira*, Biscoito Fino, 1986. Neste delicado álbum, Olivia Hime interpreta poemas de Manuel Bandeira musicados por compositores famosos: Tom Jobim, Milton Nascimento, Dorival Caymmi, entre outros.

Alcântara Machado: retratos da São Paulo macarrônica

Com a decretação do fim da escravidão no país e com a crescente industrialização, entre 1850 e 1920 muitos imigrantes, originários de diversas partes da Europa, estabeleceram-se no Brasil. Era uma nova mão de obra que se formava no campo e na cidade, com características particulares.

Entre as possibilidades, a população italiana mostrou-se a melhor opção para o governo brasileiro, pois parte da população tinha motivos para abandonar a Itália, devido à crise econômica decorrente da Revolução Industrial, e, conforme se idealizava no Brasil, a vinda de italianos poderia colaborar para o "branqueamento" da população, além de haver proximidade entre a língua e a cultura italianas e brasileiras.

São Paulo recebeu grande número de imigrantes provenientes da Itália a ponto de ser considerada uma "cidade italiana". Os recém-chegados trabalharam principalmente na indústria e se fixaram, em sua maioria, em bairros como o Brás e o Bexiga imprimindo sua marca na língua, na religião e na culinária.

A maior característica da obra de Alcântara Machado está no fato de ter construído um retrato — ao mesmo tempo crítico, anedótico, apaixonado, mas sobretudo humano — da cidade de São Paulo e de seu povo na primeira metade do século XX, com particular atenção para os imigrantes italianos que se fixaram nos bairros mais pobres e para os que foram se aburguesando. O dialeto paulistano da narrativa do escritor modernista procura recriar a mistura do linguajar do imigrante italiano com o falar do povo brasileiro, que se convencionou chamar de "português macarrônico". Para isso, não só emprega o vocabulário do povo desses bairros repletos de italianos como procura incorporar na escrita o ritmo mais próprio da oralidade, dos diálogos das ruas paulistanas.

Alcântara Machado teve seu nome definitivamente consagrado com a publicação dos livros de contos *Brás, Bexiga e Barra Funda* (1927) e *Laranja da China* (1928).

Alcântara Machado

Antônio de Alcântara Machado, filho de ilustre família paulistana, participou ativamente da primeira "dentição" da *Revista de Antropofagia*; após 1929, por divergências ideológicas, afastou-se de Oswald de Andrade, ao mesmo tempo que estreitou relações com Mário de Andrade. Em sua prosa, retrata a vida dos imigrantes italianos numa São Paulo em transformação; um traço marcante de sua literatura é a incorporação do "português macarrônico", alternando palavras e expressões italianas à língua portuguesa e reproduzindo o ritmo característico da oralidade.

Arquivo do jornal *O Estado de S. Paulo*/Agência Estado

Transcrevemos, na seção a seguir, duas passagens de *Brás, Bexiga e Barra Funda*: a primeira é parte do "Artigo de fundo", espécie de editorial, já que o autor considera o livro um "jornal" que publica "notícias", ou seja, uma publicação que retrata o cotidiano dos ítalo-brasileiros de São Paulo; a segunda passagem é o conto "Gaetaninho", transcrito na íntegra.

LENDO OS TEXTOS

Texto 1

Artigo de fundo

Antônio de Alcântara Machado

[...] Do consórcio da gente imigrante com o ambiente, do consórcio da gente imigrante com a indígena nasceram os novos mamalucos.

Nasceram os italianinhos.

O Gaetaninho.

A Carmela.

Brás, Bexiga e Barra Funda, como membro da livre imprensa que é, tenta fixar tão somente alguns aspectos da vida trabalhadeira, íntima e quotidiana desses novos mestiços nacionais e nacionalistas. É um jornal. Mais nada. Notícia. Só. Não tem partido nem ideal. Não comenta. Não discute. Não aprofunda.

Principalmente não aprofunda. Em suas colunas não se encontra uma única linha de doutrina. Tudo são fatos diversos. Acontecimentos de crônica urbana. Episódios de rua. O aspecto étnico-social dessa novíssima raça de gigantes encontrará amanhã o seu historiador. E será então analisado e pesado num livro.

Brás, Bexiga e Barra Funda não é um livro.

Brás, Bexiga e Barra Funda não é uma sátira.

A Redação

Disponível em: <www.dominiopublico.gov.br>. Acesso em: 30 jun. 2014.

Texto 2

Gaetaninho

Antônio de Alcântara Machado

– Xi, Gaetaninho, como é bom!

Gaetaninho ficou banzando bem no meio da rua. O Ford quase o derrubou e ele não viu o Ford. O carroceiro disse um palavrão e ele não ouviu o palavrão.

– Eh! Gaetaninho! Vem pra dentro.

Grito materno sim: até filho surdo escuta. Virou o rosto tão feio de sardento, viu a mãe e viu o chinelo.

– Súbito!

Foi-se chegando devagarinho, devagarinho. Fazendo beicinho. Estudando o terreno. Diante da mãe e do chinelo parou. Balançou o corpo. Recurso de campeão de futebol. Fingiu tomar a direita. Mas deu meia-volta instantânea e varou pela esquerda porta adentro.

Eta salame de mestre!

Ali na **Rua Oriente** a ralé quando muito andava de bonde. De automóvel ou carro só mesmo em dia de enterro. De enterro ou de casamento. Por isso mesmo o sonho de Gaetaninho era de realização muito difícil. Um sonho.

O Beppino por exemplo. O Beppino naquela tarde atravessara de carro a cidade. Mas como? Atrás da tia Peronetta que se mudava para o **Araçá**. Assim também não era vantagem.

Mas se era o único meio? Paciência.

Gaetaninho enfiou a cabeça embaixo do travesseiro.

Que beleza, rapaz! Na frente quatro cavalos pretos empenachados levavam a Tia Filomena para o cemitério. Depois o padre. Depois o Savério noivo dela de lenço nos olhos. Depois ele. Na boleia do carro. Ao lado do cocheiro. Com a roupa marinheira e o gorro branco onde se lia: ENCOURAÇADO SÃO PAULO. Não. Ficava mais bonito de roupa marinheira mas com a palhetinha nova que o irmão lhe trouxera da fábrica. E ligas pretas segurando as meias. Que beleza, rapaz! Dentro do carro o pai, os dois irmãos mais velhos (um de gravata vermelha, outro de gravata verde) e o padrinho Seu Salomone. Muita gente nas calçadas, nas portas e nas janelas dos palacetes, vendo o enterro. Sobretudo admirando o Gaetaninho.

Mas Gaetaninho ainda não estava satisfeito. Queria ir carregando o chicote. O desgraçado do cocheiro não queria deixar. Nem por um instantinho só.

Gaetaninho ia berrar mas a Tia Filomena com a mania de cantar o 'Ahi, Mari!' todas as manhãs o acordou.

Araçá: cemitério da cidade de São Paulo; tornou-se, na primeira metade do século XX, o cemitério dos imigrantes italianos.

rua Oriente: importante rua do bairro do Brás, em São Paulo.

Primeiro ficou desapontado. Depois quase chorou de ódio.

Tia Filomena teve um ataque de nervos quando soube do sonho de Gaetaninho. Tão forte que ele sentiu remorsos. E para sossego da família alarmada com o agouro tratou logo de substituir a tia por outra pessoa numa nova versão de seu sonho. Matutou, matutou e escolheu o acendedor da Companhia de Gás, Seu Rubino, que uma vez lhe deu um **cocre** danado de doído.

cocre: o mesmo que croque, coque; pancada na cabeça desferida com o nó dos dedos.

Os irmãos (esses) quando souberam da história resolveram arriscar de sociedade quinhentão no elefante. Deu a vaca. E eles ficaram loucos de raiva por não haverem logo adivinhado que não podia deixar de dar a vaca mesmo.

O jogo na calçada parecia de vida ou morte. Muito embora Gaetaninho não estava ligando.

– Você conhecia o pai do Afonso, Beppino?

– Meu pai deu uma vez na cara dele.

– Então você não vai amanhã no enterro. Eu vou!

O Vicente protestou indignado:

– Assim não jogo mais! O Gaetaninho está atrapalhando!

Gaetaninho voltou para o seu posto de guardião. Tão cheio de responsabilidades.

O Nino veio correndo com a bolinha de meia. Chegou bem perto. Com o tronco arqueado, as pernas dobradas, os braços estendidos, as mãos abertas, Gaetaninho ficou pronto para a defesa.

– Passa pro Beppino!

Beppino deu dois passos e meteu o pé na bola. Com todo o muque. Ela cobriu o guardião sardento e foi parar no meio da rua.

– Vá dar tiro no inferno!

– Cala a boca, palestrino!

– Traga a bola!

Gaetaninho saiu correndo. Antes de alcançar a bola um bonde o pegou. Pegou e matou.

No bonde vinha o pai do Gaetaninho.

A gurizada assustada espalhou a notícia na noite.

– Sabe o Gaetaninho?

– Que é que tem?

– Amassou o bonde!

A vizinhança limpou com benzina suas roupas domingueiras.

Às dezesseis horas do dia seguinte saiu um enterro da Rua do Oriente e Gaetaninho não ia na boleia de nenhum dos carros do acompanhamento. Ia no da frente dentro de um caixão fechado com flores pobres por cima. Vestia a roupa marinheira, tinha as ligas, mas não levava a palhetinha.

Quem na boleia de um dos carros do cortejo mirim exibia soberbo terno vermelho que feria a vista da gente era o Beppino.

MACHADO, Antônio de Alcântara. *Novelas paulistanas*. 6. ed. Rio de Janeiro: José Olympio, 1979. p. 11-13.

Atividades

1. Transcreva uma frase em que fica bem caracterizada a condição social dos personagens.
2. Entre vários costumes retratados no conto, há uma referência, muito bem-humorada, ao jogo do bicho. Comente-a.
3. Podemos afirmar que o ocorrido com o menino Gaetaninho é uma metáfora da vida daqueles imigrantes pobres. Comente a metáfora.

A LITERATURA E A CRÍTICA AO PRECONCEITO RACIAL

Como foi estudado ao longo do capítulo, a proposta literária do Modernismo brasileiro se baseou em uma constante releitura e interpretação da tradição cultural estrangeira e nacional. Dessa forma, relatos históricos, narrativas de viajantes, mitos populares, folclore e as literaturas brasileira e europeia foram revisitados pelos escritores modernistas que, tomando como elementos constituintes o humor e a sátira, pensaram o passado brasileiro de forma crítica e entendido a partir da diversidade.

A miscigenação racial e a exploração do trabalho escravo, elementos fundamentais para a configuração humana e social do Brasil, não poderiam deixar de ser levados em conta pelos modernistas, principalmente naquilo em que poderiam realizar no que diz respeito a desconstruir o preconceito racial. A partir de uma perspectiva revisionista e inovadora, os relatos do passado e os mitos que estavam na origem das supostas desigualdades entre brancos, negros e índios – e que serviam como justificativas para a exploração do trabalho escravo – foram questionados e entendidos como construções históricas, como discursos e práticas pautados em interesses materiais. O Macunaíma de Mário de Andrade, nascido negro retinto e tornado branco pelas águas mágicas de uma fonte, sempre preguiçoso e orientado por sua "esperteza" amoral, talvez seja um dos maiores libelos escritos contra qualquer estúpido preconceito.

Um exemplo de escrito modernista que, utilizando-se da história e do mito, faz uma crítica da exploração do trabalho escravo é o poema "Negro", de Raul Bopp. Nessa poesia, o tráfico negreiro é evidenciado em toda sua crueza, violência e arbitrariedade. No final do poema, há uma sutil referência a uma origem mítica dos negros, que teriam surgido na longa noite em que uma árvore quis se transformar em elefante. Trata-se de um passado rico em simbolismos e significados fundamentais, mas que só pode ser recordado pela triste música tocada no urucungo. O passado dos negros escravizados, portanto, é algo que escapa dos registros oficiais históricos, daí porque a certa altura do poema está dito que a história daqueles que foram trazidos à força da África começava com o desembarque nos armazéns de escravos; isso não quer dizer que eles não tivessem uma história anterior – como defenderam muitos teóricos racistas –, e sim que a História escrita omitiu o passado daqueles que foram feitos escravos. Trata-se de uma poesia muito representativa da proposta modernista: repensar o passado realizando inversões, dando voz ativa aos esquecidos, questionando os preconceitos.

Negro

Raul Bopp

Pesa em teu sangue a voz de ignoradas origens
As florestas guardaram na sombra o segredo da tua história

A tua primeira inscrição em baixo-relevo
foi uma chicotada no lombo

Um dia
atiraram-te no bojo de um navio negreiro
E durante longas noites e noites
vieste escutando o rugido do mar
como um soluço no porão soturno

O mar era um irmão da tua raça
Uma madrugada
baixaram as velas do convés
Havia uma nesga de terra e um porto
Armazéns com depósitos de escravos
e a queixa dos teus irmãos amarrados em coleiras de ferro

Principiou aí a tua história

O resto
a que ficou pra trás
o Congo as florestas e o mar
continuam a doer na corda do **urucungo**

A floresta inchou

Uma árvore disse:
– Quero virar elefante,
E saiu correndo no meio do mato

Aratabá-becum

Aquela noite foi muito comprida
Por isso é que os homens saíram pretos

Aratabá-becum: denominação da mítica árvore-elefante.

urucungo: instrumento musical trazido pelos escravos, semelhante ao berimbau.

BOPP, Raul. *Seleta em prosa e verso*. Rio de Janeiro: José Olympio; Brasília: INL, 1975. p. 18.

Na literatura africana de língua portuguesa, o preconceito racial, como uma forma de discriminação atrelada à dominação colonial, também foi enfatizado. Foram muitos os escritores que, abordando os dramas de africanos negros, questionaram a presença dos colonizadores portugueses em suas terras, mostrando tanto a violência que existe na exploração do trabalho quanto no não reconhecimento da humanidade do "outro", daquele que é diferente. Um importante aspecto das lutas pela liberdade política e contra o preconceito racial está na criação de um pensamento amplo, na compreensão de que a luta contra a discriminação tem de ser a mesma em todos os lugares.

Para compreender melhor essa relação entre literatura e crítica ao preconceito racial, leia os dois textos a seguir. O primeiro é um fragmento do capítulo V do livro *Macunaíma*, de Mário de Andrade. O segundo, o conto "As mãos dos pretos", do importante escritor moçambicano Luís Bernardo Honwana (1942). São duas narrativas que se utilizam criticamente de explicações míticas e anedóticas para desconstruir o preconceito racial e pensar a formação de seus respectivos países.

Macunaíma

Capítulo V

Mário de Andrade

[...]

Uma feita a Sol cobrira os três manos duma escaminha de suor e Macunaíma se lembrou de tomar banho. Porém no rio era impossível por causa das piranhas tão vorazes que de quando em quando na luta pra pegar um naco de irmã espedaçada, pulavam aos cachos pra fora da água metro e mais. Então

Macunaíma enxergou numa lapa bem no meio do rio uma cova cheia da água. E a cova era que-nem a marca dum pé-gigante. Abicaram. O herói depois de muitos gritos por causa do frio da água entrou na cova e se lavou inteirinho. Mas a água era encantada porque aquele buraco na lapa era marca do pezão do Sumé, do tempo em que andava pregando o evangelho de Jesus pra indiada brasileira. Quando o herói saiu do banho estava branco louro e de olhos azuizinhos, água lavara o pretume dele. E ninguém não seria capaz mais de indicar nele um filho da tribo retinta dos Tapanhumas.

Nem bem Jiguê percebeu o milagre, se atirou na marca do pezão do Sumé. Porém a água já estava muito suja da negrura do herói e por mais que Jiguê esfregasse feito maluco atirando água pra todos os lados só conseguiu ficar da cor do bronze novo. Macunaíma teve dó e consolou:

— Olhe, mano Jiguê, branco você ficou não, porém pretume foi-se e antes fanhoso que sem nariz.

Maanape então é que foi se lavar, mas Jiguê esborrifara toda a água encantada pra fora da cova. Tinha só um bocado lá no fundo e Maanape conseguiu molhar só a palma dos pés e das mãos. Por isso ficou negro bem filho da tribo dos Tapanhumas. Só que as palmas das mãos e dos pés dele são vermelhas por terem se limpado na água santa. Macunaíma teve dó e consolou:

— Não se avexe, mano Maanape, não se avexe não, mais sofreu nosso tio Judas!

E estava lindíssimo na Sol da lapa os três manos um louro um vermelho outro negro, de pé bem erguidos e nus. Todos os seres do mato espiavam assombrados.

O jacareúna o jacaretinga o jacaré-açu o jacaré-ururau de papo amarelo, todos esses jacarés botaram os olhos de rochedo pra fora da água. Nos ramos das ingazeiras das aningas das mamoranas das embaúbas dos catauaris de beira-rio o macaco-prego o macaco-de-cheiro o guariba o bugio o cuatá o barrigudo o coxiú o cairara, todos os quarenta macacos do Brasil, todos, espiavam babando de inveja. E os sabiás, o sabiacica o sabiapoca o sabiaúna o sabiapiranga o sabiagonga que quando come não me dá, o sabiá-barranco o sabiá-tropeiro o sabiá-laranjeira o sabiá-gute todos esses ficaram pasmos e esqueceram de acabar o trinado, vozeando vozeando com eloquência. Macunaíma teve ódio. Botou as mãos nas ancas e gritou pra natureza:

— Nunca viu não!

Então os seres naturais debandavam vivendo e os três manos seguiram caminho outra vez. [...]

ANDRADE, Mário de. *Macunaíma, o herói sem nenhum caráter*. 10. ed. São Paulo: Livraria Martins Editora, 1973. p. 48-49.

Instituto de Estudos Brasileiros da USP, São Paulo.

As mãos dos pretos

Luís Bernardo Honwana

Já nem sei a que propósito é que isso vinha, mas o Senhor Professor disse um dia que as palmas das mãos dos pretos são mais claras do que o resto do corpo porque ainda há poucos séculos os avós deles andavam com elas apoiadas ao chão, como os bichos do mato, sem as exporem ao sol, que lhes ia escurecendo o resto do corpo.

Lembrei-me disso quando o Senhor Padre, depois de dizer na catequese que nós não prestávamos mesmo para nada e que até os pretos eram melhores do que nós, voltou a falar nisso de as mãos deles serem mais claras, dizendo que isso era assim porque eles, às escondidas, andavam sempre de mãos postas, a rezar.

Eu achei um piadão tal a essa coisa de as mãos dos pretos serem mais claras que agora é ver-me a não largar seja quem for enquanto não me disser porque é que eles têm as palmas das mãos assim claras. A Dona Dores, por exemplo, disse-me que Deus fez-lhes as mãos assim mais claras para não sujarem a comida que fazem para os seus patrões ou qualquer outra coisa que lhes mandem fazer e que não deva ficar senão limpa.

O Senhor Antunes da Coca-Cola, que só aparece na vila de vez em quando, quando as coca-colas das cantinas já tenham sido todas vendidas, disse-me que tudo o que me tinham contado era **aldrabice**. Claro que não sei se realmente era, mas ele garantiu-me que era. Depois de eu lhe dizer que sim, que era aldrabice, ele contou então o que sabia desta coisa das mãos dos pretos. Assim:

"Antigamente, há muitos anos, Deus Nosso Senhor, Jesus Cristo, Virgem Maria, São Pedro, muitos outros Santos, todos os anjos que nessa altura estavam no céu e algumas pessoas que tinham morrido e ido para o céu, fizeram uma reunião e decidiram fazer pretos. Sabes como? Pegaram em barro, enfiaram-no em moldes usados e para cozer o barro das criaturas levaram-nas para os fornos celestes; como tinham pressa e não houvesse lugar nenhum, ao pé do brasido, penduraram-nas nas chaminés. Fumo, fumo, fumo e aí os tens escurinhos como carvões. E tu agora queres saber por que é que as mãos deles ficaram brancas? Pois então se eles tiveram de se agarrar enquanto o barro deles cozia?!..."

Depois de contar isto, o Senhor Antunes e os outros Senhores que estavam à minha volta desataram a rir, todos satisfeitos.

Nesse mesmo dia, o Senhor Frias chamou-me, depois de o Senhor Antunes ter ido embora, e disse-me que tudo o que eu tinha estado para ali a ouvir de boca aberta era uma grandessíssima **peta**. Coisa certa e certinha sobre isso das mãos dos pretos era o que ele sabia: que Deus acabava de fazer os homens e mandava-os tomar banho num lago do céu. Depois do banho as pessoas estavam branquinhas. Os pretos, como foram feitos de madrugada e a essa hora a água do lago estivesse muito fria, só tinham molhado as palmas das mãos e as plantas dos pés, antes de se vestirem e virem para o mundo.

Mas eu li num livro que por acaso falava nisso, que os pretos têm as mãos assim mais claras por viverem encurvados, sempre a apanhar o algodão branco de Virgínia e de mais não sei onde. Já se vê que a Dona Estefânia não concordou quando eu lhe disse isso. Para ela é só por as mãos deles desbotarem à força de tão lavadas.

Bem, eu não sei o que vá pensar disso tudo, mas a verdade é que ainda que calosas e gretadas, as mãos dum preto são sempre mais claras que todo o resto dele. Essa é que é essa!

A minha mãe é a única que deve ter razão sobre essa questão de as mãos de um preto serem mais claras do que o resto do corpo. No dia em que falamos nisso, eu e ela, estava-lhe eu ainda a contar o que já sabia dessa questão e ela já estava farta de se rir. O que achei esquisito foi que ela não me dissesse logo o que pensava disso tudo, quando eu quis saber, e só tivesse respondido depois de se fartar de ver que eu não me cansava de insistir sobre a coisa, e mesmo assim a chorar, agarrada à barriga como quem não pode mais de tanto rir. O que ela disse foi mais ou menos isto:

aldrabice: mentira, trapaça (deriva de aldrabão, indivíduo trapaceiro, mentiroso, vigarista).

peta: mentira, fraude.

Vera Basile/Arquivo da editora

"Deus fez os pretos porque tinha de os haver. Tinha de os haver, meu filho, Ele pensou que realmente tinha de os haver... Depois arrependeu-se de os ter feito porque os outros homens se riam deles e levavam-nos para as casas deles para os pôr a servir como escravos ou pouco mais. Mas como Ele já não os pudesse fazer ficar todos brancos porque os que já se tinham habituado a vê-los pretos reclamariam, fez com que as palmas das mãos deles ficassem exatamente como as palmas das mãos dos outros homens. E sabes porque é que foi? Claro que não sabes e não admira, porque muitos e muitos não sabem. Pois olha: foi para mostrar que o que os homens fazem, é apenas obra dos homens... Que o que os homens fazem, é feito por mãos iguais, mãos de pessoas que se tiverem juízo, sabem que antes de serem qualquer outra coisa são homens. Deve ter sido a pensar assim que Ele fez com que as mãos dos pretos fossem iguais às mãos dos homens que dão graças a Deus por não serem pretos."

Depois de dizer isso tudo, a minha mãe beijou-me as mãos.

Quando fugi para o quintal, para jogar à bola, ia a pensar que nunca tinha visto uma pessoa a chorar tanto sem que ninguém lhe tivesse batido.

HONWANA, Luís Bernardo. *Nós matamos o Cão-Tinhoso.* São Paulo: Ática, 1980. p. 75-77.

1. Em *Macunaíma*, Mário de Andrade mistura os mais diferentes traços culturais que influenciaram o homem brasileiro. Na frase "numa pajelança Rei Nagô...", há um exemplo de qual tipo de "mistura"? Destaque, no conto "As mãos dos pretos", de Honwana, um traço cultural comum que marcou a formação do povo brasileiro e do povo africano colonizado pelos portugueses.

2. No trecho transcrito do Capítulo V, de *Macunaíma*, podem-se interpretar os três irmãos como sendo uma "síntese" do povo brasileiro? Justifique.

3. O próprio herói, Macunaíma, desde sua origem até as mutações, poderia representar uma "síntese" do povo brasileiro? Justifique.

4. Entre as várias versões para a origem da cor das mãos dos pretos, algumas folclóricas, outras religiosas, há uma versão que ataca frontalmente o mal do preconceito. Qual é essa versão?

5. Sumé é um personagem lendário de nossos índios; segundo consta, foi quem ensinou os segredos da agricultura a eles. No trecho lido (Capítulo V), com quem poderíamos identificar Sumé?

6. O conto de Luís Bernardo Honwana é narrado em primeira pessoa. Quais são as características desse narrador e como ele entende as diferentes versões que lhe são dadas acerca das "mãos dos pretos"?

7. Com suas palavras, explique o significado da fala da mãe do narrador.

8. Tanto em *Macunaíma* quanto em "As mãos dos pretos", temos uma discussão sobre as mais diferentes cores de pele. Qual é o traço comum mais evidente nessa relação intertextual construída por essa discussão?

Pensando no Enem

1. Leia o poema:

O trovador

Sentimentos em mim do asperamente
dos homens das primeiras eras...
As primaveras do sarcasmo
intermitentemente no meu coração arlequinal...
Intermitentemente...
Outras vezes é um doente, um frio
na minha alma doente como um longo som redondo...
Cantabona! Cantabona!
Dlorom...
Sou um tupi tangendo um alaúde!

ANDRADE, M. de. In: MANFIO, D. Z. (Org.) *Poesias completas de Mário de Andrade*. Belo Horizonte: Itatiaia, 2005.

Cara ao Modernismo, a questão da identidade nacional é recorrente na prosa e na poesia de Mário de Andrade. Em "O trovador", esse aspecto é:

a) Abordado subliminarmente, por meio de expressões como "coração arlequinal" que, evocando o carnaval, remete à brasilidade.
b) Verificado já no título, que remete aos repentistas nordestinos, estudados por Mário de Andrade em suas viagens e pesquisas folclóricas.
c) Lamentado pelo eu lírico, tanto no uso de expressões como "Sentimentos em mim do asperamente" (v. 1), "frio" (v. 6), "alma doente" (v. 7), como pelo som triste do alaúde "Dlorom" (v. 9).
d) Problematizado na oposição tupi (selvagem) x alaúde (civilizado), apontando a síntese nacional que seria proposta no *Manifesto Antropófago*, de Oswald de Andrade.
e) Exaltado pelo eu lírico, que evoca os "sentimentos dos homens das primeiras eras" para mostrar o orgulho brasileiro por suas raízes indígenas.

Comentário

O título do poema menciona a figura do trovador, que é, em sua origem, um poeta da Idade Média, que, em regiões europeias com influência árabe, se fazia acompanhar por um alaúde, instrumento de cordas de origem árabe e muito difundido na Europa medieval. Os versos que evocam as "primeiras eras" e "as primaveras do sarcasmo" remetem a um tempo passado, que contrasta com o tempo presente do último verso: "sou um tupi tangendo um alaúde!". Temos assim não só a fusão de uma herança cultural e sentimental do passado com o momento presente, mas também a fusão do homem primitivo brasileiro, representado pelo tupi, com o homem europeu, o "selvagem" e o "civilizado". Essa fusão é representada, no *Manifesto Antropófago*, de Oswald de Andrade, pela deglutição (daí o calendário antropófago ter como marco inicial a deglutição do bispo português Sardinha pelos selvagens, na costa brasileira).

Resposta: **D**.

Texto para a questão 2.

MUSEU DA LÍNGUA PORTUGUESA. Oswald de Andrade: o culpado de tudo. 27 set. 2011 a 29 jan. 2012. São Paulo: Prol Gráfica, 2012.

MUSEU DA LÍNGUA PORTUGUESA. *Oswald de Andrade:* o culpado de tudo. São Paulo: Prof. Gráfica, 2012.

2. O poema de Oswald de Andrade remonta à ideia de que a brasilidade está relacionada ao futebol. Quanto à questão da identidade nacional, as anotações em torno dos versos constituem

a) direcionamentos possíveis para uma leitura crítica de dados histórico-culturais.
b) forma clássica da construção poética brasileira.
c) rejeição à ideia do Brasil como o país do futebol.
d) intervenções de um leitor estrangeiro no exercício de leitura poética.
e) lembretes de palavras tipicamente brasileiras substitutivas das originais.

Comentário

A questão foi elaborada com base na obra "brasilidade em construção", exposta no Museu da Língua Portuguesa, em São Paulo, 2012. Essa obra toma como base um poema de Oswald de Andrade. A identidade nacional é uma preocupação constante da produção da primeira fase do Modernismo brasileiro. As anotações em torno dos versos do início do século orientam a leitura do observador, encaminhando para uma possível leitura crítica e fortalecendo a ideia de que o Brasil é o país do futebol e que isso possibilita à nação vencer de algum modo os portugueses, antigos colonizadores.

Resposta: **A**.

Vestibulares de Norte a Sul

1. NE (UFPE) Observe as imagens, leia os textos e responda às questões que se seguem (colocando verdadeiro ou falso para cada alternativa):

Fotos: Reprodução/UFPE

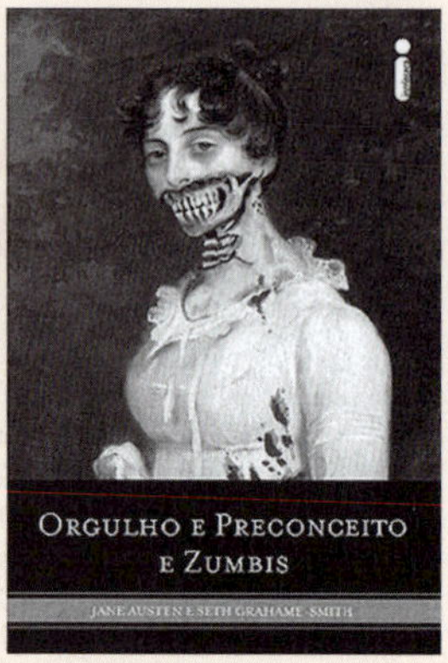

(*A boba*, de Anita Malfatti/Capa do livro de Seth-Grahame Smith)

Quando Monteiro Lobato escreveu o famoso ensaio "Paranoia ou Mistificação?", publicado *n'O Estado de S. Paulo* (20/12/1917) sobre a pintura expressionista de Anita Malfatti, expressou a comoção causada no público da época diante do ineditismo das propostas estéticas modernistas. Dizia o autor:

> Há duas espécies de artistas. Uma composta dos que veem as coisas e em consequência fazem arte pura, guardados os eternos ritmos da vida, e adotados, para a concretização das emoções estéticas, os processos clássicos dos grandes mestres. A outra espécie é formada dos que *veem anormalmente a natureza e a interpretam à luz das teorias efêmeras, sob a sugestão estrábica de escolas rebeldes, surgidas cá e lá como furúnculos da cultura excessiva*. São produtos do *cansaço e do sadismo de todos os períodos de decadência*; são frutos de fim de estação, *bichados ao nascedouro*. Estrelas cadentes, brilham um instante, as mais das vezes com a luz do escândalo, e somem-se logo nas trevas do esquecimento. Embora se deem como novos, como precursores de uma arte a vir, *nada é mais velho do que a arte anormal ou teratológica*: nasceu como a paranoia e a mistificação.

( ) Devido às suas posições radicais no âmbito das artes plásticas, Monteiro Lobato foi considerado pelos modernistas de 1922 um intelectual tradicionalista e arcaico.

( ) A obra infantil de Monteiro Lobato é um bom exemplo de seu arcaísmo, fortalecendo valores sociais tradicionalistas, sobretudo na família, e evitando a mistura da cultura erudita com a popular na literatura.

( ) A arte vanguardista do início do século XX provou ser mais do que a escandalosa expressão dos "furúnculos da cultura excessiva", e superou as expectativas de Monteiro Lobato para essas obras como meras manifestações "anormais ou teratológicas" destinadas ao esquecimento.

( ) O Pós-Modernismo no século XXI levou adiante o impulso desconstrucionista da arte e dos textos canônicos, como provam publicações recentes que associam obras clássicas à cultura de massa, a exemplo de *Orgulho e preconceito e zumbis*, de Jane Austen e S.-G. Smith.

( ) Ler, entender e refletir sobre as produções literárias contemporâneas mobilizam o conhecimento não só do mundo atual mas também do seu passado histórico.

2. SE (Fuvest-SP)

a) Referindo-se a suas intenções ao escrever o livro *Macunaíma*, Mário de Andrade afirmou:

> Um dos meus interesses foi desrespeitar lendariamente a geografia e a fauna e flora geográficas.

No livro, esse "interesse" é alcançado? Justifique brevemente.

b) Sobre a personagem Macunaíma, Mário de Andrade afirmou: "É fácil de provar que estabeleci bem dentro de todo o livro que MACUNAÍMA É UMA CONTRADIÇÃO DE SI MESMO".
A afirmação destacada se justifica? Explique sucintamente.

3. S (UEL-PR)

> Só me interessa o que não é meu. Lei do homem. Lei do Antropófago.

O fragmento acima é um dos muitos que compõem um importante manifesto modernista, no qual:

a) Oswald de Andrade proclama a supremacia criativa do nosso primitivismo sobre a cultura europeia.
b) Monteiro Lobato reage violentamente contra uma exposição de quadros de Anita Malfatti.
c) Mário de Andrade busca definir aspectos técnicos da nova estética.
d) Cassiano Ricardo assinala sua adesão ao nacionalismo de características ufanistas.
e) Manuel Bandeira abandona o estilo neo-simbolista e proclama seu lirismo coloquial.

CAPÍTULO

25 O Brasil de 1930 a 1945 – a lírica

Acervo Iconografia/Reminiscências

Pilotos da Força Expedicionária Brasileira (FEB) planejando sua participação contra o exército alemão na Segunda Guerra Mundial, em Monte Castelo, norte da Itália, em novembro de 1944.

As artes brasileiras nas décadas de 1930/1940

O período que vai de 1930 a 1945 foi marcado, no plano interno, pelos quinze anos de poder do presidente Getúlio Vargas. No plano internacional, houve o crescimento dos partidos nazifascistas na Europa, a crise da Bolsa de Valores, que desencadeou a Grande Depressão econômica nos Estados Unidos, e a eclosão da Segunda Guerra Mundial.

A pintura

Reprodução/Museu de Arte de São Paulo Assis Chateaubriand, SP.

Guerra, de Lasar Segall, 1942. Europeu de família judia, Lasar Segall (1891-1957) imigrou para o Brasil em 1923, após ter estudado na Alemanha, onde entrou em contato com o expressionismo, e ter vivido nas cidades de Dresden e Berlim. Suas obras produzidas no Brasil foram capazes de fundir a visão do imigrante europeu com a percepção da cultura e das paisagem brasileiras, criando pinturas das mais impactantes do Modernismo brasileiro.

Reprodução/Instituto de Estudos Brasileiros da USP, São Paulo, SP.

Família do fuzileiro naval, de Alberto da Veiga Guignard, 1935. Guignard (1896-1962) é reconhecidamente um dos grandes paisagistas da pintura brasileira (o Jardim Botânico do Rio de Janeiro e as cidades históricas de Minas Gerais foram temas recorrentes). Entrou em contato com as vanguardas ao estudar na Europa, de onde voltou em 1929, fixando-se então no Rio de Janeiro.

Peter Horree/Alamy/Latinstock

Quarto de hotel, de Edward Hopper, 1931.

- *A guerra é tema das duas primeiras telas. Em uma delas, esse é o tema central. Como são retratadas as pessoas nessa obra? Na outra pintura, a guerra está presente mas de maneira distante. O que ela ressalta?*
- *Edward Hopper (1882-1967), artista plástico norte-americano, é conhecido por retratar determinado estado de espírito próprio do mundo contemporâneo. Pela obra dele nesta página, qual pode ser esse estado de espírito? Pelo que você sabe sobre os fatos históricos da primeira metade do século XX, esse sentimento retratado pelo pintor faz sentido?*

A arquitetura

André Valentim/Tyba

A década de 1930 marcou o período áureo das construções *art déco* no Brasil, coincidindo com um momento de forte urbanização. São dessa época e desse estilo, por exemplo, os projetos arquitetônicos dos primeiros prédios de Goiânia, a então nova capital do estado de Goiás. No Rio de Janeiro, a primeira construção *art déco* foi o edifício A Noite (na foto), cujo estilo é tão marcante na paisagem carioca que está presente em dois ícones da cidade: o prédio da estação Central do Brasil e o Cristo Redentor.

Leonard Zhukovsky/Shutterstock/Glow Images

Prédio da sede da Organização das Nações Unidas (ONU), em Nova York. Essa construção, de 1947, reuniu arquitetos de diversos países para fazer o projeto. A proposta final derivou de um trabalho de dois grandes arquitetos do século XX: o francês, de origem suíça, Le Corbusier (1887-1965) e o brasileiro Oscar Niemeyer (1907-2012).

Itamar Miranda/Agência Estado

Espalhados pela cidade de São Paulo, vários edifícios (como o do Instituto Biológico, na foto) seguiram o estilo de muita simetria, com linhas retas e volumes geométricos.

- *Compare os edifícios mostrados nesta página. Quais são as diferenças entre eles?*

1 Os anos 1930

Os camaradas não disseram
que havia uma guerra
e era necessário
trazer fogo e alimento.

Carlos Drummond de Andrade, no poema "Sentimento do mundo".

A eleição de 1º de março de 1930 para a sucessão de Washington Luís representava a disputa entre o candidato Getúlio Vargas, em nome da Aliança Liberal, que reunia Minas Gerais, Rio Grande do Sul e Paraíba, e o candidato oficial Júlio Prestes, paulista, que contava com o apoio das demais unidades da Federação. O resultado da eleição foi favorável a Júlio Prestes; entretanto, entre a eleição e a posse, que se daria em novembro de 1930, estourou a Revolução, em 3 de outubro, ao mesmo tempo que a economia cafeeira sentia os primeiros efeitos da crise econômica mundial.

A Revolução de 1930, que levou Getúlio Vargas a um governo provisório, contava com o apoio da burguesia industrial, dos setores médios e dos tenentes responsáveis pelas revoltas na década de 1920 (exceção feita a Luís Carlos Prestes, que, no exílio, havia optado claramente pelo comunismo). Desenvolve-se uma política de incentivo à industrialização e à entrada de capital norte-americano em substituição ao capital inglês.

Reprodução/Livraria José Olympio Editora

Uma tentativa contrarrevolucionária partiu de São Paulo, em 1932, como resultado da frustração dos paulistas com a Revolução de 1930: a oligarquia cafeeira sentia-se prejudicada pela política econômica de Vargas; a classe média e a burguesia temiam as agitações sociais; e, para coroar o descontentamento, Vargas havia nomeado um interventor pernambucano para São Paulo. A chamada Revolução Constitucionalista explodiu em 9 de julho, mas não logrou êxito. Se Guilherme de Almeida foi o poeta da Revolução paulista, tendo produzido vários textos ufanistas, Oswald de Andrade foi seu romancista crítico, como atesta seu livro *Marco zero – A revolução melancólica*.

Nos primeiros anos da década de 1930, a ideologia fascista encontra ressonância no nacionalismo exacerbado do Grupo Verde-Amarelo, liderado por Plínio Salgado, fundador da Ação Integralista Brasileira. Ao mesmo tempo, crescem no Brasil as forças de esquerda. Os choques tornavam-se inevitáveis, explodiam manifestações revolucionárias e o governo Vargas obteve um pretexto para endurecer o regime. Iniciou-se assim, em 1937, o Estado Novo Getulista, um regime ditatorial que se estendeu até 1945.

Na Europa, o movimento nazifascista levou o mundo à Segunda Guerra Mundial (1939-1945).

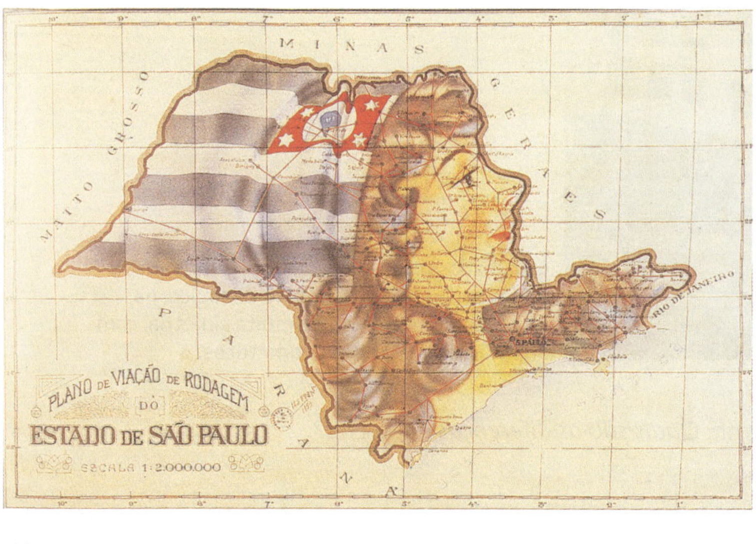

Reprodução/Arquivo do Estado, São Paulo, SP.

Mapa da época da Revolução Constitucionalista (1932): o rosto de mulher com a bandeira do estado de São Paulo tornou-se um motivo bastante popular, tendo sido reproduzido em inúmeros objetos e utensílios domésticos. Acima, capa de *Marco zero – A revolução melancólica*, em que Oswald de Andrade faz uma crítica desse período.

Diante desses significativos acontecimentos, Carlos Drummond de Andrade publicou um poema intitulado "Nosso tempo", que revela o estado de ânimo da parcela mais consciente da sociedade:

Nosso tempo

Carlos Drummond de Andrade

Este é tempo de partido,
tempo de homens partidos.

Em vão percorremos volumes,
viajamos e nos colorimos.
A hora pressentida esmigalha-se em pó na rua.
Os homens pedem carne. Fogo. Sapatos.
As leis não bastam. Os lírios não nascem
da lei. Meu nome é tumulto, e escreve-se
na pedra.
[...]

ANDRADE, Carlos Drummond de. *Carlos Drummond de Andrade:* poesia completa & prosa. 3. ed. Rio de Janeiro: José Aguilar, 1973. p. 144.

2 A lírica dos anos 1930

Modernismo 2

Características

A poesia da segunda fase do Modernismo representa um **amadurecimento e um aprofundamento das conquistas da geração de 1922**: é possível perceber a influência exercida por Mário e Oswald de Andrade sobre os jovens que iniciaram sua produção poética após a realização da Semana de Arte Moderna. Lembramos, a propósito, que Carlos Drummond de Andrade dedicou seu livro de estreia, *Alguma poesia* (1930), a Mário de Andrade. Murilo Mendes, com seu livro *História do Brasil*, seguiu a trilha aberta por Oswald de Andrade, repensando nossa história com muito humor e ironia, como ilustra o poema "Festa familiar":

Festa familiar

Murilo Mendes

Em outubro de 1930
Nós fizemos – que animação! –
Um pic-nic com carabinas.

MENDES, Murilo. *Murilo Mendes*: poesia completa e prosa. Rio de Janeiro: Nova Aguilar, 1994.

Formalmente, os novos poetas continuam a pesquisa estética iniciada na década anterior, cultivando o **verso livre** e a **poesia sintética**, de que é exemplo o poema "Cota zero", de Drummond:

Cota zero

Carlos Drummond de Andrade

Stop.
A vida parou
ou foi o automóvel?

ANDRADE, Carlos Drummond de. *Carlos Drummond de Andrade:* poesia completa & prosa. 3. ed. Rio de Janeiro: José Aguilar, 1973. p. 28.

É na temática, entretanto, que se percebe uma nova postura artística: passa-se a questionar a realidade com mais vigor e, fato extremamente importante, o artista passa a *se* questionar como indivíduo e como artista em sua "**tentativa de explorar e de interpretar o estar-no-mundo**". O resultado é uma literatura mais **construtiva** e mais **politizada**, que não quer e não pode se afastar das profundas transformações ocorridas nesse período; daí também o surgimento de uma corrente mais voltada para o espiritualismo e o intimismo, caso de Cecília Meireles, de Jorge de Lima, de Vinícius de Morais e de Murilo Mendes em determinada fase.

É um tempo de definições, de compromissos, do aprofundamento das relações entre o **"eu" e o mundo**, mesmo com a consciência da fragilidade do "eu". Observemos três momentos de Carlos Drummond de Andrade em seu livro *Sentimento do mundo* (o título é significativo), com poesias escritas entre 1935 e 1940:

Sentimento do mundo

Carlos Drummond de Andrade

Tenho apenas duas mãos
e o sentimento do mundo,
mas estou cheio de escravos,
minhas lembranças escorrem
e o corpo transige
na confluência do amor.
[...]

ANDRADE, Carlos Drummond de. *Carlos Drummond de Andrade*: poesia completa & prosa. 3. ed. Rio de Janeiro: José Aguilar, 1973.

Mais adiante, em verdadeira profissão de fé, o escritor declara:

Mundo grande

Carlos Drummond de Andrade

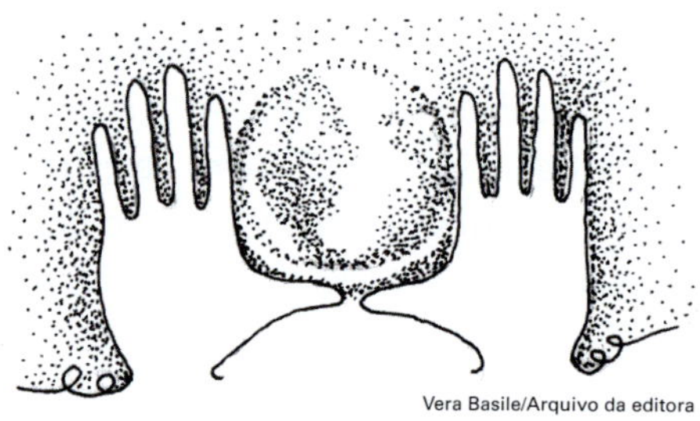

Vera Basile/Arquivo da editora

Não, meu coração não é maior que o mundo.
É muito menor.
Nele não cabem nem as minhas dores.
Por isso gosto tanto de me contar.
Por isso me dispo,
por isso me grito,
por isso frequento os jornais, me exponho cruamente nas livrarias:
preciso de todos.
[...]

Idem.

Essa consciência de ter "apenas" duas mãos e de o mundo ser tão grande, longe de significar derrotismo, abre como perspectiva única, para enfrentar esses tempos difíceis, a união, as soluções coletivas:

Mãos dadas

Carlos Drummond de Andrade

[...]
O presente é tão grande, não nos afastemos.
Não nos afastemos muito, vamos de mãos dadas.
[...]

Idem.

TEXTO E INTERTEXTO

Apresentamos, a seguir, um soneto do parnasiano Olavo Bilac, publicado em 1888, e um poema de Drummond, publicado em seu livro de estreia, de 1930. Os títulos dos dois poemas retomam o primeiro verso de *A divina comédia*, de Dante Alighieri.

Texto 1

Nel mezzo del cammin...

Olavo Bilac

Cheguei. Chegaste. Vinhas fatigada
E triste, e triste e fatigado eu vinha.
Tinhas a alma de sonhos povoada,
E a alma de sonhos povoada eu tinha...

E paramos de súbito na estrada
Da vida: longos anos, presa à minha
A tua mão, a vista deslumbrada
Tive da luz que teu olhar continha.

Hoje, segues de novo... Na partida
Nem o pranto os teus olhos umedece,
Nem te comove a dor da despedida.

E eu, solitário, volto a face, e tremo,
Vendo o teu vulto que desaparece
Na extrema curva do caminho extremo.

BILAC, Olavo. *Olavo Bilac – Obra reunida*. Rio de Janeiro: Nova Aguilar, 1996.

Texto 2

No meio do caminho

Carlos Drummond de Andrade

No meio do caminho tinha uma pedra
tinha uma pedra no meio do caminho
tinha uma pedra
no meio do caminho tinha uma pedra.

Nunca me esquecerei desse acontecimento
na vida de minhas retinas tão fatigadas.
Nunca me esquecerei que no meio do caminho
tinha uma pedra
tinha uma pedra no meio do caminho
no meio do caminho tinha uma pedra.

ANDRADE, Carlos Drummond de. *Carlos Drummond de Andrade*: poesia completa & prosa. 3. ed. Rio de Janeiro: José Aguilar, 1973.

Atividades

1. Após a leitura atenta dos textos, responda em seu caderno:
   a) Os textos foram construídos da perspectiva de que pessoa do discurso?
   b) Quando um texto está fortemente marcado pela emoção, falamos que não há distanciamento entre o eu poético e aquilo que está sendo falado. Em qual dos textos isso é mais evidente?

Sobre "Nel mezzo del cammin..."

2. Qual é o esquema de rima do poema de Bilac?

3. Faça a divisão das sílabas poéticas do primeiro verso.

4. Já vimos que *enjambement* ou **encadeamento** é um processo poético que consiste em pôr no verso seguinte uma ou mais palavras que completam o sentido do verso anterior. Aponte, na segunda estrofe do poema, uma ocorrência desse processo.

5. A primeira estrofe do poema foi construída como se fosse um jogo de espelhos. Cite uma frase da estrofe que exemplifique esse jogo e explique o significado dele para o entendimento da estrofe.

6. Que tipo de oposição se estabelece entre as duas primeiras estrofes e as duas últimas?

Sobre "No meio do caminho"

7. A primeira estrofe do poema apresenta uma construção muito curiosa, que nos permite, inclusive, dividi-la em dois subconjuntos: os versos 1 e 2; os versos 3 e 4. Analise-os e comente-os.

8. Compare o início do poema ao seu fim. O que você percebe?

9. O crítico Antonio Candido, ao analisar esse poema, afirma que "a sociedade oferece obstáculos que impedem a plenitude dos atos e dos sentimentos". Como isso está representado no poema?

Sobre os dois textos

10. A intertextualidade pode se manifestar de várias maneiras, ora de forma mais explícita, evidente, ora de forma mais implícita, sutil; ora apenas no aspecto formal, ora na retomada de uma frase, de uma ideia; ora como recriação, ora como reelaboração. Comente a intertextualidade que há entre os dois textos.

11. Os artistas do Modernismo brasileiro tiveram uma postura muito irônica em relação ao Parnasianismo. Drummond recupera, além da palavra *caminho*, outra palavra do poema de Bilac, para empregá-la em outro contexto. Que palavra é essa? Qual é a principal distinção em seu emprego?

OED O amor bate na aorta

Carlos Drummond de Andrade: o poeta e suas várias faces

E agora, José?

Carlos Drummond de Andrade, "José".

O poema que abre *Alguma poesia*, o primeiro livro de Carlos Drummond de Andrade, publicado em 1930, tem o título "Poema de sete faces". Inicia-se com estes versos:

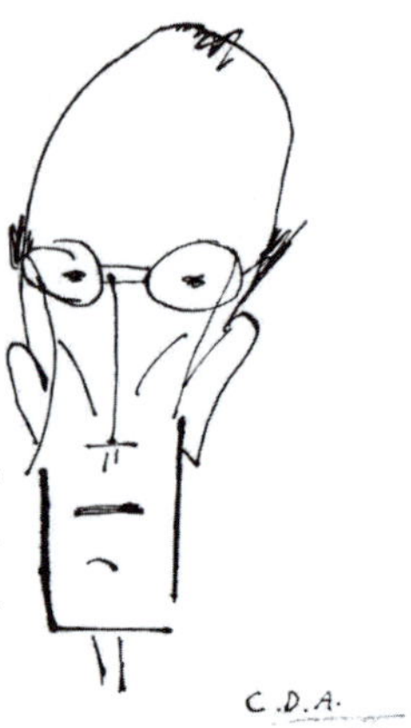

Autocaricatura de Carlos Drummond de Andrade.

Poema de sete faces

Carlos Drummond de Andrade

Quando nasci, um anjo torto
desses que vivem na sombra
disse: Vai, Carlos! ser *gauche* na vida.
[...]

ANDRADE, Carlos Drummond de. *Carlos Drummond de Andrade*: poesia completa & prosa. 3. ed. Rio de Janeiro: José Aguilar, 1973.

Apresenta-se assim o poeta *gauche*, torto como o anjo, fora dos padrões, com suas várias faces, refletindo sobre o conturbado século XX. Sua obra poética acompanha a evolução dos acontecimentos, registrando todas as “coisas” (síntese de um universo fechado, despersonificado) que o rodeiam e que existem na realidade cotidiana. São poemas que refletem os problemas do mundo e do ser humano diante dos regimes totalitários (o nazifascismo europeu, o Estado Novo de Getúlio), da Segunda Guerra Mundial, da Guerra Fria.

Em determinados momentos, como em “Carta a Stalingrado” (“Em teu chão calcinado onde apodrecem cadáveres, / a grande Cidade de amanhã erguerá a sua Ordem”), Drummond é invadido pela esperança para, logo adiante, tornar-se descrente, desesperançado com o rumo dos acontecimentos:

Segredo

Carlos Drummond de Andrade

A poesia é incomunicável.
Fique torto no seu canto.
Não ame.
[...]

Idem.

Carlos Drummond de Andrade é, acima de tudo, um poeta que nega todas as formas de fuga da realidade; seus olhos atentos estão voltados para o momento presente e veem, como regra primeira para uma possível transformação da realidade, a união, o trabalho coletivo:

Mãos dadas

Carlos Drummond de Andrade

Vera Basile/Arquivo da editora

Não serei o poeta de um mundo caduco.
Também não cantarei o mundo futuro.
Estou preso à vida e olho meus companheiros.
Estão taciturnos mas nutrem grandes esperanças.
Entre eles, considero a enorme realidade.
O presente é tão grande, não nos afastemos.
Não nos afastemos muito, vamos de mãos dadas.

Não serei o cantor de uma mulher, de uma história,
não direi os suspiros ao anoitecer, a paisagem vista da janela,
não distribuirei entorpecentes ou cartas de suicida,
não fugirei para as ilhas nem serei raptado por serafins.
O tempo é a minha matéria, o tempo presente, os homens presentes,
a vida presente.

Idem.

Note que, em várias passagens, Drummond insiste em mostrar a impossibilidade de o ser humano, *sozinho*, realizar alguma coisa (nesse aspecto, Drummond comunga com Murilo Mendes: a aurora – metáfora para o nascimento de um novo dia, um novo mundo – é coletiva):

porque não podes, sozinho, dinamitar a ilha de Manhattan

"Elegia 1938".

Sozinho no escuro
qual bicho do mato

"José".

Ó solidão do boi no campo,
ó solidão do homem na rua!

"O boi".

A partir de *Lição de coisas* — publicado em 1962 —, nota-se uma preocupação maior com os objetos, com as "coisas", resultando numa composição que valoriza os aspectos visuais e sonoros.

Nesse mesmo ano, Carlos Drummond de Andrade selecionou poemas para a edição de sua *Antologia poética*. No prefácio, o próprio poeta explica o critério de seleção e divide os poemas escolhidos em nove grupos, com "certas características, preocupações e tendências" que condicionam ou definem o conjunto de sua obra. Transcrevemos, a seguir, um trecho do prefácio:

O texto foi distribuído em nove seções, cada uma contendo material extraído de diferentes obras, e disposto segundo uma ordem interna. O leitor encontrará assim, como pontos de partida ou matéria de poesia: 1. O indivíduo ("um eu todo retorcido"); 2. A terra natal ("uma província: esta"); 3. A família ("a família que me dei"); 4. Amigos ("cantar de amigos"); 5. O choque social ("na praça de convites"); 6. O conhecimento amoroso ("amar-amaro"); 7. A própria poesia ("a poesia contemplada"); 8. Exercícios lúdicos ("uma, duas argolinhas"); 9. Uma visão, ou tentativa de, da existência ("tentativa de exploração e de interpretação do estar-no-mundo").

Algumas poesias caberiam talvez em outra seção que não a escolhida, ou em mais de uma. A razão da escolha está na tônica da composição, ou engano do autor. De qualquer modo, é uma arrumação, ou pretende ser.

ANDRADE, Carlos Drummond de. *Carlos Drummond de Andrade*: poesia completa & prosa. 3. ed. Rio de Janeiro: José Aguilar, 1973.

Ricardo Chaves/Arquivo da editora

Carlos Drummond de Andrade

Nascido em Itabira (MG), Carlos Drummond de Andrade (1902-1987) formou-se em Farmácia. Em 1930 publicou seu primeiro livro de poemas, *Alguma poesia*. Nessa década, transferiu-se para o Rio de Janeiro e iniciou carreira no funcionalismo público federal. A partir dos anos 1950, passou a se dedicar integralmente à produção literária; além de publicar novos livros de poesias, contos e algumas traduções, intensificou seu trabalho de cronista, tendo seus textos publicados nos maiores jornais do país.

Texto 1

A noite dissolve os homens

Carlos Drummond de Andrade
A Portinari

A noite desceu. Que noite!
Já não enxergo meus irmãos.
E nem tampouco os rumores
que outrora me perturbavam.
A noite desceu. Nas casas,
nas ruas onde se combate,
nos campos desfalecidos,
a noite espalhou o medo
e a total incompreensão.
A noite caiu. Tremenda,
sem esperança... Os suspiros
acusam a presença negra
que paralisa os guerreiros.
E o amor não abre caminho
na noite. A noite é mortal,
completa, sem reticências,
a noite dissolve os homens,
diz que é inútil sofrer,
a noite dissolve as pátrias,
apagou os almirantes
cintilantes! nas suas fardas.
A noite anoiteceu tudo...
O mundo não tem remédio...
Os suicidas tinham razão.
Aurora,
entretanto eu te diviso, ainda tímida,
inexperiente das luzes que vais acender
e dos bens que repartirás com todos os homens.
Sob o úmido véu de raivas, queixas e humilhações,
adivinho-te que sobes, vapor róseo, expulsando a treva noturna.
O triste mundo fascista se decompõe ao contato de teus dedos,
teus dedos frios, que ainda se não modelaram
mas que avançam na escuridão como um sinal verde e peremptório.
Minha fadiga encontrará em ti o seu termo,
minha carne estremece na certeza de tua vinda.
O suor é um óleo suave, as mãos dos sobreviventes se enlaçam,
os corpos hirtos adquirem uma fluidez,
uma inocência, um perdão simples e macio...

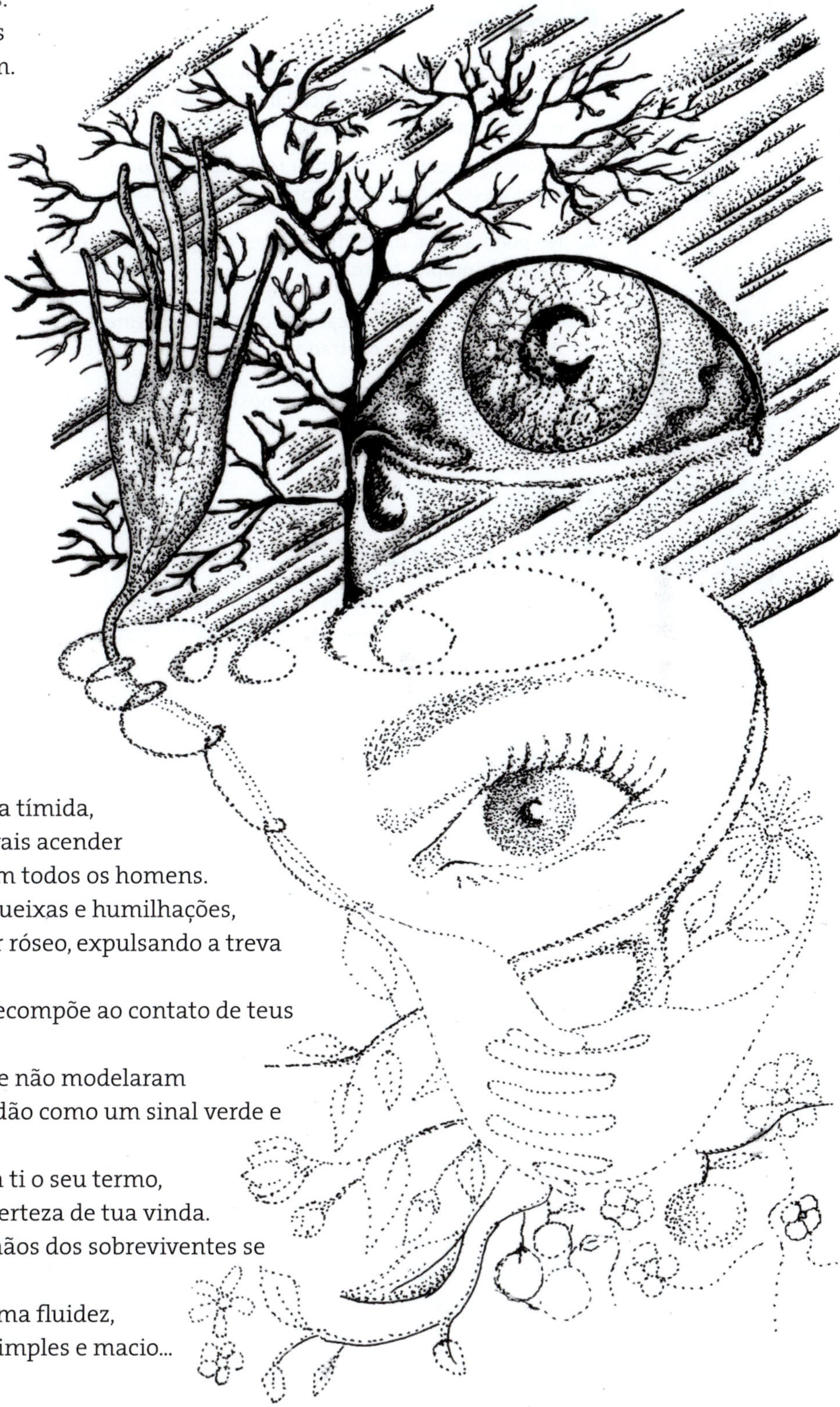

Vera Basile/Arquivo da editora

Havemos de amanhecer. O mundo
se tinge com as tintas da antemanhã
e o sangue que escorre é doce, de tão necessário
para colorir tuas pálidas faces, aurora.

ANDRADE, Carlos Drummond de.
Carlos Drummond de Andrade: poesia completa & prosa.
3. ed. Rio de Janeiro: José Aguilar, 1973.

Atividades

1. O poema "A noite dissolve os homens" foi publicado no livro *Sentimento do mundo*, em 1940, portanto ainda na fase inicial da Segunda Grande Guerra, quando se lutava para derrotar os regimes totalitários de direita.

   Aponte, na seleção vocabular realizada pelo poeta, palavras do campo lexical que remetem o leitor a esse momento histórico.

2. No poema, qual o significado metafórico de *noite* e de *aurora*? Argumente com palavras ou frases do próprio texto.

3. Termos cognatos são vocábulos que têm a mesma raiz. Do poema "A noite dissolve os homens", destaque um verso centrado em termos cognatos e explique sua expressividade.

4. Qual é a principal diferença na postura do falante, quando se comparam os quatro primeiros versos desse poema com os quatro últimos?

Texto 2

Morte do leiteiro

Carlos Drummond de Andrade
A Cyro Novais

Há pouco leite no país,
é preciso entregá-lo cedo.
Há muita sede no país,
é preciso entregá-lo cedo.
Há no país uma legenda,
que ladrão se mata com tiro.

Então o moço que é leiteiro
de madrugada com sua lata
sai correndo e distribuindo
leite bom para gente ruim.
Sua lata, suas garrafas
e seus sapatos de borracha
vão dizendo aos homens no sono
que alguém acordou cedinho
e veio do último subúrbio
trazer o leite mais frio
e mais alvo da melhor vaca
para todos criarem força
na luta brava da cidade.

Na mão a garrafa branca
não tem tempo de dizer
as coisas que lhe atribuo
nem o moço leiteiro ignaro,
morador na Rua Namur,
empregado no entreposto,
com 21 anos de idade,
sabe lá o que seja impulso
de humana compreensão.
E já que tem pressa, o corpo
vai deixando à beira das casas
uma apenas mercadoria.

E como a porta dos fundos
também escondesse gente
que aspira ao pouco de leite
disponível em nosso tempo,
avancemos por esse beco,
peguemos o corredor,
depositemos o litro...
Sem fazer barulho, é claro,
que barulho nada resolve.

Meu leiteiro tão sutil
de passo maneiro e leve,
antes desliza que marcha.
É certo que algum rumor
sempre se faz: passo errado,
vaso de flor no caminho,
cão latindo por princípio,
ou um gato quizilento.
E há sempre um senhor que acorda,
resmunga e torna a dormir.

Mas este acordou em pânico
(ladrões infestam o bairro),
não quis saber de mais nada.
O revólver da gaveta
saltou para sua mão.
Ladrão? se pega com tiro.
Os tiros na madrugada
liquidaram meu leiteiro.
Se era noivo, se era virgem,
se era alegre, se era bom,
não sei,
é tarde para saber.

Mas o homem perdeu o sono
de todo, e foge pra rua.
Meu Deus, matei um inocente.
Bala que mata gatuno
também serve pra furtar
a vida de nosso irmão.
Quem quiser que chame médico,
polícia não bota a mão
neste filho de meu pai.
Está salva a propriedade.

A noite geral prossegue,
a manhã custa a chegar,
mas o leiteiro
estatelado, ao relento,
perdeu a pressa que tinha.

Da garrafa estilhaçada,
no ladrilho já sereno
escorre uma coisa espessa
que é leite, sangue... não sei.
Por entre objetos confusos,
mal redimidos da noite,
duas cores se procuram,
suavemente se tocam,
amorosamente se enlaçam,
formando um terceiro tom
a que chamamos aurora.

Idem.

Vera Basile/Arquivo da editora

Atividades

1. O poema "Morte do leiteiro" foi publicado no livro *Rosa do povo*, formado de poemas escritos entre 1943 e 1945.
   a) Pode-se afirmar que o poema se aproxima da crônica? Justifique.
   b) Caracterize os dois personagens com palavras ou frases do próprio texto.
   c) Como o eu poético revela ao leitor sua identificação com o leiteiro?
   d) Há um verso que "justifica" (do ponto de vista do assassino) a morte do leiteiro. Qual?
   e) O poeta faz uma oposição entre a "noite" e a "aurora". Na realidade, o que significam esses dois termos no contexto da poesia?
2. Escreva um breve texto baseando-se nos seguintes versos:
   Bala que mata gatuno / também serve pra furtar / a vida de nosso irmão.

Murilo Mendes: o mundo (e a poesia) em pânico

Sou a luta entre o homem acabado
e o outro que está andando no ar

Murilo Mendes, "A luta".

A trajetória de Murilo Mendes no Modernismo brasileiro é curiosa: das sátiras e poemas-piadas ao estilo oswaldiano, caminha para uma poesia religiosa, sem perder contato com a realidade social; o próprio poeta afirma que o social não se opõe ao religioso. Essa convicção lhe permite acompanhar todas as transformações vividas pelo século XX, quer no campo econômico e político – a guerra foi tema de vários de seus poemas –, quer no campo artístico – Murilo Mendes foi o poeta modernista brasileiro que mais se identificou com o surrealismo europeu.

Poesia liberdade, um de seus livros mais significativos, reúne poemas escritos entre 1943 e 1945. A seguir transcrevemos fragmentos de dois poemas em que se percebem ora uma visão mais pessimista de um mundo em destruição, ora a visão mais otimista voltada para a reconstrução do mundo. Leia-os e surpreenda-se com as imagens inusitadas do poeta.

Maurício de Souza/Agência Estado

Murilo Mendes

Murilo Monteiro Mendes (1901-1975) estreou em 1930, e seus primeiros poemas apontavam a influência dos modernistas da primeira geração, notadamente Oswald de Andrade. Sem perder contato com os fatos de sua época, Murilo Mendes caminhou pela poesia religiosa e, compartilhando com Ismael Nery rumos vanguardistas, produziu belíssimos poemas surrealistas. A partir de 1953, passou a viver na Europa, percorrendo vários países até fixar residência definitiva em Portugal.

Janelas do caos

Murilo Mendes

1.
Tudo se passa
Num Egito de corredores aéreos.
Numa galeria sem lâmpadas
À espera de que Alguém
Desfira o violoncelo
— Ou teu coração?
Azul de guerra.

2.
Telefonam embrulhos
Telefonam lamentos
Inúteis encontros
Bocejos e remorsos.

Ah! Quem telefonaria o consolo
O puro orvalho
E a carruagem de cristal.

3.
Tu não carregaste pianos
Nem carregaste pedras
Mas na tua alma subsiste

— Ninguém se recorda
E as praias antecedentes ouviram —
O canto dos carregadores de pianos
O canto dos carregadores de pedras.

4.
O céu cai das pombas.
Ecos de uma banda de música
Voam da Casa dos expostos.

Não serás antepassado
Porque não tiveste filhos:
Sempre serás futuro para os poetas.

Ao longe o mar reduzido
Balindo inocente.

5.
A infância vem da eternidade.
Depois só a morte magnífica
— Destruição da mordaça:

E talvez já a tivesse entrevisto
Quando brincavas com o pião
Ou quando desmontaste o besouro.

Entre duas eternidades
Balançam-se espantosas
Fome de amor e a música:
Rude doçura
Última passagem livre.

Só vemos o céu pelo avesso.

MENDES, Murilo. *Murilo Mendes*: poesia completa e prosa. Rio de Janeiro: Nova Aguilar, 1994.

Presságios favoráveis, de René Magritte, 1944. A pomba da paz e as flores devem ser interpretadas como a antevisão que o pintor teve do fim da Segunda Guerra Mundial. Como escreveu Murilo Mendes no "Poema dialético", "a aurora é coletiva".

Poema dialético

Murilo Mendes

É necessário conhecer seu próprio abismo
E polir sempre o candelabro que o esclarece.

Tudo no universo marcha, e marcha para esperar:
Nossa existência é uma vasta expectação
Onde se tocam o princípio e o fim.

A terra terá que ser retalhada entre todos
E restituída em tempo à sua antiga harmonia.
Tudo marcha para a arquitetura perfeita:
A aurora é coletiva.

Idem.

LENDO OS TEXTOS

Texto 1

Modinha do empregado de banco

Murilo Mendes

Eu sou triste como um prático de farmácia,
sou quase tão triste como um homem que usa costeletas.
Passo o dia inteiro pensando nuns carinhos de mulher
mas só ouço o tec-tec das máquinas de escrever.

Lá fora chove e a estátua de Floriano fica linda.
Quantas meninas pela vida afora!
E eu alinhando no papel as fortunas dos outros.
Se eu tivesse estes contos punha a andar
a roda da imaginação nos caminhos do mundo.
E os fregueses do Banco
que não fazem nada com estes contos!
Chocam outros contos para não fazerem nada com eles.

Também se o Diretor tivesse a minha imaginação
O Banco já não existiria mais
e eu estaria noutro lugar.

Idem.

Vera Basile/Arquivo da editora

Texto 2

Fábula

Murilo Mendes

Eu falei à fonte, ao pinheiro
E ao mesmo tempo à pastora dançarina:
"Acautelai-vos contra o lobo
tão sombrio quanto cruel.
Sabei, nem mesmo uma rosa
Na sua inocência virgem
Jamais conseguirá persuadi-lo
Ele revestiu-se de uma pele branca
E conspira contra os outros lobos.
Não ouçais também os aparentes cordeiros".
Então a fonte, o pinheiro e a pastora dançarina
Perguntaram-me ao mesmo tempo:
"Homem exigente e difícil,
A quem haveremos de ouvir?"
Sereno respondo: "Ouvi vossa própria música".

Idem.

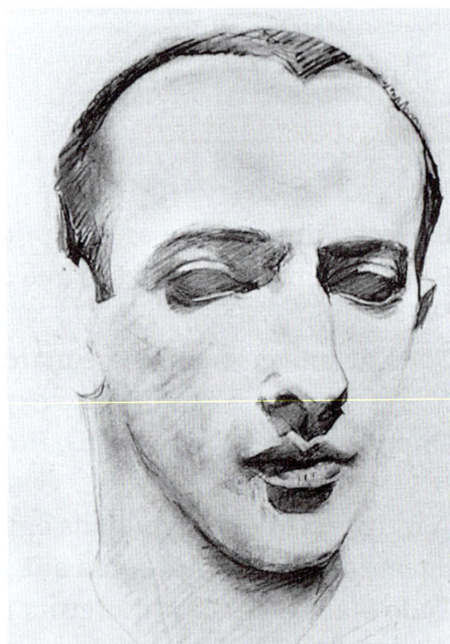

Murilo Mendes, de Candido Portinari, 1931.

Atividades

1. Destaque o verso de "Modinha do empregado de banco" em que há uma crítica à acumulação do capital.

2. Ainda em relação ao poema "Modinha", como você interpreta a terceira estrofe?

3. O poema "Fábula" pertence ao livro *Poesia liberdade*, que reúne poemas escritos entre 1943 e 1945. Você concorda com a fala do eu poético no último verso (que funciona como uma "moralidade")?

Jorge de Lima: denúncia das desigualdades sociais

Só tenho poesia para vos dar,
Abancai-vos meus irmãos

Jorge de Lima, "Distribuição da poesia".

A poesia social de Jorge de Lima apresenta composições regionalistas, em que ele usa sua memória de menino branco, marcado pela infância repleta de imagens dos engenhos e de negros trabalhando em regime de escravidão.

Em certos momentos aborda uma temática mais ampla – a denúncia das desigualdades sociais –, atingindo expressão poética por meio de hábil jogo de palavras:

Mulher proletária

Jorge de Lima

Mulher proletária – única fábrica
que o operário tem, (fabrica filhos)
tu
na tua superprodução de máquina humana
forneces anjos para o Senhor Jesus,
forneces braços para o senhor burguês.
Mulher proletária,
o operário, teu proprietário
há de ver, há de ver:
a tua produção,
a tua superprodução,
ao contrário das máquinas burguesas
salvar o teu proprietário.

LIMA, Jorge de. *Poesia completa*. 2. ed. Rio de Janeiro: Nova Fronteira, 1980.

Jorge de Lima

Jorge Mateus de Lima (1895-1953) estreou na literatura em 1914, ainda fortemente influenciado pelo Parnasianismo, com *XIV alexandrinos*, o que lhe valeu mais tarde o título de Príncipe dos Poetas Alagoanos. Em 1926, já formado em Medicina, ingressou na vida política, elegendo-se deputado estadual pelo Partido Republicano. Em 1930, por motivos políticos, foi obrigado a abandonar Alagoas, indo viver no Rio de Janeiro. Em 1946, com a redemocratização do país, elegeu-se vereador do Rio de Janeiro pela UDN. Sua obra apresenta duas vertentes: os poemas que refletem o Nordeste e sua estrutura fundiária e escravocrata; e os poemas voltados para a "poesia em Cristo", em parceria com Murilo Mendes.

Reprodução/Arquivo da editora

LENDO O TEXTO

Essa negra fulô

Jorge de Lima

Ora, se deu que chegou
(isso já faz muito tempo)
no banguê dum meu avô
uma negra bonitinha
chamada negra Fulô.

Essa negra Fulô!
Essa negra Fulô!

Ó Fulô! Ó Fulô!
(Era a fala da Sinhá)
— Vai forrar a minha cama,
pentear os meus cabelos,
vem ajudar a tirar
a minha roupa, Fulô!

Essa negra Fulô!

Essa negrinha Fulô
ficou logo pra mucama,
para vigiar a Sinhá
pra engomar pro Sinhô!

Essa negra Fulô!
Essa negra Fulô!

Ó Fulô! Ó Fulô!
(Era a fala da Sinhá)
vem me ajudar, ó Fulô,
vem abanar o meu corpo
que eu estou suada, Fulô!

vem coçar minha coceira,
vem me catar cafuné,
vem balançar minha rede,
vem me contar uma história,
que eu estou com sono, Fulô!

Essa negra Fulô!

"Era um dia uma princesa
que vivia num castelo
que possuía um vestido
com os peixinhos do mar.

Entrou na perna dum pato
saiu na perna dum pinto
o Rei-Sinhô me mandou
que vos contasse mais cinco."

Essa negra Fulô!
Essa negra Fulô!

Ó Fulô? Ó Fulô?
Vai botar para dormir
esses meninos, Fulô!
"Minha mãe me penteou
minha madrasta me enterrou
pelos figos da figueira
que o Sabiá beliscou."

Essa negra Fulô!
Essa negra Fulô!

Fulô? Ó Fulô?
(Era a fala da Sinhá
chamando a Negra Fulô.)
Cadê meu frasco de cheiro
que teu Sinhô me mandou?
— Ah! foi você que roubou!
Ah! foi você que roubou!

O Sinhô foi ver a negra
levar couro do feitor.
A negra tirou a roupa.

O Sinhô disse: Fulô!
(A vista se escureceu
que nem a negra Fulô.)

Essa negra Fulô!
Essa negra Fulô!

Ó Fulô? Ó Fulô?
Cadê meu lenço de rendas
cadê meu cinto, meu broche,
cadê meu terço de ouro
que teu Sinhô me mandou?
Ah! foi você que roubou.
Ah! foi você que roubou.

Essa negra Fulô!
Essa negra Fulô!

O Sinhô foi açoitar
sozinho a negra Fulô.
A negra tirou a saia
e tirou o cabeção,
de dentro dele pulou
nuinha a negra Fulô.

Essa negra Fulô!
Essa negra Fulô!

Ó Fulô? Ó Fulô?
Cadê, cadê teu Sinhô
que nosso Senhor me mandou?
ah! foi você que roubou,
foi você, negra Fulô?

Essa negra Fulô!

Idem.

Atividades

1. Assinale características do poema que permitam considerá-lo um texto narrativo.
2. Comente a sequência de "roubos" praticados pela negra Fulô.
3. O poema aborda uma das questões fundamentais na formação do povo brasileiro. Comente-a.

Cecília Meireles: permanente viagem ao mundo interior

A vida só é possível reinventada.

Cecília Meireles, "Reinvenção".

Um dos aspectos fundamentais da poética de Cecília Meireles é sua consciência da transitoriedade das coisas; por isso mesmo, o tempo é personagem central de sua obra: o tempo passa, é fugaz, fugidio. A vida é fugaz e a morte, uma presença no horizonte. Para compreender melhor esse ponto, transcreve-se um trecho de uma entrevista concedida pela autora:

Essas e outras mortes ocorridas na família acarretaram muitos contratempos materiais mas, ao mesmo tempo, me deram, desde pequenina, uma tal intimidade com a Morte que docemente aprendi essas relações entre o Efêmero e o Eterno que, para outros, constituem aprendizagem dolorosa e, por vezes, cheia de violência. Em toda a vida, nunca me esforcei por ganhar nem me espantei por perder. A noção ou sentimento da transitoriedade de tudo é o fundamento mesmo da minha personalidade.

MEIRELES, Cecília. *Cecília Meireles*: obra poética. 3. ed. Rio de Janeiro: Nova Aguilar, 1985. p. 58.

Arquivo do jornal *O Estado de S. Paulo*/Agência Estado

Cecília Meireles

Cecília Benevides de Carvalho Meireles (1901-1964) formou-se, em 1917, na Escola Normal do Rio, dedicando-se ao magistério primário (hoje Ensino Fundamental I). Estreou em livro com *Espectros* (1919), sob a influência dos poetas que formariam o grupo da revista *Festa*, de inspiração neossimbolista. Ao lado de uma linguagem que valoriza os símbolos e de imagens sugestivas com constantes apelos sensoriais, uma das marcas do lirismo de Cecília Meireles é a musicalidade de seus versos.

LENDO OS TEXTOS

Texto 1

Motivo

Cecília Meireles

Eu canto porque o instante existe
e a minha vida está completa.
Não sou alegre nem sou triste:
sou poeta.

Irmão das coisas fugidias,
Não sinto gozo nem tormento.
Atravesso noites e dias
no vento.

Se desmorono ou se edifico,
se permaneço ou me desfaço,
– não sei, não sei. Não sei se fico
ou passo.

Sei que canto. E a canção é tudo.
Tem sangue eterno a asa ritmada.
E um dia sei que estarei mudo:
– mais nada.

Idem.

Texto 2

Retrato

Cecília Meireles

Eu não tinha este rosto de hoje,
assim calmo,
assim triste, assim magro,
nem estes olhos tão vazios,
nem o lábio amargo.

Eu não tinha
estas mãos sem força,
tão paradas e frias e mortas;
eu não tinha este coração
que nem se mostra.

Eu não dei por esta mudança,
tão simples, tão certa, tão fácil:
– Em que espelho ficou perdida
a minha face?

Idem.

Texto 3

Reinvenção

Cecília Meireles

A vida só é possível
reinventada.

Anda o sol pelas campinas
e passeia a mão dourada
pelas águas, pelas folhas...
Ah! tudo bolhas
que vêm de fundas piscinas
de ilusionismo... – mais nada.

Mas a vida, a vida, a vida,
a vida só é possível
reinventada.

Vem a lua, vem, retira
as algemas dos meus braços.
Projeto-me por espaços
cheios da tua Figura.
Tudo mentira! Mentira
da lua, na noite escura.

Não te encontro, não te alcanço...
Só – no tempo equilibrada,
desprendo-me do balanço

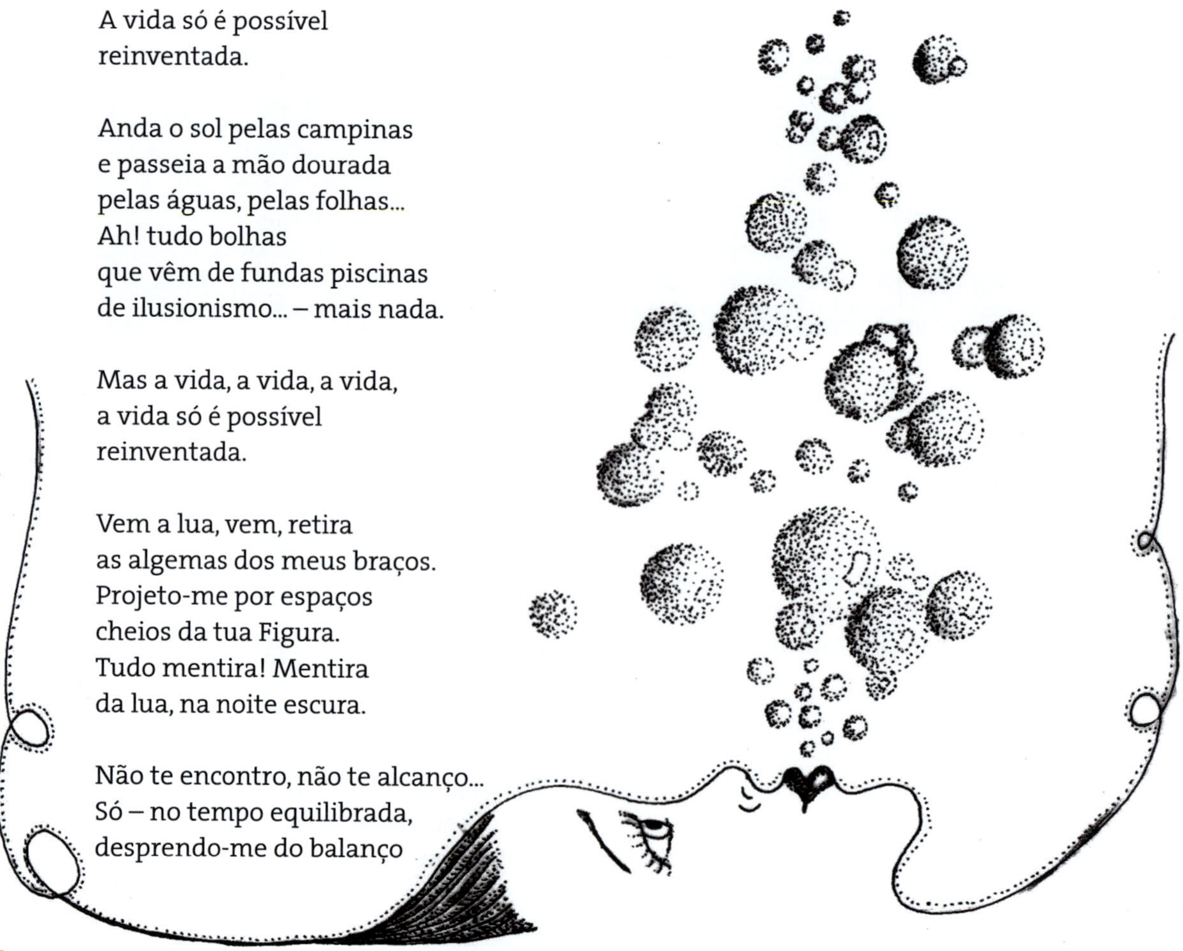

Vera Basile/Arquivo da editora

que além do tempo me leva.
Só – na treva,
fico: recebida e dada.

Porque a vida, a vida, a vida,
a vida só é possível
reinventada.

Idem.

Atividades

1. Destaque versos dos poemas que comprovem uma característica marcante da obra de Cecília Meireles: a fugacidade do tempo.
2. Cecília Meireles trabalha muito bem o ritmo de seus poemas. Destaque os versos que determinam o ritmo do poema "Retrato".
3. Ainda em relação ao poema "Retrato", como é trabalhada a adjetivação? Destaque adjetivos e comente-os.
4. Em "Motivo", Cecília Meireles aborda uma temática – de caráter metalinguístico – comum aos poetas do Modernismo. Que temática é essa?
5. O compositor Claude Debussy afirmou certa vez: "A arte é a mais bela das mentiras".
   O pintor Pablo Picasso afirmava: "A arte é uma mentira que revela a verdade".
   O poeta Ferreira Gullar comentou: "Uma das coisas que a arte é, parece, é uma transformação simbólica do mundo".
   A partir dessas afirmações, comente a poesia "Reinvenção".

Vinícius de Morais: a poesia se populariza.

A vida é a arte do encontro, embora haja tanto desencontro pela vida.

Vinícius de Morais e Baden Powell, "Samba da bênção".

A obra de Vinícius de Morais pode ser dividida em dois momentos. O primeiro marcado pela influência católica e o segundo mais voltado para as questões sociais e para o lirismo amoroso. No segundo, produz sonetos, redondilhas, versos curtos e longos, dialogando com tendências formalistas parnasianas, com a espiritualidade simbolista e, é claro, com o arrojo modernista de seu tempo. Também merece destaque sua produção musical, fruto de encontros que renderam grandes canções em parceria com diversos nomes da música popular brasileira.

Vinícius de Morais

Marcus Vinícius da Cruz de Mello Morais (1913-1980), "capitão do mato, poeta, diplomata, o branco mais preto do Brasil. Saravá!". Vinícius nasceu no Rio de Janeiro, em uma família com formação católica. Estudou em colégio jesuíta e ingressou na faculdade de Direito. Ao concluir o curso, foi para a Inglaterra estudar língua e literatura inglesas. Retornou ao Brasil e passou a escrever crítica de cinema, enveredando, depois, para a diplomacia.

Produziu poemas, canções e até mesmo uma peça teatral, que, adaptada para o cinema em uma produção francesa – *Orfeu negro* –, foi vencedora de um Oscar. A partir do final dos anos 1950, teve participação na evolução da música popular brasileira com o movimento da Bossa Nova. Vinícius alcançou, com o conjunto de sua obra, um elevado grau de popularidade nacional e internacional.

Wagner Berber/Arquivo da editora

LENDO O TEXTO

Operário em construção

Vinícius de Morais

E o Diabo, levando-o a um alto monte, mostrou-lhe num momento de tempo todos os reinos do mundo.
E disse-lhe o Diabo:
– Dar-te-ei todo este poder e a sua glória, porque a mim me foi entregue e dou-o a quem quero;
portanto, se tu me adorares, tudo será teu.
E Jesus, respondendo, disse-lhe:
– Vai-te, Satanás; porque está escrito: adorarás o Senhor teu Deus e só a Ele servirás.

Lucas, cap. V, vs. 5-8.

Era ele que erguia casas
Onde antes só havia chão.
Como um pássaro sem asas
Ele subia com as casas
Que lhe brotavam da mão.
Mas tudo desconhecia
De sua grande missão:
Não sabia, por exemplo
Que a casa de um homem é um templo
Um templo sem religião
Como tampouco sabia
Que a casa que ele fazia
Sendo a sua liberdade
Era a sua escravidão.

De fato, como podia
Um operário em construção
Compreender por que um tijolo
Valia mais do que um pão?
Tijolos ele empilhava
Com pá, cimento e esquadria
Quanto ao pão, ele o comia...
Mas fosse comer tijolo!
E assim o operário ia
Com suor e com cimento
Erguendo uma casa aqui
Adiante um apartamento
Além uma igreja, à frente
Um quartel e uma prisão:
Prisão de que sofreria
Não fosse, eventualmente
Um operário em construção.

Mas ele desconhecia
Esse fato extraordinário:
Que o operário faz a coisa
E a coisa faz o operário.
De forma que, certo dia
À mesa, ao cortar o pão
O operário foi tomado
De uma súbita emoção
Ao constatar assombrado
Que tudo naquela mesa
– Garrafa, prato, facão –
Era ele quem os fazia
Ele, um humilde operário,
Um operário em construção.
Olhou em torno: gamela
Banco, enxerga, caldeirão
Vidro, parede, janela
Casa, cidade, nação!
Tudo, tudo o que existia
Era ele quem o fazia
Ele, um humilde operário
Um operário que sabia
Exercer a profissão.

Ah, homens de pensamento
Não sabereis nunca o quanto
Aquele humilde operário
Soube naquele momento!
Naquela casa vazia
Que ele mesmo levantara
Um mundo novo nascia
De que sequer suspeitava.
O operário emocionado
Olhou sua própria mão
Sua rude mão de operário
De operário em construção
E olhando bem para ela
Teve um segundo a impressão
De que não havia no mundo
Coisa que fosse mais bela.

Foi dentro da compreensão
Desse instante solitário
Que, tal sua construção
Cresceu também o operário.

Cresceu em alto e profundo
Em largo e no coração
E como tudo que cresce
Ele não cresceu em vão
Pois além do que sabia
– Exercer a profissão –
O operário adquiriu
Uma nova dimensão:
A dimensão da poesia.

E um fato novo se viu
Que a todos admirava:
O que o operário dizia
Outro operário escutava.

E foi assim que o operário
Do edifício em construção
Que sempre dizia sim
Começou a dizer não.
E aprendeu a notar coisas
A que não dava atenção:

Notou que sua marmita
Era o prato do patrão
Que sua cerveja preta
Era o uísque do patrão
Que seu macacão de zuarte
Era o terno do patrão
Que o casebre onde morava
Era a mansão do patrão
Que seus dois pés andarilhos
Eram as rodas do patrão
Que a dureza do seu dia
Era a noite do patrão
Que sua imensa fadiga
Era amiga do patrão.

E o operário disse: Não!
E o operário fez-se forte
Na sua resolução.

Como era de se esperar
As bocas da delação
Começaram a dizer coisas
Aos ouvidos do patrão.
Mas o patrão não queria
Nenhuma preocupação
– "Convençam-no" do contrário –
Disse ele sobre o operário
E ao dizer isso sorria.

Dia seguinte, o operário
Ao sair da construção
Viu-se súbito cercado
Dos homens da delação
E sofreu, por destinado
Sua primeira agressão.
Teve seu rosto cuspido
Teve seu braço quebrado
Mas quando foi perguntado
O operário disse: Não!

Em vão sofrera o operário
Sua primeira agressão
Muitas outras se seguiram
Muitas outras seguirão.
Porém, por imprescindível
Ao edifício em construção
Seu trabalho prosseguia
E todo o seu sofrimento
Misturava-se ao cimento
Da construção que crescia.

Sentindo que a violência
Não dobraria o operário
Um dia tentou o patrão
Dobrá-lo de modo vário.
De sorte que o foi levando
Ao alto da construção
E num momento de tempo
Mostrou-lhe toda a região
E apontando-a ao operário
Fez-lhe esta declaração:
– Dar-te-ei todo esse poder
E a sua satisfação
Porque a mim me foi entregue
E dou-o a quem bem quiser.
Dou-te tempo de lazer
Dou-te tempo de mulher.
Portanto, tudo o que vês
Será teu se me adorares
E, ainda mais, se abandonares
O que te faz dizer não.

Disse, e fitou o operário
Que olhava e que refletia
Mas o que via o operário
O patrão nunca veria.
O operário via as casas

E dentro das estruturas
Via coisas, objetos
Produtos, manufaturas.
Via tudo o que fazia
O lucro do seu patrão
E em cada coisa que via
Misteriosamente havia
A marca de sua mão.
E o operário disse: Não!

– Loucura! – gritou o patrão
Não vês o que te dou eu?
– Mentira! – disse o operário
Não podes dar-me o que é meu.

E um grande silêncio fez-se
Dentro do seu coração
Um silêncio de martírios
Um silêncio de prisão.
Um silêncio povoado
De pedidos de perdão
Um silêncio apavorado
Com o medo em solidão.

Um silêncio de torturas
E gritos de maldição
Um silêncio de fraturas
A se arrastarem no chão.
E o operário ouviu a voz
De todos os seus irmãos
Os seus irmãos que morreram
Por outros que viverão.
Uma esperança sincera
Cresceu no seu coração
E dentro da tarde mansa
Agigantou-se a razão
De um homem pobre e esquecido
Razão porém que fizera
Em operário construído
O operário em construção.

MORAIS, Vinícius de. *Vinícius de Morais*: obra poética. Rio de Janeiro: José Aguilar, 1968. p. 386.

Atividades

1. Após a leitura atenta do poema, reúna-se com alguns colegas e comentem:
   a) a intertextualidade explicitada pelo poeta na epígrafe;
   b) a forma como se dá a tomada de consciência do operário;
   c) em que consiste a esperança sincera que cresce no coração do operário.
2. Apresentem para os colegas e o professor suas conclusões.

Trocando ideias

- Sob a orientação do professor, combinem uma apresentação declamada do poema "Operário em construção", que poderá ser feita por algum colega que demonstre talento para a declamação ou por um grupo que combine estratégias para uma leitura do texto em voz alta.

Divulgação/Arquivo da editora

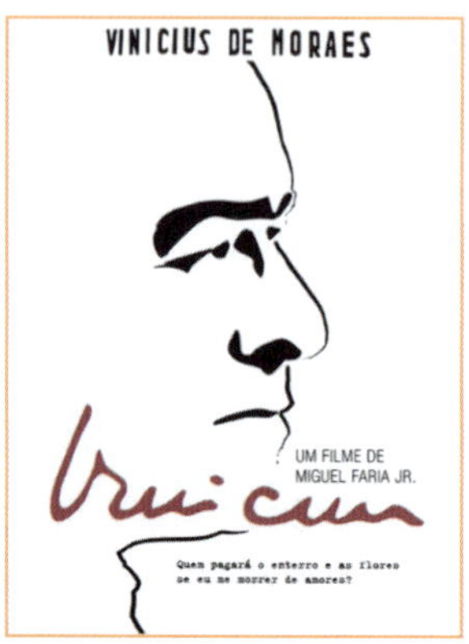

Capa do DVD do filme *Vinícius*, de Miguel Faria Jr., 2005. Documentário sobre a vida e a carreira de Vinícius de Morais. Conta com a participação de artistas da MPB e da literatura que conviveram com o Poetinha: Antonio Candido, Ferreira Gullar, Chico Buarque, Toquinho, Maria Bethânia, entre outros.

Reprodução/Arquivo da editora

Capa do DVD do filme *Para viver um grande amor*, Miguel Faria Jr., 1984. Inspirado em musical de Vinícius de Morais e Carlos Lyra, o filme conta a história de um poeta mendigo que se apaixona por uma moça rica e enfrenta muitas dificuldades.

OPERÁRIOS E OPERÁRIAS: UM OLHAR FEMININO SOBRE O BRASIL QUE SE INDUSTRIALIZA

No ano de 1933 foram produzidas duas obras que, de certa forma, se complementam e que, juntas, são capazes de nos dar uma nova perspectiva sobre a realidade brasileira de então: o romance *Parque industrial*, de Patrícia Galvão, e a tela *Operários*, de Tarsila do Amaral. Ambos os trabalhos, cada um a seu modo, seja pela estética incomum, seja pelo tema de matiz social, foram capazes de causar impacto no cenário das artes brasileiras.

Acervo Artístico-Cultural dos Palácios do Governo do Estado de São Paulo, SP/Tarsila do Amaral Empreendimentos

Operários, de Tarsila do Amaral, 1933.

Essas obras são o retrato de um país que passava por mudanças sociais e econômicas, um país cada vez mais industrializado e urbanizado. Em 1924, Tarsila do Amaral produzira telas como *São Paulo*, *E.F.C.B.* e *Morro de favela*, cujas temáticas eram majoritariamente urbanas. Em 1931, após seu rompimento com Oswald de Andrade, com quem fora casada, a artista viajou para a então União Soviética, realizando exposição em Moscou. Voltou muito impressionada com o drama dos trabalhadores e das classes oprimidas e, sob o impacto dessa experiência, produziu algumas de suas obras mais engajadas, como *Operários* e *Segunda classe*.

Pinacoteca do Estado de São Paulo/Tarsila do Amaral Empreendimentos

São Paulo, de Tarsila do Amaral, 1924.

Museu de Arte Contemporânea da USP, São Paulo, SP/Tarsila do Amaral Empreendimentos

E.F.C.B., de Tarsila do Amaral, 1924.

Em *Parque industrial*, Pagu, sob o pseudônimo de Mara Lobo, além de tratar do drama dos operários, lança luz sobre questões que envolviam as lutas das mulheres por maior participação política. Em 1932, por exemplo, o novo Código Eleitoral regulamentou o voto feminino, fato no qual a escritora não depositava grandes esperanças: "– O voto para as mulheres está conseguido! É um triunfo! / – E as operárias? / – Essas são analfabetas. Excluídas por natureza". Posteriormente, essa desconfiança se concretizaria, mas por causa de outro fator: com o golpe do Estado Novo, em 1937, os direitos democráticos ficariam suspensos, o que postergaria o voto efetivo das mulheres.

Seu modo de tratar da realidade da produção industrial em *Parque industrial* permite entender a obra como um leque: o drama do proletariado se especifica no drama das personagens mulheres e, a partir da história de cada uma, abre novas ramificações para outros assuntos, como o dos estrangeiros, o da repressão política, o da pobreza. O texto de Pagu assim se transforma em um relato que denuncia as condições de vida do proletariado; mostra-nos como era o cotidiano nos bairros operários e nos cortiços, e como eram vividos os momentos de trabalho e de lazer. Faz um retrato do mundo da prostituição, no qual as jovens do "proletariado miserando" tentavam sobreviver; da cadeia, onde todos estavam por culpa da injustiça; da maternidade, com as mães operárias sendo obrigadas a se afastar de seus filhos; do Carnaval, quando as desigualdades aparentemente estavam suspensas; das crianças, que prematuramente eram lançadas em um mundo de exclusão e exploração; dos meios militares de baixa patente, nos quais se divulgavam as ideias de esquerda. Enfim, são vários os cenários e personagens dessa obra, assim como são muitas as faces da tela de Tarsila.

Patrícia Galvão também nos dá mostras do imoralismo e da decadência da burguesia paulistana, da qual ela tinha autoridade para falar, pois havia nascido e sido criada nesse meio. As atitudes mesquinhas e a indiferença da classe exploradora são atacadas com contundência e destreza pela autora, que faz isso sem se perder em um simplismo realista, em crua apelação. Um dos pontos altos deste que é considerado o primeiro romance proletário do Brasil é a alta qualidade literária do texto, que apresenta constantes preocupações com a linguagem, lançando, na cultura letrada, o falar dinâmico das ruas.

Para compreender melhor a relação entre a literatura brasileira e a cultura operária, leia atentamente os dois textos a seguir. O primeiro é um trecho do conto "A fábrica", de Felipe Gil, que foi publicado em 1924, no jornal anarquista *O Internacional*, de São Paulo; o segundo, um trecho do romance *Parque industrial*, de Patrícia Galvão.

Segunda classe, de Tarsila do Amaral, 1933.

Texto 1

Como era sábado, as operárias saíram às quatro horas da tarde.

Umbelina, uma jovem tecelã de dezenove anos, linda como os amores, possuidora de um corpo plástico e sensual, caminhava automaticamente por entre suas companheiras, olhando com tristeza o bando enorme de moças, que, semelhando uma revoada de pássaros chilreadores, estendiam-se em fileira desde os portões da fábrica, que ficava a cismar lá no fundo escuro da alameda, encerrando nos seus laboratórios as mil e uma tragédias da vida cotidiana e as cinco mil vidas que se arrastavam em massa ao correr das muralhas, desse edifício colosso em cujo interior ficavam pedaços esfrangalhados de almas escravas que chilreavam, riam, esquecidas da sua humanidade, abandonadas ao acaso em uma sociedade que as explorava, as humilhava, aniquilando-as, destruindo-as!

E Umbelina ia triste.

Desde alguns dias que as companheiras vinham notando aquela tristeza que lhe não era peculiar e ninguém havia ainda descoberto os motivos que a tornavam tão contrária ao que ela era noutro tempo, quando passava os dias de trabalho a cantar junto aos teares, como se o seu canto fosse um hino de sacrifício a embalar o holocausto da sua vida.

Apenas se falava vagamente no seu namoro com o gerente da fábrica, mas isso, pensavam elas, longe de a entristecer, devia torná-la contente por ter a sorte que muitas lhe invejavam de agradar ao senhor Jorge, o gerente das grandes fábricas de tecido do comendador XXX, homem de grande futuro e que não era nada feio.

[...]

Ao chegar à casa, rompeu em soluços e estremecimentos, como se uma pilha elétrica a agitasse em convulsões de erotismo da dor. E diante da interpelação do pai:

– Olhe, meu pai, o senhor mate-me, mas não me force a ir mais à fábrica.

– Hem?! O que que dizes? Achas pesado o trabalho, hem? Tens bom corpo... Você pensa que é só andar por aí a namorar os almofadinhas? Não! É preciso trabalhar... A vida não está para estar à boa vida...

[...]

Umbelina encarou com uma expressão rude o rosto avinhagrado do pai, e disse-lhe secamente, como se fosse uma sentença:

– Não vou!

– Não vai por quê?

– Porque o senhor Jorge me persegue.

[...]

GIL, Felipe. "A fábrica". In: PRADO, Antonio Arnoni; HARDMAN, Francisco Foot; BAETA, Claudia Feierabend (Org.). *Contos anarquistas*: temas & textos da prosa libertária no Brasil (1890-1935). São Paulo: WMF Martins Fontes, 2011. p. 204-206.

Texto 2

Na grande penitenciária social os teares se elevam e marcam esgoelando.

Bruna está com sono. Estivera num baile até tarde. Para e aperta com raiva os olhos ardentes. Abre a boca cariada, boceja. Os cabelos toscos estão polvilhados de seda.

– Puxa! Que esse domingo não durou... Os ricos podem dormir à vontade.

– Bruna! Você se machuca. Olha as tranças!

É seu companheiro perto.

O Chefe da Oficina se aproxima, vagaroso, carrancudo.

– Eu já falei que não quero prosa aqui!

– Ela podia se machucar...

– Malandros! É por isso que o trabalho não rende! Sua vagabunda!

Bruna desperta. O moço abaixa a cabeça revoltado. É preciso calar a boca!

Assim, em todos os setores proletários, todos os dias, todas as semanas, todos os anos!

LOBO, Mara [Patrícia Galvão]. *Parque industrial*. São Paulo: Alternativa, [s.d.], [edição fac-similar]. p. 6.

1. Segundo o conto anarquista, o que o mundo do trabalho faz com as operárias?
2. Como são caracterizadas as relações de Umbelina com os personagens masculinos?
3. Como a fábrica é caracterizada no texto de Patrícia Galvão?
4. O texto de Patrícia Galvão é marcado por oposições. Quais são elas?
5. Quais são as semelhanças entre o conto anarquista e o texto de Patrícia Galvão?
6. O texto a seguir é a letra da canção "Pagu", escrita por Rita Lee e Zélia Duncan. Leia-o atentamente para fazer a atividade proposta.

Divulgação/Etcétera Filmes

Eh Pagu, eh!, documentário dirigido por Ivo Branco, no Brasil, 1982. Esse audiovisual reconstitui a vida de Patrícia Galvão, sua militância política, a prisão por cinco anos, a dissidência, a produção intelectual e sua passagem pelo teatro.

Pagu

Rita Lee e Zélia Duncan

Mexo, remexo na inquisição
Só quem já morreu na fogueira
Sabe o que é ser carvão
Eu sou pau pra toda obra
Deus dá asas à minha cobra
Minha força não é bruta
Não sou freira
Nem sou puta...
Porque nem!
Toda feiticeira é corcunda
Nem!
Toda brasileira é bunda
Meu peito não é de silicone
Sou mais macho
Que muito homem
Nem!
Toda feiticeira é corcunda
Nem!
Toda brasileira é bunda
Meu peito não é de silicone
Sou mais macho
Que muito homem...
Sou rainha do meu tanque
Sou Pagu indignada no palanque
Fama de porra louca
Tudo bem!
Minha mãe é Maria Ninguém
Não sou atriz
Modelo, dançarina
Meu buraco é mais em cima
Porque nem!
Toda feiticeira é corcunda
Nem!
Toda brasileira é bunda
Meu peito não é de silicone
Sou mais macho
Que muito homem...

LEE, Rita; DUNCAN, Zélia. Pagu. In: LEE, Rita. *3001*. CD. Universal Music, 2000.

Em grupos, discutam as seguintes perguntas:

a) Por que o título da música é "Pagu"?

b) Quais são as críticas realizadas pela canção?

Vestibulares de Norte a Sul

1. **SE** (Fuvest-SP) Leia o poema:

A rosa de Hiroxima

Pensem nas crianças
Mudas telepáticas
Pensem nas meninas
Cegas inexatas
Pensem nas mulheres
Rotas alteradas
Pensem nas feridas
Como rosas cálidas
Mas oh não se esqueçam
Da rosa da rosa
Da rosa de Hiroxima
A rosa hereditária
A rosa radioativa
Estúpida e inválida
A rosa com cirrose
A antirrosa atômica
Sem cor sem perfume
Sem rosa sem nada.

Vinícius de Morais, *Antologia poética*.

Neste poema:

a) a referência a um acontecimento histórico, ao privilegiar a objetividade, suprime o teor lírico do texto.
b) parte da força poética do texto provém da associação da imagem tradicionalmente positiva da rosa a atributos negativos, ligados à ideia de destruição.
c) o caráter politicamente engajado do texto é responsável pela sua despreocupação com a elaboração formal.
d) o paralelismo da construção sintática revela que o texto foi escrito originalmente como letra de canção popular.
e) o predomínio das metonímias sobre as metáforas responde, em boa medida, pelo caráter concreto do texto e pelo vigor de sua mensagem.

2. **N** (Uepa) Leia os excertos a seguir, de CARTA A STALINGRADO, poema de Carlos Drummond de Andrade.

Depois de Madri e de Londres, ainda há grandes cidades!
O mundo não acabou, pois que entre as ruínas
outros homens surgem, a face negra de pó e de pólvora,
e o hálito selvagem da liberdade
dilata os seus peitos, Stalingrado,
seus peitos que estalam e caem,
enquanto outros, vingadores, se elevam.

[...]

Stalingrado, quantas esperanças!
Que flores, que cristais e músicas o teu nome nos derrama!
Que felicidade brota de tuas casas!
De umas apenas resta a escada cheia de corpos;
de outras o cano de gás, a torneira, uma bacia de criança.
Não há mais livros para ler nem teatros funcionando nem trabalho nas fábricas,
todos morreram, estropiaram-se, os últimos defendem pedaços negros de parede,
mas a vida em ti é prodigiosa e pulula como insetos ao sol,
ó minha louca Stalingrado!

Nesses excertos do poema "Carta a Stalingrado", Drummond denuncia a barbárie que foi o cerco de Stalingrado pelas tropas de Hittler.

Avalie as seguintes assertivas sobre eles.

I. A cada habitante de Stalingrado que tomba, outro se levanta, vingador, e se eleva.
II. Como se sabe, o próprio Drummond, ao organizar sua Antologia Poética, dividiu sua obra em seções. Pela temática desenvolvida, esses excertos da "Carta" ficaram na seção "A própria poesia".
III. "Carta a Stalingrado" é, sobretudo, um canto de louvor à resistência diante da barbárie bélica e à vida que emerge dos escombros da cidade destruída.
IV. Em "Carta a Stalingrado", à função poética associam-se as funções expressiva e conativa.

São corretas as assertivas da seguinte alternativa:

a) I, II, III e IV.
b) I, III e IV.
c) II, III e IV.
d) I e II.
e) III e IV.

3. **S** (PUC-RS) Para responder à questão, considere as afirmativas a seguir, sobre a obra de Cecília Meireles, julgando as sentenças como verdadeiras (V) ou falsas (F).

( ) Apesar da poesia intimista, Cecília Meireles descreve a natureza exuberante da cidade do Rio de Janeiro.
( ) Para Cecília Meireles, o poema é sempre a exaltação do sentimento de patriotismo.
( ) Autora de inspiração intimista, Cecília Meireles distancia-se do real imediato, através de imagens poéticas.
( ) Atenta à riqueza de nossa língua, Cecília Meireles produz uma obra rica em expressividade.

A sequência correta de preenchimento dos parênteses, de cima para baixo, é:

a) F - V - V - F.
b) V - F - F - V.
c) F - F - V - V.
d) V - V - V - F.
e) F - F - F - V.

CAPÍTULO

26 O Brasil de 1930 a 1945 – o romance

Desenho em grafite sobre papel, de Aldemir Martins, 1945.

A gravura e a pintura

Na década de 1930, logo após a Quebra da Bolsa de Nova York, o mundo ocidental entrou em crise. E do fim dessa década até metade da seguinte, o mundo enfrentaria a Segunda Guerra Mundial. As dificuldades fizeram com que muitos intelectuais se dedicassem a pensar sobre questões sociais locais que tinham, na verdade, alcance universal, ou seja, problemas brasileiros que, de alguma forma, refletiam conflitos gerais.

A principal característica da prosa modernista dos anos 1930 até metade dos anos 1940 foi o regionalismo, com destaque para o "romance do Nordeste": migrantes, trabalhadores de eito, beatos, coronéis, senhores de engenho, cangaceiros e tantos outros tipos humanos característicos da região saltam da zona da mata canavieira e do semiárido para as páginas da ficção, assumindo a condição de protagonistas.

Os artistas que se expressam por meio da linguagem visual também procuraram participar desse trabalho de denúncia dos problemas brasileiros. Alguns ainda se preocuparam com o acesso à arte, em geral condicionada a uma situação financeira favorecida, que permitia adquirir obras únicas e, assim, caras. Uma das tendências das artes plásticas no século XX foi então a gravura, que permite a reprodução da obra de arte.

Reprodução/Museu de Arte Moderna, São Paulo, SP.

Operário, de Lívio Abramo, 1935.

Reprodução/Palácio dos Bandeirantes, São Paulo, SP.

Paisagem com casas, de Aldo Bonadei, 1947.

- *O gravador e desenhista brasileiro Lívio Abramo (1903-1992) foi um artista autodidata. Aos 27 anos, visitou uma exposição de gravuras expressionistas alemãs que o impressionaram bastante. Nos anos 1930, sua obra foi influenciada por esse estilo artístico. Observe a gravura reproduzida aqui: o tema e o modo de retratá-lo mostram a inspiração expressionista nesse trabalho? Explique.*
- *A partir de 1935 o artista brasileiro Aldo Bonadei (1906-1974) integrou o Grupo Santa Helena, formado por artistas de origem italiana como Alfredo Volpi (1896-1988), Francisco Rebolo (1902-1980) e Mário Zanini (1907-1971). O grupo ficou assim conhecido por usar salas de um mesmo edifício no centro de São Paulo, chamado Santa Helena, como ateliê. Ali esses artistas compartilhavam técnicas de pintura. Nos fins de semana, faziam excursões a vários pontos da cidade para pintar ao ar livre. De Bonadei, reproduzimos acima uma paisagem. Qual é o tema dessa obra? Comente a forma desse desenho: retoma alguma preocupação das vanguardas?*

Romance dos anos 1930 e 1940

O regionalismo é o pé de fogo da literatura... Mas, a dor é universal, porque é uma expressão de humanidade.

José Américo de Almeida, na abertura do romance *A bagaceira*.

Manifesto Regionalista de 1926

Os anos de 1925 a 1930 marcam a divulgação do Modernismo pelos vários estados brasileiros. O Centro Regionalista do Nordeste, com sede em Recife, lança o Manifesto Regionalista de 1926, em que procura "desenvolver o sentimento de unidade do Nordeste" dentro dos novos valores modernistas. Apresenta como proposta "trabalhar em prol dos interesses da região nos seus aspectos diversos: sociais, econômicos e culturais". Além de promover conferências, exposições de arte, congressos, o Centro editaria uma revista.

Em 1943, quando o romance regionalista já estava consolidado, José Lins do Rego pronuncia uma conferência – "Tendências do romance brasileiro" –, em que destaca com muito vigor e emoção o encontro do escritor com seu povo, uma das características do romance brasileiro moderno:

Nós, no Brasil, queremos, acima de tudo, nos encontrar com o povo, que andava perdido. E podemos dizer que encontramos este povo fabuloso, espalhado nos mais distantes recantos de nossa terra. O romance de nossos dias está todo batido nesta massa, está todo composto com a carne e o sangue de nossa gente. O mestre Manuel Antônio de Almeida, em 1850, nos dera o roteiro. O segredo era chegar até o povo. Ele tinha todo o oiro, toda a alma, todo o sangue para nos dar a verdadeira grandeza. Sem ele não haveria eternidade. Sem o povo não haveria eternidade. O nosso romance tem um século. Justamente em 1843 publicava-se no Brasil o primeiro romance. Levamos uns anos para chegar ao povo. Hoje, podemos dizer, já podemos afirmar: o povo é em nossos dias herói de nossos livros. Isto equivale a dizer que temos uma literatura.

Temas brasileiros. Rio de Janeiro: Casa do Estudante do Brasil, 1968. p. 104.

O período de 1930 a 1945 registrou a estreia de alguns dos nomes mais significativos do romance brasileiro. Refletindo o mesmo momento histórico e apresentando as mesmas preocupações dos poetas da década de 1930, despontam autores como Rachel de Queiroz, Jorge Amado, José Lins do Rego, Graciliano Ramos e Erico Verissimo.

As transformações vividas pelo país com a Revolução de 1930 e o consequente questionamento das tradicionais oligarquias, os efeitos da crise econômica mundial e os choques ideológicos que levaram a posições mais definidas e engajadas formavam um campo propício ao desenvolvimento de um romance caracterizado pela **denúncia social** – verdadeiro documento da realidade brasileira –, em que as relações **"eu"/mundo** atingiam elevado grau de tensão.

Em uma incessante busca do brasileiro, o **regionalismo** ganha importância até então não alcançada em nossa literatura, levando ao extremo as relações do personagem com o meio natural e social. Destaque especial merecem os escritores nordestinos que vivenciaram a passagem de um Nordeste medieval para uma realidade capitalista e imperialista.

Poderíamos acrescentar ainda outros temas tratados por esses autores: nas regiões de cana, a decadência dos banguês e engenhos, devorados pelas modernas usinas – ponto fundamental dos romances de José Lins do Rego –, o poder político nas mãos de interventores, as constantes secas acirrando as desigualdades sociais e gerando mão de obra baratíssima, o intenso movimento migratório, a miséria, a fome.

Publicado em 1928 por José Américo de Almeida, *A bagaceira* é considerado o primeiro romance do ciclo regionalista nordestino que marcaria os anos 1930. Segundo os professores Antonio Candido e Aderaldo Castello, “há uma visível intenção crítica e panfletária no romance, subordinada à tentativa de análise e demonstração, embora sumária, da condição do nordestino e dos valores que regem sua vida. É o desejo de dar ênfase à dignidade e ao sentimento de honra do sertanejo e de retratar a desumanidade e os desmandos do senhor de engenho, acentuando contrastes de grandeza e miséria”. Leia um trecho dessa obra na seção a seguir.

TEXTO E INTERTEXTO

A bagaceira

José Américo de Almeida

Era o êxodo da seca de 1898. Uma ressurreição de cemitérios antigos – esqueletos redivivos, com o aspecto terroso e o fedor das covas podres.

Os fantasmas estropiados como que iam dançando, de tão trôpegos e trêmulos, num passo arrastado de quem leva as pernas, em vez de ser levado por elas.

Andavam devagar, olhando para trás, como quem quer voltar. Não tinham pressa em chegar, porque não sabiam aonde iam. Expulsos do seu paraíso por espadas de fogo, iam, ao acaso, em descaminhos, no arrastão dos maus fados.

Fugiam do sol e o sol guiava-os nesse forçado nomadismo.

Adelgaçados na magreira cômica, cresciam, como se o vento os levantasse. E os braços afinados desciam-lhes aos joelhos, de mãos abanando.

Vinham escoteiros. Menos os **hidrópicos** – de **ascite** consecutiva à alimentação tóxica – com os fardos das barrigas alarmantes.

Não tinham sexo, nem idade, nem condição nenhuma.

Eram os retirantes. Nada mais.

Meninotas, com as pregas da súbita velhice, careteavam, torcendo as carinhas decrépitas de **ex-voto**. Os vaqueiros másculos, como titãs alquebrados, em petição de miséria. Pequenos fazendeiros, no arremesso igualitário, baralhavam-se nesse anônimo aniquilamento.

Mais mortos do que vivos. Vivos, vivíssimos só no olhar. Pupilas do sol da seca. Uns olhos espasmódicos de pânico, como se estivessem assombrados de si próprios. Agônica concentração de vitalidade faiscante.

Fariscavam o cheiro enjoativo do melado que lhes exacerbava os estômagos jejunos. E, em vez de comerem, eram comidos pela própria fome numa autofagia erosiva.

ALMEIDA, José Américo de. *A bagaceira*. 3. ed. Rio de Janeiro: José Olympio, 2008.

ascite: acúmulo de líquido na cavidade abdominal, o mesmo que barriga-d’água.

ex-voto: imagem, foto, objetos de cera ou madeira, etc., levados à igreja por conta de uma graça alcançada.

hidrópico: que sofre de hidropisia, ou seja, de acúmulo anormal de líquido em partes do corpo.

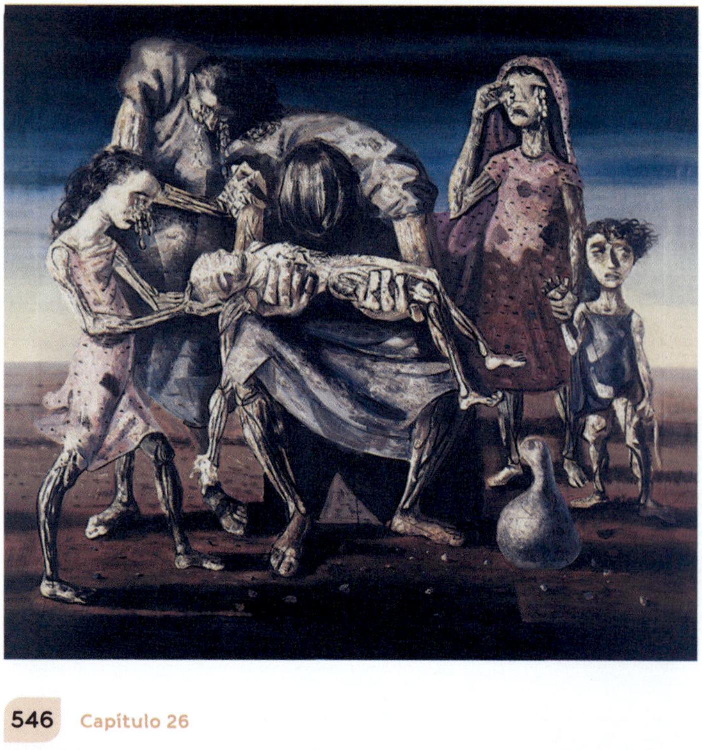

Criança morta, de Candido Portinari, 1944. Essa tela faz parte da série Retirantes, que retrata a migração nordestina movida pela seca e pela distribuição desigual de terras.

Atividades

1. Destaque o trecho do texto que melhor caracteriza a condição dos retirantes.
2. Explique a aparente contradição da frase "Fugiam do sol e o sol guiava-os".
3. Transcreva uma passagem que aponte o problema da velhice precoce.
4. Comente a linguagem usada por José Américo de Almeida. Você diria que ela está perfeitamente de acordo com os padrões do Modernismo?
5. Leia a letra da canção "O último pau de arara", um clássico do cancioneiro nordestino, e compare-a com o texto de *A bagaceira*, destacando os pontos em comum.

O último pau de arara

A vida aqui só é ruim
Quando não chove no chão
Mas se chover dá de tudo
Fartura tem de porção

Tomara que chova logo
Tomara meu Deus tomara
Só deixo meu Cariri
No último pau de arara

Enquanto a minha vaquinha
Tiver a pele e o osso
E puder com um chocalho
Pendurado no pescoço

Eu vou ficando por aqui
Que Deus do céu me ajude
Quem sai da terra natal
Em outros cantos não para

Só deixo meu Cariri
No último pau de arara.

VENÂNCIO; CORUMBA; J. Guimarães. Disponível em: <www.fagner.com.br>. Acesso em: 30 maio 2014.

Rachel de Queiroz: o sertão do Ceará nas páginas dos livros

A obra de Rachel de Queiroz é marcada pelo regionalismo: o Ceará, sua gente, sua terra e as secas são referências constantes em seus romances, escritos em linguagem fluente e com diálogos fáceis, o que resulta em uma narrativa dinâmica. Em seus primeiros romances – *O Quinze* e *João Miguel* –, os aspectos social e psicológico coexistem, embora o primeiro se sobreponha ao segundo. Em *Caminho de pedras*, atinge o ponto máximo da literatura engajada e esquerdizante: é seu romance mais social, mais político; foi publicado em 1937, no início do Estado Novo de Getúlio Vargas.

A partir dessa época, em decorrência da situação adversa, a romancista abandona pouco a pouco o aspecto social, passando a valorizar a análise psicológica, diretriz que pode ser percebida no romance *As três Marias*.

Na seção a seguir, você vai ler dois fragmentos de *O Quinze*, a obra mais significativa da autora. O título do romance refere-se à grande seca de 1915, vivenciada por Rachel de Queiroz em sua infância. Na narrativa, destacam-se duas situações: primeiro, a seca e as consequências acarretadas tanto para o vaqueiro Chico Bento e sua família como para

Vicente, grande proprietário e criador de gado; em outro plano, a relação afetiva entre Vicente, moço puro mas rude, e Conceição, moça culta da capital. Embora o romance denuncie as condições adversas em que vive o nordestino, não apresenta a má distribuição das terras como o problema maior do Nordeste; grandes proprietários e pobres trabalhadores são pintados com as mesmas cores: são ambos heroicos e igualmente batidos pelo inimigo comum – a seca.

Você vai ler um trecho do Capítulo 8, em que se mostra o personagem Chico Bento e sua família no terceiro dia de retirada em direção à capital, Fortaleza. Depois, poderá conhecer um trecho do Capítulo 12, em que essa família enfrenta as agruras da retirada.

Otávio Magalhães/Agência Estado

Rachel de Queiroz

Rachel de Queiroz (1910-2003) iniciou sua carreira publicando crônicas em jornais cearenses em 1927. Em 1930, publicou seu primeiro romance, *O Quinze*; nos anos seguintes, militou no PCB, tendo sido presa em 1937 pela polícia de Getúlio. De 1940 em diante, dedicou-se à crônica jornalística, ao teatro e à produção de romances. Em 1964, apoiou o golpe militar e, nos últimos anos de sua vida, renegou seu passado esquerdista. Em 1977, quebrou uma tradição: tornou-se a primeira mulher a assumir uma cadeira na Academia Brasileira de Letras.

LENDO OS TEXTOS

Texto 1

O Quinze

Capítulo 8 (fragmento)

Rachel de Queiroz

Chegou a desolação da primeira fome. Vinha seca e trágica, surgindo no fundo sujo dos sacos vazios, na descarnada nudez das latas raspadas.

— Mãezinha, cadê a janta?

— Cala a boca, menino! Já vem!

— Vem lá o quê!...

Angustiado, Chico Bento apalpava os bolsos... nem um triste vintém azinhavrado...

Lembrou-se da rede nova, grande e de listas que comprara em Quixadá por conta do vale de Vicente.

Tinha sido para a viagem. Mas antes dormir no chão do que ver os meninos chorando, com a barriga roncando de fome.

Estavam já na estrada do Castro. E se arrancharam debaixo dum velho pau-branco seco, nu e retorcido, a bem dizer ao tempo, porque aqueles cepos apontados para o céu não tinham nada de abrigo.

O vaqueiro saiu com a rede, resoluto:

— Vou ali naquela bodega, ver se dou um jeito...

Voltou mais tarde, sem a rede, trazendo uma rapadura e um litro de farinha:

— Tá aqui. O homem disse que a rede estava velha, só deu isso, e ainda por cima se fazendo de compadecido.

Faminta, a meninada avançou: e até Mocinha, sempre mais ou menos calada e indiferente, estendeu a mão com avidez.

Contudo, que representava aquilo para tanta gente?

Horas depois, os meninos gemiam:

— Mãe, tou com fome de novo...

— Vai dormir, dianho! Parece que tá espritado! Soca um quarto de rapadura no bucho e ainda fala em fome! Vai dormir!

E Cordulina deu o exemplo, deitando-se com o Duquinha na tipoia muito velha e remendada.

A redinha estalou, gemendo.

Cordulina se ajeitou, macia, e ficou quieta, as pernas de fora, dando ao menino o peito rechupado.

Chico Bento estirou-se no chão. Logo, porém, uma pedra aguda lhe machucou as costelas.

Ele ergueu-se, limpou uma cama na terra, deitou-se de novo.

— Ah! minha rede! Ô chão duro dos diabos! E que fome!

Levantou-se, bebeu um gole na cabaça. A água fria, batendo no estômago limpo, deu-lhe uma pancada dolorosa. E novamente estendido de ilharga, inutilmente procurou dormir.

A rede de Cordulina que tentava um balanço, para enganar o menino – pobrezinho! o peito estava seco como uma sola velha! – gemia, estalando mais, nos rasgões.

E o intestino vazio se enroscava como uma cobra faminta, e em roncos surdos resfolegava furioso: rum, rum, rum...

De manhã cedo, Mocinha foi ao Castro, ver se arranjava algum serviço, uma lavagem de roupa, qualquer coisa que lhe desse para ganhar uns vinténs.

Chico Bento também já não estava no rancho. Vagueava à toa, diante das bodegas, à frente das casas, enganando a fome e enganando a lembrança que lhe vinha, constante e impertinente, da meninada chorando, do Duquinha gemendo:

"Tô tum fome! dá tumê!"

Parou. Num quintalejo, um homem tirava o leite a uma vaquinha magra.

Chico Bento estendeu o olhar faminto para a lata onde o leite subia, branco e fofo como um capucho...

E a mão servil, acostumada à sujeição do trabalho, estendeu-se maquinalmente num pedido... mas a língua ainda orgulhosa endureceu na boca e não articulou a palavra humilhante.

A vergonha da atitude nova o cobriu todo; o gesto esboçado se retraiu, passadas nervosas o afastaram.

Sentiu a cara ardendo e um engasgo angustioso na garganta.

Mas dentro da sua turbação lhe zunia ainda aos ouvidos:

"Mãe, dá tumê!..."

E o homenzinho ficou, espichando os peitos secos de sua vaca, sem ter a menor ideia daquela miséria que passara tão perto, e fugira, quase correndo...

Vera Basile/Arquivo da editora

QUEIROZ, Rachel de. *O Quinze*. 25. ed. Rio de Janeiro: José Olympio, 1979. p. 33-35.

Atividades

1. Comente os diferentes níveis de linguagem presentes no fragmento. Que recurso a autora utilizou para dar maior realismo, vivacidade e dramaticidade ao texto?

2. Embora não seja usual no Brasil, o termo neorrealismo foi muito empregado na Europa, em meados do século XX, para definir romances que, inspirados em uma conceituação marxista, fundamentam-se nos conflitos sociais que põem em cena camponeses, operários, patrões e senhores de terra, como é o caso de boa parte da produção regionalista nordestina dos anos 1930 e 1940. Nesses romances, percebe-se, inclusive, uma herança naturalista. Aponte duas passagens do fragmento em que temos relações homem/animal bem ao estilo naturalista.

3. Fala-se muito em uma "indústria da seca", ou seja, no fato de pessoas se beneficiarem com a seca, explorando de uma forma ou de outra os retirantes. No trecho apresentado, percebe-se essa situação? Em que trecho?

Texto 2

O Quinze

Capítulo 12 (fragmento)

Rachel de Queiroz

Eles tinham saído na véspera, de manhã, da Canoa.

Eram duas horas da tarde.

Cordulina, que vinha quase cambaleando, sentou-se numa pedra e falou, numa voz quebrada e penosa.

— Chico, eu não posso mais... Acho até que vou morrer. Dá-me aquela zoeira na cabeça!

Chico Bento olhou dolorosamente a mulher. O cabelo, em falripas sujas, como que gasto, acabado, caía, por cima do rosto, envesgando os olhos, roçando na boca. A pele, empretecida como uma casca, pregueava nos braços e nos peitos, que o casaco e a camisa rasgada descobriam.

A saia roída se apertava na cintura em dobras sórdidas; e se enrolava nos ossos das pernas, como um pano posto a enxugar se enrola nas estacas da cerca.

Num súbito contraste, a memória do vaqueiro confusamente começou a recordar a Cordulina do tempo do casamento.

Viu-a de branco, gorda e alegre, com um ramo de cravos no cabelo oleado e argolas de ouro nas orelhas...

Depois sua pobre cabeça dolorida entrou a tresvariar; a vista turvou-se como as ideias; confundiu as duas imagens, a real e a evocada, e seus olhos visionaram uma Cordulina fantástica, magra como a morte, coberta de grandes panos brancos, pendendo-lhe das orelhas duas argolas de ouro, que cresciam, cresciam, até atingir o tamanho do sol.

No colo da mulher, o Duquinha, também só osso e pele, levava, com um gemido abafado, a mãozinha imunda, de dedos ressequidos, aos pobres olhos doentes.

E com a outra tateava o peito da mãe, mas num movimento tão fraco e tão triste que era mais uma tentativa do que um gesto.

Lentamente o vaqueiro voltou as costas; cabisbaixo, o Pedro o seguiu.

E foram andando à toa, devagarinho, costeando a margem da caatinga.

Às vezes, o menino parava, curvava-se, espiando debaixo dos paus, procurando ouvir a carreira de algum tejuaçu que parecia ter passado perto deles. Mas o silêncio fino do ar era o mesmo. E a morna correnteza que ventava, passava silenciosa como um sopro de morte; na terra desolada não havia sequer uma folha seca; e as árvores negras e agressivas eram como arestas de pedra, enristadas contra o céu.

Mais longe, numa volta da estrada, a telha encarnada de uma casa brilhava ao sol. Lentamente, Chico Bento moveu os passos trôpegos na sua direção.

De repente, um *bé!*, agudo e longo, estridulou na calma.

E uma cabra ruiva, nambi, de focinho quase preto, estendeu a cabeça por entre a orla de galhos secos do caminho, aguçando os rudimentos de orelha, evidentemente procurando ouvir, naquela distensão de sentidos, uma longínqua resposta a seu apelo.

Chico Bento, perto, olhava-a, com as mãos trêmulas, a garganta áspera, os olhos afogueados.

O animal soltou novamente o seu clamor aflito.

Cauteloso, o vaqueiro avançou um passo.

E de súbito em três pancadas secas, rápidas, o seu cacete de jucá zuniu; a cabra entonteceu, amunhecou, e caiu em cheio por terra.

Chico Bento tirou do cinto a faca, que de tão velha e tão gasta nunca achara quem lhe desse um tostão por ela.

Abriu no animal um corte que foi de debaixo da boca até separar ao meio o úbere branco de tetas secas, escorridas.

Rapidamente iniciou a esfolação. A faca afiada corria entre a carne e o couro, e na pressa, arrancava aqui pedaços de lombo, afinava aqui a pele, deixando-a quase transparente.

Mas Chico Bento cortava, cortava sempre, com um movimento febril de mãos, enquanto o Pedro, comovido e ansioso, ia segurando o couro descarnado.

Afinal, toda a pele destacada, estirou-se no chão.

E o vaqueiro, batendo com o cacete no cabo da faca, abriu ao meio a criação morta.

Mas Pedro, que fitava a estrada, o interrompeu:

— Olha, pai!

Um homem de mescla azul vinha para eles em grandes passadas.

Agitava os braços com fúria, aos berros:

— Cachorro! Ladrão! Matar a minha cabrita! Desgraçado!

Chico Bento, tonto, desnorteado, deixou a faca cair e, ainda de cócoras, tartamudeava explicações confusas.

O homem avançou, arrebatou-lhe a cabra e procurou enrolá-la no couro.

Dentro de sua perturbação, Chico Bento compreendeu apenas que lhe tomavam aquela carne em que seus olhos famintos já se regalavam, da qual suas mãos febris já tinham sentido o calor confortante.

E lhe veio agudamente à lembrança Cordulina exânime na pedra da estrada... o Duquinha tão morto que já nem chorava...

Caindo quase de joelhos, com os olhos vermelhos cheios de lágrimas que lhe corriam pela face áspera, suplicou de mãos juntas:

— Meu senhor, pelo amor de Deus! Me deixe um pedaço de carne, um taquinho ao menos, que dê um caldo para a mulher mais os meninos! Foi para eles que eu matei! Já caíram com a fome!...

— Não dou nada! Ladrão! Sem-vergonha! Cabra sem-vergonha!

A energia abatida do vaqueiro não se estimulou nem mesmo diante daquela palavra.

Antes se abateu mais, e ele ficou na mesma atitude de súplica.

E o homem disse afinal, num gesto brusco, arrancando as tripas da criação, e atirando-as para o vaqueiro:

— Tome! Só se for isso! A um diabo que faz uma desgraça como você fez, dar-se tripas é até demais.

A faca brilhava no chão, ainda ensanguentada, e atraiu os olhos de Chico Bento.

Veio-lhe um ímpeto de brandi-la e ir disputar a presa; mas foi ímpeto confuso e rápido. Ao gesto de estender a mão, faltou-lhe ânimo.

O homem, sem se importar com o sangue, pusera no ombro o animal sumariamente envolvido no couro e marchava para a casa cujo telhado vermelhava, lá além.

Pedro, sem perder tempo, apanhou o fato que ficara no chão e correu para a mãe.

Chico Bento ainda esteve uns momentos na mesma postura, ajoelhado.

E antes de se erguer, chupou os dedos sujos de sangue, que lhe deixaram na boca um gosto amargo de vida.

QUEIROZ, Rachel de. *O Quinze*. 25. ed. Rio de Janeiro: José Olympio, 1979. p. 46-49.

Família de retirantes, de Candido Portinari (1944). Óleo sobre tela, 190 cm × 180 cm. Museu de Arte de São Paulo Assis Chateaubriand, Masp, SP/Reprodução autorizada por João Candido Portinari/Imagem do acervo do Projeto Portinari.

Família de retirantes, de Candido Portinari, 1944.

Atividades

1. A aridez do clima aparece refletida na descrição física dos personagens, com uma seleção vocabular que muito bem poderia descrever a paisagem do Sertão. Aponte alguns exemplos.
2. O romance situa-se em 1915, ano em que o Sertão nordestino sofreu uma seca devastadora. Exposto ao clima semiárido do Sertão, Chico Bento sofre os efeitos da fome e da insolação. Destaque o trecho em que isso ocorre. Comente o papel do sol no delírio do personagem.
3. A fome é tão grande que não é apenas pelo estômago que os personagens a sentem nem pela boca que a saciam. Justifique essa afirmação com passagens do texto.
4. Você percebeu que, ao longo do trecho, há inúmeras palavras que podem ser associadas ao clima semiárido, em que o sol é protagonista absoluto? Releia o trecho e destaque algumas delas.
5. Releia a última frase do trecho: "E antes de se erguer, chupou os dedos sujos de sangue, que lhe deixaram na boca um gosto amargo de vida". Explique o que você entende por "gosto amargo de vida".
6. Trace um perfil de Chico Bento a partir dos elementos do texto, especialmente aqueles que fornecem suas características psicológicas.

Jorge Amado: as histórias do cacau e do cais da Bahia

Jorge Amado representa o regionalismo baiano da zona rural do cacau e da zona urbana de Salvador. Sua grande preocupação foi fixar tipos marginalizados, para, por meio deles, analisar toda a sociedade. Seus romances, escritos em uma linguagem que retrata o falar do povo – o que lhe tem valido críticas dos mais puristas –, são marcados pelo lirismo e pela postura ideológica. Acerca desse último aspecto, Jorge Amado nunca fez segredo de suas posições políticas, seja como homem público, seja como escritor, e não só dedicou alguns livros a Luís Carlos Prestes, o Cavaleiro da Esperança, como escreveu uma biografia do líder comunista brasileiro.

Podemos notar, no entanto, posições mais amenas em seus romances posteriores à década de 1950. De *Seara vermelha*, por exemplo, para *Dona Flor e seus dois maridos*, há uma distância clara e evidente, embora negada pelo autor em suas entrevistas. O primeiro é mais político, revolucionário, ao passo que o último é mais lírico, caracterizado por certo humor extraído do cotidiano.

Esse fato tem levado os críticos literários a compartimentar sua obra em:

- **romances proletários** – retratam a vida urbana em Salvador, com forte coloração social, como é o caso de *Suor, O país do carnaval* e *Capitães da areia*.
- **ciclo do cacau** – seus temas são as fazendas de cacau de Ilhéus e Itabuna, a exploração do trabalhador rural e os exportadores – a nova força econômica da região. *Cacau, Terras do sem-fim* e *São Jorge dos Ilhéus* pertencem a esse ciclo. O próprio autor afirma: "A luta do cacau tornou-me um romancista".

Leia um trecho do prefácio de *São Jorge dos Ilhéus*:

> Em verdade, este romance e o anterior, *Terras do sem-fim*, formam uma única história: a das terras do cacau no sul da Bahia. Nesses dois livros tentei fixar, com imparcialidade e paixão, o drama da economia cacaueira, a conquista da terra pelos coronéis feudais no princípio do século, a passagem das terras para as mãos ávidas dos exportadores nos dias de ontem. E se o drama da conquista feudal é épico e o da conquista imperialista é apenas mesquinho, não cabe a culpa ao romancista. Diz Joaquim que a etapa que está por vir será plena de heroísmo, beleza e poesia, e eu o creio.
>
> Este livro, esboçado em Montevidéu, em agosto de 1942, quando escrevi o *Terras do sem-fim*, foi terminado em janeiro de 1944, em Periperi, subúrbio da Bahia, cidade de Castro Alves e da arte política.

AMADO, Jorge. *São Jorge dos Ilhéus*. 19. ed. São Paulo: Livraria Martins Editora, 1969.

- **depoimentos líricos e crônicas de costumes** – essa fase, iniciada com *Jubiabá* e *Mar morto*, se consolidaria com *Gabriela, cravo e canela* (que, apesar de apresentar a zona cacaueira como cenário, é uma crônica de costumes), estendendo-se às últimas produções do autor.

Evidentemente, essa divisão encerra apenas uma finalidade didática.

Biblioteca Guita e José Mindlin, São Paulo.

Biblioteca Guita e José Mindlin, São Paulo.

Capas de Santa Rosa para a primeira edição de *Cacau* (1933) e de *Suor* (1934), obras que formam, ao lado de *O país do Carnaval* (1931), a trilogia de estreia do autor. O romance *Cacau* denuncia as condições em que viviam os trabalhadores nas fazendas do sul da Bahia – verdadeiro regime de escravidão branca –, iniciando o chamado "ciclo do cacau". A partir de 1935, em consequência de sua literatura engajada e de sua militância, Jorge Amado tornou-se vítima de perseguição política por parte do governo Vargas.

Jorge Amado

Raul Junior/Arquivo da editora

Jorge Leal Amado de Faria (1912-2001) nasceu na Bahia. Na infância, viveu com a família em Ilhéus. Em 1930, muda-se para o Rio de Janeiro, onde começa a estudar na faculdade de Direito e trabalhar como jornalista. Estreou na literatura em 1931 com *O país do Carnaval*. De 1931 a 1946, foram doze romances retratando ora a zona urbana de Salvador com seus marinheiros, meninos abandonados, malandros, ora a zona cacaueira do sul da Bahia (Itabuna, Ilhéus). Sua atuação política se inicia em 1932 quando, levado por Rachel de Queiroz, filia-se ao Partido Comunista Brasileiro; por suas posições políticas, vai para a cadeia e para o exílio. Em 1946, com a redemocratização pós-Getúlio, elege-se deputado pelo PCB. A partir de 1958, dedica-se a uma produção metódica, o que lhe permite viver profissionalmente da literatura. Recebeu diversos prêmios literários, entre eles, o Prêmio Camões, em 1995, pelo conjunto de sua obra.

Na seção a seguir, você vai ler um fragmento do romance *São Jorge dos Ilhéus*, do qual você já teve a oportunidade de ler o prefácio, em que estão expostas as intenções comunicativas que nortearam a escrita da obra. Também vai ler um excerto de *Seara vermelha*, romance que se destaca no conjunto da obra de Jorge Amado por pertencer ao que poderia ser chamado de grande ciclo das secas, ao lado de obras de Rachel de Queiroz, José Lins do Rego e Graciliano Ramos. Trata-se de um dos pontos altos da literatura social, engajada, de defesa da política partidária, sem perder em lirismo e emoção. Descreve a trajetória de uma família expulsa pela seca e pelos latifúndios, em busca de uma vida melhor em São Paulo; são três irmãos: um soldado, um cangaceiro e um revolucionário.

LENDO OS TEXTOS

Texto 1

São Jorge dos Ilhéus

Jorge Amado

Horácio era uma das maiores fortunas da zona do cacau. Suas fazendas se estendiam de Ferradas até muito longe, incluíam a maior parte das terras do Sequeiro Grande, as divisas entre os municípios de Ilhéus e Itabuna passavam por roças suas. Colhia mais de quarenta mil arrobas de cacau, tinha inúmeras casas de aluguel em Itabuna, em Pirangi, em Ilhéus, tinha muito dinheiro depositado no banco. Levava, no entanto, a mesma vida frugal dos tempos de antes, nenhum luxo na casa-grande, fazia economias de tostão como se fosse pobre, reclamava contra o dinheirão que o filho gastava. Fiscalizava o trabalho nas roças, mandava surrar um capataz que o tentara roubar.

Naquele dia, após o almoço, ele se arrastou até a varanda. Ia tomar sol, esquentar o corpo gigantesco que agora se dobrava em dois, ouvir o que os negros conversavam. O terreiro estava vazio, alguns homens passavam para as roças. Estavam terminando uns restos de poda. Horácio sentiu o calor do sol sobre sua pele enrugada. O negro velho desejou boas tardes. Horácio virou os olhos para ele.

— É tu, Roque?

— Inhô, sim...

— Tá muito sol, hein?

— Tá bravo, inhô...

Horácio pensava na seca. Se viesse a seca a safra estava perdida, não haveria lucros este ano, ele não poderia comprar mais terras, não poderia adquirir roças novas:

— Talvez não chova...

O negro olhou para o céu, já antes tinha visto a nuvem de chuva que se aproximava:

— Chove, sim, patrão. Vosmecê não está vendo a nuvem?

Horácio se sobressaltou, olhou o céu, não distinguia nada:

— Tu pensa que eu sou cego?

— Inhô, não... — fez o negro com medo. — Só que vosmecê não houvera dito...

Horácio olhou de novo, não enxergava:

— É chuva mesmo...

— E tá crescendo, patrão... Chove inda hoje, pela noitinha...

Horácio se levantou, andou até o balaústre da varanda:

— Vá chamar Chico Branco... Depressa!

O negro saiu atrás do capataz. Encontrou-o ainda em casa, almoçando. Horácio, na varanda, sentiu que eles chegavam pelo ruído das pisadas. Conhecia os passos pesados de Chico Branco, um mulato gordo, violento com os "alugados", que sabia fazer um homem render no trabalho.

— Boa tarde, coronel.

— Tu já viu que vai chover?

— Já, coronel. Tava mesmo pra vir falar com o senhor...

— Tu não viu nada, ninguém vê nada se eu não vejo. Ninguém liga, é preciso eu tá em cima. Desde ontem eu tava sabendo que ia chover, hoje de manhã já tinha visto a nuvem...

— Mas, coronel...

— Não tem mais nem menos... É isso mesmo! Vi antes de todo mundo...

O capataz ficou calado, que adiantava discutir? Horácio pensou, deu ordens...

— Mande parar a poda, não precisa mais. Mande trabalhar nas barcaças. Limpar os cochos, aperte a gente do Ribeirão Seco. Contrate trabalhadores...

O capataz foi embora. Horácio ficou em silêncio uns minutos, depois não resistiu e perguntou ao negro:

— Roque...

— Inhô?

— A nuvem está crescendo, Roque?

— Tá, inhô, sim.

Horácio sorriu. Ia ver mais uma safra, os cacaueiros cheios de frutos. Devia ir a Ilhéus, fechar negócio com Schwartz. No fim da safra compraria mais roças. E um dia, pensou com certa tristeza, tudo aquilo seria do filho... Era uma pena ter que morrer... Gostava tanto de ver o cacau florir e carregar. Gostava tanto de comprar terras, de gritar com os homens, de fazer negócios... Felizmente só tinha um filho e isso lhe dava certeza de que suas fazendas não seriam divididas, como tantas outras, como as dos Badarós... As fazendas do coronel Horácio da Silveira nunca seriam divididas. Havia de ser sempre as suas fazendas...

— A nuvem tá crescendo, negro?

— Já tá grande, inhô.

— Chove hoje?

— Chove, inhô, sim. De noitinha...

O sol esquenta o corpo de coronel Horácio da Silveira. Mas o que ele sente sobre a pele ressequida é a carícia imaginada e desejada da chuva caindo, lavando a terra, penetrando até as raízes das árvores, dando força aos cacaueiros:

— Vai ser uma safra grande, negro.

— Vai ser, inhô.

A nuvem cobre o sol, cai uma sombra sobre o coronel.

AMADO, Jorge. *São Jorge dos Ilhéus*. 19. ed. São Paulo: Livraria Martins Editora, 1969. p. 96-98.

São Jorge dos Ilhéus, em publicação da editora Companhia das Letras.

Atividades

1. Uma das características de Jorge Amado é a tentativa de retratar a fala do povo. Comente os diferentes níveis de linguagem presentes no texto.
2. Trace um perfil do coronel Horácio, a partir do trecho lido.
3. Transcreva uma passagem do trecho que comprove a herança medieval presente na estrutura nordestina.

Texto 2

O trecho abaixo narra a chegada dos retirantes a Juazeiro, Bahia, porto do rio São Francisco. De lá, embarcariam para Pirapora, Minas Gerais; depois, o trem de ferro os levaria até São Paulo.

Seara vermelha

Jorge Amado

Na balaustrada conversavam pouco. Demoravam olhando o rio, tomando o fresco da noite, espiando o profundo das águas escuras e barrentas. Tudo era novidade e quase mistério, daí o silêncio apenas cortado por uma ou outra frase, de admiração ou de assombro. Raros eram os diálogos e logo morriam superados pelo interesse das mínimas coisas sucedidas no rio. E quando, por acaso, um navio largava, a terceira classe atestada de imigrantes, eles se debruçavam todos no balaústre, uma inveja dos que, mais felizes, já partiam naquele navio, as mãos acenando tímidos adeuses, os olhos espichados na esteira do vapor, na espuma que as rodas faziam de cada lado do rio. Era uma coisa de ver-se, grandiosa para eles, que os enchia de respeito, de certo temor. Esse distante São Paulo devia de ser terra de muita riqueza realmente para exigir tanto sacrifício dos que para lá viajavam.

No acampamento — que era onde conversavam largamente — não havia melhor motivo para as prosas do que fazer projetos sobre São Paulo. Quando apareciam, rotos, e ainda mais pobres que eles, os que voltavam da terra que idealizavam de toda fartura, e contavam das dificuldades que havia por lá, eles se encolhiam, com pouca vontade de ouvir, e quase sempre davam razão ao comentário fatal de um mais otimista:

— Isso é homem que não guenta o trabaio... Quer é vagabundar, ganhar dinheiro fácil...

Nenhum esperava que o dinheiro de São Paulo fosse fácil, esperavam é que houvesse e que a terra não fosse tão árida e, principalmente, tão difícil de conseguir quanto aquela de onde chegavam.

— Dizque um chega, logo dão terra pra ele cultivar... É lavoura de café... Dão muda já crescida, dizque dão de um tudo... Ferramenta e animais...

Eis o que alimentava a esperança naqueles corações cansados. A promessa de terra para cada um, livre de dificuldades, de processos posteriores revelando donos antes desconhecidos, quando já a terra estava lavrada, as benfeitorias levantadas. No acampamento estabeleciam-se relações à base de troca de imprecisas informações sobre São Paulo.

Nos primeiros dias cada família que chegava apenas queria contar o que havia sofrido na viagem, a fome e a sede que havia passado, as doenças e os mortos. Mas logo depois era o interesse por saber do navio, do trem de ferro em Pirapora, de São Paulo finalmente. Mortos e sofrimentos todos tinham para lamentar. Mas era coisa que ficava para trás, ninguém pode levantar os mortos dos seus túmulos, muitos deles nem túmulos tinham, estavam no papo dos urubus, feito carniça. Como que o rio, com suas águas rumorosas, cor de barro, punha uma fronteira entre o passado e o futuro. Se tinham sofrido tanto, penado pelas picadas da caatinga, bem mereciam a fartura e o sossego que estavam a esperá-los em São Paulo.

Por vezes desconfiavam dessa fartura e dessa paz. Havia sorrisos irônicos nos lábios dos que regressavam de lá:

— Vão pra lá ver como é...

As mulheres eram de fácil desânimo. Em geral, porém, durava pouco esse pessimismo, e às provas apresentadas pelos que voltavam, eles contrapunham as conversas no acampamento. Sempre existia alguém que possuía um parente que enriquecera em São Paulo. Um até tinha um tio que emigrara há doze anos e estava tão rico que possuía casa na capital e ganhara o título de coronel.

— Só tratam ele de coronel... Foi ele que mandou dinheiro pra gente vim... Vamos trabaiá em terra dele... Dizque só pé de café tem tanto que nem se pode contar...

Então riam e afastavam para longe, como improcedentes e falsas, as afirmações dos que voltavam. Também nem todo mundo pode se dar bem e ser feliz, prosperar e enricar. Alguns hão de ser pobres a vida toda. Esse era o raciocínio das mulheres mas cada uma se colocava entre os prováveis ricos e felizes. Era assim que esperavam o navio em Juazeiro.

Palê Zuppani/Pulsar Imagens.

Juazeiro, Bahia, porto do rio São Francisco.

AMADO, Jorge. *Seara vermelha*. 32. ed. Rio de Janeiro: Record, 1978.

Atividades

1. Comente os diferentes níveis de linguagem presentes no texto.
2. O que representa o rio para os retirantes?
3. Compare os nordestinos que estão indo para São Paulo com os que voltam. Há semelhanças? Há diferenças?
4. O comportamento dos homens e das mulheres é o mesmo? Explique.
5. Patativa do Assaré, nos últimos versos de sua música “Triste partida” (há uma gravação famosa de Luiz Gonzaga), afirma: “faz pena o nortista tão forte e tão bravo / viver como escravo no norte e no sul”.

   Destaque uma frase no texto de Jorge Amado que comprove essa afirmação.

José Lins do Rego: a decadência dos engenhos destruídos pelas usinas

José Lins do Rego apelou constantemente para as recordações da infância e da adolescência para compor seu “ciclo da cana-de-açúcar” – série de romances de caráter memorialista que retratam a Zona da Mata nordestina em um período crítico de transição: a decadência dos engenhos, esmagados pelas poderosas usinas. Em todo o ciclo, o cenário é o engenho Santa Rosa, do velho coronel Zé Paulino, avô de Carlos de Melo (o narrador de *Menino de engenho*, que, em muitas passagens, é o próprio José Lins do Rego). Além deles, povoam o Santa Rosa o tio Juca, os moleques – filhos dos empregados – que vivem soltos pelos engenhos e brincam com os meninos – filhos dos proprietários – na ingênua igualdade da infância, apesar dos preconceitos dos adultos:

— Você está um negro, me disse Tia Maria. Chegou tão alvo, e nem parece gente branca. Isto faz mal. Os meninos de Emília já estão acostumados, você não. De manhã à noite, de pés no chão, solto como um bicho. Seu avô ontem me falou nisto. Você é um menino bonzinho, não vá atrás destes moleques para toda parte. As febres estão dando por aí. O filho do Seu Fausto, no Pilar, há mais de um mês que está de cama. Para a semana vou começar a lhe ensinar as letras.

REGO, José Lins do. *José Lins do Rego*: ficção completa. Rio de Janeiro: Nova Aguilar, 1987. v. 1. p. 60-61.

Menino de engenho, seu romance de estreia, veio a público em 1932, inaugurando o chamado "ciclo da cana-de-açúcar". Nessa obra o escritor já delineia o cenário (o engenho Santa Rosa, do coronel José Paulino), os personagens (agregados à soberana figura do coronel) e as situações, que seriam retomados em outros romances do ciclo.

Reprodução/ADS

José Lins do Rego

José Lins do Rego Cavalcanti (1901-1957) passou a infância em um engenho da Paraíba. Em 1918, mudou-se para o Recife, onde cursou Direito. Nesse tempo, travou amizade com José Américo de Almeida e, principalmente, com Gilberto Freyre, que muito o influenciaria. Em 1935, transferiu-se definitivamente para o Rio de Janeiro, onde colaborou em alguns jornais e exerceu cargos diplomáticos; alinhou-se com o governo Vargas. Entrou para a Academia Brasileira de Letras em 1955.

Na seção a seguir, reproduzimos um trecho que mostra o engenho Santa Fé, do coronel Lula Chacon de Holanda, que seria retomado mais tarde, na obra *Fogo morto*, publicada em 1943. A expressão "fogo morto" é usada para caracterizar a total decadência de um engenho. *Fogo morto* é visto como síntese de todo o ciclo e como ponto máximo da obra de José Lins do Rego.

LENDO OS TEXTOS

Menino de engenho

José Lins do Rego

O Santa Fé ficava encravado no engenho do meu avô. As terras do Santa Rosa andavam léguas e léguas de norte a sul. O velho José Paulino tinha este gosto: o de perder a vista nos seus domínios. Gostava de descansar os olhos em horizontes que fossem seus. Tudo o que tinha era para comprar terras e mais terras. Herdara o Santa Rosa pequeno, e fizera dele um reino, rompendo os seus limites pela compra de propriedades anexas. Acompanhava o Paraíba com as várzeas extensas e entrava de caatinga adentro. Ia encontrar as divisas de Pernambuco nos tabuleiros de Pedra de Fogo. Tinha mais de três léguas, de estrema a estrema. E não contente de seu engenho possuía mais oito, comprados com os lucros da cana e do algodão. Os grandes dias de sua vida, lhe davam as escrituras de compra, os **bilhetes de sisa** que pagava, os bens de raiz, que lhe caíam nas mãos. Tinha para mais de quatro mil almas debaixo de sua proteção. Senhor feudal ele foi, mas os seus párias não traziam a servidão como um ultraje. O Santa Fé, porém, resistira a essa sua fome de latifúndios. Sempre que via aqueles condados na geografia, espremidos entre grandes países, me lembrava do Santa Fé. O Santa Rosa crescera a seu lado, fora ganhar outras posses contornando as suas encostas. Ele não aumentara um palmo e nem um palmo diminuíra. Os seus marcos de pedra estavam ali nos mesmos lugares de que falavam os papéis. Não se sentiam, porém, rivais o Santa Fé e o Santa Rosa. Era como se fossem dois irmãos muito amigos, que tivessem recebido de Deus

bilhetes de sisa: imposto sobre compra e venda de alguma coisa.

uma proteção de mais ou uma proteção de menos. Coitado do Santa Fé! Já o conheci de fogo morto. E nada é mais triste do que um engenho de fogo morto. Uma desolação de fim de vida, de ruína, que dá à paisagem rural uma melancolia de cemitério abandonado. Na bagaceira, crescendo, o mata-pasto de cobrir gente, o melão entrando pelas fornalhas, os moradores fugindo para outros engenhos, tudo deixado para um canto, e até os bois de carro vendidos para dar de comer aos seus donos. Ao lado da prosperidade e da riqueza do meu avô, eu vira ruir, até no prestígio de sua autoridade, aquele simpático velhinho que era o Coronel Lula de Holanda, com o seu Santa Fé caindo aos pedaços. Todo barbado, como aqueles velhos dos álbuns de retratos antigos, sempre que saía de casa era de cabriolé e de casimira preta. A sua vida parecia um mistério. Não plantava um pé de cana e não pedia um tostão emprestado a ninguém.

REGO, José Lins do. *José Lins do Rego*: ficção completa. Rio de Janeiro: Nova Aguilar, 1987. v. 1. p. 105-106.

Atividades

1. Transcreva duas passagens do trecho de *Menino de engenho* que comprovem a herança medieval presente na estrutura nordestina.
2. José Lins do Rego questiona as relações sociais? Justifique sua resposta.
3. Como o autor coloca o problema da autoridade?

Texto 2

O fragmento a seguir traz a descrição de uma senzala, em trecho da narrativa em que a ação transcorre no início do século XX, com a escravidão já abolida.

Menino de engenho

José Lins do Rego

Restava ainda a senzala dos tempos do cativeiro. Uns vinte quartos com o mesmo alpendre na frente.

As negras do meu avô, mesmo depois da abolição, ficaram todas no engenho, não deixaram a rua, como elas chamavam a senzala. E ali foram morrendo velhas. Conheci umas quatro: Maria Gorda, Generosa, Galdina e Romana. O meu avô continuava a dar-lhes de comer e vestir. E elas a trabalharem de graça, com a mesma alegria da escravidão. As suas filhas e netas iam-lhes sucedendo na servidão, com o mesmo amor à casa-grande e a mesma passividade de bons animais domésticos. Na rua a meninada do engenho encontrava seus amigos: os moleques, que eram os companheiros, e as negras que lhes deram os peitos para mamar; as boas servas nos braços de quem se criaram. Ali vivíamos todos misturados com eles, levando carão das negras mais velhas, iguais aos seus filhos moleques, na partilha de seus carinhos e de suas zangas. Nós não éramos seus irmãos de leite? Mas a mãe de leite de Dona Clarisse, a Tia Generosa, como a chamávamos, fazia as vezes de minha avó. Toda cheia de cuidados comigo, brigava com os outros por minha causa. Quando se reclamava tanta parcialidade a meu favor, ela só tinha uma resposta:

— Coitadinho, não tem mãe.

Nós mexíamos pela senzala, nos baús velhos das negras, nas locas que elas faziam pelas paredes de taipa, para seus cofres, e onde elas guardavam os seus rosários, os seus ouros falsificados, os seus bentos milagrosos.

Nas paredes de barro havia sempre santos dependurados, e num canto a cama de tábuas duras, onde há mais de um século faziam o seu coito e pariam os seus filhos.

Não conheci marido de nenhuma, e no entanto viviam de barriga enorme, perpetuando a espécie sem previdência e sem medo. Os moleques dormiam nas redes fedorentas; o quarto todo cheirava horrivelmente a mictório. Via-se o chão úmido das urinas da noite. Mas era ali onde estávamos satisfeitos, como se ocupássemos aposentos de luxo.

O interessante era que nós, os da casa-grande, andávamos atrás dos moleques. Eles nos dirigiam, mandavam mesmo em todas as brincadeiras, porque sabiam nadar como peixes, andavam a cavalo de todo jeito, matavam pássaros de bodoque, tomavam banho a todas as horas e não pediam ordem para sair para onde quisessem. Tudo eles sabiam fazer melhor do que a gente; soltar papagaio, brincar de pião, jogar castanha. Só não sabiam ler. Mas isto, para nós, também não parecia grande coisa. Queríamos viver soltos, com o pé no chão e a cabeça no tempo, senhores da liberdade que os moleques gozavam a todas as horas. E eles às vezes abusavam deste poderio, da fascinação que exerciam. Pediam-nos para furtar coisas da casa-grande para eles: laranjas, sapotis, pedaços de queijo. Trocavam conosco os seus bodoques e seus piões pelos gêneros que roubávamos da despensa. E nos iniciavam nas conversas picantes sobre as coisas do sexo. Por eles comecei a entender o que os homens faziam com as mulheres, por onde nasciam os meninos. Eram uns ótimos repetidores de história natural. Andávamos juntos nas nossas libertinagens pelo cercado. Havia um quarto dos carros onde iam ficando os veículos velhos do engenho. Dali fazíamos uma espécie de lupanar para jardim de infância. A nossa doce inocência perdia-se assim nessas conversas bestas, no contato libidinoso com os moleques da bagaceira.

REGO, José Lins do. *José Lins do Rego*: ficção completa. Rio de Janeiro: Nova Aguilar, 1987. v. 1. p. 90-91.

Atividades

1. José Lins do Rego questiona a escravidão? Justifique sua resposta.

2. Os professores Antonio Candido e Aderaldo Castello afirmam que "nela [a obra de Rego] se acentuam os contrastes de requinte e fartura das casas-grandes com a promiscuidade e a miséria das senzalas".
   a) Tal contraste também é marcado pela seleção vocabular empregada para designar as crianças da casa-grande e as crianças da rua. Explicite-o.
   b) Pensando nos dias de hoje, tal seleção vocabular ainda é contrastiva?

Divulgação/Arquivo da editora

Capa do DVD do filme *Menino de engenho*, de Walter Lima Jr., 1965, inspirado na obra homônima. Trata-se de bem-sucedida adaptação do romance de José Lins do Rego, produzida por Glauber Rocha. No Nordeste, menino é enviado a engenho do avô para ser criado por parentes após a morte de sua mãe.

3. Leia a letra da canção "Morro velho", de Milton Nascimento.

Morro velho

Milton Nascimento

No sertão da minha terra
Fazenda é o camarada que ao chão se deu
Fez a obrigação com força
Parece até que tudo aquilo ali é seu
Só poder sentar no morro
E ver tudo verdinho, lindo a crescer
Orgulhoso camarada
De viola em vez de enxada
Filho de branco e do preto
Correndo pela estrada atrás de passarinho
Pela plantação adentro
Crescendo os dois meninos, sempre pequeninos
Peixe bom dá no riacho
De água tão limpinha
Dá pro fundo ver
Orgulhoso camarada
Conta histórias pra moçada
Filho do Sinhô vai embora
Tempo de estudos na cidade grande
Parte, tem os olhos tristes
Deixando o companheiro na estação distante
"Não me esqueça, amigo, eu vou voltar"
Some longe o trenzinho ao deus-dará
Quando volta já é outro
Trouxe até Sinhá-Mocinha para apresentar
Linda como a luz da lua
Que em lugar nenhum rebrilha como lá
Já tem nome de doutor
E agora na fazenda é quem vai mandar
E seu velho camarada
Já não brinca, mas trabalha.

Disponível em: <www.miltonnascimento.com.br>. Acesso em: 30 maio 2014.

a) Compare a letra da canção com os textos apresentados de José Lins do Rego, especialmente a relação de liberdade e comando entre as crianças.
b) Essa relação entre as crianças da casa-grande e as crianças da rua se inverte na idade adulta. Justifique sua resposta, baseando-se na letra da canção de Milton Nascimento.

Graciliano Ramos: a ficção atinge o grau máximo de tensão

Graciliano Ramos é tido como o autor que levou ao limite o clima de tensão das relações ser humano/meio natural, ser humano/meio social, tensão essa geradora de um conflito intenso, capaz de moldar personalidades e de transfigurar o que as pessoas têm de bom. Nesse contexto violento, a morte é uma constante; é o final trágico e irreversível decorrente de relacionamentos impraticáveis. Assim, encontramos suicídios em *Caetés* e *São Bernardo*, um assassinato em *Angústia* e as mortes do papagaio e da cadela Baleia em *Vidas secas*.

Em seus romances, as condições sub-humanas nivelam animais e pessoas. Portanto, a luta pela sobrevivência parece ser o grande ponto de contato entre todos os personagens. Em consequência, uma palavra se repete em toda a obra do escritor: bicho, aquele que só tem uma coisa a defender – a vida.

Do ponto de vista formal, Graciliano Ramos talvez seja o escritor brasileiro de linguagem mais sintética. Em seus textos enxutos, a concisão atinge o clímax: não há uma palavra a mais ou a menos. Trabalha a narração com a mesma mestria, tanto em primeira como em terceira pessoa.

Graciliano Ramos

Graciliano Ramos de Oliveira (1892-1953), primogênito de dezesseis irmãos de uma família de classe média do Sertão nordestino, nasceu em Alagoas. Fez os estudos secundários, mas não cursou o ensino superior. Foi jornalista e político, chegou a exercer o cargo de prefeito da cidade de Palmeira dos Índios, interior de Alagoas. Estreou em livro em 1933, com o romance *Caetés*; nessa época, trabalhou em Maceió, dirigindo a Imprensa Oficial e a Instrução Pública, e conheceu José Lins do Rego, Rachel de Queiroz e Jorge Amado. Em março de 1936, foi preso por atividades consideradas subversivas, sem, contudo, ter sido acusado formalmente; após sofrer humilhações de toda sorte e percorrer vários presídios, foi libertado em janeiro do ano seguinte. Essas experiências pessoais são retratadas no livro *Memórias do cárcere*. Em 1945, com a queda da ditadura de Getúlio Vargas e a volta do país à normalidade democrática, Graciliano filiou-se ao Partido Comunista Brasileiro, o qual integrou até 1947, quando o partido foi novamente considerado ilegal. Em 1952, viajou para os países socialistas do Leste europeu, experiência descrita em *Viagem*. Morreu no Rio de Janeiro aos 60 anos.

Arquivo do jornal *O Estado de S. Paulo*/Agência Estado

LENDO OS TEXTOS

Vidas secas

Mudança

Graciliano Ramos

Ainda na véspera eram seis viventes, contando com o papagaio. Coitado, morrera na areia do rio, onde haviam descansado, à beira de uma poça: a fome apertara demais os retirantes e por ali não existia sinal de comida. Baleia jantara os pés, a cabeça, os ossos do amigo, e não guardava lembrança disto. Agora, enquanto parava, dirigia as pupilas brilhantes aos objetos familiares, estranhava não ver sobre o baú de folha a gaiola pequena onde a ave se equilibrava mal. Fabiano também às vezes sentia falta dela, mas logo a recordação chegava. Tinha andado a procurar raízes, à toa: o resto da farinha acabara, não se ouvia um berro de rês perdida na catinga. Sinha Vitória, queimando o assento no chão, as mãos cruzadas segurando os joelhos ossudos, pensava em acontecimentos antigos que não se relacionavam: festas de casamento, vaquejadas, novenas, tudo numa confusão. Despertara-a um grito áspero, vira de perto a realidade e o papagaio, que andava furioso, com os pés apalhetados, numa atitude ridícula. Resolvera de supetão aproveitá-lo como alimento e justificara-se declarando a si mesma que ele era mudo e inútil. Não podia deixar de ser mudo. Ordinariamente a família falava pouco. E depois daquele desastre viviam todos calados, raramente soltavam palavras curtas. O louro aboiava, tangendo um gado inexistente, e latia arremedando a cachorra.

As manchas dos juazeiros tornaram a aparecer, Fabiano aligeirou o passo, esqueceu a fome, a canseira e os ferimentos. As alpercatas dele estavam gastas nos saltos, e a embira tinha-lhe aberto entre os dedos rachaduras muito dolorosas. Os calcanhares, duros como cascos, gretavam-se e sangravam.

Num cotovelo do caminho avistou um canto de cerca, encheu-o a esperança de achar comida, sentiu desejo de cantar. A voz saiu-lhe rouca, medonha. Calou-se para não estragar força.

Deixaram a margem do rio, acompanharam a cerca, subiram uma ladeira, chegaram aos juazeiros. Fazia tempo que não viam sombra.

Sinha Vitória acomodou os filhos, que arriaram como trouxas, cobriu-os com molambos. O menino mais velho, passada a vertigem que o derrubara, encolhido sobre folhas secas, a cabeça encostada a uma raiz, adormecia, acordava. E quando abria os olhos, distinguia vagamente um monte próximo, algumas pedras, um carro de bois. A cachorra Baleia foi enroscar-se junto dele.

Estavam no pátio de uma fazenda sem vida. O curral deserto, o chiqueiro das cabras arruinado e também deserto, a casa do vaqueiro fechada, tudo anunciava abandono. Certamente o gado se finara e os moradores tinham fugido.

Fabiano procurou em vão perceber um toque de chocalho. Avizinhou-se da casa, bateu, tentou forçar a porta. Encontrando resistência, penetrou num cercadinho cheio de plantas mortas, rodeou a tapera, alcançou o terreiro do fundo, viu um barreiro vazio, um bosque de catingueiras murchas, um pé de turco e o prolongamento da cerca do curral. Trepou-se no mourão do canto, examinou a catinga, onde avultavam as ossadas e o negrume dos urubus. Desceu, empurrou a porta da cozinha. Voltou desanimado, ficou um instante no copiar, fazendo tenção de hospedar ali a família. Mas chegando aos juazeiros, encontrou os meninos adormecidos e não quis acordá-los. Foi apanhar gravetos, trouxe do chiqueiro das cabras uma braçada de madeira meio roída pelo cupim, arrancou touceiras de macambira, arrumou tudo para a fogueira.

Nesse ponto Baleia arrebitou as orelhas, arregaçou as ventas, sentiu cheiro de preás, farejou um minuto, localizou-os no morro próximo e saiu correndo.

Fabiano seguiu-a com a vista e espantou-se: uma sombra passava por cima do monte. Tocou o braço da mulher, apontou o céu, ficaram os dois algum tempo aguentando a claridade do sol. Enxugaram as lágrimas, foram agachar-se perto dos filhos, suspirando, conservaram-se encolhidos, temendo que a nuvem se tivesse desfeito, vencida pelo azul terrível, aquele azul que deslumbrava e endoidecia a gente.

Divulgação/Arquivo da editora

Cartaz do filme *Vidas secas*, de Nelson Pereira dos Santos, adaptado da obra homônima de Graciliano Ramos para o cinema em 1963.

Entrava dia e saía dia. As noites cobriam a terra de chofre. A tampa anilada baixava, escurecia, quebrada apenas pelas vermelhidões do poente.

Miudinhos, perdidos no deserto queimado, os fugitivos agarraram-se, somaram as suas desgraças e os seus pavores. O coração de Fabiano bateu junto do coração de Sinha Vitória, um abraço cansado aproximou os farrapos que os cobriam. Resistiram à fraqueza, afastaram-se envergonhados, sem ânimo de afrontar de novo a luz dura, receosos de perder a esperança que os alentava.

Iam-se amodorrando e foram despertados por Baleia, que trazia nos dentes um preá. Levantaram-se todos gritando. O menino mais velho esfregou as pálpebras, afastando pedaços de sonho. Sinha Vitória beijava o focinho de Baleia, e como o focinho estava ensanguentado, lambia o sangue e tirava proveito do beijo.

Aquilo era caça bem mesquinha, mas adiaria a morte do grupo. E Fabiano queria viver. Olhou o céu com resolução. A nuvem tinha crescido, agora cobria o morro inteiro. Fabiano pisou com segurança, esquecendo as rachaduras que lhe estragavam os dedos e os calcanhares.

[...]

RAMOS, Graciliano. *Vidas secas*. 6. ed. São Paulo: Martins, 1960. p. 9-12.

Coleção particular

Fabiano e Baleia, personagens de *Vidas secas*, de Graciliano Ramos, em ilustração de Aldemir Martins.

Atividades

1. "Ainda na véspera eram seis viventes". Justifique o emprego da palavra "viventes" para definir os membros da família de retirantes.
2. Qual é o argumento de Sinha Vitória para justificar a morte do papagaio? Ela tem razão? Justifique.

Texto 2

Vicas secas

Fabiano

Graciliano Ramos

Fabiano ia satisfeito. Sim senhor, arrumara-se. Chegara naquele estado, com a família morrendo de fome, comendo raízes. Caíra no fim do pátio, debaixo de um juazeiro, depois tomara conta da casa deserta. Ele, a mulher e os filhos tinham-se habituado à camarinha escura, pareciam ratos — e a lembrança dos sofrimentos passados esmorecera.

Pisou com firmeza no chão gretado, puxou a faca de ponta, esgaravatou as unhas sujas. Tirou do aió um pedaço de fumo, picou-o, fez um cigarro com palha de milho, acendeu-o ao binga, pôs-se a fumar regalado.

— Fabiano, você é um homem, exclamou em voz alta.

Conteve-se, notou que os meninos estavam perto, com certeza iam admirar-se ouvindo-o falar só. E, pensando bem, ele não era homem: era apenas um cabra ocupado em guardar coisas dos outros. Vermelho, queimado, tinha os olhos azuis, a barba e os cabelos ruivos, mas como vivia em terra alheia, cuidava de animais alheios, descobria-se, encolhia-se na presença dos brancos e julgava-se cabra.

Olhou em torno, com receio de que, fora os meninos, alguém tivesse percebido a frase imprudente. Corrigiu-a, murmurando:

— Você é um bicho, Fabiano.

Isto para ele era motivo de orgulho. Sim senhor, um bicho, capaz de vencer dificuldades.

Chegara naquela situação medonha — e ali estava, forte, até gordo, fumando o seu cigarro de palha.

— Um bicho, Fabiano.

Era. Apossara-se da casa porque não tinha onde cair morto, passara uns dias mastigando raiz de imbu e sementes de mucunã. Viera a trovoada. E, com ela, o fazendeiro, que o expulsara. Fabiano fizera-se desentendido e oferecera os seus préstimos, resmungando, coçando os cotovelos, sorrindo aflito. O jeito que tinha era ficar. E o patrão aceitara-o, entregara-lhe as marcas de ferro.

Agora Fabiano era vaqueiro, e ninguém o tiraria dali. Aparecera como um bicho, entocara-se como um bicho, mas criara raízes, estava plantado. Olhou as quipás, os mandacarus e os xiquexiques. Era mais forte que tudo isso, era como as catingueiras e as baraúnas. Ele, Sinha Vitória, os dois filhos e a cachorra Baleia estavam agarrados à terra.

Chape-chape. As alpercatas batiam no chão rachado. O corpo do vaqueiro derreava-se, as pernas faziam dois arcos, os braços moviam-se desengonçados. Parecia um macaco.

Entristeceu. Considerar-se plantado em terra alheia! Engano. A sina dele era correr mundo, andar para cima e para baixo, à toa, como judeu errante. Um vagabundo empurrado pela seca. Achava-se ali de passagem, era hóspede. Sim senhor, hóspede que demorava demais, tomava amizade à casa, ao curral, ao chiqueiro das cabras, ao juazeiro que os tinha abrigado uma noite.

Deu estalos com os dedos. A cachorra Baleia, aos saltos, veio lamber-lhe as mãos grossas e cabeludas. Fabiano recebeu a carícia, enterneceu-se:

— Você é um bicho, Baleia.

Vivia longe dos homens, só se dava bem com animais. Os seus pés duros quebravam espinhos e não sentiam a quentura da terra. Montado, confundia-se com o cavalo, grudava-se a ele. E falava uma linguagem cantada, monossilábica e gutural, que o companheiro entendia. A pé, não se aguentava bem. Pendia para um lado, para o outro lado, cambaio, torto e feio. Às vezes utilizava nas relações com as pessoas a mesma língua com que se dirigia aos brutos — exclamações, onomatopeias. Na verdade falava pouco. Admirava as palavras compridas e difíceis da gente da cidade, tentava reproduzir algumas, em vão, mas sabia que elas eram inúteis e talvez perigosas.

[...]

Fabiano curou no rasto a bicheira da novilha raposa. Levava no aió um frasco de creolina, e se houvesse achado o animal, teria feito o curativo ordinário. Não o encontrou, mas supôs distinguir as pisadas dele na areia, baixou-se, cruzou dois gravetos no chão e rezou. Se o bicho não estivesse morto, voltaria para o curral, que a oração era forte.

Cumprida a obrigação, Fabiano levantou-se com a consciência tranquila e marchou para casa. Chegou-se à beira do rio. A areia fofa cansava-o, mas ali, na lama seca, as alpercatas dele faziam chape-chape, os badalos dos chocalhos que lhe pesavam no ombro, pendurados em correias, batiam surdos. A cabeça inclinada, o espinhaço curvo, agitava os braços para a direita e para a esquerda. Esses movimentos eram inúteis, mas o vaqueiro, o pai do vaqueiro, o avô e outros antepassados mais antigos haviam-se acostumado a percorrer veredas, afastando o mato com as mãos. E os filhos já começavam a reproduzir o gesto hereditário.

RAMOS, Graciliano. *Vidas secas*. 45. ed. Rio de Janeiro: Record, 1980.

Atividades

1. Trace um perfil de Fabiano.
2. Interprete as duas afirmações: "Fabiano, você é um homem" e "Você é um bicho, Fabiano".
3. Destaque e comente uma passagem em que se perceba a total integração do ser humano com o meio físico e com o mundo animal.
4. Observe que, em duas passagens, a palavra *inúteis* aparece associada ao fato de Fabiano reproduzir alguns gestos e atitudes. Comente-as.
5. Sobre os dois últimos parágrafos:
   a) Que características da sociedade medieval podemos perceber nesse fragmento?
   b) No final do romance *Vidas secas*, em 1938, Graciliano Ramos afirma, em tom quase profético: "E o sertão continuaria a mandar gente para lá. O sertão mandaria para a cidade homens fortes, brutos, como Fabiano, Sinha Vitória e os dois meninos".

   Hoje, quase um século depois, a situação mudou? Justifique sua posição produzindo um pequeno texto argumentativo.

Trocando ideias

A seguir, reproduzimos um texto do escritor João Antônio (1937-1996) publicado em 1982. Trata-se de comentários sobre a análise feita por um conferencista sobre o romance *Vidas secas*. Leia-o.

Vi, dia desses, um conferencista que gastou e gastou duas horas e trinta e alguns minutos falando de Graciliano Ramos. Fiquei com um embrulho no estômago. E a impressão de que Graça, se vivo, ouviria o falatório com outro embrulho no estômago. O sabido falava em fonemas na obra de Graciliano, na cor – o branco e o amarelo – em Graciliano. Disse que no curso e transcurso do romance *Angústia* jamais se lê a palavra angústia. Só no título. O homem dizia isso, empertigado e ativo, como se tivesse levantando um achado. [...]

O branco e o amarelo na obra de Graciliano. O substantivo sem adjetivo. Horas, horas. Falando, refalando: saturando. Um doutor de falsa fama, em duas horas e trinta minutos, só não dizia à plateia de basbaques, otários e sonolentos, que a obra de Graciliano é, além do alto padrão estético, uma denúncia social, um feixe de documentos brasileiros, comovente pela atualidade, a refletir o que ele mesmo pregava – a escrita como estratificação da vida de um povo. Manipulado, usado, deixado pra lá. O quiquiriqui, sambudo das importâncias, se esqueceu que hoje *Vidas secas* ultrapassa a trigésima edição – ainda é uma verdade nordestina, para bem além de ser obra de arte. E, assim, incomoda, emociona, aporrinha, mexe com a calhordice ou com a impotência dos homens a quem compete direção do Nordeste. Uns incompetentes, uns estéreis. Apenas.

ANTÔNIO, João. *Contos reunidos*. São Paulo: Cosac Naify, 2012. p. 329-330.

- Será que hoje, mais de vinte anos depois de publicado esse comentário de João Antônio, *Vidas secas* ainda é uma verdade nordestina? Para descobrir, pesquise, em jornais e revistas, notícias sobre as condições de vida no Sertão nordestino.
- Em sala de aula, com os colegas e o professor, compare as situações relatadas nas notícias com trechos do romance de Graciliano Ramos.

Erico Verissimo: criador de heroicos personagens gaúchos

Erico Verissimo é o representante gaúcho do regionalismo modernista. Parte de seus romances – desde *Clarissa* até *Saga*, passando por *Música ao longe*, *Caminhos cruzados* e *Olhai os lírios do campo* – retrata a vida urbana da provinciana Porto Alegre e a crise da sociedade moderna, cuja nota marcante é a falta de solidariedade, o cotidiano caótico. Seus personagens, com destaque para Clarissa e Vasco, reaparecem em várias situações e em vários momentos, o que levou o crítico Wilson Martins a reconhecer um ciclo de Clarissa. Por essa repetição ao longo de vários romances, o autor tem sido acusado de ser redundante e, mais do que isso, de ser superficial, tanto na abordagem psicológica como na social. Apesar disso, esses primeiros romances são responsáveis pela popularidade de Erico Verissimo, muito semelhante, em termos de aceitação pública, à de Jorge Amado.

Entre suas obras, inclui-se ainda a trilogia épica *O tempo e o vento*, que remonta ao passado histórico do Rio Grande do Sul dos séculos XVIII e XIX e trata das disputas de terra e poder das famílias Amaral, Terra e Cambará. Desse painel saltam alguns personagens heroicos, como Ana Terra e Capitão Rodrigo. *O tempo e o vento* é dividido em *O continente*, que cobre o período histórico do século XVIII até 1895, com as lutas do início da República; *O retrato*, que enfoca as primeiras décadas do século XX; e *O arquipélago*, narrativa mais contemporânea, que chega até o governo Vargas.

Leonid Sheiliav/Arquivo da editora

Erico Verissimo

Erico Verissimo (1905-1975), gaúcho de Cruz Alta (RS), filho de família abastada que se arruinou economicamente, exerceu diversas funções modestas. Em 1931, transferiu-se em definitivo para Porto Alegre, onde se tornou diretor da *Revista do Globo*. Mais tarde, escritor consagrado, lecionou literatura na Universidade de Berkeley, nos Estados Unidos.

Sobre a própria atividade literária, declarou: "Sei que não sou, nunca fui um *writer's writer*, um escritor para escritores. Não sou inovador, não trouxe nenhuma contribuição original para a arte do romance. Tenho dito, escrito repetidamente que me considero, antes de mais nada, um contador de histórias.".

Reproduzimos, na seção a seguir, dois trechos extraídos de *O continente* – parte 1 de *O tempo e o vento* –, que narra acontecimentos ocorridos nos séculos XVIII e XIX.

LENDO OS TEXTOS

Texto 1

O tempo e o vento

Ana Terra

Erico Verissimo

Maneco recordava sua última visita a Porto Alegre, onde fora comprar ferramentas, pouco antes de vir estabelecer-se ali na estância. Achara tudo uma porcaria. Lá só valia quem tinha um título, um posto militar ou então quem vestia batina. Esses viviam à tripa forra. O resto, o povinho, andava mal de barriga, de roupa e de tudo. Era verdade que havia alguns açorianos que estavam enriquecendo com o trigo. Esses prosperavam, compravam escravos, pediam e conseguiam mais sesmarias e de pequenos lavradores iam se transformando em grandes estancieiros. Mas o governador não entregava as cartas de sesmaria assim sem mais aquela... Se um homem sem eira nem beira fosse ao Paço pedir terras, botavam-no para fora com um pontapé no traseiro. Não senhor. Terra é pra quem tem dinheiro, pra quem pode plantar, colher, ter escravos, povoar os campos.

Maneco ouvira muitas histórias. Pelo que contavam, todo o Continente ia sendo aos poucos dividido em sesmarias. Isso seria muito bom se houvesse justiça e decência. Mas não havia. Em vez de muitos homens ganharem sesmarias pequenas, poucos homens ganhavam campos demais, tanta terra que a vista não alcançava. Tinham lhe explicado que o governo fazia tudo que os grandes estancieiros pediam porque precisava deles. Como não podia manter no Continente guarnições muito grandes de soldados profissionais, precisava contar com esses fazendeiros, aos quais apelava em caso de guerra. Assim, transformados em coronéis e generais, eles vinham com seus peões e escravos para engrossar o exército da Coroa, que até pouco tempo era ali no Continente constituído dum único regimento de dragões. E como recompensa de seus serviços, esses senhores de grandes sesmarias ganhavam às vezes títulos de nobreza, privilégios, terras, terras e mais terras. Era claro que quando havia uma questão entre esses graúdos e um pobre-diabo, era sempre o ricaço quem tinha razão. Maneco vira também em Porto Alegre as casas de negócio e as oficinas dos açorianos. Apesar de ser neto de português, não simpatizava muito com os ilhéus.

Era verdade que tinha certa admiração pela habilidade dos açorianos no trato da terra e no exercício de certas profissões como a de ferreiro, tanoeiro, carpinteiro, seleiro, calafate... Reconhecia também que eram gente trabalhadora e de boa paz. Achava, entretanto, detestável sua fala cantada e o jeito como pronunciavam certas palavras.

VERISSIMO, Erico. *Ana Terra*. 14. ed. Rio de Janeiro: Globo, 1981. p. 42-43.

Atividades

1. O narrador, no meio do trecho, abre espaço para uma voz que não é a dele. Destoa por apresentar uma linguagem mais coloquial. Destaque-a.
2. Alguns teóricos costumam afirmar que a obra de Verissimo da qual faz parte o trecho destacado trata da formação social do Rio Grande do Sul. Como é caracterizada a sociedade no texto acima sob o olhar de Maneco?
3. A herança medieval é apenas uma questão nordestina? Justifique sua resposta com fragmentos do texto.
4. A reforma agrária é uma das grandes questões brasileiras a demandar soluções. Os textos que você leu neste capítulo contribuíram, de alguma forma, para um entendimento das origens dos problemas com a posse da terra?

Texto 2

O tempo e o vento

Um certo capitão Rodrigo

Erico Verissimo

Toda gente tinha achado estranha a maneira como o Cap. Rodrigo Cambará entrara na vida de Santa Fé. Um dia chegou o cavalo, vindo ninguém sabia de onde, com o chapéu de barbicacho puxado para a nuca, a bela cabeça de macho altivamente erguida, e aquele seu olhar de gavião que irritava e ao mesmo tempo fascinava as pessoas. Devia andar lá pelo meio da casa dos trinta, montava um alazão, vestia calças de riscado, botas com chilenas de prata e o busto musculoso apertado num dólmã militar azul, com gola vermelha e botões de metal. Tinha um violão a tiracolo; sua espada, apresilhada aos arreios, rebrilhava ao sol daquela tarde de outubro de 1828 e o lenço encarnado que trazia ao pescoço esvoaçava no ar como uma bandeira. Apeou na frente da venda do Nicolau, amarrou o alazão no tronco dum cinamomo, entrou arrastando as esporas, batendo na coxa direita com o rebenque, e foi logo gritando, assim com ar de velho conhecido:

— Buenas e me espalho! Nos pequenos dou de prancha e nos grandes dou de talho!

Havia por ali uns dois ou três homens, que o miraram de soslaio sem dizer palavra. Mas dum canto da sala ergueu-se um moço moreno, que puxou a faca, olhou para Rodrigo e exclamou:

— Pois dê!

Os outros homens afastaram-se como para deixar a arena livre, e Nicolau, atrás do balcão, começou a gritar:

— Aqui dentro não! Lá fora! Lá fora!

Rodrigo, porém, sorria, imóvel, de pernas abertas, rebenque pendente do pulso, mãos na cintura, olhando para o outro com um ar que era ao mesmo tempo de desafio e simpatia.

— Incomodou-se, amigo? — perguntou, jovial, examinando o rapaz de alto a baixo.

— Não sou de briga, mas não costumo aguentar desaforo.

— Oôi bicho bom!

Os olhos de Rodrigo tinham uma expressão cômica.

— Essa sai ou não sai? — perguntou alguém do lado de fora, vendo que Rodrigo não desembainhava a adaga. O recém-chegado voltou a cabeça e respondeu calmo:

— Não sai. Estou cansado de pelear. Não quero puxar arma pelo menos por um mês. — Voltou-se para o homem moreno e, num tom sério e conciliador, disse:

— Guarde a arma, amigo.

O outro, entretanto, continuou de cenho fechado e faca em punho. Era um tipo indiático, de grossas sobrancelhas negras e zigomas salientes.

— Vamos, companheiro — insistiu Rodrigo. — Um homem não briga debalde. Eu não quis ofender ninguém. Foi uma maneira de falar...

Depois de alguma relutância o outro guardou a arma, meio desajeitado, e Rodrigo estendeu-lhe a mão, dizendo:

— Aperte os ossos.

O caboclo teve uma breve hesitação, mas por fim, sempre sério, apertou a mão que Rodrigo lhe oferecia.

— Agora vamos tomar um trago — convidou este último.

— Mas eu pago — disse o outro.

Tinha lábios grossos, dum pardo avermelhado e ressequido.

— O convite é meu.

— Mas eu pago — repetiu o caboclo.

— Está bem. Não vamos brigar por isso.

Aproximaram-se do balcão.

— Duas caninhas! — pediu Rodrigo.

Nicolau olhava para os dois homens com um sorriso desdentado na cara de lua cheia, onde apontava uma barba grossa e falha.

— É da boa — disse ele, abrindo uma garrafa de cachaça e enchendo dois copinhos.

Houve um silêncio durante o qual ambos beberam: o moço em pequenos goles, e Rodrigo dum sorvo só, fazendo muito barulho e por fim estralando os lábios.

Tornou a pôr o copo sobre o balcão, voltou-se para o homem moreno e disse:

— Meu nome é Rodrigo Cambará. Como é a sua graça?

— Juvenal Terra.

— Mora aqui no povo?

— Moro.

— Criador?

O outro sacudiu a cabeça negativamente.

— Faço carreteadas daqui pro Rio Pardo e de lá pra cá.

— Mais um trago?

— Não. Sou de pouca bebida.

Rodrigo tornou a encher o copo, dizendo:

— Pois comigo, companheiro, a coisa é diferente. Não tenho meias medidas. Ou é oito ou oitenta.

— Hai gente de todo o jeito — limitou-se a dizer Juvenal.

Rodrigo olhou para o vendeiro.

— Como é a sua graça mesmo, amigo?

— Nicolau.

— Será que se arranja por aí alguma coisa de comer?

Nicolau coçou a cabeça.

— Posso mandar fritar uma linguiça.

— Pois que venha. Sou louco por linguiça!

O capitão tomou seu terceiro copo de cachaça. Juvenal, que o observava com olhos parados e inexpressivos, puxou dum pedaço de fumo em rama e duma pequena faca e ficou a fazer um cigarro.

— Pois le garanto que estou gostando deste lugar — disse Rodrigo. — Quando entrei em Santa Fé, pensei cá comigo: Capitão, pode ser que vosmecê só passe aqui uma noite, mas também pode ser que passe o resto da vida...

— E o resto da vida pode ser trinta anos, três meses ou três dias... — filosofou Juvenal, olhando os pedacinhos de fumo que se lhe acumulavam no côncavo da mão.

E quando ergueu a cabeça para encarar o capitão, deu com aqueles olhos de ave de rapina.

— Ou três horas... — completou Rodrigo. — Mas por que é que o amigo diz isso?

— Porque vosmecê tem um jeito atrevido.

Sem se zangar, mas com firmeza, Rodrigo retrucou:

— Tenho e sustento o jeito.

— Por aqui hai também muito homem macho.

VERISSIMO, Erico. *Um certo capitão Rodrigo*. 6. ed. Porto Alegre: Globo, 1981.

Jayme Monjardim/Nexus Cinema/Globo Filmes

O ator Thiago Lacerda como o personagem capitão Rodrigo no filme *O tempo e o vento*, de Jayme Monjardim, 2012. Trata-se de uma adaptação para o cinema da obra homônima de Erico Verissimo.

Atividades

1. Relacione os diferentes níveis de linguagem presentes no texto.
2. Como o autor retrata o homem típico do Rio Grande do Sul?

LITERATURA, MEIO AMBIENTE E SOCIEDADE

Os mais famosos romances de José Lins do Rego são aqueles que o autor reconhece como pertencentes ao "ciclo da cana-de-açúcar". A narrativa das obras é pontuada pela melancolia de quem se afasta de suas raízes e, mais do que isso, vê se perder o mundo no qual foi criado; no caso do Nordeste da cana, é a modernidade o que condena a vida dos engenhos, que interfere no ritmo da vida, impõe a racionalidade das usinas. No prefácio do livro *Usina*, escreve José Lins do Rego:

> Depois de *Moleque Ricardo* veio *Usina*, a história do Santa Rosa arrancado de suas bases, espatifado, com máquinas de fábrica, com ferramentas enormes, com moendas gigantes devorando a cana madura que as suas terras fizeram acamar pelas várzeas. Carlos de Melo, Ricardo e Santa Rosa se acabam, têm o mesmo destino, estão tão intimamente ligados que a vida de um tem muito da vida do outro. Uma grande melancolia os envolve de sombras. Carlinhos foge, Ricardo morre pelos seus e o Santa Rosa perde até o nome, se escraviza.

REGO, José Lins do. *José Lins do Rego*: ficção completa. Rio de Janeiro: Nova Aguilar, 1987. v. 1. p. 675.

É importante perceber como, na representação do escritor, o engenho é muito mais do que uma unidade produtiva; logo, as usinas eram responsáveis por destruir uma organização social complexa, por acabar com uma história.

De acordo com o sociólogo pernambucano Gilberto Freyre (1900-1987), a história da produção canavieira, por conta das necessidades monocultoras e da ganância dos colonizadores, desequilibrou a paisagem das matas e rios nordestinos. A derrubada da vegetação nativa, as queimadas e a introdução de novas espécies animais causaram danos graves ao meio ambiente. No entanto, se houve a depredação, houve, também, a formação de uma civilização nos trópicos. Das plantações no solo de massapê, surgira aquilo que caracteriza a particularidade nacional brasileira. Das relações entre colonos portugueses, índios e escravos, criara-se uma nova organização social, com sua estética, seu ritmo e seus pontos de equilíbrio. Mesmo com a violência inerente ao sistema escravista haveria concórdia entre os polos do senhor e do escravo; era o encontro entre elementos distintos o que ditava a riqueza humana da civilização da cana. Meninos e moleques brincando juntos; senhores engraçados por escravas; mucamas confidentes de senhoras – haveria, dessa forma, toda uma gama de relações e conciliações, mais do que conflitos e disputas.

Assim como José Lins do Rego, Gilberto Freyre – grande amigo e mentor intelectual do escritor – já havia identificado na modernidade capitalista um elemento desestabilizador do Nordeste agrário: as relações patriarcais entre senhor e trabalhador se perdiam com a impessoalidade da usina; com a produção feita sob lógica industrial, não haveria espaço para contatos culturais e intimidades humanizadoras. As usinas passaram a ser propriedade de senhores longínquos, membros de grandes companhias capitalistas, distantes dos trabalhadores. A produção da cana perdera todo o seu lirismo, tornara-se artificial e inorgânica. Um dos casos mais lembrados por Freyre é o dos rios:

> O monocultor rico do Nordeste fez da água dos rios um mictório. Um mictório das caldas fedorentas de suas usinas. E as caldas fedorentas matam os peixes. Envenenam as pescadas. Emporcalham as margens. A calda que as usinas de açúcar lançam todas as safras nas águas dos rios sacrifica cada fim de ano parte considerável da produção de peixes no Nordeste. [...]
>
> As casas já não dão a frente para a água dos rios: dão-lhes as costas com nojo. Dão-lhe o traseiro com desdém. As moças e os meninos já não tomam banho de rio: só banho de mar. Só os moleques e os cavalos se lavam hoje na água suja dos rios.

O rio não é mais respeitado pelos fabricantes de açúcar, que outrora se serviam dele até para lavar louça da casa, mas não o humilhavam nunca, antes o honravam sempre. Admitiam-no à sua maior intimidade. Contavam-lhe suas mágoas de namorados e as suas saudades de velhos. Faziam das pontes e dos cais seus recantos preferidos de conversa, noite de lua no Recife.

Esses rios secaram na paisagem social do Nordeste da cana-de-açúcar. Em lugar deles correm uns rios sujos, sem dignidade nenhuma, dos quais os donos das usinas fazem o que querem. E esses rios assim prostituídos quando um dia se revoltam é a esmo e à toa, engolindo os mucambos dos pobres que ainda moram pelas suas margens e ainda tomam banho nas suas águas amarelentas ou pardas como se o mundo inteiro mijasse ou defecasse nelas.

FREYRE, Gilberto. *Nordeste*: aspectos da influência da cana sobre a vida e a paisagem do Nordeste do Brasil. São Paulo: Global, 2004. p. 71.

Gilberto Freyre e José Lins do Rego, no que diz respeito a temas ambientais, desempenharam papel pioneiro no Brasil. Em suas obras, fizeram questão de ressaltar as atitudes predatórias dos seres humanos, sobretudo no que se refere à paisagem do Nordeste canavieiro. No entanto, ao defenderem a preservação da natureza, o fizeram pensando, também, na conservação da sociedade patriarcal e senhorial apoiada na produção dos engenhos de cana-de-açúcar. Na concepção de ambos, os rios e a terra só seriam respeitados se houvesse a manutenção das relações humanas que marcaram o cotidiano dos engenhos; nesse cenário, a impessoalidade e a industrialização impostas com as usinas seriam as grandes vilãs. Não havia, assim, por mais essencial que fosse o combate à poluição das terras e dos rios, qualquer questionamento da autoridade patriarcal.

Para compreender melhor a presença da questão ambiental na obra de José Lins do Rego, e não só no que diz respeito à paisagem nordestina, leia os textos a seguir. O primeiro é um trecho do famoso poema "Meus oito anos", do romântico Casimiro de Abreu; o segundo, a crônica "O cronista, as borboletas e os urubus", escrita por José Lins do Rego em maio de 1945.

Rogério Carneiro/Folhapress

Gilberto Freyre. "Em 1941, Freyre lança o livro *Região e tradição*, e o volume é prefaciado por José Lins. Em seu texto, o romancista afirma que foi a partir da amizade com o sociólogo que começou a existir para ele o mundo das artes. Exagero que permite observar, de todo modo, a importância que José Lins atribuía a Gilberto Freyre." (Trecho de entrevista da professora Mariana Chaguri ao *Jornal da Unicamp*; disponível em: <www.unicamp.br>. Acesso em: 2 jul. 2014.)

Texto 1

Meus oito anos

(fragmento)

Casimiro de Abreu

Livre filho das montanhas,
Eu ia bem satisfeito,
Da camisa aberta o peito,
— Pés descalços, braços nus
— Correndo pelas campinas
A roda das cachoeiras,
Atrás das asas ligeiras
Das borboletas azuis!

Naqueles tempos ditosos
Ia colher as pitangas,
Trepava a tirar as mangas,
Brincava à beira do mar;
Rezava às Ave-Marias,
Achava o céu sempre lindo.
Adormecia sorrindo
E despertava a cantar!
....
Oh! que saudades que tenho
Da aurora da minha vida,
Da minha infância querida
Que os anos não trazem mais!
— Que amor, que sonhos, que flores,
Naquelas tardes fagueiras
A sombra das bananeiras
Debaixo dos laranjais!

Vera Basile/Arquivo da editora

Disponível em: <www.jornaldepoesia.jor.br>.
Acesso em: 30 maio 2014.

Texto 2

O cronista, as borboletas e os urubus

José Lins do Rego

Vera Basile/Arquivo da editora

Fui hoje pela manhã, em caminhada a pé, até o estádio do Flamengo, com intuito de assistir ao treino do rubro-negro. A manhã era toda de uma festa de luz sobre as águas, os morros. Alguns barcos ainda se encontravam na lagoa [Rodrigo de Freitas], e os pássaros do arvoredo da ilha de Piraquê cantavam com alegria de primavera.

Tudo estava muito bonito, e o cronista descuidado e lírico começou a caminhada para gozar um pedaço desta maravilhosa cidade do Rio de Janeiro. E com esse propósito, de camisa aberta ao peito, procurou descobrir as borboletas azuis do seu caro Casimiro de Abreu.

Mas, em vez das lindíssimas borboletas, o cronista foi encontrando soturnos urubus, a passearem, a passo banzeiro, por cima do lixo, das imundices, dos animais mortos, de toda podridão que a prefeitura vai deixando ali, por detrás dos muros do Jóquei Clube. Fedia tanto o caminho que o pobre cronista, homem de noventa quilos, teve de correr para fugir o mais depressa possível daquele cenário nauseabundo.

A manhã era linda, e o sol, apesar de tudo, brilhava sobre o lixo, indiferente a todo aquele relaxamento dos homens.

In: CASTRO, Marcos de. (Org.) *Flamengo é puro amor*: 111 crônicas escolhidas. Rio de Janeiro: José Olympio, 2002. p. 34.

1. No poema de Casimiro de Abreu, como a natureza é tratada em relação à memória da infância?

2. Na crônica de José Lins do Rego, há uma evidente intertextualidade com o poema de Casimiro de Abreu. Que significados podem ser atribuídos a essas referências?

3. A crônica se baseia na oposição entre as borboletas e os urubus. Como são caracterizados e o que representam esses dois seres?

4. No correr da crônica, o escritor cobra providências das autoridades municipais quanto à sujeira lançada nas proximidades da lagoa. Em sua opinião, esse tipo de atitude é fundamental para cobrar medidas do poder público? Que outras formas de reinvindicação podem ser realizadas?

5. Esta atividade propõe um debate de várias opiniões sobre a questão ambiental. A ideia é chamar sua atenção para o fato de que esse tema pode ser pensado sob diversos pontos de vista. Para isso, indicamos a leitura de mais alguns textos, que fornecem a perspectiva do movimento manguebeat sobre o assunto e, em seguida, sugerimos questões para provocar o debate.

   a) Na década de 1990, surgiu na cidade do Recife um movimento cultural chamado manguebeat, que envolve, até hoje, artistas de diversas áreas, mas que ganhou notoriedade com a música, principalmente por conta das bandas Nação Zumbi e Mundo Livre S/A. As canções desses grupos são marcadas pela fusão entre os sons locais, como o maracatu, com o *rock*, o samba, o *hip-hop* e a música eletrônica. Na base da proposta, estão temas ligados a questões sociais e ambientais, criando um discurso que visa repensar a organização da cidade, combatendo as desigualdades e a depredação da natureza. O mangue – vegetação típica das margens dos rios Capibaribe e Beberibe, nas quais se ergue a capital de Pernambuco –, a lama e os caranguejos, fontes de alimento e subsistência para muitos dos recifenses marginalizados, são tomados como metáforas da capacidade de reinventar e reaproveitar, material e culturalmente, todos os resíduos da urbe. Afinal, como dizia o geógrafo Josué de Castro (1908-1973), especialista no tema da fome e um dos grandes influenciadores do movimento, no mangue tudo obedece a uma lógica cíclica, o "ciclo do caranguejo":

   > Se a terra foi feita pro homem, com tudo para bem servi-lo, também o mangue foi feito especialmente pro caranguejo. Tudo aí, é, foi ou está para ser caranguejo, inclusive o homem e a lama que vive nela. A lama misturada com urina, excremento e outros resíduos que a maré traz, quando ainda não é caranguejo, vai ser. O caranguejo nasce nela, vive nela. Cresce comendo lama, engordando com as porcarias dela, fazendo com lama a carninha branca de suas patas e a geleia esverdeada de suas vísceras pegajosas. Por outro lado o povo daí vive de pegar caranguejo, chupar-lhe as patas, comer e lamber os seus cascos até que fiquem limpos como um copo. E com a sua carne feita de lama fazer a carne do seu corpo e a carne do corpo de seus filhos. São cem mil indivíduos, cem mil cidadãos feitos de carne de caranguejo. O que o organismo rejeita volta como detrito, para a lama do mangue, para virar caranguejo outra vez.
   >
   > CASTRO, Josué de. *Documentário do Nordeste*. 2. ed. São Paulo: Brasiliense, 1959. p. 27.

   b) Leia os fragmentos a seguir, reproduzidos do manifesto "Caranguejos com cérebro", escrito por Fred Zero Quatro, vocalista do grupo Mundo Livre S/A. Leia também a letra da canção "Manguetown", de Chico Science.

Caranguejos com cérebro

Fred Zero Quatro

Manguetown, a cidade

A planície costeira onde a cidade do Recife foi fundada é cortada por seis rios. Após a expulsão dos holandeses, no século XVII, a (ex)cidade *maurícia* passou desordenadamente às custas do aterramento indiscriminado e da destruição de seus manguezais.

Em contrapartida, o desvario irresistível de uma cínica noção de *progresso*, que elevou a cidade ao posto de *metrópole* do Nordeste, não tardou a revelar sua fragilidade.

Bastaram pequenas mudanças nos ventos da história, para que os primeiros sinais de esclerose econômica se manifestassem, no início dos anos setenta. Nos últimos trinta anos, a síndrome da estagnação, aliada a permanência do mito da *metrópole* só tem levado ao agravamento acelerado do quadro de miséria e caos urbano.

Mangue, a cena

Emergência! Um choque rápido ou o Recife morre de infarto! Não é preciso ser médico para saber que a maneira mais simples de parar o coração de um sujeito é obstruindo as suas veias. O modo mais rápido, também, de enfartar e esvaziar a alma de uma cidade como o Recife é matar os seus rios e aterrar os seus estuários. O que fazer para não afundar na depressão crônica que paralisa os cidadãos? Como devolver o ânimo, deslobotomizar e recarregar as baterias da cidade? Simples! Basta injetar um pouco de energia na lama e estimular o que ainda resta de fertilidade nas veias do Recife.

Disponível em: <www.recife.pe.gov.br>. Acesso em: 30 maio 2014.

Manguetown

Chico Science

Tô enfiado na lama
É um bairro sujo
Onde os urubus têm casas
E eu não tenho asas

Mas estou aqui em minha casa
Onde os urubus têm asas
Eu vou pintando, segurando as paredes
No mangue do meu quintal e manguetown

Andando por entre os becos
Andando em coletivos
Ninguém foge ao cheiro sujo
Da lama da manguetown

Esta noite sairei, vou beber com meus amigos... ha!
E com as asas que os urubus me deram ao dia
Eu voarei por toda a periferia
Vou sonhando com a mulher
Que talvez eu possa encontrar
E ela também vai andar na lama do meu quintal é
Manguetown

Andando por entre os becos
Andando em coletivos
Ninguém foge ao cheiro sujo
Da lama da manguetown

Fui no mangue catar lixo
Pegar caranguejo
Conversar com urubu

Disponível em: <http://letras.mus.br>. Acesso em: 30 maio 2014.

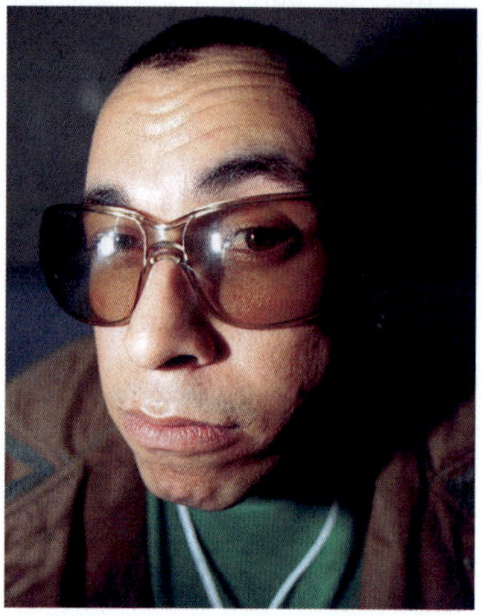

Flávio Florido/Folhapress

Chico Science (Francisco de Assis França, 1966-1997), cantor e compositor pernambucano, um dos nomes decisivos do movimento manguebeat, da década de 1990. Líder da banda Chico Science & Nação Zumbi, teve os álbuns *Da lama ao caos* e *Afrociberdelia* incluídos na lista dos cem melhores discos da música brasileira da revista sobre música *Rolling Stone*.

c) Em grupos, organizem os debates tendo como inspiração as seguintes perguntas:
- Como as questões ambientais são tratadas nos dois textos? Que significado a depredação da natureza assume em ambos?
- Que diferenças podem ser notadas no jeito de abordar a questão ambiental nos textos de José Lins do Rego e Gilberto Freyre e nos textos do movimento manguebeat?

Pensando no Enem

1. Leia o texto:

A velha Totonha de quando em vez batia no engenho. E era um acontecimento para a meninada... Que talento ela possuía para contar as suas histórias, com um jeito admirável de falar em nome de todos os personagens, sem nenhum dente na boca, e com uma voz que dava todos os tons às palavras!

Havia sempre rei e rainha, nos seus contos, e forca e adivinhações. E muito da vida, com as suas maldades e as suas grandezas, a gente encontrava naqueles heróis e naqueles intrigantes, que eram sempre castigados com mortes horríveis!

O que fazia a velha Totonha mais curiosa era a cor local que ela punha nos seus descritivos. Quando ela queria pintar um reino era como se estivesse falando dum engenho fabuloso. Os rios e florestas por onde andavam os seus personagens se pareciam muito com a Paraíba e a Mata do Rolo. O seu Barba-Azul era um senhor de engenho de Pernambuco.

José Lins do Rego. *Menino de engenho*. Rio de Janeiro: José Olympio, 1980, p. 49-51 (com adaptações).

Na construção da personagem "velha Totonha", é possível identificar traços que revelam marcas do processo de colonização e de civilização do país.

Considerando o texto acima, infere-se que a velha Totonha:

a) tira o seu sustento da produção da literatura, apesar de suas condições de vida e de trabalho, que denotam que ela enfrenta situação econômica muito adversa.
b) compõe, em suas histórias, narrativas épicas e realistas da história do país colonizado, livres da influência de temas e modelos não representativos da realidade nacional.
c) retrata, na constituição do espaço dos contos, a civilização urbana europeia em concomitância com a representação literária de engenhos, rios e florestas do Brasil.
d) aproxima-se, ao incluir elementos fabulosos nos contos, do próprio romancista, o qual pretende retratar a realidade brasileira de forma tão grandiosa quanto a europeia.
e) imprime marcas da realidade local a suas narrativas, que têm como modelo e origem as fontes da literatura e da cultura europeia universalizada.

Comentário

A velha Totonha, de José Lins do Rego, é uma personagem típica da cultura ligada à oralidade, pois é uma contadora de histórias com estas características, de acordo com o narrador: em suas histórias, personagens como reis e rainhas são envolvidos em cenário com cor local, ou seja, com características da paisagem própria de onde vive essa contadora. Histórias de reis e rainhas pertencem ao imaginário europeu ligado à Idade Média e trazido para o Brasil pelos colonizadores. Fizeram parte do processo de civilização destas terras quando colônia, pois contribuíram para a formação do imaginário nacional. Essa ligação da sociedade brasileira com a "cultura europeia universalizada" é revisitada pela velha Totonha, que a mistura a seu meio ao imprimir nela as "marcas da realidade local" do Nordeste.

Resposta: **E**.

Texto para a questão 2.

Quando vou a São Paulo, ando na rua ou vou ao mercado, apuro o ouvido; não espero só o sotaque geral dos nordestinos, onipresentes, mas para conferir a pronúncia de cada um; os paulistas pensam que todo nordestino fala igual; contudo as variações são mais numerosas que as notas de uma escala musical. Pernambuco, Paraíba, Rio Grande do Norte, Ceará, Piauí têm no falar de seus nativos muito mais variantes do que se imagina. E a gente se goza uns dos outros, imita o vizinho, e todo mundo ri, porque parece impossível que um praiano de beira-mar não chegue sequer perto de um sertanejo de Quixeramobim. O pessoal do Cariri, então, até se orgulha do falar deles. Têm uns *tês* doces, quase um *the*; já nós, ásperos sertanejos, fazemos um duro *au* ou *eu* de todos os terminais em *al* ou *el* – *carnavau*, *Raqueu*... Já os paraibanos trocam o *l* pelo *r*. José Américo só me chamava, afetuosamente, de *Raquer*.

Queiroz, R. *O Estado de S. Paulo*. 09 maio 1998 (fragmento adaptado).

2. Raquel de Queiroz comenta, em seu texto, um tipo de variação linguística que se percebe no falar de pessoas de diferentes regiões.

As características regionais exploradas no texto manifestam-se

a) na fonologia.
b) no uso do léxico.
c) no grau de formalidade.
d) na organização sintática.
e) na estruturação morfológica.

Comentário

A escritora cearense Rachel de Queiroz, autora de diversas crônicas, além de romances e contos, comenta nesse texto as variedades linguísticas que percebe na fala de cidadãos de várias partes do país. A área da linguística que estuda os sons de um idioma é a fonologia.

Resposta: **A**.

Vestibulares de Norte a Sul

Textos para a questão 1.

Texto A

Carlos Drummond de Andrade

Uma flor nasceu na rua!
Passem de longe, bondes, ônibus, rio de aço do tráfego.
Uma flor ainda desbotada
Ilude a polícia, rompe o asfalto.
Façam completo silêncio, paralisem os negócios,
Garanto que uma flor nasceu.

Sua cor não se percebe.
Suas pétalas não se abrem.
Seu nome não está nos livros.
É feia. Mas é realmente uma flor.

Sento-me no chão da capital do país às cinco horas da tarde
e lentamente passo a mão nessa forma insegura.
[...]
Furou o asfalto, o tédio, o nojo e o ódio.

Texto B

Erico Verissimo

Dentro do parque sentiu-se liberto da cidade, embora ainda prisioneiro da noite. Andou vagueando sem rumo, e durante esses minutos seu espírito, espelho morto, refletiu passivamente o que seus olhos entreviam; o vulto das árvores, os largos tabuleiros de relva com zonas de sombra e luz e, dum lado e outro da alameda, os globos iluminados na extremidade dos postes. [...] aquilo era um pesadelo, e essa ideia tranquilizou-o um pouco. Com o torso encurvado, os cotovelos fincados nas coxas, as mãos segurando a cabeça, fechou os olhos e por algum tempo atentou apenas naquele pulsar surdo e doloroso que lhe martelava as fontes. Água. Queria afundar a cabeça dentro dum poço para refrescá-la... Abrir a boca e beber, beber muito... [...] Pôs-se de pé [...] era imperioso sair dali o quanto antes.

1. **S** (PUC-RS) Os textos A e B
   I. podem ser associados à primeira fase do Modernismo brasileiro, tendo em vista, principalmente, a temática vinculada ao mundo urbano.
   II. apresentam características da fase de maturidade estética do Modernismo brasileiro.
   III. mostram tentativas do homem contemporâneo em busca de algum tipo de conforto na natureza.
   IV. exploram elementos da vida urbana, numa expressão linguística preciosista.

   Pela análise das afirmativas, conclui-se que está correta a alternativa

   a) I e II
   b) I, II, III e IV
   c) II e III
   d) II e IV
   e) III e IV

2. **NE** (UFPE) Os romances de Jorge Amado podem ser divididos em três vertentes temáticas particulares: os romances proletários; os do ciclo do cacau e as narrativas de crônicas de costumes da Bahia. *Gabriela cravo e canela* foi a primeira obra dessa última vertente. Alcançou grande sucesso de público quando, em 1975, foi transformada em telenovela. Leia os dois textos a seguir e julgue as alternativas seguintes, referentes à literatura de Jorge Amado.

Texto I

Só Gabriela parecia não sentir a caminhada, seus pés como que deslizando pela picada muitas vezes aberta na hora a golpes de facão, na mata virgem. Como se não existissem as pedras, os tocos, os cipós emaranhados. A poeira dos caminhos da caatinga a cobrira tão por completo que era impossível distinguir seus traços. Nos cabelos já não penetrava o pedaço de pente, tanto pó se acumulara. Parecia uma demente perdida nos caminhos. Mas Clemente sabia como ela era deveras e o sabia em cada partícula de seu ser, na ponta dos dedos e na pele do peito. Quando os dois grupos se encontraram, no começo da viagem, a cor do rosto de Gabriela e de suas pernas era ainda visível e os cabelos rolavam sobre o cangote, espalhando perfume. Ainda agora, através da sujeira a envolvê-la, ele a enxergava como a vira no primeiro dia, encostada numa árvore, o corpo esguio, o rosto sorridente, mordendo uma goiaba.

(Jorge Amado)

Texto II

Modinha para Gabriela

Quando eu vim para esse mundo,
Eu não atinava em nada
Hoje eu sou Gabriela
Gabriela, eh... Meus camarada!
Eu nasci assim, eu cresci assim,
E sou mesmo assim, vou ser sempre assim:
Gabriela, sempre Gabriela!
Quem me batizou, quem me nomeou,
Pouco me importou, é assim que eu sou
Gabriela, sempre Gabriela!
(...)
Eu sou sempre igual não desejo o mal
Amo o natural, etc. e tal.
Gabriela, sempre Gabriela!

(Dorival Caymmi)

( ) No texto de Jorge Amado, em meio à miséria da seca na Bahia, avulta Gabriela, personagem cuja pureza e ingenuidade se mesclavam à sensualidade da mulher brasileira, flagrada pelo olhar de Clemente.

( ) *Gabriela cravo e canela* inaugura uma fase da produção literária de Jorge Amado, na qual se inserem também romances como *Capitães da areia* e *Seara vermelha*.

( ) A canção de Caymmi expressa uma sensível leitura do romance de Jorge Amado pelo compositor baiano, em que a personagem que dá título à obra é uma mulher amarga e endurecida pela miséria.

( ) A mulher, na figura de Gabriela, é focada por um discurso masculino do narrador do romance, que realça a sensualidade feminina, reforçando a representação da mulher como objeto exótico, que aguça a cobiça masculina.

( ) Além de oferecer uma interpretação particular da realidade nacional, o romance de Jorge Amado em foco apresenta uma linguagem original, inventada, repleta de neologismos e arcaísmos.

CAPÍTULO

27 O Brasil depois de 1945

Retângulos em azul, de Arcangelo Ianelli, 1976.

A valorização dos espaços: ângulos, retas e curvas

A arte concreta

Em 9 de dezembro de 1952 foi inaugurada, no Museu de Arte Moderna de São Paulo (MAM-SP), a exposição que marcaria o início da arte concreta no Brasil: *Ruptura*. Concebida e organizada por um grupo de sete artistas, entre eles os brasileiros Geraldo de Barros (1923-1998), Luiz Sacilotto (1924-2003) e Waldemar Cordeiro (1925-1973), este o porta-voz oficial do grupo.

No ambiente do pós-guerra marcado por otimismo e pelo desejo de esquecer o horror dos anos anteriores, ganhava força, a arte concreta sob a inspiração do suíço Max Bill (1908-1994), seu principal teórico então.

Acompanhada de manifesto, escrito por Cordeiro, a exposição em São Paulo representou um novo caminho para a arte. Com isso, estabelecia-se uma posição firme contra as principais correntes da arte no país naquele momento.

Movimento, de Waldemar Cordeiro, 1951.

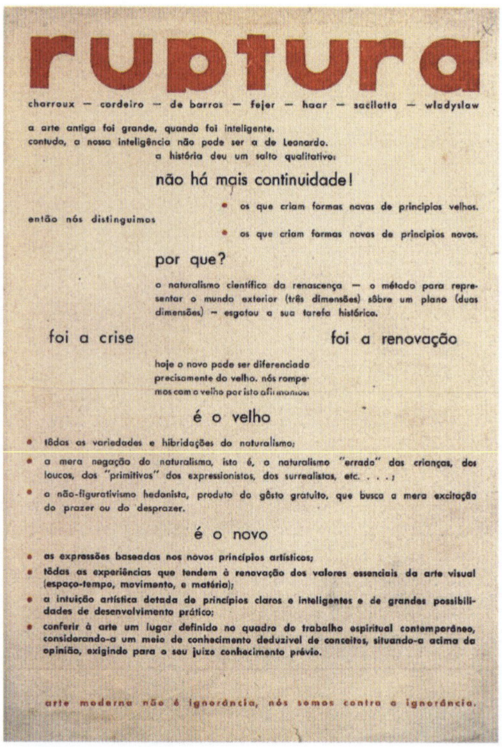

ruptura

charroux — cordeiro — de barros — fejer — haar — sacilotto — wladyslaw

a arte antiga foi grande, quando foi inteligente.
contudo, a nossa inteligência não pode ser a de Leonardo.
a história deu um salto qualitativo:

não há mais continuidade!

então nós distinguimos
- os que criam formas novas de princípios velhos.
- os que criam formas novas de princípios novos.

por que?

o naturalismo científico da renascença — o método para representar o mundo exterior (três dimensões) sôbre um plano (duas dimensões) — esgotou a sua tarefa histórica.

foi a crise — foi a renovação

hoje o novo pode ser diferenciado precisamente do velho. nós rompemos com o velho por isto afirmamos:

é o velho

- tôdas as variedades e hibridações do naturalismo;
- a mera negação do naturalismo, isto é, o naturalismo "errado" das crianças, dos loucos, dos "primitivos" dos expressionistas, dos surrealistas, etc. . . . ;
- o não-figurativismo hedonista, produto do gôsto gratuito, que busca a mera excitação do prazer ou do desprazer.

é o novo

- as expressões baseadas nos novos princípios artísticos;
- tôdas as experiências que tendem à renovação dos valores essenciais da arte visual (espaço-tempo, movimento, e matéria);
- a intuição artística dotada de princípios claros e inteligentes e de grandes possibilidades de desenvolvimento prático;
- conferir à arte um lugar definido no quadro do trabalho espiritual contemporâneo, considerando-a um meio de conhecimento deduzível de conceitos, situando-a acima da opinião, exigindo para o seu juízo conhecimento prévio.

arte moderna não é ignorância, nós somos contra a ignorância.

Manifesto "Ruptura", que acompanhou a exposição realizada no Museu de Arte Moderna de São Paulo em 1952 e marcou o início do movimento concretista brasileiro. O concretismo ganhou corpo nas artes plásticas e logo se estendeu para a literatura.

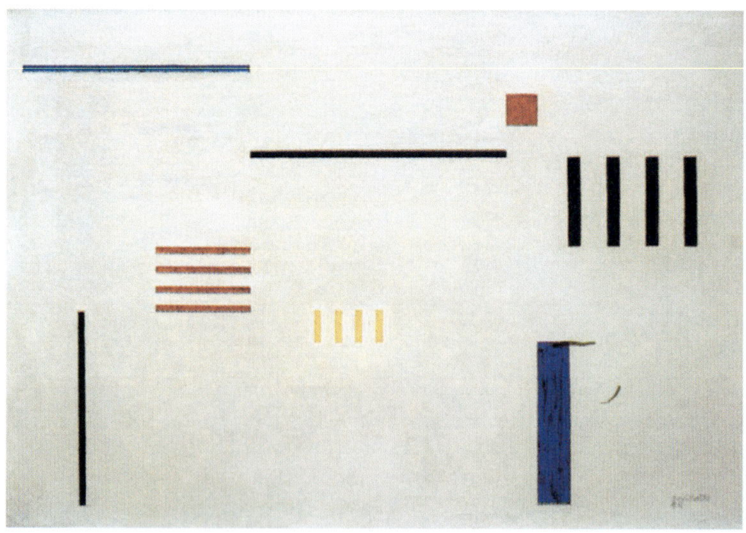

Concreção, Luiz Sacilotto, 1952.

- *Observe as duas obras reproduzidas nesta página. Comente-as levando em conta o uso que cada artista fez destes elementos: formas, ritmo, cores, contrastes. Por essa amostra, o que parece interessar aos artistas desse estilo?*

As Bienais

Em 1951, organizou-se a primeira Bienal Internacional de São Paulo, sob a supervisão do empresário Francisco Matarazzo Sobrinho (1892-1977). Essa foi a primeira grande exposição de arte moderna fora dos centros culturais do hemisfério norte. Promovidas pelo Museu de Arte Moderna, as exposições internacionais da década de 1950 ofereceram prêmios e muito prestígio aos homenageados. Da primeira Bienal no país, participaram artistas de dezenove países; houve cerca de 1 800 obras expostas. Artistas consagrados como Picasso, Portinari, Di Cavalcanti e Bruno Giorgi mereceram salas especiais.

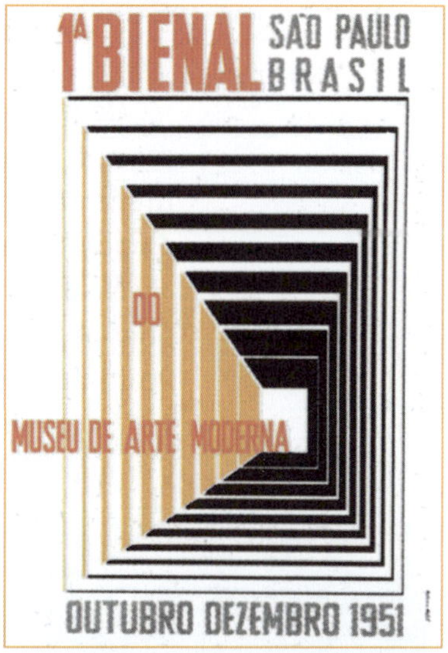

Reprodução/Fundação Bienal de São Paulo, SP.

O cartaz da Primeira Bienal Internacional de São Paulo, reproduzido aqui, prenunciava a tendência dos anos 1950: arte concreta.

A arquitetura e a escultura

No final dos anos 1950, como parte da política desenvolvimentista do governo de Juscelino Kubitschek (1902-1976), foi construída a nova capital do país, Brasília, projetada pelo urbanista Lúcio Costa e pelo arquiteto Oscar Niemeyer. A cidade tem o formato de um imenso avião pousado no coração do cerrado do Planalto Central e seus prédios apresentam os inconfundíveis traços de Niemeyer: curvas e retas formando imensos blocos suspensos sobre delicados espelhos-d'água. As esculturas monumentais, com a construção da nova capital, sofreram impulso também.

Luciana Whitaker/Pulsar Imagens

Os guerreiros (ou *Monumento aos candangos*), de Bruno Giorgi, na praça dos Três Poderes, em Brasília. Erguida em 1959, essa escultura de Bruno Giorgi (1905-1993) é uma homenagem aos 80 mil trabalhadores responsáveis pela construção da capital. A obra mede oito metros de altura e é toda feita em bronze. Em 1987, foi restaurada pelo artista Zeno Zani. As esculturas de Bruno Giorgi marcam a paisagem de Brasília.

Ed Viggiani/Pulsar Imagens

Panteão da Pátria e da Liberdade Tancredo Neves, na praça dos Três Poderes, em Brasília: Projeto de Oscar Niemeyer em formato de pomba, inaugurado em 1986.

- *Reúna-se com alguns colegas e, sob a orientação do professor, façam um passeio pela região em que vocês moram para fazer uma lista de monumentos públicos significativos. Se possível, fotografem essas obras e anotem, de cada caso, os dados básicos: autores, local de exposição, ano de produção e título. Pesquisem sobre esses artistas e sobre os edifícios públicos contemplados com esses trabalhos.*
- *Exponham as informações a toda a classe e observem o trabalho dos outros grupos.*

1 1945: uma nova ordem no mundo e no Brasil

Com o fim da Segunda Guerra Mundial e a derrota do nazifascismo, mas com o mundo chocado pelo horror atômico, assistiu-se à composição de uma nova ordem mundial, com a divisão da Alemanha, a criação da Organização das Nações Unidas (ONU), a oposição entre capitalismo e socialismo e a consequente Guerra Fria.

No Brasil, os ventos da democratização derrubam Getúlio Vargas (1882-1954) após 15 anos de governo (dos quais os últimos oito marcados pelo autoritarismo do Estado Novo). Promulgou-se uma nova Constituição, em 1946, e os partidos foram liberados, mas em 1947 o governo brasileiro alinhou-se aos Estados Unidos na Guerra Fria e colocou o Partido Comunista Brasileiro e os movimentos populares na ilegalidade.

O presidente do conselho, Vincent Auriol, em pronunciamento do discurso de abertura da terceira assembleia da Organização das Nações Unidas, em 22 de setembro de 1948, em Paris. Foi nessa assembleia que se assinou a Declaração dos Direitos Humanos.

Mao Tsé-tung anunciando a criação da República Popular da China, em 1º de outubro de 1949, em Pequim.

Pós-Modernismo

2 Os rumos da poesia e da prosa

Embora o que se costuma chamar de "poesia moderna" seja uma coisa multiforme demais, não é excessivo querer descobrir nela um denominador comum: seu espírito de pesquisa formal.

João Cabral de Melo Neto, poeta do Pós-Modernismo brasileiro.

Como afirma o poeta João Cabral de Melo Neto (1920-1999) na epígrafe acima, a principal marca da poesia pós-1945 foi a pesquisa formal, a pesquisa estética. De fato, os anos finais da década de 1940 e toda a década de 1950 foram marcados por uma incessante busca de rumos tanto para o verso discursivo, mais tradicional, quanto para uma poesia que promovesse uma ruptura radical, incorporando conceitos do poema-objeto, poema concreto, conforme pregação dos concretistas: "abolição da tirania do verso e proposta de uma nova sintaxe estrutural, na qual o branco da página, os caracteres tipográficos e sua disposição no papel assumam relevo, embora se mantenha ainda o discurso e mesmo o verso, apenas dispersado".

Assim, podem-se reconhecer alguns caminhos:

- a "Geração de 45": a partir de 1945, ganha corpo uma geração de poetas que se opõe às conquistas e inovações dos modernistas de 1922. A nova proposta é defendida inicialmente pela revista *Orfeu*, cujo primeiro número, lançado na primavera de 1947, afirma, entre outras coisas: "Uma geração só começa a existir no dia em que não acredita nos que a precederam, e só existe realmente no dia em que deixam de acreditar nela". Negando a liberdade formal, as ironias, as sátiras e outras "brincadeiras" modernistas, os poetas de 45 se dedicam a uma poesia mais "equilibrada e séria", distante do que eles chamam de "primarismo desabonador" de Mário de Andrade e Oswald de Andrade. A preocupação primordial é o "restabelecimento da forma artística e bela", os modelos voltando a ser parnasianos e simbolistas. Esse grupo era formado, entre outros poetas, por Lêdo Ivo (1924-2012), Péricles Eugênio da Silva Ramos (1919-1982), Geir Campos (1924-1999) e Darcy Damasceno (1922-1988).

- o Concretismo: movimento lançado em meados dos anos 1950, liderado pelos irmãos Augusto (1931) e Haroldo de Campos (1929-2003) e por Décio Pignatari (1927-2012), pregava o aproveitamento do espaço tipográfico, a dissolução e o reagrupamento dos vocábulos, o jogo semântico, visual, acústico.
- tradição e ruptura: não chegando ao extremo de romper com as conquistas dos primeiros modernistas, mas não abrindo mão da pesquisa estética, estão poetas já consagrados, como Carlos Drummond de Andrade e Manuel Bandeira, e novos nomes, como João Cabral de Melo Neto, Ferreira Gullar (1930) e José Paulo Paes (1926-1998), produzindo uma literatura da mais alta qualidade.
- Quanto à prosa, ao lado da permanência de autores consagrados, dois nomes roubam a cena literária brasileira: Clarice Lispector (1920-1977), produzindo literatura de caráter introspectivo, e Guimarães Rosa (1908-1967), que abriu novos horizontes para a literatura regionalista e revolucionou a linguagem da prosa.

3 Autores representativos

João Cabral de Melo Neto: a engenharia da palavra

A poesia de João Cabral caracteriza-se pela objetividade na constatação da realidade e, em alguns casos, pela tendência ao surrealismo. No nível temático, distinguem-se em sua poética três grandes preocupações:

- **O Nordeste** com sua gente: os retirantes, suas tradições, seu folclore, a herança medieval e os engenhos; de modo muito particular, seu estado natal, Pernambuco, e sua cidade, Recife. São objeto de verificação e análise os mocambos, os cemitérios e o rio Capibaribe, que aparece personificado por mais de uma vez.
- **A Espanha** e suas paisagens, em que se destacam os pontos em comum com o Nordeste brasileiro. "Sou um regionalista também na Espanha, onde me considero um sevilhano. Não há que civilizar o mundo, há que 'sevilhizar' o mundo", afirma o poeta.
- **A Arte** e suas várias manifestações: a pintura de Miró, de Picasso e do pernambucano Vicente do Rego Monteiro; a literatura de Paul Valéry, Cesário Verde, Augusto dos Anjos, Graciliano Ramos e Drummond; o futebol de Ademir Meneses e Ademir da Guia; a própria arte poética.

João Cabral apresenta em toda a sua obra uma preocupação com a estética, com a arquitetura da poesia, construindo palavra sobre palavra, como o engenheiro coloca pedra sobre pedra. É o "poeta-engenheiro", que constrói uma poesia calculada, racional, num evidente combate ao sentimentalismo. O ato de escrever consiste em um trabalho de depuração; as palavras são degustadas e selecionadas pelo seu sabor e peso, não podem boiar à toa:

Catar feijão se limita com escrever:
joga-se os grãos na água do alguidar
e as palavras na da folha de papel;
e depois, joga-se fora o que boiar.

Certo, toda palavra boiará no papel,
água congelada, por chumbo seu verbo
pois para catar esse feijão, soprar nele,
e jogar fora o leve e oco, palha e eco.

MELO NETO, João Cabral de. *Obra completa*: volume único / João Cabral de Melo Neto. Rio de Janeiro: Nova Aguilar, 1994. p. 346.

A partir de 1950, o poeta pernambucano apresenta uma poesia cada vez mais engajada, aprofundando assim a temática social. É o caso de "O cão sem plumas", ou seja, o próprio rio Capibaribe, que recolhe os detritos do Recife:

Aquele rio
era como um cão sem plumas.
Nada sabia da chuva azul,
da fonte cor-de-rosa,
da água do copo de água,
da água de cântaro,
dos peixes de água,
da brisa na água.

Sabia dos caranguejos
de lodo e ferrugem.
Sabia da lama
como de uma mucosa.
Devia saber dos polvos.
Sabia seguramente
da mulher febril que habita as ostras.

MELO NETO, João Cabral de. *Obra completa*: volume único / João Cabral de Melo Neto. Rio de Janeiro: Nova Aguilar, 1994. p. 105.

O rio Capibaribe voltaria a ser tema – e personagem – de outro poema: "O rio ou relação da viagem que faz o Capibaribe de sua nascente à cidade do Recife". Entretanto, a poesia participante só traria o reconhecimento popular a João Cabral a partir do poema dramático "Morte e vida severina (Auto de Natal pernambucano)", musicado por Chico Buarque e encenado no Tuca (Teatro da Pontifícia Universidade Católica de São Paulo) na década de 1960. O espetáculo percorreu várias capitais brasileiras e europeias, ganhou inúmeros prêmios e aproximou do grande público, pela primeira vez, a obra de João Cabral de Melo Neto.

No poema "Autocrítica", publicado originalmente na obra *A escola das facas*, em 1980, o autor apresenta o próprio fazer poético. A autorreflexão é característica de João Cabral, que privilegia a tematização da própria linguagem e dos recursos poéticos em sua obra.

Autocrítica

João Cabral de Melo Neto

Só duas coisas conseguiram
(des)feri-lo até a poesia:
o Pernambuco de onde veio
e o aonde foi, a Andaluzia.

Um, o vacinou do falar rico
e deu-lhe a outra, fêmea e viva,
desafio demente: em verso
dar a ver Sertão e Sevilha.

Em 1982, João Cabral de Melo Neto lançou um volume intitulado *Poesia crítica*, em que reuniu poemas cujo tema é a criação poética e a obra ou a personalidade de criadores, poetas ou não. É o artista refletindo sobre a Arte e sobre o próprio trabalho, consciente de seu ofício. No prefácio, o poeta assim se manifesta:

Talvez possa parecer estranho que passados tantos anos de seus primeiros poemas, o autor continue se interrogando e discutindo consigo mesmo sobre um ofício que já deveria ter aprendido e dominado. Mas o autor deve confessar que, infelizmente, não pertence a essa família espiritual para quem a criação é um dom, dom que por sua gratuidade elimina qualquer inquietação sobre sua validade, e qualquer curiosidade sobre suas origens e suas formas de dar-se.

MELO NETO, João Cabral de. *Poesia crítica*. Rio de Janeiro: José Olympio, 1982.

João Cabral de Melo Neto

João Cabral de Melo Neto estreou em livro no ano de 1942 com o volume *Pedra do sono*, em que é nítida a influência de Drummond e Murilo Mendes. Em 1945 publicou *O engenheiro*, em que se manifestam os rumos definitivos de sua obra. Nesse mesmo ano, prestou concurso para a carreira diplomática, pela qual depois serviu na Espanha, Inglaterra, França e no Senegal. Em 1969, foi eleito por unanimidade para a Academia Brasileira de Letras.

Oscar Cabral/Arquivo da editora

Morte e vida severina é um longo poema para "ser lido em voz alta", como o define o autor. Numa sequência de cenas — ora monólogos, ora diálogos — acompanhamos a caminhada de um retirante que sai do Sertão de Pernambuco, nas proximidades da nascente do rio Capibaribe, em direção a Recife. Na seção a seguir, leia alguns trechos desse poema.

LENDO O TEXTO

Morte e vida severina

(Auto de Natal pernambucano)

João Cabral de Melo Neto

Primeira cena: a apresentação do retirante.

O retirante explica ao leitor quem é e a que vai

— O meu nome é Severino,
não tenho outro **de pia**.
Como há muitos Severinos,
que é santo de romaria,
deram então de me chamar
Severino de Maria;
como há muitos Severinos
com mães chamadas Maria,
fiquei sendo o da Maria
do finado Zacarias.
Mas isso ainda diz pouco:
há muitos na freguesia,
por causa de um coronel
que se chamou Zacarias
e que foi o mais antigo
senhor desta sesmaria.
Como então dizer quem fala
ora a Vossas Senhorias?
Vejamos: é o Severino
da Maria do Zacarias,
lá da serra da Costela,
limites da Paraíba.
Mas isso ainda diz pouco:
se ao menos mais cinco havia
com nome de Severino
filhos de tantas Marias
mulheres de outros tantos,
já finados, Zacarias,
vivendo na mesma serra
magra e ossuda em que eu vivia.
Somos muitos Severinos
iguais em tudo na vida:
na mesma cabeça grande
que a custo é que se equilibra,
no mesmo ventre crescido
sobre as mesmas pernas finas,

de pia: referente à pia batismal; no texto, equivale a "de batismo".

e iguais também porque o sangue
que usamos tem pouca tinta.
E se somos Severinos
iguais em tudo na vida,
morremos de morte igual,
mesma morte severina:
que é a morte de que se morre
de velhice antes dos trinta,
de emboscada antes dos vinte,
de fome um pouco por dia
(de fraqueza e de doença
é que a morte severina
ataca em qualquer idade,
e até gente não nascida).

Somos muitos Severinos
iguais em tudo e na sina:
a de abrandar estas pedras
suando-se muito em cima,
a de tentar despertar
terra sempre mais extinta,
a de querer arrancar
algum roçado da cinza.
Mas, para que me conheçam
melhor Vossas Senhorias
e melhor possam seguir
a história de minha vida,
passo a ser o Severino
que em vossa presença emigra.

Ao iniciar sua jornada, Severino já depara com a morte (e assim será, ao longo de toda a caminhada). No trecho a seguir, observe como a questão da concentração agrária é mencionada, com destaque para os métodos utilizados pelos grandes proprietários.

Encontra dois homens carregando um defunto numa rede, aos gritos de: "Ó irmãos das almas! Irmãos das almas! Não fui eu que matei não!"

— A quem estais carregando,
irmãos das almas,
embrulhado nessa rede?
Dizei que eu saiba.
— A um defunto de nada,
irmão das almas,
que há muitas horas viaja
à sua morada.
— E sabeis quem era ele,
irmãos das almas,
sabeis como ele se chama
ou se chamava?
— Severino Lavrador,
irmão das almas,
Severino Lavrador,
mas já não lavra.
— E de onde que o estais trazendo,
irmãos das almas,
onde foi que começou
vossa jornada?
— Onde a Caatinga é mais seca,
irmão das almas,
onde uma terra que não dá
nem planta brava.
— E foi morrida essa morte,
irmãos das almas,
essa foi morte morrida
ou foi matada?
— Até que não foi morrida,
irmão das almas,
essa foi morte matada,
numa emboscada.
— E o que guardava a emboscada,
irmãos das almas,
e com que foi que o mataram,
com faca ou bala?
— Este foi morto de bala,
irmão das almas,
mais garantido é de bala,
mais longe vara.
— E quem foi que o emboscou,
irmãos das almas,
quem contra ele soltou
essa ave-bala?
— Ali é difícil dizer,
irmão das almas,
sempre há uma bala voando
desocupada.
— E o que havia ele feito,
irmãos das almas,
e o que havia ele feito
contra a tal pássara?
— Ter uns hectares de terra,
irmão das almas,
de pedra e areia lavada
que cultivava.

— Mas que roças que ele tinha,
irmãos das almas,
que podia ele plantar
na pedra avara?
— Nos magros lábios de areia,
irmão das almas,
dos intervalos das pedras,
plantava palha.
— E era grande sua lavoura,
irmãos das almas,
lavoura de muitas covas,
tão cobiçada?
— Tinha somente dez quadras,
irmão das almas,
todas nos ombros da serra,
nenhuma várzea.
— Mas então por que o mataram,
irmãos das almas,
mas então por que o mataram
com espingarda?
— Queria mais espalhar-se,
irmão das almas,
queria voar mais livre
essa ave-bala.
— E agora, o que passará,
irmãos das almas,
o que é que acontecerá
contra a espingarda?
— Mais campo tem para soltar,
irmão das almas,
tem mais onde fazer voar
as filhas-bala.
— E onde o levais a enterrar,
irmãos das almas,
com a semente de chumbo
que tem guardada?
— Ao cemitério de Torres,
irmão das almas,
que hoje se diz Toritama,
de madrugada.

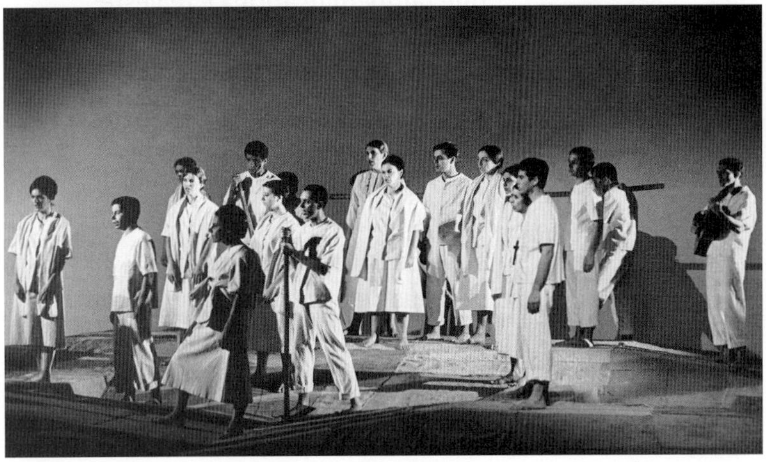

Atores em representação da peça *Morte e vida severina*, de João Cabral de Melo Neto, no Teatro da Pontifícia Universidade Católica de São Paulo (PUC-SP), na capital paulista, em 1966.

Após atravessar o Sertão, o retirante chega à zona da mata e, ao ver a terra mais branda e macia, com água que nunca seca, e a cana verdinha, pensa ter encontrado a vida. Porém:

Assiste ao enterro de um trabalhador de eito e ouve o que dizem do morto os amigos que o levaram ao cemitério

— Essa cova em que estás,
com palmos medida,
é a conta menor
que tiraste em vida.
— É de bom tamanho,
nem largo nem fundo,
é a parte que te cabe
deste latifúndio.
— Não é cova grande,
é cova medida,
é a terra que querias
ver dividida.
— É uma cova grande
para teu pouco defunto,
mas estarás mais **ancho**
que estavas no mundo.
— É uma cova grande
para teu defunto parco,
porém mais que no mundo
te sentirás largo.
— É uma cova grande
para tua carne pouca,
mas a terra dada
não se abre a boca.

ancho: largo, amplo. No texto, "estarás mais ancho" significa "terás mais espaço".

eito: limpeza de uma plantação efetuada com o uso de enxadas.

— Viverás, e para sempre,
na terra que aqui aforas:
e terás enfim tua roça.
— Aí ficarás para sempre,
livre do sol e da chuva,
criando tuas saúvas.
— Agora trabalharás
só para ti, não a meias,
como antes em terra alheia.
— Trabalharás uma terra
da qual, além de senhor,
serás homem de **eito** e trator.
— Trabalhando nessa terra,
tu sozinho tudo empreitas:
serás semente, adubo, colheita.
— Trabalharás numa terra
que também te abriga e te veste:
embora com o brim do Nordeste.
— Será de terra
tua derradeira camisa:
te veste, como nunca em vida.
— Será de terra
e tua melhor camisa:
te veste e ninguém cobiça.
— Terás de terra
completo agora o teu fato:
e pela primeira vez, sapato.

— Como és homem,
a terra te dará chapéu:
fosses mulher, xale ou véu.
— Tua roupa melhor
será de terra e não de fazenda:
não se rasga nem se remenda.
— Tua roupa melhor
e te ficará bem cingida:
como roupa feita à medida.
— Esse chão te é bem conhecido
(bebeu teu suor vendido).
— Esse chão te é bem conhecido
(bebeu o moço antigo).
— Esse chão te é bem conhecido
(bebeu tua força de marido).
— Desse chão és bem conhecido
(através de parentes e amigos).
— Desse chão és bem conhecido
(vive com tua mulher, teus filhos).
— Desse chão, és bem conhecido
(te espera de recém-nascido).

Ao chegar ao Recife, o retirante percebe que sua caminhada foi inútil, pois só encontrou a morte ("E chegando, aprendo que, / nessa viagem que eu fazia, / sem saber desde o Sertão, / meu próprio enterro eu seguia."); numa ponte sobre o rio Capibaribe, desesperançado, Severino pensa em "saltar fora da vida" (suicídio). Nesse momento, ao conversar com José, mestre carpina (carpinteiro, como o José bíblico), Severino assiste ao nascimento de um menino.

Falam os vizinhos, amigos, pessoas que vieram com presentes, etc.

— De sua formosura
já venho dizer:
é um menino magro,
de muito peso não é,
mas tem o peso de homem,
de obra de ventre de mulher.
— De sua formosura
deixai-me que diga:
é uma criança pálida,
é uma criança franzina,
mas tem a marca de homem,
marca de humana oficina.

— Sua formosura
deixai-me que cante:
é um menino **guenzo**
como todos os desses mangues,
mas a máquina de homem
já bate nele, incessante.
— Sua formosura
eis aqui descrita:
é uma criança pequena,
enclenque e **setemesinha**,
mas as mãos que criam coisas
nas suas já se adivinha.

enclenque: adoentado, enfraquecido.
guenzo: magro, franzino.
setemesinha: diz-se da criança nascida de sete meses.

— De sua formosura
deixai-me que diga:
é belo como o coqueiro
que vence a areia marinha.
— De sua formosura
deixai-me que diga:
belo como o **avelós**
contra o Agreste de cinza.
— De sua formosura
deixai-me que diga:
belo como a palmatória
na caatinga sem saliva.
— De sua formosura
deixai-me que diga:
é tão belo como um sim
numa sala negativa.
— É tão belo como a **soca**
que o canavial multiplica.
— Belo porque é uma porta
abrindo-se em mais saídas.
— Belo como a última onda
que o fim do mar sempre adia.
— É tão belo como as ondas
em sua adição infinita.
— Belo porque tem do novo
a surpresa e a alegria.
— Belo como a coisa nova
na prateleira até então vazia.
— Como qualquer coisa nova
inaugurando o seu dia.
— Ou como o caderno novo
quando a gente o principia.
— E belo porque com o novo
todo o velho contagia.
— Belo porque corrompe
com sangue novo a anemia.
— Infecciona a miséria
com vida nova e sadia.
— Com oásis, o deserto,
com ventos, a calmaria.

avelós: planta florífera, de origem africana, cultivada no Nordeste brasileiro.

soca: a segunda produção de cana, depois de cortada a primeira.

O carpina fala com o retirante que esteve de fora, sem tomar parte em nada.

— Severino, retirante,
deixe agora que lhe diga:
eu não sei bem a resposta
da pergunta que fazia,
se não vale mais saltar
fora da ponte e da vida;
nem conheço essa resposta,
se quer mesmo que lhe diga.
É difícil defender,
só com palavras, a vida,
ainda mais quando ela é
esta que vê, severina;
mas se responder não pude
à pergunta que fazia,
ela, a vida, a respondeu
com sua presença viva.
E não há melhor resposta
que o espetáculo da vida:
vê-la desfiar seu fio,
que também se chama vida,
ver a fábrica que ela mesma,
teimosamente, se fabrica,
vê-la brotar como há pouco
em nova vida explodida;
mesmo quando é assim pequena
a explosão, como a ocorrida;
mesmo quando é uma explosão
como a de há pouco, franzina;
mesmo quando é a explosão
de uma vida severina.

MELO NETO, João Cabral de. *Morte e vida severina e outros poemas para vozes*. Rio de Janeiro: Nova Fronteira, 2000.

Divulgação/Rede Globo

Capa do DVD de especial produzido pela Rede Globo: *Morte e vida severina,* dirigido por Walter Avancini, em 1982. Trata-se de adaptação do auto de Natal pernambucano, de João Cabral de Melo Neto.

Atividades

1. Analise a combinação de palavras e a relação entre elas no título do poema e explique-o.
2. Há, em todo o poema, um jogo entre o substantivo *Severino* e o adjetivo *severina*. Explique-o.
3. Já na apresentação do retirante, João Cabral levanta alguns problemas sociais típicos do Nordeste. Comente ao menos dois desses problemas, retirando elementos do próprio texto.
4. Leia atentamente os seguintes versos:

   Mas não senti diferença
   entre o Agreste e a Caatinga,
   e entre a Caatinga e aqui a Mata
   a diferença é a mais mínima.

   Você diria que o problema fundamental do Nordeste é a seca? Justifique a resposta.

5. Releia estes versos:

– Essa cova em que estás,
com palmos medida,
é a conta menor
que tiraste em vida.
É de bom tamanho,
nem largo nem fundo,
é a parte que te cabe
deste latifúndio.
– Não é cova grande,
é cova medida,
é a terra que querias
ver dividida.

Ulhôa Cintra/Arquivo da editora

a) Qual o conflito social abordado nesses versos?
b) Transcreva passagens em que fica bem caracterizado esse conflito. Explique-os.

6. Qual o significado do nascimento da criança?

Trocando ideias

Converse com seus colegas de grupo:

a) Os autos medievais costumavam ter, predominantemente, temática religiosa. No caso do "Auto de Natal pernambucano" existe uma analogia implícita entre o nascimento do menino e o nascimento de Jesus, sugerida inclusive, pelo título. Ao dizer, porém, "E não há melhor resposta / que o espetáculo da vida" o autor está propondo uma saída religiosa para a situação descrita no decorrer do poema?
b) Vocês aceitariam o desafio de encenar ao menos um trecho desse auto? Ou então, de promover uma leitura teatralizada do texto?

Ferreira Gullar: lirismo e poesia social

Pretendo que a poesia tenha a virtude de, em meio ao sofrimento e o desamparo, acender uma luz qualquer, uma luz que não nos é dada, que não desce dos céus, mas que nasce das mãos e do espírito dos homens.

Uma poesia que fosse por isso – e em função da própria matéria com que trabalha – brasileira, latino-americana. Uma poesia que nos ajudasse a nos assumirmos a nós mesmos.

Ferreira Gullar, *Toda poesia*.

A obra do poeta Ferreira Gullar apresenta diferentes fases. Inicialmente, a poesia é mais lírica e experimental, com composições de expressão subjetiva que brincam com a musicalidade e a síntese verbal, além de antecipar a poesia concreta, explorando a espacialidade. Em um segundo momento, o diálogo, o humor e a coloquialidade se fazem presentes, aproximando a obra de Gullar do Modernismo. A partir de 1964, com a ditadura militar no Brasil e a Guerra Fria no cenário mundial, o poeta passa a produzir poemas de temática social em formas consagradas na cultura popular, como a literatura de cordel.

As fases da produção poética de Ferreira Gullar são marcadas pela tentativa de compreender o fazer poético e o papel do escritor (ou seria melhor dizer, a função social do escritor). Segundo Gullar, "tornou-se então um desafio para mim elaborar uma linguagem poética que expressasse a complexidade do real sem, no entanto, mergulhá-lo na atemporalidade, na a-historicidade, na velha visão metafísica".

Em *Sobre arte, sobre poesia: uma luz do chão* (José Olympio, 2006), Ferreira Gullar faz um retrospecto da sua atuação como poeta desde o final dos anos 1940 até meados dos anos 1970; nesse percurso, comenta desde "a tendência ao subjetivismo e ao formalismo", que marcou a poesia do pós-guerra do final dos anos 1940 e início dos anos 1950, até os poemas de *Dentro da noite veloz* e do *Poema sujo*, passando pela experiência do concretismo e pelos turbulentos anos iniciais da ditadura militar. Sobre esses dois livros, Gullar ainda assim se manifesta:

Os poemas do livro *Dentro da noite veloz* (1975) refletem o esforço para construir uma linguagem poética em que o elemento político participa da alquimia verbal. Mas é no *Poema sujo* (1976) que essa junção do vulgar, do político e do poético, a meu juízo, atinge sua expressão mais plena. Contraditoriamente, esse poema, se consegue realizar o que está latente no livro anterior, quebra ao mesmo tempo com os limites que a exigência formal e a economia poética haviam imposto à minha poesia dessa fase. O *Poema sujo* é assim uma outra explosão, semelhante à dos anos 50, ainda que sem o radicalismo daquela e essencialmente diferente dela: em vez de tentar implodir a linguagem usual, procura incorporá-la à linguagem poética, com toda a sua suja carga de vida.

Corpo a corpo com a linguagem, 1999. Disponível em: <www.literal.com.br>. Acesso em: 3 jun. 2014.

Ferreira Gullar

José Ribamar Ferreira (1930), o poeta Ferreira Gullar, estreou em livro em 1954 com *Luta corporal* (a particular distribuição gráfica de seus poemas resultou em desavenças com os tipógrafos) e tomou contato com o grupo concretista (do qual se afastaria em 1957). Em 1959 lançou o "Manifesto neoconcreto". Militante de esquerda, produziu literatura engajada e participou de movimentos de cultura popular durante os anos da ditadura militar.

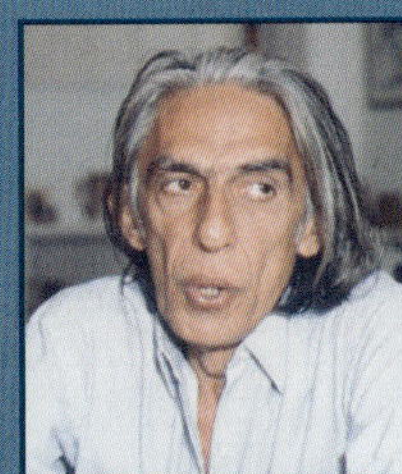

Ricardo Chaves/Arquivo da editora

LENDO O TEXTO

Traduzir-se

Ferreira Gullar

Uma parte de mim
é todo mundo:
outra parte é ninguém:
fundo sem fundo.

Uma parte de mim
é multidão:
outra parte estranheza
e solidão.

Uma parte de mim
pesa, pondera:
outra parte
delira.

Uma parte de mim
almoça e janta:
outra parte
se espanta.

Uma parte de mim
é permanente:
outra parte
se sabe de repente.

Uma parte de mim
é só vertigem:
outra parte,
linguagem.

Traduzir uma parte
na outra parte
– que é uma questão
de vida ou morte –
será arte?

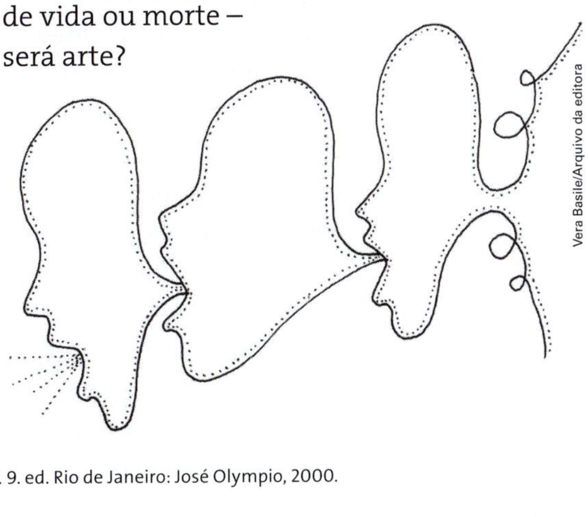

Vera Basile/Arquivo da editora

GULLAR, Ferreira. *Toda poesia (1950-1999)*. 9. ed. Rio de Janeiro: José Olympio, 2000.

Atividade

- O poeta coloca o artista como um ser dividido. Faça duas colunas, uma para cada "parte" do artista, relacionando suas principais características. Comente-as.

Trocando ideias

- Após a leitura do poema, dê uma resposta à interrogação final. Apresente-a à classe e ao professor, ouça as respostas de seus colegas e tentem chegar a alguns pontos comuns.

Concretismo: poesia e espaços

Acompanhando o progresso de uma civilização tecnológica e respondendo às exigências de uma sociedade impelida pela rapidez das transformações e pela necessidade de uma comunicação cada vez mais objetiva e veloz, as décadas de 1950 e 1960 assistiram ao lançamento de tendências poéticas caracterizadas por inovação formal, maior proximidade com outras manifestações artísticas e negação do verso tradicional. Procurava-se, assim, o "**poema-produto: objeto útil**".

Entre essas tendências, merece especial destaque a **poesia concreta**.

A poesia concreta foi lançada oficialmente em 1956, com a *Exposição Nacional de Arte Concreta*, realizada no Museu de Arte Moderna de São Paulo. Entretanto, os três poetas que iniciaram as experiências concretistas – Décio Pignatari, Haroldo de Campos e Augusto de Campos – já se encontravam agrupados desde 1952, quando do lançamento da revista-livro *Noigandres* (foram publicados cinco números de antologias sob essa denominação). Os irmãos Campos afirmam que:

> A poesia concreta é o primeiro movimento internacional que teve, na sua criação, a participação direta, original, de poetas brasileiros. Como no caso do anterior movimento de renovação que houve neste século na literatura brasileira – o Movimento Modernista de 22 –, também a POESIA CONCRETA se constitui em São Paulo.

In: AZEVEDO FILHO, Leodegário Amarante de (Org.). *Poetas do Modernismo* – Antologia crítica. Brasília: INL, 1972. p. 127.

Entre os precursores brasileiros dessa tendência são citados Oswald de Andrade (que produziu poemas radicais, rompendo com "o vício retórico nacional", herdado, principalmente, do século XIX; segundo os concretistas, Oswald escrevia "em comprimidos, minutos de poesia") e João Cabral de Melo Neto ("linguagem direta, economia e arquitetura funcional do verso").

Partindo da assertiva de que o verso tradicional já havia encerrado seu ciclo histórico, a poesia concreta propõe o **poema-objeto**, em que se utilizam múltiplos recursos: o acústico, o visual, a carga semântica, o espaço tipográfico e a disposição geométrica dos vocábulos na página. Os concretistas perceberam uma "crise do verso", que correspondia a uma crise geral do artesanato diante da revolução industrial. Daí defenderem "a abolição da tirania do verso e a proposta de uma nova sintaxe estrutural, na qual o branco da página, os caracteres tipográficos e sua disposição no papel assumam relevo, embora se mantenha ainda o discurso e mesmo o verso, apenas dispersado".

Um dos traços mais importantes da modernidade da poesia concreta é aquele que procura mexer com o leitor, exigindo dele uma participação ativa, uma vez que o poema concreto permite uma leitura múltipla. Dessa forma, o poema constitui um desafio e o leitor transforma-se em coautor.

Sobre isso, assim explicam os irmãos Campos:

> [...] uma ordenação não linear do poema, com valorização integral do branco da página e uma possibilidade aberta de leitura múltipla, dando importância tanto aos elementos visuais como aos sonoros.
>
> In: AZEVEDO FILHO, Leodegário Amarante de (Org.). *Poetas do Modernismo – Antologia crítica*. Brasília: INL, 1972. p. 130.

Homero Sérgio/Folhapress.

Da esquerda para a direita: Augusto de Campos, Décio Pignatari, Caetano Veloso e Haroldo de Campos, em lançamento de livro em 1986. Os irmãos Campos, iniciadores do Concretismo no Brasil, foram homenageados por Caetano Veloso na letra de "Sampa": "da dura poesia concreta de tuas esquinas [...] eu vejo surgir teus poetas de campos e espaços".

Além de Décio Pignatari e dos irmãos Campos, integram a corrente concretista José Lino Grunewald (1931-2000), Ronaldo Azeredo (1937-2006), Edgar Braga (1897-1985) e Pedro Xisto (1901-1987). Alguns poetas que cultivam o tradicional verso discursivo produzem ocasionais experiências concretistas, como Manuel Bandeira, Ferreira Gullar, José Paulo Paes e Cassiano Ricardo (1895-1974).

Haroldo de Campos e Augusto de Campos

Os irmãos Campos foram poetas, tradutores e ensaístas paulistas. Criaram, em 1952, com o poeta Décio Pignatari, o grupo Noigandres, que edita uma revista de mesmo nome e inicia o movimento da poesia concreta no Brasil. Haroldo Eurico Browne de Campos formou-se doutor pela Faculdade de Filosofia, Letras e Ciências Humanas da Universidade de São Paulo e assumiu a cadeira de semiótica da literatura na Pontifícia Universidade Católica de São Paulo, onde atuou até 1989. Augusto Luís Browne de Campos formou-se em Direito pela Universidade de São Paulo e, além do campo literário, também se envolveu em movimentos de renovação da música popular brasileira, como a Bossa Nova e a Tropicália.

Décio Pignatari

Décio Pignatari, filho de imigrantes italianos, nasceu em Jundiaí (SP). Muda-se com a família para Osasco (SP) pouco depois de seu nascimento, onde vive até os 25 anos. Em 1950, publica seu primeiro livro de poemas, *Carrossel*, e, dois anos mais tarde, funda com os amigos Haroldo e Augusto de Campos o grupo Noigandres, tornando-se, ao lado deles, um dos grandes expoentes da poesia concreta no Brasil. Além de poeta, foi também contista, tradutor, dramaturgo, romancista, ensaísta e professor.

Propostas da poesia concreta

- Abolir a tirania do verso discursivo.
- Valorizar a natureza não discursiva da poesia.
- Propor uma nova sintaxe estrutural.
- Significar os espaços, tanto os espaços em branco da página como os espaços pretos dos caracteres tipográficos.
- Utilizar a palavra em sua totalidade: som, forma, visual, carga semântica.
- Estimular o leitor: possibilidade aberta de leitura múltipla.
- Usar linguagem direta, economia e arquitetura funcional do verso.
- Apelar à comunicação não verbal.
- Criar o poema-produto: objeto útil.
- Elaborar a poesia concreta: uma responsabilidade integral perante a linguagem.

LENDO OS TEXTOS

Texto 1

terra

Décio Pignatari

```
r a   t e r r a   t e r
r a t   e r r a   t e r
r a t e   r r a   t e r
r a t e r   r a   t e r
r a t e r r   a   t e r
r a t e r r a   t e r r
a r a t e r r a   t e r
r a r a t e r r a   t e
r r a r a t e r r a   t
e r r a r a t e r r a
t e r r a r a t e r r a
```

In: AZEVEDO FILHO, Leodegário Amarante de (Org.). *Poetas do Modernismo – Antologia crítica*. Brasília: INL, 1972. p. 144.

Atividades

1. Com qual das correntes de vanguarda do início do século XX você identificaria o poema acima?
2. Isole as várias palavras que formam o texto.
3. Isole as possíveis frases que formam alguns versos.
4. Qual é a relação entre a forma e o conteúdo do poema?

Textos 2, 3 e 4

```
vai    e    vem
e           e
vem    e    vai
```

GRUNEWALD, José Lino. Vai e vem. In: Idem.

se
nasce
morre nasce
morre nasce morre
renasce remorre renasce
remorre renasce
remorre
re
re
desnasce
desmorre desnasce
desmorre desnasce desmorre
nascemorrenasce
morrenasce
morre
se

CAMPOS, Haroldo de. Nascemorre. In: Idem.

Reprodução/Instituto Nacional do Livro

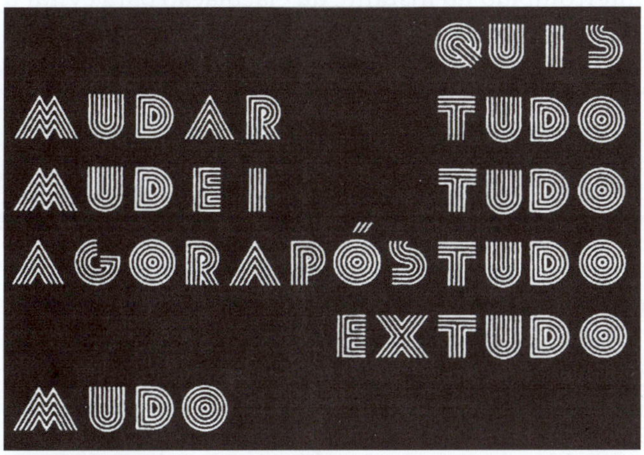

CAMPOS, Augusto de. Pós-tudo. In: Idem.

Atividades

1. Comente a estrutura geométrica dos poemas "vai e vem" e "nascemorre".
2. Comente a ambiguidade da palavra *mudo* no poema "Pós-tudo".

TEXTO E INTERTEXTO

Texto 1

Anatomia do monólogo

José Paulo Paes

ser ou não ser?
er ou não er?
r ou não r?
ou não?
onã?

PAES, José Paulo. *Um por todos* – poesia reunida. São Paulo: Brasiliense, 1986. p. 88.

Texto 2

Gênesis

Judá se encontrava em Kezib, e ele tomou para Er, seu primogênito, uma mulher de nome Tamar. Er, primogênito de Judá, desagradou ao Senhor, que o fez morrer. Judá disse então a Onan: "Vai deitar-te com a mulher de teu irmão. Cumpre com ela o teu dever de parente próximo do falecido e suscita uma descendência a teu irmão".

Mas Onan sabia que a descendência não seria sua; quando se deitava com a mulher de seu irmão, deixava o sêmen perder-se na terra para não dar descendência a seu irmão. O que ele fazia desagradou ao Senhor, que o fez morrer também a ele.

Gênesis, 38, 6-10. In: *Bíblia*. Tradução ecumênica. São Paulo: Loyola, 1994.

Texto 3

onanismo

[Do antr. Onã, de um personagem bíblico que praticava coitos interrompidos, + -ismo.] S. m.

1. Automasturbação manual masculina; quiromania. [Cf. masturbação.]
2. No conceito bíblico, coito interrompido no instante da ejaculação para evitar a fecundação.

FERREIRA, Aurélio Buarque de Holanda. Dicionário eletrônico. Versão 5.0 Ed. rev. e atual. Parte integrante do *Novo dicionário Aurélio*. Curitiba: Positivo/Positivo Informática, 2004.

Atividades

1. Podemos afirmar que o poema de José Paulo Paes filia-se ao movimento da Poesia Concreta? Justifique.
2. O poema "Anatomia do monólogo" abre diálogo explícito com dois outros textos muito conhecidos. Quais?
3. Comente o aspecto visual do poema de José Paulo Paes.
4. Como você percebeu, a cada verso temos perdas. Como você entende a sequência dos versos?
5. Além de Onã, que outro nome próprio temos no poema?

Manoel de Barros: quando o nada é tudo

Inútil, nada, coisa, bichos. Essas são algumas das palavras-chave de uma obra que tenta reconstruir o mundo. Alguns poetas passam, em suas obras, uma determinada visão de mundo; outros não se contentam com isso e vão além: tentam reconstruir o mundo. Manoel de Barros é um deles. Por isso mesmo, como afirma o editor Ênio Silveira, "guiados por ele, vamos abrindo horizontes de uma insuspeitada nova ordem natural, onde as verdades essenciais, escondidas sob a ostensiva banalidade do óbvio e do cotidiano", vão se revelando em imagens surrealistas descritas com absoluta concisão. No texto que abre o *Livro sobre nada*, o poeta afirma que "o nada de meu livro é nada mesmo. É coisa nenhuma por escrito: um alarme para o silêncio, um abridor de amanhecer, pessoa apropriada para pedras, o parafuso de veludo, etc., etc. O que eu queria era fazer brinquedos com as palavras. Fazer coisas desúteis. O nada mesmo. Tudo que use abandono por dentro e por fora".

Carlos Drummond de Andrade, em uma fase de sua produção, "coisificou" o mundo industrial em plena Guerra Fria; Manoel de Barros faz exercícios poéticos no sentido de "descoisificar" o mundo, buscando uma nova forma de organizá-lo, que respeite a leitura daqueles que só têm "entidade coisal".

Transcrevemos, a seguir, os três primeiros poemas do *Livro sobre nada*. Observe a força expressiva dos prefixos que indicam ação contrária (tentativa de mudar a ordem das coisas?) e a grande antítese formada por aqueles que só têm "entidade coisal" – o "senhor doutor".

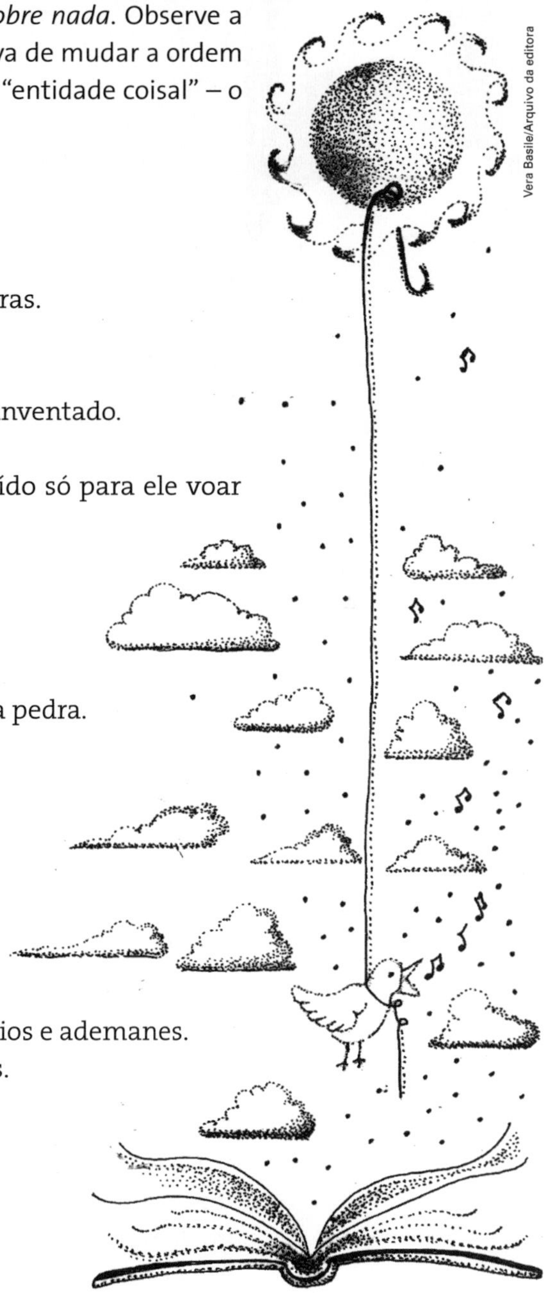

I
As coisas tinham para nós uma desutilidade poética.
Nos fundos do quintal era muito riquíssimo o nosso dessaber.
A gente inventou um truque pra fabricar brinquedos com palavras.
O truque era só virar bocó.
Como dizer: Eu pendurei um bem-te-vi no sol...
O que disse Bugrinha: Por dentro de nossa casa passava um rio inventado.
O que nosso avô falou: O olho do gafanhoto é sem princípios.
Mano Preto perguntava: Será que fizeram o beija-flor diminuído só para ele voar parado?
As distâncias somavam a gente para menos.
O pai campeava campeava.
A mãe fazia velas.
Meu irmão cangava sapos.
Bugrinha batia com uma vara no corpo do sapo e ele virava uma pedra.
Fazia de conta?
Ela era acrescentada de garças concluídas.

II
O pai morava no fim de um lugar.
Aqui é lacuna de gente – ele falou:
Só quase que tem bicho andorinha e árvore.
Quem aperta o botão do amanhecer é o arãquã.
Um dia apareceu por lá um doutor formado: cheio de suspensórios e ademanes.
Na beira dos brejos gaviões-caranguejeiros comiam caranguejos.
E era mesma a distância entre as rãs e a relva.
A gente brincava com terra.
O doutor apareceu. Disse: Precisam de tomar anquilostomina.
Perto de nós sempre havia uma espera de rolinhas.
O doutor espantou as rolinhas.

III
À mesa o doutor perorou: Vocês é que são felizes porque moram neste Empíreo.
Meu pai cuspiu o empíreo de lado.
O doutor falava bobagens conspícuas.
Mano Preto aproveitou: Grilo é um ser imprestável para o silêncio.
Mano Preto não tinha entidade pessoal, só coisal.
(Seria um defeito de Deus?)
A gente falava bobagens de à brinca, mas o doutor falava de à vera.
O pai desbrincou de nós:
Só o obscuro nos cintila.
Bugrinha boquiabriu-se.

BARROS, Manoel de. *Livro sobre nada*. Rio de Janeiro: Record, 1996. p. 11-15.

Arquivo do jornal *O Estado de S. Paulo*/ Agência Estado

Manoel de Barros

Manoel de Barros (1916) publicou seu primeiro livro em 1937, mas o reconhecimento e a consagração vieram apenas ao longo das décadas de 1980 e 1990. Dessa forma, ao completar oitenta anos (em dezembro de 1996), Manoel de Barros tornou-se o maior candidato a todos os prêmios literários com os seus trabalhos *Livro sobre nada*, *Retrato do artista quando coisa*, *O fazedor de amanhecer* e *Poeminhas pescados numa fala de João*.

Manoel de Barros é semente, flor e fruto do Pantanal mato-grossense, como já denota sua "autobiografia":

"Não sou biografável. Ou, talvez seja. Em três linhas.

1. Nasci na beira do rio Cuiabá.
2. Passei a vida fazendo coisas inúteis.
3. Aguardo um recolhimento de conchas. (E que seja sem dor, em algum banco de praça, espantando da cara as moscas mais brilhantes)."

Guimarães Rosa: alquimista de palavras

Publicando seu primeiro livro – *Sagarana* – em 1946, um ano após a queda de Getúlio Vargas e o início das produções da chamada Geração de 45, Guimarães Rosa daria uma nova perspectiva ao regionalismo. A princípio, há a revalorização da linguagem; a seguir, a **universalização do regional**. O valor da linguagem de Guimarães Rosa não está no rebuscamento das palavras ou no uso de arcaísmos, mas nos neologismos, na recriação, na **invenção das palavras**, sempre tendo como ponto de partida a fala dos sertanejos, suas expressões, suas particularidades. Com isso, as palavras recriadas ganham força e significado novos, como podemos perceber no trecho seguinte:

Joãozinho Bem-Bem se sentia preso a Nhô Augusto por uma simpatia poderosa, e ele nesse ponto era bem-assistido, sabendo prever a viragem dos climas e conhecendo por instinto as grandes coisas. Mas Teófilo Sussuarana era bronco excessivamente bronco, e caminhou para cima de Nhô Augusto. Na sua voz:

– Êpa! Nomopadrofilhospritossantamêin! Avança, cambada de filhos-da-mãe, que chegou minha vez!...

E a casa matraqueou que nem panela de assar pipocas, escurecida à fumaça dos tiros, com os cabras saltando e miando de maracajás, e Nhô Augusto gritando qual um demônio preso e pulando como dez demônios soltos.

– Ô gostosura de fim-de-mundo!...

ROSA, João Guimarães. A hora e a vez de Augusto Matraga. In: ______. *Sagarana*. 15. ed. Rio de Janeiro: José Olympio, 1972.

Sobre si mesmo e seu processo de trabalho, Guimarães Rosa certa vez disse:

Devo dizer-lhe que nasci em Cordisburgo, uma cidade não muito interessante, mas para mim, de muita importância. Além disso, em Minas Gerais: sou mineiro. E isto sim é o importante, pois quando escrevo, sempre me sinto transportado para esse mundo.

Às vezes, quase acredito que eu mesmo, João, seja um conto contado por mim.

Quando escrevo, repito o que já vivi antes. E para estas duas vidas, um léxico só não é suficiente.

Guimarães Rosa. Disponível em: <www.releituras.com>. Acesso em: 3 jul. 2014.

Para salientar a poesia, o ritmo e a sonoridade de sua linguagem, transcrevemos um trecho do conto "O burrinho pedrês", em que o autor narra a caminhada da boiada, intercalando quadrinhas populares cantadas pelos vaqueiros. Observe como Guimarães Rosa reproduz a sonoridade da marcha da boiada por meio de aliterações:

– Tchou!... Tchou!... Eh, booôi!...

E, agora, pronta de todo está ela ficando, cá que cada vaqueiro pega o balanço de busto, sem-querer e imitativo, e que os cavalos gingam bovinamente. Devagar, mal percebido, vão sugados todos pelo rebanho trovejante – pata a pata, casco a casco, soca soca, fasta vento, rola e trota, cabisbaixos, mexe lama, pela estrada, chifres no ar...

A boiada vai, como um navio.

ROSA, João Guimarães. _____. *Sagarana*. 15. ed. Rio de Janeiro: José Olympio, 1972.

Outro aspecto relevante da obra de Guimarães Rosa é a luta entre Deus e o diabo, o Bem e o Mal. Nela transparece todo o misticismo do Sertão, uma religiosidade quase medieval, baseada apenas nos dois extremos e marcada pelo medo, pelo pavor – há até mesmo a preocupação de não invocar o "demo" para que ele não "forme forma"; daí o diabo ser tratado por "o que não existe" ou "o que não é mas finge ser" e expressões semelhantes.

Guimarães Rosa demonstra capacidade singular de mesclar o real e o simbólico, o regional e o universal, transpondo também as fronteiras linguísticas entre idiomas, gêneros literários e recursos narrativos. A união de uma linguagem única, cheia de neologismos, arcaísmos e expressões inusitadas, com o universo do místico e do sagrado dá o tom de magia à prosa do autor, fazendo parecer que se está diante de um verdadeiro alquimista da literatura, impressão que se acentua pela presença do imaginário medieval e popular em sua obra.

Guimarães Rosa

João Guimarães Rosa (1908-1967), de uma família de pecuaristas, formou-se médico em Belo Horizonte e passou a trabalhar em várias cidades do interior mineiro, sempre demonstrando profundo interesse pela natureza, por bichos e plantas, pelos sertanejos e pelo estudo de línguas. Em 1934, iniciou carreira diplomática, prestando concurso para o Ministério do Exterior – serviu na Alemanha durante a Segunda Guerra e, posteriormente, na Colômbia e França. *Sagarana*, livro de contos, foi publicado em 1946; dez anos depois, publicou *Corpo de baile* e, em seguida, *Grande sertão: veredas*. A partir de então, tornou-se uma unanimidade. Foi eleito, em 1963, membro da Academia Brasileira de Letras; no entanto, supersticioso (achava que, se tomasse posse, morreria), adiou a posse. Finalmente assumiu a cadeira na ABL em 19 de novembro de 1967. Morreu três dias depois.

Arquivo do jornal *O Estado de S. Paulo*/Agência Estado

O Sertão, por João Guimarães Rosa

Para conhecer um pouco o Sertão recriado por João Guimarães Rosa, leia fragmentos de seu romance *Grande sertão: veredas*:

O senhor tolere, isto é o sertão. Uns querem que não seja: que situado sertão é por os campos-gerais a fora a dentro, eles dizem, fim de rumo, terras altas, demais do Urucuia. Toleima. Para os de Corinto e do Curvelo, então, o aqui não é dito sertão? Ah, que tem maior! Lugar sertão se divulga: é onde os pastos carecem de fechos; onde um pode torar dez, quinze léguas, sem topar com casa de morador; e onde um criminoso vive seu cristo-jesus, arredado do arrocho de autoridade. O Urucuia vem dos montões oestes. O gerais corre em volta. Esses gerais são sem tamanho. Enfim, cada um o que quer aprova, o senhor sabe: pão ou pães, é questão de opiniães... O sertão está em toda parte.

Sertão. Sabe o senhor: sertão é onde o pensamento da gente se forma mais forte do que o poder do lugar. Viver é muito perigoso...

O sertão é o mundo.

O senhor sabe: sertão onde manda quem é forte, com as astúcias.

O senhor vê: existe cachoeira; e pois? Mas cachoeira é barranco de chão, e água se caindo por ele, retombando; o senhor consome essa água, ou desfaz o barranco, sobra cachoeira alguma? Viver é negócio muito perigoso...

É, e não é. O senhor ache e não ache. Tudo é e não é...

Sertão: esses seus vazios. O Senhor vá. Alguma coisa ainda encontra.

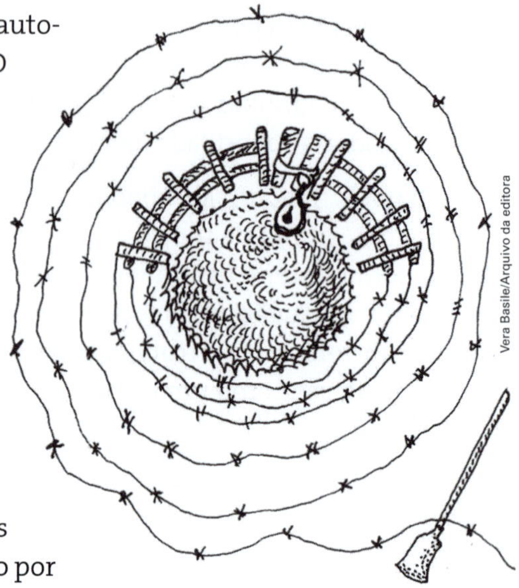
Vera Basile/Arquivo da editora

ROSA, João Guimarães. *João Guimarães Rosa*: ficção completa. Rio de Janeiro: Nova Aguilar, 1994.

LENDO OS TEXTOS

Ortografia de J. G. R.: Advertência necessária

Em todos os seus escritos, João Guimarães Rosa fez questão de usar grafia própria, divergente em muitos pontos da ortografia oficial. Respeitando a vontade do autor, continuamos a publicar sua obra conforme o texto originalmente fixado.

Nota da Livraria José Olympio Editora na abertura de todos os livros de João Guimarães Rosa.

Texto 1

Desenredo

João Guimarães Rosa

Do narrador a seus ouvintes:

– Jó Joaquim, cliente, era quieto, respeitado, bom como o cheiro de cerveja. Tinha o para não ser célebre. Com elas quem pode, porém? Foi Adão dormir, e Eva nascer. Chamando-se Livíria, Rivília ou Irlívia, a que, nesta observação, a Jó Joaquim apareceu.

Antes bonita, olhos de viva mosca, morena mel e pão. Aliás, casada. Sorriram-se, viram-se. Era infinitamente maio e Jó Joaquim pegou o amor. Enfim, entenderam-se. Voando o mais em ímpeto de nau tangida a vela e vento. Mas muito tendo tudo de ser secreto, claro, coberto de sete capas.

Porque o marido se fazia notório, na valentia com ciúme; e as aldeias são a alheia vigilância. Então ao rigor geral os dois se sujeitaram, conforme o clandestino amor em sua forma local, conforme o mundo é mundo. Todo abismo é navegável a barquinhos de papel.

Não se via quando e como se viam. Jó Joaquim, além disso, existindo só retraído, minuciosamente. Esperar é reconhecer-se incompleto. Dependiam eles de enorme milagre. O inebriado engano.

Até que – deu-se o desmastreio. O trágico não vem a conta-gotas. Apanhara o marido a mulher: com outro, um terceiro... Sem mais cá nem mais lá, mediante revólver, assustou-a e matou-o. Diz-se, também, que de leve a ferira, leviano modo.

Jó Joaquim, derrubadamente surpreso, no absurdo desistia de crer, e foi para o decúbito dorsal, por dores, frios, calores, quiçá lágrimas, devolvido ao barro, entre o inefável e o infando. Imaginara-a jamais a ter o pé em três estribos: chegou a maldizer de seus próprios e gratos abusufrutos. Reteve-se de vê-la. Proibia-se de ser pseudopersonagem, em lance de tão vermelha e preta amplitude.

Ela – longe – sempre ou ao máximo mais formosa, já sarada e sã. Ele exercitava-se a aguentar-se, nas defeituosas emoções.

Enquanto, ora, as coisas amaduravam. Todo fim é impossível? Azarado fugitivo, e como à Providência praz, o marido faleceu, afogado ou de tifo. O tempo é engenhoso.

Soube-o logo Jó Joaquim, em seu franciscanato, dolorido mas já medicado. Vai, pois, com a amada se encontrou – ela sutil como uma colher de chá, grude de engodos, o firme fascínio. Nela acreditou, num abrir e não fechar de ouvidos. Daí, de repente, casaram-se. Alegres, sim, para feliz escândalo popular, por que forma fosse.

Mas.

Sempre vem imprevisível o abominoso? Ou: os tempos se seguem e parafraseiam-se. Deu-se a entrada dos demônios.

Da vez, Jó Joaquim foi quem a deparou, em péssima hora: traído e traidora. De amor não a matou, que não era para truz de tigre ou leão. Expulsou-a apenas, apostrofando-se, como inédito poeta e homem. E viajou fugida a mulher, a desconhecido destino.

Tudo aplaudiu e reprovou o povo, repartido. Pelo fato, Jó Joaquim sentiu-se histórico, quase criminoso, reincidente. Triste, pois que tão calado. Suas lágrimas corriam atrás dela, como formiguinhas brancas. Mas, no frágio da barca, de novo respeitado, quieto. Vá-se a camisa, que não o dela dentro. Era o seu um amor meditado, a prova de remorsos. Dedicou-se a endireitar-se.

Mais.

No decorrer e comenos, Jó Joaquim entrou sensível a aplicar-se, a progressivo, jeitoso afã. A bonança nada tem a ver com a tempestade. Crível? Sábio sempre foi Ulisses, que começou por se fazer de louco. Desejava ele, Jó Joaquim, a felicidade – ideia inata. Entregou-se a remir, redimir a mulher, à conta inteira. Incrível? É de notar que o ar vem do ar. De sofrer e amar, a gente não se desafaz. Ele queria apenas os arquétipos, platonizava. Ela era um aroma.

Nunca tivera ela amantes! Não um. Não dois. Disse-se e dizia isso Jó Joaquim. Reportava a lenda a embustes, falsas lérias escabrosas. Cumpria-lhe descaluniá-la, obrigava-se por tudo. Trouxe à boca de cena do mundo, de caso raso, o que fora tão claro como água suja. Demonstrando-o, amatemático, contrário ao público pensamento e à lógica, desde que Aristóteles a fundou. O que não era tão fácil como refritar almôndegas. Sem malícia, com paciência, sem insistência, principalmente.

O ponto está em que o soube, de tal arte: por antipesquisas, acronologia miúda, conversinhas escudadas, remendados testemunhos. Jó Joaquim, genial, operava o passado – plástico e contraditório rascunho. Criava nova, transformada realidade, mais alta. Mais certa?

Celebrava-a, ufanático, tendo-a por justa e averiguada, com convicção manifesta. Haja o absoluto amar – e qualquer causa se irrefuta.

Pois, produziu efeito. Surtiu bem. Sumiram-se os pontos das reticências, o tempo secou o assunto. Total o transato desmanchava-se, a anterior evidência e seu nevoeiro. O real e válido, na árvore, é a reta que vai para cima. Todos já acreditavam. Jó Joaquim primeiro que todos.

Mesmo a mulher, até, fim. Chegou-lhe lá a notícia, onde se achava, em ignota, defendida, perfeita distância. Soube-se nua e pura. Veio sem culpa. Voltou com dengos e fofos de bandeira ao vento.

Três vezes passa perto da gente a felicidade. Jó Joaquim e Vilíria retomaram-se, e conviveram, convolados, o verdadeiro e melhor de sua útil vida.

E pôs-se a fábula em ata.

Idem.

Atividades

1. Como o autor trabalha o nome da mulher? Como relacioná-lo com o desenvolvimento do conto?

2. E o nome do homem, Jó Joaquim, tem alguma relação com o comportamento do personagem? Explique.

3. A boneca Emília, aquela que nasceu duma saia velha de Tia Nastácia e da imaginação de Monteiro Lobato, um dia resolveu escrever suas memórias e contar só a verdade, para espanto de Dona Benta. A velha senhora perguntou à boneca se ela sabia o que era a verdade. "— Pois eu sei! — gritou Emília. — Verdade é uma espécie de mentira bem pregada, das que ninguém desconfia. Só isso." Você acha que a definição de verdade da Emília pode aplicar-se ao conto de Guimarães Rosa? Justifique.

4. Explique a seguinte afirmação: "O real e válido, na árvore, é a reta que vai para cima".

5. "E pôs-se a fábula em ata." Comente a frase final do texto, considerando o percurso do personagem na narrativa e os vários estados pelos quais passa em função dos acontecimentos.

Texto 2

Fita verde no cabelo

(Nova velha estória)

João Guimarães Rosa

Havia uma aldeia em algum lugar, nem maior nem menor, com velhos e velhas que velhavam, homens e mulheres que esperavam, e meninos e meninas que nasciam e cresciam. Todos com juízo, suficientemente, menos uma meninazinha, a que por enquanto. Aquela, um dia, saiu de lá, com uma fita inventada no cabelo.

Sua mãe mandara-a, com um cesto e um pote, à avó, que a amava, a uma outra e quase igualzinha aldeia. Fita-Verde partiu, sobre logo, ela a linda, tudo era uma vez. O pote continha um doce em calda, e o cesto estava vazio, que para buscar framboesas.

Daí, que, indo no atravessar o bosque, viu só os lenhadores, que por lá lenhavam; mas o lobo nenhum, desconhecido nem peludo. Pois os lenhadores tinham exterminado o lobo. Então, ela, mesma, era quem se dizia: "Vou à vovó, com cesto e pote, e a fita verde no cabelo, o tanto que a mamãe me mandou". A aldeia e a casa esperando-a acolá, depois daquele moinho, que a gente pensa que vê, e das horas, que a gente não vê que não são.

E ela mesma resolveu escolher tomar este caminho de cá, louco e longo e não o outro, encurtoso. Saiu, atrás de suas asas ligeiras, sua sombra também vindo-lhe correndo, em pós. Divertia-se com ver as avelãs do chão não voarem, com inalcançar essas borboletas nunca em buquê nem em botão, e com ignorar se cada uma em seu lugar as plebeinhas flores, princesinhas e incomuns, quando a gente tanto por elas passa. Vinha sobejadamente.

Demorou, para dar com a avó em casa, que assim lhe respondeu, quando ela, toque, toque, bateu:

– "Quem é?"

– "Sou eu..." – e Fita-Verde descansou a voz. – "Sou sua linda netinha, com cesto e com pote, com a fita verde no cabelo, que a mamãe me mandou."

Vai, a avó difícil, disse: – "Puxa o ferrolho de pau da porta, entra e abre. Deus te abençoe."

Fita-Verde assim fez, e entrou e olhou.

A avó estava na cama, rebuçada e só. Devia, para falar apagado e fraco e rouco, assim, de ter apanhado um ruim defluxo. Dizendo: – "Depõe o pote e o cesto na arca, e vem para perto de mim, enquanto é tempo."

Mas agora Fita-Vede se espantava, além de entristecer-se de ver que perdera em caminho sua grande fita verde no cabelo atada; e estava suada, com enorme fome de almoço. Ela perguntou:

– "Vovozinha, que braços tão magros, os seus, e que mãos tão trementes!"

– "É porque não vou poder nunca mais te abraçar, minha neta..." – a avó murmurou.

– "Vovozinha, mas que lábios, aí, tão arroxeados".

– "É porque não vou nunca mais poder te beijar, minha neta..." – a avó suspirou.

– "Vovozinha, e que olhos tão fundos e parados, nesse rosto encovado, pálido?"

– "É porque já não estou te vendo, nunca mais, minha netinha...." – a avó ainda gemeu.

Fita-Verde mais se assustou, como se fosse ter juízo pela primeira vez.

Gritou: – "Vovozinha, eu tenho medo do Lobo!..."

Mas a avó não estava mais lá, sendo que demasiado ausente, a não ser pelo frio, triste e tão repentino corpo.

Idem.

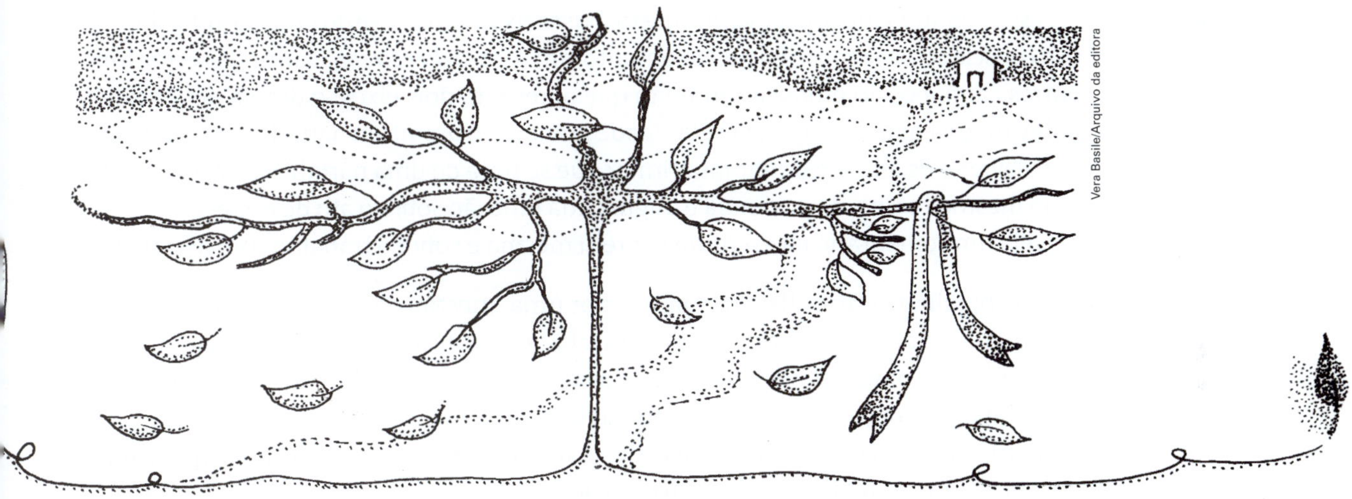

Vera Basile/Arquivo da editora

Atividades

1. Guimarães Rosa, ao recriar um conto de fadas, não foge do início tradicional, mas o desloca. Transcreva a frase em que isso ocorre.

2. Uma das características dos textos de Guimarães Rosa é a criação de neologismos. Aponte duas ocorrências e comente seus significados na construção da narrativa.

3. Qual é a consequência de a menina ter escolhido o caminho mais longo?

Trocando ideias

- Em grupos, leiam (ou releiam) o tradicional conto de fadas "Chapeuzinho Vermelho", de Charles Perrault. Em seguida, comentem com os colegas e o professor as intenções de Guimarães Rosa ao recriar o conto, destacando as diferenças entre os dois textos.

Clarice Lispector: o mundo interior e o universo da linguagem

Clarice Lispector é o principal nome de certa tendência intimista da moderna literatura brasileira. O principal eixo de sua obra é o **questionamento do ser**, o "**estar no mundo**", a **pesquisa do ser humano**, resultando daí o chamado romance introspectivo. "Não tem pessoas que cosem para fora? Eu coso para dentro", assim explicava a autora seu ato de escrever. Nesse eterno questionar, a obra da ficcionista apresenta certa ambiguidade, um jogo de antíteses entre o "eu" e o "não eu", entre o ser e o não ser, já notado, de outra forma, na obra de Guimarães Rosa. Significativa é a epígrafe do romance *A paixão segundo G. H.*:

> Uma vida completa pode acabar numa identificação tão absoluta com o não eu que não haverá mais um eu para morrer.

LISPECTOR, Clarice. *A paixão segundo G. H.* Rio de Janeiro: Rocco, 1998.

No plano da linguagem, também se percebe em Clarice Lispector a preocupação com o valor atribuído às palavras: a escritora dá-lhes uma roupagem nova, explorando os limites do significado, trabalhando metáforas e aliterações.

Essa literatura introspectiva, intimista, busca fixar-se na crise do próprio indivíduo, em sua consciência e inconsciência. No entanto, em *A hora da estrela*, Clarice Lispector trilha outros caminhos ao produzir um texto que apresenta dois eixos: o drama de Macabéa, pobre moça alagoana engolida pela cidade grande, e o drama do narrador, duelando com as palavras e os fatos. Poderíamos afirmar que se trata de uma narrativa de caráter social e, ao mesmo tempo, de profunda e angustiada reflexão sobre o ato de escrever.

Leia um comentário da escritora sobre si mesma e sobre o trabalho com as palavras:

> Sou brasileira naturalizada, quando, por uma questão de meses, poderia ser brasileira nata. Fiz da língua portuguesa a minha vida interior, o meu pensamento mais íntimo, usei-a para palavras de amor. Comecei a escrever pequenos contos logo que me alfabetizaram, e escrevi-os em português, é claro.
>
> Com sete anos eu mandava histórias e histórias para a seção infantil que saía às quintas-feiras num diário. Nunca foram aceitas.
>
> Mas já que se há de escrever, que ao menos não se esmaguem com palavras as entrelinhas.
>
> O melhor ainda não foi escrito. O melhor está nas entrelinhas.

LISPECTOR, Clarice. Disponível em: <www.nossacasa.net>. Acesso em: 3 jul. 2014.

Arquivo do jornal *O Estado de S. Paulo*/Agência Estado

Clarice Lispector

Clarice Lispector nasceu na Ucrânia. Com dois meses de idade, veio com a família para o Brasil, fixando-se em Recife. Em 1937 transferiu-se para o Rio de Janeiro, onde terminou o secundário e cursou Direito. Estudante ainda, escreveu seu primeiro romance, *Perto do coração selvagem*, publicado em 1944. Daí em diante, consagrou-se como o nome mais importante da prosa brasileira da segunda metade do século XX, ao lado de Guimarães Rosa. Entre suas principais obras estão os livros de contos *Laços de família* (1960), *A legião estrangeira* (1964), *Felicidade clandestina* (1971) e os romances *A paixão segundo G.H.* (1964) e *A hora da estrela* (1977). Trabalhou também como jornalista, escrevendo para os periódicos *Jornal do Brasil*, *Correio da Manhã* e *Diário da Noite*, e como tradutora, adaptando para o português obras de Júlio Verne e Jonathan Swift.

LENDO OS TEXTOS

Texto 1

A hora da estrela

Clarice Lispector

O que se segue é apenas uma tentativa de reproduzir três páginas que escrevi e que a minha cozinheira, vendo-as soltas, jogou no lixo para o meu desespero — que os mortos me ajudem a suportar o quase insuportável, já que de nada me valem os vivos. Nem de longe consegui igualar a tentativa de repetição artificial do que originalmente eu escrevi sobre o encontro com o seu futuro namorado. É com humildade que contarei agora a história da história. Portanto se me perguntarem como foi direi: não sei, perdi o encontro.

Maio, mês das borboletas noivas flutuando em brancos véus. Sua exclamação talvez tivesse sido um prenúncio do que ia acontecer no final da tarde desse mesmo dia: no meio da chuva abundante encontrou (explosão) a primeira espécie de namorado de sua vida, o coração batendo como se ela tivesse englutido um passarinho esvoaçante e preso. O rapaz e ela se olharam por entre a chuva e se reconheceram como dois nordestinos, bichos da mesma espécie que se farejam. Ele a olhara enxugando o rosto molhado com as mãos. E a moça, bastou-lhe vê-lo pra torná-lo imediatamente sua goiabada com queijo.

Ele...

Ele se aproximou e com voz cantante de nordestino que a emocionou, perguntou-lhe:

— E se me desculpe, senhorinha, posso convidar a passear?

— Sim, respondeu atabalhoadamente com pressa antes que ele mudasse de ideia.

— E, se me permite, qual é mesmo a sua graça?

— Macabéa.

— Maca — o quê?

— Béa, foi ela obrigada a completar.

— Me desculpe mas até parece doença, doença de pele.

— Eu também acho esquisito mas minha mãe botou ele por promessa a Nossa Senhora da Boa Morte se eu vingasse, até um ano de idade eu não era chamada porque não tinha nome, eu preferia continuar a nunca ser chamada em vez de ter um nome que ninguém tem mas parece que deu certo — parou um instante retomando o fôlego perdido e acrescentou desanimada e com pudor — pois como o senhor vê eu vinguei... pois é...

— Também no sertão da Paraíba promessa é questão de grande dívida de honra.

Eles não sabiam como se passeia. Andaram sob a chuva grossa e pararam diante da vitrine de uma loja de ferragem onde estavam expostos atrás do vidro canos, latas, parafusos grandes e pregos. E Macabéa, com medo de que o silêncio já significasse uma ruptura, disse ao recém-namorado:

— Eu gosto tanto de parafuso e prego, e o senhor?

Vera Basile/Arquivo da editora

Da segunda vez em que se encontraram caía uma chuva fininha que ensopava os ossos. Sem nem ao menos se darem as mãos caminhavam na chuva que na cara de Macabéa parecia lágrimas escorrendo.

Da terceira vez em que se encontraram — pois não é que estava chovendo? — o rapaz, irritado e perdendo o leve verniz de finura que o padrasto a custo lhe ensinara, disse-lhe:

— Você também só sabe é mesmo chover!

— Desculpe.

Mas ela já o amava tanto que não sabia mais como se livrar dele, estava em desespero de amor.

Numa das vezes em que se encontraram ela afinal perguntou-lhe o nome.

— Olímpico de Jesus Moreira Chaves — mentiu ele porque tinha como sobrenome apenas o de Jesus, sobrenome dos que não têm pai. Fora criado por um padrasto que lhe ensinara o modo fino de tratar pessoas para se aproveitar delas e lhe ensinara como pegar mulher.

— Eu não entendo o seu nome — disse ela. — Olímpico?

Macabéa fingia enorme curiosidade escondendo dele que ela nunca entendia tudo muito bem e que isso era assim mesmo. Mas ele, galinho de briga que era, arrepiou-se todo com a pergunta tola e que ele não sabia responder. Disse aborrecido:

— Eu sei mas não quero dizer!

— Não faz mal, não faz mal, não faz mal... a gente não precisa entender o nome.

Ela sabia o que era o desejo — embora não soubesse que sabia. Era assim: ficava faminta mas não de comida, era um gosto meio doloroso que subia do baixo-ventre e arrepiava o bico dos seios e os braços vazios sem abraço. Tornava-se toda dramática e viver doía. Ficava então meio nervosa e Glória lhe dava água com açúcar.

Olímpico de Jesus trabalhava de operário numa metalúrgica e ela nem notou que ele não se chamava de "operário" e sim de "metalúrgico". Macabéa ficava contente com a posição social dele porque também tinha orgulho de ser datilógrafa, embora ganhasse menos que o salário mínimo. Mas ela e Olímpico eram alguém no mundo. "Metalúrgico e datilógrafa" formavam um casal de classe. A tarefa de Olímpico tinha o gosto que se sente quando se fuma um cigarro acendendo-o do lado errado, na ponta da cortiça. O trabalho consistia em pegar barras de metal que vinham deslizando de cima da máquina para colocá-las embaixo, sobre uma placa deslizante. Nunca se perguntara por que colocava a barra embaixo. A vida não lhe era má e ele até economizava um pouco de dinheiro: dormia de graça numa guarita em obras de demolição por camaradagem do vigia. [...]

LISPECTOR, Clarice. *A hora da estrela*. Rio de Janeiro: Rocco, 1998. p. 42-45.

Atividades

1. O primeiro parágrafo é metalinguístico, ou seja, o narrador conversa com o leitor sobre o ato de narrar. A partir dessa observação, responda:
   a) Qual é o estado emocional do narrador?
   b) Há, no caso, um narrador onisciente? Explique.
2. O narrador, no segundo parágrafo, ao relatar o primeiro encontro de Macabéa e Olímpico, introduz a palavra *explosão* entre parênteses. Justifique o emprego dos parênteses.
3. No segundo parágrafo, aparecem algumas referências ao mundo animal. Relacione essas referências à identificação entre Macabéa e Olímpico.
4. Explique a figura de linguagem presente em "Maio, mês das borboletas noivas flutuando em brancos véus".

5. Ao reproduzir as falas de Macabéa, o narrador faz pouco uso dos sinais de pontuação. Isso se justifica? Por quê?

6. Numa leitura subjetiva da realidade, Macabéa achava que "ela e Olímpico eram alguém no mundo. 'Metalúrgico e datilógrafa' formavam um casal de classe". No entanto, o narrador apresenta fatos que desmentem Macabéa. Que fatos são esses?

7. Macabéa "nunca entendia tudo muito bem", não sabia nada de nada, porém "ela sabia o que era o desejo". Explique essa aparente contradição.

8. O estar-no-mundo e o ser-do-mundo constituem a angústia dos dois personagens. Por quê? Que maneira eles encontram de passar da condição de estar-no-mundo para ser-do-mundo?

9. O relacionamento entre Olímpico e Macabéa pode ser considerado assimétrico. Uma das partes é submissa à outra. Qual delas? Identifique passagens no texto que justifiquem sua resposta.

10. Olímpico tenta valorizar seu trabalho. No entanto, o narrador desmonta seu artifício com uma comparação. Identifique o trecho em que isso ocorre.

Texto 2

Uma galinha

Clarice Lispector

Vera Basile/Arquivo da editora

Era uma galinha de domingo. Ainda viva porque não passava de nove horas da manhã.

Parecia calma. Desde sábado encolhera-se num canto da cozinha. Não olhava para ninguém, ninguém olhava para ela. Mesmo quando a escolheram, apalpando sua intimidade com indiferença, não souberam dizer se era gorda ou magra. Nunca se adivinharia nela um anseio.

Foi pois uma surpresa quando a viram abrir as asas de curto voo, inchar o peito e, em dois ou três lances, alcançar a murada do terraço. Um instante ainda vacilou — o tempo da cozinheira dar um grito — e em breve estava no terraço do vizinho, de onde, em outro voo desajeitado, alcançou um telhado. Lá ficou em adorno deslocado, hesitando ora num, ora noutro pé. A família foi chamada com urgência e consternada viu o almoço junto de uma chaminé. O dono da casa, lembrando-se da dupla necessidade de fazer esporadicamente algum esporte e de almoçar, vestiu radiante um calção de banho e resolveu seguir o itinerário da galinha: em pulos cautelosos alcançou o telhado onde esta, hesitante e trêmula, escolhia com urgência outro rumo. A perseguição tornou-se mais intensa. De telhado a telhado foi percorrido mais de um quarteirão da rua. Pouco afeita a uma luta mais selvagem pela vida, a galinha tinha que decidir por si mesma os caminhos a tomar, sem nenhum auxílio de sua raça. O rapaz, porém, era um caçador adormecido. E por mais ínfima que fosse a presa o grito de conquista havia soado.

Sozinha no mundo, sem pai nem mãe, ela corria, arfava, muda, concentrada. Às vezes, na fuga, pairava ofegante num beiral de telhado e enquanto o rapaz galgava outros com dificuldade tinha tempo de se refazer por um momento. E então parecia tão livre.

Estúpida, tímida e livre. Não vitoriosa como seria um galo em fuga. Que é que havia nas suas vísceras que fazia dela um ser? A galinha é um ser. É verdade que não se poderia contar com ela para nada. Nem ela própria contava consigo, como o galo crê na sua crista. Sua única vantagem é que havia tantas galinhas que morrendo uma surgiria no mesmo instante outra tão igual como se fora a mesma.

Afinal, numa das vezes em que parou para gozar sua fuga, o rapaz alcançou-a. Entre gritos e penas, ela foi presa. Em seguida carregada em triunfo por uma asa através das telhas e pousada no chão da cozinha com certa violência. Ainda tonta, sacudiu-se um pouco, em cacarejos roucos e indecisos. Foi então que aconteceu. De pura afobação a galinha pôs um ovo. Surpreendida, exausta. Talvez fosse prematuro. Mas logo depois, nascida que fora para a maternidade, parecia uma velha mãe habituada. Sentou-se sobre o ovo e assim ficou, respirando, abotoando e desabotoando os olhos. Seu coração, tão pequeno num prato, solevava e abaixava as penas, enchendo de tepidez aquilo que nunca passaria de um ovo. Só a menina estava perto e assistiu a tudo estarrecida. Mal porém conseguiu desvencilhar-se do acontecimento, despregou-se do chão e saiu aos gritos:

— Mamãe, mamãe, não mate mais a galinha, ela pôs um ovo! ela quer o nosso bem!

Todos correram de novo à cozinha e rodearam mudos a jovem parturiente. Esquentando seu filho, esta não era nem suave nem arisca, nem alegre, nem triste, não era nada, era uma galinha. O que não sugeria nenhum sentimento especial. O pai, a mãe e a filha olhavam já há algum tempo, sem propriamente um pensamento qualquer. Nunca ninguém acariciou uma cabeça de galinha. O pai afinal decidiu-se com certa brusquidão:

— Se você mandar matar esta galinha nunca mais comerei galinha na minha vida!

— Eu também! jurou a menina com ardor.

A mãe, cansada, deu de ombros.

Inconsciente da vida que lhe fora entregue, a galinha passou a morar com a família. A menina, de volta do colégio, jogava a pasta longe sem interromper a corrida para a cozinha. O pai de vez em quando ainda se lembrava: "E dizer que a obriguei a correr naquele estado!" A galinha tornara-se a rainha da casa. Todos, menos ela, o sabiam. Continuou entre a cozinha e o terraço dos fundos, usando suas duas capacidades: a de apatia e a do sobressalto.

Mas quando todos estavam quietos na casa e pareciam tê-la esquecido, enchia-se de uma pequena coragem, resquícios da grande fuga — e circulava pelo ladrilho, o corpo avançando atrás da cabeça, pausado como num campo, embora a pequena cabeça a traísse: mexendo-se rápida e vibrátil, com o velho susto de sua espécie já mecanizado.

Uma vez ou outra, sempre mais raramente, lembrava de novo a galinha que se recortara contra o ar à beira do telhado, prestes a anunciar. Nesses momentos enchia os pulmões com o ar impuro da cozinha e, se fosse dado às fêmeas cantar, ela não cantaria mas ficaria muito mais contente. Embora nem nesses instantes a expressão de sua vazia cabeça se alterasse. Na fuga, no descanso, quando deu à luz ou bicando milho — era uma cabeça de galinha, a mesma que fora desenhada no começo dos séculos.

Até que um dia mataram-na, comeram-na e passaram-se anos.

LISPECTOR, Clarice. *Laços de família*. Rio de Janeiro: Nova Fronteira, 1983.

Atividades

1. Em várias passagens, a galinha representa a condição feminina. Destaque algumas dessas passagens.

2. De quem é a seguinte fala: "Que é que havia nas suas vísceras que fazia dela um ser? A galinha é um ser."?

3. Podemos entender o voo da galinha e a postura do ovo como fatos extraordinários que romperam momentaneamente a ordem natural dos fatos. O que comprova tal tese?

Velhos temas novas leituras

O CONTO MODERNO

No século XX, houve quem indagasse se a literatura estaria próxima do fim, se ela cederia seu lugar a outros meios de comunicação e de entretenimento mais recentes e tecnologicamente sofisticados. Questionava-se se o hábito de ler livros estaria em defasagem com relação às novas tecnologias. Em uma breve crônica intitulada "O romance morreu?", o escritor Rubem Fonseca assim especula sobre o assunto:

> No início do século XX, com o lançamento, por Henry Ford, do Ford Model T, um automóvel popular, construído numa linha de montagem, um carro barato que em poucos anos vendeu mais de quinze milhões de unidades, as cassandras afirmaram que agora a literatura de ficção, na qual se incluía a poesia, estava mesmo com os dias contados. Dentro de pouco tempo todas as pessoas teriam automóvel e usariam o carro para passear, fazer compras, namorar em vez de ficar em casa lendo. Ou porque não soubessem o que lhes reservava o futuro ou lá porque fosse, o certo é que muitos escritores [...] continuaram escrevendo, e talvez até tivessem um Model T na garagem.
>
> Nova anunciação mortal veio logo em seguida, causada pelo cinema, denominado de sétima arte. Uma pesquisa da época mostrou que em cada cem pessoas oitenta frequentavam o cinema e duas (duas!) liam livros de ficção. Agora é que a literatura, enfim, havia morrido. Desta vez não tinha salvação. [...] Depois, nova morte foi profetizada pela televisão [...] e muitos não pararam de escrever. Que diabo, esses caras não liam os jornais? Não sabiam que a literatura de ficção havia morrido?
>
> Afinal, veio o golpe de misericórdia: o computador e a Internet. Era a pá de cal. Mas o que estava acontecendo? Quem são (ou eram) esses loucos escrevendo poesia e romance? O que na realidade está acontecendo?

In: FONSECA, Rubem. *O romance morreu*: crônicas. São Paulo: Companhia das Letras, 2007. p. 7-9.

Ainda nessa crônica, Rubem Fonseca especula se, em vez de a literatura de ficção estar acabando, não são os leitores que estão rareando. A literatura, como forma de expressão, representação e trabalho com a linguagem, parece ser uma necessidade de vivência humana, algo indispensável; assim, mesmo que pouco populares, os escritores dificilmente deixarão de existir. O caso dos leitores, entretanto, é mais complicado; efetivamente, as mudanças tecnológicas implicaram o retraimento do hábito de leitura. Tanto é que, se os leitores ainda não acabaram, há muita discussão se o livro, como objeto material, não estaria com seus dias contados; em vez de papel, a literatura seria veiculada somente em conteúdo digital, sem um suporte físico próprio. Mesmo que os livros digitais já sejam uma realidade e tenham uma importante função, muitos críticos não acreditam que isso representaria o fim dos impressos.

wavebreakmedia/Shutterstock/Glow Images

Retomando o título da crônica de Rubem Fonseca, outra questão que se pode pensar é: o romance, como uma longa narrativa em prosa, não está, efetivamente, morrendo? A aceleração do ritmo de vida, o cotidiano esvaziado por longas jornadas de trabalho e desgastado por perdas de tempo em filas e trânsito, assim como o imediatismo na obtenção de informações, algo típico da televisão e da internet, comprometem o espaço do romance na sociedade moderna. Não espanta, portanto, que desde a década de 1960 os contos curtos venham ganhando espaço na literatura em geral. No caso brasileiro, são diversos os exemplos de escritores que, mesmo sendo autores de importantes romances, ganharam notoriedade como contistas. O próprio Rubem Fonseca é um exímio escritor de contos, assim como João Antônio, Lygia Fagundes Telles (1923), Moacyr Scliar (1937-2011), Caio Fernando Abreu (1948-1996), Sérgio Sant'Anna (1941) e, mais recentemente, Marçal Aquino (1958) e Antonio Carlos Vianna (1946). Um caso exemplar na literatura brasileira é o do escritor curitibano Dalton Trevisan (1925), autor de uma importante e vasta obra na qual as pequenas narrativas foram sendo sintetizadas ao máximo, criando belos textos de estrutura dinâmica e linguagem essencial; são como comprimidos literários, contos pujantes e afiados, sem nenhuma palavra que esteja fora do lugar.

Para melhor compreender as ideias expostas acima, leia os dois textos a seguir. O primeiro é um conto de Dalton Trevisan, intitulado "Apelo"; o segundo, "Trincheira", um conto do escritor paulista Marçal Aquino – textos pertencentes a autores de distintas gerações, mas que evidenciam importantes características da narrativa breve.

Texto 1

Apelo

Dalton Trevisan

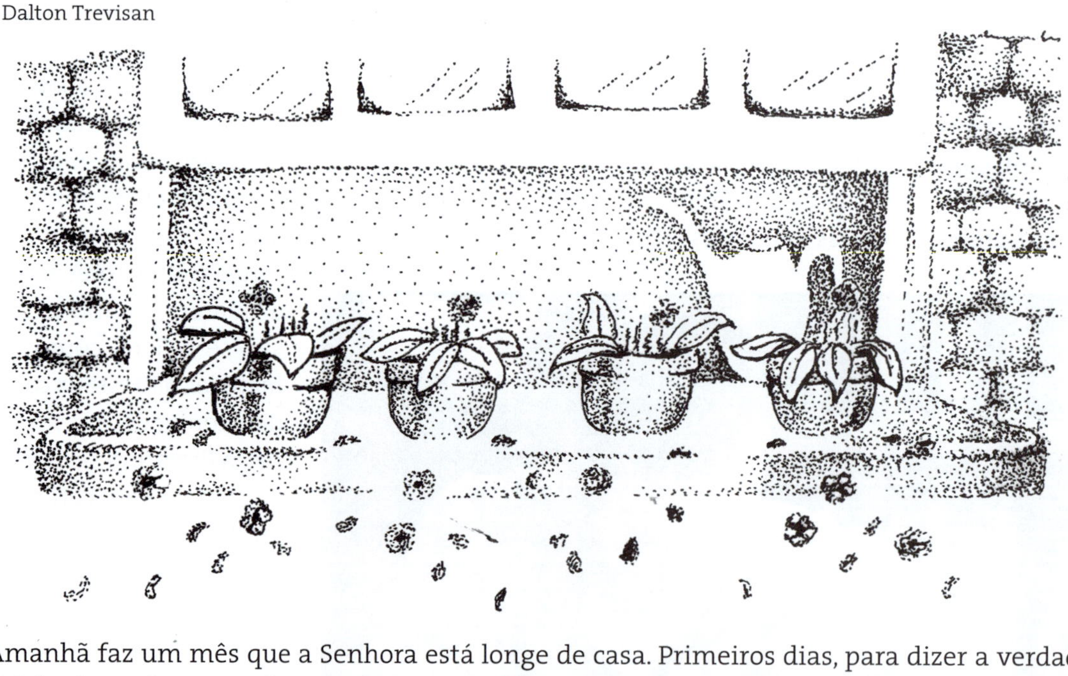
Vera Basile/Arquivo da editora

Amanhã faz um mês que a Senhora está longe de casa. Primeiros dias, para dizer a verdade, não senti falta, bom chegar tarde, esquecido na conversa de esquina. Não foi ausência por uma semana: o batom ainda no lenço, o prato na mesa por engano, a imagem de relance no espelho.

Com os dias, Senhora, o leite primeira vez coalhou. A notícia de sua perda veio aos poucos: a pilha de jornais ali no chão, ninguém os guardou debaixo da escada. Toda a casa era um corredor deserto, e até o canário ficou mudo. Para não dar parte de fraco, ah, Senhora, fui beber com os amigos. Uma hora da noite eles se iam e eu ficava só, sem o perdão de sua presença a todas as aflições do dia, como a última luz na varanda.

E comecei a sentir falta das pequenas brigas por causa do tempero na salada – o meu jeito de querer bem. Acaso é saudade, Senhora? Às suas violetas, na janela, não lhes poupei água e elas murcham. Não tenho botão na camisa, calço a meia furada. Que fim levou o saca-rolhas? Nenhum de nós sabe, sem a Senhora, conversar com os outros: bocas raivosas mastigando. Venha para casa, Senhora, por favor.

In: BOSI, Alfredo. *O conto brasileiro contemporâneo*. São Paulo: Cultrix/Edusp, 1975. p. 190.

1. No primeiro parágrafo, o narrador afirma que não sentiu falta da pessoa ausente, “não foi ausência”. Explique, com suas palavras, essa situação.
2. Comente como o narrador vai percebendo a ausência da “Senhora”.
3. Você diria que o narrador só tem preocupações materiais? Justifique sua resposta.

Texto 2

Trincheira

Marçal Aquino

Quando eu estava saindo, a madrinha disse: leva um recado pra ele. Diga que eu mandei falar que ele é um filho da puta nojento.

Atravessei o terreno, as galinhas pararam de ciscar pra me olhar, e cheguei ao paiol. O padrinho cutucava uma ferida na canela, deitado no monte de palha.

Desamarrou o pano, destampou a marmita, cheirou a comida. Pensa que eu sou bobo?, falou. Essa velha quer é me envenenar. Mandou algum recado?

Eu respondi olhando para a espingarda apoiada na parede.

Estive na guerra, ele resmungou, agora vou ter medo de uma velha caduca?

Lembrou como ele e um companheiro cercaram um inimigo uma vez. Coçou a ferida e sorriu: Enchemos ele de bala.

Pescou um torresmo na marmita e mastigou, distraído. Uma mosca atravessou o feixe de luz sujo de pó que entrava pelo vão das ripas.

Teu pai deu notícia?, perguntou, o segundo torresmo entre os dedos a caminho da boca.

Balancei a cabeça.

O padrinho mastigou devagar: Aposto que ela vai dizer que ele não tem um pingo de juízo. Que nem eu.

A madrinha tinha falado isso mesmo.

A namorada do teu pai apareceu?

Não vi, eu disse, passei o dia na horta.

O padrinho pegou a colher, penteou o arroz na marmita. Disse: Tua mãe era mais bonita. Ora, se era.

Eu me levantei segurando uma espiga pequena, seca.

Quando você vier outra vez, lembra de trazer cachaça, o padrinho pediu. Mas não deixa a velha ver. E eu preciso de uma blusa e de uma camisa limpa também. Pede pra ela.

Cruzei o terreno de volta, estava anoitecendo. Um bezerro apartado da mãe mugiu lá para os lados do curral.

Coloquei a marmita vazia sobre a mesa da cozinha. E ia beber água quando vi a madrinha encostada na porta.

Ele mandou falar alguma coisa?

Não. Só disse que hoje vai fazer frio.

A madrinha espiou a noite pela janela. Um breu.

Vai, sim. Se Deus quiser, vai fazer muito frio, disse.

AQUINO, Marçal. *Faroestes*. São Paulo: Ciência do Acidente, 2001. p. 9-10.

1. Qual é o sentido do título do conto de Marçal Aquino? Justifique.

2. A partir da leitura do conto "Trincheira", como você caracterizaria a relação existente entre o padrinho e a madrinha? Justifique.

3. Quais são as semelhanças formais e temáticas entre os dois contos?

Um dos principais contistas brasileiros da segunda metade do século XX foi o escritor gaúcho Caio Fernando Abreu (1948-1996). Em suas narrativas, são marcantes os temas ligados ao cotidiano dos homossexuais, principalmente no que diz respeito à discriminação e ao preconceito. O escritor, homossexual declarado, sempre militou contra a homofobia, sendo, por conta de espúrias questões morais, perseguido pelo regime militar. A seguir, estão reproduzidos trechos de dois contos (textos 3 e 4) pertencentes ao livro *Morangos mofados*, sua obra mais conhecida, publicada em 1982. Leia-os atentamente.

Texto 3

Terça-feira gorda

Caio Fernando Abreu

Veados, a gente ainda ouviu, recebendo na cara o vento frio do mar. A música era só um tumtumtum de pés e tambores batendo. Eu olhei para cima e mostrei olha lá as Plêiades, só o que eu sabia ver, que nem raquete de tênis suspensa no céu. Você vai pegar um resfriado, ele falou com a mão no meu ombro. Foi então que percebi que não usávamos máscaras. Lembrei que tinha lido em algum lugar que a dor é a única emoção que não usa máscara. Não sentíamos dor, mas aquela emoção daquela hora ali sobre nós, e eu nem sei se era alegria, também não usava máscara. Então pensei devagar que era proibido ou perigoso não usar máscara, ainda mais no Carnaval.

[...]

Brilhávamos, os dois, nos olhando sobre a areia. Te conheço de algum lugar, cara, ele disse, mas acho que é da minha cabeça mesmo. Não tem importância, eu falei. Ele falou não fale, depois me abraçou forte. Bem de perto, olhei a cara dele, que olhando assim não era bonita nem feia: de poros e pelos, uma cara de verdade olhando bem de perto a cara de verdade que era a minha. A língua dele lambeu meu pescoço, minha língua entrou na orelha dele, depois se misturaram molhadas. Feito dois figos maduros apertados um contra o outro, as sementes vermelhas chocando-se com um ruído de dente contra dente.

[...]

Mas vieram vindo, então, e eram muitos. Foge, gritei, estendendo o braço. Minha mão agarrou um espaço vazio. O pontapé nas costas fez com que me levantasse. Ele ficou no chão. Estavam todos em volta. Ai, ai, gritavam, olha as loucas. Olhando para baixo, vi os olhos dele muito abertos e sem nenhuma culpa entre as outras caras dos homens. A boca molhada afundando no meio duma massa escura, o brilho de um dente caído na areia. Quis tomá-lo pela mão, protegê-lo com meu corpo, mas sem querer estava sozinho e nu correndo pela areia molhada, os outros todos em volta, muito próximos.

Fechando os olhos então, como um filme contra as pálpebras, eu conseguia ver imagens se sobrepondo. Primeiro o corpo suado deles, sambando, vindo em minha direção. Depois as Plêiades, feito uma raquete de tênis suspensa no céu lá em cima. E finalmente a queda lenta de um figo muito maduro, até esborrachar-se contra o chão em mil pedaços sangrentos.

ABREU, Caio Fernando. *Morangos mofados*. Rio de Janeiro: Agir, 2005. p. 58-59.

Texto 4

Aqueles dois

Caio Fernando Abreu

Vera Basile/Arquivo da editora

Quando janeiro começou, quase na época de tirarem férias – e tinham planejado juntos quem sabe Parati, Ouro Preto, Porto Seguro –, ficaram surpresos naquela manhã em que o chefe de seção os chamou, perto do meio-dia. Fazia muito calor. Suarento, o chefe foi direto ao assunto: tinha recebido algumas cartas anônimas. Recusou-se a mostrá-las. Pálidos, os dois ouviram expressões como "relação anormal e ostensiva", "comportamento doentio", "psicologia deformada", sempre assinadas por Um Atento Guardião da Moral. Saul baixou os olhos desmaiados, mas Raul levantou de um salto. Parecia muito alto quando, com uma das mãos apoiadas no ombro do amigo e a outra erguendo-se atrevida no ar, conseguiu ainda dizer a palavra nunca, antes que o chefe, depois de coisas como a-reputação-de-nossa-firma ou tenho-que-zelar-pela-moral-dos-meus-funcionários, declarasse frio: os senhores estão despedidos.

[...]

Mas quando saíram pela porta daquele prédio grande e antigo, parecido com uma clínica psiquiátrica ou uma penitenciária, vistos de cima pelos colegas todos nas janelas, a camisa branca de um e a azul do outro, estavam ainda mais altos e mais altivos. Demoraram alguns minutos na frente do edifício. Depois apanharam o mesmo táxi, Raul abrindo a porta para que Saul entrasse. Ai-ai! alguém gritou da janela. Mas eles não ouviram. O táxi já tinha dobrado a esquina.

Pelas tardes poeirentas daquele resto de janeiro, quando o sol parecia a gema de um enorme ovo frito no azul sem nuvens do céu, ninguém mais conseguiu trabalhar em paz na repartição. Quase todos ali dentro tinham a nítida sensação de que seriam infelizes para sempre. E foram.

ABREU, Caio Fernando. *Morangos mofados*. Rio de Janeiro: Agir, 2005. p. 139-140.

- Em grupos, organizem debates a partir das seguintes questões:
  a) Nos textos 3 e 4, estão representadas situações de discriminação e violência contra homossexuais. Quais são elas?
  b) No conto transcrito como texto 3, é possível afirmar que, a partir de determinado momento, a narrativa passa por uma mudança? Por quê?
  c) No conto reproduzido como texto 4, de que modo é caracterizado o ambiente de trabalho? Expliquem.
  d) A homofobia ainda é uma triste realidade no mundo atual. Por meio de pesquisas em jornais, revistas e internet, busquem notícias sobre ocorrências parecidas com as descritas nos contos. Depois, realizem debates e pensem em medidas que poderiam ser tomadas para evitar esse tipo de situação.

Vestibulares de Norte a Sul

1. **S** (UEM-PR) Leia o poema e assinale o que for correto.

Cemitério pernambucano

(Nossa Senhora da Luz)

Nesta terra ninguém jaz
pois também não jaz um rio
noutro rio, nem o mar
é cemitério de rios.

Nenhum dos mortos daqui
vem vestido de caixão.
Portanto, eles não se enterram,
são derramados no chão.

Vêm em redes de varandas
abertas ao sol e à chuva.
Trazem suas próprias moscas.
O chão lhes vai como luva.

Mortos ao ar-livre, que eram,
hoje à terra-livre estão.
São tão da terra que a terra
nem sente sua intrusão.

João Cabral de Melo Neto. *Melhores poemas*.

(01) Trata-se de um poema construído com versos de sete sílabas, cujo acento tônico predominante recai nas 3ª e 7ª sílabas. A rima formada por "jaz/mar" é toante e a formada por "chuva/luva" é soante.

(02) Os versos "Nenhum dos mortos daqui/ vem vestido de caixão" indicam que o caixão é comparável a um traje, ou seja, o morto no caixão é como um corpo envolto em roupa. A ausência do caixão remete à extrema pobreza de parte da população pernambucana.

(04) Os versos "Vêm em redes de varandas/ abertas ao sol e à chuva" revelam a certeza da mudança climática. As palavras "varandas", "sol" e "chuva" remetem a um cenário bucólico e fértil, em que os homens têm esperança de viver.

(08) A morte é condição que permite aos homens da terra pernambucana a entrada no paraíso, conforme atesta a expressão "eles não se enterram, são derramados no chão". Os versos comparam o enterro dos mortos à chuva. Assim como a água, que se infiltra na terra e faz brotar a vida, a morte é a condição que permite ao homem o ingresso na felicidade eterna.

(16) Na última estrofe, destaca-se a condição mortificante dos vivos, próxima à condição dos mortos. A situação em que vivem, na terra, equivale à situação de quem está enterrado.

2. **SE** (ITA-SP) Na obra *Quaderna* (1960), João Cabral de Melo Neto incluiu um conjunto de textos, intitulado "Poemas da cabra", cujo tema é o papel desse animal no universo social e cultural nordestino. Um desses poemas é reproduzido a seguir:

Um núcleo de cabra é visível
por debaixo de muitas coisas.
Com a natureza da cabra
Outras aprendem sua crosta.

Um núcleo de cabra é visível
em certos atributos roucos
que têm as coisas obrigadas
a fazer de seu corpo couro.

A fazer de seu couro sola.
a armar-se em couraças, escamas:
como se dá com certas coisas
e muitas condições humanas.

Os jumentos são animais
que muito aprenderam da cabra.
O nordestino, convivendo-a,
fez-se de *sua mesma casta*.

Acerca desse poema, não se pode afirmar que:

a) o poeta vê a cabra como um animal forte e que influencia outros seres que vivem em condições adversas.
b) aquilo que a cabra parece ensinar aos demais seres é a resignação e a paciência diante da adversidade.
c) a cabra oferece uma espécie de modelo comportamental para aqueles que precisam ser fortes para enfrentar uma vida dura.
d) a cabra é um animal resistente ao meio hostil em que vive, assim como outros animais também o são, como o jumento.
e) há no poema uma aproximação entre a cabra e o homem nordestino, pois ambos são fortes e resistentes.

3. **CO** (UnB-DF) Leia o poema:

beba	coca	cola
babe		cola
beba	caco	
babe	cola	caco
caco		
cola		

cloaca

PIGNATARI, Décio. Coca-cola. In: PIGNATARI, Décio; CAMPOS, Augusto de; CAMPOS, Haroldo de. *Teoria da poesia concreta:* textos críticos e manifestos, 1950-1960. 2 ed. São Paulo: Duas Cidades, 1975, p. 85.

A partir das informações do poema, julgue os seguintes itens como verdadeiro ou falso:

( ) Pode-se inferir que o texto foi, originalmente, uma propaganda encomendada para divulgar as qualidades do principal produto de uma fábrica de refrigerantes.
( ) O poema foi construído a partir de alterações semânticas decorrentes de inversões fônicas de um grupo pequeno de fonemas.
( ) Os vocábulos *babe* (v. 2), *caco* (v. 5) e *cloaca* (v. 7) têm em comum um sentido negativo.
( ) Uma síntese possível do texto é **beba coca, babe cola e excrete caco pela cloaca**.

CAPÍTULO

28 O teatro brasileiro no século XX

Reprodução/Arquivo da editora

O grupo Os Comediantes na montagem da peça *Vestido de noiva*, de Nelson Rodrigues, em encenação dirigida por Ziembinski, no Theatro Municipal do Rio de Janeiro, 1943.

Panorama do teatro no Brasil do século XX

1 Leia o texto a seguir, um panorama da história do teatro brasileiro no século XX para iniciar os estudos a serem feitos neste capítulo.

A breve história do teatro brasileiro e suas reviravoltas dramáticas

[...] O teatro com grupos formados por atores brasileiros só se estabeleceu a partir do Século 19, abrindo a área para o florescimento da comédia de costumes e teatro burlesco. Foi só no Século 20, com os grupos universitários, que o nosso teatro se modernizou. [...] Para contar brevemente essa história espetacular, o professor João Roberto Faria, organizador do livro *História do teatro brasileiro*, e o diretor Celso Nunes, dão uma pincelada em alguns dos principais momentos da nossa arte dramática.

[...]

Teatro moderno brasileiro

[...] foi com a estreia de *Vestido de noiva*, de Nelson Rodrigues, em 1943, que a crítica apontou o nascimento do nosso teatro moderno. Com direção do polonês Ziembinski, a peça quebrava com todos os padrões da época. "A montagem misturava tempos. Não era só do presente olhando para o passado, mas uma peça que pela primeira vez permitia olhar o futuro", conta o diretor Celso Nunes. Ziembinski trouxe de fora a iluminação nova, o cenário, a interpretação entre o expressionismo e o naturalismo.

[...]

Nos anos que antecederam os governos militares, o clima político do Brasil e os estudantes universitários agitavam a cena cultural com produções que marcaram a história do teatro brasileiro. Em 1958, em São Paulo, o Teatro Arena trazia a revolucionária *Eles não usam black-tie*, de Gianfrancesco Guarnieri, escancarando problemas sociais e políticos. Em 1965, a encenação de *Morte e vida severina*, de João Cabral de Melo Neto com música de Chico Buarque, estarreceu a crítica brasileira por sua poética pungente e montagem sensível. "A peça veio com uma encenação primorosa e marcou toda uma época", lembra Celso Nunes. Em 1967, José Celso Martinez Correa quebrou tabus com *O Rei da Vela*, de Oswald de Andrade. Provocativo e cáustico, ele chegava para estapear a burguesia. "O Teatro Oficina chega com a evolução do teatro cultural e político, agressivo, da contracultura", explica João Roberto.

O teatro contemporâneo

Os governos militares silenciaram tudo. Zé Celso, Boal e outros importantes artistas foram exilados. Antunes Filho, que ficou no Brasil, abriu nosso teatro contemporâneo com seu Centro de Pesquisa Teatral. "Com *Macunaíma*, ele rompeu com aquilo que ele próprio chama de teatrão e começou a trabalhar só com jovens, com uma atuação menos armada. O espetáculo tem uma cara nova, que não dá para comparar com nada que foi feito antes", fala João Roberto.

Marcando a abertura política, Celso Nunes finalmente estreia sua peça que havia sido proibida durante sete anos. Em *Patética*, ele conta a morte do jornalista Vladmir Herzog. "A peça tinha sido premiada como melhor texto e proibida no mesmo ano, pelo regime. Só em 81 consegui montar", conta Nunes. Nesse ínterim, Boal desenvolveu o Teatro do Oprimido, com a democratização dos meios de produção teatral e acesso das camadas sociais menos favorecidas.

Nos anos seguintes, surge o que se chama de teatro de encenadores, com diretores como Gerald Thomas, Bia Lessa e Gabriel Vilela, dialogando com as vanguardas internacionais. [...]. A partir dos anos 2000, o Brasil recebe muitos musicais internacionais.

Atualmente, lembra Celso que, enquanto temos atores famosos fazendo um teatro mais comercial, também temos novo espaço para pequenos grupos e núcleos experimentais. Diretores como Amir Haddad, com o grupo Tá na Rua e os festivais universitários de Norte a Sul mostram esse teatro que extrapola as grandes companhias, do eixo Rio-São Paulo e volta para as ruas. "Há um novo fôlego para o teatro de grupo e regional", comemora Nunes. Respeitável público, é tempo de aproveitar!

Disponível em: <http://redeglobo.globo.com>. Acesso em: 4 jul. 2014.

Festivais de teatro

Há alguns anos cada vez mais festivais de teatro têm se firmado no Brasil. Seus espetáculos atraem os olhares dos cidadãos em diversas regiões do país. Movimentam o cenário cultural das cidades, distribuem sonhos, contam histórias, instigam à reflexão nas praças públicas e nos palcos. Por meio de gestos e de palavras, conquistam os brasileiros interessados em se divertir, em estudar e debater a arte teatral. Nas fotos desta página, uma pequena amostra desses eventos.

Reprodução/Prefeitura de Fortaleza, Ceará.

Relampião, peça teatral da Cia do Miolo, de São Paulo, em apresentação no IX Festival de Teatro de Fortaleza, na praça do Ferreira, em 2013.

Renan Olaz/Futura Press

O encontro de Shakespeare com a cultura popular de Romeu e Julieta, peça teatral do Grupo Garajal, de Maracanaú, Ceará, em apresentação no V Festival de Teatro de Rua, na praça da Alfândega, em Porto Alegre, 2013.

Carlos Moura/CB/D.A Press

Apresentação da peça *Bacantes e brincantes*, de José Mapurunga (inspirada em *As bacantes*, de Eurípedes), em encenação da Hierofante Companhia de Teatro, durante o festival Cena Contemporânea (Festival Internacional de Teatro de Brasília), na Esplanada dos Ministérios, em Brasília, 2011.

- *Os festivais de teatro proliferaram no Brasil. Há algum festival de teatro em sua cidade?*
  - *Em caso afirmativo, qual? Como e quando acontece? Qual sua opinião sobre ele?*
  - *Em caso negativo, você gostaria que houvesse algum? Por quê? Já participou de algum festival desse tipo?*

1 O teatro brasileiro no século XX

ABELARDO I — O senhor sabe que São Paulo só tem dez famílias?

ABELARDO II — E o resto da população?

ABELARDO I — O resto é prole. O que estou fazendo, o que o senhor quer fazer é deixar de ser prole para ser família, comprar os velhos brasões, isso até parece teatro do século XIX. Mas o Brasil ainda é novo.

ABELARDO II — Se é! A burguesia só produziu um teatro de classe. A apresentação da classe. Hoje evoluímos. Chegamos à espinafração!

Abelardo I e Abelardo II, personagens da peça *O Rei da Vela*, de Oswald de Andrade, de 1933.

Para compreender o teatro brasileiro moderno, é necessário retroceder até 1943, quando foi encenado o texto *Vestido de noiva*, de Nelson Rodrigues (1912-1980), com a competente direção do polonês Ziembinski (1908-1978). Essa montagem é considerada um marco da encenação moderna em palcos brasileiros, quer pela temática, quer pelo fato de a protagonista migrar constantemente do plano da realidade para o plano da imaginação, do consciente para o inconsciente (como veremos adiante), quer pela revolucionária composição do cenário.

Em 1948, surgiu o Teatro Brasileiro de Comédia (TBC), responsável pela formação de um sem-número de artistas, quase sempre trabalhando com técnicas e textos importados. O teatro moderno, no entanto, assumiu sua função social, voltando-se para o questionamento da realidade brasileira: 1958 marca a estreia da peça *Eles não usam black-tie*, de Gianfrancesco Guarnieri (1934-2006), encenada pelo grupo do Teatro de Arena.

A década de 1960 assistiu a uma proliferação de grupos teatrais, que, espalhados por todo o Brasil, intensificaram suas atividades após o movimento de 1964. Entre os mais importantes estão, além do Teatro de Arena, o grupo do Teatro Oficina, que teria o seu grande momento com a encenação, revolucionária sob todos os aspectos, do texto de Oswald de Andrade *O Rei da Vela*, sob a direção de José Celso Martinez Corrêa (1937), e o Grupo Opinião, do Rio de Janeiro, que em 1965 apresentou *Liberdade, liberdade*, montagem baseada em textos de Flávio Rangel (1934-1988) e Millôr Fernandes (1923-2012), entremeados com canções de protesto. Com o AI-5 (Ato Institucional n. 5, de 1968) e os ataques de grupos de extrema-direita, desmantela-se o teatro de resistência. Nomes importantes vão para o exílio. Apesar de tudo, autores como Guarnieri, Dias Gomes (1922-1999), Chico Buarque, Ruy Guerra (1931), Ferreira Gullar, Paulo Pontes (1940-1976) e Plínio Marcos (1935-1999) continuaram a produzir textos.

Reprodução/Cedoc Funarte, Rio de Janeiro, RJ.

Os atores (da esquerda para a direita) Gianfrancesco Guarnieri e Eugênio Kusnet em cena de *Eles não usam black-tie*, na montagem no Teatro Arena, em São Paulo, 1958.

Divulgação/Arquivo da editora

2 Três textos fundamentais

Para apresentar uma boa antologia do teatro brasileiro moderno, seria preciso reproduzir textos de Guilherme Figueiredo (1915-1997), Oduvaldo Viana Filho (1936-1974), Jorge Andrade (1922-1984), Dias Gomes, Augusto Boal (1931-2009), Gianfrancesco Guarnieri, Paulo Pontes, Millôr Fernandes, Plínio Marcos, entre outros. Como não há espaço para tanto, fizemos escolhas: reproduzimos, a seguir, trechos de três obras fundamentais para se entender os caminhos do teatro brasileiro ao longo do século XX: *O Rei da Vela*, de Oswald de Andrade, *Vestido de noiva*, de Nelson Rodrigues, e *Auto da Compadecida*, de Ariano Suassuna.

O Rei da Vela – o primeiro texto revolucionário

Oswald de Andrade escreveu o texto de *O Rei da Vela* em 1933, numa época em que sua militância política elevou o tom de suas críticas sociais. Mas não apareceu ninguém que o encenasse; assim, o texto foi publicado em livro em 1937. Exatos trinta anos depois, quando o governo militar caminhava para seu período mais negro, a peça ganhou o palco e assombrou o público: em 29 de setembro de 1967, o grupo do Teatro Oficina, sob a direção de José Celso Martinez Corrêa, finalmente dava vida a Abelardo, o Rei da Vela, um capitalista que empresta dinheiro a juros exorbitantes, proprietário de uma fábrica de velas, o que o faz lucrar com a morte de cada brasileiro.

Leia um trecho do crítico teatral e ator Alberto Guzik (1944-2010), reproduzido da orelha do livro com o texto da peça teatral *O Rei da Vela*, de Oswald de Andrade, para conhecer um pouco os personagens desse texto dramático:

> Abelardo, agiota que empresta a juros escorchantes, tem todos sob seu domínio. Desde o Intelectual Pinote, sabujo que lambe as botas dos poderosos, até a família do Coronel Belarmino, decadente barão do café. A noiva de Abelardo, filha do coronel, é Heloísa de Lesbos. Tem três irmãos: a masculinizada Joana (conhecida por João dos Divãs), o quase travesti Totó Fruta-do-Conde e Perdigoto, integralista de primeira hora. Nem a mãe e a avó da família, Cesarina e Poloca, escapam da corrupção. Abelardo tem um rival, seu empregado de confiança, Abelardo II. E todos estão a serviço de um venal e anônimo Americano. *O Rei da Vela*, embora trate mais aberta e diretamente de graves questões da cultura e da política brasileiras, emprega amplamente os recursos da farsa, da caricatura. Atraiçoado, Abelardo I pode ser levado ao suicídio, mas não importa. Sempre haverá um Abelardo II para tomar-lhe a noiva e as funções.

GUZIK, Alberto. In: ANDRADE, Oswald de. *O Rei da Vela*. 4. ed. São Paulo: Globo, 1994.

Reprodução/Teatro Oficina

O ator Renato Borghi em cena da montagem da peça *O Rei da Vela*, sob direção de José Celso Martinez, no Teatro Oficina, em 1967. O principal cenário de *O Rei da Vela* é o escritório de usura de Abelardo I, por onde desfilam as mazelas de um país em formação, com estruturas feudais sobrevivendo com um capitalismo primitivo. Ali também se forjam casamentos que unem a tradição dos brasões ao capital. Como diz Abelardo: "Para nós, homens adiantados que só conhecemos uma coisa fria, o valor do dinheiro, comprar restos de brasão ainda é negócio, faz vista num país medieval como o nosso!".

Noite do "Rei da Vela" foi sucesso na Oficina

Rei da Vela, peça inédita de Oswald de Andrade, estreou oficialmente, ontem à noite, para um grande público que lotou o Teatro Oficina e que aplaudiu as interpretações de Renato Borghi, Francisco Martins, Fernando Peixoto, Liana Duval, Itala Nandi, Etty Fraser, Dirce Migliaccio e outros atores do elenco.

Folha de S.Paulo. São Paulo, 30 set. 1967.

Um texto pioneiro

Nem sempre o valor de uma obra de arte é captado na época de sua produção. Há situações em que mesmo o público envolvido nas produções culturais, como é o caso dos críticos, não percebe, no lançamento, a representatividade de uma nova obra. É o que revela, no depoimento reproduzido a seguir sobre *O Rei da Vela*, o crítico teatral Sábato Magaldi (1927). Leia:

Eu só me dei conta, de fato, da total virulência antecipadora de *O Rei da Vela* quando Procópio Ferreira [um dos principais atores brasileiros do século XX], em 1967, por ocasião da montagem do Teatro Oficina de São Paulo, justificou não ter interpretado o texto, na década de 30: como poderia tê-lo feito, se naquele momento a Censura impedia que se pronunciasse no palco a palavra *amante*? Por isso não coube a Oswald de Andrade a primazia da criação do teatro brasileiro moderno, título ostentado por Nelson Rodrigues, ao estrear, em 1943, *Vestido de noiva*.

MAGALDI, Sábato. In: ANDRADE, Oswald de. *O Rei da Vela*. 4. ed. São Paulo: Globo, 1994. p. 7.

Apresentamos, a seguir, as primeiras cenas da peça *O Rei da Vela*, de Oswald de Andrade. Leia esses fragmentos e faça as atividades propostas na sequência.

LENDO O TEXTO

O Rei da Vela

Oswald de Andrade

1º ATO

Em São Paulo. Escritório de usura de Abelardo & Abelardo. Um retrato de Gioconda. Caixas amontoadas. Um divã futurista. Uma secretária Luís XV. Um castiçal de latão. Um telefone. Sinal de alarma. Um mostruário de velas de todos os tamanhos e de todas as cores. Porta enorme de ferro à direita correndo sobre rodas horizontalmente e deixando ver no interior as grades de uma janela. O Prontuário, peça de gavetas, com os seguintes rótulos: MALANDROS – IMPONTUAIS – PRONTOS – PROTESTADOS. Na outra divisão: PENHORAS – LIQUIDAÇÕES – SUICÍDIOS – TANGAS.

Pela ampla janela entra o barulho da manhã na cidade e sai o das máquinas de escrever da antessala.

ABELARDO I, ABELARDO II E CLIENTE

ABELARDO I (*Sentado em conversa com o Cliente. Aperta um botão, ouve-se um forte barulho de campainha.*) – Vamos ver...

ABELARDO II (*Veste botas e um traje completo de domador de feras. Usa pastinha e enormes bigodes retorcidos. Monóculo. Um revólver à cinta.*) – Pronto Seu Abelardo.

ABELARDO I – Traga o dossier desse homem.

ABELARDO II – Pois não! O seu nome?

CLIENTE (*Embaraçado, o chapéu na mão, uma gravata de corda no pescoço magro.*) – Manoel Pitanga de Moraes.

ABELARDO II – Profissão?

CLIENTE – Eu era proprietário quando vim aqui pela primeira vez. Depois fui dois anos funcionário da Estrada de Ferro Sorocabana. O empréstimo, o primeiro, creio que foi feito para o parto. Quando nasceu a menina...

ABELARDO II – Já sei. Está nos IMPONTUAIS. (*Entrega o dossier reclamado e sai.*)

ABELARDO I (*Examina.*) – Veja! Isto não é comercial! Seu Pitanga! O senhor fez o primeiro empréstimo em fins de 29. Liquidou em maio de 1931. Fez outro em junho de 31, estamos em 1933. Reformou sempre. Há dois meses suspendeu o serviço de juros... Não é comercial...

CLIENTE – Exatamente. Procurei o senhor a segunda vez por causa da demora de pagamento na Estrada, com a Revolução de 30. A primeira foi para o parto. A criança já tinha dois anos. E a Revolução em 30... Foi um mau sucesso que complicou tudo...

ABELARDO I – O senhor sabe, o sistema da casa é reformar. Mas não podemos trabalhar com quem não paga juros... Vivemos disso. O senhor cometeu a maior falta contra a segurança do nosso negócio e o sistema da casa...

CLIENTE – Há dois meses somente que não posso pagar juros.

ABELARDO I – Dois meses. O senhor acha que é pouco?

CLIENTE – Por isso mesmo é que eu quero liquidar. Entrar num acordo. A fim de não ser penhorado. Que diabo! O senhor tem auxiliado tanta gente. É o amigo de todo mundo... Por que comigo não há de fazer um acordo?

ABELARDO I – Aqui não há acordo, meu amigo. Há pagamento!

CLIENTE – Mas eu me acho numa situação triste. Não posso pagar tudo, Seu Abelardo. Talvez consiga um adiantamento para liquidar...

ABELARDO I – Apesar da sua impontualidade, examinaremos as suas propostas...

CLIENTE – Mas eu fui pontual dois anos e meio. Paguei enquanto pude! A minha dívida era de um conto de réis. Só de juros eu lhe trouxe aqui nesta sala mais de dois contos e quinhentos. E até agora não me utilizei da lei contra a usura...

ABELARDO I (*Interrompendo-o, brutal.*) – Ah! Meu amigo. Utilize-se dessa coisa imoral e iníqua. Se fala de lei de usura, estamos com as negociações rotas... Saia daqui!

CLIENTE – Ora, Seu Abelardo. O senhor me conhece. Eu sou incapaz!

ABELARDO I – Não me fale nessa monstruosidade porque eu o mando executar hoje mesmo. Tomo-lhe até a roupa ouviu? A camisa do corpo.

CLIENTE – Eu não vou me aproveitar, Seu Abelardo. Quero lhe pagar. Mas quero também lhe propor um acordo. A minha situação é triste... Não tenho culpa de ter sido dispensado. Empreguei-me outra vez. Despediram-me por economia. Não ponho minha filhinha na escola porque não posso comprar sapatos para ela. Não hei de morrer de fome também. Às vezes não temos o que comer em casa. Minha mulher agora caiu doente. No entanto, sou um homem habilitado. Tenho procurado inutilmente emprego por toda a parte. Só tenho recebido nãos enormes. Do tamanho do céu! Agora, aprendi escrituração, estou fazendo uma escritas. Uns biscates. Hei de arribar... Quero ver se adiantam para lhe pagar.

ABELARDO I – Mas, enfim, o que é que o senhor me propõe?

CLIENTE – Uma pequena redução no capital.

ABELARDO I – No capital! O senhor está maluco! Reduzir o capital? Nunca!

CLIENTE – Mas eu já paguei mais do dobro do que levei daqui...

ABELARDO I – Me diga uma coisa, Seu Pitanga. Fui eu que fui procurá-lo para assinar este papagaio? Foi o meu automóvel que parou diante de seu casebre para pedir que aceitasse o meu dinheiro? Com que direito o senhor me propõe uma redução no capital que lhe emprestei?

CLIENTE (*Desnorteado.*) – Eu já paguei duas vezes...

ABELARDO I – Suma-se daqui! (*Levanta-se.*) Saia ou chamo a polícia. É só dar o sinal de crime neste aparelho. A polícia ainda existe...

CLIENTE – Para defender os capitalistas! E os seus crimes!

ABELARDO I – Para defender o meu dinheiro. Será executado hoje mesmo. (*Toca a campainha.*) Abelardo! Dê ordens para executá-lo! Rua! Vamos. Fuzile-o. É o sistema da casa.

CLIENTE – Eu sou um covarde! (*Vai chorando.*) O senhor abusa de um fraco, de um covarde!

Claudia Garcia/Arquivo da editora

MENOS O CLIENTE

ABELARDO I – Não faça entrar mais ninguém hoje, Abelardo.

ABELARDO II – A jaula está cheia... Seu Abelardo!

ABELARDO I – Mas esta cena basta para nos identificar perante o público. Não preciso mais falar com nenhum dos meus clientes. São todos iguais. Sobretudo não me traga mais pais que não podem comprar sapatos para os filhos...

ABELARDO II – Este está se queixando de barriga cheia. Não tem prole numerosa. Só uma filha... família pequena!

ABELARDO I – Não confunda, Seu Abelardo! Família é uma cousa distinta. Prole é de proletário. A família requer a propriedade e vice-versa. Quem não tem propriedades deve ter prole. Para trabalhar, os filhos são a fortuna do pobre...

ANDRADE, Oswald de. *O Rei da Vela*. 4. ed. São Paulo: Globo, 1994. p. 37-41.

Os atores Marcelo Olinto e Drica Moraes em cena da montagem da peça *O Rei da Vela* pela Companhia de Atores Oswald de Andrade, em 2000.

Atividades

1. Os tipos de letras utilizados para transcrever o texto são de três ordens: itálico para as rubricas entre parênteses, letras maiúsculas para os nomes dos personagens. As falas não recebem destaques.
   a) O que indicam os textos grafados em letras maiúsculas e centralizados nas páginas?
   b) O que indicam as rubricas?
2. *O Rei da Vela*, apesar de não ter sido encenada de imediato, é considerada a obra inaugural do teatro brasileiro moderno. Pelo seu tom caricatural, aproxima-se de qual das modalidades do gênero dramático?
3. No trecho transcrito, o autor rompe com a tradição do teatro clássico ao explicitar para o público o caráter da encenação e o que cada personagem representa. Transcreva a passagem em que isso ocorre.

4. Em outro momento da peça, Abelardo II diz: “Sou o primeiro socialista que aparece no Teatro Brasileiro”. Ao se referir ao teatro no texto de uma peça teatral, Oswald de Andrade faz uso de qual função da linguagem?

5. O texto de Oswald de Andrade é datado, tanto que, em várias falas, aparecem referências a datas e acontecimentos. Você diria que o texto, hoje, tem apenas valor histórico? Justifique seu ponto de vista.

Vestido de noiva – texto e encenação revolucionários

Nelson Rodrigues revolucionou a dramaturgia brasileira dando um tratamento moderno ao tema e à forma de suas peças. Dramas familiares e exposição de características perversas da natureza humana são algumas das marcas de sua obra teatral, que giram em torno de personagens do subúrbio carioca. *Vestido de noiva,* além de tratar desses assuntos, propõe uma configuração de palco completamente diferente do padrão vigente até então, o que se mostrou perfeito para a sensibilidade do encenador Ziembinski, responsável pela primeira montagem da peça em 1943.

Durante certo tempo, Nelson Rodrigues manteve uma coluna de crônicas no extinto jornal carioca *Última Hora* cujo título era “A vida como ela é”. O nome é bem apropriado para resumir a obra do dramaturgo, que procurava trazer à tona as hipocrisias da sociedade contemporânea por meio da encenação de dramas cotidianos.

Provocando aqueles que consideravam suas obras ousadas, por tocarem em temas como o adultério feminino, certa vez Nelson Rodrigues disse, em entrevista:

> Eu devia ter uns 7 anos. A professora sempre mandava a gente fazer composição sobre estampa de vaca, estampa de pintinho. Uma vez ela disse: “Hoje cada um vai fazer uma história da própria cabeça”. Foi nesse momento que eu comecei a ser Nelson Rodrigues. Porque escrevi uma história tremenda, de adultério.

Revista *Playboy*. São Paulo: Abril, nov. 1979.

Nelson Rodrigues

Nelson Falcão Rodrigues nasceu no Recife. Mudou-se com a família para o Rio de Janeiro quando ainda era criança. Bem cedo começou a trabalhar como jornalista, escrevendo como repórter policial. À parte sua ampla produção jornalística, Nelson ganhou notoriedade como dramaturgo, rompendo drasticamente com os paradigmas teatrais conhecidos no Brasil até o momento. A crueza com que trabalha a psique e as relações humanas sempre gerou polêmica. Nelson escreveu diversas crônicas, centenas de contos, alguns romances e várias peças, entre as quais *Vestido de noiva*, *Álbum de família* e *O beijo no asfalto*.

Iarli Goulart/Agência Estado

Alaíde se desloca por três planos distintos

A protagonista da trama da peça *Vestido de noiva* é Alaíde, moça da sociedade carioca, que sofre um atropelamento. A partir da tragédia que a deixa à beira da morte, em coma no hospital, ela transita por três planos, muitas vezes entrecruzados e mesclados:

- **o plano da realidade**: o atropelamento, o estado crítico de Alaíde, a mesa de cirurgia, as informações dos repórteres;
- **o plano da memória**: as lembranças da realidade anterior ao atropelamento;

- **o plano da alucinação**: o encontro entre Alaíde e Madame Clessi, cocote assassinada, vestida de noiva, pelo seu namorado.

Alaíde, que roubara o namorado da própria irmã e com ele se casara, é vítima da conspiração dos antigos namorados, Lúcia e Pedro, que tentam ficar juntos.

Arquivo do jornal *O Estado de S. Paulo*/Agência Estado

Cenário da primeira encenação de *Vestido de noiva*, em 1943.

A seguir, leia um trecho de *Vestido de noiva*, de Nelson Rodrigues, e faça as atividades propostas na sequência.

LENDO O TEXTO

Vestido de noiva

Nelson Rodrigues

Tragédia em três atos representada pela primeira vez no Teatro Municipal do Rio de Janeiro, em 28 de dezembro de 1943. Direção de Z. Ziembinski.

Personagens principais

ALAÍDE

MME. CLESSI (cocote de 1905)

LÚCIA

PEDRO

GASTÃO (pai de Alaíde)

Dª LÍGIA (mãe de Alaíde)

Dª LAURA (mãe de Pedro)

NAMORADO DE CLESSI

REPÓRTERES, MÉDICOS, MULHERES

Primeiro Ato

(Cenário – dividido em três planos: 1º plano – alucinação; 2º plano – memória; 3º plano – realidade. Quatro arcos no plano da memória; duas escadas laterais. Trevas.)

Microfone – Buzina de automóvel. Rumor de derrapagem violenta. Som de vidraças partidas. Silêncio. Assistência. Silêncio.

VOZ DE ALAÍDE (*microfone*) – Clessi... Clessi...

(Luz em resistência no plano da alucinação. 3 mesas, 3 mulheres escandalosamente pintadas, com vestidos berrantes e compridos. Decotes. Duas delas dançam ao som de uma vitrola invisível, dando uma vaga sugestão lésbica. Alaíde, uma jovem senhora, vestida com sobriedade e bom gosto, aparece no centro da cena. Vestido cinzento e uma bolsa vermelha.)

ALAÍDE (*nervosa*) – Quero falar com Madame Clessi! Ela está?

(*Fala à 1ª mulher que, numa das três mesas, faz "paciência". A mulher não responde.*)

ALAÍDE (*com angústia*) – Madame Clessi está – pode-me dizer?

ALAÍDE (*com ar ingênuo*) – Não responde! (*com doçura*) Não quer responder?

(*Silêncio da outra*)

ALAÍDE (*hesitante*) – Então perguntarei (*pausa*) àquela ali.

(*Corre para as mulheres que dançam*)

ALAÍDE – Desculpe. Madame Clessi. Ela está?

(*2ª mulher também não responde*)

ALAÍDE (*sempre doce*) – Ah! também não responde?

(Hesita. Olha para cada uma das mulheres. Passa um homem, empregado da casa, camisa de malandro. Carrega uma vassoura de borracha e um pano de chão. O mesmo cavalheiro aparece em toda a peça, com roupas e personalidades diferentes. Alaíde corre para ele.)

ALAÍDE (*amável*) – Podia-me dizer se madame...

(*O homem apressa o passo e desaparece.*)

ALAÍDE (*num desapontamento infantil*) – Fugiu de mim! (*no meio da cena, dirigindo-se a todas, meio agressiva*) Eu não quero nada de mais. Só saber se Madame Clessi está!

(*A 3ª mulher deixa de dançar e vai mudar o disco da vitrola. Faz toda a mímica de quem escolhe um disco, que ninguém vê, coloca-o na vitrola também invisível. Um samba coincidindo com este último movimento. A 2ª mulher aproxima-se lenta, de Alaíde.*)

1ª MULHER (*misteriosa*) – Madame Clessi?

ALAÍDE (*numa alegria evidente*) – Oh! Graças a Deus! Madame Clessi, sim.

2ª MULHER (*voz máscula*) – Uma que morreu?

ALAÍDE (*espantada, olhando para todas*) – Morreu?

2ª MULHER (*para as outras*) – Não morreu?

1ª MULHER (*a que joga "paciência"*) – Morreu. Assassinada.

3ª MULHER (*com voz lenta e velada*) – Madame Clessi morreu! (*brusca e violenta*) Agora, saia!

ALAÍDE (*recuando*) – É mentira. Madame Clessi não morreu. (*olhando para as mulheres*) Que é que estão me olhando? (*noutro tom*) Não adianta, porque eu não acredito!...

2ª MULHER – Morreu, sim. Foi enterrada de branco. Eu vi.

ALAÍDE – Mas ela não podia ser enterrada de branco! Não pode ser.

1ª MULHER – Estava bonita. Parecia uma noiva.

ALAÍDE (*excitada*) – Noiva? (*com exaltação*) Noiva – ela? (*tem um riso entrecortado, histérico*) Madame Clessi, noiva! (*o riso, em crescendo, transforma-se em soluço*) Parem com essa música! Que coisa!

(Música cortada. Ilumina-se o plano da realidade. Quatro telefones, em cena, falando ao mesmo tempo. Excitação.)

PIMENTA – É o Diário?

REDATOR – É.

PIMENTA – Aqui é o Pimenta.

CARIOCA-REPÓRTER – É A Noite?

PIMENTA – Um automóvel acaba de pegar um mulher.

REDATOR D'A NOITE – O que é que há?

PIMENTA – Aqui na Glória, perto do relógio.

CARIOCA-REPÓRTER – Uma senhora foi atropelada.

REDATOR DO DIÁRIO – Na Glória, perto do relógio?

REDATOR D'A NOITE – Onde?

CARIOCA-REPÓRTER – Na Glória.

PIMENTA – A Assistência já levou.

CARIOCA-REPÓRTER – Mais ou menos no relógio. Atravessou na frente do bonde.

REDATOR D'A NOITE – Relógio.

PIMENTA – O chofer fugiu.

REDATOR DE DIÁRIO – O.K.

CARIOCA-REPÓRTER – O chofer meteu o pé.

PIMENTA – Bonita, bem-vestida.

REDATOR D'A NOITE – Morreu?

CARIOCA-REPÓRTER – Ainda não. Mas vai.

(*Trevas. Ilumina-se o plano da alucinação.*)

[...]

A atriz Simone Spoladore, em cena do filme *Vestido de noiva*, dirigido por Joffre Rodrigues, em 2005, inspirado na peça homônima de Nelson Rodrigues.

Divulgação/Arquivo da editora

(*2 mesas e 3 mulheres desaparecem. Duas mulheres levam 2 cadeiras. As duas mesas são puxadas para cima. Surge na escada uma mulher. Espartilhada, chapéu de plumas. Uma elegância antiquada de 1905. Bela figura. Luz sobre ela.)*

ALAÍDE (*num sopro de admiração*) – Oh!

MADAME CLESSI – Quer falar comigo?

ALAÍDE (*aproximando-se, fascinada*) – Quero, sim. Queria...

MADAME CLESSI – Vou botar um disco. (*Dirige-se para a invisível vitrola, com Alaíde atrás.*)

ALAÍDE – A senhora não morreu?

MADAME CLESSI – Vou botar um samba. Esse aqui não é muito bom. Mas vai assim mesmo.

(*Samba surdinando.*)

Está vendo como estou gorda, velha, cheia de varizes e de dinheiro?

ALAÍDE – Li o seu diário.

MADAME CLESSI (*céptica*) – Leu? Duvido! Onde?

ALAÍDE (*afirmativa*) – Li, sim. Quero morrer agora mesmo, se não é verdade!

MADAME CLESSI – Então diga como é que começa. (*Clessi fala de costas para Alaíde.*)

ALAÍDE (*recordando*) – Quer ver? É assim... (*ligeira pausa*) "ontem, fui com Paulo a Paineiras"... (*feliz*) É assim que começa.

MADAME CLESSI (*evocativa*) – Assim mesmo. É.

ALAÍDE (*perturbada*) – Não sei como a senhora pôde escrever aquilo! Como teve coragem! Eu não tinha!

MADAME CLESSI (*à vontade*) – Mas não é só aquilo. Tem outras coisas.

ALAÍDE (*excitada*) – Eu sei. Tem muito mais. Fiquei!... (*inquieta*) Meu Deus! Não sei o que é que eu tenho. É uma coisa – não sei. Por que é que eu estou aqui?

MADAME CLESSI – É a mim que você pergunta?

ALAÍDE (*com volubilidade*) – Aconteceu uma coisa, na minha vida, que me fez vir aqui. Quando foi que ouvi seu nome pela primeira vez? (*pausa*) Estou-me lembrando!

(*Entra o cliente anterior com guarda-chuva, chapéu e capa. Parece boiar.*)

ALAÍDE – Aquele homem! Tem a mesma cara do meu noivo!

MADAME CLESSI – Deixa o homem! Como foi que você soube do meu nome?

ALAÍDE – Me lembrei agora! (*noutro tom*) Ele está-me olhando. (*noutro tom, ainda*) Foi uma conversa que eu ouvi quando a gente se mudou. No dia mesmo, entre papai e mamãe. Deixe eu me recordar como foi... Já sei! Papai estava dizendo: "O negócio acabava..."

(*Escurece o plano da alucinação. Luz no plano da memória. Aparecem pai e mãe de Alaíde.*)

PAI (*continuando a frase*) – ... numa orgia louca.

MÃE – E tudo isso aqui?

PAI – Aqui, então?!

MÃE – Alaíde e Lúcia morando em casa de Madame Clessi. Com certeza, é no quarto de Alaíde que ela dormia. O melhor da casa!

PAI – Deixa a mulher! Já morreu!

MÃE – Assassinada. O jornal não deu?

PAI – Deu. Eu ainda não sonhava conhecer você. Foi um crime muito falado. Saiu fotografia.

MÃE – No sótão tem retratos dela, uma mala cheia de roupas. Vou mandar botar fogo em tudo.

PAI – Manda.

(*Apaga-se o plano da memória. Luz no plano da alucinação.*)

ALAÍDE (*preocupada*) – Mamãe falou em Lúcia. Mas quem é Lúcia? Não sei. Não me lembro.

MADAME CLESSI – Então vocês foram morar lá? (*nostálgica*) A casa deve estar muito velha.

ALAÍDE – Estava, mas Pedro... (*excitada*) Agora me lembrei: Pedro. É meu marido! Sou casada. (*noutro tom*) Mas essa Lúcia, meu Deus! (*noutro tom*) Eu acho que estou ameaçada de morte! (*assustada*) Ele vem para cá (*refere-se ao homem solitário que se aproxima*).

CLESSI – Deixa.

ALAÍDE (*animada*) – Pedro mandou reformar tudo, pintar. Ficou nova, a casa. (*noutro tom*) Ah! eu corri ao sótão, antes que mamãe mandasse queimar tudo!

CLESSI – Então?

ALAÍDE – Lá vi a mala – com as roupas, as ligas, o espartilho cor-de-rosa. E encontrei o diário. (*arrebatada*) Tão lindo, ele!

CLESSI (*forte*) – Quer ser como eu, quer?

ALAÍDE (*veemente*) – Quero, sim. Quero.

CLESSI (*exaltada, gritando*) – Ter a fama que eu tive. A vida. O dinheiro. E morrer assassinada?

ALAÍDE (*abstrata*) – Fui à Biblioteca ler todos os jornais do tempo. Li tudo!

CLESSI (*transportada*) – Botaram cada anúncio sobre o crime! Houve um repórter que escreveu uma coisa muito bonita!

ALAÍDE (*alheando-se bruscamente*) – Espera, estou-me lembrando de uma coisa. Espera. Deixa eu ver! Mamãe dizendo a papai.

(*Apaga-se o plano da alucinação. Luz no plano da memória. Pai e mãe.*)

MÃE – Cruz! Até pensei ter visto um vulto – ando tão nervosa. Também esses corredores! A alma de Madame Clessi pode andar por aí... e...

PAI – Perca essa mania de alma! A mulher está morta, enterrada!

MÃE – Pois é...

(*Apaga-se o plano da memória. Luz no plano da alucinação.*)

Nilton Fukuda/Agência Estado

A atriz Leandra Leal em cena da peça *Vestido de noiva*, em montagem de Gabriel Vilela, 2009.

MADAME CLESSI – Mas o que foi?

ALAÍDE – Nada. Coisa sem importância que eu me lembrei. (*forte*) Quero ser como a senhora. Usar espartilho. (*doce*) Acho espartilho elegante!

CLESSI – Mas seu marido, seu pai, sua mãe e... Lúcia?

HOMEM (*para Alaíde*) – Assassina!

(*Apaga-se o plano da alucinação. Luz no plano da realidade. Sala de operação.*)

1º MÉDICO – Pulso?

2º MÉDICO – 160.

1º MÉDICO – Rugina.

2º MÉDICO – Como está isso!

1º MÉDICO – Tenta-se uma osteossíntese!

3º MÉDICO – Olha aqui.

1º MÉDICO – Fios de bronze.

(*Pausa.*)

1º MÉDICO – O osso!

3º MÉDICO – Agora é ir até o fim.

1º MÉDICO – Se não der certo, faz-se a amputação.

(*Rumor de ferros cirúrgicos.*)

1º MÉDICO – Depressa!

RODRIGUES, Nelson. *Teatro completo I*: peças psicológicas. Rio de Janeiro: Nova Fronteira, 1981. p. 109-111; 114-118.

Atividades

1. Formalmente, o texto de uma peça de teatro tem uma estrutura particular: uma sequência de falas, com a devida indicação do dono da voz, e comentários. Não é diferente no caso das peças de Nelson Rodrigues. A partir da observação do fragmento de *Vestido de noiva*, responda:
   a) Qual é a função dos comentários?
   b) Que tipo de informação esses comentários trazem?
2. No fragmento anterior, uma caracterização de personagens lembra uma tela expressionista.
   a) Aponte o trecho.
   b) Qual é a relevância dessa característica na cena?
3. Após a leitura do trecho da peça, como você caracterizaria a narrativa: linear ou não linear?
4. Que recurso o escritor emprega para efetuar a passagem de um plano para outro?
5. *Vestido de noiva* se enquadra entre as peças psicológicas de Nelson Rodrigues, mas também poderia ser considerada uma peça surrealista. Por quê?

Auto da Compadecida – o teatro popular revigorado

Ariano Suassuna foi o principal representante do chamado Movimento Armorial, cujo objetivo era criar uma arte erudita a partir de elementos da cultural popular, gerando, na literatura, uma síntese do romanceiro nordestino com temas e figuras da literatura universal. A concretização dessa proposta pode ser vista na peça *Auto da Compadecida*, de 1955, que apresenta o herói picaresco, da literatura espanhola, incorporado a uma narrativa de conteúdos populares, típicos da literatura de cordel, por exemplo. O *Auto da Compadecida* foi encenado pela primeira vez em 11 de setembro de 1956, no Teatro Santa Isabel, pelo grupo Teatro Adolescente do Recife, sob a direção de Clênio Wanderley (1929-1976).

A seguir, leia as palavras do próprio dramaturgo Suassuna a respeito dessa peça e de como montá-la:

O *Auto da Compadecida* foi escrito com base em romances e histórias populares do Nordeste. Sua encenação deve, portanto, seguir a maior linha de simplicidade, dentro do espírito em que foi concebido e realizado. O cenário (usado na encenação como um picadeiro de circo, numa ideia excelente de Clênio Wanderley, que a peça sugeria) pode apresentar uma entrada de igreja à direita, com uma pequena balaustrada ao fundo, uma vez que o centro do palco representa um desses pátios comuns nas igrejas das vilas do interior. A saída para a cidade é à esquerda e pode ser feita através de um arco. Nesse caso, seria conveniente que a igreja, na cena do julgamento, passasse a ser a entrada do céu e do purgatório. O trono de Manuel, ou seja, Nosso Senhor Jesus Cristo, poderia ser colocado na balaustrada, erguida sobre um praticável servido por escadarias. Mas tudo isso fica a critério do ensaiador e do cenógrafo, que podem montar a peça com dois cenários, sendo um para o começo e outro para a cena do julgamento, ou somente com cortinas, caso em que se imaginará a igreja fora do palco, à direita, e a saída para a cidade à esquerda, organizando-se a cena para o julgamento através de simples cadeiras de espaldar alto, com saída para o inferno à esquerda e saída para o purgatório e para o céu à direita. Em todo o caso, o autor gostaria de deixar claro que seu teatro é mais aproximado dos espetáculos de circo e da tradição popular do que do teatro moderno.

SUASSUNA, Ariano. *Auto da Compadecida*. 17. ed. Rio de Janeiro: Agir, 1981. p. 21-22.

Ariano Suassuna

Ariano Vilar Suassuna (1927-2014), autor paraibano de reconhecimento internacional, criou o Movimento Armorial e fundou o Teatro Popular do Nordeste, o Teatro do Estudante de Pernambuco e o Conselho Federal de Cultura. Aos três anos, seu pai, governador da Paraíba, foi assassinado, o que o levou a se refugiar em Taperoá, no Sertão, onde tomou contato com as mais diversas formas de manifestação da cultura popular nordestina, refletidas em sua obra. Foi advogado e professor, mas nunca deixou de se dedicar à dramaturgia. Entre suas principais obras estão *Uma mulher vestida de sol*, sua primeira peça, *Auto da Compadecida*, responsável pela projeção do autor no cenário nacional e internacional, e *O santo e a porca*.

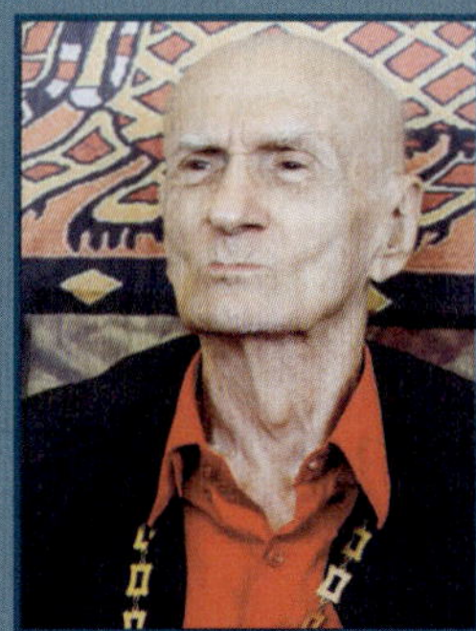
Brazil Photo Press/Folhapress

LENDO O TEXTO

Auto da Compadecida

Ariano Suassuna

Personagens

PALHAÇO	BISPO
JOÃO GRILO	FRADE
CHICÓ	SEVERINO DE ARACAJU
PADRE JOÃO	CANGACEIRO
ANTÔNIO MORAIS	DEMÔNIO
SACRISTÃO	O ENCOURADO (O Diabo)
PADEIRO	MANUEL (Nosso Senhor Jesus Cristo)
MULHER DO PADEIRO	A COMPADECIDA (Nossa Senhora)

Cena do julgamento

PALHAÇO: É preciso mudar o cenário, para a cena do julgamento de vocês. Tragam o trono de Nosso Senhor! Agora a igreja vai servir de entrada para o céu e para o purgatório. O distinto público não se espante ao ver, nas cenas seguintes, dois demônios vestidos de vaqueiro, pois isso decorre de uma crença comum no sertão do Nordeste.

É claro que essas falas serão cortadas ou adaptadas pelo encenador, de acordo com a montagem que se fizer.

PALHAÇO: Agora os mortos. Quem estava morto?

BISPO: Eu.

PALHAÇO: Deite-se ali.

PADRE: Eu também.

PALHAÇO: Deite-se junto dele. Quem mais?

JOÃO GRILO: Eu, o padeiro, a mulher, o sacristão, Severino e o cabra.

PALHAÇO: Deitem-se todos e morram.

JOÃO GRILO: Um momento.

PALHAÇO: Homem, morra, que o espetáculo precisa continuar!

JOÃO GRILO: Espere, quer mandar no meu morredor?

PALHAÇO: O que é que você quer?

JOÃO GRILO: Já que tenho que ficar aqui morto, quero pelo menos ficar longe do sacristão.

PALHAÇO: Pois fique. Deite-se ali. E você, Chicó?

CHICÓ: Eu escapei. Estava na igreja, rezando pela alma de João Grilo.

PALHAÇO: Que bem precisada anda disso. Saia e vá rezar lá fora. Muito bem, com toda essa gente morta, o espetáculo continua e terão oportunidade de assistir seu julgamento. Espero que todos os presentes aproveitem os ensinamentos desta peça e reformem suas vidas, se bem que eu tenha certeza de que todos os que estão aqui são uns verdadeiros santos, praticantes da virtude, do amor a Deus e ao próximo, sem maldade, sem mesquinhez, incapazes de julgar e de falar mal dos outros, generosos, sem avareza, ótimos patrões, excelentes empregados, sóbrios, castos e pacientes. E basta, se bem que seja pouco. Música.

Música de circo. O Palhaço sai dançando. Se se montar a peça em três atos ou houver mudança de cenário, começará aqui a cena do julgamento, com o pano abrindo e os mortos despertando.

JOÃO GRILO, *para o Cangaceiro*: Mas me diga uma coisa, havia necessidade de você me matar?

CANGACEIRO: E você não me matou?

JOÃO GRILO: Pois é por isso mesmo que eu reclamei. Você já estava desgraçado, podia ter-me deixado em paz.

SEVERINO: Eu, por mim, agora que já morri, estou achando até bom. Pelo menos estou descansando daquelas correrias. Quem deve estar achando ruim é o bispo.

BISPO: Eu? Por quê? Estou até me dando bem!

JOÃO GRILO: É, estão todos muito calmos porque ainda não repararam naquele freguês que está ali, na sombra, esperando que nós acordemos.

PADRE: Quem é?

JOÃO GRILO: Você ainda pergunta? Desde que cheguei que comecei a sentir um cheiro ruim danado. Essa peste deve ser um diabo.

DEMÔNIO, *saindo da sombra, severo*: Calem-se todos. Chegou a hora da verdade.

SEVERINO: Da verdade?

BISPO: Da verdade?

PADRE: Da verdade?

DEMÔNIO: Da verdade, sim.

JOÃO GRILO: Então já sei que estou desgraçado, porque comigo era na mentira.

DEMÔNIO: Vocês agora vão pagar tudo o que fizeram.

PADRE: Mais o que foi que eu...

DEMÔNIO: Silêncio! Chegou a hora do silêncio para vocês e do comando para mim. E calem-se todos. Vem chegando agora quem pode mais do que eu e do que vocês. Deitem-se! Deitem-se! Ouçam o que estou dizendo, senão será pior!

Desde que ele começou a falar, soam ritmadamente duas pancadas, fortes e secas, de tambor e uma de prato, com uma pausa mais ou menos longa entre elas, ruído que deve se repetir até a aparição do Encourado. Este é o diabo, que, segundo uma crença do sertão do Nordeste, é um homem muito moreno, que se veste como um vaqueiro. Esta cena deve se revestir de um caráter meio grotesco, pois a ordem que o Demônio dá, mandando que os personagens se deitem, já insinua o fato de que o maior desejo do diabo é imitar Deus, resultado de seu orgulho grotesco. E tanto é assim, que ele tenta conseguir aí pela intimidação o tributo que Jesus terá depois, espontaneamente, quando de sua entrada. O Bispo é o único a esboçar movimento de obediência, mas, antes que ele se deite, o Encourado entra, dando pancadas de rebenque na perna e ajustando suas luvas de couro. Os mortos começam a tremer exageradamente e o demônio acorre para junto dele, servil e pressuroso.

DEMÔNIO: Desculpe, fiz tudo para que eles se deitassem, mas não houve jeito.

ENCOURADO, *ríspido*: Cale-se. Você nunca passará de um imbecil. Como se eu vivesse fazendo questão de ser recebido dessa ou daquela maneira!

DEMÔNIO: Peço-lhe desculpas, não foi isso que eu quis dizer.

[...]

As pancadas do sino continuam e toca uma música de aleluia. De repente, João ajoelha-se, como que levado por uma força irresistível e fica com os olhos fixos fora. Todos vão-se ajoelhando vagarosamente. O Encourado volta rapidamente as costas, para não ver o Cristo que vem entrando. É um preto retinto, com uma bondade simples e digna nos gestos e nos modos. A cena ganha uma intensa suavidade de iluminura. Todos estão de joelhos, com o rosto entre as mãos.

ENCOURADO, *de costas, grande grito, com o braço ocultando os olhos*: Quem é? É Manuel?

MANUEL: Sim, é Manuel, o Leão de Judá, o Filho de Davi. Levantem-se todos, pois vão ser julgados.

JOÃO GRILO: Apesar de ser um sertanejo pobre e amarelo, sinto perfeitamente que estou diante de uma grande figura. Não quero faltar com o respeito a uma pessoa tão importante, mas se não me engano aquele sujeito acaba de chamar o senhor de Manuel.

MANUEL: Foi isso mesmo, João. Esse é um de meus nomes, mas você pode me chamar também de Jesus, de Senhor, de Deus... Ele gosta de me chamar de Manuel ou Emanuel, porque pensa que assim pode se persuadir de que sou somente homem. Mas você, se quiser, pode me chamar de Jesus.

JOÃO GRILO: Jesus?

MANUEL: Sim.

JOÃO GRILO: Mas, espere, o senhor é que é Jesus?

MANUEL: Sou.

JOÃO GRILO: Aquele Jesus a quem chamavam Cristo?

MANUEL: A quem chamavam, não, que era Cristo. Sou, por quê?

Nelson Di Rago/Rede Globo

Marco Nanini, Denise Fraga, Diogo Vilela, Matheus Nachtergaele, Lima Duarte e Rogério Cardoso na minissérie *Auto da Compadecida*, 2000, inspirada na obra homônima de Ariano Suassuna.

Nelson Di Rago/Rede Globo

Fernanda Montenegro como a Compadecida.

JOÃO GRILO: Porque... não é lhe faltando com o respeito não, mas eu pensava que o senhor era muito menos queimado.

BISPO: Cale-se, atrevido.

MANUEL: Cale-se, você. Com que autoridade está repreendendo os outros? Você foi um bispo indigno de minha Igreja, mundano, autoritário, soberbo. Seu tempo já passou. Muita oportunidade teve de exercer sua autoridade, santificando-se através dela. Sua obrigação era ser humilde, porque quanto mais alta é a função, mais generosidade e virtude requer. Que direito tem você de repreender João porque falou comigo com certa intimidade? João foi um pobre em vida e provou sua sinceridade exibindo seu pensamento. Você estava mais espantado do que ele e escondeu essa admiração por prudência mundana. O tempo da mentira já passou.

JOÃO GRILO: Muito bem. Falou pouco mas falou bonito. A cor pode não ser das melhores, mas o senhor fala bem que faz gosto.

MANUEL: Muito obrigado, João, mas agora é a sua vez. Você é cheio de preconceitos de raça. Vim hoje assim de propósito, porque sabia que isso ia despertar comentários. Que vergonha! Eu, Jesus, nasci branco e quis nascer judeu, como podia ter nascido preto. Para mim, tanto faz um branco como um preto. Você pensa que eu sou americano para ter preconceito de raça?

PADRE: Eu, por mim, nunca soube o que era preconceito de raça.

ENCOURADO, *sempre de costas para Manuel*: É mentira. Só batizava os meninos pretos depois dos brancos.

PADRE: Mentira! Eu muitas vezes batizei os pretos na frente.

ENCOURADO: Muitas vezes, não, poucas vezes, e mesmo essas poucas quando os pretos eram ricos.

PADRE: Prova de que eu não me importava com a cor, de que o que me interessava...

MANUEL: Era a posição social e o dinheiro, não é, Padre João? Mas deixemos isso, sua vez há de chegar. Pela ordem, cabe a vez do bispo. (*Ao Encourado*) Deixe de preconceitos e fique de frente.

ENCOURADO, *sombrio*: Aqui estou bem.

MANUEL: Como queira. Faça seu relatório.

JOÃO GRILO: Foi gente que eu nunca suportei: promotor, sacristão, cachorro e soldado de polícia. Esse aí é uma mistura disso tudo.

MANUEL: Silêncio, João, não perturbe. (*Ao Encourado*) Faça a acusação do bispo (*Aqui, por sugestão de Clênio Wanderley, o Demônio traz um grande livro que o Encourado vai lendo*).

ENCOURADO: Simonia: negociou com o cargo, aprovando o enterro de um cachorro em latim, porque o dono lhe deu seis contos.

BISPO: E é proibido?

ENCOURADO: Homem, se é proibido eu não sei. O que eu sei é que você achava que era e depois, de repente, passou a achar que não era. E o trecho que foi cantado no enterro é uma oração da missa dos defuntos.

BISPO: Isso é aí com meu amigo sacristão. Quem escolheu o pedaço foi ele.

ENCOURADO: Falso testemunho: citou levianamente o Código Canônico, primeiro para condenar o ato do padre e contentar o ricaço Antônio Morais, depois para justificar o enterro. Velhacaria: esse bispo tinha fama de grande administrador, mas não passava de um político, apodrecido de sabedoria mundana.

BISPO: Quem fala! Um desgraçado que se perdeu por causa disso...

MANUEL: Não interrompa, não é esse o momento de discutir isso. Pode continuar.

ENCOURADO: Arrogância e falta de humildade no desempenho de suas funções: esse bispo, falando com um pequeno, tinha uma soberba só comparável à subserviência que usava para tratar com os grandes. Isto sem se falar no fato de que vivia com um santo homem, tratando-o sempre com o maior desprezo.

BISPO: Com um santo homem, eu?

ENCOURADO: Sim, o frade.

BISPO: Só aquele imbecil mesmo pode ser chamado de santo homem!

ENCOURADO: O processo de santificação dele está encaminhado por aí. Ele acaba de pedir para ser missionário entre os índios e vai ser martirizado. Eu não, para mim isso não passa de uma tolice, mas aí para Manuel você está-se desgraçando.

BISPO: Mas é possível que aquele frade...

MANUEL: É perfeitamente possível e não diga mais nada. Mais alguma coisa?

ENCOURADO: Não, estou satisfeito.

MANUEL: Então, acuse o padre.

SUASSUNA, Ariano. *Auto da Compadecida*. 17. ed. Rio de Janeiro: Agir, 1981. p. 135-141; 146-153.

Nelson Di Rago/Rede Globo

A versão para a TV da obra de Ariano Suassuna, em forma de minissérie com quatro capítulos, posteriormente foi adaptada para o cinema com cem minutos a menos.

Atividades

1. No trecho apresentado, há uma passagem que caracteriza a peça como metalinguística. Aponte-a e comente em que consiste a metalinguagem.

2. "Espero que todos os presentes aproveitem os ensinamentos desta peça e reformem suas vidas, se bem que eu tenha certeza de que todos os que estão aqui são uns verdadeiros santos, praticantes da virtude, do amor a Deus e ao próximo, sem maldade, sem mesquinhez, incapazes de julgar e de falar mal dos outros, generosos, sem avareza, ótimos patrões, excelentes empregados, sóbrios, castos e pacientes."

   a) A quem o Palhaço se dirige?
   b) Essa fala do Palhaço está centrada em que figura de linguagem?

3. O *Auto da Compadecida* nos transporta ao teatro medieval, especialmente ao teatro de Gil Vicente. O que a obra de Suassuna e a de Gil Vicente têm em comum?

A LITERATURA E A CRÍTICA DOS COSTUMES

Após o golpe militar de 1964, assumindo um viés crítico e indo contra a cultura de massa, artistas de diversas áreas passaram a reinventar os parâmetros da produção artística brasileira, buscando vias de manifestação capazes de intervir na sociedade, não por meio de dogmáticos discursos políticos e sim pelo choque estético e moral. O Cinema Novo e a MPB, por exemplo, são símbolos dessa postura, que, ao mesmo tempo que dialogava com as novas tecnologias e ressaltava toda a riqueza da tradição cultural brasileira, expunha as mazelas e as misérias do país.

O teatro, manifestação artística diretamente ligada ao público, cumpriu importante tarefa nessa renovação. Companhias teatrais, como a do Teatro de Arena, Opinião e Oficina, passaram a realizar montagens cênicas inovadoras. Como já vimos, a montagem feita pelo grupo de teatro Oficina para *O Rei da Vela* foi uma das mais chocantes da época.

Em tempos de novelas televisivas e cultura de massa, a caricatura e o disparate propostos pelo texto de Oswald de Andrade surgiam como uma via crítica de choque e inquietação. Essa postura era bastante distinta, por exemplo, da famosa peça *Eles não usam black-tie*, de Gianfrancesco Guarnieri, encenada pelo grupo Teatro de Arena, em fevereiro de 1958, durante o governo Juscelino Kubitschek. No texto de Guarnieri, a ação se passa em um idealizado morro carioca, onde operários de uma fábrica, em meio a uma greve, vivem seus dilemas familiares e sociais. Apesar da linguagem oralizada e das passagens emocionantes, a peça está muito presa a um evidente discurso politizado, o que acaba por dar-lhe um aspecto doutrinário. Em *O Rei da Vela*, a política se fazia pela ruptura com o esperado, pelo confronto moral e estético. Nas palavras de José Celso Martinez Corrêa, o diretor da peça, em entrevista em abril de 1968:

> O Brasil não tem uma tradição de cultura revolucionária. Oswald de Andrade preconiza uma. Toda a nossa cultura é marcada pela tradição do compromisso ou pela criação de um Brasil fictício para o consumo da boa consciência da burguesia brasileira e da classe média brasileira. [...] A peça agride intelectualmente, formalmente, sexualmente, politicamente. Isto é, chama muitas vezes o espectador de burro, recalcado e reacionário. E a nós mesmos também. Ora, ela não pode ter a adesão de um público que não está disposto a se transformar, a ser agredido. [...] Fico hoje satisfeito em saber que o teatro tem o poder de suscitar essas reações fortes. Enfim, pela porrada o teatro comunica alguma coisa.

COELHO, Frederico; COHN, Sergio (Org.). *Encontros*: Tropicália. Rio de Janeiro: Beco do Azougue, 2008. p. 58-75.

São duas posturas, portanto, distintas, mas que não deixam de ser mais ou menos políticas por causa das diferenças: uma, a de *Eles não usam black-tie*, pauta-se na mensagem mais clara e edificante; a outra, de *O Rei da Vela*, é uma desconstrução moral, um ataque ao gosto medíocre e aos valores burgueses.

Para entender melhor algumas das questões levantadas acima, leia os dois textos a seguir. O primeiro é um trecho da peça *Eles não usam black-tie*, de Gianfrancesco Guarnieri, no qual Otávio, um operário grevista, discute com seu filho, Tião, que não aderira à paralisação; o segundo, um fragmento da peça *O Rei da Vela*, de Oswald de Andrade.

Texto 1

TIÃO – Papai...

OTÁVIO – Me desculpe, mas seu pai ainda não chegou. Ele deixou um recado comigo, mandou dizê pra você que ficou muito admirado, que se enganou. E pediu pra você tomá outro rumo, porque essa não é casa de fura-greve!

TIÃO – Eu vinha me despedir e dizer só uma coisa: não foi por covardia!

OTÁVIO – Seu pai me falou sobre isso. Ele também procura acreditá que num foi por covardia. Ele acha que você até que teve peito. Furou a greve e disse pra todo mundo, não fez segredo. Não fez como o Jesuíno que furou a greve sabendo que tava errado. Ele acha, o seu pai, que você é ainda mais filho da mãe! Que você é um traidô dos seus companheiro e da sua classe, mas um traidô que pensa que tá certo! Não um traidô por covardia, um traidô por convicção!

TIÃO – Eu queria que o senhor desse um recado a meu pai...

OTÁVIO – Vá dizendo.

TIÃO – Que o filho dele não é um "filho da mãe". Que o filho dele gosta de sua gente, mas que o filho dele tinha um problema e quis resolvê esse problema de maneira mais segura. Que o filho é um homem que quer bem!

OTÁVIO – Seu pai vai ficá irritado com esse recado, mas eu digo. Seu pai tem outro recado pra você. Seu pai acha que a culpa de pensá desse jeito não é sua só. Seu pai acha que tem culpa...

TIÃO – Diga a meu pai que ele não tem culpa nenhuma.

OTÁVIO (*perdendo o controle*) – Se eu tivesse educado mais firme, se te tivesse mostrado melhor o que é a vida, tu não pensava em não ter confiança na tua gente...

TIÃO – Meu pai não tem culpa. Ele fez o que devia. O problema é que eu não podia arriscá nada. Preferi o desprezo de meu pessoal pra poder querer bem, como eu quero querer, a tá arriscando a vê minha mulhé sofrê como minha mãe sofre, como todo mundo nesse morro sofre!

OTÁVIO – Seu pai acha que ele tem culpa!

TIÃO – Tem culpa de nada, pai!

OTÁVIO (*num rompante*) – E deixa ele acreditá nisso, se não, ele vai sofrê muito mais. Vai achar que o filho dele caiu na merda sozinho. Vai achar que o filho dele é safado de nascença. (*Acalma-se repentinamente*) Seu pai manda mais um recado. Diz que você não precisa aparecê mais. E deseja boa sorte pra você.

TIÃO – Diga a ele que vai ser assim. Não foi por covardia e não me arrependo de nada. Até um dia. (*Encaminha-se para a porta*)

GUARNIERI, Gianfrancesco. *Eles não usam black-tie*. Rio de Janeiro: Civilização Brasileira, 2010. p. 101-103.

Texto 2

ABELARDO II – A família é o ideal do homem! A propriedade também. E Dona Heloísa é um anjo!

ABELARDO I – Você sabe que não há outro gênero no mercado. Eu não ia me casar com a irmã mais moça que chamam por aí de garota da crise e de João dos Divãs. Nem com o irmão menor que todo mundo conhece por Totó Fruta-do-Conde!

ABELARDO II – Um degenerado...

ABELARDO I – Coisas que se compreendem e revelam numa velha família! Heloísa, apesar dos vícios que lhe apontam... Você sabe, toda a gente sabe. Heloísa de Lesbos! Fizeram piada quando comprei uma ilha no Rio, para nos casarmos. Disseram que era na Grécia. Apesar disso, ela ainda é a flor mais decente dessa velha árvore bandeirante. Uma das famílias fundamentais do Império.

ABELARDO II – O velho está de tanga. Entregou tudo aos credores.

ABELARDO I – Que importa? Para nós, homens adiantados que só conhecemos uma coisa fria, o valor do dinheiro, comprar esses restos de brasão ainda é negócio, faz vista num país medieval como o nosso! O senhor sabe que São Paulo só tem dez famílias?

ABELARDO II – E o resto da população?

ABELARDO I – O resto é prole. O que eu estou fazendo, o que o senhor quer fazer é deixar de ser prole para ser família, comprar os velhos brasões, isso até parece teatro do século XIX. Mas o Brasil ainda é novo.

ABELARDO II – Se é! A burguesia só produziu um teatro de classe. A apresentação da classe. Hoje evoluímos. Chegamos à espinafração.

ANDRADE, Oswald de. *O Rei da Vela*. São Paulo: Difusão Europeia de Livros, 1967. p. 63-64.

1. No trecho da peça *Eles não usam black-tie*, os personagens, durante o diálogo, referem-se a si próprios na terceira pessoa, como "seu pai" e "seu filho". Qual é, no contexto da peça, o significado disso?
2. É possível dizer que, no trecho da peça de Gianfrancesco Guarnieri, existe uma relação entre a moral política e a moral familiar? Explique.
3. Como o personagem Abelardo I, de *O Rei da Vela*, entende o casamento?
4. Qual é o interesse do personagem Abelardo I em se casar com Heloísa?
5. Qual é, em sua opinião, o significado da última fala do personagem Abelardo II? Explique.
6. Em 1966, o romance *O casamento*, de Nelson Rodrigues, foi censurado por Carlos Medeiros Silva, o ministro da Justiça do governo Castello Branco, o primeiro dos militares a presidir o país após o golpe de 1964. As críticas contra o livro partiam da "torpeza das cenas descritas e linguagem indecorosa", para resultar na acusação de atentado "contra a organização da família". Apesar de confirmada, a censura era inconstitucional, pois, naquele momento, os livros ainda estavam sob proteção da lei, sendo vedada sua censura e apreensão. Em abril de 1967, por conta de um mandado de segurança, Nelson Rodrigues conseguiu liberar seu romance.

   A seguir, está reproduzido um trecho da crônica que o escritor publicou no jornal *O Globo*, logo no dia seguinte à confirmação da censura de sua obra. Leia atentamente o texto para realizar a atividade.

Imaginem que eu estava ontem em casa, quando bate o telefone. Era um repórter berrando: — "Teu livro foi cassado! Teu livro foi cassado!". Como no soneto bilaquiano, eu fiquei pálido de espanto. O outro foi despejando mais informações: — "Portaria do Ministro da Justiça, proibindo a venda de *O casamento* em todo o Brasil!". Por um momento, eu não soube o que pensar, nem soube o que dizer.

O espanto é que a notícia tinha algo de antigo, de retardatário, de espectral. Ódio a livros, perseguição de livros, sacrifício de livros, queima de livros – são ritos do defunto passado nazista. Naquela horrenda Alemanha, tudo isso era possível. Mas no Brasil, não e nunca. Ou, então, o Brasil está muito degradado, e repito: — o Brasil está apodrecendo à nossa vista, no meio da rua.

Desde a Primeira Missa, desde Pero Vaz Caminha, pela primeira vez se odeia um livro e se quer a destruição física desse livro. Seus exemplares são cassados. É um crime ser livro. E esse ódio está confesso e gritado no texto da portaria. Lá se fala em "torpeza de linguagem". Não, não. Torpeza de forma, de fundo, é a da própria portaria. E quem a redigiu não se ruborizou?

O texto do Ministério é, acima de tudo, burríssimo. Diz que o livro é contra a instituição do casamento. É falso. Podia sê-lo, e daí? Qualquer um pode discutir o matrimônio, o celibato, o adultério, a castidade e a viuvez. Acontece, porém, que o meu romance é anterior ao casamento. A mocinha se casa no último capítulo. E se casa de véu, grinalda, no civil e religioso. O casamento termina com os noivos na sacristia recebendo os cumprimentos. Sim antes dos salgadinhos e do guaraná.

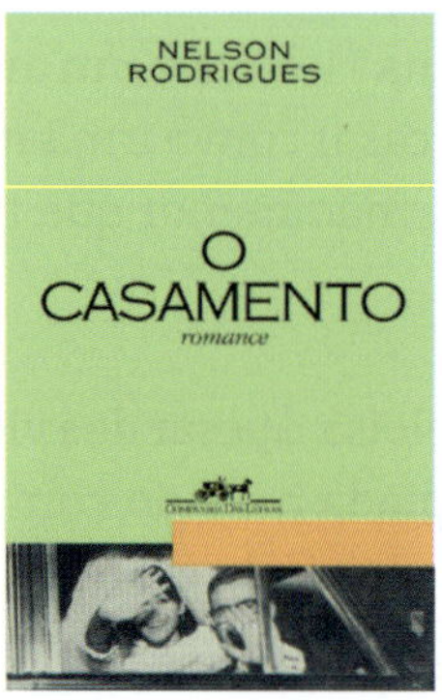

Capa do romance *O casamento*, de Nelson Rodrigues, em publicação da editora Companhia das Letras.

Vejam bem: — eu me dou o direito de ser contra quaisquer usos, costumes, instituições, ideias, cultos. Penso como quero e não admito, nem aceito, que me ponham limites nos meus pontos de vista. Mas insisto: não há, nas minhas trezentas páginas, uma única e vaga objeção ao matrimônio. Um dos seus personagens chega a dizer, de fronte erguida: — "Um casamento não se adia". Nem se adia, veja bem, nem se adia.

Portanto, eu tenho todo o direito de achar, com toda a isenção e com toda a objetividade, que a medida contra meu livro é, além do mais, analfabética. Alguém leu *O casamento* e não percebeu a evidência ululante. Dirá o leitor que há palavrões no meu livro. Mas serei o primeiro autor a usar palavrões? Antes de mim, Shakespeare já os usava com a maior abundância e desfaçatez. [...] Mas eu não condeno o palavrão, e por que o condenaria? Invoco o testemunho do próprio Ministro que me acusa e me ofende. Duvido muito que, ao ler essa crônica, S. Exª não a condene com três ou quatro expressões, dessas que fazem a glória de Bocage. Não o dos sonetos, mas o das anedotas.

RODRIGUES, Nelson. *O casamento*. São Paulo: Companhia das Letras, 1992. p. 258-259.

Em grupos, organizem debates a partir das seguintes questões:

a) Nelson Rodrigues, como fica claro a partir da leitura, era um escritor muito habilidoso. Que estratégias discursivas ele usa para defender seu romance e criticar a portaria do ministro da Justiça?
b) "Penso como quero e não admito, nem aceito, que me ponham limites nos meus pontos de vista." Vocês concordam com essa afirmação do escritor?
c) Vocês acham que, nos dias de hoje, ainda seria justificável a censura de uma obra artística por atentar contra a "organização familiar"? Argumente.

Vestibulares de Norte a Sul

1. **NE** (UFPE) Considerando os primórdios da modernidade da arte teatral no Brasil, leia os textos abaixo e analise as proposições a seguir.

Texto 1

PRIMEIRO ATO

(Cenário dividido em três planos – primeiro plano: alucinação; segundo plano: memória; terceiro plano: realidade. Quatro arcos no plano da memória; duas escadas laterais. Trevas.)

(Nelson Rodrigues – *Vestido de Noiva*)

Texto 2

(*Vestido de Noiva* – Encenação de Ziembinski, 1943)

Texto 3

Ao abrir o pano, entram todos os atores, com exceção do que vai representar Manuel, como se tratasse de uma tropa de saltimbancos, correndo, com gestos largos, exibindo-se ao público. Se houver algum ator que saiba caminhar sobre as mãos, deverá entrar assim. Outro trará uma corneta, na qual dará um alegre toque, anunciando a entrada do grupo. Há de ser uma entrada festiva, na qual as mulheres dão grandes voltas e os atores agradecerão os aplausos, erguendo os braços, como no circo. A atriz que for desempenhar o papel de Nossa Senhora deve vir sem caracterização, para deixar bem claro que, no momento, é somente atriz. Imediatamente após o toque de clarim, o Palhaço anuncia o espetáculo.

Ariano Suassuna – *Auto da Compadecida*.

( ) A Semana de Arte Moderna, de 1922, reuniu artistas de diversas linguagens, os quais refletiram sobre a modernidade na arte nacional. No entanto, o teatro só veio a ter sua modernidade reconhecida na década de 1940, com *Vestido de Noiva*, de Nelson Rodrigues.

( ) No Texto 1, a divisão do cenário em três planos aponta para uma perspectiva cubista da realidade, apresentada em ângulos diferentes: alucinação, memória e a própria realidade.

( ) Partilhando dos princípios do Movimento Regionalista de 1926 e dialogando com a tradição do teatro ocidental, a dramaturgia de Ariano Suassuna revela uma outra faceta do teatro moderno: a busca de um imaginário popular nacional.

( ) Um dos traços estilísticos desse teatro popular de Ariano Suassuna, como se percebe no Texto 3, é a encenação de um ambiente pobre, desolado, expressando o drama do povo nordestino que tenta sobreviver à miséria.

( ) Pela leitura do Texto 1 e do Texto 2, percebe-se um ponto em comum entre a obra de Nelson Rodrigues e a de Ariano Suassuna: ambos procuram construir um universo cênico distante da realidade comum dos fatos, revelando as distorções angustiantes, tão caras à estética expressionista.

Texto para a questão 2.

Chicó – Por que essa raiva dela?

João Grilo – Ó homem sem vergonha! Você inda pergunta? Está esquecido de que ela o deixou? Está esquecido da exploração que eles fazem conosco naquela padaria do inferno? Pensam que são o cão só porque enriqueceram, mas um dia hão de pagar. E a raiva que eu tenho é porque quando estava doente, me acabando em cima de uma cama, via passar o prato de comida que ela mandava para o cachorro. Até carne passada na manteiga tinha. Para mim nada, João Grilo que se danasse. Um dia eu me vingo.

Chicó – João, deixe de ser vingativo que você se desgraça. Qualquer dia você inda se mete numa embrulhada séria.

Ariano Suassuna, *Auto da Compadecida*.

2. **SE** (UPM-SP) Considere as seguintes afirmações.

I. O texto de Ariano Suassuna recupera aspectos da tradição dramática medieval, afastando-se, portanto, da estética clássica de origem greco-romana.

II. A palavra *Auto*, no título do texto, por si só sugere que se trata de peça teatral de tradição popular, aspecto confirmado pela caracterização dos personagens.

III. O teor crítico da fala do personagem, entre outros aspectos, remete ao teatro humanista de Gil Vicente, autor de vários autos, como, por exemplo, o *Auto da barca do inferno*.

Assinale:

a) se todas estiverem corretas.
b) se apenas I e II estiverem corretas.
c) se apenas II estiver correta.
d) se apenas II e III estiverem corretas.
e) se todas estiverem incorretas.

Texto para a questão 3.

TIÃO – [...] Bem, gente... [1]Hoje é meu dia... Já ganhei presente de noivado...

ROMANA – Saiu o aumento?

OTÁVIO – Que aumento! Sem greve não sai aumento!

ROMANA (*repreendendo-o*) – Otávio!...

TIÃO – Aumento nada... Tive minha chance no cinema!...

[...]

OTÁVIO – Seu pai vai ficá irritado com esse recado, mas eu digo. Seu pai tem outro recado pra você. Seu pai acha que a culpa de pensá desse jeito não é sua só. Seu pai acha que tem culpa...

TIÃO – Diga a meu pai que ele não tem culpa nenhuma.

OTÁVIO (*perdendo o controle*) – Se eu te tivesse educado mais firme, se te tivesse mostrado melhor o que é a vida, tu não pensaria em não ter confiança na tua gente...

GUARNIERI, Gianfrancesco. *Eles não usam black-tie*. 19. ed. Rio de Janeiro: Civilização Brasileira, 2008. p. 36-37; 105.

3. **S** (UFSC) Considerando o texto acima e a obra *Eles não usam black-tie*, é CORRETO afirmar que:

(01) os dois trechos de diálogo revelam indícios do conflito ideológico existente entre pai e filho: Otávio, representando um cidadão politicamente engajado que defende os interesses coletivos, e Tião, um indivíduo que, por medo da pobreza, defende seus interesses individuais.

(02) *Eles não usam black-tie* é uma peça teatral que retrata a vida numa favela, e suas cenas se desenrolam em torno de um conflito de classes em que os operários lutam por melhores salários.

(04) Tião foi convidado a participar de um filme sobre o cotidiano da fábrica onde trabalhava e aceitou o convite, por ter vislumbrado nisso uma chance de sair do morro e ficar rico.

(08) a peça explora aspectos atuais da realidade brasileira, tais como: pobreza, prostituição, embate entre policiais e traficantes no morro, falta de escolas e de saneamento básico na periferia das grandes cidades.

(16) Otávio é um dos líderes do movimento grevista focalizado na peça e acaba preso. A prisão do marido foi a gota d'água para que Romana o abandonasse e se livrasse, enfim, da miséria em que vivia.

(32) Tião, expulso de casa pelo pai por ter traído o movimento grevista e os companheiros, é apoiado pela noiva, Maria, que via nesse episódio a possibilidade de realizar seu sonho de abandonar a vida miserável da favela e ter seu filho na cidade.

(64) ao dizer "Hoje é meu dia" (ref. 1), infere-se que Tião se referia ao fato de que, depois de várias tentativas frustradas, enfim arranjara uma noiva.

4. **SE** (UFV-MG) Sobre a cena do julgamento na obra o *Auto da Compadecida*, é **incorreto** afirmar que o personagem João Grilo:

a) dirige-se a Jesus com certa intimidade.
b) é sincero ao expor seu pensamento.
c) invoca a Compadecida para interceder a favor dos pecadores.
d) convence Jesus com mentiras a dar-lhe outra oportunidade.

5. **S** (UFRG-RS) Considere as seguintes afirmações sobre algumas peças do teatro brasileiro.

I – Em *Vestido de noiva*, de Nelson Rodrigues, são explorados três planos: o da realidade, dando conta do presente em que ocorre a peça; o plano da memória, em que se apresentam namoro e casamento de Alaíde; e o plano do delírio/fantasia, em que os desejos e alucinações são encenados e enunciados.

II – Em *Auto da Compadecida*, de Ariano Suassuna, João Grilo e Chicó são dois peregrinos pobres que tentam sobreviver, mediante arranjos e mentiras, enquanto viajam pelo sertão do Nordeste brasileiro rumo a uma cidade grande, trajetória que é interrompida pelo aparecimento de um bando de cangaceiros.

III – Em *Eles não usam black-tie*, de Gianfrancesco Guarnieri, uma família de trabalhadores enfrenta as dificuldades da pobreza e tenta se manter unida, quando o chefe da família lidera uma greve de estivadores no cais do porto, o que deflagra um processo de negociação em que a filha do patrão tenta seduzir um líder grevista.

Quais afirmações estão corretas?

a) Apenas I.
b) Apenas II.
c) Apenas I e III.
d) Apenas II e III.
e) I, II e III.

CAPÍTULO 29

Portugal contemporâneo: três autores exemplares

Madrid – Vallauris, de Joaquim Rodrigo, 1969. (Detalhe.)

A pintura portuguesa contemporânea

Para ter ideia de qualquer panorama das artes portuguesas no século XX é fundamental ter a noção de que o país enfrentou um longo período de ditadura, de 1933 até 1974, sob a liderança de António de Oliveira Salazar (1889-1970) e de Marcello Caetano (1906-1980).

Depois da Segunda Guerra Mundial, a pintura portuguesa seguiu, em geral, duas grandes linhas: o neorrealismo e o surrealismo. Os artistas influenciados pelo neorrealismo pretendiam expressar assim seu apoio ao povo e contribuir para a reflexão da sociedade portuguesa a respeito de sua situação. Marcado pela preocupação formal, um de seus representantes mais significativos é Julio Pomar (1926). Por sua vez, as vertentes mais ligadas ao surrealismo pretendiam encontrar um caminho de expressão mais livre. Entre os artistas inspirados por essa ideia, destacou-se António Dacosta (1941-1990).

A *pop art*, movimento que se formou nos Estados Unidos na década de 1960, também marcou o panorama das artes plásticas portuguesas. É nessa época que começam a aparecer as obras de Joaquim Rodrigo (1912-1997), marcadas por uma tendência *naïf*, ou seja, por uma linguagem inspirada na pintura, no caso, de aborígenes da Austrália. Também despontou o trabalho de Paula Rego (1935), que, inspirada no início da carreira pelo neorrealismo, tem como uma de suas características essenciais a sátira à ditadura de Salazar e a preocupação em mostrar a condição feminina.

Cena aberta, de António Dacosta, 1940.

Madrid – Vallauris, de Joaquim Rodrigo, 1969. Sinais, formas concretas reduzidas a seu mínimo, figuras humanas, todos mais ou menos sem as devidas proporções, dispostos de maneira dispersa, isolados no plano de fundo uniforme em tom que simboliza a terra. A harmonia dos tons predomina: brancos, ocres, castanhos-claros, castanhos-escuros e pretos. Refletindo os espaços geográficos percorridos ou visitados, a obra foi inspirada nos apontamentos da viagem feita pelo pintor, em 1968, da Espanha até o sul de França, em um percurso que se iniciou em Madri, capital espanhola, e seguiu até Vallauris, povoado do sul da França, onde o artista Pablo Picasso viveu por alguns anos.

O almoço do trolha, de Julio Pomar, 1946-1950.

Branca de Neve brincando com o troféu do pai, de Paula Figueiroa Rego, 1994.

Salazar a vomitar a pátria, de Paula Figueiroa Rego, 1960. O conjunto da obra dessa artista representa um dos pontos altos da pintura portuguesa contemporânea. Reelaborando técnicas e formas das vanguardas do início do século e seguindo algumas trilhas abertas pelo neorrealismo, sua obra obtém ampla repercussão internacional. Observe o uso das cores fortes, em manchas, formando figuras que não distinguimos bem, não se sabe ao certo o que é o personagem Salazar, o que ele vomita, tudo se mistura.

- *Três telas nestas páginas estão sem comentários. Escolha uma delas para comentar levando em conta as dicas abaixo. Reúna-se com os demais colegas que escolheram a mesma obra para fazer esse trabalho. Depois de fazerem a análise, apresentem-na aos colegas que se dedicaram ao trabalho com as outras telas. Para a análise da obra, sigam estas dicas:*
  - *Observem a tela em si: as formas, as cores, a impressão que a obra desperta no observador.*
  - *Identifiquem os estilos artísticos que levaram o artista a pintar a tela de determinada maneira. Retomem os capítulos sobre as vanguardas europeias e sobre o Modernismo brasileiro se considerarem necessário.*
  - *Levem em conta o título, ou seja: o que o artista verbalizou sobre a obra?*

1 A ditadura salazarista

Demissão

Este mundo não presta, venha outro.
Já por tempo de mais aqui andamos
A fingir de razões suficientes.
Sejamos cães do cão: sabemos tudo
De morder os mais fracos, se mandamos,
E de lamber as mãos, se dependentes.

José Saramago, do livro *Os poemas possíveis*.

Como já vimos, o período que vai de 1930 a 1945 talvez tenha testemunhado as maiores transformações ocorridas no século passado. A década de 1930 começa sob o forte impacto da crise iniciada com a Quebra da Bolsa de Valores de Nova York, seguida pelo colapso do sistema financeiro internacional: é a Grande Depressão, caracterizada por paralisações de fábricas, rupturas nas relações comerciais, falências bancárias, altíssimo índice de desemprego, fome e miséria generalizadas.

Assim, cada país procura solucionar internamente a crise, mediante a intervenção do Estado na organização econômica. Ao mesmo tempo, a depressão leva ao agravamento das questões sociais e ao avanço dos partidos socialistas e comunistas, provocando choques ideológicos, principalmente com as burguesias nacionais, que passam a defender um Estado autoritário, pautado por um nacionalismo conservador, por um militarismo crescente e por uma postura anticomunista e antiparlamentar – ou seja, um Estado fascista. É o que ocorre na Itália de Mussolini, na Alemanha de Hitler, na Espanha de Franco e no Portugal de Salazar.

Oliveira Salazar era professor de Economia na Universidade de Coimbra e lançara-se na vida pública organizando grupos católicos de extrema-direita. A partir de 1928, assumiu o total controle da economia portuguesa, promovendo alguns programas para estabilizar as finanças do país. Com relativo sucesso em sua empreitada e com um discurso abusivamente nacionalista, Salazar consolidou o **Estado Novo**, denominação dada ao governo de caráter fascista. Adotando o *slogan* "Nada contra a Nação, tudo pela Nação", cerceou as liberdades democráticas por meio de instituições autoritárias e criou um rigoroso mecanismo repressivo: a censura. No dizer do historiador Oliveira Marques:

De todos os mecanismos repressivos a censura foi sem dúvida o mais eficiente, aquele que conseguiu manter o regime sem alterações estruturais durante quatro décadas. Visou assuntos, não apenas políticos e militares, mas também morais e religiosos, normas de conduta e toda e qualquer notícia susceptível de influenciar a população num sentido considerado perigoso. [...]

As consequências últimas de um sistema de censura durando há tantas décadas foram disciplinar autores, jornalistas, empresários e todos aqueles relacionados com os meios de transmissão às massas, e obrigá-los a uma autocensura permanente, a fim de evitarem que a sua produção fosse constantemente dificultada e mutilada. Esta autocensura levou muitas vezes a extremos de cautela, de difícil justificação. Levou também ao surto de uma forma altamente original de criptotransmissão por parte dos autores e de compreensão subentendida por parte dos públicos. Em estes desenvolveu-se um hipercriticismo e uma dúvida generalizada relativos a tudo o que se lia ou ouvia.

MARQUES, A. H. de Oliveira. *História de Portugal*. 5. ed. Lisboa: Palas, 1978. v. 2.

Salazar morreu em 1970, mas a ditadura salazarista, uma das mais longas que a História já conheceu, só cairia em 25 de abril de 1974, com a chamada Revolução dos Cravos.

Evans/Three Lions/Hulton Archive/Getty Images

Na década de 1930, nos mesmos moldes da Gestapo nazista, Salazar estruturou a Polícia de Vigilância e Defesa do Estado (PVDE), mais tarde rebatizada como Polícia Internacional e de Defesa do Estado (Pide). Na foto, Salazar revista tropas que embarcariam para as colônias africanas.

Reprodução/Arquivo da editora

Folheto de propaganda da CGT portuguesa denunciando as torturas da Pide, a polícia política de Salazar.

TEXTO E INTERTEXTO

No Capítulo 9 (parte 1) desta obra, analisamos o episódio do Velho do Restelo, uma das passagens mais significativas de *Os Lusíadas* e, por isso mesmo, constantemente retomada em trabalhos de intertextualidade. Para relembrar, releia estas estrofes:

Texto 1

Mas um velho de aspeito venerando,
Que ficava nas praias, entre a gente,
Postos em nós os olhos, meneando
Três vezes a cabeça, descontente,
A voz pesada um pouco alevantando,
Que nós no mar ouvimos claramente,
C'um saber só de experiências feito,
Tais palavras tirou do experto peito:

Ó glória de mandar, ó vã cobiça
Desta vaidade a quem chamamos Fama!
Ó fraudulento gosto, que se atiça
C'uma aura popular, que honra se chama!
Que castigo tamanho e que justiça
Fazes no peito vão que muito te ama!
Que mortes, que perigos, que tormentas,
Que crueldades neles exprimentas!

CAMÕES, Luís de. *Os Lusíadas*. São Paulo: Saraiva, 1960.

Agora, leia o poema de José Saramago:

Texto 2

Fala do Velho do Restelo ao astronauta

José Saramago

Aqui, na Terra, a fome continua,
A miséria, o luto, e outra vez a fome.

Acendemos cigarros em fogos de **napalme**
E dizemos amor sem saber o que seja.
Mas fizemos de ti a prova da riqueza,
E também da pobreza, e da fome outra vez.
E pusemos em ti sei lá bem que desejo
De mais alto que nós, e melhor e mais puro.

No jornal, de olhos tensos, soletramos
As vertigens do espaço e maravilhas:
Oceanos salgados que circundam
Ilhas mortas de sede, onde não chove.

Mas o mundo, astronauta, é boa mesa
Onde come, brincando, só a fome,
Só a fome, astronauta, só a fome,
E são brinquedos as bombas de napalme.

SARAMAGO, José. *Os poemas possíveis*. Lisboa: Editorial Caminho, 1982.

napalme: Segundo o *Dicionário Aurélio – século XXI*, é "gasolina gelatinizada e espessada por sais do ácido naftênico e palmítico, empregada em bombas incendiárias e lança-chamas". No Brasil, a grafia utilizada é *napalm*. As bombas de *napalm* foram empregadas pelos soldados norte-americanos contra os vietnamitas, na Guerra do Vietnã (1965-1975) e, segundo testemunhos, por Portugal em Angola.

Atividades

1. O poema de Saramago, ao citar o Velho do Restelo, abre diálogo com *Os Lusíadas*, de Camões.
   a) Quem é o interlocutor do Velho no poema de Camões? E no poema de Saramago?
   b) O que esses interlocutores têm em comum?
   c) O que as falas do Velho (em Camões e em Saramago) têm em comum?
2. Na terceira estrofe do texto 2, a palavra *maravilhas* foi empregada de forma irônica. Que imagem comprova a ironia? Comente as metáforas presentes nessa estrofe.
3. Ao mencionar *napalme*, Saramago leva o leitor a relacionar a conquista espacial a outras conquistas e a um modo de o mundo se organizar a partir da influência de uma potência mundial. Quais são as outras conquistas e a qual potência o poeta se refere?
4. Saramago aponta um flagelo que domina o planeta Terra.
   a) Qual é esse flagelo?
   b) Aponte um recurso utilizado pelo poeta na arquitetura do texto para mostrar a disseminação desse flagelo.
5. O poema de José Saramago foi publicado no fim da década de 1960. Ele perdeu a atualidade? Ou ele pertence àquele grupo de poemas que parecem ter sido escritos "amanhã"?

   Discutam em grupos e apresentem suas considerações aos colegas e ao professor.

2 Três autores contemporâneos

Não são poucos os nomes de escritores contemporâneos que têm produzido belos textos literários em Portugal, principalmente após o fim da ditadura salazarista e a entrada do século XXI, que possibilitou maior intercâmbio cultural entre autores de Portugal, do Brasil, de Angola, Moçambique, Cabo Verde e outros países de expressão em língua portuguesa. Entre os escritores portugueses contemporâneos, destacamos José Saramago (1922-2010), Lobo Antunes (1942) e Eugénio de Andrade (1923-2005).

José Saramago, a história reinventada

Alguns aspectos da obra de José Saramago merecem especial atenção. Um dos mais significativos é, sem dúvida, a tentativa de reinterpretar o passado (*A história do cerco de Lisboa* e *Memorial do convento* exemplificam essa intenção). Referindo-se ao *Memorial do convento*, romance ambientado no século XVIII e que retoma a construção do gigantesco convento de Mafra, Saramago afirma que a obra "é uma reconstrução histórica a partir da ficção literária, porque toda a narração está fundamentada no passado para compreender o presente". E, com certeza, na outra extremidade do projeto literário de Saramago está a tentativa de uma releitura do Portugal contemporâneo.

A ficção de Saramago é construída sob a ótica dos fracos, dos humilhados, dos marginalizados. Em uma verdadeira profissão de fé, o escritor assim explica os motivos que o levaram a escrever *Memorial do convento*:

> A construção do convento de Mafra foi uma demonstração, entre outras, da megalomania de D. João V, graças à exploração do ouro e dos diamantes do Brasil. Ali foi enterrada uma fortuna incalculável. Mas é impossível apurar quanto, porque todos os documentos foram destruídos. Pois bem, sendo eu um homem de esquerda, com um pensamento marxista, não poderia deixar de me impressionar com o fato de 40 mil homens terem construído aquela obra.

Disponível em: <www.revistas.ufg.br>. Acesso em: 5 jun. 2014.

José Saramago

Vidal Cavalcante/Agência Estado

José Saramago foi o primeiro escritor em língua portuguesa a ganhar o Prêmio Nobel de Literatura, em 1998. Durante muito tempo atuou como jornalista, editor e tradutor. Desde 1976 vivia exclusivamente de seu trabalho literário. Homem de esquerda, marxista, repensava os fatos históricos de seu país e refletia sobre o mundo contemporâneo, em que prevalece o modo de produção capitalista, globalizado, homogêneo.

TEXTO E INTERTEXTO

Texto 1

Memorial do convento

José Saramago

Há muitos modos de juntar um homem e uma mulher, mas, não sendo isto inventário nem vademeco de casamentar, fiquem registrados apenas dois deles, e o primeiro é estarem ele e ela perto um do outro, nem te sei nem te conheço, num auto de fé, da banda de fora, claro está, a ver passar os penitentes, e de repente volta-se a mulher para o homem e pergunta, Que nome é o seu, não foi inspiração divina, não perguntou por sua vontade própria, foi ordem mental que lhe veio da própria mãe, a que ia na procissão, a que tinha visões e revelações, e se, como diz o Santo Ofício, as fingia, não fingiu estas, não, que bem viu e se lhe revelou ser este soldado maneta o homem que haveria de ser de sua filha, e desta maneira os juntou. Outro modo é estarem ele e ela longe um do outro, nem te sei nem te conheço, cada qual em sua corte, ele Lisboa, ela Viena, ele dezanove anos, ela vinte e cinco, e casaram-nos por procuração uns tantos embaixadores, viram-se primeiro os noivos em retratos favorecidos, ele boa figura e pelescurita, ela roliça e brancaustríaca, e tanto lhes fazia gostarem-se como não, nasceram para casar assim e não doutra maneira, mas ele vai desforrar-se bem, não ela, coitada, que é honesta mulher, incapaz de levantar os olhos para outro homem, o que acontece nos sonhos não conta.

SARAMAGO, José. *Memorial do convento*. 12. ed. Rio de Janeiro: Bertrand Brasil, 1994.

StockPhotosArt/Shutterstock/Glow Images

Convento de Mafra, perto de Lisboa. Trata-se de palácio e mosteiro monumental, em estilo barroco. Sua construção iniciou-se em 1717 por iniciativa de d. João V. Saramago usou esse fato histórico para escrever seu romance.

Atividades

1. Considerando que *vademeco* é a forma aportuguesada do latim *vade mecum* ("designação comum a livros de conteúdo prático e formato cômodo"), explique a justificativa do narrador para apresentar apenas dois modos de juntar um homem e uma mulher.
2. Quais são as diferenças entre os dois modos de se juntar um homem e uma mulher?
3. Mais do que duas formas de se juntar um homem e uma mulher, o texto revela uma série de antíteses. Quais são elas?
4. Explique a afirmação: "o que acontece nos sonhos não conta".

Texto 2

O conto da ilha desconhecida

José Saramago

[...]

Mal sentado, porque a cadeira de palhinha era muito mais baixa que o trono, o rei estava a procurar a melhor maneira de acomodar as pernas, ora encolhendo-as ora estendendo-as para os lados, enquanto o homem que queria um barco esperava com paciência a pergunta que se seguiria, E tu para que queres um barco, pode-se saber, foi o que o rei de facto perguntou quando finalmente se deu por instalado, com sofrível comodidade, na cadeira da mulher da limpeza, Para ir à procura da ilha desconhecida, respondeu o homem, Que ilha desconhecida, perguntou o rei disfarçando o riso, como se tivesse na sua frente um louco varrido, dos que têm a mania das navegações, a quem não seria bom contrariar logo de entrada, A ilha desconhecida, repetiu o homem, Disparate, já não há ilhas desconhecidas, Quem foi que te disse, rei, que já não há ilhas desconhecidas, Estão todas nos mapas, Nos mapas só estão as ilhas conhecidas, E que ilha desconhecida é essa de que queres ir à procura, Se eu to pudesse dizer, então não seria desconhecida, A quem ouviste tu falar dela, perguntou o rei, agora mais sério, A ninguém, Nesse caso, por que teimas em dizer que ela existe, Simplesmente porque é impossível que não exista uma ilha desconhecida, E vieste aqui para me pedires um barco, Sim, vim aqui para pedir-te um barco, E tu quem és, para que eu to dê, E tu quem és, para que não mo dês, Sou o rei deste reino, e os barcos do reino pertencem-me todos, Mais lhes pertencerás tu a eles do que eles a ti, Que queres dizer, perguntou o rei, inquieto, Que tu, sem eles, és nada, e que eles, sem ti, poderão sempre navegar, Às minhas ordens, com os meus pilotos e os meus marinheiros, Não te peço marinheiros nem piloto, só te peço um barco, E essa ilha desconhecida, se a encontrares, será para mim, A ti, rei, só te interessam as ilhas conhecidas, Também me interessam as desconhecidas quando deixam de o ser, Talvez esta não se deixe conhecer [...]

O capitão veio, leu o cartão, mirou o homem de alto a baixo, e fez a pergunta que o rei se tinha esquecido de fazer, Sabes navegar, tens carta de navegação, ao que o homem respondeu, Aprenderei no mar. O capitão disse, Não to aconselharia, capitão sou eu, e não me atrevo com qualquer barco, Dá-me então um com que possa atrever-me eu, não, um desses não, dá-me antes um barco que eu respeite e que possa respeitar-me a mim, Essa linguagem é de marinheiro, mas tu não és marinheiro, Se tenho a linguagem, é como se o fosse. O capitão tornou a ler o cartão do rei, depois perguntou, Poderás dizer-me para que queres o barco, Para ir à procura da ilha desconhecida, Já não há ilhas desconhecidas, O mesmo me disse o rei, O que ele sabe de ilhas, aprendeu-o comigo, É estranho que tu, sendo homem do mar, me digas isso, que já não há ilhas desconhecidas, homem da terra sou eu, e não ignoro que todas as ilhas, mesmo as conhecidas, são desconhecidas enquanto não desembarcarmos nelas, Mas tu, se bem entendi, vais à procura de uma onde nunca ninguém tenha desembarcado, Sabê-lo-ei quando lá chegar, Se chegares, Sim, às vezes naufraga-se pelo caminho, mas, se tal me viesse a acontecer, deverias escrever nos anais do porto que o ponto a que cheguei foi esse, Queres dizer que chegar, sempre se chega, Não serias quem és se não o soubesses já. O capitão do porto disse, Vou dar-te a embarcação que te convém, Qual é ela, É um barco com muita experiência, ainda do tempo em que toda a gente andava à procura de ilhas desconhecidas, Qual é ele, Julgo até que encontrou algumas, Qual, Aquele. Assim que a mulher da limpeza percebeu para onde o capitão apontava, saiu a correr de detrás dos bidões e gritou, É o meu barco, é o meu barco, há que perdoar-lhe a insólita reivindicação de propriedade, a todos os títulos abusiva, o barco era aquele de que ela tinha gostado, simplesmente. Parece uma caravela, disse o homem, Mais ou menos, concordou o capitão, no princípio era uma caravela, depois passou por arranjos e adaptações que a modificaram um bocado, Mas continua a ser uma caravela, Sim, no conjunto conserva o antigo ar, E tem mastros e velas, Quando se vai procurar ilhas desconhecidas, é o mais recomendável. A mulher da limpeza não se conteve, Para mim não quero outro, Quem és tu, perguntou o homem, Não te lembras de mim, Não tenho ideia, Sou a mulher da limpeza, Qual limpeza, A do palácio do rei, A que abria a porta das petições, Não havia outra, E por que não estás tu no palácio do rei a limpar e a abrir portas, Porque as portas que eu realmente queria já foram abertas e porque de hoje em diante só limparei barcos, Então estás decidida a ir comigo procurar a ilha desconhecida, Saí do palácio pela porta das decisões, Sendo assim, vai para a caravela, vê como está aquilo, depois do tempo que passou deve precisar de uma boa lavagem, e tem cuidado com as gaivotas, que não são de fiar, Não queres vir comigo conhecer o teu barco por dentro, Tu disseste que era teu, Desculpa, foi só porque gostei dele, Gostar é provavelmente a melhor maneira de ter, ter deve ser a pior maneira de gostar. O capitão do porto interrompeu a conversa, Tenho de entregar as chaves ao dono do barco, a um ou a outro, resolvam-se, a mim tanto se me dá, Os barcos têm chave, perguntou o homem, Para entrar, não, mas lá estão as arrecadações e os paióis, e a escrivaninha do comandante com o diário de bordo, Ela que se encarregue de tudo, eu vou recrutar a tripulação, disse o homem, e afastou-se.

[...]

E os marinheiros, perguntou ela, Não veio nenhum, como podes ver, Mas deixaste-os apalavrados, ao menos, tornou ela a perguntar, Disseram-me que já não há ilhas desconhecidas, e que, mesmo que as houvesse, não iriam eles tirar-se do sossego dos seus lares e da boa vida dos barcos de carreira para se meterem em aventuras oceânicas, à procura de um impossível, como se ainda estivéssemos no tempo do mar tenebroso, E tu, que lhes respondeste, Que o mar é sempre tenebroso, E não lhes falaste da ilha desconhecida, Como poderia falar-lhes eu duma ilha desconhecida, se não a conheço, Mas tens a certeza de que ela existe, Tanta como a de ser tenebroso o mar, Neste momento, visto daqui, com aquela água cor de jade e o céu como um incêndio, de tenebroso não lhe encontro nada, É uma ilusão tua, também as ilhas às vezes parece que flutuam sobre as águas, e não é verdade, Que pensas fazer, se te falta a tripulação, Ainda não sei, Podíamos ficar a viver aqui, eu oferecia-me para lavar os barcos que vêm à doca, e tu, E eu, Tens com certeza um mester, um ofício, uma profissão, como agora se diz, Tenho, tive, terei se for preciso, mas quero encontrar a ilha desconhecida, quero saber quem sou eu quando nela estiver, Não o sabes, Se não sais de ti, não chegas a saber quem és, O filósofo do rei, quando não tinha que fazer, ia sentar-se ao pé de mim, a ver-me **passajar as peúgas dos pajens**, e às vezes dava-lhe para filosofar, dizia que todo o homem é uma ilha, eu, como aquilo não era comigo, visto que sou mulher, não lhe dava importância, tu que achas, Que é necessário sair da ilha para ver a ilha, que não nos vemos se não nos saímos de nós, Se não saímos de nós próprios, queres tu dizer, Não é a mesma coisa. O incêndio do céu ia esmorecendo, a água arroxeou-se de repente, agora nem a mulher da limpeza duvidaria de que o mar é mesmo tenebroso, pelo menos a certas horas.

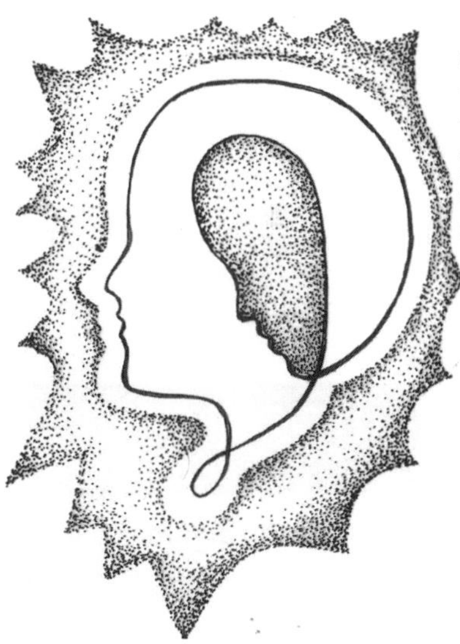

Vera Basile/Arquivo da editora

SARAMAGO, José. *O conto da ilha desconhecida*. São Paulo: Companhia das Letras, 1998.

passajar as peúgas dos pajens: costurar as meias dos criados.

Atividades

1. Nos fragmentos do conto, observa-se uma personalíssima marca de Saramago em relação à pontuação dos textos.
   a) Em que consiste essa marca característica?
   b) Que efeito esse recurso provoca na leitura do texto?
   c) Particularmente, como você sentiu essa forma de pontuar o texto em sua leitura?
2. A empreitada do protagonista do conto não é levada muito a sério. Aponte trechos que comprovem tal afirmação.
3. Que noções de ilha conhecida e ilha desconhecida são apresentadas nos fragmentos? Qual noção é mais importante para o protagonista? E para o rei?
4. Qual é a relação da história de Portugal com o seguinte trecho:

   Sou o rei deste reino, e os barcos do reino pertencem-me todos, Mais lhes pertencerás tu a eles do que eles a ti, Que queres dizer, perguntou o rei, inquieto, Que tu, sem eles, és nada, e que eles, sem ti, poderão sempre navegar.
5. O que o protagonista do conto busca?
6. A relação "homem português/mar/ilha" é uma constante na literatura portuguesa, é um dado cultural, um caso de fascínio fadado e febril.
   a) Leia o poema de Fernando Pessoa, que faz parte do livro *Mensagem*:

As ilhas afortunadas

Que voz vem no som das ondas
Que não é a voz do mar?
É a voz de alguém que nos falla,
Mas que, se escutarmos, cala,
Por ter havido escutar.

E só se, meio dormindo,
Sem saber de ouvir ouvimos,
Que ella nos diz a esperança
A que, como uma criança
Dormente, a dormir sorrimos.

São ilhas afortunadas,
São terras sem ter logar,
Onde o Rei mora esperando.
Mas, se vamos dispertando,
Cala a voz, e há só mar.

PESSOA, Fernando. *Obra poética*. Rio de Janeiro: Nova Aguilar, 2001.

   b) Escreva um parágrafo relacionando as *ilhas afortunadas* com a *ilha desconhecida*.

Trocando ideias

- Você notou algumas particularidades do português de Portugal? Destaque as que chamaram sua atenção e comente-as com os colegas e com o professor.

Lobo Antunes, a ditadura desmascarada

A literatura de Lobo Antunes carrega em si as marcas da transição entre o Estado Novo e o regime democrático, das situações penosas da guerra por independência em Angola e da experiência do escritor, formado em Medicina, com a psiquiatria. Com um estilo particularíssimo, que rivaliza com Saramago em todos os sentidos, o romancista trata de maneira crítica as transformações sociais sentidas pelo país e seus reflexos nas relações familiares e amorosas de seus personagens.

Sobre o período em que viveu em Angola, em plena guerra de independência, Lobo Antunes assim se manifesta: "Quando fui para África, ainda que contasse com pouca experiência cirúrgica, tinha de fazer amputações, tinha que fazer essas coisas tramadas que há a fazer em tempo de guerra... Então, levava o tratado de cirurgia, o furriel enfermeiro, que não podia ver sangue, ia-me lendo aquilo tudo, os procedimentos, e eu ia operando. Felizmente nunca nos morreu ninguém assim. Portanto, a minha relação com a medicina era essa."

Essa experiência angolana foi retratada no romance *Os cus de judas*, publicado em 1979, do qual reproduzimos alguns fragmentos na seção seguinte.

Keystone/Getty Images

A presença portuguesa em Angola foi particularmente marcada pelo tráfico de escravizados, a principal atividade comercial até meados do século XIX. No total, cerca de 3 milhões de angolanos foram vendidos, a maioria para o Brasil. Em 1968, havia cem mil soldados portugueses lutando na África; no início da década de 1970, a guerra recrudesceu; calcula-se que cerca de um milhão e quinhentos mil soldados portugueses combateram em Angola. A conquista da independência angolana se deu em 15 de novembro de 1975, pelo Movimento Popular de Libertação de Angola (MPLA). Na foto, crianças sobre a escultura do fundador de Nova Lisboa, Norton Matos, depois de ela ter sido derrubada durante os conflitos da guerra civil em Angola.

Lobo Antunes

António Lobo Antunes formou-se em Medicina e especializou-se em Psiquiatria. Aos 29 anos, foi enviado como tenente-médico para Angola, lá permanecendo de 1971 a 1973, no período mais cruento da guerra pela independência (Angola tornou-se independente em 1975). Ao voltar para Portugal, Lobo Antunes foi trabalhar em um hospital psiquiátrico e começou a militar na Aliança Povo Unido (APU), em coligação com o Partido Comunista Português (PCP). Com mais de uma dezena de romances escritos, tornou-se um dos mais importantes autores portugueses dos séculos XX e XXI, vencedor de diversos prêmios, entre eles o Prêmio Camões e o Prêmio Europeu de Literatura. Hoje em dia, dedica-se exclusivamente à literatura.

Eric Robert/Corbis Sygma/Latinstock

LENDO O TEXTO

Os cus de Judas

Lobo Antunes

A narrativa

Compreenda-me: pertencemos a uma terra em que a vivacidade faz as vezes do talento e onde a destreza ocupa o lugar da capacidade criadora, e creio com frequência que não passamos de facto de débeis mentais habilidosos consertando os fusíveis da alma à custa de expediente de arame. Inclusive o estar aqui consigo talvez não passe de um expediente de arame que me salve da maré baixa de desespero que me ameaça, desespero de que conheço a causa, percebe, e que à noite me enrola no visco de seu lodo, me afoga de aflição e de receio, me molha o beiço de cima de um bigode de suor, me faz tremer os joelhos um contra o outro.

***

Outro *vodka*? É verdade que não acabei o meu, mas neste passo da minha narrativa perturbo-me invariavelmente, que quer, foi há seis anos e perturbo-me ainda: descíamos do Luso para as Terras do Fim do Mundo, em coluna, por picadas de areia, Lucusse, Luanguinga, as companhias independentes que protegiam a construção da estrada, o deserto uniforme e feio do Leste, quimbos cercados de arame farpado em torno de pré-fabricados dos quartéis, o silêncio de cemitério dos refeitórios, casernas de zinco a apodrecer devagar, descíamos para as Terras do Fim do Mundo, a dois mil

cu de judas: lugar muito distante de onde se está, fim de mundo; cafundó.

quilómetros de Luanda, Janeiro acabava, chovia, e íamos morrer, íamos morrer e chovia, chovia, sentado na cabina da camioneta, ao lado do condutor, de boné nos olhos, o vibrar de um cigarro infinito na mão, iniciei a dolorosa aprendizagem da agonia.

O personagem-narrador

Talvez que a guerra tenha ajudado a fazer de mim o que sou hoje e que intimamente recuso: um solteirão melancólico a quem se não telefona e cujo telefonema ninguém espera, tossindo de tempos a tempos para se imaginar acompanhado, e que a mulher a dias acabará por encontrar sentado na cadeira de baloiço em camisola interior, de boca aberta, roçando os dedos roxos no pelo cor de novembro da alcatifa.

***

E saio deste aquário de azulejos como saí do quartel da Pide, em que os prisioneiros sachavam a lavra dos agentes inclinando-se para a terra em curtos gestos moles de cadáveres, sem a coragem de um grito de indignação ou de revolta, a acabar de cumprir esta noite como outrora cumpri, sem protestar, vinte e sete meses de escravidão sangrenta, saio para o corredor, Sofia, apago a luz, e recomeço a sorrir a gargalhada fradesca, filha da puta, desprovida de júbilo, do chefe da brigada junto a Land Rover, descerrando os dentes enormes numa satisfação de hiena. Porque foi nisso que me transformei, que me transformaram, Sofia: uma criatura envelhecida e cínica a rir de si própria e dos outros o riso invejoso, azedo, cruel dos defuntos, o riso sádico e mudo dos defuntos, o repulsivo riso gorduroso dos defuntos, e a apodrecer por dentro, à luz do uísque, como apodrecem os retratos nos álbuns, magoadamente, dissolvendo-se devagarinho numa confusão de bigodes.

A vida pessoal do narrador

Nasci e cresci num acanhado universo de croché, croché de tia-avó e croché manuelino, filigranaram-me a cabeça na infância, habituaram-me à pequenez do *bibelot*, proibiram-me o canto nono de *Os Lusíadas* e ensinaram-me desde sempre a acenar com o lenço em lugar de partir. Policiaram-me o espírito, em suma, e reduziram-me a geografia aos problemas dos fusos, a cálculos horários de amanuense cuja caravela de aportar às Índias se metamorfoseou numa mesa fórmica com esponja em cima para molhar os selos e a língua.

***

Eu tinha-me casado, sabe como é, quatro meses antes de embarcar, em Agosto, numa tarde de sol de que conservo uma recordação confusa e ardente, a que o som do órgão, as flores nos altares e as lágrimas da família emprestavam um não sei quê de filme de Buñuel enternecido e suave, depois de breves encontros de fim de semana em que fazíamos amor numa raiva de urgência, inventando uma desesperada ternura em que se adivinhava a angústia da separação próxima, e despedimo-nos sob a chuva, no cais, de olhos secos, presos um ao outro num abraço de órfãos. E agora, a dez mil quilómetros de mim, a minha filha, maçã do meu esperma, a cujo crescimento de toupeira sob a pele do ventre eu não assistira, irrompia de súbito no cubículo das transmissões, entre recortes de revistas e calendários de actrizes nuas, trazida pela cegonha da vozinha nítida do furriel de Gago Coutinho, explicando, **alfa, bravo, rómio, alfa, charlie, ómega**, o abraço do batalhão.

alfa, bravo, rómio, alfa, charlie, ómega: palavras do alfabeto fonético internacional que se usam na comunicação por rádio cuja primeira letra serve para soletrar a palavra transmitida: a – b – r – a – ç – o.

Os cus de Judas

O Chiúme era o último dos cus de Judas do Leste, o mais distante da sede do batalhão e o mais isolado e miserável: os soldados dormiam em tendas cónicas na areia, partilhando com os ratos a penumbra nauseabunda que a lona segregava como um fruto podre, os sargentos apinhavam-se na casa em ruína de um antigo comércio, quando antes da guerra os caçadores de crocodilos por ali passavam a caminho do rio, e eu dividia com o capitão um quarto do edifício da chefia de posto, através de cujo tecto esburacado os morcegos vinham rodopiar por sobre as nossas camas espirais cambaleantes de guarda-chuvas rasgados.

A guerra

Aí, durante um ano, morremos não a morte da guerra, que nos despovoa de repente a cabeça num estrondo fulminante, e deixa em torno de si um deserto desarticulado de gemidos e uma confusão de pânico e de tiros, mas a lenta, aflita, torturante agonia da espera, a espera dos meses, a espera das minas na picada, a espera do paludismo, a espera do cada vez mais improvável regresso, com a família e os amigos no aeroporto ou no cais, a espera do correio, a espera do *jeep* da Pide que semanalmente passava a caminho dos informadores de fronteira, trazendo consigo três ou quatro prisioneiros que abriam a própria cova, se encolhiam lá dentro, fechavam os olhos com força, e amoleciam depois da bala como um *soufflé* se abate, de flor vermelha de sangue a crescer as pétalas na testa.

***

Médico e sangue médico e sangue médico e sangue pedia o rádio, dadores em bicha de braço arregaçado à entrada do posto, náufragos inertes nas macas de pálpebras descidas a respirarem de leve por um canto dos lábios, à noite os cães selvagens ladravam em torno do arame Está a ouvir os gajos sussurrava o tenente e o hálito espalhava-se-me quente na orelha, como não há fósforos acendem-se os cigarros uns nos outros, Mostrem resultados que se vejam discursava o coronel e nós só tínhamos que exibir pernas amputadas caixões hepatites paludismos defuntos viaturas transformadas em harmónios de destroços, o general perorou do Luso As *berliets* são ouro piquem o trajecto inteiro de modo que três homens de cada lado exploravam a areia adiante dos carros porque uma camioneta era mais necessária e mais cara do que um homem um filho faz-se em cinco minutos e de graça não é verdade uma viatura demora semanas ou meses a atarraxar parafusos, aliás havia ainda montes de gente no país para mandar de barco para Angola mesmo descontando os filhos das pessoas importantes e os protegidos pelas amantes das pessoas importantes que não viriam nunca o paneleiro do rebento de um ministro foi declarado psicologicamente incompatível com o Exército [...].

***

[...] Angolénossa senhor presidente e vivapátria claro que somos e com que apaixonado orgulho os legítimos descendentes dos Magalhães dos Cabrais e dos Gamas e a gloriosa missão que garbosamente desempenhamos é conforme o senhor presidente acaba de declarar no seu notabilíssimo discurso parecida só nos faltam as barbas grisalhas e o escorbuto mas pelo caminho que as coisas levam eu seja cego se não lá iremos, e já agora e se me permite porque é que os filhos dos seus ministros e dos seus eunucos, dos seus eunucos ministros e dos seus ministros eunucos, dos seus miniucos e dos seus eunistros não malham com os cornos aqui na areia como a gente, o capitão encostou a *kalachnikov* à parede e ficámos surpreendidos a olhá-la, Afinal é este o aspecto da nossa morte perguntou o alferes, senhor doutor tem de ir à mata porque pisaram uma antipessoal num trilho, seis quilómetros de *Mercedes* disparada e nisto o pelotão numa clareira o cabo Paulo estendido a gemer e do joelho para baixo depois de uma pasta torcida de sangue nada, nada senhor presidente e senhores eunucos nada, calcule senhor presidente o que será desaparecer de súbito um bocado de si, os legítimos descendentes dos Cabrais e dos Gamas a sumirem-se por fracções um tornozelo um braço um troço de tripa os tomatinhos os ricos tomatinhos evaporados, faleceu em combate explica o jornal mas é isto falecer seus filhos da puta, eu ajudava-os a falecer com os meus remédios inúteis e os olhos deles protestavam protestavam não entendiam e protestavam, será falecer esta incompreensão esta surpresa a boca aberta os braços bambos, cobriram-se as bombas de *napalm* com oleado e o governo afirmou solenemente Em caso algum recorreríamos a tão cruel meio de extermínio, eu vi cobrir as bombas em Gago Coutinho [...]

***

E só compreendi isso quando vi os prisioneiros no quartel da PIDE, a resignada espera dos seus gestos, as barrigas gigantescas de fome das crianças, a ausência de lágrimas no pavor dos olhos. É preciso que entenda, percebe, que no meio em que nasci a definição de preto era "criatura amorosa em pequenino", como quem se refere a cães ou a cavalos, a animais esquisitos e perigosos parecidos com as pessoas, que no escuro da sanzala Santo António me gritavam.

— Vai na tua terra, português cagando-se nas minhas vacinas e nos meus remédios e desejando intensamente que eu quebrasse os cornos na picada porque não era a eles que eu tratava mas à mão de obra barata dos fazendeiros, dezassete escudos por um dia de trabalho, dez tostões por cada saco de algodão, quem eu tratava através deles era o branco de Malanje ou de Luanda, o branco ao sol na Ilha, o branco de Alvalade, o branco do Clube Ferroviário que recusava desdenhosamente conversar com a tropa.

O pós-guerra

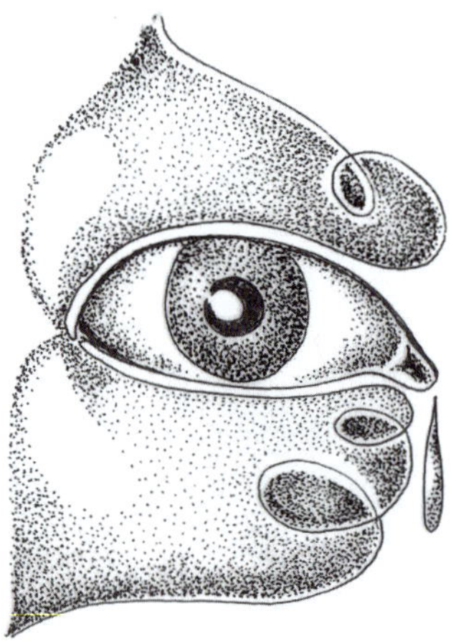

Vera Basile/Arquivo da editora

O avião que nos traz a Lisboa transporta consigo uma carga de fantasmas que lentamente se materializam, oficiais e soldados amarelos de paludismo, atarraxados nos assentos, de pupilas ocas, observando pela janela o espaço sem cor, de útero, do céu. Reais são as camionetas cinzentas à espera no aeroporto, o frio de Lisboa, os sargentos que nos examinam os documentos no vagar lasso dos funcionários desinteressados, o trajecto até ao quartel onde as nossas malas se empilham numa confusão cónica de volumes, as despedidas rápidas na parada.

Passámos vinte e sete meses juntos nos cus de Judas, vinte e sete meses de angústia e de morte juntos nos cus de Judas, nas areias do Leste, nas picadas dos Quiocos e nos girassóis do Cassanje, comemos a mesma saudade, a mesma merda, o mesmo medo, e separámo-nos em cinco minutos, um aperto de mão, uma palmada nas costas, um vago abraço, e eis que as pessoas desaparecem, vergadas ao peso da bagagem, pela porta de armas, evaporadas no redemoinho civil da cidade.

ANTUNES, A. Lobo. *Os cus de Judas*. Rio de Janeiro: Objetiva, 2003.

Atividades

1. Como está estruturada a narrativa em *Os cus de Judas*?
2. Caracterize a vida amorosa do narrador em três momentos: antes, durante e após a experiência em Angola.
3. A certa altura da narrativa, há uma referência a Magalhães, Cabral e Gama. Justifique as referências.
4. Lobo Antunes é considerado um grande desbravador da psique, da alma humana. Destaque duas passagens que justifiquem essa afirmação.

Eugénio de Andrade, o sal da língua

O poeta Eugénio de Andrade teve rápida passagem pelo movimento surrealista português, mas sua obra de maturidade apresenta traços muito particulares, em que predominam um profundo lirismo e uma contínua reflexão sobre o valor das palavras e o ofício de escrever.

Eugénio de Andrade

Eugénio de Andrade, cujo verdadeiro nome era José Fontinhas, nasceu de uma família de camponeses, "que trabalhavam a terra e a pedra". Atuou como inspetor administrativo por 35 anos, mas nunca deixou de se dedicar à poesia e à escrita, habilidades para as quais demonstrava profundo interesse desde criança. Sua obra alcançou reconhecimento internacional, tendo sido agraciada com diversos prêmios literários, inclusive o Prêmio Camões.

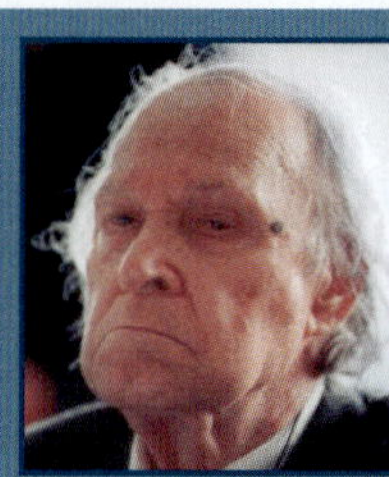

Agência France-Presse

LENDO OS TEXTOS

Texto 1

O sal da língua

Eugénio de Andrade

Escuta, escuta: tenho ainda
uma coisa a dizer.
Não é importante, eu sei, não vai
salvar o mundo, não mudará
a vida de ninguém — mas quem
é hoje capaz de salvar o mundo
ou apenas mudar o sentido
da vida de alguém?
Escuta-me, não te demoro.
É coisa pouca, como a chuvinha
que vem vindo devagar.
São três, quatro palavras, pouco
mais. Palavras que te quero confiar,
para que não se extinga o seu lume,
o seu lume breve.
Palavras que muito amei,
que talvez ame ainda.
Elas são a casa, o sal da língua.

Disponível em: <www.releituras.com>. Acesso em: 5 jun. 2014.

Texto 2

Urgentemente

Eugénio de Andrade

É urgente o Amor,
É urgente um barco no mar.

É urgente destruir certas palavras
ódio, solidão e crueldade,
alguns lamentos, muitas espadas.

É urgente inventar alegria,
multiplicar os beijos, as searas,
é urgente descobrir rosas e rios
e manhãs claras.

Cai o silêncio nos ombros, e a luz
impura, até doer.
É urgente o amor, é urgente
permanecer.

Disponível em: <www.citador.pt>. Acesso em: 5 jun. 2014.

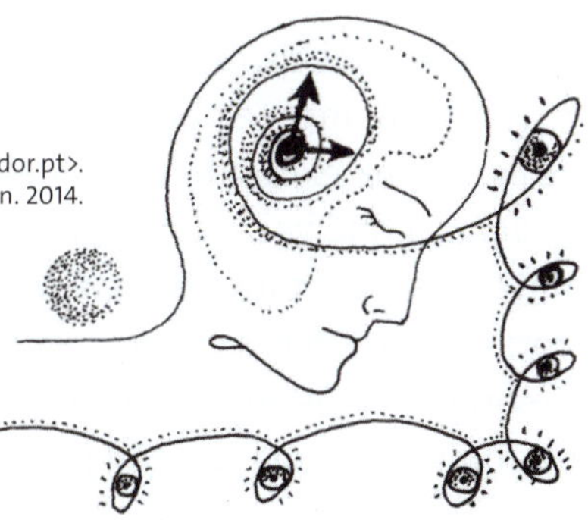

Vera Basile/Arquivo da editora

Texto 3

Eugénio de Andrade

Música, levai-me:

Onde estão as barcas?
Onde são as ilhas?

Disponível em: <www.astormentas.com>. Acesso em: 5 jun. 2014.

Atividade

- Após a leitura atenta dos poemas de Eugénio de Andrade, comente com seus colegas e o professor:
  a) No primeiro poema, que importância é dada às palavras? Estabeleça um paralelo entre "sal da língua" e a expressão "sal da vida".
  b) O lirismo minimalista do último poema remete-nos a uma ideia e a uma imagem recorrentes na literatura portuguesa. Com quais outros textos estudados por você esse poema dialoga?

A LITERATURA E A GUERRA COLONIAL

A ideia de Nação, para o caso português, cerca-se de muitas particularidades, principalmente as que estão ligadas à constituição de um Estado centralizado e à formação de um grande Império ultramarino. Sobre a cultura portuguesa, há a carga do passado – quase todo lusitano leva na alma o mar, uma barca, ilhas por descobrir e certa dose de saudosismo – a pesar-lhe volumosa nas costas. Durante o regime salazarista, o passado, mais do que nunca, fez-se sufocante: vangloriou-se o Império quando ele já estava, há muitos anos, em crise; fez-se uma nação cativa da própria memória, a cultuar seus mitos e heróis. O preço a se pagar foi altíssimo: as vidas de jovens portugueses enviados às frentes de batalha, assim como as de inúmeros colonos africanos que lutavam pela independência de seus países; perseguições políticas, uma longa ditadura e a ausência de democracia.

Ao iniciar-se a década de 1960, começaram as guerras coloniais de independência em Angola, Moçambique e Guiné-Bissau. Organizaram-se, nas colônias, movimentos de libertação que combatiam a partir de táticas de guerrilha.

A relação dos literatos portugueses com a guerra nas colônias não foi sempre a mesma. A cada um, o evento repercutiu de maneira diversa na sensibilidade e na criação ficcional. A seguir, estão reproduzidos trechos de obras de duas importantes figuras das letras portuguesas contemporâneas. As diferenças de linguagem são marcantes; o que um apresenta de densidade e crueza (a vivência pessoal da guerra), o outro, representando angústias de toda uma geração de jovens portugueses (a prisão, o serviço militar e o exílio), elabora em humor e sarcasmo. O primeiro texto é um trecho da crônica "Emília e umas noites", de António Lobo Antunes; o segundo, uma passagem do conto "Era uma vez um alferes", de Mário de Carvalho, no qual um desafortunado alferes fica em difícil situação após pisar em uma "mina terrestre", o que lhe impossibilita qualquer movimento.

Texto 1

[...] escrevo só que Angola me veio com toda a força ao corpo e eu acuso a guerra de ter mudado a minha vida. É difícil entender mas eu não estava preparado, era novo demais, se calhar é-se sempre novo demais. Percebam: eu não merecia aquilo. Falo por mim: não sabia como aquilo era e ao saber como aquilo era compreendi que não merecia aquilo. Como não mereço isto hoje dia 1 de setembro, dia dos meus anos em que Angola me veio com toda a força do corpo. Aos que se interessam pelo que escrevo peço desculpa: ia dar-vos uma crônica chamada Emília e umas noites: pensei nela, tinha-a mais ou menos na cabeça

(tanto quanto se pode ter um texto na cabeça visto que depois o texto toma conta da cabeça e faz-se conforme ele, texto, entende)

achava que vocês iam gostar e todavia não consigo: há tanta coisa em mim, tanta metralhadora, tanto morteiro, tanta horrível miséria. Para a próxima garanto que faço os possíveis por vos dar uma crônica como vocês gostam. Hoje não posso: é o dia dos meus anos e Angola veio-me com toda força ao corpo. Depois de uma paz comprida, depois de imenso tempo de sossego. Claro que passa, claro que amanhã ou depois já estou melhor, os eucaliptos do Ninda desaparecem, tenho de novo a minha idade de agora, deixo de estar no armazém da companhia

(o armazém era um barraco)

a olhar os caixões e a pensar qual deles iria ser o meu. Lê-se que a guerra estava controlada em Angola: a guerra estar controlada era eu contar os mortos. Se calhar não foram muitos: para mim foram demais. Se calhar a guerra estar controlada tem que ver com o número reduzido de cadáveres: a merda é que eu os vi. Os conhecia. Costumava falar com eles, essas perdas insignificantes. Eu próprio uma perda insignificante. [...]

Entenderam um bocadilho melhor agora? Foi há 24 anos, caramba. Em 1971. É aborrecido fazer anos e ganhar Angola de presente. Eu sei que vocês não têm nada com o assunto e como nunca viram rapazes mortos sob os eucaliptos do Ninda muito menos têm de pagar as favas disso. Perdoem: a próxima crônica será como se habituaram a que seja, como apreciam que seja. Hoje não sou capaz. [...] Para mais isto deve estar uma porcaria porque nunca escrevi nada tão depressa. Mas agora pergunto: será que se consegue soltar um grito devagar?

ANTUNES, António Lobo. In: *As coisas da vida:* 60 crônicas. Rio de Janeiro: Objetiva/Alfaguara, 2011. p. 187-189.

Texto 2

[...]

O capitão mantinha os pés muito próximos do local provável da mina. Com gestos expeditos e eficientes desapertava-lhe os francaletes e livrava-o do cinturão, da mochila e do bornal.

– Convinha – ia dizendo –, convinha que o nosso alferes não se contraísse nem de mais nem de menos. Não pode distrair-se a ponto de afrouxar a pressão do pé nem pode ficar tão tenso que lhe venha qualquer movimento em falso. Entendido?

– Desculpe que lhe diga, meu capitão – disse o alferes para o lado –, mas não me parece prudente estar a expor-se assim. Agradeço-lhe muito a sua solidariedade, mas...

– Tolice! São ossos deste nosso ofício...

O alferes hesitou um pouco antes de responder, sumidamente:

– Do nosso, a bem dizer, não, meu capitão. Eu não sou militar, sou engenheiro.

– Era engenheiro! Era! Aqui é um oficial como os outros – volveu o capitão com alguma rispidez, enquanto, dobrado, pousava no chão os apetrechos: – Mas diga-me, como é que veio para atirador? Alguma chatice?

– A PIDE deu uma informação desfavorável. Politicamente suspeito. Recambiaram-me para aqui.

– Ah, teve problemas com a PIDE?

– Fui dirigente estudantil, no Técnico.

O capitão abanou gravemente a cabeça:

– Andava metido nessas vidas... Isso só dá é maçadas... – E, depois, adiantou, com ironia: – Males que vêm por bem! De outro modo, não teríamos o prazer da sua companhia, cá entre os operacionais...

[...]

Mas por que é que este capitão não o deixava sozinho morrer para ali? Se se atirasse para diante deveria ser apanhado pelas costas. Morte instantânea. Talvez não sofresse nada, talvez nem ouvisse o rebentamento. Mas, e se a explosão lhe quebrasse a coluna, se ficasse paralisado para a vida inteira.

Vai-lhe um enorme peso sobre os ombros, do peso se lhe dobram ligeiramente as pernas. Cansou-se-lhe o braço com que se apoia à G-3, fortemente fincada na areia. Estremece. Vê, entre névoas, a cara do capitão, ondulante, perlada de gradas bagas de suor.

"Não vou aguentar", diz de si para si, com um desalento resignado.

E uma dor aguda entra a perfurar-lhe a palma da mão, rodopia em espiral pelo braço acima, macera-lhe o ombro, todo o lado esquerdo. O capitão continua a falar, bem fala, que já não o ouve. Às golfadas, afluem-lhe as lágrimas aos olhos. Misturam-se-lhe pela cara às gotas de suor e desenham sulcos nas manchas de areia e sujidade enegrecida.

– Minha mãe! – soluça o alferes, porque é sempre da mãe que os homens se lembram nestas alturas.

– O nosso alferes, por favor não chora. NÃO CHORA! – grita o capitão, agarrando-o pelos ombros. – Proíbo-o de chorar. Está a ouvir, seu maricas?

Mas a face do alferes descai, à banda, sobre o ombro. Deixou de responder ao capitão. Por entre os soluços, a respiração vem-lhe ofegante, entrecortada.

O médico, lá de onde está, apercebe-se de que alguma coisa corre mal. Diz para o lado:

– Malta, vamos cantar. Toca a animar o nosso alferes.

Entoa, numa voz aguda, por instantes suspensa no ar, a que se juntam, depois, uma e mais vozes:

– *Lá vai o comboio, lá vai / Lá vai ele a assobiar...*

O capitão, segurando o alferes pelo ombro, tem um trejeito de contrariedade. Mas previne:

– Ouça, nosso alferes, é o pessoal a cantar.

– Não posso mais, meu capitão, deixe-me, por favor!

– *E leva o meu lindo amor / para a vida militar / para a vida militar / Para aquela triste vida...*

– É só mais um instante, pá. Caramba, quem aguentou até agora... Não nos desiluda, nosso alferes. Firme, que eu vou tratar disto duma vez para sempre.

O capitão ajoelhou-se, desembainhou a faca de mato do cinturão pousado no solo, cravou-a na areia, a pouco centímetros da bota do alferes.

A canção, lá longe, interrompeu-se de súbito.

– É preciso ajuda, meu capitão? – bradou o furriel.

– Deixe-se estar – respondeu o capitão. – Não há de ser nada.

Nisto, o alferes teve um estremeção, oscilou, tombou desamparado. O capitão rolou na areia com um grito. Os homens, instintivamente, rojaram-se por terra e cobriram a cabeça com os braços.

Silêncio. Silêncio. Não houve deflagração.

Quando o soldado mais lento ainda toscanejava, sacudindo a areia da testa, já o médico e o enfermeiro andavam de volta ao alferes.

– Tragam-no para a sombra, depressa. Água! – berrava o médico, debruçado sobre o corpo. – Mexam-se, caraças!

Arrastaram o alferes para debaixo de uma árvore. O médico desabotoava-lhe o camuflado, de estetoscópio em riste:

– Mas que é que você está a fazer? Ponha-lhe a cabeça para baixo, pá! Despacha-se, homem! – ordenava ao enfermeiro.

De súbito, após uma pequena hesitação, rompeu aos murros no peito do alferes. As pancadas, ritmadas, ecoaram cavamente pela picada. De pernas muito afastadas, boquiaberto, o capitão contemplava aquele preparo. Depois, o médico desistiu. Arrumou o estetoscópio, com gestos bruscos, e comunicou ao capitão:

– Ele está morto! Não se aguentou... Só me saem é destas, caramba!

O furriel remexia a terra no sítio em que o alferes antes estivera. Depois aproximou-se. Na mão premia uma pequena mola metálica, das usadas nos batuques:

– "Clique, claque"! Olhem, a "mina"...

Todos se entreolharam, contrafeitos...

– Cale-se lá com isso! – ordenou o capitão. – Mande chamar o helicóptero para evacuar o morto. E o pessoal que se prepare para o regresso!

Nessa noite, completamente embriagado, o alferes médico, em plena parada, acusava o capitão de ter mandado dispor molas na picada para endurecer a tropa.

– Sádico! Sádico do caraças! – berrava.

Todos distinguiam a sombra do capitão que, atrás das gelosias, fumava, devagar.

O médico acabou por se cansar e lá foi deitar-se, chorando, amparado por outros oficiais. Nessa altura, já se sabia que o capitão não tinha enviado qualquer mensagem a requisitar especialistas das minas e armadilhas.

CARVALHO, Mário de. In: *Era uma vez um alferes*. São Paulo: Companhia das Letras, 2008. p. 157-181.

1. Lobo Antunes possui um estilo muito particular. Aponte algumas características formais de sua escrita.

2. A crônica de Lobo Antunes foi escrita no dia de seu aniversário e se baseia em percepções particulares. Porém, a todo o momento o escritor realiza um diálogo com o leitor; como se dá, então, a relação entre particular e coletivo no texto?

3. É possível, ao longo do conto de Mário de Carvalho, notar diferenças marcantes entre o capitão e o alferes; faça um comparativo dessas diferenças.

4. Qual é a crítica de Mário de Carvalho à guerra colonial?

5. Os dois textos, apesar de tratarem de um tema comum, a guerra colonial, são bastante distintos. O primeiro é uma crônica intensa e dramática. O segundo é um conto em que predomina o sarcasmo. Em sua opinião, os dois textos conseguem atingir seu objetivo de crítica à guerra? É possível dizer que um deles é mais contundente que o outro?

6. Toda guerra tem dois lados, e muitos traumas. Durante os longos anos do conflito colonial, foi marcante, na lírica dos países africanos de língua portuguesa, a chamada "poesia de combate"; uma poética que tratava de forma direta o assunto da guerra e da luta armada. Para entendê-la, é preciso ter consciência de que esses apelos à luta violenta se faziam em um contexto do combate contra o colonizador, sendo que este se utilizava de brutal aparelho repressivo. O significado histórico dessas poesias é imenso e, como diz o escritor moçambicano Nelson Saúte, "são documentos imprescindíveis em tempos tão apáticos e adversos a pretensões românticas como os nossos".

a) Leia os poemas a seguir:

Carta de um combatente

Jorge Rebelo

Mãe
Eu tenho uma espingarda de ferro!
O teu filho,
Aquele a quem um dia tu viste
Acorrentarem
(E choraste
Como se as correntes prendessem
E ferissem
As tuas mãos e os teus pés)
O teu filho já é livre, mãe!
O teu filho tem uma espingarda de ferro.

A minha espingarda
Vai quebrar todas as correntes
Vai abrir todas as prisões
Vai matar todos os tiranos
Vai restituir a terra ao nosso povo.

Mãe, é belo lutar pela liberdade!
Há uma mensagem de justiça
[em cada bala de disparo,
Há sonhos antigos de combate, na
[frente de batalha
A tua imagem próxima
[desce sobre mim.
É por ti também que eu luto, mãe!
P'ra que não hajam lágrimas
Nos teus olhos

Vera Basile/Arquivo da editora

REBELO, Jorge [n. 1936], poeta moçambicano.
In: SAÚTE, Nelson (Org.). *Nunca mais é sábado – Antologia de poesia moçambicana*.
Lisboa: Publicações Dom Quixote, 2004. p. 306-307.

Ditador!

David Almada

Sobre a tua cabeça
Disparo
A lei desfeita
Em pedaços
Desses pedaços
Sai a sorte
Que te destino!

ALMADA, David Hopffer C. [n. 1945], poeta cabo-verdiano.
In: DÁSCALOS, Maria Alexandre; APA, Lívia; BARBEITOS, Arlindo.
Poesia africana de língua portuguesa. Rio de Janeiro: Lacerda Editores, 2003. p. 169.

b) Responda às seguintes questões:
- Como a luta armada é concebida no poema de Jorge Rebelo?
- Por que, no poema de David Almada, a lei do ditador deve ser negada e rasgada?
- Quem seria esse ditador?
- Em sua opinião, a violência pode ser uma forma legítima de luta? Debata sua resposta com os colegas.

Vestibulares de Norte a Sul

Texto para questão 1.

Leia o trecho a seguir, da obra *Conto da ilha desconhecida*.

Um homem foi bater à porta do rei e disse-lhe, Dá-me um barco. A casa do rei tinha muitas mais portas, mas aquela era a das petições. Como o rei passava todo o tempo sentado à porta dos obséquios (entenda-se, os obséquios que lhe faziam a ele), de cada vez que ouvia alguém a chamar à porta das petições fingia-se desentendido, e só quando o ressoar contínuo da aldraba de bronze se tornava, mais do que notório, escandaloso, tirando o sossego à vizinhança (as pessoas começavam a murmurar, Que rei temos nós, que não atende), é que dava ordem ao primeiro-secretário para ir saber o que queria o impetrante, que não havia maneira de se calar. Então, o primeiro-secretário chamava o segundo-secretário, este chamava o terceiro, que mandava o primeiro-ajudante, que por sua vez mandava o segundo, e assim por aí fora até chegar à mulher da limpeza, a qual, não tendo ninguém em quem mandar, entreabria a porta das petições e perguntava pela frincha, Que é que tu queres. O suplicante dizia ao que vinha, isto é, pedia o que tinha a pedir, depois instalava-se a um canto da porta, à espera de que o requerimento fizesse, de um em um, o caminho ao contrário, até chegar ao rei. Ocupado como sempre estava com os obséquios, o rei demorava a resposta.

São características da obra de José Saramago, perceptíveis também no trecho em destaque:

I. A presença de um narrador que não apenas relata a história, mas também dela participa, com comentários e digressões.
II. A pontuação diferenciada, abandonando, por exemplo, o uso do travessão em diálogos.
III. A utilização da ironia contra as figuras do poder, marcando uma posição fortemente ideológica.
IV. A denúncia da engrenagem viciada e burocratizada da sociedade.

1. **S** (PUC-RS) A(s) afirmativa(s) correta(s) é(são)
a) apenas II.
b) apenas I e II.
c) apenas III e IV.
d) apenas I, III e IV.
e) I, II, III e IV.

2. **SE** (FGV-SP) Leia as seguintes afirmações sobre o romance *Memorial do convento*, de José Saramago:
1. A perspectiva do romance é, ao mesmo tempo, histórica, social e individual.
2. Por conter visão regional, interessa apenas aos povos de língua portuguesa.
3. O texto revela riqueza de imaginação e ironia sutil.
4. O foco narrativo é múltiplo, com predominância da terceira pessoa.
5. Na narrativa, contracenam personagens históricas, reais, do século XVIII e personagens de ficção.
6. Os protagonistas são um músico famoso e um frade.

As afirmações acima [anteriores] estão corretas, **exceto duas**. Assinale a alternativa que contém as afirmações **incorretas**.
a) 1 e 2.
b) 2 e 6.
c) 3 e 4.
d) 4 e 5.
e) 1 e 5.

3. **SE** (Unicamp-SP) Leia a seguinte passagem de *Os cus de Judas*, de António Lobo Antunes:

Deito um centímetro mentolado de guerra na escova de dentes matinal, e cuspo no lavatório a espuma verde-escura dos eucaliptos de Ninda, a minha barba é a floresta do Chalala a resistir ao napalm da gillete, um grande rumor de trópicos ensanguentados cresce-me nas vísceras, que protestam.

António Lobo Antunes, *Os cus de Judas*. Rio de Janeiro: Objetiva, 2003. p. 213.

a) A que guerra se refere o narrador?
b) Por que o narrador utiliza o presente do indicativo ao falar sobre a guerra?
c) Que recurso estilístico ele utiliza para aproximar a guerra de seu cotidiano? Cite dois exemplos.

4. **SE** (Unicamp-SP) Leia o poema abaixo de António Osório [poeta português contemporâneo]:

Ignição

Meus versos, desejo-vos na rua,
nas padiolas, pelo chão, encardidos
como quem ganha com eles a vida,
e o papel vá escurecendo ao sol,
a chuva o manche, a capa
ganhe dedadas, a companhia
aderente de um insecto,
as palavras se humildem mais
e chegue a sua vez de comoverem alguém
que compre, um faminto ajudando.

Meus versos, desejo-vos nas bibliotecas
itinerantes, gostaríeis de viajar
por aldeias, praias, escolas primárias,
despertar o rápido olhar das crianças,
estar nas suas mãos
completamente indefeso
e, sobretudo, que não vos compreendam.
Oxalá escrevam, risquem, atirem no recreio
umas às outras como **pélas** os livros
e sonhem, se possível, com algum verso
que súbito se esgueire pela sua alma.

pélas: bolas, especialmente as de borracha.

a) A quem o eu lírico se dirige no início de cada estrofe?
b) No início da segunda estrofe, que reações contraditórias ele espera das crianças?
c) Ao final da segunda estrofe, que desejo ele manifesta a respeito do futuro da poesia?

CAPÍTULO 30

Literatura africana de língua portuguesa

Dimensão, de Bertina Lopes, 1972.

Boa parte das literaturas africanas escritas em língua portuguesa alinha-se com a literatura engajada, ou seja, denuncia aspectos problemáticos da realidade social. A luta pela libertação dos territórios colonizados pelos portugueses (notadamente nas décadas de 1960-70) e a posterior busca por uma identidade nacional no mundo contemporâneo têm sido os temas recorrentes dessas literaturas de países do continente africano, como Angola, Moçambique, Guiné-Bissau, Ilhas de São Tomé e Príncipe e o arquipélago de Cabo Verde.

Adaptado de: *Atlante geografico metodico De Agostini 2013-2014*. Novara, Istituto Geografico De Agostini, 2013.

- *No mapa-múndi estão destacados os membros da CPLP (Comunidade dos Países de Língua Portuguesa), ou seja, locais em que se fala a língua portuguesa.*
  Sob a orientação do professor, distribuam-se em grupos para pesquisar a história, a literatura e a cultura de maneira geral desses países, exceto do Brasil e de Portugal, pois vocês já têm ideia sobre eles. Cada equipe pode ficar responsável por uma localidade, a saber:
  Cabo Verde — *Angola*
  Guiné-Bissau — *Moçambique*
  São Tomé e Príncipe — *Timor Leste*
- *Façam um painel com essas informações e o exponham no mural da escola.*

1 Um novo olhar sobre o continente africano

Ciclo do fogo

Há coisas que se choram muito anteriormente.
Sabe-se então que a história vai mudar.

Ruy Duarte de Carvalho, poeta radicado em Angola.

Ao pensar na África, a imagem equivocada que, por vezes, se concebe desse continente traz muito de uma concepção eurocêntrica de história e cultura, pautada em ideais de progresso e de razão. O colonialismo que grassou nessa região, imposto a ferro e a fogo pelos conquistadores europeus durante mais de cinco séculos, ainda enviesa o modo de olhar o continente. Corremos o risco de entender esse território como um todo compacto, indistinto e indomável, selvagem e perigoso. Muitas vezes, não se dá atenção às particularidades de cada região e de cada população que lá habita; por outro lado, a natureza é vista como fator fundamental para compreender e dividir o continente, gerando juízos de valor que priorizam as ideias de primitivo e de exótico. Isso não significa que os conhecimentos geográficos não sejam importantes para entender a África, mas eles têm de estar atrelados aos conhecimentos históricos. É preciso compreender, então, que a história desse continente não começa com a chegada dos navegantes portugueses que para lá rumaram com suas caravelas no século XV em busca do caminho das Índias. Nessa época, já havia ali povos com culturas, tradições e organizações sociais e políticas complexas e antigas, diferentes das existentes na Europa.

2 Portugal e a conquista da África

A Revolução de Avis (1383-1385) foi o acontecimento que impulsionou as navegações. Durante todo o século seguinte, navegadores portugueses, em busca do caminho para as Índias, margearam a costa ocidental da África e foram estabelecendo padrões nas praias e nas ilhas atlânticas; o oceano Índico só foi alcançado quando uma expedição comandada por Bartolomeu Dias cruzou o cabo da Boa Esperança. Dez anos mais tarde, em 1498, Vasco da Gama atingiria as Índias. Tal aventura marítima não foi obra fácil: houve mortes, guerras, tragédias, tanto para portugueses quanto, principalmente, para os povos que habitavam as regiões que iam sendo conquistadas.

Em um primeiro e superficial levantamento, as motivações que levaram Portugal a navegar em direção à costa africana e à Ásia resumem-se a questões religiosas e expansionistas; essa era a visão da época, registrada em várias crônicas e cantada em versos por Camões em *Os Lusíadas*: "[cantarei] as memórias gloriosas / Daqueles Reis que foram dilatando / A Fé, o Império, e as terras viciosas / De África e de Ásia andaram devastando", lembrando que "viciosas" eram as terras ainda não cristianizadas.

Hoje se sabe que houve motivações de várias ordens: **religiosa** (a Guerra Santa, o ideal das Cruzadas de salvar o infiel, consolidar a Reconquista) e **cavalheiresca** (o rei d. João I, o Mestre de Avis, precisava dotar seus filhos de territórios e títulos), mas também **política** (era preciso pôr fim à crise econômica por que passava a nova dinastia) e **econômica** (a busca de especiarias, ouro – acreditava-se que, ao sul do Saara, haveria abundância do metal –, riquezas várias, pois se imaginava que o Marrocos era uma terra de farturas; a necessidade de mão de obra escrava, uma vez que Portugal já passara por uma experiência com a cana-de-açúcar na região do Algarves; a necessidade de ter uma base firme para lutar contra a pirataria, sempre uma grande ameaça ao comércio que se fazia por via marítima).

Allmaps/Arquivo da editora

Adaptado de: *Atlas geográfico escolar*. Rio de Janeiro: IBGE, 2012.

Reprodução/Biblioteca Britânica, Londres, Inglaterra.

Gravura do século XVI mostra naus portuguesas chegando a Ceuta para a tomada da cidade.

3 De colônias a países independentes

A expansão portuguesa por territórios africanos foi uma página marcada por feitos épicos, heroicos e por tragédias, desilusões e derrotas não menos grandiosas. Desde a conquista de Ceuta, que se mostrava como uma terra promissora mas que, cercada e atacada pelos mouros, tornou-se um sorvedouro de homens e recursos, até o final do reinado de d. Manuel I (1521), os portugueses enfrentaram sérios problemas para a manutenção de seu Império.

Após o reinado de d. Manuel, com a decadência do comércio dos produtos asiáticos, as dificuldades aumentaram e atingiram seu ponto máximo com o desaparecimento de d. Sebastião em Alcácer-Quibir e a consequente passagem de Portugal para o domínio espanhol.

Ao longo dos séculos XVI, XVII e XVIII, a política colonialista portuguesa na África foi muito distinta daquela aplicada ao Brasil: embora fossem todas "colônias de exploração", e não de "povoamento", o Brasil teve estruturas administrativas mais próximas do modelo da Corte e algumas características de "colônia de povoamento".

Na costa atlântica do continente africano, os domínios portugueses se estenderam muito além dos atuais territórios de Guiné-Bissau e Angola com uma política de exploração voltada para alguns produtos: ouro, marfim, especiarias (pimenta vermelha, por exemplo), gado e, principalmente, escravos. O tráfico de escravos negros mais rendoso foi realizado por portugueses, que utilizavam Cabo Verde como entreposto, e tinha como destino as zonas agrícolas em território brasileiro (calcula-se que, em 300 anos de escravidão, entraram no Brasil cerca de 3,6 milhões de africanos; entre as várias etnias, duas se destacaram: os sudaneses originários dos territórios portugueses na África mais setentrional e os bantos, dos territórios mais ao sul, como Angola).

No século XIX, com a independência do Brasil, o fim do tráfico negreiro, o avanço do capitalismo industrial e o neocolonialismo, alteraram-se as estratégias portuguesas em relação aos territórios africanos. O governo português tentou promover uma ocupação mais efetiva das terras africanas, voltando-se para a exploração de ouro, cobre, ferro, pedras preciosas, além de algumas atividades agrícolas. Com isso, buscava bloquear a investida de ingleses, franceses, holandeses e alemães sobre seus territórios.

A disputa pelo domínio da foz do rio Congo (antigo Zaire) entre portugueses e ingleses resultou na Conferência de Berlim (1885), da qual participaram 14 países europeus, além de Estados Unidos e Rússia. Foi assinado um Ato Geral, que definia um "novo direito público colonial", o que resultou, na prática, na partilha da África; por esse Ato, ficou definido que os territórios africanos ficariam sob o domínio daqueles que efetivamente promovessem sua ocupação, desprezando-se os direitos históricos. Em consequência disso, Portugal tentou ocupar uma larga faixa que ia da costa atlântica (Angola) à costa índica (Moçambique), dividindo o continente; imediatamente a Inglaterra respondeu enviando um ultimato ao governo português, que retrocedeu. O "Ultimato Inglês" mergulhou Portugal em grave crise cuja consequência foi (entre outras) a queda da Monarquia (1910).

Em pleno século XX, com o governo fascista de Salazar, Portugal endureceu suas relações com as colônias africanas, aboliu a liberdade de expressão e impôs forte censura. Com o fim da Segunda Guerra Mundial e a derrota do nazifascismo, intensificaram-se as lutas de guerrilha pela independência, e as colônias africanas tornaram-se, mais do que nunca, um fardo insustentável para Portugal, a ponto de a política colonialista ser apontada como um dos principais fatores que levaram à derrubada do regime salazarista com a Revolução dos Cravos, em 25 de abril de 1974.

Ainda em 1974, os novos governantes portugueses assinaram um comunicado em conjunto com a ONU em que reconheciam o direito à autodeterminação e à independência de todos os territórios ultramarinos sob sua administração.

Coleção particular

Desembarque, no Brasil, de escravos negros vindos da África, de Rugendas.

4 O papel da língua portuguesa

O dominado se apropriando da língua do dominador

Foram muitas as rupturas agenciadas pelo colonizador. Entre as mais drásticas, está o afastamento entre o colonizado e sua língua de origem. E, nesse campo, a situação atinge um patamar dramático. Porque aqui se impõe um corte de caráter irreversível. Impedido de falar a sua língua, o dominado também não tem total acesso à língua do colonizador. Seu universo fica assim comprometido pelo risco da incomunicabilidade, que levaria à morte de toda e qualquer forma cultural. Para fugir à situação de emparedamento, a saída deve se guiar pelo pragmatismo, ou seja, para expressar a luta contra o mal que se abateu sobre o seu mundo, é necessário valer-se de um dos instrumentos de dominação: a língua do outro.

CHAVES, Rita. *Angola e Moçambique*: experiência colonial e territórios. Cotia: Ateliê, 2005. p. 52.

Hoje, passados mais de trinta anos dos movimentos de independência, a língua portuguesa tem desempenhado diferentes papéis nas ex-colônias de Portugal. O fato é que houve uma apropriação da língua do dominador por parte dos dominados, o que se percebe tanto no léxico como na sintaxe; ou como diria o poeta moçambicano Albino Magaia: "descolonizámos o português". É a língua portuguesa que garante a unidade ante tantos e distintos falares; é, principalmente, pela língua portuguesa que têm acesso ao conhecimento; é pela língua portuguesa que se expressam para o mundo, como provam, por exemplo, os textos de Mia Couto.

Dessa forma, podemos dizer que o português é:

- **a língua da unidade;**
- **a língua do conhecimento;**
- **a língua da expressão.**

Percebe-se, no entanto, um certo sabor amargo nessa apropriação, não provocado pela língua, mas pelas atitudes do dominador em relação aos lusofalantes das ex-colônias. Sobre isso, é emblemático o início do romance *A geração da utopia*, do angolano Pepetela:

> Portanto, só os ciclos eram eternos.
>
> (Na prova oral de Aptidão à Faculdade de Letras, em Lisboa, o examinador fez uma pergunta ao futuro escritor. Este respondeu hesitantemente, iniciando com um portanto. De onde é o senhor?, perguntou o Professor, ao que o escritor respondeu de Angola. Logo vi que não sabia falar português; então desconhece que a palavra portanto só se utiliza como conclusão dum raciocínio? Assim mesmo, para pôr o examinando à vontade. Daí a raiva do autor que jurou um dia havia de escrever um livro iniciando por essa palavra. Promessa cumprida. E depois deste parêntesis, revelador de saudável rancor de trinta anos, esconde-se definitiva e prudentemente o autor.)

PEPETELA. *A geração da utopia*. Rio de Janeiro: Nova Fronteira, 2000. p. 9.

Apenas três observações sobre o texto: 1. apesar de *portanto* ser uma conjunção conclusiva, é muito comum, em Portugal, o seu emprego no início de uma fala (na prova oral, Pepetela fez uso desse emprego; daí o comentário preconceituoso do examinador); 2. as ironias de Pepetela são ótimas; 3. no parágrafo entre parênteses, fala o autor e não o narrador, entidade ficcional criada pelo autor.

O escritor Luis Bernardo Honwana, autor do livro *Nós matamos o cão tinhoso* (reconhecido como uma das principais obras da literatura africana) e ex-ministro da cultura de Moçambique, tem clara consciência dos problemas que envolvem a língua portuguesa em seu país e da necessidade de valorizar as línguas locais, mas não deixa de ressaltar a importância do idioma português para a formação da nação, a estruturação do Estado independente e de sua literatura:

> A língua portuguesa é a língua em que se expressa a nossa soberania. É ela que nos permite dominar os instrumentos do progresso. É através dela que discutimos as grandes questões que o planejamento nacional nos coloca e formulamos as soluções. Construímos o essencial da nossa literatura no interior da única língua com vocação nacional – mas, tragicamente, uma língua minoritária.
>
> Contudo, não ocorrerá a ninguém, tenho a certeza, pôr em causa a legitimidade do uso da língua portuguesa pelos nossos escritores ou a africanidade da literatura que, em língua portuguesa, é produzida nos nossos países. Podemos com orgulho dizer

que temos sabido realizar, na nossa prática, a dimensão nacional que permite que os nossos concidadãos se reconheçam nas nossas criações.

Mas temos a aguda consciência de que não se abriu ainda espaço necessário para que outros possíveis escritores, de outros universos linguísticos, possam vir a se acrescentar às nossas vozes, na representatividade também linguística que a nossa literatura não pode deixar de ter como objetivo.

HONWANA, Luis B. Literatura e o conceito de africanidade. In: CHAVES, Rita; MACÊDO, Tânia. *Marcas da diferença*. São Paulo: Alameda, 2006. p. 22-3.

Observação: Pelo que foi exposto anteriormente, preservaremos a grafia original dos textos dos autores africanos reproduzidos neste capítulo.

5 A poesia africana de língua portuguesa: os temas recorrentes

Literatura africana

Após a independência do país, a União dos Escritores Angolanos lançou um documento em que os escritores manifestaram seu compromisso de produzir obras engajadas com a busca da identidade, com a construção de uma nação independente:

A história de nossa literatura [...] é testemunho de geração de escritores que souberam, na sua época, dinamizar o processo de nossa libertação exprimindo os anseios profundos de nosso povo, particularmente o das camadas mais exploradas. A literatura angolana surge assim não como simples necessidade estética, mas como arma de combate pela afirmação do homem angolano.

Disponível em: <www.geledes.org.br>. Acesso em: 6 jun. 2014.

A luta contra o Império

O tema da luta contra o Império serve de inspiração para diversos escritores africanos de língua portuguesa. Destacamos aqui uma amostra do modo de se expressar sobre esse assunto com poemas representativos de Rui Nogar, José Craveirinha, Arlindo Barbeitos, Nelson Saúte, Rui Augusto e Reinaldo Ferreira.

Retrato

Rui Nogar

mais do que poetas
hoje
somos sim guerrilheiros
com poemas emboscados
por entre a selva de sentimentos
em que nos vamos libertando
em cada palavra percutida
hoje
nós
em Moçambique

In: SAÚTE, Nelson (Org.). *Nunca mais é sábado — Antologia de poesia moçambicana*. Lisboa: Dom Quixote, 2004. p. 243.

Rui Nogar (1932-1993), poeta moçambicano.

LENDO O TEXTO

Divulgação/Arquivo da editora

José Craveirinha (1922-2003), poeta moçambicano.

Aforismo

José Craveirinha

Havia uma formiga
compartilhando comigo o isolamento
e comendo juntos
Estávamos iguais
com duas diferenças:
Não era interrogada
e por descuido podiam pisá-la.
Mas aos dois intencionalmente
podiam pôr-nos de rasto
mas não podiam
ajoelhar-nos.

In: CHAVES, Rita. *Angola e Moçambique*: experiência colonial e territórios literários. Cotia: Ateliê, 2005. p. 155.

Atividade

- O poema "Aforismo" foi publicado por Craveirinha no livro *Cela 1*, cujo título faz referência à cela em que ficou preso. Considerando que a expressão "pôr de rasto" significa "colocar alguém arrastando-se no chão", há uma aparente contradição na última estrofe do poema. Explique-a.

Borboletas de luz

Arlindo Barbeitos

esvoaçando
de cadáver em cadáver
colhem
o fedor dos mortos em
vão

e
pelos buracos da renda
dos dias
passam álacres
do mundo do esquecimento
ao país da indiferença
levando consigo
o pólen fatal
das flores da guerra

borboletas de luz

In: *Poesia sempre*: Angola e Moçambique. Rio de Janeiro: Fundação Biblioteca Nacional, 2006. p. 66.

Reprodução/ADS

Arlindo Barbeitos (1940), poeta angolano.

Coleção particular

Julgamento de Militantes da Frente de Libertação de Moçambique, de Malangatana Valente, 1966.

Elegia

Nelson Saúte

A mãe beijou a pólvora
no sorriso morto do filho.
Despiu a capulana e cobriu-o.

E depois vestiu as lágrimas.

In: SAÚTE, Nelson (Org.). *Nunca mais é sábado*: antologia de poesia moçambicana. Lisboa: Dom Quixote, 2004. p. 596.

Divulgação/Arquivo da editora

Nelson Saúte (1967), poeta moçambicano.

Segundo *flash*

Rui Augusto

São mortais
quando marcham
as botas
dos que trazem
arrogâncias
escoltadas
de armas.

In: *Poesia sempre*: Angola e Moçambique. Rio de Janeiro: Fundação Biblioteca Nacional, 2006. p. 103.

Divulgação.

Rui Augusto (1958), poeta angolano.

LENDO O TEXTO

O futuro

Reinaldo Ferreira

Aos domingos, iremos ao jardim.
Entediados, em grupos familiares,
Aos pares,
Dando-nos ares
De pessoas invulgares,
Aos domingos iremos ao jardim.
Diremos, nos encontros casuais
Com outros clãs iguais,
Banalidades rituais,
Fundamentais.
Autómatos afins,
Misto de serafins
Sociais
E de standardizados mandarins,
Teremos preconceitos e pruridos,
Produtos recebidos
Na herança
De certos caracteres adquiridos.
Falaremos do tempo,
Do que foi, do que já houve...
E sendo já então
Por tradição
E formação
Antiburgueses
– Solidamente antiburgueses –,
Inquietos falaremos
Da tormenta que passa
E seus desvarios.
Seremos aos domingos, no jardim,
Reacionários.

In: SAÚTE, Nelson (Org.). *Nunca mais é sábado*: antologia de poesia moçambicana. Lisboa: Dom Quixote, 2004. p. 120-121.

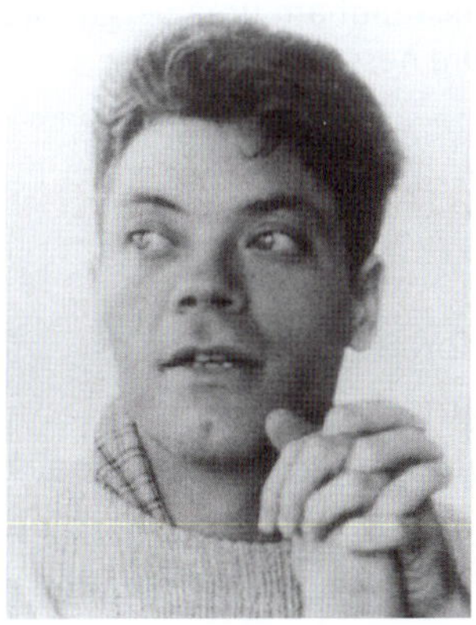

Divulgação/Arquivo da editora

Reinaldo Ferreira (1922-1959), poeta moçambicano.

Atividade

- Comente o que o poeta quer dizer com "seremos aos domingos, no jardim, / Reacionários".

A reconstrução

O tema da reconstrução, que se segue depois da conquista da independência, também inspira escritores africanos de língua portuguesa. Destacamos aqui uma amostra do modo de se expressar sobre esse assunto com poemas representativos de Tomás Medeiros, Albino Magaia, Hélder Proença e Conceição Lima.

LENDO O TEXTO

Meu canto Europa

Tomás Medeiros

Agora,
agora que todos os contactos estão feitos,
as linhas dos telefones sintonizadas,
as linhas dos morses ensurdecidas,
os mares dos barcos violados,
os lábios dos risos esfrangalhados,
os filhos incógnitos germinados,
os frutos do solo encarcerados,
os músculos definhados
e o símbolo da escravidão determinado.

Agora,
agora que todos os contatos estão feitos,
com a coreografia do meu sangue coagulada,
o ritmo do meu tambor silenciado,
os fios do meu cabelo embranquecidos,
meu coito denunciado e o esperma esterilizado,
meus filhos de fome engravidados,
minha ânsia e meu querer amordaçados,
minhas estátuas de heróis dinamitadas,
meu grito de paz com chicotes abafado,
meus passos guiados como passos de besta,
e o raciocínio embotado e manietado,

Agora,
agora que me estampaste no rosto
os primores da tua civilização,
eu te pergunto, Europa,
eu te pergunto:
AGORA?

MEDEIROS, Tomás (1931), poeta são-tomense. Disponível em: <www.jornaldepoesia.jor.br>. Acesso em: 6 jun. 2014.

Atividades

1. Exceção feita à última estrofe, que recurso dá extrema expressividade ao poema "Meu canto Europa"?

2. Os versos nos quais aparecem os efeitos maléficos da intervenção europeia ("primores da tua civilização"), encaminham uma pergunta para o interlocutor (a Europa). Qual é o significado da palavra *Agora* nesse contexto?

Descolonizámos o Land-Rover

Albino Magaia

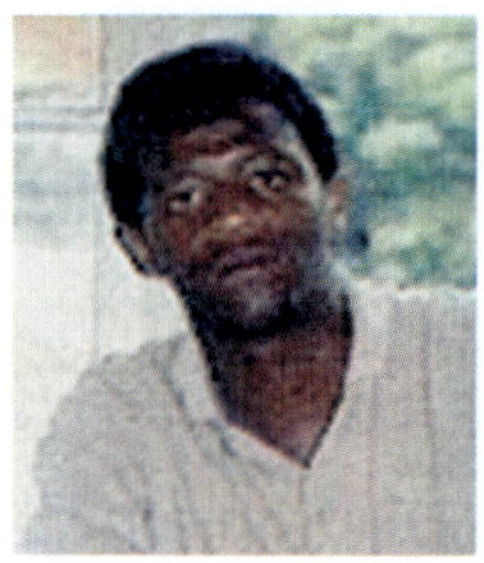

Divulgação/Arquivo da editora

Albino Magaia (1947-2010), poeta moçambicano.

Já não é carro cobrador de impostos
Nós descolonizámo-lo.
Já não é terror quando entra na povoação
Já não é Land-Rover do **induna** e do **sipaio**.
É velho e conhece todas as picadas que pisa.
É experiente este carro britânico
Seguro aliado do chicote explorador.
Mas nós descolonizámo-lo.
No mapote e no areal
Sua tracção às quatro rodas
Garante chegada às **machambas** mais distantes
Às cooperativas dos camponeses.
Entra na aldeia e no centro piloto
Ruge militante nas mãos seguras do condutor
Obedece fiel a todas as manobras
Mesmo incompleto por falta de peças.

induna: chefe inimigo.
machambas: campos cultivados.
sipaio: soldado a serviço dos colonizadores.

— Descolonizámos o Land-Rover
Com nossos produtos
Comprámos o combustível que consome
Com nossa inteligência
Consertámos avarias que surgem
Com nossa luta transformámos em amigo este inimigo.
Nós, descolonizadores,
Libertámos o Land-Rover
Porque também ficou independente, afinal.
Trasformaram-se os objectivos que servia
E hoje é militante mecânico
Um desviado reeducado
Uma prostituta reconvertida em nossa companheira.
Descolonizámo-la e com ela casámos
E não haverá divórcio.
De Tete a Cabo Delgado
Do Niassa a Gaza
Da sede provincial ao círculo
Este jeep saúda quando passa
O caterpillar, seu irmão,
Outro descolonizado fazedor de estradas
E cruza-se com o **Berliet** atarefado
Ex-pisador de minas
Eles aprenderam com a **G3**
Menina vanguardista na mudança de rumo
A primeira a saber e a gostar
A diferença antagónica
Entre a carícia libertadora das nossas mãos
E o aperto sufocante e opressor do inimigo que servia.
As mãos dos operários que o fabricam
São iguais às mãos dos operários da nossa terra.
Essas mãos inglesas que o criam
Um dia saberão que ajudaram a fazer revolução
E vão levantar o punho fechado da solidariedade.
Ruge este militante nas picadas da Zambézia
Galga as difíceis estradas de Sofala
Passa pelos pomares de Manica
Pelo milho de Gaza
Pelas palmeiras de Inhambane
Na cidade do Maputo descansa.
Transporta pelo país os olhos dos estrangeiros amigos
Que querem conhecer de perto a nossa Revolução
— Descolonizámos uma arma do inimigo
Descolonizámos o Land-Rover!
Aquelas quatro rodas de um motor potente
Aquela cabine dos mecanismos de comando
Aquelas linhas de carroçaria irmanadas ao medo
Já não afugentam o povo:
Homens, Mulheres e Crianças do campo
Fazendo sinal ao condutor, **pedem boleia**.
Nós descolonizámos o Land-Rover
Por isso o povo já não foge.

In: *Poesia sempre*: Angola e Moçambique.
Rio de Janeiro: Fundação Biblioteca Nacional, 2006. p. 172-3.

Berliet: veículos pesados (ônibus e caminhões) utilizados pelo exército português na guerra colonial.

G3: tipo de arma (fuzil, submetralhadora) utilizada pelo exército português na guerra colonial.

pedir boleia: pedir carona.

Não posso adiar a palavra

Hélder Proença

Quando te propus
um amanhecer diferente
a terra ainda fervia em lavas
e os homens ainda eram bestas ferozes

Quando te propus
a conquista do futuro
vazias eram as mãos

negras como breu o silêncio da resposta

Quando te propus
o acumular de forças
o sangue nómada e igual

Antônio Aly Silva/Divulgação

Hélder Proença (1956), poeta guineense.

coagulava em todos os cárceres
em toda a terra
e em todos os homens

Quando te propus
um amanhecer diferente, amor
a eternidade voraz das nossas dores
era igual a "Deus Pai todo poderoso criador
[dos céus e da terra"

Quando te propus
olhos secos, pés na terra, e convicção firme
surdos eram os céus e a terra
receptivos as balas e punhais
as amaldiçoavam cada existência nossa

Quando te propus
abraçar a história, amor
tantas foram as esperanças comidas
insondável a fé forjada
no extenso breu de canto e morte

Foi assim que te propus
no circuito de lágrimas e fogo, Povo meu
o hastear eterno do nosso sangue
para um amanhecer diferente!

Disponível em: <http://lusofonia.com.sapo.pt>. Acesso em: 6 jun. 2014.

Descoberta

Conceição Lima

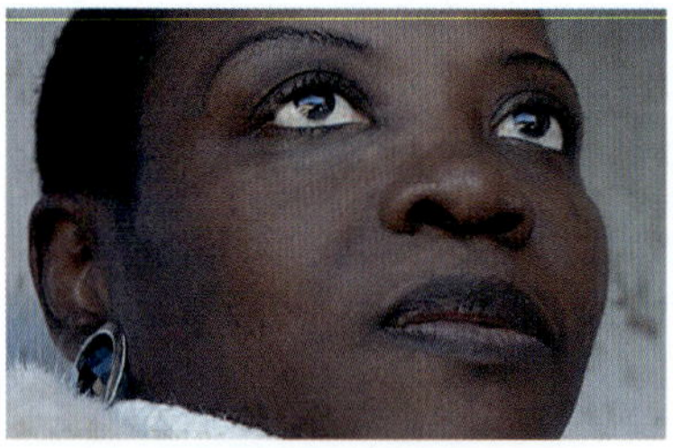

Daniel Mordzinski/Divulgação

Conceição Lima (1961), poeta são-tomense.

Após o ardor da reconquista
não caíram manás sobre os nossos campos

E na dura travessia do deserto
aprendemos que a terra prometida era aqui

Ainda aqui e sempre aqui.
Duas ilhas indómitas a desbravar.
O padrão a ser erguido
pela nudez insepulta dos nossos punhos.

Emergiremos do canto
como do chão emerge o milho jovem
e nus, inteiros recuperaremos
a transparência do tempo inicial
Puros reabitaremos o poema e a claridade
para que a palavra amanheça e o sonho não se perca.

In: DÁSKALOS, Maria A.; APA, Lívia; BARBEITOS, Arlindo. *Poesia africana de língua portuguesa.* Rio de Janeiro: Lacerda Editores, 2003. p. 153.

A africanidade

O que significa ter nascido na África? Qual é minha realidade? E o que é ser africano no mundo de hoje? Questões como essas se fazem sentir nos poetas que trabalham o tema da africanidade. Destacamos aqui uma amostra do modo de se expressar sobre esse assunto com poemas representativos de Carlos Monteiro dos Santos, Jorge Barbosa, Rui Knopfli, Aguinaldo Fonseca, Agostinho Neto, Glória de Sant'Ana, Noémia de Sousa, Alda do Espírito Santo.

É de todos esta terra nua
terra perfumada
onde repousam
areia capim pedras
árvores água
uma savana à solta
libertada pelo infinito

SANTOS, Carlos Monteiro de. In: SAÚTE, Nelson (Org.). *Nunca mais é sábado*: antologia de poesia moçambicana. Lisboa: Dom Quixote, 2004. p. 301.

Divulgação

Carlos Monteiro dos Santos (1934), poeta moçambicano.

Prelúdio

Jorge Barbosa

Quando o descobridor chegou à primeira ilha
nem homens nus
nem mulheres nuas
espreitando
inocentes e medrosos
detrás da vegetação.

Nem setas venenosas vindas no ar
nem gritos de alarme e de guerra
ecoando pelos montes.

Havia somente
as aves de rapina
de garras afiadas
as aves marítimas
de voo largo
as aves canoras
assobiando inéditas melodias.

E a vegetação
cujas sementes vieram presas
nas asas dos pássaros
ao serem arrastadas para cá
pela fúria dos temporais.

Quando o descobridor chegou
e saltou da proa do escaler varado na praia
enterrando
o pé direito na areia molhada

e se persignou
receoso ainda e surpreso
pensando n'El-Rei
nessa hora então
nessa hora inicial
começou a cumprir-se
este destino ainda de todos nós.

In: DÁSKALOS, Maria A.; APA, Lívia; BARBEITOS, Arlindo. Op. cit. p.128.

Divulgação

Jorge Barbosa (1902-1971), poeta cabo-verdiano.

Divulgação

Rui Knopfli (1932-1998), poeta moçambicano, filho de pais portugueses.

Naturalidade

Rui Knopfli

Europeu, me dizem.
Eivam-me de literatura e doutrina
europeias
e europeu me chamam.

Não sei se o que escrevo tem raiz a raiz de algum
pensamento europeu.
É provável... Não. É certo,
mas africano sou.
Pulsa-me o coração ao ritmo dolente
desta luz e deste quebranto.
Trago no sangue uma amplidão
de coordenadas geográficas e mar Índico.
Rosas não me dizem nada,
caso-me mais à agrura das **micaias**
e ao silêncio longo e roxo das tardes
com gritos de aves estranhas.

Chamais-me europeu? Pronto, calo-me.
Mas dentro de mim há savanas de aridez
e planuras sem fim
com longos rios langues e sinuosos,
uma fita de fumo vertical,
um negro e uma viola estalando.

Disponível em: <http://www.jornaldepoesia.jor.br>. Acesso em: 6 jun. 2014.

micaia: flor semelhante à acácia, comum em solos pobres e arenosos.

Trocando ideias

Após a leitura do poema de Rui Knopfli, conversem em grupos e com o professor sobre a questão do exílio. É muito comum que intelectuais de uma determinada nação, por contrariarem regimes políticos autoritários com suas ideias libertárias, sejam obrigados a deixar a terra natal e viver em outros países. Afastado de seus conterrâneos, longe de sua cultura e sem pertencimento social, como vocês avaliam a situação de um exilado? Ele deve preservar sua identidade inicial ou adotar a nova pátria como sua?

- Transmitam aos demais colegas as suas conclusões.

LENDO OS TEXTOS

Texto 1

Herança

Aguinaldo Fonseca

O meu avô escravo
legou-me estas ilhas incompletas
este mar e este céu.

As ilhas
por quererem ser navios
ficaram naufragadas
entre mar e céu.

Agora
aqui vivo eu
e aqui hei-me de morrer.

Meus sonhos
de asas desfeitas pelo sol da vida
deslocam-se como répteis sobre a areia
[quente
e enroscam-se raivosos
no cordame petrificado da fragata
das mil partidas frustradas.

Ah meu avô escravo
como tu
eu também estou encarcerado
neste navio fantasma
eternamente encalhado
entre mar e céu.

Como tu
também tenho a esmola do luar
e por amante
essa mulher de bruma, universal, fugaz,
que vai e vem
passeando à beira-mar
ou cavalgando sobre o dorso das borrascas
chamando, chamando sempre,
na voz do vento e das ondas.

In: DÁSKALOS, Maria A.; APA, Lívia; BARBEITOS, Arlindo. Op. cit. p. 138.

Arquivo pessoal

Aguinaldo Fonseca (1922), poeta cabo-verdiano.

Atividade

- No poema acima há metáforas e comparações. Que efeito plástico esses recursos provocam?

Texto 2

Aspiração

Agostinho Neto

Ainda o meu canto dolente
e a minha tristeza
no Congo, na Geórgia, no Amazonas
Ainda

o meu sonho de batuque em noite de luar

Ainda os meus braços
ainda os meus olhos
ainda os meus gritos

Ainda o dorso vergastado
o coração abandonado
a alma entregue à fé
ainda a dúvida

E sobre os meus cantos
os meus sonhos
os meus olhos
os meus gritos
sobre o meu mundo isolado
o tempo parado

Ainda o meu espírito
ainda o quissange
a marimba
a viola
o saxofone
ainda os meus ritmos de ritual orgíaco

Ainda a minha vida
oferecida à Vida
ainda o meu desejo

Ainda o meu sonho
o meu grito
o meu braço
a sustentar o meu Querer

E nas senzalas
nas casas
nos subúrbios das cidades
para lá das linhas
nos recantos escuros das casas ricas
onde os negros murmuram: ainda

O meu Desejo
transformado em força
inspirando as consciências desesperadas.

In: DÁSKALOS, Maria A.; APA, Lívia; BARBEITOS, Arlindo. Op. cit. p. 74-5.

Hulton Archive/Getty Images

Agostinho Neto (1922-1979), poeta e primeiro presidente de Angola, participou ativamente da luta pela independência.

Texto 3

Poema para um negro

Glória de Sant'Ana

O que me prende é o que te prende:
largo horizonte de outros passados,
raízes fundas presas no chão
e um mar tão largo.

Palavras soltas num vento agreste,
caminhos rudes determinados,
sombras e sonhos sem condição
e um céu tão vasto.

Meus passos breves não deixam rasto.
Teus passos fundos, fundos estão.
Mas entre o mar e o céu e os nossos passos,
a nossa humanidade é o mesmo laço
irmão

Divulgação/Arquivo da editora

Glória de Sant'Ana (1925-2009), poeta moçambicana.

In: SAÚTE, Nelson (Org.). *Nunca mais é sábado*: antologia de poesia moçambicana. Lisboa: Dom Quixote, 2004. p. 133.

Atividade

- Como Agostinho Neto e Glória de Sant'Ana abordam a questão dos negros em seus poemas?

Texto 4

Negra

Noémia de Sousa

Gentes estranhas com seus olhos cheios doutros mundos
quiseram cantar teus encantos
para elas só de mistérios profundos,
de delírios e feitiçarias...
Teus encantos profundos de África.

Mas não puderam.
Em seus formais e rendilhados cantos,
ausentes de emoção e sinceridade,
quedaste-te longínqua, inatingível,
virgem de contactos mais fundos,
E te mascararam de esfinge de ébano, amante sensual,
jarra etrusca, exotismo tropical,
demência, atracção, crueldade,
animalidade, magia...
e não sabemos quantas outras palavras vistosas e vazias.

Em seus formais cantos rendilhados
foste tudo, negra...
menos tu.

E ainda bem.
Ainda bem que nos deixaram a nós,
do mesmo sangue, mesmos nervos, carne, alma
sofrimento,
a glória única e sentida de te cantar
com emoção verdadeira e radical,
a glória comovida de te cantar, toda amassada,
moldada, vazada nesta sílaba imensa e luminosa: MÃE.

In: SAÚTE, Nelson (Org.). *Nunca mais é sábado*: antologia de poesia moçambicana. Lisboa: Dom Quixote, 2004. p.166-7.

Divulgação/Arquivo da editora

Noémia de Sousa (1926-2002), poeta moçambicana.

Atividades

1. Noémia de Sousa aponta duas representações da mulher negra. Quais são elas?
2. Levando em conta o último verso, que interpretações podemos dar ao poema "Negra"?

Texto 5

Lá no Água Grande

Alda do Espírito Santo

Lá no "Água Grande" a caminho da roça
negritas batem que batem co'a roupa na pedra.
Batem e cantam modinhas da terra.

Cantam e riem em riso de mofa
histórias contadas, arrastadas pelo vento.

Riem alto de rijo, com a roupa na pedra
e põem de branco a roupa lavada.

As crianças brincam na água felizes...
Velam no capim um negrito pequenino.
E os gemidos cantados das negritas lá do rio
ficam mudos lá na hora do regresso...
jazem quedos no regresso para a roça.

In: DÁSKALOS, Maria A.; APA, Lívia; BARBEITOS, Arlindo. *Poesia africana de Língua Portuguesa (antologia)*. Rio de Janeiro: Lacerda, 2003. p. 280.

Divulgação

Alda do Espírito Santo (1926-2010), poeta são-tomense.

Atividade

- No poema de Alda do Espírito Santo vemos dois comportamentos distintos das "negritas". Quais são eles? Por que ocorre essa mudança de comportamento?

Amor

O amor é um tema universal, não poderia deixar de inspirar os poetas africanos. Entre as produções significativas em língua portuguesa produzida na África, destacamos o trabalho de David Mestre, Nuno Bermudes, Ovídio Martins, Maria Alexandre Dáskalos, Manuela Margarido, Filinto Elísio e António Jacinto.

Lacônico da Rua da Maianga

David Mestre

Passei na Rua
da Maianga
a ver se
a via:
havia não.

In: *Poesia sempre*: Angola e Moçambique. Rio de Janeiro: Fundação Biblioteca Nacional, 2006. p. 75.

Divulgação

David Mestre (1948-1998), poeta radicado em Angola.

O muro

Nuno Bermudes*

Entre nós, o muro
de gente e de cansaço
a impedir-me que adormeça,
feliz, no teu regaço.

*Nuno Bermudes (1921-1997) poeta moçambicano.

In: SAÚTE, Nelson (Org.). *Nunca mais é sábado*: antologia de poesia moçambicana. Lisboa: Dom Quixote, 2004. p. 65.

Adiado o tempo para amar

Ovídio Martins

Desculpa meu amor
não há tempo para o amor

Quando melhor arfar o mar
o céu for mais azul
a lua menos leviana

Desculpa meu amor
'inda é cedo para o amor

Quando fenderem os ares
os pássaros da liberdade

Desculpa meu amor
temos em breve o nosso amor

Quando soluçarem os tambores
na Mãe-Terra distante
Quando endoidecerem tinindo
os sinos todos de Cabo Verde

In: DÁSKALOS, Maria A.; APA, Lívia; BARBEITOS, Arlindo. Op. cit. p. 156.

Arquivo pessoal

Ovídio Martins (1928-1999), poeta cabo-verdiano.

Não fujas ao desejo
não procures na contenção
a filigrana
colhe agora as flores de jasmim
ainda que seja perene
a fragância.

In: *Poesia sempre*: Angola e Moçambique. Rio de Janeiro: Fundação Biblioteca Nacional, 2006. p. 99.

Divulgação

Maria Alexandre Dáskalos (1957), poeta angolana.

No dia em que foste embora,
longos navios de silêncio
encheram a casa,
tão grande, tão vasta!
Todos os gatos da vizinhança
comiam cogumelos
e varriam as cascatas
dos cemitérios
com agudas lâminas de tédio.
No cais das horas
fiquei a esperar-te:
grande pedra de saudade
de olhos hirtos.
Paira sobre mim a presença
de uma mão pálida
e sempre uma ave parte:
nunca sei para onde.

Manuela Margarido (1925-2007), poeta são-tomense.

In: DÁSKALOS, Maria A.; APA, Lívia; BARBEITOS, Arlindo. *Poesia africana de Língua Portuguesa (antologia)*. Rio de Janeiro: Lacerda, 2003. p. 270-1.

LENDO O TEXTO

Acerca do amor

Filinto Elísio

Do amor só digo isto:

o sol adormece ao crepúsculo
no oferecido colo do poente
e nada é tão belo e íntimo.

O resto é business dos amantes.
Dizê-lo seria fragmentar a lua inteira.

In: DÁSKALOS, Maria A.; APA, Lívia; BARBEITOS, Arlindo. *Poesia africana de Língua Portuguesa (antologia)*. Rio de Janeiro: Lacerda, 2003. p. 171.

Filinto Elísio (1961), poeta cabo-verdiano.

Atividade

- Como o poeta aborda a questão do amor e o que a sua postura nos indica acerca do tema do amor em poesia?

Carta de um contratado

António Jacinto

Eu queria escrever-te uma carta
amor
uma carta que dissesse
deste anseio
de te ver
deste receio de te perder

António Jacinto (1924-1991), poeta angolano.

deste mais que bem querer que sinto
deste mal indefinido que me persegue
desta saudade a que vivo todo entregue...
Eu queria escrever-te uma carta
amor
uma carta de confidências íntimas
uma carta de lembranças de ti
de ti
dos teus lábios vermelhos como **tacula**
dos teus cabelos negros como **dilôa**
dos teus olhos doces como **macongue**
dos teus seios duros como **maboque**
do teu andar de onça
e dos teus carinhos
que maiores não encontrei por aí...

Eu queria escrever-te uma carta
amor
que recordasse nossos dias na **capopa**
nossas noites perdidas no capim
que recordasse a sombra que nos caía dos jambos
o luar que se coava das palmeiras sem fim
que recordasse a loucura
da nossa paixão
e a amargura da nossa separação...

Eu queria escrever-te uma carta
amor
que a não lesses sem suspirar
que a escondesses de papai Bombo
que a sonegasses a mamãe Kieza
que a relesses sem a frieza
do esquecimento
uma carta que em todo **Kilombo**
outra a ela não tivesse merecimento...

Eu queria escrever-te uma carta
amor
uma carta que t'a levasse o vento que passa
uma carta que os cajus e cafeeiros
que as hienas e palancas
que os jacarés e bagres
pudessem entender
para que se o vento a perdesse no caminho
os bichos e plantas
compadecidos de nosso pungente sofrer
de canto em canto
de lamento em lamento
de farfalhar em farfalhar
te levasse puras e quentes
as palavras ardentes
as palavras magoadas da minha carta
que eu queria escrever-te amor...

Eu queria escrever-te uma carta...
Mas ah meu amor, eu não sei compreender
por que é, por que é, por que é, meu bem
que tu não sabes ler
e eu – Oh! Desespero – não sei escrever também.

Disponível em: <www.jornaldepoesia.jor.br/aj02.html>. Acesso em: 6 jun. 2014.

capopa: fonte, curso-d'água.
dilôa: lodo.
kilombo: lugar de reunião dos trabalhadores, acampamento.
maboque: fruto do arbusto do mesmo nome, comestível, de casca dura, verde.
macongue: fruto tropical com polpa comestível, de sabor agradável.
tacula: árvore de cuja casca se retira uma tinta vermelha.

A poesia contemplada

Como se percebe, a poesia das ex-colônias portuguesas, nos tempos das lutas pela libertação e logo após a conquista da autonomia política, é marcada pela denúncia dos horrores da guerra, pela utopia da construção de nações livres, pela busca de uma identidade que foi apagada pela opressão colonialista. Entretanto, não deixa de lado temas recorrentes da lírica universal. Entre esses temas, o fazer poético, a poesia contemplada e as reflexões metalinguísticas ganham espaço na poética dos anos 1990, notadamente por autores das novas gerações, que se formaram após as lutas pela independência.

Neste ponto, reiteramos que alguns poemas poderiam se encaixar em mais de um tema, assim como poderíamos ampliar essa nossa relação. De qualquer forma, é apenas uma sugestão para organizar caminhos de leitura.

LENDO O TEXTO

O que vocês não sabem nem imaginam

Eduardo White

Vocês não sabem
mas todas as manhãs me preparo
para ser, de novo, aquele homem.
Arrumo as aflições, as carências,
as poucas alegrias do que ainda sou capaz de rir,
o vinagre para as mágoas
e o cansaço que usarei
mais para o fim da tarde.

À hora do costume,
estou no meu respeitoso emprego:
o de Secretário de Informação e de Relações Públicas.
Aturo pacientemente os colegas,
felizes em seus ostentosos cargos,
em suas mesas repletas de ofícios,
os ares importantes dos chefes
meticulosamente empacotados em seus **fatos**,
a lenta e indiferente preguiça do tempo.

Todas as manhãs tudo se repete.
O poeta Eduardo White se despede de mim
à porta de casa,
agradece-me o esforço que é mantê-lo
alimentado, vestido e bebido
(ele sem mover palha) me lembra o pão
[que devo trazer,

os **rebuçados para prendar** o Sandro,
o sorriso luzidio e feliz para a Olga,
e alguma disposição da que me reste
para os amigos que, mais logo,
possam eventualmente aparecer.

Depois, ao fim da tarde,
já com as obrigações cumpridas,
rumo a casa.

À porta me esperam
a mulher, o filho e o poeta.
A todos cumprimento de igual modo.

Um largo sorriso no rosto,
um expresso cansaço nos olhos,
para que de mim se apiedem
e se esmerem no respeito,
e aquele costumeiro morro de fome.

Então à mesa, religiosamente comemos os quatro
o jantar de três
(que o poeta **inconsta**
na ficha do agregado).

Fingidamente satisfeito ensaio
um largo bocejo
e do homem me dispo.
Chamo pela Olga para que o pendure,
junto ao resto da roupa,
com aquele jeito que só ela tem
de o encabidar sem o amarrotar.

O poeta, visto-o depois
e é com ele que amo,
escrevo versos
e faço filhos.

In: SAÚTE, Nelson (Org.). *Nunca mais é sábado*: antologia de poesia moçambicana. Lisboa: Dom Quixote, 2004. p. 561.

Divulgação/<http://rmmv.org>

Eduardo White (1963), poeta moçambicano.

fatos: ternos, roupas formais.
inconsta: neologismo que significa "não consta".
para prendar: para presentear.
rebuçados: balas, guloseimas de frutas.

Trocando ideias

- No poema "O que vocês não sabem nem imaginam" existe uma nítida divisão entre o homem-comum (funcionário de uma repartição) e o homem-poeta (que permanece em casa, quando o outro sai para o trabalho). Converse com seu grupo e com o professor: existe essa "divisão" no ser humano? O homem--poeta deve ficar alheio à vida do homem-comum? Se assim o fizer, sobre o que escreverá? Qual é, afinal, a função do artista em nossa sociedade?

6 A prosa africana de língua portuguesa

Angola

Luandino Vieira: os musseques e a linguagem angolana

Para dar uma ideia da prosa de Luandino Vieira, escolhemos um fragmento do livro *Luuanda*. As três narrativas reunidas nessa obra retratam a dura realidade dos musseques angolanos — os bairros pobres de Luanda, em que o próprio escritor viveu.

Chamamos a atenção para o estilo de Luandino, para o léxico – com vários termos angolanos – e para a sintaxe, distinta da sintaxe lusa e da brasileira. Reproduzimos, a seguir, o início da primeira das três "estórias" desse livro: "Vavó Xíxi e seu neto Zeca Santos".

Divulgação/Arquivo da editora

Luandino Vieira

José Luandino Vieira (1935), pseudônimo literário de José Vieira Mateus da Graça, nasceu em Portugal e, ainda criança, foi viver em Luanda. Participou da luta pela independência de Angola, o que lhe valeu cerca de dez anos de cadeia (a maior parte no Campo de Concentração de Tarrafal). Após a Independência, em 1975, participou ativamente da vida política do país, exercendo cargos importantes em órgãos ligados à cultura. Em 1992, desiludido com as primeiras eleições livres e com o recrudescimento da guerra civil em Angola, resolveu voltar a Portugal, isolando-se numa quinta do Minho. Vencedor do Prêmio Camões, em 2006, recusou a honraria alegando "motivos íntimos e pessoais".

Obras em edições brasileiras: *Luuanda* e *A cidade e a infância*.

Vavó Xíxi e seu neto Zeca Santos

Luandino Vieira

Tinha mais de dois meses a chuva não caía. Por todos os lados do **musseque**, os pequenos filhos do capim de novembro estavam vestidos com pele de poeira vermelha espalhada pelos ventos dos jipes das patrulhas zunindo no meio de ruas e becos, de **cubatas** arrumadas à toa. Assim, quando Vavó adiantou sentir esses calores muito quentes e os ventos a não querer mais soprar como antigamente, os vizinhos ouviram-lhe resmungar talvez nem dois dias iam passar sem a chuva sair. Ora a manhã desse dia nasceu com as nuvens brancas – **mangonheiras** no princípio; negras e malucas depois – a trepar em cima do musseque. E toda a gente deu razão em Vavó Xíxi: ela tinha avisado, antes de sair embora na Baixa, a água ia vir mesmo.

A chuva saiu duas vezes, nessa manhã.

Primeiro, um vento raivoso deu **berrida** nas nuvens todas fazendo-lhes correr do mar para cima do Kuanza. Depois, ao contrário, soprou-lhes do Kuanza para cima da cidade e do Mbengu. Nos quintais e nas portas, as pessoas perguntavam saber se saía chuva mesmo ou se era ainda brincadeira como noutros dias atrasados, as nuvens reuniam para chover mas vinha o vento e enxotava. Vavó Xíxi tinha avisa-

berrida: correr com; expulsar.

cubata: choupana; casebre.

mangonheira: preguiçosa (de mangonha: preguiça).

musseque: originalmente, a palavra designa 'areia vermelha'; depois passou a designar o aglomerado de casebres que caracterizam bairros pobres de Luanda.

do, é verdade, e na sua sabedoria de mais-velha custava falar mentira. Mas se ouvia só ar quente às cambalhotas com os papéis e folhas e lixo, pondo rolos de poeira pelas ruas. Na confusão, as mulheres adiantavam fechar janelas e portas, meter os **monas** para dentro da cubata, pois esse vento assim traz azar e doença, são os feiticeiros que lhe põem.

Mas, cansado do jogo, o vento calou, ficou quieto. Durante algum tempo se sentiram só as folhas das **mulembas** e mandioqueiras a tremer ainda com o balanço e um **pírulas**, triste, cantando a chuva que ia vir. Depois, pouco-pouco, os pingos da chuva começaram cair e nem cinco minutos que passaram todo o musseque cantava a cantiga d'água nos zincos, esse barulho que adiantou tapar os falares das pessoas, das mães gritando nos **monandengues** para sair embora da rua, carros cuspindo lama na cara das cubatas, e só mesmo o falar grosso da trovoada é que lhe derrotava. E quando saiu o grande trovão em cima do musseque, tremendo as fracas paredes de pau a pique e despregando madeiras, papelões, **luandos**, toda a gente fechou os olhos, assustada com o brilho azul do raio que nasceu no céu, grande teia d'aranha de fogo, as pessoas juraram depois as torres dos reflectores tinham desaparecido no meio dela.

Com esse jeito choveu muito tempo.

Era meio-dia já quase quando começou ficar mais manso, mesmo com o céu arreganhador e feio, todo preto de nuvens. O musseque, nessa hora, parecia era uma **sanzala** no meio da lagoa, as ruas de chuva, as cubatas invadidas por essa água vermelha e suja correndo caminho do alcatrão que leva na Baixa ou ficando, teimosa, em cacimbas de nascer mosquitos e barulhos de rãs. Tinha mesmo cubatas caídas e as pessoas, para escapar morrer, estavam na rua com as **imbambas** que salvaram. Só que os capins, aqueles que conseguiam espreitar no meio das lagoas, mostravam já as cabeças das folhas lavadas e brilhavam uma cor mais bonita para o céu ainda sem azul nem sol.

[...]

VIEIRA, José Luandino. *Luuanda:* estórias. São Paulo: Companhia das Letras, 2006. p. 11-13.

imbambas: coisas; pertences; trastes; bagagem.

mona: criança; filho.

monandengue: criança; jovem.

mulemba: árvore de grande porte.

luando: esteira de papiro.

pírula: pássaro canoro, acinzentado, que anuncia chuva.

sanzala: o mesmo que senzala; alojamento de escravos.

Saul Loeb/Agência France-Presse

Vista aérea de musseques em Luanda.

Pepetela e a identidade nacional

A ironia e o espírito crítico são traços permanentes da escrita de Pepetela, que busca trabalhar a identidade nacional. Em *A geração da utopia*, por exemplo, ele conta as aventuras de um grupo de jovens que lutou por um país livre e, depois dessa conquista, depara com a realidade pós-independência. Com essa narrativa, o autor narra a história da independência de Angola, desde a vida estudantil dos angolanos em Lisboa, frequentando a Casa dos Estudantes do Império e a formação do MPLA, até a luta de guerrilha, a conquista da Independência e o início do país livre, quando muito da utopia daquela geração se perde.

Divulgação/Imagem Paulista

Pepetela

Pepetela, pseudônimo literário de Artur Carlos Maurício Pestana dos Santos (1941), nasceu em Benguela, Luanda. Estudante em Portugal, frequentou a Casa dos Estudantes do Império, em Lisboa, berço dos ideais da independência de Angola. Militou no MPLA; enquanto esteve exilado na França e na Argélia, graduou-se em Sociologia. Foi vice-Ministro da Educação no governo de Agostinho Neto. Em 1997, ganhou o Prêmio Camões pelo conjunto da obra. Atualmente, é professor de Sociologia na Faculdade de Arquitetura de Luanda.

Obras em edições brasileiras: *A geração da utopia*; *Parábola do cágado velho* e *Jaime Bunda, agente secreto*.

Reproduzimos, a seguir, o início do romance de Pepetela publicado em 2009: *O planalto e a estepe* (*Angola, dos anos 60 aos nossos dias. A história real de um amor impossível*).

O planalto e a estepe

Pepetela

Os olhos dele continham o céu do Planalto.
Na Huíla, Serra da Chela, Dezembro, quando o azul mais fere.
Nos olhos dela estavam gravadas suaves ondulações da estepe mongol. Tons sobre o castanho.
Entremos primeiro no azul.

A minha vida se resume a uma larga e sinuosa curva para o amor.

Começando por um caminho longo até **Moscovo**.

Não vos contarei todos os detalhes dessa viagem. Houve outras, também importantes, houve mesmo muitas viagens. Mas essa primeira viagem em arco amplo e súbitos desvios demorou mais, começou na Huíla, sul de Angola, quando fui parido.

Nasci no meio de rochedos. A casa, porém, era de **adobe**.

Casa de adobe com rochedos à volta. Título de quadro?

Era muito duro fazer uma casa de pedra, como na aldeia de Trás-os-Montes onde o meu pai tinha nascido. A minha mãe era já de algumas gerações **huilanas** e nascera numa mais pequena que a nossa. Por isso se construiu a de adobe, quando casaram. Os dois, com a ajuda de um serviçal **muíla**, chamado Kanina, nome de **soba** grande, ergueram a moradia, usando o barro de uma baixa sempre húmida para fazerem blocos secos ao sol. Primeiro teve capim como cobertura. Depois chapas de zinco. Finalmente telhas.

adobe: tijolo grande de argila.
huilana: natural da região de Huíla, sul de Angola, onde está localizada a Serra da Chela, ponto mais alto do território angolano.
Moscovo: Moscou.
muíla: etnia do grupo banto.
soba: chefe de um povo.

Houve progresso.

Nasci na fase intermédia, das chapas de zinco. Na do capim tinha nascido a Olga, minha irmã mais velha. Depois, já na de telhas, nasceram o Zeca e o Rui, meus mais novos. Só eu tive direito, ao ser atirado para o mundo, a ouvir chuva batendo em chapas de zinco. Foi mesmo a primeira música que aprendi a ouvir. Os rítimos variam, conforme a nuvem de chuva é mais grossa ou menos espessa, ou conforme a força e direcção do vento. Até conforme a temperatura da água. Músicas diferentes de gotas batendo no zinco, quem pode esquecer? Bebé eu era e estendia as mãos para o tecto, talvez para agarrar a música da chuva. Contaram mais tarde os meus pais, sorrindo. No entanto, essas lições da primeira infância não tiveram importância nenhuma para o resto da estória, pois sempre fui péssimo em música, duro de ouvido. Acabei mesmo meio surdo, mas isso foi mais tarde, por causa dos tiros e rebentamentos.

As guerras não perdoam.

[...]

Dois do meu bando eram filhos do Kanina, João e Job, mas ele tinha outros, ou muito grandes ou pequenos de mais. Nunca reparei na cor da pele deles, quente como a minha.

O valor da pele é o seu calor.

No entanto a Olga, sempre atenta aos meus passos, um dia me chamou a atenção para as diferenças:

– Devias brincar com os teus colegas de escola e não com esses.

– Porquê?

– Porque eles são pretos e nós brancos.

– E então?

– Os pais não acham bem.

Os meus pais nunca tinham dito nada, nem mesmo com os olhos. Mandaram a Olga dizer? Ou foi só uma boca dela? A Olga tinha a mania de irmã mais velha, sabem como é.

Metia-se na vida dos mais novos.

Continuei porém a brincar com os meus amigos. À volta de casa não tinha outros. Mas não gostava deles por isso. Gostava por serem meus amigos verdadeiros, me lembro deles quando era muito pequeno e crescemos juntos. Tinha outros amigos, alguns companheiros de escola. Brancos, quase todos. Um ou outro mestiço. Não me lembro de nenhum negro na escola. Mas devia haver, pois se dizia Salazar construiu uma Angola multirracial. Bem, nessa altura nem percebia ideias nem palavras tão complicadas. O certo é ter os amigos das redondezas, com eles jogava futebol e caçava sardões ou pássaros e apanhava fruta. Só hoje sou capaz de reparar terem cores diferentes dos outros da escola. Na época éramos todos iguais, julgava eu.

Não éramos afinal, havia racismo.

Olga era racista, desde pequena dizia, não gosto nada de negros. Devia ter ouvido os colonos vezes sem conta com afirmações desse género e aprendeu a frase. Acho, começou a repetir como um papagaio antes de a perceber. Eu só mais tarde percebi. Não gostei. Mal sabia eu! O racismo havia de me perseguir a vida inteira, como vos explicarei.

Se tiver tempo.

O tempo é um atleta **batoteiro**, toma drogas proibidas, corre mais que todos. E quanto mais o quisermos agarrar, porque resta pouco, mais ele corre. Por isso são sábios os velhos dos **kimbos**, nunca querem agarrar o tempo, deixam-no passar por eles, as peles devem ser rugosas e o tempo entranha-se nelas, deslizando com mais

batoteiro: trapaceiro.
kimbo: aldeia.

dificuldade. Entranha-se mesmo nas peles das mulheres velhas tratadas diariamente com leite coalhado e óleos tirados de sementes especiais para ficarem macias. Se elas usam a sabedoria dos anciãos, as peles lisas pelo leite e óleo têm no entanto entalhes, escarificações, travando a corrida do tempo. Nós achamos ser superiores, modernos, vivemos em cidades, porém não sabemos nada disto. O tempo goza com a nossa estúpida vaidade, passa por nós como um foguete, nos torna seus escravos. Os velhos dos kimbos não correm atrás, antes ficam parados contemplando as diferentes manchas de uma vaca, distinguindo uma de outra, assim conhecendo toda a manada, a sua e as dos vizinhos. Ficam a ver as formigas fazendo carreiros no solo seco ou os pássaros sulcando riscos no espaço. Tantos riscos desenham os pássaros no espaço! Só é preciso saber ver.

Então, o tempo passa devagarinhovagarinho, como uma solitária gota de chuva se desprendendo com dificuldade de uma folha da árvore **mutiati**.

mutiati: arbusto leguminoso.

PEPETELA. *O planalto e a estepe*. São Paulo: Leya Brasil, 2009.

Zute Lightfoot/Alamy/Latinstock

Caminho para Serra da Chela, ao sul de Angola.

Moçambique

Mia Couto: realismo mágico e oralidade

A literatura de Mia Couto alia realismo mágico com a história, as tradições e as angústias pós-independência de Moçambique. Assim como Guimarães Rosa, é um criador de palavras; questionado sobre isso, em recente depoimento à revista *IstoÉ*, afirmou: "É uma coisa que me acontece, meus pais sempre lembram disso, desde menino – uma certa desobediência em relação àquilo que era norma. Começa pelo meu próprio nome. Nasci António e, quando tinha dois anos e meio, decidi que queria me chamar Mia, pela relação de afeto que tinha com os gatos. Eu pensava que era um deles. Mais tarde, a poesia foi uma escola de desobediência, de transgressão. E havia uma outra condição: o português de Moçambique, sendo o mesmo do de Portugal, não fala àquela cultura. Senti desde sempre a necessidade de desarranjar aquela norma gramatical, para deixar passar aquilo que era a luz de Moçambique, uma cultura de raiz africana. A descoberta dos escritores brasileiros foi uma felicidade imensa para mim, pois eles já estavam fazendo isso: usando a língua portuguesa, mas com uma outra marca cultural."

Mia Couto

Divulgação/José Frade

António Emílio Leite Couto (1955) nasceu na cidade de Beira, em Moçambique. Biólogo de profissão, é o escritor da nova geração que alcançou maior sucesso no exterior. Filho de portugueses, militou na Frelimo durante a luta pela independência. É um dos autores do hino nacional de Moçambique e sócio-correspondente da Academia Brasileira de Letras. Em 1999, recebeu o Prêmio Virgílio Ferreira, da Universidade de Évora, Portugal, pelo conjunto de sua obra.

Obras em edições brasileiras: *Terra sonâmbula*; *A varanda do frangipani*; *O último voo do flamingo*; *Um rio chamado tempo, uma casa chamada terra*; *O fio das missangas*; *O outro pé da sereia*.

Reproduzimos, a seguir, fragmento do romance *O último voo do flamingo* e, na íntegra, um conto.

O último voo do flamingo

Mia Couto

A primeira vez que escutei os rebentamentos acreditei que a guerra regressava em suas tropas e tropéis. Meu pensamento tinha uma só ideia: fugir. Passei pelas últimas casas de Tizingara, minha pequena vila natal. Ainda vi, se silhuetando longe, a minha casa natal. A vila parecia em despedida do mundo, tristonha como tartaruga atravessando o deserto.

Escapei nos matos onde ninguém nunca se apessoara. Sim, era certo: aquela floresta nunca havia recebido nenhuma humanidade. Fiz um abrigo, de galhos e folhas. Pouca coisa, com discrição de bicho: não seria bom ser visto ali alguém em estado de pessoa. Eu tinha abrigo, não tinha morada. Fiquei nesse recôndito, conselhado pelo medo. Regressaria à vila quando me garantisse que a guerra não tinha regressado. Logo na primeira noite, porém, me amedrontaram os sons dos bichos e mais ainda as sombras do escuro. Estremeci de medo: não saltara eu da boca da quizumba para entrar na garganta do leão?

Sentei-me a esclarecer. Minha alma parecia ter-me saído e flutuava como nuvem por cima de mim. A guerra tinha terminado, fazia quase um ano. Não tínhamos entendido a guerra, não entendíamos agora a paz. Mas tudo parecia correr bem, depois que as armas se tinham calado. Do resto não tinha pronunciamento. Mas, na minha vila, havia agora tanta injustiça quanto no tempo colonial. Parecia de outro modo que esse tempo não terminara. Estava era sendo gerido por pessoas de outra raça.

COUTO, Mia. *O último voo do flamingo*. São Paulo: Companhia das Letras, 2005.

A velha e a aranha

Mia Couto

Deu-se em época onde o tempo nunca chegou. Está-se escrevendo, ainda por mostrar a redigida verdade. O tudo que foi, será que aconteceu? Começo na velha, sua enrugada caligrafia. Oculta de face, ela entretinha seus silêncios numa casinha tão pequena, tão mínima que se ouviam as paredes roçarem, umas de encontro às outras. O antigamente ali se arrumava. A poeira, madrugadora, competia com o **cacimbo**. A mulher só morava em seu assento, sem desperdiçar nem um gesto. Em ocasiões pou-

cacimbo: nevoeiro.

cas, ela sacudia as moscas que lhe cobiçavam as feridas das pernas. Sentada, imovente, a mulher presenciava-se sonhar. Naquela inteira solidão, ela via seu filho regressando. Ele se dera às tropas, serviço de tiros.

– Esta noite chega Antoninho. Vem todo de farda, **sacudu**.

sacudu: mochila (do francês *sac-au-dos*).

Para receber António ela aprontava o vestido mais a jeito de ser roupa. Azul-azulinho. O vestido saía da caixa para compor sua fantasia. Depois, em triste suspiro, a roupa da ilusão voltava aos guardos.

– Depressa-te Antoninho, a minha vida está-te à espera.

Mas era mais as esperas do que as horas. E o cansaço era sua única carícia. Ela adormecia-se, um leve sorriso meninando-lhe o rosto. E assim por nenhum diante. Desconhece-se a data, talvez nem tenha havido, mas num dos seus olhares demorados, a velha encontrou um brilho cintilando num canto do tecto. Era uma teia de aranha. Ali onde apenas o escuro fazia esquina, havia agora a alma de uma luz, flor em fundo de cinza. A velha levantou-se para mais olhar o achado. Não era a curiosidade que lhe puxava o movimento. Assustava-lhe a sua transparência demasiada. E, de logo, lhe surgiu a pergunta que luz tecera aquele bordado? Não podia ser obra de bicho. Não. Aquilo era trabalho para ser feito por espírito, criaturamente. A teia podia só ser um sinal, uma prova de promessa. Decidiu-se então a velha surpreender o autor da maravilha. A partir dessa tarde, seus olhos emboscaram o tempo, no degrau de cada minuto. Esquecida do sono e do sustento, não houve nunca sentinela mais atenta. Até que, certa vez, se escutou um rumor quase arrependido, desses feitos para ser ouvido apenas pelos bichos caçadores. Por uma breve fresta se injanelava uma aranha. Era de um verde pequenino, quase singelo. Com vagaroso gesto a velha foi tirando o vestido do caixote. Usava os mais lentos gestos, fosse para o bicho não levar susto.

– Qualquer uma coisa vai acontecer!

Era suspeita que ela bem sabia. Confirmou-se quando as duas, mulher e aranha, se olharam de frente. E se entregaram em fundo entendimento, trocando muda conversa de mães. A velha sentiu o bicho pedia-lhe que ficasse quieta, tão quieta que talvez qualquer coisa pudesse acontecer. Então ela se fez exacta, intranseunte. As moscas, no sobrevoo das feridas, estranharam nem serem sacudidas. Foi quando passos de bota lhe entraram na escuta. Antoninho! A velha esmerava-se na sua imobilidade para que o regresso se completasse, fosse o avesso de um nascer. E lhe vieram as dores, iguais, as mesmas com que ele se havia arrancado da sua carne. Encontraram a velha em estado de retrato, ao dispor da poeira. Em todo o seu redor, envolvente, uma espessa teia. Era como um cacimbo, a memória de uma fumaragem. E a seu lado, sem que ninguém vislumbrasse entendimento, estava um par de botas negras, lustradas, sem gota de poeira.

Disponível em: <http://pt.scribd.com>. Acesso em: 5 jul. 2014.

Vera Basile/Arquivo da editora

Velhos temas novas leituras

A LITERATURA AFRICANA E O MODERNISMO BRASILEIRO

O modernismo brasileiro foi influência marcante para a literatura africana de língua portuguesa. Na obra de escritores africanos lusófonos das gerações de 1930 em diante estão presentes nomes como Manuel Bandeira, Carlos Drummond de Andrade, Jorge Amado e Vinícius de Morais: poemas lhes são afetuosamente dedicados e diálogos, constantemente estabelecidos. Além da questão do idioma e da conexão com a cultura lusitana – com as devidas diferenças históricas –, as soluções e inovações poéticas modernistas são referências claras.

A leitura de obras feitas na África lusófona possibilita perceber como a estética modernista, mesmo que sem consciência disso, estabeleceu, em forma e conteúdo, uma sólida ponte que cruza o Atlântico. A proposta do tomar a língua e a criação literária como um exercício de liberdade, o que esteve na base do modernismo brasileiro, adquiria significados múltiplos para os escritores das colônias portuguesas na África. A partir da conexão com o cotidiano e da ligação com um falar livre de restrições formais e padrões sintáticos, a literatura transformava-se em elemento de orgulho e conscientização para o colonizado, uma criação autônoma e livre de qualquer fator de dominação.

O poeta Rui Knopfli, um dos mais reconhecidos nomes da lírica moçambicana, no poema "Contrição", no qual discute quais são suas referências literárias, não deixa dúvidas sobre a ligação entre a literatura brasileira e africana de língua portuguesa:

Meus versos já têm o seu detrator sistemático:
uma misoginia desocupada entretém os ócios
compridos, meticulosamente debruçada sobre
a letra indecisa de meus versos.
Em vigília atenta cruza o périplo das noites
de olhos perdidos na brancura manchada do papel,
progredindo com infalível pontaria
na pista das palavras e seus modelos

Aqui se detecta Manuel Bandeira e além
Carlos Drummond de Andrade também
brasileiro [...].
Escrevendo-o quantos poetas, sem o saber,
mo interditavam apenas a mim; a mim, perplexo
e interrogativa, perguntando-me, desolado:
– E agora, José?, isto é, – E agora, Rui?
Felizmente é pouco lido o detractor dos meus versos,
senão saberia que também furto em Vinícius [...].

In: SAÚTE, Nelson (Org.). *Nunca mais é sábado*: antologia de poesia moçambicana. Lisboa: Dom Quixote, 2004. p. 264-266.

Mia Couto também dá seu depoimento. Leia-o:

Eu acho que quando tomei consciência dessa contaminação pela literatura brasileira, eu já estava "doente", no sentido bom. Acho que a minha geração e a geração anterior foram muito marcadas pela literatura brasileira. Havia uma certa redescoberta com Graciliano, com Jorge Amado, de que, afinal, a língua pode ser outra coisa. [...] Também as temáticas políticas, no caso particularmente de Jorge Amado, eram coisas que coincidiam com uma época histórica aqui que era preciso pôr em causa. Certo tipo de valores. [...]

O ambiente literário de Moçambique estava muito mais fortemente ligado ao do Brasil do que ao de Portugal.

In: FELINTO, Marilene. *Mia Couto e o exercício da humildade*. Disponível em: <www.macua.org. Acesso em: 6 jun. 2014.

O angolano Pepetela foi outro escritor que ressaltou as relações com o modernismo brasileiro. Logo no começo de *A geração da utopia*, o narrador faz os seguintes comentários acerca de um dos personagens:

Horácio não gostava de ser contestado, mas compreendeu não era bom tema de conversa. Voltou à literatura, aconselhando os outros a lerem Drummond de Andrade, na sua opinião o maior poeta de língua portuguesa de sempre. Qual Camões, qual Pessoa, Drummond é que era, tudo estava nele, até a situação de Angola se podia inferir na sua poesia. Por isso vos digo, os portugueses passam a vida a querer-nos impingir a sua poesia, temos de a estudar na escola, e escondem-nos os brasileiros, nossos irmãos, poetas e prosadores sublimes, relatando os nossos problemas e numa linguagem bem mais próxima da que falamos nas cidades. Quem não leu Drummond é um analfabeto.

PEPETELA. *A geração da utopia*. Rio de Janeiro: Nova Fronteira, 2000. p. 31.

A respeito da relação entre a poesia africana de língua portuguesa e o modernismo brasileiro, um dos casos mais interessantes está no diálogo que alguns poetas cabo-verdianos estabeleceram com a obra de Manuel Bandeira, principalmente com o poema "Vou-me embora pra Pasárgada".

Para compreender melhor essa relação entre a literatura de Manuel Bandeira e a poesia de Cabo Verde, leia os textos a seguir. O primeiro é um poema de Jorge Barbosa, com o sugestivo título "Carta para Manuel Bandeira". O segundo, a poesia "Antievasão", do também cabo-verdiano Ovídio Martins.

Texto 1

Carta para Manuel Bandeira

Jorge Barbosa

Nunca li nenhum dos teus livros.
Já li apenas
a Estrela da Manhã e alguns outros poemas teus.
Nem te conheço
porque a distância é imensa
e os planos das minhas viagens nunca passaram
de sonhos e de versos.
Nem te conheço
mas já vi o teu retrato numa revista ilustrada.
E a impressão do teu olhar vagamente triste
fez-me pensar nessa tristeza
do tempo em que eras moço num sanatório da Suíça.
Aqui onde estou, no outro lado do mesmo mar,
tu me preocupas, Manuel Bandeira,
meu irmão atlântico.
Eu faria por ti qualquer cousa impossível.
Era capaz de procurar a Estrela da Manhã
por todos os cabarés
por todos os prostíbulos.
E eu ta levaria
pura ou degradada até à última baixeza.

Bateria de manso
à porta dos apartamentos de poeta solitário
ali na Avenida Beira Mar do Rio de Janeiro
Terias qualquer pressentimento
porque se fosses pôr a vitrola a funcionar
riscarias o disco,
se estivesses a escrever na máquina portátil
deixarias o poema no meio.
E virias abrir-me a porta.
Então
sem qualquer palavra
passar-te-ia a Estrela da Manhã.
Depois voltaria tranquilamente para a minha ilha
no outro lado do Atlântico.
E traria saudades do teu sorriso sem ressentimentos
sem orgulho
que eu descobriria naquele instante
através da porta entreaberta.

BARBOSA, Jorge. *Obra poética*. Lisboa: Imprensa Nacional/Casa da Moeda, 2002. p. 131-132.

Texto 2

Antievasão

Ovídio Martins

Pedirei
Suplicarei
Chorarei
Não vou para Pasárgada

Atirar-me-ei ao chão
e prenderei nas mãos convulsas
ervas e pedras de sangue
Não vou para Pasárgada

Gritarei
Berrarei
Matarei!
Não vou para Pasárgada.

Apud: GOMES, Simone Caputo. Rostos, gestos, falas, olhares de mulher: o texto literário de autoria feminina em Cabo Verde. In: CHAVES, Rita; MACÊDO, Tânia. *Marcas da diferença*. São Paulo: Alameda, 2006. p. 166-167.

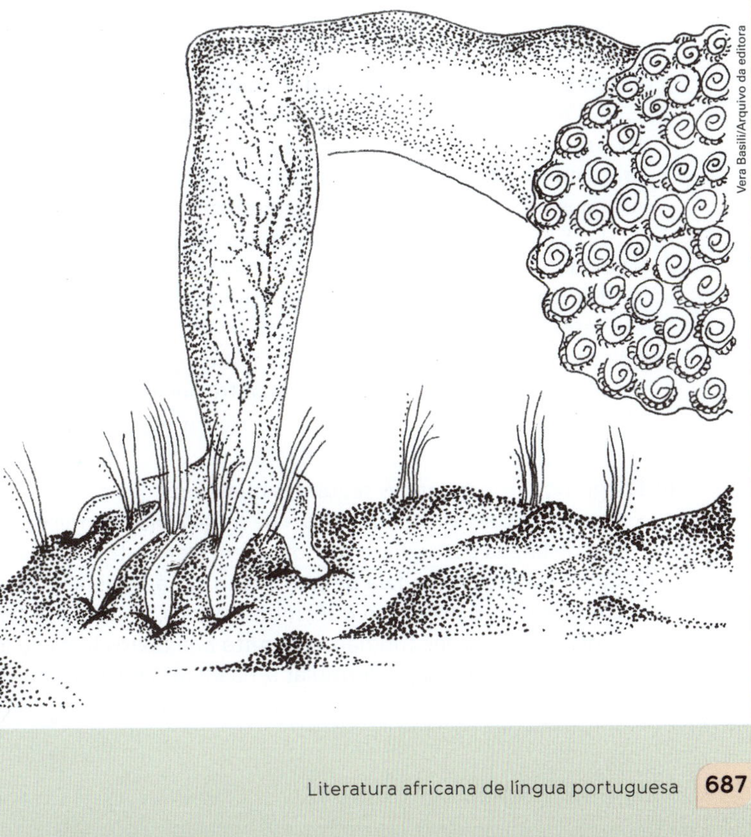

Vera Basili/Arquivo da editora

1. Pesquise o poema "Vou-me embora pra Pasárgada", de Manuel Bandeira, em livros ou na internet, onde você encontrará o documentário *O poeta do castelo*, de Joaquim Pedro de Andrade, com o próprio poeta declamando. Há também gravações do poema feitas por Gilberto Gil (www.gilbertogil.com.br/sec_musica.php?page=6) e Paulo Diniz (http://letras.mus.br/paulo-diniz/278966/ – *links* acessados em: 6 jun. 2014). Após ler o poema e refletir sobre ele, responda: que sentido Pasárgada tem no poema de Manuel Bandeira?

2. Que sentido Pasárgada tem na poesia de Ovídio Martins?

3. Diferente do poema de Manuel Bandeira, o poema de Ovídio Martins é bastante breve. Como explicar essa brevidade? Como ela se atrela ao significado e às mudanças internas do poema?

4. Em sua opinião, pode-se afirmar que, semanticamente, os poemas de Manuel Bandeira e Ovídio Martins se opõem? Justifique.

5. Um dos escritores africanos de língua portuguesa que encontraram grande receptividade junto aos leitores brasileiros foi o moçambicano Mia Couto. Criador de narrativas marcadas pela oralidade, pela criação de palavras e pela fusão do real com o mítico, o escritor sempre foi muito enfático em ressaltar a importância que a literatura brasileira teve em sua formação. A seguir, está reproduzido um trecho de uma comunicação de Mia Couto acerca do escritor baiano Jorge Amado.

   a) Leia atentamente o texto para realizar a atividade.

> Hoje, ao reler os seus [de Jorge Amado] livros, ressalta esse tom de conversa íntima, uma conversa à sombra de uma varanda que começa em Salvador da Baía e se estende para além do Atlântico. Nesse narrar fluido e espreguiçado, Jorge vai desfiando prosa e as suas personagens saltam da página para a nossa vida quotidiana.
>
> O escritor Gabriel Mariano, de Cabo Verde, escreveu o seguinte: "Para mim a descoberta de Amado foi um alumbramento porque eu lia os seus livros e estava a ver a minha terra. E quando encontrei o Quincas Berro d'Água eu estava a vê-lo na ilha de São Vicente, na minha rua de Passá Sabe..."
>
> Esta familiaridade existencial foi, certamente, um dos motivos de fascínio nos nossos países. As suas personagens eram vizinhas não de um lugar, mas da nossa própria vida. Gente pobre, gente com os nossos nomes, gente com as nossas raças passeavam pelas páginas do autor brasileiro. Ali estavam os nossos malandros, ali estavam os terreiros onde falamos com os deuses, ali estava o cheiro da nossa comida, ali estava a sensualidade e o perfume das nossas mulheres. No fundo, Jorge Amado nos fazia regressar a nós mesmos.
>
> [...] Jorge não escrevia livros, ele escrevia um país. E não era apenas o autor que nos chegava. Era um Brasil todo que regressava a África. Havia pois uma outra nação que era longínqua mas não nos era exterior. E nós precisávamos desse Brasil como quem carece de um sonho que nunca antes soubéramos ter. Podia ser um Brasil tipificado e mistificado mas era um espaço mágico onde nos renascíamos criadores de histórias e produtores de felicidade.
>
> Descobríamos essa nação num momento histórico em que nos faltava ser nação. O Brasil – tão cheio de África, tão cheio da nossa língua e da nossa religiosidade – nos entregava essa margem que nos faltava para sermos rio.
>
> [...] Nós vivíamos sob um regime de ditadura colonial. As obras de Jorge Amado eram objeto de interdição. Livrarias foram fechadas e editoras foram perseguidas por divulgarem essas obras. O encontro com o nosso irmão brasileiro surgia, pois, com o épico sabor da afronta e da clandestinidade. A circunstância de partilharmos os mesmos subterrâneos da liberdade também contribuiu para a mística da escrita e do escritor.
>
> [...] E há, ainda, uma outra razão que poderíamos chamar de linguística. No outro lado do mundo se revelava a possibilidade de um outro lado da nossa língua.
>
> Na altura, nós carecíamos de português sem Portugal, de um idioma que, sendo do Outro, nos ajudasse a encontrar uma identidade própria. Até se dar o encontro com o português brasileiro, nós falávamos uma língua que não nos falava. E ter uma língua assim, apenas por metade, é um modo de viver calado. Jorge Amado e os brasileiros nos devolviam a fala, num outro português, mais açucarado, mais dançável, mais a jeito de ser nosso.

COUTO, Mia. Sonhar em casa. In: *E se Obama fosse africano?*: e outras interinvenções. São Paulo: Companhia das Letras, 2011. p. 61-67.

   b) Em grupos, respondam as seguintes questões:
   - De acordo com Mia Couto, a obra de Jorge Amado apresentou fatores importantes para os escritores africanos de língua portuguesa consolidarem elementos de identidade. Quais foram esses fatores?
   - Como ficou claro na fala de Mia Couto, para se estabelecer uma determinada identidade, é necessário o contato com o diverso, o que, muitas vezes, pode ressaltar semelhanças e caminhos comuns. Pensando tanto em situações cotidianas, quanto nos textos lidos ao longo deste capítulo, quais elementos culturais africanos nos ajudam a formular uma identidade brasileira?

Vestibulares de Norte a Sul

Leia o trecho extraído do romance *Terra Sonâmbula*, de Mia Couto, e responda à questão 1.

De imediato, centenas de pessoas se lançaram em todo tipo de embarcações, das pequenas às mais mínimas, para assaltarem o navio malfragado, a fim de se servirem das ditas xicalamidades. [...] Desde então, a situação só piorou pois, consoante o secretário do administrador, a população não se comporta civilmente na presença da fome. Muita gente insistia agora em voltar ao tal navio pois lá sobrava comida que daria para salvar filhos, mães e uma africanidade de parentes. [...] Assame foi preso, sujado por mil bocas. Na prisão lhe bateram, chambocado nas costas até que as pernas se exilaram daquele sofrimento que lhe era infligido. Perdeu o sentimento da cintura para baixo. Assane passou as palmas das mãos pelas desempregadas coxas. Tinha sido apenas há dias que lhe abriram a porta da prisão. Ainda nem sabia bem se arrastar de mão pelo chão. Por isso as sacudia, limpando essas mãos que ele sempre aplicara nos documentos.

Com base no trecho e em seu contexto, leia as seguintes afirmativas.

I. As obras de Mia Couto exploram, de modo geral, o mundo simbólico moçambicano, a guerra e as tensas relações entre o africano e o europeu.
II. O trabalho com a linguagem literária torna-se evidente a partir da criação de novos vocábulos e da utilização de outros com diferentes sentidos.
III. Para narrar a violência sofrida pelo personagem, o autor vale-se de eufemismos como "sujado por mil bocas", "as pernas se exilaram daquele sofrimento", "perdeu o sentimento da cintura".

1. **SE** (PUC-SP) A(s) afirmativa(s) correta(s) é/são
   a) I, apenas.
   b) II, apenas.
   c) I e III, apenas.
   d) II e III, apenas.
   e) I, II e III.

2. **SE** (PUC-MG) Leia:

No princípio,
a casa foi sagrada
isto é, habitada
não só por homens e vivos
como também por mortos e deuses

Sophia de Mello Breyner.

A epígrafe inicial de *Um rio chamado tempo, uma casa chamada terra*, de Mia Couto, revela uma característica marcante no livro: a memória ligada à ancestralidade.

Assinale o fragmento do romance em que essa característica se faz presente:

a) "Abstinêncio Mariano despendera a vida inteira na sombra da repartição. A penumbra adentrou-se nele como um bolor e acabou ficando saudoso de um tempo nunca havido, viúvo mesmo sem nunca ter casado."
b) "Por fim, avisto a nossa casa grande, a maior de toda a Ilha. Chamamo-lhe Nyumba-Kaya, para satisfazer familiares do Norte e do Sul. 'Nyumba' é a palavra para nomear 'casa' nas línguas nortenhas. Nos idiomas do Sul, casa se diz 'kaya'."
c) "Ainda bem que chegou, Mariano. Você vai enfrentar desafios maiores que as suas forças. Aprenderá como se diz aqui: cada homem é todos os outros. Esses outros não são apenas os viventes."
d) "A cozinha me transporta para distantes doçuras. Como se, no embaciado dos seus vapores, se fabricasse não o alimento, mas o próprio tempo. Foi naquele chão que inventei brinquedo e rabisquei os meus primeiros desenhos."

3. **NE** (UFBA) Leia o texto:

O meu dono começou a andar para casa e eu lá fui atrás, era para isso que existia. Não falou ao major da mijada que dera nos calções, devia ter vergonha. Mas era evidente. Eu não vi, quem sou eu para entrar na casa onde despacham os nobres directores da majestática Companhia das Índias Ocidentais? Tinha uma certa curiosidade em conhecer o director Nieulant. Diziam ser o melhor dos dois representantes da toda poderosa Companhia, fundada para colonizar os territórios à volta do Atlântico. Mas tive de ficar na rua, à espera de Baltazar Van Dum. Tudo o que possa vir a saber do ocorrido dentro do gabinete será graças à imaginação. Sobre este caso e sobre muitos outros. Um escravo não tem direitos, não tem nenhuma liberdade. Apenas uma coisa lhe não podem amarrar: a imaginação. Sirvo-me sempre dela para completar relatos que me são sonegados, tapando os vazios.

PEPETELA. *A gloriosa família*: o tempo dos flamengos. Rio de Janeiro: Nova Fronteira, 1999. p. 14.

Comente o foco narrativo, explicitando as relações do narrador com os personagens da trama.

Caiu no Enem

Texto para a questão 1.

Todas as manhãs quando acordo, experimento um prazer supremo: o de ser Salvador Dalí.

NÉRET, G. *Salvador Dalí*. Taschen, 1996.

1. Assim escreveu o pintor dos "relógios moles" e das "girafas em chamas" em 1931. Esse artista excêntrico deu apoio ao general Franco durante a Guerra Civil Espanhola e, por esse motivo, foi afastado do movimento surrealista por seu líder, André Breton. Dessa forma, Dalí criou seu próprio estilo, baseado na interpretação dos sonhos e nos estudos de Sigmund Freud, denominado "método de interpretação paranoico". Esse método era constituído por textos visuais que demonstravam imagens:
   a) do fantástico, impregnado de civismo pelo governo espanhol, em que a busca pela emoção e pela dramaticidade desenvolveram um estilo incomparável.
   b) do onírico, que misturava sonho com realidade e interagia refletindo a unidade entre o consciente e o inconsciente como um universo único ou pessoal.
   c) da linha inflexível da razão, dando razão a uma forma de produção despojada no traço, na temática e nas formas vinculadas ao real.
   d) do reflexo que, apesar do termo "paranoico", possui sobriedade e elegância advindas de uma técnica de cores discretas e desenhos precisos.
   e) da expressão e intensidade entre o consciente e a liberdade, declarando o amor pela forma de conduzir o enredo histórico dos personagens retratados.

2. Após estudar na Europa, Anita Malfatti retornou ao Brasil com uma mostra que abalou a cultura nacional do início do século XX. Elogiada por seus mestres na Europa, Anita se considerava pronta para mostrar seu trabalho no Brasil, mas enfrentou as duras críticas de Monteiro Lobato. Com a intenção de criar uma arte que valorizasse a cultura brasileira, Anita Malfatti e outros artistas modernistas:
   a) buscaram liberar a arte brasileira das normas acadêmicas europeias, valorizando as cores, a originalidade e os temas nacionais.
   b) defenderem a liberdade limitada de uso da cor, até então utilizada de forma irrestrita, afetando a criação artística nacional.
   c) representaram a ideia de que a arte deveria copiar fielmente a natureza, tendo como finalidade a prática educativa.
   d) mantiveram de forma fiel a realidade nas figuras retratadas, defendendo uma liberdade artística ligada à tradição acadêmica.
   e) buscaram a liberdade na composição de suas figuras, respeitando limites de temas abordados.

Texto para a questão 3.

São Paulo, 18 de agosto de 1929.

Carlos [Drummond de Andrade],
Achei graça e gozei com o seu entusiasmo pela candidatura Getúlio Vargas – João Pessoa. É. Mas veja como estamos... trocados. Esse entusiasmo devia ser meu e sou eu que conservo o ceticismo que deveria ser de você. [...].
Eu... eu contemplo numa torcida apenas simpática a candidatura Getúlio Vargas, que antes desejara tanto. Mas pra mim, presentemente, essa candidatura (única aceitável, está claro) fica manchada por essas pazes fragílimas de governistas mineiros, gaúchos, paraibanos [...], com democráticos paulistas (que pararam de atacar o Bernardes) e oposicionistas cariocas e gaúchos. Tudo isso não me entristece. Continuo reconhecendo a existência de males necessários, porém me afasta do meu país e da candidatura Getúlio Vargas. Repito: única aceitável.

Mário [de Andrade]

Renato Lemos. *Bem traçadas linhas*: a história do Brasil em cartas pessoais. Rio de Janeiro: Bom Texto, 2004, p. 305.

3. Acerca da crise política ocorrida em fins da Primeira República, a carta do paulista Mário de Andrade ao mineiro Carlos Drummond de Andrade revela:
   a) a simpatia de Drummond pela candidatura Vargas e o desencanto de Mário de Andrade com as composições políticas sustentadas por Vargas.
   b) a veneração de Drummond e Mário de Andrade ao gaúcho Getúlio Vargas, que se aliou à oligarquia cafeeira de São Paulo.
   c) a concordância entre Mário de Andrade e Drummond quanto ao caráter inovador de Vargas, que fez uma ampla aliança para derrotar a oligarquia mineira.
   d) a discordância entre Mário de Andrade e Drummond sobre a importância da aliança entre Vargas e o paulista Júlio Prestes nas eleições presidenciais.
   e) o otimismo de Mário de Andrade em relação a Getúlio Vargas, que se recusara a fazer alianças políticas para vencer as eleições.

Texto para a questão 4.

Confidência do Itabirano

Alguns anos vivi em Itabira.
Principalmente nasci em Itabira.
Por isso sou triste, orgulhoso: de ferro.
Noventa por cento de ferro nas calçadas.
Oitenta por cento de ferro nas almas.
E esse alheamento do que na vida é porosidade e comunicação.

A vontade de amar, que me paralisa o trabalho,
vem de Itabira, de suas noites brancas, sem mulheres e sem horizontes.
E o hábito de sofrer, que tanto me diverte,
é doce herança itabirana.

De Itabira trouxe prendas diversas que ora te ofereço:
esta pedra de ferro, futuro aço do Brasil,
este São Benedito do velho santeiro Alfredo Duval;
este couro de anta, estendido no sofá da sala de visitas;
este orgulho, esta cabeça baixa...

Tive ouro, tive gado, tive fazendas.
Hoje sou funcionário público.
Itabira é apenas uma fotografia na parede.
Mas como dói!

ANDRADE, C. D. *Poesia completa*. Rio de Janeiro: Nova Aguilar, 2003.

4. Carlos Drummond de Andrade é um dos expoentes do movimento modernista brasileiro. Com seus poemas, penetrou fundo na alma do Brasil e trabalhou poeticamente as inquietudes e os dilemas humanos. Sua poesia é feita de uma relação tensa entre o universal e o particular, como se percebe claramente na construção do poema *Confidência do Itabirano*. Tendo em vista os procedimentos de construção do texto literário e as concepções artísticas modernistas, conclui-se que o poema acima:
   a) representa a fase heroica do modernismo, devido ao tom contestatório e à utilização de expressões e usos linguísticos típicos da oralidade.
   b) apresenta uma característica importante do gênero lírico, que é a apresentação objetiva de fatos e dados históricos.
   c) evidencia uma tensão histórica entre o "eu" e a sua comunidade, por intermédio de imagens que representam a forma como a sociedade e o mundo colaboram para a constituição do indivíduo.
   d) critica, por meio de um discurso irônico, a posição de inutilidade do poeta e da poesia em comparação com as prendas resgatadas de Itabira.
   e) apresenta influências românticas, uma vez que trata da individualidade, da saudade da infância e do amor pela terra natal, por meio de recursos retóricos pomposos.

Texto para a questão 5.

Namorados

O rapaz chegou-se para junto da moça e disse:

— Antônia, ainda não me acostumei com o seu corpo, com a sua cara.

A moça olhou de lado e esperou.

— Você não sabe quando a gente é criança e de repente vê uma lagarta listrada?

A moça se lembrava:

— A gente fica olhando...

A meninice brincou de novo nos olhos dela.

O rapaz prosseguiu com muita doçura:

— Antônia, você parece uma lagarta listrada.

A moça arregalou os olhos, fez exclamações.

O rapaz concluiu:

— Antônia, você é engraçada! Você parece louca.

Manuel Bandeira. *Poesia completa & prosa*. Rio de Janeiro: Nova Aguilar, 1985.

5. No poema de Bandeira, importante representante da poesia modernista, destaca-se como característica da escola literária dessa época:
   a) a reiteração de palavras como recurso de construção de rimas ricas.
   b) a utilização expressiva da linguagem falada em situações do cotidiano.
   c) a criativa simetria de versos para reproduzir o ritmo do tema abordado.
   d) a escolha do tema do amor romântico, caracterizador do estilo literário dessa época.
   e) o recurso ao diálogo, gênero discursivo típico do Realismo.

6. No poema "Procura da poesia", Carlos Drummond de Andrade expressa a concepção estética de se fazer com palavras o que o escultor Michelangelo fazia com mármore. O fragmento abaixo exemplifica essa afirmação.

   [...]
   Penetra surdamente no reino das palavras.
   Lá estão os poemas que esperam ser escritos.
   [...]
   Chega mais perto e contempla as palavras.
   Cada uma
   tem mil faces secretas sob a face neutra
   e te pergunta, sem interesse pela resposta,
   pobre ou terrível, que lhe deres:
   trouxeste a chave?

   Carlos Drummond de Andrade. *A rosa do povo*. Rio de Janeiro: Record, 1997, p. 13-14.

   Esse fragmento poético ilustra o seguinte tema constante entre autores modernistas:
   a) a nostalgia do passado colonialista revisitado.
   b) a preocupação com o engajamento político e social da literatura.
   c) o trabalho quase artesanal com as palavras, despertando sentidos novos.
   d) a produção de sentidos herméticos na busca da perfeição poética.
   e) a contemplação da natureza brasileira na perspectiva ufanista da pátria.

Texto para a questão 7.

No decênio de 1870, Franklin Távora defendeu a tese de que no Brasil havia duas literaturas independentes dentro da mesma língua: uma do Norte e outra do Sul, regiões segundo ele muito diferentes por formação histórica, composição étnica, costumes, modismos linguísticos etc. Por isso, deu aos romances regionais que publicou o título geral de *Literatura do Norte*. Em nossos dias, um escritor gaúcho, Viana Moog, procurou mostrar com bastante engenho que no Brasil há, em verdade, literaturas setoriais diversas, refletindo as características locais.

CANDIDO, A. A nova narrativa. *A educação pela noite e outros ensaios*. São Paulo: Ática, 2003.

7. Com relação à valorização, no romance regionalista brasileiro, do homem e da paisagem de determinadas regiões nacionais, sabe-se que:
   a) o romance do Sul do Brasil se caracteriza pela temática essencialmente urbana, colocando em relevo a formação do homem por meio da mescla de características locais e dos aspectos culturais trazidos de fora pela imigração europeia.
   b) José de Alencar, representante, sobretudo, do romance urbano, retrata a temática da urbanização das cidades brasileiras e das relações conflituosas entre as raças.

c) o romance do Nordeste caracteriza-se pelo acentuado realismo no uso do vocabulário, pelo temário local, expressando a vida do homem em face da natureza agreste, e assume frequentemente o ponto de vista dos menos favorecidos.
d) a literatura urbana brasileira, da qual um dos expoentes é Machado de Assis, põe em relevo a formação do homem brasileiro, o sincretismo religioso, as raízes africanas e indígenas que caracterizam o nosso povo.
e) Érico Veríssimo, Rachel de Queiroz, Simões Lopes Neto e Jorge Amado são romancistas das décadas de 30 e 40 do século XX, cuja obra retrata a problemática do homem urbano em confronto com a modernização do país promovida pelo Estado Novo.

Textos para a questão 8.

Texto I

Agora Fabiano conseguia arranjar as ideias. O que o segurava era a família. Vivia preso como um novilho amarrado ao mourão, suportando ferro quente. Se não fosse isso, um soldado amarelo não lhe pisava o pé não. [...] Tinha aqueles cambões pendurados ao pescoço. Deveria continuar a arrastá-los? Sinhá Vitória dormia mal na cama de varas. Os meninos eram uns brutos, como o pai. Quando crescessem, guardariam as reses de um patrão invisível, seriam pisados, maltratados, machucados por um soldado amarelo.

Graciliano Ramos. *Vidas secas*. São Paulo: Martins. 23ª ed., 1969, p. 75.

Texto II

Para Graciliano, o roceiro pobre é um outro, enigmático, impermeável. Não há solução fácil para uma tentativa de incorporação dessa figura no campo da ficção. É lidando com o impasse, ao invés de fáceis soluções, que Graciliano vai criar *Vidas secas*, elaborando uma linguagem, uma estrutura romanesca, uma constituição de narrador em que narrador e criaturas se tocam, mas não se identificam. Em grande medida, o debate acontece porque, para a intelectualidade brasileira naquele momento, o pobre, a despeito de aparecer idealizado em certos aspectos, ainda é visto como um ser humano de segunda categoria, simples demais, incapaz de ter pensamentos demasiadamente complexos. O que *Vidas secas* faz é, com pretenso não envolvimento da voz que controla a narrativa, dar conta de uma riqueza humana de que essas pessoas seriam plenamente capazes.

Luís Bueno. Guimarães, Clarice e antes. In: *Teresa*. São Paulo: USP, nº 2, 2001, p. 254.

8. A partir do trecho de *Vidas secas* (texto I) e das informações do texto II, relativas às concepções artísticas do romance social de 1930, avalie as seguintes afirmativas.

I. O pobre, antes tratado de forma exótica e folclórica pelo regionalismo pitoresco, transforma-se em protagonista privilegiado do romance social de 30.
II. A incorporação do pobre e de outros marginalizados indica a tendência da ficção brasileira da década de 30 de tentar superar a grande distância entre o intelectual e as camadas populares.
III. Graciliano Ramos e os demais autores da década de 30 conseguiram, com suas obras, modificar a posição social do sertanejo na realidade nacional.

É correto apenas o que se afirma em:

a) I.
b) II.
c) III.
d) I e II.
e) II e III.

Textos para a questão 9.

Texto I

O meu nome é Severino,
não tenho outro de pia.
Como há muitos Severinos,
que é santo de romaria,
deram então de me chamar
Severino de Maria;
como há muitos Severinos
com mães chamadas Maria,
fiquei sendo o da Maria
do finado Zacarias,
mas isso ainda diz pouco:
há muitos na freguesia,
por causa de um coronel
que se chamou Zacarias
e que foi o mais antigo
senhor desta sesmaria.
Como então dizer quem fala
ora a Vossas Senhorias?

MELO NETO, J. C. *Obra completa*. Rio de Janeiro: Aguilar, 1994 (fragmento).

Texto II

João Cabral, que já emprestara sua voz ao rio, transfere-a, aqui, ao retirante Severino, que, como o Capibaribe, também segue no caminho do Recife. A autoapresentação do personagem, na fala inicial do texto, nos mostra um Severino que, quanto mais se define, menos se individualiza, pois seus traços biográficos são sempre partilhados por outros homens.

SECCHIN, A. C. *João Cabral*: a poesia do menos. Rio de Janeiro: Topbooks, 1999 (fragmento).

9. Com base no trecho de *Morte e vida Severina* (Texto I) e na análise crítica (Texto II), observa-se que a relação entre o texto poético e o contexto social a que ele faz referência aponta para um problema social expresso literariamente pela pergunta "Como então dizer quem fala / ora a Vossas Senhorias?". A resposta à pergunta expressa no poema é dada por meio da:

a) descrição minuciosa dos traços biográficos do personagem-narrador.
b) construção da figura do retirante nordestino como um homem resignado com a sua situação.
c) representação, na figura do personagem-narrador, de outros Severinos que compartilham sua condição.
d) apresentação do personagem-narrador como uma projeção do próprio poeta, em sua crise existencial.
e) descrição de Severino, que, apesar de humilde, orgulha-se de ser descendente do coronel Zacarias.

Respostas

Vestibulares de Norte a Sul

Capítulo 21

1. d.
2. C — C — C — E.

Capítulo 22

1. V — V — V — V — F.
2. e.
3. d.

Capítulo 23

1. 02 + 04 + 16 = 22.
2. b.
4. c.

Capítulo 24

1. V — F — V — V — V.
2. a) Sim.
   b) Sim.
3. a.

Capítulo 25

1. b.
2. b.
3. c.

Capítulo 26

1. c.
2. V – F – F – V – F.

Capítulo 27

1. 01 + 02 + 16 = 19.
2. b.
3. F — V — V — V.

Capítulo 28

1. V – V – V – F – F.
2. a.
3. 01 + 02 = 03.
4. d.

Capítulo 29

1. e.
2. b.

Capítulo 30

1. e.
2. c.

Caiu no Enem

1. b.
2. a.
3. a.
4. c.
5. b.
6. c.
7. c.
8. d.
9. c.

Sugestões de leitura, filmes e *sites*

Capítulo 21

Livro

- ***O velho e o mar***
  Ernest Hemingway. Fernando de Castro Ferro (Trad.). Rio de Janeiro: Bertrand Brasil.
  Santigo é um pescador profissional, porém está há 84 dias sem apanhar um único peixe. Sozinho e contrariando aqueles que diziam ser ele um azarado, o pescador parte para alto-mar com a certeza de que conseguirá pescar como antes e superar as limitações a que está sujeito.

Filme

- ***Meia-noite em Paris***
  Direção de Woody Allen. Estados Unidos e Espanha, 2011.
  Gil, um nostálgico roteirista de cinema, sonha em viver na Paris dos anos 1920, época em que grandes artistas e intelectuais circulavam pelos cafés daquela cidade. Ele visita Paris com sua noiva e a família dela. Durante alguns de seus passeios, à meia-noite, ele é transportado para aquela época. Nessas visitas ao passado, frequenta festas e conhece intelectuais e artistas da época: F. Scott Fitzgerald, Gertrude Stein, Ernest Hemingway, Salvador Dalí, entre outros. Gil se apaixona por Adriana, uma bela moça do passado e tenta interromper o noivado do presente.

Capítulo 22

Livro

- ***Poesia completa de Alberto Caeiro/ Poesia completa de Ricardo Reis/ Poesia completa de Álvaro de Campos***
  Fernando Pessoa. São Paulo: Companhia de Bolso.
  Trata-se de obras dedicadas, cada uma delas, aos poemas atribuídos a um dos heterônimos de Fernando Pessoa.

Capítulo 23

Filme

- ***Deus e o Diabo na Terra do Sol***
  Direção de Glauber Rocha. Brasil, 1964.
  Um dos filmes mais marcantes do Cinema Novo, que despontou na década de 1960. Dialogando com os acontecimentos de Canudos, o filme faz o retrato de um Brasil místico, carente, em que as soluções passam ou pelo líder messiânico ou pelo líder guerreiro. Beatos e cangaceiros. Deus e o Diabo. E o Sol.

Capítulo 24

Livros

- ***Brás, Bexiga e Barra Funda e outros contos***
  Antônio de Alcântara Machado. São Paulo: Moderna.
  Esta obra apresenta ao leitor a cidade de São Paulo no início do século, carregada de frases populares e expressões em italiano, buscando retratar, de maneira crítica e bem-humorada, a sociedade da época. Nela nota-se o estilo coloquial e ágil por meio de frases curtas, característica marcante na obra de Alcântara Machado.

- ***Manuel Bandeira — Antologia poética***
  Manuel Bandeira. São Paulo: Global.
  Cerca de 250 poemas selecionados pelo próprio autor, que representam o melhor de sua poesia por aproveitar de cada livro o que melhor representa sua sensibilidade e técnica.

Capítulo 25

Livros

- ***A rosa do povo***
  Carlos Drummond de Andrade. São Paulo: Companhia das Letras.
  Neste livro, encontram-se poemas escritos no Rio de Janeiro quando esta cidade ainda era a capital do país. Os textos tratam da guerra, da vida nas cidades, do amor e da morte, prestando tributo àqueles que pereceram na Segunda Guerra Mundial.

- ***Melhores poemas de Cecília Meireles***
  Maria Fernanda (Org.). São Paulo: Global.
  Edição com os melhores poemas de Cecília Meireles, selecionados por sua filha, Maria Fernanda.

- ***Nova antologia poética***
  Vinícius de Morais. São Paulo: Companhia de Bolso.
  Esta obra reúne poemas de Vinícius de Morais em suas duas fases: a primeira, transcendental, metafísica e, muitas vezes, mística; a segunda, a conciliação entre o mundo material e a "repulsa ao idealismo dos primeiros anos", segundo o próprio poeta.

Filmes

- ***Olga***
  Direção de Jayme Monjardim. Brasil, 2004.
  Inspirado no livro de Fernando Morais, o filme narra a história dramática de uma militante comunista. Trata-se de Olga Benário, uma judia alemã que tem por missão acompanhar Luís Carlos Prestes na Intentona Comunista de 1935 e acaba se envolvendo emocionalmente com ele. Com o fracasso da revolução, a moça é presa (grávida), deportada para a Alemanha nazista (onde vive sua família) e enviada a um campo de concentração.

- ***Vinicius***
  Direção de Miguel Faria Jr. Espanha e Brasil, 2005.
  Documentário sobre a vida e a carreira de Vinícius de Morais. Conta com a participação de significativos nomes da MPB e da Literatura que conviveram com ele (como Antonio Candido, Chico Buarque, Toquinho, Maria Bethânia, entre outros).

Capítulo 26

Livros

- ***Angústia***
  Graciliano Ramos. Rio de Janeiro: Record.
  Luís da Silva é um funcionário público que, atormentado pelo ciúme e por uma vida de frustrações, planeja pôr fim a um cotidiano de aparente tranquilidade.

- ***Jubiabá***
  Jorge Amado. São Paulo: Companhia das Letras.
  Narra a história de Antônio Balduíno, que tinha como referência espiritual o feiticeiro e ex-escravo Jubiabá e que, depois de uma infância semelhante à dos personagens de sua obra *Capitães da areia*, transforma-se em um boxeador profissional. Sua carreira, porém, termina prematuramente, e ele é levado a trabalhar em plantações de fumo. Trata-se de um personagem que muda de vida várias vezes, chocando-se contra o mundo até compreender a realidade em que vive.

Filmes

- ***Memórias do cárcere***
  Direção de Nelson Pereira dos Santos. Brasil, 1984.
  Adaptação do romance autobiográfico de Graciliano Ramos, preso nos anos 1930, durante a ditadura de Getúlio Vargas. O diretor buscou fazer, além da crônica política, uma reflexão sobre a inutilidade da repressão.

- ***Vidas secas***
  Direção de Nelson Pereira dos Santos. Brasil, 1963.
  Adaptação do romance homônimo de Graciliano Ramos, sobre a história de uma família de retirantes que tenta sobreviver à seca e à miséria no Sertão nordestino.

Site

- **Fundação Casa de Jorge Amado**
  <http://www.jorgeamado.org.br/> Acesso em: 26 jun. 2014.
  Trata-se de um permanente centro de intercâmbio cultural que desenvolve cursos, palestras, oficinas, seminários, onde são encontradas informações sobre Jorge Amado e Zélia Gatai, além de conhecer o Projeto Editorial Casa de Palavras, que publica trabalhos e pesquisas feitas por meio dessa fundação.

Capítulo 27

Livros

- ***N.D.A.***
  Arnaldo Antunes. São Paulo: Iluminuras.
  Edição que mescla o trabalho poético ao visual do artista múltiplo que é Arnaldo Antunes. Além disso, contém uma parte de Cartões Postais, reunião de fotos de placas e escritos urbanos que, deslocados de seu contexto original, adquirem carga poética, gerando novos significados, sugerindo uma narrativa oculta.

- ***Uma aprendizagem ou o livro dos prazeres***
  Clarice Lispector. Rio de Janeiro: Rocco.
  Narrativa em torno da vida de Lóri, em sua viagem em busca de si própria e do prazer sem culpa, e Ulisses, seu parceiro, que se torna um referencial para ela, indicando onde estão os perigos e o caminho correto para a aprendizagem do amor e da vida.

Filme

- ***A terceira margem do rio***
  Direção de Nelson Pereira Santos. Brasil, 1994.
  Cinco contos do livro *Primeiras estórias* são unidos e compõem uma única história em torno do homem que abandona sua vida e a terra firme para passar a viver numa canoa, no meio do rio.

Sites

- **Augusto de Campos**
  <http://www2.uol.com.br/augustodecampos/biografia.htm> Acesso em: 26 jun. 2014.
  Site muito instigante a respeito do poeta Augusto de Campos, em que é possível ver e ouvir poemas por meio da tela do computador.

- **Poesia Visual Brasileira**
  <http://www.imediata.com/BVP/Decio_Pignatari/> Acesso em: 26 jun. 2014.
  Décio Pignatari é um dos maiores nomes da poesia concreta do Brasil. Neste *site*, é possível conhecer poemas visuais de sua autoria.

Capítulo 28

Filmes

- ***Eles não usam black-tie***
  Direção de Leon Hirszman. Brasil, 1981.
  Adaptação da peça de mesmo título de Gianfrancesco Guarnieri. Conta a história de um dirigente sindical que entra em conflito com o filho, pois este se recusa a participar de uma greve. A questão social é apresentada sob o ponto de vista da desagregação de uma família.

- ***O pagador de promessas***
  Direção de Anselmo Duarte. Brasil, 1962.
  Zé do Burro precisa pagar a promessa feita, em um terreiro de candomblé, para que seu burro se restabelecesse de uma doença. Divide seu sítio com lavradores pobres e parte para Salvador. O problema é que a cruz que carrega às costas deverá ser entregue em uma igreja católica. A intolerância do padre dessa igreja desencadeia um conflito que expõe as mazelas sociais do país. Filme inspirado na peça homônima de Dias Gomes.

Capítulo 29

Livros

- ***História do cerco de Lisboa***
  José Saramago. São Paulo: Companhia das Letras.
  Nesta obra, o autor reinterpreta o passado histórico de Lisboa, com a tomada aos mouros no ano de 1147 e a crônica de um inesperado encontro amoroso na Lisboa de hoje, explorando as possibilidades de o gênero romance recriar o passado e o presente.

- ***O arquipélago da insônia***
  António Lobo Antunes. Rio de Janeiro: Alfaguara Brasil.
  A narrativa gira em torno da história de decadência e desilusão que atravessa três gerações de uma família que já foi poderosa, proprietária de terras no interior de Portugal.

Capítulo 30

Livros

- ***A geração da utopia***
  Pepetela. São Paulo: Leya Brasil.
  A história gira em torno de um grupo de jovens que sonhou com um país livre e lutou por isso, mas que, ao deparar com a realidade da Angola pós-independência, revê com ironia e senso crítico seus valores revolucionários.

- ***Os transparentes***
  Ondjaki. São Paulo: Companhia das Letras.
  Este livro retrata a vida de pessoas simples, habitantes de Luanda que vivem e compartilham seus afetos e memórias, planejam o futuro e lidam com os contrastes que resultam da transição entre a cultura arraigada e a chegada do novo.

Bibliografia

Arte; história da arte

ABRIL CULTURAL. *Arte nos séculos*. São Paulo, 1971.

_____. *Arte no Brasil*. São Paulo, 1979. 2 v.

ARGAN, Giulio Carlo. *Arte moderna*. São Paulo: Companhia das Letras, 1992.

BARDI, Pietro Maria. *História da arte brasileira*. 2. ed. São Paulo: Melhoramentos, 1977.

BRADLEY, Fiona. *Surrealismo*. São Paulo: Cosac Naify, 1999.

BRILL, Alice. *Da arte e da linguagem*. São Paulo: Perspectiva, 1988.

BRIONNY, Fer et al. *Realismo, racionalismo, surrealismo*. São Paulo: Cosac Naify, 1998.

CHILVERS, Ian. *Dicionário Oxford de arte*. São Paulo: Martins Fontes, 1996.

CHIPP, Herschel B. *Teorias da arte moderna*. 2. ed. São Paulo: Martins Fontes, 1996.

COTTINGTON, David. *Cubismo*. São Paulo: Cosac Naify, 1999.

CUMMING, Robert. *Para entender a arte*. São Paulo: Ática, 1996.

ELGER, Dietmar. *Expressionismo*: uma revolução alemã na arte. Köln: Taschen, 1998.

GOMBRICH, E. H. *História da arte*. Rio de Janeiro: Zahar, 1979.

GULLAR, Ferreira. *Sobre arte*. Rio de Janeiro: Avenir; São Paulo: Palavra e Imagem, 1982.

HAUSER, Arnold. *História social da literatura e da arte*. 2. ed. São Paulo: Mestre Jou, 1972.

STANGOS, Nikos (Org.). *Conceitos da arte moderna*. Rio de Janeiro: Jorge Zahar, 2000.

STRICKLAND, Carol. *Arte comentada*: da pré-história ao pós-moderno. Rio de Janeiro: Ediouro, 1999.

VENTURI, Lionello. *Para compreender a pintura de Giotto a Chagall*. Lisboa: Editorial Estúdios Cor, 1968.

WOOD, Paul et. al. *Modernismo em disputa*: a arte desde os anos quarenta. São Paulo: Cosac Naify, 1998.

Literatura, história e teoria da literatura

AGUIAR E SILVA, Vítor Manuel. *Teoria da literatura*. 7. ed. Coimbra: Livraria Almedina, 1986.

AMARAL, Aracy. *Artes plásticas da semana de 22*. São Paulo: Perspectiva/Edusp, 1972.

ANDRADE, Mário de. *Aspectos da literatura brasileira*. 5. ed. São Paulo: Martins Fontes, 1974.

ARISTÓTELES. *Poética*. 4. ed. Lisboa: Imprensa Nacional – Casa da Moeda, 1994.

BATISTA, Marta Rosseti; ANCONA LOPEZ, Telê Porto; LIMA, Yone Soares de. *Brasil*: 1º tempo modernista – 1917/29 – documentação. São Paulo: IEB, 1972.

BOSI, Alfredo. *Dialética da colonização*. São Paulo: Companhia das Letras, 1992.

_____. *História concisa da literatura brasileira*. 3. ed. São Paulo: Cultrix, 1980.

_____. *O conto brasileiro contemporâneo*. São Paulo: Cultrix/Edusp, 1975.

_____. *O Pré-Modernismo*. São Paulo: Cultrix, 1973.

BRITO, Mário da Silva. *História do Modernismo brasileiro*: antecedentes da Semana de Arte Moderna. 4. ed. Rio de Janeiro: Civilização Brasileira, 1974.

BUESCU, Maria Leonor Carvalhão. *História da literatura*. 2. ed. Lisboa: Imprensa Nacional/Casa da Moeda, 1994.

CASTELLO, José Aderaldo. *A literatura brasileira*. São Paulo: Edusp, 1999. 2 v.

CIDADE, Hernâni. *A literatura portuguesa e a expansão ultramarina*. 2. ed. Coimbra: Armênio Amado, 1963.

COELHO, Jacinto Prado (Org.). *Dicionário das literaturas portuguesa, brasileira e galega*. 3. ed. Porto: Figueirinhas, 1978.

_____. *Diversidade e unidade em Fernando Pessoa*. São Paulo: Verbo/Edusp, 1977.

COSTA, Lígia M. da; REMÉDIOS, Maria Luiza R. *A tragédia*: estrutura & história. São Paulo: Ática, 1988.

COUTINHO, Afrânio. *Introdução à literatura no Brasil*. 17. ed. Rio de Janeiro: Bertran Brasil, 2001.

_____. *Notas de teoria literária*. 2. ed. Rio de Janeiro: Civilização Brasileira, 1978.

COUTINHO, Carlos Nelson et al. *Realismo & antirrealismo na literatura brasileira*. Rio de Janeiro: Paz e Terra, 1974.

CULLER, Jonathan. *Teoria literária*: uma introdução. São Paulo: Beca Produções Culturais, 1999.

DIMAS, Antonio. *Espaço e romance*. 3. ed. São Paulo: Ática, 1994.

FAORO, Raymundo. *Machado de Assis*: a pirâmide e o trapézio. São Paulo: Nacional/Secretaria da Cultura, Ciência e Tecnologia do Estado de São Paulo, 1976.

FERREIRA, Alberto. *Perspectiva do Romantismo português*. Lisboa: Ed. 70, 1971.

FRANÇA, José-Augusto. *O Romantismo em Portugal*. Lisboa: Livros Horizonte, 1975.

GOMES, Álvaro Cardoso. *O Simbolismo*. São Paulo: Ática, 1994.

GOTLIB, Nádia Battela. *Teoria do conto*. 9. ed. São Paulo: Ática, 1999.

HUGO, Victor. *Do grotesco ao sublime*. 2. ed. São Paulo: Perspectiva, 2004.

KAYSER, Wolfgang. *Análise e interpretação da obra literária*. 6. ed. Coimbra: Armênio Amado, 1976.

LOPES, Ana Cristina M.; REIS, Carlos. *Dicionário de teoria narrativa*. São Paulo: Ática, 1998.

LUKÁCS, George. *A teoria do romance*. São Paulo: Duas Cidades; Ed. 34, 2000.

MELLO E SOUZA, Antonio Candido de. *Formação da literatura brasileira*. Momentos decisivos. 2. ed. São Paulo: Martins, 1964. 2 v.

_____. *Literatura e sociedade*. São Paulo: Nacional, 1965.

_____. *Na sala de aula*: caderno de análise literária. São Paulo: Ática, 1985.

_____. *Vários escritos*. São Paulo: Duas Cidades, 1970.

_____; CASTELLO, José Aderaldo. *Presença da literatura brasileira*. São Paulo: Difel, 1975.

_____ et al. *A personagem de ficção*. São Paulo: Perspectiva, 1987.

MOISÉS, Massaud. *O Simbolismo*. São Paulo: Cultrix, 1966.

PACHECO, João. *O Realismo*. São Paulo: Cultrix, 1963.

PAES, José Paulo; MOISÉS, Massaud (Org.). *Pequeno dicionário de literatura brasileira*. São Paulo: Cultrix, 1967.

PEYRE, Henri. *A literatura simbolista*. São Paulo: Cultrix/Edusp, 1983.

POUND, Ezra. *A arte da poesia*: ensaios escolhidos. 3. ed. São Paulo: Cultrix, 1991.

_____. *ABC da literatura*. São Paulo: Cultrix, 1993.

REZENDE, Neide. *A Semana de Arte Moderna*. São Paulo: Ática, 1993.

RONCARI, Luiz. *Literatura brasileira*: dos primeiros cronistas aos últimos românticos. 2. ed. São Paulo: Edusp/FDE, 1995.

SANT'ANNA, Affonso Romano de. *Música popular e moderna poesia brasileira*. Petrópolis: Vozes, 1977.

SARAIVA, António José. *Iniciação na literatura portuguesa*. Lisboa: Publicações Europa-América, 1984.

_____. *Para a história da cultura em Portugal*. 3. ed. Lisboa: Europa-América, 1972. 2 v.

_____; LOPES, Óscar. *História da literatura portuguesa*. 17. ed. Porto: Porto Editora, 1996.

SOARES, Angélica. *Gêneros literários*. 6. ed. São Paulo: Ática, 2000.

SODRÉ, Nelson Werneck. *História da literatura brasileira*: seus fundamentos econômicos. 5. ed. Rio de Janeiro: Civilização Brasileira, 1969.

SOUZA, Roberto Acízelo de. *Teoria da literatura*. 8. ed. São Paulo: Ática, 2003.

STALLONI, Yves. *Os gêneros literários*. Rio de Janeiro: Difel, 2001.

TELES, Gilberto Mendonça. *Vanguarda europeia e Modernismo brasileiro*. Petrópolis: Vozes, 1972.

WELLEK, René; WARREN, Austin. *Teoria da literatura*. 3. ed. Lisboa: Publicações Europa-América, 1976.

Obras de consulta, diversos

BORDENAVE, Juan E. Díaz. *O que é comunicação*. 5. ed. São Paulo: Brasiliense, 1984.

CHAUI, Marilena. *Convite à filosofia*. 3. ed. São Paulo: Ática, 1995.

FAUSTO, Boris. *História do Brasil*. 4. ed. São Paulo: Edusp, 1996.

HOLANDA, Sérgio Buarque de. *Raízes do Brasil*. 8. ed. Rio de Janeiro: José Olympio, 1975.

_____. *Visão do paraíso*: os motivos edênicos no descobrimento e colonização do Brasil. São Paulo: Brasiliense, 1999.

_____; CAMPOS, Pedro Moacyr (Dir.). *História geral da civilização brasileira*. São Paulo: Difel. 11 v.

MARCONDES FILHO, Ciro. *Sociedade tecnológica*. São Paulo: Scipione, 1994.

MARQUES, A. H. de Oliveira. *História de Portugal*. 8. ed. Lisboa: Palas, 1972. 2 v.

MARTINS, Wilson. *História da inteligência brasileira*. São Paulo: Cultrix/Edusp, 1976. 7 v.

SEVCENKO, Nicolau. *O Renascimento*. 2. ed. São Paulo/Campinas: Atual/Unicamp, 1985.

SOUZA, Jésus Barbosa de. *Meios de comunicação de massa*: jornal, televisão, rádio. São Paulo: Scipione, 1996. (Ponto de Apoio).

PROJETO
MÚLTIPLO

Caderno de Estudo

Literatura

Ensino Médio

José De Nicola

Licenciado em Letras, com especialização em ensino de língua e literatura, foi professor de cursinhos e de escolas particulares, lecionando para turmas de Ensino Médio.
Autor de várias obras dedicadas ao ensino de língua, literatura e produção de textos para Ensino Médio, entre as quais se destacam:
Práticas de linguagem – leitura & produção de textos;
Gramática – palavra, frase, texto;
Literatura brasileira – das origens aos nossos dias;
Painel da literatura em língua portuguesa.

editora scipione

editora scipione

Diretoria editorial: Lidiane Vivaldini Olo

Editoria de Língua Portuguesa: Renato Luiz Tresolavy

Editoras: Juliana Lima Gonçalves, Valéria Franco Jacintho;
Francisca Tarsiana Morais da Silva (estag.)

Supervisor de arte e produção: Sérgio Yutaka

Editor de arte: Claudio Faustino da Silva

Supervisor de arte e criação: Didier Moraes

Coordenadora de arte e criação: Andréa Dellamagna

Projeto gráfico: UC Produção Editorial e Andréa Dellamagna

Gerente de revisão: Hélia de Jesus Gonsaga

Equipe de revisão: Rosângela Muricy (coord.);
Ana Paula Chabaribery Malfa, Gloria Cunha,
Luís Maurício Boa Nova, Vanessa de Paula Santos;
Flávia Venézio dos Santos (estag.)

Supervisor de iconografia: Sílvio Kligin

Pesquisa iconográfica: Claudia Bertolazzi, Elena Ribeiro,
Claudia Balista (assist.)

Tratamento de imagem: Cesar Wolf e Fernanda Crevin

Foto da capa: Staden/Coleção José Mindlin, São Paulo, SP.

Grafismos: Shutterstock/Glow Images

Direitos desta edição cedidos à Editora Scipione S.A.

Avenida das Nações Unidas, 7221

3º andar, Setor D

Pinheiros – São Paulo – SP – CEP 05425-902

Tel.: 4003-3061

www.scipione.com.br / atendimento@scipione.com.br

Dados Internacionais de Catalogação na Publicação (CIP)
(Câmara Brasileira do Livro, SP, Brasil)

De Nicola, José
Projeto Múltiplo: Literatura, volume único :
partes 1, 2 e 3 / José De Nicola. – 1. ed. – São Paulo:
Scipione, 2014.

1. Literatura (Ensino médio) 2. Português
(Ensino médio) I. Título.

14-04504 CDD-869.07

Índice para catálogo sistemático:

1. Literatura : Português : Ensino médio 869.07

2023

ISBN 978 85 262 9346-5 (AL)

ISBN 978 85 262 9347-2 (PR)

CAE 502790 (AL)

CAE 502765 (PR)

Código da obra CL 738773

1ª edição

10ª impressão

Impressão e acabamento: Gráfica Eskenazi

Apresentação

O Ensino Médio é cursado no período em que a maioria dos adolescentes faz uma escolha que os acompanhará por toda a vida: a da profissão que desejam seguir.

Além da profissão, a escolha da universidade também é um fator decisivo para o seu futuro sucesso profissional. E para que você tenha um bom desempenho no exame vestibular da universidade que escolher, além de conhecer muito bem todo o conteúdo do Ensino Médio, você deve desenvolver suas habilidades de leitura e de produção de textos. Por esse motivo, este caderno reúne mais de 200 questões das mais renomadas universidades do país, de diferentes níveis de complexidade, e termina com uma proposta de redação de vestibular comentada.

Cada sequência de exercícios de um mesmo tema é precedida por quadros-resumos que sintetizam os principais tópicos do conteúdo para ajudá-lo a estudar e a responder às questões.

Este caderno representa um momento único de preparação para o vestibular. Utilize-o como um instrumento de aperfeiçoamento de suas habilidades e não desista dos seus sonhos.

Boa sorte!

Sumário

Vestibular em foco

Theo Szczepanski/Arquivo da editora

TIPOS DE INTERTEXTUALIDADE

- **Estrutural**: consiste no emprego de modelos de estrutura preexistentes para a produção de textos.
- **Temática**: consiste na abordagem de um mesmo assunto.
- **Referencial**: consiste na citação de outros textos ou na alusão feita a eles.

INTERTEXTUALIDADE: O DIÁLOGO ENTRE OS TEXTOS

INTERTEXTUALIDADE

Chama-se **intertextualidade** o diálogo que se estabelece entre os textos.
É muito difícil encontrar um exemplo de texto que não apresente influência de outros. É como se todo texto fosse um hipertexto que traz *links* explícitos ou implícitos com outros. Não há discurso autônomo.

Intertextualidade como reiteração ou como subversão

A intertextualidade, assim como outros elementos que constituem um texto, deve ser analisada a partir da intenção comunicativa do produtor do texto: quando se constrói uma ponte entre dois textos, desloca-se significação de um contexto para outro e acrescenta-se algo, um outro olhar, uma nova questão – para reiterar, reafirmar, negar ou subverter uma ideia, um conceito ou uma posição ideológica.

Exercícios

Texto para a próxima questão.

A questão a seguir refere-se ao livro *Quem matou o livro policial?*, de Luiz Antonio Aguiar.

1. (Cefet-MG) Analise a capa do livro.

Cefet/2012

Pode-se afirmar, corretamente, que nela há

a) paródia e metonímia.

b) metáfora e metalinguagem.

c) metonímia e intertextualidade.

d) metalinguagem e intertextualidade.

Texto para a próxima questão.

Gênesis

Quando ele nasceu foi no sufoco
Tinha uma vaca, um burro e um louco
Que recebeu Seu Sete

Quando ele nasceu foi de teimoso
Com a manha e a baba do tinhoso
Chovia canivete
Quando ele nasceu nasceu de birra
Barro ao invés de incenso e mirra
Cordão cortado com gilete

Quando ele nasceu sacaram o berro*
Meteram faca, ergueram ferro
Exu falou: ninguém se mete!

Quando ele nasceu tomaram cana
Um partideiro puxou samba
Oxum falou: esse promete!

ALDIR BLANC. *In*: FERRAZ, Eucanaã (org.). *Veneno antimonotonia*. Rio de Janeiro: Objetiva, 2005.

Vocabulário:
* berro – revólver

2. (Uerj)

Natal

Jesus nasceu! Na abóbada infinita
Soam cânticos vivos de alegria;
E toda a vida universal palpita
Dentro daquela pobre estrebaria...

Não houve sedas, nem cetins, nem rendas
No berço humilde em que nasceu Jesus...
Mas os pobres trouxeram oferendas
Para quem tinha de morrer na Cruz.

Sobre a palha, risonho, e iluminado
Pelo luar dos olhos de Maria,
Vede o Menino-Deus, que está cercado
Dos animais da pobre estrebaria.

Não nasceu entre pompas reluzentes;
Na humildade e na paz deste lugar,
Assim que abriu os olhos inocentes,
Foi para os pobres seu primeiro olhar.

No entanto, os reis da terra, pecadores,
Seguindo a estrela que ao presepe os guia,
Vêm cobrir de perfumes e de flores
O chão daquela pobre estrebaria.

Sobem hinos de amor ao céu profundo;
Homens, Jesus nasceu! Natal! Natal!
Sobre esta palha está quem salva o mundo,
Quem ama os fracos, quem perdoa o Mal!

Natal! Natal! Em toda Natureza
Há sorrisos e cantos, neste dia...
Salve, Deus da Humildade e da Pobreza,
Nascido numa pobre estrebaria!

OLAVO BILAC. In: BUENO, Alexei (org.). *Olavo Bilac: obra reunida*. Rio de Janeiro: Nova Aguilar, 1996.

O poema "Natal" retrata o episódio que dá início à história do Cristianismo, reunindo os elementos que o caracterizam segundo a tradição católica. O poema "Gênesis" se refere ao mesmo episódio, mas o faz por meio de uma linguagem bem diversa e de forma menos explícita.

Considerando os dados contidos no poema de Olavo Bilac, transcreva os dois versos de "Gênesis" que fazem alusão ao nascimento de Jesus.

Compare, agora, os seguintes versos de "Natal" e "Gênesis":

Há sorrisos e cantos, neste dia... (v. 26)
Um partideiro puxou samba (v. 14)

Explique a semelhança e a diferença dos conteúdos desses versos.

3. (UFG-GO) Leia o texto:

UFG/2006

Folha de S.Paulo. São Paulo, 29/08/2005, p. 12. Folhateen. [Adaptado.]

A tira trata de modo bem-humorado aspectos relativos à adolescência.

a) A partir da sequência de quadros, justifique por que o adolescente utiliza um *kit* básico de frases para sobreviver.

b) Considere a legenda na parte inferior da tira e explique como o recurso da intertextualidade ajuda a compor o efeito de humor do texto.

Texto para a próxima questão.

Happy end

(Cacaso)

O meu amor e eu
nascemos um para o outro

agora só falta quem nos apresente.

4. (UFRJ) O texto "Happy end" – cujo título ("final feliz") faz uso de um lugar-comum dos filmes de amor – constrói-se na relação entre desejo e realidade, e pode ser considerado uma paródia de certo imaginário romântico. Justifique a afirmativa, levando em conta elementos textuais.

Textos para a próxima questão.

Texto 1

Saudações

Ó ilustríssimos senhores
de modos finos, que saco!
Pelo amor da santa, fora
com vossos salamaleques!
Não quero louros nem busto
e nem meu nome em via
pública.
Não quero as vossas vênias
e rapapés, flores dúbias.
Não quero ser poeta
de que todos se orgulham.

Descaradamente confesso
a quem interessar possa:
Quero é ser a vergonha
da província e da república.

(*Transpaixão*)

Texto 2

Lisbon revisited (1923)

Não: não quero nada.
Já disse que não quero nada.

Não me venham com conclusões!
A única conclusão é morrer.

Não me tragam estéticas!
Não me falem em moral!
Tirem-me daqui a metafísica!
Não me apregoem sistemas completos, não me
enfileirem
conquistas
Das ciências (das ciências, Deus meu, das ciências!) –
Das ciências, das artes, da civilização moderna!

Que mal fiz eu aos deuses todos?

Se têm a verdade, guardem-na!

Sou um técnico, mas tenho técnica só dentro da
técnica.
Fora disso sou doido, com todo o direito a sê-lo.
Com todo o direito a sê-lo, ouviram?

(*Ficções do interlúdio*)

5. (Ufes) Considerando que intertextualidade implica a "utilização de uma multiplicidade de textos ou de partes de textos preexistentes de um ou mais autores, de que resulta a elaboração de um novo texto literário" (*Dicionário eletrônico Houaiss da Língua Portuguesa*), justifique como esse processo ocorre na relação entre os trechos de "Saudações", do poeta brasileiro contemporâneo Waldo Motta, e de "Lisbon revisited (1923)", do poeta português modernista Fernando Pessoa.

6. (UFF-RJ) O quadro *Mona Lisa* é provavelmente o retrato mais famoso na história da arte. Poucos outros trabalhos de arte são tão controversos, questionados, valiosos, elogiados, comemorados ou reproduzidos. Em virtude de sua importância para a arte, muitos outros artistas criaram interferências no quadro ori-

ginal, atendendo às múltiplas possibilidades de tradução para a modernidade. A literatura também persegue dialogar com seu tempo, retomando e renovando seus modelos.

Leonardo da Vinci, *Mona Lisa*.

http://www.monalisamania.com/en_04.htm

JB, *Ecológico*, julho de 2006.

UFF/2007

Identifique o comentário, no âmbito da literatura, que se aproxima do processo de interferência como o ocorrido com a pintura do quadro de Leonardo da Vinci.

a) Pelo que diz respeito às letras, o nosso instinto é ver cultivado, pelas musas brasileiras, o romance literário, o romance que reúne o estudo das paixões humanas aos toques delicados e originais da poesia – meio único de fazer com que uma obra de imaginação, zombando do açoite do tempo, chegue inalterável e pura aos olhos severos da posteridade. (Machado de Assis)

b) A literatura nacional que outra cousa é senão a alma da pátria, que transmigrou para este solo virgem com uma raça ilustre, aqui impregnou-se da seiva americana desta terra que lhe serviu de regaço: e cada dia se enriquece ao contato de outros povos e ao influxo da civilização? (José de Alencar)

c) Nenhum dos poetas da nova geração [parnasiana] quer fazer do verso um instrumento sem vida; nenhum deles quer transformar a Musa num belo cadáver. O que eles não querem é que a Vênus grega seja coxa e desajeitada e faça caretas em vez de sorrir. (Olavo Bilac)

d) O espírito científico do século [XIX] fecundará a inteligência dos homens de letras, e dessa benéfica hematose provirá a literatura naturalista, o reino da verdade escrita, estudo racional, verídico, e sobretudo inteiro, do homem e da sociedade, com a explicação das causas e dos efeitos. (Urbano Duarte)

e) Não espanta que [os modernistas] utilizassem como técnica e atitude de espírito a valorização do prosaico e do bom humor, que, em todas as suas gamas, lavou e purificou a atmosfera sobrecarregada pelos acadêmicos. Há no Modernismo uma extraordinária alegria criadora. O claro riso que invade todos os gêneros. (Antônio Cândido & Aderaldo Castelo)

7. (ITA-SP) Leia, a seguir, o texto em que Millôr Fernandes parodia Manuel Bandeira:

Que Manuel Bandeira me perdoe, mas
VOU-ME EMBORA DE PASÁRGADA
Vou-me embora de Pasárgada
Sou inimigo do Rei
Não tenho nada que eu quero
Não tenho e nunca terei
Vou-me embora de Pasárgada
Aqui eu não sou feliz
A existência é tão dura
As elites tão senis
Que Joana, a louca da Espanha,
Ainda é mais coerente
do que os donos do país.

(FERNANDES, Millôr. "Mais! Folha de S. Paulo", mar. 2001.)

Os três últimos versos de Millôr Fernandes exprimem:

a) a inconsequência dos governantes.
b) a má vontade dos políticos.
c) a ignorância do povo.
d) a pobreza de espírito das elites.
e) a loucura das mulheres no governo.

Textos para a próxima questão.

INSTRUÇÃO: A questão a seguir toma por base as primeiras quatro estrofes da *Canção do Tamoio*, do poeta romântico Antônio Gonçalves Dias (1823-1864), um trecho da *Oração aos Moços*, de Rui Barbosa de Oliveira (1849-1923), e o *Hino do Deputado*, do poeta modernista Murilo Monteiro Mendes (1901-1975).

Canção do Tamoio

I
Não chores, meu filho;
Não chores, que a vida
É luta renhida:
Viver é lutar.
A vida é combate,
Que os fracos abate,
Que os fortes, os bravos,
Só pode exaltar.

II
Um dia vivemos!
O homem que é forte
Não teme da morte;
Só teme fugir;
No arco que entesa
Tem certa uma presa,
Quer seja tapuia,
Condor ou tapir.

III
O forte, o cobarde
Seus feitos inveja
De o ver na peleja
Garboso e feroz;
E os tímidos velhos
Nos graves concelhos,
Curvadas as frontes,
Escutam-lhe a voz!

IV
Domina, se vive;
Se morre, descansa
Dos seus na lembrança,
Na voz do porvir.
Não cures da vida!
Sê bravo, sê forte!
Não fujas da morte,
Que a morte há de vir!

(GONÇALVES DIAS, Antônio. *Obras Poéticas. Tomo II.* São Paulo: Companhia Editora Nacional, 1944, p. 42-43.)

Oração aos Moços

Magistrados ou advogados sereis. Suas duas carreiras quase sagradas, inseparáveis uma da outra, e, tanto uma como a outra, imensas nas dificuldades, responsabilidades e utilidades.

Se cada um de vós meter bem a mão na consciência, certo que tremerá da perspectiva. O tremer próprio é dos que se defrontam com as grandes vocações, e são talhados para as desempenhar. O tremer, mas não o descorçoar. O tremer, mas não o renunciar. O tremer, com o ousar. O tremer, com o empreender. O tremer, com o confiar. Confiai, senhores. Ousai. Reagi. E haveis de ser bem-sucedidos. Deus, pátria e trabalho. Metei no regaço essas três fés, esses três amores, esses três signos santos. E segui, com o coração puro. Não hajais medo a que a sorte vos ludibrie. [...]

Idealismo? Não: experiência da vida. Não há forças, que mais a senhoreiem, do que essas. Experimentai-o, como eu o tenho experimentado. Poderá ser que resigneis certas situações, como eu as tenho resignado. Mas meramente para variar de posto, e, em vos sentindo incapazes de uns, buscar outros, onde vos venha ao encontro o dever, que a Providência vos haja reservado.

(BARBOSA, Rui. *Oração aos moços* [discurso de paraninfo dos formandos da Faculdade de Direito de S. Paulo, em 1920]. Rio de Janeiro: Casa de Rui Barbosa, 1956, p. 58-59.)

Hino do Deputado

Chora, meu filho, chora.
Ai, quem não chora não mama,

Quem não mama fica fraco,
Fica sem força pra vida,
A vida é luta renhida,
Não é sopa, é um buraco.
Se eu não tivesse chorado
Nunca teria mamado,
Não estava agora cantando,
Não teria um automóvel,
Estaria caceteado,
Assinando promissória,
Quem sabe vendendo imóvel
A prestação ou sem ela,
Ou esperando algum tigre
Que talvez desse amanhã,
Ou dando um tiro no ouvido,
Ou sem olho, sem ouvido,
Sem perna, braço, nariz.

Chora, meu filho, chora,
Anteontem, ontem, hoje,
Depois de amanhã, amanhã.
Não dorme, filho, não dorme,
Se você toca a dormir
Outro passa na tua frente,
Carrega com a mamadeira.
Abre o olho bem aberto,
Abre a boca bem aberta,
Chore até não poder mais.

(MENDES, Murilo. "História do Brasil, XLIII". *In*: *Poesia completa e prosa*. Rio de Janeiro: Editora Nova Aguilar, 1994, p. 177-178.)

8. (Unesp-SP) O *Hino do Deputado* constitui uma paródia moderna da *Canção do Tamoio*, isto é, retoma a estrutura de tal texto, mas com transformações que revelam a intenção cômica, jocosa e crítica de Murilo Mendes. Com base nesta observação,

a) mencione dois versos do *Hino do Deputado* que deixam explícita a intertextualidade desse poema com a *Canção do Tamoio*;

b) assumindo o ponto de vista dos princípios de moralidade vigentes, faça um julgamento dos conselhos que o eu poemático dá ao filho, no *Hino do Deputado*.

9. (UFPE)

FECHA A PORTA DOS TEUS MALES!
(Décio Pignatari)

UFPE/2000

Analisando o poema acima, é incorreto afirmar que:

a) a paródia de textos famosos do passado é uma das características do Modernismo, presente neste poema concretista.

b) a imagem utilizada como forma de expressão literária rompe com a estrutura exclusivamente linguística do verso tradicional.

c) aliterações e neologismos estão presentes para realçar o caráter inovador da mensagem.
d) a intertextualidade é resultante da reescrita do verso de Castro Alves em "Navio Negreiro".
e) a simbologia representa o nascimento do Novo Mundo, alertando para os riscos da destruição.

Texto para a próxima questão.

A palavra

Tanto que tenho falado, tanto que tenho escrito – como não imaginar que, sem querer, feri alguém? Às vezes sinto, numa pessoa que acabo de conhecer, uma hostilidade surda, ou uma reticência de mágoas. Imprudente ofício é este, de viver em voz alta.

Às vezes, também a gente tem o consolo de saber que alguma coisa que se disse por acaso ajudou alguém a se reconciliar consigo mesmo ou com a sua vida de cada dia; a sonhar um pouco, a sentir uma vontade de fazer alguma coisa boa.

Agora sei que outro dia eu disse uma palavra que fez bem a alguém. Nunca saberei que palavra foi; deve ter sido alguma frase espontânea e distraída que eu disse com naturalidade porque senti no momento – e depois esqueci.

Tenho uma amiga que certa vez ganhou um canário, e o canário não cantava. Deram-lhe receitas para fazer o canário cantar; que falasse com ele, cantarolasse, batesse alguma coisa ao piano; que pusesse a gaiola perto quando trabalhasse em sua máquina de costura; que arranjasse para lhe fazer companhia, algum tempo, outro canário cantador; até mesmo que ligasse o rádio um pouco alto durante uma transmissão de jogo de futebol... mas o canário não cantava.

Um dia a minha amiga estava sozinha em casa, distraída, e assobiou uma pequena frase melódica de Beethoven – e o canário começou a cantar alegremente. Haveria alguma secreta ligação entre a alma do velho artista morto e o pequeno pássaro cor de ouro?

[1]Alguma coisa que eu disse distraído – talvez palavras de algum poeta antigo – foi despertar melodias esquecidas dentro da alma de alguém. Foi como se a gente soubesse que de repente, num reino muito distante, uma princesa muito triste tivesse sorrido. E isso fizesse bem ao coração do povo; iluminasse um pouco as suas pobres choupanas e as suas remotas esperanças.

RUBEM BRAGA
PROENÇA FILHO, Domício (org.). *Pequena antologia do Braga*. Rio de Janeiro: Record, 1997.

10. (Uerj)

Alguma coisa que eu disse distraído – talvez palavras de algum poeta antigo – foi despertar melodias esquecidas dentro da alma de alguém. (ref. 1)

O cronista revela que sua fala ou escrita pode conter algo escrito por "algum poeta antigo".
Ao fazer essa revelação, o cronista se refere ao seguinte recurso:
a) polissemia
b) pressuposição
c) exemplificação
d) intertextualidade

11. (PUC-SP)

Nova Canção do Exílio

Um sabiá
na palmeira, longe.
Estas aves cantam
um outro canto.

O céu cintila
sobre flores úmidas.
Vozes na mata,
e o maior amor.

Só, na noite,
seria feliz:
um sabiá,
na palmeira, longe.

Onde é tudo belo
e fantástico,
só, na noite,
seria feliz.
(Um sabiá,
na palmeira, longe.)

Ainda um grito de vida e
voltar
para onde é tudo belo
e fantástico:
a palmeira, o sabiá,
o longe.

O poema anterior integra a obra "Rosa do Povo", de Carlos Drummond de Andrade. Deste poema, como um todo, é incorreto afirmar que
a) é uma variação do tema da terra natal, espécie de atualização moderna de uma idealização romântica da pátria.
b) estabelece uma relação intertextual com a "Canção do Exílio", de Gonçalves Dias, e se mostra como uma espécie de paráfrase.
c) evidencia que o poeta se apropriou indevidamente do poema de Gonçalves Dias e manteve os esquemas de métrica e de rima do texto original.
d) traduz na palavra "longe", o significado do "lá", lugar do ideal distante, caracterizador de visão de uma pátria idealizada.
e) utiliza a imagem do sabiá e da palmeira para sugerir um espaço "onde tudo é belo e fantástico" e, afastado do qual, o poeta se sente em exílio.

A ARTE E SUAS LINGUAGENS: INTERAÇÕES ENTRE O ARTISTA E O APRECIADOR DE ARTE

ARTE E SOCIEDADE

As obras de arte são produtos sociais. São produzidas em determinado momento e lugar, ou seja, em determinada sociedade; por isso, expressam uma forma de ler essa sociedade, posiciona-se em relação a ela e reafirma ou contesta seus valores.

ESTÉTICA E BELAS-ARTES

- **Estética**: na filosofia, significa a reflexão sobre o belo e a criação artística; no uso informal, designa tudo o que diz respeito à beleza física, plástica.
- **Belas-artes**: expressão criada em oposição às artes utilitárias ou decorativas. Incluem as seguintes manifestações artísticas: pintura, escultura, arquitetura, literatura, música, dança e cinema. As belas-artes têm em comum o fato de exprimirem a leitura do mundo que o artista faz, mas têm como característica particular as diferentes **linguagens** que utilizam.

A ARTE COMO REPRESENTAÇÃO

Na linguagem visual, o signo é a imagem. Assim como acontece com a linguagem verbal, há inúmeras maneiras de organizar os signos visuais, decorrentes da relação que o ser humano estabelece entre a realidade e sua representação. Os artistas procuram fazer com que o apreciador reaja diante dessa representação e levante questionamentos sobre o que é de fato real, o que é fantasia e, indo mais além, sobre a própria ordenação do real.

O artista recriando a realidade

É da própria essência da arte a possibilidade de o artista recriar a realidade, transformando-se em criador de mundos, de sonhos, de ilusões, de verdade. O artista tem, dessa forma, o poder de moldar a realidade segundo suas convicções, seus ideais, sua vivência.

Exercícios

1. (Insper-SP)

Insper/2013

(http://semioticas1.blogspot.com.br/212/07/genesis-por-sebastiao-salgado.html)

A imagem acima, do aclamado fotógrafo brasileiro Sebastião Salgado, mostra que as fotografias, da mesma forma que os textos, podem ser lidas e interpretadas. A opção de colocar, no primeiro plano, figuras humanas provoca no espectador uma atitude de

a) questionamento sobre a hostilidade da natureza.
b) admiração pela beleza do cenário.
c) surpresa pelo jogo de luz e sombra.
d) mobilização para combater as injustiças sociais.
e) reflexão sobre desamparo e fragilidade.

2. (UFF-RJ)

Texto I

UFF/2012

Almeida Junior, *Ezequiel Freire*, s.d., óleo sobre tela, 55 x 40 cm, Coleção da Academia Paulista de Letras. Reprodução fotográfica de Isabella Matheus.

Disponível em: <http://www.itaucultural.org.br/aplicexternas/enciclopedia_ic/index.cfm?fuseaction=artistas_obras&acao=mais&inicio=1&cont_acao=1&cd_verbete=93>. Acessado em: 12 ago. 2011.

Texto II

UFF/2012

Anita Malfatti, *O homem amarelo*, 1915-1916, óleo sobre tela, 61 x 51 cm, Coleção Mario de Andrade do Instituto de Estudos Brasileiros da Universidade de São Paulo. Reprodução fotográfica de Romulo Fialdini.

Disponível em: <http://www.itaucultural.org.br/aplicexternas/enciclopedia_ic/index.cfm?fuseaction=artistas_obras&acao=mais&inicio=9&cont_acao=2&cd_verbete=323>. Acessado em: 12 ago. 2011.

Os textos I e II representam diferentes movimentos estéticos da arte brasileira.

a) Aponte duas diferenças entre as pinturas, observando os procedimentos de expressão (cor, forma, equilíbrio, contorno, relação entre figura e fundo etc.).
b) Identifique qual das duas pinturas corresponde aos valores estéticos e aos ideais do Modernismo, sintetizados na seguinte passagem de Mario de Andrade: "O modernismo no Brasil foi uma ruptura, foi um abandono consciente de princípios e de técnicas, foi uma revolta contra a inteligência nacional". (Mario de Andrade, *O movimento modernista*, 1942).

3. (Fuvest-SP) Observe, a seguir, esta gravura de Escher:

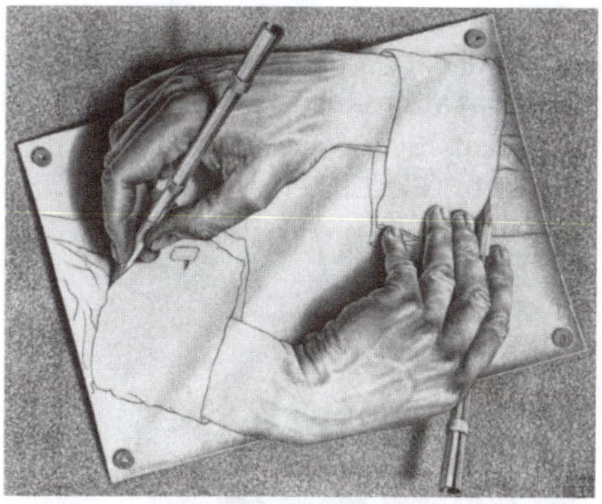

Fuvest/2004

Na linguagem verbal, exemplos de aproveitamento de recursos equivalentes aos da gravura de Escher encontram-se, com frequência,

a) nos jornais, quando o repórter registra uma ocorrência que lhe parece extremamente intrigante.
b) nos textos publicitários, quando se comparam dois produtos que têm a mesma utilidade.

c) na prosa científica, quando o autor descreve com isenção e distanciamento a experiência de que trata.

d) na literatura, quando o escritor se vale das palavras para expor procedimentos construtivos do discurso.

e) nos manuais de instrução, quando se organiza com clareza uma determinada sequência de operações.

4. (UFF-RJ)

Latas pregadas em paus
fixados na terra
fazem a casa
Os farrapos completam
a paisagem íntima
O sol atravessando as frestas
acorda o seu habitante
Depois as doze horas de trabalho

Escravo
britar pedra
acarretar pedra
britar pedra
acarretar pedra
ao sol
à chuva
britar pedra
acarretar pedra
A velhice vem cedo

Uma esteira nas noites escuras
basta para ele morrer
grato
e de fome

Agostinho Neto

Agostinho Neto, poeta angolano, combatente da luta anticolonial e primeiro Presidente da República, apresenta uma obra que se confunde com a história de seu país. Um dos seus temas é a relação penosa do homem com o seu trabalho no cotidiano, tornando assim sua arte popular e engajada.

Em todas as alternativas, as obras de arte expressam uma das temáticas presentes no poema de Agostinho Neto (**Texto**), EXCETO em:

a) 

UFF/2011

Diego Rivera

b) 

UFF/2011

Tarsila do Amaral

c) 

UFF/2011

Antonio Gomide

d) 

UFF/2011

Di Cavalcanti

e) 

UFF/2011

Portinari

5. (UEG-GO)

UEG/2008

SIRON FRANCO – *"Mulher do taxidermista"*, 1982.
Óleo sobre tela, 180 cm × 170 cm.

Siron Franco é o mais conhecido artista plástico goiano. Sua obra retrata temas universais e contemporâneos, filtrados por olhar que se atém a elementos da cultura goiana. Sobre essa síntese presente na obra reproduzida acima, é INCORRETO afirmar que o quadro demonstra

a) uma forte presença da ruralidade, elemento presente na literatura goiana, principalmente na obra de Bernardo Elis.

b) a influência de uma cultura urbana e mais cosmopolita, que se fez presente em Goiás a partir da construção de Goiânia, na década de 1930.

c) uma crítica a determinados valores burgueses, tais como a mercantilização da natureza para fins de consumo.

d) uma estética de viés expressionista, na medida em que se afasta dos padrões clássicos de representação pictórica.

6. (Uesc-BA)

Texto I

O artista brasileiro moderno tende a desconfiar do dado imediato, isto é, do lugar da natureza, da cultura, da história em que os outros querem situá-lo no mundo. Entende-se: o dado, aquilo que é constituído pelo passado natural e cultural, é, no Brasil, tomado principalmente como o tempo do subdesenvolvimento, da dependência cultural, política e econômica, da escravatura. É da reação contra essa situação que surge a tendência construtiva de quase toda a nossa melhor arte. Nesse processo, não é o Brasil do passado que determina o Brasil moderno. Ao contrário: é o Brasil moderno que reinventa o Brasil do passado. [...] Para o artista brasileiro, pensar sobre o Brasil – pensar o Brasil – não pode deixar de ser reinventá-lo. E creio que grande parte dos artistas modernos, os vários modernismos desde 22, o concretismo, o neoconcretismo, a bossa nova, o tropicalismo e os artistas contemporâneos sempre se encontraram nessa mesma situação ante a tarefa da *inventio Brasilis*: da descoberta-invenção do Brasil.

Cícero, Antonio. "O construtivismo brasileiro". *Folha de S.Paulo*, São Paulo, 27 nov. 2010. Ilustrada, p. E 12.

Texto II

Tua orla Bahia
No benefício destas águas profundas
E o mato encrespado do Brasil
Uma jangada leva os teus homens morenos
De chapéu de palha
Pelos campos de batalha
Da renascença

Este mesmo mar azul
Feito para as descidas
Dos hidroplanos de meu século
Frequentado *rendez-vous*
De Holandeses de Condes e de Padres
Que Amaralina atualiza
Poste das saudades transatlânticas
Riscando o ocre fotográfico
Entre Itapoã e o farol tropical

A bandeira nacional agita-se sobre o Brasil
A cidade alteia cúpulas
Torres coqueiros
Árvores transbordando em mangas-rosas
Até os navios ancorados

Forte de São Marcelo
Panela de pedra da história colonial
Cozinhando palmas
E as tuas ruas entreposto do Mundo
E os teus sertanejos asfaltados
E o teu ano de igrejas diferentes
Com um grande dia santo

ANDRADE, Oswald de. Versos baianos. *Cadernos de poesia do aluno Oswald: poesias reunidas*. São Paulo: Círculo do Livro, s.d. p. 145-146.

Explique como se processa, no poema de Oswald de Andrade (modernista de 22), a reinvenção do Brasil comentada no texto I. Documente sua resposta com versos do texto II.

Textos para as próximas duas questões.

O texto a seguir integra uma reportagem da revista *Fotografe Melhor* e fragmentos de um artigo de Elisabeth Seraphim Prosser, professora e pesquisadora de História da Arte e de Metodologia da Pesquisa Científica da Escola de Música e Belas Artes do Paraná.

Manifestação surgiu em Nova York nos anos de 1970

Muitos encaram o grafite como uma mera intervenção no visual das cidades. Outros enxergam uma manifestação social. E há quem o associe com vandalismo, pichação... Mas um crescente público prefere contemplá-lo como uma instigante, provocadora e fenomenal linguagem artística.

O grafite é uma forma de expressão social e artística que teve origem em Nova York, EUA, nos anos de 1970. O nova-iorquino Jean-Michel Basquiat foi o primeiro grafiteiro a ser reconhecido como artista plástico, tendo sido amigo e colaborador do consagrado Andy Warhol – a vida de Basquiat, aliás, mereceu até filme, lançado em 1996.

A chegada ao Brasil também foi nos anos de 1970, na bagagem do artista etíope Alex Vallauri e se popularizou por aqui. Desde a década de 1990 é pura efervescência. Irreverente, a arte das ruas colocou à prova a criatividade juvenil e deu uma chance bastante democrática de expressão, que conquistou, além dos espaços públicos, um lugar na cultura nacional. Uma arte alternativa, que saiu dos guetos para invadir regiões centrais e privilegiadas em quase todo o Ocidente.

Hoje, à vista da sociedade e totalmente integrada ao cotidiano do cidadão brasileiro, a arte de rua provoca e, ao mesmo tempo, lembra a existência de minorias desfavorecidas e suas demandas por meio de coloridos desenhos que atraem a atenção.

Essa manifestação avançou no campo artístico e vem conquistando superfícies em ambientes até então improváveis: do interior de famosas galerias às fachadas externas de museus, como o Tate Modern, de Londres, que em 2008 (maio a setembro) teve a famosa parede de tijolinhos transformada em monumentais painéis grafitados (25 metros) pelas mãos, *sprays* e talento de grafiteiros de vários lugares do planeta, convidados para esse desafio, com destaque para os brasileiros Nunca e os artistas-irmãos Osgêmeos.

UNESP/2011

(*Fotografe Melhor*. Um show de cores se revela na arte dos grafites. São Paulo: Editora Europa, ano 14, nº 161, fevereiro 2010.)

Do vandalismo anárquico à arte politicamente comprometida

Quanto à manifestação da arte de rua em si, pode-se afirmar que ela abrange desde o vandalismo anárquico até a arte politicamente comprometida. Vai da pichação, cujo propósito é sujar, incomodar, agredir, chamar a atenção sobre determinado espaço urbano ou simplesmente desafiar a sociedade estabelecida e a autoridade, até o lambe-lambe e o *graffiti*, nos quais se pretende criticar e transformar o *status quo*.

(...)

O transeunte (...) geralmente ignora, rechaça ou destrói essa arte, considerando-a sujeira, usurpação do seu direito a uma paisagem esterilizada, uma invasão do seu espaço (às vezes privado, às vezes público), uma afronta à mente inteligente. Escolhe não olhá-la, não observá-la, não ler nas suas entrelinhas e nos espaços entre seus rabiscos ou entre seus traços elaborados. Confunde o *graffiti* com a pichação, isto é, a arte com o vandalismo (...).

No entanto, em documentários e em entrevistas com vários artistas de rua em Curitiba em 2005 e 2006, pôde-se constatar que essa concepção é, na maioria dos casos, improcedente. Grande parte dos escritores de *graffiti* e dos artistas envolvidos com o lambe-lambe não apenas estuda ou trabalha, mas tem rendimento bom ou ótimo na sua escola ou no seu emprego.

De acordo com a pesquisa ora em andamento, o artista de rua curitibano mora tanto na periferia quanto no centro, é oriundo tanto de famílias de baixa renda como de outras economicamente mais favorecidas. Seu nível de instrução varia do fundamental incompleto ao médio e ao superior, encontrando-se entre eles inclusive funcionários de órgãos culturais e educacionais da cidade, bem como profissionais liberais, arquitetos, publicitários, *designers* e artistas plásticos, entre outros.

Pôde-se perceber, também, que suas preocupações políticas, sua consciência quanto à ecologia e ao meio ambiente natural ou urbano, seu engajamento voluntário ou profissional em organizações educacionais e assistencialistas são uma constante.

(Elisabeth Seraphim Prosser. *Compromisso e sociedade no graffiti, na pichação e no lambe-lambe em Curitiba* (2004-2006). Anais – Fórum de Pesquisa Científica em Arte. Escola de Música e Belas Artes do Paraná. Curitiba, 2006-2007.)

7. (Unesp-SP) Partindo da máxima segundo a qual "um exemplo vale mais do que mil palavras", aponte o que o autor do texto da revista *Fotografe Melhor* deixa óbvio ao leitor, sob o ponto de vista estético, ao mencionar, no parágrafo final, o fato de que artistas de rua foram convidados a pintar fachadas externas do museu *Tate Modern* de Londres.

8. (Unesp-SP)

O transeunte (...) geralmente ignora, rechaça ou destrói essa arte, considerando-a sujeira, usurpação do seu direito a uma **paisagem esterilizada**,...

Nesta passagem dos fragmentos do texto de Prosser, a expressão "paisagem esterilizada" constitui uma síntese bastante expressiva da opinião do transeunte que não aprecia a arte de rua. Explique o que quis dizer a autora com a atribuição do adjetivo *esterilizada* ao substantivo *paisagem*.

A FUNÇÃO POÉTICA DA LINGUAGEM

A **função poética** da linguagem ocorre quando a intenção do produtor do texto está voltada para a própria mensagem, quer na sua estrutura, quer na seleção e combinação das palavras. Dessa forma, a construção do texto tem o foco voltado para o trabalho com o aspecto material e concreto da mensagem, com a materialidade linguística do texto.

LITERATURA: A ARTE DA PALAVRA

MODERNIDADE E METALINGUAGEM

A reflexão sobre a arte literária e o ofício de escrever sempre foi uma preocupação dos grandes escritores, conscientes de seu trabalho. No entanto, essa necessidade de pensar o fazer poético tornou-se compromisso dos escritores modernos a partir da proposição de reflexões sobre a função social da arte e do próprio trabalho do artista.

Ideias, sentimentos e palavras

Literatura não se faz apenas com ideias e sentimentos. Também não se faz com o simples relato de um acontecimento. Só há canto, só há poesia, quando as palavras estão carregadas de **melodia** e **conceito**; caso contrário, as palavras não ganham dimensão poética ou literária. O texto literário pode (e deve) falar de qualquer coisa, mas o que o sustenta é o trabalho com a linguagem.

Uma especial seleção e combinação de palavras

Ao procurar interpretar textos literários, compete ao leitor compreender o significado exato das palavras e imagens empregadas pelo escritor. Para isso, é necessário perceber os efeitos de sentido causados pela seleção e pela combinação das palavras, além de procurar referências sobre personagens ou fatos mencionados, usando toda sua experiência e conhecimento prévios.

Exercícios

Texto para a próxima questão.

A literatura nos ajuda a construir nossa identidade

Ainda que nasça e morra só, o indivíduo tem a sua existência marcada pela coletividade de que faz parte e que funciona segundo "leis" e "regras" preestabelecidas. Um dos primeiros desafios a serem enfrentados pelo ser humano é compreender que leis e regras são essas, decidir quais delas deve seguir e quais precisam ser questionadas de modo a permitir que sua jornada individual tenha identidade própria.

Nos textos literários, de certo modo, entramos em contato com a nossa história, o que nos dá a chance de compreender melhor nosso tempo, nossa trajetória. O interessante, porém, é que essa "história" coletiva é recriada por meio das histórias individuais, das inúmeras personagens presentes nos textos que lemos, ou pelos poemas que nos tocam de alguma maneira. Como leitores, interagimos com o que lemos. Somos tocados pelas experiências de leituras que, muitas vezes, evocam nossas vivências pessoais e nos ajudam a refletir sobre nossa identidade e também a construí-la.

Como toda manifestação artística, a literatura acompanha a trajetória humana e, por meio de palavras, constrói mundos familiares – em que pessoas semelhantes a nós vivem problemas idênticos – e mundos fantásticos, povoados por seres imaginários, cuja existência é garantida somente por meio das palavras que lhes dão vida. Também exprime, pela criação poética, reflexões e emoções que parecem ser tão nossas quanto de quem as registrou.

Por meio da convivência com poemas e histórias que traçam tantos e diversos destinos, a literatura acaba por nos oferecer possibilidades de resposta a indagações comuns a todos os seres humanos.

Além disso, em diferentes momentos da história humana, a literatura teve um papel fundamental: o de denunciar a realidade, sobretudo quando setores da sociedade tentam ocultá-la. Foi o que ocorreu, por exemplo, durante o período do regime militar no Brasil. Naquele momento, inúmeros escritores arriscaram a própria vida para denunciar, em suas obras, a violência que tornava a existência uma aventura arriscada. A leitura dessas obras, mesmo que vivamos em uma sociedade democrática e livre, nos ensina a valorizar nossos direitos individuais, nos ajuda a desenvolver uma melhor consciência política e social. Em resumo, a literatura permite também que olhemos para a nossa história e, conhecendo algumas de suas passagens, busquemos construir um futuro melhor.

(Maria Luiza M. Abaurre; Marcela Pontara. *Literatura Brasileira – tempos, leitores e leituras*. Ensino Médio. São Paulo: Moderna, 2005, pp. 10-11. Adaptado.).

1. (Uespi) Pelo entendimento do texto, podemos perceber que a intenção pretendida pelas autoras foi destacar:
   a) a importância das leis coletivas para a vida dos indivíduos.
   b) a tendência humana para fazer constantes indagações.
   c) as reflexões e emoções suscitadas pela criação poética.
   d) as múltiplas funções desempenhadas pela literatura.
   e) nossas experiências de leitura, como estímulo à reflexão.

Texto para a próxima questão.

Os poemas

Os poemas são pássaros que chegam
não se sabe de onde e pousam
no livro que lês.
Quando fechas o livro, eles alçam voo
como de um alçapão.
Eles não têm pouso
nem porto
alimentam-se um instante em cada par de mãos
e partem.
E olhas, então, essas tuas mãos vazias,
no maravilhado espanto de saberes
que o alimento deles já estava em ti...

QUINTANA, Mário. *Poesia completa*. Rio de Janeiro: Nova Aguilar, 2005.

2. (Uerj)
   E olhas, então, essas tuas mãos vazias,
   no maravilhado espanto de saberes
   que o alimento deles já estava em ti... (v. 10-12)

   De acordo com esses versos, um dos efeitos da compreensão da leitura é:
   a) alimentar o leitor com novas perspectivas e opções.
   b) revelar ao leitor suas próprias sensações e pensamentos.
   c) transformar o leitor em uma pessoa melhor e mais consciente.
   d) deixar o leitor maravilhado com a beleza e o encantamento do poema.

Texto para a próxima questão.

Tudo o que aqui escrevo é forjado no meu silêncio e na penumbra. Vejo pouco, ouço quase nada.

Mergulho enfim em mim até o nascedouro do espírito que me habita. Minha nascente é obscura. Estou escrevendo porque não sei o que fazer de mim. Quer dizer: não sei o que fazer com meu espírito. O corpo informa muito. Mas eu desconheço as leis do espírito: ele vagueia. Meu pensamento, com a enunciação das palavras mentalmente brotando, sem depois eu falar ou escrever – esse meu pensamento de palavras é precedido por uma instantânea visão sem palavras, do pensamento – palavra que se seguirá, quase imediatamente – diferença espacial de menos de um milímetro. Antes de pensar, pois, eu já pensei.

Clarice Lispector. *Um sopro de vida*.

3. (UFF-RJ) Assinale a opção que corresponde ao pensamento de Clarice Lispector sobre a criação literária, no texto.
   a) A obra em si mesma é tudo: se te agradar, fino leitor, pago-me da tarefa; se te não agradar, pago-te com um piparote e adeus.
   b) Não colhas no chão o poema que se perdeu.
   c) Vozes da infância, contai a história da vida boa que nunca veio.
   d) Pensar é a concretização, materialização do que se pré-pensou.
   e) O poeta é um fingidor. Finge tão completamente que chega a fingir que é dor a dor que deveras sente.

Texto para a próxima questão.

Por que ler?

Certas coisas não basta anunciar, como uma verdade que deve ser aceita por si só. Precisamos dizer o porquê. Se queremos fazer os brasileiros lerem mais de um livro por ano, essa trágica média nacional, precisamos de fato conquistar o seu interesse.

Listo os três benefícios fundamentais que a leitura pode trazer.

O primeiro: ler nos faz mais felizes. É um caminho para o autoconhecimento, e o exercício constante de autoconhecimento é um caminho para a felicidade. A vida, também no plano individual, é mais intensa na busca. Os personagens de um livro de ficção, os fatos de um livro-reportagem, as ideias de um livro científico, interagem com os nossos sentimentos, ora refletindo-os, ora agredindo-os, e, portanto, servindo de parâmetro para sabermos quem somos, seja por identidade ou oposição.

O segundo benefício: ler nos torna amantes melhores. Treina nossa sensibilidade para o contato com o outro. Amores românticos, amores carnais, amores perigosos, amores casuais, amores culpados, todos estão nos livros. A sensibilidade do leitor encontra seu caminho. E quanto mais o nosso imaginário estiver arejado pelas infinitas opções que as histórias escritas nos oferecem, sejam elas factuais ou ficcionais, com mais delícia aproveitamos os bons momentos do amor, e com mais calma enfrentamos os maus.

Por fim: ler nos torna cidadãos melhores. Os livros propiciam ao leitor um ponto de vista privilegiado, de onde observa conflitos de interesses. No processo, sua consciência é estimulada a se posicionar com equilíbrio. Tendem a ganhar forma, então, princípios de "honestidade", "honra", "justiça" e "generosidade". Guiado por estes valores, o leitor pode enfim ultrapassar as fronteiras sociais, e ver a humanidade presente em todos os tipos, em todas as classes.

Teríamos menos escândalos de corrupção, se lêssemos mais; construiríamos uma sociedade menos injusta, se educássemos melhor os nossos espíritos; eu acredito nisso.

Rodrigo Lacerda. Adaptado de <rodrigolacerda.com.br>.

4. (Uerj) O texto do escritor Rodrigo Lacerda sugere que, por meio da literatura, o leitor pode acompanhar perspectivas diferentes da própria.
   O trecho que explicita o contato do leitor com perspectivas distintas é:
   a) A vida, também no plano individual, é mais intensa na busca. (l. 12-13)
   b) Os livros propiciam ao leitor um ponto de vista privilegiado, de onde observa conflitos de interesses. (l. 30 a 32)
   c) Tendem a ganhar forma, então, princípios de "honestidade", "honra", "justiça" e "generosidade". (l. 34-36)
   d) construiríamos uma sociedade menos injusta, se educássemos melhor os nossos espíritos; (l. 41-43)

5. (IFSP) Considere um trecho do poema "O apanhador de desperdícios", de Manoel de Barros.

Uso a palavra para compor meus silêncios.
Não gosto das palavras
fatigadas de informar.
Dou mais respeito
às que vivem de barriga no chão
tipo água pedra sapo.
Entendo bem o sotaque das águas
dou respeito às coisas desimportantes
e aos seres desimportantes.
Prezo insetos mais que aviões.
Prezo a velocidade
Das tartarugas mais que a dos mísseis.

PINTO, Manuel da Costa. *Antologia comentada da poesia brasileira do século 21*. São Paulo: Publifolha, 2006.

Pela leitura dos versos, pode-se concluir que o poeta
   a) exalta a velocidade e a rapidez associadas aos avanços tecnológicos próprios do século XXI.
   b) usa a linguagem para expressar as angústias e frustrações que sente diante da vida.
   c) prefere o ambiente urbano, embora afirme precisar de momentos de silêncio e de contemplação.

d) reflete sobre o papel que as palavras desempenham como veículo para a expressão do eu lírico.

e) sente necessidade de educar e de informar os leitores, usando termos arcaicos e incomuns.

6. (Unicamp-SP) No poema a seguir, Alberto Caeiro compara o trabalho do poeta com o do carpinteiro:

XXXVI
E há poetas que são artistas
E trabalham nos seus versos
Como um carpinteiro nas tábuas! ...

Que triste não saber florir!
Ter que pôr verso sobre verso, como quem constrói um muro
E ver se está bem, e tirar se não está! ...
Quando a única casa artística é a Terra toda
Que varia e está sempre bem e é sempre a mesma.

Penso nisto, não como quem pensa, mas como quem respira,
E olho para as flores e sorrio...
Não sei se elas me compreendem
Nem se eu as compreendo a elas,
Mas sei que a verdade está nelas e em mim
E na nossa comum divindade
De nos deixarmos ir e viver pela Terra
E levar ao colo pelas Estações contentes
E deixar que o vento cante para adormecermos
E não termos sonhos no nosso sono.

("Poemas completos de Alberto Caeiro", em Fernando Pessoa. *Obra poética*. Rio de Janeiro: Nova Aguilar, 1983, p. 156.)

a) Por que tal comparação é feita? Por que ela é rejeitada pelo eu lírico na segunda estrofe do poema?

b) Identifique duas características próprias da visão de mundo de Alberto Caeiro presentes na terceira estrofe. Justifique sua resposta.

Texto para a próxima questão.

Sobre a origem da poesia

A origem da poesia se confunde com a origem da própria linguagem.

Talvez fizesse mais sentido perguntar quando a linguagem verbal deixou de ser poesia. Ou: qual a origem do discurso não poético, já que, restituindo laços mais íntimos entre os signos e as coisas por eles designadas, a poesia aponta para um uso muito primário da linguagem, que parece anterior ao perfil de sua ocorrência nas conversas, nos jornais, nas aulas, conferências, discussões, discursos, ensaios ou telefonemas.

Como se ela restituísse, através de um uso específico da língua, a integridade entre nome e coisa – que o tempo e as culturas do homem civilizado trataram e separar no decorrer da história.

A manifestação do que chamamos de poesia hoje nos sugere mínimos *flashbacks* de uma possível infância da linguagem, antes que a representação rompesse seu cordão umbilical, gerando essas duas metades – significante e significado.

Houve esse tempo? Quando não havia poesia porque a poesia estava em tudo o que se dizia? Quando o nome da coisa era algo que fazia parte dela, assim como sua cor, seu tamanho, seu peso? Quando os laços entre os sentidos ainda não se haviam desfeito, então música, poesia, pensamento, dança, imagem, cheiro, sabor, consistência se conjugavam em experiências integrais, associadas a utilidades práticas, mágicas, curativas, religiosas, sexuais, guerreiras?

Pode ser que essas suposições tenham algo de utópico, projetado sobre um passado pré-babélico, tribal, primitivo. Ao mesmo tempo, cada novo poema do futuro que o presente alcança cria, com sua ocorrência, um pouco desse passado.

Lembro-me de ter lido, certa vez, um comentário de Décio Pignatari, em que ele chamava a atenção para o fato de, tanto em chinês como em tupi, não existir o verbo ser, enquanto verbo de ligação. Assim, o ser das coisas ditas se manifestaria nelas próprias (substantivos), não numa partícula verbal externa a elas, o que faria delas línguas poéticas por natureza, mais propensas à composição analógica.

Mais perto do senso comum, podemos atentar para como colocam os índios americanos falando, na maioria dos filmes de *cowboy* – eles dizem "maçã vermelha", "água boa", "cavalo veloz"; em vez de "a maçã é vermelha", "essa água é boa", "aquele cavalo é veloz". Essa forma mais sintética, telegráfica, aproxima os nomes da própria existência – como se a fala não estivesse se referindo àquelas coisas, e sim apresentando-as (ao mesmo tempo em que se apresenta).

No seu estado de língua, no dicionário, as palavras intermedeiam nossa relação com as coisas, impedindo nosso contato direto com elas. A linguagem poética inverte essa relação, pois, vindo a se tornar, ela em si, coisa, oferece uma via de acesso sensível mais direto entre nós e o mundo.

(...)

Já perdemos a inocência de uma linguagem plena assim. As palavras se desapegaram das coisas, assim como os olhos se desapegaram dos ouvidos, ou como a criação se desapegou da vida. Mas temos esses pequenos oásis – os poemas – contaminando o deserto da referencialidade.

ARNALDO ANTUNES <www.arnaldoantunes.com.br>

7. (Uerj) *a poesia aponta para um uso muito primário da linguagem, que parece anterior ao perfil de sua ocorrência nas conversas, nos jornais, nas aulas, conferências, discussões, discursos, ensaios ou telefonemas.* (l. 7 a 11)

A comparação entre a poesia e outros usos da linguagem põe em destaque a seguinte característica do discurso poético:

a) revela-se como expressão subjetiva
b) manifesta-se na referência ao tempo
c) afasta-se das praticidades cotidianas
d) conjuga-se com necessidades concretas

Texto para a próxima questão.

O assinalado

Tu és o louco da imortal loucura,
o louco da loucura mais suprema.
A terra é sempre a tua negra algema,
prende-te nela a extrema Desventura.
Mas essa mesma algema de amargura,
mas essa mesma Desventura extrema
faz que tu'alma suplicando gema
e rebente em estrelas de ternura.
Tu és Poeta, o grande Assinalado
que povoas o mundo despovoado,
de belezas eternas, pouco a pouco.
Na Natureza prodigiosa e rica
toda a audácia dos nervos justifica
os teus espasmos imortais de louco!

SOUSA, Cruz e. *Poesia completa*. Florianópolis: Fundação Catarinense de Cultura, 1981. p. 135.

8. (UFRJ) Apresente, com suas próprias palavras, o significado de loucura depreendido a partir da leitura do texto.

Texto para a próxima questão.

Mãos dadas

Não serei o poeta de um mundo caduco.
Também não cantarei o mundo futuro.
Estou preso à vida e olho meus companheiros.
Estão taciturnos mas nutrem grandes esperanças.
Entre eles, considero a enorme realidade.
O presente é tão grande, não nos afastemos.
Não nos afastemos muito, vamos de mãos dadas.

Não serei o cantor de uma mulher, de uma história,
não direi os suspiros ao amanhecer, a paisagem vista
  da janela,
não distribuirei entorpecentes ou cartas de suicida,
não fugirei para as ilhas nem serei raptado por serafins.
O tempo é minha matéria, o tempo presente, os homens
  presentes,
a vida presente.

Carlos Drummond de Andrade, *Sentimento do mundo* (1940)

9. (Fatec-SP) Considere as seguintes afirmações sobre o texto.

I. Trata-se de um poema em que o eu lírico afirma seu desejo de que a poesia possa reconstruir aquilo que, tendo sido destruído no passado, permanece atual em sua memória.

II. O poeta manifesta a confiança de que sua nova poesia poderá superar os problemas pessoais que quase o levaram ao suicídio e o fizeram desejar isolar-se.

III. O poeta convoca outros poetas para que, juntos, possam se libertar das velhas convenções que prejudicam a poesia moderna.

IV. Os versos da 1ª estrofe indicam o anseio do eu lírico de que sua poesia se aproxime dos homens e ajude a transformar a vida presente.

V. Na 2ª estrofe, o eu lírico nega que a poesia desse momento histórico deva tratar de temas sentimentais ou amorosos.

São corretas apenas as afirmações

a) I, II e III.
b) I e IV.
c) II e III.
d) III e IV.
e) IV e V.

10. (UFPR)

Hoje em dia quando surge algum novel escritor, o aparecimento de seu primeiro trabalho é uma festa, que celebra-se na imprensa com luminárias e fogos de vistas. Rufam todos os tambores do jornalismo, e a literatura forma parada e apresenta armas ao gênio triunfante que sobe ao Panteão.

Compare-se essa estrada, tapeçada de flores, com a rota aspérrima que eu tive de abrir, através da indiferença e do desdém, desbravando as urzes da intriga e da maledicência.

Outros romances é de crer que sucedessem a "O Guarani" no folhetim do *Diário*; se meu gosto não se voltasse então para o teatro. De outra vez falarei da feição dramática de minha vida literária; e contarei como e por que veio-me essa fantasia. Aqui não se trata senão do romancista.

Em 1862 escrevi "Lucíola", que editei por minha conta e com o maior sigilo. Talvez não me animasse a esse cometimento, se a venda da segunda e terceira edição ao Sr. Garnier, não me alentasse a confiança, provendo-me de recursos para os gastos da impressão.

O aparecimento de meu novo livro fez-se com a etiqueta, ainda hoje em voga, dos anúncios e remessa de exemplares à redação dos jornais. Entretanto toda a imprensa diária resumiu-se nesta notícia de um laconismo esmagador, publicada pelo *Correio Mercantil*: "Saiu à luz um livro intitulado 'Lucíola'". Uma folha de caricaturas trouxe algumas linhas pondo ao romance tachas de francesia.

Há de ter ouvido algures, que eu sou um mimoso do público, cortejado pela imprensa, cercado de uma voga de favor, vivendo da falsa e ridícula idolatria a um nome oficial. Aí tem as provas cabais; e por elas avalie dessa nova conspiração do despeito que veio substituir a antiga conspiração do silêncio e da indiferença.

ALENCAR, José de. "Como e por que sou romancista". Campinas, SP: Pontes, 1990. p. 65-67.

Em relação à obra "Como e por que sou romancista", de José de Alencar, é correto afirmar:

a) Publicado pelo autor como carta aberta às autoridades, sustenta a necessidade de investimentos diretos do governo brasileiro no financiamento das atividades artísticas, incluindo-se aí a publicação e distribuição de obras literárias de autores nacionais.

b) Testemunho dos interesses intelectuais e estéticos do autor, essa obra revela o empenho e a concentração de Alencar no estudo, desde a primeira infância, da literatura da Antiguidade Clássica, modelo fundamental para sua produção literária madura.

c) Alencar lamenta o preconceito e a incompreensão da crítica com relação aos seus trabalhos, que o teriam levado a viver longe do reconhecimento público, sendo toda sua carreira de escritor cercada por uma "conspiração do silêncio e da indiferença".

d) A menção ao lançamento em folhetim do romance "O Guarani" evoca uma forma de circulação importante da produção literária ao tempo do autor, que em alguma medida minorava as dificuldades de acesso ao público: as edições de romances, capítulo a capítulo, nas páginas de jornais.

e) As observações à celebração de um "novel escritor" que "sobe ao Panteão", no parágrafo de abertura do trecho citado, podem ser compreendidas como uma crítica velada do escritor à figura de Machado de Assis, fundador da Academia Brasileira de Letras e seu inimigo pessoal.

Textos para a próxima questão.

Texto I

Oração do Milho (fragmento)

Senhor, nada valho.
Sou a planta humilde dos quintais pequenos e das lavouras pobres.
Meu grão, perdido por acaso,
nasce e cresce na terra descuidada.
Ponho folhas e haste, e se me ajudares, Senhor,
mesmo planta de acaso, solitária,
dou espigas e devolvo em muitos grãos
o grão perdido inicial, salvo por milagre,
que a terra fecundou.
Sou a planta primária da lavoura.
Não me pertence a hierarquia tradicional do trigo
e de mim não se faz o pão dado nos altares.
Sou apenas o alimento forte e substancial dos que trabalham a terra, onde não vinga o trigo nobre.
Sou de origem obscura e de ascendência pobre,
Alimento de rústicos e animais do jugo.
(...)
Sou o cacarejo alegre das poedeiras à volta dos seus ninhos
ou a pobreza vegetal agradecida a Vós, Senhor,
que me fizestes necessário e humilde.
Sou o milho.

CORALINA, Cora. Poemas dos becos de Goiás e estórias mais. 9ª ed. Mariana/SP: Global Editora, 1985.

Texto II

Poema do milho (fragmento)

Milho...
Plantado nos quintais.
Talhões fechados pelas roças.
Entremeado nas lavouras.
Baliza marcante nas divisas.
Milho verde. Milho seco.
Bem granado, cor de ouro.
Alvo. Às vezes vareia,
– espiga roxa, vermelha, salpintada.
(...)
Milho empaiolado...
Abastança tranquila
do rato,
do caruncho,
do cupim.
Palha de milho para o colchão.
Jogada pelos pastos.
Mascada pelo gado.
Trançada em fundos de cadeiras.
Queimada nas coivaras.
Leve mortalha de cigarros.
Balaio de milho trocado com o vizinho
No tempo da planta.
"– Não se planta, nos sítios, semente da mesma terra".

CORALINA, Cora. Poemas dos becos de Goiás e estórias mais. 9ª ed. Mariana/SP: Global Editora, 1985.

11. (Cefet-MG) Considere as afirmativas a seguir:

I. A voz poética do texto I faz alusão a cerimônias religiosas.

II. A autora, no final do texto II, utiliza-se da epígrafe como recurso intertextual.

III. O diálogo entre os dois poemas revela a intertextualidade denominada paráfrase.

IV. Os objetos artesanais presentes no texto II simbolizam o trabalho metalinguístico.

Estão corretos os itens

a) I e II.
b) I e III.
c) II e IV.
d) III e IV.

OS GÊNEROS LITERÁRIOS: A TRADIÇÃO ARISTOTÉLICA

GÊNEROS LITERÁRIOS

Partindo da significação etimológica da palavra **gênero** (do latim *gènus*, *èris*, "nascimento, descendência, origem; raça, tronco"), o professor Massaud Moisés conclui que "em Literatura, [gênero] deve designar famílias de obras dotadas de atributos iguais ou semelhantes".

A DIVISÃO ARISTOTÉLICA

O filósofo grego Aristóteles distinguiu três gêneros: o **épico**, o **dramático** e o **lírico**.

O gênero épico

Epopeia é uma narrativa de caráter sublime, em forma de poesia, que tem como eixo central a figura de um herói e façanhas grandiosas, misturando elementos da vida terrena com elementos lendários e mitológicos.

Homero

Poeta épico por excelência, é autor de duas obras que influenciaram a literatura universal: *Ilíada* e *Odisseia*, ambas tendo como pano de fundo as lendárias histórias da Guerra de Troia. Os heróis homéricos são agressivos e ferozes nas batalhas, mas pacíficos e justos na vida normal.

Virgílio

Foi um dos mais importantes poetas latinos, de estilo erudito e evidente inspiração nas obras de Homero. Entre suas obras, destaca-se o poema épico *Eneida*, que narra a lenda da fundação de Roma e exalta a grandeza do Império Romano.

O gênero dramático

O gênero dramático abrange os textos literários destinados à representação. O drama teve sua origem nas festas religiosas em homenagem ao deus grego Dioniso (na mitologia romana, Baco).

Tragédia

- Caráter sério, solene.
- Temática singular em que o protagonista tem de enfrentar a desgraça.
- Registro mais formal.
- Estrutura interna da ação dramática: situação inicial feliz; desfecho fatal.
- Personagens: nobres (reis, príncipes, etc.), que sofrem nas mãos dos deuses e do destino.

Comédia

- Caráter cômico, ridículo.
- Temática do cotidiano, centrada na sátira da sociedade e dos defeitos humanos.
- Registro mais coloquial.
- Estrutura interna da ação dramática: situação inicial complicada ou conflituosa; final feliz.
- Personagens: são arquétipos que exploram a natureza humana (o rabugento, o avaro, o apaixonado, etc.).

Sófocles

Poeta ateniense que, juntamente com Ésquilo e Eurípedes, foi um dos mais importantes dramaturgos gregos. Escreveu mais de cem peças, entre as quais destacam-se: *Édipo Rei*, *Antígona* e *Electra*.

Exercícios

1. (Cefet-MG) Leia.

Abelardo I (*Sentado em conversa com o Cliente. Aperta um botão, ouve-se um forte barulho de campainha.*) – Vamos ver...
Abelardo II (*Veste botas e um completo domador de feras. Usa pastinha e enormes bigodes retorcidos. Monóculo. Um revólver à cinta.*) – Pronto Seu Abelardo.
Abelardo I – Traga o dossier desse homem.
Abelardo II – Pois não! O seu nome?
Cliente (*Embaraçado, o chapéu na mão, uma gravata de corda no pescoço magro.*) – Manoel Pitanga de Moraes.

ANDRADE, Oswald. *O rei da vela*. São Paulo: Globo, 1994. p. 39.

O fragmento organiza-se segundo o modelo do gênero literário que se define por

a) ser produzido para a encenação pública.
b) narrar os fatos notáveis da história de um povo.
c) expressar as emoções e estados de alma do autor.
d) ridicularizar os vícios e atitudes reprováveis dos seres humanos.

Texto para a próxima questão.

Leia o trecho abaixo, de "Morte e vida severina", de João Cabral de Melo Neto.

"– Severino retirante,
deixa agora que lhe diga:
eu não sei bem a resposta
da pergunta que fazia,
se não vale mais saltar
fora da ponte e da vida;
(...)

E não há melhor resposta
que o espetáculo da vida:
vê-la desfiar seu fio,
que também se chama vida,
ver a fábrica que ela mesma,
teimosamente, se fabrica,"

2. (EsPCEx–AMAN-RJ) Quanto ao gênero literário, é correto afirmar que o fragmento lido é

a) narrativo, que conta em prosa histórias do sertão nordestino.
b) uma peça teatral, desprovido de lirismo e com linguagem rústica.
c) bastante poético e marcado por rimas, sem metrificação.
d) uma epopeia, que traduz o desencanto pela vida dura do sertão.
e) dramático, que encena conflitos internos do ser humano.

Texto para a próxima questão.

Joaquim Maria Machado de Assis é cronista, contista, dramaturgo, jornalista, poeta, novelista, romancista, crítico e ensaísta. Em 2008, comemora-se o centenário de sua morte, ocorrida em setembro de 1908. Machado de Assis é considerado o mais canônico escritor da Literatura Brasileira e deixou uma rica produção literária composta de textos dos mais variados gêneros, em que se destacam o conto e o romance.

Segue o texto desse autor, em poesia.

A Carolina

Querida, ao pé do leito derradeiro
Em que descansas dessa longa vida,
Aqui venho e virei, pobre querida,
Trazer-te o coração do companheiro.

Pulsa-lhe aquele afeto verdadeiro
Que, a despeito de toda a humana lida,
Fez a nossa existência apetecida
E num recanto pôs um mundo inteiro.

Trago-te flores, – restos arrancados
Da terra que nos viu passar unidos,
São pensamentos idos e vividos.

Que eu, se tenho nos olhos mal feridos
Pensamentos de vida formulados,
São pensamentos idos e vividos.

Machado de Assis

3. (Ibmec-RJ) Ao avaliarmos o texto quanto a seu gênero literário, podemos afirmar que ele pertence:

a) Ao gênero narrativo, pois conta a história triste do poeta.
b) Ao gênero lírico, pois expressa os sentimentos do eu poético.
c) Ao gênero dramático, pois evidencia o drama sentimental do poeta.
d) Ao gênero épico, pois exterioriza e narra as emoções do eu lírico de forma grandiloquente.
e) Ao gênero descritivo, pois descreve os detalhes do contexto físico da cena.

4. (UFG-GO) Leia as estrofes do poema "O prato azul-pombinho", de Cora Coralina.

Minha bisavó – que Deus a tenha em glória –
sempre contava e recontava
em sentidas recordações
de outros tempos
a estória de saudade
daquele prato azul-pombinho.

Era uma estória minuciosa.
Comprida, detalhada.
Sentimental.
Puxada em suspiros saudosistas
E ais presentes.
E terminava, invariavelmente,
depois do caso esmiuçado:
"– Nem gosto de lembrar disso..."
É que a estória se prendia
Aos tempos idos em que vivia
Minha bisavó
Que fizera deles seu presente e seu futuro.
[...]

CORALINA, Cora. "Melhores Poemas de Cora Coralina". Seleção de Darci F. Denófrio. São Paulo: Global, 2004. p. 47.

De acordo com a leitura dos fragmentos, explicite:

a) A lembrança a que o eu poético faz alusão.

b) Como são construídos os traços épico e lírico.

Texto para a próxima questão.

Com base no trecho abaixo, do conto "Bolívar", responda à questão adiante.

"Na última série do curso colegial, antes que eu completasse dezoito anos, o professor de Matemática, com mais de trinta, invadiu a sala de aula montado num corcel que pertencera a Sir Percival, metido na armadura que roubara do Rei Artur. Ao tirar o elmo, percebi que seus cabelos dourados, numa grandiosa revolução sobre a testa, quase encobriam o azul das íris. Em seguida, saltou do cavalo e veio até minha carteira, de espada em punho, apontar as duas incógnitas da equação em que eu me transformara: o amolecimento dos membros inferiores e a taquicardia de cento e vinte por minuto. Não houve jeito. Fiquei apaixonada e me casei no ano seguinte. Mas o casamento foi um teorema que só serviu para demonstrar a inutilidade da espada: era de papelão e não resistia ao menor embate. Em sete anos praticamente assexuados, sem ao menos um filho para chorar o silêncio de nossas noites, meu príncipe encantado se desencantou sob a forma de uma gema arrebentada em cima da clara."

GIUDICE, Victor. *Salvador janta no Lamas*. Rio de Janeiro: José Olympio, 1989.

5. (Uerj) Pelo trecho passam várias representações da figura do herói na literatura, através do personagem do professor de Matemática. Para a narradora, ele se transforma de um tipo de herói em outro.
Essa transformação pode ser comprovada pela identificação do personagem do professor, respectivamente, com os seguintes tipos de herói:

a) épico e anti-herói

b) medieval e moderno

c) intelectual e provedor

d) verdadeiro e problemático

6. (Unirio-RJ)

A um Passarinho
Para que vieste
Na minha janela
Meter o nariz?
Se foi por um verso
Não sou mais poeta
Ando tão feliz!

Vinicius de Moraes

a) Segundo o texto, qual é a condição fundamental para a criação poética?

b) Qual o gênero literário a que pertence o texto?

7. (UFV-MG) Os gêneros literários das narrativas na Antiguidade Clássica foram agrupados em: lírico, dramático e épico.
Assinale a alternativa cujo elemento NÃO está presente no gênero épico:

a) Narrativa de fundo histórico.

b) Distanciamento do narrador.

c) Local específico de encenação.

d) Presença do herói destemido.

8. (UFGRS-RS) O gênero dramático, entre outros aspectos, apresenta como característica essencial:

a) A presença de um narrador.

b) A estrutura de diálogo.

c) O extravasamento lírico.

d) A musicalidade.

e) O descritivismo.

9. (UFU-MG) Leia, atentamente, as seguintes afirmações sobre *Auto do frade*, de João Cabral de Melo Neto:

I. O texto pertence ao gênero dramático. Como o título indica, auto é uma peça breve.

II. A musicalidade, obtida por meio das rimas e do ritmo, pode caracterizar o texto como manifestação do gênero lírico.

III. Por conter elementos narrativos, como personagens e uma história, o texto ainda pode ser considerado como manifestação do gênero épico.

IV. O verso "Se já está morto. Se não dorme." possui oito sílabas poéticas, como este outro: "Não estamos todos aqui?".

V. Nestes pungentes versos: "Eu sei que no fim de tudo/um poço cego me fita", o poeta usou a figura prosopopeia.

Agora assinale a alternativa certa.

a) Estão corretas apenas as afirmativas I, II e III.

b) Estão corretas apenas as afirmativas I, IV e V.

c) Estão corretas apenas as afirmativas I, II e V.

d) Estão corretas apenas as afirmativas II, IV e V.

e) Todas as afirmativas estão corretas.

O QUE É O GÊNERO LÍRICO?

Pertence ao gênero lírico o poema que extravasa as emoções íntimas pela expressão verbal rítmica e melodiosa. Originalmente destinada ao canto e acompanhada do som de uma lira, essa forma literária encontrava sua inspiração nos sentimentos reais ou imaginários e na própria musicalidade.

EU POÉTICO E AUTOR

Não se deve confundir o enunciador de um poema (o eu poético) com o próprio poeta (o autor). Embora possa ocorrer, nem sempre a voz do enunciador mantém ponto de contato com o poeta.

O GÊNERO LÍRICO

O RITMO POÉTICO

A poesia – ou seja, os textos escritos em versos, sejam eles do gênero lírico, épico ou dramático – caracteriza-se pelo ritmo, a tal ponto que podemos afirmar que o ritmo é a sua "alma". Esse ritmo é obtido quando se realiza um especial trabalho com a linguagem, em que o foco recai na seleção e na combinação de palavras e sons, numa disposição melódica, com a predominância da função poética da linguagem.

Formas fixas

Formas padronizadas de poesia lírica recorrentes em diversos lugares e períodos literários.

Métrica

Métrica é a medida de um verso, definida pelo número de sílabas poéticas. A sílaba poética nem sempre corresponde a uma sílaba gramatical, pois a divisão silábica de um verso leva em conta as emissões de voz do verso como um todo; além disso, conta-se até a última sílaba tônica do verso, desprezando-se as últimas sílabas pós-tônicas.

Refrão

Refrão ou **estribilho** é um verso (ou agrupamento de versos) que se repete ao final das estrofes. O refrão é responsável pelo ritmo marcado que o poema assume e, ao mesmo tempo, enfatiza determinada ideia.

Soneto

- Composto de 14 versos, divididos em dois quartetos e dois tercetos.
- Versos metrificados e rimados; em sua versão clássica, os versos são decassílabos ou alexandrinos.
- Estrutura interna: introdução ou exposição (nas duas quadras), um ponto central (no primeiro terceto) e um remate (no último terceto), especialmente marcado pelo último verso chamado de "chave de ouro".

Haicai

O haicai é um poema mínimo de origem japonesa que tenta captar, na sua concisão e simplicidade, um momento da natureza e o passar do tempo.

Exercícios

1. (UFPA) Gonçalves Dias foi considerado um dos maiores expoentes da literatura romântica brasileira. Procurando seguir os preceitos do romantismo, intencionou produzir uma poesia capaz de exprimir a independência literária do Brasil. Na condição de poeta, dedicou-se a vários gêneros literários, entre eles à poesia lírica e à poesia indianista. Leia atentamente as estrofes 4, 5, 6 e 7 do canto IV do poema "I Juca Pirama", de Gonçalves Dias:

Andei longes terras,
Lidei cruas guerras,
Vaguei pelas serras
Dos vis Aimorés;
Vi lutas de bravos,
Vi fortes – escravos!
De estranhos ignavos
Calcados aos pés.

E os campos talados,
E os arcos quebrados,
E os piagas coitados
Já sem maracás;
E os meigos cantores,
Servindo a senhores,
Que vinham traidores,
Com mostras de paz.

Aos golpes do inimigo
Meu último amigo,
Sem lar, sem abrigo,
Caiu junto a mi!
Com plácido rosto,
Sereno e composto,
O acerbo desgosto
Comigo sofri.

Meu pai a meu lado
Já cego e quebrado,
De penas ralado,
Firmava-se em mi:
Nós ambos, mesquinhos,
Por ínvios caminhos,
Cobertos d'espinhos
Chegamos aqui!

Vocabulário:

Aimorés: índios botocudos que habitavam o estado da Bahia e do Espírito Santo

ignavos: fracos, covardes

piaga: pajé, chefe espiritual

maracá: chocalho indígena utilizado em festas religiosas e cerimônias guerreiras

talados: devastados

acerbo: terrível, cruel

ínvios: intransitáveis

Tendo em vista as estrofes transcritas, é correto afirmar que

a) o índio Tupi descreve as vitórias de sua tribo sobre o colonizador europeu.
b) o ritual antropofágico é representado como uma manifestação da barbárie indígena.
c) a submissão das nações indígenas pelo homem branco é considerada um processo natural e desejável para o progresso da nova nação independente.
d) o ponto de vista a partir do qual se elabora o poema é o do europeu português, que condena as práticas bárbaras e violentas das nações indígenas brasileiras.
e) as práticas colonizadoras portuguesas que levaram ao quase extermínio da nação Tupi são julgadas do ponto de vista do próprio índio.

Texto para a próxima questão.

Modinha do empregado de banco

Eu sou triste como um prático de farmácia
sou quase tão triste como um homem que usa
costeletas
Passo o dia inteiro pensando nuns carinhos de
mulher
mas só ouço o tectec das máquinas de escrever.

Lá fora chove e a estátua de Floriano fica linda.
Quantas meninas pela vida afora
E eu alinhando no papel as fortunas dos outros.
Se eu tivesse estes contos punha a andar
a roda da imaginação nos caminhos do mundo.
E os fregueses do Banco
que não fazem nada com estes contos!
Chocam outros contos pra não fazerem nada com
eles

Também se o Diretor tivesse a minha imaginação
o Banco já não existiria mais
e eu estaria noutro lugar.

(Murilo Mendes)

2. (ESPM-SP) Assinale a afirmação incorreta sobre o poema. O eu poético:

a) estabelece um denominador comum (tristeza) entre o funcionário de banco, o prático da farmácia e o homem de costeletas.
b) opõe o mundo interior com desejo de afetividade ("carinhos de mulher") ao mundo exterior com rotina do trabalho ("tectec das máquinas").

c) alude ao trabalho burocrático e repetitivo, reforçado pela onomatopeia "tectec".

d) associa o espaço externo a aspectos prazerosos da vida e o espaço interno ao aspecto fútil de sua atividade.

e) atribui a existência do Banco, instituição capitalista, à criatividade do Diretor do Banco.

3. (Uepa)

[...]
Não me basta saber que sou amado,
Nem só desejo o teu amor: desejo
Ter nos braços teu corpo delicado,
Ter na boca a doçura de teu beijo.
E as justas ambições que me consomem
Não me envergonham: pois maior baixeza
Não há que a terra pelo céu trocar;

E mais eleva o coração de um homem
Ser de homem sempre e, na maior pureza,
Ficar na terra e humanamente amar.

BILAC, Olavo. *Antologia: Poesias*. São Paulo: Martin Claret, 2002. p. 37-55: Via-Láctea. Coleção a obra-prima de cada autor.

Quando, a primeira vez, da minha terra
Deixei as noites de amoroso encanto,
A minha doce amante suspirando
Volveu-me os olhos úmidos de pranto.
Um romance cantou de despedida,
Mas a saudade amortecia o canto!
Lágrimas enxugou nos olhos belos...
E deu-me o lenço que molhava o pranto.

Quantos anos, contudo, já passaram!
Não olvido porém amor tão santo!
Guardo ainda num cofre perfumado
O lenço dela que molhava o pranto...
[...]

AZEVEDO, Álvares de. *Lira dos Vinte Anos*. São Paulo: Martins Fontes, 1996. Coleção Poetas do Brasil.

Interprete os dois textos e, a seguir, relacione-os às afirmativas abaixo:

I. O amor na concepção do poeta romântico mostra-se capaz de conciliar, em sua abrangência, componentes materiais e espirituais.

II. Bilac se junta à tradição antirromântica ao tratar o desejo como o que há de mais humano e terreno nas relações homem/mulher.

III. Sendo a forma de composição uma violenta maneira de demarcar a oposição entre as estéticas, os autores utilizam métricas diferentes nos versos acima.

IV. Nos versos de Álvares de Azevedo a experiência afetiva é espiritual e intimamente ligada a uma culpa que violentamente simboliza e reprime o desejo.

De acordo com as afirmativas, a alternativa correta é:

a) I e II

b) III e IV

c) III

d) II, III e IV

e) IV

Texto para a próxima questão.

Ode[1] para o futuro

Falareis de nós como de um sonho.
Crepúsculo dourado. Frases calmas.
Gestos vagarosos. Música suave.
Pensamento arguto[2]. Sutis sorrisos.
Paisagens deslizando na distância.
Éramos livres. Falávamos, sabíamos,
e amávamos serena e docemente.

Uma angústia delida[3], melancólica,
sobre ela sonhareis.

E as tempestades, as desordens, gritos,
violência, escárnio[4], confusão odienta[5],
primaveras morrendo ignoradas
nas encostas vizinhas, as prisões,
as mortes, o amor vendido,
as lágrimas e as lutas,
o desespero da vida que nos roubam
– apenas uma angústia melancólica,
sobre a qual sonhareis a idade de ouro.

E, em segredo, saudosos, enlevados[6],
falareis de nós – de nós! – como de um sonho.

JORGE DE SENA <www.letras.ufrj.br>

[1] ode: tipo de poema
[2] arguto: capaz de perceber as coisas mais sutis
[3] delida: apagada
[4] escárnio: desdém, menosprezo
[5] odienta: que inspira aversão, ódio
[6] enlevados: maravilhados, extasiados

4. (Uerj) No poema, observa-se uma tentativa de interlocução entre o eu poético e as pessoas do futuro. Identifique a marca linguística que revela essa tentativa de interlocução. Em seguida, indique a quem o eu poético se refere com o emprego do pronome "nós".

5. (UFV-MG) Leia com atenção o seguinte fragmento do “Poema Dialético”, de Murilo Mendes, para responder a esta questão:

Todas as formas ainda se encontram em esboço,
Tudo vive em transformação:
Mas o universo marcha
Para a arquitetura perfeita.

Retiremos das árvores profanas
A vasta lira antiga:
Sua secreta música
Pertence ao ouvido e ao coração de todos.
Cada novo poeta que nasce
Acrescenta-lhe uma corda.

(MENDES, Murilo. “O menino experimental: antologia”. Org. Affonso Romano de Sant'Anna. São Paulo: Summus, 1979. p. 103.)

Assinale a alternativa que NÃO corresponde a uma possível leitura do poema:

a) O poeta, unindo tradição e modernidade, tem como matéria poética o universo, em seu estado de constante transformação.
b) Para se atingir a “arquitetura perfeita”, o poeta só deve se inspirar nos princípios da poética clássica, restringindo-se às influências da “vasta lira antiga”.
c) O eu poético defende a universalidade da poesia, sempre aberta às tendências do passado, do presente e do futuro.
d) O poeta manifesta-se atento à tendência transformadora das coisas e dos seres, em direção à “arquitetura perfeita”.
e) Nos dois últimos versos, o poeta faz alusão à constante renovação criadora da poesia, numa convergência do novo com a tradição.

Texto para a próxima questão.

À televisão

Teu boletim meteorológico
me diz aqui e agora
se chove ou se faz sol.
Para que ir lá fora?

A comida suculenta
que pões à minha frente
como-a toda com os olhos.
Aposentei os dentes.

Nos dramalhões que encenas
há tamanho poder
de vida que eu próprio
nem me canso em viver.

Guerra, sexo, esporte
– me dás tudo, tudo.
Vou pregar minha porta:
já não preciso do mundo.

PAES, J. P. *Prosas seguidas de odes mínimas*. São Paulo: Companhia das Letras, 1992.

6. (Uerj) No poema, a televisão é humanizada, assumindo o papel de interlocutor do eu poético.
Identifique o elemento linguístico que melhor caracteriza essa humanização e transcreva um verso em que ele apareça.

7. (UFU-MG) Leia o poema transcrito abaixo.

A vida é uma viagem
Pena eu estar
Só de passagem

LEMINSKI, Paulo. *La vie em close*.

Assinale a alternativa correta.

a) O texto pode ser considerado um haicai, pois celebra a relação harmoniosa e equilibrada entre o homem e a natureza.
b) O eu poético não se manifesta neste poema, uma vez que se trata de um haicai, gênero literário constituído de 17 sílabas poéticas.
c) Há uma tentativa do eu poético de refletir sobre a rápida passagem do tempo, preocupação comum a todo haicai contemporâneo.
d) Este texto pode ser considerado um haicai, mesmo não seguindo de forma tradicional as regras antigas da poética oriental.

8. (Unicamp-SP)

“Amor é fogo que arde sem se ver;
É ferida que dói e não se sente
É um contentamento descontente;
É dor que desatina sem doer;”

(*Lírica de Camões*, seleção, prefácio e notas de MASSAUD MOISÉS, S. P., Ed. Cultrix, 1963.)

“Terror de te amar num sítio tão frágil como o mundo.
Mal de te amar neste lugar de imperfeição
Onde tudo nos quebra e emudece
Onde tudo nos mente e nos separa.”

(SOPHIA DE MELLO BREYNER ANDRESEN, “Terror de te amar”, em *Antologia Poética*)

Dos dois textos transcritos, o primeiro é de Luís Vaz de Camões (século XVI) e o segundo, de Sophia de Mello Breyner Andresen (século XX). Compare-os, discutindo, através de critérios formais e temáticos, aspectos em que ambos se aproximam e aspectos em que ambos se distanciam um do outro.

A LITERATURA E SUA MATÉRIA-PRIMA

A língua é a matéria básica sobre a qual se faz a literatura; sem ela não existe linguagem, discurso, expressão, comunicação e criação artística. Dessa forma, a língua que falamos no Brasil, em Portugal e nas antigas colônias portuguesas na África estabelece fortes ligações entre as literaturas produzidas nessas regiões. É importante lembrar, no entanto, que a história e a cultura de cada país, é claro, emprestam características distintas a cada uma delas.

A LITERATURA PORTUGUESA

A literatura portuguesa, que abrange oito séculos de produção, pode ser dividida em três longos períodos, acompanhando as grandes transformações pelas quais passou o continente europeu: **Era Medieval**, **Era Clássica** e **Era Romântica** ou **Moderna**. Essas três grandes eras apresentam-se subdivididas em fases menores, chamadas de **escolas literárias** ou **estilos de época**.

AS LITERATURAS EM LÍNGUA PORTUGUESA: BRASIL, PORTUGAL, ÁFRICA

A LITERATURA BRASILEIRA

A literatura brasileira tem sua história dividida em duas grandes eras, que acompanham a evolução política e econômica do país: a **Era Colonial** e a **Era Nacional**, separadas por um curto período (1808-1836) que corresponde à emancipação política do Brasil.

A LITERATURA AFRICANA DE LÍNGUA PORTUGUESA

A literatura africana de língua portuguesa compreende a obra de autores nascidos ou radicados em países surgidos de colônias portuguesas: Angola, Moçambique, Guiné-Bissau, Cabo Verde e São Tomé e Príncipe. A expressão literária desses países revela, portanto, as marcas da dominação colonial. São frequentes os temas dos horrores da guerra, a utopia da construção de nações livres, a busca de uma identidade nacional.

O passado colonial

Para entender as literaturas brasileira e africana de expressão em língua portuguesa, ou seja a literatura de países com passado colonial, é preciso pensar em termos de sua formação ao longo do tempo, o que só é possível voltando o olhar para a literatura portuguesa.

É preciso lembrar também que a história desses países não começa com a chegada dos navegantes portugueses no século XV. Nessa época, em cada um desses territórios já havia povos com culturas, tradições e organizações sociais e políticas diferentes das existentes na Europa. Da mesma forma, para compreender os diálogos estabelecidos entre a literatura brasileira e a africana de língua portuguesa, é necessário ter em conta todas as trocas e relações que estão em sua base.

Exercícios

1. (UFBA)

Texto I

A Bento de S.

Paris, Outubro.

Meu caro Bento. – A tua ideia de fundar um jornal é daninha e execrável.

Lançando, e em formato rico, com telegramas e crônicas, uma outra "dessas folhas impressas que aparecem todas as manhãs", como diz tão assustada e pudicamente o Arcebispo de Paris, tu vais concorrer para que no teu tempo e na tua terra se aligeirem mais os juízos ligeiros, se exacerbe mais a Vaidade, e se endureça mais a Intolerância. Juízos ligeiros, Vaidade, Intolerância – eis três negros pecados sociais que, moralmente, matam uma Sociedade! E tu alegremente te preparas para os atiçar. Inconsciente como uma peste, espalhas sobre as almas a morte. Já decerto o Diabo está atirando mais brasa para debaixo da caldeira de pez, em que, depois do julgamento, recozerás e ganirás, meu Bento e meu réprobo!

Não penses que, moralista amargo, exagero, como qualquer S. João Crisóstomo. Considera antes como foi incontestavelmente a imprensa, que, com a sua maneira superficial, leviana a atabalhoada de tudo afirmar, de tudo julgar, mais enraizou no nosso tempo o funesto hábito dos juízos ligeiros. [...]

QUEIROZ, Eça de. Correspondência de Fradique Mendes. In: *Obras de Eça de Queiroz*. Porto: Lello & Irmão Editores, 1966. v. II, p. 1091.

Texto II

Minha querida madrinha,

Desembarquei ontem em Luanda às costas de dois marinheiros cabindanos. Atirado para a praia, molhado e humilhado, logo ali me assaltou o sentimento inquietante de que havia deixado para trás o próprio mundo. Respirei o ar quente e húmido, cheirando a frutas e a cana de açúcar, e pouco a pouco comecei a perceber um outro odor, mais subtil, melancólico, como o de um corpo em decomposição. É a este cheiro, creio, que todos os viajantes se referem quando falam de África.

[...]

A seguir mostrou-me o resto da casa, incluindo o quintal, largo e fundo, que está em parte ocupado com as habitações dos escravos e com armazéns cheios de marfim, de borracha e de cera. Presas aos altos muros veem-se cadeias de ferro e no centro do pátio existe mesmo um pelourinho que o coronel garante nunca ter utilizado. Ainda há pouco tempo, porém, este mesmo espaço servia para engordar negros trazidos do interior e em trânsito para o Brasil.

Já compreendeu, querida madrinha, como fez fortuna o senhor Arcénio de Carpo? Precisamente: comprando e vendendo a triste humanidade. Ou, como ele prefere dizer, "contribuindo para o crescimento do Brasil". Ainda hoje, a acreditar no que se comenta em Luanda, continua a trabalhar para o crescimento do Brasil. [...]

AGUALUSA, José Eduardo. *Nação crioula*: a correspondência secreta de Fradique Mendes: romance. Rio de Janeiro: Gryphus, 2001. p. 11.

Com base nos fragmentos transcritos dos romances "Correspondência de Fradique Mendes", de Eça de Queiroz, e "Nação Crioula", de José Eduardo Agualusa, identifique a época e o espaço das narrativas e comente em que essas se aproximam e se distanciam.

2. (Unifesp) Leia o poema *Prece*, de Fernando Pessoa.

Senhor, a noite veio e a alma é vil.
Tanta foi a tormenta e a vontade!
Restam-nos hoje, no silêncio hostil,
O mar universal e a saudade.

Mas a chama, que a vida em nós criou,
Se ainda há vida ainda não é finda.
O frio morto em cinzas a ocultou:
A mão do vento pode erguê-la ainda.

Dá o sopro, a aragem – ou desgraça ou ânsia –,
Com que a chama do esforço se remoça,
E outra vez conquistaremos a Distância –
Do mar ou outra, mas que seja nossa!

(Fernando Pessoa. *Mensagem*, 1995.)

Extraído do livro *Mensagem*, o poema pode ser considerado nacionalista, na medida em que o eu lírico

a) apresenta Portugal como uma nação decadente, que não faz jus ao seu passado de heroísmo e glórias.
b) inspira-se no passado de heroísmo do povo português que, no presente, já não acredita na sua história.
c) busca reviver o sonho de uma da nação grandiosa, cantando um Portugal almejado por seus feitos gloriosos.
d) reconhece o desejo de o povo português glorificar seus heróis, o que não foi possível até o seu presente.
e) descreve o Portugal de seu tempo como uma nação gloriosa e marcada por histórias de heroísmo.

Texto para a próxima questão.

Notícia da atual literatura brasileira – Instinto de nacionalidade

Quem examina a atual literatura brasileira reconhece-lhe logo, como primeiro traço, certo instinto de nacionalidade. Poesia, romance, todas as formas literárias do pensamento buscam vestir-se com as cores do país, e não há negar que semelhante preocupação é sintoma de vitalidade e abono de futuro.

As tradições de Gonçalves Dias, Porto Alegre e Magalhães são assim continuadas pela geração já feita e pela que ainda agora madruga, como aqueles continuaram as de José Basílio da Gama e Santa Rita Durão. Escusado é dizer a vantagem deste universal acordo. Interrogando a vida brasileira e a natureza americana, prosadores e poetas acharão ali farto manancial de inspiração e irão dando fisionomia própria ao pensamento nacional.

Esta outra independência não tem Sete de Setembro nem campo de Ipiranga; não se fará num dia, mas pausadamente, para sair mais duradoura; não será obra de uma geração nem duas; muitos trabalharão para ela até perfazê-la de todo.

(Machado de Assis, *Crítica*. Texto adaptado.)

3. (Fatec-SP) Assinale a alternativa que interpreta corretamente o texto.
   a) O texto afirma uma literatura nacionalista que tem suas raízes na Proclamação da Independência, episódio inspirador de obras de muitas gerações.
   b) Com a metáfora presente em – "As tradições [...] são assim continuadas pela geração já feita e pela que ainda agora madruga" – Machado critica a tradição de valorizar o passado, presente em escritores brasileiros.
   c) Há, no texto, uma concepção de literatura que privilegia a escolha de temas da História pátria, como é o caso de obras que exaltam o Sete de Setembro.
   d) Para o autor, as raízes do Realismo remontam às obras dos autores que ele menciona e cujos textos trazem as teses realistas mais importantes.
   e) Machado de Assis entende o instinto de nacionalidade na literatura brasileira como autonomia de ideias em relação a temas importados, a qual se constrói paulatinamente.

Textos para a próxima questão.

A questão seguinte toma por base um fragmento da silva "À Ilha de Maré", de Manuel Botelho de Oliveira (1636-1711), e o poema "Ladainha", de Cassiano Ricardo (1895-1974).

À Ilha de Maré – Termo desta Cidade da Bahia

Aqui se cria o peixe regalado
Com tal sustância, e gosto preparado,
Que sem tempero algum para apetite
Faz gostoso convite,
E se pode dizer em graça rara
Que a mesma natureza os temperara.

As plantas sempre nela reverdecem,
E nas folhas parecem,
Desterrando do Inverno os desfavores,
Esmeraldas de Abril em seus verdores,
E delas por adorno apetecido
Faz a divina Flora seu vestido.
As fruitas se produzem copiosas,
E são tão deleitosas,
Que como junto ao mar o sítio é posto,
Lhes dá salgado o mar o sal do gosto.

As laranjas da terra
Poucas azedas são, antes se encerra
Tal doce nestes pomos,
Que o têm clarificado nos seus gomos;
Mas as de Portugal entre alamedas
São primas dos limões, todas azedas.
Nas que chamam da China
Grande sabor se afina,
Mais que as da Europa doces, e melhores,
E têm sempre a ventagem de maiores,
E nesta maioria,
Como maiores são, têm mais valia.

Tenho explicado as fruitas e legumes,
Que dão a Portugal muitos ciúmes;
Tenho recopilado
O que o Brasil contém para invejado,
E para preferir a toda a terra,
Em si perfeitos quatro AA encerra.
Tem o primeiro A, nos arvoredos
Sempre verdes aos olhos, sempre ledos;
Tem o segundo A, nos ares puros
Na tempérie agradáveis e seguros;
Tem o terceiro A, nas águas frias,
Que refrescam o peito, e são sadias;
O quarto A, no açúcar deleitoso,
Que é do Mundo o regalo mais mimoso.

São pois os quatro AA por singulares
Arvoredos, Açúcar, Águas, Ares.

OLIVEIRA, Manuel Botelho de. *Música do Parnasso*. Rio de Janeiro: INL, 1953. Tomo I, p. 127-135.

Ladainha

Por se tratar de uma ilha deram-lhe o nome de Ilha de Vera-Cruz.

Ilha cheia de graça
Ilha cheia de pássaros
Ilha cheia de luz.

Ilha verde onde havia
mulheres morenas e nuas
anhangás a sonhar com histórias de luas
e cantos bárbaros de pajés em poracés batendo os pés.

Depois mudaram-lhe o nome
pra Terra de Santa Cruz.
Terra cheia de graça
Terra cheia de pássaros
Terra cheia de luz.

A grande Terra girassol onde havia guerreiros de tanga
onças ruivas deitadas à sombra das árvores mosqueadas
de sol.

Mas como houvesse, em abundância,
certa madeira cor de sangue cor de brasa
e como o fogo da manhã selvagem
fosse um brasido no carvão noturno da paisagem,
e como a Terra fosse de árvores vermelhas
e se houvesse mostrado assaz gentil,
deram-lhe o nome de Brasil.

Brasil cheio de graça
Brasil cheio de pássaros
Brasil cheio de luz.

RICARDO, Cassiano. *Martim Cererê*. 12ª edição. Rio de Janeiro: José Olympio Editora – INL, 1972, p. 33.

4. (Unesp-SP) Embora o "nativismo", como linha de força de uma escola literária, só tenha surgido no Brasil com o Romantismo, em períodos anteriores pode ser detectado pontualmente na pena de escritores que viveram o sentimento da pátria e o expressaram de diferentes formas e sob diferentes motivações. No Modernismo, o nativismo se torna um componente plenamente desenvolvido e assumido por mais de uma corrente. De posse destas informações, releia atentamente os dois textos e, a seguir,
   a) explique como se manifesta o sentimento nativista de Manuel Botelho de Oliveira no trecho de "À Ilha de Maré";
   b) demonstre, com base em passagens de "Ladainha", que Cassiano Ricardo aborda poeticamente uma fase da História do Brasil.

Texto para a próxima questão.

"Sim, leitor benévolo, e por esta ocasião te vou explicar como nós hoje em dia fazemos a nossa literatura. Já me não importa guardar segredo; depois desta desgraça, não me importa já nada. Saberás, pois, ó leitor, como nós outros fazemos o que te fazemos ler.

Trata-se de um romance, de um drama. Cuidas que vamos estudar a História, a natureza, os monumentos, as pinturas, os sepulcros, os edifícios, as memórias da época? Não seja pateta, senhor leitor, nem cuide que nós o somos. Desenhar caracteres e situações do vivo da natureza, colori-los das cores verdadeiras da História... isso é trabalho difícil, longo, delicado; exige um estudo, um talento, e sobretudo um tacto!... Não, senhor, a coisa faz-se muito mais facilmente. Eu lhe explico.

Todo o drama e todo o romance precisa de:
Uma ou duas damas,
Um pai,
Dois ou três filhos de dezanove a trinta anos,
Um criado velho,
Um monstro, encarregado de fazer as maldades,
Vários tratantes, e algumas pessoas capazes para intermédios.

Ora bem; vai-se aos figurinos franceses de Dumas, de Eugénio Sue, de Vítor Hugo, e recorta a gente, de cada um deles, as figuras que precisa, gruda-as sobre uma folha de papel da cor da moda, verde, pardo, azul – como fazem as raparigas inglesas aos seus álbuns e *scrap-books*; forma com elas os grupos e situações que lhe parece; não importa que sejam mais ou menos disparatados. Depois vai-se às crônicas, tiram-se uns poucos de nomes e palavrões velhos; com os nomes crismam-se os figurões; com os palavrões iluminam-se... (estilo de pintor pinta-monos). – E aqui está como nós fazemos a nossa literatura original."

(cap. V – fragmento) In: Garrett, Almeida. *Obra Completa – I*, Porto, Lello & Irmão, 1963, pp. 27-28.

5. (Unesp-SP) Almeida Garrett (1799-1854), que pertenceu à primeira fase do romantismo português, é poeta, prosador e dramaturgo dos mais importantes da Literatura Portuguesa. Em *Viagens na Minha Terra* (1846), mistura, em prosa rica, variada e espirituosa, o relato jornalístico, a literatura de viagens, as divagações sobre temas da época e os comentários críticos, muitas vezes mordazes, sobre a literatura em voga, no período. Releia o texto que lhe apresentamos e, a seguir, responda:
   a) a que gêneros literários se refere Almeida Garrett?
   b) quais os principais defeitos, segundo Garrett, dos escritores que elaboravam obras de tais gêneros?

Texto para a próxima questão.

A partida de Belém, como Vossa Alteza sabe, foi segunda-feira, 9 de março. [...] E domingo, 22 do dito mês, às dez horas, pouco mais ou menos, houvemos vista das ilhas de Cabo Verde, ou melhor, da ilha de S. Nicolau [...] E assim seguimos nosso caminho por este mar de longo, até que, terça-feira das Oitavas de Páscoa, que foram vinte e um dias de abril, estando da dita ilha obra de 660 léguas, segundo os pilotos diziam, topamos alguns sinais de terra, os quais eram muita quantidade de ervas compridas, a que os mareantes chamam botelho [...] E quarta-feira seguinte, pela manhã, topamos aves a que chamam fura-buxos. Neste dia, a horas de véspera, houvemos vista de terra!

Primeiramente dum grande monte, mui alto e redondo [...]; ao monte alto o capitão pôs o nome de O Monte Pascoal, e à terra, A Terra de Vera Cruz.

Carta de Pero Vaz de Caminha ao rei de Portugal

6. (UPM-SP) Assinale a alternativa CORRETA acerca do texto.
   a) Trata-se de documento histórico que inaugura, em Portugal, um novo gênero literário: a literatura epistolar.
   b) Exemplifica a literatura produzida pelos jesuítas brasileiros na colônia e que teve como objetivo principal a catequese do silvícola.
   c) Apesar de não ter natureza especificamente artística, interessa à história da literatura brasileira na medida em que espelha a linguagem e a respectiva visão de mundo que nos legaram os primeiros colonizadores.
   d) Pertence à chamada crônica histórica, produzida no Brasil durante a época colonial com objetivos políticos: criar a imagem de um país soberano, emancipado, em condições de rivalizar com a metrópole.
   e) É um dos exemplos de registros oficiais escritos por historiadores brasileiros durante o século XVII, nos quais se observam, como característica literária, traços do estilo barroco.

7. (Unesp-SP)

A cada canto um grande conselheiro,
Que nos quer governar cabana, e vinha,
Não sabem governar sua cozinha,
E podem governar o mundo inteiro.
(...)
Estupendas usuras nos mercados,
Todos, os que não furtam, muito pobres,
E eis aqui a Cidade da Bahia.

(Gregório de Matos. "Descreve o que era realmente naquelle tempo a cidade da Bahia de mais enredada por menos confusa". In: *Obra poética* (org. James Amado), 1990.)

O poema, escrito por Gregório de Matos no século XVII,
   a) representa, de maneira satírica, os governantes e a desonestidade na Bahia colonial.
   b) critica a colonização portuguesa e defende, de forma nativista, a independência brasileira.
   c) tem inspiração neoclássica e denuncia os problemas de moradia na capital baiana.
   d) revela a identidade brasileira, preocupação constante do modernismo literário.
   e) valoriza os aspectos formais da construção poética parnasiana e aproveita para criticar o governo.

8. (Insper-SP)

Mudam-se os tempos, mudam-se as vontades,
muda-se o ser, muda-se a confiança;
todo o mundo é composto de mudança,
tomando sempre novas qualidades.

Continuamente vemos novidades,
diferentes em tudo da esperança;
do mal ficam as mágoas na lembrança,
e do bem (se algum houve), as saudades.

O tempo cobre o chão de verde manto,
que já coberto foi de neve fria, e, enfim,
converte em choro o doce canto.

E, afora este mudar-se cada dia,
outra mudança faz de mor espanto,
que não se muda já como soía*.

Luís Vaz de Camões

*soía: imperfeito do indicativo do verbo soer, que significa costumar, ser de costume.

Assinale a alternativa em que se analisa corretamente o sentido dos versos de Camões.
   a) O foco temático do soneto está relacionado à instabilidade do ser humano, eternamente insatisfeito com as suas condições de vida e com a inevitabilidade da morte.
   b) Pode-se inferir, a partir da leitura dos dois tercetos, que, com o passar do tempo, a recusa da instabilidade se torna maior, graças à sabedoria e à experiência adquiridas.
   c) Ao tratar de mudanças e da passagem do tempo, o soneto expressa a ideia de circularidade, já que ele se baseia no postulado da imutabilidade.
   d) Na segunda estrofe, o eu lírico vê com pessimismo as mudanças que se operam no mundo, porque constata que elas são geradoras de um mal cuja dor não pode ser superada.
   e) As duas últimas estrofes autorizam concluir que a ideia de que nada é permanente não passa de uma ilusão.

9. (UEL-PR) A chamada atividade literária das primeiras décadas de nossa formação histórica caracterizou-se por seu cunho pragmático estrito, seja a circunscrita ao parâmetro jesuítico, seja a decorrente de viagens de reconhecimento e informação da terra.

   São representantes dos dois tipos de atividade literária referidos no excerto acima
   a) Gregório de Matos e Cláudio Manuel da Costa.
   b) Antônio Vieira e Tomás Antônio Gonzaga.
   c) José de Anchieta e Gabriel Soares de Sousa.
   d) Bento Teixeira e Gonçalves de Magalhães.
   e) Basílio da Gama e Gonçalves Dias.

Contexto histórico em Portugal

Portugal assume a condição de Estado independente em 1143 quando o rei da Espanha, Afonso VII, reconhece Afonso Henriques, filho de D. Henrique de Borgonha, como rei de Portugal. Essa situação se consolida com a bula papal de 1179, em que a Santa Sé reconhece a monarquia portuguesa.

A língua

A língua falada nas regiões romanizadas era o latim vulgar, e foi dele que se originou a língua portuguesa. O latim vulgar foi sendo modificado pelos falares regionais e deu origem a vários dialetos, que receberam a denominação genérica de **romanço**. No caso particular da Península Ibérica, várias línguas e dialetos se formaram, entre os quais o **galego-português**.

A ERA MEDIEVAL

O que se convencionou denominar Era Medieval, na literatura portuguesa, corresponde ao período histórico conhecido por "Baixa Idade Média", que se estende do século XI ao XV.

OS ESTILOS DE ÉPOCA NA ERA MEDIEVAL: TROVADORISMO

O TROVADORISMO

O período denominado Trovadorismo se estende do final do século XII ao início do século XV, quando Portugal inicia sua aventura marítima. Esse período reflete uma sociedade feudal organizada a partir das relações de vassalagem, uma extremada religiosidade e as lutas da Reconquista.

A prosa medieval (séculos XIII e XIV)

A mais importante manifestação em prosa do trovadorismo português foram as **novelas de cavalaria**. Originárias da Inglaterra e da França, derivam de poemas medievais cantados em linguagem popular e que celebravam feitos guerreiros.

As cantigas trovadorescas

Todos os textos poéticos dessa primeira época medieval eram acompanhados por música e normalmente cantados em coro e eram, por isso, chamados de **cantigas**.

Cantigas líricas

As cantigas líricas se subdividem em:

- **cantigas de amor:** são sempre escritas em primeira pessoa e o eu poético declara seu amor a uma dama, tendo como pano de fundo o ambiente palaciano;
- **cantigas de amigo:** também são escritas em primeira pessoa, porém, o eu poético é feminino, apesar de escritas por homens.

Cantigas satíricas

As cantigas satíricas se subdividem em:

- **cantigas de escárnio:** eram sátiras indiretas, que exploravam palavras e construções ambíguas, expressões irônicas, sem, contudo, revelar o nome da pessoa satirizada;
- **cantigas de maldizer:** eram sátiras diretas, com citação nominal da pessoa ironizada.

Exercícios

Texto para as próximas duas questões.

Cantiga de Amor

Afonso Fernandes

Senhora minha, desde que vos vi,
lutei para ocultar esta paixão
que me tomou inteiro o coração;
mas não o posso mais e decidi
que saibam todos o meu grande amor,
a tristeza que tenho, a imensa dor
que sofro desde o dia em que vos vi.

Já que assim é, eu venho-vos rogar
que queirais pelo menos consentir
que passe a minha vida a vos servir (...)

(www.caestamosnos.org/efemerides/118. Adaptado)

1. (IFSP) Observando-se a última estrofe, é possível afirmar que o apaixonado
   a) se sente inseguro quanto aos próprios sentimentos.
   b) se sente confiante em conquistar a mulher amada.
   c) se declara surpreso com o amor que lhe dedica a mulher amada.
   d) possui o claro objetivo de servir sua amada.
   e) conclui que a mulher amada não é tão poderosa quanto parecia a princípio.

2. (IFSP) Uma característica desse fragmento, também presente em outras cantigas de amor do Trovadorismo, é
   a) a certeza de concretização da relação amorosa.
   b) a situação de sofrimento do eu lírico.
   c) a coita de amor sentida pela senhora amada.
   d) a situação de felicidade expressa pelo eu lírico.
   e) o bem-sucedido intercâmbio amoroso entre pessoas de camadas distintas da sociedade.

Texto para a próxima questão.

Senhor feudal

Se Pedro Segundo
Vier aqui
Com história
Eu boto ele na cadeia.

(Oswald de Andrade)

3. (Unifesp) O título do poema de Oswald remete o leitor à Idade Média. Nele, assim como nas cantigas de amor, a ideia de poder retoma o conceito de
   a) fé religiosa.
   b) relação de vassalagem.
   c) idealização do amor.
   d) saudade de um ente distante.
   e) igualdade entre as pessoas.

Textos para as próximas duas questões.

Sedia la fremosa seu sirgo torcendo

Estêvão Coelho

Sedia la fremosa seu sirgo torcendo,
Sa voz manselinha fremoso dizendo
Cantigas d'amigo.

Sedia la fremosa seu sirgo lavrando,
Sa voz manselinha fremoso cantando
Cantigas d'amigo.

– Par Deus de Cruz, dona, sey que avedes
Amor muy coytado que tan ben dizedes
Cantigas d'amigo.

Par Deus de Cruz, dona, sey que andades
D'amor muy coytada que tan ben cantades
Cantigas d'amigo.

– Avuytor comestes, que adevinhades.

(Cantiga nº 321 – *CANC. DA VATICANA*.)

Estava a formosa seu fio torcendo

(paráfrase de Cleonice Berardinelli)

Estava a formosa seu fio torcendo,
Sua voz harmoniosa, suave dizendo
Cantigas de amigo.

Estava a formosa sentada, bordando,
Sua voz harmoniosa, suave cantando
Cantigas de amigo.

– Por Jesus, senhora, vejo que sofreis
De amor infeliz, pois tão bem dizeis
Cantigas de amigo.

Por Jesus, senhora, eu vejo que andais
Com penas de amor, pois tão bem cantais
Cantigas de amigo.

– Abutre comeste, pois que adivinhais.

(*In* BERARDINELLI, Cleonice. *CANTIGAS DE TROVADORES MEDIEVAIS EM PORTUGUÊS MODERNO*. Rio de Janeiro: Organ. Simões, 1953, p. 58-59.)

4. (Unesp-SP) O paralelismo é um dos recursos estilísticos mais comuns na poesia lírico-amorosa trovadoresca. Consiste na ênfase de uma ideia central, às vezes

repetindo expressões idênticas, palavra por palavra, em séries de estrofes paralelas. A partir destas observações, releia o texto de Estêvão Coelho e responda:

a) O poema se estrutura em quantas séries de estrofes paralelas? Identifique-as.
b) Que ideias centrais são enfatizadas em cada série paralelística?

5. (Unesp-SP) Considerando-se que o último verso da cantiga caracteriza um diálogo entre personagens; considerando-se que a palavra "abutre" grafava-se "avuytor", em português arcaico; e considerando-se que, de acordo com a tradição popular da época, era possível fazer previsões e descobrir o que está oculto, comendo carne de abutre, mediante estas três considerações:
   a) Identifique o personagem que se expressa em discurso direto, no último verso do poema;
   b) Interprete o significado do último verso, no contexto do poema.

Texto para a próxima questão.

Soneto de separação

De repente do riso fez-se o pranto
Silencioso e branco como a bruma
E das bocas unidas fez-se a espuma
E das mãos espalmadas fez-se o espanto.

De repente da calma fez-se o vento
Que dos olhos desfez a última chama
E da paixão fez-se o pressentimento
E do momento imóvel fez-se o drama.

De repente, não mais que de repente
Fez-se de triste o que se fez amante
E de sozinho o que se fez contente

Fez-se do amigo próximo o distante
Fez-se da vida uma aventura errante
De repente, não mais que de repente.

(Vinícius de Morais)

6. (Faap-SP) Releia com atenção a última estrofe:

   "Fez-se de amigo próximo o distante
   Fez-se da vida uma aventura errante
   De repente, não mais que de repente".

   Tomemos a palavra AMIGO. Todos conhecem o sentido com que esta forma linguística é usualmente empregada no falar atual. Contudo, na Idade Média, como se observa nas cantigas medievais, a palavra AMIGO significou:
   a) colega
   b) companheiro
   c) namorado
   d) simpático
   e) acolhedor

Textos para a próxima questão.

Texto I

Ao longo do sereno
Tejo, suave e brando,
Num vale de altas árvores sombrio,
Estava o triste Almeno
Suspiros espalhando
Ao vento, e doces lágrimas ao rio.

(Luís de Camões, *Ao longo do sereno.*)

Texto II

Bailemos nós ia todas tres, ay irmanas,
so aqueste ramo destas auelanas
e quen for louçana, como nós, louçanas,
se amigo amar,
so aqueste ramo destas auelanas
uerrá baylar.

(Aires Nunes. In Nunes, J. J., *Crestomatia arcaica.*)

Texto III

Tão cedo passa tudo quanto passa!
morre tão jovem ante os deuses quanto
Morre! Tudo é tão pouco!
Nada se sabe, tudo se imagina.
Circunda-te de rosas, ama, bebe
E cala. O mais é nada.

(Fernando Pessoa, *Obra poética.*)

Texto IV

Os privilégios que os Reis
Não podem dar, pode Amor,
Que faz qualquer amador
Livre das humanas leis.
mortes e guerras cruéis,
Ferro, frio, fogo e neve,
Tudo sofre quem o serve.

(Luís de Camões, *Obra completa.*)

Texto V

As minhas grandes saudades
São do que nunca enlacei.
Ai, como eu tenho saudades
Dos sonhos que não sonhei!...

(Mário de Sá Carneiro, *Poesias.*)

7. (Unifesp) A alternativa que indica texto que faz parte da poesia medieval da fase trovadoresca é
   a) I.
   b) II.
   c) III.
   d) IV.
   e) V.

OS ESTILOS DE ÉPOCA NA ERA MEDIEVAL: HUMANISMO

O HUMANISMO

Estende-se do início do século XV ao início do século XVI o período conhecido na literatura portuguesa como **Humanismo**. Esse período representa uma ruptura parcial dos modelos medievais e uma transição para o Renascimento; como sua denominação indica, uma das principais marcas é a gradual substituição do pensamento teocêntrico pelo antropocentrismo.

O teatro de Gil Vicente

O teatro vicentino é basicamente caracterizado pela **sátira** ao comportamento de todas as camadas sociais: a nobreza, o clero e o povo. Em sua obra, percebem-se tanto características tipicamente medievais (religiosidade, uso de alegorias, de redondilhas, não obediência às três unidades do teatro clássico) como características humanistas, por exemplo a presença de figuras mitológicas, a condenação à perseguição aos judeus e cristãos-novos, a crítica social.

O auto

Auto é uma designação genérica para textos poéticos (normalmente em redondilhas) criados no final da Idade Média para representações teatrais.

A crônica histórica de Fernão Lopes

As principais crônicas escritas por Fernão Lopes foram sobre os reis D. Pedro (1357-67), D. Fernando (1367-83) e D. João I (1385-1433), em cujas narrativas mesclou o saber erudito e a cultura popular. Em seus textos há traços de oralidade, com interjeições e constantes diálogos com o leitor, assim como influências de suas leituras de autores clássicos.

Exercícios

1. (FMTM-MG)

Senhora, partem tão tristes
meus olhos por vós, meu bem,
que nunca tão tristes vistes
outros nenhuns por ninguém.

Tão tristes, tão saudosos,
tão doentes da partida,
tão cansados, tão chorosos,
da morte mais desejosos
cem mil vezes que da vida.
Partem tão tristes os tristes,
tão fora d'esperar bem,
que nunca tão tristes vistes
outros nenhuns por ninguém.

Sobre esse texto de João Roiz de Castelo Branco, representante do Humanismo português, é correto afirmar que é exemplo da poesia

a) épica, tendo por tema a valorização dos sentimentos de saudade e melancolia experimentados pelo trovador.
b) lírica, tendo por tema o amor cortês e apresentando uma visão idealizada da mulher.
c) lírica, tendo por tema a preocupação com os compromissos sociais assumidos pela ética humanista.
d) satírica, tendo por tema o sentimento de negação da vida prática, para assumir compromisso com os interesses mais íntimos.
e) satírica, tendo por tema a combinação de amor palaciano servil e heroísmo tardio.

2. (UEL-PR) Em "Farsa de Inês Pereira" (1523), Gil Vicente apresenta uma donzela casadoura que se lamenta das canseiras do trabalho doméstico e imagina casar-se com um homem discreto e elegante. O trecho a seguir é a fala de Latão, um dos judeus que foi em busca do marido ideal para Inês, dirigindo-se a ela:

"Foi a coisa de maneira,
tal friúra e tal canseira,
que trago as tripas maçadas;
assim me fadem boas fadas
que me soltou caganeira...
para vossa mercê ver
o que nos encomendou."

Vocabulário:
friúra: frieza, estado de quem está frio
maçadas: surradas
fadem: predizem

(VICENTE, Gil. "Farsa de Inês Pereira". 22ª ed. São Paulo: Brasiliense, 1989. p. 95.)

Sobre o trecho, é correto afirmar:

a) Privilegia a visão racionalista da realidade por Gil Vicente, empregada pelo autor para atender as necessidades do homem do Classicismo.
b) É escrito com perfeição formal e clareza de raciocínio, pelas quais Gil Vicente é considerado um mestre renascentista.
c) Retrata uma cena grotesca em que se notam traços da cultura popular, o que não invalida a inclusão de Gil Vicente entre os autores do Humanismo.
d) Sua linguagem é característica de um período já marcado pelo Renascimento, o que se evidencia pela referência de Gil Vicente a figuras mitológicas clássicas, como as "boas fadas".
e) Revela em Gil Vicente uma visão positiva do homem de fé que se liberta da doença pelo recurso à divindade.

3. (PUC-SP) Gil Vicente, criador do teatro português, realizou uma obra eminentemente popular. Seu *Auto da Barca do Inferno*, encenado em 1517, apresenta, entre outras características, a de pertencer ao teatro religioso alegórico. Tal classificação justifica-se por

PUC/2008

a) ser um teatro de louvor e litúrgico em que o sagrado é plenamente respeitado.
b) não se identificar com a postura anticlerical, já que considera a igreja uma instituição modelar e virtuosa.
c) apresentar estrutura baseada no maniqueísmo cristão, que divide o mundo entre o Bem e o Mal, e na correlação entre a recompensa e o castigo.
d) apresentar temas profanos e sagrados e revelar-se radicalmente contra o catolicismo e a instituição religiosa.
e) aceitar a hipocrisia do clero e, criticamente, justificá-la em nome da fé cristã.

4. (Unemat-MT) Levando-se em consideração que a peça *O Auto da Barca do Inferno* é uma sátira típica do teatro vicentino, assinale a alternativa correta.

a) As personagens do povo têm mais densidade psicológica.
b) A sátira é demolidora, indiscriminada, não tendo preferência por nenhum tipo social em particular.
c) O moralismo de Gil Vicente localiza os defeitos e vícios em todas as camadas da sociedade.

d) Cada cena da peça apresenta a crítica a uma única classe social.
e) O teatro vicentino foi o primeiro a questionar as fronteiras entre o bem e o mal.

5. (Unicamp-SP) Os trechos abaixo, do *Auto da barca do inferno* e das *Memórias de um sargento de milícias*, tratam, de maneira cômica, dos "pecados" de duas personagens que, cada uma a seu modo, representam uma autoridade.
Leia-os com atenção e responda às questões propostas em seguida.

Frade
Ah, Corpo de Deus consagrado!
Pela fé de Jesus Cristo,
qu'eu não posso entender isto!
Eu hei-de ser condenado?
Um padre tão namorado
e tanto dado à virtude!
Assi Deus me dê saúde
que eu estou maravilhado!
Diabo
Não façamos mais detença.
Embarcai e partiremos:
tomareis um par de remos.
Frade
Não ficou isso n'avença!
Diabo
Pois dada está já a sentença!
Frade
Par Deus! Essa seri'ela!
Não vai em tal caravela
minha senhora Florença.
Como? Por ser namorado
e folgar com ua mulher
se há um frade de se perder,
com tanto salmo rezado?
Diabo
Ora estás bem aviado!
Frade
Mas estás bem corregido!
Diabo
Devoto padre marido,
haveis de ser cá pingado...

(Gil Vicente, *Auto da barca do inferno*. São Paulo: Ática, 2006, p. 35-36.)

Os leitores estão já curiosos por saber quem é *ela*, e têm razão; vamos já satisfazê-los. O major era pecador antigo, e no seu tempo fora daqueles de quem se diz que não deram o seu quinhão ao vigário: restava-lhe ainda hoje *alguma* coisa que às vezes lhe recordava o passado: essa *alguma coisa* era a Maria-Regalada que morava na Prainha. Maria--Regalada fora no seu tempo uma mocetona de truz, como vulgarmente se diz: era de um gênio sobremaneira folgazão, vivia em contínua alegria, ria-se de tudo, e de cada vez que se ria fazia-o por muito tempo e com muito gosto: daí é que vinha o apelido – *regalada* – que haviam juntado ao seu nome.

(Manuel Antonio de Almeida, *Memórias de um sargento de milícias*. São Paulo: Ática, 2004, Capítulo XLV – "Empenhos", p. 142.)

a) O que há de comum na caracterização da conduta do Frade, na peça, e do major Vidigal, no romance?
b) Que diferença entre as obras faz com que essas personagens tenham destinos distintos?

Textos para a próxima questão.

INSTRUÇÃO: As questões seguintes baseiam-se em fragmentos de três autores portugueses.

Auto da Lusitânia

(Gil Vicente – 1465?-1536?)

Estão em cena os personagens "Todo o Mundo" (um rico mercador) e "Ninguém" (um homem vestido como pobre). Além deles, participam da cena dois diabos, Berzebu e Dinato, que escutam os diálogos dos primeiros, comentando-os, e anotando-os.

Ninguém para Todo o Mundo: E agora que buscas lá?
Todo o Mundo: Busco honra muito grande.
Ninguém: E eu virtude, que Deus mande que tope co ela já.
Berzebu para Dinato: Outra adição nos acude: Escreve aí, a fundo, que busca honra Todo o Mundo, e Ninguém busca virtude.
Ninguém para Todo o Mundo: Buscas outro mor bem qu'esse?
Todo o Mundo: Busco mais quem me louvasse tudo quanto eu fizesse.
Ninguém: E eu quem me repreendesse em cada cousa que errasse.
Berzebu para Dinato: Escreve mais.
Dinato: Que tens sabido?
Berzebu: Que quer em extremo grado Todo o Mundo ser louvado, e Ninguém ser repreendido.
Ninguém para Todo o Mundo: Buscas mais, amigo meu?
Todo o Mundo: Busco a vida e quem ma dê.
Ninguém: A vida não sei que é, a morte conheço eu.
Berzebu para Dinato: Escreve lá outra sorte.
Dinato: Que sorte?
Berzebu: Muito garrida: Todo o Mundo busca a vida, e Ninguém conhece a morte.

(*Antologia do Teatro de Gil Vicente*)

Os Maias

(Eça de Queirós – 1845-1900)

– E que somos nós? – exclamou Ega. – Que temos nós sido desde o colégio, desde o exame de latim? Românticos: isto é, indivíduos inferiores que se governam na vida pelo sentimento, e não pela razão...

Mas Carlos queria realmente saber se, no fundo, eram mais felizes esses que se dirigiam só pela razão, não se desviando nunca dela, torturando-se para se manter na sua linha inflexível, secos, hirtos, lógicos, sem emoção até o fim...

– Creio que não – disse o Ega. – Por fora, à vista, são desconsoladores. E por dentro, para eles mesmos, são talvez desconsolados. O que prova que neste lindo mundo ou tem de se ser insensato ou sem sabor...

– Resumo: não vale a pena viver...

– Depende inteiramente do estômago! – atalhou Ega.

Riram ambos. Depois Carlos, outra vez sério, deu a sua teoria da vida, a teoria definitiva que ele deduzira da experiência e que agora o governava. Era o fatalismo muçulmano. Nada desejar e nada recear... Não se abandonar a uma esperança – nem a um desapontamento. Tudo aceitar, o que vem e o que foge, com a tranquilidade com que se acolhem as naturais mudanças de dias agrestes e de dias suaves. E, nesta placidez, deixar esse pedaço de matéria organizada que se chama o Eu ir-se deteriorando e decompondo até reentrar e se perder no infinito Universo... Sobretudo não ter apetites. E, mais que tudo, não ter contrariedades.

Ega, em suma, concordava. Do que ele principalmente se convencera, nesses estreitos anos de vida, era da inutilidade de todo o esforço. Não valia a pena dar um passo para alcançar coisa alguma na Terra – porque tudo se resolve, como já ensinara o sábio do Eclesiastes, em desilusão e poeira.

(Eça de Queirós, *Os Maias*)

Ode Triunfal

Álvaro de Campos (heterônimo de Fernando Pessoa – 1888-1935)

À dolorosa luz das grandes lâmpadas elétricas da fábrica
Tenho febre e escrevo.
Escrevo rangendo os dentes, fera para a beleza disto,
Para a beleza disto totalmente desconhecida dos antigos.

Ó rodas, ó engrenagens, r-r-r-r-r-r eterno!
Forte espasmo retido dos maquinismos em fúria!
Em fúria fora e dentro de mim,
Por todos os meus nervos dissecados fora,
Por todas as papilas fora de tudo com que eu sinto!
Tenho os lábios secos, ó grandes ruídos modernos,
De vos ouvir demasiadamente de perto,
E arde-me a cabeça de vos querer cantar com um excesso
De expressão de todas as minhas sensações,
Com um excesso contemporâneo de vós, ó máquinas!

Em febre e olhando os motores como a uma Natureza tropical –
Grandes trópicos humanos de ferro e fogo e força –
Canto, e canto o presente, e também o passado e o futuro,
Porque o presente é todo o passado e todo o futuro
E há Platão e Virgílio dentro das máquinas e das luzes elétricas
Só porque houve outrora e foram humanos Virgílio e Platão,
E pedaços do Alexandre Magno do século talvez cinquenta,
Átomos que hão de ir ter febre para o cérebro do Ésquilo do século cem,
Andam por estas correias de transmissão e por estes êmbolos e por estes volantes,
Rugindo, rangendo, ciciando, estrugindo, ferreando,
Fazendo-me um excesso de carícias ao corpo numa só carícia à alma.

(Fernando Pessoa, *Obra Poética*)

6. (Unifesp) A "ironia", ou uma expressão irônica, consiste em, intencionalmente, dizer o contrário do que as palavras significam, no sentido literal, denotativo. Lendo-se o fragmento de Gil Vicente, percebe-se que o autor ironiza a sociedade
   a) no nome dado a "Berzebu" que, no Novo Testamento, significa o "príncipe dos demônios".
   b) no comportamento humilde do personagem "Todo o Mundo".
   c) na dissimulação contida nos nomes dos personagens e suas caracterizações: "Todo o Mundo" (= um rico mercador) e "Ninguém" (= um homem vestido como pobre).
   d) no pedido que "Berzebu" faz a "Dinato": "Escreve lá outra sorte."
   e) no comportamento obstinado do personagem "Ninguém".

7. (Unifesp) Os textos apresentados, pertencentes a períodos diferentes da história social e literária portuguesa, têm, em comum, o enfoque da realidade. Respectivamente, representam
   a) visão satírica da existência e do comportamento humano; visão desencantada e pessimista do indivíduo na sociedade; visão perplexa, eufórica, ao mesmo tempo agônica, do indivíduo diante dos tempos modernos.
   b) visão eufórica do comportamento humano; visão derrotista do passado; visão agônica do futuro, pelo poeta.
   c) visão complacente do diabo sobre a sociedade portuguesa; visão derrotista do passado; visão alegórica da inutilidade do poeta diante das conquistas tecnológicas.
   d) visão sarcástica que os homens fazem de si, na época do trovadorismo português; visão fantasiosa da existência; visão perplexa, mas eufórica, do poeta diante da eletricidade e das máquinas.
   e) visão positiva da existência e do relacionamento humano; visão objetiva da sociedade romântica; visão hesitante do mundo moderno.

Textos para a próxima questão.

Auto da Lusitânia

Entra Todo o Mundo, homem como rico mercador, e faz que anda buscando alguma cousa que se lhe perdeu; e logo após ele um homem, vestido como pobre. Este se chama Ninguém, e diz:

– Que andas tu aí buscando?

Todo o Mundo:
– Mil cousas ando a buscar:
delas não posso achar,
porém ando perfiando,
por quão bom é perfiar.

Ninguém:
– Como hás nome, cavaleiro?

Todo o Mundo:
– Eu hei nome Todo o Mundo,
e meu tempo todo inteiro
sempre é buscar dinheiro,
e sempre nisto me fundo.

Ninguém:
– E eu hei nome Ninguém,
e busco a consciência.

(Berzebu para Dinato)
– Esta é boa experiência!
Dinato, escreve isto bem.

Dinato:
– Que escreverei, companheiro?

Berzebu:
– Que Ninguém busca consciência
e Todo o Mundo dinheiro.

(Ninguém para Todo o Mundo)
– E agora que buscas lá?

Todo o Mundo:
– Busco honra muito grande.

Ninguém:
– E eu virtude, que Deus mande
que tope co ela já.

(Berzebu para Dinato)
– Outra adição nos acude:
escreve aí, a fundo,
que busca honra Todo o Mundo,
e Ninguém busca virtude.

Ninguém:
– Buscas outro mor bem qu'esse?

Todo o Mundo:
– Busco mais quem me louvasse
tudo quanto eu fizesse.

Ninguém:
– E eu quem me repreendesse
em cada cousa que errasse.

(Berzebu para Dinato)
– Escreve mais.

Dinato:
– Que tens sabido?

Berzebu:
– Que quer em extremo grado
Todo o Mundo ser louvado,
e Ninguém ser repreendido. (...)

(Todo o Mundo para Ninguém)
– E mais queria o paraíso,
sem mo ninguém estorvar.

Ninguém:
– E eu ponho-me a pagar
quanto devo pera isso.

(Berzebu para Dinato)
– Escreve com muito aviso.

Dinato:
– Que escreverei?

Berzebu:
– Escreve
que Todo o Mundo quer paraíso,
e Ninguém paga o que deve.

(VICENTE, Gil. Farsa Chamada "Auto da Lusitânia". In: *Obras de Gil Vicente*. Porto: Lello & Irmão, 1965, pp. 452-453.)

O Cortiço

Daí a alguns meses, João Romão, depois de tentar um derradeiro esforço para conseguir algumas braças do quintal do vizinho, resolveu principiar as obras da estalagem.

– Deixa estar, conversava ele na cama com a Bertoleza; deixa estar que ainda lhe hei de entrar pelos fundos da casa, se é que não lhe entre pela frente! Mais cedo ou mais tarde como-lhe, não duas braças, mas seis, oito, todo o quintal e até o próprio sobrado talvez!

E dizia isto com uma convicção de quem tudo pode e tudo espera da sua perseverança, do seu esforço inquebrantável e da fecundidade prodigiosa do seu dinheiro, dinheiro que só lhe saía das unhas para voltar multiplicado.

Desde que a febre de possuir se apoderou dele totalmente, todos os seus atos, todos, fosse o mais simples, visavam um interesse pecuniário. Só tinha uma preocupação: aumentar os bens. Das suas hortas recolhia para si e para a companheira os piores legumes, aqueles que, por maus, ninguém compraria; as suas galinhas produziam muito e ele não comia um ovo, do que no entanto gostava imenso; vendia-os todos e contentava-se com os restos da comida dos trabalhadores. Aquilo já não era ambição, era uma moléstia nervosa, uma loucura, um desespero de acumular; de reduzir tudo a moeda. E seu tipo baixote, socado, de cabelos à escovinha, a barba sempre por fazer, ia e vinha da pedreira para a venda, da venda às hortas e ao capinzal, sempre em mangas de camisa, de tamancos, sem meias, olhando para todos os lados, com o seu eterno ar de cobiça, apoderando-se, com os olhos, de tudo aquilo de que ele não podia apoderar-se logo com as unhas.

AZEVEDO, Aluísio. *O Cortiço*. 25ª ed. São Paulo: Ática, 1992, pp. 23-24.

8. (Unesp-SP) Confrontando os fragmentos do AUTO DA LUSITÂNIA e de O CORTIÇO, percebe-se que o comportamento de João Romão corresponde, até com sarcasmo, a uma das atitudes que o auto de Gil Vicente atribui a Todo o Mundo. Compare ambos os textos e responda:
   a) Qual é esse comportamento de João Romão?
   b) Aponte uma passagem de cada um dos textos em que tal comportamento esteja caracterizado.

A ERA CLÁSSICA

O que se convencionou denominar **Era Clássica**, na literatura europeia, compreende os séculos XVI, XVII e XVIII – caracterizados por um nova ordem socioeconômica. A crise do feudalismo, a tomada de Constantinopla pelos turcos (1453), a expansão marítima e a revolução comercial, o desenvolvimento do capitalismo mercantil, as monarquias absolutistas formam o pano de fundo desse período.

Os principais estilos literários da época são: Classicismo (ou Quinhentismo); Barroco (ou Seiscentismo); Arcadismo ou Neoclassicismo (ou Setecentismo).

OS ESTILOS DE ÉPOCA NA ERA CLÁSSICA: CLASSICISMO PORTUGUÊS

O CLASSICISMO PORTUGUÊS

A expansão marítima e a intensificação do comércio iniciadas em meados do século XV ampliaram os contatos dos portugueses para além de Castela. Esse contato permite a introdução em Portugal de novas formas de pensar, que caracterizaram o Renascimento.

A revolução cultural renascentista e suas características temáticas e formais determinam a linguagem do Classicismo: seus campos lexicais, a forte presença dos adjetivos e mesmo a estruturação das frases.

Luís de Camões

Camões é um dos mais importantes escritores da língua portuguesa. Sua obra deixou um exército de seguidores; é difícil encontrar um poeta português ou brasileiro, de 1600 para cá, que não tenha sentido a influência da poesia camoniana.

- **Lírica**: a lírica de Camões é marcada pelo tema do amor, além de apresentar influência das cantigas trovadorescas e da filosofia platônica.
- **Épica:** Camões escreveu apenas uma epopeia, *Os Lusíadas*, considerada um dos mais importantes textos da Era Clássica. Nela, o autor valoriza e engrandece a história de Portugal, o que tornou sua obra símbolo nacional.

Sá de Miranda

Francisco Sá de Miranda é um típico representante da poesia quinhentista lusitana, autor de uma obra em que convivem heranças medievais e humanismo renascentista, a medida velha (redondilha) e a medida nova (decassílabo).

Exercícios

1. (Fuvest-SP)

Não mais, musa, não mais, que a lira tenho
Destemperada e a voz enrouquecida,
E não do canto, mas de ver que venho
Cantar a gente surda e endurecida.
O favor com que mais se acende o engenho
Não no dá a pátria, não, que está metida
No gosto da cobiça e na rudeza
Duma austera, apagada e vil tristeza.

Luis de Camões. *Os Lusíadas*.

a) Cite uma característica típica e uma característica atípica da poesia épica, presentes na estrofe. Justifique.

b) Relacione o conteúdo dessa estrofe com o momento vivido pelo Império Português por volta de 1572, ano da publicação de *Os Lusíadas*.

2. (Uepa) A questão estética, na passagem de um estilo para o outro, pode conter certo tipo de violência simbólica. A estética em vigor costuma não admitir a utilização das formas da anterior. Porém o Classicismo Português em Camões consegue a superação desse procedimento ao utilizar a medida velha em seus poemas. Diante do exposto, examine as alternativas e marque aquela que demonstre tal afirmação.

a) "Agora Tu, Calíope, me ensina
O que contou ao Rei o Ilustre da Gama;
Inspira imortal, canto e voz divina"

b) "Fita de cor de encarnado,
Tão linda que o mundo espanta.
Chove nela graça tanta,"

c) "Pois Meus olhos não cansam de chorar
Tristezas, que não cansam de cansar-me
Pois não abranda o fogo em que abrasar-me"

d) "Três fermosos outeiros se mostravam,
Erguidos com soberba graciosa,
Que de gramíneo esmalte lhe adornavam,"

e) "Mudam-se os tempos, mudam-se as vontades
Muda-se o ser, muda a confiança;
Todo mundo é composto de mudança."

Textos para a próxima questão.

Texto I

A partida de Belém, como Vossa Alteza sabe, foi segunda-feira, 9 de março. [...] E domingo, 22 do dito mês, às dez horas, pouco mais ou menos, houvemos vista das ilhas de Cabo Verde, ou melhor, da ilha de S. Nicolau [...]. E assim seguimos nosso caminho por este mar de longo, até que, terça-feira das Oitavas de Páscoa, que foram vinte e um dias de abril, estando da dita ilha obra de 660 léguas, segundo os pilotos diziam, topamos alguns sinais de terra, os quais eram muita quantidade de ervas compridas, a que os mareantes chamam botelho [...]. E quarta-feira seguinte, pela manhã, topamos aves a que chamam fura-buxos. Neste dia, a horas de véspera, houvemos vista de terra! Primeiramente dum grande monte, mui alto e redondo [...]; ao monte alto o capitão pôs o nome de O Monte Pascoal, e à terra, A Terra de Vera Cruz.

Carta de Pero Vaz de Caminha ao rei de Portugal

Texto II

A descoberta

Seguimos nosso caminho por este mar de longo
Até a oitava Páscoa
Topamos aves
E houvemos vista de terra

Oswald de Andrade, *Pero Vaz Caminha*

3. (UPM-SP) Considere as seguintes afirmações acerca do texto:

I. Constituído de citações do texto I, compõe uma unidade poética autônoma que atualiza o sentido da carta de Pero Vaz de Caminha.

II. O poeta chamou de "A descoberta" o que na verdade é apropriação de outro texto, sugerindo que a descoberta do Brasil possa também ser entendida como um tipo de apropriação.

III. A ideia de renovação da tradição já está insinuada no trocadilho do título da coletânea: "Pero Vaz Caminha".

IV. A ausência de elementos de coesão entre os versos resulta num conjunto fragmentado de frases nominais, traço de estilo que lembra a estética futurista.

Assinale:

a) se todas as afirmações estiverem corretas.

b) se todas as afirmações estiverem incorretas.

c) se apenas as afirmações I e III estiverem corretas.

d) se apenas as afirmações I, II e III estiverem corretas.

e) se apenas as afirmações I, III e IV estiverem corretas.

Texto para a próxima questão.

A questão adiante baseia-se no poema épico *Os Lusíadas*, de Luís Vaz de Camões, do qual se reproduzem, a seguir, três estrofes.

Mas um velho, de aspeito venerando,
Que ficava nas praias, entre a gente,
Postos em nós os olhos, meneando
Três vezes a cabeça, descontente,
A voz pesada um pouco alevantando,
Que nós no mar ouvimos claramente,
C'um saber só de experiências feito,
Tais palavras tirou do experto peito:

"Ó glória de mandar, ó vã cobiça
Desta vaidade a quem chamamos Fama!
Ó fraudulento gosto, que se atiça
C'uma aura popular, que honra se chama!
Que castigo tamanho e que justiça
Fazes no peito vão que muito te ama!
Que mortes, que perigos, que tormentas,
Que crueldades neles experimentas!

Dura inquietação d'alma e da vida
Fonte de desamparos e adultérios,
Sagaz consumidora conhecida
De fazendas, de reinos e de impérios!
Chamam-te ilustre, chamam-te subida,
Sendo digna de infames vitupérios;
Chamam-te Fama e Glória soberana,
Nomes com quem se o povo néscio engana."

Vocabulário:
aspeito – aspecto

4. (Ufscar-SP) Os versos de Camões foram retirados da passagem conhecida como "O Velho do Restelo". Nela, o velho
   a) abençoa os marinheiros portugueses que vão atravessar os mares à procura de uma vida melhor.
   b) critica as navegações portuguesas por considerar que elas se baseiam na cobiça e busca de fama.
   c) emociona-se com a saída dos portugueses que vão atravessar os mares até chegar às Índias.
   d) destrata os marinheiros por não o terem convidado a participar de tão importante empresa.
   e) adverte os marinheiros portugueses dos perigos que eles podem encontrar para buscar fama em outras terras.

5. (Unicamp-SP) Leia o seguinte soneto de Camões:

Oh! Como se me alonga, de ano em ano,
a peregrinação cansada minha.
Como se encurta, e como ao fim caminha
este meu breve e vão discurso humano.

Vai-se gastando a idade e cresce o dano;
perde-se-me um remédio, que inda tinha.
Se por experiência se adivinha,
qualquer grande esperança é grande engano.

Corro após este bem que não se alcança;
no meio do caminho me falece,
mil vezes caio, e perco a confiança.

Quando ele foge, eu tardo; e, na tardança,
se os olhos ergo a ver se inda parece,
da vista se me perde e da esperança.

   a) Na primeira estrofe, há uma contraposição expressa pelos verbos "alongar" e "encurtar". A qual deles está associado o cansaço da vida e qual deles se associa à proximidade da morte?
   b) Por que se pode afirmar que existe também uma contraposição no interior do primeiro verso da segunda estrofe?
   c) A que termo se refere o pronome "ele" da última estrofe?

Textos para as próximas duas questões.

Texto I

Amor é fogo que arde sem se ver;
É ferida que dói e não se sente;
É um contentamento descontente;
É dor que desatina sem doer.

É um não querer mais que bem querer;
É solitário andar por entre a gente;
É nunca contentar-se de contente;
É cuidar que se ganha em se perder;

Camões

Texto II

Amor é fogo? Ou é cadente lágrima?
Pois eu naufrago em mar de labaredas
Que lambem o sangue e a flor da pele acendem
Quando o rubor me vem à tona d'água.

E como arde, ai, como arde, Amor,
Quando a ferida dói porque se sente,
E o mover dos meus olhos sob a casca
Vê muito bem o que devia não ver.

Ilka Brunhilde Laurito

6. (UPM-SP) Assinale a alternativa correta sobre o texto II.
   a) A liberdade formal dos quartetos, associada à contenção emotiva, é índice da influência parnasiana.
   b) Por seguir os princípios estéticos clássicos, sua expressão é de teor mais universalista que individualista.
   c) O caráter reflexivo das interrogativas iniciais impede que a linguagem seja marcada por índices de emotividade.
   d) Recupera, do estilo camoniano, a preferência por imagens paradoxais, como, por exemplo, mar de labaredas.

e) Vale-se de recursos estilísticos conquistados pelos modernistas, como, por exemplo, versos decassílabos e expressão coloquial.

7. (UPM-SP) Assinale a alternativa correta.

a) O texto I, com sua regularidade formal, recupera do texto II o rígido padrão da estética clássica.
b) Os dois textos, ao negarem uma concepção carnal do amor, enaltecem o platonismo amoroso.
c) O texto I e o texto II são convergentes no que se refere à concepção do sentimento amoroso.
d) O texto II contesta o texto I no que se refere ao ponto de vista sobre o amor.
e) Os dois textos convergem quanto à forma e à linguagem, mas divergem quanto ao conteúdo.

8. (Fuvest-SP)

Tu, só tu, puro amor, com força crua,
Que os corações humanos tanto obriga,
Deste causa à molesta morte sua,
Como se fora pérfida inimiga.
Se dizem, fero Amor, que a sede tua
Nem com lágrimas tristes se mitiga,
É porque queres, áspero e tirano,
Tuas aras banhar em sangue humano.

(Camões, "Os Lusíadas" – episódio de Inês de Castro)

Vocabulário:
Molesta – lastimosa; funesta.
Pérfida – desleal; traidora.
Fero – feroz; sanguinário; cruel.
Mitiga – alivia; suaviza; aplaca.
Ara – altar; mesa para sacrifícios religiosos.

a) Considerando-se a forte presença da cultura da Antiguidade Clássica em "Os Lusíadas", a que se pode referir o vocábulo "Amor", grafado com maiúscula, no 5º verso?
b) Explique o verso "Tuas aras banhar em sangue humano", relacionando-o à história de Inês de Castro.

Textos para a próxima questão.

Texto I

Um mover de olhos, brando e piedoso,
sem ver de quê; um riso brando e honesto,
quase forçado; um doce e humilde gesto,
de qualquer alegria duvidoso;
(...)
esta foi a celeste formosura
da minha Circe, e o mágico veneno
que pôde transformar meu pensamento.

(Luís de Camões)

Texto II

Uma noite, eu me lembro... Ela dormia
Numa rede encostada molemente...
Quase aberto o roupão... solto o cabelo
E o pé descalço do tapete rente.

(Castro Alves)

Texto III

Um dia ela veio para rede,
se enroscou nos meus braços,
me deu um abraço,
me deu as maminhas
que eram só minhas.
A rede virou,
O mundo afundou.

(Carlos Drummond de Andrade)

9. (PUC-SP) Os três fragmentos tratam do mesmo tema, ou seja, a figura feminina. Tendo em vista essa temática, assinale a alternativa INCORRETA.

a) O fragmento I trata a figura feminina de maneira idealizada, transfigurada, divinizada, tornando a relação amorosa impossível.
b) O fragmento II trata a figura feminina de maneira humana, carnal, sensual, tornando a relação amorosa possível.
c) O fragmento III trata a figura feminina de maneira humana, carnal, sensual, tornando a relação amorosa materializada.
d) Os três fragmentos representam, respectivamente, a figura feminina em concepções diferenciadas, ou seja, clássica, romântica e moderna.
e) Os três fragmentos, ao retratarem a figura feminina, desviam-se dos princípios literários românticos e modernos.

10. (Fuvest-SP)

Quando da bela vista e doce riso,
tomando estão meus olhos mantimento,
tão enlevado sinto o pensamento
que me faz ver na terra o Paraíso.

Tanto do bem humano estou diviso,
que qualquer outro bem julgo por vento;
assi, que em caso tal, segundo sento,
assaz de pouco faz quem perde o siso.

Em vos louvar, Senhora, não me fundo,
porque quem vossas cousas claro sente,
sentirá que não pode merecê-las.

Que de tanta estranheza sois ao mundo,
que não é d'estranhar, Dama excelente,
que quem vos fez, fizesse Céu e estrelas.

(Camões, ed. A.J. da Costa Pimpão)

Vocabulário:
tomando mantimento – tomando consciência
estou diviso – estou separado, apartado
sento – sinto
não me fundo – não me empenho

a) Caracterize brevemente a concepção de mulher que este soneto apresenta.

b) Aponte duas características desse soneto que o filiam ao Classicismo, explicando-as sucintamente.

Texto para a próxima questão.

A luneta mágica

Chamo-me Simplício e tenho condições naturais ainda mais tristes do que o meu nome.

Nasci sob a influência de uma estrela maligna, nasci marcado com o selo do infortúnio.

Sou míope; pior do que isso, duplamente míope, míope física e moralmente.

Miopia física: – a duas polegadas de distância dos olhos não distingo um girassol de uma violeta.

E por isso ando na cidade e não vejo as casas.

Miopia moral: – sou sempre escravo das ideias dos outros; porque nunca pude ajustar duas ideias minhas.

E por isso quando vou às galerias da câmara temporária ou do senado, sou consecutiva e decididamente do parecer de todos os oradores que falam pró e contra a matéria em discussão.

Se ao menos eu não tivesse consciência dessa minha miopia moral!... mas a convicção profunda de infortúnio tão grande é a única luz que brilha sem nuvens no meu espírito.

Disse-me um negociante meu amigo que por essa luz da consciência represento eu a antítese de não poucos varões assinalados que não têm dez por cento de capital da inteligência que ostentam, e com que negociam na praça das coisas públicas.

– Mas esses varões não quebram, negociando assim?... perguntei-lhe.

– Qual! são as coisas públicas que andam ou se mostram quebradas.

– E eles?...

– Continuam sempre a negociar com o crédito dos tolos, e sempre se apresentam como boas firmas.

Na cândida inocência da minha miopia moral não pude entender se havia simplicidade ou malícia nas palavras do meu amigo.

(In: MACEDO, Joaquim Manuel de. *A luneta mágica*. São Paulo: Saraiva, 1961. p. 01-02.)

11. (Unesp-SP) Aludindo ao célebre verso com que o poeta latino Virgílio (70-19 a.C.) inicia a *Eneida* ("Arma virumque cano...": "Eu canto as armas e o herói..."), Luís de Camões inicia o poema épico *Os Lusíadas* com o verso "As armas e os barões assinalados", para anunciar que vai celebrar no poema as façanhas militares ("as armas") de heroicos varões portugueses ("barões assinalados"). Tomando como referência esta observação,

a) demonstre que no trecho de *A luneta mágica* se faz alusão ao primeiro verso de *Os Lusíadas*;

b) explique o efeito irônico obtido pelo narrador com essa referência ao texto de Camões.

Texto para a próxima questão.

Antes de concluir este capítulo, fui à janela indagar da noite por que razão os sonhos hão de ser assim tão tênues que se esgarçam ao menor abrir de olhos ou voltar de corpo, e não continuam mais. A noite não me respondeu logo. Estava deliciosamente bela, os morros palejavam de luar e o espaço morria de silêncio. Como eu insistisse, declarou-me que os sonhos já não pertencem à sua jurisdição. Quando eles moravam na ilha que Luciano lhes deu, onde ela tinha o seu palácio, e donde os fazia sair com as suas caras de vária feição, dar-me-ia explicações possíveis. Mas os tempos mudaram tudo. Os sonhos antigos foram aposentados, e os modernos moram no cérebro da pessoa. Estes, ainda que quisessem imitar os outros, não poderiam fazê-lo; a ilha dos Sonhos, como a dos Amores, como todas as ilhas de todos os mares, são agora objeto da ambição e da rivalidade da Europa e dos Estados Unidos.

Machado de Assis — *D. Casmurro*

Vocabulário:
palejavam: tornavam pálidos

12. (UPM-SP) Assinale a alternativa que apresenta fragmento da epopeia camoniana, extraído do episódio "A ilha dos amores", a que o texto faz referência.

a) Volve a nós teu rosto sério, / Princesa do Santo Gral, / Humano ventre do Império, / Madrinha de Portugal.

b) Ali, em cadeiras ricas, cristalinas, / Se assentam dous e dous, amante e dama; / Noutras, à cabeceira, de ouro finas, / Está co'a bela deusa o claro Gama.

c) Se encontrares louvada uma beleza,/ Marília, não lhe invejes a ventura,/ que tens quem leve à mais remota idade/ a tua formosura.

d) Este lugar delicioso, e triste, / Cansada de viver, tinha escolhido / Para morrer a mísera Lindoia.

e) Choraram da Bahia as ninfas belas, / Que nadando a Moema acompanhavam; / E vendo que sem dor navegam delas, / À branca praia com furor tornavam.

A EXPANSÃO ULTRAMARINA E O BRASIL

Documentos históricos e literários ou relatos de viajantes e funcionários da Coroa lusitana que estiveram na então chamada "América portuguesa" refletem a visão de mundo do homem português. É essa visão que domina, com maior ou menor intensidade, os três primeiros séculos de nossa literatura, em que o Brasil é colocado na condição de "objeto de uma cultura, o **outro** em relação à metrópole".

A DESCOBERTA DO BRASIL: QUINHENTISMO

O QUINHENTISMO BRASILEIRO

Quinhentismo é a denominação genérica de todas as manifestações literárias ocorridas no Brasil durante o século XVI e corresponde à introdução da cultura europeia em terras brasileiras.

A *Carta* de Caminha

A *Carta* de Pero Vaz de Caminha é o primeiro documento histórico e literário que retrata o olhar estrangeiro sobre o Brasil. A *Carta* mostra as impressões do autor a respeito do Novo Mundo, carregadas com os valores morais, estéticos, culturais e religiosos dos europeus.

Exercícios

1. (UFMG) Leia estes trechos:

Trecho 1

Colombo sabe perfeitamente que as ilhas já têm nome, de uma certa forma, nomes naturais (mas em outra acepção do termo) as palavras dos outros, entretanto, não lhe interessam muito, e ele quer rebatizar os lugares em função do lugar que ocupam em sua descoberta, dar-lhes nomes justos a nomeação, além disso, equivale a tomar posse.

TODOROV, Tzevetan. *A conquista da América*, São Paulo: Martins Fontes, 1993. p. 27.

Trecho 2

[...] e a quarta-feira seguinte, pela manhã, topamos aves a que chamam fura-buxos e neste dia, a horas de véspera, houvemos vista de terra, a saber: primeiramente dum grande monte mui alto e redondo, e de outras serras mais baixas ao sul dele, e de terra chã com grandes arvoredos: ao qual monte alto o Capitão pôs nome o Monte Pascoal, e à terra a Terra da Vera Cruz.

CAMINHA. Pero Vaz de. *Carta ao Rei Dom Manuel*. Belo Horizonte: Crisálida, 2002. p. 17.

Explicite, comparando os dois trechos, a relação existente entre os atos de nomear e tomar posse.

Texto para a próxima questão.

A partida de Belém, como Vossa Alteza sabe, foi segunda-feira, 9 de março. [...] E domingo, 22 do dito mês, às dez horas, pouco mais ou menos, houvemos vista das ilhas de Cabo Verde, ou melhor, da ilha de S. Nicolau [...] E assim seguimos nosso caminho por este mar de longo, até que, terça-feira das Oitavas de Páscoa, que foram vinte e um dias de abril, estando da [8]dita ilha obra de 660 léguas, segundo os pilotos diziam, [1]topamos alguns sinais de terra, os quais eram muita quantidade de [5]ervas compridas, a que os [4]mareantes chamam [6]botelho [...] E quarta-feira seguinte, pela manhã, topamos aves a que chamam [7]fura-buxos. Neste dia, a horas de véspera, [2]houvemos vista de terra! [9]Primeiramente dum grande monte, mui alto e redondo [...]; ao monte alto o capitão pôs o nome de [3]O Monte Pascoal, e à terra, A Terra de Vera Cruz.

Carta de Pero Vaz de Caminha ao rei de Portugal

2. (UPM-SP) Assinale a alternativa CORRETA acerca do texto.
   a) No contexto em que se inserem, as expressões "topamos alguns sinais de terra" (ref. 1) "e houvemos vista de terra" (ref. 2) têm o mesmo sentido: "enxergamos o continente americano".
   b) As nomeações referidas na carta – "O Monte Pascoal" e "A Terra de Vera Cruz" (ref. 3) – refletem valores ideológicos da cultura portuguesa.
   c) "Os mareantes" (ref. 4), por influência da cultura indígena, apelidaram as "ervas compridas" (ref. 5) "de botelho" (ref. 6) e as aves de "fura-buxos" (ref. 7).
   d) A expressão "dita ilha" (ref. 8) indica que os navegantes portugueses confundiram a Ilha de S. Nicolau com o Brasil.
   e) Embora se apresente em linguagem objetiva, o trecho da carta revela, devido ao excesso de adjetivações (ref. 9, por exemplo), a euforia dos portugueses ao descobrirem o tão sonhado "Eldorado".

Texto para a próxima questão.

Um morro ao final da páscoa

Como tapetes flutuantes, elas surgiram de repente, em "muita quantidade", balançando nas águas translúcidas de um mar que refletia as cores do entardecer. Os marujos as reconheceram de imediato, antes que sumissem no horizonte: chamavam-se BOTELHOS as grandes algas que dançavam nas ondulações formadas pelo avanço da frota imponente. Pouco mais tarde, mas ainda antes da escuridão se estendesse sobre a amplitude do oceano, outra espécie de planta marinha iria lamber o casco das naves, alimentando a expectativa e desafiando os conhecimentos daqueles homens temerários o bastante para navegar por águas desconhecidas. Desta vez eram RABOS-DE-ASNO: um emaranhado de ervas felpudas "que nascem pelos penedos do mar". Para marinheiros experimentados, sua presença era sinal claro da proximidade de terra.

Se ainda restassem dúvidas, elas acabariam no alvorecer do dia seguinte, quando os grasnados de aves marinhas romperam o silêncio dos mares e dos céus. As aves da anunciação, que voavam barulhentas por entre mastros e velas, chamavam-se FURA-BUXOS. Após quase um século de navegação atlântica, o surgimento dessa gaivota era tido como indício de que, muito em breve, algum marinheiro de olhar aguçado haveria de gritar a frase mais aguardada pelos homens que se fazem ao mar: "Terra à vista!".

(BUENO, Eduardo. *A viagem do descobrimento*: a verdadeira história da expedição de Cabral, 1999. p. 7.)

3. (UFSC) Em relação ao texto, é CORRETO afirmar que:
   01) O autor, quando escreve que os grasnados dos FURA-BUXOS romperam o silêncio dos mares e dos céus, quer dizer que essas aves de anunciação voavam barulhentas por entre os mastros e velas das naves.

02) Com a expressão "homens que se fazem ao mar", o autor quis se referir aos marinheiros que se jogam no mar quando avistam indícios de terra.

04) FURA-BUXOS, aves de anunciação, são gaivotas marinhas que vivem longe da terra.

08) O texto apresenta, entre os sinais da proximidade de terra, os RABOS-DE-ASNO que lambiam os cascos das naves e os FURA-BUXOS que voavam barulhentos por entre mastros e velas.

Texto para a próxima questão.

Trechos da carta de Pero Vaz de Caminha

Muitos deles ou quase a maior parte dos que andavam ali traziam aqueles bicos de osso nos beiços. E alguns, que andavam sem eles, tinham os beiços furados e nos buracos uns [1]espelhos de pau, que pareciam espelhos de borracha; outros traziam três daqueles bicos, a saber, um no meio e os dois nos cabos. Aí andavam outros, quartejados de cores, a saber, metade deles da sua própria cor, e metade de [2]tintura preta, a modos de azulada; e outros quartejados de [3]escaques. Ali andavam entre eles três ou quatro moças, bem moças e bem gentis, com cabelos muito pretos, compridos pelas espáduas, e suas vergonhas tão altas, tão cerradinhas e tão limpas das cabeleiras que, de as muito bem olharmos, não tínhamos nenhuma vergonha.

Esta terra, Senhor, me parece que da ponta que mais contra o sul vimos até a outra ponta que contra o norte vem, de que nós deste porto houvemos vista, será tamanha que haverá nela bem vinte ou vinte e cinco léguas por costa. Tem, ao longo do mar, nalgumas partes, grandes barreiras, delas vermelhas, delas brancas; e a terra por cima toda chã e muito cheia de grandes arvoredos. De ponta a ponta, é toda praia [4]parma, muito [5]chã e muito formosa.

Pelo sertão nos pareceu, vista do mar, muito grande, porque, a estender olhos, não podíamos ver senão terra com arvoredos, que nos parecia muito longa. Nela, até agora, não pudemos saber que haja ouro, nem prata, nem coisa alguma de metal ou ferro; nem lho vimos. Porém a terra em si é de muito bons ares, assim frios e temperados, como os de Entre Douro e Minho, porque neste tempo de agora os achávamos como os de lá.

Águas são muitas: infindas. E em tal maneira é graciosa que, querendo-a aproveitar, dar-se-á nela tudo, por bem das águas que tem.

(Carta de Pero Vaz de Caminha In: PEREIRA, Paulo Roberto (org.) Os três únicos testemunhos do descobrimento do Brasil. Rio de Janeiro: Lacerda, 1999, p. 39-40.)

Vocabulário:

[1] "espelhos de pau, que pareciam espelhos de borracha": associação de imagem, com a tampa de um vasilhame de couro, para transportar água ou vinho, que recebia o nome de "espelho" por ser feita de madeira polida.

[2] "tintura preta, a modos de azulada": é uma tintura feita com o sumo do fruto jenipapo.

[3] "escaques": quadrados de cores alternadas como os do tabuleiro de xadrez.

[4] "parma": lisa como a palma da mão.

[5] "chã": terreno plano, planície.

4. (UFF-RJ) Assinale o fragmento que representa uma retomada modernista da carta de Pero Vaz de Caminha.

a) "O Novo Mundo nos músculos / Sente a seiva do porvir." (Castro Alves)

b) "Minha terra tem palmeiras, / Onde canta o sabiá" (Gonçalves Dias)

c) "A terra é mui graciosa / Tão fértil eu nunca vi." (Murilo Mendes)

d) "Irás a divertir-te na floresta, / sustentada, Marília, no meu braço" (Tomás Antônio Gonzaga)

e) "Todos cantam sua terra / Também vou cantar a minha" (Casimiro de Abreu)

Texto para a próxima questão.

Senhor:

[1]Posto que o Capitão-mor desta vossa frota, e assim os outros capitães escrevam a Vossa Alteza a nova do achamento desta vossa terra nova, que nesta navegação agora se achou, não deixarei também de dar minha conta disso a Vossa Alteza, o melhor que eu puder, ainda que – para o bem contar e falar –, o saiba fazer pior que todos.

Esta terra, Senhor, me parece que da ponta que mais contra o sul vimos até outra ponta que contra o norte vem, de que nós deste porto houvemos vista, será tamanha que haverá nela bem vinte ou vinte e cinco léguas por costa. Tem, ao longo do mar, nalgumas partes, grandes barreiras, delas vermelhas, delas brancas; e a terra por cima toda chã e muito cheia de grandes arvoredos. De ponta a ponta, é tudo praia-palma, muito chã e muito formosa.

Pelo sertão nos pareceu, vista do mar, muito grande, porque, a estender olhos, não podíamos ver senão terra com arvoredos, que nos parecia muito longa.

Nela, até agora, não pudemos saber que haja ouro, nem prata, nem coisa alguma de metal ou ferro; nem lho vimos. Porém a terra em si é de muito bons ares, assim frios e temperados, como os de Entre Doiro e Minho, porque neste tempo de agora os achávamos como os de lá.

Águas são muitas; infindas. E em tal maneira é graciosa que, querendo-a aproveitar, dar-se-á nela tudo, por bem das águas que tem.

Porém o melhor fruito, que dela se pode tirar me parece que será salvar esta gente. E esta deve ser a principal semente que Vossa Alteza em ela deve lançar.

A feição deles é serem pardos, maneira de avermelhados, de bons rostos e bons narizes, bem feitos. Andam nus, sem cobertura alguma. Não fazem o menor caso de encobrir ou de mostrar suas vergonhas; e nisso têm tanta inocência como em mostrar o rosto.

Parece-me gente de tal inocência que, se homem os entendesse e ele a nós, seriam logo cristãos, porque eles, segundo parece, não têm, nem entendem em nenhuma crença.

Eles não lavram, nem criam. Não há aqui boi, nem vaca, nem cabra, nem ovelha, nem galinha, nem qualquer outra alimária, que costumada seja ao viver dos homens. Nem comem senão desse inhame, que aqui há muito, e dessa semente e fruitos, que a terra e as árvores de si lançam. E com isto andam tais e tão rijos e tão nédios que o não somos nós tanto, com quanto trigo e legumes comemos.

E nesta maneira, Senhor, dou aqui a Vossa Alteza conta do que nesta terra vi. E, se algum pouco me alonguei, Ela me perdoe, pois o desejo que tinha de tudo vos dizer, mo fez pôr assim pelo miúdo.

Beijo as mãos de Vossa Alteza.

Deste Porto Seguro, da vossa Ilha de Vera Cruz, hoje, sexta-feira, primeiro dia de maio de 1500.

Pero Vaz de Caminha

(Jaime Cortesão, *A carta de Pero Vaz de Caminha*. Rio de Janeiro: Livros de Portugal, 1943, p. 199-241. Coleção Clássicos e Contemporâneos.)

5. (UnB-DF) Com relação ao texto, julgue os seguintes itens.

(1) Substituindo-se "Posto que" (ref. 1) por HAJA VISTA, mantêm-se as mesmas relações de ideias.

(2) O nono parágrafo do texto ressalta uma prática dos silvícolas brasileiros: o extrativismo vegetal, que era a única forma de obtenção dos alimentos necessários à subsistência. Ressalta também que, apesar dessa prática, os silvícolas aparentavam ser mais fortes e bonitos que os conquistadores, mesmo sendo estes mais bem alimentados.

(3) No nono parágrafo do texto, as expressões "inhame" e "semente e fruitos" são repetitivas, pois, para a Biologia, a primeira contém a segunda. Além disso, a associação estabelecida entre "semente e fruitos" e "trigo e legumes" é biologicamente incoerente, pois legumes são sementes e trigo é fruto.

(4) As expressões de tratamento com que a correspondência é aberta e fechada revelam o respeito e a sujeição do remetente ao destinatário.

6. (UFRGS-RS) Leia o poema "História Pátria", de Oswald de Andrade.

"Lá vai uma barquinha carregada de
Aventureiros
Lá vai uma barquinha carregada de
Bacharéis
Lá vai uma barquinha carregada de
Cruzes de Cristo
Lá vai uma barquinha carregada de
Donatários
Lá vai uma barquinha carregada de
Espanhóis
[1]Paga prenda
[2]Prenda os espanhóis!
Lá vai uma barquinha carregada de
Flibusteiros
Lá vai uma barquinha carregada de
Governadores
Lá vai uma barquinha carregada de
Holandeses
Lá vem uma barquinha cheinha de índios
Outra de degradados
Outra de pau de tinta

Até que o mar inteiro
Se coalhou de transatlânticos
E as barquinhas ficaram
Jogando prenda coa raça misturada
No litoral azul de meu Brasil"

Assinale a afirmação correta em relação a esse poema.

a) A repetição da expressão "Lá vai uma barquinha" segue as regras formais da vanguarda modernista.
b) Os versos de referências 1 e 2 reproduzem a voz imperativa dos holandeses, identificada com os "degradados".
c) O emprego dos verbos "ir" e "vir" confere ao poema uma caracterização épica, própria da literatura dos Descobrimentos.
d) O poema encena ironicamente a história brasileira, através das viagens ultramarinas e sua evolução.
e) Termos como "Aventureiros", "Bacharéis", "Cruzes de Cristo", "Donatários" e "Espanhóis" representam figuras históricas do período pós-abolicionista no Brasil.

Textos para as próximas questões.

Carta

Senhor,

A feição deles [os indígenas] é serem pardos, um tanto avermelhados, de bons rostos e bons narizes, bem feitos. Andam nus, sem cobertura alguma. Nem fazem mais caso de encobrir ou deixar de encobrir suas vergonhas do que de mostrar a cara. Acerca disso são de grande inocência. (...) E então estiraram-se de costas na alcatifa, a dormir, sem procurarem maneiras de encobrir suas vergonhas, as quais não eram fanadas; e as cabeleiras delas estavam bem raspadas e feitas. O Capitão mandou pôr por baixo da cabeça de cada um seu cochim; e o da cabeleira esforçava-se por não a estragar. E deitaram um manto por cima deles; e consentindo, aconchegaram-se e adormeceram. (...)

Ali por então não houve mais fala ou entendimento com eles, por a barbaria deles ser tamanha que se não entendia nem ouvia ninguém. Acenamos-lhes que se fossem. E assim o fizeram e passaram-se para além do rio. (...)

Esse que o agasalhou era já de idade, e andava por galantaria, cheio de penas, pegadas pelo corpo, que parecia seteado como São Sebastião. Outros traziam carapuças de penas amarelas; e outros de vermelhas; e outros de verdes. E uma daquelas moças era toda tingida, de baixo a cima, daquela tintura, e certo era tão bem feita e tão redonda, e sua vergonha (que ela não tinha!) tão graciosa que a muitas mulheres de nossa terra, vendo-lhe tais feições, envergonhava, por não terem as suas como ela. (...) E [Diogo Dias] levou consigo um gaiteiro nosso com sua gaita. E meteu-se a dançar com eles, tomando-os pelas mãos; e eles folgavam e riam, e andavam com ele muito bem ao som da gaita. Depois de dançarem fez-lhes ali muitas voltas ligeiras, andando no chão, e salto real, de que se eles espantavam e riam e folgavam muito. E conquanto com aquilo os segurou e afagou muito, tomavam logo uma esquiveza como monteses, e foram-se para cima... Bastará [isso para Vossa Alteza ver] que até aqui, como quer que se eles em alguma parte amansassem, logo de uma mão para outra se esquivavam, como pardais, [com medo] do cevadoiro. E tudo se passa como eles querem – para os bem amansarmos! (...)

Eles não lavram nem criam. Nem há aqui boi ou vaca, cabra, ovelha ou galinha, ou qualquer outro animal que esteja acostumado ao viver do homem. E não comem senão deste inhame, de que aqui há muito, e dessas sementes e frutos que a terra e as árvores de si deitam. E com isto andam tais e tão rijos e tão nédios que o não somos nós tanto, com quanto trigo e legumes comemos.

Nesse dia enquanto ali andavam, dançaram e bailaram sempre com os nossos, ao som de um tamboril nosso, como se fossem mais amigos nossos do que nós seus. Se lhes a gente acenava, se queriam vir às naus, aprontavam-se logo para isso, de modo tal que, se os convidáramos a todos, todos vieram. Porém não levamos esta noite às naus senão quatro ou cinco; a saber, o Capitão-Mor, dois; e Simão de Miranda, um que já trazia por pajem, e Aires Gomes a outro, pajem também.

Parece-me gente de tal inocência que, se nós entendêssemos a sua fala e eles a nossa, seriam logo cristãos, visto que não têm nem entendem crença alguma, segundo as aparências. E portanto, se os degredados que aqui hão de ficar aprenderem bem a sua fala e os entenderem, não duvido que eles, segundo a santa tenção de Vossa Alteza, se farão cristãos e hão de crer na santa fé, à qual praza a Nosso Senhor que os traga, porque certamente, esta gente é boa e de bela simplicidade.

(Carta de Pero Vaz de Caminha a El-Rei D. Manuel, escrita do porto seguro de Vera Cruz com a data de 1º de maio do ano 1500, em linguagem atualizada por Carolina Michaelis de Vasconcelos. In: CALMOM, Pedro. HISTÓRIA DO BRASIL – I. Rio de Janeiro: José Olympio, 1959, pp. 64-83.)

O enfrentamento dos mundos

Os índios perceberam a chegada do europeu como um acontecimento espantoso, só assimilável em sua visão mítica do mundo. Seriam gente de seu deus sol, o criador – Maíra –, que vinha milagrosamente sobre as ondas do mar grosso. Não havia como interpretar seus desígnios, tanto podiam ser ferozes como pacíficos, espoliadores ou dadores.

Provavelmente seriam pessoas generosas, achavam os índios. Mesmo porque, no seu mundo, mais belo era dar que receber. Ali, ninguém jamais espoliara ninguém e a pessoa alguma se negava louvor por sua bravura e criatividade. Visivelmente, os recém-chegados, saídos do mar, eram feios, fétidos e infectos. Não havia como negá-lo. (...)

Aquele desencontro de gente índia que enchia as praias, encantada de ver as velas enfunadas, e que era vista com fascínio pelos barbudos navegantes lançado recém-chegados, era, também, o enfrentamento biótico mortal da higidez e da morbidade. A indiada não conhecia doenças, além de coceiras e desvanecimentos por perda momentânea da alma.

A branquitude trazia da cárie dental à bexiga, à coqueluche, à tuberculose e o sarampo. Desencadeia-se, ali, desde a primeira hora, uma guerra biológica implacável. De um lado, povos peneirados, nos séculos e milênios, por pestes a que sobreviveram e para as quais desenvolveram resistência. Do outro lado, povos indenes, indefesos, que começavam a morrer aos magotes. Assim é que a civilização se impõe, primeiro, como uma epidemia de pestes mortais. Depois, pela dizimação através de guerras de extermínio e da escravização. Entretanto, esses eram tão só os passos iniciais de uma escalada do calvário das dores inenarráveis do extermínio genocida e etnocida.

RIBEIRO, Darcy. *O povo brasileiro: a formação e o sentido do Brasil.* São Paulo: Companhia das Letras, 1995, pp. 46-47.

7. (Unesp-SP) A Carta de Pero Vaz de Caminha, redigida com exuberância descritiva e até com uma enternecida afetividade, afigura-se como uma espécie de "Certidão de Batismo" de nosso país, na perspectiva da cultura ibérica, branca, cristã, mercantilista.

E é como um reflexo dessa visão de mundo que está escrita, como de resto foi escrita a literatura ultramarina portuguesa da época. O Capitão-Mor Cabral, o escrivão Caminha e outros trouxeram de Portugal um vocabulário que, sem dúvida, se revelou insuficiente para descrever as coisas novas do Novo Mundo que viam e interpretavam. Por isto, é frequente na Carta o emprego de expressões e orações comparativas, na tentativa de exprimir o desconhecido, o inusitado, o extraordinário. Baseado neste comentário:

a) Cite uma dessas frases comparativas.

b) Interprete-a, de acordo com o contexto.

8. (Unesp-SP) Darcy Ribeiro (1922-) e Pero Vaz de Caminha enfocam os primeiros contatos entre os portugueses e os indígenas brasileiros. No entanto, um dos principais aspectos que ressalta à comparação entre os fragmentos da *Carta* e do livro *O povo brasileiro* é a diferença entre as visões de mundo dos dois escritores.
Tomando por base este comentário:

a) Localize uma passagem no texto de Caminha no qual, em meio a expressões de admiração e louvor, se subentende a ideia de conquista pelo branco civilizado.

b) Explique o significado que adquire no texto de Darcy Ribeiro a expressão "guerra biológica".

9. (UFSM-RS)

"As águas são muitas, infinitas. Em tal maneira é graciosa que, querendo-a aproveitar, dar-se-á nela tudo; por causa das águas que tem! Contudo, o melhor fruto que dela se pode tirar parece-me que será salvar esta gente. E esta deve ser a principal semente que Vossa Alteza em ela deve alcançar."

Visões otimistas sobre as potencialidades da natureza e dos indivíduos, a exemplo do que se verifica no trecho transcrito, são comuns durante o período colonial. Assinale a alternativa que identifica os textos que transmitiam esse tipo de mensagem.

a) Biografias de santos

b) Sermões eucarísticos

c) Ficção regionalista

d) Literatura informativa

e) Gênero lírico

10. (UEL-PR) O século XVI deve ser reconhecido, na história da literatura brasileira, como um período de:

a) manifestações literárias voltadas basicamente para a informação sobre a colônia e para a catequese dos nativos.

b) amadurecimento dos sentimentos nacionalistas que logo viriam a se expressar no Romantismo.

c) exaltação da cultura indígena, tema central dos poemas épicos de Basílio da Gama e Santa Rita Durão.

d) esgotamento do estilo e dos temas barrocos, superados pelos ideais estéticos do Arcadismo.

e) valorização dos textos cômicos e satíricos, em que foi mestre Gregório de Matos.

11. (UFMT) Leia o texto.

As produções do Quinhentismo brasileiro podem ser circunscritas, por convenção, entre a "Carta", de Caminha, e a publicação, em 1601, do poema épico "Prosopopeia", de Bento Teixeira, que inicia o período do Barroco colonial.

(Abdala Júnior, Benjamin e Campedelli; Samyra Y. "Tempos da Literatura Brasileira". São Paulo: Ática, 1985.)

As afirmações a seguir relacionam-se com a época descrita acima. Julgue-as.

( ) Os jesuítas tiveram grande importância nessa época pois eram praticamente os únicos responsáveis pela atividade intelectual da colônia.

( ) "Diálogo sobre a conversão do gentio", de José de Anchieta, é a principal obra literária quinhentista brasileira.

( ) Surgiu nesse século o sentimento nativista que foi desenvolvido mais tarde pelos românticos e pelos modernistas.

12. (UCS-RS) Com base na Carta do Achamento, de Pero Vaz de Caminha, considere as seguintes afirmações.

I. Na Carta, o escrivão Caminha descreve o descobrimento de uma nova terra, chamando a atenção para a beleza natural, a fertilidade, a cordialidade dos índios e as riquezas.

II. No texto, é possível perceber um dos objetivos da expansão marítima de Portugal: catequização dos gentios para a ampliação do mundo cristão.

III. A Carta, um dos relatos que fazem parte da literatura informativa sobre o Brasil, é considerada mais um documento histórico do que uma obra literária.

Das afirmativas acima, pode-se dizer que

a) apenas I está correta.

b) apenas III está correta.

c) apenas I e II estão corretas.

d) apenas II e III estão corretas.

e) I, II e III estão corretas.

OS ESTILOS DE ÉPOCA NA ERA CLÁSSICA: BARROCO

O BARROCO

Como estilo de época, o **Barroco** (ou Seiscentismo) designa o conjunto de manifestações artísticas (literatura, pintura, arquitetura, música) produzidas desde o final do século XVI até o início do século XVIII e que representaram uma sensível transformação do conceito renascentista de arte.

Linguagem

Todo o rebuscamento da arte barroca é reflexo do dilema que atormenta o homem do século XVII: o conflito entre o terreno e o celestial, antropocentrismo e teocentrismo, o pecado e o perdão, o material e o espiritual. A arte assume, então, uma tendência sensorial, ligada ao mundo físico, ao mundo das percepções (daí o apelo às figuras de linguagem, ao vocabulário rico e raro, aos jogos sonoros; por isso, na pintura, a profusão de linhas, planos e cores, o jogo do claro-escuro, a busca do detalhe, a valorização do ornamento, etc.).

As influências

Dois estilos – Cultismo (ou Gongorismo) e Conceptismo (ou Quevedismo) – convivem no período, sob a influência dos espanhóis Góngora e Quevedo.

A oratória de Vieira

A obra do Padre Antônio Vieira constitui-se, basicamente, de sermões. Por se tratar de textos feitos para serem falados, fazem parte do que chama-se de **oratória**. Produzidos com a intenção de persuadir e catequizar os ouvintes a respeito dos dogmas católicos, os textos de Vieira são repletos de figuras poéticas e retóricas típicas do estilo de época barroco, como a antítese, o paradoxo e a ironia.

A lírica de Gregório de Matos

A obra de Gregório de Matos, marcada pela estética barroca, costuma ser mais frequentemente reconhecida pela sátira. Essa modalidade poética registra as críticas de Gregório à sociedade colonial baiana, bem como à política e à religiosidade da época. Já sua produção lírica traz como principais temas a sensualidade e as emoções contrastadas.

Exercícios

1. (UEG-GO)

Aleijadinho, *Cristo do carregamento da Cruz*. "Enciclopédia Barsa", 1998

Pequei, Senhor; mas não porque hei pecado,
Da vossa alta clemência me despido;
Porque quanto mais tenho delinquido,
Vos tenho a perdoar mais empenhado.

"Obra poética de Gregório de Matos". Rio de Janeiro: Record: 1990.

Durante o período colonial brasileiro, as principais manifestações artísticas, populares ou eruditas, foram, assim como nos demais aspectos da vida cotidiana, marcadas pela influência da religiosidade. Nesse sentido, com base na análise da presença da religiosidade na obra de Aleijadinho e Gregório de Matos, é CORRETO afirmar:

a) Ambas são modelos da arte barroca, uma vez que se inspiram mais na temática cristã do que em elementos oriundos da mitologia greco-romana.

b) A presença da temática religiosa em ambos deve-se à influência protestante holandesa na região da Bahia e de Minas Gerais.

c) No trecho do poema, tem-se a expressão de um pecador que, embora creia em Deus, não tem certeza de que obterá o perdão divino.

d) A pobreza estética da obra de Aleijadinho e Matos deriva da censura promovida pela Santa Inquisição às obras artísticas no Brasil.

Texto para a próxima questão.

Soneto

Segue neste soneto a máxima de bem viver que é envolver-se na confusão dos néscios para passar melhor a vida

Carregado de mim ando no mundo,
E o grande peso embarga-me as passadas,
Que como ando por vias desusadas,
Faço o peso crescer, e vou-me ao fundo.
O remédio será seguir o imundo
Caminho, onde dos mais vejo as pisadas,
Que as bestas andam juntas mais ousadas,
Do que anda só o engenho mais profundo.
Não é fácil viver entre os insanos,
Erra, quem presumir que sabe tudo,
Se o atalho não soube dos seus danos.
O prudente varão há de ser mudo,
Que é melhor neste mundo, mar de enganos,
Ser louco c'os demais, que só, sisudo.

(MATOS, Gregório de. *Poemas escolhidos*. São Paulo: Cultrix, 1989. p. 253)

2. (UFRJ) O Barroco faz um uso particular de metáforas para concretizar abstrações. No texto, encontram-se vocábulos cujos significados constroem imagens vinculadas à travessia do eu lírico no mundo. Retire do texto quatro vocábulos desse campo semântico, sendo dois verbos e dois substantivos.

3. (UFGRS-RS) Leia o seguinte soneto de Gregório de Matos.

Largo em sentir, em respirar sucinto,
Peno, e calo, tão fino, e tão lento,
Que fazendo disfarce do tormento,
Mostro que o não padeço, e sei que o sinto.

O mal, que fora encubro, ou me desminto,
Dentro no coração é que o sustento:
Com que, para penar é sentimento,
Para não se entender, é labirinto.

Ninguém sufoca a voz nos seus retiros;
Da tempestade é o estrondo efeito:
Lá tem ecos a terra, o mar suspiros.
Mas oh do meu segredo alto conceito!
Pois não chegam a vir à boca os tiros
Dos combates que vão dentro no peito.

Considere as seguintes afirmações.

I. O poema é um exemplo da poesia satírica de Gregório de Matos, a qual lhe valeu a alcunha de "Boca do Inferno", por escarnecer de pessoas, situações e costumes de seu tempo.

II. Na segunda estrofe, o poema expressa a oposição entre essência e aparência, sustentando que o sofrimento é ocultado aos olhos do mundo.

III. Segundo as duas últimas estrofes do poema, a opção pelo silêncio com relação à dor e às angústias internas contrapõe-se aos ruídos da natureza.

Quais estão corretas?

a) Apenas I.

b) Apenas II.

c) Apenas I e II.

d) Apenas II e III.

e) I, II e III.

Texto para a próxima questão.

Os ouvintes ou são maus ou são bons; se são bons, faz neles grande fruto a palavra de Deus; se são maus, ainda que não faça neles fruto, faz efeito. A palavra de Deus é tão fecunda, que nos bons faz muito fruto e é tão eficaz, que nos maus, ainda que não faça fruto, faz efeito; lançada nos espinhos não frutificou, mas nasceu até nos espinhos; lançada nas pedras não frutificou, mas nasceu até nas pedras. Os piores ouvintes que há na Igreja de Deus são as pedras e os espinhos. E por quê? – Os espinhos por agudos, as pedras por duras. Ouvintes de entendimentos agudos e ouvintes de vontades endurecidas são os piores que há. Os ouvintes de entendimentos agudos são maus ouvintes, porque vêm só a ouvir sutilezas, a esperar alantarias, a avaliar pensamentos, e às vezes também a picar quem os não pica.

Mas os de vontades endurecidas ainda são piores, porque um entendimento agudo pode-se ferir pelos mesmos fios, e vencer-se uma agudeza com outra maior; mas contra vontades endurecidas nenhuma coisa aproveita a agudeza, antes dana mais, porque quanto as setas são mais agudas, tanto mais facilmente se despontam na pedra.

E com os ouvintes de entendimentos agudos e os ouvintes de vontades endurecidas serem os mais rebeldes, é tanta a força da divina palavra, que, apesar da agudeza, nasce nos espinhos, e apesar da dureza, nasce nas pedras.

(Padre Antônio Vieira, *Sermão da Sexagésima*. Texto editado.)

4. (Fatec-SP) Considere as afirmações seguintes sobre o texto de Vieira.

I. Trata-se de texto predominantemente argumentativo, no qual Vieira emprega as metáforas do espinho e da pedra para referir-se àqueles em que a palavra de Deus não prospera.

II. Nota-se no texto a metalinguagem, pois o sermão trata da própria arte da pregação religiosa.

III. À vista da construção essencialmente fundada no jogo de ideias, fazendo progredir o tema pelo raciocínio, pela lógica, o texto caracteriza-se como conceptista.

IV. Efeito da Revolução Industrial, que reforçou a perspectiva capitalista e o individualismo, esse texto traduz a busca da natureza (pedras, espinhos, ...) como refúgio para o eu lírico religioso.

V. Vincula-se ao Barroco, movimento estético entre cujos traços destaca-se a oscilação entre o clássico (de matriz pagã) e o medieval (de matriz cristã), a qual se traduz em estados de conflito religioso.

Estão corretas apenas as afirmações

a) I, II e III.

b) I, III e V.

c) II, III e IV.

d) II, III, IV e V.

e) I, II, III e V.

5. (UFMG) Um dos recursos utilizados pelo padre Antônio Vieira em seus sermões consiste na "agudeza" – maneira de conduzir o pensamento que aproxima objetos e/ou ideias distantes, diferentes, por meio de um discurso artificioso, que se costuma chamar de "discurso engenhoso".
Assinale a alternativa em que, no trecho transcrito do "Sermão da Sexagésima", o autor utiliza esse recurso.

a) Lede as histórias eclesiásticas, e achá-las-eis todas cheias de admiráveis efeitos da pregação da palavra de Deus. Tantos pecadores convertidos, tanta mudança de vida, tanta reformação de costumes; os grandes desprezando as riquezas e vaidades do Mundo; os reis renunciando os cetros e as coroas; as mocidades e as gentilezas metendo-se pelos desertos e pelas covas [...]

b) Miseráveis de nós, e miseráveis de nossos tempos, pois neles se veio a cumprir a profecia de S. Paulo: [...] "Virá tempo, diz S. Paulo, em que os homens não sofrerão a doutrina sã." [...] "Mas para seu apetite terão grande número de pregadores feitos a montão e sem escolha, os quais não façam mais que adular-lhes as orelhas."

c) Para um homem se ver a si mesmo são necessárias três coisas: olhos, espelho e luz. [...] Que coisa é a conversão de uma alma, senão entrar um homem dentro de si e ver-se a si mesmo? Para esta vista são necessários olhos, é necessária luz e é necessário espelho. O pregador concorre com o espelho, que é a doutrina; Deus concorre com a luz, que é a graça; o homem concorre com os olhos, que é o conhecimento.

d) Quando Davi saiu a campo com o gigante, ofereceu-lhe Saul as suas armas, mas ele não as quis aceitar. Com as armas alheias ninguém pode vencer, ainda que seja Davi. As armas de Saul só servem a Saul, e as de Davi a Davi, e mais aproveita um cajado e uma funda própria, que a espada e a lança alheia.

6. (UEL-PR) O Barroco manifesta-se entre os séculos XVI e XVII, momento em que os ideais da Reforma entram em confronto com a Contrarreforma católica, ocasionando no plano das artes uma difícil conciliação entre o teocentrismo e o antropocentrismo. A alternativa que contém os versos que melhor expressam este conflito é:

a) "Um paiá de Monal, bonzo bramá,
Primaz da Cafraria do Pegu,
Que sem ser do Pequim, por ser do Açu,
Quer ser filho do sol, nascendo cá."

(Gregório de Matos)

b) "Temerária, soberba, confiada,
Por altiva, por densa, por lustrosa,
A exaltação, a névoa, a mariposa,
Sobe ao sol, cobre o dia, a luz lhe enfada."

(Botelho de Oliveira)

c) "Fábio, que pouco entendes de finezas!
Quem faz só o que pode a pouco obriga:
Quem contra os impossíveis se afadiga,
A esse cede amor em mil ternezas."

(Gregório de Matos)

d) "Luzes qual sol entre astros brilhadores,
Se bem rei mais propício, e mais amado;
Que ele estrelas desterra em régio estado,
Em régio estado não desterras flores."

(Botelho de Oliveira)

e) "Pequei Senhor; mas não porque hei pecado,
Da vossa alta clemência me despido;
Porque quanto mais tenho delinquido,
Vos tenho a perdoar mais empenhado."

(Gregório de Matos)

7. (UFRGS-RS) Assinale com V (verdadeiro) ou F (falso) as afirmações a seguir sobre os dois grandes nomes do barroco brasileiro.

( ) A obra poética de Gregório de Matos oscila entre os valores transcendentais e os valores mundanos, exemplificando as tensões do seu tempo.

( ) Os sermões do Padre Vieira caracterizam-se por uma construção de imagens desdobradas em numerosos exemplos que visam a enfatizar o conteúdo da pregação.

( ) Gregório de Matos e o Padre Vieira, em seus poemas e sermões, mostram exacerbados sentimentos patrióticos expressos em linguagem barroca.

( ) A produção satírica de Gregório de Matos e o tom dos sermões do Padre Vieira representam duas faces da alma barroca no Brasil.

( ) O poeta e o pregador alertam os contemporâneos para o desvio operado pela retórica retumbante e vazia.

A sequência correta de preenchimento dos parênteses, de cima para baixo, é

a) V – F – F – F – F
b) V – V – V – V – F
c) V – V – F – V – F
d) F – F – V – V – V
e) F – F – F – V – V

Textos para a próxima questão.

A questão seguinte se baseia num soneto de Gregório de Matos (1623?-1696) e na crônica *O soneto*, de Carlos Heitor Cony (1926-).

Ao Conde de Ericeyra D. Luiz de Menezes pedindo louvores ao poeta não lhe achando elle prestimo algum.

Um soneto começo em vosso gabo;
Contemos esta regra por primeira,
Já lá vão duas, e esta é a terceira,
Já este quartetinho está no cabo.

Na quinta torce agora a porca o rabo:
A sexta vá também desta maneira,
Na sétima entro já com grã canseira,
E saio dos quartetos muito brabo.

Agora nos tercetos que direi?
Direi, que vós, Senhor, a mim me honrais,
Gabando-vos a vós, e eu fico um Rei.

Nesta vida um soneto já ditei,
Se desta agora escapo, nunca mais;
Louvado seja Deus, que o acabei.

In: MATOS, Gregório de. *Obra poética*. 2ª ed. Rio de Janeiro: Record, 1990, vol. I, p. 129-30.

O soneto

Era magro, feio, merecia o superlativo: era magérrimo e feiíssimo. Usava óculos, fumava de piteira, a voz rachada, andava mal vestido, mas tinha – milagre jamais explicado – um carrinho inglês que sempre estava de bateria arriada e precisava ser empurrado.

Trabalhava num vespertino, seu texto era barroco, cobria festividades cívicas e religiosas. Era – segundo o meu pai – uma boa alma, embora fosse ruim de corpo. Um dia, me levou para um canto da redação e recitou-me um soneto de sua lavra, os olhos faiscando de lascívia contrariada.

Esqueci o soneto minutos depois. Guardei por uns tempos o final, aquilo que os parnasianos chamavam de "chave de ouro". Transcrito em papel talvez não impressione.

Dito por ele, num canto empoeirado da redação, com sua voz rachada, a piteira nas mãos trêmulas, era uma apoteose da dor: "Passei bem junto a ela. E decerto ela nem soube que eu passei tão perto e nem suspeita que eu segui chorando!". O verso quebrado e a exclamação final faziam parte da poética e das redações daquele tempo.

Chamava-se Cardim. Domingos da Silva Cardim se não me engano. Casara-se com uma viúva tão feia e magra como ele, também boníssima alma. Não tinham filhos.

Por isso ou aquilo, Cardim apaixonava-se com frequência e, quanto menos correspondido, mais apaixonado ficava. Deve ter feito outros sonetos, circulou pela redação um poema pornográfico e anônimo que desde o redator-chefe até o contínuo que ia buscar café na esquina atribuíram ao estro do Cardim.

Cardim morreu como um passarinho – naquele tempo era comum esse tipo de morte. O tempo passou, esqueci dele, mas nunca esqueci aquele final de lascívia contrariada. Outro dia, bestamente, depois de um dia inglório e triste, cara mais uma vez quebrada, me surpreendi recitando em causa própria: e ela nem soube que eu passei tão perto e nem suspeita que eu segui chorando!

In: CONY, Carlos Heitor. *Folha de S.Paulo*. Cad. 1, p. 2 – Opinião, 6/7/97.

8. (Unesp-SP) Em sua crônica, Carlos Heitor Cony apresenta, com fino humor, um antigo colega e poeta, um tipo bastante curioso, dado a cultivar sonetos. O cronista, num processo de reminiscência, aborda a personalidade do poeta, as características de seu estilo e suas produções poéticas. Observe, numa leitura do texto, esse processo de caracterização da personagem e, em seguida, responda:
   a) Ao referir-se ao discurso da personagem, o cronista afirma que "seu texto era barroco". Considerando as características do estilo de época denominado barroco, em que se inscreve a poesia de Gregório de Matos, explique o que Cony quis dizer a respeito do estilo de Domingos da Silva Cardim.
   b) Semelhantemente ao que fez Gregório em seu poema, embora de modo mais direto, ao apresentar e descrever Domingos da Silva Cardim, o cronista assume uma atitude de deboche, que por vezes beira ao escárnio. Transcreva duas frases da crônica em que se caracteriza tal atitude.

Texto para a próxima questão.

Ora, suposto que já somos pó, e não pode deixar de ser, pois Deus o disse, perguntar-me-eis, e com muita razão, em que nos distinguimos logo os vivos dos mortos? Os mortos são pó, nós também somos pó: em que nos distinguimos uns dos outros? Distinguimo-nos os vivos dos mortos, assim como se distingue o pó do pó. Os vivos são pó levantado, os mortos são pó caído, os vivos são pó que anda, os mortos são pó que jaz: *Hic jacet*[1]. Estão essas praças no verão cobertas de pó: dá um pé de vento, levanta-se o pó no ar e que faz? O que fazem os vivos, e muito vivos. Não aquieta o pó, nem pode estar quedo: anda, corre, voa; entra por esta rua, sai por aquela; já vai adiante, já torna atrás; tudo enche, tudo cobre, tudo envolve, tudo perturba, tudo toma, tudo cega, tudo penetra, em tudo e por tudo se mete, sem aquietar nem sossegar um momento, enquanto o vento dura. Acalmou o vento: cai o pó, e onde o vento parou, ali fica; ou dentro de casa, ou na rua, ou em cima de um telhado, ou no mar, ou no rio, ou no monte, ou na campanha. Não é assim? Assim é.

(VIEIRA, Antônio. *Trecho do Cap. V do Sermão da Quarta-Feira de Cinza*. Apud: Sermões de Padre Antônio Vieira. São Paulo: Núcleo, 1994, p. 123-4.)

Vocabulário:
[1] *Hic jacet*: aqui jaz.

9. (Ufscar-SP) Em Padre Vieira fundem-se a formação jesuítica e a estética barroca, que se materializam em sermões considerados a expressão máxima do Barroco em prosa religiosa em língua portuguesa, e uma das mais importantes expressões ideológicas e literárias da Contrarreforma.
   a) Comente os recursos de linguagem que conferem ao texto características do Barroco.
   b) Antes de iniciar sua pregação, Vieira fundamenta-se num argumento que, do ponto de vista religioso, mostra-se incontestável. Transcreva esse argumento.

Texto para a próxima questão.

Moraliza o Poeta nos Ocidentes do Sol as Inconstâncias dos bens do Mundo.

Nasce o Sol, e não dura mais que um dia,
Depois da Luz se segue a noite escura,
Em tristes sombras morre a formosura,
Em contínuas tristezas a alegria.

Porém se acaba o Sol, por que nascia?
Se formosa a Luz é, por que não dura?
Como a beleza assim se transfigura?
Como o gosto da pena assim se fia?

Mas no Sol, e na Luz falte a firmeza,
Na formosura não se dê constância,
E na alegria sinta-se tristeza.

Começa o mundo enfim pela ignorância,
E tem qualquer dos bens por natureza
A firmeza somente na inconstância.

GUERRA, Gregório de Matos. *Antologia poética*. Rio de Janeiro: Ediouro, 1991. p. 84.

10. (UFRRJ) O texto de Gregório de Matos possui muitas antíteses, que são usadas nos textos barrocos para

a) traduzir o conflito humano.
b) rejeitar o vocabulário popular.
c) personificar seres inanimados.
d) marcar a presença do onírico.
e) detalhar a arte poética.

11. (UFV-MG) Leia atentamente o texto:

Que és terra, homem, e em terra hás de tornar-te,
Te lembra hoje Deus por sua Igreja;
De pó te faz espelho, em que se veja
A vil matéria, de que quis formar-te.

Lembra-te Deus, que és pó para humilhar-te,
E como o teu baixel sempre fraqueja
Nos mares da vaidade, onde peleja,
Te põe à vista a terra, onde salvar-te.

Alerta, alerta, pois, que o vento berra.
Se assopra a vaidade e incha o pano,
Na proa a terra tens, amaina e ferra.

Todo o lenho mortal, baixel humano,
Se busca a salvação, tome hoje terra,
Que a terra de hoje é porto soberano.

MATOS, Gregório de. *Poemas escolhidos*. São Paulo: Cultrix, 1997. p. 309.

Gregório de Matos expressou em sua obra toda a tensão do século XVII, ao abordar os temas predominantes do Barroco.
Identifique no poema elementos que atestam o comprometimento do poeta com o respectivo momento literário.

12. (UFU-MG)

"Pobre terra da Bruzundanga! Velha, na sua maior parte, como o planeta, toda a sua missão tem sido criar a vida, e a fecundidade para os outros, pois nunca os que nela nasceram, os que nela viveram, os que a amaram e sugaram-lhe o leite, tiveram sossego sobre o seu solo!"

(Lima Barreto, OS BRUZUNDANGAS)

"Senhora Dona Bahia,
nobre e opulenta cidade,
madrasta dos Naturais,
E dos Estrangeiros madre.
Dizei-me por vida vossa,
em que fundais o ditame
de exaltar, os que aí vêm,
e abater, os que ali nascem?"

(Gregório de Matos, POESIAS SELECIONADAS)

Lima Barreto e Gregório de Matos estão distantes, cronologicamente, na Literatura Brasileira. Mas os autores podem ser aproximados pelo teor satírico que imprimiram às suas obras. Tome os fragmentos citados para responder às questões seguintes:

a) Fale sobre o tema que aproxima os dois textos.
b) Destaque do texto de Gregório de Matos um par de versos que tenha "uma figura de oposição" muito comum ao Barroco, classificando-a.
c) Aponte na prosa de Lima Barreto "uma figura de efeito sonoro" que seja comum ao gênero lírico, classificando-a.

OS ESTILOS DE ÉPOCA NA ERA CLÁSSICA: ARCADISMO

O ARCADISMO

Arcadismo, **Setecentismo** ou **Neoclassicismo** é o período que caracteriza principalmente a segunda metade do século XVIII. Vive-se o **Século das Luzes**, o **Iluminismo**, que prepara o caminho para a Revolução Francesa e a burguesia ascendente, voltada para as questões mundanas, deixa em segundo plano a religiosidade e o exagero da expressão barroca.

A tradição da poesia épica

A influência clássica, particularmente a camoniana, não se revela apenas na poesia lírica: os autores neoclássicos brasileiros também retomaram o modelo da poesia épica. Foi o caso de Cláudio Manuel da Costa, cujo poema *Vila Rica* narra a fundação da cidade de Vila Rica, atual Ouro Preto, pelos bandeirantes, e também de Santa Rita Durão, autor de *Caramuru*, e de Basílio da Gama, autor de *O Uraguai*.

A linguagem do Arcadismo

A visão de mundo dos poetas árcades e a estética neoclássica se manifestam num "estilo simples", em nítida oposição ao estilo barroco. A linguagem da nova poesia do Arcadismo perde o rebuscamento e os torneios verbais típicos do século XVII; prevalece a ordem direta, a expressão clara, inteligível; as frases adquirem uma suave melodia.

A poesia lírica em Minas Gerais

A poesia lírica mineira tem dois expoentes: Cláudio Manuel da Costa e Tomás Antônio Gonzaga, amigos com afinidade literária e política. A obra desses poetas inaugura o Arcadismo no Brasil, trazendo, sobretudo no gênero lírico, os temas e as formas da poesia Neoclássica, como a exaltação da natureza e do amor idealizado.

Bocage: a passagem do Neoclassicismo para o Romantismo

O poeta português Bocage materializa em sua obra a transição do período neoclássico para o romântico. Parte de sua poesia demonstra adesão aos moldes árcades, notada, por exemplo, pela influência camoniana, ao passo que outra antecipa elementos característicos do Romantismo, escola literária que surgiria com mais força no século XIX.

A influência de Horácio

Um dos maiores influenciadores do pensamento e das atitudes do Arcadismo foi o poeta latino Horácio. O *carpe diem* horaciano, que consiste no princípio de viver o presente, foi uma postura comumente assumida pelos adeptos desse estilo de época.

Exercícios

1. (UCS-RS) As obras literárias marcam diferentes visões de mundo, não apenas dos autores, mas também de épocas históricas distintas. Reflita sobre isso e leia os fragmentos dos poemas de Gregório de Matos e de Tomás Antônio Gonzaga.

Arrependido estou de coração,
de coração vos busco, dai-me abraços,
abraços, que me rendem vossa luz.

Luz, que claro me mostra a salvação,
a salvação pretendo em tais abraços,
misericórdia, amor, Jesus, Jesus!

(MATOS, Gregório. Pecador contrito aos pés do Cristo crucificado. In: TUFANO, Douglas. *Estudos de literatura brasileira*. 4.ed. rev. e ampl. São Paulo: Moderna, 1988. p. 66.)

Minha bela Marília, tudo passa;
a sorte deste mundo é mal segura;
se vem depois dos males a ventura,
vem depois dos prazeres a desgraça.
Estão os mesmos deuses
sujeitos ao poder do ímpio fado:
Apolo já fugiu do céu brilhante,
já foi pastor de gado.

(GONZAGA, Tomás António. Lira XIV. In: TUFANO, Douglas. *Estudos de literatura brasileira*. 4.ed. rev. e ampl. São Paulo: Moderna, 1988. p. 77.)

Em relação aos poemas, analise a veracidade (V) ou a falsidade (F) das proposições abaixo.

( ) O poema de Gregório de Matos apresenta um sujeito lírico torturado pelo peso de seus pecados e desejoso de aproximar-se do Divino.

( ) Tomás Antônio Gonzaga, embora pertença ao mesmo período literário de Gregório de Matos, revela neste poema um sujeito lírico consciente da brevidade da vida.

( ) Em relação às marcas de religiosidade, a visão antagônica que se coloca entre os dois poemas reflete, no Barroco, a influência do cristianismo e, no Arcadismo, a da mitologia grega.

Assinale a alternativa que preenche corretamente os parênteses, de cima para baixo.

a) V – V – V
b) V – F – F
c) V – F – V
d) F – F – F
e) F – V – F

2. (Cefet-MG) Associe os movimentos literários aos seus respectivos exemplos.

(1) Barroco (2) Arcadismo

( ) "Pequei, Senhor, mas não porque hei pecado
Da vossa Alta piedade me despido
Porque quanto mais tenho delinquido
Vos tenho a perdoar mais empenhado."

( ) "Em lugar delicioso e triste,
Cansada de viver, tinha escolhido
Para morrer a mísera Lindoia.
Lá reclinada, como que dormia,
Na branda relva e nas mimosas flores, ..."

( ) "Nasce o sol, e não dura mais que um dia,
Depois da luz se segue a noite escura,
Em tristes sombras nasce a formosura,
Em contínuas tristezas, a alegria."

( ) "Ah! minha Bela, se a Fortuna volta,
Se o bem, que já perdi, alcanço e provo;
Por essas brancas mãos, por essas faces
Te juro renascer um homem novo
Amar no céu a Jove e a ti na terra."

( ) "Neste mundo é mais rico, o que mais rapa:
Quem mais limpo se faz, tem mais carepa:
Com sua língua ao nobre o vil decepa:
O Velhaco maior sempre tem capa."

A sequência encontrada foi

a) 1, 2, 1, 2, 1
b) 1, 1, 2, 1, 2
c) 1, 2, 1, 2, 2
d) 2, 2, 1, 1, 2

Texto para a próxima questão.

A beleza da forma física feminina constituiu assunto predileto da poesia arcádica brasileira. Leia as seguintes estrofes da Lira 27 de *Marília de Dirceu*, de Tomás Antônio Gonzaga:

Vou retratar a Marília,
a Marília, meus amores;
porém como? se eu não vejo
quem me empreste as finas cores:
dar-mas a terra não pode;
não, que a sua cor mimosa
vence o lírio, vence a rosa,
o jasmim e as outras flores.

Ah! socorre, Amor, socorre
ao mais grato empenho meu!
Voa sobre os astros, voa,
Traze-me as tintas do céu.
[...]
Entremos, Amor, entremos,
entremos na mesma esfera;
venha Palas, venha Juno,
Venha a deusa de Citera.
Porém, não, que se Marília
no certame antigo entrasse,
bem que a Páris não peitasse,
a todas as três vencera.

Vai-te, Amor, em vão socorres
ao mais grato empenho meu:
para formar-lhe o retrato
não bastam tintas do céu.

Vocabulário:
Certame: disputa
Juno: deusa da mitologia romana, esposa de Júpiter
Palas: deusa da mitologia romana, presidia a guerra
Deusa de Citera: Afrodite, deusa do amor
Páris: príncipe troiano, responsável por escolher a deusa mais bela do Olimpo

3. (UFSM-RS) Com respeito ao texto referido, todas as afirmativas estão corretas, EXCETO:

a) Na lira 27, Dirceu exalta a beleza de Marília e, para fazer isso, recorre a personagens da Antiguidade Clássica.

b) Os versos dessa lira são regulares, formados por sete sílabas métricas.

c) Com a alusão à tentativa de trazer as "tintas do céu" para pintar o retrato de Marília, o eu lírico sugere que a beleza dela atinge a esfera do divino, do sublime, transcendendo a beleza encontrada no mundo terreno.

d) Há uma equivalência de sentido entre os quatro últimos versos da primeira estrofe e os quatro últimos versos da segunda estrofe.

e) O eu lírico tem como interlocutor o Amor, isto é, a divindade da mitologia clássica que rege o sentimento amoroso.

4. (UFRGS-RS) Com base nos fragmentos a seguir, extraídos da Lira II, da obra "Marília de Dirceu", de Tomás Antônio Gonzaga, assinale com V (verdadeiro) ou F (falso) as afirmações que seguem.

"Pintam, Marília, os Poetas
A um menino vendado,
Com uma aljava de setas,
Arco empunhado na mão;
Ligeiras asas nos ombros,
O tenro corpo despido,
E de Amor ou de Cupido
São os nomes, que lhe dão."

[...]

"Tu, Marília, agora vendo
De Amor o lindo retrato,
Contigo estarás dizendo
Que é este o retrato teu.
Sim, Marília, a cópia é tua,
Que Cupido é Deus suposto:
Se há Cupido, é só teu rosto,
Que ele foi quem me venceu."

( ) Na primeira estrofe, o poeta descreve uma figura representativa do amor na mitologia clássica.

( ) Na primeira estrofe, a amada Marília é alertada sobre a violência que se esconde por detrás da superfície do amor.

( ) Na segunda estrofe, o poeta transfere o retrato de Cupido para o rosto vencedor de Marília.

( ) Na segunda estrofe, o poeta confessa à amada a sua rendição em relação aos poderes do amor.

A sequência correta de preenchimento dos parênteses, de cima para baixo, é

a) V – V – F – F
b) V – F – V – V
c) F – F – V – V
d) V – F – F – V
e) F – V – F – F

5. (Uepa)

LXII

Torno a ver-vos, ó montes; o destino
Aqui me torna a pôr nestes oiteiros;
Onde um tempo os gabões deixei grosseiros
Pelo traje da Corte rico e fino.

Aqui estou entre Almendro, entre Corino,
Os meus fiéis, meus doces companheiros,
Vendo correr os míseros vaqueiros
Atrás de seu cansado desatino.

Se o bem desta choupana pode tanto,
Que chega a ter mais preço, e mais valia,
Que da cidade o lisonjeiro encanto;

Aqui descanse a louca fantasia;
E o que 'té agora se tornava em pranto,
Se converta em afetos de alegria.

O campo como *locus amoenus*, livre de mazelas sociais e morais, foi o grande tema literário à época neoclássica, quando a literatura também expressou uma resistência à Cidade, considerada então violento símbolo do poder monárquico e da corrupção moral. Interprete as opções abaixo e assinale aquela em que se sintetiza o modo de resistência expresso nos versos de Cláudio Manuel da Costa acima transcritos.

a) apego à metrificação tradicional
b) bucolismo e paralelismo
c) *aurea mediocritas*
d) *inutilia truncat*
e) *fugere urbem*

Texto para a próxima questão.
Leia o texto a seguir e responda à questão.

Lira 83

Que diversas que são, Marília, as horas,
que passo na masmorra imunda e feia,
dessas horas felizes, já passadas
na tua pátria aldeia!

Então eu me ajuntava com Glauceste;
e à sombra de alto cedro na campina
eu versos te compunha, e ele os compunha
à sua cara Eulina.

Cada qual o seu canto aos astros leva;
de exceder um ao outro qualquer trata;
o eco agora diz: Marília terna;
e logo: Eulina ingrata.

Deixam os mesmos sátiros as grutas:
um para nós ligeiro move os passos,
ouve-nos de mais perto, e faz a flauta
cos pés em mil pedaços.

– Dirceu – clama um pastor – ah! bem merece
da cândida Marília a formosura.
E aonde – clama o outro – quer Eulina
achar maior ventura?
Nenhum pastor cuidava do rebanho,
enquanto em nós durava esta porfia;
e ela, ó minha amada, só findava
depois de acabar-se o dia.

À noite te escrevia na cabana
os versos, que de tarde havia feito;
mal tos dava e os lia, os guardavas
no casto e branco peito.

Beijando os dedos dessa mão formosa,
banhados com as lágrimas do gosto,
jurava não cantar mais outras graças
que as graças do teu rosto.

Ainda não quebrei o juramento;
eu agora, Marília, não as canto;
mas inda vale mais que os doces versos
a voz do triste pranto.

GONZAGA, T. A. *Marília de Dirceu & Cartas Chilenas*. São Paulo: Ática, 1997. p. 126-127.

6. (UEL-PR) O ideal horaciano da "áurea mediocridade", tão cultivado pelos poetas árcades, faz-se presente pelo registro
   a) de uma existência em contato com seres míticos, como é o caso dos sátiros.
   b) de uma vida raciocinante expressa por meio de linguagem elaborada metaforicamente.
   c) da aceitação obstinada dos reveses da vida impostos pela política.
   d) do prazer suscitado pelas situações difíceis a serem disciplinadamente encaradas.
   e) de uma vida tranquila e amorosa em contato com a natureza sempre amena.

7. (UPM-SP) Assinale a alternativa que NÃO apresenta um trecho do Arcadismo brasileiro.

   a) "Se sou pobre pastor, se não governo
   Reinos, nações, províncias, mundo, e gentes;
   Se em frio, calma, e chuvas inclementes
   Passo o verão, outono, estio, inverno;"

   b) "Destes penhascos fez a natureza
   O berço em que nasci! oh quem cuidara,
   Que entre penhas tão duras se criara
   Uma alma terna, um peito sem dureza!"

   c) "Musas, canoras musas, este canto
   Vós me inspirastes, vós meu tenro alento
   Erguestes brandamente àquele assento
   Que tanto, ó musas, prezo, adoro tanto."

   d) "Meu ser evaporei na lida insana
   Do tropel das paixões que me arrastava,
   Ah! cego eu cria, ah! mísero eu sonhava
   Em mim, quase imortal, a essência humana!"

   e) "Não vês, Nise, este vento desabrido,
   Que arranca os duros troncos? Não vês esta,
   Que vem cobrindo o Céu, sombra funesta,
   Entre o horror de um relâmpago incendido?"

8. (Unicamp-SP) Nos dois poemas a seguir, Tomás Antônio Gonzaga e Ricardo Reis refletem, de maneira diferente, sobre a passagem do tempo, dela extraindo uma "filosofia de vida". Leia-os com atenção:

Lira 14 (Parte I)

Minha bela Marília, tudo passa;
a sorte deste mundo é mal segura;
se vem depois dos males a ventura,
vem depois dos prazeres a desgraça.

Que havemos de esperar, Marília bela?
que vão passando os florescentes dias?
As glórias, que vêm tarde, já vêm frias;
e pode enfim mudar-se a nossa estrela.
Ah! não, minha Marília,
Aproveite-se o tempo, antes que faça
o estrago de roubar ao corpo as forças
e ao semblante a graça.

(TOMÁS ANTÔNIO GONZAGA, "Marília de Dirceu")

Quando, Lídia, vier o nosso outono
Com o inverno que há nele, reservemos
Um pensamento, não para a futura
Primavera, que é de outrem,
Nem para o estio, de quem somos mortos,
Senão para o que fica do que passa –
O amarelo atual que as folhas vivem
E as torna diferentes.

(RICARDO REIS, "Odes")

   a) Em que consiste a "filosofia de vida" que a passagem do tempo sugere ao eu lírico do poema de Tomás Antônio Gonzaga?
   b) Ricardo Reis associa a passagem do tempo às estações do ano. Que sentido é dado, em seu poema, ao outono?
   c) Os dois poetas valorizam o momento presente, embora o façam de maneira diferente. Em que consiste essa diferença?

9. (Unifesp) Leia os versos do poeta português Bocage.

Vem, oh Marília, vem lograr comigo
Destes alegres campos a beleza,
Destas copadas árvores o abrigo.
Deixa louvar da corte a vã grandeza;
Quanto me agrada mais estar contigo,
Notando as perfeições da Natureza!

Nestes versos,

a) o poeta encara o amor de forma negativa por causa da fugacidade do tempo.
b) a linguagem, altamente subjetiva, denuncia características pré-românticas do autor.
c) a emoção predomina sobre a razão, numa ânsia de se aproveitar o tempo presente.
d) o amor e a mulher são idealizados pelo poeta, portanto, inacessíveis a ele.
e) o poeta propõe, em linguagem clara, que se aproveite o presente de forma simples junto à natureza.

Texto para a próxima questão.

Soneto

Os teus olhos gentis, encantadores,
Tua loira madeixa delicada,
Tua boca por Vênus invejada,
Onde habitam mil cândidos amores:
Os teus braços, prisão dos amadores,
Os teus globos de neve congelada,
Serão tornados breve a cinza!... a nada!...
Aos teus amantes causarão horrores!...
Céus! e hei-de eu amar uma beleza,
Que à cinza reduzida brevemente
Há-de servir de horror à Natureza!...
Ah! mandai-me uma luz resplandecente,
Que minha alma ilumine, e com pureza
Só ame um Deus, que vive eternamente.

(José da Natividade Saldanha. Poemas oferecidos aos amantes do Brasil. 1822.)

10. (Unesp-SP) José da Natividade Saldanha é considerado um poeta de transição, por apresentar em sua obra a mescla de traços do Neoclassicismo e do Romantismo. Releia seu poema e, em seguida,

a) indique uma característica do Neoclassicismo nas duas primeiras estrofes do soneto;
b) identifique, no conteúdo dos dois tercetos, uma atitude do eu poemático típica do Romantismo.

11. (UFRGS-RS) Leia as afirmações abaixo sobre o Arcadismo brasileiro.

I. Os poetas árcades colocavam-se como pastores para realizarem, dessa forma, o ideal de uma vida simples em contato com a natureza.
II. O Arcadismo brasileiro, embora tenha reproduzido muito dos modelos europeus, apresentou características próprias, como a incorporação do elemento indígena e a sátira política.
III. O tema do "Carpe diem", em que o poeta expressa o desejo de aproveitar intensamente o momento presente, fugaz e passageiro, foi ignorado pelos árcades brasileiros, excessivamente racionalistas.

Quais estão corretas?

a) Apenas I.
b) Apenas III.
c) Apenas I e II.
d) Apenas II e III.
e) I, II e III.

12. (UPM-SP) Uma das afirmações a seguir não se refere ao Neoclassicismo nem se relaciona com seu contexto histórico-social. Aponte-a.

a) "O poeta que não seguir os Antigos perderá de todo o norte, e não poderá jamais alcançar aquela força, energia e majestade que nos retratam o famoso e angélico semblante da Natureza. Devemos imitar e seguir os antigos: assim no-lo ensina Horácio, no-lo dita a razão; e o confessa todo o mundo literário."
b) "Este é o chamado Século das Luzes, na medida exata em que se opõe a um certo obscurantismo do século anterior e propaga a ciência, o saber e o progresso: Iluminismo, Ilustração, Enciclopedismo."
c) "Nomear um objeto significa suprimir as três quartas partes do gozo de uma poesia, que consiste no prazer de adivinhar pouco a pouco. Sugerir, eis o sonho."
d) "...recriam, em seus textos, as paisagens campestres de outras épocas, com pastores e pastoras cantando e vivendo uma existência sadia e amorosa, preocupados apenas em cuidar de seus rebanhos."
e) "A arte deveria ser universal, isto é, preocupar-se com problemas, verdades e situações eternas do homem, do homem de todos os tempos, e não se limitar a sentimentos de ordem individual ou a situações puramente pessoais."

13. (Cefet-MG) Analise as afirmativas sobre a produção literária brasileira dos séculos XVII e XVIII, e assinale V para as verdadeiras e F para as falsas.

( ) A irreverência de Gregório de Matos transparece sobretudo em seus poemas líricos de temática religiosa, nos quais o conflito barroco entre Deus e o homem resolve-se sempre em favor deste último.
( ) Na maioria dos poemas de Cláudio Manuel da Costa, cumpre-se a convenção pastoral por meio do discurso dirigido pelo eu lírico pastor Glauceste à sua inalcançável musa Nise.
( ) Na obra de Tomás Antônio Gonzaga, já se verificam alguns traços prenunciadores do Romantismo como certa subjetividade e emotividade.

A sequência CORRETA encontrada é:

a) V, F, V.
b) F, V, F.
c) F, V, V.
d) V, F, F.

O desafio da redação

Theo Szczepanski/Arquivo da editora

A redação no exame da PUCC-SP, 2014

Esta seção tem como objetivo comentar a proposta de redação de um vestibular, procurando mostrar como, no momento da prova, é possível ler e compreender a proposta e se planejar para redigir seu texto de acordo com o que estipula o exame.

Sugerimos que você treine para a prova produzindo um texto de acordo com a proposta comentada nestas páginas e seguindo as orientações aqui fornecidas.

1. Reproduzimos a seguir a proposta de redação do vestibular da PUCC-SP (Pontifícia Universidade Católica de Campinas, São Paulo), em 2014.
   Ela é formada por três propostas, o candidato deve escolher uma delas. Antes de se decidir por uma delas, leia todas para conhecer a prova.

PUCC-SP 2014

PROPOSTA I – Dissertação

Leia o editorial procurando apreender o tema nele desenvolvido. Em seguida, elabore uma dissertação, na qual você exporá, de modo claro e coerente, suas ideias acerca desse tema.

Sobram razões para o poder público combater o hábito de jogar lixo nas ruas. Não só porque uma cidade suja torna-se um lugar desagradável para moradores e visitantes, mas também porque os dejetos entopem bueiros, agravam os efeitos das enchentes e favorecem a proliferação de ratos e insetos, que são vetores de doenças.

Nem todos estão de acordo, todavia, quanto aos melhores meios para alcançar esse fim.

De um ponto de vista pragmático, a melhor maneira de patrocinar uma mudança comportamental é transformar em infração administrativa, passível de multa, o costume que se quer inibir. O bolso, como diz o senso comum, é o órgão mais sensível do cidadão.

Pela velocidade com que tende a produzir efeitos, essa estratégia é a favorita dos políticos. Foi o caminho escolhido pela Prefeitura do Rio de Janeiro, que acaba de lançar sua campanha de limpeza. A partir de agora, jogar lixo nas ruas cariocas pode render multas de até R$ 3.000,00.

O problema é que os resultados muitas vezes são efêmeros. Embora haja exceções – como a Lei Cidade Limpa, implantada em São Paulo ou a obrigatoriedade do cinto de segurança –, o mais comum é que o comportamento virtuoso ande em estreita correlação com a fiscalização.

Como não dá para manter por longos períodos um exército de fiscais comprometidos com uma única causa, muitos advogam pela busca de genuína mudança de mentalidade. Nesse caso, para que o novo comportamento perdure, seria preciso convencer o cidadão de que a meta estabelecida é racional e serve a seus interesses.

Na ausência da punição, o indivíduo sem dúvida agiria movido por princípios éticos. Evidente, porém, que essa mudança de mentalidade é algo muito mais fácil de desejar do que de promover.

O ideal é que as pessoas sigam normas por reconhecer-lhes a justeza, mas é inegável que, na prática, muitos refutam esse tipo de raciocínio. Para estes, a única opção é a multa – mas o valor mínimo no caso carioca, de R$ 157,00, é excessivo. E, mesmo para os demais, a sanção administrativa pode funcionar como um marco zero da transformação comportamental.

Ações educativas têm papel relevante a cumprir e, num país conhecido pelo desprezo sistemático a normas legais, manter a fiscalização é primordial. Sem isso, o programa Lixo Zero poderá não passar de simples operação de *marketing*.

(Adaptado de *Folha de S.Paulo*, Editorial, 22 de agosto de 2013, p. A 2)

PROPOSTA II – Dissertação

Leia com atenção os textos seguintes:

I

Todo protesto de natureza política deve ter um objetivo preciso. As insatisfações devem evidenciar-se com clareza, caso contrário haverá a possibilidade de que, numa manifestação pública, muitos gritem sem saber contra o que estão gritando, ou então gritem por um acúmulo de razões que sequer identificam. Tais protestos são inúteis: na falta de um alvo preciso, anulam-se por si mesmos, prejudicando assim manifestações mais justificadas e objetivas.

II

Quando as insatisfações sociais atingem um certo patamar, é evidente que elas precisam se manifestar. Nas manifestações públicas recentes, nota-se que há uma grande variedade de causas e objetivos, e por isso mesmo elas ganham a força de uma luta ampla, por muitas mudanças. É importante que esses protestos se somem, ainda que caoticamente, para que todas as demandas sociais surjam ao mesmo tempo e com a mesma força.

Redija uma dissertação em prosa, na qual você deverá desenvolver argumentos em favor do ponto de vista defendido em um dos textos citados.

PROPOSTA III – Narração

Leia com atenção o texto seguinte:

Num semáforo fechado, ouve-se de um carro uma música pesada, em altíssimo volume. Um senhor idoso, no volante do carro ao lado, busca protestar, mas o rapaz responsável pelo som não lhe dá atenção. Um ciclista encosta ao lado do rapaz. Um guarda que passava também se aproxima. Duas estudantes adolescentes resolvem entrar em cena. Uma senhora sai à janela do sobrado ao lado.

Desenvolva uma narração a partir da situação mostrada acima. Procure dar voz a todas as personagens envolvidas. Busque caracterizar diferentes pontos de vista e níveis de linguagem.

2. Acompanhe, a seguir, os comentários sobre essas propostas da prova de redação da PUCC-SP, 2014. Essa leitura vai ajudá-lo a compreender melhor as propostas e a se preparar para ler outras propostas. Seguindo as dicas, produza um texto de acordo com uma das propostas do exame.

a) **PROPOSTA I**. O texto de apoio para a compreensão do tema a ser desenvolvido na redação é um editorial de jornal de circulação nacional. Releia-o acompanhando os comentários de cada parte. Ao ler um texto que deve inspirá-lo para sua própria produção, procure sempre identificar: o tema, o ponto de vista desenvolvido e os argumentos apresentados nele. Observe:

Texto citado na proposta de redação	Comentário
Sobram razões para o poder público combater o hábito de jogar lixo nas ruas. Não só porque uma cidade suja torna-se um lugar desagradável para moradores e visitantes, mas também porque os dejetos entopem bueiros, agravam os efeitos das enchentes e favorecem a proliferação de ratos e insetos, que são vetores de doenças. **(I)** Nem todos estão de acordo, todavia, quanto aos melhores meios para alcançar esse fim. **(II)** De um ponto de vista pragmático, a melhor maneira de patrocinar uma mudança comportamental é transformar em infração administrativa, passível de multa, o costume que se quer inibir. O bolso, como diz o senso comum, é o órgão mais sensível do cidadão. **(III)** Pela velocidade com que tende a produzir efeitos, essa estratégia é a favorita dos políticos. Foi o caminho escolhido pela Prefeitura do Rio de Janeiro, que acaba de lançar sua campanha de limpeza. A partir de agora, jogar lixo nas ruas cariocas pode render multas de até R$ 3.000,00. **(IV)** O problema é que os resultados muitas vezes são efêmeros. Embora haja exceções – como a Lei Cidade Limpa, implantada em São Paulo ou a obrigatoriedade do cinto de segurança –, o mais comum é que o comportamento virtuoso ande em estreita correlação com a fiscalização. **(V)**	**(I)** O produtor do texto apresenta o tema e sua posição em relação a ele: o poder público deve combater o hábito de jogar lixo nas ruas. **(II)** O produtor do texto indica que há divergências quanto ao meio de se alcançar esse objetivo. **(III)** Indica-se um dos meios: aplicar punições aos infratores. **(IV)** Apresenta-se um exemplo de aplicação desse meio. **(V)** Mostra-se o que pode haver de negativo nessa prática.

Texto citado na proposta de redação	Comentário
Como não dá para manter por longos períodos um exército de fiscais comprometidos com uma única causa, muitos advogam pela busca de genuína mudança de mentalidade. Nesse caso, para que o novo comportamento perdure, seria preciso convencer o cidadão de que a meta estabelecida é racional e serve a seus interesses. **(VI)**	**(VI)** Outro problema da cobrança de multas: não é possível manter a fiscalização intensa por tempo indeterminado. Já apresenta também outro meio para atingir o fim desejado: mudar a mentalidade dos cidadãos.
Na ausência da punição, o indivíduo sem dúvida agiria movido por princípios éticos. Evidente, porém, que essa mudança de mentalidade é algo muito mais fácil de desejar do que de promover. **(VII)**	**(VII)** Qual é a dificuldade desse outro meio: é difícil mudar de mentalidade.
O ideal é que as pessoas sigam normas por reconhecer-lhes a justeza, mas é inegável que, na prática, muitos refutam esse tipo de raciocínio. Para estes, a única opção é a multa – mas o valor mínimo no caso carioca, de R$ 157,00, é excessivo. E, mesmo para os demais, a sanção administrativa pode funcionar como um marco zero da transformação comportamental. **(VIII)**	**(VIII)** O que o produtor do texto considera ideal: as pessoas seguirem normas por as considerarem justas. A dificuldade que ele admite: nem todos seguem esse raciocínio.
Ações educativas têm papel relevante a cumprir e, num país conhecido pelo desprezo sistemático a normas legais, manter a fiscalização é primordial. Sem isso, o programa Lixo Zero poderá não passar de simples operação de *marketing*. **(IX)**	**(IX)** Término do editorial: a opinião do produtor do texto reúne os dois meios apresentados, cada um com sua função: ações educativas são essenciais, mas também é importante manter a fiscalização.

Dicas para ler e escrever sua redação com base em uma proposta como essa

- Resuma o texto reproduzido ordenando as principais ideias que discutem o tema.
- Identifique qual é o posicionamento do produtor do texto perante a questão.
- Reflita sobre o tema e procure se posicionar a respeito dele. Que argumentos podem ajudá-lo a defender seu ponto de vista? Anote essas ideias e busque exemplos que reforcem sua argumentação. Repasse os argumentos do texto reproduzido na proposta: você concorda com eles ou discorda dessas ideias? Podem ajudá-lo a construir seu texto?
- Sua argumentação deve ser clara e enxuta. Lembre-se sempre de se posicionar abertamente.
- O final de seu texto: no editorial lido, o produtor do texto procurou reunir os dois pontos de vista que apresentou ao longo da argumentação, mostrando como ambos podem ser importantes para o desenvolvimento da proposta pública de combater o hábito de jogar lixo nas ruas. E, no caso de sua argumentação, que encaminhamento você considera mais interessante? Pense bem nisso ao planejar seu texto.

b) **PROPOSTA II**. Os textos da proposta II expõem posições contrárias quanto a validade das manifestações políticas. Observe:

Texto citado na proposta de redação	Comentário
I Todo protesto de natureza política deve ter um objetivo preciso. As insatisfações devem evidenciar-se com clareza, caso contrário haverá a possibilidade de que, numa manifestação pública, muitos gritem sem saber contra o que estão gritando, ou então gritem por um acúmulo de razões que sequer identificam. Tais protestos são inúteis: na falta de um alvo preciso, anulam-se por si mesmos, prejudicando assim manifestações mais justificadas e objetivas.	O importante na leitura é perceber o ponto de vista apresentado no trecho. No caso, o enunciador do texto deixa clara a sua preocupação: "Todo protesto de natureza política deve ter um objetivo preciso".

II Quando as insatisfações sociais atingem um certo patamar, é evidente que elas precisam se manifestar. Nas manifestações públicas recentes, nota-se que há uma grande variedade de causas e objetivos, e por isso mesmo elas ganham a força de uma luta ampla, por muitas mudanças. É importante que esses protestos se somem, ainda que caoticamente, para que todas as demandas sociais surjam ao mesmo tempo e com a mesma força.	Neste trecho, o produtor do texto defende a ideia de haver manifestações em geral. Ele não vê problemas em existirem diversas causas e objetivos. Muito pelo contrário, considera que assim as manifestações "ganham a força de uma luta ampla, por muitas mudanças". Em seguida, reforça: "É importante que esses protestos se somem [...] para que todas as demandas sociais surjam ao mesmo tempo e com a mesma força".

Dicas para ler e escrever sua redação com base em uma proposta como essa

- Identifique o ponto de vista e a argumentação de cada um dos textos.
- Reflita sobre o assunto e anote seu ponto de vista a respeito. Que argumentos podem ajudá-lo a mostrar a validade desse posicionamento? Anote-os. As dicas 3 a 5 para a proposta I também podem servir neste caso. Leia-as.

c) **PROPOSTA III**. O gênero textual indicado nessa proposta é outro: narrativa. Assim, é fundamental que o texto conte uma história, com personagens, um conflito, um desenvolvimento, algum tipo de final. Observe:

Texto citado na proposta de redação	Comentário
Num semáforo fechado, ouve-se de um carro uma música pesada, em altíssimo volume. Um senhor idoso, no volante do carro ao lado, busca protestar, mas o rapaz responsável pelo som não lhe dá atenção. Um ciclista encosta ao lado do rapaz. Um guarda que passava também se aproxima. Duas estudantes adolescentes resolvem entrar em cena. Uma senhora sai à janela do sobrado ao lado.	O texto informa a situação inicial dessa narrativa e seus personagens. A situação: "Num semáforo fechado, ouve-se de um carro uma música pesada, em altíssimo volume". Os personagens que, de acordo com a proposta devem aparecer na história: um senhor idoso, um rapaz no volante, um ciclista, um guarda, duas estudantes adolescentes, uma senhora à janela de um sobrado.

Dicas para ler e escrever sua redação com base em uma proposta como essa

- Leve em conta as orientações da proposta: a narração deve ser desenvolvida a partir da situação inicial apresentada, todos os personagens indicados precisam ter voz, ou seja, precisam aparecer na história, ter características próprias e condizentes com o que se indicou deles.
- Em uma proposta como essa, já há uma situação de conflito: a música alta no semáforo. Você tem vários personagens. Cada um deles tem a própria história, seu modo de se vestir e de falar, assim como um motivo para se envolver na situação apresentada. É fundamental caracterizá-los de modo que o leitor da sua redação possa identificá-los. Mostre de que modo cada um deles se posiciona no conflito. Os diálogos são recursos excelentes para mostrar o posicionamento dos personagens; use-os a seu favor.
- Como vai desenvolver sua história? Você pode escolher um desenvolvimento mais tradicional, por exemplo: pessoas mais velhas contra a música alta × pessoas jovens a favor. Mas também pode surpreender o leitor com posicionamentos mais inusitados (desde que bem fundamentados).
- Como terminar sua narrativa? Você pode encaminhar o conflito para algum tipo de solução ou pode deixar o final mais aberto e um pouco misterioso, mas é preciso que o leitor não fique perdido nem frustrado. Ao reler seu texto, procure se colocar na posição dele: você gostaria de ler uma narrativa que termina desse modo? Se for o caso, reescreva o texto.
- Releia seu texto, observe se os personagens estão bem identificados e se há coerência entre o início e o final.

Respostas

Intertextualidade: o diálogo entre os textos

1. d
2. Os versos “Tinha uma vaca, um burro e um louco” e “Barro ao invés de incenso e mirra” do poema “Gênesis” estabelecem intertextualidade com o relato bíblico do nascimento de Jesus da tradição judaico-cristã. Assim como o poema “Natal” de Bilac, refere-se ao episódio com expressões de júbilo, embora com linguagem caracteristicamente popular e brasileira, contrastando com o tom convencional e genérico do de Olavo Bilac.
3. a) O adolescente utiliza o *kit* básico de frases para sobreviver por causa das dificuldades que tem com imprevistos e frustrações, como em situações que exijam que ele assuma seus erros, administre as perdas e as emoções.
   b) O recurso da intertextualidade ajuda a compor o efeito de humor, pois frases de advertência são usadas pelo autor para alertar quanto ao perigo do uso excessivo do *kit* de sobrevivência pelo adolescente.
4. Observamos no texto uma ironia destrutiva, característica do discurso paródico. Exemplo: o título do poema de Cacaso e seus dois primeiros versos remetem a um amor idealizado. Mas o desejo de realização desse amor é quebrado pelo terceiro verso, que traz a ideia de realidade.
5. Em ambos os poemas, o eu lírico evidencia a sua revolta aos bons modos, às regras impostas pela sociedade, aos critérios de comportamento e conduta que lhe são impostos.
   Assim, temos dois poetas de épocas distintas, cada qual com as suas peculiaridades, abordando um mesmo assunto e de forma parecida. Resumindo, podemos dizer que a revolta perante uma sociedade de aparências, com valores éticos e morais questionáveis para o eu lírico de cada um dos poemas, e a linguagem exclamativa, irônica e, até mesmo, agressiva são os elementos que promovem o diálogo entre os textos, a intertextualidade.
6. e 7. d
8. a) A intertextualidade é observada nos seguintes versos: “Chora, meu filho, chora” (1º e 20º versos); “A vida é luta renhida” (5º verso); “Não dorme, filho, não dorme” (23º verso).
   b) O deputado assume em *Hino do Deputado* uma postura de defensor dos interesses pessoais em detrimento dos públicos. Tal comportamento transgride os valores éticos, supostamente “princípios da moralidade vigente”.
9. b 10. d

A arte e suas linguagens: interações entre o artista e o apreciador de arte

1. e
2. a) A resposta deverá contemplar dois aspectos em contraste, entre os seguintes:
   A pintura I mostra um retrato que se aproxima da representação fiel da realidade. Os traços são proporcionais e bem delineados, as cores mostram fidelidade à representação da figura humana. O fundo neutro, com leve claridade em torno do retrato, deixa sobressair a figura, em que predominam as linhas curvas, o equilíbrio e a fidelidade da representação. Já na pintura de Anita Malfatti, chamam atenção as cores fortes. O rosto amarelo mostra que se trata de uma pintura, não de um retrato convencional ou de uma cópia fiel da realidade. Há um certo desarranjo na figura, no corpo que pende para baixo, na pose cortada, que contrasta com o retrato posado e arrumado de Almeida Junior. No retrato, os traços de contorno do rosto são fortes, geometrizantes e escuros, repetindo-se nas sobrancelhas e olhos.
   b) *O homem amarelo*, de Anita Malfatti. Ou: Tendo em vista as características identificadas na questão *a*, o quadro modernista, que rompe padrões, é *O homem amarelo*.
3. d 4. b 5. a
6. Segundo Antonio Cícero, a tendência construtiva do que existe de melhor na arte brasileira moderna é a “reinvenção” do Brasil do passado, ou seja, a mudança de perspectiva dos artistas brasileiros que passam a valorizar o primitivo e o natural, reagindo à ideia de que o passado foi marcado pelo subdesenvolvimento e dependência da escravatura. Oswald de Andrade iniciou o movimento Pau-Brasil, cujo programa era criar uma arte baseada nas características do povo brasileiro, com absorção crítica da modernidade europeia. O projeto visava a um desligamento dos modelos poéticos importados do século passado, pondo um fim à grandiloquência e à seriedade. Assim, usa o verso livre, a ausência de pontuação, a linguagem coloquial, reduzida, telegráfica e o predomínio de um “português” genuinamente brasileiro para a descrição da paisagem ou de cenas do cotidiano. Oswald de Andrade foi o inaugurador, em nossa literatura, da transposição de técnicas de cinema – “montagem” de cenas, tentativa de descontinuidade para causar a impressão de “imagens simultâneas” – para o texto literário. A poesia de Oswald é precursora de um movimento que vai marcar a cultura brasileira na década de 60: o Concretismo. Suas ideias, recuperadas também na década de 60, reaparecem no Tropicalismo.
7. O convite formulado por um conceituado museu de arte contemporânea como o *Tate Modern* de Londres serve de argumento para comprovar a relevância da tese de que o grafite é uma manifestação artística de grande interesse.
8. A expressão “paisagem esterilizada” sugere um cenário limpo, sem sujeiras, já que os transeuntes muitas vezes confundem preconceituosamente essa arte de rua, associando-a a vandalismo.

Literatura: a arte da palavra

1. d 2. b 3. d
4. b 5. d
6. a) Para mostrar que existem poetas que compõem seus versos valendo-se da razão e do cálculo, tal como o trabalho de um carpinteiro. A segunda estrofe não rejeita propriamente a comparação feita na primeira, pois o que se rejeita nela é o trabalho poético, ou seja, o autor rejeita a poesia que se pode comparar à carpintaria – a poesia premeditada, “trabalhada”, que não é expressão direta e simples da realidade.
   b) Caeiro mostra, em sua poesia, um pensamento contra o pensamento, uma filosofia antifilosófica, que rejeita o “vício” de interpor o pensamento entre as coisas e a sua pura percepção. Para o poeta, só pelos sentidos é que se entra em contato com a verdade.
7. c
8. O significado de loucura está relacionado à condição do poeta e à própria atividade deste.
9. e 10. d 11. b

Os gêneros literários: a tradição aristotélica

1. a 2. e 3. b
4. a) O prato azul-pombinho OU a quebra do prato azul-pombinho, última peça do aparelho de jantar da família.
   b) O épico é construído pelo ato de a bisavó contar e recontar estórias minuciosas, compridas e detalhadas de outros tempos. O lírico é construído sob ótica subjetiva OU o lírico é construído pelas estórias que eram contadas por recordações saudosas OU o lírico é construído pelo passado que se mescla ao presente e ao futuro.
5. a
6. a) Ser triste, infeliz.
   b) Gênero lírico.
7. c 8. b 9. e

O gênero lírico

1. e 2. e 3. a
4. Os verbos conjugados na segunda pessoa do plural (“falareis” e “sonhareis”) constituem marca linguística que expressa a tentativa de interlocução entre o eu lírico e as pessoas do futuro. O pronome “nós” se refere às pessoas que vivem no presente.
5. b
6. O uso da segunda pessoa gramatical. O candidato pode escolher um dentre os versos: “Teu boletim meteorológico”; “que pões à minha frente”; “Nos dramalhões que encenas”; “me dás tudo, tudo”.
7. d
8. Aproximam-se pelo tema do amor e pela utilização de anáforas. Distanciam-se pela métrica (versos decassílabos em Camões e livres em Andresen) e pela forma de tratar o amor (em Camões o amor é impessoal, e em Andresen, é pessoal).

As literaturas em língua portuguesa: Brasil, Portugal, África

1. A escolha da narrativa epistolar, a criação da personagem Fradique Mendes, a existência de personagens comuns às duas narrativas e a época em que as narrativas ocorrem (últimas décadas do século XIX), a crítica à sociedade lusitana e a exaltação da cultura francesa são traços que aproximam as narrativas. A crítica à escravidão em *Nação Crioula* e os momentos históricos da escritura das obras (século XIX, em Eça; séculos XX e XXI, para Agualusa) são características que as diferenciam.
2. c 3. e

4. a) Os fragmentos do poemeto "À Ilha de Maré" tipificam o nativismo seiscentista que se expressa na exaltação da excelência do clima e exuberância da natureza tropical. Traduz a reação do europeu diante das virtudes da terra recém-descoberta e revela, na insistente comparação com outros continentes, as vantagens comparativas da América, no que se pode entrever um estímulo à colonização efetiva e à exploração econômica das riquezas arroladas e descritas. Botelho de Oliveira particulariza para, em uma gradação, desembocar no clímax da estrofe final e do dístico que a sintetiza.
   b) "Ladainha", poema que inaugura o livro Martim Cererê, aborda o descobrimento do Brasil, particularizando as denominações que a nova terra recebeu de seus descobridores: Ilha de Vera Cruz, Terra de Santa Cruz e, finalmente, Brasil.
5. a) Dramático – teatro e Épico – romance.
   b) Imitação, pelos escritores portugueses, aos escritores franceses. Artificialismo na criação literária.
6. c 7. a 8. d 9. c

Os estilos de época na Era Medieval: Trovadorismo

1. d 2. b 3. b
4. a) Em duas séries: as duas primeiras estrofes (uma série) e as duas estrofes seguintes (outra série).
   b) Na primeira são enfatizados os afazeres da mulher; na segunda, o seu sofrimento.
5. a) A mulher.
   b) Ela considerou o poeta uma espécie de vidente, pois descobriu o seu sofrimento amoroso.
6. c 7. b

Os estilos de época na Era Medieval: Humanismo

1. b 2. c 3. c 4. c
5. a) Tanto o major Vidigal como o Frade eram homens dados aos prazeres mundanos: o primeiro ainda se sentia seduzido pelos encantos da Maria-Regalada, com quem tinha vivido maritalmente durante algum tempo, o segundo contrariara os votos de castidade que a sua condição de frade exigia. Na condição de pessoas que deveriam ser exemplo moral para os outros, apresentam-se ambos em situação criticável pela conduta que tiveram.
   b) Gil Vicente escrevia as suas peças com finalidade moralizante e didática. A sua crítica dirigia-se, sobretudo, às pessoas que não seguiam as leis da moral e da ética e não às instituições a que pertenciam. Assim, o Frade é castigado, pois é condenado ao Inferno, onde será levado pelo Diabo e seu ajudante. Manuel Antônio de Almeida não pretendeu fazer crítica social, apenas elaborou uma divertida crônica de costumes que retratava a classe média-baixa no Rio de Janeiro, no tempo do rei D. João VI. A ausência de moralismo é evidenciada no destino final dos personagens, que, de uma maneira geral, não são punidos pelas faltas que cometem ao longo da sua vida.
6. c
7. a
8. a) A ganância, a ambição.
   b) *Auto da Lusitânia*: "e meu tempo todo inteiro/ sempre é buscar dinheiro". *O Cortiço*: "Desde que a febre de possuir se apoderou dele totalmente".

Os estilos de época na Era Clássica: Classicismo português

1. a) Na estrofe que faz parte do epílogo da epopeia *Os Lusíadas*, o poeta dirige-se às musas, declarando-se incapaz de continuar a fazer poesia devido ao ambiente de cobiça e insensibilidade social que o rodeia. A menção a figuras da mitologia é típica da poesia épica. Também os versos decassílabos dispostos em esquema rimático ABABABABCC refletem o rigor formal característico do Classicismo. No entanto, o tom decepcionado do poeta que, nesta estrofe, tece duras críticas ao aviltamento moral em que o país tinha mergulhado não é comum nas epopeias clássicas.
   b) No final do século XVI, Portugal atingiu o ponto mais alto da sua economia mercantilista decorrente da expansão marítima por todos os continentes. No entanto, uma crise dinástica, que tem início no reinado de D. Sebastião e que se intensifica após sua morte na batalha de Alcácer-Quibir, provocará o início do declínio do Império e se agravará com o domínio espanhol sobre Portugal até meados do século XVII.
2. b 3. d 4. b
5. a) O verbo "alongar" associa-se a cansaço da vida. O "encurtar" relaciona-se à proximidade da morte.
   b) Há no primeiro verso da segunda estrofe uma oposição entre "gastando" e "cresce". Quanto mais a idade avança, o poeta aproxima-se do fim da vida.
   c) O pronome "ele" refere-se ao vocábulo "bem".
6. d 7. d
8. a) "A" maiúsculo na palavra "amor" para divinizar, personificar o sentimento do amor.
   b) O amor exige sacrifício, sangue. Inês de Castro derramou sangue por causa do seu grande amor.
9. e
10. a) A mulher é vista não como uma companheira, mas como um ser angelical. A beleza converte-se em Beleza pura, que leva ao "mundo das ideias" e à divindade.
   b) O soneto composto de dois quartetos e dois tercetos e a medida nova (versos decassílabos) são características do Classicismo. Ainda, há figuras de linguagem como o hipérbato, a seleção lexical e outros.
11. a) Há alusão ao primeiro verso de *Os Lusíadas*, no trecho: "poucos varões assinalados".
   b) Em *Os Lusíadas*, barões significa "homens notáveis". No texto de Joaquim Manuel de Macedo, "poucos varões assinalados" há o efeito irônico, pois esses "homens notáveis" não têm a inteligência que aparentam ter.
12. b

A descoberta do Brasil: Quinhentismo

1. Além da acepção de "dar nome aos seres", o verbo "nomear" pode ser entendido como *designar alguém para um cargo, dar direito de posse*. É com este sentido que Todorov Tzevetan o utiliza para analisar o comportamento do colonizador ao apoderar-se das terras que pertenciam a povos com culturas e linguagens diferentes. Ao substituir os nomes originais dos aborígines pelos dos dominadores, impõe-se ao dominado a necessidade do ensino da nova língua que passa a ser usada como instrumento para posse do novo território.
2. b 3. 01 + 08 = 09
4. c 5. F – V – F – V
6. d
7. a) "... tomavam logo uma esquiveza COMO MONTESES..."
   b) Os índios são esquivos e rudes porque não têm civilização.
8. a) "E portanto, se os degredados que aqui... de bela simplicidade."
   b) A exposição dos índios a doenças para as quais não têm imunidade.
9. d 10. a
11. V – F – V 12. e

Os estilos de época na Era Clássica: Barroco

1. a
2. Os vocábulos que constroem imagens vinculadas ao campo semântico de travessia são os seguintes: ando, vou(-me), seguir, andam, anda, erra (verbos); passadas, vias, caminho, pisadas, atalho (substantivos).
3. d 4. e 5. c
6. e 7. c
8. a) O cronista, ao mencionar barroco, resgata a ideia do rebuscamento da forma em detrimento do conteúdo. Usando da ironia, mostra que a poesia de Cardim prestava-se às funções "menores" da poesia.
   b) O escárnio encontra-se em "... embora fosse ruim de corpo"; "Casara-se com uma viúva tão feia e magra como ele". Há outras frases.
9. a) O Barroco é o movimento marcado pela oposição de ideias; assim, no poema encontram-se antíteses, paradoxos, anáforas, polissíndetos e outros.
   b) O argumento é: "Ora, pressuposto que já somos pó, e não pode deixar de ser, pois Deus o disse (...)".
10. a
11. O poeta tem consciência de que o mundo terreno é efêmero e vão; o sentimento de nulidade diante do poder divino.
12. a) Ambos fazem crítica à realidade do país: a exaltação do estrangeirismo em detrimento do nacionalismo.
   b) Em "exaltar" e "abater", tem-se a antítese.
   c) Pobre teRRa de BRuzundanga – (variante brasileira) de "burundanga" – É a aliteração.

Os estilos de época na Era Clássica: Arcadismo

1. c 2. a 3. d 4. b
5. e 6. e 7. d
8. a) *Carpe diem*, aproveitar o presente.
   b) O declínio da vida.
   c) Em Gonzaga a vida está em sua plenitude, enquanto em Reis ela parte para o fim.
9. e
10. a) A seleção vocabular e a organização sintática. Também, há a imagem convencional da figura feminina e a aproximação com Vênus, divindade pagã, invejosa dos encantos e promessas da boca da amada.
   b) A presença da morte, o horror ao aniquilamento e o desejo de redenção espiritual são constantes do Romantismo que se expressam no poema com subjetivismo intenso, enfaticamente pelas apóstrofes que traduzem a emoção de quem diz ou a intenção de emocionar quem ouve. A concepção espiritualista, a crença em Deus, eterno e onipotente.
11. c 12. c 13. c

Significado das siglas

AFA-SP Academia da Força Aérea (São Paulo)
Aman-RJ Academia Militar das Agulhas Negras (Rio de Janeiro)
Cefet-MG Centro Federal de Educação Tecnológica de Minas Gerais [IFMG]
Cefet-PR Centro Federal de Educação Tecnológica do Paraná [UFTPR]
Cefet-RJ Centro Federal de Educação Tecnológica "Celso Sukow da Fonseca" (Rio de Janeiro)
Cesgranrio-RJ Centro de Seleção de Candidatos ao Ensino Superior do Grande Rio (Rio de Janeiro)
CPS-PR Comissão Permanente de Seleção (Paraná)
Epcar-MG Escola Preparatória de Cadetes do Ar (Minas Gerais)
EsPCEx-MG Escola Preparatória de Cadetes do Exército (Minas Gerais)
EsPCEx-SP Escola Preparatória de Cadetes do Exército (São Paulo)
ESPM-SP Escola Superior de Propaganda e Marketing (São Paulo)
Faap-SP Fundação Armando Álvares Penteado (São Paulo)
Fadergs-RS Faculdade de Desenvolvimento do Rio Grande do Sul
Fatec-SP Faculdade de Tecnologia (São Paulo)
FCL-SP Fundação Cásper Líbero (São Paulo)
FEI-SP Faculdade de Engenharia Industrial (São Paulo)
FGV-SP Fundação Getúlio Vargas (São Paulo)
Fuvest-SP Fundação Universitária para o Vestibular (São Paulo)
Ibmec-RJ Faculdades do Instituto Brasileiro de Mercado de Capitais (Rio de Janeiro)
Ifal Instituto Federal de Alagoas
IFCE Instituto Federal de Educação, Ciência e Tecnologia do Ceará
IFPE Instituto Federal de Educação, Ciência e Tecnologia de Pernambuco
IFSC Instituto Federal de Educação, Ciência e Tecnologia de Santa Catarina
IFSP Instituto Federal de Educação, Ciência e Tecnologia de São Paulo
Insper-SP Instituto de Ensino e Pesquisa (São Paulo)
ITA-SP Instituto Tecnológico da Aeronáutica (São Paulo)
PUCC-SP Pontifícia Universidade Católica de Campinas (São Paulo)
PUC-MG Pontifícia Universidade Católica de Minas Gerais
PUC-PR Pontifícia Universidade Católica do Paraná
PUC-RJ Pontifícia Universidade Católica do Rio de Janeiro
PUC-RS Pontifícia Universidade Católica do Rio Grande do Sul
PUC-SP Pontifícia Universidade Católica de São Paulo
UCS-RS Universidade de Caxias do Sul (Rio Grande do Sul)
Udesc Universidade do Estado de Santa Catarina
UEA-AM Universidade Estadual do Amazonas
Uece Universidade Estadual do Ceará
UEG-GO Universidade Estadual de Goiás
UEL-PR Universidade Estadual de Londrina (Paraná)
UEM-PR Universidade Estadual de Maringá (Paraná)
UEMS Universidade Estadual do Mato Grosso do Sul
Uepa Universidade do Estado do Pará
UEPB Universidade Estadual da Paraíba
Uepe Universidade Estadual de Pernambuco
UEPG-PR Universidade Estadual de Ponta Grossa (Paraná)
Uerj Universidade Estadual do Rio de Janeiro
Uespi Universidade Estadual do Piauí
Ufal Universidade Federal de Alagoas
UFBA Universidade Federal da Bahia
UFC-CE Universidade Federal do Ceará
Ufes Universidade Federal do Espírito Santo
UFF-RJ Universidade Federal Fluminense (Rio de Janeiro)
UFG-GO Universidade Federal de Goiás
UFJF-MG Universidade Federal de Juiz de Fora (Minas Gerais)
Ufla-MG Universidade Federal de Lavras (Minas Gerais)
UFMG Universidade Federal de Minas Gerais
UFMS Universidade Federal do Mato Grosso do Sul
UFMT Universidade Federal do Mato Grosso
UFPA Universidade Federal do Pará
UFPB Universidade Federal da Paraíba
UFPE Universidade Federal de Pernambuco
Ufpel-RS Universidade Federal de Pelotas (Rio Grande do Sul)
UFPI Universidade Federal do Piauí
UFPR Universidade Federal do Paraná
UFRGS-RS Universidade Federal do Rio Grande do Sul
UFRJ Universidade Federal do Rio de Janeiro
UFRN Universidade Federal do Rio Grande do Norte
UFRRJ Universidade Federal Rural do Rio de Janeiro
UFSC Universidade Federal de Santa Catarina
Ufscar-SP Universidade Federal de São Carlos (São Paulo)
UFSM-RS Universidade Federal de Santa Maria (Rio Grande do Sul)
UFTM-MG Universidade Federal do Triângulo Mineiro (Minas Gerais)
UFT-TO Universidade Federal de Tocantins
UFU-MG Universidade Federal de Uberlândia (Minas Gerais)
UFV-MG Universidade Federal de Viçosa (Minas Gerais)
Unaerp-SP Universidade de Ribeirão Preto (São Paulo)
UnB-DF Universidade de Brasília (Distrito Federal)
Uneb-BA Universidade Estadual da Bahia
Unesp Universidade Estadual Paulista "Júlio de Mesquita Filho" (São Paulo)
Unicamp-SP Universidade de Campinas (São Paulo)
Unifesp Universidade Federal de São Paulo
Unirio-RJ Universidade Federal do Estado do Rio de Janeiro
UPE Universidade de Pernambuco
UPF-RS Universidade de Passo Fundo (Rio Grande do Sul)
UPM-SP Universidade Presbiteriana Mackenzie (São Paulo)

PROJETO MÚLTIPLO

Caderno de

Estudo

Literatura

Ensino Médio

José De Nicola

Licenciado em Letras, com especialização em ensino de língua e literatura, foi professor de cursinhos e de escolas particulares, lecionando para turmas de Ensino Médio.
Autor de várias obras dedicadas ao ensino de língua, literatura e produção de textos para Ensino Médio, entre as quais se destacam:
Práticas de linguagem – leitura & produção de textos;
Gramática – palavra, frase, texto;
Literatura brasileira – das origens aos nossos dias;
Painel da literatura em língua portuguesa.

editora scipione

editora scipione

Diretoria editorial: Lidiane Vivaldini Olo

Editoria de Língua Portuguesa: Renato Luiz Tresolavy

Editoras: Juliana Lima Gonçalves, Valéria Franco Jacintho; Francisca Tarsiana Morais da Silva (estag.)

Supervisor de arte e produção: Sérgio Yutaka

Editor de arte: Claudio Faustino da Silva

Supervisor de arte e criação: Didier Moraes

Coordenadora de arte e criação: Andréa Dellamagna

Projeto gráfico: UC Produção Editorial e Andréa Dellamagna

Gerente de revisão: Hélia de Jesus Gonsaga

Equipe de revisão: Rosângela Muricy (coord.); Ana Paula Chabaribery Malfa, Gloria Cunha, Luís Maurício Boa Nova, Vanessa de Paula Santos; Flávia Venézio dos Santos (estag.)

Supervisor de iconografia: Sílvio Kligin

Pesquisa iconográfica: Claudia Bertolazzi, Elena Ribeiro; Claudia Balista (assist.)

Tratamento de imagem: Cesar Wolf e Fernanda Crevin

Foto da capa: Staden/Coleção José Mindlin, São Paulo, SP.

Grafismos: Shutterstock/Glow Images

Direitos desta edição cedidos à Editora Scipione S.A.

Avenida das Nações Unidas, 7221

3º andar, Setor D

Pinheiros – São Paulo – SP – CEP 05425-902

Tel.: 4003-3061

www.scipione.com.br / atendimento@scipione.com.br

Dados Internacionais de Catalogação na Publicação (CIP)
(Câmara Brasileira do Livro, SP, Brasil)

De Nicola, José
Projeto Múltiplo: Literatura, volume único : partes 1, 2 e 3 / José De Nicola. – 1. ed. – São Paulo: Scipione, 2014.

1. Literatura (Ensino médio) 2. Português (Ensino médio) 3. I. Título.

14-04504 CDD-869.07

Índice para catálogo sistemático:

1. Literatura : Português : Ensino médio 869.07

2023

ISBN 978 85 262 9346-5 (AL)

ISBN 978 85 262 9347-2 (PR)

CAE 502790 (AL)

CAE 502765 (PR)

Código da obra CL 738773

1ª edição

10ª impressão

Impressão e acabamento Gráfica Eskenazi

Apresentação

O Ensino Médio é cursado no período em que a maioria dos adolescentes faz uma escolha que os acompanhará por toda a vida: a da profissão que desejam seguir.

Além da profissão, a escolha da universidade também é um fator decisivo para o seu futuro sucesso profissional. E para que você tenha um bom desempenho no exame vestibular da universidade que escolher, além de conhecer muito bem todo o conteúdo do Ensino Médio, você deve desenvolver suas habilidades de leitura e de produção de textos. Por esse motivo, este caderno reúne mais de 200 questões das mais renomadas universidades do país, de diferentes níveis de complexidade, e termina com uma proposta de redação de vestibular comentada.

Cada sequência de exercícios de um mesmo tema é precedida por quadros-resumos que sintetizam os principais tópicos do conteúdo para ajudá-lo a estudar e a responder às questões.

Este caderno representa um momento único de preparação para o vestibular. Utilize-o como um instrumento de aperfeiçoamento de suas habilidades e não desista dos seus sonhos.

Boa sorte!

Sumário

Vestibular em foco

Theo Szczepanski/Arquivo da editora

OS ESTILOS DE ÉPOCA DA REVOLUÇÃO INDUSTRIAL À PRIMEIRA GUERRA: A POESIA DO ROMANTISMO

DA REVOLUÇÃO INDUSTRIAL À PRIMEIRA GUERRA

O período que se estende da Revolução Industrial (e da posterior Revolução Francesa), no final do século XVIII, à Primeira Guerra Mundial, em 1914, corresponde a uma nova ordem socioeconômica, com profundos reflexos nos campos da arte.

ECOS DA REVOLUÇÃO FRANCESA EM PORTUGAL E NO BRASIL

O momento histórico que antecede a introdução do Romantismo em Portugal e no Brasil é determinado pelos valores da Revolução Francesa e pela expansão napoleônica, decisiva para a história dos dois países: as tropas francesas invadem Portugal em novembro de 1807, levando a Família Real a transferir-se para o Brasil no início de 1808.

O ROMANTISMO

O primeiro passo para tentar estabelecer as características românticas é entender o Romantismo como um estilo de época delimitado no tempo, ou seja, como o período que se inicia nos últimos anos do século XVIII e se estende até meados do século XIX.

Os marcos em Portugal

- **Marco inicial**: publicação, em 1825, do poema *Camões*, de Almeida Garrett.
- **Marco final**: eclosão da Questão Coimbrã, em 1865.

Os marcos no Brasil

- **Marco inicial**: publicação, em 1836, da revista *Niterói – Revista Brasiliense* e do livro de poemas *Suspiros poéticos e saudades*, ambos de Gonçalves de Magalhães.
- **Marco final**: lançamento, em 1881, dos primeiros romances brasileiros de tendência realista/naturalista – *O mulato*, de Aluísio Azevedo, e *Memórias póstumas de Brás Cubas*, de Machado de Assis.

As características românticas

Os modelos da Antiguidade clássica são substituídos pelos da Idade Média (notadamente de seus últimos séculos, que coincidem com o surgimento da burguesia); a uma arte de caráter erudito e nobre opõe-se uma arte de caráter popular, que valoriza o folclórico e o nacional; o indivíduo passa a ser o centro das atenções, voltando-se para a imaginação e para os sentimentos, do que resulta uma interpretação subjetiva da realidade.

Exercícios

1. (UFG-GO) Leia os poemas apresentados a seguir.

Malva-maçã

A P.

De teus seios tão mimosos
Quem gozasse o talismã!
Quem ali deitasse a fronte
Cheia de amoroso afã!
E quem nele respirasse
A tua malva-maçã!

Dá-me essa folha cheirosa
Que treme no seio teu!
Dá-me a folha... hei de beijá-la
Sedenta no lábio meu!
Não vês que o calor do seio
Tua malva emurcheceu...

[...]

AZEVEDO, Álvares de. Lira dos vinte anos. In: *Obra completa*. Organização de Alexei Bueno. Rio de Janeiro: Nova Aguilar, 2000. p. 269.

Há uma flor que está em redor de mim,
uma flor que nasce nos cabelos da aurora
e desce sobre as águas e os ombros
de todos nós. Não, não quero amar
senão a natureza quando ela se abre
como uma flor e suas corolas à madrugada;
eu não quero amar, senão a mulher
que está em redor de mim, a mulher
que me acolhe com seus braços
e me oferece o que há de mais íntimo,
a sua pérola e sonho à madrugada.

GARCIA, José Godoy. *Poesia*. Brasília: Thesaurus, 1999. p. 153.

Nos poemas transcritos, a representação da figura feminina se assemelha por apresentar

a) a sensualidade da mulher metaforizada pelos elementos da natureza.

b) a idealização de uma mulher única enfatizada pela fidelidade do eu lírico.

c) o distanciamento da mulher exemplificado por sua indiferença aos apelos do eu lírico.

d) a simplicidade da mulher evidenciada por suas qualidades morais.

e) o exotismo da mulher emoldurado pela descrição de um cenário idílico.

Textos para a próxima questão.

Texto I

(...) No lampejo de seus grandes olhos pardos brilhavam irradiações da inteligência. (...) O princípio vital da mulher abandonava seu foco natural, o coração, para concentrar-se no cérebro, onde residem as faculdades especulativas do homem.

(...)

Era realmente para causar pasmo aos estranhos e susto a um tutor, a perspicácia com que essa moça de dezoito anos apreciava as questões mais complicadas; o perfeito conhecimento que mostrava dos negócios, a facilidade com que fazia, muitas vezes de memória, qualquer operação aritmética por muito difícil e intrincada que fosse.

Não havia porém em Aurélia nem sombra do ridículo pedantismo de certas moças, que tendo colhido em leituras superficiais algumas noções vagas, se metem a tagarelar de tudo.

(ALENCAR, José de. *Senhora*. São Paulo: Editora Ática, 1980.)

Texto II

Aquela pobre flor de cortiço, escapando à estupidez do meio em que desabotoou, tinha de ser fatalmente vítima da própria inteligência. À míngua de educação, seu espírito trabalhou à revelia, e atraiçoou-a, obrigando-a a tirar da substância caprichosa da sua fantasia de moça ignorante e viva a explicação de tudo que lhe não ensinaram a ver e sentir.

(...)

Pombinha, só com três meses de cama franca, fizera-se tão perita no ofício como a outra; a sua infeliz inteligência nascida e criada no modesto lodo da estalagem, medrou admiravelmente na lama forte dos vícios de largo fôlego; fez maravilhas na arte; parecia adivinhar todos os segredos daquela vida; seus lábios não tocavam em ninguém sem tirar sangue; sabia beber, gota a gota, pela boca do homem mais avarento, todo dinheiro que a vítima pudesse dar de si.

(AZEVEDO, Aluísio. *O cortiço*. São Paulo: Editora Ática, 1997.)

2. (Insper-SP) Considerando as descrições presentes nos fragmentos transcritos, é correto afirmar que

a) o texto I filia-se ao Romantismo, uma vez que nele a heroína é reflexo, em grande medida, das circunstâncias do ambiente em que se criou.

b) o texto I filia-se ao Romantismo, já que nele a figura feminina é descrita sob o prisma da idealização.

c) o texto I filia-se ao Naturalismo, pois as habilidades da personagem são naturais no meio em que vive.

d) o texto II filia-se ao Realismo, já que a figura feminina é descrita de forma fiel à realidade do período histórico em que está inserida.

e) o texto II filia-se ao Naturalismo, pois nele a personagem constitui uma representação inequívoca do perfil feminino típico.

3. (UEM-PR) Assinale o que for correto sobre o excerto abaixo de um poema de Gonçalves Dias.

O mar

Oceano terrível, mar imenso
De vagas procelosas que se enrolam
Floridas rebentando em branca espuma
Num polo e noutro polo.
Enfim... enfim te vejo; enfim meus olhos
Na indômita cerviz trêmulos cravo,
E esse rugido teu sanhudo e forte
Enfim medroso escuto!
(...)

DIAS, Gonçalves. *Melhores poemas*. 7. ed. São Paulo: Global, 1991, p. 48.

Vocabulário:
Procelosas: águas agitadas por tempestade, tormentosas.
Indômita: indomada, brava.
Cerviz: região posterior do pescoço, nuca. Copa ou topo de uma árvore. Ponto ou parte mais alta de um monte.
Sanhudo: que provoca medo, temível, terrível.

01) O eu lírico compara o mar a uma fera amedrontadora porque, para os românticos, a natureza deveria ser aprazível e adornada. O mar, uma vez que não oferece a serenidade dos lagos (cenário preferido dos românticos), é um ser terrível e raivoso que, como tal, deve ser evitado.

02) Diante do mar, o eu lírico experimenta o medo. O medo, assim como outros sentimentos negativos (a tristeza e a dor, por exemplo), não são comuns aos poemas românticos, pois os poetas, descontentes com o estado de coisas à sua volta, entendem o poema apenas como instrumento para expressar a felicidade.

04) No fragmento "... meus olhos/ Na indômita cerviz trêmulos cravo" (versos 5 e 6), há um hipérbato. Em ordem sintática convencional, a ideia expressa no hipérbato pode assim ser escrita: "cravo meus olhos trêmulos na cerviz indômita".

08) No fragmento "... esse rugido teu sanhudo e forte", o poeta fala ao mar e descreve o rugido dele. A aproximação entre seres pertencentes a universos semânticos diferentes como o "mar" e uma "fera", de forma a resultar em uma imagem original, é um procedimento estilístico definido como "metáfora".

16) Os versos 1, 2, 3 e 5, 6, 7 são alexandrinos; os versos 4 e 8 são redondilha menor. O apuro na métrica é uma das preocupações estéticas dos escritores românticos, que valorizavam as regras de composição como medida para disciplinar os excessos da emoção.

Texto para a próxima questão.

O "Adeus" de Teresa

A vez primeira que eu fitei Teresa,
Como as plantas que arrasta a correnteza,
A valsa nos levou nos giros seus...
E amamos juntos... E depois na sala
"Adeus" eu disse-lhe a tremer co'a fala...

E ela, corando, murmurou-me: "adeus."

Uma noite... entreabriu-se um reposteiro...
E da alcova saía um cavaleiro
Inda beijando uma mulher sem véus...
Era eu... Era a pálida Teresa!
"Adeus" lhe disse conservando-a presa...

E ela entre beijos murmurou-me: "adeus!"

Passaram tempos... séc'los de delírio
Prazeres divinais... gozos do Empíreo...
... Mas um dia volvi aos lares meus.
Partindo eu disse – "Voltarei!... descansa!..."
Ela, chorando mais que uma criança,

Ela em soluços murmurou-me: "adeus!"

Quando voltei... era o palácio em festa!...
E a voz d'Ela e de um homem lá na orquestra
Preenchiam de amor o azul dos céus.
Entrei!... Ela me olhou branca... surpresa!
Foi a última vez que eu vi Teresa!...

E ela arquejando murmurou-me: "adeus!"

(CASTRO ALVES, Antonio Frederico. *Espumas flutuantes*. São Paulo: Companhia Editora Nacional, 2005. p. 51.)

4. (UEL-PR) Sobre características do estilo de Castro Alves presentes no poema, considere as afirmativas a seguir.

I. Presença de uma visão erotizada do amor e da mulher.
II. Abandono do tom aclamatório presente nos poemas sobre os escravos.
III. Confirma sua inserção na segunda geração do Romantismo.
IV. Revela influência do sentimentalismo amoroso adulto.

Assinale a alternativa correta.

a) Somente as afirmativas I e IV são corretas.
b) Somente as afirmativas II e III são corretas.
c) Somente as afirmativas III e IV são corretas.
d) Somente as afirmativas I, II e III são corretas.
e) Somente as afirmativas I, II e IV são corretas.

5. (Cefet-MG)

No meio das tabas de amenos verdores,
Cercados de troncos – cobertos de flores,
Alteiam-se os tetos d'altiva nação;
São muitos seus filhos, nos ânimos fortes,
Temíveis na guerra, que densas coortes
Assombram das matas a imensa extensão.

FONTE: DIAS, Antonio Gonçalves. *I-Juca-Pirama seguido de Os Timbiras*. Porto Alegre: L&PM, 1999.

No fragmento acima, NÃO se encontra a seguinte característica romântica:

a) ufanismo.
b) indianismo.
c) ritmo melódico.
d) lirismo amoroso.

6. (UFG-GO) O poema *I – Juca Pirama*, de Gonçalves Dias, e o romance *Memórias de um sargento de milícias*, de Manuel Antônio de Almeida, recriam espaços e períodos da Geografia e da História brasileiras já distantes do contexto em que foram produzidos. Considerando esta afirmação, responda:

a) Que espaços e períodos são recriados no poema de Gonçalves Dias e no romance de Manuel Antônio de Almeida?
b) Em relação ao modo como os autores reconstroem o passado que lhes serve de referência, que característica recorrente na estética romântica está presente no poema *I – Juca Pirama* e ausente no romance *Memórias de um sargento de milícias*?

Texto para a próxima questão.

Poesia brasileira

Casimiro de Abreu chorava tanto
que não cabia em si de descontente.
Suas lágrimas
escorrem até agora pelas vidraças
pelas calçadas
pelas sarjetas
e só vão deter-se ante o coreto da praça pública,
onde,
sob os mais inconfessáveis disfarces,
Castro Alves ainda discursa!

QUINTANA, Mário. *Caderno H*. São Paulo: Globo, 1998, p. 163.

7. (UFRRJ) Mário Quintana em seu "Poesia Brasileira" refere-se a dois poetas do Romantismo, Casimiro de Abreu e Castro Alves, cujas obras apresentam, respectivamente, como principal característica:

a) nativismo / indianismo.
b) expressão épica / expressão hiperbólica.
c) nacionalismo crítico / nacionalismo ufanista.
d) condoreirismo / egocentrismo.
e) sentimentalismo / preocupações sociais.

8. (UFSM-RS) Considerando o Romantismo brasileiro, assinale verdadeira (V) ou falsa (F) em cada afirmativa a seguir.

( ) Suas propostas temáticas contemplam questões relativas à identidade brasileira.
( ) "Suspiros poéticos e Saudades", de Gonçalves de Magalhães, é a obra que assinala o final do movimento.
( ) A vertente indianista compôs-se de traços passadistas, buscando ressaltar tanto o nativo quanto o europeu.

A sequência correta é

a) F – V – F.
b) V – F – F.
c) F – F – V.
d) V – F – V.
e) V – V – V.

9. (UEPG-PR)

Prova de amor

"Meu bem, deixa crescer a barba para me agradar", pediu ele.

E ela, num supremo esforço de amor, começou a fiar dentro de si e a laboriosamente expelir aqueles novos pelos, que na pele fechada feriam caminho.

Mas quando, afinal, doce barba cobriu-lhe o rosto, e com orgulho expectante entregou sua estranheza àquele homem: "Você não é mais a mesma", disse ele.

E se foi.

Adaptado de: COLASANTI, Marina. *Contos de amor rasgados*. Rio de Janeiro, Rocco, 1986. p.165.

Com relação ao texto, assinale o que for correto.

01) Por meio da linguagem literária, a autora cria uma situação fictícia para analisar as relações humanas.
02) O texto é um exemplo de texto literário em prosa.
04) Com o desfecho, mostra-se a decepção do homem com a falta de amor da mulher por ele.
08) Pela característica idealizada das personagens do texto, pode-se afirmar que a autora Marina Colasanti foi uma das principais autoras do Romantismo brasileiro.

A POÉTICA DO ROMANTISMO: AMORES, ÍNDIOS E CONDORES

AS GERAÇÕES POÉTICAS DO ROMANTISMO BRASILEIRO

Pode-se reconhecer três gerações poéticas no Romantismo brasileiro: a geração nacionalista ou indianista, a geração "mal do século" e a geração condoreira.

Primeira geração

Foi marcada pela exaltação da natureza, a volta ao passado histórico, o medievalismo e a criação do herói nacional na figura do indígena, de onde surgiu a denominação "geração indianista".

Segunda geração

Impregnada de egocentrismo, negativismo boêmio, desilusão adolescente e tédio constante, seu tema preferido é a fuga da realidade, que se manifesta na idealização do passado, do amor e na exaltação da morte. Também é chamada de ultrarromantismo.

Terceira geração

Caracterizada pela poesia social e libertária, reflete as lutas internas da segunda metade do reinado de D. Pedro II.

A PRODUÇÃO POÉTICA DO ROMANTISMO BRASILEIRO

Álvares de Azevedo

O encontro da ironia e da sátira com o derramamento sentimental define uma "dupla face" da poesia de Álvares de Azevedo. Esta ambiguidade reflete-se em sua obra, claramente dividida entre a ternura idealizada do ultrarromantismo e a desilusão e a autoironia.

Castro Alves

Poeta da última geração, educado pela literatura de Victor Hugo, Castro Alves interessava-se não apenas pelos sentimentos e emoções pessoais (como bom romântico, cultivou o egocentrismo), mas também pela realidade que o rodeava.

Casimiro de Abreu

A poesia de Casimiro de Abreu é caracterizada pelo ritmo fácil, rima pobre e repetitiva, linguagem simples e emprego abusivo de pleonasmos, abordando temas comuns ao Romantismo. Cantou o saudosismo em diferentes situações.

Gonçalves Dias

A obra de Gonçalves Dias marca a transição do período neoclássico para o Romantismo brasileiro. Nela, ainda é possível ver alguns resquícios clássicos, como o rigor formal e a lírica amorosa, mas também a força dos grandes temas da primeira geração romântica, como o indianismo.

Sousândrade

Na obra de Sousândrade, o primeiro aspecto a destacar é a originalidade de sua poesia, revolucionária para o padrão romântico, sendo por isso difícil enquadrá-lo nesse movimento. Por suas preocupações sociais, aproxima-se da terceira geração.

Exercícios

1. (Ufes) Leia os fragmentos dos textos de Gonçalves Dias e de Álvares de Azevedo e, a seguir, assinale a opção INCORRETA.

Fragmento I

I – Juca-Pirama

X

Um velho Timbira, coberto de glória,
Guardou a memória
Do moço guerreiro, do velho Tupi!
E à noite, nas tabas, se alguém duvidava
Do que ele contava,
Dizia prudente: "Meninos, eu vi!"
"Eu vi o brioso no largo terreiro"
Cantar prisioneiro
Seu canto de morte, que nunca esqueci:
Valente, como era, chorou sem ter pejo;
Parece que o vejo,
Que o tenho nest'hora diante de mi.
Eu disse comigo: Que infâmia d'escravo!
Pois não, era um bravo;
Valente e brioso, como ele, não vi!
E à fé que vos digo: parece-me encanto
Que quem chorou tanto,
Tivesse a coragem que tinha o Tupi!

Fragmento II

Noite na Taverna

– Silêncio, moços! Acabai com essas cantilenas horríveis! Não vedes que as mulheres dormem ébrias, macilentas como defuntos? Não sentis que o sono da embriaguez pesa negro naquelas pálpebras onde a beleza sigilou os olhares da volúpia?

(...)

– Oh! Vazio! Meu copo está vazio! Olá taverneira, não vês que as garrafas estão esgotadas? Não sabes, desgraçada, que os lábios da garrafa são como os da mulher: só valem beijos enquanto o fogo do vinho ou o fogo do amor os borrifa de lava?

– O vinho acabou-se nos copos, Bertram, mas o fumo ondula ainda nos cachimbos! Após os vapores do vinho os vapores da fumaça! Senhores, em nome de todas as nossas reminiscências, de todos os nossos sonhos que mentiram, de todas as nossas esperanças que desbotaram, uma última saúde! A taverneira aí nos trouxe mais vinho: uma saúde! O fumo é a imagem do idealismo, é o transunto de tudo quanto há mais vaporoso naquele espiritualismo que nos fala da imortalidade da alma! E pois, ao fumo das Antilhas, à imortalidade da alma!

a) O fragmento I canta a execução de um guerreiro que será servido de pasto num ritual antropofágico para a tribo dos Tupis.
b) O fragmento II, com referências a tédio, ceticismo, morte, embriaguez e sombras, expressa um byronismo que foi cultuado por seu autor.
c) O Indianismo serviu para os nossos escritores românticos como construção de um passado místico, lendário e histórico.
d) O Ultrarromantismo e o Indianismo têm em Álvares de Azevedo e em Gonçalves Dias, respectivamente, suas grandes expressões.
e) O Ultrarromantismo representou o lirismo romântico exacerbado e a exaltação de sentimentos individuais.

2. (Cefet-MG) A questão é uma passagem, extraída do Prólogo da primeira edição do livro "Primeiros Cantos", de Gonçalves Dias.

"Dei o nome de *Primeiros Cantos* às poesias que agora publico, porque espero que não serão as últimas.

Muitas delas não têm uniformidade nas estrofes, porque menosprezo regras de mera convenção; adotei todos os ritmos da metrificação portuguesa, e usei deles como me pareceram quadrar melhor com o que eu pretendia exprimir.

Não têm unidade de pensamento entre si, porque foram compostas em épocas diversas – debaixo de céu diverso – e sob a influência de impressões momentâneas. Foram compostas nas margens viçosas do Mondego e nos píncaros enegrecidos do Gerez – no Doiro e no Tejo – sobre as vagas do Atlântico, e nas florestas virgens da América.

Escrevi-as para mim, e não para os outros; contentar-me-ei, se agradarem; e se não... é sempre certo que tive o prazer de as ter composto."

Nesse trecho do prólogo, o autor manifesta sua adesão aos princípios românticos de:
a) idealização e subjetivismo.
b) sentimentalismo e nacionalismo.
c) escapismo e gosto pela imaginação.
d) egocentrismo e liberdade de criação.

3. (Insper-SP)

Vagabundo

Eu durmo e vivo ao sol como um cigano,
Fumando meu cigarro vaporoso;
Nas noites de verão namoro estrelas;
Sou pobre, sou mendigo e sou ditoso!

Ando roto, sem bolsos nem dinheiro;
Mas tenho na viola uma riqueza:
Canto à lua de noite serenatas,
E quem vive de amor não tem pobrezas.
(...)

(Álvares de Azevedo)

A visão de mundo expressa pelo eu lírico nos versos de Álvares de Azevedo revela o(a)

a) desequilíbrio do poeta adolescente e indeciso, que não é capaz de amar uma mulher nem a si próprio.
b) valorização da vida boêmia que proporciona um outro tipo felicidade, desvinculada de valores materiais.
c) postura acrítica que o poeta tem diante da realidade, seja em relação ao amor, seja em relação à vida social.
d) lamento do poeta que leva a vida peregrina e pobre, sem bens materiais e nenhuma forma de felicidade.
e) constatação de que a música é o único expediente capaz de levá-lo à obtenção de recursos materiais.

Texto para as próximas questões.
As questões a seguir tomam por base um fragmento de *Glória moribunda*, do poeta romântico brasileiro Álvares de Azevedo (1831-1852).

É uma visão medonha uma caveira?
Não tremas de pavor, ergue-a do lodo.
Foi a cabeça ardente de um poeta,
Outrora à sombra dos cabelos loiros.
Quando o reflexo do viver fogoso
Ali dentro animava o pensamento,
Esta fronte era bela. Aqui nas faces
Formosa palidez cobria o rosto;
Nessas órbitas – ocas, denegridas! –
Como era puro seu olhar sombrio!

Agora tudo é cinza. Resta apenas
A caveira que a alma em si guardava,
Como a concha no mar encerra a pérola,
Como a caçoula a mirra incandescente.

Tu outrora talvez desses-lhe um beijo;
Por que repugnas levantá-la agora?
Olha-a comigo! Que espaçosa fronte!
Quanta vida ali dentro fermentava,
Como a seiva nos ramos do arvoredo!
E a sede em fogo das ideias vivas
Onde está? onde foi? Essa alma errante
Que um dia no viver passou cantando,
Como canta na treva um vagabundo,
Perdeu-se acaso no sombrio vento,
Como noturna lâmpada apagou-se?
E a centelha da vida, o eletrismo
Que as fibras tremulantes agitava
Morreu para animar futuras vidas?

Sorris? eu sou um louco. As utopias,
Os sonhos da ciência nada valem.
A vida é um escárnio sem sentido,
Comédia infame que ensanguenta o lodo.
Há talvez um segredo que ela esconde;
Mas esse a morte o sabe e o não revela.
Os túmulos são mudos como o vácuo.
Desde a primeira dor sobre um cadáver,
Quando a primeira mãe entre soluços
Do filho morto os membros apertava
Ao ofegante seio, o peito humano
Caiu tremendo interrogando o túmulo...
E a terra sepulcral não respondia.

(*Poesias completas*, 1962.)

4. (Unesp-SP) *E a centelha da vida, o eletrismo*
No contexto em que é empregado, o termo *eletrismo*, que não consta dos dicionários, significa:
a) o fato de a morte ter sido por choque elétrico.
b) o dinamismo presente em todos os tecidos do ser vivo.
c) a característica de quem é versado nas belas-letras.
d) o resultado do longo processo de letramento.
e) a existência eletrizante dos poetas românticos.

5. (Unesp-SP) Do segundo ao último verso da primeira estrofe do poema, revelam-se características marcantes do Romantismo:
a) conteúdos e desenvolvimentos bucólicos.
b) subjetivismo e imaginação criadora.
c) submissão do discurso poético à musicalidade pura.
d) observação e descrição meticulosa da realidade.
e) concepção determinista e mecanicista da natureza.

Texto para a próxima questão.

Meus oito anos

Oh! que saudades que tenho
Da aurora da minha vida,
Da minha infância querida
Que os anos não trazem mais!
Que amor, que sonhos, que flores,
Naquelas tardes fagueiras
À sombra das bananeiras,
Debaixo dos laranjais!

(Casimiro de Abreu)

6. (Unifesp) Nos versos, evidenciam-se as seguintes características românticas:
a) nacionalismo e religiosidade.
b) sentimentalismo e saudosismo.
c) subjetivismo e condoreirismo.
d) egocentrismo e medievalismo.
e) byronismo e idealização do amor.

7. (UFSM-RS)

Era um sonho dantesco... O tombadilho
Que das luzernas avermelha o brilho,
Em sangue a se banhar.
Tinir de ferros... estalar do açoite...
Legiões de homens negros como a noite
Horrendos a dançar.

Assinale a alternativa que identifica, corretamente, autor, título do poema e período literário dos versos citados.

a) Álvares de Azevedo – "Noite na taverna" – Romantismo
b) Castro Alves – "O navio negreiro" – Romantismo
c) Aluísio Azevedo – "O mulato" – Naturalismo
d) Álvares de Azevedo – "Conde Lopo" – Romantismo
e) Castro Alves – "Vozes d'África" – Romantismo

8. (Fuvest-SP)

Oh! eu quero viver, beber perfumes
Na flor silvestre, que embalsama os ares;
Ver minh'alma adejar pelo infinito,
Qual branca vela n'amplidão dos mares.
No seio da mulher há tanto aroma...
Nos seus beijos de fogo há tanta vida...
– Árabe errante, vou dormir à tarde
À sombra fresca da palmeira erguida.

Nesta estrofe de "Mocidade e Morte", de Castro Alves, reúnem-se, como numa espécie de súmula, vários dos temas e aspectos mais característicos de sua poesia. São eles:

a) identificação com a natureza, condoreirismo, erotismo franco, exotismo.
b) aspiração de amor e morte, titanismo, sensualismo, exotismo.
c) sensualismo, aspiração de absoluto, nacionalismo, orientalismo.
d) personificação da natureza, hipérboles, sensualismo velado, exotismo.
e) aspiração de amor e morte, condoreirismo, hipérboles, orientalismo.

9. (UFRRJ)

A cruz da estrada

Caminheiro que passas pela estrada,
Seguindo pelo rumo do sertão,
Quando vires a cruz abandonada,
Deixa-a em paz dormir na solidão.

É de um escravo humilde sepultura,
Foi-lhe a vida o velar de insônia atroz.
Deixa-o dormir no leito de verdura,
Que o Senhor dentre as selvas lhe compôs.

Dentre os braços da cruz, a parasita,
Num abraço de flores se prendeu.
Chora orvalhos a grama, que palpita;
Lhe acende o vaga-lume o facho seu.

Caminheiro! Do escravo desgraçado
O sono agora mesmo começou!
Não lhe toques no leito de noivado,
Há pouco a liberdade o desposou.

ALVES, Castro. (1883) In: LAJOLO, Marisa & CAMPEDELLI, Samira (org.) "Literatura comentada". 2ª ed. São Paulo: Nova Cultural, 1988, p. 89-90.

Nesse fragmento do poema "A cruz da estrada", observa-se um traço marcante da poesia romântica, que é

a) o egocentrismo exacerbado revelador das emoções do eu.
b) o nacionalismo expresso na origem histórica do nosso povo.
c) o envolvimento subjetivo dos elementos da natureza.
d) a evasão do eu para espaços distantes e exóticos.
e) a idealização da infância como uma época perfeita.

10. (UFRGS-RS) Considere as afirmações a seguir sobre o poema "Guesa Errante", do poeta romântico maranhense Joaquim de Sousa Andrade, ou Sousândrade.

I. Este poema narrativo baseia-se numa lenda quíchua, originada em regiões da Bolívia e do Peru.
II. A palavra "Guesa" significa 'sem lar', em razão do assunto central do poema: uma criança roubada de seus pais que, depois de longas peregrinações, acaba sendo sacrificada ao deus Sol.
III. Apesar de distanciar-se dos processos de composição típicos do Romantismo, Sousândrade conserva, neste poema, a aspiração de definir uma identidade brasileira.

Quais estão corretas?

a) Apenas I.
b) Apenas II.
c) Apenas I e II.
d) Apenas II e III.
e) I, II e III.

Texto para a próxima questão.

Que se chama solidão

Chão da infância. Algumas lembranças me parecem fixadas nesse chão movediço, as minhas pajens. Minha mãe fazendo seus cálculos na ponta do lápis ou mexendo o tacho de goiabada ou ao piano; tocando suas valsas. E tia Laura, a viúva eterna que foi morar na nossa casa e que repetia que meu pai era um homem instável. Eu não sabia o que queria dizer instável mas sabia que ele gostava de fumar charutos e gostava de jogar. A tia um dia explicou, esse tipo de homem não consegue parar muito tempo no mesmo lugar e por isso estava sempre sendo removido de uma cidade para outra como promotor. Ou delegado. Então minha mãe fazia os tais cálculos de futuro, dava aquele suspiro e ia tocar piano. E depois, arrumar as malas.

– Escutei que a gente vai se mudar outra vez, vai mesmo? perguntou minha pajem Maricota. Estávamos no quintal chupando os gomos de cana que ela ia descascando. Não respondi e ela fez outra pergunta: Sua tia vive falando que agora é tarde porque a Inês é morta, quem é essa tal de Inês?

Sacudi a cabeça, não sabia. Você é burra, Maricota resmungou cuspinhando o bagaço. (...)

– Corta mais cana, pedi e ela levantou-se enfurecida: Pensa que sou sua escrava, pensa? A escravidão já acabou!, ficou resmungando enquanto começou a procurar em redor, estava sempre procurando alguma coisa e eu saía atrás procurando também, a diferença é que ela sabia o que estava procurando, uma manga madura? Jabuticaba? Eu já tinha perguntado ao meu pai o que era isso, escravidão. Mas ele soprou a fumaça para o céu (dessa vez fumava um cigarro de palha) e começou a recitar uma poesia que falava num navio cheio de negros presos em correntes e que ficavam chamando por Deus. Deus, eu repeti quando ele parou de recitar. Fiz que sim com a cabeça e fui saindo, Agora já sei.

(Lygia Fagundes Telles, *Invenção e Memória*.)

11. (Unifesp) Leia as estrofes seguintes.

I. Quando uma noite, estando descuidados
Na cortadora proa vigiando,
Uma nuvem que os ares escurece,
Sobre nossas cabeças aparece.
Tão temerosa vinha e carregada,
Que pôs nos corações um grande medo;
Bramindo, o negro mar de longe brada,
Como se desse em vão nalgum rochedo.
"– Ó Potestade, disse, sublimada:
Que ameaço divino ou que segredo
Este clima e este mar nos apresenta,
Que mor coisa parece que tormenta?"

II. Presa nos elos de uma só cadeia,
A multidão faminta cambaleia,
E chora e dança ali!
Um de raiva delira, outro enlouquece,
Outro, que de martírios embrutece,
Cantando, geme e ri!
No entanto o capitão manda a manobra.
E após fitando o céu que se desdobra
Tão puro sobre o mar,
Diz do fumo entre os densos nevoeiros:
"Vibrai rijo o chicote, marinheiros!
Fazei-os mais dançar!..."

III. Ó mar salgado, quanto do teu sal
São lágrimas de Portugal!
Por te cruzarmos, quantas mães choraram,
Quantos filhos em vão rezaram!
Quantas noivas ficaram por casar
Para que fosses nosso, ó mar!

No texto, a narradora comenta que seu pai recitava uma poesia que falava num navio cheio de negros presos em correntes e que ficavam chamando por Deus. Observando I, II e III, é correto afirmar que os versos recitados pelo pai estão transcritos apenas em

a) I: trata-se do poema "A Camões", de Manuel Bandeira.
b) I: trata-se do poema "Os Lusíadas", de Luiz Vaz de Camões.
c) II: trata-se do poema "O Monstrengo", de Fernando Pessoa.
d) II: trata-se do poema "O navio negreiro", de Castro Alves.
e) III: trata-se do poema "Mar português", de Álvaro de Campos.

12. (Unicamp-SP) Carlos Drummond de Andrade reescreve a famosa "Canção do exílio" de Gonçalves Dias, na qual o poeta romântico idealiza a terra natal distante.

Nova canção do exílio

À Josué Montello

Um sabiá
na palmeira, longe.
Estas aves cantam
um outro canto.

O céu cintila
sobre flores úmidas.
Vozes na mata,
e o maior amor.

Só, na noite,
seria feliz:
um sabiá,
na palmeira, longe.

Onde tudo é belo
e fantástico,
só, na noite,
seria feliz.
(Um sabiá,
na palmeira, longe.)

Ainda um grito de vida
voltar
para onde tudo é belo
e fantástico:
a palmeira, o sabiá,
o longe.

("A rosa do povo", em Carlos Drummond de Andrade, "Poesia e Prosa". Rio de Janeiro: Nova Aguilar, 1988, p. 117.)

a) Além de expatriação, a palavra exílio significa também "lugar longínquo" e "isolamento do convívio social". Quais palavras expressam estes dois últimos significados no poema de Drummond?

b) Como o eu lírico imagina o lugar para onde quer voltar?

Texto para a próxima questão.

O homem das palavras

De Aurélio Buarque de Holanda, que nos deixou esta semana, guardo algumas lembranças. Todas alegres.

Uma vez, por exemplo, estávamos num congresso de escritores em Brasília. Assentados no auditório ouvíamos as doutas palavras que eram ditas no palco onde alguém proclamava as virtudes de um texto literário. [1]A rigor, o texto em questão era a *Canção do Exílio*, de Gonçalves Dias, que até dez anos atrás todos os brasileiros sabiam de cor, não exatamente por causa da ditadura mais recente, mas porque era texto que aparecia em todas as antologias escolares.

Quem tem mais de trinta anos e estudou português e não a famigerada comunicação e expressão se lembra dos primeiros versos:

Minha terra tem palmeiras
Onde canta o sabiá,
As aves, que aqui gorjeiam,
Não gorjeiam como lá.

Pois bem. Lá ia o expositor à mesa ressaltando que a grande força deste poema estava no fato de que era um texto sem qualquer adjetivo. Disse isto, conferindo tal observação ao grande Ayres da Matta Machado.

Mal se pronunciou esta frase, ouviu-se do fundo do auditório um vozeirão contestando e reclamando:

– Perdão, mas esta ideia é minha.

A plateia voltou-se estupefata.

Era Mestre Aurélio, que levantando-se da poltrona e encaminhando-se desassombradamente para o palco continuou falando:

– Sim, esta ideia é minha. Tive poucas, não sei se terei outras e tenho que defendê-las.

Isto posto assumiu seu imprevisto lugar à cabeceira das ideias e fez um brilhante aparte que virou uma conferência.

Outra estorinha sobre Aurélio já é clássica. Tendo que ir à Academia, uniformizado com espada e chapéu, ficou ali na Glória aguardando táxi, até que um parou. O motorista fascinado com a sua indumentária, olhando pelo retrovisor, de repente indagou:

– Ainda que mal pergunte: sois algum reis?

A construção da frase era estranha, mas o motorista estava jogando até com a possibilidade de "folia de reis" tendo em vista a semelhança entre a fantasia dos acadêmicos e a do folclore.

Aurélio explicou que não, falou da Academia. O chofer não entendeu muito bem. Mas quando Aurélio lhe pediu para se apressar, porque estava atrasado, o outro atalhou confiante:

– Pode deixar, doutor, que do jeito que o senhor está vestido, nada começa antes do senhor chegar.

(SANT'ANNA, Affonso Romano de. *Porta de colégio e outras crônicas*. 2ª ed. São Paulo: Ática, 1997. p. 53-56. Coleção Para Gostar de Ler. 16 Vol.)

13. (UFRRJ) "A rigor, o texto em questão era a *Canção do Exílio*, de Gonçalves Dias, que até dez anos atrás todos os brasileiros sabiam de cor, não exatamente por causa da ditadura mais recente, mas porque era texto que aparecia em todas as antologias escolares." (ref. 1)

A passagem acima cita o poema *Canção do Exílio*, de Gonçalves Dias. A popularidade dessa composição é devida não só à presença em várias antologias escolares, como diz a crônica, mas também à exaltação à pátria e à musicalidade. Tendo em vista esses aspectos, a que escola literária se filia o referido poema?

14. (UEPG-PR)

Texto I

Vinte anos! derramei-os gota a gota
Num abismo de dor e esquecimento...
De fogosas visões nutri meu peito...
Vinte anos!... não vivi um só momento!
Contudo, no passado uma esperança!
Tanto amor e ventura prometia,
E uma virgem tão doce, tão divina
Nos sonhos junto a mim adormecia!...

Álvares de Azevedo

Texto II

Tenho 33 anos e uma gastrite
Amo a vida
Que é cheia de crianças, de flores
e mulheres, a vida
esse direito de estar no mundo,
ter dois pés e mãos e uma cara
e a fome de tudo, a esperança

Ferreira Gullar

Com referência aos dois poemas, assinale o que for correto.

01) O "eu lírico" se pronuncia em primeira pessoa do singular nos dois poemas.

02) Álvares de Azevedo poetiza figuras e imagens retiradas do cotidiano mais banal, criando uma contraparte crítica e bem-humorada à sua poesia melancólica.

04) No poema 1, enfatiza-se o individualismo, e o "eu lírico" não consegue ir para além de suas visões e desejos; no poema 2, enfatiza-se o coletivo, e o "eu lírico" se integra no mundo.

08) Ferreira Gullar poetiza a vida e se solidariza com seus semelhantes.

A PROSA DO ROMANTISMO: A LITERATURA SE POPULARIZA

O ROMANCE ROMÂNTICO EM PORTUGAL

Principais expoentes: Alexandre Herculano, Camilo Castelo Branco, Júlio Dinis.

O romance histórico de Herculano

As origens da nação portuguesa, a religiosidade e o amor romântico são temas privilegiados na obra de Alexandre Herculano. Apesar de ter sido também historiador e publicar obras de caráter não ficcional, foi como romancista que chegou ao ponto alto de sua carreira, introduzindo o romance histórico em Portugal.

A novela passional

Gênero narrativo da literatura de língua portuguesa consolidado por Camilo Castelo Branco, a **novela passional**, nas palavras de António José Saraiva, promove "o amor à categoria do sagrado, do incomensurável com a razão e com as normas morais correntes. [...] Há sempre uma grandeza trágica de paixões e situações, os personagens são penitentes do amor".

O romance burguês

Alguns autores do Romantismo se detiveram mais em trabalhar a ambientação e a visão de mundo da burguesia em seus romances, preocupando-se em detalhar para o leitor cenas e conflitos dessa classe social. Entre eles, destaca-se o autor português Júlio Dinis.

O ROMANCE ROMÂNTICO NO BRASIL

Principais expoentes: Joaquim Manuel de Macedo, José de Alencar, Manuel Antônio de Almeida.

O romance urbano

O romance urbano do Rio de Janeiro dialoga diretamente com a classe média do século XIX, ainda em fase de estabilização. Joaquim Manuel de Macedo, um dos principais expoentes do gênero, transpõe para sua obra os tipos, as cenas e a vida dessa sociedade na tentativa de aproximar-se de seus leitores pela linguagem, assim como pelos temas de seus romances, dando vazão aos sentimentos e às aspirações do burguês carioca.

José de Alencar e seu projeto de literatura nacional

Em seus romances indianistas, José de Alencar defende o "consórcio" entre o nativo e o europeu colonizador como uma troca de favores: uns ofereciam a natureza virgem, o solo esplêndido; outros, a cultura. Da soma desses fatores resultaria um Brasil independente.

O romance picaresco de Manuel Antônio de Almeida

Memórias de um Sargento de Milícias é uma obra totalmente inovadora para sua época e pode ser considerada o verdadeiro romance de costumes do Romantismo brasileiro, pois abandona a visão da burguesia urbana para retratar o povo em toda a sua simplicidade. Leonardinho, protagonista do romance, é um anti-herói; um herói picaresco, aquele que está à margem da sociedade, que a vê sob outro ângulo, de baixo para cima.

Exercícios

Texto para a próxima questão.

Amava Simão uma sua vizinha, menina de quinze anos, rica herdeira, regularmente bonita e bem-nascida. Da janela do seu quarto é que ele a vira a primeira vez, para amá-la sempre. Não ficara ela incólume da ferida que fizera no coração do vizinho: amou-o também, e com mais seriedade que a usual nos seus anos.

Os poetas cansam-nos a paciência a falarem do amor da mulher aos quinze anos, como paixão perigosa, única e inflexível. Alguns prosadores de romances dizem o mesmo. Enganam-se ambos. O amor dos quinze anos é uma brincadeira; é a última manifestação do amor às bonecas; é a tentativa da avezinha que ensaia o voo fora do ninho, sempre com os olhos fitos na ave-mãe, que a está da fronde próxima chamando; tanto sabe a primeira o que é amar muito, como a segunda o que é voar para longe.

Teresa de Albuquerque devia ser, porventura, uma exceção no seu amor.

Camilo Castelo Branco – *Amor de perdição*

1. (UPM-SP) Assinale a alternativa correta.
   a) A divergência do narrador com relação à concepção de amor veiculada pela ficção é prova de que o texto pertence ao Realismo
   b) No contexto, a crítica a poetas e prosadores funciona como estratégia para o narrador obter credibilidade dos leitores.
   c) A temática do amor não correspondido, implícita no texto, revela-nos um ponto de vista narrativo comprometido com a fidelidade aos fatos da realidade.
   d) O estilo romântico do texto é comprovado pela linguagem rebuscada com que o narrador comenta a fragilidade do amor entre Simão e Teresa.
   e) O aproveitamento de temática amorosa nos moldes de Romeu e Julieta, de Shakespeare, atesta o estilo clássico de Camilo Castelo Branco.

2. (UPM-SP)

"A tragédia ____________, de ____________, é considerada pelos críticos uma das obras-primas do Romantismo português.

O drama inspira-se num episódio matrimonial, vivido no final do século XVI por Madalena de Vilhena, viúva de D. João de Portugal – desaparecido com D. Sebastião, na batalha de Alcácer-Quibir –, e por D. Manuel de Sousa Coutinho. Os dois se casam e têm uma filha, Maria. Passam-se os anos. Eis que, um dia, D. João de Portugal regressa, disfarçado de romeiro."

Assinale a alternativa que preenche corretamente as lacunas.
   a) "Eurico, o Presbítero" – Alexandre Herculano
   b) "As Pupilas do Senhor Reitor" – Júlio Dinis
   c) "Frei Luís de Sousa" – Almeida Garrett
   d) "Amor de Perdição" – Camilo Castelo Branco
   e) "A Ilustre Casa de Ramires" – Eça de Queirós

Texto para as próximas duas questões.

Um sarau é o bocado mais delicioso que temos, de telhado abaixo. Em um sarau todo o mundo tem que fazer. O diplomata ajusta, com um copo de *champagne* na mão, os mais intrincados negócios; todos murmuram, e não há quem deixe de ser murmurado. O velho lembra-se dos minuetes e das cantigas do seu tempo, e o moço goza todos os regalos da sua época; as moças são no sarau como as estrelas no céu; estão no seu elemento: aqui uma, cantando suave cavatina, eleva-se vaidosa nas asas dos aplausos, por entre os quais surde, às vezes, um bravíssimo inopinado, que solta de lá da sala do jogo o parceiro que acaba de ganhar sua partida no *écarté*, mesmo na ocasião em que a moça se espicha completamente, desafinando um sustenido; daí a pouco vão outras, pelos braços de seus pares, se deslizando pela sala e marchando em seu passeio, mais a compasso que qualquer de nossos batalhões da Guarda Nacional, ao mesmo tempo que conversam sempre sobre objetos inocentes que movem olhaduras e risadinhas apreciáveis. Outras criticam de uma gorducha vovó, que ensaca nos bolsos meia bandeja de doces que veio para o chá, e que ela leva aos pequenos que, diz, lhe ficaram em casa. Ali vê-se um ataviado *dandy* que dirige mil finezas a uma senhora idosa, tendo os olhos pregados na sinhá, que senta-se ao lado. Finalmente, no sarau não é essencial ter cabeça nem boca, porque, para alguns é regra, durante ele, pensar pelos pés e falar pelos olhos.

E o mais é que nós estamos num sarau. Inúmeros batéis conduziram da corte para a ilha de... senhoras e senhores, recomendáveis por caráter e qualidades; alegre, numerosa e escolhida sociedade enche a grande casa, que brilha e mostra em toda a parte borbulhar o prazer e o bom gosto.

Entre todas essas elegantes e agradáveis moças, que com aturado empenho se esforçam para ver qual delas vence em graças, encantos e donaires, certo sobrepuja a travessa Moreninha, princesa daquela festa.

(Joaquim Manuel de Macedo. *A Moreninha*, 1997.)

3. (Unifesp) Levando em conta o contexto em que floresceu a literatura romântica, as informações textuais refletem, com

a) ufanismo, uma vida social de bem-aventurança.
b) desprezo, a cultura de uma sociedade poderosa.
c) entusiasmo, uma sociedade frívola e hipócrita.
d) nostalgia, os valores de uma sociedade decadente.
e) amenidade, uma visão otimista da realidade social.

4. (Unifesp) Considerando os papéis desempenhados pelas personagens no texto, é correto afirmar que
a) o diplomata é oportunista; o velho, conservador; os rapazes usufruem exageradamente os prazeres da vida; e as moças são frívolas.
b) o diplomata é astuto; o velho, intimista; os rapazes usufruem a vida dentro de suas possibilidades; e as moças vivem de sonhos.
c) o diplomata é perspicaz; o velho, saudosista; os rapazes usufruem prazerosamente a vida; e as moças encantam a todos.
d) o diplomata é trapaceiro; o velho, desencantado; os rapazes usufruem a vida de modo fútil; e as moças investem tão somente na beleza exterior.
e) o diplomata é esperto; o velho, avançado; os rapazes usufruem a vida com parcimônia; e as moças vivem de devaneios.

5. (Fuvest-SP) Leia com atenção o trecho de *Til*, de José de Alencar, para responder ao que se pede.

[Berta] – Agora creio em tudo no que me disseram, e no que se pode imaginar de mais horrível. Que assassines por paga a quem não te fez mal, que por vingança pratiques crueldades que espantam, eu concebo; és como a suçuarana, que às vezes mata para estancar a sede, e outras por desfastio entra na mangueira e estraçalha tudo. Mas que te vendas para assassinar o filho de teu benfeitor, daquele em cuja casa foste criado, o homem de quem recebeste o sustento; eis o que não se compreende; porque até as feras lembram-se do benefício que se lhes fez, e têm um faro para conhecerem o amigo que as salvou.

[Jão] – Também eu tenho, pois aprendi com elas; respondeu o bugre; e sei me sacrificar por aqueles que me querem. Não me torno, porém, escravo de um homem, que nasceu rico, por causa das sobras que me atirava, como atiraria a qualquer outro, ou a seu negro. Não foi por mim que ele fez isso; mas para se mostrar ou por vergonha de enxotar de sua casa a um pobre-diabo. A terra nos dá de comer a todos e ninguém se morre por ela.

[Berta] – Para ti, portanto, não há gratidão?

[Jão] – Não sei o que é; demais, Galvão já pôs-me quites dessa dívida da farinha que lhe comi. Estamos de contas justas! acrescentou Jão Fera com um suspiro profundo.

a) Nesse trecho, Jão Fera refere-se de modo acerbo a uma determinada relação social (aquela que o vinculara, anteriormente, ao seu "benfeitor", conforme diz Berta), revelando o mal-estar que tal relação lhe provoca. Que relação social é essa e em que consiste o mal-estar que lhe está associado?
b) A fala de Jão Fera revela que, no contexto sócio-histórico em que estava inserido, sua posição social o fazia sentir-se ameaçado de ser identificado com um outro tipo social — identificação, essa, que ele considera intolerável. De que identificação se trata e por que Jão a abomina? Explique sucintamente.

6. (UFG-GO) No tocante à descrição dos costumes indígenas, José de Alencar, em "Ubirajara", retoma um procedimento já utilizado nos relatos dos cronistas do século XVI. No romance, o tratamento das informações referentes à cultura indígena resulta na
a) transformação do passado colonial do Brasil.
b) idealização da figura do indígena nacional.
c) indicação dos sentidos da cultura autóctone.
d) apresentação dos primeiros habitantes do Brasil.
e) introdução do índio na literatura brasileira.

Texto para a próxima questão.

Verdes mares bravios de minha terra natal, onde canta a jandaia nas frondes da carnaúba. Verdes mares que brilhais como líquida esmeralda aos raios do Sol nascente, perlongando as alvas praias ensombradas de coqueiros.

Serenai verdes mares, e alisai docemente a vaga impetuosa, para que o barco aventureiro manso resvale à flor das águas. Onde vai a afoita jangada, que deixa rápida a costa cearense, aberta ao fresco terral a grande vela?

Onde vai como branca alcíone buscando o rochedo pátrio nas solidões do oceano?

[...]

Além, muito além daquela serra, que ainda azula no horizonte, nasceu Iracema.

Iracema, a virgem dos lábios de mel, que tinha os cabelos mais negros que a asa da graúna, e mais longos que seu talhe de palmeira.

O favo da jati não era doce como seu sorriso; nem a baunilha recendia no bosque como seu hálito perfumado.

Mais rápida que a ema selvagem, a morena virgem corria o sertão e as matas do Ipu, onde campeava sua guerreira tribo, da grande nação tabajara. O pé grácil e nu, mal roçando, alisava apenas a verde pelúcia que vestia a terra com as primeiras águas.

ALENCAR, J. de. *Iracema*. São Paulo: Núcleo, 1993. p. 17-18.

7. (UFSC) Considerando o texto reproduzido, o romance *Iracema* e o contexto do Romantismo brasileiro, assinale o que for CORRETO.
01) Originalmente concebido como um longo poema épico, o romance *Iracema* traz uma tentativa de

Alencar de fundir poesia e prosa. Isso fica evidente nos dois parágrafos iniciais do texto, que, lidos em voz alta, revelam uma sequência de versos de sete sílabas. Nessa fusão de poesia com prosa, tem-se uma amostra da liberdade formal dos românticos.

02) O texto evidencia como Alencar, ao contrário de outros prosadores do Romantismo, busca uma prosa enxuta, quase sem adjetivos.

04) A narrativa em *Iracema* caracteriza-se pela linearidade: os fatos da história são narrados na mesma ordem em que ocorrem. Essa linearidade é de regra nos romances do Romantismo.

08) Ao longo de todo o romance, Iracema é comparada a elementos da natureza brasileira; isso pode ser associado às tendências nacionalistas da literatura romântica.

16) Ao contrário da tendência romântica para o final feliz, em *Iracema* tem-se um final trágico: a heroína morre nos braços do amado, após ser flechada por Irapuã, que a queria ter como esposa.

32) Além de indianista, *Iracema* também pode ser classificado como um romance histórico, porque faz referência a eventos históricos do Brasil colonial (guerras de portugueses contra franceses no Nordeste) e traz personagens da história do período, como Martim Soares Moreno (Martim), Mel Redondo (Irapuã) e Antônio Felipe Camarão (Poti).

8. (Fuvest-SP) Considere os dois trechos de Machado de Assis relacionados a "Iracema", publicados na época em que apareceu esse romance de Alencar, e responda ao que se pede.

a) A poesia americana está completamente nobilitada; os maus poetas já não podem conseguir o descrédito desse movimento, que venceu com o autor de "I – Juca Pirama", e acaba de vencer com o autor de "Iracema".

Adaptado de Machado de Assis, "Crítica literária".

Machado de Assis refere-se, nesse trecho, a um movimento literário chamado, na época, de "poesia americana" ou "escola americana". Sob que outro nome veio a ser conhecido esse movimento? Quais eram seus principais objetivos?

b) Tudo em "Iracema" nos parece primitivo; a ingenuidade dos sentimentos, o pitoresco da linguagem, tudo, até a parte narrativa do livro, que nem parece obra de um poeta moderno, mas uma história de bardo* indígena, contada aos irmãos, à porta da cabana, aos últimos raios do sol que se entristece.

Adaptado de Machado de Assis, "Crítica literária".

Vocabulário:
*bardo: poeta heroico, entre os celtas e gálios; por extensão, qualquer poeta, trovador etc.

No trecho, Machado de Assis afirma que a narração de "Iracema" não parece ter sido feita por um "poeta moderno", mas, sim, por um "bardo indígena". Essa afirmação se justifica? Explique sucintamente.

Textos para a próxima questão.

Texto 1

A primeira vez que vim ao Rio de Janeiro foi em 1855.

Poucos dias depois da minha chegada, um amigo e companheiro de infância, o Dr. Sá, levou-me à festa da Glória; uma das poucas festas populares da corte. Conforme o costume, a grande romaria desfilando pela Rua da Lapa e ao longo do cais serpejava nas faldas do outeiro e apinhava-se em torno da poética ermida, cujo âmbito regurgitava com a multidão do povo.

Era ave-maria quando chegamos ao adro; perdida a esperança de romper a mole de gente que murava cada uma das portas da igreja, nos resignamos a gozar da fresca viração que vinha do mar, contemplando o delicioso panorama da baía e admirando ou criticando as devotas que também tinham chegado tarde e pareciam satisfeitas com a exibição de seus adornos.

Enquanto Sá era disputado pelos numerosos amigos e conhecidos, gozava eu da minha tranquila e independente obscuridade, sentado comodamente sobre a pequena muralha e resolvido a estabelecer ali o meu observatório. Para um provinciano recém-chegado à corte, que melhor festa do que ver passar-lhe pelos olhos, à doce luz da tarde, uma parte da população desta grande cidade, com os seus vários matizes e infinitas gradações?

Todas as raças, desde o caucasiano sem mescla até o africano puro; todas as posições, desde as ilustrações da política, da fortuna ou do talento, até o proletário humilde e desconhecido; todas as profissões, desde o banqueiro até o mendigo; finalmente, todos os tipos grotescos da sociedade brasileira, desde a arrogante nulidade até a vil lisonja, desfilaram em face de mim, roçando a seda e a casimira pela baeta ou pelo algodão, misturando os perfumes delicados às impuras exalações, o fumo aromático do havana às acres baforadas do cigarro de palha.

ALENCAR, José de. *Lucíola*. São Paulo: Editora Ática, 1988, p. 12.

Texto 2

Quando a manhã chuvosa nasceu, as pessoas que passavam para o trabalho se aproximavam dos corpos para ver se eram conhecidos, seguiam em frente. Lá pelas nove horas, Cabeça de Nós Todo, que entrara de serviço às sete e trinta, foi ver o corpo do ladrão. Ao retirar o lençol de cima do cadáver, concluiu: "É bandido". O defunto tinha duas tatuagens, a do braço esquerdo era uma mulher de pernas abertas e olhos fechados, a do direito, São Jorge guerreiro. E, ainda, calçava chinelo Charlote, vestia calça boquinha, camiseta de linha colorida confeccionada por presidiários. Porém, quando apontou na extremidade direita da praça da Quadra Quinze, em seu coração de policial, nos passos que lhe apresentavam a imagem do corpo de Francisco, um nervosismo brando foi num crescente ininterrupto até virar desespero absoluto. O presunto era de um trabalhador.

LINS, Paulo. *Cidade de Deus*. São Paulo: Companhia das Letras, 2002, p. 55-56.

9. (PUC-RJ)

a) O romance "Lucíola", publicado em 1862, é considerado uma das mais importantes obras de José de Alencar. Cite TRÊS aspectos que marcam o estilo de época a que se filia o autor, tendo como referência o fragmento selecionado.

b) Os Textos 1 e 2 são narrativas urbanas que têm como cenário o Rio de Janeiro. Compare os trechos dos dois romances anteriormente transcritos, estabelecendo diferenças em relação à percepção da cidade e suas personagens e à linguagem utilizada pelos respectivos autores.

Textos para a próxima questão.

Texto 1

Texto 2

Quando saltaram em terra começou a Maria a sentir certos enojos: foram os dois morar juntos: e daí a um mês manifestaram-se claramente os efeitos da pisadela e do beliscão; sete meses depois teve a Maria um filho (...) E este nascimento é certamente de tudo o que temos dito o que mais nos interessa, porque o menino de quem falamos é o herói desta história.

(Manuel Antônio de Almeida, *Memórias de um Sargento de Milícias*.)

10. (Unifesp) Analise as afirmações sobre "Memórias de um Sargento de Milícias".

I. Esse romance incorpora, dentre outros valores do Romantismo, a idealização da mulher e do amor.

II. O protagonista da história, Leonardinho, filho de Leonardo e Maria da Hortaliça, afasta-se do perfil de herói romântico, e sua história desenvolve-se numa narrativa em que se denunciam as mazelas e pobrezas sociais.

III. A obra retrata a alta sociedade carioca do século XIX, criticando o jogo de interesses sociais.

Está CORRETO apenas o que se afirma em:

a) I.
b) II.
c) III.
d) I e III.
e) II e III.

11. (UFSC) Leia.

Este último passo acabou de desorientar completamente o Leonardo: ainda bem não tinham expirado as últimas notas do canto, e já, passando-lhe rápido pela mente um turbilhão de ideias, admirava-se ele de como é que havia podido inclinar-se por um só instante a Luisinha, menina sensaborona e esquisita, quando haviam no mundo mulheres como Vidinha.

Decididamente estava apaixonado por esta última.

O leitor não se deve admirar disto, pois não temos cessado de repetir-lhe que o Leonardo herdara de seu pai aquela grande cópia de fluido amoroso que era a sua principal característica. Com esta herança parece porém que tinha ele tido também uma outra, e era [1]a de lhe sobrevir sempre uma contrariedade em casos semelhantes. [2]José Manuel fora a primeira; vejamos agora qual era, ou antes quem era a segunda.

Se o leitor pensou no que há pouco dissemos, isto é, que naquela família haviam três primos e três primas, e se agora acrescentarmos que moravam todos juntos, deve ter cismado alguma coisa a respeito. Três primos e três primas, morando na mesma casa, todos moços... não há nada mais natural; um primo para cada prima, e está tudo arranjado. Cumpre porém ainda observar que o amigo do Leonardo tomara conta de uma das primas, e que deste modo vinha a haver três primos para duas primas, isto é, o excesso de um primo. À vista disto o negócio já se torna mais complicado. Pois para encurtar razão, saiba-se que haviam dois primos pretendentes a uma só prima, e essa era Vidinha, a mais bonita de todas; saiba-se mais que um era atendido e outro desprezado: logo, o amigo Leonardo terá desta vez de lutar com duas contrariedades em vez de uma.

ALMEIDA, M. A. *Memórias de um sargento de milícias*. 24. ed. São Paulo: Ática, 1995. p. 101-102.

Com base no texto, na leitura do romance *Memórias de um sargento de milícias* e no contexto do Romantismo brasileiro, marque a(s) proposição(ões) CORRETA(S).

01) Da mesma forma que em outros romances românticos, temos em *Memórias de um sargento de milícias* a figura do herói idealizado, apresentado como um homem puro, corajoso e de princípios morais elevados.

02) Uma importante característica romântica, o final feliz, não se verifica em *Memórias de um sargento de milícias*, uma vez que Luisinha casa com José Manuel, e Leonardo acaba sozinho. Por outro lado, a história cumpre à risca o projeto romântico no que diz respeito à crítica que faz à falsa moral da burguesia.

04) O texto sugere a inconstância dos amores de Leonardo apresentada ao longo do romance: o rapaz, que antes sofria por amor a Luisinha, apaixona-se por Vidinha logo após conhecê-la. Pouco depois, tem um relacionamento com a amante do Toma-largura. Por fim, casa-se com Luisinha.

08) Caso a oração reduzida de infinitivo "a de lhe sobrevir sempre uma contrariedade em casos semelhantes" (ref. 1) fosse reescrita como uma oração desenvolvida, teríamos "a de que lhe sobrevinha sempre uma contrariedade em casos semelhantes".

16) No trecho "José Manuel fora a primeira" (ref. 2), temos um desvio na concordância nominal, porque o adjetivo *primeira* deveria estar no masculino, de forma a concordar com *José Manuel*.

Texto para a próxima questão.

Inocência

Depois das explicações dadas ao seu hóspede, sentiu-se o mineiro mais despreocupado.

– Então, disse ele, se quiser, vamos já ver a nossa doentinha.

– Com muito gosto, concordou Cirino.

E, saindo da sala, acompanhou Pereira, que o fez passar por duas cercas e rodear a casa toda, antes de tomar a porta do fundo, fronteira a magnífico laranjal, naquela ocasião todo pontuado das brancas e olorosas flores.

[1]– Neste lugar, disse o mineiro apontando para o pomar, todos os dias se juntam tamanhos bandos de graúnas, que é um barulho dos meus pecados. Nocência gosta muito disso e vem sempre coser debaixo do arvoredo. É uma menina esquisita...

Parando no limiar da porta, continuou com expansão:

[2]– Nem o Sr. imagina... Às vezes, aquela criança tem lembranças e perguntas que me fazem embatucar... Aqui, havia um livro de horas da minha defunta avó... Pois não é que [3]um belo dia ela me pediu que lhe ensinasse a ler? ... Que ideia! Ainda há pouco tempo me disse que quisera ter nascido princesa... Eu lhe retruquei: E sabe você o que é ser princesa? Sei, me secundou ela com toda a clareza, é uma moça muito boa, muito bonita, que tem uma coroa de diamantes na cabeça, muitos lavrados no pescoço e que manda nos homens... Fiquei meio tonto. [4]E se o Sr. visse os modos que tem com os bichinhos?! ... Parece que está falando com eles e que os entende... (...) Quando Cirino penetrou no quarto da filha do mineiro, era quase noite, de maneira que, no primeiro olhar que atirou ao redor de si, só pôde lobrigar, além de diversos trastes de formas antiquadas, uma dessas camas, muito em uso no interior; altas e largas, feitas de tiras de couro engradadas. (...)

Mandara Pereira acender uma vela de sebo. Vinda a luz, aproximaram-se ambos do leito da enferma que, achegando ao corpo e puxando para debaixo do queixo uma coberta de algodão de Minas, se encolheu toda, e voltou-se para os que entravam.

– Está aqui o doutor, disse-lhe Pereira, que vem curar-te de vez.

– Boas noites, dona, saudou Cirino.

Tímida voz murmurou uma resposta, ao passo que o jovem, no seu papel de médico, se sentava num escabelo junto à cama e tomava o pulso à doente.

Caía então luz de chapa sobre ela, iluminando-lhe o rosto, parte do colo e da cabeça, coberta por um lenço vermelho atado por trás da nuca.

Apesar de bastante descorada e um tanto magra, era Inocência de beleza deslumbrante.

Do seu rosto, irradiava singela expressão de encantadora ingenuidade, realçada pela meiguice do olhar sereno que, a custo, parecia coar por entre os cílios sedosos a franjar-lhe as pálpebras, e compridos a ponto de projetarem sombras nas mimosas faces.

Era o nariz fino, um bocadinho arqueado; a boca pequena, e o queixo admiravelmente torneado.

Ao erguer a cabeça para tirar o braço de sob o lençol, descera um nada a camisinha de crivo que vestia, deixando nu um colo de fascinadora alvura, em que ressaltava um ou outro sinal de nascença.

Razões de sobra tinha, pois, o pretenso facultativo para sentir a mão fria e um tanto incerta, e não poder atinar com o pulso de tão gentil cliente.

VISCONDE DE TAUNAY. *Inocência*. São Paulo: Ática, 2011.

Vocabulário:

graúna – pássaro de plumagem negra, canto melodioso e hábitos eminentemente sociais

livro de horas – livro de preces

secundou – respondeu

lavrados – na província de Mato Grosso, colares de contas de ouro e adornos de ouro e prata

lobrigar – enxergar

escabelo – assento

facultativo – médico

12. (Uerj) A caracterização de Inocência confirma só parcialmente a idealização da heroína romântica. Indique uma característica que Inocência apresenta em comum com as heroínas românticas e outra que a torna diferente dessas heroínas.

A REVOLUÇÃO INDUSTRIAL E O CIENTIFICISMO

O processo de industrialização desencadeou uma série de transformações sociais. Na segunda metade do século XIX, alguns intelectuais consideraram que a arte não deveria criar formas ideais, e sim que a beleza estava na realidade em si, como ela era. Deixaram de lado temas mitológicos e históricos, para se concentrar na realidade que viam à sua frente.

OS ESTILOS DE ÉPOCA DA REVOLUÇÃO INDUSTRIAL À PRIMEIRA GUERRA: REALISMO/NATURALISMO

O REALISMO/NATURALISMO

Corrente de pensamento artístico-literária que se opõe ao Romantismo. Promove uma visão do mundo e do homem menos idealizada e mais crítica. Surge na Europa no contexto da Revolução Industrial e do Cientificismo.

Os marcos em Portugal

- **Marcos iniciais**: Questão Coimbrã, de 1865; Conferências Democráticas do Casino Lisbonense, em 1871; publicação do romance *O crime do padre Amaro*, de Eça de Queirós, em 1875.
- **Marco final**: publicação do livro de poesias inspiradas no Simbolismo francês, *Oaristos*, de Eugênio de Castro, em 1890.

Os marcos no Brasil

- **Marco inicial**: publicação das obras *O mulato*, de Aluísio Azevedo, e *Memórias póstumas de Brás Cubas*, de Machado de Assis.

A PRODUÇÃO REALISTA

Os principais autores da poesia realista portuguesa são Antero de Quental e Cesário Verde. Na prosa, destacam-se Eça de Queirós em Portugal e Machado de Assis no Brasil.
A seguir, alguns aspectos dessa produção.

A poesia social de Antero de Quental

Como defensor do movimento realista de renovação da literatura portuguesa, Antero de Quental acreditava na missão social da poesia. Buscava representar a realidade, contrapondo-se às poesias idealistas românticas.

A poesia do cotidiano de Cesário Verde

Cesário Verde cantou o cotidiano das ruas de Lisboa, solidarizando-se com as vítimas das injustiças sociais. Sua poesia apresentava sensibilidade, naturalidade e, ao mesmo tempo, uma visão plástica e bastante realista do mundo.

A crítica corrosiva de Eça de Queirós

Eça de Queirós, na sua fase realista, pinta o mais cruel retrato da sociedade portuguesa da segunda metade do século XIX ao escrever as cenas da vida portuguesa, formadas por suas três grandes obras: *O crime do padre Amaro* – cenas da vida devota; *O primo Basílio* – episódios da vida doméstica; *Os Maias* – episódios da vida romântica.

A poesia filosófica de Machado de Assis

É praticamente um consenso que a poesia de Machado perde para a impecabilidade de sua prosa; no entanto, também em seus versos, não falta a visão questionadora e filosófica da vida e da sociedade.

Exercícios

Textos para a próxima questão.

Soneto

Podre meu Pai! A Morte o olhar lhe vidra.
Em seus lábios que os meus lábios osculam
Micro-organismos fúnebres pululam
Numa fermentação gorda de cidra.

Duras leis as que os homens e a hórrida hidra
A uma só lei biológica vinculam,
E a marcha das moléculas regulam,
Com a invariabilidade da clepsidra!...

Podre meu Pai! E a mão que enchi de beijos
Roída toda de bichos, como os queijos
Sobre a mesa de orgíacos festins!...

Amo meu Pai na atômica desordem
Entre as bocas necrófagas que o mordem
E a terra infecta que lhe cobre os rins!

(Augusto dos Anjos. *Eu*. 1935.)

Idealismo e Realismo

Eu sou pois associado a estes dois movimentos, e se ainda ignoro o que seja a ideia nova, sei pouco mais ou menos o que chamam aí a escola realista. Creio que em Portugal e no Brasil se chama realismo, termo já velho em 1840, ao movimento artístico que em França e em Inglaterra é conhecido por "naturalismo" ou "arte experimental". Aceitemos, porém, realismo, como a alcunha familiar e amiga pela qual o Brasil e Portugal conhecem uma certa fase na evolução da arte. (...)

Não – perdoem-me – não há escola realista. Escola é a imitação sistemática dos processos dum mestre. Pressupõe uma origem individual, uma retórica ou uma maneira consagrada. Ora o naturalismo não nasceu da estética peculiar dum artista; é um movimento geral da arte, num certo momento da sua evolução. A sua maneira não está consagrada, porque cada temperamento individual tem a sua maneira própria: Daudet é tão diferente de Flaubert, como Zola é diferente de Dickens. Dizer "escola realista" é tão grotesco como dizer "escola republicana". O naturalismo é a forma científica que toma a arte, como a república é a forma política que toma a democracia, como o positivismo é a forma experimental que toma a filosofia.

Tudo isto se prende e se reduz a esta fórmula geral: que fora da observação dos factos e da experiência dos fenômenos, o espírito não pode obter nenhuma soma de verdade.

Outrora uma novela romântica, em lugar de estudar o homem, inventava-o. Hoje o romance estuda-o na sua realidade social. Outrora no drama, no romance, concebia-se o jogo das paixões *a priori*; hoje, analisa-se *a posteriori*, por processos tão exactos como os da própria fisiologia. Desde que se descobriu que a lei que rege os corpos brutos é a mesma que rege os seres vivos, que a constituição intrínseca duma pedra obedeceu às mesmas leis que a constituição do espírito duma donzela, que há no mundo uma fenomenalidade única, que a lei que rege os movimentos dos mundos não difere da lei que rege as paixões humanas, o romance, em lugar de imaginar, tinha simplesmente de observar. O verdadeiro autor do naturalismo não é pois Zola – é Claude Bernard. A arte tornou-se o estudo dos fenômenos vivos e não a idealização das imaginações inatas...

(Eça de Queirós. "Cartas Inéditas de Fradique Mendes". In: *Obras de Eça de Queirós*.)

1. (Unesp-SP) Uma das linhas de força do Naturalismo é baseada nos princípios mecanicistas e deterministas que influenciaram a cultura na segunda metade do século XIX e que podem ser sintetizadas nas palavras do fisiologista Claude Bernard:

   O determinismo é absoluto tanto para os fenômenos dos corpos vivos como para os dos corpos brutos.

   (Armand Cuvillier. "Pequeno vocabulário da língua filosófica".)

   Releia os textos de Augusto dos Anjos e de Eça de Queirós e, a seguir,

   a) considerando que, em seu texto, Eça de Queirós defende e assume os princípios mecanicistas e deterministas na composição literária, explique o que ele quer dizer com a frase seguinte sobre a técnica de composição da narrativa realista: "Outrora no drama, no romance, concebia-se o jogo das paixões a *priori*; hoje, analisa-se *a posteriori*, por processos tão exactos como os da própria fisiologia.";
   b) localize no soneto de Augusto dos Anjos a estrofe que traduz basicamente a mesma ideia determinista defendida por Eça de Queirós e consubstanciada na frase citada de Claude Bernard.

Texto para a próxima questão.

Bom Senso e Bom Gosto

(...) Concluo daqui que a idade não a fazem os cabelos brancos, mas a madureza das ideias, o tino e a seriedade: e, neste ponto, os meus vinte e cinco anos têm-me as verduras de V. Exª convencido valerem pelo menos os seus sessenta. Posso, pois, falar sem desacato. Levanto-me quando os cabelos brancos de V. Exª passam diante de mim. Mas o travesso cérebro que está debaixo e as garridas e pequeninas coisas que saem dele, confesso não me merecerem nem admiração, nem respeito, nem ainda estima. A futilidade num velho desgosta-me tanto como a gravidade numa criança. V. Exª precisa menos cinquenta anos de idade, ou então mais cinquenta de reflexão.

É por esses motivos todos que lamento do fundo da alma não me poder confessar, como desejava, de V. Exª nem admirador nem respeitador.

Antero de Quental

(Antero de Quental, *Poesia e prosa*. São Paulo: Cultrix, 1974. p. 129)

2. (Unesp-SP) No ano de 1865, em Portugal, se inicia uma grande polêmica. De um lado, Antônio Feliciano de Castilho (1800-1875); de outro, Antero Tarquínio de Quental (1842-1891). Em posfácio ao livro *Poema da mocidade*, de Pinheiro Chagas, Castilho referiu-se com pouco caso e algum deboche aos jovens poetas que, em Coimbra, defendiam ideias novas. Antero, um dos mencionados por Castilho, faz logo publicar uma carta em resposta ao velho mestre, na qual retribui as ironias, ao mesmo tempo em que faz ataque cerrado e contundente a Castilho. Em pouco tempo cada um ganha adeptos e com isso se produz uma das mais ricas polêmicas da História da Literatura Portuguesa. Tal episódio ficou conhecido como a Questão Coimbrã ou também pelo título recebido pela publicação de Antero: Bom Senso e Bom Gosto. Com base nestas informações e considerando-se o texto dado, responda:
   a) o que representavam Antônio Feliciano de Castilho e Antero de Quental nessa polêmica?
   b) o que marca a Questão Coimbrã na História da Literatura Portuguesa?

3. (UFV-MG) Considere as seguintes afirmativas:

   "Esforço-me por entrar no espartilho e seguir uma linha reta geométrica: nenhum lirismo, nada de reflexões, ausente a personalidade do autor."

   Gustav Flaubert (Cf. BOSI, Alfredo. "História concisa da literatura brasileira". São Paulo: Cultrix, 1994. p. 169)

   "Em *Thérese Raquin*, eu quis estudar temperamentos e não caracteres. Aí está o livro todo. Escolhi personagens soberanamente dominadas pelos nervos e pelo sangue, desprovidas de livre-arbítrio, arrastadas a cada ato de sua vida pelas fatalidades da própria carne [...]."

   Émile Zola (Cf. BOSI, Alfredo. "História concisa da literatura brasileira". São Paulo: Cultrix, 1994. p. 169)

   Os princípios estéticos introduzidos por Flaubert e Zola, respectivamente, os mentores do Realismo e do Naturalismo, servem como parâmetro para que se possam estabelecer as diferenças básicas entre essas duas escolas literárias.

   Reflita sobre as afirmações dos referidos escritores franceses e destaque os pontos convergentes e divergentes entre as manifestações da prosa de ficção realista-naturalista no Brasil.

Textos para a próxima questão.

Tormento do ideal (fragmento)

Antero de Quental

Pedindo à forma, em vão, a ideia pura,
Tropeço, em sombras, na matéria dura,
E encontro a imperfeição de quanto existe.

Recebi o batismo dos poetas,
E, assentado entre as formas incompletas.
Para sempre fiquei pálido e triste.

(In: QUENTAL, Antero de. *Sonetos Escolhidos*. São Paulo: Livr. Exposição, 1966. p. 72.)

Cantiga de esponsais (fragmento)

Machado de Assis

O princípio do canto rematava em um certo lá; este lá, que lhe caía bem no lugar, era a nota derradeiramente escrita. Mestre Romão ordenou que lhe levassem o cravo para a sala do fundo, que dava para o quintal; era-lhe preciso ar. Pela janela viu na janela dos fundos de outra casa dois casadinhos de oito dias, debruçados com os braços por cima dos ombros, e duas mãos presas. Mestre Romão sorriu com tristeza.

– Aqueles chegam, disse ele, eu saio. Comporei ao menos este canto que eles poderão tocar...

Sentou-se ao cravo; reproduziu as notas e chegou ao lá...

– Lá, lá, lá...

Nada, não passava adiante. E, contudo, ele sabia música como gente.

Lá, dó... lá, mi... lá, si, dó, ré... ré... ré...

Impossível! Nenhuma inspiração. Não exigia uma peça profundamente original, mas enfim alguma coisa, que não fosse de outro e se ligasse ao pensamento começado. Voltava ao princípio, repetia as notas, buscava reaver um retalho da sensação extinta, lembrava-se da mulher, dos primeiros tempos. Para completar a ilusão, deitava os olhos pela janela para o lado dos casadinhos. Estes continuavam ali, com as mãos presas e os braços passados nos ombros um do outro; a diferença é que se miravam agora, em vez de olhar para baixo. Mestre Romão, ofegante da moléstia e da impaciência, tornava ao cravo; mas a vista do casal não lhe suprira a inspiração, e as notas seguintes não soavam.

– Lá... lá... lá...

Desesperado, deixou o cravo, pegou o papel escrito e rasgou-o. Nesse momento, a moça embebida no olhar do marido, começou a cantarolar à toa, inconscientemente, uma coisa nunca antes cantada nem sabida, na qual cousa um certo lá trazia após si uma linda frase musical, justamente a que mestre Romão procurara durante anos sem achar nunca. O mestre ouviu-a com tristeza, abanou a cabeça, e à noite expirou.

(MACHADO DE ASSIS. "Histórias sem Data". In: *Seus 30 Melhores Contos*. Rio de Janeiro: Aguilar, 1961, pp. 189-194.)

4. (Vunesp-SP) A comparação entre os textos de Machado e de Antero revela que as atitudes de Mestre Romão e do eu poemático, embora identificadas pela tristeza, distinguem quanto à crença na possibilidade de atingir o objetivo almejado. Partindo deste comentário:
   a) Aponte essa diferença de atitude.
   b) Comprove o solicitado no item "a", apresentando um exemplo de cada texto.

5. (UFPE) A estética antirromântica iniciou-se na segunda metade do século XIX, com o Realismo, e aprofundou-se com o Naturalismo. Sobre esses movimentos, analise as proposições a seguir.
   ( ) As transformações econômicas, científicas e ideológicas possibilitaram a revolução industrial, na qual os valores burgueses e capitalistas suplantaram os valores românticos: a fantasia e o mito da natureza entram, assim, em crise.
   ( ) Surge, na literatura, o Realismo, movimento em que o artista é, ao mesmo tempo, um participante e um observador do mundo. Esse aspecto conduz à representatividade histórico-social e à análise psicológica dos personagens, examinados à luz do racionalismo e da contemporaneidade.
   ( ) Entre as características do Realismo brasileiro, estão a objetividade, a impessoalidade e o uso da linguagem regional.
   ( ) O Naturalismo é um prolongamento do Realismo, pois acrescenta uma visão cientificista da existência, a qual inclui o determinismo do meio ambiente, do instinto e da hereditariedade.
   ( ) O Realismo teve sua primeira manifestação importante com a publicação de "Memórias Póstumas de Brás Cubas", de Machado de Assis, e o Naturalismo, com "Dom Casmurro", do mesmo autor, ambos em 1881.

6. (Unicamp-SP) Leia os seguintes trechos de *Viagens na minha terra* e de *Memórias Póstumas de Brás Cubas*:

Benévolo e paciente leitor, o que eu tenho decerto ainda é consciência, um resto de consciência: acabemos com estas digressões e perenais divagações minhas.

(Almeida Garrett, *Viagens na minha terra*. São Paulo: Difusão Europeia do Livro, 1969, p. 187.)

Neste despropositado e inclassificável livro das minhas *Viagens*, não é que se quebre, mas enreda-se o fio das histórias e das observações por tal modo, que, bem o vejo e o sinto, só com muita paciência se pode deslindar e seguir em tão embaraçada meada.

(Idem, p. 292.)

Mas o livro é enfadonho, cheira a sepulcro, traz certa contração cadavérica; vício grave, e aliás íntimo, porque o maior defeito deste livro és tu, leitor. Tens pressa de envelhecer, e o livro anda devagar; tu amas a narração direita e nutrida, o estilo regular e fluente, e este livro e o meu estilo são como os ébrios, guinam à direita e à esquerda, andam e param, resmungam, urram, gargalham, ameaçam o céu, escorregam e caem...

(Machado de Assis, *Memórias Póstumas de Brás Cubas*, em *Romances*, vol. I. Rio de Janeiro: Garnier, 1993, p. 140.)

   a) No que diz respeito à forma de narrar, que semelhanças entre os dois livros são evidenciadas pelos trechos anteriores?
   b) Que tipo de leitor esta forma de narrar procura frustrar, e de que maneira esse leitor é tratado por ambos os narradores?

Texto para as próximas duas questões.

Capítulo 73 – O *Luncheon**

O despropósito fez-me perder outro capítulo. Que melhor não era dizer as coisas lisamente, sem todos estes solavancos! Já comparei o meu estilo ao andar dos ébrios. Se a ideia vos parece indecorosa, direi que ele é o que eram as minhas refeições com Virgília, na casinha da Gamboa, onde às vezes fazíamos a nossa patuscada, o nosso *luncheon*. Vinho, frutas, compotas. Comíamos, é verdade, mas era um comer virgulado de palavrinhas doces, de olhares ternos, de criancices, uma infinidade desses apartes do coração, aliás o verdadeiro, o ininterrupto discurso do amor. Às vezes vinha o arrufo temperar o nímio adocicado da situação. Ela deixava-me, refugiava-se num canto do canapé, ou ia para o interior ouvir as denguices de Dona Plácida. Cinco ou dez minutos depois, reatávamos a palestra, como eu reato a narração, para desatá-la outra vez. Note-se que, longe de termos horror ao método, era nosso costume convidá-lo, na pessoa de Dona Plácida, a sentar-se conosco à mesa; mas Dona Plácida não aceitava nunca.

Machado de Assis, *Memórias póstumas de Brás Cubas*.

Vocabulário:
(*) *Luncheon* (Ing.): lanche, refeição ligeira, merenda.

7. (FGV-RJ) Considere as seguintes afirmações sobre o excerto das *Memórias póstumas de Brás Cubas*, obra fundamental da literatura brasileira:
   I. Depois de haver comparado seu estilo ao andar dos ébrios, o narrador resolve compará-lo também ao "*luncheon*", penitenciando-se, assim, dos vícios que praticara em vida – entre eles, o do alcoolismo.
   II. Nas comparações com o "*luncheon*", presentes no excerto, o narrador revela ser o capricho (ou arbítrio) o móvel dominante tanto de seu estilo quanto das ações que relata.
   III. Na autocrítica do narrador, realizada com ingenuidade no excerto, oculta-se a crítica do realista Machado de Assis ao Naturalismo dominante em sua época.

Está correto o que se afirma em

a) I, apenas.
b) II, apenas.
c) I e II, apenas.
d) II e III, apenas.
e) I, II e III.

8. (FGV-RJ) No trecho "se a ideia vos parece indecorosa", revela-se

a) o grau de desfaçatez e até de impudência que o narrador imprime a sua relação com o leitor.
b) que o narrador substitui uma comparação inapropriada e até chula por uma comparação propriamente decorosa.
c) que o narrador censura o pundonor exagerado e deslocado da personagem Dona Plácida.
d) o peso da censura que, na sociedade patriarcal do século XIX, recaía sobre a prática do adultério.
e) que o narrador reforma seu estilo por respeito à leitora elegante, pertencente às classes superiores, cujos interesses Machado de Assis defendia.

9. (Vunesp-SP) Leia os textos.

Texto A

Outrora uma novela romântica, em lugar de estudar o homem, inventava-o. Hoje o romance estuda-o na sua realidade social.

Outrora no drama, no romance, concebia-se o jogo das paixões *a priori*; hoje analisa-se *a posteriori*, por processos tão exatos como os da própria fisiologia. Desde que se descobriu que a lei que rege os corpos brutos é a mesma que rege os seres vivos, que a constituição intrínseca de uma pedra obedeceu às mesmas leis que a constituição do espírito duma donzela, que há no mundo uma fenomenalidade única, que a lei que rege os movimentos dos mundos não difere da lei que rege as paixões humanas, o romance, em lugar de imaginar, tinha simplesmente de observar. O verdadeiro autor do naturalismo não é pois Zola – é Claude Bernard*. A arte tornou-se o estudo dos fenômenos vivos e não a idealização das imaginações inatas...

(Eça de Queirós. *Idealismo e Realismo.*)

* Claude Bernard (1813-1878) foi importante médico e fisiologista francês.

Texto B

Tinham passado três anos quando [Luísa] conheceu Jorge. Ao princípio não lhe agradou. Não gostava dos homens barbados; depois percebeu que era a primeira barba, fina, rente, muito macia decerto; começou a admirar os seus olhos, a sua frescura. E sem o amar, sentia ao pé dele como uma fraqueza, uma dependência e uma quebreira, uma vontade de adormecer encostada ao seu ombro, e de ficar assim muitos anos, confortável, sem receio de nada. Que sensação quando ele lhe disse: Vamos casar, hem! Viu de repente o rosto barbado, com os olhos muito luzidios, sobre o mesmo travesseiro, ao pé do seu! Fez-se escarlate. Jorge tinha-lhe tomado a mão; ela sentia o calor daquela palma larga penetrá-la, tomar posse dela; disse que sim; ficou como idiota, e sentia debaixo do vestido de merino dilatarem-se docemente os seus seios. Estava noiva, enfim! Que alegria, que descanso para a mamã!

(Eça de Queirós. *O primo Basílio.*)

a) Vistas à luz dos princípios teóricos expostos no texto A, qual o sentido das reações de Luísa diante de Jorge e de seu pedido de casamento (texto B)?
b) Reescreva as seguintes frases do texto B, substituindo os termos destacados por outros que não alterem o sentido que possuem no texto original:
Ao princípio não **lhe** agradou.
Que sensação quando **ele** lhe disse: (...)

10. (Fuvest-SP) Os momentos históricos em que se desenvolvem os enredos de *Viagens na minha terra*, *Memórias de um sargento de milícias* e *Memórias póstumas de Brás Cubas* (quanto a este último, em particular no que se refere à primeira juventude do narrador) são, todos, determinados de modo decisivo por um antecedente histórico comum – menos ou mais imediato, conforme o caso. Trata-se da

a) invasão de Portugal pelas tropas napoleônicas.
b) turbulência social causada pelas revoltas regenciais.
c) volta de D. Pedro I a Portugal.
d) proclamação da independência do Brasil.
e) antecipação da maioridade de D. Pedro II.

Texto para a próxima questão.

Monsenhor Caldas interrompeu a narração do desconhecido:

– Dá licença? é só um instante.

Levantou-se, foi ao interior da casa, chamou o preto velho que o servia, e disse-lhe em voz baixa:

– João, vai ali à estação de urbanos, fala da minha parte ao comandante, e pede-lhe que venha cá com um ou dois homens, para livrar-me de um sujeito doido. Anda, vai depressa.

E, voltando à sala:

– Pronto, disse ele; podemos continuar.

– Como ia dizendo a Vossa Reverendíssima, morri no dia vinte de março de 1860, às cinco horas e quarenta e três minutos da manhã. Tinha então sessenta e oito anos de idade. Minha alma voou pelo espaço, até perder a terra de vista, deixando muito abaixo a lua, as estrelas e o Sol; penetrou finalmente num espaço em que não havia mais nada, e era clareado tão somente por uma luz difusa. Continuei a subir, e comecei a ver um pontinho mais luminoso ao longe, muito longe. O ponto cresceu, fez-se sol. Fui por ali dentro, sem arder, porque as almas são incombustíveis. A sua pegou fogo alguma vez?

– Não, senhor.

– São incombustíveis. Fui subindo, subindo; na distância de quarenta mil léguas, ouvi uma deliciosa música, e logo que cheguei a cinco mil léguas, desceu um enxame de almas, que me levaram num palanquim feito de éter e plumas.

(Machado de Assis, *A segunda vida*. Obras Completas, vol. II, p. 440-441.)

11. (Ufscar-SP) Pode-se afirmar, a respeito desse conto de Machado de Assis, que
   a) reflete o cotidiano carioca na primeira metade do século XIX.
   b) utiliza uma temática bastante rara em toda a sua obra.
   c) utiliza uma temática comum a autores como Hoffmann e Edgar Allan Poe.
   d) tem relação com os temas medievais do romance histórico português.
   e) trata de um assunto semelhante ao do romance "O Ateneu".

12. (Fuvest-SP)

Havia cinco anos que D. Felicidade o amava. (...) Acácio tornara-se a sua mania: admirava a sua figura e a sua gravidade, arregalava grandes olhos para a sua eloquência, achava-o numa "linda posição". O Conselheiro era a sua ambição e o seu vício! Havia sobretudo nele uma beleza, cuja contemplação demorada a estonteava como um vinho forte; era a calva. Sempre tivera o gosto perverso de certas mulheres pela calva dos homens, e aquele apetite insatisfeito inflamara-se com a idade. Quando se punha a olhar para a calva do Conselheiro, larga, redonda, polida, brilhante às luzes, uma transpiração ansiosa umedecia-lhe as costas, os olhos dardejavam-lhe, tinha uma vontade absurda, ávida de lhe deitar as mãos, palpá-la, sentir-lhe as formas, amassá-la, penetrar-se dela! Mas disfarçava, punha-se a falar alto com um sorriso parvo, abanava-se convulsivamente, e o suor gotejava-lhe nas roscas anafadas* do pescoço. Ia para casa rezar estações, impunha-se penitências de muitas coroas à Virgem; mas apenas as orações findavam, começava o temperamento a latejar. E a boa, a pobre D. Felicidade tinha agora pesadelos lascivos e as melancolias do histerismo velho.

Eça de Queirós, "O primo Basílio".

Vocabulário:
* anafadas – gordas

   a) Qual é a escola literária cujas características mais se fazem sentir neste trecho? Justifique brevemente sua resposta.
   b) Considere a seguinte afirmação: "Em Eça de Queirós, a sátira e a caricatura tornam-se, com frequência, cruéis e sombrias, por isso mesmo incompatíveis com o riso e o humor". Essa afirmação aplica-se ao trecho anteriormente reproduzido? Justifique sucintamente sua resposta.

13. (UFRGS-RS) Considere o enunciado a seguir e as três propostas para completá-lo.
"O Crime do Padre Amaro", de Eça de Queirós, é um romance
   1. em que a ironia queirosiana se volta para a burguesia lisboeta e suas mazelas.
   2. no qual o autor denuncia a corrupção da Igreja, criticando, assim, a sociedade portuguesa, marcada por um falso catolicismo.
   3. cujo painel social abrange todas as classes, denotando, dessa forma, o profundo envolvimento do autor com as tendências socialistas da época.

Quais propostas estão corretas?
   a) Apenas 1.
   b) Apenas 2.
   c) Apenas 3.
   d) Apenas 2 e 3.
   e) 1, 2 e 3.

14. (Fuvest-SP) Tendo em vista as diferenças entre "O primo Basílio" e "Memórias póstumas de Brás Cubas", conclui-se corretamente que esses romances podem ser classificados igualmente como realistas apenas na medida em que ambos:
   a) aplicam, na sua elaboração, os princípios teóricos da Escola Realista, criada na França por Émile Zola.
   b) se constituem como romances de tese, procurando demonstrar cientificamente seus pontos de vista sobre a sociedade.
   c) se opõem às idealizações românticas e observam de modo crítico a sociedade e os interesses individuais.
   d) operam uma crítica cerrada das leituras romanescas, que consideram responsáveis pelas falhas da educação da mulher.
   e) têm como objetivos principais criticar as mazelas da sociedade e propor soluções para erradicá-las.

15. (Fuvest-SP)

"Eu condenara a arte pela arte, o romantismo, a arte sensual e idealista – e apresentara a ideia de uma restauração literária, pela arte moral, pelo Realismo, pela arte experimental e racional."

(Eça de Queirós)

Neste texto, Eça de Queirós explicita os princípios estéticos que iria pôr em prática no romance "O primo Basílio" e em outras de suas obras, opondo nitidamente os elementos que ele condena aos elementos que ele aprova.
   a) Em "O primo Basílio", qual a principal manifestação dessa condenação do "romantismo" e "da arte sensual e idealista"? Explique sucintamente.
   b) Nesse mesmo romance, como se realiza o projeto de praticar uma "arte experimental e racional"?

O evolucionismo social de Aluísio Azevedo

Aluísio Azevedo rende-se aos princípios que nortearam a segunda metade do século XIX: o positivismo de Augusto Comte, o determinismo de Hypolite Taine, o evolucionismo biológico de Charles Darwin, do qual derivou o **evolucionismo social** de Herbert Spencer. Nos romances de Azevedo, a representação do evolucionismo social se faz muito presente.

O ROMANCE NATURALISTA NO BRASIL

Principal romancista naturalista brasileiro.

A NARRATIVA REALISTA/NATURALISTA NO BRASIL

O ROMANCE REALISTA NO BRASIL

Principais autores e romances realistas brasileiros.

O romance de formação de Raul Pompeia

O romance de formação é um gênero literário presente em diversas épocas. Sua principal característica é apresentar protagonistas que, durante o desenrolar da trama, traçam uma jornada de aprendizagem e amadurecimento. *O Ateneu*, de Raul Pompeia, é um exemplo.

Psicologia, ironia e crítica na obra de Machado de Assis

Costuma-se distinguir na obra de Machado de Assis duas fases: a primeira apresenta o autor ainda preso a alguns princípios da escola romântica, sendo, por isso, chamada de fase romântica ou de amadurecimento; a segunda apresenta o autor completamente definido dentro das ideias realistas, sendo, portanto, chamada de fase realista ou de maturidade. Pertencem à primeira fase os romances *Ressurreição*, *A mão e a luva*, *Helena* e *Iaiá Garcia*. À segunda fase pertencem as obras-primas *Memórias póstumas de Brás Cubas*, *Quincas Borba* e *Dom Casmurro*.

Exercícios

Texto para as próximas duas questões.

(...) Um poeta dizia que o menino é o pai do homem. Se isto é verdade, vejamos alguns lineamentos do menino.

Desde os cinco anos merecera eu a alcunha de "menino diabo"; e verdadeiramente não era outra coisa; fui dos mais malignos do meu tempo, arguto, indiscreto, traquinas e voluntarioso. Por exemplo, um dia quebrei a cabeça de uma escrava, porque me negara uma colher do doce de coco que estava fazendo, e, não contente com o malefício, deitei um punhado de cinza ao tacho, e, não satisfeito da travessura, fui dizer à minha mãe que a escrava é que estragara o doce "por pirraça"; e eu tinha apenas seis anos. Prudêncio, um moleque de casa, era o meu cavalo de todos os dias; punha as mãos no chão, recebia um cordel nos queixos, à guisa de freio, eu trepava-lhe ao dorso, com uma varinha na mão, fustigava-o, dava mil voltas a um e outro lado, e ele obedecia, – algumas vezes gemendo – mas obedecia sem dizer palavra, ou, quando muito, um – "ai, nhonhô!" – ao que eu retorquia: "Cala a boca, besta!" – Esconder os chapéus das visitas, deitar rabos de papel a pessoas graves, puxar pelo rabicho das cabeleiras, dar beliscões nos braços das matronas, e outras muitas façanhas deste jaez, eram mostras de um gênio indócil, mas devo crer que eram também expressões de um espírito robusto, porque meu pai tinha-me em grande admiração; e se às vezes me repreendia, à vista de gente, fazia-o por simples formalidade: em particular dava-me beijos.

Não se conclua daqui que eu levasse todo o resto da minha vida a quebrar a cabeça dos outros nem a esconder-lhes os chapéus; mas opiniático, egoísta e algo contemptor dos homens, isso fui; se não passei o tempo a esconder-lhes os chapéus, alguma vez lhes puxei pelo rabicho das cabeleiras.

(Machado de Assis. *Memórias póstumas de Brás Cubas*.)

1. (Unifesp) Indique a frase que, no contexto do fragmento, ratifica o sentido de *o menino é o pai do homem*, citação inicial do narrador.
   a) (...) fui dos mais malignos do meu tempo (...)
   b) (...) um dia quebrei a cabeça de uma escrava (...)
   c) (...) deitei um punhado de cinza ao tacho (...)
   d) (...) fustigava-o, dava mil voltas a um e outro lado (...)
   e) (...) alguma vez lhes puxei pelo rabicho das cabeleiras.

2. (Unifesp) É correto afirmar que
   a) se trata basicamente de um texto naturalista, fundado no Determinismo.
   b) o texto revela um juízo crítico do contexto escravista da época.
   c) o narrador se apresenta bastante sisudo e amargo, bem ao gosto machadiano.
   d) o texto apresenta papéis sociais ambíguos das personagens em foco.
   e) os comportamentos desumanos do narrador são sutilmente desnudados.

3. (Fuvest-SP) No excerto abaixo, narra-se parte do encontro de Brás Cubas com Quincas Borba, quando este, reduzido à miséria, mendigava nas ruas do Rio de Janeiro:

> Tirei a carteira, escolhi uma nota de cinco mil-réis, – a menos limpa, – e dei-lha [a Quincas Borba]. Ele recebeu-ma com os olhos cintilantes de cobiça. Levantou a nota ao ar, e agitou-a entusiasmado.
>
> – *In hoc signo vinces!** bradou.
>
> E depois beijou-a, com muitos ademanes de ternura, e tão ruidosa expansão, que me produziu um sentimento misto de nojo e lástima. Ele, que era arguto, entendeu-me; ficou sério, grotescamente sério, e pediu-me desculpa da alegria, dizendo que era alegria de pobre que não via, desde muitos anos, uma nota de cinco mil-réis.
>
> – Pois está em suas mãos ver outras muitas, disse eu.
>
> – Sim? acudiu ele, dando um bote para mim.
>
> – Trabalhando, concluí eu.
>
> Machado de Assis, *Memórias póstumas de Brás Cubas*.

Vocabulário:

* "*In hoc signo vinces!*": citação em latim que significa "Com este sinal vencerás" (frase que teria aparecido no céu, junto de uma cruz, ao imperador Constantino, antes de uma batalha).

   a) Tendo em vista a autobiografia de Brás Cubas e as considerações que, ao longo de suas *Memórias póstumas*, ele tece a respeito do tema do trabalho, comente o conselho que, no excerto, ele dá a Quincas Borba: "– Trabalhando, concluí eu".
   b) Tendo, agora, como referência, a história de D. Plácida, contada no livro, discuta sucintamente o mencionado conselho de Brás Cubas.

Texto para a próxima questão.

Em casa, brincava de missa, – um tanto às escondidas, porque minha mãe dizia que missa não era cousa de brincadeira. Arranjávamos um altar, Capitu e eu. Ela servia de sacristão, e alterávamos o ritual, no sentido de dividirmos a hóstia entre nós; a hóstia era sempre um doce. No tempo em que brincávamos assim, era muito comum ouvir à minha vizinha: "Hoje há missa?"

Eu já sabia o que isto queria dizer, respondia afirmativamente, e ia pedir hóstia por outro nome. Voltava com ela, arranjávamos o altar, engrolávamos o latim e precipitávamos as cerimônias. *Dominus non sum dignus* ...* Isto, que eu devia dizer três vezes, penso que só dizia uma, tal era a gulodice do padre e do sacristão. Não bebíamos vinho nem água; não tínhamos o primeiro, e a segunda viria tirar-nos o gosto do sacrifício.

(Machado de Assis, *Dom Casmurro*, Obra completa.)

* Trecho da fala do sacerdote, no momento da comunhão, que era proferida em latim, antes do Concílio Vaticano II. A fala inteira, que deve ser repetida três vezes, é: *Dominus non sum dignus ut intres sub tectum meum, sed tantum dic verbum e sanabitur anima mea*, cuja tradução é: "Senhor, não sou digno de que entreis em minha morada, mas dizei uma só palavra e minha alma será salva".

4. (Ufscar-SP) Sobre Machado de Assis, pode dizer-se que
   a) pertenceu, inicialmente, ao primeiro momento do simbolismo brasileiro.
   b) seu humor, de origem inglesa, é, também, uma expressão de ceticismo e pessimismo.
   c) seus primeiros romances foram: "Ressurreição" e "Memorial de Aires".
   d) foi, durante seus 50 anos de carreira literária, um crítico ferrenho da tradição clássica.
   e) em sua última fase, aderiu aos ideais românticos do século XIX.

5. (UCS-RS) *Memórias Póstumas de Brás Cubas*, de Machado de Assis, inaugura a chamada segunda fase da produção literária do autor. A esse momento está também ligada a obra *Dom Casmurro*.
   Em relação ao romance *Dom Casmurro*, analise a veracidade (V) ou a falsidade (F) das proposições abaixo.
   ( ) A ambiguidade e a incerteza permeiam as ações dos protagonistas e isso não é amenizado nem mesmo no desfecho.
   ( ) Capitu, Bentinho, Sancha e Escobar formam os pares românticos da trama, marcada pela busca de ascensão social.
   ( ) O motivo principal que inicialmente impede Bentinho de namorar Capitu é o fato de ela pertencer a uma classe social inferior à dele.
   Assinale a alternativa que preenche corretamente os parênteses, de cima para baixo.
   a) V – V – V
   b) V – F – F
   c) V – F – V
   d) F – F – F
   e) F – V – V

6. (UFSM-RS) A respeito da obra de Machado de Assis, assinale verdadeira (V) ou falsa (F) em cada afirmação a seguir.
   ( ) *A mão e a luva* e *Iaiá Garcia*, enquadradas na 1ª fase de sua produção romanesca, abordam questões relativas à mudança de classe social.
   ( ) Em contos, como "Missa do galo", a ambientação e os diálogos sugerem uma atmosfera de envolvimento e sensualidade.
   ( ) Pode-se dizer que *Memórias Póstumas de Brás Cubas*, a partir de posições expressas pelo narrador, apresenta otimismo constante diante da vida.
   A sequência correta é
   a) V – F – V.
   b) F – V – F.
   c) F – F – V.
   d) V – F – F.
   e) V – V – F.

7. (Fuvest-SP) Em quatro das alternativas abaixo, registram-se alguns dos aspectos que, para bem caracterizar o gênero e o estilo das *Memórias póstumas de Brás Cubas*, o crítico J. G. Merquior pôs em relevo nessa obra de Machado de Assis. A única alternativa que, invertendo, aliás, o juízo do mencionado crítico, aponta uma característica que NÃO se aplica à obra em questão é:
   a) ausência praticamente completa de distanciamento enobrecedor na figuração das personagens e de suas ações.
   b) mistura do sério e do cômico, de que resulta uma abordagem humorística das questões mais cruciais.
   c) ampla liberdade do texto em relação aos ditames da verossimilhança.
   d) emprego de uma linguagem que evita chamar a atenção sobre si mesma, apagando-se, assim, por detrás da coisa narrada.
   e) uso frequente de gêneros intercalados – por exemplo, cartas ou bilhetes, historietas etc. – embutidos no conjunto da obra global.

Texto para a próxima questão.

"Vais encontrar o mundo, disse-me meu pai, à porta do Ateneu. Coragem para a luta." Bastante experimentei depois a verdade deste aviso, que me despia, num gesto, das ilusões de criança educada exoticamente na estufa de carinho que é o regime do amor doméstico, diferente do que se encontra fora, tão diferente, que parece o poema dos cuidados maternos um artifício sentimental, com a vantagem única de fazer mais sensível a criatura à impressão rude do primeiro ensinamento, têmpera brusca da vitalidade na influência de um novo clima rigoroso. Lembramo-nos, entretanto, com saudade hipócrita, dos felizes tempos; como se a mesma incerteza de hoje, sob outro aspecto, não nos houvesse perseguido outrora e não viesse de longe a enfiada das decepções que nos ultrajam.

Eufemismo, os felizes tempos, eufemismo apenas, igual aos outros que nos alimentam, a saudade dos dias que correram como melhores. Bem considerando, a atualidade é a mesma em todas as datas. Feita a compensação dos desejos que variam, das aspirações que se transformam, alentadas perpetuamente do mesmo ardor, sobre a mesma base fantástica de esperanças, a atualidade é uma. Sob a coloração cambiante das horas, um pouco de ouro mais pela manhã, um pouco mais de púrpura ao crepúsculo – a paisagem é a mesma de cada lado beirando a estrada da vida.

Eu tinha onze anos.

Frequentara como externo, durante alguns meses, uma escola familiar do Caminho Novo, onde algumas senhoras inglesas, sob a direção do pai, distribuíam educação à infância como melhor lhes parecia. Entrava às nove horas, timidamente, ignorando as lições com a maior regularidade, e bocejava até às duas, torcendo-me de insipidez sobre os carcomidos bancos que o colégio comprara, de pinho e usados, lustrosos do contato da malandragem de não sei quantas gerações de pequenos. Ao meio-dia, davam-nos pão com manteiga. Esta recordação gulosa é o que mais pronunciadamente me ficou dos meses de externato; com a lembrança de alguns companheiros – um que gostava de fazer rir à aula, espécie interessante de mono louro, arrepiado, vivendo a morder, nas costas da mão esquerda, uma protuberância calosa que tinha; outro adamado, elegante, sempre retirado, que vinha à escola de branco, engomadinho e radioso, fechada a blusa em diagonal do ombro à cinta por botões de madrepérola. Mais ainda: a primeira vez que ouvi certa injúria crespa, um palavrão cercado de terror no estabelecimento, que os partistas denunciavam às mestras por duas iniciais como em monograma.

Lecionou-me depois um professor em domicílio.

Apesar deste ensaio da vida escolar a que me sujeitou a família, antes da verdadeira provação, eu estava perfeitamente virgem para as sensações novas da nova fase. O internato! Destacada do conchego placentário da dieta caseira, vinha próximo o momento de se definir a minha individualidade. Amarguei por antecipação o adeus às primeiras alegrias; olhei triste os meus brinquedos, antigos já! os meus queridos pelotões de chumbo! espécie de museu militar de todas as fardas, de todas as bandeiras, escolhida amostra da força dos estados, em proporções de microscópio, que eu fazia formar a combate como uma ameaça tenebrosa ao equilíbrio do mundo; que eu fazia guerrear em desordenado aperto, – massa tempestuosa das antipatias geográficas, encontro definitivo e ebulição dos seculares ódios de fronteira e de raça, que eu pacificava por fim, com uma facilidade de Providência Divina, intervindo sabiamente, resolvendo as pendências pela concórdia promíscua das caixas de pau. Força era deixar à ferrugem do abandono o elegante vapor da linha circular do lago, no jardim, onde talvez não mais tornasse a perturbar com a palpitação das rodas a sonolência morosa dos peixinhos rubros, dourados, argentados, pensativos à sombra dos tinhorões, na transparência adamantina da água...

(Raul Pompeia. *O Ateneu*, cap I.)

8. (Fatec-SP) A crítica especializada já afirmou que o movimento literário realista, ao impregnar-se de uma visão naturalista, acaba por retratar com tons acinzentados as realidades descritas: "É a moral cinzenta do fatalismo que se destila na prosa [...]" e "[...] o autor carrega sempre de tons sombrios o destino de suas personagens", dirá, por exemplo, Alfredo Bosi. No texto de Raul Pompeia, isso fica patente no seguinte trecho:

a) [...] espécie de museu militar de todas as fardas, de todas as bandeiras, escolhida amostra da força dos estados [...], que eu fazia formar a combate como uma ameaça tenebrosa ao equilíbrio do mundo.

b) Eu tinha onze anos. Ao meio-dia, davam-nos pão com manteiga. Lecionou-me depois um professor em domicílio. O internato!

c) Frequentara como externo, durante alguns meses, uma escola familiar do Caminho Novo, onde algumas senhoras inglesas, sob a direção do pai, distribuíam educação à infância como melhor lhes parecia.

d) Apesar deste ensaio da vida escolar a que me sujeitou a família, antes da verdadeira provação, eu estava perfeitamente virgem para as sensações novas da nova fase.

e) Lembramo-nos [...] dos felizes tempos; como se a mesma incerteza de hoje, sob outro aspecto, não nos houvesse perseguido outrora e não viesse de longe a enfiada das decepções que nos ultrajam.

9. (UFRGS-RS) Leia as afirmações abaixo sobre o romance "O Ateneu", de Raul Pompeia.

I. Sérgio, em seu relato memorialista, revela a outra face da fachada moralista e virtuosa que circundava o Ateneu, a face em que se incluem a corrupção, o interesse econômico, a bajulação, as intrigas e a homossexualidade entre os adolescentes.

II. A narrativa, ainda que feita na primeira pessoa, evita o comentário subjetivo e as impressões individuais, uma vez que o narrador adota uma postura rigorosa, condizente com o cientificismo da época.

III. Através da figura do Dr. Aristarco, diretor do colégio, com sua retórica pomposa e vazia, Raul Pompeia critica o sistema educacional da época e a hipocrisia da sociedade.

Quais estão corretas?

a) Apenas I.
b) Apenas II.
c) Apenas I e III.
d) Apenas II e III.
e) I, II e III.

10. (UFRRJ)

O despertar do cortiço

"Daí a pouco, em volta das bicas era um zunzum crescente, uma aglomeração tumultuosa de machos e fêmeas. Uns, após outros, lavavam a cara, incomodamente, debaixo do fio de água que escorria da altura de uns cinco palmos. O chão inundava-se. As mulheres precisavam já prender as saias entre as coxas para não as molhar; via-se-lhes a tostada nudez dos braços e do pescoço, que elas despiam, suspendendo o cabelo todo para o alto do casco; os homens, esses não se preocupavam em não molhar o pelo, ao contrário metiam a cabeça bem debaixo da água e esfregavam com força as ventas e as barbas, fossando e fungando contra as palmas das mãos. As portas das latrinas não descansavam..."

(AZEVEDO, Aluísio. "O Cortiço", São Paulo: Martins, 1968, p. 43.)

São características desse texto, consideradas típicas do naturalismo, entre outras,

a) o idealismo, o comportamento determinista.
b) a ênfase no aspecto material da vida, o comportamento sofisticado.
c) as comparações dos seres humanos com animais, a promiscuidade.
d) a representação objetiva da vida, o endeusamento do ser humano.
e) a fuga à realidade, o positivismo exacerbado.

11. (ITA-SP) Acerca do romance "O Cortiço", de Aluísio Azevedo, NÃO é correto dizer que

a) todas as personagens, por serem muito pobres, enveredam pelo mundo do crime ou da prostituição.
b) as personagens, ainda que todas sejam pobres, possuem temperamentos distintos, tais como Bertoleza, Rita Baiana e Pombinha.
c) homens e mulheres são, na sua maioria, vítimas de uma situação de pobreza que os desumaniza muito.
d) as personagens, na sua maioria, sejam homens ou mulheres, vivem quase que exclusivamente em função dos impulsos do desejo e da perversidade sexual.
e) a vida difícil das personagens, tão ligadas à criminalidade e à prostituição, é condicionada pelo meio adverso em que vivem e por problemas biopatológicos.

Texto para as próximas duas questões.

Para responder às questões, leia o trecho de *O Cortiço*, de Aluísio Azevedo.

"Jerônimo bebeu um bom trago de parati, mudou de roupa e deitou-se na cama de Rita.

– Vem pra cá... disse, um pouco rouco.

– Espera! Espera! O café está quase pronto!

E ela só foi ter com ele, levando-lhe a chávena fumegante da perfumosa bebida que tinha sido a mensageira dos seus amores (...)

Depois, atirou fora a saia e, só de camisa, lançou-se contra o seu amado, num frenesi de desejo doído.

Jerônimo, ao senti-la inteira nos seus braços; ao sentir na sua pele a carne quente daquela brasileira; ao sentir inundar-se o rosto e as espáduas, num eflúvio de baunilha e cumaru, a onda negra e fria da cabeleira da mulata; ao sentir esmagarem-se no seu largo e peludo colo de cavouqueiro os dois globos túmidos e macios, e nas suas coxas as coxas dela; sua alma derreteu-se, fervendo e borbulhando como um metal ao fogo, e saiu-lhe pela boca, pelos olhos, por todos os poros do corpo, escandescente, em brasa, queimando-lhe as próprias carnes e arrancando-lhe gemidos surdos, soluços irreprimíveis, que lhe sacudiam os membros, fibra por fibra, numa agonia extrema, sobrenatural, uma agonia de anjos violentados por diabos, entre a vermelhidão cruenta das labaredas do inferno."

12. (Unifesp) Pode-se afirmar que o enlace amoroso entre Jerônimo e Rita, próprio à visão naturalista, consiste

a) na condenação do sexo e consequente reafirmação dos preceitos morais.
b) na apresentação dos instintos contidos, sem exploração da plena sexualidade.
c) na apresentação do amor idealizado e revestido de certo erotismo.
d) na descrição do ser humano sob a ótica do erótico e animalesco.
e) na concepção de sexo como prática humana nobre e sublime.

13. (Unifesp) "O Cortiço", obra naturalista,

a) traduziu a sensualidade humana na ótica do objetivismo científico, o que se alinha à grande preocupação espiritual.
b) fez análises muito subjetivas da realidade, pouco alinhadas ao cientificismo predominante na época.
c) explorou as mazelas humanas de forma a incitar a busca por valores éticos e morais.
d) não pôde ser considerado um romance engajado, pois deixou de lado a análise da realidade.
e) tratou de temas de patologia social, pouco explorados nas escolas literárias que o precederam.

14. (Fuvest-SP)

– (...) É uma bela moça, mas uma bruta... Não há ali mais poesia, nem mais sensibilidade, nem mesmo mais beleza do que numa linda vaca turina. Merece o seu nome de Ana Vaqueira. Trabalha bem, digere bem, concebe bem. Para isso a fez a Natureza, assim sã e rija; e ela cumpre. O marido todavia não parece contente, porque a desanca. Também é um belo bruto... Não, meu filho, a serra é maravilhosa e muito grato lhe estou... Mas temos aqui a fêmea em toda a sua animalidade e o macho em todo o seu egoísmo...

Eça de Queirós, *A cidade e as serras*.

Neste excerto, o julgamento expresso por Jacinto, ao falar de um casal que o serve em sua quinta de Tormes, manifesta um ponto de vista semelhante ao do

a) Major Vidigal, de *Memórias de um sargento de milícias*, ao se referir aos desocupados cariocas do tempo do rei.
b) narrador de *Iracema*, em particular quando se refere a tribos inimigas e a franceses.
c) narrador de *Vidas secas*, principalmente quando ele enfoca as relações sexuais de Fabiano e Sinha Vitória.
d) Anjo, do *Auto da barca do inferno*, ao condenar os pecados da carne cometidos pelos humanos.
e) narrador de *O Cortiço*, especialmente quando se refere a personagens de classes sociais inferiores.

O TEATRO NO SÉCULO XIX: ABREM-SE AS PORTAS DO TEATRO NACIONAL

O TEATRO ROMÂNTICO EM PORTUGAL

A principal característica do teatro romântico em Portugal é o cunho nacionalista. Iniciado por Almeida Garrett, o projeto do teatro nacional português tinha por fim renovar a produção do gênero no país, adormecida desde Gil Vicente, dando às peças um caráter patriótico.

Almeida Garrett e o teatro nacional português

A Almeida Garrett, introdutor da poesia romântica em Portugal, deve-se outro fato pioneiro: foi ele quem iniciou o teatro nacional português, escrito em prosa e voltado ao passado histórico, exaltando, redimindo, mitificando figuras que ajudaram a construir a pátria lusitana.

O TEATRO ROMÂNTICO NO BRASIL

Também no Brasil, na época romântica, define-se o teatro nacional, e deve-se a Gonçalves de Magalhães, mais uma vez, o papel de pioneiro: em 1838, era representado seu drama *Antônio José* ou *O poeta e a Inquisição*, considerado o marco inicial do teatro brasileiro.

Martins Pena e a comédia de costumes

Martins Pena foi o primeiro autor de teatro no Brasil a alcançar popularidade, graças a suas comédias de costumes, que satirizam situações cômicas e cotidianas da sociedade brasileira de então.

O TEATRO REALISTA NO BRASIL

No Brasil, o teatro realista se desenvolve sobretudo no Rio de Janeiro, tendo como principal influência o teatro francês. O teatro realista descreve, em especial, os costumes e valores da burguesia, que, no caso brasileiro, passava por um período de ascensão política e adaptação à nova ordem republicana.

Artur Azevedo e os costumes da Capital Federal

Seguindo a trilha aberta por Martins Pena, o teatrólogo Artur Azevedo dedicou-se a retratar, em suas peças, a sociedade e os costumes do Rio de Janeiro imperial, transformado depois em Capital Federal da jovem República. Muito observador dos hábitos cotidianos cariocas, o autor fez das relações familiares, amorosas e das festividades alguns dos assuntos de sua obra.

Exercícios

Texto para a próxima questão.

Coplas[1]

I

O GERENTE – Este hotel está na berra[2]!
Coisa é muito natural!
Jamais houve nesta terra
Um hotel assim mais tal!
Toda a gente, meus senhores,
Toda a gente ao vê-lo diz:
Que os não há superiores
Na cidade de Paris!
Que belo hotel excepcional
O Grande Hotel da Capital
Federal!
CORO – Que belo hotel excepcional, etc...

II

O GERENTE – Nesta casa não é raro
Protestar algum freguês:
Acha bom, mas acha caro
Quando chega o fim do mês.
Por ser bom precisamente,
Se o freguês é do bom-tom
Vai dizendo a toda a gente
Que isto é caro mas é bom.
Que belo hotel excepcional!
O Grande Hotel da Capital
Federal!
CORO – Que belo hotel excepcional, etc...

O GERENTE (Aos criados) – Vamos! Vamos! Aviem-se! Tomem as malas e encaminhem estes senhores! Mexam-se! Mexam-se!... (Vozerio. Os hóspedes pedem quarto, banhos, etc... Os criados respondem. Tomam as malas, saem todos, uns pela escadaria, outros pela direita.)

CENA II

O GERENTE, depois, FIGUEIREDO

O GERENTE (Só.) – Não há mãos a medir! Pudera! Se nunca houve no Rio de Janeiro um Hotel assim! Serviço elétrico de primeira ordem! Cozinha esplêndida, música de câmara durante as refeições da mesa redonda! Um relógio pneumático em cada aposento! Banhos frios e quentes, duchas, sala de natação, ginástica e massagem! Grande salão com um *plafond*[3] pintado pelos nossos primeiros artistas! Enfim, uma verdadeira novidade! – Antes de nos estabelecermos aqui, era uma vergonha! Havia hotéis em S. Paulo superiores aos melhores do Rio de Janeiro! Mas em boa hora foi organizada a Companhia do Grande Hotel da Capital Federal, que dotou esta cidade com um melhoramento tão reclamado! E o caso é que a empresa está dando ótimos dividendos e as ações andam por empenhos! (Figueiredo aparece no topo da escada e começa a descer.) Ali vem o Figueiredo. Aquele é o verdadeiro tipo do carioca: nunca está satisfeito. Aposto que vem fazer alguma reclamação.

(AZEVEDO, Arthur. *A Capital Federal*. Rio de Janeiro: Serviço Nacional de Teatro, 1972.)

Vocabulário:
[1] coplas – espécie de estrofe
[2] berra – estar na moda
[3] *plafond* – teto

1. (Uerj) O texto faz parte de uma peça de teatro, forma de expressão que se destacou na captação das imagens de um Rio de Janeiro que se modernizava no início do século XX.

a) Aponte o gênero de composição em que se enquadra esse texto e um aspecto característico desse gênero.

b) A fala do gerente revela atitudes distintas, quando se dirige aos criados e quando está só. Identifique o modo verbal e a função da linguagem predominantes na fala dirigida aos criados.

2. (Unicamp-SP) Leia o seguinte diálogo de "O demônio Familiar", de José de Alencar:

Eduardo – Assim, não amas a tua noiva?
Azevedo – Não, decerto.
Eduardo – É rica, talvez; casas por conveniências?
Azevedo – Ora, meu amigo, um moço de trinta anos, que tem, como eu, uma fortuna independente, não precisa tentar "a chasse au mariage". Com trezentos contos pode-se viver.
Eduardo – E viver brilhantemente; porém não compreendo então o motivo...
Azevedo – Eu te digo! Estou completamente "blasé", estou gasto para essa vida de "flaneur" dos salões; Paris me saciou. "Mabille" e "Château des Fleurs" embriagaram-me tantas vezes de prazer que me deixaram insensível. O amor é hoje para mim um copo de "Cliqcot" que espuma no cálice, mas já não me tolda o espírito!

(José de Alencar, "O demônio familiar" (Cena XIII, Ato Primeiro), em "Obra Completa", Vol. IV. Rio de Janeiro: J. Aguilar, 1960, p. 92.)

a) O que o diálogo apresentado revela sobre a visão que Azevedo tem do casamento?

b) Em que essa visão difere da opinião de Eduardo sobre o casamento?

c) Que ponto de vista prevalece no desfecho da peça? Justifique sua resposta.

Texto para as próximas duas questões.

As questões a seguir referem-se à comédia "O judas em sábado de aleluia", de Martins Pena, dramaturgo que enriqueceu o universo do Romantismo brasileiro com uma forma simples de construir o texto teatral, produzindo efeitos de humor. Para tanto, registrou características e costumes da sociedade da época do Império, os quais se conservam ainda atuais.

3. (UFRN) Acerca de "O judas em sábado de aleluia", pode-se afirmar que

a) o enredo se passa em um mundo de sonhos e rebeldia.

b) a peça rompe com as três regras do teatro clássico.

c) o autor critica a hipocrisia dos valores burgueses.

d) a ação dramática retrata expectativas de um mundo ideal.

4. (UFRN) Essa comédia se desenvolve através de personagens principais que se caracterizam por serem

a) tipos nobres da elite militar do Império.

b) figuras arrogantes da elite econômica da Monarquia.

c) figuras indolentes da realidade social da província.

d) tipos oportunistas de uma classe social em formação.

5. (Ufla-MG) Relacione características e personagens de "O Noviço", de Martins Pena.

1. Juca
2. Rosa
3. José
4. Florência
5. Ambrósio

( ) o vilão ambicioso e sem escrúpulos.

( ) a viúva alegre, rica e assanhada.

( ) a esposa abandonada.

( ) o criado venal.

( ) a criança inocente e manipulada.

A relação CORRETA está na alternativa

a) 5, 4, 2, 3, 1.

b) 5, 2, 1, 3, 4.

c) 5, 3, 2, 1, 4.

d) 5, 4, 3, 2, 1.

e) 1, 2, 3, 4, 5.

6. (Unicamp-SP)

a) Sabendo que O NOVIÇO, de Martins Pena, é caracterizado por uma sequência de quiproquós*, relate um episódio explicitando o equívoco que resulta numa situação cômica.

b) Em muitos momentos, no decorrer de O NOVIÇO, o personagem dirige-se diretamente ao público da peça teatral. No texto esta indicação vem expressa pela locução "à parte". Qual é a função de tal recurso?

Vocabulário:

*quiproquó: situação cômica resultante de equívocos

7. (FEI-SP)

"A situação de ..... relativamente à Literatura Brasileira lembra a de Gil Vicente na Literatura Portuguesa: seu teatro parece tão espontâneo quanto o do dramaturgo quinhentista. A peça *Juiz de paz na roça* pode ser considerada, por isso, o nosso *Monólogo do vaqueiro*".

No fragmento acima, o crítico Massaud Moisés comenta o grande expoente do teatro romântico brasileiro, que é:

a) Gonçalves Dias.

b) Gonçalves de Magalhães.

c) Martins Pena.

d) Dias Gomes.

e) Artur Azevedo.

8. (UFRN) O elemento cômico, no teatro de Martins Pena, desenvolve-se através da exploração das distorções sociais do início do Império.

Em "O juiz de paz na roça", os efeitos de comicidade se revelam, fundamentalmente, através do(a)

a) comportamento informal do juiz como autoridade representante da sociedade escravocrata.

b) contradição entre os valores tradicionais e a realidade dos personagens.

c) diferença entre os costumes refinados da Corte e a simplicidade das famílias do meio rural.

d) julgamento moral das atitudes dos personagens na luta pela sobrevivência.

OS ESTILOS DE ÉPOCA DA REVOLUÇÃO INDUSTRIAL À PRIMEIRA GUERRA: O PARNASIANISMO

ART NOUVEAU

A partir da década de 1870, aqueles que tinham condições de participar da modernidade viveram tempos de otimismo com o futuro e com a realização da sociedade burguesa; tal período ficou conhecido como a *belle époque*. A principal manifestação artística dessa fase foi a *art nouveau* (arte nova), cujas características marcantes foram sua aplicação prática na arquitetura, no *design*, na decoração e na publicidade.

PARNASIANISMO: O CULTO DA FORMA

O estilo poético que marcou a elite literária brasileira do final do século XIX (entre os fundadores da Academia Brasileira de Letras, em 1897, a maioria absoluta dos poetas se filiava ao Parnasianismo) apresenta nítida influência francesa. A principal característica da poesia parnasiana é a valorização da forma (o soneto, a métrica, a rima), o culto da arte pela arte.

A produção literária

Pode-se dizer que a produção literária parnasiana brasileira, muito influenciada pela francesa, tem seu marco inicial com a publicação de *Fanfarras*, do poeta nordestino Teófilo Dias; no entanto, é no sudeste do país que o movimento se instaura firmemente, com Alberto de Oliveira, Raimundo Correia e Olavo Bilac, que formavam a chamada "tríade oficial" do movimento.

Alberto de Oliveira

Sua temática restringiu-se aos rígidos limites impostos pela Escola: uma poesia descritiva, cujos temas abrangiam desde a natureza até meros objetos, exaltando-lhes a forma. Destacam-se, ainda, a perfeição formal, a métrica rígida e a linguagem extremamente trabalhada, chegando por vezes ao rebuscamento.

Raimundo Correia

Sua temática é a da moda da época: a natureza, a perfeição formal dos objetos, a cultura clássica; merece destaque apenas sua poesia filosófica, de meditação, marcada pela desilusão e por um forte pessimismo.

Olavo Bilac

Olavo Bilac foi o mais popular dos poetas parnasianos. Em sua obra, encontramos: resgate da Antiguidade clássica, forte lirismo, sensualismo, temas filosóficos, temas épicos, descritivismo e nacionalismo.

Exercícios

1. (UFG-GO) Leia os textos.

Vila Rica

O ouro fulvo do ocaso as velhas casas cobre;
Sangram, em laivos de ouro, as minas, que a ambição
Na torturada entranha abriu da terra nobre:
E cada cicatriz brilha como um brasão.

O ângelus plange ao longe em doloroso dobre.
O último ouro do sol morre na cerração.
E, austero, amortalhando a urbe gloriosa e pobre,
O crepúsculo cai como uma extrema-unção.

Agora, para além do cerro, o céu parece
Feito de um ouro ancião que o tempo enegreceu...
A neblina, roçando o chão, cicia, em prece,

Como uma procissão espectral que se move...
Dobra o sino... Soluça um verso de Dirceu...
Sobre a triste Ouro Preto o ouro dos astros chove.

BILAC, Olavo. "Melhores poemas". Seleção de Marisa Lajolo. 4. ed. São Paulo: Global, 2003. p. 105. (Coleção Melhores poemas).

Vocabulário:

fulvo: dourado	dobre: toque dos sinos
laivos: vestígios	cerração: nevoeiro
ocaso: pôr do sol	urbe: cidade
ângelus: hora da Ave-Maria	cerro: colina, morro
plange: chora, soa tristemente	cicia: murmura, sussurra
	espectral: fantasmagórico

Velho sobrado

Um montão disforme. Taipas e pedras,
abraçadas a grossas aroeiras,
toscamente esquadriadas.
Folhas de janelas.
Pedaços de batentes.
Almofadados de portas.
Vidraças estilhaçadas.
Ferragens retorcidas.

Vocabulário:
taipas: paredes feitas de barro
batentes: estruturas em que portas e janelas se encaixam

Abandono. Silêncio. Desordem.
Ausência, sobretudo.
O avanço vegetal acoberta o quadro.
Carrapateiras cacheadas.
São-caetano com seu verde planejamento,
pendurado de frutinhas ouro-rosa.
Uma bucha de cordoalha enfolhada,
berrante de flores amarelas
cingindo tudo.

[....]

Gente que passa indiferente,
olha de longe,
na dobra das esquinas,
as traves que despencam.
– Que vale para eles o sobrado?
Quem vê nas velhas sacadas
de ferro forjado
as sombras debruçadas?
Quem é que está ouvindo
o clamor, o adeus, o chamado?...
Que importa a marca dos retratos na parede?
Que importam as salas destelhadas,
e o pudor das alcovas devassadas...
Que importam?

E vão fugindo do sobrado,
aos poucos,
os quadros do Passado.

CORALINA, Cora. "Melhores poemas". São Paulo: Global Editora, 2004. p. 58, 63-64. (Coleção Melhores poemas).

Nos poemas apresentados, Olavo Bilac e Cora Coralina tematizam o declínio de uma época importante da história brasileira.

a) Que época e quais locais são retratados nos dois poemas?

b) Explique como se comportam as vozes poéticas, em cada poema, relativamente à decadência apresentada.

2. (UFG-GO) Leia o poema "Na Tebaida", de Olavo Bilac, e o fragmento do conto "O leopardo é um animal delicado", de Marina Colasanti.

Na Tebaida

Chegas, com os olhos úmidos, tremente
A voz, os seios nus, – como a rainha
Que ao ermo frio da Tebaida vinha
Trazer a tentação do amor ardente.

Luto: porém teu corpo se avizinha
Do meu, e o enlaça como uma serpente...
Fujo: porém a boca prendes, quente,
Cheia de beijos, palpitante, à minha...

Beija mais, que o teu beijo me incendeia!
Aperta os braços mais! que eu tenha a morte,
Preso nos laços de prisão tão doce!

Aperta os braços mais, – frágil cadeia
Que tanta força tem não sendo forte,
E prende mais que se de ferro fosse!

BILAC, Olavo. "Melhores poemas". Seleção de Marisa Lajolo. 4. ed. São Paulo: Global, 2003. p. 66. (Coleção Melhores poemas).

Vocabulário:
ermo: deserto, descampado   Tebaida: região do Egito

Um homem, outro homem, que diferença isso fazia agora? As mesmas mãos, bocas molhadas, as mesmas sungas de fera. Mas a pele, o cheiro o gosto do suor, outro e outro ardendo sobre a língua, ali estava a diferença, ali estava o querer. E aquele ou outro soprou de leve para refrescar-lhe o rosto, e aquele ou outro incendiou-lhe o corpo com carícias, o beijo daquele percorreu-lhe a orelha, os dedos do outro dobraram-lhe os joelhos, e aquele ou outro aquele ou outro aquele ou outro. Este! exigiu de repente seu corpo exasperado. Este, agora!

COLASANTI, Marina. "O leopardo é um animal delicado". Rio de Janeiro: Rocco, 1998. p. 88.

Os textos literários apresentados aproximam-se pela construção do erótico, apesar do tempo que distancia a obra poética de Olavo Bilac da contística de Marina Colasanti. Com base no poema e no excerto do conto, responda:

a) Que voz enuncia a expressão do erótico em um e em outro texto?

b) Como a voz enunciadora representa o comportamento erótico da mulher em cada um dos textos?

3. (ESPM-SP) O texto que segue é do período parnasiano no Brasil. Após lê-lo, marque a opção com afirmação COERENTE:

Nas fendas e desvãos, em lar humilde ou nobre,
Fora da luz, se esconde a tímida barata.
Se sai do esconderijo e humano olhar descobre,
Prestes foge, e o pavor mais a acelera e achata.

Raro espalma num voo as asas cor de cobre.
A farejar com a tromba, em tudo põe a pata.
Ladra voraz, não poupa o negro pão do pobre,
Tisna as cartas de amor, mancha o cristal e a prata.

Múmia escamosa, o odor que exala causa nojo.
Cauta, vive a espreitar do fundo do seu fojo
A lesma que rasteja e o pássaro que voa.

Mas raia uma hora azul também em sua vida:
De branco, um dia acorda! E é bela, assim vestida,
Como a noiva que o amor ao pé do altar coroa...

(Gustavo Teixeira)

Vocabulário:
tisnar: enegrecer com carvão; queimar; macular.
cauta: cautelosa; prevenida.
fojo: caverna ou cova onde se acoitam feras.

a) Trata-se de um soneto (estrofes organizadas em dois quartetos e dois tercetos) de versos decassílabos.

b) Para os padrões parnasianos, o poema usa vários "enjambements", ou seja, encadeamento dos versos.

c) Olavo Bilac, ícone do movimento literário, fez várias poesias sobre o assunto em questão (a natureza identificada com o eu lírico).

d) O aspecto vil da temática do poema será intensamente explorado na obra de Augusto dos Anjos.

e) O tom equilibrado com que se trata o tema do texto diverge dos princípios clássicos explorados pelos parnasianos.

4. (UFG-GO) Leia o soneto a seguir.

XXXI

Longe de ti, se escuto, porventura,
Teu nome, que uma boca indiferente
Entre outros nomes de mulher murmura,
Sobe-me o pranto aos olhos, de repente...

Tal aquele, que, mísero, a tortura
Sofre de amargo exílio, e tristemente
A linguagem natal, maviosa e pura,
Ouve falada por estranha gente...

Porque teu nome é para mim o nome
De uma pátria distante e idolatrada,
Cuja saudade ardente me consome:

E ouvi-lo é ver a eterna primavera
E a eterna luz da terra abençoada,
Onde, entre flores, teu amor me espera.

BILAC, Olavo. "Melhores poemas". Seleção de Marisa Lajolo. São Paulo: Global, 2003. p. 54. (Coleção Melhores poemas).

Olavo Bilac, mais conhecido como poeta parnasiano, expressa traços românticos em sua obra. No soneto apresentado observa-se o seguinte traço romântico:

a) objetividade do eu lírico.

b) predominância de descrição.

c) utilização de universo mitológico.

d) erudição do vocabulário.

e) idealização do tema amoroso.

5. (UFF-RJ)

A Pátria

Ama, com fé e orgulho, a terra em que nasceste!
Criança! não verás nenhum país como este!
Olha que céu! que mar! que rios! que floresta!
A Natureza, aqui, perpetuamente em festa,
É um seio de mãe a transbordar carinhos.
Vê que vida há no chão! vê que vida há nos ninhos,
Que se balançam no ar, entre os ramos inquietos!
Vê que luz, que calor, que multidão de insetos!
Vê que grande extensão de matas, onde impera
Fecunda e luminosa, a eterna primavera!

Boa terra! jamais negou a quem trabalha
O pão que mata a fome, o teto que agasalha...

Quem com o seu suor a fecunda e umedece,
Vê pago o seu esforço, e é feliz, e enriquece!

Criança! não verás país nenhum como este:
Imita na grandeza a terra em que nasceste!

(Olavo Bilac)

As estéticas literárias, embora costumem ser datadas nos livros didáticos com início e término pós-determinados, não se deixam aprisionar pela rigidez cronológica. Assinale o comentário adequado em relação à expressão estética do poema "A Pátria" de Olavo Bilac (1865-1918).

a) O poema transcende a estética parnasiana ao tratar a temática da exaltação da terra, segundo a estética romântica.
b) O poema exemplifica os preceitos da estética parnasiana e valoriza a forma na expressão comedida do sentimento nacional.
c) O poema se antecipa ao discurso crítico da identidade nacional – tema central da estética modernista.
d) O poema se insere nas fronteiras rígidas da estética parnasiana, dando ênfase à permanência do ideário estético, no eixo temporal das escolas literárias.
e) O poema reflete os valores essenciais e perenes da realidade, distanciando-se de um compromisso com a afirmação da nacionalidade.

6. (UFPE) Os movimentos ou tendências literárias que surgiam na Europa letrada alcançaram o Brasil através dos colonizadores portugueses e tiveram nomes que se destacaram no continente americano. A esse propósito, analise as afirmações a seguir.

( ) No século XVII, o Barroco procurava, através da ênfase na religiosidade, solucionar os dilemas humanos. Esse movimento foi introduzido no Brasil pelos jesuítas, sendo seu representante capital Padre Antônio Vieira, cuja obra – *Sermões* – constitui um mundo rico e contraditório.

( ) No século XVIII, floresceu o Arcadismo em Minas Gerais, Vila Rica. Com o estabelecimento de relações sociais mais concentradas, formou-se um público leitor, elemento importante para o desenvolvimento de uma literatura nacional. Entre o grupo de literatos, destaca-se Tomás Antônio Gonzaga, autor da obra lírica *Marília de Dirceu*.

( ) O Naturalismo surgiu no século XIX, tendo sido, no Brasil, contemporâneo da Abolição e da República. *O Mulato*, de Aluísio de Azevedo, foi o primeiro romance naturalista brasileiro e o primeiro a abordar, de forma crítica, o racismo, o reacionarismo clerical e a estreiteza do universo provinciano no país.

( ) A oscilação entre imobilismo econômico e modernização, na sociedade brasileira, foi absorvida pela produção literária, o que marcou os vinte primeiros anos do século XX. Tendo em Olavo Bilac seu principal autor, o Parnasianismo procurou corresponder ao Realismo/Naturalismo na prosa e adotou, como lema, a objetividade e impessoalidade no tratamento dos temas sociais.

( ) O chamado Romance de 30 aprofundou-se de forma pessimista nas contradições da sociedade brasileira; no entanto, alguns de seus autores foram politicamente contraditórios. Graciliano Ramos, por exemplo, tenta descrever a realidade a partir da visão dos camponeses, como em *Vidas Secas*, mas justifica e aceita o sistema da propriedade rural, como em *São Bernardo*.

Texto para a próxima questão.

De volta à Grécia

Os gregos não perderam a oportunidade de lembrar ao mundo que, neste ano, os jogos olímpicos estavam "voltando para casa". De fato, a tecnologia de hoje e os deuses mitológicos se encontraram num longo arco do tempo, num espetáculo de abertura em que os elementos essenciais (a água, a terra, o ar, o fogo) e os recursos eletrônicos se deram as mãos. Um Ulisses menino acenava de um barquinho nada épico, que parecia de papel; por meio de telões, um atleta em Olímpia e outro em Atenas comunicavam-se com tambores, num rito ao mesmo tempo primitivo e sofisticado. O deus Eros pairava em suaves acrobacias sobre o estádio, sugerindo que o Amor presidiria todos os eventos.

O fuso horário fez muita gente tresnoitar, no Brasil. Às três da madrugada, aqui, os barcos de lá já enfunavam as velas ao sol, quando os ventos muito fortes ou uma calmaria não suspendiam a largada. O telespectador brasileiro chegava estropiado ao fim de cada tarde, depois de realizar sua maratona particular. Cada modalidade esportiva traz duros desafios para corpos e mentes levados aos limites da resistência e da concentração. A lei da gravidade é desafiada nos saltos; a força das pernas e dos braços, nos arremessos e levantamentos; os reflexos e as iniciativas, nas lutas corporais; a explosão e a resistência muscular, nas provas de corrida; a disciplina e a técnica dos movimentos, nas artes ginásticas; o controle de uma bola, com as mãos ou com os pés, em tantos outros jogos.

Qual o sentido disso tudo? Em primeiro lugar, a expressão do instinto batalhador do homem, devidamente convertido em jogo; em segundo, o encontro dos povos e das raças, representados não por agentes da destruição, mas por mestres da competição; e por fim a certeza de que, enquanto brincam, os homens esquecem o despotismo e a tirania. Uma olimpíada não deixa de canalizar energias que poderiam se manifestar sob a forma de terrorismo, de genocídio, de lutas étnicas, de embates religiosos, de suicídios assassinos. Uma festa de encerramento, em que todos os atletas brincam livremente e o mundo se comove, não realiza de fato a harmonia universal, mas nos lembra a todos que ela é um forte desejo de muitos, ainda que utopia inatingível. Com todas as suas contradições, o legado da democracia da Grécia antiga ressurge um pouco, e talvez continue inspirador.

Como atleta olímpico de poltrona, sinto-me hipnotizado por cada um dos esportes. Torço pela parábola do dardo, do disco, do peso arremessados. Parece que a indumentária sintética vestida pelos nadadores ajudará no novo recorde, assim como a nova fibra de que são feitos os barcos, ou as bicicletas, ou as varas do salto em altura, possibilitará novos índices. Que não falhem os trajes de proteção desses esgrimistas, que evocam combates medievais e filmes de capa e espada hollywoodianos. E é bom lembrar que em nenhuma das modalidades o perdedor é punido com a guilhotina revolucionária, a expatriação ou a perda dos direitos políticos: quem não ganhou sabe que participou e foi essencialmente necessário para a celebração do vencedor. Não se pergunta a um atleta da Irlanda se é católico ou protestante (talvez se deva perguntar se não é algum ex-padre com ambições de profeta...) nem a um sul-americano se prefere a ALCA ou o MERCOSUL, ou a um cubano se gostaria de substituir o socialismo por uma cadeia de supermercados: as ideologias e as diferenças culturais quase sempre conseguem atingir, nas olimpíadas, um ponto de sublimação. O fortíssimo esquema de segurança dos jogos de Atenas lembrava sempre, infelizmente, o estado do mundo em que vivemos. Por outro lado, a cor do mar e do céu gregos faz esquecer por algum tempo a imagem dos ares tomados pelo petróleo em chamas, da chuva ácida, da desertificação e dos desastres ecológicos.

Não deixam de impressionar as vocações de certas etnias e culturas para determinadas competições: o biotipo de alguns povos africanos é um trunfo em corridas de resistência; moças nórdicas, longilíneas, saltam sobre a vara como gazelas; a concentração e o reflexo dos orientais favorece-os no tênis de mesa e na peteca; russos, poloneses e búlgaros maciços dominam nos halteres. A decantada "malícia" dos brasileiros não poderia faltar: transparece no surpreendente (e desassistido) futebol feminino e no vôlei alegre e criativo.

A televisão fica menos chata: em vez das análises de modelos econômicos, da queda da bolsa e do *superavit* comercial, há mais espaço para singelas informações sobre a oliveira e o azeite. Em vez da globalização, fala-se de Sócrates e Platão; em vez dos saturados cenários metropolitanos, veem-se as ruínas em mármore branco em contraste com o mar turquesa. Mesmo alguns conceitos mais técnicos, como atrito e energia cinética, metabolismo e *doping*, quando ocorrem na boca de algum especialista, é para explicar fenômenos ligados às competições. Ao descrever o tipo de salto de uma ginasta, um entendido parecia estar dando uma aula de exótica geometria.

Findos os jogos, a impressão que se tem é de que também terminou um período de relativo armistício. Será preciso esperar mais quatro anos para que boa parte da humanidade possa de novo acessar, via satélite, imagens de disputas internacionais em que as regras do jogo e o talento humano triunfam sobre a irracionalidade e a violência.

(Danilo Assunção)

7. (PUCC-SP) O título do texto – De volta à Grécia – poderia também aludir aos valores da cultura e da arte da Antiguidade que foram retomados, séculos depois, como padrões estéticos da literatura ocidental. No Brasil, constituem exemplos desta retomada obras como as de
   a) Cláudio Manuel da Costa, tributárias do Arcadismo, e de Olavo Bilac, em suas recorrências parnasianas à mitologia.
   b) Machado de Assis, carregadas de fina ironia, e de Raul Pompeia, com a problematização da pedagogia em "O Ateneu".
   c) Gonçalves Dias, em que se valoriza a nobreza cavalheiresca, e de Aluísio Azevedo, em que se critica a aristocracia decadente.
   d) José de Alencar, com sua transfiguração mística da história nacional, e de Euclides da Cunha, com sua análise cientificista do sertanejo.
   e) Graciliano Ramos, em que impera a sobriedade do estilo, e de Oswald de Andrade, com sua revisão do nosso passado cultural.

Textos para as próximas três questões.

As questões seguintes baseiam-se na primeira parte do poema *TERCETOS*, do parnasiano Olavo Bilac (1865-1918), e num trecho de *MACUNAÍMA*, do modernista Mário de Andrade (1893-1945).

Tercetos

I

Noite ainda, quando ela me pedia
Entre dois beijos que me fosse embora,
Eu, com os olhos em lágrimas, dizia:

"Espera ao menos que desponte a aurora!
Tua alcova é cheirosa como um ninho...
E olha que escuridão há lá por fora!

Como queres que eu vá, triste e sozinho,
Casando a treva e o frio de meu peito
Ao frio e à treva que há pelo caminho?!

Ouves? é o vento! é um temporal desfeito!
Não me arrojes à chuva e à tempestade!
Não me exiles do vale do teu leito!

Morrerei de aflição e de saudade...
Espera! até que o dia resplandeça,
Aquece-me com a tua mocidade!

Sobre o teu colo deixa-me a cabeça
Repousar, como há pouco repousava...
Espera um pouco! deixa que amanheça!"

– E ela abria-me os braços. E eu ficava.

(In: BILAC, Olavo. *POESIAS*. 27ª ed. Rio de Janeiro: Livraria Francisco Alves, 1961. p. 158-159.)

Macunaíma

O herói vivia sossegado. Passava os dias marupiara na rede matando formigas taiocas, chupitando golinhos estalados de pajuari e quando agarrava cantando acompanhado pelos sons gotejantes do cotcho, os matos reboavam com doçura adormecendo as cobras os carrapatos os mosquitos as formigas e os deuses ruins.

De-noite Ci chegava rescendendo resina de pau, sangrando das brigas e trepava na rede que ela mesmo tecera com fios do cabelo. Os dois brincavam e depois ficavam rindo um pro outro.

Ficavam rindo longo tempo, bem juntos. Ci aromava tanto que Macunaíma tinha tonteiras de moleza.

– Puxa! como você cheira, benzinho!

que ele murmuriava gozado. E escancarava as narinas mais. Vinha uma tonteira tão macota que o sono principiava pingando das pálpebras dele. Porém a Mãe do Mato inda não estava satisfeita não e com um jeito de rede que enlaçava os dois convidava o companheiro pra mais brinquedo. Morto de soneira, infernizado, Macunaíma brincava pra não desmentir a fama só, porém quando Ci queria rir com ele de satisfação:

– Ai! que preguiça!...

que o herói suspirava enfarado. E dando as costas pra ela adormecia bem. Mas Ci queria brincar inda mais... Convidava convidava... O herói ferrado no sono. Então a Mãe do Mato pegava na txara e cotucava o companheiro. Macunaíma se acordava dando grandes gargalhadas estorcegando de cócegas.

– Faz isso não, oferecida!

– Faço!

– Deixa a gente dormir, meu bem.

– Vamos brincar.

– Ai! que preguiça!...

E brincavam mais outra vez.

(In: ANDRADE, Mário de. *MACUNAÍMA – O HERÓI SEM NENHUM CARÁTER*. 4. ed. São Paulo: Livraria Martins Editora, 1965. p. 22-23.)

8. (Unesp-SP) O emprego de certos vocábulos, expressões e frases, tanto em TERCETOS, como em MACUNAÍMA, sugere não apenas o ambiente, o clima e os sentimentos das personagens, mas também o modo de seu relacionamento. Levando em conta este comentário,

a) cite duas frases imperativas de TERCETOS;

b) considerando a função fundamental da frase imperativa no ato de comunicação, aponte o que as frases imperativas desse fragmento têm em comum no que se refere ao relacionamento entre as personagens.

9. (Unesp-SP) Apesar de diferentes pelo gênero (poesia e prosa) e de terem seu conteúdo envolto em situações culturais distintas, os dois textos apresentados se assemelham nas ações narradas. A partir deste comentário,

a) descreva a semelhança que há entre os dois textos, no que se refere às ações praticadas pelas personagens;

b) levando em consideração que o ponto de vista narrativo pode realizar-se em primeira ou em terceira pessoa, classifique o narrador de TERCETOS e o de MACUNAÍMA e explique como atuam.

10. (Unesp-SP) Tendo em mente que Olavo Bilac e Mário de Andrade são representantes autênticos, respectivamente, dos estilos parnasiano e modernista,

a) apresente um aspecto do discurso de MACUNAÍMA que possa ser considerado não apenas diferente, mas opositivo ao discurso parnasiano exemplificado pelo poema de Bilac;

b) estabeleça, ainda sob a ótica dos estilos de época, uma diferença entre os dois textos na abordagem do tema do amor.

11. (UFF-RJ)

Texto I

Ziraldo, Rio de Janeiro: Salamandra, 1988. p. 47.

Texto II

O que me impressiona é a facilidade com que se fazem tais transações, clubes que devem o que não podem pagar, de salários, prêmios, luvas, e sobretudo de obrigações sociais. Bons exemplos são Flamengo, Vasco e aqui no Recife todos os chamados grandes. Trata-se de uma brincadeira de faz de conta, papel pra lá, papel pra cá, dinheiro mesmo, nada. E a Previdência Social que vá nem sei para onde, e o imposto de renda também. É aquela velha história do poeta ufanista: ama com fé e orgulho a terra em que nasceste, criança, não verás nenhum país como este!

Fernando Menezes <http://www.entretextos.jor.br/textos/0025.html>

Em vários momentos da cultura brasileira, diferentes manifestações artísticas se apropriam de fragmentos literários e, através da intertextualidade, estabelecem um diálogo como interpretação da realidade que nos cerca.

O emprego do pronome demonstrativo nos textos I e II encaminha, no tempo e no espaço, uma leitura crítica do poema "A Pátria" de Olavo Bilac. Identifique, respectivamente, as palavras que sintetizam a visão do Brasil, na apropriação do verso de Bilac – "Criança! não verás país nenhum como este." – pelo chargista (Ziraldo) e pelo cronista esportivo (Fernando Menezes):

a) ufanismo/depreciação

b) benevolência/desnutrição

c) miséria/desorganização

d) esperança/indolência

e) dignidade/promiscuidade

O MUNDO FORA DOS EIXOS

O Simbolismo reflete um momento histórico extremamente complexo, marcando a transição para o século XX e a definição de um novo mundo, que se consolidaria a partir da segunda década desse século.

OS ESTILOS DE ÉPOCA DA REVOLUÇÃO INDUSTRIAL À PRIMEIRA GUERRA: O SIMBOLISMO

SIMBOLISMO, A ARTE DA SUGESTÃO

O simbolismo começa por repudiar o realismo e suas manifestações. De fato, a nova estética rejeita o cientificismo, o materialismo e o racionalismo, valorizando, em contrapartida, **as manifestações metafísicas e espirituais**, o que equivale a dizer que ela corresponde à negação do naturalismo e do parnasianismo.

O Simbolismo em Portugal

Em 1889, no agitado ambiente de Coimbra, duas revistas acadêmicas, com sugestivos nomes, apontam para a estética simbolista: *Os insubmissos* (apresentando um poema de Eugênio de Castro) e *Boêmia nova*. No ano seguinte, a publicação de *Oaristos*, de Eugênio de Castro, marca o início oficial do Simbolismo em Portugal.

Eugênio de Castro

Em 1890, Eugênio de Castro publica, em Paris, o livro *Oaristos*, cujo prefácio constitui um verdadeiro programa da estética simbolista, passando a ser considerado o marco inicial do Simbolismo em Portugal. Eugênio, portanto, alia a prática de escrever os poemas ao esforço teórico de definir o movimento literário em que se encaixava.

Camilo Pessanha

Considera-se que Camilo Pessanha produziu a melhor poesia simbolista de Portugal. O poeta buscou nos franceses Baudelaire e Mallarmé as principais características do movimento, tornando-se exímio ao praticar a poética da sugestão e da musicalidade.

O Simbolismo no Brasil

No Brasil, duas publicações de 1893, ambas de **Cruz e Sousa**, são consideradas o marco inicial da estética simbolista: *Missal*, com seus textos em prosa, e *Broquéis*, com seus poemas.
O Simbolismo estende-se até o ano de 1922, data da Semana de Arte Moderna.

Cruz e Sousa

Cruz e Sousa inaugura o Simbolismo brasileiro. As principais características de sua obra são a musicalidade, a exploração dos sentidos, o sonho e temáticas ligadas à sua vida pessoal, como a pobreza e o preconceito.

Alphonsus de Guimaraens

Misticismo, amor e morte – eis o triângulo que caracteriza a obra de Alphonsus de Guimaraens. O amor pela noiva, Constança, morta às vésperas do casamento, e sua profunda religiosidade e devoção pela Virgem geraram um misticismo que beira o exagero – por isso é comum a crítica literária considerá-lo o poeta mais místico de nossa literatura.

Exercícios

1. (Unifesp)

Essa poesia não logrou estabelecer-se em Portugal. De origem francesa, suas primeiras manifestações datam de 1866, quando um editor parisiense publica uma coletânea de poemas; em 1871 e 1876, saem outras duas coletâneas. Os poetas desse movimento literário pregam o princípio da Arte pela Arte, isto é, defendem uma arte que não sirva a nada e a ninguém, uma arte inútil, uma arte voltada para si própria. A Arte procuraria a Beleza e a Verdade que existiriam nos seres concretos, e não no sentimento do artista. Por isso, o belo se confundiria com a forma que o reveste, e não com algo que existiria dentro dele. Daí vem que esses poetas sejam formalistas e preguem o cuidado da forma artística como exigência preliminar. Para consegui-lo, defendem uma atitude de impassibilidade diante das coisas: não se emocionar jamais; antes, impessoalizar-se tanto quanto possível pela descrição dos objetos, via de regra inertes ou obedientes aos movimentos próprios da Natureza (o fluxo e refluxo das ondas do mar, o voo dos pássaros, etc.). Esteticistas, anseiam uma arte universalista.

Em Portugal, tentou-se introduzir esse movimento; certamente, impregnou alguns poetas, exerceu influência, mas não passou de prurido, que pouco alterou o ritmo literário do tempo. Na verdade, o modo fortuito como alguns se deixaram contaminar da nova moda poética revelava apenas veleidade francófila, em decorrência de razões de gosto pessoal ou de grupos restritos: faltou-lhes intuito comum.

(Massaud Moisés. *A literatura portuguesa*, 1999. Adaptado.)

As informações apresentadas no texto referem-se à literatura

a) simbolista, cuja busca pelo Belo implicou a liberdade na expressão dos sentimentos. O texto deixa claro que essa literatura alcançou notável aceitação entre os poetas da época.
b) simbolista, cuja preocupação com a expressão do sentimento filia-se à tradição poética do Renascimento. O texto deixa claro que essa literatura teve um desenvolvimento tímido na cena literária portuguesa.
c) parnasiana, cuja preocupação com a objetividade a opõe ao subjetivismo romântico. O texto deixa claro que essa literatura não se impôs na cena literária portuguesa.
d) parnasiana, cuja liberdade de expressão e cujo compromisso social permitem fundamentar a Arte pela Arte. O texto deixa claro que essa literatura teve pouco espaço na cena literária portuguesa.
e) realista, cuja influência da tradição clássica é fundamental para se chegar à perfeição. O texto deixa claro que essa literatura teve uma disseminação irregular na cena literária portuguesa.

Texto para a próxima questão.

A morte do livro

Ferreira Gullar

A morte do livro como veículo da literatura já foi profetizada várias vezes na chamada época moderna. E não por inimigos da literatura, mas pelos escritores mesmos. Até onde me lembro, o primeiro a fazer essa profecia foi nada menos que o poeta Guillaume Apollinaire, no começo do século 20.

Entusiasmado com a invenção do gramofone (ou vitrola), acreditou que os poetas em breve deixariam de imprimir seus poemas em livros para gravá-los em discos, com a vantagem – segundo ele, indiscutível – de o antigo leitor, tornado ouvinte, ouvi-los na voz do próprio poeta. [...]

De qualquer modo, Apollinaire, que foi um bom poeta, revelara-se um mau profeta, já que os poetas continuaram a se valer do livro para difundir seus poemas enquanto o disco veio servir mesmo foi aos cantores e compositores de canções populares, [...].

O mais recente profeta do fim do livro é o romancista norte-americano Philip Roth, que, numa entrevista, fez o prenúncio. Na verdade, ele anunciou o fim da própria literatura e não por falta de escritores, mas de leitores. Certamente, referia-se a certo tipo de literatura, pois obras de ficção como "O Código Da Vinci" e "Harry Potter" alcançam tiragens de milhões de exemplares em todos os idiomas.

Outro fenômeno que contradiz a tese de que as pessoas leem cada vez menos é o crescente tamanho dos *best-sellers*: ultimamente, os volumes ultrapassam as 400 ou 500 páginas, havendo os que atingem mais de 800. Tais dados põem em dúvida, mais uma vez, as previsões da morte do livro e da literatura. [...]

A visão simplificadora consiste em não levar em conta alguns fatores que estão ocultos, mas atuantes na sociedade de massa: fatores qualitativos que a avaliação meramente quantitativa ignora. Começa pelo fato de que são as obras literárias de qualidade, e não as que constituem mero passatempo, que influem na construção do universo imaginário da época. É indiscutível que tais obras atingem, inicialmente, um número reduzido de leitores, mas é verdade também que, através deles, com o passar do tempo, influem sobre um número cada vez maior de indivíduos – e especialmente sobre aqueles que constituem o núcleo social irradiador das ideias.

Costumo, a propósito desta discussão, citar o exemplo de um livro de poemas que nasceu maldito: "As Flores do Mal", de Charles Baudelaire, cuja primeira edição, em reduzida tiragem, data de 1857. Naquela mesma época havia autores cujos livros alcançavam tiragens consideráveis, que às vezes chegavam a mais de 30 mil exemplares. Esses livros cumpriram sua missão, divertiram os leitores e depois foram esquecidos, como muitos *best-sellers* de nossa época. Enquanto isso, o livro de poemas de Baudelaire – cuja venda quase foi proibida pela Justiça –, que vem sendo reeditado e traduzido em todas as línguas, já deve ter atingido, no total das tiragens, muitos milhões de exemplares. O verdadeiro *best-seller* é ele ou não é? [...]

(*Folha de S.Paulo*, 19/03/2006)

2. (ESPM-SP) O poeta francês Charles Baudelaire, citado por Ferreira Gullar, escreveu em "As Flores do Mal" os famosos versos (traduzidos):

"Como longos ecos que ao longe se confundem
Em uma tenebrosa e profunda unidade,
Vasta como a noite e como a claridade,
Os perfumes, as cores e os sons..."

Esses versos traduzem algo de influência destacada na literatura brasileira nos fins do século XIX. Trata-se da:

a) "torre de marfim", lugar isolado e distante dos problemas sociais e existenciais, para onde se refugiavam os parnasianos.
b) "teoria do Humanitismo", princípio norteador das personagens machadianas, no qual prevalece a lei do mais forte.
c) "teoria das correspondências", relação entre as diferentes esferas dos sentidos, ideário tão fundamental aos simbolistas.
d) "poesia marianista", poemas de culto e exaltação a Virgem Maria (figura que se confunde com a amada do poeta).
e) "poesia pau-brasil", poesia de exportação que resgata o primitivismo cultural.

3. (UPM-SP)

Chorai, arcadas
Do violoncelo!
Convulsionadas
Pontes aladas
De pesadelo ...

Trêmulos astros...
Soidões lacustres...
– Lemes e mastros...
E os alabastros
Dos balaústres!

Camilo Pessanha

Assinale a alternativa correta sobre o texto.

a) Destaca a expressão egocêntrica do sofrimento amoroso, de nítida influência romântica.
b) Recupera da lírica trovadoresca a redondilha maior, a estrutura paralelística e os versos brancos.
c) A influência do Futurismo italiano é comprovada pela presença de frases nominais curtas e temática onírica.
d) A linguagem grandiloquente, as metáforas cósmicas e o pessimismo exacerbado comprovam o estilo condoreiro.
e) A valorização de recursos estilísticos relacionados ao ritmo e à sonoridade é índice do estilo simbolista.

4. (UFPA)

Crepuscular

Há no ambiente um murmúrio de queixume,
De desejos de amor, dais comprimidos...
Uma ternura esparsa de balidos,
Sente-se esmorecer como um perfume.
As madressilvas murcham nos silvados
E o aroma que exalam pelo espaço,
Tem delíquios de gozo e de cansaço,
Nervosos, femininos, delicados.

Sentem-se espasmos, agonias d'ave,
Inapreensíveis, mínimas, serenas...
Tenho entre as mãos as tuas mãos pequenas,
O meu olhar no teu olhar suave.

As tuas mãos tão brancas d'anemia...
Os teus olhos tão meigos de tristeza...
É este enlanguescer da natureza,
Este vago sofrer do fim do dia.

Camilo Pessanha é considerado o expoente máximo da poesia simbolista portuguesa. Os seus versos reúnem o que há de mais marcante nesse estilo de época por traduzirem sugestões, imagens visuais, sonoras e estados de alma, além de notória ausência de elementos que se detenham em descrição ou em referência objetiva.

É correto afirmar que os versos do soneto "Crepuscular" transcritos nas opções, a seguir, traduzem as considerações postas nesses comentários, com exceção de:

a) "Uma ternura esparsa de balidos,"
b) "As madressilvas murcham nos silvados"
c) "É este enlanguescer da natureza,"
d) "Há no ambiente um murmúrio de queixume,"
e) "Este vago sofrer do fim do dia."

Texto para a próxima questão.

O assinalado

Tu és o louco da imortal loucura,
o louco da loucura mais suprema.
A terra é sempre a tua negra algema,
prende-te nela a extrema Desventura.
Mas essa mesma algema de amargura,
mas essa mesma Desventura extrema
faz que tu'alma suplicando gema
e rebente em estrelas de ternura.
Tu és Poeta, o grande Assinalado
que povoas o mundo despovoado,
de belezas eternas, pouco a pouco.
Na Natureza prodigiosa e rica
toda a audácia dos nervos justifica
os teus espasmos imortais de louco!

(SOUSA, Cruz e. *Poesia completa*. Florianópolis: Fundação Catarinense de Cultura, 1981. p. 135)

5. (UFRJ) O título do texto – "O assinalado" – remete a uma concepção de poeta que se associa, a um só tempo, às correntes estéticas do Simbolismo e do Romantismo. Apresente essa concepção.

6. (UFRGS-RS) Leia o poema "Siderações", de Cruz e Souza.

Para as estrelas de cristais gelados
As ânsias e os desejos vão subindo,
Galgando azuis e siderais noivados,
De nuvens brancas a amplidão vestindo...

Num cortejo de cânticos alados
Os arcanjos, as cítaras ferindo,
Passam, das vestes nos troféus prateados,
As asas de ouro finamente abrindo...

Dos etéreos turíbulos de neve
Claro incenso aromal, límpido e leve,
Ondas nevoentas de visões levanta...

E as ânsias e desejos infinitos
Vão com os arcanjos formulando ritos
Da eternidade que nos astros canta...

A respeito do poema, é correto afirmar que

a) o poeta idealiza seus desejos, projetando-os para uma instância inatingível.
b) o poema emprega descrições nítidas que garantem uma compreensão exata dos versos.
c) o poeta expõe a sua avaliação sobre a realidade objetiva, utilizando imagens da natureza em linguagem precisa e direta.
d) o poema, em forma de epigrama, traduz uma visão materialista do amor e da sensualidade.
e) se trata da descrição de fantasias e alucinações apresentadas nos moldes de ficção científica.

Textos para a próxima questão.

Alma fatigada

Nem dormir nem morrer na fria Eternidade!
mas repousar um pouco e repousar um tanto,
os olhos enxugar das convulsões do pranto,
enxugar e sentir a ideal serenidade.

A graça do consolo e da tranquilidade
de um céu de carinhoso e perfumado encanto,
mas sem nenhum carnal e mórbido quebranto,
sem o tédio senil da vã perpetuidade.

Um sonho lirial d'estrelas desoladas,
onde as almas febris, exaustas, fatigadas
possam se recordar e repousar tranquilas!

Um descanso de Amor, de celestes miragens,
onde eu goze outra luz de místicas paisagens
e nunca mais pressinta o remexer de argilas!

(CRUZ E SOUSA. *Obra completa*. Rio de Janeiro: Editora José Aguilar, 1961, p. 191-192.)

Carta a Manuel Bandeira, S. Paulo, 28-III-31

Manú,

bom-dia. Amanhã é domingo pé-de-cachimbo, e levarei sua carta, (isto é vou ainda rele-la pra ver si a posso levar tal como está, ou não podendo contarei) pra Alcantara com Lolita que tambem ficarão satisfeitos de saber que você já está mais fagueirinho e o acidente não terá consequencia nenhuma. Esse caso de você ter medo duma possivel doença comprida e chupando lentamente o que tem de perceptivel na gente, pro lado lá da morte, é mesmo um caso serio. Deve ser danado a gente morrer com lentidão, mas em todo caso sempre me parece inda, não mais danado, mas semvergonhamente pueril, a gente morrer de repente. Eu jamais que imagino na morte, creio que você sabe disso. Aboli a morte do mecanismo da minha vida e embora já esteja com meus trinteoito anos, faço projetos pra daqui a dez anos, quinze, como si pra mim a morte não tivesse de "vim"... como todos pronunciam. A idea da morte desfibra danadamente a atividade, dá logo vontade da gente deitar na cama e morrer, irrita. Aboli a noção de morte prá minha vida e tenho me dado bem regularmente com êsse pragmatismo inocente. Mas levado pela sua carta, não sei, mas acho que não me desagradava não me pôr em contacto com a morte, ver ela de perto, ter tempo pra botar os meus trabalhos do mundo em ordem que me satisfaça e diante da infalivel vencedora, regularisar pra com Deus o que em mim sobrar de inutil pro mundo.

(MÁRIO DE ANDRADE. *Cartas de Mário de Andrade a Manuel Bandeira*. Rio de Janeiro: Organização Simões, 1958, p. 269-270.)

7. (Unesp-SP) Os dois textos apresentados focalizam, sob pontos de vista distintos, a relação entre a vida e a morte ou entre a vida e a eternidade. Releia atentamente o soneto de Cruz e Sousa e, partindo do pressuposto de que o Simbolismo brasileiro desenvolveu e ampliou algumas características do Romantismo, identifique no desenvolvimento do conteúdo do soneto, sobretudo no desejo manifestado nos últimos três versos, uma característica típica do Romantismo.

8. (UFRRJ) Leia o fragmento a seguir do poema "Evocações" de Alphonsus de Guimaraens:

"Na primavera que era a derradeira,
Mãos estendidas a pedir esmola
Da estrada fui postar-me à beira.
Brilhava o sol e o arco-íris era a estola
Maravilhosamente no ar suspensa"

Como se sabe, Alphonsus de Guimaraens é tido como um dos mais importantes representantes do Simbolismo no Brasil. No fragmento acima, pode-se destacar a seguinte característica da escola à qual pertence:

a) bucolismo, que se caracteriza pela participação ativa da natureza nas ações narradas.
b) intensa movimentação e alta tensão dramática.
c) concretismo e realismo nas descrições.
d) foco no instante, na cena particular e na impressão que causa.
e) tom poético melancólico, apresentando a natureza como cúmplice na tristeza.

Texto para a próxima questão.

A E I O U

Manhã de primavera. Quem não pensa
Em doce amor, e quem não amará?
Começa a vida. A luz do céu é imensa...
A adolescência é toda sonhos. A.

O luar erra nas almas. Continua
O mesmo sonho e oiro, a mesma fé.
Olhos que vemos sob a luz da lua...
A mocidade é toda lírios. E.

Descamba o sol nas púrpuras do ocaso.
As rosas morrem. Como é triste aqui!
O fado incerto, os vendavais do acaso...
Marulha o pranto pelas faces. I.

A noite tomba. O outono chega. As flores
Penderam murchas. Tudo, tudo é pó.
Não mais beijos de amor, não mais amores...
Ó sons de sinos a finados! O.

Abre-se a cova. Lutulenta e lenta,
A morte vem. Consoladora és tu!
Sudários rotos na mansão poeirenta...
Crânios e tíbias de defunto. U.

In: GUIMARAENS, Alphonsus de. *Obra Completa*. Rio de Janeiro: Aguilar, 1960. p. 506.

9. (Unesp-SP) No poema "A E I O U", as vogais que encerram cada uma das cinco estrofes são utilizadas não apenas para efeito de rima, mas para assumir valores simbólicos em relação às fases da vida do homem descritas em cada estrofe. Releia o poema e, a seguir, aponte:

a) O valor simbólico que A e U apresentam, respectivamente, na primeira e na última estrofes.
b) Uma característica da poética do Simbolismo que explique esse efeito buscado e obtido pelo poeta.

10. (PUC-PR)

Rebelado

Ri tua face um riso acerbo e doente,
que fere, ao mesmo tempo que contrista...
Riso de ateu e riso de budista
gelado no Nirvana impenitente.
(...)

Na estrofe do poema "Rebelado", de Cruz e Sousa, é possível identificar características do Simbolismo. Assinale a alternativa que as identifica:

a) musicalidade marcada por aliterações e assonâncias, paradoxos, religiosidade, exotismo, uso de reticências.
b) musicalidade marcada por ritmo binário, antíteses, evocação de sentimentos atrozes, exotismo.
c) musicalidade marcada por aliterações e assonâncias, uso de maiúsculas, vagueza dos adjetivos, falsa religiosidade.
d) musicalidade marcada por aliterações, assonâncias e ritmo binário, uso de maiúsculas, vagueza dos adjetivos, falsa religiosidade.
e) paradoxos, religiosidade, exotismo, humor e sentimentos de exclusão.

11. (UCS-RS) O Simbolismo foi um movimento literário de grande repercussão na produção dos escritores brasileiros. Nesse período, eles buscaram evocar e sugerir imagens, explorando as experiências sensoriais.
Leia o fragmento do poema *Cárcere das Almas*, de Cruz e Souza, um dos representantes do Simbolismo.

Tudo se veste de uma igual grandeza
Quando a alma entre grilhões as liberdades
Sonha e sonhando, as imortalidades
Rasga no etéreo Espaço da Pureza.

(TUFANO, Douglas. *Estudos de literatura brasileira*. 4 ed. rev. e ampl. São Paulo: Moderna, 1988. p. 173.)

Analise a veracidade (V) ou a falsidade (F) das proposições abaixo, sobre o fragmento do poema.

( ) Nesse fragmento, é possível perceber o estado onírico, uma das características típicas do período literário em questão.
( ) O sujeito lírico deseja a liberdade, buscando encontrá-la no mundo das aparências.
( ) Ao grafar as palavras **Espaço** e **Pureza** em maiúsculo, o poeta sugere uma personificação das ideias contidas nesses vocábulos.

Assinale a alternativa que preenche corretamente os parênteses de cima para baixo.

a) V – F – F
b) V – V – V
c) F – V – F
d) V – F – V
e) F – V – V

O desafio da redação

Theo Szczepanski/Arquivo da editora

A redação no exame da UEL-PR, 2011

Esta seção tem como objetivo comentar a proposta de redação de um vestibular, procurando mostrar como, no momento da prova, é possível ler e compreender a proposta e se planejar para redigir seu texto de acordo com o que estipula o exame.

Sugerimos que você treine para a prova produzindo um texto de acordo com a proposta comentada nestas páginas e seguindo as orientações aqui fornecidas.

1. Reproduzimos a seguir a proposta de redação do vestibular da UEL-PR (Universidade Estadual de Londrina, Paraná), em 2011.

UEL-PR 2011

Redação

Para elaborar sua redação, você deve escolher UM entre os três temas indicados e assinalar a opção correspondente. Observe, rigorosamente, as instruções a seguir.

INSTRUÇÕES

1. Não se esqueça de focalizar o tema proposto.
2. A sua redação deve, necessariamente, referir-se ao texto de apoio ou dialogar com ele. Atenção, evite mera colagem ou reprodução.
3. Organize sua redação de modo que preencha entre 20 (mínimo) e 30 (máximo) linhas plenas considerando-se letra de tamanho regular.
4. Observe o espaçamento que indica início de parágrafo.
5. Use a prosa como forma de expressão.
6. Em caso de opção pelos temas 1 ou 2, crie um título para sua redação e coloque-o na linha adequada.
7. Comece a desenvolver o texto na linha 1.
8. Use caneta esferográfica transparente com tinta preta para transcrever para a folha da versão definitiva. Evite rasuras.
9. Verifique, na folha da versão definitiva da redação, se o número impresso corresponde ao de sua inscrição. Comunique ao fiscal qualquer irregularidade.
10. O tempo para transcrição do texto redigido, na folha da versão definitiva, está contido na duração das provas que é de 4 (quatro) horas.

PROPOSTA I — Texto dissertativo-argumentativo

Tema I

Ser inteligente saiu de moda

"Nada mais brega do que bancar o inteligente", afirmam, sem nenhuma vergonha, muitos estudantes ingleses a seus boquiabertos professores. Diante do fato, alguns dos mais brilhantes catedráticos decidiram se reunir na tentativa de explicar o fenômeno. Resultado? Se ainda não foi banido pelos professores, o adjetivo *clever* (inteligente) está muito perto disso. Decidiu-se inclusive que, daqui por diante, será preciso tomar cuidado antes de chamar de inteligentes os melhores alunos. Porque, segundo uma pesquisa, são exatamente os melhores da turma os que mais correm risco de cair na prática do *bullying* (assédio físico ou psicológico aos colegas) para tentar se livrar da pecha de chatos. Os professores estão convencidos de que os estudantes, após serem definidos como "inteligentes", se sentem de algum modo marcados. E por isso reagem adversamente. Provas disso? Em numerosos casos, muitos deles se recusam inclusive a retirar os prêmios escolares que ganharam por medo de serem ridicularizados pelos colegas.

Existe, no entanto, um outro aspecto mais sociológico, ligado ao desenvolvimento de uma sociedade tipicamente consumista que se agarra aos "mitos" do espetáculo e das celebridades do momento. Ou seja, não mais os grandes escritores e compositores, os cientistas e filósofos, não mais os grandes empreendedores constituem os padrões de sucesso e de afirmação social a serem perseguidos. A culpa deve ser atribuída, sobretudo, aos atuais modelos e cânones de celebridade que contribuem para bloquear os jovens, afastando-os do sucesso acadêmico. Cita-se, por exemplo, um *self-made-man* como Alan Sugar, popularmente conhecido como "Barão Sugar", empresário britânico, conhecidíssimo personagem da mídia e consultor político. Nascido de família humilde, ele é hoje dono de uma fortuna estimada em US$ 1,2 bilhão. A exemplo de outros homens e mulheres de sucesso contemporâneos, Sugar não costuma ler livros e gosta de se vangloriar das notas baixas que alcançou na escola. Não menos deprimente foi o panorama desenhado por Ann Nuckley, administradora escolar em Southwark, bairro no sul de Londres. Segundo ela, os estudantes preferem adotar como modelo as celebridades do momento que transitam pelas revistas de fofoca social ou as que analisam nos mínimos detalhes a gloriosa existência do último garotão que, da noite para o dia, saiu do anonimato para a luz do estrelato graças a um papel na novela da televisão.

(Adaptado de: PELLEGRINI, L. Ser inteligente saiu de moda. Revista *Planeta*, ed. 47, p. 34-35, out. 2010.)

Com base na reportagem, redija um texto dissertativo-argumentativo, indicando as razões dessa perigosa inversão de valores que caracteriza nosso momento histórico, no qual os grandes são esquecidos e desprezados e os medíocres são elevados ao olimpo dos deuses de curta duração.

PROPOSTA II — Narrativa

Tema II

Gente venenosa: os sabotadores

Não há como afirmar que existe alguém totalmente bom ou totalmente mau como nas maniqueístas histórias infantis. Mas em determinadas situações há pessoas de personalidade difícil, que potencializam as fragilidades de quem está a sua volta, semeando frustrações e desestruturando sonhos alheios. Atitudes que, em resumo, envenenam. O terapeuta familiar argentino Bernardo Stamateas identificou essas pessoas, cunhou o termo "gente tóxica" e falou sobre elas no livro *Gente tóxica – como lidar com pessoas difíceis e não ser dominado por elas*. Assim como uma maçã estragada em uma fruteira é capaz de contaminar as outras frutas boas, as pessoas tóxicas, segundo Stamateas, tendem a envenenar a vida, plantar dúvidas e colocar uma pulga atrás da orelha de qualquer um. A vilania da situação reside no fato de que gente tóxica está sempre à espera da queda ou da frustração de alguém próximo para, então, assumir o papel de protagonista. "Eles (os tóxicos) se sentem intocáveis e com capacidade de ver a palha no olho do outro e não no seu", comenta o autor.

(Adaptado de: BRAVOS, M. Gente venenosa: os sabotadores. *Gazeta do Povo* – Suplemento *Viver Bem*, 19 set. 2010, p. 6.)

(*Jornal de Londrina*, 19 out. 2010, p. 22.)

Com base no texto e na tira, redija uma narrativa, envolvendo personagens cujo comportamento desconsidera os sentimentos das pessoas, bem como "intoxicam" as relações interpessoais.

PROPOSTA III — Carta a um amigo sobre os principais fatos ocorridos no Brasil em 2010

Tema III

Carta sobrevive na era do *e-mail*

Ninguém questiona o fato de que a internet chegou para ficar e está transformando o modo como o mundo se comunica. A proliferação do uso de *e-mails*, *sites* de relacionamento e mesmo SMS enterrou para muitos a ideia de enviar uma carta. Mas os correios em todo o mundo descobriram que a carta não desapareceu. Há três anos, o envio de correspondências se mantém estável, segundo a União Postal Universal, fundada em 1874 em Berna. No mundo são 1,2 bilhão de cartas mandadas por dia. Por ano, os campeões são os americanos, com 199 bilhões de cartas. O Japão vem em distante segundo lugar, com 25 bilhões, e a Alemanha, com 21 bilhões. Segundo 193 correios do mundo, há grandes diferenças ainda entre os países sobre como as pessoas se comunicam. Na Arábia Saudita, a carta continua sendo a forma mais usada por trabalhadores imigrantes provenientes da Ásia para se comunicar com suas famílias em seus países de origem. Na África, a realidade é mais problemática. Somente uma a cada oito pessoas tem um endereço para onde alguém possa enviar uma carta. Se nem endereço fixo é uma realidade, a internet continua um sonho distante. No mundo, uma a cada três pessoas tem acesso à internet em casa. Mas a taxa é de uma a cada 20 nos países em desenvolvimento, segundo a União Internacional de Telecomunicações.

(Adaptado de: Agência Estado. Carta sobrevive na era do *e-mail*. *Gazeta do Povo*, 6 jun. 2010, p. 15.)

Tendo em vista a importância da troca de correspondências nos dias atuais, redija uma carta a um amigo que vive num país distante, numa cidade que não dispõe de rede de comunicação para *e-mail* e internet, relatando a ele os fatos mais importantes ocorridos no Brasil no ano de 2010.

(Atenção: Ao encerrar a carta, assine Fulano de Tal, mantendo o sigilo de sua prova.)

2. Acompanhe, a seguir, os comentários sobre essas propostas da prova de redação da UEL-PR 2011. A leitura vai ajudá-lo a compreender melhor os textos reproduzidos e a se preparar para outros exames semelhantes. Seguindo as dicas, escolha uma das modalidades e produza um texto de acordo com as orientações.

a) **PROPOSTA I**. O texto de apoio para a compreensão do tema a ser desenvolvido foi originalmente publicado em uma revista. Releia-o acompanhando os comentários de cada parte. Ao ler um texto que deve inspirá-lo para sua própria produção, procure sempre identificar: o tema, o ponto de vista desenvolvido e os argumentos apresentados nele. Observe:

Texto citado na proposta de redação	Comentário
Ser inteligente saiu de moda 'Nada mais brega do que bancar o inteligente', afirmam, sem nenhuma vergonha, muitos estudantes ingleses a seus boquiabertos professores. **(I)** Diante do fato, alguns dos mais brilhantes catedráticos decidiram se reunir na tentativa de explicar o fenômeno. Resultado? Se ainda não foi banido pelos professores, o adjetivo *clever* (inteligente) está muito perto disso. Decidiu-se inclusive que, daqui por diante, será preciso tomar cuidado antes de chamar de inteligentes os melhores alunos. **(II)** Porque, segundo uma pesquisa, são exatamente os melhores da turma os que mais correm risco de cair na prática do *bullying* (assédio físico ou psicológico aos colegas) para tentar se livrar da pecha de chatos. Os professores estão convencidos de que os estudantes, após serem definidos como "inteligentes", se sentem de algum modo marcados. E por isso reagem adversamente. Provas disso? Em numerosos casos, muitos deles se recusam inclusive a retirar os prêmios escolares que ganharam por medo de serem ridicularizados pelos colegas. **(III)** Existe, no entanto, um outro aspecto mais sociológico, ligado ao desenvolvimento de uma sociedade tipicamente consumista que se agarra aos "mitos" do espetáculo e das celebridades do momento. Ou seja, não mais os grandes escritores e compositores, os cientistas e filósofos, não mais os grandes empreendedores constituem os padrões de sucesso e de afirmação social a serem perseguidos. **(IV)** A culpa deve ser atribuída, sobretudo, aos atuais modelos e cânones de celebridade que contribuem para bloquear os jovens, afastando-os do sucesso acadêmico. **(V)** Cita-se, por exemplo, um *self-made-man* como Alan Sugar, popularmente conhecido como "Barão Sugar", empresário britânico, conhecidíssimo personagem da mídia e consultor político. Nascido de família humilde, ele é hoje dono de uma fortuna estimada em US$ 1,2 bilhão. A exemplo de outros homens e mulheres de sucesso contemporâneos, Sugar não costuma ler livros e gosta de se vangloriar das notas baixas que alcançou na escola. **(VI)** Não menos deprimente foi o panorama desenhado por Ann Nuckley, administradora escolar em Southwark, bairro no sul de Londres. Segundo ela, os estudantes preferem adotar como modelo as celebridades do momento que transitam pelas revistas de fofoca social ou as que analisam nos mínimos detalhes a gloriosa existência do último garotão que, da noite para o dia, saiu do anonimato para a luz do estrelato graças a um papel na novela da televisão. **(VII)**	**(I)** Introdução do tema: a inversão de valores que se constatou a respeito de um aluno ser considerado inteligente. **(II)** Solução encontrada pelos professores para a questão: não se deve destacar os alunos inteligentes. **(III)** Justificativa para essa atitude: proteger do *bullying* os bons alunos. **(IV)** Perspectiva sociológica: isso acontece porque vivemos de acordo com os ideais de uma sociedade de consumo, que coloca no pedestal as celebridades instantâneas. **(V)** Explicação: a culpa é atribuída aos padrões atuais de fama. **(VI)** Exemplo 1: o empresário *self-made-man* Alan Sugar. **(VII)** Exemplo 2: a opção pelas celebridades instantâneas no panorama traçado por Ann Nuckley a partir do observado em uma escola londrina: os alunos preferem ter como modelo as celebridades do momento.

Dicas para ler e escrever sua redação com base em uma proposta como essa

- Resuma o texto reproduzido ordenando as principais ideias que discutem o tema. Como o texto desenvolve a questão da inversão de valores quanto ao tratamento dos alunos inteligentes? Que argumentos são usados para isso? Que exemplos são apresentados com essa intenção?
- Identifique qual é o posicionamento do produtor do texto perante a questão. Procure pistas no texto que revelem o posicionamento do autor (adjetivos, advérbios, comentários, modos de encaminhar a argumentação).
- Reflita sobre o tema e procure se posicionar a respeito dele: qual é a sua opinião? Que argumentos podem ajudá-lo a defender seu ponto de vista? Anote essas ideias e busque, se possível, exemplos que reforcem sua argumentação.
- Repasse os argumentos do texto reproduzido na proposta: você concorda com eles ou discorda dessas ideias? Podem ajudá-lo a construir seu texto?
- Sua argumentação deve ser clara e enxuta. Lembre-se sempre de se posicionar abertamente.

b) **PROPOSTA II.** O texto da proposta II é uma matéria de jornal que se vale da perspectiva de um especialista ao escrever sobre a chamada "gente tóxica", pessoas que envenenam psicologicamente quem está a sua volta. Para defender sua ideia, o produtor do texto cita o estudo do terapeuta familiar Bernardo Stamateas, que comenta o comportamento em questão. Observe:

Texto citado na proposta de redação	Comentário
Gente venenosa: os sabotadores Não há como afirmar que existe alguém totalmente bom ou totalmente mau como nas maniqueístas histórias infantis. Mas em determinadas situações há pessoas de personalidade difícil, que potencializam as fragilidades de quem está a sua volta, semeando frustrações e desestruturando sonhos alheios. Atitudes que, em resumo, envenenam. **(I)** O terapeuta familiar argentino Bernardo Stamateas identificou essas pessoas, cunhou o termo "gente tóxica" e falou sobre elas no livro *Gente tóxica – como lidar com pessoas difíceis e não ser dominado por elas*. Assim como uma maçã estragada em uma fruteira é capaz de contaminar as outras frutas boas, as pessoas tóxicas, segundo Stamateas, tendem a envenenar a vida, plantar dúvidas e colocar uma pulga atrás da orelha de qualquer um. **(II)** A vilania da situação reside no fato de que gente tóxica está sempre à espera da queda ou da frustração de alguém próximo para, então, assumir o papel de protagonista. "Eles (os tóxicos) se sentem intocáveis e com capacidade de ver a palha no olho do outro e não no seu", comenta o autor. **(III)**	(I) Introdução do tema: define-se pessoa venenosa. (II) Fundamentação: introdução da perspectiva de um especialista: referência à descrição do terapeuta familiar que estuda o comportamento dessas pessoas. (III) Conclusão: síntese (segundo Stamateas) da ação nociva da gente tóxica: trata-se de pessoas que estão sempre à espera da desgraça de alguém para poderem assumir o papel de protagonistas.

Texto citado na proposta de redação	Comentário
 UEL/2011 (*Jornal de Londrina*, 19 out. 2010, p. 22.)	A tirinha é usada como um exemplo da situação comentada no texto: "Gente venenosa: os sabotadores". Mostra como funciona o processo de envenenamento: o personagem da esquerda consegue minar a autoconfiança do personagem da direita ao insistir na pergunta: "Você sabe quem é?".

Dicas para ler e escrever sua redação com base em uma proposta como essa

- A narração deve ser desenvolvida a partir da do tema apresentado, exemplificando uma situação em que se verifique o "comportamento tóxico". A tirinha pode servir de inspiração para a sua narrativa.
- Em uma proposta como essa, você precisa definir quantos personagens apresentar e qual será a situação de conflito. É fundamental apresentar os personagens, lembrando que cada um deles tem sua própria história, seu modo de se vestir e de falar, assim como um motivo para se envolver na situação apresentada. Procure caracterizá-los de modo que o leitor da sua redação possa identificá-los. Mostre de que modo se posicionam no conflito. As falas, os diálogos são recursos excelentes para mostrar o posicionamento dos personagens; use-os a seu favor.
- Como vai desenvolver sua história? Você pode escolher um desenvolvimento mais tradicional, mas também pode surpreender o leitor com uma narrativa mais fragmentada (desde que coesa e bem fundamentada).
- Como terminar sua narrativa? Você pode encaminhar o conflito para algum tipo de solução ou pode deixar o final mais aberto e um pouco misterioso, mas é preciso que o leitor não fique perdido nem frustrado. Ao reler seu texto, procure se colocar na posição dele: você gostaria de ler uma narrativa que termina desse modo? Se necessário, reescreva o texto.
- Releia sua narrativa e observe se há coerência entre o início e o final.

c) **PROPOSTA III**. O gênero textual indicado nessa proposta é outro: carta. O tema trata da sobrevivência da modalidade carta na era da comunicação digital.

Texto citado na proposta de redação	Comentário
Carta sobrevive na era do *e-mail* Ninguém questiona o fato de que a internet chegou para ficar e está transformando o modo como o mundo se comunica. A proliferação do uso de *e-mails*, *sites* de relacionamento e mesmo SMS enterrou para muitos a ideia de enviar uma carta. Mas os correios em todo o mundo descobriram que a carta não desapareceu. **(I)** Há três anos, o envio de correspondências se mantém estável, segundo a União Postal Universal, fundada em 1874 em Berna. No mundo são 1,2 bilhão de cartas mandadas por dia. Por ano, os campeões são os americanos, com 199 bilhões de cartas. O Japão vem em distante segundo lugar, com 25 bilhões, e a Alemanha, com 21 bilhões. Segundo 193 correios do mundo, há grandes diferenças ainda entre os países sobre como as pessoas se comunicam. Na Arábia Saudita, a carta continua sendo a forma mais usada por trabalhadores imigrantes provenientes da Ásia para se comunicar com suas famílias em seus países de origem. Na África, a realidade é mais problemática. Somente uma a cada oito pessoas tem um endereço para onde alguém possa enviar uma carta. **(II)** Se nem endereço fixo é uma realidade, a internet continua um sonho distante. No mundo, uma a cada três pessoas tem acesso à internet em casa. Mas a taxa é de uma a cada 20 nos países em desenvolvimento, segundo a União Internacional de Telecomunicações. **(III)**	**(I)** Introdução do tema: o autor faz referência aos meios digitais de comunicação que concorrem com a carta. **(II)** Desenvolvimento: dados numéricos que permitem constatar a sobrevivência do gênero carta. **(III)** Conclusão: a carta como substituta da comunicação eletrônica.

Dicas para ler e escrever sua redação com base em uma proposta como essa

- Você está diante de uma questão de prova pouco usual: o tema do texto de leitura da proposta **não** é o mesmo da carta pessoal que você deverá escrever. Por isso, leia atentamente o texto *Carta sobrevive na era do e-mail*, mas encare-o apenas como informativo da importância atual do gênero carta.
- Para começar, você pode fazer uma lista dos acontecimentos mais relevantes do ano no Brasil. Estabeleça a repercussão que tiveram sobre você e seus familiares que vivem no país.
- Lembre-se de que a carta a um amigo é uma forma pessoal de narrativa. Como toda narrativa, ela deverá ter começo, meio e fim. Anote suas ideias, ordene-as e mãos à obra.
- Lembre-se de utilizar corretamente as características interlocutivas do gênero carta (data, lugar, saudação, narração em primeira pessoa, encerramento, etc.), preservando, no entanto, a sua anonimidade. SUA CARTA NÃO PODE TRAZER NEM A SUA ASSINATURA NEM CONTER QUALQUER OUTRO DADO QUE O IDENTIFIQUE. Em caso de provas públicas, a redação que contiver informações que permitam a identificação do candidato será anulada.
- Releia sua carta e observe se há coerência no desenvolvimento dos temas.

Respostas

Os estilos de época da Revolução Industrial à Primeira Guerra: a poesia do Romantismo

1. a
2. b
3. 04 + 08 = 12
4. e
5. d
6. a) No poema de Gonçalves Dias, são recriadas as selvas e as florestas brasileiras do período colonial e pré-colonial, séculos XVI e XVII; no romance de Manuel Antônio de Almeida, o Rio de Janeiro de Dom João VI, no século XIX.

   b) Trata-se da idealização, ou seja, a descrição idealizada do tempo, espaço e personagens.
7. e
8. d
9. 01 + 02 = 03

A poética do Romantismo: amores, índios e condores

1. a
2. d
3. b
4. b
5. b
6. b
7. b
8. c
9. c
10. d
11. a) As palavras são: LONGE (no sentido de "lugar longínquo"), que aparece no poema como advérbio (estrofes 1, 3 e 4), e como substantivo (estrofe 5), e SÓ (sentido de "isolamento"), que aparece como adjetivo (estrofes 3 e 4).

    b) O eu lírico imagina o lugar para onde quer voltar como ideal, com aspectos positivos ligados à natureza e à emotividade.
12. O poema *Canção do Exílio*, de Gonçalves Dias, filia-se ao Romantismo.
13. 1 + 4 + 8 = 13
14. a

A prosa do Romantismo: a literatura se populariza

1. b
2. c
3. e
4. c
5. a) A sociedade retratada em *Til* está estruturada basicamente em duas camadas sociais: os grandes latifundiários e os escravos com a gente humilde do campo.
   Os personagens que habitam na Fazenda das Palmas estão submetidos ao poder de Luís Galvão, representante de uma aristocracia rural a quem todos devem obrigações e favores. Jão Fera reconhece as limitações impostas pela sua condição de agregado que vive da caridade do seu "benfeitor" e se vê obrigado a uma subserviência humilhante para poder sobreviver.

   b) Jão Fera não admitia ser identificado com o escravo negro, por isso prefere o trabalho de capanga dos ricos ao trabalho na lavoura, típico da ralé.
6. b
7. 01 + 08 + 32 = 41
8. a) Esse movimento também era conhecido como indianismo e marcou o Romantismo. Seus principais objetivos eram a criação de uma literatura nacional (nacionalista), por meio da valorização da língua indígena e a valorização do índio, como modelo de herói à exaltação nacionalista.

   b) A afirmação de Machado de Assis justifica-se pelo fato de José de Alencar ter criado uma representação da maneira como o índio supostamente pensa, visualiza o seu universo, que é a natureza selvagem, e interage com ele. Para isso, estilizou a linguagem de modo a permitir que a narrativa de "Iracema" se articulasse como prosa poética, valorizando os efeitos de sentido para compor artisticamente uma imagem idealizada do índio e da natureza.
9. a) O estilo de época é o Romantismo. Alguns aspectos desse estilo presentes no fragmento do texto em questão são: a descrição minuciosa, a visão subjetiva da realidade, alguns aspectos que marcam a vida em sociedade naquele momento histórico, a tensão entre a corte e a província.

   b) José de Alencar idealiza as belezas naturais da cidade e as diferenças socioeconômicas entre seus habitantes, utiliza-se de um excessivo descritivismo, com predomínio de períodos longos e uso de adjetivação. Já Paulo Lins descreve de forma realista a cena urbana e seus conflitos socioculturais, faz uso de uma linguagem seca e econômica, com períodos curtos e com pouco uso de adjetivos.
10. b
11. 04 + 08 = 12
12. A personagem Inocência apresenta características românticas como o fato de ser sonhadora, querer ser princesa, possuir uma beleza deslumbrante e aparência física frágil. No entanto, o fato de ser iletrada, viver no campo e querer aprender a ler distancia-a desse perfil idealizado.

Os estilos de época da Revolução Industrial à Primeira Guerra: Realismo/Naturalismo

1. a) Segundo Eça de Queirós, o artista romântico concebia previamente a trama das emoções a serem representadas no teatro ou na narrativa. Contrariamente a isso, o autor realista primeiro se dedicaria à observação metódica e, em seguida, conceberia a trama de sua obra baseando-se em análise pretensamente científica dos dados observados.

   b) A ideia determinista exposta por Eça de Queirós exprime-se no segundo quarteto do poema de Augusto dos Anjos ("Duras leis...").
2. a) Castilho representa a estética romântica e Quental, a realista.

   b) Marca o início do Realismo em Portugal.
3. Convergência: tanto o Realismo como o Naturalismo retratam o real, cuja fundamentação se encontra

nos princípios do Positivismo e do Determinismo. São antirromânticos.

Divergência: o Realismo faz uma interpretação indireta dos fatos; já o Naturalismo, uma interpretação direta e avança até as últimas consequências.

4. a) Mestre Romão não consegue produzir, enquanto o eu lírico de Quental, mesmo com imperfeição, produz.

   b) "... justamente a que Mestre Romão procurava durante anos sem achar nunca." "E, assentado entre as formas incompletas."

5. V – V – F – V – F

6. a) Em ambos os textos, os narradores em 1ª pessoa estabelecem diálogo com o leitor ("Benévolo e paciente leitor", "o maior defeito deste livro és tu, leitor"), usam o recurso da função metalinguística ("Neste despropositado e inclassificável livro das minhas Viagens", "Mas o livro é enfadonho, cheira a sepulcro, traz certa contração cadavérica") e desviam-se da narrativa cronológica para abrirem espaço a digressões ("acabemos com estas digressões e perenais divagações minhas", "este livro e o meu estilo são como os ébrios, guinam à direita e à esquerda, andam e param, resmungam, urram, gargalham, ameaçam o céu, escorregam e caem").

   b) O leitor é tratado de forma respeitosa no excerto de Almeida Garrett e irônica no de Machado de Assis. Ambos deduzem que o público da época preferia a narrativa linear, com recursos técnicos facilitadores de leitura, desenvolvimento de tramas que provocassem as emoções até um clímax e conduzissem a um final previsível.

7. b

8. a

9. a) Com o advento das correntes filosóficas do final do século XIX (Determinismo, Positivismo, Darwinismo e Experimentalismo), Eça de Queirós justifica em *Idealismo e Realismo* a alteração de comportamento do escritor perante um novo público que exige uma estética voltada para a observação da realidade e não mais para a idealização fantasiosa que o Romantismo oferecera no passado. Ao citar Claude Bernard e ao outorgar-lhe a verdadeira autoria do Naturalismo, o escritor expressa a necessidade de se adaptar à nova estética através de recursos verificáveis em *O Primo Basílio*. Assim, ao desvendar a essência de Luísa, vítima de uma sociedade burguesa aculturada, Eça desmonta a idealização típica do Romantismo que norteava as ações do protagonista. Ao invés de um sentimento amoroso profundo, Luísa acede ao pedido de casamento com Jorge por conveniências sociais ("Que alegria, que descanso para a mamã!"), desejos reprimidos ("ela sentia o calor daquela palma larga penetrá-la, tomar posse dela") e manifestações físicas incontroláveis ("sentia debaixo do vestido de merino dilatarem-se docemente os seus seios").

   b) Os excertos mencionados no enunciado poderiam ser substituídos por "Ao princípio não agradou a Luísa" e "Que sensação quando Jorge lhe disse (...)" sem alteração de sentido do texto original.

10. a

11. c

12. a) Realismo-Naturalismo. Características: a descrição objetiva e minuciosa; a desidealização do ser humano, captado em seus aspectos ridículos e grotescos; o "determinismo biológico", na prevalência do instinto e da sexualidade; a crítica social na retração da hipocrisia moral de quem dissimulava no ritualismo das rezas e penitências a sexualidade mal resolvida; a ironia que beira o sarcasmo; o cuidado estilístico.

   b) A maneira como Eça de Queirós articula a caracterização de D. Felicidade e de sua paixão serôdia e não correspondida pelo Conselheiro Acácio pode esconder um "drama humano" e uma "tragédia" existencial.

13. b

14. c

15. a) O romance "O Primo Basílio" integra o movimento realista/naturalista português e tem como protagonista Luísa, jovem casada, frívola e ociosa, fruto de uma cultura haurida nos folhetins românticos. Desse modo, forjou-se nela uma consciência artificial e alienada da realidade, uma expectativa sentimental e idealizada da existência que contrastava com o cotidiano medíocre de "burguesinha da Baixa". O retorno a Lisboa de seu primo Basílio, novo-rico arrogante, pretensioso e mulherengo, cria ocasião para ela vivenciar as aventuras sensuais de suas leituras. A partir desses fatos, a obra manifesta dura condenação ao movimento romântico e à "arte sensual e idealista".

   b) No fragmento transcrito, Eça de Queirós opõe, de um lado, a "arte pela arte, o romantismo, a arte sensual e idealista" e, de outro, a "arte moral (...) Realismo, (...) arte experimental e racional". Assim, o experimental e o racional estão em clara oposição ao idealismo e ao sentimentalismo românticos.

   Em "O Primo Basílio", a análise do adultério feminino é o motivo a partir do qual se passam em revista as contradições sociais marcadas tanto pela hipocrisia quanto pelos conflitos de classe.

   O escritor português se propõe, então, a fazer uma arte de crítica social radical, aproximando-se dos postulados do escritor naturalista francês Émile Zola, precursor do romance experimental, ou seja, de tese. Trata-se de um estudo de caso: o autor faz um levantamento dos pressupostos que levaram a protagonista ao adultério, analisa as circunstâncias e as consequências dele, em especial a desagregação familiar. Como se vê, a obra apresenta uma estrutura racional de inspiração científica.

A narrativa realista/naturalista no Brasil

1. e

2. b

3. a) O conselho de Brás Cubas a Quincas Borba revela a hipocrisia do personagem-narrador que, nascido em família abastada e amparado pelos privilégios concedidos à elite burguesa do Segundo Reinado, nunca tivera de trabalhar para garantir a sua sobrevivência.

   b) Brás Cubas assume comportamentos diferentes relativamente a Quincas Borba e a D. Plácida. Enquanto ao primeiro, num gesto vaidoso e paternalista, lhe dava uma pequena esmola e aconselhava a trabalhar para conseguir mais dinheiro, à segunda, movido pelo interesse em manter uma aliada para os seus encontros clandestinos com Virgília, oferecia quantias generosas sem nenhum sentimento de culpa.

4. b
5. b
6. e
7. d
8. e
9. c
10. c
11. a
12. d
13. e
14. e

O teatro no século XIX: abrem-se as portas do teatro nacional

1. a) Gênero dramático. Podemos citar como características desse gênero: ausência de narrador; presença de rubricas; predomínio de diálogos; personagens encarnados por atores; encenação dos episódios em um palco.
   b) Modo imperativo. Função apelativa ou conativa.
2. a) Azevedo, entediado, decide se casar mesmo sem amor. O casamento é apenas uma união conveniente, sem paixão, apenas um consolo para o tédio decorrente da vida de um dândi dos salões. Na continuação desse texto, Azevedo afirma que a "mulher é uma joia", "um traste de luxo", uma maneira para o marido aumentar seu círculo social e seu poder a partir dos admiradores da esposa.
   b) Essa visão utilitária e fria do casamento é diferente da opinião de Eduardo, que considera o amor o motivo único para o casamento. Eduardo considera que a vida social das festas, do teatro está destruindo a vida doméstica; por isso é que haveria homens como Azevedo, cansados de prazeres mundanos, que veem na esposa um "traste de luxo" e não conseguem amar, já que trazem para a vida do lar "o tédio dos prazeres".
   c) Prevalece o ponto de vista de Eduardo, já que os casamentos dos pares Eduardo/Henriqueta e Carlotinha/Alfredo têm como motivo o amor, baseado no "suave e puro" convívio familiar. O entediado Azevedo se interessou primeiramente por Henriqueta, depois por Carlotinha, mas foi rejeitado.
3. c
4. d
5. a
6. a) Carlos, para não ser levado pelo padre-mestre de volta ao convento de que fugira, troca de roupas com Rosa, que é capturada e levada ao convento em seu lugar.
   b) Trata-se de uma rubrica utilizada dentro da fala da personagem que revela pensamentos e intenções opostas.
7. c
8. b

Os estilos de época da Revolução Industrial à Primeira Guerra: o Parnasianismo

1. a) A época representada é a do declínio do ciclo do ouro, em ambos os poemas. No poema de Olavo Bilac, o local retratado é Vila Rica/Ouro Preto, em Minas Gerais, e no de Cora Coralina é a Cidade de Goiás/Vila Boa, em Goiás.
   b) Em "Vila Rica", a voz poética apresenta, em tom melancólico, a decadência de Vila Rica. Já em "Velho sobrado", a voz poética apresenta, em tom crítico, a decadência de Goiás Velho.
2. a) No poema de Bilac, a voz que enuncia a expressão do erótico é a de um eu lírico masculino. No excerto de Colasanti, a voz que enuncia é a feminina.
   b) No poema, a voz enunciadora representa o comportamento erótico da mulher como aprisionador do homem, em um jogo de resistência e de entrega por parte deste. Já no fragmento do conto, a voz enunciadora representa o comportamento erótico como libertação da mulher, sua entrega aos prazeres.
3. d
4. e
5. a
6. V – V – V – F – F
7. a
8. a) Frases imperativas de TERCETOS:
   – "Olha a escuridão que há lá por fora"
   – "Espera!"
   (Há outras opções).
   b) As frases imperativas (próprias da função conativa ou apelativa) explicitam bem a intenção do emissor em prolongar a relação amorosa.
9. a) A semelhança entre os dois textos está no fato de um dos companheiros insistir na relação sexual, estimulando o outro a participar.
   b) O narrador de "Tercetos" é de primeira pessoa. O amante tenta convencer a amada a prolongar a relação amorosa. Em "Macunaíma", está em terceira pessoa, portanto o narrador observa a cena descrita.
10. a) Em "Macunaíma", há presença da linguagem coloquial, termos regionais e criação de neologismos, o que o distancia do Parnasianismo de Olavo Bilac, cuja formalidade é inteiramente voltada à norma culta.
    b) Há um certo decoro no poema de Olavo Bilac ao se referir ao sexo. É o amante que sugere à mulher (relutante e silenciosa) o prolongamento da relação. Em "Macunaíma", é a mulher que insiste em "brincar" com o herói. A descrição da cena apresenta um apelo despudorado e o clima da relação sexual é explícito.
11. c

Os estilos de época da Revolução Industrial à Primeira Guerra: o Simbolismo

1. c
2. c
3. e
4. b
5. A concepção de poeta comum às correntes estéticas do Simbolismo e do Romantismo é a de um ser divino, com a capacidade de indicar à humanidade, pela poesia, o que não se percebe.
6. a
7. O soneto "Alma fatigada", de Cruz e Sousa, expressa o desejo de morte, sentimento presente na estética do Romantismo (2ª geração).
8. d
9. a) A vogal A simboliza a adolescência ("A adolescência é toda de sonhos") e o despertar da vida amorosa ("Quem não pensa em doce amor"). A vogal U, a morte ("A morte vem").
   b) Há presença da musicalidade. As vogais vão produzindo do A ao U, a cadência rítmica da vida à morte.
10. a
11. d

Significado das siglas

AFA-SP	Academia da Força Aérea (São Paulo)
Aman-RJ	Academia Militar das Agulhas Negras (Rio de Janeiro)
Cefet-MG	Centro Federal de Educação Tecnológica de Minas Gerais [IFMG]
Cefet-PR	Centro Federal de Educação Tecnológica do Paraná [UFTPR]
Cefet-RJ	Centro Federal de Educação Tecnológica "Celso Sukow da Fonseca" (Rio de Janeiro)
Cesgranrio-RJ	Centro de Seleção de Candidatos ao Ensino Superior do Grande Rio (Rio de Janeiro)
CPS-PR	Comissão Permanente de Seleção (Paraná)
Epcar-MG	Escola Preparatória de Cadetes do Ar (Minas Gerais)
EsPCEx-MG	Escola Preparatória de Cadetes do Exército (Minas Gerais)
EsPCEx-SP	Escola Preparatória de Cadetes do Exército (São Paulo)
ESPM-SP	Escola Superior de Propaganda e Marketing (São Paulo)
Faap-SP	Fundação Armando Álvares Penteado (São Paulo)
Fadergs-RS	Faculdade de Desenvolvimento do Rio Grande do Sul
Fatec-SP	Faculdade de Tecnologia (São Paulo)
FCL-SP	Fundação Cásper Líbero (São Paulo)
FEI-SP	Faculdade de Engenharia Industrial (São Paulo)
FGV-SP	Fundação Getúlio Vargas (São Paulo)
Fuvest-SP	Fundação Universitária para o Vestibular (São Paulo)
Ibmec-RJ	Faculdades do Instituto Brasileiro de Mercado de Capitais (Rio de Janeiro)
Ifal	Instituto Federal de Alagoas
IFCE	Instituto Federal de Educação, Ciência e Tecnologia do Ceará
IFPE	Instituto Federal de Educação, Ciência e Tecnologia de Pernambuco
IFSC	Instituto Federal de Educação, Ciência e Tecnologia de Santa Catarina
IFSP	Instituto Federal de Educação, Ciência e Tecnologia de São Paulo
Insper-SP	Instituto de Ensino e Pesquisa (São Paulo)
ITA-SP	Instituto Tecnológico da Aeronáutica (São Paulo)
PUCC-SP	Pontifícia Universidade Católica de Campinas (São Paulo)
PUC-MG	Pontifícia Universidade Católica de Minas Gerais
PUC-PR	Pontifícia Universidade Católica do Paraná
PUC-RJ	Pontifícia Universidade Católica do Rio de Janeiro
PUC-RS	Pontifícia Universidade Católica do Rio Grande do Sul
PUC-SP	Pontifícia Universidade Católica de São Paulo
UCS-RS	Universidade de Caxias do Sul (Rio Grande do Sul)
Udesc	Universidade do Estado de Santa Catarina
UEA-AM	Universidade Estadual do Amazonas
Uece	Universidade Estadual do Ceará
UEG-GO	Universidade Estadual de Goiás
UEL-PR	Universidade Estadual de Londrina (Paraná)
UEM-PR	Universidade Estadual de Maringá (Paraná)
UEMS	Universidade Estadual do Mato Grosso do Sul
Uepa	Universidade do Estado do Pará
UEPB	Universidade Estadual da Paraíba
Uepe	Universidade Estadual de Pernambuco
UEPG-PR	Universidade Estadual de Ponta Grossa (Paraná)
Uerj	Universidade Estadual do Rio de Janeiro
Uespi	Universidade Estadual do Piauí
Ufal	Universidade Federal de Alagoas
UFBA	Universidade Federal da Bahia
UFC-CE	Universidade Federal do Ceará
Ufes	Universidade Federal do Espírito Santo
UFF-RJ	Universidade Federal Fluminense (Rio de Janeiro)
UFG-GO	Universidade Federal de Goiás
UFJF-MG	Universidade Federal de Juiz de Fora (Minas Gerais)
Ufla-MG	Universidade Federal de Lavras (Minas Gerais)
UFMG	Universidade Federal de Minas Gerais
UFMS	Universidade Federal do Mato Grosso do Sul
UFMT	Universidade Federal do Mato Grosso
UFPA	Universidade Federal do Pará
UFPB	Universidade Federal da Paraíba
UFPE	Universidade Federal de Pernambuco
Ufpel-RS	Universidade Federal de Pelotas (Rio Grande do Sul)
UFPI	Universidade Federal do Piauí
UFPR	Universidade Federal do Paraná
UFRGS-RS	Universidade Federal do Rio Grande do Sul
UFRJ	Universidade Federal do Rio de Janeiro
UFRN	Universidade Federal do Rio Grande do Norte
UFRRJ	Universidade Federal Rural do Rio de Janeiro
UFSC	Universidade Federal de Santa Catarina
Ufscar-SP	Universidade Federal de São Carlos (São Paulo)
UFSM-RS	Universidade Federal de Santa Maria (Rio Grande do Sul)
UFTM-MG	Universidade Federal do Triângulo Mineiro (Minas Gerais)
UFT-TO	Universidade Federal de Tocantins
UFU-MG	Universidade Federal de Uberlândia (Minas Gerais)
UFV-MG	Universidade Federal de Viçosa (Minas Gerais)
Unaerp-SP	Universidade de Ribeirão Preto (São Paulo)
UnB-DF	Universidade de Brasília (Distrito Federal)
Uneb-BA	Universidade Estadual da Bahia
Unesp	Universidade Estadual Paulista "Júlio de Mesquita Filho" (São Paulo)
Unicamp-SP	Universidade de Campinas (São Paulo)
Unifesp	Universidade Federal de São Paulo
Unirio-RJ	Universidade Federal do Estado do Rio de Janeiro
UPE	Universidade de Pernambuco
UPF-RS	Universidade de Passo Fundo (Rio Grande do Sul)
UPM-SP	Universidade Presbiteriana Mackenzie (São Paulo)

PROJETO MÚLTIPLO

Caderno de Estudo

Literatura

Ensino Médio

José De Nicola

Licenciado em Letras, com especialização em ensino de língua e literatura, foi professor de cursinhos e de escolas particulares, lecionando para turmas de Ensino Médio.

Autor de várias obras dedicadas ao ensino de língua, literatura e produção de textos para Ensino Médio, entre as quais se destacam:
Práticas de linguagem – leitura & produção de textos;
Gramática – palavra, frase, texto;
Literatura brasileira – das origens aos nossos dias;
Painel da literatura em língua portuguesa.

editora scipione

editora scipione

Diretoria editorial: Lidiane Vivaldini Olo

Editoria de Língua Portuguesa: Renato Luiz Tresolavy

Editoras: Juliana Lima Gonçalves, Valéria Franco Jacintho; Francisca Tarsiana Morais da Silva (estag.)

Supervisor de arte e produção: Sérgio Yutaka

Editor de arte: Claudio Faustino da Silva

Supervisor de arte e criação: Didier Moraes

Coordenadora de arte e criação: Andréa Dellamagna

Projeto gráfico: UC Produção Editorial e Andréa Dellamagna

Gerente de revisão: Hélia de Jesus Gonsaga

Equipe de revisão: Rosângela Muricy (coord.); Ana Paula Chabaribery Malfa, Gloria Cunha, Luís Maurício Boa Nova, Vanessa de Paula Santos; Flávia Venézio dos Santos (estag.)

Supervisor de iconografia: Sílvio Kligin

Pesquisa iconográfica: Elena Ribeiro, Roberta Freire Lacerda dos Santos; Claudia Balista (assist.)

Tratamento de imagem: Cesar Wolf e Fernanda Crevin

Foto da capa: Aldemir Martins/Arquivo da editora

Grafismos: Shutterstock/Glow Images

Avenida das Nações Unidas, 7221

3º andar, Setor D

Pinheiros – São Paulo – SP – CEP 05425-902

Tel.: 4003-3061

www.scipione.com.br / atendimento@scipione.com.br

Dados Internacionais de Catalogação na Publicação (CIP)
(Câmara Brasileira do Livro, SP, Brasil)

De Nicola, José
Projeto Múltiplo: Literatura, volume único : partes 1, 2 e 3 / José De Nicola. – 1. ed. – São Paulo: Scipione, 2014.

1. Literatura (Ensino médio) 2. Português (Ensino médio) 3. I. Título.

14-04504 CDD-869.07

Índice para catálogo sistemático:

1. Literatura : Português : Ensino médio 869.07

2023

ISBN 978 85 262 9346-5 (AL)

ISBN 978 85 262 9347-2 (PR)

CAE 502790 (AL)

CAE 502765 (PR)

Código da obra CL 738773

1ª edição

10ª impressão

Impressão e acabamento Gráfica Eskenazi

Apresentação

O Ensino Médio é cursado no período em que a maioria dos adolescentes faz uma escolha que os acompanhará por toda a vida: a da profissão que desejam seguir.

Além da profissão, a escolha da universidade também é um fator decisivo para o seu futuro sucesso profissional. E para que você tenha um bom desempenho no exame vestibular da universidade que escolher, além de conhecer muito bem todo o conteúdo do Ensino Médio, você deve desenvolver suas habilidades de leitura e de produção de textos. Por esse motivo, este caderno reúne mais de 200 questões das mais renomadas universidades do país, de diferentes níveis de complexidade, e termina com uma proposta de redação de vestibular comentada.

Cada sequência de exercícios de um mesmo tema é precedida por quadros-resumos que sintetizam os principais tópicos do conteúdo para ajudá-lo a estudar e a responder às questões.

Este caderno representa um momento único de preparação para o vestibular. Utilize-o como um instrumento de aperfeiçoamento de suas habilidades e não desista dos seus sonhos.

Boa sorte!

Sumário

Vestibular em foco

Theo Szczepanski/Arquivo da editora

AS VANGUARDAS: A REVOLUÇÃO ARTÍSTICA NO INÍCIO DO SÉCULO XX

ÀS PORTAS DA GUERRA

O momento histórico que marca a transição do século XIX para o século XX e a definição de uma nova ordem mundial relaciona-se diretamente com a eclosão da Primeira Guerra Mundial (1914-1918) e as agitações sociais na Rússia (1917-1921). Com esse pano de fundo, surgiram movimentos artísticos que questionavam o passado e buscavam novos caminhos: as vanguardas.

O Cubismo

Desenvolvido na pintura e na escultura pelos artistas Pablo Picasso e Georges Braque, o Cubismo valoriza as formas geométricas ao revelar um objeto em seus múltiplos ângulos. A literatura cubista preocupa-se com a construção formal do texto, ressaltando os espaços em branco e preto e a impressão tipográfica.

O Futurismo

O Futurismo prega a absoluta sintonia entre a arte e o mundo moderno, regido pela eletricidade, pelas máquinas, pelos grandes aglomerados urbano-industriais, pela velocidade.

O Expressionismo

O movimento expressionista surgiu em 1910, na Alemanha, trazendo uma forte herança da arte do final do século XIX, preocupada com as manifestações do mundo interior e com a forma de expressá-las.

O Dadaísmo

O francês Jean Arp, também conhecido como Hans Arp, e o romeno Tristan Tzara iniciaram o movimento dadaísta, de caráter anárquico, antirracional, antiburguês, anti-imperialista.

O Surrealismo

No período que se seguiu à Primeira Guerra Mundial, surge, em grande parte derivado do dadaísmo, o último dos grandes movimentos de vanguarda: o surrealismo. O primeiro manifesto surrealista aparece em 1924, assinado por André Breton, que havia participado das últimas rodas dadaístas.

Exercícios

1. (UEL-PR) Considerando as transformações da Arte Moderna em relação ao Período Acadêmico, observe as figuras 1 e 2 das obras futuristas e leia o texto a seguir.

Figura 1: *Dinamismo de um cão na coleira*, Giacomo Balla, 1912.

Figura 2: *Formas únicas na continuidade do espaço*, Umberto Boccioni, 1913.

Para os futuristas, os objetos não se esgotavam no contorno aparente e os seus aspectos se interpenetravam continuamente, devido, sobretudo, à nossa visão, que é dinâmica e vê vários espaços a um só tempo ou vários tempos num só espaço.

(DELL'ARCO, M. F., 1968, apud MORAIS, F. *Arte é o que eu e você chamamos arte*. Rio de Janeiro: Record, 2000. p. 254.)

Com base nas figuras, no texto e nos conhecimentos a respeito do movimento Futurista, atribua V (verdadeiro) ou F (falso) às afirmativas a seguir.

( ) A partir do contato com o Cubismo, os futuristas investiram menos no tema e se aplicaram a complementar seu divisionismo colorista com uma fragmentação formal do tipo cubista. As obras futuristas demonstravam a possibilidade de usar a arte como meio para captar os aspectos de um entorno dinâmico. O divisionismo lhes permitia imprimir um ritmo dinâmico na composição.

( ) Boccioni, em seu Manifesto da Escultura Futurista, proclamou o uso de um único tipo de material na escultura. Enfatizou a imitação de fórmulas herdadas do passado baseadas na cópia do modelo nu e no estudo da estatuária clássica.

( ) Enquanto, no Cubismo, a geometrização enfatiza a estrutura formal do motivo representado, a fragmentação futurista tem a meta de criar elementos lineares ("linhas de força") que podem ser seriados para produzir um efeito de movimento. A coerência formal no Futurismo tem importância secundária.

( ) O Futurismo italiano foi impulsionado na primeira década do século XXI pelas exposições e imagens do Realismo e do Neoclassicismo, sendo também influenciado pelo Expressionismo alemão.

( ) O Futurismo teve sua origem em uma maneira de entender a civilização, considerando o dinamismo como sensação típica do "nosso" tempo a ser buscada na pintura e na escultura. Em alguns aspectos foi um movimento radical que rechaçou todas as tradições, valores e instituições sempre respeitados. Valorizou o registro da velocidade como valor plástico.

Assinale a alternativa que contém, de cima para baixo, a sequência correta.

a) V, V, V, F, F.
b) V, V, F, V, F.
c) V, F, V, F, V.
d) F, V, F, V, F.
e) F, F, V, F, V.

2. (Unicamp-SP) Leia a seguinte passagem do conto "A sociedade":

O esperado grito do cláxon fechou o livro de Henri Ardel e trouxe Teresa Rita do escritório para o terraço.

O Lancia passou como quem não quer. Quase parando.

A mão enluvada cumprimentou com o chapéu Borsalino.

Uiiiiia-uiiiiia! Adriano Melli calcou o acelerador. Na primeira esquina fez a curva. Veio voltando. Passou de novo.

Continuou. Mais duzentos metros. Outra curva. Sempre na mesma rua. Gostava dela. Era a Rua da Liberdade. Pouco antes do número 259-C já sabe: uiiiiiauiiiiia!

(Antônio de Alcântara Machado, "Brás, Bexiga e Barra Funda", em *Novelas Paulistanas*. Rio de Janeiro: José Olympio, 1959, p. 25.)

a) No trecho reproduzido, a linguagem e as imagens apontam para a influência das vanguardas no primeiro momento modernista. Selecione dois exemplos e comente-os.

b) O título refere-se a mais de uma sociedade presente no conto. Quais são elas?

3. (Ufes)

No "Manifesto futurista", de 1909, Marinetti afirma: "1. Nós queremos cantar o amor ao perigo, o hábito à energia e à temeridade. 2. Os elementos essenciais de nossa poesia serão a coragem, a audácia e a revolta. 3. Tendo a literatura até aqui enaltecido a imobilidade pensativa, o êxtase e o sono, nós queremos exaltar o movimento agressivo, a insônia febril, o passo ginástico, o salto mortal, a bofetada e o soco."

MARINETTI, apud TELES, Gilberto M. *Vanguarda europeia e Modernismo brasileiro*. 12. ed. São Paulo: Vozes, 1994. p. 91.

Leia o trecho de "Ode triunfal", de Álvaro de Campos, e, a seguir, faça o que se pede:

"À dolorosa luz das grandes lâmpadas eléctricas da fábrica
Tenho febre e escrevo.
Escrevo rangendo os dentes, fera para a beleza disto,
Para a beleza disto totalmente desconhecida dos antigos.

Ó rodas, ó engrenagens, r-r-r-r-r-r eterno!
Forte espasmo retido dos maquinismos em fúria!
Em fúria fora e dentro de mim,
Por todos os meus nervos dissecados fora,
Por todas as papilas fora de tudo com que eu sinto!
Tenho os lábios secos, ó grandes ruídos modernos,
De vos ouvir demasiadamente de perto,
E arde-me a cabeça de vos querer cantar com um excesso
De expressão de todas as minhas sensações,
Com um excesso contemporâneo de vós, ó máquinas!
[...]"

a) Exponha as marcas futuristas presentes no poema, com base nas afirmações de Marinetti.

b) Identifique formas encontradas pelo poeta para realizar linguisticamente uma escrita que "range os dentes" e aponte o efeito de sentido produzido por essas formas.

4. (UEG-GO)

PICASSO – Disponível em: <www.likovna-kultura.ufzg.hr>. Acesso em: 19 set. 2007.

Este é tempo de partido,
tempo de homens partidos.
Em vão percorremos volumes,
viajamos e nos colorimos.
A hora pressentida esmigalha-se em pó na rua.
Os homens pedem carne. Fogo. Sapatos.
As leis não bastam. Os lírios não nascem
da lei. Meu nome é tumulto, e escreve-se na pedra.

ANDRADE, C. D. de. *Nosso tempo*. Disponível em: <www.insrolux.org/poesias/nossotempodrummond.htm> (5 set. 2007).

Segundo o historiador britânico Eric Hobsbawm, o período compreendido entre o início da primeira e o final da Segunda Guerra Mundial pode ser denominado de "Era da Catástrofe", uma vez que foi marcado por guerras genocidas, regimes políticos fascistas, crises econômicas e pandemias mundiais. Algumas obras artísticas expressaram a angústia do período, como o quadro "Guernica", pintado por Picasso em 1937, e o poema "Nosso tempo", escrito por Drummond em 1945. Sobre a relação dessas obras com seu contexto, é INCORRETO afirmar:

a) No poema de Drummond está presente uma ideologia comunista que foi bastante difundida depois da Segunda Guerra Mundial.

b) Tanto o quadro como o poema expressam uma certa visão romântica de mundo, na medida em que idealizam os temas que retratam.

c) O quadro de Picasso é uma denúncia das atrocidades cometidas pelas tropas alemãs na Guerra Civil Espanhola.

d) Estruturalmente, o poema de Drummond, condizendo com seu estilo poético, é formado por versos livres.

5. (Ufam) A respeito do Surrealismo, um dos movimentos de vanguarda relacionados ao Modernismo brasileiro, pode-se afirmar:

a) Pierre Garnier, que o sistematizou, declarava que as profundezas de nosso espírito abrigam forças capazes de superar o aparente equilíbrio da superfície.

b) Sua história se confunde com a de seu líder, Marinetti, que, em 1909, lançou em Paris o manifesto do movimento.

c) Teve como líder o romeno Tristan Tzara, que privilegiava a exploração do inconsciente, as narrações dos sonhos, as experiências hipnóticas.

d) Tendo como referência o pintor Picasso, seus adeptos pregavam a deformação dos objetos naturais, privilegiando a subjetividade do artista.
e) André Breton, que lançou o manifesto do movimento em 1924, considerava o racionalismo absoluto como algo absolutamente desprezível.

6. (Vunesp-SP) A peça *Fonte* foi criada pelo francês Marcel Duchamp e apresentada em Nova Iorque em 1917.

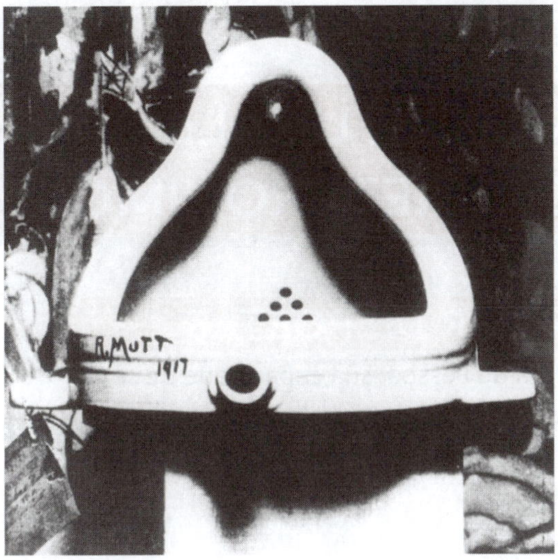

(*Fonte* – obra de Marcel Duchamp, fotografada por Alfred Stieglitz.)

A transformação de um urinol em obra de arte representou, entre outras coisas,
a) a alteração do sentido de um objeto do cotidiano e uma crítica às convenções artísticas então vigentes.
b) a crítica à vulgarização da arte e a ironia diante das vanguardas artísticas do final do século XIX.
c) o esforço de tirar a arte dos espaços públicos e a insistência de que ela só podia existir na intimidade.
d) a vontade de expulsar os visitantes dos museus, associando a arte a situações constrangedoras.
e) o fim da verdadeira arte, do conceito de beleza e importância social da produção artística.

7. (UFMS) Assinale a alternativa correta.

Les Demoiselles D'Avignon

a) A obra "Les Demoiselles D'Avignon", pintada por Pablo Picasso, demonstra as formas arredondadas, ou melhor orgânicas, caracterizando o movimento Cubista.
b) A obra "Les Demoiselles D'Avignon", pintada por Georges Braque, tem como principal característica pictórica o Hiper-Realismo.
c) O Cubismo foi um dos primeiros movimentos artísticos, entre os que compuseram as vanguardas históricas do século XIX, pelo precursor Henri Matisse.
d) "Les Demoiselles D'Avignon" é a obra considerada marco inicial do Cubismo de Pablo Picasso.
e) A obra "Les Demoiselles D'Avignon" tem como característica o direcionamento da luz e dos elementos compostos através da perspectiva, gerando situações de profundidade e equilíbrio.

Texto para as próximas duas questões.

"Conta-se que, diariamente, na hora de adormecer, Saint-Pol-Roux mandava colocar sobre a porta de sua mansão de Camaret um aviso onde se lia: O POETA TRABALHA."

(Fragmento do *Manifesto do Surrealismo*)

8. (Unirio-RJ) Que outro estilo literário valorizou também a concepção encontrada no texto?

9. (Unirio-RJ) Com base nas concepções surrealistas, estabeleça a relação entre as ideias do texto e uma característica do movimento.

10. (UEL-PR) Na gênese do modernismo brasileiro, iniciado na segunda década do século XX, percebem-se diversas influências estéticas oriundas de países estrangeiros.

Considere as afirmativas a seguir:

I. Em 1917, Tarsila do Amaral introduz no Brasil, através de sua pintura, a linguagem pictórica do cubismo, assimilada através de Picasso.
II. O expressionismo como linguagem artística será adotado tanto por artistas como Lasar Segall e Di Cavalcanti, quanto, de forma mais acentuada, por Oswaldo Goeldi.
III. O muralismo mexicano, no que diz respeito ao seu formato de grandes dimensões e seu apreço por temas de cunho político, também influenciará a obra de alguns artistas brasileiros.
IV. A profunda ligação da arte brasileira com a arte francesa, iniciada com a Missão Francesa, terá prosseguimento com a adoção formal pelo modernismo brasileiro das tendências cubistas.

Assinale a alternativa que contém todas as afirmativas corretas.

a) I e II.
b) I e III.
c) III e IV.
d) I, II e IV.
e) II, III e IV.

O MODERNISMO PORTUGUÊS

O modernismo português teve como marco inicial a publicação do primeiro número de *Orpheu – revista trimestral de literatura*, em março de 1915. A revista contou com a participação de Fernando Pessoa, Mário de Sá-Carneiro, Almada Negreiros e do brasileiro Ronald de Carvalho, entre outros.

O MODERNISMO EM PORTUGAL: FERNANDO PESSOA E SEUS HETERÔNIMOS

FERNANDO PESSOA, CRIADOR DE POETAS

É justamente esta a mais rica, densa e intrigante faceta de Pessoa: sua capacidade de se despersonalizar e se reconstruir em outros personagens, todos eles igualmente poetas. E a esses "vários poetas" Fernando Pessoa deu uma biografia, caracteres físicos, traços de personalidade e formação cultural.

Alberto Caeiro

Para Alberto Caeiro, as coisas são como são. É o que Álvaro de Campos, recordando seu mestre, afirmava ser "o conceito direto das coisas". Por isso, seu mundo é o mundo do real-sensível (ou real-objetivo), é tudo aquilo que existe e que percebemos pelos sentidos.

Álvaro de Campos

Campos é um poeta futurista, um homem do século XX, das fábricas, da energia elétrica, das máquinas, da velocidade; é um inadaptado, vive à margem de qualquer conduta social.

Ricardo Reis

Ricardo Reis é um poeta de inspiração neoclássica, horaciano na constante preocupação de "gozar o momento".

Fernando Pessoa, ele-mesmo

A chamada produção "ortônima" de Fernando Pessoa é multifacetada. Em seu livro *Cancioneiro*, ressaltam-se duas características dessa produção: a tradição lírica lusitana ("cancioneiro" nos remete às cantigas medievais) e a musicalidade.

Mensagem, único livro do poeta publicado em vida, é constituído de 44 poemas, divididos em três partes e escrito numa linguagem que alterna construções contemporâneas com vocabulário e sintaxe quinhentistas.

Exercícios

1. (Unicamp-SP) O poema abaixo pertence ao "Cancioneiro" de Fernando Pessoa.

1 Ah, quanta vez, na hora suave
Em que me esqueço,
Vejo passar um voo de ave
E me entristeço!

Por que é ligeiro, leve, certo
No ar de amavio?
Por que vai sob o céu aberto
Sem um desvio?

Por que ter asas simboliza
A liberdade
Que a vida nega e a alma precisa?
Sei que me invade

Um horror de me ter que cobre
Como uma cheia
Meu coração, e entorna sobre
Minh'alma alheia

Um desejo, não de ser ave,
Mas de poder
Ter não sei quê do voo suave
Dentro em meu ser.

(Fernando Pessoa. *Obra Poética*. Rio de Janeiro: Nova Aguilar, 1995, p.138).

Vocabulário:
* amavio: feitiço, encanto

a) Identifique o recurso linguístico que representa a ave tanto no plano sonoro quanto no imagético.

b) Que relação o eu lírico estabelece entre a tristeza e a liberdade?

c) Interprete o fato de que as três interrogações (do verso 5 ao 11) são respondidas, a partir do verso 12, em uma única e longa frase.

2. (PUC-SP) Leia o poema a seguir, de Alberto Caeiro, e indique a alternativa que estabelece conexão entre o poeta e o texto.

Eu não tenho filosofia: tenho sentidos...
Se falo na Natureza não é porque saiba o que ela é,

Mas porque a amo, e amo-a por isso,
Porque quem ama nunca sabe o que ama
Nem sabe por que ama, nem o que é amar...

Amar é a eterna inocência,
E a única inocência não pensar

a) Médico e estudioso da cultura clássica, desenvolve em seus poemas temas mitológicos, em composições denominadas odes.

b) Poeta bucólico, vive em contato direto com a natureza; daí sua lógica ser a mesma da ordem natural.

c) Como engenheiro do século XX e poeta futurista, os temas de sua obra estão voltados para as fábricas, a energia elétrica, as máquinas e a velocidade.

d) Apresenta um conceito direto das coisas, um objetivismo absoluto, apesar de a sensação não se manifestar em seus poemas.

e) Cultor do paganismo, foi mestre apenas de Fernando Pessoa e manteve-se distanciado dos demais heterônimos.

3. (PUC-SP) A afirmação de Alberto Caeiro, um dos heterônimos de Fernando Pessoa, "Sou o Descobridor da Natureza / Sou o Argonauta das sensações verdadeiras", disseminou-se, ao longo de seus poemas, em expansões exemplificadoras da relação do poeta com a natureza e as coisas. Indique a alternativa que não reflete tal relação.

a)
"Quem está ao sol e fecha os olhos,
Começa a não saber o que é o sol.
E a pensar muitas coisas cheias de calor."

b)
"(Isto é talvez ridículo aos ouvidos
De quem, por não saber o que é olhar para as coisas,
Não compreende quem fala delas
Com o modo de falar que reparar para elas ensina)".

c)
"Não desejei senão estar ao sol ou à chuva –
Ao sol quando havia sol
E à chuva quando estava chovendo
(E nunca a outra coisa)..."

d)
"Compreendi que as coisas são reais e todas diferentes umas das outras
Compreendi isto com os olhos, nunca com o pensamento.
Compreender isto com o pensamento seria achá-las todas iguais."

e)

"Eu não sei o que é que os outros pensarão lendo isto;
Mas acho que isto deve estar bem porque o penso sem esforço,
Nem ideia de outras pessoas a ouvir-me pensar;
Porque o penso sem pensamentos,
Porque o digo como as minhas palavras o dizem."

4. (UFRGS-RS) Leia o texto abaixo.

"Passa uma borboleta por diante de mim
E pela primeira vez no Universo eu reparo
Que as borboletas não têm cor nem movimento,
Assim como as flores não têm perfume nem cor.
A cor é que tem cor nas asas da borboleta,
No movimento da borboleta o movimento é que se move.
O perfume é que tem perfume no perfume da flor.
A borboleta é apenas borboleta
E a flor é apenas flor."

A leitura do texto nos permite concluir que Fernando Pessoa fala pela voz de

a) Ricardo Reis, por remeter a temas e formas da poética clássica.
b) Alberto Caeiro, pelo tratamento simples da natureza com a qual se sente intimamente ligado.
c) Álvaro de Campos, que representa o mundo moderno e a vanguarda futurista.
d) Pessoa, ele mesmo, por expressar traços mercantes da poesia do século XX.
e) Bernardo Soares, por adotar uma atitude intimista.

5. (Uespi) Mário de Sá-Carneiro, ao lado de Fernando Pessoa, Almada-Negreiros e Tomás de Almeida, entre outros, fundaram em 1915, em Portugal, a revista *Orpheu*. Além de ser uma revista de princípios estetizantes e esotéricos, qual outro traço programático se pode reconhecer nesta revista?

a) Os colaboradores da revista *Orpheu* perseguiam uma poesia realista e de cunho social.
b) A busca por uma poesia científica terminou por caracterizar toda a produção poética da geração *Orpheu*.
c) Há visivelmente nesta Geração influências do humanismo e do racionalismo renascentista.
d) A poesia veiculada pela revista *Orpheu* é alucinada, chocante e irreverente.
e) A geração *Orpheu* exalta o progresso de Portugal e defende apaixonadamente o seu regime monárquico.

6. (FGV-SP) Este poema integra a obra poética de Fernando Pessoa. Seu autor é um homem simples, que viveu em contato direto com a Natureza; é o poeta do real sensível. Para ele, as coisas são como são, pois pensa com os sentidos. Pode-se dizer que, assim, manifesta uma forma de pensar apenas diferente e não ausência de reflexão. É autor dos versos:

(____________________)
Que pensará isto de aquilo?
Nada pensa nada.
Terá a terra consciência das pedras e plantas que tem?
Se ela a tiver, que a tenha...
Que me importa isso a mim?
Se eu pensasse nessas coisas,
Deixaria de ver as árvores e as plantas
E deixaria de ver a Terra,
Para ver só os meus pensamentos...
Entristecia e ficava às escuras.
E assim, sem pensar tenho a Terra e o Céu.

Trata-se de:

a) Alberto Caeiro.
b) Ricardo Reis.
c) Bernardo Soares.
d) Fernando Pessoa, ele-mesmo.
e) Álvaro de Campos.

7. (UFPE)

Texto 1

Ouvi contar que outrora, quando a Pérsia
Tinha não sei qual guerra,
Quando a invasão ardia na Cidade
E as mulheres gritavam,
Dois jogadores de xadrez jogavam
O seu jogo contínuo.
À sombra de ampla árvore fitavam
O tabuleiro antigo,
E, ao lado de cada um, esperando os seus
Momentos mais folgados,
Quando havia movido a pedra, e agora
Esperava o adversário.
Um púcaro com vinho refrescava
Sobriamente a sua sede.
Ardiam casas, saqueadas eram
As arcas e as paredes,
Violadas, as mulheres eram postas
Contra os muros caídos,
Traspassadas de lanças, as crianças
Eram sangue nas ruas...
Mas onde estavam, perto da cidade,
E longe do seu ruído,
Os jogadores de xadrez jogavam
O jogo de xadrez.

(Ricardo Reis)

Texto 2

... aos poucos as coisas perdem o seu contorno como se estivessem cansadas de existir, será também o efeito de uns olhos que se cansaram de as ver. Ricardo Reis nunca se sentiu tão só. Dorme quase todo o dia, sobre a cama desmanchada, no sofá do escritório, chegou mesmo a adormecer na privada, aconteceu-lhe uma vez apenas, porque então acordara em sobressalto ao sonhar que podia morrer ali, descomposto de roupas, um morto que não se respeita não mereceu ter vivido.

(José Saramago. *O ano da morte de Ricardo Reis*)

Leia as alternativas e assinale verdadeiro (V) ou falso (F):

( ) Escritor contemporâneo, partidário do comunismo até a morte, José Saramago escreveu romances históricos, como *Memorial do Convento*, mas também enveredou pela fantasia, como em *Ensaio sobre a cegueira*.

( ) Dos heterônimos pessoanos, o clássico Ricardo Reis era defensor da monarquia e escreveu poemas de índole pagã, pregando uma absoluta indiferença ao mundo circundante.

( ) Fernando Pessoa, que determinava o ano de nascimento e de morte de seus heterônimos, apenas não determinou o fim de Ricardo Reis.

( ) Saramago dedicou um importante romance a Ricardo Reis, cuja ideologia era compartilhada pelo romancista português.

( ) Saramago apropriou-se da criação pessoana e aproveitou para decretar o seu fim, ridicularizando-o em *O ano da morte de Ricardo Reis*.

Texto para a próxima questão.

Um dos maiores benefícios que o movimento moderno nos trouxe foi justamente esse: tornar alegre a literatura brasileira. Alegre quer dizer saudável, viva, consciente de sua força, satisfeita com seu destino.

Até então no Brasil a preocupação de todo escritor era parecer grave e severo. O riso era proibido. A pena molhava-se no tinteiro da tristeza e do pessimismo. O papel servia de lenço. De tal forma que os livros espremidos só derramavam lágrimas. Se alguma ideia caía vinha num pingo delas. A literatura nacional não passava de uma queixa gemebunda.

Por isso mesmo o segundo tranco da reação foi mais difícil: integração no ambiente. Fazer literatura brasileira mas sem choro. Disfarçando sempre a tristeza do motivo quando inevitável. Rindo como um moleque.

(Antonio de Alcântara Machado, *Cavaquinho e saxofone*.)

8. (Unifesp)

.... salva-se desse caos por via do racionalismo excitado ao máximo, ato compensatório para a mesma sensação de "estrangeiro aqui como em toda a parte". E é esse racionalismo, atenuador da sensibilidade em abandono e doentiamente enovelada, que o leva a tentar a busca do suporte que Sá-Carneiro não encontrava. Partindo do "Nada que é Tudo", ... procura reconstruir o mundo em busca do Absoluto que existiria através ou acima do relativo. A reconstrução implicava multiplicar-se em quantas criaturas habitam e habitaram a Terra, ou, antes, era preciso ser tudo e todos para destruir o que em cada um é inalienável relativismo biológico, mental etc.

(Massaud Moisés, "Presença da literatura portuguesa" – *Modernismo*.)

Mantida a sequência, a alternativa que indica o preenchimento correto das lacunas supridas pelo pontilhado é:

a) Antero de Quental – Almada Negreiros.
b) Almada Negreiros – Almada Negreiros.
c) Fernando Pessoa – Fernando Pessoa.
d) Almada Negreiros – Fernando Pessoa.
e) Miguel Torga – José Régio.

A JOVEM REPÚBLICA E SEUS CONFLITOS

Enquanto a Europa se preparava para a Primeira Guerra Mundial, o Brasil começava a viver, a partir de 1894, um novo período de sua história republicana. Esse período foi marcado pelo auge da economia cafeeira no Sudeste, pela entrada no país de grandes levas de imigrantes (notadamente os italianos), pelo esplendor da Amazônia, com o ciclo da borracha, e pelo surto de urbanização de São Paulo.

O BRASIL ANTES DA SEMANA DE ARTE MODERNA: A TRANSIÇÃO ENTRE O PASSADO E O MODERNO

A PRODUÇÃO LITERÁRIA

No Pré-Modernismo – período antecedente à realização da Semana de Arte Moderna e que se estendeu de 1902 a 1922 –, já é possível perceber a preocupação de alguns autores em denunciar a realidade brasileira, descortinando um Brasil não oficial, dos marginalizados, desde o sertão nordestino até os subúrbios cariocas, passando pelas áreas rurais do estado de São Paulo.

Euclides da Cunha

A obra mais importante de Euclides da Cunha é *Os sertões*. A princípio um relato da Guerra de Canudos para o jornal *O Estado de S. Paulo*, acabou se tornando um verdadeiro painel do sertão nordestino.

Monteiro Lobato

Monteiro Lobato é estudado como pré-modernista por duas características fundamentais de sua obra de ficção: o regionalismo e a denúncia da realidade brasileira.

Lima Barreto

Lima Barreto pode ser considerado um pré-modernista por tratar dos problemas sociais e, ao mesmo tempo, criticar o nacionalismo ufanista, exagerado, utópico, herdado do Romantismo.

Augusto dos Anjos

O pessimismo, o uso do vocabulário científico e as imagens de processos de decomposição são características que dão singularidade à obra de Augusto dos Anjos, cujo tema principal remete ao fracasso da subjetividade em meio a um período conturbado de relações sociais e políticas.

Exercícios

1. (UFPE) Nas duas primeiras décadas do século XX, surgiu, no Brasil, o Pré-Modernismo. Sobre esse tema, analise as proposições abaixo.
   ( ) Foi um movimento com ideário estético rígido, com linguagem altamente formal e cuja temática dominante era a defesa do regime republicano recém-instalado (1889).
   ( ) Surgiu num período em que, em termos gerais, predominava a estética parnasiana na poesia, com sua valorização do mundo greco-latino e a concepção de literatura como elaboração formal.
   ( ) Nesta época, início do século XX, foi contemporâneo de alguns simbolistas remanescentes, que sonhavam com sensações inefáveis, distantes da realidade.
   ( ) Contrastando com os simbolistas e parnasianos, Euclides da Cunha escreveu *Os Sertões*, documento amargurado e realista, sobre a guerra de Canudos, da qual participou como enviado do jornal *O Estado de S. Paulo*. Descreveu, numa mescla de romance e ensaio científico, uma epopeia às avessas, que foi publicada em 1902.
   ( ) Lima Barreto, outro autor da época, tem como principal obra: *O triste fim de Policarpo Quaresma*. Em seu livro, abandonou o mundo helênico, perfeito e imaginário, descrevendo a tristeza dos subúrbios e revelando preocupação com fatos históricos e costumes sociais. Seu estilo era semelhante ao de Machado de Assis, pelo refinamento linguístico, pela forma trabalhada, limpa e perfeita.

Texto para a próxima questão.

Os sertões

A Serra do Mar tem um notável perfil em nossa história. A prumo sobre o Atlântico desdobra-se como a cortina de baluarte desmedido. De encontro às suas escarpas embatia, fragílima, a ânsia guerreira dos Cavendish e dos Fenton. No alto, volvendo o olhar em cheio para os chapadões, o forasteiro sentia-se em segurança. Estava sobre ameias intransponíveis que o punham do mesmo passo a cavaleiro do invasor e da metrópole. Transposta a montanha – arqueada como a precinta de pedra de um continente – era um isolador étnico e um isolador histórico. Anulava o apego irreprimível ao litoral, que se exercia ao norte; reduzia-o a estreita faixa de mangues e restingas, ante a qual se amorteciam todas as cobiças, e alteava, sobranceira às frotas, intangível no recesso das matas, a atração misteriosa das minas...

Ainda mais – o seu relevo especial torna-a um condensador de primeira ordem, no precipitar a evaporação oceânica.

Os rios que se derivam pelas suas vertentes nascem de algum modo no mar. Rolam as águas num sentido oposto à costa. Entranham-se no interior, correndo em cheio para os sertões. Dão ao forasteiro a sugestão irresistível das entradas.

A terra atrai o homem; chama-o para o seio fecundo; encanta-o pelo aspecto formosíssimo; arrebata-o, afinal, irresistivelmente, na correnteza dos rios.

Daí o traçado eloquentíssimo do Tietê, diretriz preponderante nesse domínio do solo. Enquanto no S. Francisco, no Parnaíba, no Amazonas, e em todos os cursos d'água da borda oriental, o acesso para o interior seguia ao arrepio das correntes, ou embatia nas cachoeiras que tombam dos socalcos dos planaltos, ele levava os sertanistas, sem uma remada, para o rio Grande e daí ao Paraná e ao Paranaíba. Era a penetração em Minas, em Goiás, em Santa Catarina, no Rio Grande do Sul, no Mato Grosso, no Brasil inteiro. Segundo estas linhas de menor resistência, que definem os lineamentos mais claros da expansão colonial, não se opunham, como ao norte, renteando o passo às bandeiras, a esterilidade da terra, a barreira intangível dos descampados brutos.

Assim é fácil mostrar como esta distinção de ordem física esclarece as anomalias e contrastes entre os sucessos nos dous pontos do país, sobretudo no período agudo da crise colonial, no século XVII.

Enquanto o domínio holandês, centralizando-se em Pernambuco, reagia por toda a costa oriental, da Bahia ao Maranhão, e se travavam recontros memoráveis em que, solidárias, enterreiravam o inimigo comum as nossas três raças formadoras, o sulista, absolutamente alheio àquela agitação, revelava, na rebeldia aos decretos da metrópole, completo divórcio com aqueles lutadores. Era quase um inimigo tão perigoso quanto o batavo. Um povo estranho de mestiços levantadiços, expandindo outras tendências, norteado por outros destinos, pisando, resoluto, em demanda de outros rumos, bulas e alvarás entibiadores. Volvia-se em luta aberta com a corte portuguesa, numa reação tenaz contra os jesuítas. Estes, olvidando o holandês e dirigindo-se, com Ruiz de Montoya a Madri e Díaz Taño a Roma, apontavam-no como inimigo mais sério.

De feito, enquanto em Pernambuco as tropas de van Schkoppe preparavam o governo de Nassau, em São Paulo se arquitetava o drama sombrio de Guaíra. E quando a restauração em Portugal veio alentar em toda a linha a repulsa ao invasor, congregando de novo os combatentes exaustos, os sulistas frisaram ainda mais esta separação de destinos, aproveitando-se do mesmo fato para estadearem a autonomia franca, no reinado de um minuto de Amador Bueno.

Não temos contraste maior na nossa história. Está nele a sua feição verdadeiramente nacional. Fora disto mal a vislumbramos nas cortes espetaculosas dos governadores, na Bahia, onde imperava a Companhia de Jesus com o privilégio da conquista das almas, eufemismo casuístico disfarçando o monopólio do braço indígena.

(EUCLIDES DA CUNHA. *Os sertões*. Edição crítica de Walnice Nogueira Galvão. 2. ed. São Paulo: Editora Ática, 2001, p. 81-82.)

2. (Vunesp-SP) Representante do pré-modernismo brasileiro e um dos maiores nomes de nossa literatura, Euclides da Cunha nos encanta pelo vigor e variedade de seus procedimentos de estilo. Neste sentido, um dos recursos notáveis de "Os sertões" é o das personificações na descrição de acidentes geográficos, que em seu texto parecem dotados de vontade e atitude própria, o que confere bastante dramaticidade a passagens como a apresentada.
Tomando por base este comentário, releia o período que constitui o quarto parágrafo e explique o procedimento da personificação ou prosopopeia que nele ocorre.

3. (UEPG-PR)

(Fonte: Adilson Citelli, 1996.)

A ilustração de Alfredo Aquino retrata um episódio da obra *Os sertões*, de Euclides da Cunha. Sobre esse episódio, assinale o que for correto.

01) O episódio refere-se ao ato heroico de um grupo de quatorze canudenses liderados por Macambira, o único sobrevivente da façanha.
02) O episódio refere-se ao ato de coragem do jovem Macambira e seus seguidores atacando o canhão situado no meio dos batalhões do Exército.
04) O grupo de canudenses, que tenta destruir o canhão, era formado por onze homens e somente um sobreviveu.
08) O grupo de canudenses lograram sucesso na campanha de destruição do canhão.
16) O episódio refere-se à tomada da "matadeira", nome dado pelos conselheristas ao canhão Withworth 32, que a quarta expedição instalara no morro da Favela.

4. (UFF-RJ)

Texto I

"O sertanejo é, antes de tudo, um forte. Não tem o raquitismo exaustivo dos mestiços do litoral. A sua aparência, entretanto, no primeiro lance de vista, revela o contrário. É desgracioso, desengonçado, torto. Hércules-Quasímodo é o homem permanentemente fatigado. Entretanto, toda essa aparência de cansaço ilude. No revés o homem transfigura-se e da figura vulgar do tabaréu canhestro reponta, inesperadamente, o aspecto dominador de um titã acobreado e potente, num desdobramento surpreendente de força e agilidade extraordinárias."

Euclides da Cunha, *Os sertões*.

Texto II

Drummond & Ziraldo, *O pipoqueiro da esquina*.

a) Caracterize os efeitos de sentido que a intertextualidade do Texto II (aspectos verbais e não verbais) apresenta com o fragmento de *Os sertões* (Texto I).
b) Observe a diferença de **pontuação** entre "O sertanejo é, antes de tudo, um forte." (Texto I) e "O sertanejo é antes de tudo um agitador!" (Texto II) e comente os aspectos semântico-estilísticos na produção de sentidos nessas duas frases.

5. (UFSM-RS) Leia as seguintes afirmativas a respeito da literatura pré-modernista.

I. Simões Lopes Neto destaca-se por um conjunto de contos que expressam costumes e incorporam registros da oralidade sul-rio-grandense.
II. Em *Os sertões*, Euclides da Cunha focaliza o episódio de Canudos e descreve o homem e a terra, fatores que situam a obra no nível da cultura científica e histórica.
III. Lima Barreto, em seus romances, recupera quadros das regiões que cultivam cana-de-açúcar no interior fluminense.

Está(ão) correta(s)

a) apenas I.
b) apenas I e II.
c) apenas III.
d) apenas II e III.
e) I, II e III.

6. (Uerj)

Policarpo Quaresma, cidadão brasileiro, certo de que a língua portuguesa é emprestada ao Brasil; certo também de que, por esse fato, o falar e o escrever, em geral, se veem na humilhante contingência de sofrer continuamente censuras ásperas dos proprietários da língua; usando do direito que lhe confere a Constituição, vem pedir que o Congresso Nacional decrete o tupi-guarani como língua oficial e nacional do povo brasileiro. Senhores Congressistas, o tupi-guarani, língua aglutinante, é a única capaz de traduzir as nossas belezas, de pôr-nos em relação com a nossa natureza e adaptar-se perfeitamente aos nossos órgãos vocais e cerebrais, por ser criação de povos que aqui viveram e ainda vivem.

Lima Barreto

Adaptado de *Triste fim de Policarpo Quaresma* (1915). Rio de Janeiro: MEDIAfashion, 2008.

A história narrada em *Triste fim de Policarpo Quaresma* se passa no momento de implantação do regime republicano no Brasil. Seu personagem principal, o Major Quaresma, defende alguns projetos de reforma, um deles relatado no trecho citado.
A justificativa do personagem para a adoção do tupi-guarani como língua oficial brasileira baseia-se na associação entre nacionalidade e a ideia de:

a) valorização da cultura local
b) defesa da diversidade racial
c) preservação da identidade territorial
d) independência da população autóctone

7. (UEG-GO) Observe a imagem.

BRAGA, Flávio; VASQUES, Edgar. *Triste fim de Policarpo Quaresma*. Rio de Janeiro: Desiderata, 2010, p. 9. (Grandes clássicos em *graphic novel*.)

A partir do século XX, surgem novas linguagens nas artes plásticas, muitas vezes criadas por meio de interseções entre os vários campos da expressão artística. Considerando-se o enredo de *Triste fim de Policarpo Quaresma* e a imagem apresentada, parte do resultado da transposição do romance para o formato de história em quadrinhos, tem-se o retrato do episódio em que se verifica a

a) aprovação, por Adelaide, dos hábitos de Policarpo, revelada pelo conteúdo do pacote e pelos sinais de contentamento em seu rosto.
b) falta de entendimento de Adelaide sobre o conteúdo do pacote carregado por Policarpo, representada pela expressão de dúvida em seu rosto.
c) indiferença de Adelaide ao ver Policarpo chegar em casa com o pacote, fato representado pela ausência de expressão em seu rosto.
d) reprovação, por Adelaide, do conteúdo do pacote carregado por Policarpo, expressa por linhas sobre seu rosto que significam ultraje.

Texto para a próxima questão.

Quando Pedro I lança aos ecos o seu grito histórico e o país desperta esturvinhado à crise de uma mudança de dono, o caboclo ergue-se, espia e acocora-se, de novo.

Pelo 13 de maio, mal esvoaça o florido decreto da Princesa e o negro exausto larga num uf! o cabo da enxada, o caboclo olha, coça a cabeça, imagina e deixa que do velho mundo venha quem nele pegue de novo.

A 15 de novembro troca-se um trono vitalício pela cadeira quadrienal. O país bestifica-se ante o inopinado da mudança. O caboclo não dá pela coisa.

Vem Floriano: estouram as granadas de Custódio; Gumercindo bate às portas de Roma; *Incitatus* derranca o país. O caboclo continua de cócoras, a modorrar...

Nada o desperta. Nenhuma ferretoada o põe de pé. Social, como individualmente, em todos os atos da vida, Jeca antes de agir, acocora-se.

MONTEIRO LOBATO

8. (Faap-SP) A crítica é unânime em classificar o escritor Monteiro Lobato ligado ao movimento:

a) pré-modernismo
b) surrealismo
c) futurismo
d) dadaísmo
e) cubismo

9. (UFSM-RS) Leia o soneto a seguir.

Psicologia de um vencido

Eu, filho do carbono e do amoníaco,
Monstro de escuridão e rutilância,
Sofro, desde a epigênesis da infância,
A influência má dos signos do zodíaco.

Profundissimamente hipocondríaco,
Este ambiente me causa repugnância...
Sobe-me à boca uma ânsia análoga à ânsia
Que se escapa da boca de um cardíaco.

Já o verme – este operário das ruínas –
Que o sangue podre das carnificinas
Come, e à vida em geral declara guerra,

Anda a espreitar meus olhos para roê-los,
E há-de deixar-me apenas os cabelos,
Na frialdade inorgânica da terra!

Augusto dos Anjos, *Eu*, Rio de Janeiro, Livr. São José, 1965.

A partir desse soneto, é correto afirmar:

I. Ao se definir como filho do carbono e do amoníaco, o eu lírico desce ao limite inferior da materialidade biológica pois, pensando em termos de átomos (carbono) e moléculas (amoníaco), que são estudados pela Química, constata-se uma dimensão onde não existe qualquer resquício de alma ou de espírito.

II. O amoníaco, no soneto, é uma metáfora de alma, pois, segundo o eu lírico, o homem é composto de corpo (carbono) e alma (amoníaco) e, no fim da vida, o corpo (orgânico) acaba, apodrece, enquanto a alma (inorgânica) mantém-se intacta.

III. O soneto principia descrevendo as origens da vida e termina descrevendo o destino final do ser humano; retrata o ciclo da vida e da morte, permeado de dor, de sofrimento e da presença constante e ameaçadora da morte inevitável.

Está(ão) correta(s)

a) apenas II.
b) apenas III.
c) apenas I e II.
d) apenas I e III.
e) apenas II e III.

10. (UFRGS-RS) Leia o poema a seguir, intitulado "A Ideia", de Augusto dos Anjos.

"De onde ela vem? De que matéria bruta
Vem essa luz que sobre as nebulosas
Cai de incógnitas criptas misteriosas
Como as [1]estalactites duma gruta?!

Vem da psicogenética e alta luta
Do feixe de [2]moléculas nervosas,
Que, em desintegrações maravilhosas,
Delibera, e depois, quer e executa!
Vem do encéfalo absconso que a constringe,
Chega em seguida às cordas da laringe,
Tísica, tênue, mínima, raquítica...

Quebra a força centrípeta que a amarra,
Mas, de repente, e quase morta, esbarra
No mulambo da língua paralítica!"

Assinale a alternativa correta sobre esse poema.

a) A interrogação inicial expressa o apego do poeta aos temas sentimentais do Romantismo no Brasil.
b) A linguagem, rica de imagens, utiliza um vocabulário científico para abordar uma questão filosófica.
c) O emprego de palavras como "estalactites" (ref. 1) e "moléculas" (ref. 2) mostra uma inadequação entre a linguagem científica e o conteúdo do poema.
d) O poeta adota a forma do soneto, porém rompe com o temário cientificista dominante no seu tempo.
e) No primeiro quarteto, as palavras "nebulosas" e "misteriosas" constituem rimas pobres, retomadas no segundo quarteto pelas palavras "nervosas" e "maravilhosas".

11. (UFPE) A comunicação literária implica a interação entre o escritor e seu público num contexto histórico determinado. Dessa forma, os elementos contextuais e históricos interferem na produção estética da literatura. Tendo em vista esse princípio, analise a relação que os enunciados abaixo estabelecem entre momentos da História brasileira e a literatura nacional.

( ) Os primeiros vinte anos do século XX no Brasil foram marcados pela implantação do regime republicano. O clima de euforia e de progresso foi filtrado por romancistas talentosos, como Lima Barreto e Monteiro Lobato, os quais, numa linguagem mais realista, representavam um povo confiante de si.

( ) O crescimento da maquinaria moderna no Brasil, somado ao contato que os intelectuais burgueses mantinham com a modernidade europeia, contribuiu para que poetas como Mário de Andrade e Oswald de Andrade buscassem uma expressão poética condizente com a velocidade da vida moderna.

( ) A Ditadura de Vargas fez surgir uma literatura nacionalista e tradicionalista, que reforçava o ponto de vista assumido pelo poder político hegemônico. É o caso do romance regionalista, que teve por representantes, entre outros, Graciliano Ramos e Jorge Amado.

( ) Após as consequências desastrosas da segunda Guerra Mundial, instaurou-se no imaginário ocidental uma dúvida quanto às verdades da ciência. A abertura do homem para a dimensão mística da realidade se refletiu, no Brasil, na produção literária de um Guimarães Rosa, por exemplo.

( ) As grandes transformações operadas no Ocidente pelo Capitalismo, em sua terceira fase, abriram os mercados nacionais para os trânsitos migratórios. O consumo desenfreado e a publicidade de produtos postos à venda contribuíram para a produção estética de uma poesia visual, como a concreta ou semiótica.

As revistas e os manifestos

As agitações ideológicas e estéticas provocadas com a realização da Semana de Arte Moderna deram vazão à publicação de periódicos que se tornariam os porta-vozes das diversas correntes antagônicas do Modernismo brasileiro.

A SEMANA DE ARTE MODERNA

O Modernismo teve início com a Semana de Arte Moderna, realizada no Teatro Municipal de São Paulo em fevereiro de 1922. Idealizada por um grupo de artistas, a Semana pretendia colocar a cultura brasileira a par das correntes europeias de vanguarda, ao mesmo tempo que pregava a tomada de consciência da realidade brasileira.

O BRASIL DE 1922 A 1930: TUPI *OR NOT* TUPI

CARACTERÍSTICAS GERAIS DO PRIMEIRO MOMENTO MODERNISTA

O período de 1922 a 1930 é o mais radical do movimento modernista, justamente em consequência da necessidade de definições e do rompimento com todas as estruturas do passado. Daí o caráter anárquico dessa primeira fase e seu forte sentido destruidor.

Mário de Andrade

A poesia de Mário de Andrade apresenta-se modernista a partir do livro *Pauliceia desvairada*, que rompe com todas as estruturas ligadas ao passado. Na prosa, é em *Macunaíma* que o autor demonstra sua adesão absoluta ao movimento modernista, enfocando o choque do índio amazônico com a tradição e a cultura europeia na cidade de São Paulo.

Oswald de Andrade

As principais características modernistas de Oswald de Andrade são: a "fala brasileira"; os versos livres; a valorização do popular; o "poema-síntese" (amor/ humor é o maior exemplo de concisão); análise crítica das elites brasileiras; o povo, pela primeira vez, aparece como enunciador. Os romances *Memórias sentimentais de João Miramar* e *Serafim Ponte Grande* quebram toda a estrutura dos romances tradicionais.

Manuel Bandeira

Manuel Bandeira buscou na própria vida inspiração para seus grandes temas: de um lado, a família, a morte, a infância no Recife, o rio Capibaribe; de outro, a constante observação da rua. Caracterizam sua obra o humor, o ceticismo, a ironia por vezes amarga, a tristeza e a alegria das pessoas e a idealização de um mundo melhor.

Alcântara Machado

Alcântara Machado teve seu nome definitivamente consagrado com a publicação dos livros de contos *Brás, Bexiga e Barra Funda* (1927) e *Laranja da China* (1928). A principal característica de sua obra está no retrato, ao mesmo tempo crítico, anedótico, apaixonado, mas sobretudo humano, que faz da cidade de São Paulo e de seus habitantes, com particular atenção para os imigrantes italianos.

Exercícios

1. (UFBA)

De outras e muitas grandezas vos poderíamos ilustrar, senhoras Amazonas, não fora perlongar demasiado esta epístola; todavia, com afirmar-vos que esta é, por sem dúvida, a mais bela cidade terráquea, muito hemos feito em favor destes homens de prol. Mas cair-nos-íam as faces, si ocultáramos no silêncio, uma curiosidade original deste povo. Ora sabereis que a sua riqueza de expressão intelectual é tão prodigiosa, que falam numa língua e escrevem noutra. Assim chegado a estas plagas hospitalares, nos demos ao trabalho de bem nos inteirarmos da etnologia da terra, e dentre muita surpresa e assombro que se nos deparou, por certo não foi das menores tal originalidade linguística. Nas conversas utilizam-se os paulistanos dum linguajar bárbaro e [1]multifário, [2]crasso de feição e impuro na vernaculidade, mas que não deixa de ter o seu sabor e força nas [3]apóstrofes, e também nas vozes do brincar. Destas e daquelas nos inteiramos, solícito; e nos será grata empresa vô-las ensinarmos aí chegado. Mas si de tal desprezível língua se utilizam na conversação os naturais desta terra, logo que tomam da pena, se despojam de tanta asperidade, e surge o Homem Latino, de Lineu, exprimindo-se numa outra linguagem, mui próxima da vergiliana, no dizer dum panegirista, meigo idioma, que, com imperecível galhardia, se intitula: língua de Camões! [...]

ANDRADE, Mário de. *Macunaíma: o herói sem nenhum caráter.* 4ª reimpressão. Rio de Janeiro: Agir, 2008. p. 107-108.

Vocabulário:
[1]multifário: que se apresenta sobre vários aspectos.
[2]crasso: grosseiro, grande.
[3]apóstrofes: interpretação direta e imprevista do orador, que se dirige a alguém.

A partir da realidade linguística explicitada por Macunaíma no texto "Carta para Icamiabas", comente o ponto de vista dessa personagem sobre a língua no Brasil.

Textos para a próxima questão.

Texto 1

Verdes mares bravios de minha terra natal, onde canta a jandaia nas frondes da carnaúba; Verdes mares que brilhais como líquida esmeralda aos raios do Sol nascente, perlongando as alvas praias ensombradas de coqueiros;

Serenai verdes mares, e alisai docemente a vaga impetuosa, para que o barco aventureiro manso resvale à flor das águas. Onde vai a afoita jangada, que deixa rápida a costa cearense, aberta ao fresco terral a grande vela?

Onde vai como branca alcíone buscando o rochedo pátrio nas solidões do oceano?

[...]

Além, muito além daquela serra, que ainda azula no horizonte, nasceu Iracema.

Iracema, a virgem dos lábios de mel, que tinha os cabelos mais negros que a asa da graúna, e mais longos que seu talhe de palmeira.

O favo da jati não era doce como seu sorriso; nem a baunilha recendia no bosque como seu hálito perfumado.

Mais rápida que a ema selvagem, a morena virgem corria o sertão e as matas do Ipu, onde campeava sua guerreira tribo, da grande nação tabajara. O pé grácil e nu, mal roçando, alisava apenas a verde pelúcia que vestia a terra com as primeiras águas.

ALENCAR, J. de. *Iracema.* São Paulo: Núcleo, 1993. p. 17-18.

Texto 2

No fundo do mato-virgem nasceu Macunaíma, herói de nossa gente. Era preto retinto e filho do medo da noite. Houve um momento em que o silêncio foi tão grande escutando o murmurejo do Uraricoera, que a índia tapanhumas pariu uma criança feia. Essa criança é que chamaram de Macunaíma.

Já na meninice fez coisas de sarapantar. De primeiro: passou mais de seis anos não falando. Si o incitavam a falar exclamava:

– Ai! que preguiça!...

E não dizia mais nada. Ficava no canto da maloca, trepado no jirau de paxiúba, espiando o trabalho dos outros e principalmente os dois manos que tinha, Maanape já velhinho e Jiguê na força de homem. O divertimento dele era decepar cabeça de saúva. Vivia deitado mas si punha os olhos em dinheiro, Macunaíma dandava pra ganhar vintém. E também espertava quando a família ia tomar banho no rio, todos juntos e nus. Passava o tempo do banho dando mergulho, e as mulheres soltavam gritos gozados por causa dos guaimuns diz-que habitando a água-doce por lá. No mucambo si alguma cunhatã se aproximava dele pra fazer festinha, Macunaíma punha a mão nas graças dela, cunhatã se afastava. Nos machos guspia na cara. Porém respeitava os velhos, e frequentava com aplicação a murua a poracê o torê o bacorocô a cucuicogue, todas essas danças religiosas da tribo.

ANDRADE, M. de. *Macunaíma: o herói sem nenhum caráter.* Rio de Janeiro: Agir, 2008. p. 13.

2. (UFSC) Considerando os textos 1 e 2, o romance *Macunaíma* e o contexto do Modernismo brasileiro, assinale o que for CORRETO,

(01) Comparando-se o relato do nascimento de Macunaíma com o de Iracema, assim como a descrição de ambas as personagens, percebe-se a mesma tendência idealizadora do índio, segundo o mito do bom-selvagem de Rousseau.

(02) Em *Macunaíma*, o protagonista apresenta-se como um anti-herói, mentiroso, preguiçoso, oportunista, sexualmente promíscuo, cuja moral não se distingue em muito da de seu antagonista, Venceslau Pietro Pietra (o gigante Piaimã).

(04) Em boa parte da história, relata-se a busca de *Macunaíma* por reaver sua muiraquitã, que havia perdido e que fora comprada por Venceslau Pietro Pietra; Macunaíma só consegue recuperar o talismã depois de matar o gigante.

(08) Mário de Andrade constrói a narrativa de *Macunaíma* entrelaçando à trama principal inúmeros relatos míticos indígenas; inventa também vários mitos para explicar coisas da modernidade, entre os quais o que narra o surgimento do automóvel a partir da onça parda.

(16) Apesar de inovador com relação à temática e à construção das personagens, *Macunaíma* é conservador no que diz respeito à linguagem: sintaxe e pontuação respeitam as regras da gramática normativa.

(32) *Macunaíma* afasta-se da proposta estética da Antropofagia, movimento criado por Oswald de Andrade em 1928, porque insiste em um nacionalismo ufanista, herdado dos parnasianos, que é incapaz de perceber os problemas do País.

3. (UPM-SP)

"E vivemos uns oito anos, até perto de 1930, na maior orgia intelectual que a história artística do país registra."

(Mário de Andrade)

Assinale a alternativa na qual aparece um fato cultural que não se encaixa no período mencionado acima.

a) A exposição de trabalhos de Anita Malfatti, criticada por Monteiro Lobato.

b) O Manifesto Pau-Brasil.

c) As duas "dentições" da *Revista de Antropofagia*.

d) O Verde-Amarelismo.

e) A revista *Klaxon*.

4. (Unitau-SP)

"Só a antropofagia nos une. Socialmente. Economicamente. Filosoficamente. Única lei do mundo. Expressão mascarada de todos os individualismos, de todos os coletivismos. De todas as religiões. De todos os tratados de paz. Tupi *or not* tupi *that is the question*."

Identifique o autor desse manifesto modernista e comente as razões de sua publicação.

5. (UFPE) Observe:

"O céu jogava tinas de água sobre o noturno que me devolvia a São Paulo.

O comboio brecou lento para as ruas molhadas, furou a gare suntuosa e me jogou nos óculos menineiros de um grupo negro. Sentaram-me num automóvel de pêsames."

(Oswald de Andrade)

( ) Seu autor é modernista da última fase, não tendo participado da Semana de Arte Moderna.

( ) O nacionalismo de Oswald de Andrade foi uma volta ao ufanismo parnasiano, sem perspectiva crítica.

( ) Principal divulgador da orientação nacionalista primitivista, participou do movimento Pau-Brasil e do movimento Antropofágico.

( ) Oswald de Andrade escreveu os textos mais corrosivos da estética modernista, destruindo os padrões tradicionais de narrativa.

( ) Como se pode observar no texto, Oswald de Andrade destacou-se pela inovação no uso dos termos com derivações e formações estrangeiras, além de metáforas inusitadas. Sua narrativa estabelece uma mistura entre o descritivo e o narrativo.

Texto para a próxima questão.

Civilização pernambucana

As mulheres andam tão louçãs[1]
E tão custosas
Que não se contentam com os tafetás
São tantas as joias com que se adornam
Que parecem chovidas em suas cabeças e gargantas
As pérolas rubis diamantes
Tudo são delícias
Não parece esta terra senão um retrato
Do terreal paraíso

ANDRADE, O. de. *Poesias completas*. Rio de Janeiro: Civilização Brasileira, 1971. 5ª ed., p.144. *In*: MAIA, J. D. *Literatura: textos & técnicas*. São Paulo: Ática, 1995, p. 27.

Vocabulário:
[1] louçãs: elegantes, graciosas.

6. (UFRJ) O texto cria uma aproximação com a carta de Pero Vaz de Caminha, inspirado principalmente na linguagem, como se verifica nos dois primeiros versos. A característica da obra de Oswald de Andrade comprovada através dessa aproximação é

a) a ruptura com os padrões da língua literária culta.

b) o resgate crítico do passado brasileiro através da paródia.

c) a introdução das correntes de vanguarda nos textos modernistas.

d) a visão ingênua de um Brasil moderno-primitivo.

e) o deboche irônico do mundo dos acadêmicos e dos burgueses.

Texto para a próxima questão.

Canção e calendário

Sol de montanha
Sol esquivo de montanha
Felicidade
Teu nome é
Maria Antonieta d'Alkmin

No fundo do poço
No cimo do monte
No poço sem fundo
Na ponte quebrada
No rego da fonte
Na ponta da lança
No monte profundo
Nevada
Entre os crimes contra mim
Maria Antonieta d'Alkmin

Felicidade forjada nas trevas
Entre os crimes contra mim
Sol de montanha
Maria Antonieta d'Alkmin

Não quero mais as moreninhas de Macedo
Não quero mais as namoradas
Do senhor poeta
Alberto d'Oliveira
Quero você
Não quero mais
Crucificadas em meus cabelos
Quero você

Não quero mais
A inglesa Elena
Não quero mais
A irmã da Nena
Não quero mais
A bela Elena
Anabela
Ana Bolena
Quero você

Toma conta do céu
Toma conta da terra
Toma conta do mar
Toma conta de mim
Maria Antonieta d'Alkmin

E se ele vier
Defenderei
E se ela vier
Defenderei
E se eles vierem
Defenderei
E se elas vierem todas
Numa guirlanda de flechas
Defenderei
Defenderei
Defenderei

Cais de minha vida
Partida sete vezes
Cais de minha vida quebrada
Nas prisões
Suada nas ruas
Modelada
Na aurora indecisa dos hospitais

Bonançosa bonança.

(Oswald de Andrade. *Cântico dos Cânticos para flauta e violão.*)

7. (Unirio-RJ) A figura de sintaxe que predomina no poema, para marcar o ritmo veloz e a atitude lúdica peculiar aos modernistas da primeira fase, é:

a) o anacoluto.

b) a hipérbole.

c) a elipse.

d) o pleonasmo.

e) a anáfora.

8. (UFPE) O Modernismo, iniciado no Brasil a partir da Semana de Arte Moderna de 1922, não apresenta, entre suas principais características:

a) liberdade de expressão.

b) anticonvencionalismo dos temas.

c) valorização da vida rural.

d) inovação na linguagem.

e) incorporação da temática do cotidiano.

9. (UFPE) A 29 de Janeiro de 1922, o ESTADO DE S. PAULO noticiava:

"Por iniciativa do festejado escritor, Sr. Graça Aranha, haverá em São Paulo uma SEMANA DE ARTE MODERNA, em que tomarão parte os artistas que, em nosso meio, representam as mais modernas correntes artísticas."

( ) O Primitivismo nacionalista da Antropologia e do Verde-Amarelismo foi a primeira diversificação, em correntes, do Modernismo.

( ) Logo após a Semana de que fala o texto, nas revistas do movimento (*Klaxon* e *Estética*) começaram-se a vislumbrar as primeiras tendências dos autores de então.

( ) Oswald de Andrade e Raul Bopp pretenderam um retorno às raízes primitivas, autênticas e selvagens de nossa nacionalidade. Seu lema era "Tupy *or not* Tupy, *that is the question*."

( ) Menotti del Pichia e Plínio Salgado focalizaram as fontes nacionalistas, na valorização da raça, do sangue e dos heróis nacionais.

( ) A Semana reuniu jovens modernistas numa exposição de arte literária, plástica, musical e de dança, mas não pode ser considerada como início oficial do Modernismo brasileiro.

10. (UEG-GO)

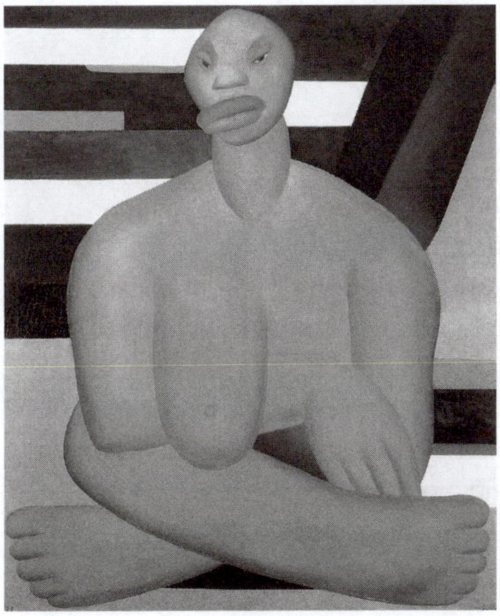

TARSILA DO AMARAL – *A negra*, 1923. Disponível em: <www.macvirtual.usp.br> Acesso em: 19 set. 2007.

Embora sendo um contingente integrante da nacionalidade brasileira e conquanto nem sempre tenha sido valorizado, o negro foi tematizado em representações artísticas, em diferentes momentos históricos. Sobre essas representações, é CORRETO afirmar:

a) O quadro reproduzido, por pertencer ao primeiro momento do modernismo brasileiro, é preconceituoso, na medida em que veicula uma imagem caricata e desproporcional do negro.

b) Pode-se afirmar que "O cortiço", de Aluisio de Azevedo, constitui uma obra que, embora denuncie socialmente a exploração do negro, acaba por idealizá-lo, uma vez que o romance pertence ao período romântico.

c) O preconceito em relação ao negro marcou a cultura brasileira, o que se exemplifica pela etimologia da palavra "mulato", uma referência ao vocábulo "mula".

d) Influenciado pelas vanguardas artísticas de cunho fascista, esse quadro de Tarsila do Amaral prega de maneira implícita a ideia da superioridade racial dos brancos sobre os povos afro-americanos.

11. (UFV-MG) O Modernismo Brasileiro eclodiu com a Semana de Arte Moderna, em 1922. Sobre o movimento SOMENTE podemos afirmar que:

a) os artistas brasileiros queriam formalizar uma grande manifestação para consagrar os ideais clássicos, expressos através do Parnasianismo.

b) a intelectualidade brasileira, de fato, já estava tomando rumos diversos daqueles presentes no século XIX, porém a tendência da poesia era a de permanecer melancólica e saudosista.

c) seria um acontecimento de cunho eminentemente nacionalista, sem qualquer ligação com tendências ou movimentos que não fossem integralmente gerados no Brasil.

d) a Semana ratificaria as premissas do direito à pesquisa estética, disseminada em tantas expressões (literatura, música, pintura, escultura) quantas fossem as dos participantes do movimento.

e) teria como figuras de proa os nomes de Victor Brecheret, Anita Malfatti, Oswald de Andrade e Rui Barbosa.

O BRASIL DE 1930 A 1945 – A LÍRICA

A LÍRICA DOS ANOS 1930

A poesia da segunda fase do Modernismo representa um amadurecimento e um aprofundamento das conquistas da geração de 1922. Formalmente, os novos poetas continuam a pesquisa estética iniciada na década anterior, cultivando o verso livre e a poesia sintética. Passa-se a questionar a realidade com mais vigor e o artista passa a se questionar como indivíduo e como artista. O resultado é uma literatura mais construtiva e politizada.

Murilo Mendes

A trajetória de Murilo Mendes vai das sátiras e poemas-piadas ao estilo oswaldiano até a poesia religiosa, sem perder contato com a realidade social. O poema "A luta" sintetiza a dualidade presente na obra do poeta: de um lado, as questões sociais, a sátira, o humor; de outro, a metafísica, a religiosidade, o onírico.

Jorge de Lima

Sua obra apresenta duas vertentes: os poemas que refletem o Nordeste e sua estrutura fundiária e escravocrata e os poemas religiosos, em parceria com Murilo Mendes. A poesia social de Jorge de Lima apresenta belas composições de coloração regional, em que ele usa sua memória de menino branco, marcado pela infância repleta de imagens dos engenhos e de africanos escravizados.

Vinícius de Morais

A obra de Vinícius pode ser dividida em dois períodos, o primeiro mais transcendentalista, marcado pela influência católica, e o segundo mais voltado para as questões sociais e para o lirismo amoroso. No aspecto formal, Vinícius explora diversas vertentes escrevendo sonetos, redondilhas, versos curtos e longos, dialogando com tendências formalistas parnasianas, com a espiritualidade simbolista e, é claro, com o arrojo modernista de seu tempo.

Carlos Drummond de Andrade

A poesia de Drummond acompanha a evolução dos acontecimentos, passeia entre o cotidiano e a filosofia, abordando, ao mesmo tempo, as grandes questões sociais que marcaram o século XX e a simplicidade do dia a dia. O poema "E agora, José?" é um bom exemplo de como seus versos atingem em cheio o sentimento do homem comum frente às adversidades.

Cecília Meireles

Um dos aspectos fundamentais da poética de Cecília Meireles é sua consciência da transitoriedade das coisas; por isso mesmo, o tempo é personagem central de sua obra. A vida é fugaz e a morte, uma presença no horizonte.

Exercícios

1. (PUC-RJ)

O Lutador

Lutar com palavras
é a luta mais vã.
Entanto lutamos
mal rompe a manhã.
São muitas, eu pouco.
Algumas, tão fortes
como o javali.
Não me julgo louco.
Se o fosse, teria
poder de encantá-las.
Mas lúcido e frio,
apareço e tento
apanhar algumas
para meu sustento
num dia de vida.
Deixam-se enlaçar,
tontas à carícia
e súbito fogem
e não há ameaça
e nem há sevícia
que as traga de novo
ao centro da praça.

Insisto, solerte.
Busco persuadi-las.
Ser-lhes-ei escravo
de rara humildade.
Guardarei sigilo
de nosso comércio.
Na voz, nenhum travo
de zanga ou desgosto.
Sem me ouvir deslizam,
perpassam levíssimas
e viram-me o rosto.
Lutar com palavras
parece sem fruto.
Não têm carne e sangue
Entretanto, luto.

Palavra, palavra
(digo exasperado),
se me desafias,
aceito o combate.
Quisera possuir-te
neste descampado,
sem roteiro de unha
ou marca de dente
nessa pele clara.

Preferes o amor
de uma posse impura
e que venha o gozo
da maior tortura.

Luto corpo a corpo,
luto todo o tempo,
sem maior proveito
que o da caça ao vento.
Não encontro vestes,
não seguro formas,
é fluido inimigo
que me dobra os músculos
e ri-se das normas
da boa peleja.

Iludo-me às vezes,
pressinto que a entrega
se consumará.
Já vejo palavras
em coro submisso,
esta me ofertando
seu velho calor,
outra sua glória
feita de mistério,
outra seu desdém,
outra seu ciúme,
e um sapiente amor
me ensina a fruir
de cada palavra
a essência captada,
o sutil queixume.
Mas ai! é o instante
de entreabrir os olhos:
entre beijo e boca,
tudo se evapora.

O ciclo do dia
ora se conclui
e o inútil duelo
jamais se resolve.
O teu rosto belo,
ó palavra, esplende
na curva da noite
que toda me envolve.
Tamanha paixão
e nenhum pecúlio.
Cerradas as portas,
a luta prossegue
nas ruas do sono.

ANDRADE, Carlos Drummond de. "Poesia e prosa".
Rio de Janeiro: Editora Nova Aguilar, 1979, p. 147-148.

a) A utilização da metapoesia é prática recorrente em vários momentos da literatura brasileira. Autores românticos, parnasianos, simbolistas e modernistas, cada qual a seu modo, escreveram poemas com o propósito de defender os seus valores estéticos e/ou refletir criticamente sobre o próprio ato de escrever. Comente a concepção de criação poética presente no texto de Drummond.

b) A linguagem poética apresenta, dentre outras características, o emprego constante da metáfora e de outras figuras de linguagem como recurso expressivo. Transcreva do texto "O Lutador", um exemplo de apóstrofe e outro de prosopopeia.

2. (UFPE)

"Minha terra tem palmeiras
Não... minha terra tem engenhocas
de rapadura e cachaça
E açúcar marrom, tiquinho, para o gasto"

(Carlos Drummond de Andrade)

Qual das características do Modernismo Drummond torna mais evidente nos versos acima?

a) Ruptura com o passado e valorização excessiva das descobertas da técnica.

b) Paródia de textos românticos e exaltadores da terra natal.

c) Crítica aos valores rurais.

d) Interesse pelo homem comum e seu cotidiano.

e) Destruição dos nexos sintáticos com enumeração caótica.

3. (UPM-SP)

A terra é mui graciosa,
Tão fértil eu nunca vi.
A gente vai passear,
No chão espeta um caniço,
No dia seguinte nasce
Bengala de castão de oiro.
Tem goiabas, melancias,
Banana que nem chuchu.
Quanto aos bichos, tem-nos muitos,
De plumagens mui vistosas.
Tem macaco até demais
Diamantes tem à vontade
Esmeraldas é para os trouxas.
Reforçai, Senhor, a arca,
Cruzados não faltarão,

Vossa perna encanareis,
Salvo o devido respeito.
Ficarei muito saudoso
Se for embora daqui.

(Murilo Mendes)

O texto:

a) faz referência à literatura dos jesuítas no Brasil no século XVI.
b) alude humoristicamente àquilo que se convencionou chamar de literatura informativa no Brasil.
c) parodia tendências próprias do Barroco brasileiro.
d) contraria qualquer proposta temática do Modernismo brasileiro de 1922.
e) apresenta elementos que o relacionam com o "Grupo Mineiro", basicamente responsável pelo Arcadismo no Brasil.

4. (IFPE)

Mulher proletária

Jorge de Lima

Mulher proletária – única fábrica
que o operário tem, (fabrica filhos)
tu
na tua superprodução de máquina humana
forneces anjos para o Senhor Jesus,
forneces braços para o senhor burguês.

Mulher proletária,
o operário, teu proprietário
há de ver, há de ver:
a tua produção,
a tua superprodução,
ao contrário das máquinas burguesas
salvar o teu proprietário.

(In: *Poesia completa*. 2. ed. Rio de Janeiro, Nova Fronteira, 1980. v. 1)

Jorge de Lima é um poeta representativo da segunda geração modernista. Analise as proposições abaixo acerca dos recursos expressivos que constroem a imagem da "mulher proletária".

I. As metáforas "fábrica" e "máquina humana" são, de certo modo, desveladas pela construção parentética "fabrica filhos".
II. Os dois últimos versos na primeira estrofe constituem eufemismos das ideias de mortalidade e de trabalho infantil.
III. O trocadilho entre "prole" e "proletária" assinala a função social da mulher no contexto do poema.
IV. A gradação na segunda estrofe aponta para a submissão da mulher e para a salvação do homem operário.
V. Os últimos versos do poema sugerem que o trabalho da mulher pode levar sua família à ascensão social.

Estão corretas, apenas:

a) I, II e V
b) II, III e IV
c) I, II e III
d) II e V
e) I e IV

Texto para a próxima questão.

Estavas linda, Inês, posta em repouso
Mas aparentemente bela, Inês;
Pois de teus olhos lindos já não ouso
Fitar o torvelinho que não vês,
O suceder dos rostos cobiçoso
Passando sem descanso sob a tez:
Que eram tudo memórias fugidias
Máscaras sotopostas que não vias.

Jorge de Lima. *Invenção de Orfeu.*

5. (ESPM-SP) Tendo em vista que o autor tomou por base o verso "Estavas linda, Inês, posta em sossego" escrito pelo poeta português Luís Vaz de Camões, pode-se dizer que Jorge de Lima:

a) Mimetizou parodicamente o original.
b) Reescreveu parafrasicamente o texto do poeta português.
c) Estilizou, reinterpretando a figura da personagem.
d) Desrespeitou as diferenças entre a semântica lusitana e a brasileira.
e) Fez um eufemismo, evitando a aspereza da expressão.

6. (UFPR)

"A duzentos anos de distância, embora ainda velados muitos pormenores desse fantástico enredo, sente-se a imprescindibilidade daqueles encontros, de raças e homens; do nascimento do ouro; da grandeza e decadência das Minas; desses gráficos tão bem traçados de ambição que cresce e da humanidade que declina; a imprescindibilidade das lágrimas e exílios, da humilhação do abandono amargo, da morte afrontosa – a imprescindibilidade das vítimas, para a definitiva execração dos tiranos."

(Cecília Meireles, *Romanceiro da Inconfidência*)

O fragmento transcrito faz parte da conferência "Como escrevi o *Romanceiro da Inconfidência*", proferida por Cecília Meireles em 1955. Com base na leitura do Romanceiro e nos conhecimentos sobre a literatura do período, assinale a alternativa correta.

a) O *Romanceiro da Inconfidência* exemplifica a principal tendência da literatura produzida em meados do século XX no Brasil: longos poemas épicos inspirados na História do país.
b) Para apresentar a variedade humana envolvida nos episódios, o poema aproveita elementos do gênero dramático, de que são exemplo as falas de personagens espalhadas ao longo do texto.
c) O engajamento político explicitado no texto da conferência é constante na obra de Cecília Meireles, pois para ela a poesia lírica deveria ser instrumento para mudanças sociais.
d) Não se pode considerar o *Romanceiro* um poema narrativo, pois, ao contrário do que acontece no trecho da conferência, o poema embaralha a ordem de apresentação dos acontecimentos históricos.
e) Enquanto a conferência propõe que os tiranos sejam execrados, o *Romanceiro da Inconfidência*, por ser um texto lírico, revela sentimentos sem julgar ou estabelecer responsabilidades.

7. (Unicamp-SP) O excerto abaixo foi extraído do poema *Balada Feroz*, de Vinicius de Moraes.

(...) Lança o teu poema inocente sobre o rio venéreo engolindo as cidades
Sobre os casebres onde os escorpiões se matam à visão dos amores miseráveis
Deita a tua alma sobre a podridão das latrinas e das fossas
Por onde passou a miséria da condição dos escravos e dos gênios. (...)

Amarra-te aos pés das garças e solta-as para que te levem
E quando a decomposição dos campos de guerra te ferir as narinas, lança-te sobre a cidade mortuária
Cava a terra por entre as tumefações e se encontrares um velho canhão soterrado, volta
E vem atirar sobre as borboletas cintilando cores que comem as fezes verdes das estradas.

(...)
Suga aos cínicos o cinismo, aos covardes o medo, aos avaros o ouro
E para que apodreçam como porcos, injeta-os de pureza!

E com todo esse pus, faz um poema puro
E deixa-o ir, armado cavaleiro, pela vida
E ri e canta dos que pasmados o abrigarem
E dos que por medo dele te derem em troca a mulher e o pão.

Canta! canta, porque cantar é a missão do poeta
E dança, porque dançar é o destino da pureza
Faz para os cemitérios e para os lares o teu grande gesto obsceno
Carne morta ou carne viva – toma! Agora falo eu que sou um!

(Vinicius de Moraes, *Antologia Poética*. São Paulo: Companhia das Letras, 2009, p. 51-53.)

a) Como é próprio do modernismo poético, os versos apresentados contrariam a linguagem mais depurada e as imagens mais elevadas da lírica tradicional. Como podemos definir as imagens predominantes em *Balada feroz*? A que se referem tais imagens?
b) Qual é o papel da poesia e do poeta diante da realidade representada?

Textos para a próxima questão.

Texto 1

O material do poeta é a vida, e só a vida, com tudo o que ela tem de sórdido e sublime. Seu instrumento é a palavra. Sua função é a de ser expressão verbal rítmica ao mundo informe de sensações, sentimentos e pressentimentos dos outros com relação a tudo o que existe ou é passível de existência no mundo mágico da imaginação. Seu único dever é fazê-lo da maneira mais bela, simples e comunicativa possível, do contrário ele não será nunca um bom poeta, mas um mero lucubrador* de versos.

(Vinicius de Moraes, *Para Viver um Grande Amor*, p. 101-102.)

Vocabulário:
* aquele que compõe com esforço à custa de muita meditação.

Texto 2

Não faças versos sobre acontecimentos.
Não há criação nem morte perante a poesia.
Diante dela, a vida é um sol estático,
não aquece nem ilumina.
As afinidades, os aniversários, os incidentes pessoais não contam.

Nem me reveles teus sentimentos,
que se prevalecem do equívoco e tentam a longa viagem.
O que pensas e sentes, isso ainda não é poesia.

Não recomponhas
tua sepultada e merencória infância.
Não osciles entre o espelho e a
memória em dissipação.
Que se dissipou, não era poesia.
Que se partiu, cristal não era.

Penetra surdamente no reino das palavras.
Lá estão os poemas que esperam ser escritos.
Estão paralisados, mas não há desespero,
há calma e frescura na superfície intata.

Chega mais perto e contempla as palavras.
Cada uma
tem mil faces secretas sob a face neutra

e te pergunta, sem interesse pela resposta,
pobre ou terrível, que lhe deres:
Trouxeste a chave?

(Carlos Drummond de Andrade, *Procura da poesia*)

8. (Ufscar-SP) Comparando o texto em prosa de Vinícius ao trecho do poema de Drummond:
   a) Ambos apresentam o mesmo conceito de poesia? Por quê?
   b) Justifique sua resposta, transcrevendo um trecho de cada um dos textos.

9. (Ufal) Assinale como VERDADEIRAS as afirmações corretas sobre os poetas da chamada "Geração de 30" e como FALSAS as incorretas.
   ( ) Em seu livro de estreia, *Alguma poesia*, Carlos Drummond de Andrade apresenta poemas nitidamente influenciados pela estética do Modernismo.
   ( ) Em seu livro *Libertinagem*, Manuel Bandeira renuncia à poética do Modernismo e retorna aos versos de caráter mais tradicional.
   ( ) Um dos poetas mais marcantes dessa geração foi Guilherme de Almeida, pela ousadia de seu experimentalismo formal.
   ( ) A década de 30 foi marcada pela produção poética mais radicalmente modernista de Mário e Oswald de Andrade.
   ( ) Os maiores poetas dessa geração afirmaram de modo muito pessoal seus caminhos de criação poética, desenvolvendo e amadurecendo propostas abertas na década de 20.

10. (UEPG-PR) A segunda fase do nosso Modernismo (1930-1945) mostrou o amadurecimento de várias linhas temáticas e de processos artísticos. Firmou-se neste período a poesia de:
   (01) Carlos Drummond de Andrade e Murilo Mendes.
   (02) José Lins do Rego e Vinicius de Moraes.
   (04) Augusto dos Anjos e Cruz e Sousa.
   (08) Cecília Meireles e Jorge de Lima.
   (16) Emiliano Pemeta e Cassiano Ricardo.

11. (UFPE) O sentimento amoroso é um tema inesgotável e tem influenciado muitas das produções artísticas, incluindo a poesia e a canção. Leia os dois textos abaixo e responda aos itens a seguir.

Texto 1

Soneto da separação

De repente do riso fez-se o pranto
Silencioso e branco como a bruma
E das bocas unidas fez-se a espuma
E das mãos espalmadas fez-se o espanto.

De repente da calma fez-se o vento
Que dos olhos desfez a última chama
E da paixão fez-se o pressentimento
E do momento imóvel fez-se o drama.

De repente, não mais que de repente
Fez-se de triste o que se fez amante
E de sozinho o que se fez contente.

Fez-se do amigo próximo o distante
Fez-se da vida uma aventura errante
De repente, não mais que de repente.

Vinícius de Morais

Texto 2

Soneto

Por que me descobriste no abandono
Com que tortura me arrancaste um beijo
Por que me incendiaste de desejo
Quando eu estava bem, morta de sono

Com que mentira abriste meu segredo
De que romance antigo me roubaste
Com que raio de luz me iluminaste
Quando eu estava bem, morta de medo

Por que não me deixaste adormecida
E me indicaste o mar, com que navio
E me deixaste só, com que saída

Por que desceste ao meu porão sombrio
Com que direito me ensinaste a vida
Quando eu estava bem, morta de frio

Chico Buarque de Holanda.

( ) Tanto Vinícius de Morais quanto Chico Buarque de Holanda foram letristas e literatos, e ambos estão localizados na segunda fase do Modernismo brasileiro.

( ) O soneto de Vinícius de Morais expressa, de forma suave e equilibrada, uma série de sentimentos dolorosos que estão associados à separação de dois amantes. A voz masculina é flagrante nas marcas linguísticas.

( ) A canção de Chico Buarque de Holanda faz uso da forma do soneto e revela uma voz feminina que expressa seu espanto por ter tido seu amor despertado por uma outra pessoa.

( ) No texto 2, o último verso dos dois quartetos e da última estrofe fazem ver que o sujeito poético se escondia, fugindo da vida e de sua expressão máxima, o amor.

( ) Como os dois textos permitem concluir, o amor e a vida são uma aventura errante, que não oferece as garantias de um porto seguro.

O BRASIL DE 1930 A 1945 – O ROMANCE

ROMANCE DOS ANOS 1930 A 1940

O período de 1930 a 1945 registrou também a estreia de alguns dos nomes mais significativos do romance brasileiro, como José Lins do Rego, Graciliano Ramos, Rachel de Queiroz, Jorge Amado e Erico Verissimo. As transformações vividas pelo país com a Revolução de 1930 e o consequente questionamento das tradicionais oligarquias, os efeitos da crise econômica mundial e os choques ideológicos que levaram a posições mais definidas e engajadas formavam um campo propício ao desenvolvimento de um romance caracterizado pela **denúncia social** – verdadeiro documento da realidade brasileira –, em que as relações "eu"/mundo atingiam elevado grau de tensão.

Rachel de Queiroz

A obra de Rachel de Queiroz é fortemente marcada pelo regionalismo: o Ceará, sua gente, sua terra e as secas são referências constantes em seus romances, escritos em linguagem fluente e com diálogos fáceis, o que resulta em uma narrativa dinâmica.

Erico Verissimo

Erico Verissimo é o representante gaúcho do regionalismo modernista. Parte de seus romances retrata a vida urbana da provinciana Porto Alegre e a crise da sociedade moderna, cuja nota marcante é a falta de solidariedade, o cotidiano caótico.

Jorge Amado

Jorge Amado representa o regionalismo baiano da zona rural do cacau e da zona urbana de Salvador. Sua grande preocupação foi retratar tipos marginalizados e, por meio deles, analisar toda a sociedade. Seus romances reproduzem o falar do povo e são marcados pelo lirismo e pela postura ideológica.

José Lins do Rego

José Lins do Rego apela constantemente a suas recordações de infância e adolescência para compor seu ciclo da cana-de-açúcar – série de romances de caráter memorialista que retratam a Zona da Mata nordestina num período crítico de transição: a decadência dos engenhos, esmagados pelas poderosas usinas.

Graciliano Ramos

Graciliano Ramos é considerado o autor que levou ao limite o clima de tensão das relações entre o ser humano e o meio natural/meio social, tensão esta geradora de um conflito intenso, capaz de moldar personalidades e de transfigurar o que as pessoas têm de bom.

Exercícios

1. (Unifesp) Leia o texto.

Fazia um mês que eu chegara ao colégio. Um mês de um duro aprendizado que me custara suores frios. Tinha também ganho o meu apelido: chamavam-me de Doidinho. O meu nervoso, a minha impaciência mórbida de não parar em um lugar, de fazer tudo às carreiras, os meus recolhimentos, os meus choros inexplicáveis, me batizaram assim pela segunda vez. Só me chamavam de Doidinho.

E a verdade é que eu não repelia o apelido. Todos tinham o seu. Havia o Coruja, o Pão-Duro, o Papa-Figo. Este era o pobre do Aurélio, um amarelo inchado não sei de que doença, que dormia junto de mim. Vinha um parente levá-lo e trazê-lo todos os anos.

Em S. João não ia para casa, e só voltava no fim do ano porque não havia outro jeito. A família tinha vergonha dele em casa. Nunca vi uma pessoa tão feia, com aquele corpanzil bambo de papangu. Apanhava dos outros somente com o grito: – Vou dizer a Seu Maciel! – Mas não ia, coitado. Nem esta coragem de enredo, ele tinha. Dormia com um ronco de gente morrendo e a boca aberta, babando. Às vezes, quando eu acordava de noite, ficava com medo do pobre do Aurélio. Ouvia falar que era de amarelos assim que saíam os lobisomens. Certas ocasiões não podia se levantar, e dias inteiros ficava na cama, com um lenço amarrado na cabeça. E o seu Maciel não respeitava nem esta enfermidade ambulante: dava no pobre também.

(José Lins do Rego. *Doidinho*.)

a) *Doidinho*, cuja primeira edição é de 1933, é obra inserida no "Regionalismo de 30". Transcreva um fragmento do texto que apresente algum aspecto ligado a essa tendência, justificando sua escolha.

b) Levante três características da personagem Papa-Figo e, além disso, transcreva um trecho do texto em que fique patente que ela era vítima de intolerância no colégio.

2. (ESPM-SP) Leia o trecho:

A figura de Vitorino era toda de indignação, de um desespero terrível.

– Cambada de cachorros. Eu sou Vitorino Carneiro da Cunha, homem branco, de respeito.

Falava só, gesticulava como se mantivesse um diálogo com um inimigo. Sacudia a tabica com uma fúria de louco.

– E o diabo desta besta que não anda!

E castigava a égua com impiedade. Pela estrada silenciosa o pisar mole da montaria espantava as lagartixas. O capitão Vitorino Carneiro da Cunha atravessava as terras do coronel Lula de Holanda, do Santa Fé. Ali era a grande aroeira que dava mal-assombrado. Ele não acreditava. Ele não tinha medo de coisa viva, de coisa morta.

("Fogo Morto", José Lins do Rego)

tabica: chibata feita com haste de mesmo nome.
aroeira: tipo de árvore.

Em "Fogo Morto", destaca-se a figura do Capitão Vitorino, tido pela crítica literária como uma personagem quixotesca, já que, à semelhança de D. Quixote, de Cervantes, é uma figura que possui um idealismo solitário convertido em ações intempestivas que beiram a loucura. Guardadas as devidas diferenças, pode-se estabelecer um paralelo entre Capitão Vitorino e uma outra personagem considerada "herói quixotesco", que é:

a) Leonardinho, por encarnar um amoralismo relacionado com a necessidade de sobrevivência, fome e toda sorte de sujeições que oprimem as camadas populares;

b) Jeca Tatu, por ser a imagem do caipira, apático e preguiçoso, que passa a vida vegetando segundo a lei do menor esforço;

c) Macunaíma, o herói sem nenhum caráter, por representar o inconsciente coletivo brasileiro;

d) Policarpo Quaresma, por simbolizar o ridículo e o patético de um nacionalismo fanatizante e anacrônico, desejando dentre outras o tupi como língua oficial no Brasil;

e) Fabiano, por ser um vaqueiro bruto e ignorante, que se expressava através de onomatopeias.

3. (UEL-PR) Refere-se a José Lins do Rego a seguinte afirmação:

a) Tão próximo do estilo oral, ele nos narra o que viu e o que sabe da vida do Nordeste, sobretudo da agonia dos engenhos e das personagens que não se livram do peso do passado.

b) Suas personagens podem parecer secas como a natureza da caatinga, mas isso não lhes elimina a complexidade psicológica, que este autor faz ver com seu estilo duro, preciso, objetivo.

c) Ninguém o superou em sua forma de ironizar, em sua capacidade de tratar dos assuntos mais graves com um humor impiedoso, fruto da inteligência e da melancolia.

d) Em seus contos de estreia já se podia prever o grande romancista, podia-se pressentir o fôlego maior de uma linguagem revolucionária, aberta à invenção e ao falar sertanejo das suas Gerais.

e) Seu regionalismo é saboroso e arrebatador, transportando-nos para o tempo heroico das sagas gaúchas e fazendo-nos viver as histórias violentas das famílias em conflito.

4. (UFSC)

Ora, daquela vez, como das outras, Fabiano ajustou o gado, arrependeu-se, enfim deixou a transação meio apalavrada e foi consultar a mulher. Sinha Vitória mandou os meninos para o barreiro, sentou-se na cozinha, concentrou-se, distribuiu no chão sementes de várias espécies, realizou somas e diminuições. No dia seguinte Fabiano voltou à cidade, mas ao fechar o negócio notou que as operações de sinha Vitória, como de costume, diferiam das do patrão. Reclamou e obteve a explicação habitual: a diferença era proveniente de juros.

Não se conformou: devia haver engano. Ele era bruto, sim senhor, via-se perfeitamente que era bruto, mas a mulher tinha miolo. Com certeza havia um erro no papel do [1]branco. Não se descobriu o erro, e Fabiano perdeu os estribos. Passar a vida inteira assim no toco, entregando o que era dele de mão beijada! Estava direito aquilo? Trabalhar como [2]negro e nunca arranjar [3]carta de alforria!

O patrão zangou-se, repeliu a insolência, achou bom que o vaqueiro fosse procurar serviço noutra fazenda.

Aí Fabiano baixou a pancada e amunhecou. Bem, bem. Não era preciso barulho não. Se havia dito palavra à toa, pedia desculpa. Era bruto, não fora ensinado. Atrevimento não tinha, conhecia o seu lugar. Um cabra. Ia lá puxar questão com gente rica? Bruto, sim senhor, mas sabia respeitar os homens. Devia ser ignorância da mulher, provavelmente devia ser ignorância da mulher. Até estranhara as contas dela. Enfim, como não sabia ler (um bruto, sim senhor), acreditara na sua velha. Mas pedia desculpa e jurava não cair noutra.

O [4]amo abrandou, e Fabiano saiu de costas, o chapéu varrendo o tijolo. Na porta, virando-se, enganchou as rosetas das esporas, afastou-se tropeçando, os sapatões de couro cru batendo no chão como cascos.

RAMOS, Graciliano. *Vidas secas*. 58. ed. Rio de Janeiro/São Paulo: Record, 1986. p. 92-94.

Considerando a leitura do texto acima e do romance *Vidas secas*, bem como o contexto em que a obra foi produzida, assinale a(s) proposição(ões) correta(s).

(01) Sinha Vitória era mais inteligente que Fabiano, mas enganava-se nas contas, por desconhecer o conceito de juros; assim, a cada vez que Fabiano acertava as contas com o patrão, este precisava explicar-lhe pacientemente porque os resultados diferiam.

(02) Da mesma forma que José Lins do Rego, Jorge Amado e outros prosadores da segunda fase do Modernismo brasileiro, Graciliano Ramos faz, no romance, uma denúncia de desigualdade social.

(04) O discurso indireto livre, utilizado no segundo e no quarto parágrafos do texto, visa mostrar ao leitor o que Fabiano pensa, mas que não chega a verbalizar, tal o seu temor pelo patrão.

(08) Pela oposição entre os instrumentos auxiliares da matemática – o papel e as sementes – Graciliano deixa evidente que, apesar de o patrão e de Fabiano pertencerem a universos culturais diversos, constrói-se entre eles uma relação de igualdade de forças.

(16) Entre o patrão e Fabiano, em vez de acordo profissional estabelecido em condições de equilíbrio de poder, parece existir uma relação de senhor e escravo, sugerida nos termos "branco" (ref. 1), "negro" (ref. 2), "carta de alforria" (ref. 3) e "amo" (ref. 4).

(32) A expressão "baixou a pancada" sugere que Fabiano deseja agredir o patrão e o faz na imaginação, mas acaba descarregando sua agressividade contida na mulher, culpando-a pela divergência nas contas.

(64) No parágrafo final, a imagem de Fabiano deixando a sala é de submissão completa, na qual transparece importante elemento do romance, a animalização, representada aqui pela comparação dos sapatos do vaqueiro a cascos.

5. (UFPE) O romance regional de 30 constituiu a Segunda Fase do Modernismo Brasileiro.
Estabeleça a relação entre dois dos principais autores e as características de suas obras.

1) Graciliano Ramos 2) José Lins do Rego

( ) Como romancista, suas obras mais marcantes estão reunidas no ciclo da cana-de-açúcar, quando escreveu sobre a vida nos engenhos de açúcar do Nordeste.

( ) Entre suas obras principais estão "São Bernardo", "Vidas Secas" e o autobiográfico "Memórias do Cárcere". Escreve sobre o universo rural nordestino, sem qualquer traço de nostalgia.

( ) Em seus romances, o psicológico e o social se inter-relacionam de forma tão contínua que é difícil estabelecer separações.

( ) Partindo de experiências autobiográficas, escreveu romances onde o memorialismo predominava sobre a pura ficção. Escreveu "Fogo Morto", sua obra-prima.

A sequência correta é:

a) 1, 2, 1 e 2
b) 2, 1, 2 e 1
c) 1, 2, 2 e 1
d) 2, 1, 1 e 2
e) 1, 1, 2 e 2

6. (UPM-SP)

I. Dentre as obras de José Lins do Rego, podemos citar: *Menino do engenho*, *O moleque Ricardo* e *Usina*.

II. Érico Veríssimo é contemporâneo de Raquel de Queiroz e Graciliano Ramos.

III. A poesia concreta, ou Concretismo, impôs-se, a partir de 1956, como uma das expressões mais vivas e atuantes de nossa vanguarda estética.

Quanto às afirmações anteriores, assinale:

a) se todas estão corretas.

b) se apenas I e II estão corretas.

c) se apenas II e III estão corretas.

d) se apenas I e III estão corretas.

e) se todas estão incorretas.

Texto para a próxima questão.

Nem a rosa, nem o cravo

As frases perdem seu sentido, as palavras perdem sua significação costumeira, como dizer das árvores e das flores, dos teus olhos e do mar, das canoas e do cais, das borboletas nas árvores, quando as crianças são assassinadas friamente pelos nazistas? Como falar da gratuita beleza dos campos e das cidades, quando as bestas soltas no mundo ainda destroem os campos e as cidades?

Já viste um loiro trigal balançando ao vento? É das coisas mais belas do mundo, mas os hitleristas e seus cães danados destruíram os trigais e os povos morrem de fome. Como falar, então, da beleza, dessa beleza simples e pura da farinha e do pão, da água da fonte, do céu azul, do teu rosto na tarde? Não posso falar dessas coisas de todos os dias, dessas alegrias de todos os instantes. Porque elas estão perigando, todas elas, os trigais e o pão, a farinha e a água, o céu, o mar e teu rosto. (...) Sobre toda a beleza paira a sombra da escravidão. É como u'a nuvem inesperada num céu azul e límpido. Como então encontrar palavras inocentes, doces palavras cariciosas, versos suaves e tristes? Perdi o sentido destas palavras, destas frases, elas me soam como uma traição neste momento.

(...)

Mas eu sei todas as palavras de ódio e essas, sim, têm um significado neste momento. Houve um dia em que eu falei do amor e encontrei para ele os mais doces vocábulos, as frases mais trabalhadas.

Hoje só o ódio pode fazer com que o amor perdure sobre o mundo. Só o ódio ao fascismo, mas um ódio mortal, um ódio sem perdão, um ódio que venha do coração e que nos tome todo, que se faça dono de todas as nossas palavras, que nos impeça de ver qualquer espetáculo – desde o crepúsculo aos olhos da amada – sem que junto a ele vejamos o perigo que os cerca.

Jamais as tardes seriam doces e jamais as madrugadas seriam de esperança. Jamais os livros diriam coisas belas, nunca mais seria escrito um verso de amor. Sobre toda a beleza do mundo, sobre a farinha e o pão, sobre a pura água da fonte e sobre o mar, sobre teus olhos também, se debruçaria a desonra que é o nazifascismo, se eles tivessem conseguido dominar o mundo. Não restaria nenhuma parcela de beleza, a mais mínima. Amanhã saberei de novo palavras doces e frases cariciosas. Hoje só sei palavras de ódio, palavras de morte. Não encontrarás um cravo ou uma rosa, uma flor na minha literatura. Mas encontrarás um punhal ou um fuzil, encontrarás uma arma contra os inimigos da beleza, contra aqueles que amam as trevas e a desgraça, a lama e os esgotos, contra esses restos de podridão que sonharam esmagar a poesia, o amor e a liberdade!

(AMADO, Jorge. *Folha da Manhã*, 22/04/1945.)

7. (Uerj) O uso das palavras "rosa" e "cravo" é recusado pelo enunciador do texto de Jorge Amado.

Essa recusa ocorre, pois essas palavras assumem, no texto, o sentido de:

a) ameaça

b) alienação

c) infelicidade

d) cumplicidade

Texto para a próxima questão.

O preto Henrique tomou o caneco das mãos da preta velha e bebeu dois tragos.

– Ainda tá quente, meu filho? É o restinho...

– Tá, tia. Bota mais.

Quando acabou, disse:

– Você lembra dessas histórias que você sabe, minha tia?

– Que histórias?

– Essas histórias de escravidão...

– O que é que tem?

– Você vai esquecer elas todas.

– Quando?

– No dia em que nós for dono disso...

– Dono de quê?

– Disso tudo... Da Bahia... do Brasil...

– Como é isso, meu filho?

– Quando a gente não quiser mais ser escravo dos ricos, titia, e acabar com eles...

– Quem é que vai fazer feitiço tão grande pros ricos ficar tudo pobre?

– Os pobres mesmo, titia.

– Negro é escravo. Negro não briga com branco. Branco é senhor dele.

– O negro é liberto, tia.

– Eu sei. Foi a Princesa Isabel, no tempo do Imperador. Mas negro continua a respeitar o branco...

– Mas a gente agora livra o preto de vez, velha.

– Você sabe qual é a coisa mais melhor do mundo, Henrique?

– Não.

– Não sabe o que é? É cavalo. Se não fosse cavalo, branco montava em negro...

Adap. AMADO, Jorge. *Suor*. Rio de Janeiro: Record, 1984, 43ª ed., p. 43/44.

8. (UFRRJ) O cenário predominante na obra do escritor Jorge Amado é o estado da Bahia. Sua produção é dividida pelos críticos literários em várias fases. O texto lido pode ser enquadrado na fase

a) do romance proletário, que denuncia a miséria e a opressão das classes populares.

b) dos depoimentos sentimentais, baseados em rixas e amores de marinheiros.

c) de pregação partidária, que inclui biografias de pessoas defensoras de maior justiça social.

d) de textos de tom épico, que retratam as lutas entre coronéis e trabalhadores da região do cacau.

e) do relato de costumes provincianos, que mostram o lado pitoresco do povo baiano.

9. (Unicamp-SP) Leia o seguinte trecho do romance *Capitães da Areia*, de Jorge Amado:

Agora [Pedro Bala] comanda uma brigada de choque formada pelos Capitães da Areia. O destino deles mudou, tudo agora é diverso. Intervêm em comícios, em greves, em lutas obreiras. O destino deles é outro. A luta mudou seus destinos.

(Jorge Amado, *Capitães da Areia*. São Paulo: Companhia das Letras, 2008, p. 268.)

a) Explique a mudança pela qual os Capitães da Areia passaram, e o que a tornou possível.

b) Que relação se pode estabelecer entre esse desfecho e a tendência política do romance de Jorge Amado?

10. (UFSM-RS) Leia o seguinte fragmento de "O continente I", de Érico Veríssimo:

Ana procurava sempre esquecer os dias de medo e aflição, principalmente aquele – o pior de todos! – em que, chegando à casa uma tarde, vira, horrorizada, um índio coroado aproximar-se, na ponta dos pés, da cama onde seu filho dormia a sesta. Quase sem pensar no que fazia, apanhou o mosquete carregado que estava a um canto, ergueu-o à altura do rosto, apontou-o na direção do índio e atirou. O coroado caiu com um gemido sobre Pedro, que despertou alarmado, desvencilhou-se daquela "coisa" que estava em cima de seu peito e saltou para fora da cama já com o punhal na mão e todo banhado no sangue do bugre. Vendo o filho assim ensanguentado, ela se pôs a gritar, imaginando que também o tivesse atingido com o tiro. Os vizinhos acudiram e foi só depois de muito tempo que tudo se aclarou. Ana Terra não gostava de recordar esse dia. Ficara com o ombro arroxeado e dolorido por causa do coice que a arma lhe dera ao disparar. A sangueira que saía do corpo do coroado deixara-a tonta. Não tinha tido coragem de ir olhar de perto... Mas um vizinho lhe contara:

– Ficou com um rombo deste tamanho no pulmão.

Ana passara o resto daquele dia tomando chá de folhas de laranjeira. Tinha matado um homem.

Esse fragmento exemplifica o comportamento de Ana Terra no decorrer de todo o romance, ou seja, é

a) covarde por ser uma personagem feminina.

b) inconsequente, pois age sempre com impulsividade.

c) fuxiqueira, porque passa conversando com vizinhos, para saber da vida dos outros.

d) corajosa, pois demonstra capacidade para enfrentar as adversidades.

e) insegura, porque seus dias são marcados por medo e aflição.

11. (UFRGS-RS) Assinale a afirmação correta sobre o Romance de 30.

a) Predominou, entre os autores, uma preocupação de renovação estética seguindo os padrões da vanguarda literária europeia.

b) Na obra de José Lins do Rego, predomina a narrativa curta na recriação do modo de vida dos senhores de engenho.

c) Os autores, em suas obras, tematizaram os problemas sociais com o intuito de denunciar as agruras das populações menos favorecidas.

d) O caráter regionalista dos romances deste período deve-se à reprodução fiel do linguajar típico de cada região.

e) A obra de Jorge Amado pode ser considerada uma exceção, no conjunto da época, porque seus romances apresentam uma grande inovação na estrutura narrativa.

12. (UFPE) No Modernismo Brasileiro, destaca-se como segunda fase, o Romance Regional de 30, tema sobre o qual é correto afirmar o que segue.

a) O ciclo do Romance Regional de 30 começa com "O Quinze", de Rachel de Queirós, e termina com "Grande Sertão: Veredas", de Guimarães Rosa.

b) A estética da Escola Realista marca o Romance de 30 com o rigor formal. Os autores não adotaram desvios da norma culta nas transcrições de diálogos, sendo considerados neorrealistas.

c) Entre os autores representativos desse período, estão José Lins do Rego, cujo livro de estreia foi "Cacau", e Jorge Amado, que estreou com "Banguê".

d) Guimarães Rosa, mineiro, trouxe para o Romance Regional de 30 a presença de uma consciência mística e mágica e uma linguagem renovadora.

e) Graciliano Ramos tem como uma das obras mais conhecidas, "Vidas Secas", cujo valor assenta-se na construção formal e na visão do mundo sertanejo. De estilo seco, elegante, despojado, tem, entre seus escritos, o autobiográfico "Memórias do Cárcere".

O BRASIL DEPOIS DE 1945

1945: UMA NOVA ORDEM – NO MUNDO, NO BRASIL

Com o fim da Segunda Guerra Mundial e a derrota do nazifascismo, assistiu-se à composição de uma nova ordem mundial, em que se inserem a divisão da Alemanha, a oposição entre capitalismo e socialismo e a consequente Guerra Fria. No Brasil, os ventos da democratização derrubam Getúlio Vargas. Promulga-se uma nova Constituição, em 1946, e os partidos são liberados; mas em 1947 o governo brasileiro alinha-se aos Estados Unidos na Guerra Fria e coloca o Partido Comunista Brasileiro e os movimentos populares na ilegalidade.

OS RUMOS DA POESIA E DA PROSA

Os anos finais da década de 1940 e toda a década de 1950 são marcados por uma incessante busca de rumos. Entre os autores da geração, há aqueles que se aproximam do verso discursivo, mais tradicional, negando as ironias e sátiras modernistas; e também aqueles que buscam uma ruptura radical, incorporando conceitos de poema-objeto e poema concreto. Quanto à prosa, ao lado da permanência de autores consagrados, dois nomes roubam a cena literária brasileira: Clarice Lispector e Guimarães Rosa.

Concretistas

Partindo da assertiva de que o verso tradicional já havia encerrado seu ciclo histórico, a poesia concreta propõe o poema-objeto, em que se utilizam múltiplos recursos: o acústico, o visual, a carga semântica, o espaço tipográfico e a disposição geométrica dos vocábulos na página. Entre seus principais representantes estão Décio Pignatari, Augusto e Haroldo de Campos.

Clarice Lispector

Na obra de Clarice Lispector, a temática existencial e psicológica prevalece, com enredos centrados no mundo interior dos personagens, principalmente das mulheres, predominantes em seus contos e romances. Essa introspecção ultrapassa o limite temático e é explorada também na linguagem, que rompe com as noções convencionais de tempo e espaço narrativos, simulando uma percepção subjetiva da realidade.

João Cabral de Melo Neto

A poesia de João Cabral de Melo Neto caracteriza-se pela objetividade na constatação da realidade e, em alguns casos, pela tendência ao surrealismo. No nível temático, distinguem-se em sua poética três grandes preocupações: o Nordeste, a Espanha, a Arte.

Ferreira Gullar

Inicialmente, Gullar apresenta uma poesia mais lírica e experimental, composições de expressão subjetiva que brincam com a musicalidade e a síntese verbal, e antecipam a poesia concreta. Num segundo momento, o diálogo, o humor e a coloquialidade se fazem presentes. A partir de 1964, o poeta passa a produzir poemas de temática social e com formas da cultura popular.

Guimarães Rosa

Guimarães Rosa demonstra capacidade singular de mesclar o real e o simbólico, o regional e o universal, transpondo também as fronteiras linguísticas entre idiomas, gêneros literários e recursos narrativos.

Manoel de Barros

Inútil, nada, coisa, bichos. Essas são algumas das palavras-chave de uma obra que tenta reconstruir o mundo. Alguns poetas passam, em suas obras, uma determinada visão de mundo; outros não se contentam com isso e vão além: tentam reconstruir o mundo. Manoel de Barros é um deles.

Exercícios

Texto para a próxima questão.

O Modernismo, em sentido amplo, tem fases distintas, havendo mesmo que se considerar o fato de que as influências de suas convicções mais fortes se fizeram sentir várias décadas depois da Semana de Arte Moderna. Pense-se, por exemplo, na inspiração que Oswald de Andrade e sua "antropofagia" ofereceram aos movimentos de contracultura da década de 60, entre eles o Tropicalismo.

Na própria década de 20, a pluralidade já se faz sentir, por exemplo, nos vários "nacionalismos": *Macunaíma* é mais problemático e menos cívico que *Martim Cererê*. Também quanto à forma literária, há muita diferença entre o verso piadístico e lúdico de Oswald de Andrade e a intensidade subjetiva com a qual é filtrada, por um ângulo tido como "futurista", a vida da metrópole nascente.

Na década de 30, vencidos os impulsos mais arrebatados de experimentalismo estético, a poesia e o romance amadurecem com uma geração de artistas brilhantes. Na lírica, o sentimento da inadaptação ao mundo desemboca na figura do *gauche* ou na do visionário em cujos versos não faltam imagens surrealistas. Na ficção, o peso da realidade se faz sentir em diversas obras regionalistas, sobretudo do Nordeste, muito marcadas pelos respectivos ciclos econômicos: da cana-de-açúcar e do cacau, por exemplo. Nem faltaram, nessa mesma década e na seguinte, autores mais intimistas, dedicados à sondagem do interior humano, e autores revolucionários, cujas linguagens, particularizadas, deram novo fôlego à expressão literária no Brasil.

1. (UEL-PR) Da leitura do terceiro parágrafo do texto é ainda correto deduzir que
   a) as obras de José Lins do Rego e Jorge Amado representam os ciclos econômicos referidos, na ordem dada.
   b) *Jubiabá* e *Capitães da Areia* exemplificam aquelas "tendências mais intimistas".
   c) a ficção de Clarice Lispector deve ser arrolada entre aquelas "diversas obras regionalistas".
   d) entre os "autores mais intimistas" não pode faltar o nome de Raquel de Queiroz.
   e) a ficção de Graciliano Ramos ilustra aqueles "impulsos mais arrebatados de experimentalismo estético".

Texto para a próxima questão.

Você lerá no texto a seguir um trecho do poema "Morte e vida severina", de João Cabral de Melo Neto, importante poeta pernambucano da Geração de 45 do Modernismo brasileiro. No excerto, um retirante chamado Severino, protagonista da obra, encontra dois homens que estão carregando um defunto numa rede.

"– A quem estais carregando, irmãos das almas, embrulhado nessa rede? Dizei que eu saiba.
– A um defunto de nada, irmão das almas, que há muitas horas viaja à sua morada.
– E sabeis quem era ele, irmãos das almas, sabeis como ele se chama ou se chamava?
– Severino Lavrador, irmão das almas, Severino Lavrador, mas já não lavra.
– E de onde que o estais trazendo, irmãos das almas, onde foi que começou vossa jornada?
– Onde a Caatinga é mais seca, irmão das almas, onde uma terra que não dá nem planta brava.
– E foi morrida essa morte, irmãos das almas, essa foi morte morrida ou foi matada?
(...)
– E quem foi que o emboscou, irmãos das almas, quem contra ele soltou essa ave-bala?
– Ali é difícil dizer, irmão das almas, sempre há uma bala voando desocupada.
– E o que havia ele feito irmãos das almas, e o que havia ele feito contra a tal pássara?
– Ter um hectare de terra, irmão das almas, de pedra e areia lavada que cultivava.
– Mas que roças que ele tinha, irmãos das almas que podia ele plantar na pedra avara?
– Nos magros lábios de areia, irmão das almas, os intervalos das pedras, plantava palha."

2. (IFPE) A única alternativa verdadeira a respeito dos elementos retirados do texto é:
   a) A expressão "irmãos das almas", no primeiro verso, aparece entre vírgulas e desempenha a função de sujeito da forma verbal "estais", que aparece no mesmo verso.
   b) Em "Dizei que eu saiba", ainda no primeiro verso, há uma forma verbal no imperativo que poderia ter como sujeito o pronome pessoal "tu".
   c) No quarto verso, com a expressão "mas já não lavra", o autor quis estabelecer uma relação de oposição entre a profissão e a situação em que "Severino Lavrador" se encontrava.
   d) O adjunto adverbial "Ali", em "Ali é difícil dizer...", foi utilizado referindo-se ao tipo de morte que teve o defunto.
   e) Com "sabeis como ele se chama ou se chamava?", no terceiro verso, o retirante demonstra não ter certeza de que o homem na rede estava morto.

3. (Unifesp) Observe a figura a seguir:

A tela de Portinari – *A criança morta* – tematiza aspecto marcante da vida no sertão nordestino, frequentemente castigado pelas secas, pela miséria e pela fome. Os escritores que se dedicaram também a esse tema foram

a) Graciliano Ramos e José de Alencar.

b) Hilda Hilst e Jorge Amado.

c) Rachel de Queiroz e João Cabral de Melo Neto.

d) José Lins do Rego e Carlos Drummond de Andrade.

e) Guimarães Rosa e Cecília Meireles.

4. (UFPE) Ainda que o fazer poético seja um tema recorrente na Literatura Brasileira, suas diversas concepções são apresentadas de modo diferenciado de época para época. Assim, a partir da leitura dos poemas abaixo, analise as proposições seguintes.

Texto I

Longe do estéril turbilhão da rua,
Beneditino escreve! No aconchego
Do claustro, na paciência e no sossego,
Trabalha e teima, e lima, e sofre, e sua!
Mas que na forma se disfarce o emprego
Do esforço; e a trama viva se construa
De tal modo, que a imagem fique nua
Rica mas sóbria, como um templo grego.
Não se mostre na fábrica o suplício
Do mestre. E natural, o efeito agrade,
Sem lembrar os andaimes do edifício:
Porque a Beleza, gêmea da Verdade
Arte pura, inimiga do artifício,
É a força e a graça na simplicidade.

(Olavo Bilac – *A um poeta*)

Texto II

Catar feijão se limita com escrever:
jogam-se os grãos na água do alguidar
e as palavras na folha de papel;
e depois joga-se fora o que boiar.

(...)

Ora, nesse catar feijão entra um risco:
O de que entre os grãos pesados entre
Um grão qualquer, pedra ou indigesto,
Um grão imastigável, de quebrar dente.

Certo não, quando ao catar palavras:
A pedra dá à frase seu grão mais vivo;
Obstrui a leitura fluviante, flutual,
Açula a atenção, isca-a com o risco.

(João Cabral de Melo Neto – *Catar Feijão*)

( ) Para Olavo Bilac, criar poemas exige esforço. Em *A um poeta*, ele afirma que o escritor deve ser como um monge beneditino, pois a boa poesia resulta unicamente do silêncio e do isolamento, razão pela qual estabelece uma relação do poeta com um monge.

( ) Enquanto Bilac não apresenta preocupação formal com o fazer poético, o qual se restringe a uma perspectiva conteudística, própria da estética parnasiana, João Cabral se revela um perfeito engenheiro, para quem catar feijão metaforiza a produção escrita.

( ) Olavo Bilac apresenta uma concepção estética aristocrática; João Cabral parte da similitude entre o ofício do poeta e a atividade de catar feijão. Assim, o poeta pernambucano, se alinha com o Modernismo, enfatizando o cotidiano, a vida simples, o dia a dia.

( ) Nas duas últimas estrofes, João Cabral revela que o poético resulta não apenas da forma, mas também do efeito que o texto pode provocar no leitor, o que traduz uma perspectiva bem mais contemporânea, ou seja, a valorização do texto de acordo com sua recepção.

( ) Os dois poemas, escritos em épocas distintas, se constroem por uma linguagem que discorre sobre si mesma; daí, serem designados como metapoemas, ainda que apresentem diferentes pontos de vista sobre o mesmo tema.

5. (PUC-RS) Para responder à questão, ler os textos a seguir, de Raul Bopp e João Cabral de Melo Neto, respectivamente.

Texto A

A floresta se avoluma

Movem-se espantalhos monstros
riscando sombras estranhas pelo chão

Árvores encapuçadas soltam fantasmas
com visagens do lá-se-vai

O luar amacia o mato sonolento

Lá adiante
o silêncio vai marchando com uma banda de música

Floresta ventríloqua brinca de cidade

Texto B

Falo somente por quem falo:
por quem existe nesses climas
condicionadas pelo sol,
pelo gavião e outras rapinas:

e onde estão os solos inertes
de tantas condições caatinga
em que só cabe cultivar
o que é sinônimo da míngua.

A visão de mundo dos poetas expressa-se através da descrição da natureza. Raul Bopp acentua __________ de nosso país, através de versos carregados de adjetivos. João Cabral descreve a aridez da terra e a exploração do homem, através de um vocabulário que evoca __________.

a) a beleza e os contrastes – a beleza e o exótico
b) a riqueza e o mistério – a pobreza e a falta de perspectivas
c) as dificuldades e as dores – a beleza e o exótico
d) a riqueza e a exploração – a religiosidade e a pujança
e) o mistério e as festas – a alegria do sertão

6. (UFPE) Analise as afirmações que são feitas a seguir, quanto à imagem e ao poema dispostos abaixo.

(*Poeminha em língua de brincar*, de Manoel de Barros, poeta mato-grossense, com ilustrações de Martha Barros.)

Não tenho bens de acontecimentos.
O que não sei fazer desconto nas palavras.
Entesouro frases. Por exemplo:
– Imagens são palavras que nos faltaram.
– Poesia é a ocupação da palavra pela Imagem.
– Poesia é a ocupação da Imagem pelo Ser.
Ai frases de pensar!
Pensar é uma pedreira. Estou sendo.
Me acho em petição de lata (frase encontrada no lixo).
Concluindo: há pessoas que se compõem de atos, ruídos, retratos.
Outras de palavras.
Poetas e tontos se compõem com palavras.

(Manoel de Barros)

( ) O poema de Manoel de Barros se assemelha à poesia do pessoano Alberto Caeiro, homem simples da Aldeia, para quem "Pensar é estar doente dos olhos".

( ) Assim como Caeiro, a simplicidade de Barros é enganosa, pois só é conseguida a partir de um profundo conhecimento da língua portuguesa, que permite a sua depuração numa poesia de cunho filosófico, como se pode ler no texto em foco.

( ) A partir da leitura do poema destacado, verifica-se que a infância e a natureza são referências fundamentais para os poetas Manoel de Barros e Alberto Caeiro.

( ) As ilustrações de Martha Barros para o livro do poeta buscam inspiração nos desenhos imprecisos e inacabados das crianças.

( ) Por suas características, o poema de Manoel de Barros é precisamente destinado ao público infantil.

7. (UFU-MG) A revista "Cadernos de Literatura Brasileira" perguntou a João Cabral de Melo Neto se haveria algum aspecto de sua obra com o qual a crítica não havia trabalhado, ao que o poeta respondeu:

A crítica nunca se preocupa com o humor negro de minha poesia. Leia "Dois parlamentos", por exemplo. É puro humor negro. Em "Morte e vida severina", também existe humor negro. Você lembra daquele trecho

"– Mais sorte tem o defunto,
irmãos das almas,
pois já não fará na volta
a caminhada."?

[Trecho da segunda cena da obra, em que Severino encontra dois homens carregando um defunto]

Explique, pelo contexto da obra, o "humor negro" desses versos.

8. (Unifesp) Leia os textos e analise as afirmações.

Texto 1

(www.custodio.net. Adaptado.)

Texto 2

r a   t e r r a   t e r
r a t   e r r a   t e r
r a t e   r r a   t e r
r a t e r   r a   t e r
r a t e r r   a   t e r
r a t e r r a   t e r r
a r a t e r r a   t e r
r a r a t e r r a   t e
r r a r a t e r r a   t
e r r a r a t e r r a
t e r r a r a t e r r a

(Décio Pignatari.)

I. A graça do texto 1 decorre da ambiguidade que assume o termo concreta na situação apresentada.
II. O texto 2 é exemplo de poesia concreta, relacionada ao experimentalismo poético, no qual o poema rompe com o verso tradicional e transforma-se em objeto visual.
III. Para a interpretação do texto 2, pode-se prescindir dos signos verbais.

Está CORRETO o que se afirma em:

a) I, apenas.
b) III, apenas.
c) I e II, apenas.
d) I e III, apenas.
e) I, II e III.

9. (UFPE)

"Moço: Toda saudade é uma espécie de velhice".
"Amar é reconhecer-se incompleto".
"Viver é muito perigoso".

(Guimarães Rosa)

As frases acima são de autoria de Guimarães Rosa. Sobre esse autor, podemos afirmar que:

( ) fez parte da geração de 45, cujo diferencial foi a expansão do regionalismo, um regionalismo universal e cósmico.
( ) em suas narrativas, retrata o sertão das Gerais, e a gente que lá vive: matutos, vaqueiros, crianças, velhos, feiticeiros e loucos, sem priorizar questões regionais.
( ) como se vê nas frases acima, a sua linguagem incorpora o falar coloquial dos sertanejos, com o uso de aforismos.
( ) não conseguiu atingir o objetivo de renovação da linguagem literária, tendo sua obra um caráter passadista e pouco inovador.
( ) no conjunto de sua obra, destacam-se "Sagarana", seu livro de estreia, "Corpo de Baile", "Tutameia" e um único romance, considerado sua obra-prima, "Grande Sertão: Veredas".

Texto para a próxima questão.

A obra literária não é reflexo mecânico de momentos históricos, mas não podemos compreender integralmente o significado dela se a desvincularmos de todos os valores e circunstâncias temporais que nela ganham particular expressão. As formas de viver, de amar e de morrer traduzem o espírito de uma época, ao qual nenhum artista é insensível.

Se um velho e casmurro narrador realista se dispõe a contar suas melancólicas memórias pessoais, nelas também surpreenderemos elementos estruturais da sociedade da época; e quem mergulha no sertão, ainda que para falar de questões do homem universal, falará também da cultura sertaneja. O sofisticado poeta João Cabral de Melo Neto, cujos versos seguem à risca rigorosos paradigmas de construção, não deixa de dar voz a personagens rústicas da realidade nordestina. Um bom leitor deve estar atento não apenas aos componentes linguísticos mais visíveis de uma obra, mas também às referências históricas, culturais e políticas que nela estão sempre vivas, pulsando.

(Ambrósio Nogueira, inédito)

10. (PUCC-SP) Na novela "Miguilim", de Guimarães Rosa, o leitor compreenderá que as sofridas experiências de menino no Mutum permitirão que o protagonista, quando adulto,

a) procure esquecê-las, valorizando a vida que passou a ter depois de superar as privações de sua infância vazia.
b) a elas se refira de modo a compensar aqueles momentos negativos com as fantasias que agora lhes acrescenta.
c) a elas se refira com o natural ressentimento de quem olha para o passado e percebe que só tem perdas a lamentar.
d) as retome para analisar sua fragilidade de criança, em meio às condições penosas daquela rotina sem revelações.
e) as retome para valorizar o aprendizado profundo da infância, que incluiu as perdas afetivas e o ganho de quem descobre.

Texto para a próxima questão.

Domingo ela acordava mais cedo para ficar mais tempo sem fazer nada.

O pior momento de sua vida era nesse dia ao fim da tarde: caía em meditação inquieta, o vazio do seco domingo. Suspirava. Tinha saudade de quando era pequena – farofa seca – e pensava que fora feliz. Na verdade por pior a infância é sempre encantada, que susto. Nunca se queixava de nada, sabia que as coisas são assim mesmo e – quem organizou a terra dos homens? [...] Juro que não posso fazer nada por ela. Afianço-vos que se eu pudesse melhoraria as coisas. Eu bem sei que dizer que a datilógrafa tem o corpo cariado é um dizer de brutalidade pior que qualquer palavrão.

Clarice Lispector, *A hora da estrela.*

11. (UPM-SP) Nas alternativas abaixo, transcrevem-se adaptações de comentários críticos colhidos em bibliografia especializada. Todos se referem à produção de Clarice Lispector, EXCETO:

a) A linguagem contém como que uma armadilha: a sua simplicidade enganosa. Nem pela escolha dos vocábulos, nem por sua construção frásica parece ultrapassar um tom de coloquialismo e de narração sem surpresas.
b) É essa existência absurda, ameaçadora e estranha, revelando-se nos indivíduos e a despeito deles, o único fundo permanente de encontro ao qual as personagens se destacam e de onde tiram a densidade humana que as caracteriza.

c) Em sua ficção, o cotidiano é, a partir de certo momento, completamente desagregado.

d) Numa obra literária, para que o jogo da linguagem tenha a propriedade reveladora, é necessário que a linguagem, além de ser instrumento da ficção, seja também, de certo modo, o seu objeto, como de fato ocorre nos textos da autora.

e) O mito poético foi a solução romanesca adotada pela autora. Uma obra de tão aguda modernidade que, paradoxalmente, se nutre de velhas tradições, as mesmas que davam à gesta dos cavaleiros feudais a aura do convívio com o sagrado e o demoníaco.

Texto para a próxima questão.

A mulher e a casa

Tua sedução é menos
de mulher do que de casa:
pois vem de como é por dentro
ou por detrás da fachada.

Mesmo quando ela possui
tua plácida elegância,
esse teu reboco claro,
riso franco de varandas,

uma casa não é nunca
só para ser contemplada;
melhor: somente por dentro
é possível contemplá-la.

Seduz pelo que é dentro,
ou será, quando se abra:
pelo que pode ser dentro
de suas paredes fechadas;

pelo que dentro fizeram
com seus vazios, com o nada;
pelos espaços de dentro,
não pelo que dentro guarda;

pelos espaços de dentro:
seus recintos, suas áreas,
organizando-se dentro
em corredores e salas,

os quais sugerindo ao homem
estâncias aconchegadas,
paredes bem revestidas
ou recessos bons de cavas,

exercem sobre esse homem
efeito igual ao que causas:
a vontade de corrê-la
por dentro, de visitá-la.

(João Cabral de Melo Neto. *Poesias completas*, Rio de Janeiro, José Olympio Editora, 1979, p. 153)

12. (UFRJ) A geração de 45 marca certa volta à valorização formal do poema em termos tradicionais.
Indique duas características do poema de João Cabral que justificam essa afirmativa.

Texto para a próxima questão.

A mulher sentada

(João Cabral de Melo Neto)

Mulher-mulher e pombos.
Mulher entre sonhos.
Nuvens nos seus olhos?
Nuvens sobre seus cabelos.

(A visita espera na sala;
a notícia, no telefone;
a morte cresce na hora,
a primavera, além da janela.)

Mulher sentada. Tranquila
Na sala, como se voasse.

13. (Fatec-SP) Sobre o poema, pode-se afirmar que:

a) é a expressão evidente de uma tendência do Modernismo brasileiro: o gosto pelo som, a letra impressa, a superfície da página.

b) caracteriza um tipo de poesia espiritualista e religiosa produzida pelos poetas da Geração de 45, da qual também faziam parte Jorge de Lima e Vinícius de Morais.

c) se identifica ao Surrealismo, tendência moderna em que se ativa o inconsciente, o irracional, o sonho, e em que a plasticidade das imagens sobrepõe-se ao discursivo.

d) se liga a uma corrente primitivista do Modernismo brasileiro, que representa uma espécie de tomada de consciência do estado puro e ingênuo do país e de seus habitantes.

e) apesar de ser poesia do Modernismo brasileiro, revela uma propensão pela volta aos ideais simbolistas, visível especialmente no gosto pelo etéreo, pelo mistério, pelas impressões sensoriais.

O TEATRO BRASILEIRO NO SÉCULO XX

O TEATRO MODERNO NO BRASIL

A década de 1960 assistiu a uma proliferação de grupos teatrais, que intensificaram suas atividades após o movimento de 1964. Entre os mais importantes estão, além do Teatro de Arena, o grupo do Teatro Oficina e o Grupo Opinião. Com o AI-5 e os ataques de grupos de extrema-direita, desmantela-se o teatro de resistência. Nomes importantes vão para o exílio. Apesar de tudo, autores como Gianfrancesco Guarnieri, Dias Gomes, Chico Buarque, Ruy Guerra, Ferreira Gullar, Paulo Pontes e Plínio Marcos continuaram a produzir textos.

Três textos fundamentais

O rei da vela – o primeiro texto revolucionário

Oswald de Andrade escreveu *O rei da vela* em 1933. Exatos trinta anos depois, quando o governo militar caminhava para seu período mais negro, a peça ganhou o palco e assombrou o público: em 29 de setembro de 1967, o grupo do Teatro Oficina finalmente dava vida a Abelardo, o "rei da vela", um capitalista que empresta dinheiro a juros exorbitantes, proprietário de uma fábrica de velas, o que faz com que lucre com a morte de cada brasileiro.

Vestido de noiva – texto e encenação revolucionários

Nelson Rodrigues revolucionou a dramaturgia brasileira dando um tratamento moderno ao tema e à forma de suas peças. Forte carga psicológica, exposição de características perversas da natureza humana e dramas familiares são algumas das marcas que permeiam sua obra. *Vestido de Noiva*, além de apresentar esses assuntos, propõe uma configuração de palco completamente diferente do padrão vigente até então.

Auto da Compadecida – o teatro popular revigorado

Ariano Suassuna foi o principal representante do chamado Movimento Armorial, cujo objetivo era criar uma arte erudita a partir de elementos da cultura popular. A concretização dessa proposta pode ser vista na peça *Auto da Compadecida*, de 1955, que apresenta o herói picaresco, da literatura medieval espanhola, incorporado a uma narrativa de conteúdos populares, típicos da literatura de cordel.

Exercícios

1. (UFRN) Leia o início da crônica "Proteção da alegria popular", de Câmara Cascudo, e observe as figuras que ilustram a peça *O santo e a porca*, de Ariano Suassuna:

    Precisamos defender as nossas festas populares. Bumba meu boi, Congos e Cheganças devem ter proteção e ambiente. Para que não emigrem para o outro mundo depois de terem vivido tanto tempo.

    CASCUDO, Luís da Câmara. "Proteção da alegria popular". In: *Crônicas de origem*: a cidade do Natal nas crônicas cascudianas dos anos 20. Natal: EDUFRN, 2005. p. 130.

    Reprodução/Vestibular UFRN, 2012.

    SUASSUNA, Ariano. *O santo e a porca*. 22. ed. São Paulo: José Olympio, 2010.

    No texto de Câmara Cascudo e nas ilustrações da peça de Ariano Suassuna percebe-se um aspecto aprofundado na Literatura Brasileira a partir do Movimento Modernista. Esse aspecto é

    a) a confirmação de traços das culturas locais desvalorizados desde o Romantismo.

    b) o reconhecimento do valor da cultura europeia, relegada a segundo plano após o Romantismo.

    c) o fortalecimento das raízes culturais portuguesas desprezadas pelas vanguardas artísticas.

    d) a valorização de elementos da cultura popular reprimidos pelo academicismo.

2. (Ufes) Cada opção abaixo traz um trecho do texto "Auto da Compadecida", de Ariano Suassuna, seguido de um comentário. Assinale a opção em que o comentário esteja em DESACORDO com o trecho.

    a) A COMPADECIDA – "É verdade que eles praticaram atos vergonhosos, mas é preciso levar em conta a pobre e triste condição do homem. A carne implica todas essas coisas turvas e mesquinhas.": o personagem demonstra a dimensão da complacência que tem para com os homens.

    b) CHICÓ – "Não sei, só sei que foi assim.": fala recorrente do personagem que conta com frequência histórias inverossímeis.

    c) JOÃO GRILO – "Porque... não é lhe faltando com o respeito não, mas eu pensava que o senhor era muito menos queimado.": João Grilo, esperto, busca desestabilizar os argumentos do Encourado, por meio de chistes e piadas.

    d) MANUEL – "Eu, Jesus, nasci branco e quis nascer judeu, como podia ter nascido preto. Para mim, tanto faz um branco como um preto. Você pensa que eu sou americano para ter preconceito de raça?", o personagem revela-se bastante crítico quanto à questão étnica.

    e) PALHAÇO, entrando – "Peço desculpas ao distinto público que teve de assistir a essa pequena carnificina, mas ela era necessária ao desenrolar da história. Agora a cena vai mudar um pouco. João, levante-se e ajude a mudar o cenário. Chicó! Chame os outros.": o Palhaço intervém na trama, podendo dirigir-se tanto à plateia quanto aos personagens.

Texto para as próximas duas questões.

A raposa e as uvas

(*Casa de Xantós, em Samos. Entradas à D., E., e F. Um gongo. Uma mesa. Cadeiras. Um "clismos*". Pelo pórtico, ao fundo, vê-se o jardim. Estão em cena Cleia, esposa de Xantós, e Melita, escrava. Melita penteia os cabelos de Cleia.*)

MELITA: – (*Penteando os cabelos de Cleia.*) Então Rodópis contou que Crisipo reuniu os discípulos na praça, apontou para o teu marido e exclamou: "Tens o que não perdeste". Xantós respondeu: "É certo". Crisipo continuou: "Não perdeste chifres". Xantós concordou: "Sim". Crisipo finalizou: "Tens o que não perdeste; não perdeste chifres, logo os tens".

(*Cleia ri.*) Todos riram a valer.

CLEIA: – É engenhoso. É o que eles chamam sofisma. Meu marido vai à praça para ser insultado pelos outros filósofos?

MELITA: – Não; Xantós é extraordinariamente inteligente... No meio do riso geral, disse a Crisipo: "Crisipo, tua mulher te engana, e no entanto não tens chifres: o que perdeste foi a vergonha!" E aí os discípulos de Crisipo e os de Xantós atiraram-se uns contra os outros...

CLEIA: – Brigaram? (*Assentimento de Melita.*) Como é que Rodópis soube disto?

MELITA: – Ela estava na praça.

CLEIA: – Vocês, escravas, sabem mais do que se passa em Samos do que nós, mulheres livres...

MELITA: – As mulheres livres ficam em casa. De certo modo são mais escravas do que nós.

CLEIA: – É verdade. Gostarias de ser livre?

MELITA: – Não, Cleia. Tenho conforto aqui, e todos me consideram. É bom ser escrava de um homem ilustre como teu marido. Eu poderia ter sido comprada por algum mercador, ou algum soldado, e no entanto tive a sorte de vir a pertencer a Xantós.

CLEIA: – Achas isto um consolo?

MELITA: – Uma honra. Um filósofo, Cleia!

CLEIA: – Eu preferia que ele fosse menos filósofo e mais marido. Para mim os filósofos são pessoas que se encarregam de aumentar o número dos substantivos abstratos.

MELITA: – Xantós inventa muitos?

CLEIA: – Nem ao menos isto. E aí é que está o trágico: é um filósofo que não aumenta o vocabulário das controvérsias. Já terminaste?

MELITA: – Quase. É bom pentear teus cabelos: meus dedos adquirem o som e a luz que eles têm. Xantós beija os teus cabelos? (*Muxoxo de Cleia.*) Eu admiro teu marido.

CLEIA: – Por que não dizes logo que o amas? Gostarias bastante se ele me repudiasse, te tornasse livre e se casasse contigo...

MELITA: – Não digas isto... Além do mais, Xantós te ama...

CLEIA: – À sua maneira. Faço parte dos bens dele, como tu, as outras escravas, esta casa...

MELITA: – Sempre que viaja te traz presentes.

CLEIA: – Não é o amor que leva os homens a dar presentes às esposas: é a vaidade; ou o remorso.

MELITA: – Xantós é um homem ilustre.

CLEIA: – É o filósofo da propriedade: "Os homens são desiguais: a cada um toca uma dádiva ou um castigo". É isto democracia grega... É o direito que o povo tem de escolher o seu tirano: é o direito que o tirano tem de determinar: deixo-te pobre; faço-te rico; deixo-te livre; faço-te escravo. É o direito que todos têm de ouvir Xantós dizer que a injustiça é justa, que o sofrimento é alegria, e que este mundo foi organizado de modo a que ele possa beber bom vinho, ter uma bela casa, amar uma bela mulher. Já terminaste?

MELITA: – Um pouco mais, e ainda estarás mais bela para o teu filósofo.

CLEIA: – O meu filósofo... Os filósofos são sempre criaturas cheias demais de palavras...

(Guilherme Figueiredo. *Um deus dormiu lá em casa*, 1964.)

(*) Espécie de cama para recostar-se.

3. (Vunesp-SP) Entre as frases, extraídas do texto, aponte a que consiste num raciocínio fundamentado na percepção de uma contradição:
   a) Tenho conforto aqui, e todos me consideram.
   b) As mulheres livres ficam em casa. De certo modo são mais escravas do que nós.
   c) É bom pentear teus cabelos: meus dedos adquirem o som e a luz que eles têm.
   d) Os filósofos são sempre criaturas cheias demais de palavras...
   e) Xantós é extraordinariamente inteligente...

4. (Vunesp-SP) Considerando-se que os papéis desempenhados pela esposa e pela escrava são reveladores do modo como sentem as condições em que vivem, pode-se afirmar que Cleia e Melita encarnam em cena, respectivamente, dois sentimentos distintos:
   a) insatisfação – felicidade.
   b) ingenuidade – sabedoria.
   c) respeito – desprezo.
   d) admiração – resignação.
   e) orgulho – euforia.

5. (UFMG) Leia atentamente o trecho seguinte, da peça *Liberdade, Liberdade*, de Flávio Rangel e Millôr Fernandes.

   "A liberdade foi doada aos americanos pelos franceses em 1866 porque naquela época os franceses estavam cheios de liberdades e os americanos não tinham nenhuma. Recebendo a liberdade dos franceses, os americanos a colocaram na ilha de Bedloe, na entrada do porto de New York. Esta é a verdade indiscutível. Até agora a liberdade não penetrou no território americano."

   A alternativa que apresenta a interpretação mais adequada para essa passagem é:
   a) A liberdade não penetrou no território americano por ter sido colocada fora do continente.
   b) A liberdade não poderia ser doada, por ser um atributo exclusivo dos franceses.
   c) A liberdade foi tratada ironicamente ao ser reduzida à estátua doada aos americanos.
   d) Os franceses eram especialistas em liberdade e, por isso, puderam doá-la aos americanos.
   e) Os franceses não suportavam mais a liberdade e deram-na aos americanos.

6. (PUC-PR)

Frei Caneca

Sob o céu de tanta luz
que aqui é de praia ainda,
leve, clara, luminosa
por vir do Pina e de Olinda,
que jogam verde e azul
sob o céu de alma marinha,
sob o sol inabitável
que dirá Sofia um dia,
vou revivendo os quintais
que dispensam sesta amiga
detrás das fachadas magras
com sombras gordas e líquidas.

Na iminência da morte na força, Frei Caneca despede-se da vida.

João Cabral de Melo Neto

O trecho citado representa:
   a) Um raro momento lírico da peça.
   b) A combinação de teatro e poesia, em que sobressai o tom lírico associado à memória e à visualidade.

c) A despedida amarga de um inocente prestes a ser executado.

d) O tom poético sem dramaticidade que marca todo o texto de "O auto do Frade".

e) A descrição da natureza funciona como oposição barroca aos minutos que antecedem à morte de Frei Caneca.

7. (UPM-SP)

Gabriel: Mariana! Agora a decisão depende apenas de nós.
Mariana: Eu sei.
Gabriel: Queres me acompanhar assim mesmo? Casaremos na primeira capela do vale.
Mariana: Não te faria feliz, Gabriel.
Gabriel: Por que não?
Mariana: Levaria para as tuas terras, para ti, todo este ódio.
Gabriel: Este ódio não está em ti.
Mariana: Sem o consentimento de minha mãe, estaríamos sempre ameaçados. Não ouviste sua ameaça?
Gabriel: Tua mãe é injusta.
Mariana: É injusta, mas é minha mãe. Também não partiste por causa de teu pai?
Gabriel: Terei de ficar, Mariana? E esperar novamente?
Mariana: (Aflita) Não! Seria arriscar tua vida.

O trecho acima exemplifica um gênero literário que foi desenvolvido por grandes autores brasileiros. Assinale a alternativa em que aparecem os nomes de três que o fizeram.

a) Mário de Andrade, Manuel Bandeira e Cecília Meireles.
b) Castro Alves, Oswald de Andrade e Carlos Drummond de Andrade.
c) Oswald de Andrade, Graça Aranha e Raul Pompéia.
d) Machado de Assis, Aluísio Azevedo e Alcântara Machado.
e) Ariano Suassuna, Martins Pena e Nélson Rodrigues.

8. (UFPR) Leia o trecho abaixo de *O pagador de promessas*, de Dias Gomes, que narra o que acontece imediatamente depois da morte de Zé do Burro:

DELEGADO (para o Secreta): Vamos buscar reforço. (Sai, seguido do Secreta e do Guarda)
O Padre desce os degraus da igreja, em direção ao corpo de Zé do Burro.
ROSA (com rancor): Não chegue perto!
PADRE: Queria encomendar a alma dele...
ROSA: Encomendar a quem? Ao Demônio?

Considerando tanto o trecho acima quanto a totalidade da obra, considere as seguintes afirmativas:

1. O Delegado, o Secreta e o Guarda saem com a desculpa de buscar reforço, mas na verdade fogem, porque percebem que a morte de Zé do Burro foi um erro e que a justiça irá cobrar explicações deles.
2. Rosa, apesar da raiva que sente de Zé do Burro no início da peça, do constrangimento público que a situação deles representa e de se ter entregado a Bonitão, termina sentindo que são mais fortes do que antes os laços que a ligavam ao marido.
3. A reação do Padre não tem traços de caridade cristã e se dá por puro medo, já que se sente ameaçado pelo fato de todo o povo que se juntou na praça estar contra a proibição da entrada de Zé do Burro na igreja.
4. O responsável por toda a tragédia é, no fundo, o próprio Zé do Burro, vítima da ignorância e da pobreza que geram o fanatismo religioso católico característico do Nordeste brasileiro.

Assinale a alternativa correta.

a) Somente a afirmativa 2 é verdadeira.
b) Somente a afirmativa 3 é verdadeira.
c) Somente a afirmativa 4 é verdadeira.
d) Somente as afirmativas 1 e 3 são verdadeiras.
e) Somente as afirmativas 2 e 4 são verdadeiras.

9. (Unicamp-SP) Considera-se a estreia da peça *Vestido de noiva* (1943), de Nelson Rodrigues, um marco na renovação do teatro brasileiro.

a) Cite a principal novidade estrutural da peça e comente.
b) Por que no encerramento da peça uma rubrica indica que a Marcha Nupcial e a Marcha Fúnebre devem ser executadas simultaneamente?

10. (UFRGS-RS) Em *Vestido de noiva*, de Nelson Rodrigues, predomina

a) a oscilação entre passado e presente, uma vez que ação se apresenta através da consciência algo perturbada da personagem principal, o que quebra a linearidade no desenrolar da ação dramática.
b) a disputa entre as duas irmãs pelo mesmo noivo, o qual jamais se decide a casar com qualquer delas, preferindo partir para fora do país com um amigo e protetor.
c) a linearidade narrativa na exposição dos conflitos de uma família marcada pela brutalidade sexual do patriarca e pela fúria uterina da mãe, que chega a seduzir um filho e a levar outro à morte.
d) a denúncia da violência e da mesquinharia de uma família da pequena-burguesia carioca cujo patriarca induz todas as filhas a se prostituírem, com exceção de uma delas, que deverá simbolizar a pureza do clã.
e) a exposição da decadência de uma família de cafeicultores após a crise econômica e social de 1930, que leva o pai a desistir de tudo e a filha e a mãe a terem de trabalhar como costureiras para sobreviver.

PORTUGAL CONTEMPORÂNEO: TRÊS AUTORES EXEMPLARES

TRÊS AUTORES CONTEMPORÂNEOS

Não são poucos os escritores contemporâneos que produziram e continuam a produzir belos textos literários em Portugal, principalmente após o fim da ditadura salazarista e a entrada do século XXI. Entre os autores portugueses contemporâneos, destacam-se José Saramago, Lobo Antunes e Eugénio de Andrade.

José Saramago

Alguns aspectos da obra de Saramago merecem especial atenção. Um dos mais significativos é, sem dúvida, a tentativa de reinterpretar o passado (*A história do cerco de Lisboa* e *Memorial do convento* exemplificam essa intenção). A ficção de Saramago é construída sob a ótica dos fracos, dos humilhados, dos marginalizados.

Lobo Antunes

A literatura de Lobo Antunes carrega as marcas da transição entre o Estado Novo e o regime democrático, da guerra em Angola e da experiência do autor com a psiquiatria. Com um estilo muito particular, aborda de maneira crítica as transformações sociais sentidas pelo país e seus reflexos nas relações familiares e amorosas de seus personagens.

Eugénio de Andrade

O poeta Eugénio de Andrade teve uma rápida passagem pelo movimento surrealista português, mas sua obra de maturidade apresenta traços muito originais, em que predominam um profundo lirismo e uma contínua reflexão sobre o valor das palavras e o ofício de escrever.

Exercícios

1. (Unicamp-SP)

Ficou o Padre Bartolomeu Lourenço satisfeito com o lanço, era o primeiro dia, mandados assim à ventura, para o meio duma cidade afligida de doença e luto, aí estão vinte e quatro vontades para assentar no papel. Passado um mês, calcularam ter guardado no frasco um milheiro de vontades, força de elevação que o padre supunha ser bastante para uma esfera, com o que segundo frasco foi entregue a Blimunda. Já em Lisboa muito se falava daquela mulher e daquele homem que percorriam a cidade de ponta a ponta, sem medo da epidemia, ele atrás, ela adiante, sempre calados, nas ruas por onde andavam, nas casas onde não se demoravam, ela baixando os olhos quando tinha de passar por ele, e se o caso, todos os dias repetido, não causou maiores suspeitas e estranhezas, foi por ter começado a correr a notícia de que cumpriam ambos penitência, estratagema inventado pelo padre Bartolomeu Lourenço quando se ouviram as primeiras murmurações.

No trecho anterior, extraído de *Memorial do convento* de José Saramago, aparecem duas personagens centrais do romance, num momento decisivo para o desenrolar de um episódio muito significativo do livro e que ocupa boa porção da primeira parte deste.

a) Qual é esse episódio e qual sua relação com as personagens Blimunda e padre Bartolomeu Lourenço?

b) Ao lado do episódio a que se está referindo o trecho anterior, o romance relata um outro, que é o da construção do convento, que se passa num outro espaço. Faça uma analogia entre as condições de vida nesse outro espaço, Mafra, com aquelas existentes em Lisboa, tais como se podem depreender do trecho citado.

2. (Umesp)

Seria uma vez... (fragmento)

José Saramago bebeu na fonte da História para recontá-la, dando vozes aos excluídos.

Foi assim que ele substituiu o que foi pelo o que poderia ter sido

Walter Benjamin em *O Narrador* – considerações sobre a obra de Nicolai Leskov, de 1936, sentencia a morte do narrador. Para esse teórico, a função do narrador era a força motriz das histórias orais, por isso essa figura deveria ser partícipe da comunidade e deveria cumprir o papel, via narrativa, do "conselheiro" daquele grupo de pessoas. Ainda, acrescenta que existia uma tipologia de narradores que obedecia ao seguinte critério: o camponês-sedentário, aquele que narrava a partir dos relatos ouvidos e o comerciante-viajante, aquele que relatava as suas aventuras em terras distantes.

Com a criação da imprensa, contudo, o romance extinguiria a narração e a figura do narrador, era o que acreditava Benjamin. Mas, quem tem a literatura sob controle?

Nasce neste cenário em que a imprensa ganha majestade, numa aldeia de Portugal (Azinhaga, província do Ribatejo), filho de camponeses, um romancista que narraria ao "pé de ouvido", como postulado por Benjamin, mas que utilizaria a tinta como instrumento de persuasão.

O autor dessa façanha é ninguém menos que o único Prêmio Nobel de Literatura em Língua Portuguesa, José Saramago (1922-2010). Com ares de avô, que coloca os netos ao colo, sua narração é conselho, como quer Benjamin. Mas ele não é nem viajante nem sedentário. Ele é, sobretudo, leitor: filósofo, crítico, cidadão. Um leitor, portanto, atento ao mundo, às questões fundamentais que constituem a humanidade no que ela tem de mais verdadeiramente humano, seus erros.

O seu modo de narrar – com perguntas, hesitações, respiros, circularidade, devaneio – acolhe o outro leitor, que ao entrar nesse universo construído parece ouvir ao longe aquele senhor sentado que conta uma história que tem muito de verdade e assim, nessa conversa, o leitor é convidado o tempo todo a refletir, a questionar a ordem estabelecida, a atuar sobre a condição imposta e, claro, por vezes a assumir outra visão do mundo, já que foi dissuadido por aquele hábil contador.

Mariana Cortez

(Disponível em: http://www.cartacapital.com.br/carta-na-escola/seria-uma-vez. Acesso: set/ 2010)

Pode-se inferir do texto que o escritor português, José Saramago,

a) resgatou a figura do narrador oral em suas obras, em virtude de seu modo de escrever.

b) comprovou o que Walter Benjamin afirmou ao sentenciar a morte do narrador.

c) assumiu em sua produção posturas polêmicas e contraditórias, sem muito sentido.

d) criticou Walter Benjamin em suas produções, assumindo uma linha narrativa questionadora.

e) produziu uma obra marcada pela hesitação, levando a reflexões absurdas.

Texto para as próximas duas questões.

O suplicante dizia ao que vinha, isto é, pedia o que tinha a pedir, depois instalava-se a um canto da porta, à espera de que o requerimento fizesse, de um em um, o caminho ao contrário, até chegar ao rei. Ocupado como sempre estava com os obséquios, o rei demorava a resposta, e já não era pequeno sinal de atenção ao bem-estar e felicidade do seu povo quando resolvia pedir um parecer fundamentado por escrito ao primeiro-secretário, o qual, escusado seria dizer, passava a encomenda ao segundo-secretário, este ao terceiro, sucessivamente, até chegar outra vez à mulher da limpeza, que despachava sim ou não conforme estivesse de maré.

SARAMAGO, José. *O conto da ilha desconhecida*. São Paulo: Cia. das Letras, 2005, p. 6-7.

Pode-se afirmar que a descrição acima é marcada pelo absurdo e pela ironia. Esses dois aspectos permitem a leitura de uma crítica à realidade, apresentada por Saramago.

3. (UFJF-MG) Identifique que elemento da realidade é criticado. Justifique sua resposta a partir do texto citado.

4. (UFJF-MG) Explique que fato evidencia a postura irônica do narrador no fragmento citado.

Texto para a próxima questão.

Uma sociedade que instituiu, como valores a perseguir, esses que nós sabemos, o lucro, o êxito, o triunfo sobre o outro e todas estas coisas, essa sociedade coloca as pessoas numa situação em que acabam por pensar (se é que o dizem e não se limitam a agir) que todos os meios são bons para se alcançar aquilo que se quer. Falamos muito ao longo destes últimos anos (e felizmente continuamos a falar) dos direitos humanos; simplesmente deixamos de falar de uma coisa muito simples, que são os deveres humanos, que são sempre deveres em relação aos outros, sobretudo. E é essa indiferença em relação ao outro, essa espécie de desprezo do outro, que eu me pergunto se tem algum sentido numa situação ou no quadro de existência de uma espécie que se diz racional. Isso, de fato, não posso entender, é uma das minhas grandes angústias.

(José Saramago, Diálogos com *José Saramago*)

5. (Fatec-SP) O foco da crítica de Saramago à sociedade reside, principalmente, na atitude das pessoas de
   a) buscar seus objetivos sem avaliar eticamente os meios que utilizam.
   b) mais falar do que agir para conseguir seus objetivos.
   c) falar demais acerca dos direitos e dos deveres humanos.
   d) esquecer que na vida há também o desprezo pelo outro.
   e) considerar racional a espécie humana, apesar de ela ignorar o outro.

6. (Fuvest-SP)

"Sentaram-se todos em redor da merenda, metendo a mão no cesto, à vez, sem outro resguardar de conveniências que não atropelar os dedos dos outros, agora o cepo que é a mão de Baltazar, cascosa como um tronco de oliveira, depois a mão eclesiástica e macia do padre Bartolomeu Lourenço, a mão exata de Scarlatti, enfim Blimunda, mão discreta e maltratada, com as unhas sujas de quem veio da horta e andou a sachar antes de apanhar as cerejas."

[J. SARAMAGO, *Memorial do Convento*]

   a) Qual é a figura de linguagem que o narrador utiliza para marcar as diferenças de nível e grupo social das personagens?
   b) Levando em conta, agora, o conjunto do romance, qual é o denominador comum das personagens acima mencionadas que permite que elas se aproximem, se solidarizem e se estimem umas às outras, apesar das diferenças apontadas?

7. (Unicamp-SP)

"Mas um velho, de aspecto venerando,
(...)
A voz pesada um pouco alevantando,
(...)
Tais palavras tirou do experto* peito:
– Ó glória de mandar, ó vã cobiça.
Desta vaidade a quem chamamos Fama.
Ó Fraudulento gosto, que se atiça
Cua aura popular, que honra se chama."

(Camões, *Os Lusíadas*, canto IV)

"... e então uma grande voz se levanta, é um labrego** de tanta idade já que o não quiseram, e grita subido a um valado***, que é púlpito dos rústicos. Ó glória de mandar, ó vã cobiça, ó rei infame, ó pátria sem justiça, e tendo assim clamado, veio dar-lhe o quadrilheiro uma cacetada na cabeça, que ali mesmo o deixou por morto."

(José Saramago, *Memorial do Convento*, p.293)

*experto – que tem experiência
**labrego – indivíduo grosseiro, rude, tosco (...)
***valado – elevação de terra que limita propriedade rústica

(Novo Dicionário Aurélio da Língua Portuguesa)

Confrontando os fragmentos anteriores, percebe-se que *Memorial do Convento* dialoga com os clássicos. O episódio do Velho do Restelo, do Canto IV de *Os Lusíadas*, refere-se ao engajamento voluntário dos portugueses na grande empresa que foi a descoberta de novos mundos. Já no *Memorial do Convento*, entretanto, o recrutamento para Mafra deu-se, em geral, à força.
   a) Cite ao menos uma razão que levou "o rei infame" de *Memorial do Convento* a tornar obrigatório o engajamento de todos os operários do reino, quaisquer que fossem suas profissões.

b) Quem era esse "rei infame" a que se refere o trecho citado e em que século essa ação do romance se passa?

c) Aponte, no trecho, ao menos uma passagem que indique a irreverência de Saramago em relação ao texto de Luís de Camões.

8. (Uniube-MG) Com base na leitura do livro *Ensaio sobre a cegueira*, de José Saramago, analise as assertivas abaixo:

I. A obra mostra o caos a que se chega quando um dos sentidos falta a uma grande parcela da população.

II. O livro é uma crítica aos valores sociais, expondo o caos a que se chega quando a maioria da população cega.

III. A narrativa mostra que, a partir do primeiro segundo daquele ano, ninguém naquele país morreu, caso que até aquele momento nunca tinha acontecido; não tinha acontecido em lugar nenhum do planeta; em tempo algum de sua existência.

IV. As personagens não têm nomes, sendo descritas por características próprias – o primeiro cego, o médico, a mulher do primeiro cego, a rapariga de óculos, entre tantos outros que aparecem no desenrolar da narrativa, onde uma epidemia se alastra a partir de um homem que cega esperando o semáforo abrir.

V. A obra revela traços da sociedade inglesa contemporânea, vislumbrando a maneira como as pessoas vivem através de suas descrições das casas, dos utensílios, das roupas.

Estão CORRETAS as afirmações contidas em:

a) I, II e III, apenas

b) IV e V, apenas

c) I, II e V, apenas

d) I, II e IV, apenas

e) III e IV, apenas

9. (Urca-CE) São características de "Os cus de Judas", de Lobo Antunes:

I. O uso do fluxo da consciência;

II. Trata das inquietações existenciais do ser humano;

III. Não apresenta linearidade.

Marque a alternativa CORRETA:

a) Todas estão incorretas;

b) Todas estão corretas;

c) I e III estão corretas;

d) II e III estão corretas;

e) I e II estão corretas.

10. (Unicamp-SP) Muito mais do que ser um romance de ação, *A Sibila*, de Agustina Bessa-Luís, busca uma espécie de compreensão das motivações psicossociais que sustentam a história de uma família rural típica do Norte do Portugal. O texto abaixo é uma excelente prova disso:

Contudo, Quina tinha obtido para si uma contribuição no convívio com certa fauna que ela jamais frequentara – a sociedade. Passou a ser admitida numa ou noutra casa fidalga, onde o seu gênio pitoresco, de conselheira que brinca com a gravidade das próprias sentenças, lhe suscitou um relativo sucesso. Teve amigas nessas mulheres que tanto mais se honram quanto mais razões de despeito encontram entre si, e entregam os seus segredos àquela de quem temem a rivalidade. Quina tornou-se indispensável para presidir obscuramente nesse mundo secreto, íntimo, sem artifício, em que os espartilhos se afrouxam, os cabelos se apresentam eriçados de ganchos e de papelotes, e o rosto apeia a sua máscara cheia de farfalhices de sentimentos, poder atractivo, fluído de mentiras e intensíssimas fadigas de atenção. Ali, ela era bem-vinda, nesses *boudouirs* negros, assistindo ao demolhar dos calos em água salgada, à aplicação de receitas aparentadas de perto com velhas indicações de magia e a física primitiva – a urina que suavizava o cieiro da pele, o leite de mulher para as dores de ouvidos, as presas de 'corneta' como amuleto, fórmulas, preceitos que mantinham um sabor de harém e de barbárie e elas cumpriam a ocultas com essa fé pelas coisas em que o mistério é uma garantia de possibilidades. Ainda que simulem obedecer e optar pelo vanguardismo dos costumes, as mulheres são rebarbativas às inovações.

a) Transcreva o trecho que indica mais claramente que o mundo privado das mulheres é muito diferente do mundo social, público.

b) Qual é a relação entre o trecho que você transcreveu e o último período do fragmento acima?

c) Deduza, a partir do texto, como o narrador considera esse mundo social, externo, em oposição ao universo íntimo e secreto das mulheres.

LITERATURA AFRICANA DE LÍNGUA PORTUGUESA

UM NOVO OLHAR SOBRE O CONTINENTE AFRICANO

Ao pensar na África, a imagem equivocada que, por vezes, se concebe desse continente traz muito de uma concepção eurocêntrica de história e cultura. É preciso lembrar que a história desse continente não começa com a chegada dos navegantes portugueses no século XV. Nessa época, já havia ali povos com culturas, tradições e organizações sociais e políticas complexas e antigas, diferentes das existentes na Europa.

PORTUGAL E A CONQUISTA DA ÁFRICA

Em um primeiro e superficial levantamento, as motivações que levaram Portugal a navegar em direção à costa africana e à Ásia resumem-se a questões religiosas e expansionistas. Hoje sabe-se que houve também motivações políticas e econômicas.

De colônias a países independentes

Com o fim da Segunda Guerra Mundial e a derrota do nazifascismo, intensificaram-se as lutas pela independência, e as colônias africanas tornaram-se insustentáveis para Portugal. Em 1974, os novos governantes portugueses assinaram um comunicado em conjunto com a ONU em que reconheciam o direito à autodeterminação e à independência de todos os territórios ultramarinos sob sua administração.

O PAPEL DA LÍNGUA PORTUGUESA

Nas colônias africanas de língua portuguesa, houve uma apropriação da língua do dominador por parte dos dominados, o que se percebe tanto no léxico como na sintaxe. É a língua portuguesa que garante a unidade ante tantos e distintos falares; é pela língua portuguesa que têm acesso ao conhecimento; é pela língua portuguesa que se expressam para o mundo.

A poesia africana de língua portuguesa

A poesia das ex-colônias portuguesas na África é marcada pela denúncia dos horrores da guerra, pela utopia da construção de nações livres, pela busca de uma identidade que foi apagada pela opressão colonialista. Entretanto, não deixa de lado temas recorrentes da lírica universal. Entre esses temas, o fazer poético, a poesia contemplada e as reflexões metalinguísticas ganham espaço na poética dos anos 1990.

A prosa africana de língua portuguesa

Na prosa africana de língua portuguesa, prevalece o tratamento das questões sociais relativas a cada país e também um estilo próprio, refletido no léxico e na sintaxe, que se distancia da língua portuguesa usada em Portugal e no Brasil. Promove-se a valorização e a reflexão sobre a história e a cultura de cada país.

Exercícios

1. (UFBA)

Texto I

O mundo não é o que existe, mas o que acontece

Dito de Tizangara

Texto II

– Vou lá fora pendurar os ossos.

Meu pai sempre anunciava a decisão, já no virar da porta. Falava como se estivesse sozinho. Era assim há muitos anos. Como lhe doessem os ossos e sofresse de grandes cansaços, ele, antes de deitar, se libertava do esqueleto para melhor dormir.

Assim fora, desde há quase uma vida. Nas poucas noites que partilháramos, tudo se repetia: jantávamos em silêncio, conforme sua interdição. Dava mau azar alguém falar durante a refeição. Se escutavam apenas os dedos emagrecendo a farinha, molhando e remolhando a ufa no caril de peixe seco. E ouviam-se os mastigares, em flagrante de maxilas. Depois do jantar, ele se erguia e proclamava a sua intenção de se desossar. Entrava no escuro e só regressava de manhã, recomposto como orvalho em folha da madrugada. Nunca testemunhei com medo de que notasse meus desconfios. Assim, tinha por certo ser mais uma de suas muitas mentiras. Já antes ele nos estranhava com seus devaneios. Vivia à razão de juras.

Ele não se desfazia, quando lhe pedíamos contas. Respondia devolvendo pergunta:

– O nosso corpo é feito de quê? De carne, sangue, águas contidas?

Não, segundo ele, o corpo era feito de tempo. Acabado o tempo que nos é devido, termina também o corpo. Depois de tudo, sobra o quê? Os ossos. O não tempo, nossa mineral essência. Se de alguma coisa temos que tratar bem é do esqueleto, nossa tímida e oculta eternidade.

COUTO, Mia. *O último voo do flamingo*. São Paulo: Companhia das Letras, 2005. p. 131-132.

O último voo do flamingo retrata a realidade da fictícia Tizangara, onde acontecimentos extraordinários têm lugar.

A partir do pensamento "O mundo não é o que existe, mas o que acontece" – um dito de Tizangara que abre o capítulo inicial do romance de onde foi extraído o fragmento em análise –, comente o tom de comicidade e o universo mágico que envolvem a trama desse romance da literatura moçambicana.

2. (UEL-PR) Leia o texto a seguir.

Acordava molhado, tanto como os éles dela. Os meus companheiros também, pois não tínhamos segredos desses e partilhávamos. Mas sabíamos, Ludmila era um sonho impossível, como uma etérea patinadora sobre o gelo, riscando círculos e ovais irrealizáveis, levantando pó de neve na derrapagem ligeira, um meteoro silencioso luzindo na noite, uma gata se espreguiçando voluptuosamente, uma quimera. Ludmila era bela demais, não existia na realidade, fugaz produto de um pintor inspirado. O belo não existe se faz doer. A nós doía tudo por causa de Ludmila. E dos seus éles molhados.

PEPETELA. *O planalto e a estepe*. São Paulo: Leya, 2009, p.37.

Com relação a esse texto, considere as afirmativas a seguir.

I. O narrador conta como foi a sua primeira relação sexual, que ocorreu com Ludmila, a bela professora por quem passará a vida apaixonado e a quem buscará a vida toda.

II. O trecho "não tínhamos segredos desses e partilhávamos" indica que os amigos não se importavam em dividir o amor carnal de Ludmila, visto que era impossível que ela optasse por apenas um deles.

III. Recupera certo clichê romântico, na medida em que mostra a personagem feminina como construção idealizada, tornando-se uma figura inalcançável.

IV. Traz à tona certa sensualidade inocente do grupo de rapazes, tornando o amor coletivo, e não concretizado, uma metáfora de juventude.

Assinale a alternativa correta.

a) Somente as afirmativas I e II são corretas.
b) Somente as afirmativas I e IV são corretas.
c) Somente as afirmativas III e IV são corretas.
d) Somente as afirmativas I, II e III são corretas.
e) Somente as afirmativas II, III e IV são corretas.

Texto para as próximas três questões.

Leia agora o poema abaixo, de José Craveirinha (1922-2002), considerado o principal escritor africano de língua portuguesa e que participou ativamente do processo de libertação de seu país, e responda as questões 3, 4, e 5.

Grito negro

Eu sou carvão!
E tu arrancas-me brutalmente do chão
e fazes-me tua mina, patrão.
Eu sou carvão!
E tu acendes-me, patrão,

para te servir eternamente como força motriz
mas eternamente não, patrão.
Eu sou carvão
e tenho que arder, sim
e queimar tudo com a força da minha
combustão.
Eu sou carvão
tenho que arder na exploração
arder até às cinzas da maldição
arder vivo como alcatrão, meu irmão,
até não ser mais a tua mina, patrão.
Eu sou carvão
tenho que arder
queimar tudo com o fogo da minha combustão.
Sim!
Eu sou o teu carvão, patrão.

José Craveirinha. In: Mário de Andrade (org.). *Antologia temática de poesia africana*. 3. ed. Lisboa: Instituto Cabo-verdiano do Livro, 1980. v. 1, p. 180.

alcatrão: um dos componentes do carvão
motriz: que se move ou faz mover alguma coisa

3. (Ceag-DF) Os poemas geralmente utilizam uma linguagem plurissignificativa. O eu lírico do poema lido chama a si mesmo de carvão denotativamente ou conotativamente? Que sentido têm as palavras carvão e mina no contexto?

4. (Ceag-DF) A literatura, partindo da imaginação e das experiências pessoais e sociais do artista, é uma recriação da realidade concreta. O poema de Craveirinha, por exemplo, além de expressar os sentimentos e as ideias do eu lírico, é também uma denúncia das condições de vida dos negros em Moçambique antes do processo de independência.
Com base na leitura do poema, responda:
   a) A literatura, além de ser a arte da palavra, é também uma forma de comunicação e interação social? Por quê?
   b) Recriando a realidade, a literatura pode contribuir para transformar a realidade concreta? Se sim, como?

5. (Ceag-DF) Para o patrão, o eu lírico é carvão, pois é a força motriz do trabalho e da produção. O eu lírico aceita sua condição de "carvão", mas com um sentido diferente do que tem para o patrão. Releia os versos finais do poema e interprete o último verso:

   Eu sou carvão
   tenho que arder
   queimar tudo com o fogo da minha combustão.
   Sim!
   Eu sou o teu carvão, patrão.

Textos para as próximas duas questões.

Responda às questões 6 e 7 a partir da leitura dos textos a seguir, exemplares da literatura africana em Língua Portuguesa.

Texto 1

Portugal colonial

Nada te devo
nem o sítio
onde nasci

nem a morte
que depois comi
nem a vida

repartida
p'los cães
nem a notícia

curta
a dizer-te
que morri

nada te devo
Portugal
colonial

cicatriz
doutra pele
apertada

(David Mestre, poeta angolano. In: DÁSKALOS, M. A.; APA, L.; BARBEITOS, A. *Poesia africana de língua portuguesa*: antologia. Rio de Janeiro: Lacerda Editores, 2003, p. 104.)

Texto 2

Revolta

Revolta dentro do peito
Por aquilo que não fiz
E que eu devia ter feito.

[...]

Revolta dentro de nós,
Revolta arrastando os passos...
Vozes mancharam-me a voz,
Braços prenderam os braços...
Voo desfeito no berço...

Revolta crua e sem fim,
Revolta triste e infeliz,
Por trazer esta revolta
Fechada dentro de mim,
Num verso que nunca fiz.

(Aguinaldo Fonseca, poeta cabo-verdiano. In: FERREIRA, Manuel (Org.). *No reino de Caliban*. Lisboa: Seara Nova, 1975, p. 155.)

Texto 3

Poema

Pés descalços
pisam caminhos de areia
Pés descalços

pisam sujos caminhos de areia
Pés cansados negros e descalços
pisam tristes sujos caminhos de areia
Pés negros
pisam tristes caminhos da vida

(Idílio Rocha, poeta moçambicano. In: NEVES, João A. *Poetas e contistas africanos de expressão portuguesa*. São Paulo: Brasiliense, 1963, p. 66.)

6. (PUC-MG) Considerando a relação entre os poemas e o contexto histórico-social de sua produção, é possível perceber:
a) um discurso de resistência e de combate à opressão.
b) uma abordagem nostálgica do passado.
c) um distanciamento dos poetas em relação aos problemas sociais.
d) manifestações poéticas contra o preconceito racial.

7. (PUC-MG) Tendo em vista o modo como recobram a herança do colonialismo português, os poemas sugerem uma relação com Portugal pautada por sentimentos de:
a) revolta.
b) impotência.
c) gratidão.
d) amizade.

Texto para a próxima questão.

De imediato, centenas de pessoas se lançaram em todo tipo de embarcações, das pequenas às mais mínimas, para assaltarem o navio malfragado, a fim de se servirem das ditas xicalamidades. [...] Desde então, a situação só piorou pois, consoante o secretário do administrador, a população não se comporta civilmente na presença da fome. Muita gente insistia agora em voltar ao tal navio pois lá sobrava comida que daria para salvar filhos, mães e uma africanidade de parentes. [...] Assame foi preso, sujado por mil bocas. Na prisão lhe bateram, chambocado nas costas até que as pernas se exilaram daquele sofrimento que lhe era infligido. Perdeu o sentimento da cintura para baixo. Assane passou as palmas das mãos pelas desempregadas coxas. Tinha sido apenas há dias que lhe abriram a porta da prisão. Ainda nem sabia bem se arrastar de mão pelo chão. Por isso as sacudia, limpando essas mãos que ele sempre aplicara nos documentos.

Com base no trecho e em seu contexto, leia as seguintes afirmativas.

I. As obras de Mia Couto exploram, de modo geral, o mundo simbólico moçambicano, a guerra e as tensas relações entre o africano e o europeu.
II. O trabalho com a linguagem literária torna-se evidente a partir da criação de novos vocábulos e da utilização de outros com diferentes sentidos.
III. Para narrar a violência sofrida pelo personagem, o autor vale-se de eufemismos como “sujado por mil bocas”, “as pernas se exilaram daquele sofrimento”, “perdeu o sentimento da cintura”.

8. (PUC-RS) A(s) afirmativa(s) correta(s) é/são
a) I, apenas.
b) II, apenas.
c) I e III, apenas.
d) II e III, apenas.
e) I, II e III.

Texto para a próxima questão.

Sentia-se cansada. A barriga, as pernas, a cabeça, o corpo todo era um enorme peso que lhe caía irremediavelmente em cima. Esperava que a qualquer momento o coração lhe perfurasse o peito, lhe rasgasse a blusa.

Como seria o coração?

Teria mesmo aquela forma bonita dos postais coloridos?

Seriam todos os corações do mesmo formato?

Será que as dores deformam os corações?

[...]

Aos vinte e três anos disseram-lhe que tinha o útero descaído. Bom seria que caísse de vez! Estava farta daquele bocado de si que ano após ano, enchia, inchava, desenchia e lhe atirava para os braços e para os cuidados mais um pedacinho de gente.

Não. Não voltaria para casa.

(SALÚSTIO, Dina. “Liberdade adiada”. Mornas eram as noites. Praia: ICDL, 1994. p. 5).

9. (PUC-MG) O trecho acima foi escrito pela escritora cabo-verdiana Dina Salústio. Em relação ao universo feminino representado na narrativa, destaca-se:
a) a falta de perspectiva com o futuro.
b) a feminilidade da mulher africana.
c) o conflito racial e ideológico.
d) o sentimentalismo da desilusão amorosa.

O desafio da redação

Theo Szczepanski/Arquivo da editora

A redação no exame da UFG-GO, 2013

Esta seção tem como objetivo comentar a proposta de redação de um vestibular, procurando mostrar como, no momento da prova, é possível ler e compreender a proposta e se planejar para redigir seu texto de acordo com o que estipula o exame.

Sugerimos que você treine para a prova produzindo um texto de acordo com a proposta comentada nestas páginas e seguindo as orientações aqui fornecidas.

1. Reproduzimos a seguir a proposta de redação do vestibular da UFG-GO (Universidade Federal de Goiás), em 2013.

UFG-GO 2013

Redação

INSTRUÇÕES

- Você deve desenvolver seu texto em um dos gêneros apresentados na proposta de redação. O tema é único para as três propostas. O texto deve ser redigido em prosa. A fuga do tema ou cópia da coletânea anula a redação. A leitura da coletânea é obrigatória. Ao utilizá-la você não deve copiar trechos ou frases. Quando for necessária, a transcrição deve estar a serviço do seu texto. Independentemente do gênero escolhido, o seu texto não deve ser assinado.

TEMA

O medo de inovar e suas consequências na vida do sujeito

COLETÂNEA

1

Reprodução/Vestibular UFG, 2013.

Disponível em: <www.cardquali.com/medo-de-mudanca/>.
Acesso em: 18 dez. 2012.

2

O velho medo do novo

As emoções de um ser humano não se resumem apenas a felicidade e tristeza. Existem milhares de emoções que, inclusive, são sentidas simultaneamente. Desejo, determinação, dúvida, preguiça, esperança, cansaço, ambição, ciúme... Enfim, há inúmeros exemplos de sentimentos que estão presentes na vida de todos em determinada situação. Mas uma das emoções mais complexas e mais presentes é o medo. Por mais corajosa que a pessoa seja, o medo habita sua vida, mesmo sem que ela perceba com clareza.

O medo extremo é chamado de fobia. Existem vários tipos de fobias: agorafobia (medo de estar em lugares públicos cheios) e fobia social (medo de estar exposto diante do olhar de outras pessoas), por exemplo. Um dos medos mais comuns é o medo do novo, o medo de inovar. As pessoas costumam sentir medo do desconhecido, de não saber em que território está pisando.

O novo pode ser muito bom, mas é preciso dar o primeiro passo para conhecer e descobrir. Algumas pessoas têm mais facilidade para driblar isso. Outras ficam paralisadas quando é necessário enfrentar a situação desconhecida ou inovadora. Todo esse pavor é causado pelo conforto. A vida segue uma rotina constante e qualquer mudança é motivo de preocupações e temores, porém, como já foi dito, essa constante da linha da vida é justamente o sinônimo de morte. O problema é que as pessoas já são habituadas a buscar estabilidade, querendo ter respostas para tudo e não deixando que haja surpresas no meio do caminho.

O temor do desconhecido culmina com uma questão: o medo de agir e do que os outros vão pensar.

Disponível em: <http://estopim-online.blogspot.com.br/2012/07/o-velho-medo-do-novo.html>. Acesso em: 13 dez. 2012. (Adaptado).

3

Mudanças

G. M.

Tudo é uma constante mudança. As pessoas mudam, o mundo muda... Tudo se transforma com o tempo, e nada permanece igual. O que nos resta são os bons momentos que foram vividos e que ficaram guardados para sempre em nossa lembrança.

Devemos viver cada segundo intensamente. Nada é perfeito e em nossa vida surgem obstáculos e muitas vezes nos vemos sem saída e sem solução para nossos problemas. Aí pensamos e surge a dúvida: Será que existe luz no "fim do túnel"?

Para tudo existe uma solução e o maior e principal problema está em nós mesmos, em nossa dificuldade de encarar os fatos e lutarmos por aquilo que realmente desejamos. Toda pessoa possui dentro de si um certo medo, uma insegurança de não conseguir e de ser um perdedor; mas a vida é uma intensa provocação, e devemos encará-la de "peito aberto" para poder vencer e mostrar a nós mesmos que somos capazes de lutar e sermos os melhores. Devemos sempre seguir a voz de nosso coração e seguir sem medo de viver. Vamos inovar se preciso for e assumir as consequências de nossas inovações.

Disponível em: <http://oqueeterno.blogspot.com.br/2011/12/tudo-e-uma-constante-mudanca.html>. Acesso em: 17 dez. 2012. (Adaptado).

4

Disponível em: <www.mulher30.com.br/2010/08/mudanca-de-vida.html>. Acesso em: 13 dez. 2012.

5

A vida é minha

(Capital Inicial)

Faça isso
Faça aquilo
Perca peso
Tenha estilo
Compre esse
Prove aquele
Siga a moda

Não quero dar
Explicações

Não vou mudar
A vida é minha
Não ponha palavras
Na minha cabeça
Não quero dar
Explicações
Não vou mudar
Não importa
O que aconteça...
Não vou mudar
Não vou mudar

Disponível em: <http://letras.mus.br/capital-inicial/956509/>. Acesso em: 18 dez. 2012. (Adaptado).

Propostas de redação

A – Artigo de opinião

O *artigo de opinião* é um gênero do discurso argumentativo que tem a finalidade de expressar o ponto de vista do autor a respeito de um determinado tema. A validade da argumentação é evidenciada pelas justificativas de posições assumidas pelo autor ao apresentar informações e opiniões que se complementam ou se opõem. No texto, predominam sequências expositivo-argumentativas.

Suponha que você foi convidado por um jornal de circulação local para escrever um artigo de opinião a respeito do tema *O medo de inovar e suas consequências na vida do sujeito*. Seus argumentos devem explicitar um ponto de vista que problematize o medo de inovações ou mudanças na vida de uma pessoa e refletir sobre algumas consequências que o medo da inovação pode provocar, como, por exemplo, o isolamento da pessoa, a perda de uma oportunidade de crescimento profissional etc.

B – Carta de leitor

De natureza persuasivo-argumentativa, a *carta de leitor* é um gênero discursivo no qual o leitor manifesta sua opinião sobre assuntos publicados em jornal, revista ou em outro veículo de comunicação, dirigindo-se ao editor ou ao autor de um texto publicado, isto é, a carta do leitor é um texto utilizado em situação de ausência de contato imediato entre remetente e destinatário que não se conhecem, atendendo a diversos propósitos comunicativos como opinar, agradecer, reclamar, solicitar, elogiar, criticar etc. O texto da carta é caracterizado pela construção da imagem do interlocutor e por estratégias de convencimento. Os argumentos do autor buscam convencer o destinatário a acatar o seu ponto de vista e suas ideias.

Escreva uma carta de leitor a um jornal de circulação local, posicionando-se em relação a declaração de G. M. (Texto 3) de que "o maior e principal problema está em nós mesmos, em nossa dificuldade de encarar os fatos e lutarmos por aquilo que realmente desejamos". Para escrever seu texto, relacione essa declaração com o tema *O medo de inovar e suas consequências na vida do sujeito*. Para construir seus argumentos, relacione dados e fatos que possam convencer o seu interlocutor a acatar o seu ponto de vista. Para escrever sua carta, considere as características interlocutivas próprias desse gênero.

NÃO IDENTIFIQUE O REMETENTE DA CARTA.

C – Diário

O *diário pessoal* é um gênero do discurso autobiográfico. Nele, registram-se as vivências e os sentimentos de uma pessoa perante o mundo que a rodeia. Por esse motivo, o diário tem caráter intimista. Além de obedecer a uma estrutura específica, o diário apresenta como característica própria o fato de o protagonista e o narrador serem a mesma pessoa, e, por isso, ele é escrito em primeira pessoa.

Escreva uma página de seu diário, relatando bons acontecimentos vividos a partir de algumas inovações que você realizou e refletindo sobre o tema *O medo de inovar e suas consequências na vida do sujeito*. Para escrever seu texto, imagine que você seja otimista e que incentiva as pessoas que têm medo de mudar a adotarem novos comportamentos, os quais podem auxiliar nas relações pessoais, na realização do trabalho em equipe ou no estudo em grupo, por exemplo.

2. Acompanhe a seguir os comentários sobre essa proposta da prova de redação da UFG-GO 2013. Essa leitura vai ajudá-lo a compreender melhor os textos reproduzidos na proposta e a se preparar para ler outros exames semelhantes. Seguindo as dicas, produza um texto de acordo com o que foi indicado no vestibular.
   a) O texto 1 de apoio para a compreensão do tema a ser desenvolvido na redação é uma ilustração que procura representar a relação das pessoas em geral diante da necessidade de decidir: manter-se como de costume ou tomar outra atitude. Observe:

Texto citado na proposta de redação	Comentário
 Disponível em: <www.cardquali.com/medo-de-mudanca/>. Acesso em: 18 dez. 2012.	Observe a relação visual estabelecida entre a chamada zona de conforto e a região do desconhecido: esta envolve a zona de conforto. Identifique o ponto de vista do autor da ilustração, que apresenta a aprendizagem como um elemento enriquecedor, capaz de ampliar os limites da experiência atual. Compare ainda as atitudes das duas figuras humanas representadas na imagem: a figura masculina permanece parada na zona de conforto, ainda que com a mala na mão, ao passo que a mulher já está com um pé na região desconhecida.

b) O texto 2 de apoio para a compreensão do tema a ser desenvolvido na redação é um comentário em linguagem verbal, reproduzido de um *blog*, sobre o medo do desconhecido. Ao ler um texto que deve inspirá-lo para sua própria produção, procure sempre identificar: o tema, o ponto de vista desenvolvido e os argumentos apresentados nele. Observe:

Texto citado na proposta de redação	Comentário
O velho medo do novo As emoções de um ser humano não se resumem apenas a felicidade e tristeza. Existem milhares de emoções que, inclusive, são sentidas simultaneamente. Desejo, determinação, dúvida, preguiça, esperança, cansaço, ambição, ciúme... Enfim, há inúmeros exemplos de sentimentos que estão presentes na vida de todos em determinada situação. Mas uma das emoções mais complexas e mais presentes é o medo. Por mais corajosa que a pessoa seja, o medo habita sua vida, mesmo sem que ela perceba com clareza. **(I)** O medo extremo é chamado de fobia. Existem vários tipos de fobias: agorafobia (medo de estar em lugares públicos cheios) e fobia social (medo de estar exposto diante do olhar de outras pessoas), por exemplo. Um dos medos mais comuns é o medo do novo, o medo de inovar. As pessoas costumam sentir medo do desconhecido, de não saber em que território está pisando. **(II)** O novo pode ser muito bom, mas é preciso dar o primeiro passo para conhecer e descobrir. Algumas pessoas têm mais facilidade para driblar isso. Outras ficam paralisadas quando é necessário enfrentar a situação desconhecida ou inovadora. Todo esse pavor é causado pelo conforto. A vida segue uma rotina constante e qualquer mudança é motivo de preocupações e temores, porém, como já foi dito, essa constante da linha da vida é justamente o sinônimo de morte. O problema é que as pessoas já são habituadas a buscar estabilidade, querendo ter respostas para tudo e não deixando que haja surpresas no meio do caminho. **(III)** O temor do desconhecido culmina com uma questão: o medo de agir e do que os outros vão pensar. **(IV)** Disponível em: <http://estopim-online.blogspot.com.br/2012/07/o-velho-medo-do-novo.html>. Acesso em: 13 dez. 2012. (Adaptado).	**(I)** O primeiro parágrafo discute o medo como uma emoção do conjunto geral das emoções. **(II)** O segundo parágrafo distingue medo de fobia, citando vários exemplos de fobias. Entre os medos, destaca-se o temor do desconhecido. **(III)** O terceiro parágrafo discute o medo do novo, procurando mostrar de que modo as pessoas reagem diante dele. **(IV)** A conclusão procura fazer uma distinção entre o medo da ação e o medo da opinião alheia.

c) O texto 3 da coletânea apresenta um ponto de vista sobre as mudanças e sobre o comportamento das pessoas diante de situações que envolvem mudanças. O produtor do texto tanto analisa o impacto dessas situações na vida das pessoas quanto mantém uma postura de aconselhamento, procurando indicar como seria bom agir nesses momentos. Observe:

Texto citado na proposta de redação	Comentário
Mudanças G. M. Tudo é uma constante mudança. As pessoas mudam, o mundo muda... Tudo se transforma com o tempo, e nada permanece igual. O que nos resta são os bons momentos que foram vividos e que ficaram guardados para sempre em nossa lembrança. **(I)**	**(I)** O primeiro parágrafo enuncia o tema: as mudanças, indicando um ponto de vista bastante genérico, como se tudo mudasse sem apelo, o tempo todo. Note o uso de termos que dão ideia de totalidade: *tudo*, *nada*, etc.
Devemos viver cada segundo intensamente. Nada é perfeito e em nossa vida surgem obstáculos e muitas vezes nos vemos sem saída e sem solução para nossos problemas. Aí pensamos e surge a dúvida: Será que existe luz no "fim do túnel"? **(II)**	**(II)** O segundo parágrafo encaminha o tema mostrando como reagimos perante os obstáculos. E inicia o aconselhamento; por exemplo, observe que a primeira palavra é o verbo *dever* na primeira pessoa do plural, englobando o produtor do texto e o leitor.
Para tudo existe uma solução e o maior e principal problema está em nós mesmos, em nossa dificuldade de encarar os fatos e lutarmos por aquilo que realmente desejamos. Toda pessoa possui dentro de si um certo medo, uma insegurança de não conseguir e de ser um perdedor; mas a vida é uma intensa provocação, e devemos encará-la de "peito aberto" para poder vencer e mostrar a nós mesmos que somos capazes de lutar e sermos os melhores. Devemos sempre seguir a voz de nosso coração e seguir sem medo de viver. Vamos inovar se preciso for e assumir as consequências de nossas inovações. **(III)** Disponível em: <http://oqueeterno.blogspot.com.br/2011/12/tudo-e-uma-constante-mudanca.html>. Acesso em: 17 dez. 2012. (Adaptado).	**(III)** O terceiro parágrafo encoraja o enfrentamento das mudanças procurando responsabilizar o leitor pelas próprias ações.

d) O texto 4 da coletânea é uma tirinha. Ao ler esse texto, é fundamental identificar a ideia que o cartunista tem a respeito de mudanças e que personagem ele escolhe para mostrar isso. Observe:

Texto citado na proposta de redação	Comentário
 Reprodução/Vestibular UFG, 2013. Disponível em: <www.mulher30.com.br/2010/08/mudanca-de-vida.html>. Acesso em: 13 dez. 2012.	Repare no recurso de quebra de expectativa utilizado na tirinha para ironizar a resistência às mudanças mais abrangentes: embora no primeiro quadrinho a personagem dê ao leitor a impressão de que está pensando na possibilidade de fazer uma mudança "radical", no segundo o leitor descobre que ela volta sua reflexão para sua aparência, resumindo a experiência de experimentar algo novo à modificação do tom da cor do cabelo, uma vez que ela já é praticamente loira.

e) O texto 5 da coletânea é uma letra de música da banda Capital Inicial, em que se assume uma postura crítica sobre as mudanças impostas pela sociedade de consumo. Ao ler um texto que deve inspirá-lo para sua própria produção, procure sempre identificar: o tema, o ponto de vista desenvolvido e os argumentos apresentados nele. Observe:

Texto citado na proposta de redação	Comentário
A vida é minha (Capital Inicial) Faça isso Faça aquilo Perca peso Tenha estilo Compre esse Prove aquele Siga a moda **(I)** Não quero dar Explicações Não vou mudar A vida é minha Não ponha palavras Na minha cabeça Não quero dar Explicações Não vou mudar Não importa O que aconteça... Não vou mudar Não vou mudar **(II)** Disponível em: <http://letras.mus.br/capital-inicial/956509/>. Acesso em: 18 dez. 2012. (Adaptado).	**(I)** A primeira estrofe está dedicada às cobranças de uma sociedade de consumo, que dita as modas e os comportamentos. Essas exigências, que se concentram nos aspectos mais superficiais da vida, assumem a forma de uma sequência de imperativos em segunda pessoa. **(II)** A segunda estrofe configura a resistência do eu lírico às transformações esperadas. Sua posição é reforçada pela recorrência da afirmação "Não vou mudar" e pela repetição – é mencionada oito vezes – da palavra *não*.

Proposta A – Artigo de opinião

Dicas para ler e escrever sua redação com base em uma proposta como essa

- Observe a imagem e resuma os textos reproduzidos ordenando as principais ideias que discutem o tema.
- Identifique os posicionamentos dos diversos produtores de textos perante a questão.
- Reflita sobre o tema e procure se posicionar a respeito dele: qual sua opinião? Que argumentos podem ajudá-lo a defender seu ponto de vista? Anote suas ideias, ordene-as, veja quais são as mais importantes e busque exemplos concretos que reforcem sua argumentação.
- Repasse os argumentos dos textos reproduzidos na proposta: você concorda com eles ou discorda dessas ideias? Podem ajudá-lo a construir seu texto?
- Sua argumentação deve ser clara e enxuta. Construa parágrafos coerentes e coesos. Use, de preferência, exemplos concretos para ilustrar a sua posição. Lembre-se sempre de se posicionar abertamente. Encaminhe a discussão para um final que explicite a sua tomada de posição.
- Utilize um vocabulário rico e apropriado. Respeite as regras da gramática e da ortografia. Seja sucinto nas suas formulações, sem deixar de ser criativo. Busque sinônimos, inove nas construções, apele para imagens, quando adequado.

Proposta B – Carta de leitor

Dicas para ler e escrever sua redação com base em uma proposta como essa

- Ao optar por essa proposta, lembre-se de que uma carta, mesmo quando se trata de uma carta para um jornal, tem uma conotação mais pessoal do que um artigo e costuma ser redigida em primeira pessoa.
- Você está vindo à público para expressar sua opinião sobre a declaração de G. M. (texto 3) de que "o maior e principal problema está em nós mesmos, em nossa dificuldade de encarar os fatos e lutarmos por aquilo que desejamos". Seja qual for seu ponto de vista, prepare bem a argumentação para defendê-lo.
- Tenha em mente que sua carta deve ser endereçada ao editor do jornal e a seus leitores. Procure não apenas ser convincente mas também persuasivo na argumentação.
- Ao organizar a carta, leve em conta as características particulares desse gênero: data, lugar, saudação, encerramento, etc., mas não se esqueça: sua carta **não** pode trazer sua assinatura e **não** pode ter qualquer dado pessoal que o identifique. Em caso de provas públicas, a redação que contiver informações que identifiquem o candidato será anulada.

C – Diário

Dicas para ler escrever sua redação com base em uma proposta como essa

- Essa é a mais subjetiva das três propostas da prova. Como no caso da proposta B, a redação precisa ser escrita em primeira pessoa.
- A proposta pede uma pequena narrativa (tendo por referência o gênero autobiográfico). Busque apoio nos textos da proposta, em suas experiências pessoais e/ou em suas leituras.
- Articule bem os elementos da história, da qual você será narrador e protagonista. Construa parágrafos coerentes e coesos.
- Utilize um vocabulário rico e apropriado. Respeite as regras da gramática e da ortografia. Seja claro e procure exprimir algumas emoções ou opiniões particulares, lembrando que o diário é um texto da esfera íntima.
- Você pode buscar inspiração em suas experiências pessoais, mas a prova **não** poderá conter dados que permitam identificá-lo como candidato.

Respostas

As vanguardas: a revolução artística no início do século XX

1. c
2. a) As propostas vanguardistas do primeiro modernismo evidenciam-se pela linguagem construída pela justaposição de períodos curtos, sem conectivos, com imagens rápidas, alusivas, como fotogramas de um filme, a lembrar as "ousadias" e a construção cubista e metonímica de Oswald de Andrade, nas "Memórias Sentimentais de João Miramar". A presença do cotidiano, de elementos da civilização material do início do século XX e a sintaxe peculiar são a materialização, no texto, de algumas propostas da "fase heroica" do Modernismo.

   b) A sociedade paulistana dos anos de 1920 surge como pano de fundo das ações narradas no conto. A sociedade alude tanto ao casamento de Adriano e Teresa Rita, quanto à sociedade comercial realizada entre seus pais.
3. a) Duas das seguintes marcas deverão ser apontadas pelo candidato:

   – tematização inovadora da escrita literária como uma criação tão febril e agressiva como os maquinismos das fábricas e automóveis;

   – uso de linguagem hiperbólica a revelar o entusiasmo pelas novidades tecnológicas, pelo moderno;

   – uso do verso livre e de estrofes/estâncias assistemáticas;

   – uso de interjeições que elegem objetos tecnológicos em vez de pessoas e entidades míticas e religiosas;

   – uso de imagens inusitadas referentes a objetos considerados, até então, não poéticos: lâmpadas elétricas, fábricas, engrenagens, papilas, máquinas etc.;

   – exaltação de uma beleza nova identificada com as fábricas, as engrenagens, as máquinas, as cidades cosmopolitas, símbolos da energia e da audácia do "moderno", no início do século XX.

   b) Há, pelo menos, duas formas encontradas por Álvaro de Campos para realizar linguisticamente uma "escrita que range os dentes", como o próprio poeta, em "Ode triunfal", se descreve ("Escrevo rangendo os dentes"). A primeira delas é o recurso da aliteração de "r" na sequência de várias palavras, como "febre", "escrevo" (repetida duas vezes), "rangendo", "fera", "para", "rodas", "engrenagens", "eterno", "forte", "retido", "fúria" (também repetida duas vezes), "fora", "dentro", entre outras. Do ponto de vista fonético, todos esses "r" sofrem alguma obstrução (mais ou menos acentuada) do aparelho vocal na passagem do ar que vem dos pulmões. O efeito de sentido provocado é justamente o de obstrução, aspereza, tensão, como um "ranger de dentes", construindo, assim, um ritmo "descontínuo" para o poema. A segunda forma mais evidente de materialização gráfica desse sentido de "tensão" almejado pelo poeta é a onomatopeia realizada em "r-r-r-r-r-r-r eterno!", em que o poeta tenta traduzir para a escrita o ranger ininterrupto das máquinas do mundo moderno. Esses recursos linguístico-gráficos, com suas implicações para a modalização oral dos poemas, provocam um efeito de excesso, seja na própria escrita, seja em sua realização vocal.
4. b
5. e
6. a
7. d
8. Romantismo, Simbolismo e Modernismo.
9. O surrealismo tem como uma das características a projeção do inconsciente. Logo, ao dormir, o inconsciente aflora através do discurso onírico.
10. e

O Modernismo em Portugal: Fernando Pessoa e seus heterônimos

1. a) Há uma forte aliteração da consoante "V" ("vejo passar um voo de ave"). Ocorre uma rima com a palavra "suave".

   b) A tristeza surge da consciência de que a liberdade é algo inalcançável pelo eu lírico.

   c) As interrogações nos versos 5 a 11 são relacionadas às questões que o eu lírico propõe a si mesmo quando, diante do voo da ave, cultiva ideias de liberdade e, ao mesmo tempo, a tristeza pela certeza de sua condição de não poder voar.
2. d
3. e
4. d
5. d
6. a
7. V – V – F – F – V
8. e

O Brasil antes da Semana de Arte Moderna: a transição entre o passado e o moderno

1. F – V – V – V – F
2. Prosopopeia é a figura de retórica na qual o autor empresta sentimentos humanos e palavras a seres inanimados. A prosopopeia é vista no quarto parágrafo do fragmento, quando o autor atribui à "terra" ações que a associam à imagem de mulher: "A terra 'atrai' o homem; 'chama-o' para o seio fecundo; 'encanta-o' (...); 'arrebata-o' (...)".
3. 02 + 04 + 16 = 22
4. a) No texto de Drummond e Ziraldo, o sertanejo é ironicamente apresentado como um agitador, quando reivindica. É o aspecto não verbal (figuras esquálidas, caídas no chão, a criança "barrigudinha", as marcas da seca no chão gretado, as mãos em desespero etc.) que enfatiza a ironia e passa a ressignificar o texto de Euclides da Cunha. Essa ironia faz uma crítica à ideologia do senso comum sobre os nordestinos de modo geral.

   b) O emprego das vírgulas ao enfatizar a circunstância de tempo destaca, dentre outras, uma característica positiva do nordestino. O emprego do ponto de exclamação confere à frase um tom de denúncia.
5. b
6. a
7. d

8. a

9. d

10. b

11. F – V – F – V – V

O Brasil de 1922 a 1930: tupi *or not* tupi

1. A personagem Macunaíma enfoca a diversidade de uso do idioma português no Brasil, notadamente no centro urbano (São Paulo). Ao se referir ao fato de os paulistanos falarem numa língua e escreverem noutra, ele chama a atenção do leitor para a existência de uma norma-padrão (seguida pelos brasileiros na língua escrita) e de um registro coloquial, informal, típico da língua oral. É importante salientar que, na narrativa, através da carta para Icamiabas, o autor ironiza os puristas, que defendiam a petrificação da língua (língua de Camões) e não aceitavam as mudanças ocorridas no português do Brasil decorrentes da mestiçagem do idioma. Vale ressaltar que os modernistas de 22 (a obra Macunaíma faz parte deste contexto de inovações e experimentalismos linguísticos) se posicionaram contra o purismo linguístico, defendendo uma língua "natural e neológica".

2. 02 + 04 + 08 = 14

3. a

4. Oswald de Andrade faz seu manifesto como resposta ao nacionalismo ufanista e primitivo da Escola da Anta.

5. F – F – V – V – V

6. b

7. e

8. c

9. F – V – V – V – F

10. c

11. d

O Brasil de 1930 a 1945 – a lírica

1. a) No texto de Drummond, percebe-se a insistência na ideia de que o poeta luta com todo o seu desejo e vontade para seduzir as palavras, encantá-las, possuí-las plenamente. Apesar do esforço, ele constata que "o inútil duelo / jamais se resolve".
   b) O uso da apóstrofe pode ser identificado nos versos: "Palavra, palavra / (digo exasperado) / se me desafias, / aceito o combate"; "O teu rosto belo, / ó palavra, esplende / na curva da noite". O emprego da prosopopeia está presente nos seguintes versos, todos referentes aos termos palavra e/ou palavras: "Algumas, tão fortes / como o javali"; "Deixam-se enlaçar, / tontas à carícia / e súbito fogem"; "Sem me ouvir deslizam, / perpassam levíssimas / e viram-me o rosto"; "esta me ofertando / seu velho calor, / outra sua glória / feita de mistério, / outra seu desdém, / outra seu ciúme"; "O teu rosto belo, / ó palavra, esplende".

2. b

3. b

4. c

5. a

6. b

7. a) No poema "Balada feroz", o eu lírico descreve um mundo de horror com linguagem agressiva ("rio venéreo", "amores miseráveis", "podridão das latrinas e das fossas", "a decomposição dos campos de guerra") e termos aversivos ("tumefações", "fezes verdes", "pus").
   b) Seria missão do poeta transformar o mundo de destruição e morte em outro em que prevalecessem ideais de solidariedade, justiça, ética e princípios morais a que o fazer poético deve estar sempre vinculado ("faz um poema puro / E deixa-o ir, armado cavaleiro, pela vida", "Suga aos cínicos o cinismo, aos covardes o medo, aos avaros o ouro").

8. a) Os textos fornecidos não apresentam o mesmo conceito de poesia. Para Vinicius de Moraes, a matéria-prima do poeta é a vida, e a palavra é um mero instrumento de expressão. Para Drummond, a vida e os acontecimentos cotidianos não são os fundamentos principais da criação poética; a palavra é que é o verdadeiro elemento desencadeador do processo da escrita e guarda em si o poder de compor o texto.
   b) Há várias passagens que podem justificar a resposta do item **a**. A opinião de Vinicus de Moraes está clara no trecho: "O material do poema é a vida, e só a vida, com tudo que ela tem de sórdido e sublime"; a de Carlos Drummond de Andrade está em: "Não faças versos sobre acontecimentos. / Não há criação nem morte perante a poesia. / Diante dela, a vida é um sol estático, / não aquece nem ilumina. / As afinidades, os aniversários, os incidentes pessoais não contam."

9. V – F – F – F – V

10. 01 + 08 = 09

11. F – F – V – V – V

O Brasil de 1930 a 1945 – o romance

1. a) O regionalismo de 30 analisa a relação do homem comum com a realidade opressora em que a figura do "herói problemático" luta para vencer a hostilidade do meio ou se recolhe ao próprio mundo interior, para sujeitar-se ao mundo que lhe dificulta a existência. Em *Doidinho*, descreve-se o cotidiano dos alunos do colégio, sujeitos a humilhações e ao abandono da própria família, como acontecia com Aurélio. No terceiro parágrafo do texto, o leitor é permeável ao sentimento de piedade e medo que este personagem incute no narrador, principalmente nos trechos "Apanhava dos outros somente com o grito: – Vou dizer a Seu Maciel! – Mas não ia, coitado" e "Às vezes, quando eu acordava de noite, ficava com medo do pobre do Aurélio. Ouvia falar que era de amarelos assim que saíam os lobisomens".
   b) Papa-Figo era a alcunha de Aurélio, um rapaz doente ("um amarelo inchado não sei de que doença"), feio ("Nunca vi uma pessoa tão feia") e covarde ("Nem esta coragem de enredo, ele tinha"). Além de ser vítima de discriminação da própria família ("A família tinha vergonha dele em casa") sofria violência física por parte de colegas e do próprio diretor do colégio ("Apanhava dos outros", "E o seu Maciel não respeitava nem esta enfermidade ambulante: dava no pobre também").

2. d

3. a

4. 02 + 16 + 64 = 82

5. d

6. a

7. b

8. a

9. a) Inicialmente, a narrativa relata as histórias de um grupo de aproximadamente cem "meninos de rua" que sobrevivem de furtos e pequenas trapaças. A trajetória de Pedro Bala, filho de um grevista morto no cais, é a linha condutora de toda a história, ligando os quadros que são apresentados ao longo da narrativa. Por ser o mais corajoso, torna-se chefe das crianças que a pouco e pouco se foram afastando da marginalidade para combater as injustiças sociais, até se transformar em líder revolucionário comunista.
   b) Em *Capitães da Areia*, Jorge Amado trata de assunto real e desenvolve temas diversos, como a vida dos excluídos e suas lutas, o papel da

Igreja, das autoridades e da imprensa. Jorge Amado era membro do Partido Comunista, por isso constrói uma obra de denúncia, com um discurso ideológico que reflete as suas convicções políticas: transformação social decorrente da conscientização e da luta organizada contra as injustiças.

10. d
11. c
12. e

O Brasil depois de 1945

1. a
2. c
3. c
4. F – F – V – V – V
5. b
6. V – V – V – V – F
7. O humor negro aparece na ironia feita em relação à sorte do defunto, que seria melhor do que a dos irmãos das almas, ou seja, morrer é melhor do que a vida que se leva no sertão.
8. c
9. V – V – V – F – V
10. e
11. e
12. A preocupação formal aparece na estrofação regular, na métrica homogênea e na presença de rimas.
13. c

O teatro brasileiro no século XX

1. d
2. c
3. b
4. a
5. c
6. b
7. e
8. a
9. a) A novidade foi a tripartição em planos (realidade, memória e alucinação) e a montagem cenográfica como expressão teatral simultânea desses três planos. Essa inovação causou "estranhamento" em grande parte do público.
   b) Porque é nesse momento em que acontece, graças à morte de Alaíde, a união entre Pedro e Lúcia.
10. a

Portugal contemporâneo: três autores exemplares

1. a) A personagem Blimunda, que em jejum tinha visões do "que está dentro dos corpos" ajuda o padre Bartolomeu Lourenço a pôr em prática a construção da passarola. Com seus poderes, Blimunda capta nos frascos mágicos as vontades humanas, as quais contribuíram para a subida da máquina de voar.
   b) Mafra era um vilarejo, distante cerca de 40 quilômetros de Lisboa. Tanto em um quanto em outro, o povo é subjugado, explorado como na construção do palácio-mosteiro. O que há em comum é a fé, a religiosidade.
2. a
3. O elemento criticado no fragmento do texto é o sistema burocrático. Este está ilustrado através do caminho percorrido dentro da hierarquia dos cargos pela solicitação feita pelo suplicante ao rei.
4. O candidato deveria ser capaz de explicar que a ironia se encontra na justificativa apresentada pelo narrador para o fato de o rei demorar a responder às solicitações do povo. O candidato poderia focar sua resposta em dois trechos do fragmento: a menção ao fato de o rei estar "ocupado como sempre"; e quando o narrador diz que "não era pequeno sinal de atenção" pedir que lhe apresentassem pareceres por escrito dessas solicitações. No processo de correção, foram considerados aspectos de coerência e coesão.
5. a
6. a) Antítese.
   b) A construção da passarola.
7. a) Porque tinha medo de morrer e não concluir a construção do Convento de Mafra.
   b) D. João V.
   c) Para Saramago "velho" é sinal de incapacidade para o trabalho. Em Camões o "velho" é a experiência.
8. d
9. b
10. a) O trecho é o seguinte: "Quina tornou-se indispensável para presidir obscuramente nesse mundo secreto, íntimo, sem artifício, em que os espartilhos se afrouxam, os cabelos se apresentam eriçados de ganchos e de papelotes, e o rosto apeia a sua máscara cheia de farfalhices de sentimentos, poder atractivo, fluído de mentiras e intensíssimas fadigas de atenção".
    b) A relação que se estabelece no caso é entre conservadorismo natural da mulher e sua aparente afinidade com as coisas mais modernas.
    c) O mundo social seria exposto, artificial e falso.

Literatura africana de língua portuguesa

1. Os acontecimentos extraordinários fazem parte do cotidiano de Tizangara, constituindo uma identidade ameaçada pelo colonizador. A narrativa revela diferentes vozes portadoras de discursos que mostram a necessidade de se resgatar uma sabedoria, uma cultura e um conhecimento formadores de um povo. Assim, a obra apresenta não só o cômico, como também o realismo mágico (vejam-se, por exemplo, o "pendurar os ossos", referido no fragmento, as "visitas" de Hortênsia – a morta em forma de louva-deus – e a existência da velha Temporina) para traduzir as três vilas: Tizangara – terra, Tizangara – céu e Tizangara – água.
   O romance cria um universo de ficção diferente do tradicional. Nele, convivem a magia, o sobrenatural, as histórias e os mitos, produzindo um mundo que se constitui a partir dos fatos e das narrativas.
   As personagens demonstram e constatam que a cultura moçambicana lida com valores, comportamentos e situações que são diferentes daqueles característicos das tradições nacionalistas ocidentais.
   Assim, conclui-se que o misterioso e o inusitado também fazem parte do mundo e da cultura moçambicana.
2. c
3. O eu lírico chama a si mesmo de carvão conotativamente. A palavra carvão representa a força de trabalho do negro ("a força motriz") e a mina representa o próprio negro, ou seja, o lugar de onde o patrão extrai sua riqueza. Logo, carvão e mina representam a exploração do homem negro pelo homem branco.
4. a) Sim, pois como é construída com a linguagem, é capaz de comunicar ideias e sentimentos, além de promover a interação entre as pessoas.
   b) Sim; denunciando os problemas da realidade, a literatura sensibiliza e conscientiza as pessoas, preparando-as e estimulando-as para as mudanças sociais.
5. Embora o eu lírico afirme que é carvão, ele não pretende continuar sendo o combustível da exploração do patrão, e sim "queimar tudo", isto é, destruir a própria figura do patrão, que representa a exploração.
6. a
7. a
8. e
9. a

Significado das siglas

Ceag-DF Centro Educacional Adventista do Gama (Distrito Federal)
Cefet-MG Centro Federal de Educação Tecnológica de Minas Gerais [IFMG]
Cefet-PR Centro Federal de Educação Tecnológica do Paraná [UFTPR]
Cefet-RJ Centro Federal de Educação Tecnológica "Celso Sukow da Fonseca" (Rio de Janeiro)
Cesgranrio-RJ Centro de Seleção de Candidatos ao Ensino Superior do Grande Rio (Rio de Janeiro)
Epcar-MG Escola Preparatória de Cadetes do Ar (Minas Gerais)
EsPCEx-MG Escola Preparatória de Cadetes do Exército (Minas Gerais)
EsPCEx-SP Escola Preparatória de Cadetes do Exército (São Paulo)
ESPM-SP Escola Superior de Propaganda e Marketing (São Paulo)
Faap-SP Fundação Armando Álvares Penteado (São Paulo)
Fatec-SP Faculdade de Tecnologia (São Paulo)
FCL-SP Fundação Cásper Líbero (São Paulo)
FEI-SP Faculdade de Engenharia Industrial (São Paulo)
FGV-SP Fundação Getúlio Vargas (São Paulo)
Fuvest-SP Fundação Universitária para o Vestibular (São Paulo)
Ibmec-RJ Faculdades do Instituto Brasileiro de Mercado de Capitais (Rio de Janeiro)
Ifal Instituto Federal de Alagoas
IFCE Instituto Federal de Educação, Ciência e Tecnologia do Ceará
IFPE Instituto Federal de Educação, Ciência e Tecnologia de Pernambuco
IFSC Instituto Federal de Educação, Ciência e Tecnologia de Santa Catarina
IFSP Instituto Federal de Educação, Ciência e Tecnologia de São Paulo
Insper-SP Instituto de Ensino e Pesquisa (São Paulo)
ITA-SP Instituto Tecnológico da Aeronáutica (São Paulo)
PUCC-SP Pontifícia Universidade Católica de Campinas (São Paulo)
PUC-MG Pontifícia Universidade Católica de Minas Gerais
PUC-PR Pontifícia Universidade Católica do Paraná
PUC-RJ Pontifícia Universidade Católica do Rio de Janeiro
PUC-RS Pontifícia Universidade Católica do Rio Grande do Sul
PUC-SP Pontifícia Universidade Católica de São Paulo
UCS-RS Universidade de Caxias do Sul (Rio Grande do Sul)
UEA-AM Universidade Estadual do Amazonas
Uece Universidade Estadual do Ceará
UEG-GO Universidade Estadual de Goiás
UEL-PR Universidade Estadual de Londrina (Paraná)
UEM-PR Universidade Estadual de Maringá (Paraná)
UEMS Universidade Estadual do Mato Grosso do Sul
Uepa Universidade do Estado do Pará
UEPB Universidade Estadual da Paraíba
Uepe Universidade Estadual de Pernambuco
UEPG-PR Universidade Estadual de Ponta Grossa (Paraná)
Uerj Universidade Estadual do Rio de Janeiro
Uespi Universidade Estadual do Piauí
Ufal Universidade Federal de Alagoas
Ufam Universidade Federal do Amazonas
UFBA Universidade Federal da Bahia
UFC-CE Universidade Federal do Ceará
Ufes Universidade Federal do Espírito Santo
UFF-RJ Universidade Federal Fluminense (Rio de Janeiro)
UFG-GO Universidade Federal de Goiás
UFJF-MG Universidade Federal de Juiz de Fora (Minas Gerais)
Ufla-MG Universidade Federal de Lavras (Minas Gerais)
UFMG Universidade Federal de Minas Gerais
UFMS Universidade Federal do Mato Grosso do Sul
UFMT Universidade Federal do Mato Grosso
UFPA Universidade Federal do Pará
UFPB Universidade Federal da Paraíba
UFPE Universidade Federal de Pernambuco
Ufpel-RS Universidade Federal de Pelotas (Rio Grande do Sul)
UFPI Universidade Federal do Piauí
UFPR Universidade Federal do Paraná
UFRGS-RS Universidade Federal do Rio Grande do Sul
UFRJ Universidade Federal do Rio de Janeiro
UFRN Universidade Federal do Rio Grande do Norte
UFRRJ Universidade Federal Rural do Rio de Janeiro
UFSC Universidade Federal de Santa Catarina
Ufscar-SP Universidade Federal de São Carlos (São Paulo)
UFSM-RS Universidade Federal de Santa Maria (Rio Grande do Sul)
UFTM-MG Universidade Federal do Triângulo Mineiro (Minas Gerais)
UFT-TO Universidade Federal de Tocantins
UFU-MG Universidade Federal de Uberlândia (Minas Gerais)
UFV-MG Universidade Federal de Viçosa (Minas Gerais)
Umesp Universidade Metodista de São Paulo
UnB-DF Universidade de Brasília (Distrito Federal)
Uneb-BA Universidade Estadual da Bahia
Unesp Universidade Estadual Paulista "Júlio de Mesquita Filho" (São Paulo)
Unicamp-SP Universidade de Campinas (São Paulo)
Unifesp Universidade Federal de São Paulo
Unirio-RJ Universidade Federal do Estado do Rio de Janeiro
Unitau-SP Universidade de Taubaté (São Paulo)
UPE Universidade de Pernambuco
UPF-RS Universidade de Passo Fundo (Rio Grande do Sul)
UPM-SP Universidade Presbiteriana Mackenzie (São Paulo)
Urca-CE Universidade Regional do Cariri (Ceará)
Vunesp-SP Fundação para o Vestibular da Unesp (São Paulo)

PROJETO MÚLTIPLO

Caderno do Enem

Língua Portuguesa

Ensino Médio

editora scipione

editora scipione

Diretoria editorial: Lidiane Vivaldini Olo
Editoria de Língua Portuguesa: Renato Luiz Tresolavy
Editoras: Juliana Lima Gonçalves, Valéria Franco Jacintho; Francisca Tarciana Morais da Silva (estag.)
Supervisor de arte e produção: Sérgio Yutaka
Editor de arte: Claudio Faustino da Silva
Diagramador: Casa de Tipos
Supervisor de arte e criação: Didier Moraes
Coordenador de arte e criação: Andréa Dellamagna
Design gráfico: UC Produção Editorial (capa), Daniela Amaral, Ricardo de Gan Braga e Andréa Dellamagna (miolo)
Gerente de revisão: Hélia de Jesus Gonsaga
Equipe de revisão: Rosângela Muricy (coord.), Ana Paula Chabaribery Malfa e Luís Maurício Boa Nova; Flavia Venézio dos Santos e Gabriela Macedo de Andrade (estags.)
Coordenação de iconografia: Fabiana Manna da Silva
Pesquisa iconográfica: Ellen Finta, Graziele Costa, Marcella Doratioto e Tamires Castillo

Av. das Nações Unidas, 7221, 3º andar, setor D
Pinheiros – São Paulo – SP
CEP 05425-902
Tel.: 4003-3061
www.scipione.com.br/atendimento@scipione.com.br

2023
ISBN 978 85 262 9346-5 (AL)
ISBN 978 85 262 9347-2 (PR)
Código da obra CL 738773
CAE 502790 (AL)
CAE 502765 (PR)
1ª edição
10ª impressão

Impressão e acabamento Gráfica Eskenazi

Material elaborado por:
Eduardo Antonio Lopes
Eduardo Calbucci
Henrique Santos Braga
Luiz Henrique Marins Vasquinho
Paulo César de Carvalho
Ricardo Yoshio Silveira Ribeiro
Sérgio de Lima Paganim

Sumário

AULA 1

Competência 1 Aplicar as tecnologias da comunicação e da informação na escola, no trabalho e em outros contextos relevantes para sua vida.

Habilidade 1 Identificar as diferentes linguagens e seus recursos expressivos como elementos de caracterização dos sistemas de comunicação.

Em classe

TIPOS DE TEXTO

Resumo teórico

Descrição	Narração	Dissertação
Objeto concreto: entes e situações particulares	Objeto concreto: entes e situações particulares	Objeto abstrato: conceitos gerais
Texto predominantemente figurativo: representa fragmentos do mundo	Texto predominantemente figurativo: representa fragmentos do mundo	Texto predominantemente temático: comenta – analisa e interpreta – dados do mundo
Dados organizados no espaço	Dados organizados no espaço/tempo	Dados organizados logicamente
Não há relação de anterioridade e posterioridade entre os enunciados	Há relação de anterioridade e posterioridade entre os enunciados	Há relação de implicação lógica entre os enunciados
Define-se um só momento	Define-se uma sequência de momentos	Define-se um conjunto de comentários
Não há situação inicial e final distintas	Distinguem-se claramente uma situação inicial e uma situação final	Distinguem-se uma introdução, um desenvolvimento e uma conclusão
Ausência de progressão temporal	Presença de progressão temporal	Progressão lógico-argumentativa

1 (Enem – Adaptada)

Transtorno do comer compulsivo

O transtorno do comer compulsivo vem sendo reconhecido, nos últimos anos, como uma síndrome caracterizada por episódios de ingestão exagerada e compulsiva de alimentos, porém, diferentemente da bulimia nervosa, essas pessoas não tentam evitar ganho de peso com os métodos compensatórios. Os episódios vêm acompanhados de uma sensação de falta de controle sobre o ato de comer, sentimentos de culpa e de vergonha.

Muitas pessoas com essa síndrome são obesas, apresentando uma história de variação de peso, pois a comida é usada para lidar com problemas psicológicos. O transtorno do comer compulsivo é encontrado em cerca de 2% da população em geral, mais frequentemente acometendo mulheres entre 20 e 30 anos de idade. Pesquisas demonstram que 30% das pessoas que procuram tratamento para obesidade ou para perda de peso são portadoras de transtorno do comer compulsivo.

Disponível em: <www.abcdasaude.com.br>. Acesso em: 1º maio 2009. Adaptado.

Considerando as ideias desenvolvidas pelo autor, conclui-se que o texto tem a finalidade de:

a) descrever a vida de um portador da síndrome da compulsão alimentícia.
b) narrar a vida das pessoas que têm o transtorno do comer compulsivo.
c) aconselhar as pessoas obesas a perder peso com métodos simples.
d) expor de forma geral o transtorno compulsivo por alimentação.
e) encaminhar as pessoas para a mudança de hábitos alimentícios.

2 (Enem)

O dia em que o peixe saiu de graça

Uma operação do Ibama para combater a pesca ilegal na divisa entre os estados do Pará, Maranhão e Tocantins incinerou 110 quilômetros de redes usadas por pescadores durante o período em que os peixes se reproduzem. Embora tenha um impacto temporário na atividade econômica da região, a medida visa preservá-la ao longo prazo, evitando o risco de extinção dos animais. Cerca de 15 toneladas de peixes foram apreendidas e doadas para instituições de caridade.

Revista *Época*. São Paulo: Globo. 23 mar. 2009. Adaptado.

A notícia, do ponto de vista de seus elementos constitutivos:

a) apresenta argumentos contrários à pesca ilegal.
b) tem um título que resume o conteúdo do texto.
c) informa sobre uma ação, a finalidade que a motivou e o resultado dessa ação.
d) dirige-se aos órgãos governamentais dos estados envolvidos na referida operação do Ibama.
e) introduz um fato com a finalidade de incentivar movimentos sociais em defesa do meio ambiente.

3 (Enem)

Machado de Assis

Joaquim Maria Machado de Assis, cronista, contista, dramaturgo, jornalista, poeta, novelista, romancista, crítico e ensaísta, nasceu na cidade do Rio de Janeiro em 21 de junho de 1839. Filho de um operário mestiço de negro e português, Francisco José de Assis, e de D. Maria Leopoldina Machado de Assis, aquele que viria tornar-se o maior escritor do país e um mestre da língua, perde a mãe muito cedo e é criado pela madrasta, Maria Inês, também mulata, que se dedica ao menino e o matricula na escola pública, única que frequentou o autodidata Machado de Assis.

Disponível em: <www.passeiweb.com>. Acesso em: 1º maio 2009.

Considerando os seus conhecimentos sobre os gêneros textuais, o texto citado constitui-se de:

a) fatos ficcionais, relacionados a outros de caráter realista, relativos à vida de um renomado escritor.
b) representações generalizadas acerca da vida de membros da sociedade por seus trabalhos e vida cotidiana.
c) explicações da vida de um renomado escritor, com estrutura argumentativa, destacando como tema seus principais feitos.
d) questões controversas e fatos diversos da vida de personalidade histórica, ressaltando sua intimidade familiar em detrimento de seus feitos públicos.
e) apresentação da vida de uma personalidade, organizada sobretudo pela ordem tipológica da narração, com um estilo marcado por linguagem objetiva.

Em casa

TEXTO DE APOIO

Descrição, narração e dissertação

Texto descritivo é um retrato verbal de dado objeto: não relata mudanças de situação, mas propriedades e aspectos simultâneos dos elementos descritos. Na descrição, não existe relação de anterioridade e posterioridade entre os enunciados, o que é uma boa pista para identificar este tipo de texto.

Para descrever um objeto é preciso enumerar e selecionar seus traços, de acordo com a funcionalidade que terão no texto. Para captar esses traços, são utilizados os adjetivos, as expressões adjetivas e as figuras de linguagem (como metáforas e comparações). Os traços podem ser objetivos, destacando as marcas presentes no objeto independentemente de como o sujeito o sente, ou subjetivos, isto é, aqueles percebidos pela visão pessoal do sujeito.

A escolha do posicionamento, do ângulo para retratar o objeto, também tem funcionalidade no texto, revelando a intenção do enunciador: o ponto de vista pode ser físico ou psicológico. Este provoca efeito de sentido de subjetividade; aquele, de objetividade. Por isso, a seleção dos traços descritivos cumpre função argumentativa no texto, é voltada a uma finalidade persuasiva (convencer o leitor de algo). Ler bem um texto pressupõe reconhecer seus efeitos e intenções, por meio dos recursos utilizados pelo enunciador.

Texto narrativo consiste em uma sucessão de acontecimentos no espaço e no tempo. Diferentemente do que ocorre na descrição, nele as mudanças relatadas estão organizadas de tal maneira que entre elas existe sempre uma relação de anterioridade e posterioridade. Essa é uma boa pista para identificar esse tipo de texto. Seus elementos característicos são: narrador, personagem, enredo, espaço e tempo.

Na narração, além da preocupação com "o que contar", o autor deve estar atento ao "como contar", ou seja, à maneira de encadear os fatos na construção da trama ou enredo. Por isso é importante a escolha do foco narrativo. Há, em síntese, dois tipos de narrador: o narrador-personagem (foco em primeira pessoa) e o narrador observador (foco em terceira pessoa).

A escolha do foco depende dos efeitos que se pretende produzir com a história. Em geral, o foco em primeira pessoa produz efeito de sentido de subjetividade, criando impressão de parcialidade; e o foco em terceira pessoa, efeito de objetividade, criando impressão de realidade. Uma reportagem, por exemplo, recorre a este foco; um diário, àquele. São gêneros com diferentes finalidades: a reportagem procura transmitir informações com a maior fidelidade possível aos fatos; o diário tenta transmitir sentimentos, isto é, impressões pessoais sobre os fatos do dia a dia vivenciados pelo enunciador. O Enem cobra do candidato o reconhecimento do assunto tratado no texto, seu modo de apresentação (o tipo predominante) e a finalidade (a intenção de provocar riso, reflexão, definir um sentimento, etc.).

Texto dissertativo é aquele que analisa e interpreta a realidade por meio de conceitos abstratos e genéricos. Por isso, ao contrário dos textos descritivos e narrativos, que são predominantemente **figurativos** (isto é, usam figuras, que são palavras ou expressões concretas que remetem ao mundo natural, como a história da cigarra e da formiga), a dissertação é um tipo de texto predominantemente **temático**, pois trabalha com categorias abstratas (em vez de tratar da cigarra e da formiga, por exemplo, discute a relação entre o trabalho e o ócio, que são temas, não figuras).

Como o texto narrativo, o dissertativo mostra mudanças de situação. Mas, ao contrário da narração, nele as relações de anterioridade e posterioridade dos enunciados não são tão importantes, pois o que importa são suas relações lógicas: analogia, causalidade, implicação, etc.

A estrutura ortodoxa deste tipo de texto é introdução, desenvolvimento e conclusão. Na introdução, em geral apresenta-se a tese, que é o tema com o posicionamento crítico do enunciador (como é um texto temático, o posicionamento é explícito). No desenvolvimento, apresentam-se os recursos argumentativos selecionados para convencer o leitor da tese proposta. Na conclusão, é dada uma resposta-síntese ao problema levantado pela tese. Para o Enem, ler bem uma dissertação pressupõe perceber qual é a tese defendida, o posicionamento que o enunciador assume em relação ao tema que discute.

Na dissertação típica, utiliza-se a terceira pessoa para provocar efeito de sentido de objetividade: em primeira pessoa, o texto ficaria mais parcial e subjetivo, perdendo força persuasiva. Como o Enem costuma avaliar o conhecimento das funções da linguagem, é bom lembrar que a dissertação trabalha a função referencial da linguagem, ou seja, dá destaque ao tema a que faz referência, preocupando-se objetivamente com a informação.

1 (Enem)

A gentileza é algo difícil de ser ensinado e vai muito além da palavra **educação**. Ela é difícil de ser encontrada, mas fácil de ser identificada, e acompanha pessoas generosas e desprendidas, que se interessam em contribuir para o bem do outro e da sociedade. É uma atitude desobrigada, que se manifesta nas situações cotidianas e das maneiras mais prosaicas.

SIMURRO, S. A. B. *Ser gentil é ser saudável*. Disponível em: <www.abqv.org.br>. Acesso em: 22 jun. 2006. Adaptado.

No texto, menciona-se que a gentileza extrapola as regras de boa educação. A argumentação construída:

a) apresenta fatos que estabelecem entre si relações de causa e de consequência.

b) descreve condições para a ocorrência de atitudes educadas.

c) indica a finalidade pela qual a gentileza pode ser praticada.

d) enumera fatos sucessivos em uma relação temporal.

e) mostra oposição e acrescenta ideias.

2 (Enem)

No Brasil, a condição cidadã, embora dependa da leitura e da escrita, não se basta pela enunciação do direito, nem pelo domínio desses instrumentos, o que, sem dúvida, viabiliza melhor participação social. A condição cidadã depende, seguramente, da ruptura com o ciclo da pobreza, que penaliza um largo contingente populacional.

Formação de leitores e construção da cidadania, memória e presença do Proler. Rio de Janeiro: FBN, 2008.

Ao argumentar que a aquisição das habilidades de leitura e escrita não é suficiente para garantir o exercício da cidadania, o autor:

a) critica os processos de aquisição da leitura e da escrita.

b) fala sobre o domínio da leitura e da escrita no Brasil.

c) incentiva a participação efetiva na vida da comunidade.

d) faz uma avaliação crítica a respeito da condição cidadã do brasileiro.

e) define instrumentos eficazes para elevar a condição social da população do Brasil.

3 (Fuvest-SP) Leia o texto a seguir:

Filosofia dos epitáfios

Saí, afastando-me dos grupos, e fingindo ler os epitáfios. E, aliás, gosto dos epitáfios; eles são, entre a gente civilizada, uma expressão daquele pio e secreto egoísmo que induz o homem a arrancar à morte um farrapo ao menos da sombra que passou. Daí vem, talvez, a tristeza inconsolável dos que sabem os seus mortos na vala comum; parece-lhes que a podridão anônima os alcança a eles mesmos.

ASSIS, Machado de. *Memórias póstumas de Brás Cubas.*

Do ponto de vista da composição, é correto afirmar que o capítulo "Filosofia dos epitáfios":

a) é predominantemente dissertativo, servindo os dados do enredo e do ambiente como fundo para a digressão.

b) é predominantemente descritivo, com a suspensão do curso da história dando lugar à construção do cenário.

c) equilibra em harmonia narração e descrição, à medida que faz avançar a história e cria o cenário de sua ambientação.

d) é predominantemente narrativo, visto que o narrador evoca os acontecimentos que marcaram sua saída.

e) equilibra narração e dissertação, com o uso do discurso indireto para registrar as impressões que o ambiente provoca no narrador.

4 (Fuvest-SP)

De todos esses periquitinhos que tem no Brasil, tuim é capaz de ser o menor. Tem bico redondo e rabo curto e é todo verde, mas o macho tem umas penas azuis para enfeitar. Três filhotes, cada um mais feio que o outro, ainda sem penas, os três chorando. O menino levou-os para casa, inventou comidinhas para eles; um morreu, outro morreu, ficou um.

Rubem Braga

Neste excerto de "Tuim criado no dedo":

a) o narrador em terceira pessoa emprega o discurso indireto para assimilar o ponto de vista do menino.

b) repetições, diminutivos, simplicidade sintática introduzem no discurso a perspectiva do menino.

c) a escassez de adjetivos torna concreta a visão substantiva, própria da infância.

d) o narrador em primeira pessoa utiliza o discurso direto para recriar a visão infantil.

e) diminutivos, predomínio da subordinação e sinestesias recriam o registro da percepção infantil.

5 (Fuvest-SP)

A Casa não passava, bem dizer, de uma casa-rancho. A rebaixa – um alpendre cercado –; o rancho de carros de boi; outros ranchos; outras casinhas; outros rústicos pavilhões.

A apresentação de elementos descritivos estáticos, por meio de frases nominais, ocorre também em:

a) Convidei-o silenciosamente olhando uma janela por onde se viam, sobre livros de escrituração, as suíças brancas e os óculos de seu Ribeiro.

b) E mestre Caetano gemendo no catre recebia todas as semanas um dinheirão de Madalena. Visitas, remédios de farmácia, galinhas.

c) E tu falavas de um amor celeste,
De um anjo, que depois se fez esposa...

d) Pera aquele fogo ardente, que nom temeste vivendo.

e) Projetava-se nela a imagem de mulher poderosa e humilde ao mesmo tempo.

AULA 2

Competência 1 Aplicar as tecnologias da comunicação e da informação na escola, no trabalho e em outros contextos relevantes para sua vida.

Habilidade 3 Relacionar informações geradas nos sistemas de comunicação e informação, considerando a função social desses sistemas.

Em classe

GÊNEROS TEXTUAIS

Resumo teórico

Os gêneros são a denominação das diferentes espécies de textos utilizados para a comunicação nas diversas atividades humanas, cada um com suas particularidades, como a tirinha de jornal, o desenho animado e o filme.

Eles podem ter apenas imagens, como a fotografia; imagens e palavras faladas, como o desenho animado; imagens e palavras escritas, como os quadrinhos; só palavras escritas, como o bilhete.

Os gêneros são diferentes espécies de textos, caracterizados pela presença de três elementos: o **tema** (o que é dito), o **estilo** (como é dito) e a **estrutura composicional** (o formato de cada texto). Para obter sucesso na comunicação, é preciso dominar o gênero exigido no contexto, ou seja, é preciso conhecer seus elementos característicos.

1 (Enem)

A Propaganda pode ser definida como divulgação intencional e constante de mensagens destinadas a um determinado auditório visando criar uma imagem positiva ou negativa de determinados fenômenos. A Propaganda está muitas vezes ligada à ideia de manipulação de grandes massas por parte de pequenos grupos. Alguns princípios da Propaganda são: o princípio da simplificação, da saturação, da deformação e da parcialidade.

BOBBIO, Norberto et al. *Dicionário de política*. Adaptado.

Segundo o texto, muitas vezes a propaganda:

a) não permite que minorias imponham ideias à maioria.

b) depende diretamente da qualidade do produto que é vendido.

c) favorece o controle das massas difundindo as contradições do produto.

d) está voltada especialmente para os interesses de quem vende o produto.

e) convida o comprador à reflexão sobre a natureza do que se propõe vender.

2 (Enem)

Câncer 21/06 a 21/07

O eclipse em seu signo vai desencadear mudanças na sua autoestima e no seu modo de agir. O corpo indicará onde você falha – se anda engolindo sapos, a área gástrica se ressentirá. O que ficou guardado virá à tona, pois este novo ciclo exige uma "desintoxicação". Seja comedida em suas ações, já que precisará de energia para se recompor. Há preocupação com a família, e a comunicação entre os irmãos trava. Lembre-se: palavra preciosa é palavra dita na hora certa. Isso ajuda também na vida amorosa, que será testada. Melhor conter as expectativas e ter calma, avaliando as próprias carências de modo maduro. Sentirá vontade de olhar além das questões materiais – sua confiança virá da intimidade com os assuntos da alma.

Revista *Claudia*. São Paulo: Abril. ano 48. n. 7, jul. 2009.

O reconhecimento dos diferentes gêneros textuais, seu contexto de uso, sua função específica, seu objetivo comunicativo e seu formato mais comum relacionam-se aos conhecimentos construídos socioculturalmente. A análise dos elementos constitutivos desse texto demonstra que sua função é:

a) vender um produto anunciado.
b) informar sobre astronomia.
c) ensinar os cuidados com a saúde.
d) expor a opinião de leitores em um jornal.
e) aconselhar sobre amor, família, saúde, trabalho.

3 (Enem)

É muito raro que um novo modo de comunicação ou de expressão suplante completamente os anteriores. Fala-se menos desde que a escrita foi inventada? Claro que não. Contudo, a função da palavra viva mudou, uma parte de suas missões nas culturas puramente orais tendo sido preenchida pela escrita: transmissão dos conhecimentos e das narrativas, estabelecimento de contratos, realização dos principais atos rituais ou sociais, etc. Novos estilos de conhecimento (o conhecimento "teórico", por exemplo) e novos gêneros (o código de leis, o romance, etc.) surgiram. A escrita não fez com que a palavra desaparecesse, ela complexificou e reorganizou o sistema da comunicação e da memória social.

A fotografia substituiu a pintura? Não, ainda há pintores ativos. As pessoas continuam, mais do que nunca, a visitar museus, exposições e galerias, compram as obras dos artistas para pendurá-las em casa. Em contrapartida, é verdade que os pintores, os desenhistas, os gravadores, os escultores não são mais – como foram até o século XIX – os únicos produtores de imagens.

LÉVY, Pierre. *Cibercultura*. São Paulo: Editora 34, 1999.

A substituição pura e simples do antigo pelo novo ou do natural pelo técnico tem sido motivo de preocupação de muita gente. O texto encaminha uma discussão em torno desse temor ao:

a) considerar as relações entre o conhecimento teórico e o conhecimento empírico e acrescenta que novos gêneros textuais surgiram com o progresso.
b) observar que a língua escrita não é uma transcrição fiel da língua oral e explica que as palavras antigas devem ser utilizadas para preservar a tradição.
c) perguntar sobre a razão das pessoas visitarem museus, exposições, etc., e reafirma que os fotógrafos são os únicos responsáveis pela produção de obras de arte.
d) reconhecer que as pessoas temem que o avanço dos meios de comunicação, inclusive *on-line*, substitua o homem e leve alguns profissionais ao esquecimento.
e) revelar o receio das pessoas em experimentar novos meios de comunicação, com medo de se sentirem retrógradas.

4 (Enem)

São Paulo vai se recensear. O governo quer saber quantas pessoas governa. A indagação atingirá a fauna e a flora domesticadas. Bois, mulheres e algodoeiros serão reduzidos a números e invertidos em estatísticas. O homem do Censo entrará pelos bangalôs, pelas pensões, pelas casas de barro e de cimento armado, pelo sobradinho e pelo apartamento, pelo cortiço e pelo hotel, perguntando:

— Quantos são aqui?

Pergunta triste, de resto. Um homem dirá:

— Aqui havia mulheres e criancinhas. Agora, felizmente, só há pulgas e ratos.

E outro:

— Amigo, tenho aqui esta mulher, este papagaio, esta sogra e algumas baratas. Tome nota dos seus nomes, se quiser. Querendo levar todos, é favor… […]

E outro:

— Dois, cidadão, somos dois. Naturalmente o sr. não a vê. Mas ela está aqui, está, está! A sua saudade jamais sairá de meu quarto e de meu peito!

BRAGA, Rubem. *Para gostar de ler*. v. 3. São Paulo: Ática, 1998.

O fragmento acima, em que há referência a um fato sócio-histórico – o recenseamento –, apresenta característica marcante do gênero crônica ao:

a) expressar o tema de forma abstrata, evocando imagens e buscando apresentar a ideia de uma coisa por meio de outra.
b) manter-se fiel aos acontecimentos, retratando os personagens em um só tempo e um só espaço.
c) contar história centrada na solução de um enigma, construindo os personagens psicologicamente e revelando-os pouco a pouco.
d) evocar, de maneira satírica, a vida na cidade, visando transmitir ensinamentos práticos do cotidiano, para manter as pessoas informadas.
e) valer-se de tema do cotidiano como ponto de partida para a construção de texto que recebe tratamento estético.

Anotações

Em casa

TEXTO DE APOIO

Gêneros textuais

Os gêneros textuais são um dos assuntos de maior destaque no Enem. Isso porque o domínio da linguagem requer o conhecimento das propriedades típicas de cada grupo de textos. Procedimentos que servem para interpretar textos de um gênero podem ser inúteis para interpretar os de outro. São diversas as espécies de textos utilizadas para a comunicação: propagandas, cartas, bulas de remédio, canções, artigos de jornal, rótulos, receitas, charges, etc. Cada uma deles pode se valer de passagens descritivas, narrativas ou dissertativas. Não há comunicação eficaz sem a presença dos gêneros: comunicar-se bem pressupõe dominá-los. Por isso é que se costuma dividir os textos em diversos gêneros, levando em conta as propriedades que eles têm em comum. Pertencem ao gênero propaganda, por exemplo, todos os textos que têm como tema um determinado produto, que precisa ser divulgado e valorizado para induzir as pessoas a adquiri-lo.

Para a identificação de um gênero, deve-se levar em conta três critérios básicos: o conteúdo, o estilo e a estrutura de composição. O **conteúdo** é o tema abordado, o que é dito; o **estilo** é o modo de dizer; a **estrutura** é o formato do texto. No caso do gênero bula de remédio, por exemplo, o conteúdo do texto deve ser marcado por informações sobre o medicamento em questão. O estilo deve ser objetivo, formal, caracterizado pela linguagem técnica. A estrutura de composição do texto apresenta um formato típico: "formas farmacêuticas e apresentações" (em frasco, comprimido ou em pomada, por exemplo), "composições" (aspectos químicos do produto), "informação ao paciente" (ação esperada, prazo de validade, reações adversas), "contraindicações e precauções", etc. Sem essas características de conteúdo, estilo e estrutura, um texto não pode ser classificado como bula de remédio.

Os gêneros textuais são fenômenos históricos, que nascem e se desenvolvem no seio de dada cultura, de certa sociedade: a bula de remédio é um tipo de texto que não existe, por exemplo, em comunidades primitivas, que desconhecem a alopatia, a ciência e a escrita. O surgimento de novas tecnologias é um fator que impulsiona o aparecimento de novos gêneros: se não existisse o telefone, não existiria o gênero conversa telefônica; se não existissem o computador e a internet, não haveria o bate-papo virtual, o *e-mail* e o *blog*.

Os gêneros servem de modelo de escrita para o enunciador (aquele que fala ou escreve) e funcionam como horizonte de leitura para o interlocutor: do mesmo modo que orienta como escrever, orienta como o texto deve ser lido e interpretado.

Cada profissão, cada esfera da atividade humana tem seus gêneros: advogados escrevem petições; arquitetos desenham plantas; cozinheiros dão receitas; professores dão aulas; médicos lavram atestados; técnicos produzem manuais de instrução.

De acordo com o Enem, saber ler com desenvoltura é ser capaz de interpretar textos pertencentes a diferentes gêneros que circulam na sociedade no dia a dia. Na escola, por exemplo, os conteúdos das diversas disciplinas são transmitidos por meio de gêneros diversos, como gráficos, poemas, canções, quadros, documentos históricos, histórias em quadrinhos, grafites, etc. Por isso o Enem, para atestar a competência linguística e comunicativa do candidato, propõe questões que tomam por base diferentes gêneros presentes no cotidiano do estudante.

1 (Enem)

Texto I

QUINO. *O mundo da Mafalda*. São Paulo: Martins Fontes, 1999. p. 3.

Texto II

Sonho impossível

Sonhar
Mais um sonho impossível
Lutar
Quando é fácil ceder
Vencer o inimigo invencível
Negar quando a regra é vender
Sofrer a tortura implacável
Romper a incabível prisão
Voar num limite improvável
Tocar o inacessível chão
É minha lei, é minha questão
Virar esse mundo
Cravar esse chão

Não me importa saber
Se é terrível demais
Quantas guerras terei que vencer
Por um pouco de paz
E amanhã se esse chão que eu beijei
For meu leito e perdão
Vou saber que valeu delirar
E morrer de paixão
E assim, seja lá como for
Vai ter fim a infinita aflição
E o mundo vai ver uma flor
Brotar do impossível chão.

DARIONE, J.; LEIGH, M. Versão de Chico Buarque e Ruy Guerra, 1972.

A tirinha e a canção apresentam uma reflexão sobre o futuro da humanidade. É correto concluir que os dois textos:

a) afirmam que o homem é capaz de alcançar a paz.
b) concordam que o desarmamento é inatingível.
c) julgam que o sonho é um desafio invencível.
d) têm visões diferentes sobre um possível mundo melhor.
e) transmitem uma mensagem de otimismo sobre a paz.

2 (Enem)

O jivaro

Um sr. Matter, que fez uma viagem de exploração à América do Sul, conta a um jornal sua conversa com um índio jivaro, desses que sabem reduzir a cabeça de um morto até ela ficar bem pequenina. Queria assistir a uma dessas operações, e o índio lhe disse que exatamente ele tinha contas a acertar com um inimigo.

O sr. Matter:

— Não, não! Um homem, não. Faça isso com a cabeça de um macaco.

E o índio:

— Por que um macaco? Ele não me fez nenhum mal!

Rubem Braga

O **assunto** de uma crônica pode ser uma experiência pessoal do cronista, uma informação obtida por ele ou um caso imaginário. O **modo de apresentar** o assunto também varia: pode ser uma descrição objetiva, uma exposição argumentativa ou uma narrativa sugestiva. Quanto à **finalidade** pretendida, pode-se promover uma reflexão, definir um sentimento ou tão somente provocar o riso.

Na crônica "O jivaro", escrita a partir da reportagem de um jornal, Rubem Braga se vale dos seguintes elementos:

	Assunto	Modo de apresentar	Finalidade
a)	Caso imaginário	Descrição objetiva	Provocar o riso
b)	Informação colhida	Narrativa sugestiva	Promover reflexão
c)	Informação colhida	Descrição objetiva	Definir um sentimento
d)	Experiência pessoal	Narrativa sugestiva	Provocar o riso
e)	Experiência pessoal	Exposição argumentativa	Promover reflexão

3 (Enem)

Em muitos jornais, encontramos charges, quadrinhos, ilustrações, inspirados nos fatos noticiados. Veja um exemplo:

Jornal do Commercio, 22 ago. 1993.

O texto que se refere a uma situação semelhante à que inspirou a charge é:

a) Descansem o meu leito solitário
Na floresta dos homens esquecida,
À sombra de uma cruz, e escrevam nela
– Foi poeta – sonhou – e amou na vida.

AZEVEDO, Álvares de. *Poesias escolhidas*. Rio de Janeiro/Brasília: José Aguilar/INL,1971.

b) Essa cova em que estás
Com palmos medida,
é a conta menor
que tiraste em vida.
É de bom tamanho,
Nem largo nem fundo,
É a parte que te cabe
deste latifúndio.

MELO NETO, João Cabral de. *Morte e vida severina e outros poemas em voz alta*. Rio de Janeiro: Sabiá, 1967.

c) Medir é a medida
mede
A terra, medo do homem, a lavra;
lavra duro campo, muito cerco, vária várzea.

CHAMIE, Mário. *Sábado na hora das escutas*. São Paulo: Summus, 1978.

d) Vou contar para vocês
um caso que sucedeu
na Paraíba do Norte
com um homem que se chamava
Pedro João Boa-Morte,
lavrador de Chapadinha:
talvez tenha morte boa
porque vida ele não tinha.

FERREIRA GULLAR. *Toda poesia*. Rio de Janeiro: Civilização Brasileira, 1983.

e) Trago-te flores, – restos arrancados
Da terra que nos viu passar
E ora mortos nos deixa e separados.

ASSIS, Machado de. *Obra completa*. Rio de Janeiro: Nova Aguilar, 1986.

4 (Enem)

Texto I

No meio do caminho

No meio do caminho tinha uma pedra
Tinha uma pedra no meio do caminho
Tinha uma pedra
No meio do caminho tinha uma pedra
[...]

ANDRADE, C. D. de. *Antologia poética*. Rio de Janeiro/São Paulo: Record, 2000.

Texto II

DAVID, J. *Garfield, um charme de gato – 7*. Trad. Agência Internacional Press. Porto Alegre: L&PM, 2000.

A comparação entre os recursos expressivos que constituem os dois textos revela que:

a) o texto I perde suas características de gênero poético ao ser vulgarizado por histórias em quadrinho.

b) o texto II pertence ao gênero literário, porque as escolhas linguísticas o tornam uma réplica do texto I.

c) a escolha do tema, desenvolvido por frases semelhantes, caracteriza-os como pertencentes ao mesmo gênero.

d) os textos são de gêneros diferentes porque, apesar da intertextualidade, foram elaborados com finalidades distintas.

e) as linguagens que constroem significados nos dois textos permitem classificá-los como pertencentes ao mesmo gênero.

5 (Enem)

No capricho

O Adãozinho, meu cumpade, enquanto esperava pelo delegado, olhava para um quadro, a pintura de uma senhora. Ao entrar a autoridade e percebendo que o cabôco admirava tal figura, perguntou: "Que tal? Gosta desse quadro?"

E o Adãozinho, com toda a sinceridade que Deus dá ao cabôco da roça: "Mas pelo amor de Deus, hein, dotô! Que muié feia! Parece fiote de cruis-credo, parente do deus-me-livre, mais horríver que briga de cego no escuro".

Ao que o delegado não teve como deixar de confessar, um pouco secamente: "É a minha mãe". E o cabôco, em cima da bucha, não perde a linha: "Mais dotô, inté que é uma feiura caprichada".

BOLDRIN, R. *Almanaque Brasil de cultura popular.* São Paulo: Andreato Comunicação e Cultura, n. 62, 2004. Adaptado.

Por suas características formais, sua função e seu uso, o texto pertence ao gênero:

a) anedota, pelo enredo e humor característicos.

b) crônica, pela abordagem literária de fatos do cotidiano.

c) depoimento, pela apresentação de experiências pessoais.

d) relato, pela descrição minuciosa de fatos verídicos.

e) reportagem, pelo registro impessoal de situações reais.

6 (Enem)

Em ***Touro indomável***, que a cinemateca lança nesta semana nos estados de São Paulo e Rio de Janeiro, a dor maior e a violência verdadeira vêm dos demônios de La Motta – que fizeram dele tanto um astro no ringue como um homem fadado à destruição. Dirigida como um senso vertiginoso do destino de seu personagem, essa obra-prima de Martin Scorsese é daqueles filmes que falam à perfeição de seu tema (o boxe) para então transcendê-lo e tratar do que importa: aquilo que faz dos seres humanos apenas isso mesmo, humanos e tremendamente imperfeitos.

Revista *Veja*, 18 fev. 2009. Adaptado.

Ao escolher este gênero textual, o produtor do texto objetivou:

a) construir uma apreciação irônica do filme.

b) evidenciar argumentos contrários ao filme de Scorsese.

c) elaborar uma narrativa com descrição de tipos literários.

d) apresentar ao leitor um painel da obra e se posicionar criticamente.

e) afirmar que o filme transcende o seu objetivo inicial e, por isso, perde sua qualidade.

Anotações

AULA 3

Competência 5 Analisar, interpretar e aplicar recursos expressivos das linguagens, relacionando textos com seus contextos, mediante a natureza, função, organização e estrutura das manifestações, de acordo com as condições de produção e recepção.

Habilidade 16 Relacionar informações sobre concepções artísticas e procedimentos de construção do texto literário.

Em classe

GÊNEROS LITERÁRIOS E CONCEPÇÕES ARTÍSTICAS

Resumo teórico

Cada artista, no universo da Literatura, tem uma determinada concepção de seu papel. Por isso, existem aqueles que escrevem comédias, aqueles que denunciam as injustiças sociais, aqueles que brincam com a própria linguagem.

Essas concepções artísticas se manifestam por meio dos gêneros literários. Todo texto, como vimos na aula anterior, pertence a um determinado gênero. No universo da Literatura, existe uma divisão tripartite que remonta à Antiguidade clássica e divide os textos em três grandes gêneros literários fundamentais: o **épico**, o **lírico** e o **dramático**. O primeiro tem uma dimensão narrativa. O segundo exprime as impressões de alguém sobre o mundo. O terceiro tem estrutura teatral.

1 (Enem)

Estrada

Esta estrada onde moro, entre duas voltas do
[caminho,
Interessa mais que uma avenida urbana.
Nas cidades todas as pessoas se parecem.
Todo mundo é igual. Todo mundo é toda a gente.
Aqui, não: sente-se bem que cada um traz a sua
[alma.
Cada criatura é única.
Até os cães.
Estes cães da roça parecem homens de negócios:
Andam sempre preocupados.
E quanta gente vem e vai!
E tudo tem aquele caráter impressivo que faz
[meditar:
Enterro a pé ou a carrocinha de leite puxada por
[um bodezinho manhoso.
Nem falta o murmúrio da água, para sugerir, pela
[voz dos símbolos,
Que a vida passa! que a vida passa!
E que a mocidade vai acabar.

BANDEIRA, Manuel. *O ritmo dissoluto.* Rio de Janeiro: Aguilar, 1967.

A lírica de Manuel Bandeira é pautada na apreensão de significados profundos a partir de elementos do cotidiano. No poema "Estrada", o lirismo presente no contraste entre campo e cidade aponta para:

a) o desejo do eu lírico de resgatar a movimentação dos centros urbanos, o que revela sua nostalgia com relação à cidade.
b) a percepção do caráter efêmero da vida, possibilitada pela observação da aparente inércia da vida rural.
c) a opção do eu lírico pelo espaço bucólico como possibilidade de meditação sobre a sua juventude.
d) a visão negativa da passagem do tempo, visto que esta gera insegurança.
e) a profunda sensação de medo gerada pela reflexão acerca da morte.

2 (Enem)

Pequenos tormentos da vida

De cada lado da sala de aula, pelas janelas altas, o azul convida os meninos, as nuvens desenrolam-se, lentas como quem vai inventando preguiçosamente uma história sem fim... Sem fim é a aula: e nada acontece, nada... Bocejos e moscas. Se ao menos, pensa Margarida, se ao menos um avião entrasse por uma janela e saísse por outra!

QUINTANA, Mário. *Poesias.*

Na cena retratada no texto, o sentimento de tédio:

a) provoca que os meninos fiquem contando histórias.

b) leva os alunos a simular bocejos, em protesto contra a monotonia da aula.

c) acaba estimulando a fantasia, criando a expectativa de algum imprevisto mágico.

d) prevalece de modo absoluto, impedindo até mesmo a distração ou o exercício do pensamento.

e) decorre da morosidade da aula, em contraste com o movimento acelerado das nuvens e das moscas.

3 (Enem) O autor da tira utilizou os princípios de composição de um conhecido movimento artístico para representar a necessidade de um mesmo observador aprender a considerar, simultaneamente, diferentes pontos de vista:

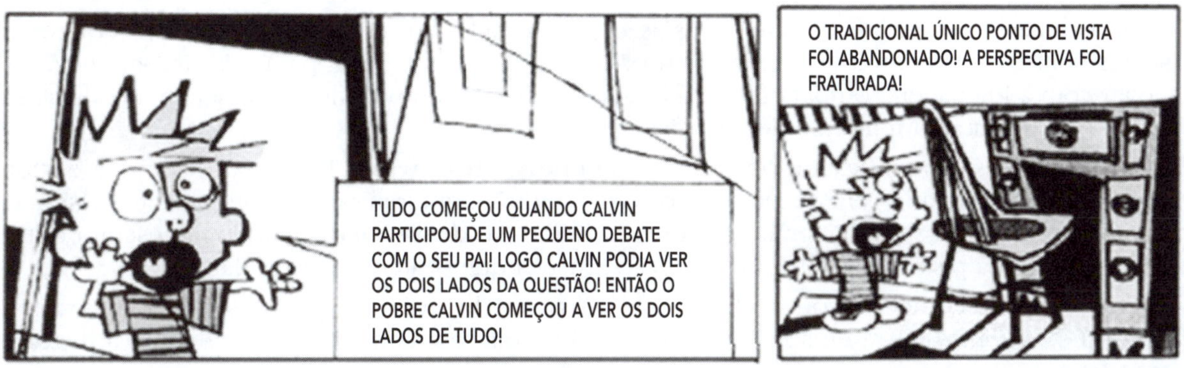

WATTERSON, Bill. *Os dez anos de Calvin e Haroldo*. vol. 2. São Paulo: Best News, 1996.

Das obras reproduzidas, todas de autoria do pintor espanhol Pablo Picasso, aquela em cuja composição foi adotado um procedimento semelhante é:

a) *Os amantes*

b) *Retrato de Françoise*

c) *Os pobres na praia*

d) *Os dois saltimbancos*

e) *Marie-Thérèse apoiada no cotovelo*

FOTOS: © ENEM

Em casa

TEXTO DE APOIO

Gêneros literários e concepções artísticas

Existem textos que nos fazem rir, simplesmente porque são engraçados. Há outros em que o riso disfarça uma crítica social aguda. Há ainda aqueles que, embora não tenham uma dimensão satírica, mantêm a postura de denúncia e protesto contra as injustiças sociais, étnicas ou regionais. Nada impede que um texto não seja nem bem-humorado, nem crítico, mas que apenas manifeste os desejos e as incertezas de um indivíduo.

Podemos dizer que todas essas diferenças se explicam pelo fato de existirem diversas **concepções artísticas** dentro da Literatura. Há textos para divertir, para fazer pensar, para criticar, para emocionar, para jogar com a linguagem, ou para fazer tudo isso ao mesmo tempo. Alguns remetem à realidade palpável; outros exprimem um mundo de fantasias.

Essas concepções se manifestam por meio dos **gêneros literários**. Todo texto, como já estudado, pertence a um determinado gênero. De acordo com a tradição, que remonta à Antiguidade clássica, existem três gêneros literários fundamentais: o **épico**, o **lírico** e o **dramático**. Quando um escritor opta por um gênero, ele já dá pistas de qual é a concepção artística que seu texto irá revelar.

O **gênero épico** começou com a *Ilíada* e a *Odisseia*, de Homero, poemas compostos antes do século VI a.C. A *Ilíada* narra episódios da Guerra de Troia, enquanto a *Odisseia* conta a história de Ulisses tentando voltar para casa, após essa mesma guerra.

A poesia épica se define como um longo poema narrativo que apresenta linguagem grandiosa, assunto histórico e influência mitológica. Assim, os poemas épicos, também chamados de **epopeias**, embora baseados em assuntos históricos, não se privam de recorrer à fantasia e à imaginação (com larga interferência dos deuses pagãos) para contar suas histórias. Na Literatura de língua portuguesa, o grande poema épico é, sem dúvida alguma, *Os Lusíadas*, de Luís de Camões.

Após o Renascimento, o gênero épico foi perdendo espaço. Tanto que atualmente preferimos falar em **gênero narrativo**, já que toda epopeia é narrativa, mas nem toda narrativa (veja-se o exemplo de um conto ou de um romance moderno) é uma epopeia.

Existem várias teses para explicar a perda de prestígio do gênero épico. Como as epopeias deixaram de ser escritas justamente quando o romance e a prosa de ficção começaram a surgir, há quem defenda que um gênero substituiu o outro e que o romance pode ser visto como uma versão moderna da antiga epopeia.

Em oposição ao gênero épico, em que o narrador costuma manter certo distanciamento dos fatos relatados (não participando deles e priorizando, por isso, a terceira pessoa do discurso), o **gênero lírico** é, modernamente, visto como expressão de uma subjetividade, o que explicaria sua preferência pela primeira pessoa gramatical.

Na Grécia antiga, a poesia lírica recebeu esse nome porque seus versos tinham o acompanhamento musical da lira. Seus assuntos eram menos grandiosos do que os das epopeias e concentravam-se na vida, nos amores, na natureza e no trabalho. Ao longo dos séculos, o gênero foi se modificando e, a partir do século XIX, em meio ao individualismo romântico, ganhou a feição atual, de expressão poética de algum tipo de sentimento.

Por fim, o **gênero dramático**, que pode ser constituído ou não de versos, apresenta uma estrutura teatral, em que não há um narrador explícito e a narrativa é conduzida pelas próprias personagens, que se exprimem em discurso direto. Como as peças de teatro antigas eram em versos (diferentemente do que acontece hoje, em que geralmente são em prosa), costumamos empregar também a expressão **poesia dramática**.

Do ponto de vista técnico, a grande característica desse gênero é o fato de ele não ter um narrador explícito, marcado no enunciado. Toda a ação se resume às falas das personagens, que estão sempre em discurso direto. O máximo que o "narrador" do texto teatral faz é usar as rubricas, que não fazem parte do diálogo, mas indicam aos atores detalhes imprescindíveis da cena.

1 (Enem) O poema abaixo pertence à poesia concreta brasileira. O termo latino de seu título significa "epitalâmio", poema ou canto em homenagem aos que se casam.

EPITHALAMIUM – II

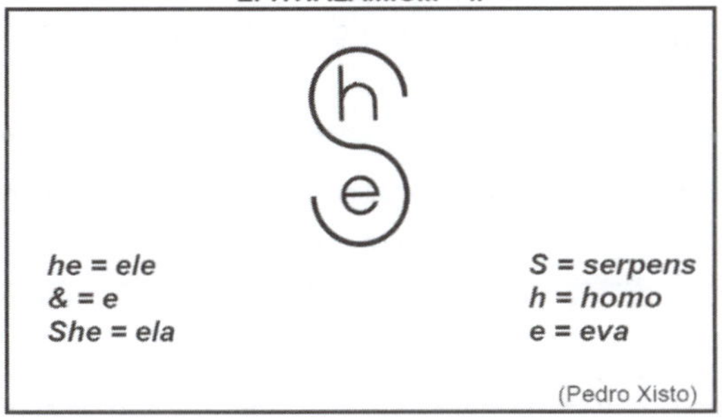

© ENEM

Considerando que símbolos e sinais são utilizados geralmente para demonstrações objetivas, ao serem incorporados no poema "Epithalamium – II",

a) adquirem novo potencial de significação.
b) eliminam a subjetividade do poema.
c) opõem-se ao tema principal do poema.
d) invertem seu sentido original.
e) tornam-se confusos e equivocados.

2 (Enem)

Texto I

Logo depois transferiram para o trapiche o depósito dos objetos que o trabalho do dia lhes proporcionava.

Estranhas coisas entraram então para o trapiche. Não mais estranhas, porém, que aqueles meninos, moleques de todas as cores e de idades as mais variadas, desde os nove aos dezesseis anos, que à noite se estendiam pelo assoalho e por debaixo da ponte e dormiam, indiferentes ao vento que circundava o casarão uivando, indiferentes à chuva que muitas vezes os lavava, mas com os olhos puxados para as luzes dos navios, com os ouvidos presos às canções que vinham das embarcações...

AMADO, Jorge. *Capitães da areia.* São Paulo: Companhia das Letras, 2008.

Texto II

À margem esquerda do rio Belém, nos fundos do mercado de peixe, ergue-se o velho ingazeiro – ali os bêbados são felizes. Curitiba os considera animais sagrados, provê as suas necessidades de cachaça e pirão. No trivial contentavam-se com as sobras do mercado.

TREVISAN, Dalton. *35 noites de paixão:* contos escolhidos. Rio de Janeiro: BestBolso, 2009.

Sob diferentes perspectivas, os fragmentos citados são exemplos de uma abordagem literária recorrente na literatura brasileira do século XX. Em ambos os textos,

a) a linguagem afetiva aproxima os narradores dos personagens marginalizados.
b) a ironia marca o distanciamento dos narradores em relação aos personagens.
c) o detalhamento do cotidiano dos personagens revela a sua origem social.
d) o espaço onde vivem os personagens é uma das marcas de sua exclusão.
e) a crítica à indiferença da sociedade pelos marginalizados é direta.

3 (Enem)

Texto I

Eu amo a rua. Esse sentimento de natureza toda íntima não vos seria revelado por mim se não julgasse, e razões não tivesse para julgar, que este amor assim absoluto e assim exagerado é partilhado por todos vós.

Nós somos irmãos, nós nos sentimos parecidos e iguais; nas cidades, nas aldeias, nos povoados, não porque soframos, com a dor e os desprazeres, a lei e a polícia, mas porque nos une, nivela e agremia o amor da rua.

É este mesmo o sentimento imperturbável e indissolúvel, o único que, como a própria vida, resiste às idades e às épocas.

RIO, João do. A rua. In: *A alma encantadora das ruas.* São Paulo: Companhia das Letras, 2008.

Texto II

A rua dava-lhe uma força de fisionomia, mais consciência dela. Como se sentia estar no seu reino, na região em que era rainha e imperatriz. O olhar cobiçoso dos homens e o de inveja das mulheres acabavam o sentimento de sua personalidade, exaltavam-no até. Dirigiu-se para a rua do Catete com o seu passo miúdo e sólido. [...]

No caminho trocou cumprimento com as raparigas pobres de uma casa de cômodos da vizinhança.

[...] E debaixo dos olhares maravilhados das pobres raparigas, ela continuou o seu caminho, arrepanhando a saia, satisfeita que nem uma duquesa atravessando os seus domínios.

BARRETO, Lima. Um e outro. In: *Clara dos Anjos.* Rio de Janeiro: Mérito.

A experiência urbana é um tema recorrente em crônicas, contos e romances do final do século XIX e início do XX, muitos dos quais elegem a rua para explorar essa experiência. Nos fragmentos I e II, a rua é vista, respectivamente, como lugar que:

a) desperta sensações contraditórias e desejo de reconhecimento.
b) favorece o cultivo da intimidade e a exposição dos dotes físicos.
c) possibilita vínculos pessoais duradouros e encontros casuais.
d) propicia o sentido de comunidade e a exibição pessoal.
e) promove o anonimato e a segregação social.

AULA 4

Competência 5 Analisar, interpretar e aplicar recursos expressivos das linguagens, relacionando textos com seus contextos, mediante a natureza, função, organização e estrutura das manifestações, de acordo com as condições de produção e recepção.

Habilidade 17 Reconhecer a presença de valores sociais e humanos atualizáveis e permanentes no patrimônio literário nacional.

Em classe

FORMAÇÃO DA LITERATURA BRASILEIRA

Resumo teórico

A literatura brasileira é dividida em dois grandes momentos: a fase colonial (anterior à Independência) e a fase nacional (posterior a 1822). Na primeira fase, a dependência cultural e econômica de Portugal dificultava o surgimento de uma literatura verdadeiramente brasileira, e, na segunda fase, esse sentimento nacionalista aflorou com mais intensidade.

Na fase colonial, tivemos inicialmente uma literatura informativa, que se inicia com a *Carta* de Pero Vaz de Caminha e se consolida com o relato de viajantes que falavam sobre as terras recém-descobertas. Por isso, dizemos que a literatura brasileira no século XVI tinha poucas preocupações estéticas. No século XVII, surgiram manifestações isoladas sob a égide do Barroco e, no século XVIII, no Arcadismo mineiro, a literatura nacional começou a funcionar como um "sistema", como dizia Antonio Candido, pois já havia produção e consumo de obras literárias no Brasil de maneira menos pontual.

Na fase nacional, que é a parte de nossa literatura que mais interessa ao Enem, surgem movimentos estéticos como Romantismo e Realismo, que criam um sentimento de identidade nacional mais forte por meio da literatura, o que continua no século XX com o Modernismo.

1 (Enem)

Texto I

O canto do guerreiro

Aqui na floresta
Dos ventos batida,
Façanhas de bravos
Não geram escravos,
Que estimem a vida
Sem guerra e lidar.
— Ouvi-me, Guerreiros,
— Ouvi meu cantar.
Valente na guerra,
Quem há, como eu sou?
Quem vibra o tacape
Com mais valentia?
Quem golpes daria
Fatais, como eu dou?
— Guerreiros, ouvi-me;
— Quem há, como eu sou?

Gonçalves Dias

Texto II

Macunaíma

(Epílogo)

Acabou-se a história e morreu a vitória.

Não havia mais ninguém lá. Dera tangolomângolo na tribo Tapanhumas e os filhos dela se acabaram de um em um. Não havia mais ninguém lá. Aqueles lugares, aqueles campos, furos puxadouros arrastadouros meios-barrancos, aqueles matos misteriosos, tudo era solidão do deserto... Um silêncio imenso dormia à beira do rio Uraricoera.

Nenhum conhecido sobre a terra não sabia nem falar da tribo nem contar aqueles casos tão pançudos. Quem podia saber do Herói?

Mário de Andrade

A leitura comparativa dos dois textos indica que:

a) ambos têm como tema a figura do indígena brasileiro apresentada de forma realista e heroica, como símbolo máximo do nacionalismo romântico.

b) a abordagem da temática adotada no texto escrito em versos é discriminatória em relação aos povos indígenas do Brasil.

c) as perguntas "— Quem há, como eu sou?" (texto I) e "Quem podia saber do Herói?" (texto II) expressam diferentes visões da realidade indígena brasileira.

d) o texto romântico, assim como o modernista, aborda o extermínio dos povos indígenas como resultado do processo de colonização no Brasil.

e) os versos em primeira pessoa revelam que os indígenas podiam expressar-se poeticamente, mas foram silenciados pela colonização, como demonstra a presença do narrador, no segundo texto.

2 (Enem) No trecho abaixo, o narrador, ao descrever a personagem, critica sutilmente um outro estilo de época: o Romantismo.

Naquele tempo contava apenas uns quinze ou dezesseis anos; era talvez a mais atrevida criatura da nossa raça, e, com certeza, a mais voluntariosa. Não digo que já lhe coubesse a primazia da beleza entre as mocinhas do tempo, porque isto não é romance, em que o autor sobredoura a realidade e fecha os olhos às sardas e espinhas; mas também não digo que lhe maculasse o rosto nenhuma sarda ou espinha, não. Era bonita, fresca, saía das mãos da natureza, cheia daquele feitiço, precário e eterno, que o indivíduo passa a outro indivíduo, para os fins secretos da criação.

ASSIS, Machado de. *Memórias póstumas de Brás Cubas*. Rio de Janeiro: Jackson, 1957.

A frase do texto em que se percebe a crítica do narrador ao Romantismo está transcrita na alternativa:

a) O autor sobredoura a realidade e fecha os olhos às sardas e espinhas.

b) Era talvez a mais atrevida criatura da nossa raça.

c) Era bonita, fresca, saía das mãos da natureza, cheia daquele feitiço, precário e eterno.

d) Naquele tempo contava apenas uns quinze ou dezesseis anos.

e) O indivíduo passa a outro indivíduo, para os fins secretos da criação.

3 (Enem)

Brasil

O Zé Pereira chegou de caravela
E preguntou pro guarani da mata virgem
— Sois cristão?
— Não. Sou bravo, sou forte, sou filho da Morte
Teterê tetê Quizá Quizá Quecê!
Lá longe a onça resmungava Uu! ua! uu!
O negro zonzo saído da fornalha
Tomou a palavra e respondeu
— Sim pela graça de Deus
Canhem Babá Canhem Babá Cum Cum!
E fizeram o Carnaval

Oswald de Andrade

A polifonia, variedade de vozes, presente no poema resulta da manifestação do:

a) poeta e do colonizador apenas.

b) colonizador e do negro apenas.

c) negro e do índio apenas.

d) colonizador, do poeta e do negro apenas.

e) poeta, do colonizador, do índio e do negro.

Anotações

Em casa

TEXTO DE APOIO

1. Formação da literatura brasileira

Comecemos nossa discussão com a leitura do seguinte fragmento:

> *Esta terra, Senhor, me parece que da ponta que mais contra o sul vimos até outra ponta que contra o norte vem, de que nós deste porto houvemos vista, será tamanha que haverá nela bem vinte ou vinte e cinco léguas por costa. Tem, ao longo do mar, nalgumas partes, grandes barreiras, delas vermelhas, delas brancas; e a terra por cima toda chã e muito cheia de grandes arvoredos. De ponta a ponta, é tudo praia-palma, muito chã e muito formosa.*
>
> CAMINHA, Pero Vaz de. *Carta de achamento do Brasil.*

Dirigida ao rei D. Manuel, a *Carta de achamento do Brasil* pode ser considerada o nosso primeiro documento histórico-literário. Quando a esquadra de Pedro Álvares Cabral aportou na Bahia, em abril de 1500, o escrivão Pero Vaz de Caminha foi instado a noticiar ao rei português o descobrimento do Brasil. As principais passagens da *Carta* descrevem características geográficas da nova terra e alguns hábitos dos índios, seus habitantes nativos.

Há quem considere este o primeiro texto da Literatura Brasileira, mas o fato é que a carta de Caminha, embora possua uma linguagem refinada, que lhe confere uma dimensão literária, não foi escrita com outro objetivo que não o de dar à Coroa portuguesa as informações sobre a terra recém-descoberta e sobre os povos indígenas que nela habitavam. Daí que ainda não se possa falar, com precisão, em Literatura Brasileira em 1500.

2. As origens da literatura brasileira – literatura colonial

Durante a maior parte do século XVI, Portugal não se preocupou em colonizar efetivamente o Brasil. O comércio com as Índias parecia à Coroa muito mais lucrativo do que a colonização das terras recém-encontradas. Assim, nessa época, praticamente não havia no Brasil pessoas que falassem a língua portuguesa.

Por isso, as manifestações culturais por aqui eram isoladas e resumiam-se a textos de viajantes e cronistas sobre a flora, a fauna, o relevo e os habitantes nativos do Brasil e a textos de catequese – como poemas e peças de teatro – produzidos por padres jesuítas para levar a fé católica aos índios. Toda essa produção escrita do século XVI, conhecida como **literatura informativa**, tinha como grande preocupação relatar características da terra recém-descoberta ou catequizar os povos nativos.

No início do século XVII, quando Bento Teixeira publica sua pequena epopeia *Prosopopeia*, inspirada formalmente em *Os Lusíadas*, inicia-se a primeira escola literária brasileira, o **Barroco**. O grande nome do Barroco brasileiro foi, sem dúvida alguma, Gregório de Matos Guerra, que, com suas sátiras mordazes e com a imensa qualidade de sua poesia lírica, pode ser considerado um dos mais importantes poetas barrocos do mundo.

É bem verdade que, no século XVII, as manifestações literárias no Brasil eram ainda isoladas. Não havia um público leitor cativo, não havia muitos escritores e, por esse motivo, o Brasil era culturalmente muito dependente da metrópole, como, aliás, ocorria com a maioria das colônias americanas.

Por causa da economia açucareira, a Bahia (especialmente a cidade de Salvador) tornou-se o principal polo cultural da colônia durante o Barroco. Não é de estranhar então que a maior parte da poesia de Gregório de Matos remeta à Bahia.

No século XVIII, o eixo econômico se desloca da Bahia para Minas Gerais, e a cultura da cana-de-açúcar dá lugar à mineração. A cidade de Vila Rica, atual Ouro Preto, assiste ao surgimento da segunda escola literária brasileira, o **Neoclassicismo/Arcadismo**.

A esta altura, já podemos dizer que a literatura brasileira existia não apenas sob a forma de manifestações isoladas. Começava a formar-se um sistema literário no Brasil, com escritores e leitores mais autônomos. Foram muitos os literatos importantes deste período: Cláudio Manuel da Costa, Silva Alvarenga, Basílio da Gama, Frei Santa Rita Durão, Alvarenga Peixoto e, principalmente, Tomás Antônio Gonzaga.

3. Literatura do Brasil independente

Todos cantam sua terra,
Também vou cantar a minha;
Nas débeis *cordas da* lira
Hei de fazê-la rainha.
— Hei de dar-lhe a realeza
Nesse trono de beleza
Em que a mão da natureza
Esmerou-se *em quanto tinha.*
[...]
Tem tantas belezas, tantas,
A minha terra natal,
Que nem as sonha um poeta
E nem as canta um mortal!
— É uma terra de amores
Alcatifada *de flores,*
Onde a brisa em seus rumores
Murmura: – não tem rival!

ABREU, Casimiro de. *Poesias completas*. Rio de Janeiro: Spiker, s.d.

débeis: frágeis.
lira: instrumento de cordas.
esmerou-se: empenhou-se, dedicou-se a fazer com esmero, com cuidado, com capricho.
alcatifada: coberta.

Com a Independência do Brasil, em 1822, inicia-se uma segunda fase da História da Literatura Brasileira: saímos do Brasil colonial e entramos no Brasil independente. Assim, a partir do século XIX, a cultura brasileira procura se desvincular da europeia, com a finalidade de demarcar os traços de nossa nacionalidade. Não é portanto à toa que inúmeros textos – como é o caso dos famosos versos de "Minha terra", de Casimiro de Abreu – passam fazer referências a aspectos de nossa nacionalidade.

A primeira escola literária da fase independente de nossa literatura é o **Romantismo**, que se inicia alguns anos após 1822 e acaba por consolidar a existência de uma Literatura Brasileira, relativamente autônoma em relação aos moldes europeus. Trata-se do momento de solidificação da formação literária nacional. Alguns de nossos maiores escritores, tais como Gonçalves Dias, Álvares de Azevedo, Castro Alves e José de Alencar, fazem parte do universo do Romantismo.

Na segunda metade do século XIX, nos anos próximos à Abolição da escravatura e à Proclamação da República, inicia-se o **Realismo**, cujos principais representantes foram Aluísio Azevedo, Raul Pompéia e Machado de Assis, considerado por muitos o escritor mais importante de toda a Literatura Brasileira. Simultaneamente ao Realismo, surgiram duas outras escolas literárias (que continham exclusivamente textos poéticos): o **Parnasianismo**, de Olavo Bilac, e o **Simbolismo**, de João da Cruz e Sousa.

No início do século XX, houve um período literário de transição conhecido como **Pré-Modernismo**. Foi nessa época que surgiram as obras de Euclides da Cunha, Monteiro Lobato, Lima Barreto e Augusto dos Anjos. Terminado esse período de transição, vem a Semana de Arte Moderna de 1922 e, com ela, a principal escola de toda a Literatura Brasileira, o **Modernismo**.

O Modernismo brasileiro é dividido em três fases: a primeira, que começa em 1922, tem como principais nomes Oswald de Andrade, Mário de Andrade e Manuel Bandeira. A segunda, que se inicia em 1930, tem como destaques Carlos Drummond de Andrade e Graciliano Ramos. A terceira, cujo início se deu em 1945, imortalizou as figuras de Clarice Lispector, João Cabral de Melo Neto e João Guimarães Rosa.

Depois da Geração de 45, como ficaram conhecidos os escritores da terceira fase modernista, tem-se a **Literatura contemporânea**, cujos principais nomes são Ferreira Gullar, Lygia Fagundes Telles, Raduan Nassar, Rubem Fonseca, José Paulo Paes, João Ubaldo Ribeiro, entre outros.

1 (Enem)

Torno a ver-vos, ó montes; o destino
Aqui me torna a pôr nestes outeiros,
Onde um tempo os gabões deixei grosseiros
Pelo traje da Corte, rico e fino.

Aqui estou entre Almendro, entre Corino,
Os meus fiéis, meus doces companheiros,
Vendo correr os míseros vaqueiros
Atrás de seu cansado desatino.

Se o bem desta choupana pode tanto,
Que chega a ter mais preço, e mais valia
Que, da Cidade, o lisonjeiro encanto,

Aqui descanse a louca fantasia,
E o que até agora se tornava em pranto
Se converta em afetos de alegria.

COSTA, Cláudio Manoel da. In: PROENÇA FILHO, Domício. *A poesia dos inconfidentes*. Rio de Janeiro: Nova Aguilar, 2002. p. 78-9.

Considerando o soneto de Cláudio Manoel da Costa e os elementos constitutivos do Arcadismo brasileiro, assinale a opção correta acerca da relação entre o poema e o momento histórico de sua produção.

a) Os "montes" e "outeiros", mencionados na primeira estrofe, são imagens relacionadas à Metrópole, ou seja, ao lugar onde o poeta se vestiu com traje "rico e fino".

b) A oposição entre a Colônia e a Metrópole, como núcleo do poema, revela uma contradição vivenciada pelo poeta, dividido entre a civilidade do mundo urbano da Metrópole e a rusticidade da terra da Colônia.

c) O bucolismo presente nas imagens do poema é elemento estético do Arcadismo que evidencia a preocupação do poeta árcade em realizar uma representação literária realista da vida nacional.

d) A relação de vantagem da "choupana" sobre a "Cidade", na terceira estrofe, é formulação literária que reproduz a condição histórica paradoxalmente vantajosa da Colônia sobre a Metrópole.

e) A realidade de atraso social, político e econômico do Brasil Colônia está representada esteticamente no poema pela referência, na última estrofe, à transformação do pranto em alegria.

2 (Enem)

Quando os portugueses se instalaram no Brasil, o país era povoado de índios. Importaram, depois, da África, grande número de escravos. O Português, o Índio e o Negro constituem, durante o período colonial, as três bases da população brasileira. Mas, no que se refere à cultura, a contribuição do Português foi de longe a mais notada.

Durante muito tempo o português e o tupi viveram lado a lado como línguas de comunicação. Era o tupi que utilizavam os bandeirantes nas suas expedições. Em 1694, dizia o Padre Antônio Vieira que "as famílias dos portugueses e índios em São Paulo estão tão ligadas hoje umas com as outras, que as mulheres e os filhos se criam mística e domesticamente, e a língua que nas ditas famílias se fala é a dos Índios, e a portuguesa a vão os meninos aprender à escola".

TEYSSIER, Paul. *História da língua portuguesa*. Lisboa: Livraria Sá da Costa, 1984. Adaptado.

A identidade de uma nação está diretamente ligada à cultura de seu povo. O texto mostra que, no período colonial brasileiro, o Português, o Índio e o Negro formaram a base da população e que o patrimônio linguístico brasileiro é resultado da:

a) contribuição dos índios na escolarização dos brasileiros.

b) diferença entre as línguas dos colonizadores e as dos indígenas.

c) importância do Padre Antônio Vieira para a literatura de língua portuguesa.

d) origem das diferenças entre a língua portuguesa e as línguas tupi.

e) interação pacífica no uso da língua portuguesa e da língua tupi.

3 (Enem)

O sertão e o sertanejo

Ali começa o sertão chamado bruto. Nesses campos, tão diversos pelo matiz das cores, o capim crescido e ressecado pelo ardor do sol transforma-se em vicejante tapete de relva, quando lavra o incêndio que algum tropeiro, por acaso ou mero desenfado, ateia com uma faúlha do seu isqueiro. Minando à surda na touceira, queda a vívida centelha. Corra daí a instantes qualquer aragem, por débil que seja, e levanta-se a língua de fogo esguia e trêmula, como que a contemplar medrosa e vacilante os espaços imensos que se alongam diante dela. O fogo, detido em pontos, aqui, ali, a consumir com mais lentidão algum estorvo, vai aos poucos morrendo até se extinguir de todo, deixando como sinal da avassaladora passagem o alvacento lençol, que lhe foi seguindo os velozes passos. Por toda a parte melancolia; de todos os lados tétricas perspectivas. É cair, porém, daí a dias copiosa chuva, e parece que uma varinha de fada andou por aqueles sombrios recantos a traçar às pressas jardins encantados e nunca vistos. Entra tudo num trabalho íntimo de espantosa atividade. Transborda a vida.

TAUNAY, A. *Inocência*. São Paulo: Ática, 1993. Adaptado.

O romance romântico teve fundamental importância na formação da ideia de nação. Considerando o trecho anterior, é possível reconhecer que uma das principais e permanentes contribuições do Romantismo para a construção da identidade da nação é a:

a) possibilidade de apresentar uma dimensão desconhecida da natureza nacional, marcada pelo subdesenvolvimento e pela falta de perspectiva de renovação.
b) consciência da exploração da terra pelos colonizadores e pela classe dominante local, o que coibiu a exploração desenfreada das riquezas naturais do país.
c) construção, em linguagem simples, realista e documental, sem fantasia ou exaltação, de uma imagem da terra que revelou o quanto é grandiosa a natureza brasileira.
d) expansão dos limites geográficos da terra, que promoveu o sentimento de unidade do território nacional e deu a conhecer os lugares mais distantes do Brasil aos brasileiros.
e) valorização da vida urbana e do progresso, em detrimento do interior do Brasil, formulando um conceito de nação centrado nos modelos da nascente burguesia brasileira.

AULA 5

Competência 4 Compreender a arte como saber cultural e estético gerador de significação e integrador da organização do mundo e da própria identidade.

Habilidade 12 Reconhecer diferentes funções da arte, do trabalho da produção dos artistas em seus meios culturais.

Em classe

LITERATURA E ARTES VISUAIS

Resumo teórico

Artistas díspares – como um poeta e um pintor, por exemplo –, embora trabalhem com matérias-primas diferentes, podem apresentar diversas semelhanças em suas obras. Isso se dá porque podemos encontrar correspondências entre movimentos literários e artes visuais. O Classicismo, da literatura, é semelhante ao Renascimento de pintores, escultores e arquitetos. O Impressionismo, da pintura, teve os seus ecos na Literatura.

São comuns, no Enem, questões que relacionem obras literárias e telas consagradas, principalmente na arte dos séculos XIX e XX.

1 (Enem) Sobre a exposição de Anita Malfatti, em 1917, que muito influenciaria a Semana de Arte Moderna, Monteiro Lobato escreveu, em artigo intitulado "Paranoia ou Mistificação":

Há duas espécies de artistas. Uma composta dos que veem as coisas e em consequência fazem arte pura, guardados os eternos ritmos da vida, e adotados, para a concretização das emoções estéticas, os processos clássicos dos grandes mestres. [...] A outra espécie é formada dos que veem anormalmente a natureza e a interpretam à luz das teorias efêmeras, sob a sugestão estrábica das escolas rebeldes, surgidas cá e lá como furúnculos da cultura excessiva. [...] Estas considerações são provocadas pela exposição da sra. Malfatti, onde se notam acentuadíssimas tendências para uma atitude estética forçada no sentido das extravagâncias de Picasso & cia.

O Diário de São Paulo, dez. 1917.

Em qual das obras abaixo identifica-se o estilo de Anita Malfatti criticado por Monteiro Lobato no artigo?

a) 

Acesso a Monte Serrat – Santos

b) 

Vaso de flores

c) 

A santa ceia

d) 

Nossa Senhora Auxiliadora

e) 

A boba

2 (Enem) A leitura do poema "Descrição da guerra em Guernica" traz à lembrança o famoso quadro de Picasso:

Entra pela janela
o anjo camponês;
com a terceira luz na mão;
minucioso, habituado
aos interiores de cereal,
aos utensílios que dormem na fuligem;
os seus olhos rurais
não compreendem bem os símbolos
desta colheita: hélices,
motores furiosos;
e estende mais o braço; planta
no ar, como uma árvore
a chama do candeeiro.
[...]

Carlos de Oliveira. In: ANDRADE, Eugénio. *Antologia pessoal da poesia portuguesa*. Porto: Campo das Letras, 1999.

Uma análise cuidadosa do quadro permite que se identifiquem as cenas referidas nos trechos do poema:

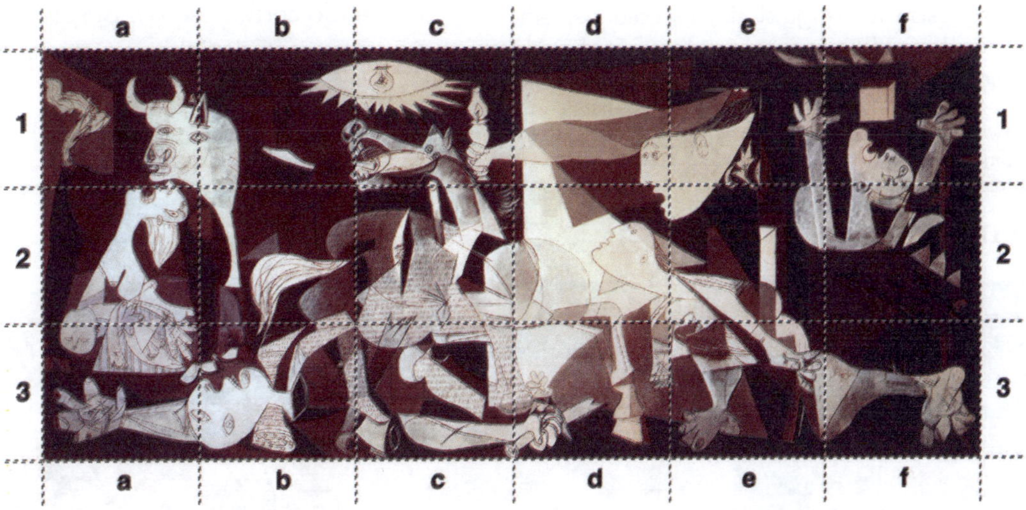

PICASSO, Pablo. *Guernica*. Museu Nacional Centro de Artes Reina Sofia, Madri. 1937.

Podem ser relacionadas ao texto lido as partes:

a) a1, a2, a3 b) f1, e1, d1 c) e1, d1, c1 d) c1, c2, c3 e) e1, e2, e3

3 (Enem – Adaptada)

Em busca de maior naturalismo em suas obras e fundamentando-se em novo conceito estético, Monet, Degas, Renoir e outros artistas passaram a explorar novas formas de composição artística, que resultaram no estilo denominado Impressionismo. Observadores atentos da natureza, esses artistas passaram a:

a) retratar, em suas obras, apenas as cores escuras que representavam com o reflexo da luz solar nos objetos.
b) usar mais a cor preta, fazendo contornos nítidos, que melhor definiam as imagens e as cores do objeto representado.
c) retratar paisagens em diferentes horas do dia, recriando, em suas telas, as imagens a eles sugeridas.
d) usar pinceladas rápidas de cores puras, misturadas na paleta, para dar efeito de realidade às obras.
e) usar as sombras em tons de cinza e preto e com efeito esfumaçado, tal como eram realizadas no Renascimento.

MONET, C. Mulher com sombrinha. In: BECKETT, W. *História da pintura*. São Paulo: Ática, 1997.

4 (Enem)

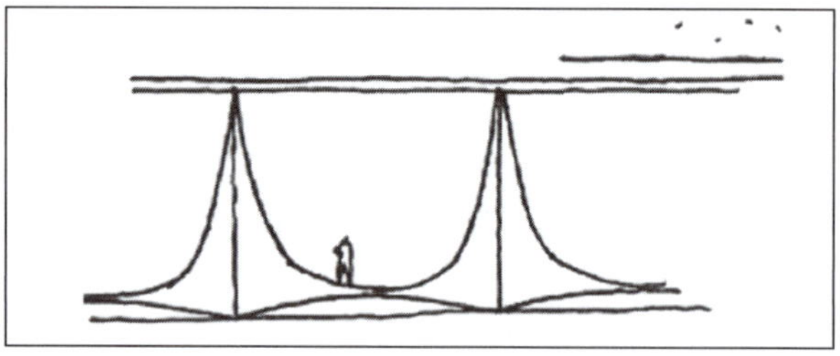

© ENEM

IMODESTO "As colunas do Alvorada podiam ser mais fáceis de construir, sem aquelas curvas. Mas foram elas que o mundo inteiro copiou".

Brasília 50 anos. Revista *Veja*. n. 2138, nov. 2009.

Utilizadas desde a Antiguidade, as colunas, elementos verticais de sustentação, foram sofrendo modificações e incorporando novos materiais com ampliação de possibilidades. Ainda que as clássicas colunas gregas sejam retomadas, notáveis inovações são percebidas, por exemplo, nas obras de Oscar Niemeyer, arquiteto brasileiro nascido no Rio de Janeiro em 1907. No desenho de Niemeyer, das colunas do Palácio da Alvorada, observa-se:

a) a presença de um capitel muito simples, reforçando a sustentação.
b) o traçado simples de amplas linhas curvas opostas, resultando em formas marcantes.
c) a disposição simétrica das curvas, conferindo saliência e distorção à base.
d) a oposição de curvas em concreto, configurando certo peso e rebuscamento.
e) o excesso de linhas curvas, levando a um exagero na ornamentação.

Em casa

TEXTO DE APOIO

© HTTP://MICHELECHRISTINE.FILES.WORDPRESS.COM

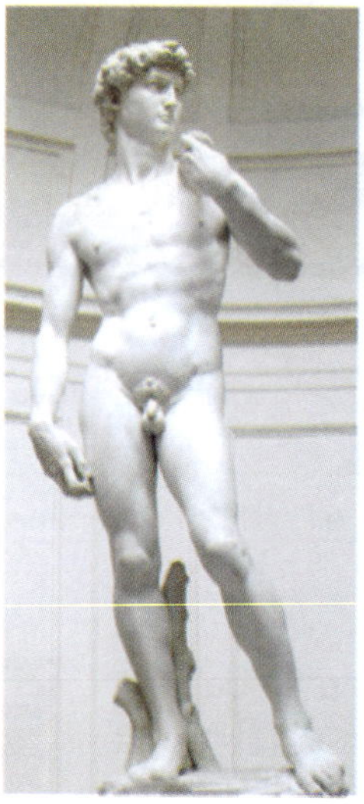

© GALERIA DA ACADEMIA, FLORENÇA, ITÁLIA

© GALERIA DOS OFÍCIOS, FLORENÇA, ITÁLIA

Quem observa a cúpula da Basílica de São Pedro, no Vaticano, ou o *Davi* e a *Sagrada família*, ambos expostos em Florença, poderia, em um primeiro momento, ter dificuldade para reconhecer as semelhanças entre essa obra arquitetônica, essa escultura e essa pintura.

Mas o fato é que elas têm muita coisa em comum, sobretudo pelo fato de todas terem sido concebidas pelo mesmo artista, o grande Michelangelo, e sob a influência dos valores de uma mesma época, o Renascimento.

O **Renascimento** foi um movimento cultural surgido no século XV e que contrariava os preceitos teocêntricos da Idade Média. Em lugar dos excessos religiosos, os renascentistas – embora tivessem uma relação muito próxima com a Igreja, afinal eram muitas vezes patrocinados por ela – defendiam uma arte mais associada à "humanidade" e, para isso, procuravam resgatar algumas das características artísticas da Antiguidade greco-romana. Daí surgiu o nome de Renascimento: tratava-se de uma tentativa de fazer as ideias da Antiguidade clássica "renascerem".

Esse período foi um dos mais fecundos de toda a História da Arte. Escritores, pintores, músicos, arquitetos e escultores, influenciados pelas mesmas ideias de racionalismo, de harmonia, de equilíbrio, de moderação e de senso de proporções (características tradicionais da arte conhecida como "clássica"), tentaram captar, cada um a seu modo, as transformações pelas quais a sociedade passava entre o fim da Idade Média e o início da Idade Moderna.

1. Arte, história e cultura

Desde o surgimento da escrita, quando os registros históricos passaram a ser mais precisos, não há notícia de civilização que não tenha se expressado por meio de obras que hoje consideraríamos artísticas. Seja por motivos religiosos, seja para fazer com que a cultura de um povo não se perdesse, seja simplesmente por puro deleite, os homens sempre recorreram à literatura, à pintura, à escultura, à música para interpretar a realidade, numa tentativa de compreendê-la de modo mais satisfatório.

Como já vimos, as obras dos escritores são influenciadas pela época em que eles vivem. Isso também acontece com as demais artes. Um artista do século XV, durante as Grandes Navegações, não pensa da mesma maneira de um homem do final do século XVIII, no momento da Revolução Francesa. Por isso, um artista que viveu em 1450 tem valores completamente diferentes de um que viveu em 1790.

Escritores, pintores, escultores, arquitetos, dramaturgos e músicos, ou seja, os artistas em geral, são, em parte, um reflexo da História. Por isso, há compatibilidades entre as escolas literárias que estudaremos e os movimentos artísticos típicos das demais artes.

Além disso, é impossível não reconhecer que a cultura de cada povo, de cada etnia, de cada nação interfere no processo de criação artística, de modo que nem sempre todos os agrupamentos humanos refletem da mesma maneira os valores históricos. Um brasileiro e um português, por exemplo, nos anos que se seguiram à independência das colônias americanas, certamente não veem o nacionalismo burguês da mesma forma.

A harmonia das formas da cúpula da Basílica de São Pedro, a perfeição dos detalhes do corpo de *Davi* e a serenidade humana das personagens da *Sagrada família* sugerem que arquitetura, escultura e pintura podem apresentar semelhanças grandes quando seus criadores possuem os mesmos valores ou vivem numa mesma época.

Voltando à discussão a respeito do Renascimento, sabemos que, no começo do século XVI, foram produzidas algumas das mais importantes esculturas de toda a História da Arte. A maioria delas é de autoria de Michelangelo, como o *Davi* e o *Moisés*. Dessas imagens, talvez a mais famosa seja a *Pietá*, que apresenta a Virgem Maria, com Cristo morto no colo. Essa escultura, exposta logo na entrada da Basílica de São Pedro, concentra algumas das mais importantes características renascentistas.

© BASÍLICA DE SÃO PEDRO, VATICANO

Pietá, de Michelangelo, 1499.

Embora o tema da escultura seja inegavelmente religioso (o que mostra que o Renascimento, embora seja uma reação às ideias teocêntricas medievais, esteve longe de abandonar completamente os valores católicos), as formas usadas por Michelangelo são predominantemente clássicas: os semblantes são sóbrios, os corpos parecem ser perfeitos, tudo soa equilibrado e harmônico. Essa comunhão entre a religião e o mundo clássico foi bastante comum durante o Renascimento. Luís de Camões, o grande poeta português do período, também celebrou essa comunhão em um dos seus poemas mais conhecidos:

Sete anos de pastor Jacó servia
Labão, pai de Raquel, serrana bela;
Mas não servia ao pai, servia a ela,
E a ela só por prêmio pretendia.
Os dias, na esperança de um só dia,
Passava, contentando-se com vê-la;
Porém o pai, usando de cautela,
Em lugar de Raquel lhe dava Lia.
Vendo o triste pastor que com enganos
Lhe fora assim negada a sua pastora,
Como se não a tivera merecida,
Começa de servir outros sete anos,
Dizendo: – Mais servira, se não fora
Para tão longo amor tão curta a vida!

CAMÕES, Luís de. *Obras completas*. v. 1.
Lisboa: Sá da Costa, 1946.

Nesse poema, reconta-se a história bíblica do amor entre Jacó e Raquel por uma perspectiva clássica: embora se trate de uma narrativa em que não se realiza a união amorosa, o poema não caminha para os exageros na apresentação das emoções; ao contrário, o tom sóbrio e moderado o aproxima das mesmas visões de mundo que orientaram Michelangelo a esculpir *Pietá*.

2. Literatura e pintura no fim do século XIX

Continuando a discussão a respeito das relações históricas e artísticas que podem ser estabelecidas entre artes diferentes, podemos pensar nos acontecimentos da segunda metade do século XIX. Nessa época, principalmente na França, tornou-se comum a aproximação entre pintores e escritores. Degas, pintor impressionista, e Mallarmé, poeta simbolista, tornaram-se tão amigos que este chegou a dar conselhos àquele sobre como escrever versos.

Aliás, o **Impressionismo** e o **Simbolismo** são bons exemplos para mostrar as relações entre a pintura e a poesia. Os impressionistas interessavam-se pela fugacidade da vida e pelo movimento, não se preocupavam com os contornos e não usavam tons sombrios. Além disso, os ângulos de observação e os enquadramentos eram bastante originais para a época. Esse gosto por aquilo que é fluido, vago, estilhaçado também caracterizou o Simbolismo, movimento de poesia surgido na França, que negava qualquer tipo de representação fiel da realidade e procurava fundir a observação das coisas a uma visão completamente particularizada e pessoal sobre as coisas do mundo.

© INSTITUTO DE ARTES DE CHICAGO, ILLINOIS, EUA

Nessa tela, chamada *Bordighera*, pintada por Claude Monet, os contornos intencionalmente imprecisos e as pinceladas grossas caracterizam o modo impressionista de ver o mundo. A realidade é vista sob uma ótica diferente da normal, e o resultado disso é uma imagem aparentemente desfocada. Essa mesma concepção está presente nos versos a seguir:

Vozes veladas, veludosas vozes,
volúpias dos violões, vozes veladas,
vagam nos velhos vórtices velozes
dos ventos, vivas, vãs, vulcanizadas.

CRUZ E SOUSA, João da. *Faróis.*
São Paulo: Ateliê, 1998.

Essa estrofe pertence ao poema "Violões que choram", de Cruz e Sousa, e sugere o som repetido, monótono, intenso do violão e da voz. Essa opção de sugerir, em lugar de descrever, constrói uma realidade muito próxima da produzida pelas telas impressionistas.

1 (Enem)

© ENEM

Desiguais na fisionomia, na cor e na raça, o que lhes assegura identidade peculiar, são iguais enquanto frente de trabalho. Num dos cantos, as chaminés das indústrias se alçam verticalmente. No mais, em todo o quadro, rostos colados, um ao lado do outro, em pirâmide que tende a se prolongar infinitamente, como mercadoria que se acumula, pelo quadro afora.

GOTLIB, Nádia B. *Tarsila do Amaral, a modernista.*

O texto aponta no quadro de Tarsila do Amaral um tema que também se encontra nos versos transcritos em:

a) Pensem nas meninas
Cegas inexatas
Pensem nas mulheres
Rotas alteradas.
Vinicius de Moraes

b) Somos muitos severinos
iguais em tudo e na sina:
a de abrandar estas pedras
suando-se muito em cima.
João Cabral de Melo Neto

c) O funcionário público
não cabe no poema
com seu salário de fome
sua vida fechada em arquivos.
Ferreira Gullar

d) Não sou nada.
Nunca serei nada.
Não posso querer ser nada.
À parte isso, tenho em mim todos os sonhos do mundo.
Fernando Pessoa

e) Os inocentes do Leblon
Não viram o navio entrar [...]
Os inocentes, definitivamente inocentes tudo ignoravam,
mas a areia é quente, e há um óleo suave
que eles passam pelas costas, e aquecem.
Carlos Drummond de Andrade

2 (Enem) A primeira imagem abaixo (publicada no século XVI) mostra um ritual antropofágico dos índios do Brasil. A segunda mostra Tiradentes esquartejado por ordem dos representantes da Coroa portuguesa.

Theodor De Bry, século XVI.

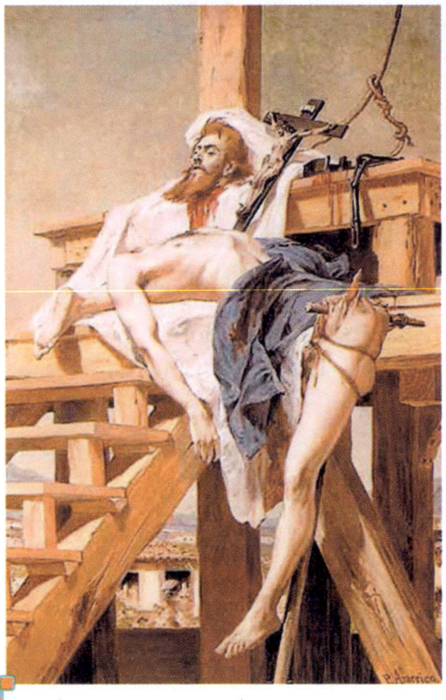

FOTOS: © ENEM

Tiradentes esquartejado, de Pedro Américo, 1893.

A comparação entre as reproduções possibilita as seguintes afirmações:

I. Os artistas registraram a antropofagia e o esquartejamento praticados no Brasil.

II. A antropofagia era parte do universo cultural indígena e o esquartejamento era uma forma de se fazer justiça entre luso-brasileiros.

III. A comparação das imagens faz ver como é relativa a diferença entre "bárbaros" e "civilizados", indígenas e europeus.

Está correto o que se afirma em:

a) I apenas.
b) II apenas.
c) III apenas.
d) I e II apenas.
e) I, II e III.

3 (Enem)

Na busca constante pela sua evolução, o ser humano vem alternando a sua maneira de pensar, de sentir e de criar. Nas últimas décadas do século XVIII e no início do século XIX, os artistas criaram obras em que predominam o equilíbrio e a simetria de formas e cores, imprimindo um estilo caracterizado pela imagem da respeitabilidade, da sobriedade, do concreto e do civismo. Esses artistas misturaram o passado ao presente, retratando os personagens da nobreza e da burguesia, além de cenas míticas e histórias cheias de vigor.

RAZOUK, J. J. (Org.). *Histórias reais e belas nas telas*. São Paulo: Posigraf, 2003.

Atualmente, os artistas apropriam-se de desenhos, charges, grafismo e até de ilustrações de livros para compor obras em que se misturam personagens de diferentes épocas, como na seguinte imagem:

a) Romero Brito, *Gisele e Tom*.

b) Andy Warhol, *Michael Jackson*.

c) Funny Filez, *Monabean.*

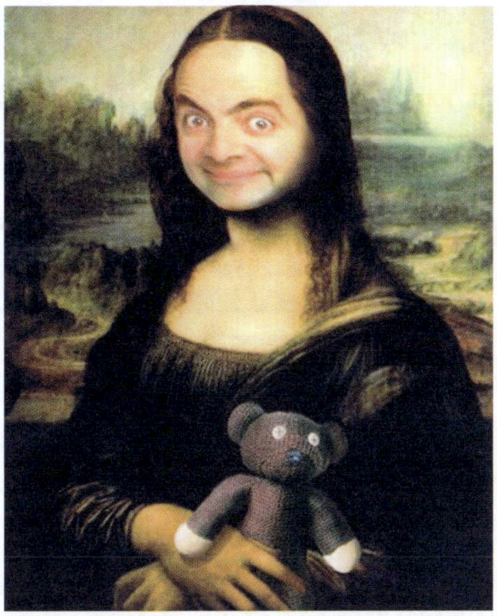

d) Andy Warhol, *Marilyn Monroe.*

e) Pablo Picasso, *Retrato de Jaqueline Roque com as Mãos Cruzadas.*

© FOTOS: ENEM

4 (Enem) Observe a obra *Objeto cinético*, de Abraham Palatnik, 1966.

© ENEM

A arte cinética desenvolveu-se a partir de um interesse do artista plástico pela criação de objetos que se moviam por meio de motores ou outros recursos mecânicos. A obra *Objeto cinético*, do artista plástico brasileiro Abraham Palatnik, pioneiro da arte cinética:

a) é uma arte do espaço e da luz.

b) muda com o tempo, pois produz movimento.

c) capta e dissemina a luz em suas ondulações.

d) é assim denominada, pois explora efeitos retinianos.

e) explora o quanto a luz pode ser usada para criar movimento.

Anotações

AULA 6

Competência 4 Compreender a arte como saber cultural e estético gerador de significação e integrador da organização do mundo e da própria identidade.

Habilidade 13 Analisar as diversas produções artísticas como meio de explicar diferentes culturas, padrões de beleza e preconceitos.

Em classe

TEATRO E MÚSICA

Resumo teórico

O Enem tem hoje a preocupação de trabalhar não apenas com textos literários e grandes obras pictóricas, como foi, durante muito tempo, a tradição do ensino brasileiro. Peças de teatro, canções populares e obras de música erudita também costumam aparecer nas provas, muitas vezes relacionadas com obras literárias e as artes visuais.

1 (Enem)

O movimento *hip-hop* é tão urbano quanto as grandes construções de concreto e as estações de metrô, e cada dia se torna mais presente nas grandes metrópoles mundiais. Nasceu na periferia dos bairros pobres de Nova York. É formado por três elementos: a música (o *rap*), as artes plásticas (o grafite) e a dança (o *break*). No *hip-hop*, os jovens usam as expressões artísticas como uma forma de resistência política.

Enraizado nas camadas populares urbanas, o *hip-hop* afirmou-se no Brasil e no mundo com um discurso político a favor dos excluídos, sobretudo dos negros. Apesar de ser um movimento originário das periferias norte-americanas, não encontrou barreiras no Brasil, onde se instalou com certa naturalidade – o que, no entanto, não significa que o *hip-hop* brasileiro não tenha sofrido influências locais. O movimento no Brasil é híbrido: *rap* com um pouco de samba, *break* parecido com capoeira e grafite de cores muito vivas.

Adaptado de: *Ciência e Cultura*, 2004.

De acordo com o texto, o *hip-hop* é uma manifestação artística tipicamente urbana, que tem como principais características:

a) a ênfase nas artes visuais e a defesa do caráter nacionalista.

b) a alienação política e a preocupação com o conflito de gerações.

c) a afirmação dos socialmente excluídos e a combinação de linguagens.

d) a integração de diferentes classes sociais e a exaltação do progresso.

e) a valorização da natureza e o compromisso com os ideais norte-americanos.

2 (Enem) Rui Guerra e Chico Buarque de Hollanda escreveram uma peça para teatro chamada *Calabar*, pondo em dúvida a reputação de traidor que foi atribuída a Calabar, pernambucano que ajudou decisivamente os holandeses na invasão do Nordeste brasileiro, em 1632.

– Calabar traiu o Brasil que ainda não existia? Traiu Portugal, nação que explorava a colônia onde Calabar havia nascido? Calabar, mulato em uma sociedade escravista e discriminatória, traiu a elite branca?

Os textos referem-se também a esta personagem.

Texto I

...dos males que causou à Pátria, a História, a inflexível História, lhe chamará infiel, desertor e traidor, por todos os séculos.

Visconde de Porto Seguro. In: SOUZA JÚNIOR, A. *Do Recôncavo aos Guararapes*. Rio de Janeiro: Bibliex, 1949.

Texto II

Sertanista experimentado, em 1627 procurava as minas de Belchior Dias com a gente da Casa da Torre; ajudara Matias de Albuquerque na defesa do Arraial, onde fora ferido, e desertara em consequência de vários crimes praticados... [os crimes referidos são o de contrabando e roubo].

CALMON, P. *História do Brasil*. Rio de Janeiro: José Olympio, 1959.

Pode-se afirmar que:

a) a peça e os textos abordam a temática de maneira parcial e chegam às mesmas conclusões.

b) a peça e o texto I refletem uma postura tolerante com relação à suposta traição de Calabar, e o texto II mostra uma posição contrária à atitude de Calabar.

c) os textos I e II mostram uma postura contrária à atitude de Calabar, e a peça demonstra uma posição indiferente em relação ao seu suposto ato de traição.

d) a peça e o texto II são neutros com relação à suposta traição de Calabar, ao contrário do texto I, que condena a atitude de Calabar.

e) a peça questiona a validade da reputação de traidor que o texto I atribui a Calabar, enquanto o texto II descreve ações positivas e negativas dessa personagem.

3 (Enem)

Good-bye

Não é mais boa-noite, nem bom-dia
Só se fala good morning, good night
Já se desprezou o lampião de querosene
Lá no morro só se usa a luz da Light
Oh yes!

A marchinha "Good-bye", composta por Assis Valente há cerca de 50 anos, refere-se ao ambiente das favelas dos morros cariocas. A estrofe citada mostra:

a) como a questão do racionamento da energia elétrica, bem como a da penetração dos anglicismos no vocabulário brasileiro, iniciaram-se em meados do século passado.

b) como a modernidade, associada simbolicamente à eletrificação e ao uso de anglicismos, atingia toda a população brasileira, mas também como, a despeito disso, persistia a desigualdade social.

c) como as populações excluídas se apropriavam aos poucos de elementos de modernidade, saindo de uma situação de exclusão social, o que é sugerido pelo título da música.

d) os resultados benéficos da política de boa vizinhança norte-americana, que permitia aos poucos que o Brasil se inserisse numa cultura e economia globalizadas.

e) o desprezo do compositor pela cultura e pelas condições de vida atrasadas características do "morro", isto é, dos bairros pobres da cidade do Rio de Janeiro.

Em casa

TEXTO DE APOIO

1. Teatro e música

Além das artes visuais e da Literatura, muitos exames vestibulares e, principalmente, o Enem têm avaliado se os alunos conhecem outras manifestações artísticas importantes para a cultura contemporânea: o teatro e a música estão entre elas.

Como não há tradição de trabalhar com esses conteúdos no Ensino Médio, o mais importante agora é entender, em linhas gerais, as particularidades dessas manifestações artísticas.

2. Gênero dramático

Ao lado da épica e da lírica, o **gênero dramático** constitui o "tripé" dos gêneros da Antiguidade clássica. De grande prestígio na Grécia, este gênero corresponde ao que chamamos hoje popularmente de "teatro".

Na Antiguidade, o teatro estava ligado às festas dionisíacas. Como as peças de teatro gregas eram em versos (diferentemente do que acontece hoje, em que as peças costumam ser em prosa), podemos empregar também a expressão **poesia dramática**.

De acordo com a tradição aristotélica, a poesia dramática se reparte em dois subgêneros: a tragédia, que busca produzir no espectador a piedade e o terror, por meio do destino angustiante das personagens, que representam os homens melhores do que eles são de fato; e a comédia, que visa ao riso, tem uma intenção moralizadora e, para isso, representa os homens piores do que eles comumente são.

3. O texto teatral e a representação teatral

As rubricas são fundamentais para orientar não só atores, como também produtores, compositores, cenógrafos, figurinistas e diretores sobre como deve ser a representação teatral, afinal o gênero dramático foi concebido para ser ouvido, encenado, visto, e não simplesmente lido. Por esse motivo, o texto teatral só se realiza completamente quando é representado, numa mistura de elementos verbais, visuais e sonoros.

Na montagem de uma peça, o texto – é claro – tem enorme importância, mas igualmente importante é o papel dos figurinistas (que determinam as vestes dos atores), dos cenógrafos (que cuidam dos cenários da peça), dos compositores (que são responsáveis pela parte musical da montagem), do diretor (que procurará, ao mesmo tempo, respeitar as intenções do dramaturgo e dar sua contribuição pessoal para a encenação) e de toda equipe de produção (que trabalhará para que a representação ocorra exatamente de acordo com o que foi ensaiado).

4. Música popular: letra, melodia e arranjo

Da mesma forma que o teatro, a música, como manifestação artística, tem lá suas particularidades. No caso da música popular, isto é, da música feita e consumida por aqueles que não necessariamente têm conhecimentos técnicos da área, como leitura de partitura ou afinação de instrumentos, é muito comum que, além da melodia, a música apresente letra.

Esse tipo de composição musical, a que chamamos simplesmente "canção", é extremamente popular. De maneira geral, na hora de analisar esse tipo de texto, costuma-se dar atenção especial à letra, aos elementos verbais da composição. No entanto, a melodia é igualmente importante para estabelecer o sentido da canção: uma melodia mais ou menos acelerada, com notas mais graves ou mais agudas, por exemplo, interfere em nossa maneira de compreender a canção.

Da mesma forma, o arranjo da composição – que inclui os instrumentos que a executarão, com seus timbres e afinações, e a harmonia que acompanhará a melodia – também contribui para a produção do sentido do texto musical.

5. MPB: um pouco de história

A música popular brasileira – ou simplesmente MPB – sempre foi um dos maiores patrimônios culturais do país. Sobretudo em algumas épocas do século XX, a canção ocupou um lugar de destaque no cenário cultural nacional. Aliás, a ligação entre cancionistas e poetas sempre foi muito estreita.

Nos anos que antecederam o golpe militar de 1964, por exemplo, a UNE (União Nacional dos Estudantes) criou os **Centros Populares de Cultura**. Uma das principais iniciativas dos CPC foi editar os cadernos *Violões de rua*, que misturavam poesia e música popular e tiveram a participação de nomes consagrados da literatura, como Paulo Mendes Campos, Vinicius de Moraes, Ferreira Gullar, José Paulo Paes, Cassiano Ricardo e Capinam, entre muitos outros.

Esse tipo de arte engajada, com forte conotação ideológica, ajudou a originar o *show Opinião*, em que Nara Leão, representante da bossa nova, interpretava canções do morro, ao lado de sambistas como João do Vale e Zé Kéti.

A literatura brasileira contemporânea está bastante próxima da música popular, pois muitos dos poetas brasileiros acabaram tendo experiências como letristas, como é o caso de Cacaso, Ferreira Gullar, Paulo Leminski, Capinam e Torquato Neto. Desses, o nome mais importante é o de Vinicius de Moraes, o mais respeitável compositor da bossa nova, ao lado de Tom Jobim.

A bossa nova traduzia o clima de tranquilidade do final dos anos 1950, o que explica as melodias agradáveis, as harmonias inovadoras e as letras com pouca preocupação social.

A agitação cultural do começo dos anos 1960 foi tornando a bossa nova superada. Nesse momento, ocorreu a revitalização do samba de morro, com a retomada de alguns dos compositores que haviam feito sucesso nos anos 1930 e 1940, como Cartola, Ismael Silva, Noel Rosa, Dorival Caymmi, Lamartine Babo, Assis Valente, Wilson Batista, Geraldo Pereira, Donga, João da Baiana, Pixinguinha, Ary Barroso, entre muitos outros.

Depois dos anos 1960, assistimos a dois fenômenos musicais complementares. Com o endurecimento progressivo do regime militar, surgiu a música de protesto, vinculada principalmente aos festivais estudantis da época, que se tornaram centros da luta contra a ditadura. Geraldo Vandré, Sérgio Ricardo, Edu Lobo, Baden Powell, Paulo César Pinheiro e Chico Buarque, acompanhados de Nara Leão, Carlos Lyra, Elis Regina e Jair Rodrigues, foram alguns dos artistas que se envolveram com essa música de forte conotação política.

Simultaneamente a tudo isso, sob a liderança de Gilberto Gil e Caetano Veloso, apareceu o **Tropicalismo**. Esse movimento, que teve influência sobre as artes plásticas, o teatro e a música, contou com a participação de Capinam, Torquato Neto, Rogério Duprat, Hélio Oiticica, Zé Celso, Nara Leão, Maria Bethânia e os Mutantes e recebeu grande influência da antropofagia de Oswald de Andrade.

A partir dos anos 1970, a figura de Chico Buarque começa a ganhar cada vez mais destaque, não só na música, como também na prosa literária e no teatro. Desde a montagem de *Roda viva*, com direção de Zé Celso, em 1968, Chico se envolveu em grandes musicais do teatro brasileiro, como *Calabar*, *Gota d'água* e *Ópera do malandro*. Na prosa literária, Chico estreia em 1974 com *Fazenda modelo* e ainda escreve os romances *Estorvo*, *Benjamim* e *Budapeste*.

Ainda nos anos 1970, o *rock* brasileiro começa a se solidificar, principalmente pelas composições de Raul Seixas e Rita Lee. Na próxima década, ainda merecem atenção letras de Renato Russo, Cazuza e Arnaldo Antunes.

6. Música erudita

Na vertente erudita, os movimentos da História da Música também acompanham, com pequenas diferenças, as escolas literárias que habitualmente estudamos. É possível estudar as compatibilidades entre o Barroco musical de Bach e o literário de Antônio Vieira, entre o Classicismo musical de Mozart e o Arcadismo literário de Cláudio Manuel da Costa, ou ainda entre o Impressionismo musical de Debussy e o Simbolismo literário de Cruz e Sousa. Mas nada se compara àquilo que aconteceu com o Romantismo.

O Romantismo é um movimento artístico que surgiu na Alemanha, na segunda metade do século XVIII, de onde partiu para a Inglaterra, depois para a França e, daí, para o resto do mundo. Os valores românticos influenciaram escritores, pintores, músicos, arquitetos e filósofos. Nessa época, a relação entre a literatura e a música tornou-se extremamente próxima. O maior exemplo é a obra musical do grande compositor alemão Ludwig van Beethoven.

Beethoven compôs, em sua carreira, nove sinfonias, algumas delas, como a terceira, conhecida como "Heroica", ou a sexta, chamada de "Pastoral", muito famosas. Mas sua peça mais conhecida é, sem dúvida alguma, a *Nona sinfonia*.

Nesta peça, Beethoven, que é o grande nome da música do Romantismo e um dos maiores compositores eruditos de todos os tempos, aproveitou a literatura da época para traduzir, com mais intensidade, todo o sentimentalismo romântico. Uma boa maneira de entender a "força" desse sentimentalismo é escutar a *Nona sinfonia* procurando perceber como a melodia romântica sugere a mesma intensidade dramática da literatura romântica.

1 (Enem)

Carnavália

Repique tocou
O surdo escutou
E o meu corasamborim
Cuíca gemeu, será que era meu, quando ela passou por mim?
[...]

ANTUNES, A.; BROWN, C.; MONTE, M.
In: *Tribalistas* (CD), 2002.

No terceiro verso, o vocábulo "corasamborim", que é a junção coração + samba + tamborim, refere-se, ao mesmo tempo, a elementos que compõem uma escola de samba e à situação emocional em que se encontra o autor da mensagem, com o coração no ritmo da percussão.
Essa palavra corresponde a um(a):

a) estrangeirismo, uso de elementos linguísticos originados em outras línguas e representativos de outras culturas.
b) neologismo, criação de novos itens linguísticos, pelos mecanismos que o sistema da língua disponibiliza.
c) gíria, que compõe uma linguagem originada em determinado grupo social e que pode vir a se disseminar em uma comunidade mais ampla.
d) regionalismo, por ser palavra característica de determinada área geográfica.
e) termo técnico, dado que designa elemento de área específica de atividade.

2 (Enem)

Texto I

Onde está a honestidade?

Você tem palacete reluzente
Tem joias e criados à vontade
Sem ter nenhuma herança ou parente
Só anda de automóvel na cidade...
E o povo pergunta com maldade:
Onde está a honestidade?
Onde está a honestidade?
O seu dinheiro nasce de repente
E embora não se saiba se é verdade
Você acha nas ruas diariamente
Anéis, dinheiro e felicidade...
Vassoura dos salões da sociedade
Que varre o que encontrar em sua frente
Promove festivais de caridade
Em nome de qualquer defunto ausente...

ROSA, Noel. Disponível em: <www.mpbnet.com.br>. Acesso em: abr. 2010.

Texto II

Um vulto da história da música popular brasileira, reconhecido nacionalmente, é Noel Rosa. Ele nasceu em 1910, no Rio de Janeiro; portanto, se estivesse vivo, estaria completando 100 anos. Mas faleceu aos 26 anos de idade, vítima de tuberculose, deixando um acervo de grande valor para o patrimônio cultural brasileiro. Muitas de suas letras representam a sociedade contemporânea, como se tivessem sido escritas no século XXI.

Disponível em: <www.mpbnet.com.br>. Acesso em: abr. 2010.

Um texto pertencente ao patrimônio literário-cultural brasileiro é atualizável, na medida em que ele se refere a valores e situações de um povo. A atualidade da canção "Onde está a honestidade?", de Noel Rosa, evidencia-se por meio:

a) da ironia, ao se referir ao enriquecimento de origem duvidosa de alguns.
b) da crítica aos ricos que possuem joias, mas não têm herança.
c) da maldade do povo a perguntar sobre a honestidade.
d) do privilégio de alguns em clamar pela honestidade.
e) da insistência em promover eventos beneficentes.

Anotações

AULA 7

Competência 3 Compreender e usar a linguagem corporal como relevante para a própria vida, integradora social e formadora da identidade.

Habilidade 9 Reconhecer as manifestações corporais de movimento como originárias de necessidades cotidianas de um grupo social.

Em classe

LINGUAGEM CORPORAL: DANÇA E ESPORTE

Resumo teórico

Ao incluir a Educação Física na área de Linguagens, o Enem considera que a comunicação humana se realiza por meio da linguagem verbal ou por meio da linguagem não verbal. Os movimentos que o ser humano realiza constituem um importante recurso de comunicação interpessoal, expressão de emoções e atitudes que contribuem para formação de sua personalidade. Essa abordagem do Enem considera o corpo como um produtor de significados. Os gestos, as expressões faciais, as coreaografias e todos os movimentos que o ser humano realiza compõem um rico acervo de linguagem a ser explorada.

Ao aluno, cabe captar e interpretar essas informações como um código de linguagem não verbal, decifrando e compreendendo o seu significado.

1 (Enem)

Entrudo, de Jean-Baptiste Debret, 1834.

Na obra *Entrudo*, de Jean-Baptiste Debret (1768-1848), apresentada acima,

a) registram-se cenas da vida íntima dos senhores de engenho e suas relações com os escravos.

b) identifica-se a presença de traços marcantes do movimento artístico denominado Cubismo.

c) identificam-se, nas fisionomias, sentimentos de angústia e inquietações que revelam as relações conflituosas entre senhores e escravos.

d) observa-se a composição harmoniosa e destacam-se as imagens que representam figuras humanas.

e) constata-se que o artista utilizava a técnica do óleo sobre tela, com pinceladas breves e manchas, sem delinear as figuras ou as fisionomias.

2 (Enem)

A dança e a alma

A DANÇA? Não é movimento,
súbito gesto musical.
É concentração, num momento,
da humana graça natural.

No solo não, no éter pairamos,
nele amaríamos ficar.
A dança – não vento nos ramos:
seiva, força, perene estar.

Um estar entre céu e chão,
novo domínio conquistado,
onde busque nossa paixão
libertar-se por todo lado...

Onde a alma possa descrever
suas mais divinas parábolas
sem fugir à forma do ser,
por sobre o mistério das fábulas.

ANDRADE, Carlos Drummond de. *Obra completa.* Rio de Janeiro: Aguilar, 1964. p. 366.

A definição de dança, em linguagem de dicionário, que mais se aproxima do que está expresso no poema é:

a) a mais antiga das artes, servindo como elemento de comunicação e afirmação do homem em todos os momentos de sua existência.
b) a forma de expressão corporal que ultrapassa os limites físicos, possibilitando ao homem a liberação de seu espírito.
c) a manifestação do ser humano, formada por uma sequência de gestos, passos e movimentos desconcertados.
d) o conjunto organizado de movimentos do corpo, com ritmo determinado por instrumentos musicais, ruídos, cantos, emoções, etc.
e) o movimento diretamente ligado ao psiquismo do indivíduo e, por consequência, ao seu desenvolvimento intelectual e à sua cultura.

3 (Enem)

© ENEM

Figura 1: Disponível em: <www.clicrbs.com.br/blog/fotos/235151post_foto.jpg>; Figura 2: Disponível em: <http://esporte.hsw.uol.com.br/volei-jogos-olimpicos.htm>; Figura 3: Disponível em: <www.arel.com.br/eurocup/volei>. Acessos em: 27 abr. 2010.

O voleibol é um dos esportes mais praticados na atualidade. Está presente nas competições esportivas, nos jogos escolares e na recreação. Nesse esporte, os praticantes utilizam alguns movimentos específicos como: saque, manchete, bloqueio, levantamento, toque, entre outros. Na sequência de imagens, identificam-se os movimentos de:

a) sacar e colocar a bola em jogo, defender a bola e realizar a cortada como forma de ataque.
b) arremessar a bola, tocar para passar a bola ao levantador e bloquear como forma de ataque.
c) tocar e colocar a bola em jogo, cortar para defender e levantar a bola para atacar.
d) passar a bola e iniciar a partida, lançar a bola ao levantador e realizar a manchete para defender.
e) cortar como forma de ataque, passar a bola para defender e bloquear como forma de ataque.

Anotações

Em casa

TEXTO DE APOIO

1. Dança e esporte

Musicalmente, quando se pensa em cultura brasileira, é impossível não falar em samba. Por causa do Carnaval, por causa dos morros cariocas, por causa das escolas de samba, esse ritmo – que era considerado "maldito" no começo do século passado – tornou-se um símbolo nacional.

O verbo **sambar**, que deriva da palavra **samba**, não remete, porém, apenas ao ritmo musical. Sambar é dançar, é movimentar-se ao som de samba, de tal modo que a música e a dança, tanto no universo popular como no erudito, acabam formando um conjunto indissociável.

2. Dança: uma definição inicial

Tentar definir o que é a dança passa, necessariamente, por analisar os movimentos voluntários do corpo humano. Para entender essa questão, podemos recorrer a algumas ideias de Paul Valéry, em um famoso artigo seu sobre o tema. Ele afirma que "a maior parte de nossos movimentos voluntários tem uma ação exterior como fim". Anda-se para buscar água na geladeira, corre-se para pegar o ônibus, pula-se para alcançar a parte mais alta do armário. Nesses casos, o movimento é regido por uma "economia de forças". Se um ciclista precisa ir de Porto Alegre a Salvador durante uma competição de estrada, não seria normal ele passar por Cuiabá.

Atingido o objetivo, termina-se a ação e cessa-se o movimento. Mas nem todos os movimentos voluntários são utilitaristas e apresentam uma finalidade tão específica. Às vezes, o movimento tem como objetivo o próprio movimento, e não uma ação exterior. Nas palavras de Valéry: "Os saltos, por exemplo, e as cambalhotas de uma criança ou de um cão, a caminhada pela caminhada, o nado pelo nado, são atividades que têm como fim apenas modificar nosso sentimento de energia, criar certo estado desse sentimento".

A dança pertence ao grupo dos movimentos "que têm neles mesmos seu fim". Trata-se de uma sucessão – talvez fosse mais correto falar em ciclo, dado o efeito de repetição que caracteriza a dança – de atos musculares, de tal modo articulados que o término de um provoca, como que por mágica, o seguinte. Quem rege essa sequência é a música. Usando uma metáfora de Valéry, é como se o corpo que dança entrasse em ressonância com a música, com o ritmo que o orienta.

O movimento, como categoria, opõe-se ao repouso. Como a dança é movimento, nela não há espaço para o repouso. Pode ser que, pontualmente, momentaneamente, durante uma pausa melódica da música ou durante uma coreografia ensaiada, o dançarino pareça repousar. Mas se trata de um instante não durável, já que, na dança, "a imobilidade é coisa imposta e forçada, estado de passagem e quase de violência, enquanto os saltos, os passos contados, as pontas, o *entrechat* (salto durante o qual os pés do bailarino se cruzam rapidamente, passando um à frente do outro, alternadamente) ou as rotações vertiginosas são maneiras completamente naturais de ser e fazer". Assim, o que é comum na dança é absolutamente improvável nos movimentos ordinários.

3. Dança e cultura

São poucos os brasileiros que nunca ouviram falar do bumba meu boi. Trata-se de uma dança dramática, que se origina dos festejos natalinos, difundida em todo o Brasil. Embora com variedades locais, a ponto de a dança ser chamada de boi-calemba, boi de mamão, boi de matraca, boi de orquestra, boi de reis, boi de zabumba ou cavalo-marinho, dependendo da região do país em que é encenada, sua personagem central é sempre um boi que morre e ressuscita.

Esse tipo de manifestação cultural reforça a tese de que a dança é uma manifestação artística que contribui para a solidificação de um sentimento de identidade. Quando os movimentos voluntários da dança passam a ser ensinados de geração para geração e se tornam conhecidos por toda a população, é sinal de que ela está virando um patrimônio cultural do Brasil.

Agora é claro que em um país com tantas particularidades regionais, o multiculturalismo se manifesta também no universo da dança. O frevo pernambucano não se confunde com a chula gaúcha, embora a tendência atual seja a de que ritmos como o forró, o samba, o maracatu, o xaxado, o fandango, entre tantos outros, ultrapassem as fronteiras dos seus estados natais.

4. A questão do corpo

O estudo da dança não pode prescindir de uma discussão a respeito da questão do **corpo**, e não apenas do corpo em sua dimensão fisiológica, mas também do significado e da importância do conceito de "corpo" para cada cultura.

A complexidade dessa noção é tanta que o *Houaiss* apresenta nada menos do que 43 acepções diferentes para o substantivo, que pode significar desde "a estrutura física de um organismo vivo englobando suas funções fisiológicas" até "a forma a ser supostamente assumida pelo ser humano após a ressurreição dos mortos, quando do Juízo Final". Foram muitos os pensadores, aliás, que já se debruçaram sobre o tema. Faremos um rápido inventário de alguns desses pensamentos.

Em um primeiro momento, poderíamos operar com a tradicional distinção entre **corpo** e **alma** ou entre **corpo** e **mente**, em que o corpo remeteria ao plano concreto, material da existência. Mas é verdade que existe também uma noção mais ampla de CORPO, grafado com letras maiúsculas, como sugere Luiz Tatit – linguista e músico –, que englobaria o corpo e a alma, ou seja, os "atributos somáticos e psíquicos" da existência humana.

Tatit então defende, a partir de preceitos de Valéry e do filósofo Merleau-Ponty, que é por meio do corpo que as pessoas representam o "drama de energias" investido em qualquer atividade. Por isso, o corpo não pode ser tomado apenas como um conjunto de elementos concretos ou materiais; ele é mais do que isso, ele é um organismo "que percebe, sente e tem desejos" em relação ao mundo à sua volta.

Cada cultura relaciona-se com o mundo de uma forma diferente. Como o corpo é uma das maneiras por que se dá essa relação, infere-se que cada cultura vê o corpo de um modo diferente.

Os estudiosos da Retórica, alguns linguistas e até mesmo antropólogos trabalham muito com o conceito de *éthos*, palavra grega que deu origem, por exemplo, a ética, em português. O *éthos* englobaria os costumes e valores de um grupo social. Três elementos definiriam esse *éthos*: o caráter, a voz e o corpo.

O corpo, de acordo com essa proposta, remeteria ao modo de agir no universo social. Corrado Bologna, tratando disso, afirma: "Tal como a disciplina social procede a arrumação dos indivíduos pelo espaço, ordenando-os hierarquicamente e funcionalmente, a 'arte da arrumação' põe-se em prática também sobre o corpo humano (em cuja imagem se inspira, não por acaso, a metáfora do 'corpo social' e do 'político')".

Essa "arrumação dos indivíduos pelo espaço" leva em conta que o corpo corresponde a uma maneira de habitar o espaço social e pressupõe um modo, por exemplo, de vestir-se e movimentar-se. Pierre Bourdieu, que também escreveu sobre o tema, propõe o conceito de "héxis corporal", entendido como uma "pronunciação de classe", isto é, como um "estilo de vida que se manifesta pelo corpo". Para que entendamos o que significa isso, Bourdieu comenta as diferenças "entre a **boca** fechada, presa, quer dizer, tensa e censurada, e por isso feminina, e a **boca**, larga e francamente aberta, fendida, quer dizer, descontraída e livre, e por isso masculina". A primeira "boca" aproxima-se de um ideal burguês, que "encontra dentro das posturas físicas de tensão e contenção [...] os índices corporais das disposições perfeitamente gerais a respeito dos outros e do mundo", e a segunda "está associada às disposições viris que, de acordo com o ideal popular, encontram seu princípio na certeza tranquila da força que exclui as censuras, quer dizer, a prudência e as astúcias tanto quanto a 'etiqueta', e que permite mostrar-se 'natural', [como] a franca manifestação [...] dos prazeres elementares".

Assim, um corpo pode ser mais ou menos transgressor, mais ou menos respeitoso. Pode comportar-se ou não de acordo com os valores institucionalizados. De qualquer modo, embora haja uma dimensão individual do corpo, muito do que entendemos desse conceito advém dos valores coletivos que ele encerra. E isso para todas as culturas.

Em uma análise antropológica sobre as sociedades primitivas e as comunidades rurais indo-europeias, José Gil explica que "o corpo de que nos falam os selvagens não é 'corpo' individual: ele é continuamente investido pelos outros corpos da comunidade, por meio da palavra, dos gestos, das expressões de afeto, dos jogos, dos contatos, das carícias, ou de outras atividades sociais".

O corpo, desse modo, é sobretudo social. E se a dança é manifestação corporal voluntária, é impossível não ver nela a manifestação de uma cultura, de um modo de agir no espaço social, de uma maneira específica de um grupo demonstrar seus desejos, suas percepções, seus sentimentos.

5. Corpo e esporte

Algumas questões dos exames mais recentes do Enem exigem noções básicas de práticas esportivas. Como essas questões ainda são em pequeno número, elas ainda não criaram um "padrão".

Entre os exercícios que cobravam assuntos relacionados ao esporte, já houve perguntas envolvendo os nomes dos movimentos mais comuns no vôlei e a flexibilidade exigida por certos movimentos típicos da ginástica, além de questões de interpretação de texto ligadas à necessidade de fazer atividades físicas regularmente.

1 (Enem – Adaptada)

Não só de aspectos físicos se constitui a cultura de um povo. Há muito mais contido nas tradições, no folclore, nos saberes, nas línguas, nas festas e em diversos outros aspectos e manifestações transmitidas oral ou gestualmente, recriados coletivamente e modificados ao longo do tempo. A essa porção intangível da herança cultural dos povos dá-se o nome de patrimônio cultural imaterial.

Disponível em: <www.unesco.org.br>.

Qual das figuras abaixo retrata patrimônio imaterial da cultura de um povo?

a) 

Cristo *

b) 

Pelourinho

c) 

Bumba meu boi

d) 

Cataratas do Iguaçu

e) 

Esfinge de Gizé

2 (Enem)

O folclore é o retrato da cultura de um povo. A dança popular e folclórica é uma forma de representar a cultura regional, pois retrata seus valores, crenças, trabalho e significados. Dançar a cultura de outras regiões é conhecê-la, é de alguma forma se apropriar dela, é enriquecer a própria cultura.

BREGOLATO, R. A. *Cultura corporal da dança*. São Paulo: Ícone, 2007.

As manifestações folclóricas perpetuam uma tradição cultural, são obras de um povo que as cria, recria e as perpetua. Sob essa abordagem deixa-se de identificar como dança folclórica brasileira,

a) o bumba meu boi, que é uma dança teatral onde personagens contam uma história envolvendo crítica social, morte e ressurreição.
b) a quadrilha das festas juninas, que associam festejos religiosos a celebrações de origens pagãs envolvendo as colheitas e a fogueira.
c) o congado, que é uma representação de um reinado africano onde se homenageia santos através de música, cantos e dança.
d) o balé, em que se utilizam músicos, bailarinos e vários profissionais para contar uma história em forma de espetáculo.
e) o Carnaval, em que o samba derivado do batuque africano é utilizado com o objetivo de contar ou recriar uma história nos desfiles.

3 (Enem)

© ENEM

Disponível em: <http://algarveturistico.com/wp-content/uploads/2009/04/ptm-ginastica ritmica-01.jpg>. Acesso em: 1º set. 2010.

O desenvolvimento das capacidades físicas (qualidades motoras passíveis de treinamento) ajuda na tomada de decisões em relação à melhor execução do movimento. A capacidade física predominante no movimento representado na imagem é:

a) a velocidade, que permite ao músculo executar uma sucessão rápida de gestos em movimentação de intensidade máxima.
b) a resistência, que admite a realização de movimentos durante considerável período de tempo, sem perda da qualidade da execução.
c) a flexibilidade, que permite a amplitude máxima de um movimento, em uma ou mais articulações, sem causar lesões.
d) a agilidade, que possibilita a execução de movimentos rápidos e ligeiros com mudanças de direção.
e) o equilíbrio, que permite a realização dos mais variados movimentos com o objetivo de sustentar o corpo sobre uma base.

4 (Enem)

Na modernidade, o corpo foi descoberto, despido e modelado pelos exercícios físicos da moda. Novos espaços e práticas esportivas e de ginástica passaram a convocar as pessoas a modelar seus corpos. Multiplicaram-se as academias de ginástica, as salas de musculação e o número de pessoas correndo pelas ruas.

SECRETARIA DA EDUCAÇÃO. *Caderno do professor*: Educação Física. São Paulo, 2008.

Diante do exposto, é possível perceber que houve um aumento da procura por:

a) exercícios físicos aquáticos (natação/hidroginástica), que são exercícios de baixo impacto, evitando o atrito (não prejudicando as articulações), e que previnem o envelhecimento precoce e melhoram a qualidade de vida.
b) mecanismos que permitem combinar alimentação e exercício físico, que permitem a aquisição e manutenção de níveis adequados de saúde, sem a preocupação com padrões de beleza instituídos socialmente.
c) programas saudáveis de emagrecimento, que evitam os prejuízos causados na regulação metabólica, função imunológica, integridade óssea e manutenção da capacidade funcional ao longo do envelhecimento.
d) exercícios de relaxamento, reeducação postural e alongamentos, que permitem um melhor funcionamento do organismo como um todo, bem como uma dieta alimentar e hábitos saudáveis com base em produtos naturais.

e) dietas que preconizam a ingestão excessiva ou restrita de um ou mais macronutrientes (carboidratos, gorduras ou proteínas), bem como exercícios que permitem um aumento de massa muscular e/ou modelar o corpo.

5 (Enem)

Conceitos e importância das lutas

Antes de se tornarem esporte, as lutas ou as artes marciais tiveram duas conotações principais: eram praticadas com o objetivo guerreiro ou tinham um apelo filosófico como concepção de vida bastante significativo.

Atualmente, nos deparamos com a grande expansão das artes marciais em nível mundial. As raízes orientais foram se disseminando, ora pela necessidade de luta pela sobrevivência ou para a "defesa pessoal", ora pela possibilidade de ter as artes marciais como própria filosofia de vida.

CARREIRO, E. A. *Educação Física na escola*: implicações para a prática pedagógica. Rio de Janeiro: Guanabara Koogan, 2008.

Um dos problemas da violência que está presente principalmente nos grandes centros urbanos são as brigas e os enfrentamentos de torcidas organizadas, além da formação de gangues, que se apropriam de gestos das lutas, resultando, muitas vezes, em fatalidades. Portanto, o verdadeiro objetivo da aprendizagem desses movimentos foi mal compreendido, afinal as lutas:

a) se tornaram um esporte, mas eram praticadas com o objetivo guerreiro a fim de garantir a sobrevivência.
b) apresentam a possibilidade de desenvolver o autocontrole, o respeito ao outro e a formação do caráter.
c) possuem como objetivo principal a "defesa pessoal" por meio de golpes agressivos sobre o adversário.
d) sofreram transformações em seus princípios filosóficos em razão de sua disseminação pelo mundo.
e) se disseminaram pela necessidade de luta pela sobrevivência ou como filosofia pessoal de vida.

6 (Enem)

A dança é um importante componente cultural da humanidade. O folclore brasileiro é rico em danças que representam as tradições e a cultura de várias regiões do país. Estão ligadas aos aspectos religiosos, festas, lendas, fatos históricos, acontecimentos do cotidiano e brincadeiras e caracterizam-se pelas músicas animadas (com letras simples e populares), figurinos e cenários representativos.

SECRETARIA DA EDUCAÇÃO. *Proposta Curricular do Estado de São Paulo*: Educação Física. São Paulo: 2009. Adaptado.

A dança, como manifestação e representação da cultura rítmica, envolve a expressão corporal própria de um povo. Considerando-a como elemento folclórico, a dança revela:

a) manifestações afetivas, históricas, ideológicas, intelectuais e espirituais de um povo, refletindo seu modo de expressar-se no mundo.
b) aspectos eminentemente afetivos, espirituais e de entretenimento de um povo, desconsiderando fatos históricos.
c) acontecimentos do cotidiano, sob influência mitológica e religiosa de cada região, sobrepondo aspectos políticos.
d) tradições culturais de cada região, cujas manifestações rítmicas são classificadas em um *ranking* das mais originais.
e) lendas, que se sustentam em inverdades históricas, uma vez que são inventadas, e servem apenas para a vivência lúdica de um povo.

Anotações

AULA 8

Competência 6 Compreender e usar os sistemas simbólicos das diferentes linguagens como meios de organização cognitiva da realidade pela constituição de significados, expressão, comunicação e informação.

Habilidade 18 Identificar os elementos que concorrem para a progressão temática e para a organização e a estruturação de textos de diferentes gêneros e tipos.

Em classe

LINGUAGEM LITERÁRIA × LINGUAGEM UTILITÁRIA

Resumo teórico

A linguagem pode ser usada com diversas finalidades. Quando ela é meio de comunicação e seu objetivo é a transmissão de informações, dizemos que estamos diante da **linguagem utilitária**. Quando ela é usada para provocar prazer estético em quem nos ouve ou lê, de maneira que o modo de dizer as coisas se torna mais importante do que o conteúdo que está sendo veiculado, temos a **linguagem literária**.

1 (Enem) No poema "Procura da poesia", Carlos Drummond de Andrade expressa a concepção estética de se fazer com palavras o que o escultor Michelangelo fazia com mármore. O fragmento a seguir exemplifica essa afirmação.

[...]

Penetra surdamente no reino das palavras.

Lá estão os poemas que esperam ser escritos.

[...]

Chega mais perto e contempla as palavras.
Cada uma tem mil faces secretas sob a face neutra
e te pergunta, sem interesse pela resposta,
pobre ou terrível, que lhe deres:
trouxeste a chave?

ANDRADE, Carlos Drummond de. *A rosa do povo*. Rio de Janeiro: Record, 1997, p. 13-14.

Esse fragmento poético ilustra o seguinte tema constante entre autores modernistas:

a) a nostalgia do passado colonialista revisitado.
b) a preocupação com o engajamento político e social da literatura.
c) o trabalho quase artesanal com as palavras, despertando sentidos novos.
d) a produção de sentidos herméticos na busca da perfeição poética.
e) a contemplação da natureza brasileira na perspectiva ufanista da pátria.

2 (Enem) Os textos a seguir foram extraídos de duas crônicas publicadas no ano em que a seleção brasileira conquistou o tricampeonato mundial de futebol.

O General Médici falou em consistência moral. Sem isso, talvez a vitória nos escapasse, pois a disciplina consciente, livremente aceita, é vital na preparação espartana para o rude teste do campeonato. Os brasileiros portaram-se não apenas como técnicos ou profissionais, mas como brasileiros, como cidadãos deste grande país, cônscios de seu papel de representantes de seu povo. Foi a própria afirmação do valor do homem brasileiro, como salientou bem o presidente da República. Que o chefe do governo aproveite essa pausa, esse minuto de euforia e de efusão patriótica, para meditar sobre a situação do país. [...] A realidade do Brasil é a explosão patriótica do povo ante a vitória na Copa.

JOBIM, Danton. *Última Hora*, 23 jun.1970. Adaptado.

O que explodiu mesmo foi a alma, foi a paixão do povo: uma explosão incomparável de alegria, de entusiasmo, de orgulho. [...] Debruçado em minha varanda de Ipanema, [um velho amigo] perguntava: — Será que algum terrorista se aproveitou do delírio coletivo para adiantar um plano seu qualquer, agindo com frieza e precisão? Será que, de outro lado, algum carrasco policial teve ânimo para voltar a torturar sua vítima logo que o alemão apitou o fim do jogo?

BRAGA, Rubem. *Última Hora*, 25 jun.1970. Adaptado.

Avalie as seguintes afirmações a respeito dos dois textos e do período histórico em que foram escritos.

I. Para os dois autores, a conquista do tricampeonato mundial de futebol provocou uma explosão de alegria popular.

II. Os dois textos salientam o momento político que o país atravessava ao mesmo tempo em que conquistava o tricampeonato.

III. À época da conquista do tricampeonato mundial de futebol, o Brasil vivia sob regime militar, que, embora politicamente autoritário, não chegou a fazer uso de métodos violentos contra seus opositores.

É correto apenas o que se afirma em:

a) I
b) II
c) III
d) I e II
e) II e III

3 (Enem)

Dario vinha apressado, guarda-chuva no braço esquerdo e, assim que dobrou a esquina, diminuiu o passo até parar, encostando-se à parede de uma casa. Por ela escorregando, sentou-se na calçada, ainda úmida da chuva, e descansou na pedra o cachimbo.

Dois ou três passantes rodearam-no e indagaram se não se sentia bem. Dario abriu a boca, moveu os lábios, não se ouviu resposta. O senhor gordo, de branco, sugeriu que devia sofrer de ataque.

TREVISAN, D. Uma vela para Dario. *Cemitério de elefantes*. Rio de Janeiro: Civilização Brasileira, 1964. Adaptado.

No texto, um acontecimento é narrado em linguagem literária. Esse mesmo fato, se relatado em versão jornalística, com características de notícia, seria identificado em:

a) Aí, amigão, fui diminuindo o passo e tentei me apoiar no guarda-chuva... mas não deu. Encostei na parede e fui escorregando. Foi mal, cara! Perdi os sentidos ali mesmo. Um povo que passava falou comigo e tentou me socorrer. E eu, ali, estatelado, sem conseguir falar nada! Cruzes! Que mal!

b) O representante comercial Dario Ferreira, 43 anos, não resistiu e caiu na calçada da Rua da Abolição, quase esquina com a Padre Vieira, no centro da cidade, ontem por volta do meio-dia. O homem ainda tentou apoiar-se no guarda-chuva que trazia, mas não conseguiu. Aos populares que tentaram socorrê-lo não conseguiu dar qualquer informação.

c) Eu logo vi que podia se tratar de um ataque. Eu vinha logo atrás. O homem, todo aprumado, de guarda-chuva no braço e cachimbo na boca, dobrou a esquina e foi diminuindo o passo até se sentar no chão da calçada. Algumas pessoas que passavam pararam para ajudar, mas ele nem conseguia falar.

d) Vítima
Idade: entre 40 e 45 anos
Sexo: masculino
Cor: branca
Ocorrência: encontrado desacordado na rua da Abolição, quase esquina com Padre Vieira. Ambulância chamada às 12h34min por homem desconhecido. A caminho.

e) Pronto socorro? Por favor, tem um homem caído na calçada da rua da Abolição, quase esquina com a Padre Vieira. Ele parece desmaiado. Tem um grupo de pessoas em volta dele. Mas parece que ninguém aqui pode ajudar. Ele precisa de uma ambulância rápido. Por favor, venham logo!

Anotações

Em casa

TEXTO DE APOIO

1. Linguagem literária × linguagem utilitária

Para distinguir os textos literários dos não literários, imaginemos as seguintes situações:

Em um restaurante de cozinha internacional, um sujeito apresenta-se ao *maître* como crítico gastronômico e avisa que, embora não esteja com fome, vai experimentar alguns pratos franceses e italianos, pois ouviu boas referências a respeito daquele *chef*. Pato com purê de maçãs, risoto de camarão, filé-mignon ao molho de ervas e várias outras iguarias são degustadas pelo crítico, que avalia cuidadosamente a qualidade dos alimentos.

No mesmo instante, em outro lugar da mesma cidade, um sujeito que está há oito horas sem comer resolve matar a fome com uma feijoada. Embora os garçons lhe ofereçam várias opções, ele só quer saber de paio, linguiça, carne-seca, orelha de porco, arroz, couve, laranja e, claro, feijão-preto. Rapidamente, o sujeito devora três pratos de comida, sem conseguir avaliar a competência do cozinheiro.

Essas situações, aparentemente díspares, narram histórias muito parecidas: duas pessoas se dirigem a restaurantes para comer. No entanto, apesar da inegável semelhança de atitudes (afinal, ambos se alimentaram), as situações revelam intenções completamente distintas: o crítico gastronômico, embora tenha comido, estava sem apetite, seu objetivo era apreciar a qualidade dos pratos; já o segundo sujeito comeu sobretudo para saciar a fome. Objetivamente, os dois praticaram ações parecidas, pois se sentaram à mesa de um restaurante, fizeram pedidos e comeram vários pratos; porém a finalidade que levou cada um a procurar o restaurante foi completamente diferente.

Com a linguagem ocorre um fenômeno parecido: podemos falar ou escrever simplesmente para transmitir uma informação, mas também podemos desejar provocar prazer nas pessoas que nos ouvem ou leem. No primeiro caso, temos a **linguagem utilitária**, de que seriam exemplos a bula de remédio, o livro didático, a placa de trânsito, as conversas ao telefone, o verbete de enciclopédia, os extratos bancários. No segundo, teríamos a **linguagem literária**, que está presente no que chamamos de Literatura.

2. Um modo de identificar a linguagem literária

Como podemos identificar o texto literário? Quais são suas características? Como diferenciá-lo do texto não literário? Essas questões já foram discutidas por inúmeros pensadores. Sem entrar aprofundadamente nessas discussões, é possível recorrer a uma ideia bastante simples para começar a reconhecer traços da linguagem literária.

O poeta e estudioso francês Paul Valéry propunha uma regra prática para distinguir o texto literário do utilitário. Para ele, bastaria resumir o texto: se o resumo mantivesse as características essenciais do texto original, o texto seria **utilitário**; se o resumo excluísse o essencial, o texto seria **literário**.

De maneira bem simplificada, podemos dizer, desde já, que todo texto se organiza a partir de um jogo entre **"o que se diz"** e **"o modo de dizer"**. Na linguagem utilitária, valoriza-se o que se diz. Isso não significa que o enunciador não possa ter, nessas situações, preocupações com a maneira de transmitir a informação. Mesmo numa conversa despretensiosa, há momentos em que atentamos para o modo de dizer, embora essa atenção seja secundária. Fenômeno semelhante acontece com os textos de linguagem literária. Nesse caso, priorizam-se questões ligadas ao modo de dizer, ainda que não se possa abrir mão de aspectos ligados ao que se diz.

Resumidamente, tem-se que:

- o **texto utilitário** é aquele que se preocupa sobretudo com *o que se diz*;
- o **texto literário** é aquele que se preocupa sobretudo com *o modo de dizer*.

Por fim, não se pode esquecer que elementos da linguagem literária podem aparecer também em textos que não fazem parte do universo da Literatura. Canções populares ou anúncios publicitários, por exemplo, costumam valer-se de recursos típicos da linguagem literária. O importante é destacar que a Literatura faz isso de modo mais contundente e sistemático.

1 (Enem)

E considerei a glória de um pavão ostentando o esplendor de suas cores; é um luxo imperial. Mas andei lendo livros, e descobri que aquelas cores todas não existem na pena do pavão. Não há pigmentos. O que há são minúsculas bolhas d'água em que a luz se fragmenta, como em um prisma.

O pavão é um arco-íris de plumas.

Eu considerei que este é o luxo do grande artista, atingir o máximo de matizes com o mínimo de elementos. De água e luz ele faz seu esplendor; seu grande mistério é a simplicidade.

Considerei, por fim, que assim é o amor, oh! Minha amada; de tudo que ele suscita e esplende e estremece e delira em mim existem apenas meus olhos recebendo a luz de teu olhar. Ele me cobre de glórias e me faz magnífico.

BRAGA, Rubem. *Ai de ti, Copacabana.*

O poeta Carlos Drummond de Andrade escreveu assim sobre a obra de Rubem Braga:

O que ele nos conta é o seu dia, o seu expediente de homem, apanhado no essencial, narrativa direta e econômica. [...] É o poeta do real, do palpável, que se vai diluindo em cisma. Dá o sentimento da realidade e o remédio para ela.

Em seu texto, Rubem Braga afirma que "este é o luxo do grande artista, atingir o máximo de matizes com o mínimo de elementos". Afirmação semelhante pode ser encontrada no texto de Carlos Drummond de Andrade, quando, ao analisar a obra de Braga, diz que ela é:

a) uma narrativa direta e econômica.
b) real, palpável.
c) sentimento de realidade.
d) seu expediente de homem.
e) seu remédio.

2 (Enem – Adaptada)

Guardar

Guardar uma coisa não é escondê-la ou trancá-la.
Em cofre não se guarda coisa alguma.
Em cofre perde-se a coisa à vista.
Guardar uma coisa é olhá-la, fitá-la, mirá-la por
admirá-la, isto é, iluminá-la ou
ser por ela iluminado.
Guardar uma coisa é vigiá-la, isto é, fazer vigília por
ela, isto é, velar por ela, isto é, estar acordado por ela,
isto é, estar por ela ou ser por ela.
Por isso melhor se guarda o voo de um pássaro
Do que um pássaro sem voos.
Por isso se escreve, por isso se
diz, por isso se publica,
por isso se declara e declama um poema:
Para guardá-lo:
Para que ele, por sua vez, guarde o que guarda:
Guarde o que quer que guarda um poema:
Por isso o lance do poema:
Por guardar-se o que se quer guardar.

MACHADO, G. In: MORICONI, I. (Org.).
Os cem melhores poemas brasileiros do século.
Rio de Janeiro: Objetiva, 2001.

A memória é um importante recurso do patrimônio cultural de uma nação. Ela está presente nas lembranças do passado e no acervo cultural de um povo. Ao tratar o fazer poético como uma das maneiras de se guardar o que se quer, o texto:

a) ressalta a importância dos estudos históricos para a construção da memória social de um povo.
b) valoriza as lembranças individuais em detrimento das narrativas populares ou coletivas.
c) reforça a capacidade da literatura em promover a subjetividade e os valores humanos.
d) destaca a importância de reservar o texto literário àqueles que possuem maior repertório cultural.
e) revela a superioridade da escrita poética, que é a única forma que existe de preservação da memória cultural.

3 (Enem)

Lépida e leve

Língua do meu Amor velosa e doce,
que me convences de que sou frase,
que me contornas, que me vestes quase,
como se o corpo meu de ti vindo me fosse.
Língua que me cativas, que me enleias
os surtos de ave estranha,
em linhas longas de invisíveis teias,
de que és, há tanto, habilidosa aranha...
[...]
Amo-te as sugestões gloriosas e funestas,
amo-te como todas as mulheres
te amam, ó língua-lama, ó língua-resplendor,
pela carne de som que à ideia emprestas
e pelas frases mudas que proferes
nos silêncios de Amor!...

MACHADO, G. In: MORICONI, I. (Org.).
Os cem melhores poemas brasileiros do século.
Rio de Janeiro: Objetiva, 2001. Fragmento.

A poesia de Gilka Machado identifica-se com as concepções artísticas simbolistas. Entretanto, o texto selecionado incorpora referências temáticas e formais modernistas, já que, nele, a poetisa:

a) procura desconstruir a visão metafórica do amor e abandona o cuidado formal.
b) concebe a mulher como um ser sem linguagem e questiona o poder da palavra.
c) questiona o trabalho intelectual da mulher e antecipa a construção do verso livre.
d) propõe um modelo novo de erotização na lírica amorosa e propõe a simplificação verbal.
e) explora a construção da essência feminina, a partir da polissemia de "língua", e inova o léxico.

4 (Enem)

Texto I

No meio do caminho tinha uma pedra
tinha uma pedra no meio do caminho
tinha uma pedra
no meio do caminho tinha uma pedra
[...]

ANDRADE, C. D. *Reunião*. Rio de Janeiro: José Olympio, 1971.

Texto II

As lavadeiras de Mossoró, cada uma tem sua pedra no rio: cada pedra é herança de família, passando de mãe a filha, de filha a neta, como vão passando as águas no tempo [...] A lavadeira e a pedra formam um ente especial, que se divide e se reúne ao sabor do trabalho. Se a mulher entoa uma canção, percebe-se que nova pedra a acompanha em surdina...

[...]

ANDRADE, C. D. Contos sem propósito. Rio de Janeiro: *Jornal do Brasil*, 17 jul. 1979. Caderno B.

Com base na leitura dos textos, é possível estabelecer uma relação entre forma e conteúdo da palavra "pedra", por meio da qual se observa:

a) o emprego, em ambos os textos, do sentido conotativo da palavra "pedra".
b) a identidade de significação, já que nos dois textos "pedra" significa empecilho.
c) a personificação de "pedra" que, em ambos os textos, adquire características animadas.
d) o predomínio, no primeiro texto, do sentido denotativo de "pedra" como matéria mineral sólida e dura.
e) a utilização, no segundo texto, do significado de "pedra" como dificuldade materializada por um objeto.

AULA 9

Competência 5	**Analisar, interpretar e aplicar recursos expressivos das linguagens, relacionando textos com seus contextos, mediante a natureza, função, organização, estrutura das manifestações, de acordo com as condições de produção e recepção.**
Habilidade 15	Estabelecer relações entre o texto literário e o momento de sua produção, situando aspectos do contexto histórico, social e político.

Em classe

LITERATURA E SOCIEDADE

Resumo teórico

Os literatos não produzem suas obras numa "torre de marfim", distante da sociedade em que vivem. De alguma forma, as obras dialogam com os valores que circulam na sociedade, seja para concordar com eles, seja para discordar deles.

Como o Enem só cobra literatura brasileira, muitas questões do exame avaliam a capacidade do estudante de relacionar obras do patrimônio literário nacional a características peculiares da sociedade brasileira, envolvendo questões políticas, ambientais, familiares, religiosas, culturais, etc.

Textos para as questões 1 e 2

Texto I

Agora Fabiano conseguia arranjar as ideias. O que o segurava era a família. Vivia preso como um novilho amarrado ao mourão, suportando ferro quente. Se não fosse isso, um soldado amarelo não lhe pisava o pé não. [...] Tinha aqueles cambões pendurados ao pescoço. Deveria continuar a arrastá-los? Sinha Vitória dormia mal na cama de varas. Os meninos eram uns brutos, como o pai. Quando crescessem, guardariam as reses de um patrão invisível, seriam pisados, maltratados, machucados por um soldado amarelo.

RAMOS, Graciliano. *Vidas secas*. 23. ed. São Paulo: Martins, 1969, p. 75.

Texto II

Para Graciliano, o roceiro pobre é um outro, enigmático, impermeável. Não há solução fácil para uma tentativa de incorporação dessa figura no campo da ficção. É lidando com o impasse, ao invés de fáceis soluções, que Graciliano vai criar *Vidas secas*, elaborando uma linguagem, uma estrutura romanesca, uma constituição de narrador em que narrador e criaturas se tocam, mas não se identificam. Em grande medida, o debate acontece porque, para a intelectualidade brasileira naquele momento, o pobre, a despeito de aparecer idealizado em certos aspectos, ainda é visto como um ser humano de segunda categoria, simples demais, incapaz de ter pensamentos demasiadamente complexos. O que *Vidas secas* faz é, com pretenso não envolvimento da voz que controla a narrativa, dar conta de uma riqueza humana de que essas pessoas seriam plenamente capazes.

BUENO, Luís. Guimarães, Clarice e antes. *Teresa*. São Paulo: USP, n. 2, 2001, p. 254.

1 (Enem) A partir do trecho de *Vidas secas* (texto I) e das informações do texto II, relativas às concepções artísticas do romance social de 1930, avalie as seguintes afirmativas.

I. O pobre, antes tratado de forma exótica e folclórica pelo regionalismo pitoresco, transforma-se em protagonista privilegiado do romance social de 30.

II. A incorporação do pobre e de outros marginalizados indica a tendência da ficção brasileira da década de 30 de tentar superar a grande distância entre o intelectual e as camadas populares.

III. Graciliano Ramos e os demais autores da década de 30 conseguiram, com suas obras, modificar a posição social do sertanejo na realidade nacional.

É correto apenas o que se afirma em:

a) I.
b) II.
c) III.
d) I e II.
e) II e III.

2 (Enem) No texto II, verifica-se que o autor utiliza:

a) linguagem predominantemente formal, para problematizar, na composição de *Vidas secas*, a relação entre o escritor e o personagem popular.
b) linguagem inovadora, visto que, sem abandonar a linguagem formal, dirige-se diretamente ao leitor.
c) linguagem coloquial, para narrar coerentemente uma história que apresenta o roceiro pobre de forma pitoresca.
d) linguagem formal com recursos retóricos próprios do texto literário em prosa, para analisar determinado momento da literatura brasileira.
e) linguagem regionalista, para transmitir informações sobre literatura, valendo-se de coloquialismo, para facilitar o entendimento do texto.

3 (Enem)

Negrinha

Negrinha era uma pobre órfã de sete anos. Preta? Não; fusca, mulatinha escura, de cabelos ruços e olhos assustados.

Nascera na senzala, de mãe escrava, e seus primeiros anos vivera-os pelos cantos escuros da cozinha, sobre velha esteira e trapos imundos. Sempre escondida, que a patroa não gostava de crianças.

Excelente senhora, a patroa. Gorda, rica, dona do mundo, amimada dos padres, com lugar certo na igreja e camarote de luxo reservado no céu. Entaladas as banhas no trono (uma cadeira de balanço na sala de jantar), ali bordava, recebia as amigas e o vigário, dando audiências, discutindo o tempo. Uma virtuosa senhora em suma – "dama de grandes virtudes apostólicas, esteio da religião e da moral", dizia o reverendo.

Ótima, a dona Inácia.

Mas não admitia choro de criança. Ai! Punha-lhe os nervos em carne viva.

[...]

A excelente dona Inácia era mestra na arte de judiar de crianças. Vinha da escravidão, fora senhora de escravos – e daquelas ferozes, amigas de ouvir cantar o bolo e estalar o bacalhau. Nunca se afizera ao regime novo – essa indecência de negro igual.

LOBATO, M. Negrinha. In: MORICONI, I. *Os cem melhores contos brasileiros do século.* Rio de Janeiro: Objetiva, 2000.

A narrativa focaliza um momento histórico-social de valores contraditórios. Essa contradição infere-se, no contexto, pela:

a) falta de aproximação entre a menina e a senhora, preocupada com as amigas.
b) receptividade da senhora para com os padres, mas deselegante para com as beatas.
c) ironia do padre a respeito da senhora, que era perversa com as crianças.
d) resistência da senhora em aceitar a liberdade dos negros, evidenciada no final do texto.
e) rejeição aos criados por parte da senhora, que preferia tratá-los com castigos.

Em casa

TEXTO DE APOIO

1. Literatura e sociedade

Numa questão do exame de 1999, a banca do Enem simplificou um poema de João Cabral de Melo Neto, chamado "A Graciliano Ramos", que fala sobre a função de seus textos e da Literatura em geral:

> ***Falo somente com o que falo**: a linguagem enxuta, contato denso; **falo somente do que falo**: a vida seca, áspera e clara do sertão; **falo somente por quem falo**: o homem sertanejo sobrevivendo na adversidade e na míngua. **Falo somente para quem falo**: para os que precisam ser alertados para a situação da miséria no Nordeste.*

O aluno deveria chegar à conclusão de que, para João Cabral de Melo Neto, no texto literário, "a linguagem do texto deve refletir o tema, e a fala do autor deve denunciar o fato social para determinados leitores".

Essa relação entre literatura e sociedade é um ponto essencial para a análise da produção artística brasileira. De maneira mais "realista" ou menos "realista", muitos escritores nacionais dialogam, em suas obras, com a sociedade brasileira.

2. Produção literária e processo social

Observe as estrofes a seguir, que iniciam o samba "Memórias de um sargento de milícias", de Paulinho da Viola:

Era no tempo do rei, quando aqui chegou
Um modesto casal, feliz pelo recente amor.
Leonardo, tornando-se meirinho,
Deu a Maria Hortaliça um novo lar,
Um pouco de conforto e de carinho.
Dessa união nasceu um lindo varão,
Que recebeu o mesmo nome do seu pai,
Personagem central da história
Que contamos neste carnaval.
Mas um dia Maria fez a Leonardo uma ingratidão,
Mostrando que não era uma boa companheira,
Provocou a separação.
Foi assim que o padrinho passou a ser do menino tutor,
A quem lhe deu toda dedicação, sofrendo uma grande desilusão.
Outra figura importante em sua vida foi a comadre, parteira popular,
Diziam que benzia de quebranto a beata mais famosa do lugar. [...]

Disponível em: <www.martinhodavila.com.br/letra.asp?disco=3&musica=23>. Acesso em: 6 maio 2013. Adaptado.

Esta canção, gravada por Martinho da Vila no início dos anos 1970, foi o samba-enredo da Portela no Carnaval carioca de 1966. Paulinho da Viola a compôs a partir do romance *Memórias de um sargento de milícias*, publicado em capítulos semanais no *Correio Mercantil*, por Manuel Antônio de Almeida, entre 1852 e 1853. As *Memórias* narram a saga de dois Leonardos, o pai e o filho, que se metem em uma série de confusões no Rio de Janeiro da época de D. João VI. Aliás, o primeiro verso do samba remete explicitamente ao início do romance:

> *Era no tempo do rei.*
>
> *Uma das quatro esquinas que formam as ruas do Ouvidor e da Quitanda, cortando-se mutuamente, chamava-se nesse tempo – O canto dos meirinhos –; e bem lhe assentava o nome, porque era aí o lugar de encontro favorito de todos os indivíduos dessa classe (que gozava então de não pequena consideração). Os meirinhos de hoje não são mais do que a sombra caricata dos meirinhos do tempo do rei* [...].
>
> ALMEIDA, Manuel Antônio de. *Memórias de um sargento de milícias.* Cotia: Ateliê Editorial, 2000.

Note-se que o romance refere-se ao "tempo do rei" da mesma maneira que a canção de Paulinho da Viola. É como se o Rio de D. João VI estivesse sendo "reconstruído" tanto no romance quanto no samba. Aliás, atualmente, as *Memórias de um sargento de milícias* são utilizadas por historiadores para estudar o Rio Joanino. Isso porque o romance descreve, muitas vezes com riqueza de detalhes, as festas, os costumes, as tradições populares e religiosas do começo do século XIX no Brasil.

Quando Paulinho da Viola resolveu recontar a história dos Leonardos por meio de um samba, ele inevitavelmente estava mostrando a importância das *Memórias*, que permaneceram vivas por tanto tempo que se tornaram enredo de Carnaval. No entanto, para entender a canção, é inegável a necessidade de conhecer algumas personagens do romance, como os Leonardos, Maria da Hortaliça, o Major Vidigal, o padrinho, a madrinha, o reverendo, a cigana, Chico Juca, Dona Maria, Luisinha, Vidinha e tantos outros "tipos" populares do Rio Joanino. Sem saber quem são essas personagens, ficaria difícil entender o desfile da Portela de 1966.

O caso do romance de Manuel Antônio de Almeida e do samba de Paulinho da Viola não é único. São inúmeros os exemplos de obras literárias que nos auxiliam a compreender certos processos sociais, o que significa que a Literatura é também uma ferramenta para entender a sociedade.

Essa compreensão da sociedade por meio da Literatura é extremamente complexa. Existem obras claramente localizadas no tempo e no espaço, como o romance de Manuel Antônio de Almeida. Há outra em que o espaço e o tempo estão mais sujeitos à fantasia, como em *Iracema* ou *Auto da barca do inferno*. Mas, tanto em um caso como em outro, a Literatura é, sim, uma forma de conhecer o mundo.

Quando se fala em *conhecer o mundo*, não se trata apenas de um conhecimento prático, objetivo, concreto. A vida não é feita apenas da realidade tangível; ela inclui a fantasia, o sonho, a imaginação, o desejo, o prazer. E a Literatura, por intermédio da linguagem, muitas vezes tem o papel ou de desligar-nos da realidade pragmática, propondo a construção de outros mundos, ou de aproximar-nos dela, reavaliando criticamente a sociedade em que vivemos.

Talvez por esse motivo, não tenha existido nenhuma civilização, desde o surgimento da escrita, que não tenha se dedicado, um pouco que seja, a produzir obras literárias. Parece que os homens sentem necessidade de escrever para entender melhor o mundo em que vivem, e a escrita literária, por ser caracterizada sobretudo pela liberdade, permite isso. Daí a sua importância e também a sua utilidade.

Requer uma boa dose de treino a leitura eficiente do texto de linguagem literária, pois não é imediata a identificação das relações entre o texto e a sociedade em que vivemos, bem como não é simples compreender os efeitos produzidos pela maneira de dizer as coisas nos textos literários. No entanto, por se tratar de textos muito valorizados pela tradição, já que neles estão guardados muitos dados da nossa cultura, a competência para ler textos dessa natureza é imprescindível.

1 (Enem)

A velha Totonha de quando em vez batia no engenho. E era um acontecimento para a meninada... Que talento ela possuía para contar as suas histórias, com um jeito admirável de falar em nome de todos os personagens, sem nenhum dente na boca, e com uma voz que dava todos os tons às palavras!

Havia sempre rei e rainha, nos seus contos, e forca e adivinhações. E muito da vida, com as suas maldades e as suas grandezas, a gente encontrava naqueles heróis e naqueles intrigantes, que eram sempre castigados com mortes horríveis! O que fazia a velha Totonha mais curiosa era a cor local que ela punha nos seus descritivos. Quando ela queria pintar um reino era como se estivesse falando dum engenho fabuloso. Os rios e florestas por onde andavam os seus personagens se pareciam muito com a Paraíba e a Mata do Rolo. O seu Barba-Azul era um senhor de engenho de Pernambuco.

REGO, José Lins do. *Menino de engenho*. Rio de Janeiro: José Olympio, 1980, p. 49-51. Adaptado.

Na construção da personagem "velha Totonha", é possível identificar traços que revelam marcas do processo de colonização e de civilização do país. Considerando o texto anterior, infere-se que a velha Totonha:

a) tira o seu sustento da produção da literatura, apesar de suas condições de vida e de trabalho, que denotam que ela enfrenta situação econômica muito adversa.

b) compõe, em suas histórias, narrativas épicas e realistas da história do país colonizado, livres da influência de temas e modelos não representativos da realidade nacional.

c) retrata, na constituição do espaço dos contos, a civilização urbana europeia em concomitância com a representação literária de engenhos, rios e florestas do Brasil.

d) aproxima-se, ao incluir elementos fabulosos nos contos, do próprio romancista, o qual pretende retratar a realidade brasileira de forma tão grandiosa quanto a europeia.

e) imprime marcas da realidade local a suas narrativas, que têm como modelo e origem as fontes da literatura e da cultura europeia universalizada.

2 (Enem)

Capítulo III

Um criado trouxe o café. Rubião pegou na xícara e, enquanto lhe deitava açúcar, ia disfarçadamente mirando a bandeja, que era de prata lavrada. Prata, ouro, eram os metais que amava de coração; não gostava de bronze, mas o amigo Palha disse-lhe que era matéria de preço, e assim se explica este par de figuras que aqui está na sala: um Mefistófeles e um Fausto. Tivesse, porém, de escolher, escolheria a bandeja, – primor de argentaria, execução fina e acabada. O criado esperava teso e sério. Era espanhol; e não foi sem resistência que Rubião o aceitou das mãos de Cristiano; por mais que lhe dissesse que estava acostumado aos seus crioulos de Minas, e não queria línguas estrangeiras em casa, o amigo Palha insistiu, demonstrando-lhe a necessidade de ter criados brancos. Rubião cedeu com pena. O seu bom pajem, que ele queria pôr na sala, como um pedaço da província, nem o pôde deixar na cozinha, onde reinava um francês, Jean; foi degradado a outros serviços.

ASSIS, Machado de. Quincas Borba. In: *Obra completa*. Rio de Janeiro: Nova Aguilar, 1993. v. 1.

Quincas Borba situa-se entre as obras-primas do autor e da literatura brasileira. No fragmento apresentado, a peculiaridade do texto que garante a universalização de sua abordagem reside:

a) no conflito entre o passado pobre e o presente rico, que simboliza o triunfo da aparência sobre a essência.

b) no sentimento de nostalgia do passado devido à substituição da mão de obra escrava pela dos imigrantes.

c) na referência a Fausto e Mefistófeles, que representam o desejo de eternização de Rubião.

d) na admiração dos metais por parte de Rubião, que metaforicamente representam a durabilidade dos bens produzidos pelo trabalho.

e) na resistência de Rubião aos criados estrangeiros, que reproduz o sentimento de xenofobia.

3 (Enem)

Quem é pobre, pouco se apega, é um giro-o-giro no vago dos gerais, que nem os pássaros de rios e lagoas. O senhor vê: o Zé-Zim, o melhor meeiro meu aqui, risonho e habilidoso. Pergunto: – Zé-Zim, por que é que você não cria galinhas-d'angola, como todo o mundo faz? – Quero criar nada não... – me deu resposta: – Eu gosto muito de mudar... [...] Belo um dia, ele tora. Ninguém discrepa. Eu, tantas, mesmo digo. Eu dou proteção. [...]

Essa não faltou também à minha mãe, quando eu era menino, no sertãozinho de minha terra. [...] Gente melhor do lugar eram todos dessa família Guedes, Jidião Guedes; quando saíram de lá, nos trouxeram junto, minha mãe e eu. Ficamos existindo em território baixio da Sirga, da outra banda, ali onde o de-Janeiro vai no São Francisco, o senhor sabe.

ROSA, J. G. *Grande Sertão: Veredas.* Rio de Janeiro: José Olympio.

Na passagem citada, Riobaldo expõe uma situação decorrente de uma desigualdade social típica das áreas rurais brasileiras marcadas pela concentração de terras e pela relação de dependência entre agregados e fazendeiros. No texto, destaca-se essa relação porque o personagem-narrador:

a) relata a seu interlocutor a história de Zé-Zim, demonstrando sua pouca disposição em ajudar seus agregados, uma vez que superou essa condição graças à sua força de trabalho.
b) descreve o processo de transformação de um meeiro – espécie de agregado – em proprietário de terra.
c) denuncia a falta de compromisso e a desocupação dos moradores, que pouco se envolvem no trabalho da terra.
d) mostra como a condição material da vida do sertanejo é dificultada pela sua dupla condição de homem livre e, ao mesmo tempo, dependente.
e) mantém o distanciamento narrativo condizente com sua posição social, de proprietário de terras.

4 (Enem)

Texto I

Principiei a leitura de má vontade. E logo emperrei na história de um menino vadio que, dirigindo-se à escola, se retardava a conversar com os passarinhos e recebia deles opiniões sisudas e bons conselhos. Em seguida vinham outros irracionais, igualmente bem-intencionados e bem falantes. Havia a moscazinha que morava na parede de uma chaminé e voava à toa, desobedecendo às ordens maternas, e tanto voou que afinal caiu no fogo. Esses contos me intrigaram com o [livro] *Barão de Macaúbas.* Infelizmente um doutor, utilizando bichinhos, impunha-nos a linguagem dos doutores. – Queres tu brincar comigo? O passarinho, no galho, respondia com preceito e moral, e a mosca usava adjetivos colhidos no dicionário. A figura do barão manchava o frontispício do livro, e a gente percebia que era dele o pedantismo atribuído à mosca e ao passarinho. Ridículo um indivíduo hirsuto e grave, doutor e barão, pipilar conselhos, zumbir admoestações.

RAMOS, G. *Infância.* Rio de Janeiro: Record, 1986. Adaptado.

Texto II

Dado que a literatura, como a vida, ensina na medida em que atua com toda sua gama, é artificial querer que ela funcione como os manuais de virtude e boa conduta. E a sociedade não pode senão escolher o que em cada momento lhe parece adaptado aos seus fins, enfrentando ainda assim os mais curiosos paradoxos, pois mesmo as obras consideradas indispensáveis para a formação do moço trazem frequentemente o que as convenções desejariam banir. Aliás, essa espécie de inevitável contrabando é um dos meios por que o jovem entra em contato com realidades que se tenciona escamotear-lhe.

CANDIDO, A. A literatura e a formação do homem. In: *Textos de intervenção.* São Paulo: Duas Cidades/Ed. 34, 2002. Adaptado.

Os dois textos anteriores, com enfoques diferentes, abordam um mesmo problema, que se refere, simultaneamente, ao campo literário e ao social. Considerando-se a relação entre os dois textos, verifica-se que eles têm em comum o fato de que:

a) tratam do mesmo tema, embora com opiniões divergentes, expressas no primeiro texto por meio da ficção e, no segundo, por análise sociológica.
b) foi usada, em ambos, linguagem de caráter moralista em defesa de uma mesma tese: a literatura, muitas vezes, é nociva à formação do jovem estudante.
c) são utilizadas linguagens diferentes nos dois textos, que apresentam um mesmo ponto de vista: a literatura deixa ver o que se pretende esconder.
d) a linguagem figurada é predominante em ambos, embora o primeiro seja uma fábula e o segundo, um texto científico.
e) o tom humorístico caracteriza a linguagem de ambos os textos, em que se defende o caráter pedagógico da literatura.

AULA 10

Competência 4 Compreender a arte como saber cultural e estético gerador de significação e integrador da organização do mundo e da própria identidade.

Habilidade 14 Reconhecer o valor da diversidade artística e das inter-relações de elementos que se apresentam nas manifestações de vários grupos sociais e étnicos.

Em classe

LITERATURA E HISTÓRIA

Resumo teórico

Todo artista escreve numa determinada época e sofre influência de certos valores históricos. O conceito de "escola literária" está muito ligado à historicidade do texto literário. Escritores que viveram num mesmo momento histórico, sob a égide de valores semelhantes, tendem a apresentar características estéticas parecidas.

Romantismo, Realismo e Modernismo, principalmente esta última, são as escolas literárias cujos autores aparecem com mais frequência no exame do Enem.

1 (Enem) "Poética", de Manuel Bandeira, é quase um manifesto do movimento modernista brasileiro de 1922. No poema, o autor elabora críticas e propostas que representam o pensamento estético predominante na época.

Poética

Estou farto do lirismo comedido
Do lirismo bem comportado
Do lirismo funcionário público com livro de ponto expediente protocolo e manifestações de apreço ao Sr. diretor.
Estou farto do lirismo que para e vai averiguar no dicionário o cunho vernáculo de um vocábulo.
Abaixo os puristas

....

Quero antes o lirismo dos loucos
O lirismo dos bêbedos
O lirismo difícil e pungente dos bêbedos
O lirismo dos *clowns* de Shakespeare
– Não quero mais saber do lirismo que não é libertação.

BANDEIRA, Manuel. *Poesia completa e prosa.* Rio de Janeiro: José Aguilar, 1974.

Com base na leitura do poema, podemos afirmar corretamente que o poeta:

a) critica o lirismo louco do movimento modernista.
b) critica todo e qualquer lirismo na literatura.
c) propõe o retorno ao lirismo do movimento clássico.
d) propõe o retorno ao lirismo do movimento romântico.
e) propõe a criação de um novo lirismo.

2 (Enem) Após estudar na Europa, Anita Malfatti retornou ao Brasil com uma mostra que abalou a cultura nacional do início do século XX. Elogiada por seus mestres na Europa, Anita se considerava pronta para mostrar seu trabalho no Brasil, mas enfrentou as duras críticas de Monteiro Lobato. Com a intenção de criar uma arte que valorizasse a cultura brasileira, Anita Malfatti e outros artistas modernistas:

a) buscaram libertar a arte brasileira das normas acadêmicas europeias, valorizando as cores, a originalidade e os temas nacionais.
b) defenderam a liberdade limitada de uso da cor, até então utilizada de forma irrestrita, afetando a criação artística nacional.
c) representaram a ideia de que a arte deveria copiar fielmente a natureza, tendo como finalidade a prática educativa.
d) mantiveram de forma fiel a realidade nas figuras retratadas, defendendo uma liberdade artística ligada à tradição acadêmica.
e) buscaram a liberdade na composição de suas figuras, respeitando limites de temas abordados.

3 (Enem)

Abatidos pelo fadinho harmonioso e nostálgico dos desterrados, iam todos, até mesmo os brasileiros, se concentrando e caindo em tristeza; mas, de repente, o cavaquinho de Porfiro, acompanhado pelo violão do Firmo, romperam vibrantemente com um chorado baiano. Nada mais que os primeiros acordes da música crioula para que o sangue de toda aquela gente despertasse logo, como se alguém lhe fustigasse o corpo com urtigas bravas. E seguiram-se outras notas, e outras, cada vez mais ardentes e mais delirantes. Já não eram dois instrumentos que soavam, eram lúbricos gemidos e suspiros soltos em torrente, a correrem serpenteando, como cobras numa floresta incendiada; eram ais convulsos, chorados em frenesi de amor: música feita de beijos e soluços gostosos; carícia de fera, carícia de doer, fazendo estalar de gozo.

AZEVEDO, A. *O cortiço*. São Paulo: Ática, 1983.

No romance *O cortiço* (1890), de Aluísio Azevedo, as personagens são observadas como elementos coletivos caracterizados por condicionantes de origem social, sexo e etnia. Na passagem transcrita, o confronto entre brasileiros e portugueses revela prevalência do elemento brasileiro, pois:

a) destaca o nome de personagens brasileiras e omite o de personagens portuguesas.
b) exalta a força do cenário natural brasileiro e considera o do português inexpressivo.
c) mostra o poder envolvente da música brasileira, que cala o fado português.
d) destaca o sentimentalismo brasileiro, contrário à tristeza dos portugueses.
e) atribui aos brasileiros uma habilidade maior com instrumentos musicais.

4 (Enem)

Texto I

Canção do exílio

Minha terra tem palmeiras,
Onde canta o Sabiá;
As aves, que aqui gorjeiam,
Não gorjeiam como lá.
Nosso céu tem mais estrelas,
Nossas várzeas têm mais flores,
Nossos bosques têm mais vida,
Nossa vida mais amores.
[...]
Minha terra tem primores,
Que tais não encontro eu cá;
Em cismar – sozinho, à noite –
Mais prazer eu encontro lá;
Minha terra tem palmeiras
Onde canta o Sabiá.
Não permita Deus que eu morra,
Sem que eu volte para lá;
Sem que desfrute os primores
Que não encontro por cá;
Sem qu'inda aviste as palmeiras
Onde canta o Sabiá.

DIAS, G. *Poesia e prosa completas*. Rio de Janeiro: Nova Aguilar, 1998.

Texto II

Canto de regresso à Pátria

Minha terra tem palmares
Onde gorjeia o mar
Os passarinhos daqui
Não cantam como os de lá
Minha terra tem mais rosas
E quase tem mais amores
Minha terra tem mais ouro
Minha terra tem mais terra
Ouro terra amor e rosas
Eu quero tudo de lá
Não permita Deus que eu morra
Sem que volte para lá
Não permita Deus que eu morra
Sem que volte pra São Paulo
Sem que eu veja a rua 15
E o progresso de São Paulo

ANDRADE, O. *Cadernos de poesia do aluno Oswald*. São Paulo: Círculo do Livro, s/d.

Os textos I e II, escritos em contextos históricos e culturais diversos, enfocam o mesmo motivo poético: a paisagem brasileira entrevista a distância. Analisando-os, conclui-se que:

a) o ufanismo, atitude de quem se orgulha excessivamente do país em que nasceu, é o tom de que se revestem os dois textos.
b) a exaltação da natureza é a principal característica do texto II, que valoriza a paisagem tropical realçada no texto II.
c) o texto II aborda o tema da nação, como o texto I, mas sem perder a visão crítica da realidade brasileira.
d) o texto I, em oposição ao texto II, revela distanciamento geográfico do poeta em relação à pátria.
e) ambos os textos apresentam ironicamente a paisagem brasileira.

Em casa

TEXTO DE APOIO

1. Literatura e história

Leia os dois fragmentos a seguir, extraídos de célebres romances da Literatura Brasileira:

No pequeno jardim da casa do Paquequer, uma linda moça se embalançava indolentemente[1] *numa rede de palha presa aos ramos de uma acácia silvestre, que estremecendo deixava cair algumas de suas flores miúdas e perfumadas.*

Os grandes olhos azuis, meio cerrados, às vezes se abriam languidamente[2] *como para se embeberem da luz, e abaixavam de novo as pálpebras rosadas.*

Os lábios vermelhos e úmidos pareciam uma flor da gardênia dos nossos campos, orvalhada pelo sereno da noite; o hálito doce e ligeiro exalava-se formando um sorriso. Sua tez[3] *alva*[4] *e pura como um froco*[5] *de algodão tingia-se nas faces de uns longes cor-de-rosa, que iam, desmaiando, morrer no colo de linhas suaves e delicadas.* [...]

Esta moça era Cecília.

ALENCAR, José de. *O guarani*. São Paulo: Ática, 1994.

1. De modo indolente, lento, preguiçoso.
2. De maneira lânguida, suave, doce.
3. Pele.
4. Claro, branco.
5. Floco.

O chorado arrastava-os a todos, despoticamente[1]*, desesperando aos que não sabiam dançar. Mas, ninguém, como Rita; só ela, só aquele demônio, tinha o mágico segredo daqueles movimentos de cobra amaldiçoada; aqueles requebros*[2] *que não podiam ser sem o cheiro que a mulata soltava de si e sem aquela voz doce, quebrada, harmoniosa, arrogante, meiga e suplicante.*

[...] *ela era a luz ardente do meio-dia; ela era o calor vermelho das sestas*[3] *da fazenda; era o aroma quente dos trevos e baunilhas* [...]*; era a palmeira virginal*[4] *e esquiva*[5] *que se não torce a nenhuma outra planta; era o veneno e era o açúcar gostoso; era o sapoti*[6] *mais doce que o mel e era a castanha do caju, que abre feridas com o seu azeite de fogo; ela era a cobra verde e traiçoeira, a lagarta viscosa, a muriçoca doida* [...].

AZEVEDO, Aluísio. *O cortiço*. São Paulo: Ática, 1991.

1. De modo despótico, autoritário, firme.
2. Olhar, inflexão de voz, ou movimento corporal lânguidos.
3. Tempo de descanso após o almoço.
4. Puro, jovem.
5. Arisco, retraído.
6. Um tipo de fruto.

Ambos os fragmentos apresentam a descrição de uma mulher. No primeiro, esta mulher é filha do colonizador português D. Antônio de Mariz, Cecília, que, durante a narrativa, vive um caso de amor platônico com o índio Peri. No segundo, a mulher é Rita Baiana, uma mulata encantadora que, quando dança, leva os homens ao desespero, principalmente Jerônimo, imigrante português que abandona a mulher Piedade para viver com Rita.

Embora os dois excertos descrevam uma personagem feminina importante de cada romance, há diferenças substanciais entre eles. Como explicá-las?

2. Historicidade do texto literário

Nos dois exemplos anteriores, nota-se que Cecília era uma "linda moça", que "se embalançava indolentemente numa rede de palha presa aos ramos de uma acácia silvestre". Seus olhos eram "azuis" e tinham "as pálpebras rosadas", seus lábios eram "vermelhos e úmidos" e sua pele era "alva e pura", o que formava um conjunto de "linhas suaves e delicadas". Esses elementos fazem de Cecília uma mulher angelical, idealizada. Ela é muito mais celestial do que terrena. Algumas expressões usadas pelo narrador, como "perfumadas", "languidamente", "hálito doce", "sorriso" ou "froco de algodão", reforçam esses traços divinos de Cecília, que parece estar em plena comunhão com a natureza brasileira exuberante.

Em contrapartida, Rita Baiana não tinha nenhuma beleza celestial. Ela é um "demônio", tem "movimentos de cobra amaldiçoada" e, ao dançar, requebra com uma "voz doce, quebrada, harmoniosa, arrogante, meiga e suplicante". O narrador a caracteriza como "a luz ardente do meio-dia", "o calor vermelho das sestas da fazenda", "o aroma quente dos trevos e baunilhas", "a palmeira virginal e esquiva", "o veneno", "o açúcar gostoso", "o sapoti mais doce que o mel" e, depois, chega a animalizá-la por meio das figuras da "cobra verde e traiçoeira", da "lagarta viscosa", da "muriçoca doida". Rita é mais da terra do que dos deuses.

Para explicar essas diferenças, poderíamos simplesmente dizer que se trata de dois textos diferentes, escritos por autores diferentes e que, por isso, Cecília e Rita são personagens completamente distintas. Mas as coisas não são tão simples. Na verdade, quando comparamos várias obras literárias, percebemos que muitas delas apresentam mais pontos em comum do que divergências, o que nos permite intuir que deve haver motivos tanto para as semelhanças quanto para as diferenças.

Provavelmente a melhor hipótese para explicar as diferenças entre os dois fragmentos é o fato de eles terem sido produzidos em épocas distintas. *O guarani* foi publicado em 1857 e seu estilo está muito ligado à literatura da primeira metade do século XIX; já *O cortiço* saiu em primeira edição em 1890, o que o vincula sobretudo às características literárias da segunda metade do século XIX.

Como já dito, todo escritor é inevitavelmente influenciado pelos valores da época em que vive. Um homem do Renascimento não pensa da mesma forma que alguém que viveu no auge da Reforma, que por sua vez não compartilha as mesmas ideias de um iluminista, e assim por diante. É por esse motivo que as manifestações artísticas renascentistas, reformistas e iluministas possuem traços que as distinguem claramente. A conclusão é a de que cada época histórica apresenta as suas particularidades, e são essas particularidades que vão contribuindo para determinar, de certo modo, a forma como as pessoas dessa época enxergam a realidade.

Como a História está em constante mudança, o que equivale dizer que as ideologias – isto é, as diversas formas de enxergar a realidade – modificam-se, as manifestações artísticas, que sempre serão influenciadas pela História, também estão em constante mudança.

O primeiro verso de um famoso soneto camoniano serve para ilustrar, com precisão, a ideia de que as mudanças do contexto histórico implicam mudanças de valores ideológicos, que acabam provocando mudanças nas manifestações artísticas:

Mudam-se os tempos, mudam-se as vontades.

↓ Contexto histórico (tempos)

↓ Manifestações artísticas (vontades)

São essas mudanças encadeadas que originam um conceito conhecidíssimo no universo da análise literária: o conceito de *escola literária*.

3. Escolas literárias no Enem

Analisando os exames do Enem desde 1998, percebemos uma clara preferência da banca por escritores brasileiros dos séculos XIX e XX, principalmente realistas e modernos. Passamos então a apresentar, a seguir, características sumárias das escolas literárias da fase nacional de nossa literatura.

O **Romantismo** reflete sobretudo a sensibilidade burguesa, inspirada pelos ideais libertários da Revolução Francesa (1789). A literatura romântica – ao valorizar a emoção, a criatividade e o desrespeito aos padrões de composição literária até então vigentes – funciona como uma reação à sensibilidade clássica, que caracterizara as escolas anteriores ao Romantismo.

Há três pilares que sustentam o Romantismo: nacionalismo, individualismo e liberdade. De maneira explícita ou não, os artistas do período celebram esses ideais. No Brasil, o movimento romântico inicia-se em 1836, com a publicação de *Suspiros poéticos e saudades*, de Gonçalves de Magalhães, e da revista *Niterói*.

A poesia do período costuma ser dividida em três fases, que constituem as três gerações românticas: a primeira é a indianista; a segunda, byroniana; a terceira, condoreira.

A geração indianista, de cunho altamente nacionalista, caracterizou-se pela idealização do indígena e pela valorização da natureza, tendo seu ponto mais alto na obra do maranhense Antônio Gonçalves Dias, autor dos *Primeiros cantos* (1846).

A geração byroniana, também conhecida como ultrarromântica, foi marcada pelos exageros individualistas, misturando tédio e referências à morte. O grande nome desta geração é o paulistano Manuel Antônio Álvares de Azevedo, autor de *Lira dos vinte anos* (1853).

A geração condoreira, ápice dos ímpetos libertários do Romantismo, deu grande espaço à poesia social, muitas vezes inspirada no anseio pela República e pela Abolição. O maior poeta condoreiro no Brasil foi o baiano Antônio Frederico de Castro Alves, autor de *Espumas flutuantes* (1870).

A prosa romântica brasileira marca o surgimento do romance na Literatura Brasileira. A maioria absoluta dos romances da época foram publicados de maneira fragmentada em jornais, sob a forma de folhetins, o que dava características muito peculiares aos textos, como o fato de o narrador explicar a todo o momento os desdobramentos da narrativa ou de cada capítulo terminar com um pequeno conflito não resolvido. Vários escritores mereceram destaque no período, como Joaquim Manuel de Macedo, Manuel Antônio de Almeida, Bernardo Guimarães, Visconde de Taunay e Franklin Távora.

O nome mais importante da prosa romântica brasileira é José de Alencar, autor de inúmeros romances – urbanos, indianistas, regionais e históricos –, entre os quais se destacam *O guarani*, *Diva*, *Lucíola*, *As minas de prata*, *Senhora*, *Iracema*, *Til* e *Ubirajara*.

O **Realismo** corresponde à expressão literária predominante na segunda metade do século XIX, época em que prevaleceram os valores ideológicos da Segunda Revolução Industrial. A literatura realista – ao adotar uma postura estética de valorização da objetividade crítica em oposição à subjetividade idealista – funciona como uma reação à sensibilidade romântica. Havia grande interesse dos escritores do período pela realidade social, e não mais pelas impressões individualizadas sobre essa realidade.

Estendendo-se por toda a segunda metade do século XIX, surgiram na Europa várias tendências ideológicas, de cunho cientificista, que contribuíram para moldar as visões de mundo predominantes da época. Os principais "cientificismos" foram o Socialismo científico, o Determinismo, o Positivismo e o Evolucionismo social.

Entre as principais características do Realismo, podemos citar a valorização do cotidiano, a preferência pelos textos narrativos, o anticlericalismo e a antimonarquia. Houve uma vertente do Realismo que radicalizou os princípios dessa escola literária. Trata-se do Naturalismo, que adota uma postura determinista e mecanicista para explicar o mundo. Os escritores naturalistas tiveram predileção por temas até então não explorados na literatura, como a miséria, os desvios patológicos, a loucura, o incesto e o homossexualismo. A linguagem empregada por eles não evita termos escabrosos, indecorosos, perfeitamente adequados à maneira como viam o mundo.

O Realismo no Brasil começa na década de 80 do século XIX, quando a sociedade brasileira passa por uma série de transformações político-sociais, como é o caso da Abolição da escravatura (1888) e da Proclamação da República (1889).

Literariamente, o Realismo começa em 1881, com a publicação de *Memórias póstumas de Brás Cubas*, de Machado de Assis, e *O mulato*, de Aluísio Azevedo, sendo este o grande nome do Naturalismo no Brasil, autor de obras como *Casa de pensão, O homem* e *O cortiço*, seu romance mais importante, publicado em 1890.

Raul Pompeia é outro nome de destaque do período. A grande característica de sua literatura foi o ecletismo estético: ele soube misturar em sua obra características realistas, naturalistas, impressionistas e expressionistas, o que podemos perceber basicamente a partir de seu livro mais importante: *O Ateneu*, publicado em 1888.

O escritor mais importante de toda a literatura realista no Brasil, seguramente o maior nome da literatura brasileira de todos os tempos, é Machado de Assis, escritor polígrafo, que se dedicou a vários gêneros literários, mas que se destacou com sua prosa de ficção, o que inclui seus contos e romances.

A obra machadiana costuma ser dividida em duas fases. Na primeira, considerada "imatura", mais próxima do Romantismo, Machado publica quatro romances: *Ressurreição* (1872), *A mão e a luva* (1874), *Helena* (1876) e *Iaiá Garcia* (1878). Na segunda, chamada de "madura", ele incorpora em sua obra as principais características do Realismo, sem deixar de receber influências de outras escolas literárias, em romances como *Memórias póstumas de Brás de Cubas* (1881), *Quincas Borba* (1891), *Dom Casmurro* (1900), *Esaú e Jacó* (1904) e *Memorial de Aires* (1908).

O estilo machadiano, perceptível em suas obras da fase "madura", caracteriza-se pela digressão, pela ousadia artística, pelo diálogo com o leitor, pelo pessimismo, pela ironia e pelo humor fino. Sem deixar de guiar-se pelos modelos consagrados da prosa em língua portuguesa, Machado soube ser inovador na medida certa.

Os romances mais conhecidos e relevantes da obra machadiana são: *Memórias póstumas de Brás Cubas*, romance revolucionário em que o "defunto-autor" Brás Cubas faz um balanço pessimista da humanidade; *Quincas Borba*, história da riqueza e da loucura de Rubião, apaixonado por Sofia, uma mulher casada; e *Dom Casmurro*, narrativa em que Bentinho tenta culpar sua esposa Capitu pelo fracasso de suas vidas amorosas.

Como o Realismo-Naturalismo foi um movimento sobretudo de prosa, houve espaço, no final do século XIX, para o surgimento de escolas literárias de poesia, que preenchessem a lacuna deixada pela ausência de poesia realista propriamente dita.

Dos movimentos literários poéticos que apareceram nesta época, merecem destaque o **Parnasianismo** e o **Simbolismo**.

De origem francesa, o Parnasianismo representou uma reação ao engajamento social dos condoreiros e dos realistas. Seus partidários defendiam o ideal de arte pela arte, ou seja, a poesia deveria ter um fim em si mesma, e não preocupar-se com análises ou denúncias sociais.

O ideal de arte pela arte, associado à "aristocracia de espírito" dos poetas e leitores do período, leva às demais características do Parnasianismo: inspiração na Antiguidade Clássica, preocupação formal, elegância de expressão, descritivismo, referência eruditas e impassibilidade.

No Brasil, o movimento foi muito popular: Alberto de Oliveira, Raimundo Correia, Vicente de Carvalho e principalmente Olavo Bilac são os nomes mais representativos da poesia parnasiana.

Já o grupo de poetas simbolistas (Alphonsus de Guimaraens, Pedro Kilkerry, Dario Vellozo, Álvaro Moreira e, é claro, Cruz e Sousa) se negava a seguir os rumos da literatura do Parnaso. Eles foram, cada um a seu modo, bastante inovadores, e as novidades literárias propostas por eles foram decisivas para a consolidação do Modernismo brasileiro.

Cruz e Sousa é o maior poeta simbolista brasileiro e o iniciador do movimento por aqui com a publicação de *Missal* e *Broquéis*. Sua poesia mistura religiosidade, espiritualidade e misticismo. O autor busca um estágio superior de compreensão do mundo e, para isso, vale-se da exuberância verbal, com um texto repleto de palavras sugestivas, de significado impreciso, muitas vezes usadas no plural e com letras maiúsculas sem necessidade gramatical, e da musicalidade sutil, com a exploração programada das figuras de linguagem de sonoridade.

No começo do século XX, em meio ao turbilhão sociopolítico-econômico que dominava o planeta, surgiu um grupo de escritores que, embora já tivesse superado o Realismo-Naturalismo e o Parnasianismo, não podia ainda ser considerado modernista, afinal só faz sentido falar em Modernismo após a Semana de Arte Moderna de 1922.

Dá-se o nome de **Pré-Modernismo** à literatura desse período, que engloba os literatos que, no início do século XX, começaram a renovar as formas literárias, interessando-se cada vez mais pela denúncia dos grandes problemas da sociedade brasileira.

O Pré-Modernismo não chega a configurar uma escola literária, pois não existe uniformidade de procedimentos literários entre seus escritores. O que os une é, sobretudo, o fato de cada um a seu modo ter contribuído para a consolidação dos ideais modernistas no país. Euclides da Cunha, Lima Barreto, Augusto dos Anjos e Monteiro Lobato são os nomes mais importantes da literatura do período.

O início do século XX originou movimentos estéticos cuja maior característica foi o rompimento com as formas tradicionais de arte. Na Europa, surgiram movimentos – conhecidos como vanguardas europeias (Expressionismo, Cubismo, Futurismo, Cubofuturismo, Dadaísmo e Surrealismo) – que, embora com propostas bem divergentes, caracterizaram-se por algum tipo de ruptura com a arte tradicional.

Dá-se o nome de **Modernismo** ao movimento artístico do início do século XX que, influenciado pelas transformações filosóficas, científicas, políticas, sociais e econômicas que se processavam no mundo, rompeu de maneira ampla e sistemática com as tradições estéticas anteriores.

Assim como no resto do mundo, no início do século XX, surgiram no Brasil escritores interessados em renovar as formas literárias, o que facilitou a eclosão do Modernismo no Brasil.

Tudo começou em 1922, quando um acontecimento artístico chocou a burguesia paulistana, colocando o Brasil em consonância com o espírito revolucionário das vanguardas europeias. Trata-se da Semana de Arte Moderna, que aconteceu nas noites de 13, 15 e 17 de fevereiro 1922, no Teatro Municipal de São Paulo.

Artistas consagrados dividiram o palco com jovens talentos ainda desconhecidos. Assim, músicos, pintores, escultores, arquitetos, poetas e ensaístas, em meio a leituras de poesia, discursos, concertos, recitais, exposições, contribuíram para incendiar a cultura brasileira do início do século XX.

Tomando como ponto de partida a Semana de 22, costuma-se dividir didaticamente o movimento modernista brasileiro em três tempos. O 1º tempo (1922-1930) é a fase de implantação do movimento; o 2º (1930-1945) é a fase de consolidação; o 3º (1945-?) é conhecido como fase pós-modernista ou de "fragmentação" do movimento.

Os autores do 1º tempo caracterizaram-se, sobretudo, pela iconoclastia, isto é, pela tentativa de romper radicalmente com a literatura que se fazia no Brasil até então. No 2º tempo, os artistas consolidaram o Modernismo, acrescentando a essa iconoclastia a preocupação social e filosófica com o destino do homem e da sociedade. No 3º tempo, os escritores, após uma revisão das propostas modernistas anteriores, caminharam, cada um a seu modo, em direção à invenção linguística.

Influenciados pelo espírito contestador da Semana de 22, nossos primeiros modernistas fundaram revistas, escreveram manifestos, propuseram teorias estéticas. Não houve uniformidade entre as muitas propostas que surgiram, mas é possível apontar as seguintes características como as mais relevantes desse 1º tempo: coloquialismo, prosaísmo, versilibrismo, nacionalismo crítico, síntese, humor.

Vários escritores apareceram para a literatura neste período, como Guilherme de Almeida, Menotti del Picchia, Cassiano Ricardo, Raul Bopp, Alcântara Machado. Mas três nomes merecem maior destaque no 1º tempo modernista: Oswald de Andrade, Mário de Andrade e Manuel Bandeira.

Manuel Bandeira é o grande poeta dos primeiros anos modernistas, e sua obra, de alguma forma, reflete sua biografia, sempre marcada pela luta contra a tuberculose.

A primeira fase da poesia de Bandeira é melancólica e pessimista, principalmente em seu livro de estreia, *A cinza das horas* (1917); num segundo momento, abraçando mais abertamente a causa modernista, ele se torna bem-humorado e espirituoso, em *Libertinagem* (1930) e *Estrela da manhã* (1936). Por fim, nos seus últimos livros, Bandeira se revela maduro e disposto a brincadeiras experimentalistas, como, por exemplo, em "Belo Belo" e *Lira dos cinquent'anos* (1942).

A poesia de Bandeira valoriza basicamente três temas: o amor, que é muitas vezes visto na perspectiva erótica; a infância, que se mistura com as lembranças do Recife; a morte, que anda junto com as referências à tuberculose.

O 2º tempo modernista, que vai de 1930 a 1945, é conhecido com a fase de consolidação do Modernismo brasileiro. Historicamente, trata-se de um período político conturbado: no Brasil, o governo Vargas; no mundo, a Segunda Guerra.

A geração de 1930 não deixou de lado as novidades artísticas cunhadas pela Semana de 22, misturando-as a uma crítica social mais sistemática, ao marxismo, ao existencialismo e ao surrealismo.

Cinco poetas merecem destaque no período: Murilo Mendes, Jorge de Lima, Cecília Meireles, Vinicius de Moraes e Carlos Drummond de Andrade. O que os une é um certo pessimismo filosófico, uma ironia existencial, uma propensão à valorização da espiritualidade e do misticismo, o que lhes permitiu ficarem conhecidos como **neossimbolistas**.

Do ponto de vista formal, o verso livre e o verso branco continuaram a ser usados, mas de modo menos intenso, enquanto a linguagem coloquial passou a se misturar aos registros mais solenes.

Drummond, o grande poeta do período, talvez o maior de toda a literatura brasileira, apresenta quatro fases em sua produção poética: nos anos 1930, foi muito influenciado pelos ideais da Semana de 22 (*Alguma poesia*, 1930); a partir de 1940, passou a discutir problemas sociais motivados pela Segunda Guerra Mundial e pelo Estado Novo (*A rosa do povo*, 1945); com o fim do conflito e da ditadura de Vargas, ele se interessou pela poesia reflexiva, recuperando uma sintaxe clássica (*Claro enigma*, 1951); até que nos anos 1960, chegou a uma fase experimentalista (*Lição de coisas*, 1962).

O próprio poeta, em sua *Antologia poética* (1962), apontou os nove temas mais recorrentes em sua obra: o indivíduo, a terra natal, a família, os amigos, a sociedade, o amor, a poesia, os exercícios lúdicos e a existência.

A prosa do 2º tempo abandona, em certa medida, a postura vanguardista dos primeiros anos do Modernismo, uma vez que os escritores se preocuparam em fazer uma literatura claramente de denúncia social, sobretudo no que diz respeito às desigualdades regionais do país.

Do ponto de vista da linguagem, a geração de 1930 continuou a aproveitar os registros orais na literatura, mas sem os exageros do 1º tempo. Do ponto de vista da estrutura da narrativa, voltou à tona o romance concebido no século XIX, com a tradicional divisão em capítulos.

Os romancistas do período, por terem uma preocupação social mais apurada do que a crítica social fragmentada e irônica dos modernistas de 22, ficaram conhecidos como representantes do

Neorrealismo na literatura brasileira. Entre as principais vertentes desse movimento, está o regionalismo nordestino.

Cinco são os romancistas mais importantes do período: José Lins do Rego, Rachel de Queiroz, Jorge Amado, Érico Verissimo e, principalmente, Graciliano Ramos. Exceto Érico Verissimo, que era gaúcho e escreveu sobre seu estado natal, todos os outros escritores se vincularam ao regionalismo nordestino.

Graciliano foi um autor regionalista que usou a literatura como forma de protesto. A maior característica de sua obra, como se percebe principalmente em *São Bernardo* e em *Vidas secas*, é a fusão da análise social com a psicológica, isto é, a mistura entre a denúncia das condições miseráveis de vida no nordeste e os grandes dramas humanos das personagens. Por meio de uma linguagem direta e clara, Graciliano conseguiu renovar a maneira de compor romances no Brasil.

O 3º tempo do Modernismo se caracteriza por uma "fragmentação" do movimento, pois surgem tendências literárias distintas, com cada artista procurando seus caminhos literários.

O que, de certo modo, une os artistas da geração de 1945 é preocupação com a *invenção linguística*. As tendências dominantes da época foram o intimismo de Clarice Lispector, a geometria de João Cabral de Melo Neto e o regionalismo universalizante de João Guimarães Rosa.

1 (Enem)

Namorados

O rapaz chegou-se para junto da moça e disse:
– Antônia, ainda não me acostumei com o seu corpo, com a sua cara.
A moça olhou de lado e esperou.
– Você não sabe quando a gente é criança e de repente vê uma lagarta listrada?
A moça se lembrava:
– A gente fica olhando...
A meninice brincou de novo nos olhos dela.
O rapaz prosseguiu com muita doçura:
– Antônia, você parece uma lagarta listrada.
A moça arregalou os olhos, fez exclamações.
O rapaz concluiu:
– Antônia, você é engraçada! Você parece louca.

BANDEIRA, Manuel. *Poesia completa & prosa*. Rio de Janeiro: Nova Aguilar, 1985.

No poema de Bandeira, importante representante da poesia modernista, destaca-se como característica da escola literária dessa época:

a) a reiteração de palavras como recurso de construção de rimas ricas.
b) a utilização expressiva da linguagem falada em situações do cotidiano.
c) a criativa simetria de versos para reproduzir o ritmo do tema abordado.
d) a escolha do tema do amor romântico, caracterizador do estilo literário dessa época.
e) o recurso ao diálogo, gênero discursivo típico do Realismo.

2 (Enem)

Todas as manhãs quando acordo, experimento um prazer supremo: o de ser Salvador Dalí.

NÉRET, G. *Salvador Dalí*. Taschen, 1996.

Assim escreveu o pintor dos "relógios moles" e das "girafas em chamas" em 1931. Esse artista excêntrico deu apoio ao general Franco durante a Guerra Civil Espanhola e, por esse motivo, foi afastado do movimento surrealista por seu líder, André Breton. Dessa forma, Dalí criou seu próprio estilo, baseado na interpretação dos sonhos e estudos de Sigmund Freud, denominado "método de interpretação paranoico".

Esse método era constituído por textos visuais que demonstram imagens:

a) do fantástico, impregnado de civismo pelo governo espanhol, em que a busca pela emoção e pela dramaticidade desenvolveram um estilo incomparável.
b) do onírico, que misturava sonho com realidade e interagia refletindo a unidade entre o consciente e o inconsciente como um universo único ou pessoal.
c) da linha inflexível da razão, dando vazão a uma forma de produção despojada no traço, na temática e nas formas vinculadas ao real.
d) do reflexo que, apesar do termo "paranoico", possui sobriedade e elegância advindas de uma técnica de cores discretas e desenhos precisos.
e) da expressão e intensidade entre o consciente e a liberdade, declarando o amor pela forma de conduzir o enredo histórico dos personagens retratados.

3 (Enem)

Pobre Isaura! Sempre e em toda parte esta contínua importunação de senhores e de escravos, que não a deixam sossegar um só momento! Como não devia viver aflito e atribulado aquele coração! Dentro de casa contava ela quatro inimigos, cada qual mais porfiado em roubar-lhe a paz da alma, e torturar-lhe o coração: três amantes, Leôncio, Belchior, e André, e uma êmula terrível e desapiedada, Rosa. Fácil lhe fora repelir as importunações e insolências dos escravos e criados; mas que seria dela, quando viesse o senhor?!...

GUIMARÃES, B. *A escrava Isaura*. São Paulo: Ática, 1995. Adaptado.

A personagem Isaura, como afirma o título do romance, era uma escrava. No trecho apresentado, os sofrimentos por que passa a protagonista:

a) assemelham-se aos das demais escravas do país, o que indica o estilo realista da abordagem do tema da escravidão pelo autor do romance.
b) demonstram que, historicamente, os problemas vividos pelas escravas brasileiras, como Isaura, eram mais de ordem sentimental do que física.
c) diferem dos que atormentavam as demais escravas do Brasil do século XIX, o que revela o caráter idealista da abordagem do tema pelo autor do romance.
d) indicam que, quando o assunto era o amor, as escravas brasileiras, de acordo com a abordagem lírica do tema pelo autor, eram tratadas como as demais mulheres da sociedade.
e) revelam a condição degradante das mulheres escravas no Brasil, que, como Isaura, de acordo com a denúncia feita pelo autor, eram importunadas e torturadas fisicamente pelos seus senhores.

4 (Enem)

Ó meio-dia confuso,
ó vinte e um de abril sinistro,
que intrigas de ouro e de sonho
houve em tua formação?
Quem ordena, julga e pune?
Quem é culpado e inocente?
Na mesma cova do tempo
cai o castigo e o perdão.
Morre a tinta das sentenças
e o sangue dos enforcados...
– liras, espadas e cruzes
pura cinza agora são.
Na mesma cova, as palavras,
o secreto pensamento,
as coroas e os machados,
mentira e verdade estão.
[...]

MEIRELES, C. *Romanceiro da Inconfidência*. Rio de Janeiro: Nova Aguilar, 1972.

O poema de Cecília Meireles tem como ponto de partida um fato da história nacional, a Inconfidência Mineira. Nesse poema, a relação entre texto literário e contexto histórico indica que a produção literária é sempre uma recriação da realidade, mesmo quando faz referência a um fato histórico determinado. No poema de Cecília Meireles, a recriação se concretiza por meio:

a) do questionamento da ocorrência do próprio fato, que, recriado, passa a existir como forma poética desassociada da história nacional.
b) da descrição idealizada e fantasiosa do fato histórico, transformado em batalha épica que exalta a força dos ideais dos Inconfidentes.
c) da recusa da autora de inserir nos versos o desfecho histórico do movimento da Inconfidência: a derrota, a prisão e a morte dos Inconfidentes.
d) do distanciamento entre o tempo da escrita e o da Inconfidência, que, questionada poeticamente, alcança sua dimensão histórica mais profunda.
e) do caráter trágico, que, mesmo sem corresponder à realidade, foi atribuído ao fato histórico pela autora, a fim de exaltar o heroísmo dos Inconfidentes.

Anotações

AULA 11

Competência 1 Aplicar as tecnologias da comunicação e da informação na escola, no trabalho e em outros contextos relevantes para sua vida.

Habilidade 2 Recorrer aos conhecimentos sobre as linguagens dos sistemas de comunicação e informação para resolver problemas sociais.

Em classe

APREENSÃO DE SENTIDO: O CÓDIGO LINGUÍSTICO

Resumo teórico

No processo de interpretação de qualquer texto, existem duas etapas, dois patamares, dois níveis de leitura que se complementam: a **apreensão de sentido** e a **compreensão de sentido**. Por enquanto, vamos tratar da apreensão.

Apreender é o mesmo que capturar os significados inscritos da superfície textual. Para conseguir isso, há basicamente dois pré-requisitos:

- reconhecer o sentido das palavras;
- identificar as relações que existem entre elas, o modo como foram combinadas.

A apreensão dos significados inscritos no texto é sempre o primeiro instante da interpretação.

Uma boa estratégia para verificar se apreensão de sentido de um texto foi bem feita é tentar elaborar uma paráfrase dele, o que significa traduzir o texto com outras palavras, mantendo seu sentido original.

Para isso, é essencial o domínio do **código**. Assim, em primeiro lugar, é preciso possuir um bom vocabulário para apreender o sentido de um texto. Como, em certos casos, o que afeta a apreensão não é propriamente o sentido das palavras, mas a maneira como elas foram combinadas na montagem das orações, é necessário, em segundo lugar, ter domínio sobre a **organização sintática da língua**. Aqui, dois aspectos merecem maior atenção: o primeiro diz respeito à questão da ordem direta e da ordem inversa; o segundo, ao fenômeno da combinação das mesmas palavras produzindo sentidos diferentes.

1 (Enem)

© ENEM

De acordo com a história em quadrinhos protagonizada por Hagar e seu filho Hamlet, pode-se afirmar que a postura de Hagar:

a) valoriza a existência da diversidade social e de culturas, e as várias representações e explicações desse universo.
b) desvaloriza a existência da diversidade social e as várias culturas, e determina uma única explicação para esse universo.
c) valoriza a possibilidade de explicar as sociedades e as culturas a partir de várias visões de mundo.
d) valoriza a pluralidade cultural e social ao aproximar a visão de mundo de navegantes e não navegantes.
e) desvaloriza a pluralidade cultural e social, ao considerar o mundo habitado apenas pelos navegantes.

2 (Enem)

Som de preto

O nosso som não tem idade, não tem raça
E não tem cor.
Mas a sociedade pra gente não dá valor.
Só querem nos criticar, pensam que somos animais.
Se existia o lado ruim, hoje não existe mais,
porque o "funkeiro" de hoje em dia caiu na real.
Essa história de "porrada", isto é coisa banal
Agora pare e pense, se liga na "responsa":
se ontem foi a tempestade, hoje vira a bonança.
É som de preto
De favelado
Mas quando toca ninguém fica parado

Mc's Amilcka e Chocolate. In: Dj Marlboro. *Bem funk*. Rio de Janeiro, 2001. Adaptado.

À medida que vem ganhando espaço na mídia, o *funk* carioca vem abandonando seu caráter local, associado às favelas e à criminalidade da cidade do Rio de Janeiro, tornando-se uma espécie de símbolo da marginalização das manifestações culturais das periferias em todo o Brasil. O verso que explicita essa marginalização é:

a) "O nosso som não tem idade, não tem raça".
b) "Mas a sociedade pra gente não dá valor".
c) "Se existia o lado ruim, hoje não existe mais".
d) "Agora pare e pense, se liga na 'responsa'".
e) "se ontem foi a tempestade, hoje vira a bonança".

3 (Enem)

A partir da metade do século XX, ocorreu um conjunto de transformações econômicas e sociais cuja dimensão é difícil de ser mensurada: a chamada explosão da informação. Embora essa expressão tenha surgido no contexto da informação científica e tecnológica, seu significado, hoje, em um contexto mais geral, atinge proporções gigantescas.

Por estabelecerem novas formas de pensamento e mesmo de lógica, a informática e a internet vêm gerando impactos sociais e culturais importantes. A disseminação do microcomputador e a expansão da internet vêm acelerando o processo de globalização tanto no sentido do mercado quanto no sentido das trocas simbólicas possíveis entre sociedades e culturas diferentes, o que tem provocado e acelerado o fenômeno de hibridização amplamente caracterizado como próprio da pós-modernidade.

FERNANDES, M. F.; PARÁ, T. *A contribuição das novas tecnologias da informação na geração de conhecimento*. Disponível em: <www.coep.ufrj.br>. Acesso em: 11 ago. 2009. Adaptado.

Considerando-se o novo contexto social e econômico aludido no texto apresentado, as novas tecnologias de informação e comunicação:

a) desempenham importante papel, porque sem elas não seria possível registrar os acontecimentos históricos.
b) facilitam os processos educacionais para o ensino de tecnologia, mas não exercem influência nas ciências humanas.
c) limitam-se a dar suporte aos meios de comunicação, facilitando sobretudo os trabalhos jornalísticos.
d) contribuem para o desenvolvimento social, pois permitem o registro e a disseminação do conhecimento de forma mais democrática e interativa.
e) estão em estágio experimental, particularmente na educação, área em que ainda não demonstraram potencial produtivo.

4 (Enem)

A discussão sobre "o fim do livro de papel" com a chegada da mídia eletrônica me lembra a discussão idêntica sobre a obsolescência do folheto de cordel. Os folhetos talvez não existam mais daqui a 100 ou 200 anos, mas, mesmo que isso aconteça, os poemas de Leandro Gomes de Barros ou Manuel Camilo dos Santos continuarão sendo publicados e lidos – em *CD-ROM*, em livro eletrônico, em "*chips* quânticos", sei lá o quê. O texto é uma espécie de alma imortal, capaz de reencarnar em corpos variados: página impressa, livro em braile, folheto, "*coffee-table book*", cópia manuscrita, arquivo *PDF*... Qualquer texto pode se reencarnar nesses (e em outros) formatos, não importa se é *Moby Dick* ou *Viagem a São Saruê*, se é *Macbeth* ou o livro de piadas do Casseta & Planeta.

TAVARES, B. Disponível em: <www.jornaldaparaiba.globo.com>.

Ao refletir sobre a possível extinção do livro impresso e o surgimento de outros suportes em via eletrônica, o cronista manifesta seu ponto de vista, defendendo que:

a) o cordel é um dos gêneros textuais, por exemplo, que será extinto com o avanço da tecnologia.
b) o livro impresso permanecerá como objeto cultural veiculador de impressões e de valores culturais.
c) o surgimento da mídia eletrônica decretou o fim do prazer de se ler textos em livros e suportes impressos.
d) os textos continuarão vivos e passíveis de reprodução em novas tecnologias, mesmo que os livros desapareçam.
e) os livros impressos desaparecerão e, com eles, a possibilidade de se ler obras literárias dos mais diversos gêneros.

Em casa

TEXTO DE APOIO

1. Apreensão de sentido

Desde a primeira prova, em 1998, o Enem sempre deu grande destaque a questões de interpretação de textos e, com toda certeza, isso não vai sofrer alteração nas próximas provas. A alta frequência estatística desse tipo de questão é consequência da pressuposição de que a proficiência em leitura é uma das competências mais decisivas para a participação ativa na vida em sociedade.

Os textos propostos para leitura são dos mais variados gêneros (crônicas, poemas, tirinhas, charges, fotos, pinturas, divulgação científica, etc.). As questões avaliam mais de uma habilidade de leitura, dentre elas a de **apreensão de sentidos** contidos no texto. Essa modalidade merece especial atenção sobretudo porque costuma ser explorada em questões de outras áreas.

2. O que se entende por apreensão

Tratando-se de leitura de texto, entende-se por apreensão a operação que consiste em captar, perceber os sentidos inscritos no interior do texto que está sendo lido. Todas as informações necessárias para resolver as questões de apreensão de sentido estão contidas no texto proposto para leitura. Para resolvê-las com acerto, portanto, basta captar com precisão aquilo que ele está dizendo.

O texto reproduzido a seguir, extraído da prova do Enem 2006, serve para ilustrar o que estamos chamando de questão de apreensão de sentido.

A moderna democracia brasileira foi construída entre saltos e sobressaltos. Em 1954, a crise culminou no suicídio do presidente Vargas. No ano seguinte, outra crise quase impediu a posse do presidente eleito, Juscelino Kubitschek. Em 1961, o Brasil quase chegou à guerra civil depois da inesperada renúncia do presidente Jânio Quadros. Três anos mais tarde, um golpe militar depôs o presidente João Goulart, e o país viveu durante vinte anos em regime autoritário.

A partir dessas informações, relativas à história republicana brasileira, assinale a opção correta.

a) Ao término do governo João Goulart, Juscelino Kubitschek foi eleito presidente da República.
b) A renúncia de Jânio Quadros representou a primeira grande crise do regime republicano brasileiro.
c) Após duas décadas de governos militares, Getúlio Vargas foi eleito presidente em eleições diretas.
d) A trágica morte de Vargas determinou o fim da carreira política de João Goulart.
e) No período republicano citado, sucessivamente, um presidente morreu, um teve sua posse contestada, um renunciou e outro foi deposto.

Como se pode notar, está dito no texto o que vem exposto na alternativa **e**. Cada uma das ocorrências citadas vão se sucedendo do momento anterior para o posterior: em 1954 um presidente (Vargas) cometeu suicídio; no ano seguinte, quase foi impedida a posse de outro presidente (Juscelino Kubitschek); em 1961 Jânio Quadros renunciou; e, por fim, João Goulart foi deposto.

Não foi preciso ir além das informações contidas no texto proposto para detectar como correta apenas a alternativa **e**, dentre as cinco. Eis aí um exemplo típico de questão de apreensão de sentido.

3. Condições necessárias para a apreensão

Em primeiro lugar, é preciso ter **vocabulário**. Todos sabem que, para apreender o sentido de um texto, é necessário conhecer o significado das palavras. Tomemos como exemplo um comunicado como este:

> Prezado aluno,
> Informamos-lhe que os possíveis interessados na excursão só poderão se inscrever com a aquiescência explícita do pai ou do responsável.

Em comunicados formais como esse, podem ocorrer palavras que não fazem parte do nosso cotidiano, como "aquiescência". Em casos assim, o desconhecimento do sentido da palavra é um problema para a interpretação. Sabendo que "aquiescência" é sinônimo de *consentimento*, *aprovação*, *concordância*, o sentido do comunicado fica perfeitamente apreendido.

Esse exemplo simples serve para comprovar que o conhecimento do vocabulário é uma condição importante para a apreensão do sentido de um texto, mas não é a mais importante. Primeiro porque, nas provas do Enem, os textos são selecionados com critério, de modo que as palavras constituintes não fujam do repertório da média dos estudantes; segundo porque o contexto pode ajudar a presumir o significado aproximado de eventuais ocorrências fora desse repertório.

Por isso, também é preciso saber como se dá a **combinação** entre as palavras. Mais importante do que o conhecimento do sentido da palavra isolada é a apreensão do seu significado dentro de determinado contexto. Sabe-se que, num texto, o sentido de cada parte não é autônomo, isto é, não é independente das outras partes que o compõem. Falando em outros termos, o sentido da palavra depende do contexto em que ela está encaixada. Deve-se entender por contexto uma unidade maior na qual se encaixa outra menor. Assim, a oração funciona como contexto no qual se encaixa a palavra; o período funciona como contexto para a oração; o parágrafo, para o período; o capítulo, para o parágrafo.

Num texto, o sentido de qualquer parte (seja uma palavra ou uma unidade maior) não é solitário, mas solidário. Isso quer dizer que uma parte do texto pode adquirir o sentido oposto apenas com a mudança do contexto.

Todo texto é resultado da combinação de frases para criar uma unidade de sentido. Desse modo, o sentido de cada parte depende do contexto em que ela está inserida, e o sentido do todo depende do modo como as partes estão combinadas entre si.

4. A leitura fragmentária

Se é verdade que todo sentido produzido num texto é resultado de uma combinação criteriosa de frases, então é forçoso admitir que só apreende o sentido global ou sentidos parciais aquele que lê preocupado em captar as correlações estabelecidas entre elas.

Essa preocupação impõe o cuidado de fugir da leitura fragmentária, seguramente o maior defeito de leitura, exatamente porque pode levar a distorções interpretativas.

1 (Enem)

A velha Totonha de quando em vez batia no engenho. E era um acontecimento para a meninada. [...] andava léguas e léguas a pé, de engenho a engenho, como uma edição viva das histórias de *Mil e Uma Noites* [...] era uma grande artista para dramatizar. Tinha uma memória de prodígio. Recitava contos inteiros em versos, intercalando pedaços de prosa, como notas explicativas. [...] Havia sempre rei e rainha, nos seus contos, e forca e adivinhações. O que fazia a velha Totonha mais curiosa era a cor local que ela punha nos seus descritivos. [...] Os rios e as florestas por onde andavam os seus personagens se pareciam muito com o Paraíba e a Mata do Rolo. O seu Barba-Azul era um senhor de engenho de Pernambuco.

REGO, José Lins do. *Menino de engenho.*

A cor local que a personagem velha Totonha colocava em suas histórias é ilustrada, pelo autor, na seguinte passagem:

a) "O seu Barba-Azul era um senhor de engenho de Pernambuco".
b) "Havia sempre rei e rainha, nos seus contos, e forca e adivinhações".
c) "Era uma grande artista para dramatizar. Tinha uma memória de prodígio".
d) "Andava léguas e léguas a pé, como uma edição viva das *Mil e Uma Noites*".
e) "Recitava contos inteiros em versos, intercalando pedaços de prosa, como notas explicativas".

2 (Enem)

Do pedacinho de papel ao livro impresso vai uma longa distância. Mas o que o escritor quer, mesmo, é isso: ver o seu texto em letra de forma. A gaveta é ótima para aplacar a fúria criativa; ela faz amadurecer o texto da mesma forma que a adega faz amadurecer o vinho. Em certos casos, a cesta de papel é melhor ainda.

O período de maturação na gaveta é necessário, mas não deve se prolongar muito. "Textos guardados acabam cheirando mal", disse Silvia Plath, [...] que, com esta frase, deu testemunho das dúvidas que atormentam o escritor: publicar ou não publicar? guardar ou jogar fora?

SCLIAR, Moacyr. *O escritor e seus desafios.*

Nesse texto, o escritor Moacyr Scliar usa imagens para refletir sobre uma etapa da criação literária. A ideia de que o processo de maturação do texto nem sempre é o que garante bons resultados está sugerida na seguinte frase:

a) "A gaveta é ótima para aplacar a fúria criativa".
b) "Em certos casos, a cesta de papel é melhor ainda".
c) "O período de maturação na gaveta é necessário, [...]".
d) "Mas o que o escritor quer, mesmo, é isso: ver o seu texto em letra de forma".
e) "ela [a gaveta] faz amadurecer o texto da mesma forma que a adega faz amadurecer o vinho".

3 (Enem) A maioria das declarações do imposto de renda é realizada pela internet, o que garante maior eficiência e rapidez no processamento das informações.

Os serviços oferecidos pelo governo via internet visam:

a) gerar mais despesas aos cofres públicos.
b) criar mais burocracia no relacionamento com o cidadão.
c) facilitar e agilizar os serviços disponíveis.
d) vigiar e controlar os atos dos cidadãos.
e) definir uma política que privilegia a alta sociedade.

4 (Enem)

O "Portal Domínio Público", lançado em novembro de 2004, propõe o compartilhamento de conhecimento de forma equânime e gratuita, colocando à disposição de todos os usuários da internet, uma biblioteca virtual que deverá constituir referência para professores, alunos, pesquisadores e para a população em geral.

Esse portal constitui um ambiente virtual que permite a coleta, a integração, a preservação e o compartilhamento de conhecimentos, sendo seu principal objetivo o de promover o amplo acesso às obras literárias, artísticas e científicas (na forma de textos, sons, imagens e vídeos), já em domínio público ou que tenham a sua divulgação devidamente autorizada.

BRASIL. Ministério da Educação.
Disponível em: <www.dominiopublico.gov.br>.
Acesso em: 29 jul. 2009. Adaptado.

Considerando a função social das informações geradas nos sistemas de comunicação e informação, o ambiente virtual descrito no texto exemplifica:

a) a dependência das escolas públicas quanto ao uso de sistemas de informação.
b) a ampliação do grau de interação entre as pessoas, a partir de tecnologia convencional.
c) a democratização da informação, por meio da disponibilização de conteúdo cultural e científico à sociedade.
d) a comercialização do acesso a diversas produções culturais nacionais e estrangeiras via tecnologia da informação e da comunicação.
e) a produção de repertório cultural direcionado a acadêmicos e educadores.

5 (Enem)

O hipertexto refere-se à escritura eletrônica não sequencial e não linear, que se bifurca e permite ao leitor o acesso a um número praticamente ilimitado de outros textos a partir de escolhas locais e sucessivas, em tempo real.

Assim, o leitor tem condições de definir interativamente o fluxo de sua leitura a partir de assuntos tratados no texto sem se prender a uma sequência fixa ou a tópicos estabelecidos por um autor. Trata-se de uma forma de estruturação textual que faz do leitor simultaneamente coautor do texto final. O hipertexto se caracteriza, pois, como um processo de escritura/leitura eletrônica multilinearizado, multissequencial e indeterminado, realizado em um novo espaço de escrita. Assim, ao permitir vários níveis de tratamento de um tema, o hipertexto oferece a possibilidade de múltiplos graus de profundidade simultaneamente, já que não tem sequência definida, mas liga textos não necessariamente correlacionados.

MARCUSCHI, L. A. Disponível em: <www.pucsp.br>. Acesso em: 29 jun. 2011.

O computador mudou nossa maneira de ler e escrever, e o hipertexto pode ser considerado como um novo espaço de escrita e leitura. Definido como um conjunto de blocos autônomos de texto, apresentado em meio eletrônico computadorizado e no qual há remissões associando entre si diversos elementos, o hipertexto:

a) é uma estratégia que, ao possibilitar caminhos totalmente abertos, desfavorece o leitor, ao confundir os conceitos cristalizados tradicionalmente.

b) é uma forma artificial de produção da escrita, que, ao desviar o foco da leitura, pode ter como consequência o menosprezo pela escrita tradicional.

c) exige do leitor um maior grau de conhecimentos prévios, por isso deve ser evitado pelos estudantes nas suas pesquisas escolares.

d) facilita a pesquisa, pois proporciona uma informação específica, segura e verdadeira, em qualquer *site* de busca ou *blog* oferecidos na internet.

e) possibilita ao leitor escolher seu próprio percurso de leitura, sem seguir sequência predeterminada, constituindo-se em atividade mais coletiva e colaborativa.

AULA 12

Competência 1 Aplicar as tecnologias da comunicação e da informação na escola, no trabalho e em outros contextos relevantes para sua vida.

Habilidade 4 Reconhecer posições críticas aos usos sociais que são feitos das linguagens e dos sistemas de comunicação e informação.

Em classe

DISTRATORES: PROBLEMAS DE APREENSÃO

Resumo teórico

Como princípio geral, para evitar distorções interpretativas no nível da apreensão de sentido, deve-se evitar a leitura fragmentária e esforçar-se por descobrir as diferentes relações estabelecidas entre as frases que compõem o texto inteiro. O leitor desavisado tende a cometer essas distorções interpretativas sobretudo quando faz uma leitura apressada. Eis as principais:

- **Intromissão discursiva ou transfusão de ideias** – injetar nos textos significados que fazem parte de crenças do leitor ou que o beneficiariam de algum modo.
- **Generalização** – estender para o todo algo que, no texto, só se refere a uma parte.
- **Restrição de uma afirmação geral** – particularizar uma afirmação de caráter geral ou, falando em outros termos, restringir apenas a uma parte algo que foi afirmado sobre o todo.

- **Embaralhamento de ideias** – captar de partes dispersas do texto um sentido adulterado, sem observar o tipo de relação que o texto estabelece entre todas as suas partes.
- **Distorções do sentido das palavras** – decifrar o sentido da palavra sem considerar o contexto em que ela está inscrita. Como se sabe, num texto, a palavra pode ter o sentido oposto ao que ela tem fora dele.
- **Dedução de relação não contida** – tirar conclusões para as quais o texto não fornece antecedentes. Normalmente, essa distorção decorre da pretensão de encontrar no texto apoio para as convicções ou crenças do leitor.
- **Erro de mau processamento de dados contidos no texto** – recolher dados expostos no texto e fazer operações ou cálculos equivocados com eles (por exemplo, tirar conclusões equivocadas a partir de dados estatísticos).

1 (Enem)

Cada vez mais, as pessoas trabalham e administram serviços de suas casas, como mostra a pesquisa realizada em 1993 pela Fundação Europeia para a Melhoria da Qualidade de Vida e Ambiente de Trabalho. Por conseguinte, a "centralidade da casa" é uma tendência importante da nova sociedade. Porém, não significa o fim da cidade, pois locais de trabalho, escolas, complexos médicos, postos de atendimento ao consumidor, áreas recreativas, ruas comerciais, *shopping centers*, estádios de esportes e parques ainda existem e continuarão existindo.

E as pessoas deslocar-se-ão entre todos esses lugares com mobilidade crescente, exatamente devido à flexibilidade recém-conquistada pelos sistemas de trabalho e integração social em redes: como o tempo fica mais flexível, os lugares tornam-se mais singulares à medida que as pessoas circulam entre elas em um padrão cada vez mais móvel.

CASTELLS, M. *A sociedade em rede.* São Paulo: Paz e Terra, 2002. v. 1.

As tecnologias de informação e comunicação têm a capacidade de modificar, inclusive, a forma das pessoas trabalharem. De acordo com o proposto pelo autor:

a) a "centralidade da casa" tende a concentrar as pessoas em suas casas e, consequentemente, reduzir a circulação das pessoas nas áreas comuns da cidade, como ruas comerciais e *shopping centers.*
b) as pessoas irão se deslocar por diversos lugares, com mobilidade crescente, propiciada pela flexibilidade recém-conquistada pelos sistemas de trabalho e pela integração social em redes.
c) cada vez mais as pessoas trabalham e administram serviços de suas casas, tendência que deve diminuir com o passar dos anos.
d) o deslocamento das pessoas entre diversos lugares é um dos fatores causadores do estresse nos grandes centros urbanos.
e) o fim da cidade será uma das consequências inevitáveis da mobilidade crescente.

2 (Enem)

No Brasil, a condição cidadã, embora dependa da leitura e da escrita, não se basta pela enunciação do direito, nem pelo domínio desses instrumentos, o que, sem dúvida, viabiliza melhor participação social. A condição cidadã depende, seguramente, da ruptura com o ciclo da pobreza, que penaliza um largo contingente populacional.

Formação de leitores e construção da cidadania, memória e presença do Proler. Rio de Janeiro: FBN, 2008.

Ao argumentar que a aquisição das habilidades de leitura e escrita não são suficientes para garantir o exercício da cidadania, o autor:

a) critica os processos de aquisição da leitura e da escrita.
b) fala sobre o domínio da leitura e da escrita no Brasil.
c) incentiva a participação efetiva na vida da comunidade.
d) faz uma avaliação crítica a respeito da condição cidadã do brasileiro.
e) define instrumentos eficazes para elevar a condição social da população do Brasil.

3 (Enem)

A herança cultural da Inquisição

A Inquisição gerou uma série de comportamentos humanos defensivos na população da época, especialmente por ter perdurado na Espanha e em Portugal durante quase 300 anos, ou no mínimo quinze gerações.

Embora a Inquisição tenha terminado há mais de um século, a pergunta que fiz a vários sociólogos, historiadores e psicólogos era se alguns desses comportamentos culturais não poderiam ter-se perpetuado entre nós.

Na maioria, as respostas foram negativas, ou seja, embora alterasse sem dúvida o comportamento da época, nenhum comportamento permanece tanto tempo depois, sem reforço ou estímulo continuado.

Não sou psicólogo nem sociólogo para discordar, mas tenho a impressão de que existem alguns comportamentos estranhos na sociedade brasileira, e que fazem sentido se você os considerar resquícios da era da Inquisição. [...]

KANITZ, S. A herança cultural da Inquisição. In: Revista *Veja*. ano 38, n. 5, 2 fev. 2005.

Considerando-se o posicionamento do autor do fragmento a respeito de comportamentos humanos, o texto:

a) enfatiza a herança da Inquisição em comportamentos culturais observados em Portugal e na Espanha.
b) contesta sociólogos, psicólogos e historiadores sobre a manutenção de comportamentos gerados pela Inquisição.
c) contrapõe argumentos de historiadores e sociólogos a respeito de comportamentos culturais inquisidores.
d) relativiza comportamentos originados na Inquisição e observados na sociedade brasileira.
e) questiona a existência de comportamentos culturais brasileiros marcados pela herança da Inquisição.

Em casa

TEXTO DE APOIO

Distorções de leitura: caminhos a evitar

Existem certas distorções interpretativas, comumente cometidas por um leitor desavisado, sobretudo quando faz uma leitura apressada dos textos. Conhecer tais distorções é passo importante para evitar conclusões precipitadas ao interpretar um texto. Isso porque as alternativas erradas (ou seja, aquelas em que se fazem afirmações incorretas sobre o texto apresentado pela banca examinadora) costumeiramente contêm distratores baseados justamente nas distorções interpretativas mais comuns.

Para invalidar asserções incorretas sobre um texto, sugerimos lançar mão do que chamaremos de "teoria do X": identificado numa alternativa qualquer um dos distratores que listaremos a seguir, tem-se argumento irrefutável para desconsiderar a hipótese interpretativa nela apresentada.

Comecemos a analisar os distratores mais frequentes. Tomemos o seguinte texto como suporte:

Um filósofo reconhecível

Sócrates [...] *jamais afirmou sua própria sabedoria. De fato, ele declarou categoricamente que era tão ignorante sobre si quanto os demais eram sobre eles mesmos. Ele simplesmente queria assinalar essa falta geral de autoconhecimento para que as pessoas pudessem fazer alguma coisa a respeito e observar seus próprios pensamentos e comportamentos de forma mais profunda e significativa. Sócrates foi, assim, o primeiro filósofo a valorizar as formas de pensamento reflexivo. Pode, portanto, ser visto como a primeira pessoa facilmente reconhecível como um filósofo.*

Generalização

- Os indivíduos que valorizam as formas de pensamento reflexivo são denominados filósofos.

Note: o fragmento explicita apenas que "Sócrates foi [...] o primeiro filósofo a valorizar as formas de pensamento reflexivo", mas não se afirma que todos dedicados a tal modo de pensar sejam igualmente filósofos. Os atributos de valorizar a reflexão e ser filósofo restringem-se no texto à figura de Sócrates, não podendo ser generalizados a um grupo maior.

Embaralhamento de ideias

• Sócrates foi o primeiro filósofo a declarar categoricamente sua ignorância sobre si mesmo.

Note: o distrator que invalida essa interpretação consiste em embaralhar partes que realmente estão presentes no texto, mas não têm relação direta uma com a outra: Sócrates de fato declarou que era ignorante sobre si mesmo; há também no texto a afirmação de que "Sócrates foi o primeiro filósofo", mas o primeiro "a valorizar as formas de pensamento reflexivo", e não o primeiro a declarar sua ignorância sobre si mesmo.

Distorção do sentido das palavras

• Sócrates pode ser considerado como o primeiro pensador reconhecido como filósofo.

Note: a afirmação do fragmento é a de que "Sócrates é a primeira pessoa facilmente reconhecível como um filósofo", ou seja, ele é o primeiro pensador que *pode ser* facilmente identificado como filósofo. Não se faz referência, portanto, a uma situação de fato. "Reconhecível" é o que tem a **possibilidade** de ser reconhecido; "reconhecido", o que de fato **desfruta de reconhecimento**.

Outra distorção comum de leitura se dá com o "mau processamento de dados contidos no texto". Vejamos um exemplo desse distrator. Em 12 de abril de 2007, o portal de notícias *Folha On-line* publicou o seguinte título: "OAB aprova 13,56% dos inscritos no exame de Ordem". Comparando este resultado com o de provas anteriores, o texto se encerra com estes dados: "O índice de aprovação ficou próximo das edições dos exames 129 (9,79%), 128 (11,4%), 126 (12%) e 124 (8,57%)".

Suponha que, ao analisar os dados, um leitor do jornal chegasse a esta conclusão:

A aprovação de 13,56% dos inscritos significa que, considerando-se os últimos cinco exames, foi neste que maior número de bacharéis conseguiu de fato ingressar na Ordem.

De fato, a porcentagem de aprovados no exame em questão foi superior à dos quatro exames anteriores. Entretanto isso não permite afirmar que, em números absolutos, a OAB tenha concedido licença para a maior quantidade de bacharéis.

Com base exclusivamente no texto, não se sabe se o número de inscritos nesse exame foi superior ao dos anteriores. Sem conhecer o número de inscritos em cada um dos exames confrontados, não é possível calcular o número dos aprovados (13,56% de 1000 é bem menor que 12% de 2000).

Vejamos outro texto, para ilustrar os demais distratores:

Um homem metafísico

A filosofia de Descartes foi basicamente uma tentativa de calar os céticos que sustentavam a ideia de que não podíamos conhecer nada. Para isso, buscou como exemplo algo tão obviamente verdadeiro que só um louco negaria.

[...]

Banindo os demônios

Para tal fim, Descartes inventou um gênio maligno. Imagine, disse ele, que sua mente fosse controlada por um gênio diabólico que fizesse que todas as suas crenças fossem completamente falsas. Como você saberia se todas elas não seriam causadas por esse gênio maligno? Descartes pensou que possuía uma ideia verdadeira que nem o gênio maligno poderia tornar falsa: a ideia de que ele pensava – pois um pensamento enganoso ainda assim é um pensamento! Ninguém pode duvidar de que pensa, pois a própria dúvida é um pensamento... HEURECA!

O cético tinha sido silenciado e Descartes tinha encontrado seu exemplo de conhecimento indubitável. Essa fórmula está contida em sua famosa máxima "Cogito ergo sum", *"Penso, logo existo".*

Intromissão discursiva ou transfusão de ideias

• Os filósofos nunca aceitam um conhecimento antes de comprová-lo.

Note: tal afirmação sobre os filósofos se manifesta mais como uma impressão generalizada do senso comum sobre eles do que como resultado da leitura desse fragmento. Segundo o texto, porém, essa afirmação não se aplica aos filósofos céticos, que simplesmente não admitem a possibilidade de comprovar qualquer conhecimento.

Restrição de uma afirmação geral

• Os céticos negam a possibilidade de adquirir apenas certo tipo de conhecimento.

Note: o distrator que torna essa afirmação equivocada consiste em restringir a negação dos céticos apenas a um subconjunto de conhecimentos. Na verdade, ela se aplica ao conjunto todo, pois defendiam "a ideia de que não podíamos conhecer nada".

Dedução de relação não contida

• Em sua famosa frase "Penso, logo existo", Descartes afirma que o pensamento é a causa da sua própria existência.

Note: segundo a frase de Descartes, o ato de pensar tem como resultado a consciência que o homem adquire da sua própria existência, e não a sua existência em si mesma.

Texto para as questões 1 e 2

A carreira do crime

Estudo feito por pesquisadores da Fundação Oswaldo Cruz sobre adolescentes recrutados pelo tráfico de drogas nas favelas cariocas expõe as bases sociais dessas quadrilhas, contribuindo para explicar as dificuldades que o Estado enfrenta no combate ao crime organizado.

O tráfico oferece aos jovens de escolaridade precária (nenhum dos entrevistados havia completado o Ensino Fundamental) um plano de carreira bem estruturado, com salários que variam de R$ 400,00 a R$ 12.000,00 mensais. Para uma base de comparação, convém notar que, segundo dados do IBGE de 2001, 59% da população brasileira com mais de dez anos que declara ter uma atividade remunerada ganha no máximo o "piso salarial" oferecido pelo crime. Dos traficantes ouvidos pela pesquisa, 25% recebiam mais de R$ 2.000,00 mensais; já na população brasileira essa taxa não ultrapassa 6%.

Tais rendimentos mostram que as políticas sociais compensatórias, como o Bolsa-Escola (que paga R$ 15,00 mensais por aluno matriculado), são por si só incapazes de impedir que o narcotráfico continue aliciando crianças provenientes de estratos de baixa renda: tais políticas aliviam um pouco o orçamento familiar e incentivam os pais a manterem os filhos estudando, o que de modo algum impossibilita a opção pela deliquência. No mesmo sentido, os programas voltados aos jovens vulneráveis ao crime organizado (circo-escolas, oficinas de cultura, escolinhas de futebol) são importantes, mas não resolvem o problema.

A única maneira de reduzir a atração exercida pelo tráfico é a repressão, que aumenta os riscos para os que escolhem esse caminho. Os rendimentos pagos aos adolescentes provam isso: eles são elevados precisamente porque a possibilidade de ser preso não é desprezível. É preciso que o Executivo federal e os estaduais desmontem as organizações paralelas erguidas pelas quadrilhas, para que a certeza de punição elimine o fascínio dos salários do crime.

Editorial. *Folha de S.Paulo*, 15 jan. 2003.

1 (Enem) No Editorial, o autor defende a tese de que "as políticas sociais que procuram evitar a entrada dos jovens no tráfico não terão chance de sucesso enquanto a remuneração oferecida pelos traficantes for tão mais compensatória que aquela oferecida pelos programas do governo". Para comprovar sua tese, o autor apresenta:

a) instituições que divulgam o crescimento de jovens no crime organizado.

b) sugestões que ajudam a reduzir a atração exercida pelo crime organizado.

c) políticas sociais que impedem o aliciamento de crianças no crime organizado.

d) pesquisadores que se preocupam com os jovens envolvidos no crime organizado.
e) números que comparam os valores pagos entre os programas de governo e o crime organizado.

2 (Enem) Com base nos argumentos do autor, o texto aponta para:
a) uma denúncia de quadrilhas que se organizam em torno do narcotráfico.
b) a constatação de que o narcotráfico restringe-se aos centros urbanos.
c) a informação de que as políticas sociais compensatórias eliminarão a atividade criminosa a longo prazo.
d) o convencimento do leitor de que para haver a superação do problema do narcotráfico é preciso aumentar a ação policial.
e) uma exposição numérica realizada com o fim de mostrar que o negócio do narcotráfico é vantajoso e sem riscos.

3 (Enem)

Texto I

O Brasil sempre deu respostas rápidas através da solidariedade do seu povo. Mas a mesma força que nos motiva a ajudar o próximo deveria também nos motivar a ter atitudes cidadãs. Não podemos mais transferir a culpa para quem é vítima ou até mesmo para a própria natureza, como se essa seguisse a lógica humana. Sobram desculpas esfarrapadas e falta competência da classe política.

Cartas. *IstoÉ*. 28 abr. 2010.

Texto II

Não podemos negar ao povo sofrido todas as hipóteses de previsão dos desastres. Demagogos culpam os moradores; o governo e a prefeitura apelam para as pessoas saírem das áreas de risco e agora dizem que será compulsória a realocação. Então temos a realocar o Brasil inteiro! Criemos um serviço, similar ao SUS, com alocação obrigatória de recursos orçamentários com rede de atendimento preventivo, onde participariam arquitetos, engenheiros, geólogos. Bem ou mal, esse "SUS" organizaria brigadas nos locais. Nos casos da dengue, por exemplo, poderia verificar as condições de acontecer epidemias. Seriam boas ações preventivas.

Carta do leitor. *Carta Capital*. 28 abr. 2010. Adaptado.

Os textos apresentados expressam opiniões de leitores acerca de relevante assunto para a sociedade brasileira.

Os autores dos dois textos apontam para a:
a) necessidade de trabalho voluntário contínuo para a resolução das mazelas sociais.
b) importância de ações preventivas para evitar catástrofes, indevidamente atribuídas aos políticos.
c) incapacidade política para agir de forma diligente na resolução das mazelas sociais.
d) urgência de se criarem novos órgãos públicos com as mesmas características do SUS.
e) impossibilidade de o homem agir de forma eficaz ou preventiva diante das ações da natureza.

4 (Enem)

A palavra "tatuagem" é relativamente recente. Toda a gente sabe que foi o navegador Cook que a introduziu no Ocidente, e esse escrevia **tattou**, termo da Polinésia de **tatou** ou **tu tahou**, "desenho".

[...] Desde os mais remotos tempos, vêmo-la a transformar-se: distintivo honorífico entre uns homens, ferrete de ignomínia entre outros, meio de assustar o adversário para os bretões, marca de uma classe de selvagens das ilhas marquesas [...], sinal de amor, de desprezo, de ódio [...]. Há três casos de tatuagem no Rio, completamente diversos na sua significação moral: os negros, os turcos com o fundo religioso e o bando de meretrizes, dos rufiões e dos humildes, que se marcam por crime ou por ociosidade.

RIO, João do. Os tatuadores. *Kosmos*, 1904.
In: *A alma encantada das ruas*. São Paulo: Companhia das Letras, 1999.

Com base no texto são feitas as seguintes afirmações:

I. João do Rio revela como a tatuagem já estava presente na cidade do Rio de Janeiro, pelo menos desde o início do século XX, e era mais utilizada por alguns setores da população.
II. A tatuagem, de origem polinésia, difundiu-se no Ocidente com a característica que permanece até hoje: utilização entre os jovens com função estritamente estética.
III. O texto mostra como a tatuagem é uma prática que se transforma no tempo e que alcança inúmeros sentidos nos diversos setores das sociedades e para as diferentes culturas.

Está correto o que se afirma apenas em:
a) I.
b) II.
c) III.
d) I e II.
e) I e III.

AULA 13

Competência 7 Confrontar opiniões e pontos de vista sobre as diferentes linguagens e suas manifestações específicas.

Habilidade 23 Inferir em um texto quais são os objetivos de seu produtor e quem é seu público-alvo, pela análise dos procedimentos argumentativos utilizados.

Em classe

COMPREENSÃO DE SENTIDO: O REPERTÓRIO

Resumo teórico

A segunda etapa do processo de interpretação de qualquer texto, sempre posterior à apreensão de sentido, é a da **compreensão de sentido**.

Compreender o sentido é relacionar os significados apreendidos com outras informações do nosso conhecimento de mundo (ou seja, dados que estão em outros textos do contexto cultural). Assim, a passagem da apreensão para a compreensão consiste em:

- associar o sentido do texto lido com outros textos já produzidos;
- associar o sentido do texto lido com o conjunto de informações que circulam na sociedade.

1 (Enem)

Há cerca de dez anos, estimava-se que 11,2% da população brasileira poderiam ser considerados dependentes de álcool. Esse índice, dividido por gênero, apontava que 17,1% da população masculina e 5,7% da população feminina eram consumidores da bebida. Quando analisada a distribuição etária desse consumo, outro choque: a pesquisa evidenciou que 41,2% de estudantes da educação básica da rede pública brasileira já haviam feito uso de álcool.

Dados atuais apontam que a porcentagem de dependentes de álcool subiu para 15%. Estima-se que o país gaste 7,3% do PIB por ano para tratar de problemas relacionados ao alcoolismo, desde o tratamento de pacientes até a perda da produtividade no trabalho.

A indústria do álcool no Brasil, que produz do açúcar ao álcool combustível, movimenta 3,5% do PIB.

Revista Brasileira de Psiquiatria, v. 28, n. 4, dez./2006. Disponível em: <www.alcoolismo.com.br>. Adaptado.

A partir dos dados apresentados, conclui-se que:

a) o país, para tratar pessoas com problemas provocados pelo alcoolismo, gasta o dobro do que movimenta para produzir bebida alcoólica.

b) o aumento do número de brasileiros dependentes de álcool acarreta decréscimo no percentual do PIB gasto no tratamento dessas pessoas.

c) o elevado percentual de estudantes que já consumiram bebida alcoólica é indicativo de que o consumo do álcool é problema que deve ser enfrentado pela sociedade.

d) as mulheres representam metade da população brasileira dependente de álcool.

e) o aumento na porcentagem de brasileiros dependentes de álcool deveu-se, basicamente, ao crescimento da indústria do álcool.

2 (Enem) O texto foi extraído da peça *Troilo e Créssida* de William Shakespeare, escrita, provavelmente, em 1601.

Os próprios céus, os planetas, e este centro reconhecem graus, prioridade, classe, constância, marcha, distância, estação, forma, função e regularidade, sempre iguais; eis porque o glorioso astro Sol está em nobre eminência entronizado e centralizado no meio dos outros, e o seu olhar benfazejo corrige os maus aspectos dos planetas malfazejos, e, qual rei que comanda, ordena sem entraves aos bons e aos maus. (personagem Ulysses, Ato I, cena III).

SHAKESPEARE, W. *Troilo e Créssida*. Porto: Lello & Irmão, 1948.

A descrição feita pelo dramaturgo renascentista inglês se aproxima da teoria:

a) geocêntrica do grego Claudius Ptolomeu.
b) da reflexão da luz do árabe Alhazen.
c) heliocêntrica do polonês Nicolau Copérnico.
d) da rotação terrestre do italiano Galileu Galilei.
e) da gravitação universal do inglês Isaac Newton.

3 (Enem) As tecnologias de informação e comunicação (TIC) vieram aprimorar ou substituir meios tradicionais de comunicação e armazenamento de informações, tais como o rádio e a TV analógicos, os livros, os telégrafos, o fax, etc. As novas bases tecnológicas são mais poderosas e versáteis, introduziram fortemente a possibilidade de comunicação interativa e estão presentes em todos os meios produtivos da atualidade. As novas TIC vieram acompanhadas da chamada Digital Divide, Digital Gap ou Digital Exclusion, traduzidas para o português como Divisão Digital ou Exclusão Digital, sendo, às vezes, também usados os termos Brecha Digital ou Abismo Digital. Nesse contexto, a expressão Divisão Digital refere-se a:

a) uma classificação que caracteriza cada uma das áreas nas quais as novas TIC podem ser aplicadas, relacionando os padrões de utilização e exemplificando o uso dessas TIC no mundo moderno.
b) uma relação das áreas ou subáreas de conhecimento que ainda não foram contempladas com o uso das novas tecnologias digitais, o que caracteriza uma brecha tecnológica que precisa ser minimizada.
c) uma enorme diferença de desempenho entre os empreendimentos que utilizam as tecnologias digitais e aqueles que permaneceram usando métodos e técnicas analógicas.
d) um aprofundamento das diferenças sociais já existentes, uma vez que se torna difícil a aquisição de conhecimentos e habilidades fundamentais pelas populações menos favorecidas nos novos meios produtivos.
e) uma proposta de educação para o uso de novas pedagogias com a finalidade de acompanhar a evolução das mídias e orientar a produção de material pedagógico com apoio de computadores e outras técnicas digitais.

4 (Enem)

O convívio com outras pessoas e os padrões sociais estabelecidos moldam a imagem corporal na mente das pessoas. A imagem corporal idealizada pelos pais, pela mídia, pelos grupos sociais e pelas próprias pessoas desencadeia comportamentos estereotipados que podem comprometer a saúde. A busca pela imagem corporal perfeita tem levado muitas pessoas a procurar alternativas ilegais e até mesmo nocivas à saúde.

Revista Corpoconsciência. Santo André: Fefisa, v. 10, n. 2, jul./dez. 2006. Adaptado.

A imagem corporal tem recebido grande destaque e valorização na sociedade atual. Como consequência:

a) a ênfase na magreza tem levado muitas mulheres a depreciar sua autoimagem, apresentando insatisfação crescente com o corpo.
b) as pessoas adquirem a liberdade para desenvolver seus corpos de acordo com critérios estéticos que elas mesmas criam e que recebem pouca influência do meio em que vivem.
c) a modelagem corporal é um processo em que o indivíduo observa o comportamento de outros, sem, contudo, imitá-los.
d) o culto ao corpo produz uma busca incansável, trilhada por meio de árdua rotina de exercícios, com pouco interesse no aperfeiçoamento estético.
e) o corpo tornou-se um objeto de consumo importante para as pessoas criarem padrões de beleza que valorizam a raça à qual pertencem.

Anotações

Em casa

TEXTO DE APOIO

Compreensão de sentido

Como já visto, no processo de interpretação de qualquer texto, existem dois patamares, dois níveis de leitura que se complementam: a **apreensão** e a **compreensão de sentido**.

Para que ocorra a **compreensão**, é preciso ir além da simples apreensão dos significados, articulando o que foi lido ao nosso **repertório cultural**, à nossa **memória discursiva**.

Isso significa que, para entender efetivamente um texto, é necessário apreender não só seu significado interno, mas perceber em que medida se relaciona com outros textos. Ou seja, é fundamental trazer informações exteriores ao texto para complementá-lo.

Por isso, não é raro que um texto, mesmo sem apresentar maiores dificuldades linguísticas (relativas, portanto, ao código), seja absolutamente incompreensível para um leitor desprovido de alguma informação corriqueira do cenário cultural. Dada a informação, a dificuldade desaparece por completo, e a interpretação fica banal. É o que vem demonstrado num anúncio publicitário de uma confecção de roupas masculinas, publicado na *Folha de S.Paulo* nas proximidades de Natal de 1992, em que a imagem de um modelo vestido elegantemente, de terno e gravata, vem seguida desta legenda:

> 25 de dezembro
> com *preço*
> da 25 de Março

4 dez. 1992, p. 2-1.

Neste anúncio, as palavras são simples e a combinação entre elas não traz nenhum obstáculo à leitura. A maioria das pessoas que mora na cidade de São Paulo ou que conhece a cidade não sente a menor dificuldade para entendê-lo. Mas o mesmo anúncio pode ser incompreensível para alguém que não conheça a capital paulista.

Por quê?

Porque esse anúncio pressupõe informações que devem fazer parte do repertório cultural (ou do conhecimento de mundo) do leitor, tais como:

- que **25 de dezembro**, dia de Natal, é uma data em que se costumam dar presentes de boa qualidade;
- que **25 de Março** é uma rua da cidade de São Paulo, famosa por vender produtos a preços muito mais baixos que os do mercado em geral, mas sem sofisticação. É uma rua de comércio popular.

Com esses dados, a mensagem do texto publicitário fica evidente: nas lojas da marca, o comprador vai encontrar produtos de alta qualidade (dignos de serem dados no Natal), mas com preços acessíveis (comparáveis aos da Rua 25 de Março). Mas só os preços, a qualidade não. Convém notar que a palavra *preço* vem escrita em itálico para reforçar que as roupas produzidas pelo anunciante são comparáveis às da 25 de Março apenas nesse quesito. Na sofisticação, no bom gosto, no capricho da confecção, porém, não se comparam.

1 (Enem)

Os melhores críticos da cultura brasileira trataram-na sempre no plural, isto é, enfatizando a coexistência no Brasil de diversas culturas. Arthur Ramos distingue as culturas não europeias (indígenas, negras) das europeias (portuguesa, italiana, alemã, etc.), e Darcy Ribeiro fala de diversos Brasis: crioulo, caboclo, sertanejo, caipira e de Brasis sulinos, a cada um deles correspondendo uma cultura específica.

MORAIS, F. *O Brasil na visão do artista*: o país e sua cultura. São Paulo: Sudameris, 2003.

Considerando a hipótese de Darcy Ribeiro de que há vários Brasis, a opção em que a obra mostrada representa a arte brasileira de origem negro-africana é:

a) 

Rubem Valentim. Disponível em: <www.ocaixote.com.br>. Acesso: em: 9 jul. 2009.

b) 

Athos Bulcão. Disponível em: <www.irbr.mre.gov.br>. Acesso: em: 9 jul. 2009.

c) 

Rubens Gerchman. Disponível em: <www.itaucultural.org.br>. Acesso em: 6 jul. 2009.

d) 

Victor Vassarely. Disponível em: <www.masterworksfineart.com>. Acesso em: 5 jul. 2009.

e) 

FOTOS: © ENEM

Gougon. Disponível em: <www.ocaixote.com.br>. Acesso em: 5 set. 2009.

2 (Enem)

Nunca se falou e se preocupou tanto com o corpo como nos dias atuais. É comum ouvirmos anúncios de uma nova academia de ginástica, de uma nova forma de dieta, de uma nova técnica de autoconhecimento e outras práticas de saúde alternativa, em síntese, vivemos nos últimos anos a redescoberta do prazer, voltando nossas atenções ao nosso próprio corpo. Essa valorização do prazer individualizante se estrutura em um verdadeiro culto ao corpo, em analogia a uma religião, assistimos hoje ao surgimento de novo universo: a corpolatria.

CODO, W.; SENNE, W. *O que é corpo(latria).* São Paulo: Brasiliense, 1985. (Primeiros passos). Adaptado.

Sobre esse fenômeno do homem contemporâneo presente nas classes sociais brasileiras, principalmente, na classe média, a corpolatria:

a) é uma religião pelo avesso, por isso outra religião; inverteram-se os sinais, a busca da felicidade eterna antes carregava em si a destruição do prazer, hoje implica o seu culto.
b) criou outro ópio do povo, levando as pessoas a buscarem cada vez mais grupos igualitários de integração social.
c) é uma tradução dos valores das sociedades subdesenvolvidas, mas em países considerados do primeiro mundo ela não consegue se manifestar porque a população tem melhor educação e senso crítico.
d) tem como um de seus dogmas o narcisismo, significando o "amar o próximo como se ama a si mesmo".
e) existe desde a Idade Média, entretanto esse acontecimento se intensificou a partir da Revolução Industrial no século XIX e se estendeu até os nossos dias.

3 (Enem)

© ENEM

O efeito de humor foi um recurso utilizado pelo autor da tirinha para mostrar que o pai de Mafalda:

a) revelou desinteresse na leitura do dicionário.
b) tentava ler um dicionário, que é uma obra muito extensa.
c) causou surpresa em sua filha, ao se dedicar à leitura de um livro tão grande.
d) queria consultar o dicionário para tirar uma dúvida, e não ler o livro, como sua filha pensava.
e) demonstrou que a leitura do dicionário o desagradou bastante, fato que decepcionou muito sua filha.

4 (Enem)

Cada um dos três séculos anteriores foi dominado por uma única tecnologia. O século XVIII foi a época dos grandes sistemas mecânicos que acompanharam a Revolução Industrial. O século XIX foi a era das máquinas a vapor. As principais conquistas do século XX se deram no campo da aquisição, do processamento e da distribuição de informações. Entre outros desenvolvimentos, vimos a instalação das redes de telefonia em escala mundial, a invenção do rádio e da televisão, o nascimento e crescimento sem precedentes da indústria de informática e o lançamento de satélites de comunicação.

TANENBAUM, Andrew S. *Redes de computadores.* Rio de Janeiro: Elsevier, 2003.

A fusão dos computadores e das comunicações teve profunda influência na organização da sociedade, conforme se verifica pela afirmação:

a) A abrangência da internet não impactou a sociedade como a Revolução Industrial.
b) O telefone celular mudou o comportamento social, mas não impactou na disponibilidade de informações.
c) A invenção do rádio foi possível com o lançamento de satélites que proporcionam a transposição de fronteiras.
d) A televisão não atingiu toda a sociedade devido ao alto custo de implantação e disseminação.
e) As redes de computadores, nos quais os trabalhos são realizados por grande número de computadores separados, mas interconectados, promoveram a aproximação das pessoas.

5 (Enem) Em uma escola, com o intuito de valorizar a diversidade do patrimônio etnocultural brasileiro, os estudantes foram distribuídos em grupos para realizar uma tarefa referente às características atuais das diferentes regiões brasileiras, a partir do seguinte quadro:

Região	Norte	Nordeste	Centro-Oeste	Sul	Sudeste
Alimentação	peixe	carne de sol	prato com milho e mandioca	churrasco	
Música	ciranda	baião	música sertaneja	vaneirão	
Ponto turístico	Zona Franca de Manaus	praias do litoral	Pantanal	Serra de Gramado	
Tipo característico	seringueiro	baiana	vaqueiro	prenda	

Considerando a sequência de características apresentadas, os elementos adequados para compor o quadro da região Sudeste são:
a) mate amargo, embolada, elevador Lacerda, peão de estância.
b) acarajé, axé, Cristo Redentor, piá.
c) vatapá, Carnaval, bumba meu boi, industrial.
d) café, samba, Cristo Redentor, operário fabril.
e) sertanejo, pipoca, folia de Reis, Brasília.

6 (Enem) Luciana trabalha em uma loja de venda de carros. Ela tem um papel muito importante de fazer a conexão entre os vendedores, os compradores e o serviço de acessórios. Durante o dia, ela se desloca inúmeras vezes da sua mesa para resolver os problemas dos vendedores e dos compradores. No final do dia, Luciana só pensa em deitar e descansar as pernas.

Na função de chefe preocupado com a produtividade (número de carros vendidos) e com a saúde e a satisfação dos seus funcionários, a atitude correta frente ao problema seria:
a) propor a criação de um programa de ginástica laboral no início da jornada de trabalho.
b) sugerir a modificação do piso da loja para diminuir o atrito do solo e reduzir as dores nas pernas.
c) afirmar que os problemas de dores nas pernas são causados por problemas genéticos.
d) ressaltar que a utilização de roupas bonitas e do salto alto são condições necessárias para compor o bom aspecto da loja.
e) escolher um de seus funcionários para conduzir as atividades de ginástica laboral em intervalos de 2 em 2 horas.

Anotações

AULA 14

Competência 7 Confrontar opiniões e pontos de vista sobre as diferentes linguagens e suas manifestações específicas.

Habilidade 22 Relacionar, em diferentes textos, opiniões, temas, assuntos e recursos linguísticos.

Em classe

INTERTEXTUALIDADE

Resumo teórico

De maneira programada ou não, explicitamente ou não, todo texto faz algum tipo de referência a outros textos. Quantas vezes, ao ler um editorial de jornal, não nos deparamos com alusões que atestam que o enunciador daquele editorial tem informações para escrever sobre aquele determinado assunto? Em outras palavras, quantas vezes não percebemos as **relações intertextuais** que estão sendo estabelecidas no texto que estamos lendo?

Isso significa que o produtor de qualquer texto deixa transparecer nos enunciados suas influências ideológicas e suas referências culturais, ou seja, ele se vale da intertextualidade para produzir seus textos. Analogamente, um bom leitor é aquele capaz de desvendar essas relações intertextuais e, com isso, identificar todas as "vozes" que aparecem sob os enunciados.

Podemos ainda dizer que as relações intertextuais – que podem ser construídas por citação, alusão ou estilização – subdividem-se em relações **cúmplices** (quando os textos que dialogam trabalham com os mesmo valores) e **polêmicas** (quando trabalham com valores diferentes).

1 (Enem)

Índio Tapuia, de Albert Eckhout (1610-1666). Disponível em: <www.diaadia.pr.gov.br>. Acesso em: 9 jul. 2009.

A feição deles é serem pardos, maneira d'avermelhados, de bons rostos e bons narizes, bem feitos. Andam nus, sem nenhuma cobertura, nem estimam nenhuma cousa cobrir, nem mostrar suas vergonhas. E estão acerca disso com tanta inocência como têm em mostrar o rosto.

CAMINHA, P. V. de. *A carta*. Disponível em: <www.dominiopublico.gov.br>. Acesso em: 12 ago. 2009.

Ao se estabelecer uma relação entre a obra de Eckhout e o trecho do texto de Caminha, conclui-se que:

a) ambos se identificam pelas características estéticas marcantes, como tristeza e melancolia, do movimento romântico das artes plásticas.

b) o artista, na pintura, foi fiel ao seu objeto, representando-o de maneira realista, ao passo que o texto é apenas fantasioso.

c) a pintura e o texto têm uma característica em comum, que é representar o habitante das terras que sofreriam processo colonizador.

d) o texto e a pintura são baseados no contraste entre a cultura europeia e a cultura indígena.

e) há forte direcionamento religioso no texto e na pintura, uma vez que o índio representado é objeto da catequização jesuítica.

2 (Enem)

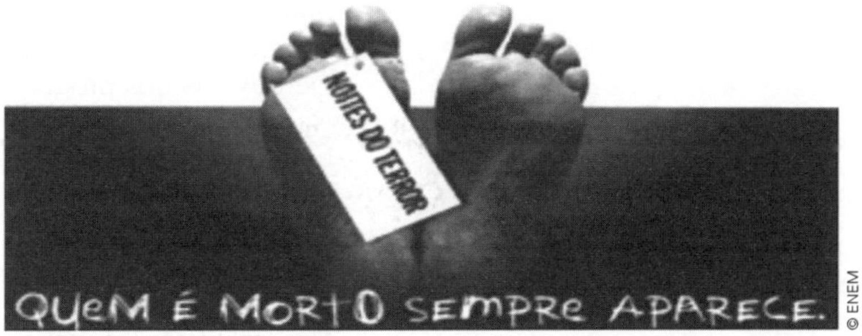

Disponível em: <www.ccsp.com.br>. Acesso em: 26 jul. 2010. Adaptado.

O anúncio publicitário está intimamente ligado ao ideário de consumo quando sua função é vender um produto. No texto apresentado, utilizam-se elementos linguísticos e extralinguísticos para divulgar a atração "Noites do terror", de um parque de diversões. O entendimento da propaganda requer do leitor:

a) a identificação com o público-alvo a que se destina o anúncio.

b) a avaliação da imagem como uma sátira às atrações de terror.

c) a atenção para a imagem da parte do corpo humano selecionada aleatoriamente.

d) o reconhecimento do intertexto entre a publicidade e um dito popular.

e) a percepção do sentido literal da expressão "noites do terror", equivalente à expressão "noites de terror".

3 (Enem)

Texto I

No meio do caminho

No meio do caminho tinha uma pedra
Tinha uma pedra no meio do caminho
Tinha uma pedra
No meio do caminho tinha uma pedra
[...]

ANDRADE, C. D. de. *Antologia poética*. Rio de Janeiro/São Paulo: Record, 2000.

Texto II

DAVIS, J. *Garfield, um charme de gato*. Tradução da Agência Internacional Press. Porto Alegre: L&PM, 2000. v. 7.

A comparação entre os recursos expressivos que constituem os dois textos revela que:

a) o texto I perde suas características de gênero poético ao ser vulgarizado por histórias em quadrinhos.

b) o texto II pertence ao gênero literário, porque as escolhas linguísticas o tornam uma réplica do texto I.

c) a escolha do tema, desenvolvido por frases semelhantes, caracteriza-os como pertencentes ao mesmo gênero.

d) os textos são de gêneros diferentes porque, apesar da intertextualidade, foram elaborados com finalidades distintas.

e) as linguagens que constroem significados nos dois textos permitem classificá-los como pertencentes ao mesmo gênero.

4 (Enem)

Ouvir estrelas

“Ora, (direis) ouvir estrelas! Certo
perdeste o senso!” E eu vos direi, no entanto,
que, para ouvi-las, muita vez desperto
e abro as janelas, pálido de espanto...
E conversamos toda noite, enquanto
a Via-Láctea, como um pálio aberto,
cintila. E, ao vir o Sol, saudoso e em pranto,
inda as procuro pelo céu deserto.
Direis agora: “Tresloucado amigo!
Que conversas com elas?” Que sentido
tem o que dizem, quando estão contigo?”
E eu vos direi: “Amai para entendê-las!
Pois só quem ama pode ter ouvido
Capaz de ouvir e de entender estrelas”.

BILAC, Olavo. Ouvir estrelas. In: *Tarde*, 1919.

Ouvir estrelas

Ora, direis, ouvir estrelas! Vejo
que estás beirando a maluquice extrema.
No entanto o certo é que não perco o ensejo
De ouvi-las nos programas de cinema.
Não perco fita; e dir-vos-ei sem pejo
que mais eu gozo se escabroso é o tema.
Uma boca de estrela dando beijo
é, meu amigo, assunto p'ra um poema.
Direis agora: Mas, enfim, meu caro,
As estrelas que dizem? Que sentido
têm suas frases de sabor tão raro?
Amigo, aprende inglês para entendê-las,
Pois só sabendo inglês se tem ouvido
Capaz de ouvir e de entender estrelas.

TIGRE, Bastos. Ouvir estrelas. In: BECKER, I. *Humor e humorismo*: antologia. São Paulo: Brasiliense, 1961.

A partir da comparação entre os poemas, verifica-se que:

a) no texto de Bilac, a construção do eixo temático se deu em linguagem denotativa, enquanto no de Tigre, em linguagem conotativa.

b) no texto de Bilac, as estrelas são inacessíveis, distantes, e no texto de Tigre, são próximas, acessíveis aos que as ouvem e as entendem.

c) no texto de Tigre, a linguagem é mais formal, mais trabalhada, como se observa no uso de estruturas como "dir-vos-ei sem pejo" e "entendê-las".

d) no texto de Tigre, percebe-se o uso da linguagem metalinguística no trecho "Uma boca de estrela dando beijo/é, meu amigo, assunto p'ra um poema."

e) no texto de Tigre, a visão romântica apresentada para alcançar as estrelas é enfatizada na última estrofe de seu poema com a recomendação de compreensão de outras línguas.

Em casa

TEXTO DE APOIO

1. Intertextualidade

Todo texto, de uma forma ou de outra, faz referência a outros anteriores, compartilha alguma coisa com eles – é como se os textos se entrelaçassem ou dialogassem entre si. Não é por outra razão que se costuma dar a esse tipo de intercâmbio o nome de relações intertextuais, relações dialógicas ou ainda intertextualidade, que é o termo mais usado. Conhecer as várias maneiras com que um texto faz referência a outro pode contribuir para melhorar a compreensão do texto lido.

Há basicamente três procedimentos para o estabelecimento de relações intertextuais:

- a citação;
- a estilização;
- a alusão.

Intertextualidade por citação

Quando um texto transcreve ou recupera passagens literais de outro texto, diz-se que a relação intertextual se deu por **citação**. Em geral, os textos do gênero científico marcam o trecho citado por meio de uma sinalização especial, por exemplo, o uso das aspas ou de um outro formato de letra, convencionalmente o itálico. No caso de teses, ensaios e publicações científicas, é preciso mencionar a fonte da citação, para permitir, entre outras possibilidades, que os interessados a consultem e avaliem sua confiabilidade. Em textos jornalísticos, não há exigência de indicação da fonte. Em textos literários, menos ainda: não existe nem a obrigação de assinalar o trecho citado. Fica por conta da memória do leitor, isto é, do repertório de textos conhecidos por ele a identificação da intertextualidade. Caso não tenha essa memória, o leitor pode não compreender o efeito de sentido provocado pela citação.

Os políticos costumam repetir um velho ditado: "Em política, o que vale é a versão e não os fatos". A autoria desta frase é atribuída a um dos principais líderes políticos mineiros, já falecido, José Maria Alckmin. Comenta-se que, certa vez, ele teria se encontrado com o ex-ministro da Educação de Getúlio Vargas, Gustavo Capanema, que o acusou de plágio: "Eu inventei a frase e todos dizem que é sua" – reclamaria Capanema. Veio a resposta genial: "Você tinha mesmo razão. O importante é a versão e não os fatos".

DIMENSTEIN, Gilberto. *As armadilhas do poder*: bastidores da imprensa. São Paulo: Summus, 1990, p. 53.

Como este é um material didático, em respeito às normas do gênero divulgação científica, o trecho citado vem marcado por fonte (tipo de letra) diferenciada e acompanhado da indicação do autor e da obra de que foi extraído.

Dentro desse fragmento – que usamos como exemplo de intertextualidade por citação – ocorrem outras citações: a primeira, de um ditado popular; a segunda, atribuída a José Maria Alckmin; a terceira, a Gustavo Capanema; a quarta, de novo a José Maria Alckmin. Sendo um texto jornalístico, não há necessidade de indicar a fonte de onde foram extraídas as frases.

A citação literal, sobretudo no jornalismo, serve para criar o que se chama de efeito de verdade, isto é, a impressão de que as palavras foram reproduzidas exatamente como proferidas.

Intertextualidade por estilização

Outra forma de relação intertextual pode-se dar pela reprodução do **estilo** do texto citado, isto é, o modo típico de um autor escrever, uma maneira característica de alguém falar, uma forma de composição textual própria de certa época literária.

Assim, a intertextualidade por meio da **estilização** pode imitar aproximadamente o estilo característico dos textos de crianças, de determinado autor, de certo grupo social. Não se trata de reproduzir literalmente trechos de um texto em particular (por isso não têm cabimento as aspas), mas de escolher e combinar palavras à maneira de certos textos tomados como referência.

Exemplo de estilização muito fácil de compreender são as imitações que os comediantes fazem de personalidades da vida pública. Não se reproduz o texto da pessoa imitada (o texto é do imitador), mas a pronúncia das palavras, certos tiques, a preferência por determinados termos lembram o modo de dizer do imitado.

O mesmo acontece com textos escritos, como o que vem reproduzido a seguir, que imita traços típicos de textos da linguagem infantil. Ele faz parte de uma coletânea criada por Millôr Fernandes cujo título já é um exemplo de estilização: *Conpozissõis imfãtis*.

O comportamento

O comportamento é isso que a gente leva zero na escola e tapa do bom em casa. O comportamento é isso que o soldado tem de ter e o comandante não, como lá em casa que as crianças estão sempre se comportando mal, agora a mamãe e o papai é só receberem uns amigos que fazem cada uma que eles nem sabem que eu e meu irmãos saímos devagarinho lá da cama pra olhar eles, e se fosse no colégio nem zero era pouco pra dar pra ele todos.

PAULILLO, Maria Célia R. A. (Org.). *Millôr Fernandes*. São Paulo: Abril Educação, 1980, p. 71. (Literatura comentada)

O produtor dessa "conpozissão" não está reproduzindo o texto de uma criança em particular, mas o estilo próprio de crianças que ainda não dominam as convenções da escrita nem conhecem bem as regras de conduta dos adultos, as etiquetas sociais. O texto é do humorista: prova disso é que, nesse fragmento, não existe nenhum erro de ortografia. Mas o estilo, o modo de dizer, é típico do texto de uma criança.

Esse procedimento se presta muito para o produtor do texto tirar proveito da dualidade de voz. De um lado, assume a voz e o pensamento crítico da criança; de outro, insere no texto da criança ironias e críticas próprias de um adulto. Produz-se com isso um efeito de humor, de certa forma inocenta-se o produtor do texto, desculpando-o pelas críticas, como se elas viessem de uma criança.

Intertextualidade por alusão

As relações intertextuais mais típicas são as que ocorrem sob a forma de citação e de estilização. Mas existe um terceiro tipo de intercâmbio entre textos que vamos chamar de **intertextualidade por alusão**.

A rigor não se trata de intertextualidade, porque nesse caso um texto não retoma explicitamente nenhuma passagem de outro em particular. Apesar disso, percebe-se que a concepção ou a visão de mundo nele exposta está em perfeita concordância com a concepção de uns e em franca discordância com a de outros.

Suponhamos, por exemplo, um texto que negue qualquer possibilidade de vida após a morte, não admita a existência de nada que não seja matéria palpável e observável. Mesmo que não esteja fazendo citação de nenhum trecho em particular nem imitando um estilo preciso de compor textos, ele se mostra em desacordo com textos do universo religioso ou espiritualista.

Trata-se de um texto que se coloca em conformidade com uma concepção materialista do mundo. Como se vê, nesse caso não há propriamente um diálogo entre dois textos em particular, mas entre duas correntes de pensamento, entre o que se costuma chamar de dois **discursos**.

Como, no caso da intertextualidade por alusão, não se trata a rigor da relação entre um texto e outro, mas entre dois discursos ou duas correntes de pensamento, há quem prefira designá-la por outro nome: **relação interdiscursiva**.

2. Objetivos da intertextualidade

Se um texto A recria, de alguma forma, um texto B, estabelecendo uma relação de intertextualidade, ou o texto A confirma os valores expressos pelo texto B, ou o texto A nega esses valores. Assim, pode haver entre eles uma relação:

- cúmplice: quando ambos trabalham com os mesmos valores;
- polêmica (configurando uma paródia): quando trabalham com valores diferentes.

Às vezes, um texto A, ao recriar um texto B, confirma alguns valores do texto recriado e discorda de outros, o que permite concluir que é possível que dois textos estabeleçam entre si uma relação parcialmente cúmplice e parcialmente polêmica.

1 (Enem)

Resta saber o que ficou das línguas indígenas no português do Brasil. Serafim da Silva Neto afirma: "No português brasileiro não há, positivamente, influência das línguas africanas ou ameríndias". Todavia, é difícil de aceitar que um longo período de bilinguismo de dois séculos não deixasse marcas no português do Brasil.

ELIA, S. *Fundamentos histórico-linguísticos do português do Brasil*. Rio de Janeiro: Lucerna, 2003. Adaptado.

No final do século XVIII, no norte do Egito, foi descoberta a Pedra de Roseta, que continha um texto escrito em egípcio antigo, uma versão desse texto chamada "demótico", e o mesmo texto escrito em grego. Até então, a antiga escrita egípcia não estava decifrada. O inglês Thomas Young estudou o objeto e fez algumas descobertas como, por exemplo, a direção em que a leitura deveria ser feita. Mais tarde, o francês Jean-François Champollion voltou a estudá-la e conseguiu decifrar a antiga escrita egípcia a partir do grego, provando que, na verdade, o grego era a língua original do texto e que o egípcio era uma tradução.

Com base na leitura dos textos conclui-se, sobre as línguas, que:

a) cada língua é única e intraduzível.
b) elementos de uma língua são preservados, ainda que não haja mais falantes dessa língua.
c) a língua escrita de determinado grupo desaparece quando a sociedade que a produzia é extinta.
d) o egípcio antigo e o grego apresentam a mesma estrutura gramatical, assim como as línguas indígenas brasileiras e o português do Brasil.
e) o egípcio e o grego apresentavam letras e palavras similares, o que possibilitou a comparação linguística, o mesmo que aconteceu com as línguas indígenas brasileiras e o português do Brasil.

2 (Enem)

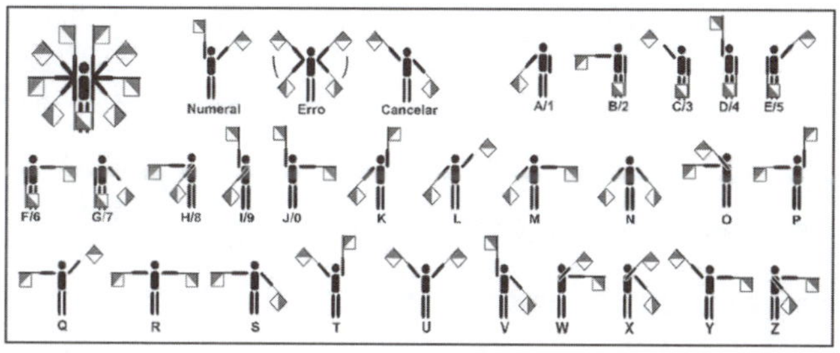

Figura 1 – Disponível em: <www.numaboa.com>.

Figura 2 – Disponível em: <www.poracaso.com>.

A	•▬	J	•▬▬▬	S	•••	2	••▬▬▬
B	▬•••	K	▬•▬	T	▬	3	•••▬▬
C	▬•▬•	L	•▬••	U	••▬	4	••••▬
D	▬••	M	▬▬	V	•••▬	5	•••••
E	•	N	▬•	W	•▬▬	6	▬••••
F	••▬•	O	▬▬▬	X	▬••▬	7	▬▬•••
G	▬▬•	P	•▬▬•	Y	▬•▬▬	8	▬▬▬••
H	••••	Q	▬▬•▬	Z	▬▬••	9	▬▬▬▬•
I	••	R	•▬•	1	•▬▬▬▬	0	▬▬▬▬▬

Figura 3 – Disponível em: <www.decodificandocodigos.pbwiki.com>.

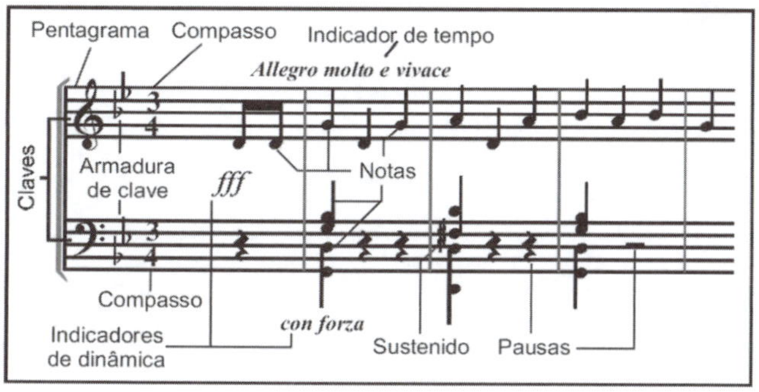

Figura 4 – Disponível em: <www.numaboa.com>.

O homem desenvolveu seus sistemas simbólicos para utilizá-los em situações específicas de interlocução. A necessidade de criar dispositivos que permitissem o diálogo em momentos e/ou lugares distintos levou à adoção universal de alguns desses sistemas. Considerando que a interpretação de textos codificados depende da sintonia e da sincronia entre o emissor e o receptor, pode-se afirmar que a:

a) recepção das mensagens que utilizam o sistema simbólico da figura 1 pode ser feita horas depois de sua emissão.
b) recepção de uma mensagem codificada com o auxílio do sistema simbólico mostrado na figura 2 independe do momento de sua emissão.
c) mensagem que é mostrada na figura 4 será decodificada sem o auxílio da língua falada.
d) figura 3 mostra um sistema simbólico cuja criação é anterior à criação do sistema mostrado na figura 2.
e) figura 4 representa um sistema simbólico que recorre à utilização do som para a transmissão das mensagens.

3 (Enem) Os textos abaixo relacionam-se a momentos distintos da nossa história.

A integração regional é um instrumento fundamental para que um número cada vez maior de países possa melhorar a sua inserção num mundo globalizado, já que eleva o seu nível de competitividade, aumenta as trocas comerciais, permite o aumento da produtividade, cria condições para um maior crescimento econômico e favorece o aprofundamento dos processos democráticos.

A integração regional e a globalização surgem assim como processos complementares e vantajosos.

Declaração de Porto. VIII Cimeira Ibero-Americana. Portugal: Porto, 17 e 18 out. 1998.

Um considerável número de mercadorias passou a ser produzido no Brasil, substituindo o que não era possível ou era muito caro importar.

Foi assim que a crise econômica mundial e o encarecimento das importações levaram o governo Vargas a criar as bases para o crescimento industrial brasileiro.

POMAR, Wladimir. *Era Vargas*: a modernização conservadora.

É correto afirmar que as políticas econômicas mencionadas nos textos são:

a) opostas, pois, no primeiro texto, o centro das preocupações são as exportações e, no segundo, as importações.

b) semelhantes, uma vez que ambos demonstram uma tendência protecionista.
c) diferentes, porque, para o primeiro texto, a questão central é a integração regional e, para o segundo, a política de substituição de importações.
d) semelhantes, porque consideram a integração regional necessária ao desenvolvimento econômico.
e) opostas, pois, para o primeiro texto, a globalização impede o aprofundamento democrático e, para o segundo, a globalização é geradora da crise econômica.

4 (Enem)

Álcool, crescimento e pobreza

O lavrador de Ribeirão Preto recebe em média R$ 2,50 por tonelada de cana cortada. Nos anos 1980, esse trabalhador cortava cinco toneladas de cana por dia. A mecanização da colheita o obrigou a ser mais produtivo. O corta-cana derruba agora oito toneladas por dia.

O trabalhador deve cortar a cana rente ao chão, encurvado. Usa roupas mal-ajambradas, quentes, que lhe cobrem o corpo, para que não seja lanhado pelas folhas da planta. O excesso de trabalho causa a birola: tontura, desmaio, cãibra, convulsão. A fim de aguentar dores e cansaço, esse trabalhador toma drogas e soluções de glicose, quando não farinha mesmo. Tem aumentado o número de mortes por exaustão nos canaviais.

O setor da cana produz hoje uns 3,5% do PIB. Exporta US$ 8 bilhões. Gera toda a energia elétrica que consome e ainda vende excedentes. A indústria de São Paulo contrata cientistas e engenheiros para desenvolver máquinas e equipamentos mais eficientes para as usinas de álcool. As pesquisas, privada e pública, na área agrícola (cana, laranja, eucalipto, etc.) desenvolvem a bioquímica e a genética no país.

Folha de S.Paulo. 11 mar. 2007. Adaptado.

Álcool: o mundo de olho em nossa tecnologia

– Ah, fico meio encabulado em ter de comer com a mão diante de tanta gente!

Folha de S.Paulo. 25 mar. 2007.

Confrontando-se as informações do texto com as da charge acima, conclui-se que:

a) a charge contradiz o texto ao mostrar que o Brasil possui tecnologia avançada no setor agrícola.
b) a charge e o texto abordam, a respeito da cana-de-açúcar brasileira, duas realidades distintas e sem relação entre si.
c) o texto e a charge consideram a agricultura brasileira avançada, do ponto de vista tecnológico.
d) a charge mostra o cotidiano do trabalhador, e o texto defende o fim da mecanização da produção da cana-de-açúcar no setor sucroalcooleiro.
e) o texto mostra disparidades na agricultura brasileira, na qual convivem alta tecnologia e condições precárias de trabalho, que a charge ironiza.

Anotações

AULA 15

Competência 6 Compreender e usar os sistemas simbólicos das diferentes linguagens como meios de organização cognitiva da realidade pela constituição de significados, expressão, comunicação e informação.

Habilidade 19 Analisar a função da linguagem predominante nos textos em situações específicas de interlocução.

Em classe

FUNÇÕES DA LINGUAGEM

Resumo teórico

A linguagem "serve" para muitas coisas, possui muitas finalidades, apresenta várias funções. Mas não se pode esquecer que, antes de qualquer coisa, a linguagem serve à comunicação. O processo de comunicação, entretanto, não é tão simples como muitos imaginam. O linguista russo Roman Jakobson, estudando esse fenômeno, chegou à conclusão de que a comunicação humana se organiza a partir de seis elementos:

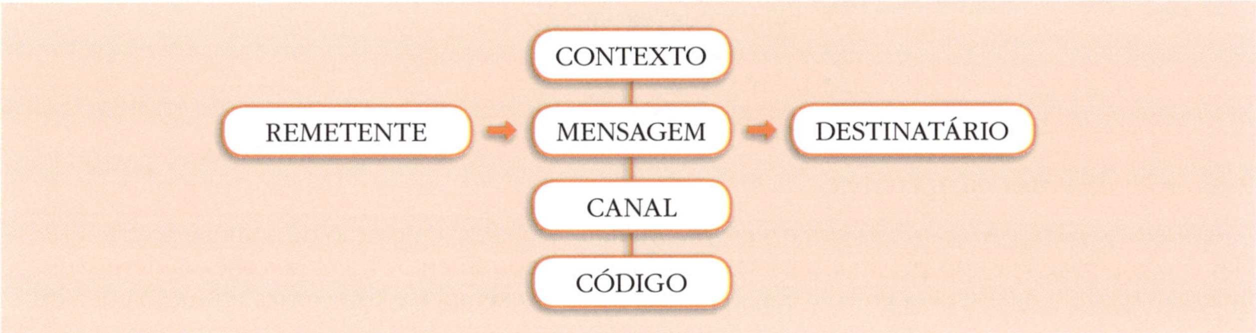

O **remetente**, também chamado de **emissor**, é o produtor da **mensagem**, que se dirige a um **destinatário**, também chamado de **receptor**. Para que haja comunicação, é necessário ainda que haja um **contexto** (isto é, um **referente**, um "assunto" em questão), um ponto de **contato** entre os interlocutores (o **canal** da comunicação) e um **código** compartilhado por emissor e receptor.

Sempre que duas ou mais pessoas interagem, esses seis elementos de comunicação estão presentes. Se um deles não estiver "funcionando", a interação não se dá eficientemente. Isso não quer dizer, porém, que todos esses elementos tenham sempre o mesmo peso. Quem se comunica tem objetivos, tem intenções e, por isso, em cada situação concreta de comunicação, um desses elementos será valorizado, originando uma **função de linguagem**. Cada função de linguagem corresponderia à valorização de um dos seis elementos da comunicação:

Assim, quando a comunicação está centrada no emissor, em seus valores e opiniões pessoais, temos um caso de **função emotiva** ou **expressiva**. Quando se valoriza o receptor e há uma tentativa de convencê-lo explicitamente sobre algo, trata-se de um caso de **função conativa** ou **apelativa**. Quando a ênfase recai sobre o referente, sobre a transmissão "objetiva" de uma informação, há **função referencial** (que já foi chamada também de **informativa**, **cognitiva** ou **denotativa**). Quando se dá mais atenção ao modo de apresentação da mensagem, ocorre **função poética**. Quando se concentra no **canal** de comunicação, existe **função fática**. E quando se constrói uma mensagem que questiona o próprio **código**, estamos diante da **função metalinguística**.

É importante deixar claro que nenhuma dessas funções aparece isolada em um texto. Quando se diz, por exemplo, que um texto apresenta função referencial, está-se querendo dizer que essa é a função predominante, já que, a rigor, todo texto (escrito ou falado, verbal ou não verbal) contém as seis funções de linguagem propostas por Jakobson.

1. Função emotiva ou expressiva

A linguagem serve para expressar a subjetividade. Quando, por exemplo, alguém desabafa com um amigo, expondo sua raiva diante de uma injustiça ou seu arrependimento por causa de uma atitude inconveniente, está usando palavras para exteriorizar seu universo interior, delineando uma certa imagem de si para os que o rodeiam. Isso caracteriza o que chamamos de função emotiva da linguagem.

Principais marcas textuais:
- pronomes de primeira pessoa
- interjeições/ exclamações
- palavras avaliativas
- palavrões

2. Função conativa ou apelativa

A linguagem serve para influenciar e ser influenciado. Às vezes, a intenção da comunicação é influenciar o comportamento do público, associando certos comportamentos a valores sociais desejáveis ou indesejáveis. Isso é bastante perceptível na publicidade, por exemplo, e caracteriza a função conativa.

Principais marcas textuais:
- pronomes de segunda pessoa
- pronomes de tratamento
- vocativos
- verbos no imperativo

3. Função referencial

A linguagem serve para informar. Por meio de uma reportagem, por exemplo, os indivíduos são informados sobre os acontecimentos do mundo, alargando sua percepção e adquirindo novos conhecimentos. Para a coletividade, a linguagem torna possível a transmissão, o aperfeiçoamento e o acúmulo dos conhecimentos através das gerações. Esse tipo de texto, que visa principalmente a informar, opera com a função referencial da linguagem.

Principais marcas textuais:
- pronomes de terceira pessoa
- efeito de sentido de objetividade
- precisão conceitual
- valorização da denotação

4. Função poética

A linguagem como fonte de prazer. Os jogos de sentido, de sonoridade e de ritmo produzidos com as palavras, seja por diversão, seja para encantar o receptor, são exemplos de que a linguagem pode ser fonte de prazer estético. Nesse caso, importa mais o modo de dizer do que aquilo que se diz. Ou, em outros termos, a maneira de arquitetar o texto é usada para enriquecer seu plano de conteúdo. É isso que define a função poética.

Principais marcas textuais:
- tentativa de estabelecer correlações entre o plano da expressão e o plano do conteúdo
- valorização do "mundo de dizer"

5. Função fática

A linguagem serve para criar e manter laços sociais. A simples manifestação de disposição para dialogar dá origem a muitas mensagens. Os cumprimentos cotidianos, por exemplo, servem para manifestar o apreço pelo outro, fortalecendo a ideia de que pertencemos a uma comunidade. Quando recorremos a esses cumprimentos cotidianos, estamos utilizando a função fática da linguagem.

Principais marcas textuais:
- uso de marcadores de conversação
- emprego de expressões cristalizadas da fala

6. Função metalinguística

A linguagem serve para falar sobre a própria linguagem. Toda vez que alguém tenta explicar melhor algo que disse antes, sempre que se tenta desfazer um mal-entendido, a linguagem está sendo usada para enfocar a si mesma. Isso é muito comum no texto de natureza literária, quando o eu lírico de um poema fala sobre a própria poesia ou quando o narrador de um romance se refere à narrativa que está sendo composta. Trata-se de recursos típicos da função metalinguística.

Principais marcas textuais:
- uso de "expressões tradutoras"
- busca da precisão conceitual
- tentativa de explicar o próprio código

1 (Enem)

A biosfera, que reúne todos os ambientes onde se desenvolvem os seres vivos, se divide em unidades menores chamadas ecossistemas, que podem ser uma floresta, um deserto e até um lago. Um ecossistema tem múltiplos mecanismos que regulam o número de organismos dentro dele, controlando sua reprodução, crescimento e migrações.

DUARTE, M. *O guia dos curiosos*. São Paulo: Companhia das Letras, 1995.

Predomina no texto a função da linguagem:

a) emotiva, porque o autor expressa seu sentimento em relação à ecologia.
b) fática, porque o texto testa o funcionamento do canal de comunicação.
c) poética, porque o texto chama a atenção para os recursos de linguagem.
d) conativa, porque o texto procura orientar comportamentos do leitor.
e) referencial, porque o texto trata de noções e informações conceituais.

2 (Enem)

XAVIER, C. *Quadrinho quadrado*. Disponível em: <www.releituras.com>. Acesso em: 5 jul. 2009.

Tendo em vista a segunda fala do personagem entrevistado, constata-se que:

a) o entrevistado deseja convencer o jornalista a não publicar um livro.
b) o principal objetivo do entrevistado é explicar o significado da palavra "motivação".
c) são utilizados diversos recursos da linguagem literária, tais como a metáfora e a metonímia.
d) o entrevistado deseja informar de modo objetivo o jornalista sobre as etapas de produção de um livro.
e) o principal objetivo do entrevistado é evidenciar seu sentimento com relação ao processo de produção de um livro.

3 (Enem)

Pequeno concerto que virou canção

Não, não há por que mentir ou esconder
A dor que foi maior do que é capaz meu coração
Não, nem há por que seguir cantando só para explicar
Não vai nunca entender de amor quem nunca soube amar
Ah, eu vou voltar pra mim
Seguir sozinho assim
Até me consumir ou consumir toda essa dor
Até sentir de novo o coração capaz de amor

VANDRÉ, G. Disponível em: <www.letras.terra.com.br>. Acesso em: 29 jun. 2011.

Na canção de Geraldo Vandré, tem-se a manifestação da função poética da linguagem, que é percebida na elaboração artística e criativa da mensagem, por meio de combinações sonoras e rítmicas. Pela análise do texto, entretanto, percebe-se, também, a presença marcante da função emotiva ou expressiva, por meio da qual o emissor:

a) imprime à canção as marcas de sua atitude pessoal, seus sentimentos.
b) transmite informações objetivas sobre o tema de que trata a canção.
c) busca persuadir o receptor da canção a adotar um certo comportamento.
d) procura explicar a própria linguagem que utiliza para construir a canção.
e) objetiva verificar ou fortalecer a eficiência da mensagem veiculada.

Texto para as questões 4 e 5

Canção do vento e da minha vida

O vento varria as folhas,
O vento varria os frutos,
O vento varria as flores...
E a minha vida ficava
Cada vez mais cheia
De frutos, de flores, de folhas.
[...]
O vento varria os sonhos
E varria as amizades...
O vento varria as mulheres...
E a minha vida ficava
Cada vez mais cheia
De afetos e de mulheres.
O vento varria os meses
E varria os teus sorrisos...
O vento varria tudo!
E a minha vida ficava
Cada vez mais cheia
De tudo.

BANDEIRA, M. *Poesia completa e prosa.* Rio de Janeiro: José Aguilar, 1967.

4 (Enem) Predomina no texto a função da linguagem:

a) fática, porque o autor procura testar o canal de comunicação.

b) metalinguística, porque há explicação do significado das expressões.

c) conativa, uma vez que o leitor é provocado a participar de uma ação.

d) referencial, já que são apresentadas informações sobre acontecimentos e fatos reais.

e) poética, pois chama-se a atenção para a elaboração especial e artística da estrutura do texto.

5 (Enem) Na estruturação do texto, destaca-se:

a) a construção de oposições semânticas.

b) a apresentação de ideias de forma objetiva.

c) o emprego recorrente de figuras de linguagem, como o eufemismo.

d) a repetição de sons e de construções sintáticas semelhantes.

e) a inversão da ordem sintática das palavras.

Em casa

TEXTO DE APOIO

Funções da linguagem

Introdução

Há uma crença geral segundo a qual a língua serve para a comunicação, o que é verdade. Mas é preciso fazer a restrição de que comunicar não consiste apenas em transmitir de maneira neutra uma informação para alguém: uma pessoa pode comunicar sua alegria ou sua aflição ou relatar com a objetividade possível um acontecimento; pode usar a comunicação para induzir o interlocutor a crer no que ela está dizendo ou fazer o que ela está propondo; pode ainda usar a língua para construir um mundo de ficção e por meio dele dar asas aos seus sonhos e construir um mundo encantado; pode, enfim, usar a comunicação para exercer vários papéis. Em síntese, a língua não tem uma função apenas, mas várias. Conhecer cada uma dessas funções, suas marcas típicas e os resultados que se perseguem com cada uma delas é indispensável para quem pretende ser um usuário competente do próprio idioma. E é esse tipo de competência que as provas do Enem colocam sob avaliação.

Eis então as principais funções que se costuma atribuir à língua.

Função referencial

Leia o texto a seguir, extraído do jornal *O Estado de S. Paulo*, 21 jan. 2005, p. C5.

Bairro da zona sul tem um dos maiores buracos de SP

Aryane Cararo

No Jardim Itacolomi, divisa das subprefeituras do Jabaquara e de Cidade Ademar, um buraco já se tornou ponto de referência: O Buraco do Batoré. A cratera, na Rua Durval Pinto Ferreira, surgiu no fim de novembro, quase em frente do boteco de Inácio Soares da Silva, o Batoré. No começo, tinha 50 centímetros de diâmetro. Nenhuma providência foi tomada e ele foi crescendo. Chegou a engolir uma árvore da pracinha local e agora já tem 4 metros de diâmetro e 7 metros de profundidade.

A cratera fica em cima da galeria do Córrego Cordeiro, canalizado há 25 anos. O problema começou quando a laje da galeria desabou. Na semana passada, com as chuvas, uma árvore de 12 metros foi tragada pelo buraco que, hoje, "se não é o maior buraco de São Paulo, é um dos maiores", segundo o secretário das subprefeituras, Walter Feldman. O local foi isolado pela CET e a rua, interditada ao trânsito.

Esse é um exemplo típico do uso da linguagem em função **referencial**. Nesse caso, o resultado pretendido é fazer com que as palavras revelem da maneira mais clara e precisa possível as coisas e os acontecimentos a que fazem referência. Para atingir esse resultado, respeitam-se as normas da língua-padrão, usam-se as palavras em seu sentido próprio e evitam-se palavras ou expressões que manifestam impressões subjetivas do enunciador, isto é, daquele que fala ou escreve. As propriedades mais valorizadas nesse uso são a clareza, a precisão e a neutralidade.

Função conativa

© DIVULGAÇÃO

Nesse texto publicitário, a linguagem está sendo usada principalmente para induzir as pessoas a usar os produtos da perfumaria. É um exemplo típico do uso da linguagem em função **conativa** (**conativo** é um adjetivo da mesma família de um verbo latino que significa **esforçar-se por**, **empenhar-se**).

A função conativa – muito utilizada na propaganda – é caracterizada pela intenção de influir no comportamento do interlocutor, na tentativa de levá-lo a crer no que se diz e a fazer o que se propõe.

Na função conativa, é comum o uso de verbos no imperativo, o apelo ao interlocutor e a apresentação de argumentos para confirmar a proposta que se faz.

Função emotiva

Um exemplo típico do uso da linguagem em função emotiva é o grito de gol dos torcedores de futebol.

O que se faz, em casos como esse, é usar a linguagem dominantemente para descarregar a emoção que contagia o emissor: a alegria eufórica ao comemorar um gol marcado pelo time do coração. Diz-se que a linguagem está sendo usada em função **emotiva** quando, por meio dela, o enunciador pretende manifestar sentimentos, emoção (de raiva, de alegria, de aflição, de indignação, de angústia...).

Como o resultado pretendido é exatamente conhecer as reações íntimas do enunciador, é típico da função emotiva o uso de formas gramaticais de 1ª pessoa (eu, meu, comigo, adoro, detesto, invejo); interjeições (ah, oh, nossa!) e expressões exclamativas (É uma vergonha! Cambada de vagabundos!).

Função metalinguística

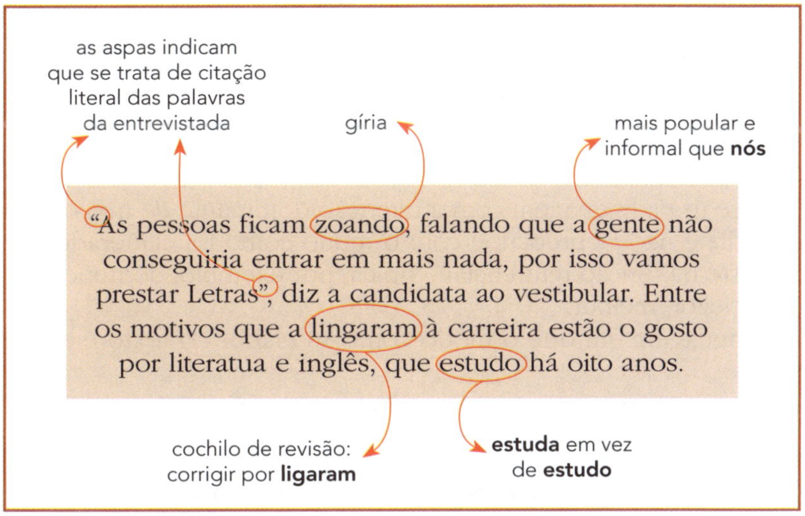

Esse texto, transcrito de um exame da Fuvest, com algumas alterações, vem acompanhado de uma série de anotações que contêm comentários sobre certas palavras ou expressões, correções de palavras mal escritas, explicações sobre o uso de aspas.

Nesse caso, a linguagem está sendo usada para fazer comentários não sobre fatos e eventos do mundo exterior, mas sobre sinais, palavras ou expressões do próprio texto. É como se a linguagem se voltasse sobre ela mesma para se compreender melhor ou para exprimir-se de maneira mais apropriada. Em casos como esses, dizemos que a linguagem está sendo usada em função **metalinguística**, que se caracteriza pelo fato de se utilizar uma linguagem para comentar, explicar ou descrever fatos ou características de outra linguagem ou dela própria.

Na vida cotidiana, fazemos usos inumeráveis da metalinguagem (ou da função metalinguística), por exemplo, quando dizemos que **samba** é uma palavra de origem africana; que **forró** leva acento por ser uma palavra oxítona terminada em **o**; que **paralisia** se escreve com **s** e não com **z**; que um texto está cheio de incoerências. Em síntese, a metalinguagem consiste em usar a linguagem para comentar a própria linguagem.

Função fática

Quem nunca passou pela experiência de usar a linguagem com a única finalidade de puxar conversa com um interlocutor, pura e simplesmente porque o silêncio seria desconfortável? É o que vem ilustrado no diálogo a seguir, entre duas pessoas que sobem sozinhas no elevador e não têm muita intimidade.

– Você veio da rua agora?
– Acabei de chegar.
– Que trânsito, hein?!
– Nem fala.
– E o calor?
– Calor?! Bota calor nisso!
– Não há quem aguente!
– É isso aí... Até logo.
– Até logo.

Como se pode notar, a linguagem nesse caso está sendo usada principalmente para manter contato com o interlocutor. O assunto, nessas horas, pouco importa: pode ser o tempo, o trânsito, a vida, a saúde... O que mais importa é não submeter-se ao silêncio, nem ignorar o interlocutor numa atitude de descaso.

Quando usamos a linguagem para estabelecer contato com o interlocutor ou para não perder o contato já estabelecido, dizemos que está em uso a função **fática**.

O esforço dos canais de televisão para não permitir que o telespectador mude de canal é também um exemplo do uso da função fática. Num telejornal, por exemplo, antes de cada intervalo comercial, o locutor anuncia uma notícia curiosa ou provocante para manter o telespectador conectado até o fim.

Função poética

Há situações em que se usa a linguagem com a intenção dominante de que o interlocutor apreenda o sentido daquilo que se diz e não se preocupe com o modo como foi elaborado o texto transmissor da mensagem. É o que ocorre na função referencial – típica, por exemplo, do noticiário jornalístico: quanto menos esforço exigir do leitor, melhor.

Mas há um uso da linguagem em que o modo como se elabora o texto é tão importante quanto a informação que ele traz.

Para deixar isso claro, comparemos os dois textos que seguem.

I. *Deve ser legal ser negão no Senegal.*

"Mamma África", Chico César.

II. É possível que seja agradável ser negro no Senegal.

As duas frases têm praticamente o mesmo sentido, mas há uma diferença básica: na frase I, mais do que o sentido, chamam atenção os recursos de ritmo e a combinação de sons feita pelo compositor. Na frase II, apreende-se o sentido e praticamente não se dá atenção ao modo como as palavras foram escolhidas e combinadas.

Na frase I, qualquer mudança é indesejável, mesmo que não afete o sentido. Embora se mantenha o sentido, não tem o mesmo efeito dizer, por exemplo: "No Senegal, ser negão deve ser legal".

Na frase II, desde que se mantenha o sentido, aceitam-se alterações. É quase indiferente dizer: "No Senegal, é possível que seja agradável ser negão" ou "Talvez seja vantajoso ser negão no Senegal".

No primeiro caso, a linguagem está sendo usada em função **poética**; no segundo, em função **referencial** ou utilitária.

Assim, a função poética consiste na exploração dos próprios recursos da linguagem para enriquecer o sentido do texto. Nessa função, costuma-se dizer que o modo de dizer é tão ou mais importante do que o que se diz. Falando de outra forma, o modo de escolher e combinar as palavras é tão ou mais importante que o sentido que elas produzem.

Na função poética, há um procedimento constante: procurasse explorar a escolha das palavras ou a combinação entre elas para produzir efeitos. Isso equivale a dizer que, no texto poético, alguma manobra chama a atenção sobre o modo de construir o enunciado, seja por uma escolha que provoca uma reação especial do enunciatário, seja por alguma forma especial de combinar as palavras.

Os recursos disponíveis para isso são localizáveis em todas as instâncias da língua. Eis alguns exemplos:

Recurso sonoro

E o **ân**gelus pl**an**ge ao **lon**ge em **doloroso** dobre.

Esse é um verso famoso do soneto de Olavo Bilac intitulado "Vila Rica", antigo nome da cidade de Ouro Preto. Fala do fim do dia, simulando o toque dos sinos, enquanto se reza o ângelus, tipo de prece das seis horas da tarde.

As consoantes momentâneas (**p**, **d**, **b**) sugerem as badaladas; as vogais nasais (**an**, **an**, **on**) e as consoantes mais demoradas (**g**, **s**, **l**) lembram o reboar do som ao longo da tarde.

Recurso gráfico

Tocadas, nossas chagas
*D**ó**em, d**ó**em, d**ó**em*
E não há sino que suporte mortes tão constantes.

Alcides Villaça.

O acento agudo colocado sobre a vogal tônica (dóem), embora não previsto pelas regras do acordo ortográfico vigente, está cumprindo uma função importante: marcar a intensidade maior com que a dor se repete, como se fosse uma pulsação semelhante à de uma chaga latejante. Lembra ainda o som torturante de um sino que bate incessantemente.

Recurso do duplo sentido

Órion

A primeira namorada, tão alta
que o beijo não a alcançava,
o pescoço não a alcançava,
nem mesmo a voz a alcançava.
Eram quilômetros de silêncio.
Luzia na janela do sobradão.

ANDRADE, C. D. de. *Poesia completa e prosa.* Rio de Janeiro: Nova Aguilar, 1992, p. 581.

Na poesia "Órion" (uma constelação muito distante e bela), o poeta situa a namorada num plano tão elevado, que não há meio de atingi-la. Há quilômetros entre ele e ela. Sobra o consolo da contemplação da amada na janela de sua mansão.

A palavra **Luzia** pode ser interpretada como uma forma do verbo **luzir** (= brilhar) ou como o nome da namorada. A fusão dos dois conceitos sugere a sensação de esplendor que a visão da namorada provocava no poeta e a distância intransponível que os separava.

1 (Enem)

Sentimental

Ponho-me a escrever teu nome
Com letras de macarrão.
No prato, a sopa esfria, cheia de escamas
e debruçados na mesa, todos contemplam
esse romântico trabalho.
Desgraçadamente falta uma letra,
uma letra somente
para acabar teu nome!
— Está sonhando? Olhe que a sopa esfria!
Eu estava sonhando...
E há em todas as consciências este cartaz amarelo:
"Neste país é proibido sonhar."

ANDRADE, C. D. de. Seleta em prosa e verso. Rio de Janeiro: Record, 1995.

Com base na leitura do poema, a respeito do uso e da predominância das funções da linguagem no texto de Drummond, pode-se afirmar que:

a) por meio dos versos "Ponho-me a escrever teu nome" (v. 1) e "esse romântico trabalho" (v. 5), o poeta faz referências ao seu próprio ofício: o gesto de escrever poemas líricos.

b) a linguagem essencialmente poética que constitui os versos "No prato, a sopa esfria, cheia de escamas e debruçados na mesa todos contemplam" (v. 3 e 4) confere ao poema uma atmosfera irreal e impede o leitor de reconhecer no texto dados constitutivos de uma cena realista.

c) na primeira estrofe, o poeta constrói uma linguagem centrada na amada, receptora da mensagem, mas, na segunda, ele deixa de se dirigir a ela e passa a exprimir o que sente.

d) em "Eu estava sonhando..." (v. 10), o poeta demonstra que está mais preocupado em responder à pergunta feita anteriormente e, assim, dar continuidade ao diálogo com seus interlocutores do que em expressar algo sobre si mesmo.

e) no verso "'Neste país é proibido sonhar.'" (v. 12), o poeta abandona a linguagem poética para fazer uso da função referencial, informando sobre o conteúdo do "cartaz amarelo" (v. 11) presente no local.

2 (Enem)

Canção amiga

Eu preparo uma canção,
em que minha mãe se reconheça
todas as mães se reconheçam
e que fale como dois olhos.

[...]
Aprendi novas palavras
E tornei outras mais belas.
Eu preparo uma canção
que faça acordar os homens
e adormecer as crianças.

ANDRADE, C. D. de. *Novos poemas*. Rio de Janeiro: José Olympio, 1948.

A linguagem do fragmento anterior foi empregada pelo autor com o objetivo principal de:

a) transmitir informações, fazer referência a acontecimentos observados no mundo exterior.
b) envolver, persuadir o interlocutor, nesse caso, o leitor, em um forte apelo à sua sensibilidade.
c) realçar os sentimentos do eu lírico, suas sensações, reflexões e opiniões frente ao mundo real.
d) destacar o processo de construção de seu poema, ao falar sobre o papel da própria linguagem e do poeta.
e) manter eficiente o contato comunicativo entre o emissor da mensagem, de um lado, e o receptor, de outro.

3 (Enem)

Em uma famosa discussão entre profissionais das ciências biológicas, em 1959, C. P. Snow lançou uma frase definitiva: "Não sei como era a vida antes do clorofórmio". De modo parecido, hoje podemos dizer que não sabemos como era a vida antes do computador. Hoje não é mais possível visualizar um biólogo em atividade com apenas um microscópio diante de si; todos trabalham com o auxílio de computadores. Lembramo-nos, obviamente, como era a vida sem computador pessoal. Mas não sabemos como ela seria se ele não tivesse sido inventado.

PIZA, D. Como era a vida antes do computador? *OceanAir em Revista*, n. 1, 2007. Adaptado.

Neste texto, a função da linguagem predominante é:

a) emotiva, porque o texto é escrito em primeira pessoa do plural.
b) referencial, porque o texto trata das ciências biológicas, em que elementos como o clorofórmio e o computador impulsionaram o fazer científico.
c) metalinguística, porque há uma analogia entre dois mundos distintos: o das ciências biológicas e o da tecnologia.
d) poética, porque o autor do texto tenta convencer seu leitor de que o clorofórmio é tão importante para as ciências médicas quanto o computador para as exatas.
e) apelativa, porque, mesmo sem ser uma propaganda, o redator está tentando convencer o leitor de que é impossível trabalhar sem computador, atualmente.

4 (Enem)

Aula de português

A linguagem
na ponta da língua,
tão fácil de falar
e de entender.
A linguagem
na superfície estrelada de letras,
sabe lá o que quer dizer?
Professor Carlos Góis, ele é quem sabe,
e vai desmatando
o amazonas de minha ignorância.
Figuras de gramática, esquipáticas,
atropelam-me, aturdem-me, sequestram-me.
Já esqueci a língua em que comia,
em que pedia para ir lá fora,
em que levava e dava pontapé,
a língua, breve língua entrecortada
do namoro com a priminha.
O português são dois; o outro, mistério.

ANDRADE, C. D. de. *Esquecer para lembrar*. Rio de Janeiro: José Olympio, 1979.

Explorando a função emotiva da linguagem, o poeta expressa o contraste entre marcas de variação de usos da linguagem em:

a) situações formais e informais.
b) diferentes regiões do país.
c) escolas literárias distintas.
d) textos técnicos e poéticos.
e) diferentes épocas.

Anotações

AULA 16

Competência 7 Confrontar opiniões e pontos de vista sobre as diferentes linguagens e suas manifestações específicas.

Habilidade 24 Reconhecer no texto estratégias argumentativas empregadas para o convencimento do público, tais como a intimidação, sedução, comoção, chantagem, entre outras.

Em classe

ARGUMENTATIVIDADE

Resumo teórico

Podemos dizer, de uma maneira simplificada, que todo texto procura convencer alguém de alguma coisa. Para isso, é necessário que ele seja bem argumentado, entendendo por **argumentação** todos os recursos de linguagem que fazem o interlocutor aceitar o que está sendo dito.

Cada manual de estudos da linguagem apresenta uma classificação diferente dos tipos de argumento: desde listas imensas, com dezenas de nomes técnicos, até tipologias tão simples que não nos acrescentam quase nada. Sem desconsiderar os inúmeros trabalhos nessa área, pensamos em seguir uma classificação que resume os grandes argumentos em cinco grandes núcleos:

Tipo de argumento	Definição
Argumento de prova concreta	Trata-se da exploração de dados estatísticos ou de exemplos concretos que sirvam para sustentar a visão de mundo do enunciador.
Argumento com base no raciocínio lógico	Caracteriza-se pelo estabelecimento de analogias, de relações de causa e efeito ou de conclusões a partir de premissas já apresentadas.
Argumento de autoridade	Consiste na citação, direta ou indireta, da opinião de uma fonte autorizada, para tornar nossa tese ainda mais aceitável.
Argumento de consenso	Define-se pelo aproveitamento das opiniões consideradas indiscutíveis pelo grupo social a que pertence o enunciador.
Argumento de competência linguística	Envolve a competência do enunciador em usar uma linguagem compatível com a do seu interlocutor.

1 (Enem)

Cientistas da Grã-Bretanha anunciaram ter identificado o primeiro gene humano relacionado com o desenvolvimento da linguagem, o FOXP2. A descoberta pode ajudar os pesquisadores a compreender os misteriosos mecanismos do discurso – que é uma característica exclusiva dos seres humanos. O gene pode indicar porque e como as pessoas aprendem a se comunicar e a se expressar e porque algumas crianças têm disfunções nessa área. Segundo o professor Anthony Monaco, do Centro Wellcome Trust de Genética Humana, de Oxford, além de ajudar a diagnosticar desordens de discurso, o estudo do gene vai possibilitar a descoberta de outros genes com imperfeições. Dessa forma, o prosseguimento das investigações pode levar a descobrir também esses genes associados e, assim, abrir uma possibilidade de curar todos os males relacionados à linguagem.

Disponível em: <www.bbc.co.uk>. Acesso em: 4 maio 2009. Adaptado.

Para convencer o leitor da veracidade das informações contidas no texto, o autor recorre à estratégia de:

a) citar autoridade especialista no assunto em questão.

b) destacar os cientistas da Grã-Bretanha.
c) apresentar citações de diferentes fontes de divulgação científica.
d) detalhar os procedimentos efetuados durante o processo da pesquisa.
e) elencar as possíveis consequências positivas que a descoberta vai trazer.

2 (Enem)

Diga não ao não

Quem disse que alguma coisa é impossível?
Olhe ao redor. O mundo está cheio de coisas que, segundo os pessimistas, nunca teriam acontecido.
"Impossível."
"Impraticável."
"Não."
E ainda assim, sim.
Sim, Santos Dumont foi o primeiro homem a decolar a bordo de um avião, impulsionado por um motor aeronáutico.
Sim, Visconde de Mauá, um dos maiores empreendedores do Brasil, inaugurou a primeira rodovia pavimentada do país.
Sim, uma empresa brasileira também inovou no país.
Abasteceu o primeiro voo comercial brasileiro.
Foi a primeira empresa privada a produzir petróleo na Bacia de Campos.
Desenvolveu um óleo combustível mais limpo, o OC Plus.
O que é necessário para transformar o não em sim?
Curiosidade. Mente aberta. Vontade de arriscar.
E quando o problema parece insolúvel, quando o desafio é muito duro, dizer: vamos lá.

Soluções de energia para um mundo real. *Jornal da ABI*. n. 336, dez. 2008. Adaptado.

O texto publicitário apresenta a oposição entre "impossível", "impraticável", "não" e "sim", "sim", "sim".

Essa oposição, usada como um recurso argumentativo, tem a função de:

a) minimizar a importância da invenção do avião por Santos Dumont.
b) mencionar os feitos de grandes empreendedores da história do Brasil.
c) ressaltar a importância do pessimismo para promover transformações.
d) associar os empreendimentos da empresa petrolífera a feitos históricos.
e) ironizar os empreendimentos rodoviários de Visconde de Mauá no Brasil.

3 (Enem)

A ética nasceu na pólis grega com a pergunta pelos critérios que pudessem tornar possível o enfrentamento da vida com dignidade. Isto significa dizer que o ponto de partida da ética é a vida, a realidade humana, que, em nosso caso, é uma realidade de fome e miséria, de exploração e exclusão, de desespero e desencanto frente a um sentido da vida. É neste ponto que somos remetidos diretamente à questão da democracia, um projeto que se realiza nas relações da sociabilidade humana.

Disponível em: <www.jornaldeopiniao.com.br>. Acesso em: 3 maio 2009.

O texto pretende que o leitor se convença de que a:

a) ética é a vivência da realidade das classes pobres, como mostra o fragmento "é uma realidade de fome e miséria".
b) ética é o cultivo dos valores morais para encontrar sentido na vida, como mostra o fragmento "de desespero e desencanto frente a um sentido da vida".
c) experiência democrática deve ser um projeto vivido na coletividade, como mostra o fragmento "um projeto que se realiza nas relações da sociabilidade humana".
d) experiência democrática precisa ser exercitada em benefício dos mais pobres, com base no fragmento "tornar possível o enfrentamento da vida com dignidade".
e) democracia é a melhor forma de governo para as classes menos favorecidas, como mostra o fragmento "É neste ponto que somos remetidos diretamente à questão da democracia".

Anotações

Em casa

TEXTO DE APOIO

1. Argumentatividade

O estudo da **argumentatividade** engloba todos os recursos de linguagem capazes de levar à persuasão, ou seja, tudo aquilo que pode convencer o interlocutor de algo.

São os argumentos que fazem com que as pessoas aceitem a tese defendida pelo texto. Eles não são nem garantia nem prova de verdade. A verdade, como categoria absoluta, não interessa aos estudos da linguagem. Para nós, o essencial é conhecer os procedimentos discursivos que fazem com que os textos criem a "impressão" de verdade. A argumentatividade sempre propõe uma escolha, não entre a verdade e a mentira, mas entre o mais e o menos desejável, o mais e o menos pertinente, o mais e o menos preferível.

Seguindo esse raciocínio, é importante distinguir a **argumentação** da **demonstração**. Enquanto a primeira é da ordem do preferível, a segunda encerra a ideia de verdade. A argumentação, por mais consistente que seja, sempre pode ser alvo de uma réplica. A demonstração não aceita contestação: seria realmente insólito que alguém resolvesse, por exemplo, atacar a veracidade do Teorema de Pitágoras. Por isso, a argumentação se identifica com a polêmica: onde há argumento, há dúvidas, há conflitos ideológicos; já a demonstração não se inscreve no território da polêmica: *demonstrar* é convencer o interlocutor de maneira absoluta, a ponto de não sobrar espaço para discussão.

Por isso, a argumentação sempre toma como ponto de partida as várias crenças e valores que coexistem em uma sociedade. Ela se fundamenta em um acordo entre o enunciador e seu auditório a respeito do grau de importância de certos valores. Eles são hierarquizados de tal forma que os valores em comum se sobreponham aos particulares. Assim é que se consegue a adesão do público, ou seja, acenando para aquilo que ele tem a ganhar ou a perder com a defesa de uma concepção em detrimento das outras possíveis, convocando-o a defender os valores da coletividade.

Como a argumentação pretende influenciar, por meio do discurso, o grau de aceitação de algumas teses dentro de um grupo, o conhecimento do auditório é fundamental para o bom resultado do trabalho. O sucesso do enunciador depende de sua habilidade na escolha dos procedimentos mais adequados ao público a quem se dirige, conseguindo um contato intelectual com sua audiência. Para que se consiga esse grau de sintonia, que, como vimos, é o ponto de partida de toda argumentação, é preciso garantir que algumas precondições sejam satisfeitas.

Há, basicamente, quatro precondições para o jogo argumentativo:

1. a disposição para dialogar e o respeito mútuo entre as partes;
2. a presença de uma linguagem compartilhada;
3. o acordo em torno de alguns valores humanos;
4. a existência de um repertório de vivências, informações e questões comuns.

2. Tipos de argumento

Cada manual de estudos da linguagem apresenta uma classificação diferente dos tipos de argumento: desde listas imensas, com dezenas de nomes técnicos, até tipologias tão simples que não acrescentam quase nada ao aluno. Sem desconsiderar os inúmeros trabalhos nessa área, pensamos em seguir uma classificação que resume os grandes argumentos em cinco grandes núcleos. Essa classificação tem a vantagem de ser extremamente sintética e utilizável pelo candidato em situações concretas de prova.

Argumento de prova concreta

Esse tipo de argumento consiste em apresentar dados da experiência que sustentem a visão de mundo do enunciador. Esses dados podem ser baseados em pesquisas, em levantamentos estatísticos ou em exemplos concretos da vida real. A grande vantagem desse tipo de argumento é que ele passa a impressão de ser irrefutável, pois, para rebatê-lo, há que se encontrar um outro dado que desminta o dado apresentado. De fato, se dizemos que no Brasil há muitos latifúndios improdutivos e sustentamos essa tese com informações do próprio Estado, fica difícil alguém conseguir contestar esse argumento.

Como dissemos, esse tipo de argumento tem a grande vantagem de parecer irrefutável – há quem diga que "com números não se discute" ou "os números não mentem jamais". Mas, além disso, o argumento de prova concreta demonstra a competência do enunciador para discutir aquele assunto, pois quem cita dados estatísticos passa a impressão de ter vastos conhecimentos sobre o tema de que se trata.

Há, porém, dois riscos nesse argumento: o primeiro consiste em usar um dado anunciado por uma fonte pouco confiável ou esquecer de citar a fonte que divulgou as informações apresentadas como verdadeiras; o segundo consiste em usar tantas vezes o argumento de prova concreta que o texto perde completamente a autonomia, tornando-se uma mera coletânea de números e de exemplos.

Ao ler um texto que utiliza o argumento de prova concreta, é importante tomar cuidado com o fato de que o enunciador sempre escolhe um número que seja interessante para defender sua opinião. Uma coisa é criticar o incentivo à educação no Brasil, comparando dados estatísticos nacionais com dados dos países da Europa central; outra coisa é elogiar a educação nacional, valendo-se de comparações com estatística de países pouco desenvolvidos como os da África central. Às vezes, o enunciador pode optar por um dado estatístico de um órgão em vez de outro.

Argumento com base no raciocínio lógico

Uma das maiores falhas que um texto pode apresentar é a contradição: não se deve afirmar algo durante o texto e, num dado momento, desmentir a afirmação feita anteriormente (descontando, nesse caso, a hipótese de essa contradição ser intencional). Agora, se produzir um texto contraditório é algo a ser evitado, escrever um texto sem nenhuma contradição é um mérito. Um texto que manipula as relações lógicas entre os enunciados de maneira eficiente é, em princípio, um texto bom – daí a importância do argumento com base no raciocínio lógico.

Se estamos, por exemplo, escrevendo uma redação sobre o aumento da violência nos grandes centros urbanos brasileiros, podemos apontar como causa desse acontecimento a pobreza que assola as grandes cidades e, como consequência, a sensação de insegurança da população. Nesse caso, estamos apresentando as relações de causa e consequência de maneira eficiente. No entanto, se dizemos que a causa da violência é a insegurança da população e que a consequência é o aumento da pobreza, apresentamos as relações de causa e consequência de maneira distorcida. Isso não só indica um uso inadequado do argumento com base no raciocínio lógico, como também acaba provocando uma contradição que desqualifica o texto.

A analogia é uma outra possibilidade de utilização do argumento de raciocínio lógico. Para confirmar uma tese, é comum que se busquem situações análogas que, servindo de parâmetro de comparação, ajudem a justificar a visão de mundo do enunciador. Imagine-se um aluno que se vanglorie de ter sido aprovado nos três anos do Ensino Médio; segundo ele, estudar é inútil, pois ele nunca fez isso e, ainda assim, sempre foi aprovado. Para mostrar a fragilidade desse raciocínio, podemos recorrer a uma analogia, dizendo ao aluno pouco estudioso: "essa postura é tão censurável quanto a do sujeito que se vangloria de ter gastado mil dólares em livros em Nova York e não ter lido absolutamente nenhum".

Argumento de autoridade

Outro eficiente recurso argumentativo é a citação de uma autoridade. Ao recorrer a uma opinião confiável e respeitada pela sociedade ou a um texto de credibilidade inquestionável, o enunciador consegue, ao mesmo tempo, mostrar sua competência para tratar do tema em questão e transferir para o seu texto a autoridade do enunciado ao qual recorreu. É inegável que um texto que cita, com naturalidade, grandes intelectuais da humanidade tem mais chance de conseguir a persuasão dos interlocutores do que outro texto que não o faz. Uma coisa é defender uma visão de mundo;

outra coisa é mostrar que Freud, Marx, Descartes, Hegel ou Aristóteles (só para citar algumas "autoridades" consagradas) também defendiam essa visão de mundo. É isso que define o argumento de autoridade.

Como todo recurso argumentativo, o argumento de autoridade também tem as suas limitações: seu uso em excesso pode descaracterizar o texto, podendo passar a impressão de que o enunciador não tem uma tese própria sobre o tema em discussão, constituindo-se num mero reprodutor do que os outros dizem. Além disso, a citação da autoridade às vezes vem descontextualizada: o aluno sabe uma frase interessante de Einstein, por exemplo; como essa frase não está diretamente ligada ao assunto em questão, ele "força a barra" para incluí-la no seu texto – com isso, muitas vezes o texto soa artificial e acaba ficando incoerente. Por fim, há que se lembrar que o argumento de autoridade depende da credibilidade da autoridade citada: enunciar uma frase ou uma ideia de alguém que não goza de prestígio social e intelectual naquele universo de conhecimento, além de não convencer ninguém, ainda desqualifica a competência discursiva de quem fez a citação. Não parece ser persuasivo, por exemplo, citar as opiniões de Fidel Castro sobre experiências amorosas ou sobre técnicas culinárias.

Argumento de consenso

Em todas as sociedades, em todas as épocas, há certas ideias que são consensuais, isto é, que não precisam de comprovação para serem aceitas. Afirmar, por exemplo, que os investimentos em educação são fundamentais para o desenvolvimento de um país configura um consenso, pois é muito difícil alguém encontrar elementos plausíveis para discordar dessa tese. Eis, então, o que conhecemos por argumento de consenso.

Vale a ressalva de que não é todo texto que admite o uso do argumento de consenso; quando entramos em discussões como a pena de morte ou o aborto, por exemplo, tentar recorrer ao argumento de consenso já é uma falha discursiva, principalmente se o aluno apresentar como certeza absoluta aquilo que, na verdade, precisa de comprovação.

Por esse motivo, convém tomar cuidado com expressões como "todo mundo sabe que", "todas as pessoas são", "os políticos sempre", "é indiscutível que". A não ser que realmente se trate de uma ideia consensual, indiscutivelmente aceita como verdade por toda a sociedade ou pela grande maioria das pessoas tidas como ilustradas. Além disso, o excesso de argumentos consensuais prejudica o poder persuasivo do texto, pois cria a impressão de que o enunciador não é capaz de sair dos grandes lugares-comuns.

Argumento de competência linguística

O último tipo de argumento a ser estudado não consiste num recurso usado pontualmente nos textos; na verdade, o argumento de competência linguística recobre o texto todo e demonstra, em sentido amplo, a competência de linguagem do enunciador. Não há dúvidas de que um enunciador que usa uma linguagem adequada ao seu público merece mais crédito do que outro enunciador que não o faz.

No entanto o argumento de competência linguística não configura uma garantia de persuasão: trata-se de um atributo necessário, mas não suficiente para fazer com que os interlocutores aceitem a tese do enunciador. Dito de outro modo, esse tipo de argumento, embora imprescindível, precisa vir acompanhado de outros recursos argumentativos para que o texto seja realmente considerado bom.

Ao mesmo tempo em que a competência linguística é um mérito, a incompetência é uma falha imperdoável. Mas é preciso lembrar que nem sempre a competência linguística está ligada às preocupações com a norma culta. Na realidade, a competência linguística nasce da necessidade de o interlocutor encontrar uma linguagem adequada para convencer seus interlocutores. Nas situações formais de comunicação, em que se incluem, por exemplo, as redações do Enem, o respeito à norma praticamente assegura a competência linguística do enunciador. No entanto, há casos em que a norma culta fica em segundo plano.

Isso acontece quando há uma intenção deliberada do enunciador em desrespeitar a norma culta para conseguir, assim, maior proximidade com o público.

Textos para as questões 1 e 2

Texto I

É praticamente impossível imaginarmos nossas vidas sem o plástico. Ele está presente em embalagens de alimentos, bebidas e remédios, além de eletrodomésticos, automóveis, etc. Esse uso ocorre devido à sua atoxicidade e à inércia, isto é: quando em contato com outras substâncias, o plástico não as contamina; ao contrário, protege o produto embalado. Outras duas grandes vantagens garantem o uso dos plásticos em larga escala: são leves, quase não alteram o peso do material embalado, e são 100% recicláveis, fato que, infelizmente, não é aproveitado, visto que, em todo o mundo, a percentagem de plástico reciclado, quando comparado ao total produzido, ainda é irrelevante.

Mãe Terra. São Paulo: Minuano, ano I, n. 6. Adaptado.

Texto II

Sacolas plásticas são leves e voam ao vento. Por isso, elas entopem esgotos e bueiros, causando enchentes. São encontradas até no estômago de tartarugas-marinhas, baleias, focas e golfinhos, mortos por sufocamento.

Sacolas plásticas descartáveis são gratuitas para os consumidores, mas têm um custo incalculável para o meio ambiente.

Fragmentos de texto publicitário do Instituto Akatu pelo Consumo Consciente. *Veja*, 8 jul. 2009.

1 (Enem) Em contraste com o texto I, no texto II são empregadas, predominantemente, estratégias argumentativas que:

a) atraem o leitor por meio de previsões para o futuro.
b) apelam à emoção do leitor, mencionando a morte de animais.
c) orientam o leitor a respeito dos modos de usar conscientemente as sacolas plásticas.
d) intimidam o leitor com as nocivas consequências do uso indiscriminado de sacolas plásticas.
e) recorrem à informação, por meio de constatações, para convencer o leitor a evitar o uso de sacolas plásticas.

2 (Enem) Na comparação dos textos, observa-se que:

a) o texto I apresenta um alerta a respeito do efeito da reciclagem de materiais plásticos; o texto II justifica o uso desse material reciclado.
b) o texto I tem como objetivo precípuo apresentar a versatilidade e as vantagens do uso do plástico na contemporaneidade; o texto II objetiva alertar os consumidores sobre os problemas ambientais decorrentes de embalagens plásticas não recicladas.
c) o texto I expõe vantagens, sem qualquer ressalva, do uso do plástico; o texto II busca convencer o leitor a evitar o uso de embalagens plásticas.
d) o texto I ilustra o posicionamento de fabricantes de embalagens plásticas, mostrando por que elas devem ser usadas; o texto II ilustra o posicionamento de consumidores comuns, que buscam praticidade e conforto.
e) o texto I apresenta um alerta a respeito da possibilidade de contaminação de produtos orgânicos e industrializados decorrente do uso de plástico em suas embalagens; o texto II apresenta vantagens do consumo de sacolas plásticas: leves, descartáveis e gratuitas.

3 (Enem)

O tema da velhice foi objeto de estudo de brilhantes filósofos ao longo dos tempos. Um dos melhores livros sobre o assunto foi escrito pelo pensador e orador romano Cícero: *A arte do envelhecimento*. Cícero nota, primeiramente, que todas as idades têm seus encantos e suas dificuldades. E depois aponta para um paradoxo da humanidade. Todos sonhamos ter uma vida longa, o que significa viver muitos anos. Quando realizamos a meta, em vez de celebrar o feito, nos atiramos a um estado de melancolia e amargura. Ler as palavras de Cícero sobre envelhecimento pode ajudar a aceitar melhor a passagem do tempo.

NOGUEIRA, P. Saúde & Bem-Estar Antienvelhecimento. *Época*. 28 abr. 2008.

O autor discute problemas relacionados ao envelhecimento, apresentando argumentos que levam a inferir que seu objetivo é:

a) esclarecer que a velhice é inevitável.
b) contar fatos sobre a arte de envelhecer.
c) defender a ideia de que a velhice é desagradável.
d) influenciar o leitor para que lute contra o envelhecimento.
e) mostrar às pessoas que é possível aceitar, sem angústia, o envelhecimento.

Anotações

AULA 17

Competência 7 Confrontar opiniões e pontos de vista sobre as diferentes linguagens e suas manifestações específicas.

Habilidade 21 Reconhecer, em textos de diferentes gêneros, recursos verbais e não verbais utilizados com a finalidade de criar e mudar comportamentos e hábitos.

Em classe

MARCAS DA ENUNCIAÇÃO

Resumo teórico

"Qual estilo é mais adequado?", "Quais termos são mais compreensíveis?", "Que temas são mais aceitos?", "Com que grau de detalhamento tratar do assunto em pauta?", "Como tratar o interlocutor?". Essas são algumas questões fundamentais quando se pretende dialogar.

Para angariar a adesão de seu público, os enunciadores precisam considerar que a relação *eu/você* criada na comunicação deve determinar importantes características do texto. É a partir da linguagem que o enunciador pode criar de si uma imagem favorável ou negativa, do enunciatário uma imagem respeitosa ou agressiva.

Dessa maneira, a figura do ouvinte/leitor como um ser passivo, que simplesmente recebe o texto como um produto acabado, não passa de mera ficção. Quem já ousou se preparar para fazer uma declaração de amor, por exemplo, certamente teve momentos de angústia ao planejar seu texto. "O que dizer?", "Como dizer?", "Quanto dizer?" são dúvidas do enunciador que revelam a presença ativa do enunciatário, determinando em boa medida a feição que será dada àquele texto.

1 (Enem)

O senhor

Carta a uma jovem que, estando em uma roda em que dava aos presentes o tratamento de você, se dirigiu ao autor chamando-o "o senhor":

Senhora:

Aquele a quem chamastes senhor aqui está, de peito magoado e cara triste, para vos dizer que senhor ele não é, de nada, nem de ninguém.

Bem o sabeis, por certo, que a única nobreza do plebeu está em não querer esconder sua condição, e esta nobreza tenho eu. Assim, se entre tantos senhores ricos e nobres a quem chamáveis você escolhestes a mim para tratar de senhor, é bem de ver que só poderíeis ter encontrado essa senhoria nas rugas de minha testa e na prata de meus cabelos. Senhor de muitos anos, eis aí; o território onde eu mando é no país do tempo que foi. Essa palavra, "senhor", no meio de uma frase, ergueu entre nós um muro frio e triste.

Vi o muro e calei: não é de muito, eu juro, que me acontece essa tristeza; mas também não era a vez primeira.

BRAGA, R. *A borboleta amarela*. Rio de Janeiro: Record, 1991.

A escolha do tratamento que se queira atribuir a alguém geralmente considera as situações específicas de uso social. A violação desse princípio causou um mal-estar no autor da carta. O trecho que descreve essa violação é:

a) "Essa palavra, 'senhor', no meio de uma frase, ergueu entre nós um muro frio e triste."
b) "A única nobreza do plebeu está em não querer esconder a sua condição."
c) "Só poderíeis ter encontrado essa senhoria nas rugas de minha testa."
d) "O território onde eu mando é no país do tempo que foi."
e) "Não é de muito, eu juro, que acontece essa tristeza; mas também não era a vez primeira."

2 (Enem)

Texto I

A característica da oralidade radiofônica, então, seria aquela que propõe o diálogo com o ouvinte: a simplicidade, no sentido da escolha lexical; a concisão e a coerência, que se traduzem em um texto curto, em linguagem coloquial e com organização direta; e o ritmo, marcado pelo locutor, que deve ser o mais natural (do diálogo). É esta organização que vai "reger" a veiculação da mensagem, seja ela interpretada ou de improviso, com objetivo de dar melodia à transmissão oral, dar emoção, personalidade ao relato de fato.

VELHO, A. P. M. *A linguagem do rádio multimídia*. Disponível em: <www.bocc.ubi.pt>. Acesso em: 27 fev. 2012.

Texto II

A dois passos do paraíso

A Rádio Atividade leva até vocês
Mais um programa da séria série
"Dedique uma canção a quem você ama"
Eu tenho aqui em minhas mãos uma carta
Uma carta d'uma ouvinte que nos escreve
E assina com o singelo pseudônimo de
"Mariposa Apaixonada de Guadalupe"
Ela nos conta que no dia que seria
o dia mais feliz de sua vida
Arlindo Orlando, seu noivo
Um caminhoneiro conhecido da pequena e
Pacata cidade de Miracema do Norte
Fugiu, desapareceu, escafedeu-se
Oh! Arlindo Orlando volte
Onde quer que você se encontre
Volte para o seio de sua amada
Ela espera ver aquele caminhão voltando
De faróis baixos e para-choque duro…

BLITZ. Disponível em: <http://letras.terra.com.br>. Acesso em: 28 fev. 2012.

Em relação ao texto I, que analisa a linguagem do rádio, o texto II apresenta, em uma letra de canção,

a) estilo simples e marcado pela interlocução com o receptor, típico da comunicação radiofônica.
b) lirismo na abordagem do problema, o que o afasta de uma possível situação real de comunicação radiofônica.
c) marcação rítmica dos versos, o que evidencia o fato de o texto pertencer a uma modalidade de comunicação diferente da radiofônica.
d) direcionamento do texto a um ouvinte específico, divergindo da finalidade de comunicação do rádio, que é atingir as massas.
e) objetividade na linguagem caracterizada pela ocorrência rara de adjetivos, de modo a diminuir as marcas de subjetividade do locutor.

3 (Enem)

© ENEM

Cartaz afixado nas bibliotecas centrais e setoriais da Universidade Federal de Goiás (UFG), 2011.

Considerando-se a finalidade comunicativa comum do gênero e o contexto específico do Sistema de Biblioteca da UFG, esse cartaz tem função predominantemente:

a) socializadora, contribuindo para a popularização da arte.
b) sedutora, considerando a leitura como uma obra de arte.
c) estética, propiciando uma apreciação despretensiosa da obra.
d) educativa, orientando o comportamento de usuários de um serviço.
e) contemplativa, evidenciando a importância de artistas internacionais.

Em casa

TEXTO DE APOIO

Marcas da enunciação

Quem sou eu, com quem eu falo? O linguista José Luiz Fiorin, em seu livro *As astúcias da enunciação*, afirma que:

> *O **eu** existe por oposição ao **tu** e é a condição do diálogo que é constitutiva da pessoa porque ela se constrói na reversibilidade dos papéis eu/tu.*

Segundo esse postulado, apenas quando falamos, escrevemos, apenas quando expomos pensamentos e sentimentos ao outro é que passamos a existir como sujeitos. Só existe um "eu" quando este é contraposto a um "tu". Dessa maneira, o conceito de "eu" é construído na e pela linguagem, por um enunciador que pode escolher como se mostrar de acordo com a interlocução estabelecida em seu enunciado.

Um interessante exemplo literário desse jogo está presente em uma cena do *Auto da Barca do Inferno*, de Gil Vicente (1465-1536?): a alcoviteira Brísida Vaz, condenada a seguir na "barca do inferno" justamente pela atividade de aliciar encontros "amorosos", dirige-se ao anjo que comanda a "barca da glória", tentando conseguir dele a salvação. Eis o trecho:

E chegando à barca da glória, diz ao Anjo:
Brísida. *Barqueiro, mano, meus olhos,*
prancha a Brísida Vaz!
Anjo. *Eu não sei quem te cá traz...*
Brísida. *Peço-vo-lo de giolhos!*
Cuidais que trago piolhos,
anjo de Deus, minha rosa?
Eu sou Brísida, a preciosa,
que dava as môças aos molhos.
A que criava as meninas
para os cônegos da Sé...
Passai-me, por vossa fé,
meu amor, minhas boninas,
olhos de perlinhas finas! [...]

VICENTE, Gil. *Auto da barca do inferno.*
(Texto fixado por S. Spina e retirado da Fuvest)

A intenção de Brísida era mudar sua sorte e ser convidada a entrar na barca que conduziria ao céu, porém, como o fragmento sugere, sua fala foi avessa à sua meta. Isso acontece não apenas pelo conteúdo da mensagem – na qual a alcoviteira diz claramente que "criava as meninas / para os cônegos da Sé" (ou seja, que arranjava encontros entre "suas" garotas e padres!) –, mas também pela interlocução instaurada: por inabilidade da personagem, o estilo por ela adotado reforça o mesmo pecado que a condenou. Ao se referir ao anjo usando vocativos como "meus olhos", "minha rosa", "meu amor", Brísida Vaz apresenta-se como um "eu" familiarizado com o universo da sedução amorosa e, simultaneamente, faz do anjo um "tu" passível de ser seduzido. Desse modo, a alcoviteira instaura uma interlocução francamente desfavorável ao seu intento, sendo definitivamente condenada ao inferno.

Interlocução não é necessariamente explícita

No exemplo anterior, em que as duas personagens do texto dramático dialogam, temos um exemplo de **interlocução demarcada**, pois estão explicitados no texto o emissor e o destinatário da mensagem (tal qual ocorre, por exemplo, em cartas particulares, *e-mails* pessoais, etc.).

Há outros gêneros textuais, no entanto, nos quais a expressão do "eu" e a referência ao outro não se dão de modo explícito (como nos verbetes de enciclopédia, no noticiário, nos textos científicos, entre outros). Esse apagamento do enunciador e do enunciatário na superfície do texto obviamente não suspende a interlocução e suas imposições, uma vez que todo texto pressupõe seu produtor e um auditório. Tratamos então de **interlocução não demarcada**, porém igualmente determinante na construção do texto.

Em casos de interlocução não demarcada, aspectos de conteúdo e de estilo são decisivos para identificarmos como é a relação enunciador/enunciatário em determinado texto. Para tratar disso, tomemos como exemplo o fragmento abaixo, extraído de um texto de divulgação científica:

> *Cinco décadas atrás, as revistas populares de ciência nos Estados Unidos alardeavam que, em menos de cinquenta anos, a fonte da eletricidade do mundo seria a energia limpa e praticamente inesgotável que faz as estrelas brilharem: a fusão nuclear. O tempo passou e hoje existem apenas as usinas de fissão nuclear, que produzem energia a partir da quebra de núcleos atômicos pesados. Uma usina de fusão, ao contrário, funcionaria extraindo energia da união de dois núcleos de hidrogênio, o elemento químico mais abundante no Universo. Em parceria com grupos europeus, pesquisadores brasileiros trabalham com o objetivo de transformar a fusão em realidade.*
>
> A energia das estrelas. *Revista Pesquisa Fapesp*. 186, p. 60, ago. 2011.

Nesse excerto, assim como em todo o texto do qual ele foi extraído, não há qualquer referência explícita do enunciador a si mesmo ou ao leitor. Seria ingenuidade, porém, acreditar que não haja marcas da interlocução no texto.

Quanto ao **estilo** adotado, o uso da variedade padrão da língua e a objetividade com que se aborda o tema criam um efeito de credibilidade, instaurando um "eu" autorizado a transmitir ao seu auditório os avanços da ciência. Essa imagem de enunciador familiarizado com o universo científico, porém, deve ser somada à de alguém habilitado a dialogar com enunciatários leigos, os quais desempenham papel de "tu" no gênero divulgação científica. Nesse contexto, as expressões explicativas – como "energia limpa e praticamente inesgotável que faz as estrelas brilharem", para traduzir "fusão nuclear", e "que produzem energia a partir da quebra de núcleos atômicos pesados", explicando o funcionamento das usinas de fissão nuclear – não são mero expediente estilístico, estando mais associadas a questões de **conteúdo**. Isso porque, por meio das explicações, é fornecido ao leitor um repertório indispensável para que ele compreenda o texto.

A análise desses aspectos revela a relação enunciador-enunciatário estabelecida: de um lado, o público leigo e interessado em ciência; de outro, um enunciador didático, capaz de traduzir em termos acessíveis os complexos saberes do mundo científico. A partir desse exemplo, concluímos que **estilo** e **conteúdo** são elementos importantíssimos ao se instaurar a interlocução, seja demarcada ou não na superfície do texto.

1 (Enem)

© LAERTE/ENEM

Que estratégia argumentativa leva o personagem do terceiro quadrinho a persuadir sua interlocutora?

a) Prova concreta, ao expor o produto ao consumidor.
b) Consenso, ao sugerir que todo vendedor tem técnica.
c) Raciocínio lógico, ao relacionar uma fruta com um produto eletrônico.
d) Comparação, ao enfatizar que os produtos apresentados anteriormente são inferiores.
e) Indução, ao elaborar o discurso de acordo com os anseios do consumidor.

2 (Enem)

Não somos tão especiais

Todas as características tidas como exclusivas dos humanos são compartilhadas por outros animais, ainda que em menor grau.

INTELIGÊNCIA

A ideia de que somos os únicos animais racionais tem sido destruída desde os anos 1940. A maioria das aves e dos mamíferos tem algum tipo de raciocínio.

AMOR

O amor, tido como o mais elevado dos sentimentos, é parecido em várias espécies, como os corvos, que também criam laços duradouros, se preocupam com o ente querido e ficam de luto depois de sua morte.

CONSCIÊNCIA

Chimpanzés se reconhecem no espelho. Orangotangos observam e enganam humanos distraídos. Sinais de que sabem quem são e se distinguem dos outros. Ou seja, são conscientes.

CULTURA

O primatologista Frans de Waal juntou vários exemplos de cetáceos e primatas que são capazes de aprender novos hábitos e de transmiti-los para as gerações seguintes. O que é cultura se não isso?

BURGIERMAN, D. *Superinteressante*, n. 190, jul. 2003.

O título do texto traz o ponto de vista do autor sobre a suposta supremacia dos humanos em relação aos outros animais. As estratégias argumentativas utilizadas para sustentar esse ponto de vista são:

a) definição e hierarquia.
b) exemplificação e comparação.
c) causa e consequência.
d) finalidade e meios.
e) autoridade e modelo.

3 (Enem)

E como manejava bem os cordéis de seus títeres, ou ele mesmo, títere voluntário e consciente, como entregava o braço, as pernas, a cabeça, o tronco, como se desfazia de suas articulações e de seus reflexos quando achava nisso conveniência. Também ele soubera apoderar-se dessa arte, mais artifício, toda feita de sutilezas e grosserias, de expectativa e oportunidade, de insolência e submissão, de silêncios e rompantes, de anulação e prepotência. Conhecia a palavra exata para o momento preciso, a frase picante ou obscena no ambiente adequado, o tom humilde diante do superior útil, o grosseiro diante do inferior, o arrogante quando o poderoso em nada o podia prejudicar. Sabia desfazer situações equívocas, e armar intrigas das quais se saía sempre bem, e sabia, por experiência própria, que a fortuna se ganha com uma frase, num dado momento, que este momento único, irrecuperável, irresistível, exige um estado de alerta para a sua apropriação.

RAWET, S. O aprendizado. In: *Diálogo*. Rio de Janeiro: GRD, 1963.

No conto, o autor retrata criticamente a habilidade do personagem no manejo de discursos diferentes segundo a posição do interlocutor na sociedade. A crítica à conduta do personagem está centrada:

a) na imagem do títere ou fantoche em que o personagem acaba por se transformar, acreditando dominar os jogos de poder na linguagem.
b) na alusão à falta de articulações e reflexos do personagem, dando a entender que ele não possui o manejo dos jogos discursivos em todas as situações.
c) no comentário, feito em tom de censura pelo autor, sobre as frases obscenas que o personagem emite em determinados ambientes sociais.
d) nas expressões que mostram tons opostos nos discursos empregados aleatoriamente pelo personagem em conversas com interlocutores variados.
e) no falso elogio à originalidade atribuída a esse personagem, responsável por seu sucesso no aprendizado das regras de linguagem da sociedade.

AULA 18

Competência 8 Compreender e usar a língua portuguesa como língua materna, geradora de significação e integradora da organização do mundo e da própria identidade.

Habilidade 25 Identificar, em textos de diferentes gêneros, as marcas linguísticas que singularizam as variedades linguísticas sociais, regionais e de registro.

Em classe

VARIAÇÃO LINGUÍSTICA

Resumo teórico

Faz parte da experiência de qualquer falante nativo a noção de que sua língua não é falada de maneira uniforme por todos os membros da comunidade. Não é necessário um senso de observação muito apurado para se perceber que, no Brasil, por exemplo, fala-se um português repleto de diferenças:

- há quem diga **os menino folgado** (com o **s** de plural marcando apenas o artigo);
- há quem prefira dizer **os meninos folgados** (com os **s** de plural marcando o artigo, o substantivo e o adjetivo);
- há regiões em que se pronuncia **feliz** com o **e** aberto (**é**) e o **z** com som de **ch** (é o caso dos baianos); já o fluminense pronuncia o mesmo **e** como **i** e o **z** também como **ch**; em São Paulo, pronuncia-se **feliz** com o **e** fechado e o **z** com som de **s**;
- a palavra **você** é, por sua vez, pronunciada com todas as suas letras ou como **ocê** e até mesmo **cê**.

O falante nativo é capaz de citar vários outros exemplos similares e identificar, por trás da maneira própria de falar, grupos de pessoas específicos. Em síntese, ele tem noção das diferentes variações que afetam a sua língua. Ao uso específico que cada comunidade de falantes faz da sua língua, dá-se o nome de **variedades linguísticas**.

1 (Enem)

Texto I

Antigamente

Antigamente, os pirralhos dobravam a língua diante dos pais e se um se esquecia de arear os dentes antes de cair nos braços de Morfeu, era capaz de entrar no couro. Não devia também se esquecer de lavar os pés, sem tugir nem mugir. Nada de bater na cacunda do padrinho, nem de debicar os mais velhos, pois levava tunda. Ainda cedinho, aguava as plantas, ia ao corte e logo voltava aos penates. Não ficava mangando na rua, nem escapulia do mestre, mesmo que não entendesse patavina da instrução moral e cívica. O verdadeiro *smart* calçava botina de botões para comparecer todo liró ao copo-d'água, se bem que no convescote apenas lambiscasse, para evitar flatos. Os bilontras é que eram um precipício, jogando com pau de dois bicos, pelo que carecia muita cautela e caldo de galinha. O melhor era pôr as barbas de molho diante de um treteiro de topete, depois de fintar e engambelar os coiós, e antes que se pusesse tudo em pratos limpos, ele abria o arco.

ANDRADE, C. D. *Poesia e prosa*. Rio de Janeiro: Nova Aguilar, 1983.

Texto II

Palavras do arco da velha	
Expressão	**Significado**
Cair nos braços de Morfeu	Dormir
Debicar	Zombar, ridicularizar
Tunda	Surra
Mangar	Escarnecer, caçoar
Tugir	Murmurar
Liró	Bem-vestido
Copo-d'água	Lanche oferecido pelos amigos
Convescote	Piquenique
Bilontra	Velhaco
Treteiro de topete	Tratante atrevido
Abrir o arco	Fugir

FIORIN, J. L. As línguas mudam. In: *Revista Língua Portuguesa*, n. 24, out. 2007. Adaptado.

Na leitura do fragmento do texto *Antigamente*, constata-se, pelo emprego de palavras obsoletas, que itens lexicais outrora produtivos não mais o são no português brasileiro atual. Esse fenômeno revela que:

a) a língua portuguesa de antigamente carecia de termos para se referir a fatos e coisas do cotidiano.

b) o português brasileiro se constitui evitando a ampliação do léxico proveniente do português europeu.

c) a heterogeneidade do português leva a uma estabilidade do seu léxico no eixo temporal.

d) o português brasileiro apoia-se no léxico inglês para ser reconhecido como língua independente.

e) o léxico do português representa uma realidade linguística variável e diversificada.

2 (Enem)

S.O.S. Português

Por que pronunciamos muitas palavras de um jeito diferente da escrita? Pode-se refletir sobre esse aspecto da língua com base em duas perspectivas. Na primeira delas, fala e escrita são dicotômicas, o que restringe o ensino da língua ao código. Daí vem o entendimento de que a escrita é mais complexa que a fala, e seu ensino restringe-se ao conhecimento das regras gramaticais, sem a preocupação com situações de uso. Outra abordagem permite encarar as diferenças como um produto distinto de duas modalidades da língua: a oral e a escrita. A questão é que nem sempre nos damos conta disso.

S.O.S. Português. *Nova Escola*. São Paulo: Abril, Ano XXV, n. 231, abr. 2010. Adaptado.

O assunto tratado no fragmento é relativo à língua portuguesa e foi publicado em uma revista destinada a professores. Entre as características próprias desse tipo de texto, identificam-se marcas linguísticas próprias do uso:

a) regional, pela presença de léxico de determinada região do Brasil.

b) literário, pela conformidade com as normas da gramática.

c) técnico, por meio de expressões próprias de textos científicos.

d) coloquial, por meio do registro de informalidade.

e) oral, por meio do uso de expressões típicas da oralidade.

3 (Enem)

Disponível em: <http://revistaescola.abril.com.br>. Acesso em: 27 abr. 2010.

Calvin apresenta a Haroldo (seu tigre de estimação) sua escultura na neve, fazendo uso de uma linguagem especializada. Os quadrinhos rompem com a expectativa do leitor, porque:

a) Calvin, na sua última fala, emprega um registro formal e adequado para a expressão de uma criança.

b) Haroldo, no último quadrinho, apropria-se do registro linguístico usado por Calvin na apresentação de sua obra de arte.

c) Calvin emprega um registro de linguagem incompatível com a linguagem de quadrinhos.

d) Calvin, no último quadrinho, utiliza um registro linguístico informal.

e) Haroldo não compreende o que Calvin lhe explica, em razão do registro formal utilizado por este último.

Em casa

TEXTO DE APOIO

Tipos de variantes

Variantes históricas: a língua se altera de época para época, constituindo o que se chama de variantes históricas.

Variantes geográficas: de lugar para lugar, também há diferenças significativas dentro de uma língua. A fala da zona rural, por exemplo, é muito diferente da fala urbana.

Variantes sociais: entre uma classe social e outra, há diferentes modos de falar. Um magistrado não fala como um operário.

Entre as variantes sociais, costumam-se distinguir duas grandes divisões:

a) **variante culta** (das pessoas que pertencem às elites sociais);

b) **variante popular** (dos segmentos sociais que não pertencem às elites).

Variantes de situação (ou **variantes de estilo**): um mesmo indivíduo varia o próprio modo de falar, de acordo com as circunstâncias em que se situa o ato de comunicação.

Entre as variantes de situação, distinguem-se duas:

a) **estilo informal** (espontâneo, descomprometido, com baixo grau de preocupação com a linguagem);

b) **estilo formal** (calculado, vigiado, com alto grau de reflexão).

1 (Enem)

Antigamente

Acontecia o indivíduo apanhar constipação; ficando perrengue, mandava o próprio chamar o doutor e, depois, ir à botica para aviar a receita, de cápsulas ou pílulas fedorentas. Doença nefasta era a phtísica, feia era o gálico. Antigamente, os sobrados tinham assombrações, os meninos, lombrigas [...]

Carlos Drummond de Andrade. *Poesia completa e prosa*. Rio de Janeiro: Companhia José Aguilar, p. 1184.

O texto anterior está escrito em linguagem de uma época passada. Observe uma outra versão, em linguagem atual.

Antigamente

Acontecia o indivíduo apanhar um resfriado; ficando mal, mandava o próprio chamar o doutor e, depois, ir à farmácia para aviar a receita, de cápsulas ou pílulas fedorentas. Doença nefasta era a tuberculose, feia era a sífilis. Antigamente, os sobrados tinham assombrações, os meninos, vermes [...].

Comparando-se esses dois textos, verifica-se que, na segunda versão, houve mudanças relativas a:

a) vocabulário.

b) construções sintáticas.

c) pontuação.

d) fonética.

e) regência verbal.

2 (Enem)

Quando vou a São Paulo, ando na rua ou vou ao mercado, apuro o ouvido; não espero só o sotaque geral dos nordestinos, onipresentes, mas para conferir a pronúncia de cada um; os paulistas pensam que todo nordestino fala igual; contudo, as variações são mais numerosas que as notas de uma escala musical. Pernambuco, Paraíba, Rio Grande do Norte, Ceará, Piauí têm no falar de seus nativos muito mais variantes do que se imagina. E a gente se goza uns dos outros, imita o vizinho, e todo mundo ri, porque parece impossível que um praiano de beira-mar não chegue sequer perto de um sertanejo de Quixeramobim. O pessoal do Cariri, então, até se orgulha do falar deles. Têm uns tês doces, quase um ***the***; já nós, ásperos sertanejos, fazemos um duro ***au*** ou ***eu*** de todos os terminais em ***al*** ou ***el*** – carnavau, Raqueu... Já os paraibanos trocam o ***l*** pelo ***r***. José Américo só me chamava, afetuosamente, de Raquer.

QUEIROZ, R. *O Estado de S. Paulo*. 9 maio 1998. Adaptado.

Rachel de Queiroz comenta, em seu texto, um tipo de variação linguística que se percebe no falar de pessoas de diferentes regiões. As características regionais exploradas no texto manifestam-se:

a) na fonologia.

b) no uso do léxico.

c) no grau de formalidade.

d) na organização sintática.

e) na estruturação morfológica.

3 (Enem)

MANDIOCA – mais um presente da Amazônia

Aipim, castelinha, macaxeira, maniva, maniveira. As designações da *Manihot utilissima* podem variar de região no Brasil, mas uma delas deve ser levada em conta em todo o território nacional: pão-de-pobre – e por motivos óbvios.

Rica em fécula, a mandioca – uma planta rústica e nativa da Amazônia disseminada no mundo inteiro, especialmente pelos colonizadores portugueses – é a base de sustento de muitos brasileiros e o único alimento disponível para mais de 600 milhões de pessoas em vários pontos do planeta, e em particular em algumas regiões da África.

O melhor do Globo Rural. fev. 2005. Fragmento.

De acordo com o texto, há no Brasil uma variedade de nomes para a *Manihot utilissima*, nome científico da mandioca. Esse fenômeno revela que:

a) existem variedades regionais para nomear uma mesma espécie de planta.

b) mandioca é nome específico para a espécie existente na região amazônica.

c) "pão-de-pobre" é designação específica para a planta da região amazônica.

d) os nomes designam espécies diferentes da planta, conforme a região.

e) a planta é nomeada conforme as particularidades que apresenta.

Anotações

AULA 19

Competência 6 Compreender e usar os sistemas simbólicos das diferentes linguagens como meios de organização cognitiva da realidade pela constituição de significados, expressão, comunicação e informação.

Habilidade 20 Reconhecer a importância do patrimônio linguístico para a preservação da memória e da identidade nacional.

Em classe

A LÍNGUA COMO FATO SOCIAL

Resumo teórico

A discussão sobre variantes linguísticas ocupa hoje um lugar de destaque nos textos que tratam do ensino da língua materna na escola. A abordagem que se dá atualmente a esse tema é muito diferente da que se dava nos estudos antigos. Até meados do século XX, não se cogitava sobre outra variedade que não fosse a culta. As demais eram tidas como degradação daquela, considerada então a única forma possível de se falar o vernáculo, ou seja, a língua própria de um país. Prova disso é que "língua vernácula" passou a significar "língua correta, pura, castiça, legítima". O que não era tido como vernáculo era simplesmente rejeitado como degradação, e não era objeto de consideração a não ser para exemplificar o que não se deveria dizer. Atualmente, a noção de correção considera, por exemplo, que diferentes gêneros textuais requerem distintos usos da língua e, com base nisso, a noção de "certo × errado" deu lugar à de "adequado × inadequado à situação comunicativa".

1 (Enem)

Cabeludinho

Quando a Vó me recebeu nas férias, ela me apresentou aos amigos: este é meu neto. Ele foi estudar no Rio e voltou de ateu. Ela disse que eu voltei de ateu. Aquela preposição deslocada me fantasiava de ateu. Como quem dissesse no Carnaval: aquele menino está fantasiado de palhaço. Minha avó entendia de regências verbais. Ela falava de sério. Mas todo mundo riu. Porque aquela preposição deslocada podia fazer de uma informação um chiste. E fez. E mais: eu acho que buscar a beleza nas palavras é uma solenidade de amor. E pode ser instrumento de rir. De outra feita, no meio da pelada um menino gritou: Disilimina esse, Cabeludinho. Eu não disiliminei ninguém. Mas aquele verbo novo trouxe um perfume de poesia à nossa quadra. Aprendi nessas férias a brincar de palavras mais do que trabalhar com elas. Comecei a não gostar de palavra engavetada. Aquela que não pode mudar de lugar. Aprendi a gostar mais das palavras pelo que elas entoam do que pelo que elas informam. Por depois ouvi um vaqueiro a cantar com saudade: Ai morena, não me escreve / que eu não sei a ler. Aquele a preposto ao verbo **ler**, ao meu ouvir, ampliava a solidão do vaqueiro.

BARROS, M. *Memórias inventadas:* a infância. São Paulo: Planeta, 2003.

No texto, o autor desenvolve uma reflexão sobre diferentes possibilidades de uso da língua e sobre os sentidos que esses usos podem produzir, a exemplo das expressões "voltou de ateu", "disilimina esse" e "eu não sei a ler". Com essa reflexão, o autor destaca:

a) os desvios linguísticos cometidos pelos personagens do texto.
b) a importância de certos fenômenos gramaticais para o conhecimento da língua portuguesa.
c) a distinção clara entre a norma culta e as outras variedades linguísticas.
d) o relato fiel de episódios vividos por Cabeludinho durante as suas férias.
e) a valorização da dimensão lúdica e poética presente nos usos coloquiais da linguagem.

2 (Enem)

Riqueza ameaçada

Boa parte dos 180 idiomas sobreviventes está ameaçada de extinção – mais da metade (110) é falada por menos de 500 pessoas. No passado, era comum pessoas serem amarradas em árvores quando se expressavam em suas línguas, lembra o cacique Felisberto Kokama, um analfabeto para os nossos padrões e um guardião da pureza de seu idioma (caracterizado por uma diferença marcante entre a fala masculina e a feminina), lá no Amazonas, no Alto Solimões. Outro Kokama, o professor Leonel, da região de Santo Antônio do Içá (AM), mostra o problema atual: "Nosso povo se rendeu às pessoas brancas pelas dificuldades de sobrevivência. O contato com a língua portuguesa foi exterminando e dificultando a prática da nossa língua. Há poucos falantes, e com vergonha de falar. A língua é muito **preconceituada** entre nós mesmos".

Revista Língua Portuguesa. São Paulo: Segmento, n. 26, 2007.

O desaparecimento gradual ou abrupto de partes importantes do patrimônio linguístico e cultural do país possui causas variadas. Segundo o professor Leonel, da região de Santo Antônio do Içá (AM), os idiomas indígenas sobreviventes estão ameaçados de extinção devido ao:

a) medo que as pessoas tinham de serem castigadas por falarem a sua língua.
b) número reduzido de índios que continuam falando entre si nas suas reservas.
c) contato com falantes de outras línguas e a imposição de um outro idioma.
d) desaparecimento das reservas indígenas em decorrência da influência do branco.
e) descaso dos governantes em preservar esse patrimônio cultural brasileiro.

3 (Enem) No Brasil colonial, os portugueses procuravam ocupar e explorar os territórios descobertos, nos quais viviam índios, que eles queriam cristianizar e usar como força de trabalho. Os missionários aprendiam os idiomas dos nativos para catequizá-los nas suas próprias línguas. Ao longo do tempo, as línguas se influenciaram. O resultado desse processo foi a formação de uma língua geral, desdobrada em duas variedades: o abanheenga, ao sul, e o nheengatu, ao norte. Quase todos se comunicavam na língua geral, sendo poucos aqueles que falavam apenas o português.

De acordo com o texto, a língua geral formou-se e consolidou-se no contexto histórico do Brasil-Colônia. Portanto, a formação desse idioma e suas variedades foi condicionada:

a) pelo interesse dos indígenas em aprender a religião dos portugueses.
b) pelo interesse dos portugueses em aprimorar o saber linguístico dos índios.
c) pela percepção dos indígenas de que as suas línguas precisavam aperfeiçoar-se.
d) pelo interesse unilateral dos indígenas em aprender uma nova língua com os portugueses.
e) pela distribuição espacial das línguas indígenas, que era anterior à chegada dos portugueses.

Em casa

TEXTO DE APOIO

A língua como fato social

Analisando sob o ponto de vista sociológico, ocorria com a língua o mesmo julgamento feito com outros costumes e valores diferentes dos da classe mais prestigiada: elegiam-se como os únicos válidos e justos os traços característicos desse grupo social. Falar bem, vestir-se bem, ter bons modos, todo o critério de bom gosto era definido pela classe alta. E a expressão "alta classe" era sinônima de "qualidade superior".

Houve, entretanto, uma reação às vezes rigorosa contra essa visão de mundo. Em alguns casos, isso foi tema de debates calorosos que, de quando em quando, ressurgem, repercutindo na mídia e despertando trocas de descomposturas de lado a lado.

De um lado, os conservadores, que se julgam defensores do vernáculo, esbravejam, alegando que prestigiar outra variante que não a culta (ou a tida como culta) é um crime; de outro, enfurecem-se os progressistas, acusando os vernaculistas de discriminação, de preconceito, de ignorância da verdadeira realidade das línguas.

A maneira mais sensata de abordar essa questão que envolve a língua e suas variantes é partir do pressuposto de que as línguas (todas elas) são, ao mesmo tempo, um código construtor de sentidos e também um fato social.

Trata-se de duas dimensões diferentes, que requerem abordagens distintas. Avaliada sob o ponto de vista do código, exige-se da variante linguística que ela seja capaz de construir o sentido desejado, e essa capacidade qualquer variante possui. Sob esse ponto de vista, então, todas as variantes de uma língua são equivalentes.

Sob o ponto de vista social, no entanto, não se pode dizer o mesmo: há variantes mais prestigiadas, há também as desprestigiadas. Vale para as línguas o que vale para os costumes sociais: o que é típico da classe de mais prestígio é mais valorizado do que o que é próprio da classe de menos prestígio. Pode-se dizer que uma variante tem o mesmo prestígio que o do grupo social que a utiliza.

Historicamente, a variedade do grupo mais prestigiado ganha estatuto de língua padrão de uma nação e, a partir daí, seu prestígio tende a crescer e distanciar-se das demais. É ela que passa a ser utilizada nas relações institucionais ou mais formais, sobre ela se fazem os dicionários e as gramáticas, e é ela que passa a ser ensinada nas escolas. Por esse motivo, costuma ser tomada como o padrão de correção. Falar correto passa a ser identificado com falar de acordo com a variedade padrão. Esse ponto de vista, aceito até meados do século passado sem contestação, desperta controvérsia nos dias atuais.

Ninguém contesta que a escola tem a obrigação de habilitar seus alunos a dominar a norma culta, pois é por meio dela que se estabelecem relações indispensáveis da prática e dos ritos sociais. Mas não se admite que se desconsiderem as demais como se não existissem, como se fossem um mal a ser erradicado por não ter nenhuma utilidade social. O que se defende hoje em dia é que a escola ensine a língua padrão sem negar que outras variedades também fazem parte da cultura nacional e são úteis à comunicação, além de servir para a criação de obras de elevado valor artístico. Em vista dessa nova concepção, tornaram-se frequentes questões sobre variantes linguísticas em livros escolares, nos exames vestibulares e no Enem.

Entendida, portanto, como um fato social, é razoável afirmar que a língua de um povo será tão heterogênea quanto forem as diferenças socioculturais que o compõem. Na Itália, por exemplo, convivem com o idioma oficial cerca de duas dezenas de dialetos, dadas a diversidade cultural, as influências históricas e de povos vizinhos. Não é estranho, pois, concluir que as tantas variações que caracterizam uma língua sejam influenciadas pelas mudanças culturais por que passa um povo.

1 (Enem)

Quer evitar pesadelos? Então não durma de barriga para cima. Este é o conselho de quem garante ter sido atacado pela Pisadeira. A meliante costuma agir em São Paulo e Minas Gerais. Suas vítimas preferidas são aquelas que comeram demais antes de dormir. Desce do telhado — seu esconderijo usual — e pisa com muita força no peito e na barriga do incauto adormecido, provocando os pesadelos. Há controvérsias sobre sua aparência. De acordo com alguns, é uma mulher bem gorda. Já o escritor Cornélio Pires forneceu a seguinte descrição da malfeitora: "Essa é ua muié muito magra, que tem os dedos cumprido e seco cum cada unhão! Tem as perna curta, cabelo desgadeiado, quexo revirado pra riba e nari magro munto arcado; sobranceia cerrado e zoio aceso...". Pelo sim, pelo não, caro amigo... barriga para baixo e bons sonhos.

Almanaque de Cultura Popular. Ano 10, out. 2008, n. 114. Adaptado.

Considerando que as variedades linguísticas existentes no Brasil constituem patrimônio cultural, a descrição da personagem lendária, Pisadeira, nas palavras do escritor Cornélio Pires,

a) mostra hábitos linguísticos atribuídos à personagem lendária.
b) ironiza vocabulário usado no registro escrito de descrição de personagens.
c) associa a aparência desagradável da personagem ao desprestígio da cultura brasileira.
d) sugere crítica ao tema da superstição como integrante da cultura de comunidades interioranas.
e) valoriza a memória e as identidades nacionais pelo registro escrito de variedades linguísticas pouco prestigiadas.

2 (Enem)

Nestes últimos anos, a situação mudou bastante e o Brasil, normalizado, já não nos parece tão mítico, no bem e no mal. Houve um mútuo reconhecimento entre os dois países de expressão portuguesa de um lado e do outro do Atlântico: o Brasil descobriu Portugal e Portugal, em um retorno das caravelas, voltou a descobrir o Brasil e a ser, por seu lado, colonizado por expressões linguísticas, as telenovelas, os romances, a poesia, a comida e as formas de tratamento brasileiros. O mesmo, embora em nível superficial, dele excluído o plano da língua, aconteceu com a Europa, que, depois da diáspora dos anos 1970, depois da inserção na cultura da bossa nova e da música popular brasileira, da problemática ecológica centrada na Amazônia, ou da problemática social emergente do fenômeno dos meninos de rua, e até do álibi ocultista dos romances de Paulo Coelho, continua todos os dias a descobrir, no bem e no mal, o novo Brasil. Se, no fim do século XIX, Sílvio Romero definia a literatura brasileira como manifestação de um país mestiço, será fácil para nós defini-la como expressão de um país polifônico: em que já não é determinante o eixo Rio-São Paulo, mas que, em cada região, desenvolve originalmente a sua unitária e particular tradição cultural. É esse, para nós, no início do século XXI, o novo estilo brasileiro.

STEGAGNO-PICCHIO, L. *História da literatura brasileira*. Rio de Janeiro: Nova Aguilar, 2004. Adaptado.

No texto, a autora mostra como o Brasil, ao longo de sua história, foi, aos poucos, construindo uma identidade cultural e literária relativamente autônoma frente à identidade europeia, em geral, e à portuguesa, em particular. Sua análise pressupõe, de modo especial, o papel do patrimônio literário e linguístico, que favoreceu o surgimento daquilo que ela chama de "estilo brasileiro". Diante desse pressuposto, e levando em consideração o texto e as diferentes etapas de consolidação da cultura brasileira, constata-se que:

a) o Brasil redescobriu a cultura portuguesa no século XIX, o que o fez assimilar novos gêneros artísticos e culturais, assim como usos originais do idioma, conforme ilustra o caso do escritor Machado de Assis.
b) a Europa reconheceu a importância da língua portuguesa no mundo, a partir da projeção que poetas brasileiros ganharam naqueles países, a partir do século XX.
c) ocorre, no início do século XXI, promovido pela solidificação da cultura nacional, maior reconhecimento do Brasil por ele mesmo, tanto nos aspectos positivos quanto nos negativos.
d) o Brasil continua sendo, como no século XIX, uma nação culturalmente mestiça, embora a expressão dominante seja aquela produzida no eixo Rio-São Paulo, em especial aquela ligada às telenovelas.
e) o novo estilo cultural brasileiro se caracteriza por uma união bastante significativa entre as diversas matrizes culturais advindas das várias regiões do país, como se pode comprovar na obra de Paulo Coelho.

3 (Enem)

Gerente – Boa tarde. Em que eu posso ajudá-lo?

Cliente – Estou interessado em financiamento para compra de veículo.

Gerente – Nós dispomos de várias modalidades de crédito. O senhor é nosso cliente?

Cliente – Sou Júlio César Fontoura, também sou funcionário do banco.

Gerente – Julinho, é você, cara? Aqui é a Helena! Cê tá em Brasília? Pensei que você inda tivesse na agência de Uberlândia! Passa aqui pra gente conversar com calma.

BORTONI-RICARDO, S. M. *Educação em língua materna*. São Paulo: Parábola, 2004. Adaptado.

Na representação escrita da conversa telefônica entre a gerente do banco e o cliente, observa-se que a maneira de falar da gerente foi alterada de repente devido:

a) à adequação de sua fala à conversa com um amigo, caracterizada pela informalidade.
b) à iniciativa do cliente em se apresentar como funcionário do banco.
c) ao fato de ambos terem nascido em Uberlândia (Minas Gerais).
d) à intimidade forçada pelo cliente ao fornecer seu nome completo.
e) ao seu interesse profissional em financiar o veículo de Júlio.

Anotações

AULA 20

Competência 8 Compreender e usar a língua portuguesa como língua materna, geradora de significação e integradora da organização do mundo e da própria identidade.

Habilidade 26 Relacionar as variedades linguísticas a situações específicas de uso social.

Em classe

FUNCIONALIDADE DAS VARIANTES LINGUÍSTICAS

Resumo teórico

Com a consciência de que a língua é naturalmente variável, o preconceito sobre variedades não padrão tende a diminuir. Embora ainda exista bastante "preconceito linguístico" contra os que não dominam a norma culta, já não é raro que diversos autores explorem a variação linguística como um recurso artístico, não apenas em textos literários, mas em textos de diversos gêneros.

Os resultados pretendidos são os mais variados: caracterizar personagens, criar efeito de verdade e de proximidade com o enunciatário da mensagem e até mesmo preservar a diversidade cultural que se manifesta na variação da língua.

1 (Enem)

Cuitelinho

Cheguei na bera do porto
Onde as onda se espaia.
As garça dá meia volta,
Senta na bera da praia.
E o cuitelinho não gosta
Que o botão da rosa caia.
Quando eu vim da minha terra,
Despedi da parentaia.
Eu entrei em Mato Grosso,
Dei em terras paraguaia.
Lá tinha revolução,
Enfrentei fortes bataia.
A tua saudade corta
Como o aço de navaia.
O coração fica aflito,
Bate uma e outra faia.
E os oio se enche d'água
Que até a vista se atrapaia.

Folclore recolhido por Paulo Vanzolini e Antônio Xandó.
BORTONI-RICARDO, S. M. *Educação em língua materna.* São Paulo: Parábola, 2004.

Transmitida por gerações, a canção "Cuitelinho" manifesta aspectos culturais de um povo, nos quais se inclui sua forma de falar, além de registrar um momento histórico. Depreende-se disso que a importância de preservar a produção cultural de uma nação consiste no fato de que produções como a canção "Cuitelinho" evidenciam a:

a) recriação da realidade brasileira de forma ficcional.
b) criação neológica na língua portuguesa.
c) formação da identidade nacional por meio da tradição oral.
d) incorreção da língua portuguesa que é falada por pessoas do interior do Brasil.
e) padronização de palavras que variam regionalmente, mas possuem mesmo significado.

2 (Enem)

Vera, Sílvia e Emília saíram para passear pela chácara com Irene.

— A **senhora** tem um jardim deslumbrante, dona Irene! – comenta Sílvia, maravilhada diante dos canteiros de rosas e hortênsias.

— Para começar, deixe o "senhora" de lado e esqueça o "dona" também – diz Irene, sorrindo. – Já é um custo aguentar a Vera me chamando de "tia" o tempo todo. Meu nome é Irene.

Todas sorriem. Irene prossegue:

— Agradeço os elogios para o jardim, só que **você** vai ter de fazê-los para a Eulália, que é quem cuida das flores. Eu sou um fracasso na jardinagem.

BAGNO, M. *A língua de Eulália:* novela sociolinguística. São Paulo: Contexto, 2003. Adaptado.

Na língua portuguesa, a escolha por "você" ou "senhor(a)" denota o grau de liberdade ou de respeito que deve haver entre os interlocutores. No diálogo apresentado anteriormente, observa-se o emprego dessas formas. A personagem Sílvia emprega a forma "senhora" ao se referir a Irene. Na situação apresentada no texto, o emprego de "senhora" ao se referir à interlocutora ocorre porque Sílvia:

a) pensa que Irene é a jardineira da casa.
b) acredita que Irene gosta de todos que a visitam.
c) observa que Irene e Eulália são pessoas que vivem em área rural.
d) deseja expressar por meio de sua fala o fato de sua família conhecer Irene.
e) considera que Irene é uma pessoa mais velha, com a qual não tem intimidade.

3 (Enem)

Iscute o que tô dizendo,
Seu dotô, seu coroné:
De fome tão padecendo
Meus fio e minha muié.
Sem briga, questão nem guerra,
Meça desta grande terra
Umas tarefa pra eu!
Tenha pena do agregado
Não me dêxe deserdado

PATATIVA DO ASSARÉ. A terra é naturá. In: *Cordéis e outros poemas*. Fortaleza: Universidade Federal do Ceará, 2008.

A partir da análise da linguagem utilizada no poema, infere-se que o eu lírico revela-se como falante de uma variedade linguística específica. Esse falante, em seu grupo social, é identificado como um falante:

a) escolarizado proveniente de uma metrópole.
b) sertanejo morador de uma área rural.
c) idoso que habita uma comunidade urbana.
d) escolarizado que habita uma comunidade do interior do país.
e) estrangeiro que imigrou para uma comunidade do Sul do país.

Em casa

TEXTO DE APOIO

Funcionalidade das variantes linguísticas

O texto reproduzido em versos a seguir exemplifica a funcionalidade da variação linguística. Trata-se de uma publicidade veiculada por rádio no ano de 1991. Nela, dois textos se superpõem: um poema, em linguajar caipira, é declamado por Inezita Barroso: uma locução, em língua padrão, superpõe-se à declamação. A transcrição que segue foi feita a partir dos textos cedidos pelo próprio autor.

Eis o poema:

Essa história aconteceu
Pros lados do Pantanal
Um estouro de elefantes
Correndo que era um displante
Do fogo num capinzal
O estouro foi tamanho
Que os tigres acharam estranho
E largaram a desembestar
No caminho os rinocerontes
Parece que foi ontem
Correram pra me chifrar
Ligeira saltei de banda
Quando vi um urso panda
Mascando meu bambuzal
Lhe ensinei uma lição
E espero que você aprenda

Fui mordida por leão
E nem foi o Imposto de Renda
O bicho corria solto
Na beirada da lagoa
Quando vi a moita mexer
Atirei! Era leoa
Meus amigos
Eu vou-me embora
Já cansei de prosear
No finzinho a saideira:
Minha terra tem toupeira
Texugo e paixão grená

O texto superposto à declamação do poema:

A Associação "In Natura" de consciência ecológica vem a público perguntar aos secretários de educação e às editoras: por que é que os animais brasileiros não têm espaço nas enciclopédias e nos livros escolares? Até quando nossas crianças vão conhecer mais o elefante que o tatu?

Saber mais do urso que do tamanduá? Dá vontade de mandar os responsáveis pentear macaco. Naturalmente um mico-leão, se é que se encontra um por aí.

Sobretudo no poema, o redator publicitário veste a máscara de um falante caipira, autêntico habitante do território brasileiro, para protestar contra uma atitude que não valoriza o seu território. O poema é contado como um "causo", desses que o caipira gosta de narrar com malícia e sabor. Nesse caso, a variedade linguística é um recurso argumentativo de grande efeito.

Ao redator, foi feita a seguinte pergunta:

Na construção de seu texto, você usou traços típicos de uma variedade linguística do Português tida como depreciada: o dialeto caipira. Que resultados você tinha em mente ao fazer essa escolha?

Resposta: *"Primeiro, busquei uma forma bem-humorada de espelhar uma situação que já é irônica por si: no Brasil – terra de fauna riquíssima e variada – as pessoas sabem mais sobre a fauna da África e da Austrália do que sobre a própria fauna brasileira. Simplesmente, há uma carência absoluta de informação em nossos livros. Procurei, então, criar uma historinha onde houvesse um contraste de situação que gerasse curiosidade, incômodo e, se possível, simpatia. Para essa historinha refletir o que eu pretendia, precisei buscar um referencial conhecido e reconhecido como amostra de brasileirismo. A linguagem/dialeto caipira foi perfeita. Alguém ia declamar um "causo". Um "causo" fantasioso, típico dos relatos caipiras, em que o cenário seria o Pantanal. A pimenta nesse tempero seria que os personagens – os animais, no caso – são todos africanos. E aí nasceu o* spot *Elefantes no Pantanal".*

Texto para as questões 1 e 2

Aula de português

A linguagem
na ponta da língua
tão fácil de falar
e de entender.
A linguagem
na superfície estrelada de letras,
sabe lá o que quer dizer?
Professor Carlos Góis, ele é quem sabe,
e vai desmatando
o amazonas de minha ignorância.
Figuras de gramática, esquipáticas,
atropelam-me, aturdem-me, sequestram-me.
Já esqueci a língua em que comia,
em que pedia para ir lá fora,
em que levava e dava pontapé,
a língua, breve língua entrecortada
do namoro com a priminha.
O português são dois; o outro, mistério.

ANDRADE, Carlos Drummond de. *Esquecer para lembrar*. Rio de Janeiro: José Olympio, 1979.

1 (Enem) Explorando a função emotiva da linguagem, o poeta expressa o contraste entre marcas de variação de usos da linguagem em:

a) situações formais e informais.

b) diferentes regiões do país.

c) escolas literárias distintas.

d) textos técnicos e poéticos.

e) diferentes épocas.

2 (Enem) No poema, a referência à variedade padrão da língua está expressa no seguinte trecho:

a) "A linguagem / na ponta da língua" (v. 1 e 2).

b) "A linguagem / na superfície estrelada de letras" (v. 5 e 6).

c) "[a língua] em que pedia para ir lá fora" (v. 14).

d) "[a língua] em que levava e dava pontapé" (v. 15).

e) "[a língua] do namoro com a priminha" (v. 17).

3 (Enem)

Se no inverno é difícil acordar, imagine dormir.

Com a chegada do inverno, muitas pessoas perdem o sono. São milhões de necessitados que lutam contra a fome e o frio. Para vencer esta batalha, eles precisam de você. Deposite qualquer quantia. Você ajuda milhares de pessoas a ter uma boa noite e dorme com a consciência tranquila.

Veja. 5 set. 1999. Adaptado.

O produtor de anúncios publicitários utiliza-se de estratégias persuasivas para influenciar o comportamento de seu leitor. Entre os recursos argumentativos mobilizados pelo autor para obter a adesão do público à campanha, destaca-se nesse texto:

a) a oposição entre individual e coletivo, trazendo um ideário populista para o anúncio.

b) a utilização de tratamento informal com o leitor, o que suaviza a seriedade do problema.

c) o emprego de linguagem figurada, o que desvia a atenção da população do apelo financeiro.

d) o uso dos numerais "milhares" e "milhões", responsável pela supervalorização das condições dos necessitados.

e) o jogo de palavras entre "acordar" e "dormir", o que relativiza o problema do leitor em relação ao dos necessitados.

Anotações

AULA 21

Competência 8 Compreender e usar a língua portuguesa como língua materna, geradora de significação e integradora da organização do mundo e da própria identidade.

Habilidade 27 Reconhecer os usos da norma-padrão da língua portuguesa nas diferentes situações de comunicação.

Em classe

ASPECTOS DA NORMA CULTA

Às diferentes variedades linguísticas não costuma ser atribuído o mesmo prestígio social. Entre elas, existe a chamada **norma culta** ou **norma-padrão**, nomes com que se faz referência ao conjunto de usos linguísticos recomendados pelos estudos de gramática tradicionais.

Dado seu peso social, ter acesso à norma culta possibilita tomar contato com experiências sociais e culturais bastante importantes, seja porque muitos textos literários estão escritos nos moldes do "português-padrão", seja porque os textos do universo da cidadania (leis, contratos, notícias, editoriais, etc.) também buscam se adequar a essa variedade culta.

1 (Enem)

Assaltantes roubam no ABC 135 mil figurinhas da Copa do Mundo

Cinco assaltantes roubaram 135 mil figurinhas do álbum da Copa do Mundo 2010 na noite dessa quarta-feira (21), em Santo André, no ABC. Segundo a assessoria da Treelog, empresa que distribui os cromos, ninguém ficou ferido durante a ação.

O roubo aconteceu por volta das 23h30. Armados, os criminosos renderam 30 funcionários que estavam no local, durante cerca de 30 minutos, e levaram 135 caixas, cada uma delas contendo mil figurinhas. Cada pacote com cinco cromos custa R$ 0,75.

Procurada pelo G1, a Panini, editora responsável pelas figurinhas, afirmou que a falta dos cromos em algumas bancas não tem relação com o roubo. Segundo a editora, isso se deve à grande demanda pelas figurinhas.

Disponível em: <http://g1.globo.com>. Acesso em: 23 abr. 2010. Adaptado.

A notícia é um gênero jornalístico. No texto, o que caracteriza a linguagem desse gênero é o uso de:

a) expressões linguísticas populares.
b) palavras de origem estrangeira.
c) variantes linguísticas regionais.
d) termos técnicos e científicos.
e) formas da norma-padrão da língua.

2 (Enem)

HAGAR, o horrível. *O Globo*. Rio de Janeiro, 12 out. 2008.

Pela evolução do texto, no que se refere à linguagem empregada, percebe-se que a garota:

a) deseja afirmar-se como nora por meio de uma fala poética.
b) utiliza expressões linguísticas próprias do discurso infantil.
c) usa apenas expressões linguísticas presentes no discurso formal.
d) se expressa utilizando marcas do discurso formal e do informal.
e) usa palavras com sentido pejorativo para assustar o interlocutor.

3 (Enem)

Diante do número de óbitos provocados pela gripe H1N1 – gripe suína – no Brasil, em 2009, o ministro da Saúde fez um pronunciamento público na TV e no rádio. Seu objetivo era esclarecer a população e as autoridades locais sobre a necessidade do adiamento do retorno às aulas, em agosto, para que se evitassem a aglomeração de pessoas e a propagação do vírus.

Fazendo uso da norma-padrão da língua, que se pauta pela correção gramatical, seria correto o ministro ler, em seu pronunciamento, o seguinte trecho:

a) Diante da gravidade da situação e do risco de que nos expomos, há a necessidade de se evitar aglomerações de pessoas, para que se possa conter o avanço da epidemia.
b) Diante da gravidade da situação e do risco a que nos expomos, há a necessidade de se evitarem aglomerações de pessoas, para que se possam conter o avanço da epidemia.
c) Diante da gravidade da situação e do risco a que nos expomos, há a necessidade de se evitarem aglomerações de pessoas, para que se possa conter o avanço da epidemia.
d) Diante da gravidade da situação e do risco os quais nos expomos, há a necessidade de se evitar aglomerações de pessoas, para que se possa conter o avanço da epidemia.
e) Diante da gravidade da situação e do risco com que nos expomos, tem a necessidade de se evitarem aglomerações de pessoas, para que se possa conter o avanço da epidemia.

Em casa

TEXTO DE APOIO

Aspectos da norma culta

Como ocorre com as demais variedades da língua, os usos da norma culta se manifestam nos mais diversos níveis linguísticos. Seja na escolha de palavras, seja nas construções sintáticas, existem usos que são específicos da norma-padrão.

Apesar disso, é possível apontar casos específicos, cuja recorrência nos textos – sobretudo escritos – é tomada como justificativa para que sejam os mais cobrados em exames. São eles:

- sintaxe dos pronomes pessoais;
- regência;
- crase;
- concordância.

1. Sintaxe dos pronomes pessoais

Pô-**lo** a par.

Os pronomes do caso reto não funcionam como objeto.
É errada a forma: Vou pôr **ele** a par do assunto. Correção: Vou **pô-lo** a par do assunto.

Entre **mim** e **ti**.

Os pronomes **eu** e **tu** não podem vir regidos de preposição.

É errado: Nada houve entre **eu** e **tu**.

Correto: Nada houve entre **mim** e **ti**.

Empreste o livro para **eu** ler.

Em frases desse tipo, a preposição não está regendo o pronome **eu** (sujeito do verbo **ler**), mas a oração toda. A ligação sintática é:

Empreste o livro **para eu ler**, e não: Empreste o livro **para eu**.
O mesmo ocorre com o pronome **tu**.

É correto: Chegou uma ordem para [**tu**] viajares.
É errado: Chegou uma ordem para **ti** viajares.

O médico mandou-**nos** entrar.

Os pronomes oblíquos **me**, **te**, **se**, **o**, **a**, **nos** e **vos** funcionam como sujeito do infinitivo.
É correto: Deixe-**me** ver as fotos.
É errado: Deixe **eu** ver as fotos.

Ela só pensa em **si**.

Os pronomes **se**, **si** e **consigo** só podem funcionar como reflexivos, ou seja, não podem designar pessoa diferente do sujeito da oração.
É errado: Desejo para **si** tudo de bom.
É correto: Desejo para **você** tudo de bom.
"Ela só pensa em **si**" só é correto quando significa "em si mesma".
É errado também: Nós **se** encontramos amanhã.
É correto: Nós **nos** encontramos amanhã.

Eu **o** admiro // Eu **lhe** obedeço.

O pronome **o** (**a**, **os**, **as**) funciona como objeto direto; o pronome **lhe** (**lhes**), por oposição, funciona como objeto indireto.
É correto: Eu não **o** vejo há muito tempo. (o verbo **ver** é transitivo direto: Eu vejo o amigo).
É incorreto: Eu não **lhe** vejo há muito tempo.
É correto: Todos **lhe** obedecem. (o verbo **obedecer**, na língua culta escrita, é transitivo indireto: Todos obedecem **ao** comandante).
É incorreto: Todos **o** obedecem.

Você é especial e eu **o** admiro muito.

Na norma-padrão, deve-se manter a uniformidade de tratamento. A forma de tratamento **você**, segundo a gramática tradicional, comporta-se como pronome de terceira pessoa. Sendo assim, não devem ser associados a ela pronomes da segunda pessoa gramatical.
É correto: Caso **você** se atrase, eu **o** esperarei.
É incorreto: Caso **você** se atrase, eu **te** esperarei.

2. Regência

Regência é o mecanismo que regula as ligações entre um verbo ou um nome e os seus complementos.

Regência verbal

Quando o termo regente é um verbo. Exemplo:

Isto	pertence	a todos.
	termo regente = verbo	termo regido

Regência nominal

Quando o termo regente é um nome. Exemplo:

Tenho opinião	semelhante	à sua.
	termo regente = nome	termo regido

3. Regência de alguns verbos

Alguns verbos podem ser transitivos diretos (T.D.) ou indiretos (T.I.). A regência muda de acordo com o seu significado.

Aspirar

a) No sentido de **sorver** (o ar) = T.D. Exemplo: Aspiramos fumaça e gases.
b) No sentido de **almejar** = T.I. (com a preposição **a**). Exemplo: Não aspiro a este posto de fiscal.

Assistir

a) No sentido de **presenciar**, **ver** = T.I. (com a preposição **a**). Exemplo: Assistimos ao jogo de lá das arquibancadas.
b) No sentido de **caber**, **competir** = T.I. (com a preposição **a**). Exemplo: A revogação da lei não assiste aos deputados.
c) No sentido de **dar assistência**, **ajudar** = T.D. Exemplo: O médico assistia os enfermos.
d) No sentido de **morar**, **residir**, constrói-se com a preposição **em**. Exemplo: Vim do interior e hoje assisto na capital.

Visar

a) No sentido de **mirar**, **apontar arma** = T.D. Exemplo: O arqueiro visou apenas o fruto que estava sobre a cabeça da jovem.
b) No sentido de passar visto = T.D. Exemplo: O professor visou os trabalhos dos alunos.
c) No sentido de **objetivar, ter em vista** = T.I. (com a preposição **a**). Exemplo: Não visamos a resultados imediatos.

Observação:
Os verbos **aspirar**, no sentido de almejar, **assistir**, no sentido de presenciar, **visar**, no sentido de ter em vista, apesar de transitivos indiretos, não aceitam os pronomes oblíquos átonos **lhe/lhes** como complemento. Aceitam apenas as formas tônicas: **a ele**, **a ela**, **a eles**, **a elas**. Exemplo:
— Aspiras **ao cargo**?
— Sim, aspiro **a ele**.

Agradar/ desagradar

a) O verbo **agradar**, no sentido de causar agrado ou satisfação, satisfazer, ser do agrado, no português contemporâneo culto, é transitivo indireto com a preposição **a**. Exemplos:
A leitura do livro agradou muito ao assessor.
Não lhe agrada a tua presença.
A mesma regência vale para o verbo **desagradar**. Exemplos:
As indecisões do comandante desagradaram aos soldados.
Não lhe desagrada a ideia de candidatar-se ao Senado.
b) No sentido de afagar, acariciar, o verbo **agradar** é transitivo direto. Exemplo:
O garotinho começou a agradar o seu cão (começou a agradá-lo).
Observação:
Tanto **agradar** como **desagradar** já foram transitivos diretos no português antigo e ainda hoje ambos aparecem como tais.
Para efeito de provas e concursos, porém, é melhor seguir as prescrições rígidas segundo as quais são apenas transitivos indiretos.

Querer

a) No sentido de **desejar** = T.D. Exemplo: Não quero o cargo.

b) No sentido de **estimar**, **gostar** = T.I. (com a preposição **a**). Exemplo: Não quero bem aos caluniadores.

4. Crase

Ocorrerá crase do **a** se convergirem as duas seguintes condições:

- Se o termo regente exigir a preposição **a**.
- Se o termo regido aceitar o artigo feminino **a** (**as**).

Exemplo:

Dirigiu-se	a	a	cidade.
	preposição	artigo	

Logo:
Dirigiu-se **à** cidade.

Observação: A partir dessa regra geral, podemos identificar os casos em que o acento grave, indicador da crase, deve ou não ser usado.

5. Concordância

Concordância verbal

O verbo concorda com o sujeito em pessoa e número, quer venha antes, quer depois do sujeito.

Surgiram, com o decorrer do ano letivo, algumas dificuldades de entrosamento pessoal.

Variante popular

Na variante popular, observam-se dois outros importantes mecanismos de concordância, considerados de menor prestígio, portanto condenados, quando confrontados com as normas da variante culta escrita contemporânea.

a) Concordância com termos próximos × com o núcleo do sujeito

I. Os deputados acusados confiam em seu partido e **esperam** que **os** *protejam* **dos ataques de seus adversários**.
II. Os deputados acusados confiam em **seu partido** e esperam que os *proteja* dos ataques de seus adversários.

Na variante popular (I), o verbo vai para o plural, concordando intuitivamente com os termos mais próximos, todos no plural. Na norma culta (II), o verbo fica no singular, concordando com o sujeito elíptico **partido**, no singular.

b) Concordância com a ideia × com a forma

I. A turma **vieram** em peso.
II. A turma **veio** em peso.

Na variante popular (I), o verbo vai para o plural, concordando com a ideia de plural contida em qualquer coletivo. Na norma culta (II), o verbo fica no singular, concordando com a forma do coletivo (turma, na forma, é singular).

Concordância com a ideia – silepse

Há casos em que a concordância se faz não com a forma gramatical da palavra, mas com o seu significado. Trata-se da silepse, um desvio programado da regra geral.

> **Sua Excelência** está **interessado** em reeleger-se.

Norma culta, variação popular e imagem social

> I. Os menino pega o peixe.
> II. Os meninos pegam o peixe.

Não há diferença de sentido entre os enunciados. Apesar disso, é preciso levar em conta o maior prestígio social da norma culta (II), definido pelos seus falantes, em qualquer idioma. Apesar das suas regras próprias, a concordância na variante popular (I) produz do falante imagem social mais depreciada do que a resultante da observação das regras de combinação de norma culta. Língua, além de código de comunicação, é um fato social.

Concordância nominal

Antigos dogmas e tradições

a) Argumentos **bastante** claros / argumentos **bastantes** claros

Como advérbio, a palavra **bastante** é invariável. Como pronome adjetivo, tem o sentido de "suficiente" e concorda com o substantivo a que se refere:

> Estamos bastante preocupados, mas temos motivos bastantes para confiar.

b) **Meias** palavras / palavras **meio** claras

Como advérbio, a palavra **meio** é invariável e significa "um pouco". Como numeral, concorda com o substantivo a que se refere e significa "a metade de":

> Ela ficou meio confusa quando soube que ainda faltava meia légua.

c) Os convidados **mesmos** / **próprios** se servirão.

As palavras **mesmo** e **próprio**, quando unidas a um pronome, concordam com o gênero do nome representado pelo pronome:

> Vocês mesmas, meninas, podem testemunhar.
> "Eu mesma fiz o almoço", disse, orgulhosa, a noiva.

1 (Enem)

Maurício e o leão chamado Millôr

Livro de Flavia Maria ilustrado por cartunista nasce como um dos grandes títulos do gênero infantil

Um livro infantil ilustrado por Millôr há de ter alguma grandeza natural, um viço qualquer que o destaque de um gênero que invade as livrarias (2 mil títulos novos, todo ano) nem sempre com qualidade. Uma pegada que o afaste do risco de fazer sombra ao fato de ser ilustrado por Millôr: *Maurício – O leão de menino* (Cosac Naify, 24 páginas, R$ 35), de Flavia Maria, tem essa pegada.

Disponível em: <www.revistalingua.com.br>. Acesso em: 30 abr. 2010.

Como qualquer outra variedade linguística, a norma-padrão tem suas especificidades. No texto, observam-se marcas da norma-padrão que são determinadas pelo veículo em que ele circula, que é a *Revista Língua Portuguesa*. Entre essas marcas, evidencia-se:

a) a obediência às normas gramaticais, como a concordância em "um gênero que invade as livrarias".
b) a presença de vocabulário arcaico, como em "há de ter alguma grandeza natural".
c) o predomínio de linguagem figurada, como em "um viço qualquer que o destaque".
d) o emprego de expressões regionais, como em "tem essa pegada".
e) o uso de termos técnicos, como em "grandes títulos do gênero infantil".

2 (Enem)

© ENEM

O cartaz de Ziraldo faz parte de uma campanha contra o uso de drogas. Essa abordagem, que se diferencia das de outras campanhas, pode ser identificada:

a) pela seleção do público-alvo da campanha, representado, no cartaz, pelo casal de jovens.
b) pela escolha temática do cartaz, cujo texto configura uma ordem aos usuários e não usuários: diga não às drogas.
c) pela ausência intencional do acento grave, que constrói a ideia de que não é a droga que faz a cabeça do jovem.
d) pelo uso da ironia, na oposição imposta entre a seriedade do tema e a ambiência amena que envolve a cena.
e) pela criação de um texto de sátira à postura dos jovens, que não possuem autonomia para seguir seus caminhos.

3 (Enem) A escrita é uma das formas de expressão que as pessoas utilizam para comunicar algo e tem várias finalidades: informar, entreter, convencer, divulgar, descrever. Assim, o conhecimento acerca das variedades linguísticas sociais, regionais e de registro torna-se necessário para que se use a língua nas mais diversas situações comunicativas.

Considerando as informações acima, imagine que você está à procura de um emprego e encontrou duas empresas que precisam de novos funcionários. Uma delas exige uma carta de solicitação de emprego. Ao redigi-la, você:

a) fará uso da linguagem metafórica.
b) apresentará elementos não verbais.
c) utilizará o registro informal.
d) evidenciará a norma-padrão.
e) fará uso de gírias.

Anotações

AULA 22

Competência 9 Entender os princípios, a natureza, a função e o impacto das tecnologias da comunicação e da informação na sua vida pessoal e social e no desenvolvimento do conhecimento, associando-os aos conhecimentos científicos, às linguagens que lhes dão suporte, às demais tecnologias, aos processos de produção e aos problemas que se propõem solucionar.

Habilidade 28 Reconhecer a função e o impacto social das diferentes tecnologias da comunicação e da informação.

Em classe

O IMPACTO DAS NOVAS TECNOLOGIAS DA COMUNICAÇÃO

1. As novas tecnologias da comunicação no Enem

De acordo com o novo Enem, uma das competências exigidas do candidato é entender os princípios, a natureza, a função e o impacto das tecnologias da comunicação e da informação na sua vida pessoal e social, "associando-os aos conhecimentos científicos, às linguagens que lhe dão suporte e às demais tecnologias". Com as tecnologias digitais, por exemplo, surgem novos gêneros textuais, como o *e-mail*, o *blog*, o *chat*, os *tweets*.

Trata-se de fato de uma discussão relevante, já que o virtual está muito presente na vida atual, sendo impensável o mundo sem ele: é usado para divulgar informações, elaborar trabalhos escolares, empresariais e científicos, realizar operações bancárias e comerciais, enviar *e-mails*, manter uma rede de vínculos pessoais, etc.

Não há como falar em comunicação, hoje em dia, desprezando os recursos digitais, como a interação via internet: as novas tecnologias estabelecem novas formas de relação entre as pessoas. Redes sociais, como o Facebook, têm gerado grande impacto na vida contemporânea. Milhões de pessoas usam seus serviços para compartilhar opiniões e informações pessoais.

2. O risco da perda da privacidade

Em princípio, cada perfil em uma rede social é administrado de acordo com o interesse do usuário, que pode, por exemplo, restringir suas fotos e suas postagens apenas às pessoas mais íntimas. Apesar disso, por desatenção ou por ingenuidade, muitos dados pessoais acabam sendo amplamente divulgados, ferindo a privacidade ou mesmo prejudicando a imagem pública do usuário. A reportagem abaixo alerta para possíveis prejuízos profissionais decorrentes disso:

> *Postar uma foto bêbado depois da noitada ou fazer um comentário racista pode ser a diferença entre conseguir ou não o emprego dos sonhos. Estudo* [...] *mostra que 92% das empresas americanas já usaram ou planejam usar as redes sociais no processo de contratação.* [...] *Entre as companhias pesquisadas, 60% assumem bisbilhotar a vida dos candidatos no Facebook.* [...] *Todos os detalhes são levados em consideração: desde as páginas que o candidato curte, o número de amigos, as fotos e até os assuntos comentados. Não há lei que proíbe as empresas de acessar o perfil de candidatos e funcionários nas redes sociais.*
>
> Revista *Info*, jul. 2011, p. 73.

Tudo isso mostra que o avanço cada vez mais desenfreado da comunicação digital exige cuidado e reflexão. Entre outros problemas, ele pode implicar um retrocesso na vida afetiva. O texto a seguir, uma resenha crítica do filme *A rede social*, discute essa questão:

O recente filme A rede social (The Social Network, 2010), dirigido por David Fincher [...] *não é apenas um retrato de Mark Zuckerberg, o jovem e bilionário criador do Facebook, mas uma peça que pode nos fazer pensar sobre o sentido que nosso tempo digital dá à amizade.*

Mark Zuckerberg, como personagem do filme, é o sujeito excluído de um clube. Dominado pelo básico desejo humano de "fazer parte", ele decide criar seu próprio clube. No filme, ele consegue ter milhares de "conectados" – na realidade, o Facebook hoje conecta 500 milhões de pessoas ou "amigos" – e perder seu único amigo verdadeiro, Eduardo Saresin. [...] *O valor do filme está em mostrar a inversão diante da qual não há mais nenhuma chance de ética: um amigo não vale nada perto de milhões, como uma moedinha que perde seu valor diante de um cofre cheio. Amigos transformados em números não são amigos em lugar nenhum* [...].

TIBURI, Marcia. *A amizade e o fundamento subjetivo das redes sociais*. Disponível em: <http://revistacult.uol.com.br/home/2011/02/complexo-de-roberto-carlos/>.

3. Redes sociais e mobilização coletiva

A popularidade da rede foi recentemente destacada com a realização de inúmeras marchas e protestos combinados a partir da criação de *eventos* divulgados pelo Facebook. Essa ferramenta inicialmente era mais utilizada como substituta de convites para eventos da vida privada, mas, de uns tempos pra cá, começou a servir também como meio de ação política para organizar protestos e marchas. O assunto em pauta se torna na rede um *evento público*, ou seja, qualquer um pode participar e chamar quem bem entender. Isso deixa claro que a popularidade das redes sociais é uma faca de dois gumes: pode ser usada para causas justas ou injustas, para defender práticas democráticas ou para se opor a elas.

1 (Enem)

Os meios de comunicação funcionam como um elo entre os diferentes segmentos de uma sociedade. Nas últimas décadas, acompanhamos a inserção de um novo meio de comunicação que supera em muito outros já existentes, visto que pode contribuir para a democratização da vida social e política da sociedade à medida que possibilita a instituição de mecanismos eletrônicos para a efetiva participação política e disseminação de informações.

Constitui o exemplo mais expressivo desse novo conjunto de redes informacionais a:

a) internet.

b) fibra ótica.

c) TV digital.

d) telefonia móvel.

e) portabilidade telefônica.

Texto para as questões 2 a 4

O texto a seguir traz trechos da coluna assinada pelo jornalista Marcelo Coelho a respeito das grandes manifestações populares que, na época, continuavam tomando a avenida Paulista, principal centro financeiro da capital do estado de São Paulo, mesmo após a queda da tarifa do transporte coletivo ter sido anunciada.

"It´s revolution, baby", anunciam cartazes na avenida Paulista

No estacionamento, o manobrista foi logo avisando. "Hoje ficamos abertos até as nove da noite". Acrescentou sorrindo, com sotaque bem nordestino: "É por causa da revolução".

Na Paulista, alguns manifestantes pareciam concordar. Só que o cartaz era em inglês: "It's revolution, baby". Imagino que não tenha sido por acaso, também, que um garoto estivesse de camiseta preta, com o célebre lema da Nike: "Just do it".

Tanto quanto Dilma, Alckmin e Haddad, um dos grandes vilões da passeata foi o pastor Feliciano. Também Renan Calheiros e, especialmente, a PEC 37 (que tira poderes do Ministério Público) estavam entre os alvos mais frequentes. Havia o convite para que o país parasse se a emenda constitucional fosse aprovada. Será possível? Tudo é possível, atualmente, com a mobilização facilitada pela internet.

"Saímos do Facebook", orgulhavam-se diversos cartazes. Para comentaristas mais idosos, como eu, isso até que era fácil compreender. Menos clara foi essa mensagem: "O inibidor do MID já caiu". Explicaram-me que é referência a um *video game*.

Enquanto outros manifestantes diziam "eu SEI por que protesto", um homem sozinho carregava um vasto cartaz de papelão, dizendo apenas uma palavra: "Lost".

COELHO, Marcelo. *Folha de S.Paulo*. 21 jun. 2013, Opinião p. C-5.

2 Os diversos cartazes com os dizeres "Saímos do Facebook" indicam:

a) o cansaço com as redes sociais, que são responsáveis pela acomodação dos jovens entediados.
b) a importância das redes sociais como instrumento de uma mobilização política que pretende ganhar as ruas.
c) a revolta com as companhias multinacionais que controlam o tráfego de dados na internet.
d) a desistência dos meios eletrônicos e a adesão aos meios tradicionais de interação social.
e) a obsolescência prematura das redes sociais, que já deixam de atrair os jovens e passam a ser compreendidas apenas pelos mais idosos.

3 Ao comentar os *slogans* dos diversos cartazes que flagrou na passeata, o jornalista sugere que:

a) as séries de TV, os *video games* e as mídias sociais alienam a população, dificultando a organização das pessoas em torno de ideais comuns.
b) as novas tecnologias são completamente inacessíveis aos mais idosos, que perdem conexão com as gerações mais jovens.
c) a internet agrava a desinformação das pessoas, tornando possíveis enormes manifestações absurdas, sem qualquer motivo real.
d) a troca direta de informação permitida pela internet e pelas redes sociais possibilita mobilizar multidões em torno de causas que antes pareceriam pouco apelativas.
e) os jornalistas dos veículos impressos tradicionais não têm nenhum interesse pelas manifestações de rua, que reverberam apenas na internet.

4 A linguagem de alguns dizeres dos cartazes flagrados pelo jornalista indica que:

a) por causa da popularização da internet, os manifestantes desprezam a cultura brasileira, adotando marcas e lemas estrangeiros.
b) no universo virtual dos *video games* e das redes sociais, predominam personagens fictícias ou perfis idealizados de usuários, que depois se revelam falsos.
c) novas tecnologias da comunicação, informação e entretenimento fornecem referências culturais que podem ser criativamente associadas aos problemas sociais do Brasil.
d) diversos usuários manifestam insatisfação com as redes sociais, demonstrando alívio por terem conseguido libertar-se da internet e ir para as ruas, convivendo com pessoas reais.
e) o brasileiro leitor de jornais não tem acesso aos meios digitais de informação, o que torna o texto do colunista incompreensível para todos os seus leitores.

Em casa

1 Leia o seguinte texto:

Pense antes de compartilhar

Cada vez mais pessoas interagem por meio de redes sociais. O crescimento dessas comunidades reforça uma das principais discussões relativas à internet: a privacidade.

Época. 15 abr. 2011.

O conselho contido no título da matéria jornalística é justificado:

a) pelo risco de que informações pessoais tornem-se acessíveis ao público, expondo a intimidade de modo indesejável.
b) pelo medo de isolar-se socialmente, mantendo uma vida excessivamente individualista.
c) pela massificação das redes sociais, que passaram a ser um território sem lei explorado por aqueles que interagem nelas.
d) pela privatização da internet, que passou a servir aos interesses dos anunciantes e investidores privados.
e) pelas discussões sobre a elitização da rede, que deixaria de permitir o acesso a qualquer usuário.

2 (Enem)

No mundo árabe, países governados há décadas por regimes políticos centralizadores contabilizam metade da população com menos de 30 anos; desses, 56% têm acesso à internet. Sentindo-se sem perspectivas de futuro e diante da estagnação da economia, esses jovens incubam vírus sedentos por modernidade e democracia. Em meados de dezembro, um tunisiano de 26 anos, vendedor de frutas, põe fogo no próprio corpo em protesto por trabalho, justiça e liberdade. Uma série de manifestações eclode na Tunísia e, como uma epidemia, o vírus libertário começa a se espalhar pelos países vizinhos, derrubando em seguida o presidente do Egito, Hosni Mubarak. *Sites* e redes sociais – como o Facebook e o Twitter – ajudaram a mobilizar manifestantes do norte da África a ilhas do Golfo Pérsico.

SEQUEIRA, C. D.; VILLAMÉA, L. A epidemia da liberdade. *IstoÉ Internacional*. 2 mar. 2011. Adaptado.

Considerando os movimentos políticos mencionados no texto, o acesso à internet permitiu aos jovens árabes:

a) reforçar a atuação dos regimes políticos existentes.

b) tomar conhecimento dos fatos sem se envolver.

c) manter o distanciamento necessário à sua segurança.

d) disseminar vírus capazes de destruir programas dos computadores.

e) difundir ideias revolucionárias que mobilizaram a população.

3 (Enem) Analise as seguintes avaliações de possíveis resultados de um teste na internet.

RESULTADO

Total de respostas a ☐

Total de respostas b ☐

Total de respostas c ☐

Caso tenha dado empate entre duas letras, responda à seguinte pergunta:

Quando alguém, na vida real, pede os seus contatos, você:

a) Dá o número do telefone e o endereço de *e-mail*.

b) Dá a URL* da sua rede social.

c) O que é URL*?.

* Endereço de uma página da rede de computadores

AVALIAÇÃO

Mais respostas **a**

O PRAGMÁTICO — Você consegue usar as redes sociais *on-line* como um complemento às amizades e à vida profissional sem que isso afete sua intimidade.

Mais respostas **b**

O FANÁTICO — Sua presença na internet está predominando sobre sua vida real. Procure sair mais de casa e encontrar seus amigos pessoalmente.

Mais respostas **c**

O APRENDIZ — Você é um novato nos *sites* de relacionamentos ou ainda não descobriu como usá-los inteiramente.

Fonte: Rita Khater, psicóloga e professora da PUC-Campinas. *Veja*, 8 jul. 2009. p. 102. Adaptado.

Depreende-se, a partir desse conjunto de informações, que o teste que deu origem a esses resultados, além de estabelecer um perfil para o usuário de *sites* de relacionamento, apresenta preocupação com hábitos e propõe mudanças de comportamento direcionadas:

a) ao adolescente que acessa *sites* de entretenimento.

b) ao profissional interessado em aperfeiçoamento tecnológico.

c) à pessoa que usa os *sites* de relacionamento para complementar seu círculo de amizades.

d) ao usuário que reserva mais tempo aos *sites* de relacionamento do que ao convívio pessoal com os amigos.

e) ao leitor que se interessa em aprender sobre o funcionamento de diversos tipos de *sites* de relacionamento.

AULA 23

Competência 9 Entender os princípios, a natureza, a função e o impacto das tecnologias da comunicação e da informação na sua vida pessoal e social e no desenvolvimento do conhecimento, associando-os aos conhecimentos científicos, às linguagens que lhes dão suporte, às demais tecnologias, aos processos de produção e aos problemas que se propõem solucionar.

Habilidade 29 Identificar, pela análise de suas linguagens, as tecnologias da comunicação e da informação.

Em classe

A LINGUAGEM NAS NOVAS TECNOLOGIAS DA COMUNICAÇÃO

Com novas tecnologias, surgem novos suportes e, com eles, novos gêneros: o livro impresso, por exemplo, não existia antes da invenção do papel e da prensa. Antes do computador, não existia *e-mail*. Há atualmente diversos gêneros que são exclusivos do suporte digital.

Não há como falar em comunicação, hoje em dia, desprezando os recursos digitais, como a interação via internet: as novas tecnologias estabelecem novas formas de relação entre as pessoas. Por isso, o Enem exige do candidato a reflexão sobre o tema.

O impacto disso na linguagem é evidente. Nas redes sociais como o Facebook, como cada usuário tem o seu próprio espaço, a linguagem utilizada é mais do que variada e depende muito do que cada perfil representa. Normalmente, os perfis pessoais têm mais marcas de afetividade e efeito de subjetividade, a linguagem é mais informal e próxima da oralidade. Os perfis públicos costumam ser mais impessoais, com dados mais diretos e texto com maior efeito de objetividade. A informalidade é menos pronunciada e os recursos da escrita costumam prevalecer.

Além disso, diversos ambientes virtuais impõem um limite de caracteres. Isso exige o emprego de uma linguagem direta, em que predominam frases curtas, com largo emprego das abreviações.

A possibilidade de incluir imagens e sons e a organização em diversas janelas que podem ser abertas simultânea ou sequencialmente dá ao texto uma característica inovadora, a qual se costuma dar o nome de hipertexto. O percurso pelas informações pode ser alterado pelo leitor, que assim escapa da linearidade típica do texto verbal impresso e falado. O leitor, assim, assume um papel mais ativo, elaborando, a cada clique, um novo percurso de leitura e explorando relações mais ou menos evidentes para o redator no momento da produção textual.

1 (Enem)

O texto a seguir é um trecho de uma conversa por meio de um programa de computador que permite comunicação direta pela internet em tempo real, como o MSN Messenger. Esse tipo de conversa, embora escrita, apresenta muitas características da linguagem falada, segundo alguns linguistas. Uma delas é a interação ao vivo e imediata, que permite ao interlocutor conhecer, quase instantaneamente, a reação do outro por meio de suas respostas e dos famosos *emoticons* (que podem ser definidos como "ícones que demonstram emoção").

João diz: oi
Pedro diz: blz?
João diz: na paz e vc?
Pedro diz: tudo trank
João diz: oq vc ta fazendo?
[...]
Pedro diz: tenho q sair agora...
João diz: flw
Pedro diz: vlw, abc

Para que a comunicação, como no MSN Messenger, se dê em tempo real, é necessário que a escrita das informações seja rápida, o que é feito por meio de:

a) frases completas, escritas cuidadosamente com acentos e letras maiúsculas (como "oq vc ta fazendo?").
b) frases curtas e simples (como "tudo trank") com abreviaturas padronizadas pelo uso (como "vc" – você – "vlw" – valeu!).

c) uso de reticências no final da frase, para que não se tenha de escrever o resto da informação.
d) estruturas coordenadas, como "na paz e vc?".
e) flexão verbal rica e substituição de dígrafos consonantais por consoantes simples ("qu" por "k").

2 (Enem)

Diferentemente do texto escrito, que em geral compele os leitores a lerem numa onda linear – da esquerda para a direita e de cima para baixo, na página impressa – hipertextos encorajam os leitores a moverem-se de um bloco de texto a outro, rapidamente e não sequencialmente. Considerando que o hipertexto oferece uma multiplicidade de caminhos a seguir, podendo ainda o leitor incorporar seus caminhos e suas decisões como novos caminhos, inserindo informações novas, o leitor-navegador passa a ter um papel mais ativo e uma oportunidade diferente da de um leitor de texto impresso. Dificilmente dois leitores de hipertextos farão os mesmos caminhos e tomarão as mesmas decisões.

MARCUSCHI, L. A. *Cognição, linguagem e práticas interacionais*. Rio: Lucerna, 2007.

No que diz respeito à relação entre o hipertexto e o conhecimento por ele produzido, o texto apresentado deixa claro que o hipertexto muda a noção tradicional de autoria, porque:

a) é o leitor que constrói a versão final do texto.
b) o autor detém o controle absoluto do que escreve.
c) aclara os limites entre o leitor e o autor.
d) propicia um evento textual-interativo em que apenas o autor é ativo.
e) só o autor conhece o que eletronicamente se dispõe para o leitor.

3 (Enem)

Testes

Dia desses resolvi fazer um teste proposto por um *site* da internet. O nome do teste era tentador: "O que Freud diria de você". Uau. Respondi a todas as perguntas e o resultado foi o seguinte: "Os acontecimentos da sua infância a marcaram até os doze anos, depois disso você buscou conhecimento intelectual para seu amadurecimento". Perfeito! Foi exatamente o que aconteceu comigo. Fiquei radiante: eu havia realizado uma consulta paranormal com o pai da psicanálise, e ele acertou na mosca.

Estava com tempo sobrando, e curiosidade é algo que não me falta, então resolvi voltar ao teste e responder tudo diferente do que havia respondido antes. Marquei umas alternativas esdrúxulas, que nada tinham a ver com minha personalidade. E fui conferir o resultado, que dizia o seguinte: "Os acontecimentos da sua infância a marcaram até os 12 anos, depois disso você buscou conhecimento intelectual para seu amadurecimento".

MEDEIROS, M. *Doidas e santas*. Porto Alegre, 2008. Adaptado.

Quanto às influências que a internet pode exercer sobre os usuários, a autora expressa uma reação irônica no trecho:

a) "Marquei umas alternativas esdrúxulas, que nada tinham a ver".
b) "Os acontecimentos da sua infância a marcaram até os doze anos".
c) "Dia desses resolvi fazer um teste proposto por um *site* da internet".
d) "Respondi a todas as perguntas e o resultado foi o seguinte".
e) "Fiquei radiante: eu havia realizado uma consulta paranormal com o pai da psicanálise".

Em casa

1 (Enem)

O *chat* e sua linguagem virtual

O significado da palavra ***chat*** vem do inglês e quer dizer "conversa". Essa conversa acontece em tempo real, e, para isso, é necessário que duas ou mais pessoas estejam conectadas ao mesmo tempo, o que chamamos de comunicação síncrona. São muitos os *sites* que oferecem a opção de bate-papo na internet, basta escolher a sala que deseja "entrar", identificar-se e iniciar a conversa. Geralmente, as salas são divididas por assuntos, como educação, cinema, esporte, música, sexo, entre outros. Para entrar, é necessário escolher um ***nick***, uma espécie de apelido que identificará o participante durante a conversa. Algumas salas restringem a idade, mas não existe nenhum controle para verificar se a idade informada é realmente a idade de quem está acessando, facilitando que crianças e adolescentes acessem salas com conteúdos inadequados para sua faixa etária.

AMARAL, S. F. Internet: novos valores e novos comportamentos. In: SILVA, E. T. (Coord.). *A leitura nos oceanos da internet*. São Paulo: Cortez, 2003. Adaptado.

Segundo o texto, o *chat* proporciona a ocorrência de diálogos instantâneos com linguagem específica, uma vez que nesses ambientes interativos faz-se uso de protocolos diferenciados de interação. O *chat*, nessa perspectiva, cria uma nova forma de comunicação porque:

a) possibilita que ocorra diálogo sem a exposição da identidade real dos indivíduos, que podem recorrer a apelidos fictícios sem comprometer o fluxo da comunicação em tempo real.

b) disponibiliza salas de bate-papo sobre diferentes assuntos com pessoas pré-selecionadas por meio de um sistema de busca monitorado e atualizado por autoridades no assunto.

c) seleciona previamente conteúdos adequados à faixa etária dos usuários que serão distribuídos nas faixas de idade organizadas pelo *site* que disponibiliza a ferramenta.

d) garante a gravação das conversas, o que possibilita que um diálogo permaneça aberto, independentemente da disposição de cada participante.

e) limita a quantidade de participantes conectados nas salas de bate-papo, a fim de garantir a qualidade e a eficiência dos diálogos, evitando mal-entendidos.

2 (Enem)

Fora da ordem

Em 1588, o engenheiro militar italiano Agostinho Romelli publicou **Le Diverse et Artifíciose Machine**, no qual descrevia uma máquina de ler livros. Montada para girar verticalmente, como uma roda de hamster, a invenção permitia que o leitor fosse de um texto a outro sem se levantar de sua cadeira. Hoje podemos alternar entre documentos com muito mais facilidade – um clique no ***mouse*** é suficiente para acessarmos imagens, textos, vídeos e sons instantaneamente. Para isso, usamos o computador e principalmente a internet – tecnologias que não estavam disponíveis no Renascimento, época em que Romelli viveu.

BERCITTO, D. *Revista Língua Portuguesa*. Ano II. n. 14.

O inventor italiano antecipou, no século XVI, um dos princípios definidores do hipertexto: a quebra de linearidade na leitura e a possibilidade de acesso ao texto conforme o interesse do leitor. Além de ser característica essencial da internet, do ponto de vista da produção do texto, a hipertextualidade se manifesta também em textos impressos, como:

a) dicionários, pois a forma do texto dá liberdade de acesso à informação.

b) documentários, pois o autor faz uma seleção dos fatos e das imagens.

c) relatos pessoais, pois o narrador apresenta sua percepção dos fatos.

d) editoriais, pois o editorialista faz uma abordagem detalhada dos fatos.

e) romances românticos, pois os eventos ocorrem em diversos cenários.

3 O quente hoje é mandar *e-mails* e cartões virtuais. Há cartões de todos os tipos disponíveis na internet: românticos, engraçados, debochados, sérios, artísticos, com música, sem música, animados, estáticos, para jovens, para adultos, para crianças, para apaixonados e para os que querem se apaixonar, entre infinitos outros.

COSCARELLI, Carla Viana. *Livro de receitas do professor de português*. Belo Horizonte: Autêntica, 2005, p. 121.

De acordo com o texto, sobre os cartões virtuais só NÃO é correto dizer que:

a) eles se incluem entre os gêneros de comunicação utilizados atualmente no meio digital.

b) há cartões adequados para cada situação de comunicação.

c) os cartões virtuais são padronizados porque são veiculados pela internet.

d) no meio digital, os cartões podem ser acompanhados de música e imagens em movimento.

e) o estilo de cada cartão varia conforme as pessoas que estão se comunicando.

Anotações

AULA 24

Competência 9 Entender os princípios, a natureza, a função e o impacto das tecnologias da comunicação e da informação na sua vida pessoal e social e no desenvolvimento do conhecimento, associando-os aos conhecimentos científicos, às linguagens que lhes dão suporte, às demais tecnologias, aos processos de produção e aos problemas que se propõem solucionar.

Habilidade 30 Relacionar as tecnologias da comunicação e da informação ao desenvolvimento das sociedades e ao conhecimento que elas produzem.

Em classe

AS TECNOLOGIAS DA COMUNICAÇÃO DIGITAL, O DESENVOLVIMENTO SOCIAL E A PRODUÇÃO DO CONHECIMENTO

Resumo teórico

Para dar início à reflexão sobre o tema, é importante começar refletindo sobre o significado da palavra "digital", muito empregada no contexto da informática: ela se refere a um modo de processar, armazenar e transferir informações. Os computadores usam apenas sequências formadas por dois números (zero e um) para representar todo e qualquer tipo de informação, como uma mensagem escrita, uma fotografia, uma ilustração, um vídeo e uma música. Considerando que a palavra "digital" significa uma nova maneira de trabalhar com as informações, ela remete necessariamente à noção de "suporte": o meio digital é o novo espaço em que as informações são produzidas, armazenadas e transmitidas.

O modelo digital difere do tradicional, basicamente, por três fatores: tempo, espaço e custo. Quanto ao fator tempo, é mais rápido escrever um texto no computador do que à mão ou à máquina de escrever. Quanto ao fator espaço, uma biblioteca ocupa menos espaço no computador do que no quarto. Quanto ao fator custo, é mais barato fazer um livro no computador do que em uma gráfica. Não é só quanto ao tempo, espaço e dinheiro que o meio digital difere do impresso. O meio digital é um suporte mais abrangente, já que é possível veicular nele uma música, um vídeo ou um *link* para uma página que possua uma informação considerada relevante para o produtor desse "hipertexto". No meio impresso, isso não é possível.

Essas vantagens, no entanto, ainda não são acessíveis a todos. O acesso aos computadores e às redes ainda não é democrático, dando origem ao tema da exclusão digital: em uma sociedade em que a informação e diversos serviços tornam-se acessíveis sobretudo pelo suporte digital, aqueles que não têm acesso a esse meio são fortemente marginalizados.

Esse processo decorre sobretudo de dois fatores: o custo elevado dos equipamentos e dos serviços de acesso à rede (os provedores) e a falta de programas educativos eficientes que garantam o treinamento necessário para que os marginalizados possam se integrar ao meio digital e tirar proveito de todas as possibilidades que ele oferece.

Esse treinamento é fundamental por causa da quantidade gigantesca de informações em circulação na rede. Boatos e mistificações estão misturados às informações relevantes e confiáveis; falsários e criminosos se confundem com usuários honestos. Um leitor desprovido de instrução e de julgamento crítico terá grande dificuldade para selecionar as fontes dotadas de credibilidade e as informações mais relevantes. Sem esse critério, a riqueza da internet pode se converter em confusão, levando não ao esclarecimento, mas ao obscurantismo.

1 O texto a seguir faz parte de um editorial da edição de 30/12/2006, do jornal *Diário de Notícias*, de Lisboa, Portugal.

Os equívocos da admirável nova web

Um dos equívocos mais perigosos dos tempos que correm é a associação implícita que está a ser feita entre o novo boom[1] da internet, a que se convencionou chamar Web 2.0, e a democracia, ou melhor, o aperfeiçoamento da democracia.

É certo que este novo *boom* se centra no utilizador – há mais acessos e todos os que acedem podem ser fornecedores de conteúdos –, ao contrário do primeiro *boom*, que se centrou nos negócios. Mas a actual febre participativa só parcialmente pode ser confundida com democracia.

Desde logo porque a Web 2.0 mais não é que um espelho dos desequilíbrios existentes, e não se vislumbra nela qualquer potencialidade séria para interferir nesse statu quo[2]. Ou seja, quer à escala global quer nas microescalas nacionais, quem já tem poder, seja ele político ou econômico, mantém-no na Net e tem muito mais probabilidade de o multiplicar. Os mais pobres terão o mesmo acesso à Net que têm a outros bens que consideramos essenciais, ou seja, nenhum. Portugal terá sempre muito menos influência na Net que os EUA, por exemplo, mas mais que o Sudão.

[...] a tão exaltada Web 2.0 é, de um ponto de vista meramente quantitativo, um amontoado de lixo. O fato de cada um se poder exprimir não quer dizer que tenha, necessariamente, algo de útil a dizer à comunidade. O YouTube é disso um excelente exemplo.

A Net tem, obviamente, enormes potencialidades, de lazer e informação, por exemplo. Mas convém, agora que temos esse poderosíssimo instrumento ao nosso dispor, estarmos conscientes dos seus limites.

1. Termo do inglês que indica desenvolvimento acelerado, crescimento muito rápido da aceitação de um serviço.
2. Termo do latim que indica o estado atual das coisas, a situação presente.

FERNANDES, João Morgado. Disponível em: <http://dn.sapo.pt/inicio/interior.aspx?content_id=650648>. Acesso em: 22 abr. 2010.

Segundo o texto, o desenvolvimento de ferramentas tecnológicas que propiciaram o segundo ciclo rápido de expansão da internet, que se convencionou denominar de Web 2.0:

a) ao centrar-se na possibilidade de cada usuário gerar conteúdos e divulgá-los livremente, revoluciona as relações de poder, pois dá voz aos excluídos.
b) ameaça a democracia mundial, porque expõe a população a um amontoado de lixo, dando influência àqueles que não têm poder para influenciar.
c) é erroneamente confundido com a democracia, que já vem sendo aperfeiçoada no mundo todo sem sofrer qualquer interferência das novas tecnologias.
d) vem sendo prejudicial aos negócios, ao contrário do que ocorreu inicialmente, pois, de um ponto de vista exclusivamente quantitativo, não é útil à comunidade.
e) só trará pleno efeito para a democratização da informação se vier acompanhado de medidas que assegurem o acesso igualitário às novas tecnologias, com consciência crítica a respeito do conteúdo e dos limites da internet.

2 Leia o texto a seguir, adaptado de coluna assinada pelo presidente de uma empresa de consultoria em telecomunicações, a respeito do acesso às redes de banda larga mais velozes no país.

Situação avança em grandes centros, mas pequenos municípios têm poucas opções

A internet banda larga no Brasil convive com diferentes realidades. Nos grandes centros, foram construídas redes baseadas em fibra ótica que passaram a oferecer velocidades superiores a 10 Mbps. Em muitos bairros dessas cidades, já é possível escolher entre duas ou três operadoras de banda larga com velocidades superiores a 5 Mbps. A competição deve elevar esse patamar a velocidades cada vez mais altas.

Na maioria dos municípios, no entanto, as opções se restringem à concessionária de telefonia fixa que, pelas limitações de sua rede, não consegue ir muito além de 1 Mbp.

O principal gargalo da banda larga é a cobertura (área atendida) com alta velocidade.

TUDE, Eduardo. *Folha de S.Paulo*. 15 maio 2013, p. B8.

O texto chama a atenção para:

a) a exclusão digital decorrente da desigualdade no acesso aos recursos técnicos, ainda precariamente distribuídos pelo país.
b) a importância de garantir o acesso à telefonia fixa em todos os municípios do país.
c) a possibilidade de optar entre operadoras, privilegiando sempre as que oferecem maior velocidade de navegação.

d) a conveniência de se mudar para um bairro em que várias operadoras de banda larga atuem, para poder desfrutar serviços mais eficientes.

e) o erro de privilegiar investimentos em redes de fibra ótica que permitam velocidades de navegação cada vez maiores num país em que a população ainda sofre com a fome.

3 (Enem)

Estamos testemunhando o reverso da tendência histórica da assalariação do trabalho e da socialização da produção, que foi característica predominante na era industrial. A nova organização social e econômica baseada nas tecnologias da informação visa à administração descentralizadora, ao trabalho individualizante e aos mercados personalizados. As novas tecnologias da informação possibilitam, ao mesmo tempo, a descentralização das tarefas e sua coordenação em uma rede interativa de comunicação em tempo real, seja entre continentes, seja entre os andares de um mesmo edifício.

CASTELLS, M. *A sociedade em rede.* São Paulo: Paz e Terra, 2006 . Adaptado.

No contexto descrito, as sociedades vivenciam mudanças constantes nas ferramentas de comunicação que afetam os processos produtivos nas empresas. Na esfera do trabalho, tais mudanças têm provocado:

a) o aprofundamento dos vínculos dos operários com as linhas de montagem sob influência dos modelos orientais de gestão.

b) o aumento das formas de teletrabalho como solução de larga escala para o problema do desemprego crônico.

c) o avanço do trabalho flexível e da terceirização como resposta às demandas por inovação e com vistas à mobilidade dos investimentos.

d) a autonomização crescente das máquinas e computadores em substituição ao trabalho dos especialistas técnicos e gestores.

e) o fortalecimento do diálogo entre operários, gerentes, executivos e clientes com a garantia de harmonização das relações de trabalho.

4 (Enem)

A introdução de novas tecnologias desencadeou uma série de efeitos sociais que afetaram os trabalhadores e sua organização. O uso de novas tecnologias trouxe a diminuição do trabalho necessário que se traduz na economia líquida do tempo de trabalho, uma vez que, com a presença da automação microeletrônica, começou a ocorrer a diminuição dos coletivos operários e uma mudança na organização dos processos de trabalho.

Revista Eletrônica de Geografia y Ciências Sociales. Universidad de Barcelona. n. 170(9), 1 ago. 2004.

A utilização de novas tecnologias tem causado inúmeras alterações no mundo do trabalho. Essas mudanças são observadas em um modelo de produção caracterizado:

a) pelo uso intensivo do trabalho manual para desenvolver produtos autênticos e personalizados.

b) pelo ingresso tardio das mulheres no mercado de trabalho no setor industrial.

c) pela participação ativa das empresas e dos próprios trabalhadores no processo de qualificação laboral.

d) pelo aumento na oferta de vagas para trabalhadores especializados em funções repetitivas.

e) pela manutenção de estoques de larga escala em função da alta produtividade.

Em casa

1 (Enem)

Um volume imenso de pesquisas tem sido produzido para tentar avaliar os efeitos dos programas de televisão. A maioria desses estudos diz respeito às crianças – o que é bastante compreensível pela quantidade de tempo que elas passam em frente ao aparelho e pelas possíveis implicações desse comportamento para a socialização. Dois dos tópicos mais pesquisados são o impacto da televisão no âmbito do crime e da violência e a natureza das notícias exibidas na televisão.

GIDDENS, A. *Sociologia.* Porto Alegre: Artmed, 2005.

O texto indica que existe uma significativa produção científica sobre os impactos socioculturais da televisão na vida do ser humano. E as crianças, em particular, são as mais vulneráveis a essas influências, porque:

a) codificam informações transmitidas nos programas infantis por meio da observação.

b) adquirem conhecimentos variados que incentivam o processo de interação social.

c) interiorizam padrões de comportamento e papéis sociais com menor visão crítica.

d) observam formas de convivência social baseadas na tolerância e no respeito.

e) apreendem modelos de sociedade pautados na observância das leis.

2 (Enem)

A chegada da televisão

A caixa de pandora tecnológica penetra nos lares e libera suas cabeças falantes, astros, novelas, noticiários e as fabulosas, irresistíveis garotas-propaganda, versões modernizadas do tradicional homem-sanduíche.

SEVCENKO, N. (Org.). *História da vida privada no Brasil 3. República: da Belle Époque à era do rádio.* São Paulo: Companhia das Letras, 1998.

A TV, a partir da década de 1950, entrou nos lares brasileiros provocando mudanças consideráveis nos hábitos da população. Certos episódios da história brasileira revelaram que a TV, especialmente como espaço de ação da imprensa, tornou-se também veículo de utilidade pública, a favor da democracia, na medida em que:

a) amplificou os discursos nacionalistas e autoritários durante o governo Vargas.
b) revelou para o país casos de corrupção na esfera política de vários governos.
c) maquiou indicadores sociais negativos durante as décadas de 1970 e 1980.
d) apoiou, no governo Castelo Branco, as iniciativas de fechamento do parlamento.
e) corroborou a construção de obras faraônicas durante os governos militares.

3 (Enem)

Populações inteiras, nas cidades e na zona rural, dispõem da parafernália digital global como fonte de educação e de formação cultural. Essa simultaneidade de cultura e informação eletrônica com as formas tradicionais e orais é um desafio que necessita ser discutido. A exposição, via mídia eletrônica, a estilos e valores culturais de outras sociedades, pode inspirar apreço, mas também distorções e ressentimentos. Tanto quanto há necessidade de uma cultura tradicional de posse da educação letrada, também é necessário criar estratégias de alfabetização eletrônica, que passam a ser o grande canal de informação das culturas segmentadas no interior dos grandes centros urbanos e das zonas rurais. Um novo modelo de educação.

BRIGAGÃO, C. E.; RODRIGUES, G. *A globalização a olho nu:* o mundo conectado. São Paulo: Moderna, 1998. Adaptado.

Com base no texto e considerando os impactos culturais da difusão das tecnologias de informação no marco da globalização, depreende-se que:

a) a ampla difusão das tecnologias de informação nos centros urbanos e no meio rural suscita o contato entre diferentes culturas e, ao mesmo tempo, traz a necessidade de reformular as concepções tradicionais de educação.
b) a apropriação, por parte de um grupo social, de valores e ideias de outras culturas para benefício próprio é fonte de conflitos e ressentimentos.
c) as mudanças sociais e culturais que acompanham o processo de globalização, ao mesmo tempo em que refletem a preponderância da cultura urbana, tornam obsoletas as formas de educação tradicionais próprias do meio rural.
d) as populações nos grandes centros urbanos e no meio rural recorrem aos instrumentos e às tecnologias de informação basicamente como meio de comunicação mútua, e não os veem como fontes de educação e cultura.
e) a intensificação do fluxo de comunicação por meios eletrônicos, característica do processo de globalização, está dissociada do desenvolvimento social e cultural que ocorre no meio rural.

Anotações

AULA 25

Competência 3 Compreender e usar a linguagem corporal como relevante para a própria vida, integradora social e formadora da identidade.

Habilidade 10 Reconhecer a necessidade de transformação de hábitos corporais em função das necessidades cinestésicas.

Em classe

PLACAR: MOVIMENTO 1 × 0 SEDENTARISMO

Resumo teórico

Na habilidade desenvolvida nesta aula, o Enem busca explorar situações atuais relacionadas ao reconhecimento da importância do movimentar-se e a adaptação do ser humano a essas necessidades. As questões em geral trazem relações de hábitos de atividades físicas e motórias com estética e qualidade de vida.

1 (Enem)

Na modernidade, o corpo foi descoberto, despido e modelado pelos exercícios físicos da moda. Novos espaços e práticas esportivas e de ginástica passaram a convocar as pessoas a modelarem seus corpos. Multiplicaram-se as academias de ginástica, as salas de musculação e o número de pessoas correndo pelas ruas.

SECRETARIA DA EDUCAÇÃO. *Caderno do professor:* educação física. São Paulo, 2008.

Diante do exposto, é possível perceber que houve um aumento da procura por:

a) exercícios físicos aquáticos (natação/hidroginástica), que são exercícios de baixo impacto, evitando o atrito (não prejudicando as articulações), e que previnem o envelhecimento precoce e melhoram a qualidade de vida.
b) mecanismos que permitem combinar alimentação e exercício físico, que permitem a aquisição e a manutenção de níveis adequados de saúde, sem a preocupação com padrões de beleza instituídos socialmente.
c) programas saudáveis de emagrecimento, que evitam os prejuízos causados na regulação metabólica, função imunológica, integridade óssea e manutenção da capacidade funcional ao longo do envelhecimento.
d) exercícios de relaxamento, reeducação postural e alongamentos, que permitem um melhor funcionamento do organismo como um todo, bem como uma dieta alimentar e hábitos saudáveis com base em produtos naturais.
e) dietas que preconizam a ingestão excessiva ou restrita de um ou mais macronutrientes (carboidratos, gorduras ou proteínas), bem como exercícios que permitem um aumento de massa muscular e/ou modelar o corpo.

2 (Enem) Saúde, no modelo atual de qualidade de vida, é o resultado das condições de alimentação, habitação, educação, renda, trabalho, transporte, lazer, serviços médicos e acesso à atividade física regular. Quanto ao acesso à atividade física, um dos elementos essenciais é a aptidão física, entendida como a capacidade de a pessoa utilizar seu corpo – incluindo músculos, esqueleto, coração, enfim, todas as partes – de forma eficiente em suas atividades cotidianas; logo, quando se avalia a saúde de uma pessoa, a aptidão física deve ser levada em conta.

A partir desse contexto, considera-se que uma pessoa tem boa aptidão física quando:

a) apresenta uma postura regular.
b) pode se exercitar por períodos curtos de tempo.
c) pode desenvolver as atividades físicas do dia a dia, independentemente de sua idade.
d) pode executar suas atividades do dia a dia com vigor, atenção e uma fadiga de moderada a intensa.
e) pode exercer atividades físicas no final do dia, mas suas reservas de energia são insuficientes para atividades intelectuais.

Em casa

TEXTO DE APOIO

1. Movimento é vida

Sem dúvida a essência do viver do ser humano é manifestada por meio do movimento, e seu estudo possibilita reconhecer e descobrir conceitos importantes para a manutenção do nosso bem-estar. Entretanto, a dinâmica do mundo moderno induz as pessoas ao sedentarismo. No trecho da reportagem "Cidade não estimula a andar", publicada no jornal *Folha de S.Paulo*, de 9 de setembro de 2007, médicos defendem espaço público mais amigável para a prática de exercícios.

> "[...] *médicos e arquitetos concordam: o modelo de urbanização nas grandes cidades, como São Paulo, privilegia os automóveis em detrimento dos pedestres e dos ciclistas, tornando as ruas e as calçadas espaços impróprios para atividades físicas."*
>
> *A arquiteta Cibele Taralli, professora da FAU (Faculdade de Arquitetura e Urbanismo) da USP, diz que as calçadas não foram planejadas e não são conservadas a ponto de favorecer a movimentação de pedestres e de veículos leves, como a bicicleta e o* skate. *"Vou andar, mas disputo espaço com os carros, é aquela poluição horrível. Isso não estimula ninguém a andar nas ruas. São Paulo é uma cidade pensada em pedaços, sem visão de continuidade das coisas."*
>
> *Para o cardiologista Álvaro Avezum, as pessoas não são sedentárias porque querem, mas sim porque os espaços públicos não as estimulam ao exercício. "Se não tiver os planejadores de cidade para facilitar algum gasto enérgico, vamos explodir em doenças cardiovasculares."*

A falta de um planejamento urbano, que desconsidera a essência do viver do ser humano em prol do progresso desordenado, contribui para o sedentarismo na medida em que a maioria dos espaços públicos dos grandes centros urbanos não privilegia nossa locomoção. As calçadas esburacadas com vários outros tipos de obstáculos dificultam nossa passagem e tornam desmotivadora essa atividade. Além disso, a falta de espaços públicos adequados leva à competição pelo espaço entre carros, motos e bicicletas, onde se tornam frequentes os acidentes envolvendo ciclistas. Também nos deparamos com a pouca oferta de praças e parques que possibilitem a realização de atividades físicas.

Outro aspecto a ser destacado é o estilo de vida moderno influenciado pelo avanço tecnológico em que as máquinas tendem a realizar o trabalho do ser humano e, em alguns casos, tem afetado negativamente nosso comportamento motor.

2. O sedentarismo

O sedentarismo é um hábito que caracteriza pessoas que realizam poucas atividades de movimento durante o dia, e que consomem poucas calorias durante a semana.

Hoje sabemos que o sedentarismo está associado ao acometimento de várias doenças, como a atrofia das fibras musculares, a perda da flexibilidade, o comprometimento funcional de vários órgãos, diversos tipos de câncer, diabetes, hipertensão arterial, infarto do miocárdio, obesidade, ansiedade e o aumento do colesterol. A Organização Mundial da Saúde (OMS) afirma que o sedentarismo está entre as dez maiores causas de morte no mundo e que, atualmente, 70% dos adultos são sedentários.

Progresso – sedentarismo – economia

> *"A preguiça é mãe do progresso. Se o homem não tivesse preguiça de caminhar, não teria inventado a roda."*
>
> Mario Quintana

Um estudo realizado no American College Sports Medicine (ACSM) analisou a existência de uma relação entre o crescimento econômico e a diminuição da atividade física. Nos Estados Unidos, por exemplo, de 1965 a 2009, a queda da atividade física foi de 32%. Nos países em desenvolvimento, também esse fenômeno é observado e, apesar das diferenças culturais dos países analisados, algumas características são comuns a todos: a migração de pessoas que trocam a vida rural pelas cidades, e o estigma negativo que associa a pobreza ao trabalho braçal. No Brasil, projeções indicam que, do início da década passada até o ano de 2018, haverá o decréscimo de 34% no nível de atividade física.

As causas do sedentarismo são multifatoriais e incluem aspectos sociais, políticos e econômicos. O desenvolvimento econômico e o acesso a um padrão de vida moderno trazem benefícios ao ser humano. Porém é importante reconhecer e valorizar a mudança de hábitos de atividades físicas e motórias.

Existem várias recomendações propostas por órgãos governamentais e de pesquisa ligados à saúde e ao bem-estar. A OMS propõe que, para tornar-se ativa, a pessoa deve realizar uma atividade motória com intensidade leve a moderada (caminhada, corrida, bicicleta, natação) pelo menos a cada três dias, com duração mínima de trinta minutos. Apesar de essas recomendações constituírem uma importante referência para a sociedade em geral, nem sempre será possível estabelecer essa rotina diária, para isso devemos entender que existem alternativas que podem ser incorporadas ao nosso cotidiano. É importante identificar situações do cotidiano que possam contribuir para o aumento de movimentos, como realizar atividades domésticas, utilizar a escada, caminhar para a escola ou ao trabalho.

1 (Enem)

Cultivar um estilo de vida saudável é extremamente importante para diminuir o risco de infarto, mas também de problemas como morte súbita e derrame. Significa que manter uma alimentação saudável e praticar atividade física já reduz, por si só, as chances de desenvolver vários problemas. Além disso, é importante para o controle da pressão arterial, dos níveis de colesterol e de glicose no sangue. Também ajuda a diminuir o estresse e aumentar a capacidade física, fatores que, somados, reduzem as chances de infarto.
Exercitar-se, nesses casos, com acompanhamento médico e moderação, é altamente recomendável.

ATALLA, M. Nossa vida. *Época*, 23. mar. 2009.

A ideia veiculada no texto sobre o aumento da capacidade física está correta na alternativa:

a) Derrame e morte súbita.
b) Sedentarismo e flexibilidade.
c) Correr, jogar futebol e velocidade.
d) Força muscular, flexibilidade, resistência cardiorrespiratória.
e) Jogar tênis e resistência muscular localizada.

2 (Enem)

Disponível em: <http://wordinfo.info>. Acesso em: 27 abr. 2010.

O homem evoluiu. Independentemente de teoria, essa evolução ocorreu de várias formas. No que concerne à evolução digital, o homem percorreu longo trajeto da pedra lascada ao mundo virtual. Tal fato culminou em um problema físico habitual, ilustrado na imagem, que propicia uma piora na qualidade de vida do usuário, uma vez que:

a) a evolução ocorreu e, com ela, evoluíram as dores de cabeça, o estresse e a falta de atenção à família.
b) a vida sem o computador tornou-se quase inviável, mas tem diminuído problemas de visão cansada.
c) a utilização demasiada do computador tem proporcionado o surgimento de cientistas que apresentam lesão por esforço repetitivo.
d) o homem criou o computador, que evoluiu e hoje opera várias ações antes feitas pelas pessoas, tornando-as sedentárias ou obesas.
e) o uso contínuo do computador de forma inadequada tem ocasionado má postura corporal.

AULA 26

Competência 3 Compreender e usar a linguagem corporal como relevante para a própria vida, integradora social e formadora da identidade.

Habilidade 11 Reconhecer a linguagem corporal como meio de interação social, considerando os limites de desempenho e as alternativas de adaptação para diferentes indivíduos.

Em classe

NOSSO CORPO, GESTOS E O ATO COMUNICATIVO

Resumo teórico

Os gestos constituem uma importante ferramenta que utilizamos para realizar o ato comunicativo. Como sabemos, o gesto faz parte da chamada linguagem não verbal, mas continua sendo um importante elo para a linguagem falada (verbal), e sua função se transforma, considerando-se o ambiente social do qual as pessoas fazem parte. O Enem considera que a habilidade 11 da Matriz de referência está relacionada aos seguintes elementos: corpo e linguagem. Para Jean Yves Leloup, em seu livro *O corpo e seus símbolos*, o corpo não mente. Mais que isso, ele conta muitas histórias e em cada uma delas há um sentido a ser descoberto, como o significado dos acontecimentos, das doenças ou do prazer que anima algumas de suas partes. O corpo é a nossa memória mais arcaica; nele nada é esquecido. O corpo sente, toca, fala, comunga.

1 (Enem) Candido Portinari (1903-1962), em seu livro *Retalhos de minha vida de infância*, descreve os pés dos trabalhadores.

Pés disformes. Pés que podem contar uma história. Confundiam-se com as pedras e os espinhos. Pés semelhantes aos mapas: com montes e vales, vincos como rios. [...] Pés sofridos com muitos e muitos quilômetros de marcha. Pés que só os santos têm. Sobre a terra, difícil era distingui-los. Agarrados ao solo, eram como alicerces, muitas vezes suportavam apenas um corpo franzino e doente.

Candido Portinari, Retrospectiva, Catálogo Masp.

As fantasias sobre o Novo Mundo, a diversidade da natureza e do homem americano e a crítica social foram temas que inspiraram muitos artistas ao longo de nossa História. Dentre estas imagens, a que melhor caracteriza a crítica social contida no texto de Portinari é:

a) 

c) 

e) 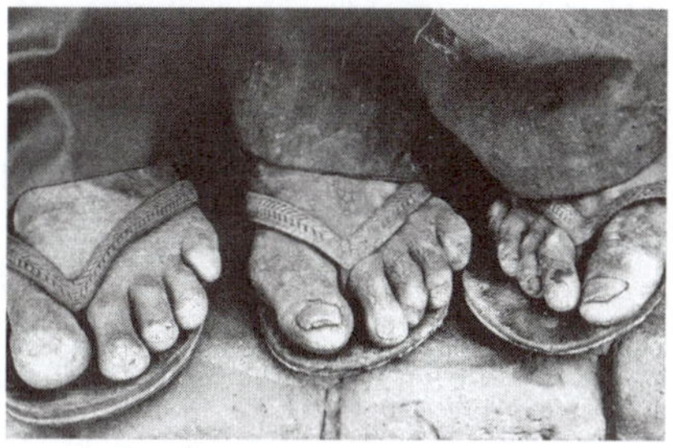

b) 

d) 

2 (Enem)

Nossa cultura lipofóbica muito contribui para a distorção da imagem corporal, gerando gordos que se veem magros e magros que se veem gordos, numa quase unanimidade de que todos se sentem ou se veem "distorcidos".

Engordamos quando somos gulosos. É o pecado da gula que controla a relação do homem com a balança. Todo obeso declarou, um dia, guerra à balança. Para emagrecer, é preciso fazer as pazes com a dita cuja, visando adequar-se às necessidades para as quais ela aponta.

FREIRE, D. S. *Obesidade não pode ser pré-requisito*. Disponível em: <http://gnt.globo.com>. Acesso em: 3 abr. 2012. Adaptado.

O texto apresenta um discurso de disciplinarização dos corpos, que tem como consequência:

a) a ampliação dos tratamentos médicos alternativos, reduzindo os gastos com remédios.
b) a democratização do padrão de beleza, tornando-o acessível pelo esforço individual.
c) o controle do consumo, impulsionando uma crise econômica na indústria de alimentos.
d) a culpabilização individual, associando obesidade à fraqueza de caráter.
e) o aumento da longevidade, resultando no crescimento populacional.

Em casa

TEXTO DE APOIO

1. Os gestos

De acordo com Gonçalves, em seu livro *Educação Física: ler e escrever também com o corpo em movimento*, a linguagem pode ser definida como um conjunto de símbolos verbais e não verbais que está presente em todo o universo educacional, sendo que os órgãos dos sentidos são utilizados para entender seus códigos.

Todos os signos foram criados pelos seres humanos com finalidades específicas. São convenções que variam de uma cultura para outra, grandemente influenciadas pelos ambientes físico e social.

Apesar de o ser humano ter a capacidade de se expressar de diversas maneiras, as linguagens falada e escrita predominam atualmente no nosso cotidiano. Entretanto, grande parte do percurso da evolução da cultura humana foi transmitida sem a utilização da escrita. Os seres humanos se comunicavam pela fala e, antes disso, por meio de gestos e movimentos. Este meio de comunicação constitui um importante componente da herança cultural que foi transmitida pelos nossos antepassados e perdura até os dias de hoje. Uma cultura não é completamente incorporada pela decifração da escrita ou fala da língua estrangeira, pois o significado das palavras não reflete a total interpretação de uma cultura.

2. O corpo

O corpo é o instrumento de manifestação da linguagem corporal. Em geral, pensamos o corpo sob a perspectiva anatomofisiológica. Somos constituídos de membros e órgãos com determinadas funções e que agem em conjunto para manter o equilíbrio interno e realizarmos as atividades do dia a dia. Porém, devemos entender o corpo como o espaço inicial de realização pessoal, que possui seu valor estético e de saúde, mas também é carregado de manifestações culturais. Nossos corpos estão impregnados das vivências biológicas e ambientais de nossos antepassados.

É possível apreender a complexidade do tema corpo quando buscamos relações com todas as dimensões do conhecimento humano. No aspecto religioso, durante a era medieval, havia o subjugo do corpo perante a alma. Segundo Santo Agostinho, "a alma é uma substância racional criada para reger um corpo". O que salva o corpo é a alma. Portanto, o corpo deve submeter-se a provações e castigos a fim de ser santificado. Em contrapartida, o Iluminismo Radical nos fornece um modelo de autonomia e apropriação do corpo pela própria pessoa: a autonomia como a capacidade reconhecida à pessoa de buscar, à sua maneira, aquilo que considera uma vida digna de ser vivida, assumindo a responsabilidade por seus atos, sem a ingerência de qualquer entidade metafísica. A filosofia também procurou refletir sobre o corpo. O filósofo Merleau-Ponty faz uma reflexão muito próxima da relação multifacetada da função do corpo, em que considera tanto aspectos biológicos como instrumento de manifestação simbólica:

O corpo é nosso meio geral de ter um mundo. Ora ele se limita aos gestos necessários à conservação da vida e, correlativamente, põe em torno de nós um mundo biológico; ora, brincando com seus primeiros gestos e passando de seu sentido próprio a um sentido figurado, ele manifesta através deles um novo núcleo de significação.

MERLEAU-PONTY, M. *Fenomenologia da percepção*. São Paulo: Martins Fontes, 1996, p. 203.

É possível encontrar também referências literárias acerca da questão do corpo, que constroem ao mesmo tempo uma imagem de objeto e signo, como no poema "Missão do corpo", de Carlos Drummond de Andrade.

Claro que o corpo não é feito só para sofrer,
mas para sofrer e gozar.
Na inocência do sofrimento
como na inocência do gozo,
o corpo se realiza, vulnerável
e solene.

Salve, meu corpo, minha estrutura de viver
e de cumprir os ritos do existir!
Amo tuas imperfeições e maravilhas,
amo-as com gratidão, pena e raiva intercadentes.
Em ti me sinto dividido, campo de batalha
sem vitória para nenhum lado
e sofro e sou feliz
na medida do que acaso me ofereças.

Será mesmo acaso,
será lei divina ou dragonária
que me parte e reparte em pedacinhos?
Meu corpo, minha dor,
Meu prazer e transcendência,
És afinal meu ser inteiro e único.

ANDRADE, Carlos Drummond de. *Farewell*. Rio de Janeiro: Record, 1996.

O poema traz uma abordagem crítica e atual sobre o corpo. Na primeira estrofe, há a consideração do corpo como instrumento de sofrimento e gozo, contrária à visão do corpo como carne suscetível ao sofrimento para elevação da alma. Essa ideia reflete com mais veracidade o que é a experiência humana. Na segunda estrofe, há uma saudação ao corpo, que é o instrumento com o qual existimos e nos relacionamos com o mundo. Além disso, há a referência à aceitação das imperfeições que nos dividem e que nos fazem refletir sobre temas atuais, como o culto à estética e a valorização da beleza.

3. Os movimentos e o ato comunicativo

Os seres humanos têm formas diferenciadas de se comunicar por meio de movimentos, que diferem de acordo com a cultura. Portanto, os movimentos que realizamos são influenciados pelo ambiente social, e o significado que é dado aos movimentos pertence a esse contexto. Esse acervo de movimentos cria um sistema de comunicação não verbal e desenvolve nos indivíduos as habilidades de emitir, receber e interpretar esses sinais. Essas habilidades tornam os indivíduos aptos a agir em sociedade, desenvolvendo-se profissional e socialmente.

1 (Enem)

O artigo 402 do Código Penal Brasileiro de 1890 dizia: Fazer nas ruas e praças públicas exercícios de agilidade e destreza corporal, conhecidos pela denominação de capoeiragem; andar em correrias, com armas ou instrumentos capazes de produzir uma lesão corporal, provocando tumulto ou desordens.

Pena: Prisão de dois a seis meses.

A negregada instituição: os capoeiras no Rio de Janeiro: 1850-1890. Rio de Janeiro: Secretaria Municipal de Cultura, 1994. Adaptado.

O artigo do primeiro Código Penal Republicano naturaliza medidas socialmente excludentes. Nesse contexto, tal regulamento expressava:

a) a manutenção de parte da legislação do Império, com vistas ao controle da criminalidade urbana.
b) a defesa do retorno do cativeiro e da escravidão pelos primeiros governos do período republicano.
c) o caráter disciplinador de uma sociedade industrializada, desejosa de um equilíbrio entre progresso e civilização.
d) a criminalização de práticas culturais e a persistência de valores que vinculavam certos grupos ao passado de escravidão.
e) o poder do regime escravista, que mantinha os negros como categoria social inferior, discriminada e segregada.

2 (Enem) Em uma conversa ou leitura de um texto, corre-se o risco de atribuir um significado inadequado a um termo ou expressão, e isso pode levar a certos resultados inesperados, como se vê nos quadrinhos abaixo.

© ENEM

SOUSA, Maurício de. *Chico Bento*. Rio de Janeiro: Globo, n. 335, nov. 1999.

Nessa historinha, o efeito humorístico origina-se de uma situação criada pela fala da Rosinha no primeiro quadrinho, que é:

a) Faz uma pose bonita!
b) Quer tirar um retrato?
c) Sua barriga está aparecendo!
d) Olha o passarinho!
e) Cuidado com o *flash*!

3 (UFU-MG)

Era o rapaz, que se aproximava de nós pela primeira vez desde a hora em que havíamos chegado com passos largos e decididos. Quando parecia prestes a dizer alguma coisa, deu meia-volta e andou até a extremidade oposta da sala. Em seguida voltou, as mãos enterradas nos bolsos das calças, os polegares de fora se contorcendo nervosos. A certa altura, demonstrou reconhecimento da minha presença com um gesto brusco e circunflexo de sobrancelhas, acompanhado de um aceno quase imperceptível. [...] O olhar dele, seu jeito de andar, as mãos nos bolsos, os cotovelos jogados para a frente, tudo indicava uma atitude de arrogância adolescente, talvez até infantil – menos arrogância que pirraça. Fosse como fosse, meu constrangimento aumentou ainda mais; novamente mudei de posição na poltrona. Nunca me sentira tão estrangeiro assim, tão fora de meu lugar natural [...].

BRITTO, Paulo Henriques. Coisa de família. In: *Paraísos artificiais*.

Considere o trecho acima e assinale a alternativa correta.

a) A descrição realista-naturalista do rapaz corresponde ao protótipo do adolescente, desconfortável com as dimensões de seu próprio corpo, tentando impressionar o outro com agressividade. Tal atitude intimida o narrador, que, sentindo-se acuado como um animal, procura evadir-se do local o mais rápido possível.
b) A descrição do rapaz é realizada a partir da perspectiva do narrador e das impressões que o rapaz lhe causa. A literatura, então, diferentemente da ciência natural, observa o homem com um olhar mais subjetivo, abrindo espaço para intuições e impressionismos, desencorajados pela pretensa objetividade do discurso científico.
c) A descrição da falha na comunicação oral entre os personagens leva o narrador a utilizar-se da linguagem corporal para metaforizar a impossibilidade da relação familiar. Assim, o discurso das ciências naturais, como a Biologia, confirma, na literatura, a tese de que a linguagem falada é insuficiente na sociedade atual.
d) A descrição das mãos do personagem, com os polegares de fora se contorcendo nervosamente, indica claramente a loucura do rapaz que será desenvolvida no conto. Assim, o narrador pretende fazer uma análise do biotipo do rapaz para confirmar sua tese de que o desequilíbrio daquela família deve-se a um fator patológico.

PROJETO MÚLTIPLO

Revisão

Literatura

Ensino Médio

José De Nicola

Licenciado em Letras, com especialização em ensino de língua e literatura, foi professor de cursinhos e de escolas particulares, lecionando para turmas de Ensino Médio.

Autor de várias obras dedicadas ao ensino de língua, literatura e produção de textos para Ensino Médio, entre as quais se destacam:

Práticas de linguagem – leitura & produção de textos;

Gramática – palavra, frase, texto;

Literatura brasileira – das origens aos nossos dias;

Painel da literatura em língua portuguesa.

editora scipione

editora scipione

Diretoria editorial: Lidiane Vivaldini Olo
Editoria de Língua Portuguesa: Renato Luiz Tresolavy
Editoras: Juliana Lima Gonçalves, Valéria Franco Jacintho; Francisca Tarsiana Morais da Silva (estag.)
Supervisor de arte e produção: Sérgio Yutaka
Editor de arte: Claudio Faustino
Diagramação: Arte Ação
Supervisor de arte e criação: Didier Moraes
Coordenadora de arte e criação: Andréa Dellamagna
Design gráfico: UC Produção Editorial, Andréa Dellamagna (miolo e capa)
Gerente de revisão: Hélia de Jesus Gonsaga
Equipe de revisão: Rosângela Muricy (coord.); Ana Paula Chabaribery Malfa, Gloria Cunha, Luís Maurício Boa Nova e Vanessa de Paula Santos; Flávia Venézio dos Santos (estag.)
Supervisor de iconografia: Sílvio Kligin
Pesquisa iconográfica: Claudia Bertolazzi, Elena Ribeiro; Claudia Balista (assist.)
Tratamento de imagem: Cesar Wolf e Fernanda Crevin
Fotos da capa: Hans Staden/Coleção José Mindlin, São Paulo, SP, Candido Portinari/Reprodução autorizada por João Candido Portinari/Imagem do acervo do Projeto Portinari e Aldemir Martins/Arquivo da editora
Grafismos: Shutterstock/Glow Images
(utilizados na capa e aberturas de capítulos e seções)

Av. das Nações Unidas, 7221, 3º andar, setor D
Pinheiros – São Paulo – SP
CEP 05425-902
Tel.: 4003-3061
www.scipione.com.br/atendimento@scipione.com.br

Dados Internacionais de Catalogação na Publicação (CIP)
(Câmara Brasileira do Livro, SP, Brasil)

De Nicola, José
Projeto Múltiplo : Literatura, volume único : partes 1, 2 e 3 / José De Nicola. – 1. ed. – São Paulo : Scipione, 2014.
1. Literatura (Ensino médio) 2. Português (Ensino médio) I. Título.
14-04504 CDD-869.07

Índice para catálogo sistemático:
Literatura : Português : Ensino médio 869.07

2023
ISBN 978 85 262 9346-5 (AL)
ISBN 978 85 262 9347-2 (PR)
CAE 502790 (AL)
CAE 502765 (PR)
Código da obra CL 738773
1ª edição
10ª impressão

Impressão e acabamento Gráfica Eskenazi

Apresentação

O final de um ciclo escolar se aproxima e, com ele, um momento propício para reforçar a aprendizagem adquirida até aqui. Hora de resgatar o conteúdo e recordar os modelos de exercícios mais comuns nos principais vestibulares do país. Afinal, você chegou à última série do Ensino Médio, e o exame vestibular, cada vez mais próximo, coloca à prova todo o conhecimento abordado nesses três anos.

Este caderno de revisão foi preparado para ajudá-lo a transpor essa etapa com tranquilidade. Nele você encontra resumos dos tópicos tratados no Ensino Médio, além de questões resolvidas, questões propostas e exercícios-tarefa. Enfim, um material completo de revisão a sua disposição.

Aproveite a oportunidade, consolide a aprendizagem e garanta o ingresso nas melhores universidades do país.

Boa revisão!

Sumário geral

Revisão 1

Revisão 2

Revisão 1

1. Todo texto é um hipertexto?

É muito difícil encontrar um texto totalmente inédito, criado do zero. É como se todo texto fosse um hipertexto com *links* explícitos ou implícitos para outros textos. Essas ligações estabelecem um diálogo entre os textos, que é chamado de **intertextualidade**.

A intertextualidade pode se dar entre textos de um mesmo gênero textual, textos de diferentes gêneros de uma mesma linguagem (um romance e uma poesia, por exemplo) e entre textos de diferentes linguagens (um romance e um filme, por exemplo).

2. As relações intertextuais mais comuns

Intertextualidade estrutural

Consiste no emprego de modelos preexistentes de estrutura para a produção de textos. Por exemplo:

- receita – enumeração de ingredientes + preparação;
- carta pessoal – local e data + saudação + corpo da carta + despedida + assinatura + P.S.;
- história em quadrinhos – sequência de quadrinhos com as falas dos personagens em balões.

Intertextualidade temática

Consiste na abordagem de um mesmo assunto. Por exemplo:

- duas telas que retratem uma paisagem marinha; uma tela que retrate uma paisagem marinha e um texto que descreva uma paisagem marinha;
- um filme e a crítica feita a esse filme;
- uma propaganda de prevenção contra o mosquito da dengue e um artigo de uma revista especializada sobre o mosquito da dengue.

Intertextualidade referencial

Consiste na citação de outros textos ou na alusão feita a eles. Por exemplo:

- depoimento de um cientista num artigo sobre descobertas em sua área de pesquisa;
- enquadramento do assunto tratado em um texto fazendo alusão a outro texto: "trata-se de um sintoma freudiano";
- denominação "Complexo de Édipo", proposta por Freud, para a inclinação erótica de um filho pela mãe, numa referência ao mito grego de Édipo Rei.

A intertextualidade como reiteração ou subversão

A intertextualidade, assim como outros elementos que constituem um texto, deve ser analisada a partir da intenção comunicativa do produtor do texto: quando se constrói uma ponte entre dois textos, desloca-se significação de um contexto para outro e acrescenta-se algo, seja para reiterar, reafirmar, negar, subverter uma ideia, um conceito ou uma posição ideológica.

Exercício comentado

1. (UFRN) Observe a capa de um livro reproduzida abaixo:

UFRN/2012

O título desse livro ilustra um caso de intertextualidade estabelecida por meio de

a) um plágio explícito.
b) uma transcrição literal.
c) uma paráfrase direta.
d) um procedimento paródico.

Comentário do vestibular:

As opções **a**, **b** e **c** são incorretas, pois sugerem imitação de obra intelectual ou artística alheia como sendo de própria autoria, transcrição integral ou adaptação de sentido do título do livro de Pedro Vieira. Trata-se de uma paródia que estabelece intertextualidade com *Memórias Póstumas de Brás Cubas* de Machado de Assis, como se afirma em **d**.

Resposta: alternativa **d**.

Exercícios propostos

Texto para a próxima questão.

Superman: 75 anos

Não era um pássaro nem um avião. O verdadeiro Superman era um pacato contador passando férias num *resort*[1] ao norte de Nova York.

Joe Shuster, um dos criadores do personagem, junto com Jerry Siegel, descansava na colônia de férias quando encontrou Stanley Weiss, jovem de rosto quadrado e porte atlético, que ele julgou ser a encarnação do herói. Lá mesmo, pediu para desenhar o moço que serviria de modelo para os quadrinhos dali em diante. Só neste ano, esses desenhos estão vindo à tona nos E.U.A., como parte das atividades comemorativas dos 75 anos do personagem.

Embora tenha mantido a aparência de rapagão musculoso, Superman não foi o mesmo ao longo dos anos. Nos gibis, oscilou entre mais e menos sarado. Na TV, já foi mais rechonchudo, até reencarnar como o púbere[2] Tom Welling, da série de TV "Smallville".

"Desde pequeno eu sabia que Superman não existia. Mas também sabia que meu pai era o verdadeiro Superman", brincou David Weiss, filho do modelo do herói, em entrevista à *Folha de São Paulo*. Weiss cresceu comparando o rosto do pai ao desenho pendurado na sala de casa. Mas logo Joe Shuster, que foi seu principal desenhista, acabaria cedendo espaço para novos cartunistas, que adaptaram a figura aos fatos correntes.

"Essa mudança é o segredo do Superman. Cada época precisa de um herói só seu, e ele sempre pareceu ser o cara certo", diz Larry Tye, considerado o maior estudioso do personagem. "Nos anos 1930, ele tiraria a América da Grande Depressão. Nos anos 1940, era duro com os nazistas. Nos anos 1950, lutou contra a onda vermelha do comunismo." E foi mudando de cara de acordo com a função.

Invenção dos judeus Jerry Siegel e Joe Shuster, Superman também é visto como um paralelo da história de Moisés, a criança exilada que cresce numa terra estrangeira e depois se apresenta como um salvador. A aparência é um misto do também personagem bíblico Sansão, do deus grego Hércules e de acrobatas de circo. Mas há quem atribua, até hoje, a dualidade do personagem, que se alterna entre o *nerd*[3] indefeso, tímido e de vista fraca (como Joe Shuster) e um super-herói possante, à origem judaica dos seus criadores.

"É o estereótipo judeu do homem fraco, tímido e intelectual que depois se revela um grande herói", diz Harry Brod, autor do *e-book Superman Is Jewish?* (Superman é judeu?), lançado nos E.U.A. em novembro passado. "Ele é a versão moderna de Moisés: um bebê de Krypton enviado à Terra, que desenvolve superpoderes para salvar o seu povo."

Segundo Brod, a analogia é tão nítida que os nazistas chegaram a discutir a suposta relação em revistas de circulação interna do regime. Mas, para ele, Hollywood e o tempo suavizaram o paralelo, transformando Superman numa releitura de Jesus Cristo. "Sua figura foi se tornando mais cristã com o tempo", diz Brod. "Não importa a religião. A ideia de um fracote que se torna um herói não deixa de ser uma fantasia universal."

Silas Martí. Adaptado de <folha.uol.com.br>, 03/03/2013

[1]*resort* – hotel com área de recreação
[2]púbere – adolescente
[3]*nerd* – pessoa muito estudiosa

1. (Uerj) **Não era um pássaro nem um avião.** (l. 1)
A primeira frase do texto remete às perguntas feitas por personagens que observavam intrigados o voo do Super-homem em suas muitas histórias: **É um pássaro? É um avião? Não! É o Super-homem!**
Essa primeira frase configura um recurso da linguagem conhecido como:
a) ironia
b) designação
c) verossimilhança
d) intertextualidade

2. (UFPE) A poesia lírica é o espaço ideal para a temática do amor, desde a Antiguidade clássica até a atualidade. Mudam-se os tempos, as ideologias, e o amor continua um sentimento indecifrável e paradoxal. Daí ser motivo dos dois poemas que seguem. Leia-os e analise as proposições que a eles se referem.

Sete anos de pastor Jacó servia

Sete anos de pastor Jacó servia
Labão, pai de Raquel, serrana bela;
Mas não servia ao pai, servia a ela,
E a ela só por prêmio pretendia.

Os dias, na esperança de um só dia,
Passava, contentando-se com vê-la;
Porém o pai, usando de cautela,
Em lugar de Raquel lhe dava Lia.

Vendo o triste pastor que com enganos
Lhe fora assim negada a sua pastora,
Como se não a tivera merecida,

Começa de servir outros sete anos,
Dizendo: – Mais servira se não fora
Para tão longo amor tão curta a vida!

(Camões)

Soneto de Fidelidade

De tudo, ao meu amor serei atento
Antes, e com tal zelo, e sempre, e tanto
Que mesmo em face do maior encanto
Dele se encante mais meu pensamento.

Quero vivê-lo em cada vão momento
E em seu louvor hei de espalhar meu canto
E rir meu riso e derramar meu pranto
Ao seu pesar ou seu contentamento.

E assim, quando mais tarde me procure
Quem sabe a morte, angústia de quem vive
Quem sabe a solidão, fim de quem ama

Eu possa me dizer do amor (que tive):
Que não seja imortal, posto que é chama
Mas que seja infinito enquanto dure.

(Vinicius de Moraes)

( ) Nos dois poemas, pertencentes, respectivamente, ao Classicismo e ao Romantismo, o tema do amor é trabalhado numa forma fixa.

( ) São dois sonetos que mantêm relação de intertextualidade, pois o segundo retoma o primeiro em sua forma e em seu conteúdo.

( ) Nos dois poemas, a concepção de amor é diversa, pois o primeiro expressa a finitude desse sentimento, e o segundo, ao contrário, apresenta-o como eterno.

( ) No último verso de seu poema, Camões usa uma antítese para dar conta da idealização do amor. Vinicius de Moraes, nos dois últimos versos do segundo quarteto, recorre também a oposições, que expressam o desejo de viver o sentimento amoroso em todos os momentos.

( ) Enquanto o segundo soneto apresenta uma concepção do amor mais fiel à vivência dos afetos no século XX, o primeiro traz uma visão platônica idealizada do sentimento amoroso, própria do Classicismo do século XVI.

Texto para a próxima questão.

Clonagem

Parabenizo o jornalista Marcelo Leite pelo artigo "O conto das células de cordão" (*Mais!*, pag. 18,18/7).

A tecnologia de congelamento de células de cordão é muito bem dominada por alguns serviços médicos no Brasil há vários anos. Logo, seria natural que migrássemos para esse campo. Mas, mesmo sendo factível a sua introdução, ficamos convencidos de que essa seria uma área que só deveria ser implantada por instituições (preferencialmente públicas) responsáveis pelo tratamento de um grande contingente de pacientes, pois só com um cadastro nacional abrangente poderiam ser atendidos aqueles com indicação de transplante de medula óssea que não tivessem doadores relacionados disponíveis.

Infelizmente, foi com muito pesar que vi a proliferação de bancos de cordão voltados ao possível atendimento dos próprios doadores do cordão (crianças saudáveis e provenientes de famílias com bons recursos financeiros), uma prática totalmente desnecessária com pouca repercussão do ponto de vista da saúde pública.

Foi por esse motivo que nunca nos aventuramos nessa área.

Silvano Wendel, diretor médico do banco de sangue do Hospital Sírio-Libanês (São Paulo-SP)

Folha de S.Paulo, São Paulo, 23 jul. 2004, p. A3, Painel do Leitor.

3. (UFG-GO) O título do artigo de Marcelo Leite "O conto das células de cordão" resume a tese de que a prática de doação de cordão umbilical não tem favorecido aqueles que realmente necessitam de transplante de medula. O sentido construído no título é alcançado pelo recurso de:

a) inversão, construída pelo emprego das palavras "células" e "conto".
b) oposição, provocada pelo uso da palavra "cordão" que tem duplo sentido.
c) paródia, construída pela explicação do que vêm a ser as células de cordão.
d) intertextualidade, marcada pelo uso de termos que recuperam elementos dos contos de fadas.
e) contradição, provocada pelo uso dos termos "cordão" e "células" que remetem a domínios diferentes.

4. (UnB-DF)

UnB/2000

O texto poético pode servir de base ao texto publicitário; porém, às vezes, é este que fundamenta aquele. Relacionando essa observação ao texto anterior, julgue os itens que se seguem.

( ) O texto é uma paródia da embalagem original de um produto.

( ) O modo como foi desenhada a letra inicial "Clichetes" permite a leitura musical, financeira e política da mensagem.

( ) No texto, "MASCARAR" está para MASCAR, assim como "MENTAL" está para MENTA.

( ) Esse é um texto característico da literatura que se propagou no Brasil a partir de 1922 como uma espécie de crítica ao imperialismo norte-americano.

5. (UFRJ)

Escapulário

Oswald de Andrade

No Pão de Açúcar
De Cada Dia
Dai-nos Senhor
A Poesia
De Cada Dia

(In: "Poesias reunidas". 5ª ed. Rio de Janeiro: Civilização Brasileira, 1971, p. 75)

escapulário: objeto de devoção formado por dois quadrados de pano bento, com orações ou uma relíquia, que os devotos trazem ao pescoço.

A crítica literária considera que a poesia de Oswald de Andrade apresenta duas vertentes: uma 'destrutiva' e uma 'construtiva'. Explique de que modo esses dois traços aparecem na intertextualidade realizada por Oswald no poema.

6. (UEPG-PR)

E com vocês a modernidade

Meu verso é profundamente romântico.
Choram cavaquinhos luares se desenterram e vai por aí a longa sombra de rumores e ciganos.
Ai que saudade que tenho dos meus negros verdes anos!

(Cacaso)

Meus oito anos

Oh! Que saudades que tenho
Da aurora da minha vida,
Da minha infância querida
Que os anos não trazem mais!

(Casimiro de Abreu)

Em relação aos poemas de Cacaso e Casimiro de Abreu, assinale o que for correto.

01) O poema de Cacaso retoma o romantismo – mais especialmente desenvolvido por Casimiro de Abreu; a paródia denota um tom meio cruel ao referenciar os "negros verdes anos", ou seja, os anos 70.

02) Os dois poemas pertencem à estética romântica, cuja característica principal é a busca pela perfeição formal.

04) Os poetas pertencem, respectivamente, aos movimentos literários modernista e simbolista.

08) A evasão no tempo marca os poemas; em Cacaso como forma de crítica e em Casimiro de Abreu corresponde à nostalgia do passado.

7. (UFPE)

"Esse incessante morrer que nos teus versos encontro
é tua vida, poeta, e por ele te comunicas
com o mundo em que te esvais. (...)
Não é o canto da andorinha,
debruçada nos telhados da Lapa,
Anunciando que tua vida passou à toa, à toa.
Não é o médico mandando exclusivamente
tocar um tango argentino,
Diante da escavação no pulmão esquerdo
e do pulmão direito infiltrado.
Não são os carvoeirinhos raquíticos
voltando encarapitados nos burros velhos.
Não são os mortos do Recife
dormindo profundamente na noite. (...)
Que o poeta Manuel Bandeira escute este apelo
de um homem humilde."

(Carlos Drummond de Andrade, "Ode no cinquentenário do poeta brasileiro")

A partir da leitura do texto analise as proposições a seguir:

1) Drummond homenageia Bandeira com um exercício de intertextualidade, abordando o universo do poeta pernambucano com suas próprias palavras. Essa homenagem não gerou imitação. Bandeira está na vertente mais clássica do modernismo; já Drummond assimilou as conquistas de vanguarda.

2) Drummond alude à frequente tematização da morte nos poemas confessionais de Bandeira, ao clima de melancolia e desejo insatisfeito que percorre a obra deste.

3) A intertextualidade é explorada, utilizando os versos de "Andorinha", de "Pneumotórax", de "Profundamente", de "Vou-me embora pra Pasárgada" (de *Libertinagem*) e dos "Meninos carvoeiros" e de "Cotovia" (de *Ritmo Dissoluto*).

4) O poema adota a paródia e o lirismo exacerbado, dentro dos preceitos da estética modernista.

Está(ão) correta(s):

a) 1, 3 e 4 apenas
b) 1 apenas
c) 2 apenas
d) 1 e 2 apenas
e) 2, 3 e 4 apenas

Módulo 2 • A arte e suas linguagens: interações entre o artista e o apreciador de arte

1. Arte e sociedade

A obra de arte é um produto social e, como tal, é produzida em determinado momento e lugar, ou seja, em determinada sociedade; por isso, expressa uma forma de ler essa sociedade, posiciona-se em relação a ela, reafirmando ou contestando seus valores. Isso resulta num jogo em que tanto a obra de arte como a sociedade são motores que acionam transformações: a sociedade muda e gera uma obra de arte com diferente leitura dessa sociedade; a obra de arte, ao reafirmar ou questionar valores, provoca mudanças na sociedade.

Ao falarmos em arte e sociedade, não podemos deixar de lado dois atores fundamentais: o artista e o apreciador da obra de arte. O artista deve ser visto como um ser talentoso, com uma sensibilidade muito apurada que o leva a perceber o mundo à sua volta de uma maneira especial, com absoluto domínio de determinada linguagem, e, ao mesmo tempo, como um cidadão, um trabalhador, com todos os compromissos sociais de alguém que vive em uma sociedade organizada, com inúmeros direitos e deveres.

É preciso salientar o papel do apreciador, que deve fazer uma leitura interativa da obra. Ou seja, ele também deve estabelecer uma relação de dependência mútua e ininterrupta com a obra de arte, lembrando sempre que ela é a materialização de uma ideia e se expressa por uma linguagem, o que nos permite afirmar que ela "significa", ou seja, fala, comunica, pode e deve ser lida pelo outro. Assim, o sentido de uma obra é construído pelo artista, que a produz, e pelo apreciador da arte, que a lê, analisa, interpreta.

2. Estética e belas-artes

Conceitos fundamentais:

- **estética**: conceito criado pelo filósofo alemão Alexander Baumgarten, na metade do século XVIII, a partir do grego *aisthetikos* ("o que pode ser percebido pelos sentidos"). Na filosofia, a reflexão sobre o belo e a criação artística; no uso informal, o que diz respeito à beleza física, plástica.
- **belas-artes**: expressão criada em oposição às artes utilitárias ou decorativas. O filósofo francês D'Alembert, um dos responsáveis pela *Enciclopédia iluminista*, no século XVIII, relacionou as cinco manifestações artísticas que formavam as belas-artes: pintura, escultura, arquitetura, poesia e música. A partir do século XIX, o termo *poesia* passou a ser substituído por literatura. No século XX, duas outras manifestações foram incorporadas: dança e cinema.

3. As belas-artes e seus materiais

As belas-artes têm em comum o fato de exprimirem a leitura de mundo que o artista faz, mas têm como característica particular as diferentes **linguagens** que utilizam. Assim, o artista literário se exprime pela palavra oral ou escrita; o pintor, pelas cores e formas; o escultor, pelas formas obtidas pela exploração das dimensões comprimento, largura e altura; o músico, pelo som e ritmo; o dançarino, pelos movimentos corporais; o cineasta, pela imagem em movimento.

4. A arte como representação

Na linguagem visual, o signo é a imagem. Assim como acontece com a linguagem verbal, há inúmeras maneiras de organizar os signos visuais, decorrentes da relação que o ser humano estabelece entre a realidade e sua representação. Os artistas procuram fazer com que o apreciador reaja diante dessa representação e levante questionamentos sobre o que é de fato real, o que é fantasia e, indo mais além, sobre a própria ordenação do real.

5. O artista recriando a realidade

É da própria essência da arte possibilitar ao artista a recriação da realidade. O artista transforma-se, assim, em criador de mundos, de sonhos, de ilusões, de verdades. Pode-se dizer, então, que o artista tem um poder mágico em suas mãos: o de moldar a realidade segundo suas convicções, seus ideais, sua vivência.

Exercício comentado

Texto para a próxima questão.

UERJ/2012

A perspicácia, de René Magritte (1936).

1. (Uerj) Pode-se definir "metalinguagem" como a linguagem que comenta a própria linguagem, fenômeno presente na literatura e nas artes em geral.
O quadro *A perspicácia*, do belga René Magritte, é um exemplo de metalinguagem porque:
a) destaca a qualidade do traço artístico
b) mostra o pintor no momento da criação
c) implica a valorização da arte tradicional
d) indica a necessidade de inspiração concreta

Comentário do vestibular:

Metalinguagem é a propriedade que têm as diversas linguagens de se debruçarem sobre si mesmas. Ao representar o pintor pintando a si próprio, o quadro "A perspicácia", de René Magritte, é exemplo de discurso metalinguístico.

Resposta: alternativa **b**.

Exercícios propostos

1. (UEG-GO) Leia o trecho e analise a imagem.

Foi aí que o tiro estrondou, pegou de lado, varou o coração e saiu a bala pela teta direita, diz adiante o corpo de delito da mesma publicação. O Sargento-mor tonteou, quis caminhar pra frente, abriu os braços, fraquejou as pernas e tombou de lado numa golfada de sangue.

CORALINA, Cora. Correio oficial de Goiás. In: *Estórias da casa velha da ponte*. 13. ed. São Paulo: Global, 2006. p. 75.

UEG/2013

GOYA, Francisco José y Lucientes. Os fuzilamentos de 3 de maio de 1808, 1814-1815. In: PROENÇA, Graça. *História da Arte*. São Paulo: Ática, 2010. p. 176

Considerando-se o enredo de "Correio oficial de Goiás", breve narrativa da qual o trecho foi extraído, e o quadro de Goya, que representa o fuzilamento de cidadãos espanhóis contrários à ocupação de seu país pelas tropas napoleônicas, verifica-se que,
a) tanto no quadro quanto no texto, o tema da violência surge associado a questões amorosas e passionais.
b) tanto no quadro quanto no texto, representam-se personagens que foram assassinadas por não se enquadrarem em uma sociedade escravocrata e desigual.
c) na narrativa, o assassino é parente do morto, ao passo que, na pintura, não há relações de parentesco entre vítimas e assassinos.
d) na narrativa, o assassino paga pelo seu crime com a própria vida, o que não necessariamente ocorre com os soldados representados na pintura.

Texto para a próxima questão.

Preste atenção por favor
na história que vou contar
ela explica o que é cordel
grande manifestação popular.

Paulo Araújo. Internet: <www.bibceuguarapiranga.blogs.com>.

Manifestação popular caracterizada por poesias escritas em folhetos, a literatura de cordel originou-se na Europa em meados do século XII. Em Portugal, escritores amadores usavam cordões para pendurarem e divulgarem suas produções em lugares públicos. Com a vinda dos portugueses ao Brasil, a tradição de contar histórias disseminou-se pela região Nordeste, tornando-se um dos símbolos da cultura e memória nordestina.

No início, como a maioria das pessoas não sabia ler e escrever, as poesias eram apenas decoradas e recitadas em feiras e praças. Mais tarde, passaram a ser impressas em folhetos, cujas capas eram ilustradas em xilogravura, e afirmaram-se como manifestação artística e popular nas décadas 60 e 70 do século passado.

A importância do cordel não se limita à literatura. O cordel se expande como registro histórico da cultura nordestina, reverberando nas manifestações artísticas, tais como teatro, dança, cinema, música e artes visuais.

UnB/2012

Antonio Silvino, xilogravura, 350 x 478. Internet: <www.jeffcelophane.wordpress.com>.

Figura I

Internet: <catracalivre.folha.uol.com.br>.

Figura II

2. (UnB-DF) Tendo como referências iniciais o texto e as figuras acima, julgue os itens a seguir.
   a) A arte de contar histórias é uma das formas mais antigas de transmissão de conhecimento. Nas histórias, estão presentes crenças, fantasias, bem como aspectos éticos, estéticos e morais de uma cultura. O contador de histórias pode desenvolver, para cada performance, formas singulares de narrativa, utilizando objetos, músicas, sons e movimentos, de modo que suas ações se organizem cenicamente.
   b) Forma poética rica em situações dramatúrgicas e linguagem imagética, a literatura de cordel, além de influenciar outras manifestações artísticas, presta-se facilmente a adaptações para teatro, cinema e televisão.

Texto para a próxima questão.

A questão toma por base um poema de Luís Delfino (1834-1910) e a reprodução de um mosaico da Catedral de Monreale.

Jesus Pantocrátor[1]

Há na Itália, em Palermo, ou pouco ao pé, na igreja
De Monreale, feita em mosaico, a divina
Figura de Jesus Pantocrátor: domina
Aquela face austera, aquele olhar troveja.

Não: aquela cabeça é de um Deus, não se inclina.
À árida pupila a doce, a benfazeja
Lágrima falta, e o peito enorme não arqueja
À dor. Fê-lo tremendo a ficção bizantina[2].

Este criou o inferno, e o espetáculo hediondo
Que há nos frescos[3] de Santo Stefano Rotondo[4];
Este do mundo antigo espedaçado assoma...

Este não redimiu; não foi à Cruz: olhai-o:
Tem o anátema[5] à boca, às duas mãos o raio,
E em vez do espinho à fronte as três coroas de Roma.

(Luís Delfino. *Rosas negras*, 1938.)

(1) Pantocrátor: que tudo rege, que governa tudo.

(2) Bizantina: referente ao Império Romano do Oriente (330-1453 d.C.) e às manifestações culturais desse império.

(3) Fresco: o mesmo que *afresco*, pintura mural que resulta da aplicação de cores diluídas em água sobre um revestimento ainda fresco de argamassa, para facilitar a absorção da tinta.

(4) Santo Stefano Rotondo: igreja erigida por volta de 460 d.C., em Roma, em homenagem a Santo Estêvão (*Stefano*, em italiano), mártir do cristianismo.

(5) Anátema: reprovação enérgica, sentença de maldição que expulsa da Igreja, excomunhão.

UNESP/2013

(Catedral de Monreale, Itália.)

3. (Unesp) Neste soneto de Luís Delfino ocorre uma espécie de diálogo entre o texto poético e uma impressionante figura de Jesus Cristo Pantocrátor, com 7 m de altura e largura de 13,30 m, criada por mestres especializados na técnica bizantina do mosaico, na abside da catedral de Monreale, construída entre 1172 e 1189. A figura de Cristo Pantocrátor, feita em mosaicos policromos e dourados, pode ser vista ainda hoje na mesma cidade e igreja mencionadas na primeira estrofe. Colocando-se diante dessa representação de Cristo, o eu lírico do soneto
   a) sustenta que a figura humana ali representada provém de uma religião anticristã, com ligações estreitas com as divindades infernais que martirizavam cristãos.

b) questiona a qualidade plástica e os fundamentos formais de origem bizantina da imagem como destituídos de maior valor estético.

c) utiliza o caráter assustador do mosaico para negar a divindade de Jesus Cristo, servindo-se do poema como um meio de argumentação.

d) entende que a combinação da atitude e dos traços da figura do mosaico mais parecem as de um ídolo pagão oriental do que de um deus cristão venerado pela humanidade.

e) sugere que a figura do mosaico não condiz com a imagem que a tradição cristã legou de um doce e divino homem com feições marcadas pelo martírio e sofrimento na cruz.

Texto para a próxima questão.

As pedras disformes
lembram cousas enormes:
– Os monstros que não couberam na arca de Noé!
E em meio à limpidez de um céu sem manchas
Tremeluz,
Infernalmente luminoso,
Um sol assassino!
Oh! Paisagem nua!
– DOR.

(Ascenso Ferreira. *Catimbó*)

4. (UFF-RJ) Ascenso Ferreira, poeta do modernismo, traduz na sua poesia as razões, a tradição, a paisagem e o viver do povo do nordeste, poesia também expressa a seguir pelos traços marcantes do pintor Cícero Dias.
Identifique a passagem que apresenta um sentimento do sertão diferente da visão crítica predominante no poema de Ascenso Ferreira, de estética modernista.

UFF/2004

Cícero Dias.

a)

Oh! Que saudades
Do luar da minha terra
Lá na serra branquejando
Folhas secas pelo chão!
Este luar cá da cidade
Tão escuro não tem aquela saudade
Do luar lá do sertão.

Catulo da Paixão, "Cearense Luar do Sertão".

b)

Quando olhei a terra ardendo
Qual fogueira de São João,
Eu perguntei a Deus do céu
Porque tamanha judiação.
Que fogueira, que fornalha,
no meu pé de prantação.
Por falta d'água perdi meu gado
morreu de sede meu alazão.

Luiz Gonzaga, "Asa Branca".

c)

(Glória a Deus Senhor nas altura
E viva eu de amargura
Nas terra do meu senhor)
Carcará
Pega, mata e come,
Carcará
Num vai morrer de fome.
Carcará,
Mais coragem do que home,
Carcará
Pega, mata e come.

João do Vale/ José Cândido, "Carcará".

d)

E se somos Severinos
Iguais em tudo na vida,
Morremos de morte igual,
Mesma morte severina:
Que é a morte de que se morre
De velhice antes dos trinta,
De emboscada antes dos vinte,
De fome um pouco por dia

João Cabral de Melo Neto, "Morte e vida severina".

e)

Nordeste, terra de São Sol!
Irmã enchente, vamos dar graças a Nosso Senhor,
que a minha madrasta Seca torrou seus anjinhos
para os comer.
São Tomé passou por aqui?
Passou, sim senhor!
Pajeú! Pajeú!
Vamos lavar Pedra Bonita, meus irmãos,
com o sangue de mil meninos, amém!

Jorge de Lima, "Poemas".

1. A função poética da linguagem

O texto literário se caracteriza pelo especial trabalho com a palavra, pelo evidente predomínio da função poética da linguagem. Esta função ocorre quando a intenção do produtor do texto está voltada para a própria mensagem, quer na sua estrutura, quer na seleção e combinação das palavras. Dessa forma, a construção do texto tem o foco voltado para o trabalho com o aspecto material e concreto da mensagem, com a materialidade linguística do texto.

2. Modernidade e metalinguagem

A reflexão sobre a arte literária e o ofício de escrever sempre foi uma preocupação dos grandes escritores. Entretanto, essa necessidade de pensar o "fazer poético" tornou-se um compromisso dos escritores modernos a partir de reflexões sobre a utilidade da arte e da poesia e sobre o trabalho do artista e sua função social.

Assim, a metalinguagem passou a ser um componente fundamental da modernidade, na medida em que se opõe a conceitos cristalizados no imaginário do leitor, como o de que um poema é fruto exclusivo de uma inspiração momentânea.

Uma especial seleção e combinação de palavras

Ao procurar interpretar textos literários, compete ao leitor compreender o significado exato das palavras e das imagens empregadas pelo escritor. O trabalho de leitura do texto literário demanda pesquisa. É preciso buscar a etimologia de uma palavra que desconhecemos, procurar referências sobre personagens ou fatos mencionados, usar nossa experiência e conhecimento para tentar compreender uma palavra usada em sentido conotativo ou uma figura de palavra.

Ideias, sentimentos e palavras

Literatura não se faz apenas com ideias e sentimentos. Também não se faz com o simples relato de um acontecimento, muito menos ao colocar palavra ao lado de palavra. Sem melodia e conceito as palavras não ganham dimensão poética. Só há canto, só há poesia, quando as palavras estão carregadas de melodia e conceito.

Exercício comentado

1. (UFRGS-RS) Leia o poema *Tabaréu*, de Adélia Prado.

Vira e mexe eu penso é numa toada só.
Fiz curso de filosofia pra escovar o pensamento,
não valeu. O mais universal que eu chego
é a recepção de Nossa Senhora de Fátima
em Santo Antônio do Monte.
Duas mil pessoas com velas louvando a Maria
num oco de escuro, pedindo bom parto,
moço de bom gênio pra casar,
boa hora pra nascer e morrer.
O cheiro do povo espiritado,
isso eu entendo sem desatino.
Porque, mercê de Deus, o poder que eu tenho
é de fazer poesia, quando ela insiste feito
água no fundo da mina, levantando morrinho de areia.
É quando clareia e refresca, abre sol, chove,
conforme necessidades.
Às vezes dá até de escurecer de repente
com trovoada e raio. Não desaponta nunca.
É feito sol.
Feito amor divino.

Considere as seguintes afirmações sobre esse poema.

I. O curso de filosofia tentaria organizar/escovar o pensamento, mas a poeta reconhece que sua capacidade de alcançar o "universal" é limitada: ela é capaz, sim, de entender uma cena de fé coletiva, com suas solicitações práticas e emocionadas.

II. O uso do registro oral e popular ("vira e mexe", "escovar o pensamento", "o mais universal que eu chego") revela a perspectiva despretensiosa e informal da poeta, que contrasta com os versos metrificados do poema, os quais mantêm, em sua maioria, o mesmo número de sílabas.

III. A capacidade de escrever poesia associa-se a fenômenos naturais, como água caindo sobre areia, variação de temperatura, sol e raio, dos quais derivam as dúvidas sobre a existência de Deus enunciadas no poema.

Quais estão corretas?

a) Apenas I.

b) Apenas II.

c) Apenas I e III.

d) Apenas II e III.

e) I, II e III.

Comentário do vestibular:

As proposições II e III são incorretas, pois não existe métrica regular nos versos do poema e o eu lírico não expressa dúvidas quanto à existência de Deus, admitindo até que a sua poesia é fruto de inspiração divina: "Porque, mercê de Deus, o poder que eu tenho /é de fazer poesia, quando ela insiste feito /água no fundo da mina, levantando morrinho de areia". Assim, é correta apenas a alternativa **a**.

Resposta: alternativa **a**.

Exercícios propostos

1. (Ifal)

Oficina irritada

Eu quero compor um soneto duro
como poeta algum ousara escrever.
Eu quero pintar um soneto escuro,
seco, abafado, difícil de ler.

Quero que meu soneto, no futuro,
não desperte em ninguém nenhum
prazer.

E que, no seu maligno ar imaturo,
ao mesmo tempo saiba ser, não ser.

Esse meu verbo antipático e impuro
há de pungir, há de fazer sofrer,
tendão de Vênus sob o pedicuro.

Ninguém o lembrará: tiro no muro,
cão mijando no caos, enquanto Arcturo,
claro enigma, se deixa surpreender.

ANDRADE, Carlos Drummond de. *Antologia poética*. 39. ed. Rio de Janeiro: Record, 1998. p. 188.

Com base na leitura do poema de Carlos Drummond e nos seus conhecimentos acerca das funções da linguagem, assinale a alternativa correta.

a) Estão presentes as funções poética e metalinguística da linguagem, uma vez que o texto chama a atenção para o arranjo singular da mensagem e discute o código.

b) Estão presentes as funções fática e poética da linguagem, pois, no texto, há o teste do canal e um arranjo singular da mensagem.

c) Está presente apenas a função poética, já que o texto, sendo um poema, não permite a presença de outra função da linguagem.

d) Estão presentes as funções referencial e poética, porque, no texto, a atenção recai tanto sobre o referente quanto sobre a mensagem.

e) Estão presentes as funções poética e conativa, já que há uma centralidade, ao mesmo tempo, na mensagem e no receptor.

Texto para a próxima questão.

A escrita como texto da cultura

Num primeiro momento é possível definir a escrita como manifestação gráfica de linguagem, particularmente da língua natural, que ocupa uma posição central dentre os sistemas na cultura. Graças à escrita é que se consagrou, no ocidente, a cultura letrada e o homem leitor. Ela não apenas permite aos homens se comunicarem uns com os outros, ou pelo menos possuir essa possibilidade de comunicação, mas também registra dados, pensamentos e ideias, dando forma a tudo o que era efêmero e intangível antes de ser fixado no papel. [...]

A escrita também é, como todos os outros textos da cultura, dotada de organização enquanto sistema e enquanto processo gerativo de linguagens. A multiplicidade de linguagens dentro do sistema é sua fonte de riqueza e renovação, fazendo com que textos escritos em uma mesma língua possam ser tão diversos e diferentes quanto uma pauta jornalística é de um poema. [...]

Mas é importante compreender que não escrevemos apenas com palavras. Escrevemos com gestos, com cores e com sons. Assim, a escrita, como texto da cultura, compreende não apenas a manifestação gráfica da língua natural, mas [também] os sentidos e as linguagens desenvolvidos por diferentes códigos. Como texto da cultura, a escrita é uma região de contato entre esses diferentes códigos, ao mesmo tempo em que está em constante interação com outros sistemas, textos e linguagens. Nesse contato, a escrita se caracteriza como uma fronteira não apenas por sua dinâmica no espaço cultural, mas também pela própria pluralidade de significados que ela abriga.

Certamente, a maior tecnologia que o homem cria a partir de sua própria fala é a escrita. Mas esta é uma questão polêmica. Para o filósofo inglês John Wilkins, a escrita pode ser posterior à fala com relação ao tempo, mas não com relação à sua natureza. Isso porque a escrita é um registro visual que provoca a leitura. Ora, o homem aprendeu a ler bem antes de aprender a escrever e até mesmo a falar. Basta lembrar que as primeiras formas visuais que os homens "leram" foram os rastros dos animais. O homem aprendeu a ler as constelações, os veios das pedras e das madeiras. Há uma lenda antiga que conta que os gregos costumavam rabiscar avisos nas pedras após o plantio, pedindo aos ratos do campo que não se aproximassem do terreno.

Contar a história da escrita é como contar a história das pessoas e de suas famílias: todas começam do mesmo jeito. E como começa a história da escrita? Começa com as inscrições em cavernas de povos muito antigos. Começa com os sumérios, os fenícios, os egípcios. Começa com as lendas, os pictogramas, os ideogramas. Começa com a transformação do som em palavra. Ou seja, a história da escrita é uma narrativa cheia de enigmas e de transformações. Confunde-se, muitas vezes, com episódios e fenômenos mágicos, sobretudo quando se pensa que o grande personagem dessa história é a palavra. Como a palavra, antes de ser escrita, existiu enquanto som, na fala, a transformação do som em palavra faz parte da história da escrita, que só se inicia de fato quando os sons da fala são expressos graficamente. [...]

Conhecer a história da escrita é andar por caminhos que se bifurcam, onde se cruzam e se misturam muitas línguas e muitas linguagens.

Semiosphera. USP. São Paulo. Disponível em <http://www.usp.br/semiosphera/escrita_como_texto_da cultura.html>. Acesso em 2 set. 2010. Adaptado.

2. (UPE) O entendimento dos sentidos e das intenções que perpassam o texto, em sua globalidade, nos autoriza a fazer os seguintes comentários:

I. Uma ideia que se destaca no texto concerne à natureza da escrita que, como sistema, possibilita não apenas a manifestação gráfica da palavra falada mas também a geração de diferentes recursos mobilizados por outros códigos e linguagens.

II. Conforme o que se expõe no segundo parágrafo, a escrita, por ser um sistema estruturado e organizado internamente, resiste, com sucesso, às renovações culturais, desde a expressão das linguagens jornalísticas às produções da literatura.

III. O texto ressalta a vinculação entre a escrita e a leitura, embora considere a leitura numa dimensão bem ampla: ler como interpretar. Daí a referência à leitura dos 'rastros dos animais', das 'constelações', dos 'veios das pedras e das madeiras'.

IV. A história da escrita, cujo início, por vezes se confunde com o repertório de lendas, episódios e fenômenos mágicos de povos muito antigos, constitui uma narrativa cheia de enigmas e de transformações.

V. Os sons da fala, historicamente, constituíram o ponto de partida da escrita. No entanto, a multiplicidade de funções próprias da fala não ocorre nas atividades de escrita. A escrita é homogênea e unívoca em seus significados culturais.

A afirmativa é verdadeira apenas nos itens:

a) I, II e V.
b) I, III e IV.
c) II, III e IV.
d) III, IV e V.
e) I, IV e V.

Texto para a próxima questão.

Desencontrários

Mandei a palavra rimar,
ela não me obedeceu.
Falou em mar, em céu, em rosa,
em grego, em silêncio, em prosa.
Parecia fora de si,
a sílaba silenciosa.

Mandei a frase sonhar,
e ela se foi num labirinto.
Fazer poesia, eu sinto, apenas isso.
Dar ordens a um exército,
para conquistar um império extinto.

PAULO LEMINSKI. GÓES, F. e MARINS, A. (orgs.). *Melhores poemas de Paulo Leminski*. São Paulo: Global, 2001.

3. (Uerj)

Mandei a palavra rimar,
ela não me obedeceu.
Falou em mar, em céu, em rosa,
em grego, em silêncio, em prosa. (v. 1-4)

No fragmento acima, o emprego da palavra "prosa" possibilita duas interpretações distintas do verso sublinhado: uma que reafirma o que ele expressa e outra que se opõe a ele.
Apresente essas duas possibilidades de interpretação.

4. (PUC-SP) Um dos temas de Alberto Caeiro é refletir sobre o ato de escrever. O poeta, ao referir-se à produção de seus versos, sugere que há uma premência em mostrá-los como algo que não pode ser ocultado, semelhantemente ao que ocorre com elementos da natureza. Confirma inteiramente essa relação de semelhança o trecho

a)

"Isto sinto e isto escrevo
Perfeitamente sabedor e sem que não veja
Que são cinco horas do amanhecer
E que o sol, que ainda não mostrou a cabeça
Por cima do muro do horizonte,
Ainda assim já se lhe veem as pontas dos dedos
Agarrando o cimo do muro
Do horizonte cheio de montes baixos."

b)

"E não estou alegre nem triste.
Esse é o destino dos versos.
Escrevi-os e devo mostrá-los a todos
Porque não posso fazer o contrário
Como a flor não pode esconder a cor,
Nem o rio esconder que corre,
Nem a árvore esconder que dá fruto."

c)

"Procuro dizer o que sinto
Sem pensar em que o sinto.
Procuro encostar as palavras à ideia
E não precisar dum corredor
Do pensamento para as palavras."

d)

"E assim escrevo, querendo sentir a Natureza,
nem sequer como um homem,
Mas como quem sente a Natureza, e mais nada."

e)

"Sim, escrevo versos, e a pedra não escreve versos.
Sim, faço ideias sobre o mundo, e a planta nenhumas.
Mas é que as pedras não são poetas, são pedras;
E as plantas são plantas só, e não pensadores."

5. (UFF-RJ)

Gosto muito de uma ideia feroz de João Cabral de Melo Neto: "Escrever é estar no extremo de si." Nessa última fronteira, em que o EU se desvanece, o escritor pisa a parte mais inóspita de si mesmo – aquela em que se transforma em outro. Literatura não é confissão, é invenção. Para refletir sobre isso, nada melhor do que reler hoje "Um experimento na crítica literária", do irlandês C. S. Lewis (1898-1963). Um livro em que a Literatura se afirma como enigma e aventura. E no qual o leitor, não mais reduzido à figura de um hermeneuta, ou, ao contrário, de um diletante, se torna, ele também, um inventor.

O livro não é a ilustração de um saber consagrado; tampouco é um aferidor de verdades.

Ao inaugurar um mundo inteiramente novo, a Literatura é uma invenção que, em vez de explicar e dissecar a realidade, a potencializa e amplia.

José Castello. *O menino de Lewis*. O Globo. Adaptação.

Vocabulário:
hermeneuta – intérprete
diletante – amante das artes e da Literatura

No texto, José Castello afirma também que a Literatura é uma invenção.
Assinale a opção em que o fragmento de texto se assemelha ao sentido construído na seguinte passagem do texto: "Um livro em que a Literatura se afirma como enigma e aventura. E no qual o leitor, não mais reduzido à figura de um hermeneuta, ou, ao contrário, de um diletante, se torna, ele também, um inventor." (l. 8-12)

a) "O melhor meio de saber o que querem os poetas de amanhã é ainda conhecer o que eles exprobam à poesia de ontem. Ora, o reproche geral que ao Simbolismo fazem e que os resume todos em uma palavra é o de ele ter desprezado a Vida. Nós sonhamos; eles querem viver e dizer que viveram, diretamente, simplesmente, intimamente, liricamente." (José Veríssimo, *Que é literatura?*)
b) "Estou escrevendo porque não sei o que fazer de mim. Quer dizer: não sei o que fazer com meu espírito.

   O corpo informa muito. Mas eu desconheço as leis do espírito: ele vagueia." (Clarice Lispector, *Um sopro de vida*)
c) "Tenho muita pena de não saber escrever histórias para crianças. Mas ao menos ficaram sabendo como a história seria, e poderão contá-la doutra maneira, com palavras mais simples do que as minhas, e talvez mais tarde venham a saber escrever histórias para as crianças... Quem sabe se um dia virei a ler outra vez esta história, escrita por ti que me lês, mas muito mais bonita?..." (José Saramago, *A maior flor do mundo*)
d) "Escrever arte moderna não significa jamais para mim representar a vida atual no que tem de exterior: automóveis, cinema, asfalto. Se estas palavras frequentam meu livro não é porque pense com elas escrever moderno, mas porque sendo meu livro moderno, elas têm nele sua razão de ser." (Mário de Andrade, *Prefácio interessantíssimo*)
e) "Meu erro foi acreditar que a vida poderia fornecer material para a minha Literatura. Viver escrevendo. Não escrevi o que devia – este foi o meu erro.

   Escrever é renunciar – eu não sei renunciar. Gide disse que o diabo desta vida é que entre cem caminhos, temos de escolher apenas um e viver com a nostalgia dos outros noventa e nove. Pois bem: a Literatura é como se você tivesse de renunciar a todos os cem..." (Fernando Sabino, *O encontro marcado*)

6. (PUC-RJ)

BH, junho de 1925.
Mário dear,
Conversei ontem à tardinha com o nosso querido Carlos. Me disse que dias atrás tinha recebido mais uma carta sua. Percebi no olhar por detrás dos óculos que ele ainda não conseguia esconder as emoções mais secretas. Você bem sabe como o nosso amigo cultiva as graças do segredo, que, aliás, só são insti-

gantes se o interlocutor nos sugere (escancaradamente) que está escondendo algo (intimamente). Carlos me jogou na cara o conteúdo da carta que tinha recebido de São Paulo e logo em seguida o abafou com tampa de caçarola.

(...)

Carlos tem uma visão da linguagem dada pelo lado de fora do corpo. Se você lhe dissesse: "Conhece-te a ti mesmo", ele te responderia: "Não é mais útil conhecer a minha vizinha de mesa? Se puxasse conversa com ela, iria me cutucar de volta com um beijo e dizer que eu penso, logo existo." Carlos é um parnasiano enrustido. Para ele a palavra é semelhante a um objeto querido, mais a gente acaricia a palavra, mais ela se torna nossa, mais é posse de quem a ama. Carlos se cola à pele da palavra pelo sentimento nobre que a reveste, sentimento que ele detecta 'vis-à-vis' de algo que não faz intimamente parte dele. Sem dúvida esse amor pela pele e a carne da palavra – pele e carne da linguagem fonética – é o que salva Carlos neste momento em que ele acredita que pode sair por aí "construindo" com a poesia um mundo novo, como se palavra fosse tijolo, folha de papel em branco, argamassa, e poeta, pedro-pedreiro.

Antes de tudo, seria importante que você, Mário, o mandasse jogar as palavras pra dentro dele como se joga sujeira na lata de lixo. Não pode imaginar a revolução que você estaria armando! Aí ele veria que as palavras, à semelhança dos nossos sentimentos e emoções, são sujas, tão pegajosas, visguentas e até mesmo nauseabundas, quanto lesmas.

A palavra é semelhante em tudo por tudo a um órgão vivo que pulsa governado ou desgovernado pelos mandos ou desmandos do sangue, a filtrar saúde ou doença, indiscriminadamente.

Nem de longe Carlos suspeita que as palavras, como qualquer corpo, apresentam boa ou má saúde. Como bom estudante de farmácia, no momento que o souber, aprenderá a se automedicar com sabença e prazer. Ou seja: saberá como aniquilar os próprios sentimentos e emoções com a ajuda das palavras.

SANTIAGO, Silviano.
"Conversei ontem à tardinha com o nosso querido Carlos"
In: *Histórias mal contadas*. Rio de Janeiro: Rocco, 2005, p. 162-163.

a) No conto de Silviano Santiago, um dos mais representativos escritores da literatura brasileira contemporânea, o narrador escreve uma carta fictícia a Mário de Andrade sobre a maneira como o então jovem poeta Carlos Drummond de Andrade pensava a linguagem e a criação poética. Considerando que os dois autores citados são referências do nosso modernismo, analise, no contexto da carta, a afirmação "Carlos é um parnasiano enrustido" (ref. 1, a partir de uma comparação entre a poética parnasiana e a modernista.

b) No texto de Silviano Santiago, emprega-se alguns recursos típicos da linguagem informal. Transcreva dois exemplos de recursos diferentes, explicando por que considera informais esses usos.

7. (Udesc) A literatura traz a possibilidade de o artista recriar a realidade, segundo suas convicções, seus ideais, sua vivência. Artistas diferentes, em épocas simultâneas ou distintas, podem tratar de temas semelhantes, mas com estilos, abordagens e perspectivas diferenciadas.
Os fragmentos abaixo, de Alfredo Bosi, falam de dois momentos literários importantes no Brasil. Leia-os e complete os espaços.

I. Embora as atitudes ideológicas e críticas que se rastreiam durante as quatro décadas do __________, de __________, tenham como fator comum a ênfase dada à autonomia do país, a um nacionalismo crônico e às vezes agudo, ilustrado no mito da **terra-mãe, orgulhosa do passado e dos filhos**, sabe-se que, por trás da fachada uniforme desse amor à pátria, houve outras expressões permeando esse período.

II. Mais tarde, os homens de 1922, __________, __________, __________, entre outros, e os que os seguiram, seja no tempo ou no espírito, viveram com maior ou menor dramaticidade uma consciência dividida entre a sedução da "cultura ocidental" e as exigências do povo brasileiro, múltiplo nas raízes históricas, mas que não desejava agora idealizar a realidade, e sim **denunciar os desequilíbrios dessa realidade**.

Adap. BOSI, Alfredo. *História concisa da literatura brasileira*. 3ª ed. São Paulo: Cultrix, 1987, p. 171-344.

Assinale a alternativa que completa **corretamente** os espaços nos relatos.

a) I. Romantismo – Gonçalves de Magalhães a Sousândrade
   II. Mário de Andrade, Oswald de Andrade, Manuel Bandeira
b) I. Realismo – Machado de Assis a José de Alencar
   II. Cruz e Souza, Oswald de Andrade, Manuel Bandeira
c) I. Naturalismo – Manuel Antônio de Almeida a Aluízio Azevedo
   II. Mário de Andrade, Menotti Del Pichia, Milton Hatoum
d) I. Modernismo — Graça Aranha a Dias Gomes
   II. Manuel Bandeira, Carlos Drummond de Andrade, Sousândrade
e) I. Parnasianismo – Olavo Bilac a Cruz e Souza
   II. Mário de Andrade, Érico Veríssimo, Gregório de Matos

Módulo 4 • Os gêneros literários: a tradição aristotélica

1. O que são gêneros literários?

Desde a Grécia Clássica (cerca de 350 a.C.), diversos estudiosos buscam classificar as obras literárias em gêneros. Sempre que os conceitos de arte e sua representação do mundo passam por questionamentos, rupturas, estabelecimentos de uma nova ordem, o enquadramento da produção literária em gêneros volta a ser discutido.

No entanto, ao longo dos séculos, sempre houve uma constante: seja para reafirmar, seja para contestar, a base para todas as reflexões tem sido a **classificação aristotélica**.

A divisão aristotélica

Poesia

- **O gênero épico**: narrações de fatos grandiosos, centrados na figura de um herói. Segundo Aristóteles, a **palavra narrada**.
- **O gênero dramático**: textos destinados para a representação cênica, seja na forma de tragédia, seja na forma de comédia. Segundo Aristóteles, **a palavra representada**.
- **O gênero lírico**: textos de caráter emocional, centrados na subjetividade dos sentimentos da alma. Segundo Aristóteles, a palavra cantada.

O gênero épico

Epopeia é uma narrativa de caráter sublime, em forma de poesia, que tem como eixo central a figura de um herói e feitos grandiosos, misturando elementos da vida terrena com elementos lendários e mitológicos.

Características temáticas

- Aventura de um herói e suas façanhas guerreiras, tendo como pano de fundo a história de povos e civilizações.
- Aristóteles afirmava que a epopeia "era a imitação de homens superiores, em verso".
- Presença do maravilhoso: interferência dos deuses da mitologia greco-romana.

Características de estilo/estrutura

- Poema narrativo (narração em terceira pessoa de fatos passados), dividido em **cantos** (ou **livros**), marcado pela objetividade.
- Via de regra, apresenta as seguintes partes: **introdução**, **invocação**, **narração**, **epílogo**.

Homero e Virgílio

Homero, poeta épico por excelência, é autor de duas obras que influenciaram a literatura universal: *Ilíada* e *Odisseia*, ambas tendo como pano de fundo as lendárias histórias da Guerra de Troia. Os heróis homéricos são agressivos e ferozes nas batalhas, mas pacíficos e justos na vida normal.

Virgílio foi um dos mais importantes poetas latinos, de estilo erudito e evidente inspiração nas obras de Homero. Entre suas obras, destaque para o poema épico *Eneida*, que narra a lenda da fundação de Roma e exalta a grandeza do Império Romano.

Os heróis virgilianos são corajosos e especialmente piedosos. Costuma-se dizer que os versos de Virgílio apresentam três palavras de ordem: virtude, justiça e piedade.

O gênero dramático

O gênero dramático abrange os textos literários destinados à representação. O drama teve sua origem nas festas religiosas em homenagem ao deus grego Dioniso (na mitologia romana, Baco).

Características de estilo/estrutura

- Atores, num espaço especial, apresentam, por meio de palavras e gestos, um acontecimento.
- Texto em forma de diálogos, dividido em atos e cenas.
- Descrição do ambiente/situação antes de cada ato.
- Sequência da ação dramática constituída de exposição, conflito, complicação, clímax e desfecho.
- Para Aristóteles, a **tragédia** é a "imitação de uma ação de caráter elevado que suscita o terror e a piedade e tem por efeito a purificação dessas emoções"; a **comédia** é a "imitação de homens inferiores; não, todavia, quanto a toda a espécie de vícios, mas só quanto àquela parte do torpe que é o ridículo".

Elementos da poesia dramática

- **Protagonista**: personagem central da ação dramática.
- **Antagonista:** personagem que se opõe ao protagonista.
- **Coro**: conjunto de atores que comentam a ação ao longo da peça.

Tragédia	Comédia
De caráter sério, solene.	De caráter cômico, ridículo.
Temática singular em que o protagonista tem de enfrentar a desgraça.	Temática do cotidiano, centrada na sátira da sociedade e dos defeitos humanos.
Registro mais formal.	Registro mais coloquial.
A estrutura interna da ação dramática consiste em uma situação inicial feliz, mas que acaba em um desfecho fatal.	A estrutura interna da ação dramática consiste em uma situação inicial complicada, mas que acaba num final feliz.
Os personagens são seres humanos pertencentes às classes nobres: reis, príncipes, que sofrem nas mãos dos deuses e do destino.	Os personagens são estereótipos das debilidades humanas: o rabugento, o avaro, o mesquinho, o apaixonado, etc.

Sófocles

Sófocles, poeta ateniense, ao lado de Ésquilo e Eurípedes, foi dos mais importantes dramaturgos gregos. Escreveu mais de cem peças, entre as quais se destacam: *Édipo Rei*, *Antígona* e *Electra*.

Exercício comentado

1. (Cefet-MG) O fragmento a seguir pertence ao gênero dramático.

"MICROFONE – Buzina de automóvel. Rumor de derrapagem violenta.

Som de vidraças partidas. Silêncio. Assistência. Silêncio.

VOZ DE ALAÍDE (*microfone*) – Clessi... Clessi...

(*Luz em resistência no plano da alucinação. 3 mesas, 3 mulheres escandalosamente pintadas, com vestidos berrantes e compridos. Decotes. Duas delas dançam ao som de uma vitrola invisível, dando uma vaga sugestão lésbica. Alaíde, uma jovem senhora, vestida com sobriedade e bom gosto, aparece no centro da cena. Vestido cinzento e uma bolsa vermelha.*)

ALAÍDE (*nervosa*) – Quero falar com Madame Clessi! Ela está?

(*Fala à 1ª mulher que, numa das três mesas, faz "paciência". A mulher não responde.*)

ALAÍDE (*com angústia*) – Madame Clessi está – pode-me dizer?

ALAÍDE (*com ar ingênuo*) – Não responde! (*com doçura*) Não quer responder?

(*Silêncio da outra.*)"

RODRIGUES, Nelson. *Teatro completo I*. Rio de Janeiro: Nova Fronteira, 1981. p. 109.

Nesse gênero literário, o narrador é
a) onisciente.
b) inexistente.
c) observador.
d) personagem.

Comentário do vestibular:

Trata-se de um tipo de texto próprio para ser representado, o que pressupõe recurso à linguagem gestual, à sonoplastia e à luminotécnica. Normalmente, não apresenta narrador, como se afirma em **b**.

Resposta: alternativa **b**.

Exercícios propostos

1. (UFSM-RS) A luta é um dos assuntos preferidos da literatura épica. Leia o seguinte trecho do poema épico *O Uraguai*, de Basílio da Gama, que trata desse assunto:

Tatu-Guaçu mais forte na desgraça
Já banhado em seu sangue pretendia
Por seu braço ele só pôr termo à guerra.
Caitutu de outra parte altivo e forte
Opunha o peito à fúria do inimigo,
E servia de muro à sua gente.
Fez proezas Sepé naquele dia.
Conhecido de todos, no perigo
Mostrava descoberto o rosto e o peito
Forçando os seus co'exemplo e co'as palavras.

Assinale verdadeira (V) ou falsa (F) em cada uma das afirmações relacionadas com *O Uraguai*.

( ) O assunto d' *O Uraguai* é a expedição mista de portugueses e espanhóis contra as missões jesuíticas do Rio Grande do Sul, para executar as cláusulas do tratado de Madrid, em 1756.

( ) Mesmo se posicionando favoravelmente aos vencedores europeus, o narrador de *O Uraguai* deixa perceber, em passagens como a citada, sua simpatia e admiração pelo povo indígena.

( ) No fragmento referido, Tatu-Guaçu, Sepé e Caitutu têm exaltadas suas forças físicas e morais, lembrando os heróis épicos da antiguidade.

( ) A análise formal dos versos confirma que Basílio da Gama imita fielmente a epopeia clássica, representada pelo modelo vernáculo da época: *Os Lusíadas*, de Camões.

( ) A valorização do índio e da natureza brasileira corresponde aos ideais iluministas e árcades da vida primitiva e natural e prenuncia uma tendência da literatura romântica: o nativismo.

A sequência correta é

a) F – V – F – V – V.
b) F – F – V – V – V.
c) V – V – V – F – V.
d) V – F – V – F – F.
e) V – F – F – F – V.

2. (UnB-DF)

Texto I

LXXIX

Entre este álamo, ó Lise, e essa corrente,
Que agora estão meus olhos contemplando,
Parece que hoje o céu me vem pintando
A mágoa triste, que meu peito sente.

Firmeza a nenhum deles se consente
Ao doce respirar do vento brando;
O tronco a cada instante meneando,
A fonte nunca firme, ou permanente.

Na líquida porção, na vegetante
Cópia daquelas ramas se figura
Outro rosto, outra imagem semelhante:

Quem não sabe que a tua formosura
Sempre móvel está, sempre inconstante,
Nunca fixa se viu, nunca segura?

Cláudio Manoel da Costa. Apud Domício Proença Filho. *A poesia dos inconfidentes*. Rio de Janeiro: Nova Aguilar, 2002, p. 85.

Texto II

O espelho

O
espelho: atra
vés
de seu líquido nada
me des
dobro.

Ser quem me
olha
e olhar seus
olhos
nada de
nada
duplo
mistério.

Não amo
o espelho: temo-o.

Orides Fontela. *Poesia reunida (1969-1996)*. São Paulo: Cosac Naify; Rio de Janeiro: 7letras, 2006, p. 212.

Considerando os textos apresentados, o primeiro, um soneto árcade do Brasil Colônia, e o segundo, um poema da literatura brasileira contemporânea, julgue os itens a seguir.

a) Na atmosfera bucólica do soneto **LXXIX**, submetida às convenções da poesia pastoral, a natureza é apresentada como cenário estático e artificial, no qual o eu lírico não encontra espaço para manifestar, de forma mais profunda, as verdadeiras emoções humanas.

b) Na última estrofe do poema *O espelho*, nos versos "Não amo / o espelho: temo-o", o pronome átono exemplifica uma substituição pronominal caracterizada, na gramática normativa, como objeto direto pleonástico.

c) No soneto **LXXIX**, há referências ao próprio ato de representação artística nas seguintes imagens poéticas: "Parece que hoje o céu me vem pintando" (v. 3) e "Na líquida porção, na vegetante / Cópia daquelas ramas se figura" (v. 9-10).

d) A adoção de formas clássicas europeias, tanto na lírica de Cláudio Manoel da Costa quanto nos épicos *Uraguai*, de Basílio da Gama, e *Caramuru*, de Santa Rita Durão, impediu que a realidade da Colônia fosse inserida na produção literária do Arcadismo brasileiro.

e) A temática lírico-amorosa do soneto **LXXIX** evoca o mito de Narciso, como evidenciam os versos em que o eu lírico mira sua imagem nas águas de uma fonte, o que se realiza, no entanto, de maneira renovada, uma vez que, no reflexo artístico produzido pelos versos, estão associados os conflitos do mundo interno do eu lírico à instabilidade do mundo.

f) No poema *O espelho*, nos versos "Ser quem me / olha / e olhar seus / olhos", o possessivo "seus" tem como referente a estrutura predicativa "quem me / olha".

3. (Cefet-MG) Numere os fragmentos de texto de acordo com os seguintes gêneros literários:

1. lírico
2. satírico
3. épico

( ) "Quem por ti de amor desmaia,
Nesta praia geme e chora:
Vem, Pastora, por piedade
A saudade consolar.

Não recreiam sempre os montes
Co'as delícias de Amaltéia;
Vem, ó Glaura, a ruiva areia,
Rio e fontes animar."

(Silva Alvarenga)

( ) "A cada canto um grande conselheiro,
Que nos quer governar cabana, e vinha,
Não sabem governar sua cozinha,
E podem governar o mundo inteiro.

Em cada porta um frequentado olheiro,
Que a vida do vizinho, e da vizinha
Pesquisa, escuta, espreita, e esquadrinha,
Para levar à Praça, e ao Terreiro."

(Gregório de Matos)

( ) "Nesta triste masmorra,
de um semivivo corpo sepultura,
inda, Marília, adoro
a tua formosura.

Amor na minha ideia te retrata;
busca, extremoso, que eu assim resista
à dor imensa, que me cerca e mata."

(Tomás Antônio Gonzaga)

( ) "Este lugar delicioso e triste,
Cansada de viver, tinha escolhido,
Para morrer, a mísera Lindoia.
Lá reclinada, como que dormia,
Na branda relva, e nas mimosas flores;
Tinha a face na mão, e a mão no tronco
De um fúnebre cipreste, que espalhava
Melancólica sombra. Mais de perto
Descobrem que se enrola em seu corpo
Verde serpente..."

(Basílio da Gama)

A sequência CORRETA encontrada é:

a) 1, 2, 1, 3.
b) 1, 2, 3, 3.
c) 2, 1, 3, 1.
d) 3, 2, 3, 1.

Na questão a seguir julgue os itens e escreva nos parênteses (V) se for verdadeiro ou (F) se for falso.

4. (UFMT) Sobre literatura, gênero e estilo literários, pode-se dizer que:

( ) tanto no verso quanto na prosa pode haver poesia.

( ) todo momento histórico apresenta um conjunto de normas que caracteriza suas manifestações culturais, constituindo o estilo da época.

( ) o texto literário é aquele em que predominam a repetição da realidade, a linguagem linear, a unicidade de sentido.

( ) no gênero lírico os elementos do mundo exterior predominam sobre os do mundo interior do eu poético.

5. (Cesgranrio-RJ) Associe os gêneros literários às suas respectivas características.

1. Gênero lírico
2. Gênero épico
3. Gênero dramático

( ) Exteriorização dos valores e sentimentos coletivos

( ) Representação de fatos com presença física de atores

( ) Manifestação de sentimentos pessoais predominando, assim, a função emotiva

A sequência correta, de cima para baixo, é

a) 3 – 2 – 1
b) 2 – 3 – 1
c) 2 – 1 – 3
d) 1 – 3 – 2
e) 1 – 2 – 3

1. O gênero lírico

Pertence ao gênero lírico o poema que extravasa as emoções íntimas pela expressão verbal rítmica e melodiosa. Originalmente destinada ao canto e acompanhada do som de uma lira, essa forma literária encontrava sua inspiração nos sentimentos reais ou imaginários e na própria musicalidade. Para os antigos, o valor da poesia lírica estava não só na sua capacidade de expressar emoções, mas também na de despertá-las.

Elementos da poesia lírica

- O **eu lírico** é a voz que expressa suas emoções no poema, um eu poético, inventado pelo poeta e que não pode ser confundido com o próprio poeta.
- A **subjetividade** é a marca do lirismo.
- Se a poesia épica é a poesia da terceira pessoa do tempo passado, a lírica é a poesia da primeira pessoa do tempo presente.

2. Eu poético e autor

O gênero lírico é caracterizado por centrar-se na subjetividade e, por esse critério, se opõe ao gênero épico, centrado na objetividade. Se a poesia épica é uma narrativa em que o enunciador mantém distância do fato narrado, a lírica é a manifestação do mundo interior – com um menor distanciamento entre o enunciador e o objeto cantado.

3. O ritmo poético

A poesia caracteriza-se pelo ritmo. Esse ritmo é obtido quando se faz um trabalho especial com a linguagem, em que o foco recai na seleção e na combinação de palavras e sons, numa disposição melódica, com predominância da função poética da linguagem.

Métrica

Métrica é a medida de um verso, definida pelo número de sílabas poéticas. A sílaba poética nem sempre corresponde a uma sílaba gramatical, pois a divisão silábica de um verso leva em conta as emissões de voz do verso como um todo; além disso, conta-se até a última sílaba tônica do verso, desprezando-se as últimas sílabas pós-tônicas.

As redondilhas

Em sua origem, redondilha era a denominação de poemas populares de quatro versos (também conhecidos como quadra ou trova), com o segundo verso rimando com o quarto. A partir do século XV, *redondilha* passou a nomear os versos de cinco ou sete sílabas poéticas: **redondilha menor** (verso de cinco sílabas poéticas) e **redondilha maior** (verso de sete sílabas poéticas).

Os decassílabos

Os versos decassílabos foram introduzidos na literatura de língua portuguesa no início do século XVI, em pleno Renascimento, e passaram a ser chamados de *medida nova* por oposição às redondilhas medievais, que passaram a ser chamadas de *medida velha*.

Dependendo de sua acentuação, o decassílabo recebe o nome de heroico (acentos na 6ª e 10ª sílabas poéticas) ou sáfico (acentos na 4ª, 8ª e 10ª sílabas poéticas).

Os alexandrinos

São chamados alexandrinos os versos de doze sílabas poéticas (dodecassílabos). Na literatura brasileira, essa métrica foi empregada com sucesso pelos poetas chamados de parnasianos, na virada do século XIX para o século XX.

Rima

Outro mecanismo utilizado para marcar o ritmo no verso é a rima, que consiste na repetição de sons em duas ou mais palavras.

Quanto à posição:

- **rima externa**: no final do verso;
- **rima interna**: dentro do verso;
- **rima consoante**: apresenta conformidade sonora desde a última vogal tônica do verso.

Quanto ao tipo de som:

- **rima assoante ou toante**: apresenta conformidade sonora apenas entre as vogais (considerando da última vogal tônica até o fim do verso);
- **rima rara**: com palavras que não têm muitas outras com as quais rimar ou rimas utilizando estruturas pouco convencionais.

Quanto ao tipo de palavras rimadas:

- **rima rica**: com palavras de diferentes classes gramaticais;
- **rima pobre**: com palavras da mesma classe gramatical (no exemplo, as palavras são substantivos abstratos formados com o sufixo *-dade*).

Refrão

Refrão ou estribilho é um verso (ou agrupamento de versos) que se repete ao final das estrofes. O refrão é responsável pelo ritmo marcado que o poema assume e, ao mesmo tempo, enfatiza determinada ideia.

Formas fixas

O soneto

O soneto é um pequeno poema de forma fixa, que teve origem no século XIII. Atribui-se a Giacomo da Lentini a conformação que conhecemos; Dante Alighieri, Petrarca e outros poetas do Renascimento cultivaram o soneto.

Características particulares:

- composição de catorze versos, divididos em dois quartetos e dois tercetos;
- versos metrificados e rimados; em sua versão clássica, os versos são decassílabos ou alexandrinos;
- estrutura interna: introdução ou exposição (nas duas quadras), um ponto central (no primeiro terceto) e um remate (no último terceto), especialmente marcado pelo último verso, chamado de "chave de ouro".

Na literatura de língua portuguesa, o soneto foi muito cultivado em momentos em que prevaleceram padrões clássicos, como o longo período que abrange os séculos XVI (Classicismo), XVII (Barroco) e XVIII (Arcadismo), e o final do século XIX (Parnasianismo e Simbolismo). No século XX, apesar de a literatura moderna romper com os modelos clássicos, alguns poetas cultivaram o soneto, como Vinicius de Moraes, Guilherme de Almeida e Manuel Bandeira.

O haicai

De origem japonesa, o haicai é um poema mínimo que tenta captar, na sua concisão e simplicidade, um momento da natureza e o passar do tempo. Há uma estreita relação entre o haicai e o zen-budismo, uma vez que o poema nasce da observação da natureza, de uma profunda meditação; o grande desafio do poeta é captar um flagrante da natureza, perpetuar um instante fugidio em apenas dezessete sílabas poéticas.

Características particulares:

- composição de três versos;
- o primeiro verso e o terceiro são pentassílabos (cinco sílabas poéticas), e o segundo é heptassílabo (sete sílabas poéticas).

Exercício comentado

1. (Uepa)

Segue, elegia, busca-me nos portos
e nas praias de Antanho*, e nas rochas de Algures**
os deuses que afoguei no mar absurdo
de um casto sacrifício.
Apanha estas palavras do chão túmido
onde as deixo cair, findo o dilúvio:
forma delas um palco, um absoluto
onde possa dançar de novo, nu
contra o peso do mundo e a pureza dos anjos,
até que a lucidez venha construir
um templo justo, exato, onde cantemos.

(fragmento do poema "Mensagem")

Glossário:
* Nos tempos idos, antigamente, outrora;
** Em algum lugar.

Mário Faustino sempre se interessou pelos questionamentos acerca da criação poética e do ofício de quem lida com a palavra à procura da poesia. Com base neste tema e na análise do fragmento acima, marque a alternativa correta.

a) O sujeito poético afirma que a dança é superior à poesia.
b) Os versos afirmam que o poema implica a recusa do que dizem os deuses.
c) O poeta acredita que seu poema poderá reconstruir seu contato com a poesia.
d) Escrever, segundo o eu lírico, é protestar contra os problemas sociais do mundo.
e) Para escrever o poema, afirma o poeta, o artista deve estar convivendo com a realidade concreta.

Comentário do vestibular:

O eu lírico, dirigindo-se à "elegia" (um gênero poético), pede a ela que busque "os deuses" que ele afogara, em outros tempos, e que apanhe as palavras que ele deixara cair, para que com elas forme um palco onde ele possa "dançar" novamente. Em outras palavras, o eu lírico atribui à própria poesia, aqui personificada, a capacidade de fazê-lo religar-se com a arte poética.

Resposta: alternativa **c**.

Exercícios propostos

1. (UFRN) Leia o poema "Episódio", que integra *A rosa do povo*, de Carlos Drummond de Andrade, publicado em 1945, num contexto histórico e político dominado pela ordem social burguesa.

Manhã cedo passa
à minha porta um boi.
De onde vem ele
se não há fazendas?

Vem cheirando o tempo
entre noite e rosa.
Para à minha porta
sua lenta máquina.

Alheio à polícia
anterior ao tráfego
ó boi, me conquistas
para outro, teu reino.

Seguro teus chifres:
eis-me transportado
sonho e compromisso
ao País Profundo.

DRUMMOND, Carlos. *Nova reunião: 23 livros de poesia*. Rio de Janeiro: Edições BestBolso, 2009. p. 175.

Nesse poema, o eu lírico

a) exalta a experiência do universo urbano em detrimento da experiência rural.

b) expressa a contradição entre o ritmo da civilização moderna e o ritmo da vida do campo.

c) exprime inadaptação ao cotidiano urbano e descontentamento com a experiência rural.

d) fala do cotidiano rural rústico com o desejo de partir para o espaço urbano moderno.

2. (EsPCEx–AMAN-RJ) Faça a correspondência da segunda coluna com base na primeira e assinale a alternativa que preenche corretamente as colunas, no que diz respeito às formas líricas.

Coluna 1	Coluna 2
1. elegia	( ) o(a) mais conhecido(a) das formas líricas. Poema em 14 versos, organizados em dois quartetos e dois tercetos.
2. écloga	( ) poema originado na Grécia Antiga que exalta os valores nobres, caracterizando-se pelo tom de louvação.
3. ode	( ) poema pastoril que retrata a vida bucólica dos pastores, em um ambiente campestre.
4. soneto	( ) trata de acontecimentos tristes, muitas vezes enfocando a morte de um ente querido.

a) 4, 3, 2, 1

b) 3, 2, 1, 4

c) 2, 1, 3, 4

d) 1, 2, 4, 3

e) 4, 3, 1, 2

Texto para a próxima questão.

O tempo fecha.
Sou fiel aos acontecimentos biográficos.
Mais do que fiel, oh, tão presa! Esses mosquitos
que não largam! Minhas saudades ensurdecidas
por cigarras! O que faço aqui no campo
declamando aos metros versos longos e sentidos?
Ah que estou sentida e portuguesa, e agora não
sou mais, veja, não sou mais severa e ríspida:
agora sou profissional.

CESAR, Ana Cristina. *A teus pés*. 6. ed. São Paulo: Editora Brasiliense, s/d. p. 9.

3. (UEL-PR) Em relação à forma do poema, considere as afirmativas a seguir.

I. Segue os padrões formais da poesia pelo uso de rimas interpoladas e de versos com métrica uniforme.

II. Está em sintonia com os preceitos da poesia moderna por utilizar versos sem métrica uniforme.

III. Estabelece ligações entre poesia e prosa, rompendo as fronteiras entre os gêneros.

IV. Elimina a pontuação, o que torna o poema hermético e dificulta seu entendimento.

Assinale a alternativa correta.

a) Somente as afirmativas I e III são corretas.

b) Somente as afirmativas I e IV são corretas.

c) Somente as afirmativas II e III são corretas.

d) Somente as afirmativas I, II e IV são corretas.

e) Somente as afirmativas II, III e IV são corretas.

4. (UPF-RS)

Eu nada entendo da questão social.
Eu faço parte dela, simplesmente...
E sei apenas do meu próprio mal,
Que não é bem o mal de toda a gente,

Nem é deste Planeta... Por sinal
Que o mundo se lhe mostra indiferente!
E o meu Anjo da Guarda, ele somente,
É quem lê os meus versos afinal...

E enquanto o mundo em torno se esbarronda,
Vivo regendo estranhas contradanças
No meu vago País de Trebizonda...

Entre os loucos, os Mortos e as Crianças,
É lá que eu canto, numa eterna ronda,
Nossos comuns desejos e esperanças.

("A rua dos cata-ventos")

Leia as seguintes afirmações sobre o soneto V, de Mário Quintana, transcrito acima:

I. O eu lírico demonstra seu desinteresse pela questão social em versos que abordam o tema do amor.

II. O texto, composto por versos livres, é um exemplo da poesia religiosa produzida pelo autor.

III. No poema, evidencia-se a valorização do devaneio e do mundo infantil.

Qual(is) está(ão) **correta(s)**?

a) Apenas II.
b) Apenas III.
c) I e II.
d) I e III.
e) II e III.

5. (PUC-RS) Leia o texto que segue.

Os arroios

Os arroios são rios guris...
Vão pulando e cantando dentre as pedras.
Fazem borbulhas d'água no caminho: bonito!
Dão vau aos burricos,
às belas morenas,
curiosos das pernas das belas morenas.
E às vezes tão devagar
que conhecem o cheiro e a cor das flores
que se debruçam sobre eles nos matos que atravessam
e onde parece quererem sestear.
Às vezes uma asa branca roça-os, súbita emoção
[...]
refletem, em vez de estrelas,
os letreiros das firmas que transportam utilidades.
Que pena me dão os arroios,
Os inocentes arroios...

No texto, _____ pungente, como é característico do poeta Mário Quintana, realiza-se, principalmente, através de uma linguagem marcada _____, o que, no entanto, não inviabiliza a utilização do recurso estilístico da _____ da natureza.

a) o sentimentalismo – pela religiosidade – personificação
b) o erotismo – pelo simbolismo – metáfora
c) a ironia – pela expressividade – onomatopeia
d) o lirismo – pela simplicidade – personificação
e) a sátira – pela simplicidade – onomatopeia

6. (UFMG) Leia estes trechos de dois poemas de Gonçalves Dias.

Meu Deus, Senhor meu Deus, o que há no mundo
Que não seja sofrer?
O homem nasce, e vive um só instante,
E sofre até morrer!

("Sofrimento")

Tupã, ó Deus grande! cobriste o teu rosto
Com denso velâmen de penas gentis;
E jazem teus filhos clamando vingança
Dos bens que lhes deste da perda infeliz!

Tupã, ó Deus grande! teu rosto descobre:
Bastante sofremos com tua vingança!
Já lágrimas tristes choram teus filhos,
Teus filhos que choram tão grande mudança.

("Deprecação")

Com base nessa leitura, é INCORRETO afirmar que, em ambos os trechos,

a) o eu poético enuncia uma proposta de mudança.
b) o eu poético se dirige a Deus.
c) o eu poético fala de um estado de sofrimento.
d) o eu poético se refere a uma situação que não é apenas individual.

7. (UEM-PR) Tendo em vista os gêneros literários, assinale o que for correto.

01) Uma das principais características do gênero lírico é a tendência à objetividade, encontrada na expressão do mundo exterior por parte de um eu lírico que dele não participa.

02) No gênero épico, verifica-se um distanciamento entre sujeito e objeto, e o mundo representado é trabalhado por meio de categorias como tempo, espaço, personagem, foco narrativo e enredo.

04) Uma vez que "drama" equivale à "ação", o gênero dramático caracteriza-se por obras feitas para serem encenadas (no caso, a encenação das ações das personagens no palco), de modo que o espetáculo é um dos elementos fundamentais desse gênero.

08) O soneto, cuja composição pressupõe o acompanhamento musical e a participação do coro, é um dos elementos expressivos do espetáculo teatral.

16) Apesar de cada gênero literário possuir características próprias, de modo que seja possível separá-los, essa separação não é precisa, havendo obras em que são notados elementos de mais de um gênero.

Módulo 6 • As literaturas em língua portuguesa: Brasil, Portugal, África

1. A literatura e sua matéria-prima

A língua é a matéria básica sobre a qual se faz a literatura; sem ela não existe linguagem, discurso, expressão, comunicação e criação artística.

Uma língua, como elemento que se constitui de forma relacional, está em constante transformação. Assim, o sentido das palavras, os meios materiais de circulação da língua e as formas de articulação do discurso devem ser entendidos como produtos históricos, resultantes de conflitos sociais e carregados de ideologias.

2. História da literatura; períodos e estilos

Os movimentos literários, em determinado contexto histórico-cultural, apresentam características genéricas tanto no plano formal como no plano das ideias, originando assim **estilos de época** ou **escolas literárias**, pano de fundo para as produções artísticas. Cada escola literária representa as tendências estético-temáticas das obras literárias produzidas em uma determinada época, sob determinadas condições sócio-históricas. Dessa forma, embora cada obra produzida por um artista constitua uma experiência única, com marcas próprias e inconfundíveis, ela será produto de uma determinada época.

Estilo individual

Cada obra é única, uma vez que cada autor imprime um tratamento particular, muito pessoal, às características genéricas de um período literário, resultando disso um **estilo individual**. O estilo pessoal se manifesta em diversos aspectos, desde a maneira de interpretar um determinado tema (refletindo uma certa visão de mundo) até o trabalho com a linguagem.

3. A literatura portuguesa

A literatura portuguesa, que abrange oito séculos de produção, pode ser dividida em três longos períodos, acompanhando as grandes transformações vividas pela Europa: **Era Medieval**, **Era Clássica** e **Era Romântica** ou **Moderna**. Essas três grandes eras apresentam-se subdivididas em fases menores, chamadas de **escolas literárias** ou **estilos de época**.

4. A literatura brasileira

A literatura brasileira tem sua história dividida em duas grandes eras, que acompanham a evolução política e econômica do país: a **Era Colonial** e a **Era Nacional**, separadas por um curto período (1808-1836) que corresponde à emancipação política do Brasil.

A literatura em um país de passado colonial

Ao longo do período colonial brasileiro, as obras literárias foram produzidas, em parte, por portugueses e guardam um caráter utilitário. É quase impossível dissociar a produção cultural dessa época da administração colonial. Assim, até o final do século XVIII, muito da literatura produzida na América portuguesa se confunde com textos políticos, administrativos, religiosos e relatos de viajantes.

5. A literatura africana de língua portuguesa

Ao pensar na África, é preciso compreender que a história desse continente não começa com a chegada dos navegantes portugueses que para lá rumaram com suas caravelas no século XV em busca do caminho para as Índias. Nessa época, já havia ali povos com culturas, tradições e organizações sociais e políticas diferentes das existentes na Europa.

Exercício comentado

1. (IFSP)

A feição deles é serem pardos, um tanto avermelhados, de bons rostos e bons narizes, bem feitos. Andam nus, sem cobertura alguma. Nem fazem mais caso de encobrir ou deixa de encobrir suas vergonhas do que de mostrar a cara. Acerca disso são de grande inocência. Ambos traziam o beiço de baixo furado e metido nele um osso verdadeiro, de comprimento de uma mão travessa, e da grossura de um fuso de algodão, agudo na ponta como um furador.

(Carta de Pero Vaz de Caminha. www.dominiopublico.com.br. Acesso em: 04.12. 2012.)

O trecho acima pertence a um dos primeiros escritos considerados como pertencentes à literatura brasileira. Do ponto de vista da evolução histórica, trata-se de literatura

a) de informação.
b) de cordel.
c) naturalista.
d) ambientalista.
e) árcade.

Comentário do vestibular:

A *Carta* de Pero Vaz de Caminha é o primeiro documento escrito da história do Brasil. Nela, o autor registrou as suas impressões sobre a nova terra, com a intenção de informar ao rei o "achamento" e apresentar-lhe o que encontrou, em linguagem objetiva e com grande quantidade de detalhes sobre fauna, flora e habitantes. Por isso, está vinculada à literatura dos viajantes ou dos cronistas, também chamada de informação, como mencionado em **a**.

Resposta: alternativa **a**.

Exercícios propostos

Textos para a próxima questão.

Texto I

Ao longo do sereno
Tejo, suave e brando,
Num vale de altas árvores sombrio,
Estava o triste Almeno
Suspiros espalhando
Ao vento, e doces lágrimas ao rio.

(Luís de Camões, *Ao longo do sereno.*)

Texto II

Bailemos nós ia todas tres, ay irmanas,
so aqueste ramo destas auelanas
e quen for louçana, como nós, louçanas,
se amigo amar,
so aqueste ramo destas auelanas
uerrá baylar.

(Aires Nunes. In Nunes, J. J., *Crestomatia arcaica.*)

Texto III

Tão cedo passa tudo quanto passa!
Morre tão jovem ante os deuses quanto
Morre! Tudo é tão pouco!
Nada se sabe, tudo se imagina.
Circunda-te de rosas, ama, bebe
E cala. O mais é nada.

(Fernando Pessoa, *Obra poética.*)

Texto IV

Os privilégios que os Reis
Não podem dar, pode Amor,
Que faz qualquer amador
Livre das humanas leis.
Mortes e guerras cruéis,
Ferro, frio, fogo e neve,
Tudo sofre quem o serve.

(Luís de Camões, *Obra completa.*)

Texto V

As minhas grandes saudades
São do que nunca enlacei.
Ai, como eu tenho saudades
Dos sonhos que não sonhei!...

(Mário de Sá Carneiro, *Poesias.*)

1. (Unifesp) Finalmente,

"assimilando o movimento geral das ideias e da arte renascentista", não sentiram os portugueses necessidade de interromper a linha de evolução de suas mais peculiares e vigorosas forças criadoras, definidas durante alguns séculos de Idade Média: deste modo, "ao lado do homem português que se expressava no que assumia de espírito clássico, colocou-se, naturalmente, o homem português que traduzia forte personalidade de raízes nacionais e tradicionais". [Aspas nossas]

(Antonio S. Amora, "Presença da literatura portuguesa – II – Era Clássica".)

Estas observações aplicam-se aos textos indicados em:

a) II e III.
b) II e IV.
c) I e IV.
d) I e II.
e) III e IV.

2. (UFG-GO) Leia o trecho a seguir.

X

Um velho Timbira, coberto de glória,
Guardou a memória
Do moço guerreiro, do velho Tupi!
E à noite, nas tabas, se alguém duvidava
Do que ele contava,
Dizia prudente: – "Meninos, eu vi!"

"Eu vi o brioso no largo terreiro
Cantar prisioneiro
Seu canto de morte, que nunca esqueci:
Valente, como era, chorou sem ter pejo;
Parece que o vejo,
Que o tenho nest'hora diante de mi.

"Eu disse comigo: que infâmia d'escravo!
Pois não, era um bravo;
Valente e brioso, como ele, não vi!
E à fé que vos digo: parece-me encanto
Que quem chorou tanto,
Tivesse a coragem que tinha o Tupi!"

Assim o Timbira, coberto de glória,
Guardava a memória
Do moço guerreiro, do velho Tupi!
E à noite nas tabas, se alguém duvidava
Do que ele contava,
Tornava prudente: "Meninos, eu vi!"

DIAS, Gonçalves. *I-Juca Pirama seguido de Os Timbiras.* Porto Alegre: L&PM Pocket, 2007. p. 28.

A respeito do canto transcrito, correspondente à parte final de *I-Juca Pirama*, de Gonçalves Dias, responda:

a) Por que o guerreiro Tupi, prisioneiro dos Timbiras no passado, parece ainda mais heroico na fala do velho que narra a história do que ao longo do poema?

b) Que efeito produz a sentença "Meninos, eu vi!", repetida duas vezes no poema?

Texto para a próxima questão.

I. "A cada canto um grande conselheiro,
Que nos quer governar cabana e vinha;
Não sabem governar sua cozinha,
E podem governar o mundo inteiro."

II. Há coisa como ver um Paiaiá
Mui prezado de ser Caramuru,
Descendente do sangue de tatu
Cujo torpe idioma e Cobepá"

Paiaiá – indígena de Sergipe;
Caramuru – europeu.

III. "Rubi, concha de perlas peregrina,
Animado cristal, viva escarlata,
Duas safiras sobre lisa prata,
Ouro encrespado sobre prata fina.
Este o rostinho é de Caterina."

IV. "Ardor em coração firme nascido!
Pranto por belos olhos derramado!
Incêndio em mares de água disfarçado!
Rio de neve em fogo convertido!"

3. (Cefet-MG) Conforme afirma o crítico literário Alfredo Bosi, são conhecidas as críticas "de Gregório de Matos contra algumas autoridades da colônia, mas também palavras de desprezo pelos mestiços e de cobiça pelas mulatas. A situação de "intelectual" branco não bastante prestigiado pelos maiores da terra ainda mais lhe pungia o amor próprio e o levava a estiletar às cegas todas as classes da nova sociedade."
Essa afirmação pode ser comprovada apenas pelos fragmentos

a) I e II.
b) I e IV.
c) II e III.
d) III e IV

4. (Unesp) Leia, atentamente, o texto de Antônio Cândido e assinale a alternativa que julgar INCORRETA.

"Na literatura brasileira, há dois momentos decisivos que mudam os rumos e vitalizam toda a inteligência: o Romantismo, no século XIX (1836-1870) e o ainda chamado Modernismo, no presente século (1922-1945). Ambos representam fases culminantes de particularismo literário na dialética do local e do cosmopolita; ambos se inspiram, não obstante, no exemplo europeu. Mas, enquanto o primeiro procura superar a influência portuguesa e afirmar contra ela a peculiaridade literária do Brasil, o segundo já desconhece Portugal, pura e simplesmente: o diálogo perdera o mordente e não ia além da conversa de salão. Um fato capital se torna deste modo claro na história da nossa cultura; a velha mãe pátria deixara de existir para nós como termo a ser enfrentado e superado. O particularismo se afirma agora contra todo academismo, inclusive o de casa, que se consolidara no primeiro quartel do século XX, quando chegaram ao máximo o amaciamento do diálogo e a consequente atenuação da rebeldia."

CÂNDIDO, A. *Literatura e Sociedade*. São Paulo: Ed. Nacional, 1975, p. 112.

a) Na dialética do local e do cosmopolita, o Romantismo e o Modernismo são os movimentos da história literária brasileira que mais enfatizaram a expressão dos dados locais.

b) Embora decisivos, tanto o Romantismo quanto o Modernismo inspiraram-se no exemplo europeu.

c) Uma diferença marcante entre o Romantismo e o Modernismo brasileiro é que, ao procurar afirmar a peculiaridade literária do Brasil o Romantismo desconhece Portugal, enquanto o Modernismo retoma o velho diálogo.

d) O Modernismo marca uma ruptura fundamental na história da nossa cultura: a velha mãe pátria deixa de existir para nós como termo a ser enfrentado e superado.

e) O particularismo romântico diferencia-se do Modernismo porque esse movimento se volta principalmente contra o academicismo que se manifestava em nossa literatura.

5. (UPM-SP)

Se, porém, o dito Deus, não fazendo caso de recomendações, persistisse no propósito de vir até aqui, sem dúvida, acabaria por reconhecer como, afinal, é tão pouca coisa ser-se um Deus, quando, apesar dos famosos atributos de onisciência e onipresença, mil vezes exaltados em todas as línguas e dialetos, foram cometidos, no processo da criação da humanidade, tantos e tão grosseiros erros de previsão, como foi aquele, a todas as luzes imperdoável, de apetrechar as pessoas com glândulas sudoríparas, para depois lhes recusar o trabalho que as faria funcionar – as glândulas e as pessoas.

(José Saramago)

A partir do texto, observe as seguintes afirmações:

I. A onisciência e a onipotência de Deus são indiscutíveis, posto que toda a humanidade já as exaltou.

II. Na criação da humanidade, foram cometidos alguns erros de previsão, depois corrigidos à luz da evolução do próprio homem.

III. O homem só se realiza por meio do trabalho e, por isso, é inadmissível que este lhe seja negado.

Assinale:

a) se todas estão corretas.

b) se apenas I está correta.

c) se apenas III está correta.

d) se todas estão incorretas.

e) se apenas II está correta.

Módulo 7 • Os estilos de época na Era Medieval: Trovadorismo

1. A Era Medieval

O que se convencionou denominar Era Medieval, na literatura portuguesa, corresponde ao período histórico conhecido por "Baixa Idade Média", que se estende do século XI ao XV. Portugal forma-se como estado independente exatamente nesse período e vive sob o governo de duas dinastias: de 1143 a 1383 reinou a Dinastia de Borgonha; em 1385, começa a Dinastia de Avis, que levaria Portugal à grande aventura marítima.

2. O Trovadorismo

O período denominado **Trovadorismo** se estende do final do século XII ao início do século XV, quando Portugal inicia sua aventura marítima. Esse período, tipicamente medieval, reflete uma sociedade feudal organizada a partir das relações de vassalagem, uma extremada religiosidade e as lutas da Reconquista (em que forças cristãs tentavam retomar o território ocupado pelos árabes).

Entre o oral e o escrito

A literatura medieval, até o século XIV, escapa em muito aos limites da palavra escrita, sendo fundamentalmente oral – eram os menestréis os principais divulgadores das cantigas, realizando apresentações nas quais a arte dramática e a música estavam diretamente relacionadas à poesia. Se, no entanto, a cultura oral era a mais difundida em meio a uma população majoritariamente analfabeta, a autoridade do conhecimento estava na materialidade da escrita. Nesse período, a palavra escrita permaneceu, essencialmente, sob o domínio da Igreja católica. O ensino também esteve a cargo da Igreja, com o latim servindo de língua básica para os estudos – as línguas vernáculas, vale lembrar, só começariam a se consolidar no final da Idade Média.

3. As cantigas trovadorescas

Todos os textos poéticos dessa primeira época medieval eram acompanhados por música e geralmente cantados em coro, daí serem chamados de **cantigas**.

As cantigas trovadorescas podem distinguir-se da seguinte maneira:

- cantigas
  - líricas
    - de amor
    - de amigo
  - satíricas
    - de escárnio
    - de maldizer

Cantigas líricas

No período compreendido entre os séculos XI e XIII, desenvolveu-se na Provença, região do sul da França, a arte dos trovadores e o "amor cortês" que tanto influenciou as cantigas de amor em Portugal. Nas **cantigas de amor**, o falante declara seu amor por uma dama da corte (tratada de "dona" – aquela que possui domínios, propriedades – ou "senhor", isto é, senhora, aquela que tem senhorios).

Nas **cantigas de amigo**, que se originaram na própria península Ibérica como expressão do sentimento popular, a característica marcante é o sentimento feminino, ou seja, a voz é feminina, apesar de a cantiga ser escrita por um homem. Além disso, o ambiente não é mais a corte, mas o campo.

A distinção fundamental entre a cantiga de amor e a de amigo está no eu lírico, no sujeito da enunciação: se o "dono" da voz é o homem (amor) ou se a "dona" da voz é a mulher (amigo).

Comparação entre as cantigas líricas

Cantiga de amor	Cantiga de amigo
• autoria: masculina	• autoria: masculina
• sentimento masculino	• sentimento feminino
• origem: provençal	• origem: galego-portuguesa
• ambiente retratado: palaciano	• ambiente retratado: rural (popular)
• o homem presta vassalagem amorosa	• a mulher sofre pelo amigo (namorado, amante) ausente
• a mulher é um ser idealizado, superior	• a mulher é um ser real e concreto

Cantigas satíricas

Ao contrário das cantigas de amor, as **cantigas satíricas** abandonavam o sentimento amoroso e dirigiam seu foco para as relações sociais: a luta pelo poder; os costumes, notadamente do clero e dos vilões (camponeses livres); a covardia; a decadência da nobreza, que perdia espaço para a burguesia ascendente; o adultério feminino.

A distinção fundamental entre as cantigas de escárnio e as de maldizer reside em sua forma de expressão: as **cantigas de escárnio** se caracterizavam por serem sátiras indiretas, explorando a ironia e o sarcasmo; as **cantigas de maldizer** eram sátiras diretas, com a identificação da pessoa que estava sendo satirizada e temas que tocavam na questão do adultério e dos amores interesseiros ou ilícitos, como no caso dos padres.

4. A prosa medieval (séculos XIII e XIV)

As novelas de cavalaria

Originárias da Inglaterra e da França, as novelas de cavalaria derivam das canções de gesta, poemas medievais cantados em linguagem popular e que celebravam os feitos guerreiros. Destacam-se na literatura medieval portuguesa por serem obras de ficção escritas em prosa.

As novelas de cavalaria podem ser agrupadas em três ciclos, dependendo da origem de seus heróis:

- **ciclo clássico** – sobre temas latinos e gregos;
- **ciclo carolíngio** – sobre Carlos Magno e os doze pares de França;
- **ciclo bretão ou arturiano** – sobre o rei Artur e os cavaleiros da Távola Redonda.

Exercício comentado

1. (Uepa)

"A literatura do amor cortês, pode-se acrescentar, contribuiu para transformar de algum modo a realidade extraliterária, atua como componente do que Elias (1994)* chamou de **processo civilizador**. Ao mesmo tempo, a realidade extraliterária penetra processualmente nessa literatura que, em parte, nasceu como forma de sonho e de evasão."

(*Revista de Ciências Humanas*, Florianópolis, EDUFSC, v. 41, n. 1 e 2, p. 83-110, Abril e Outubro de 2007, pp. 91-92)

(*) Cf. ELIAS, N. *O Processo Civilizador*. Rio de Janeiro: Zahar, 1994, v. 1.

Interprete o comentário anterior e, com base nele e em seus conhecimentos acerca do lirismo medieval galego-português, marque a alternativa correta:

a) as cantigas de amor recriaram o mesmo ambiente palaciano das cortes galegas.

b) "a literatura do amor cortês" refletiu a verdade sobre a vida privada medieval.

c) a servidão amorosa e a idealização da mulher foi o grande tema da poesia produzida por vilões.

d) o amor cortês foi uma prática literária que aos poucos modelou o perfil do homem civilizado.

e) nas cantigas medievais mulheres e homens submetem-se às maneiras refinadas da cortesia.

Comentário do vestibular:

Segundo o texto, a literatura do amor cortês transformou a realidade extraliterária que, por sua vez, interferiu no processo civilizador.

Resposta: alternativa **d**.

Exercícios propostos

Textos para a próxima questão.

Cantiga

Vi chorar uns claros olhos
Quando deles me partia.
Oh! que mágoa! Oh! que alegria

(Camões – *Lírica*)

Voltas

(...)
O bem que Amor me não deu,
No tempo que o desejei,
Quando dele me apartei,
Me confessou que era meu.
Agora que farei eu,
Se a fortuna me desvia
De lograr esta alegria?

(Camões – *Lírica*)

Mudando andei costume, terra e estado,
Por ver se se mudava a sorte dura;
A vida pus nas mãos de um leve lenho.
Mas, segundo o que o Céu me tem mostrado,
Já sei que deste meu buscar ventura
Achado tenho já que não a tenho.

(Camões – *Lírica*)

1. (UFJF-MG) Em relação aos textos anteriores, SÓ SE PODE AFIRMAR que:

a) o amor realizado é o tema do primeiro poema, e a harmonia entre o poeta e o mundo é o tema do segundo.

b) as expressões "oh que alegria" e "achado tenho já" mostram que, finalmente, o poeta encontra a harmonia.

c) as expressões "me partia" e "me apartei", no primeiro fragmento, são equivalentes, no plano semântico.

d) a forma do segundo fragmento expressa a relação entre a lírica de Camões e o trovadorismo medieval.

e) o verso "me confessou que era meu" indica que o poeta encontrou a felicidade.

2. (IFSP) Leia atentamente o texto abaixo.

Com'ousará parecer ante mi
o meu amigo, ai amiga, por Deus,
e com'ousará catar estes meus
olhos se o Deus trouxer per aqui,
pois tam muit'há que nom veo veer
mi e meus olhos e meu parecer?

(*Com'ousará parecer ante mi* de Dom Dinis. Fonte: http://pt.wikisource.org/wiki/Com%27ousar%C3%A1_parecer_ante_mi. Acesso em: 05.12.2012.)

per – por
tam – tão
nom – não
veer – ver
mi – mim, me
parecer – semblante

Sobre o fragmento anterior, pode-se afirmar que pertence a uma cantiga de

a) amor, pois o eu lírico masculino declara a uma amiga o sentimento de amor que tem por ela.

b) amigo, pois o eu lírico feminino expressa a uma amiga a falta de seu amigo por quem sente amor.

c) amor, pois o eu lírico é feminino e acha que seu amor não deve voltar para os seus braços.

d) amigo, pois o eu lírico masculino entende que só Deus pode trazer de volta sua amiga a quem não vê há muito tempo.

e) amor, pois o eu lírico feminino não consegue enxergar o amor que sente por seu amigo.

Texto para a próxima questão.

Reinando Amor em dois peitos,
tece tantas falsidades,
que, de conformes vontades,
faz desconformes efeitos.
Igualmente vive em nós;
mas, por desconcerto seu,
vos leva, se venho eu,
me leva, se vindes vós.

Camões

3. (UPM-SP) Assinale a alternativa CORRETA acerca do texto.

a) Exemplifica o padrão poético do Classicismo renascentista, na medida em que tematiza o amor, utilizando-se da chamada "medida nova".

b) Embora apresente versos redondilhos, de tradição medieval, a linguagem dos versos revela contenção emotiva, traço estilístico valorizado na Renascença.

c) Revela influência das cantigas medievais, pela sonoridade das rimas e linguagem emotiva própria da "coita de amor".

d) É um texto do Humanismo, pois traz uma reflexão filosófica sobre o sentimento amoroso, afastando-se, assim, da influência greco-romana.

e) Antecipa o estilo barroco do século XVII devido à sua linguagem prolixa, em que se notam ousadas inversões sintáticas e metáforas obscuras.

4. (UPM-SP) Em meados do século XIV, a poesia trovadoresca entra em decadência, surgindo, em seu lugar, uma nova forma de poesia, totalmente distanciada da música, apresentando amadurecimento técnico, com novos recursos estilísticos e novas formas poemáticas, como a trova, a esparsa e o vilancete. Assinale a alternativa em que há um trecho representativo de tal tendência.

a)

Non chegou, madre, o meu amigo,
e oje est o prazo saido!
Ai, madre, moiro d'amor!

b)

Êstes olhos nunca perderán,
senhor, gran coita, mentr'eu vivo fôr;
e direi-vos fremosa, mia senhor,
dêstes meus olhos a coita que han:
choran e cegan, quand'alguém non veen,
e ora cegan por alguen que veen.

c)

Meu amor, tanto vos amo,
que meu desejo não ousa
desejar nehua cousa.

Porque, se a desejasse,
logo a esperaria, e se eu a esperasse,
sei que vós anojaria:
mil vezes a morte chamo
e meu desejo não ousa
desejar-me outra cousa.

d)

Amigos, non poss'eu negar
a gran coita que d'amor hei,
ca me vejo sandeu andar,
e con sandece o direi:
os olhos verdes que eu vi
me fazen ora andar assi.

e)

Ai! dona fea, foste-vos queixar
por (que) vos nunca louv'em meu cantar;
mais ora quero fazer um cantar,
em que vos loarei toda via;
e vedes como vos quero loar.
dona fea, velha e sandia!

5. (Unifesp) Leia a cantiga seguinte, de Joan Garcia de Guilhade.

Un cavalo non comeu
á seis meses nen s'ergueu
mais prougu'a Deus que choveu,
creceu a erva,
e per cabo si paceu,
e já se leva!

Seu dono non lhi buscou
cevada neno ferrou:
mai-lo bon tempo tornou,
creceu a erva,
e paceu, e arriçou,
e já se leva!

Seu dono non lhi quis dar
cevada, neno ferrar;
mais, cabo dum lamaçal
creceu a erva,
e paceu, e arriç'ar,
e já se leva!

(Joan Garcia de Guilhade)

A leitura permite afirmar que se trata de uma cantiga de

a) escárnio, em que se critica a atitude do dono do cavalo, que dele não cuidara, mas graças ao bom tempo e à chuva, o mato cresceu e o animal pôde recuperar-se sozinho.
b) amor, em que se mostra o amor de Deus com o cavalo que, abandonado pelo dono, comeu a erva que cresceu graças à chuva e ao bom tempo.
c) escárnio, na qual se conta a divertida história do cavalo que, graças ao bom tempo e à chuva, alimentou-se, recuperou-se e pôde, então, fugir do dono que o maltratava.
d) amigo, em que se mostra que o dono do cavalo não lhe buscou cevada nem o ferrou por causa do mau tempo e da chuva que Deus mandou, mas mesmo assim o cavalo pôde recuperar-se.
e) maldizer, satirizando a atitude do dono que ferrou o cavalo, mas esqueceu-se de alimentá-lo, deixando-o entregue à própria sorte para obter alimento.

6. (UFG-GO) Leia o poema que segue:

XXVI

De sacrifício
De conhecimento
Da carne machucada

Os joelhos dobrados
Frente ao Cristo

Meu canto compassado
De mulher-trovador.

Ai. Descuidado
Que palavras altas
Que montanha de mágoas
Que águas
De um venenoso lago
Tu derramaste
Nos meus ferimentos.

Que simetria, justeza
Para ferir-me a mim
Como se a cruz quisesse
De mim ser a moradia.

E eu canto
Porque é esse o destino
Da minha garganta.
E canto

Porque criança aprendi
Nas feiras: ave e mulher
Cantam melhor na cegueira.

HILST, Hilda. *Cantares*. São Paulo: Globo, 2004. p. 59-60.

Das características da poesia reunida em "Cantares", de Hilda Hilst, mencione três que podem ser identificadas no texto transcrito.

7. (EsPCEx–AMAN-RJ) Considerando a imagem da mulher nas diferentes manifestações literárias, pode-se afirmar que

a) nas cantigas de amor, originárias da Provença, o eu lírico é feminino, mostrando o outro lado do relacionamento amoroso.
b) no Arcadismo, a louvação da mulher é feita a partir da escolha de um aspecto físico em que sua beleza se iguale à perfeição da natureza.
c) no Realismo, a mulher era idealizada como misteriosa, inatingível, superior, perfeita, como nas cantigas de amor.
d) a mulher moderna é inferiorizada socialmente e utiliza a dissimulação e a sedução, muitas vezes desencadeando crises e problemas.
e) a mulher barroca foi apresentada como arquétipo da beleza, evidenciando o poder por ela conquistado, enquanto os homens viviam uma paz espiritual.

Módulo 8 • Os estilos de época na Era Medieval: Humanismo

1. O Humanismo

O período conhecido como **Humanismo** na literatura portuguesa se estende do início do século XV ao início do século XVI, quando Portugal passa a cultivar os modelos renascentistas. Esse período representa uma parcial ruptura aos modelos medievais e uma transição para o Renascimento; como sua denominação indica, uma de suas principais marcas é a gradual substituição do pensamento teocêntrico pelo antropocentrismo.

2. A crônica histórica de Fernão Lopes

As principais crônicas escritas por Fernão Lopes foram as dos reis D. Pedro (1357-67), D. Fernando (1367--1383) e D. João I (1385-1433), nas quais deu vazão a uma narrativa marcada pela relação entre o saber erudito e a cultura popular. Nos seus textos, estão presentes traços de oralidade, com interjeições e constantes diálogos com o leitor, assim como as influências de suas leituras de autores clássicos. A escrita de Fernão Lopes está, a um só tempo, em contato com a cultura medieval e com o humanismo, situação condizente com a de Portugal do século XV, que vivia um denso e duradouro conflito entre uma mentalidade aristocrática e rural e uma política de expansão marítima e comercial.

O cronista nos dá uma visão de conjunto da sociedade portuguesa da época, analisando os mais variados setores que a compunham e ressaltando, principalmente, a importância dos fatores econômicos e a participação do povo, a quem tratava de "arraia-miúda" ou "barrigas ao sol".

3. O teatro de Gil Vicente

O teatro vicentino é basicamente caracterizado pela sátira ao comportamento de todas as camadas sociais: a nobreza, o clero e o povo. Apesar de sua profunda religiosidade, o tipo mais comumente criticado por Gil Vicente é o frade, que se entrega a amores proibidos, à ganância na venda de indulgências, ao exagerado misticismo, ao mundanismo, à depravação dos costumes. Não poupou também bispos, cardeais e até mesmo o papa.

A baixa nobreza, representada pelo fidalgo decadente e pelo escudeiro, é outra classe social constantemente criticada pelo autor. Satiriza, ainda, o povo e todos os que se deixam corromper pela perspectiva do lucro fácil. Assim, os personagens do teatro vicentino formam uma riquíssima galeria de tipos humanos.

Em sua obra, percebem-se tanto características tipicamente medievais (religiosidade, uso de alegorias, de redondilhas, não obediência às três unidades do teatro clássico) como características humanistas, como a presença de figuras mitológicas, a condenação à perseguição aos judeus e cristãos-novos, a crítica social.

O auto – de Gil Vicente a João Cabral de Melo Neto

Auto é uma designação genérica para textos poéticos (geralmente em redondilhas) criados no final da Idade Média para representações teatrais.

A maioria dos autos tem caráter predominantemente religioso, embora a obra de Gil Vicente ofereça vários exemplos de temática profana e satírica (as farsas), sempre com preocupações moralizantes.

No Brasil, em pleno século XX, encontramos textos notáveis que revelam influência medieval. *Morte e vida severina*, por exemplo, de João Cabral de Melo Neto, é um auto em versos curtos, com predomínio de redondilhas, apresentando vários diálogos, o que resulta num texto propício à encenação ou à leitura em voz alta. A religiosidade se manifesta nos nomes de alguns personagens (Maria e José, o carpinteiro) e na exaltação da vida, a partir do nascimento de uma criança nos mangues de Recife. Por essa razão, o poema traz como subtítulo *Auto de Natal pernambucano*.

4. O momento histórico

ano	economia – política – sociedade
1385	• D. João I, Mestre de Avis, é aclamado rei de Portugal.
1399	• Henrique IV assume o trono da Inglaterra como primeiro rei da casa Lancaster.
1411	• É assinado o tratado de paz entre Portugal e Castela.
1415	• Sob o comando de D. João I, e uma forte aliança entre o rei e a burguesia, Portugal inicia a sua expansão ultramarina com a conquista de Ceuta, na costa do Marrocos.
1420-21	• Na famosa Escola de Sagres, sob o comando do Infante D. Henrique, Portugal desenvolve técnicas náuticas; entre elas, o aperfeiçoamento de antigas embarcações até chegar à criação das caravelas; intensifica-se a exploração da costa atlântica da África.
1431	• Guerra dos Cem Anos: Joana d'Arc, com 19 anos, é presa, julgada, condenada e queimada viva.
1434	• Expedição comandada por Gil Eanes passa além do Cabo Bojador (na época, ponto extremo sul da então conhecida costa atlântica da África); ir além do Bojador era entrar no mar desconhecido.
1453	• Fim da Guerra dos Cem Anos. • Os turcos otomanos, chefiados por Maomet II, tomam Constantinopla (esse fato é considerado o marco final da Idade Média; a partir daí tem início a Idade Moderna).
1469	• Na Espanha, casamento dos Reis Católicos: Fernando de Aragão com Isabel de Castela. • Em Florença, sobe ao poder Lourenço de Médicis, o Magnífico.
1487	• Expedição comandada por Bartolomeu Dias ultrapassa o Cabo da Boa Esperança, entrando em águas do oceano Índico.
1492	• Cristóvão Colombo descobre a América. • Depois de dez anos de batalhas, os Reis Católicos de Espanha tomam Granada, último reduto muçulmano na Península Ibérica.
1494	• Os procuradores de D. João II, rei de Portugal, e de Fernando e Isabel, reis de Aragão e Castela, assinam na vila de Tordesilhas um tratado em que se regula a expansão para além do território peninsular; assim, é traçada uma linha divisória de polo a polo distante 370 léguas do arquipélago de Cabo Verde, para oeste, pertencendo a parte ocidental à Espanha e a oriental a Portugal.
1498	• Expedição comandada por Vasco da Gama chega às Índias, dando início a intensa atividade mercantil.
1500	• Expedição comandada por Pedro Álvares Cabral chega à costa brasileira.

ano	arte – ciência – filosofia
1402	• Início da construção da Catedral de Sevilha, em arquitetura gótica.
1434-92	• Florença é governada pelos Médicis: Cosme de Médicis (1434 até 1464); Piero de Médicis (1464 até 1469) e Lourenço de Médicis, o Magnífico (1469 até 1492). Sob o período dos Médicis, Florença assistiu ao esplendor das artes renascentistas.
1436	• Filippo Brunelleschi termina o projeto da cúpula da Igreja de Santa Maria del Fiore, em Florença, rompendo definitivamente com o modelo gótico medieval.
1456	• A tipografia de Johann Gutenberg, utilizando caracteres tipográficos móveis, imprime a "Bíblia de 42 linhas e 642 páginas", o primeiro livro impresso; sua tiragem foi de, aproximadamente, 200 exemplares.
1464	• Johann Muller, astrônomo e matemático alemão, viveu grande parte de sua vida em Roma, onde era conhecido como Regiomontano; autor de *De triangulis omnimodis*, considerada a primeira obra moderna de trigonometria.
1452-59	• Piero della Francesca pinta os afrescos da igreja de San Francesco, em Arezzo. Pintor e matemático, redigiu um tratado sobre perspectiva, no qual utiliza noções de geometria espacial; consolidou e tornou rigorosas as técnicas e os princípios até então desenvolvidos.
1481-85	• Sandro Botticelli pinta três afrescos na Capela Sistina. Logo depois, pinta a tela *O Nascimento de Vênus*.
1487-89	• Impressão do primeiro livro em Portugal: uma bíblia em hebraico, trabalho do tipógrafo Samuel Porteiro, na cidade de Faro. Logo depois, foi impresso o primeiro livro em Lisboa, também em hebraico. Em 1489, surge o primeiro livro em língua portuguesa.

Exercício comentado

Texto para a próxima questão.

Chicó – Por que essa raiva dela?

João Grilo – Ó homem sem vergonha! Você inda pergunta? Está esquecido de que ela o deixou? Está esquecido da exploração que eles fazem conosco naquela padaria do inferno? Pensam que são o cão só porque enriqueceram, mas um dia hão de pagar. E a raiva que eu tenho é porque quando estava doente, me acabando em cima de uma cama, via passar o prato de comida que ela mandava para o cachorro. Até carne passada na manteiga tinha. Para mim nada, João Grilo que se danasse. Um dia eu me vingo.

Chicó – João, deixe de ser vingativo que você se desgraça. Qualquer dia você inda se mete numa embrulhada séria.

Ariano Suassuna, *Auto da Compadecida*.

1. (UPM-SP) Considere as seguintes afirmações.

I. O texto de Ariano Suassuna recupera aspectos da tradição dramática medieval, afastando-se, portanto, da estética clássica de origem greco-romana.

II. A palavra Auto, no título do texto, por si só sugere que se trata de peça teatral de tradição popular, aspecto confirmado pela caracterização das personagens.

III. O teor crítico da fala da personagem, entre outros aspectos, remete ao teatro humanista de Gil Vicente, autor de vários autos, como, por exemplo, o *Auto da barca do Inferno*.

Assinale:

a) se todas estiverem corretas.
b) se apenas I e II estiverem corretas.
c) se apenas II estiver correta.
d) se apenas II e III estiverem corretas.
e) se todas estiverem incorretas.

Comentário do vestibular:

O próprio título já sugere a ligação entre a peça de Ariano Suassuna e o teatro vicentino, ambos de caráter popular.

Resposta: alternativa **a**.

Exercícios propostos

1. (UEPG-PR) Em relação à problemática e à estrutura da peça "O Auto da Compadecida", assinale o que for correto.

01) A preocupação maior do autor reside em distanciar-se da estrutura de um auto de moralidade, ao estilo quinhentista português (modelo Gil Vicente).
02) Os componentes estruturais do texto revelam personagens que simbolizam pecados (maiores ou menores), que recebem o direito ao julgamento, que gozam do livre-arbítrio e que são ou não condenados.
04) A peça se embasa em determinadas tradições localistas e regionalistas do folclore.
08) A realidade nordestina está presente, através de seus instrumentos culturais mais significativos, as crenças e a literatura de cordel.
16) A intenção clara e expressa do texto dramatúrgico em questão é de natureza moral, desvinculada de credo religioso.

2. (UFPE) O gênero dramático põe na cena discursiva a ação das personagens, que realizam, elas mesmas, o acontecimento. Dessa forma, podemos entender o *Auto da Compadecida*, de Ariano Suassuna, como um texto dramático. Considerando as marcas do gênero na obra e as opções estéticas usadas pelo autor, analise as afirmações seguintes.

( ) A obra de Suassuna se enquadra numa forma dramática cômica, conhecida como "Farsa", por apresentar um enredo que pretende provocar o riso a partir de situações cômicas e ridículas da vida cotidiana.
( ) A intertextualidade se mostra no *Auto da Compadecida* pelo diálogo que Suassuna estabelece com a obra dos dramaturgos Plauto e Gil Vicente, e com o romanceiro popular.
( ) Todos os personagens estão presentes na ação dramática, incluindo o Palhaço, que sai lesado ao se envolver nas tramoias armadas por João Grilo e Chicó.
( ) João Grilo e Chicó são as personagens centrais do enredo, pois todo o acontecimento dramático ocorre a partir dos erros e acertos cômicos dos dois rapazes.
( ) O título da obra se reporta a Nossa Senhora da Compadecida, a qual, no enredo, está presente como personagem. Ao final, gera-se a dúvida maliciosa da comédia: a santa teria agido ou não por interesses particulares?

3. (Unicamp-SP) Leia os diálogos abaixo da peça "O Velho da Horta" de Gil Vicente:

(Mocinha) – Estás doente, ou que haveis?
(Velho) – Ai! não sei, desconsolado,
Que nasci desventurado.
(Mocinha) – Não choreis;
mais mal fadada vai aquela.
(Velho) – Quem?
(Mocinha) – Branca Gil.
(Velho) – Como?
(Mocinha) – Com cent'açoutes no lombo,
e uma corocha por capela*.
E ter mão;
leva tão bom coração,**
como se fosse em folia.
Ó que grandes que lhos dão!***

(Gil Vicente, "O Velho da Horta", em Cleonice Berardinelli (org.), *Antologia do Teatro de Gil Vicente*. Rio de Janeiro: Nova Fronteira/Brasília, INL, 1984, p. 274).

* (corocha) cobertura para a cabeça própria das alcoviteiras; (por capela) por grinalda.

** caminha tão corajosa

*** Ó que grandes açoites que lhe dão!

a) A qual desventura refere-se o Velho neste diálogo com a Mocinha?

b) A que se deve o castigo imposto a Branca Gil?

c) Diante do castigo, Branca Gil adota uma atitude paradoxal. Por quê?

4. (PUC-SP) A farsa "O Velho da Horta" revela surpreendente domínio da arte teatral. Segundo seus estudiosos, Gil Vicente utiliza-se de processos dramáticos que se tornarão típicos em suas criações cômicas. Não condiz com as características de seu teatro,

a) o rigoroso respeito à categoria tempo, delineado na justa sucessão do transcorrer cronológico das ações.

b) a não preparação de cenas e entrada de personagens, o que provoca a precipitação de certos quadros e situações.

c) o realismo na caracterização social, psicológica e linguística de seus personagens.

d) o perfeito domínio do diálogo e grande poder de exploração do cômico.

e) o pouco aparato cênico, limitado ao necessário para sugerir o ambiente em que decorre a peça.

5. (Unicamp-SP) Leia o diálogo a seguir, de "Auto da Barca do Inferno":

DIABO
Cavaleiros, vós passais
e não perguntais onde is?

CAVALEIRO
Vós, Satanás, presumis?
Atentai com quem falais!

OUTRO CAVALEIRO
Vós que nos demandais?
Siquer conhecê-nos bem.
Morremos nas partes d'além,
e não queirais saber mais.

(Gil Vicente, Auto da Barca do Inferno, em "Antologia do Teatro de Gil Vicente". Org. Cleonice Berardinelli, Rio de Janeiro: Nova Fronteira/Brasília: INL, 1984, p. 89.)

a) Por que o cavaleiro chama a atenção do Diabo?

b) Onde e como morreram os dois Cavaleiros?

c) Por que os dois passam pelo Diabo sem se dirigir a ele?

6. (UFPA) O monólogo dramático "O pranto de Maria Parda", de Gil Vicente, é um desses textos emblemáticos da produção de um dos mais respeitáveis autores portugueses. A peça dispõe de um conteúdo pelo qual perpassam variados sentidos, ligados a problemas sociais, a preconceito, à paródia, ao grotesco, enfim, nela se encontra uma espécie de mosaico de informações de toda ordem. A riqueza de questões suscitadas no monólogo ainda hoje pode ser considerada, como é da natureza do texto vicentino, de atualidade indiscutível.
Com base no comentário acima, é correto afirmar, relativamente à linguagem e ao conteúdo da peça de Gil Vicente, que

a) a linguagem da peça é rica de lamentos, pragas, pedidos, promessas e muitas exclamações apelativas.

b) os taberneiros de Lisboa constituem uma espécie de coro, na peça, com a função de comentar os lamentos expressos nas falas de Maria Parda.

c) há, na peça, uma enfática oposição ao uso de vinho, manifesta no discurso de sacerdotes, escudeiros e barqueiros.

d) Gil Vicente cria um personagem com as características referidas aqui: doente, envelhecida, "sem gota de sangue nas veias", de corpo "tão seco".

e) Maria Parda – mestiça, atrevida e sexualmente livre – é um personagem que representa a base da pirâmide social lisboeta da época.

7. (UPM-SP)

O RACIONALISMO pode ser definido como a doutrina que, por oposição ao CETICISMO, atribui à RAZÃO humana a capacidade exclusiva de conhecer e de estabelecer a Verdade; por oposição ao EMPIRISMO, considera a RAZÃO como independente da experiência sensível, posto ser ela inata, imutável e igual em todos os homens; contrariamente ao MISTICISMO, rejeita toda e qualquer intervenção dos sentimentos e das emoções, pois, no domínio do conhecimento, a única autoridade é a RAZÃO.

(Hilton Japiassu)

No texto, a definição de racionalismo é feita pelo processo de:

a) enumeração de suas características principais.

b) generalização das características comuns a várias doutrinas filosóficas.

c) contraste com outras doutrinas filosóficas.

d) levantamento das causas de suas diferenças.

e) exposição das consequências de suas diferenças.

Módulo 9 • Os estilos de época na Era Clássica: Classicismo português

1. A Era Clássica

O que se convencionou denominar Era Clássica, na literatura europeia, corresponde a uma nova ordem socioeconômica que marca os séculos XVI, XVII e XVIII. A crise do feudalismo, a tomada de Constantinopla pelos turcos (1453), a expansão marítima e a revolução comercial, o desenvolvimento do capitalismo mercantil, as monarquias absolutistas formam o pano de fundo desse período. Assiste-se a uma retomada dos valores da Antiguidade clássica (daí a denominação), que passam a conviver com heranças esparsas dos modelos medievais.

Na Era Clássica predomina a poesia, tanto a lírica como a épica; musas ganham contornos e nomes que remetem à mitologia; Homero, Virgílio e Horácio são revisitados; exalta-se o bucolismo, o homem em seu estado natural, a vida pastoril.

Divide-se a Era Clássica em três grandes estilos:

- **Classicismo**, que caracteriza a maior parte do século XVI (os anos de 1500, daí ser chamado de **Quinhentismo**);
- **Barroco**, que caracteriza o fim do século XVI e praticamente todo o século XVII (os anos de 1600, daí ser chamado de **Seiscentismo**);
- **Arcadismo** ou **Neoclassicismo**, que caracteriza o século XVIII (os anos de 1700, daí ser chamado de **Setecentismo**).

2. Classicismo português

A pujança econômica do reinado de D. Manuel e a introdução de novos conceitos de arte acabaram por gerar um estilo tipicamente lusitano, conhecido como *Manuelino*; sua principal característica é o acentuado caráter decorativo que associa elementos góticos a elementos mouriscos e renascentistas: na arquitetura, encontram-se ao lado de arcos e abóbadas, colunas retorcidas e um intenso rendilhado.

A linguagem do Classicismo

A revolução cultural renascentista e suas características temáticas e formais determinam a linguagem do Classicismo: seus campos lexicais, a forte presença dos adjetivos e mesmo a estruturação das frases.

3. Sá de Miranda

Francisco Sá de Miranda (1481-1558), que após viver alguns anos na Itália introduz a poesia classicizante em Portugal, é um típico representante da poesia quinhentista lusitana, autor de uma obra em que convivem heranças medievais e humanismo renascentista, a medida velha (redondilha) e a medida nova (decassílabo).

4. A lírica camoniana

As principais características da lírica de Camões são:

- **Poesia tradicional** – a herança das cantigas trovadorescas aparece principalmente nas redondilhas. O mar, a fonte, a natureza surgem constantemente em diálogos, lembrando as cantigas de amigo.
- **Ideias platônicas** – a filosofia de Platão marcou fortemente toda a produção literária do Renascimento. Assim, há uma constante busca do ideal, que não é mais do que uma tentativa de ascensão do mundo sensível (das realidades concretas, meras imitações particulares) ao mundo inteligível (da essência, a verdade universal). A partir do século XV, percebe-se uma tentativa de aproximar a filosofia platônica dos princípios do cristianismo.
- **O Amor** – Um dos temas mais ricos da lírica camoniana, o Amor é visto como ideia e como manifestação de carnalidade. Assim, Camões retrata a mulher amada tanto de forma idealizada, recorrendo, para descrevê-la, a uma constante adjetivação: um ser superior, angelical, perfeito, quanto de maneira mais concreta, cantando não mais um amor espiritualizado, mas um amor terreno, carnal, erótico. A impossibilidade de obter uma síntese desses dois amores se revela na poesia camoniana algumas vezes pelo uso intenso de antíteses.
- **O "desconcerto do mundo"** – Esse foi um dos temas que mais perturbaram o poeta português; está presente em poemas que tratam das injustiças, do prêmio aos maus e do castigo aos bons; da ambição e da tentativa de guardar bens que acabam no nada da morte; dos sofrimentos constantes que aniquilam as prováveis conquistas; enfim, de um **conflito violento entre o ser e o dever ser**.

5. A épica camoniana

Os Lusíadas

O termo *lusíadas* significa "lusitanos" e já anuncia o herói coletivo do poema: o povo português.

Seguem algumas informações sobre a obra:

- **herói**: Vasco da Gama, comandante da expedição que "descobriu" o caminho para as Índias em 1498;
- **argumento**: as façanhas dos navegantes portugueses durante a viagem de Portugal às Índias; no meio da narrativa, pela voz de Vasco da Gama, o leitor toma contato com a História de Portugal, desde a independência capitaneada por Afonso Henriques até o governo de D. Manuel, o Venturoso;
- **presença do maravilhoso pagão**: o destino dos navegadores é decidido pelos deuses no Concílio do Monte Olimpo;
- **estrutura**: 8 816 versos distribuídos em 10 Cantos. Divisão clássica em cinco partes: Proposição, Invocação, Dedicatória, Narração e Epílogo.

6. Camões hoje

Camões deixou a mais rica herança e um exército de seguidores, a tal ponto que seria muito difícil encontrar um poeta português ou brasileiro, de 1600 para cá, que não tenha sentido a influência da poesia camoniana.

Impossível comentar, por exemplo, a obra de Fernando Pessoa e de José Saramago sem relacioná-las a Camões. No Brasil, a influência camoniana pode ser constatada em páginas de *Macunaíma*, de Mário de Andrade, em sonetos de Vinicius de Moraes e em inúmeras poesias de Manuel Bandeira e Murilo Mendes. No entanto, talvez a maior influência do poeta português se faça notar na obra de Carlos Drummond de Andrade e, em particular, naquele que é considerado um dos mais importantes poemas de nossa literatura: "A máquina do mundo", inspirado numa passagem do "Canto X" de *Os Lusíadas*, em que o poeta português descreve a máquina do mundo.

7. O momento histórico

ano	economia – política – sociedade
1506	• A questão judaica em Lisboa: motins resultam na morte de cerca de dois mil cristãos-novos. • Monopólio do Estado português sobre o comércio de especiarias.
1509	• Henrique VIII assume o trono da Inglaterra.
1510	• O português Afonso de Albuquerque conquista Goa (Índia) e consolida o império português na Ásia.
1514	• Início da publicação das Ordenações Manuelinas, severas normas jurídicas impostas pelo Estado português no governo de D. Manuel.
1517	• Lutero publica as 95 teses contra as Bulas de Indulgência; tem início a Reforma protestante.
1519	• O português Fernão de Magalhães dá início à primeira viagem de circum-navegação. • O espanhol Hernan Cortés inicia a conquista do México.
1531	• O rei D. João III pede licença ao papa para organizar a Inquisição em Portugal.
1532	• Fundação de São Vicente, primeira vila no Brasil.
1534	• Henrique VIII rompe definitivamente com a Igreja romana e funda a Igreja protestante inglesa. • Na Espanha, Ignácio de Loyola funda a Companhia de Jesus, o braço mais importante do movimento de Contrarreforma.
1545	• Início do Concílio de Trento, reação da Igreja Católica ao movimento de Reforma protestante.
1549	• No Brasil, criação do Governo-Geral e fundação da cidade de Salvador, primeira cidade brasileira e sede de governo; chegam os primeiros jesuítas.
1555	• Os franceses ocupam o Rio de Janeiro e fundam a França Antártica.
1572	• Noite de São Bartolomeu (24 de agosto): lutas envolvendo as lideranças católicas e protestantes na França resultam na morte de milhares de huguenotes (protestantes franceses).
1578	• Em Alcácer-Quibir (Marrocos), os portugueses são derrotados pelos mouros; na batalha, morre o rei D. Sebastião.
1580	• Unificação da península Ibérica sob o domínio espanhol.

ano	arte – ciência – filosofia
1503	• Período provável em que Leonardo da Vinci pinta a tela *Mona Lisa*.
1508	• Michelangelo inicia a pintura da Capela Sistina. • É publicado o *Amadis de Gaula*, romance de cavalaria, de autor anônimo.
1509	• Erasmo de Rotterdam, considerado um dos principais pensadores do Humanismo, publica *O elogio da loucura*, em que critica o autoritarismo da Igreja e defende o livre-arbítrio.
1516	• Nicolau Maquiavel publica *O Príncipe*, importante tratado político que ainda hoje gera polêmicas, no qual discorre sobre os meios pelos quais os governantes atingiriam seus fins. • Tomas Morus publica *Utopia*: baseado em *A República*, de Platão, o pensador inglês apresenta uma ilha imaginária onde todos vivem em harmonia e trabalham em favor do bem comum. • Ludovico Ariosto publica o épico *Orlando Furioso*.
1543	• Sai uma edição da obra *De revolutionibus orbium caelestium* (*Sobre as revoluções dos orbes celestes*), de Nicolau Copérnico; nela, o astrônomo polonês defende a teoria heliocêntrica. • Andrea Vesalio publica *De Humanis Corporis fabrica*, primeiro tratado de anatomia humana.
1552	• De autor anônimo espanhol, é publicado o romance *Lazarillo de Tormes*, criando-se o modelo de herói picaresco.
1569	• O cartógrafo flamengo Gerhardus Mercator apresenta sua concepção de Planisfério.
1572	• Luís de Camões publica *Os Lusíadas*, a mais importante epopeia em língua portuguesa.
1590-97	• Encenação das primeiras peças de William Shakespeare, entre elas *O mercador de Veneza*, *Romeu e Julieta*, *O sonho de uma noite de verão*, *A megera domada*.
1600	• O pensador italiano Giordano Bruno é queimado em praça pública a mando da Inquisição; Bruno defendia a ideia de que o Universo é infinito e de que os astros estão em constante movimento; no campo religioso, criticava a intolerância e o sectarismo.

Exercício comentado

1. (Uespi) Muitas são as formas fixas que foram cultivadas por Camões. Muitas dessas formas também foram praticadas por outros poetas do Quinhentismo português, a exemplo de Sá de Miranda e Antônio Ferreira. Assim, dentre as formas literárias que compõem a poética de Camões, quais não podemos assinalar como cultivadas pelo poeta?
   a) Odes e elegias.
   b) Figurados e canto real.
   c) Oitavas e écoglas.
   d) Redondilhas e epopeia.
   e) Canções e sextinas.

Comentário do vestibular:

Das formas literárias que compõem a poética de Camões, não consta o poema figurado, composição poética cujos versos se organizam de maneira a sugerir a forma do objeto que lhe constitui o tema. Este tipo de poema foi usado inicialmente pela estética simbolista e posteriormente pelo Concretismo. Da mesma forma, não cultivou o canto real, poema de forma fixa composto de 5 estâncias de onze versos e uma estrofe de 5 versos de dedicatória, elaborados por alguns poetas do Parnasianismo. Assim, é correta a alternativa **b**.

Resposta: alternativa **b**.

Exercícios propostos

Texto para a próxima questão.

Tanto de meu estado me acho incerto,
Que em vivo ardor tremendo estou de frio;
Sem causa, juntamente choro e rio;
O mundo todo abarco e nada aperto.

É tudo quanto sinto um desconcerto;
Da alma um fogo me sai, da vista um rio;
Agora espero, agora desconfio,
Agora desvario, agora certo.

Estando em terra, chego ao Céu voando;
Numa hora acho mil anos, e é de jeito
Que em mil anos não posso achar uma hora.

Se me pergunta alguém por que assim ando,
Respondo que não sei; porém suspeito
Que só porque vos vi, minha Senhora.

(www.fredb.sites.uol.com.br/lusdecam.htm)

1. (IFSP) Considere:

- ardor x frio
- choro x rio
- abarco x nada aperto

Esses jogos de palavras, exemplos do pré-Barroco na poesia de Camões, constituem

a) eufemismos que revelam o sofrimento do eu lírico.
b) antíteses que confirmam o desconcerto do eu lírico.
c) sinestesias que marcam as contradições do eu lírico.
d) hipérboles que exageram o sofrimento do eu lírico.
e) metáforas que comparam a dor com a vida do eu lírico.

2. (UFJF-MG) Com os versos "Cantando espalharei por toda a parte, / Se a tanto me ajudar o engenho e a arte.", Camões explica que o propósito de "Os Lusíadas" é divulgar os feitos portugueses. Sobre esse poema épico, só é INCORRETO afirmar que:

a) se trata da maior obra literária do quinhentismo português.
b) Camões sofre a clara influência dos clássicos greco-latinos.
c) há forte presença do romantismo, devido ao nacionalismo.
d) como epopeia moderna, há momentos de crítica à nação e ao povo.
e) louva não apenas o homem português, mas o homem renascentista.

Texto para a próxima questão.

Esparsa – Ao desconcerto do Mundo

(Luís de Camões)

Os bons vi sempre passar
No Mundo graves tormentos;
E pera mais me espantar
Os maus vi sempre nadar
Em mar de contentamentos.
Cuidando alcançar assim
O bem tão mal ordenado,
Fui mau, mas fui castigado,
Assim que só pera mim
Anda o Mundo concertado.

(Luís de Camões: Ao desconcerto do Mundo. In: *RIMAS. OBRA COMPLETA*. Rio de Janeiro: Aguilar Editora, 1963, p. 475-6.)

3. (Ufscar-SP) Este curto poema de Camões compõe-se de partes correspondentes ao destaque dado às personagens (o eu poemático e os outros). Quanto ao significado, o poema baseia-se em antíteses desdobradas, de tal maneira trançadas que parecem refletir o "desconcerto do mundo". Posto isso:

a) Identifique a antítese básica do poema e mostre os seus desdobramentos.
b) Explique a composição do texto com base nas rimas.

Textos para a próxima questão.

Texto I

Amor é fogo que arde sem se ver;
É ferida que dói e não se sente;
É um contentamento descontente;
É dor que desatina sem doer.

É um não querer mais que bem querer;
É solitário andar por entre a gente;
É nunca contentar-se de contente;
É cuidar que se ganha em se perder;

Camões

Texto II

Amor é fogo? Ou é cadente lágrima?
Pois eu naufrago em mar de labaredas
Que lambem o sangue e a flor da pele acendem
Quando o rubor me vem à tona d'água.

E como arde, ai, como arde, Amor,
Quando a ferida dói porque se sente,
E o mover dos meus olhos sob a casca
Vê muito bem o que devia não ver.

Ilka Brunhilde Laurito

4. (UFJF-MG) Leia o fragmento a seguir e responda ao que se pede.

"Amores da alta esposa de Peleu
Me fizeram tomar tamanha empresa.
Todas as deusas desprezei do céu,
Só por amar das águas a princesa.
Um dia a vi co'as filhas de Nereu,
Sair nua na praia: e logo presa
A vontade senti de tal maneira
Que inda não sinto cousa que mais queira.
Como fosse impossíbil alcançá-la
Pela grandeza feia de meu gesto,
Determinei por armas de tomá-la
E a Dóris este caso manifesto.
De medo a deusa então por mi lhe fala;
Mas ela, c'um fermoso riso honesto,
Respondeu: 'Qual será o amor bastante
De ninfa, que sustente o dum gigante?"

Camões – "Os Lusíadas"

Nas estrofes acima, extraídas do episódio do Adamastor, observamos o amor entre o Gigante e Tétis, a "Princesa das Águas". A partir disso, responda:

a) Como se manifesta, no texto, o amor do gigante, e como Tétis reage a esse amor?
b) Quem é, no poema de Camões, o gigante Adamastor?

Módulo 10 • A descoberta do Brasil: Quinhentismo

1. A expansão ultramarina e o Brasil

A *Carta a El-Rei Dom Manuel sobre o achamento do Brasil*, de Pero Vaz de Caminha, escrivão da armada de Pedro Álvares Cabral, pode ser considerado o marco inicial da história da literatura brasileira. Fato indiscutível é a *Carta* refletir uma visão de mundo do homem português, o que bastaria para colocá-la como mais um texto-documento da literatura portuguesa ligada à expansão ultramarina. Mas é essa visão de mundo do homem europeu que vai dominar, com maior ou menor intensidade, os três primeiros séculos de nossa literatura, em que o Brasil é colocado na condição de "objeto de uma cultura, o **outro** em relação à Metrópole", como salienta Alfredo Bosi. Só a partir do século XIX, com o Romantismo, encontramos manifestações literárias genuinamente nacionais.

Em 1500, sob o governo de D. Manuel, Portugal vivia o momento mais glorioso de sua história: colhia os frutos da descoberta do caminho marítimo às Índias (1498); era o "empório comercial" da Europa; levava sua bandeira aos quatro cantos então conhecidos do mundo (Europa, África, América e Ásia); compartilhava da grande revolução cultural que foi o Renascimento; e desenvolvia uma arte com características próprias (o "estilo manuelino").

2. O Quinhentismo brasileiro

Quinhentismo é a denominação genérica de todas as manifestações literárias ocorridas no Brasil durante o século XVI e corresponde à introdução da cultura europeia em terras brasileiras.

Nesse século, o homem europeu, especificamente o ibérico, apresenta duas preocupações distintas: a **conquista material**, resultante da política das grandes navegações, e a **conquista espiritual**, resultante, no caso português, do movimento de Contrarreforma.

A *Carta* de Caminha

A *Carta* de Pero Vaz de Caminha é o primeiro documento histórico e literário que retrata o olhar estrangeiro sobre o Brasil. O texto inaugura a chamada **literatura de informação**, ou literatura informativa – principal gênero do Quinhentismo –, que abarca outros documentos escritos por portugueses no mesmo período com a finalidade de descrever a terra descoberta e os nativos que aqui viviam.

Pero Vaz de Caminha

Escrivão da armada de Cabral, Pero Vaz de Caminha nasceu por volta de 1437, provavelmente na cidade do Porto; teve fim trágico na Índia, ainda no ano de 1500, assassinado pelos mouros.

Exercício comentado

Textos para a próxima questão.

Texto 1

A feição deles é serem pardos, um tanto avermelhados, de bons rostos e bons narizes, bem feitos. Andam nus, sem cobertura alguma. Nem fazem mais caso de encobrir ou deixar de encobrir suas vergonhas do que de mostrar a cara. Acerca disso são de grande inocência. Ambos traziam o beiço de baixo furado e metido nele um osso verdadeiro, de comprimento de uma mão travessa, e da grossura de um fuso de algodão, agudo na ponta como um furador.

[...]

Foram-se lá todos; e andaram entre eles. E segundo depois diziam, foram bem uma légua e meia a uma povoação, em que haveria nove ou dez casas, as quais diziam que eram tão compridas, cada uma, como esta nau capitânia. E eram de madeira, e das ilhargas de tábuas, e cobertas de palha, de razoável altura; e todas de um só espaço, sem repartição alguma, tinham de dentro muitos esteios; e de esteio a esteio uma rede atada com cabos em cada esteio, altas, em que dormiam. E de baixo, para se aquentarem, faziam seus fogos. E tinha cada casa duas portas pequenas, uma numa extremidade, e outra na oposta. E diziam que em cada casa se recolhiam trinta ou quarenta pessoas, e que assim os encontraram; e que lhes deram de comer dos alimentos que tinham, a saber muito inhame, e outras sementes que na terra dá, que eles comem.

[...]

Eles não lavram nem criam. Nem há aqui boi ou vaca, cabra, ovelha ou galinha, ou qualquer outro animal que esteja acostumado ao viver do homem. E não comem senão deste inhame, de que aqui há muito, e dessas sementes e frutos que a terra e as árvores de si deitam.

[...]

Até agora não pudemos saber se há ouro ou prata nela, ou outra coisa de metal, ou ferro; nem lha vimos. Contudo a terra em si é de muito bons ares frescos e temperados como os de Entre-Douro-e-Minho, porque neste tempo d'agora assim os achávamos como os de lá. Águas são muitas; infinitas. Em tal maneira é graciosa que, querendo-a aproveitar, dar-se-á nela tudo; por causa das águas que tem!

A Carta de Pero Vaz de Caminha. Disponível em: <http://www.dominiopublico.gov.br/download/texto/ua000283.pdf.> Acesso em: 03 set. 2011.

Texto 2

Nada mais bucólico que a cidadezinha de Chiloé. O tempo ali parece se arrastar. [...]

As construções não ultrapassam três andares. São todas de madeira e ganharam uma suave pátina produzida pelo tempo. Casas com sótãos, janelas com cortinas delicadas, jardineiras floridas, pequenos objetos de decoração e penachos de fumaça saindo pelas chaminés indicam um interior aconchegante. Em toda parte, se sente o perfume da maresia trazida pelos ventos.

Em Chiloé, os homens são do mar, rostos marcados pelo frio. Vestem-se com agasalhos surrados e usam boinas bascas, típicas dos marinheiros espanhóis. [...]

A benevolência parece ser a marca registrada desses homens do mar. Nas comunidades persiste um dos principais legados da cultura chilote: a minga, uma forma de trabalho coletivo e solidário. [...]

Dia de minga é um dia especial. Participei de um deles, quando um grande número de pessoas se reuniu e, com parelhas de bois, arrastaram e mudaram de lugar nada menos que a casa inteira de um morador. Falei dessa solidariedade com Efraim, velho pescador do vilarejo de Queilén, no momento em que ele pintava o barco do amigo doente. "O mar purifica a arrogância e lava a prepotência", ensinou esse velho lobo do mar.

REALI, H.; REALI, S. *Igrejas de Chiloé*. Planeta, p. 72-77, set. 2007.

Nota: O texto 1 contém trechos da carta, datada de 1º de maio de 1500, que Pero Vaz de Caminha escreveu ao rei D. Manuel, relatando os primeiros contatos com a terra e os habitantes do que viria a ser o Brasil. O texto foi adaptado para a ortografia atual. O texto 2, extraído de uma reportagem de revista, trata de Chiloé, um arquipélago no sul do Chile.

1. (UFSC) Com base na leitura dos textos 1, 2 e da nota de rodapé, assinale a(s) proposição(ões) CORRETA(S).

01) Ambos os textos buscam mostrar aspectos da geografia, da arquitetura e da população local, em uma linguagem essencialmente objetiva, com adjetivação mínima.

02) Tanto no texto 1 quanto no texto 2, a principal intenção é informar os leitores quanto ao potencial econômico do lugar descrito.

04) Apesar da grande distância temporal e geográfica, há pelo menos uma importante semelhança entre as populações descritas nos textos 1 e 2, que é o forte senso de vida em comunidade, representada na habitação coletiva e na minga, respectivamente.

08) No texto 1, os indígenas são retratados de forma depreciativa, como seres destituídos do senso de vergonha e incapazes de se engajar em atividades econômicas que lhes permitiriam um padrão de vida mais elevado, como a agricultura e a criação de animais.

16) Na fala de Efraim, transcrita ao final do texto 2, temos uma prosopopeia: o mar, humanizado, é mostrado como arrogante e prepotente.

Comentário do vestibular:

Percebe-se na Carta de Pero Vaz de Caminha que, apesar da intenção de mostrar aspectos das novas culturas com as quais se estava travando contato, existem julgamentos dessas culturas com base em características da própria cultura do narrador, com base na cultura portuguesa, o que desemboca em grande subjetividade no texto: "Nem fazem mais caso de encobrir ou deixar de encobrir suas vergonhas do que de mostrar a cara. Acerca disso são de grande inocência". O mesmo acontece no texto 2, em que Reali descreve Chiloé com grandes marcas de subjetividade: "Casas com sótãos, janelas com cortinas delicadas, jardineiras floridas, pequenos objetos de decoração e penachos de fumaça saindo pelas chaminés indicam um interior aconchegante". Além disso, há adjetivação excessiva, minuciosa, em ambos os textos. Assim, a afirmativa 01 é incorreta.

A afirmação 02 também está errada, visto que apenas o texto de Pero Vaz de Caminha visa informar o potencial econômico do lugar descrito.

Na Carta de Pero Vaz de Caminha, apesar de haver uma comparação entre os indígenas e os portugueses, de uma perspectiva etnocêntrica, não fica clara a intenção depreciativa. Mesmo que o autor afirme que os indígenas andem nus, ele atribui a esse comportamento inocência. Desse modo, faz-se incorreta a alternativa 08.

Além disso, na fala de Efraim, o mar é visto como aquele que purifica – "O mar purifica a arrogância e lava a prepotência" –, o que leva a afirmativa 16 à incorreção.

Dessa maneira, é correta apenas a afirmação 04.

Resposta: 04.

Exercícios propostos

Texto para a próxima questão.

Notícia da atual literatura brasileira – Instinto de nacionalidade

Quem examina a atual literatura brasileira reconhece-lhe logo, como primeiro traço, certo instinto de nacionalidade. Poesia, romance, todas as formas literárias do pensamento buscam vestir-se com as cores do país, e não há negar que semelhante preocupação é sintoma de vitalidade e abono de futuro.

As tradições de Gonçalves Dias, Porto Alegre e Magalhães são assim continuadas pela geração já feita e pela que ainda agora madruga, como aqueles continuaram as de José Basílio da Gama e Santa Rita Durão. Escusado é dizer a vantagem deste universal acordo. Interrogando a vida brasileira e a natureza americana, prosadores e poetas acharão ali farto manancial de inspiração e irão dando fisionomia própria ao pensamento nacional.

Esta outra independência não tem Sete de Setembro nem campo de Ipiranga; não se fará num dia, mas pausadamente, para sair mais duradoura; não será obra de uma geração nem duas; muitos trabalharão para ela até perfazê-la de todo.

(Machado de Assis, *Crítica*. Texto adaptado.)

1. (Fatec-SP) Considere as informações contidas nos itens a seguir.

   I. Basílio da Gama: poesia épica árcade dedicada ao tema indianista.

   II. Gonçalves Dias: poesia lírica romântica de exaltação da natureza nativa.

   III. Santa Rita Durão: poesia épica árcade com resgate de fatos históricos desde o descobrimento do Brasil.

   IV. José de Alencar: romance romântico, com procura da cor local e representação de costumes do interior.

   As referências de Machado de Assis ao "instinto de nacionalidade" na literatura brasileira aplicam-se a

   a) todos os itens.

   b) aos itens I e II apenas.

   c) aos itens II e III apenas.

   d) aos itens I, III e IV apenas.

   e) aos itens II, III e IV apenas.

2. (Cefet-CE) No período compreendido entre o descobrimento do Brasil e o ano de 1601, produziu-se no Brasil a literatura informativa, cuja temática está resumida na opção:

   a) a vida dos habitantes nativos.

   b) o perfil físico, étnico e cultural da nova terra.

   c) o modelo de catequese adotado pelos jesuítas.

   d) as aventuras do europeu descobridor.

   e) a política predatória de Portugal em relação ao Brasil.

Texto para a próxima questão.

O primeiro navio destacado da conserva para levar a Portugal a notícia do descobrimento do Brasil, e com instâncias ao rei de Portugal para que por amor da religião se apoderasse d'esta descoberta, cometera a violência de arrancar de suas terras, sem que a sua vontade fosse consultada, a dois índios, ato contra o qual se tinham pronunciado os capitães da frota de Pedro Álvares. Fizera-se o índice primeiro do que era a história da colônia: era a cobiça disfarçada com pretextos da religião, era o ataque aos senhores da terra, à liberdade dos índios; eram colonos degradados, condenados à morte, ou espíritos baixos e viciados que procuravam as florestas para darem largas às depravações do instinto bruto."

(DIAS, Gonçalves. Revista do Instituto Histórico e Geográfico Brasileiro, 4º trim. 1867, p. 274.)

3. (UFF-RJ) A visão de Gonçalves Dias no texto:

   a) reforça a posição dos brasileiros que desejam comemorar os 500 anos da chegada dos portugueses ao Brasil, como se esta tivesse sido um evento relevante e benéfico para os habitantes de nossa terra;

   b) insere-se no contexto do Romantismo, que busca ressaltar os aspectos negativos da colonização portuguesa, como elemento motivador para um distanciamento e uma diferenciação em relação a Portugal;

   c) recusa a ideia da violência que teria caracterizado a colonização portuguesa no Brasil, como se a esquadra de Pedro Álvares não houvesse enviado dois índios a Portugal, contra a vontade deles;

   d) ressalta a concordância a que os capitães da frota de Pedro Álvares teriam chegado, como se o consenso de todos estes comandantes justificasse a atitude de enviar os dois índios ao rei português;

   e) valoriza e confirma a iniciativa de alguns órgãos de imprensa que celebram a conquista portuguesa como fator importante para nosso posterior desenvolvimento como nação.

4. (UEPG-PR)

   Carta pras Icamiabas

   Ás mui queridas súbditas nossas, Senhoras Amazonas.

   Trinta de Maio de Mil Novecentos e Vinte e Seis, São Paulo.

   Senhoras:

   Não pouco vos surpreenderá, por certo, o endereço e a literatura desta missiva. Cumpre-nos, entretanto, iniciar estas linhas de saudade e de muito amor, com desagradável nova. É bem verdade que na boa cidade de São Paulo – a maior do universo, no dizer de seus prolixos habitantes – não sois conhecidas por "icamiabas", voz espúria, sinão pelo apelido de Amazonas [...]

[...] as donas de cá tombam nos leitos nupciais.

Andam elas vestidas de rutilantes joias e panos finíssimos, que lhes acentuam o donaire do porte, e mal encobrem as graças, que, a de nenhuma outra cedem pelo formoso torneado e pelo tom. São sempre alvíssimas as donas de cá; e tais e tantas habilidades demonstram no brincar, que enumerá-las aqui, seria fastiendo porventura; e, certamente quebraria os mandamentos, discrição, que em relação de Imperator para súbditas se requer. [...]

Ci guarde a Vossas Excias.
Macunaíma,
Imperator

(Mário de Andrade. "Macunaíma – o herói sem caráter")

A respeito da "Carta pras Icamiabas", que constitui o capítulo nono de Macunaíma, e sobre a obra de Mário de Andrade como um todo, assinale o que for correto.

01) Mário de Andrade prende-se à crítica de costumes, ao criar heroínas idealizadas e mitificar a figura da mulher numa sociedade urbana em transformação.

02) A paródia, presente na obra de Mário de Andrade, é uma das características do Modernismo, que visava combater o academicismo, o conservadorismo na arte, a cultura reacionária burguesa e patriarcal da produção nacional.

04) Mário de Andrade inverte, aqui, os relatos dos cronistas quinhentistas, como Pero Vaz de Caminha, Gabriel Soares de Sousa e Pero de Magalhães Gandavo. Agora é o índio que descreve a terra desconhecida e seus habitantes para seus pares distantes.

08) Na carta há a tentativa de Macunaíma em expressar uma linguagem culta, que para o autor assume na obra a finalidade de carnavalização da norma culta, ou seja, uma sátira da linguagem culta.

16) O texto constitui uma paródia à Carta de Pero Vaz de Caminha. Esta apresenta uma visão ufanista da terra, enquanto no texto de Mário de Andrade encontra-se um tom irônico de revisão do mito da boa terra, de crítica acerba aos portugueses.

5. (UFRGS-RS) Leia o texto abaixo, extraído da Carta de Pedro Vaz de Caminha.

"O Capitão, quando eles vieram, estava sentado em uma cadeira, bem vestido, com um colar de ouro mui grande ao pescoço, e aos pés uma alcatifa* por estrado. [...] Entraram. Mas não fizeram sinal de cortesia, nem de falar ao Capitão nem a ninguém. Porém um deles pôs olho no colar do Capitão, e começou de acenar com a mão para a terra e depois para o colar, como que nos dizendo que ali havia ouro. [...] Viu um deles umas contas de rosário, brancas; acenou que lhas dessem, folgou muito com elas, e lançou-as ao pescoço. Depois tirou-as e enrolou-as no braço e acenava para a terra e de novo para as contas e para o colar do Capitão, como dizendo que dariam ouro por aquilo."

*alcatifa = tapete

Considere as seguintes afirmações sobre o texto.

I. As palavras de Caminha evidenciam o confronto entre civilização e barbárie vivenciado pelos portugueses na chegada ao Brasil.

II. A interpretação que o escrivão dá aos gestos do índio em relação ao colar do Capitão corrobora a intenção dos portugueses em explorar as possíveis jazidas de ouro da terra recém descoberta.

III. No trecho selecionado, Caminha sugere uma prática que viria a se tornar corrente nas relações entre portugueses e silvícolas: o escambo (a permuta) de produtos da terra por artigos manufaturados europeus.

Quais estão corretas?

a) Apenas I.
b) Apenas II.
c) Apenas I e II.
d) Apenas II e III.
e) I, II e III.

6. (UFRGS-RS) Assinale com V (verdadeiro) ou F (falso) as afirmações a seguir sobre a Literatura de Informação no Brasil.

( ) A carta de Pero Vaz de Caminha, enviada ao rei D. Manuel I, circulou amplamente entre a nobreza e o povo português da época.

( ) Os textos informativos apresentavam, em geral, uma estrutura narrativa, pois esta se adaptava melhor aos objetivos dos autores de falar das coisas que viam.

( ) Os textos que informavam sobre o Novo Mundo despertavam grande curiosidade entre o público europeu, estando os de Américo Vespúcio entre os mais divulgados no início do século XVI.

( ) Pero de Magalhães Gandavo é o autor dos textos "Tratado da Terra do Brasil" e "História da Província Santa Cruz a que Vulgarmente chamamos de Brasil".

A sequência correta de preenchimento dos parênteses, de cima para baixo, é

a) V – F – V – V.
b) V – F – F – F.
c) F – V – V – V.
d) F – F – V – V.
e) V – V – F – F.

1. O Barroco

Como estilo de época, **Barroco** designa o conjunto de manifestações artísticas (literatura, pintura, arquitetura, música) produzidas desde o final do século XVI até início do século XVIII e que representaram uma sensível transformação do conceito renascentista de arte.

O homem seiscentista vivia um estado de tensão e desequilíbrio, do qual tentou evadir-se pelo culto exagerado da forma, produzindo textos extremamente torneados e sobrecarregando a poesia de figuras de linguagem, como a metáfora, a antítese, a hipérbole e a alegoria.

No caso específico da literatura, isso resulta no chamado "discurso engenhoso".

Portugal e Brasil sob domínio espanhol

Em 1578, Portugal vivia uma crise dinástica. Levando adiante o sonho megalomaníaco de transformar o país novamente num grande império, D. Sebastião aventura-se em Alcácer-Quibir (Marrocos), onde desaparece, junto com a nata da aristocracia portuguesa. Dois anos depois, Filipe II, da Espanha, consolida a unificação da península Ibérica. Esta situação mantém-se até 1640, quando ocorre a Restauração (Portugal recupera sua autonomia).

A perda da autonomia e o desaparecimento de D. Sebastião originam em Portugal o mito do Sebastianismo (crença segundo a qual D. Sebastião voltaria e transformaria Portugal num grande império). O mais ilustre sebastianista foi, sem dúvida, Padre Antônio Vieira, que se baseou na crença profética manifestada nas "trovas" de um sapateiro chamado Gonçalo Anes Bandarra.

A unificação da Península veio favorecer a luta conduzida pela Companhia de Jesus em nome da Contrarreforma: o ensino torna-se quase um monopólio dos jesuítas, e a censura eclesiástica, um obstáculo a qualquer avanço no campo científico-cultural. Enquanto a Europa vive um período de efervescência no campo científico, com as pesquisas e descobertas de Francis Bacon, Galileu, Kepler e Newton, a península Ibérica permanece um reduto da cultura medieval.

2. O estilo barroco: linguagem, influências

Linguagem

Todo o rebuscamento que aflora na arte barroca é reflexo de um dilema que muito atormenta o homem do século XVII: o conflito entre o terreno e o celestial, o homem e Deus (antropocentrismo e teocentrismo), o pecado e o perdão, o paganismo renascentista e a religiosidade medieval, o material e o espiritual. A arte assume, então, uma tendência sensorial, ligada ao mundo físico, ao mundo das percepções (por isso o apelo às figuras de linguagem, a um vocabulário rico e raro, aos jogos sonoros; daí, na pintura, a profusão de linhas, planos e cores, o jogo do claro-escuro, do alto e baixo-relevo, a busca do detalhe, a valorização do ornamento, etc.), que resulta num exagerado rebuscamento formal.

Principais características da estética barroca:

- dualismos (paganismo renascentista × religiosidade medieval, razão × fé, antropocentrismo × teocentrismo, matéria × espírito, pecado × perdão);
- o jogo dos contrastes (claro × escuro, luz × sombra);
- valorização do detalhe;
- rebuscamento formal;
- sensualismo: apelo aos sentidos do leitor/espectador;
- uso constante de figuras de linguagem: metáfora, antítese, hipérbato, hipérbole, paradoxo.

As influências

Dois dos principais autores que influenciaram o estilo barroco no Brasil foram os espanhóis Luís de Góngora y Argote (cuja obra inspirou o chamado **Cultismo**) e Francisco de Quevedo y Villegas (cuja obra originou o **Conceptismo**).

Luís de Góngora y Argote (1561-1627)	Francisco de Quevedo y Villegas (1580-1645)
Cultismo ou Gongorismo: • a poesia é sua melhor forma de expressão; • intenção moralizante por meio dos sentidos; • teor descritivo; • valorização da forma de expressão; • estilo opulento e suntuoso; • rebuscamento vocabular (neologismos forçados e latinismos), figuras de sintaxe (hipérbatos, anacolutos) e figuras de linguagem (metáforas, antíteses, sinestesias).	Conceptismo ou Quevedismo: • a prosa é sua melhor forma de expressão; • intenção educativa pelo convencimento e raciocínio lógico; • teor argumentativo, conceptual; • valorização do conteúdo e das relações lógicas das ideias; • estilo conciso e ordenado; • aproveitamento das nuances semânticas: duplo sentido, associações inesperadas e engenhosas, paradoxos, comparações inusitadas.

3. A lírica de Gregório de Matos

Gregório de Matos nasceu em Salvador (BA). Adota-se o ano de 1636 como data mais provável de seu nascimento. Foi poeta e magistrado. Devido a seu modo de vida boêmio e sua poesia de cunho satírico e, por vezes, erótico, foi preso e levado ao exílio em Angola. Foi repatriado para Pernambuco e morreu em 1695.

Sua obra é marcada pela estética barroca e costuma ser mais frequentemente reconhecida pela sátira. Nessa modalidade poética, registra críticas à sociedade colonial baiana, bem como à política e à religiosidade da época. Por sua vez, a produção lírica desse autor é marcada pela sensualidade e pelo contraste de emoções.

4. A oratória de Vieira

A biografia de Antônio Vieira confunde-se com a história de Portugal e do Brasil no século XVII. Nascido em Lisboa (1608), veio para o Brasil com 7 anos e, com 15, ingressou no Colégio dos Jesuítas de Salvador (BA). Ordenado padre, fez importantes e exaltados sermões em que discutia questões políticas, econômicas e sociais.

Sua obra é constituída basicamente de sermões, produzidos com a finalidade de catequizar ou doutrinar pessoas a respeito dos dogmas católicos. Por se tratar de textos feitos para serem falados, fazem parte do que se chama de **oratória**. Produzidos com a intenção de persuadir os ouvintes, os textos de Vieira são repletos de figuras poéticas e retóricas típicas do estilo barroco, como a antítese, o paradoxo e a ironia.

5. O momento histórico

ano	economia – política – sociedade
1580-1640	• Portugal sob o domínio espanhol.
1618-48	• Guerra dos Trinta Anos – a França derrota a poderosa Casa de Habsburgo, que dominava a Áustria e a Espanha.
1624-25	• Os holandeses dominam a cidade de Salvador (BA).
1630-35	• Os holandeses dominam Recife e Olinda (PE) e, em cinco anos, estendem seus domínios por vasta faixa do litoral nordestino (de Sergipe ao Maranhão).
1640	• A Restauração portuguesa – Portugal recupera sua autonomia; início da dinastia de Bragança.
1654	• Insurreição Pernambucana – expulsão definitiva dos holandeses.
1661	• Consolidação do absolutismo com Luís XIV, na França: "*L'état c'est moi*" ("O Estado sou eu")
1668	• A Revolução Gloriosa, na Inglaterra, cria a monarquia parlamentar.
1695	• Em Alagoas, destruição do Quilombo dos Palmares e morte do líder Zumbi.

ano	arte – ciência – filosofia
1600-13	• Shakespeare escreve *Hamlet*, *Otelo*, *Rei Lear*, *MacBeth*, *Henrique VIII*.
1605	• Miguel de Cervantes publica *Dom Quixote*.
1609	• Kepler elabora a lei das órbitas.
1632	• Galileu Galilei comprova a teoria heliocêntrica de Copérnico; em 1633 é julgado pela Inquisição e obrigado a renegar suas ideias.
1637	• René Descartes publica *Discurso sobre o método*, obra fundadora do moderno racionalismo.
1644	• O físico e matemático Torricelli realiza vários experimentos relativos à pressão atmosférica; inventa o barômetro.
1651	• O pensador inglês Thomas Hobbes publica *Leviatã*, obra em que defende o absolutismo.
1666	• Isaac Newton elabora a teoria da atração gravitacional.
1667	• O poeta inglês John Milton publica *O paraíso perdido*, epopeia de caráter puritano, escrita a partir do texto bíblico de *Gênese*.
1668	• La Fontaine publica os primeiros volumes de suas *Fábulas*.
1669	• Em *As preciosas ridículas*, Molière ridiculariza a burguesia francesa e os hábitos aristocráticos, ironizando o requinte e os meneios falsamente elegantes dos fúteis salões de Paris. Pela afetação de maneiras e linguagens, pelo rebuscamento, **Preciosismo** foi uma das denominações do estilo barroco.
1675	• O astrônomo dinamarquês Ole Christensen Romer publica estudo sobre a velocidade da luz.
1690	• John Locke pode ser considerado o primeiro filósofo do Iluminismo. A sua principal obra – *Dois tratados sobre o governo* – tinha dois objetivos: refutar a doutrina do direito divino dos reis e do absolutismo régio, assim como criar uma teoria que conciliasse a liberdade dos cidadãos com a manutenção da ordem política.

Exercício comentado

Texto para a próxima questão.

Triste Bahia! Oh quão dessemelhante
Estás, e estou do nosso antigo estado!
Pobre te vejo a ti, tu a mi empenhado,
Rica te vejo eu já, tu a mi abundante.

A ti trocou-te a máquina mercante,
Que em tua larga barra tem entrado,
A mim foi-me trocando, e tem trocado
Tanto negócio, e tanto negociante.

Deste em dar tanto açúcar excelente
Pelas drogas inúteis, que abelhuda
Simples aceitas do sagaz Brichote.

Oh se quisera Deus, que de repente
Um dia amanheceras tão sisuda
Que fora de algodão o teu capote!

(MATOS, Gregório de. *Poesias selecionadas*. 3. ed. São Paulo: FTD, 1998. p. 141.)

1. (UEL-PR) A partir da leitura do texto, considere as afirmativas a seguir.

I. O poema faz parte da produção de Gregório de Matos caracterizada pelo cunho satírico, visto que ridiculariza vícios e imperfeições e assume um tom de censura.

II. As figuras do desconsolado poeta, da triste Bahia e do sagaz Brichote são imagens poéticas utilizadas para expressar a existência de um triângulo amoroso.

III. O poema apresenta a degradação da Bahia e do eu lírico, em virtude do sistema de trocas imposto à Colônia, o qual privilegiava os comerciantes estrangeiros.

IV. Os versos "Que em tua larga barra tem entrado" e "Deste em dar tanto açúcar excelente" conferem ao poema um tom erótico, pois, simbolicamente, sugerem a ideia de solicitação ao prazer.

Assinale a alternativa correta.

a) Somente as afirmativas I e II são corretas.
b) Somente as afirmativas I e III são corretas.
c) Somente as afirmativas III e IV são corretas.
d) Somente as afirmativas I, II e IV são corretas.
e) Somente as afirmativas II, III e IV são corretas.

Comentário do vestibular:

O termo "Brichote", nome pejorativo dado aos estrangeiros, tem a intenção de acentuar o tom sarcástico do poema, e os versos "Que em tua larga barra tem entrado" e "Deste em dar tanto açúcar excelente" sugerem que a Bahia permite a entrada dos mercadores em seus domínios sem restrições para as práticas comerciais, o que invalida as afirmativas II e IV. Assim, é correta a opção **b**.

Resposta: alternativa **b**.

Exercícios propostos

Texto para a próxima questão.

Ofendi-vos, meu Deus, é bem verdade,
É verdade, Senhor, que hei delinquido,
Delinquido vos tenho, e ofendido
Ofendido vos tem minha maldade.

MATOS, Gregório de. Ofendi-vos, meu Deus, é bem verdade. In: *Poemas escolhidos*. Seleção, introdução e notas de José Miguel Wisnik. São Paulo: Cultrix, s.d. p. 299.

Fotos: UEG/2012

1. (UEG-GO) A profusão dos elementos que compõem as imagens corresponde, nos versos de Gregório de Matos, a uma linguagem

a) neologista.
b) racionalista.
c) rebuscada.
d) sarcástica.

Texto para a próxima questão.

Soneto

[Moraliza o poeta nos ocidentes do sol
a inconstância dos bens do mundo]

Nasce o Sol, e não dura mais que um dia,
Depois da Luz se segue a noite escura,
Em tristes sombras morre a formosura,
Em contínuas tristezas a alegria.

Porém se acaba o Sol, por que nascia?
Se formosa a Luz é, por que não dura?
Como a beleza assim se transfigura?
Como o gosto da pena assim se fia?

Mas no Sol, e na Luz, falte a firmeza,
Na formosura não se dê constância,
E na alegria sinta-se tristeza.

Começa o mundo enfim pela ignorância,
E tem qualquer dos bens por natureza
A firmeza somente na inconstância.

(MATOS, Gregório. *Obras completas de Gregório de Matos*. Salvador: Janaína, 1969, 7 volumes.)

2. (UFRJ) Todo soneto apresenta a estruturação: tese, antítese e síntese. Com base nessa informação, faça o seguinte:

a) Explique de que maneira a síntese do soneto de Gregório de Matos vincula-se ao projeto estético do Barroco.
b) Descreva como a relação entre os sentimentos de "alegria" e "tristeza" ganha novo sentido no desenrolar do soneto.

3. (UFPR) Considerando a poesia de Gregório de Matos e o momento literário em que sua obra se insere, avalie as seguintes afirmativas:

1. Apresentando a luta do homem no embate entre a carne e o espírito, a terra e o céu, o presente e a eternidade, os poemas religiosos do autor correspondem à sensibilidade da época e encontram paralelo na obra de um seu contemporâneo, Padre Antônio Vieira.
2. Os poemas erótico-irônicos são um exemplo da versatilidade do poeta, mas não são representativos da melhor poesia do autor, por não apresentarem a mesma sofisticação e riqueza de recursos poéticos que os poemas líricos ou religiosos apresentam.

3. Como bom exemplo da poesia barroca, a poesia do autor incrementa e exagera alguns recursos poéticos, deixando sua linguagem mais rebuscada e enredada pelo uso de figuras de linguagem raras e de resultados tortuosos.
4. A presença do elemento mulato nessa poesia resgata para a literatura uma dimensão social problemática da sociedade baiana da época: num país de escravos, o mestiço é um ser em conflito, vítima e algoz em uma sociedade violentamente desigual.

Assinale a alternativa correta.

a) Somente as afirmativas 1 e 2 são verdadeiras.
b) Somente as afirmativas 1, 2 e 3 são verdadeiras.
c) Somente as afirmativas 1, 3 e 4 são verdadeiras.
d) Somente as afirmativas 2 e 4 são verdadeiras.
e) Somente as afirmativas 3 e 4 são verdadeiras.

4. (Ufscar-SP)

O trigo que semeou o pregador evangélico, diz Cristo que é a palavra de Deus. Os espinhos, as pedras, o caminho e a terra boa, em que o trigo caiu, são os diversos corações dos homens. Os espinhos são os corações embaraçados com cuidados, com riquezas, com delícias; e nestes afoga-se a palavra de Deus. As pedras são os corações duros e obstinados; e nestes seca-se a palavra de Deus, e se nasce, não cria raízes. Os caminhos são os corações inquietos e perturbados com a passagem e tropel das coisas do mundo, umas que vão, outras que vêm, outras que atravessam, e todas passam; e nestes é pisada a palavra de Deus, porque ou a desatendem, ou a desprezam. Finalmente, a terra boa são os corações bons, ou os homens de bom coração; e nestes prende e frutifica a palavra divina, com tanta fecundidade e abundância, que se colhe cento por um ...

(Padre Vieira, "Sermão da Sexagésima")

Pode-se dizer que os sermões de Vieira revestem-se de um jogo intelectual no qual se vê o prazer estético do autor para pregar a palavra de Deus, por meio de uma linguagem altamente elaborada.

a) Um dos recursos bastante utilizado por Vieira é o de disseminação e recolha, por meio do qual o autor "lança" os elementos e depois os retoma, um a um, explicando-os. Transcreva o período em que Vieira faz esse lançamento dos elementos e indique os termos aos quais eles vão sendo comparados.
b) Explique que comparação conduz o fio argumentativo do Padre Vieira neste trecho.

5. (UFSM-RS) Leia o seguinte fragmento, extraído do "Sermão de Santo Antônio", de Pe. Vieira.

"(...) o pão é comer de todos os dias, que sempre e continuamente se come: isto é o que padecem os pequenos. São o pão cotidiano dos grandes; e assim como o pão se come com tudo, assim com tudo e em tudo são comidos os miseráveis pequenos, não tendo, nem fazendo ofício em que os não carreguem, em que os não multem, em que os não defraudem, em que os não comam, traguem e devorem (...)"

No trecho, observa-se que Vieira

I. constrói a argumentação por meio da analogia, o que constitui um traço característico da prosa vieiriana.
II. finaliza com uma gradação crescente a fim de dar ênfase à voracidade da exploração sofrida pelos pequenos.
III. afirma, ao estabelecer uma comparação entre os humildes e o pão, alimento de consumo diário, que a exploração dos pequenos é aceitável porque cotidiana.

Está(ão) correta(s)

a) apenas I.
b) apenas I e II.
c) apenas III.
d) apenas II e III.
e) I, II e III.

6. (UFV-MG) Considere as afirmações que se seguem. Todas elas vinculam a poesia de Gregório de Matos aos princípios estéticos e ideológicos do Barroco brasileiro, EXCETO:

a) A vertente lírica da poética de Gregório de Matos cultuou o amor feito de pequenos afetos, da meiga ternura e dos torneios gentis, tendo como cenário o ambiente campestre e pastoril.
b) O "Boca do Inferno" insurgiu-se não só contra os desmandos administrativos e políticos da Bahia do século XVII, mas contra o próprio ser humano, que, na concepção do poeta, é por natureza corrupto e mau.
c) Os poemas religiosos de Gregório de Matos fundiram a contemplação da divindade, o complexo de culpa, o desejo de arrependimento e o horror de ser pó, sensações, enfim, frequentes no atormentado espírito barroco.
d) O significado social do Barroco brasileiro foi marcante, uma vez que a poesia de Gregório de Matos revestiu-se de alto sentido crítico aos vícios e violências da sociedade colonial.
e) A produção literária de Gregório de Matos dividiu-se entre a temática lírico-religiosa e uma visão crítica das mazelas sociais oriundas do processo de colonização no Brasil.

Módulo 12 • Os estilos de época na Era Clássica: Arcadismo

1. O Arcadismo

Arcadismo, **Setecentismo** (a estética dos anos 1700) ou **Neoclassicismo** é o período que caracteriza principalmente a segunda metade do século XVIII. Entra em decadência o pensamento barroco: a burguesia ascendente, voltada para as questões mundanas, deixa em segundo plano a religiosidade e o exagero da expressão barroca. Ao mesmo tempo que se volta contra os abusos cometidos pela nobreza e pelo clero, a burguesia mostra-se conservadora e reticente quanto à ideia de promover e distribuir seus próprios privilégios às classes menos favorecidas.

2. Portugal e Brasil no século XVIII

Em Portugal, os primeiros indicativos do novo modo de pensar são notados no reinado de D. João V (de 1707 a 1750), com o apoio a uma proposta de modernização do ensino superior segundo os ideais iluministas. Após 1750, começa o reinado de D. José I, que teve como ministro o Marquês de Pombal, representante do despotismo esclarecido em Portugal. Em 1759, Pombal expulsa os jesuítas dos domínios portugueses, acelerando a marginalização do clero na vida lusitana e estabelecendo o fim da influência jesuítica na educação.

No Brasil, os últimos cinco anos do século XVII assistem à morte de Antônio Vieira e de Gregório de Matos, as duas figuras máximas do Seiscentismo. A cultura jesuítica começa a ceder lugar ao Neoclassicismo; o pensamento iluminista francês encontra ampla repercussão no crescente sentimento de nativismo e na nova mentalidade dominante, provinda da área de mineração.

É neste período também que ocorre um deslocamento fundamental na vida brasileira: o centro econômico transfere-se do Nordeste para a região das Minas Gerais e do Rio de Janeiro. Na esteira da economia vem a vida política, social e cultural. Minas Gerais, em particular Vila Rica (atual Ouro Preto), é o cenário dos acontecimentos mais significativos e dos personagens mais importantes: a mineração, a Inconfidência, Tiradentes, os poetas do Arcadismo (daí o Arcadismo brasileiro receber também a denominação de Escola Mineira).

3. O estilo neoclássico: influências, linguagem

A influência de Horácio: *carpe diem*, *locus amoenus*, *fugere urbem*, *aurea mediocritas*

Um dos maiores influenciadores do pensamento e das atitudes do Arcadismo foi o poeta latino Horácio. O *carpe diem* horaciano, que consiste no princípio de viver o presente, "gozar o dia", foi uma postura comumente assumida durante o Arcadismo.

Também por influência de Horácio, os árcades adotam a *aurea mediocritas* ("mediocridade dourada"), que consiste na exaltação do meio-termo, da simplicidade. Essa posição de equidistância entre dois polos opostos era buscada no contato com a natureza. Daí a proposta de fugir da cidade (*fugere urbem*) e a procura do *locus amoenus*, de um refúgio ameno, de uma vida simples, bucólica.

A linguagem do Arcadismo

A visão de mundo dos poetas árcades e a estética neoclássica se manifestam num "estilo simples", em nítida oposição ao estilo barroco. Agora prevalece a ordem direta, a expressão clara, inteligível; as frases adquirem uma suave melodia (a mesma melodia, simplicidade e ordenamento lógico encontrados na natureza, tida como a grande mestra). Predominam os adjetivos que expressam suavidade e harmonia.

A seleção vocabular prende-se, fundamentalmente, a:

- palavras, termos e expressões que retomam a Antiguidade clássica: mitologia, musas, conceitos; além de *locus amoenus*, *fugere urbem*, *inutilia truncat* (cortar as inutilidades);
- a exaltação da natureza: árvores, riachos, prados, fontes, pastores e pastoras, montes de feno;
- o amor idealizado e convencional.

4. A poesia lírica em Minas Gerais

Cláudio Manuel da Costa

Cláudio Manuel da Costa nasceu nas proximidades de Mariana, Minas Gerais, em 1729. Após seus primeiros estudos com os jesuítas no Brasil, foi para Coimbra estudar Direito (1749). Por essa época, tomou contato com os ideais iluministas, absorveu o clima das primeiras manifestações árcades e adotou o pseudônimo pastoril de Glauceste Satúrnio. Participou da Inconfidência Mineira, foi preso e encontrado morto (enforcado) na cadeia, em 4 de julho de 1789.

Tomás Antônio Gonzaga

Tomás Antônio Gonzaga nasceu na cidade do Porto, Portugal, em 1744. Bacharel em Direito por Coimbra, veio para Minas Gerais com os cargos de ouvidor e juiz. Manteve relação amorosa com Maria Doroteia Joaquina de Seixas Brandão, a **Marília**. Por participar da Inconfidência Mineira, foi preso e condenado ao degredo em Moçambique.

Entre pastores e ovelhas, uma arguta defesa dos valores burgueses

A concepção burguesa de vida e de amor está presente no principal trabalho de Tomás Antônio Gonzaga: as liras de *Marília de Dirceu*. Essa obra, inspirada em seu romance com Maria Doroteia, apresenta duas partes distintas. Na primeira, Gonzaga se posiciona como um abastado pastor que cultiva o ideal da vida campestre, vive intensamente o momento (*carpe diem*) e pinta, por meio de palavras, a natureza e Marília, a mulher amada. O tom do discurso poético, no entanto, sofre sensível alteração ao longo da obra, tendo como divisor de águas a prisão do poeta. Se, antes da cadeia, Gonzaga discorre sobre a iniciação amorosa, o namoro, a felicidade do amante, os sonhos de uma família, a defesa da tradição e da propriedade, sempre com postura patriarcalista, depois da prisão faz uma série de reflexões que tratam tanto da justiça da sociedade (ele se considera inocente; portanto, injustiçado) quanto dos caminhos do destino e da eterna consolação no amor que sente por Marília.

As *Cartas chilenas* completam a obra de Gonzaga. São poemas satíricos, escritos em linguagem bastante agressiva, que circularam anonimamente em Vila Rica pouco antes da Inconfidência Mineira.

5. A tradição da poesia épica

A influência clássica, particularmente a camoniana, não se revela apenas na poesia lírica: os autores neoclássicos brasileiros também retomaram o modelo da poesia épica. Foi o caso de Cláudio Manuel da Costa, cujo poema *Vila Rica* narra a fundação da cidade de Vila Rica pelos bandeirantes, e também de Santa Rita Durão (1722-1784) e de Basílio da Gama (1741-1795).

Santa Rita Durão

O padre mineiro José de Santa Rita Durão (1722-1784) escreveu *Caramuru* – poema épico sobre o descobrimento da Bahia, em versos decassílabos e oitava rima camoniana. O título já antecipa o tema: o descobrimento e a conquista da Bahia pelo português Diogo Álvares Correia, o Caramuru, vítima de um naufrágio no litoral baiano. O poema caracteriza-se pela exaltação da terra brasileira, incorrendo o autor em descrições de paisagens que lembram a literatura informativa do Quinhentismo. O elemento indígena é visto sob o prisma informativo e é realçada sua condição de objeto de catequese (Paraguaçu, a heroína indígena, é batizada e casa-se com Diogo, em cerimônia religiosa na Europa).

Basílio da Gama

O poema épico *O Uraguai*, de Basílio da Gama, foi escrito com dois objetivos básicos: criticar os jesuítas, seus antigos mestres, e defender a política pombalina; tem como tema histórico a luta empreendida pelas tropas portuguesas, auxiliadas pelos espanhóis, contra os indígenas dos Sete Povos das Missões, instigados pelos jesuítas.

A partir de um tema incomum ao gênero épico, por ser pouco grandioso e contemporâneo do autor, Basílio da Gama conseguiu, entretanto, criar uma obra de fôlego e de certa elegância poética, além de quebrar a estrutura camoniana. Embora faça a exaltação da natureza e do "bom selvagem", foge aos lugares-comuns do bucolismo vigente.

6. Bocage: a passagem do Neoclassicismo para o Romantismo

Ao falarmos de Bocage (1765-1805), é preciso considerar que houve "dois Bocages": o lírico e o satírico. A poesia satírica de Bocage, às vezes ácida, às vezes extremamente erotizada, é um retrato da falsa moral e de certos comportamentos da sociedade lusitana.

O Bocage lírico, por sua vez, deve ser entendido como representante de um momento literário em que ocorre um progressivo abandono da postura árcade para a adoção de um modo romântico de se relacionar com o mundo. O subjetivismo, a valorização da vida interior, a autocomiseração, o tom confessional – são essas as novidades introduzidas por um Bocage já totalmente absorvido pelos ideais consolidados com a Revolução Francesa.

7. O momento histórico

ano	economia – política – sociedade
1713	• É assinado o Tratado de Utrecht, que põe fim à Guerra da Sucessão da Espanha; artigos desse Tratado e de negociações posteriores definiram as fronteiras do norte do Brasil.
1718-20	• Guerra da Quádrupla Aliança – França, Inglaterra, Áustria e Holanda lutam contra a Espanha.
1750	• É assinado o Tratado de Madri, que define as fronteiras entre as possessões portuguesas e espanholas na América do Sul. • Sobe ao trono português D. José I, que concede plenos poderes ao Marquês de Pombal.
1755	• Violento terremoto destrói grande parte de Lisboa; o Marquês de Pombal toma rápidas e enérgicas medidas para a reconstrução da capital e de várias cidades ao sul de Portugal afetadas pelo terremoto.
1756-63	• Guerra dos Sete Anos: Inglaterra e França lutam pela posse de territórios coloniais; a Inglaterra, vitoriosa, impõe pesadas tributações, principalmente às colônias americanas.
1759	• O Marquês de Pombal expulsa os jesuítas e executa membros da alta nobreza lusitana; ao mesmo tempo, inicia profundas reformas no ensino.
1776	• Thomas Jefferson elabora a Declaração de Independência dos Estados Unidos. • Adam Smith publica *Uma investigação sobre a natureza e as causas da riqueza das nações*, obra que define o liberalismo econômico.
1777	• Com a morte de D. José I, assume o trono português D. Maria I; Pombal deixa o poder.
1785	• A empresa Boulton & Watt, desenvolvendo projeto do engenheiro James Watt, produz os primeiros motores a vapor, fundamentais para a Revolução Industrial.
1789	• George Washington é eleito o primeiro presidente dos Estados Unidos. • No Brasil, eclode a Inconfidência Mineira. • Revolução Francesa (evento que marca o fim da Idade Moderna e o início da Idade Contemporânea).

ano	arte – ciência – filosofia
1717	• Johann Sebastian Bach compõe os seis *Concertos Brandeburgueses* e *Cravo bem temperado*.
1719	• O escritor inglês Daniel Defoe publica *Robinson Crusoé*.
1725	• O italiano Antonio Vivaldi compõe *As quatro estações*.
1726	• O escritor irlandês Jonathan Swift publica *As viagens de Gulliver*.
1748	• Montesquieu publica *O espírito das leis*, obra em que propõe a divisão dos três poderes (executivo, legislativo e judiciário).
1751	• Diderot e D'Alembert iniciam a publicação da *Enciclopédia*, obra que cultua a razão, as ciências, as artes e os ofícios, ponto alto do Iluminismo francês.
1759	• Voltaire publica *Cândido*.
1762	• Jean-Jacques Rousseau publica *Emílio*, obra em que defende a "educação natural" e o "bom selvagem", e *O contrato social*, em que discute as relações entre Estado e sociedade.
1774	• Antoine Laurent Lavoisier elabora a *Lei da conservação das massas*, concluindo que "na Natureza nada se cria, nada se perde, tudo se transforma".
1787	• Wolfgang Amadeus Mozart compõe a ópera *D. Giovanni*, marco da música lírica do século XVIII; o personagem do título é uma recriação da figura lendária de D. Juan.

Exercício comentado

1. (UFPE) Observe a imagem a seguir, leia os textos e responda às questões:

UFPE/2012

O peru, imperial, dava-lhe as costas para receber sua admiração. Estalara a cauda, e se entufou, fazendo roda: o raspar das asas no chão – brusco, rijo, se proclamara. Belo, belo! Tinha qualquer coisa de calor, poder e flor, um transbordamento. Sua ríspida grandeza tonitruante. Sua colorida empáfia. Satisfazia os olhos, era de se tanger trombeta. [...] Pensava no peru, quando voltavam. Só pudera tê-lo um instante, ligeiro, grande, demoroso. Saiu, sôfrego de o rever. Não viu: imediatamente. Só umas penas, restos, no chão. "– Ué, se matou. Amanhã não é o dia de anos do doutor?" Tudo perdia a eternidade e a certeza; num lufo, num átimo, da gente as mais belas coisas se roubavam. Como podiam? Por que tão de repente? Só no grão nulo de um minuto, o Menino recebia em si um miligrama de morte.

(Guimarães Rosa, "As margens da alegria", in: *Primeiras Estórias*).

Ah! não, minha Marília,
aproveite o tempo, antes que faça
o estrago de roubar ao corpo as forças,
e ao semblante a graça!

(Tomás Antônio Gonzaga, *Marília de Dirceu*)

Oh não aguardes que a madura idade
Te converta essa flor, essa beleza,
Em terra, em cinza, em pó, em sombra, em nada.

(Gregório de Matos, *Obra poética completa*)

( ) *Carpe Diem* – frase em latim de um poema de Horácio, popularmente traduzida para *Colha o dia* ou *Aproveite o momento* – é uma mensagem que pode ser subentendida na imagem e nos textos.

( ) A percepção sobre a fugacidade do tempo na literatura é exclusiva do Arcadismo, como mostra o poema de Tomás Antônio Gonzaga.

( ) Sacrificados, os pavões na natureza-morta de Rembrandt, assim como o peru imperial na estória de Rosa, alertam a criança-protagonista para a efemeridade da beleza.

( ) No livro *Primeiras Estórias*, o primeiro conto, "As margens da alegria", e o último, "Os cimos", se complementam, apresentando as mesmas personagens no mesmo ambiente.

( ) Nos poemas, a aflição dos poetas recai sobre a consciência da inevitabilidade da futura decrepitude e morte da mulher amada, assim como no conto de Rosa, o Menino se angustia porque sabe que sua mãe vai morrer.

Comentário do vestibular:

Há afirmações improcedentes no segundo e último itens. No segundo, a percepção sobre a fugacidade do tempo está presente em todos os momentos literários e não apenas no Arcadismo. No último, o Menino, personagem do conto "As margens da alegria", em nenhum momento se confronta com a inevitabilidade da morte da mãe.

Resposta: V – F – V – V – F.

Exercícios propostos

1. (UFPE)

"Basta senhor, porque roubo em uma barca sou ladrão, e vós que roubais em uma armada sois imperador? Assim é. Roubar pouco é culpa, roubar muito é grandeza. O ladrão que furta para comer, não vai nem leva ao inferno: os que não só vão, mas que levam de que eu trato, são os outros... ladrões de maior calibre e mais alta esfera... Os outros ladrões roubam um homem, estes roubam cidades e reinos, os outros furtam debaixo de seu risco, estes sem temor nem perigo; os outros se furtam são enforcados, e o bucolismo estes furtam e enforcam."

(Pe. Antonio Vieira. *Sermão do bom ladrão.*)

"Que havemos de esperar, Marília bela?
Que vão passando os florescentes dias?
As glórias que vêm tarde já vêm frias;
E pode enfim mudar-se a nossa estrela.

Ah! Não, minha Marília,
Aproveite-se o tempo, antes que faça
O estrago de roubar ao corpo as forças
E ao semblante a graça."

(Tomás Antônio Gonzaga. *Lira XIV*)

Sobre a obra desses autores, analise as afirmativas a seguir.

1) A obra de Gonzaga é exemplar do Arcadismo. O tema dos versos acima é o *carpe diem* (gozar a vida presente), escrito numa linguagem amena, sem arroubos, própria do Arcadismo.
2) Despojada de ousadias sintáticas e vocabulares, a linguagem arcádica, no poema de Gonzaga, diferencia-se da linguagem rebuscada, usada pelo Barroco.
3) O texto de Vieira, sendo Barroco, está pleno de metáforas, de linguagem figurada, de termos inusitados e eruditos, sendo de difícil compreensão.
4) Vieira adota a tendência barroca conceptista que leva para o texto o predomínio das ideias, do raciocínio, da lógica, procurando adequar os textos religiosos à realidade circundante.

Está(ão) correta(s) apenas:

a) 1, 2 e 3
b) 1
c) 2
d) 1, 2 e 4
e) 2, 3 e 4

Texto para a próxima questão.

A beleza da forma física feminina constituiu assunto predileto da poesia arcádica brasileira. Leia as seguintes estrofes da Lira 27 de *Marília de Dirceu*, de Tomás Antônio Gonzaga:

Vou retratar a Marília,
a Marília, meus amores;
porém como? se eu não vejo
quem me empreste as finas cores:
dar-mas a terra não pode;
não, que a sua cor mimosa
vence o lírio, vence a rosa,
o jasmim e as outras flores.

Ah! socorre, Amor, socorre
ao mais grato empenho meu!

Voa sobre os astros, voa,
Traze-me as tintas do céu.
[...]
Entremos, Amor, entremos,
entremos na mesma esfera;
venha Palas, venha Juno,
Venha a deusa de Citera.
Porém, não, que se Marília
no certame antigo entrasse,
bem que a Páris não peitasse,
a todas as três vencera.

Vai-te, Amor, em vão socorres
ao mais grato empenho meu:
para formar-lhe o retrato
não bastam tintas do céu.

Vocabulário
Certame: disputa
Juno: deusa da mitologia romana, esposa de Júpiter
Palas: deusa da mitologia romana, presidia a guerra
Deusa de Citera: Afrodite, deusa do amor
Páris: príncipe troiano, responsável por escolher a deusa mais bela do Olimpo

2. (UFSM-RS) O Arcadismo volta aos princípios clássicos greco-romanos e renascentistas. Nesse sentido, a estética árcade cria e segue um grupo de preceitos herdados do Classicismo. Assinale o trecho poético de Marília de Dirceu que corresponde ao preceito em negrito.

a) "Verás em cima da espaçosa mesa/altos volumes de enredados feitos;/ver-me-ás folhear os grandes livros,/e decidir os pleitos." – *Fugere urbem*.
b) "Enquanto pasta alegre o manso gado,/minha bela Marília, nos sentemos/à sombra deste cedro levantado./Um pouco meditemos/na regular beleza,/que em tudo quanto vive nos descobre/a sábia Natureza." – *Locus amoenus*.
c) "Se não tivermos lãs e peles finas,/podem mui bem cobrir as carnes nossas/as peles dos cordeiros malcurtidas,/e os panos feitos com as lãs mais grossas./Mas ao menos será o teu vestido/por mãos de amor, por minhas mãos cosido." – *Inutilia truncat*.
d) "Pela Ninfa, que jaz vertida em Louro,/o grande Deus Apolo não delira?/Jove, mudado em Touro/e já mudado em velha não suspira?/Seguir aos Deuses nunca foi desdouro./Graças, ó Nise bela,/graças à minha Estrela!" – *Carpe diem*.
e) "Quando apareces/Na madrugada,/Mal-embrulhada/Na larga roupa,/E desgrenhada/Sem fita, ou flor;/Ah! que então brilha/A natureza!/Então se mostra/Tua beleza/Inda maior." – *Aurea mediocritas*.

3. (UFRGS-RS) Assinale a alternativa correta em relação a "Marília de Dirceu", de Tomás Antonio Gonzaga.

a) No livro, é estabelecido um contraste entre a paisagem, bucólica e amena, e o cenário da masmorra, opressivo e triste.
b) Trata-se de um conjunto de cartas de amor, enviadas por Marília, de Minas Gerais, a Dirceu, que se encontra em Moçambique.
c) Na obra, o pensamento racional é anulado em favor do sentimentalismo romântico.
d) Nas liras de Gonzaga, Marília é uma mulher irreal, incorpórea, imaginada pelo pastor Dirceu.
e) Trata-se de um livro satírico, carregado de termos pejorativos em relação às convenções da época.

Texto para a próxima questão.

Leia o poema de Bocage para responder às questões.

Olha, Marília, as flautas dos pastores
Que bem que soam, como estão cadentes!
Olha o Tejo a sorrir-se! Olha, não sentes
Os Zéfiros brincar por entre flores?

Vê como ali, beijando-se, os Amores
Incitam nossos ósculos ardentes!
Ei-las de planta em planta as inocentes,
As vagas borboletas de mil cores.

Naquele arbusto o rouxinol suspira,
Ora nas folhas a abelhinha para,
Ora nos ares, sussurrando, gira:

Que alegre campo! Que manhã tão clara!
Mas ah! Tudo o que vês, se eu te não vira,
Mais tristeza que a morte me causara.

4. (Unifesp) O emprego de "Mas", na última estrofe do poema, permite entender que
   a) todo o belo cenário só tem tais qualidades se a mulher amada fizer parte dele.
   b) a ausência da mulher amada pode levar o eu lírico à morte.
   c) a morte é uma forma de o eu lírico deixar de sofrer pela mulher amada.
   d) a mulher amada morreu e, por essa razão, o eu lírico sofre.
   e) o eu lírico sofre toda manhã pela ausência da mulher amada.

5. (UFU-MG) Leia as afirmativas seguintes e marque a correta.
   a) "Assim procedo. Minha pena/ Segue esta norma,/ Por te servir, Deusa serena,/ Serena Forma!" (Olavo Bilac). Estes versos falam dos sofrimentos do poeta que, mesmo penando, serve à sua formosa mulher amada, procedimento típico daquele amor exacerbado que caracteriza o Romantismo.
   b) "Adeus, meus sonhos, eu pranteio e morro!/ Não levo da existência uma saudade!/ E tanta vida que meu peito enchia/ Morreu na minha triste mocidade!" (Álvares de Azevedo). Estes versos mostram desencanto, ao falarem das esperanças que morrem cedo e da existência como um fardo, caracterizando a geração dos poetas realistas.
   c) "Quando levares, Marília,/ Teu ledo rebanho ao prado,/ Tu dirás: Aqui trazia/ Dirceu também o seu gado." (Tomás A. Gonzaga). São características do Arcadismo, período literário a que pertencem estes versos, o poeta e a amada transformados em pastores, a linguagem clara e objetiva.
   d) "tchi tchi/ trã trã trã/ tarã Tarã Tarã / tchi tchi tchi tchi tchi/ Tarã Tarã Tarã Tarã Tarã" (Ferreira Gullar). Estes versos, que imitam os sons de uma locomotiva, fazem de seu autor um dos representantes do Simbolismo, período literário caracterizado pela musicalidade da linguagem.

Texto para a próxima questão.

"(...)
Ao Amor cruel e esquivo
Entreguei minha esperança,
Que me pinta na lembrança
Mais ativo o fero mal.

Não verás em peito amante
Coração de mais ternura;
Nem que guarde fé mais pura,
Mais constante e mais leal.

Glaura! Glaura! não respondes?
E te escondes nestas brenhas?
Dou às penhas meu lamento;
Ó tormento sem igual!

Se não vens, porque te chamo:
Aqui deixo junto ao Rio
Estas pérolas num fio,
Este ramo de cora.

Entre a murta que se enlaça
Com as flores mais mimosas,
Acharás purpúreas rosas
Numa taça de cristal. (...)"

ALVARENGA, Silva. In: MOISÉS, Massaud. *A literatura brasileira através dos textos*. São Paulo: Cultrix, 1993. p. 86.

6. (Cefet-MG) O poema contém a seguinte característica do Neoclassicismo:
   a) lírica amorosa.
   b) convenção pastoril.
   c) versos clássicos decassílabos.
   d) distanciamento do objeto amoroso.

7. (UFPE) O Arcadismo foi um movimento literário que teve lugar em Vila Rica, Minas Gerais, acompanhando o ciclo do Ouro, no século XVIII. Sobre as semelhanças e diferenças com o movimento que o seguiu historicamente, o Romantismo, analise as proposições a seguir.
   ( ) Ambos portam as marcas de submissão e servilismo aos padrões estéticos europeus.
   ( ) Predominou, nestes movimentos, o plágio, a imitação e a cópia, sem nenhum traço de originalidade.
   ( ) Ambos propõem um retorno à natureza: o Arcadismo, no sentido de uma natureza equilibrada e bucólica, harmoniosa e pacata; o Romantismo, no sentido de uma natureza exuberante, selvagem e tropical, identificada com os estados de espírito, a grandeza e as potencialidades físicas do país.
   ( ) O indianismo, em ambos os movimentos, já surge como símbolo do povo brasileiro: o índio é o herói que paira acima dos valores dos colonizadores, feito à imagem e semelhança dos cavaleiros medievais.
   ( ) A obra dos poetas arcádicos já ganha contornos românticos, expressando a subjetividade dos autores, quando descreve os amores arrebatados, em linguagem sentimental e emotiva.

Módulo 13 • Os estilos de época da Revolução Industrial à Primeira Guerra: a poesia do Romantismo

1. Da Revolução Industrial à Primeira Guerra

O período que se estende da Revolução Industrial (e da posterior Revolução Francesa), no final do século XVIII, à Primeira Guerra Mundial, em 1914, corresponde a uma nova ordem socioeconômica, com profundos reflexos nos campos da arte, que se manifestam não só no papel dos produtores, ou seja, dos artistas, mas também na nova dimensão dos receptores, ou seja, do público.

Estabelece-se, assim, a nítida distinção entre os conceitos de arte, artista e público e um novo conceito burguês, romântico, marcado pelo individualismo, o apelo à imaginação, o nacionalismo e por uma liberdade formal e temática.

Neste período, destacamos quatro grandes estilos de época:

- **Romantismo**, que caracteriza a primeira metade do século XIX;
- **Realismo/Naturalismo**, que caracteriza a segunda metade do século XIX;
- **Parnasianismo**, que caracteriza a virada do século XIX para o século XX;
- **Simbolismo**, que também caracteriza a virada do século XIX para o século XX, desenvolvendo-se paralelamente ao Parnasianismo.

2. O Romantismo

Ecos da Revolução Francesa em Portugal e no Brasil

O momento histórico que antecede a introdução do Romantismo, em Portugal e no Brasil, é determinado pelos valores da Revolução Francesa e pela expansão napoleônica, decisiva para a história dos dois países: as tropas francesas invadem Portugal em novembro de 1807, o que leva a Família Real a transferir-se para o Brasil, aqui chegando no início de 1808. Os anos que seguem, em Portugal, são de crise monitorada ora pelos franceses invasores, ora pelos aliados ingleses, ora pela realeza instalada no Rio de Janeiro.

Com a derrocada do império napoleônico, em 1815, os liberais portugueses se organizam em busca de uma nova ordem e promovem a Revolução Liberal do Porto, em 1820. Nas eleições que se seguiram, a burguesia obtém maioria e exige a volta da Família Real, o que de fato ocorre em 1821.

Todos esses acontecimentos foram acompanhados de longe pelos principais artistas e pensadores portugueses que optaram por viver em Londres e Paris (esses artistas ficaram conhecidos como “os exilados”; entre eles estavam os escritores românticos do primeiro momento).

Os marcos

Em Portugal

Considera-se o marco inicial do Romantismo português a publicação, em 1825, do poema *Camões*, escrito por Almeida Garrett durante seu exílio em Paris; portanto, sob o impacto da vitória do liberalismo, do regresso de D. João VI e da perda do Brasil, a maior e mais produtiva colônia portuguesa.

O Romantismo se estende até 1865, quando eclode a famosa Questão Coimbrã, iniciando o Realismo.

No Brasil

O Romantismo inicia-se no Brasil em 1836, quando Gonçalves de Magalhães publica, na França, a *Niterói – Revista Brasiliense* e lança, no mesmo ano, um livro de poemas românticos intitulado *Suspiros poéticos e saudades*.

Portanto, os novos conceitos românticos são introduzidos no Brasil por um exilado quando o país vivia um período regencial, ainda sob o impacto da abdicação de D. Pedro I.

O ano de 1881 é considerado marco final do Romantismo, quando são lançados os primeiros romances de tendência naturalista e realista (*O mulato*, de Aluísio Azevedo, e *Memórias póstumas de Brás Cubas*, de Machado de Assis), embora desde 1870 já ocorressem manifestações do pensamento realista na Escola de Recife, em movimento liderado por Tobias Barreto.

3. O momento histórico

ano	economia – política – sociedade
1789-99	• Revolução Francesa: extinção dos privilégios feudais; Declaração dos Direitos do Homem e do Cidadão; proclamação da República; expropriação dos bens do clero; abolição da escravidão nas colônias francesas. Em 1799, Napoleão Bonaparte assume o poder na França.
1807-08	• Tropas napoleônicas invadem Portugal e Espanha; na Espanha, há forte resistência ao domínio francês; em Portugal, a Família Real e a alta nobreza fogem para o Brasil.
1811-12	• Napoleão Bonaparte invade a Rússia; derrotado, tem seu prestígio fortemente abalado na Europa.
1815	• O Brasil é elevado à condição de Reino Unido. • Napoleão Bonaparte é definitivamente derrotado na Batalha de Waterloo. • Congresso de Viena: é formada a "Santa Aliança" que, centrada nos princípios de Fé, Autoridade e Tradição, tenta restabelecer o Antigo Regime nos países europeus.
1813-28	• Independência na América espanhola: Colômbia, Paraguai, Argentina, Chile, Bolívia, Uruguai proclamam a independência, em movimentos liderados por Bolívar, San Martín, O'Higgins.
1820	• A Revolução Liberal do Porto exige a volta de D. João VI a Portugal e a recolonização do Brasil.
1822	• Independência política do Brasil.
1824	• É proclamada, em Pernambuco, a Confederação do Equador, movimento republicano e liberal que tinha, entre suas lideranças, Joaquim do Amor Divino Caneca, o Frei Caneca.
1831	• D. Pedro I abdica ao trono brasileiro em favor de seu filho, Pedro II, então com 5 anos de idade.
1832-34	• Guerra Civil em Portugal: de um lado, os absolutistas liderados por D. Miguel; de outro, os liberais comandados por D. Pedro IV (no Brasil, D. Pedro I). Depois de dois anos de batalhas, D. Miguel rende-se às tropas liberais.
1839-42	• Guerra do Ópio entre Inglaterra e China; Hong-Kong passa ao domínio inglês.
1848	• Fim da guerra entre os EUA e o México: Texas, Novo México e Califórnia, somando cerca de 2 milhões de quilômetros, são anexados aos EUA.

ano	arte – ciência – filosofia
1798	• O britânico Thomas Malthus publica *Ensaio sobre a população*, no qual defende a tese de que a população cresce em progressão geométrica, enquanto a produção de alimentos aumenta em progressão aritmética.
1802	• René de Chateaubriand, um dos pioneiros do Romantismo, publica *O Gênio do Cristianismo*, obra em que defende a religião cristã como a mais poética e a mais favorável à liberdade e às artes.
1804	• Friedrich Schiller publica *Guilherme Tell*, drama que exalta o heroísmo e a luta pela liberdade e independência.
1808	• Goethe publica *Fausto*, a história de um homem angustiado que faz um pacto com Mefistófeles: entrega sua alma ao demônio em troca dos prazeres da vida.
1812	• George Gordon Noel Byron, o Lord Byron, publica *Peregrinação de Childe Harold*, poema que narra as viagens e os desencantos de Childe Harold, personagem que caracterizaria o herói byroniano.

ano	arte – ciência – filosofia
1816	• *O barbeiro de Sevilha*, de Gioacchino Antonio Rossini, estreia em Roma.
1820	• O escocês Walter Scott publica *Ivanhoé*, modelo da narrativa histórica do Romantismo.
1822	• Champollion decifra hieróglifos egípcios.
1829	• Honoré de Balzac começa a escrever *A Comédia Humana*. • Louis Braille divulga o sistema de escrita para cegos.
1830	• Victor Hugo faz representar seu drama *Hernani*, considerado um marco do movimento romântico; no ano seguinte, publica *Nossa Senhora de Paris (O Corcunda de Notre-Dame)*. • Stendhal, pseudônimo literário de Henri Beyle, publica *O vermelho e o negro*, narrativa que enfoca a sociedade francesa pós-Revolução.
1839	• O francês Louis Daguerre produz uma imagem fixa pela ação direta da luz, dando início à história da fotografia; o aparelho criado por ele ficou conhecido como daguerreótipo. • Chopin compõe os seus *Prelúdios*.
1844	• Alexandre Dumas, seguindo a linha das narrativas históricas, publica *Os Três Mosqueteiros*.

Exercício comentado

1. (UFG-GO) Leia o fragmento do poema apresentado a seguir.

Spleen e charutos

I

Solidão

[...]

As árvores prateiam-se na praia,
Qual de uma fada os mágicos retiros...
Ó lua, as doces brisas que sussurram
Coam dos lábios teus como suspiros!

Falando ao coração que nota aérea
Deste céu, destas águas se desata?
Canta assim algum gênio adormecido
Das ondas moças no lençol de prata?

Minh'alma tenebrosa se entristece,
É muda como sala mortuária...
Deito-me só e triste, sem ter fome
Vejo na mesa a ceia solitária.

Ó lua, ó lua bela dos amores,
Se tu és moça e tens um peito amigo,
Não me deixes assim dormir solteiro,
À meia-noite vem cear comigo!

AZEVEDO, Álvares de. Lira dos vinte anos. In: *Obra completa*. Organização de Alexei Bueno. Rio de Janeiro: Nova Aguilar, 2000. p. 232.

Fenômeno recorrente na estética romântica, o processo de adjetivação permite ao eu lírico, no poema transcrito,

a) intensificar sua tristeza, ressaltando uma perspectiva pessimista da vida.
b) demarcar sua individualidade, expressando seu estado de espírito.
c) detalhar suas intenções amorosas, nomeando seus sentimentos.
d) descrever as coisas circundantes, apresentando uma visão objetiva da realidade.
e) revelar um sentimento platônico, enumerando as qualidades da amada.

Comentário do vestibular:

O processo de adjetivação, para os poetas românticos, conferia subjetividade aos versos, permitindo a demarcação da individualidade do poeta, como em: "Minh'alma tenebrosa se entristece, / É muda como sala mortuária...".

Resposta: alternativa **b**.

Exercícios propostos

1. (Uepa)
"Sobre Bocage, sabemos que foi um homem situado entre dois mundos, entre as regras rígidas de um Arcadismo decadente, refletindo um mundo racional, ordenado e concreto, e a liberdade de um Romantismo ascendente, quando a literatura se abre à individualidade e à renovação".

(www.lpm-editores.com.br – 03.09.11)

O comentário acima nos permite concluir que Bocage sofreu a violência simbólica quando uma regra pastoril e neoclássica, disfarçada de gosto e verdade inquestionáveis, impediu parcialmente a expressão de sua liberdade criadora. Interprete os versos a seguir e assinale os que tematizam a resistência a tal regra.

a)

Só eu (tirano Amor! tirana Sorte!)
Só eu por Nise ingrata aborrecido
Para ter fim meu pranto espero a morte.

b)

Ó trevas, que enlutais a Natureza,
Longos ciprestes desta selva anosa,
Mochos de voz sinistra e lamentosa,
Que dissolveis dos fados a incerteza;

c)

Das terras a pior tu és, ó Goa,
Tu pareces mais ermo que cidade,
Mas alojas em ti maior vaidade
Que Londres, que Paris ou que Lisboa.

d)

Ó retrato da Morte! Ó Noite amiga,
Por cuja escuridão suspiro há tanto!
Calada testemunha de meu pranto,
De meus desgostos secretária antiga!

e)

Razão, de que me serve o teu socorro?
Mandas-me não amar, eu ardo, eu amo;
Dizes-me que sossegue: eu peno, eu morro.

2. (Unifesp) Leia o poema de Almeida Garrett.

Seus olhos

Seus olhos – se eu sei pintar
O que os meus olhos cegou –
Não tinham luz de brilhar,
Era chama de queimar;
E o fogo que a ateou
Vivaz, eterno, divino,
Como facho do Destino.
Divino, eterno! – e suave
Ao mesmo tempo: mas grave
E de tão fatal poder,
Que, um só momento que a vi,
Queimar toda alma senti...
Nem ficou mais de meu ser,
Senão a cinza em que ardi.

Da leitura do poema, depreende-se que se trata de obra do

a) Barroco, no qual se identifica o escapismo psicológico.

b) Arcadismo, no qual se identifica a contenção do sentimento.

c) Romantismo, no qual se identifica a idealização da mulher.

d) Realismo, no qual se identifica o pessimismo extremo.

e) Modernismo, no qual se identifica a busca pela liberdade.

Texto para as próximas duas questões.

"Onde estás"

É meia-noite... e rugindo
Passa triste a ventania,
Como um verbo de desgraça,
Como um grito de agonia.
E eu digo ao vento, que passa
Por meus cabelos fugaz:
"Vento frio do deserto,
Onde ela está? Longe ou perto?"
Mas, como um hálito incerto,
Responde-me o eco ao longe:
"Oh! minh'amante, onde estás?..."

Vem! É tarde! Por que tardas?
São horas de brando sono,
Vem reclinar-te em meu peito
Com teu lânguido abandono!...
'Stá vazio nosso leito...
'Stá vazio o mundo inteiro;
E tu não queres qu'eu fique
Solitário nesta vida...
Mas por que tardas, querida?...
Já tenho esperado assaz...
Vem depressa, que eu deliro
Oh! minh'amante, onde estás?...

Estrela – na tempestade,
Rosa – nos ermos da vida,
Íris – do náufrago errante,
Ilusão – d'alma descrida!
Tu foste, mulher formosa!
Tu foste, ó filha do céu!...
... E hoje que o meu passado
Para sempre morto jaz...
Vendo finda a minha sorte,
Pergunto aos ventos do Norte...
Oh! minh'amante, onde estás?"

(CASTRO ALVES, A. F. *Espumas flutuantes*. São Paulo: Companhia Editora Nacional, 2005. p. 84-85.)

3. (UEL-PR) Sobre a relação entre o poema e a obra *Espumas flutuantes*, considere as afirmativas a seguir.

I. Idealização da mulher amada e demonstração emotiva são modos de expressão típicos do poeta, inscrito no Romantismo brasileiro.

II. É um poema à parte de *Espumas flutuantes*, pois a idealização da mulher é tema fortuito na obra de Castro Alves.

III. O uso abundante de interrogações, exclamações e reticências fortalece seu teor sentimental, marca típica do Romantismo.

IV. Nos versos 16 e 17, o eu lírico estende seu olhar sentimental, indo do espaço mínimo ao espaço máximo, a fim de expor sua imensa saudade.

Assinale a alternativa correta.

a) Somente as afirmativas I e II são corretas.
b) Somente as afirmativas II e IV são corretas.
c) Somente as afirmativas III e IV são corretas.
d) Somente as afirmativas I, II e III são corretas.
e) Somente as afirmativas I, III e IV são corretas.

4. (UEL-PR) Pode-se afirmar que são temas de *Espumas flutuantes*, de Castro Alves:
a) A culpa, a religiosidade e a morte.
b) A religiosidade, o fazer poético e o indianismo.
c) A morte, o fazer poético e o amor.
d) O indianismo, a pátria e o amor.
e) A pátria, a culpa e a melancolia.

Texto para a próxima questão.

Mandara Pereira acender uma vela de sebo. Vinda a luz, aproximaram-se ambos do leito da enferma que, achegando ao corpo e puxando para debaixo do queixo uma coberta de algodão de Minas, se encolheu toda, e voltou-se para os que entravam.

– Está aqui o doutor, disse-lhe Pereira, que vem curar-te de vez.

– Boas-noites, dona, saudou Cirino.

Tímida voz murmurou uma resposta, ao passo que o jovem, no seu papel de médico, se sentava num escabelo junto à cama e tomava o pulso à doente.

Caía então luz de chapa sobre ela, iluminando-lhe o rosto, parte do colo e da cabeça, coberta por um lenço vermelho atado por trás da nuca.

Apesar de bastante descorada e um tanto magra, era Inocência de beleza deslumbrante.

Do seu rosto irradiava singela expressão de encantadora ingenuidade, realçada pela meiguice do olhar sereno que, a custo, parecia coar por entre os cílios sedosos a franjar-lhe as pálpebras, e compridos a ponto de projetarem sombras nas mimosas faces.

[...]

Ligeiramente enrubesceu Inocência e descansou a cabeça no travesseiro.

– Por que amarrou esse lenço?, perguntou em seguida o moço.

– Por nada, respondeu ela com acanhamento.

– Sente dor de cabeça?

– Nhor-não.

– Tire-o, pois: convém não chamar o sangue; solte, pelo contrário, os cabelos.

Inocência obedeceu e descobriu uma espessa cabeleira, negra como o âmago da cabiúna e que em liberdade devia cair até abaixo da cintura. Estava enrolado em bastas tranças, que davam duas voltas inteiras ao redor do cocoruto.

[...]

Não se descuidou Cirino, antes de se retirar, de novamente tomar o pulso e, à conta de procurar a artéria, assentou toda a mão no punho da donzela, envolvendo-lhe o braço e apertando-o docemente.

Saiu-se mal de tudo isso; porque, se tratava da cura de alguém, para si arranjava enfermidade e bem grave.

TAUNAY, A. d'E. *Inocência*. 3. ed. São Paulo: FTD, 1996. p. 57-58; 72.

5. (UFSC) Com base no trecho e no romance *Inocência* e levando em consideração o contexto do Romantismo brasileiro, marque a(s) proposição(ões) CORRETA(S).
01) O episódio descrito no texto refere-se ao momento em que Cirino vê pela primeira vez Inocência e fica tão apaixonado pela moça que até sua atividade médica é afetada.
02) Dois atos de Cirino – pedir a Inocência que solte os cabelos e tomar-lhe o pulso logo depois de já tê-lo feito – podem ter sido motivados não tanto por razões médicas, mas pelo desejo do rapaz de ver melhor a moça e tocá-la.
04) Inocência reúne algumas características bastante comuns em heroínas românticas: ousadia, agilidade, coragem e excepcional beleza.
08) No último parágrafo, percebe-se como Cirino é contagiado pela malária, doença que acometia Inocência, vindo a ficar depois gravemente enfermo.
16) Diferentemente de outras obras do Romantismo, praticamente não existem em *Inocência* referências à religião, quer nas falas das personagens, quer nos comentários do narrador.
32) O romance *Inocência* explora uma temática bastante comum no Romantismo, que é o amor impossível e trágico, mas a obra tem alguns trechos de humor, como o episódio em que Meyer é atacado por formigas e tem que se despir.

6. (EsPCEx–AMAN-RJ) Quanto à Literatura Brasileira, assinale a alternativa correta.
a) Os escritores românticos, contrários aos árcades, buscavam uma forma mais objetiva de descrever a realidade, revelando os costumes, as relações sociais, a crise das instituições etc.
b) O racionalismo é uma característica presente tanto no Arcadismo, quanto no Realismo, em contraposição ao Barroco e ao Romantismo, respectivamente.
c) A publicação de "O Cortiço", de Aluísio Azevedo, em 1881, marca oficialmente o início do Realismo no Brasil.
d) A linguagem objetiva, a perfeição formal e o universalismo são características presentes na poesia barroca.
e) Amor, solidão, pátria, índio, medievalismo são temas igualmente presentes na poesia épica de Gonçalves Dias e Castro Alves.

Módulo 14 • A poética do Romantismo: amores, índios e condores

1. As gerações poéticas do Romantismo brasileiro

Primeira geração – geração nacionalista ou indianista

Foi marcada pela exaltação da natureza, a volta ao passado histórico, o medievalismo e a criação do herói nacional na figura do indígena, de onde surgiu a denominação "geração indianista". O sentimentalismo e a religiosidade são outras características presentes. Entre os principais autores, destacam-se Gonçalves Dias, Gonçalves de Magalhães e Araújo Porto Alegre.

Segunda geração – geração do mal do século

Fortemente influenciada pela poesia de Lord Byron e de Musset, é também chamada de "geração byroniana". Impregnada de egocentrismo, negativismo boêmio, pessimismo, dúvida, desilusão adolescente e tédio constante – características do ultrarromantismo, o verdadeiro mal do século –, seu tema preferido é a fuga da realidade, que se manifesta na idealização da infância, nas virgens sonhadas e na exaltação da morte. Os principais poetas dessa geração foram Álvares de Azevedo, Casimiro de Abreu, Junqueira Freire e Fagundes Varela.

Terceira geração – geração condoreira

Caracterizada pela poesia social e libertária, reflete as lutas internas da segunda metade do reinado de D. Pedro II. Essa geração sofreu intensamente a influência de Victor Hugo e de sua poesia político-social (daí ser conhecida como "geração hugoana"). O termo **condoreirismo** deriva do símbolo de liberdade adotado pelos jovens românticos: o condor. Seu principal representante foi Castro Alves, seguido por Sousândrade.

2. A produção poética do Romantismo brasileiro

Gonçalves Dias

Antônio Gonçalves Dias (1823-1864) é o mais importante poeta da primeira geração romântica. Foi o responsável pela consolidação do Romantismo no Brasil. De fato, o poeta maranhense trabalhou de forma brilhante todos os temas iniciais do Romantismo, como o indianismo, a natureza pátria, a religiosidade, o medievalismo, o sentimentalismo, o espírito de brasilidade. Em sua obra há poemas que exaltam os negros, o homem medieval português e, com especial destaque, os índios. Merece atenção a perfeição formal e rítmica de seus poemas, com a utilização dos vários recursos da métrica, da rima e da musicalidade.

Álvares de Azevedo

Manuel Antônio Álvares de Azevedo (1831-1852) representa o ponto alto da segunda geração romântica no Brasil. Sua obra sofreu forte influência de Byron e Musset – de quem herdou as características do *spleen* (o sarcasmo, a autoironia). Desenvolveu intensa produção literária; devido à morte prematura, aos 20 anos, a maior parte dessa produção foi publicada postumamente.

Foi ele o responsável pela definição dos contornos definitivos do mal do século em nossa literatura: seus poemas falam de morte e de amor. O amor é sempre idealizado, irreal, impregnado de vultos femininos que habitam seus sonhos adolescentes, mas nunca se materializam. Daí a frustração, o sofrimento e a dor, só acalmada pela lembrança da mãe e da irmã. A morte, numa contradição compreensível, atiça-lhe a vontade de viver e assume a conotação de fuga, pela sensação de impotência diante de um mundo conturbado.

Casimiro de Abreu

Casimiro José Marques de Abreu (1839-1860) alcançou grande popularidade graças a seus versos de ritmo fácil e linguagem simples. Cantou o saudosismo nacionalista, seguindo os passos de Gonçalves Dias, a saudade nostálgica da infância pura, da pátria, das cenas familiares. De toda a sua produção poética, reunida no volume *As primaveras*, seu poema mais emblemático é "Meus oito anos", muito revisitado pelos modernistas.

A poesia de Casimiro de Abreu é caracterizada pelo ritmo fácil, rima pobre e repetitiva, linguagem simples e uso recorrente de pleonasmos, abordando temas comuns do Romantismo.

Castro Alves

Antônio Frederico de Castro Alves (1847-1871) foi o mais representativo poeta da terceira geração romântica. Fortemente influenciado por Victor Hugo, cultivou a poesia social; republicano de primeira hora, combateu a escravidão, um dos pilares em que se sustentava a Monarquia brasileira. Interessava-se não apenas pelos sentimentos e emoções pessoais, mas também pela realidade que o rodeava: cantou o amor, a mulher, a morte, o sonho, a República, o abolicionismo, a igualdade, as lutas de classe, os oprimidos.

Sousândrade

Joaquim de Sousa Andrade (1833-1902) nasceu no Maranhão, filho de grandes proprietários rurais, o que não o impediu de, desde jovem, questionar a aristocracia rural, abraçando as causas abolicionista e republicana. A sua poesia é, em grande parte, fruto das experiências vividas em suas viagens, que lhe permitiram um contato direto não só com o índio amazônico, mas também com uma realidade bastante diversa da brasileira, como a crescente industrialização europeia e norte-americana e os avanços do capitalismo. Com a proclamação da República volta a fixar residência no Maranhão, onde morre na miséria e completamente isolado.

Sua obra é dotada de grande originalidade, revolucionária para o padrão romântico, sendo por isso difícil enquadrá-lo dentro desse movimento. Em seus poemas, percebe-se ousadia vocabular – com emprego de termos indígenas, palavras inglesas, neologismos – e também uma exploração de sonoridade que rompe com a métrica e o ritmo tradicionais. Sousândrade iniciou sua produção artística no período romântico, mas atravessou toda a segunda metade do século XIX; por suas preocupações sociais, aproxima-se da terceira geração.

Exercício comentado

Texto para a próxima questão.

Leia o poema de Tobias Barreto.

A Escravidão

Se é Deus quem deixa o mundo
Sob o peso que o oprime,
Se ele consente esse crime,
Que se chama escravidão,
Para fazer homens livres,
Para arrancá-los do abismo,
Existe um patriotismo
Maior que a religião.

Se não lhe importa o escravo
Que a seus pés queixas deponha,
Cobrindo assim de vergonha
A face dos anjos seus,
Em delírio inefável,
Praticando a caridade,
Nesta hora a mocidade
Corrige o erro de Deus!

1. (UFTM-MG) Considerando a temática abordada no poema, é correto afirmar que ele se enquadra no movimento romântico
   a) condoreiro, a exemplo de Castro Alves que, com o poema *Navio Negreiro*, aborda a questão da escravidão no Brasil.
   b) indianista, a exemplo de Gonçalves Dias que, com o poema *I – Juca Pirama*, analisa a condição dos excluídos socialmente.
   c) ultrarromântico, a exemplo de Fagundes Varela que, com o poema *Cântico do Calvário*, mostra o sofrimento do negro no Brasil.
   d) condoreiro, a exemplo de Castro Alves que, com o poema *Vozes d'África*, exalta a força e a simpatia dos negros africanos.
   e) ultrarromântico, a exemplo de Casimiro de Abreu que, com o poema *Meus oito anos*, recorda a escravidão que conhecera na infância.

Comentário do vestibular:

A poesia condoreira, vertente do Romantismo brasileiro da Terceira Geração e que teve em Castro Alves seu representante mais ativo, usa como temática a denúncia da escravidão e a exaltação dos ideais democráticos, como acontece no poema "Navio Negreiro". Em "Vozes d'África", ao contrário do que se afirma em **d**, o poeta compara a situação de liberdade e pujança em que viviam os negros na sua terra natal e a de opressão e violência em terras brasileiras, sob o jugo da escravidão.

Resposta: alternativa **a**.

Exercícios propostos

1. (Unifesp) Leia os versos de Fagundes Varela.

Roem-me atrozes ideias,
A febre me queima as veias,
A vertigem me tortura!...
Oh! por Deus! quero dormir,
Deixem-me os braços abrir
Ao sono da sepultura!
Despem-se as matas frondosas,
Caem as flores mimosas
Da morte na palidez:
Tudo, tudo vai passando,
Mas eu pergunto chorando
– Quando virá minha vez?

Os versos filiam-se ao estilo

a) árcade, flagrado pela alusão à natureza como forma de fugir dos problemas.
b) ultrarromântico, influenciado pelo Mal do Século, e presentificam o pessimismo e a morte.
c) condoreiro, distanciado da visão egocêntrica, pois estão voltados aos problemas sociais.
d) parnasiano, cuja busca de perfeição formal é mais relevante que a expressão da emoção.
e) simbolista, em que o pessimismo e a dor existencial levam o eu lírico à transcendência.

2. (UEPG-PR)

Canto IX – *I-Juca Pirama*

O guerreiro parou, caiu nos braços
Do velho pai, que o cinge contra o peito,
Com lágrimas de júbilo bradando:
"Este, sim, que é meu filho muito amado!
E pois que o acho enfim, qual sempre o tive,
Corram livres as lágrimas que choro,
Estas lágrimas, sim, que não desonram".

(Gonçalves Dias. "Poesias Americanas")

Com relação à obra indianista de Gonçalves Dias, e sobre este poema em particular, assinale o que for correto.

01) O herói do poema não é apenas um índio tupi: representa todos os índios brasileiros ou ainda todos os brasileiros, uma vez que o índio foi durante o Romantismo o representante de nossa nacionalidade.

02) O poeta, ao pôr em discussão profundos valores e sentimentos humanos, como a bondade filial e a honra, supera os limites da abordagem puramente indianista e ganha universalidade.

04) O índio de Gonçalves Dias diferencia-se do de Joaquim Norberto e Gonçalves Magalhães, não pela questão de autenticidade do índio, mas por ser mais poético, como vemos em "I-Juca-Pirama". O deslumbramento sem vulgaridade do herói indígena traduz a poesia do poeta, malabarista de ritmos nos sentimentos de heroísmo, dignidade, generosidade, bravura, maldição e tradição.

08) Quanto aos aspectos formais, em "I-Juca-Pirama" Gonçalves Dias variou a métrica de trecho em trecho. Teoricamente, o poeta teria desprezado a metrificação. No entanto, do ponto de vista expressivo, a variação métrica utilizada produz a iconicidade sonora do texto, construindo plasticamente o poema como um significante rítmico do ritual narrado.

16) I-Juca Pirama significa "aquele que é digno de ser morto"; o poema conta a história de um guerreiro tupi, aprisionado pelos Timbiras, que vai morrer em um festim canibal.

Texto para a próxima questão.

O fluido elétrico

Quando chegava perto de Antonio alguma endiabrada moça requebrando e seduzindo-o com palavras, com os gestos, com os olhos e com os modos, ele confessa numa carta que sentia um fluido elétrico a correr pela medula da sua coluna vertebral, então por que não sentiria isso também por mim? Antonio é fraco para com as mulheres e nunca sincero com elas, nem consigo mesmo, sincero apenas com Alexandre Teófilo e com a poesia, sua Musa, por isso acredito que o poema tenha sido inspirado em meus olhos, que ele via verdes mas infelizmente são da cor do mel, um mel turvo, quase verdes quando olho a luz, o mar quando viajávamos na costa do Ceará, Natalícia admitiu que meus olhos estavam verdes. Desejo acreditar no que diz Maria Luíza, mas acredito apenas em meu coração, sei quanto fel pode haver no coração de uma romântica. Talvez ele tenha confundido meus olhos com as vagens do feijão verde e com as paisagens que ele tanto ama de palmeiras esbeltas e cajazeiros cobertos de cipós, talvez estivesse apenas ensaiando o grande amor que iria sentir na sua vida adulta, quando escreveria tantos poemas, dos mais dedicados, apaixonados, melancólicos, dos mais saudosos, e ao pensar nisso uma tristeza funda, inexprimível, o coração me anseia.

MIRANDA, Ana. *Dias e dias*. São Paulo: Companhia das Letras, 2002. p. 19

3. (UFRRJ) Tendo em vista que Gonçalves Dias foi um poeta romântico da chamada primeira geração, indique a que características da poesia dessa fase os fragmentos a seguir se referem:

a) "... com as paisagens que ele tanto ama de palmeiras esbeltas e cajazeiros cobertos de cipós,"
b) "quando escreveria tantos poemas, dos mais dedicados, apaixonados, melancólicos, dos mais saudosos,"

Texto para a próxima questão.

A lagartixa

A lagartixa ao sol ardente vive
E fazendo verão o corpo espicha:
O clarão de teus olhos me dá vida,
Tu és o sol e eu sou a lagartixa.

Amo-te como o vinho e como o sono,
Tu és meu copo e amoroso leito...
Mas teu néctar de amor jamais se esgota,
Travesseiro não há como teu peito.

Posso agora viver: para coroas
Não preciso no prado colher flores;
Engrinaldo melhor a minha fronte
Nas rosas mais gentis de teus amores.

Vale todo um harém a minha bela,
Em fazer-me ditoso ela capricha...
Vivo ao sol de seus olhos namorados,
Como ao sol de verão a lagartixa.

(AZEVEDO, Álvares de. *Poesias completas* (ed. crítica de Péricles Eugênio da Silva Ramos/ org. Iumna Maria Simon). Campinas/SP: UNICAMP; São Paulo: Imprensa Oficial do Estado, 2002.)

4. (UFRJ) A poética da segunda geração romântica é frequentemente associada ao melancólico, ao sombrio, ao fúnebre; a lírica amorosa, por sua vez, costuma ser caracterizada como lamentação de amores perdidos ou frustrados.
Relacione essas duas afirmativas ao texto no que se refere à seleção vocabular relativa aos amantes e a seu tratamento poético.

Texto para a próxima questão.

O "Adeus" de Teresa

A vez primeira que eu fitei Teresa,
Como as plantas que arrasta a correnteza,
A valsa nos levou nos giros seus...
E amamos juntos... E depois na sala
"Adeus" eu disse-lhe a tremer co'a fala...

E ela, corando, murmurou-me: "adeus."

Uma noite... entreabriu-se um reposteiro...
E da alcova saía um cavaleiro
Inda beijando uma mulher sem véus...
Era eu... Era a pálida Teresa!
"Adeus" lhe disse conservando-a presa...

E ela entre beijos murmurou-me: "adeus!"

Passaram tempos... séc'los de delírio
Prazeres divinais... gozos do Empíreo...
... Mas um dia volvi aos lares meus.
Partindo eu disse – "Voltarei!... descansa!..."
Ela, chorando mais que uma criança,

Ela em soluços murmurou-me: "adeus!"

Quando voltei... era o palácio em festa!...
E a voz d'Ela e de um homem lá na orquestra
Preenchiam de amor o azul dos céus.
Entrei!... Ela me olhou branca... surpresa!
Foi a última vez que eu vi Teresa!...

E ela arquejando murmurou-me: "adeus!"

(CASTRO ALVES, Antonio Frederico. *Espumas flutuantes*. São Paulo: Companhia Editora Nacional, 2005. p. 51.)

5. (UEL-PR) Acerca do poema, é correto afirmar:

I. A palavra "adeus" apresenta variações de significado.

II. Na terceira estrofe, a ausência do eu lírico é marcada por hipérboles.

III. Há ruptura da idealização da figura feminina.

IV. O amor espiritual sobrepõe-se ao amor carnal.

Assinale a alternativa correta.

a) Somente as afirmativas I e II são corretas.
b) Somente as afirmativas I e III são corretas.
c) Somente as afirmativas III e IV são corretas.
d) Somente as afirmativas I, II e IV são corretas.
e) Somente as afirmativas II, III e IV são corretas.

6. (UFRGS-RS) Leia as afirmações a seguir, sobre Sousândrade.

I. Trata-se de um autor maranhense do século XIX, cujo nome verdadeiro é Joaquim de Sousa Andrade, quase desconhecido dos contemporâneos românticos.

II. "O Guesa" é um longo poema narrativo, composto sobre uma lenda quíchua que narra o sacrifício de um jovem imolado por sacerdotes.

III. O poema "O Guesa" traz para a Literatura Brasileira temas do capitalismo mundial, entre os quais o da Bolsa de New York.

Quais estão corretas?

a) Apenas I.
b) Apenas II.
c) Apenas III.
d) Apenas I e II.
e) I, II e III.

7. (PUC-PR) Assinale a alternativa correta.
A poesia brasileira do Romantismo do século XIX pode ser dividida em:

a) duas fases: a histórica e indianista, e a fase subjetiva e individualista.
b) três fases: a subjetiva, a nacionalista e a experimental.
c) três fases: a poesia da natureza e indianista, a poesia individualista e subjetiva, e a poesia liberal e social.
d) quatro fases: a histórica, a de crítica nacionalista, a experimental e a subjetiva.
e) duas fases: a amorosa e sentimental e a fase nacionalista.

Módulo 15 • A prosa do Romantismo: a literatura se populariza

1. O romance romântico em Portugal

O romance histórico de Herculano: a defesa da Pátria, do Cristianismo e do Amor

Alexandre Herculano (1810-1877) participou ativamente das lutas liberais ao lado de Almeida Garrett durante a Guerra Civil portuguesa; entre 1831 e 1832 esteve exilado na Inglaterra e na França. Com a posterior vitória dos liberais, em 1836 fundou a revista *Panorama* e publicou suas primeiras narrativas históricas, consolidando o Romantismo em Portugal.

As origens da nação portuguesa, a religiosidade e o amor romântico são temas privilegiados em sua obra. Apesar de ter sido também historiador e publicar obras de caráter não ficcional, é como romancista que chega ao ponto alto de sua carreira, introduzindo o romance histórico em Portugal. Em sua prosa, o autor mistura à sua criação narrativa a descrição detalhada de ambientes e a referência a costumes do passado.

A novela passional: Camilo Castelo Branco

Camilo Castelo Branco (1825-1890) consolidou um gênero narrativo na literatura de língua portuguesa: a novela passional, que, nas palavras de António José Saraiva, promove "o amor à categoria do sagrado, do incomensurável com a razão e com as normas morais correntes. [...] Há sempre uma grandeza trágica de paixões e situações, os personagens são penitentes do amor".

Muitas das situações vividas pelos personagens refletem experiências efetivamente vividas pelo escritor, a ponto de um crítico literário, José-Augusto França, afirmar que o autor "Camilo e os seus heróis vivem no mesmo universo dramático, de cores intensas, ao mesmo tempo sublime e sórdido".

O romance burguês: Júlio Dinis

O Romantismo, como um todo, foi um movimento burguês. Os romances românticos se direcionavam, em grande parte, ao público das camadas sociais economicamente privilegiadas, retratando seu modo de vida e seus ideais.

Um de seus principais autores foi Júlio Dinis – pseudônimo do médico Joaquim Guilherme Gomes Coelho (1839-1871), descendente de uma família burguesa da cidade do Porto.

Reagindo ao modismo dos romances históricos do Romantismo, Júlio Dinis retratou, em seus romances, cenas da vida portuguesa da segunda metade do século XIX. Surgiu, assim, o "romance contemporâneo", tendência que vingou no período realista (notadamente na produção de Eça de Queirós). No entanto, um forte traço romântico ainda esteve presente em seus romances: a otimista visão de mundo da burguesia liberal portuguesa.

2. O romance romântico no Brasil

Rio de Janeiro, o palco ideal

A urbanização da cidade do Rio de Janeiro, transformada em Corte, gerou uma sociedade consumidora representada pela aristocracia rural, pelos profissionais liberais e jovens estudantes, todos em busca de "entretenimento"; o espírito nacionalista exigia uma "cor local" para os romances, e não a mera importação ou tradução de obras estrangeiras. Respondendo às exigências do público leitor, surgiram romances cujo enredo girava em torno da descrição dos costumes urbanos e de amenidades do campo, ou que apresentavam imponentes selvagens, personagens concebidos pela imaginação e ideologia românticas, com os quais o leitor se identificava, pois retratavam uma "realidade" que lhe convinha.

O romance urbano: Joaquim Manuel de Macedo

Joaquim Manuel de Macedo (1820-1882) foi o primeiro romancista brasileiro a alcançar sucesso junto ao novo público romântico formado por jovens senhoras e estudantes. Em 1844, ano em que se formou em Medicina pela Faculdade do Rio de Janeiro, publicou seu primeiro romance – *A Moreninha* –, ambientado na Corte carioca e com jovens estudantes de Medicina como personagens.

A obra de Macedo apresenta todo o esquema e desenvolvimento dos romances românticos iniciais: descrição de costumes da sociedade carioca, suas festas e tradições, estilo fluente e leve, linguagem simples, tramas fáceis, pequenas intrigas de amor e mistério, final feliz, com a vitória do amor.

Macedo foi o escritor da classe média carioca, em oposição à aristocracia rural. Sua pena tinha o "gosto burguês"; seus romances eram povoados de jovens estudantes idealizados, moçoilas casadoiras ingênuas e puras e outros tipos que perambulavam pela agitada cidade do Rio de Janeiro.

José de Alencar e seu projeto de literatura nacional

José Martiniano de Alencar (1829-1877) nasceu no Ceará. Foi romancista, cronista, ensaísta, dramaturgo e político. A intenção do autor em traçar um grande painel do Brasil, cobrindo-o por inteiro é muito clara em sua obra: o período colonial, com os romances *Ubirajara*, *Iracema*, *O guarani*, *As minas de prata*; a sociedade rural, com os romances *Til* e *O tronco do ipê*; o Norte, com *O sertanejo*; o Sul, com *O gaúcho*; o Rio de Janeiro urbano do século XIX, com *Cinco minutos*, *A viuvinha*, *A pata da gazela*, *Sonhos d'ouro*, *Encarnação*, *Lucíola*, *Diva* e *Senhora*.

Em seus romances indianistas, defende o "consórcio" entre o nativo e o europeu colonizador, como uma troca de favores: uns ofereciam a natureza virgem, o solo esplêndido; outros, a cultura. Da soma desses fatores resultaria um Brasil independente.

O romance picaresco de Manuel Antônio de Almeida

Manuel Antônio de Almeida (1831-1861) é autor de um único romance: *Memórias de um sargento de milícias*, uma das narrativas mais interessantes da literatura brasileira, publicada em folhetins semanais do suplemento *Pacotilha*, do jornal *Correio Mercantil*.

Memórias de um sargento de milícias é uma obra totalmente inovadora para sua época e pode ser considerada o verdadeiro romance de costumes do Romantismo brasileiro, pois abandona a visão da burguesia urbana para retratar o povo em toda a sua simplicidade. O romance é o documento de uma época, descrita com malícia, humor e sátira: o período de D. João VI no Brasil, justamente o momento das maiores transformações, da mudança da mentalidade colonial para a vida da Corte. Leonardinho é um anti-herói, ou melhor, um **herói picaresco**, aquele que está à margem da sociedade, que a vê sob outro ângulo, de baixo para cima.

Exercício comentado

1. (UFBA)

Queremos agora contar-vos em alguns romances histórias verdadeiras que todos vós já sabeis, sendo certo que em as já saberdes é que pode consistir o único merecimento que porventura tenha este trabalho: porque na vossa ciência e na vossa consciência se hão de firmar as verdades que vamos dizer.

Serão romances sem atavios, contos sem fantasias poéticas, tristes histórias passadas a nossos olhos, e a que não poderá negar-se o vosso testemunho.

Não queremos ter segredos, nem reservas mentais convosco.

É nosso empenho e nosso fim levar ao vosso espírito e demorar nas reflexões e no estudo da vossa razão fatos que tendes observado, verdades que não precisam mais de demonstração, obrigando-vos deste modo a encarar de face, a medir, a sondar em toda sua profundeza um mal enorme que afeia, infecciona, avilta, deturpa e corrói a nossa sociedade, e a que a nossa sociedade ainda se apega semelhante a desgraçada mulher que, tomando o hábito da prostituição, a ela se abandona com indecente desvario.

E o empenho que tomamos, o fim que temos em vista adunam-se com uma aspiração generosa da atualidade, e com a exigência implacável da civilização e do século.

MACEDO, J. M. de. *As vítimas-algozes*: quadros da escravidão. 4. ed. São Paulo: Zouk, 2005. p. 7.

É correto afirmar sobre o fragmento e a obra:

01) O enunciador, em texto dirigido aos leitores, explicita seu propósito de denunciar a escravidão e de convocar seus contemporâneos a agir pela extinção do trabalho escravo.

02) A escravidão como prática do passado contradiz, segundo o texto, já no momento em foco, os anseios de uma sociedade moderna e democrática.

04) A crítica à escravidão aparece ilustrada no trecho "Simeão odiava o senhor, que o castigara com o açoute, odiava a senhora que nem sequer o castigara, e, inexplicável nuança ou perversão insensata do ódio, odiava mais que a todos Florinda, a senhora-moça, a santa menina que ofendida, insultada por ele, tão pronta lhe perdoara a ofensa, tão prestes se precipitara a livrá-lo do açoute. O negro escravo é assim."

08) O discurso "E sempre que puserdes a mão em um desses feiticeiros, encontrareis nele um negro escravo... ou algum seu iniciado. E tomai sentido e precauções: o escravo, não nos cansaremos de o repetir, é antes de tudo natural inimigo de seu senhor; e o escravo que é feiticeiro, sabe matar.", extraído do conto *Pai-Raiol, o Feiticeiro*, contradiz as aspirações do enunciador do fragmento da obra em análise.

16) O trecho "Quem pede ao charco água pura, saúde à peste, vida ao veneno que mata, moralidade à depravação, é louco. Dizeis que com os escravos, e pelo seu trabalho vos enriqueceis: que seja assim: mas em primeiro lugar donde tirais o direito da opressão?..." exalta as virtudes do senhor em contradição com a depravação e a maldade do escravo.

Comentário do vestibular:

Estão incorretas as afirmações:
– 08: pois o discurso evidencia o propósito do enunciador do fragmento – "obrigando-vos deste modo a encarar de face, a medir, a sondar em toda sua profundeza um mal enorme que afeia, infecciona, avilta, deturpa e corrói a nossa sociedade";
– 16: porque o trecho exalta justamente o oposto, a crueldade do senhor.

Resposta: 01 + 02 + 04 = 07.

Exercícios propostos

1. (Unicamp-SP) Em uma passagem célebre de *Memórias de um sargento de milícias*, pode-se ler, a respeito da personagem de Leonardo Pataca, que "o homem era romântico, como se diz hoje, e babão, como se dizia naquele tempo". (Manuel Antônio de Almeida, *Memórias de um sargento de milícias*. Rio de Janeiro: Livros Técnicos e Científicos, 1978, p. 19.)
   a) De que maneira a passagem acima explicita o lugar peculiar ocupado pelo livro de Manuel Antônio de Almeida no Romantismo brasileiro?
   b) Como essa peculiaridade do livro se manifesta, de maneira geral, na caracterização das personagens e na construção do enredo?

2. (UFPE) Na história da Literatura Brasileira, podemos destacar dois momentos que evidenciam preocupação com a cultura nacional, a primeira metade do século XIX e a segunda década do século XX. Neles, há a valorização da temática nacional, mas a partir de perspectivas estéticas distintas. Com base nessa informação e nos textos a seguir, analise as proposições seguintes.

Texto I

No fundo do mato-virgem nasceu Macunaíma, herói de nossa gente. Era preto retinto e filho do medo da noite. Houve um momento em que o silêncio foi tão grande escutando o murmurejo do Uraricoera, que a índia, tapanhumas pariu uma criança feia. Essa criança é que chamaram de Macunaíma.

Já na meninice fez coisas de sarapantar. De primeiro: passou mais de seis anos não falando. Si o incitavam a falar exclamava: "— Ai! que preguiça!... e não dizia mais nada."

(Mário de Andrade – *Macunaíma*)

Texto II

Além, muito além daquela serra, que ainda azula no horizonte, nasceu Iracema.

Iracema, a virgem dos lábios de mel, que tinha os cabelos mais negros que a asa da graúna e mais longos que seu talhe de palmeira.

O favo da jati não era doce como seu sorriso; nem a baunilha recendia no bosque como seu hálito perfumado.

(José de Alencar – *Iracema*)

( ) Os Textos I e II apresentam uma temática bem brasileira, pois problematizam, de forma sarcástica, a constituição da etnia brasileira.

( ) Em *Iracema*, Alencar segue o estilo romântico e descreve a protagonista com esmero; mas contraria a estética do seu tempo, quando a idealiza "como o talhe da palmeira".

( ) Mário de Andrade aborda a mesma temática de José de Alencar, mas descreve o protagonista de sua rapsódia de maneira crítica, obedecendo às tendências do Modernismo.

( ) Há em *Macunaíma* o resgate da cultura nacional, quando o autor se utiliza de uma linguagem representativa do falar brasileiro e retrata o protagonista como um "herói sem nenhum caráter".

( ) Ainda que *Macunaíma* retome o romance de José de Alencar, dele difere, uma vez que apresenta uma concepção idealizadora e ufanista do homem brasileiro.

3. (UCS-RS) José de Alencar, um dos mais importantes ficcionistas brasileiros do século XIX, escreveu romances históricos, regionais, urbanos e indianistas. Leia o fragmento do romance *O Guarani*, de José de Alencar.

Caía a tarde.

No pequeno jardim da casa do Paquequer, uma linda moça se embalançava indolentemente numa rede de palha presa aos ramos de uma acácia silvestre [...].

Os grandes olhos azuis, meio cerrados, às vezes se abriam languidamente como para se embeberem de luz [...].

Os lábios vermelhos e úmidos pareciam uma flor da gardênia dos nossos campos, orvalhada pelo sereno da noite [...].

Os longos cabelos louros, enrolados negligentemente em ricas tranças, descobriam a fronte alva, e caíam em volta do pescoço presos por uma rendinha finíssima de fios de palha cor de ouro. [...]

Esta moça era Cecília.

(ALENCAR, José de. *O guarani*. 25. ed. São Paulo: Ática, 2001. p. 32.)

Em relação à obra *O Guarani*, ou ao fragmento descrito, assinale a alternativa correta.

a) Neste trecho, a descrição de Cecília revela um ideal de beleza típico da sociedade do Brasil colonial.

b) A visão de mundo realista está posta no retrato harmonioso entre a beleza da jovem e a beleza da natureza brasileira.

c) No romance, um dos triângulos amorosos é formado por Cecília, Loredano e Isabel.

d) No fragmento, a languidez dos olhos de Cecília sugere um certo erotismo, desvinculando a obra do movimento romântico.

e) Na obra, além da idealização da mulher, há elementos da idealização do índio, personificado na figura de Peri.

4. (Uespi) O Romantismo brasileiro encerra determinadas características próprias. Seja porque ele nasce quase conjugado com a nossa Independência política e a criação do Estado-Nação, seja porque recaiu sobre os escritores pátrios a missão de construir parte da nossa identidade nacional e cultural. Ainda sobre o Romantismo no Brasil e a obra de José de Alencar, assinale a alternativa correta.

a) *Iracema* não só inaugurou o indianismo, como José de Alencar lhe deu continuidade ao escrever *O Guarani* e *Ubirajara*.

b) *Iracema* se enquadra dentro do chamado romance psicológico, que veio a ser cultivado por quase todos os romancistas brasileiros.

c) A paisagem brasileira foi sempre um elemento secundário ou quase inexistente na obra de Alencar, particularmente em *Iracema*.

d) *Os Timbiras* é um poema épico escrito por Alencar. Neste, ele retoma muitos dos personagens que encontramos em *Iracema*.

e) Encontramos em *Iracema* tanto um delineado argumento histórico quanto o lirismo que vai caracterizar a literatura indigenista.

5. (UPF-RS) Leia as seguintes afirmações sobre *Lucíola* e assinale com V as verdadeiras e com F as falsas.

( ) A narrativa é apresentada ao leitor como o resultado da iniciativa de uma senhora, que teria decidido reunir e publicar as cartas enviadas a ela por Paulo.

( ) O registro dos costumes burgueses, que é uma característica de outros livros de José de Alencar, não se faz presente nesse romance.

( ) Na obra, o autor aborda o tema da prostituição.

( ) Nas últimas páginas do livro, Lúcia conta a Paulo a história de seu passado e manifesta o desejo de voltar a ser chamada pelo seu nome de batismo, Maria.

A sequência **correta** de preenchimento dos parênteses, de cima para baixo, é:

a) V – V – F – V
b) V – F – F – V
c) F – F – V – V
d) V – F – V – V
e) V – V – F – F

6. (UPE) No romance *Senhora*, de José de Alencar, as características que faz de Fernando Seixas um herói romântico são:

I. a preocupação com a família, quando esta lhe solicitou o dinheiro que lhe foi confiado para poupança e ele havia gastado em seu próprio benefício. Martirizou-se por saber que a irmã dependia desse dinheiro para se casar. Não tendo outra saída, sentiu-se obrigado a aceitar a proposta de Aurélia para se casar com ela pelo dote de cem contos de réis, sem nada lhe revelar.

II. a elegância excessiva de Fernando Seixas que o caracteriza como personagem idealizada.

III. o fato de trair Aurélia devido a um casamento que lhe oferecia mais vantagens.

IV. a importância dada por Fernando Seixas aos prazeres e às futilidades da época.

V. o desfrute da riqueza oferecida por Aurélia sem nenhuma preocupação.

Somente está correto o que se afirma em

a) I e II
b) I e III
c) II e IV
d) III e V
e) IV e V

7. (UPE) Em relação às características que fazem desse romance – *Senhora* –, de José de Alencar um precursor do romance realista, assinale V para Verdadeiro e F para Falso nas afirmativas abaixo:

( ) A linguagem metafórica e a concepção idealizada do amor.

( ) A crítica à futilidade dos comportamentos e fragilidade dos valores burgueses, oriundos do capitalismo brasileiro emergente na época.

( ) O amor como único meio de redimir todos os males.

( ) O temor da realização amorosa.

( ) O casamento por interesse, a independência feminina e a ascensão social a qualquer preço.

Assinale a alternativa que apresenta a sequência correta.

a) F; V; F; F; V.
b) V; F; F; F; V.
c) F; F; V; F; V.
d) F; V; V; V; F.
e) F; V; F; V; V.

Exercícios-tarefa

MÓDULO 1

Texto para a próxima questão.

Mysterium[1]

"Eu vi ainda debaixo do sol que a corrida não é para os mais ligeiros, nem a batalha para os mais fortes, nem o pão para os mais sábios, nem as riquezas para os mais inteligentes, mas tudo depende do tempo e do acaso."

Eclesiastes

Ao tempo e ao acaso eu acrescento o grão de imprevisto. E o grão da loucura, a razoável loucura que é infinita na nossa finitude. Vejo minha vida e obra seguindo assim por trilhos paralelos e tão próximos, trilhos que podem se juntar (ou não) lá adiante mas tudo sem explicação, não tem explicação.

Os leitores pedem explicações, são curiosos e fazem perguntas. Respondo. Mas se me estendo nas respostas, acabo por pular de um trilho para outro e começo a misturar a realidade com o imaginário, faço ficção em cima de ficção, ah! Tanta vontade (disfarçada) de seduzir o leitor, esse leitor que gosta do devaneio. Do sonho. Queria estimular sua fantasia mas agora ele está pedindo lucidez, quer a luz da razão.

Não gosto de teorizar porque na teoria acabo por me embrulhar feito um caramelo em papel transparente, me dê um tempo! Eu peço. Quero ficar fria, espera. Espera que estou me aventurando na busca das descobertas, "Devagar já é pressa!", disse Guimarães Rosa. Preciso agora atravessar o cipoal[2] dos detalhes e são tantos! E tamanha a minha perplexidade diante do processo criador, Deus! Os indevassáveis signos e símbolos. Ainda assim, avanço em meio da névoa, quero ser clara em meio desse claro que de repente ficou escuro, estou perdida?

Mais perguntas, como nasce um conto? E um romance? Recorro a uma certa aula distante (Antonio Candido) onde aprendi que num texto literário há sempre três elementos: a ideia, o enredo e a personagem. A personagem, que pode ser aparente ou inaparente, não importa. Que pode ser única ou se repetir, tive uma personagem que recorreu à máscara para não ser descoberta, quis voltar num outro texto e usou disfarce, assim como faz qualquer ser humano para mudar de identidade.

Na tentativa de reter o questionador, acabo por inventar uma figuração na qual a ideia é representada por uma aranha. A teia dessa aranha seria o enredo. A trama. E a personagem, o inseto que chega naquele voo livre e acaba por cair na teia da qual não consegue fugir, enleado pelos fios grudentos. Então desce (ou sobe) a aranha e nhac! Prende e suga o inseto até abandoná-lo vazio. Oco.

O questionador acha a imagem meio dramática mas divertida, consegui fazê-lo sorrir? Acho que sim. Contudo, há aquele leitor desconfiado, que não se deixou seduzir porque quer ver as personagens em plena liberdade e nessa representação elas estão como que sujeitas a uma destinação. A uma condenação. E cita Jean-Paul Sartre que pregava a liberdade também para as personagens, ah! Odiosa essa fatalidade dos seres humanos (inventados ou não) caminhando para o bem e para o mal. Sem mistura.

Começo a me sentir prisioneira dos próprios fios que fui inventar, melhor voltar às divagações iniciais onde vejo (como eu mesma) o meu próximo também embrulhado. Ou embuçado[3]? Desembrulhando esse próximo, também vou me revelando e na revelação, me deslumbro para me obumbrar[4] novamente nesta viragem-voragem do ofício.

(TELLES, Lygia Fagundes. *Durante aquele estranho chá: perdidos e achados*. Rio de Janeiro: Rocco, 2002.)

[1]palavra latina para "mistério"
[2]mato abundante de cipós
[3]escondido
[4]cobrir de sombras

1. (Uerj) Todo texto pressupõe relações com outros textos, por isso nele estão presentes várias vozes, que podem ser reconhecidas com maior ou menor facilidade. A isso chamamos intertextualidade.
Um exemplo de intertextualidade cujo sentido está corretamente definido verifica-se em:
   a) "mas tudo depende do tempo e do acaso." (epígrafe – Eclesiastes) – afirmar a existência de um momento certo para escrever
   b) " 'Devagar já é pressa!', disse Guimarães Rosa." (3º parágrafo) – revelar o sentido da obra ao leitor pouco a pouco
   c) "Recorro a uma certa aula distante (Antonio Candido)" (4º parágrafo) – esclarecer o modo de construção do texto literário
   d) "E cita Jean-Paul Sartre que pregava a liberdade também para as personagens," (6º parágrafo) – criticar o poder das personagens no processo de criação literária

2. (Ufes)
"Todo texto é produto de uma criação coletiva: a voz do seu produtor se manifesta ao lado de um coro de outras vozes que já trataram de mesmo tema e com as quais se põe em acordo ou desacordo."

(Platão e Fiorin)

O assunto do texto é

a) plágio.
b) originalidade.
c) intertextualidade.
d) cópia.
e) colagem.

3. (UFSM-RS)
Guimarães Rosa costumava dizer que "decifrar mistérios é ótimo. Diverte e exercita o cérebro". É assim que ele desafia o leitor, ao propor para um conto de "Primeiras histórias" a seguinte ilustração:

UFSM/2001

Os cinco elementos trazem sugestões simbólicas que se associam por adição.
Considerando que ∞ = o infinito, em linguagem matemática, afirma-se que o mistério proposto pelo escritor mineiro pode ser decifrado por

a) "Partida do audaz navegante", pois tem como tema um homem que, numa canoa, chega a determinada cidade e sequestra duas crianças.
b) "A terceira margem do rio", pois ∞, o infinito, simboliza a terceira margem, o rio adentro, a busca do ponto mais elevado do desenvolvimento mental.
c) "Famigerado", pois Damásio, dos Siqueiras, ao morrer no fim do conto, atinge o ponto mais elevado do desenvolvimento mental.
d) "O espelho", pois o elemento ∞ remete à batalha dos índios protagonistas do conto, em sua infinita busca de perfeição.
e) "Sequência", pois o conto retrata a eterna busca de um homem, a fim de resgatar uma vaquinha fujona, que remete a ∞, símbolo do infinito, já que a procura não termina nunca.

MÓDULO 2

Texto para a próxima questão.

Sobre artes e artistas

"Uma coisa que realmente não existe é aquilo a que se dá o nome de Arte. Existem somente artistas. Outrora, eram homens que apanhavam terra colorida e modelavam toscamente as formas de um bisão na parede de uma caverna; hoje, alguns compram suas tintas e desenham cartazes para os tapumes; eles faziam e fazem muitas outras coisas. Não prejudica ninguém chamar a todas essas atividades arte, desde que conservemos em mente que tal palavra pode significar coisas muito diferentes, em tempos e lugares diferentes, e que Arte com A maiúsculo não existe. Na verdade, Arte com A maiúsculo passou a ser algo de um bicho-papão e de um fetiche. Podemos esmagar um artista dizendo-lhe que o que ele acaba de fazer pode ser muito bom no seu gênero, só que não é "Arte". E podemos desconcertar qualquer pessoa que esteja contemplando com prazer um quadro, declarando que aquilo de que ela gosta não é Arte, mas algo muito diferente. Na realidade, não penso que existam quaisquer razões erradas para se gostar de um quadro ou de uma escultura. Alguém pode gostar de uma paisagem porque ela lhe recorda seu berço natal, ou de um retrato porque lhe lembra um amigo. Nada há de errado nisso. (...) Somente quando alguma recordação irrelevante nos torna parciais e preconceituosos, quando instintivamente voltamos as costas a um quadro magnífico de uma cena alpina porque não gostamos de praticar alpinismo, é que devemos perscrutar o nosso íntimo para desvendar as razões da aversão que estraga um prazer que de outro modo poderíamos ter. Há razões erradas para não se gostar de uma obra de arte."

E. H. Gombrich

1. (ITA-SP) Dadas as afirmações:
   I. Respeitados os fatores tempo e espaço, e dependendo do material com que são confeccionadas, as diferentes e diversas obras elaboradas pelo homem são "arte".
   II. Caso se releve a amplitude de significado da palavra "arte", o resultado de atividades muito diferentes, independentemente da época em que foram desenvolvidas, pode ser arte.
   III. As obras de hoje, comparadas com as de antigamente, têm significados bem diferentes, por serem confeccionadas com material mais sofisticado e por atenderem a outras finalidades.

   Inferimos, de acordo com o texto, que:
   a) Todas são corretas.
   b) Apenas a afirmação I é correta.
   c) Apenas a afirmação II é correta.
   d) Apenas a afirmação III é correta.
   e) Todas são incorretas.

2. (UEG-GO)

UEG/2008

ANDY WARHOL. *Superman*, 1961. Disponível em: <www.supermanhomepage.com>. Acesso em: 19 set. 2007.

O Super-Homem, criado em 1934 nos Estados Unidos, e Macunaíma, surgido em 1928, com a publicação de "Macunaíma, o herói sem nenhum caráter", de Mário de Andrade, são duas personagens de ficção que, em muitos aspectos, revelam as diferenças culturais entre a cultura norte-americana e a brasileira.

Sobre essas duas produções artísticas, marque a alternativa INCORRETA:

a) A personagem Super-Homem representa a visão da elite norte-americana, majoritariamente branca, que, na época, excluía os negros de uma participação efetiva na sociedade.

b) Ao contrário do Super-Homem, a personagem Macunaíma pode ser vista como um anti-herói, na medida em que sua caracterização se afasta de quaisquer idealizações.

c) O Super-Homem representa o desejo de grandeza da sociedade norte-americana, que passava por um grande momento de prosperidade, decorrente do fato de os EUA terem sido uma das nações imunes à crise de 1929.

d) A história em quadrinhos foi um tema recorrente na *pop art*, movimento artístico que, valendo-se de objetos do cotidiano, conferiu-lhes estatuto de obra de arte, criticando o consumismo exagerado da sociedade capitalista.

3. (UEG-GO)

UEG/2008

CANDIDO PORTINARI – ***Primeira missa no Brasil***, 1947.
"Enciclopédia Barsa", 1997.

Erro de português

Oswald de Andrade

Quando o português chegou
Debaixo duma bruta chuva
Vestiu o índio
Que pena! Fosse uma manhã de sol
O índio tinha despido
O português

Disponível em: <www.releituras.com/oandrade_tupi.asp>.
Acesso em: 3 out. 2007

Tanto o quadro de Portinari (1947) quanto o poema de Oswald de Andrade (1927) tematizam um acontecimento-chave na história brasileira: a chegada dos portugueses ao Brasil. Sobre a leitura que tais obras realizam, é CORRETO afirmar:

a) Tem-se, em Portinari, uma visão idealizada do processo colonizador, na medida em que enfatiza unicamente os objetivos catequéticos dos portugueses.

b) O poema valoriza a cultura lusitana, tendo em vista que deixa implícito o papel humanitário dos portugueses, que "vestiram" os indígenas.

c) O quadro e o poema valem-se de elementos da estética modernista para fazerem uma leitura crítica da história brasileira.

d) O poema enquadra-se na tradição poética dos autores indianistas do século XIX, uma vez que idealiza a figura do indígena.

4. (ITA-SP) O poema abaixo, "Gioconda (Da Vinci)", de Carlos Drummond de Andrade, refere-se a uma célebre tela renascentista:

O ardiloso sorriso
alonga-se em silêncio
para contemporâneos e pósteros
ansiosos, em vão, por decifrá-lo.
Não há decifração. Há o sorriso.

(Em: *Farewell*. Rio de Janeiro: Record, 1996.)

Não se pode afirmar que o poema

a) faz uso de metalinguagen num sentido amplo, pois é uma obra de arte que fala de outra.

b) procura se inserir no debate que a tela *Gioconda* provoca desde a Renascença.

c) mostra que são inúmeros os significados do sorriso da Gioconda.

d) garante não haver razão alguma para a polêmica, como diz o último verso.

e) ilustra a polissemia de obras de arte, inclusive do próprio poema.

5. (UFC-CE) A análise histórica do Renascimento italiano, caso das obras de Leonardo da Vinci e de Brunelleschi, permite identificar uma convergência entre as artes plásticas e as concepções burguesas sobre a natureza e o mundo naquele período. Acerca da relação entre artistas e burgueses, é correto afirmar que ambos:

a) convergiram em ideias, pois valorizavam a pesquisa científica e a invenção tecnológica.

b) retomaram o conceito medieval de antropocentrismo ao valorizar o indivíduo e suas obras pessoais.

c) adotaram os valores da cultura medieval para se contrapor ao avanço político e econômico dos países protestantes.

d) discordaram quanto aos assuntos a serem abordados nas pinturas, pois os burgueses não financiavam obras com temas religiosos.

e) defenderam a adoção de uma postura menos opulenta em acordo com os ideais do capitalismo emergente e das técnicas mais simples das artes.

MÓDULO 3

Textos para a próxima questão.

Texto 1

Isto

Fernando Pessoa

Dizem que finjo ou minto
Tudo que escrevo. Não.
Eu simplesmente sinto
Com a imaginação
Não uso o coração.

Texto 2

Rachel de Queiroz

E o trabalho, este nosso trabalho de escrever? Meu Deus, como às vezes chega a ser sórdido! Aquele riscar, aquela grosseria do texto primitivo, aquele tatear atrás da palavra desejada e, ainda pior, da combinação de palavras desejada! A *gaucherie* do que sai escrito – tanta beleza que a gente sonhou, depois de posta no papel como ficou inexpressiva, barata e normal! Já dizia tão bem o velho Bilac: "a palavra pesada abafa a ideia leve!" – e não é mesmo?

Vocabulário:
gaucherie: falta de jeito. Do francês *gauche*: esquerdo, canhoto.

1. (Ufscar-SP) Os textos têm assunto comum, pois discutem
   a) a importância da crítica literária e do leitor para que o escritor idealize e materialize seus textos, criando de forma produtiva e agradável.
   b) a questão da escrita literária como forma que depende única e exclusivamente da inspiração dos grandes escritores.
   c) a própria linguagem na questão da criação artística, da forma como o escritor idealiza e materializa seu texto.
   d) a questão da criação artística do escritor, que sofre muito com as imposições dos leitores a despeito de obras originais.
   e) a dificuldade de expressão escrita comum a todos os escritores, que têm de idealizar um texto sem saber de que forma ele será entendido.

2. (Fuvest-SP)

Procura da poesia

Não faças versos sobre acontecimentos.
Não há criação nem morte perante a poesia.
Diante dela, a vida é um sol estático,
não aquece nem ilumina.
(...)
Penetra surdamente no reino das palavras.
Lá estão os poemas que esperam ser escritos.
Estão paralisados, mas não há desespero,
há calma e frescura na superfície intata.
Ei-los sós e mudos, em estado de dicionário.
(...)

Carlos Drummond de Andrade, "A rosa do povo".

No contexto do livro, a afirmação do caráter verbal da poesia e a incitação a que se penetre "no reino das palavras", presentes no excerto, indicam que, para o poeta de "A rosa do povo",
   a) praticar a arte pela arte é a maneira mais eficaz de se opor ao mundo capitalista.
   b) a procura da boa poesia começa pela estrita observância da variedade padrão da linguagem.
   c) fazer poesia é produzir enigmas verbais que não podem nem devem ser interpretados.
   d) as intenções sociais da poesia não a dispensam de ter em conta o que é próprio da linguagem.
   e) os poemas metalinguísticos, nos quais a poesia fala apenas de si mesma, são superiores aos poemas que falam também de outros assuntos.

Texto para as próximas duas questões.

(...) a poesia é uma maneira de falar sozinho. Porque a gente, quando está conversando, fala sobre coisas, sobre a vida deste, a vida daquele, acontecimentos do dia. Quem sabe vê uma mancha muito interessante no muro, num muro sépia, uma mancha verde, vê uma nuvenzinha lá no céu perdida. Então, se eu disser isto, você fala: "Coitado, é louco". Então, tudo que não é matéria de fofoca é poesia. Essas coisas a gente não pode dizer. O comum das gentes raciocina por associação de ideias, e o poeta por associação de imagens.

QUINTANA, Mário. *Nariz de vidro*. São Paulo: Moderna, 2003. p. 87.

3. (Cefet-MG 2007) Pelo depoimento, pode-se concluir que o autor
   a) considera inferiores as pessoas diferentes dele.
   b) possui uma maneira particular de ver o mundo.
   c) é um louco que discursa sobre as coisas da vida.
   d) procura se inspirar na conversa com outras pessoas.

4. (Cefet-MG) "Quem sabe vê uma mancha muito interessante no muro, num muro sépia, uma mancha verde, vê uma nuvenzinha lá no céu perdida."
   O período acima
   a) aproxima ideias contraditórias.
   b) utiliza repetição desnecessária de termos.
   c) exemplifica o processo de criação poética.
   d) indetermina o sujeito como recurso de generalização.

MÓDULO 4

1. (PUC-SP)

Tu só, tu, puro amor, com força crua
Que os corações humanos tanto obriga,
Deste causa à molesta morte sua,
Como se fora pérfida inimiga.
Se dizem, fero Amor, que a sede tua
Nem com lágrimas tristes se mitiga,
É porque queres, áspero e tirano,
Tuas aras banhar em sangue humano.

Estavas, linda Inês, posta em sossego,
De teus anos colhendo doce fruito,
Naquele engano da alma ledo e cego,
Que a fortuna não deixa durar muito,
Nos saudosos campos do Mondego,
De teus fermosos olhos nunca enxuito,
Aos montes ensinando e às ervinhas,
O nome que no peito escrito tinhas.

"Os Lusíadas", obra de Camões, exemplificam o gênero épico na poesia portuguesa, entretanto oferecem momentos em que o lirismo se expande, humanizando os versos. O episódio de Inês de Castro, do qual o trecho acima faz parte, é considerado o ponto alto do lirismo camoniano inserido em sua narrativa épica. Desse episódio, como um todo, pode afirmar-se que seu núcleo central

a) personifica e exalta o Amor, mais forte que as conveniências e causa da tragédia de Inês.
b) celebra os amores secretos de Inês e de D. Pedro e o casamento solene e festivo de ambos.
c) tem como tema básico a vida simples de Inês de Castro, legítima herdeira do trono de Portugal.
d) retrata a beleza de Inês, posta em sossego, ensinando aos montes o nome que no peito escrito tinha.
e) relata em versos livres a paixão de Inês pela natureza e pelos filhos e sua elevação ao trono português.

2. (Cefet-MG) Com relação aos gêneros literários, é INCORRETO afirmar que, no gênero

a) lírico, o artista retrata criticamente a realidade.
b) épico, o autor se apega à objetividade e à impessoalidade.
c) lírico, a tendência do escritor é revelar as emoções que o mundo causou nele.
d) dramático, há ausência de narrador, apresentando-se um conflito através do discurso direto.

3. (ESPM-SP)

Com a comédia e a tragédia, o teatro grego teve função de reflexão crítica a respeito dos homens e da sociedade. A respeito da tragédia, o filósofo grego Aristóteles afirmou: "É, pois, a tragédia imitação de uma ação séria e completa dotada de extensão, em linguagem condimentada para cada uma das partes (imitação que se efetua) por meio de atores e não mediante narrativa e que opera, graças ao terror e à piedade, à purificação de tais emoções.

Junito de Souza Brandão, *Teatro Grego*.

Tendo em conta o enunciado sobre o teatro grego, aponte entre as alternativas abaixo a que apresenta corretamente uma tragédia grega e seu respectivo autor:

a) "As rãs" de Ésquilo.
b) "Medeia" de Aristófanes.
c) "Antígona" de Eurípedes.
d) "O misantropo" de Menandro.
e) "Édipo Rei" de Sófocles.

MÓDULO 5

1. (Fadergs-RS)

Soneto do amor total

Amo-te tanto, meu amor... não cante
O humano coração com mais verdade...
Amo-te como amigo e como amante
Numa sempre diversa realidade.

Amo-te afim, de um calmo amor prestante
E te amo além, presente na saudade
Amo-te, enfim, com grande liberdade
Dentro da eternidade e a cada instante.

Amo-te como um bicho, simplesmente
De um amor sem mistério e sem virtude
Com um desejo maciço e permanente.

E de te amar assim, muito e amiúde
É que um dia em teu corpo de repente
Hei de morrer de amar mais do que pude.

MORAES, Vinicius de. Soneto do amor total. In: *Antologia poética*. 4. Ed. do Autor. 1983. p. 238.

O soneto acima pertence ao gênero:

a) épico
b) dramático
c) lírico
d) narrativo
e) trágico

Texto para a próxima questão.

Uns lindos olhos, vivos, bem rasgados,
Um garbo senhoril, nevada alvura,
Metal de voz que enleva de doçura,
Dentes de aljôfar, em rubi cravados.
Fios de ouro, que enredam meus cuidados,
Alvo peito, que cega de candura,
Mil prendas; e (o que é mais que formosura)
Uma graça, que rouba mil agrados.

Mil extremos de preço mais subido
Encerra a linda Márcia, a quem of'reço
Um culto, que nem dela inda é sabido.
Tão pouco de mim julgo que a mereço,
Que enojá-la não quero de atrevido
Co'as penas que por ela em vão padeço.

(Filinto Elísio)

2. (Unifesp) Considere as informações:

I. O poeta mantém certo distanciamento amoroso, pois a mulher é vista como um ser superior e inalcançável.

II. O jogo amoroso descrito no soneto distancia-se do convencionalismo, sendo exposto o amor de forma intensa.

III. A forma do poema – um soneto – e a sua metrificação permitem considerá-lo uma produção literária do período clássico.

IV. Estão explícitos no soneto a sensualidade e o "carpe diem".

Está correto o que se afirma apenas em

a) I e II.

b) I e III.

c) II e III.

d) II e IV.

e) III e IV.

3. (UFU-MG) Em geral, a lírica é vista como o gênero que se caracteriza por expressar sentimentos e ideias íntimas de um sujeito poético. A poesia lírica seria, então, marcada sobretudo pela subjetividade, privilegiando o mundo interior em face ao mundo exterior. Assinale a alternativa em que o fragmento do poema não apresenta um eu lírico correspondente ao que foi descrito acima.

a) "Mundo mundo vasto mundo,/ se eu me chamasse Raimundo/ seria uma rima, não seria uma solução./ Mundo mundo vasto mundo,/ mais vasto é meu coração". (ANDRADE, Carlos Drummond de. *Alguma poesia*).

b) "É mineral o papel/ onde escrever/ o verso; [...] É mineral, por fim,/ qualquer livro:/ que é mineral a palavra escrita, a fria natureza// da palavra escrita." (MELO NETO, João Cabral. *Psicologia da composição*).

c) "Em que lugar ficou/ o que agora/ me faz falta/ o que não sei/ nem mais o nome/ o que antes foi tão querido/ [...] cercado por minha pele/ feito eu mesmo? (FREITAS FILHO, Armando. *Longa vida*).

d) "Ninguém sonha duas vezes o mesmo sonho/[...] Nem ama duas vezes a mesma mulher. [...] Ainda não estamos habituados com o mundo/ Nascer é muito comprido." (MENDES, Murilo. In: *Os quatro elementos*).

Texto para a próxima questão.

Barcos de papel

Quando a chuva cessava e um vento fino
franzia a tarde tímida e lavada,
eu saía a brincar pela calçada,
nos meus tempos felizes de menino.

Fazia de papel toda uma armada
e, estendendo meu braço pequenino,
eu soltava os barquinhos, sem destino,
ao longo das sarjetas, na enxurrada...

Fiquei moço. E hoje sei, pensando neles,
que não são barcos de ouro os meus ideais:
são feitos de papel, tal como aqueles,

perfeitamente, exatamente iguais...
– que os meus barquinhos, lá se foram eles!
foram-se embora e não voltaram mais!

Guilherme de Almeida

4. (Faap-SP) Rima pobre é aquela que se processa com palavras de mesma classe gramatical, como esta:

a) fino / menino

b) lavada / calçada

c) pequenino / destino

d) neles / aqueles

e) ideais / iguais

MÓDULO 6

Texto para a próxima questão.

Nós, os brasileiros

Uma editora europeia me pede que traduza poemas de autores estrangeiros sobre o Brasil.

Como sempre, eles falam da floresta amazônica, uma floresta muito pouco real, aliás. Um bosque poético, com "mulheres de corpos alvíssimos espreitando entre os troncos das árvores, e olhos de serpentes hirtas acariciando esses corpos como dedos amorosos". Não faltam flores azuis, rios cristalinos e tigres mágicos.

Traduzo os poemas por dever de ofício, mas com uma secreta – e nunca realizada – vontade de inserir ali um grãozinho de realidade. Nas minhas idas (nem tantas) ao exterior, onde convivi sobretudo com escritores ou professores e estudantes universitários – portanto, gente razoavelmente culta –, fui invariavelmente surpreendida com a profunda ignorância a respeito de quem, como e o que somos.

[1]– A senhora é brasileira? – comentaram espantados alunos de uma universidade americana famosa. – Mas a senhora é loira!

Depois de ler num congresso de escritores em Amsterdam um trecho de um dos meus romances traduzido em inglês, ouvi de um senhor elegante, dono de um antiquário famoso, que segurou comovido minhas duas mãos:

[2]– Que maravilha! Nunca imaginei que no Brasil houvesse pessoas cultas!

Pior ainda, no Canadá alguém exclamou incrédulo:

[3]– Escritora brasileira? Ué, mas no Brasil existem editoras?

A culminância foi a observação de uma crítica berlinense, num artigo sobre um romance meu editado por lá, acrescentando, a alguns elogios, a grave restrição: "porém [4]não parece um livro brasileiro, pois não fala nem de plantas nem de índios nem de bichos".

Diante dos três poemas sobre o Brasil, esquisitos para qualquer brasileiro, pensei mais uma vez que esse desconhecimento não se deve apenas à natural (ou inatural) alienação estrangeira quanto ao geograficamente fora de seus interesses, mas também a culpa é nossa. Pois o que mais exportamos de nós é o exótico e o folclórico.

Em uma feira do livro de Frankfurt, no espaço brasileiro, o que se via eram livros (não muito bem arrumados), muita caipirinha na mesa, e televisões mostrando carnaval, futebol, praia e... mato.

E eu, mulher essencialmente urbana, escritora das geografias interiores de meus personagens neuróticos, me senti tão deslocada quanto um macaco em uma loja de cristais.

Mesmo que tentasse explicar, ninguém acreditaria que eu era tão brasileira quanto qualquer negra de origem africana vendendo acarajé nas ruas de Salvador. Porque o Brasil é tudo isso.

E nem a cor de meu cabelo e olhos, nem meu sobrenome, nem os livros que li na infância, nem o idioma que falei naquele tempo além do português, me fazem menos nascida e vivida nesta terra de tão surpreendentes misturas: imensa, desaproveitada, instigante e (por que ter medo da palavra?) maravilhosa.

LUFT, Lya. *Pensar e transgredir.* Rio de Janeiro: Record, 2005, p. 49-51.

1. (Cefet-MG) A imagem do Brasil exótico e folclórico, exportada pelos brasileiros, confirma-se em:
   a) "– A senhora é brasileira? (...) Mas a senhora é loira!" (ref. 1)
   b) "– Escritora brasileira? Ué, mas no Brasil existem editoras?" (ref. 3)
   c) "Que maravilha! Nunca imaginei que no Brasil houvesse pessoas cultas!" (ref. 2)
   d) "(...) não parece um livro brasileiro, pois não fala nem de plantas nem de índios nem de bichos." (ref. 4)

Texto para a próxima questão.

O tigre tinha-se voltado ameaçador e terrível, aguçando os dentes uns nos outros, rugindo de fúria e vingança: de dois saltos aproximou-se novamente.

Era uma luta de morte a que ia se travar; o índio o sabia, e esperou tranquilamente, como da primeira vez; a inquietação que sentira um momento de que a presa lhe escapasse, desaparecera: estava satisfeito.

Assim esses dois selvagens das matas do Brasil, cada um com as suas armas, cada um com a consciência de sua força e de sua coragem, consideravam-se mutuamente como vítimas que iam ser imoladas.

José de Alencar, *O guarani*.

2. (UPM-SP) Considerado também o seu contexto histórico, afirma-se corretamente que o texto
   a) exemplifica uma orientação estético-ideológica do século XIX que idealizou as origens do Brasil.
   b) prenuncia o estilo naturalista, haja vista a idealização da natureza e a identificação entre o humano e o animal.
   c) pertence à literatura colonial brasileira, marcada especialmente pela valorização dos povos e costumes indígenas.
   d) parodia o estilo romântico que, influenciado pelas ideias de Rousseau, concebia o indígena como "o bom selvagem".
   e) traz índices da literatura realista do século XIX, cujo foco era a análise das condições de vida nas zonas rurais do território brasileiro.

3. (UFV-MG) Observe com atenção o fragmento abaixo:

I-Juca-Pirama

No meio das tabas de amenos verdores,
Cercadas de troncos – cobertos de flores,
Alteiam-se os tetos d'altiva nação;
São muitos seus filhos, nos ânimos fortes,
Temíveis na guerra que em densas coortes
Assombram das matas a imensa extensão.

São rudos, severos, sedentos de glória,
Já prélios incitam, já cantam vitória,
Já meigos atendem à voz do cantor:
São todos Timbiras, guerreiros valentes!
Seu nome lá voa na boca das gentes,
Condão de prodígios, de glória e terror!

[...]

DIAS, Gonçalves. "I-Juca-Pirama." In: REIDEL, Dirce. *Literatura Brasileira em Curso*. Rio de Janeiro: Bloch, 1969. p. 311.

Reflita sobre as tendências da poesia romântica indianista e assinale a alternativa que NÃO confirma a visão idealizada do poeta em relação ao indígena brasileiro:

a) "I-Juca-Pirama" expressa o nacionalismo de seu autor, que, ao idealizar a coragem e o heroísmo do índio brasileiro, atribui-lhe também alguns distúrbios de personalidade.
b) O poeta romântico transformou o silvícola em um dos símbolos da autonomia cultural e da superioridade da nação brasileira.

c) O poema gonçalvino enalteceu e preservou as tradições indígenas brasileiras, incorporando-as ao orgulho nacional.
d) O índio de Gonçalves Dias ganhou o tom dos valorosos cavaleiros medievais e reafirmou o sentimento nacionalista de nosso Romantismo.
e) A poesia romântica indianista resgatou o passado histórico do Brasil e valorizou a bravura de seus habitantes naturais.

Texto para a próxima questão.

Senhor feudal

Se Pedro Segundo
Vier aqui
Com história
Eu boto ele na cadeia.

(Oswald de Andrade)

4. (Unifesp) Considerando os pressupostos do Modernismo e da poética oswaldiana, é correto afirmar que a alusão a D. Pedro II, figura da corte portuguesa, sugere
a) a reafirmação da base literária brasileira, decalque dos valores europeus.
b) a negação do valor da literatura portuguesa e apresenta a brasileira como insuperável.
c) a sátira ao referencial artístico português e, por extensão, critica a importação de valores literários europeus.
d) o confronto entre a arte literária brasileira e a portuguesa, elucidando a inevitável influência desta para a formação daquela.
e) a pouca influência recebida da arte literária portuguesa, o que confere autenticidade à literatura brasileira.

MÓDULO 7

1. (UFG-GO) Leia os fragmentos dos poemas "O canto do Piaga" e "Deprecação", de Gonçalves Dias, e responda ao que se pede:

O canto do Piaga (fragmentos)

Oh! quem foi das entranhas das águas,
O marinho arcabouço arrancar?
Nossas terras demanda, fareja...
Esse momento... – o que vem cá buscar?

Não sabeis o que o monstro procura?
Não sabeis a que vem, o que quer?
Vem matar vossos bravos guerreiros,
Vem rourbar-vos a filha, a mulher!

Vem trazer-vos crueza, impiedade –
Dons cruéis do cruel Anhangá;
Vem quebrar-vos a maçã valente,
Profanar Manitôs, Maracás.

Vem trazer-vos algemas pesadas,
Com que a tribu Tupi vai gemer;
Hão-de os velhos servirem de escravos
Mesmo o Piaga inda escravo há de ser!

Fugireis procurando um asilo,
Triste asilo por ínvio sertão;
Anhangá de prazer há de rir-se,
Vendo os vossos quão poucos serão.

Vossos Deuses, ó Piaga, conjura,
Susta as iras do fero Anhangá.
Manitôs já fugiram da Taba,
Ó desgraça! ó ruína! ó Tupá!

Deprecação (fragmentos)

Tupã, ó Deus grande! teu rosto descobre:
Bastante sofremos com tua vingança!
Já restam bem poucos dos teus, qu' inda possam
Teus filhos que choram tão grande mudança.

Anhangá impiedoso nos trouxe de longe
Os homens que o raio manejam cruentos,
Que vivem sem pátria, que vagam sem tino
Trás do ouro correndo, voraces, sedentos.

Tupã, ó Deus grande! descobre o teu rosto:
Bastante sofremos com tua vingança!
Já lágrimas tristes choraram teus filhos,
Teus filhos que choram tão grande tardança.

Descobre o teu rosto, ressurjam os bravos,
Que eu vi combatendo no albor da manhã;
Conheçam-te os feros, confessem vencidos
Que és grande e te vingas, qu' és Deus, ó Tupã!

Nesses poemas, Gonçalves Dias constrói um retrato anticonvencional do índio brasileiro, se considerados os parâmetros românticos típicos de idealização indígena, principalmente a configuração cavalheiresca medieval do índio. Ao assumir o ponto de vista do nativo, que visão do projeto colonizador europeu a voz poética apresenta?

Texto para a próxima questão.

No português, encontramos variedades históricas, tais como a representada na cantiga trovadoresca de João Garcia de Guilhade, ilustrada a seguir.

Non chegou, madre, o meu amigo,
e oje est o prazo saido!
Ai, madre, moiro d'amor!

Non chegou, madre, o meu amado,
e oje est o prazo passado!
Ai, madre, moiro d'amor!

E oje est o prazo saido!
Por que mentiu o desmentido?
Ai, madre, moiro d'amor!

E oje, est o prazo passado!
Por que mentiu o perjurado?
Ai, madre, moiro d'amor!

2. (IFSP) No verso – Ai, madre, moiro d'amor! – a função sintática do termo madre é a seguinte:
a) sujeito.
b) objeto direto.
c) adjunto adnominal.
d) vocativo.
e) aposto.

3. (FMTM-MG)

Endechas à escrava Bárbara

Aquela cativa,
que me tem cativo
porque nela vivo,
já não quer que viva.
Eu nunca vi rosa
em suaves molhos,
que para meus olhos
fosse mais formosa.

Uma graça viva,
que neles lhe mora,
para ser senhora
de quem é cativa.
Pretos os cabelos,
onde o povo vão
perde opinião
que os louros são belos.

Pretidão de Amor,
tão doce a figura,
que a neve lhe jura
que trocara a cor.
Leda mansidão
que o siso acompanha;
bem parece estranha,
mas bárbara não.

Vocabulário:
Endechas: Versos em redondilha menor (cinco sílabas).
Molhos: feixes.
Leda: risonha.
Vão: fútil.

Em sua obra, Camões continua a tradição da conduta amorosa das cantigas medievais. Nela, a mulher amada era considerada
a) responsável pelas contradições e insatisfações do homem.
b) símbolo do amor erótico.
c) incapaz de levar o homem a atingir o Bem.
d) um ser impuro e prejudicial ao homem.
e) uma pessoa superior, fonte de virtudes.

4. (UPM-SP) Assinale a alternativa INCORRETA a respeito das cantigas de amor.
a) O ambiente é rural ou familiar.
b) O trovador assume o eu lírico masculino: é o homem quem fala.
c) Têm origem provençal.
d) Expressam a "coita" amorosa do trovador, por amar uma dama inacessível.
e) A mulher é um ser superior, normalmente pertencente a uma categoria social mais elevada que a do trovador.

5. (UPM-SP) Sobre a poesia trovadoresca em Portugal, é INCORRETO afirmar que:
a) refletiu o pensamento da época, marcada pelo teocentrismo, o feudalismo e valores altamente moralistas.
b) representou um claro apelo popular à arte, que passou a ser representada por setores mais baixos da sociedade.
c) pode ser dividida em lírica e satírica.
d) em boa parte de sua realização, teve influência provençal.
e) as cantigas de amigo, apesar de escritas por trovadores, expressam o eu lírico feminino.

MÓDULO 8

1. (PUC-SP) O teatro de Gil Vicente caracteriza-se por ser fundamentalmente popular. E essa característica manifesta-se, particularmente, em sua linguagem poética, como ocorre no trecho a seguir, de "O Auto da Barca do Inferno".

Ó Cavaleiros de Deus,
A vós estou esperando,
Que morrestes pelejando
Por Cristo, Senhor dos Céus!
Sois livres de todo o mal,
Mártires da Madre Igreja,
Que quem morre em tal peleja
Merece paz eternal.

No texto, fala final do Anjo, temos no conjunto dos versos
a) variação de ritmo e quebra de rimas.
b) ausência de ritmo e igualdade de rimas.
c) alternância de redondilha maior e menor e simetria de rimas.
d) redondilha menor e rimas opostas e emparelhadas.
e) igualdade de métrica e de esquemas das palavras que rimam.

2. (PUC-SP) Esta questão refere-se às obras AUTO DA BARCA DO INFERNO, de Gil Vicente, e MORTE E VIDA SEVERINA (auto de natal pernambucano), de João Cabral de Melo Neto.
Leia as alternativas a seguir e assinale a correta.
a) As duas obras apresentam uma crítica à sociedade de suas épocas: a de Gil Vicente, a partir das almas que representam classes sociais e profissionais de Portugal, a de João Cabral, a partir de personagens representativas de tipos sociais do Nordeste.
b) As duas obras apresentam construções poéticas diametralmente opostas, uma vez que uma emprega o verso decassílabo e a outra, a redondilha.

c) As duas obras apresentam aspectos em comum, como o julgamento e a condenação, isto é, em ambas, as personagens são julgadas e condenadas após a morte.

d) As duas obras apresentam o julgamento ocorrendo na consciência de cada personagem. Entretanto, a execução da justiça, em AUTO DA BARCA DO INFERNO, é somente realizada pelo Diabo, e, em MORTE E VIDA SEVERINA, pela miserabilidade da vida.

e) As duas obras apresentam estrutura de auto; assimilam, portanto, tradições populares e constróem a realidade por meio da crítica. Como autos, são representações teatrais que contêm vários atos.

3. (Unicamp-SP) Leia agora as seguintes estrofes, que se encontram em passagens diversas de A FARSA DE INÊS PEREIRA, de Gil Vicente:

Inês:
Andar! Pero Marques seja!
Quero tomar por esposo
quem se tenha por ditoso
de cada vez que me veja.
Por usar de siso mero,
asno que leve quero,
e não cavalo folão;
antes lebre que leão,
antes lavrador que Nero.

Pero:
I onde quiserdes ir
vinde quando quiserdes vir,
estai quando quiserdes estar.
Com que podeis vós folgar
que eu não deva consentir?

nota: folão, no caso, significa 'bravo', 'fogoso'

a) A fala de Inês ocorre no momento em que aceita casar-se com Pero Marques, após o malogrado matrimônio com o escudeiro. Há um trecho nessa fala que se relaciona literalmente com o final da peça. Que trecho é esse? Qual é o pormenor da cena final da peça que ele está antecipando?

b) A fala de Pero, dirigida a Inês, revela uma atitude contrária a uma característica atribuída ao seu primeiro marido. Qual é essa característica?

c) Considerando o desfecho dos dois casamentos de Inês, explique por que essa peça de Gil Vicente pode ser considerada uma sátira moral.

4. (PUC-SP) O argumento da peça "A Farsa de Inês Pereira", de Gil Vicente, consiste na demonstração do refrão popular "Mais quero asno que me carregue que cavalo que me derrube". Identifique a alternativa que NÃO corresponde ao provérbio, na construção da farsa.

a) A segunda parte do provérbio ilustra a experiência desastrosa do primeiro casamento.

b) O escudeiro Brás da Mata corresponde ao cavalo, animal nobre, que a derruba.

c) O segundo casamento exemplifica o primeiro termo, asno que a carrega.

d) O asno corresponde a Pero Marques, primeiro pretendente e segundo marido de Inês.

e) Cavalo e asno identificam a mesma personagem em diferentes momentos de sua vida conjugal.

MÓDULO 9

1. (IFSP) São características das obras do Classicismo:

a) o individualismo, a subjetividade, a idealização, o sentimento exacerbado.

b) o egocentrismo, a interação da natureza com o eu, as formas perfeitas.

c) o contraste entre o grotesco e o sublime, a valorização da natureza, o escapismo.

d) a observação da realidade, a valorização do eu, a perfeição da natureza.

e) a retomada da mitologia pagã, a pureza das formas, a busca da perfeição estética.

Textos para a próxima questão.

A questão seguinte toma por base uma passagem do Canto III de OS LUSÍADAS, de Luís de Camões (1524?-1580) e um fragmento do poema épico INVENÇÃO DE ORFEU, de Jorge de Lima (1893-1953).

Episódio de Inês de Castro

Passada esta tão próspera vitória,
Tornado Afonso à Lusitana terra,
A se lograr da paz com tanta glória
Quanta soube ganhar na dura guerra,
O caso triste, e di[g]no da memória
Que do sepulcro os homens desenterra,

Aconteceu da mísera e mesquinha
Que de[s]pois de ser morta foi Rainha.
Tu só, tu, puro Amor, com força crua,
Que os corações humanos tanto obriga,
Deste causa à molesta morte sua,
Como se fora pérfida inimiga.
Se dizem, fero Amor, que a sede tua
Nem com lágrimas tristes se mitiga,
É porque queres, áspero e tirano,
Tuas aras banhar em sangue humano.

Estavas, linda Inês, posta em sossego,
De teus anos colhendo doce fru[i]to,
Naquele engano da alma, ledo e cego,
Que a Fortuna não deixa durar muito,
Nos saudosos campos do Mondego,
De teus formosos olhos nunca enxu[i]to,
Aos montes ensinando e às ervinhas
O nome que no peito escrito tinhas.

CAMÕES, Luís de. OS LUSÍADAS. In: *OBRA COMPLETA*. Rio de Janeiro: Aguilar, 1963, p. 86-7.

Musa Inês

Estavas linda Inês posta em repouso
Mas aparentemente bela Inês;
Pois de teus olhos lindos já não ouso
Fitar o torvelinho que não vês,
O suceder dos rostos cobiçoso
Passando sem descanso sob a tez;
Que eram tudo memórias fugidias,
Máscaras sotopostas que não vias.

Tu, só tu, puro amor e glória crua,
Não sabes o que à face traduzidas.
Estavas, linda Inês, aos olhos nua,
Transparente no leito em que jazias.
Que a mente costumeira não conclua,
Nem conclua da sombra que fazias,
Pois, Inês em repouso é movimento,
Nada em Inês é inanimado e lento.

As fontes dulçurosas desta ilha
Promanam da rainha viva-morta;
O punhal que a feriu é doce tília
De que fez a atra brisa santa porta,
E em cujos ramos suave se enrodilha,
E segredos de amor ao céu transporta.
Não há na vida amor que em vão termine,
Nem vão esquecimento que o destine.

LIMA, Jorge de. INVENÇÃO DE ORFEU. *In: Poesia* – 3. Rio de Janeiro: INL/Aguilar, 1974, p. 97.

2. (Unesp) O infortúnio amoroso de D. Pedro e Inês de Castro, como já vimos, atravessa o tempo por obra de grandes escritores portugueses (além de brasileiros, espanhóis e franceses). Diversamente interpretado, se faz presente em todas as épocas e gêneros literários, às vezes tendo como fonte as antigas crônicas de Lopes de Ayala, Fernão Lopes e Rui de Pina, às vezes tendo como inspiração obras de outros clássicos portugueses. Camões deve ter-se inspirado nas trovas de Garcia de Resende (Cancioneiro Geral, 1516) para reanimar o tema nessa passagem de "Os Lusíadas". Com base nesta informação, releia atentamente os dois textos e, a seguir:
   a) Explique por que é possível concluir que o escritor brasileiro Jorge de Lima teve como fonte a abordagem do tema feita por Luís de Camões.
   b) Interprete o sentido figurado do signo repouso no primeiro verso de Jorge de Lima.

MÓDULO 10

Texto para a próxima questão.

A Carta de Pero Vaz de Caminha

Num dos trechos de sua carta a D. Manuel, Pero Vaz de Caminha descreve como foi o contato entre os portugueses e os tupiniquins, que aconteceu em 24 de abril de 1500: "O Capitão quando eles vieram, estava sentado em uma cadeira, aos pés de uma alcatifa por estrado; e bem vestido, com um colar de ouro, muito grande, ao pescoço (...) Acenderam-se tochas. E eles entraram. Mas nem sinal de cortesia fizeram, nem de falar ao Capitão; nem a ninguém. Todavia um deles fitou o colar do Capitão, e começou a fazer acenos com a mão em direção à terra, e depois para o colar, como se quisesse dizer-nos que havia ouro da terra. E também olhou para um castiçal de prata, e assim mesmo acenava para a terra, e novamente para o castiçal, como se lá também houvesse prata! (...) Viu um deles umas contas de rosário, brancas; fez sinal que lhas dessem, folgou muito com elas, e lançou-as ao pescoço, e depois tirou-as e meteu-as em volta do braço, e acenava para a terra e novamente para as contas e para o colar do Capitão, como se davam ouro por aquilo. Isto tomávamos nós nesse sentido, por assim o desejarmos! Mas se ele queria dizer que levaria as contas e mais o colar, isto não queríamos nós entender, por que não lho havíamos de dar! E depois tornou as contas a quem lhas dera. E então estiraram-se de costas na alcatifa, a dormir sem procurarem maneiras de esconder suas vergonhas, as quais não eram fanadas; e as cabeleiras delas estavam raspadas e feitas. O Capitão mandou pôr por de baixo de cada um seu coxim; e o da cabeleira esforçava-se por não a estragar. E deitaram um manto por cima deles; e, consentindo, aconchegaram-se e adormeceram".

(*COLEÇÃO BRASIL 500 ANOS*, Fasc. I, Abril, SP, 1999.)

Vocabulário:
Alcatifa – tapete, carpete
Fanadas – murchas
Coxim – almofada que serve de assento

1. (UFSC) A propósito do texto, é CORRETO afirmar que:
   01) Os tupiniquins ficaram constrangidos com a presença dos portugueses e logo abandonaram o navio.
   02) Os tupiniquins, bastante comunicativos, falaram aos marinheiros que havia muita riqueza na terra descoberta.
   04) Pelo trecho "... E também olhou para um castiçal de prata, e assim mesmo acenava para a terra..." entende-se que os tupiniquins estavam dentro da embarcação portuguesa.
   08) A expressão "... folgou muito com elas..." pode ser substituída por divertiu-se muito com as contas de rosário.

2. (UFSC) De acordo com o texto, assinale a(s) proposição(ões) VERDADEIRA(S):
   01) Pero de Vaz de Caminha, um dos escrivães da armada portuguesa, escreve para o Rei de Portugal, D. Manuel, relatando como foi o contato entre os portugueses e os tupiniquins.
   02) Em "E eles entraram. Mas nem sinal de cortesia fizeram, nem de falar ao Capitão; nem a ninguém", fica implícito que os tupiniquins desconheciam hierarquia ou categoria social lusitanas.

04) Nada, na embarcação portuguesa, pareceu despertar o interesse dos tupiniquins.

08) O trecho "... e acenava para a terra e novamente para as contas e para o colar do Capitão, como se davam ouro por aquilo. Isto tomávamos nós nesse sentido, por assim o desejarmos!", evidencia que havia problemas de comunicação entre os portugueses e tupiniquins.

3. (Fuvest-SP) Entende-se por Literatura Informativa no Brasil:
a) o conjunto de relatos de viajantes e missionários europeus, sobre a natureza e o homem brasileiros.
b) a história dos jesuítas que aqui estiveram no século XVI.
c) as obras escritas com a finalidade de catequese do indígena.
d) os poemas do padre José de Anchieta.
e) os sonetos de Gregório de Matos

MÓDULO 11

Textos para a próxima questão.

Era ELE que erguia casas
Onde antes só havia chão.
Como um pássaro sem asas
Ele subia com as casas
Que lhe brotavam da mão (...)

Olhou em torno: gamela
banco, enxerga, caldeirão
Vidro, parede, janela,
Casa, cidade, nação!
Tudo, tudo o que existia
Era ele quem o fazia
Ele um humilde operário
Um operário que sabia
Exercer sua profissão.

(Vinícius de Morais, *O Operário em Construção*)

(...) Em um engenho sois imitadores de Cristo crucificado (...) A Paixão de Cristo parte foi de noite sem dormir, parte do dia sem descansar, e tais são as vossas noites e os vossos dias. Cristo despido, e vós despidos; Cristo sem comer, e vós famintos; Cristo em tudo maltratado, e vós maltratados em tudo. (...)

(Padre Vieira, *Sermão XIV do Rosário*)

1. (ESPM-SP) Sabendo-se que o texto do Padre Vieira é representativo da estética barroca, assinale a opção que contenha dado não condizente com o período literário em questão:
a) O fragmento apresenta anáforas, ou seja, repetição de palavras no início de frases ou orações.
b) Há presença de ideias antitéticas.
c) A religiosidade é marcante na citação da figura divina.
d) O estilo conceptista – argumentativo, dissertativo – está evidente no excerto.
e) A imagem grotesca, apelante ao feio, aparece nas figuras de Cristo e do escravo.

2. (UFRGS-RS) Quanto ao período Barroco e seus representantes na literatura colonial brasileira, é correto afirmar que
a) os sermões de Antônio Vieira apresentam uma retórica complexa pela exuberância de imagens e pelos postulados morais e religiosos.
b) a obra de Gregório de Matos se distingue pela sua unidade temática, expressa por um tom satírico.
c) a poesia irreverente de Gregório de Matos satiriza diferentes tipos sociais, exceção feita aos representantes da Igreja.
d) o predomínio dos valores transcendentais, motivados pela Reforma, marca o estilo barroco da obra de Vieira.
e) Gregório de Matos se ateve ao uso da língua culta da Metrópole, ao contrário de Vieira, que utilizou termos indígenas, africanos e populares.

3. (Ufla-MG)
"Nasce o sol, e não dura mais que um dia,
Depois da luz se segue a noite escura,
Em tristes sombras morre a formosura,
Em contínuas tristezas, a alegria."

Na estrofe acima, de um soneto de Gregório de Matos, a principal característica do Barroco é:
a) a forte presença de antíteses.
b) o culto do amor cortês.
c) o uso de aliterações.
d) o culto da natureza.
e) a utilização de rimas alternadas.

4. (Ufes) O poema abaixo do "Boca de Inferno" representa uma fase e um estilo da literatura brasileira. Leia o poema e as afirmativas seguintes e assinale a alternativa CORRETA.

Seis horas enche e outras tantas vaza
A maré pelas margens do oceano,
E não larga a tarefa um ponto no ano,
Porquanto o mar rodeia, e o sol abrasa.

Desde a esfera primeira opaca, ou rasa,
A Lua com impulso soberano
Engole o mar por um secreto cano,
E quando o mar vomita, o mundo arrasa.

Muda-se o tempo, e suas temperanças,
Até o céu se muda, a terra, os mares,
E tudo está sujeito a mil mudanças.

Só eu, que todo o fim de meus pesares
Eram de algum minguante as esperanças,
Nunca o minguante vi de meus azares.

I. O poema, do período Barroco e autoria de Gregório de Matos, tem como temática os males da vida do poeta, salientando a constante transformação das coisas, ressaltando que num mundo de eternas mudanças só a sua dor permanece.

II. A primeira estrofe do poema expressa a consciência de mudança e do constante movimento da vida, contrastando com a última, que afirma a permanência de todos os males do poeta.

III. O poema, construído em decassílabo sáfico, com hipérbatos e metáforas, tem na personificação da Lua a expressão do cultismo, uma prática barroca referente aos astros celestes oriunda da Contrarreforma.

IV. As rimas cdc/dcd criam uma simetria com as palavras rimadas, reafirmando a temática central do poema e harmonizando tais palavras de forma que os tercetos destaquem a condição desesperançada do poeta.

a) Nenhumas das afirmativas está correta.
b) Apenas uma das afirmativas está correta.
c) Apenas duas das afirmativas estão corretas.
d) Apenas três das afirmativas estão corretas.
e) Todas as afirmativas estão corretas.

MÓDULO 12

1. (UPM-SP) Assinale a alternativa em que os versos evidenciam ideais do Arcadismo.

a)

Meu canto de morte,
Guerreiros, ouvi:
Sou filho das selvas,
Nas selvas cresci;
Guerreiros, descendo
Da tribo tupi.

b)

Torno a ver-vos, ó montes; o destino
Aqui me torna a pôr nestes oiteiros;
Onde um tempo os gabões deixei grosseiros
Pelo traje da Corte rico, e fino.

c)

São uns olhos verdes, verdes,
Uns olhos de verde-mar,
Quando o tempo vai bonança;
Uns olhos cor de esperança,
Uns olhos por que morri;
Que ai de mi!
Nem já sei qual fiquei sendo
Depois que os vi!

d)

Hão de chorar por ela os cinamomos,
Murchando as flores ao tombar do dia.
Dos laranjais hão de cair os pomos,
Lembrando-se daquela que os colhia.

e)

Longe do estéril turbilhão da rua,
Beneditino, escreve! No aconchego
Do claustro, na paciência e no sossego,
Trabalha, e teima, e lima, e sofre, e sua!

2. (Cefet-MG) O arcadismo brasileiro

I. apresentou o procedimento que se caracterizava por imitar modelos.

II. utilizou padrões artísticos do Renascimento e da Antiguidade Clássica.

III. enfatizou as tensões na relação entre o "eu lírico" e a paisagem campestre.

IV. procurou a naturalidade racional, através da simplicidade estilística e da clareza das ideias.

Estão corretos os itens

a) I e II.
b) II e III.
c) I, II e IV.
d) I, III e IV.

3. (Ufal) Considere as seguintes afirmações:

I. Gregório de Matos e Tomás Antônio Gonzaga compuseram poesia lírica, mas o talento de ambos encontrou sua expressão máxima nas sátiras.

II. Em MARÍLIA DE DIRCEU, o árcade mineiro buscou figurar um equilíbrio entre a vida rústica e a cultura ilustrada.

III. Cláudio Manuel da Costa confronta a paisagem bucólica idealizada com a de sua terra natal.

Está inteiramente correto o que vem afirmado SOMENTE em

a) I.
b) II.
c) III.
d) I e II.
e) II e III.

4. (UFU-MG) Compare as seguintes estrofes:

"Vem sentar-te comigo, Lídia, à beira do rio.
Sossegadamente fitemos o seu curso e aprendamos
Que a vida passa, e não estamos de mãos enlaçadas.
(Enlacemos as mãos.)

(...)
Desenlacemos as mãos, porque não vale a pena
cansarmo-nos.
Quer gozemos, quer não gozemos, passamos
como o rio.
Mais vale saber passar silenciosamente
E sem desassossegos grandes."

(Ricardo Reis/Fernando Pessoa)

"Enquanto pasta alegre o manso g ado,
Minha bela Marília, nos sentemos
À sombra deste cedro levantado.
Um pouco meditemos
Na regular beleza,
Que em tudo quanto vive nos descobre
A sábia natureza."

(Tomás Antônio Gonzaga)

Marque a afirmativa INCORRETA.

a) Ricardo Reis e Tomás Antônio Gonzaga são considerados neoclássicos porque resgatam elementos da tradição literária greco-romana. Uma das características do neoclassicismo é tomar a natureza como modelo, procedimento observado nos versos destes poetas.

b) Os poetas sentam-se e meditam à beira do rio e à sombra do cedro. Ricardo Reis e Tomás A. Gonzaga valem-se desses elementos, rio e cedro, como imagens comparativas do fluir incessante da vida.

c) Ricardo Reis trabalha com a consciência da efemeridade da vida: tudo é breve. Dessa consciência, surge a necessidade de se aproveitar o tempo presente ("carpe diem"), convite que o poeta faz à amada.

d) Aproveitar o tempo, para Ricardo Reis, é simplesmente viver, deixar a vida decorrer, sem nada desejar, como se percebe no verso "Desenlacemos as mãos, porque não vale a pena cansarmo-nos."

MÓDULO 13

1. (Insper-SP)

Talvez sonhasse, quando a vi. Mas via
Que, aos raios do luar iluminada,
Entre as estrelas trêmulas subia
Uma infinita e cintilante escada.

E eu olhava-a de baixo, olhava-a... Em cada
Degrau, que o ouro mais límpido vestia,
Mudo e sereno, um anjo a harpa doirada,
Ressoante de súplicas, feria...

Tu, mãe sagrada! vós também, formosas
Ilusões! sonhos meus! Íeis por ela
Como um bando de sombras vaporosas.

E, ó meu amor! eu te buscava, quando
Vi que no alto surgias, calma e bela,
O olhar celeste para o meu baixando...

Olavo Bilac, *Via-Láctea*.

Embora seja identificado como o principal poeta parnasiano brasileiro, Olavo Bilac, nesse soneto, explora um aspecto do Romantismo, o qual está explicitado na seguinte alternativa:

a) objetividade e racionalismo do eu lírico.

b) subjetividade numa atmosfera onírica.

c) forte presença de elementos descritivos.

d) liberdade de criação e de expressão.

e) valorização da simplicidade, bucolismo.

Texto para a próxima questão.

Em 2004, Ronald Golias e Hebe Camargo protagonizaram na TV uma versão humorística da obra *Romeu e Julieta*, de William Shakespeare. Na história do poeta e dramaturgo inglês, Romeu e Julieta são dois jovens apaixonados, cujo amor é impedido de concretizar-se pelo fato de pertencerem a famílias inimigas. Impossibilitados de viver o amor, morrem ambos.

2. (Unifesp) Tema bastante recorrente nas literaturas românticas portuguesa e brasileira, o amor impossível aparece em personagens que encarnam o modelo romântico, cujas características são

a) o sentimentalismo e a idealização do amor.

b) os jogos de interesses e a racionalidade.

c) o subjetivismo e o nacionalismo.

d) o egocentrismo e o amor subordinado a interesses sociais.

e) a introspecção psicológica e a idealização da mulher.

3. (UFPE) Sobre o surgimento e as características do Romantismo, analise as seguintes afirmações.

( ) O movimento coincide com a democratização da arte, gerada pelas mudanças sociais, políticas e econômicas do fim do século XVIII. Tornou-se a expressão artística de uma nova sociedade burguesa, em oposição à arte neoclássica da aristocracia.

( ) O Romantismo literário absorveu tendências do liberalismo, que propiciou a liberdade nas artes e, consequentemente, a expressão fora dos rígidos modelos precedentes.

( ) Foi inspirado pelas obras do francês Rousseau e pelo movimento alemão *Sturm und Drag*, que valorizava o folclórico, o popular e o nacional, em oposição ao universalismo clássico.

( ) Consolidou-se junto ao público europeu, em fins do século XVIII, com o romance *Werther*, de Goethe. O sucesso do romance, que culmina com o suicídio, por amor, do jovem personagem, desencadeia uma onda de suicídios na Europa.

( ) Apenas nos primeiros anos do século XIX é que o Romantismo se sedimenta na Europa, quando sua estética é introduzida no Brasil, coincidindo, portanto, com a nossa independência política.

4. (IFSP) Leia o poema de Francisco Otaviano.

Ilusões da vida

Quem passou pela vida em branca nuvem,
E em plácido repouso adormeceu;
Quem não sentiu o frio da desgraça,
Quem passou pela vida e não sofreu;
Foi espectro de homem, não foi homem,
Só passou pela vida, não viveu.

(SECCHIN, Antonio Carlos. *Roteiro da poesia brasileira* – Romantismo. São Paulo: Global, 2007.)

Este poema pertence à estética romântica porque

a) sugere que o leitor, para ser feliz, viva alienado e distante da realidade.
b) são explícitas as referências a alguns cânones do Catolicismo.
c) expõe os problemas sociais que afetavam a sociedade da época.
d) nele se percebe a vassalagem amorosa, isto é, a submissão do homem em relação à mulher.
e) sugere que é importante viver, de forma intensa e profunda, as experiências da existência humana.

MÓDULO 14

Textos para a próxima questão.

Texto I

Um mover de olhos, brando e piedoso,
sem ver de quê; um riso brando e honesto,
quase forçado; um doce e humilde gesto,
de qualquer alegria duvidoso;
(...)
esta foi a celeste formosura
da minha Circe, e o mágico veneno
que pôde transformar meu pensamento.

(Luis de Camões)

Texto II

Uma noite, eu me lembro... Ela dormia
Numa rede encostada molemente...
Quase aberto o roupão... solto o cabelo
E o pé descalço do tapete rente.

(Castro Alves)

Texto III

Um dia ela veio para rede,
se enroscou nos meus braços,
me deu um abraço,
me deu as maminhas
que eram só minhas.
A rede virou,
O mundo afundou.

(Carlos Drummond de Andrade)

1. (PUC-SP) Levando em conta o "fragmento II", de Castro Alves, assinale a alternativa CORRETA.
a) O poeta aceita e interpreta o byronismo, conforme fizeram todos os poetas românticos.
b) O poeta supera o amor contemplativo, embora revele timidez em seus devaneios líricos.
c) O poeta distancia-se do objeto representado, empregando figuras de linguagem que ocultam seus desejos.
d) O poeta rompe com os excessos do idealismo amoroso ao apresentar o amor com feições físicas e materiais.
e) O poeta versifica em linguagem contida, procedimento que lhe dá posição de destaque no Romantismo.

2. (UPM-SP) Sobre o Romantismo no Brasil, é INCORRETO afirmar que:
a) já se verificam traços condoreiros na obra de Fagundes Varela, embora tal tendência apresente seu ponto mais alto na poesia de Castro Alves.
b) "Suspiros Poéticos e Saudades", de Gonçalves de Magalhães, é considerado seu marco inicial.
c) o indianismo se verificou tanto em prosa como em verso.
d) os poetas ultrarromânticos como Casimiro de Abreu e Álvares de Azevedo pertencem à segunda geração.
e) José de Alencar, seu maior prosador, dedicou-se exclusivamente a romances indianistas e urbanos.

3. (UEL-PR) Assinale a alternativa cujos termos preenchem corretamente as lacunas do texto inicial.
Foi característica das preocupações ..... do poeta ..... tomar como protagonista de seus poemas a figura do ....., afirmando em seu caráter heroico, em sua bravura, em sua honra – qualidades que a rigor o identificavam com o mais digno dos cavaleiros medievais.
a) nacionalistas – Gonçalves Dias – índio brasileiro
b) mitificadoras – Álvares de Azevedo – sertanejo solitário
c) cosmopolitas – Castro Alves – operário nordestino
d) ufanistas – Monteiro Lobato – caipira paulista
e) regionalistas – João Cabral de Melo Neto – trabalhador rural

4. (UFRRJ) Relacione aos fragmentos de texto abaixo às seguintes características da poesia ultrarromântica no Brasil.
(1) temática da morte.
(2) angústia existencial.
(3) tédio da vida.
(4) melancolia.
(5) busca de um princípio universal.

( ) Oh! Vem depressa, minha vida foge...
Sou como o lírio que já murcho cai!

(Casimiro de Abreu)

( ) Como varia o vento, o céu – o dia,
Como estrelas e estrelas e nuvens e mulheres,
Pela regra geral de todos os seres,
Minha lira também seus tons varia,

(Álvares de Azevedo)

( ) Eis o que sou! – A dúvida encarnada,
Que perenal vacila

(Junqueira Freire)

( ) Escrevi porque a alma tinha cheia
Numa insônia que o spleen entristecia
De vibrações convulsas de ironia!

(Álvares de Azevedo)

( ) Adeus meus sonhos, eu pranteio e morro!
Não levo da existência uma saudade!

(Álvares de Azevedo)

A correspondência correta entre os fragmentos e suas características ultrarromânticas resulta na seguinte sequência:

a) (4) (5) (2) (1) (3).
b) (4) (5) (3) (2) (1).
c) (5) (4) (1) (2) (3).
d) (4) (5) (2) (3) (1).
e) (1) (4) (5) (3) (2).

MÓDULO 15

Texto para a próxima questão.

Fora Leonardo algibebe em Lisboa, sua pátria; aborrecera-se porém do negócio[2], e viera ao Brasil. Aqui chegando, não se sabe por proteção de quem, alcançou o emprego de que o vemos empossado, e que exercia [...] desde tempos remotos. Mas viera com ele no mesmo navio, não sei fazer o quê, uma certa Maria da hortaliça, quitandeira das praças de Lisboa, saloia rechonchuda e bonitona. [...] Ao sair do Tejo, estando a Maria encostada à borda do navio, o Leonardo fingiu que passava distraído por junto dela[3], e com o ferrado sapatão assentou-lhe uma valente pisadela no pé direito. A Maria, como se já esperasse por aquilo, sorriu-se como envergonhada do gracejo[4], e deu-lhe também em ar de disfarce um tremendo beliscão nas costas da mão esquerda. Era isto uma declaração em forma, segundo os usos da terra: levaram o resto do dia de namoro cerrado; ao anoitecer passou-se a mesma cena de pisadela e beliscão, com a diferença de serem desta vez um pouco mais fortes; e no dia seguinte estavam os dois amantes tão extremosos e familiares, que pareciam sê-lo de muitos anos.

Quando saltaram em terra começou a Maria a sentir certos enojos: foram os dois morar juntos; e daí a um mês manifestaram-se claramente os efeitos da pisadela e do beliscão; sete meses depois teve a Maria um filho, formidável menino de quase três palmos de comprido, gordo e vermelho, cabeludo, esperneador e chorão; o qual, logo depois que nasceu, mamou duas horas seguidas sem largar o peito. E este nascimento é certamente de tudo o que temos dito o que mais nos interessa, porque o menino de quem falamos é o [1]herói desta história.

ALMEIDA, M. A. *Memórias de um Sargento de Milícias*. 3. ed. São Paulo: FTD, 1996. p. 16-17.

1. (UFSC) Com base no trecho acima e no romance *Memórias de um Sargento de Milícias* e levando em consideração o contexto do Romantismo brasileiro, marque a(s) proposição(ões) CORRETA(S).

01) O namoro entre Leonardo e Maria respeita os cânones do amor romântico, que é puro, ingênuo e até infantil.

02) Leonardo-Pataca, o pai, emprega-se no Brasil como meirinho, profissão que lhe vale o respeito de Maria e que, por duas vezes, impede que ele seja preso pelo major Vidigal.

04) Mesmo pertencendo temporalmente ao Romantismo brasileiro, *Memórias de um Sargento de Milícias* apresenta várias características que o diferenciam de outros romances urbanos do período, como o fato de a obra enfocar o cotidiano da classe baixa.

08) Já ao nascer, Leonardo é chamado pelo narrador de "herói" (ref. 1), o que prenuncia importantes características que marcarão mais tarde o caráter desse personagem: nobreza, coragem e alto valor moral.

16) A relação entre Maria e Leonardo é marcada por sucessivas traições do marido à esposa. Por fim, Maria foge com o capitão de um navio, levando consigo o filho do casal.

32) Nas referências 2, 3 e 4, observa-se a anteposição de uma vírgula à conjunção "e". Segundo as regras atuais de pontuação, essas vírgulas poderiam ser omitidas, porque em cada caso o sujeito da oração introduzida por "e" é o mesmo da oração anterior.

2. (UFU-MG) Numere a segunda coluna de acordo com a primeira.

(I) Barroco
(II) Arcadismo
(III) Romantismo
(IV) Parnasianismo
(V) Simbolismo

( ) "Eu sou, Senhor, a ovelha desgarrada
Cobrai-a e não queirais, Pastor Divino,
Perder na Vossa ovelha a Vossa glória"

(Gregório de Matos)

( ) "Mulher do meu amor! Quando aos meus beijos
Treme tua alma, como a lira ao vento,
Das teclas de teu seio que harmonias,
Que exalas de suspiros, bebo atento!"

(Castro Alves)

( ) "Brandas ribeiras, quanto estou contente
De ver-vos outra vez, se isto é verdade!
Quanto me alegra ouvir a suavidade,
Com que Fílis entoa a voz candente!"

(Cláudio Manuel da Costa)

( ) "Era o poeta de Teos que a suspendia
Então, e, ora repleta ora esvasada,
A taça amiga aos dedos seus tinia,
Toda de roxas pétalas colmada."

(Alberto de Oliveira)

Assinale a sequência correta.

a) I, III, II, IV
b) I, II, III, V
c) II, III, IV, V
d) IV, I, V, III
e) IV, I, II, III

3. (UFPE) Considere as afirmações abaixo a respeito da produção literária brasileira que prosperou na primeira metade do século XIX.

( ) No Brasil, o Romantismo desenvolveu-se após a Independência. Na Europa, com o ressuscitar do passado, o nativismo explorou figuras e cenas medievais; em nosso país, com o indianismo romanceando as origens nacionais, o mundo indígena foi enfocado com heróis baseados em personagens e ações reais.

( ) José de Alencar, na prosa, criou uma galeria de heróis indígenas que se submetiam voluntariamente ao colonizador. Por exemplo, em *O Guarani*, Peri é escravo de Ceci e converte-se ao cristianismo, sendo batizado. Em *Iracema*, a personagem título se submete ao branco Martim, entrega que implica sacrifício e abandono de sua tribo de origem.

( ) Em *Ubirajara*, narrativa que enfoca uma fase anterior à colonização, Alencar despertou para a falsidade da idílica submissão dos colonizados aos colonizadores, escrevendo: "Foi depois da colonização que os portugueses, assaltando os índios como a feras e caçando-os a dente de cão, ensinaram-lhe a traição que eles não conheciam".

( ) Gonçalves Dias, que representa o Indianismo na poesia, já nos *Primeiros Cantos*, tem a consciência do destino atroz que aguardava os tupis com a conquista portuguesa. Na fala do xamã, as predições são assustadoras: "Manitós já fugiram da Taba/ ó desgraça! ó ruína! ó Tupã!".

( ) Gonçalves Dias lamentou a sorte do Novo Mundo, com sua gente vencida e suas terras profanadas. Além do mais, o escritor maranhense, diferentemente de Alencar, dá voz ao nativo: "Chame-lhe progresso, quem do extermínio secular se ufana/ Eu, modesto cantor do povo extinto, /Chorarei os vastíssimos sepulcros".

4. (UFV-MG) O gênero "romance" surgiu no Brasil durante o Romantismo e moldou-se segundo os gostos e preferências da burguesia em ascensão. Com uma temática diversificada, logo tornou-se o tipo de leitura mais acessível a essa nova classe social.
Dentre as afirmativas seguintes, assinale aquela que NÃO corresponde às tendências do "romance romântico":

a) As obras românticas conhecidas como romance de "folhetins" caracterizaram-se pelo tom "água-com-açúcar", pela presença de elementos pitorescos e pela superficialidade de seus conflitos.
b) O romance romântico identificado como "histórico" retratou os fatos políticos brasileiros da época, e também as correntes materialistas daquela segunda metade do século XIX.
c) As narrativas ambientadas na cidade foram rotuladas como "romances urbanos", sendo ainda conhecidas como obras de "perfis de mulher", por privilegiar as personagens femininas e seus pequenos conflitos psicológicos.
d) O romance "indianista" enfatizou nossa "cor local" ao retratar as lendas, os costumes e a linguagem do índio brasileiro, acentuando ainda mais o cunho nacionalista do Romantismo.
e) A narrativa romântica de caráter "regionalista" tematizou, de forma idealizada, a vida e os costumes do "brasileiro" do interior.

Respostas

Exercícios propostos

MÓDULO 1

1. d
2. F – V – F – V – V
3. d
4. V – V – V – V
5. Os dois traços aparecem na paródia do discurso religioso. A vertente "destrutiva" pode ser observada na desconstrução do "Pai Nosso"; a "construtiva" fica evidente na reconstrução poética dessa prece, acrescentando-lhe novos elementos, que garantem a dimensão estética do poema.
6. 01 + 08 = 09
7. d

MÓDULO 2

1. d
2. a) Correto. b) Correto.
3. e
4. a

MÓDULO 3

1. a
2. b
3. Genericamente, rima é repetição fonológica em diversas partes do discurso e que se verifica na parte posterior da palavra, em uma sequência de fonemas a partir da vogal mais intensa. Está associada ao discurso de intenção poética com uso de versos, embora possa estar presente em qualquer modalidade, inclusive na prosa, como acontece frequentemente em autores como José de Alencar e Guimarães Rosa, recurso que se designa como melopeia. Assim, a palavra obedece ao poeta, pois este, ao pretender usar rima para a confecção do texto, recorre às palavras "prosa" e "rosa" e à locução "em silêncio" que remete ao adjetivo "silenciosa". No entanto e paradoxalmente, a palavra "prosa" sugere um texto sem a presença de versos, o que não se verifica, pois o resultado é uma estrofe de quatro versos, dois deles rimados (3º e 4º) e outros dois redondilhos maiores (2º e 4º).
4. b
5. c
6. a) A afirmação "Carlos é um parnasiano enrustido" deve ser entendida, no contexto histórico da carta, como uma crítica à noção de palavra como objeto externo, obediência às formas clássicas de versificação e valorização da "arte pela arte".
   b) "Me disse": Pronome átono em início de frase. A forma "disse-me", recomendada pela norma-padrão, seria mais formal.
   "Se você lhe dissesse: (...), ele te responderia": Mistura entre as formas de tratamento "tu" e "você". "jogou na cara", "cutucar", "sair por aí construindo": Palavras e expressões típicas de vocabulário informal.
   "Jogar as palavras pra dentro dele": Forma reduzida de "para", que seria a forma usada em um texto escrito formal.
7. a

MÓDULO 4

1. c
2. a) Incorreto. b) Incorreto. c) Correto. d) Incorreto. e) Correto. f) Correto.
3. a
4. V – V – F – F
5. b

MÓDULO 5

1. b
2. a
3. c
4. b
5. d
6. a
7. 02 + 04 + 16 = 22

MÓDULO 6

1. c
2. a) Por se tratar de um vencedor que destaca a coragem do guerreiro Tupi, o narrador confere ainda mais valor às ações do guerreiro vencido.
   b) A repetição da frase "Meninos, eu vi" confere autoridade ao relato, uma vez que o narrador tinha sido testemunha dos fatos narrados.
3. a
4. c
5. c

MÓDULO 7

1. c
2. b
3. b
4. c
5. a
6. Algumas possibilidades: – busca do sagrado, ou do absoluto, ou tendência mística e metafísica, ou relação do eu lírico com a religião; – manifestação do ódio-amor; – ou influência da poesia trovadoresca, ou de Camões.
7. b

MÓDULO 8

1. 02 + 04 + 08 = 14
2. V – V – F – V – V
3. a) O Velho, enganado pela alcoviteira Branca Gil e sem sua fortuna, lamenta a infelicidade amorosa que o destino lhe reservou, confirmando uma de suas máximas: "O maior risco da vida / e mais perigoso é amar".
   b) A prática da alcovitagem, associada a feitiçarias, leva Branca Gil a ser punida com "cent'açoutes no lombo" e degredo.
   c) A atitude de Branca Gil pode ser entendida como paradoxal, pois, enquanto é castigada pelos belenguis, não assume uma postura arrependida e contrita, mas corajosa.
4. a
5. a) Porque o cavaleiro sacrificou a vida para defender o Cristianismo e, assim, assegurou seu lugar na barca da Glória.
   b) Os Cavaleiros morreram numa Cruzada, em combate contra os "infiéis".
   c) Porque entendem que quem deu a vida na Cruzada, em defesa do Cristianismo, tem assegurada a barca da Glória.
6. c
7. c

MÓDULO 9

1. b
2. c
3. a) A antítese centra-se na relação entre os "bons" e os "maus". Os desdobramentos da antítese são a punição e a recompensa, que se dá da seguinte forma: aqueles que merecem recompensa são punidos; aqueles que merecem punição são premiados. É por isso que, segundo o poeta, o mundo está "desconcertado".
   b) O poema é composto de uma só estrofe com dez versos. As rimas estão dispostas de forma alternada e justaposta: abb aab; cdd cdc. Em relação ao valor, são rimas pobres (eufonia entre palavras da mesma classe gramatical) e ricas (classe gramatical diferente).
4. a) Há, por parte do gigante Adamastor, um amor sem limites pela "Princesa das Águas". É capaz de forçá-la a amá-lo. Tétis, por sua vez, mensura quanto deve ser o amor para amar um gigante.
   b) No poema de Camões, o Cabo das Tormentas é personificado na figura do gigante Adamastor.

MÓDULO 10

1. a
2. b
3. b
4. 02 + 04 + 08 + 16 = 30
5. e
6. d

MÓDULO 11

1. c

2. a) A síntese do soneto ("A firmeza somente na inconstância") vincula-se ao projeto estético do Barroco pela problematização de uma questão central: conciliar o inconciliável, ou seja, aproximar concepções antagônicas como, por exemplo, "tristeza"/"alegria" e "Luz"/"sombra".
b) A concepção mais comum de que a alegria é inviabilizada por contínuas tristezas é ressignificada, ou seja, alegria e tristeza podem coexistir ("E na alegria sinta-se tristeza").
3. c
4. a) "Os espinhos, as pedras, o caminho e a terra boa (em que o trigo caiu) representam os diferentes corações dos homens." Nesse período, são "lançados" ou "disseminados" os elementos. Na "recolha", eles são retomados um a um para que sejam comparados aos diversos "corações" ou tipos de homens que, conforme sua natureza, receberam de forma diferente a palavra de Deus, representada pela metáfora do trigo: os espinhos são os homens que se preocupam com seus próprios interesses materiais e são egoístas; as pedras representam os homens insensíveis, duros de coração; os caminhos são os homens insatisfeitos e intranquilos com o fluxo do tempo e das coisas da vida; a terra boa são os homens que aceitam de bom coração a palavra de Deus.
b) Na alegoria do Padre Antônio Vieira, a comparação, ou melhor, a metáfora básica, que sustenta todo o desenvolvimento do trecho e as demais comparações, é aquela extraída do texto bíblico e usada como epígrafe do sermão: "Semen est verbum Dei" – "a palavra de Deus é semente".
5. b 6. a

MÓDULO 12

1. d 2. b 3. a
4. a 5. c 6. b
7. F – F – V – F – F

MÓDULO 13

1. e 2. c 3. e 4. c
5. 01 + 02 + 32 = 35.
6. b

MÓDULO 14

1. b
2. 01 + 02 + 04 + 08 + 16 = 31
3. a) Nacionalismo ou culto à natureza.
b) Subjetivismo, sentimentalismo ou saudosismo.
4. O texto não confirma as afirmativas, como bem o comprovam sua seleção vocabular e seu tratamento poético. A caracterização do amante ("lagartixa") e da amada ("clarão", "sol", etc.) cria uma atmosfera positiva, solar, amena, bem-humorada, expressando a harmonia entre os amantes.
5. b 6. e 7. c

MÓDULO 15

1. a) A forma irônica como o narrador se refere a Leonardo Pataca ("o homem era romântico, como se diz hoje, e babão, como se dizia naquele tempo") estabelece uma ruptura com as características do estilo romântico predominante na época da publicação dos folhetins, que seriam reunidos mais tarde em livro sob o título "Memórias de um Sargento de Milícias". O excesso de emotividade típico do Romantismo é ridicularizado quando o narrador usa o termo "babão" para caracterizar a pessoa que se declara fortemente apaixonada por outra. Desta forma, a obra apresenta elementos excêntricos ao painel literário do Romantismo brasileiro.
b) Muitas personagens são alegorias, representações simbólicas do tipo de gente da época, classe média-baixa que tenta driblar as dificuldades de sobrevivência do dia a dia com pequenas contravenções morais e éticas, ao contrário do que acontece no Romantismo convencional, em que o protagonista é de origem social elevada e tem comportamento moral e ético irrepreensíveis. A supressão de etapas narrativas, oscilação de foco narrativo, a presença de metalinguagem, o diálogo com o leitor e o uso de linguagem objetiva de cunho jornalístico permitem classificar esta obra como uma novela de tom humorístico, crônica de costumes do Rio colonial, na época de D. João VI.
2. F – F – V – V – F
3. e 4. e 5. d
6. a 7. a

Exercícios-tarefa

MÓDULO 1

1. c 2. c 3. b

MÓDULO 2

1. c 2. c 3. c
4. d 5. a

MÓDULO 3

1. c 2. d 3. b 4. c

MÓDULO 4

1. a 2. a 3. e

MÓDULO 5

1. c 2. b 3. b 4. d

MÓDULO 6

1. d 2. a 3. a 4. c

MÓDULO 7

1. A visão é pessimista em relação ao colonizador europeu. O nativo nota a exploração e a escravidão a que ficará exposto com a chegada do homem branco.
2. d 3. a 4. a 5. b

MÓDULO 8

1. e 2. a
3. a) O trecho que se relaciona literalmente com o final da peça é "asno que me leve quero". Pero Marques age como um "asno" em duas situações: a primeira quando serve de cavalgadura; a segunda, por não saber que Inês o traía.
b) O primeiro marido de Inês – Brás da Mata – tratava-a de modo agressivo e tirânico; já Pero dá-lhe total liberdade.
c) É uma sátira moral da sociedade portuguesa da época. Inês abandona seus ideais com o propósito de levar uma vida prazerosa.
4. e

MÓDULO 9

1. e
2. a) Além dos aspectos formais como versos decassílabos e 8ª rima e da linguagem classicizante, várias referências intertextuais do poema de Jorge de Lima remetem ao poema camoniano: "Estavas linda Inês, posta em repouso"; "Tu, só tu, puro amor e glória crua".
b) No primeiro verso, a palavra "repouso" tem o sentido figurado de morte, pois se associa ao verso "Transparente no leito em que jazias". Porém, se a associação for feita com os versos "Pois, Inês em repouso é movimento, / Nada em Inês é inanimado e lento", o sentido de repouso pode ser de vida, já que Inês representa a imortalidade do amor e da feminilidade.

MÓDULO 10

1. 04 + 08 = 12
2. 01 + 02 + 08 = 11
3. a

MÓDULO 11

1. d 2. a 3. a 4. d

MÓDULO 12

1. b 2. c 3. e 4. b

MÓDULO 13

1. b 3. V – V – V – V – V
2. a 4. e

MÓDULO 14

1. d 2. e 3. a 4. d

MÓDULO 15

1. 04 + 32 = 36. 3. F – V – V – V – V
2. a 4. b

Revisão 2

Módulo 16 • Os estilos de época da Revolução Industrial à Primeira Guerra: Realismo/Naturalismo

1. A Revolução Industrial e o Cientificismo

A Revolução Industrial, iniciada no século XVIII, entra numa nova fase em meados do século XIX (a chamada Segunda Revolução Industrial), caracterizada pela utilização do aço, do petróleo e da eletricidade; ao mesmo tempo, o avanço científico leva a novas descobertas no campo da Física e da Química.

O processo de industrialização desencadeou uma série de transformações sociais. Na segunda metade do século XIX, alguns intelectuais consideraram que a arte não deveria criar formas ideais e que a beleza estava na realidade em si, como ela era. Deixaram de lado temas mitológicos e históricos, para se concentrar na realidade que viam à sua frente. E perceberam também que a arte não deveria se preocupar apenas com a beleza: ela deveria ter um compromisso com a realidade, ser uma voz capaz de denunciar os problemas gerados pela industrialização.

Para muitos artistas, o que importava era "resolver, decompor, classificar e explicar o mundo dos fatos e das ideias". Em outras palavras, defendiam o pensamento científico – postura intelectual chamada de Cientificismo.

2. O Realismo/Naturalismo

Os marcos

Em Portugal

O início do Realismo português está ligado à Questão Coimbrã, de 1865, às Conferências Democráticas do Casino Lisbonense, em 1871, e à publicação do romance *O crime do padre Amaro*, em 1875.

O fim da chamada Escola Realista em Portugal está relacionado ao ano de 1890, data em que Eugênio de Castro publica *Oaristos*, um livro de poesias inspiradas no Simbolismo francês.

No Brasil

Considera-se 1881 o ano inaugural do Realismo no Brasil. De fato, esse foi um ano fértil para a literatura brasileira, com a publicação de três narrativas fundamentais, que modificaram o curso de nossas letras: *O mulato*, de Aluísio Azevedo, considerado o primeiro romance naturalista brasileiro; *Memórias póstumas de Brás Cubas*, de Machado de Assis, o primeiro romance realista de nossa literatura, e *O alienista*, também de Machado de Assis, uma novela exemplar, publicada em capítulos na revista *A Estação*, de outubro de 1881 a março de 1882.

3. A velha ordem portuguesa em debate: a Questão Coimbrã e as Conferências Democráticas

A Questão Coimbrã

A partir de 1864, aprofundam-se as divergências entre os velhos mestres românticos de Lisboa e os estudantes de Coimbra. Nesse ano, Teófilo Braga publica *Visão dos tempos* e *Tempestades sonoras*, e Antero de Quental, *Odes modernas*. São poesias revolucionárias, preocupadas com o momento histórico, com nítida função social.

Em 1865, o romântico Pinheiro Chagas publica *Poema da mocidade*, obra dedicada a Antônio Feliciano de Castilho, velho professor e mentor da Escola de Lisboa. Numa carta ao editor, inserida nesse livro, Castilho critica duramente a poesia de Teófilo Braga e de Antero de Quental. A partir de então, tem início a série de discussões literárias que ficou conhecida como Questão Coimbrã.

Antero responde imediatamente com um opúsculo intitulado *Bom senso e bom gosto*, em que defende o papel revolucionário da nova poesia realista e a independência dos realistas em relação aos velhos mestres.

As polêmicas prosseguem. Inúmeros folhetos circulam em Portugal, ora defendendo as novas ideias realistas, ora defendendo o passadismo.

As Conferências Democráticas

A polêmica iniciada em 1864 só terminaria, de fato, em 1871, com o ciclo das Conferências Democráticas realizado no Casino Lisbonense.

Das dez conferências previstas inicialmente, apenas cinco foram pronunciadas: por abordarem temas como "Os Historiadores Críticos de Jesus", "O Socialismo", "A República", "A Instrução Primária", "Dedução Positiva da Ideia Democrática", cinco delas foram proibidas pelo governo; segundo as autoridades, "atacavam a religião e as instituições políticas do Estado".

A quarta conferência, intitulada "O Realismo como Nova Expressão da Arte", foi pronunciada por Eça de Queirós. Nela, o escritor atacava o Romantismo e expunha os valores realistas, ressaltando o caráter social da literatura e seu valor como agente de transformação de uma sociedade obsoleta.

4. Eça de Queirós

Maior nome da narrativa realista portuguesa, Eça de Queirós se posicionou a favor da passagem do espírito romântico para os novos ventos realistas. Em sua fase realista, o escritor pintou o mais crítico e ácido retrato da sociedade portuguesa da segunda metade do século XIX ao escrever as *cenas da vida portuguesa*, formadas por suas três grandes obras: *O crime do padre Amaro – cenas da vida devota*; *O primo Basílio – episódios da vida doméstica*; *Os Maias – episódios da vida romântica*. Em sua famosa conferência sobre o Realismo, Eça sintetizava: "A norma agora são as narrativas a frio, deslizando como as imagens na superfície de um espelho, sem intromissão do narrador. O romance tem de nos transmitir a natureza em quadros exatíssimos, flagrantes, reais".

5. Os temas recorrentes da poesia realista

A poesia social de Antero de Quental

Antero Tarquínio de Quental, principal participante da Questão Coimbrã, teve vida atribulada em razão do conflito entre os valores de uma educação tradicional, profundamente arraigados em seu espírito, e os novos valores, assimilados nos anos agitados de Coimbra (essa crise teve desfecho trágico: Antero se suicidou). Seus sonetos refletem ora seu posicionamento político-social, ora as crises pessoais, resultando em poesia de caráter metafísico.

A poesia do cotidiano de Cesário Verde

José Joaquim Cesário Verde, poeta que teve seu valor reconhecido ao longo do século XX, cantou o cotidiano das ruas de Lisboa. Foi um dos principais representantes da poesia realista e naturalista portuguesa, tendo influenciado muitos poetas de gerações posteriores. Fernando Pessoa, por exemplo, reconhecia-o como um de seus mestres.

6. O momento histórico

ano	economia – política – sociedade
1859	• Exploração do primeiro poço de petróleo nos Estados Unidos. Petróleo, aço, energia elétrica e carvão mineral são as molas propulsoras da Segunda Revolução Industrial.
1865	• Fim da Guerra de Secessão nos Estados Unidos, com a vitória dos estados do Norte; assassinato do presidente Abraham Lincoln. • Guerra do Paraguai: é formada a Tríplice Aliança (Brasil, Uruguai e Argentina) contra o Paraguai.
1867	• Karl Marx publica o primeiro volume de sua principal obra, *O capital*.
1868	• No Japão, início da Era Meiji (1868-1912), que marcou a entrada do país na economia industrial.
1869	• Inauguração do Canal de Suez.
1870	• No Brasil, é fundado o Partido Republicano.
1871	• Unificação da Itália, em movimento que teve a participação destacada de Giuseppe Garibaldi. • Unificação da Alemanha, em movimento que teve a participação destacada de Otto von Bismark. • Durante 72 dias, a capital francesa vive a experiência de um governo popular, democrático e socialista com a Comuna de Paris.
1878	• Congresso do Partido dos Operários Socialistas em Portugal, com o objetivo de juntar todas as associações operárias.
1879	• É fundado em Madri, clandestinamente, o Partido Socialista Operário Espanhol.
1884	• Início da Conferência de Berlim, na qual se discute a partilha da África pelas potências europeias.
1885	• Gottlieb Daimler, após vários testes, constrói um motor a gasolina que gerava 1 HP a 600 rpm e o coloca em uma motocicleta. • O alemão Karl Benz constrói um automóvel a gasolina.
1888	• Abolição da escravatura no Brasil.
1889	• Proclamação da República no Brasil.

ano	arte – ciência – filosofia
1830-42	• Auguste Comte publica os seis volumes de seu *Curso de Filosofia positiva*.
1840	• Pierre-Joseph Proudhon publica *O que é a propriedade?*, declarando-se anarquista. Nessa obra, critica a propriedade privada e afirma que o fato de um homem explorar a força de trabalho de outro homem se caracteriza como roubo (daí a famosa frase "A propriedade é o roubo").
1845	• Edgar Allan Poe publica o poema *O corvo*.
1847	• George Boole publica *Análise matemática da lógica*, em que introduz os conceitos de lógica simbólica, demonstrando que a lógica pode ser representada por equações algébricas. Esse trabalho é considerado a base sobre a qual foram construídos os computadores eletrônicos, um século depois.
1857	• Gustave Flaubert publica *Madame Bovary*, considerado o marco inicial da prosa realista e que valeu um processo contra o autor (a obra foi considerada "execrável sob o ponto de vista moral").
1863-69	• Júlio Verne publica uma série de narrativas fantásticas, segundo o conceito de verossimilhança científica; em suas obras visionárias, antecipa inventos como o submarino, o helicóptero, o fax e viagens à Lua. Dentre as narrativas, merecem destaque *Viagem ao centro da Terra*, *A volta ao mundo em 80 dias* e *Vinte mil léguas submarinas*.
1865	• Wagner compõe a ópera *Tristão e Isolda*. • Lewis Carrol publica *As aventuras de Alice no País das Maravilhas*. • Após realizar experiências com ervilhas, Gregor Mendel apresenta seu trabalho *Experiments in plant hybridization*, em que formula a "Lei da transmissão dos caracteres hereditários". • Fiódor Dostoiévski publica *Crime e castigo*.
1865-69	• Liev Tolstói publica *Guerra e paz*.
1869	• Dmitri Ivanovich Mendeleev organiza os elementos químicos na "Tabela periódica".
1870	• O compositor brasileiro Carlos Gomes apresenta, no Teatro Alla Scalla de Milão, a ópera *O guarani*, baseada no romance homônimo de José de Alencar.
1870-93	• Émile Zola, considerado o iniciador do movimento naturalista, publica os vinte volumes de *A saga dos Rougon-Macquart*.
1871	• Friedrich Nietzsche publica sua primeira grande obra: *A origem da tragédia*.
1876	• Alexander Graham Bell registra a patente do telefone.
1876-79	• Thomas Edison inventa o fonógrafo e a lâmpada elétrica.
1880	• Piotr Tchaikóvski compõe a *Abertura 1812*.
1885	• Louis Pasteur aplica a vacina antirrábica num ser humano.

Exercício comentado

Texto para a próxima questão.

Amaro lia até tarde, um pouco perturbado por aqueles períodos sonoros, túmidos de desejo; e no silêncio, por vezes, sentia em cima ranger o leito de Amélia; o livro escorregava-lhe das mãos, encostava a cabeça às costas da poltrona, cerrava os olhos, e parecia-lhe vê-la em colete diante do toucador desfazendo as tranças; ou, curvada, desapertando as ligas, e o decote da sua camisa entreaberta descobria os dois seios muito brancos.

Erguia-se, cerrando os dentes, com uma decisão brutal de a possuir.

Começara então a recomendar-lhe a leitura dos Cânticos a Jesus.

– Verá, é muito bonito, de muita devoção! Disse ele, deixando-lhe o livrinho uma noite no cesto da costura.

Ao outro dia, ao almoço, Amélia estava pálida, com as olheiras até o meio da face. Queixou-se de insônia, de palpitações.

– E então, gostou dos Cânticos?

– Muito. Orações lindas! respondeu.

Durante todo esse dia não ergueu os olhos para Amaro. Parecia triste – e sem razão, às vezes, o rosto abrasava-se-lhe de sangue.

(Eça de Queirós. *O crime do padre Amaro*.)

1. (Unifesp) O trecho em que a ação de uma personagem se demonstra impregnada de determinismo biológico e permite associar o romance de Eça de Queirós ao movimento estético denominado Naturalismo é:

a) Erguia-se, cerrando os dentes, com uma decisão brutal de a possuir.

b) Começara então a recomendar-lhe a leitura dos Cânticos a Jesus.

c) (...) deixando-lhe o livrinho uma noite no cesto da costura.

d) Queixou-se de insônia, de palpitações.

e) Durante todo esse dia não ergueu os olhos para Amaro.

Comentário do vestibular:

O Naturalismo, vertente radical da escola literária do Realismo, baseia-se no conceito de que o comportamento do indivíduo é determinado pelo ambiente e pela hereditariedade. Assim, o escritor representa o homem como um animal regido apenas por instintos. A descrição de Amaro transcrita em **a** ("dentes cerrados", "decisão brutal de a possuir") expressa a perturbação de um homem movido por apelos carnais, incompatível com a sua opção sacerdotal.

Resposta: alternativa **a**.

Exercícios propostos

1. (Unifesp) Leia os versos de Cesário Verde.

Duas igrejas, num saudoso largo,
Lançam a nódoa negra e fúnebre do clero:
Nelas esfumo um ermo inquisidor severo,
Assim que pela História eu me aventuro e alargo.

(www.astormentas.com)

Em relação à Igreja, o eu lírico assume, nesses versos, uma posição

a) anticlerical.
b) submissa.
c) evangelizadora.
d) saudosista.
e) ambígua.

2. (UFPE) A construção das personagens em Eça de Queirós e em Machado de Assis apresenta particularidades que distinguem os dois escritores. Partindo da leitura crítica dos dois textos que se seguem, analise as proposições seguintes.

Texto I

Tinha dado onze horas no cuco da sala de jantar. Jorge fechou o volume de Luís Figuier que estivera folheando devagar, estirado na velha *Voltaire* marroquim escuro, espreguiçou-se, bocejou e disse:

– Tu não te vais vestir, Luísa?

– Logo.

Ficara sentada à mesa a ler o *Diário de Notícias*, no seu roupão da manhã de fazenda preta, bordado a sutache, com largos botões de madrepérola; o cabelo louro um pouco desmanchado, com um tom seco do calor do travesseiro, enrolava-se, torcido no alto da cabeça pequenina, de perfil bonito; a sua pele tinha a brancura tenra e láctea das louras; com o cotovelo encostado à mesa acariciava a orelha, e, no movimento lento e suave dos seus dedos, dois anéis de rubis miudinhos davam cintilações escarlates. [...]

(Eça de Queirós – *O primo Basílio*)

Texto II

Capitu

– Que é que você tem?

– Eu? Nada.

– Nada, não; você tem alguma coisa.

Quis insistir que nada, mas não achei língua. Todo eu era olhos e coração, um coração que desta vez ia sair, com certeza, pela boca fora. Não podia tirar os olhos daquela criatura de quatorze anos, alta, forte e cheia, apertada em um vestido de chita, meio desbotado. Os cabelos grossos, feitos em duas tranças, com as pontas atadas uma à outra, à moda do tempo, desciam-lhe pelas costas. Morena, olhos claros e grandes, nariz reto e comprido, tinha a boca fina e o queixo largo. As mãos, a despeito de alguns ofícios rudes, eram curadas com amor; não cheiravam a sabões finos nem águas de toucador, mas com água do poço e sabão comum trazia-as sem mácula. Calçava sapatos de duraque, rasos e velhos, a que ela mesma dera alguns pontos.

(Machado de Assis – *Dom Casmurro*)

( ) Os dois autores, do século XIX, revelam concepções díspares ao construir suas personagens, pois, enquanto Machado de Assis cria tipos femininos frágeis e sem vida, Eça de Queirós dá-lhes alma.

( ) Os dois textos explicitam as diferenças sociais existentes entre as duas personagens. A primeira, Luísa, é descrita como uma autêntica burguesa, enquanto a segunda, Capitu, como uma adolescente pobre, cujo único objetivo é alcançar a ascensão social, ainda que para isso precise agir de modo a contrariar a moral vigente.

( ) O discurso dos narradores revela emoções resultantes das experiências por eles próprios vivenciadas, o que torna ambas as narrativas comprometidas, de tal modo, que o adultério não se confirma, contribuindo para que as histórias não se concluam com a comprovação do triângulo amoroso, pois ambas terminam em aberto.

( ) Capitu é uma personagem acerca da qual, "embora não possamos ter a imagem nítida da sua fisionomia, temos uma intuição profunda de seu modo de ser". Por sua vez, Luísa, de acordo com Machado de Assis, "resvala no lodo, sem vontade, sem repulsa, sem consciência".

( ) *O primo Basílio* e *Dom Casmurro* possuem personagens femininas, que, apesar de se integrarem plenamente à classe burguesa, nutrem um profundo respeito à instituição familiar e se caracterizam por serem simplesmente criadas para vivenciarem circunstâncias e acontecimentos, sem que tenham o menor poder de decisão sobre os mesmos.

3. (UFRN) A passagem transcrita a seguir faz parte do capítulo IX ("Transição"), de *Memórias Póstumas de Brás Cubas*:

E vejam agora com que destreza, com que arte faço eu a maior transição deste livro. Vejam: o meu delírio começou em presença de Virgília; Virgília foi meu grão pecado da juventude; não há juventude sem meninice; meninice supõe nascimento; e eis aqui como chegamos nós, sem esforço, ao dia 20 de outubro de 1805, em que nasci. Viram? Nenhuma juntura aparente, nada que divirta a atenção pausada do leitor: nada.

(ASSIS, Machado de. *Memórias Póstumas de Brás Cubas*. São Paulo: Ática, 2000.)

Este fragmento ilustra bem o estilo narrativo da obra, que é marcada pela

a) liberdade técnica com que se encadeiam os eventos da história.
b) rigidez da técnica narrativa, indispensável à Escola Realista.
c) fidelidade à ordem cronológica linear dos acontecimentos.
d) negação da cientificidade narrativa típica da Escola Romântica.

4. (UFRGS-RS) Assinale com V (verdadeiro) ou F (falso) as afirmações abaixo, relacionadas à obra "O Crime do Padre Amaro", de Eça de Queirós.

( ) O filho de Amaro e de Amélia morre em circunstâncias obscuras nas mãos de Carlota, contratada por Amaro.
( ) Amélia, a exemplo de Luísa, de "O Primo Basílio", é, sob a ótica realista, uma vítima da sociedade.
( ) O romance, dentro dos princípios realistas, estuda a influência da burguesia na provinciana cidade de Leiria.
( ) Como a fé é a base da ordem, fica evidente que o clero, representado por Amaro e pelo Cônego Dias, é a única saída para um país decrépito e decadente.
( ) No final do romance, o Conde de Ribamar, sob a estátua de Camões, orgulha-se das instituições e do clero português e do fato de Portugal causar inveja à Europa.

A sequência correta de preenchimento dos parênteses, de cima para baixo, é

a) V – V – F – F – V.
b) V – F – V – F – F.
c) F – V – F – V – V.
d) F – F – V – F – F.
e) F – V – F – V – F.

5. (Fuvest-SP)

Luísa espreguiçou-se. Que seca ter de se ir vestir! Desejaria estar numa banheira de mármore cor-de-rosa, em água tépida, perfumada e adormecer! Ou numa rede de seda, com as janelinhas cerradas, embalar-se, ouvindo música! (...)

Tornou a espreguiçar-se. E saltando na ponta do pé descalço, foi buscar ao aparador por detrás de uma compota um livro um pouco enxovalhado, veio estender-se na "voltaire", quase deitada, e, com o gesto acariciador e amoroso dos dedos sobre a orelha, começou a ler, toda interessada.

Era a "Dama das Camélias". Lia muitos romances; tinha uma assinatura, na Baixa, ao mês.

Nesse excerto, o narrador de "O primo Basílio" apresenta duas características da educação da personagem Luísa que serão objeto de crítica ao longo do romance.

a) Quais são essas características?
b) Explique de que modo elas contribuem para o destino da personagem.

6. (UEL-PR)

Texto 1

"Pensava ela que não tinha nenhum direito a ser amada por Seixas; pois a afeição que lhe tivesse, muita ou pouca, era graça que dele recebia. Quando se lembrava que esse amor a poupara à alegação de um casamento de conveniência, nome com que se decora o mercado matrimonial, tinha impulsos de adorar a Seixas, como seu Deus e redentor."

(ALENCAR, José de. "Senhora". 24. ed. São Paulo: Ática, 1994. p. 97.)

Texto 2

"E Luísa tinha suspirado, tinha beijado o papel devotamente! Era a primeira vez que lhe escreviam aquelas sentimentalidades, e o seu orgulho dilatava-se ao calor amoroso que saía delas, como um corpo ressequido que se estira num banho tépido; sentia um acréscimo de estima por si mesma, e parecia-lhe que entrava enfim numa existência superiormente interessante onde cada hora tinha seu encanto diferente, cada passo conduzia a um êxtase, e a alma se cobria de um luxo radioso de sensações!"

(QUEIRÓS, Eça de. "O primo Basílio". 7. ed. São Paulo: Ática, 1982. p. 120.)

Sobre os textos acima, considere as afirmativas:

I. São narrativas escritas no século XIX, que conservam uma profunda diferença quanto às correntes estéticas às quais se filiam, apesar de nos trechos acima revelarem semelhanças.
II. O narrador de "O primo Basílio" emprega no trecho citado várias metáforas românticas porque visa a retratar a personagem Luísa como uma pessoa apaixonada e sonhadora.
III. O narrador de "Senhora" está descrevendo no trecho citado uma mulher fria e amarga, que descrê das relações matrimoniais e do poder transformador do amor.
IV. Trata-se de romances destinados ao público feminino do século XIX, por isso ambos apresentam, em seu final, as protagonistas realizadas em suas paixões.

Assinale a alternativa correta.

a) Apenas as afirmativas I e II são corretas.
b) Apenas a afirmativa I é correta.
c) Apenas as afirmativas II e III são corretas.
d) Apenas as afirmativas III e IV são corretas.
e) Apenas as afirmativas I e III são corretas.

Módulo 17 • A narrativa realista/ naturalista no Brasil

1. O contexto histórico no Brasil

No final do século XIX, o Brasil passa por mudanças fundamentais: a abolição da escravatura, a proclamação da República e o início do ciclo econômico do café, que disputaria lugar com a economia açucareira.

As artes brasileiras, sobretudo a literatura, refletem essas transformações, além de se inspirar nas teorias que estavam se desenrolando na Europa, onde a industrialização e o crescimento dos centros urbanos se tornavam uma realidade cada vez mais evidente.

2. O romance realista no Brasil

Psicologia, ironia e crítica na obra de Machado de Assis

Joaquim Maria Machado de Assis foi, sem dúvida, a figura mais importante de nossas letras na virada do século XIX para o século XX: escritor respeitado por seus contemporâneos, primeiro presidente da Academia Brasileira de Letras, sua figura pairava acima dos acontecimentos. Assistiu à passagem da Monarquia para a República, ora manifestando um ligeiro saudosismo dos tempos do Império, ora ironizando a República, ora exaltando os novos tempos. Machado foi romancista, contista e poeta, além de deixar algumas peças de teatro e inúmeras críticas, crônicas e correspondências.

Costuma-se distinguir na obra de Machado de Assis duas fases: a primeira apresenta o autor ainda preso a alguns princípios da escola romântica, sendo, por isso, chamada de fase romântica ou de amadurecimento; a segunda apresenta o autor completamente definido dentro das ideias realistas, sendo, portanto, chamada de fase realista ou de maturidade.

Primeira fase

Pertencem a essa fase os romances *Ressurreição*, *A mão e a luva*, *Helena* e *Iaiá Garcia*.

Apesar de romanescos, no entanto, os romances e contos dessa época já indicavam algumas características que mais tarde se consolidariam na obra de Machado: o amor contrariado, o casamento por interesse, uma ligeira preocupação psicológica e uma leve ironia.

Segunda fase

A essa fase pertencem as obras-primas de Machado de Assis, como *Memória póstumas de Brás Cubas*, *Quincas Borba* e *Dom Casmurro*. A análise psicológica dos personagens, o pessimismo, o negativismo, a linguagem correta, clássica, as frases curtas, a técnica dos capítulos curtos e da conversa com o leitor são as principais características dos textos realistas, ao lado da análise da sociedade e da crítica aos valores românticos.

O romance de formação de Raul Pompeia

Raul Pompeia cursou Direito em São Paulo, participou ativamente da campanha abolicionista e engajou-se na causa republicana. Teve uma vida agitada, envolveu-se em várias polêmicas, criou inimizades e atravessou crises depressivas. Abandonado pelos amigos, caluniado nos meios jornalísticos e intelectuais, suicidou-se aos 32 anos, no dia do Natal.

A exemplo de Manuel Antônio de Almeida, Raul Pompeia pertence a um grupo de autores que entraram para a história da literatura graças a um único livro. A obra *O Ateneu* consiste, inegavelmente, em uma narrativa de caráter autobiográfico. Entretanto, em sua dimensão de obra-prima, a narrativa vai além dos limites de um texto personalista. Trata-se de um profundo corte no pernicioso modelo pedagógico do internato, agravado pela figura onipotente de seu diretor, que assume múltiplas facetas: ora autoritário, ora manso; ora pai, ora carrasco; ora professor, ora comerciante.

Mais ainda: trata-se de um corte na decadente sociedade monárquica brasileira. Em várias passagens da narrativa, Raul Pompeia se refere ao internato como um microcosmo, ou seja, um pequeno espaço onde se reproduzem comportamentos, regras, atitudes que são característicos de uma sociedade mais ampla ou, como se dizia no Ateneu, "o grande mundo lá fora".

3. O romance naturalista no Brasil

O evolucionismo social de Aluísio Azevedo

Aluísio Tancredo Gonçalves de Azevedo chocou a tradicional sociedade de São Luís do Maranhão, sua terra natal, ao escrever seus primeiros artigos de jornal criticando os conservadores, o clero. Após publicar *O mulato*, ambientado em São Luís, com personagens preconceituosos e padres libertinos e assassinos, muda-se para o Rio de Janeiro, cenário de seus dois melhores romances: *O cortiço* e *Casa de pensão*.

O autor escreve romances de tese, com clara conotação social; ou seja, parte de algumas proposições que serão demonstradas ao longo da narrativa. Percebe-se a nítida preocupação com as classes marginalizadas pela sociedade, a crítica ao conservadorismo, ao clero, à classe dominante. Destaca-se também a defesa do real republicano assumida pelo autor. E, na melhor postura materialista positivista, Aluísio valoriza os instintos naturais, comparando constantemente seus personagens a animais.

4. Quadro comparativo

Narrativa realista (Machado de Assis)	Narrativa naturalista (Aluísio Azevedo)
Análise do indivíduo	Análise dos agrupamentos
Valorização do indivíduo	Valorização do coletivo
Vê a sociedade "de cima para baixo"	Vê a sociedade "de baixo para cima"
Documental	Experimental
O homem é um ser social	O homem é um ser natural (valorização dos instintos)
Critica a falsa moral, a excessiva religiosidade	Critica a falsa moral, a excessiva religiosidade
Temas contemporâneos	Temas contemporâneos

Exercício comentado

1. (ITA-SP) O texto abaixo é o início da obra *Dom Casmurro*, de Machado de Assis.

> Uma noite dessas, vindo da cidade para o Engenho Novo, encontrei no trem da Central um rapaz aqui do bairro, que eu conheço de vista e de chapéu. Cumprimentou-me, sentou-se ao pé de mim, falou da lua e dos ministros, e acabou recitando-me versos. A viagem era curta, e os versos pode ser que não fossem inteiramente maus. Sucedeu, porém, que, como eu estava cansado, fechei os olhos três ou quatro vezes; tanto bastou para que ele interrompesse a leitura e metesse os versos no bolso.
>
> [...] No dia seguinte entrou a dizer de mim nomes feios, e acabou alcunhando-me *Dom Casmurro*. Os vizinhos, que não gostam dos meus hábitos reclusos e calados, deram curso à alcunha, que afinal pegou.
>
> [...] Não consultes dicionários. *Casmurro* não está aqui no sentido que eles lhe dão, mas no que lhe pôs o vulgo de homem calado e metido consigo. *Dom* veio por ironia, para atribuir-me fumos de fidalgo. Tudo por estar cochilando! Também não achei melhor título para a minha narração; se não tiver outro daqui até ao fim do livro, vai este mesmo.

Considere as afirmações abaixo referentes ao trecho, articuladas ao romance:

I. O narrador já apresenta seu estilo irônico de narrar.

II. O narrador assume uma alcunha que o caracteriza ao longo do enredo.

III. Os eventos narrados no trecho inicial desencadeiam o conflito central da obra.

IV. O título *Dom Casmurro* não caracteriza adequadamente o personagem Bentinho.

Estão corretas apenas

a) I e II.
b) I e III.
c) II e III.
d) II e IV.
e) III e IV.

Comentário do vestibular:

As proposições III e IV são incorretas, pois os eventos narrados no trecho inicial apenas apresentam a razão do apelido do personagem em função de suas características de personalidade e comportamento: ensimesmado e avesso a convívio social. O conflito central da obra baseia-se na interferência da subjetividade na análise concreta da realidade, fator decisivo para a culpabilização de Capitu e de Ezequiel por parte do personagem narrador, Bentinho.

Resposta: alternativa **a**.

Exercícios propostos

Texto para a próxima questão.

Monsenhor Caldas interrompeu a narração do desconhecido:

– Dá licença? é só um instante.

Levantou-se, foi ao interior da casa, chamou o preto velho que o servia, e disse-lhe em voz baixa:

– João, vai ali à estação de urbanos, fala da minha parte ao comandante, e pede-lhe que venha cá com um ou dois homens, para livrar-me de um sujeito doido. Anda, vai depressa.

E, voltando à sala:

– Pronto, disse ele; podemos continuar.

– Como ia dizendo a Vossa Reverendíssima, morri no dia vinte de março de 1860, às cinco horas e quarenta e três minutos da manhã. Tinha então sessenta e oito anos de idade. Minha alma voou pelo espaço, até perder a terra de vista, deixando muito abaixo a lua, as estrelas e o Sol; penetrou finalmente num espaço em que não havia mais nada, e era clareado tão somente por uma luz difusa. Continuei a subir, e comecei a ver um pontinho mais luminoso ao longe, muito longe. O ponto cresceu, fez-se sol. Fui por ali dentro, sem arder, porque as almas são incombustíveis. A sua pegou fogo alguma vez?

– Não, senhor.

– São incombustíveis. Fui subindo, subindo; na distância de quarenta mil léguas, ouvi uma deliciosa música, e logo que cheguei a cinco mil léguas, desceu um enxame de almas, que me levaram num palanquim feito de éter e plumas.

(Machado de Assis, A segunda vida. *Obras Completas*, vol. II, p. 440-441.)

1. (Ufscar-SP) A temática desse conto também é encontrada
   a) nos capítulos iniciais de "Memórias póstumas de Brás Cubas".
   b) em alguns dos capítulos do romance "Ressurreição".
   c) no capítulo "Olhos de ressaca" do romance "Dom Casmurro".
   d) no romance "Dom Casmurro", na caracterização de José Dias.
   e) na caracterização de Escobar, no romance "Dom Casmurro".

Texto para as próximas duas questões.

Passaram-se semanas. Jerônimo tomava agora, todas as manhãs, uma xícara de café bem grosso, à moda da Ritinha, e tragava dois dedos de parati "pra cortar a friagem".

Uma transformação, lenta e profunda, operava-se nele, dia a dia, hora a hora, reviscerando-lhe o corpo e alando-lhe os sentidos, num trabalho misterioso e surdo de crisálida. A sua energia afrouxava lentamente: fazia-se contemplativo e amoroso. A vida americana e a natureza do Brasil patenteavam-lhe agora aspectos imprevistos e sedutores que o comoviam; esquecia-se dos seus primitivos sonhos de ambição, para idealizar felicidades novas, picantes e violentas; tornava-se liberal, imprevidente e franco, mais amigo de gastar que de guardar; adquiria desejos, tomava gosto aos prazeres, e volvia-se preguiçoso, resignando-se, vencido, às imposições do sol e do calor, muralha de fogo com que o espírito eternamente revoltado do último tamoio entrincheirou a pátria contra os conquistadores aventureiros.

E assim, pouco a pouco, se foram reformando todos os seus hábitos singelos de aldeão português: e Jerônimo abrasileirou-se. (...)

E o curioso é que, quanto mais ia ele caindo nos usos e costumes brasileiros, tanto mais os seus sentidos se apuravam, posto que em detrimento das suas forças físicas. Tinha agora o ouvido menos grosseiro para a música, compreendia até as intenções poéticas dos sertanejos, quando cantam à viola os seus amores infelizes; seus olhos, dantes só voltados para a esperança de tornar à terra, agora, como os olhos de um marujo, que se habituaram aos largos horizontes de céu e mar, já se não revoltavam com a turbulenta luz, selvagem e alegre, do Brasil, e abriam-se amplamente defronte dos maravilhosos despenhadeiros ilimitados e das cordilheiras sem fim, donde, de espaço a espaço, surge um monarca gigante, que o sol veste de ouro e ricas pedrarias refulgentes e as nuvens toucam de alvos turbantes de cambraia, num luxo oriental de arábicos príncipes voluptuosos.

Aluísio Azevedo, *O cortiço*.

2. (Fuvest-SP) Os costumes a que adere Jerônimo em sua transformação, relatada no excerto, têm como referência, na época em que se passa a história, o modo de vida
   a) dos degredados portugueses enviados ao Brasil sem a companhia da família.
   b) dos escravos domésticos, na região urbana da Corte, durante o Segundo Reinado.
   c) das elites produtoras de café, nas fazendas opulentas do Vale do Paraíba fluminense.
   d) dos homens livres pobres, particularmente em região urbana.
   e) dos negros quilombolas, homiziados em refúgios isolados e anárquicos.

3. (Fuvest-SP) Um traço cultural que decorre da presença da escravidão no Brasil e que está implícito nas considerações do narrador do excerto é a
   a) desvalorização da mestiçagem brasileira.
   b) promoção da música a emblema da nação.
   c) desconsideração do valor do trabalho.
   d) crença na existência de um caráter nacional brasileiro.
   e) tendência ao antilusitanismo.

4. (UFMS) Com relação à obra *O cortiço*, de Aluísio Azevedo, assinale a(s) proposição(ões) correta(s).

01) O escritor propõe uma pesquisa voltada apenas para o caráter das personagens e não para suas manias, taras e vícios.

02) Baseada em métodos científicos, faz crítica à organização da família de forma pessoal e subjetiva.

04) As personagens femininas surgem como objetos no romance, descartáveis quando vistas, pelos homens, como estorvo ou obstáculo.

08) De estilo ágil, jornalístico, apresenta léxico e sintaxe consoantes com o caráter objetivo da narração, que assinala a língua culta brasileira até a chegada do Modernismo.

16) O narrador evidencia o comportamento humano condicionado pelo meio, momento e raça.

5. (PUC-RS) Contemporâneo de Aluísio Azevedo, Machado de Assis consagrou-se pelo caráter genuíno de sua obra, sobre a qual se afirma:

( ) A expressiva produção do autor inclui uma primeira fase, a que estão vinculadas obras como *Helena* e *Iaiá Garcia*.

( ) Um traço marcante no discurso do narrador de *Dom Casmurro* é a presença de incoerências na avaliação do seu passado.

( ) Os contos de Machado de Assis diferenciam-se dos romances não apenas pelo ritmo das narrativas, mas principalmente pelas temáticas abordadas.

( ) A ação em *Quincas Borba* desenvolve-se em Barbacena e no Rio de Janeiro, sendo este último o local de todo o infortúnio da personagem Rubião.

( ) O narrador de *Memórias póstumas de Brás Cubas*, de início, explica em detalhes ao leitor o processo de narração além-túmulo.

A sequência correta de preenchimento dos parênteses, de cima para baixo, é:

a) F – F – V – F – F
b) F – V – F – F – V
c) V – V – F – V – F
d) V – F – V – F – V
e) V – F – V – V – F

Texto para a próxima questão.

"Vais encontrar o mundo, disse-me meu pai, à porta do Ateneu. Coragem para a luta."

Bastante experimentei depois a verdade deste aviso, que me despia, num gesto, das ilusões de criança educada exoticamente na estufa de carinho que é o regime do amor doméstico, diferente do que se encontra fora, tão diferente, que parece o poema dos cuidados maternos um artifício sentimental, com a vantagem única de fazer mais sensível a criatura à impressão rude do primeiro ensinamento, têmpera brusca da vitalidade na influência de um novo clima rigoroso. Lembramo-nos, entretanto, com saudade hipócrita, dos felizes tempos; como se a mesma incerteza de hoje, sob outro aspecto, não nos houvesse perseguido outrora e não viesse de longe a enfiada das decepções que nos ultrajam.

Raul Pompeia

6. (PUC-SP) O trecho acima é o início do romance O ATENEU, de Raul Pompeia. Considerando esta obra como um todo, constatamos nela uma perfeita correspondência entre a sociedade do Ateneu e a sociedade de fora dele, porque:

a) em ambas, os valores sociais, éticos e morais são irrepreensíveis.
b) a figura afável do diretor de escola equivale à do pai de família.
c) tanto na escola quanto na família a criança se sente "na estufa de carinho que é o regime do amor doméstico".
d) escola e sociedade completam eficazmente a educação da criança e a preparam para a vida.
e) o internato é um pequeno mundo que reflete a sociedade e seus desequilíbrios.

7. (UFPE) O Realismo e o Naturalismo são movimentos surgidos na segunda metade do século XIX, marcado por transformações econômicas, científicas e ideológicas.
Sobre esses dois movimentos, assinale a alternativa incorreta.

a) Para o escritor realista, a neutralidade diante do tema é imprescindível. Para isso, usa a narrativa em terceira pessoa. O naturalista observa também esse princípio, acrescentando uma aproximação das ciências experimentais e da filosofia positivista.
b) O realismo brasileiro teve poucos seguidores e uma de suas figuras marcantes foi Machado de Assis. Euclides da Cunha, com "Os Sertões", foi outra figura de destaque no movimento.
c) O Naturalismo é considerado um prolongamento do Realismo, pois assume todos os princípios e as características deste, acrescentando-lhe, no entanto, uma visão cientificista da existência. No Brasil, o Naturalismo foi iniciado por Aluísio Azevedo, que publicou "O Mulato", "Casa de Pensão" e "O Cortiço".
d) Ambos, Machado de Assis e Aluísio Azevedo, iniciaram-se na estética romântica. Posteriormente, o primeiro seguiu a estética realista, e o segundo, a estética naturalista.
e) A fase realista de Machado de Assis pode ser observada nos seus contos e romances. Entre eles, se destacam "Memórias Póstumas de Brás Cubas", "Quincas Borba" e "Dom Casmurro", obras em que abordou temas como o adultério, o parasitismo social, a loucura e a hipocrisia.

Módulo 18 • O teatro no Brasil do século XIX

1. O teatro romântico em Portugal

A principal característica do teatro romântico em Portugal é o cunho nacionalista. Iniciado por Almeida Garrett, o projeto do teatro nacional português tinha por fim renovar a produção do gênero no país, adormecida desde Gil Vicente, dando às peças um caráter patriótico.

Almeida Garrett e o teatro nacional português

A Almeida Garrett, introdutor da poesia romântica em Portugal, deve-se também o início do **teatro nacional** português. Escrevendo em prosa e voltado ao passado histórico, exaltou, redimiu e mistificou figuras que ajudaram a construir a pátria lusitana. No palco, entre outros personagens, encontramos o dramaturgo Gil Vicente, o rei D. Manuel e o poeta Bernardim Ribeiro.

2. O teatro romântico no Brasil

Também no Brasil, na época romântica, define-se o teatro nacional, e deve-se a Gonçalves de Magalhães, mais uma vez, o papel de pioneiro: em 1838 era representado seu drama *Antônio José ou o poeta e a Inquisição*, considerado o marco inicial do teatro brasileiro.

Martins Pena e a comédia de costumes

Luís Carlos Martins Pena nasceu no Rio de Janeiro. Após completar o curso de comércio, ingressou na Academia de Belas-Artes, passando a dedicar-se à música, à literatura, ao desenho, ao teatro e, entre outras coisas, às línguas, o que o levou à carreira diplomática. Faleceu em Lisboa, em consequência da tuberculose.

Foi o primeiro autor de teatro no Brasil a alcançar popularidade, graças a suas **comédias de costumes**, que satirizam situações cômicas e cotidianas da sociedade brasileira de então. Suas peças são encenadas até hoje. É patrono da cadeira 29 da Academia Brasileira de Letras.

3. O teatro realista no Brasil

No Brasil, o teatro realista se desenvolve sobretudo no Rio de Janeiro, tendo como principal influência o teatro francês. Retrata, em especial, os costumes e os valores da burguesia, que, no caso brasileiro, passava por um período de ascensão política e adaptação à ordem republicana, recém-instalada.

Artur Azevedo e os costumes da Capital Federal

Artur Azevedo foi jornalista (ferrenho abolicionista), contista, frequentador das rodas literárias dos poetas parnasianos. Contudo, ganhou maior notoriedade no teatro, seguindo a trilha aberta por Martins Pena. O Rio de Janeiro imperial, transformado depois em Capital Federal da jovem República, sua sociedade, seus costumes aparecem retratados em suas principais peças.

Participou, com seu irmão Aluísio, da fundação da Academia Brasileira de Letras.

Exercício comentado

1. (Uepa) A violência simbólica, respaldada em noções religiosas, identifica-se ou se deduz em *Frei Luís de Sousa*, quando:
   a) Telmo Pais culpa-se por ter desviado seu afeto de D. João de Portugal para D. Maria.
   b) D. Madalena põe obstáculos à mudança para o castelo de D. João de Portugal proposta por Manuel de Sousa Coutinho.
   c) D. Maria, nos instantes finais da peça, argumenta contra as decisões relativas ao seu destino e de seus pais.
   d) D. João de Portugal, em seu retorno imprevisto, abre mão de seus direitos, fundamentado na tese cristã de que o casamento é indissolúvel.
   e) Manuel de Sousa Coutinho resolve queimar seu castelo para não entregá-lo nas mãos dos islamitas.

Comentário do vestibular:

A violência simbólica respaldada em noções religiosas está visivelmente presente na cena final da peça. Maria, após descobrir toda a verdade e saber que seus pais decidem seguir a vida religiosa, entra na igreja, tenta impedir o acontecimento, mas, como tinha uma saúde frágil, não resiste e morre. Assim, é correta a alternativa **c**.

Resposta: alternativa **c**.

Exercícios propostos

1. (UFRGS-RS) Considere as seguintes afirmações sobre a obra de Martins Pena.
   I. A peça "Judas em Sábado de Aleluia" distingue-se pela apologia dos rituais religiosos.

II Em "Juiz de Paz na Roça", é apresentada uma visão da sociedade fluminense da primeira metade do século XIX.

III. Os aspectos burlescos, as situações equivocadas e os disfarces são recorrentes na produção teatral desse autor.

Quais estão corretas?

a) Apenas I.
b) Apenas II.
c) Apenas III.
d) Apenas II e III.
e) I, II e III.

2. (UFG-GO) Martins Pena foi o fundador da comédia de costumes do teatro brasileiro, da qual faz parte a peça "O Noviço".

Nessa obra, pode-se encontrar

( ) o predomínio da caricatura na concepção das personagens, baseada na exploração de tipos sociais facilmente identificados, o que leva ao efeito cômico desejado.

( ) o Brasil Colonial como pano de fundo histórico-social, época em que a influência jesuítica foi decisiva na política, na economia e principalmente na educação dos jovens, direcionando-os para a vida religiosa.

( ) a utilização de recursos dramáticos considerados primários, como o esconderijo, o disfarce e o erro de identificação, demonstrando a ingenuidade e a simplicidade que permeiam a edificação da trama.

( ) uma vinculação nítida com o contexto romântico, uma vez que a resolução dos conflitos se encaminha para o final feliz e a consequente realização amorosa dos dois jovens e, ainda, a punição do vilão, recursos ostensivamente colhidos nos romances de folhetim da época.

3. (Ufla-MG) Especificamente sobre "O Noviço", de Martins Pena, assinale a alternativa que contém a(s) afirmação(ões) CORRETA(S):

I.

"O escritor fotografa o seu meio com uma espontaneidade de pasmar, e essa espontaneidade, essa facilidade, quase inconsciente e orgânica, é o maior elogio de seu talento.

Se se perdessem todas as leis, escritos, memórias da história brasileira dos primeiros cinquenta anos deste século XIX e nos ficassem somente as comédias de Pena, era possível reconstruir com elas a fisionomia moral de toda essa época."

(Silvio Romero)

II.

"Nas comédias de Martins Pena não existem a poesia da natureza, o vago, o sonho, as fugas para o ideal, que os próprios cômicos gregos não deixavam de mesclar às suas bufonerias. Não há no autor fluminense a poesia de Aristófanes nem as máximas morais de Menandro; existe, em compensação, o intenso realismo dos observadores modernos."

(Silvio Romero)

III.

"O título básico de Martins Pena era fazer rir pela insistência na marcação de tipos roceiros e provincianos em contato com a Corte. O tom passa do cômico ao bufo, e a representação pode virar farsa a qualquer momento: o labrego de Minas ou o fazendeirão paulista seriam fonte de riso fácil para o público fluminense, e o nosso autor não perde vaza para explorar-lhes a linguagem, as vestes, as abusões."

(Alfredo Bosi)

a) Apenas a afirmação I é correta.
b) Apenas a afirmação II é correta.
c) Apenas a afirmação III é correta.
d) Apenas as afirmações I e II são corretas.
e) Apenas as afirmações II e III são corretas.

4. (UFRGS-RS) Assinale a alternativa que se refere a Martins Pena.

a) A ESCRAVA ISAURA é uma narrativa antiescravagista que, ao mesmo tempo, retrata aspectos pitorescos do modo de vida rural.
b) Em peças como QUEM CASA, QUER CASA e O JUIZ DE PAZ NA ROÇA, o autor descreve com humor e ironia o convívio de tipos rurais com a sociedade urbana do Rio de Janeiro no século XIX.
c) O romance IRACEMA pertence à vertente histórico-indianista do Romantismo brasileiro, no qual o autor idealiza tanto a figura indígena quanto o período colonial.
d) Com A MORENINHA, o autor inaugura o romance romântico no Brasil, seguindo os padrões literários europeus na criação do enredo e dos personagens e retratando de forma amena a burguesia carioca.
e) O personagem Leonardo, de MEMÓRIAS DE UM SARGENTO DE MILÍCIAS, é o anti-herói desta narrativa de costumes que retrata, com tintas realistas, as classes populares do Rio de Janeiro no início do século XIX.

5. (UFPA) Marque a única alternativa certa a respeito de Gonçalves Dias e de Martins Pena.

a) Escreveram peças de teatro rigorosamente de acordo com as leis do teatro clássico.
b) Deixaram-nos excelentes poemas líricos.
c) Escreveram peças teatrais em que se constata influência do Romantismo.
d) Tiveram seus dramas históricos representados, na época, com grande sucesso.
e) Evitaram em suas peças de teatro o uso de linguagem simples e direta.

6. (Ufla-MG) Considerando-se que foram, dentre outros, autores de teatro em língua portuguesa: Almeida Garrett, Gil Vicente, Jorge Andrade, Machado de Assis e Nelson Rodrigues, com qual deles o teatro de Martins Pena possui fortes semelhanças?

Módulo 19 • Os estilos de época da Revolução Industrial à Primeira Guerra: Parnasianismo

1. A virada do século

Na transição do século XIX para o XX, fragmenta-se a África e ampliam-se as influências sobre os territórios asiáticos; desenvolve-se, assim, a política do neocolonialismo (na África) e do imperialismo (na Ásia) e toma corpo o fantasma de uma guerra envolvendo os países europeus.

Em consequência, ocorrem duas situações distintas:

- de um lado, um clima de euforia motivado pelo progresso industrial e pela expansão do capitalismo, pelo aumento do consumo, pela moderna urbanização (Paris torna-se símbolo desse novo mundo); era a consagração das soluções racionalistas e a vitória definitiva do pensamento científico, que sustentavam o avanço tecnológico (essa agitação eufórica da sociedade burguesa seria batizada, no início do século, como *belle époque*);
- de outro, um clima de insatisfação, insegurança e pessimismo motivado pelo acirramento dos conflitos sociais; o mesmo progresso industrial que levava ao consumismo criava massas de excluídos; o movimento operário se organiza, eclodem greves. Uma parte da intelectualidade começa a questionar o "paraíso" prometido pela Revolução Industrial e a crença de que a Razão e a Ciência teriam respostas para tudo.

Refletindo essa ambiguidade, a literatura, particularmente a poesia, percorre diferentes caminhos, daí resultando os movimentos **parnasiano** e **simbolista**.

2. Parnasianismo: o culto da forma

O estilo poético que marcou a elite literária brasileira do final do século XIX apresenta nítida influência francesa. A poesia parnasiana define-se, fundamentalmente, pela valorização da forma (o soneto, a métrica, a rima) e pelo culto da arte pela arte.

Outras características desse estilo são:

- o binômio **objetividade temática/culto da forma**, numa postura totalmente antirromântica;
- **perfeição formal** (forma fixa dos sonetos, a métrica dos versos alexandrinos e decassílabos perfeitos, a rima rica, rara e perfeita);
- objetividade temática, que surge como negação ao sentimentalismo romântico, numa tentativa de atingir a **impassibilidade** e a **impessoalidade**;
- **universalismo** – em oposição ao subjetivismo decadente;
- retomada dos conceitos da Antiguidade clássica (**racionalismo** e **formas perfeitas**);
- poesia de meditação; filosófica, mas artificial.

3. A produção literária

O descritivismo de Alberto de Oliveira

Alberto de Oliveira travou amizade com Olavo Bilac e Raimundo Correia em 1883, todos já cultivando a estética parnasiana. Foi um dos fundadores da Academia Brasileira de Letras e, curiosamente, eleito Príncipe dos Poetas em 1924, sob o impacto dos acontecimentos da Semana de Arte Moderna de 22.

Embora tenha vivido oitenta anos de profundas transformações políticas, econômicas e sociais, além de literárias, Alberto de Oliveira sempre permaneceu fiel ao Parnasianismo e à margem dos acontecimentos históricos. Sua temática restringiu-se aos rígidos limites impostos pela escola: uma poesia descritiva, cujos temas abrangiam desde a natureza até meros objetos, exaltando-lhes a forma. São características de seus poemas a impassibilidade, o culto da arte pela arte e a exaltação da Antiguidade clássica. Destacam-se, ainda, a perfeição formal, a métrica rígida e a linguagem extremamente trabalhada, chegando por vezes ao rebuscamento.

A reflexão filosófica de Raimundo Correia

Raimundo Correia estreou como romântico: o livro *Primeiros sonhos* revela influência de quase todos os poetas românticos brasileiros, de Gonçalves Dias a Castro Alves. Só assumiu o Parnasianismo a partir do livro *Sinfonias*, formando desde então a "tríade parnasiana", ao lado de Olavo Bilac e Alberto de Oliveira.

Sua obra, no entanto, é tema de controvérsia. Discute-se a originalidade de seus versos. Foi acusado de se apropriar de alguns temas de poetas europeus.

É o caso do soneto "As pombas", uma repetição literal das ideias apresentadas pelo francês Théophile Gautier (1811-1872) em "Mademoiselle de Maupin", ou do soneto "Mal secreto", "recriação" de um poema do italiano Pietro Metastasio (1698-1782).

A temática de sua obra é a moda da época: a natureza, a perfeição formal dos objetos, a cultura clássica; merece destaque sua poesia filosófica, de meditação, marcada pela desilusão e por um forte pessimismo.

O lirismo amoroso de Olavo Bilac

Olavo Bilac, o mais popular dos parnasianos, participou ativamente da vida política brasileira do final do século XIX. Republicano e nacionalista, escreveu, em 1889, a letra do Hino à Bandeira; mais tarde, por fazer oposição ao governo de Floriano Peixoto, foi exilado em Ouro Preto, Minas Gerais. Em 1907 foi eleito o primeiro Príncipe dos Poetas; em 1915 deu início a suas campanhas cívicas: alfabetização e serviço militar obrigatório. No ano seguinte fundou a Liga de Defesa Nacional.

Essa militância, no entanto, não contaminou sua poesia parnasiana. Seu livro *Via Láctea*, com 35 sonetos marcados por forte lirismo, proporcionou-lhe popularidade imediata. Entre essas produções parnasianas, merece destaque o soneto XIII: "Ouvir estrelas". Em *Sarças de fogo* permanece o lirismo, a que se acrescenta agora o sensualismo. *Panóplias* é a publicação do poeta mais voltada para a Antiguidade clássica, basicamente para Roma.

Fora da poesia parnasiana, porém, há manifestações de outra faceta de Bilac. Os poemas em que ironiza o então ditador Floriano Peixoto são excelentes (Floriano é satirizado como "Hamleto, o príncipe das Alagoas"); as crônicas publicadas em jornais cariocas revelam seu lado mais debochado e insolente.

Exercício comentado

1. (UFTM-MG) Considere as informações.

É na convergência de ideais antirromânticos, como a objetividade no trato dos temas e o culto da forma, que se situa a poética [desse movimento literário].

(...)

Seus traços de relevo: o gosto da descrição nítida (a mimese pela mimese), concepções tradicionalistas sobre metro, ritmo e rima e, no fundo, o ideal da impessoalidade que partilhavam com os [escritores] do tempo.

(Alfredo Bosi. *História concisa da Literatura Brasileira*.)

O texto alude aos poetas

a) ultrarromânticos, que romperam com a poesia indianista e ufanista, a exemplo de Álvares de Azevedo.

b) realistas, que trataram, em sua obra poética, de temas ligados ao cotidiano, tal como o fez Machado de Assis.

c) parnasianos, que, afastando-se dos ideais românticos, buscavam a linguagem isenta de subjetivismo, a exemplo de Olavo Bilac.

d) simbolistas, que romperam com o pessimismo romântico e propuseram uma poética espiritualizada, como o fez Cruz e Sousa.

e) modernistas, que, negando os preceitos da poesia romântica, buscavam uma poética nacional, a exemplo de Mário de Andrade.

Comentário do vestibular:

Alfredo Bosi refere-se ao Parnasianismo, movimento literário inserido no final do século XIX que apresentava como principais características: contenção emocional, aversão por temática social, obsessão pela forma, culto da "arte pela arte", gosto pelo descritivismo. Alberto de Oliveira, Raimundo Correia e Olavo Bilac constituíam a tríade parnasiana que se destacou no painel literário brasileiro naquela época.

Resposta: alternativa **c**.

Exercícios propostos

Textos para as próximas duas questões.

Texto I

Língua portuguesa

Olavo Bilac

Última flor do Lácio, inculta e bela,
És, a um tempo, esplendor e sepultura:
Ouro nativo, que na ganga impura
A bruta mina entre os cascalhos vela (...)

(Olavo Bilac. *Tarde*. Disponível em: www.dominiopublico.gov.br. Adaptado)

ganga: matéria inútil que se separa dos minerais

vela: permanece de vigia

Última flor do Lácio: Lácio é uma região na Itália central onde se falava latim. Muitas línguas derivam do latim, como o francês, o espanhol e o italiano; a última delas foi a língua portuguesa, conforme diz o poema, que também a caracteriza como inculta, ou seja, não lapidada, em comparação às outras também formadas a partir do latim.

Texto II

[...] Fiquei pensando: "Mas o poeta disse sepultura?! O tal de Lácio eu não sabia onde ficava, mas de sepultura eu entendia bem, disso eu entendia!", repensei baixando o olhar para a terra. Se eu escrevia (e já escrevia) pequenos contos nessa língua, quer dizer que era a sepultura que esperava por esses meus escritos? Fui falar com meu pai. [...] Olha aí, pai, o poeta escreveu com todas as letras, nossa língua é sepultura mesmo, tudo o que a gente fizer vai pra debaixo da terra, desaparece!

Calmamente ele pousou o cigarro no cinzeiro ao lado. Pegou os óculos. O soneto é muito bonito, disse-me encarando com severidade. Feio é isso, filha, isso de querer renegar a própria língua. Se você chegar a escrever bem, não precisa ser em italiano ou espanhol ou alemão, você ficará na nossa língua mesmo, está me compreendendo?

(Lygia Fagundes Telles. *Durante aquele estranho chá:* perdidos e achados. Rio de Janeiro: Rocco, 2002. p. 109-111. Adaptado)

1. (IFSP) No texto II, percebe-se que a narradora entendera o poema de Bilac (texto I) como um alerta e uma ameaça. O verso/trecho em que ela visualizou tal perigo foi
   a) Última flor do Lácio, inculta e bela,
   b) És, a um tempo, esplendor e sepultura:
   c) Ouro nativo, que na ganga impura
   d) A bruta mina entre os cascalhos vela
   e) que na ganga impura

2. (IFSP) No texto I, a palavra *sepultura* foi empregada em sentido figurado, correspondente à ideia de
   a) continuidade.
   b) localidade.
   c) doença.
   d) grandeza.
   e) finitude.

3. (UFG-GO) Leia os poemas de Cora Coralina e Olavo Bilac.

Rio Vermelho

IV
Água – pedra.
Eternidades irmanadas.
Tumulto – torrente.
Estática – silenciosa.
O paciente deslizar,
o chorinho a lacrimejar
sutil, dúctil
na pedra, na terra.
Duas perenidades –
sobreviventes
no tempo.
Lado a lado – conviventes,
diferentes, juntas, separadas.
Coniventes.
Meu Rio Vermelho.

(CORALINA, Cora. *Melhores poemas*. Seleção de Darcy França Denófrio. São Paulo: Global, 2004. p. 319. (Coleção *Melhores poemas*).

dúctil: dócil

Rio abaixo

Treme o rio, a rolar, de vaga em vaga...
Quase noite. Ao sabor do curso lento
Da água, que as margens em redor alaga,
Seguimos. Curva os bambuais o vento.
Vivo há pouco, de púrpura, sangrento,
Desmaia agora o ocaso. A noite apaga
A derradeira luz do firmamento...
Rola o rio, a tremer, de vaga em vaga.
Um silêncio tristíssimo por tudo
Se espalha. Mas a lua lentamente
Surge na fímbria do horizonte mudo:
E o seu reflexo pálido, embebido
Como um gládio de prata na corrente,
Rasga o seio do rio adormecido.

(BILAC, Olavo. *Melhores poemas*. Seleção de Marisa Lajolo. São Paulo: Global, 2003. p. 71. (Coleção *Melhores poemas*).

ocaso: pôr do sol
fímbria: orla, borda
gládio: espada

Tanto Cora Coralina, em "Rio vermelho", quanto Olavo Bilac, em "Rio abaixo", poetizam assuntos semelhantes. Os dois poemas, entretanto, diferenciam-se, respectivamente, por
   a) linguagem coloquial do primeiro e linguagem anacrônica do segundo.
   b) caráter contido do primeiro e caráter intenso do segundo.
   c) tonalidade satírica do primeiro e tonalidade avaliativa do segundo.
   d) ênfase narrativista do primeiro e ênfase descritivista do segundo.
   e) registro regionalista do primeiro e registro universalista do segundo.

Textos para as próximas duas questões.

XII

Sonhei que me esperavas. E, sonhando,
Saí, ansioso por te ver: corria...
E tudo, ao ver-me tão depressa andando,
Soube logo o lugar para onde eu ia.
E tudo me falou, tudo! Escutando
Meus passos, através da ramaria,

Dos despertados pássaros o bando:
"Vai mais depressa! Parabéns!" dizia.

Disse o luar: "Espera! Que eu te sigo:
Quero também beijar as faces dela!"
E disse o aroma: "Vai que eu vou contigo!"

E cheguei. E, ao chegar, disse uma estrela:
"Como és feliz! como és feliz, amigo,
Que de tão perto vais ouvi-la e vê-la!"

XIII

"Ora (direis) ouvir estrelas! Certo
Perdeste o senso!" E eu vos direi, no entanto,
Que, para ouvi-las, muita vez desperto
E abro as janelas, pálido de espanto...

E conversamos toda a noite, enquanto
A via láctea, como um pálio aberto,
Cintila. E, ao vir do sol, saudoso e em pranto,
Inda as procuro pelo céu deserto.

Direis agora: "Tresloucado amigo!
Que conversas com elas? Que sentido
Tem o que dizem, quando estão contigo?"

E eu vos direi: "Amai para entendê-las!
Pois só quem ama pode ter ouvido
Capaz de ouvir e de entender estrelas".

4. (Ufscar-SP) Leia os dois sonetos de Olavo Bilac, que fazem parte de um conjunto de poemas chamado "Via Láctea" e responda.

a) A que movimento literário pertencem esses poemas?

b) Quais são as principais características desse movimento?

5. (Ufscar-SP) Leia os dois sonetos de Olavo Bilac, que fazem parte de um conjunto de poemas chamado "Via Láctea" e responda:

a) Existe alguma relação de conteúdo entre esses dois poemas? Por quê?

b) Em qual deles predomina o tipo textual denominado narração? Por quê?

6. (UFU-MG) Leia o trecho seguinte, de "Triste fim de Policarpo Quaresma", que reproduz um diálogo de Ricardo Coração dos Outros com Quaresma e D. Adelaide.

– Oh! Não tenho nada novo, uma composição minha. O Bilac – conhecem? – quis fazer-me uma modinha, eu não aceitei; você não entende de violão, Seu Bilac. A questão não está em escrever uns versos certos que digam coisas bonitas; o essencial é achar-se as palavras que o violão pede e deseja. (...)

– (...) vou cantar a Promessa, conhecem?

– Não – disseram os dois irmãos.

– Oh! Anda por aí como as "Pombas" do Raimundo.

Lima Barreto. "Triste fim de Policarpo Quaresma".

Parta do trecho lido para marcar a alternativa INCORRETA.

a) Olavo Bilac e Raimundo Correia deram vazão à sensibilidade pessoal, evitando como compromisso único o esmero técnico e produziram uma poesia lírica amorosa e sensual (Olavo Bilac), marcada por uma certa inquietação filosófica (Raimundo Correia).

b) Bilac (Olavo Bilac), Raimundo (Raimundo Correia) e Alberto de Oliveira formaram a "tríade parnasiana" da literatura brasileira, escrevendo uma poesia de grande qualidade técnica, que concebia a atividade poética como a habilidade no manejo do verso.

c) O Parnasianismo, pela supervalorização da linguagem preciosa, pela busca da palavra exata, do emprego da rima rica e da métrica perfeita, foi um estilo literário de curta duração que se restringiu à elite literária do Rio de Janeiro.

d) Assim como Ricardo, que deseja "a palavra que o violão pede", Lima Barreto acreditava que a linguagem literária clássica, formal, não era adequada para o tipo de literatura que produzia: marcada pela visão crítica, pela objetividade da denúncia, pela simplicidade comunicativa.

7. (UFRGS-RS) Com relação ao Parnasianismo, são feitas as seguintes afirmações.

I. Pode ser considerado um movimento antirromântico pelo fato de retomar muitos aspectos do racionalismo clássico.

II. Apresenta características que contrastam com o esteticismo e o culto da forma.

III. Definiu-se, no Brasil, com o livro "Poesias", de Olavo Bilac, publicado em 1888.

Quais estão corretas?

a) Apenas I.

b) Apenas II.

c) Apenas I e III.

d) Apenas II e III.

e) I, II e III.

Módulo 20 • Os estilos de época da Revolução Industrial à Primeira Guerra: Simbolismo

1. O mundo fora dos eixos

O Simbolismo reflete um momento histórico extremamente complexo, marcando a transição para o século XX e a definição de um novo mundo, que se consolidaria a partir da segunda década desse século; basta lembrar que as últimas manifestações simbolistas e as primeiras produções das vanguardas modernistas são contemporâneas da Primeira Guerra Mundial (1914-18) e da Revolução Russa (1917-21).

O artista, oprimido pelo mundo material, vê-se abalado em meio a crises existenciais. Impotente para modificar o mundo exterior, a tendência natural é negá-lo e voltar-se para uma realidade subjetiva; as tendências espiritualistas renascem; o subconsciente e o inconsciente são valorizados, segundo a lição freudiana.

2. Simbolismo, a arte da sugestão

As características

- A estética simbolista rejeita o cientificismo, o materialismo, o racionalismo, valorizando, em contrapartida, as manifestações metafísicas e espirituais.
- O artista simbolista volta-se para uma realidade subjetiva.
- Sublimação: a oposição entre matéria e espírito, a purificação, por meio da qual o espírito atinge as regiões etéreas, o espaço infinito.
- Os simbolistas buscam a essência do ser humano, aquilo que ele tem de mais profundo e universal – a alma, que só se liberta quando se rompem as correntes que a aprisionam ao corpo, ou seja, com a morte.
- Valorização do inconsciente e do subconsciente, dos estados da alma, da busca do vago, do diáfano, do sonho e da loucura.
- Linguagem carregada de símbolos (o *trópos*, isto é, o "desvio", a mudança de significado de uma palavra ou expressão), em clara oposição a uma linguagem literária mais seca e impessoal. "Sugerir, eis o sonho" era a palavra de ordem dos poetas simbolistas.
- Emprego de figuras como sinestesia e aliteração.
- Musicalidade: "*De la musique avant toute chose...*" ("A música acima de tudo..."), escreveu o poeta francês Paul Verlaine.

3. O Simbolismo em Portugal

Desde a repercussão de *As flores do mal*, de Charles Baudelaire, jovens poetas portugueses manifestam a influência francesa, seguindo tendências decadentistas, pré-simbolistas. Em 1889, no agitado ambiente de Coimbra, duas revistas acadêmicas, com sugestivos nomes, apontam para a estética simbolista: *Os Insubmissos* (apresentando um poema de Eugênio de Castro) e *Boêmia Nova*. No ano seguinte, 1890, Eugênio de Castro publica, em Paris, o livro *Oaristos*, cujo prefácio constitui um verdadeiro programa da estética simbolista, passando a ser considerado o marco inicial do movimento simbolista em Portugal.

Eugênio de Castro: a tentativa de conciliar teoria e prática

Eugênio de Castro nasceu, estudou e, formado, lecionou em Coimbra, na Faculdade de Letras. Introdutor do Simbolismo em Portugal, com a publicação de *Oaristos* aliou a prática de escrever os poemas ao esforço teórico de definir o movimento literário a que pertencia.

Após 1910, abandonou os princípios simbolistas e voltou-se a uma poesia neoclássica marcada pelo nacionalismo.

Camilo Pessanha: a mais pura expressão do Simbolismo português

Camilo Pessanha é considerado o melhor poeta simbolista de Portugal. Buscou inspiração na produção dos escritores franceses Baudelaire e Mallarmé, tornando-se exímio ao praticar a poética da sugestão e da musicalidade. Camilo foi também um modelo para a futura geração de poetas modernistas.

Seu único livro publicado leva o título de *Clepsidra* ("relógio de água"), e seus poemas refletem profunda melancolia e busca da transcendência: "Tenho sonhos cruéis; n'alma doente / sinto um vago receio prematuro. / Vou a medo na aresta do futuro / embebido em saudades do presente...".

4. O Simbolismo no Brasil

No Brasil, duas publicações de 1893, ambas de Cruz e Sousa, são consideradas o marco inicial da estética simbolista: *Missal*, com seus textos em prosa, e *Broquéis*, com seus poemas. O Simbolismo estende-se até o ano de 1922, data da Semana de Arte Moderna.

O início do Simbolismo não pode, no entanto, ser identificado com o término da escola antecedente, o Realismo. Na realidade, no final do século XIX e início do século XX três tendências caminhavam paralelamente no país: o Realismo e suas manifestações (romance realista, romance naturalista e poesia parnasiana); o Simbolismo, situado à margem da literatura acadêmica da época; e o Pré-Modernismo, com o aparecimento de alguns autores preocupados em denunciar a realidade brasileira, como Euclides da Cunha, Lima Barreto e Monteiro Lobato.

Cruz e Sousa: linguagem e musicalidade num mundo transcendental

João da Cruz era filho de escravos na Ilha do Desterro (atual Florianópolis); o próprio poeta, ao nascer, sustentava a condição de escravo. O sobrenome Sousa foi herdado do proprietário de seus pais, que alforriou toda a família após a Guerra do Paraguai. Sua vida pessoal foi muito trágica: casou-se com Gavita, que também fora escrava; o casal teve quatro filhos, todos falecidos prematuramente; Gavita enlouqueceu e passou um longo tempo internada; por seus escritos abolicionistas, Cruz e Sousa sofreu perseguições; o poeta, tuberculoso, morreu aos 37 anos, absolutamente abandonado.

A obra de Cruz e Sousa destaca-se pelo trabalho com a linguagem, mas também pelo caráter filosófico de seus questionamentos. São recursos muito presentes a musicalidade e as imagens poéticas que expressam a exploração dos sentidos, o estado onírico.

Misticismo, amor e morte na poesia de Alphonsus de Guimaraens

Afonso Henriques da Costa Guimarães, o poeta simbolista Alphonsus de Guimaraens, teve sua vida marcada pela morte prematura da noiva, Constança. Esse amor irrealizado, bem como um forte misticismo religioso, está presente em toda sua obra. O poeta mineiro viveu os últimos anos isolado na cidade de Mariana, em Minas Gerais.

Misticismo, amor e morte formam o triângulo que caracteriza sua obra. O amor pela noiva, morta às vésperas do casamento, e sua profunda religiosidade e devoção pela Virgem geraram um misticismo que beira o exagero – por isso é comum a crítica literária considerá-lo o poeta mais místico de nossa literatura. A morte aparece como o único meio de atingir a sublimação e de aproximá-lo de Constança e da Virgem; daí o Amor aparecer sempre espiritualizado. A própria decisão de se isolar na cidade de Mariana, sua "torre de marfim", é uma postura simbolista.

Ao lado dessas características, destacam-se ainda a linguagem de sugestão, o uso de aliterações e a tendência à autocompaixão.

5. O momento histórico

ano	economia – política – sociedade
1885	• Término da conferência colonial de Berlim, em que as potências europeias mais Estados Unidos e Rússia delinearam as fronteiras coloniais, notadamente das colônias africanas. • A Inglaterra funda a Nigéria e inicia seu projeto de dominar o continente africano de sul a norte ou "do Cabo [África do Sul] ao Cairo [Egito]". • Criação do Estado do *Congo sob o domínio belga* (o Congo foi declarado propriedade pessoal do rei Leopoldo II, da Bélgica).
1886-90	• Portugal tenta ampliar seus territórios no continente africano e idealiza o "mapa cor-de-rosa", caracterizado por uma faixa territorial de costa a costa sob domínio português. Em contrapartida, em 1890, o governo inglês dá um ultimato, exigindo a retirada das tropas portuguesas; os lusos retrocedem e abandonam os territórios.
1889	• Comemorando os 100 anos da Revolução Francesa, é inaugurada a Torre Eiffel, em Paris.
1889-1904	• No Brasil, a primeira fase do período republicano, conhecida como República da Espada, com o governo dos marechais Deodoro da Fonseca e Floriano Peixoto.
1891	• Primeira Constituição republicana do Brasil. • O papa Leão XIII publica a encíclica *Rerum Novarum* (Coisas novas), sobre a condição dos operários. Trata-se do posicionamento da Igreja católica ante a sociedade gerada pela Revolução Industrial. Na encíclica, o papa discute o sofrimento dos trabalhadores, apoia a organização da classe, mas rejeita as teorias socialistas e a luta de classes ("as duas classes estão destinadas pela natureza a unirem-se harmoniosamente e a conservarem-se mutuamente em perfeito equilíbrio"); defende a propriedade privada e a aceitação da condição de cada um ("O primeiro princípio a pôr em evidência é que o homem deve aceitar com paciência a sua condição: é impossível que na sociedade civil todos sejam elevados ao mesmo nível").

ano	arte – ciência – filosofia
1855	• O poeta norte-americano Walt Whitman publica *Folhas de relva*.
1874	• Exposição coletiva dos impressionistas, em Paris. • O jovem poeta francês Arthur Rimbaud publica *Iluminações*.
1886	• Jean Moréas publica, no suplemento literário do jornal *Le Figaro*, o *Manifesto do Simbolismo*; nesse texto, evidencia a oposição ao Realismo, ao Naturalismo, ao Parnasianismo e ao positivismo, ao mesmo tempo que defende uma arte transcendente, idealista, simbólica. • Sob a forma de um xarope, em uma farmácia de Atlanta, é inventada a fórmula que daria origem à Coca-Cola.
1888	• George Eastman lança a primeira máquina fotográfica Kodak com filme de rolo. • Vincent van Gogh se estabelece em Arles, sul da França, e produz algumas de suas obras-primas, com destaque para *Os girassóis*.
1889	• Chiquinha Gonzaga compõe a marcha carnavalesca *Ô abre alas* para o Cordão Rosa de Ouro, do Andaraí (RJ); estava criada, assim, a primeira música carnavalesca no Brasil.

Exercício comentado

1. (Uesc-BA)

Ah! lilásis de Ângelus harmoniosos,
Neblinas vesperais, crepusculares,
Guslas gementes, bandolins saudosos,
Plangências magoadíssimas dos ares...

Serenidades etereais d'incensos,
De salmos evangélicos, sagrados,
Saltérios, harpas dos Azuis imensos,
Névoas de céus espiritualizados.
[...]

É nas horas dos Ângelus, nas horas
Do claro-escuro emocional aéreo,
Que surges, Flor do Sol, entre as sonoras
Ondulações e brumas do Mistério.
[...]

Apareces por sonhos neblinantes
Com requintes de graça e nervosismos,
fulgores flavos de festins flamantes,
como a Estrela Polar dos Simbolismos.

CRUZ e SOUSA, João da. Broquéis. *Obra completa*. Rio de Janeiro: Nova Aguilar, 1995. p. 90.

Marque V ou F, conforme sejam as afirmativas verdadeiras ou falsas. Os versos de Cruz e Sousa traduzem a estética simbolista, pois apresentam

( ) descrição sintética do mundo imediato.
( ) uso de recursos estilísticos criando imagens sensoriais.
( ) enfoque de uma realidade transfigurada pelo transcendente.
( ) apreensão de um dado da realidade sugestivamente ambígua.
( ) imagens poéticas que tematizam o amor em sua dimensão física.

A alternativa que contém a sequência correta, de cima para baixo, é a

a) F V V V F
b) V F F V F
c) V F V V F
d) V F V F F
e) V F V F V

Comentário do vestibular:

O poeta usa recursos sonoros como aliterações ("lilásis de Ângelus"), assonâncias sugestivas ("gementes, bandolins saudosos,/ Plangências") tornando os versos musicais e expressivos. Explora o inconsciente por meio de símbolos e sugestões e dá preferência ao mundo invisível ("Neblinas vesperais, crepusculares", "sonhos neblinantes"). A linguagem é evocadora, plena de elementos sensoriais: som ("Saltérios, harpas"), luz ("fulgores flavos de festins flamantes") e cor ("Azuis imensos", "horas/Do claro-escuro emocional aéreo"). O emprego de palavras raras ("gusla" – espécie de rabeca, de uma só corda, usada pelos orientais, "saltério" – instrumento musical medieval) e o vocabulário litúrgico ("salmos evangélicos, sagrados") sugerem o ambiente místico de uma realidade sugestivamente ambígua, impedindo a lógica e a razão. Assim, são falsas a primeira e a última afirmações.

Resposta: alternativa **a**.

Exercícios propostos

1. (Uepa) Respirando os ares da modernidade literária, a estética simbolista revela-se uma reação artística à referencialidade que violentamente restringe a palavra poética ao mundo das coisas e conceitos. No intuito de libertar a linguagem poética, o Simbolismo

explora diversos recursos sensoriais a fim de sugerir mistérios. Simbolista, Alphonsus de Guimaraens escreve muitos textos que apelam para o símbolo visual, a imagem, carregado de insinuações de misticismo e morte.
Marque a alternativa cujos versos se relacionam ao comentário acima.

a)
Queimando a carne como brasas,
Venham as tentações daninhas,
Que eu lhes porei, bem sob as asas,
A alma cheia de ladainhas.

b)
Quando Ismália enlouqueceu,
Pôs-se na torre a sonhar...
Viu uma lua no céu,
Viu outra lua no mar.

c)
Encontrei-te. Era o mês... Que importa o mês? agosto,
Setembro, outubro, maio, abril, janeiro ou março,
Brilhasse o luar, que importa? ou fosse o sol já posto,
No teu olhar todo o meu sonho andava esparso.

d)
Lua eterna que não tiveste fases,
Cintilas branca, imaculada brilhas,
E poeiras de astros nas sandálias trazes...

e)
Venham as aves agoireiras,
De risada que esfria os ossos...
Minh'alma, cheia de caveiras,
Está branca de padre-nossos.

Texto para as próximas duas questões.

Ismália

Quando Ismália enlouqueceu,
Pôs-se na torre a sonhar...
Viu uma lua no céu,
Viu outra lua no mar.

No sonho em que se perdeu,
Banhou-se toda em luar...
Queria subir ao céu,
Queria descer ao mar...

E, no desvario seu,
Na torre pôs-se a cantar...
Estava perto do céu,
Estava longe do mar...

E como um anjo pendeu
As asas para voar...
Queria a lua do céu,
Queria a lua do mar...

As asas que Deus lhe deu
Ruflaram de par em par...
Sua alma subiu ao céu,
Seu corpo desceu ao mar...

(Alphonsus de Guimaraens)

2. (Insper-SP) Relacione o poema *Ismália* a estes versos de Carlos Drummond de Andrade:

Não serei o poeta de um mundo caduco.
Também não cantarei o mundo futuro.
Estou preso à vida e olho meus companheiros.
Estão taciturnos mas nutrem grandes esperanças.
Entre eles, considere a enorme realidade.
O presente é tão grande, não nos afastemos.
Não nos afastemos muito, vamos de mãos dadas

É correto afirmar que

a) ambos colocam em destaque o tema da loucura.
b) apenas os versos de Drummond apresentam a ideia do esvaziamento do "eu".
c) os poemas se opõem, já que Drummond propõe uma poesia ligada à realidade.
d) ambos retratam a angústia dos seres incompreendidos pelos seus companheiros.
e) apenas em *Ismália* é possível identificar o desejo de um futuro melhor.

3. (Insper-SP) Coloque V (verdadeiro) ou F (falso) para as afirmações que seguem.

( ) Os temas centrais desse poema, bem marcados nas duas primeiras estrofes, são o amor e a saudade.
( ) Um dos mais significativos poemas simbolistas, *Ismália* aborda a dualidade entre corpo e alma.
( ) A partir de um jogo intertextual, o poema de Alphonsus de Guimaraens parodia o drama de Narciso diante do espelho.

A sequência correta é:

a) F, V, F.
b) V, V, F.
c) V, F, F.
d) F, F, V.
e) V, F, V.

4. (UFG-GO) Leia o poema de Cruz e Sousa.

Acrobata da dor

Gargalha, ri, num riso de tormenta,
Como um palhaço, que desengonçado,
Nervoso, ri, num riso absurdo, inflado
De uma ironia e de uma dor violenta.

Da gargalhada atroz, sanguinolenta,
Agita os guizos, e convulsionado
Salta, "gavroche", salta, "clown", varado
Pelo estertor dessa agonia lenta...

Pedem-te bis e um bis não se despreza!
Vamos! retesa os músculos, retesa
Nessas macabras piruetas d'aço...

E embora caias sobre o chão, fremente,
Afogado em teu sangue estuoso e quente,
Ri! Coração, tristíssimo palhaço.

SOUSA, Cruz e. "Broquéis, Faróis e Últimos sonetos". 2. ed. reform., São Paulo: Ediouro, 2002. p. 39-40. (Coleção Super Prestígio).

"gavroche": garoto de rua que brinca, faz estripulias
"clown": palhaço
estertor: respiração rouca típica dos doentes terminais
estuoso: que ferve, que jorra

Uma característica simbolista do poema apresentado é a

a) linguagem denotativa na composição poética.
b) biografia do poeta aplicada à ótica analítica.
c) perspectiva fatalista da condição amorosa.
d) exploração de recursos musicais e figurativos.
e) presença de estrangeirismos e de barbarismos.

5. (PUC-RS) Morte e ____ são temas presentes tanto na poesia de ____ quanto na de ____, considerados as duas principais matrizes do ____ no Brasil, movimento do final do século XIX, de inspiração francesa.
As lacunas podem ser correta e respectivamente preenchidas por:

a) mitologia – Cruz e Sousa – Eduardo Guimaraens – Parnasianismo
b) melancolia – Alphonsus de Guimaraens – Raimundo Correia – Simbolismo
c) religiosidade – Cruz e Sousa – Alphonsus de Guimaraens – Simbolismo
d) amor – Olavo Bilac – Raimundo Correia – Parnasianismo
e) natureza – Cruz e Sousa – Eduardo Guimaraens – Simbolismo

Texto para a próxima questão.

Fragmento de Triste fim de Policarpo Quaresma

"Policarpo era patriota. Desde moço, aí pelos vinte anos, o amor da Pátria tomou-o todo inteiro. Não fora o amor comum, palrador e vazio; fora um sentimento sério, grave e absorvente. (...) o que o patriotismo o fez pensar, foi num conhecimento inteiro de Brasil. (...) Não se sabia bem onde nascera, mas não fora decerto em São Paulo, nem no Rio Grande do Sul, nem no Pará. Errava quem quisesse encontrar nele qualquer regionalismo: Quaresma era antes de tudo brasileiro."

BARRETO, Lima. *Triste fim de Policarpo Quaresma*. São Paulo: Scipione, 1997.

6. (UFRRJ) Este fragmento de "Triste Fim de Policarpo Quaresma" ilustra uma das características mais marcantes do Pré-Modernismo que é o

a) desejo de compreender a complexa realidade nacional.
b) nacionalismo ufanista e exagerado, herdado do Romantismo.
c) resgate de padrões estéticos e metafísicos do Simbolismo.
d) nacionalismo utópico e exagerado, herdado do Parnasianismo.
e) subjetivismo poético, tão bem representado pelo protagonista.

7. (UFPE)

Coração do Brasil em teu seio
Corre o sangue de heróis, rubro veio,
Que há de sempre o valor traduzir
És a fonte da vida e da história
Desse povo coberto de glória
O primeiro talvez no porvir.

"Salve! ó terra de altos coqueiros!
De belezas, soberbo estendal!
Nova Roma de bravos guerreiros
Pernambuco, imortal, imortal!"

A letra do "Hino de Pernambuco", cuja primeira estrofe e refrão estão transcritos acima, é sempre bela e tocante. Composta no início do século passado, sofreu influência da linguagem poética, apresentando as características das seguintes escolas literárias:

a) Do Parnasianismo, apresenta a preocupação com o uso de palavras raras, diferentes das usuais, além de transmitir uma visão ufanista; do Romantismo, a idealização da terra natal e a exaltação à natureza tropical.
b) Do Simbolismo, incorpora em sua letra o uso dos símbolos, libertando a palavra de sua carga lógica, com a correspondência entre as imagens acústicas, visuais e olfativas; do Naturalismo, a tendência determinista da influência do meio sobre o homem.
c) Do Modernismo, adota o questionamento radical do momento político-social; do Arcadismo, a valorização da vida campestre.
d) Do Realismo, herda a preocupação com a verdade social e, do Naturalismo, incorpora a objetividade e o materialismo.
e) Do Barroco, adota a forte presença das antíteses e o caráter de jogo verbal a serviço de críticas; do Arcadismo, o tom lírico pastoril.

Módulo 21 • As vanguardas: a revolução artística do início do século XX

1. Às portas da guerra

O momento histórico que marca a transição do século XIX para o século XX e a definição de um novo ordenamento mundial culminariam com a eclosão da Primeira Guerra Mundial e as agitações sociais na Rússia. A Europa vivia um momento ambíguo: de um lado, um clima de euforia motivado pelo progresso industrial, pela expansão do capitalismo, pelo aumento do consumo e pela urbanização; de outro, um clima de insatisfação, insegurança e pessimismo motivado pelo acirramento dos conflitos sociais.

Com esse pano de fundo, surgiam movimentos artísticos que questionavam o passado e buscavam novos caminhos. Costuma-se afirmar que o século XIX, na realidade, se prolongou até 1914; a afirmação pode valer para o campo da ordenação política e econômica, mas não vale para as artes, que se anteciparam: entre 1907 e 1910, obras e manifestos já anunciavam o que seria a modernidade artística. Surgiram, dessa forma, as **vanguardas**.

2. O Cubismo

Nascido com base em experiências dos artistas Pablo Picasso e Georges Braque, o Cubismo desenvolveu-se especialmente na pintura, valorizando as formas geométricas (cones, esferas, cilindros, etc.), ao revelar um objeto em seus múltiplos ângulos. A pintura cubista surgiu em 1907 e conheceu seu declínio com a Primeira Guerra Mundial. A proposta cubista centrava-se na liberdade que o artista deveria ter para decompor e recompor a realidade a partir de seus elementos geométricos.

O Cubismo na literatura

Na literatura, o Cubismo viveu seu primeiro momento com um manifesto-síntese assinado por Guillaume Apollinaire e publicado em 1913. A literatura cubista valoriza a proposta da vanguarda europeia de aproximar ao máximo as várias manifestações artísticas (pintura, música, literatura, escultura), preocupando-se com a construção do texto e ressaltando a importância dos espaços em branco e em preto da folha de papel e da impressão tipográfica.

Apollinaire defendia as "palavras em liberdade" e a "invenção de palavras", e propunha a "destruição das sintaxes já condenadas pelo uso", criando um texto marcado pelos substantivos soltos, aparentemente jogados de forma anárquica, e pelo menosprezo por verbos, adjetivos e pontuação. Pregava ainda a utilização do verso livre e a consequente negação da estrofe, da rima e da harmonia. Assim como na pintura, as colagens e o reaproveitamento de outros materiais passaram a ser incorporados pelos textos poéticos.

3. O Futurismo

Em 20 de fevereiro de 1909 era publicado, na primeira página do jornal *Le Figaro*, de Paris, o manifesto de um movimento denominado Futurismo, assinado pelo italiano Filippo Marinetti. O Futurismo pregava uma absoluta sintonia entre a arte e o mundo moderno, regido por eletricidade, máquinas, motores, pelos grandes aglomerados urbano-industriais, pela velocidade, enfim.

4. O Expressionismo

O movimento expressionista surgiu em 1910, na Alemanha, trazendo uma forte herança da arte do final do século XIX, preocupada com as manifestações do mundo interior e com a forma de expressá-las. Daí a importância da expressão, ou seja, da materialização, numa tela ou numa folha de papel, de imagens nascidas em nosso mundo interior, pouco importando os conceitos então vigentes de belo e feio.

As figuras humanas retratadas nas telas expressionistas não têm os traços bem definidos; pelo contrário, apresentam rostos e corpos distorcidos. Cabe destacar que, pouco antes desse período, os artistas Edvard Munch, Paul Gauguin e Van Gogh já manifestavam em suas telas emoções como medo, angústia, dor e ansiedade por meio do choque provocado por cores vibrantes, distorções e exageros de formas.

5. O Dadaísmo

Em fevereiro de 1916, sob os ruídos da guerra, o alemão Hugo Ball, poeta e filósofo, fundou uma sociedade artística denominada "Cabaré Voltaire", que funcionava num bar localizado em um bairro marginal da cidade de Zurique, na neutra Suíça. Ali reuniram-se, entre outros, o francês Jean Arp e o romeno Tristan Tzara e iniciaram o movimento dadaísta, de caráter anárquico, antirracional, antiburguês, anti-imperialista. Segundo a versão dadaísta, a escolha do nome do movimento reflete o seu caráter ilógico e aleatório: enfiaram um estilete ao acaso entre as páginas de um dicionário e a palavra mais estranha daquela página seria a escolhida – o estilete entrou numa das páginas da letra D e lá estava a palavra *dada* (em francês, cavalinho de pau, brinquedo de criança).

6. O Surrealismo

No período que se seguiu à Primeira Grande Guerra, surgiu, em grande parte derivado do Dadaísmo, o último dos grandes movimentos de vanguarda: o Surrealismo. O primeiro manifesto surrealista foi divulgado em 1924, assinado por André Breton, que havia participado das últimas rodas dadaístas.

Em Salvador Dalí, o mais extravagante e popular dos surrealistas, a influência de Freud é marcante. São temas recorrentes nas suas obras: o sexo (e todas as suas atribuições: angústias, medos, frustrações, traumas), a memória (sua permanência ou dissipação, representada por relógios que se diluem), o sono e o sonho.

Exercício comentado

1. (UEG-GO) Analise a imagem.

CÂMARA, João. Tiradentes. In: FERREIRA, José Roberto Martins. *História*: 6ª série. São Paulo: FTD, 1997. p. 212.

A imagem retrata a morte de Tiradentes, um dos mais importantes personagens nacionais brasileiros. Ela representa uma

a) concepção de composição e estética, na qual se nota a nítida influência das vanguardas modernistas.
b) intenção de imitar as pinturas da Idade Média, mostrando a semelhança de Tiradentes com Jesus Cristo.
c) tentativa de desconstruir a visão mítica sobre Tiradentes, retratando-o extremamente humanizado.
d) vinculação com as tradicionais pinturas históricas do século XIX, que idealizavam os heróis pátrios.

Comentário do vestibular:

A figura humana estilizada, o uso recorrente de formas geométricas e o desprendimento em relação aos padrões acadêmicos de perspectiva, proporção e anatomia configuram uma obra vanguardista.

Resposta: alternativa **a**.

Exercícios propostos

1. (UEM-PR) Embora até o século XIX a concepção de arte estivesse associada aos ideais de beleza clássica, como harmonia, simetria e proporção, diversas manifestações artísticas posteriores perturbaram tais noções, criando novos modos de pensar e produzir a arte. Acerca dessas novas manifestações artísticas, é correto afirmar que

01) o Surrealismo, com suas imagens oníricas e fantasiosas, surge a partir de uma conjunção dos estudos psicanalíticos de Freud com as incertezas e angústias provocadas pelo clima político na Europa.
02) os cubistas abandonaram os resultados das pesquisas renascentistas quanto à ilusão da perspectiva e da representação tridimensional dos seres e objetos, passando a representar suas partes em um mesmo plano.
04) Wassily Kandinsky é considerado o iniciador de um movimento artístico que não procurava a representação da realidade, eliminando, mesmo, toda relação com o mundo físico, valorizando mais as relações entre as cores e as formas.
08) a procura por uma suave gradação de tons na pintura e, ao mesmo tempo, uma absoluta dissociação desta em relação às formas da realidade foram as principais características do Fauvismo.
16) para o Dadaísmo o pensamento racionalista deveria ser a base de toda arte, sendo proposto como uma forma de combater o caos em que se encontrava mergulhada a Europa.

Texto para as questões de 2 a 4.

Como todas as revoluções das vanguardas históricas, o Futurismo traduz logo nos seus primeiros textos o grito de ruptura de uma classe que não deseja mais pactuar com a estabilidade do sistema. Mas o grito de ruptura é dado com os elementos e valores típicos do mesmo grupo contestado. Os elementos "perigo", "velocidade", "energia", "audácia", "revolta", "bofetada", "soco" – inicialmente propostos com a finalidade de traduzir o vitalismo antiburguês do Futurismo – serão os mesmos, desenvolvidos, que levarão o movimento a concluir no fascismo.

(Sílvio Castro. *Teoria e política do modernismo brasileiro*. Petrópolis: Vozes, 1979. p. 34 e 35)

2. (PUCC-SP) O líder do movimento futurista italiano e membro do Partido Fascista, Filippo Tommaso Marinetti, em um de seus manifestos defendeu a beleza da guerra, com suas "espirais de fumaça pairando sobre aldeias incendiárias", bem como "os perfumes e os odores de decomposição". A valorização da guerra era também parte dos ideais do fascismo, que

a) mobilizava o sentimento anticlerical da população italiana para combater a autoridade da Igreja e do papa, e convencê-la a submeter-se apenas à autoridade de Mussolini, após os chamados "acordos de Latrão".

b) reivindicava expansão territorial por todo o norte da África, virando a recomposição do antigo *Mare Nostrum* ou Império Romano.

c) estimulava a organização de legiões inspiradas no Império Romano para enfrentar os opositores do fascismo, especialmente os monarquistas e militantes de direita, no espírito de uma verdadeira cruzada interna.

d) combatia os países democráticos alegando que apenas o regime fascista seria capaz de conferir paz e prosperidade ao mundo, eliminando, ainda as minorias e os povos considerados inferiores, como judeus, africanos, asiáticos e ibéricos.

e) exaltava valores como virilidade, heroísmo e espírito de combate, estimulando a juventude a participar de forças paramilitares e demonstrações de sua fidelidade ao "Duce", da qual foi exemplo a Marcha sobre Roma.

3. (PUCC-SP) No Brasil, ocorreram ecos vanguardistas do Futurismo, tal como se pode depreender destes versos de Mário de Andrade:

a)

Sobreviventes da pureza antiga,
as penas brancas, no debrum das asas.

b)

No cavalo da frente o atro anjo infiel
Com façanhas de guerra se compraz.

c)

passa galhardo um filho de imigrante
loiramente domando um automóvel!

d)

Um luar amplo me inunda, e eu ando
Em visionária luz a nadar

e)

Um sonho de mancebo e de poeta.
El-Dorado de amor que a mente cria

4. (PUCC-SP) Expressões importantes da vanguarda histórica e estética que representou o modernismo de 22 encontram-se sistematizadas em textos-manifestos, tais como:

a) "Prefácio interessantíssimo" e "Manifesto da Poesia Pau-Brasil".

b) "Itinerário de Pasárgada" e "Martim Cererê".

c) "Suspiros poéticos e saudades" e "Lede".

d) "Há uma gota de sangue em cada poema" e "Marco zero".

e) "Cinza das horas" e "Alguma poesia".

5. (UPE) Observe a imagem a seguir:

UPE/2014

(Disponível em: http://metropolis1927.com/)

Ela retrata uma das mais destacadas produções do expressionismo alemão nas primeiras décadas do século XX. Sobre esse movimento artístico, NÃO é correto afirmar que

a) ele foi um movimento de vanguarda surgido na primeira década do século XX.

b) teve como principal influência o movimento operário, tomando como base o cinema soviético de David W. Griffith.

c) se manifestou basicamente na pintura, na literatura e no teatro.

d) no cinema, suas principais preocupações foram o indivíduo, suas inquietações pessoais e o drama de uma sociedade devastada pela guerra.

e) suas mais destacadas produções no cinema foram *O Gabinete do Dr. Caligari*, *Nosferatu* e *Metrópolis*.

6. (FGV-SP) Ao retornar da Europa, em 1912, entusiasmado com as ideias do ____, em especial naquilo que se refere à Arte e à Literatura, ____ passa a preconizar que ambas devem adequar-se à era da velocidade das locomotivas, dos aeroplanos, dos automóveis, à era das máquinas, enfim, ao desenvolvimento tecnológico e que, para isso, era necessário romper com o passado, com a tradição. Mais tarde, entra em contato com outras propostas vanguardistas europeias, de que surgirão outros movimentos por ele liderados, como o Movimento ____.
Preenche corretamente as lacunas a alternativa:
a) Dadaísmo – Plínio Salgado – Verde-amarelo.
b) Concretismo – Manuel Bandeira – Regionalista.
c) Futurismo – Oswald de Andrade – Antropofágico.
d) Cubismo – Ronald de Carvalho – Construtivista.
e) Surrealismo – Mário de Andrade – Nativista.

7. (UFPE) Os movimentos culturais do final do século XIX e das primeiras décadas do século XX dialogavam com as mudanças que ocorriam na sociedade ocidental, com a afirmação do modo de produção capitalista e com as novas formas de pensar e de sentir o mundo. Com o modernismo e as vanguardas artísticas, houve mudanças importantes, pois:
( ) Matisse, Van Gogh e Picasso expressaram com seus quadros mudanças nas concepções estéticas da pintura.
( ) o dadaísmo procurou radicalizar nas suas propostas, criticando os valores estabelecidos, com destaque para a obra de artistas como Marcel Duchamp.
( ) o surrealismo trouxe a exploração do inconsciente, presente na pintura do espanhol Salvador Dalí e na obra literária do francês André Breton.
( ) com obras que causaram impacto, houve um rompimento frente aos modelos clássicos que adotavam regras e limites para o artista.
( ) concepções literárias e musicais renovadoras estiveram presentes nas obras de Marcel Proust, James Joyce, Debussy, Paul Éluard, Stravinsky e tantos outros.

8. (Ufam) Leia o texto abaixo, referente a uma "receita" para se fazer um poema:

Pegue um jornal.

Pegue a tesoura.

Escolha no jornal um artigo do tamanho que você deseja dar a seu poema.

Recorte o artigo.

Recorte em seguida com atenção algumas palavras que formam esse artigo e meta-as num saco.

Agite suavemente.

Tire em seguida cada pedaço um após o outro.

Copie conscienciosamente na ordem em que elas são tiradas do saco.

O poema se parecerá com você.

E ei-lo um escritor infinitamente original e de uma sensibilidade graciosa, ainda que incompreendido do público.

Essa "teoria poética", que tende para o mais completo anarquismo, é uma plataforma do:
a) Futurismo
b) Expressionismo
c) Dadaísmo
d) Surrealismo
e) Cubismo

9. (UEL-PR) Em 1924, os surrealistas lançaram um manifesto no qual anunciaram a força do inconsciente na criação de novas percepções. Valorizavam a ausência de lógica das experiências psíquicas e oníricas, propondo novas experiências estéticas.
Sobre o Surrealismo, é correto afirmar:
a) Acredita que a liberação do psiquismo humano se dá por meio da sacralização da natureza.
b) Baseia-se na razão, negando as oscilações do temperamento humano.
c) Destaca que o fundamental, na arte, é o objeto visível em detrimento do emocionalismo subjetivo do artista.
d) Concede mais valor ao livre jogo da imaginação individual do que à codificação dos ideais da sociedade ou da história.
e) Busca limitar o psiquismo humano e suas manifestações, transfigurando-os em geometria a favor de uma nova ordem.

10. (UPM-SP) No início do século XX, várias tendências estéticas surgiram na Europa e influenciaram o Modernismo brasileiro.
Não faz parte delas o:
a) Dadaísmo.
b) Expressionismo.
c) Futurismo.
d) Cubismo.
e) Determinismo.

Módulo 22 • O Modernismo em Portugal: Fernando Pessoa e seus heterônimos

1. O Modernismo português

O Modernismo português teve, como marco inicial, a publicação do primeiro número de *Orpheu – revista trimestral de literatura*, em março de 1915. Contando com a participação de, entre outros, Fernando Pessoa, Mário de Sá-Carneiro, Almada Negreiros e o brasileiro Ronald de Carvalho, a revista teve ainda um segundo e último número, datado de junho de 1915.

Particularmente difíceis para Portugal foram os anos da guerra, uma vez que estavam em jogo as colônias ultramarinas, alvo da cobiça das outras potências europeias desde o final do século XIX. Somava-se a isso uma crise na política interna, que datava da proclamação da República, em 1910.

Os primeiros anos do governo republicano foram marcados por sucessivas e violentas crises. A iminência de uma guerra mundial e a disputa pelas colônias africanas completaram o quadro, despertando nos portugueses um profundo nacionalismo, manifestado em duas correntes: os saudosistas e os integralistas.

Houve, assim, uma volta ao passado, às Grandes Navegações, à grandiosidade do Império, ao Sebastianismo, às glórias de *Os Lusíadas*.

2. Fernando Pessoa, criador de poetas

Em 1915, quando do lançamento da revista *Orpheu*, a produção literária de Fernando Pessoa era intensa, notadamente no que se referia à criação dos heterônimos. Sua vida pessoal foi marcada por crises nervosas, excessos alcoólicos, solidão, melancolia; faleceu aos 47 anos, vítima de cirrose hepática.

A faceta mais rica, densa e intrigante de Fernando Pessoa é a sua capacidade de se despersonalizar e se reconstruir em outros personagens, todos eles igualmente poetas. E a esses "vários poetas" Pessoa deu uma biografia, caracteres físicos, traços de personalidade, formação cultural... Assim é que, além de Fernando Pessoa ele-mesmo, "nasceram" seus heterônimos: os poetas Alberto Caeiro, Ricardo Reis e Álvaro de Campos.

Cabe lembrar que não se deve confundir **heterônimo** com **pseudônimo**. Pseudônimo é um nome falso, sob o qual alguém se oculta. O heterônimo vai além: é outro nome, outra personalidade, outra individualidade – diferente, portanto, do criador.

Alberto Caeiro, o conceito direto das coisas

Para Alberto Caeiro, as coisas são como são.

Esta é a principal característica da obra de Caeiro: a incessante e incansável descoberta de uma natureza em que tudo flui, tudo está em constante transformação (por isso é preciso olhar para as coisas como se fosse a primeira vez).

Álvaro de Campos, um futurista inadaptado

Campos é um poeta futurista, um homem do século XX, das fábricas, da energia elétrica, das máquinas da velocidade; é um inadaptado, vive à margem de qualquer conduta social. É o poeta do não, "histericamente histérico", no dizer de Fernando Pessoa, que ainda acrescenta: "Pus em Álvaro de Campos toda a emoção". Mas engana-se quem pensar que Campos é só emoção, sistema nervoso, febre; ele é, principalmente, lucidez.

Ricardo Reis, a cultura clássica revisitada

Ricardo Reis é um poeta de inspiração neoclássica, horaciano na constante preocupação de "gozar o momento". A vida se resume a breves momentos, a instantes volúveis; e "gozar o momento" significa, aqui, estar atento a tudo o que a vida nos oferece, mas viver serenamente, sem excessos, "com o mínimo de dor ou gozo".

Fernando Pessoa, ele-mesmo, e a tradição da poesia lírica

A produção ortônima ("nome correto") apresenta-se multifacetada, aspecto reconhecido pelo próprio poeta, que dizia, sobre o *Cancioneiro*, título de tal produção: "*Cancioneiro* (ou outro título igualmente inexpressivo) reuniria vários dos muitos poemas soltos que tenho, e que são por natureza inclassificáveis".

Podem os poemas ser inclassificáveis, mas o título do livro não é tão inexpressivo, pois realça duas características da poesia ortônima: a tradição lírica lusitana (cancioneiro nos remete às cantigas medievais) e a musicalidade.

Exercício comentado

1. (UFPE) Fernando Pessoa, considerado o maior poeta do Modernismo português, produziu uma obra literária esteticamente variada. No Brasil, na mesma década em que morre Pessoa, Carlos Drummond de Andrade avulta como uma das principais expressões literárias nacionais. A produção de ambos apresenta um forte questionamento existencial do homem diante do mundo, como se percebe nos dois textos abaixo. Leia-os e analise as afirmativas apresentadas.

Texto I

Não sei quem sou, que alma tenho.

Não sei quem sou, que alma tenho.

Quando falo com sinceridade não sei com que sinceridade falo. Sou variamente outro do que um eu que não sei se existe (se é esses outros).

Sinto crenças que não tenho. Enlevam-me ânsias que repudio. A minha perpétua atenção sobre mim perpetuamente me aponta traições de alma a um carácter que talvez eu não tenha, nem ela julga que eu tenho.

Sinto-me múltiplo. Sou como um quarto com inúmeros espelhos fantásticos que torcem para reflexões falsas uma única anterior realidade que não está em nenhuma e está em todas.

Como o panteísta se sente árvore [?] e até a flor, eu sinto-me vários seres. Sinto-me viver vidas alheias, em mim, incompletamente, como se o meu ser participasse de todos os homens, incompletamente de cada [?], por uma suma de não eus sintetizados num eu postiço.

(Fernando Pessoa)

Texto II

Verbo ser

Que vai ser quando crescer?
Vivem perguntando em redor. Que é ser?
É ter um corpo, um jeito, um nome?
Tenho os três. E sou?
Tenho de mudar quando crescer? Usar outro nome, corpo e jeito?
Ou a gente só principia a ser quando cresce?
É terrível, ser? Dói? É bom? É triste?
Ser; pronunciado tão depressa, e cabe tantas coisas?
Repito: Ser, Ser, Ser. Er. R.
Que vou ser quando crescer?
Sou obrigado a? Posso escolher?
Não dá para entender. Não vou ser.
Vou crescer assim mesmo.
Sem ser Esquecer.

(Carlos Drummond de Andrade)

( ) O texto de Fernando Pessoa reflete sobre as várias formas que um "eu" pode assumir, gerando diversas identidades. Com ele, podemos compreender melhor o projeto poético do autor português.

( ) No poema de Drummond, o sujeito poético questiona a própria identidade, através de uma reflexão sobre o verbo "ser", anunciado já no título. Os versos "Ser; pronunciado tão depressa, e cabe tantas coisas? Repito: Ser, Ser, Ser. Er. R." demonstram a impossibilidade de se definir a própria identidade de forma absoluta.

( ) Em Pessoa, o sujeito do discurso, após vários questionamentos, chega à conclusão de que os "não eus" são criações imaginárias de um "eu" verdadeiro. Contrariamente, o poema de Drummond nos faz ver que o "eu" se multiplica em diversos "eus".

( ) Tanto Pessoa quanto Drummond criaram heterônimos, cujas produções poéticas tinham temas e estilos bem distintos. Os dois textos em questão são, respectivamente, uma espécie de explicação dos vários heterônimos por eles inventados.

( ) Os dois poetas refletiram, cada qual a seu modo, sobre a impossibilidade de o homem se definir, com palavras, de forma única e absoluta. A linguagem não consegue ter o alcance do sujeito em sua complexidade.

Comentário do vestibular:

1. Verdadeira.
2. Verdadeira.
3. Falsa. Em Pessoa, não há a definição de um "eu verdadeiro", seus versos questionam o conceito de identidade única e estável.
4. Falsa. Apenas Fernando Pessoa criou heterônimos.
5. Verdadeira.

Resposta: V – V – F – F – V.

Exercícios propostos

Textos para a próxima questão.

Texto I

Ao longo do sereno
Tejo, suave e brando,
Num vale de altas árvores sombrio,
Estava o triste Almeno
Suspiros espalhando
Ao vento, e doces lágrimas ao rio.

(Luís de Camões, *Ao longo do sereno*.)

Texto II

Bailemos nós ia todas tres, ay irmanas,
so aqueste ramo destas auelanas
e quen for louçana, como nós, louçanas,
se amigo amar,
so aqueste ramo destas auelanas
uerrá baylar.

(Aires Nunes. In: NUNES, J. J., *Crestomatia arcaica*.)

Texto III

Tão cedo passa tudo quanto passa!
morre tão jovem ante os deuses quanto
Morre! Tudo é tão pouco!
Nada se sabe, tudo se imagina.
Circunda-te de rosas, ama, bebe
E cala. O mais é nada.

(Fernando Pessoa, *Obra poética*.)

Texto IV

Os privilégios que os Reis
Não podem dar, pode Amor,
Que faz qualquer amador
Livre das humanas leis.
mortes e guerras cruéis,
Ferro, frio, fogo e neve,
Tudo sofre quem o serve.

(Luís de Camões, *Obra completa*.)

Texto V

As minhas grandes saudades
São do que nunca enlacei.
Ai, como eu tenho saudades
Dos sonhos que não sonhei!...

(Mário de Sá-Carneiro, *Poesias*.)

1. (Unifesp) Assinale a alternativa que contém textos de autoria de poetas do Modernismo português.
   a) I e V.
   b) II e III.
   c) III e IV.
   d) III e V.
   e) IV e V.

2. (Uepa)
   "Como aludido, Ricardo Reis é um poeta doutrinário. Ele considera a existência humana um jogo em que, por definição, sairemos derrotados – o xeque-mate nos é aplicado pelas mãos hábeis e insondáveis do Destino."

   (OLIVEIRA, Paulo. In: *Revista Discutindo Literatura*. Ano 1, 2ª Ed.)

   Segundo a citação acima, Ricardo Reis – heterônimo pagão de Fernando Pessoa – põe a existência humana nas mãos das forças irrevogáveis do Destino. Há momentos que seus versos inflamam-se de tamanha consciência da brevidade da vida, que beiram a um pessimismo esnobe por considerar-se único sabedor de que tudo passa. Deste modo investe-se de certo didatismo e convida o leitor a atentar para a consciência de que nada somos, de que nada sabemos. Com base na citação e na afirmação acima, interprete os versos em que o poeta, afastando-se dessa linha, propõe uma meta apenas para si próprio.

   a)
   Ninguém, na vasta selva virgem
   Do mundo inumerável, finalmente
   Vê o Deus que conhece.

   b)
   Seja qual for o certo,
   Mesmo para com esses
   Que cremos sejam deuses, não sejamos
   Inteiros numa fé talvez sem causa.

   c)
   Deixemos, Lidia, a ciência que não põe
   Mais flores do que a Flora pelos mesmos campos
   Nem dá de Apolo ao carro
   Outro curso que Apolo.

   d)
   Quero ignorado, e calmo
   Por ignorado, e próprio
   Por calmo encher meus dias.
   De não querer mais deles.

   e)
   Não te destines que não és futura.
   Quem sabe se, entre a taça que esvazias,
   E ela de novo enchida, não te há sorte
   Interpõe o abismo?

3. (ESPM-SP)

Poema em linha reta

Nunca conheci quem tivesse levado porrada.
Todos os meus conhecidos têm sido campeões em tudo.

E eu, tantas vezes reles, tantas vezes porco, tantas vezes vil,
Eu tantas vezes irrespondivelmente parasita,
Indesculpavelmente sujo,
Eu, que tantas vezes não tenho tido paciência para tomar banho,
Eu que tantas vezes tenho sido ridículo, absurdo,
Que tenho enrolado os pés publicamente nos tapetes das etiquetas,
Que tenho sido grotesco, mesquinho, submisso e arrogante,
Que tenho sofrido enxovalhos e calado,

Que quando não tenho calado, tenho sido mais ridículo ainda;
Eu, que tenho sido cômico às criadas de hotel,
Eu, que tenho sentido o piscar de olhos dos moços de fretes,
Eu que tenho feito vergonhas financeiras, pedido emprestado sem pagar,
Eu, que, quando a hora do soco surgiu, me tenho agachado,
Para fora da possibilidade do soco;
Eu que tenho sofrido a angústia das pequenas coisas ridículas,
Eu que verifico que não tenho par nisto neste mundo.

Toda a gente que eu conheço e que fala comigo,
Nunca teve um ato ridículo, nunca sofreu um enxovalho,
Nunca foi senão príncipe – todos eles príncipes – na vida...
(...)

(In: *"Poemas"*, Álvaro de Campos, heterônimo de Fernando Pessoa)

Assinale a afirmação que não condiz:

a) Poema desabafo em que o "eu" poético alude ironicamente ao fato de que só ele confessa seus "delitos".
b) Há uma oposição inicial entre o poeta, associado a qualidades negativas, e os campeões, associados a virtudes.
c) A metáfora do "soco" é uma referência à própria falta de coragem, à própria covardia.
d) Depreende-se do poema que o que vigora na sociedade é a hipocrisia, e que o "eu" poético é julgado e marginalizado em função disso.
e) Devido a sua "sujeira", o "eu" poético se sente um plebeu ante o caráter principesco dos outros.

4. (UFRGS-RS) Assinale a alternativa que preenche corretamente as lacunas do texto a seguir, na ordem em que aparecem.

Ao concretizar o projeto de um poeta múltiplo, Fernando Pessoa cria ____ com diferentes ____, entre os quais Ricardo Reis e Álvaro de Campos, com obras de tendência, respectivamente, ____ e ____.

a) pseudônimos – imagens – clássica – simbolista
b) heterônimos – linguagens – neoclássica – modernista
c) pseudônimos – estilos – simbolista – modernista
d) heterônimos – temáticas – romântica – futurista
e) heterônimos – visões de mundo – surrealista – vanguardista

5. (UFJF-MG) Uma estrofe famosa do poema "Autopsicografia", de Fernando Pessoa, é:

"O POETA é um fingidor. / Finge tão completamente / Que chega a fingir que é dor / A dor que deveras sente".

A partir dela e pensando na obra do poeta como um todo, é CORRETO afirmar:

a) Fernando Pessoa, com a proposta do fingimento poético, rompe com o confessionalismo romântico.
b) Somente Álvaro de Campos pode ser representante do fingimento poético, pois é um poeta futurista.
c) O fingimento poético não está presente na obra de Alberto Caeiro, pois ele é um pastor simples e sincero.
d) A única parte da obra pessoana que escapa do fingimento são os poemas de Fernando Pessoa ele-mesmo.
e) Ricardo Reis, como poeta clássico, não pode ser estudado pelo fingimento modernista.

Texto para a próxima questão.

Mar português

Ó mar salgado, quanto do teu sal
São lágrimas de Portugal!
Por te cruzarmos, quantas mães choraram,
Quantos filhos em vão rezaram!
Quantas noivas ficaram por casar
Para que fosses nosso, ó mar!

Valeu a pena? Tudo vale a pena
Se a alma não é pequena.
Quem quer passar além do Bojador
Tem que passar além da dor.
Deus ao mar o perigo e o abismo deu,
Mas nele é que espelhou o céu.

Fernando Pessoa, *Obra poética*, Rio de Janeiro, Nova Aguilar, 1990.

6. (PUC-SP) O poema relaciona-se a Portugal, fazendo referência

a) à costa portuguesa que tem quilômetros de terra banhada pelo Oceano Atlântico.
b) às lágrimas derramadas pelo povo português durante o governo militar, causador de muitas lutas internas.
c) às noivas portuguesas, muito emotivas, e aos soldados de além-mar, muito sofridos, separados pela distância existente entre Portugal e Brasil.
d) às conquistas malsucedidas dos portugueses em relação aos espanhóis que também navegaram em mares revoltos.
e) às conquistas dos portugueses na época das grandes navegações, que causaram sentimento intenso vivido pelo povo.

Módulo 23 • O Brasil antes da Semana de Arte Moderna: a transição entre o passado e o moderno

1. Que país é esse?

Foi a busca de uma resposta a essa pergunta que marcou a arte brasileira do século XX e que perdura até hoje. Já no Pré-Modernismo – período que antecedeu a realização da Semana de Arte Moderna e que se estendeu de 1902 a 1922 –, percebia-se a preocupação de alguns autores em denunciar a realidade brasileira, descortinando um Brasil não oficial, dos marginalizados, desde o sertão nordestino até os subúrbios cariocas, passando pelas áreas rurais do estado de São Paulo. A primeira obra que negava o Brasil idealizado pelos autores românticos foi *Os sertões*, de Euclides da Cunha, publicada em 1902. A partir do relato da Revolta de Canudos, liderada pela figura mística de Antônio Conselheiro, o autor escancarou os contrastes entre o Brasil europeizado, que "vive parasitariamente à beira do Atlântico", e aquele outro Brasil, dos "extraordinários patrícios" do sertão nordestino.

Em 1911, Lima Barreto publicou *Triste fim de Policarpo Quaresma*; numa mistura saudável de crítica, análise e humor, o romance discute o nacionalismo. Ainda na década de 1910, despontou a figura de Monteiro Lobato, caso típico do intelectual que atua em várias frentes, que se expressa de diferentes maneiras, sempre com um único objetivo: entender o país, debater suas desigualdades e buscar caminhos para a construção do futuro. A partir da Semana de Arte Moderna, as discussões sobre a realidade brasileira se intensificaram e percorreram novos rumos.

2. A jovem República e seus conflitos

Enquanto a Europa se preparava para a Primeira Guerra Mundial, o Brasil começava a viver, a partir de 1894, um novo período de sua história republicana: com a posse do paulista Prudente de Morais, primeiro presidente civil do país, iniciou-se, em substituição à "República da espada", a "República do café com leite" dos grandes proprietários rurais. Esse período foi marcado pelo auge da economia cafeeira no Sudeste, pela entrada no país de grandes levas de imigrantes (notadamente os italianos), pelo esplendor da Amazônia, com o ciclo da borracha, e pelo surto de urbanização de São Paulo.

Toda essa prosperidade, entretanto, acabou por acentuar os fortes contrastes da realidade brasileira já existentes. Por isso houve, nesse período, várias agitações sociais. Essas agitações eram sintomas da crise na "República do café com leite", que se tornaria mais evidente na década de 1920, servindo de cenário ideal para os questionamento da Semana de Arte Moderna.

3. A produção literária

Euclides da Cunha, a denúncia de um crime

Os primeiros artigos de Euclides da Cunha, ainda na redação do jornal *O Estado de S. Paulo*, sobre os acontecimentos da Revolta de Canudos, na Bahia, baseavam-se em informações filtradas no Rio de Janeiro e tachavam a rebelião liderada por Antônio Conselheiro de "foco monarquista", embora já demonstrassem preocupação com as condições a que estava submetida a população da região. Mas quando pisou o solo baiano, como correspondente de guerra do jornal paulista, o escritor compreendeu o drama de Canudos em toda a sua extensão e o porquê daquela rebelião: não se tratava de uma luta por um sistema de governo, mas sim contra uma estrutura que já se arrastava por três séculos.

Se a princípio pretendia apenas fazer um relato da luta, Euclides da Cunha acabou escrevendo a obra *Os sertões*, um verdadeiro painel do sertão nordestino denunciando o extermínio de aproximadamente 25 mil pessoas no interior baiano.

A obra é dividida em três partes:

- **A terra** – uma detalhada descrição da região: sua geologia, seu clima, seu relevo. Essa parte é ilustrada com mapas do relevo e da hidrografia feitos pelo próprio Euclides da Cunha.
- **O homem** – um elaborado trabalho sobre a etnologia brasileira: a ação do meio na fase inicial da formação das raças, a gênese dos mestiços; uma brilhante análise de tipos distintos, como o gaúcho e o jagunço; nesse cenário introduz a figura mística

de Antônio Conselheiro. Ao falar sobre o homem do sertão, Euclides da Cunha cunhou o bordão: "O sertanejo é, antes de tudo, um forte".

- **A luta** – só nesta terceira parte da obra é relatado o conflito; nas duas primeiras descreve o cenário e os personagens, justificando a luta. Seu relato do dia a dia da guerra é a denúncia de um crime.

Lima Barreto, uma crítica ao nacionalismo exagerado e aos preconceitos

Lima Barreto deve ser estudado como um pré-modernista: é consciente de nossos verdadeiros problemas, ao mesmo tempo que critica o nacionalismo ufanista, exagerado, utópico, herdado do Romantismo. Seu estilo, tão duramente criticado pelos ainda parnasianos de sua época, é outro ponto de contato com o Modernismo: é leve, fluente, propositadamente frouxo para os padrões do final do século XIX, aproximando-se da linguagem jornalística, estilo que faria escola entre vários autores após 1922.

A leitura do romance *Triste fim de Policarpo Quaresma* já nos situa no universo de Lima Barreto: uma mistura saudável de crítica, análise e humor. O tema central do livro é o nacionalismo – absurdo, porém honesto – de Policarpo Quaresma e também aquele nacionalismo que se torna perigoso quando manipulado por mãos férreas, como as do marechal Floriano. Lançado em 1911, o livro é uma profecia sobre os regimes autoritários nazifascistas que ganhariam corpo a partir da década de 1930.

Monteiro Lobato e suas metáforas de Brasil

Monteiro Lobato é estudado como pré-modernista por duas características fundamentais de sua obra de ficção: o regionalismo e a denúncia da realidade brasileira. No entanto, no campo das artes plásticas, Lobato assumiu posições antimodernistas.

Como regionalista, o autor nos dá a dimensão exata do Vale do Paraíba paulista do início do século XX, sua decadência após a passagem da economia cafeeira, seus costumes e sua gente, tão bem retratados nos contos de *Cidades mortas*. Nesse aspecto – a gente do Vale do Paraíba – está o traço mais importante da ficção lobatiana: a descrição e a análise do tipo humano característico da região, o caboclo Jeca Tatu, a princípio chamado de vagabundo e indolente (mais tarde, o autor denuncia a realidade daquela população subnutrida, socialmente marginalizada, sem acesso à cultura, acometida por toda a sorte de doenças endêmicas).

Monteiro Lobato deixou também extensa obra voltada para o público infantil, um campo até então pouco explorado em nossas letras. Seu primeiro livro para crianças foi publicado em 1921, com o título *A menina do narizinho arrebitado*, mais tarde rebatizado *Reinações de Narizinho*. A literatura infantil lobatiana, além do caráter moralista e pedagógico, não abandona a luta pelos interesses nacionais empreendida pelo autor, com personagens representativos das várias facetas de nosso povo e o Sítio do Pica-Pau-Amarelo, que é a imagem do próprio Brasil. Em *O poço do Visconde*, por exemplo, ficção e realidade se misturam em torno do problema do petróleo.

Lobato foi uma figura empreendedora em todos os sentidos: fundou a primeira editora nacional; impressionado com a importância do petróleo, fundou o Sindicato do Ferro e a Companhia Petróleos do Brasil e se dedicou à exploração mineral; criticou violentamente a política de exploração mineral do governo Getúlio Vargas, o que lhe valeu seis meses de detenção e o exílio na Argentina.

Augusto dos Anjos e sua poesia expressionista

Augusto Carvalho Rodrigues dos Anjos, filho de uma família de proprietários de engenho, na Paraíba, assistiu à decadência da antiga estrutura latifundiária. Formado em Direito, dedicou-se ao magistério em Recife e, depois, no Rio de Janeiro. Aos 28 anos publicou *Eu*, seu único volume de poesias. Faleceu dois anos depois.

Sua poesia não encontra precedentes no contexto literário brasileiro da época. O pessimismo, o uso do vocabulário científico e as imagens de processos de decomposição são características que dão singularidade à obra de Augusto, cujo tema principal remete ao fracasso da subjetividade em meio a um período de relações sociais e políticas conturbado. O famoso soneto "Psicologia de um vencido", revelador a partir do título, nos insere em seu universo poético, em sua visão de mundo, suas imagens e palavras antipoéticas. É um sugestivo autorretrato, que se assemelha a uma caricatura, rompendo com os limites estéticos do belo e do feio, numa postura expressionista.

4. O momento histórico

ano	economia – política – sociedade
1893-95	• Revolução federalista no Rio Grande do Sul, colocando em frentes opostas os federalistas (maragatos) e os que defendiam a centralização do poder (pica-paus). A Revolução termina com a rendição dos federalistas e um saldo de 12 mil mortos.
1894	• Prudente de Morais, candidato civil da oligarquia cafeeira de São Paulo, é eleito presidente. Iniciava-se a República Velha, marcada pela política do café com leite.
1903	• Oswaldo Cruz toma posse como diretor da Saúde Pública e inicia campanha de saneamento público, tentando erradicar a varíola, a febre amarela e a peste bubônica. • O Acre é incorporado ao território brasileiro.
1906	• Os governos de Minas Gerais, São Paulo e Rio de Janeiro assinam o Convênio de Taubaté, numa tentativa de regulamentar o mercado cafeeiro.
1909	• A Campanha Civilista apresenta Rui Barbosa como candidato à Presidência da República.
1910	• Em eleição considerada fraudulenta, o marechal Hermes da Fonseca, apoiado pelas oligarquias, derrota Rui Barbosa e se elege presidente.

ano	arte – ciência – filosofia
1901	• Com um dirigível, Santos Dumont circunda a Torre Eiffel, realizando um voo de 29 min e 30 s.
1906	• Santos Dumont, a bordo do 14-Bis, realiza o primeiro voo público homologado em aparelho mais pesado que o ar.
1912	• Oswald de Andrade retorna de sua primeira viagem à Europa trazendo na bagagem as ideias do Futurismo de Marinetti.
1913	• Lasar Segall realiza sua primeira exposição no país, apresentando telas marcadamente expressionistas.
1914	• Após realizar estudos na Alemanha, Anita Malfatti retorna ao Brasil e realiza sua primeira exposição em São Paulo.

Exercício comentado

1. (UFRN) Considere o seguinte trecho do conto "O fisco (conto de Natal)", publicado em 1921 e integrante do livro *Negrinha*, de Monteiro Lobato:

Súbito, viu um homem de boné caminhando para o seu lado. Olhou-lhe para as botinas. Sujas. Viria engraxar, com certeza – e o coração bateu-lhe apressado, no tumulto delicioso da estreia. Encarou o homem já a cinco passos e sorriu com infinita ternura nos olhos, num agradecimento antecipado em que havia tesouros de gratidão.

Mas em vez de espichar o pé, o homem rosnou aquela terrível interpelação inicial:

– Então, cachorrinho, que é da licença?

(LOBATO, Monteiro. *Negrinha*. São Paulo: Globo, 2008, p. 71)

O trecho em destaque apresenta um episódio ocorrido em um parque. No contexto da narrativa, a cena ilustra:

a) um confronto entre a autoridade constituída e o menino que insiste na desobediência à lei.

b) um encontro amigável entre o menino engraxate e um cliente.

c) uma conversa amistosa entre as personagens, de posições sociais distintas.

d) uma relação de desigualdade entre as personagens, determinada pela força repressiva.

Comentário do vestibular:

É evidente, no contexto, a relação de desigualdade entre o menino engraxate e a autoridade que o interpela desdenhosamente ("Então, cachorrinho") e lhe exige autorização legal para continuar trabalhando.

Resposta: alternativa **d**.

Exercícios propostos

1. (UFV-MG) Observe a seguinte declaração sobre o Pré-Modernismo:

Creio que se pode chamar pré-modernismo (no sentido forte de premonição dos temas vivos em 22) tudo o que, nas primeiras décadas do século, problematiza a nossa realidade social e cultural.

BOSI, Alfredo. *História concisa da literatura brasileira*. São Paulo: Cultrix, 1994. p. 306.

Atente agora para o que se afirma a respeito de algumas obras e autores brasileiros e assinale a alternativa cujo conteúdo NÃO contempla a síntese crítica de Alfredo Bosi:

a) Um dos grandes temas de "Os Sertões" é a denúncia que Euclides da Cunha faz sobre o crime que a nação brasileira cometeu contra si própria na Guerra dos Canudos.
b) Monteiro Lobato imortalizou o personagem Jeca Tatu, transformando-o no símbolo do caipira subdesenvolvido que vive na indolência e pratica sempre a "lei do menor esforço".
c) Mário e Oswald de Andrade notabilizaram-se como os grandes líderes da revolução de 22 e, portanto, do processo de ruptura em relação à tradição intelectual, libertando a literatura brasileira da "calmaria" em que se encontrava.
d) Lima Barreto expressou sempre o inconformismo face às injustiças sociais e, na obra "Triste Fim de Policarpo Quaresma", construiu uma imagem caricata do Brasil com todas as suas contradições.
e) Em "Os Sertões", Euclides da Cunha opõe o homem do sertão ao homem do litoral, acentuando-lhes as diferenças econômicas e socioculturais.

2. (UFRGS-RS) Considere as seguintes afirmações a respeito do romance "Triste Fim de Policarpo Quaresma", de Lima Barreto.

I. O protagonista não compreende bem o mundo em que vive, passando da ingênua crença no idealismo dos homens, vistos como capazes de construir um Brasil melhor, para o desencanto melancólico em relação às instituições e às suas escolhas pessoais.
II. Quaresma é condenado à morte, porque ofendeu moralmente o presidente da República, quando este não analisou suas propostas de reforma rural nem atendeu às suas reivindicações.
III. No romance, são introduzidos personagens representativos do subúrbio do Rio de Janeiro, como Ricardo Coração dos Outros, com a sua fala popular e expressões típicas do brasileiro da época.

Quais estão corretas?

a) Apenas I.
b) Apenas I e II.
c) Apenas I e III.
d) Apenas II e III.
e) I, II e III.

3. (UFSC)

"Não lhes bastavam seis mil *mannlichers* e seis mil sabres; e o golpear de doze mil braços, e o acalcanhar de doze mil coturnos; e seis mil revólveres; e vinte canhões, e milhares de granadas, e milhares de *schrapnells*, e os degolamentos, e os incêndios, e a fome, e a sede; e dez meses de combates, e cem dias de canhoneio contínuo; e o esmagamento das ruínas; e o quadro indefinível dos templos derrocados; e, por fim, na ciscalhagem das imagens rotas, dos altares abatidos, dos santos em pedaços – sob a impassibilidade dos [2]céus tranquilos e claros – a queda de um ideal ardente, a extinção absoluta de uma crença consoladora e forte...

[1]Impunham-se outras medidas. Ao adversário irresignável as forças máximas da natureza, engenhadas à destruição e aos estragos. Tinha-as, previdentes. Havia-se prefigurado aquele epílogo assombroso do drama. Um tenente, ajudante de ordens do comandante geral, fez conduzir do acampamento dezenas de bombas de dinamite. Era justo; era absolutamente imprescindível. Os sertanejos invertiam toda a [4]psicologia da guerra: [3]enrijavam-nos os reveses, robustecia-os a fome, empedernia-os a derrota."

CUNHA, Euclides da. "Os sertões". São Paulo: Martin Claret, 2003, p. 520-521.

Com base no texto, e na obra de Euclides da Cunha, assinale a(s) proposição(ões) CORRETA(S).

01) O texto é exemplo de como o sertanejo é descrito também em outras passagens do livro "Os sertões" e confirma a consagrada frase de Euclides da Cunha: "O sertanejo é antes de tudo um forte".
02) A narrativa de Euclides da Cunha propõe uma antítese entre a força física ou material do exército e a força do sertanejo, adaptado às condições de seu lugar e amparado pela crença religiosa.
04) Quando afirma que "Impunham-se outras medidas" (ref. 1), pois todo aquele arsenal não lhes bastava, o narrador quer dizer que os soldados apelaram para os "céus tranquilos e claros" (ref. 2).
08) Há dois planos opostos que descrevem os dois lados desiguais da luta em Canudos. De um lado, o exército de São Sebastião e, de outro, os sertanejos com suas ruínas, na ciscalhagem das imagens rotas e em pedaços.
16) A construção do texto por meio de paradoxos como "enrijavam-nos os reveses, robustecia-os a fome, empedernia-os a derrota" (ref. 3) confirma uma das características da obra: a presença de elementos contrastantes como resultado de ideias antagônicas.
32) A correta "psicologia da guerra" (ref. 4), aplicada pelo exército, não foi suficiente para a tomada de Canudos, já que os sertanejos a invertiam.

4. (UFPE)

Texto 1

"... Como se sabia, o supremo pavor dos sertanejos era morrer a ferro frio, não pelo temor da morte senão pelas suas consequências, porque acreditavam que, por tal forma, não se lhes salvaria a alma. Exploravam esta superstição ingênua. Prometiam-lhes não raro a esmola de um tiro, à custa de revelações. Raros as faziam. Na maioria emudeciam, estoicos, inquebráveis – defrontando a perdição eterna. Exigiam-lhes vivas à República."

Texto 2

"– Mas você está muito enganada, mana. É preconceito supor-se que todo homem que toca violão é um desclassificado. A modinha é a mais genuína expressão da poesia nacional e o violão é o instrumento que ela pede. (...) Convém que nós não deixemos morrer as nossas tradições, os usos genuinamente nacionais."

Após a leitura atenta dos textos 1 e 2, analise as afirmativas a seguir:

1) Ambos pertencem a obras pré-modernistas, pois refletem temáticas nacionalistas e contemporâneas aos autores, mas com um viés crítico e exaltador.
2) O texto 1 é um trecho d' "Os Sertões", obra em que Euclides da Cunha descortina o interior do Brasil, traçando um retrato do Arraial de Canudos e do líder místico Antônio Conselheiro.
3) O texto 2 é parte do romance "Recordações do Escrivão Isaías Caminha", de Lima Barreto, de estilo simples e despojado. Seus cenários são os subúrbios cariocas, onde denunciava preconceitos sociais.

Está(ão) correta(s):

a) 2 apenas
b) 1, 2 e 3
c) 2 e 3 apenas
d) 1 e 3 apenas
e) 1 apenas

5. (UFPE) Lima Barreto foi uma das figuras mais contraditórias e controvertidas da literatura brasileira do início do século XX. Sobre sua obra, podemos dizer o que segue.

( ) Seu conto, *O homem que sabia Javanês*, é um relato mordaz sobre um trapaceiro que se passa por tradutor de um idioma exótico.

( ) O autor foi um dos pioneiros no uso do estilo jornalístico na literatura. Com linguagem objetiva e informal, descreve com clareza e simplicidade o cotidiano das classes desfavorecidas, às quais pertencia.

( ) Nos seus escritos, denuncia os problemas políticos e os preconceitos sociais de seu tempo, que ele, como mulato pobre, vivenciou.

( ) Em seu livro mais famoso, *Triste Fim de Policarpo Quaresma*, Lima Barreto foca a vida de uma personagem cujo nacionalismo beira a xenofobia. Por trás disso, faz uma grande crítica à política da República Velha.

( ) O romancista transforma o Marechal Floriano Peixoto num grande herói nacional em *Triste Fim de Policarpo Quaresma*, atribuindo-lhe um caráter magnânimo e superior.

6. (UFRGS-RS) Leia o poema a seguir, intitulado "A Ideia", de Augusto dos Anjos.

"De onde ela vem? De que matéria bruta
Vem essa luz que sobre as nebulosas
Cai de incógnitas criptas misteriosas
Como as [1]estalactites duma gruta?!

Vem da psicogenética e alta luta
Do feixe de [2]moléculas nervosas,
Que, em desintegrações maravilhosas,
Delibera, e depois, quer e executa!

Vem do encéfalo absconso que a constringe,
Chega em seguida às cordas da laringe,
Tísica, tênue, mínima, raquítica...

Quebra a força centrípeta que a amarra,
Mas, de repente, e quase morta, esbarra
No mulambo da língua paralítica!"

Assinale a alternativa correta sobre esse poema.

a) A interrogação inicial expressa o apego do poeta aos temas sentimentais do Romantismo no Brasil.
b) A linguagem, rica de imagens, utiliza um vocabulário científico para abordar uma questão filosófica.
c) O emprego de palavras como "estalactites" (ref. 1) e "moléculas" (ref. 2) mostra uma inadequação entre a linguagem científica e o conteúdo do poema.
d) O poeta adota a forma do soneto, porém rompe com o temário cientificista dominante no seu tempo.
e) No primeiro quarteto, as palavras "nebulosas" e "misteriosas" constituem rimas pobres, retomadas no segundo quarteto pelas palavras "nervosas" e "maravilhosas".

7. (Ufal) Assinale como VERDADEIRAS as afirmações corretas sobre nossa literatura no PRÉ-MODERNISMO e como FALSAS as incorretas.

( ) Com *Os Sertões*, Euclides da Cunha retomou a tradição do romance regionalista romântico, reabrindo este caminho para Graciliano Ramos e Guimarães Rosa.

( ) Antes de se realizar como um extraordinário poeta moderno, Manuel Bandeira escreveu versos de gosto parnasiano e simbolista, dentro do gosto estético que predominava nas duas primeiras décadas do nosso século.

( ) A poesia do período pré-modernista não tem nada de propriamente revolucionário, mas há que se destacar a originalíssima concepção de poesia que está no livro *Eu*, de Augusto dos Anjos.

( ) A prosa de Lima Barreto destaca-se, nesse período, por satirizar o nacionalismo, o oficialismo da literatura e a concepção de arte pela arte, além de aproximar o leitor de situações típicas dos subúrbios do Rio de Janeiro.

( ) Monteiro Lobato deve ser reconhecido como autêntico modernista, sobretudo no que se referia às suas concepções no campo das artes plásticas, mais do que como pré-modernista.

Módulo 24 • O Brasil de 1922 a 1930: tupi *or not* tupi

1. A Semana de Arte Moderna

São Paulo, Teatro Municipal, 1922

O ano de realização da Semana é fácil de entender: comemorava-se o primeiro centenário da Independência; uma independência política, mas não econômica e muito menos cultural. O Teatro Municipal, inaugurado em 1911, idealizado para grandes apresentações de ópera, era o orgulho da elite paulistana – alvo das críticas dos artistas modernistas. E por que São Paulo?

De fato, a massa urbana de São Paulo era constituída de tipos muito diversos; nem mesmo o operariado formava um grupo completamente homogêneo. Assim, era possível encontrar pela cidade, andando na mesma calçada, um "barão do café", um operário anarquista, um padre, um burguês, um nordestino, um professor, um negro, um comerciante, um advogado, um militar... realmente, uma "pauliceia desvairada", palco ideal para a realização de um evento que mostrasse uma arte inovadora, rompendo com velhas estruturas.

Desde sua origem, a Semana de Arte Moderna no Teatro Municipal não só representava insatisfações dos artistas como também manifestava um lado político de ataque à aristocracia e à burguesia.

2. As revistas e os manifestos

Klaxon

A revista *Klaxon – Mensário de Arte Moderna* foi o primeiro periódico modernista, fruto das agitações do ano de 1921 e da grande festa que foi a Semana de Arte Moderna.

Klaxon foi inovadora em todos os sentidos: desde o projeto gráfico, tanto da capa como das páginas internas, até a publicidade das contracapas e da quarta capa. Na oposição entre o velho e o novo, na proposta de uma concepção estética diferente, enfim, em todos os aspectos, era uma revista que anunciava a modernidade, o século XX buzinando ("*klaxon*" era o termo empregado para designar a buzina externa dos automóveis), pedindo passagem.

Manifesto da Poesia Pau-Brasil

O manifesto escrito por Oswald de Andrade foi inicialmente publicado no jornal *Correio da Manhã*, edição de 18 de março de 1924; no ano seguinte, uma forma reduzida e alterada do texto abria o livro de poesias *Pau-Brasil*. No manifesto e no livro *Pau-Brasil* (ilustrado por Tarsila do Amaral), Oswald propunha uma literatura extremamente vinculada à realidade brasileira, a partir da redescoberta do Brasil.

Verde-Amarelismo

Em 1926, como uma resposta ao nacionalismo do Pau-Brasil, surge o grupo do Verde-Amarelismo, formado por Plínio Salgado, Menotti del Picchia, Guilherme de Almeida e Cassiano Ricardo. O grupo criticava o "nacionalismo afrancesado" de Oswald de Andrade e apresentava como proposta um nacionalismo primitivista, ufanista e identificado com o fascismo, que evoluiria, no início da década de 1930, para o Integralismo de Plínio Salgado. Parte-se para a idolatria do tupi e elege-se a anta como símbolo nacional.

Oswald de Andrade contra-ataca em sua coluna Feira das Quintas, publicada no *Jornal do Comércio*, com o artigo "Antologia", datado de 24 de fevereiro de 1927. Nele, faz uma série de brincadeiras, utilizando palavras iniciadas ou terminadas com *anta*.

Revista de Antropofagia

O movimento antropofágico surgiu como uma nova etapa do nacionalismo Pau-Brasil e como resposta ao grupo verde-amarelista, que criara a Escola da Anta.

A *Revista de Antropofagia* teve duas fases (ou "dentições", segundo os antropófagos). Em sua primeira "dentição", iniciada com o polêmico Manifesto Antropófago, assinado por Oswald de Andrade, a revista foi realmente um espelho da miscelânea ideológica em que o movimento modernista se transformara. Já a segunda "dentição" apresenta-se mais definida ideologicamente – houve, até mesmo, uma ruptura entre Oswald de Andrade e Mário de Andrade. Continuam antropófagos então Oswald de Andrade, Raul Bopp, Geraldo Ferraz, Tarsila do Amaral e a jovem escritora Patrícia Galvão, a Pagu.

3. Características gerais do primeiro momento modernista

O período de 1922 a 1930 é o mais radical do movimento modernista, justamente em consequência da necessidade de definições e do rompimento com todas as estruturas do passado. Daí o caráter anárquico dessa primeira fase e seu forte sentido destruidor.

Ao mesmo tempo que se buscava o moderno, o original e o polêmico, o nacionalismo se manifestava em suas múltiplas facetas: volta às origens, pesquisa de fontes quinhentistas, procura de uma "língua brasileira" (a língua falada pelo povo nas ruas), paródias – numa tentativa de repensar a história e a literatura brasileiras – e valorização do índio verdadeiramente brasileiro.

Já no final da década de 1920, a postura nacionalista apresenta duas vertentes distintas: de um lado, um nacionalismo crítico, consciente, de denúncia da realidade brasileira, politicamente identificado com as esquerdas; de outro, um nacionalismo ufanista, utópico, exagerado, identificado com as correntes políticas de extrema-direita.

4. A produção da geração dos anos 1920

Mário de Andrade

Mário Raul de Morais Andrade, o chamado "papa do Modernismo", estreia em 1917 com *Há uma gota de sangue em cada poema*, sob o impacto da Primeira Guerra Mundial; são poemas que refletem influência parnasiana. A adesão absoluta aos padrões modernos se manifesta em *Pauliceia desvairada*, que rompe com todas as estruturas ligadas ao passado. O livro tem como musa inspiradora, ou melhor, como objeto de análise e constatação, a cidade de São Paulo e seu provincianismo (no primeiro poema, "Inspiração", brada: "São Paulo, comoção de minha vida... / Galicismo a berrar nos desertos da América!").

Em *Macunaíma*, o herói sem nenhum caráter, o autor enfoca o choque do índio amazônico (que nasceu preto e virou branco – síntese do povo brasileiro) com a tradição e a cultura europeia na cidade de São Paulo, valendo-se, para tanto, de profundos estudos de folclore.

Oswald de Andrade

José Oswald de Sousa Andrade foi figura fundamental dos principais acontecimentos da vida cultural brasileira da primeira metade do século XX. Homem polêmico, irônico, gozador, teve vida atribulada não só no que diz respeito às artes como também à política e aos sentimentos: foi o idealizador dos principais manifestos modernistas, militante político de esquerda, teve profundas amizades e inimizades, rumorosos casos de amor e vários casamentos (com destaque para dois: com Tarsila do Amaral e com Patrícia Galvão, a Pagu).

Em seus poemas, Oswald procura, com humor e imagens rápidas, discutir a identidade nacional, mostrando o valor da antropofagia literária em poemas que retomam fatos da história do país: a descoberta, a relação entre brancos e escravizados, a relação do brasileiro com a língua portuguesa, etc. Sua prosa segue caminho paralelo. Os romances *Memórias sentimentais de João Miramar* e *Serafim Ponte Grande* quebram toda a estrutura dos romances tradicionais, apresentando capítulos curtíssimos e semi-independentes, em um misto de prosa e poesia, que, ao final da leitura, formam um grande painel.

Manuel Bandeira

Manuel Carneiro de Souza Bandeira Filho teve sua vida determinada por uma ocorrência: estudante de arquitetura em São Paulo, foi acometido de tuberculose, o que o levaria a afirmar que era "um tísico profissional". Desde os 18 anos de idade desenganado pelos médicos, viveu para as letras e preparando-se para a morte.

Buscou na própria vida inspiração para seus grandes temas: de um lado, a família, a morte, a infância no Recife, o rio Capibaribe; de outro, a constante observação da rua. E, em tudo, o humor, certo ceticismo, uma ironia por vezes amarga, a tristeza e a alegria das pessoas, a idealização de um mundo melhor – enfim, um canto de solidariedade ao povo.

Alcântara Machado

Antônio de Alcântara Machado, filho de ilustre família paulistana, participou ativamente da primeira "dentição" da *Revista de Antropofagia*; após 1929, por divergências ideológicas, afastou-se de Oswald, ao mesmo tempo que estreitou relações com Mário de Andrade.

Em sua obra, retrata principalmente a vida dos imigrantes italianos numa São Paulo em transformação; um traço marcante de sua literatura é a incorporação do que se convencionou chamar "português macarrônico", alternando palavras e expressões italianas e reproduzindo o ritmo característico da oralidade.

5. O momento histórico

ano	economia – política – sociedade
1915	• Primeira Guerra Mundial: a Itália entra na guerra; tem início a chamada "guerra de trincheiras". • Genocídio armênio: os turcos assassinam um milhão e meio de armênios.
1917	• Os Estados Unidos entram na Guerra. • Na Rússia, Revolução de Outubro liderada por Lenin e Trotski; no ano seguinte, os russos assinam a paz com os alemães, no acordo de Brest-Litovsk.
1918	• Fim da Primeira Guerra Mundial com a vitória dos Aliados.
1919	• É assinado o Tratado de Paz, em Versalhes. • É fundado, numa cervejaria de Munique, o Partido Nazista Alemão, sob a liderança de Adolf Hitler. • No Brasil, Epitácio Pessoa é eleito presidente da República. • No México, Emiliano Zapata, líder da Revolução Mexicana, é assassinado.
1920	• Movimento de Gandhi, na Índia, contra o imperialismo britânico. • Lei Seca nos EUA proibindo o consumo de bebidas alcoólicas.
1921	• São fundados os partidos comunistas de Portugal, Espanha, França e Itália. • Na Itália, sob a liderança de Mussolini, é criado o Partido Nacional Fascista. • Mao Tsé-tung é um dos fundadores do PC chinês.
1922	• Formação do Partido Comunista Brasileiro. • No Brasil, a Revolta do Forte de Copacabana dá início ao movimento tenentista. • Depois da marcha sobre Roma, Mussolini é nomeado chefe do governo italiano pelo rei Vítor Manuel II. • Em Atlanta (EUA), é reorganizada a Ku-Klux--Klan, grupo racista que atacava negros, judeus, hispânicos e todos os que se contrapunham aos interesses da aristocracia sulista.
1923	• A Rússia, sob a liderança de Lenin, converte-se na União das Repúblicas Socialistas Soviéticas (URSS).
1924	• Levante tenentista em São Paulo. • Morre Lenin; disputa entre Stalin e Trotski; Stalin assume o poder e governa a URSS até 1953.
1925--27	• De abril de 1925 a fevereiro de 1927, a Coluna Prestes percorre 24 mil km no Brasil, até embrenhar-se na Bolívia.
1929	• Em 24 de outubro, explode a crise econômica nos EUA com a quebra da Bolsa de Valores de Nova York.

ano	arte – ciência – filosofia
1915	• Albert Einstein apresenta a Teoria Geral da Relatividade.
1919	• É fundada, na Alemanha, a Bauhaus, escola alemã de arquitetura e artes aplicadas, que se tornou o grande centro de estudos do *design* moderno (a Bauhaus foi fechada, em 1933, pelos nazistas).
1920	• Piet Mondrian pinta *Composição A*, uma das obras inaugurais do chamado neoplasticismo.
1921	• Descoberta a vacina BCG, antituberculose. • Estreia o filme *The Kid* (*O garoto*), de Charles Chaplin.
1922	• Rivera, Orozco e Siqueiros pintam os murais na Escola Nacional Preparatória (México). • Frederick Banting descobre a insulina. • James Joyce publica *Ulisses*. • O diretor alemão Friedrich Wilhelm Murnau apresenta seu filme mudo *Nosferatu, o Vampiro*, clássico do cinema expressionista.
1923	• O austríaco Arnold Schoenberg revoluciona o mundo da música com o sistema dodecafônico (composição com 12 tons).
1924	• Thomas Mann publica *A Montanha Mágica*. • Pablo Neruda publica *Vinte Poemas de Amor* e *Uma Canção Desesperada*. • Adolf Hitler publica *Mein Kampf* (*Minha luta*).
1925	• Louis Armstrong funda o Hot Five, seu grupo de jazz. • Vem a público o romance *O Processo*, de Franz Kafka. • O diretor russo Sergei Eisenstein lança o filme *O encouraçado Potemkin*.
1928	• Alexander Fleming descobre a penicilina. • O escocês John Baird faz a primeira emissão de televisão em cores. • Federico García Lorca publica *Romancero Gitano*. • Walt Disney faz o primeiro filme de animação, *Mickey Mouse*.
1929	• No Rio de Janeiro, desfile da primeira Escola de Samba, a Deixa Falar, fundada por Ismael Silva. • Ernest Hemingway publica *Adeus às Armas*.

Exercício comentado

1. (UEM-PR) Assinale o que for correto sobre o modernismo brasileiro.
   01) Embora seja possível traçar um quadro contendo as principais características do modernismo brasileiro, há de se ressaltar que, diferentemente das principais escolas literárias do século XIX, o movimento modernista não exibia um programa comum a ser seguido pelos escritores. Sua característica unificadora consiste no desejo de liberdade de criação e de expressão.
   02) O "Manifesto Pau-Brasil", redigido por Oswald de Andrade, define os princípios fundamentais da poesia da primeira geração modernista (1922-1930): espontaneidade, ingenuidade e primitivismo, no sentido de não estar contaminada por regras preestabelecidas do fazer literário. A poesia Pau-Brasil, como a árvore do mesmo nome, pretendia se constituir em produto, ou cultura, de exportação, já que é concebida a partir da união da "cor local" com os meios de expressão de vanguarda.
   04) O "Prefácio interessantíssimo" apresenta os poemas de *Pauliceia desvairada*, de Mário de Andrade. Publicado em 1922, esse "prefácio" consiste no primeiro texto teórico a surgir no Brasil sobre a arte moderna. Trata-se de um texto que, bem ao gosto da estética modernista, mistura seriedade e divertimento, e aproveita as sugestões da fórmula: lirismo + arte = poesia.
   08) A segunda fase do modernismo brasileiro (1930-1945) é ainda mais radical do que a primeira em termos estético-formais. Os escritores intensificam as demandas revolucionárias anteriores, publicando manifestos, como o *Antropofágico*, de Oswald de Andrade, e romances, como *Vidas secas*, de Graciliano Ramos, caracterizados por uma postura de rompimento com o passado.
   16) Quanto aos temas do modernismo, a crítica costuma salientar que, embora os modernistas idealizadores da Semana de Arte Moderna defendessem a liberdade de expressão do artista, a temática por eles abordada, sobretudo na chamada "fase heroica" (1922-1930), gira em torno dos grandes temas da literatura tradicional: eventos importantes, sentimentos sublimes, o belo, conflitos existenciais etc.

Comentário do vestibular:

As proposições 08 e 16 são incorretas, pois:

08 – o Manifesto da Antropofagia, de Oswald de Andrade, exemplifica o radicalismo da fase heroica do Modernismo brasileiro, radicalismo que se atenua na segunda fase, momento em que autores, como Graciliano Ramos, optam por uma postura crítica e de denúncia da realidade socioeconômica dos miseráveis, submetidos a um sistema político que os oprime e do que é testemunho "Vidas Secas";

16 – a fase heroica do modernismo brasileiro caracteriza-se pela pluralidade de linguagens e perspectivas, rejeição do rigor formal na poesia por meio do uso do verso livre e branco, preferência pela linguagem coloquial e pela temática do cotidiano simples.

Resposta: 01 + 02 + 04 = 07.

Exercícios propostos

1. (IFSP) A Semana de Arte Moderna de 1922 trouxe, como importante consequência para a sociedade,
   a) o desprezo pelos movimentos de vanguarda, a exemplo do Cubismo e do Expressionismo, pois os ideais propostos não correspondiam à realidade brasileira.
   b) a preferência por temas ligados a fatos históricos consagrados, narrados de forma idealizada e em total obediência às exigências da língua padrão.
   c) o estabelecimento de regras rígidas e definidas para a criação poética e para a narrativa, agrupando, dessa forma, as diferentes correntes artísticas daquele momento.
   d) a percepção de que os modelos artísticos europeus deveriam ser substituídos pelos dos EUA, já que esse país despontava como nação líder.
   e) a conscientização dos brasileiros sobre a riquíssima cultura de nosso país, sobretudo a popular, que até então era discriminada pelas elites.

2. (UFPR) Observe a seguir a tela "São Paulo", pintada em 1924 por Tarsila do Amaral.

UFPR/2007

Com base nos conhecimentos sobre as transformações no campo da arte no Brasil de 1920, é correto afirmar:
   a) A chamada fase pau-brasil, atribuída a um determinado momento da pintura de Tarsila, registrou o distanciamento da artista das influências e ideias dos intelectuais modernistas brasileiros.
   b) O traço característico da obra de Tarsila do Amaral refutou as convenções artísticas organizadas em torno da concepção difundida pela revista "Klaxon".

c) A valorização do nacional na obra de Tarsila levou a pintora a fundar o Movimento Verde-Amarelo, ao lado de intelectuais como Plínio Salgado e Menotti del Picchia.

d) A atualização da linguagem e a valorização da temática nacional na obra de Tarsila foram características incorporadas à sua leitura da vanguarda artística europeia.

e) Na tela "São Paulo", percebe-se claramente a ruptura de Tarsila do Amaral com o traçado geométrico inspirado no cubismo.

Texto para as questões 3 e 4.

Uma linha de coerência se esboça através dos ziguezagues de sua vida. Ora espiritualista, ora marxista, criando um dia o Pau-Brasil, e logo buscando universalizá-lo em antropofagia, primitivo e civilizado a um tempo, como observou Manuel Bandeira, solapando o edifício burguês sem renunciar à habitação em seus andares mais altos, Oswald manteve sempre intata sua personalidade, de sorte a provocar, ainda em seus últimos dias, a irritação ou a mágoa que inspirava quando "fauve" modernista de 1922.

(Carlos Drummond de Andrade, *Poesia e prosa*.)

3. (Unifesp) Na crônica de Carlos Drummond de Andrade, há uma referência ao movimento da Antropofagia, do qual participaram vários escritores modernistas. A alternativa que apresenta apenas poetas, artistas e intelectuais que participaram desse movimento antropófago, quaisquer que sejam suas fases, é:

a) Gilberto Freyre, Mário de Andrade, Cassiano Ricardo e Jorge de Lima.

b) Oswald de Andrade, Tarsila do Amaral, Raul Bopp e Antonio de Alcântara Machado.

c) Vinicius de Moraes, Jorge de Lima, Cecília Meireles e Murilo Mendes.

d) Carlos Drummond de Andrade, Mário de Andrade, Oswald de Andrade e Jorge de Lima.

e) Gilberto Freyre, Graciliano Ramos, Alceu Amoroso Lima e Oswald de Andrade.

4. (Unifesp) O autor do texto, referindo-se a Oswald de Andrade, alude a dois movimentos, dentro do Modernismo literário, de que este escritor participou ativamente como líder e como criador. Esses movimentos foram:

a) Espiritualismo ("Festa") e Movimento Verde-amarelo.

b) Espiritualismo ("Festa") e movimento comunista brasileiro.

c) Movimento Pau-Brasil e Movimento Antropófago.

d) Movimento Pau-Brasil e Movimento Verde-amarelo.

e) Movimento Verde-amarelo e Movimento Antropófago.

Texto para a próxima questão.

Leia o trecho a seguir de *Macunaíma* de Mário de Andrade.

Uma feita a Sol cobrira os três manos duma escaminha de suor e Macunaíma se lembrou de tomar banho. Porém no rio era impossível por causa das piranhas tão vorazes que de quando em quando na luta pra pegar um naco de irmã espedaçada, pulavam aos cachos pra fora d'água metro e mais. Então Macunaíma enxergou numa lapa bem no meio do rio uma cova cheia d'água. E a cova era que-nem a marca dum pé-gigante. Abicaram. O herói depois de muitos gritos por causa do frio da água entrou na cova e se lavou inteirinho. Mas a água era encantada porque aquele buraco na lapa era marca do pezão do Sumé, do tempo em que andava pregando o evangelho de Jesus pra indiada brasileira. Quando o herói saiu do banho estava branco louro e de olhos azuizinhos, água lavara o pretume dele. E ninguém não seria capaz mais de indicar nele um filho da tribo retinta dos Tapanhumas.

Nem bem Jiguê percebeu o milagre, se atirou na marca do pezão do Sumé. Porém, a água já estava muito suja da negrura do herói e por mais que Jiguê esfregasse feito maluco atirando água pra todos os lados só conseguiu ficar da cor do bronze novo. Macunaíma teve dó e consolou:

– Olhe, mano Jiguê, branco você ficou não, porém pretume foi-se e antes fanhoso que sem nariz.

Maanape então é que foi se lavar, mas Jiguê esborrifava toda a água encantada pra fora da cova. Tinha só um bocado lá no fundo e Maanape conseguiu molhar só a palma dos pés e das mãos. Por isso ficou negro bem filho da tribo dos Tapanhumas. Só que as palmas das mãos e dos pés dele são vermelhas por terem se limpado na água santa. Macunaíma teve dó e consolou:

– Não se avexe, mano Maanape, não se avexe não, mais sofreu nosso tio Judas!

5. (ESPM-SP) O "banho" do herói e de seus dois irmãos, na cova encantada, faz alusão:

a) À fertilidade e diversidade da terra americana;

b) Ao sincretismo religioso entre os índios;

c) À formação étnica miscigenada do brasileiro;

d) Às diferenças culturais entre as raças humanas;

e) À necessidade de purificação da alma do brasileiro, ante tantos vícios.

6. (Ufal) Com o Modernismo de 22, abriram-se novas perspectivas para a revalorização da cultura nacional, como a ANTROPOFAGIA, e para a utilização de novos recursos na expressão poética.

a) Em que consistiu, basicamente, a ANTROPOFAGIA dos modernistas?

b) Cite dois dos novos recursos de expressão poética propostos pelo movimento modernista.

1. Os anos 1930

Nos primeiros anos da década de 1930, a ideologia fascista encontrava ressonância no nacionalismo exacerbado do Grupo Verde-Amarelo, liderado por Plínio Salgado, fundador da Ação Integralista Brasileira. Ao mesmo tempo, cresciam no Brasil as forças de esquerda. Os choques tornavam-se inevitáveis, explodiam manifestações revolucionárias e o governo Vargas obteve um pretexto para endurecer o regime. Iniciou-se assim, em 1937, o Estado Novo Getulista, um regime ditatorial que se estenderia até 1945.

2. A lírica dos anos 1930

Características

A poesia da segunda fase do Modernismo representa um amadurecimento e um aprofundamento das conquistas da geração de 1922: é possível perceber a influência exercida por Mário e Oswald de Andrade sobre os jovens que iniciaram sua produção poética após a Semana. Lembramos, a propósito, que Carlos Drummond de Andrade dedicou seu livro de estreia, *Alguma poesia* (1930), a Mário de Andrade. Murilo Mendes, com seu livro *História do Brasil*, seguiu a trilha aberta por Oswald, repensando nossa história com muito humor e ironia.

Formalmente, os novos poetas continuam a pesquisa estética iniciada na década anterior, cultivando o verso livre e a poesia sintética. É na temática, entretanto, que se percebe uma nova postura artística: passa-se a questionar a realidade com mais vigor e, fato extremamente importante, o artista passa a se questionar como indivíduo e como artista em sua "tentativa de explorar e de interpretar o estar no mundo". O resultado é uma literatura mais construtiva e politizada, que não quer e não pode se afastar das profundas transformações ocorridas nesse período.

Carlos Drummond de Andrade

Carlos Drummond é um poeta de muitas faces. Sua obra poética acompanha a evolução dos acontecimentos, registrando todas as "coisas" que o rodeiam e o cotidiano. São poemas que refletem os problemas do mundo, do ser humano no Brasil e no mundo diante dos regimes totalitários (o nazifascismo europeu, o Estado Novo de Getúlio), da Segunda Guerra Mundial, da Guerra Fria.

Em determinados momentos, Drummond é invadido pela esperança para, logo adiante, tornar-se descrente, desesperançado com o rumo dos acontecimentos.

É acima de tudo, porém, um poeta que nega todas as formas de fuga da realidade; seus olhos atentos estão voltados para o momento presente e veem, como regra primeira para uma possível transformação da realidade, a união, o trabalho coletivo.

Murilo Mendes

A trajetória de Murilo Mendes no Modernismo brasileiro é curiosa: das sátiras e poemas-piadas ao estilo oswaldiano, caminha para uma poesia religiosa, sem perder contato com a realidade social; o próprio poeta afirma que o social não se opõe ao religioso. Essa convicção lhe permite acompanhar todas as transformações vividas pelo século XX, quer no campo econômico e político – a guerra foi tema de vários de seus poemas –, quer no campo artístico – Murilo Mendes foi o poeta modernista brasileiro que mais se identificou com o surrealismo europeu.

Jorge de Lima

Jorge de Lima estreou na literatura em 1914, ainda fortemente influenciado pelo Parnasianismo, com *XIV alexandrinos*, o que lhe valeu mais tarde o título de Príncipe dos Poetas Alagoanos. Sua obra apresenta duas vertentes: os poemas que refletem o Nordeste e sua estrutura fundiária e escravocrata e os poemas voltados para a "poesia em Cristo", em parceria com Murilo Mendes. A poesia social de Jorge de Lima apresenta belas composições de coloração regional, em que ele usa sua memória de menino branco, marcado pela infância repleta de imagens dos engenhos e de negros trabalhando em regime de escravidão.

Em certos momentos aborda uma temática mais ampla – a denúncia das desigualdades sociais –, atingindo maravilhosa expressão poética por meio de hábil jogo de palavras.

Cecília Meireles

Cecília Meireles formou-se, em 1917, na Escola Normal do Rio, dedicando-se ao magistério primário. Estreou na literatura em 1919, com o livro *Espectros*, sob a influência dos poetas que formariam o grupo da revista *Festa*, de inspiração neossimbolista.

Um dos aspectos fundamentais da poética de Cecília Meireles é sua consciência da transitoriedade das coisas; por isso mesmo, o tempo é personagem central de sua obra: o tempo passa, é fugaz, fugidio. A vida é fugaz e a morte, uma presença no horizonte. Também marcam seu lirismo a linguagem simbólica, as imagens sugestivas com constantes apelos sensoriais e a musicalidade.

Vinícius de Morais

Vinícius de Morais foi poeta, diplomata e crítico de cinema. Produziu tanto poemas com temática social, como "Operário em construção", quanto poemas de temática lírico-amorosa. A partir do final dos anos 1950, teve importante participação na evolução da música popular brasileira com o movimento da Bossa Nova. Produziu também a peça teatral *Orfeu Negro*. Em sua carreira, alcançou grande popularidade e projeção internacional.

3. O momento histórico

ano	economia – política – sociedade
1930	• No Brasil, a Revolução de 1930 coloca fim à política do café com leite e Getúlio Vargas assume o governo provisório (Vargas ficaria no poder até 1945).
1932	• A oligarquia cafeeira de São Paulo rebela-se contra o governo Vargas e promove a Revolução Constitucionalista.
1933	• Hitler cria o Terceiro Reich, a SS e a Gestapo; prende e manda para campos de concentração opositores esquerdistas e judeus; no ano seguinte, Hitler adota o título de *Führer*. • Nos EUA, o presidente Franklin Roosevelt lança o *New Deal*, plano econômico marcado pela forte intervenção do Estado na economia, numa tentativa de superar a crise econômica.
1935	• Levante comunista no Brasil, logo derrotado pelas forças governistas.
1936-39	• Guerra Civil Espanhola: de um lado os republicanos, de outro os fascistas liderados por Francisco Franco, que contava com o apoio de Hitler e Mussolini. A mando de Franco, em 1937, aviões alemães bombardeiam a cidade basca de Guernica. A Guerra Civil termina com a vitória dos fascistas.
1937	• Os japoneses, em guerra com a China, tomam Pequim, Xangai e Nanquim. • No Brasil, início da ditadura do Estado Novo de Getúlio Vargas, de inspiração fascista.
1940	• A aliança Hitler-Mussolini resulta na formação do Eixo Berlim-Roma; mais tarde, com a entrada do Japão, o Eixo amplia-se para Roma-Berlim-Tóquio. • A Alemanha invade a Polônia; a França e a Inglaterra reagem e tem início a Segunda Guerra Mundial.
1941	• Segunda Guerra Mundial: os alemães iniciam ataques à União Soviética e ocupam Moscou; com forte reação, o exército soviético resiste, notadamente em Leningrado. Aviões japoneses atacam a base norte-americana de Pearl Harbor; os Estados Unidos declaram guerra ao Japão; Alemanha e Itália declaram guerra aos Estados Unidos.
1942	• Segunda Guerra Mundial: Alemanha, Itália e Japão, que até então conquistavam territórios, começam a enfrentar forte resistência; tem início nova fase da guerra com as derrotas do Eixo. • Pressionado, Getúlio Vargas entra na guerra ao lado dos Aliados.
1943	• Segunda Guerra Mundial: os Aliados conquistam o norte da África e dominam o Mediterrâneo; Mussolini é destituído na Itália; Marechal Tito e seus guerrilheiros tomam o poder na Iugoslávia.
1944	• Segunda Guerra Mundial: no denominado Dia D, os Aliados desembarcam na Normandia e retomam o norte da Europa; Paris é libertada; os alemães atacam a Inglaterra com as bombas V-2.
1945	• Segunda Guerra Mundial; Conferência de Yalta com a participação de Churchill, Roosevelt e Stalin; o exército soviético entra em Berlim; Mussolini é fuzilado na Itália, Hitler suicida-se na Alemanha. A aviação norte-americana lança a bomba atômica sobre Hiroxima e Nagasáqui. Fim da Guerra. • Criação da ONU. • No Brasil, deposição de Getúlio Vargas.

ano	arte – ciência – filosofia
1930	• Em Nova York, termina a construção do Empire State Building. • Heitor Villa-Lobos inicia a composição de suas *Bachianas brasileiras*.
1931	• Buñuel, que já havia realizado *Um cão andaluz*, filma *A idade de ouro*, clássico do cinema surrealista.
1932	• Aldous Huxley publica *Admirável mundo novo*.
1935	• Candido Portinari pinta a tela *O café* e inicia sua produção voltada à realidade brasileira.
1936	• Ferdinand Porsche, por encomenda de Hitler, constrói o primeiro Volkswagen. • Charles Chaplin filma *Tempos modernos*.
1937	• Picasso, na França, pinta a tela *Guernica*. • Walt Disney filma *Branca de Neve e os sete anões*.
1938	• Invenção da caneta esferográfica. • Jean-Paul Sartre publica *A náusea*.
1939	• O norte-americano John Steinbeck publica *As vinhas da ira*, romance de temática proletária.
1940	• Charles Chaplin filma *O grande ditador*.
1941	• Orson Welles filma *Cidadão Kane*, considerado por muitos críticos o melhor filme da história do cinema.
1942	• O franco-argelino Albert Camus publica o romance existencialista *O estrangeiro*.
1943	• Sartre publica *O ser e o nada*. • Antoine de Saint-Exupéry publica *O pequeno príncipe*.
1945	• O cineasta italiano Roberto Rosselini filma *Roma, cidade aberta*, um dos marcos inaugurais do neorrealismo italiano.

Exercício comentado

Texto para a próxima questão.

Modinha do empregado de banco

Eu sou triste como um prático de farmácia
sou quase tão triste como um homem que usa costeletas
Passo o dia inteiro pensando nuns carinhos de mulher
mas só ouço o tectec das máquinas de escrever.

Lá fora chove e a estátua de Floriano fica linda.
Quantas meninas pela vida afora
E eu alinhando no papel as fortunas dos outros.
Se eu tivesse estes contos punha a andar
a roda da imaginação nos caminhos do mundo.
E os fregueses do Banco
que não fazem nada com estes contos!
Chocam outros contos pra não fazerem nada com eles

Também se o Diretor tivesse a minha imaginação
o Banco já não existiria mais
e eu estaria noutro lugar.

(Murilo Mendes)

1. (ESPM-SP) Sobre o poema de Murilo Mendes, assinale a incorreta. O "eu" poético:
   a) questiona o acúmulo de dinheiro na sociedade capitalista: objeto que existe como um meio, não um fim.
   b) lastima o fato de os fregueses do Banco estarem preocupados em multiplicar a fortuna, não usufruir a vida.
   c) considera os contos chocando e o alinhamento da fortuna alheia os responsáveis pela sua dúvida existencial.
   d) põe sua roda da imaginação para funcionar quando se refere aos carinhos de mulher, à chuva e às meninas.
   e) deixa subentendida uma oposição entre o ter capitalista e o querer poético.

Comentário do vestibular:

Não são necessariamente os contos chocando e o alinhamento da fortuna alheia os responsáveis pela dúvida existencial do eu lírico, mas sua necessidade de trabalhar para a garantia da sobrevivência. Não é o fato de os outros terem dinheiro que o incomoda, mas o fato de ele não ter e precisar de um trabalho tedioso para ganhar a vida.

Resposta: alternativa **c**.

Exercícios propostos

1. (Unifesp) Leia o poema de Murilo Mendes, autor do Modernismo brasileiro, e responda.

Pré-história

Mamãe vestida de rendas
Tocava piano no caos.
Uma noite abriu as asas
Cansada de tanto som,
Equilibrou-se no azul,
De tonta não mais olhou
Para mim, para ninguém!
Cai no álbum de retratos.

a) Identifique duas características da literatura modernista presentes no poema.

b) Transcreva duas passagens do poema nas quais se evidenciam imagens surrealistas.

2. (ESPM-SP) Observe o texto:

Áporo

Um inseto cava
Cava sem alarme
Perfurando a terra
Sem achar escape

Que fazer, exausto,
em país bloqueado,
enlace de noite
raiz e minério?

Eis que o labirinto
(oh razão, mistério)
presto se desata:
em verde, sozinha,
antieuclidiana,
uma orquídea forma-se.

Carlos Drummond de Andrade

Vocabulário
áporo: mesmo que aporismo; problema difícil ou de resolução impossível.

Marque a afirmativa em desacordo com o texto:

a) "Áporo" pode ser interpretado como sem poro, remetendo à ideia de algo sem saída, além de relacionar-se ao verso "Sem achar escape".

b) A expressão "em país bloqueado" e a palavra "presto" podem sugerir o período totalitário no Brasil que não deu liberdade de expressão a Luís Carlos Prestes enquanto ele tentava se fazer ouvir.

c) A orquídea "antieuclidiana" pode ser interpretada como algo não geométrico, não exato, que contraria as convenções.

d) O poema faz intertextualidade com o poema "A Flor e a Náusea", do próprio autor, e ambos os poemas se filiam ao Neorrealismo da 2ª geração modernista.

e) Nesse poema há uma linguagem acadêmica que se opõe à coloquialidade usada em outros poemas do autor, como nos versos "Mariquita dá cá o pito / no teu pito está o infinito".

3. (ITA-SP) Dadas as afirmações:

I. A poesia de Carlos Drummond de Andrade, de caráter fundamentalmente regionalista e preocupada com o cotidiano, restringe-se a um inventário das emoções mineiras do poeta.

II. A poesia de Manuel Bandeira, de inspiração jornalística e de caráter confidencial e autobiográfico, exprime-se tanto pelo verso livre quanto pelo tradicional.

III. A obra lírica de Cecília Meireles, marcada por constantes formais – como o mar, o espaço, a solidão, o sentimento do efêmero, é essencialmente descritiva, voltada para a natureza brasileira e nossos vultos históricos.

Está(ão) correta(s):

a) Nenhuma

b) Apenas I

c) Apenas II

d) Apenas III

e) Todas

4. (UFPR) Sobre o livro "O romanceiro da inconfidência", de Cecília Meireles, considere as afirmativas a seguir:

1. Os documentos históricos ligados à posteridade não esclarecem de fato certos episódios relacionados à Inconfidência Mineira. Em face dessa situação, Cecília Meireles optou por apresentar os acontecimentos e as personagens a partir de uma perspectiva lírica que prescinde de nitidez e definição.

2. O poema contém partes de elaboração clássica, metrificadas em versos longos, e outras, mais próximas das composições populares, em versos curtos.

3. Além das personagens diretamente envolvidas no movimento sedicioso do título, o poema também trata de outras, como Chica da Silva, que embora não estejam diretamente envolvidas, ajudam a compor o ambiente histórico do texto.

4. Tiradentes, o alferes que a história transformou em herói, é apresentado na obra como indivíduo ambíguo e de moral discutível, numa clara contraposição literária à imagem apresentada pelos historiadores mais conservadores.

Assinale a alternativa correta.

a) Somente as afirmativas 1, 2 e 3 são verdadeiras.

b) Somente as afirmativas 1, 2 e 4 são verdadeiras.

c) Somente as afirmativas 2 e 4 são verdadeiras.

d) Somente as afirmativas 2, 3 e 4 são verdadeiras.

e) Somente as afirmativas 3 e 4 são verdadeiras.

5. (UFPE) Sobre Cecília Meireles e Manuel Bandeira, podemos afirmar que:

( ) ambos são poetas que aderiram ao Modernismo, embora tenham experimentado outras tendências estéticas anteriores.

( ) Bandeira eliminou posteriormente os resíduos parnasianos e simbolistas de sua poesia, os quais podem ser observados em "Cinza das Horas" e "Carnaval". Como se lê em sua poesia, predominam o lirismo do eu e o subjetivismo.

( ) Bandeira empresta à sua poesia um caráter confidencial, mas, ao contrário dos poetas românticos, observa-se que ironiza seus próprios desejos, considerando-os ilusões.

( ) Cecília Meireles, considerada uma neossimbolista, é, contudo, bastante objetiva na construção de sua temática poética.

( ) apesar da delicadeza de suas imagens e da propriedade de seus símbolos, a poesia de Cecília tem caráter inovador e futurista.

Textos para a próxima questão.

Era ELE que erguia casas
Onde antes só havia chão.
Como um pássaro sem asas
Ele subia com as casas
Que lhe brotavam da mão (...)

Olhou em torno: gamela
banco, enxerga, caldeirão
Vidro, parede, janela,
Casa, cidade, nação!
Tudo, tudo o que existia
Era ele quem o fazia
Ele um humilde operário
Um operário que sabia
Exercer sua profissão.

(Vinícius de Morais, "O Operário em Construção")

(...) Em um engenho sois imitadores de Cristo crucificado (...) A Paixão de Cristo parte foi de noite sem dormir, parte do dia sem descansar, e tais são as vossas noites e os vossos dias. Cristo despido, e vós despidos; Cristo sem comer, e vós famintos; Cristo em tudo maltratado, e vós maltratados em tudo. (...)

(Padre Vieira, "Sermão XIV do Rosário")

6. (ESPM-SP) Vieira e Vinícius, autores de épocas diferentes, comparam Cristo ao trabalhador. Marque a opção que contenha afirmação INADEQUADA em relação a seus textos:

a) Vinícius enaltece o trabalho braçal e menospreza o lado intelectual da figura divina.

b) Vinícius e Vieira exaltam o trabalho árduo respectivamente do operário e do escravo.

c) A figura divina de Cristo é invocada por ambos os autores; ela faz analogia com o trabalhador comum.

d) O primeiro texto exalta o trabalho do operário, tratando-o como um fazedor de milagres, a exemplo de Cristo; o segundo ressalta a situação de sofrimento do cativo.

e) Apesar de religioso, o padre Vieira dá ênfase a uma questão social: as mazelas oriundas do sistema escravocrata.

7. (Unicamp-SP) O poeta Vinicius de Moraes, apesar de modernista, explorou formas clássicas como o soneto a seguir, em versos alexandrinos (12 sílabas) rimados:

Soneto da intimidade

Nas tardes de fazenda há muito azul demais.
Eu saio às vezes, sigo pelo pasto, agora
Mastigando um capim, o peito nu de fora
No pijama irreal de há três anos atrás.

Desço o rio no vau dos pequenos canais
Para ir beber na fonte a água fria e sonora
E se encontro no mato o rubro de uma amora
Vou cuspindo-lhe o sangue em torno dos currais.

Fico ali respirando o cheiro bom do estrume
Entre as vacas e os bois que me olham sem ciúme
E quando por acaso uma mijada ferve

Seguida de um olhar não sem malícia e verve
Nós todos, animais, sem comoção nenhuma
Mijamos em comum numa festa de espuma.

(Vinicius de Moraes, *Antologia poética*. São Paulo: Companhia das Letras, 2001, p. 86.)

a) Essa forma clássica tradicionalmente exigiu tema e linguagem elevados. O "Soneto da intimidade" atende a essa exigência? Justifique.

b) Como os quartetos anunciam a identificação do eu lírico com os animais? Como os tercetos a confirmam?

8. (UFSM-RS) No poema "A hora íntima", Vinicius de Moraes pergunta "Quem pagará o enterro e as flores / Se eu me morrer de amores?". Nessa passagem, os versos de Vinicius retomam, num tom ameno e voltado para a temática da relação amorosa, a ideia de "se eu morresse amanhã", consagrada por

a) Álvares de Azevedo – condoreiro romântico.

b) Castro Alves – lírico romântico.

c) Fagundes Varela – condoreiro romântico.

d) Álvares de Azevedo – lírico romântico.

e) Castro Alves – condoreiro romântico.

Módulo 26 • O Brasil de 1930 a 1945 – o romance

1. Romance dos anos 1930 e 1940

Os anos de 1925 a 1930 marcam a divulgação do Modernismo pelos vários estados brasileiros. Assim é que o Centro Regionalista do Nordeste, com sede no Recife, lança o Manifesto Regionalista de 1926, em que procura "desenvolver o sentimento de unidade do Nordeste" dentro dos novos valores modernistas. Apresenta como proposta "trabalhar em prol dos interesses da região nos seus aspectos diversos: sociais, econômicos e culturais". Além de promover conferências, exposições de arte, congressos, o Centro editaria uma revista.

As transformações vividas pelo país com a Revolução de 1930 e o consequente questionamento das tradicionais oligarquias, os efeitos da crise econômica mundial e os choques ideológicos que levaram a posições mais definidas e engajadas formavam um campo propício ao desenvolvimento de um romance caracterizado pela denúncia social – verdadeiro documento da realidade brasileira –, em que as relações "eu"/mundo atingiam elevado grau de tensão.

Há ainda outros temas abordados por esses autores: nas regiões de cana, a decadência dos banguês e engenhos, devorados pelas modernas usinas – ponto fundamental dos romances de José Lins do Rego –, o poder político nas mãos de interventores, as constantes secas acirrando as desigualdades sociais e gerando mão de obra baratíssima, o intenso movimento migratório, a miséria, a fome.

Rachel de Queiroz

A obra de Rachel de Queiroz é fortemente marcada pelo regionalismo: o Ceará, sua gente, sua terra, as secas são referências constantes em seus romances, escritos em linguagem fluente e de diálogos fáceis, o que resulta em uma narrativa dinâmica. Em seus primeiros romances – *O Quinze* e *João Miguel* –, os aspectos social e psicológico coexistem, embora o primeiro superponha-se ao segundo. Em *Caminho de pedras*, atinge o ponto máximo da literatura engajada e esquerdizante: é seu romance mais social, mais político; foi publicado em 1937, no início do Estado Novo de Getúlio Vargas.

A partir dessa época, em decorrência da situação adversa, a romancista abandona pouco a pouco o aspecto social, passando a valorizar a análise psicológica, diretriz que pode ser percebida no romance *As três Marias*.

Jorge Amado

Jorge Amado representa o regionalismo baiano da zona rural do cacau e da zona urbana de Salvador. Sua grande preocupação foi fixar tipos marginalizados, para, por meio deles, analisar toda a sociedade. Seus romances, escritos numa linguagem que retrata o falar do povo – o que lhe tem valido críticas dos mais puristas –, são marcados pelo lirismo e pela postura ideológica. Acerca deste último aspecto, Jorge Amado nunca fez segredo de suas posições políticas, seja como homem público, seja como escritor, e não só dedicou alguns livros a Luís Carlos Prestes, como escreveu uma biografia do líder comunista brasileiro.

Os críticos literários classificam sua obra em:

- **romances proletários** – retratam a vida urbana em Salvador, com forte coloração social, como é o caso de *Suor*, *O país do carnaval* e *Capitães da areia*.
- **ciclo do cacau** – abordam as fazendas de cacau de Ilhéus e Itabuna, a exploração do trabalhador rural e os exportadores – a nova força econômica da região. *Cacau*, *Terras do sem-fim* e *São Jorge dos Ilhéus* pertencem a esse ciclo.
- **depoimentos líricos e crônicas de costumes** – essa fase, iniciada com *Jubiabá* e *Mar morto*, se consolidaria com *Gabriela, cravo e canela* (que, apesar de apresentar a zona cacaueira como cenário, é uma crônica de costumes), estendendo-se às últimas produções do autor.

José Lins do Rego

José Lins do Rego apelou constantemente para as recordações da infância e da adolescência para compor seu ciclo da cana-de-açúcar – série de romances de caráter memorialista que retratam a Zona da Mata nordestina num período crítico de transição: a decadência dos engenhos, esmagados pelas poderosas usinas. Em todo o ciclo, o cenário é o engenho

Santa Rosa, do velho coronel Zé Paulino, avô de Carlos de Melo (o narrador de *Menino de engenho*, que, em muitas passagens, é autobiográfico). Além deles, povoam o Santa Rosa o tio Juca, os moleques – filhos dos empregados – que vivem soltos pelos engenhos e brincam com os meninos – filhos dos proprietários – na ingênua igualdade da infância, apesar dos preconceitos dos adultos.

Graciliano Ramos

Graciliano Ramos leva ao limite o clima de tensão das relações ser humano/meio natural, ser humano/meio social, tensão essa geradora de um conflito intenso, capaz de moldar personalidades e transfigurar o que as pessoas têm de bom. Nesse contexto violento, a morte é uma constante; é o final trágico e irreversível decorrente de relacionamentos impraticáveis.

Em seus romances, as condições sub-humanas nivelam animais e pessoas. Portanto, a luta pela sobrevivência parece ser o grande ponto de contato entre todos os personagens. Em consequência, uma palavra se repete em toda a obra do escritor: *bicho*, aquele que só tem uma coisa a defender – a vida.

Do ponto de vista formal, Graciliano Ramos talvez seja o escritor brasileiro de linguagem mais sintética. Em seus textos enxutos, a concisão atinge o clímax: não há uma palavra a mais ou a menos. Trabalha a narração com a mesma mestria, tanto em primeira como em terceira pessoa.

Érico Veríssimo

Érico Veríssimo é o representante gaúcho do regionalismo modernista. Parte de seus romances – desde *Clarissa* até *Saga*, passando por *Música ao longe*, *Caminhos cruzados* e *Olhai os lírios do campo* – retrata a vida urbana da provinciana Porto Alegre e a crise da sociedade moderna, cuja nota marcante é a falta de solidariedade, o cotidiano caótico. Seus personagens, com destaque para *Clarissa* e *Vasco*, reaparecem em várias situações e em vários momentos, o que levou o crítico Wilson Martins a reconhecer um ciclo de *Clarissa*. Por essa repetição ao longo de vários romances, o autor tem sido acusado de ser redundante e, mais do que isso, de ser superficial, tanto na abordagem psicológica como na social. Apesar disso, esses primeiros romances são responsáveis pela popularidade de Érico Veríssimo, muito semelhante, em termos de aceitação pública, à de Jorge Amado.

Exercício comentado

1. (Uespi) Graciliano Ramos foi um dos principais escritores da Geração de 30. Geração esta que, dentro dos princípios do regionalismo, pensou o Brasil (seus problemas sociais, políticos, religiosos, econômicos e culturais) a partir de cada uma das suas regiões. *São Bernardo*, romance publicado em 1934, tem como cenário a zona pastoril de Alagoas. Sobre esta obra de Graciliano, é correto afirmar o que segue.
   a) *São Bernardo* é narrado na terceira pessoa, o que permite um distanciamento entre o narrador e o objeto da narrativa.
   b) Paulo Honório, o personagem principal do romance, é filho de um rico proprietário rural, de quem ele herda a fortuna.
   c) A narrativa do romance é concisa, clara, dinâmica, sem se perder em episódios que sejam desnecessários para a compreensão da obra.
   d) Paulo Honório amarga "três anos, nove meses e quinze dias" na cadeia por matar a sua primeira namorada: Germana.
   e) As relações de Paulo Honório com os empregados da fazenda são harmoniosas e sem nenhum conflito.

Comentário do vestibular:

O romance *São Bernardo* é narrado em 1ª pessoa por Paulo Honório, que em criança guiava um cego e vendia cocadas feitas por uma mulher que o criava para conseguir algum dinheiro. A prisão de três anos, nove meses e quinze dias deve-se ao fato de ele ter esfaqueado João Fagundes, um homem que se envolve com a mulher com quem tivera sua primeira relação sexual. Também as relações de Paulo Honório com os empregados da fazenda são conflituosas, tensas, assim como com sua mulher Madalena. É correta apenas a alternativa **c**.

Resposta: alternativa **c**.

Exercícios propostos

Textos para a próxima questão.

Trecho 1

No dia seguinte, encontrei Madalena escrevendo. Avizinhei-me nas pontas dos pés e li o endereço de Azevedo Gondim.

– Faz favor de mostrar isso?

Madalena agarrou uma folha que ainda não havia sido dobrada.

(...)

– Vá para o inferno, trate da sua vida.

Aquela resistência enfureceu-me:

– Deixa ver a carta, galinha.

Madalena desprendeu-se e entrou a correr pelo quarto, gritando:

– Canalha!

D. Glória chegou à porta, assustada:

– Pelo amor de Deus! Estão ouvindo lá fora.

Perdi a cabeça:

– Vá amolar a p.q.p. Está mouca, aí com a sua carinha de santa? É isto: p.q.p. E se achar ruim, rua. A senhora e a boa de sua sobrinha, compreende? P.q.p. as duas.

Trecho 2

Penso em Madalena com insistência. Se fosse possível recomeçarmos... Para que enganar-me? Se fosse possível recomeçarmos, aconteceria exatamente o que aconteceu. Não consigo modificar-me, é o que mais me aflige.

1. (Unifesp)

Paulo Honório cresceu e afirmou-se no clima da posse, mas a sua união com a professorinha idealista da cidade vem a ser o único e decisivo malogro daquela posição de propriedade estendida a um ser humano. (...) romance do desencontro fatal entre o universo do ter e o universo do ser, [a obra] ficará, na economia extrema de seus meios expressivos, como paradigma do romance psicológico e social da nossa literatura. Também aqui vira escritor o herói decaído a anti-herói depois do suicídio da mulher que a sua violência destruíra.

(Alfredo Bosi, "História concisa da Literatura Brasileira".)

Os trechos 1 e 2 e as informações de Alfredo Bosi remetem a:

a) "Senhora", de José de Alencar.

b) "Dom Casmurro", de Machado de Assis.

c) "São Bernardo", de Graciliano Ramos.

d) "Fogo morto", de José Lins do Rego.

e) "Grande sertão: veredas", de Guimarães Rosa.

2. (UCS-RS) A seca é metáfora recorrente na literatura, especialmente no segundo período modernista. Assinale a alternativa correta em relação às obras que apresentam cenas que caracterizam a brutal realidade dos retirantes nordestinos.

a) *O Quinze*, de Raquel de Queirós; *Vidas Secas*, de Graciliano Ramos

b) *Menino de Engenho*, de José Lins do Rego; *Grande Sertão: Veredas*, de Guimarães Rosa

c) *A Rosa do Povo*, de Carlos Drummond de Andrade; *Os Sertões*, de Euclides da Cunha

d) *Um Lugar ao Sol*, de Érico Veríssimo; *A Legião Estrangeira*, de Clarice Lispector.

e) *Capitães da Areia*, de Jorge Amado; *Urupês*, de Monteiro Lobato.

3. (UFSM-RS)

"Naquela madrugada de abril de 1745, o Pe. Alonzo acordou angustiado. (...) Alonzo olhou para o nascente e foi de repente tomado dum sentimento de apreensão muito semelhante ao mal-estar que lhe deixara o sonho da noite. Naquela direção ficava o Continente do Rio Grande de São Pedro, que Portugal, inimigo da Espanha, estava tratando de garantir para a sua coroa."

("O Continente I", de Érico Veríssimo.)

A figura de Pe. Alonzo e o episódio histórico dos Sete Povos das Missões situam no tempo uma das passagens de "O tempo e o vento", de Érico Veríssimo. Aponte a alternativa que apresenta essa passagem.

a) A mudança de Rodrigo Cambará para Santa Fé e o consequente casamento com Bibiana.

b) O encontro entre Licurgo e Ismália Caré, que se torna sua amante.

c) Os cuidados que a família de Ana Terra dispensa ao índio ferido.

d) Da torre da igreja, Liroca vigia o Sobrado sitiado por tropas inimigas.

e) Carl Winter descreve suas reações diante da execução de um condenado em praça pública.

4. (PUC-RS) Para responder à questão, analisar as afirmativas que seguem.

I. Com "O tempo e o vento", de Erico Verissimo, texto fundador da identidade sulina, a representação da natureza contribui para a criação da figura do gaúcho.

II. "Clarissa", primeiro livro de Erico Verissimo, idealiza a vida na cidade e as relações humanas que ali acontecem.

III. Nos romances urbanos de Erico Verissimo, a vida na cidade é descrita em seu cotidiano, através da crônica de costumes, às vezes com conotação intimista.

IV. Ana Terra, personagem de Erico Verissimo, que representa a força da mulher do Rio Grande do Sul, faz o elo entre o campo e a cidade, apontando para a vida urbana.

Pela análise das afirmativas, conclui-se que estão corretas

a) I e III, apenas.

b) II e IV, apenas.

c) II e III, apenas.

d) I e IV, apenas.

e) I, II, III e IV.

Texto para a próxima questão.

A velha Sinhá não sabia mesmo o que se passava com o seu marido. Fora ele sempre de muito gênio, de palavras duras, de poucos agrados. Agora, porém, mudara de maneira esquisita. Via-o vociferar, crescer a voz para tudo, até para os bichos, até para as árvores. Não podia ser velhice, a idade abrandava o coração dos homens. Pobre da Marta que o pai não podia ver que não viesse com palavras de magoar até as pedras. Por ela não, que era um resto de gente só esperando a morte. Mas não podia se conformar com a sorte de sua filha. O que teria ela de menos que as outras? Não era uma moça feia, não era uma moça de fazer vergonha. E no entanto nunca apareceu rapaz algum que se engraçasse dela. Era triste, lá isso era. Desde pequena via aquela menina quieta para um canto e pensava que aquilo fosse até vantagem. A sua comadre Adriana lhe chamava a atenção:

– Comadre, esta menina precisa ter mais vida.

Não fazia questão. Moça era para viver dentro de casa, dar-se a respeito. E Marta foi crescendo e não mudou de gênio. Botara na escola do Pilar, aprendeu a ler, tinha um bom talhe de letra, sabia fazer o seu bordado, tirar o seu molde, coser um vestido. E não havia rapaz que parasse para puxar uma conversa. Havia moças mais feias, mais sem jeito, casadas desde que se puseram em ponto de casamento. Estava com mais de trinta anos e agora aparecera-lhe aquele nervoso, uma vontade desesperada de chorar que lhe metia medo. Coitada da filha. E depois ainda por cima o pai nem podia olhar para ela. Vinha com gritos, com despropósitos, com implicâncias. O que sucederia à sua filha, por que Deus não lhe dera uma sina mais branda?, pensava assim a velha Sinhá enquanto na tenda o mestre José Amaro batia sola. Aquele ofício era doentio.

(José Lins do Rego, *Fogo morto*.)

5. (Fatec-SP) "Fogo morto", de José Lins do Rego, é um romance característico

a) do regionalismo romântico do século XIX, como se comprova pela descrição da personagem idealizada pelo sofrimento exagerado.

b) da ficção dos anos 30 e 40 do século XX, em que a observação do meio social não reduz o alcance da análise dos conflitos humanos.

c) da experimentação dos anos 20 do século XX, uma vez que o autor critica os valores da família burguesa e sua inadequação aos padrões culturais.

d) do regionalismo realista-naturalista de finais do século XIX, pois o comportamento das personagens é determinado pelo meio natural.

e) da prosa de vanguarda dos anos 60 do século XX.

6. (Ufal) O trecho abaixo pertence ao romance *Menino de Engenho*, de José Lins do Rego:

"Meu avô me levava sempre em suas visitas de corregedor às terras de seu engenho. Ia ver de perto os seus moradores, dar uma visita de senhor nos seus campos. O velho José Paulino gostava de percorrer a sua propriedade, de andá-la canto por canto, entrar pelas suas matas, olhar as suas nascentes, saber das precisões de seu povo, dar os seus gritos de chefe, ouvir queixas e implantar a ordem. Andávamos muito nessas suas visitas de patriarca."

Baseado na leitura do romance de José Lins do Rego e na análise do trecho acima assinale como VERDADEIRAS as afirmações que estão corretas, e como FALSAS aquelas que não estão.

( ) Nesta passagem, o autor põe em cena um típico coronel nordestino, exercendo de várias formas o seu poder de mando.

( ) Expressões como "meu avô me levava" e "andávamos" indicam tratar-se de uma narração em terceira pessoa.

( ) "Patriarca" é um termo que se refere ao tipo de domínio que exerciam os proprietários dos antigos engenhos sobre todos os seus dependentes.

( ) O uso abundante de pronomes possessivos, nesta passagem do romance, desmente o patriarcalismo do coronel José Paulino.

( ) Esta passagem mostra que o velho coronel era autoritário com seus dependentes, deixando de considerar suas necessidades.

7. (UFPE) Os comentários a seguir foram publicados na imprensa por ocasião da morte de um romancista brasileiro famoso. Analise-os.

1) "Mais do que qualquer outro autor, ele deixou um legado literário, detentor de enorme carisma. Suas tramas parecem puxar um prazeroso fio condutor de imagens que remetem às praias, ladeiras e paisagem humana, gente, mitos africanos e sabores de seu estado natal."

(Schneider Carpegiani/JC)

2) "Apesar de estar o autor situado dentro do Romance Regional de 30, esse gênero não o limita, pois é um enorme guarda-chuva, abarcando várias facções. Diferente dos demais autores desta fase, suas narrativas trazem uma mínima tensão entre mundo e personagem. Estes se resolvem bem, sabendo adaptar-se às situações."

(Lourival de Holanda / UFPE)

3) "Quem nasceu primeiro, a mulher brasileira, tal como é divulgada, ou essa imagem retratada em

vários personagens desse criador admirado pelas suas criaturas adoráveis, sensuais, brejeiras, que viraram mulheres-símbolos de uma nação cuja variedade racial é a maior característica?"

(Flávia de Gusmão / JC)

O autor em questão é:

a) José Lins do Rego
b) Gilberto Freyre
c) Jorge Amado
d) Guimarães Rosa
e) Graciliano Ramos

8. (Fuvest-SP) Leia o seguinte excerto de *Capitães da areia*, de Jorge Amado, e responda ao que se pede.

O sertão comove os olhos de Volta Seca. O trem não corre, este vai devagar, cortando as terras do sertão. Aqui tudo é lírico, pobre e belo. Só a miséria dos homens é terrível. Mas estes homens são tão fortes que conseguem criar beleza dentro desta miséria. Que não farão quando Lampião libertar toda a caatinga, implantar a justiça e a liberdade?

Compare a visão do sertão que aparece no excerto de *Capitães da areia* com a que está presente no livro *Vidas secas*, de Graciliano Ramos, considerando os seguintes aspectos:

a) a terra (o meio físico);
b) o homem (o sertanejo).

Responda, conforme solicitado, considerando cada um desses aspectos nas duas obras citadas.

Texto para a próxima questão.

O texto a seguir foi retirado da obra de Graciliano Ramos, *Vidas Secas*. Esse romance completou, em agosto de 2008, 70 anos de sua primeira publicação. É narrado em 3ª pessoa (ao contrário das obras anteriores de Graciliano) e pertence a um gênero intermediário entre romance e livro de contos.

Fabiano, uma coisa da fazenda, um triste, seria despedido quando menos esperasse. Ao ser contratado, recebera o cavalo de fábrica, peneiras, gibão, guarda-peito e sapatões de couro, mas ao sair largaria tudo ao vaqueiro que o substituísse.

Sinhá Vitória desejava possuir uma cama igual à de seu Tomás da bolandeira. Doidice.

Não dizia nada para não contrariá-la, mas sabia que era doidice. Cambembes podiam ter luxo? E estavam ali de passagem.

Qualquer dia o patrão os botaria fora, e eles ganhariam o mundo, sem rumo, nem teria meio de conduzir os cacarecos. Viviam de trouxa amarrada, dormiriam bem debaixo de um pau.

Olhou a caatinga amarela, que o poente avermelhava. Se a seca chegasse, não ficaria planta verde. Arrepiou-se. Chegaria, naturalmente. Sempre tinha sido assim, desde que ele se entendera.

E antes de se entender, antes de nascer, sucedera o mesmo – anos bons, misturados com anos ruins. A desgraça estava em caminho, talvez andasse perto. Nem valia a pena trabalhar. Ele marchando para casa, trepando a ladeira, espalhando seixos com as alpercatas – ela se avizinhando a galope, com vontade de matá-lo.

(*Vidas Secas* – Graciliano Ramos)

9. (Ibmec-RJ) Graciliano Ramos é um dos integrantes da segunda geração do Modernismo, ou Modernismo de 1930. Nas opções a seguir, assinale a que apresenta o principal caminho desse estilo de época:

a) A poesia destruidora da tradição.
b) A prosa introspectiva.
c) A linguagem revolucionária.
d) O regionalismo nordestino.
e) A prosa de tendências fantásticas.

10. (UFRGS-RS) Assinale com V (verdadeiro) ou F (falso) as afirmações a seguir, referentes ao Romance de 30.

( ) A década de 1930 dá lugar a uma renovação do regionalismo brasileiro, associado, sobretudo, à ficção nordestina.

( ) Os romancistas de 30 mostram-se mais preocupados com o questionamento da realidade do que com inovações formais.

( ) Um dos temas da ficção de 30 diz respeito ao ciclo do cangaço, sendo "O Quinze", de Raquel de Queirós, o melhor exemplo de romance desse ciclo.

( ) O desenvolvimento da economia rural, com a crescente modernização dos meios de produção no campo, é um dos focos principais das narrativas de 30.

( ) Alguns romances de 30 mostram as primeiras consequências sociais do surgimento da industrialização, apontando o deslocamento da população do campo para a cidade.

A sequência correta de preenchimento dos parênteses, de cima para baixo, é

a) F – V – F – V – F.
b) V – F – F – V – V.
c) F – V – V – V – F.
d) V – V – F – F – V.
e) F – F – V – F – V.

Módulo 27 • O Brasil depois de 1945

1. 1945: uma nova ordem no mundo e no Brasil

Com o fim da Segunda Guerra Mundial e a derrota do nazifascismo, mas com o mundo chocado pelo horror atômico, assistiu-se à composição de uma nova ordem mundial, com a divisão da Alemanha, a criação da Organização das Nações Unidas, a oposição entre capitalismo e socialismo e a consequente Guerra Fria.

No Brasil, os ventos da democratização derrubam Getúlio Vargas (1882-1954) após 15 anos de governo (dos quais os últimos oito marcados pelo autoritarismo do Estado Novo). Promulgou-se uma nova Constituição, em 1946, e os partidos foram liberados, mas em 1947 o governo brasileiro alinhou-se aos Estados Unidos na Guerra Fria e colocou o Partido Comunista Brasileiro e os movimentos populares na ilegalidade.

2. Os rumos da poesia e da prosa

A principal marca da poesia pós-1945 foi a pesquisa formal, a pesquisa estética. De fato, os anos finais da década de 1940 e toda a década de 1950 foram marcados por uma incessante busca de rumos tanto para o verso discursivo, mais tradicional, quanto para uma poesia que promovesse uma ruptura radical, incorporando conceitos do poema-objeto, o poema concreto.

Assim, podem-se reconhecer alguns caminhos na poesia:

- a "Geração de 45": a partir de 1945, ganha corpo uma geração de poetas que se opõe às conquistas e inovações dos modernistas de 1922. Negando a liberdade formal, as ironias, as sátiras e outras "brincadeiras" modernistas, os poetas de 1945 se dedicam a uma poesia mais "equilibrada e séria", distante do que eles chamam de "primarismo desabonador" de Mário de Andrade e Oswald de Andrade. Esse grupo era formado, entre outros poetas, por Lêdo Ivo, Péricles Eugênio da Silva Ramos, Geir Campos e Darcy Damasceno.
- o Concretismo: movimento lançado em meados dos anos 1950, liderado pelos irmãos Augusto e Haroldo de Campos e por Décio Pignatari, pregava o aproveitamento do espaço tipográfico, a dissolução e o reagrupamento dos vocábulos, o jogo semântico, visual, acústico.
- tradição e ruptura: não chegando ao extremo de romper com as conquistas dos primeiros modernistas, mas não abrindo mão da pesquisa estética, estão poetas já consagrados, como Carlos Drummond de Andrade e Manuel Bandeira, e novos nomes, como João Cabral de Melo Neto, Ferreira Gullar e José Paulo Paes, produzindo uma literatura da mais alta qualidade.

Quanto à prosa, ao lado da permanência de autores consagrados, dois nomes roubam a cena literária brasileira: Clarice Lispector, produzindo literatura de caráter introspectivo, e Guimarães Rosa, que abriu novos horizontes para a literatura regionalista e revolucionou a linguagem da prosa.

3. Autores representativos

João Cabral de Melo Neto: a engenharia da palavra

A poesia de João Cabral caracteriza-se pela objetividade na constatação da realidade e, em alguns casos, pela tendência ao surrealismo. No nível temático, distinguem-se em sua poética três grandes preocupações: o **Nordeste** (os retirantes, suas tradições, a herança medieval, Recife, o rio Capibaribe), a **Espanha** (suas paisagens e seus pontos em comum com o Nordeste brasileiro), a **Arte** (em suas várias manifestações).

João Cabral apresenta em toda a sua obra uma preocupação com a estética, com a arquitetura da poesia, construindo palavra sobre palavra, como o engenheiro coloca pedra sobre pedra. É o "poeta engenheiro", que constrói uma poesia calculada, racional, num evidente combate ao sentimentalismo. O ato de escrever consiste num trabalho de depuração; as palavras são degustadas e selecionadas pelo seu sabor e peso, não podem boiar à toa.

Ferreira Gullar: lirismo e poesia social

A obra do poeta Ferreira Gullar apresenta diferentes fases. Inicialmente, a poesia é mais lírica e experimental, com composições de expressão subjetiva, que brincam com a musicalidade e a síntese verbal e antecipam a poesia concreta, explorando a espacialidade. Em um segundo momento, o diálogo, o humor e a coloquialidade se fazem presentes, aproximando-se do Modernismo. A partir de 1964, com a ditadura militar no Brasil e a Guerra Fria no cenário mundial, o poeta passa a produzir poemas de temática social em formas consagradas na cultura popular, como a literatura de cordel. Militante de esquerda, produziu literatura engajada e participou de movimentos de cultura popular.

As fases da produção poética de Ferreira Gullar são marcadas pela tentativa de compreender o fazer poético e o papel do escritor (ou seria melhor dizer, a função social do escritor).

Concretismo: poesia e espaços

As décadas de 1950 e 1960 assistiram ao lançamento de tendências poéticas caracterizadas por inovação formal, maior proximidade com outras manifestações artísticas e negação do verso tradicional. Procurava-se, assim, o "poema-produto: objeto útil". Entre essas tendências, merece especial destaque a **poesia concreta**.

Partindo da assertiva de que o verso tradicional já havia encerrado seu ciclo histórico, a poesia concreta propõe o **poema-objeto**, em que se utilizam múltiplos recursos: o acústico, o visual, a carga semântica, o espaço tipográfico e a disposição geométrica dos vocábulos na página.

Um dos traços mais importantes da modernidade da poesia concreta é aquele que procura mexer com o leitor, exigindo dele uma participação ativa, uma vez que o poema concreto permite uma leitura múltipla. Dessa forma, o poema constitui um desafio e o leitor transforma-se em coautor.

Além de Décio Pignatari e dos irmãos Campos, integram a corrente concretista José Lino Grunewald, Ronaldo Azeredo, Edgar Braga e Pedro Xisto. Alguns poetas que cultivam o tradicional verso discursivo produzem ocasionais experiências concretistas, como Manuel Bandeira, Ferreira Gullar, José Paulo Paes e Cassiano Ricardo.

Manoel de Barros: quando o nada é tudo

Manoel de Barros publicou seu primeiro livro em 1937, mas o reconhecimento e a consagração vieram apenas ao longo das décadas de 1980 e 1990. Ao completar oitenta anos (em dezembro de 1996), tornou-se o maior candidato a todos os prêmios literários com os seus mais recentes trabalhos.

"Inútil", "nada", "coisa", "bichos" são algumas das palavras-chave de uma obra que tenta reconstruir o mundo. Manoel de Barros faz exercícios poéticos no sentido de "descoisificar" o mundo, buscando uma nova forma de organizá-lo, que respeite a leitura daqueles que só têm "entidade coisal".

Guimarães Rosa: alquimista de palavras

João Guimarães Rosa publicou seu primeiro livro em 1946, um ano após a queda de Getúlio Vargas e o início das produções da chamada "Geração de 45", abrindo uma nova perspectiva para o regionalismo. A princípio, há a revalorização da linguagem; a seguir, a universalização do regional.

Sua obra é marcada pelos neologismos – sempre tendo como ponto de partida a fala dos sertanejos –, pela poesia, pelo ritmo e pela sonoridade de sua linguagem. Outro aspecto relevante é a luta entre Deus e o diabo, o Bem e o Mal. Nela transparece todo o misticismo do sertão, uma religiosidade quase medieval, caracterizada pelo medo – patente na preocupação de não invocar o demo para que ele não "forme forma"; daí o diabo ser tratado por "o que não existe" ou "o que não é mas finge ser" e expressões semelhantes.

Guimarães Rosa seguiu carreira diplomática, prestando concurso para o Ministério do Exterior – serviu na Alemanha durante a Segunda Guerra e, posteriormente, na Colômbia e na França. *Sagarana*, livro de contos, foi publicado em 1946; dez anos depois, publicou *Corpo de baile* e, em seguida, *Grande sertão: veredas*. A partir de então, tornou-se uma unanimidade.

Clarice Lispector: o mundo interior e o universo da linguagem

Clarice Lispector consagrou-se como o nome mais importante da prosa brasileira da segunda metade do século XX, ao lado de Guimarães Rosa.

A autora é o principal nome de uma certa tendência intimista da moderna literatura brasileira. O principal eixo de sua obra é o questionamento do ser, o "estar no mundo", a pesquisa do ser humano, resultando daí o chamado romance introspectivo. "Não tem pessoas que cosem para fora? Eu coso para dentro", assim explicava a autora seu ato de escrever. Nesse eterno questionar, a obra da ficcionista apresenta uma certa ambiguidade, um jogo de antíteses entre o "eu" e o "não eu", entre o ser e o não ser, já notado, de outra forma, na obra de Guimarães Rosa.

No plano da linguagem, também se percebe em Clarice uma certa preocupação com a revalorização das palavras: dá-lhes uma roupagem nova, explorando os limites do significado, trabalhando metáforas e aliterações.

4. O momento histórico

ano	economia – política – sociedade
1946	• Os criminosos de guerra alemães são condenados pelo Tribunal de Nuremberg. • Na Argentina, Domingo Perón é eleito presidente.
1947	• Na Espanha, Franco declara a volta da monarquia, mas não indica monarca e o trono segue vago. • Independência da Índia e do Paquistão.
1948	• Criação do Estado de Israel. • Gandhi é assassinado na Índia.
1949	• Mao Tsé-tung funda a República Popular da China. • Fim da Guerra Civil na Grécia, após quatro anos de sangrentos combates.
1952	• Elisabeth II assume o trono como rainha da Inglaterra. • Os EUA constroem o primeiro submarino atômico.
1954	• No Brasil, suicídio de Getúlio Vargas. • Na URSS entra em funcionamento a primeira central nuclear do mundo.
1957	• Assinado o Tratado de Roma, que dá origem à Comunidade Econômica Europeia. • A URSS lança o Sputnik I e II; o segundo foguete levava ao espaço a cadela Laika.
1959	• Vitória da Revolução Cubana, liderada por Fidel Castro e Ernesto "Che" Guevara. • O Havaí torna-se o quinquagésimo estado dos Estados Unidos.
1961	• Episódio da Baía dos Porcos: tentativa malograda de invasão de Cuba pelos norte-americanos. • Construção do muro de Berlim. • O astronauta Yuri Gagarin, a bordo da nave soviética Vostok 1, é o primeiro homem a viajar pelo espaço.
1962	• A URSS e Cuba assinam tratado de cooperação. • EUA iniciam bloqueio a Cuba. • Independência da Argélia.
1963	• O presidente norte-americano John Kennedy é assassinado em Dallas, EUA. • Liderados por Martin Luther King, 200 mil negros manifestam-se em Washington pela igualdade de direitos civis.
1964	• Início da guerrilha da Frelimo para a libertação de Moçambique. • Intensificada a guerrilha comunista no Vietnã. • Golpe militar no Brasil; início de um regime militar ditatorial que duraria vinte anos.
1965	• Os EUA entram na guerra do Vietnã.
1966	• Na China, sob a liderança de Mao Tsé-tung, tem início a Revolução Cultural.
1967	• Guerra dos Seis Dias: Israel derrota os árabes e ocupa toda a Península do Sinai. • Os EUA lançam bombas de napalm sobre o Vietnã. • Na selva boliviana, morre em combate Che Guevara.
1968	• No Brasil, edição do AI-5: início dos anos de chumbo. • Maio de 1968: em Paris, intensa onda de contestação estudantil e operária. • Primavera de Praga: reformas liberalizantes do regime socialista da Tchecoslováquia resultam na invasão de tropas do Pacto de Varsóvia, lideradas pela URSS. • Martin Luther King é assassinado.
1969	• O americano Neil Armstrong é o primeiro homem a pisar o solo lunar.
1973	• Nos EUA, escândalo Watergate e renúncia do presidente Nixon. • No Chile, Salvador Allende é morto durante o golpe militar liderado por Pinochet.
1974	• A Revolução do Cravos põe fim à longa ditadura salazarista em Portugal.
1975	• As forças do Vietnã do Norte ocupam Saigon: fim da Guerra do Vietnã.
1976	• Morte de Mao Tsé-tung. • Golpe de Estado afasta Isabel Perón; início da ditadura militar na Argentina.

ano	arte – ciência – filosofia
1947	• A Força Aérea norte-americana realiza o primeiro voo supersônico.
1948	• O matemático húngaro John von Neumann constrói o primeiro computador do mundo, o IBM SSEC.
1950	• O poeta chileno Pablo Neruda publica *Canto General*, um conjunto de poemas que contam a epopeia do povo latino-americano.
1952	• O médico Gregory Pincus realiza pesquisas para a fabricação da pílula anticoncepcional. • Ernest Hemingway publica *O velho e o mar*.
1960	• Federico Fellini filma *A Doce Vida*.
1963	• O conjunto inglês The Beatles torna-se mundialmente conhecido. • Luchino Visconti filma *O Leopardo*, adaptação do romance *Il Gatopardo*, de Tomaso de Lampedusa.
1966	• Luis Buñuel filma *A bela da tarde* (*Belle de jour*), clássico do cinema surrealista.
1967	• Na África do Sul, o doutor Christian Barnard realiza o primeiro transplante de coração. • Gabriel García Márquez publica *Cem anos de solidão*.
1968	• Stanley Kubrick filma *2001: Uma odisseia no espaço*.
1969	• Festival de Música e Artes de Woodstock: o mais importante festival de *rock and roll* e da contracultura.
1971	• Stanley Kubrick filma *Laranja Mecânica*. • Luchino Visconti filma *Morte em Veneza*, adaptação da narrativa homônima de Thomas Mann.
1973	• O engenheiro Martin Cooper, da Motorola, realiza a primeira chamada de um telefone celular. Dez anos mais tarde, a Motorola passa a comercializar o produto.
1978	• Na Inglaterra, nasce o primeiro bebê de proveta.
1979	• A Sony e a Phillips desenvolvem o *compact disc* (CD), disco digital de apenas 11,5 cm de diâmetro.
1980	• John Lennon é assassinado na porta da sua residência, em Nova York.

Exercício comentado

1. (ITA-SP) Considere o poema abaixo, de Ronaldo Azeredo:

```
V V V V V V V V V V
V V V V V V V V V E
V V V V V V V V E L
V V V V V V V E L O
V V V V V V E L O C
V V V V V E L O C I
V V V V E L O C I D
V V V E L O C I D A
V V E L O C I D A D
V E L O C I D A D E
```

ITA/2011

Ronaldo Azeredo – 1957

Esse texto

I. explora a organização visual das palavras sobre a página.

II. põe ênfase apenas na forma e não no conteúdo da mensagem.

III. pode ser lido não apenas na sequência horizontal das linhas.

IV. não apresenta preocupação social.

Estão corretas

a) I e II.
b) I, II e III.
c) I e III.
d) II e IV.
e) todas.

Comentário do vestibular:

As características gerais do Concretismo na literatura são: a abolição do conceito tradicional de verso na construção poética, a sua substituição por um signo verbivocovisual, ou seja, a exploração semântica da palavra com diversidade de interpretações, resultantes de leituras por diferentes ângulos, a valorização do conteúdo sonoro e o aproveitamento do espaço do papel para emissão da mensagem. Essas características estão presentes no poema de Ronaldo Azeredo: a aliteração do "v" reproduz a sensação de velocidade e sua disposição no papel sugere o movimento vertical ou horizontal, dependendo da perspectiva de quem o interpreta. Desta forma, estão corretas as afirmações contidas em I e III.

Resposta: alternativa **c**.

Exercícios propostos

1. (UEL-PR)

UEL/2003

p
p l
p l u
p l u v
p l u v i
p l u v i a
p l u v i a l
f l u v i a l
f l u v i a l
f l u v i a l
f l u v i a l
f l u v i a l
f l u v i a l

(CAMPOS, Augusto de. In: MENEZES, Philadelpho. *Roteiro de leitura: poesia concreta e visual.* São Paulo: Ática, 1998. p. 71.)

Sobre o poema acima, considere as afirmativas.

I. O poema explora de modo simplista a linguagem poética, já que é composto por apenas duas palavras.

II. O poema apresenta uma simetria que revela racionalidade no ato de composição, pois há uma relação de verticalidade com a chuva e de horizontalidade com o rio.

III. O poema aproveita-se da semelhança sonora entre as palavras com significados diferentes que, entretanto, não são independentes no poema.

IV. O poema apresenta abolição do verso, colocando em destaque o pictórico, o sonoro e o verbal.

Assinale a alternativa correta:

a) Apenas as afirmativas I, II e III são corretas.
b) Apenas as afirmativas I, II e IV são corretas.
c) Apenas as afirmativas II, III e IV são corretas.
d) Apenas as afirmativas I e III são corretas.
e) Apenas as afirmativas II e IV são corretas.

2. (UFPR) Segundo o dicionário *Aurélio*, a palavra "poética" significa "teoria de versificação". É comum os poetas escreverem suas próprias poéticas, nas quais indicam aquilo que valorizam ou rejeitam em sua poesia. José Paulo Paes também escreveu a sua, em forma de poema:

Poética

conciso? com siso
prolixo? pro lixo

Assinale as alternativas corretas:

01) O poema *Poética* é escrito com um mínimo de palavras, explorando as semelhanças sonoras e visuais entre elas, um procedimento que encontramos na poesia concreta, da qual José Paulo Paes se aproximou em alguns de seus poemas.

02) Já em seu primeiro livro, em poemas que homenageiam Carlos Drummond de Andrade e Murilo Mendes, José Paulo Paes demonstra estar ligado a um tipo de poesia modernista que valoriza o humor e recusa a literatura retórica.

04) Este poema tem um sentido irônico, já que não representa uma tendência geral da obra de José Paulo Paes, que preferiu utilizar formas fixas, como odes e baladas, a exemplo do que acontece com poemas como *Balada*, *Madrigal* e *Ode Prévid*.

08) Em *Poética*, o humor está presente, confirmando uma prática bastante comum na poesia do autor, que muitas vezes chega mesmo à poesia-piada.

16) A concepção de poesia sugerida pelo poema indica que José Paulo Paes pertenceu à chamada geração de 45, o que é confirmado pelo fato de ele ter feito sua estreia em 1947, com o livro *O Aluno*.

Texto para a próxima questão.

Infantil

O menino ia no mato
e a onça comeu ele.
Depois o caminhão passou por dentro do corpo do menino
e ele foi contar para a mãe.
A mãe disse: mas se a onça comeu você, como é que o caminhão passou por dentro do seu corpo?
É que o caminhão só passou renteando meu corpo
e eu desviei depressa.
Olha, mãe, eu só queria inventar uma poesia.
Eu não preciso de fazer razão.

(Manoel de Barros)

3. (Insper-SP) Considere as seguintes afirmações sobre o poema:

I. Nos quatro primeiros versos, apresenta-se uma situação que remete ao universo de fantasia da criança.

II. No diálogo entre o menino e sua mãe, é flagrante o contraste entre a lógica do adulto e a capacidade imaginativa da criança.

III. A fala final do menino permite associar o poder de livre criação comum às crianças à liberdade criativa própria do discurso poético.

É correto o que se afirma

a) apenas em I.

b) apenas em I e II.

c) apenas em I e III.

d) apenas em II e III.

e) em I, II e III.

4. (PUC-SP) João Guimarães Rosa escreveu "Sagarana" em 1946, obra composta de nove contos, entre os quais se destaca "O Burrinho Pedrês". Leia o trecho que segue.

Galhudos, gaiolos, estrelos, espácios, combucos, cubetos, lobunos, lompardos, caldeiros, cambraias, chamurros, churriados, corombos, cornetos, bocalvos, borralhos, chumbados, chitados, vareiros, silveiros... E os tocos da testa do mocho macheado, e as armas antigas do boi cornalão...

Deste trecho é correto afirmar que é marcadamente ritmado e sonoro. Esses efeitos se alcançam por causa

a) de uma possível métrica presente no trecho, caracterizada como redondilha menor, e da presença de aliterações.

b) da diversidade de tipos de bois e do jogo contrastivo de termos que designam essa diversidade.

c) das medidas dos diferentes segmentos frásicos e pela dominante presença da redondilha maior.

d) da enumeração caótica estabelecida no jogo adjetivo dos termos e pela rima interna na constituição dos pares vocabulares.

e) do jogo sonoro provocado pela dominância de vogais fechadas e pela presença de cadência de sons apenas longos e átonos.

5. (UFRGS-RS) Assinale com V (verdadeiro) ou F (falso) as seguintes afirmações sobre sentimentos de personagens de *Campo Geral*, da obra *Manuelzão e Miguilim*, de Guimarães Rosa.

( ) Miguilim odiava seu Pai, pela violência das surras e castigos que ele lhe impunha: mandar embora a cadela, ou soltar os passarinhos que estavam nas gaiolas.

( ) As rezas da avó e os feitiços de Mãitina enfim surtiram efeito: Miguilim passou a se sentir culpado pela morte do irmão.

( ) Miguilim detestava o Mutum, mas, com a ajuda dos óculos do doutor, acabou finalmente descobrindo que se tratava de um lugar bonito.

( ) Dito sentiu inveja de Miguilim porque Papaco-o-Paco era capaz de dizer "– Miguilim, Miguilim, me dá um beijim", mas não conseguia pronunciar "Dito".

A sequência correta de preenchimento dos parênteses, de cima para baixo, é

a) F – V – F – F.

b) F – V – F – V.

c) V – V – F – V.

d) V – F – V – V.

e) V – F – V – F.

6. (UFSC) É (São) VERDADEIRA(S) a(s) seguinte(s) proposição(ões), a respeito das obras de Manoel de Barros e de Guimarães Rosa:

(01) Nos 21 contos de "Primeiras estórias", Guimarães Rosa transcende os aspectos regionais representativos do interior mineiro, ao transformar o sertão numa metáfora do mundo, onde os personagens, envolvidos profundamente com problemas de natureza política e social, são realisticamente caracterizados e objetivamente descritos.

(02) Em todas as frases a seguir observa-se o uso expressivo da primeira pessoa, uma característica bem evidente no "Livro sobre nada", de Manoel de Barros.

Sou um sujeito cheio de recantos.
Os desvãos me constam.
Tem hora leio avencas.
Tem hora, Proust.
Ouço aves e beethovens.
Gosto de Bola-Sete e Charles Chaplin.
O dia vai morrer aberto em mim.

(04) Uma das características marcantes do "Livro sobre nada" é o uso recorrente da antítese, figura de linguagem que salienta a oposição entre duas palavras ou ideias. Esse recurso estilístico pode ser observado em: "É no ínfimo que eu vejo a exuberância".

(08) Em sua obra "Livro sobre nada", Manoel de Barros propõe-se a fazer brinquedos com as palavras. Um dos recursos expressivos bastante utilizados pelo autor para concretizar seu desejo é a criação de palavras novas a partir da combinação de formas já existentes na língua, um processo gramatical que se pode perceber nos versos:

"As coisas tinham para nós uma desutilidade poética. Nos fundos do quintal era muito riquíssimo o nosso dessaber".

(16) O primeiro e o último conto de "Primeiras estórias" – respectivamente "As margens da alegria" e "Os cimos" – apresentam pontos de semelhança e de contraste: o personagem principal é o mesmo – um menino que viaja para a casa dos tios –, porém os sentimentos que o movem são opostos pois, enquanto no momento inicial descobre alegremente a vida, no final sofre, devido à doença da mãe.

(32) Guimarães Rosa procura representar, em sua prosa poética, a fala dos personagens do sertão mineiro, ao mesmo tempo em que cria e recria sons, palavras e estruturas sintáticas não convencionais.

7. (UFPE) Antes de escrever *A hora da estrela*, Clarice Lispector trabalhou na imprensa carioca, mantendo "Colunas Femininas" em jornais de grande circulação. Observe a imagem, leia os textos e responda às questões.

UFPE/2012

(Propaganda de bebida gaseificada nos Estados Unidos, na década de 1950.)

Sou datilógrafa, virgem e gosto de Coca-Cola.

(Clarice Lispector, *A hora da estrela*).

Também esqueci de dizer que o registro que em breve vai ter que começar (...) é escrito sob o patrocínio do refrigerante mais popular do mundo e que nem por isso me paga nada, refrigerante esse espalhado por todos os países. Apesar de ter gosto do cheiro de esmalte de unhas, de sabão Aristolino e plástico mastigado. Tudo isso não impede que todos o amem com servilidade e subserviência. Também porque – e vou dizer agora uma coisa difícil que só eu entendo – porque essa bebida que tem coca é hoje. Ela é um meio da pessoa atualizar-se e pisar na hora presente.

(Clarice Lispector, *A hora da estrela*).

O gosto de uma rainha, ou mesmo de uma "estrela", não é mais atualmente suficiente para o estabelecimento de um estilo, ou venda de um produto. As companhias de publicidade sabem que é preciso sondar os corações femininos. São pesquisas deste gênero que permitem constatar o estado permanente de inquietação da consciência feminina e medir até que ponto, no capítulo das compras, a mulher – essa grande compradora – se deixa influenciar na aquisição de um artigo.

(Clarice Lispector, *Correio Feminino*).

( ) O texto jornalístico de Clarice citado indica a sua preocupação em esclarecer as leitoras de sua época sobre o papel da mulher moderna no mundo consumista.

( ) Coerente com o *glamour* das propagandas, o refrigerante em questão é retratado na obra de Clarice como uma bebida saudável e deliciosa, muito apreciada por Macabéa.

( ) No Texto 3, Clarice sugere, ironicamente, que a sua narrativa foi "financiada" pela Coca-Cola, para parecer uma obra em sintonia com o seu tempo.

( ) Para Clarice, a identidade da mulher moderna está cada vez mais associada ao seu poder de compra e ao seu acesso aos bens de consumo industrializados.

( ) O título do romance *A hora da estrela* refere-se à virada na história da pobre Macabéa, que se torna, ao final, uma famosa estrela de cinema.

8. (UFSM-RS)

"Era uma velha sequinha que, doce e obstinada, não parecia compreender que estava só no mundo. Os olhos lacrimejavam sempre, as mãos repousavam sobre o vestido preto e opaco, velho documento de sua vida. No tecido já endurecido encontravam-se pequenas crostas de pão coladas pela baba que lhe ressurgia agora em lembrança do berço."

Pelo fragmento citado, percebe-se que, na obra de Clarice Lispector,

a) as personagens estão constantemente chorando a perda de um ente querido.

b) o menor abandonado é objeto de paixão e solidariedade.

c) o estilo naturalista é marcado pelas referências à decomposição da matéria.

d) as personagens, envolvidas em seu próprio mundo, estranham ou ignoram o mundo circundante.

e) as mulheres, em geral, aspiram a entrar no mercado de trabalho.

9. (UPE)

Morte e vida severina

– Desde que estou retirando
só a morte vejo ativa,
só a morte deparei
e às vezes até festiva;
só morte tem encontrado
quem pensava encontrar vida,
e o pouco que não foi morte
foi de vida severina
(aquela vida que é menos
vivida que defendida,
e é ainda mais severina
para o homem que retira).

(João Cabral de Melo Neto. *Morte e vida severina: e outros poemas*. Rio de Janeiro: Objetiva, 2009. p. 109)

Emigração e as consequências

A fome é o maior martírio
Que pode haver neste mundo,
Ela provoca delírio
E sofrimento profundo
Tira o prazer e a razão
Quem quiser ver a feição
Da cara da mãe da peste,
Na pobreza permaneça,
Seja agregado e padeça
Uma seca no Nordeste

(Patativa do Assaré. *Patativa do Assaré uma voz do Nordeste.* Introd. e seleção Sylvie Debs. São Paulo: Hedra, 2000, p. 93)

ABC do Nordeste flagelado

N – Naquele duro transporte
Sai aquela pobre gente
Aguentando paciente
O rigor da triste sorte
Levando a saudade forte
De seu povo e seu lugar
Sem nem um outro falar
Vão pensando em sua vida
Deixando a terra querida
Para nunca mais voltar

(Patativa do Assaré. *Patativa do Assaré uma voz do Nordeste.* Introd. e seleção Sylvie Debs. São Paulo: Hedra, 2000, p. 125)

Considerando os excertos acima no contexto dos poemas a que pertencem, analise as afirmativas abaixo e conclua.

( ) O significado do adjetivo "severina", que, no primeiro excerto, é utilizado para nomear uma espécie de "sobrevida", caracterizada pela pobreza e pela degradação, também permeia o segundo e o terceiro excertos.

( ) O último excerto trata de pessoas que abandonam sua terra e renegam a sua cultura por vergonha da situação vivida.

( ) A inversão da frase "vida e morte" no título do poema ao qual pertence o primeiro excerto, comumente usada pelos falantes de língua portuguesa, sugere que, para os retirantes da seca, a morte sobrepuja a vida.

( ) Na construção dos três excertos, os poetas recorrem à mesma figura de construção que é a anáfora.

( ) Os três excertos pertencem a poemas cuja forma adotada em sua construção é o soneto.

10. (Fuvest-SP)

Decerto a gente daqui
jamais envelhece aos trinta
nem sabe da morte em vida,
vida em morte, severina;

(João Cabral de Melo Neto, "Morte e vida severina")

Neste excerto, a personagem do "retirante" exprime uma concepção da "morte e vida severina", ideia central da obra, que aparece em seu próprio título. Tal como foi expressa no excerto, essa concepção só NÃO encontra correspondência em:

a) "morre gente que nem vivia".
b) "meu próprio enterro eu seguia".
c) "o enterro espera na porta: o morto ainda está com vida".
d) "vêm é seguindo seu próprio enterro".
e) "essa foi morte morrida ou foi matada?"

11. (UFPE) A Semana de Arte Moderna deu início a uma revolução nas artes no Brasil, incluindo a literatura. A partir de então, adotamos os preceitos de vanguarda através de várias correntes que modificaram definitivamente a linguagem literária no nosso país. Considerando esse contexto histórico, analise os itens abaixo.

( ) No Modernismo, várias vanguardas se constituíram com ousadias formais e temáticas. Na ficção literária, essas tendências exerceram influência, por exemplo, por meio da liberdade de expressão, da incorporação do cotidiano, da linguagem coloquial, da ambiguidade, da paródia, das inovações técnicas, como a escrita automática e o fluxo da consciência.

( ) Na primeira fase do modernismo brasileiro, Mário de Andrade foi muito versátil, interessando-se por tudo que dissesse respeito ao Brasil. Macunaíma, o Herói sem Nenhum Caráter, apela para o suporte mitológico da lenda indígena, transfigurada pelo escritor. No entanto, falha no propósito de identificar o herói com o povo brasileiro.

( ) Tendo pertencido à geração de 30, Carlos Drummond de Andrade é considerado nosso poeta maior. De linguagem seca e simples, no início chocou o público leitor com seu poema inusitado e sem sentimentalismo, *No Meio do Caminho*, onde o anedótico mascara uma reflexão existencial.

( ) O romance regionalista de 30 foi muito influenciado pelo Manifesto Regionalista de Gilberto Freire, lançado em 1926, e tinha como principal característica expressar os valores regionais numa linguagem fora dos padrões, no que dava continuidade à vertente aberta por Oswald de Andrade em sua obra romanesca.

( ) João Guimarães Rosa e Clarice Lispector foram duas grandes figuras da terceira fase do modernismo brasileiro. A primeira fazia, em sua prosa, uma espécie de "recriação linguística", para expressar sua leitura mística do sertão. A segunda, por sua vez, introduziu nas letras brasileiras uma prosa de sondagem interior, valendo-se, para tanto, do fluxo da consciência e de metáforas insólitas.

1. O teatro moderno no Brasil

Para compreender o moderno teatro brasileiro, é necessário retroceder até 1943, quando foi encenado o texto *Vestido de noiva*, de Nelson Rodrigues, com a competente direção do polonês Ziembinski. Essa montagem é considerada um marco da encenação moderna em palcos brasileiros, quer pela temática, quer pelo fato de a protagonista migrar constantemente do plano da realidade para o plano da imaginação, do consciente para o inconsciente, quer pela revolucionária composição do cenário.

Em 1948, surgiu o Teatro Brasileiro de Comédia (TBC), responsável pela formação de um sem-número de artistas, quase sempre trabalhando com técnicas e textos importados. O teatro moderno, no entanto, assumiu sua função social, voltando-se para o questionamento da realidade brasileira: 1958 marca a estreia da peça *Eles não usam black-tie*, de Gianfrancesco Guarnieri, encenada pelo grupo do Teatro de Arena.

A década de 1960 assistiu a uma proliferação de grupos teatrais, que, espalhados por todo o Brasil, intensificaram suas atividades após o movimento de 1964. Com o AI-5 (Ato Institucional nº 5, de 1968) e os ataques de grupos de extrema-direita, desmantela-se o teatro de resistência. Nomes importantes vão para o exílio. Apesar de tudo, autores como Guarnieri, Dias Gomes, Chico Buarque, Ruy Guerra, Ferreira Gullar, Paulo Pontes e Plínio Marcos continuaram a produzir textos.

2. Três textos fundamentais

O rei da vela – o primeiro texto revolucionário

Oswald de Andrade escreveu o texto de *O rei da vela* em 1933, numa época em que sua militância política elevou o tom de suas críticas sociais. Mas não apareceu ninguém que o encenasse; assim, o texto foi publicado em livro em 1937. Exatos trinta anos depois, quando o governo militar caminhava para seu período mais negro, a peça ganhou o palco e assombrou o público: em 29 de setembro de 1967, o grupo do Teatro Oficina, sob a direção de José Celso Martinez Corrêa, finalmente dava vida a Abelardo, o "rei da vela", um capitalista que empresta dinheiro a juros exorbitantes, proprietário de uma fábrica de velas, o que o faz lucrar com a morte de cada brasileiro.

Vestido de noiva – texto e encenação revolucionários

Nelson Rodrigues revolucionou a dramaturgia brasileira dando um tratamento moderno ao tema e à forma de suas peças. Dramas familiares e exposição de características perversas da natureza humana são algumas das marcas de sua obra teatral, que giram em torno de personagens do subúrbio carioca. *Vestido de noiva*, além de tratar desses assuntos, propõe uma configuração de palco completamente diferente do padrão vigente até então, o que se mostrou perfeito para a sensibilidade do encenador Ziembinski, responsável pela primeira montagem da peça em 1943.

A protagonista da trama da peça é Alaíde, moça da sociedade carioca, que sofre um atropelamento. A partir da tragédia que a deixa à beira da morte, em coma no hospital, ela transita por três planos, muitas vezes entrecruzados e mesclados:

- **o plano da realidade**: o atropelamento, o estado crítico de Alaíde, a mesa de cirurgia, as informações dos repórteres;
- **o plano da memória**: as lembranças da realidade anterior ao atropelamento;
- **o plano da alucinação**: o encontro entre Alaíde e Madame Clessi, cocote assassinada, vestida de noiva, pelo seu namorado.

Alaíde, que roubara o namorado da própria irmã e com ele se casara, é vítima da conspiração dos antigos namorados, Lúcia e Pedro, que tentam ficar juntos.

Auto da Compadecida – o teatro popular revigorado

Ariano Suassuna foi o principal representante do chamado Movimento Armorial, cujo objetivo era criar uma arte erudita a partir de elementos da cultura popular, gerando, na literatura, uma síntese do romanceiro nordestino com temas e figuras da literatura universal. A concretização dessa proposta pode ser vista na peça *Auto da Compadecida*, de 1955, que apresenta o herói picaresco, da literatura espanhola, incorporado a uma narrativa de conteúdos populares, típicos da literatura de cordel. A peça foi encenada pela primeira vez em 11 de setembro de 1956, no Teatro Santa Isabel, pelo grupo Teatro Adolescente do Recife, sob a direção de Clênio Wanderley.

Nas palavras do próprio dramaturgo: "O *Auto da Compadecida* foi escrito com base em romances e histórias populares do Nordeste. Sua encenação deve, portanto, seguir a maior linha de simplicidade, dentro do espírito em que foi concebido e realizado. [...] seu teatro é mais aproximado dos espetáculos de circo e da tradição popular do que do teatro moderno."

SUASSUNA, Ariano. *Auto da Compadecida*. 17. ed. Rio de Janeiro: Agir, 1981. p. 21-22.

Exercício comentado

1. (UFRN) Leia abaixo o trecho de *O santo e a porca*, de Ariano Suassuna.

EURICÃO – Ai, gritaram "Pega o ladrão!". Quem foi? Onde está? Pega, pega! Santo Antônio, Santo Antônio, que diabo de proteção é essa? Ouvi gritar "Pega o ladrão!". Ai, a porca, ai meu sangue, ai minha vida, ai minha porquinha do coração! Levaram, roubaram! Ai, não, está lá, graças a Deus! Que terá havido, minha Nossa Senhora? Terão desconfiado porque tirei a porca do lugar? Deve ter sido isso, desconfiaram e começaram a rondar para furtá-la! É melhor deixá-la aqui mesmo, à vista de todos, assim ninguém lhe dará importância! Ou não? Que é que eu faço, Santo Antônio? Deixo a porca lá, ou trago-a para aqui, sob sua proteção?

SUASSUNA, Ariano. *O santo e a porca*. 22. ed. Rio de Janeiro: José Olympio, 2010. p. 97.

Nessa passagem, a recorrência da interrogação é um recurso literário revelador da

a) desconfiança da personagem em relação a Santo Antônio e a Nossa Senhora.

b) perplexidade da personagem resultante da perda da proteção divina.

c) angústia da personagem perante uma situação tragicômica.

d) ironia da personagem mediante uma situação cômica.

Comentário do vestibular:

A recorrência da interrogação no texto indica ansiedade, sofrimento, aflição, o que fica evidente principalmente na passagem: "Ou não? Que é que eu faço, Santo Antônio?".

Resposta: alternativa **c**.

Exercícios propostos

Texto para a próxima questão.

Ao Teatro o que é do teatro

Inácio Araújo – Crítico da FOLHA

Não há melhor maneira de filmar o teatro do que teatralmente. A expressão "teatro filmado" raramente faz sentido, e nós aqui no Brasil só teríamos a ganhar no dia em que pudéssemos assistir ao filme de "O Rei da Vela" do Oficina – que por alguma razão infeliz nunca passa.

Kenneth Branagh evitou o teatro filmado em "Henrique V" (Eurochannel, oh) [canal de TV por assinatura], ganhou o direito a concorrer ao Oscar e ficou famoso. Mas, passadas as festas, temos um resultado para lá de duvidoso.

Onde faz sentido a conclamação do rei Henrique a seus soldados a não ser no teatro? E por que "cinematografizar" a coisa se Joseph Mankiewicz, por exemplo, que era um cineasta, ao filmar "Júlio César", optou por deixar clara a origem teatral de seu filme?

(*Folha de S.Paulo*, 11/5/04)

1. (ITA-SP) Considerando o texto, assinale a opção correta.

a) O título já evidencia a tese do autor: não se deve filmar peça teatral.

b) As falas dos personagens em peças de teatro não fazem sentido se filmadas.

c) Uma peça teatral pode ser filmada se, como faz Mankiewicz, sua origem for indicada na apresentação do filme.

d) "Henrique V" só concorreu ao Oscar porque ignorou a natureza teatral da obra original.

e) "O Rei da Vela", na sua versão cinematográfica, é um exemplo de teatro filmado.

2. (PUC-SP) Nelson Rodrigues escreveu "Vestido de Noiva" e este texto acabou sendo considerado a grande renovação da dramaturgia brasileira contemporânea. O que dá originalidade e peso ao texto deste autor e sustenta o interesse da peça é

a) o esquema narrativo simples, ou seja, o desastre, a tentativa de salvar a protagonista Alaíde, colhida por um automóvel, e sua consequente morte.

b) o diagnóstico de uma realidade social terrível, protagonizada pela instituição familiar, cujas deformações são provocadas fundamentalmente por atitudes repressivas.

c) o uso de diferentes planos para narrar os acontecimentos que dão corpo ao texto, quais sejam o da memória, o da realidade e o da alucinação.

d) o encontro imaginário entre Alaíde e Madame Clessi, simbolizado nos conflitos sexuais e nas fantasias românticas de um amor entre uma prostituta e um adolescente.

e) a absoluta independência entre os vários planos da peça, justificada pela presença marcante da realidade que proporciona conclusão para a intriga.

3. (UFG-GO) O teatro de Nelson Rodrigues utiliza o recurso do melodrama. Em "O beijo no asfalto", esse recurso aparece

a) na construção de uma visão crítica da decomposição familiar.

b) na representação de comportamentos sociais institucionalizados.

c) na montagem inovadora dos cenários e da iluminação.

d) no registro de diálogos caracterizados pela agilidade.

e) no desfecho marcado por uma revelação surpreendente.

4. (UFPE) Sobre o teatro brasileiro contemporâneo, examinemos três autores, em relação a algumas de suas obras e características.

( ) João Cabral de Melo Neto tem como obra mais conhecida o auto de Natal, "Morte e Vida Severina", narrando a trajetória de um sertanejo que abandona o agreste, rumo ao litoral. Ele encontra, nesta migração, somente morte.

( ) O auto de João Cabral, cujo título denuncia a influência do teatro medieval, foi levado à cena com música de Chico Buarque. Está dividido em duas partes: a viagem para o litoral e a chegada ao Recife, onde o protagonista, Severino, encontra o mestre carpina José.

( ) João Cabral também escreveu "Auto do Frade", uma peça sobre frei Caneca, considerado herói de revoluções libertárias.

( ) Ariano Suassuna foi buscar nas fontes populares o motivo de sua dramaturgia. A sua peça mais famosa é também um auto, "Auto da Compadecida", que tem a dimensão de uma farsa, apresenta personagens burlescos e ambiente circense.

( ) Dias Gomes, autor de "O Pagador de Promessas", "O Bem-Amado" e "O Santo Inquérito", utiliza em suas obras um tom dramático e nacionalista; não concede espaço a tipos caricaturais nem a temas de denúncia social.

5. (UFSC) Leia.

BONITÃO (Algo interessado): Ele tem um sítio, é?

ROSA: Tinha, agora tem só um pedaço. Dividiu o resto com os lavradores pobres.

BONITÃO: Por quê?

ROSA: Fazia parte da promessa.

BONITÃO: Que é que está esperando? Virar santo?

ROSA: Não brinque. Pelo caminho tinha uma porção de gente querendo que ele fizesse milagre. E não duvide. Ele é capaz de acabar fazendo. Se não fosse a hora, garanto que tinha uma romaria aqui, atrás dele.

BONITÃO: Depois de cumprir a promessa, ele vai voltar pra roça?

ROSA: Vai.

GOMES, Dias. *O pagador de promessas*. 44. ed. Rio de Janeiro: Bertrand Brasil, 2006. p. 41-42.

Com base na leitura do trecho acima e da peça *O pagador de promessas* e considerando o contexto do Modernismo brasileiro, assinale a(s) proposição(ões) CORRETA(S).

01) A peça de Dias Gomes prioriza o aprofundamento psicológico de seus personagens, deixando de lado o enfoque crítico de questões socioculturais que é típico do Modernismo.

02) O contraste entre o urbano e o rural é simbolicamente desfeito, na peça, quando o protagonista Zé-do-Burro decide-se por viver um pouco na cidade e um pouco na roça, caracterizando-se, assim, uma espécie de contínuo geográfico.

04) O protagonista é aclamado pela multidão quando, vencendo o autoritarismo do Padre Olavo e do Monsenhor Otaviano, consegue cumprir sua promessa e humildemente deposita uma cruz no altar da igreja.

08) A peça, além de apresentar diversas marcas de regionalismo, aborda questões universais, como o multiculturalismo, a intolerância da Igreja, a opressão do homem, a falta de escrúpulo da imprensa.

16) *O pagador de promessas* revela a tragédia de um homem cuja ingenuidade não lhe permite compreender as relações de poder do mundo em que vive.

32) A peça *O pagador de promessas* elabora uma crítica social ampla, bastante avançada para a época; entretanto, segundo os padrões atuais, seria considerada retrógrada, porque se opõe ao sincretismo religioso e desvaloriza a cultura popular.

64) O texto retrata a luta de classes que permeia os três atos da peça *O pagador de promessas*, a qual culmina com a vitória dos lavradores nordestinos que conseguiram, de Zé-do-Burro, um pedaço de terra.

6. (Ufes)

"Como atitude, o tropicalismo está presente em outras produções culturais da época, como a encenação de *O Rei da Vela*; de Oswald de Andrade, pelo

Grupo Oficina; ou no filme *Terra em transe*, de Glauber Rocha; ou nas experiências de artes plásticas de Hélio Oiticica. O tropicalismo é a expressão de uma crise, uma opção estética que inclui um projeto de vida, em que o comportamento passa a ser elemento crítico, subvertendo a ordem mesma do cotidiano e marcando os traços que vão influenciar de maneira decisiva as tendências literárias marginais. O tropicalismo revaloriza a necessidade de revolucionar o corpo e o comportamento. Será inclusive por esse aspecto da crítica comportamental que Caetano Veloso e Gilberto Gil serão exilados pelo regime militar. As preocupações com o corpo, o erotismo, as drogas, a subversão de valores apareciam como demonstrações da insatisfação com um momento em que a permanência do regime de restrição promovia a inquietação, a dúvida e a crise da intelectualidade."

Com base no trecho acima – retirado do estudo "Literatura marginal e o comportamento desviante", de 1979, de autoria de Ana Cristina Cesar –, assinale a opção CORRETA

a) A obra de João Cabral e a Poesia Concreta representam uma forte influência nas produções tropicalistas e marginais.

b) As letras das canções tropicalistas – como "Domingo no parque" e "Alegria, alegria" – pregam a tomada do poder pela via armada.

c) Caetano Veloso e Gilberto Gil, no Manifesto Tropicalista, retomam as propostas oswaldinas de implantação do Matriarcado de Pindorama.

d) Em suas produções, os tropicalistas mostraram a convivência do arcaico com o moderno e os poetas marginais privilegiam a linguagem coloquial.

e) Parte da poesia feita nos anos 70 denominou-se marginal porque os poetas eram bandidos, subversivos e perseguidos pelo regime militar.

7. (UFSC) Assinale a(s) proposição(ões) VERDADEIRA(S), relativamente às obras "O Rei da Vela" e "Vidas Secas".

01) Na obra "O Rei da Vela", a intelectualidade é representada por Pinote, que, cumprindo com seu compromisso social, combate vigorosamente a burguesia e defende a classe trabalhadora.

02) Em "O Rei da Vela", o casamento entre Heloísa e Abelardo I é realizado por puro interesse e simboliza a união entre duas classes sociais: a aristocracia rural falida e a burguesia em ascensão, representadas, respectivamente, pela noiva e pelo noivo.

04) "O Rei da Vela" é uma peça teatral de Oswald de Andrade, composta em três atos, que focaliza especialmente São Paulo e Rio de Janeiro, mas reflete as relações e crises existentes na sociedade brasileira dos anos 30.

08) O livro "Vidas Secas", do escritor Graciliano Ramos, costuma ser caracterizado mais como novela do que como romance, pois seus capítulos apresentam-se encadeados em sequência lógica e cronológica e retratam uma realidade externa dinâmica, com paisagens minuciosamente descritas.

16) "Vidas Secas" não só representa de maneira exemplar a tendência modernista de uma literatura comprometida com a realidade social e regional, como também extrapola o contexto espaçotemporal em que foi escrito, tanto para um plano nacional, ao retratar a realidade brasileira atual, marcada pela injustiça e pela miséria, como para um plano universal, ao analisar profundamente a condição humana diante da opressão social.

8. (UFPE) No panorama literário contemporâneo, Ariano Suassuna é um dos dramaturgos mais encenados. Considerando o papel do escritor na história da literatura nacional e as características de sua obra, analise as afirmações abaixo.

( ) Ariano Suassuna foi o nome que, na Semana de Arte Moderna e na primeira fase do modernismo brasileiro, representou a modernidade no teatro nacional.

( ) O autor busca unir em sua obra o local e o global, a oralidade com a erudição, sempre pesquisando nas fontes populares o motivo de sua produção literária.

( ) Entre suas obras, distinguem-se *O Casamento Suspeitoso*, *O Santo e a Porca*, *A Pena e a Lei*, todas elas peças teatrais em linguagem popular regional e com tema nordestino.

( ) O *Auto da Compadecida* é sua peça mais conhecida e encenada, tendo sido transformada em filme e em minissérie para a televisão. Tem a dimensão de farsa, em que a religiosidade popular do brasileiro combina-se com sua criatividade e irreverência.

( ) *A Pedra do Reino* é um alentado romance que impressiona por seu universo mítico, onde reis, príncipes, palhaços, cangaceiros e cantadores trazem a Idade Média para o Brasil do século XX.

9. (UFRGS-RS) Assinale a afirmação correta em relação a personagens de "Auto da Compadecida", de Ariano Suassuna.

a) João Grilo envolve-se na malandragem por solidariedade ao amigo.

b) O padre João é o elo entre os seres terrestres e a Virgem.

c) A mulher do padeiro encarna o adultério.

d) O Filho de Deus é representado pela personagem Encourado, um Cristo negro.

e) Severino Aracaju personifica a passividade e a bondade do sertanejo.

Módulo 29 • Portugal contemporâneo: três autores exemplares

1. A ditadura salazarista

A partir de 1928, Oliveira Salazar assumiu o total controle da economia portuguesa, promovendo alguns programas para estabilizar as finanças do país. Com relativo sucesso em sua empreitada e com um discurso abusivamente nacionalista, Salazar consolidou o **Estado Novo**, denominação dada ao governo de caráter fascista. Adotando o *slogan* "Nada contra a Nação, tudo pela Nação", cerceou as liberdades democráticas por meio de instituições autoritárias e criou um rigoroso mecanismo repressivo: a censura.

Salazar morreu em 1970, mas a ditadura salazarista, uma das mais longas que a História já conheceu, só cairia em 25 de abril de 1974, com a chamada Revolução dos Cravos.

2. Três autores contemporâneos

José Saramago

José Saramago foi o primeiro escritor em língua portuguesa a ganhar o Prêmio Nobel de Literatura, em 1998. Durante muito tempo atuou como jornalista, editor e tradutor. Desde 1976 vivia exclusivamente de seu trabalho literário. Homem de esquerda, marxista, repensava os fatos históricos de seu país e refletia sobre o mundo contemporâneo, em que prevalece o modo de produção capitalista, globalizado, homogêneo.

A reinterpretação do passado histórico

Alguns aspectos da obra de Saramago merecem especial atenção. Um dos mais significativos é, sem dúvida, a tentativa de reinterpretar o passado (*A história do cerco de Lisboa* e *Memorial do convento* exemplificam essa intenção). E, com certeza, na outra extremidade do projeto literário de Saramago está a tentativa de uma releitura do Portugal contemporâneo. A ficção de Saramago é construída sob a ótica dos fracos, dos humilhados, dos marginalizados.

Lobo Antunes

A literatura de António Lobo Antunes carrega em si as marcas da transição entre o Estado Novo e o regime democrático, das situações penosas da guerra por independência em Angola e da experiência do escritor, formado em Medicina, com a psiquiatria. Com um estilo particularíssimo, que rivaliza com Saramago em todos os sentidos, o romancista trata de maneira crítica as transformações sociais sentidas pelo país e seus reflexos nas relações familiares e amorosas de seus personagens.

Aos 29 anos, Lobo Antunes foi enviado como tenente-médico para Angola, lá permanecendo de 1971 a 1973, no período mais cruento da guerra pela independência (Angola tornou-se independente em 1975). Essa experiência angolana foi retratada no romance *Os cus de judas*, publicado em 1979.

Eugénio de Andrade

Eugénio de Andrade, cujo verdadeiro nome era José Fontinhas, nasceu em uma família de camponeses, "que trabalhavam a terra e a pedra". O poeta teve uma rápida passagem pelo movimento surrealista português, mas sua obra de maturidade apresenta traços muito particulares, em que predominam um profundo lirismo e uma contínua reflexão sobre o valor das palavras e o ofício de escrever.

Exercício comentado

1. (UFPE) Em *O ano da morte de Ricardo Reis*, Saramago retoma trechos de poemas de Alberto Caeiro, Ricardo Reis, Álvaro de Campos, indo mais além do próprio Fernando Pessoa. A partir da leitura dos fragmentos do romance de Saramago, analise as proposições a seguir.

Fragmento I

Aos deuses peço só que me concedam o nada lhes pedir [...]

Fragmento II

[...] este Tejo que não corre pela minha aldeia, o Tejo que corre pela minha aldeia chama-se Douro, por isso, por não ter o mesmo nome, é que o Tejo não é mais belo que o rio que corre pela minha aldeia.

Fragmento III

[...] não esquecer que todas as cartas de amor são ridículas [...]

Fragmento IV

[...] eu tenho sido cómico às criadas de hotel.

Fragmento V

[...] sempre valeu a pena, seja a alma grande ou pequena, como mais ou menos disse o outro [...]

(José Saramago – *O ano da morte de Ricardo Reis*)

( ) No primeiro fragmento, Saramago resgata um poema do heterônimo de Fernando Pessoa, protagonista do romance em foco, no qual há uma boa dosagem de fantástico, pois é o relato dos encontros de Fernando Pessoa, já morto, com Ricardo Reis, único dos heterônimos que não tem a biografia concluída por seu criador.

( ) "Todas as cartas de amor são ridículas" é um verso de Álvaro de Campos; sendo ele um poeta clássico, epicurista, o sentimento amoroso sempre vai lhe parecer inoportuno e ridículo.

( ) No fragmento II, José Saramago retoma, através de um jogo de palavras, um poema de Alberto Caeiro, o qual exalta o rio de sua aldeia, reconhecendo que o Rio Tejo é bonito, mas não mais do que aquele que corre pela sua aldeia.

( ) No fragmento IV, as irreverências do heterônimo Álvaro de Campos, engenheiro nauta que cultua a era da mecânica, refletem também o tédio profundo resultante da inadaptação à sociedade contemporânea.

( ) O quinto fragmento resgata o poema *Mar Português*. Nele, Pessoa questiona se valeu a pena o sacrifício da nação portuguesa, para conquistar os mares.

Comentário do vestibular:

A segunda afirmação é falsa, pois, apesar de o verso ser de Álvaro de Campos, a descrição se refere ao heterônimo Ricardo Reis.

Resposta: A sequência correta é V – F – V – V – V.

Exercícios propostos

1. (UPM-SP)

Se, porém, o dito Deus, não fazendo caso de recomendações, persistisse no propósito de vir até aqui, sem dúvida, acabaria por reconhecer como, afinal, é tão pouca coisa ser-se um Deus, quando, apesar dos famosos atributos de onisciência e onipresença, mil vezes exaltados em todas as línguas e dialetos, foram cometidos, no processo da criação da humanidade, tantos e tão grosseiros erros de previsão, como foi aquele, a todas as luzes imperdoável, de apetrechar as pessoas com glândulas sudoríparas, para depois lhes recusar o trabalho que as faria funcionar – as glândulas e as pessoas.

(José Saramago)

A partir do texto, observe as seguintes afirmações:

I. A onisciência e a onipotência de Deus são indiscutíveis, posto que toda a humanidade já as exaltou.

II. Na criação da humanidade, foram cometidos alguns erros de previsão, depois corrigidos à luz da evolução do próprio homem.

III. O homem só se realiza por meio do trabalho e, por isso, é inadmissível que este lhe seja negado.

Assinale:

a) se todas estão corretas.
b) se apenas I está correta.
c) se apenas III está correta.
d) se todas estão incorretas.
e) se apenas II está correta.

Leia o trecho abaixo para responder as questões 2 e 3.

O aspecto das ruas piorava a cada hora que ia passando. O lixo parecia multiplicar-se durante as horas nocturnas, era como se do exterior, de algum país desconhecido onde ainda houvesse uma vida normal, viesse pela calada despejar aqui os contentores, não fosse estarmos em terra de cegos veríamos avançar pelo meio desta branca escuridão as carroças e os caminhões fantasmas carregados de detritos, sobras, destroços, depósitos químicos, cinzas, óleos queimados, ossos, garrafas, vísceras, pilhas cansadas, plásticos, montanhas de papel, só não nos trazem restos de comida, nem sequer umas cascas de frutos com que pudéssemos ir enganando a fome, à espera daqueles dias melhores que sempre estão para chegar. A manhã vai ainda no princípio, mas o calor já se sente. O mau cheiro desprende-se da imensa lixeira como uma nuvem de gás tóxico, não tarda que apareçam por aí umas quantas epidemias, voltou a dizer o médico, Não escapará ninguém, estamos completamente indefesos[...].

José SARAMAGO, *Ensaio sobre a cegueira.*

2. (UFU-MG) Sobre o trecho acima, assinale a alternativa correta.

a) A fala do médico, no fim do trecho sintetiza a total descrença no ser humano transmitida pelo romance de Saramago, uma vez que nele se demonstra a impossibilidade de a humanidade sobreviver a uma situação catastrófica que viesse a demolir a sociedade tal como a conhecemos.

b) Ao descrever o impacto que a produção industrial tem sobre o meio ambiente, o texto denuncia a completa ineficácia do avanço científico para construir uma sociedade melhor. Por isso, é correto afirmar que *Ensaio sobre a cegueira* vai contra a tecnologia e a ciência.

c) A cidade é apresentada como um espaço de degradação de toda forma de vida, motivo pelo qual os personagens centrais pensam em fugir para o campo, onde poderiam viver dignamente. Quanto a este aspecto, há uma idealização da natureza que permeia todo o romance.

d) O texto baseia-se em dados científicos para construir uma hipótese razoável sobre como se comportaria uma sociedade tomada por uma cegueira repentina. Tal atitude investigativa se repete por todo o livro e é um dos aspectos que explicam sua qualidade de ensaio.

3. (UFU-MG) Ainda sobre o trecho de *Ensaio sobre a cegueira* transcrito anteriormente, assinale a alternativa correta.

a) O uso da primeira pessoa do plural em trechos como em "não fosse estarmos em terra de cegos veríamos avançar pelo meio desta branca escuridão" indica que o narrador participa como personagem da ação narrada no romance.

b) O uso de termos banais como "depósitos químicos", "óleos queimados", "vísceras", "plásticos", "lixeira", "gás tóxico", "epidemias", entre outros, configura um texto desencantado e despido de toda a estética literária.

c) O trecho apresenta algumas características bastante peculiares do estilo narrativo de Saramago, tais como o uso de períodos longos, a presença do discurso indireto livre e a alternância constante de foco narrativo.

d) No final do excerto, a palavra "Não" usada em maiúscula, logo depois de vírgula, tem a função de realçar e de acentuar todo o negativismo com que o médico analisa as chances de a humanidade sobreviver.

4. (Fecilcam-PR)

"Assim está o mundo feito, que tem a verdade muitas vezes de disfarçar-se de mentira para chegar aos seus fins."

O excerto acima foi retirado do romance *Ensaio sobre a cegueira*, de José Saramago. Assinale a alternativa incorreta em relação a essa obra que foi recentemente adaptada para o cinema, por Fernando Meirelles:

a) pode-se identificar tendências anti-humanas presentes na estruturação do capitalismo;

b) na narrativa, a alegoria da cegueira representa um sintoma de alienação do homem em relação a ele próprio, tornando-se semelhante a uma mercadoria;

c) no ensaio, organizar-se é, de certa forma, ter olhos, por isso os personagens dão tanta importância à humanização;

d) o romance descreve uma longa tortura, uma situação desesperadora e caótica que induz à reflexão sobre a natureza humana;

e) o aparecimento de um personagem cego escritor revela uma preocupação com a história humana e com a permanência da memória perante o esquecimento promovido pela barbárie.

5. (UFJF-MG) Leia, com atenção, o fragmento abaixo, retirado da obra *O conto da ilha desconhecida*, de José Saramago (São Paulo: Companhia das Letras, 1988, p. 5).

"Um homem foi bater à porta do rei e disse-lhe, Dá-me um barco. A casa do rei tinha muitas mais portas, mas aquela era a das petições. Como o rei passava todo o tempo sentado à porta dos obséquios (entenda-se, os obséquios que lhe faziam a ele), de cada vez que ouvia alguém a chamar à porta das petições fingia-se desentendido, e só quando o ressoar contínuo da aldraba de bronze se tornava, mais do que notório, escandaloso, tirando o sossego à vizinhança (as pessoas começavam a murmurar, Que rei temos nós, que não atende), é que (...)"

Pode-se afirmar que há, nesse fragmento:

a) uma metáfora, que valoriza a democracia como a melhor forma de se manter o poder.

b) uma ironia, que mostra uma tendência de se usar o poder político em benefício próprio.

c) uma contradição, que revela os principais traços do sistema monárquico.

d) uma fábula, que mostra o rei como mendigo que sempre queria receber favores.

e) uma analogia, que coloca a casa do rei como um palácio sempre aberto, acessível.

6. (Uniaraxá-MG) A questão refere-se ao poema do escritor, argumentista, jornalista, dramaturgo, contista, romancista e poeta português, José Saramago, nascido no dia 16 de novembro de 1902 e falecido no dia 18 de junho de 2010.

Intimidade

No coração da mina mais secreta,
No interior do fruto mais distante,
Na vibração da nota mais discreta,
No búzio mais convolto e ressoante,

Na camada mais densa da pintura,
Na veia que no corpo mais nos sonde,
Na palavra que diga mais brandura,
Na raiz que mais desce, mais esconde,

No silêncio mais fundo desta pausa,
Em que a vida se fez perenidade,
Procuro a tua mão, decifro a causa
De querer e não crer, final, intimidade.

Fonte: http://casadospoetas.blogs.sapo.pt/16189.html – 20/6/2010 – adaptado.

A inferência do poema de José Saramago mostra-nos que a essência de uma intimidade relaciona-se, especificamente, com

a) os fatores socioculturais de todo o mundo.
b) a real amizade mantida nos ciclos da vida.
c) o que é verdadeiramente convolto, agitado.
d) o próprio conhecimento de si: eu, meu ego.

7. (UEL-PR) Acerca das técnicas literárias empregadas por José Saramago na composição de *Levantado do chão*, considere as afirmativas a seguir:

I. A intertextualidade é um recurso recorrente por meio do qual o narrador lança mão, dentre outros expedientes, de expressões extraídas da Bíblia e da tradição judaico-cristã.
II. A metalinguagem permite ao narrador discutir o fazer literário e as diversas possibilidades de narrar os episódios.
III. A presença da oralidade permite ao narrador imprimir um elevado grau de erudição à narrativa dos episódios.
IV. A ironia é utilizada, geralmente, com o propósito de estabelecer uma linguagem referencial que garanta objetividade ao texto.

Assinale a alternativa correta.

a) Somente as afirmativas I e II são corretas.
b) Somente as afirmativas I e IV são corretas.
c) Somente as afirmativas III e IV são corretas.
d) Somente as afirmativas I, II e III são corretas.
e) Somente as afirmativas II, III e IV são corretas.

8. (Unicamp-SP) Leia a seguinte passagem de *Os Cus de Judas*, de António Lobo Antunes:

Deito um centímetro mentolado de guerra na escova de dentes matinal, e cuspo no lavatório a espuma verde-escura dos eucaliptos de Ninda, a minha barba é a floresta do Chalala a resistir ao napalm da gillete, um grande rumor de trópicos ensanguentados cresce-me nas vísceras, que protestam.

(António Lobo Antunes, *Os Cus de Judas*. Rio de Janeiro: Objetiva, 2003, p. 213.)

a) A que guerra se refere o narrador?
b) Por que o narrador utiliza o presente do indicativo ao falar sobre a guerra?
c) Que recurso estilístico ele utiliza para aproximar a guerra de seu cotidiano? Cite dois exemplos.

Texto para a próxima questão.

O sal da língua

A nossa língua é feita por todos. Cada falante do português se apropria da língua e, no mesmo movimento, a transforma, para si e para todos. Mas não é por acaso que as variantes só conquistam legitimidade e lugar nos dicionários depois de se verem consagradas pelas obras literárias. É que, por muito que desagradem aos populistas da linguagem, as variantes impostas pelo uso popular sempre foram aceitas pela norma só depois de ratificadas (contra toda a resistência dos puristas) pelas "elites" cultas. Guimarães Rosa, por exemplo, não nos traz, por si só, a fala dos sertões, porque produz obras de arte literárias. Mas, em retorno, as suas obras contribuem para a legitimação, complexa e contraditória, daquela fala no âmbito da elaboração da respectiva norma.

A importância disto a que chamamos Literatura e Poesia para a vida da Língua tem vindo a ser posta em causa por um tecnicismo pragmático e nivelador. Não admira que num recente concurso público um candidato não tenha sido capaz de reconhecer a ironia num texto de Eça de Queirós. Ora, um sistema de ensino que não dê realce à dimensão literária da língua cria cidadãos mais facilmente manipuláveis por quaisquer discursos de dominação. (...)

Não podemos desprender, com gesto altaneiro, a língua da literatura. É na expressão literária que se vive a complexidade da língua nos próprios limites do pensamento. Sem essa complexidade, sem esse jogo e essa ambiguidade, todos nós ficaremos empobrecidos, porque diminuídos na nossa liberdade de inventar possíveis.

(Eugênio de Andrade. *Jornal de Letras, Artes e Ideias* – Instituto Camões, nº 88, julho de 2005, suplemento nº 907, Ano XXV. Adaptado.)

9. (Covest-MT) Analisando a argumentação construída no TEXTO 2, podemos afirmar que se trata de um texto em que se defende, prioritariamente:

a) a apropriação da língua por cada falante do português, a fim de que as transformações trazidas pela linguagem sejam compartilhadas por todos.
b) a aceitação, pelas elites cultas e puristas, das formas usadas pelas variantes populares, com o propósito de satisfazer aos populistas da linguagem.
c) a equivalência, em termos de relevância, entre a Literatura e o tecnicismo pragmático, dada a importância de ambos para a consolidação da cidadania.
d) a indissociabilidade entre a língua e a literatura, uma vez que a literatura é o espaço no qual podemos enriquecer nossa capacidade expressiva.
e) a criação de um sistema de ensino que ponha em relevo a dimensão literária da língua, para que os cidadãos não sejam facilmente manipuláveis e dominados.

Módulo 30 • Literatura africana de língua portuguesa

1. Um novo olhar sobre o continente africano

Ao pensar na África, a imagem equivocada que, por vezes, se concebe desse continente traz muito de uma concepção eurocêntrica de história e cultura, pautada em ideais de progresso e de razão. O colonialismo, imposto a ferro e a fogo pelos conquistadores europeus durante mais de cinco séculos, ainda enviesa o modo de olhar o continente. É preciso compreender, então, que a história desse continente não começa com a chegada dos navegantes portugueses que para lá rumaram com suas caravelas, no século XV, em busca do caminho das Índias. Nessa época, já havia ali povos com culturas, tradições e organizações sociais e políticas complexas e antigas, diferentes das existentes na Europa.

2. De colônias a países independentes

A expansão portuguesa por territórios africanos foi uma página marcada por feitos épicos, heroicos e por tragédias, desilusões e derrotas não menos grandiosas.

Ao longo dos séculos XVI, XVII e XVIII, a política colonialista portuguesa na África foi muito distinta daquela aplicada ao Brasil: embora fossem todas "colônias de exploração", e não de "povoamento", o Brasil teve estruturas administrativas mais próximas do modelo da Corte e algumas características de "colônia de povoamento".

No século XIX, com a independência do Brasil, o fim do tráfico negreiro, o avanço do capitalismo industrial e o neocolonialismo, alteraram-se as estratégias portuguesas em relação aos territórios africanos. O governo português tentou promover uma ocupação mais efetiva das terras africanas, voltando-se para a exploração de ouro, cobre, ferro e pedras preciosas, além de algumas atividades agrícolas. Com isso, buscava bloquear a investida de ingleses, franceses, holandeses e alemães sobre seus territórios.

Em pleno século XX, com o governo fascista de Salazar, Portugal endureceu suas relações com as colônias africanas abolindo a liberdade de expressão e impondo forte censura. Com o fim da Segunda Guerra Mundial e a derrota do nazifascismo, intensificaram-se as lutas de guerrilha pela independência, e as colônias africanas tornaram-se, mais do que nunca, um fardo insustentável para Portugal, a ponto de a política colonialista ser apontada como um dos principais fatores que levaram à derrubada do regime salazarista com a Revolução dos Cravos, em 25 de abril de 1974.

Ainda em 1974, os novos governantes portugueses assinaram um comunicado, em conjunto com a ONU, em que reconheciam o direito à autodeterminação e à independência de todos os territórios ultramarinos sob sua administração.

3. O papel da língua portuguesa

Hoje, passados mais de trinta anos dos movimentos de independência, a língua portuguesa tem desempenhado diferentes papéis nas ex-colônias de Portugal. Houve uma apropriação da língua do dominador por parte dos dominados, o que se percebe tanto no léxico como na sintaxe. É a língua portuguesa que garante a unidade ante tantos e distintos falares; é, principalmente, pela língua portuguesa que têm acesso ao conhecimento; é pela língua portuguesa que se expressam para o mundo.

Dessa forma, podemos dizer que o português é:

- a língua da unidade;
- a língua do conhecimento;
- a língua da expressão.

Percebe-se, no entanto, um certo sabor amargo nessa apropriação, não provocado pela língua, mas pelas atitudes do dominador em relação aos lusofalantes das ex-colônias.

4. A poesia africana de língua portuguesa: os temas recorrentes

Após a independência do país, a União dos Escritores Angolanos lançou um documento em que os escritores manifestaram seu compromisso de produzir obras engajadas com a busca da identidade, com a construção de uma nação independente.

A poesia das ex-colônias portuguesas é, portanto, marcada pela denúncia dos horrores da guerra, pela utopia da construção de nações livres, pela busca de uma identidade que foi apagada pela opressão colonialista. Entretanto, não deixa de lado temas recorrentes da lírica universal. Entre esses temas, o fazer poético, a poesia contemplada e as reflexões metalinguísticas ganham espaço na poética dos anos 1990, notadamente por autores das novas gerações, que se formaram após as lutas pela independência.

Alguns dos temas mais recorrentes são:

- a luta contra o Império (Rui Nogar, José Craveirinha, Arlindo Barbeitos);
- a reconstrução (Tomás de Medeiros, Albino Magaia, Hélder Proença, Conceição Lima);
- a africanidade (Carlos Monteiro dos Santos, Jorge Barbosa, Rui Knopfli, Agostinho Neto, Glória de Sant'Ana, Noémia de Sousa, Alda do Espírito Santo);
- o amor (David Mestre, Nuno Bermudes, Ovídio Martins, Maria Alexandre Dáskalos, Manuela Margarido, Filinto Elísio e António Jacinto).

5. A prosa africana de língua portuguesa

Angola

Luandino Vieira (1935-)

José Luandino Vieira, pseudônimo literário de José Vieira Mateus da Graça, nasceu em Portugal e, ainda criança, foi viver em Luanda. Participou da luta pela independência de Angola, o que lhe valeu cerca de dez anos de cadeia (a maior parte no Campo de Concentração de Tarrafal). Após a Independência, em 1975, participou ativamente da vida política do país, exercendo cargos importantes em órgãos ligados à cultura. Em 1992, desiludido com as primeiras eleições livres e com o recrudescimento da guerra civil em Angola, resolveu voltar a Portugal, isolando-se numa quinta do Minho. Vencedor do Prêmio Camões, em 2006, recusou a honraria alegando "motivos íntimos e pessoais".

Em sua obra, destacam-se o estilo de Luandino, o léxico – com vários termos angolanos – e a sintaxe, distinta da sintaxe lusa e da brasileira.

Pepetela (1941-)

Pepetela, pseudônimo literário de Artur Carlos Maurício Pestana dos Santos, nasceu em Benguela, Luanda. Estudante em Portugal, frequentou a Casa dos Estudantes do Império, em Lisboa, berço dos ideais da independência de Angola. Militou no MPLA; enquanto esteve exilado na França e na Argélia, graduou-se em Sociologia. Foi vice-ministro da Educação no governo de Agostinho Neto. Em 1997, ganhou o Prêmio Camões pelo conjunto da obra. Atualmente, é professor de Sociologia na Faculdade de Arquitetura de Luanda. A ironia e o espírito crítico são traços permanentes em sua obra, que busca trabalhar a identidade nacional.

Moçambique

Mia Couto (1955-)

António Emílio Leite Couto nasceu na cidade de Beira, em Moçambique. Biólogo de profissão, é o escritor da nova geração que alcançou maior sucesso no exterior. Filho de portugueses, militou na Frelimo durante a luta pela independência. É um dos autores do hino nacional de Moçambique e sócio-correspondente da Academia Brasileira de Letras. Em 1999, recebeu o Prêmio Virgílio Ferreira, da Universidade de Évora, Portugal, pelo conjunto de sua obra.

A literatura de Mia Couto alia realismo mágico com a história, as tradições e as angústias pós-independência de Moçambique. Assim como Guimarães Rosa, é um criador de palavras.

6. O momento histórico

ano	principais conquistas com a expansão marítima
1415	• Uma gigantesca expedição (200 embarcações, 19 mil combatentes), comandada pelo rei D. João I toma a cidade de Ceuta (Marrocos); esta data – agosto de 1415 – marca o início da expansão portuguesa.
1434	• Gil Eanes dobra o Cabo Bojador.
1435-36	• Afonso Gonçalves Baldaia ultrapassa o Trópico de Câncer e descobre o Rio do Ouro.
1440-41	• Desenvolvendo técnicas náuticas, sob o comando do infante D. Henrique, Portugal constrói a primeira caravela. • Expedição portuguesa chega ao Cabo Branco, norte da Mauritânia, e aprisiona os primeiros negros que servirão como escravos.
1444-46	• Expedições de Nuno Tristão e Álvaro Fernandes chegam à Guiné-Bissau.
1455	• Bula do papa Nicolau V concede aos reis de Portugal a propriedade exclusiva das terras e mares já conquistados ou por conquistar, possuídos ou a possuir.
1456	• Luís de Cadamosto, navegador veneziano a serviço do infante D. Henrique, descobre algumas das ilhas do arquipélago de Cabo Verde.

ano	principais conquistas com a expansão marítima
1460	• Diogo Gomes descobre as demais ilhas do arquipélago de Cabo Verde. • Morre o infante D. Henrique.
1470	• No dia 21 de dezembro, dia do apóstolo Tomé, João de Santarém e Pero Escobar descobrem o arquipélago de São Tomé e Príncipe, próximo à linha do equador.
1474	• O infante D. João – futuro rei D. João II – assume a expansão ultramarina e elabora um projeto consistente para alcançar as Índias; a ele se devem as conquistas das décadas de 1480 e 1490.
1483	• Diogo Cão chega à foz do rio Congo, estabelece o padrão português em terras angolanas e inicia intenso tráfico de escravos.
1487	• Expedição comandada por Bartolomeu Dias ultrapassa o Cabo da Boa Esperança, entrando em águas do oceano Índico.
1498	• Vasco da Gama atinge a costa leste da África e navega ao longo do litoral de Moçambique, em direção às Índias.

Exercício comentado

1. (UEL-PR) A questão refere-se ao romance *O outro pé da sereia*, de Mia Couto.
Acerca da organização temporal da narrativa, considere as afirmativas a seguir.
   I. O tempo da narrativa desenvolve-se por meio de uma estrutura linear, começando em 1560 e terminando em 2002.
   II. O tempo presente da narrativa situa-se em 2002, em Moçambique, na aldeia de Vila Longe e adjacências.
   III. A imagem da Virgem e a leitura de manuscritos simbolizam os tempos de paz e prosperidade vividos pelos habitantes de Goa e Moçambique, tanto em 1560 quanto em 2002.
   IV. O tempo passado da narrativa aborda a travessia do Oceano Índico, em barco do missionário jesuíta Gonçalo da Silveira, personagem histórica do Cristianismo português do século XVI.

   Assinale a alternativa correta.
   a) Somente as afirmativas I e II são corretas.
   b) Somente as afirmativas II e IV são corretas.
   c) Somente as afirmativas III e IV são corretas.
   d) Somente as afirmativas I, II e III são corretas.
   e) Somente as afirmativas I, III e IV são corretas.

Comentário do vestibular:

No romance *O outro pé da sereia*, Mia Couto desenvolve a narrativa da viagem em vários níveis, tanto no espaço físico como temporal, não seguindo uma linha linear e cronológica. A estrutura da obra é separada em dois tempos, conforme assinalado no início de cada capítulo (Capítulo I – A estrela enterrada – Moçambique – Dezembro de 2002... Capítulo III – Primeiro manuscrito: o mar nu, escrito Goa – Janeiro de 1560), o que invalida a afirmação I. Também a III é inadequada, pois a obra reflete os conflitos resultantes da política colonialista de Portugal, o confronto cultural de dois povos em que a imposição dos valores portugueses provocou perdas e alterações da identidade africana. Assim, são corretas apenas II e IV.

Resposta: alternativa **b**.

Exercícios propostos

1. (PUC-MG)

Poema do futuro cidadão

Vim de qualquer parte
de uma nação que ainda não existe.
Vim e estou aqui!

Não nasci apenas eu
nem tu nem outro...
mas irmão.
Mas
tenho amor para dar às mãos-cheias.
Amor do que sou
e nada mais.

E
tenho no coração
gritos que não são meus somente
porque venho dum país que ainda não existe.

Ah! Tenho meu amor à rodos para dar
do que sou.
Eu!
Homem qualquer
cidadão de uma nação que ainda não existe.

(CRAVEIRINHA, José. Poema do futuro cidadão [1964]. In: SAÚTE, Nelson. *Nunca mais é sábado*: antologia de poesia moçambicana. Lisboa: Dom Quixote, 2004. p. 71).

Na literatura africana de língua portuguesa, a busca por uma identidade nacional desempenha um importante papel, especialmente no contexto das lutas pela independência. No poema de José Craveirinha, essa busca revela-se:
a) na ideia de pátria enquanto espaço de igualdade.
b) na sugestão de uma nação a ser construída.
c) no amor fraternal pelos semelhantes.
d) no anonimato dos que não pertencem a nenhum país.

2. (UFBA)

Há aqueles que nascem com defeito. Eu nasci por defeito. Explico: no meu parto não me extraíram todo, por inteiro. Parte de mim ficou lá, grudada nas entranhas de minha mãe. Tanto isso aconteceu que ela não me alcançava ver: olhava e não me enxergava. Essa parte de mim que estava nela me roubava de sua visão. Ela não se conformava:

– Sou cega de si, mas hei-de encontrar modos de lhe ver!

A vida é assim: peixe vivo, mas que só vive no correr da água. Quem quer prender esse peixe tem que o matar. Só assim o possui em mão. Falo do tempo, falo da água. Os filhos se parecem com água andante, o irrecuperável curso do tempo. Um rio tem data de nascimento? Em que dia exato nos nascem os filhos?

Conselhos de minha mãe foram apenas silêncios. Suas falas tinham o sotaque de nuvem.

– A vida é que é a mais contagiosa – dizia.

Eu lhe pedia explicação do nosso destino, ancorados em pobreza.

– Veja você, meu filho, já apanhou mania dos brancos! – Inclinava a cabeça como se a cabeça fugisse do pensamento e me avisava: – Você quer entender o mundo que é coisa que nunca se entende.

COUTO, M. *O último voo do flamingo*. São Paulo: Companhia das Letras, 2005. p. 45-46.

Considerando o fragmento transcrito e a obra de onde foi retirado,

- explique, no contexto da obra, a diferença expressa pelo narrador ao afirmar "Há aqueles que nascem com defeito. Eu nasci por defeito";
- avalie o pensamento da mãe do narrador em relação ao papel que ele desempenha na narrativa: "– Você quer entender o mundo que é coisa que nunca se entende."

3. (UFBA)

Deixei o gravador reproduzir suas tão recentes palavras que até pareciam eco. Ele se ouviu, maravilhado, acenando a cabeça em constante anuência. No fim, reforçou ordem com ordem:

– E não quero esse italiano a escutar as palavras. Ouviu? Ainda não confio cento por cento nesse fidamãe.

– Mas pai, esse italiano nos está a ajudar.

– A ajudar?

– Ele e os outros. Nos ajudam a construir a paz.

– Nisso se engana. Não é a paz que lhe interessa. Eles se preocupam é com a ordem, o regime desse mundo.

– Ora, pai...

– O problema deles é manter a ordem que lhes faz serem patrões. Essa ordem é uma doença em nossa história.

Dessa doença, segundo ele, se refazia em nós essa divisão de existências: uns moleques dos patrões e outros moleques dos moleques. A aposta dos poderosos – os de fora e os de dentro – era uma só: provar que só colonizados podíamos ser governados.

COUTO, Mia. *O último voo do flamingo*. São Paulo: Companhia das Letras, 2005. p. 188.

O fragmento transcrito é representativo da linha temática de "O último voo do flamingo", em que o narrador-tradutor personagem discute com o pai – Sulplício – "as coisas da terra". Baseando-se no contexto da obra, comente o ponto de vista de cada uma das duas personagens, explicitando as diferenças que as separam no que tange à política.

Texto para a próxima questão.

Fragmento 1

"Fazei, Senhor, que nunca os admirados
Alemães, Galos, Ítalos e Ingleses,
Possam dizer que são para mandados,
Mais que para mandar, os Portugueses."

(Camões, poeta português, *Os Lusíadas*, fragmento do Canto X. Disponível em http://cvc.instituto-camoes.pt/bdc/literatura/lusiadas/)

Fragmento 2

"Europeu, me dizem.
Eivam-me de literatura e doutrina
europeias
e europeu me chamam.

Não sei se o que escrevo tem a raiz de algum
pensamento europeu.
É provável... Não. É certo,
mas africano sou."

(Rui Knopfli, poeta moçambicano. Fragmento do poema "Naturalidade". In: BARBEITOS, A.; DÁSKALOS, M. A. [Orgs.]. *Poesia africana da língua portuguesa*: antologia. Rio de Janeiro: Lacerda, 2003, p. 210.)

4. (PUC-MG) Apesar de escritos com cerca de quatro séculos de diferença, em contextos culturais significativamente diversos, nota-se que os textos têm em comum:

a) o modo como promovem uma negação da cultura europeia.
b) o recurso à memória ancestral para legitimar a superioridade da nação.
c) a abordagem de questões relativas à autonomia e identidade nacionais.
d) a releitura irônica de um passado de luta e opressão colonial.

5. (Univás-MG)

"Não basta que seja pura e justa / a nossa causa / É necessário que a pureza e a justiça / existam dentro de nós.

Dos que vieram / E conosco se aliaram / muitos traziam sombras no olhar / Intenções estranhas

Outros viemos. / Lutar para nós é ver aquilo / que o povo quer realizado. / É ter a terra onde nas-

cemos. / É sermos livres para trabalhar. / É ter para nós o que criamos. / lutar para nós é um destino, / é uma ponte entre a descrença /
E a certeza do mundo novo."

(NETO, Agostinho. *Poemas de Angola*. Rio de Janeiro: Codecri, 1976.)

Agostinho Neto foi um dos líderes do processo de descolonização do continente africano, tornando-se o primeiro presidente da República Popular de Angola. Na África do Sul, muito mais do que independência política, tratou-se de uma independência civil, ao por fim ao *apartheid*, sob a liderança de Nelson Mandela. Observe as alternativas e assinale a opção de acordo com as respostas.

1. O regime colonial manteve-se no continente africano até os anos 70, sendo Portugal o país europeu que manteve tal regime por mais tempo. A independência de Angola e Moçambique foi favorecida com a Revolução dos Cravos que pôs fim à ditadura em Portugal.
2. As divergências políticas e ideológicas presentes no movimento de emancipação angolano estavam representadas por três grupos, que se diziam legítimos representantes do povo angolano. Após a independência, coincidindo com um período de grande tensão da Guerra Fria, tais grupos, sem o apoio externo, acabaram por depor as armas e buscar recursos para a reconstrução do país.
3. Desde o século XIX, com a descoberta de jazidas de ouro e diamantes no norte da África do Sul, os interesses econômicos passaram a exercer forte influência na vida da população local. O processo de segregação racial começou nas primeiras décadas do século XX, diferenciando-se dos demais pela institucionalização legal.
4. O Congresso Nacional Africano – CNA, presidido por Nelson Mandela, defendia a luta armada como forma de enfrentamento ao *apartheid*. Nos primeiros anos da década de 60, o CNA foi declarado ilegal e Mandela, preso com mais milhares de pessoas, recebeu a pena de prisão perpétua.

a) Quando as alternativas 1, 2 e 3 estiverem corretas
b) Quando as alternativas 1 e 3 estiverem corretas
c) Quando as alternativas 2 e 4 estiverem corretas
d) Quando somente a alternativa 4 estiver correta
e) Quando todas as alternativas estiverem corretas

6. (Umesp)

Antievasão

Pedirei
Suplicarei
Chorarei
Não vou para Pasárgada

Atirar-me-ei ao chão
e prenderei nas mãos convulsas
ervas e pedras de sangue
Não vou para Pasárgada

Gritarei
Berrarei
Matarei
Não vou para Pasárgada

O texto do poeta de Cabo Verde, Ovídio de Sousa Martins, revela

a) temática de abrangência regional, sem que haja transcendência política e geográfica.
b) poética evasiva de relativa resistência em seu intratexto, de questionamento universal.
c) tema de alcance universal, em que estabelece um diálogo interdiscursivo com um modernista brasileiro.
d) preocupação de contorno universal em que, de maneira inédita, questiona a existência de um lugar idealizado para a solução dos problemas humanos.
e) diálogo com um poeta simbolista brasileiro em que, através de um contraponto, expõe também o seu desejo de evasão, embora o título desminta esse anseio.

Texto para a questão 7.

Uns lindos olhos, vivos, bem rasgados,
Um garbo senhoril, nevada alvura,
Metal de voz que enleva de doçura,
Dentes de aljôfar, em rubi cravados.
Fios de ouro, que enredam meus cuidados,
Alvo peito, que cega de candura,
Mil prendas; e (o que é mais que formosura)
Uma graça, que rouba mil agrados.
Mil extremos de preço mais subido
Encerra a linda Márcia, a quem of'reço
Um culto, que nem dela inda é sabido.
Tão pouco de mim julgo que a mereço,
Que enojá-la não quero de atrevido
Co'as penas que por ela em vão padeço.

Filinto Elísio

7. (Unifesp) Considere as informações:

I. O poeta mantém certo distanciamento amoroso, pois a mulher é vista como um ser superior e inalcançável.
II. O jogo amoroso descrito no soneto distancia-se do convencionalismo, sendo exposto o amor de forma intensa.
III. A forma do poema – um soneto – e a sua metrificação permitem considerá-lo uma produção literária do período clássico.
IV. Estão explícitos no soneto a sensualidade e o *carpe diem*.

Está correto o que se afirma apenas em

a) I e II.
b) I e III.
c) II e III.
d) II e IV.
e) III e IV.

Exercícios-tarefa

MÓDULO 16

Texto para a próxima questão.

Bom Senso e Bom Gosto

(...) Concluo daqui que a idade não a fazem os cabelos brancos, mas a madureza das ideias, o tino e a seriedade: e, neste ponto, os meus vinte e cinco anos têm-me as verduras de V. Exª convencido valerem pelo menos os seus sessenta. Posso, pois, falar sem desacato. Levanto-me quando os cabelos brancos de V. Exª passam diante de mim. Mas o travesso cérebro que está debaixo e as garridas e pequeninas coisas que saem dele, confesso não me merecerem nem admiração, nem respeito, nem ainda estima. A futilidade num velho desgosta-me tanto como a gravidade numa criança. V. Exª precisa menos cinquenta anos de idade, ou então mais cinquenta de reflexão.

É por esses motivos todos que lamento do fundo da alma não me poder confessar, como desejava, de V. Exª. Nem admirador nem respeitador

Antero de Quental

(Antero de Quental, *POESIA E PROSA*. São Paulo: Cultrix, 1974. p. 129)

1. (Unesp-SP) No ano de 1865, em Portugal, se inicia uma grande polêmica. De um lado, Antônio Feliciano de Castilho (1800-1875); de outro, Antero Tarquínio de Quental (1842-1891). Em posfácio ao livro POEMA DA MOCIDADE de Pinheiro Chagas, Castilho referiu-se com pouco-caso e algum deboche aos jovens poetas que, em Coimbra, defendiam ideias novas. Antero, um dos mencionados por Castilho, faz logo publicar uma carta em resposta ao velho mestre, na qual retribui as ironias, ao mesmo tempo em que faz ataque cerrado e contundente a Castilho. Em pouco tempo cada um ganha adeptos e com isso se produz uma das mais ricas polêmicas da História da Literatura Portuguesa. Tal episódio ficou conhecido como a Questão Coimbrã ou também pelo título recebido pela publicação de Antero: Bom Senso e Bom Gosto. Com base nestas informações e considerando-se o texto dado, responda:
   a) o que representavam Antônio Feliciano de Castilho e Antero de Quental nessa polêmica?
   b) o que marca a Questão Coimbrã na História da Literatura Portuguesa?

2. (UPF-RS) Leia as seguintes afirmações sobre a obra *Memórias póstumas de Brás Cubas*, de Machado de Assis:

   I. A idealização das personagens é um traço significativo do romance.

   II. Constata-se, na narrativa, uma ruptura com os lugares-comuns que caracterizavam a linguagem no Romantismo.

   III. No romance, destaca-se a presença de um narrador que é também o protagonista da história e que se apresenta como defunto autor.

   Qual(is) está(ão) correta(s)?

   a) Apenas I.
   b) Apenas II.
   c) Apenas III.
   d) I e III.
   e) II e III.

3. (UFRGS-RS) Assinale a alternativa correta em relação a "O Alienista", de Machado de Assis.
   a) O foco do texto é a denúncia da ignorância do povo em relação ao desenvolvimento da ciência brasileira, sobretudo no que se refere aos avanços das pesquisas sobre a mente.
   b) A narrativa, cuja ação se passa no Rio de Janeiro, centra-se na crítica aos valores da classe média urbana, preocupada apenas com o consumo.
   c) Com rigor científico e distanciado das injunções do poder, Simão Bacamarte aplica conhecimentos para curar os seus pacientes e obtém resultados eficazes.
   d) O barbeiro Porfírio comanda uma rebelião contra o despotismo e, ao assumir o poder, mantém-se coerente com as propostas que o levaram ao governo da cidade.
   e) Ao narrar experiências científicas do alienista, o conto enfoca também o arbítrio e a corrupção dos poderosos, bem como a impotência da população diante dos acontecimentos.

4. (Uece) Sobre o Realismo, assinale o INCORRETO.
   a) O Realismo na literatura manifesta-se na prosa. A poesia da época vive o Simbolismo.
   b) O romance – social, psicológico e de tese – é a principal forma de expressão do Realismo.
   c) O romance realista deixa de ser apenas distração e torna-se veículo de crítica a instituições, como a Igreja Católica, e à hipocrisia burguesa.
   d) A escravidão, os preconceitos raciais e a sexualidade são os principais temas, tratados com linguagem clara e direta.

MÓDULO 17

1. (UFRGS-RS) Leia os seguintes fragmentos, extraídos de contos de Machado de Assis.

1. "– Meus senhores, a ciência é coisa séria, e merece ser tratada com seriedade. Não dou razão dos meus atos de alienista a ninguém, salvo aos mestres e a Deus. [...] Poderia convidar alguns de vós, em comissão dos outros, a vir ver comigo os loucos reclusos; mas não o faço, porque seria dar-vos razão do meu sistema, o que não farei a leigos, nem a rebeldes." ("O Alienista")
2. "Mais tarde é que eu soube que o teatro era um eufemismo em ação. Meneses trazia amores com uma senhora, separada do marido, e dormia fora de casa uma vez por semana. Conceição padecera, a princípio, com a existência da comborça; mas, afinal, resignara-se, acostumara-se, e acabou achando que era muito direito." ("Missa do Galo")
3. "[...] quis sinceramente fugir, mas já não pôde. Rita, como uma serpente, foi-se acercando dele, envolveu-o todo, fez-lhe estalar os ossos num espasmo, e pingou-lhe veneno na boca. Ele ficou atordoado e subjugado. Vexame, sustos, remorsos, desejos, tudo sentiu de mistura; mas a batalha foi curta e a vitória delirante. Adeus, escrúpulos." ("A Cartomante")
4. "– Nada menos de duas almas. Cada criatura humana traz duas almas consigo: uma que olha de dentro para fora, outra que olha de fora para dentro... Espantem-se à vontade; podem ficar de boca aberta, dar de ombros, tudo; não admito réplica. Se me replicarem, acabo o charuto e vou dormir." ("O Espelho")
5. "A obra, célere a princípio, afrouxou o andar. Pestana tinha altos e baixos. Ora achava-a incompleta, não lhe sentia a alma sacra, nem ideia, nem inspiração, nem método; ora elevava-se-lhe o coração e trabalhava com vigor. Oito meses, nove, dez, onze, e o 'Requiem' não estava concluído. Redobrou de esforços; esqueceu lições e amizades. Tinha refeito muitas vezes a obra; mas agora queria concluí-la, fosse como fosse." ("Um Homem Célebre")

Associe adequadamente as seis afirmações a seguir com os cinco fragmentos transcritos acima.

( ) O conto expressa a dificuldade em lidar com os conflitos provocados pela dualidade do ser humano e com as suas consequências na autoimagem.

( ) O conto mostra como a popularidade atingida não livra o artista da frustração por não conseguir realizar uma grande obra erudita.

( ) O conto revela, ao gosto da época, o adultério sem repercussões éticas, sem inquietações morais ou arrependimentos.

( ) O conto retrata as relações conjugais típicas de uma família patriarcal brasileira do século XIX.

( ) O conto desenvolve-se como uma sátira contundente ao cientificismo do século XIX.

( ) O conto é marcado pela ambiguidade, pois sugere o adultério da esposa, que de fato não ocorre.

A sequência correta de preenchimento dos parênteses, de cima para baixo, é

a) 5 – 4 – 3 – 2 – 1 – 3.
b) 4 – 5 – 2 – 1 – 3 – 5.
c) 3 – 4 – 2 – 1 – 5 – 4.
d) 2 – 1 – 4 – 3 – 5 – 4.
e) 4 – 5 – 3 – 2 – 1 – 2.

2. (UFG-GO) O contexto sócio-histórico do Brasil, no século XIX, evidencia-se no enredo do romance *O cortiço*, de Aluísio Azevedo, por meio das

a) práticas de trabalho na pedreira de João Romão, que se baseiam na exploração de mão de obra excedente do processo de industrialização no Rio de Janeiro.
b) condições de moradia do cortiço São Romão, que reproduzem o modo de vida próprio do principal tipo de habitação popular da então Capital Federal.
c) disputas territoriais, que expressam, no confronto entre os carapicus e os cabeças de gato, a violência característica dos primeiros cortiços cariocas.
d) manifestações folclóricas, que representam, na dança, na música e na culinária dos moradores do cortiço, o exotismo inerente ao povo brasileiro.
e) correntes migratórias, que configuram o cortiço São Romão como uma comunidade formada por comerciantes portugueses em busca de ascensão social.

Texto para a próxima questão.

Leia o texto a seguir.

Marcela amou-me durante quinze meses e onze contos de réis; nada menos. Meu pai, logo que teve aragem dos onze contos, sobressaltou-se deveras; achou que o caso excedia as raias de um capricho juvenil.

– Desta vez, disse ele, vais para a Europa; vais cursar uma universidade, provavelmente Coimbra; quero-te para homem sério e não para arruador e gatuno. E como eu fizesse um gesto de espanto:

– Gatuno, sim senhor. Não é outra coisa um filho que me faz isto...

Sacou da algibeira os meus títulos de dívida, já resgatados por ele, e sacudiu-mos na cara. – Vês, peralta? é assim que um moço deve zelar o nome dos seus? Pensas que eu e meus avós ganhamos o dinheiro em casas de jogo ou a vadiar pelas ruas? Pelintra! Desta vez ou tomas juízo, ou ficas sem coisa nenhuma.

Machado de Assis

3. (FGV-SP) A primeira frase desse excerto tornou-se uma das mais conhecidas pelos leitores da obra machadiana. A julgar por essa afirmação e pela personagem mencionada, podemos reconhecer ali parte do romance denominado:

a) *Memorial de Aires.*
b) *Dom Casmurro.*
c) *Helena.*
d) *Memórias Póstumas de Brás Cubas.*
e) *A Mão e a Luva.*

MÓDULO 18

1. (PUC-RS)

Cena IV

Entra Marcelo vestido à paulista, isto é, de bota branca, calça e jaqueta de ganga azul e ponche de pano azul forrado de baeta vermelha. O seu falar é carregado.

(...)

Marcelo: Tenho andado passeando pela cidade.

José Antônio: Aonde foi?

Marcelo: À Rua do Ouvidor. Vi muitas coisinhas bonitas penduradas nas vidraças e umas figuras que pareciam gente viva, andando assim à roda. (*Anda à roda*).

José Antônio: Isso é na casa dos cabeleiros.

Marcelo: É isso mesmo, que lá vi muitos cabelos nas portas. Entrei numa casa onde estavam tocando um instrumento muito bonito; o homem tocava assim. (*Faz ação de quem toca realejo.*)

José Antônio: Foi no canto do Beco dos Cancelas. É um realejo que chama os tolos."

No diálogo entre Marcelo e José Antônio, em *O Dilettante*, Martins Pena ressalta a

a) sofisticação do diletante.
b) semelhança entre o campo e a cidade.
c) simplicidade do homem do interior.
d) fascinação pelos acontecimentos da corte.
e) aversão do citadino pelo caipira.

2. (Ufla-MG) O teatro brasileiro tem Martins Pena como um dos seus mais significativos representantes. Suas obras caracterizam-se por:

a) reproduzir os autos religiosos do século XVI.
b) usar, como modelo, as tragédias clássicas.
c) realizar uma comédia de costumes.
d) demonstrar forte influência do teatro romântico francês.
e) construir suas peças em versos livres.

MÓDULO 19

Texto para as próximas duas questões.

Leia os versos de Olavo Bilac e responda:

Não se mostre na fábrica o suplício
Do mestre. E, natural, o efeito agrade,
Sem lembrar os andaimes do edifício:

Porque a Beleza, gêmea da Verdade,
Arte pura, inimiga do artifício,
É a força e a graça na simplicidade.

1. (Unifesp) Nos versos, apresenta-se uma concepção de arte baseada ____, própria dos poetas ____.

Na frase, os espaços devem ser preenchidos por

a) na expressão dos sentimentos ... românticos.
b) na sugestão de sons e imagens ... parnasianos.
c) na contestação dos valores sociais ... simbolistas.
d) no extremo rigor formal ... parnasianos.
e) na expressão dos conflitos humanos ... simbolistas.

2. (Unifesp) Os versos denunciam

a) vocabulário simples e pouca preocupação com as qualidades técnicas do poema, já que as sugestões sonoras não estão neles presentes.
b) emoção expressa racionalmente, embora seja bastante evidente o caráter subjetivo na construção das imagens.
c) a busca da perfeição na expressão, visando ao universalismo, como exemplificam os termos Beleza e Verdade, grafados com maiúsculas.
d) o afastamento da realidade social, decorrente de uma visão idealizada do mundo, descrito por metáforas pouco objetivas.
e) a forma de expressão pouco idealizada, resultante de uma concepção de mundo marcada pela complexidade que, nos versos, se manifesta em vocabulário seleto.

3. (EsPCEx–AMAN-RJ) Leia os versos abaixo e assinale a alternativa que apresenta o mesmo emprego das vírgulas no primeiro verso.

"Torce, aprimora, alteia, lima
A frase; e, enfim,"

(Olavo Bilac)

a) "E, ao vir do sol, saudoso e em pranto"
b) "O alvo cristal, a pedra rara,/ O ônix prefiro."
c) "Acendeu um cigarro, cruzou as pernas, estalou as unhas,..."
d) "Uns diziam que se matou, outros, que fora para o Acre."
e) "Mocidade ociosa, velhice vergonhosa."

4. (UFU-MG)

Inania Verba

....

O pensamento ferve, e é um turbilhão de lava:
A Forma, fria e espessa, é um sepulcro de neve...
E a Palavra pesada abafa a Ideia leve,
Que, perfume e clarão, refulgia e voava.

Quem o molde achará para a expressão de tudo?
Ai! Quem há de dizer as ânsias infinitas
Do sonho? E o céu que foge à mão que se levanta?

....

(Olavo Bilac, POESIAS)

Indique a alternativa que NÃO ESTÁ de acordo com o poema.

a) O poeta parnasiano privilegiou a forma, a maneira mais perfeita que encontrou para efetivar sua arte, mesmo que, para isso, ele tivesse que sacrificar suas emoções. Nesse sentido, os versos de Olavo Bilac são uma crítica ao Parnasianismo.

b) O poeta fala da luta entre ideias e palavras e entre forma e conteúdo, quando estes fracassam ao traduzirem nossos sentimentos. As estrofes citadas são um derramamento da alma sobre essa luta, contrariando os preceitos parnasianos de contenção lírica.

c) O tema básico das estrofes é o amor irrealizado, que causa sofrimentos ao poeta.

d) Os versos são alexandrinos, muito apreciados pelos parnasianos.

e) O verso "E a Palavra pesada abafa a Ideia leve" contém uma antítese, que representa a contradição entre forma e conteúdo exposta pelo poeta.

5. (Ufal) As afirmações seguintes referem-se ao Parnasianismo no Brasil:

I. Para bem definir como entendia o trabalho de um poeta, Olavo Bilac comparou-o ao de um joalheiro, ou seja: escrever poesia assemelha-se à perfeita lapidação de uma matéria preciosa.

II. Pelas convicções que lhe são próprias, esse movimento se distancia da espontaneidade e do sentimentalismo que muitos românticos valorizavam.

III. Por se identificarem com os ideais da Antiguidade clássica, é comum que os poetas mais representativos desse estilo aludam aos mitos daquela época.

Está correto o que se afirma em

a) II, apenas.

b) I e II, apenas.

c) I e III, apenas.

d) II e III, apenas.

e) I, II e III.

MÓDULO 20

1. (Unifesp) Leia os versos de Cruz e Sousa.

Ó meu Amor, que já morreste,
Ó meu Amor, que morta estás!
Lá nessa cova a que desceste
Ó meu Amor, que já morreste,
Ah! nunca mais florescerás?
Ao teu esquálido esqueleto,
Que tinha outrora de uma flor
A graça e o encanto do amuleto
Ao teu esquálido esqueleto
Não voltará novo esplendor?

a) Identifique no poema dois aspectos que remetem ao Romantismo.

b) Exemplifique, valendo-se de elementos textuais, por que, em certa medida, os poetas simbolistas, como Cruz e Sousa, se aproximam dos parnasianos.

2. (UEPG-PR) "Broquéis", obra de Cruz e Sousa que inaugura histórica e esteticamente o Simbolismo no Brasil (1893), é marcante pela exploração das virtualidades da palavra. Um de seus poemas é "Sinfonias do Ocaso":

Musselinosas como brumas diurnas
Descem do ocaso as sombras harmoniosas,
Sombras veladas e musselinosas
Para as profundas solidões noturnas.

Sacrários virgens, sacrossantas urnas,
Os céus resplendem de sidéreas rosas,
Da Lua e das Estrelas majestosas
Iluminando a escuridão das furnas.

Ah! por estes sinfônicos ocasos
A terra exala aromas de áureos vasos.
Incensos de turíbulos divinos.

Os plenilúnios mórbidos vaporam...
E como que no Azul plangem e choram
Cítaras, harpas, bandolins, violinos...

Neste poema, estão presentes aspectos recorrentes na estética simbolista, como

01) intuição, musicalidade e espiritualidade.

02) tentativa de superação no transcendental e no místico, e culto da imprecisão.

04) sondagem da realidade oculta das coisas, sugestão e harmonia.

08) emprego de palavras raras e expressivas, e exploração da musicalidade das palavras.

16) valorização do gosto burguês, nacionalismo e impressionismo na linguagem.

3. (UFMG) Com base na leitura de "Broquéis", de Cruz e Sousa, é INCORRETO afirmar que se trata de uma poesia

a) de tendência naturalista, que se compraz na descrição mórbida dos sentimentos, embora mostre otimismo em relação ao homem.

b) próxima da música, não apenas no plano temático, mas, sobretudo, no trabalho detalhista da sonoridade.

c) abstrata, pois se afasta de situações cotidianas e, além disso, exprime um intenso sentimento de dor e de angústia.

d) de atmosfera intensamente misteriosa, criada pelo forte impulso de transfiguração da realidade imediata.

Texto para a próxima questão.

Amava Simão uma sua vizinha, menina de quinze anos, rica herdeira, regularmente bonita e bem-nascida. Da janela do seu quarto é que ele a vira a primeira vez, para amá-la sempre. Não ficara ela incólume da ferida que fizera no coração do vizinho: amou-o também, e com mais seriedade que a usual nos seus anos.

Os poetas cansam-nos a paciência a falarem do amor da mulher aos quinze anos, como paixão perigosa, única e inflexível. Alguns prosadores de romances dizem o mesmo. Enganam-se ambos. O amor dos quinze anos é uma brincadeira; é a última manifestação do amor às bonecas; é a tentativa da avezinha que ensaia o voo fora do ninho, sempre com os olhos fitos na ave-mãe, que a está da fronde próxima chamando; tanto sabe a primeira o que é amar muito, como a segunda o que é voar para longe.

Teresa de Albuquerque devia ser, porventura, uma exceção no seu amor.

Camilo Castelo Branco – *Amor de perdição*

4. (UPM-SP) Assinale o fragmento que, embora pertencendo ao mesmo estilo de época de Camilo Castelo Branco, apresenta ponto de vista irônico sobre a aventura amorosa.

a) "Eu te amo, Maria, eu te amo tanto / Que meu peito me dói como em doença / E quanto mais me seja a dor intensa / Mais cresce na minha alma teu encanto." Vinícius de Morais

b) "O Amor enganoso, que fingia, / Mil vontades alheias enganando, / Me fazia zombar de quem o tinha." Camões

c) "E o eco ao longe murmurou – é ela! / E a vi – minha fada aérea e pura – / A minha lavadeira na janela!" Álvares de Azevedo

d) "Cansei-me de tentar o teu segredo: / No teu olhar sem cor, – frio escalpelo –, / O meu olhar quebrei, a debatê-lo, / Como a onda na crista dum rochedo." Camilo Pessanha

e) "Ai! Se eu te visse, Madalena pura, / Sobre o veludo reclinada a meio, / Olhos cerrados na volúpia doce, / Os braços frouxos – palpitante o seio!..." Casimiro de Abreu

5. (PUC-RS) Associar a "Consciência Humana" à imagem de um "morcego", assim como fazer poesia sobre o "verme", ou afirmar que o homem, por viver "entre as feras", também sente necessidade "de ser fera" são algumas das imagens poéticas de ____. Apesar das críticas contundentes de que foi alvo, o poeta, muito distante da obsessão ____ pela forma, ou da sugestão das imagens ____, já revelava, a seu tempo, elementos de modernidade.

a) Cruz e Sousa – simbolista – parnasianas

b) Augusto dos Anjos – parnasiana – simbolistas

c) Alphonsus Guimaraens – parnasiana – realistas

d) Cruz e Sousa – romântica – parnasianas

e) Augusto dos Anjos – simbolista – parnasianas

MÓDULO 21

1. (UFSM-RS)

"Queremos luz, ar, ventiladores, aeroplanos, reivindicações obreiras, idealismos, motores, chaminé de fábricas, sangue, velocidade, sonho, na nossa Arte!"

O trecho reflete características vanguardistas que foram reproduzidas por um período da literatura brasileira.

Assinale a alternativa que associa corretamente período e vanguarda em questão.

a) Parnasianismo – Expressionismo

b) Simbolismo – Decadentismo

c) Modernismo – Dadaísmo

d) Modernismo – Futurismo

e) Simbolismo – Surrealismo

2. (UEL-PR) Leia o texto a seguir:

Dadá nasce em Zurique, em 1916, [...] a partir da fundação, por parte dos seus membros, do Cabaret Voltaire, círculo literário e artístico destituído de programa, mas decidido a ironizar e desmistificar todos os valores constituídos da cultura passada, presente e futura. O nome Dadá também é casual, escolhido abrindo-se um dicionário ao acaso. As manifestações do grupo dadaísta são deliberadamente desordenadas, desconcertantes, escandalosas [...]

(Adaptado: ARGAN, G. C. *Arte Moderna*. São Paulo: Cia das Letras, 1992. p. 355.)

Com base no texto e nos conhecimentos sobre o Dadaísmo é correto afirmar:

a) A desconexão entre os diversos elementos utilizados atestam o caráter dos trabalhos do movimento em questão.

b) O referido movimento foi uma importante influência para a semana de arte de 1922, aqui no Brasil.

c) A presença de letras e numerais indica que o movimento havia sido influenciado pela poesia concreta.

d) Trata-se de um movimento cuja pintura apresentava um caráter realista, com grande apuro técnico.

e) Em virtude do volume adquirido em consequência da colagem, os trabalhos transitam entre pintura e escultura.

3. (UEM-PR) Sobre a arte de vanguarda dos séculos passados, assinale o que for correto.

01) Os artistas identificados como pertencentes ao movimento estético conhecido pelo nome de Fauvismo praticavam uma arte em que as cores eram arbitrárias em relação ao referente.

02) O Expressionismo alemão inaugurou as vanguardas europeias, ao representar, entre outras questões, o caráter sombrio da existência humana.

04) As pinturas mais conhecidas de Gauguin eram representações da vida cotidiana e do dinamismo das grandes metrópoles europeias.

08) O Impressionismo francês chocou o público, inicialmente, porque as suas pinturas pareciam simples esboços não concluídos.

16) Durante um determinado período, o pintor neerlandês Van Gogh atravessou uma fase estética na qual certo sentimento de religiosidade se associava a preocupações sociais.

MÓDULO 22

1. (PUC-SP)

O Tejo é mais belo que o rio que corre pela minha aldeia,
Mas o Tejo não é mais belo que o rio que corre pela minha aldeia
Porque o Tejo não é o rio que corre pela minha aldeia.
O Tejo tem grandes navios
E navega nele ainda,
Para aqueles que veem em tudo o que lá não está,
A memória das naus.
O Tejo desce de Espanha
E o Tejo entra no mar em Portugal.
Toda a gente sabe isso.
Mas poucos sabem qual é o rio da minha aldeia
E para onde ele vai
E donde ele vem.
E por isso, porque pertence a menos gente,
É mais livre e maior o rio da minha aldeia.
Pelo Tejo vai-se para o mundo.
Para além do Tejo há a América
E a fortuna daqueles que a encontram.
Ninguém nunca pensou no que há para além
Do rio da minha aldeia.
O rio da minha aldeia não faz pensar em nada.
Quem está ao pé dele está só ao pé dele.

O poema anterior, do heterônimo de Fernando Pessoa, Alberto Caeiro, integra o livro "O Guardador de Rebanhos". Indique a alternativa que NEGA a adequada leitura do poema em questão.

a) O elemento fundamental do poema é a busca da objetividade, sintetizada no verso: "Quem está ao pé dele está só ao pé dele".

b) O poema propõe um contraste a partir do mesmo motivo e opõe um sentido geral a um sentido particular.

c) O texto sugere um conceito de beleza que implica proximidade e posse e, por isso, valoriza o que é humilde, ignorado e despretensioso.

d) O rio que provoca a real sensação de se estar à beira de um rio é o Tejo, que guarda a "memória das naus", marca do passado grandioso do país.

e) O poema se fundamenta numa argumentação dialética em que o conjunto das justificativas deixa clara a posição do poeta.

2. (UPM-SP) O poeta ligado ao sentimento nacionalista que tomou conta de Portugal em meio às crises do primeiro período republicano, responsável por MENSAGEM, obra que retomou a formação de sua pátria, a identificação com o mar, o sonho de um império grande e forte foi:

a) Alberto Caeiro.

b) Ricardo Reis.

c) Mário de Sá-Carneiro.

d) Fernando Pessoa ele-mesmo.

e) Álvaro de Campos.

3. (UFRGS-RS) Quanto à criação dos heterônimos de Fernando Pessoa, considere as seguintes afirmações.

I. Alberto Caeiro, autor de "O Guardador de Rebanhos", é o poeta integrado à natureza.

II. Os heterônimos, marca da obra pessoana, caracterizam-se por adotarem estilos diferentes.

III. Ricardo Reis, autor de odes de modelo clássico, distingue-se pela temática urbana de seus poemas.

Quais estão corretas?

a) Apenas I.

b) Apenas III.

c) Apenas I e II.

d) Apenas I e III.

e) I, II e III.

MÓDULO 23

1. (ESPM-SP) Examine os textos:

(...) Há uma parada instantânea. Entrebatem-se, enredam-se, trançam-se e alteiam-se fisgando vivamente o espaço, e inclinam-se, embaralham-se milhares de chifres. Vibra uma trepidação no solo; e a boiada estoura...

A boiada arranca.

("Os Sertões", de Euclides da Cunha)

As ancas balançam e as vagas de dorsos, das vacas e touros, batendo com as caudas, mugindo no meio, na massa embolada, com atritos de couros, estalos de guampas, estrondos de baques, e o berro queixoso do gado Junqueira, de chifres imensos, com muita tristeza, saudade dos campos, querência dos pastos, de lá do sertão...

("O Burrinho Pedrês", de Guimarães Rosa)

Marque a afirmação INCORRETA sobre os textos apresentados:

a) Um elemento comum em ambos os fragmentos é a enumeração das ações do rebanho durante a condução da boiada.

b) Há recursos de musicalidade (aliterações) nas palavras ("milhares de chifres. Vibra uma trepidação", "dos pastos, de lá do sertão").

c) Guimarães Rosa preocupa-se com o ritmo e a reorganização da linguagem no fragmento.

d) O interesse principal na obra de Euclides da Cunha é a apresentação lírica dos hábitos sertanejos e a denúncia do sofrimento pelo trabalho exaustivo de vaqueiro.

e) A ambientação sertaneja e seus elementos caracterizadores estão presentes em ambos os fragmentos, sem preocupação com juízos sociais.

Texto para a próxima questão.

Iria morrer, quem sabe naquela noite mesmo? E que tinha ele feito de sua vida? Nada. Levara toda ela atrás da miragem de estudar a pátria, por amá-la e querê-la muito, no intuito de contribuir para a sua felicidade e prosperidade. Gastara a sua mocidade nisso, a sua virilidade também; e, agora que estava na velhice, como ela o recompensava, como ela o premiava, como ela o condecorava? Matando-o. E o que não deixara de ver, de gozar, de fruir, na sua vida? Tudo. Não brincara, não pandegara, não amara – todo esse lado da existência que parece fugir um pouco à sua tristeza necessária, ele não vira, ele não provara, ele não experimentara.

Desde dezoito anos que o tal patriotismo lhe absorvia e por ele fizera a tolice de estudar inutilidades. Que lhe importavam os rios? Eram grandes? Pois se fossem... Em que lhe contribuiria para a felicidade saber o nome dos heróis do Brasil? Em nada... O importante é que ele tivesse sido feliz. Foi? Não. Lembrou-se das suas causas de tupi, do *folklore*, das suas tentativas agrícolas... Restava disso tudo em sua alma uma satisfação? Nenhuma! Nenhuma!

Lima Barreto

2. (PUC-SP) O autor do trecho acima é Lima Barreto. Suas obras integram o período literário chamado Pré-Modernismo. Tal designação para este período se justifica, porque ele:

a) desenvolve temas do nacionalismo e se liga às vanguardas europeias.

b) engloba toda a produção literária que se fez antes do modernismo.

c) antecipa temática e formalmente as manifestações Modernistas.

d) se preocupa com o estudo das raças e das culturas formadoras do nordestino brasileiro.

e) prepara pela irreverência de sua linguagem as conquistas estilísticas do Modernismo.

3. (UFSM-RS) Analise as afirmações a seguir.

I. Obra que, ambientada no universo do Rio de Janeiro, recupera, em linguagem fluente, cenas cotidianas, tipos de subúrbio, flagrantes da rua e da atividade burocrática.

II. Livro que, composto em prosa fragmentada, tematiza a rejeição a partir da história de uma família de retirantes que vive em pleno agreste.

Assinale a alternativa que identifica, respectivamente, as obras que se referem às afirmações I e II.

a) CLARISSA – VIDAS SECAS

b) A HORA DA ESTRELA – TERRAS DO SEM-FIM

c) TRISTE FIM DE POLICARPO QUARESMA – VIDAS SECAS

d) VERÃO NO AQUÁRIO – TERRAS DO SEM-FIM

e) A HORA DA ESTRELA – OS SERTÕES

4. (UFC-CE) No cordel *Antônio Conselheiro*, lemos:

"Este cearense nasceu / lá em Quixeramobim, / se eu sei como ele viveu, / sei como foi o seu fim. / Quando em Canudos chegou, / com amor organizou / um ambiente comum / sem enredos nem engodos, / ali era um por todos / e eram todos por um"

A história de Antônio Conselheiro, líder da Revolta de Canudos, evocada por Patativa, é tema também de:

a) "O Quinze", de Raquel de Queiroz.

b) "Os Sertões", de Euclides da Cunha.

c) " Macunaíma", de Mário de Andrade.

d) "Vidas Secas", de Graciliano Ramos.

e) "Grande Sertão: Veredas", de Guimarães Rosa.

1. (Ufes) Leia os textos modernistas e considere as afirmativas feitas. A seguir, assinale a opção CORRETA.

Erro de português

Quando o português chegou Debaixo duma bruta chuva Vestiu o índio	Que pena! Fosse uma manhã de sol O índio tinha despido O português

(Oswald de Andrade, 1925)

"Só a antropofagia nos une. Socialmente. Economicamente. Filosoficamente
(...) Tupi or not tupi that is the question.
Contra todas as catequeses. E contra a mãe dos Gracos.
Só me interessa o que não é meu. Lei do homem. Lei do antropófago."

(Fragmentos do "Manifesto Antropófago", 1928, de Oswald de Andrade.)

"Os tupis desceram para serem absorvidos. Para se diluírem no sangue da gente nova. Para viver subjetivamente e transformar numa prodigiosa força a bondade do brasileiro e o seu grande sentimento de humanidade. Seu totem não é carnívoro: Anta. É este um Animal que abre caminhos, e aí parece estar indicada a predestinação da gente tupi."

(Fragmento do "Manifesto do Verde-Amarelismo" ou da "Escola da Anta", 1929. Assinado por: Menotti del Picchia, Plínio Salgado, Cassiano Ricardo e outros)

Ladainha (fragmento)

Por se tratar de uma ilha deram-lhe o nome de
ilha de Vera Cruz
(...)
Ilha verde onde havia
Mulheres morenas e nuas
Anhangás a sonhar com histórias de luas
e cantos bárbaros de pajés em pocarés batendo os pés.

Depois mudaram-lhe o nome
Pra terra de Santa Cruz
(...)
A grande Terra girassol onde havia guerreiros de
tanga e onças ruivas deitadas à sombra das
árvores mosqueadas de sol.

Mas como houvesse, em abundância,
Certa madeira cor de sangue cor de brasa
e como o fogo da manhã selvagem
fosse um brasido no carvão noturno da paisagem,
e como a Terra fosse de árvores vermelhas
e se houvesse mostrado assaz gentil,
deram-lhe o nome de Brazil.
(...)

(Cassiano Ricardo, 1926)

I. Há identidade de princípios ideológicos entre o poema de Oswald de Andrade e o "Manifesto Antropófago", assim como entre o poema de Cassiano Ricardo e o "Manifesto do Verde-Amarelismo".

II. O Modernismo aprofundou o que o Romantismo tinha iniciado: a subversão dos gêneros. A poesia, por exemplo, aproximou-se do ritmo da prosa e adotou o verso livre como instrumento para a elaboração dos poemas.

III. Oswald de Andrade procurou enfocar um Brasil moderno a partir da luta e da absorção de outras culturas como forças antagônicas que se mesclam, enquanto a visão do verde-amarelismo é a da absorção pela confraternização, da cordialidade e da interação pacífica entre culturas diferentes.

a) Apenas as afirmativas I e II estão corretas.
b) Apenas as afirmativas I e III estão corretas.
c) Apenas as afirmativas II e III estão corretas.
d) Todas as afirmativas estão corretas.
e) Todas as afirmativas estão incorretas.

2. (Unesp-SP)

"Só a Antropofagia nos une. Socialmente. Economicamente. Filosoficamente."

"Única lei do mundo. Expressão mascarada de todos os individualismos, de todos os coletivismos. De todas as religiões. De todos os tratados de paz."

"Tupi, or not tupi that is the question."

(Fragmentos do "Manifesto Antropófago", de Oswald de Andrade)

Analisando as ideias contidas nesses fragmentos, assinale a única alternativa que julgar INCORRETA.

a) O "Manifesto Antropófago" de Oswald de Andrade articula-se ao movimento antropófago do Modernismo brasileiro, cuja expressão máxima se deu em "Macunaíma" de Mário de Andrade.
b) Em "Tupi, *or not* tupi *that is the question*", está implícita a crítica ao espírito de nacionalidade, falseado pelo estrangeirismo exacerbado entre nós, até os adventos do Modernismo.
c) Ainda nos fragmentos acima citados, deve-se entender não a aversão à cultura estrangeira, mas a dialética de conjunção das raízes nacionais à cultura europeia.
d) A leitura dos três fragmentos acaba por desvendar a crítica à cultura brasileira que não estaria muito distante do primitivismo antropofágico.
e) O "Manifesto Antropófago" propõe a mobilidade cultural advinda da mobilidade do pensamento e dos valores do homem em sociedade.

3. (PUC-RS) Enumerar a segunda coluna de acordo com a primeira, relacionando as ideias, expressões, autores

e obras ao que convencionou denominar de Pré-Modernismo e Geração de 22.

1. Pré-Modernismo
2. Geração de 22

( ) Oswald de Andrade
( ) Lima Barreto
( ) Mário de Andrade
( ) "Os Sertões"
( ) fragmentação da narrativa
( ) ruptura com a tradição
( ) ecletismo
( ) irreverência

A sequência correta, de cima para baixo, é a da alternativa

a) 2 – 2 – 2 – 1 – 1 – 1 – 1 – 2
b) 2 – 1 – 2 – 1 – 2 – 2 – 1 – 2
c) 2 – 1 – 2 – 2 – 1 – 2 – 2 – 2
d) 1 – 1 – 1 – 1 – 2 – 2 – 1 – 2
e) 1 – 1 – 2 – 1 – 2 – 2 – 1 – 1

MÓDULO 25

Texto para a próxima questão.

Quinze de novembro

Deodoro todo nos trinques
Bate na porta de Dão Pedro Segundo.
" – Seu imperador, dê o fora
que nós queremos tomar conta desta bugiganga.
Mande vir os músicos."
O imperador bocejando responde:
Pois não meus filhos não se vexem
me deixem calçar as chinelas
podem entrar à vontade:
só peço que não me bulam nas obras completas
de Victor Hugo".

(Murilo Mendes. *História do Brasil. Poemas*. Rio de Janeiro: Nova Aguilar, 1994, p. 169)

1. (PUCC-SP) Nesses versos, o tratamento histórico, o estilo da linguagem e tom de sátira são elementos que também se encontram

a) em "A invenção de Orfeu", de Jorge de Lima.
b) em "A rosa do povo", de Carlos Drummond de Andrade.
c) em poemas de "Pau-Brasil", de Oswald de Andrade.
d) em passagens de "Morte e vida severina", de João Cabral de Melo Neto.
e) no "Romanceiro da Inconfidência", de Cecília Meireles.

2. (UFRGS-RS) Considere as afirmativas seguintes.

I. Mário Quintana usou desde o soneto até o poema em prosa para encarnar sua visão de mundo irônica e melancólica, em que as possibilidades formais aliam-se ao exame do dia humilde e despretensioso do poeta e de seus personagens.
II. Capaz de sonetos que honram a tradição camoniana, tais como o "Soneto da separação" e o "Soneto da fidelidade", Vinícius de Morais aproximou-se da bossa nova e da música popular brasileira e veio a se tornar letrista de sambas e canções.
III. Em vários momentos da obra de Cecília Meireles a sensação de vago e incorpóreo é associada à temática urbana revelada em cenas repletas de humor e crítica ao provincianismo da elite paulista, tudo expresso em versos cuja sonoridade explora as dissonâncias e a fala popular.

Quais estão corretas?

a) Apenas I
b) Apenas III
c) Apenas I e III
d) Apenas II e III
e) I, II e III

3. (PUC-RS) Para responder à questão, analisar as afirmativas que seguem, sobre a poesia modernista brasileira.

I. Valeu-se da paródia para estabelecer a crítica às primeiras manifestações vanguardistas.
II. Vinculou-se, nos primeiros tempos, aos movimentos de vanguarda europeus.
III. Teve, na produção poética de Carlos Drummond de Andrade e Cecília Meireles, os melhores exemplos de irreverência formal.
IV. Caracterizou-se, inicialmente, pela irreverência e pelo anticonvencionalismo.

Pela análise das afirmativas, conclui-se que estão corretas

a) a I e a II, apenas.
b) a I e a III, apenas.
c) a II e a IV, apenas.
d) a III e a IV, apenas.
e) a I, a II, a III e a IV.

4. (UFRGS-RS) Assinale a alternativa INCORRETA.

a) O Modernismo brasileiro de 1922 teve, entre outros objetivos, as renovações formais, expressas em prefácios, manifestos, poemas e romances.
b) Manuel Bandeira, poeta nascido em Recife, abordou em sua obra múltiplos temas aos quais, algumas vezes, atribuiu caráter autobiográfico.
c) Vinicius de Moraes, autor de "Soneto de fidelidade" e "Soneto de separação", também escreveu poemas infantis e a peça de teatro "Orfeu da Conceição".
d) Carlos Drummond de Andrade, autor de "Alguma poesia", "Sentimento do mundo", "A Rosa do povo" e "Claro enigma", caracteriza-se pela construção de uma poética rigorosa e pela desatenção aos temas do cotidiano.

e) João Cabral de Melo Neto destaca-se na literatura brasileira pelo desinteresse em relação ao saudosismo e ao confessionalismo característicos da tradição lírica em língua portuguesa.

5. (UFSM-RS) A respeito da poesia de Vinicius de Moraes, assinale verdadeira (V) ou falsa (F) em cada afirmação a seguir.

( ) Sob a forma de soneto, privilegia temáticas líricas, sobretudo o amor e sua múltiplas manifestações.

( ) Celebra a sensualidade com versos que apresentam imagens a respeito do sexo e do corpo.

( ) O cunho erótico dos poemas exclui a experiência mística do amor.

A sequência correta é

a) V – F – F.

b) V – V – F.

c) F – V – F.

d) V – F – V.

e) F – F – V.

6. (PUCC-SP)

Uma mulher ao sol – eis todo o meu desejo
Vinda do sal do mar, nua, os braços em cruz
A flor dos lábios entreaberta para o beijo
A pele a fulgurar todo o pólen da luz.

A quadra anterior introduz um soneto de Vinicius de Moraes. Nesses versos, o leitor pode comprovar a seguinte característica da lírica amorosa do poeta:

a) dilaceramento provocado pela paixão carnal e pela ânsia de salvação religiosa.

b) reconhecimento da fugacidade do tempo, revelada num momento de excitação sensual.

c) celebração da amada num quadro cotidiano, valorizando-se o estilo típico dos modernistas combativos.

d) visão mística, na qual os desejos são sublimados e a natureza é divinizada.

e) exaltação erótica, integrada no mundo natural e elevada ao plano do sublime.

MÓDULO 26

1. (UFRGS-RS) Leia a passagem a seguir, extraída do capítulo "Reunião de Família – I", do romance "O Arquipelago", de Érico Veríssimo.

"Suponhamos que a vida é um touro que todos temos de enfrentar. [...] o que dá a um romance a sua grandeza não é nem o seu conteúdo de verdade cotidiana nem o seu tempero de fantasia, mas o momento supremo em que o autor agarra o touro pelas aspas e derruba o bicho. [...] Se queres um exemplo de romancista que primeiro faz verônicas audaciosas e depois agarra o animal a unha, eu te citarei Dostoiévski. [...] O que te falta como romancista, e também como homem, é agarrar o touro a unha..."

Em relação ao excerto apresentado, são feitas as seguintes afirmações.

I. Trata-se de uma passagem extraída de um diálogo entre Floriano e Roque Bandeira, no qual este discorre a respeito do que considera essencial na criação literária ficcional.

II. "Agarrar o touro a unha", na ficção, significa não deixar o romance perder a força como narrativa de acontecimentos para diluir-se numa atmosfera lírica.

III. A debilidade do romance de Floriano equivaleria à frouxidão do romancista no enfrentamento da própria vida.

Quais estão corretas?

a) Apenas I.

b) Apenas I e II.

c) Apenas I e III.

d) Apenas II e III.

e) I, II e III.

Texto para a próxima questão.

O homem cospe no chão. Ele está bêbedo mas Antônio Balduíno o empurra com força e ele se estatela no cimento. Depois o negro limpa as mãos e começa a pensar no motivo por que este homem insulta assim os negros. A greve é de condutores de bondes, dos operários das oficinas de força e luz, da Companhia telefônica. Tem até muito espanhol entre eles, muito branco mais alvo que aquele. Mas todo pobre agora já virou negro, é o que lhe explica Jubiabá.

Jorge Amado. *Jubiabá.*

2. (PUCC-SP) O trecho acima faz lembrar que o autor, além de escrever romances ambientados na região que viveu o ciclo econômico do cacau, também escreveu romances nos quais

a) lhe interessou aprofundar a análise mais intimista de personagens psicologicamente conflituosas.

b) se apegou ao princípio cientificista segundo o qual a raça e a hereditariedade são determinantes na formação do caráter individual.

c) há uma idealização de personagens populares, exaltadas pela espontaneidade e liberdade com que liberam seus instintos.

d) a força do coronelismo emperra, no próprio espaço urbano, o desenvolvimento de um sistema político moderno.

e) uma motivação socialista o leva a expor e analisar as tensões de classe de que participam suas personagens.

Texto para a próxima questão.

Na questão a seguir indique a soma dos itens corretos.

3. (UFSC)

Tocaia Grande

No deslumbre da lua cheia cravada sobre a terra violada, sobre o rio assassinado, sobre a morte desatada, na hora da meia-noite, junto ao pé de mulungu, no alto do Outeiro do Capitão, Jacinta Coroca e Natário da Fonseca, ela com a repetição, ele com o parabelo, na tocaia, usufruíam a beleza da paisagem. Lá embaixo, jazia Tocaia Grande ocupada pelos jagunços e pelos cabras da Briosa

– O melhor de tudo – disse Coroca –, não tem nada que se compare, é aparar menino. Ver aquele peso de carne saído de um bucho de mulher, mexer na mão da gente, vivinho. Até dá vontade de chorar. No primeiro que peguei, caí no choro.

O capitão deixou transparecer nos lábios o fio do sorriso:

– Tu pegou um bocado de menino. Tu virou uma senhora dona.

– Nós mudou e cresceu com o lugar. Tu também, Natário, não é o mesmo cabra ruim de dantes.

– Possa ser.

Houve um breve silêncio e, vinda do rio, na noite estival, a viração os envolveu numa carícia morna e espalhou no ar o perfume do jasmineiro.

A partir do fragmento anterior e do conjunto da obra TOCAIA GRANDE: A FACE OBSCURA, de Jorge Amado, são CORRETAS as proposições:

01) Trata-se de uma história ficcional em que o narrador está ausente e não é personagem da ação, isto é, narrativa em terceira pessoa, mas é ele quem descreve a paisagem e dá voz a todos os personagens.

02) Na realidade inventada de TOCAIA GRANDE há uma série de passagens sentimentais relacionadas à natureza, que permitem dizer que a prosa apresenta características poéticas.

04) A personagem Jacinta Coroca ganha profundidade e poder de convicção, quando mostra não só a face da violência e do banditismo, mas a da emoção pelo nascimento de uma nova vida.

08) Há uma opção por uma linguagem modernista, repleta de frases curtas, telegráficas, sem verbos, que busca a desmontagem da paisagem e o esvaziamento das características regionais dos personagens.

4. (PUCC-SP)

Botaram-me para aprender as primeiras letras em casa dum Dr. Figueiredo, que viera da capital passar tempos na vila do Pilar. (...) Depois mandaram-me para a aula dum outro professor, com outros meninos, todos de gente pobre.

O trecho anterior, de MENINO DE ENGENHO, de José Lins do Rego, fala de uma transição na qual

a) se acentuará a posição desvantajosa de Carlinhos no engenho do Coronel Paulino.

b) Carlinhos sente que está ameaçada a liberdade que gozava no engenho e prepara-se para readquiri-la.

c) a implantação da usina de açúcar obriga a novos hábitos e à perda de privilégios, atingindo a rotina de Carlinhos.

d) o protagonista deve se adaptar à vida nova, levando para o colégio as experiências da infância consumada.

e) se explicitarão os privilégios do neto do senhor de engenho entre filhos de trabalhadores.

MÓDULO 27

Texto para a próxima questão.

Seu metaléxico
economiopia
desenvolvimentir
utopiada
consumidoidos
patriotários
suicidadãos

José Paulo Paes

1. (UPM-SP) Considere as seguintes afirmações sobre o texto.

I. Recupera a estética do poema-piada, produzido por Oswald de Andrade na primeira fase do Modernismo brasileiro.

II. Denota influência do movimento concretista brasileiro, iniciado na década de 50.

III. Imita o estilo de João Cabral de Melo Neto, o que se comprova pela busca da síntese poética e pelo aproveitamento do chiste.

Assinale:

a) se todas as afirmações estiverem corretas.

b) se todas as afirmações estiverem incorretas.

c) se apenas I e II estiverem corretas.

d) se apenas II e III estiverem corretas.

e) se apenas I estiver correta.

2. (UEM-PR) Assinale o que for correto sobre o poema a seguir e sobre seu autor, João Cabral de Melo Neto.

Autocrítica

Só duas coisas conseguiram
(des)feri-lo até a poesia:
o Pernambuco de onde veio
e o aonde foi, a Andaluzia.
Um, o vacinou do falar rico
e deu-lhe a outra, fêmea e viva,
desafio demente: em verso
dar a ver Sertão e Sevilha.

01) O poema "Autocrítica", por meio de seu próprio título, aponta para algumas das principais características da poética de João Cabral de Melo Neto: o rigor, a reflexão e a autoconsciência do fazer literário por parte do poeta.

02) A presença das duas referências geográficas no poema (o sertão pernambucano e a região da Andaluzia, na Espanha) marcam dois aspectos importantes da primeira geração modernista, da qual João Cabral de Melo Neto foi um dos expoentes: a abordagem crítica de elementos da realidade nacional brasileira e a deglutição antropofágica do elemento estrangeiro.

04) A referência ao sertão, embora importante no poema reproduzido, não encontra, contudo, espaço significativo na obra de João Cabral de Melo Neto como um todo. O ambiente urbano é o elemento de comparação e inspiração de sua produção lírica pautada pela postura do "poeta engenheiro".

08) O rigor e a severidade em termos formais conduzem a lírica cabralina a construções sóbrias, evitando ao máximo arroubos de emoção gratuitos. No poema "Autocrítica", mesmo a lembrança de lugares importantes para o poeta é traduzida por meio de versos que atrelam sua significação ao pensamento metaliterário.

16) A consciência arquitetural e a noção da poesia como composição, elementos que levaram a produção cabralina a um patamar destacado em termos de articulação de forma e conteúdo, influenciaram poetas posteriores, fazendo de João Cabral de Melo Neto um dos precursores do concretismo no Brasil.

3. (UFPR)

"As palavras me antecedem e ultrapassam, elas me tentam e me modificam, e se não tomo cuidado será tarde demais: as coisas serão ditas sem eu as ter dito. Ou, pelo menos, não era apenas isso. Meu enleio vem de que um tapete é feito de tantos fios que não posso me resignar a seguir um fio só; meu enredamento vem de que uma história é feita de muitas histórias."

(de "Os desastres de Sofia")

"(...) Na verdade era uma vida de sonho. Às vezes, quando falavam de alguém excêntrico, diziam com a benevolência que uma classe tem por outra: "Ah, esse leva uma vida de poeta". Pode-se talvez dizer, aproveitando as poucas palavras que se conheceram do casal, pode-se dizer que ambos levavam, menos a extravagância, uma vida de mau poeta: vida de sonho. Não, não era verdade. Não era uma vida de sonho, pois este jamais os orientara. Mas de irrealidade.

(de "Os obedientes")

Com base nos fragmentos acima transcritos, extraídos de contos do livro "Felicidade clandestina", de Clarice Lispector, considere as seguintes afirmativas:

1. Narrar ou deixar de narrar, avaliar de diferentes maneiras um mesmo fato narrado são hesitações frequentes dos narradores de Clarice Lispector. Como nos fragmentos acima, também em outros contos prioriza-se a abordagem da vida interior, própria ou alheia, revelando sutis alternâncias de percepção da realidade.
2. O aspecto metalinguístico do primeiro fragmento não está presente em todos os contos, mas é fundamental para algumas narrativas, dentre as quais "Os desastres de Sofia", que trata da complexa relação entre uma menina e o professor que a ajudou a perceber a força da palavra escrita.
3. Como em "Os obedientes", também nas outras narrativas de "Felicidade clandestina" homens e mulheres passam por idênticas angústias. Na ficção de Clarice Lispector, as diferenças entre a percepção masculina e a feminina não são tematizadas, pois o ser humano está sempre condenado a viver num mundo incompreensível.
4. O desfecho surpreendente do conto "Os obedientes", com o suicídio da esposa, reforça a visão crítica dos narradores de Clarice Lispector sobre a rotina da vida doméstica, nunca observada como uma "vida de sonho".
5. Na ficção de Clarice Lispector, apenas as personagens adultas têm consciência de seus processos interiores. As crianças e adolescentes sofrem o impacto de novas descobertas, mas sua inocência os afasta de qualquer comportamento perverso e os protege dos riscos de viver mais intensamente.

Assinale a alternativa correta.

a) Somente as afirmativas 1, 2 e 4 são verdadeiras.
b) Somente as afirmativas 1, 2 e 5 são verdadeiras.
c) Somente as afirmativas 3, 4 e 5 são verdadeiras.

d) Somente as afirmativas 2, 3 e 4 são verdadeiras.

e) Somente as afirmativas 2, 3, 4 e 5 são verdadeiras.

4. (Ufpel-RS) Sobre o conto "A terceira margem do rio", analise as seguintes afirmações:

I. Uma coerente interpretação para o título é a de que ele alude metaforicamente ao isolamento do narrador protagonista em virtude de um conflito com a sua família. A terceira margem do rio simboliza a possibilidade de ele viver sem as pressões que as duas margens do rio conotam.

II. O narrador, filho do homem que singrava a terceira margem, era o mais próximo dele, depois que a definitiva decisão foi tomada. É correto dizer que o menino seja o elo entre o pai e o mundo.

III. A possibilidade de o narrador seguir a trajetória do canoeiro (como se fosse um legado), hipótese esta rechaçada pelo patriarca por medo, instaurou uma dúvida existencial no menino; dúvida esta, aliás, que perpassa todo o conto.

IV. Guimarães Rosa, cuja excelência literária também se baseou pela capacidade de "brincar" com a linguagem – uma de suas marcas são os neologismos –, vale-se desse recurso nesse conto.

Estão CORRETAS as afirmativas:

a) I e III.

b) II e IV.

c) I e IV.

d) II e III.

e) I, II e III.

5. (PUC-PR) A história da poesia brasileira no século XX pode ser dividida em cinco momentos:

I. A coexistência do Parnasianismo e do Simbolismo.

II. O Modernismo, iniciado oficialmente com a Semana de Arte Moderna.

III. A Geração de 45.

IV. O Concretismo.

V. A poesia contemporânea.

Numere as características abaixo de acordo com essa divisão e assinale a alternativa que contém a sequência encontrada:

( ) Incorporação do espaço gráfico.

( ) Ruptura com o formalismo da estética anterior.

( ) O culto da forma, seja na técnica de composição, seja na expressividade sonora.

( ) Misticismo e retomada da tradição formal.

( ) Metapoética e experimentalismo.

a) II, III, IV, I e V.

b) IV, V, II, I e III.

c) II, III, V, I e IV.

d) IV, II, I, III e V.

e) V, IV, II, I e III.

MÓDULO 28

1. (UFPE) Correlacione os autores abaixo com trechos, de algumas de suas obras, apresentados a seguir.

1. Gilberto Freyre
2. Ariano Suassuna
3. João Cabral de Melo Neto
4. Carlos Drummond de Andrade

( ) Essa cova em que estás / Com palmos medida,
É a conta menor / que tiraste em vida
É de bom tamanho / nem largo nem fundo
É a parte que te cabe/ deste latifúndio

( ) E agora José? / A festa acabou,
A luz apagou, /o povo sumiu,
A noite esfriou, / e agora José?

( ) A singular predisposição do português para a colonização híbrida e escravocrata dos trópicos, explica em grande parte o seu passado étnico, ou antes, cultural, de povo indefinido entre Europa e África. A influência africana fervendo sob a europeia e dando um acre requeime à vida sexual, à alimentação, à religião. A indecisão étnica e cultural entre a Europa e a África parece ter sido a mesma em Portugal como em outros trechos da península.

( ) Chicó: Que latomia é essa para o meu lado? Você quer me agourar?
João Grilo: (erguendo-se) Ah, e você está vivo?
Chicó: Estou, que é que você está pensando? Não é besta não?

A sequência correta é:

a) 1, 2, 3, 4

b) 3, 2, 4, 1

c) 4, 2, 1, 3

d) 1, 3, 2, 4

e) 3, 4, 1, 2

2. (UFRGS-RS) Assinale a alternativa INCORRETA sobre o "Auto da Compadecida", de Ariano Suassuna.

a) João Grilo é a personagem principal que, por ser mais instruída e por não acreditar em religião, sobressai entre as demais.

b) A obra baseia-se em romances e histórias populares do Nordeste, dando expressão tanto à tradição cristã quanto às crenças mais ingênuas do povo.

c) Após a morte das personagens, a figura de Nossa Senhora intervém junto ao seu Filho e pede compaixão pelos pecados cometidos.

d) É um texto teatral de 1955, cuja temática central é a religiosidade brasileira, que serve de inspiração a uma história plena de peripécias.

e) Além da Compadecida e de outras entidades sobrenaturais, o texto põe em cena personagens da terra, como o padre, o bispo e Chicó.

Texto para a próxima questão.

Leia o fragmento a seguir de *O Bem-Amado* de Dias Gomes e depois responda:

Uma sala da prefeitura. O ambiente é modesto. Durante a mutação, ouve-se um dobrado e vivas a Odorico, "viva o prefeito", etc. Estão em cena Dorotéa, Juju, Dulcineia, Vigário e Odorico. Este último, à janela, discursa.

ODORICO: Povo sucupirano! Agoramente já investido no cargo de Prefeito, aqui estou para receber a confirmação, a ratificação, a autenticação e por que não dizer a sagração do povo que me elegeu.

Aplausos vêm de fora.

ODORICO: Eu prometi que o meu primeiro ato como prefeito seria ordenar a construção do cemitério.

Aplausos, aos quais se incorporam as personagens em cena.

ODORICO: (Continuando o discurso.) Botando de lado os entretantos e partindo pros finalmentes, é uma alegria poder anunciar que prafrentemente vocês já poderão morrer descansados, tranquilos e desconstrangidos, na certeza de que vão ser sepultados aqui mesmo, nesta terra morna e cheirosa de Sucupira. E quem votou em mim, basta dizer isso ao padre na hora da extrema-unção, que tem enterro e cova de graça, conforme o prometido.

Aplausos. Vivas. Foguetes. A banda volta a tocar. Odorico acena para o povo sorridente, depois deixa a janela e é imediatamente cercado pelos presentes, que o cumprimentam.

DOROTÉA: Parabéns. Foi ótimo o seu discurso.

JUJU: Disse o que precisava dizer.

ODORICO: Obrigado, obrigado.

(*O Bem-Amado*, Dias Gomes)

3. (ESPM-SP) Pode-se afirmar sobre o texto que:

a) O termo "sagração" foi empregado, porque Odorico entende o povo como algo sagrado;

b) Odorico sutilmente estabelece uma condição para o cidadão sucupirano obter enterro e cova gratuitos;

c) O discurso de Odorico é exemplo de linguagem concisa e enxuta, confirmada pela frase de Juju: "Disse o que precisava dizer.";

d) Ao substantivar a conjunção "entretanto" e o advérbio "finalmente", Odorico revela uma vocação artística para escritor, pois reinventa a linguagem;

e) Há perfeita compatibilidade entre a alegria do candidato recém-eleito e os assuntos tratados: "construção de cemitério" e "morrer descansados".

4. (UFPR) Na literatura brasileira há uma tradição de tematizar os problemas sociais. Escolha as alternativas que fornecem afirmações corretas sobre essa questão:

01) Uma vez que é autor pré-modernista, anterior à tomada de consciência da nacionalidade que surgiu com a semana de 22, Lima Barreto foge da tradição do romance social, fazendo até mesmo uma caricatura do nacionalismo através da personagem Policarpo Quaresma.

02) A poesia de Carlos Drummond de Andrade em alguns momentos participa dessa tradição, mas de forma menos explícita do que acontece em MORTE E VIDA SEVERINA, por exemplo.

04) O poema MORTE E VIDA SEVERINA é a única obra de João Cabral de Melo Neto a participar dessa tradição, já que o poeta, vivendo muitos anos no exterior, preferiu abordar temas como a vida nas cidades espanholas e a própria atividade do poeta.

08) Ao contrário de outros livros de Graciliano Ramos, como VIDAS SECAS, o romance ANGÚSTIA não apresenta traços de literatura social, narrando apenas o drama interior de Luís da Silva após cometer um assassinato.

16) Os contos de SAGARANA não têm ligação com essa tradição, uma vez que seu autor, Guimarães Rosa, ficou conhecido dentro da literatura brasileira por escrever uma obra de caráter universal.

32) O BEIJO NO ASFALTO (assim como outras peças de Nelson Rodrigues) dialoga com essa tradição ao localizar a ação num ambiente suburbano e explorar os desdobramentos da realidade social no comportamento das personagens.

MÓDULO 29

Texto para as questões de 1 a 4.

Em entrevista à revista cultural brasileira BRAVO! (02/12/2008), José Saramago fala a respeito do livro *A viagem do elefante*:

> "Contei a história de uma caminhada no século XVI deste elefante asiático que foi oferecido pelo nosso rei D. João III ao arquiduque da Áustria Maximiliano II (seu primo, cuja mulher fazia anos) e que tem de andar milhares de quilômetros para chegar de Lisboa a Viena. Morreu um ano depois da chegada e, além de o terem esfolado, cortaram-lhe as patas dianteiras e com elas fizeram uns recipientes para pôr os guarda-chuvas, as bengalas, essas coisas", referiu.

1. (Unama-PA) O trecho dessa entrevista, com as palavras de Saramago, do ponto de vista de seus elementos constitutivos,

a) introduz um fato com o objetivo único de incentivar movimentos sociais em defesa dos excluídos.

b) informa sobre uma ação, a finalidade que a motivou e o resultado dessa ação.

c) apresenta argumentos contrários a maltratos contra animais.

d) dirige crítica aos reis e imperadores das nações envolvidas na história do paquiderme.

2. (Unama-PA) O ponto de partida para José Saramago criar o texto ficcional do livro *A viagem do elefante* foi um(a)

a) fato histórico.

b) crise econômica europeia.

c) catástrofe ambiental de origem asiática.

d) milagre.

3. (Unama-PA) Considerando os efeitos de sentido dos elementos mórficos textuais empregados na fala de Saramago no texto da entrevista, pode-se afirmar que

a) "... **deste** elefante asiático que foi oferecido...", o termo em destaque faz uma distinção decorrente da diferença entre a posição do narrador e a do leitor.

b) "... cortaram-**lhe** as patas dianteiras...", o termo assinalado tem valor apenas de pronome pessoal oblíquo.

c) "... seu primo, **cuja** mulher fazia anos", anula-se a ideia de posse, sinalizada pelo elo coesivo destacado.

d) "... com **elas** fizeram uns recipientes...", o pronome pessoal destacado reintroduz o antecedente "coisas" a que se refere.

4. (Unama-PA) Saramago, em sua vasta obra, faz uso de uma estética textual que contribui para uma oralidade na narrativa, manifesta pelo uso frequente de provérbios, um dos veículos de comunicação da sabedoria popular.
Em qual alternativa está o provérbio que explica o relativismo que cerca as compreensões da realidade?

a) Uma adulação repetida acabará inevitavelmente por tornar-se insatisfatória, e portanto ferirá como uma ofensa. (Saramago, 2008, p. 16)

b) Bonito ou feio, meu senhor, são meras expressões relativas; para a coruja, até os seus corujinhas são bonitos. (Saramago, 2008, p. 22)

c) quem se mete por atalhos, nunca sai de sobressaltos. (Saramago, 2008, p. 80)

d) ... no melhor pano cai a nódoa. (Saramago, 2008, p. 22)

5. (Unicentro-PR)

> Quando, girando e rodando, de oriente para ocidente, meia-volta perfeita foi completada, a península começou a cair. Nesse preciso instante, e em sentido absolutamente rigoroso, se podem as metáforas, como transportadoras do literal sentido, ser rigorosas, Portugal e Espanha foram dois países de pernas para o ar.

SARAMAGO. José. *A jangada de pedra*. São Paulo: Companhia das Letras, 2006. p. 277.

A partir da leitura do fragmento e da obra em sua totalidade, é correto afirmar que, da análise de "A jangada de pedra", a única afirmativa sem comprovação no contexto é a

a) O texto pode ser considerado uma epopeia do povo ibérico, que se vê separado do continente europeu.

b) O percurso da jangada de pedra — durante toda a narrativa, é confuso e, a todo momento, muda de direção.

c) O título da obra faz referência ao fato insólito do deslocamento da Península Ibérica pelo Oceano Atlântico em direção à América.

d) A representação da jangada de pedra e de suas mudanças de rota não interfere no destino dos povos ibéricos, que mantêm seus valores, sua cultura e suas expectativas.

e) A metáfora de Portugal e Espanha de "pernas para o ar" sugere o caos em que esses dois países se encontravam com o desligamento da Península Ibérica do restante do continente europeu.

MÓDULO 30

Texto para as questões 1 e 2.

O embondeiro que sonhava pássaros (fragmento)

"Esse homem sempre vai ficar de sombra: nenhuma memória será bastante para lhe salvar do escuro. Em verdade, seu astro não era o Sol. Nem seu país não era a vida. Talvez, por razão disso, ele habitasse com cautela de um estranho. O vendedor de pássaros não tinha sequer o abrigo de um nome. Chamavam-lhe o passarinheiro. Todas manhãs ele passava nos bairros dos brancos carregando suas enormes gaiolas. Ele mesmo fabricava aquelas jaulas, de tão leve material que nem pareciam servir de prisão. Parecia eram gaiolas aladas, voláteis. Dentro delas, os pássaros esvoavam suas cores repentinas. À volta do vendedeiro, era uma nuvem de pios, tantos que faziam mexer as janelas: – Mãe, olha o homem dos passarinheiros! E os meninos inundavam as ruas. As alegrias se intercambiavam: a gritaria das aves e o chilreio das crianças. [...]. O mundo inteiro se fabulava. Por trás das cortinas, os colonos reprovavam aqueles abusos. Ensinavam suspeitas aos seus pequenos filhos – aquele preto quem era? Alguém conhecia recomendações dele? Quem autorizara aqueles pés descalços a sujarem o bairro? Não, não e não. O negro que voltasse ao seu devido lugar."

COUTO, Mia. In: *Cada homem é uma raça*. Lisboa: Caminho, 1990. p. 61.

Mia Couto é um dos mais importantes autores de língua portuguesa da atualidade. Segundo as professoras Maria Nazareth Soares Fonseca e Terezinha Taborda Moreira, sua escrita caracteriza-se por abordar "a profunda crise econômica e cultural que acompanha o quotidiano da sociedade moçambicana, durante e depois da guerra civil, ou seja, após a independência nacional (em 1975). Suas obras problematizam a instabilidade na qual está mergulhado o povo moçambicano, a corrupção em todos os níveis do poder, as injustiças como consequência de um racismo étnico, a subserviência perante o estrangeiro, a perplexidade face às rápidas mudanças sociais, o desrespeito pelos valores tradicionais, a despersonalização, a miséria".

1. (PUC-MG) No conto, a passagem que melhor exemplifica "as injustiças como consequência de um racismo étnico" é:
   a) "Esse homem sempre vai ficar de sombra: nenhuma memória será bastante para lhe salvar do escuro. Em verdade, seu astro não era o Sol. Nem seu país não era a vida."
   b) "Todas manhãs ele passava nos bairros dos brancos carregando suas enormes gaiolas. Ele mesmo fabricava aquelas jaulas, de tão leve material que nem pareciam servir de prisão."
   c) "À volta do vendedeiro, era uma nuvem de pios, tantos que faziam mexer as janelas: – Mãe, olha o homem dos passarinheiros! E os meninos inundavam as ruas."
   d) "Por trás das cortinas, os colonos reprovavam aqueles abusos. Ensinavam suspeitas aos seus pequenos filhos – aquele preto quem era? Alguém conhecia recomendações dele?"

2. (PUC-MG) Quanto ao tema e à narrativa, o conto apresenta:
   a) um conflito com raízes históricas e sociais, narrado em terceira pessoa.
   b) uma crítica ao preconceito racial, com predomínio do discurso direto.
   c) um personagem negro desprovido de nome, que narra em primeira pessoa.
   d) uma perspectiva centrada nos abusos cometidos pelo vendedor de pássaros.

3. (PUC-MG) O trecho, extraído de *Os papéis do inglês*, de Ruy Duarte de Carvalho, em que NÃO há a presença de denúncia social é
   a) "Numa sociedade, e num país, onde quem não se vê prioritária e completamente mobilizado pelas dinâmicas mais elementares da sobrevivência física cada vez mais se converte às das rentabilidades imediatas, do clientelismo parasitário e do saque, ver-me ali a enfrentar o mato, misterioso, perigoso e incómodo, a pretexto de um interesse esotérico (...)."
   b) "Havia falta de água na cidade, há já vários dias, consequência de um corte geral de energia eléctrica. A gravidade ainda assim trazia alguma aos pontos baixos da rede de distribuição e as ruas estavam caudalosas de corpos molhados."
   c) "O Xingo, que é uma sede de comuna, exibe toda a especificidade dos centros da administração actual nestes interiores desérticos e semidesérticos. (...) Não há um comprimido... não há uma vacina..."
   d) "O fantasma do comunismo estava ultrapassado, havia lugar para a iniciativa privada, as alianças com a burguesia nacional (...). A corrupção imperava e isso e a própria guerra, mais o desconcerto institucional, favoreciam muito negócio, muito expediente."

Respostas

Exercícios propostos

MÓDULO 16

1. a
2. F – F – F – V – F
3. a
4. a
5. a) Passividade indolente e gosto pela literatura romântica.
   b) O mundo de sonhos dos românticos, cheio de aventuras, incentiva Luísa a cometer adultério e sua indolência afronta Juliana, que a chantageia.
6. a

MÓDULO 17

1. a
2. d
3. c
4. 04 + 08 + 16 = 28
5. c
6. e
7. b

MÓDULO 18

1. d
2. V – F – V – V
3. d
4. b
5. c
6. O teatro de Martins Pena representa a realidade brasileira de seu tempo com aguda capacidade de observação, embora com profundidade social ou psicológica. Assim, pertence à escola do Realismo. Assemelha-se muito às peças de Gil Vicente, pois, como ele, Martins Pena fazia observação direta da província e da corte, com seus tipos característicos, que o comediógrafo soube tão bem representar.

MÓDULO 19

1. b
2. e
3. b
4. a) Parnasianismo, mas há algumas características do Romantismo.
   b) Arte pela arte; busca da perfeição formal: ambos são sonetos, decassílabos, com rimas alternadas, com algumas rimas ricas e heterofônicas.
5. a) Os poemas fazem referência ao luar, às estrelas, às constelações, à Via Láctea. Há sentimentalismo em ambos os textos, bem como sonho, fantasia e diálogos com estrelas.
   b) Ambos são narrativos. Nos dois, há personagem, ação, tempo, espaço.
6. c
7. c

MÓDULO 20

1. e
2. c
3. a
4. d
5. c
6. a
7. a

MÓDULO 21

1. 04 + 16 = 20
2. e
3. c
4. a
5. b
6. c
7. V – V – V – V – V
8. c
9. d
10. e

MÓDULO 22

1. d
2. d
3. e
4. b
5. a
6. e

MÓDULO 23

1. c
2. c
3. 01 + 02 + 16 + 32 = 51
4. a
5. V – V – V – V – F
6. b
7. F – V – V – V – F

MÓDULO 24

1. e
2. d
3. b
4. c
5. c
6. a) A Antropofagia constituiu-se:
   – na "valorização dos estados brutos da cultura coletiva / mergulho nas fontes primitivas" (síntese do professor Benedito Nunes);
   – na decomposição irônico--paródica dos suportes intelectuais da cultura brasileira;
   – o riso e a utopia como forma de combate.
   b) Entre os recursos de expressão poética estão o versilibrismo, as "palavras em liberdade", o bom humor, a blague (piada) e a ironia, mistura entre prosa e poesia, utilização de linguagem coloquial e outros.

MÓDULO 25

1. a) Influências do Futurismo e do Dadaísmo.
   b) "Mamãe vestida de rendas / Tocava piano no caos". / "Cai no álbum de retratos".
2. d
3. a
4. a
5. V – V – V – F – F
6. a
7. a) Nem o tema, nem a linguagem são elevados, apenas a forma é clássica. Apesar de o título sugerir uma abordagem reflexiva e solene sobre os sentimentos do eu lírico, a linguagem é prosaica, assim como o tema. Os primeiros versos do primeiro quarteto apresentam um quadro idílico, que sugere o cenário condizente para a exteriorização dos afetos mais profundos do eu lírico. Mas imediatamente a seguir, gestos grosseiros como "mastigando um capim" e "sigo... peito nu" surpreendem o leitor que se depara com o contraste de um texto de feição clássica e o linguajar rude que dominará todo o poema. O uso de termos chulos ("mijada"), assim como os pleonasmos ("muito azul demais" e "peito nu de fora") vulgarizam o conteúdo e contrastam com a formalidade do poema, sobretudo por se tratar de um soneto.
   b) Os quartetos assinalam a identificação do eu lírico com os animais ("sigo pelo pasto", "peito nu de fora", "mastigando capim", na primeira estrofe; "desço o rio no vau dos pequenos canais", na segunda) até se reafirmar nos tercetos, quando as vacas e os bois o olham "sem ciúme", homem e animais perfeitamente igualados nas suas necessidades fisiológicas.
8. d

MÓDULO 26

1. c
2. a
3. c
4. a
5. b
6. V – F – V – F – F
7. c
8. a) Em ambas as obras, o cenário é de desolação, inóspito e incitador à violência, pois o trabalho nas terras calcinadas pelo calor desumaniza as pessoas que ali têm de lutar pela sua sobrevivência, igualando-as aos animais. No entanto, não se percebe nas descrições de "Vidas secas" instantes de encantamento e beleza que o personagem Volta Seca exprime em "Capitães da areia" ao declarar que ali "tudo é lírico, pobre e belo", nem do devaneio de que a ação do homem poderia "criar beleza" naquela miséria.
   b) Em "Capitães da areia", as crianças abandonadas na orla da praia lutam pela sobrevivência em ambiente urbano, sujeitas à crueldade de um sistema opressor que as marginaliza e impele ao banditismo. Volta Seca remete às suas origens de cangaço e sonha com o retorno a uma ação de luta por justiça e liberdade. Em "Vidas secas", o sertanejo tem a sua consciência embotada pela sede, não só água, mas também de conhecimento e de justiça, numa visão de mundo fragmentada que o obriga a uma constante capitulação perante o poder constituído, incapaz de uma ação violenta.
9. d
10. d

MÓDULO 27

1. c
2. 01 + 02 + 08 = 11
3. e
4. a
5. d

6. 02 + 04 + 08 + 16 + 32 = 62
7. V – F – V – V – F
8. d
9. V – F – V – F – F
10. e
11. V – F – V – F – V

MÓDULO 28

1. e
2. c
3. e
4. V – V – V – V – F
5. 08 + 16 = 24
6. d
7. 02 + 04 + 16 = 22
8. F – V – V – V – V
9. c

MÓDULO 29

1. c
2. d
3. c
4. c
5. b
6. d
7. a
8. a) O narrador refere-se à Guerra Colonial, ou seja, à guerra ocorrida entre 1961-1975 na qual Portugal enviou tropas além-mar para reprimir as tentativas de emancipação nacional de sua colônia africana, Angola, por meio de táticas de guerrilha e luta armada. Criou-se um sistema de repressão com a formação de milícias armadas (PVDE e PIDE). A guerra ocorreu durante a ditadura salazarista (1933-1975), período de vigência do Estado Novo português.
   b) Porque o narrador, depois de ter passado vários anos na África, a serviço do exército português, vive em Lisboa, no momento da narração, mas não consegue se libertar das lembranças e experiências traumáticas da guerra de Angola. O uso do tempo verbal reitera a persistência dessas lembranças traumáticas no presente.
   c) Para evidenciar a presença constante das lembranças traumáticas, o narrador utiliza imagens metafóricas que aproximam a geografia da guerra em África aos hábitos mais banais do cotidiano, como o de escovar os dentes, fazer a barba etc. Dito de outro modo, o narrador traz lembranças de uma guerra, distante no tempo e no espaço, para as necessidades e os cuidados diários com seu corpo, indicando por meio de metáforas a *incorporação* da experiência dramática da guerra ao seu cotidiano. Como exemplos, pode-se citar "um centímetro mentolado de guerra na escova de dentes matinal", "a espuma verde-escura dos eucaliptos de Ninda", "a minha barba é a floresta do Chalala a resistir ao *napalm* da *gillete*", "um grande rumor de trópicos ensanguentados cresce-me nas vísceras".
9. d

MÓDULO 30

1. b
2. • O narrador-personagem é um sujeito cindido entre o mundo antigo e tradicional de seu povo, representado pela parte que ficou grudada nas entranhas da mãe e, portanto, da pátria, e o mundo ocidental. A narrativa evidencia diferença entre nascer com defeito (ser portador de um defeito físico ou moral) e nascer por defeito. Nascer "por defeito", no contexto em que o narrador enuncia esse pensamento, significa que o ser não nasce completo, formado, com vida independente, autônoma. O homem é produto de outros seres, da mãe, do pai, do contexto social ao qual pertence, por isso a ideia de que ela, a mãe, não o "alcançava ver".
   • O narrador exerce o papel de intermediário entre o mundo ocidental dos "brancos" e zangara, como tradutor do investigador italiano. A tradução, entretanto, não se dá no plano linguístico, mas no plano mais amplo do entendimento de um mundo estranho, inapreensível aos olhos ocidentais que buscam sempre uma explicação racional para os fatos. Daí a observação da mãe: "... já apanhou mania de brancos! Você quer entender o mundo que é coisa que nunca se entende".
3. Na narrativa, o pai do narrador-tradutor-personagem, Sulplício, é o guardião dos valores ancestrais de Tizangara (território imaginário) que se afasta da família por muitos anos e regressa na esperança de reencontrar a vida, a identidade de uma nação em ruínas no pós-guerra; enquanto o filho é testemunha e tradutor do desaparecimento da nação e é também aquele que crê na possibilidade de construir uma nova pátria e acredita na colaboração do estrangeiro para atingir tal fim. O pai discorda do filho por achar que este teima em "servir aos mesmos que o haviam arruinado" (p. 135), além de julgá-lo imaturo para entender o processo histórico colonial em que ele vive.
   O candidato deve apontar que
   • Sulplício possui um ponto de vista mais realista quanto às consequências da colonização;
   • ele, devido à sua experiência de vida, não acredita na "boa intenção" de quem pertence à cultura tradicional colonialista, possui vínculo com a Europa e é herdeiro de empresa colonial;
   • o narrador-tradutor confia na relação com os europeus no processo pós-colonial e acredita que, finda a guerra, é possível construir a paz com a participação deles.
4. c
5. b
6. c
7. b

Exercícios-tarefa

MÓDULO 16

1. a) Castilho representa a estética romântica e Quental, a realista.
   b) Marca o início do Realismo em Portugal.
2. e
3. e
4. a

MÓDULO 17

1. e
2. b
3. d

MÓDULO 18

1. c
2. c

MÓDULO 19

1. d
2. c
3. c
4. c
5. e

MÓDULO 20

1. a) As temáticas do amor e da morte.
   b) A formação de Cruz e Sousa foi parnasiana e, mesmo representando o Simbolismo, ainda conservava características do Parnasianismo. Neste texto, vemos o formalismo típico dos parnasianos.
2. 15
3. a
4. c
5. b

MÓDULO 21

1. d
2. a
3. 01 + 08 + 16 = 25

MÓDULO 22

1. d
2. d
3. c

MÓDULO 23

1. d
2. c
3. c
4. b

MÓDULO 24

1. d
2. d
3. b

MÓDULO 25

1. c
2. c
3. c
4. d
5. b
6. e

MÓDULO 26

1. e
2. e
3. 01 + 02 + 04 + 16 = 23
4. e

MÓDULO 27

1. c
2. 01 + 08 + 16 = 25
3. a
4. b
5. d

MÓDULO 28

1. e
2. a
3. b
4. 02 + 32 = 34

MÓDULO 29

1. b
2. a
3. a
4. b
5. e

MÓDULO 30

1. d
2. a
3. b